A Concise Practical English-Chinese Dictionary

精编实用英汉词典

华语教学出版社编辑部
根据《实用英汉词典》改编

华语教学出版社
北京

First Edition   1999
Second Printing   2003

ISBN 7-80052-712-3
Copyright 1999 by Sinolingua
Published by Sinolingua
24 Baiwanzhuang Road, Beijing 100037, China
Tel: (86) 10-68995871 / 68326333
Fax: (86) 10-68326333
E-mail: hyjx@263.net
Printed by Beijing Foreign Languages Printing House
Distributed by China International
Book Trading Corporation
35 Chegongzhuang Xilu, P.O. Box 399
Beijing 100044, China

Printed in the People's Republic of China

原《实用英汉词典》编写组

主　　编：傅惟慈

副 主 编：李更新　　戚　泳

编　　委：李世之　田善继　王瑶琨　杨惠元

编写人员：（按姓名音序排列）

陈朝祥　陈贤纯　陈小韵　程相文

傅惟慈　韩　红　李更新　李世之

刘家业　孟　凯　戚　泳　谭敬训

田善继　王升印　王瑶琨　熊增林

杨惠元　曾华丽　张德鑫　张　维

周翠琳　周建民

Contents 目 录

Foreword ··· Ⅰ

前言 ··· Ⅱ

How to Use the Dictionary ·· Ⅲ

体例说明 ··· Ⅴ

The Dictionary

词典正文 ··· 1—657

Provinces, Autonomous Regions, Special Administrative Region and
Municipalities Directly Under the Central Government
中华人民共和国省、自治区、特别行政区、直辖市名称 ··············· 658

Chinese Surnames
百家姓 ··· 660

Table of Family Relationships
中国亲属关系简表 ··· 665

Commonly Used Measure Words
常用量词表 ··· 672

Foreword

Based on the original edition, this quick-reference dictionary is designed for students of Chinese who have an elementary to intermediate knowledge of the language. At the same time, students of English will also find it helpful.

This dictionary contains a rich stock of more than 10,000 headwords commonly used in daily life, work and study, as well as in social activities. Vocabulary in the fields of politics, science and technology, etc., is confined to words employed in everyday communication. Also included are those English words which may not be regarded as high-frequency words, but whose Chinese equivalents appear often in relation to China or in communications between native and non-native speakers of Chinese.

Improving on the original edition, newly coined common terms relating to computers, internet, etc. have been added. Many of the lengthy example sentences in the original edition have been removed to make the dictionary more compact and practical.

This dictionary differs from others intended for learners of English in two respects:

1. Definitions for each entry are not only given in Chinese characters, but also marked with the part of speech and the form in *pinyin* (the Chinese phonetic alphabet). Thus, the user can find the exact Chinese meaning of an English word, and at the same time, knows its syntactic function and pronunciation, thus saving the user the trouble of consulting other dictionaries.

2. The Chinese definitions of the entries are followed by examples of common usage, mostly in the form of phrases. The Chinese translations of these examples, also accompanied by *pinyin*, are concise, standard and practical, enabling the user to compare, comprehend and use them with ease.

The users of this dictionary will not fail to find it a good teacher and helpful companion in their study and practical use of the Chinese language.

The Editors
March 1999

前　言

　　本词典据《实用英汉词典》精编而成,旨在满足外国人学习汉语的需要,同时,一般英语学习者亦可从中获益。

　　本词典共收常用词 10,000 余条。所收词条以日常生活、工作、学习和社交方面的词语为主,也收取了日常生活中常用的,包括政治、经济、科技等方面专业性词语,此精编本还适当增加了一些有关计算机、网络、新通讯工具方面的常用词汇。有些英文词语在外国虽非常用,但是其汉语对应词在中国或外国人与中国人交往中却常用,这样的英文词语也适当收录。精编本从读者使用角度出发,缩减了那些较长的例句,使词典更具实用性。

　　本词典不同于主要为中国人学习英语而编写的英汉词典。其特点是:

　　1、英文词条的中文释义都加注词性和汉语拼音,使用者不但很容易找到所需要的汉语词语,而且可以知道它的词性和发音,免去了查一个词要翻检几本词典之苦。

　　2、英文词条的释义之后,附有常用例证,例证的译文简明、规范、实用,并注有汉语拼音,便于使用者对照理解、模仿和运用。

　　本词典仍保持了原词典的优点,更突出了简明实用的特点。具有求解、注音、翻译等多种功能。内容充实,简捷明了,编排紧凑醒目。愿它成为外国人学习、运用汉语的良师益友。

改编者
1999 年 3 月

How to Use the Dictionary

Entries

The entries for the most part consist of headwords followed by their Chinese equivalents and/or definitions. Some entries are also followed by notes on idiomatic usage.

Headwords

● The headwords have been printed in boldface type. In examples they are represented by the symbol (～). Headwords identical in spelling but different in meaning and origin are listed as separate entries, and differentiated by a superior figure, e. g. lead[1] (guide), lead[2] (metal). Headwords with more than one standard spelling or form are entered together, separated only by a comma if the variant form is alphabetically close to the more common form. If the variant is alphabetically distant it is listed in its proper alphabetic place with a cross-reference to the definition under the main entry (A=B).

● Parts of speech for all headwords are abbreviated in English as follows: *n* (noun), *v* (verb), *pron* (pronoun), *adj* (adjective), *adv* (adverb), *prep* (preposition), *conj* (conjunction), *int* (interjection), *aux* (auxiliary), *num* (numeral), *art* (article). When more than one part of speech is entered under a headword, it is distinguished from the other parts of speech using Roman numerals, e. g. **abuse I** *v*... **II** *n*... .

Definitions

● If a word or phrase has more than one meaning, they are numbered (1), (2), etc. Closely related meanings are defined under the same number, with more closely related meanings separated by a comma, and less closely related meanings separated by a semicolon.

● Single-word definitions are assigned a part of speech according to their grammatical function in the Chinese example; the Chinese part of speech may differ from the English part of speech. There are thirteen Chinese parts of speech: noun (名), pronoun (代), verb (动), auxiliary verb (助动), adjective (形), numeral (数), measure word (量), structural word (助), adverb (副), preposition (介), conjunction (连), interjection (叹), onomatope (象声).

● For some entries, explanations in English are provided because definitions in Chinese alone were deemed insufficiently clear.

English Examples / Chinese Translations

● Most of the examples take the form of phrases. If both phrases and sentences are given the phrase appears first.

● In order to facilitate understanding and comparison, the Chinese translations are standard and have been chosen for clarity and coherence. Some examples include two translations, the second enclosed in parentheses, e. g. wrestle with one's conscience 做思想斗争(心情矛盾).

English Spellings and Chinese Character Forms

● The dictionary uses British spelling.

● Chinese character forms are those currently used in China's mainland.

Phonetic Notation

● Definitions and usage examples for all entries are given in *pinyin* printed in block letters.

● Names of non-Chinese people and places are assigned phonetic symbols according to their pronunciation in Chinese, e. g. John 约翰 Yuēhàn, London 伦敦 Lúndūn. The first letter of a proper name is always capitalized, e. g. 鲁迅 Lǔ Xùn, 上海 Shànghǎi.

● Tone symbols accord to the intonation used in actual speech. Light-tone or neutral tone characters are not marked with tone symbols, e. g. 桌子 zhuōzi. Tonal changes for the characters 一,七,八,不 are indicated. Describing tonal changes of the third tone characters is complicated; accordingly their tonal changes are not indicated, e. g. yǔfǎ (not yúfǎ).

● The phonetic "r" is added to words with the suffix 儿, e. g. 花儿 huār.

● To facilitate reading and pronunciation, phonetic symbols for a numeral and its measure word (e. g. 两张桌子 liǎngzhāng zhuōzi), and a verb and its complement of result or direction (e. g. 听见 tīngjiàn, 走过来 zǒuguòlái) are written as one word. Idioms and four-character set expressions are also written as one word in *pinyin* .

Punctuation Marks

● A double bar (//) indicates the beginning of an idiom or set expression.

● A slash (/) is used to separate examples or idioms.

● A bent line (~) stands for the headword.

● Parentheses (( )) are used for the numbering of definitions and the second Chinese translation of a usage example.

● Square brackets ([ ]) enclose Chinese parts of speech.

体 例 说 明

词条

本词典词条的主要部分是本词和汉语释义,部分词条还附有若干习语。

本词

● 本词用黑正体印刷,在例证中用代字号(～)表示。拼写相同而词源及词义不同的词,分立词条,在词的右上角标以 1、2、3 等字样。一个词有两种不同拼法时,若拼法接近,便排在同一词条内,用逗号隔开;若拼法差异较大,则分立词条,但释义仅出现于一处,另一处注明"A=B"。

● 本词后用斜体英语缩写形式标注词性。词性共分 11 类,即名词(n)、动词(v)、助动词(aux)、代词($pron$)、数词(num)、形容词(adj)、副词(adv)、前置词($prep$)、连词($conj$)、感叹词(int)和冠词(art)。一个词若具有不同词性,则分别标以 **I**、**II** 等。如 **abuse I** v **II** n。

释义

● 一个词或短语的释义多于一条时,则分别列出,前边用(1)、(2)等数码标明。意义大体相同的释义列在同一条内;意义较近的用逗号(,)分开;意义稍远的用分号(;)分开。

● 释义如为单词,均注有词性。所注词性由该词在汉语例证中的功能确定,因而与英语词性不一定完全一致。词性用汉语词性的简称形式表示,共分 13 类:名词(名)、代词(代)、动词(动)、助动词(助动)、形容词(形)、数词(数)、量词(量)、助词(助)、副词(副)、介词(介)、连词(连)、叹词(叹)、象声词(象声)。

● 个别词条不宜用汉语释义,则用英语加以说明,或在汉语释义之外,再加英语说明。

例证及翻译

● 例证大多为词组,并适当附有少量例句。如两者兼有,则词组在前,句子在后。

● 汉语译文力求通顺规范,便于同原文对照理解。出于同一目的,个别例证以两种方式译出,其中一种置于括号( )中。如:

wrestle with one's conscience
作思想斗争(心情矛盾)

英文拼写及汉字字形

- 英语部分一律采用英国英语拼法。
- 汉字字形以中国大陆通行的汉字为标准。

注音

- 所有词条的释义和例证的译文都用汉语拼音字母注音,注音字母用正体字印刷。
- 外国人名和地名根据汉字的读音标注。如:John 约翰 Yuēhàn; London 伦敦 Lúndūn。人名和地名第一个字母均大写。如:鲁迅 Lǔ Xùn;上海 Shànghǎi。
- 声调基本上按照语流中的实际读音标注,轻声字不标调号,如:桌子 zhuōzi。"一、七、八、不"注变调,三声的变调比较复杂,只注原调。如:语法 yúfǎ(不注 yúfǎ)。
- 儿化音在基本形式后加"r"。如:花儿 huār。
- 为便于读者认读和口头表达,句子注音尽量连写。如数词和量词连写:两张桌子 liǎngzhāng zhuōzi;动词和结果补语、趋向补语等连写:听见 tīngjiàn,走过来 zǒuguolai;成语或四字格连写。

符号的使用

- 平行号(∥)用于表示词条内习语、"独立例证"等部分的开始。
- 斜线号(/)用于分割例证与例证或习语与习语。
- 代字号(~)用于代表词条的本词。
- 圆括号(( ))用于释义序号或例证的第二个汉语译文。
- 方括号([ ])用于标注汉语词性。

A

a, an *art* (1) 一 yī; 一个 yíge: ~ *guest* 一位客人 yíwèi kèrén (2) 任何一个 rènhé yíge; 一类中的一个 yílèi zhōng de yíge (3) 每一个 měi yíge: *70 miles an hour* 时速七十英里 shísù qīshí yīnglǐ / *twice ~ week* 每星期两次 měi xīngqī liǎngcì (4) 一种 yìzhǒng: ~ *high sense of responsibility* 一种高度的责任感 yìzhǒng gāodù de zérèngǎn (5) 一套 yítào; 一副 yífù: ~ *cup and saucer* 一副杯碟 yífù bēidié

abacus *n* 算盘(名) suànpán: *use an* ~ 打算盘 dǎ suànpán

abandon *v* (1) 放弃(动) fàngqì; 抛弃(动) pāoqì; 扔掉(动) rēngdiào (2) 遗弃(动) yíqì (3) 放任(动) fàngrèn; 纵情(副) zòngqíng

abate *v* 减少(动) jiǎnshǎo, 变小 biànxiǎo, 减弱(动) jiǎnruò; 消(动) xiāo

abbreviate *v* (1) 缩写(动) suōxiě, 简略(形) jiǎnlüè (2) 缩短(动) suōduǎn

abbreviation *n* 缩写(名) suōxiě; 缩短(动) suōduǎn; 缩写式(名) suōxiěshì; 缩写词(名) suōxiěcí; 略语(名) lüèyǔ

ABC *n* (1) 基础知识 jīchǔ zhīshi; 初步(名) chūbù; 入门(名) rùmén: *the* ~ *of English grammar* 英语语法基础 Yīngyǔ yǔfǎ jīchǔ / *the* ~ *of engineering* 工程学入门 gōngchéngxué rùmén (2) 字母(名) zìmǔ

abdicate *v* 退位 tuìwèi; 辞职 cízhí; 放弃(动) fàngqì

abdication *n* 弃权 qìquán; 让位 ràngwèi; 弃职 qìzhí

abdomen *n* 腹(名) fù; 腹部(名) fùbù

abhor *v* 憎恶(动) zēngwù, 厌恶(动) yànwù, 嫌弃(动) xiánqì, 痛恨(动) tònghèn

abide *v* (1) 遵守(动) zūnshǒu; 坚持 (动) jiānchí: ~ *by the law* 遵守法律 zūnshǒu fǎlǜ (2) 忍受(动) rěnshòu; 容忍(动) róngrěn

ability *n* 能力(名) nénglì, 才能(名) cáinéng, 才干(名) cáigàn

able *adj* (1) 能(助动) néng, 能够(助动) nénggòu; 可以(助动) kěyǐ (2) 有能力的 yǒu nénglì de; 有才干的 yǒu cáigàn de; 精明(形) jīngmíng: *an* ~ *leader* 有能力的领导者 yǒu nénglì de lǐngdǎozhě / *an* ~ *business person* 精明能干的商人 jīngmíng nénggàn de shāngrén

able-bodied *adj* 强健(形) qiángjiàn

abnormal *adj* 不正常的 bú zhèngcháng de; 反常(形) fǎncháng

aboard *adv* 在船(飞机、车)上 zài chuán (fēijī, chē) shang; 上船(飞机、车) shàng chuán (fēijī, chē)

abode *n* 住所(名) zhùsuǒ, 家(名) jiā: *a person of no fixed* ~ 没有固定住所的人 méiyǒu gùdìng zhùsuǒ de rén / *make one's* ~ 居住 jūzhù

abolish *v* 取消(动) qǔxiāo, 废除(动) fèichú

abominable *adj* (1) 可恶(形) kěwù, 讨厌(形、动) tǎoyàn; 极坏的 jí huài de (2) 坏(形) huài, 恶劣(形) èliè

abort *v* 流产(动) liúchǎn, 小产(动) xiǎochǎn; 堕胎 duòtāi: ~ *a project* (使)一个项目夭折(动) shǐ yíge xiàngmù yāozhé

abortion *n* (1) 流产(动) liúchǎn, 小产(动) xiǎochǎn; 堕胎 duòtāi (2) 失败(名、动) shībài

abound *v* (物产)丰富(形)(wùchǎn) fēngfù, 大量存在 dàliàng cúnzài

about I *prep* (1) 在…附近 zài…fùjìn; 在…周围 zài…zhōuwéi; 在…身边 zài…shēnbiān (2) 到处

（副）dàochù　**II** *adv*（1）周围（名）zhōuwéi；到处（副）dàochù（2）差不多（形）chàbuduō；左右（助）zuǒyòu；上下（助）shàngxià；大约（副）dàyuē（3）就要…了 jiù yào…le，快要…了 kuài yào…le // be ~ to 刚要 gāng yào；即将 jíjiāng / how（what）~ 怎么样 zěnmeyàng：*How ~ going to the Great Wall?* 去长城怎么样？Qù Chángchéng zěnmeyàng?

above　**I** *prep*（1）在…上边 zài…shàngbian（2）（地位）高于（dìwèi）gāoyú；多于 duōyú；超过（动）chāoguò（3）重于 zhòngyú（4）[表示品质、行为、能力等]超出…之外（biǎoshì pǐnzhì, xíngwéi, nénglì děng）chāochū…zhīwài　**II** *adv* 上面（名）shàngmian；以上 yǐ shàng：*the question mentioned ~* 上面提到的问题 shàngmian tídào de wèntí　**III** *adj* 上面的 shàngmiàn de；上述的 shàngshù de：*the ~ reasons* 上述理由 shàngshù lǐyóu // ~ all 最要紧的是 zuì yàojǐn de shì

abreast　*adv* 并肩 bìngjiān，并排 bìngpái

abridge　*v* 删节（动）shānjié：*an ~d edition* 删节本 shānjiéběn / *an ~d translation of a novel* 一本小说的节译本 yìběn xiǎoshuō de jiéyìběn

abroad　*adv* 到国外 dào guówài；在国外 zài guówài：*go ~* 出国 chū guó

abrupt　*adj*（1）突然（形）tūrán，出其不意的 chūqíbúyì de：*an ~ change of direction* 突然改变方向 tūrán gǎibiàn fāngxiàng（2）无礼（形）wúlǐ；粗鲁（形）cūlǔ：*an ~ manner* 举止粗鲁 jǔzhǐ cūlǔ

absence　*n*（1）不在 bú zài；缺席（动）quēxí：*~ from school* 缺课 quē kè（2）缺少（动）quēshǎo；缺乏（动）quēfá：*in the ~ of these conditions* 在缺少这些条件的情况下 zài quēshǎo zhèxiē tiáojiàn de qíngkuàng xià

absent　**I** *adj*（1）不在的 bú zài de；缺席的 quēxí de（2）心不在焉的 xīnbúzàiyān de；茫然（形）mángrán　**II** *v* 缺席（动）quēxí；不到 bú dào

absent-minded　*adj* 精神不集中的 jīngshén bù jízhōng de，心不在焉的 xīnbúzàiyān de

absolute　*adj*（1）绝对（形）juéduì：~ *majority* 绝对多数 juéduì duōshù（2）独裁的 dúcái de，专制的 zhuānzhì de：*an ~ ruler* 独裁统治者 dúcái tǒngzhìzhě（3）完全（形）wánquán；纯粹（形）chúncuì（4）独立的 dúlì de：*an ~ participle* 独立分词 dúlì fēncí（5）确实（形）quèshí，确凿（形）quèzáo：~ *proof* 确凿的证据 quèzáo de zhèngjù

absolutely　*adv*（1）完全（形）wánquán；绝对（形）juéduì：~ *right* 完全对 wánquán duì / ~ *impossible* 绝对不可能 juéduì bù kěnéng（2）无条件地 wú tiáojiàn de（3）对极了 duì jíle；当然（形）dāngrán

absorb　*v*（1）吸（动）xī；吸取（动）xīqǔ（2）吸引（动）xīyǐn；（使）聚精会神（shǐ）jùjīnghuìshén

abstain　*v*（1）戒（动）jiè；避免（动）bìmiǎn，避开（动）bìkāi（2）弃权 qìquán

abstract　**I** *adj* 抽象（形）chōuxiàng：~ *noun* 抽象名词 chōuxiàng míngcí　**II** *n* 摘要（名）zhāiyào：*an ~ of an article* 一篇文章的摘要 yìpiān wénzhāng de zhāiyào　**III** *v* 提取（动）tíqǔ，提炼（动）tíliàn，写出提纲 xiěchū tígāng // *in the ~* 抽象地 chōuxiàng de，大体而言 dàtǐ ér yán

absurd　*adj* 荒唐（形）huāngtáng，愚蠢（形）yúchǔn；可笑（形）kěxiào

abundance　*n* 丰富（形）fēngfù；充裕（形）chōngyù；大量（形）dàliàng：*grain in ~* 充足的粮食 chōngzú de liángshi

abundant　*adj* 丰富（形）fēngfù；大量（形）dàliàng：*an ~ harvest* 丰收 fēngshōu

abuse　**I** *v* 滥用（动）lànyòng；乱用 luàn yòng：~ *one's authority* 滥用职权 lànyòng zhíquán　**II** *n*（1）滥用

（动）lànyòng: *an ~ of one's privilege* 滥用特权 lànyòng tèquán（2）辱骂（动）rǔmà: *personal ~* 人身攻击 rénshēn gōngjī

academic *adj*（1）学校的 xuéxiào de; 学术的 xuéshù de: *the ~ year* 学年 xuénián / *~ discussion* 学术讨论 xuéshù tǎolùn（2）学究式的 xuéjiūshì de, 不切实际的 bú qiè shíjì de

academy *n*（1）专科院校 zhuānkē yuànxiào; 学院（名）xuéyuàn: *an ~ of art* 艺术学院 yìshù xuéyuàn（2）研究院（名）yánjiūyuàn: *the Chinese A~ of Sciences* 中国科学院 Zhōngguó Kēxuéyuàn

accent **I** *n*（1）重音（名）zhòngyīn（2）口音（名）kǒuyīn; 音调（名）yīndiào; 腔调（名）qiāngdiào: *foreign ~* 外国口音 wàiguó kǒuyīn **II** *v* 重读 zhòngdú

accept *v*（1）接受（动）jiēshòu; 答应（动）dāying（2）承认（动）chéngrèn, 认可（动）rènkě; 同意（动）tóngyì: *an ~ed fact* 公认的事实 gōngrèn de shìshí

acceptable *adj* 可以接受的 kěyǐ jiēshòu de; 值得欢迎的 zhíde huānyíng de

accident *n*（1）意外（名）yìwài; 偶然的事 ǒu rán de shì（2）事故（名）shìgù; 祸（名）huò: *a traffic ~* 交通事故 jiāotōng shìgù // *by ~* 偶然 ǒurán; 碰巧 pèngqiǎo; 意外地 yìwài de

accidental *adj* 偶然（形）ǒurán; 意外 yìwài: *~ death* 意外死亡 yìwài sǐwáng

accidentally *adv* 偶然（形）ǒurán; 意外（形）yìwài; 附带地 fùdài de

accommodate *v*（1）容纳（动）róngnà（2）提供（动）tígōng; 使适应 shǐ shìyìng; 调节（动）tiáojié

accommodation *n* 住处（名）zhùchù, 住所（名）zhùsuǒ

accompaniment *n*（1）伴随物 bànsuí-wù（2）伴奏（动）bànzòu

accompany *v*（1）陪同（动）péitóng,

伴随（动）bànsuí; 送（动）sòng（2）为...伴奏 wèi...bànzòu

accomplish *v* 完成（动）wánchéng; 达到（动）dádào; 取得（动）qǔdé; 实现（动）shíxiàn: *~ a task* 完成一项任务 wánchéng yíxiàng rènwu / *~ one's purpose* 达到目的 dádào mùdì

accomplished *adj*（1）完成了的 wánchéngle de; 既成的 jì chéng de: *an ~ fact* 既成事实 jì chéng shìshí（2）有造诣的 yǒu zàoyì de; 有才华的 yǒu cáihuá de

accomplishment *n*（1）完成（动）wánchéng; 实现（动）shíxiàn（2）成就（名）chéngjiù（3）造诣（名）zàoyì; 才华（名）cáihuá

accord **I** *v*（1）给予（动）jǐyǔ, 给以（动）gěiyǐ（2）符合（动）fúhé, 和...一致 hé...yízhì: *~ with the fundamental interests of the people* 符合人民的基本利益 fúhé rénmín de jīběn lìyì **II** *n* 一致 yízhì; 符合（动）fúhé // *in ~ with* 同...一致 tóng...yízhì / *of one's own ~* 自愿地 zìyuàn de, 主动地 zhǔdòng de / *with one ~* 全体一致 quántǐ yízhì, 一致地 yízhì de

accordance *n* 一致（形）yízhì // *in ~ with* 与...一致 yǔ...yízhì; 按照 ànzhào, 根据 gēnjù

according *adv* *~ to* 根据...所说 gēnjù...suǒ shuō; 按照（介）ànzhào

account **I** *n*（1）帐（名）zhàng, 帐目（名）zhàngmù; 户头（名）hùtóu: *an ~ book* 帐簿 zhàngbù / *keep ~s* 记帐 jì zhàng / *a current ~* 活期存款帐户 huóqī cúnkuǎn zhànghù（2）报道（动）bàodào; 叙述（动）xùshù（3）原因（名）yuányīn; 理由（名）lǐyóu **II** *v*（1）汇报开支 huìbào kāizhī; 说明用途 shuōmíng yòngtú（2）解释（动）jiěshì, 说明原因 shuōmíng yuányīn; 是...原因 shì...yuányīn // *on ~ of* 由于 yóuyú / *on no ~* 决不 jué bù / *take into ~* 考虑 kǎolù; 重视 zhòngshì / *turn ... to ~* 利用 lìyòng

accountancy *n* 会计工作 kuàijì

gōngzuò

accountant *n* 会计(名) kuàiji

accumulate *v* 积累(动) jīlěi; 积聚
(动) jījù; 堆积(动) duījī

accuracy *n* 正确(形) zhèngquè, 准确
度(名) zhǔnquèdù, 精确(形) jīngquè:
firing ~ 命中率 mìngzhònglǜ

accurate *adj* 准确(形) zhǔnquè; 精确
(形) jīngquè: ~ *statistics* 精确的统计
jīngquè de tǒngjì

accusation *n* 非难(动) fēinàn; 谴责
(动) qiǎnzé; 控诉(动) kòngsù, 告发
(动) gàofā; 罪状(名) zuìzhuàng, 罪
名(名) zuìmíng: *a false* ~ 诬告
wūgào

accuse *v* 指控(动) zhǐkòng, 控告(动)
kònggào; 指责(动) zhǐzé // *the* ~*d*
被告 bèigào

accustom *v* 使习惯 shǐ xíguàn, 使适应
shǐ shìyìng: ~ *oneself to* 使自己习惯
于...shǐ zìjǐ xíguànyú...

accustomed *adj* (1) 惯常的 guàncháng
de, 通常的 tōngcháng de: *her* ~
route to work 她通常的上班路线 tā
tōngcháng de shàngbān lùxiàn (2) 习
惯于 xíguànyú, 适应 shìyìng

ache **I** *v* (1) 疼(动) téng; 痛(动)
tòng (2) 很想 hěn xiǎng, 渴望(动)
kěwàng; 急于(动) jíyú **II** *n* 疼痛
(形) téngtòng

achieve *v* 完成(动) wánchéng; 达到
(动) dádào; 实现(动) shíxiàn, 取得
(动) qǔdé

achievement *n* 成就(名) chéngjiù; 成
绩(名) chéngjì; 完成(动) wánchéng

acid **I** *adj* (1) 酸(形) suān (2) 尖酸
(形) jiānsuān; 尖刻(形) jiānkè **II** *n*
酸(名) suān; 酸性物质 suānxìng
wùzhì: ~ *test* 酸性试验 suānxìng
shìyàn

acid-proof *adj* 耐酸的 nàisuān de

acknowledge *v* (1) 承认(动) chéngrèn
(2) 告知收到 gàozhī shōudào (3) 表
示感谢 biǎoshì gǎnxiè, 致谢 zhìxiè

acquaint *v* 使认识 shǐ rènshi, 使了解
shǐ liǎojiě; 认识(动) rènshi: ~ *oneself*

with one's new duties 了解自己的新职
责 liǎojiě zìjǐ de xīn zhízé // *be* ~*ed*
with 认识 rènshi, 跟...熟 gēn...shú

acquaintance *n* (1) 相识(动)
xiāngshí; 了解(动) liǎojiě (2) 认识的
人 rènshi de rén, 熟人(名) shúrén //
a nodding ~ 点头之交 diǎntóu zhī
jiāo / *drop an* ~ 断绝来往 duànjué
láiwǎng / *make sb.'s* ~ 认识某人
rènshi mǒurén

acquire *v* (1) 取得(动) qǔdé, 获得
(动) huòdé, 得到 dédào (2) 学会
xuéhuì

acquisition *n* (1) 取得(动) qǔdé, 获
得(动) huòdé (2) 取得物 qǔdéwù, 获
得物(人) huòdéwù (rén)

acquit *v* 宣判...无罪 xuānpàn...wú
zuì: ~ *sb. of a crime* 宣判某人无罪
xuānpàn mǒu rén wú zuì

acre *n* 英亩(名) yīngmǔ

acreage *n* (土地)面积(tǔdì) miànjī:
the ~ *under cultivation* 耕种面积
gēngzhòng miànjī

acrobat *n* 杂技演员 zájì yǎnyuán

acrobatic *adj* 杂技的 zájì de: ~
troupe 杂技团 zájìtuán

acrobatics *n* 杂技(名) zájì

acronym *n* 首字母缩略词 shǒu zìmǔ
suōlüècí

across **I** *prep* (1) 过(动) guò, 穿过
chuānguò (2) 在...的另一边 zài...
de lìng yìbiān **II** *adv* (1) 横过
héngguò, 穿过 chuānguò (2) 横(形)
héng; 宽(形) kuān // ~ *from* 在...
的对面 zài...de duìmiàn

act **I** *n* (1) 行为(名) xíngwéi, 行动
(名) xíngdòng; 动作(名) dòngzuò:
an ~ *of justice* 正义行动 zhèngyì
xíngdòng / *a foolish* ~ 愚蠢行为
yúchǔn xíngwéi (2) 法令(名) fǎlìng;
法案(名) fǎ'àn: *an A* ~ *of Parlia-*
ment 法案 fǎ'àn / *the A* ~*s of*
Congress 国会法案 guóhuì fǎ'àn (3) 幕
(量) mù: *a play in 6* ~*s* 六幕话剧
liùmù huàjù **II** *v* (1) 行动(动)
xíngdòng; 做(动) zuò (2) 演(动)

yǎn; 扮演（动）bànyǎn(3) 担任（动）dānrèn: ~ as interpreter 担任口译 dānrèn kǒuyì （4）装作（动）zhuāngzuò, 假装（动）jiǎzhuāng // ~ against 违反 wéifǎn / ~ for 代理 dàilǐ / ~ on (1) 对...起作用 duì... qǐ zuòyòng （2）按照...行动 ànzhào...xíngdòng / in the ~ of 正在...时 zhèngzài...shí

action n (1) 行动（名、动）xíngdòng; 活动（名）huódòng; 行为（名）xíngwéi (2) 战斗（名、动）zhàndòu: go into ~ 开始战斗 kāishǐ zhàndòu (3) 诉讼（名）sùsòng // in ~ 在活动 zài huódòng; 在运转 zài yùnzhuǎn; 在战斗中 zài zhàndòu zhōng / put into ~ 使运动起来 shǐ yùndòng qǐlai, 实行 shíxíng

active adj (1) 积极（形）jījí; 活跃（形）huóyuè; 有活动力的 yǒu huódònglì de （2）在活动中 zài huódòng zhōng; 现役的 xiànyì de: an ~ volcano 活火山 huó huǒshān / on ~ duty 服现役 fú xiànyì (3) 主动（形）zhǔdòng: the ~ voice 主动语态 zhǔdòng yǔtài

activity n 活动（名）huódòng; 活动性（名）huódòngxìng; 活力（名）huólì: political activities 政治活动 zhèngzhì huódòng / extracurricular activities 课外活动 kèwài huódòng

actor n 男演员 nán yǎnyuán; 演员（名）yǎnyuán

actress n 女演员 nǚ yǎnyuán; 演员（名）yǎnyuán

actual adj 实际（形）shíjì; 事实的 shìshí de; 确切（形）quèqiè: in ~ life 在实际生活中 zài shíjì shēnghuó zhōng

actuality n 现实（名）xiànshí; 实际情况 shíjì qíngkuàng

actually adv (1) 实际上 shíjì shàng, 事实上 shìshí shàng, 真的 zhēn de (2) 甚至（副、连）shènzhì

acupuncture n 针灸（名、动）zhēnjiǔ; 针刺 zhēncì: ~ and moxibustion 针灸

zhēnjiǔ / ~ anaesthesia 针刺麻醉 zhēncì mázuì / ~ points 穴位 xuéwèi / an ~ needle 金针 jīn zhēn / give ~ treatment 进行针灸治疗 jìnxíng zhēnjiǔ zhìliáo

acute adj (1) 急性的 jíxìng de, 严重的 yánzhòngde: ~ double pneumonia 急性双叶肺炎 jíxìng shuāngyè fèiyán / the ~ stage of a disease 病的危险期 bìng de wēixiǎnqī (2) 尖的 jiān de, 尖锐的 jiānruì de: ~ angle 锐角 ruìjiǎo

AD 公元 gōngyuán

adapt v (1) 使适应 shǐ shìyìng; 使适合 shǐ shìhé (2) 改编（动）gǎibiān, 改写（动）gǎixiě

adaptation n (1) 适应（动）shìyìng, 适合（动）shìhé (2) 改编物 gǎibiānwù: an ~ for the radio of the original stage play 由原剧本改编的广播剧 yóu yuán jùběn gǎibiān de guǎngbōjù

add v (1) 加（动）jiā, 增加（动）zēngjiā (2) 又说 yòu shuō; 又写 yòu xiě// ~ to 增加 zēngjiā / ~ up 合计 héjì, 加在一起 jiāzài yìqǐ / ~ up to (1) 合计达 héjì dá, 总起来是 zǒngqilai shì （2）总而言之 zǒng'éryánzhī; 意思是 yìsi shì

addition n (1) 加（动）jiā; 加法（名）jiāfǎ (2) 增加（动）zēngjiā; 增加物（名）zēngjiāwù // in ~ 又, 另外 lìngwài, 此外 cǐwài / in ~ to 除...之外 chú...zhīwài

additional adj 附加的 fùjiā de, 外加的 wàijiā de: an ~ tax 附加税 fùjiāshuì / ~ income 额外收入 éwài shōurù

address I v (1) 向...讲话 xiàng...jiǎnghuà; 写信给 xiě xìn gěi (2) 写姓名 xiě xìngmíng; 写地址 xiě dìzhǐ (3) 称呼（动）chēnghu II n (1) 演说（名、动）yǎnshuō, 讲话（名）jiǎnghuà (2) 地址（名）dìzhǐ, 住址（名）zhùzhǐ: net(web) ~ 网址 wǎng zhǐ (3) 称呼（名）chēnghu: a form of ~ 称呼 chēnghu

addressee n 收信人（名）shōuxìnrén, 收件人（名）shōujiànrén

adequate *adj* (1) 适当(形) shìdàng; 足够的 zúgòu de, 充分(形) chōngfèn: *take* ~ *measures* 采取适当措施 cǎiqǔ shìdàng cuòshī (2) 胜任(动) shèngrèn; 差强人意的 chāiqiángrényì de

adhere *v* (1) 粘(动) zhān (2) 坚持(动) jiānchí

adjacent *adj* 邻近(动、名) línjìn; 挨着 āizhe

adjective *n* 形容词(名) xíngróngcí; 修饰语(名) xiūshìyǔ: *an* ~ *clause* 形容词从句 xíngróngcí cóngjù (定语从句 dìngyǔ cóngjù)

adjourn *v* (1) 中止(动) zhōngzhǐ; 休会 xiū huì: ~ *the debate* 暂停辩论 zàn tíng biànlùn (2) 搬(会场)(动) bān (huìchǎng); 移动(座位)(动) yídòng (zuòwèi)

adjust *v* (1) 调整(动) tiáozhěng, 调节(动) tiáojié; 适应(动) shìyìng (2) 校准 jiàozhǔn; 校对(动) jiàoduì

adjustment *n* 调整(动) tiáozhěng, 调节(动) tiáojié; 清算(动) qīngsuàn; 校正(动) jiàozhèng

administer *v* (1) 管理(动) guǎnlǐ, 治理(动) zhìlǐ: ~ *a country* 治理国家 zhìlǐ guójiā (2) 执行(动) zhíxíng, 施行(动) shīxíng: ~ *the law* 执行法律 zhíxíng fǎlù (3) 给予(动) jǐyǔ

administration *n* (1) 管理(动) guǎnlǐ, 经营(动) jīngyíng (2) 行政(名) xíngzhèng; 行政机关 xíngzhèng jīguān: *civil* ~ 民政 mínzhèng / *military* ~ 军政 jūnzhèng (3) 政府(名) zhèngfǔ

admirable *adj* 令人钦佩 lìng rén qīnpèi; 极好的 jí hǎo de

admiral *n* (1) 海军将领 hǎijūn jiànglǐng; 海军上将 hǎijūn shàngjiàng (2) 舰队司令 jiàndùi sīlìng // *a full* ~ 海军上将 hǎijūn shàngjiàng / *an* ~ *of the fleet* 海军元帅 hǎijūn yuánshuài / *a vice* ~ 海军中将 hǎijūn zhōngjiàng / *a rear* ~ 海军少将 hǎijūn shàojiàng

admiration *n* (1) 钦佩(动) qīnpèi, 赞美(动) zànměi; 羡慕(动) xiànmù (2) 令人羡慕的人(或物) lìng rén xiànmù de rén (huò wù)

admire *v* 钦佩(动) qīnpèi, 佩服(动) pèifú, 赞美(动) zànměi, 赞赏(动) zànshǎng; 羡慕(动) xiànmù

admission *n* (1) 允许进入 yǔnxǔ jìnrù; 接纳(动) jiēnà (2) 门票(名) ménpiào, 入场费(名) rùchǎngfèi (3) 承认(动) chéngrèn: *on his own* ~ 他自己承认 tā zìjǐ chéngrèn

admit *v* (1) 让...进入 ràng...jìnrù, 允许...进入 yǔnxǔ...jìnrù (2) 接纳(动) jiēnà; 招收(动) zhāoshōu (3) 承认(动) chéngrèn

admittance *n* (1) 许可入场(入校) xǔkě rù chǎng (rù xiào) (2) 通道(名) tōngdào

adopt *v* (1) 采用(动) cǎiyòng, 采纳(动) cǎinà; 采取(动) cǎiqǔ (2) 收养(动) shōuyǎng (3) 通过(动) tōngguò: ~ *a resolution* 通过一个决议 tōngguò yíge juéyì

adore *v* (1) 崇拜(动) chóngbài, 敬慕(动) jìngmù, 崇敬(动) chóngjìng (2) 酷爱(动) kù'ài, 很喜欢(动) hěn xǐhuan

adorn *v* 装饰(动) zhuāngshì

adornment *n* 装饰(动) zhuāngshì; 装饰品(名) zhuāngshìpǐn

adult I *adj* 成年的 chéngnián de; 成熟(形) chéngshú II *n* 成年人 chéngniánrén; 成年的兽类 chéngnián de shòulèi: ~ *education* 成人教育 chéngrén jiàoyù

advance I *v* (1) 前进(动) qiánjìn; 进展(动) jìnzhǎn (2) 提出(动) tíchū (3) 提前(动) tíqián (4) 预付(动) yùfù, 预支(动) yùzhī, 预借(动) yùjiè II *n* (1) 前进(动) qiánjìn; 进展(动) jìnzhǎn (2) 增长(动) zēngzhǎng: *the* ~ *of age* 年龄的增长 niánlíng de zēngzhǎng (3) 预支(动) yùzhī, 预付款(名) yùfùkuǎn III *adj* (1) 先头的 xiāntóu de: *an* ~

party 先遣队 xiānqiǎnduì（2）预先
（副）yùxiān：~ *notice* 预告 yùgào /
an ~ copy of a book 一本样书 yìběn
yàngshū /~ *booking* 预订 yùdìng //
in ~ 预先 yùxiān

advanced *adj* 高级（形）gāojí，先进
（形）xiānjìn：~ *course* 高级班
gāojíbān / ~ *algebra* 高等代数
gāoděng dàishù/ ~ *ideas* 先进思想
xiānjìn sīxiǎng / ~ *stage of a disease*
晚期病症 wǎnqī bìngzhèng/ ~ *age* 老
年 lǎonián

advantage *n*（1）有利条件 yǒulì
tiáojiàn；优点（名）yōudiǎn；优势
（名）yōushì：*the ~s of city life* 城市
生活的有利条件 chéngshì shēnghuó de
yǒulì tiáojiàn（2）好处（名）hǎochu,
益处（名）yìchu, 利益（名）lìyì //
have an ~ over 胜过 shèngguò，优于
yōuyú / *take ~ of* 利用 lìyòng，从中
得利 cóngzhōng dé lì

adventure *n* 冒险（动）màoxiǎn；冒险
活动 màoxiǎn huódòng；奇遇（名）
qíyù：*military ~s* 军事冒险 jūnshì
màoxiǎn

adventurer *n* 冒险家 màoxiǎnjiā；投机
家 tóujījiā

adventuress *n* 女冒险家 nǚ màoxiǎnjiā

adverb *n* 副词（名）fùcí：*a relative ~*
关系副词 guānxì fùcí / *an interroga-
tive ~* 疑问副词 yíwèn fùcí

advertise *v* 登广告 dēng guǎnggào；做
广告宣传 zuò guǎnggào xuānchuán

advertisement *n* 广告（名）guǎnggào；
登广告 dēng guǎnggào

advice *n* 劝告（名、动）quàngào，忠告
（名、动）zhōnggào；意见（名）yìjiàn

advise *v* 劝（动）quàn，劝告（动）
quàngào，建议（动、名）jiànyì

adviser *n* 顾问（名）gùwèn：*an ~ to
the government* 政府顾问 zhèngfǔ
gùwèn

advocate **I** *n*（1）辩护者（名）
biànhùzhě（2）鼓吹者（名）gǔchuīzhě，
拥护者（名）yōnghùzhě，提倡者（名）
tíchàngzhě **II** *v* 拥护 yōnghù,

提倡（动）tíchàng，主张（动）
zhǔzhāng // *devil's ~* 故意唱反调的
人 gùyì chàng fǎndiào de rén

advocator *n* 提倡者 tíchàngzhě，拥护
者 yōnghùzhě，鼓吹者 gǔchuīzhě

aerial **I** *adj* 空中的 kōngzhōng de：~
photography 空中摄影 kōngzhōng
shèyǐng / ~ *railway* 高架铁道 gāojià
tiědào **II** *n* 天线（名）tiānxiàn：*a
television ~* 电视天线 diànshì tiānxiàn

aerobics *n* 增氧健身法 zēngyǎng
jiànshēnfǎ

aeroplane, airplane *n* 飞机（名）fēijī：
go by ~ 坐飞机去 zuò fēijī qù

affair *n*（1）事（名）shì，事情（名）
shìqing；事件（名）shìjiàn；事务（名）
shìwù；事态（名）shìtài：*current ~s*
时事 shíshì / *world ~s* 国际事务
guójì shìwù / *the Ministry of Foreign
A~s* 外交部 wàijiāobù / *a public
(private) ~* 公（私）事 gōng（sī）shì
（2）东西（名）dōngxi, 物（名）wù；
玩意儿（名）wányìr（3）爱情关系
àiqíng guānxì；男女关系 nánnǚ
guānxì：*love ~* 爱情 àiqíng

affect[1] *v*（1）影响（动）yǐngxiǎng（2）
感动（动）gǎndòng（3）侵袭（动）
qīnxí；感染（动）gǎnrǎn：*be ~ed by
heat* 中暑 zhòngshǔ

affect[2] *v* 装（动）zhuāng，假装（动）
jiǎzhuāng，故作 gùzuò：~ *disinterest*
装作漠不关心的样子 zhuāngzuò
mòbùguānxīn de yàngzi / ~ *ignorance*
假装不知道 jiǎzhuāng bù zhīdào

affected *adj* 造作（形）zàozuo，做作
（形）zuòzuo：~ *manners* 矫柔造作的
样子 jiǎoróuzàozuo de yàngzi

affection *n*（1）爱（动）ài，慈爱（形）
cí'ài（2）爱（动）ài，爱慕（动）àimù；
爱情（名）àiqíng

affectionate *adj* 充满深情的
chōngmǎn shēnqíng de

affectionately *adv* 充满爱地 chōngmǎn
ài de

affirm *v* 断言（动）duànyán，肯定地
说 kěndìng de shuō；坚持说 jiānchí

shuō

affirmative I adj 肯定（形、动）kěndìng; 赞成的 zànchéng de: an ~ answer 肯定的回答 kěndìng de huídá II n 肯定（形）kěndìng; 肯定词（名）kěndìngcí

afflict v 使苦恼 shǐ kǔnǎo; 使难过 shǐ nánguò; 折磨（动）zhémo

affluence n（1）丰富（形）fēngfù; 富裕（形）fùyù, 富足（形）fùzú（2）流入（动）liúrù, 汇集（动）huìjí: the ~ of blood to the heart 血流入心脏 xiě liúrù xīnzàng

affluent adj 丰富（形）fēngfù, 富足（形）fùzú, 富裕（形）fùyù: ~ society 富足的社会 fùzú de shèhuì

afford v（1）担负得起 dānfù de qǐ; 买得起 mǎi de qǐ; 抽得出 chōu de chū（2）提供（动）tígōng, 给予（动）jǐyǔ

afraid adj（1）怕（动）pà, 害怕（动）hàipà; 不敢 bù gǎn（2）恐怕（副）kǒngpà; 担忧（动）dānyōu, 担心 dānxīn

Africa n 非洲（名）Fēizhōu

African I adj 非洲的 Fēizhōu de; 非洲人的 Fēizhōurén de II n 非洲人（名）Fēizhōurén

after I prep（1）在...以后 zài... yǐhòu: ~ dark 天黑以后 tiān hēi yǐhòu / the day ~ tomorrow 后天 hòutiān / the week ~ next 下下星期 xià xià xīngqī（2）在...后边 zài... hòubian（3）（一个）接（一个）（yíge）jiē（yíge）: day ~ day 一天又一天 yìtiān yòu yìtiān / time ~ time 一次又一次 yícì yòu yícì / one ~ another 一个接一个 yíge jiē yíge（4）由于（介）yóuyú, 因为（连）yīnwei; 尽管（连）jǐnguǎn（5）追（动）zhuī; 探求（动）tànqiú; 询问（动）xúnwèn（6）仿照（动）fǎngzhào, 依照（介）yīzhào II conj 在...以后 zài... yǐhòu III adv 以后（名）yǐhòu; 后来（名）hòulái // ~ all 毕竟 bìjìng, 不管怎么说 bùguǎn zěnme shuō, 终究 zhōngjiū

afternoon n 下午（名）xiàwǔ, 午后

（名）wǔhòu: in the ~（在）下午（zài）xiàwǔ / Good ~. 你好 Nǐ hǎo.

afterwards adv 后来（名）hòulái; 以后（名）yǐhòu

again adv（1）又（副）yòu, 再（副）zài, 再一次 zài yícì（2）倍（量）bèi（3）此外（连）cǐwài; 而且（连）érqiě; 另一方面 lìng yì fāngmiàn // ~ and ~ 再三地 zàisān de, 反复地 fǎnfù de/ time and ~ 一次又一次地 yícì yòu yícì de, 反复地 fǎnfù de

against prep（1）反对（动）fǎnduì; 逆（动）nì; 顶着 dǐngzhe（2）碰撞（动）pèngzhuàng（3）靠（动）kào; 倚（动）yǐ（4）防备（动）fángbèi: medicine ~ cancer 防癌药物 fáng ái yàowù（5）以...为背景 yǐ...wéi bèijǐng

age I n（1）岁（名）suì, 年纪（名）niánjì, 年龄（名）niánlíng（2）成年（名）chéngnián; 老年（名）lǎonián（3）时期（名）shíqī, 时代（名）shídài: the Middle A~s 中世纪 zhōng shìjì / the Stone A~ 石器时代 shíqì shídài（4）长时间 cháng shíjiān II v（1）变老 biànlǎo（2）（使）变陈（shǐ）biànchén;（使）老化（shǐ）lǎohuà// be of ~ 成年 chéngnián / be under ~ 未成年 wèi chéngnián / come of ~ 达到法定年龄 dádào fǎdìng niánlíng / over ~ 超龄 chāolíng

age-old adj 古老的 gǔlǎo de: an ~ custom 古老的风俗 gǔlǎo de fēngsú

agency n（1）代理行 dàilǐháng, 代办处 dàibànchù; 经销处 jīngxiāochù: advertising ~ 广告代办处 guǎnggào dàibànchù（2）机构（名）jīgòu: a news ~ 通讯社 tōngxùnshè（3）力量（名）lìliang; 作用（名）zuòyòng

agent n（1）代理人（名）dàilǐrén; 代理商（名）dàilǐshāng: insurance ~ 保险代理人 bǎoxiǎn dàilǐrén / an advertising ~ 广告代理商 guǎnggào dàilǐshāng / a real estate ~ 房产经纪人 fángchǎn jīngjìrén / a secret ~ 间谍 jiàndié（特务 tèwù）（2）动因（名）dòngyīn, 作用物（名）zuòyòngwù:

chemical ~ 化学制剂 huàxué zhìjì

aggression *n* 攻击 (动) gōngjī, 侵略 (动) qīnlüè, 侵犯 (动) qīnfàn: *economic* ~ 经济侵略 jīngjì qīnlüè

aggressive *adj* (1) 侵略的 qīnlüè de, 侵犯的 qīnfàn de, 攻势的 gōngshì de: ~ *war* 侵略战争 qīnlüè zhànzhēng (2) 爱寻衅闹事 ài xúnxìnnàoshì (3) 敢作敢为的 gǎnzuògǎnwéi de; 有进取心的 yǒu jìnqǔxīn de: *an* ~ *advertising campaign* 积极的广告活动 jījí de guǎnggào huódòng

aggressor *n* 攻击者 gōngjīzhě, 侵略者 qīnlüèzhě; 侵略国 qīnlüèguó: *the* ~ *nation* 侵略国 qīnlüèguó

agitate *v* (1) 搅动 (动) jiǎodòng, 摇动 (动) yáodòng (2) 搅乱 (动) jiǎoluàn; 使人不安 (焦虑) shǐ rén bù'ān (jiāolǜ) (3) 激烈争论 jīliè zhēnglùn; 鼓动 gǔdòng

agitation *n* (1) 搅动 (动) jiǎodòng, 搅拌 (动) jiǎobàn (2) 激动 (形) jīdòng; 焦虑 (形) jiāolǜ (3) 议论 (动) yìlùn; 鼓动 (动) gǔdòng: ~ *for women's rights* 争取妇女权利的运动 zhēngqǔ fùnǚ quánlì de yùndòng

ago *adv* 以前 (名) yǐqián, ... 之前 zhīqián: *8 years* ~ 八年前 bānián qián / *long* ~ 很久以前 hěn jiǔ yǐqián / *years* ~ 很多年以前 hěn duō nián yǐqián

agony *n* 极度痛苦 jídù tòngkǔ, 极度苦恼 jídù kǔnǎo: *mental* ~ 精神上的巨大痛苦 jīngshénshang de jùdà tòngkǔ

agree *v* (1) 同意 (动) tóngyì, 赞同 (动) zàntóng, 赞成 (动) zànchéng, 答应 (动) dāying (2) 商定 (动) shāngdìng, 约定 (动) yuēdìng (3) 投合 (动) tóuhé, 一致 (形) yízhì

agreeable *adj* (1) 惬意 (形) qièyì, 令人愉快的 lìng rén yúkuài de: ~ *weather* 舒适的天气 shūshì de tiānqì (2) (欣然) 同意 (动) (xīnrán) tóngyì; 合意 hé yì

agreement *n* (1) 同意 (动) tóngyì, 一致 (形) yízhì (2) 协定 (名) xiédìng,

协议 (名) xiéyì

agricultural *adj* 农业的 nóngyè de, 耕种的 gēngzhòng de, 农学上的 nóngxué shang de: ~ *products* 农产品 / *an* ~ *show* 农业展览 nóngyè zhǎnlǎn

agriculture *n* 农业 (名) nóngyè; 农学 (名) nóngxué

aground *adj* (1) 在地上 zài dìshang (2) 搁浅 gēqiǎn, 触礁 chù jiāo

ahead *adj* & *adv* (1) 在前面 zài qiánmiàn (2) 提前 (动) tíqián // *go* ~ 说吧 shuō ba; 开始吧 kāishǐ ba; 继续吧 jìxù ba

aid **I** *v* 援助 (动) yuánzhù; 帮助 (动) bāngzhù **II** *n* (1) 援助 (动) yuánzhù; 帮助 (动) bāngzhù; 救护 (动) jiùhù: *a first* ~ *post* 急救站 jíjiùzhàn (2) 助手 (名) zhùshǒu; 辅助 (动) fǔzhù: *a hearing* ~ 助听器 zhùtīngqì / *a teaching* ~ 教具 jiàojù // *in* ~ *of* 用来帮助 yòng lái bāngzhù

AIDS *n* 艾滋病 (名) àizībìng: ~ *patient* 艾滋病患者 àizībìng huànzhě

aim **I** *v* (1) 瞄准 (动) miáozhǔn; 针对 (动) zhēnduì (2) 目的在于 mùdì zàiyú, 以 ... 为目标 yǐ ... wéi mùbiāo **II** *n* (1) 瞄准 (动) miáozhǔn (2) 目标 (名) mùbiāo; 目的 (名) mùdì

aimless *adj* 无目的的 wú mùdì de; 无目标的 wú mùbiāo de: *an* ~ *sort of life* 一种无目的的生活 yìzhǒng wú mùdì de shēnghuó

air **I** *n* (1) 空气 (名) kōngqì; 大气 (名) dàqì; 气 (名) qì (2) 空中 (名) kōngzhōng, 天空 (名) tiānkōng: *in the open* ~ 露天 lùtiān (3) 外观 (名) wàiguān; 神态 (名) shéntài, 样子 (名) yàngzi, 架子 (名) jiàzi **II** *v* (1) 晾 (动) liàng; 烘干 hōnggān (2) 通风 tōngfēng (3) 炫耀 (动) xuànyào; 卖弄 (动) màinòng (4) 发表 (动) fābiǎo: ~ *one's views* 发表意见 fābiǎo yìjian // ~ *defence* 防空 fángkōng / ~ *defence missile* 防空导弹 fángkōng dǎodàn / ~ *force* 空军 kōngjūn / ~

hostess 空中小姐 kōngzhōng xiǎojiě / ~ *raid* 空袭 kōngxí / ~ *raid shelter* 防空洞 fángkōngdòng / ~ *terminal* 终点航站 zhōngdiǎn hángzhàn; 机场大厦 jīchǎng dàshà / *by* ~ 乘飞机 chéng fēijī, 通过航空 tōngguò hángkōng: *go by* ~ 坐飞机去 zuò fēijī qù / *send the mail by* ~ 寄航空邮件 jì hángkōng yóujiàn / *in the* ~ (1) 在空中 zài kōngzhōng: *a castle in the* ~ 空中楼阁 kōngzhōnglóugé (2) 在流传中 zài liúchuán zhōng / *on the* ~ 正在广播 zhèngzài guǎngbō / *put on* ~s 摆架子 bǎi jiàzi

airbase *n* 空军基地 kōngjūn jīdì

air-conditioned *adj* 有空调的 yǒu kōngtiáo de: *an* ~ *cinema* 有空调的电影院 yǒu kōngtiáo de diànyǐngyuàn

air-conditioner *n* 空气调节器 kōngqì tiáojiéqì

aircraft *n* 航空器（名）hángkōngqì; 飞机（名）fēijī

aircraft-carrier *n* 航空母舰（名）hángkōng mǔjiàn

aircushion *n* 气垫（名）qìdiàn

airgun *n* 汽枪（名）qìqiāng

airline *n* 航线（名）hángxiàn; 航空公司 hángkōng gōngsī

airliner *n* 客机（名）kèjī, 班机（名）bānjī

airmail *n* 航空邮件 hángkōng yóujiàn: *an* ~ *letter* 一封航空信 yìfēng hángkōngxìn

airport *n* 机场（名）jīchǎng: *international* ~ 国际机场 guójì jīchǎng

airpower *n* 空中力量 kōngzhōng lìliàng

airsickness *n* 晕机 yùnjī: ~ *bag* 晕机袋 yùnjī dài

airtight *adj* 密封的 mìfēng de, 不透气的 bú tòuqì de

alarm I *n* (1) 警报（名）jǐngbào; 报警器（名）bàojǐngqì: *an air raid* ~ 空袭紧急警报 kōngxí jǐnjí jǐngbào / *sound the* ~ 发警报 fā jǐngbào (2) 惊恐（形）jīngkǒng, 惊慌（形）jīnghuāng II *v* (1) 向...报警 xiàng...bàojǐng (2) 使恐慌 shǐ kǒnghuāng, 惊慌（形）jīnghuāng // ~ *clock* 闹钟 nàozhōng

alarming *adj* 使人惊恐的 shǐ rén jīngkǒng de: *an* ~ *piece of news* 一条令人惊慌不安的消息 yìtiáo lìng rén jīnghuāng bù'ān de xiāoxi

album *n* (1) 粘贴簿（名）zhāntiēbù: *a photo* ~ 相册 xiàngcè / *a stamp* ~ 集邮册 jíyóucè (2) 唱片套（名）chàngpiàntào (3) 慢转唱片 mànzhuǎn chàngpiàn

alcohol *n* (1) 酒精（名）jiǔjīng: *an* ~ *burner* 酒精灯 jiǔjīngdēng (2) 酒（名）jiǔ

alert I *adj* 警惕（动）jǐngtì, 警觉（形）jǐngjué; 机灵（形）jīling II *v* 使警觉 shǐ jǐngjué; 使...注意 shǐ...zhùyì // *on the* ~ 戒备 jièbèi, 提防 dīfang

algebra *n* 代数（名）dàishù; 代数学（名）dàishùxué

alibi *n* (1) 不在犯罪现场的证据 bú zài fànzuì xiànchǎng de zhèngjù (2) 借口（名）jièkǒu, 托辞（名）tuōcí

alien I *adj* (1) 外国的 wàiguó de; 其它种族的 qítā zhǒngzú de; 异己的 yìjǐ de: ~ *people* 侨民 qiáomín / ~ *property* 外国人的财产 wàiguórén de cáichǎn (2) 相异的 xiāngyì de; 不相容的 bù xiāng róng de II *n* 侨民（名）qiáomín, 外侨 wàiqiáo

alike I *adj* 相同（形）xiāngtóng, 相像（形）xiāngxiàng II *adv* 同样（形）tóngyàng; 同等（形）tóngděng: *old and young* ~ 不论老幼 búlùn lǎoyòu

alive *adj* (1) 活着的 huózhe de, 存在的 cúnzài de, 在世的 zàishì de (2) 有活力的 yǒu huólì de, 有生气的 yǒu shēngqì de (3) 热闹（形）rènào; 充满着...的 chōngmǎnzhe...de // ~ *to* 注意到 zhùyìdào / *come* ~ 活跃起来 huóyuèqilai

all I *adj* (1) 所有（形）suǒyǒu; 一切（代）yíqiè; 全部（形）quánbù; 整个（形）zhěnggè (2) 任何（代）rènhé II *adv* (1) 完全（形）wánquán, 十分

（副）shífēn（2）更加（副）gèngjiā
III *pron* 一切（代）yíqiè；全部（名）
quánbù；全体（名）quántǐ IV *n* 所有的
东西 suǒyǒu de dōngxi，一切（代）yíqiè
// *above* ~ 首先 shǒuxiān / ~ *alone*
独自 dúzì / ~ *along* 始终 shǐzhōng，
一直 yìzhí / ~ *around* 周围 zhōuwéi；
各处 gèchù / ~ *at once*（1）突然
tūrán（2）同时 tóngshí / ~ *but* 几乎
jīhū，差一点儿 chàyìdiǎnr / ~ *one to*
对...来说都一样 duì... láishuō dōu
yíyàng / ~ *over*（1）结束 jiéshù（2）
浑身 húnshēn（3）到处 dàochù：~
over the world 全世界 quán shìjiè / ~
right（1）行 xíng，好 hǎo；没关系 méi
guānxì（2）确实 quèshí；不错 bú cuò/
~ *the more* 更加 gèngjiā / *at* ~（1）
根本 gēnběn（2）一点儿 yìdiǎnr（3）
到底 dàodǐ / *for* ~ ... 尽管...
jǐnguǎn... / *when* ~ *is said and done*
结果 jiéguǒ，毕竟 bìjìng

allegation *n* 断言（动）duànyán；辩解
（动）biànjiě

allege *v* 断言（动）duànyán，宣称（动）
xuānchēng，声称（动）shēngchēng

allergic *adj* 过敏性的 guòmǐnxìng de：
~ *reaction* 过敏性反应 guòmǐnxìng
fǎnyìng

allergy *n*（1）过敏症（名）
guòmǐnzhèng（2）反感（形）fǎngǎn

alley *n* 胡同（名）hútòng，小巷（名）
xiǎoxiàng：*a blind* ~ 一条死胡同
yìtiáo sǐ hútòng

alliance *n* 联盟（名）liánméng，同盟
（名）tóngméng；联合（动）liánhé：*the*
~ *of workers and peasants* 工农联盟
gōngnóng liánméng

all-night *adj* 通宵的 tōngxiāo de：~
service 通宵营业 tōngxiāo yíngyè

allocate *v*（1）分配（动）fēnpèi，分给
fēngěi（2）划给 huàgěi

allocation *n*（1）分配（动）fēnpèi：~
of facilities 设备分配 shèbèi fēnpèi
（2）分配的份额 fēnpèi de fèn'é

allot *v* 分配（动）fēnpèi；分派（动）
fēnpài；拨给（动）bōgěi

all-out *adj* 全力的 quánlì de

allow *v*（1）允许（动）yǔnxǔ，准许
（动）zhǔnxǔ，让（动）ràng（2）给
（动）gěi，让...得到 ràng... dédào：
~ *an hour for lunch* 给一个小时吃午
饭 gěi yíge xiǎoshí chī wǔfàn // ~ *for*
考虑到 kǎolǜ dào，估计 gūjì

allowance *n*（1）被允许的东西 bèi
yǔnxǔ de dōngxi：*luggage* ~ 行李
重量限额 xíngli de zhòngliàng xiàn'é
（2）津贴（名）jīntiē，补助费（名）
bǔzhùfèi：*a clothing* ~ *of 50 yuan a*
year 每年五十块钱的服装补助费
měinián wǔshíkuài qián de fúzhuāng
bǔzhùfèi // *make* ~（*s*）*for* 考虑
到... kǎolǜdào...；体谅 tǐliàng

alloy *n* 合金（名）héjīn：*high-* ~ *steel*
高合金钢 gāo héjīngāng

all-purpose *a* 适于各种用途的 shìyú
gèzhǒng yòngtú de：~ *knife* 多用刀
duōyòngdāo

all-round *adj* 全面的 quánmiàn de

allude *v* 暗示（动）ànshì，间接提到
jiànjiē tídào；影射（动）yǐngshè

allure I *v* 吸引（动）xīyǐn；引诱（动）
yǐnyòu II *n* 吸引（动）xīyǐn；吸引力
xīyǐnlì，诱惑力 yòuhuòlì

allusion *n*（1）暗示（动）ànshì，间接
提到 jiànjiē tídào；影射（名）yǐngshè
（2）引喻 yǐnyù

ally I *n* 同盟国（名）tóngméngguó，同
盟者（名）tóngméngzhě II *v* 结盟
jiéméng，联合（动）liánhé

almanac *n* 历书（名）lìshū；年历（名）
niánlì；年鉴（名）niánjiàn：*astronom-*
ical ~ 天文年历 tiānwén niánlì

almond *n* 杏仁（名）xìngrén

almost *adv* 几乎（副）jīhū，差不多
（形）chàbuduō，差点儿（副）chàdiǎnr

alms *n* 救济金 jiùjìjīn；救济物品 jiùjì
wùpǐn：*give* ~ *to sb.* 给某人救济 gěi
mǒu rén jiùjì / *ask for* ~ *from sb.* 向
某人请求救济 xiàng mǒu rén qǐngqiú
jiùjì

alone I *adv*（1）单独（形）dāndú，独
自（副）dúzì（2）只（副）zhǐ，只有

（副）zhǐyǒu, 仅仅（副）jǐnjǐn **II** *adj* 单独（形）dāndú; 惟独（副）wéidú // *leave* ~ 不要管 búyào guǎn, 不要理 búyào lǐ

along **I** *prep* 沿着（介）yánzhe, 顺着（介）shùnzhe **II** *adv* (1) 向前 xiàng qián (2) 一起（副）yìqǐ, 一道 yídào // *all* ~ 始终 shǐzhōng, 一直 yìzhí / *be* ~ 来到 láidào

aloud *adv* 出声 chū shēng, 大声地 dà shēng de

alphabet *n* 字母（名）zìmǔ, 字母表（名）zìmǔbiǎo: *the latin* ~ 拉丁字母 Lādīng zìmǔ / *Chinese phonetic* ~ 汉语拼音 Hànyǔ pīnyīn

alphabetical *adj* 按字母顺序的 àn zìmǔ shùnxù de; 字母的 zìmǔ de

already *adv* 已经（副）yǐjing

also **I** *adv* 也（副）yě; 还（副）hái; 同样（形）tóngyàng **II** *conj* 又（副）yòu, 还（副）hái // *not only . . . but* ~ 又…又 yòu… yòu, 不仅…而且 bùjǐn…érqiě

altar *n* 祭坛（名）jìtán, 圣坛（名）shèngtán

alter *v* (1) 改变（动）gǎibiàn, 改动（动）gǎidòng, 变样 biànyàng (2) 修改（动）xiūgǎi, 改正（动）gǎizhèng

alteration *n* 改（动）gǎi; 修改（动）xiūgǎi; 改变（动）gǎibiàn

alternate **I** *adj* (1) 交替的 jiāotì de, 轮流的 lúnliú de; 交错的 jiāocuò de (2) 预备的 yùbèi de, 候补的 hòubǔ de: *an* ~ *member of the committee* 委员会候补委员 wěiyuánhuì hòubǔ wěiyuán **II** *v* 交替（动）jiāotì, 轮流（动）lúnliú

alternative **I** *adj* 可选择的 kě xuǎnzé de; 选择性的 xuǎnzéxìng de: *an* ~ *route* 可选择的另一路线 kě xuǎnzé de lìng yí lùxiàn / *an* ~ *idea* 另一选择方案 lìng yì xuǎnzé fāng'àn **II** *n* (1) 两者挑一 liǎngzhě tiāo yī, 取舍（动）qǔshě; 抉择（动）juézé (2) 替换物（名）tìhuànwù; 选择对象 xuǎnzé duìxiàng; 可供选择的办法 kě gōng

xuǎnzé de bànfǎ

alternatively *adv* 两者挑一的 liǎngzhě tiāo yī de; 另外的选择是 lìngwài de xuǎnzé shì

although *conj* 尽管（连）jǐnguǎn, 虽然（连）suīrán

altitude *n* (1) 高（形）gāo; （海拔）高度（名）（hǎibá）gāodù (2) 高处（名）gāochù, 高地（名）gāodì: ~ *sickness* 高原症 gāoyuánzhèng

altogether *adv* (1) 完全（形）wánquán, 全部（名）quánbù (2) 总的说来 zǒng de shuōlái, 总而言之 zǒng'éryánzhī (3) 总共（副）zǒnggòng, 一共（副）yígòng

aluminium *n* 铝（名）lǚ

always *adv* (1) 老是（副）lǎoshì; 总是（副）zǒngshì, 一直（副）yìzhí; 一贯（形）yíguàn, 一向（副）yíxiàng; 每一次都 měi yícì dōu (2) 永远（副）yǒngyuǎn

amateur **I** *n* 业余爱好者 yèyú àihàozhě **II** *adj* (1) 业余的 yèyú de: *an* ~ *actor* 业余演员 yèyú yǎnyuán (2) 不熟练的 bù shúliàn de; 不完善的 bù wánshàn de; 不成熟的 bù chéngshú de

amaze *v* 使惊异 shǐ jīngyì, 使惊奇 shǐ jīngqí, 使惊讶 shǐ jīngyà

amazement *n* 惊奇（形）jīngqí, 诧异（形）chàyì

amazing *adj* 令人惊异的 lìng rén jīngyì de, 惊人（形）jīngrén; 了不起的 liǎobuqǐ de

ambassador *n* 大使（名）dàshǐ; 使节（名）shǐjié: *the Chinese A* ~ *to Britain* 中国驻英国大使 Zhōngguó zhù Yīngguó dàshǐ / *an* ~ *extraordinary and plenipotentiary* 特命全权大使 tèmìng quánquán dàshǐ

amber *n* 琥珀（名）hǔpò; 琥珀色（名）hǔpòsè

ambiguity *n* 歧义（名）qíyì; 模棱两可的话 móléngliǎngkě de huà

ambiguous *adj* 模棱两可 móléngliǎngkě; 意义不明确 yìyì bù míngquè, 含糊（形）hánhu; 有歧义的 yǒu qíyì de

ambition *n* (1) 志向(名) zhìxiàng, 志气(名) zhìqi, 抱负(名) bàofù (2) 野心(名) yěxīn, 奢望 shēwàng

ambitious *adj* 有雄心的 yǒu xióngxīn de; 有抱负的 yǒu bàofù de; 有野心的 yǒu yěxīn de: *an ~ plan* 一个雄心勃勃的计划 yíge xióngxīnbóbó de jihuà

ambulance *n* 救护车(名) jiùhùchē; 流动医院 liúdòng yīyuàn: *air ~* 救护飞机 jiùhù fēijī / *~ corps* 救护队 jiùhùduì

ambush **I** *n* 伏击(动) fújī; 设伏地点 shè fú dìdiǎn; 伏兵(名) fúbīng: *lay an ~* 设下埋伏 shèxià máifu / *fall into an ~* 中了埋伏 zhòngle máifu **II** *v* 埋伏(动) máifu; 伏击(动) fújī

amend *v* 改正(动) gǎizhèng, 修正(动) xiūzhèng, 修改(动) xiūgǎi: *bad habits* 改变坏习惯 gǎibiàn huài xíguàn / *~ the constitution* 修改宪法 xiūgǎi xiànfǎ

America *n* (1) 美洲(名) Měizhōu: *North ~* 北美洲 Běiměizhōu / *Latin ~* 拉丁美洲 Lādīngměizhōu (2) 美国(名) Měiguó

American **I** *adj* 美洲的 Měizhōu de; 美国的 Měiguó de: *an ~ Indian* 一个美国印地安人 yíge Měiguó Yìndì'ān rén **II** *n* 美洲人 Měizhōu rén; 美国人 Měiguórén

Americanism *n* 美国词语 Měiguó cíyǔ, 美国说法 Měiguó shuōfǎ

amiable *adj* 亲切(形) qīnqiè; 和蔼可亲的 hé'ǎi kěqīn de; 友好(形) yǒuhǎo

amiss *adj* 有缺陷的 yǒu quēxiàn de, 有毛病的 yǒu máobìng de// *take sth. ~* 因某事见怪 yīn mǒu shì jiànguài, 因某事生气 yīn mǒu shì shēngqì

ammunition *n* 弹药(名) dànyào, 攻击用的材料 gōngjī yòng de cáiliào: *an ~ depot* 弹药库 dànyàokù

amnesty *n* 大赦 dàshè, 特赦 tèshè

among *prep* 在...中间 zài...zhōngjiān, 在...之中 zài...zhīzhōng

amount **I** *v* (1) 合计(动) héjì, 总共

(副) zǒnggòng (2) 相当于 xiāngdāngyú, 等于(动) děngyú **II** *n* (1) 总数(名) zǒngshù: *What is the ~?* 总共多少? Zǒnggòng duōshao? (2) 数量(名) shùliàng, 数额(名) shù'é // *in large ~s* 大量的 dàliàng de, 大宗的 dàzōng de, 大批的 dàpī de

amphibious *a* 两栖的 liǎngqī de: *~ creatures* 两栖动物 liǎngqī dòngwù / *an ~ vehicle* 水陆两用车 shuǐ lù liǎng yòng chē

ample *adj* 充分(形) chōngfèn, 足够(形) zúgòu; 宽敞(形) kuānchǎng: *an ~ supply of paper* 充足的纸张供应 chōngzú de zhǐzhāng gōngyìng / *~ time* 充裕的时间 chōngyù de shíjiān

amputate *v* 截掉 jiédiào: *~ a finger* 截掉一个手指 jiédiào yíge shǒuzhǐ

amuse *v* (1) 娱乐(动) yúlè; 使快乐 shǐ kuàilè, 叫...高兴 jiào...gāoxing (2) 逗...乐 dòu...lè; 引起乐趣 yǐnqǐ lèqù

amusement *n* 娱乐(名) yúlè; 乐趣(名) lèqù; 娱乐活动 yúlè huódòng: *an ~ park* 公共娱乐场 gōnggòng yúlèchǎng

amusing *adj* 引起兴趣的 yǐnqǐ xìngqù de; 有意思的 yǒuyìsi de; 逗乐的 dòulè de: *an ~ story* 有趣的故事 yǒuqù de gùshi

anaemia *n* 贫血(名) pínxuè

anaesthesia *n* 麻醉(动) mázuì: *acupuncture ~* 针刺麻醉 zhēncì mázuì/ *general ~* 全身麻醉 quánshēn mázuì / *local ~* 局部麻醉 júbù mázuì

anaesthetic *n* 麻醉剂(名) mázuìjì: *local ~* 局部麻醉剂 júbù mázuìjì / *under an ~* 处于麻醉状态 chǔyú mázuì zhuàngtài

analogy *n* (1) 相似(形) xiāngsì, 类似(形) lèisì (2) 类比(动) lèibǐ; 类推(动) lèituī

analyse *v* 分析(动) fēnxī; 分解(动) fēnjiě: *the ability to ~ and solve problems* 分析和解决问题的能力 fēnxī hé jiějué wèntí de nénglì

analysis *n* 分析(动) fēnxī; 分解(动) fēnjiě: *chemical* ~ 化学分析 huàxué fēnxī // *in the final* ~ 归根到底 guīgēndàodǐ

anarchism *n* 无政府主义(名) wúzhèngfǔzhǔyì

anarchist *n* 无政府主义者(名) wúzhèngfǔzhǔyìzhě

anarchy *n* (1)无政府状态 wúzhèngfǔ zhuàngtài (2) 混乱(形) hùnluàn

anatomy *n* 解剖(动) jiěpōu; 分析(动) fēnxī; 剖析(动) pōuxī: *human* ~ 人体解剖 réntǐ jiěpōu

ancestor *n* 祖宗(名) zǔzōng, 祖先(名) zǔxiān: *earliest* ~ 鼻祖 bízǔ

anchor **I** *n* 锚(名) máo: *cast* ~ 抛锚 pāomáo **II** *v* 抛锚 pāomáo, 停泊(动) tíngbó

ancient *adj* 古(形) gǔ, 古代的 gǔdài de, 古老(形) gǔlǎo; 老式(形) lǎoshì: *an* ~ *city* 一座古城 yízuò gǔchéng / ~ *history* 古代史 gǔdàishǐ

and *conj* (1) 和(连) hé, 同(连) tóng, 跟(连) gēn, 及(连) jí, 以及(连) yǐjí; 并(连) bìng, 并且(连) bìngqiě; 还有 hái yǒu: *brothers* ~ *sisters* 兄弟和姐妹 xiōngdì hé jiěmèi / *man* ~ *wife* 夫妇 fūfù (2) 兼(连) jiān, 又是 yòu shì; 连带 liándài: *a watch* ~ *chain* 一块带表链儿的表 yíkuài dài biǎoliànr de biǎo / *a roll of black* ~ *white film* 一卷黑白胶卷 yìjuǎn hēibái jiāojuǎn (3) 并且(连) bìngqiě, 而且(连) érqiě (4) 接连(副) jiēlián, 又(副) yòu; 继续(副) jìxù (5) 加(动) jiā: *200* ~ *4* 二百零四 èrbǎilíngsì (6) 假如…那么 jiǎrú...nàme, 要是…就 yàoshì...jiù // ~ *all that* 诸如此类 zhūrúcǐlèi, 等等 děngděng / ~ *others* 以及其他 yǐjí qítā, 等等 děngděng / ~ *so on* 等 děng, 等等 děngděng / ~ *then* 于是 yúshì, 然后 ránhòu / *what not* 其他 qítā; 等等 děngděng

anecdote *n* 轶事(名) yìshì, 奇事(名) qíshì: *an amusing* ~ 有趣的轶事 yǒuqù de yìshì

anew *adv* 再(副) zài, 重新(副) chóngxīn

angel *n* (1) 天使(名) tiānshǐ: *an* ~ *of a boy* 天使般的男孩儿 tiānshǐ bān de nánháir (2) 守护神(名) shǒuhùshén

anger **I** *n* 怒(形) nù, 愤怒(形) fènnù, 气愤(形) qìfèn **II** *v* 发怒(动) fānù, 生气 shēngqì, 发火(动) fāhuǒ; 激怒(动) jīnù

angle *n* (1) 角(名) jiǎo: *a right* ~ 直角 zhíjiǎo / *an obtuse* ~ 钝角 dùnjiǎo /*an acute* ~ 锐角 ruìjiǎo / *an* ~ *of 90* 九十度角 jiǔshídù jiǎo / *a reflex* ~ 折射角 zhéshèjiǎo (2) 角度(名) jiǎodù, 方面(名) fāngmiàn

angry *adj* (1) 发怒(动) fānù, 愤怒(形) fènnù, 生气 shēngqì, 恼火(形) nǎohuǒ (2) 发炎(动) fāyán; 红肿(形) hóngzhǒng

anguish *n* 极度的痛苦 jídù de tòngkǔ, 苦恼(名、形) kǔnǎo: *be in* ~ 感到极大的痛苦 gǎndào jí dà de tòngkǔ

animal *n* 动物(名) dòngwù; 兽(名) shòu, 兽类(名) shòulèi; 牲畜(名) shēngchù: *a wild* ~ 一只野兽 yìzhī yěshòu / *a domestic* ~ 家畜 jiāchù / ~ *husbandry* 畜牧业 xùmùyè

animate **I** *v* (1) 使有生命力 shǐ yǒu shēngmìnglì, 使活泼 shǐ huópo: ~*d cartoon* 动画片 dònghuàpiàn (2) 激励(动) jīlì, 激发(动) jīfā **II** *adj* 有生命的 yǒu shēngmìng de; 有生气的 yǒu shēngqì de

animation *n* (1) 生气(名) shēngqì, 生动(形) shēngdòng; 兴奋(形) xīngfèn: *with* ~ 活泼地 huópo de (2) 动画(卡通)片制作 dònghuà (kǎtōng) piàn zhìzuò

ankle *n* 踝(名) huái, 踝子骨(名) huáizigǔ; 踝关节 huáiguānjié: ~ *socks* 只盖住踝关节的短袜 zhǐ gàizhù huáiguānjié de duǎnwà

annex **I** *v* (1) 加(动) jiā, 附加(动) fùjiā; 附带(动) fùdài: ~ *a condition to a contract* 在合同上附加一项条件

zài hétong shang fùjiā yíxiàng tiáojiàn (2) 并吞（动）bìngtūn, 兼并（动）jiānbìng, 霸占（动）bàzhàn **II** *n* 附属建筑物 fùshǔ jiànzhùwù: *an ~ to a hospital* 医院的附属建筑 yīyuàn de fùshǔ jiànzhù

annihilate *v* 歼灭（动）jiānmiè, 消灭（动）xiāomiè, 摧毁（动）cuīhuǐ: *~ the enemy* 歼灭敌人 jiānmiè dírén

anniversary *n* 周年（名）zhōunián; 周年纪念日 zhōunián jìniànrì; 周年纪念 zhōunián jìniàn: *celebrate the tenth ~ of the founding of the factory* 庆祝建厂十周年 qìngzhù jiàn chǎng shí zhōunián

annotate *v* 作注释 zuò zhùshì

announce *v* (1) 宣布（动）xuānbù, 公布（动）gōngbù, 宣告（动）xuāngào, 发表（动）fābiǎo (2) 报告...的来到 bàogào...de láidào

announcement *n* 宣布（动）xuānbù, 宣告（动）xuāngào; 通告（名、动）tōnggào: *a broadcast ~* 广播通知 guǎngbō tōngzhī

announcer *n* 广播员（名）guǎngbōyuán; 报幕员（名）bàomùyuán; 讲解员（名）jiǎngjiěyuán

annoy *v* 使生气 shǐ shēngqì; 使恼火 shǐ nǎohuǒ; 使烦恼 shǐ fánnǎo; 打扰（动）dǎrǎo

annoyance *n* 气恼（形）qìnǎo, 恼火（形）nǎohuǒ, 生气 shēngqì

annoying *adj* 讨厌（形）tǎoyàn, 恼火（形）nǎohuǒ

annual **I** *adj* 每年的 měinián de, 年度的 niándù de: *~ production* 年产量 nián chǎnliàng **II** *n* (1) 年报（名）niánbào; 年刊（名）niánkān; 年鉴（名）niánjiàn (2) 一年生植物（名）yìnián shēng zhíwù

anonymous *adj* 匿名（形）nìmíng, 无名（形）wúmíng, 不知名的 bù zhī míng de: *an ~ letter* 一封匿名信 yìfēng nìmíngxìn

another **I** *adj* (1) 别的（代）biéde; 另外（形、副）lìngwài; 不同的 bùtóng de (2) 再 zài, 另一 lìng yī, 又一 yòu yī; 类似的 lèisì de **II** *pron* 另一个 lìng yíge; 类似的一个 lèisì de yíge: *in one way or ~* 用这样或那样的方法 yòng zhèyàng huò nàyàng de fāngfǎ

answer **I** *n* (1) 回答（名、动）huídá, 答复（名、动）dáfù; 答应（动）dāying (2) 答案（名）dá'àn: *~s to the exercises* 练习答案 liànxí dá'àn **II** *v* (1) 回答（动、名）huídá, 答复（动、名）dáfù, 答应（动）dāying (2) 适应（动）shìyìng; 适合（动）shìhé; 符合（动）fúhé // *~ back* 顶嘴 dǐngzuǐ, 回嘴 huízuǐ / *~ for* 负责 fùzé, 保证 bǎozhèng

ant *n* 蚂蚁（名）mǎyǐ: *white ~s* 白蚁 báiyǐ

antarctic *adj & n* 南极的 nánjí de; 南极区的 nánjíqū de: *the A ~* 南极（区）Nánjí (qū) / *the A ~ Circle* 南极圈 Nánjíquān / *the A ~ Continent* 南极洲 Nánjízhōu

ant-eater *n* 食蚁兽（名）shíyǐshòu

antecedent *n* (1) 经历（名）jīnglì, 履历（名）lǚlì (2) 先行词（名）xiānxíngcí

anthem *n* (1) 赞美诗（名）zànměishī, 颂歌（名）sònggē (2) 国歌（名）guógē; 校歌（名）xiàogē: *play the national ~* 奏国歌 zòu guógē

anthropology *n* 人类学（名）rénlèixué

anticipate *v* (1) 预计（动）yùjì, 预料（动）yùliào, 预见（动）yùjiàn; 期望（动）qīwàng (2) 抢在...前面 qiǎng zài... qiánmiàn, 在...之前行动 zài...zhīqián xíngdòng

anticipation *n* 期待（动）qīdài; 预见（动）yùjiàn; 准备（动）zhǔnbèi

anticlockwise *adj* 逆时针方向的 nì shízhēn fāngxiàng de

antique **I** *adj* 古时的 gǔshí de; 古式（形）gǔshì, 古老（形）gǔlǎo: *an ~ chair* 一把古时候的椅子 yìbǎ gǔshíhou de yǐzi **II** *n* 古物（名）gǔwù; 古玩（名）gǔwán, 古董（名）gǔdǒng: *an ~ shop* 古玩店 gǔwándiàn

antiseptic I *adj* 防腐的 fángfǔ de; 杀菌的 shājūn de II *n* 防腐剂 fángfǔjì; 消毒剂 xiāodújì

antonym *n* 反义词（名）fǎnyìcí; 反义语（名）fǎnyìyǔ

anxiety *n* (1) 忧虑（动）yōulǜ, 担心 dānxīn, 焦急（形）jiāojí; 心事（名）xīnshì (2) 渴望（动）kěwàng, 热望（动）rèwàng: ~ for sth. 对某事的渴望 duì mǒu shì de kěwàng

anxious *adj* (1) 忧虑（动）yōulǜ, 担心的 dānxīn de, 焦虑（动）jiāolǜ, 发愁的 fāchóu de (2) 渴望（动）kěwàng, 盼望着 pànwàngzhe; 急于（动）jíyú

any I *adj* (1) 什么（代）shénme; 一些（代）yìxiē (2) 任何（代）rènhé, 任何一个 rènhé yíge II *pron* 哪一个 nǎ yíge, 那些（代）nàxiē; 一个 yíge, 一些 yìxiē III *adv* 稍微（副）shāowēi, 丝毫（名）sīháo, 一点儿 yìdiǎnr

anybody I *pron* 某个人 mǒuge rén; 谁（代）shuí; 无论什么人 wúlùn shénme rén, 任何人 rènhé rén II *n* 重要人物 zhòngyào rénwù

anyhow *adv* 不管怎么说 bùguǎn zěnme shuō; 反正（副）fǎnzhèng; 好歹（副）hǎodǎi

anyone *pron* 某个人 mǒuge rén; 谁（代）shuí; 无论什么人 wúlùn shénme rén, 任何人 rènhé rén

anything *pron* 什么事（东西）shénme shì (dōngxi); 任何事（东西）rènhé shì (dōngxi); 一切（代）yíqiè // ~ but (1) 除了... 以外, 什么都 chúle... yǐwài, shénme dōu (2) 根本不... gēnběn bù... / ~ like 像...那样的事（东西）xiàng... nàyàng de shì (dōngxi) / for ~ 无论如何 wúlùn rúhé / if ~ 如果有区别的话 rúguǒ yǒu qūbié de huà/ like ~ 拼命地 pīnmìng de, 使劲地 shǐjìn de

anyway *adv* 不管怎么说 bùguǎn zěnme shuō, 无论如何 wúlùn rúhé

anywhere I *adv* (1) 无论哪里 wúlùn nǎlǐ, 无论什么地方 wúlùn shénme dìfang (2) 在任何一点上 zài rènhé yìdiǎn shang: ~ from 20 to 40 degrees 在二十到四十度之间 zài èrshí dào sìshídù zhījiān (3) 根本（副）gēnběn II *n* 任何地方 rènhé dìfang // get ~ 进展 jìnzhǎn

apart *adv* (1) 相隔（动）xiānggé, 相距（动）xiāngjù (2) 离开 líkāi // ~ from 除了(以外) chúle (yǐwài) / fall ~ (1) 崩溃 bēngkuì (2) 破碎 pòsuì / joking ~ 说正经的 shuō zhèngjīng de 不开玩笑 bù kāi wánxiào / set ~ 分开 fēnkāi, 同... 不一样 tóng... bù yíyàng / take ~ 拆开 chāikāi / tell ~ 区别 qūbié, 区分 qūfēn

apartheid *n* 种族隔离 zhǒngzú gélí

apartment *n* (1) 房间（名）fángjiān; 一套房间 yítào fángjiān (2) 公寓（名）gōngyù: an ~ building 公寓大楼 gōngyù dàlóu

apologize *v* 道歉 dàoqiàn

apology *n* 道歉 dàoqiàn // an ~ for 勉强代用的东西 miǎnqiǎng dài yòng de dōngxi; 蹩脚货 biéjiǎohuò

apostrophe *n* 撇号（名）piěhào, 省字号（名）shěngzìhào

apparatus *n* (1) 器械（名）qìxiè; 设备（名）shèbèi, 装置（名）zhuāngzhì: medical ~ 医疗器械 yīliáo qìxiè / heating ~ 取暖设备 qǔnuǎn shèbèi / remote control ~ 遥控装置 yáokòng zhuāngzhì (2) 机构（名）jīgòu: the government ~ 政府机构 zhèngfǔ jīgòu

apparent *adj* (1) 明显（形）míngxiǎn, 显而易见的 xiǎn'éryìjiàn de, 明白（形）míngbai (2) 表面上的 biǎomiàn shang de, 外表的 wàibiǎo de

appeal I *v* (1) 呼吁（动）hūyù; 请求（动）qǐngqiú, 要求（动）yāoqiú; 求助于 qiúzhùyú (2) 上诉（动）shàngsù (3) 有感染力 yǒu gǎnrǎnlì, 有吸引力 yǒu xīyǐnlì, 引起兴趣 yǐnqǐ xìngqù II *n* (1) 呼吁（名）hūyù; 要求（名、动）yāoqiú (2) 上诉（动）shàngsù: lodge an ~ 提出上诉 tíchū shàngsù (3) 吸引力（名）xīyǐnlì; 感染力（名）gǎnrǎnlì

appealing *adj* （1）有吸引力的 yǒu xīyǐnlì de，动人（形）dòngrén；讨人喜欢的 tǎo rén xǐhuan de：*an ~ little girl* 一个讨人喜欢的小姑娘 yíge tǎo rén xǐhuan de xiǎo gūniang（2）恳求的 kěnqiú de：*an ~ tone* 恳求的语气 kěnqiú de yǔqì

appear *v*（1）出现（动）chūxiàn，显露（动）xiǎnlù（2）来到 láidào；露面 lòumiàn；出版（动）chūbǎn（3）看来（连）kànlái；好像（动）hǎoxiàng，似乎（副）sìhū

appearance *n*（1）出现（动）chūxiàn；露面 lòumiàn（2）外表（名）wàibiǎo；容貌（名）róngmào；外观（名）wàiguān // *at first ~* 乍看起来 zhà kànqilai / *keep up ~s* 充门面 chōng ménmiàn / *put on the ~ of* 装出....样子 zhuāngchū...yàngzi / *to all ~s* 显然 xiǎnrán

appendicitis *n* 阑尾炎（名）lánwěiyán

appendix *n*（1）附录（名）fùlù：*appendices to a book* 一本书的附录 yìběn shū de fùlù（2）阑尾（名）lánwěi，盲肠（名）mángcháng

appetite *n* 食欲（名）shíyù；胃口（名）wèikǒu；欲望（名）yùwàng

applaud *v*（1）鼓掌 gǔzhǎng，拍手 pāishǒu；喝彩 hècǎi（2）赞成（动）zànchéng；赞许（动）zànxǔ

applause *n*（1）掌声（名）zhǎngshēng；鼓掌 gǔzhǎng；喝彩 hècǎi；欢呼（动）huānhū（2）称赞（动）chēngzàn；赞许（动）zànxǔ：*win the ~ of the masses* 赢得群众的称赞 yíngdé qúnzhòng de chēngzàn

apple *n* 苹果（名）píngguǒ；苹果树（名）píngguǒshù // *the ~ of one's eye* 宝贝 bǎobèi，珍爱的东西 zhēn'ài de dōngxi

applicable *adj*（1）适用（形）shìyòng（2）有效 yǒuxiào，生效 shēngxiào

applicant *n* 申请人（名）shēnqǐngrén，请求者（名）qǐngqiúzhě：*an ~ for a scholarship* 奖学金申请人 jiǎngxuéjīn shēnqǐngrén / *~ for admission* 申请入学（入会）者 shēnqǐng rùxué（rùhuì）zhě

application *n*（1）应用（动）yìngyòng，使用（动）shǐyòng，运用（动）yùnyòng（2）申请（名、动）shēnqǐng，请求（名、动）qǐngqiú；申请书（名）shēnqǐngshū：*make an ~ to sb. for help* 请求某人帮助 qǐngqiú mǒu rén bāngzhù / *an ~ form* 一张申请表格 yìzhāng shēnqǐng biǎogé（3）涂用（动）túyòng，敷用（动）fūyòng（4）用功（形）yònggōng；勤奋工作 qínfèn gōngzuò

applied *adj* 应用的 yìngyòng de，实用（形）shíyòng：*~ art* 实用美术 shíyòng měishù / *~ mathematics* 应用数学 yìngyòng shùxué

apply *v*（1）应用（动）yìngyòng，使用（动）shǐyòng；适用（形）shìyòng：*~ the brakes* 使用刹车 shǐyòng shāchē（2）申请（动）shēnqǐng，请求（动）qǐngqiú：*~ for a visa* 申请护照签证 shēnqǐng hùzhào qiānzhèng（3）涂（动）tú，敷（动）fū：*~ a plaster to a wound* 给伤口涂上药膏 gěi shāngkǒu túshang yàogāo // *~ oneself to* 致力于 zhìlìyú，专心于 zhuānxīnyú / *~ to* 关系到 guānxidao；适用于 shìyòngyú

appoint *v*（1）任命（动）rènmìng；委派（动）wěipài；指定（动）zhǐdìng（2）约定（动）yuēdìng；确定（动）quèdìng

appointment *n*（1）委任（动）wěirèn，委派（动）wěipài；职位（名）zhíwèi；职务（名）zhíwù（2）约会（名）yuēhuì，约定（动）yuēdìng：*keep an ~* 守约 shǒu yuē

appreciate *v*（1）欣赏（动）xīnshǎng，鉴赏（动）jiànshǎng；赏识（动）shǎngshí（2）感谢（动）gǎnxiè，感激（动）gǎnjī（3）意识到 yìshidào；懂得（动）dǒngde，理解（动）lǐjiě（4）价格提高 jiàgé tígāo

appreciation *n*（1）欣赏（动）xīnshǎng；鉴赏（动）jiànshǎng；赏识（动）shǎngshí（2）评价（名、动）píngjià；鉴别（动）jiànbié（3）感谢（动）gǎnxiè，感激（动）gǎnjī

apprehension *n* 忧虑(动) yōulǜ, 担忧 (动) dānyōu

apprentice I *n* 学徒(名) xuétú, 徒弟 (名) túdì: *an ~ carpenter* 木工学徒 mùgōng xuétú　II *v* (使) 当学徒 (使) dāng xuétú

apprenticeship *n* 学徒身份 xuétú shēnfen; 学徒年限 xuétú niánxiàn

approach I *v* (1) 接近(动) jiējìn, 靠近(动) kàojìn (2) 接触(动) jiēchù; 找...商量(讨论) zhāo... shāngliang (tǎolùn) (3) 探讨(动) tàntǎo; 处理 (动) chǔlǐ; 看待(动) kàndài　II *n* (1) 接近(动) jiējìn, 靠近(动) kàojìn; 临近(动) línjìn (2) 通道(名) tōngdào, 入门(名) rùmén (3) 亲近 (动) qīnjìn; 接触(动) jiēchù: *make ~ es to sb.* 想亲近某人 xiǎng qīnjìn mǒu rén (4) 探索方式 tànsuǒ fāngshì; 方法(名) fāngfǎ: *a correct ~ to the subject* 研究这个问题的正确方法 yánjiū zhège wèntí de zhèngquè fāngfǎ (5) 接近 jiējìn; 近似 jìn sì

appropriate I *adj* 适当(形) shìdàng, 合适(形) héshì, 恰如其分 qiàrúqífèn: *at an ~ time* 在适当的时刻 zài shìdàng de shíkè　II *v* (1) 拨出 bōchū (2) 占用(动) zhànyòng; 盗用 (动) dàoyòng; 挪用(动) nuóyòng

appropriation *n* 拨款 bōkuǎn

approval *n* (1) 批准(动) pīzhǔn; 认可(动) rènkě (2) 赞成(动) zànchéng, 同意(动) tóngyì // *on ~* 包退包换 bāo tuì bāo huàn

approve *v* (1) 通过(动) tōngguò; 批准(动) pīzhǔn, 许可(动) xǔkě (2) 赞成(动) zànchéng, 赞同(动) zàntóng; 满意(动) mǎnyì

approximate I *adj* 大概(形) dàgài; 近似的 jìnsì de; 大约的 dàyuē de　II *v* 近似(动) jìnsì, 接近(动) jiējìn

approximately *adv* 粗略(形) cūlüè, 大约(副) dàyuē

apricot *n* 杏(名) xìng; 杏树(名) xìngshù

April *n* 四月(名) sìyuè // *~ Fools'*

Day 愚人节 Yúrénjié

apron *n* (1) 围裙(名) wéiqún (2) 停机坪(名) tíngjīpíng

apt *adj* (1) 恰当(形) qiàdàng, 贴切(形) tiēqiè (2) 聪明(形) cōngmíng, 灵巧(形) língqiǎo (3) 易于 yìyú; 有...的倾向 yǒu...de qīngxiàng

aptitude *n* 天资(名) tiānzī, 天才(名) tiāncái; 能力(名) nénglì, 才能(名) cáinéng

Arab *n* 阿拉伯人 Ālābórén: *~ nations* 阿拉伯国家 Ālābó guójiā

Arabia *n* 阿拉伯半岛 Ālābó bàndǎo

Arabic I *n* 阿拉伯语(名) Ālābóyǔ　II *adj* 阿拉伯语的 Ālābóyǔ de, 阿拉伯的 Ālābó de: *~ numerals* 阿拉伯数字 Ālābó shùzì

arc *n* (1) 弧(名) hú (2) 电弧(名) diànhú: *lamp* 弧光灯 húguāngdēng

arch[1] I *n* 拱(名) gǒng; 拱门(名) gǒngmén: *a triumphal ~* 凯旋门 kǎixuánmén　II *v* 使变成拱形 shǐ biànchéng gǒngxíng; 成弓形 chéng gǒngxíng

arch[2] *adj* 最大的 zuì dà de; 主要(形) zhǔyào: *the ~ enemy* 主要敌人 zhǔyào dírén

archaeological *adj* 考古学的 kǎogǔxué de: *new ~ findings* 考古学的新发现 kǎogǔxué de xīn fāxiàn

archaeologist *n* 考古学家(名) kǎogǔxuéjiā

archaeology *n* 考古学(名) kǎogǔxué

archipelago *n* 群岛(名) qúndǎo

architect *n* 建筑师(名) jiànzhùshī; 设计师(名) shèjìshī

architecture *n* (1) 建筑(名) jiànzhù; 建筑学(名) jiànzhùxué: *civil ~* 民用建筑 mínyòng jiànzhù (2) 建筑物(名) jiànzhùwù; 建筑式样 jiànzhù shìyàng; 建筑风格 jiànzhù fēnggé: *the ~ of ancient Greece* 古希腊建筑风格 gǔ Xīlà jiànzhù fēnggé

arctic I *adj* (1) 北极的 běijí de; 北极区的 běijíqū de: *the A~ Circle* 北极圈 běijíquān / *the A~ Ocean* 北冰洋

Běibīngyáng / ～ fox 北极狐 běijíhú
(2) 极冷的 jí lěng de: ～ weather 极
冷的天气 jí lěng de tiānqì　II n 北极
(名) běijí; 北极圈 (名) běijíquān; 北
极区 (名) běijíqū

ardent adj 热心 (形) rèxīn; 热情 (形)
rèqíng; 热烈 (形) rèliè

ardour n 热情 (名) rèqíng; 热心 (形)
rèxīn: patriotic ～ 爱国热情 àiguó
rèqíng

area n (1) 地面 (名) dìmiàn; 地方
(名) dìfang (2) 面积 (名) miànjī (3)
地区 (名) dìqū; 区域 (名) qūyù; 区划
(名) qūhuà: a residential ～ 住宅区
zhùzháiqū / a postal ～ 邮政区
yóuzhèngqū (4) 方面 (名) fāngmiàn,
领域 (名) lǐngyù, 范围 (名) fànwéi

argue v (1) 争辩 (动) zhēngbiàn, 争
论 (动) zhēnglùn, 辩论 (动) biànlùn
(2) 说服 (动) shuōfú, 使态度转变 shǐ
tàidu zhuǎnbiàn (3) 表明 (动)
biǎomíng; 论证 (动) lùnzhèng // ～
against 反对 fǎnduì; 提出反对的理由
tíchū fǎnduì de lǐyóu / ～ for 主张
zhǔzhāng; 提出赞成的理由 tíchū
zànchéng de lǐyóu

argument n (1) 争论 (名、动)
zhēnglùn, 辩论 (名 动) biànlùn (2) 论
据 (名) lùnjù; 论点 (名) lùndiǎn; 理由
(名) lǐyóu: the ～ for going 去的理由
qù de lǐyóu

arise v (1) 发生 (动) fāshēng; 产生
(动) chǎnshēng; 出现 (动) chūxiàn
(2) 起来 qǐlai, 升起 (动) shēngqǐ

aristocracy n 贵族 (名) guìzú: labour
～ 工人贵族 gōngrén guìzú

aristocrat n 贵族 (名) guìzú

aristocratic adj 贵族的 guìzú de

arithmetic n 算术 (名) suànshù; 计算
(动) jìsuàn: mental ～ 心算 xīnsuàn

ark n 方舟 (名) fāngzhōu; 避难所
(名) bìnànsuǒ // Noah's A～ 诺亚方
舟 Nuòyà fāngzhōu

arm[1] n (1) 臂 (名) bì, 胳膊 (名)
gēbo, 胳臂 (名) gēbei: the left
(right) ～ 左 (右) 臂 zuǒ (yòu) bì (2)

臂状物 (名) bìzhuàngwù: the ～ of a
derrick 起重机的吊臂 qìzhòngjī de
diàobì / a long narrow ～ of the sea 狭
长的海湾 xiácháng de hǎiwān (3) 袖
子 (名) xiùzi // ～ in ～ 臂挽着臂 bì
wǎnzhe bì / keep at ～'s length 疏远
shūyuǎn, 避免接近 bìmiǎn jiējìn /
with folded ～s 叉着手 chāzhe shǒu /
with open ～s 热烈地 rèliè de

arm[2] I n (1) 武器 (名) wǔqì: small
～s 轻武器 qīngwǔqì (2) 枪支
qiāngzhī　II v 武装 (动、名)
wǔzhuāng: ～ for war 武装起来, 准
备 作战 wǔzhuāngqilai, zhǔnbèi
zuòzhàn // appeal to ～s 诉诸武力
sùzhū wǔlì / ～s race 军备竞赛 jūnbèi
jìngsài / bear ～s 当兵 dāng bīng, 从
军 cóngjūn / be ～ed to the teeth 武装
到牙齿 wǔzhuāng dào yáchí / lay
down ～s 放下武器 fàngxia wǔqì, 投
降 tóuxiáng / take up ～s 拿起武器
náqǐ wǔqì / under ～s 在战备状态中
zài zhànbèi zhuàngtài zhōng

armament n (1) 军队 (名) jūnduì; 武
装力量 wǔzhuāng lìliang (2) 武器 (名)
wǔqì; 军备 (名) jūnbèi

armband n 臂章 (名) bìzhāng

armchair n 扶手椅 (名) fúshǒuyǐ

armful n 一抱 yíbào: an ～ of fire-
wood 一抱柴火 yíbào cháihuo

armistice n 停战 tíngzhàn, 休战
xiūzhàn: an ～ agreement 停战协定
tíngzhàn xiédìng / ～ talks 停战谈判
tíngzhàn tánpàn / A～ Day 停战纪念
日 tíngzhàn jìniànrì

armour, armor n (1) 盔甲 (名)
kuījiǎ: a suit of ～ 一副盔甲 yífù
kuījiǎ (2) 装甲 (名) zhuāngjiǎ; 装甲
兵 zhuāngjiǎ bīng; 装甲车辆
zhuāngjiǎ chēliàng

armpit n 腋窝 (名) yèwō

army n (1) 军队 (名) jūnduì; 陆军
(名) lùjūn: join the ～ 参军 cānjūn
(入伍 rùwǔ) / serve in the ～ 服兵役
fú bīngyì / a regular ～ 正规军
zhèngguījūn (2) 大群 dàqún; 大队

dàduì: *an ~ of bees* 一大群蜜蜂 yídàqún mìfēng/*an ~ of workers* 一大队工人 yídàduì gōngrén // *A~ Day* 建军节 jiànjūnjié

aroma *n* 芳香（形）fāngxiāng，香味（名）xiāngwèi: *the ~ of coffee* 咖啡的香味儿 kāfēi de xiāngwèir

around I *prep* (1) 在...周围 zài... zhōuwéi；环绕（动）huánrǎo，围绕（动）wéirǎo (2) 绕过（动）ràoguò (3) 在...各处 zài...gèchù；在...附近 zài...fùjìn (4) 大约（副）dàyuē，前后（名）qiánhòu: *~ 5 o'clock* 大约五点钟 dàyuē wǔdiǎnzhōng II *adv* (1) 周围（名）zhōuwéi；附近（名）fùjìn (2) 到处（副）dàochù，各处（副）gèchù (3) 到某处 dào mǒu chù

arouse *v* (1) 唤醒 huànxǐng；叫醒 jiàoxǐng (2) 唤起（动）huànqǐ；激起（动）jīqǐ；引起（动）yǐnqǐ

arrange *v* (1) 整理（动）zhěnglǐ；分类（动）fēnlèi；排列（动）páiliè: *~ flowers* 插花 chāhuā / *~ things in order* 把东西整理好 bǎ dōngxi zhěnglǐhǎo (2) 安排（动）ānpái；准备（动）zhǔnbèi (3) 商定（动）shāngdìng

arrangement *n* (1) 整理（动）zhěnglǐ；布置（动）bùzhì；排列（动）páiliè；摆（动）bǎi (2) 准备（动）zhǔnbèi；安排（动）ānpái；计划（动、名）jìhuà

arrest I *v* (1) 抓（动）zhuā；逮捕（动）dàibǔ；拘留（动）jūliú (2) 阻止（动）zǔzhǐ；控制（动）kòngzhì (3) 吸引（动）xīyǐn II *n* 逮捕（动）dàibǔ；拘留（动）jūliú: *be put under ~* 被捕 bèi bǔ /*under house ~* 被软禁 bèi ruǎnjìn

arrival *n* 到来（动）dàolái，到达（动）dàodá: *on one's ~* 当某人到达时 dāng mǒu rén dàodá shí // *a new ~* 新来的人 xīn lái de rén；新到的货 xīn dào de huò

arrive *v* (1) 到（动）dào，到达（动）dàodá (2) 达到（动）dádào；得出（动）déchū

arrogant *adj* 骄傲（形）jiāo'ào，自大

（形）zìdà，傲慢（形）àomàn: *speak in an ~ tone* 用傲慢的口吻说话 yòng àomàn de kǒuwěn shuōhuà

arrow *n* (1) 箭（名）jiàn: *an ~* 一支箭 yìzhī jiàn (2) 箭头记号 jiàntóu jìhao: *a traffic ~* 交通箭头标志 jiāotōng jiàntóu biāozhì

art *n* (1) 艺术（名）yìshù；美术（名）měishù: *a work of ~* 一件艺术品 yíjiàn yìshùpǐn (2) 技术（名）jìshù；技艺（名）jìyì；技巧（名）jìqiǎo: *the ~ of cooking* 烹饪术 pēngrènshù / *the ~ of writing* 写作技巧 xiězuò jìqiǎo (3) 学科（名）xuékē: *the liberal ~s* 人文科学 rénwén kēxué（文科 wénkē）// *an ~ gallery* 美术馆 měishùguǎn / *an ~ school* 美术学校 měishù xuéxiào / *~s and crafts* 手工艺 shǒugōngyì / *~ for ~'s sake* 为艺术而艺术 wèi yìshù ér yìshù；艺术至上主义 yìshùzhìshàngzhǔyì / *the fine ~s* 美术 měishù / *the industrial ~s* 工艺美术 gōngyì měishù

artery *n* (1) 动脉（名）dòngmài (2) 干线（名）gànxiàn: *main communications ~* 交通干线 jiāotōng gànxiàn / *a traffic ~* 交通要道 jiāotōng yàodào

arthritis *n* 关节炎（名）guānjiéyán

article *n* (1) 文章（名）wénzhāng；论文（名）lùnwén: *a leading ~* 一篇社论 yìpiān shèlùn (2) 物品（名）wùpǐn；物件（名）wùjiàn: *~s of clothing* 衣物 yīwù / *toilet ~* 盥洗用品 guànxǐ yòngpǐn / *3 ~s of luggage* 三件行李 sānjiàn xínglǐ (3) 条款（名）tiáokuǎn；项目（名）xiàngmù: *~s of an agreement* 协定的条款 xiédìng de tiáokuǎn / *A~ 9 of the Constitution* 宪法第九条 xiànfǎ dìjiǔtiáo (4) 冠词（名）guàncí: *definite ~* 定冠词 dìngguàncí / *indefinite ~* 不定冠词 búdìngguàncí

artificial *adj* (1) 人工（形）réngōng，人造（形）rénzào；假（形）jiǎ: *~ rainfall* 人工降雨 réngōng jiàng yǔ / *~ fibre* 人造纤维 rénzào xiānwéi / *~ respiration* 人工呼吸 réngōng hūxī / *a* beautiful bunch of ~ flowers 假花儿 jiǎ huār (2) 矫揉造作的 jiǎoróuzàozuò de, 不自然的 bú zìrán de; 不真诚的 bù zhēnchéng de

artillery n (1) 大炮(名) dàpào: a piece of ~ 一门大炮 yìmén dàpào (2) 炮兵部队 pàobīng bùduì: ~ position 炮兵阵地 pàobīng zhèndì

artist n 艺术家(名) yìshùjiā; 美术家 (名) měishùjiā; 歌唱家(名) gēchàngjiā; 舞蹈家(名) wǔdǎojiā; 演员(名) yǎnyuán

artistic adj (1) 艺术的 yìshù de; 美术 的 měishù de: ~ effect 艺术效果 yìshù xiàoguǒ (2) 艺术家的 yìshùjiā de; 美术家的 měishùjiā de

as I adv 一样(形) yíyàng, 同样(形) tóngyàng II conj (1) 像...一样 xiàng...yíyàng; 像...那么 xiàng... nàme (2) 按照(介) ànzhào; 如同(动) rútóng: When in Rome, do ~ the Romans do. 入乡随俗。Rù xiāng suísú. (3) 当...的时候 dāng...de shíhou: ~ time goes on 随着时间的推移 suízhe shíjiān de tuīyí (4) 因为(连) yīnwei, 由于(介) yóuyú (5) 以便(连) yǐbiàn; 为了(介) wèile (6) 虽然(连) suīrán; 尽管(连) jǐnguǎn III pron 像...样的人(物) xiàng...yàng de rén(wù) IV prep 作为(动) zuòwéi; 如 同(动) rútóng // ~ for 至于 zhìyú / ~ if (~ though) 好像...(似的) hǎoxiàng...(shìde); 似乎 sìhu

ascend v 登(动) dēng; 上升(动) shàngshēng

ascertain v 查明(动) chámíng; 弄清 楚 nòngqīngchu

ascribe v 把...归于 bǎ...guīyú

ash n (1) 灰(名) huī, 灰烬(名) huījìn (2) 骨灰(名) gǔhuī; 遗体(名) yítǐ

ashamed adj 羞耻(形) xiūchǐ, 惭愧 (形) cánkuì; 害臊(形) hàisào

ashtray n 烟灰缸 yānhuīgāng, 烟灰盘 yānhuīpán

Asia n 亚洲(名) Yàzhōu: East ~ 东

亚 Dōngyà / Southeast ~ 东南亚 Dōngnányà

Asian I adj 亚洲的 Yàzhōu de II 亚 洲人 Yàzhōu rén

aside adv 在旁边 zài pángbiān; 到旁 边 dào pángbiān; 到一边 dào yìbiān // put ~ 留起来 liúqilai

ask v (1) 问(动) wèn, 询问(动) xúnwèn: ~ the way 问路 wèn lù / ~ the price 询问价钱 xúnwèn jiàqian (2) 要求(动) yāoqiú, 请求(动) qǐngqiú (3) 邀请(动) yāoqǐng, 请(动) qǐng (4) 要价 yàojià // ~ about 询问 xúnwèn / ~ after 探问 tànwèn, 问候 wènhòu / ~ for (1) 要 yào (2) 找人 zhǎo rén/ ~ for trouble 自找麻烦 zì zhǎo máfan

asleep adj (1) 睡着 shuìzháo: sound ~ 熟睡 shúshuì (2) 麻(形) má; 发麻 (动) fāmá // fall ~ 睡着 shuìzháo, 入睡 rùshuì

aspect n (1) 外表(名) wàibiāo, 外貌 (名) wàimào; 面貌(名) miànmào: an army officer with a serious ~ 外貌 严肃的军官 wàimào yánsù de jūnguān (2) 方面(名) fāngmiàn: general ~s of life in China 中国生活概况 Zhōngguó shēnghuó gàikuàng (3) 方向 (名) fāngxiàng, 方位(名) fāngwèi

asphalt n 沥青(名) lìqīng, 柏油(名) bǎiyóu: ~ felt 沥青油毡 lìqīng yóuzhān

aspire v 渴望(动) kěwàng, 追求(动) zhuīqiú

aspirin n 阿斯匹林(名) āsīpǐlín; 阿斯 匹林药片 āsīpǐlín yàopiàn

ass n (1) 驴(名) lú (2) 傻瓜(名) shǎguā, 蠢人(名) chǔnrén: make an ~ of oneself 干蠢事 gàn chǔn shì(出 洋相 chū yángxiàng)

assassin n 暗杀者(名) ànshāzhě, 行 刺者(名) xíngcìzhě

assault I n 攻击(动) gōngjī; 袭击(动) xíjī II v 攻击(动) gōngjī; 袭击(动) xíjī

assemble v (1) 集合(动) jíhé; 收集

（动）shōují（2）装配（动）zhuāngpèi: ～ *a machine* 装配机器 zhuāngpèi jīqì

assembly *n*（1）集合（动）jíhé；集会（动）jíhuì: *an* ～ *hall* 会堂 huìtáng / *hold an* ～ 举行集会 jǔxíng jíhuì（2）会议（名）huìyì: *the General A*～ *of the United Nations* 联合国大会 Liánhéguó Dàhuì（3）装配（动）zhuāngpèi: *an* ～ *line* 装配线 zhuāngpèixiàn

assent *n* 同意（动）tóngyì，赞成（动）zànchéng: *give one's* ～ *to a proposal* 对建议表示同意 duì jiànyì biǎoshì tóngyì / *by common* ～ 一致赞成 yízhì zànchéng

assert *v*（1）宣称（动）xuānchēng；断言（动）duànyán；坚持（动）jiānchí（2）维护（动）wéihù: ～ *national independence* 维护民族独立 wéihù mínzú dúlì // ～ *oneself* 坚持自己的权利 jiānchí zìjǐ de quánlì；表明自己 biǎomíng zìjǐ

assess *v*（1）对（财产等）估价 duì（cáichǎn děng）gūjià（2）确定（税款、罚款）金额 quèdìng（shuìkuǎn、fákuǎn）jīn'é（3）征收（税款、罚款）zhēngshōu（shuìkuǎn、fákuǎn）（4）评价（人物、工作）píngjià（rénwù、gōngzuò）: ～ *sb.'s efforts* 评价某人的工作 píngjià mǒu rén de gōngzuò

assessment *n* 估价（动）gūjià，评价（动）píngjià: *a correct* ～ *of sb.* 对某人的正确评价 duì mǒu rén de zhèngquè píngjià

asset *n*（1）资产（名）zīchǎn，财产（名）cáichǎn: *fixed* ～*s* 固定资产 gùdìng zīchǎn / *freezing of* ～*s* 资产冻结 zīchǎn dòngjié（2）宝贵的人（物）bǎoguì de rén（wù）

assign *v*（1）分配（动）fēnpèi；把...分配 bǎ...fēnpèi；给（动）gěi（2）委派（动）wěipài，指派（动）zhǐpài（3）指定（动）zhǐdìng，确定（动）quèdìng

assignment *n* 任务（名）rènwu，分配的工作 fēnpèi de gōngzuò；作业（名）zuòyè；分派（动）fēnpài

assist *v* 援助（动）yuánzhù，支援（动）zhīyuán；帮助（动）bāngzhù

assistance *n* 援助（名、动）yuánzhù；帮助（名、动）bāngzhù: *technical* ～ 技术援助 jìshù yuánzhù

assistant *n* 助手（名）zhùshǒu，助理（名）zhùlǐ: *shop* ～ 售货员 shòuhuòyuán（店员 diànyuán）/ *a teaching* ～ 助教 zhùjiào

associate **I** *v*（1）使发生联系 shǐ fāshēng liánxì；结交（动）jiéjiāo（2）把...联想起来 bǎ...liánxiǎngqilai **II** *n* 同伙（名）tónghuǒ；同事（名）tóngshì；朋友（名）péngyou: *business* ～ 商业伙伴 shāngyè huǒbàn **III** *adj*（1）合伙的 héhuǒ de（2）副（形）fù: *an* ～ *professor* 副教授 fùjiàoshòu

association *n*（1）联合（动）liánhé；联盟（名）liánméng；合伙（动）héhuǒ，交往（动）jiāowǎng（2）联想（名、动）liánxiǎng: *an* ～ *of ideas* 联想 liánxiǎng（3）协会（名）xiéhuì；社团（名）shètuán: *a cooperative* ～ 合作社 hézuòshè

assorted *adj*（1）各式各样的 gèshìgèyàng de；混杂的 hùnzá de: ～ *chocolates* 什锦巧克力 shíjǐn qiǎokèlì（2）相配（形）xiāngpèi，相称（形）xiāngchèn

assortment *n* 花色品种 huāsè pǐnzhǒng，各种各类的聚合 gèzhǒnggèlèi de jùhé

assume *v*（1）假定（动）jiǎdìng；设想（动）shèxiǎng；以为（动）yǐwéi: ～ *a statement to be correct* 假定一种说法是正确的 jiǎdìng yìzhǒng shuōfǎ shì zhèngquè de（2）担任（动）dānrèn；承担（动）chéngdān；采用（动）cǎiyòng: ～ *a position of leadership* 担任领导职务 dānrèn lǐngdǎo zhíwù / ～ *office* 就职 jiùzhí / *an* ～*d name* 号 hào（3）装（动）zhuāng，假装（动）jiǎzhuāng: ～ *a look of innocence* 装作无辜的样子 zhuāngzuò wúgū de yàngzi

assurance *n*（1）保证（动）bǎozhèng，担保（动）dānbǎo（2）确信（动）

quèxìn, 自信（动）zìxìn

assure　*v* 使确信 shǐ quèxìn；使放心 shǐ fàngxīn

asterisk　**I** *n*（1）星号（名）xīnghào，星状符号 xīngzhuàng fúhào（2）星状物（名）xīngzhuàngwù　**II** *v* 给...注上星号 gěi...zhùshang xīnghào

asthma　*n* 气喘病（名）qìchuǎnbìng

astigmatism　*n* 散光 sǎnguāng

astonish　*v* 使惊讶 shǐ jīngyà

astonishing　*adj* 令人惊讶地 lìng rén jīngyà de，惊人的 jīngrén de

astonishment　*n* 惊讶（形）jīngyà，惊奇（形）jīngqí

astray　*adv* 迷路 mílù；入歧途 rù qítú，离开正道 líkāi zhèngdào

astronaut　*n* 宇航员（名）yǔhángyuán

astronomer　*n* 天文学家（名）tiānwénxuéjiā

astronomy　*n* 天文学（名）tiānwénxué：*nautical* ～ 航海天文学 hánghǎi tiānwénxué

asylum　*n* 避难所（名）bìnànsuǒ；避难 bìnàn；政治避难权 zhèngzhì bìnàn-quán：*seek* ～ 要求避难 yāoqiú bìnàn

at　*prep*（1）在...zài...；向...（介）xiàng...：～ *the office* 在办公室 zài bàngōngshì（2）在...（的时候）zài... (de shíhou)：～ *any moment*（在）任何时候（zài）rènhé shíhou /～ *first* 首先 shǒuxiān /～ *last* 最后 zuìhòu /～ *times* 有时候 yǒushíhóu（3）在...中 zài...zhōng：～ *work* 在工作 zài gōngzuò（4）在...方面 zài...fāngmiàn（5）以（介）yǐ，用（动）yòng（6）因为（连）yīnwei，由于（介）yóuyú

athlete　*n* 运动员（名）yùndòngyuán

athletic　*adj*（1）运动的 yùndòng de，体育的 tǐyù de，运动员的 yùndòngyuán de：～ *events* 体育项目 tǐyù xiàngmù（2）体格健壮 tǐgé jiànzhuàng；行动敏捷的 xíngdòng mǐnjié de：*an* ～ *young man* 身强力壮的年轻人 shēnqiánglìzhuàng de niánqīng rén

athletics　*n* 运动（名）yùndòng，体育

（名）tǐyù：*an* ～ *meeting* 运动会 yùndònghuì

Atlantic　**I** *adj* 大西洋的 Dàxīyáng de：*the* ～ *Ocean* 大西洋 Dàxīyáng　**II** *n* 大西洋（名）Dàxīyáng：*cross the* ～ 横渡大西洋 héngdù Dàxīyáng

atmosphere　*n*（1）大气（名）dàqì；大气层（名）dàqìcéng；空气（名）kōngqì（2）气氛（名）qìfēn

atom　*n*（1）原子（名）yuánzǐ：～ *bomb* 原子弹 yuánzǐdàn（2）微粒（名）wēilì；微量（名）wēiliàng

atomic　*adj* 原子的 yuánzǐ de；原子能的 yuánzǐnéng de；原子武器的 yuánzǐ wǔqì de：～ *bomb* 原子弹 yuánzǐdàn /～ *energy* 原子能 yuánzǐnéng

attach　*v*（1）系（动）jì；贴（动）tiē；附上 fùshang：～ *a stamp to the envelope* 把邮票贴在信封儿上 bǎ yóupiào tiēzài xìnfēngr shang / *a bedroom with a bathroom* ～*ed* 附有浴室的卧室 fù yǒu yùshì de wòshì（2）认为有 rènwéi yǒu...；把...放在 bǎ...fàngzài // *be* ～*ed to* 喜爱 xǐ'ài；依恋 yīliàn

attaché　*n* 使馆官员 shǐguǎn guānyuán，外交使节随员 wàijiāo shǐjié suíyuán：*a military* ～ 武官 wǔguān / *cultural* ～ 文化参赞 wénhuà cānzàn // ～ *case* 公文包 gōngwénbāo

attachment　*n*（1）附属物（名）fùshǔwù，附件（名）fùjiàn（2）感情（名）gǎnqíng

attack　**I** *v*（1）攻击（动）gōngjī，进攻（动）jìngōng：～ *the enemy* 攻击敌人 gōngjī dírén（2）抨击（动）pēngjī　**II** *n*（1）攻击（动）gōngjī，进攻（动）jìngōng：*make an* ～ *upon the enmey ship* 向敌舰发动进攻 xiàng díjiàn fādòng jìngōng（2）抨击（动）pēngjī（3）发作（动）fāzuò

attain　*v*（1）达到 dádào；完成 wánchéng；获得（动）huòdé：～ *one's goal* 达到目的 dádào mùdì（2）到达（动）dàodá

attempt　**I** *v* 尝试（动）chángshì，试图

（动）shìtú；企图（动）qǐtú   **II** *n* 尝试（动）chángshì，试图（动）shìtú；企图（名、动）qǐtú // *make an ～ on sb.'s life* 企图暗杀某人 qǐtú ànshā mǒurén

attend   *v* （1）出席（动）chūxí，参加（动）cānjiā：～ *a meeting* 出席会议 chūxí huìyì / ～ *school* 上学 shàngxué（2）照顾（动）zhàogù，护理（动）hùlǐ（3）专心（形）zhuānxīn；注意（动）zhùyì

attendance   *n* （1）到场 dào chǎng；出席（动）chūxí（2）出席人数 chūxí rénshù（3）护理（动）hùlǐ

attendant   **I** *n* （1）侍者（名）shìzhě，服务员（名）fúwùyuán：*a car-park ～* 停车场服务员 tíngchēchǎng fúwùyuán（2）随从人员 suícóng rényuán：*the princess and her ～s* 公主及其随从人员 gōngzhǔ jíqí suícóng rényuán   **II** *adj* （1）护理的 hùlǐ de：*an ～ doctor* 护理医生 hùlǐ yīshēng（2）伴随的 bànsuí de：*flood and its ～ diseases* 水灾以及伴随而来的疾病 shuǐzāi yǐjí bànsuí ér lái de jíbìng

attention   *n* （1）注意（动）zhùyì，留心（动）liúxīn；注意力（名）zhùyìlì（2）殷勤（形）yīnqín；照料（动）zhàoliào // *attract sb.'s ～* 引起某人注意 yǐnqǐ mǒu rén zhùyì / *give one's ～ to* 专心于 zhuānxīnyú / *stand at ～* 立正 lìzhèng

attentive   *adj* （1）注意的 zhùyì de，专心（形）zhuānxīn：*an ～ audience* 聚精会神的观众 jùjīnghuìshén de guānzhòng（2）关心的 guānxīn de；殷勤（形）yīnqín，照顾周到的（形）zhàogù zhōudào de：*an ～ waiter* 殷勤的服务员 yīnqín de fúwùyuán

attest   *v* （1）证明（动）zhèngmíng，证实（动）zhèngshí：～ *the truth of a statement* 证明供词属实 zhèngmíng gòngcí shǔshí（2）表明（动）biǎomíng

attic   *n* 顶楼（名）dǐnglóu，阁楼 gélóu：～ *room* 阁楼房间 gélóu fángjiān

attitude   *n* （1）姿势（名）zīshì，姿态（名）zītài（2）态度（名）tàidu；看法（名）kànfǎ

attorney   *n* （1）代理人（名）dàilǐrén：*a letter of ～* 委任状 wěirènzhuàng / *power of ～* 代理权 dàilǐquán（2）律师（名）lǜshī

attract   *v* （1）吸引（动）xīyǐn（2）引起（动）yǐnqǐ

attraction   *n* （1）引力（名）yǐnlì，吸引力（名）xīyǐnlì，诱惑力（名）yòuhuòlì：*the ～ of the moon for the earth* 月亮对地球的引力 yuèliang duì dìqiú de yǐnlì（2）吸引人的事物 xīyǐn rén de shìwù

attractive   *adj* （1）有吸引力的 yǒu xīyǐnlì de，诱人的（形）yòurén de，引起注意的 yǐnqǐ zhùyì de：*goods ～ in both price and quality* 物美价廉的货物 wùměijiàlián de huòwù（2）漂亮（形）piàoliang，好看（形）hǎokàn

attribute   **I** *v* （1）把...归于 bǎ...guīyú；由于（介）yóuyú（2）认为...是某人做的 rènwéi...shì mǒu rén zuò de   **II** *n* 品质（名）pǐnzhì；性质（名）xìngzhì；本色（名）běnsè

auction   **I** *n* 拍卖（动）pāimài   **II** *v* 拍卖（动）pāimài

audacious   *adj* （1）大胆（形）dàdǎn，有冒险精神（形）yǒu màoxiǎn jīngshén：*an ～ explorer* 大胆的探险家 dàdǎn de tànxiǎnjiā（2）放肆（形）fàngsì；鲁莽（形）lǔmǎng

audacity   *n* 大胆（形）dàdǎn，冒险性（名）màoxiǎnxìng；鲁莽（形）lǔmǎng

audible   *adj* 听得见的 tīng de jiàn de：*an ～ signal* 音响信号 yīnxiǎng xìnhào

audience   *n* （1）听众（名）tīngzhòng，观众（名）guānzhòng；读者（名）dúzhě：*a television ～* 电视观众 diànshì guānzhòng（2）接见（动）jiējiàn；觐见（动）jìnjiàn：*be received in ～* 被接见 bèi jiējiàn / *request an ～* 要求觐见 yāoqiú jìnjiàn

audio-visual   *adj* （1）视觉听觉的 shìjué tīngjué de（2）视听（教学法）的

shì tīng (jiàoxuéfǎ) de

audit I n (1) 会计检查 kuàijì jiǎnchá, 查帐 chá zhàng (2) 决算(动) juésuàn II v (1) 审计(动) shěnjì; 查帐 chá zhàng (2) 旁听(课程) pángtīng (kèchéng)

auditorium n 讲堂(名) jiǎngtáng; 礼堂(名) lǐtáng

August n 八月(名) bāyuè

aunt n (1) (*father's sister*) 姑母(名) gūmǔ; (*mother's sister*) 姨母(名) yímǔ; (*wife of father's elder brother*) 伯母(名) bómǔ; (*wife of father's younger brother*) 婶母(名) shěnmǔ; (*wife of mother's brother*) 舅母(名) jiùmǔ (2) (*a respectful form of address to an old woman*) 大娘(名) dàniáng, 大妈(名) dàmā; 阿姨(名) āyí

aural adj 听力的 tīnglì de, 听觉的 tīngjué de: ~ *comprehension* 听力理解 tīnglì lǐjiě

austere adj (1) 严肃(形) yánsù; 严峻(形) yánjùn: *the most* ~ *of critics* 最严肃的批评家 zuì yánsù de pīpíngjiā / *an* ~ *face* 严肃的面孔 yánsù de miànkǒng (2) 简朴(形) jiǎnpǔ, 朴素(形) pǔsù

Australian I adj 澳大利亚的 Àodàlìyà de; 澳大利亚人的 Àodàlìyàrén de II n 澳大利亚人 Àodàlìyàrén

Austrian I adj 奥地利的 Àodìlì de; 奥地利人的 Àodìlìrén de II n 奥地利人 Àodìlìrén

authentic adj 可靠(形) kěkào, 可信(形) kěxìn; 真正(形) zhēnzhèng; 真实(形) zhēnshí: *an* ~ *report* 真实可靠的报道 zhēnshí kěkào de bàodào

author n 作者(名) zuòzhě; 作家(名) zuòjiā

authoritative adj (1) 有权威的 yǒu quánwēi de, 可相信的 kě xiāngxìn de: *an* ~ *person* 权威人士 quánwēi rénshì (2) 靠权力的 kào quánlì de; 命令式的 mìnglìngshì de (3) 当局的 dāngjú de, 官方的 guānfāng de: ~ *informa-*

tion 官方消息 guānfāng xiāoxi

authority n (1) 职权(名) zhíquán, 权力(名) quánlì; 权限(名) quánxiàn: *an organ of* ~ 权力机关 quánlì jīguān (2) 当局(名) dāngjú: *the concerned authorities* 有关当局 yǒuguān dāngjú / *the city authorities* 市政当局 shìzhèng dāngjú (3) 权威(名) quánwēi, 权威人士 quánwēi rénshì; 权威著作 quánwēi zhùzuò; 可靠根据 kěkào gēnjù: *an academic* ~ 学术权威 xuéshù quánwēi

autobiography n 自传(名) zìzhuàn; 自传体文学 zìzhuàntǐ wénxué

autocrat n 独裁者(名) dúcáizhě; 专制君主 zhuānzhì jūnzhǔ

automatic I adj 自动(形) zìdòng: *an* ~ *control system* 自控系统 zìkòng xìtǒng II n 自动机(名) zìdòngjī; 自动装置 zìdòng zhuāngzhì

automobile n 汽车(名) qìchē: 2 ~s 两辆汽车 liǎngliàng qìchē

autumn n 秋(名) qiū, 秋天(名) qiūtiān; 秋季(名) qiūjì: *in late* ~ 深秋 shēn qiū / ~ *crops* 秋季作物 qiūjì zuòwù

avail I v 起作用 qǐ zuòyòng; 有用处 yǒu yòngchu; 有利于 yǒulìyú II n 效用(名) xiàoyòng; 利益(名) lìyì // ~ *oneself of* 利用 lìyòng / *to no* ~ 无用 wúyòng, 无效 wúxiào / *without* ~ 无益 wúyì, 徒劳 túláo

available adj (1) 可以用的 kěyǐ yòng de, 可以得到的 kěyǐ dédào de (2) 有效(形) yǒuxiào

avalanche n (1) 崩落(动) bēngluò; 雪崩(名) xuěbēng (2) 大量(形) dàliàng, 大宗(形) dàzōng: *an* ~ *of questions* 连珠炮似的问题 liánzhūpào shìde wèntí

avarice n 贪婪(形) tānlán

avaricious adj 贪婪(形) tānlán, 贪得无厌的 tāndéwúyàn de: *an* ~ *miser* 一个贪婪的守财奴 yíge tānlán de shǒucáinú

avenge v 替...报仇 tì...bàochóu; 雪

恨(动) xuěhèn: ~ one's friend 替朋友报仇 tì péngyou bàochóu

avenue n (1) 林荫道(名) línyīndào: an ~ leading to the reservoir 通往水库的一条林荫大道 tōngwǎng shuǐkù de yìtiáo línyīn dà dào (2) 街(名) jiē; 马路(名) mǎlù (3) 方法(名) fāngfǎ, 途径(名) tújìng: explore every ~ 探索一切途径 tànsuǒ yíqiè tújìng

average I n (1) 平均(动) píngjūn; 平均数(名) píngjūnshù (2) 一般水平 yìbān shuǐpíng II adj (1) 平均(形) píngjūn: the ~ age 平均年龄 píngjūn niánlíng / the ~ temperature 平均气温 píngjūn qìwēn (2) 通常(形) tōngcháng, 一般(形) yìbān: the ~ person 普通人 pǔtōng rén / people of ~ ability 能力一般的人 nénglì yìbān de rén III v (1) 求平均数 qiú píngjūnshù (2) 平均为 píngjūnwéi // on (an, the) ~ 按平均数计算 àn píngjūnshù jìsuàn

avert v (1) 躲开 duǒkāi; 防止(动) fángzhǐ (2) 转移(动) zhuǎnyí, 移开 yíkāi

aviation n (1) 航空(名) hángkōng; 航空学(名) hángkōngxué; 飞行技术 fēixíng jìshù: civil ~ 民航 mínháng / ~ school 航空学校 hángkōng xuéxiào (2) 飞机制造业 fēijī zhìzàoyè

avoid v 避免(动) bìmiǎn; 回避(动) huíbì, 躲开 duǒkāi

avoidable adj 可避免的 kě bìmiǎn de

await v 等候(动) děnghòu, 等待(动) děngdài

awake I v (1) 醒(动) xǐng; 叫醒(动) jiàoxǐng (2) 唤起(动) huànqǐ 使想起 shǐ xiǎngqǐ, 使觉悟 shǐ juéwù II adj 醒着的 xǐngzhe de

award I v 授予(动) shòuyǔ; 给(动) gěi; 判给 pàngěi II n 奖(名) jiǎng; 奖品(名) jiǎngpǐn

aware adj 知道(动) zhīdào, 感觉到 gǎnjuédào, 意识到 yìshìdào

away adv (1) (to or at a distance) 离(动、介) lí, 离开 líkāi; 远离 yuǎnlí (2) (to another place) ...走(副)... zǒu; 消失(动) xiāoshī (3) (continuously) 不断... búduàn... // right ~ 立刻 lìkè, 马上 mǎshàng

awful adj (1) 可怕(形) kěpà, 令人畏惧的 lìng rén wèijù de (2) 很糟的 hěn zāo de, 极坏的 jí huài de

awfully adv 很(副) hěn, 非常(副、形) fēicháng: ~ cold 非常冷 fēicháng lěng

awkward adj (1) 笨拙(形) bènzhuō, 不灵活的 bù línghuó de; 不熟练的 bù shúliàn de (2) 不方便 bù fāngbiàn; 不好用 bù hǎo yòng (3) 窘(形) jiǒng, 尴尬(形) gāngà, 使人难堪 shǐ rén nánkān: in an ~ situation 处境尴尬 chǔjìng gāngà

axe I n 斧子(名) fǔzi, 斧头(名) fǔtóu: an ~ 一把斧子 yìbǎ fǔzi II v 削减(动) xuējiǎn; 裁减(动) cáijiǎn

axis n 轴(名) zhóu; 轴线(名) zhóuxiàn: the earth's ~ 地轴 dìzhóu

axle n 轴(名) zhóu; 车轴(名) chēzhóu

B

baby *n* (1) 婴儿(名) yīng'ér, 婴孩儿 (名) yīngháir, 小孩儿 (名) xiǎoháir; 家里(或一个集体中)年龄最小的人 jiālǐ (huò yíge jítǐ zhōng) niánlíng zuì xiǎo de rén (2) 幼畜 yòuchù: *a ~ tiger* 一只小老虎 yìzhī xiǎolǎohǔ

baby-sitter *n* 看孩子的人 kān háizi de rén

bachelor *n* (1) 单身汉 (名) dānshēnhàn (2) 学士 (名) xuéshì: *B~ of Arts* 文学士 wénxuéshì / *B~ of Science* 理学士 lǐxuéshì

bacillus *n* 杆菌 (名) gǎnjūn

back **I** *n* (1) 背(名) bèi, 背部(名) bèibù: *the ~ of the hand* 手背 shǒubèi (2) 后面(名) hòumiàn, 后部(名) hòubù; 背面(名) bèimiàn, 反面(名) fǎnmiàn **II** *adj* (1) 后面的 hòumiàn de, 背后的 bèihòu de: *a ~ room* 后面的房间 hòumiàn de fángjiān (2) 偏僻(形) piānpì, 离开市中心的 líkāi shìzhōngxīn de: *a ~ street* 后街 hòujiē (3) 过期的 guòqī de, 拖欠的 tuōqiàn de: *a ~ issue* 过期刊物 guòqī kānwù / *~ pay* 欠薪 qiànxīn **III** *adv* (1) 在后 zài hòu; 向后 xiàng hòu; 后仰着 hòu yǎngzhe (2) 回(动) huí, 回原处 huí yuánchù (3) 作为报复 zuòwéi bàofù, 作为回答 zuòwéi huídá: *fight ~* 还击 huánjī (还手 huán shǒu) (4) 以前(名) yǐqián: *a few years ~* 几年以前 jǐnián yǐqián **IV** *v* (1) 后退(动) hòutuì, 倒(动) dào (2) 支持(动) zhīchí, 拥护(动) yōnghù // *at sb.'s ~* 支持某人 zhīchí mǒu ren / *~ and forth* 来往 láiwǎng, 来回 láihuí / *~ door* (1) 后门 hòumén (2) 非法手段 fēifǎ shǒuduàn: *through the ~ door* 走后门儿 zǒu hòuménr / *~ down* 放弃 fàngqì, 让步 ràngbù / *~*

out 收回诺言 shōuhuí nuòyán / *~ seat* (1) 后座 hòuzuò: *~ seat driver* 从汽车后座指挥司机的人 cóng qìchē hòuzuò zhīhuī sījī de rén; 不在其位而乱加干涉的人 búzài qí wèi ér luànjiā gānshè de rén (2) 次要地位 cìyào dìwèi / *~ up* 支持 zhīchí / *behind sb.'s ~* 背着某人 bèizhe mǒurén: *talk behind sb.'s ~* 背后议论某人 bèihòu yìlùn mǒurén / *break the ~ of* 完成了大部分 wánchéngle dàbùfen; 基本做完 jīběn zuòwán / *get sb.'s ~ up* 使某人发怒 shǐ mǒurén fānù / *put one's ~ into sth.* 努力做某事 nǔlì zuò mǒushì / *see the ~ of sb.* 摆脱某人 bǎituō mǒurén / *turn one's ~ on* 避开 bìkāi; 抛弃 pāoqì; 背弃 bèiqì

backache *n* 腰痛 yāotòng; 背痛 bèitòng

backbone *n* (1) 脊骨(名) jǐgǔ, 脊柱(名) jǐzhù: *the ~ of a herring* 鲱鱼的脊柱 fēiyú de jǐzhù (2) 骨干(名) gǔgàn; 主力(名) zhǔlì; 支柱(名) zhīzhù (3) 骨气(名) gǔqì

backbreaking *adj* 艰苦的 jiānkǔ de, 累人的 lèirén de: *a ~ job* 累死人的活儿 lèisǐ rén de huór

background *n* (1) 背景(名) bèijǐng, 后景(名) hòujǐng: *the ~ of a scene* 舞台的后景 wǔtái de hòujǐng (2) 履历(名) lǚlì; 出身(名) chūshēn; 资历(名) zīlì (3) 背景情况 bèijǐng qíngkuàng; 背景知识 bèijǐng zhīshi: *a ~ briefing* 背景情况介绍会 bèijǐng qíngkuàng jièshàohuì (4) 隐蔽的地点 yǐnbì de dìdiǎn, 不显眼的地方 bù xiǎnyǎn de dìfang: *stay in the ~* 处于隐蔽地位 chǔyú yǐnbì dìwèi

backhand *n* 反手抽球 fǎnshǒu chōuqiú

backstage *adj & adv* (1) 在后台 zài

hòutái (2) 幕后 mùhòu; 秘密地 mìmì de: *retire* ~ 退居幕后 tuìjū mùhòu

backup *n & adj* 备份(名) bèifèn; 后备(名、形) hòubèi; 支撑（名、动）zhīchēng

backward *adj* (1) 向后的 xiàng hòu de; 倒的 dào de: *a* ~ *movement of the car* 向后倒车 xiàng hòu dào chē (2) 返回的 fǎnhuí de; 相反的 xiāngfǎn de: *the* ~ *journey* 回程 huíchéng / *a* ~ *process* 相反的程序 xiāngfǎn de chéngxù (3) 落后（形）luòhòu, 后进(形) hòujìn, 不发达 bù fādá: *a* ~ *student* 落后学生 luòhòu xuésheng

backwards *adv* (1) 向后 xiàng hòu: *lean* ~ 向后靠 xiàng hòu kào (2) 倒（动）dào, 逆（动）nì: *flow* ~ 倒流 dàoliú // ~ *and forwards* 来回地 láihuí de, 往返地 wǎngfǎn de: *walk* ~ *and forwards* 来回地走 láihuí de zǒu

backyard *n* 后院(名) hòuyuàn

bacon *n* 咸猪肉 xián zhūròu, 熏猪肉 xūn zhūròu

bacteria *n* 细菌(名) xìjūn: ~ *free* 无菌的 wú jūn de

bacteriologist *n* 细菌学家（名）xìjūnxuéjiā

bacteriology *n* 细菌学(名) xìjūnxué

bad *adj* (1) 坏(形) huài, 恶(形) è, 不道德 bú dàodé: *a* ~ *thing* 坏事 huài shì (2) 低劣(形) dīliè, 拙劣(形) zhuōliè (3) 严重(形) yánzhòng, 厉害(形) lìhai (4) 病的 bìng de, 疼的 téng de, 不舒服的 bù shūfu de // *go* ~ 变坏 biànhuài, 发臭 fā chòu / *go from* ~ *to worse* 越来越坏 yuèláiyuè huài / *not* ~ 不错 búcuò, 挺好 tǐng hǎo/*too* ~ 真糟糕 zhēn zāogāo, 不幸 búxìng

badge *n* 徽章(名) huīzhāng; 像章（名）xiàngzhāng; 奖章（名）jiǎngzhāng

badger *n* 獾（名）huān; 獾皮(名) huānpí

badly *adv* (1) 坏(形) huài, 不好

bùhǎo, 差(形) chà, 恶劣(形) èliè (2) 厉害（形）lìhai, 严重（形）yánzhòng (3) 非常（副）fēicháng, 很（副）hěn // ~ *off* (1) 穷 qióng (2) 缺少 quēshǎo

badminton *n* 羽毛球(名) yǔmáoqiú: *a* ~ *match* 羽毛球比赛 yǔmáoqiú bǐsài

baffle *v* 使困惑 shǐ kùnhuò, 使迷惑不解 shǐ míhuòbùjiē

baffling *adj* 令人迷惑的 lìngrén míhuò de: *a* ~ *question* 一道难题 yídào nántí

bag *n* 袋（名）dài, 包（名）bāo: *mail* ~ 邮袋 yóudài / *school* ~ 书包 shūbāo / 2 ~*s of sugar* 两包糖 liǎngbāo táng // ~ *and baggage* 整个地 zhěnggè de; 连同所有的东西 liántóng suǒyǒu de dōngxi / *in the* ~ 十拿九稳 shínájiǔwěn, 稳操胜算 wěncāoshèngsuàn

baggage *n* 行李(名) xínglī: *a piece of* ~ 一件行李 yíjiàn xínglī // ~ *car* 行李车 xínglichē / ~ *check* 行李票 xínglipiào / ~ *office* 行李房 xínglifáng

bail[1] **I** *n* 保释金(名) bǎoshìjīn; 保释人(名) bǎoshìrén; 保释（动）bǎoshì: *go* ~ *for sb.* 为某人作保释人 wèi mǒu rén zuò bǎoshìrén **II** *v* 准许保释 zhǔnxǔ bǎoshì; 为...作保释人 wèi...zuò bǎoshìrén: ~ *sb. out* 把某人保出来 bǎ mǒu rén bǎochulai

bail[2] **I** *n* 船舱淘水桶 chuáncāng táoshuǐ tǒng **II** *v* 从（船）中舀水 cóng (chuán) zhōng yǎoshuǐ: ~ *out the boat* 舀出船舱里的水 yǎochū chuáncāng lǐ de shuǐ

bait **I** *n* 饵(名) ěr, 钓饵(名) diào'ěr, 鱼饵(名) yú'ěr; 诱饵(名) yòu'ěr **II** *v* 把诱饵装在...上 bǎ yòu'ěr zhuāngzài...shang // *rise to the* ~ (鱼)上钩 (yú) shànggōu, (人)上当 (rén) shàngdàng

bake *v* (1) 烤（动）kǎo, 烘（动）hōng (2) 烧（动）shāo // *baking powder* 发

酵粉 fājiàofěn

baker *n* 面包师（名）miànbāoshī

bakery *n* 面包店 miànbāodiàn，面包房 miànbāofáng

balance Ⅰ *n* (1) 天平(名) tiānpíng，秤(名) chèng: *a platform* ～ 台秤 táichèng (2) 平衡（名）pínghéng，均势(名) jūnshì: *keep one's* ～ 保持平衡 bǎochí pínghéng（保持冷静 bǎochí lěngjìng）/ ～ *of nature* 自然(生态)平衡 zìrán (shēngtài) pínghéng /～ *of power* 力量均衡 lìliàng jūnhéng (3) 收支(名) shōuzhī; 差额（名）chā'é; 余额(名) yú'é Ⅱ *v* (1) 称(动) chēng; 权衡（动）quánhéng; 比较（动）bǐjiào (2) 平衡（动）pínghéng

balcony *n* (1) 阳台(名) yángtái，露台(名) lùtái (2)（剧院的）楼座（jùyuàn de）lóuzuò

bald *adj* (1) 秃(形) tū，没有头发 méiyǒu tóufa; 没有毛 méiyǒu máo: *a man with a* ～ *head* 一个秃顶的男人 yíge tūdǐng de nánrén (2) 毫不掩饰 háo bù yǎnshì; 赤裸裸(形) chìluǒluǒ: *a* ～ *statement of the facts* 毫不掩饰的叙述事实 háo bù yǎnshì de xùshù shìshí

baldly *adv* 直截了当 zhíjiéliǎodàng: *put it* ～ 直截了当地说 zhíjiéliǎodàng de shuō

bale Ⅰ *n* 大包 dàbāo; 大捆 dàkǔn: *a* ～ *of cotton* 一包棉花 yìbāo miánhua Ⅱ *v* 把...打成包 bǎ...dǎchéng bāo: *a baling press* 打包机 dǎbāojī

ball¹ *n* 球（名）qiú; 球状物（名）qiúzhuàngwù; 团(名) tuán: *a* ～ *of wool* 一团毛线 yìtuán máoxiàn / *pass the* ～传球 chuánqiú / *dribble the* ～ 运球 yùnqiú // ～ *bearings* 滚珠轴承 gǔnzhū zhóuchéng / *medicine* ～ 健身实心球 jiànshēn shíxīnqiú

ball² *n* 舞会（名）wǔhuì

ballad *n* 歌谣（名）gēyáo，民谣（名）mínyáo，小调（名）xiǎodiào; 叙事曲(名) xùshìqǔ

ballet *n* (1) 芭蕾舞(名) bālěiwǔ: |

dancer 芭蕾舞演员 bālěiwǔ yǎnyuán (2) 芭蕾舞团 bālěiwǔtuán: *the Royal B～* 皇家芭蕾舞团 Huángjiā Bālěiwǔtuán (3) 芭蕾舞曲 bālěiwǔqǔ

ballistics *n* 弹道学(名) dàndàoxué: *rocket* ～ 火箭弹道学 huǒjiàn dàndàoxué

balloon *n* 气球(名) qìqiú，玩具气球 wánjù qìqiú: *go up in a* ～坐气球升入空中 zuò qìqiú shēngrù kōngzhōng

ballot Ⅰ *n* 选票（名）xuǎnpiào; 投票 tóupiào; 无记名投票 wújìmíng tóupiào Ⅱ *v* 投票表决 tóupiào biǎojué

ballot-box 投票箱 tóupiàoxiāng

ballroom *n* 舞厅（名）wǔtīng // ～ *dancing* 交际舞 jiāojìwǔ

balm *n* (1) 香液（名）xiāngyè; 香膏（名）xiānggāo; 止痛药膏 zhǐ tòng yàogāo: *a* ～ *for wounds* 治创伤药膏 zhì chuāngshāng yàogāo (2) 安慰(动) ānwèi; 抚慰(动) fǔwèi

balustrade *n* 栏杆（名）lángān; 扶手(名) fúshǒu

bamboo *n* 竹(名) zhú，竹子(名) zhúzi: *a* ～ *chair* 一把竹椅 yìbǎ zhúyǐ / ～ *shoots* 竹笋 zhúsǔn / ～ *grove* 竹林 zhúlín

ban Ⅰ *n* 禁止(动) jìnzhǐ; 禁令(名) jìnlìng: *be put under a* ～ 被禁止 bèi jìnzhǐ / *lift the* ～ *on sth*. 对...开禁 duì... kāijìn（解除对某事的禁令 jiěchú duì mǒu shì de jìnlìng）Ⅱ *v* 禁止(动) jìnzhǐ，取缔(动) qǔdì

banana *n* 香蕉(名) xiāngjiāo; 香蕉树(名) xiāngjiāoshù: *a head of* ～*s* 一串香蕉 yíchuàn xiāngjiāo / ～ *skins* 香蕉皮 xiāngjiāopí /*a* ～ *plantation* 香蕉种植园 xiāngjiāo zhòngzhíyuán

band¹ *n* (1) 带(名) dài，带子(名) dàizi: *waist* ～腰带 yāodài / *rubber* ～橡皮筋儿 xiàngpíjīnr (2) 波段(名) bōduàn: *wave* ～ 波段 bōduàn

band² *n* (1) 队(量) duì; 团(量) tuán; 群(量) qún; 帮(量) bāng: *a* ～ *of robbers* 一帮强盗 yìbāng qiángdào /*a* ～ *of football fans* 一群足球迷 yìqún zúqiúmí (2) 乐队(名) yuèduì: *a brass* ~ 铜管乐队 tóngguǎn yuèduì / *a military* ~ 军乐队 jūnyuèduì

bandage Ⅰ *n* 绷带（名）bēngdài: *a first-aid* ~ 急救绷带 jíjiù bēngdài Ⅱ *v* 用绷带包扎 yòng bēngdài bāozā

bandit *n* 土匪（名）tǔfěi, 强盗（名）qiángdào: *a gang of* ~s 匪帮 fěibāng

bang Ⅰ *v* (1) 猛敲 měngqiāo; 猛撞 měngzhuàng; 砰地关上 pēng de guānshang: ~ *against a wall* 砰地撞在墙上 pēng de zhuàngzài qiángshang (2) 砰砰作响 pēngpēng zuòxiǎng, 咚咚作响 dōngdōng zuòxiǎng Ⅱ *n* 猛击 měngjī; 猛撞 měngzhuàng; 碰撞的声音 pèngzhuàng de shēngyīn

banish *v* (1) 放逐（动）fàngzhú, 流放（动）liúfàng (2) 消除（动）xiāochú, 排除（动）páichú: ~ *anxiety* 消除忧虑 xiāochú yōulǜ

bank[1] Ⅰ *n* (1) 岸（名）àn; 堤（名）dī; 边（名）biān (2) 埂（名）gěng, 垄（名）lǒng; 堆（名）duī; 层（名）céng: *a* ~ *of cloud* 一团云 yìtuán yún / *a coal* ~ 煤堆 méiduī Ⅱ *v* (1) 堆积（动）duījī (2) 筑堤 zhùdī: ~ *up a river* 筑河堤 zhù hédī (3) 倾斜转弯 qīngxié zhuǎnwān

bank[2] Ⅰ *n* (1) 银行（名）yínháng (2) 库（名）kù, 贮藏所 zhùcángsuǒ: *a blood* ~ 血库 xuèkù Ⅱ *v* 把钱存入银行 bǎ qián cúnrù yínháng // ~ *deposit* 银行存款 yínháng cúnkuǎn / ~ *holiday* 公假日 gōngjiàrì, 银行休假 yínháng xiūjià / ~ *money* 银行票据 yínháng piàojù / ~ *note* 钞票 chāopiào / ~ *on* 依靠 yīkào, 指望 zhǐwàng

bankbook *n* 银行存折 yínháng cúnzhé

banker *n* (1) 银行家（名）yínhángjiā (2) （赌博时）庄家（名）（dǔbó shí）zhuāngjiā

bankrupt Ⅰ *n* 破产者（名）pòchǎnzhě; 无力偿付债务的人 wú lì chángfù zhàiwù de rén Ⅱ *adj* (1) 倒闭的 dǎobì de, 破产的 pòchǎn de; 垮了的 kuǎle de (2) 丧失了…的 sàngshīle… de;

毫无 háowú; 缺乏（动）quēfá

bankruptcy *n* 破产 pòchǎn; 倒闭（动）dǎobì

banner *n* 旗（名）qí, 旗帜（名）qízhì: *the* ~ *of freedom* 自由的旗帜 zìyóu de qízhì

banquet *n* 宴会（名）yànhuì: *a state* ~ 国宴 guóyàn / *a wedding* ~ 结婚宴 jiéhūn xǐyàn

baptize *v* (1) 洗礼（动）xǐlǐ (2) 命名（动）mìngmíng; 取名 qǔmíng

bar Ⅰ *n* (1) 条（名、量）tiáo; 杆（名）gān; 杠（名）gàng; 棒（名）bàng: *a steel* ~ 一根钢条 yìgēn gāngtiáo / *a of soap* 一条肥皂 yìtiáo féizào / *a of chocolate* 一块巧克力 yíkuài qiǎokèlì (2) 栅栏（名）zhàlan (3) 障碍（名）zhàng'ài, 障碍物（名）zhàng'àiwù (4) 酒吧间（名）jiǔbājiān; 柜台 guìtái Ⅱ *v* (1) 闩上 shuānshang (2) 阻挡（动）zǔdǎng, 拦住（动）lánzhù (3) 禁止（动）jìnzhǐ, 不准 bù zhǔn // *behind* ~ 关在监牢里 guānzài jiānláo lǐ

barbarian Ⅰ *adj* 野蛮（形）yěmán, 不文明的 bù wénmíng de, 未开化的 wèi kāihuà de Ⅱ *n* 野蛮人 yěmán rén, 粗鲁人 cūlǔ rén

barbarous *adj* (1) 野蛮（形）yěmán, 未开化的 wèi kāihuà de (2) 残忍（形）cánrěn, 残酷（形）cánkù; 凶残（形）xiōngcán: *a* ~ *murder* 凶残的谋杀 xiōngcán de móushā (3) 粗野 cūyě, （语言）不规范（yǔyán）bù guīfàn

barber *n* 理发师（名）lǐfàshī, 理发员（名）lǐfàyuán // ~ *'s shop* 理发店 lǐfàdiàn

bare Ⅰ *adj* (1) 赤裸（形）chìluǒ, 光秃（形）guāngtū, 无遮掩的 wú zhēyǎn de: ~ *floors* 不铺地毯的地板 bù pū dìtǎn de dìbǎn (2) 空（形）kōng; 缺乏（形）quēfá; 无装饰的 wú zhuāngshì de: *a* ~ *room* 没有家具陈设的空房间 méiyǒu jiājù chénshè de kōng fángjiān / *lay* ~ *the truth* 暴露真相

bàolù zhēnxiàng（3）仅有的 jǐn yǒu de, 最低限度的 zuì dī xiàndù de; 勉强（形）miǎnqiáng: *the ~ necessities of life* 起码的生活必需品 qǐmǎ de shēnghuó bìxūpǐn **II** v 露出（动）lùchū, 暴露（动）bàolù

barefaced *adj* 不戴面具的 bú dài miànjù de; 露骨的 lùgǔ de, 无耻的 wúchǐ de: *tell a ~ lie* 无耻地撒谎 wúchǐ de sāhuǎng

barefoot *adv & adj* 赤脚 chìjiǎo, 光着脚 guāngzhe jiǎo

bareheaded *adv & adj* 光着头 guāngzhe tóu

barely *adv* 仅仅（副）jǐnjǐn, 勉强（形）miǎnqiáng; 几乎没有 jīhū méiyǒu

bargain **I** n（1）买卖合同 mǎimài hétong; 成交条件 chéngjiāo tiáojiàn; 交易（名）jiāoyì; 协议（名）xiéyì（2）成交的商品 chéngjiāo de shāngpǐn; 廉价品（名）liánjiàpǐn, 便宜货（名）piányihuò **II** v 讨价还价 tǎojiàhuánjià, 讲条件 jiǎng tiáojiàn // *~ for* 预料 yùliào, 预计到 yùjìdào

barge **I** n 大平底船 dà píngdǐ chuán, 驳船（名）bóchuán, 游船（名）yóuchuán **II** v 跌跌撞撞地走 diēdiezhuàngzhuàngde zǒu; 撞（动）zhuàng

baritone n 男中音（名）nánzhōngyīn; 男中音歌唱家 nánzhōngyīn gēchàngjiā

bark¹ **I** n 树皮（名）shùpí **II** v 剥去树皮 bāoqù shùpí; 擦破皮 cāpò pí: *~ a tree* 把树皮剥掉 bǎ shùpí bāodiào / *one's skin* 擦破了皮 cāpòle pí

bark² v（1）吠（动）fèi, 叫（动）jiào（2）叫喊（动）jiàohǎn, 咆哮（动）páoxiāo: *~ an order* 大声下命令 dàshēng xià mìnglìng // *~ up the wrong tree* 打错了主意 dǎcuòle zhǔyi; 找错了地方 zhǎocuòle dìfang

barley n 大麦（名）dàmài // *~ sugar* 麦芽糖 màiyátáng

barmaid n 酒吧间女招待员 jiǔbājiān nǚzhāodàiyuán

barman n 酒吧间男招待员 jiǔbājiān nánzhāodàiyuán

barn n 谷仓（名）gǔcāng, 仓（名）cāng; 库房（名）kùfáng

barometer n 气压计（名）qìyājì, 气压表（名）qìyābiǎo; 晴雨计（名）qíngyǔjì: *the ~ of public opinion* 舆论的晴雨表 yúlùn de qíngyǔbiǎo

baron n 男爵（名）nánjué; 贵族（名）guìzú

baroness n 男爵夫人 nánjué fūrén; 女男爵 nǚnánjué

baroque *adj* 巴罗克（艺术风格的）bāluókè（yìshù fēnggé de）

barracks n 兵营（名）bīngyíng, 营房（名）yíngfáng

barrel n（1）桶（名）tǒng: *a ~ of wine* 一桶酒 yìtǒng jiǔ（2）枪筒（名）qiāngtǒng

barren *adj*（1）荒芜（形）huāngwú, 贫瘠（形）pínjí（2）不生育的 bù shēngyù de; 不结果实的 bù jiē guǒshí de

barricade **I** n 路障（名）lùzhàng **II** v（1）堵塞（动）dǔsè（2）把（自己）关在... bǎ（zìjǐ）guānzài...

barrier n 栅栏（名）zhàlan; 路障（名）lùzhàng; 障碍（名）zhàng'ài

barroom n 酒吧间（名）jiǔbājiān

barrow n 手推车（名）shǒutuīchē

bartender n 酒吧间服务员 jiǔbājiān fúwùyuán

base¹ **I** n（1）基础（名）jīchǔ, 底部（名）dǐbù; 底层（名）dǐcéng: *economic ~* 经济基础 jīngjì jīchǔ/ *the ~ of a dam* 坝基 bàjī（2）基地（名）jīdì; 根据地（名）gēnjùdì（3）底（名）dǐ; 基线（名）jīxiàn; 基点（名）jīdiǎn; 基面（名）jīmiàn: *~ number* 底数 dǐshù/ *the ~ of a triangle* 三角形底边 sānjiǎoxíng dǐbiān **II** v 以...为基础 yǐ...wéi jīchǔ; 以...为根据 yǐ...wéi gēnjù

base² *adj* 卑鄙（形）bēibǐ, 可耻（形）kěchǐ; 卑贱（形）bēijiàn: *~ conduct* 卑鄙可耻的行为 bēibǐ kěchǐ de xíngwéi

baseball *n* 棒球（名）bàngqiú；棒球运动 bàngqiú yùndòng

baseless *adj* 无根据的 wú gēnjù de

basement *n* 地下室（名）dìxiàshì

bashful *adj* 害羞（形）hàixiū，腼腆（形）miǎntiǎn，扭捏（形）niǔnie

basic *adj* 基本（形）jīběn，基础（名）jīchǔ，根本（名）gēnběn

basin *n* (1) 盆（名）pén；水盆（名）shuǐpén；洗脸盆（名）xǐliǎnpén：*a ～ of hot water* 一盆热水 yìpén rè shuǐ (2) 盆地（名）péndì；流域（名）liúyù：*the Qaidam B～* 柴达木盆地 Cháidámù Péndì

basis *n* 基础（名）jīchǔ；根据（名）gēnjù

bask *v* (1) 取暖（动）qǔnuǎn (2) 享受（动）xiǎngshòu：*～ in the love of one's family* 享天伦之乐 xiǎng tiānlún zhī lè

basket *n* 篮（名）lán；篓（名）lǒu；筐（名）kuāng：*wastepaper ～* 废纸篓 fèizhǐlǒu

basketball *n* 篮球（名）lánqiú

basketful *n* 一满篮 yìmǎnlán；一满筐 yìmǎnkuāng：*a ～ of oranges* 一筐桔子 yìkuāng júzi

bass *n* (1) 男低音（名）nándīyīn：*a ～song* 男低音歌曲 nándīyīn gēqǔ (2) 男低音歌手 nándīyīn gēshǒu (3) 低音部分 dīyīn bùfen：*the ～ part* 低音部 dīyīnbù (4) 低音乐器 dīyīn yuèqì

bassoon *n* 巴松管（名）bāsōngguǎn；低音管（名）dīyīnguǎn

bastard *n* 私生子（名）sīshēngzǐ

bat¹ *n* 球棒（名）qiúbàng；球拍（名）qiúpāi

bat² *n* 蝙蝠（名）biānfú：*blind as a ～* 视力很差 shìlì hěn chà

batch *n* 一批 yìpī；一组 yìzǔ：*a ～ of letters* 一批信件 yìpī xìnjiàn / *a ～ of documents* 一批文件 yìpī wénjiàn / *a ～ of bread* 一炉面包 yìlú miànbāo

bath *n* (1) 洗澡 xǐzǎo：*～ towel* 浴巾 yùjīn (2) 洗澡水 xǐzǎo shuǐ (3) 浴缸（名）yùgāng，澡盆（名）zǎopén // *a*

shower ～ 淋浴 línyù

bathe *v* (1) 洗澡（动）xǐzǎo (2) 泡（动）pào；沉浸（动）chénjìn；冲洗（动）chōngxǐ (3) 沐浴（动）mùyù；笼罩（动）lǒngzhào

bathroom *n* (1) 浴室（名）yùshì (2) 厕所（名）cèsuǒ

bathtub *n* 浴缸（名）yùgāng，澡盆（名）zǎopén

batik *n* 蜡染（名）làrǎn，蜡染布 làrǎnbù

baton *n* (1) 警棍（名）jǐnggùn (2) 指挥棒（名）zhǐhuībàng

battalion *n* 营（名）yíng；营部（名）yíngbù：*a person up from ～* 营部派来的人 yíngbù pàilai de rén

battery *n* (1) 电池（名）diànchí；电池组（名）diànchízǔ：*2 batteries* 两节电池 liǎngjié diànchí / *dry ～* 干电池组 gāndiànchí zǔ / *storage ～* 蓄电池 xùdiànchí / *～ charger* 电池充电器 diànchí chōngdiànqì (2) 一连串 yìliánchuàn；一套 yítào：*a ～ of ovens* 一套炉灶 yítào lúzào

battle **I** *n* 战役（名）zhànyì，会战（名）huìzhàn；战斗（名）zhàndòu **II** *v* 战斗（动）zhàndòu；斗争（动）dòuzhēng；搏斗（动）bódòu

battlefield *n* 战场（名）zhànchǎng，战地（名）zhàndì

battleship *n* 战舰（名）zhànjiàn

bawdy *adj* 淫秽（形）yínhuì

bawl *v* 大声叫喊 dàshēng jiàohǎn // *～ out* 责骂 zémà

bay *n* 海湾（名）hǎiwān，湾（名）wān

bayonet *n* 刺刀（名）cìdāo：*at the point of the ～* 在武力威逼下 zài wǔlì wēibī xià

bazaar *n* 市场（名）shìchǎng；百货商场 bǎihuò shāngchǎng，廉价商店 liánjià shāngdiàn

B.C. 公元前 gōngyuánqián，纪元前 jìyuánqián：*the year 800 ～* 公元前八百年 gōngyuánqián bābǎinián

be *v* (1) 是（动）shì；等于（动）děngyú (2) 有（动）yǒu；在（动）zài，

存在（动）cúnzài (3) 做（动）zuò；当（动）dāng, 成为（动）chéngwéi (4) 发生（动）fāshēng；举行（动）jǔxíng (5) 呆（动）dāi, 逗留（动）dòuliú, 停留（动）tíngliú (6) 去（动）qù, 到（动）dào；来（动）lái

beach Ⅰ n 海滩（名）hǎitān；水滨（名）shuǐbīn；沙滩（名）shātān Ⅱ v 把船拖上岸 bǎ chuán tuōshang àn

beacon n 灯塔（名）dēngtǎ；信标（名）xìnbiāo；指向标（名）zhǐxiàngbiāo

bead v (1) 珠子（名）zhūzi；玻璃球 bōliqiú (2) 水珠（名）shuǐzhū

beak n 鸟嘴 niǎo zuǐ

beam Ⅰ n (1) 梁（名）liáng: *a roof ~* 房梁 fángliáng (2) 杆（名）gǎn: *the ~ of a steelyard* 称杆 chènggǎn (3) 光束（名）guāngshù: *a ~ of light* 一束光 yíshù guāng / *a ~ of hope* 一线希望 yíxiàn xīwàng Ⅱ v (1) 发光 fāguāng, 发热 fārè (2) 播送（动）bōsòng, 定向发出（无线电信号）dìngxiàng fāchū (wúxiàndiàn xìnhào) (3) 微笑（动）wēixiào

bean n 豆（名）dòu, 豆子（名）dòuzi: *broad ~s* 蚕豆 cándòu / *soya ~s* 大豆 dàdòu / *French (kidney) ~s* 扁豆 biǎndòu / *~ curd* 豆腐 dòufu / *~ pod* 豆荚 dòujiá

bear[1] v (1) 负担（动）fùdān, 承担（动）chéngdān: *~ expenses* 负担费用 fùdān fèiyòng / *~ the responsibility of* 承担…责任 chéngdān… zérèn (2) 戴（动）dài, 佩戴（动）pèidài；载明 zǎimíng；记有 jìyǒu: *~ a badge* 佩戴徽章 pèidài huīzhāng (3) 忍受（动）rěnshòu, 容忍（动）róngrěn (4) 生育（动）shēngyù；结果实 jiē guǒshí (5) 怀有（动）huáiyǒu: *~ in mind* 牢记不忘 láojì bú wàng

bear[2] n 熊（名）xióng: *a polar ~* 北极熊 běijíxióng

beard n 胡子（名）húzi, 胡须（名）húxū

bearded adj 有胡须的 yǒu húxū de；留胡子的 liú húzi de: *a ~ man* 留胡子

的人 liú húzi de rén

beardless adj (1) 没有胡须的 méiyǒu húxū de (2) 年轻无知的 niánqīng wúzhī de: *a ~ youth* 嘴上没毛的小伙子 zuǐshàng méimáo de xiǎohuǒzi

bearer n 持票人 chípiào rén, 送信人 sòngxìn rén；搬运工人 bānyùn gōngrén

bearing n (1) 举止（名）jǔzhǐ；姿态（名）zītài (2) 关系（名）guānxì；意义（名）yìyì (3) 忍耐（动）rěnnài；忍受（动）rěnshòu (4) 方向（名）fāngxiàng；方位（名）fāngwèi: *lose one's ~s* 迷失方向 míshī fāngxiàng

beast n (1) 动物（名）dòngwù, 兽（名）shòu, 走兽（名）zǒushòu；牲畜（名）shēngchù: *wild ~* 野兽 yěshòu / *a ~ of burden* 牲口 shēngkou (2) 凶残的人 xiōngcán de rén, 坏蛋（名）huàidàn

beastly adj (1) 野兽的 yěshòu de: *~ appetites* 兽欲 shòu yù (2) 令人厌恶的 lìng rén yànwù de；糟透的 zāotòu de

beat Ⅰ v (1) 打（动）dǎ, 敲（动）qiāo (2) 打败（动）dǎbài, 战胜（动）zhànshèng (3) 跳动（动）tiàodòng；扑打（动）pūdǎ (4) 搅（动）jiǎo, 捣（动）dǎo, 打（动）dǎ Ⅱ n (1) 敲打（声）qiāodǎ (shēng), 跳动（声）tiàodòng (shēng) (2) 节拍（名）jiépāi, 拍子（名）pāizi // *~ about the bush* 绕圈子 rào quānzi / *~ down* (1)（太阳）烤（tàiyang）kǎo (2) 使下降 shǐ xiàjiàng；降价 jiàng jià / *~ off* 打跑 dǎpǎo / *~ up* 殴打 ōudǎ

beautiful adj (1) 美（形）měi, 美丽（形）měilì；漂亮（形）piàoliang: *~ flowers* 美丽的花 měilì de huā (2) 美好（形）měihǎo；极好的 jí hǎo de: *music* 美妙的音乐 měimiào de yīnyuè

beautifully adv 美丽（形）měilì；好（形）hǎo；漂亮（形）piàoliang

beauty n (1) 美（形）měi, 美丽（形）měilì；美貌（形）měimào (2) 美人（名）měirén (3) 妙处（名）miàochù, 美好的东西 měihǎo de dōngxi // *~ par-*

lour 美容厅 měiróng tīng / ~ *spot* 风景区 fēngjǐngqū

beaver *n* 河狸(名) hélí; 河狸皮 hélípí

because *conj* 因为(连) yīnwei, 由于(连) yóuyú // ~ *of* 因为 yīnwei

beckon *v* 招手(点头)示意 zhāoshǒu (diǎntóu) shìyì

become *v* (1) 变成(动) biànchéng, 成为(动) chéngwéi, 当上(动) dāngshàng; 变得(动) biànde (2) 适合(动) shìhé; 同...相称 tóng... xiāngchèn // ~ *of* 情况如何 qíngkuàng rúhé

becoming *adj* 合适(形) héshì; 相称(形) xiāngchèn

bed *n* (1) 床(名) chuáng; 床铺(名) chuángpù; 床位(名) chuángwèi: *a single* ~ 一张单人床 yìzhāng dānrénchuáng / ~ *rest* 卧床休息 wòchuáng xiūxi (2) 底座(名) dǐzuò; 地基(名) dìjī, 路基(名) lùjī: *railway* ~ 铁路路基 tiělù lùjī / *a* ~ *of concrete* 水泥底座 shuǐní dǐzuò // ~ *and board* 食宿 shísù / *die in* ~ 病逝 bìngshì / *go to* ~ 上床睡觉 shàng chuáng shuìjiào / *in* ~ 在睡觉 zài shuìjiào / *make the* ~ 铺床 pū chuáng / *river* ~ 河床 héchuáng

bedclothes *n* 铺盖(名) pūgài, 寝具(名) qǐnjù

bedcover *n* 床罩(名) chuángzhào

bedding *n* 被褥 bèirù; 床上用品 chuángshàng yòngpǐn

bedroom *n* 卧室(名) wòshì, 寝室(名) qǐnshì

bedtime *n* 睡觉时间 shuìjiào shíjiān, 就寝时间 jiùqǐn shíjiān, 上床的时候 shàngchuáng de shíhou

bee *n* 蜂(名) fēng; 蜜蜂(名) mìfēng: *worker* ~ 工蜂 gōngfēng / *queen* ~ 蜂王 fēngwáng

beef *n* 牛肉(名) niúròu: ~ *broth* 牛肉汤 niúròutāng

beefsteak *n* 牛排(名) niúpái; 牛肉块儿 niúròukuàir

beehive *n* 蜂箱(名) fēngxiāng; 蜂窝(名) fēngwō: *a* ~ *hairstyle* 蜂窝式的发型 fēngwōshì de fàxíng

beekeeper *n* 养蜂人(名) yǎngfēngrén

beeline *n* 直线(名) zhíxiàn; 直路 zhílù // *make a* ~ *for* 直奔 zhíbèn

beeper *n* 寻呼机(名) xúnhūjī

beer *n* 啤酒(名) píjiǔ: *draught* ~ 生啤酒 shēng píjiǔ (桶装啤酒 tǒngzhuāng píjiǔ) / *dark* ~ 黑啤酒 hēipíjiǔ / *ginger* ~ 姜汁啤酒 jiāngzhī píjiǔ / *bottled* ~ 瓶装啤酒 píngzhuāng píjiǔ / *canned* ~ 听装啤酒 tīngzhuāng píjiǔ

beet *n* 甜菜(名) tiáncài

beetle *n* 甲虫(名) jiǎchóng

beetroot *n* 甜菜根 tiáncàigēn

befall *v* 降临(动) jiànglín, 落到...身上 luòdào... shēnshang; 发生(动) fāshēng

before I *prep* (1) 在...以前(之前) zài...yǐqián (zhīqián) (2) 在...前面 zài...qiánmian (前头 qiántou, 面前 miànqián); 当着...的面 dāngzhe... de miàn (3) 高于 gāoyú; 在...之上 zài... zhīshàng (4) 而不 ébù: *death* ~ *dishonour* 宁死不受辱 nìngsǐ bú shòu rǔ II *adv* 以前(名) yǐqián; 从前(名) cóngqián, 过去(名) guòqù III *conj* (1) 在...以前 zài...yǐqián (2) (*rather than*) (宁愿...) 也不 (nìngyuàn...) yěbù

beforehand *adv* 事先(副) shìxiān; 预先(副) yùxiān; 提前(副、动) tíqián

beg *v* (1) 要(动) yào; 乞讨(动) qǐtǎo (2) 请求(动) qǐngqiú; 乞求(动) qǐqiú; 恳求(动) kěnqiú // *go* ~*ging* (1) 要饭 yàofàn, 行乞 xíngqǐ (2) 没人要 méi rén yào; 卖不出去 mài bù chūqù

beggar I *n* 乞丐(名) qǐgài, 要饭的 yàofàn de; 穷人(名) qióngrén II *v* (1) 使...贫穷 shǐ... pínqióng (2) 难以... nányǐ...

begin *v* 开始(动) kāishǐ, 动手(动) dòngshǒu, 着手(动) zhuóshǒu // ~ *to with* 首先 shǒuxiān, 第一 dìyī

beginner *n* 初学者(名) chūxuézhě

beginning *n* (1) 开始(名) kāishǐ, 开端(名) kāiduān, 开头(名) kāitóu (2) 起源(名) qǐyuán: *have its ~ in* 起源于 qǐyuányú // *at the ~* 开始 kāishǐ: *at the ~ of the month* 月初 yuèchū / *at the ~ of this century* 本世纪初 běn shìjì chū / *from ~ to end* 自始至终 zìshǐzhìzhōng, 从头到尾 cóngtóudàowěi

beguile *v* (1) 欺骗(动) qīpiàn; 迷惑(动) míhuò (2) 消磨(时间) xiāomó (shíjiān); 哄(孩子) hǒng (háizi)

behalf *n* 利益(名) lìyì; 方面(名) fāngmiàn; 支持(动) zhīchí // *on ~ of* 代表 dàibiǎo; 为了 wèile

behave *v* (1) 举动(名) jǔdòng, 举止(名) jǔzhǐ; 表现(名) biǎoxiàn (2) 有礼貌 yǒu lǐmào; 守规矩 shǒu guīju (3) 开动(动) kāidòng; 运转(动) yùnzhuǎn; (对环境的)反应(对环境的) fǎnyìng

behaviour, behavior *n* 举止(名) jǔzhǐ, 行为(名) xíngwéi; 品行(名) pǐnxíng; 态度(名) tàidu // *be on one's good ~* 行为检点 xíngwéi jiǎndiǎn; 守规矩 shǒu guīju

behaviourism, behaviorism *n* 行为主义 xíngwéi zhǔyì

behind I *prep* (1) 在...后面(背后) zài...hòumian (bèihòu) (2) 落后于 luòhòuyú; 迟于 chíyú (3) 支持(动) zhīchí II *adv* (1) 在后 zài hòu, 向后 xiàng hòu (2) 迟(形) chí; 过期 guòqī; 落后(形) luòhòu // *~ sb.'s back* 背着某人 bèizhe mǒu rén

behind-the-scenes *adj* 幕后的 mùhòu de; 秘密(形) mìmì: *~ scheming* 幕后策划 mùhòu cèhuà

being *n* (1) 存在(动) cúnzài; 生存(动) shēngcún; 出现(动) chūxiàn (2) 存在物(名) cúnzàiwù; 生物(名) shēngwù; 人(名) rén: *human ~s* 人 rén / *the Supreme B~* 上帝 Shàngdì

belch *v* (1) 打嗝 dǎ gé (2) 喷出(动) pēnchū; 冒出(动) màochū

belief *n* (1) 相信(动) xiāngxìn, 信心(名) xìnxīn (2) 信仰(名) xìnyǎng, 信念(名) xìnniàn // *to the best of my ~* 在我看来 zài wǒ kànlái

believable *adj* 可信任的 kě xìnrèn de, 可信的 kěxìn de

believe *v* (1) 相信(动) xiāngxìn (2) 认为(动) rènwéi (3) 信任(动) xìnrèn; 信(动) xìn; 主张(动) zhǔzhāng (4) 信仰(动) xìnyǎng, 信奉(动) xìnfèng // *~ it or not* 信不信由你 xìn bú xìn yóu nǐ / *~ me* 真的 zhēn de / *make ~* 假装 jiǎzhuāng

believer *n* 信徒(名) xìntú

bell *n* 钟(名) zhōng; 铃(名) líng: *church ~s* 教堂的钟 jiàotáng de zhōng / *~ tower* 钟楼 zhōnglóu / *bicycle ~* 自行车铃 zìxíngchē líng

bellow *v* 吼叫(动) hǒujiào; 怒吼(动) nùhǒu; 高声喊叫 gāoshēng hǎnjiào

bellows *n* 风箱(名) fēngxiāng

belly *n* 肚子(名) dùzi; 腹部(名) fùbù; 胃(名) wèi: *with an empty ~* 空着肚子 kōngzhe dùzi / *the ~ of a plane* 飞机的腹部 fēijī de fùbù

belong *v* (1) 属(动) shǔ, 属于(动) shǔyú (2) 是...的一员 shì...de yì yuán (3) 应放在 yīng fàngzài; 适合(动) shìhé

beloved I *adj* 为...所爱的 wéi...suǒ'ài de; 被热爱的 bèi rè'ài de: *~ by all* 深受大家爱戴的 shēn shòu dàjiā àidài de II *n* 心上人 xīnshàngrén; 爱人(名) àirén

below I *prep* (1) 在...下面 zài...xiàmian, 在...以下 zài...yǐxià: *the average income* 平均收入以下 píngjūn shōurù yǐxià (2) 在...以下 zài...yǐxià: *~ the average income* 平均收入以下 píngjūn shōurù yǐxià II *adv* 在下边 zài xiàbian III *adj* (1) 下面的 xiàmian de (2) 零下的 língxià de: *10° ~* 零下十度 língxià shídù

belt I *n* (1) 带(名) dài; 皮带(名) pídài; 腰带(名) yāodài: *a nice new ~* 一条漂亮的新皮带 yìtiáo piàoliang de xīn pídài (2) 地带（名）dìdài，区（名）qū: *the green* ~ 绿化区 lǜhuàqū **II** *v* (1) 系带子 jì dàizi (2) 用带子打 yòng dàizi dǎ；打（动）dǎ // *tighten one's* ~ (1) 勒紧腰带 lēijǐn yāodài (2) 节约度日 jiéyuē dùrì

bench   *n* (1) 长凳（名）chángdèng；板凳（名）bǎndèng: *a park* ~一条公园里的长凳 yìtiáo gōngyuánlǐ de chángdèng (2) 工作台 gōngzuòtái: *a carpenter's* ~ 木工的工作台 mùgōng de gōngzuòtái (3) 法官席（名）fǎguānxí；议员席 yìyuánxí: *opposition* ~es 反对党的席位 fǎnduìdǎng de xíwèi

bend   **I** *v* (1) 弄弯 nòngwān，使弯曲 shǐ wānqū，弯（动）wān: ~ *one's brows* 皱眉头 zhòu méitóu (2) 使屈服 shǐ qūfú **II** *n* 转弯 zhuǎnwān；弯曲（形）wānqū

beneath   **I** *prep* (1) 在...下方 zài... xiàfāng，在...底下 zài...dǐxia (2) 有失...身份 yǒu shī...shēnfen；不值得 bùzhíde **II** *adv* 下面（名）xiàmian，底下（名）dǐxia

benefactor   *n* 捐助人（名）juānzhùrén；恩人（名）ēnrén

beneficial   *adj* 有利（形）yǒulì，有益的 yǒuyì de；有帮助的 yǒu bāngzhù de

benefit   **I** *n* (1) 好处（名）hǎochu，利益（名）lìyì；恩惠（名）ēnhuì (2) 救济金 jiùjìjīn；津贴（名）jīntiē: *unemployment* ~失业救济金 shīyè jiùjìjīn **II** *v* 对...有利 duì... yǒulì，有益于 yǒuyìyú；得到好处 dédào hǎochu // *for the* ~ *of* 为了...的利益 wèile...de lìyì

benevolence   *n* (1) 仁慈（形）réncí (2) 捐款（名）juānkuǎn；捐助物（名）juānzhùwù

benevolent   *adj* 仁慈（形）réncí，慈善（形）císhàn: *a* ~ *father* 仁慈的父亲 réncí de fùqin / ~ *dictatorship* 仁政 rénzhèng

benign   *adj* (1) 慈祥（形）cíxiáng；亲切（形）qīnqiè；温和（形）wēnhé；宽厚（形）kuānhòu: *a* ~ *smile* 慈祥的笑容 cíxiáng de xiàoróng (2) 良性的 liángxìng de: *a* ~ *tumour* 良性瘤 liángxìngliú

bent   **I** *adj* (1) 弯（形）wān，弯曲（形）wānqū (2) 决心（名）juéxīn；一心（副）yìxīn **II** *n* 爱好（动、名）àihào；癖好（名）pǐhào

benumb   *v* 使失去感觉 shǐ shīqù gǎnjué，麻木（形）mámù

bequeath   *v* 遗赠（动）yízèng；遗留（动）yíliú；传（动）chuán

bereave   *v* 使丧失 shǐ sàngshī，使失去 shǐ shīqù

bereaved   *adj* 失去...的 shīqù...de；死了...的 sǐle...de: *a* ~ *mother* 死去了孩子的母亲 sǐqùle háizi de mǔqin / *the* ~ *husband* 死了妻子的人 sǐle qīzi de rén

berry   *n* 浆果 jiāngguǒ: *holly berries* 冬青果 dōngqīngguǒ

berth   **I** *n* (1) 停泊地 tíngbódì: *take up a* ~ 停泊 tíngbó (2) 卧铺（名）wòpù: *upper (lower)* ~ 上（下）铺 shàng (xià) pù / *book a* ~ 订一张卧铺票 dìng yìzhāng wòpùpiào **II** *v* 停泊（动）tíngbó

beseech   *v* 恳求（动）kěnqiú，哀求（动）āiqiú

beset   *v* (1) 包围（动）bāowéi；围困（动）wéikùn，困扰（动）kùnrǎo (2) 镶（动）xiāng，嵌（动）qiàn

beside   *prep* (1) 在...旁边 zài... pángbiān；靠近（动）kàojìn (2) 与...相比 yǔ...xiāngbǐ // ~ *oneself* 发狂 fākuáng，无法控制自己 wúfǎ kòngzhì zìjǐ / ~ *the point* 与...无关 yǔ... wúguān

besides   **I** *prep* 除了...以外 chúle... yǐwài，在...之外 zài...zhīwài **II** *adv* 除此之外 chúcǐ zhīwài，再说（连）zàishuō，此外（连）cǐwài

besiege   *v* (1) 包围（动）bāowéi；围攻（动）wéigōng；围困 wéikùn (2) 提问（动）tíwèn；质询（动）zhìxún

best   **I** *adj* (1) 最好的 zuì hǎo de (2)

最合适的 zuì héshì de **II** *adv* 最好 zuì
hǎo; 第一 dìyī **III** *n* 最好的东西 zuì
hǎo de dōngxi // *All the* ~! 一切顺
利! Yíqiè shùnlì! / *at* ~ 充其量
chōngqíliàng, 至多 zhìduō / *at one's* ~
处在最好的状态 chǔzài zuì hǎo de
zhuàngtài /~ *man* 男傧相 nán
bīnxiàng / *get the* ~ *of* 胜过 shèngguò
/ *had* ~最好 zuìhǎo / *make the* ~ *of*
充分利用 chōngfèn lìyòng / *to the* ~
of one's ability 尽最大的能力 jìn zuì
dà de nénglì

bestow *v* 赠(动) zèng; 授予(动)
shòuyǔ; 给(动) gěi

bestseller *n* 畅销书(或唱片等)
chàngxiāoshū (huò chàngpiàn děng)

best-selling *adj* 畅销的 chàngxiāo de

bet I *v* (1) 同...打赌 tóng...dǎdǔ,
下赌注 xià dǔzhù (2) 断定(动)
duàndìng **II** *n* 打赌 dǎdǔ; 打赌的钱或
物 dǎdǔ de qián huò wù

betray *v* (1) 背叛(动) bèipàn, 出卖
(动) chūmài (2) 辜负(动) gūfù (3)
泄漏(动) xièlòu, 透露(动) tòulù; 表
现(动) biǎoxiàn

better I *adj* (1) 更好的 gèng hǎo de;
较好的 jiào hǎo de (2) (疾病)好转
(动)(jíbìng) hǎozhuǎn; 好(形)hǎo,
痊愈(动) quányù (3) 大半(名)
dàbàn, 大部分 dàbùfen: *the* ~ *part
of a year* 大半年 dàbànnián **II** *adv* (1)
更好地 gèng hǎo de; 较好地 jiào hǎo
de (2) 更(副)gèng, 更加(副)
gèngjiā, 更多 gèng duō **III** *v* 改善
(动) gǎishàn, 改进(动) gǎijìn; 更新
(动) gēngxīn: ~ *a record* 刷新纪录
shuāxīn jìlù // ~ *and* ~ 越来越好
yuèláiyuè hǎo / *get the* ~ *of* 胜过
shèngguò / *had* ~最好 zuìhǎo, 还是
háishì / *no* ~ *than* 简直就是 jiǎnzhí
jiùshì, 不过是 búguòshì / *the ... the*
~越...越好 yuè...yuè hǎo

between I *prep* (1) 在...中间 zài...
zhōngjiān; 在...之间 zài...zhījiān
(2) 联结(动) liánjié, 联系(动)
liánxì: *a railway* ~ 2 *cities* 联结两座

城市的铁路 liánjié liǎngzuò chéngshì
de tiělù (3) 来往于...之间
láiwǎngyú... zhījiān (4) 共同所有
gòngtóng suǒyǒu; 一起做 yìqǐ zuò (5)
...之间... zhījiān: *a football match*
~ *China and France* 中国和法国的一
场足球赛 Zhōngguó hé Fǎguó de
yìchǎng zúqiú sài **II** *adv* 当中(名)
dāngzhōng, 中间(名) zhōngjiān // ~
you and me 只限你我,不能外传 zhǐ
xiàn nǐ wǒ, bùnéng wàichuán

beverage *n* 饮料(名) yǐnliào

beware *v* 当心(动) dāngxīn, 注意
(动) zhùyì, 谨防(动) jǐnfáng

bewilder *v* 使迷惑 shǐ míhuò, 使困惑
shǐ kùnhuò, 弄糊涂 nòng hútu

beyond I *prep* (1) 在...那边 zài...
nàbiān, 在...以外 zài...yǐwài, 远于
yuǎnyú: ~ *the horizon* 在地平线以外
zài dìpíngxiàn yǐwài (2) 迟于 chíyú,
比...晚 bǐ...wǎn (3) 超出(动)
chāochū: ~ *sb.'s power* 是某人力所
不及的 shì mǒu rén lìsuǒbùjí de (4)
除...(以外)chú...(yǐwài) **II** *adv* 向
远处 xiàng yuǎnchù // ~ *control* 控
制不了 kòngzhì bù liǎo / ~ *sb.* 不理
解 bù lǐjiě; 力所不及 lìsuǒbùjí

bias I *n* 偏见(名) piānjiàn; 成见(名)
chéngjiàn; 偏爱(动) piān'ài **II** *v* 使
对...有偏见 shǐ duì...yǒu piānjiàn

bib *n* (1) 围兜(名) wéidōu: *a baby's*
~(小孩儿的)围兜(xiǎoháir de)
wéidōu (2) 工作服的上部 gōngzuòfú
de shàngbù

Bible *n* 《圣经》(名)《Shèngjīng》:
"*The Holy* ~"《圣经》《Shèngjīng》

bibliography *n* 书目提要 shūmù tíyào;
书目(名) shūmù; 文献(名) wénxiàn;
参考书目 cānkǎo shūmù

bicycle *n* 自行车(名) zìxíngchē

bid *v* (1) 祝(动) zhù; 表示(动)
biǎoshì(2) 命令(动) mìnglìng; 吩咐
(动) fēnfù(3) 出价(动) chūjià (4) 叫
牌 jiào pái

big I *adj* (1) 大(形) dà; 已经长大
yǐjīng zhǎngdà(2) 重要(形) zhòngyào,

重大（形）zhòngdà **II** *adv* 自大（形）zìdà // *have ~ ideas* 想干大事 xiǎng gàn dà shì

bigamy *n* 重婚（动）chónghūn

bike *n* 自行车（名）zìxíngchē, 脚踏车（名）jiǎotàchē

bikini *n* 比基尼（名）bǐjīní, 三点式泳装 sāndiǎnshì yǒngzhuāng

bilateral *adj* 双边的 shuāngbiān de: *a ~ agreement* 双边协定 shuāngbiān xiédìng / *~ talks* 双边会谈 shuāngbiān huìtán

bile *n* (1) 胆汁（名）dǎnzhī: *~ duct* 胆管 dǎnguǎn (2) 坏脾气 huài píqi: *rouse sb.'s ~* 把人激怒 bǎ rén jīnù

bilge *n* (1) 船腹 chuánfù (2) 船底的污水 chuándǐ de wūshuǐ: *empty the ~* 清除船底的污水 qīngchú chuándǐ de wūshuǐ (3) 无聊的话 wúliáo de huà; 傻话 shǎhuà

bilingual *adj* 用两种语言的 yòng liǎngzhǒng yǔyán de; 双语的 shuāngyǔ de: *a ~ speaker* 能说两种语言的人 néng shuō liǎngzhǒng yǔyán de rén

bill *n* (1) 帐单（名）zhàngdān; 帐（名）zhàng; 付款单（名）fùkuǎndān: *electricity ~* 电费单 diànfèi dān (2) 单子（名）dānzi: *a theatre ~* 节目单 jiémùdān / *a ~ of fare* 菜单 càidān (3) 法案（名）fǎ'àn, 议案（名）yì'àn (4) 票据（名）piàojù; 汇票（名）huìpiào; 单据（名）dānjù: *~ of entry* 报关单 bàoguāndān / *~ of exchange* 汇票 huìpiào (5) 钞票（名）chāopiào, 票子（名）piàozi; 纸币（名）zhǐbì: *a 10-dollar ~* 一张十美元的钞票 yìzhāng shíměiyuán de chāopiào (6) 招贴（名）zhāotiē **II** *v* 给...开帐单 gěi... kāi zhàngdān// *foot the ~* 付帐 fù zhàng; 负担费用 fùdān fèiyòng; 负责 fùzé

billboard *n* 广告牌（名）guǎnggàopái

billiards *n* 台球（名）táiqiú; 弹子戏（名）dànzixì

billiard-table *n* 台球球桌 táiqiú qiúzhuō, 台球台（名）táiqiútái

billion *num* (1)（英）万亿（Yīng）wànyì (2)（美）十亿（Měi）shíyì

billow **I** *n* 巨浪（名）jùlàng, 波涛（名）bōtāo **II** *v*（波浪）翻滚（动）（bōlàng）fāngǔn: *~ing smoke and flames* 滚滚的烟火 gǔngǔn de yānhuǒ

bind *v* (1) 捆（动）kǔn, 绑（动）bǎng (2) 包扎（动）bāozā; 束紧 shùjǐn (3) 装订（动）zhuāngdìng; 包装（动）bāozhuāng: *bound into a thick volume* 订成一厚册 dìngchéng yí hòu cè (4) 使受约束 shǐ shòu yuēshù; 使承担义务 shǐ chéngdān yìwù

binding **I** *adj* (1) 捆绑的 kǔnbǎng de; 粘合的 niánhé de (2) 有约束力的 yǒu yuēshùlì de: *an agreement that is ~ on all parties* 对各方有约束力的协定 duì gèfāng yǒu yuēshùlì de xiédìng **II** *n* (1) 捆绑（动）kǔnbǎng (2) 装订（动）zhuāngdìng; 封面（名）fēngmiàn: *a cloth ~* 布面装订 bùmiàn zhuāngdìng / *plastic ~* 塑料封面 sùliào fēngmiàn

binoculars *n* （双筒）望远镜（名）(shuāng tǒng) wàngyuǎnjìng

biochemistry *n* 生物化学 shēngwù huàxué, 生化（名）shēnghuà

biographer *n* 传记作家 zhuànjì zuòjiā, 传记作者 zhuànjì zuòzhě

biography *n* (1) 传（名）zhuàn, 传记（名）zhuànjì; 个人经历 gèrén jīnglì (2) 传记文学 zhuànjì wénxué

biological *adj* 生物学的 shēngwùxué de: *a ~ laboratory* 生物实验室 shēngwù shíyànshì / *~ warfare* 生物战 shēngwù zhàn

biologist *n* 生物学家（名）shēngwùxuéjiā

biology *n* (1) 生物学（名）shēngwùxué: *study ~* 研究生物学 yánjiū shēngwùxué (2) 生态学（名）shēngtàixué

bird *n* (1) 鸟（名）niǎo: *a beneficial to mankind* 益鸟 yìniǎo (2) 人（名）rén, 家伙（名）jiāhuo; 姑娘（名）gūniang: *a wise old ~* 机灵鬼 jīlínggǔi// *a ~ in the hand* 已到手的东西 yǐ dào shǒu de dōngxi; 已定局的事情 yídìngjú de shìqing

birdcage *n* 鸟笼(名) niǎolóng

bird's-eye *adj* 鸟瞰的 niǎokàn de; 概观的 gàiguān de: *a ~ view of Taiwan* 台湾鸟瞰图 Táiwān niǎokàntú / *a ~ view of ancient history* 古代史概观 gǔdàishǐ gàiguān

birth *n* (1) 出生(动) chūshēng, 诞生(动) dànshēng; 开始(动) kāishǐ: *~ certificate* 出生证 chūshēngzhèng / *the ~ of a new political party* 一个新政党的诞生 yíge xīn zhèngdǎng de dànshēng (2) 出身(动、名) chūshēn: *of humble ~* 出身卑微 chūshēn bēiwēi // *~ control* 节育 jiéyù / *give ~ to* 生 shēng; 产生 chǎnshēng

birthday *n* 生日(名) shēngrì; 诞辰(名) dànchén: *celebrate a ~* 过生日 guò shēngrì

birthplace *n* 出生地(名) chūshēngdì, 故乡(名) gùxiāng

birthrate *n* 出生率(名) chūshēnglǜ

biscuit *n* 饼干(名) bǐnggān; 软饼 ruǎnbǐng

bishop *n* (1) 主教(名) zhǔjiào (2) (国际象棋中的)象(guójì xiàngqí zhōng de) xiàng

bit *n* (1) 一些 yìxiē, 一点儿 yìdiǎnr; 少量 shǎoliàng: *do a ~ of shopping* 买点儿东西 mǎi diǎnr dōngxi (2) 一会儿(名) yíhuìr: *wait a ~* 等一会儿 děng yíhuìr // *a ~ of a ...* 有点儿... 的味道 yǒudiǎnr... de wèidào; 多少有些 duōshǎo yǒuxiē/ *~s and pieces* 零碎东西 língsuì dōngxi / *~ by ~* 一点儿一点儿地 yìdiǎnr yìdiǎnr de/ *do one's ~* 尽自己的一份力量 jìn zìjǐ de yífèn lìliang / *not a ~* 一点儿也不 yìdiǎnr yě bù

bitch **I** *n* (1) 母狗(名) mǔgǒu; 母狼(名) mǔláng: *son of a ~* 狗崽子 gǒu zǎizi (2) 坏女人 huài nǚrén **II** *v* 抱怨(动) bàoyuàn; 埋怨(动) mányuàn

bite **I** *v* (1) 咬(动) yǎo; 咬住(动) yǎozhù (2) 叮(动) dīng; 刺(动) cì; 蜇

(动) zhē (3) 刺穿 cìchuān; 刺痛 cìtòng **II** *n* (1) 咬(动) yǎo; 一口 yìkǒu; 叮(动) dīng, 蜇(动) zhē: *a snake ~* 蛇咬 shé yǎo (2) 少量食物 shǎoliàng shíwù; 吃的东西 chī de dōngxi // *~ off more than one can chew* 贪多嚼不烂 tān duō jiáo bú làn / *~ the hand that feeds one* 忘恩负义 wàng'ēnfùyì

biting *adj* (1) 尖利(多) jiānlì; 刺人的 cìrén de: *a ~ wind* 刺骨的寒风 cìgǔ de hánfēng (2) 尖刻(形) jiānkè; 嘲讽的 cháofěng de: *a ~ remark* 尖刻的话 jiānkè de huà

bitter *adj* (1) 苦(形) kǔ; 苦味的 kǔwèi de; 酸苦的 suānkǔ de: *a ~ orange* 又酸又苦的桔子 yòu suān yòu kǔ de júzi (2) 痛苦(形) tòngkǔ; 辛酸的 xīnsuān de; 难受的 nánshòu de (3) 锐利(形) ruìlì; 刺痛的 cìtòng de; 严厉(形) yánlì: *a ~ wind* 刺骨的寒风 cìgǔ de hánfēng / *a ~ caricature* 一幅辛辣的漫画 yìfú xīnlà de mànhuà (4) 可恨(形) kěhèn; 可气(形) kěqì: *~ enemies* 仇敌 chóudí // *to the ~ end* 奋战到最后 fènzhàn dào zuìhòu

black **I** *adj* (1) 黑(形) hēi, 黑色的 hēisè de: *~ as coal* 像煤一样黑 xiàng méi yíyàng hēi (2) 黑人的 hēirén de, 黑肤色的 hēi fūsè de: *~ Americans* 美国黑人 Měiguó hēirén (3) 暗淡(形) àndàn; 阴郁(形) yīnyù; 怒气冲冲 nùqìchōngchōng; 糟糕(形) zāogāo: *a ~ future* 暗淡的前途 àndàn de qiántú (4) 脏(形) zāng **II** *n* (1) 黑(形) hēi; 黑色(名) hēisè; 黑颜料 hēi yánliào (2) 黑人(名) hēirén // *~ and blue* 鼻青脸肿 bíqīngliǎnzhǒng / *~ and white* (*films / TV*) 黑白(电影,电视) hēibái (diànyǐng, diànshì) / *~ coffee* 不加牛奶的咖啡 bù jiā niúnǎi de kāfēi / *~ market* 黑市 hēishì, 黑市交易 hēishì jiāoyì / *~ tea* 红茶 hóngchá / *call ~ white* 颠倒黑白 diāndǎo hēibái

blackboard *n* 黑板(名) hēibǎn

blacken *v* (1) 变黑 biàn hēi (2) 诽谤

（动）fěibàng: *to ~ a person's charac-ter* 诽谤别人 fěibàng biérén

blacklist I *n* 黑名单（名）hēimíngdān II *v* 列入黑名单 lièrù hēimíngdān

blackmail I *n* 敲诈（动）qiāozhà II *v* 敲诈（动）qiāozhà; 讹诈（动）ézhà

blackout *n* （1）灯火管制 dēnghuǒ guǎnzhì; 停电 tíngdiàn; 舞台熄灯 wǔtái xīdēng （2）暂时失去知觉 zànshí shīqù zhījué

blacksmith *n* 铁匠（名）tiějiàng; 锻工（名）duàngōng

bladder *n* 膀胱（名）pángguāng

blade *n* （1）刀片（名）dāopiàn; 刀刃（名）dāorèn, 刀口（名）dāokǒu （2）叶片（名）yèpiàn; 草叶儿（名）cǎoyèr: *a ~ of grass* 一根草 yìgēn cǎo

blame I *v* 责备（动）zébèi, 责怪（动）zéguài, 怪（动）guài II *n* 责备（动）zébèi, 责怪（动）zéguài; 负责（动）fùzé

blank I *adj* （1）空白的 kòngbái de; 空（形）kòng: *a ~ form* 一张空白表格 yìzhāng kòngbái biǎogé / *a ~ tape* 一盘空磁带 yìpán kōng cídài （2）单调（形）dāndiào; 茫然（形）mángrán; 无表情 wú biǎoqíng: *a ~ expression* 茫然若失的神情 mángrán ruòshī de shénqíng II *n* 空白（名）kòngbái; 空地（名）kòngdì; 空白表格 kòngbái biǎogé // *~ cheque* 空白支票 kòngbái zhīpiào; 自由处理权 zìyóu chǔlǐquán / *~ denial* 完全否认 wánquán fǒurèn / *draw a ~* 抽空签 chōu kōngqiān; 一无所获 yì wú suǒhuò; 失败 shībài

blanket I *n* 毯子（名）tǎnzi; 毛毡（名）máozhān; 像毛毯似的东西 xiàng máotǎn shìde dōngxi: *a ~ of snow* 一片白雪 yípiàn báixuě / *a electric ~* 一条电热毯 yìtiáo diànrètǎn II *v* 盖（动）gài, 覆盖（动）fùgài// *a wet ~* 扫兴的人 sǎoxìng de rén; 败兴的事 bàixìng de shì/ *throw a wet ~ on* 对...泼冷水 duì... pō lěngshuǐ; 使...扫兴 shǐ...sǎoxìng

blast I *n* （1）一阵风 yízhèn fēng; 一

股气流 yìgǔ qìliú; 狂风（名）kuángfēng（2）爆炸（动）bàozhà; 爆炸气浪 bàozhà qìlàng; 冲击波（名）chōngjībō（3）吹奏（动）chuīzòu II *v* （1）炸（动）zhà; 炸毁 zhàhuǐ; 炸开 zhàkāi（2）摧毁（动）cuīhuǐ; 使破灭 shǐ pòmiè // *at full ~* 最强烈 zuì qiángliè; 最大 zuì dà/ *~off* 发火起飞 fāhuǒ qǐfēi

blaze *n* （1）火（名）huǒ; 火焰（名）huǒyàn（2）强烈的光 qiángliè de guāng（3）爆发（动）bàofā: *a ~ of temper* 发脾气 fā píqì / *in a ~ of anger* 盛怒之下 shèngnù zhī xià

bleach I *v* 漂白（动）piǎobái; 晒白 shàibái; 使退色 shǐ tuìshǎi II *n* 漂白（动）piǎobái; 漂白剂（名）piǎobáijì

bleak *adj* （1）荒凉（形）huāngliáng, 凄凉（形）qīliáng（2）寒冷（形）hánlěng, 阴冷（形）yīnlěng: *a ~ wind* 寒风 hánfēng /*a ~ morning* 阴冷的早晨 yīnlěng de zǎochén（3）暗淡（形）àndàn, 惨淡（形）cǎndàn

bleed *v* （1）出血 chū xiě, 流血 liú xiě; 放血 fàng xiě（2）悲痛（名）bēitòng; 同情（动）tóngqíng（3）敲诈（动）qiāozhà; 诈取（动）zhàqǔ

blemish I *n* 瑕疵（名）xiácī, 缺点（名）quēdiǎn; 污点（名）wūdiǎn: *a skin ~* 皮肤上的斑点 pífū shang de bāndiǎn II *v* 玷污（动）diànwū; 有损（动）yǒusǔn

blend I *v* （1）混和（动）hùnhé; 掺和（动）chānhuo; 溶合（动）rónghé: *~ed coffee* 混合咖啡 hùnhé kāfēi（2）调和（动）tiáohé, 相称（形）xiāngchèn II *n* 混合（动）hùnhé, 混合物（名）hùnhéwù: *a ~ of wool and cotton* 棉毛混纺 mián máo hùnfǎng

bless *v* 为...祝福 wèi...zhùfú; （上帝）保佑（Shàngdì）bǎoyòu; 使...幸福 shǐ...xìngfú

blessing *n* （1）赐福（动）cìfú; 祝福（动）zhùfú（2）幸事（名）xìngshì, 好事（名）hǎoshì: *a mixed ~* 既是福也是祸 jì shì fú yě shì huò

blight I *n* （1）植物的枯萎病 zhíwù de

kūwěibìng: *potato* ～马铃薯枯萎病 mǎlíngshǔ kūwěibìng（2）挫折的因素 cuòzhé de yīnsù；破坏 pòhuài **II** *v*（1）使…枯萎 shǐ…kūwěi（2）挫折（名）cuòzhé；损毁 sǔnhuǐ，摧残（动）cuīcán：～*ed hopes* 破灭了的希望 pòmièle de xīwàng

blind¹ I *adj*（1）瞎（形、动）xiā，失明的 shīmíng de: *a school for the* ～盲人学校 mángrén xuéxiào（2）看不见的 kàn bu jiàn de，无识别能力的 wú shíbié nénglì de（3）鲁莽（形）lǔmǎng，轻率（形）qīngshuài；盲目（形）mángmù：～ *enthusiasm* 狂热 kuángrè / ～ *faith* 迷信 míxìn **II** *v* 使失明 shǐ shīmíng，使看不见 shǐ kàn bu jiàn // *a* ～ *alley* 死胡同 sǐ hútòng/ *turn a* ～ *eye to sth.* 假装看不见 jiǎzhuāng kàn bu jiàn

**blind² ** *n* 百叶窗（名）bǎiyèchuāng：*draw up the* ～拉上百叶窗 lā shang bǎiyèchuāng

blindfold I *v* 蒙住…（的眼睛）méngzhù…（de yǎnjing）**II** *n* 蒙眼睛的布 méng yǎnjing de bù

blink *v*（1）眨眼睛 zhǎ yǎnjing：～ *away a tear* 挤眼泪 jǐ yǎnlèi（2）闪烁（动）shǎnshuò

bliss *n* 洪福（名）hóngfú，极大的幸福 jí dà de xìngfú；天赐之福 tiān cì zhī fú

blister I *n* 泡（名）pào；疱（名）pào **II** *v* 使起泡 shǐ qǐpào

blizzard *n* 暴风雪（名）bàofēngxuě

block I *n*（1）片（量）piàn，块（量、名）kuài；大块 dà kuài：*a* ～ *of ice* 一大块冰 yídàkuài bīng（2）一排大建筑 yìpái dà jiànzhù；大厦（名）dàshà；街段（名）jiēduàn，街区（名）jiēqū：*a* ～ *of offices* 一座办公大厦 yízuò bàngōng dàshà / *a* ～ *of flats* 一幢公寓楼 yízhuàng gōngyùlóu（3）阻塞（动）zǔsè，堵塞（动）dǔsè；障碍物（名）zhàng'àiwù：*a road* ～路障 lùzhàng / *a stumbling* ～绊脚石 bànjiǎoshí / *mental* ～心理障碍 xīnlǐ zhàng'ài **II** *v* 阻塞（动）zǔsè；阻止

（动）zǔzhǐ，阻挠（动）zǔnáo

blockade I *n* 封锁（动）fēngsuǒ；堵塞（动）dǔsè：*economic* ～经济封锁 jīngjì fēngsuǒ / *raise a* ～解除封锁 jiěchú fēngsuǒ **II** *v* 封锁（动）fēngsuǒ；挡住（动）dǎngzhù

blond *adj*（头发）亚麻色的（tóufa）yàmásè de，金色的 jīnsè de；（皮肤）白皙（形）（pífū）báixī

blonde *n* 白皮肤、金头发的人 bái pífū，jīn tóufa de rén；金发女郎 jīnfà nǚláng

blood *n*（1）血（名）xiě，血液（名）xuèyè（2）血统（名）xuètǒng，血缘关系 xuèyuán guānxi；家族（名）jiāzú // ～ *test* 验血 yànxiě/～ *pressure* 血压 xuèyā / ～ *transfusion* 输血 shūxiě / ～ *type* 血型 xuèxíng / *fresh* ～新鲜血液 xīnxiān xuèyè；新人 xīnrén/ *in cold* ～残酷地 cánkù de；蓄意地 xùyì de/ *make sb.'s* ～ *boil* 使某人愤怒 shǐ mǒu rén fènnù

blood-poisoning *n* 血中毒（名）xuèzhòngdú

blood-vessel *n* 血管（名）xuèguǎn

bloom I *n*（1）花（名）huā，花朵（名）huāduǒ；花卉（名）huāhuì：*come into* ～开花儿 kāi huār（2）青春时期 qīngchūn shíqī；最盛期 zuì shèng qī：*the* ～ *of youth* 青春的活力 qīngchūn de huólì / *peony in full* ～盛开的牡丹 shèngkāi de mǔdān **II** *v* 开花儿 kāi huār；繁盛（形）fánshèng

blossom I *n* 花儿（名）huār，开花期 kāihuāqī：*a peach* ～一朵桃花儿 yìduǒ táohuār **II** *v*（1）开花 kāi huā（2）成长（动）chéngzhǎng

blot I *n* 污渍（名）wūzì，污点（名）wūdiǎn：*a* ～ *of ink on the paper* 纸上的墨渍 zhǐ shang de mòzì **II** *v*（1）弄上墨渍 nòng shang mòzì（2）吸干 xīgān；吸去 xīqù（3）遮蔽（动）zhēbì，使模糊 shǐ móhu；涂抹（动）túmǒ

blotter *n* 吸墨纸 xīmòzhǐ

blotting-paper *n* 吸墨纸 xīmòzhǐ

blouse *n* 宽大的罩衣 kuāndà de

zhàoyī; 女衬衫 nǚ chènshān

blow[1] *v* (1) 吹（动）chuī, 刮（动）guā
(2) 吹奏（动）chuīzòu; 使发出声音
shǐ fāchū shēngyīn; 吹气 chuī qì (3) 使
通气 shǐ tōngqì: ~ one's nose 擤鼻子
xǐng bízi (4) 喘气 chuǎnqì; 呼吸急促
hūxī jícù (5) 熄灭（动）xīmiè; 烧断
shāoduàn // ~ a kiss 打飞吻 dǎ
fēiwěn, 送飞吻 sòng fēiwěn / ~ off
吹掉 chuīdiào/ ~ out （1）吹灭
chuīmiè (2)（车胎）破（动）(chētāi)
pò, 爆（动）bào / ~ up （1）充气
chōngqì (2) 炸（动）zhà; 爆炸（动）
bàozhà（3）放大（照片）fàngdà
(zhàopiàn)

blow[2] *n* 打（动）dǎ; 打击（名、动）dǎjī;
一击 yìjī// at one ~ 一举 yìjǔ, 一下
子 yíxiàzi/ come to ~s 殴打起来
ōudǎqilai

blue I *adj* (1) 蓝（形）lán; 蓝色的
lánsè de (2) 忧郁（形）yōuyù, 不高兴
的 bù gāoxìng de II *n* (1) 蓝色（名）
lánsè: be dressed in ~穿蓝衣服 chuān
lán yīfu / dark ~ 深蓝色 shēnlánsè
(2) 蓝天（名）lántiān, 晴天（名）
qíngtiān// ~ book 蓝皮书 lánpíshū;
名人录 míngrénlù / ~ film 色情电影
sèqíng diànyǐng, 黄色影片 huángsè
yǐngpiàn/ once in a ~ moon 千载难逢
（地）qiānzǎinánféng（de)/ out of the
~ 突然地 tūrán de, 意外地 yìwài de

bluecollar *adj* 蓝领工人的 lánlǐng
gōngrén de; 体力劳动的 tǐlì láodòng
de: ~ worker 蓝领工人 lánlǐng
gōngrén

blueprint *n* 蓝图（名）lántú

bluff[1] I *adj* 粗鲁（形）cūlǔ; 直率（形）
zhíshuài II *n* 悬崖（名）xuányá, 陡壁
（名）dǒubì

bluff[2] I *v* 吓唬（动）xiàhu; 诈骗（动）
zhàpiàn; 蒙骗（动）mēngpiàn: ~ sb.
out of doing sth. 吓唬某人使他不敢
做某事 xiàhu mǒu rén shǐ tā bùgǎn zuò
mǒu shì II *n* 吓唬（动）xiàhu

blunder I *v* (1) 跌跌撞撞地走（跑）
diēdiezhuàngzhuàng de zǒu（pǎo）, 慌慌

张张地走（跑）huānghuāng-
zhāngzhāng de zǒu（pǎo）(2) 不小心
（不加思索地）说出来 bù xiǎoxīn（bù
jiā sīsuǒ de）shuōchulai: ~ out a secret
不小心说出了秘密 bù xiǎoxīn
shuōchūle mìmì (3) 作错 zuòcuò, 办错
bàncuò; 说错 shuōcuò II *n* 大错 dà
cuò; 失策（动）shīcè// ~ upon 偶然
发现 ǒurán fāxiàn

blunt I *adj* (1) 不快的 bú kuài de, 不
锋利的 bù fēnglì de, 钝（形）dùn: a
~ knife 一把钝刀子 yìbǎ dùn dāozi
(2) 生硬（形）shēngyìng; 直率（形）
zhíshuài; 没有礼貌 méiyǒu lǐmào II *v*
把…弄钝 bǎ…nòng dùn: ~ sb.'s
sensitivity 使某人感觉迟钝 shǐ mǒu
rén gǎnjué chídùn

blur I *v* 使…模糊 shǐ…móhu:
~ red photograph 模糊不清的照片
móhu bùqīng de zhàopiàn II *n* 模糊一
片 móhu yípiàn

blush I *v* 脸红 liǎn hóng; 羞愧（形）
xiūkuì; 害臊（形）hàisào II *n* 脸红
liǎn hóng

bluster *v* 恐吓（动）kǒnghè: ~ out
threats 大声恐吓 dàshēng kǒnghè

boar *n* 公猪（名）gōngzhū

board I *n* (1) 板（名）bǎn; 木板（名）
mùbǎn; 纸板（名）zhǐbǎn: an ironing
~一块熨衣板 yíkuài yùnyībǎn (2) 船
的甲板 chuán de jiǎbǎn; 船舷（名）
chuánxián; 船内 chuánnèi; 车内
chēnèi: go on ~ a train 上火车 shàng
huǒchē / on ~ a ship 在船上 zài
chuán shang (3) 餐桌（名）cānzhuō;
伙食（名）huǒshi (4) 会议桌（名）
huìyìzhuō; 委员会（名）wěiyuánhuì;
全体委员 quántǐ wěiyuán: ~ of di-
rectors 理事会 lǐshìhuì（董事会
dǒngshìhuì）/ examination ~考试委
员会 kǎoshì wěiyuánhuì II *v* (1) 用木
板铺 yòng mùbǎn pū; 用板堵 yòng
bǎn dǔ: ~ the floor 铺地板 pū dìbǎn
/ ~ the windows up 把窗户用木板堵
起来 bǎ chuānghu yòng mùbǎn dǔqilai
(2) 上（动）shàng, 登（动）dēng (3) 供

膳食 gōng shànshi, 搭伙 dāhuǒ // *above* ～完全公开 wánquán gōngkāi; 开诚布公 kāichéngbùgōng

boarding-house *n* (供伙食的) 公寓 (gōng huǒshí de) gōngyù

boarding-school *n* 寄宿学校 jìsù xuéxiào

boast **I** *n* (1) 自夸 (动) zìkuā; 夸耀 (动) kuāyào; 自我吹嘘 zìwǒ chuīxū: *a foolish* ～ 可笑的自夸 kěxiào de zìkuā (2) 可以夸耀的事 kěyǐ kuāyào de shì, 自负的事 zìfù de shì **II** *v* (1) 自夸 (动) zìkuā, 吹牛 (动) chuīniú, 说大话 shuō dàhuà (2) 以有...而自豪 yǐ yǒu...ér zìháo

boaster *n* 吹牛的人 chuīniú de rén, 说大话的人 shuō dàhuà de rén

boat **I** *n* 小船 xiǎochuán, 船 (名) chuán: *a wooden* ～ 一条木船 yìtiáo mùchuán **II** *v* 划船 huá chuán; 乘船 (游玩) chéng chuán (yóuwán) // *a* ～ *race* 划船竞赛 huáchuán jìngsài, 赛船 sàichuán / *be* (*all*) *in the same* ～ 同处困境 tóng chù kùnjìng, 命运相同 mìngyùn xiāngtóng

boatman *n* 船工 (名) chuángōng

bodily **I** *adj* 身体的 shēntǐ de, 肉体的 ròutǐ de: ～ *comforts* 肉体上的舒适 ròutǐ shang de shūshì / ～ *harm* 人身伤害 rénshēn shānghài **II** *adv* (1) 亲自 (副) qīnzì, 亲身 (副) qīnshēn (2) 整体 (名) zhěngtǐ, 整个 (形) zhěnggè

body *n* (1) 身体 (名) shēntǐ, 身躯 (名) shēnqū, 身子 (名) shēnzi (2) 尸体 (名) shītǐ: *a dead* ～ 死尸 sǐshī (3) 主体 (名) zhǔtǐ, 主要部分 zhǔyào bùfen; 正文 (名) zhèngwén: *the* ～ *of a ship* 船身 chuánshēn / *the* ～ *of a letter* 信的正文 xìn de zhèngwén / ～ *of a car* 车体 chētǐ (4) 物体 (名) wùtǐ: *heavenly bodies* 天体 tiāntǐ (5) 机构 (名) jīgòu; 人群 (名) rénqún // *in a* ～ 一起 yìqǐ; 全体 quántǐ / *keep* ～ *and soul together* 勉强维持生活 miǎnqiǎng wéichí shēnghuó

bodyguard *n* 警卫员 (名)

jǐngwèiyuán, 保镖 (名) bǎobiāo

boil **I** *v* (1) 开 (动) kāi, 煮开 zhǔkāi, 达到沸点 dádào fèidiǎn (2) 煮 (动) zhǔ; 在开水里煮 zài kāishuǐ li zhǔ: *hard* (*soft*) ～*ed egg* 煮得很老 (嫩) 的蛋 zhǔ de hěn lǎo (nèn) de dàn (3) 发怒 fānù, 气愤 (形) qìfèn **II** *n* 开 (动) kāi // ～ *away* 烧干 shāogān/ ～*down to* 压缩到...yāsuō dào...; 归结起来是 guījiéqilai shì / ～ *over* 溢出来 yìchulai

boiler *n* 锅 (名) guō; 锅炉 (名) guōlú: *a central heating* ～ 供暖锅炉 gōngnuǎn guōlú

boiling-point *n* 沸点 (名) fèidiǎn

boisterous *adj* 狂暴 (形) kuángbào; 汹涌 (形) xiōngyǒng; 吵吵闹闹的 chǎochāonàonào de: *a* ～ *sea* 汹涌的大海 xiōngyǒng de dàhǎi / ～ *children* 吵吵嚷嚷的孩子们 chǎochǎorǎngrǎng de háizimen

bold *adj* (1) 大胆 (形) dàdǎn, 勇敢 (形) yǒnggǎn: ～ *action* 勇敢的行动 yǒnggǎn de xíngdòng (2) 冒失 (形) màoshi, 冒昧 (名) màomèi, 鲁莽 (形) lǔmǎng (3) 醒目 (形) xǐngmù; 清晰 (形) qīngxī: *in* ～ *letters* 粗笔画的字 cū bǐhuà de zì / *in* ～ *outline* 轮廓清晰 lúnkuò qīngxī // *make* ～ *to* 冒昧地 màomèi de

bolt[1] **I** *n* (1) 插销 (名) chāxiāo, 门闩 (名) ménshuān: *a door* ～ 门插销 mén chāxiāo (2) 螺栓 (名) luóshuān **II** *v* 闩门 shuān mén; 闩窗 shuān chuāng // *a* ～ *from the blue* 晴天霹雳 qíngtiānpīlì (非常突然的事 fēicháng tūrán de shì)

bolt[2] *v* (1) 逃跑 (动) táopǎo; 急忙跑掉 jímáng pǎodiào (2) 急忙吞下 jímáng tūn xia

bomb **I** *n* 弹 (名) dàn; 炸弹 (名) zhàdàn: *a tear-gas* ～ 一颗催泪弹 yìkē cuīlèidàn **II** *v* 轰炸 (动) hōngzhà // ～ *shelter* 防空洞 fángkōngdòng

bombard *v* 炮击 pàojī; 轰击 (动) hōngjī

bomber *n* 轰炸机(名) hōngzhàjī: *a jet ~* 喷气式轰炸机 pēnqìshì hōngzhàjī / *a strategic ~* 战略轰炸机 zhànlüè hōngzhàjī

bombproof *adj* 防炸的 fáng zhà de, 防弹的 fáng dàn de

bond¹ *n* (1) 契约(名) qìyuē, 合同(名) hétong; 结合(动) jiéhé: *enter into a ~ with sb.* 与某人订契约 yǔ mǒu rén dìng qìyuē / *a ~ of friendship* 友谊的纽带 yǒuyì de niǔdài (2) 公债(名) gōngzhài; 债券(名) zhàiquàn (3) 镣(名) liào, 铐(名) kào

bond² *v* 粘合(动) zhānhé, 砌合(动) qìhé

bone **I** *n* 骨(名) gǔ, 骨头(名) gǔtou; 刺(名) cì **II** *v* 剔去...的骨(刺) tīqù...de gǔ (cì) // *a ~ of contention* 争论的原因 zhēnglùn de yuányīn / *cut to the ~* 减到最低程度 jiǎndào zuì dī chéngdù / *have a ~ to pick with sb.* 对某人有意见 duì mǒu rén yǒu yìjiàn / *make no ~s about* 对...毫不犹豫 duì...háobùyóuyù

bone-dry *adj* 极干燥的 jí gānzào de

bonfire *n* 大篝火 dà gōuhuǒ, 营火 yínghuǒ

bonnet *n* (1) 无边帽(名) wúbiānmào; 女帽(名) nǚmào; 童帽(名) tóngmào (2) 机器罩 jīqìzhào; 烟囱罩 yāncōngzhào

bonus *n* 奖金(名) jiǎngjīn; 额外津贴 éwài jīntiē; 奉送品(名) fèngsòngpǐn; 意外收益 yìwài shōuyì: *an army discharge ~* 退伍费 tuìwǔfèi / *a Christmas ~* 年终奖 niánzhōngjiǎng

bony *adj* (1) 骨头多的 gǔtou duō de (2) 瘦(形) shòu: *a tall ~ man* 一个又高又瘦的人 yíge yòu gāo yòu shòu de rén

book **I** *n* (1) 书(名) shū, 书籍(名) shūjí, 图书(名) túshū: *a course ~* 一本教科书 yìběn jiàokēshū (2) 本(名) běn, 册(名) cè; 簿(名) bù: *the visitor's ~* 来客登记簿 láikè dēngjìbù / *take sb.'s name off the ~s* 把某人的名字从名册上除去 bǎ mǒu rén de míngzi cóng míngcèshang chúqù **II** *v* (1) 把...记载入册 bǎ...jìzǎi rùcè (2) 预订(动) yùdìng: *~ seats on a plane* 预订机票 yùdìng jīpiào // *~ in* 订旅馆房间 dìng lǚguǎn fángjiān; 登记住旅馆 dēngjì zhù lǚguǎn / *~ up* (1) 票全部售出 piào quánbù shòuchū; 全部订完 quánbù dìngwán (2) 繁忙 fánmáng, 紧张 jǐnzhāng

bookcase *n* 书柜(名) shūguì, 书橱(名) shūchú

bookend *n* 书档(名) shūdǎng

booking-office *n* 售票处(名) shòupiàochù

book-keeper *n* 会计(名) kuàiji, 记帐员(名) jìzhàngyuán

book-keeping *n* 簿记(名) bùjì

bookseller *n* 书商(名) shūshāng

bookshelf *n* 书架(名) shūjià

bookshop *n* 书店(名) shūdiàn

bookstall *n* 书摊(名) shūtān, 书亭(名) shūtíng

bookworm *n* 书呆子(名) shūdāizi; 酷爱读书的人 kù'ài dúshū de rén

boom¹ **I** *n* 隆隆声 lónglóng shēng **II** *v* 用低沉的声音说 yòng dīchén de shēngyīn shuō; 发出低沉的声音 fāchū dīchén de shēngyīn

boom² **I** *v* 繁荣(形) fánróng, 兴旺(形) xīngwàng **II** *n* 景气(形) jǐngqì; 繁荣(形) fánróng: *an economic ~* 经济繁荣 jīngjì fánróng

boost *v* (1) 提高(动) tígāo, 增加(动) zēngjiā; 促进(动) cùjìn: *~ sales* 促进销售 cùjìn xiāoshòu (2) 吹捧(动) chuīpěng, 夸(动) kuā

booster *n* (1) 支援者(名) zhīyuánzhě; 支援(名、动) zhīyuán, 支持(名、动) zhīchí (2) 放大器(名) fàngdàqì (3) 推进器(名) tuījìnqì: *a rocket ~* 火箭推进器 huǒjiàn tuījìnqì (4) 辅助药物 fǔzhù yàowù, 加强剂量 jiāqiáng jìliàng

boot **I** *n* (1) 长统靴(名) chángtǒngxuē, 靴子(名) xuēzi: *a pair of ~s* 一双靴子 yìshuāng xuēzi

(2)（汽车后部的）行李箱（名）（qìchē hòubù de) xínglixiāng II v 踢（动）tī; 解雇（动）jiěgù; 撵（动）niǎn

booth n 货摊儿（名）huòtānr; 亭（名）tíng; 站（名）zhàn: *a telephone* ～电话亭 diànhuàtíng / *a voting* ～投票站 tóupiàozhàn / *a listening* ～ *in a record shop* 唱片商店里的试听室 chàngpiàn shāngdiàn li de shìtīngshì / *a ticket* ～售票亭 shòupiàotíng

border I n (1) 边儿（名）biānr; 框（名）kuàng (2) 国界（名）guójiè; 边境地区 biānjìng dìqū; 边疆（名）biānjiāng; 边境（名）biānjìng: ～ *dispute* 边境争端 biānjìng zhēngduān / ～ *guards* 边防士兵 biānfáng shìbīng II v (1) 交界（动）jiāojiè, 接壤（动）jiērǎng (2) 在衣服上镶边儿 zài yīfushang xiāng biānr: ～ *a dress with silk* 用绸子给衣服镶边儿 yòng chóuzi gěi yīfu xiāng biānr (3) 靠近（动）kàojin, 接近（动）jiējìn

borderline adj 边界上的 biānjièshàng de; 两可的 liǎngkě de: *a* ～ *case* 难确定的两可情况 nán quèdìng de liǎngkě qíngkuàng

bore[1] v 钻（孔）zuān（kǒng）; 穿（孔）chuān（kǒng）; 挖（洞）wā（dòng）: ～ *a hole in a piece of wood* 在木头上钻孔 zài mùtoushang zuān kǒng / ～ *an oil well* 钻一眼油井 zuān yìyǎn yóujǐng

bore[2] I v 使厌烦 shǐ yànfán: *be* ～*d to death* 烦死了 fánsǐ le II n 使人厌烦的人（或物）shǐ rén yànfán de rén（huò wù）

boring adj 叫人讨厌的 jiào rén tǎoyàn de, 枯燥（形）kūzào

born adj (1) 出生（动）chūshēng (2) 天生（形）tiānshēng

borrow v 借（动）jiè, 借用（动）jièyòng

bosom n (1) 胸（名）xiōng; 胸部（名）xiōngbù; 胸怀（名）xiōnghuái: *a* ～ *friend* 知心朋友 zhīxīn péngyou (2)（衣服的）胸部（名）（yīfu de) xiōngbù (3) 内部（名）nèibù; 中间（名）zhōngjiān: *in the* ～ *of one's family* 和家里人在一起 hé jiālirén zài yìqǐ

boss I n (1) 老板（名）lǎobǎn; 雇主（名）gùzhǔ; 工头（名）gōngtóu (2) 上司（名）shàngsi, 领导（名）lǐngdǎo II v 发号施令 fāhàoshīlìng, 支使人 zhīshǐ rén

botanical adj 植物（学）的 zhíwù（xué）de: *a* ～ *garden* 植物园 zhíwùyuán

botanist n 植物学家（名）zhíwùxuéjiā

botany n 植物学（名）zhíwùxué

both I adj 两（数）liǎng, 双（量、形）shuāng II pron 俩人 liǎrén, 两个 liǎngge, 两者 liǎngzhě // ～...*and* 两个都 liǎngge dōu; 既...又 jì...yòu, 又...又 yòu...yòu

bother I v (1) 打扰（动）dǎrǎo, 麻烦（动）máfan; 费事 fèishì (2) 操心 cāoxīn, 烦恼（形）fánnǎo, 伤脑筋 shāngnǎojīn (3) 糟糕（形）zāogāo; 讨厌（动、形）tǎoyàn II n 麻烦（形）máfan, 费事 fèishì, 讨厌（动、形）tǎoyàn

bottle I (1) n 瓶（名）píng, 瓶子（名）píngzi: *a thermos* ～暖瓶 nuǎnpíng / *a* ～ *of ink* 一瓶墨水儿 yìpíng mòshuǐr (2) 酒（名）jiǔ; 酒瓶（名）jiǔpíng II v 把...装瓶 bǎ...zhuāng píng

bottle-fed adj 人工喂养的 réngōng wèiyǎng de: *a* ～ *baby* 用牛奶喂养的婴儿 yòng niúnǎi wèiyǎng de yīng'ér

bottle-green adj 深绿色 shēnlǜsè

bottleneck n (1) 瓶子口（名）píngzikǒu (2) 交通容易阻塞的地方 jiāotōng róngyì zǔsè de dìfang; 障碍（名）zhàng'ài

bottom I n (1) 底（名）dǐ, 底部（名）dǐbù (2) 尽头（名）jìntóu, 末端（名）mòduān (3) 最后的位置 zuìhòu de wèizhì, 末名 mòmíng (4) 根源（名）gēnyuán; 真相（名）zhēnxiàng (5) 屁股（名）pìgu II adj 最下面的 zuì xiàmian de/ *from the* ～ *of one's heart* 衷心地 zhōngxīn de, 真诚地 zhēnchéng de

bottomless *adj* 无底的 wú dǐ de; 深不可测的 shēn bù kě cè de: *a ~ pit* 无底深渊 wú dǐ shēnyuān

bough *n* 大树枝 dà shùzhī, 大树杈 dà shùchà

boulder *n* 巨石（名）jùshí; 圆石（名）yuánshí

boulevard *n* （1）林荫道（名）línyīndào（2）大街（名）dàjiē

bounce I *v* （1）反跳 fǎntiào, 弹起 tánqǐ（2）跳（动）tiào, 冲（动）chōng: *~ off one's chair* 从椅子上跳起来 cóng yǐzi shang tiàoqǐlai II *n* 弹力（名）tánlì; 跳动（动）tiàodòng

bound[1] *adj* （1）肯定（副）kěndìng, 必定（副）bìdìng（2）下决心 xià juéxīn, 拿定主意 nádìng zhǔyì（3）要开到...去的 yào kāidào...qù de

bound[2] *n* 界限（名）jièxiàn; 限度（名）xiàndù; 范围（名）fànwéi// *know no ~s* 无限 wúxiàn/ *out of ~s* 不准进入 bù zhǔn jìnrù

boundary *n* 分界线（名）fēnjièxiàn, 边界（名）biānjiè

boundless *adj* 无限（形）wúxiàn; 无边无际的 wúbiānwújì de

bouquet *n* 花束（名）huāshù; 一束礼花 yíshù lǐhuā

bourgeois I *n* 资产阶级（分子）（名）zīchǎnjiējí（fènzǐ）II *adj* 资产阶级的 zīchǎnjiējí de: *petit ~* 小资产阶级 xiǎo zīchǎnjiējí

bow[1] I *v* （1）鞠躬（动）jūgōng, 低头 dītóu（2）屈服（动）qūfú; 服从（动）fúcóng; 被压倒 bèi yādǎo II *n* 鞠躬（动）jūgōng, 点头 diǎntóu, 低头 dītóu

bow[2] *n* （1）弓（名）gōng: *violin ~* 小提琴弓 xiǎotíqín gōng（2）蝴蝶结（名）húdiéjié; 蝴蝶结领带 húdiéjié lǐngdài

bow[3] *n* 船头（名）chuántóu

bowel *n* 肠（名）cháng, 肠子（名）chángzi: *a ~ and stomach complaint* 肠胃病 chángwèibìng // *have loose ~s* 泻肚 xièdù / *move the ~s* 大便 dàbiàn

bowl[1] *n* （1）碗（名）wǎn: *a rice ~* 一个饭碗 yíge fànwǎn / *a ~ of rice* 一碗饭 yìwǎn fàn （2）碗状物（名）wǎnzhuàngwù: *fish ~* 鱼缸 yúgāng

bowl[2] I *n* 木球（名）mùqiú: *play ~s* 玩儿木球 wánr mùqiú II *v* 玩儿保龄球 wánr bǎolíngqiú; 滚球 gǔnqiú

box[1] I *n* （1）盒（名）hé, 箱（名）xiāng, 匣（名）xiá: *dialog ~* 对话框 duìhuà kuàng （2）专席（名）zhuānxí, 包厢（名）bāoxiāng: *the press ~* 记者席 jìzhěxí / *the witness ~ in a law court* 法庭的证人席 fǎtíng de zhèngrénxí / *a ~ at the theatre* 剧场的包厢 jùchǎng de bāoxiāng II *v* 把...装箱 bǎ...zhuāng xiāng // *a call ~* 电话亭 diànhuàtíng / *~ number* 信箱号 xìnxiānghào / *~ office* 售票处 shòupiàochù

box[2] I *v* （1）用手打 yòng shǒu dǎ; 用拳打 yòng quán dǎ: *~ sb.'s ear* 打某人耳光 dǎ mǒu rén ěrguāng （2）拳击（动）quánjī, 打拳 dǎquán II *n* 一巴掌 yìbāzhang; 一拳 yìquán

boxer *n* 拳击家（名）quánjījiā; 拳师（名）quánshī: *the B~s* 义和团 Yìhétuán（义和拳 Yìhéquán）

boxing *n* 拳术（名）quánshù, 拳击（名）quánjī, 打拳 dǎquán: *~ gloves* 拳击手套 quánjī shǒutào / *a ~ match* 拳击比赛 quánjī bǐsài

boy *n* （1）男孩儿（名）nánháir, 孩子（名）háizi（2）儿子（名）érzi（3）服务员（名）fúwùyuán, 招待员（名）zhāodàiyuán（4）男人（名）nánrén, 家伙（名）jiāhuo

boycott I *v* 抵制（动）dǐzhì; 断绝与...往来 duànjué yǔ...wǎnglái: *a commercial product* 抵制某种商品 dǐzhì mǒu zhǒng shāngpǐn II *n* 抵制（动）dǐzhì

boyfriend *n* 男朋友（名）nánpéngyou

boyhood *n* 少年时代 shàonián shídài; 男孩子们（名）nánháizimen; 儿童们（名）értóngmen: *a happy ~* 幸福的少年时代 xìngfú de shàonián shídài

brace I n (1)（裤子）背带（名）(kùzi) bēidài: *a pair of ~s* 一副背带 yìfù bēidài (2) 支柱（名）zhīzhù, 支架（名）zhījià II v (1) 支撑（动）zhīchēng; 撑住 chēngzhù; 拉紧 lājǐn (2) 振作（动）zhènzuò, 打起精神 dǎqǐ jīngshen

bracelet n 手镯（名）shǒuzhuó

bracket I n (1) 括弧（名）kuòhú, 括号（名）kuòhào (2) 等级（名）děngjí; 阶层（名）jiēcéng; 一类人 yílèirén: *the high income ~* 高薪阶层 gāoxīn jiēcéng (3) 支柱（名）zhīzhù, 托架（名）tuōjià: *light* 壁灯 bìdēng II v (1) 用括弧括上 yòng kuòhú kuò shang, 放在括弧里 fàngzai kuòhú li (2) 把...分类 bǎ...fēnlèi

brag I v 吹牛 chuīniú, 自夸（动）zìkuā; 吹嘘（动）chuīxū, 说大话 shuōdàhuà II n 自大（形）zìdà; 大话（名）dàhuà

braggart n 说大话的人 shuōdàhuà de rén

braid I n 辫子（名）biànzi; 穗带（名）suìdài: *the girl wearing her hair in ~s* 梳着辫子的姑娘 shūzhe biànzi de gūniang II v 编（动）biān; 给（衣服）镶边儿 gěi (yīfu) xiāng biānr

brain n (1) 脑子（名）nǎozi, 大脑（名）dànǎo; 脑髓（名）nǎosuǐ (2) 脑力（名）nǎolì; 能力（名）nénglì; 智能（名）zhìnéng // *~ drain* 人才流失 réncái liúshī / *~ trust* 智囊团 zhìnángtuán; 专家顾问团 zhuānjiā gùwèntuán / *rack one's ~s* 绞尽脑汁 jiǎojìn nǎozhī, 想尽办法 xiǎngjìn bànfǎ

brainless adj 没有头脑的 méiyǒu tóunǎo de, 愚蠢（形）yúchǔn

brainwash v 洗脑 xǐ nǎo; 洗脑筋 xǐ nǎojīn

brainwork n 脑力劳动 nǎolì láodòng

brake I n 闸（名）zhá; 制动器（名）zhìdòngqì: *hand ~* 手闸 shǒuzhá / *foot ~* 脚闸 jiǎozhá / *step on the ~s* 踩闸刹车 cǎi zhá shā chē II v 刹住

shāzhù, 刹车 shāchē: *~ a car* 刹住汽车 shāzhù qìchē

branch I n (1) 枝（名）zhī, 枝条（名）zhītiáo, 树枝（名）shùzhī (2) 支流（名）zhīliú, 支线（名）zhīxiàn: *a ~ of a river* 一条河的支流 yìtiáo hé de zhīliú / *a ~ road* 一条岔道 yìtiáo chàdào (3) 分科（名）fēnkē: *a ~ of knowledge* 一门学科 yìmén xuékē (4) 分行（名）fēnháng, 分社（名）fēnshè, 支部（名）zhībù: *a ~ store* 分店 fēndiàn II v 分岔 fēnchà

brand I n (1) 烙印（名）làoyìn, 火印（名）huǒyìn, 印记（名）yìnjì (2) 商标（名）shāngbiāo, 牌子（名）páizi: *a famous ~ of wine* 名牌葡萄酒 míngpái pútáojiǔ II v (1) 打烙印 dǎ làoyìn, 打标记 dǎ biāojì (2) 铭刻（动）míngkè, 铭记（动）míngjì (3) 污辱（动）wūrǔ, 给...抹黑 gěi...mǒhēi

brand-new adj 崭新（形）zhǎnxīn, 新制的 xīnzhì de: *a ~ car* 一辆崭新的轿车 yíliàng zhǎnxīn de jiàochē

brandy n 白兰地酒 báilándì jiǔ

brass n (1) 黄铜（名）huángtóng; 黄铜器（名）huángtóngqì (2) 铜管乐器 tóngguǎn yuèqì: *~ band* 铜管乐队 tóngguǎn yuèduì

brasssmith n 黄铜匠（名）huángtóngjiàng

brave I adj 勇敢（形）yǒnggǎn, 英勇（形）yīngyǒng: *~ soldiers* 勇敢的士兵 yǒnggǎn de shìbīng / *~ deeds* 英勇的行为 yīngyǒng de xíngwéi II v 不怕 bú pà, 冒（着）mào (zhe): *~ the storm* 冒着暴风雨 màozhe bàofēngyǔ

bray I n 驴的叫声 lǘ de jiàoshēng II v 叫（动）jiào

brazen adj (1) 黄铜的 huángtóng de: *a ~ vessel* 铜器皿 tóng qìmǐn (2) 厚颜无耻的 hòuyán wúchǐ de

breach I n (1) 破坏（动）pòhuài; 违反（动）wéifǎn: *~ of promise* 不守诺言 bù shǒu nuòyán / *a ~ birth* 超生 chāoshēng (2) 缺口（名）quēkǒu; 裂口（名）lièkǒu II v 攻破（动）gōngpò

bread *n* (1) 面包(名) miànbāo: *a slice（loaf）of* ~ 一片（个）面包 yípiàn (gè) miànbāo / *steamed* ~馒头 mántou (2) 粮食（名）liángshi; 口粮（名）kǒuliáng

breadcrumb *n* 面包屑 miànbāoxiè, 面包渣儿 miànbāozhār

breadth *n* (1) 宽度（名）kuāndù, 广度（名）guǎngdù; 宽广（形）kuānguǎng (2) 幅面(名) fúmiàn: *a* ~ *of cloth* 一幅布 yìfúbù

break[1] **I** *v* (1) 打破（动）dǎpò; 损伤（动）sǔnshāng; 折断 zhéduàn (2) 损坏（动）sǔnhuài, 弄坏 nònghuài (3) 打开（动）dākāi, 开拓（动）kāituò, 开辟（动）kāipì: ~ *a fresh path* 开辟新路 kāipì xīn lù (4) 违背（动）wéibèi, 违反（动）wéifǎn: ~ *the law* 触犯法律 chùfàn fǎlǜ (5) 中断（动）zhōngduàn, 暂停 zàntíng (6) 超过（动）chāoguò, 打破（动）dǎpò (7) 放弃（动）fàngqì, 改掉 gǎidiào, 破除（动）pòchú (8) 天亮 tiān liàng (9) 变（动）biàn; 垮了 kuǎle **II** *n* (1) 破（动）pò, 裂（动）liè; 破裂的地方 pòliè de dìfang: *a* ~ *in the water pipe* 水管上一个破裂的地方 shuǐguǎn shang yíge pòliè de dìfang (2) 中断（动）zhōngduàn; 休息的时间 xiūxi de shíjiān; 间歇（名）jiànxiē // ~ *away* 脱离 tuōlí; 和...决裂 hé...juéliè, 破除 pòchú: ~ *away from feudal conventions* 破除封建习俗 pòchú fēngjiàn xísú / ~ *down* (1) 压倒 yādǎo; 打破 dǎpò: ~ *down all opposition* 压倒一切反对力量 yādǎo yíqiè fǎnduì lìliàng / ~ *down a door* 砸破门 zápò mén (2) 失败 shībài (3) 垮下来 kuǎxiàlai; 衰竭 shuāijié; 控制不住(哭起来) kòngzhì búzhù (kūqǐlai) (4) 分类 fēnlèi; 分析（动）fēnxī; 分解（动）fēnjiě (5) 出毛病 chū máobìng; 坏了 huàile / ~ *in* (1) 闯入 chuǎngrù, 破门而入 pòmén'érrù (2) 插嘴 chāzuǐ, 打岔 dǎchà; 打断 dǎduàn / ~ *off* (1) 突然停止谈话 tūrán tíngzhǐ tánhuà (2) 中断 zhōngduàn (3) 暂停工

作 zàntíng gōngzuò / ~ *out* (1) 爆发 bàofā, 突然发生 tūrán fāshēng (2) 突然(大声) tūrán (dàshēng) (3) 逃出 táochū / ~ *through* (1) 突围 tūwéi (2) 透过 tòuguò (3) 突破 tūpò / ~ *up* (1) 拆散 chāisàn; 捣毁 dǎohuǐ: ~ *up an old ship* 拆毁旧船 chāihuǐ jiùchuán (2) 制止 zhìzhǐ; 驱散 qūsàn (3) 破裂 pòliè (4) 结束 jiéshù (5) 放假 fàngjià

break[2] **I** *v* 跳霹雳舞 tiào pīliwǔ **II** *n* 霹雳舞（名）pīliwǔ: ~ *dancing* 霹雳舞 pīliwǔ / ~ *dancer* 跳霹雳舞者 tiào pīliwǔzhě

breakfast *n* 早饭（名）zǎofàn, 早餐（名）zǎocān, 早点（名）zǎodiǎn

breast *n* (1) 乳房（名）rǔfáng: *a baby still at its mother's* ~ 一个吃奶的孩子 yíge chī nǎi de háizi (2) 胸脯（名）xiōngpú: *chicken* ~*s* 鸡胸脯 jī xiōngpú

breastfeed *v* 喂奶 wèi nǎi

breaststroke *n* 蛙泳（名）wāyǒng

breath *n* (1) 呼吸（动）hūxī; 气息（名）qìxī: *draw a* ~ 吸一口气 xī yìkǒu qì (2) 轻风 qīngfēng, 微风 wēifēng (3) 一点迹象 yìdiǎn jìxiàng: *a* ~ *of suspicion* 一点怀疑的迹象 yìdiǎn huáiyí de jìxiàng // *hold one's* ~ 屏住气 bǐngzhùqì, 不出声 bù chū shēng / *in one* ~ 一口气 yìkǒuqì; 一举 yìjǔ / *one's last* ~ 生命最后一息 shēngmìng zuìhòu yìxī / *out of* ~ 喘不过气来 chuǎnbuguò qì lai, 上气不接下气 shàngqì bù jiē xiàqì / *waste one's* ~ 白说 báishuō; 白费力气 báifèi lìqi

breathe *v* (1) 呼吸（动）hūxī (2) 轻声说 qīngshēng shuō; 透露（动）tòulù // ~ *new life into* 向...注入新的生命 xiàng... zhùrù xīnde shēngmìng / ~ *one's last* 停止呼吸 tíngzhǐ hūxī, 去世 qùshì, 死 sǐ

breathtaking *adj* 叫人透不过气来的 jiào rén tòubuguò qì lai de; 激动人心的 jīdòng rénxīn de: *a* ~ *football match* 一场激动人心的足球比赛 yìchǎng jīdòng rénxīn de zúqiú bǐsài

breed I v（1）生（动）shēng，生育（动）shēngyù；繁殖（动）fánzhí（2）养（动）yǎng，饲养（动）sìyǎng，喂养（动）wèiyǎng（3）引起（动）yǐnqǐ II n 种类（名）zhǒnglèi；品种（名）pǐnzhǒng；型（名）xíng：a new ~ of ship 新型的船 xīnxíng de chuán

breeze n 微风（名）wēifēng，小风 xiǎofēng：a cool ~ 凉爽的小风 liángshuǎngde xiǎofēng

breezy adj（1）有微风的 yǒu wēifēng de，通风的 tōngfēng de（2）活泼（形）huópo，轻松（形）qīngsōng；爱说笑的 ài shuōxiào de：a ~ manner 举止轻松活泼 jǔzhǐ qīngsōng huópo

brew v（1）酿（动）niàng，酿造（啤酒）（动）niàngzào（píjiǔ）（2）图谋（动）túmóu，策划（动）cèhuà，酝酿（动）yùnniàng

bribe I n 贿赂（名）huìlù：give ~s to sb. 向某人行贿 xiàng mǒu rén xíng huì II v 向...行贿 xiàng...xíng huì；贿赂（动）huìlù

bribery n 行贿 xíng huì；受贿 shòu huì；贿赂（名、动）huìlù

brick I n（1）砖（名）zhuān，砖头（名）zhuāntou：a ~ 一块砖头 yíkuài zhuāntou / a pile of ~s 一堆砖 yìduī zhuān（2）积木（名）jīmù；砖状物（名）zhuānzhuàngwù II v 用砖砌 yòng zhuān qì

brick-layer n 瓦工（名）wǎgōng

bride n 新娘（名）xīnniáng：a child ~ 童养媳 tóngyǎngxí

bridegroom n 新郎（名）xīnláng

bridesmaid n 女傧相 nǚ bīnxiàng，伴娘（名）bànniáng

bridge I n（1）桥（名）qiáo，桥梁（名）qiáoliáng：pontoon ~ 浮桥 fúqiáo / a ~ between East and West 连接东西方的桥梁 liánjiē dōngxīfāng de qiáoliáng（2）鼻梁（名）bíliáng（3）桥牌（名）qiáopái II v 搭桥 dā qiáo，架桥 jià qiáo；沟通（动）gōutōng

bridle I n（1）笼头（名）lóngtou；缰绳（名）jiāngshéng：a horse without a ~

不戴笼头的马 bú dài lóngtou de mǎ（2）约束（名）yuēshù；克制（动）kèzhì II v 克制（动）kèzhì，控制（动）kòngzhì：~ one's temper 克制脾气 kèzhì píqì

brief I adj（1）短暂（形）duǎnzàn，短促（形）duǎncù：a ~ but productive life 短暂而富有成果的一生 duǎnzàn ér fùyǒu chéngguǒ de yìshēng（2）简短（形）jiǎnduǎn II v 介绍情况 jièshào qíngkuàng；作最后指示 zuò zuìhòu zhǐshì // in ~ 简单地说 jiǎndān de shuō；总（而言）之 zǒng（éryán）zhī

briefcase n 公事皮包 gōngshì píbāo，公文包（名）gōngwénbāo

briefing n 情况简介 qíngkuàng jiǎnjiè；简短的命令 jiǎnduǎn de mìnglìng

brigade n（军队的）旅（名）（jūnduì de）lǚ；队（名）duì，组（名）zǔ：a fire ~ 消防队 xiāofángduì

bright adj（1）明亮（形）míngliàng：in ~ sunshine 在灿烂的阳光下 zài cànlàn de yángguāng xià（2）鲜艳（形）xiānyàn（3）欢快（形）huānkuài（4）聪明（形）cōngming，伶俐（形）línglì：a ~ student 一个聪明的学生 yíge cōngming de xuésheng / ~ idea 妙主意 miào zhúyi

brighten v（1）使...发光 shǐ...fāguāng；使...发亮 shǐ...fāliàng（2）使...快乐 shǐ...kuàilè；使...活跃 shǐ...huóyuè

brightly adv 明亮地 míngliàng de：smile ~ 愉快的微笑 yúkuài de wēixiào

brilliance n（1）光辉（名）guānghuī；辉煌（形）huīhuáng：the ~ of a diamond 钻石的光辉 zuànshí de guānghuī / the ~ of China's ancient culture 灿烂的中国古代文化 cànlàn de Zhōngguó gǔdài wénhuà（2）卓越（形）zhuōyuè；杰出（形）jiéchū：the ~ of his contribution 他卓越的贡献 tā zhuōyuè de gòngxiàn

brilliant adj（1）明亮（形）míngliàng，耀眼（形）yàoyǎn；光辉（形）

guānghuī: *a ~ light* 耀眼的光 yàoyǎn de guāng / *a ~ jewel* 一颗闪闪发光的宝石 yìkē shǎnshǎn fāguāng de bǎoshí / *a ~ example* 光辉的榜样 guānghuī de bǎngyàng (2) 卓越(形) zhuōyuè, 非常聪明的 fēicháng cōngmíng de: *a ~ scientist* 卓越的科学家 zhuōyuè de kēxuéjiā

brim I *n* 边(名) biān, 边缘(名) biānyuán; 帽檐儿(名) màoyánr II *v* 倒满 dàomǎn, 装满 zhuāngmǎn, 充满 (动) chōngmǎn: *a ~ming cup of coffee* 满满的一杯咖啡 mǎnmǎn de yìbēi kāfēi

bring *v* (1) 带来 dàilái, 拿来 nálái, 领来 lǐnglái (2) 产生(动) chǎnshēng, 引起(动) yǐnqǐ, 促使(动) cùshǐ // *about* 带来 dàilái, 导致 dǎozhì / *~ back* (1) 带回来 dàihuilái (2) 使记起 shǐ jìqǐ / *~ down* (1) 打倒 dǎdǎo, 打下 dǎxià, 使倒下 shǐ dǎoxià (2) 降低 jiàngdī / *~ forward* (1) 提出 tíchū (2) 提前 tíqián / *~ in* 挣 zhèng, 收入 shōurù / *~ out* (1) 显出 xiǎnchū; 说明 shuōmíng, 解释清楚 jiěshì qīngchu: *~ out the worst in sb*. 显露出某人最丑陋的一面 xiǎnlùchū mǒu rén zuì chǒulòu de yímiàn (2) 出版 chūbǎn (3) 生产 shēngchǎn / *~ round* (1) 使苏醒 shǐ sūxǐng (2) 使改变思想(观点) shǐ gǎibiàn sīxiǎng (guāndiǎn) / *~ sth. to an end* 结束 jiéshù, 停住 tíngzhù / *~ up* (1) 培养 péiyǎng, 教育 jiàoyù (2) 提出 tíchū

brink *n* 边(名) biān, 边缘(名) biānyuán: *on the ~ of ruin* 在毁灭的边缘 zài huǐmiè de biānyuán

brisk *adj* (1) 活泼(形) huópo; 轻快(形) qīngkuài: *a ~ walk* 轻快地散步 qīngkuài de sànbù (2) 清新(形) qīngxīn; 爽快(形) shuǎngkuài: *winter morning air* 冬天早晨的清新空气 dōngtiān zǎochén de qīngxīn kōngqì (3) 兴旺(形) xīngwàng

bristle I *n* 硬毛 yìngmáo; 鬃毛(名) zōngmáo; 胡须茬儿 húxū chár: *pig's*

~s 猪鬃 zhūzōng / *the ~s of a brush* 刷子毛 shuāzi máo II *v* (1) (毛发)竖立(动) (máofà) shùlì; 发怒 fānù: *~ with anger* 气得头发竖起来 qì de tóufa shùqilai (2) 密密地覆盖 mìmì de fùgài; 充满(动) chōngmǎn

British *adj* 英国的 Yīngguó de; 英国人的 Yīngguórén de; 英联邦的 Yīngliánbāng de: *~ English* 英国英语 Yīngguó Yīngyǔ / *the ~ Commonwealth of Nations* 英联邦 Yīngliánbāng / *the ~ Museum* 大英博物馆 Dà Yīng Bówùguǎn

brittle *a* 易碎的 yì suì de, 脆(形) cuì, 脆弱(形) cuìruò: *a ~ friendship* 脆弱的友谊 cuìruò de yǒuyì

broad *adj* (1) 宽(形) kuān, 宽阔(形) kuānkuò, 辽阔(形) liáokuò: *~ shoulders* 宽肩膀 kuān jiānbǎng / *~ daylight* 大白天 dàbáitiān (2) 广大(形) guǎngdà, 广泛(形) guǎngfàn (3) 扼要(形) èyào, 粗略(形) cūlüè: *in the ~ sense* 广义上(讲) guǎngyì shàng (jiǎng) (4) 气量大的 qìliàng dà de

broadcast I *v* (1) 广播(动) guǎngbō, 播送(动) bōsòng (2) 传给(动) chuángěi, 传播(动) chuánbō II *n* 广播(名) guǎngbō; 广播节目 guǎngbō jiémù: *the ~ of world news* 国际新闻广播 guójì xīnwén guǎngbō

broaden *v* 加宽 jiākuān; 使…扩大 shǐ…kuòdà

broadly *adv* 概括地 gàikuò de; 粗略地 cūlüè de; 广泛地 guǎngfàn de: *~ speaking* 概括地说 gàikuò de shuō

broad-minded *adj* 宽宏大量的 kuānhóng dàliàng de

brocade *n* 锦缎(名) jǐnduàn; 织锦(名) zhījǐn: *curtains made of blue* 蓝色锦缎做的窗帘 lánsè jǐnduàn zuò de chuānglián

brochure *n* 小册子 xiǎocèzi

broke *adj* 破产的 pòchǎn de; 一个钱也没有的 yíge qián yě méiyǒu de

broken *adj* (1) (打)碎的 (dǎ) suì de, (打)断的 (dǎ) duàn de: *a ~ win-*

dow 打碎的窗户 dǎsuì de chuānghu (2) 零碎 (形) língsuì, 零星 (形) língxīng; 很不流利 hěn bù liúlì: ~ *tea* 茶叶末儿 cháyèmòr / ~ *time* 零星时间 língxīng shíjiān / ~ *French* 不标准的法语 bù biāozhǔn de Fǎyǔ (3) 起伏不平的 qǐfú bù píng de; 不安稳的 bù ānwěn de; 破裂的 pòliè de: *a* ~ *sleep* 不安稳的睡眠 bù ānwěn de shuìmián / *a* ~ *heart* 破碎的心 pòsuì de xīn / *a* ~ *home* 破裂的家庭 pòliè de jiātíng (4) 违背的 wéibèi de, 背弃的 bèiqì de: *a* ~ *promise* 背弃的诺言 bèiqì de nuòyán // ~ *line* 虚线 xūxiàn

broken-hearted   *adj* 伤心过度的 shāngxīn guòdù de, 心碎的 xīnsuì de

broker   *n* 经纪人 (名) jīngjìrén, 掮客 (名) qiánkè; (买卖) 中间人 (名) (mǎimài) zhōngjiānrén, 代理商 (名) dàilǐshāng

bronze   *n* (1) 青铜 (名) qīngtóng; 古铜 (名) gǔtóng: *a* ~ *statue* 青铜像 qīngtóngxiàng / *the B*~ *Age* 青铜时代 qīngtóng shídài (2) 青铜器 qīngtóngqì

bronzed   *adj* 变成古铜色的 biànchéng gǔtóngsè de; 晒黑的 shài hēi de

brooch   *n* 胸针 (名) xiōngzhēn, 饰针 (名) shìzhēn

brood   **I** *v* (1) 沉思 (动) chénsī, 仔细考虑 zǐxì kǎolù (2) 孵出 fūchū **II** *n* 一窝 (幼雏) yìwō (yòuchú); (昆虫) 一次产出的卵 (昆虫) yícì chǎnchū de luǎn: *a* ~ *of chicks* 一窝小鸡 yìwō xiǎojī

broom   **I** *n* 扫帚 (名) sàozhou, 笤帚 (名) tiáozhou **II** *v* 用扫帚扫 yòng sàozhou sǎo

broomstick   *n* 扫帚把 (名) sàozhoubà, 笤帚把 (名) tiáozhoubà

broth   *n* 肉汁 ròuzhī, 肉 (鱼、菜) 汤 ròu (yú, cài) tāng: *chicken* ~ 鸡汤 jītāng

brother   *n* (1) 哥哥 (名) gēge, 弟弟 (名) dìdi; 弟兄 (名) dìxiōng: *elder* ~ 哥哥 gēge / *younger* ~ 弟弟 dìdi (兄

弟 xiōngdì) (2) 同胞 (名) tóngbāo

brotherhood   *n* (1) 兄弟情谊 xiōngdì qíngyì (2) 兄弟会 xiōngdìhuì

brother-in-law   *n* 姐夫 (名) jiěfu (*elder sister's husband*); 妹夫 (名) mèifu (*younger sister's husband*); 内兄 (名) nèixiōng (*wife's elder brother*); 内弟 (名) nèidì (*wife's younger brother*); 大伯子 (名) dàbǎizi (*husband's elder brother*); 小叔子 (名) xiǎoshūzi (*husband's younger brother*)

brow   *n* (1) 眉 (名) méi, 眉毛 (名) méimao: *knit one's* ~ 皱眉 zhòu méi (2) 额 (名) é, 脑门儿 (名) nǎoménr (3) 山顶 shāndǐng, 坡顶 pōdǐng

brown   **I** *adj* 褐色的 hèsè de, 咖啡色的 kāfēisè de, 棕色的 zōngsè de; 皮肤黝黑的 pífū yǒuhēi de: ~ *hair* 褐色的头发 hèsè de tóufa **II** *v* (使) 变成棕色 (shǐ) biànchéng zōngsè, 晒黑 shàihēi // ~ *coal* 褐煤 hèméi / ~ *paper* 牛皮纸 niúpízhǐ / ~ *rice* 糙米 cāomǐ / ~ *sugar* 红糖 hóngtáng

bruise   **I** *n* 伤痕 (名) shānghén; 青肿 qīngzhǒng, 擦伤 cāshāng **II** *v* 使...青肿 shǐ... qīngzhǒng; 碰伤 pèngshāng

brush   **I** *n* (1) 刷子 (名) shuāzi; 毛刷 (名) máoshuā: *a clothes* ~ 一把衣服刷子 yìbǎ yīfu shuāzi / *a tooth* ~ 一把牙刷 yìbǎ yáshuā (2) 毛笔 (名) máobǐ; 画笔 (名) huàbǐ: *a writing* ~ 一支毛笔 yìzhī máobǐ **II** *v* (1) 刷 (动) shuā; 擦 (动) cā, 掸 (动) dǎn (2) 擦过 cāguò, 掠过 lüèguò // ~ *aside* 不顾 búgù, 不理睬 bù lǐcǎi / ~ *up* 复习 fùxí, 温习 wēnxí

brutal   *adj* (1) 兽性的 shòuxìng de, 残忍 (形) cánrěn: ~ *nature* 兽性 shòuxìng (2) 严酷 (形) yánkù; 残酷 (形) cánkù: *the* ~ *truth* 残酷的事实 cánkù de shìshí

brutality   *n* 兽性 (名) shòuxìng, 残忍 (形) cánrěn, 残忍的行为 cánrěn de xíngwéi

brute   *n* 野兽 (名) yěshòu; 畜生 (名) chùsheng; 残暴的人 cánbào de rén

buck I *n* (1) 雄鹿(名) xiónglù; 公羊 (名) gōngyáng; 雄兔(名) xióngtù (2) 美元(名) měiyuán: 10 ~s 十个美元 shíge měiyuán II *v* 跳跃(动) tiàoyuè, 蹦(动) bèng

bucket *n* 水桶(名) shuǐtǒng, 桶(名) tǒng: a fire ~ 灭火水桶 mièhuǒ shuǐtǒng

buckle I *n* 扣子(名) kòuzi II *v* (1) 扣 住 kòuzhù, 扣上(动) kòushang (2) 变 得弯曲 biàn de wānqū; 变形 biànxíng // ~ down 开始认真地干 kāishǐ rènzhēn de gàn / ~ to 努力地干 nǔlì de gàn

bud I *n* 芽(名) yá, 幼芽(名) yòuyá; 蓓蕾(名) bèilěi, 花骨朵(名) huāgūduo II *v* 发芽 fāyá

Buddha *n* 佛(名) fó; 如来佛(名) Rúláifó

Buddhism *n* 佛教(名) Fójiào

Buddhist I *n* 佛教徒(名) Fójiàotú II *adj* 佛教的 Fójiào de; 佛的 fóde: a ~ monk 和尚 héshang / a ~ nun 尼姑 nígū

budget I *n* 预算(名) yùsuàn: a family ~ 家庭收支预算 jiātíng shōuzhī yùsuàn / a ~ estimate 概算 gàisuàn II *v* (1) 预算(动) yùsuàn; 计划开支 jìhuà kāizhī: ~ for the coming year 预 算明年的开支 yùsuàn míngnián de kāizhī (2) 安排(动) ānpái: ~ one's time 安排自己的时间 ānpái zìjǐ de shíjiān

buffalo *n* 水牛(名) shuǐniú

buffer *n* 缓冲器(名) huǎnchōngqì: ~ solution 缓和溶液 huǎnhé róngyè / a ~ state 缓冲国 huǎnchōngguó

buffet[1] I *n* 打击(动) dǎjī; 殴打(动) ōudǎ: the ~s of fate 命运的打击 mìngyùn de dǎjī II *v* 冲击(动) chōngjī

buffet[2] *n* 自助餐(餐厅) zìzhùcān (cāntīng): ~ car 餐车 cānchē / a ~ dinner 自助晚餐 zìzhù wǎncān

bug *n* (1) 臭虫(名) chòuchong; 虫子 (名) chóngzi (2) 细菌(名) xìjūn (3) 窃 听器(名) qiètīngqì

bugle *n* 号角(名) hàojiǎo, 军号(名) jūnhào: a ~ call 军号声 jūnhàoshēng (集合号 jíhéhào)

build I *v* (1) 建(动) jiàn, 盖(动) gài, 修建(动) xiūjiàn, 建造(动) jiànzào, 建筑(动) jiànzhù (2) 建设 (动) jiànshè; 建立(动) jiànlì II *n* 体 格(名) tǐgé, 体型(名) tǐxíng // ~ (1) 寄托 jìtuō (2) 把...建立在 bǎ... jiànlì zài / ~ up (1) 逐步建立 zhúbù jiànlì; 发展 fāzhǎn (2) 增强 zēngqiáng; 增多 zēngduō; 积累 jīlěi; 积聚 jījù: ~ up one's strength 增强体 力 zēngqiáng tǐlì

building *n* (1) 建筑物(名) jiànzhùwù, 房子(名) fángzi, 楼房 (名) lóufáng (2) 建筑(名) jiànzhù, 修 建(动) xiūjiàn: ~ materials 建筑材 料 jiànzhù cáiliào

bulb *n* (1) 球茎(名) qiújīng: a ~ of garlic 一个蒜头 yíge suàntóu (2) 电 灯泡(名) diàndēngpào

bulge I *n* (1) 鼓出 gǔchū; 凸出部分 tūchū bùfen (2) 突然增加 tūrán zēngjiā II *v* 膨胀(动) péngzhàng; 鼓出 gǔchū

bulk *n* (1) 体积 tǐjī, 大块(名) dàkuài (2) 大批(形) dàpī, 大量(形) dàliàng; 大部分(名) dàbùfen: buy in ~ 整批购买 zhěngpī gòumǎi

bull *n* 公牛(名) gōngniú, 雄性大动物 xióngxìng dà dòngwù; 粗壮的人 cūzhuàng de rén

bulldozer *n* (1) 恐吓者(名) kǒnghèzhě (2) 推土机(名) tuītǔjī

bullet *n* 子弹(名) zǐdàn

bulletin *n* (1) 公报(名) gōngbào; 公 告(名) gōnggào: ~ baard system (BBS) 电子公告栏 diànzǐ gōnggào lán (2) 新闻简报 xīnwén jiǎnbào: read the news ~s 阅读新闻简报 yuèdú xīnwén jiǎnbào // a ~ board 布告牌 bùgàopái

bulletproof *adj* 防弹的 fáng dàn de

bullfight *n* 斗牛(名) dòuniú

bullfighter *n* 斗牛士(名) dòuniúshì

bull's-eye *n* 靶的中心 bǎ de zhōngxīn

凸透镜（名）tūtòujìng

bully   **I** *n* 暴徒（名）bàotú；欺负弱者的人 qīfu ruòzhě de rén；恶霸（名）èbà **II** *v* 欺侮（动）qīwǔ；威胁（动）wēixié

bulwark   *n* 堡垒（名）bǎolěi：*the last ~ of the enemy* 敌人的最后一个堡垒 dírén de zuìhòu yíge bǎolěi

bump   **I** *v*（1）撞击（动）zhuàngjī，碰撞（动）pèngzhuàng（2）颠簸地行驶 diānbǒ de xíngshǐ **II** *n*（1）碰撞（动）pèngzhuàng（2）肿块（名）zhǒngkuài

bumper[1]   *n* 汽车保险杠 qìchē bǎoxiǎngàng

bumper[2]   *adj* 丰盛（形）fēngshèng；特大的 tèdà de：*a ~ harvest* 丰收 fēngshōu / *a ~ year* 丰年 fēngnián

bun   *n*（1）小圆面包 xiǎo yuán miànbāo：*a currant ~* 果料面包 guǒliào miànbāo（2）鬃（名）jiū，髻（名）jì

bunch   **I** *n*（1）串（量）chuàn；束（量）shù：*a ~ of keys* 一串钥匙 yíchuàn yàoshi（2）一伙人 yìhuǒ rén，一群人 yìqún rén：*a ~ of gangsters* 一伙歹徒 yìhuǒ dǎitú **II** *v* 捆成一捆 kǔnchéng yìkǔn；穿成一串 chuānchéng yíchuàn；聚成一团 jùchéng yìtuán

bundle   **I** *n* 捆（量）kǔn，束（量）shù；包（量）bāo；堆（量）duī；包裹（名）bāoguǒ：*a ~ of books* 一捆书 yìkǔn shū / *a ~ of rag* 一包破布 yìbāo pò bù **II** *v*（1）捆（动）kǔn，包（动）bāo，扎（动）zā（2）把…打发走 bǎ…dǎfazǒu；匆忙走开 cōngmáng zǒukāi；把…塞进 bǎ…sāijin

bungalow   *n* 有凉台的平房 yǒu liángtái de píngfáng；平房（名）píngfáng

bungle   **I** *v* 搞坏 gǎohuài；拙劣地工作 zhuōliè de gōngzuò **II** *n* 拙劣的工作 zhuōliè de gōngzuò

bunk   *n*（车和船上的）卧铺（名）（chē hé chuán shang de）wòpù；铺位（名）pùwèi

buoy   **I** *n* 浮标（名）fúbiāo，救生圈（名）jiùshēngquān：*life ~* 救生圈 jiùshēngquān **II** *v*（1）使浮起 shǐ fúqǐ

（2）鼓励（动）gǔlì；支持（动）zhīchí：*~ up sb.'s spirits* 鼓舞起某人的情绪 gǔwǔqǐ mǒu rén de qíngxù

buoyancy   *n*（1）浮力（名）fúlì（2）活力（名）huólì；活泼（形）huópo；开朗（形）kāilǎng

burden   **I** *n* 负担（名）fùdān；担子（名）dànzi；挑（扛）的东西 tiāo（káng）de dōngxi：*the ~ of proof* 提供证据的责任 tígōng zhèngjù de zérèn **II** *v* 装货 zhuānghuò；使负担 shǐ fùdān：*a ship ~ed with 1,000-ton of coal* 载有一千吨煤的货轮 zàiyǒu yìqiāndūn méi de huòlún

bureau   *n*（1）处（名）chù；局（名）jú；司（名）sī：*information ~* 新闻处 xīnwénchù / *tourist ~* 旅游局 lǚyóujú（2）办公桌（名）bàngōngzhuō，写字台（名）xiězìtái；卧室橱柜 wòshì chúguì

bureaucracy   *n*（1）官僚政治 guānliáo zhèngzhì，官僚主义 guānliáo zhǔyì（2）（总称）官僚（名）（zǒng chēng）guānliáo

bureaucrat   *n* 官僚（名）guānliáo，官员（名）guānyuán

bureaucratic   *adj* 官僚（主义）作风的 guānliáo（zhǔyì）zuòfēng de：*~ run around* 跑公章 pǎo gōngzhāng

burglar   *n* 夜间行窃的贼 yèjiān xíngqiè de zéi；窃贼（名）qièzéi

burial   *n* 埋葬（动）máizàng，葬（动）zàng；葬仪（名）zàngyí：*a ~ ground* 墓地 mùdì / *a ~ service* 葬礼 zànglǐ

burn   **I** *v*（1）烧（动）shāo，燃烧（动）ránshāo；点燃（动）diǎnrán（2）烧毁（动）shāohuǐ；烫伤 tàngshāng；烧伤 shāoshāng（3）渴望（动）kěwàng；迫切地想 pòqiè de xiǎng；发火 fāhuǒ，激动（形）jīdòng **II** *n* 烧伤（名）shāoshāng；烫伤（名）tàngshāng // *~ one's boats* 破釜沉舟 pòfǔchénzhōu，背水为阵 bèishuǐwéizhèn / *~ out* 烧完 shāowán，烧掉 shāodiào；烧坏 shāohuài / *~ the midnight oil* 开夜车 kāiyèchē / *~ up*（1）（炉火）烧起来

(lúhuǒ) shāoqilai(2) 烧掉 shāodiào, 烧光 shāoguāng

burner *n* (1) 灯头(名) dēngtóu; 火眼儿(名) huǒyǎnr: *a 2-~ stove* 两个火眼儿的煤气炉 liǎngge huǒyǎnr de méiqìlú (2) 炉子(名) lúzi: *an incense ~* 香炉 xiānglú / *Burnsen ~* 本生灯 Běnshēng dēng (3) 烧火的人 shāo huǒ de rén: *a brick ~* 烧砖的人 shāo zhuān de rén

burning *adj* (1) 燃烧的 ránshāo de; 高热的 gāorè de: *a ~ house* 一所着火的房子 yìsuǒ zháohuǒ de fángzi / *a ~ fever* 高烧 gāoshāo (2)(欲望、兴趣等)强烈(形)(yùwàng, xìngqù děng) qiángliè: *a ~ sensation* 强烈的感觉 qiángliè de gǎnjué / *a ~ interest in science* 对科学的浓厚兴趣 duì kēxué de nónghòu xìngqù

burrow **I** *n* 地洞(名) dìdòng: *a rabbit ~* 兔子洞 tùzi dòng **II** *v* 挖地洞 wā dìdòng

burst *v* (1) 爆裂(动) bàoliè, 炸破(动) zhàpò; 胀破(动) zhàngpò; 冲破(动) chōngpò; 溃决(动) kuìjué(2) 突然发生 tūrán fāshēng, 突然发作 tūrán fāzuò(3) 充满(动) chōngmǎn // *be ~ing to* 急着要 jízhe yào/ *~ in* 打断 dǎduàn/ *~ into* 闯进 chuǎngjìn/ *~ open* 用力打开 yònglì dǎkāi

bury *v* (1) 埋(动) mái, 埋葬(动) máizàng(2) 埋藏(动) máicáng

bus *n* 公共汽车 gōnggòng qìchē: *No. 332 ~* 332 路公共汽车 sānsān'èrlù gōnggòng qìchē // *~conductor* 汽车售票员 qìchē shòupiàoyuán / *~ fare* 汽车票 qìchēpiào / *miss the ~* 失掉机会 shīdiào jīhuì

bus-driver *n* 公共汽车司机 gōnggòng qìchē sījī

bush *n* (1) 灌木丛(名) guànmùcóng; 矮树丛 ǎishùcóng (2) 蓬松的毛发 péngsōng de máofà // *beat about the ~* 拐弯抹角 guǎiwānmòjiǎo

bushel *n* 蒲式耳(量) púshì'ěr

busily *adv* 忙碌地 mánglù de; 匆忙地

cōngmáng de

business *n* (1) 商业(名) shāngyè, 生意(名) shēngyì, 营业(动) yíngyè: *~ district* 商业区 shāngyèqū / *~ hours* 营业时间 yíngyè shíjiān (2) 商店(名) shāngdiàn, 商行(名) shāngháng, 买卖(名) mǎimai(3)职责(名) zhízé; 事务(名) shìwù; 事(名) shì: *private ~* 私事 sīshì // *B~ is ~.* 公事公办. Gōngshì gōngbàn. / *know one's ~* 精通业务 jīngtōng yèwù/ *mean ~* 是真的 shì zhēn de/ *on ~* 因公出差 yīn gōng chūchāi/ *send sb. about his ~* 把某人赶走 bǎ mǒu rén gǎnzǒu

businessman/woman *n* 商人(名) shāngrén; 企业家(名) qǐyèjiā

busman *n* 驾驶员(名) jiàshǐyuán; 乘务员(名) chéngwùyuán // *~'s holiday* 照常工作的假日 zhàocháng gōngzuò de jiàrì

bus-stop 公共汽车站 gōnggòng qìchēzhàn

bust *n* (1) 半身雕塑像 bànshēn diāosùxiàng(2) 胸部(名) xiōngbù; 胸围(名) xiōngwéi

bustle **I** *v* 忙乱(形) mángluàn; 奔忙(动) bēnmáng; 喧闹(形) xuānnào **II** *n* 忙乱(形) mángluàn; 奔忙(动) bēnmáng; 喧闹(形) xuānnào: *the ~ of a big city* 大城市的喧闹 dà chéngshì de xuānnào

busy **I** *adj* (1) 忙(形) máng, 忙碌(形) mánglù, 繁忙(形) fánmáng; 热闹(形) rènao: *a ~ day* 忙碌的一天 mánglù de yìtiān (2) 占用的 zhànyòng de **II** *v* 忙(动) máng

but **I** *conj* 但是(连) dànshì, 可是(连) kěshì; 而是 érshì **II** *prep* 除了 chúle **III** *adv* 仅仅(副) jǐnjǐn, 只(副) zhǐ // *~ for* 要不是 yàobúshì, 如果没有 rúguǒ méiyǒu

butcher *n* (1) 屠宰工人 túzǎi gōngrén, 卖肉的 màiròu de(2) 刽子手(名) guìzishǒu// *~'s* 肉店 ròudiàn

butt[1] *v* 撞(动) zhuàng // *~ in* 打断 dǎduàn; 干扰 gānrǎo

butt² *n* 嘲笑的对象 cháoxiào de duìxiàng; 笑柄(名) xiàobǐng

butt³ *n* (1) 粗的一头儿 cū de yìtóur: *the ~ of a fishing-rod* 钓鱼杆粗的一头儿 diàoyúgān cū de yìtóur (2) 烟头儿(名) yāntóur

butter I *n* (1) 黄油(名) huángyóu(2) 像黄油一样的东西 xiàng huángyóu yíyàng de dōngxi: *peanut ~* 花生酱 huāshēngjiàng II *v* 把黄油涂在...上 bǎ huángyóu túzài... shang: *~ the bread* 把面包涂上黄油 bǎ miànbāo tú shang huángyóu // *~ scotch* 黄油硬糖 huángyóu yìng táng/ *~ up* 奉承 fèngchéng, 谄媚 chǎnmèi

butterfly *n* 蝴蝶(名) húdié: *a ~* 一只蝴蝶 yìzhī húdié

buttock *n* 半边屁股(名) bànbiān pìgu: *a horse's ~s* 马屁股 mǎ pìgu

button I *n* (1) 钮扣(名) niǔkòu, 扣子(名) kòuzi(2) 按钮(名) ànniǔ: *reset ~* 重新启动键(钮) chóngxīn qǐdòng jiàn(niǔ) II *v* 扣上(钮扣) kòushang (niǔkòu)

buttonhole *n* 扣眼儿(名) kòuyǎnr

buy *v* 买(动) mǎi, 购买(动) gòumǎi // *~ up* 买光 mǎiguāng, 大量买 dàliàng mǎi

buyer *n* 买的人 mǎi de rén, 买主(名) mǎizhǔ, 顾客(名) gùkè

buzz I *v* (1) 发出嗡嗡声 fāchū wēngwēng shēng(2) 发出嗡嗡的说话声 fāchū wēngwēng de shuōhuà shēng (3) 匆忙地走 cōngmáng de zǒu: *~ off* 匆忙离去 cōngmáng líqù II *n* 唧唧喳喳声 jījīzhāzhā shēng

by I *prep* (1) 在...旁边 zài... pángbiān, 靠近(动) kàojìn(2) 在身边 zài shēnbiān, 在手头 zài shǒutóu (3) 沿(介) yán; 经(介) jīng, 由(介) yóu (4) 经过...旁边 jīngguò... pángbiān(5) 不迟于 bù chíyú, 到...时为止 dào... shí wéizhǐ(6) 靠(介) kào; 用(动) yòng; 通过(动) tōngguò: *go ~ train (boat, bus)* 坐火车(船、汽车)去 zuò huǒchē(chuán, qìchē) qù(7) 由于(介) yóuyú(8) 根据(介) gēnjù, 按照(介) ànzhào: *sell ~ kilo* 按公斤卖 àn gōngjīn mài (9) 被(介) bèi, 让(介) ràng, 叫(介) jiào, 给(介) gěi, 由(介) yóu II *adv* (1) 在近旁 zài jìnpáng(2) 经过(动) jīngguò // *~ and ~* 不久以后 bùjiǔ yǐhòu/ *~ and large* 总的说来 zǒngde shuōlái, 大体上 dàtǐshang/ *one ~ one* 逐一 zhúyī, 一个接一个 yíge jiē yíge/ *~ oneself* 单独 dāndú, 独自 dúzì/ *~ the way* 顺便说一下 shùnbiàn shuōyíxià

bypass I *n* 旁道(名) pángdào II *v* (1) 绕道 ràodào: *~ a city* 绕过城市 ràoguò chéngshì (2) 越级 yuèjí; 绕过 ràoguò

by-product *n* 副产品(名) fùchǎnpǐn

bystander *n* 旁观者(名) pángguānzhě

byte *n* 字节 zìjié

C

cab *n* (1) 出租马车 chūzū mǎchē; 出租汽车 chūzū qìchē (2) 司机室(名) sījīshì, 驾驶台(名) jiàshǐtái

cabbage *n* 卷心菜(名) juǎnxīncài, 洋白菜(名) yángbáicài: *Chinese ~* (大)白菜(大) báicài

cabin *n* (1) 小屋 xiǎo wū: *a log ~* 木屋 mù wū (2) 船舱(名) chuáncāng; 机舱(名) jīcāng: *a passenger ~* 客舱 kècāng

cabinet *n* (1) 橱(名) chú, 柜(名) guì: *a kitchen ~* 碗橱 wǎnchú / *a filing ~* 公文柜 gōngwénguì (2) 内阁(名) nèigé; 全体阁员 quántǐ géyuán: *C~ Minister* 内阁大臣 nèigé dàchén / *a shadow ~* 影子内阁 yǐngzi nèigé

cable **I** *n* (1) 缆绳(名) lǎnshéng; 钢丝绳(名) gāngsīshéng; 电缆(名) diànlǎn (2) 电报(名) diànbào **II** *v* 拍电报 pāi diànbào, 打电报 dǎ diànbào, 发电报 fā diànbào // *~ car* 缆车 lǎnchē / *~ railway* 缆车道 lǎnchēdào

cackle *v* 咯咯叫 gēgē jiào; 咯咯笑 gēgē xiào

cactus *n* 仙人掌(名) xiānrénzhǎng; 仙人球(名) xiānrénqiú: *a ~* 一株仙人掌 yìzhū xiānrénzhǎng

cadre *n* 干部(名) gànbù; 骨干(名) gǔgàn; 基干(名) jīgàn: *a basic level ~* 基层干部 jīcéng gànbù

cafe *n* 咖啡馆(名) kāfēiguǎn; 饮食店(名) yǐnshídiàn, 小餐馆(名) xiǎo cānguǎn; 酒馆(名) jiǔguǎn

cafeteria *n* 自助餐馆 zìzhù cānguǎn

cage *n* 笼子(名) lóngzi; 鸟笼(名) niǎolóng

cake **I** *n* (1) 糕(名) gāo; 蛋糕(名) dàngāo: *a birthday ~* 一块生日蛋糕 yíkuài shēngrì dàngāo (2) 块(量) kuài: *a ~ of soap* 一块肥皂 yíkuài

féizào / *a ~ of ice* 一块冰 yíkuài bīng **II** *v* 结块 jié kuài

calamity *n* 灾难(名) zāinàn, 灾害(名) zāihài, 祸患(名) huòhuàn, 不幸的事 búxìng de shì: *natural and man-made calamities* 天灾人祸 tiānzāi rénhuò

calcium *n* 钙(名) gài: *~ carbide* 碳化钙 tànhuàgài

calculate *v* 计算(动) jìsuàn; 测算(动) cèsuàn; 估计(动) gūjì: *~ the cost* 计算费用 jìsuàn fèiyòng / *~ an eclipse* 预测日蚀 yùcè rìshí // *~ on* 指望 zhǐwang, 期待 qīdài

calculation *n* (1) 计算(动) jìsuàn (2) 计算出来的结果 jìsuànchulai de jiéguǒ (3) 打算(名) dǎsuan

calculator *n* (1) 计算者(名) jìsuànzhě (2) 计算器(名) jìsuànqì

calendar *n* (1) 历法(名) lìfǎ: *the solar ~* 阳历 yánglì (2) 历书(名) lìshū, 历(名) rìlì, 月历(名) yuèlì (3) 日程表(名) rìchéngbiǎo // *~ month* 历书月 lìshūyuè, 历月 lìyuè / *~ year* 历年 lìnián

calf[1] *n* 牛犊(名) niúdú: *a cow in ~* 怀胎的母牛 huáitāi de mǔniú

calf[2] *n* 小腿(名) xiǎotuǐ; 腿肚子(名) tuǐdùzi

call **I** *v* (1) 叫(动) jiào, 喊(动) hǎn (2) 把...叫做 bǎ...jiàozuò; 称呼(动) chēnghu (3) 看望(动) kànwàng, 拜访(动) bàifǎng (4) 打电话 dǎ diànhuà (5) 停(动) tíng, 停靠(动) tíngkào **II** *n* (1) 呼喊声 hūhǎn shēng: *a ~ for help* 呼救声 hūjiù shēng (2) 号召(名) hàozhào: *answer the ~ of one's country* 响应国家的号召 xiǎngyìng guójiā de hàozhào (3) 访问(名、动) fǎngwèn, 拜访(名、动)

bàifǎng: *make a formal* ~ 进行一次
正式访问 jìnxíng yícì zhèngshì fǎngwèn
(4) 通话 tōnghuà: *make a telephone*
~ 打电话 dǎ diànhuà // ~ *for* (1)
提倡 (动) tíchàng: ~ *for economy* 提
倡节约 tíchàng jiéyuē (2) 需要 (动)
xūyào; 值得 (动) zhídé (3) 取 qǔ, 接
jiē / ~ *forth* 引起 yǐnqǐ; 振作起
zhènzuò qǐ: ~ *force all one's energies*
使全力以赴 shǐ quánlìyǐfù / ~ *in* (1)
请 qǐng (2) 来访 láifǎng / ~ *off* 取
消 qǔxiāo / ~ *on* (1) 请求 qǐngqiú,
要求 yāoqiú (2) 访问 fǎngwèn, 拜访
bàifǎng: ~ *on friends and relatives* 访
亲探友 fǎngqīn tànyǒu / ~ *out* (1)
大声叫喊 dàshēng jiàohǎn (2) 出动
chūdòng / ~ *sb.'s attention* 叫某人注
意 jiào mǒu rén zhùyì / ~ *up* (1) 征
召 zhēngzhào (2) 使想起 shǐ xiǎngqǐ
(3) 打电话 dǎ diànhuà / *on* ~ 待用
的 dàiyòng de; 随叫随到的 suíjiào
suídào de

caller   *n* 来访者 (名) láifǎngzhě

calligraphy   *n* 书法 (名) shūfǎ

calling   *n* 职业 (名) zhíyè, 行业 (名)
hángyè: *a noble* ~ 高尚的职业
gāoshàng de zhíyè

callous   *adj* (1) 结茧的 jiéjiǎn de; 变
硬的 biànyìng de (2) 无情的 wúqíng
de; 冷漠的 lěngmò de; 无感觉的 wú
gǎnjué de: *a very* ~ *person* 一个心肠
很硬的人 yíge xīncháng hěn yìng de
rén

calm   **I** *adj* (1) 平静 (形) píngjìng: *a*
~ *sea* 风平浪静的大海
fēngpínglàngjìng de dàhǎi / ~ *weather*
无风的天气 wú fēng de tiānqi (2) 镇
静 (形) zhènjìng, 沉着 (形) chénzhuó
II *n* (1) 平静 (形) píngjìng; 平静的时
刻 píngjìng de shíkè (2) 镇静 (形)
zhènjìng **III** *v* 平静 (形) píngjìng; 镇
静 (动) zhènjìng

calorie   *n* 卡 (路里) (名) kǎ (lùlǐ)

camel   *n* (1) 骆驼 (名) luòtuo (2) 浅
黄褐色 qiǎnhuánghèsè

camera   *n* 照相机 (名) zhàoxiàngjī, 摄

影机 (名) shèyǐngjī: *a digital video* ~
一架数码摄像机 yíjià shùmǎ
shèxiàngjī / *a stereoscopic* ~ 立体摄影
机 lìtǐ shèyǐngjī

camouflage   **I** *n* 伪装 (名) wěizhuāng;
隐藏 (动) yǐncáng **II** *v* 伪装 (动)
wěizhuāng, 掩饰 (动) yǎnshì: ~ *ships
by painting them gray* 把轮船涂上灰
色进行伪装 bǎ lúnchuán túshang huīsè
jìnxíng wěizhuāng

camp   **I** *n* (1) 营 (名) yíng; 帐篷 (名)
zhàngpeng; 野营 (名) yěyíng: *pitch a*
~ 搭帐篷 dā zhàngpeng (2) 阵营
(名) zhènyíng; 派别 (名) pàibié **II** *v*
露营 (动) lùyíng; 野营 (动) yěyíng //
~ *bed* 行军床 xíngjūnchuáng / ~
chair 轻便折椅 qīngbiàn zhéyǐ / ~ *out*
野营 yěyíng / *go* ~*ing* 去野营 (度假)
qù yěyíng (dùjià)

campaign   **I** *n* (1) 战役 (名) zhànyì
(2) 运动 (名) yùndòng: *a* ~ *against
smoking* 反对吸烟的运动 fǎnduì xī
yān de yùndòng / *election* ~ 竞选运动
jìngxuǎn yùndòng **II** *v* 搞运动 gǎo
yùndòng, 开展运动 kāizhǎn yùndòng

campfire   *n* 营火 (名) yínghuǒ; 营火会
(名) yínghuǒhuì

camphor   *n* 樟脑 (名) zhāngnǎo: *a* ~
ball 一个樟脑丸 yíge zhāngnǎowán /
~ *tree* 樟树 zhāngshù

campus   *n* 校园 (名) xiàoyuán

can¹   *aux* (1) 能 (助动) néng, 会 (助
动) huì (2) 可能 (助动) kěnéng, 有时
会 yǒushí huì (3) 可以 (助动) kěyǐ //
as... as ~ *be* … 得不能再 … de
bùnéng zài...: *as good as* (*good*) ~
be 好得不能再好 hǎo de bùnéng zài
hǎo / ~ *not but* 不得不 bùdé bù, 不
能不 bùnéng bù / ~ *not help* 不得不
bùdé bù

can²   **I** *n* 罐头 (名) guàntou; 罐子 (名)
guànzi: *a* ~ *of fruit* 一听水果 yìtīng
shuǐguǒ **II** *v* 把... 做成罐头 bǎ...
zuòchéng guàntou

canal   *n* (1) 运河 (名) yùnhé: *Suez
C*~ 苏伊士运河 Sūyīshì Yùnhé /

(*China's*) *Grand C~*（中国）大运河
（Zhōngguó）Dàyùnhé（2）沟（名）gōu,
沟渠（名）gōuqú: *an irrigation* ~ 灌
溉渠 guàngàiqú（3）管道（名）
guǎndào: *alimentary* ~ 消化道
xiāohuàdào

cancel *v*（1）划掉 huàdiào, 删去
shānqu: ~ *a figure* 划掉一个数字
huàdiào yíge shùzì（2）取消（动）
qǔxiāo, 作废（动）zuòfèi: ~ *with a
stamp* 用邮戳盖销 yòng yóuchuō
gàixiāo

cancer *n*（1）癌（名）ái: ~ *of the
lung* 肺癌 fèi'ái / ~ *cells* 癌细胞 ái
xìbāo（2）弊端（名）bìduān; 社会恶习
shèhuì èxí

candid *adj*（1）坦率（形）tǎnshuài, 直
率（形）zhíshuài（2）趁人不备拍摄的
chèn rén bú bèi pāishè de, 偷拍的
tōupāi de

candidate   *n*（1）候选人（名）
hòuxuǎnrén: *presidential* ~ 总统候选
人 zǒngtǒng hòuxuǎnrén（2）投考人
（名）tóukǎorén

candle *n* 蜡烛（名）làzhú: *light a* ~
点一支蜡烛 diǎn yìzhī làzhú // *can't
hold a* ~ *to* 远比不上 yuǎn bǐ bu
shàng / *not worth the* ~ 不值得 bù
zhíde

candlelight *n* 烛光（名）zhúguāng

candlestick *n* 烛台（名）zhútái

candy **I** *n*（1）糖果（名）tángguǒ: 2
pieces of ~两块糖 liǎngkuài táng（2）
冰糖（名）bīngtáng **II** *v* 蜜饯（名）
mìjiàn: *candied fruit* 蜜饯水果 mìjiàn
shuǐguǒ / *candied words* 甜言蜜语
tiányánmìyǔ

cane *n*（1）茎（名）jīng, 茎杆（名）
jīnggǎn; 甘蔗（名）gānzhe: *a* ~
chair 一把藤椅 yìbǎ téngyǐ / *sugar* ~
甘蔗 gānzhe（2）手杖（名）shǒuzhàng
// ~ *sugar* 蔗糖 zhètáng

canned *adj* 罐装的 guànzhuāng de: ~
food 罐头食品 guàntou shípǐn

cannon *n* 炮（名）pào: ~ *salute* 礼炮
lǐpào

canoe **I** *n* 独木舟（名）dúmùzhōu, 小
划子 xiǎo huázi **II** *v* 划独木舟 huá
dúmùzhōu

canteen   *n*（1）食堂（名）shítáng（2）
行军壶（名）xíngjūnhú; 饭盒（名）
fànhé

canvas   *n*（1）帆布（名）fānbù（2）风
帆（名）fēngfān（3）画布（名）huàbù;
油画（名）yóuhuà // *under* ~（1）在
帐篷里 zài zhàngpéng lǐ（2）张开风帆
的 zhāngkāi fēngfān de

canyon *n* 峡谷（名）xiágǔ

cap **I** *n*（1）便帽（名）biànmào; 帽子
（名）màozi: *wear a* ~ 戴帽子 dài
màozi / *a nurse's* ~ 一顶护士帽
yìdǐng hùshìmào（2）盖儿（名）gàir,
罩子（名）zhàozi: *a* ~ *on a bottle* 瓶
盖儿 píng gàir / *a glass* ~ 玻璃罩儿
bōli zhàor **II** *v*（1）给...戴帽 gěi...
dài mào; 覆盖 fùgài: *snow* ~*ped* 被
雪覆盖的 bèi xuě fùgài de（2）胜过
（动）shèngguò; 凌驾（动）língjià: ~
the climax 出乎意料 chūhūyìliào

capable   *adj* 有能力的 yǒu nénglì de,
有才能的 yǒu cáinéng de: *a very* ~
doctor 很有能力的医生 hěn yǒu nénglì
de yīshēng // ~ *of* 有...能力 yǒu...
nénglì; 能够 nénggòu

capacity   *n*（1）容量（名）róngliàng,
容积（名）róngjī（2）能力（名）nénglì,
能量（名）néngliàng; 接受力（名）
jiēshòulì: *no* ~ *for alcohol* 没有酒量
méiyǒu jiǔliàng（3）身份（名）shēnfen,
资格（名）zīgé: *in one's* ~ *as a leader*
以领导的身份 yǐ lǐngdǎo de shēnfen

cape   *n*（1）海角（名）hǎijiǎo; 岬（名）
jiǎ: *the C~ of Good Hope* 好望角
Hǎowàngjiǎo（2）披肩（名）pījiān, 短
斗篷 duǎn dǒupeng, 短披风 duǎn
pīfēng

capital **I** *n*（1）首都（名）shǒudū; 首
府（名）shǒufǔ; 省会（名）shěnghuì
（2）大写字母 dà xiě zìmǔ（3）资本
（名）zīběn; 资方（名）zīfāng: *a com-
pany with a* ~ *of 2 million U. S.
dollars* 一家拥有二百万美元资本的

公司 yìjiā yōngyǒu èrbǎiwàn měiyuán zīběn de gōngsī / ~ and labour 资方与劳方 zīfāng yǔ láofāng **II** adj (1) 可处死刑的 kě chǔ sǐxíng de: ~ offence 死罪 sǐzuì (2) 顶好的 dǐng hǎo de: What a ~ plan! 这计划太妙了! Zhè jìhuà tài miào le!

capitalism n 资本主义（名）zīběnzhǔyì; 资本主义制度 zīběnzhǔyì zhìdù: monopoly ~ 垄断资本主义 lǒngduàn zīběnzhǔyì / under the system of ~ 在资本主义制度下 zài zīběnzhǔyì zhìdù xià

capitalist **I** n 资本家（名）zīběnjiā **II** adj 资本主义的 zīběnzhǔyì de: a ~ country 资本主义国家 zīběnzhǔyì guójiā

capitol n 美国州议会大厦 Měiguó zhōuyìhuì dàshà: the C~ 美国国会大厦 Měiguó Guóhuì Dàshà // C~ Hill 美国国会 Měiguó Guóhuì

caprice n 突变（动）tūbiàn，反复无常 fǎnfùwúcháng; 任性（形）rènxìng: the ~ of weather 天气的突然变化 tiānqì de tūrán biànhuà

capricious adj 反复无常的 fǎnfùwúcháng de, 多变的 duōbiàn de; 任性（形）rènxìng

capsize v 倾覆（动）qīngfù, 倾斜（动）qīngxié, 弄翻 nòngfān

capsule n (1) 胶囊（名）jiāonáng; 糖衣（名）tángyī (2) 舱（名）cāng, 密封（太空）舱 mìfēng (tàikōng) cāng

captain n (1) 首领（名）shǒulǐng; 队长（名）duìzhǎng: the ~ of a football team 足球队长 zúqiú duìzhǎng (2) 船长（名）chuánzhǎng (3) 陆军上尉 lùjūn shàngwèi (4) 海军上校 hǎijūn shàngxiào

caption n (1) 解说词（名）jiěshuōcí (2) 标题（名）biāotí (3) 电影的字幕 diànyǐng de zìmù

captive **I** n (1) 俘虏（名）fúlǔ (2) 着迷的人 zháomí de rén **II** adj 被俘的 bèi fú de; 被拘禁的 bèi jūjìn de; 被征服的 bèi zhēngfú de: ~ soldiers 俘虏

fúlǔ / ~ animals 被捕获的动物 bèi bǔhuò de dòngwù / ~ audience 被迷住的听众 bèi mízhù de tīngzhòng

capture v (1) 捕获（动）bǔhuò; 俘获（动）fúhuò; 占领（动）zhànlǐng: ~ a city 占领一座城市 zhànlǐng yízuò chéngshì (2) 引起（动）yǐnqǐ; 抓住 zhuāzhù: 捕捉（动）bǔzhuō: ~ a mood 捕捉一种心境 bǔzhuō yìzhǒng xīnjìng

car n (1) 汽车（名）qìchē, 轿车（名）jiàochē (2) 火车的车厢 huǒchē de chēxiāng: a sleeping ~ 卧铺车 wòpùchē // a ~ park 停车场 tíngchēchǎng

carat n 克拉（名）kèlā

caravan n (1) 商队（名）shāngduì; 旅行队（名）lǚxíngduì (2) 大篷车（名）dàpéngchē: a Gipsy ~ 吉卜赛篷车 Jíbǔsài péngchē

carbon n (1) 碳（名）tàn: ~ dioxide 二氧化碳 èryǎnghuàtàn / ~ monoxide 一氧化碳 yìyǎnghuàtàn (2) 复写纸（名）fùxiězhǐ: ~ copy 复写本 fùxiěběn（副本（名）fùběn）

card n (1) 卡片（名）kǎpiàn; 帖子（名）tiězi: a record ~ 记录卡 jìlùkǎ / a New Year's ~ 贺年片 hèniánpiàn / a visiting ~ 名片 míngpiàn / an invitation ~ 请帖 qǐngtiě / ~ index 卡片索引 kǎpiàn suǒyǐn (2) 名信片（名）míngxìnpiàn (3) 纸牌（名）zhǐpái: playing ~s 扑克牌 pūkèpái // have a ~ up one's sleeve 有锦囊妙计 yǒu jǐnnángmiàojì; 有密谋 yǒu mìmóu / lay one's ~s on the table 摊牌 tānpái / play one's best card 打出王牌 dǎchū wángpái; 使出绝招 shǐchū juézhāo

cardboard n 硬纸板（名）yìngzhǐbǎn: a box made of ~ 硬纸盒 yìngzhǐhé

cardinal adj 基本（形）jīběn; 主要（形）zhǔyào: ~ numbers 基数 jīshù / ~ points 基本方位 jīběn fāngwèi

care **I** n (1) 注意（动）zhùyì, 小心（形、动）xiǎoxīn (2) 照顾（动）zhàogù; 管理（动）guǎnlǐ; 护理（动）

hùlǐ; 关心（动）guānxīn: *under the doctor's* ～ 在医生的护理下 zài yīshēng de hùlǐ xià（3）忧虑（动）yōulǜ; 心事（名）xīnshì: *be free from* ～ 无忧无虑 wúyōuwúlǜ / *be weighed down with* ～s 心事重重 xīnshì chóngchóng Ⅱ *v*（1）关心（动）guānxīn; 介意（动）jièyì, 在乎（动）zàihu（2）关怀（动）guānhuái; 照顾（动）zhàogù: ～ *for the young generation* 关怀年轻一代 guānhuái niánqīng yídài（3）喜欢（动）xǐhuan; 愿意（助动）yuànyi // ～ *of* 由...转交 yóu...zhuǎnjiāo

career *n*（1）生涯（名）shēngyá, 经历（名）jīnglì; 事业（名）shìyè; 职业（名）zhíyè: *a stage* ～ 舞台生涯 wǔtái shēngyá / *the* ～s *of a general* 一位将军的经历 yíwèi jiāngjūn de jīnglì / ～s *open to women* 妇女可从事的职业 fùnǚ kě cóngshì de zhíyè / *a* ～ *diplomat* 职业外交官 zhíyè wàijiāoguān（2）猛冲 měngchōng, 急驰 jíchí: *in full* ～ 全速猛冲 quánsù měngchōng

careful *adj* 小心（形）xiǎoxīn; 谨慎（形）jǐnshèn; 仔细（形）zǐxì; 细致（形）xìzhì: *be* ～ *in speech* 说话谨慎 shuōhuà jǐnshèn

carefully *adv* 仔细地 zǐxì de; 小心地 xiǎoxīn de

careless *adj* 粗心（形）cūxīn; 不注意 bú zhùyì; 疏忽（形）shūhu: *a* ～ *mistake* 疏忽大意引起的错误 shūhu dàyi yǐnqǐ de cuòwù / *be* ～ *about one's clothes* 不讲究衣着 bù jiǎngjiū yīzhuó

caress Ⅰ *n* 爱抚（动）àifǔ, 抚摸（动）fǔmō: *a loving* ～ 爱的拥抱 ài de yōngbào Ⅱ *v* 爱抚（动）àifǔ; 抚摸（动）fǔmō

cargo *n* 货物（名）huòwù: *a* ～ *ship* 货船 huòchuán

caricature *n* 漫画（名）mànhuà, 讽刺画（名）fěngcìhuà

carnival *n* 狂欢节（名）kuánghuānjié; 狂欢（动）kuánghuān; 欢宴（名）huānyàn

carnivore *n* 食肉动物 shíròu dòngwù

carol Ⅰ *n* 颂歌（名）sònggē: *Christmas* ～s 圣诞颂歌 Shèngdàn sònggē Ⅱ *v* 歌唱（动）gēchàng, 歌颂（动）gēsòng

carp Ⅰ *v* 找碴 zhǎochár, 吹毛求疵 chuīmáoqiúcī, 挑剔（动）tiāoti: ～*ing criticism* 吹毛求疵的批评 chuīmáoqiúcī de pīpíng Ⅱ *n* 鲤鱼（名）lǐyú

carpenter *n* 木匠（名）mùjiang

carpet Ⅰ *n*（1）地毯（名）dìtǎn（2）地毯一样的覆盖物 dìtǎn yíyàng de fùgàiwù: *a* ～ *of grass* 一片绿茵 yípiàn lǜyīn Ⅱ *v* 铺地毯 pū dìtǎn; 覆盖（动）fùgài // *roll out the red* ～ *for sb.* 展开红地毯隆重欢迎某人 zhǎnkāi hóng dìtǎn lóngzhòng huānyíng mǒu rén

carriage *n*（1）车厢（名）chēxiāng（2）运费（名）yùnfèi; 运输（动）yùnshū: *the* ～ *of goods* 货运 huòyùn

carrier *n*（1）运送人 yùnsòngrén: *a mail* ～ 邮递员 yóudìyuán（2）运输工具 yùnshū gōngjù（3）媒介（名）méijiè // ～ *pigeon* 信鸽 xìngē / ～(*ship*) 航空母舰 hángkōng mǔjiàn / ～ *rocket* 运载火箭 yùnzài huǒjiàn

carrot *n* 胡萝卜（名）húluóbo

carry *v*（1）运送（动）yùnsòng; 端（动）duān; 扛（动）káng; 抬（动）tái; 背（动）bēi; 抱（动）bào; 带（动）dài: ～ *a tray* 端盘子 duān pánzi（2）传播（动）chuánbō; 传送（动）chuánsòng（3）刊登（动）kāndēng（4）具有（动）jùyǒu, 带有（动）dàiyǒu: *an article that carries conviction* 一篇有说服力的文章 yìpiān yǒu shuōfúlì de wénzhāng / *Does the loan* ～ *any interest?* 这笔贷款是否带利息? Zhèbǐ dàikuǎn shìfǒu dài lìxī?（5）通过（动）tōngguò: ～ *a motion* 通过一项动议 tōngguò yíxiàng dòngyì // ～ *away* 不能控制自己 bùnéng kòngzhì zìjǐ; 冲昏头脑 chōnghūn tóunǎo; 失去理智 shīqù lǐzhì / ～ *off*（1）获得 huòdé（2）顺利进

行 shùnlì jìnxíng, 成功应付 chénggōng yìngfù / ~ on (1) 继续 jìxù; 坚持 jiānchí (2) 胡闹 húnào / ~ out 完成 wánchéng; 执行 zhíxíng / ~ through 进行到底 jìnxíng dàodǐ / ~ weight 有分量 yǒu fènliang

carsick *adj* 晕车的 yùnchē de

cart **I** *n* 马车(名) mǎchē, 大车(名) dàchē **II** *v* 用车运送 yòng chē yùnsòng // put the ~ before the horse 本末倒置 běnmò dàozhì; 顺序颠倒 shùnxù diāndǎo

cartoon *n* (1) 漫画(名) mànhuà: a political ~ 政治漫画 zhèngzhì mànhuà (2) 动画片(名) dònghuàpiàn

cartoonist *n* 漫画家(名) mànhuàjiā

cartridge *n* 弹药筒(名) dànyàotǒng; 子弹(名) zǐdàn: a blank ~ 空心弹 kōngxīndàn

carve *v* (1) 刻(动) kè, 雕刻(动) diāokè: have one's name ~d on a fountain pen 把名字刻在钢笔上 bǎ míngzi kèzài gāngbǐ shang (2) 切(动) qiē

carving *n* 雕刻品(名) diāokèpǐn; 雕刻(名) diāokè: an ivory ~ 牙雕 yádiāo / a jade ~ 玉雕 yùdiāo / a stone ~ 石雕 shídiāo / a wood ~ 木雕 mùdiāo

case¹ *n* (1) 情况(名) qíngkuàng; 事实(名) shìshí (2) 病例(名) bìnglì; 病人(名) bìngrén (3) 案件(名) ànjiàn, 诉讼(名) sùsòng; 论据(名) lùnjù (4) 格(名) gé: the object ~ 宾格 bīngé // as the ~ may be 看情况 kàn qíngkuàng / ~ history 病历 bìnglì; 个人历史 gèrén lìshǐ / ~ study 实例研究 shílì yánjiū, 案例研究 ànlì yánjiū / in any ~ 无论如何 wúlùn rúhé / in ~ (1) 假使 jiǎshǐ (2) 免得 miǎndé; 以防 yǐfáng / in ~ of 假使 jiǎshǐ; 万一 wànyī / in that ~ 要是那样的话 yàoshì nàyàng de huà

case² *n* (1) 箱子(名) xiāngzi; 盒子(名) hézi: 3 ~s of apples 三箱苹果 sānxiāng píngguǒ / a jewel ~ 一个珠宝盒子 yíge zhūbǎo hézi (2) 柜子(名)

guìzi: a glass ~ 一个玻璃柜 yíge bōliguì // pillow ~ 枕套 zhěntào / upper ~ 大写(字母) dàxiě(zìmǔ) / lower ~ 小写(字母) xiǎoxiě(zìmǔ)

cash **I** *n* 现金(名) xiànjīn, 现款(名) xiànkuǎn; 钱(名) qián **II** *v* 兑换(动) duìhuàn // ~ desk 付款台 fùkuǎntái / ~ flow 资金流通 zījīn liútōng / ~ on delivery 货到付款 huò dào fù kuǎn / ~ register 现金出纳机 xiànjīn chūnàjī

cashier *n* 出纳员(名) chūnàyuán

casket *n* (1) 小匣子(名) xiǎo xiázi; 首饰盒(名) shǒushìhé (2) 棺材(名) guāncai: a ~ 一口棺材 yìkǒu guāncai

cassette *n* 盒子(名) hézi; (胶卷儿)暗盒儿(名) (jiāojuǎnr) ànhér; 录音带盒儿 lùyīndài hér: a ~ tape recorder 盒式录音机 héshì lùyīnjī

cast **I** *v* (1) 投(动) tóu, 抛(动) pāo; 撒(动) sā: ~ a vote 投票 tóupiào / ~ anchor 抛锚 pāomáo / ~ net 撒网 sāwǎng (2) 投射(动) tóushè; 加…在… jiā… zài… (3) 脱落(动) tuōluò; 早产(动) zǎochǎn (4) 铸造(动) zhùzào (5) 分配角色 fēnpèi juésè: ~ an actor for a part 给演员分配角色 gěi yǎnyuán fēnpèi juésè **II** *n* (1) 掷(动) zhì, 投(动) tóu, 扔(动) rēng: stake everything on a single ~ of the dice 孤注一掷 gūzhùyīzhì (2) 铸成物 zhùchéngwù (3) 角色分配 juésè fēnpèi; 演员阵容 yǎnyuán zhènróng / ~ aside 扔掉 rēngdiào

castle *n* 城堡(名) chéngbǎo // a ~ in the air 白日梦 báirì mèng

castor¹ *n* (1) 调味瓶 tiáowèipíng: ~ sugar 细白糖 xì bái táng (2) 家具脚轮 jiājù jiǎolún

castor² *n* 蓖麻(名) bìmá: ~ beans 蓖麻籽 bìmázǐ / ~ oil 蓖麻油 bìmáyóu

casual *adj* (1) 碰巧(副) pèngqiǎo, 偶然(副) ǒurán: a ~ meeting 巧遇 qiǎoyù / a ~ visitor 不速之客 búsùzhīkè (2) 临时(形) línshí: ~ expenses 临时费用 línshí fèiyòng (3) 漫不经心 mànbùjīngxīn, 随便(形)

suíbiàn: *a ~ attitude* 漫不经心的态度 mànbùjīngxīn de tàidu / *a ~ glance* 随便看一眼 suíbiàn kàn yìyǎn (4) 不拘形式 bùjū xíngshì, 非正式 fēizhèngshì: *clothes for ~ wear* 便服 biànfú

casualty *n* 伤亡事故 shāngwáng shìgù; 伤亡人员 shāngwáng rényuán // *~ ward* 急诊室 jízhěn shì

cat *n* 猫(名) māo // *It's raining ~s and dogs.* 大雨倾盆。Dàyǔ qīngpén. / *let the ~ out of the bag* 泄漏秘密 xièlòu mìmì; 走漏消息 zǒulòu xiāoxi

catalogue **I** *n* 目录(名) mùlù: *a card ~* 卡片目录 kǎpiàn mùlù **II** *v* 编目 biānmù

catalyst *n* 催化剂(名) cuīhuàjì

cataract *n* (1) 大瀑布 dà pùbù (2) 白内障(名) báinèizhàng

catastrophe *n* 灾难(名) zāinàn, 灾祸(名) zāihuò

catch **I** *v* (1) 捉(动) zhuō; 抓住 zhuāzhu; 接住 jiēzhu (2) 挂住 guàzhu, 夹住 jiāzhu (3) 赶上 gǎnshang (4) 发现(动) fāxiàn, 发觉(动) fājué (5) 感染(动) gǎnrǎn, 得病 dé bìng (6) 听清 tīngqīng, 懂得(动) dǒngde (7) 烧着 shāozháo: *~ fire* 着火 zháohuǒ **II** *n* (1) 接球 jiē qiú (2) 捕获物(名) bǔhuòwù, 值得获得的 zhíde huòdé de (3) 门钩(名) méngōu // *~ on* (1) 理解 lǐjiě, 明白 míngbai (2) 流行起来 liúxíngqilai / *~ one's breath* (1) 喘口气 chuǎn kǒu qì, 休息一下 xiūxi yíxià (2) 一时停止呼吸 yìshí tíngzhǐ hūxī / *~ sb. red-handed* 当场抓住某人 dāngchǎng zhuāzhu mǒu rén / *~ up* 赶上 gǎnshàng

category *n* 种类(名) zhǒnglèi; 范畴(名) fànchóu

cater *v* (1) 供应饮食 gōngyìng yǐnshí (2) 迎合(动) yínghé

caterpillar *n* (1) 毛虫(名) máochóng (2) 履带(名) lǚdài: *a ~ tractor* 履带式拖拉机 lǚdàishì tuōlājī

cathedral *n* 大教堂 dà jiàotáng

Catholic **I** *adj* 天主教的 Tiānzhǔjiào de: *the Roman ~ Church* 天主教 Tiānzhǔjiào **II** *n* 天主教徒 Tiānzhǔjiàotú

Catholicism *n* 罗马天主教 Luómǎ Tiānzhǔjiào, 天主教教义 Tiānzhǔjiào jiàoyì

cattle *n* (1) 牛(名) niú: *10 head of ~* 十头牛 shítóu niú (2) 牲口(名) shēngkou

cauliflower *n* 菜花(名) càihuā

cause **I** *n* (1) 原因(名) yuányīn; 理由(名) lǐyóu (2) 目标(名) mùbiāo; 事业(名) shìyè: *a just ~* 正义的事业 zhèngyì de shìyè / *the final ~* 最终目标 zuìzhōng mùbiāo **II** *v* (1) 引起(动) yǐnqǐ; 使(动) shǐ (2) 给...带来 gěi...dàilai

causeway *n* 堤道(名) dīdào; 高于路面的人行道 gāoyú lùmiàn de rénxíngdào

caution **I** *n* (1) 小心(形) xiǎoxīn, 慎(形) jǐnshèn: *act with ~* 谨慎从事 jǐnshèn cóng shì (2) 警告(动) jǐnggào **II** *v* 警告(动) jǐnggào; 告戒(动) gàojiè

cautious *adj* 小心(形) xiǎoxīn, 谨慎(形) jǐnshèn

cautiously *adv* 小心(形) xiǎoxīn, 谨慎(形) jǐnshèn

cave **I** *n* 山洞(名) shāndòng **II** *v* 塌(动) tā // *~ house* 窑洞(名) yáodòng

cavern *n* 大洞穴 dà dòngxué; 大山洞 dà shāndòng

caviare *n* 鱼子酱(名) yúzǐjiàng

cavity *n* 洞(名) dòng; 齿腔(名) chǐqiāng

CCDOS 汉字操作系统 Hànzì cāozuò xìtǒng

CD-ROM 只读光盘 zhǐ dú guāngpán

cease *v* 停(动) tíng, 停止(动) tíngzhǐ

cedar *n* (1) 雪松(名) xuěsōng (2) 雪松木材 xuěsōng mùcái

cede *v* 让与 ràngyǔ; 割让(动) gēràng; 放弃(动) fàngqì: *~ territory* *to* ... 向... 割让领土 xiàng... gēràng lǐngtǔ

ceiling *n* (1) 天花板(名) tiānhuābǎn (2) 最高限度 zuì gāo xiàndù：*price* ~*s* 最高限价 zuì gāo xiànjià / *an aeroplane with a* ~ *of* 20,000 *feet* 一架能飞两万英尺高的飞机 yíjià néng fēi liǎngwànyīngchǐ gāo de fēijī

celebrate *v* (1) 庆祝(动) qìngzhù (2) 歌颂(动) gēsòng

celebrated *adj* 著名(形) zhùmíng, 出名(形) chūmíng, 有名(形) yǒumíng

celebration *n* 庆祝(名、动) qìngzhù；庆祝会(名) qìngzhùhuì：*National Day* ~*s* 国庆节庆祝活动 Guóqìngjié qìngzhù huódòng / *hold a* ~ 举行庆祝会 jǔxíng qìngzhùhuì

celebrity *n* (1) 著名(形) zhùmíng；名声(名) míngshēng (2) 著名人士 zhùmíng rénshì

celery *n* 芹菜(名) qíncài：*a bunch of* ~ 一捆芹菜 yìkǔn qíncài / ~ *soup* 芹菜汤 qíncàitāng

celestial *adj* (1) 天空的 tiānkōng de；天上的 tiānshàng de：*a* ~ *body* 天体 tiāntǐ (2) 天国的 tiānguó de；神圣的 shénshèngde

cell *n* (1) 小屋 xiǎo wū；单人牢房 dānrén láofáng (2) 细胞(名) xìbāo

cellar *n* 地下室(名) dìxiàshì；地窖(名) dìjiào：*vegetable* ~ 菜窖 càijiào

cello *n* (1) 大提琴(名) dàtíqín (2) 大提琴手 dàtíqín shǒu

cellophane *n* 玻璃纸(名) bōlizhǐ

celluloid *n* (1) 赛璐珞(名) sàilùluò (2) 电影胶片 diànyǐng jiāopiàn

cement **I** *n* 水泥(名) shuǐní **II** *v* (1) 涂水泥 tú shuǐní；铺水泥 pū shuǐní (2) 粘紧 zhānjǐn；巩固(动) gǒnggù：~ *a friendship* 巩固友谊 gǒnggù yǒuyì // ~ *mixer* 水泥搅拌机 shuǐní jiǎobànjī

cemetery *n* 公墓(名) gōngmù；墓地(名) mùdì

censor **I** *n* 检查员(名) jiǎncháyuán **II** *v* 检查(动) jiǎnchá

censure **I** *v* 指责(动) zhǐzé, 指摘(动) zhǐzhāi；非难(动) fēinàn **II** *n* 指责(动) zhǐzé, 非难(动) fēinàn：*a vote of* ~ *on sb.* 对某人投不信任票 duì mǒu rén tóu bú xìnrèn piào

census *n* 人口调查 rénkǒu diàochá, 人口普查 rénkǒu pǔchá；统计(动) tǒngjì；调查(动) diàochá：*take a* ~ 进行人口调查 jìnxíng rénkǒu diàochá

cent *n* 分(量、名) fēn：5 ~*s* 五分钱 wǔfēn qián // *per* ~ 百分之... bǎifēn zhī...：6 *per* ~ 百分之六 bǎifēn zhī liù

centigrade *adj* 摄氏温度的 shèshì wēndù de：*the* ~ *thermometer* 摄氏温度计 shèshì wēndùjì / 38° ~ 摄氏三十八度 shèshì sānshíbādù

centimetre *n* 公分(量) gōngfēn, 厘米(量) límǐ

central *adj* (1) 中心的 zhōngxīn de；中央的 zhōngyāng de：*the* ~ *task* 中心任务 zhōngxīn rènwu / *the* ~ *government* 中央政府 zhōngyāng zhèngfǔ (2) 主要(形) zhǔyào：*a* ~ *figure* 主要人物 zhǔyào rénwù // ~ *heating* 集中供暖 jízhōng gōngnuǎn / ~ *nervous system* 中枢神经系统 zhōngshū shénjīng xìtǒng

centre **I** *n* (1) 中心(名) zhōngxīn；中枢(名) zhōngshū；核心(名) héxīn：*the city* ~ 市中心 shì zhōngxīn / *nerve* ~ 神经中枢 shénjīng zhōngshū (2) 中心区 zhōngxīnqū；中心站 zhōngxīnzhàn：*a shopping* ~ 商业区 shāngyèqū / *a control* ~ 控制中心 kòngzhì zhōngxīn / *a* ~ *for old people* 老年中心 lǎonián zhōngxīn **II** *v* 集中(动) jízhōng

century *n* 世纪(名) shìjì；百年 bǎinián：*by the end of* 20*th* ~ 到二十世纪末 dào èrshíshìjì mò

ceramics *n* (1) 制陶业 zhìtáoyè (2) 陶器(名) táoqì, 陶瓷(名) táocí

cereal *n* 谷类(名) gǔlèi；谷类作物 gǔlèi zuòwù：*breakfast* ~ 作早餐用的谷类食物 zuò zǎocān yòng de gǔlèi shíwù

ceremony *n* (1) 典礼(名) diǎnlǐ, 仪式(名) yíshì: *wedding* ~ 婚礼 hūnlǐ / *perform the opening* (*closing*) ~ 举行开幕(闭幕)式 jǔxíng kāimù (bìmù) shì (2) 礼节(名) lǐjié: 客气(形) kèqi

certain **I** *adj* (1) 确凿(形) quèzáo; 无疑(形) wúyí; 一定(形) yídìng (2) 某一 mǒu yī, 某些 mǒuxiē, 一定的 yídìng de: *a* ~ *person* 某人 mǒu rén / *a* ~ *Zhao Lan* 一个叫赵岚的人 yígè jiào Zhào Lán de rén / *for a* ~ *reason* 由于某种理由 yóuyú mǒu zhǒng lǐyóu / *on* ~ *conditions* 在某些情况下 zài mǒuxiē qíngkuàngxià / *to a* ~ *extent* 在一定程度上 zài yídìng chéngdù shang **II** *pron* 某几个 mǒu jǐge, 某些 mǒuxiē // *for* ~ 肯定 kěndìng / *make* ~ (1) 弄清楚 nòng qīngchu (2) 使...确有把握 shǐ...què yǒu bǎwò, 使...一定能 shǐ...yídìng néng

certainly *adv* (1) 一定(副) yídìng, 肯定(形) kěndìng (2) 当然(副、形) dāngrán

certainty *n* 必然(形) bìrán, 肯定(形、动) kěndìng

certificate *n* (1) 证书(名) zhèngshū: *a marriage* ~ 结婚证书 jiéhūn zhèngshū / *a health* ~ 健康证明书 jiànkāng zhèngmíngshū / *a medical* ~ 诊断书 zhěnduànshū (2) 单据(名) dānjù: *a* ~ *of deposit* 存款单 cúnkuǎndān

certify *v* (1) 证明(动) zhèngmíng (2) 诊断(动) zhěnduàn

chaff[1] *n* (1) 谷壳(名) gǔké (2) 没有价值的东西 méiyǒu jiàzhí de dōngxi

chaff[2] *v* 打趣(动) dǎqù, 开玩笑 kāi wánxiào

chain **I** *n* (1) 链子(名) liànzi: *a bicycle* ~ 一条自行车链子 yìtiáo zìxíngchē liànzi / *an iron* ~ 铁链 tiěliàn / *a watch* ~ 表链 biǎoliàn (2) 一连串(形) yìliánchuàn: *a* ~ *of events* 一连串的事件 yìliánchuàn de shìjiàn **II** *v* 拴住 shuānzhu; 缠住 chánzhu // ~

reaction 连锁反应 liánsuǒ fǎnyìng / ~ *smoker* 连续吸烟的人 liánxù xī yān de rén

chair **I** *n* (1) 椅子(名) yǐzi: *an easy* ~ 一把安乐椅 yìbǎ ānlèyǐ / *a folding* ~ 折椅 zhéyǐ / *a swivel* ~ 转椅 zhuànyǐ (2) 主席(名) zhǔxí (3) 职位(名) zhíwèi **II** *v* 主持(动) zhǔchí

chairperson *n* 主席(名) zhǔxí; 议长(名) yìzhǎng; 委员长(名) wěiyuánzhǎng: ~ *of a meeting* 会议主席 huìyì zhǔxí

chalk **I** *n* 粉笔(名) fěnbǐ; 粉笔灰(名) fěnbǐhuī: *some coloured* ~*s* 几支彩色粉笔 jǐzhī cǎisè fěnbǐ **II** *v* 用粉笔写 yòng fěnbǐ xiě // *as different as* ~ *from cheese* 天壤之别 tiānrǎngzhībié / ~ *up* (1) 记分 jìfēn; 得分 défēn (2) 记录 jìlù; 记下 jìxià

challenge **I** *n* (1) 挑战 tiǎozhàn (2) 邀请比赛 yāoqǐng bǐsài: *a* ~ *table tennis match* 乒乓球邀请赛 pīngpāngqiú yāoqǐngsài (3) 盘问(动) pánwèn (4) 需要(名) xūyào; 要求(名) yāoqiú; 鞭策(动) biāncè (5) 质疑(动) zhìyí, 异议(名) yìyì **II** *v* (1) 向...挑战 xiàng...tiǎozhàn: ~ *a person to a duel* 向人挑战决斗 xiàng rén tiǎozhàn juédòu (2) 邀请比赛 yāoqǐng bǐsài (3) 盘问(动) pánwèn (4) 怀疑(动) huáiyí: ~ *the wisdom of a procedure* 怀疑处理的方法是否明智 huáiyí chǔlǐ de fāngfǎ shìfǒu míngzhì (5) 需要(动) xūyào; 要求(动) yāoqiú: ~ *attention* 需要注意 xūyào zhùyì

chamber *n* (1) 室(名) shì, 房间(名) fángjiān: ~ *music* 室内乐 shìnèiyuè / ~ *orchestra* 小型管弦乐队 xiǎoxíng guǎnxián yuèduì (2) 枪膛(名) qiāngtáng: *put bullets into the firing* ~ *of a gun* 把子弹推入枪膛 bǎ zǐdàn tuīrù qiāngtáng (3) 议院(名) yìyuàn: *the Lower* (*Upper*) *C*~ 下(上)议院 Xià (Shàng) Yìyuàn

champagne *n* 香槟酒(名) xiāngbīnjiǔ:

a bottle of ~ 一瓶香槟酒 yīpíng xiāngbīnjiǔ

champion I *n* (1) 冠军(名) guànjūn: *a swimming* ~ 游泳冠军 yóuyǒng guànjūn / *the* ~ *team* 冠军队 guànjūnduì (2) 战士(名) zhànshì, 斗士(名) dòushì; 维护者(名) wéihùzhě: *a* ~ *of internationalism* 国际主义战士 guójìzhǔyì zhànshì / *a* ~ *of free speech* 为言论自由而奋斗的人 wèi yánlùn zìyóu ér fèndòu de rén II *v* 支持(动) zhīchí: ~ *a just cause* 支持一项正义事业 zhīchí yíxiàng zhèngyì shìyè

championship *n* (1) 冠军(名) guànjūn, 冠军称号 guànjūn chēnghào: *win a world tennis* ~ 夺取世界网球冠军 duóqǔ shìjiè wǎngqiú guànjūn (2) 锦标赛(名) jǐnbiāosài: *the World Table Tennis C*~*s* 世界乒乓球锦标赛 shìjiè pīngpāngqiú jǐnbiāosài

chance I *n* (1) 机会(名) jīhuì; 运气(名) yùnqi (2) 希望(名) xīwàng; 可能性(名) kěnéngxìng (3) 偶然性(名) ǒuránxìng II *v* (1) 碰运气 pèng yùnqi (2) 碰巧(副) pèngqiǎo // *by any* ~ 万一 wànyī / *take a* ~ 冒险 màoxiǎn: 碰运气 pèng yùnqi

chancellor *n* 首相(名) shǒuxiàng; 大臣(名) dàchén; 司法官(名) sīfǎguān; 大学校长 dàxué xiàozhǎng: *the C*~ *of the Exchequer* 英国财政大臣 Yīngguó cáizhèng dàchén

change I *v* (1) 变(动) biàn, 变化(动) biànhuà, 改变(动) gǎibiàn (2) 换(动) huàn; 兑换(动) duìhuàn: ~ *gear* 换挡 huàn dǎng II *n* (1) 变化(名、动) biànhuà; 转变(名、动) zhuǎnbiàn: *a* ~ *in meaning* 词义的转变 cíyì de zhuǎnbiàn / *a* ~ *of train* 换车 huàn chē (2) 零钱(名) língqián; 找头(名) zhǎotou

changeable *adj* 易变的 yì biàn de, 多变的 duō biàn de: ~ *weather* 多变的气候 duō biàn de qìhòu

changeover *n* 改变(名) gǎibiàn; 变更(名) biàngēng; 转换(名) zhuǎnhuàn

channel I *n* (1) 海峡(名) hǎixiá: *the English C* 英吉利海峡 Yīngjílì Hǎixiá (2) 航道(名) hángdào; 水道(名) shuǐdào: *the main* ~ 主航道 zhǔ hángdào / *a sewage* ~ 下水道 xiàshuǐdào (3) 途径(名) tújìng: *diplomatic* ~*s* 外交途径 wàijiāo tújìng (4) 频道(名) píndào, 频率(名) pínlǜ; 波段(名) bōduàn II *v* 引(动) yǐn, 引导(动) yǐndǎo

chaos *n* 混乱(形) hùnluàn

chap *n* 家伙(名) jiāhuo; 小伙子(名) xiǎohuǒzi; 伙计(名) huǒji: *a funny* ~ 可笑的家伙 kěxiào de jiāhuo

chapel *n* 小教堂 xiǎo jiàotáng; 附属教堂 fùshǔ jiàotáng

chapter *n* (1) 章(量) zhāng, 回(量) huí: *the first* ~*s* 头几章 tóu jǐzhāng (2) 时期(名) shíqī: *the finest* ~ *in British history* 英国历史上最好的一段时期 Yīngguó lìshǐ shang zuì hǎo de yíduàn shíqī

character *n* (1) 特点(名) tèdiǎn; 性质(名) xìngzhì (2) 性格(名) xìnggé, 品性(名) pǐnxìng; 个性(名) gèxìng: *a person of firm* ~ 性格坚强的人 xìnggé jiānqiáng de rén (3) 名声(名) míngshēng: *get a good* ~ 得到好名声 dédào hǎo míngshēng (4) 角色(名) juésè, 人物(名) rénwù: *a leading* ~ 主角儿 zhǔjuér / *a positive* (*negative*) ~ 正(反)面人物 zhèng (fǎn) miàn rénwù (5) 字(名) zì (6) 身份(名) shēnfen, 资格(名) zīgé: *in his* ~ *as ambassador* 以他大使的身份 yǐ tā dàshǐ de shēnfen

characteristic I *adj* 特有的 tèyǒu de, 独特(形) dútè: *the* ~ *enthusiasm of youth* 青年人特有的热情 qīngnián rén tèyǒu de rèqíng II *n* 特点(名) tèdiǎn, 特征(名) tèzhēng, 特性(名) tèxìng

charcoal *n* (1) 木炭(名) mùtàn, 炭(名) tàn: *a piece of* ~ 一块木炭 yíkuài mùtàn (2) 木炭画(名) mùtànhuà

charge I *v* (1) 要价 yàojià, 收费

shōufèi（2）记帐 jìzhàng（3）控告（动）
kònggào，指控（动）zhǐkòng（4）冲
（动）chōng，进攻（动）jìngōng（5）委
任（动）wěirèn；委托（动）wěituō（6）
装上 zhuāngshang；充电 chōng diàn：
~ a battery 给电池充电 gěi diànchí
chōng diàn II n（1）费用（名）fèiyòng；
价钱（名）jiàqian：free of ~ 免费
miǎnfèi（2）指控（动）zhǐkòng；罪状
（名）zuìzhuàng（3）照管（动）
zhàoguǎn；责任（名）zérèn（4）电荷
（名）diànhè；炸药量 zhàyào liàng：
positive（negative）~ 正（负）电荷
zhèng（fù）diànhè // in ~ of 主管
zhǔguǎn，负责 fùzé / in the ~ of
由...负责 yóu...fùzé/ take ~ of 照
料 zhàoliào，负责 fùzé

charity n（1）施舍（动）shīshě；捐助
（动）juānzhù；慈善心肠 císhàn
xīncháng：live on ~ 靠赈济过活 kào
zhènjì guòhuó（2）慈善事业 císhàn
shìyè；慈善团体 císhàn tuántǐ

charm I n（1）魅力（名）mèilì；迷人
的地方 mírén de dìfang，引人入胜之
处 yīnrénrùshèng zhī chù：a magic ~
魔力 mólì / artistic ~ 艺术魅力 yìshù
mèilì（2）护身符（名）hùshēnfú；符咒
（名）fúzhòu II v（1）令人高兴 lìng
rén gāoxìng，令人神往 lìng rén
shénwǎng（2）施用魔法 shīyòng
mófǎ：~ away all difficulties 用魔法
排除一切困难 yòng mófǎ páichú yíqiè
kùnnan

charming adj 可爱（形）kě'ài，迷人
（形）mírén，极好的 jí hǎo de：a ~
young lady 可爱的姑娘 kě'ài de
gūniang / a ~ smile 迷人的微笑
mírén de wēixiào

chart I n（1）海图（名）hǎitú，航图
（名）hángtú；地形图（名）dìxíngtú：a
flight ~ 航空线路图 hángkōng
xiànlùtú（2）图表（名）túbiǎo：a
weather ~ 气象图 qìxiàngtú / a sta-
tistical ~ 统计图 tǒngjìtú II v（1）绘
入海图 huì rùhǎitú（2）绘制图表
huìzhì túbiǎo

charter I n（1）宪章（名）xiànzhāng：
the C~ of the United Nations 联合国
宪章 Liánhéguó Xiànzhāng / the Great
C~ 英国大宪章 Yīngguó
Dàxiànzhāng（2）租船契约 zū chuán
qìyuē：a time ~ 定期租船契约 dìngqī
zū chuán qìyuē（3）包租（动）bāo zū：
a ~ flight 包租的飞机 bāo zū de fēijī
（4）特许证（名）tèxǔzhèng，执照
（名）zhízhào II v（1）特许（动）tèxǔ
发给执照 fāgěi zhízhào：a ~ed bank
特许银行 tèxǔ yínháng / a ~ed ac-
countant 特许会计师 tèxǔ kuàijìshī
（2）租（动）zū，包（动）bāo：~ a ship
租一条船 zū yìtiáo chuán / ~ a plane
包一架飞机 bāo yíjià fēijī

chase I v（1）追（动）zhuī，追赶（动）
zhuīgǎn；赶（动）gǎn，驱逐（动）qūzhú
（2）寻找（动）xúnzhǎo II n 追赶（动）
zhuīgǎn

chaste adj（1）贞洁（形）zhēnjié：a ~
girl 贞洁的姑娘 zhēnjié de gūniang
（2）质朴（形）zhìpǔ

chat v 闲谈（动）xiántán，聊天
liáotiān

chatter I v（1）唠叨（动）láodao（2）
打战（动）dǎzhàn；（猴、雀）鸣叫
（hóu，què）míngjiào II n 唠唠叨叨的
话 láolaodāodāo de huà，喋喋不休
diédiébùxiū：the ~ of children 孩子们
喋喋不休的说话声 háizimen
diédiébùxiū de shuōhuà shēng

chatterbox n 爱唠叨的人 ài láodao de
rén，话匣子（名）huàxiázi

chauffeur n 司机（名）sījī

chauvinism n 沙文主义（名）
shāwénzhǔyì：male ~ 大男子主义 dà
nánzǐ zhǔyì

cheap I adj（1）便宜（形）piányi，贱
（形）jiàn；廉价的 liánjià de：~ goods
便宜货 piányihuò / good and ~ 物美
价廉 wùměijiàlián / ~ books 廉价书
liánjià shū / ~ tickets 特价票 tèjià
piào（2）低劣（形）dīliè；虚伪（形）
xūwěi；低级（形）dījí：a ~ and nasty
bottle of wine 一瓶质量低劣的酒

yìpíng zhìliàng dīliè de jiǔ / ~ *flattery* 虚伪的奉承 xūwěi de fèngcheng II *adv* 便宜(形) piányi

cheat I *v* (1) 骗(动) piàn, 欺骗(动) qīpiàn (2) 作弊 zuòbì, 玩花招 wán huāzhāo II *n* 骗子(名) piànzi; 骗局(名) piànjú

check I *n* (1) 阻止(动) zǔzhǐ, 阻挡(动) zǔdǎng; 控制(动) kòngzhì (2) 检查(动) jiǎnchá, 核对(动) héduì (3) 帐单(名) zhàngdān; 单据(名) dānjù; 号牌(名) hàopái (4) 方格花布 fānggé huābù II *v* (1) 阻止(动) zǔzhǐ, 制止(动) zhìzhǐ; 克制(动) kèzhì (2) 检查(动) jiǎnchá, 核对(动) héduì: ~ *a passport* 检查护照 jiǎnchá hùzhào / ~ *the accounts* 核对帐目 héduì zhàngmù // ~ *in* 登记 dēngjì, 报到 bàodào: ~ *in at a hotel* 在旅馆办理登记手续 zài lǚguǎn bànlǐ dēngjì shǒuxù / ~ *in at a congress* 向大会报到 xiàng dàhuì bàodào / ~ *out* 离开(旅馆) líkāi (lǚguǎn) / ~ *up* 检查 jiǎnchá: ~ *up on work* 检查工作 jiǎnchá gōngzuò

checklist *n* 清单(名) qīngdān; 名单(名) míngdān

checkpoint *n* 检查站(名) jiǎncházhàn

checkroom *n* 衣帽间(名) yīmàojiān; 行李寄存处 xíngli jìcúnchù

checkup *n* 检查(动) jiǎnchá; 体格检查 tǐgé jiǎnchá: *get a* ~ 做一次身体检查 zuò yícì shēntǐ jiǎnchá

cheek *n* (1) 面颊(名) miànjiá, 脸蛋儿(名) liǎndànr (2) 厚脸皮 hòuliǎnpí, 不知羞耻 bù zhī xiūchǐ

cheekbone *n* 颧骨(名) quángǔ

cheer I *v* (1) 使...高兴 shǐ...gāoxing, 使...振奋 shǐ...zhènfèn (2) 欢呼(动) huānhū (3) 叫好 jiàohǎo, 喝彩 hècǎi II *n* 欢呼声 huānhū shēng, 叫好声 jiàohǎo shēng // ~...*on* 加油 jiāyóu / ~ *up* 高兴起来 gāoxingqǐlai

cheerful *adj* (1) 高兴(形) gāoxing, 快活(形) kuàihuo: *a* ~ *look* 高兴的

神情 gāoxing de shénqíng (2) 令人愉快的 lìng rén yúkuài de: *a sunny,* ~ *room* 一个阳光充足、令人愉快的房间 yíge yángguāng chōngzú, lìng rén yúkuài de fángjiān / ~ *news* 令人高兴的消息 lìng rén gāoxing de xiāoxi

cheese *n* 奶酪(名) nǎilào, 干酪(名) gānlào: ~ *made from milk of cows, sheep, or goats* 用牛奶、绵羊奶或山羊奶做成的奶酪 yòng niúnǎi, miányángnǎi huò shānyángnǎi zuòchéng de nǎilào

chef *n* 领班厨师 lǐngbān chúshī; 厨师(名) chúshī

chemical I *adj* 化学的 huàxué de: *a* ~ *plant* 化工厂 huàgōngchǎng / *a* ~ *change* 化学变化 huàxué biànhuà / ~ *weapons* 化学武器 huàxué wǔqì II *n* 化学制品 huàxué zhìpǐn; 药品(名) yàopǐn

chemist *n* (1) 化学家(名) huàxuéjiā (2) 药剂师(名) yàojìshī, 药品商(名) yàopǐnshāng: *a* ~ *'s shop* 药店 yàodiàn (药房 yàofáng)

chemistry *n* 化学(名) huàxué: *practical* ~ 实用化学 shíyòng huàxué

cheque *n* 支票(名) zhīpiào: *a blank* ~ 一张空白支票 yìzhāng kòngbái zhīpiào / *write out a* ~ *on the Bank of China* 开一张中国银行的支票 kāi yìzhāng Zhōngguó Yínháng de zhīpiào / *a* ~ *for 200 dollars* 一张二百美元的支票 yìzhāng èrbǎiměiyuán de zhīpiào

cheque-book *n* 支票簿(名) zhīpiàobù

cherish *v* (1) 爱护(动) àihù; 珍爱(动) zhēn'ài (2) 抱有(动) bàoyǒu, 怀有(动) huáiyǒu

cherry *n* 樱桃(名) yīngtáo; 樱桃树(名) yīngtáoshù

chess *n* 国际象棋 guójì xiàngqí; 棋(名) qí: *play a game of* ~ 下一盘棋 xià yìpán qí / *Chinese* ~ 中国象棋 Zhōngguó xiàngqí / ~ *manual* 棋谱 qípǔ

chessboard *n* 棋盘(名) qípán

chessman *n* 棋子儿(名) qízǐr

chest *n* (1) 柜（名）guì；箱（名）xiāng：*a ~ of drawers* 五斗柜 wǔdǒu guì / *a medicine ~* 药箱 yàoxiāng / *a ~ of tea* 一箱茶叶 yìxiāng cháyè (2) 胸（名）xiōng，胸腔（名）xiōngqiāng：*~ trouble* 肺病 fèibìng // *get sth. off one's ~* 把心里话讲出来 bǎ xīnlihuà jiǎngchulai / *throw out one's ~* 挺起胸膛 tǐngqi xiōngtáng

chestnut **I** *n* 栗子（名）lìzi；栗树（名）lìshù：*~s roasted in sand with brown sugar* 糖炒栗子 táng chǎo lìzi **II** *adj* 枣红色（名）zǎohóngsè，栗色（名）lìsè：*a horse of ~ colour* 一匹枣红马 yìpǐ zǎohóng mǎ // *pull ~s out of the fire for sb.* 为某人火中取栗 wèi mǒu rén huǒzhōngqǔlì

chew *v* (1) 嚼（动）jiáo，咀嚼（动）jǔjué (2) 深思（动）shēnsī，细想（动）xìxiǎng：*~ over a matter* 仔细考虑一件事 zǐxì kǎolǜ yíjiàn shì

chewing-gum *n* 口香糖（名）kǒuxiāngtáng，橡皮糖（名）xiàngpítáng

chick *n* 小鸡 xiǎo jī，雏鸡（名）chújī；小鸟 xiǎo niǎo

chicken *n* (1) 小鸡 xiǎo jī；鸡（名）jī (2) 鸡肉（名）jīròu (3) 胆小鬼（名）dǎnxiǎoguǐ // *count one's ~s before they are hatched* 乐观得太早了 lèguān de tài zǎo le / *~ broth* 鸡汤 jī tāng / *~ pox* 水痘 shuǐdòu

chide *v* 呵斥（动）hēchì，骂（动）mà；责备（动）zébèi

chief **I** *n* (1) 首领（名）shǒulǐng，领袖（名）lǐngxiù：*~ of state* 国家元首 guójiā yuánshǒu / *a tribal ~* 部落酋长 bùluò qiúzhǎng (2) 首长（名）shǒuzhǎng，头头（名）tóutou，主管人（名）zhǔguǎnrén：*~ of a section* 科长 kēzhǎng / *~ of staff* 参谋长 cānmóuzhǎng **II** *adj* (1) 主要（形）zhǔyào：*~ target* 主要目标 zhǔyào mùbiāo / *the ~ rivers of China* 中国的主要河流 Zhōngguó de zhǔyào héliú (2) 首席的 shǒuxí de：*a ~ delegate* 首席代表 shǒuxí dàibiǎo / *a ~ engi-neer* 总工程师 zǒnggōngchéngshī

chiefly *adv* (1) 主要地 zhǔyào de (2) 特别是 tèbié shì

child *n* 小孩子（名）xiǎoháizi，儿童（名）értóng；婴儿（名）yīng'ér：*~ labour* 童工 tónggōng / *Children's Day* 儿童节 É rtóngjié // *~ with* 怀孕 huáiyùn

childbirth *n* 生孩子 shēng háizi，分娩（动）fēnmiǎn

childhood *n* 童年（名）tóngnián，幼年时代 yòunián shídài

childish *adj* 儿童的 értóng de；幼稚（形）yòuzhì，孩子气的 háiziqì de：*~ games* 儿童游戏 értóng yóuxì / *a ~ idea* 幼稚的想法 yòuzhì de xiǎngfǎ

childlike *adj* 天真（形）tiānzhēn，孩子般的 háizi bān de：*~ innocence* 天真烂漫 tiānzhēn lànmàn / *~ enthusiasm* 孩子般的热心 háizi bān de rèxīn

chill **I** *n* 冷（形）lěng，寒冷（形）hánlěng；寒气（名）hánqì **II** *adj* (1) 冷（形）lěng：*a ~ wind* 凉风 liángfēng (2) 冷淡（形）lěngdàn **III** *v* (1) 使觉得冷 shǐ juéde lěng (2) 冷冻（动）lěngdòng (3) 使扫兴 shǐ sǎoxìng；泼冷水 pō lěngshuǐ

chilly *adj* (1) 寒冷（形）hánlěng：*a ~ room* 寒冷的屋子 hánlěng de wūzi (2) 觉得冷 jué de lěng (3) 冷淡（形）lěngdàn：*a ~ manner* 冷淡的态度 lěngdàn de tàidu

chime **I** *n* (1) 钟声（名）zhōngshēng (2) 一组乐钟 yìzǔ yuèzhōng：*a ~ of bells* 一组乐钟 yìzǔ yuèzhōng **II** *v* 鸣钟 míngzhōng

chimney *n* 烟筒（名）yāntong，烟囱（名）yāncōng // *~ sweep* 打扫烟囱的工人 dǎsǎo yāncōng de gōngrén

chin *n* 下巴（名）xiàba，下巴颏儿（名）xiàbakēr

Chinatown *n* 华埠 Huábù，唐人街 Tángrénjiē，中国城 Zhōngguóchéng

china *n* 瓷器（名）cíqì；瓷料（名）cíliào：*a ~ vase* 一只瓷花瓶 yìzhī cí huāpíng / *blue ~* 青瓷 qīngcí // *~*

clay 瓷土 cítǔ, 陶土 táotǔ

Chinese I *n*（1）中国人 Zhōngguórén
（2）中国话 Zhōngguóhuà；中文（名）
Zhōngwén，汉语（名）Hànyǔ II *adj*
（1）中国的 Zhōngguó de；中国人的
Zhōngguórén de：*the ~ nation* 中华民
族 Zhōnghuá mínzú／~ *Americans* 美
籍华人 Měijí Huárén／*traditional ~
medicine and pharmacology* 中医中药
Zhōngyī Zhōngyào／*a ~ lantern* 灯笼
dēnglong／~ *food* 中式饭菜 Zhōngshì
fàncài（中餐 Zhōngcān）（2）中国话的
Zhōngguóhuà de，汉语的 Hànyǔ de：
~ *grammar* 汉语语法 Hànyǔ yǔfǎ //
overseas ~ 华侨 Huáqiáo：*returned o-
verseas* ~ 归国华侨 guīguó Huáqiáo
（归侨 guīqiáo）

chip I *n*（1）碎屑（名）suìxiè，碎片
（名）suìpiàn：*iron* ~ 铁屑 tiěxiè（2）
小片食物 xiǎo piàn shíwù：*potato* ~
土豆片儿 tǔdòupiànr（3）缺口（名）
quēkǒu II *v* 破裂（动）pòliè；出现缺口
chūxiàn quēkǒu // ~ *in* 插嘴 chāzuǐ

chirp I *v* 叽叽喳喳地叫 jījízhāzhā de
jiào II *n* 叽叽喳喳的声音 jījízhāzhā de
shēngyīn：*the ~ of a sparrow* 麻雀的
叫声 máquè de jiào shēng

chisel I *n* 凿子（名）záozi II *v* 雕（动）
diāo，刻（动）kè，雕刻（动）diāokè

chloride *n* 氯化物（名）lǜhuàwù：*sodi-
um* ~ 氯化钠（食盐）lǜhuànnà
（shíyán）／~ *of lime* 漂白粉
piǎobáifěn

chlorophyll *n* 叶绿素（名）yèlǜsù

chocolate *n*（1）巧克力（名）qiǎokèlì；
巧克力糖 qiǎokèlì táng：*a bar of* ~
一块巧克力糖 yíkuài qiǎokèlì táng／*a
box of* ~ 一盒巧克力糖 yìhé qiǎokèlì
táng（2）巧克力饮料 qiǎokèlì yǐnliào：
a cup of ~ 一杯巧克力饮料 yìbēi
qiǎokèlì yǐnliào // ~ *biscuits* 巧克力饼
干 qiǎokèlì bǐnggān／~ *cream* 奶油夹
心巧克力 nǎiyóu jiāxīn qiǎokèlì

choice I *n* 选择（动）xuǎnzé，挑选
（动）tiāoxuǎn；选择机会 xuǎnzé
jīhuì；选择的东西 xuǎnzé de dōngxi：

by free ~ 自由选择 zìyóu xuǎnzé／
offer a ~ 提供选择机会 tígōng
xuǎnzé jīhuì II *adj* 上等的 shàngděng
de，精选的 jīngxuǎn de：~ *goods* 上
等品 shàngděng pǐn／~ *seeds* 精选的
种子 jīngxuǎn de zhǒngzi

choir *n* 歌唱队（名）gēchàngduì，歌咏
队（名）gēyǒngduì：*a church* ~ 唱诗
班 chàngshībān／*a school* ~ 学校合唱
队 xuéxiào héchàngduì

choke *v*（1）使不能呼吸 shǐ bùnéng
hūxī，使透不过气来 shǐ tòu bu guò qì
lai；使窒息而死 shǐ zhìxī ér sǐ；掐死
qiāsǐ（2）噎（动）yē，呛（动）qiāng：
on one's food 吃呛了 chīqiāngle（3）阻
塞（动）zǔsè，堵塞（动）dǔsè，塞满
sāimǎn

cholera *n* 霍乱（名）huòluàn

choose *v*（1）选择（动）xuǎnzé，挑
（动）tiāo，选（动）xuǎn，挑选（动）
tiāoxuǎn（2）决定（动）juédìng；愿意（
助动）yuànyi；喜欢（动）xǐhuan //
pick and ~ 挑剔 tiāoti／*cannot* ~
but 只好 zhǐhǎo，不得不 bùdébù

chop I *v*（1）砍（动）kǎn，劈（动）pī：
~ *at a tree* 砍树 kǎn shù／~ *wood*
劈柴 pī chái（2）剁（动）duò；剁碎
duòsuì，切碎 qiēsuì II *n*（1）砍（动）
kǎn，劈（动）pī，剁（动）duò（2）带骨
肉 dài gǔ ròu：*a pork* ~ 一块带骨头
的猪肉 yíkuài dài gǔtou de zhūròu

chopstick *n* 筷子（名）kuàizi：*use* ~ s
用筷子 yòng kuàizi

choreography *n* 舞蹈（名）wǔdǎo，舞
蹈设计 wǔdǎo shèjì

chord *n*（1）弦（名）xián（2）和弦
（名）héxián，和音（名）héyīn

chore *n* 杂务 záwù；日常零星工作
rìcháng língxīng gōngzuò

chorus *n*（1）合唱（名、动）héchàng；
合唱队（名）héchàngduì：*a female* ~
女声合唱 nǚshēng héchàng（2）合唱
部分 héchàng bùfen（3）齐声 qíshēng：
read in ~ 齐声朗读 qíshēng lǎngdú
// ~ *master* 合唱队指挥 héchàngduì
zhǐhuī

Christ n 基督(名) Jīdū: *Jesus* ~ 耶稣基督 Yēsū Jīdū / *before* ~ (*B.C.*) 公元前 gōngyuánqián

Christian I n 基督教徒 Jīdūjiàotú II adj 基督教的 Jīdūjiào de: *a* ~ *name* 教名 jiàomíng / *the Young Men's* ~ *Association* 基督教青年会 Jīdūjiào Qīngniánhuì // *the* ~ *era* 公元 gōngyuán

Christianity n 基督教(名) Jīdūjiào; 基督教信仰 Jīdūjiào xìnyǎng

Christmas n 圣诞节(名) Shèngdànjié: ~ *Eve* 圣诞节前夜 Shèngdànjié qiányè / ~ (*box*) *present* 圣诞礼物 shèngdàn lǐwù / ~ *card* 圣诞贺片 shèngdàn hèpiàn / ~ *holidays* 圣诞假期 shèngdàn jiàqī / ~ *tree* 圣诞树 shèngdànshù / *Merry* ~! 恭贺圣诞! Gōnghè shèngdàn!

chrome n 铬(名) gè

chromosome n 染色体(名) rǎnsètǐ

chronic adj (1) 慢性的 mànxìng de: ~ *diseases* 慢性病 mànxìngbìng (2) 长期的 chángqī de: *a* ~ *war* 长期的战争 chángqī de zhànzhēng (3) 一贯的 yíguàn de: *a* ~ *liar* 一贯说谎的人 yíguàn shuōhuǎng de rén

chronicle n 编年史(名) biānniánshǐ

chrysanthemum n 菊花(名) júhuā: *the land of the* ~ 菊花之乡 júhuā zhī xiāng

chuck v (1) 扔掉(动) rēngdiào; 抛出(动) pāochū; 抛弃(动) pāoqì: ~ *up one's job* 抛弃工作 pāoqì gōngzuò (2) 抚弄(动) fǔnòng, 摸(动) mō; 轻轻地拍 qīngqīng de pāi

chuckle v 低声笑 dī shēng xiào, 暗自笑 ànzì xiào

chunk n 厚块 hòukuài; 大块 dàkuài: *a* ~ *of wood* 一大块木头 yídàkuài mùtou

church n (1) 教堂(名) jiàotáng: *a* ~ 一座教堂 yízuò jiàotáng (2) 教会(名) jiàohuì; 教派(名) jiàopài: *the Eastern* C~ 东正教会 Dōngzhèng Jiàohuì / *the* C~ *of England* 英国国教 Yīngguó Guójiào / *the Methodist* C~ 美以美教会 Měiyǐměi Jiàohuì / *the World Council of* C~ *es* 世界基督教协进会 Shìjiè Jīdūjiào Xiéjìnhuì (3) 礼拜(名) lǐbài

churchgoer n 经常去做礼拜的教徒 jīngcháng qù zuò lǐbài de jiàotú

churchyard n 教堂墓地 jiàotáng mùdì

chute n (1) 急流(名) jíliú (2) 滑道(名) huádào

cigar n 雪茄烟(名) xuějiāyān

cigarette n 香烟(名) xiāngyān, 纸烟(名) zhǐyān // ~ *case* 香烟盒 xiāngyānhé / ~ *holder* 烟嘴儿 yānzuǐr / ~ *lighter* 打火机 dǎhuǒjī / ~ *paper* 卷烟纸 juǎnyānzhǐ

cine-camera n 电影摄影机 diànyǐng shèyǐngjī

cinema n (1) 电影院(名) diànyǐngyuàn (2) 电影(名) diànyǐng; 电影艺术 diànyǐng yìshù; 电影业(名) diànyǐngyè

cinnamon n 肉桂(名) ròuguì

cipher n (1) 零(名) líng (2) 不重要的人(或物) bú zhòngyào de rén (huò wù) (3) 数码(名) shùmǎ; 密码(名) mìmǎ: *a number of 5* ~ *s* 五位数 wǔwèi shù

circle I n (1) 圆圈(名) yuánquān, 圆形(名) yuánxíng: *draw a* ~ 画一个圆圈 huà yíge yuánquān / *the Arctic* C~ 北极圈 běijíquān (2) 集团(名) jítuán, ... 界 ... jiè, 圈子(名) quānzi: *commercial* ~ *s* 商业界 shāngyèjiè / *diplomatic* ~ *s* 外交界 wàijiāojiè / *educational* ~ *s* 教育界 jiàoyùjiè / *official* ~ *s* 政界 zhèngjiè / *theatrical* ~ *s* 戏剧界 xìjùjiè / *come out of the narrow family* ~ 走出家庭的小圈子 zǒuchū jiātíng de xiǎo quānzi (3) 周期(名) zhōuqī; 循环(动) xúnhuán: *the* ~ *of the seasons* 四季的循环 sìjì de xúnhuán II v (1) 画圆圈 huà yuánquān; 圈起来 quānqilai (2) 环绕(动) huánrào; 盘旋(动) pánxuán

circuit n (1) 环行(动) huánxíng; 绕一圈(周) rào yìquān (zhōu) (2) 巡回

（动）xúnhuí；巡回审判 xúnhuí shěnpàn；巡回区（名）xúnhuíqū（3）电路（名）diànlù：integrated ～集成电路 jíchéng diànlù / short ～ 短路 duǎnlù

circular I adj（1）圆（形）yuán；圆形的 yuánxíng de：a ～ building 圆形建筑 yuánxíng jiànzhù（2）兜圈子的 dōuquānzi de，不直接的 bù zhíjiē de II n 通告（名）tōnggào；宣传品（名）xuānchuánpǐn

circulate v（1）循环（动）xúnhuán（2）散布（动）sànbù，传播（动）chuánbō

circulation n（1）循环（名）xúnhuán：blood ～ 血液循环 xuèyè xúnhuán（2）流通（动）liútōng；传播（动）chuánbō：～ of rumours 谣言流传 yáoyán liúchuán（3）发行（动）fāxíng；发行量（名）fāxíngliàng；销路（名）xiāolù

circumference n 圆周（名）yuánzhōu，周围（名）zhōuwéi；周线（名）zhōuxiàn

circumstance n（1）情况（名）qíngkuàng；形势（名）xíngshì：favourable ～s 有利的情况 yǒulì de qíngkuàng（2）环境（名）huánjìng；处境（名）chǔjìng：a victim of ～ 环境的受害者 huánjìng de shòuhàizhě // under no ～s 决不 juébù，无论如何也不 wúlùn rúhé yě bù

circus n 马戏（名）mǎxì；马戏团（名）mǎxìtuán；马戏场（名）mǎxìchǎng：a ～ clown 马戏团小丑 mǎxìtuán xiǎochǒu

cite v 引用（动）yǐnyòng，引证（动）yǐnzhèng；举例 jǔlì：～ a line of verse 引用一行诗句 yǐnyòng yìháng shījù

citizen n（1）公民（名）gōngmín：a Chinese ～ 一个中国公民 yíge Zhōngguó gōngmín（2）市民（名）shìmín：a ～ of Beijing 北京市民 Běijīng shìmín

citizenship n 公民身份 gōngmín shēnfen；国籍（名）guójí

city n（1）城市（名）chéngshì，市（名）shì：an industrial ～ 一座工业城市 yízuò gōngyè chéngshì / the ～ of Shanghai 上海市 Shànghǎi Shì（2）全市居民 quánshì jūmín

civil adj（1）公民的 gōngmín de；民用的 mínyòng de：～ liberty 公民自由 gōngmín zìyóu / ～ rights 公民权 gōngmínquán / ～ duties 公民的义务 gōngmín de yìwù / ～ law 民法 mínfǎ / a ～ case 民事案件 mínshì ànjiàn / ～ aviation 民航 mínháng（2）国内的 guónèi de：a ～ war 一场内战 yìcháng nèizhàn（3）有礼貌的 yǒu lǐmào de（4）文职的 wénzhí de，文官的 wénguān de：a ～ servant 文职人员 wénzhí rényuán

civilian n 平民（名）píngmín，老百姓（名）lǎobǎixing

civilization n（1）文明（名）wénmíng；文化（名）wénhuà；开化（动）kāihuà：the history of ～ 文明史 wénmíngshǐ（2）文明世界 wénmíng shìjiè：acts that horrified ～ 使文明世界震惊的行动 shǐ wénmíng shìjiè zhènjīng de xíngdòng

civilize v 使文明 shǐ wénmíng

civilized adj（1）文明的 wénmíng de：a ～ people 一个文明的民族 yíge wénmíng de mínzú（2）有教养的 yǒu jiàoyǎng de

claim I v（1）要求（动）yāoqiú；认领（动）rènling（2）声言（动）shēngyán，自称（动）zìchēng（3）值得（动）zhíde，需要（动）xūyào II n 要求（名）yāoqiú // make a ～ to 认领 rènling

clam n（1）蛤（名）gé；蚌（名）bàng（2）夹钳（名）jiāqián；夹子（名）jiāzi

clamorous adj 吵吵嚷嚷的 chǎochǎorǎngrǎng de：a ～ crowd 吵吵嚷嚷的人群 chǎochǎorǎngrǎng de rénqún

clamour I n 喧嚷（动）xuānrǎng；叫喊（动）jiàohǎn：make war ～s 发出战争叫嚣 fāchū zhànzhēng jiàoxiāo II v 吵闹（动）chǎonào；叫喊（动）jiàohǎn

clamp I n 夹钳（名）jiāqián；夹子（名）jiāzi II v 夹住 jiāzhù；夹紧 jiājǐn

clan n 部族（名）bùzú；氏族（名）shìzú；家族（名）jiāzú

clang v 发出当啷声 fāchū dānglāng

shēng

clap　I *v*（1）拍（动）pāi；鼓掌 gǔzhǎng（2）很快地做 hěn kuài de zuò II *n* 拍手 pāishǒu，鼓掌 gǔzhǎng // a ~ of thunder 一阵雷鸣 yízhèn léimíng

clarify　*v* 弄清楚 nòngqīngchu；澄清（动）chéngqīng

clarinet　*n* 单簧管（名）dānhuángguǎn

clarity　*n* 明晰（形）míngxī，清楚（形）qīngchu：~ of thinking 思路清楚 sīlù qīngchu

clash　I *v*（1）碰撞作声 pèngzhuàng zuòshēng，当当地响 dāngdāng de xiǎng（2）互撞 hù zhuàng，相碰 xiāng pèng，磕碰（动）kēpèng（3）抵触（动）dǐchù；不调和 bù tiáohé II *n*（1）碰撞声 pèngzhuàng shēng：the ~ of metal on metal 金属物的碰撞声 jīnshǔwù de pèngzhuàng shēng（2）冲突（名）chōngtū；不调和 bù tiáohé：a ~ of opinions 意见的冲突 yìjian de chōngtū / a ~ of colours 不协调的色彩 bù xiétiáo de sècǎi

clasp　I *v*（1）扣住 kòuzhù，钩住 gōuzhù（2）抱紧 bàojǐn II *n*（1）扣子（名）kòuzi；钩子（名）gōuzi（2）紧抱 jǐnbào，搂抱（动）lǒubào；握住 wòzhù // ~ knife 折刀 zhédāo

class　I *n*（1）阶级（名）jiējí：~ consciousness 阶级意识 jiējí yìshi / the working ~ 工人阶级 gōngrén jiējí（2）社会阶层 shèhuì jiēcéng：the lower middle ~ 中产阶级的下层 zhōngchǎn jiējí de xiàcéng / the upper（lower）~es 上（下）层社会 shàng（xià）céng shèhuì（3）班（名）bān；年级（名）niánjí；届（量）jiè（4）课（名）kè；一节课 yìjié kè：a physics ~ 一堂物理课 yìtáng wùlǐkè / attend ~ 上课 shàng kè / out of ~ 课外 kèwài（5）等级（名）děngjí：first-~ cabin 头等舱 tóuděng cāng / second-~ carriage 二等车厢 èrděng chēxiāng（6）纲（名）gāng II *v* 给...分类 gěi...fēnlèi，把...归入某类 bǎ...guīrù mǒu lèi

classic　I *adj*（1）最优秀的 zuì yōuxiù

de，第一流的 dìyīliú de；标准（形）biāozhǔn；典型（形）diǎnxíng（2）古典的 gǔdiǎn de；传统的 chuántǒng de：~ literature 古典文学 gǔdiǎn wénxué / a ~ style 古典派的风格 gǔdiǎnpài de fēnggé II *n*（1）文豪（名）wénháo，大艺术家 dà yìshùjiā；杰作（名）jiézuò，名著（名）míngzhù（2）经典著作 jīngdiǎn zhùzuò；古典著作 gǔdiǎn zhùzuò：the ~s of Marxism 马克思主义经典著作 Mǎkèsīzhǔyì jīngdiǎn zhùzuò / the Chinese ~s 中国古典作品 Zhōngguó gǔdiǎn zuòpǐn

classical　*adj*（1）第一流的 dìyīliú de；经典的 jīngdiǎn de；正统的 zhèngtǒng de；权威的 quánwēi de：a ~ composer 第一流的作曲家 dìyīliú de zuòqǔjiā / the ~ works of Marxism-Leninism 马列主义经典著作 Mǎlièzhǔyì jīngdiǎn zhùzuò（2）古典的 gǔdiǎn de；古典作家作品的 gǔdiǎn zuòjiā zuòpǐn de：~ architecture 古典式建筑 gǔdiǎnshì jiànzhù / ~ Chinese 古汉语 gǔ Hànyǔ

classification　*n* 分类 fēnlèi；分类法 fēnlèifǎ：~ of plants 植物的分类 zhíwù de fēnlèi

classify　*v* 分类 fēnlèi：~ the data 把资料分类 bǎ zīliào fēnlèi // classified index 分类索引 fēnlèi suǒyǐn / classified ad 分类广告 fēnlèi guǎnggào

classmate　*n* 同班同学 tóngbān tóngxué

classroom　*n* 教室（名）jiàoshì；课堂（名）kètáng：~ teaching 课堂教学 kètáng jiàoxué

clatter　I *n*（1）磕碰声 kēpèng shēng（2）谈笑声 tánxiào shēng（3）喧嚷（声）xuānrǎng（shēng）；喧闹（形）xuānnào：the busy ~ of the city 城市的喧闹 chéngshì de xuānnào II *v* 唧唧呱呱地谈笑 jījīguāguā de tánxiào；卡嗒卡嗒地响 kādākādā de xiǎng

clause　*n*（1）条（名）tiáo，款（名）kuǎn，条款（名）tiáokuǎn：an additional ~ 附加条款 fùjiā tiáokuǎn（2）分句（名）fēnjù，从句（名）cóngjù：a *principal* ～ 主句 zhǔjù

claw I *n* (1) 爪子（名）zhuǎzi, 爪
（名）zhǎo (2)（蟹的）钳子（名）(xiè
de) qiánzi II *v* 用爪子抓 yòng zhuǎzi
zhuā

clay *n* 粘土（名）niántǔ; 泥土（名）
nítǔ

clean I *adj* (1) 清洁（形）qīngjié, 干
净（形）gānjìng; 爱清洁的 ài qīngjié
de: ～ *shirts* 干净的衬衫 gānjìng de
chènshān / *a* ～ *sheet of paper* 一张白
纸 yìzhāng báizhǐ / *a* ～ *person* 爱清
洁的人 ài qīngjié de rén (2) 纯洁（形）
chúnjié; 清白（形）qīngbái (3) 彻底
（形）chèdǐ: *make a* ～ *break with one's*
bad habits 彻底除掉恶习 chèdǐ
chúdiào èxí (4) 整齐（形）zhěngqí II
adv 完全（副）wánquán III *v* 弄干净
nònggānjìng; 清扫（动）qīngsǎo // ～
out 把... 打扫干净 bǎ...
dǎsǎogānjìng; 清扫 qīngsǎo, 清理
qīnglǐ / ～ *up* (1) 彻底打扫 chèdǐ
dǎsǎo (2) 清理掉 qīnglǐdiào

cleaner *n* (1) 清洁工（名）qīngjiégōng
(2) 清扫器（名）qīngsǎoqì; 除垢剂
（名）chúgòujì: *a vacuum* ～ 吸尘器
xīchénqì

cleanser *n* 清洁剂（名）qīngjiéjì

clear I *adj* (1) 清澈（形）qīngchè; 明
亮（形）míngliàng: *the* ～ *water of a*
lake 清澈的湖水 qīngchè de húshuǐ /
～ *eyes* 明亮的眼睛 míngliàng de
yǎnjing (2) 晴朗（形）qínglǎng: *a* ～
day 晴天 qíngtiān / *a* ～ *sky* 晴空
qíngkōng (3) 清晰（形）qīngxī, 清楚
（形）qīngchu: *a* ～ *photo* 一张清晰的
照片 yìzhāng qīngxī de zhàopiàn / *a* ～
mind 清醒的头脑 qīngxǐng de tóunǎo
(4) 明显（形）míngxiǎn, 显然（形）
xiǎnrán (5) 畅通（形）chàngtōng, 无
阻的 wú zǔ de; 清除了... 的
qīngchúle...de (6) 无罪的 wú zuì de,
清白（形）qīngbái: *a* ～ *conscience* 清
白的良心 qīngbái de liángxīn / ～ *of*
guilt 问心无愧 wènxīnwúkuì (7) 整整
（形）zhěngzhěng; 净得 jìngdé: 5 ～

days 整整五天 zhěngzhěng wǔtiān II
adv (1) 清楚（形）qīngchu (2) 彻底
（形）chèdǐ III *v* (1) 晴（形）qíng (2)
清除（动）qīngchú, 弄干净
nònggānjing; 使清楚 shǐ qīngchu (3)
越过（动）yuèguò // ～ *away* 清除
qīngchú: ～ *away the rubbish* 清除垃
圾 qīngchú lājī / ～ *of* 离开 líkāi, 不
接触 bù jiēchù / ～ *off* (1) 走 zǒu, 走
开 zǒukāi (2) 还清 huánqīng / ～ *up*
(1) 收拾 shōushi, 弄干净 nònggānjing
(2) 消除 xiāochú: ～ *up a misunder-*
standing 消除误会 xiāochú wùhui

clearance *n* (1) 清除（动）qīngchú; 解
除（动）jiěchú (2) 间隙（名）jiànxì

clear-cut *adj* (1) 轮廓分明的 lúnkuò
fēnmíng de (2) 明确（形）míngquè: *a*
～ *idea* 明确的思想 míngquè de sīxiǎng

clear-headed *adj* 头脑清楚的 tóunǎo
qīngchu de

clearly *adv* (1) 清楚（形）qīngchu: *see*
～ 看得很清楚 kàn de hěn qīngchu
(2) 明显（形）míngxiǎn, 显然（形）
xiǎnrán

clear-sighted *adj* 目光锐利的 mùguāng
ruìlì de; 精明的 jīngmíng de

cleave *v* (1) 劈（动）pī; 劈开 pīkāi:
～ *sth*. *in* 2 劈成两块 pīchéng
liǎngkuài (2) 穿过（动）chuānguò (3)
砍下 kǎnxià: ～ *a branch from a tree*
从树上砍下一个树枝 cóng shù shang
kǎnxià yíge shùzhī (4) 被劈开 bèi
pīkāi; 裂开 lièkāi (5) 打通（动）
dǎtōng

cleft *n* 裂口（名）lièkǒu; 裂缝（名）
lièfèng

clench *v* 握紧 wòjǐn; 咬紧 yǎojǐn; 捏
紧 niējǐn; 抓牢 zhuāláo: ～ *one's fists*
握紧拳头 wòjǐn quántou / ～ *one's*
teeth 咬紧牙 yǎojǐn yá

clergy *n* 牧师（名）mùshī, 教士（名）
jiàoshì

clergyman *n* 牧师（名）mùshī; 教士
（名）jiàoshì

clerk *n* 办事员（名）bànshìyuán; 职员
（名）zhíyuán: *a bank* ～ 银行办事员

yínháng bànshìyuán

clever *adj* (1) 聪明(形) cōngming, 伶俐(形) línglì, 灵巧(形) língqiǎo (2) 机敏(形) jīmǐn; 巧妙(形) qiǎomiào: *a ~ speech* 机敏的谈话 jīmǐn de tánhuà / *a ~ answer* 巧妙的回答 qiǎomiào de huídá

cliché **I** *n* 陈词滥调 chéncí-làndiào; 陈腐思想 chénfǔ sīxiǎng **II** *adj* 陈腐的 chénfǔ de

click **I** *v* (1) 发出喀嗒声 fāchū kādā shēng (2) 成功(动) chénggōng; 受欢迎 shòu huānyíng (3) 合得来 hédelái; 情投意合 qíngtóuyìhé **II** *n* 喀嗒一声 kādā yìshēng

client *n* (1) 委托人(名) wěituōrén (2) 顾客(名) gùkè; 客户(名) kèhù

cliff *n* 悬崖(名) xuányá; 绝壁(名) juébì

climate *n* (1) 气候(名) qìhòu: *continental ~* 大陆性气候 dàlùxìng qìhòu / *oceanic ~* 海洋性气候 hǎiyángxìng qìhòu / *a tropical ~* 热带气候 rèdài qìhòu / *political ~* 政治气候 zhèngzhì qìhòu (2) 地带(名) dìdài; 地方(名) dìfang: *a dry ~* 干燥地带 gānzào dìdài

climax *n* 顶点(名) dǐngdiǎn, 极点(名) jídiǎn; 高潮(名) gāocháo

climb **I** *v* (1) 爬(动) pá, 登(动) dēng, 攀登(动) pāndēng: *~ a tree* 爬树 pá shù / *~ the peaks of science and technology* 攀登科学技术高峰 pāndēng kēxué jìshù gāofēng / *~ing plant* 攀缘植物 pānyuán zhíwù (2) 上升(动) shàngshēng **II** *n* 攀登(动) pāndēng; 攀登的路 pāndēng de lù; 坡(名) pō: *a hard ~* 艰苦的攀登 jiānkǔ de pāndēng // *~ down* (1) 爬下 pá xià: *~ down a ladder* 爬下梯子 pá xià tīzi (2) 退让 tuìràng

clinch **I** *v* (1) 把头儿敲弯钉住 bǎ tóur qiāowān dìngzhù (2) 确定 quèdìng: *~ a deal* 定下买卖合同 dìngxià mǎimài hétong (3) 扭住 niǔzhù **II** *n* (1) 钉牢 dìngláo (2) 扭住

niǔzhù

cling *v* (1) 粘着 zhānzhe; 缠着 chánzhe; 抱住 bàozhù; 依恋(动) yīliàn (2) 抱定(动) bàodìng; 坚持(动) jiānchí

clinic *n* 诊所(名) zhěnsuǒ, 医务室(名) yīwùshì

clinical *adj* (1) 临床的 línchuáng de; 临诊的 línzhěn de: *a ~ thermometer* 体温表 tǐwēnbiǎo (2) 冷静的 lěngjìng de; 慎重的 shènzhòng de

clip[1] **I** *n* 夹子(名) jiāzi, 曲别针(名) qūbiézhēn **II** *v* 用曲别针别上 yòng qūbiézhēn biéshang

clip[2] **I** *v* (1) 剪(动) jiǎn: *~ the sheep* 剪羊毛 jiǎn yángmáo (2) 修剪(动) xiūjiǎn: *~ a hedge* 修剪篱笆 xiūjiǎn líba (3) 删去 shānqù; 削减(动) xuējiǎn **II** *n* (1) 剪裁(动) jiǎncái, 修剪(动) xiūjiǎn (2) 打(动) dǎ; 啪的一击 pā de yì jī

clipboard *n* 剪贴板 jiǎntiē bǎn

clipping *n* 剪下物 jiǎnxiàwù; 剪辑(名) jiǎnjí; 剪报(名) jiǎnbào: *a newspaper ~* 剪报 jiǎnbào

clique *n* 派系(名) pàixì, 小集团 xiǎo jítuán

cloak **I** *n* (1) 斗篷(名) dǒupeng (2) 覆盖物(动) fùgàiwù: *a ~ of snow* 覆盖着一层雪 fùgàizhe yìcéng xuě (3) 掩护(动) yǎnhù; 伪装(动) wěizhuāng; 借口(动) jièkǒu **II** *v* 覆盖(动) fùgài

cloakroom *n* 衣帽间 yīmàojiān; 寄物处 jìwùchù

clock **I** *n* (1) 钟表(名) zhōngbiǎo, 钟(名) zhōng; 挂钟(名) guàzhōng; 坐钟(名) zuòzhōng: *an alarm ~* 一只闹钟 yìzhī nàozhōng / *an electric ~* 电子钟 diànzǐzhōng / *set a ~ fast (slow)* 把钟拨快(慢) bǎ zhōng bōkuài (màn) / *set one's ~* 对钟 duì zhōng / *wind a ~* 上钟 shàng zhōng (2) 里程计(名) lǐchéngjì; 计时钟(名) jìshízhōng **II** *v* 计时 jì shí, 记录(动) jìlù // *round the ~* 昼夜不停地

zhòuyè bù tíng de / *work against the ~* 抢时间 qiǎng shíjiān, 赶任务 gǎn rènwu

clockwise *adj & adv* 顺时针方向 shùnshízhēn fāngxiàng

clog *v* 堵(动) dǔ, 堵塞(动) dǔsè, 阻塞(动) zǔsè; 妨碍(动) fáng'ài

cloisonné **I** *n* 景泰蓝(名) jǐngtàilán **II** *adj* 景泰蓝的 jǐngtàilán de

close¹ **I** *adj* (1) 近(形) jìn, 接近(动) jiējìn (2) 密(形) mì, 密集(形) mìjí: *~ planting* 密植 mìzhí (3) 亲密(形) qīnmì, 密切(形) mìqiè: *a ~ friend* 亲密的朋友 qīnmì de péngyou (4) 严密(形) yánmì; 仔细(形) zǐxì; 密切(形) mìqiè: *~ reasoning* 严密的推理 yánmì de tuīlǐ / *~ reading* 仔细研读 zǐxì yándú / *~ translation* 准确的翻译 zhǔnquè de fānyì / *pay ~ attention to the development of the situation* 密切注意形势的发展 mìqiè zhùyì xíngshì de fāzhǎn (5) 势均力敌的 shìjūnlìdí de, 不相上下的 bùxiāngshàngxià de: *a ~ match* 势均力敌的比赛 shìjūnlìdí de bǐsài / *~ combat* 白刃战 báirènzhàn / *a ~ election* 得票不相上下的选举 dé piào bùxiāngshàngxià de xuǎnjǔ (6) 闷(形) mēn; 闷热(形) mēnrè **II** *adv* 接近(动) jiējìn, 紧(形) jǐn: *follow ~ behind* 紧跟在后面 jǐn gēn zài hòumian // *~ at hand* 就在跟前 jiù zài gēnqián / *~ on* 接近 jiējìn / *~ to* 接近 jiējìn

close² **I** *v* (1) 关(动) guān, 闭(动) bì, 关闭(动) guānbì (2) 结束(动) jiéshù (3) 缝合(动) fénghé; 使接近 shǐ jiējìn **II** *n* 结束(动) jiéshù, 终结(动) zhōngjié // *~ down* (1) 倒闭 dǎobì (2) 停止播音 tíngzhǐ bōyīn (3) 下班 xiàbān / *~ in* (1) 迫近 pòjìn; 围拢 wéilǒng (2) (白天) 变短 (báitiān) biànduǎn / *~ off* 断绝 duànjué: *~ off the area to all traffic* 断绝这一地区的一切交通 duànjué zhè yí dìqū de yíqiè jiāotōng / *~ one's eyes to* 不理会 bù lǐhuì / *~ up* 关闭

guānbì/ *come to a ~* 结束 jiéshù, 终止 zhōngzhǐ

closet *n* (1) 小房间 xiǎo fángjiān (2) 密室(名) mìshì (3) 壁橱(名) bìchú

cloth *n* (1) 布(名) bù; 呢绒(名) níróng; 衣料(名) yīliào: *a piece of ~* 一块料子 yíkuài liàozi / *5 metres of cotton ~* 五米棉布 wǔmǐ miánbù / *a book with a ~ binding* 一册布面精装书 yícè bùmiàn jīngzhuāng shū (2) 台布(名) táibù; 抹布(名) mābù: *a table ~* 台布 táibù

clothe *v* (1) 穿(动) chuān; 供给...衣服 gōngjǐ...yīfu: *warmly ~d* 穿得很暖和 chuān de hěn nuǎnhuo (2) 覆盖(动) fùgài, 笼罩(动) lǒngzhào

clothes *n* 衣服(名) yīfu, 衣裳(名) yīshang, 衣着(名) yīzhuó, 衣物(名) yīwù: *a suit of ~* 一套衣服 yítào yīfu // *~ tree* 衣帽架 yīmào jià

clotheshorse *n* 衣架(名) yījià

clothesline *n* 晾衣绳(名) liàngyīshéng

clothing *n* 服装(名) fúzhuāng, 衣服(名) yīfu, 衣着(名) yīzhuó: *men's ~* 男服 nánfú / *winter ~* 冬装 dōngzhuāng / *articles of ~* 各种衣物 gèzhǒng yīwù / *food, and shelter* 衣食住 yī shí zhù

cloud **I** *n* (1) 云(名) yún, 云彩(名) yúncai: *a white ~* 一朵白云 yìduǒ báiyún / *a mushroom ~* 蘑菇云 móguyún (2) 大群 dàqún, 大片 dàpiàn: *a ~ of insects* 一大群昆虫 yídàqún kūnchóng / *a ~ of dust* 一片灰沙 yípiàn huīshā / *a ~ of grief* 一片愁云 yípiàn chóuyún **II** *v* (1) 布满云彩 bùmǎn yúncai, 乌云密布 wūyún mìbù (2) 笼罩(动) lǒngzhào (3) 使模糊 shǐ móhu

cloudless *adj* 没有云的 méiyǒu yún de, 晴(形) qíng

cloudy *adj* (1) 阴(形) yīn; 多云的 duōyún de: *a ~ day* 阴天 yīntiān / *change from fine to ~* 晴转多云 qíng zhuǎn duōyún (2) 模糊(形) móhu, 不清楚 bù qīngchu: *~ memory* 模糊的

记忆 *móhu de jìyì* / *a ~ mirror* 一面模糊不清的镜子 *yímiàn móhu bù qīng de jìngzi*

clown *n* 小丑(名) *xiǎochǒu*，丑角儿(名) *chǒujuér*: *a ~ in Peking opera* 京剧中的丑角儿 *jīngjù zhōng de chǒujuér*

club **I** *n* (1) 棍子(名) *gùnzi*，棍棒(名) *gùnbàng*: *a golf ~* 一只高尔夫球棍 *yìzhī gāo'ěrfū qiúgùn* (2) 俱乐部(名) *jùlèbù*: *the International Seamen's C~* 国际海员俱乐部 *Guójì Hǎiyuán Jùlèbù* / *night ~* 夜总会 *yèzǒnghuì* (3) (纸牌的)梅花(名) (*zhǐpái de*) *méihuā*: *a small ~* 一张小梅花 *yìzhāng xiǎo méihuā*/ *the 6 of ~s* 梅花六 *méihuā liù* **II** *v* 用棍棒打 *yòng gùnbàng dǎ*

cluck *v* (1) 咯咯地叫 *gēgē de jiào* (2) 做啧啧声 *zuò zézé shēng*；咂嘴 *zāzuǐ*

clue *n* 线索(名) *xiànsuǒ*；迹象(名) *jìxiàng*: *give a ~* 提供线索 *tígōng xiànsuǒ*

clumsy *adj* 笨拙(形) *bènzhuō*，手脚不灵活的 *shǒujiǎo bù línghuó de*: *a ~ apology* 笨拙的辩解 *bènzhuō de biànjiě*/ *a ~ person* 一个笨手笨脚的人 *yíge bènshǒubènjiǎo de rén*

cluster **I** *n* 一串 *yíchuàn*；一束 *yíshù*；一群 *yìqún*: *a ~ of grapes* 一串葡萄 *yíchuàn pútao* / *a ~ of flowers* 一束鲜花 *yíshù xiānhuā* / *a ~ of bees* 一群蜜蜂 *yìqún mìfēng* **II** *v* 聚集(动) *jùjí*，聚在一起 *jù zài yìqǐ*

clutch **I** *v* 抓(动) *zhuā*，抓住 *zhuāzhù*；握紧 *wòjǐn* **II** *n* (1) 抓住 *zhuāzhù*；掌握(动) *zhǎngwò*: *get into (out of) the ~es of* 遭(逃脱)...的毒手 *zāo (táotuō) ...de dúshǒu* [陷入(摆脱)...的控制 *xiànrù (bǎituō) ...de kòngzhì*] (2) 离合器(名) *líhéqì*

coach **I** *n* (1) 四轮马车 *sìlún mǎchē* (2) 长途汽车 *chángtú qìchē* (3) 火车车厢 *huǒchē chēxiāng* (4) 教练(名) *jiàoliàn*；私人教师 *sīrén jiàoshī*: *a basketball ~* 篮球教练 *lánqiú jiàoliàn* /

an English ~ 私人英语教师 *sīrén Yīngyǔ jiàoshī* **II** *v* 训练(动) *xùnliàn*；辅导(动) *fǔdǎo*: *~ the crew for a boat race* 训练划船队员准备参加比赛 *xùnliàn huáchuán duìyuán zhǔnbèi cānjiā bǐsài*

coal *n* 煤(名) *méi*；煤炭(名) *méitàn*: *hard ~* 无烟煤 *wúyānméi* / *soft ~* 烟煤 *yānméi* / *coking ~* 焦炭 *jiāotàn* / *raw ~* 原煤 *yuánméi* / *a ton of ~* 一吨煤 *yìdūn méi* // *carry ~s to Newcastle* 多此一举 *duōcǐyìjǔ*

coalfield *n* 煤田(名) *méitián*

coalmine *n* 煤矿(名) *méikuàng*

coarse *adj* (1) 粗(形) *cū*；粗糙(形) *cūcāo*: *~cloth* 粗布 *cūbù* / *~skin* 粗糙的皮肤 *cūcāo de pífū* (2) 粗俗(形) *cūsú*，粗鲁(形) *cūlǔ*: *a ~joke* 粗俗的笑话 *cūsú de xiàohua* / *~language* 粗鲁的语言 *cūlǔ de yǔyán* / *~ manners* 粗鲁的举动 *cūlǔ de jǔdòng*

coast **I** *n* 海岸(名) *hǎi'àn*；海滨地区 *hǎibīn dìqū*: *the islands off the ~ of China* 中国沿岸岛屿 *Zhōngguó yán'àn dǎoyǔ* **II** *v* 滑行(动) *huáxíng*；滑下斜坡 *huá xià xiépō*

coastguard *n* 海岸警卫队 *hǎi'àn jǐngwèiduì*

coastline *n* 海岸线(名) *hǎi'ànxiàn*

coat **I** *n* (1) 外衣(名) *wàiyī*，上衣(名) *shàngyī*: *a man's ~ and trousers* 男人的上衣和裤子 *nánrén de shàngyī hé kùzi* (2) 层(量) *céng*: *put on a ~ of paint* 涂上一层漆 *túshang yìcéng qī* / *a ~ of dust* 一层尘土 *yìcéng chéntǔ* **II** *v* 包上 *bāoshang*；涂上 *túshang*: *pills ~ed with sugar* 包上糖衣的药丸儿 *bāoshang tángyī de yàowánr* // *~ hanger* 衣架 *yījià*

coax *v* 劝(动) *quàn*；哄(动) *hǒng*，连哄带劝 *liánhǒngdàiquàn*

cobble **I** *n* 大鹅卵石 *dà éluǎnshí*；圆石块 *yuánshíkuài* **II** *v* 修补(动) *xiūbǔ*；粗制滥造 *cūzhìlànzào*

cobweb *n* 蜘蛛网(名) *zhīzhūwǎng*；蜘蛛丝(名) *zhīzhūsī*

cock I n (1)公鸡(名) gōngjī (2) 雄性的鸟 xióngxìng de niǎo: a ~ *sparrow* 公麻雀 gōngmáquè (3) 龙头(名) lóngtóu: *turn the* ~ *on* (*off*) 开(关)龙头 kāi (guān) lóngtóu II v (1)竖起(动) shùqǐ, 翘起(动) qiàoqǐ (2)扣扳机 kòu bānjī // ~ *fighting* 斗鸡 dòu jī

cockney n 伦敦东区人 Lúndūn dōngqū rén; 伦敦方言 Lúndūn fāngyán: a ~ *accent* 伦敦腔 Lúndūnqiāng

cockpit n (1)斗鸡场(名) dòujīchǎng (2)飞机座舱 fēijī zuòcāng

cockroach n 蟑螂(名) zhāngláng

cocksure adj 过于相信的 guòyú xiāngxìn de, 过分肯定的 guòfèn kěndìng de; 过分自信 guòfèn zìxìn: a ~ *attitude* 过于肯定的态度 guòyú kěndìng de tàidu

cocktail n 鸡尾酒(名) jīwěijiǔ; 混合果汁 hùnhé guǒzhī: a *fruit* ~ 混合果汁 hùnhé guǒzhī / a ~ *party* 鸡尾酒会 jīwěijiǔhuì

cocoa n 可可(名) kěkě: a *cup of* ~ 一杯可可 yìbēi kěkě

coconut n 椰子(名) yēzi: ~ *oil* 椰子油 yēziyóu /~ *milk* (*water*) 椰子汁 yēzizhī / ~ *tree* 椰子树 yēzishù

cocoon I n 茧(名) jiǎn II v 作茧 zuò jiǎn

code n (1)法典(名) fǎdiǎn; 法规(名) fǎguī (2)准则(名) zhǔnzé; 惯例(名) guànlì: a ~ *of behaviour* 行为准则 xíngwéi zhǔnzé / a *moral* ~ 道德准则 dàodé zhǔnzé (3)密码(名) mìmǎ; 电码(名) diànmǎ: a ~ *tele-gram* 电码电报 diànmǎ diànbào /GB ~ 国标码 guó biāo mǎ / *the Morse* ~ 摩尔斯电码 Mó'ěrsī diànmǎ

coexist v (1)同时(或同地)存在 tóngshí (huò tóngdì) cúnzài, 共存(动) gòngcún (2)和平共处 hépíng gòngchǔ

coffee n (1)咖啡(名) kāfēi; 咖啡豆(名) kāfēidòu (2)咖啡色(名) kāfēisè // a ~*house* 咖啡馆 kāfēiguǎn

coffin n 棺材(名) guāncai: a ~ 一口棺材 yìkǒu guāncai

cog n 轮齿(名) lúnchǐ; 嵌齿(名) qiànchǐ

cognac n 法国白兰地酒 Fǎguó báilándìjiǔ

coherent adj 有条理的 yǒu tiáolǐ de; 前后连贯的 qiánhòu liánguàn de: a ~ *account* 条理清楚的叙述 tiáolǐ qīngchu de xùshù

coil I v 卷(动) juǎn; 盘绕(动) pánrào: ~ a *rope* 盘绳子 pán shéngzi II n 盘(量) pán: a ~ *of rope* 一盘绳子 yìpán shéngzi

coin I n 硬币(名) yìngbì: a *gold* ~ 一枚金币 yìméi jīnbì / a *silver* ~ 一枚银币 yìméi yínbì / a *handful of* ~s 一把硬币 yìbǎ yìngbì II v (1)铸造硬币 zhùzào yìngbì (2)创造(动) chuàngzào

coincide v (1)巧合(动) qiǎohé, 偶合(动) ǒuhé (2)一致(形) yízhì, 相符(动) xiāngfú

coincidence n 巧合(动) qiǎohé; 一致(形) yízhì; 符合(动) fúhé

cold I adj (1)冷(形) lěng, 寒冷(形) hánlěng; 冰凉(形) bīngliáng: *feel* ~ 觉得冷 juéde lěng / a ~ *morning* 一个寒冷的早晨 yíge hánlěng de zǎochén / a ~ *wave* 一股寒流 yìgǔ hánliú / ~ *water* 凉水 liángshuǐ (2)冷淡(形) lěngdàn (3)冷酷(形) lěngkù; 使人心寒的 shǐ rén xīnhán de: ~ *facts* 冷酷的事实 lěngkù de shìshí II n (1)冷(形) lěng, 寒冷(形) hánlěng: *shiver with* ~ 冷得发抖 lěng de fādǒu / *stand in the* ~ 在冷空气里站着 zài lěng kōngqì li zhànzhe (2)感冒(名、动) gǎnmào; 受凉 shòuliáng (3)零下温度 língxià wēndù: 5 *degrees of* ~ 零下五度 língxià wǔdù // *get* ~ *feet* 胆怯 dǎnqiè / *leave sb. out in the* ~ 不理某人 bù lǐ mǒu rén / *throw* ~ *water on* 对...泼冷水 duì...pō lěngshuǐ

cold-blooded adj 无情(形) wúqíng, 残酷(形) cánkù

coldly adv (1)冷淡地 lěngdàn de (2)冷静地 lěngjìng de

coldness *n* 冷(形) lěng

collaborate *v* (1) 合作(动) hézuò; 合伙(动) héhuǒ: ~ *on a book with sb.* 同某人合著一部书 tóng mǒu rén hézhù yíbù shū (2) 勾结(动) gōujié; 同谋 tóngmóu

collaboration *n* 合作(动) hézuò; 同谋(名、动) tóngmóu

collaborator *n* 合作者 hézuòzhě; 通敌者 tōng dí zhě

collapse I *v* (1) 塌(动) tā, 倒塌(动) dǎotā (2) 崩溃(动) bēngkuì, 瓦解(动) wǎjiě, 垮掉(动) kuǎdiào (3) 折叠(动) zhédié II *n* 倒塌(动) dǎotā; 崩溃(动) bēngkuì: *suffer a nervous* ~ 精神崩溃 jīngshén bēngkuì

collapsible *adj* 可折叠的 kě zhédié de: *a* ~*chair* 一把折叠椅 yìbǎ zhédiéyǐ

collar I *n* 衣领(名) yīlǐng, 领子(名) lǐngzi II *v* 扭住领口 niǔzhù lǐngkǒu; 揪住 jiūzhù

collarbone *n* 锁骨(名) suǒgǔ

colleague *n* 同事(名) tóngshì

collect I *v* (1) 收集(动) shōují, 搜集(动) sōují, 采集(动) cǎijí: ~ *a large amount of historical data* 搜集大量史料 sōují dàliàng shǐliào (2) 收(动) shōu: ~ *water and electricity charges* 收水电费 shōu shuǐdiànfèi / ~ *taxes* 收税 shōu shuì (3) 集中(动) jízhōng; 使镇定 shǐ zhèndìng: ~ *oneself* 使自己镇定下来 shǐ zìjǐ zhèndìngxialai (4) 堆积(动) duījī, 聚集(动) jùjí (5) 募集(动) mùjí, 征集(动) zhēngjí: ~ *donations* 募捐 mùjuān / ~ *signatures* 征集签名 zhēngjí qiānmíng (6) 接(动) jiē; 接回 jiēhuí II *adv* 由受话人付费的 yóu shòuhuàrén fù fèi de III *adj* 由受话人付费的 yóu shòuhuàrén fù fèi de: *a* ~ *call* 由受话人付费的电话 yóu shòuhuàrén fù fèi de diànhuà

collected *adj* (1) 收集成的 shōují chéng de: ~ *papers* 论文集 lùnwénjí / ~ *works* 全集 quánjí (2) 镇静(形) zhènjìng

collection *n* (1) 收集(动) shōují; 聚集(动) jùjí; 收藏(动) shōucáng: *a motley* ~ *of things* 大杂烩 dàzáhuì (2) 捐款(名) juānkuǎn, 募捐(动) mùjuān: *make a* ~ *for* 为...募捐 wèi...mùjuān

collective I *adj* (1) 集合的 jíhé de: *a* ~ *noun* 集合名词 jíhé míngcí (2) 共同(形) gòngtóng; 集体的 jítǐ de: *the* ~ *wishes of the people* 人民的共同愿望 rénmín de gòngtóng yuànwàng / *the* ~ *economy* 集体经济 jítǐ jīngjì / ~ *ownership* 集体所有制 jítǐ suǒyǒuzhì II *n* (1) 集体(名) jítǐ; 全体人员 quántǐ rényuán (2) 集合名词 jíhé míngcí

collector *n* 收集人(名) shōujírén; 收藏家(名) shōucángjiā: *a ticket* ~ 收票员 shōupiàoyuán / *a stamp* ~ 集邮者 jíyóuzhě

college *n* (1) 学院(名) xuéyuàn; 专科学校 zhuānkē xuéxiào: *a teacher's* ~ 一所师范学院 yìsuǒ shīfàn xuéyuàn / *an agricultural* ~ 一所农学院 yìsuǒ nóngxuéyuàn (2) 大学(名) dàxué: *go to* ~ 上大学 shàng dàxué / *at* ~ 在大学上学 zài dàxué shàngxué (3) 学会(名) xuéhuì: *the C*~ *of Surgeons* 外科医学会 Wàikē Yīxuéhuì

collide *v* (1) 撞(动) zhuàng, 相撞(动) xiāngzhuàng (2) 冲突(动) chōngtū, 抵触(动) dǐchù

collision *n* (1) 撞(动) zhuàng, 碰(动) pèng: *a railway* ~ 火车撞车事件 huǒchē zhuàngchē shìjiàn (2) 冲突(动) chōngtū

colloquial *adj* 口语化的 kǒuyǔhuà de; 通俗语的 tōngsúyǔ de

colon *n* 冒号(名) màohào

colonel *n* 陆军上校 lùjūn shàngxiào

colonial *adj* 殖民地的 zhímíndì de: *a* ~ *country* 殖民地国家 zhímíndì guójiā / ~ *rule* 殖民统治 zhímín tǒngzhì / ~ *powers* 殖民国家 zhímín guójiā

colonize *v* 开拓殖民地 kāituò zhímíndì; 殖民地化 zhímíndìhuà

colonizer *n* 殖民地开拓者 zhímíndì kāituòzhě; 殖民者 zhímínzhě

colony *n* (1) 殖民地(名) zhímíndì: *be reduced to a* ～ 沦为殖民地 lúnwéi zhímíndì (2) 侨民(名) qiáomín; 侨居区(名) qiáojūqū: *the Chinese* ～ *in New York* 在纽约的华侨 zài Niǔyuē de Huáqiáo / *the American* ～ *in Rome* 在罗马的美国侨民 zài Luómǎ de Měiguó qiáomín (3) 群(量、名) qún; 群体(名) qúntǐ: *a* ～ *of ants* 一窝蚂蚁 yìwō mǎyǐ

colossal *adj* 巨大(形) jùdà, 庞大(形) pángdà: *a* ～ *building* 庞大的建筑物 pángdà de jiànzhùwù

colour **I** *n* (1) 颜色(名) yánsè; 色彩(名) sècǎi; 彩色(名) cǎisè: *dark* ～ 深(颜)色 shēn(yán) sè / *light* ～ 浅(颜)色 qiǎn(yán) sè / *local* ～ 地方色彩 dìfāng sècǎi / *a map in* ～ 彩色地图 cǎisè dìtú (2) 血色(名) xuèsè; 红晕(名) hóngyùn (3) 肤色(名) fūsè: *people of all* ～s 各种肤色的人 gèzhǒng fūsè de rén (4) 颜料(名) yánliào: *oil* ～s 油画颜料 yóuhuà yánliào / *water* ～s 水彩颜料 shuǐcǎi yánliào (5) 色调(名) sèdiào; 风采(形) fēngcǎi: *add* ～ *to an article* 使文章增色 shǐ wénzhāng zēngsè / *theatrical works full of* ～ 丰富多彩的戏剧 fēngfùduōcǎi de xìjù (6) 音色(名) yīnsè, 音质(名) yīnzhì **II** *v* (1) 着色 zhuó sè, 涂色 tú sè: ～ *a picture* 给一幅画着色 gěi yìfú huà zhuó sè (2) 渲染(动) xuànrǎn; 歪曲(动) wāiqū: *a highly* ～*ed version of the facts* 对事实大加渲染 duì shìshí dà jiā xuànrǎn // ～ *film* (1) 彩色胶卷 cǎisè jiāojuǎn (2) 彩色电影 cǎisè diànyǐng / ～ *filter* 滤色镜 lǜsèjìng / ～ *photography* 彩色摄影 cǎisè shèyǐng / ～ *television* 彩色电视 cǎisè diànshì / *gain* ～ 脸色变得红润 liǎnsè biàn de hóngrùn / *lose* ～ 脸色变得苍白 liǎnsè biàn de cāngbái / *see sth. in its true* ～s 看清某事的真相 kànqīng mǒu shì de zhēnxiàng / *show oneself in one's true* ～s 露出真面目 lùchū zhēn miànmù / *with flying* ～s 出色地 chūsè de

colour-blind *adj* 色盲的 sèmáng de: *a* ～ *person* 一个患色盲症的人 yíge huàn sèmángzhèng de rén

coloured **I** *adj* (1) 带颜色的 dài yánsè de; 有色的 yǒusè de: *cream* ～ 奶油色的 nǎiyóusè de / *flesh* ～ 肉色的 ròusè de (2) 有色人种的(尤指黑人的) yǒusè rénzhǒng de (yóu zhī hēirén de) (3) 混血种的(尤指非纯白色的) hùnxuèzhǒng de (yóu zhī fēi chúnbáisè de) **II** *n* 有色人种的人(尤指黑人) yǒusè rénzhǒng de rén (yóu zhī hēirén); 混血儿 hùnxuè'ér // ～ *pencil* 彩色铅笔 cǎisè qiānbǐ

colourful *adj* (1) 色彩丰富的 sècǎi fēngfù de; 艳丽(形) yànlì: *a* ～ *scene* 绚丽的景色 xuànlì de jǐngsè / *a bird with* ～ *wings* 羽毛美丽的鸟 yǔmáo měilì de niǎo (2) 丰富多彩的 fēngfùduōcǎi de, 非常生动的 fēicháng shēngdòng de: *a* ～ *language* 丰富的语言 fēngfù de yǔyán / *lead a* ～ *life* 过着丰富多彩的生活 guòzhe fēngfùduōcǎi de shēnghuó

colourless *adj* (1) 无色的 wúsè de (2) 苍白(形) cāngbái (3) 无趣味的 wú qùwèi de, 不生动的 bù shēngdòng de

column *n* (1) 柱子(名) zhùzi, 圆柱(名) yuánzhù: *a* ～ *of smoke* 烟柱 yānzhù (2) 纵队(名) zòngduì: *a single* ～ 一路纵队 yílù zòngduì / *the fifth* ～ 第五纵队 dìwǔ zòngduì (3) 专栏(名) zhuānlán: *literary* ～s 文艺专栏 wényì zhuānlán / *the advertising* ～s 广告栏 guǎnggàolán (4) 列(量) liè; 竖行(名) shùháng: *add up a long* ～ *of figures* 把长长的一行数字加起来 bǎ chángcháng de yìháng shùzì jiāqilai

columnist *n* 报刊专栏作者 bàokān zhuānlán zuòzhě

coma *n* 昏迷(动) hūnmí

comb **I** *n* (1) 梳子(名) shūzi: *a wooden* ～ 一把木梳 yìbǎ mùshū (2) 梳(动) shū; 梳头 shūtóu (3) 冠子

（名）guānzi **II** v（1）梳（动）shū, 梳理（动）shūlǐ（2）彻底搜查 chèdǐ sōuchá

combat **I** n 战斗（名、动）zhàndòu; 格斗（动）gédòu; 斗争（名、动）dòuzhēng **II** v 搏斗（动）bódòu, 斗争（动）dòuzhēng, 反对（动）fǎnduì: ~ *with wind and waves* 和风浪搏斗 hé fēnglàng bódòu / ~ *disease* 和疾病作斗争 hé jíbìng zuò dòuzhēng

combination n（1）联合（动）liánhé, 结合（动）jiéhé; 结合体（名）jiéhétǐ, 联合体（名）liánhétǐ: *in* ~ *with* 与...联合 yǔ...liánhé / *enter into* ~ *with* 与...结合在一起 yǔ...jiéhé zài yìqǐ（2）暗码锁的暗码 ànmǎsuǒ de ànmǎ // ~ *lock* 暗码锁 ànmǎsuǒ

combine **I** v（1）结合（动）jiéhé; 联合（动）liánhé; 组合（动）zǔhé: ~ *theory with practice* 把理论和实践结合起来 bǎ lǐlùn hé shíjiàn jiéhéqǐlai（2）兼备（动）jiānbèi, 兼有（几种性质、功能等）（动）jiānyǒu（jǐzhǒng xìngzhì, gōngnéng děng）: ~ *ability and character* 德才兼备 décáijiānbèi / *a* ~ *d bridge* 铁路公路两用桥 tiělù gōnglù liǎngyòng qiáo（3）化合（动）huàhé **II** n（1）联合收割机（名）liánhéshōugējī（2）联合（动）liánhé; 联合企业 liánhé qǐyè

come **I** v（1）来（动）lái; 到...来 dào..lái（2）去（动）qù; 到....去 dào...qù（3）发生（动）fāshēng; 产生（动）chǎnshēng（4）来自 láizì; 出生在 chūshēng zài（5）出现（动）chūxiàn（6）达到（动）dádào; 到达（动）dàodá; 来到（动）láidào（7）终于（副）zhōngyú; 开始（动）kāishǐ **II** int 喂（叹）wèi; 得啦 déla // ~ *about* 发生 fāshēng / ~ *across*（1）越过 yuèguò, 掠过 lüèguò（2）碰见 pèngjiàn; 发现 fāxiàn / ~ *after* 跟在后面 gēnzài hòumian / ~ *along*（1）来 lái（2）发展 fāzhǎn; 进行 jìnxíng / ~ *back* 回来 huílai / ~ *before* 在...之前 zài... zhīqián / ~ *by*（1）走过 zǒuguò（2）

弄到 nòngdào / ~ *down*（1）下来 xiàlai（2）倒塌 dǎotā（3）败落 bàiluò, 没落 mòluò（4）垂下 chuíxià（5）流传下来 liúchuánxiàlai: *folk tales that have* ~ *down to us* 流传下来的民间故事 liúchuánxiàlai de mínjiān gùshi（6）降价 jiàngjià; 下降 xiàjiàng / ~ *forth* 涌现 yǒngxiàn / ~ *home*（1）回家 huíjiā（2）被认识到 bèi rènshidào / ~ *in*（1）进来 jìnlai（2）涨 zhǎng（3）获得 huòdé / ~ *into*（1）进入 jìnrù; 开始（动）kāishǐ: ~ *into fashion* 流行起来 liúxíngqilai（2）得到 dédào: ~ *into power* 当权 dāngquán（3）继承 jìchéng / ~ *near*（1）走近 zǒujìn（2）赶得上 gǎn de shàng: ~ *near the world standard* 赶得上世界水平 gǎn de shàng shìjiè shuǐpíng（3）差一点儿 chàyìdiǎnr, 几乎 jīhū: ~ *near being run over* 差一点儿被轧着 chàyìdiǎnr bèi yàzhao / ~ *of* 由...引起 yóu... yǐnqǐ / ~ *off*（1）离开 líkāi: ~ *off work* 下班 xiàbān（2）举行 jǔxíng（3）成功 chénggōng（4）掉 diào, 脱落 tuōluò / ~ *on*（1）跟着来 gēnzhe lái（2）开始 kāishǐ, 来临 láilín（3）生成 shēngchéng（4）上演 shàngyǎn / ~ *out*（1）出来 chūlai（2）长出 zhǎngchū（3）传出 chuánchū（4）出版 chūbǎn（5）结果是 jiéguǒ shì; 表现 biǎoxiàn: ~ *out first* 得第一名 dé dìyīmíng（6）弄掉 nòngdiào; 退色 tuìshǎi / ~ *over* 过来 guòlai; 从远处来 cóng yuǎnchù lái / ~ *round*（1）访问 fǎngwèn（2）绕道来 ràodào lái: ~ *round along the side of the lake* 绕湖边过来 rào húbiān guòlai（3）来到 láidào（4）苏醒 sūxǐng / ~ *through* 经历 jīnglì / ~ *to*（1）共计 gòngjì; 达到 dádào（2）达到...地步 dádào... dìbù; 得到...结果 dédào... jiéguǒ: *If it* ~ *s to that*,....假如事情真到那种地步的话,... Jiǎrú shìqing zhēn dào nàzhǒng dìbù de huà,... / ~ *to an understanding* 达成谅解 dáchéng liàngjiě / ~ *to a decision* 作出决定

zuòchū juédìng / ~ to a stop 停止 tíngzhǐ (中断 zhōngduàn) / ~ to one-self 苏醒过来 sūxǐngguolai / ~ true 实现 shíxiàn / ~ up (1) 走近 zǒujìn (2) 上来 shànglai; 上楼 shàng lóu (3) 长出 zhǎngchū (4) 提出 tíchū (5) 达到 dádào: ~ up to standard 达到标准 dádào biāozhǔn / ~ what may 不管怎样 bùguǎn zěnyàng, 不论发生什么情况 búlùn fāshēng shénme qíngkuàng

comedian n 喜剧演员 xǐjù yǎnyuán

comedy n (1) 喜剧 (名) xǐjù; 喜剧作品 xǐjù zuòpǐn (2) 喜剧场面 xǐjù chǎngmiàn; 喜剧性事件 xǐjùxìng shìjiàn

comely adj 好看 (形) hǎokàn; 清秀 (形) qīngxiù; 美丽 (形) měilì: a ~ girl 一个美丽的姑娘 yíge měilì de gūniang

comet n 彗星 (名) huìxīng

comfort I n (1) 安慰 (动) ānwèi; 带来安慰的人 (或事) dàilai ānwèi de rén (huò shì) (2) 舒适 (形) shūshì, 安逸 (形) ānyì II v 安慰 (动) ānwèi

comfortable adj 舒适 (形) shūshì, 舒服 (形) shūfu; 安逸 (形) ānyì; 愉快 (形) yúkuài: a ~ chair 一把舒适的椅子 yìbǎ shūshì de yǐzi

comfortably adv 愉快地 yúkuài de; 舒适地 shūshì de, 舒服地 shūfu de: a car that seats 6 people ~ 一辆能够舒适地坐下六个人的小汽车 yíliàng nénggòu shūshì de zuòxià liùge rén de xiǎo qìchē

comic I adj (1) 喜剧的 xǐjù de: ~ writers 喜剧作家 xǐjù zuòjiā / a ~ strip (报刊上的) 连环漫画 (bàokān shang de) liánhuán mànhuà (2) 滑稽 (形) huájī, 可笑 (形) kěxiào: a ~ song 滑稽歌曲 huájī gēqǔ II n (1) 喜剧演员 xǐjù yǎnyuán (2) 连环漫画 liánhuán mànhuà

comma n 逗号 (名) dòuhào, 逗点儿 (名) dòudiǎnr: add a ~ 加逗号 jiā dòuhào / inverted ~s 引号 yǐnhào

command I v (1) 指挥 (动) zhǐhuī, 统

率 (动) tǒngshuài: ~ the country's armed forces 统率全国武装力量 tǒngshuài quánguó wǔzhuāng lìliang (2) 命令 (动) mìnglìng (3) 控制 (动) kòngzhì; 拥有 (动) yōngyǒu: ~ a strategic position 控制战略要地 kòngzhì zhànlüè yàodì (4) 俯瞰 (动) fǔkàn II n (1) 指挥 (名) zhǐhuī; 指挥权 (名) zhǐhuīquán, 统率 (动) tǒngshuài (2) 命令 (动) mìnglìng: give a ~ 下命令 xià mìnglìng (3) 运用能力 yùnyòng nénglì; 掌握 (动) zhǎngwò // a ~ car 指挥车 zhǐhuīchē / at ~ 可以自由使用 kěyǐ zìyóu shǐyòng

commander n 指挥员 (名) zhǐhuī-yuán; 指挥官 (名) zhǐhuīguān; 司令员 (名) sīlìngyuán: a battalion ~ 营长 yíngzhǎng

commander-in-chief n 总司令 (名) zǒngsīlìng

commandment n 戒律 (名) jièlǜ; 圣训 (名) shèngxùn: the Ten C ~s 基督教十诫 Jīdūjiào shíjiè

commemorate v 纪念 (动) jìniàn

commence v 开始 (动) kāishǐ

commencement n (1) 开始 (动) kāishǐ; 开端 (名) kāiduān (2) 毕业典礼 bìyè diǎnlǐ

commend v (1) 托付 (动) tuōfù (2) 称赞 (动) chēngzàn, 表扬 (动) biǎoyáng

comment I n (1) 注释 (名) zhùshì: add ~s or explanations 加注释或说明 jiā zhùshì huò shuōmíng (2) 评论 (名) pínglùn, 议论 (名) yìlùn II v (1) 注释 (动) zhùshì: ~ on a text 注释原文 zhùshì yuánwén (2) 评论 (动) pínglùn, 议论 (动) yìlùn

commentary n (1) 注释 (名) zhùshì (2) 评论 (名) pínglùn; 批评 (名) pīpíng; 解说 (动) jiěshuō: a broadcast ~ on a football match 足球比赛的广播解说 zúqiú bǐsài de guǎngbō jiěshuō

commentator n (1) 注释者 (名) zhùshìzhě (2) 时事评论员 shíshì

pínglùnyuán; 解说员（名）jiěshuō-
yuán: *a radio ~* 电台的时事评论员
diàntái de shíshì pínglùnyuán

commerce *n* 商业（名）shāngyè, 贸易
（名）màoyì

commercial **I** *adj* 商业的 shāngyè de;
营利的 yínglì de; 以营利为目的的 yǐ
yínglì wéi mùdì de: *a ~ town* 商业城
镇 shāngyè chéngzhèn **II** *n* 广告节目
guǎnggào jiémù: *~s following the
sports programme* 体育节目后的广告
节目 tǐyù jiémù hòu de guǎnggào jiémù

commission **I** *n* (1) 委任（动）wěirèn,
委托（动）wěituō; 授权 shòuquán; 交
办的事 jiāobàn de shì (2) 委任状（名）
wěirènzhuàng, 任职令（名）rènzhílìng:
get one's ~ 得到军官职衔 dédào
jūnguān zhíxián (3) 委员会（名）
wěiyuánhuì; 调查团（名）diàochátuán:
~ of inquiry 调查委员会 diàochá
wěiyuánhuì (4) 犯法 fànfǎ, 违犯（动）
wéifàn: *~of a crime* 犯罪 fànzuì (5)
佣金（名）yòngjīn, 手续费（名）
shǒuxùfèi, 服务费（名）fúwùfèi: 5%
~ 百分之五的服务费 bǎifēn zhī wǔ
de fúwùfèi **II** *v* 任命（动）rènmìng; 授
权（动）shòuquán; 委托（动）wěituō //
in ~ 可以使用 kěyǐ shǐyòng / *out of
~* 待修的 dàixiū de, 不能使用
bùnéng shǐyòng

commit *v* (1) 犯（动）fàn, 干（动）
gàn: *~ a crime* 犯罪 fànzuì / *~ an
error* 犯错误 fàn cuòwù / *~ robbery*
犯抢劫罪 fàn qiǎngjié zuì (2) 托付
（动）tuōfù; 提交（动）tíjiāo: *~ a
matter to an inquiry* 把一件事提交调
查 bǎ yíjiàn shì tíjiāo diàochá (3) 判处
（动）pànchǔ; 收监 shōujiān: *~ sb. to
prison* 把某人收监 bǎ mǒu rén
shōujiān / *~ sb. to 5 years' imprison-
ment* 判处某人五年徒刑 pànchǔ mǒu
rén wǔnián túxíng (4) 作出保证
zuòchū bǎozhèng; 承担义务 chéngdān
yìwù // *~ sth. to memory* 记住 jìzhù
/ *~ sth. to paper* 把...写下来
bǎ...xiěxialai

committee *n* 委员会（名）wěiyuánhuì:
an executive ~ 执行委员会 zhíxíng
wěiyuánhuì / *a standing ~* 常务委员
会 chángwù wěiyuánhuì

commodity *n* 日用品（名）rìyòngpǐn;
商品（名）shāngpǐn: *household com-
modities* 家庭日用品 jiātíng rìyòngpǐn

common *adj* (1) 公共（形）gōnggòng,
共有的 gòngyǒu de, 共同（形）
gòngtóng (2) 普通（形）pǔtōng; 常见
的 chángjiàn de: *~ knowledge*（某范
围内的）普通知识（mǒu fànwéi nèi de）
pǔtōng zhīshi / *the ~ people* 普通人
pǔtōng rén（老百姓 lǎobǎixìng）/ *a
saying* 俗话 súhuà / *a ~ disease* 常见
病 chángjiànbìng (3) 低劣（形）dīliè;
粗俗（形）cūsú: *a ~make of goods* 劣
等货 lièděng huò // *in ~* 共同
gòngtóng, 共通 gòngtóng / *~ sense* 常
识 chángshí; 常情 chángqíng / *the
C~ Market* 欧洲共同市场 Ōuzhōu
Gòngtóng Shìchǎng / *the House of
C~s* 众议院 Zhòngyìyuàn, 下院
Xiàyuàn

commonplace *adj* 平淡（形）píngdàn,
平常（形）píngcháng; 陈腐（形）
chénfǔ: *a ~ remark* 老生常谈
lǎoshēngchángtán

commonwealth *n* 联邦（名）liánbāng:
the British C~ of Nations 英联邦
Yīng Liánbāng / *the C~ of Australia*
澳大利亚联邦 Àodàlìyà Liánbāng

commune *n* 公社（名）gōngshè: *the
Paris C~* 巴黎公社 Bālí Gōngshè

communicate *v* (1) 传达（动）
chuándá, 传递（动）chuándì: *~ news*
传递消息 chuándì xiāoxi (2) 传染
（动）chuánrǎn: *~ a disease* 传染疾病
chuánrǎn jíbìng (3) 通信 tōng xìn; 联
系（名）liánxì: *~ with a person* 与人
通信 yǔ rén tōngxìn / *~ by telegram*
用电报联系 yòng diànbào liánxì (4)
相通（动）xiāngtōng: *2 communicat-
ing rooms* 两个相通的房间 liǎngge
xiāngtōng de fángjiān

communication *n* (1) 传播（动）

chuánbō; 交际（名、动）jiāojì; 交换（动）jiāohuàn; 通讯（名）tōngxùn（2）交通（名）jiāotōng; 联系（名、动）liánxì: *a means of* ~ 交通工具 jiāotōng gōngjù

communiqué *n* 公报（名）gōngbào: *a press* ~ 新闻公报 xīnwén gōngbào

communism *n* 共产主义（名）gòngchǎnzhǔyì

communist I *n* 共产主义者（名）gòngchǎnzhǔyìzhě; 共产党员（名）gòngchǎndǎngyuán II *adj* 共产主义的 gòngchǎnzhǔyì de: *the international ~ movement* 国际共产主义运动 guójì gòngchǎnzhǔyì yùndòng / *C~ Party* 共产党 Gòngchǎndǎng

community *n*（1）团体（名）tuántǐ; 社会（名）shèhuì; 共同体（名）gòngtóngtǐ: *a religious* ~ 宗教团体 zōngjiào tuántǐ / *the welfare of the* ~ 社会福利 shèhuì fúlì / *the European C~* 欧洲共同体 Ōuzhōu Gòngtóngtǐ（2）同一地区的全体居民 tóng yí dìqū de quántǐ jūmín: *the Chinese ~ in New York* 纽约的华人社会 Niǔyuē de Huárén shèhuì（3）共有 gòng yǒu, 一致（形）yízhì: ~ *of land* 土地的共有 tǔdì de gòng yǒu / ~ *of ideas* 思想一致 sīxiǎng yízhì

commute *v*（1）变换（动）biànhuàn; 交换（动）jiāohuàn: ~ *foreign currency to domestic currency* 把外币换成本国货币 bǎ wàibì huànchéng běnguó huòbì（2）改变方式 gǎibiàn fāngshì: ~ *imprisonment into a fine* 改监禁为罚款 gǎi jiānjìn wéi fákuǎn（3）减刑 jiǎnxíng（4）乘车往返 chéng chē wǎngfǎn, 乘车上下班 chéng chē shàng xià bān

commuter *n*（1）交换者（名）jiāohuànzhě（2）使用月票者 shǐyòngyuèpiàozhě

compact[1] I *adj*（1）紧密（形）jǐnmì; 结实（形）jiēshi: *a ~ bundle of clothes* 捆得很结实的一包衣物 kǔn de hěn jiēshi de yìbāo yīwù（2）文体简洁的

wéntǐ jiǎnjié de; 紧凑（形）jǐncòu II *v* 使紧密 shǐ jǐnmì; 使结实 shǐ jiēshi

compact[2] *n* 契约（名）qìyuē; 合同（名）hétong

companion *n*（1）同伴（名）tóngbàn; 伴侣（名）bànlǚ, 朋友（名）péngyou: *my ~ s on the journey* 我的旅伴儿 wǒ de lǚbànr / *a faithful* ~ 一个忠实的伴侣 yíge zhōngshí de bànlǚ / ~ *s in misfortune* 患难朋友 huànnàn péngyou（2）成对物之一 chéngduìwù zhī yī（3）指南（名）zhǐnán, 手册（名）shǒucè（4）雇用的伴儿 gùyòng de bànr

companionship *n*（1）伴侣关系 bànlǚ guānxì; 友谊（名）yǒuyì（2）一群同伴 yìqún tóngbàn

company *n*（1）交往（名）jiāowǎng; 陪伴（动）péibàn（2）客人（名）kèren; 朋友（名）péngyou: *invite ~ to tea* 请客人喝茶 qǐng kèren hē chá（3）一群 yìqún, 一伙 yìhuǒ: *a ~ of students* 一群学生 yìqún xuésheng / *a theatrical* ~ 剧团 jùtuán / *a ship's* ~ 全体船员 quántǐ chuányuán（4）公司（名）gōngsī（5）连（名）lián, 连队（名）liánduì: *a ~ commander* 连长 liánzhǎng // *fall into* ~ 偶然结识 ǒurán jiéshí / *for* ~ 陪伴 péibàn / *keep sb.* ~ 给某人作伴 gěi mǒu rén zuòbàn / *part* ~ 分手 fēnshǒu

comparable *adj* 可相比的 kě xiāngbǐ de

comparative *adj*（1）比较的 bǐjiào de: *the ~ degree* 比较级 bǐjiàojí（2）相当（形、副）xiāngdāng

compare *v*（1）比（动）bǐ, 比较（动）bǐjiào, 相比（动）xiāngbǐ; 对照（动）duìzhào: ~ *the translation with the original* 拿译文与原文对照 ná yìwén yǔ yuánwén duìzhào（2）比喻（动）bǐyù, 比作（动）bǐzuò: ~ *eloquence to fast-flowing river* 把滔滔不绝的讲话比作湍急的流水 bǎ tāotāobùjué de jiǎnghuà bǐzuò tuānjí de liúshuǐ

comparison *n* 相比（动）xiāngbǐ, 比较（动）bǐjiào // *bear ~ with* 比得上 bǐ de shàng/ *beyond* ~ 无 与 伦 比 wúyǔlúnbǐ/ *by* ~ 比较起来 bǐjiàoqǐlai / *in* ~ *with* 同... 比 起 来 tóng... bǐqǐlai

compass *n* (1) 罗盘(名) luópán, 指南针(名) zhǐnánzhēn: *a mariner's* ~ 航海罗盘 hánghǎi luópán (2) 圆规(名) yuánguī: *a pair of* ~*es* 一副圆规 yífù yuánguī (3) 范围(名) fànwéi: *in a small* ~ 在 小 范围 内 zài xiǎo fànwéinèi/ *beyond the* ~ *of the human mind* 超出人类智力范围 chāochū rénlèi zhìlì fànwéi

compassion *n* 同情(动) tóngqíng; 怜悯(动) liánmǐn

compatriot Ⅰ *n* 同一国人 tóng yìguó rén, 同胞(名) tóngbāo Ⅱ *adj* 同国的 tóngguó de

compel *v* 强迫(动) qiǎngpò, 逼迫(动) bīpò, 迫使(动) pòshǐ

compensate *v* 赔偿(动) péicháng; 补偿(动) bǔcháng; 酬报(动) chóubào: ~ *according to the cost* 照价赔偿 zhào jià péicháng

compensation *n* (1) 赔偿(动) péicháng; 补偿(动) bǔcháng: ~ *for damage* 损害赔偿 sǔnhài péicháng/ ~ *method* 补偿法 bǔchángfǎ/ ~ *balance* 补偿平衡 bǔcháng pínghéng (2) 报酬(名) bàochou; 工资(名) gōngzī

compete *v* 比赛(动) bǐsài; 竞争(动) jìngzhēng

competence *n* 能力(名) nénglì; 胜任(动) shèngrèn

competent *adj* (1) 能胜任的 néng shèngrèn de, 有能力的 yǒu nénglì de: ~ *to do teaching work* 能胜任教学工作 néng shèngrèn jiàoxué gōngzuò (2) 令人满意的 lìng rén mǎnyì de

competition *n* 比赛(名) bǐsài; 竞争(动) jìngzhēng: *trade* ~ *between countries* 国际间的贸易竞争 guójìjiān de màoyì jìngzhēng

competitive *adj* 竞争的 jìngzhēng de; 竞赛的 jìngsài de: ~ *bidding system* 招标制 zhāobiāozhì/ ~ *examination* 竞争性考试 jìngzhēngxìng kǎoshì

compile *v* 编(动) biān; 编辑(动) biānjí; 编制(动) biānzhì: ~ *teaching materials* 编写教材 biānxiě jiàocái/ ~ *a dictionary* 编辑字典 biānjí zìdiǎn/ ~ *a budget* 编制预算 biānzhì yùsuàn

complacent *adj* 自满(形) zìmǎn; 得意(形) déyì: *the winner's* ~ *smile* 胜利者得意的微笑 shènglìzhě déyì de wēixiào

complain *v* (1) 抱怨(动) bàoyuàn; 发牢骚 fā láosao; 提意见 tí yìjiàn (2) 控诉(动) kòngsù; 控告(动) kònggào; 申诉(动) shēnsù

complaint *n* (1) 抱怨(动) bàoyuàn; 诉苦 sùkǔ; 意见(名) yìjiàn (2) 疾病(名) jíbìng: *a heart* ~ 心脏病 xīnzàngbìng

complement Ⅰ *n* (1) 补足物(名) bǔzúwù; 补语(名) bǔyǔ (2) 船上的定员 chuánshang de dìngyuán; 定额装备 dìng'é zhuāngbèi (3) 血清中的补体 xuèqīng zhōng de bǔtǐ, 防御素(名) fángyùsù Ⅱ *v* 补充(动) bǔchōng; 补足(动) bǔzú

complete Ⅰ *adj* (1) 完全(形) wánquán, 全部(形) quánbù; 完整(形) wánzhěng: *a* ~ *stranger* 素不相识的人 sùbùxiāngshí de rén/ ~ *recovery* 痊愈 quányù (2) 完成的 wánchéng de Ⅱ *v* 完成(动) wánchéng

completely *adv* 完全地 wánquán de; 彻底地 chèdǐ de

complex Ⅰ *adj* 复杂(形) fùzá; 合成的 héchéng de: *a* ~ *sentence* 复合句 fùhéjù/ *a* ~ *situation* 复杂的形势 fùzá de xíngshì Ⅱ *n* (1) 综合物 zōnghé wù: *a housing* ~ 住宅群 zhùzhái qún (2) 联合企业 liánhé qǐyè: *an iron and steel* ~ 钢铁联合企业 gāngtiě liánhé qǐyè

complexion *n* (1) 面色(名) miànsè; 肤色(名) fūsè: *a pale* ~ 苍白的面色 cāngbái de miànsè (2) 情况(名) qíngkuàng, 局面(名) júmiàn

complicate *v* 使复杂 shǐ fùzá, 使麻烦

shǐ máfan

complicated *adj* 复杂(形) fùzá; 麻烦
(形) máfan

complication *n* (1) 纠纷 (名) jiūfēn：
~ *s between 2 countries* 两国之间的纠
纷 liǎngguó zhījiān de jiūfēn (2) 并发
症(名) bìngfāzhèng：*a ~ of diseases*
并发症 bìngfāzhèng (3) 新问题 xīn
wèntí：*cause ~ s* 节外生枝
jiéwàishēngzhī

compliment **I** *n* (1) 恭维话 gōngwei
huà; 赞美的话 zànměi de huà; 敬意
(名) jìngyì：*pay sb. a ~ on his work*
赞扬某人的工作 zànyáng mǒu rén de
gōngzuò (2) 问候(动) wènhòu; 祝贺
(动) zhùhè **II** *v* 赞美(动) zànměi, 称
赞(动) chēngzàn

comply *v* 照办(动) zhàobàn, 服从
(动) fúcóng, 遵从(动) zūncóng

component **I** *adj* 组成的 zǔchéng de;
成分的 chéngfèn de：~ *part* 组成部
分 zǔchéng bùfen **II** *n* 成分 (名)
chéngfèn：*separate a medicine into its
~ s* 从药物中分解出各种成分 cóng
yàowù zhōng fēnjiěchū gèzhǒng
chéngfèn

compose *v* (1) 组成(动) zǔchéng, 构
成(动) gòuchéng (2) 创作(动)
chuàngzuò; 作曲 zuò qǔ：~ *a poem* 作
诗 zuò shī (3) 镇静(形) zhènjìng, 镇
定(形) zhèndìng

composition *n* (1) 作曲 zuò qǔ (2) 作
品(名) zuòpǐn; 作文(名) zuòwén：
write a ~ 写一篇作文 xiě yìpiān
zuòwén (3) 合成(动) héchéng, 组成
(动) zǔchéng; 成分(名) chéngfèn; 混
合物(名) hùnhéwù

composure *n* 镇静(形) zhènjìng, 镇定
(形) zhèndìng, 沉着(形) chénzhuó

compound **I** *n* (1) 混合物 (名)
hùnhéwù; 化合物(名) huàhéwù; 合成
品(名) héchéngpǐn (2) 复合词(名)
fùhécí **II** *v* (1) 使混合 shǐ hùnhé; 使
合成 shǐ héchéng：~ *a medicine* 配药
pèi yào/ *a cake ~ ed of the best ingre-
dients* 用最好的配料制成的糕饼 yòng

zuì hǎo de pèiliào zhìchéng de gāobǐng
(2) 增加(动) zēngjiā; 严重化(动)
yánzhònghuà; 复杂化(动) fùzáhuà

comprehend *v* (1) 了解(动) liǎojiě;
领悟 (动) lǐngwù (2) 包括(动)
bāokuò; 包含(动) bāohán

comprehension *n* (1) 理解(动) lǐjiě;
理解力(名) lǐjiělì：*listening ~* 听力
tīnglì/ *my shallow ~* 我的肤浅理解
wǒ de fūqiǎn lǐjiě (2) 包含 (动)
bāohán：*a term of wide ~* 含义广泛
的词语 hányì guǎngfàn de cíyǔ

comprehensive *adj* 广泛 (形)
guǎngfàn; 全面(形) quánmiàn; 综合
性的 zōnghéxing de：*a ~ survey* 全面
调查 quánmiàn diàochá/ *~ school* (英
国的) 综合学校 (中学) (yīngguó de)
zōnghé xuéxiào (zhōngxué)

compress *v* 压缩(动) yāsuō; 提炼
(动) tíliàn; 使简练 shǐ jiǎnliàn：~ *ed
air* 压缩空气 yāsuō kōngqì/ *~ cotton
into bales* 把棉花打成包 bǎ miánhua
dǎchéng bāo

comprise *v* 包含(动) bāohán, 包括
(动) bāokuò; 由...组成 (构成)
yóu...zǔchéng(gòuchéng)

compromise **I** *n* (1) 妥协(动) tuǒxié;
和解(动) héjiě; 折衷的办法 zhézhōng
de bànfǎ (2) 遭到损害 zāodào sǔnhài：
a ~ of one's good name 好名声遭到
损害 hǎo míngshēng zāodào sǔnhài **II**
v (1) 妥协(动) tuǒxié, 让步 ràngbù
(2) 使遭到损害 shǐ zāodào sǔnhài

compulsion *n* 强迫(动) qiǎngpò; 强制
(动) qiángzhì

compulsory *adj* 强迫的 qiǎngpò de, 强
制的 qiángzhì de; 义务的 yìwù de：*a
~ subject* 必修科目 bìxiū kēmù /~
means 强制手段 qiángzhì shǒuduàn/ *a
~ education* 义务教育 yìwù jiàoyù/ *a
~ service system* 义务兵役制 yìwù
bīngyìzhì

compute **I** *v* (1) 计算(动) jìsuàn：*a
computing centre* 计算中心 jìsuàn
zhōngxīn/ *~ the cost of our trip* 计算
我们的旅费 jìsuàn wǒmen de lǚfèi (2)

估计(动) gūjì **II** *n* 计算(动) jìsuàn; 估计(动) gūjì

computer *n* 计算机(名) jìsuànjī, 电子计算机 diànzǐ jìsuànjī: ~ *language* 电子计算机语言 diànzǐ jìsuànjī yǔyán / *notebook* ~ 笔记本电脑 bǐjìběndiànnǎo

comrade *n* 同志(名) tóngzhì; 伙伴(名) huǒbàn: *C*~ *Zhang* 张同志 Zhāng tóngzhì/ *his* ~*s in battle* 他的战友 tā de zhànyǒu

concave *adj* 凹的 āode; 凹面的 āomiàn de: *a* ~ *lens* 凹透镜 āotòujìng

conceal *v* 隐藏(动) yǐncáng; 隐瞒(动) yǐnmán

concede *v* (1) 承认(动) chéngrèn (2) 容许(动) róngxǔ (3) 让步 ràngbù

conceit *n* 自负(形) zìfù, 骄傲自满 jiāo'ào zìmǎn; 自大(形) zìdà: *a girl inflated with* ~ 一个傲气十足的女孩子 yígè àoqì shízú de nǚháizi

conceive *v* (1) 想出 xiǎngchū; 想象(动) xiǎngxiàng, 设想(动) shèxiǎng (2) 怀孕 huáiyùn; 抱有(动) bàoyǒu: ~ *a prejudice* 抱有偏见 bàoyǒu piānjiàn (3)表达(动) biǎodá: *be* ~*d in plain words* 用简单的话表达出来 yòng jiǎndān de huà biǎodáchulai

concentrate **I** *v* (1) 集中(动) jízhōng; 聚集(动) jùjí: ~ *troops* 集结军队 jíjié jūnduì (2) 专心(形) zhuānxīn, 集中精神 jízhōng jīngshén (3) 浓缩(动) nóngsuō **II** *n* 浓缩物(名) nóngsuōwù: *orange juice* ~ 浓缩桔汁 nóngsuō júzhī

concentrated *adj* 集中起来的 jízhōngqilai de; 经过浓缩的 jīngguò nóngsuō de: ~ *gun fire* 集中的炮火 jízhōng de pàohuǒ/ ~ *food* 浓缩食品 nóngsuō shípǐn

concentration *n* (1) 集中(动) jízhōng: ~ *of troops in one place* 在一个地方集结军队 zài yíge dìfang jíjié jūnduì (2) 注意力集中 zhùyìlì jízhōng; 专心(形) zhuānxīn (3) 浓缩(动) nóngsuō

concept *n* 概念(名) gàiniàn; 观念(名) guānniàn, 思想(名) sīxiǎng

basic ~ 基本概念 jīběn gàiniàn

conception *n* (1) 构思(名) gòusī; 概念(名) gàiniàn; 理解(动) lǐjiě: *a clear* ~ 清晰的概念 qīngxī de gàiniàn (2) 怀孕 huáiyùn: ~ *control* 节制生育 jiézhì shēngyù

concern **I** *v* (1) 和...有关系 hé...yǒu guānxì (2) 关心(动) guānxīn, 挂念(动) guàniàn, 担心 dānxīn **II** *n* (1) 关系(名) guānxì; 有关系的事 yǒu guānxì de shì: *an important* ~ 要事 yàoshì (2) 关心(动) guānxīn, 担心 dānxīn; 忧虑(动) yōulǜ

concerning *prep* 关于(介) guānyú, 对于(介) duìyú

concert *n* (1) 音乐会(名) yīnyuèhuì (2) 一致(形) yízhì, 协力(动) xiélì, 一齐(形) yìqí // ~ *hall* 音乐厅 yīnyuètīng

concerto *n* 协奏曲(名) xiézòuqǔ: *a piano* ~ 钢琴协奏曲 gāngqín xiézòuqǔ

concession *n* (1) 让步 ràngbù: *make a* ~ *to public opinion* 向舆论让步 xiàng yúlùn ràngbù (2) 特许权(名) tèxǔquán (3) 租界(名) zūjiè, 租借地(名) zūjièdì

concise *adj* 简洁(形) jiǎnjié; 简明(形) jiǎnmíng

conclude *v* (1) 结束(动) jiéshù (2) 缔结(动) dìjié: ~ *a treaty* 缔约 dìyuē (3) 断定(动) duàndìng; 推断出 tuīduànchū

concluding *adj* 结束的 jiéshù de: *a* ~ *speech* 闭幕词 bìmùcí

conclusion *n* (1) 结束(动) jiéshù; 结尾(名) jiéwěi: *bring a matter to a speedy* ~ 使事情迅速结束 shǐ shìqíng xùnsù jiéshù (2) 结论(名) jiélùn (3) 缔结(动) dìjié // *in* ~ 最后 zuìhòu

concrete **I** *adj* 具体(形) jùtǐ; 有形的 yǒu xíng de: ~ *action* 具体行动 jùtǐ xíngdòng/ *a* ~ *noun* 具体名词 jùtǐ míngcí **II** *n* 混凝土(名) hùnníngtǔ: *a* ~ *mixer* 混凝土搅拌机 hùnníngtǔ jiǎobànjī/ *a* ~ *wall* 混凝土墙 hùnníngtǔ qiáng **III** *v* 用混凝土铺筑

yòng hùnníngtǔ pūzhù

concubine *n* 妾（名）qiè; 姘妇（名）pīnfù

condemn *v* (1) 谴责（动）qiǎnzé: *strongly ~ crimes of aggression* 强烈谴责侵略罪行 qiángliè qiǎnzé qīnlüè zuìxíng (2) 判处（动）pànchǔ (3) 宣布...不适用 xuānbù...bú shìyòng

condensation *n* (1) 凝结（动）níngjié: *the ~ of steam into water* 蒸气凝结成水 zhēngqì níngjiéchéng shuǐ (2) 缩略（动）suōlüè; 压缩（动）yāsuō: *a ~ of a popular novel* 一部畅销小说的缩本 yíbù chàngxiāo xiǎoshuō de suōběn

condense *v* (1) 压缩（动）yāsuō; 聚集（动）jùjí: *~ an essay* 压缩一篇文章 yāsuō yìpiān wénzhāng / *condensing lens* 聚光透镜 jùguāng tòujìng (2) 使凝结 shǐ níngjié: *~d milk* 炼乳 liànrǔ

condescend *v* (1) 屈尊（动）qūzūn (2) 堕落到做... duòluòdào zuò...: *~ to accept a bribe* 堕落到接受贿赂的地步 duòluòdào jiēshòu huìlù de dìbù (3) 以恩赐的态度对待别人 yǐ ēncì de tàidù duìdài biéren

condition I *n* (1) 条件（名）tiáojiàn: *natural ~s* 自然条件 zìrán tiáojiàn (2) 状况（名）zhuàngkuàng; 环境（名）huánjìng; 形势（名）xíngshì: *in favourable ~s* 在有利的形势下 zài yǒulì de xíngshì xià II *v* (1) 制约（动）zhìyuē, 限制（动）xiànzhì; 支配（动）zhīpèi (2) 调节（动）tiáojié: *~ the air of the workshop* 调节车间的空气 tiáojié chējiān de kōngqì (3) 使适应 shǐ shìyìng // *on ~ that* 如果 rúguǒ, 在...条件下 zài...tiáojiàn xià

conditional *adj* (1) 有条件的 yǒu tiáojiàn de (2) 引起条件反射的 yǐnqǐ tiáojiàn fǎnshè de: *~ reflex* 条件反射 tiáojiàn fǎnshè (3) 条件的 tiáojiàn de: *~ clause* 条件从句 tiáojiàn cóngjù // *be ~ upon* 在...条件下 zài...tiáojiàn xià

condole *v* 吊唁（动）diàoyàn, 哀悼（动）āidào; 慰问（动）wèiwèn: *~*

with sb . upon a misfortune 就某一不幸向某人表示慰问 jiù mǒu yì búxìng xiàng mǒu rén biǎoshì wèiwèn

conduct I *n* (1) 品行（名）pǐnxíng, 行为（名）xíngwéi, 表现（名）biǎoxiàn (2) 引导（动）yǐndǎo; 处理（动）chǔlǐ: *under the ~ of* 在...的引导下 zài...de yǐndǎoxià II *v* (1) 引导（动）yǐndǎo; 陪伴（动）péibàn; 指挥（动）zhǐhuī (2) 处理（动）chǔlǐ, 进行（动）jìnxíng

conductor *n* (1) 乐队指挥 yuèduì zhǐhuī; 指导者（名）zhǐdǎozhě; 管理人（名）guǎnlǐrén (2) 售票员（名）shòupiàoyuán

cone I *n* (1) 圆锥体（名）yuánzhuītǐ: *an ice-cream ~* 蛋卷冰淇淋 dànjuǎn bīngqílín (2) 锥面（名）zhuīmiàn (3) 圆锥形的东西 yuánzhuīxíng de dōngxi II *v* 使成锥形 shǐ chéng zhuīxíng

confectioner *n* 糖果点心制卖商 tángguǒ diǎnxīn zhìmàishāng

confectionery *n* (1) 糖果点心 tángguǒ diǎnxīn (2) 糖果点心店 tángguǒ diǎnxīn diàn (3) 甜食业 tiánshíyè

confederate I *v* 联合（动）liánhé; 结盟（动）jiéméng II *n* 同盟者（名）tóngméngzhě; 同谋（名）tóngmóu; 同伙（名）tónghuǒ III *adj* 同盟的 tóngméng de, 联合的 liánhé de

confederation *n* 联盟（名）liánméng, 联邦（名）liánbāng

confer *v* (1) 授予（动）shòuyǔ: *~ a title on sb .* 授予某人一个称号 shòuyǔ mǒu rén yíge chēnghào (2) 协商（动）xiéshāng, 交换意见 jiāohuàn yìjian

conference *n* (1) 讨论（动）tǎolùn, 会谈（动）huìtán: *~ table* 谈判桌 tánpànzhuō (2) 会议（名）huìyì: *a press ~* 记者招待会 jìzhě zhāodàihuì / *a ~ on educational work* 教育工作会议 jiàoyù gōngzuò huìyì / *disarmament ~* 裁军会议 cáijūn huìyì / *round table ~* 圆桌会议 yuánzhuō huìyì

confess *v* 供认（动）gòngrèn, 招认（动）zhāorèn, 坦白（动）tǎnbái, 交代

（动）jiāodài；承认（动）chéngrèn：~ one's guilt 认罪 rènzuì

confession n（1）招供 zhāogòng，供认（动）gòngrèn，坦白（动）tǎnbái，交代（动）jiāodài（2）供状（名）gòngzhuàng；自白书（名）zìbáishū

confide v（1）吐露秘密 tǔlù mìmì（2）信托(动)xìntuō，委托(动)wěituō

confidence n（1）信任（名、动）xìnrèn（2）信心（名）xìnxīn；把握（名）bǎwò（3）秘密（名）mìmì；知心话（名）zhīxīnhuà

confident adj 确信的 quèxìn de；有信心的 yǒu xìnxīn de；自信（形）zìxìn：a ~ manner 满怀信心的态度 mǎnhuái xìnxīn de tàidu

confidential adj（1）参与机密的 cānyù jīmì de；极受信任的 jí shòu xìnrèn de：a ~ secretary 机要秘书 jīyào mìshū（2）秘密的 mìmì de，机密的 jīmì de：a ~ order 一道密令 yídào mìlìng / a ~ document 一份机密文件 yífèn jīmì wénjiàn / ~ information 机密情报 jīmì qíngbào

configuration n 配置（动）pèizhì；设置（动）shèzhì；结构（名）jiégòu；外形 wàixing

confine I v（1）限制（动）xiànzhì（2）使闭门不出 shǐ bìménbùchū（3）分娩（动）fēnmiǎn，生小孩儿 shēng xiǎoháir II n 境界（名）jìngjiè；范围（名）fànwéi：within the ~s of one country 在一国范围内 zài yìguó fànwéinèi

confinement n（1）分娩（动）fēnmiǎn：a normal ~ 正常分娩 zhèngcháng fēnmiǎn / a difficult ~ 难产 nánchǎn（2）拘留（动）jūliú；监禁（动）jiānjìn：solitary ~ 单独监禁 dāndú jiānjìn

confirm v（1）（进一步）证实（动）(jìnyíbù) zhèngshí，（进一步）确定（动）(jìnyíbù) quèdìng，核实（动）héshí；使更坚定 shǐ gèng jiāndìng（2）使有效 shǐ yǒuxiào；批准（动）pīzhǔn

confiscate v 没收（动）mòshōu；充公（动）chōnggōng

conflict I n 战斗（名）zhàndòu；冲突（名、动）chōngtū；争执（名、动）zhēngzhí；矛盾（名）máodùn：~ of interest 利益冲突 lìyì chōngtū / a long-drawn-out ~ between employers and workers 劳资之间旷日持久的争执 láozī zhījiān kuàngrìchíjiǔ de zhēngzhí II v 抵触（动）dǐchù；矛盾（名）máodùn

conform v 使一致 shǐ yízhì，使符合 shǐ fúhé；使适合 shǐ shìhé；遵守（动）zūnshǒu

confound v（1）混淆（动）hùnxiáo，使思想混乱 shǐ sīxiǎng hùnluàn（2）使迷惑不解 shǐ míhuò bùjiě；使惊讶 shǐ jīngyà（3）该死 gāisǐ，可恶 kěwù：C~ it! 讨厌！Tǎoyàn！(该死的！Gāisǐ de!)

confront v（1）使面对 shǐ miànduì，使面临 shǐ miànlín；正视（动）zhèngshì（2）使对质 shǐ duìzhì，使对证 shǐ duìzhèng：~ the accused with his accuser 使被告和原告对质 shǐ bèigào hé yuángào duìzhì（3）比较（动）bǐjiào，使对照 shǐ duìzhào：conclusions which can be ~ed with experience 有经验作参照的推论 yǒu jīngyàn zuò cānzhào de tuīlùn（4）相对（动）xiāngduì

Confucian I adj 孔子的 Kǒngzǐ de；儒家的 Rújiā de II n 孔子的门徒 Kǒngzǐ de méntú；儒家（名）Rújiā

confuse v（1）弄错 nòngcuò；混淆（动）hùnxiáo（2）把...弄糊涂 bǎ...nòng hútu，迷惑（动）míhuò

confusion n（1）混乱（形）hùnluàn（2）混淆（动）hùnxiáo（3）慌乱（形）huāngluàn，困窘（形）kùnjiǒng，狼狈（形）lángbèi

congratulate v 祝贺（动）zhùhè，庆贺（动）qìnghè

congratulation n 祝贺（动）zhùhè，庆贺（动）qìnghè

congress n（1）代表大会 dàibiǎo dàhuì（2）国会（名）guóhuì

conjecture I n 猜测（动）cāicè，推测

（动）tuīcè **II** v 猜测（动）cāicè, 猜想
（动）cāixiǎng
conjunction n（1）结合（动）jiéhé, 联
合（动）liánhé（2）同时发生 tóngshí
fāshēng, 同处发生 tóngchù fāshēng: *a*
pleasing ~ of ability and beauty 才貌
双全 cáimàoshuāngquán（3）连词（名）
liáncí // *in ~ with* 与...协力 yǔ...
xiélì；与...连同 yǔ...liántóng
conjure v（1）祈求（动）qíqiú, 恳求
（动）kěnqiú（2）变魔术 biàn móshù：
~ a rabbit out of a hat 从帽子里变出
一只兔子来 cóng màozi li biànchū yìzhī
tùzi lai
connect v（1）连接（动）liánjiē, 连结
（动）liánjié（2）把...联系起来 bǎ...
liánxìqilai；给...接通电话 gěi...
jiētōng diànhuà（3）联想（动）
liánxiǎng, 和...有关系 hé...yǒu
guānxì：~ *the Antarctic Continent*
with ice and cold 一提起南极洲就联
想到冰天雪地 yìtíqǐ Nánjízhōu jiù
liánxiǎngdào bīngtiān xuědì
connection n 联系（名）liánxì, 关系
（名）guānxì；亲戚（名）qīnqi；连接
（动）liánjiē // *cut the ~* 割断联系
gēduàn liánxì / *in ~ with* 与....有
关 yǔ...yǒuguān, 关于 guānyú
connoisseur n 鉴赏家（名）
jiànshǎngjiā, 鉴定家（名）jiàndìngjiā；
行家（名）hángjia, 内行（名）nèiháng：
a ~ of painting 绘画鉴赏家 huìhuà
jiànshǎngjiā / *a ~ of music* 音乐鉴赏
家 yīnyuè jiànshǎngjiā
conquer v 征服（动）zhēngfú, 战胜
（动）zhànshèng；克服（动）kèfú：~
difficulties 克服困难 kèfú kùnnan
conquest n 征服（动）zhēngfú, 赢得
（动）yíngdé, 被征服的人（或东西）bèi
zhēngfú de rén（huò dōngxi）：*mental*
~ of disease 精神上战胜疾病 jīngshén
shang zhànshèng jíbìng
conscience n 良心（名）liángxīn：*have*
sth. on one's ~ 因为某事而内疚
yīnwei mǒu shì ér nèijiù
conscientious adj 认真（形）rènzhēn；

诚心诚意 chéngxīnchéngyì；谨慎（形）
jǐnshèn；凭良心做的 píng liángxīn zuò
de；尽责的 jìnzé de：*a ~ pupil* 一个
虔诚的门徒 yíge qiánchéng de méntú /
a ~ piece of work 精心之作 jīngxīn
zhī zuò
conscious adj（1）有意识的 yǒu yìshi
de, 意识到的 yìshidào de；自觉（形）
zìjué：~ *activity* 自觉的行为 zìjué de
xíngwéi（2）神志清醒的 shénzhì
qīngxǐng de, 有知觉的 yǒu zhījué de
consciousness n 意识（名）yìshi；知觉
（名）zhījué；觉悟（名）juéwù //
stream of ~ 意识流 yìshiliú
conscript **I** v 征募（动）zhēngmù, 征
兵 zhēngbīng **II** n 被征士兵 bèi zhēng
shìbīng
consecrate v 献（动）xiàn, 奉献（动）
fèngxiàn：~ *one's life to the poor* 为穷
苦人献身 wèi qióngkǔ rén xiànshēn
consecutive adj 连续的 liánxù de, 连
贯的 liánguàn de；顺序的 shùnxù de
consent **I** v 同意（动）tóngyì, 赞成
（动）zànchéng；答应（动）dāying **II** n
同意（动）tóngyì, 赞成（动）zànchéng；
答应（动）dāying：*the age of ~* 承诺
年龄 chéngnuò niánlíng
consequence n（1）结果（名）jiéguǒ,
后果（名）hòuguǒ；影响（名）
yǐngxiǎng（2）重要性（名）
zhòngyàoxìng // *in ~* 结果 jiéguǒ；因
此 yīncǐ/ *in ~ of* 因为...的缘故
yīnwei...de yuángù, 由于 yóuyú
consequent adj 随着发生的 suízhe
fāshēng de：*the rise in prices ~ upon*
crop failure 随着农作物歉收而发生的
物价上涨 suízhe nóngzuòwù qiànshōu
ér fāshēng de wùjià shàngzhǎng
conservation n（1）保存（动）bǎocún；
保护（动）bǎohù：*the ~ of soil and*
water 水土保持 shuǐtǔ bǎochí（2）守
恒（名）shǒuhéng；不灭 bùmiè：~ *of*
energy 能量守恒 néngliàng shǒuhéng
conservative **I** adj 保守（形）bǎoshǒu,
守旧（形）shǒujiù：*get rid of ~ ideas*
克服保守思想 kèfú bǎoshǒu sīxiǎng /

the C~ Party 保守党 Bǎoshǒudǎng **II** *n* 保守主义者（名）bǎoshǒuzhǔyìzhě，因循守旧的人 yīnxúnshǒujiù de rén

conserve *v* (1) 保存（动）bǎocún，保持（动）bǎochí：~ *one's forces* 保存实力 bǎocún shílì / ~ *one's strength* 养精蓄锐 yǎngjīngxùruì (2) 糖渍保存 tángzì bǎocún：~ *fruit* 制果酱 zhì guǒjiàng

consider *v* (1) 考虑（动）kǎolǜ，研究（动）yánjiū (2) 认为（动）rènwéi，以为（动）yǐwéi，把...当作 bǎ...dàngzuò (3) 考虑到 kǎolǜdào；体谅（动）tǐliàng

considerable *adj* 相当大的 xiāngdāng dà de，相当多的 xiāngdāng duō de：*a ~ number* 相当大的数目 xiāngdāng dà de shùmù / *a ~ income* 可观的收入 kěguān de shōurù

considerate *adj* 考虑周到的 kǎolǜ zhōudào de；体谅的 tǐliàng de

consideration *n* (1) 考虑（动）kǎolǜ；研究（动）yánjiū (2) 考虑的事情 kǎolǜ de shìqing；因素（名）yīnsù (3) 体谅（动）tǐliàng // *take into ~* 考虑到 kǎolǜdào

consist *v* (1) 由...组成 yóu...zǔchéng，由...构成 yóu...gòuchéng (2) 存在于 cúnzàiyú

consistent *adj* 一致（形）yízhì，连贯的 liánguàn de，始终如一的 shǐzhōngrúyī de：*a ~ policy* 一贯的政策 yíguàn de zhèngcè

consolation *n* 安慰（动）ānwèi，慰问（动）wèiwèn，慰藉（动）wèijiè，起安慰作用的人（或事）qǐ ānwèi zuòyòng de rén（huò shì）：*find ~ in one's work* 在工作中寻找安慰 zài gōngzuòzhōng xúnzhǎo ānwèi / *a ~ match* 安慰赛 ānwèisài / *a letter of ~* 慰问信 wèiwènxin

console *v* 安慰（动）ānwèi，慰问（动）wèiwèn；同情（动）tóngqíng：~ *a friend in grief* 在朋友忧伤时给以安慰 zài péngyou yōushāng shí gěiyi ānwèi / ~ *someone for a loss* 对某人

的损失表示同情 duì mǒu rén de sǔnshī biǎoshì tóngqíng

consolidate *v* (1) 巩固（动）gǒnggù，加强（动）jiāqiáng：~ *one's position* 巩固其地位 gǒnggù qí dìwèi (2) 合并（动）hébìng

consonant **I** *n* 辅音（名）fǔyīn；辅音字母 fǔyīn zìmǔ **II** *adj* 符合的 fúhé de，一致（形）yízhì

conspicuous *adj* 明显（形）míngxiǎn，显著（形）xiǎnzhù；惹人注目 rěrénzhùmù

conspiracy *n* 阴谋（名）yīnmóu；密谋（动）mìmóu；共谋（动）gòngmóu；谋反 móufǎn // ~ *of silence* 保持缄默的协定 bǎochí jiānmò de xiédìng

conspire *v* (1) 密谋（动）mìmóu；搞阴谋 gǎo yīnmóu (2) 协力促成 xiélì cùchéng；共同做 gòngtóng zuò

constable *n* (1) 警察（名）jǐngchá；警官（名）jǐngguān：*Chief C~* 警察局长 jǐngchá júzhǎng (2) 中世纪王室或贵族家庭的总管 zhōng shìjì wángshì huò guìzú jiātíng de zǒngguǎn；古城堡主 gǔchéngbǎozhǔ

constant *adj* (1) 经常（副）jīngcháng，不断的 búduàn de：~ *complaints* 不断抱怨 búduàn bàoyuàn (2) 坚定（形）jiāndìng；经久不变的 jīngjiǔ bú biàn de，永恒（形）yǒnghéng

constantly *adv* (1) 时常（副）shícháng，经常（副）jīngcháng (2) 不断（副）búduàn

constellation *n* 星座（名）xīngzuò；星宿（名）xīngxiù

constipation *n* 便秘（名）biànmì

constitute *v* (1) 构成（动）gòuchéng (2) 任命（动）rènmìng；指定（动）zhǐdìng

constitution *n* (1) 建立（动）jiànlì，设立（动）shèlì；组织（名、动）zǔzhī；组成（动）zǔchéng；构造（动）gòuzào (2) 体格（名）tǐgé，体质（名）tǐzhì：*build up a strong ~* 练出强健的体格 liànchū qiángjiàn de tǐgé / *an old person with a weak ~* 一个体质很弱的老

人 yíge tǐzhì hěn ruò de lǎorén（3）章程（名）zhāngchéng（4）宪法（名）xiànfǎ: *establish a ～* 制定宪法 zhìdìng xiànfǎ/ *a draft ～* 宪法草案 xiànfǎ cǎo'àn

construct *v*（1）建造（动）jiànzào，建筑（名、动）jiànzhù（2）创立（动）chuànglì；构思（动）gòusī；造句 zàojù

construction *n*（1）建造（动）jiànzào；建筑（名、动）jiànzhù；建设（动、名）jiànshè: *a ～ site* 建筑工地 jiànzhù gōngdì / *capital ～* 基本建设 jīběn jiànshè（2）建筑物（名）jiànzhùwù；结构（名）jiégòu: *a solid ～* 坚固的建筑物 jiāngù de jiànzhùwù / *ships of similar ～* 结构相似的船只 jiégòu xiāngsì de chuánzhī（3）句法关系 jùfǎ guānxì，句法结构 jùfǎ jiégòu；造句 zàojù（4）解释（名、动）jiěshì；意思（名）yìsi

constructor *n* 建造者（名）jiànzàozhě

consul *n* 领事（名）lǐngshì: *the British C～ in Berlin* 英国驻柏林领事 Yīngguó zhù Bólín lǐngshì

consulate *n*（1）领事馆（名）lǐngshìguǎn: *a ～ general* 总领事馆 zǒnglǐngshìguǎn（2）领事职位 lǐngshì zhíwèi；领事任期 lǐngshì rènqī

consult *v*（1）商量（动）shāngliang；协商（动）xiéshāng（2）请教（动）qǐngjiào；找医生看病 zhǎo yīshēng kàn bìng（3）查（动）chá，查阅（动）cháyuè: *～ a dictionary* 查字典 chá zìdiǎn

consultation *n*（1）商量（动）shāngliang，磋商（动）cuōshāng（2）诊断（动）zhěnduàn；会诊（动）huìzhěn

consume *v*（1）食用（动）shíyòng，饮用（动）yǐnyòng；用掉（动）yòngdiào，消费（动）xiāofèi，消耗（动）xiāohào（2）毁灭（动）huǐmiè

consumer *n* 消费者（名）xiāofèizhě，用户（名）yònghù // *a ～city* 消费城市 xiāofèi chéngshì / *～ goods* 消费品 xiāofèipǐn / *～ prices* 日用品价格 rìyòngpǐn jiàgé

consumption *n* 消费（动）xiāofèi，消耗

量（名）xiāohàoliàng

contact **I** *n*（1）接触（动）jiēchù；联系（名）liánxì；交往（动）jiāowǎng（2）熟人（名）shúrén；门路（名）ménlù **II** *v* 接触（动）jiēchù；联系（动）liánxì: *～ a person* 同一个人接触 tóng yíge rén jiēchù

contagious *adj* 传染的 chuánrǎn de；传染性的 chuánrǎnxìng de；有感染力的 yǒu gǎnrǎnlì de: *～ disease* 传染病 chuánrǎnbìng / *～ laughter* 有感染力的笑声 yǒu gǎnrǎnlì de xiàoshēng

contain *v*（1）包含（动）bāohán；容纳（动）róngnà，装（动）zhuāng（2）控制（动）kòngzhì，抑制（动）yìzhì

container *n* 容器（名）róngqì；集装箱（名）jízhuāngxiāng: *～ shipping* 集装箱运输 jízhuāngxiāng yùnshū / *～ ship* 集装箱船 jízhuāngxiāng chuán

contaminate *v*（1）弄脏 nòngzāng，污染（动）wūrǎn（2）毒害（动）dúhài

contemplate *v*（1）注视（动）zhùshì，凝视（动）níngshì（2）沉思（动）chénsī；仔细考虑 zǐxì kǎolǜ（3）打算（动）dǎsuan

contemporary **I** *adj*（1）当代的 dāngdài de: *～ literature* 当代文学 dāngdài wénxué（2）同时代的 tóng shídài de；同年龄的 tóng niánlíng de **II** *n* 同时代的人 tóng shídài de rén；同年龄的人 tóng niánlíng de rén: *literary contemporaries* 同时代的文学家 tóng shídài de wénxuéjiā

contempt *n* 轻视（动）qīngshì，蔑视（动）mièshì，瞧不起 qiáobuqǐ

contend *v*（1）竞争（动）jìngzhēng，斗争（动）dòuzhēng（2）宣称（动）xuānchēng，声明（动、名）shēngmíng

content¹ *n*（1）含量（名）hánliàng；容量（名）róngliàng: *moisture ～* 含水量 hánshuǐliàng（2）内容（名）nèiróng；目录（名）mùlù，目次（名）mùcì: *a table of ～s* 目录 mùlù

content² **I** *adj* 满足的 mǎnzú de，满意（形）mǎnyì；甘愿（助动）gānyuàn **II** *v* 使满意 shǐ mǎnyì；满足（动）mǎnzú

III *n* 满足（动）mǎnzú，满意（形）mǎnyì// *to one's heart's ~* 尽情地 jìnqíng de

contest **I** *v* （1）争夺（动）zhēngduó，竞争（动）jìngzhēng（2）争论（动）zhēnglùn；辩驳（动）biànbó：*~ a statement* 反驳一种说法 fǎnbó yìzhǒng shuōfa **II** *n* （1）争夺（动）zhēngduó（2）竞赛（动）jìngsài，竞争（动）jìngzhēng；比赛（动、名）bǐsài：*a singing ~* 一次歌咏比赛 yícì gēyǒng bǐsài

context *n* 上下文 shàngxiàwén，前后关系 qiánhòu guānxi

continent *n* 大陆（名）dàlù；大洲（名）dàzhōu：*the New C~* 新大陆 Xīn Dàlù / *the C~* 欧洲大陆 Ōuzhōu dàlù / *the ~ of Asia* 亚洲 Yàzhōu

continual *adj* 不断（副）búduàn，连续（动）liánxù

continuation *n* （1）继续（动）jìxù，连续（动）liánxù（2）继续部分 jìxù bùfen：*a ~ of a story* 故事的续篇 gùshì de xùpiān / *a ~ to a workshop* 车间的扩建部分 chējiān de kuòjiàn bùfen

continue *v* （1）继续（动）jìxù，连续（动）liánxù（2）留下 liúxià

continuous *adj* 继续的 jìxù de，连续的 liánxù de，持续的 chíxù de

contort *v* 扭弯 niǔwān，弄歪 nòngwāi；曲解（动）qūjiě：*~ a word out of its ordinary meaning* 曲解词义 qūjiě cíyì

contour *n* 轮廓（名）lúnkuò，外形（名）wàixíng；轮廓线（名）lúnkuòxiàn，周线（名）zhōuxiàn：*the ~s of a coastline* 海岸线的轮廓 hǎi'ànxiàn de lúnkuò / *the ~s of her figure* 她体形的轮廓 tā tǐxíng de lúnkuò

contraband *n* 非法的买卖 fēifǎ de mǎimai；禁运品（名）jìnyùnpǐn，违禁品（名）wéijìnpǐn，走私货（名）zǒusīhuò

contraception *n* 避孕（动）bìyùn；避孕法（名）bìyùnfǎ

contract **I** *n* 契约（名）qìyuē，合同（名）hétong：*sign a ~* 签订契约 qiāndìng qìyuē/ *a breach of ~* 违约行为 wéi yuē xíngwéi/ *a ~ worker* 合同工 hétonggōng / *be built by ~* 包工建造 bāogōng jiànzào **II** *v* （1）缔结（动）dìjié；订约 dìng yuē；承包（动）chéngbāo，承办（动）chéngbàn：*~ a project to a construction company* 把工程包给一个建筑公司 bǎ gōngchéng bāogěi yíge jiànzhù gōngsī（2）得病 débìng；养成习惯 yǎngchéng xíguàn；负债 fùzhài（3）使缩小 shǐ suōxiǎo，使缩短 shǐ suōduǎn

contradict *v* （1）反驳（动）fǎnbó，驳斥（动）bóchì（2）与...相矛盾 yǔ...xiāng máodùn

contradiction *n* （1）矛盾（名）máodùn：*the principal ~* 主要矛盾 zhǔyào máodùn /*a ~ in terms* 矛盾的说法 máodùn de shuōfa（2）反驳（动）fǎnbó；抵触（动）dǐchù：*a flat ~* 直截了当的反驳 zhíjiéliǎodàng de fǎnbó

contradictory *adj* 互相矛盾的 hùxiāng máodùn de：*~ statements* 互相矛盾的话 hùxiāng máodùn de huà / *~ elements* 互相矛盾的因素 hùxiāng máodùn de yīnsù

contraption *n* 奇异的装置 qíyì zhuāngzhì，新发明的玩意儿 xīn fāmíng de wányìr

contrary **I** *adj* （1）相反（形）xiāngfǎn；反对的 fǎnduì de：*a ~ opinion* 相反的意见 xiāngfǎn de yìjian（2）逆行的 nì xíng de：*a ~ current* 逆流 nìliú **II** *n* 相反（形）xiāngfǎn；反面（名）fǎnmiàn；相反的事物 xiāngfǎn de shìwù **III** *adv* 相反地 xiāngfǎn de；违反（动）wéifǎn：*act ~ to the rules* 违章办事 wéizhāng bàn shì // *on the ~* 正相反 zhèng xiāngfǎn / *to the ~* 和这相反 hé zhè xiāngfǎn

contrast **I** *n* 对比（名、动）duìbǐ，对照（动）duìzhào；悬殊差别 xuánshū chābié：*form a sharp ~* 形成鲜明对比 xíngchéng xiānmíng duìbǐ / *the ~*

between light and dark 明暗 的 对比 míng àn de duìbǐ **II** v 使对比 shǐ duìbǐ, 形成对照 xíngchéng duìzhào

contribute v (1) 贡献 (动) gòngxiàn: ~ one's share 贡献自己的一份力量 gòngxiàn zìjǐ de yífèn lìliang (2) 捐献 (动) juānxiàn; 捐助 (动) juānzhù: ~ food and clothing for the refugees 为灾 民捐献食品和衣服 wèi zāimín juānxiàn shípǐn hé yīfu (3) 促成 (动) cùchéng; 有助于 yǒuzhùyú (4) 投稿 tóugǎo

contribution n (1) 贡献 (名、动) gòngxiàn; 捐献 (动) juānxiàn (2) 投 稿 tóugǎo; 稿件 (名) gǎojiàn

contrivance n (1) 发明 (名、动) fāmíng; 设计 (名、动) shèjì (2) 发明 物 (名) fāmíngwù; 机械装置 jīxiè zhuāngzhì (3) 计策 (名) jìcè, 花招儿 (名) huāzhāor

contrive v (1) 发明 (动) fāmíng; 设计 (动) shèjì; 造出 zàochū (2) 设法 (动) shèfǎ; 做成 zuòchéng

control **I** v (1) 控制 (动) kòngzhì; 支 配 (动) zhīpèi; 管理 (动) guǎnlǐ: ~ prices 管制物价 guǎnzhì wùjià (2) 压 抑 (动、形) yāyì, 抑制 (动) yìzhì; 控 制 (动) kòngzhì **II** n (1) 控制 (动) kòngzhì; 管理 (动) guǎnlǐ: traffic ~ 交通管理 jiāotōng guǎnlǐ / parents' over their children 父母对子女的管教 fùmǔ duì zǐnǚ de guǎnjiào / a border ~ 边境检查站 biānjìng jiǎncházhàn (2) 操纵装置 cāozòng zhuāngzhì: the ~ tower of an airport 机场指挥塔 jīchǎng zhǐhuītǎ // beyond ~ 无法控 制 wúfǎ kòngzhì / birth ~ 节育 jiéyù / ~ board 操纵台 cāozòngtái / in ~ (of) 控制住 kòngzhìzhù; 管理 guǎnlǐ: be in complete ~ of the situation 完全 控制住局势 wánquán kòngzhìzhù júshì / Who is in ~ here? 这里谁负责? Zhèlǐ shuí fùzé? / out of ~ 失去控制 shīqù kòngzhì / quality ~ 质量检验 zhìliàng jiǎnyàn / remote ~ 遥控 yáokòng / under ~ 被控制住 bèi

kòngzhìzhù / under the ~ of 受...的 管理 shòu...de guǎnlǐ

controversy n 争论 (动、名) zhēnglùn, 论战 (名) lùnzhàn, 争吵 (动) zhēngchǎo

convene v 召集 (动) zhàojí; 召唤 (动) zhàohuàn; 集合 (动) jíhé: ~ a meet-ing 召集会议 zhàojí huìyì

convenience **I** n (1) 便利 (形) biànlì, 方便 (形) fāngbiàn; 有便的时候 yǒu biàn de shíhou; 适当的机会 shìdàng de jīhuì (2) 便利设施 biànlì shèshī (3) 厕 所 (名) cèsuǒ **II** v 为...提供方便 wèi...tígōng fāngbiàn // make a ~ of sb. 利用某人 lìyòng mǒu rén

convenient adj (1) 方便 (形) fāngbiàn, 便利 (形) biànlì; 合适 (形) héshì (2) 就近的 jiùjìn de; 近便 (形) jìnbian

convention n (1) 惯例 (名) guànlì; 习 俗 (名) xísú; 常规 (名) chángguī: by ~ 按照惯例 ànzhào guànlì / break with ~ 打破常规 dǎpò chángguī (2) 会议 (名) huìyì: an annual ~ 年会 niánhuì / a teacher's ~ 教师会议 jiàoshī huìyì (3) 公约 (名) gōngyuē, 协定 (名) xiédìng: the Geneva C~s 日 内瓦公约 Rìnèiwǎ Gōngyuē

conventional adj 惯例的 guànlì de, 常 规的 chángguī de, 传统的 chuántǒng de: ~ greetings 习用的问候语 xíyòng de wènhòuyǔ / ~ weapons 常规武器 chángguī wǔqì / ~ dress 传统服装 chuántǒng fúzhuāng

conversation n 会话 (名) huìhuà, 谈话 tánhuà: English ~ 英语会话 Yīngyǔ huìhuà

conversational adj (1) 会话的 huìhuà de, 交谈的 jiāotán de: ~ English 会 话英语 huìhuà Yīngyǔ (2) 健谈 (形) jiàntán; 爱说话 ài shuōhuà

converse¹ v (1) 交谈 (动) jiāotán, 谈 话 tánhuà (2) 认识 (动) rènshi; 熟悉 (动) shúxī

converse² adj 相反 (形) xiāngfǎn, 颠倒 的 diāndǎo de, 逆的 nì de

conversion *n* 变换(动) biànhuàn, 转化(动) zhuǎnhuà: *the ~ of water into ice* 水变成冰 shuǐ biànchéng bīng

convert *v* (1) 转变(动) zhuǎnbiàn, 改变(动) gǎibiàn, 变换(动) biànhuàn (2) 使改变(看法、信仰) shǐ gǎibiàn (kànfǎ, xìnyǎng): *~ a person to Christianity* 使一个人改信基督教 shǐ yíge rén gǎi xìn Jīdūjiào (3) 兑换(动) duìhuàn: *~ pounds into francs* 把英镑换成法郎 bǎ yīngbàng huànchéng fǎláng

convex *adj* 凸面的 tūmiàn de; 中凸的 zhōngtū de: *a ~ lens* 凸透镜 tūtòujìng

convey *v* (1) 运送(动) yùnsòng (2) 表达(动) biǎodá; 转达(动) zhuǎngdá

convict[1] *v* 宣告有罪 xuāngào yǒu zuì; 判决有罪 pànjué yǒu zuì: *be ~ed of arson* 被判有放火罪 bèi pàn yǒu fànghuǒzuì

convict[2] *n* 罪犯(名) zuìfàn, 囚犯(名) qiúfàn

conviction *n* (1) 定罪 dìng zuì (2) 确信(动) quèxìn; 信服(动) xìnfú: *carry ~* 令人信服 lìng rén xìnfú / *It is my strong ~ that ...* 我确信... Wǒ quèxìn.../ *be open to ~* 愿意接受正当的理由 yuànyì jiēshòu zhèngdàng de lǐyóu

convince *v* 使确信 shǐ quèxìn, 使信服 shǐ xìnfú, 说服 shuōfú

convincing *adj* 令人信服的 lìng rén xìnfú de, 有说服力的 yǒu shuōfúlì de: *~ argument* 令人信服的论据 lìng rén xìnfú de lùnjù

convoy I *n* 护送(动) hùsòng; 被护送者 bèi hùsòngzhě: *under the ~ of troops* 在军队护送下 zài jūnduì hùsòngxià II *v* 护送(动) hùsòng

convulse *v* (1) 震动(动) zhèndòng: *be ~d by an earthquake* 由地震引起震动 yóu dìzhèn yǐnqǐ zhèndòng (2) 抽搐(动) chōuchù (3) 使...大笑 shǐ... dàxiào: *be ~d with laughter* 捧腹大笑 pěngfù dàxiào

convulsion *n* (1) 震动(动) zhèndòng;

动乱(名) dòngluàn: *a political ~* 政治动乱 zhèngzhì dòngluàn (2) 抽搐(动) chōuchù, 痉挛(动) jìngluán (3) 大笑 dàxiào

coo *v* (1) 咕咕叫 gūgū jiào (2) 低声说 dīshēng shuō: *~ one's words* 轻声地说话 qīngshēng de shuōhuà

cook I *v* 做饭 zuò fàn, 做菜 zuò cài, 煮(动) zhǔ, 烧(动) shāo, 烹调(动) pēngtiáo: *~ rice* 做米饭 zuò mǐfàn / *~ meat* 做肉 zuò ròu II *n* 厨师(名) chúshī, 炊事员(名) chuīshìyuán // *~ up* 瞎编 xiā biān

cooker *n* (1) 炊具(名) chuījù: *a gas ~* 煤气灶 méiqìzào/ *a pressure ~* 高压锅 gāoyāguō (2) 做菜用的水果 zuò cài yòng de shuǐguǒ

cookery *n* 烹调术(名) pēngtiáoshù

cookery-book *n* 食谱(名) shípǔ

cool I *adj* (1) 凉(形) liáng, 凉快(形) liángkuai: *a ~ matting* 凉爽的席子 liángshuǎng de xízi (2) 冷静(形) lěngjìng, 沉着(形) chénzhuó (3) 冷淡(形) lěngdàn II *v* (1) 变冷 biànlěng, 冷却下来 lěngquèxialai (2) 平息(动) píngxī; 失去热情 shīqù rèqíng // *~ down* 冷却下来 lěngquèxialai, 平静下来 píngjìng xialai / *~ off* 变凉 biànliáng; 变冷静 biànlěngjìng

cooperate *v* 合作(动) hézuò, 协作(动) xiézuò, 配合(动) pèihé

cooperation *n* 合作(动) hézuò, 协作(动) xiézuò, 配合(动) pèihé

cooperative *adj* 合作的 hézuò de: *a ~ society* 合作社 hézuòshè / *a ~ store* 合作商店 hézuò shāngdiàn/ *a ~ attitude* 合作的态度 hézuò de tàidu

coordinate *v* 协调(动) xiétiáo; 配合(动) pèihé: *~ with each other* 互相配合 hùxiāng pèihé

coordination *n* 协调(动) xiétiáo; 配合(动) pèihé: *the close ~ between 2 partners* 两个合伙人之间的紧密配合 liǎngge héhuǒ rén zhījiān de jǐnmì pèihé

cop *n* 警察(名) jǐngchá: *a plain clothes ~* 便衣警察 biànyī jǐngchá

cope *v* 对付（动）duìfu; 应付（动）yìngfu

copper *n* (1) 铜（名）tóng: *red* ~ 紫铜 zǐtóng (2) 铜币（名）tóngbì, 铜钱（名）tóngqián: *a* ~ *coin* 一枚铜钱 yìméi tóngqián / ~ *wire* 铜丝 tóngsī

copra *n* 干椰子肉 gān yēzi ròu

copy **I** *n* (1) 抄本（名）chāoběn; 副本（名）fùběn; 拷贝（名）kǎobèi; 复制品（名）fùzhìpǐn: *a fair* ~ 誊清后的稿子 téngqīnghòu de gǎozi / *a rough* ~ 草稿 cǎogǎo (2) 册（量）cè, 本（量）běn; 份（量）fèn: *a book printed in one million copies* 印数一百万册的一本书 yìnshù yìbǎiwàncè de yìběn shū / *a* ~ *of today's newspaper* 一份今天的报纸 yífèn jīntiān de bàozhǐ (3) 稿子（名）gǎozi **II** *v* (1) 抄写（动）chāoxiě, 誊写（动）téngxiě; 拷贝（动）kǎobèi; 复制（动）fùzhì: ~ *out a letter* 把信抄下来 bǎ xìn chāoxialai / ~ *out a manuscript* 誊写文稿 téngxiě wéngǎo (2) 模仿（动）mófǎng, 仿效（动）fǎngxiào, 抄袭（动）chāoxí

copybook *n* 习字帖（名）xízìtiè

copyright *n* 版权（名）bǎnquán

coquettish *adj* 卖弄风情的 màinòng fēngqíng de

coral *n* (1) 珊瑚（名）shānhú: ~ *island* 珊瑚岛 shānhúdǎo / ~ *reef* 珊瑚礁 shānhújiāo (2) 珊瑚色（名）shānhúsè

cord *n* (1) 绳子（名）shéngzi; 弦（名）xián (2) 索状组织 suǒzhuàng zǔzhī, 带（名）dài: *spinal* ~ 脊髓 jǐsuǐ / *vocal* ~s 声带 shēngdài

cordial *adj* 热诚（形）rèchéng, 热烈（形）rèliè; 诚挚（形）chéngzhì, 衷心（形）zhōngxīn: *a* ~ *welcome* 热烈欢迎 rèliè huānyíng / *a* ~ *handshake* 热烈握手 rèliè wòshǒu

cordon *n* 警戒线（名）jǐngjièxiàn

core *n* 果核（名）guǒhé; 核心（名）héxīn: *an apple* ~ 苹果核 píngguǒhé / *the* ~ *of the problem* 问题的核心 wèntí de héxīn

cork **I** *n* 软木塞（名）ruǎnmùsāi; 软木（名）ruǎnmù: *draw the* ~ 拔出软木塞 báchū ruǎnmùsāi **II** *v* (用软木塞)塞住（yòng ruǎnmùsāi）sāizhù: ~ *a bottle* 塞住瓶口 sāizhù píngkǒu

corn *n* 庄稼（名）zhuāngjia; 谷物（名）gǔwù; 小麦（名）xiǎomài; 玉米（名）yùmǐ: *a field of* ~ 一片庄稼 yípiàn zhuāngjia/ *a sheaf of* ~ 一捆谷禾 yìkǔn gǔhé / *kernel of* ~ 玉米粒儿 yùmǐlìr

corner **I** *n* (1) 角（名）jiǎo; 拐角（名）guǎijiǎo: *the* ~ *of a table* 桌子角 zhuōzi jiǎo / *sit in the* ~ *of a room* 坐在屋角里 zuò zài wūjiǎo li (2) (遥远)地区（名）（yáoyuǎn）dìqū; 角落（名）jiǎoluò (3) 困境（名）kùnjìng, 绝路（名）juélù: *be in a tight* ~ 处于困境 chǔyú kùnjìng / *drive sb. into a* ~ 逼得某人走投无路 bī de mǒu rén zǒutóuwúlù **II** *v* (1) 无路可走 wú lù kě zǒu; 把...难住 bǎ...nánzhù (2) 囤积（动）túnjī; 垄断（动）lǒngduàn// *cut* ~s 抄近路 chāo jìnlù / *round the* ~ (1) 在拐角处 zài guǎijiǎochù (2) 即将来临 jíjiāng láilín / *turn the* ~ (1) 拐弯 guǎiwān (2) 脱险 tuōxiǎn; 好转 hǎozhuǎn

cornerstone *n* 基石（名）jīshí; 基础（名）jīchǔ

cornet *n* (1) 短号（名）duǎnhào (2) 蛋卷冰淇淋 dànjuǎn bīngqílín: *an icecream* ~ 一个蛋卷冰淇淋 yíge dànjuǎn bīngqílín

coronary *adj* 冠形的 guānxíng de, 冠状的 guānzhuàng de; 花冠的 huāguān de: *the* ~ *arteries* 冠状动脉 guānzhuàng dòngmài

coroner *n* 验尸官（名）yànshīguān

corporal[1] *adj* 肉体的 ròutǐ de; 身体的 shēntǐ de: ~ *punishment* 体罚 tǐfá

corporal[2] *n* 下士（名）xiàshì

corporate *adj* (1) 团体的 tuántǐ de: ~ *property* 社团财产 shètuán cáichǎn / *a* ~ *body* 法人组织 fǎrén zǔzhī (2) 共同（形）gòngtóng: ~ *responsi-*

bility 共同的责任 gòngtóng de zérèn

corporation *n* 公司(名) gōngsī; 团体 (名) tuántǐ; 协会(名) xiéhuì: *a trading* ~ 贸易公司 màoyì gōngsī

corps *n* (1) 军(名) jūn: *a* ~ *commander* 军长 jūnzhǎng (2) 特种部队 tèzhǒng bùduì: *a chemical* ~ 化学兵部队 huàxuébīng bùduì/ *a marine* ~ 海军陆战队 hǎijūn lùzhànduì (3) 团体 (名) tuántǐ: *the diplomatic* ~ 外交使团 wàijiāo shǐtuán

corpse *n* 尸体(名) shītǐ

corpulent *adj* 肥胖(形) féipàng

corpuscle *n* 血球(名) xuèqiú; 细胞 (名) xìbāo: *the red and white* ~ *s* 红血球和白血球 hóngxuèqiú hé báixuèqiú

correct **I** *v* (1) 改正(动) gǎizhèng, 纠正(动) jiūzhèng; 修改(动) xiūgǎi; 矫正(动) jiǎozhèng, 校正(动) jiàozhèng: ~ *a mistake* 改正错误 gǎizhèng cuòwù/ ~ *a composition* 修改作文 xiūgǎi zuòwén/ ~ *misprints* 校正错字 jiàozhèng cuòzì (2) 管教 (动) guǎnjiào **II** *adj* 正确(形) zhèngquè; 恰当(形) qiàdàng; 合乎礼仪的 héhū lǐyí de: *a* ~ *judgment* 正确的判断 zhèngquè de pànduàn

correction *n* 改正(动) gǎizhèng, 纠正(动) jiūzhèng; 修改(动) xiūgǎi; 校正(动) jiàozhèng: *the* ~ *of bad behaviour* 改正不良行为 gǎizhèng bùliáng xíngwéi

correctly *adv* 正确(形) zhèngquè

correctness *n* 正确(形) zhèngquè

correspond *v* (1) 符合(动) fúhé, 一致(形) yīzhì (2) 相当(动) xiāngdāng, 相应(动、形) xiāngyìng (3) 通信 tōng xìn

correspondence *n* (1) 一致(形) yīzhì; 对应(形) duìyìng (2) 通信 tōng xìn: *commercial* ~ 商业通信 shāngyè tōng xìn / *teach by* ~ 函授 hánshòu // *course* 函授课程 hánshòu kèchéng

correspondent *n* 通信者(名) tōngxìnzhě; 记者(名) jìzhě; 通讯员

(名) tōngxùnyuán: *my* ~ 给我写信的人 gěi wǒ xiě xìn de rén / *a special* ~ 特派记者 tèpài jìzhě/ *our New York* ~ 本报驻纽约记者 běn bào zhù Niǔyuē jìzhě/ *a war* ~ 随军记者 suíjūn jìzhě (战地记者 zhàndì jìzhě)

corresponding *adj* 相当(形) xiāngdāng; 相应(形) xiāngyìng: *the* ~ *period of last year* 去年同一时期 qùnián tóngyī shíqī

corridor *n* 走廊(名) zǒuláng; 通路 (名) tōnglù: *air* ~ 空中走廊 kōngzhōng zǒuláng

corrode *v* 腐蚀(动) fǔshí

corrosive **I** *adj* 腐蚀的 fǔshí de: ~ *action* 腐蚀作用 fǔshí zuòyòng **II** *n* 腐蚀物(名) fǔshíwù; 腐蚀剂(名) fǔshíjì

corrupt **I** *v* (1) 堕落(动) duòluò; 腐化(形) fǔhuà (2) 行贿(动) xínghuì; 腐蚀(动) fǔshí: ~ *sb. with money* 用金钱贿赂某人 yòng jīnqián huìlù mǒu rén (3) 使不纯 shǐ bù chún, 糟蹋(动) zāotà (4) 使...腐烂(动形) shǐ... fǔlàn, 变坏 biànhuài **II** *adj* (1) 腐败 (形) fǔbài; 道德败坏的 dàodé bàihuài de; 贪污的 tānwū de: ~ *morals* 坏风气 huài fēngqì / ~ *officials* 贪官污吏 tānguānwūlì / ~ *practices* 行贿受贿 xínghuì shòuhuì (2) 腐烂的 fǔlàn de; 污浊的 wūzhuó de: ~ *air* 污浊的空气 wūzhuó de kōngqì (3) 讹误(形) éwù, 不纯 bù chún

corruption *n* (1) 腐烂(动、形) fǔlàn; 腐化(动、形) fǔhuà, 腐败(形) fǔbài: ~ *of social morals* 社会道德的败坏 shèhuì dàodé de bàihuài (2) 贪污(动) tānwū; 贿赂(名、动) huìlù (3) 误用 (动) wùyòng; 传讹 chuán'é: *the* ~ *of a language* 语言的误用 yǔyán de wùyòng

corset *n* 妇女紧身胸衣 fùnǚ jǐnshēn xiōngyī

cosmetic **I** *adj* 化妆的 huàzhuāng de, 美容的 měiróng de: ~ *surgery* 美容手术 měiróng shǒushù **II** *n* 化妆品 (名) huàzhuāngpǐn

cosmic *adj* (1) 宇宙的 yǔzhòu de: ~ *forces* 宇宙的力量 yǔzhòu de lìliang / ~ *ray* 宇宙射线 yǔzhòu shèxiàn (2) 广大无边的 guǎngdà wúbiān de

cosmopolitan *adj* 全世界的 quán shì jiè de; 世界性的 shìjièxìng de: *a ~ city* 世界性都市 shìjièxìng dūshì / *a ~ population* 世界性的人口成分 shìjièxìng de rénkǒu chéngfèn

cosmos *n* 宇宙(名) yǔzhòu

cost I *v* (1) 价值为 jiàzhí wéi; 花费 (动) huāfèi (2) 使失去 shǐ shīqù II *n* (1) 成本(名) chéngběn; 费用(名) fèiyòng: *reduce the production ~* 降低生产成本 jiàngdī shēngchǎn chéngběn (2) 代价(名) dàijià // *at all ~s* 不惜任何代价 bùxī rènhé dàijià / *at the ~ of* 以…为代价 yǐ…wéi dàijià

costume *n* 服装(名) fúzhuāng; 装束 (名) zhuāngshù: *national ~* 民族服装 mínzú fúzhuāng / *~ designing* 服装设计 fúzhuāng shèjì

cosy, cozy I *adj* 温暖舒适的 wēnnuǎn shūshì de; 亲切友好的 qīnqiè yǒuhǎo de: *a ~ armchair* 舒适的扶手椅 shūshì de fúshǒuyǐ II *n* 保暖罩(名) bǎonuǎnzhào: *tea ~* 茶壶暖罩 cháhú nuǎnzhào

cot *n* (1) 儿童床(名) értóngchuáng (2) 帆布床 fānbùchuáng

cottage *n* 村舍(名) cūnshè, 小屋(名) xiǎowū; 小型别墅 xiǎoxíng biéshù

cotton *n* (1) 棉花(名) miánhua: *grow ~* 种棉花 zhòng miánhua / *pick ~* 摘棉花 zhāi miánhua (2) 棉线(名) miánxiàn, 棉纱(名) miánshā, 棉布 (名) miánbù: *a needle and ~* 针线 zhēnxiàn / *~ clothes* 棉布衣服 miánbù yīfu / *~ goods* 棉织品 miánzhīpǐn

couch I *n* 长沙发 chángshāfā II *v* (1) 躺(动) tǎng; 俯卧(动) fǔwò (2) 表达(动) biǎodá, 隐含(动) yǐnhán

cough I *n* 咳(动) ké, 咳嗽(动) késou: *a dry ~* 干咳 gānké II *v* 咳嗽 (动) késou // *~ lozenge* 止咳片

zhǐképiàn / *~ syrup* 止咳糖浆 zhǐké tángjiāng

could *aux* (1) 能(助动) néng, 可以 (助动) kěyǐ (2) 可能(助动) kěnéng

council *n* 理事会(名) lǐshìhuì; 委员会 (名) wěiyuánhuì; 政务会(名) zhèngwùhuì: *the UN Security C~* 联合国安全理事会 Liánhéguó Ānquán Lǐshìhuì (安理会 Ānlǐhuì)/ *the C~ for Mutual Economic Aid* 经济互助委员会 Jīngjì Hùzhù Wěiyuánhuì (经互会 Jīnghùhuì)/ *the State C~* (中国) 国务院 (Zhōngguó) Guówùyuàn

councillor *n* (1) 地方议会议员 dìfang yìhuì yìyuán: *a county ~* 县议员 xiànyìyuán (2) 顾问(名) gùwèn; 参赞(名) cānzàn: *a commercial ~* 商务参赞 shāngwù cānzàn

counsel I *n* (1) 商议(动) shāngyì (2) 劝告(动) quàngào, 忠告(名、动) zhōnggào; 意见(名) yìjian (3) 律师 (名) lǜshī; 辩护人(名) biànhùrén II *v* 劝告(动) quàngào; 建议(动) jiànyì

counsellor *n* 顾问(名) gùwèn; 律师 (名) lǜshī: *a marriage guidance ~* 婚姻指导顾问 hūnyīn zhǐdǎo gùwèn

count I *v* (1) 点(动) diǎn, 数(动) shǔ; 计算(动) jìsuàn (2) 算(进) suàn (jìn) (3) 认为(动) rènwéi, 看作(动) kànzuò (4) 算数(动) suànshù, 算得上 suàn de shàng; 有(考虑)价值 yǒu (kǎolǜ) jiàzhí II *n* 计算(动) jìsuàn // *~ on* 依靠 yīkào; 指望 zhǐwang, 期待 qīdài: *~ on self-reliance* 依靠自力更生 yīkào zìlìgēngshēng / *~ out* 不把…计算在内 bù bǎ…jìsuàn zài nèi / *~ up* 把…加起来 bǎ…jiāqilai / *lose ~ of* 忘记数到哪儿了 wàngjì shǔdào nǎr le

countable *adj* 可数的 kěshǔ de: *a ~ noun* 可数名词 kěshǔ míngcí

countenance I *n* (1) 表情(名) biǎoqíng; 面容(名) miànróng; 脸色 (名) liǎnsè: *a smiling ~* 笑容 xiàoróng / *a sad ~* 悲苦的面容 bēikǔ de miànróng (2) 镇定(形) zhèndìng,

沉着(形) chénzhuó: *keep one's* ~ 保持镇定 bǎochí zhèndìng II *v* 支持(动) zhīchí; 赞同(动) zàntóng

counter¹ *n* (1) 计算者(名) jìsuànzhě; 计算器(名) jìsuànqì (2) 筹码(名) chóumǎ (3) 柜台(名) guìtái

counter² I *adv* 相反地 xiāngfǎn de II *adj* 相反(形) xiāngfǎn, 对立的 duìlì de: ~ *direction* 相反的方向 xiāngfǎn de fāngxiàng III *v* 反对(动) fǎnduì; 反击(动) fǎnjī, 还击(动) huánjī

counterfeit I *adj* 假冒的 jiǎmào de; 伪造的 wěizào de: ~ *money* 伪钞 wěichāo II *n* 伪造物 wěizàowù; 赝品(名) yànpǐn

counterpart *n* (1) 一对中的一个 yíduì zhōng de yíge; 副本(名) fùběn (2) 相对应的人(或物) xiāng duìyìng de rén (huò wù)

countless *adj* 无数(形) wúshù

country *n* (1) 国家(名) guójiā (2) 国民(名) guómín; 民众(名) mínzhòng; 选民(名) xuǎnmín (3) 家乡(名) jiāxiāng, 故乡(名) gùxiāng; 祖国(名) zǔguó: *return to one's* ~ 回家乡 huí jiāxiāng (4) 乡下(名) xiāngxia, 农村(名) nóngcūn (5) 区域(名) qūyù, 地区(名) dìqū: *good farming* ~ 富饶的耕作区 fùráo de gēngzuòqū / *a vast stretch of wooded* ~ 一大片林区 yídàpiàn línqū

countryman *n* (1) 同胞(名) tóngbāo, 同国人 tóngguórén (2) 乡下人 xiāngxiàrén

countryside *n* 农村(名) nóngcūn, 乡下(名) xiāngxia

county *n* (1) 郡(名) jùn: *the C*~ *of Kent* 肯特郡 Kěntè Jùn (2) 县(名) xiàn: *an autonomous* ~ 自治县 zìzhìxiàn / *Zhongshan C*~ *in Guangdong Province* 广东省中山县 Guǎngdōng Shěng Zhōngshān Xiàn

coup *n* (1) 突然成功的行动 tūrán chénggōng de xíngdòng: *make a great* ~ 大获成功 dà huò chénggōng (一鸣惊人 yìmíngjīngrén) (2) 政变(名) zhèngbiàn // ~ *d'état* 政变 zhèngbiàn

couple I *n* (1) 一对 yíduì, 一双 yìshuāng; 夫妇(名) fūfù: *a newly married* ~ 一对新婚夫妇 yíduì xīnhūn fūfù (2) 两三个 liǎngsāngè; 几个 jǐge: *in a* ~ *of days* 两三天内 liǎngsāntiān nèi II *v* (1) 连接(动) liánjiē; 结合(动) jiéhé; 把...拴在一起 bǎ...shuān zài yìqǐ (2) 联系(动) liánxì // *in* ~*s* 成双成对 chéngshuāng chéngduì

couplet *n* 对联(名) duìlián

coupon *n* (1) 优待券(名) yōudàiquàn (2) 配给券(名) pèijǐquàn; 票(名) piào: ~*s required for gasoline* 汽油票 qìyóupiào

courage *n* 勇气(名) yǒngqì; 勇敢(形) yǒnggǎn: *to call up* ~ 鼓起勇气 gǔqǐ yǒngqì / *lose* ~ 失去勇气 shīqù yǒngqì / *a man of* ~ 勇敢的人 yǒnggǎn de rén

courageous *adj* 勇敢(形) yǒnggǎn, 有胆量的 yǒu dǎnliàng de

course I *n* (1) 过程(名) guòchéng; 经过(名) jīngguò; 进程(名) jìnchéng: *the* ~ *of development* 发展过程 fāzhǎn guòchéng / *the whole* ~ *of the incident* 事件的全部经过 shìjiàn de quánbù jīngguò / *the* ~ *of history* 历史进程 lìshǐ jìnchéng (2) 道路(名) dàolù; 行动方向 xíngdòng fāngxiàng; 方针(名) fāngzhēn; 路线(名) lùxiàn: *the best* ~ *of action* 最好的行动方向 zuì hǎo de xíngdòng fāngxiàng / *change one's* ~ 改变方针 gǎibiàn fāngzhēn (3) 航线(名) hángxiàn; 流向(名) liúxiàng (4) 课程(名) kèchéng; 科目(名) kēmù: *a short training* ~ 短期训练班 duǎnqī xùnliànbān (5) 疗程(名) liáochéng (6) 一道菜 yídào cài: *a dinner of 5* ~*s* 有五道菜的一顿饭 yǒu wǔdào cài de yídùn fàn II *v* 流(动) liú, 流动(动) liúdòng // *in due* ~ 及时地 jíshí de; 到一定的时候 dào yídìng de shíhou / *in the* ~ *of* 在...过程中

zài... guòchén zhōng; 在...期间 zài...qījiān: *in the ~ of discussion* 在讨论过程中 zài tǎolùn guòchéng zhōng / *of ~* 当然 dāngrán / *of ~ not* 当然不 dāngrán bù; 当然没有 dāngrán méiyǒu

court　**I** *n* (1) 法院(名) fǎyuàn; 法庭(名) fǎtíng: *the Supreme People's C~* (中国)最高人民法院 (Zhōngguó) Zuìgāo Rénmín Fǎyuàn / *a civil ~* 民事法庭 mínshì fǎtíng / *hold a ~* 开庭 kāitíng / *~ day* 开庭日 kāitíng rì (2) 宫廷(名) gōngtíng, 朝廷(名) cháotíng: *hold a ~* 临朝听政 lín cháo tīngzhèng (3) 场地(名) chǎngdì; 球场(名) qiúchǎng: *a grass ~* 草地网球场 cǎodì wǎngqiúchǎng (4) 院子(名) yuànzi, 庭院(名) tíngyuàn **II** *v* (1) 招致(动) zhāozhì; 招惹(动) zhāorě: *~ danger* 招致危险 zhāozhì wēixiǎn (2) 乞求(动) qǐqiú; 讨好(动) tǎohǎo; 求爱 qiú ài: *~ fame* 求名 qiú míng // *out of ~* 不经法庭 bù jīng fǎtíng

courteous　*adj* 有礼貌 yǒu lǐmào, 谦恭(形) qiāngōng; 殷勤(形) yīnqín: *refined and ~* 彬彬有礼 bīnbīnyǒulǐ

courtesy　*n* 礼貌(名) lǐmào; 殷勤(形) yīnqín; 好意(名) hǎoyì: *a ~ call* 礼节性的访问 lǐjiéxìng de fǎngwèn // *by ~ of* 经...允许 jīng...yǔnxǔ; 蒙...好意赠送(或借用) méng...hǎoyì zèngsòng (huò jièyòng): *by ~ of the author* 经作者同意 jīng zuòzhě tóngyì

courthouse　*n* 法院(名) fǎyuàn

court-martial　*n* 军事法庭 jūnshì fǎtíng

courtship　*n* 求爱 qiú ài; 求爱期间 qiú ài qījiān

courtyard　*n* 庭院(名) tíngyuàn, 院子(名) yuànzi

cousin　*n* 堂兄(名) tángxiōng (*a male ~ on one's father's side older than oneself*); 堂弟(名) tángdì (*a male ~ on one's father's side younger than oneself*); 堂姐(名) tángjiě (*a female ~ on one's father's side older than one-*

self); 堂妹(名) tángmèi (*a female ~ on one's father's side younger than one-self*); 表兄(名) biǎoxiōng (*a male ~ on one's mother's side older than one-self*); 表弟(名) biǎodì (*a male ~ on one's mother's side younger than one-self*); 表姐(名) biǎojiě (*a female ~ on one's mother's side older than one-self*); 表妹(名) biǎomèi (*a female ~ on one's mother's side younger than oneself*)

cover　**I** *v* (1) 盖(动) gài; 覆盖(动) fùgài, 遮盖(动) zhēgài; 铺(动) pū (2) 掩盖(动) yǎngài, 掩饰(动) yǎnshì (3) 掩护(动) yǎnhù; 掩蔽(动) yǎnbì (4) 对准 duìzhǔn; 控制住 kòngzhìzhù (5) 包括(动) bāokuò, 包含(动) bāohán; 适用于 shìyòngyú (6) 走过 zǒuguò (7) 负担(动) fùdān; 支付(动) zhīfù; 给...保险 gěi...bǎoxiǎn **II** *n* (1) 盖子(名) gàizi; 套子(名) tàozi: *a ~ for a pan* 锅盖 guōgài / *a sofa ~* 沙发套 shāfātào (2) 封面(名) fēngmiàn; 书皮(名) shūpí (3) 单子(名) dānzi (4) 掩护物(名) yǎnhùwù; 掩蔽处(名) yǎnbìchù // *~ up* (1) 掩盖 yǎngài (2) 裹住 guǒzhù / *from ~ to ~* 从头到尾 cóng tóu dào wěi / *take ~* 躲避 duǒbì; 隐蔽 yǐnbì: *take ~ from rain* 避雨 bì yǔ / *under ~ (to)* 附在(寄给...的)信中 fùzài (jìgěi...de) xìnzhōng: *send a letter to Comrade Zhang under ~ to Comrade Liu* 给张同志的信附在给刘同志的信中 gěi Zhāng tóngzhì de xìn fùzài gěi Liú tóngzhōng / *under ~ of* (1) 趁着 chènzhe; 在...的掩护下 zài...de yǎnhùxià (2) 打着...幌子 dǎzhe...huǎngzi

covert　**I** *adj* 隐藏的 yǐncáng de; 暗地的 àndì de: *in ~ conversation* 在暗中谈论 zài ànzhōng tánlùn **II** *n* 隐藏处 yǐncángchù; 掩蔽处 yǎnbìchù

cow　*n* (1) 母牛(名) mǔniú; 奶牛(名) nǎiniú (2) 母兽(名) mǔshòu: *a ~ elephant* 一头母象 yìtóu mǔxiàng

coward *n* 胆小鬼（名）dǎnxiǎoguǐ, 懦夫（名）nuòfū

cowardly *adj* 怯懦（形）qiènuò; 胆小胆小: *as ~ as a mouse* 胆小如鼠 dǎnxiǎorúshǔ

cowboy *n* （美国）牧童（名）(Měiguó) mùtóng; 牛仔（名）niúzǎi

coy *adj* (1) 害羞的 hàixiū de (2) 卖弄风情的 màinòng fēngqíng de

crab *n* 螃蟹（名）pángxiè; 蟹肉（名）xièyòu

crack I *v* (1) 破裂（动）pòliè; 炸裂（动）zhàliè; 弄开 nòngkāi (2) 发出爆裂声 fāchū bàoliè shēng; 劈啪地响 pīpā de xiǎng: *~ a whip* 把鞭子在空中抽得劈啪作响 bǎ biānzi zài kōngzhōng chōu de pīpā zuò xiǎng (3) 衰退（动）shuāituì; 垮掉（动）kuǎdiào (4) 开（玩笑）kāi (wánxiào) II *n* (1) 裂缝（名）lièfèng (2) 爆裂声 bàoliè shēng: *a ~ of thunder* 一声霹雳 yìshēng pīlì III *adj* 第一流的 dìyīliú de: *a ~ hand* 一把好手 yìbǎ hǎoshǒu / *a ~ shot* 神枪手 shénqiāngshǒu / *~ troops* 精锐部队 jīngruì bùduì // *~ up* 垮掉 kuǎdiào

cracker *n* (1) 鞭炮（名）biānpào (2) 饼干（名）bǐnggān: *a soda ~* 一块苏打饼干 yíkuài sūdá bǐnggān

cradle I *n* (1) 摇篮（名）yáolán; 发源地（名）fāyuándì: *the ~ of ancient Chinese culture* 中国古代文化的摇篮 Zhōngguó gǔdài wénhuà de yáolán (2) 婴儿时期 yīng'ér shíqī: *in the ~* 在婴儿时期 zài yīng'ér shíqī II *v* 把...放在摇篮里 bǎ...fàngzài yáolánli; 摇晃（动）yáohuàng: *~ a baby to sleep* 把婴儿摇睡 bǎ yīng'ér yáoshuì // *~ song* 摇篮曲 yáolánqǔ, 催眠曲 cuīmiánqǔ

craft *n* (1) 工艺（名）gōngyì; 技艺（名）jìyì; 行业（名）hángyè: *arts and ~s* 工艺美术 gōngyì měishù / *carpenter's ~* 木工的技艺 mùgōng de jìyì / *the ~ of wood carving* 木雕艺术 mùdiāo yìshù (2) 手腕（名）

shǒuwàn, 诡计（名）guǐjì

craftsman *n* 手艺人（名）shǒuyìrén, 工匠（名）gōngjiàng

craftsmanship *n* 精巧手艺 jīngqiǎo shǒuyì, 技术（名）jìshù, 技艺（名）jìyì

crafty *adj* 狡猾（形）jiǎohuá: *as ~ as a fox* 像狐狸一样狡诈 xiàng húli yíyàng jiǎozhà / *a ~ politician* 一个狡猾的政客 yíge jiǎohuá de zhèngkè

crag *n* 岩（名）yán, 峭壁（名）qiàobì

cram *v* (1) 把...塞进 bǎ...sāijìn; 塞满 sāimǎn (2) 赶功课 gǎn gōngkè; 临时准备应考 línshí zhǔnbèi yìngkǎo

cramp[1] *n* 抽筋儿 chōujīnr, 痉挛（动）jìngluán: *writer's ~* 手指抽筋儿 shǒuzhǐ chōujīnr

cramp[2] *v* 束缚（动）shùfù; 阻碍（动）zǔ'ài; 挤进 jǐjìn

crane I *n* (1) 鹤（名）hè, 仙鹤（名）xiānhè (2) 起重机（名）qǐzhòngjī; 摄影升降机 shèyǐng shēngjiàngjī II *v* (1) 伸颈 shēn jǐng (2) 用起重机吊 yòng qǐzhòngjī diào: *~ up building material* 用起重机吊起建筑材料 yòng qǐzhòngjī diàoqǐ jiànzhù cáiliào

crash[1] I *v* (1) 碰撞（动）pèngzhuàng; 撞坏 zhuànghuài; 坠毁（动）zhuìhuǐ (2) 发出爆裂声 fāchū bàolièshēng; 砰的一声破裂 pēng de yìshēng pòliè; 啪的一声落下 pā de yìshēng luòxià II *n* (1) 碰撞（动）pèngzhuàng; 坠落（动）zhuìluò: *a car ~* 汽车撞车事故 qìchē zhuàngchē shìgù (2) 撞击声（名）zhuàngjīshēng; 爆裂声（名）bàolièshēng

crash[2] *n* 粗布（名）cūbù

crate *n* 板条箱（名）bǎntiáoxiāng, 柳条箱（或篮、篓等）（名）liǔtiáoxiāng (huò lán, lǒu děng)

crater *n* (1) 火山口（名）huǒshānkǒu (2) 弹坑（名）dànkēng; 陨石坑（名）yǔnshíkēng

crave *v* (1) 恳求（动）kěnqiú, 请求（动）qǐngqiú: *~ excuse* 请求原谅 qǐngqiú yuánliàng (2) 渴望（动）kěwàng, 热望（动）rèwàng

craving　*n* 渴望(动) kěwàng: *a ~ to be understood* 渴望得到别人的理解 kěwàng dédào biéren de lǐjiě/ *a ~ for food* 渴望得到食物 kěwàng dédào shíwù

crawl　Ⅰ *v* (1) 爬(动) pá (2) 缓缓移动 huǎnhuǎn yídòng (3) 成群地蠕动 chéngqún de rúdòng; 布满(动) bùmǎn (4) 起鸡皮疙瘩 qǐ jīpígēda (5) 巴结(动) bājie Ⅱ *n* 缓慢地行进 huǎnmàn de xíngjìn

crayon　Ⅰ *n* (1) 粉笔(名) fěnbǐ; 蜡笔(名) làbǐ; 彩笔(名) cǎibǐ: *a picture in ~s* 粉笔画 fěnbǐhuà (蜡笔画 làbǐhuà) (2) 粉笔画(名) fěnbǐhuà; 蜡笔画(名) làbǐhuà (3) 电弧灯的碳棒 diànhúdēng de tànbàng Ⅱ *v* 用粉笔或蜡笔等)作画 yòng fěnbǐ (huò làbǐ děng) zuò huà: *a wall ~ed with colourful designs* 画有五彩图案的墙 huàyǒu wǔcǎi tú'àn de qiáng

crazy　*adj* (1) 发疯 fāfēng; 愚蠢(形) yúchǔn; 发狂 fākuáng (2) 狂热(形) kuángrè, 着迷 zháomí // *like ~* 像疯了似的 xiàng fēngle shide, 狂热 kuángrè

creak　Ⅰ *v* 嘎吱嘎吱地响 gāzhīgāzhī de xiǎng Ⅱ *n* 嘎吱嘎吱的声音 gāzhīgāzhī de shēngyīn

cream　*n* (1) 奶油(名) nǎiyóu; 乳脂(名) rǔzhī (2) 含奶油的食品 hán nǎiyóu de shípǐn: *chocolate ~* 奶油夹心巧克力 nǎiyóu jiāxīn qiǎokèlì (3) 膏状物(名) gāozhuàngwù; 精华(名) jīnghuá; 最精彩的部分 zuì jīngcǎi de bùfen: *skin ~* 护肤膏 hùfūgāo / *cold ~* 冷霜 lěngshuāng / *face ~* 擦脸油 cāliǎnyóu / *shoe ~* 鞋油 xiéyóu/ *furniture ~* 家具蜡 jiājùlà / *the ~ of society* 社会精华 shèhuì jīnghuá / *the ~ of a joke* 笑话的妙处 xiàohuà de miàochù (4) 奶油色(名) nǎiyóusè; 米黄色(名) mǐhuángsè

creamy　*adj* (1) 含有大量奶油的 hányǒu dàliàng nǎiyóu de; 有乳脂味的 yǒu rǔzhī wèi de: *~ milk* 含有大量油脂的牛奶 hányǒu dàliàng yóuzhī de niúnǎi (2) 似奶油的 sì nǎiyóu de, 光滑的 guānghuá de: *a ~ complexion* 光滑的皮肤 guānghuá de pífū

crease　Ⅰ *n* 折缝(名) zhéfèng, 折痕(名) zhéhén Ⅱ *v* 弄皱 nòngzhòu; 起皱 qǐzhòu

create　*v* (1) 创造(动) chuàngzào; 创作(动) chuàngzuò (2) 产生(动) chǎnshēng, 造成(动) zàochéng

creation　*n* (1) 创造(动) chuàngzào; 创作(名) chuàngzuò: *the ~ of art works* 艺术品的创作 yìshùpǐn de chuàngzuò (2) 作品(名) zuòpǐn: *a ~ of a great artist* 艺术巨匠的一件作品 yìshù jùjiàng de yíjiàn zuòpǐn

creative　*adj* 有创造力的 yǒu chuàngzàolì de, 创造性的 chuàngzàoxìng de

creator　*n* (1) 创造者(名) chuàngzàozhě (2) 造物主(名) zàowùzhǔ, 上帝(名) shàngdì: *the C~* 上帝 shàngdì

creature　*n* (1) 生物(名) shēngwù; 动物(名) dòngwù: *dumb ~s* 牲畜 shēngchù (2) 人(名) rén

credentials　*n* (1) 证件(名) zhèngjiàn; 证书(名) zhèngshū (2) 国书(名) guóshū

credible　*adj* 可信(形) kěxìn, 可靠(形) kěkào: *~ witness* 可信的证人 kěxìn de zhèngrén

credit　Ⅰ *n* (1) 信任(名、动) xìnrèn; 相信(动) xiāngxìn (2) 信誉(名) xìnyù, 声望(名) shēngwàng, 荣誉(名) róngyù (3) 为...增光的人(或事物) wèi...zēngguāng de rén (huò shìwù) (4) 赊欠(动) shēqiàn; 信用贷款 xìnyòng dàikuǎn (5) 存款(名) cúnkuǎn (6) 学分(名) xuéfēn Ⅱ *v* (1) 相信(动) xiāngxìn (2) 把...记入贷方 bǎ...jìrù dàifāng: *~ 30 yuan to a customer* 把三十元记入客户贷方 bǎ sānshíyuán jìrù kèhù dàifāng (3) 把...归于 bǎ... guīyú; 认为...有 rènwéi... yǒu // *~ card* 信用卡

xìnyòngkǎ, 购货卡 gòuhuòkǎ/ *do ~ to* 为... 带来光荣 wèi... dàilai guāngróng / *give sb. ~ for* 相信某人有某种优点 xiāngxìn mǒu rén yǒu mǒu zhǒng yōudiǎn / *on ~* 赊购(销) shēgòu(xiāo)

creditor *n* 债主(名) zhàizhǔ, 债权人(名) zhàiquánrén: *a ~ nation* 债权国 zhàiquánguó

credulous *adj* 轻信的 qīngxìn de

creed *n* 教义(名) jiàoyì; 信条(名) xìntiáo; 信念(名) xìnniàn; 纲领(名) gānglǐng

creek *n* (1) 小湾(名) xiǎowān; 小港(名) xiǎogǎng(2) 小河 xiǎohé // *up the ~* 处于困境 chǔyú kùnjìng

creep **I** *v* (1) 爬行(动) páxíng: *~ forward* 匍匐前进 púfú qiánjìn (2) 蹑手蹑脚地走 nièshǒunièjiǎo de zǒu; 缓缓移动 huǎnhuǎn yídòng: *~ about on tiptoe* 踮着脚走 diǎnzhe jiǎo zǒu **II** *n* (1) 爬(动) pá; 蠕动(动) rúdòng: *traffic moving at a ~* 慢慢移动的车辆 mànmàn yídòng de chēliàng (2) 毛骨悚然 máogǔsǒngrán // *make sb.'s flesh ~* 令人毛骨悚然 lìng rén máogǔsǒngrán

cremate *v* 焚毁(动) fénhuǐ; 火葬(动) huǒzàng, 火化(动) huǒhuà

crematorium *n* 焚尸炉(名) fénshīlú; 火葬场(名) huǒzàngchǎng

crepe *n* 绉纱(名) zhòushā, 绉绸(名) zhòuchóu; 绉呢(名) zhòuní: *~ paper* 皱纹纸 zhòuwénzhǐ / *~ rubber* 绉(橡)胶 zhòu (xiàng) jiāo

crescent **I** *n* (1) 月牙(名) yuèyá; 新月(名) xīnyuè (2) 月牙状 yuèyázhuàng, 新月形的东西 xīnyuèxíng de dōngxi (3) 伊斯兰教的象征(名) Yīsīlánjiào de xiàngzhēng: *the Cross and the C~* 基督教与伊斯兰教 Jīdūjiào yǔ Yīsīlánjiào **II** *adj* 月牙形的 yuèyáxíng de, 新月状的 xīnyuèzhuàng de: *a ~ moon* 一弯新月 yìwān xīnyuè

crest **I** *n* (1) 鸡冠(名) jīguān; 冠毛(名) guānmáo: *the ~ of a rooster* 雄鸡的冠子 xióngjī de guānzi (2) 羽毛饰 yǔmáoshì; 顶饰(名) dǐngshì (3) 山脊(名) shānjǐ; 山顶 shāndǐng; 浪峰 làngfēng **II** *v* (1) 在... 上加顶饰 zài...shang jiā dǐngshì; 成为...顶饰 chéngwéi... dǐngshì: *~ed notepaper* 上端印有家族饰章的信纸 shàngduān yìnyǒu jiāzú shìzhāng de xìnzhǐ (2) 达到顶点 dádào dǐngdiǎn: *~ a hill* 到达山顶 dàodá shāndǐng

crew *n* (1) 全体船员 quántǐ chuányuán; 水手(名) shuǐshǒu; 全体乘务员 quántǐ chéngwùyuán (2) 同事们 tóngshìmen, 一起工作的人 yìqǐ gōngzuò de rén: *the stage ~ for the new play* 一出新戏的剧组 yìchū xīnxì de jùzǔ

cricket[1] *n* 板球(名) bǎnqiú

cricket[2] *n* 蟋蟀(名) xīshuài

crime *n* (1) 罪 zuì, 罪行(名) zuìxíng; 犯罪 fànzuì; 罪恶(名) zuì'è: *a capital ~* 死罪 sǐ zuì / *commit a serious ~* 犯了一桩大罪 fànle yìzhuāng dàzuì / *rate* 犯罪率 fànzuìlǜ (2) 坏事(名) huàishì; 蠢事(名) chǔnshì

criminal **I** *adj* 犯罪的 fànzuì de, 刑事上的 xíngshì shàng de: *a ~ act* 犯罪行为 fànzuì xíngwéi / *a ~ suit* 刑事诉讼 xíngshì sùsòng **II** *n* 罪犯(名) zuìfàn, 犯人(名) fànrén: *a war ~* 战犯 zhànfàn

crimson **I** *n* 深红(形) shēnhóng; 绯红(形) fēihóng **II** *adj* 深红色的 shēnhóngsè de, 绯红色的 fēihóngsè de **III** *v* 使成绯红色 shǐ chéng fēihóngsè; 变成绯红色 biànchéng fēihóngsè

cripple **I** *n* 瘸子(名) quézi, 瘫子(名) tānzi; 残废(名、动) cánfèi **II** *v* (1) 使瘸 shǐ qué; 使残废 shǐ cánfèi: *~d soldiers* 残废军人 cánfèi jūnrén (2) 削弱(动) xuēruò; 使瘫痪 shǐ tānhuàn

crisis *n* (1) 危机(名) wēijī: *a political ~* 政治危机 zhèngzhì wēijī (2) 紧要关头 jǐnyào guāntóu; 决定性时刻 juédìngxìng shíkè; 转折点(名)

zhuǎnzhédiǎn

crisp *adj* (1) 脆(形)cuì, 松脆(形)sōngcuì: *a ~ biscuit* 松脆的饼干 sōngcuì de bǐnggān (2) 清新(形)qīngxīn (3) 鲜嫩(形)xiānnèn (4) 干脆(形)gāncuì; 有力(形)yǒulì

criterion *n* 标准(名)biāozhǔn; 准则(名)zhǔnzé

critic *n* (1) 批评家(名)pīpíngjiā, 评论家(名)pínglùnjiā: *~s of art and literature* 文艺批评家 wényì pīpíngjiā (2) 爱挑剔的人 ài tiāoti de rén, 吹毛求疵的人 chuīmáoqiúcī de rén

critical *adj* (1) 批评的 pīpíng de, 批判的 pīpàn de: *a ~ remark* 批评的话 pīpíng de huà / *a ~ eye* 批判的眼光 pīpàn de yǎnguāng (2) 对...表示谴责的 duì...biǎoshì qiǎnzé de; 苛求的 kēqiú de (3) 紧要(形)jǐnyào, 关键性的 guānjiànxìng de; 危急(形)wēijí

criticism *n* 批评(动)pīpíng, 批判(动)pīpàn; 评论(名、动)pínglùn: *practise ~ and self-~* 实行批评与自我批评 shíxíng pīpíng yǔ zìwǒ pīpíng / *literary and art ~* 文艺批评 wényì pīpíng

criticize *v* (1) 批评(动)pīpíng, 批判(动)pīpàn: *~ incorrect ideas* 批评错误思想 pīpíng cuòwù sīxiǎng (2) 评论(动)pínglùn: *~ a painting* 评论一幅画 pínglùn yìfú huà (3) 挑剔(动)tiāoti; 非难(动)fēinàn

critique *n* 批评(动)pīpíng, 批判(动)pīpàn; 评论(名、动)pínglùn; 评论文(名)pínglùnwén; 短评(名)duǎnpíng

croak *v* (1) 呱呱地叫 guāguā de jiào (2) 用嘶哑的声音说 yòng sīyǎ de shēngyīn shuō

crockery *n* 陶器(名)táoqì

crocodile *n* 鳄鱼(名)èyú // *~ tears* 鳄鱼的眼泪,假慈悲 èyú de yǎnlèi, jiǎ cíbēi

crook **I** *n* (1) 钩(名)gōu; 钩形物(名)gōuxíngwù (2) 弯曲部分 wānqū bùfen; 弯子(名)wānzi, 弯儿(名)wānr: *a ~ in a stream* 河流弯曲的地方 héliú wānqū de dìfang **II** *v* 使弯曲 shǐ wānqū; 使成钩形 shǐ chéng gōuxíng

crooked *adj* (1) 弯(形)wān, 弯曲(形)wānqū; 歪(形)wāi: *a ~ road* 弯路 wānlù / *a ~ stick* 一根弯曲的木棍 yìgēn wānqū de mùgùn (2) 畸形(形)jīxíng, 弯腰曲背 wānyāo qūbèi: *a ~ little man* 佝偻矮小的人 gōulóu ǎixiǎo de rén (3) 不正当 bú zhèngdàng; 不正派 bú zhèngpài: *~ dealings* 不正当交易 bú zhèngdàng jiāoyì

crop **I** *n* (1) 收成(名)shōucheng, 收获(名、动)shōuhuò; 一季的收获量 yíjì de shōuhuòliàng: *cotton ~* 棉花收成 miánhua shōucheng / *yield 2 ~s a year* 一年两熟 yìnián liǎngshú (2) 作物(名)zuòwù, 庄稼(名)zhuāngjia: *food ~* 粮食作物 liángshi zuòwù / *an industrial ~* 经济作物 jīngjì zuòwù / *an oil-bearing ~* 油料作物 yóuliào zuòwù (3) 一批 yìpī, 一群 yìqún; 大量(形)dàliàng: *a ~ of promising players* 一批有希望的运动员 yìpī yǒu xīwàng de yùndòngyuán / *this year's ~ of students* 今年毕业的一批学生 jīnnián bìyè de yìpī xuésheng (4) 平头(名)píngtóu: *have a close ~* 剪成平头 jiǎnchéng píngtóu **II** *v* (1) 种(动)zhòng (2) 收获(动、名)shōuhuò (3) 剪短 jiǎnduǎn: *~ one's hair* 把头发剪短 bǎ tóufa jiǎnduǎn (4) 啃(动)kěn // *~ up* 突然发生 tūrán fāshēng

cross **I** *n* (1) 十字形(名)shízìxíng; 十字记号 shízì jìhào; 十字形的东西 shízìxíng de dōngxi: *the Red C~* 红十字会 Hóngshízìhuì / *the Grand C~* 大十字勋章 dà shízì xūnzhāng (2) 十字架(名)shízìjià; 基督教(名)Jīdūjiào: *Christ on the ~* 十字架上的耶稣 shízìjià shàng de Yēsū / *a follower of the C~* 基督教徒 Jīdūjiào xìntú (3) 苦难(名)kǔnàn; 烦恼(形)fánnǎo: *bear one's ~* 受罪 shòuzuì (4) 杂交种 zájiāozhǒng; 混血儿 hùnxuè'ér; 混合

物 hùnhéwù **II** *v*（1）穿越（动）chuānyuè, 渡过（动）dùguò: ~ *the street* 过街 guò jiē / ~ *the sea* 渡海 dù hǎi（2）交叉（动）jiāochā（3）错过（动）cuòguò（4）画横线穿过 huà héngxiàn chuānguò; 勾掉 gōudiào, 勾销（动）gōuxiāo: ~ *off an account* 勾销一笔帐目 gōuxiāo yìbǐ zhàngmù（5）跨（动）kuà（6）画十字 huà shízì（7）阻挠（动）zǔnáo; 反对（动）fǎnduì; 受挫折 shòu cuòzhé（8）使杂交 shǐ zájiāo: ~ *an apple with a pear* 使苹果和梨杂交 shǐ píngguǒ hé lí zájiāo **III** *adj* 暴躁（形）bàozào, 易怒的 yìnù de, 脾气不好的 píqi bù hǎo de // ~ *out* 划掉 huádiào / ~ *talk* 相声 xiàngshēng

cross-country *adj* 横穿全国的 héng chuān quánguó de; 越野的 yuèyě de: *a* ~ *tour* 横穿全国的旅行 héng chuān quánguó de lǚxíng / *a* ~ *march* 越野行军 yuèyě xíngjūn

cross-legged *adj* 交叉着腿的 jiāochāzhe tuǐ de

cross-reference *n* 相互参照（条目）xiānghù cānzhào（tiáomù）, 互见条目 hùjiàn tiáomù

crossroads *n* 十字路口 shízì lùkǒu

cross-walk *n* 人行横道 rénxíng héngdào

crossword *n* 纵横字谜 zònghéng zìmí

crouch **I** *v* 蹲伏（动）dūnfú, 蜷缩（动）quánsuō; 低头弯腰 dītóu wānyāo: ~ *to sb.* 拜倒在某人脚下 bàidǎozài mǒu rén jiǎoxià **II** *n* 蹲伏姿势 dūnfú zīshì

crow[1] *n* 乌鸦（名）wūyā // *as the* ~ *flies* 按直线地 àn zhíxiàn de

crow[2] *v*（1）鸡叫 jījiào（2）欢叫（动）huānjiào

crowd **I** *n*（1）人群（名）rénqún（2）大众（名）dàzhòng, 群众（名）qúnzhòng（3）一伙人 yìhuǒrén（4）一堆 yìduī; 许多（形）xǔduō: *a desk covered with a* ~ *of papers and books* 堆满了文件和书籍的桌子 duīmǎnle wénjiàn hé shūjí de zhuōzi **II** *v*（1）挤

（动）jǐ; 挤满 jǐmǎn（2）塞满 sāimǎn, 装满 zhuāngmǎn（3）聚集（动）jùjí

crowded *adj* 拥挤（形）yōngjǐ

crown **I** *n*（1）王冠（名）wángguān, 皇冠（名）huángguān; 君王（名）jūnwáng: *wear the* ~ 即王位 jí wángwèi / ~ *prince* 太子 tàizǐ（王储 wángchǔ）（2）花冠（名）huāguān; 荣誉（名）róngyù; 冠军称号 guànjūn chēnghào（3）头（名）tóu; 头顶（名）tóudǐng（4）顶（名）dǐng, 顶峰（名）dǐngfēng **II** *v*（1）立...为王 lì...wéi wáng; 给...加冕 gěi...jiāmiǎn（2）荣获（动）rónghuò（3）为...加盖 wèi...jiāgài; 使...圆满结束 shǐ...yuánmǎn jiéshù // *to* ~ *it all* 特别是 tèbié shì

crucial *adj* 决定性的 juédìngxìng de, 紧要关头的 jǐnyào guāntóu de: *at the* ~ *moment* 在紧要关头 zài jǐnyào guāntóu

crucifix *n* 耶稣受难像 Yēsū shòunàn xiàng

crucify *v*（1）钉在十字架上 dìngzai shízìjià shàng（2）迫害（动）pòhài, 折磨（动）zhémó; 压抑（动）yāyì, 克制（动）kèzhì: *crucified by public opinion* 为舆论所苦恼 wéi yúlùn suǒ kǔnǎo

crude **I** *adj*（1）天然的 tiānrán de, 未加工的 wèi jiāgōng de, 粗制的 cūzhì de: ~ *oil* 原油 yuányóu / ~ *rubber* 生橡胶 shēng xiàngjiāo（2）粗鲁（形）cūlǔ, 粗野（形）cūyě: ~ *manners* 粗鲁的态度 cūlǔ de tàidu（3）不成熟的 bù chéngshú de, 未修饰的 wèi xiūshì de; 赤裸裸的 chìluǒluǒ de: ~ *workmanship* 粗糙的手艺 cūcāo de shǒuyì / ~ *ideas* 不成熟的意见 bù chéngshú de yìjian / *a* ~ *fact* 赤裸裸的事实 chìluǒluǒ de shishí（事实真相 shìshí zhēnxiàng）**II** *n* 天然的物质 tiānrán de wùzhì; 原油（名）yuányóu: *1,000 barrels of* ~ 一千桶原油 yìqiāntǒng yuányóu

cruel *adj*（1）残忍（形）cánrěn, 残酷（形）cánkù（2）令人痛苦的 lìng rén

tòngkǔ de: *a ~disease* 一种折磨人的疾病 yìzhǒng zhémó rén de jíbìng

cruise Ⅰ *v* (1) 巡航(动) xúnháng, 巡游(动) xúnyóu, 巡逻(动) xúnluó; 漫游(动) mànyóu (2) 在街上徘徊 zài jiēshang páihuái; 出租汽车慢行揽客 chūzū qìchē mànxíng lǎn kè Ⅱ *n* 巡航(动) xúnháng; 漫游(动) mànyóu: *go on a round-the-world ~* 进行一次环球航行 jìnxíng yícì huánqiú hángxíng

cruiser *n* (1) 巡洋舰(名) xúnyángjiàn; 游艇(名) yóutǐng: *a light ~* 轻巡洋舰 qīng xúnyángjiàn (2) 警察巡逻车 jǐngchá xúnluóchē; 揽客汽车 lǎn kè qìchē (3) 漫游者(名) mànyóuzhě, 旅行者(名) lǚxíngzhě

crumb *n* (1) 面包屑(名) miànbāoxiè; 碎屑(名) suìxiè (2) 一点点 yìdiǎndiǎn, 少许(形) shǎoxǔ, 点滴(形) diǎndī: *a ~ of comfort* 一点点安慰 yìdiǎndiǎn ānwèi / *a few ~s of information* 零星消息 língxīng xiāoxi / *~s of knowledge* 点滴知识 diǎndī zhīshi

crumble *v* (1) 弄碎 nòngsuì (2) 崩溃(动) bēngkuì

crumple *v* 弄皱 nòngzhòu; 揉搓(动) róucuō

crunch Ⅰ *v* 嘎吱嘎吱地嚼 gāzhīgāzhī de jiáo Ⅱ *n* 嘎吱嘎吱的声音 gāzhīgāzhī de shēngyīn: *the ~of snow under the car wheels* 汽车轮子底下的雪嘎吱嘎吱的响声 qìchē lúnzi dǐxià de xuě gāzhīgāzhī de xiǎngshēng

crusade *n* (1) 十字军(名) shízìjūn (2) 改革运动 gǎigé yùndòng; 讨伐运动 tǎofá yùndòng: *a ~ for women's rights* 争取女权的运动 zhēngqǔ nǚquán de yùndòng

crusader *n* 十字军战士 shízìjūn zhànshì; 改革运动参与者 gǎigé yùndòng cānyùzhě

crush Ⅰ *v* (1) 压碎 yāsuì; 榨(动) zhà; 碾碎 niǎnsuì: *~ grapes for wine* 榨葡萄酿酒 zhà pútáo niàng jiǔ (2) 压皱 yāzhòu; 弄皱 nòngzhòu (3) 压服

yāfú; 压垮 yākuǎ (4) 塞(动) sāi; 挤(动) jǐ: *~ clothes into a trunk* 把衣服塞进箱子里 bǎ yīfu sāijìn xiāngzi li Ⅱ *n* (1) 拥挤的人群 yōngjǐ de rénqún, 拥挤的集会 yōngjǐ de jíhuì (2) 果汁(名) guǒzhī

crust *n* (1) 面包皮 miànbāopí; 面包干儿(名) miànbāogānr (2) 硬壳 yìngké; 硬外皮 yìng wàipí: *a thin ~ of ice* 一层薄冰 yìcéng bóbīng / *~ of cooked rice* 锅巴 guōbā / *the earth's ~* 地壳 dìqiào / *the ~ over a wound* 伤口上的痂 shāngkǒu shang de jiā

crutch *n* 拐杖(名) guǎizhàng

cry Ⅰ *v* (1) 叫(动) jiào, 喊(动) hǎn (2) 哭(动) kū Ⅱ *n* (1) 叫声(名) jiàoshēng: *a ~ of anger* 愤怒的叫喊声 fènnù de jiàohǎn shēng (2) 哭声(名) kūshēng; 哭泣(动) kūqì; 一阵哭泣 yízhèn kūqì // *a far ~ from* 很大的差距 hěn dà de chājù / *~ off* 取消 qǔxiāo; 食言 shíyán

crystal Ⅰ *n* (1) 水晶(名) shuǐjīng, 水晶石(名) shuǐjīngshí (2) 结晶体(名) jiéjīngtǐ Ⅱ *adj* 水晶制的 shuǐjīng zhì de; 晶体的 jīngtǐ de; 清澈(形) qīngchè, 透彻(形) tòuchè: *~ ornaments* 水晶饰物 shuǐjīng shìwù / *~ glass* 水晶玻璃 shuǐjīng bōli / *a ~ stream* 清澈的溪流 qīngchè de xīliú

cub Ⅰ *n* (1) 幼仔 yòuzǎi(名): *a bear and her ~s* 一只母熊和它的幼仔 yìzhī mǔxióng hé tā de yòuzǎi / *a tiger ~* 幼虎 yòuhǔ (2) 小家伙(名) xiǎojiāhuo: *an unlicked ~* 没有经验的小家伙 méiyou jīngyàn de xiǎojiāhuo Ⅱ *v* 生仔 shēng zǎi

cube Ⅰ *n* 立方形(名) lìfāngxíng, 立方体(名) lìfāngtǐ: *~ sugar* 方糖 fāngtáng / *magic ~* 魔方 mófāng Ⅱ *v* (1) 使成立方体 shǐ chéng lìfāngtǐ (2) 求...体积 qiú...tǐjī: *~ a solid* 求一个立方体的体积 qiú yígè lìfāngtǐ de tǐjī

cubic *adj* 立方体的 lìfāngtǐ de, 立方形的 lìfāngxíng de: *a ~ foot* 立方尺 lìfāngchǐ / *~ metre* 立方米 lìfāngmǐ /

~ *content* 体积 tǐjī (容积 róngjī)

cubicle *n* 小卧室 xiǎowòshì; 更衣室 (名) gēngyīshì

cuckoo *n* 布谷鸟(名) bùgǔniǎo; 杜鹃 (名) dùjuān

cucumber *n* 黄瓜（名）huángguā: *pickled* ~ 酸黄瓜 suān huángguā

cuddle *v* 拥抱（动）yōngbào; 搂抱 （动）lǒubào

cue I *n* 提示（动）tíshì; 暗示（动） ànshì: *give sb. a* ~ 给以暗示 gěiyǐ ànshì II *v* 把…插入演出 bǎ…chārù yǎnchū: ~ *in sound effects* 插入音响 效果 chārù yīnxiǎng xiàoguǒ

cuff[1] *n* (1) 袖口(名) xiùkǒu: *the* ~ *s of a shirt* 衬衣的袖口 chènyī de xiùkǒu (2) 裤子的翻边 kùzi de fānbiān (3) 手 铐(名) shǒukào

cuff[2] I *n* 打一巴掌 dǎ yìbāzhang, 轻打 qīng dǎ: *give sb. a* ~ 给某人一巴掌 gěi mǒurén yìbāzhang / *fall to* ~ 打起 架来 dǎqǐ jià lai II *v* 用巴掌打 yòng bāzhang dǎ

cuisine *n* (1) 烹饪(名) pēngrèn; 烹饪 法(名) pēngrènfǎ (2) 已烧好的食物 yǐ shāohǎo de shíwù

culpable *adj* 应受处罚的 yīng shòu chǔfá de; 有罪的 yǒuzuì de: *hold sb.* ~ 认为某人有罪 rènwéi mǒu rén yǒu zuì

culminate *v* 达到最高峰 dádào zuì gāofēng, 达到顶点 dádào dǐngdiǎn; 达 到极点 dádào jídiǎn; 告终（动） gàozhōng

culprit *n* (1) 犯人(名) fànrén, 罪犯 (名) zuìfàn (2) 刑事被告 xíngshì bèigào; 未决犯(名) wèijuéfàn, 嫌疑 犯(名) xiányífàn

cult *n* (1) 祭礼(名) jìlǐ; 崇拜(动) chóngbài; 迷人(形) mírén: ~ *figure* 崇拜对象 chóngbài duìxiàng / *person-ality* ~ 个人崇拜 gèrén chóngbài (2) 崇拜者 chóngbàizhě, 信徒(名) xìntú

cultivate *v* (1) 耕种(动) gēngzhòng, 耕作（动）gēngzuò: ~*d land* 耕地 gēngdì (2) 栽培(动) zāipéi; 养殖(动)

yǎngzhí: ~ *seaweed* 养殖海带 yǎngzhí hǎidài (3) 培养（动）péiyǎng; 修养 （动）xiūyǎng: ~ *a taste for music* 培 养对音乐的兴趣 péiyǎng duì yīnyuè de xìngqù / ~ *the mind* 修身养性 xiūshēnyǎngxìng

cultivation *n* (1) 耕种（动） gēngzhòng; 种植(动) zhòngzhí (2) 教 养(名) jiàoyǎng: *a woman of* ~ 一个 有教养的妇女 yíge yǒu jiàoyǎng de fùnǚ

cultural *adj* 文化的 wénhuà de, 文化 上的 wénhuà shang de: ~ *level* 文化 水平 wénhuà shuǐpíng / ~ *exchange* 文化交流 wénhuà jiāoliú

culture *n* (1) 文化(名) wénhuà: *the Ministry of C*~ 文化部 Wénhuàbù (2) 教养(名) jiàoyǎng; 修养(名) xiūyǎng (3) 栽培（动）zāipéi; 养殖 （动）yǎngzhí: *the* ~ *of cotton* 棉花的 栽培 miánhua de zāipéi / *silk* ~ 养蚕 yǎng cán / *bee* ~ 养蜂 yǎng fēng

cumulative *adj* 积累的 jīlěi de

cunning *adj* (1) 狡猾(形) jiǎohuá, 狡 诈(形) jiǎozhà: *as* ~ *as a fox* 像狐狸 一样狡猾 xiàng húli yíyàng jiǎohuá (2) 灵巧(形) língqiǎo; 巧妙(形) qiǎomiào: *That's a* ~ *idea*! 这个主意 真妙! Zhège zhǔyi zhēn miào!

cup I *n* (1) 杯(名) bēi, 杯子(名) bēizi: *a tea* ~ 一只茶杯 yìzhī chábēi (2) 奖杯(名) jiǎngbēi: *a* ~ *event* 锦 标赛 jǐnbiāosài (3) 酒(名) jiǔ; 饮酒 yǐnjiǔ II *v* 做成杯状 zuòchéng bēizhuàng // *sb.'s* ~ *of tea* 某人喜欢 的东西 mǒu rén xǐhuan de dōngxi

cupboard *n* 碗橱(名) wǎnchú, 食橱 (名) shíchú; 小橱 xiǎo chú: *kitchen* ~ 厨房食橱 chúfáng shíchú / *a clothes* ~ 小衣橱 xiǎo yīchú / *a hanging* ~ 挂衣橱 guàyīchú // *a skeleton in the* ~ 家丑 jiāchǒu

curb I *n* (1) 勒马绳(名) lèmǎshéng (2) 抑制(动) yìzhì: *keep a* ~ *on one's temper* 抑制怒气 yìzhì nùqì II *v*(1) 勒 住 lèzhù: ~ *a horse* 勒住马 lèzhù mǎ

(2) 控制（动）kòngzhì，抑制（动）yìzhì，约束（动）yuēshù: ~ one's anger 抑制愤怒 yìzhì fènnù

curdle v 凝结（动）níngjié

cure I v (1) 治好 zhìhǎo；医治（动）yīzhì (2) 纠正（动）jiūzhèng；消除（动）xiāochú (3) 腌（动）yān: ~ meat by salting 用盐腌肉 yòng yán yān ròu II n (1) 治好 zhìhǎo；治疗（动）zhìliáo；疗程（动）liáochéng (2) 疗法（名）liáofǎ；药（名）yào；对策（名）duìcè

curfew n (1) 晚钟 wǎnzhōng (2) 宵禁（名）xiāojìn: lift a ~ 撤消宵禁 chèxiāo xiāojìn

curio n 古玩（名）gǔwán，古董（名）gǔdǒng

curiosity n (1) 好奇（形）hàoqí，好奇心（名）hàoqíxīn (2) 珍品（名）zhēnpǐn；古玩（名）gǔwán: a ~ shop 古玩店 gǔwándiàn

curious adj (1) 好奇（形）hàoqí；爱探问的 ài tànwèn de (2) 稀奇（形）xīqí；古怪 gǔguài

curl I n (1) 卷曲（形）juǎnqū；卷发（名）juǎnfà，卷毛（名）juǎnmáo (2) 卷曲物（名）juǎnqūwù；螺旋状物（名）luóxuánzhuàngwù: a ~ of smoke 一缕青烟 yìlǚ qīngyān II v (1) 卷曲（动）juǎnqū (2) 缭绕（动）liáorào；袅袅上升 niǎoniǎo shàngshēng (3) 蜷卧（动）quánwò，蜷着睡 quánzhe shuì

currant n 无核小葡萄干 wú hé xiǎo pútaogān

currency n (1) 通货（名）tōnghuò，货币（名）huòbì: paper (metallic) ~ 纸（硬）币 zhǐ (yìng) bì (2) 通用（动）tōngyòng，流通（动）liútōng；流传（动）liúchuán，传播（动）chuánbō: a story that enjoys wide ~ 一个广泛流传的故事 yíge guǎngfàn liúchuán de gùshi

current I adj (1) 通用的 tōngyòng de，流行（形）liúxíng: ~ money 通货 tōnghuò / ~ words 通用字 tōngyòngzì (2) 现时的 xiànshí de，当前的

dāngqián de，现行（形）xiànxíng: ~ English 当代英语 dāngdài Yīngyǔ / ~ affairs 时事 shíshì / the ~ issue of "Beijing Review" 最近一期《北京周报》zuìjìn yìqī《Běijīng Zhōubào》II n (1) 流（名）liú；水流（名）shuǐliú；气流（名）qìliú (2) 电流（名）diànliú: alternating ~ 交流电 jiāoliúdiàn / direct ~ 直流电 zhíliúdiàn (3) 倾向（名）qīngxiàng，潮流（名）cháoliú: go with the ~ of the times 顺应时代潮流 shùnyìng shídài cháoliú

currently adv 目前（名）mùqián；现在（名）xiànzài

curriculum n 全部课程 quánbù kèchéng: high school ~ 中学课程 zhōngxué kèchéng / ~ schedule 课程表 kèchéngbiǎo / ~ vitae 简历 jiǎnlì

curry n 咖喱（名）gālí: chicken ~ 咖喱鸡 gālíjī / ~ powder 咖喱粉 gālífěn

curse I n (1) 诅咒（动）zǔzhòu，咒骂（动）zhòumà；咒语（名）zhòuyǔ，骂人话 màrénhuà (2) 灾祸（名）zāihuò，祸根（名）huògēn II v (1) 咒骂（动）zhòumà，诅咒（动）zǔzhòu，骂（动）mà (2) 降祸于 jiànghuòyú；使苦恼 shǐ kǔnǎo

cursory adj 匆促（动）cōngcù；草率（形）cǎoshuài

curtail v 缩短（动）suōduǎn，减少（动）jiǎnshǎo: ~ one's holidays 缩短假期 suōduǎn jiàqī / have one's pay ~ed 减少了工资 jiǎnshǎole gōngzī

curtain I n (1) 帘（名）lián；窗帘（名）chuānglián；门帘（名）ménlián (2) 幕（名）mù；幕状物（名）mùzhuàngwù: raise the ~ 开幕 kāimù / take a ~ call 谢幕 xièmù II v (1) 给...装上帘子 gěi...zhuāngshang liánzi (2) 用帘子遮住 yòng liánzi zhēzhù，隔开 gékāi

curtsy n 屈膝礼 qūxīlǐ: perform a ~ 行屈膝礼 xíng qūxīlǐ

curve I n (1) 曲线（名）qūxiàn: draw a ~ 画一条曲线 huà yìtiáo qūxiàn (2) 弯（名）wān；弯曲物（名）

wānqūwù; 弯曲部分 wānqū bùfen: *a sharp ~ in the road* 路上的一个急转弯 lù shang de yíge jízhuǎnwān **II** *v* 弯(动) wān; 弄弯 nòngwān

cushion **I** *n* 软垫 ruǎn diàn; 垫子(名) diànzi: *an air ~* 气垫 qìdiàn **II** *v* 装垫子 zhuāng diànzi; 加垫子 jiā diànzi: *a ~ed seat* 软席 ruǎnxí (软座 ruǎnzuò)

custody *n* (1) 监护(动) jiānhù; 保管(动) bǎoguǎn: *in the ~ of one's mother* 在母亲的监护之下 zài mǔqin de jiānhù zhi xià (2) 拘留(动) jūliú; 监禁(动) jiānjìn // *have the ~ of* 保管 bǎoguǎn; 保护 bǎohù/ *take sb. into ~* 逮捕某人 dàibǔ mǒu rén, 拘留某人 jūliú mǒu rén

custom *n* (1) 习惯(名) xíguàn, 风俗(名) fēngsú; 惯例(名) guànlì (2) 海关(名) hǎiguān; 关税(名) guānshuì (3) 经常来买东西 jīngcháng lái mǎi dōngxi; 光顾(名) guānggù

customary *adj* 通常(形) tōngcháng, 常例的 chánglì de, 习惯的 xíguàn de, 惯例的 guànlì de: *a ~ law* 习惯法 xíguànfǎ

customer *n* (1) 顾客(名) gùkè, 主顾(名) zhǔgù: *secure ~s by advertising* 用广告招徕顾客 yòng guǎnggào zhāolái gùkè (2) 家伙(名) jiāhuo: *an awkward ~* 难对付的家伙 nán duìfu de jiāhuo

cut **I** *v* (1) 切(动) qiē; 割(动) gē; 剪(动) jiǎn; 砍(动) kǎn; 削(动) xiāo (2) 刺穿 cìchuān; 刺痛 cìtòng; 伤害(动) shānghài (3) 掘成 juéchéng; 凿出 záochū (4) 雕刻(动) diāokè; 雕琢(动) diāozhuó: *~ a figure in stone* 雕刻一座石像 diāokè yízuò shíxiàng/ *a design into metal* 在金属上雕刻图案 zài jīnshǔ shang diāokè tú'àn / *a diamond* 琢磨钻石 zhuómó zuànshí (5) 削减(动) xuējiǎn; 缩短(动) suōduǎn; 删节(动) shānjié: *~ the price by half* 减半价 jiǎn bànjià (6) 与...相交 yǔ...xiāngjiāo; 穿过 chuānguò (7) 停

止(动) tíngzhǐ; 打断(动) dǎduàn; 排斥(动) páichì (8) 关(动) guān; 切断(动) qiēduàn (9) 逃避(动) táobì; 不出席 bù chūxí: *~ classes* 旷课 kuàngkè / *~ school* 逃学 táoxué **II** *n* (1) 切(动) qiē; 割(动) gē; 砍(动) kǎn; 剪(动) jiǎn; 伤口(名) shāngkǒu: *make a ~ at sb.* 砍了某人一刀 kǎnle mǒu rén yìdāo / *give the horse a ~ with a whip* 抽了马一鞭子 chōule mǎ yìbiānzi (2) 切下的肉 qiēxià de ròu; 割下的作物 gēxià de zuòwù: *a nice ~ of beef* 一块好牛肉 yíkuài hǎo niúròu (3) 削减(动) xuējiǎn; 删节(动) shānjié; 删掉的部分 shāndiào de bùfen (4) 近路 jìnlù, 捷径(名) jiéjìng: *a ~ through the woods* 树林中的一条近路 shùlín zhōng de yìtiáo jìnlù (5) 式样(名) shìyàng, 样式(名) yàngshì: *a dress of the latest ~* 式样新颖的衣服 shìyàng xīnyǐng de yīfu // *~ away* 砍掉 kǎndiào / *~ back* 削减 xuējiǎn / *~ down* (1) 砍倒 kǎndǎo (2) 削减 xuējiǎn; 缩短 suōduǎn; 改小 gǎixiǎo; 删节 shānjié: *~ down expenses* 削减费用 xuējiǎn fèiyòng / *~ down on smoking* 少吸烟 shǎo xī yān / *~ down an article* 删节文章 shānjié wénzhāng / *~ in* (1) 插嘴 chāzuǐ (2) 超车抢行 chāochē qiǎngxíng / *~ it fine* 扣得很紧 kòu de hěn jǐn / *~ off* (1) 切掉 qiēdiào; 割掉 gēdiào; 剪下 jiǎnxià (2) 中止 zhōngzhǐ; 中断 zhōngduàn (3) 断绝 duànjué (4) 剥夺继承权 bōduó jìchéngquán / *~ out* (1) 剪掉 jiǎndiào; 删掉 shāndiào (2) 裁剪 cáijiǎn; 排好 páihǎo (3) 适合 shìhé (4) 停止 tíngzhǐ: *~ out an engine* 关掉发动机 guāndiào fādòngjī / *~ out tobacco* 戒烟 jiè yān / *~ short* 打断 dǎduàn; 缩短 suōduǎn / *~ up* 切碎 qiēsuì / *~ up rough* 发脾气 fā píqí

cute *adj* (1) 聪明的 cōngming de; 伶俐的 línglì de (2) 逗人喜爱的 dòu rén xǐ'ài de

cutlery *n* 刃具(名) rènjù

cycle **I** *n* (1) 周期(名) zhōuqī; 循环 (名) xúnhuán: *the life* ~ *of insects* 昆虫的生活周期 kūnchóng de shēnghuó zhōuqī / *the* ~ *of the seasons* 季节的循环 jìjié de xúnhuán (2) 一组 yìzǔ; 全套 quántào: *a song* ~ 组歌 zǔgē (3)自行车(名) zìxíngchē **II** *v* 骑 自行车 qí zìxíngchē

cylinder *n* (1) 圆筒 yuántǒng; 圆柱体 yuánzhùtǐ (2) 汽缸(名) qìgāng

cynic *n* 玩世不恭的人 wánshìbùgōng de rén; 愤世嫉俗者 fènshìjísúzhě

cypress *n* 柏树(名) bǎishù

D

dab I *v* 轻拍 qīng pāi, 轻擦 qīng cā II *n* 轻擦 qīng cā; 轻拍 qīng pāi

dad, daddy *n* 爸爸(名) bàba, 爹(名) diē: *my* ~ 我爸爸 wǒ bàba

dagger *n* 匕首(名) bǐshǒu, 短剑(名) duǎnjiàn // *at* ~ *s drawn* 剑拔弩张 jiànbánǔzhāng, 准备格斗 zhǔnbèi gédòu

dahlia *n* 大丽花(名) dàlihuā

daily I *adj* 每日的 měirì de, 日常(形) rìcháng: ~ *life* 日常生活 rìcháng shēnghuó / *a* ~ *newspaper called "Wen Hui Bao"* 一份叫作《文汇报》的日报 yífèn jiàozuò《Wén Huì Bào》de rìbào II *adv* 每天 měitiān, 天天 tiāntiān III *n* 日报(名) rìbào: "*China D*~"《中国日报》《Zhōngguó Rìbào》/ "*The People's D*~"《人民日报》《Rénmín Rìbào》

dainty I *adj* (1)小巧(形) xiǎoqiǎo; 精致(形) jīngzhì; 秀丽(形) xiùlì: ~ *cups* 小巧玲珑的杯子 xiǎoqiǎolínglóng de bēizi (2) 美味的 měiwèi de, 可口(形) kěkǒu (3) 讲究(形) jiǎngjiu, 考究(形) kǎojiu II *n* 美味的小食品 měiwèi de xiǎo shípǐn

dairy *n* (1)奶场 nǎichǎng; 制酪场 zhìlàochǎng: ~ *products* 乳制品 rǔzhìpǐn / ~ *cattle* 奶牛 nǎiniú (2) 乳品店 rǔpǐndiàn

daisy *n* 雏菊(名) chújú

dam I *n* 水坝(名) shuǐbà; 水闸(名) shuǐzhá: *a storage* ~ 一条蓄水坝 yìtiáo xùshuǐbà II *v* (1) 筑水坝 zhù shuǐbà (2) 控制(动) kòngzhì

damage I *n* (1) 损害(动) sǔnhài; 损失(名、动) sǔnshī; 损坏(动) sǔnhuài: *do* ~ *to* 使…受到损害 shǐ ... shòudào sǔnhài (2) 赔偿费 péichángfèi II *v* 损害(动) sǔnhài; 毁坏(动) huǐhuài

damn I *v* (1)诅咒(动) zǔzhòu, 咒骂(动) zhòumà (2) 指责(动) zhǐzé II *n* (1)诅咒(动) zǔzhòu (2) 丝毫(名) sīháo: *not worth a* ~ 毫无价值 háo wú jiàzhí

damned I *adj* 该死的 gāisǐ de, 讨厌(形) tǎoyàn II *adv* 非常(副) fēicháng, 要命地 yàomìng de

damp I *n* 潮气(名) cháoqì; 潮湿(形) cháoshī II *adj* 潮湿(形) cháoshī: ~ *air* 潮湿的空气 cháoshī de kōngqì / ~ *room* 一间潮湿的屋子 yìjiān cháoshī de wūzi III *v* (1)使潮湿 shǐ cháoshī, 变潮湿 biàn cháoshī (2) 使消沉 shǐ xiāochén

dampen *v* (1)使潮湿 shǐ cháoshī (2) 抑制(动) yìzhì; 减少(动) jiǎnshǎo

damper *n* 使人扫兴的人(事) shǐ rén sǎoxìng de rén(shì)

dance I *v* (1)跳舞 tiàowǔ (2) 跳(动) tiào, 跳跃(动) tiàoyuè II *n* (1) 跳舞 tiàowǔ; 舞蹈(名) wǔdǎo: *a folk* ~ 民间舞蹈 mínjiān wǔdǎo / *a social* ~ 交谊舞 jiāoyìwǔ (2)舞曲(名) wǔqǔ (3) 舞会(名) wǔhuì // ~ *band* 伴舞乐队 bànwǔ yuèduì / ~ *drama* 舞剧 wǔjù

dancer *n* 舞蹈演员 wǔdǎo yǎnyuán; 跳舞的人 tiàowǔ de rén

dancing *n* 跳舞 tiàowǔ; 舞蹈(名) wǔdǎo // ~ *girl* 舞女 wǔnǚ / ~ *hall* 舞厅 wǔtīng / ~ *teacher* 舞蹈教师 wǔdǎo jiàoshī

Dane *n* 丹麦人(名) Dānmàirén

danger *n* (1) 危险(形、名) wēixiǎn: *a* ~ *signal* 一个危险信号 yíge wēixiǎn xìnhào (2)危险物(名) wēixiǎnwù; 威胁(名、动) wēixié: ~ *s to health* 对健康的威胁 duì jiànkāng de wēixié / ~ *to world peace* 对世界和平的威胁

duì shìjiè hépíng de wēixié / *the ~s of smoking* 吸烟的害处 xīyān de hàichu

dangerous *adj* 危险(形) wēixiǎn; 有害的 yǒuhài de: *a ~ person* 一个危险人物 yíge wēixiǎn rénwù / *a ~ move* 危险的行动 wēixiǎn de xíngdòng

dangerously *adv* 危险(形) wēixiǎn

Danish I *adj* 丹麦的 Dānmài de II *n* 丹麦语(名) Dānmàiyǔ

dare *v* (1)敢(助动) gǎn, 敢于(动) gǎnyú(2)挑唆(动) tiǎosuō; 激(动) jī; 说…不敢做 shuō...bù gǎn zuò

dark I *adj* (1)暗(形) àn, 黑暗(形) hēi'àn (2)黑(形) hēi; 深(形) shēn: *~ hair* 黑头发 hēi tóufa / *~ clouds* 乌云 wūyún / *~ blue* 深蓝色 shēnlánsè (3)阴暗(形) yīn'àn(4)坏(形) huài; 罪恶的 zuì'è de: *the ~ powers in the society* 社会上的罪恶势力 shèhuì shang de zuì'è shìlì II *n* 黑暗(形)hēi'àn; 暗处 ànchù; 天黑 tiānhēi // *be in the ~* 完全不知道 wánquán bù zhīdào/ *keep sb. in the ~* 瞒着 mánzhe, 不让某人知道 búràng mǒu rén zhīdào

darken *v* 使变黑 shǐ biànhēi; 变暗 biàn'àn

darkness *n* 黑暗(形) hēi'àn

darkroom *n* 暗室 ànshì, 暗房 ànfáng

darling I *n* 亲爱的 qīn'ài de; 宝贝儿(名) bǎobèir II *adj* (1)心爱(形) xīn'ài, 亲爱(形) qīn'ài, 可爱(形) kě'ài: *my ~ child* 我的宝贝孩子 wǒ de bǎobèi háizi (2)漂亮(形) piàoliang

darn I *v* 织补(动) zhībǔ II *n* 织补处(名) zhībùchù, 补丁(名) bǔdīng

dart I *n* (1)标枪(名) biāoqiāng; 镖(名) biāo: *a game of ~s* 飞镖游戏 fēibiāo yóuxì (2)突然地向前冲 tūrán de xiàng qián chōng II *v* (1)突然而急速地向前冲 tūrán ér jísù de xiàng qián chōng; 飞奔(动) fēibēn(2)投射(动) tóushè

dash I *v* (1)猛撞 měngzhuàng, 击(动) jī(2)飞跑 fēipǎo; 猛冲 měngchōng(3)使破灭 shǐ pòmiè II

(1)急奔 jíbēn, 猛跑 měngpǎo (2)短跑(名) duǎnpǎo: *the 100-metre ~* 百米赛跑 bǎimǐ sàipǎo (3)破折号(名) pòzhéhào // *~ and drive* 突击 tūjī; 快而有力 kuài ér yǒulì/ *~ off* 匆匆写 cōngcōng xiě/ *~ sth. with sth. else* 搀一点儿 chān yìdiǎnr

dashboard *n* (1)挡泥板(名) dǎngníbǎn (2)(汽车、飞机)仪表板 (qìchē, fēijī) yíbiǎobǎn

data *n* 资料(名) zīliào; 论据(名) lùnjù; 数据(名) shùjù: *bank* 数据库 shùjùkù(资料库 zīliàokù)/ *~ processing* 数据处理 shùjù chǔlǐ

date[1] I *n* (1)日期(名) rìqī; 日子(名) rìzi, 年月日 nián yuè rì; 天(名) tiān: *~ of birth* 出生日期 chūshēng rìqī (2)年代(名) niándài; 历史时期(名) lìshǐ shíqī (3)约会(名) yuēhuì; (男女)相会 (nán nǚ) xiānghuì II *v* (1)注明…的日期 zhùmíng...de rìqī; 写上…的日子 xiěshang...de rìzi (2)确定…的年代 quèdìng...de niándài (3)属于(动) shǔyú; 始于 shǐyú; 追溯到 zhuīsù dào (4)过时 guòshí, 变陈旧 biàn chénjiù (5)(男女)交朋友 (nán nǚ) jiāo péngyou; 相会(动) xiānghuì // *out of ~* 过时的 guòshí de/ *to ~* 到现在为止 dào xiànzài wéizhǐ/ *up to ~* 现代的 xiàndài de, 最新的 zuì xīn de

date[2] *n* 枣(名) zǎo

daughter *n* 女儿(名) nǚ'ér, 姑娘(名) gūniang

daughter-in-law *n* 儿媳妇 érxífu, 媳妇(名) xífu

daunt *v* 恐吓(动) kǒnghè; 使胆怯 shǐ dǎnqiè

dawn I *v* (1)黎明(名) límíng, 破晓(动) pòxiǎo, 天亮 tiānliàng (2)逐渐明白 zhújiàn míngbai, 开始了解 kāishǐ liǎojiě II *n* 黎明(名) límíng, 天亮 tiānliàng, 拂晓(名) fúxiǎo

day *n* (1)天(名) tiān; 日(名) rì(2)白天(名) báitiān (3)工作日(名) gōngzuòrì: *an 8-hour ~* 八小时工作

日 bā xiǎoshí gōngzuòrì / a 5-~ week 五天工作周 wǔtiān gōngzuòzhōu（4）时代（名）shídài；日子（名）rìzi：in my school ~s 在我的学生时代 zài wǒ de xuésheng shídài / in the ~s of bronze ware 在青铜器时代 zài qīngtóngqì shídài（5）节日（名）jiérì：National D~ 国庆节 Guóqìng Jié / New Year's D~ 元旦 Yuándàn / Christmas D~ 圣诞节 Shèngdàn Jié // all ~ long 整天 zhěngtiān，一天到晚 yìtiāndàowǎn/ by ~ 在白天 zài báitiān/ call it a ~ 收工 shōugōng，下班 xiàbān/ ~ and night 日夜 rìyè，日日夜夜 rìrìyèyè/ ~ by ~ 一天天 yìtiāntiān，逐日 zhúrì / one ~ 有一次 yǒu yícì；某一天 mǒu yìtiān/ some ~ 将来有一天 jiānglái yǒu yìtiān /the other ~ 前不久的一天 qián bùjiǔ de yìtiān，几天前 jǐ tiānqián/ to a ~ 恰好 qiàhǎo，一天也不差 yìtiān yě bú chà

daybreak n 黎明（名）límíng

daylight n（1）日光（名）rìguāng；白天（名）báitiān；天亮 tiānliàng（2）公开（动）gōngkāi// in broad ~ 在大白天 zài dàbáitiān，在光天化日下 zài guāngtiānhuàrì xià

daytime n 白天 báitiān

daze I v 使头晕眼花 shǐ tóuyūnyǎnhuā；使惶惑 shǐ huánghuò II n 发呆 fādāi，茫然 mángrán

dazzle v 使眼花 shǐ yǎnhuā；使目眩 shǐ mùxuàn

dazzling adj 眩目的 xuànmù de；耀眼（形）yàoyǎn：a ~ light 耀眼的灯光 yàoyǎn de dēngguāng

dead I adj（1）死的 sǐde；无生命的 wú shēngmìng de：a ~ man 一个死人 yíge sǐrén / ~ flowers 枯死的花儿 kūsǐ de huār / ~ leaves 枯叶 kūyè / ~ letter 死信 sǐxìn（2）麻木（形）mámù；无感觉的 wú gǎnjué de；死一般的 sǐ yìbān de：~ fingers 麻木的手指 mámù de shǒuzhǐ / in a ~ faint 昏死过去 hūnsǐ guòqù（3）死气沉沉的

sǐqìchénchén de；呆板（形）dāibǎn（4）用完了的 yòngwánle de；失灵的 shīlíng de：a ~ volcano 一座死火山 yízuò sǐ huǒshān / a ~ oil well 一口报废的油井 yìkǒu bàofèi de yóujǐng（5）完全（形）wánquán II adv 完全（形）wánquán，绝对（形）juéduì：be ~ sure 绝对肯定 juéduì kěndìng III n（1）死者（名）sǐzhě：the ~ and the wounded 死伤人员 sǐ shāng rényuán（2）最冷的时候 zuì lěng de shíhòu；最静的时刻 zuì jìng de shíkè：in the ~ of winter 在隆冬 zài lóngdōng / at the ~ of night 在深夜 zài shēnyè // a ~ end 死胡同儿 sǐ hútòngr

deadline n 期限（名）qīxiàn，截止日期 jiézhǐ rìqī

deadlock n 僵局（名）jiāngjú

deaf adj（1）聋（形）lóng：~ people 聋子 lóngzi（2）不听 bù tīng：be ~ to advice 不听劝告 bù tīng quàngào

deaf-mute I n 聋哑人 lóngyǎrén：a hospital for ~s 聋哑医院 lóngyǎ yīyuàn II adj 又聋又哑 yòu lóng yòu yǎ

deal I v（1）分（动）fēn，分配（动）fēnpèi；发（动）fā（2）做买卖 zuò mǎimai；经营（动）jīngyíng（3）发（牌）（动）fā（pái）II n 买卖（名）mǎimai，生意（名）shēngyì；交易（名）jiāoyì：a great ~ 大量 dàliàng；很多 hěn duō：a great ~ of support 大力支持 dàlì zhīchí / ~ a blow 给以打击 gěiyǐ dǎjī / ~ with 对待 duìdài；对付 duìfu；处理 chǔlǐ；论述 lùnshù

dealer n（1）商人（名）shāngrén：a ~ in furs 毛皮商 máopíshāng / a grain ~ 粮商 liángshāng（2）庄家（名）zhuāngjia

dealing n（1）对人的态度 duì rén de tàidu：honest ~ 真诚待人 zhēnchéng dài rén / fair ~ 对人的态度公正 duì rén de tàidu gōngzhèng（2）交往（动）jiāowǎng：business ~s 商业上的来往 shāngyè shang de láiwǎng

dean n 院长（名）yuànzhǎng；系主任

（名） xìzhǔrèn；教务长（名）jiàowùzhǎng

dear I *adj* (1) 亲爱的 qīn'ài de：~ *Jack* 亲爱的杰克 qīn'àide Jiékè/ *my ~est sister* 我最亲爱的姐姐 wǒ zuì qīn'ài de jiějie (2) 可爱（形）kě'ài (3) 宝贵（形）bǎoguì；贵重（形）guìzhòng；贵（形）guì II *n* 亲爱的人 qīn'ài de rén，可爱的人 kě'ài de rén：*my ~* 我亲爱的 wǒ qīn'ài de III *int* 啊（叹）ā，天哪 tiān na；哎哟（叹）āiyō

dearly *adv* (1) 深深地 shēnshēn de (2) 代价高昂的 dàijià gāo'áng de

death *n* (1) 死（动）sǐ，死亡（动）sǐwáng；去世（动）qùshì：*a question of life and ~* 一个生死攸关的问题 yíge shēngsǐ yōuguān de wèntí (2) 死因 sǐyīn// ~ *notice* 讣告 fùgào / ~ *penalty* 死刑 sǐxíng / ~ *rate* 死亡率 sǐwánglǜ/ *put sb. to* ~ 处死 chǔsǐ

deathless *adj* 不死的 bù sǐ de，永恒（形）yǒnghéng

debate I *v* (1) 争论（动）zhēnglùn，辩论（动）biànlùn；讨论（动）tǎolùn (2) 思考（动）sīkǎo，盘算（动）pánsuàn II *n* 争论（动）zhēnglùn：*the question under* ~ 争论中的问题 zhēnglùn zhōng de wèntí/ *take part in a* ~ 参加辩论 cānjiā biànlùn

debit *n* 借方（名）jièfāng

debt *n* (1) 债（名）zhài，债务（名）zhàiwù，欠款（名）qiànkuǎn：*owe sb. a* ~ 欠某人一笔债 qiàn mǒu rén yìbǐ zhài (2) 情义（名）qíngyì，恩情（名）ēnqíng// *be in* ~ *to sb.* 欠某人的债 qiàn mǒu rén de zhài / *get into* ~ 借债 jiè zhài，负债 fù zhài/ *national* ~ 国债 guó zhài / *out of* ~ 不欠债 bú qiàn zhài

debtor *n* 债务人（名）zhàiwùrén；借方（名）jièfāng

decade *n* 十年 shínián：*the last* ~ *of the* 20*th century* 二十世纪最后十年 èrshí shìjì zuìhòu shínián

decadent I *adj* 颓废（形）tuífèi；衰落的 shuāiluò de II *n* 颓废派艺术家（作

家）tuífèipài yìshùjiā（zuòjiā）

decay I *v* (1) 腐蚀（动）fǔshí；腐烂（动）fǔlàn (2) 衰败（动）shuāibài；衰亡（动）shuāiwáng II *n* (1) 腐朽（形）fǔxiǔ；腐烂（动）fǔlàn (2) 衰败（动）shuāibài，衰退（动）shuāituì

deceased *adj* 死的 sǐ de；已故的 yǐ gù de：*the* ~ 死者 sǐzhě/ *a* ~ *friend* 亡友 wángyǒu

deceit *n* 欺骗（动）qīpiàn，蒙骗（动）mēngpiàn

deceitful *adj* 骗人的 piànrén de；不老实的 bù lǎoshí de：*a* ~ *trick* 骗人的把戏 piànrén de bǎxì

deceive *v* 骗（动）piàn，欺骗（动）qīpiàn；弄错 nòngcuò// ~ *oneself* 自己欺骗自己 zìjǐ qīpiàn zìjǐ/ ~ *sb. into doing sth.* 骗某人去做某事 piàn mǒu rén qù zuò mǒu shì

deceiver *n* 骗子（名）piànzi

December *n* 十二月（名）shí'èryuè

decency *n* 合乎礼仪 héhū lǐyí；体面（形）tǐmiàn

decent *adj* (1) 像样的 xiàngyàng de，相当好的 xiāngdāng hǎo de，体面（形）tǐmiàn：~ *people* 体面的人 tǐmiàn de rén / ~ *behaviour* 体面的举止 tǐmiàn de jǔzhǐ (2) 规矩（形）guīju；正派（形）zhèngpài；文明（形）wénmíng

deception *n* 欺骗（动）qīpiàn；蒙蔽（动）méngbì；骗局（名）piànjú

decide *v* (1) 决定（动）juédìng，决意（动）juéyì (2) 肯定（动）kěndìng；断定（动）duàndìng；判决（动）pànjué (3) 使下决心 shǐ xià juéxīn

decimal *adj* 十进的 shíjìn de：*the* ~ *system* 十进制 shíjìnzhì / ~ *fraction* 小数 xiǎoshù

decision *n* (1) 决定（名）juédìng；决议（名）juéyì：*a draft* ~ 决议草案 juéyì cǎo'àn / *pass a wise* ~ 通过一项英明的决议 tōngguò yíxiàng yīngmíng de juéyì (2) 决心（名）juéxīn；果断（形）guǒduàn

decisive *adj* (1) 决定性的 juédìngxìng

de; 肯定的 kěndìng de: *a ~ victory* 决定性的胜利 juédìngxìng de shènglì / *a ~ battle* 决战 juézhàn (2) 有决心的 yǒu juéxīn de; 果断(形) guǒduàn

deck I *n* (1) 甲板(名) jiǎbǎn, 舱面(名) cāngmiàn (2) 层(量) céng; 副(量) fù: *the top ~ of a double ~ train* 双层火车的上层 shuāngcéng huǒchē de shàngcéng / *a ~ of cards* 一副牌 yīfù pái II *v* 装饰(动) zhuāngshì; 打扮(动) dǎbàn

declaration *n* (1) 宣言(名) xuānyán; 声明(名) shēngmíng; 文告(名) wéngào: *a ~ of war* 宣战书 xuānzhànshū / *the D~ of Independence* 独立宣言 dúlì xuānyán / *a joint ~* 联合声明 liánhé shēngmíng (2) 申报(动) shēnbào: *the ~ of income* 所得税申报 suǒdéshuì shēnbào / *a customs ~* 海关申报单 hǎiguān shēnbàodān

declare *v* (1) 宣告(动) xuāngào, 宣布(动) xuānbù; 声明(动) shēngmíng: *~ war on* 对…宣战 duì… xuānzhàn (2) 断言(动) duànyán; 声称(动) shēngchēng; 宣称(动) xuānchēng; 表明(动) biǎomíng (3) 申报(动) shēnbào // *~ for (against)* 表示赞成(反对) biǎoshì zànchéng (fǎnduì) / *~ off* 宣布取消 xuānbù qǔxiāo

declension *n* 词尾变化 cíwěi biànhuà

decline I *v* (1) 下降(动) xiàjiàng, 下落(动) xiàluò (2) 衰退(动) shuāituì; 衰弱(形) shuāiruò (3) 谢绝(动) xièjué; 拒绝(动) jùjué II *n* 下降(动) xiàjiàng; 衰退(动) shuāituì; 衰弱(形) shuāiruò: *a ~ in prices* 物价下降 wùjià xiàjiàng

decode *v* 译(动) yì; 破译(动) pòyì

decompose *v* (1) 分解(动) fēnjiě (2) 腐烂(动) fǔlàn

decorate *v* 装饰(动) zhuāngshì, 布置(动) bùzhì

decoration *n* (1) 装饰(名) zhuāngshì; 装饰品(名) zhuāngshìpǐn: *festival ~s* 节日的装饰 jiérì de zhuāngshì (2) 勋章(名) xūnzhāng

decorator *n* 室内装饰师 shìnèi zhuāngshìshī; 制景人员 zhìjǐng rényuán

decrease I *v* 减少(动) jiǎnshǎo, 降低(动) jiàngdī II *n* 减少(动) jiǎnshǎo; 降低(动) jiàngdī: *a ~ in temperature* 温度的降低 wēndù de jiàngdī

decree I *n* (1) 法令(名) fǎlìng; 命令(名) mìnglìng; 公告(名) gōnggào: *issue a ~* 颁布一条法令 bānbù yìtiáo fǎlìng (2) 判决(动) pànjué: *a ~ of divorce* 离婚判决 líhūn pànjué II *v* 颁布命令 bānbù mìnglìng; 决定(动) juédìng

dedicate *v* 献(动) xiàn, 奉献(动) fèngxiàn; 献身 xiàn shēn

dedicated *adj* 专心(形) zhuānxīn; 有献身精神的 yǒu xiàn shēn jīngshén de

dedication *n* (1) 贡献(名) gòngxiàn; 献身(动) xiànshēn (2) 献辞(名) xiàncí

deduce *v* 推断(动) tuīduàn, 推论(动) tuīlùn, 演绎(动) yǎnyì

deduct *v* 扣除(动) kòuchú, 减去 jiǎnqù: *~ expenses from one's salary* 从工资中扣除费用 cóng gōngzī zhōng kòuchú fèiyòng

deduction[1] *n* 推论(名) tuīlùn, 演绎(动) yǎnyì

deduction[2] *n* 扣除(动) kòuchú; 扣除额(名) kòuchú'é: *~s from pay for rent* 从工资中扣除的房租 cóng gōngzī zhōng kòuchú de fángzū

deed *n* 行为(名) xíngwéi, 行动(名) xíngdòng; 事迹(名) shìjì: *a heroic ~* 英雄行为 yīngxióng xíngwéi

deep I *adj* (1) 深(形) shēn: *a ~ well* 一口深井 yīkǒu shēn jǐng / *~ breathing* 深呼吸 shēn hūxī (2) 深远(形) shēnyuǎn; 深刻(形) shēnkè; 深奥(形) shēn'ào: *a ~ thinker* 思想深刻的人 sīxiǎng shēnkè de rén (3) 深厚(形) shēnhòu; 浓厚(形) nónghòu: *~ feelings* 深厚的感情 shēnhòu de gǎnqíng / *have a ~ interest in sth.* 对

某事有浓厚的兴趣 duì mǒu shì yǒu nónghòu de xìngqù (4) 深陷于 shēnxiànyú, 埋头于 máitóuyú (5) 深 (形) shēn, 浓 (形) nóng; 粗 (形) cū: ~ *green* 深绿色 shēn lǜ sè/ ~ *sleep* 熟睡 shúshuì / a ~ *voice* 低沉的声音 dīchén de shēngyīn II *adv* 深 (形) shēn

deepen   v 加深 (动) jiāshēn; 弄深 nòngshēn, 变深 biànshēn

deep-freeze   n 冷冻箱 (名) lěng-dòngxiāng

deep-fry   油炸 yóuzhá

deer   n 鹿 (名) lù: a little spotted ~ 一只小梅花鹿 yìzhī xiǎo méihuā lù

defeat   I v 打败 (动) dǎbài, 击败 (动) jībài; 战胜 (动) zhànshèng II n 失败 (动) shībài, 战败 (动) zhànbài, 挫折 (名) cuòzhé: 8 *victories and 3 ~s* 八胜三负 bā shèng sān fù

defect   I n 缺点 (名) quēdiǎn, 缺陷 (名) quēxiàn, 毛病 (名) máobìng: ~s *in the educational system* 教育制度上的缺点 jiàoyù zhìdù shàng de quēdiǎn II v 叛逃 (动) pàntáo

defection   n 背叛 (动) bèipàn; 叛逃 (动) pàntáo: ~ *from a party* 脱党 tuō dǎng

defective   I adj 有缺点的 yǒu quēdiǎn de; 不完美的 bù wánměi de II n 心智有缺陷的人 xīnzhì yǒu quēxiàn de rén

defector   n 叛逃者 (名) pàntáozhě

defence   n (1) 保卫 (动) bǎowèi, 保护 (动) bǎohù: air ~ 防空 fángkōng / *fight in* ~ *of one's country* 为保卫祖国而战 wèi bǎowèi zǔguó ér zhàn / *in* ~ *of the people's interests* 保护人民的利益 bǎohù rénmín de lìyì (2) 防务 (名) fángwù; 防御工事 fángyù gōngshì, 防御物 (名) fángyùwù: ~ *costs* 防务费用 fángwù fèiyòng / *national* ~ 国防 guófáng / a *strong* ~ 坚固的防御工事 jiāngù de fángyù gōngshì / *weapons of* ~ 防御武器 fángyù wǔqì (3) 辩护 (动) biànhù: *the lawyer for the* ~ 辩护律师 biànhù lǜshī

defenceless   adj 无防御的 wú fángyù de; 没有自卫能力的 méiyǒu zìwèi nénglì de

defend   v (1) 防守 (动) fángshǒu, 保卫 (动) bǎowèi, 捍卫 (动) hànwèi (2) 为…辩护 wèi...biànhù

defendant   n 被告 (名) bèigào; 被告人 (名) bèigàorén

defender   n 保卫者 (名) bǎowèizhě; 辩护者 (名) biànhùzhě

defensive   I adj 防御的 fángyù de, 防卫的 fángwèi de; 防护的 fánghù de: ~ *warfare* 防御战 fángyùzhàn / ~ *works* 防御工事 fángyù gōngshì II n 防御 (动) fángyù, 守势 (名) shǒushì: *act on the* ~ 进行防御 jìnxíng fángyù (采取守势 cǎiqǔ shǒushì)

defer   v (1) 推迟 (动) tuīchí, 延期 yánqī (2) 听从 (动) tīngchóng, 遵从 (动) zūncóng: ~ *to sb.'s opinions* 听从某人的意见 tīngcóng mǒu rén de yìjiàn

defiance   n 挑战 (动) tiǎozhàn; 挑衅 (动) tiǎoxìn // *in* ~ *of* 公然违抗 gōngrán wéikàng/ *set at* ~ 拒不服从 jù bù fúcóng; 公然蔑视 gōngrán mièshì

deficiency   n (1) 缺乏 (动) quēfá, 缺少 (动) quēshǎo, 不足 bùzú (2) 缺点 (名) quēdiǎn, 缺陷 (名) quēxiàn

deficient   adj 缺乏的 quēfá de: ~ *in courage* 缺乏勇气 quēfá yǒngqì / ~ *in judgement* 缺乏判断力 quēfá pànduànlì

deficit   n 亏空 (名) kuīkong; 赤字 (名) chìzì: *cover the* ~ 弥补亏空 míbǔ kuīkong / ~ *financing* 赤字财政 chìzì cáizhèng / *financial* ~ 财政赤字 cáizhèng chìzì (财务亏空 cáiwù kuīkong)

define   v (1) 解释 (动) jiěshì; 下定义 xià dìngyì (2) 规定 (动) guīdìng, 限定 (动) xiàndìng: ~ *sb.'s duties* 规定某人的任务 guīdìng mǒu rén de rènwù

definite   adj (1) 明确 (形) míngquè; 确切 (形) quèqiè (2) 一定 (副) yídìng, 肯定 (形) kěndìng (3) 限定的 xiàndìng de: *the ~ article* 定冠词 dìngguàncí

definitely *adv* 明确（形）míngquè；肯定（形）kěndìng；当然（副）dāngrán

definition *n* (1) 定义（名）dìngyì；解释（名）jiěshì：*give the ~ of a word* 给一个词下定义 gěi yíge cí xià dìngyì (2) 清楚（形）qīngchu，清晰（形）qīngxī

deflate *v* (1) 放掉气 fàngdiào qì：*~ a tire* 放掉车胎的气 fàngdiào chētāi de qì (2) 缩减（动）suōjiǎn；降低（动）jiàngdī：*~ prices* 降低价格 jiàngdī jiàgé (3) 使…泄气 shǐ…xièqì

deform *v* 使变形 shǐ biànxíng

deformity *n* 畸形（名）jīxíng；残废（名）cánfèi

deft *adj* 灵巧（形）língqiǎo；熟练（形）shúliàn：*a ~ hand* 灵巧的手 língqiǎo de shǒu / *a ~ performance* 熟练的表演 shúliàn de biǎoyǎn

defy *v* (1) 蔑视（动）mièshì；对…满不在乎 duì…mǎnbúzàihu；公然反抗 gōngrán fǎnkàng：*~ sb.'s authority* 蔑视某人的权威 mièshì mǒu rén de quánwēi (2) 使不可能 shǐ bù kěnéng，使难以 shǐ nányǐ (3) 向…挑战 xiàng…tiǎozhàn；激（动）jī

degenerate I *adj* 堕落（动）duòluò，颓废（形）tuífèi；退化（动）tuìhuà II *v* 退化（动）tuìhuà；变质 biànzhì，变坏 biànhuài

degeneration *n* 退化（动）tuìhuà；堕落（动）duòluò：*the ~ of the art* 艺术的退化 yìshù de tuìhuà / *the ~ of one's character* 人格的堕落 réngé de duòluò

degrade *v* (1) 使降级 shǐ jiàngjí (2) 使堕落 shǐ duòluò，使降低人格 shǐ jiàngdī réngé，使降低身分 shǐ jiàngdī shēnfèn：*~ oneself* 自甘堕落 zì gān duòluò

degree *n* (1) 度（量）dù：*at 32 ~s Fahrenheit* 三十二华氏度 sānshí'èr huáshì dù / *at minus 13 ~s centigrade* 零下十三摄氏度 língxià shísān shèshì dù / *12 ~s east longitude* 东经十二度 dōngjīng shí'èrdù / *an angle of 90 ~s* 一个九十度的角 yíge jiǔshídù de jiǎo（直角 zhíjiǎo）(2) 程度（名）chéngdù (3) 学位（名）xuéwèi // *by ~s* 渐渐地 jiànjiàn de

deign *v* 降低身分 jiàngdī shēnfèn，屈尊（动）qūzūn：*not ~ to …* 不屑于 búxièyú

dejected *adj* 沮丧（形）jǔsàng：*a ~ look* 沮丧的表情 jǔsàng de biǎoqíng / *in rather a ~ mood* 情绪有点儿沮丧 qíngxù yǒudiǎnr jǔsàng

delay I *v* (1) 耽搁（动）dānge，延误（动）yánwù (2) 推迟（动）tuīchí (3) 拖延（动）tuōyán II *n* 耽误（动）dānwù，延迟（动）yánchí：*after a ~ of 2 hours* 耽误两小时以后 dānwù liǎngxiǎoshí yǐhòu

delegate I *n* 代表（名）dàibiǎo：*~s to the congress* 代表大会的代表 dàibiǎo dàhuì de dàibiǎo II *v* (1) 派…为代表 pài…wéi dàibiǎo (2) 把（权力、工作等）给某人 bǎ（quánlì, gōngzuò děng）gěi mǒu rén，托付某人 tuōfù mǒurén

delegation *n* 代表团（名）dàibiǎotuán

delete *v* 删除（动）shānchú；擦掉（动）cādiào

deliberate I *adj* (1) 存心（副）cúnxīn，故意（形）gùyì，蓄意（动）xùyì：*a ~ insult* 存心侮辱 cúnxīn wǔrǔ / *a ~ murder* 蓄意谋杀 xùyì móushā (2) 谨慎（形）jǐnshèn，小心（形）xiǎoxīn；不慌不忙的 bùhuāngbùmáng de：*~ judgement* 谨慎的判断 jǐnshèn de pànduàn II *v* 仔细考虑 zǐxì kǎolù，仔细研究 zǐxì yánjiū

deliberately *adv* (1) 故意地 gùyì de (2) 谨慎地 jǐnshèn de

deliberation *n* (1) 考虑（动）kǎolù，细想 xì xiǎng (2) 审议（动）shěnyì；商议（动）shāngyì (3) 谨慎（形）jǐnshèn：*speak with ~* 说话谨慎 shuōhuà jǐnshèn

delicacy *n* (1) 柔弱（形）róuruò；脆弱（形）cuìruò；娇嫩（形）jiāonèn (2) 精美（形）jīngměi，精巧（形）jīngqiǎo，精致（形）jīngzhì (3) 微妙（形）

wēimiào，棘手(形) jíshǒu(4) 精美的
食物 jīngměi de shíwù，美味(名) měi-
wèi

delicate *adj* (1) 柔软(形) róuruǎn；娇
嫩(形) jiāonèn；娇弱(形) jiāoruò：*the
~ skin of a child* 小孩儿的细嫩皮肤
xiǎoháir de xìnèn pífū / *~ flowers* 娇
嫩的花儿 jiāonèn de huār / *be in ~
health* 身体娇弱 shēntǐ jiāoruò (2) 精
美(形) jīngměi，精致(形) jīngzhì：
porcelains of ~ workmanship 做工精
细的瓷器 zuògōng jīngxì de cíqì / *a
handicraft* 一件精致的手工艺品
yíjiàn jīngzhì de shǒugōngyìpǐn (3) 微
妙(形) wēimiào；棘手(形) jíshǒu：*a
~ difference* 细微的差别 xìwēi de
chābié (4) 谨慎(形) jǐnshèn；小心
(形) xiǎoxīn (5) 灵敏(形) língmǐn；
精密(形) jīngmì

delicious *adj* 好吃(形) hǎochī，味道
好 wèidào hǎo；可口(形) kěkǒu：*a ~
cake* 好吃的点心 hǎochī de diǎnxīn

delight **I** *v* (1) 使高兴 shǐ gāoxìng，使
快乐 shǐ kuàilè(2) 喜欢(动) xǐhuan，
爱(动) ài **II** *n* (1) 快乐(形) kuàilè，
高兴(形) gāoxìng(2) 乐趣(名) lèqù

delightful *adj* 叫人高兴的 jiào rén
gāoxìng de，使人喜欢的 shǐ rén xǐhuan
de，愉快(形) yúkuài：*a ~ little house*
一所令人喜爱的小房子 yìsuǒ lìng rén
xǐ'ài de xiǎo fángzi

delinquent **I** *adj* (1) 失职的 shīzhí de
(2) 犯法的 fànfǎ de **II** *n* 犯法的人
fànfǎ de rén：*a juvenile ~* 少年罪犯
shàonián zuìfàn

delirious *adj* (1) 昏迷的 hūnmí de (2)
特别兴奋的 tèbié xīngfèn de

deliver *v* (1) 送(动) sòng；交(动)
jiāo；递交(动) dìjiāo；运送(动)
yùnsòng；投递(动) tóudì (2) 作(动)
zuò，发表(动) fābiǎo：*~ a lecture* 作
讲演 zuò jiǎngyǎn (3) 接生(动)
jiēshēng，助产(动) zhùchǎn (4) 打
(动) dǎ(5) 放(动) fàng，释放(动)
shìfàng

delivery *n* (1) 交付(动) jiāofù，交货

jiāo huò；交送(动) jiāosòng(2) 投递
(动) tóudì；传送(动) chuánsòng(3)
分娩(动) fēnmiǎn，生(动) shēng：*a
difficult ~* 难产 nánchǎn

delta *n* 三角洲(名) sānjiǎozhōu：*the
~ of the Nile* 尼罗河三角洲 Níluóhé
sānjiǎozhōu

deluge *n* (1) 洪水(名) hóngshuǐ：*the
D~ described in the "Bible"* 《圣经》上
描写的洪水《Shèngjīng》shang
miáoxiě de hóngshuǐ (2) 大雨 dàyǔ：*a
~ of rain* 一场大雨 yìcháng dàyǔ / *a
~ of questions* 一连串的问题
yìliánchuàn de wèntí

deluxe *adj* 豪华(形) háohuá：*~ edi-
tion* 精装本 jīngzhuāngběn

demand **I** *v* (1) 要求(动) yāoqiú；需
要(动) xūyào(2) 问(动) wèn，询问
(动) xúnwèn **II** *n* (1) 要求(名、动)
yāoqiú：*unreasonable ~s* 无理要求
wúlǐ yāoqiú (2) 需要(名、动) xūyào；
需求量(名) xūqiúliàng

demobilize *v* 遣散(动) qiǎnsàn；复员
(动) fùyuán：*a ~d soldier* 复员军人
fùyuán jūnrén

democracy *n* 民主(名) mínzhǔ；民主
主义(名) mínzhǔzhǔyì；民主政体
mínzhǔ zhèngtǐ；民主国家 mínzhǔ
guójiā：*socialist ~* 社会主义民主
shèhuìzhǔyì mínzhǔ

democrat *n* 民主主义者(名) mín-
zhǔzhǔyìzhě：*a non-party ~* 党外民主
人士 dǎng wài mínzhǔ rénshì / *D~s*
民主党人 mínzhǔdǎngrén

democratic *adj* 民主(形) mínzhǔ；民
主主义的 mínzhǔzhǔyì de：*~ central-
ism* 民主集中制 mínzhǔjízhōngzhì / *a
~ country* 一个民主国家 yíge mínzhǔ
guójiā/ *the D~ Party* (美国)民主党
(Měiguó) Mínzhǔdǎng

demolish *v* (1) 拆毁(动) chāihuǐ；破
坏(动) pòhuài(2) 吃光 chīguāng

demon *n* (1)恶魔(名) èmó；恶棍(名)
ègùn：*a regular ~* 坏家伙 huài jiāhuo
(2) 劲头儿大(精力充沛)的人 jìntóur
dà (jīnglì chōngpèi) de rén

demonstrate *v* （1）论证（名、动）lùnzhèng; 证明（动）zhèngmíng（2）显示（动）xiǎnshì, 表现（动）biǎoxiàn, 说明（动）shuōmíng（3）示范（动）shìfàn; 表演（动）biǎoyǎn（4）示威（动）shìwēi; 游行（动）yóuxíng

demonstration *n* （1）示范（动、名）shìfàn, 表演（动、名）biǎoyǎn: *teach sth. by ~* 进行示范教学 jìnxíng shìfàn jiàoxué / *the ~ of a machine* 机器操作表演 jīqì cāozuò biǎoyǎn（2）示威（动）shìwēi: *a ~ against war* 一次反战示威游行 yícì fǎn zhàn shìwēi yóuxíng

demonstrative *adj* （1）证明（动）zhèngmíng（2）感情外露的 gǎnqíng wàilù de

demonstrator *n* （1）示威者（名）shìwēizhě（2）实验员（名）shíyànyuán

den *n* （1）兽穴（名）shòuxué, 窝（名）wō: *a tiger's ~* 虎穴 hǔxué（老虎窝 lǎohǔwō）/ *a ~ of thieves* 贼窝 zéi wō（2）书斋（名）shūzhāi: *the sound of typing from an author's ~* 作家书斋里传出来的打字声 zuòjiā shūzhāi lǐ chuánchūlái de dǎzì shēng

denial *n* （1）否定（动）fǒudìng; 否认（动）fǒurèn: *give a ~ to the rumour* 否定谣言 fǒudìng yáoyán（辟谣 pìyáo）/ *the prisoner's ~ of guilt* 犯人拒不认罪 fànrén jù bú rèn zuì（2）拒绝（动）jùjué: *a ~ of his request* 拒绝他的请求 jùjué tā de qǐngqiú

dense *adj* （1）稠密（形）chóumì; 密集（形）mìjí: *a ~ forest* 密林 mìlín / *population* 密集的人口 mìjí de rénkǒu（2）浓（形）nóng; 厚（形）hòu（3）愚蠢（形）yúchǔn, 笨（形）bèn: *a ~ child* 蠢孩子 chǔn háizi / *a ~ mind* 笨脑筋 bèn nǎojīn

dent **I** *n* 小坑 xiǎo kēng **II** *v* 造成凹陷 zàochéng āoxiàn

dental *adj* 牙齿的 yáchǐ de; 牙科的 yákē de: *~ surgery* 牙科 yákē / *a ~ surgeon* 牙科医生 yákē yīshēng

dentist *n* 牙科医生 yákē yīshēng

deny *v* （1）否认（动）fǒurèn, 否定（动）fǒudìng; 不承认 bù chéng rèn（2）拒绝（动）jùjué; 不给 bù gěi（3）节制（动）jiézhì; 不享用 bù xiǎngyòng

depart *v* （1）出发（动）chūfā; 开出 kāichū; 启程（动）qǐchéng（2）偏离（动）piānlí; 转移（动）zhuǎnyí

department *n* （1）部门（名）bùmén（2）部（名）bù, 司（名）sī, 局（名）jú; 处（名）chù: *the D~ of Defence* 国防部 Guófángbù / *the D~ of Asian Affairs* 亚洲司 Yàzhōusī / *police ~* 警察局 jǐngchájú / *a ~ store* 百货商店 bǎihuò shāngdiàn / *children's clothing ~* 儿童服装部 értóng fúzhuāngbù（3）系（名）xì: *the ~ of foreign languages* 外语系 wàiyǔxì（4）车间（名）chējiān: *the assembling ~* 装配车间 zhuāngpèi chējiān

departure *n* （1）离开（动）líkāi; 出发（动）chūfā（2）违背（动）wéibèi, 背离（动）bèilí

depend *v* （1）依靠（动）yīkào, 依赖（动）yīlài（2）相信（动）xiāngxìn; 指望（动）zhǐwàng（3）靠…而定 kào... ér dìng, 得看… děi kàn ... // *That ~s.* 很难说, hěn nán shuō, 得看情况 děi kàn qíngkuàng

dependent **I** *adj* （1）依靠（动）yīkào, 依赖（动）yīlài（2）由…决定 yóu ... juédìng; 取决于 qǔjuéyú（3）从属（动）cóngshǔ: *a ~ clause* 从句 cóngjù **II** *n* 家属（名）jiāshǔ: *army ~s* 军人家属 jūnrén jiāshǔ

depict *v* （1）描绘（动）miáohuì; 画（动）huà（2）描述（动）miáoshù; 描写（动）miáoxiě

deplore *v* 悲叹（动）bēitàn; 痛恨（动）tònghèn

deport *v* 驱逐出境 qūzhú chūjìng, 放逐（动）fàngzhú

deposit **I** *v* （1）存放（动）cúnfàng, 寄存（动）jìcún（2）存（动）cún, 储蓄（动）chǔxù（3）使沉淀 shǐ chéndiàn, 使淤积 shǐ yūjī **II** *n* （1）存放物（名）cúnfàngwù（2）存款（名）cúnkuǎn; 押

金（名）yājīn（3）沉淀物（名）chéndiànwù（4）矿藏（名）kuàngcáng；储藏（名）chǔcáng

depress v（1）使沮丧 shǐ jǔsàng，使消沉 shǐ xiāochén（2）使萧条 shǐ xiāotiáo；使不景气 shǐ bù jǐngqì

depressed adj（1）消沉（形）xiāochén，沮丧（形）jǔsàng，抑郁（形）yìyù；情绪低落 qíngxù dīluò（2）萧条（形）xiāotiáo，不景气 bù jǐngqì：the ~ state of the market 市场萧条 shìchǎng xiāotiáo

depression n（1）坑（名）kēng，洼地（名）wādì（2）不景气 bù jǐngqì，萧条（形）xiāotiáo：a trade ~ 商业萧条期 shāngyè xiāotiáoqī（3）抑郁（形）yìyù，沮丧（形）jǔsàng：~ of the mind 心情抑郁 xīnqíng yìyù // atmospheric ~ 低气压 dī qìyā

deprive v 夺去 duóqù，剥夺（动）bōduó；使丧失 shǐ sàngshī

depth n（1）深（形）shēn；深处（名）shēnchù；深度（名）shēndù：in the ~ of one's heart 在内心深处 zài nèixīn shēnchù（2）深度（名）shēndù；深厚（形）shēnhòu；深刻（形）shēnkè：~ of thought 思想的深度 sīxiǎng de shēndù // out of one's ~（1）没顶的深度 mòdǐng de shēndù（2）不能理解 bù néng lǐjiě；力所不及 lìsuǒbùjí

deputy n（1）代理人（名）dàilǐrén：do sth. by ~ 请人代做某事 qǐng rén dài zuò mǒu shì（2）代表（名）dàibiǎo；（下院）议员（xiàyuàn）yìyuán（3）副（形）fù，代理（名）dàilǐ：a ~ chairman 副主席 fùzhǔxí（代理主席 dàilǐ zhǔxí）/ a ~ mayor 副市长 fùshìzhǎng / a ~ consul 副领事 fùlǐngshì

derive v（1）得到（动）dédào，获取（动）huòqǔ：~ knowledge from practice 从实践中得到知识 cóng shíjiàn zhōng dédào zhīshi（2）派生（动）pàishēng，衍生（动）yǎnshēng

descend v（1）下（动）xià，下降（动）xiàjiàng（2）倾斜（动）qīngxié，下斜 xiàxié（3）传（动）chuán；遗传（动）

yíchuán

descendant n 子孙（名）zǐsūn，后代（名）hòudài，后裔（名）hòuyì，后人（名）hòurén

descent n（1）降下（名）jiàngxià，下降（动）xiàjiàng：a parachute ~ 跳伞 tiào sǎn / a ~ from a mountain 下山 xià shān / a ~ of temperature 温度的下降 wēndù de xiàjiàng（2）斜坡（名）xiépō（3）血统（名）xuètǒng；祖籍（名）zǔjí：Americans of Chinese ~ 中国血统的美国人 Zhōngguó xuètǒng de Měiguórén / a person of noble ~ 出身贵族的人 chūshēn guìzú de rén

describe v（1）描写（动）miáoxiě，描绘（动）miáohuì，叙述（动）xùshù（2）形容（动）xíngróng；说成 shuōchéng（3）画（动）huà：~ a circle 画一个圈 huà yíge quān

description n（1）形容（动）xíngróng，描写（动）miáoxiě，描述（动）miáoshù，叙述（动）xùshù（2）种类（名）zhǒnglèi：persons of that ~ 那一类人 nà yílèi rén / weapons of all ~s 各种各样的武器 gèzhǒnggèyàng de wǔqì

desert[1] **I** n 沙漠（名）shāmò；不毛之地 bùmáozhīdì：the Sahara D~ 撒哈拉沙漠 Sāhālā shāmò / the Gobi D~ 戈壁滩 gēbìtān **II** adj 荒凉（形）huāngliáng；无人居住的 wú rén jūzhù de：a ~ island 一个无人居住的荒岛 yíge wú rén jūzhù de huāngdǎo

desert[2] v（1）放弃（动）fàngqì；抛弃（动）pāoqì，遗弃（动）yíqì（2）消失（动）xiāoshī；空（形）kōng（3）开小差，kāi xiǎochāi，逃跑（动）táopǎo

deserter n 逃兵（名）táobīng，开小差的人 kāi xiǎochāi de rén

deserve v 值得（动）zhídé；应该得到 yīnggāi dédào，应当受到 yīngdāng shòudào

design **I** v（1）打算（动）dǎsuàn，原定 yuándìng（2）设计（动）shèjì；构思（动）gòusī（3）计划（动）jìhuà，谋划（动）móuhuà，策划（动）cèhuà **II** n

(1) 计划（名）jìhuà；企图（名）qìtú：*carry out a ~* 施行一项计划 shīxíng yíxiàng jìhuà (2) 设计（名）shèjì；图样（名）túyàng，图案（名）tú'àn

designate *v* (1) 指定（动）zhǐdìng；委派（动）wěipài (2) 指出（动）zhǐchū；标明（动）biāomíng (3) 被叫做 bèi jiàozuò，称为（动）chēngwéi

designer *n* 设计者（名）shèjìzhě，制图人（名）zhìtúrén

desirable *adj* 称心（形）chènxīn；合意（形）héyì，如意（形）rúyì；可取（形）kěqǔ：*a ~ job* 称心的工作 chènxīn de gōngzuò / *a ~ coat* 合意的上衣 héyì de shàngyī

desire **I** *n* 希望（名、动）xīwàng，愿望（名）yuànwàng；欲望（名）yùwàng；情欲（名）qíngyù；要求（名）yāoqiú：*the ~ for independence* 要求独立的愿望 yāoqiú dúlì de yuànwàng **II** *v* 渴望（动）kěwàng，希望（动）xīwàng，期望（动）qīwàng；要求（动）yāoqiú，请求（动）qǐngqiú

desk *n* (1) 书桌（名）shūzhuō，写字台（名）xiězìtái，办公桌（名）bàngōngzhuō (2) 工作台（名）gōngzuòtái，服务台（名）fúwùtái：*the information ~* 问事处 wènshìchù

desolate *adj* (1) 荒凉（形）huāngliáng，无人居住的 wú rén jūzhù de：*~ mountains* 荒山野岭 huāngshān yělǐng / *a ~ old house* 荒废的老房子 huāngfèi de lǎo fángzi (2) 孤独（形）gūdú；凄凉（形）qīliáng

desolation *n* 荒凉（形）huāngliáng，荒芜（形）huāngwú；凄凉（形）qīliáng：*the ~ caused by war* 战争造成的一片凄凉景象 zhànzhēng zàochéng de yípiàn qīliáng jǐngxiàng

despair **I** *n* (1) 绝望（动）juéwàng，失望（动）shīwàng (2) 令人绝望的人（事）lìng rén juéwàng de rén (shì) **II** *v* 绝望（动）juéwàng，丧失信心 sàngshī xìnxīn

desperate *adj* (1) 令人绝望的 lìng rén juéwàng de；危急（形）wēijí：*in a ~*

state 在绝境中 zài juéjìng zhōng (2) 不顾一切的 búgùyíqiè de，拼死的 pīnsǐ de：*a ~ criminal* 一个亡命徒 yíge wángmìngtú

desperately *adv* (1) 绝望地 juéwàng de (2) 非常（副）fēicháng，极端（副）jíduān

desperation *n* 绝望（动）juéwàng

despise *v* 看不起 kànbuqǐ，蔑视（动）mièshì：*~ the enemy strategically* 战略上蔑视敌人 zhànlüè shang mièshì dírén

despite *prep* 尽管（连）jǐnguǎn，无论（连）wúlùn，不管（连）bùguǎn

despot *n* 专制君主 zhuānzhì jūnzhǔ，暴君（名）bàojūn：*a local ~* 恶霸 èbà（土豪 tǔháo）

despotism *n* 专制（名）zhuānzhì；暴政 bàozhèng

dessert *n*（饭后）甜食（fàn hòu）tiánshí，点心（名）diǎnxin

destination *n* 目的地 mùdìdì，终点（名）zhōngdiǎn

destined *adj* 命定的 mìngdìng de，注定的 zhùdìng de

destiny *n* 命运（名）mìngyùn：*grasp one's ~ in one's own hands* 掌握自己的命运 zhǎngwò zìjǐ de mìngyùn

destitute *adj* (1) 贫困（形）pínkùn：*~ people* 贫困的人们 pínkùn de rénmen (2) 没有 méiyǒu；缺乏（形）quēfá：*~ of common sense* 没有常识 méiyǒu chángshí / *~ of sympathy* 缺乏同情心 quēfá tóngqíngxīn

destroy *v* (1) 破坏（动）pòhuài，毁坏（动）huǐhuài；毁（动）huǐ (2) 打破 dǎpò，破灭（动）pòmiè (3) 消灭（动）xiāomiè；歼灭（动）jiānmiè

destroyer *n* 驱逐舰（名）qūzhújiàn

destruction *n* 破坏（动）pòhuài，毁坏（动）huǐhuài

desultory *adj* 不在意的 bú zài yì de，无目的的 wú mùdì de；随便（形）suíbiàn：*a ~ talk* 漫谈 màntán / *~ walk* 漫步 mànbù

detach *v* 分开 fēnkāi，拆开 chāikāi

卸开 xièkāi

detached *adj* (1) 分开的 fēnkāi de; 分离的 fēnlí de (2) 超然（形）chāorán; 不受别人左右的 bú shòu biérén zuǒyòu de: a ～ attitude to the problem 对问题的超然态度 duì wèntí de chāorán tàidù

detachment *n* (1) 超然（形）chāorán; 客观（形）kèguān (2) 分开（动）fēnkāi: the ～ of a key from a key-ring 从钥匙串上解下一把钥匙 cóng yàoshichuàn shang jiěxià yìbǎ yàoshi (3) 支队（名）zhīduì; 分遣队（名）fēnqiǎnduì

detail **I** *n* (1) 细节（名）xìjié, 详情（名）xiángqíng (2) 详细（形）xiángxì: explain in ～ 详细解释 xiángxì jiěshì (3) 枝节（名）zhījié, 琐碎（形）suǒsuì **II** *v* (1) 详述 xiángshù, 细说 xìshuō (2) 派（动）pài, 选派（动）xuǎnpài

detain *v* (1) 拘留（动）jūliú, 扣押（动）kòuyā (2) 留住 liúzhù, 使…不能脱身 shǐ ... bù néng tuō shēn

detect *v* 察觉（动）chájué, 发觉（动）fājué, 发现（动）fāxiàn

detective **I** *adj* 侦探（名）zhēntàn: a ～ story 一篇侦探小说 yìpiān zhēntàn xiǎoshuō **II** *n* 侦探（名）zhēntàn: a plain-clothes ～ 便衣侦探 biànyī zhēntàn

detergent *n* 清洁剂（名）qīngjiéjì, 洗涤剂（名）xīdíjì, 去污剂（名）qùwūjì

deteriorate *v* 变坏 biànhuài; 恶化（动）èhuà

determination *n* (1) 决定（动）juédìng; 确定（动）quèdìng (2) 决定（名）juédìng, 决意（动）juéyì

determine *v* (1) 决定（动）juédìng; 确定（动）quèdìng; 测定（动）cèdìng (2) 决意（动）juéyì, 决心（动）juéxīn

determined *adj* 坚决（形）jiānjué, 坚定（形）jiāndìng, 有决心的 yǒu juéxīn de: a ～ look 坚定的神情 jiāndìng de shénqíng

detest *v* 厌恶（动）yànwù, 憎恶（动）zēngwù, 痛恨（动）tònghèn

detour *n* 绕行的道路 rào xíng de dàolù; 弯路 wānlù

deuce *n* (1)（网球、排球、乒乓球比赛终局前的）平分（wǎngqiú, páiqiú, pīngpāngqiú bǐsài zhōngjú qián de）píngfēn (2) 恶魔（名）èmó (3) 到底（副）dàodǐ, 究竟（副）jiūjìng (4) 不幸（形）búxìng, 晦气（名）huìqì

devastate *v* 毁灭（动）huǐmiè; 使荒芜 shǐ huāngwú; 蹂躏（动）róulìn

devastation *n* 破坏（动）pòhuài, 毁坏（动）huǐhuài

develop *v* (1) 发展（动）fāzhǎn; 养成（动）yǎngchéng; 发扬（动）fāyáng (2) 开发（动）kāifā; 开展（动）kāizhǎn; 开拓（动）kāituò: ～ business 开展业务 kāizhǎn yèwù (3) 展开（动）zhǎnkāi; 发挥（动）fāhuī: ～ an argument point by point 逐步展开论点 zhúbù zhǎnkāi lùndiǎn (4) 发育（动）fāyù, 成长（动）chéngzhǎng (5) 得（病）（动）dé(bìng), 患（动）huàn (6) 冲洗（动）chōngxǐ // a ～ing country 发展中国家 fāzhǎn zhōng guójiā / a ～ed country 发达国家 fādá guójiā

development *n* (1) 发展（动）fāzhǎn; 发扬（动）fāyáng: the rapid ～ of space technology 航天技术的迅速发展 hángtiān jìshù de xùnsù fāzhǎn / the latest ～s in foreign affairs 外交事态的最新发展 wàijiāo shìtài de zuì xīn fāzhǎn (2) 开发（动）kāifā, 开辟（动）kāipì: the ～ of natural resources 自然资源的开发 zìrán zīyuán de kāifā (3) 生长（动）shēngzhǎng; 发育（动）fāyù, 成长（动）chéngzhǎng: the ～ of plants 植物的生长 zhíwù de shēngzhǎng (4) 冲洗（动）chōngxǐ: the ～ of photographic films 冲洗底片 chōngxǐ dǐpiàn

deviate *v* 背离（动）bèilí, 偏离（动）piānlí: ～ from the subject under discussion 离开讨论的正题 líkāi tǎolùn de zhèngtí / ～ from the right path 离开正路 líkāi zhènglù

deviation *n* 偏离（动）piānlí; 偏差

（名）piānchā

device *n* (1) 方法（名）fāngfǎ, 手段（名）shǒuduàn; 计策（名）jìcè: *a pedagogical* ~ 教学方法 jiàoxué fāngfǎ / *a rhetoric* ~ 修辞手段 xiūcí shǒuduàn (2) 装置（名）zhuāngzhì; 器械（名）qìxiè; 设备（名）shèbèi: *a safety* ~ 安全装置 ānquán zhuāngzhì / *a nuclear* ~ 核装置 hé zhuāngzhì / *a* ~ *for catching mice* 捕鼠器 bǔshǔqì

devil *n* (1) 魔鬼（名）móguǐ, 恶魔（名）èmó (2) 恶棍（名）ègùn, 恶人（名）èrén (3) 家伙（名）jiāhuo, 人（名）rén (4) 究竟（副）jiūjìng, 到底（副）dàodǐ

devise *v* 发明（动）fāmíng, 设计（动）shèjì; 计划（动）jìhuà: ~ *a new machine* 发明新机器 fāmíng xīn jīqì

devote *v* 把…献给 bǎ…xiàngěi; 把…用于 bǎ…yòngyú; 致力于 zhìlìyú

devoted *adj* (1) 献身…的 xiànshēn…de (2) 忠实（形）zhōngshí; 深爱 shēn'ài: *a* ~ *friend* 忠实的朋友 zhōngshí de péngyou / *a* ~ *father* 慈爱的父亲 cí'ài de fùqin

devotion *n* 献身 xiànshēn, 热诚 rèchéng, 致力于 zhìlìyú: *a lifetime* ~ *to research* 终身致力于研究工作 zhōngshēn zhìlìyú yánjiū gōngzuò / *the* ~ *to the cause of environmental protection* 献身于环境保护事业 xiànshēnyú huánjìng bǎohù shìyè

devour *v* (1) 狼吞虎咽地吃 lángtūnhǔyàn de chī, 吃光 chīguāng (2) 吞没（动）tūnmò, 毁掉 huǐdiào (3) 贪婪地读 tānlán de dú, 如饥似渴地读 rújīsìkě de dú

devout *adj* (1) 虔诚（形）qiánchéng: *a* ~ *Buddhist* 一个虔诚的佛教徒 yíge qiánchéng de fójiàotú (2) 恳切（形）kěnqiè, 衷心（形）zhōngxīn

dew **I** *n* 露（名）lù, 露水（名）lùshuǐ: *a* ~ *drop* 一滴露水 yìdī lùshuǐ **II** *v* 下露水 xià lùshuǐ

dexterity *n* 敏捷（形）mǐnjié, 灵巧（形）língqiǎo; 熟练（形）shúliàn; 手巧 shǒu qiǎo

dexterous *adj* 机灵（形）jīling, 聪明（形）cōngming; 熟练（形）shúliàn

diabetes *n* 糖尿病（名）tángniàobìng

diagnose *v* (1) 诊断（动）zhěnduàn (2) 判断（动）pànduàn

diagnosis *n* 诊断（动）zhěnduàn: *make an erroneous* ~ 误诊 wùzhěn

diagnostic *adj* 诊断（动）zhěnduàn

diagonal *n* 对角线（名）duìjiǎoxiàn

diagram *n* 图（名）tú, 图解（名）tújiě, 图表（名）túbiǎo

dial **I** *v* 打电话 dǎ diànhuà; 拨（动）bō, 拨号 bōhào; 转动（旋纽）（动）zhuàndòng（xuánniǔ）**II** *n* 拨号盘（名）bōhàopán; 转盘（名）zhuànpán; 标度盘（名）biāodùpán // ~ *telephone* 自动电话机 zìdòng diànhuàjī

dialect *n* (1) 方言（名）fāngyán, 地方话（名）dìfānghuà: *a play written in* ~ 用方言写的剧本 yòng fāngyán xiě de jùběn (2) 语支（名）yǔzhī

dialogue *n* 对话（名）duìhuà; 对话体（名）duìhuàtǐ: *a* ~ *between 2 nations* 两国对话 liǎngguó duìhuà / *a philosophical essay written in* ~ 用对话体写的哲学论文 yòng duìhuàtǐ xiě de zhéxué lùnwén

diameter *n* 直径（名）zhíjìng

diamond *n* (1) 钻石（名）zuànshí, 金刚石（名）jīngāngshí: *a* ~ *ring* 一个钻石戒指 yíge zuànshí jièzhi / *a* ~ *necklace* 一条钻石项链 yìtiáo zuànshí xiàngliàn (2) 菱形（名）língxing, (纸牌的) 方块儿（名）(zhǐpái de) fāngkuàir: *the 8 of* ~*s* 方块儿八 fāngkuàir bā // ~ *wedding anniversary* 结婚六十周年纪念 jiéhūn liùshízhōunián jìniàn

diarrhoea *n* 腹泻（动）fùxiè

diary *n* 日记（名）rìjì; 日记本（名）rìjìběn: *a pocket* ~ 袖珍日记本 xiùzhēn rìjìběn

dice **I** *n* (1) 骰子（名）tóuzi: *throw the* ~ 掷骰子 zhì tóuzi (2) 小方块儿 xiǎo fāngkuàir, 丁儿（名）dīngr: *cut the* *meat into small* ~ 把肉切成丁儿 bǎ ròu qiēchéng dīngr **II** *v* 切成丁儿 qiēchéng dīng: ~*d chicken* 鸡丁 jīdīng

dictate *v* 口述(动) kǒushù, 口授(动) kǒushòu

dictation *n* 口述(动) kǒushù; 听写 (动) tīngxiě; 笔录(名) bǐlù: *write at sb.'s* ~ 听某人的口述写下来 tīng mǒu rén de kǒushù xiěxiàlái

dictator *n* 独裁者(名) dúcáizhě, 专政 者(名) zhuānzhèngzhě

dictatorship *n* 专政(名) zhuānzhèng, 独裁(名) dúcái: *the* ~ *of the proletariat* 无产阶级专政 wúchǎnjiējí zhuānzhèng

dictionary *n* 词典(名) cídiǎn, 字典 (名) zìdiǎn: *a Chinese-French* ~ 一本 汉法词典 yìběn Hàn-Fǎ cídiǎn / *a* ~ *of place names* 一本地名词典 yìběn dìmíng cídiǎn / *look up a word in the* ~ 在词典上查一个词 zài cídiǎn shang chá yíge cí

die *v* (1) 死(动) sǐ, 去世(动) qùshì, 逝世(动) shìshì (2) 枯死 kūsǐ, 凋谢 (动) diāoxiè (3) 渴望(动) kěwàng; 切 望(动) qièwàng; 急于(动) jíyú // ~ *by one's own hand* 自杀 zìshā / ~ *down* 逐渐减弱 zhújiàn jiǎnruò / ~ *off* 大批死掉 dàpī sǐdiào, 很快死掉 hěn kuài sǐdiào / ~ *out* 灭绝 mièjué, 绝种 juézhǒng

diesel *n* 柴油机(名) cháiyóujī, 内燃机 (名) nèiránjī: *a* ~ *engine* 柴油机 cháiyóujī / ~ *oil* 柴油 cháiyóu

diet **I** *n* (1) 饮食(名) yǐnshí; 食物 (名) shíwù: *a liquid* ~ 流食 liúshí / *a vegetable* ~ 素食 sùshí (2) 饮食限 制 yǐnshí xiànzhì; 规定的饮食 guīdìng de yǐnshí **II** *v* 节食(动) jiéshí // *be on a* ~ 节食 jiéshí

dietician, dietitian *n* 饮食学家 yǐnshí xuéjiā, 营养学家 yíngyǎng xuéjiā

differ *v* (1) 不同 bù tóng (2) 意见不 同 yìjiàn bù tóng, 意见不一致 yìjiàn bù yízhì

difference *n* (1) 差别(名) chābié, 差 异(名) chāyì, 不同之处 bù tóng zhī chù (2) 看法不同 kànfǎ bù tóng, 争论 (名) zhēnglùn; 分歧(名) fēnqí (3) 差 (名) chā, 差数(名) chāshù // *make a* ~ 有区别 yǒu qūbié; 不一样 bù yíyàng / *make no* ~ 没关系 méi-guānxi / *make some* (*a lot of*) ~ 有一 些(很大)关系 yǒu yìxiē (hěn dà) guānxi; 有一些(很大)不同 yǒu yìxiē (hěn dà) bù tóng

different *adj* (1) 不同的 bù tóng de, 不一样的 bù yíyàng de (2) 各种 gèzhǒng, 各式各样 gèshìgèyàng

differentiate *v* (1) 区别(动) qūbié; 辨别(动) biànbié (2) 区别对待 qūbié duìdài

differently *adv* 不同地 bù tóng de, 不 一样 bù yíyàng

difficult *adj* (1) 难(形) nán, 困难 (形) kùnnan (2) 难对付的 nán duìfu de, 难处理的 nán chǔlǐ de

difficulty *n* 困难(名) kùnnan // *be in difficulties* 财政困难 cáizhèng kùnnan, 缺钱 quē qián / *with* ~ 困难 地 kùnnan de, 费力地 fèilì de / *without* ~ 很容易地 hěn róngyì de, 不费 力地 bú fèilì de

dig *v* (1) 挖(动) wā; 掘(动) jué (2) 开采(动) kāicǎi, 采(动) cǎi; 刨(动) páo: ~ *coal* 采煤 cǎi méi / ~ *potatoes* 刨土豆 páo tǔdòu // ~ *in* (1) 埋 进 máijìn (2) 开始吃 kāishǐ chī / ~ *out* 挖出 wāchū / ~ *up* 挖出来 wāchulai; 找出来 zhǎochulai

digest **I** *v* (1) 消化(动) xiāohuà (2) 领会(动) lǐnghuì; 理解(动) lǐjiě **II** *n* 摘要(名) zhāiyào, 文摘(名) wénzhāi: *a* ~ *of the week's news* 一周 新闻摘要 yìzhōu xīnwén zhāiyào / "*Reader's D*~" 《读者文摘》《Dúzhě Wénzhāi》

digestion *n* 消化(动) xiāohuà; 消化力 (名) xiāohuàlì

digestive *adj* 消化的 xiāohuà de: ~ *organs* 消化器官 xiāohuà qìguān

digit *n* (1) 数字(名) shùzì; 位数(名) wèishù (2) 手指(名) shǒuzhǐ; 脚趾(名) jiǎozhǐ

digital *adj* (1) 数字的 shùzì de: *a ~ watch* 数字手表 shùzì shǒubiǎo (2) 手指的 shǒuzhǐ de

dignified *adj* 庄严(形) zhuāngyán; 高贵(形) gāoguì; 体面(形) tǐmiàn

dignity *n* 尊严(名) zūnyán, 威严(形) wēiyán; 可尊敬的品德 kě zūnjìng de pǐndé

digress *v* 离开正题 líkāi zhèngtí; 离题 lí tí: *~ from the subject under discussion* 离开所讨论的问题 líkāi suǒ tǎolùn de wèntí

dike, dyke *n* (1) 堤(名) dī, 堤防(名) dīfáng; 坝(名) bà (2) 沟(名) gōu, 渠(名) qú

dilapidated *adj* 破旧(形) pòjiù; 坍塌了的 tāntāle de

dilate *v* 扩大(动) kuòdà; 胀大(动) zhàngdà

dilemma *n* 困境(名) kùnjìng, 窘境(名) jiǒngjìng, 左右为难 zuǒyòuwéinán

diligent *adj* 勤奋(形) qínfèn, 勤恳(形) qínkěn, 用功 yòng gōng

dim I *adj* (1) 暗(形) àn, 暗淡(形) àndàn, 不明亮 bù míngliàng (2) 模糊(形) móhu, 不清楚的 bù qīngchu de (3) 迟钝(形) chídùn, 笨(形) bèn II *v* 使暗淡 shǐ àndàn; 使模糊 shǐ móhu

dime *n* (美国、加拿大) 一角银币 (Měiguó, Jiānádà) yìjiǎo yínbì; 廉价(形) liánjià: *a ~ novel* 廉价小说 liánjià xiǎoshuō (无价值的小说 wú jiàzhí de xiǎoshuō)

dimension *n* (1) 尺寸(名) chǐcùn; 度(名) dù; 长(名) cháng; 宽(名) kuān; 厚(名) hòu; 高(名) gāo: *of 2 ~s* 平面的 píngmiàn de / *of 3 ~s* 立体的 lìtǐ de (2) 面积(名) miànjī; 体积(名) tǐjī; 容积(名) róngjī; 大小(名) dàxiǎo: *a house of generous ~s* 一幢宽敞的房子 yízhuàng kuānchǎng de fángzi (3) 范围(名) fànwéi; 方面(名) fāngmiàn: *the ~s of a task* 一次任务的范围 yícì rènwù de fànwéi / *the political ~s of the case* 这一案件的政治性方面 zhèyí ànjiàn de zhèngzhìxìng fāngmiàn

diminish *v* 减少(动) jiǎnshǎo, 缩小(动) suōxiǎo; 贬值(动) biǎnzhí

dimple *n* 酒窝(名) jiǔwō

din *n* 噪音(名) zàoyīn; 吵闹声 chǎonàoshēng

dine *v* 吃饭 chīfàn; 进餐 jìncān // *~ out* 在外面吃饭 zài wàimiàn chīfàn; 下饭馆儿 xià fànguǎnr

dining *n* 吃饭 chīfàn; 进餐 jìncān: *a ~ car* 餐车 cānchē / *a ~ hall* 餐厅 cāntīng / *a ~ room* 饭厅 fàntīng / *a ~ table* 餐桌 cānzhuō

dinner *n* (1) 正餐(名) zhèngcān; 饭(名) fàn (2) 宴会(名) yànhuì, 晚宴(名) wǎnyàn // *a ~ party* 宴会 yànhuì / *ask sb. to ~* 请某人吃饭 qǐng mǒu rén chī fàn

dip I *v* (1) 浸(动) jìn; 蘸(动) zhàn: *~ one's hand into the water* 把手在水里浸一下 bǎ shǒu zài shuǐ lǐ jìn yíxià / *~ a pen into the ink* 拿钢笔蘸墨水 ná gāngbǐ zhàn mòshuǐ (2) 舀(动) yǎo; 伸进…掏 shēnjìn ... tāo: *~ out the soup* 把汤舀出来 bǎ tāng yǎochulai (3) 下降(动) xiàjiàng; 落(动) luò II *n* (1) 浸泡(动) jìnpào; 游一会儿泳 yóu yíhuìr yǒng (2) 倾斜(动) qīngxié; 下坡 xiàpō // *~ into* (1) 花钱 huāqián; 舀出 yǎochū (2) 浏览 liúlǎn, 翻阅 fānyuè

diphtheria *n* 白喉(名) báihóu

diphthong *n* 双元音 shuāng yuányīn

diploma *n* 毕业证书 bìyè zhèngshū, 文凭(名) wénpíng: *a ~ of graduation* 一张毕业证书 yìzhāng bìyè zhèngshū / *a ~ of merit* 一张奖状 yìzhāng jiǎngzhuàng

diplomacy *n* 外交(名) wàijiāo, 外交手段 wàijiāo shǒuduàn; 交际手段 jiāojì shǒuduàn: *use ~* 使用外交手段 shǐyòng wàijiāo shǒuduàn

diplomat *n* (1) 外交官(名) wàijiāo-guān, 外交家(名) wàijiāojiā(2) 善于交际的人 shànyú jiāojì de rén

diplomatic *adj* (1) 外交(上)的 wàijiāo (shang) de: *establish ~ relations with a nation* 同某国建立外交关系 tóng mǒu guó jiànlì wàijiāo guānxi / *the ~ service* 外交界 wàijiāojiè / *resume* (*sever*) *~ relations* 恢复(断绝)外交关系 huīfù (duànjué) wàijiāo guānxi (2) 圆滑(形) yuánhuá; 有交际手腕的 yǒu jiāojì shǒuwàn de; 有策略的 yǒu cèlüè de: *a ~ answer* 圆滑的答复 yuánhuá de dáfù

direct **I** *adj* 直接(形) zhíjiē: *a ~ relative* 直系亲属 zhíxì qīnshǔ / *a ~ train* 直达列车 zhídá lièchē **II** *adv* 直接地 zhíjiē de **III** *v* (1) 指点(动) zhǐdiǎn; 指示方向 zhǐshì fāngxiàng(2) 指挥(动) zhǐhuī; 指导(动) zhǐdǎo(3) 针对(动) zhēnduì; 指(动) zhǐ

direction *n* (1) 方向(名) fāngxiàng; 方位(名) fāngwèi: *all ~s* 四面八方 sìmiànbāfāng (2) 说明(名) shuōmíng; 指示(名) zhǐshì: *~s for use* 用法说明 yòngfǎ shuōmíng (3) 指挥(动) zhǐhuī; 指导(动) zhǐdǎo

directly **I** *adv* (1) 直接(形) zhíjiē(2) 立刻(副) lìkè, 马上(副) mǎshàng **II** *conj* 一···就··· yī...jiù...

director *n* (1) ···长 ...zhǎng; 主任(名) zhǔrèn; 指导者(名) zhǐdǎozhě: *the ~ of a research institute* 研究所所长 yánjiūsuǒ suǒzhǎng / *the ~ of a factory* 工厂厂长 gōngchǎng chǎngzhǎng (2) 董事(名) dǒngshì, 理事(名) lǐshì: *the board of ~s* 董事会 dǒngshìhuì / *a managing ~* 常务理事 chángwù lǐshì (3) 导演(名) dǎoyǎn; 指挥(名) zhǐhuī: *the ~ of an orchestra* 乐队指挥 yuèduì zhǐhuī

directory *n* 指南(名) zhǐnán; 汇编(名) huìbiān; 索引(名) suǒyǐn; 地址姓名(名称)簿 dìzhǐ xìngmíng (míngchēng) bù: *Beijing Telephone D~* 北京电话号簿 Běijīng diàn-huàhào bù

dirt *n* (1) 脏东西 zāng dōngxi, 污垢(名) wūgòu; 尘土(名) chéntǔ(2) 泥(名) ní; 土(名) tǔ (3) 脏话(名) zānghuà; 闲话(名) xiánhuà

dirty **I** *adj* (1) 脏(形) zāng(2) 卑鄙(形) bēibǐ: *a ~ trick* 卑劣的手段 bēiliè de shǒuduàn (3) 下流(形) xiàliú, 黄色(名) huángsè: *~ words* 下流话 xiàliúhuà / *~ stories* 低级下流的故事 dījí xiàliú de gùshi / *~ books* 黄色书籍 huángsè shūjí **II** *v* 弄脏 nòngzāng

disable *v* (1) 使伤残 shǐ shāngcán, 使失去能力 shǐ shīqù nénglì; *~d soldiers* 伤残军人 shāngcán jūnrén / *the ~d* 残疾人 cánjírén (2) 使失去资格 shǐ shīqù zīgé, 剥夺(动) bōduó

disadvantage *n* 不利 búlì, 不利的条件(处境) búlì de tiáojiàn (chǔjìng); 害处(名) hàichù; 短处(名) duǎnchù; 坏处(名) huàichù// *to sb.'s ~* 对某人有害 duì mǒu rén yǒu hài: *rumours to his ~* 有损他的名誉的谣言 yǒusǔn tā de míngyù de yáoyán / *at a ~* 处于不利地位 chǔyú búlì dìwèi

disagree *v* (1) 不同意 bù tóngyì, 意见不一致 yìjiàn bù yízhì(2) 不适宜 bú shìyí; 不适合 bú shìhé(3) 不一致 bù yízhì; 不相符 bù xiāngfú

disagreeable *adj* (1) 不好的 bù hǎo de; 不合意的 bù héyì de; 不愉快的 bù yúkuài de; 讨厌的 tǎoyàn de: *~ weather* 讨厌的天气 tǎoyàn de tiānqi (2) 不易相处的 búyì xiāngchǔ de; 脾气不好的 píqi bù hǎo de

disagreement *n* (1) 意见不合 yìjiàn bùhé, 意见分歧 yìjiàn fēnqí(2) 争论(动、名) zhēnglùn; 争吵(动) zhēngchǎo

disappear *v* (1) 消失(动) xiāoshī, 不见 bújiàn(2) 失踪(动) shīzōng; 停止生存 tíngzhǐ shēngcún

disappearance *n* 消失(动) xiāoshī; 失踪(动) shīzōng: *the ~ of his name from the list* 他的名字从名单上消失

tā de míngzi cóng míngdān shang xiāoshī

disappoint   *v* 使失望 shǐ shīwàng

disappointment   *n* (1) 失望 (形) shīwàng, 扫兴 (形) sǎoxìng (2) 使人失望的人 (事) shǐ rén shīwàng de rén (shì) // *to sb.'s* ~ 使人失望的是 shǐ rén shīwàng de shì

disapproval   *n* 不赞成 bú zànchéng; 不承认 bù chéngrèn

disapprove   *v* 不同意 bù tóngyì, 不赞成 bú zànchéng

disarm   *v* (1) 解除武装 jiěchú wǔzhuāng, 缴械 jiǎoxiè (2) 打消怒气 (疑虑、敌意) dǎxiāo nùqì (yílǜ, díyì) (3) 裁军 cái jūn

disarmament   *n* 解除武装 jiěchú wǔzhuāng, 放下武器 fàngxià wǔqì; 裁军 cáijūn: *a* ~ *conference* 裁军会议 cáijūn huìyì

disaster   *n* 灾难 (名) zāinàn; 灾祸 (名) zāihuò: *natural* ~ 自然灾害 zìrán zāihài (天灾 tiānzāi)

disc   *n* (1) 圆盘 (名) yuánpán (2) 唱片 (名) chàngpiàn // *compact* ~ (CD) 光碟 (名) guāngdié; 光盘 (名) guāngpán / *digital video* ~ (DVD) 数字视盘 shùzì shìpán, 数码影碟 shùmǎ yǐngdié / *video compact* ~ (VCD) 小型激光视盘 xiǎoxíng jīguāng shìpán

discard   *v* 扔掉 (动) rēngdiào, 抛弃 (动) pāoqì: ~ *prejudices* 破除成见 pòchú chéngjiàn

discern   *v* 看出 kànchū; 辨别出 biànbiéchū

discernible   *adj* 看得出的 kàn de chū de; 分辨得清的 fēnbiàn de qīng de

discharge   **I** *v* (1) 卸 (动) xiè, 卸货 xièhuò (2) 放出 fàngchū; 排出 páichū, 流入 liúrù (3) 释放 (动) shìfàng; 离开 (动) líkāi (4) 解雇 (动) jiěgù **II** *n* (1) 卸货 xièhuò (2) 偿还 (动) chánghuán (3) 放出 fàngchū; 排出 (物) páichū (wù): *a* ~ *pump* 排气泵 páiqìbèng (4) 释放 (动) shìfàng; 解除 (动) jiěchú: *the* ~ *of a prisoner*

from jail 从监狱释放囚犯 cóng jiānyù shìfàng qiúfàn (5) 退役 (动) tuìyì; 退伍 (动) tuìwǔ

disciple   *n* 信徒 (名) xìntú; 门徒 (名) méntú; 弟子 (名) dìzǐ, 追随者 (名) zhuīsuízhě: *Jesus and his* 12 ~ *s* 耶稣和他的十二个门徒 Yēsū hé tā de shí'èrge méntú

disciplinary   *adj* 惩戒的 chéngjiè de; 纪律的 jìlǜ de: *a* ~ *problem* 纪律问题 jìlǜ wèntí

discipline   **I** *n* (1) 纪律 (名) jìlǜ; 风纪 (名) fēngjì: *school* ~ 学校纪律 xuéxiào jìlǜ / *military* ~ 军纪 jūnjì / *observe* ~ 遵守纪律 zūnshǒu jìlǜ (2) 训练 (动) xùnliàn, 训练方法 xùnliàn fāngfǎ (3) 惩罚 (动) chéngfá, 惩处 (动) chéngchǔ, 处分 (动) chǔfèn **II** *v* (1) 训练 (动) xùnliàn; 管教 (动) guǎnjiào (2) 惩罚 (动) chéngfá; 处分 (动) chǔfèn; 处罚 (动) chǔfá

disclose   *v* 揭发 (动) jiēfā; 揭露 (动) jiēlù; 透露 (动) tòulù; 泄漏 (动) xièlòu

disclosure   *n* 揭露 (动) jiēlù; 透露 (动) tòulù; 被揭露出来的事情 bèi jiēlù chūlái de shìqing

disco   *n* 迪斯科 (名) dísīkē

disconnect   *v* 分离 (动) fēnlí; 切断 (动) qiēduàn: ~ *the telephone* 切断电话 qiēduàn diànhuà

discontent   *n* 不满 (形、动) bùmǎn, 不满意 bù mǎnyì, 不平 (形) bùpíng

discontented   *adj* 不满意 bù mǎnyì

discord   *n* (1) 意见不一致 yìjiàn bù yīzhì; 争执 (动) zhēngzhí (2) 不谐和音 bù xiéhéyīn: *a series of* ~ *s* 一系列不谐和音 yí xìliè bù xiéhéyīn

discount   **I** *n* 折扣 (名) zhékòu **II** *v* (1) 打折扣 dǎ zhékòu: ~ 20 *per cent off the price* 打八折 dǎ bāzhé / *be* ~ *ed at* 30 *per cent* 打七折 dǎ qīzhé (2) 贴现 (动) tiēxiàn: ~ *a bill at* 7 *per cent* 期票贴现七厘 qīpiào tiēxiàn qīlí (3) 不全信 bù quán xìn, 持怀疑态度 chí huáiyí tàidu: ~ *a statement* 怀疑一个说法 huáiyí yíge shuōfǎ

discourage *v* (1) 使泄气 shǐ xièqì (2) 阻拦（动）zǔlán; 劝阻（动）quànzǔ: ~ *sb. from smoking* 劝某人别吸烟 quàn mǒu rén bié xīyān

discover *v* 发现（动）fāxiàn; 发觉（动）fājué

discovery *n* 发现（名）fāxiàn, 被发现的事物 bèi fāxiàn de shìwù; 发觉（动）fājué: *the ~ of a new chemical element* 一种新化学元素的发现 yìzhǒng xīn huàxué yuánsù de fāxiàn

discredit **I** *n* (1) 有损名誉 yǒusǔn míngyù; 丧失信用 sàngshī xìnyòng (2) 丢面子 diū miànzi; 耻辱（名）chǐrǔ **II** *v* (1) 怀疑（动）huáiyí; 不信 búxìn (2) 使丢脸 shǐ diūliǎn

discreet *adj* 谨慎（形）jǐnshèn; 小心（形）xiǎoxīn

discretion *n* (1) 谨慎（形）jǐnshèn (2) 斟酌（动）zhēnzhuó; 决定（动）juédìng; 判断（动）pànduàn

discriminate *v* (1) 区别（动）qūbié; 辨别（动）biànbié: ~ *one thing from another* 把一事物与另一事物区别开来 bǎ yí shìwù yǔ lìng yí shìwù qūbiékāilái / ~ *synonyms* 区别同义词 qūbié tóngyìcí (2) 歧视（动）qíshì: ~ *against women* 歧视妇女 qíshì fùnǚ

discrimination *n* (1) 区别（动）qūbié; 选择（动）xuǎnzé (2) 歧视（动）qíshì: *racial* ~ 种族歧视 zhǒngzú qíshì

discuss *v* (1) 讨论（动）tǎolùn, 商量（动）shāngliàng (2) 论述（动）lùnshù

disdain **I** *v* 轻视（动）qīngshì, 蔑视（动）mièshì, 不屑（动）búxiè, 看不起 kànbuqǐ: ~ *to reply* 不屑答复 búxiè dáfù **II** *n* 轻视（动）qīngshì, 蔑视（动）mièshì

disease *n* 病（名）bìng, 疾病（名）jíbìng: *suffer from a* ~ 患病 huàn bìng / *an acute* ~ 急性病 jíxìngbìng / *a chronic* ~ 慢性病 mànxìngbìng

disembark *v* （人）下船（rén）xiàchuán; 卸（货）（动）xiè（huò）

disgrace **I** *n* (1) 丢脸 diūliǎn, 耻辱（名）chǐrǔ, 不光彩 bù guāngcǎi (2) 丢脸的人（事）diūliǎn de rén (shì), 不光彩的人（事）bù guāngcǎi de rén (shì) **II** *v* 使丢脸 shǐ diūliǎn, 使出丑 shǐ chūchǒu

disgraceful *adj* 不名誉的 bù míngyù de; 不光彩的 bù guāngcǎi de: ~ *behaviour* 不光彩的行为 bù guāngcǎi de xíngwéi

disguise **I** *v* (1) 伪装（动）wěizhuāng, 假扮（动）jiǎbàn (2) 掩盖（动）yǎngài, 隐瞒（动）yǐnmán **II** *n* 伪装（名）wěizhuāng: *a clever* ~ 巧妙的伪装 qiǎomiào de wěizhuāng

disgust **I** *n* 恶心（形）ěxin; 厌恶（动）yànwù, 憎恶（动）zēngwù **II** *v* 使…恶心 shǐ…ěxin; 使厌恶 shǐ yànwù, 使讨厌 shǐ tǎoyàn

dish *n* (1) 盘子（名）pánzi, 碟子（名）diézi: *wash up the* ~*es* 洗盘子 xǐ pánzi (2) 菜（名）cài, 盘儿菜 pánrcài: *a cold* ~ 冷盘儿 lěngpánr / *a made* ~ 拼盘儿 pīnpánr

dishonest *adj* 不诚实的 bù chéngshí de, 不正直的 bú zhèngzhí de: *a* ~ *person* 不诚实的人 bù chéngshí de rén / ~ *profits* 不正当的收益 bú zhèngdàng de shōuyì

disinfect *v* 消毒（动）xiāodú

dislike **I** *v* 不喜欢 bù xǐhuan, 讨厌（动）tǎoyàn **II** *n* 不喜欢 bù xǐhuan; 讨厌（动）tǎoyàn

dismal *adj* 阴沉（形）yīnchén, 凄凉（形）qīliáng, 忧郁（形）yōuyù, 沉闷（形）chénmèn: *a* ~ *face* 忧郁的面孔 yōuyù de miànkǒng / *a* ~ *place* 凄凉的地方 qīliáng de dìfang

dismantle *v* (1) 拆开 chāikāi, 拆卸（动）chāixiè (2) 拆除 chāichú: ~ *a building* 拆除一个建筑物 chāichú yíge jiànzhùwù

dismay **I** *v* 使灰心丧气 shǐ huīxīnsàngqì, 使沮丧 shǐ jǔsàng **II** *n* 沮丧（形）jǔsàng, 灰心丧气 huīxīnsàngqì

dismiss *v* (1) 解散（动）jiěsàn; 打发走 dǎfazǒu (2) 解雇（动）jiěgù; 开除（动）kāichú (3) 不再谈论或考虑 bú zài tánlùn huò kǎolù; 打消(动) dǎxiāo

dismissal n 打发(动) dǎfa; 解雇(动) jiěgù; 撤职 chèzhí; 遣散(动) qiǎnsàn

dismount v 下(马、车) xià (mǎ, chē)

disobedience n 不服从 bù fúcóng; 违抗(动) wéikàng; 不顺从 bú shùncóng; 不听话 bù tīnghuà

disobedient adj 不服从的 bù fúcóng de; 不听话的 bù tīnghuà de: a ~ child 不听话的孩子 bù tīnghuà de háizi

disobey v 不服从 bù fúcóng; 不遵守 bù zūnshǒu; 违抗(动) wéikàng: ~ the law 不遵守法律 bù zūnshǒu fǎlù

disorder n (1) 混乱(形) hùnluàn; 无秩序 wú zhìxù (2) 骚动(形) sāodòng, 骚乱(形) sāoluàn (3) 失调(形) shītiáo, 紊乱(形) wěnluàn; 病(名) bìng, 不适 búshì: a nervous ~ 神经错乱 shénjīng cuòluàn / a ~ of the digestive system 消化系统功能紊乱 xiāohuà xìtǒng gōngnéng wěnluàn

dispatch I v (1) 派遣(动) pàiqiǎn; 发送(动) fāsòng (2) 迅速做完 xùnsù zuòwán: ~ one's lunch 匆匆吃完午饭 cōngcōng chīwán wǔfàn II n (1) 派遣(动) pàiqiǎn, 发送(动) fāsòng: the ~ of a fleet 派遣一支舰队 pàiqiǎn yìzhī jiànduì (2) 急件(名) jíjiàn; 快信(名) kuàixìn; 电讯(名) diànxùn: according to a Nov. 13 Xinhua News Agency ~ from Berlin 据新华社柏林十一月十三日电 jù Xīnhuáshè Bólín shíyīyuè shísānrì diàn

dispel v 消除(动) xiāochú; 驱散(动) qūsàn

dispensary n 药房(名) yàofáng

dispense v (1) 配(药方)(动) pèi (yàofāng): ~ a prescription 照药方配药 zhào yàofāng pèi yào (2) 执行(动) zhíxíng: ~ justice 执法 zhífǎ // ~ with (1) 省去 shěngqù, 免除 miǎnchú (2) 不用 búyòng, 无需 wúxū

disperse v 散去(动) sànqù, 使分散(动) shǐ fēnsàn; 驱散(动) qūsàn

display I v (1) 陈列(动) chénliè, 展

出(动) zhǎnchū, 展览(动) zhǎnlǎn (2) 表现(动) biǎoxiàn, 显示(动) xiǎnshì: ~ one's true feelings 显示一个人的真实感情 xiǎnshì yíge rén de zhēnshí gǎnqíng II n (1) 展览(名、动) zhǎnlǎn; 陈列(动) chénliè: a fashion ~ 时装展览 shízhuāng zhǎnlǎn (2) 表现(动) biǎoxiàn; 炫耀(动) xuànyào; 显示(动) xiǎnshì

displease v 使人不愉快 shǐ rén bù yúkuài; 使人生气 shǐ rén shēngqì; 使人不满 shǐ rén bùmǎn

disposal n (1) 排列(动) páiliè; 配置(动) pèizhì: the ~ of troops 兵力的部署 bīnglì de bùshǔ / the ~ of goods in a store 商店里商品的陈列 shāngdiàn li shāngpǐn de chénliè (2) 处理(动) shǔlǐ, 处置(动) chǔzhì; 支配(动) zhīpèi: waste ~ 废品处理 fèipǐn chǔlǐ

dispose v (1) 排(动) pái; 布置(动) bùzhì; 安排(动) ānpái (2) 处置(动) chǔzhì, 处理(动) chǔlǐ; 卖掉 màidiào (3) 倾向于 qīngxiàng yú; 有意于 yǒuyì yú

dispute I v (1) 争论(动) zhēnglùn, 辩论(动) biànlùn (2) 提出怀疑 tíchū huáiyí; 提出异议 tíchū yìyì; 引起争议 yǐnqǐ zhēngyì II n 争论(动) zhēnglùn, 辩论(动) biànlùn; 争端(名) zhēngduān // beyond ~ 无疑地 wúyí de, 无可辩驳地 wúkěbiànbó de

disqualify v 取消资格 qǔxiāo zīgé; 使…不能做某事 shǐ ... bùnéng zuò mǒu shì

disregard I v 不理 bù lǐ, 不顾 bú gù; 忽略(动) hūlüè; 无视(动) wúshì II n 漠视(动) mòshì; 忽视(动) hūshì: ~ for law 无视法律 wúshì fǎlù

disrupt v (1) 扰乱(动) rǎoluàn, 打乱(动) dǎluàn: ~ regular TV programme 打乱正常的电视节目 dǎluàn zhèngcháng de diànshì jiémù (2) 分裂(动) fēnliè; 瓦解(动) wǎjiě: a ~ state 分裂一个国家 fēnliè yíge guójiā

dissatisfy v 不满意 bù mǎnyì

dissect v（1）切开（动）qiēkāi；解剖（动）jiěpōu：~ *the body of an animal* 解剖动物躯体 jiěpōu dòngwù qūtǐ（2）详细分析 xiángxì fēnxi：~ *characters in a novel* 详细分析小说中的人物 xiángxì fēnxi xiǎoshuō zhōng de rénwù

dissent I v 有不同意见 yǒu bù tóng yìjiàn，持异议 chí yìyì II n 不同意 bù tóngyì，异议（名）yìyì

dissenter n 持不同政见者 chí bù tóng zhèngjiàn zhě，反对者 fǎnduìzhě

dissertation n 论文（名）lùnwén

dissipate v（1）驱散（动）qūsàn（2）浪费（动）làngfèi，挥霍（动）huīhuò

dissipation n 驱散（动）qūsàn；消散（动）xiāosàn；浪费（动）làngfèi：*the ~ of one's energies* 精力的浪费 jīnglì de làngfèi

dissolve v（1）融化（动）rónghuà；溶解（动）róngjiě（2）取消（动）qǔxiāo，解除（动）jiěchú；解散（动）jiěsàn：~ *a marriage engagement* 解除婚约 jiěchú hūnyuē / ~ *the workers union* 解散工会 jiěsàn gōnghuì

dissonant adj 不和谐的 bù héxié de；不协调的 bù xiétiáo de：~ *noises from a badly tuned piano* 走调的钢琴发出的不和谐的声音 zǒudiào de gāngqín fāchū de bù héxié de shēngyīn

dissuade v 劝阻（动）quànzǔ；阻止（动）zǔzhǐ

distance I n（1）距离（名）jùlí；远近（名）yuǎnjìn：a ~ *of 10 li* 十里的距离 shílǐ de jùlí（2）远处（名）yuǎnchù，远方（名）yuǎnfāng（3）疏远（形）shūyuǎn，冷淡（形）lěngdàn II v 把…放在一定距离之外 bǎ … fàngzài yídìng jùlí zhì wài；超过（动）chāoguò，胜过（动）shèngguò// *keep sb. at a ~* 避开某人 bìkāi mǒu rén，对某人冷淡 duì mǒu rén lěngdàn

distant adj（1）远（形）yuǎn；远方的 yuǎnfāng de；远隔 yuǎn gé：a ~ *journey* 长途旅行 chángtú lǚxíng / *the ~ past* 遥远的过去 yáoyuǎn de guòqù / a ~ *sound* 远处的声音 yuǎnchù de shēngyīn / a ~ *relative* 远房亲戚 yuǎnfáng qīnqi / *in the not too ~ future* 在不远的将来 zài bù yuǎn de jiānglái（2）疏远（形）shūyuǎn；冷淡（形）lěngdàn

distil v（1）蒸馏（动）zhēngliú：~*led water* 蒸馏水 zhēngliúshuǐ（2）提取（动）tíqǔ；提炼（动）tíliàn

distinct adj（1）独特（形）dútè；与其他不同的 yǔ qítā bù tóng de（2）清楚（形）qīngchu；明显（形）míngxiǎn：~ *hand writing* 清楚的笔迹 qīngchu de bǐjì / a ~ *pronunciation* 清晰的发音 qīngxī de fāyīn

distinction n（1）区别（动、名）qūbié，区分（动）qūfēn，差别（名）chābié（2）特性（名）tèxìng，特征（名）tèzhēng：*the chief ~ of a product* 产品的主要特性 chǎnpǐn de zhǔyào tèxìng（3）优越（形）yōuyuè，卓越（形）zhuóyuè，有名 yǒumíng（4）光荣（名）guāngróng，荣誉（名）róngyù

distinctly adv 清楚地 qīngchu de

distinguish v 区别（动）qūbié，辨别（动）biànbié，识别（动）shíbié，辨认（动）biànrèn // ~ *oneself* 出名 chūmíng，出众 chūzhòng

distort v（1）歪曲（动）wāiqū，曲解（动）qūjiě：~*ed facts* 歪曲了的事实 wāiqūle de shìshí（2）弄歪 nòngwāi，使不正常 shǐ bú zhèngcháng

distortion n（1）变形（动）biànxíng；扭曲（动）niǔqū（2）歪曲（动）wāiqū；曲解（动）qūjiě

distract v 分散（注意力）fēnsàn（zhùyìlì）；分心 fēn xīn

distracted adj（1）（注意力）分散的（zhùyìlì）fēnsàn de（2）发狂 fā kuáng；精神错乱的 jīngshén cuòluàn de；心烦意乱 xīnfán yìluàn

distraction n 分散注意力 fēnsàn zhùyìlì；分心的事 fēnxīn de shì

distress I n 痛苦（形）tòngkǔ；苦恼（形）kǔnǎo；悲痛（形）bēitòng；难过（形）nánguò II v 使悲痛 shǐ bēitòng；使苦恼 shǐ kǔnǎo；使贫困 shǐ pínkùn

distribute *v* (1) 分 (动) fēn, 分配 (动) fēnpèi(2) 散发 (动) sànfā; 散布 (动) sànbù

distribution *n* (1) 分配 (动) fēnpèi; 分布 (动) fēnbù (2) 销售 (动) xiāoshòu; 发行量 (名) fāxíngliàng

district *n* 区 (名) qū; 管区 (名) guǎnqū; 行政区 (名) xíngzhèngqū: *the East D~ of Beijing* 北京东城区 Běijīng Dōngchéngqū/ *the ~ government* 区政府 qūzhèngfǔ / *a mountainous ~* 山区 shānqū / *a residential ~* 住宅区 zhùzháiqū

disturb *v* (1) 打扰 (动) dǎrǎo; 扰乱 (动) rǎoluàn; 妨碍 (动) fáng'ài(2) 乱动 luàn dòng; 弄乱 nòngluàn(3) 感到不安 gǎndào bù'ān (4) 激荡 (动) jīdàng; 搅动 (动) jiǎodòng

ditch I *n* 沟 (名) gōu, 渠 (名) qú: *a drainage ~* 排水沟 páishuǐgōu II *v* 扔掉 rēngdiào; 摆脱 (动) bǎituō, 甩掉 shuǎidiào

dive I *v* (1) 跳水 tiàoshuǐ(2) 俯冲 (动) fǔchōng(3) 伸入 shēnrù, 插进 chājìn II *n* (1)跳水 (名) tiàoshuǐ; 潜水 (名) qiánshuǐ: *a fancy ~* 花样跳水 huāyàng tiàoshuǐ (2) 猛冲 (动) měngchōng; 俯冲 (动) fǔchōng

diver *n* 潜水者 qiánshuǐzhě; 跳水者 tiàoshuǐzhě

diverge *v* (1) 分开 fēnkāi; 分岔 fēnchà(2) 分歧 (名) fēnqí; 背离 (动) bèilí

divergent *adj* 分歧 (名) fēnqí; 背离 (动) bèilí: *~ opinions* 分歧意见 fēnqí yìjiàn

diverse *adj* 不同的 bù tóng de, 各种各样的 gèzhǒngèyàng de

diversion *n* (1) 转向 zhuǎnxiàng, 改道 gǎidào: *a flood ~ area* 分洪区 fēnhóngqū (2) 消遣 (动) xiāoqiǎn, 娱乐 (动、名) yúlè

diversity *n* 多样性 (名) duōyàngxìng; 不同 bùtóng: *a ~ of methods* 多种多样的方法 duōzhǒngduōyàng de fāngfǎ / *a ~ of interests* 广泛的兴趣 guǎngfàn de xìngqù

divert *v* 转移 (动) zhuǎnyí; 改道 gǎidào: *~ sb.'s interest from sth.* 转移某人对某事的兴趣 zhuǎnyí mǒu rén duì mǒu shì de xìngqù / *~ the course of a river* 使河流改道 shǐ héliú gǎidào

divide *v* (1) 分 (动) fēn, 划分 (动) huàfēn, 分开 fēnkāi (2) 分配 (动) fēnpèi; 分享 (动) fēnxiǎng; 分担 (动) fēndān (3) 意见分歧 yìjiàn fēnqí; 分裂 (动) fēnliè(4) 除 (动) chú, 除尽 chújìn

dividend *n* (1) 红利 (名) hónglì; 利息 (名) lìxī: *a ~ of 2 per cent* 百分之二的红利 bǎifēn zhī èr de hónglì (2) 被除数 (名) bèichúshù

divine *adj* (1) 神的 shén de; 神圣 (形) shénshèng; 敬神的 jìng shén de: *the ~ kingdom* 天国 tiānguó (2) 非凡 (形) fēifán; 好极了 hǎojí le

division *n* (1) 分 (动) fēn, 划分 (动) huàfēn, 分开 fēnkāi: *~ of labour* 分工 fēngōng / *the ~ of the year into 4 seasons* 一年四季的划分 yìnián sìjì de huàfēn (2) 分配 (动) fēnpèi; 分派 (动) fēnpài(3) 分歧 (名) fēnqí(4) 部分 (名) bùfen; 部门 (名) bùmén; 部 (名) bù; 处 (名) chù; 科 (名) kē(5) 除 (动) chú, 除法 (名) chúfǎ (6) 师 (名) shī: *a ~ commander* 师长 shīzhǎng

divorce I *n* (1) 离婚 líhūn: *get a ~* 获准离婚 huòzhǔn líhūn / *sue for a ~* 申请离婚 shēnqǐng líhūn (2) 分离 (动) fēnlí, 脱离 (动) tuōlí: *the ~ of theory from practice* 理论脱离实际 lǐlùn tuōlí shíjì II *v* (1) 离婚 líhūn(2) 分开 fēnkāi, 脱离 (动) tuōlí

dizzy *adj* 头晕 tóuyūn; 头晕目眩 tóuyūnmùxuàn

do *v* (1) 做 (动) zuò, 干 (动) gàn, 办 (动) bàn(2) 给以 (动) gěiyǐ(3) 制作 (动) zhìzuò; 产生 (动) chǎnshēng: *~ a film* 摄制电影 shèzhì diànyǐng / *~ an article* 作文章 zuò wénzhāng / *~ a painting* 作画 zuò huà (4) 行 (动) xíng, 可以 (助动) kěyǐ; 合适 (形)

héshì（5）（工作、学习等）进行情况（gōngzuò, xuéxí děng）jìnxíng qíngkuàng; 健康情况 jiànkāng qíngkuàng（6）参观（动）cānguān, 游览（动）yóulǎn（7）走过 zǒuguò, 跑过 pǎoguò, 驶过 shǐguò（8）（combined with nouns and pronouns in many senses）: ~ the bed 铺床 pū chuáng / ~ the room 收拾房间 shōushi fángjiān / ~ the dishes 洗盘子 xǐ pánzi / one's hair 做头发 zuò tóufa / ~ one's nails 剪指甲 jiǎn zhǐjia / ~ one's teeth 刷牙 shuā yá / ~ one's washing 洗衣服 xǐ yīfu / ~ one's shopping 买东西 mǎi dōngxi / ~ one's duty 尽职责 jìn zhízé / ~ a puzzle 解难题 jiě nántí / ~ the host 作东道主 zuò dōngdàozhǔ / ~ a new folk song into English 把一首新民歌译成英文 bǎ yìshǒu xīn míngē yìchéng Yīngwén / ~ one's lessons 做功课 zuò gōngkè / ~ one's best 尽最大努力 jìn zuì dà nǔlì // can ~ with 将就 jiāngjiu, 能对付 néng duìfu / could ~ with 需要 xūyào / ~ away with（1）取消 qǔxiāo; 废除 fèichú（2）弄死 nòngsǐ, 干掉 gàndiào / ~ by 对待 duìdài / ~ for 照应 zhàoyìng, 照顾 zhàogù / dos and don'ts 要求做的事 yāoqiú zuò de shì: the dos and don'ts of public hygiene 公共卫生注意事项 gōnggòng wèishēng zhùyì shìxiàng / have done with（1）用完 yòngwán, 办完 bànwán（2）和…断绝关系 hé... duànjué guānxì / have something（nothing）to ~ with 和…有（没）关系 hé ... yǒu（méi）guānxì / ~ well 进展良好 jìnzhǎn liánghǎo; 做得好 zuò de hǎo / ~ without 没有…也行 méiyǒu ... yě xíng

docile adj 温顺（形）wēnshùn; 驯良（形）xúnliáng

dock[1] **I** n 船坞（名）chuánwù; 船厂（名）chuánchǎng; 码头（名）mǎtou **II** v 驶入船坞 shǐrù chuánwù, 靠码头 kào mǎtou

dock[2] n 法庭的被告席 fǎtíng de bèigàoxí

docker n 码头工人 mǎtou gōngrén; 船坞工人 chuánwù gōngrén

doctor **I** n（1）博士（名）bóshì: D~ of Science 理学博士 lǐxué bóshì / D~ of Medicine 医学博士 yīxué bóshì / D~ of Laws 法学博士 fǎxué bóshì（2）医生（名）yīshēng, 大夫（名）dàifu: send for a ~ 请医生 qǐng yīshēng / a ~ of traditional Chinese medicine 中医大夫 zhōngyī dàifu / an animal ~ 兽医 shòuyī **II** v 医治（动）yīzhì, 诊治（动）zhěnzhì

doctrine n（1）教义（名）jiàoyì; 主义（名）zhǔyì（2）学说（名）xuéshuō; 理论（名）lǐlùn; 主张（名）zhǔzhāng: the ~s of Freud 弗洛伊德的学说 Fúluòyīdé de xuéshuō / the ~ of evolution 进化论 jìnhuàlùn

document **I** n 文件（名）wénjiàn; 文献（名）wénxiàn: a historical ~ 一份历史文献 yífèn lìshǐ wénxiàn **II** v 用文件证明 yòng wénjiàn zhèngmíng; 有文献记载 yǒu wénxiàn jìzǎi

documentary **I** adj 文件的 wénjiàn de, 公文的 gōngwén de; 证书的 zhèngshū de: ~ evidence 文件证明 wénjiàn zhèngmíng **II** n 纪录片（名）jìlùpiàn; 纪实小说 jìshí xiǎoshuō: a ~ about pottery making 一部关于制造陶器的纪录片 yíbù guānyú zhìzào táoqì de jìlùpiàn

dodge **I** v 躲开 duǒkāi, 避开 bìkāi **II** n（1）躲避（动）duǒbì（2）诡计（名）guǐjì

doe n 母鹿 mǔ lù; 母兔 mǔ tù; 母山羊 mǔ shānyáng; 母羚羊 mǔ língyáng

dog **I** n（1）狗（名）gǒu, 犬（名）quǎn: a hunting ~ 一条猎狗 yìtiáo liègǒu（2）公狗 gōng gǒu; 雄兽 xióng shòu: a ~ fox 公狐狸 gōng húli（3）家伙（名）jiāhuo: a lucky ~ 幸运儿 xìngyùn'ér **II** v 追（动）zhuī; 尾随（动）wěisuí

dog-eared adj 翻破了的 fān pò le de; 折角的 zhéjiǎo de

doghouse *n* 狗窝(名) gǒuwō

dogma *n* 教义(名) jiàoyì, 教理(名) jiàolǐ; 教条(名) jiàotiáo; 定理(名) dìnglǐ: *break away from old* ～ 打破陈旧的教条 dǎpò chénjiù de jiàotiáo / *a scientific* ～ 科学定理 kēxué dìnglǐ

dogmatic *adj* 教条主义的 jiàotiáozhǔyì de: *a* ～ *attitude* 教条主义的态度 jiàotiáozhǔyì de tàidu / *a* ～ *statement* 武断的说法 wǔduàn de shuōfǎ

dogmatism *n* (1) 教条主义(名) jiàotiáozhǔyì (2) 武断(形) wǔduàn

dog-tired *adj* 累极了的 lèijíle de

do-it-yourself *adj* 自制的 zìzhì de; 为业余爱好者设计的 wèi yèyú àihàozhě shèjì de: *a* ～ *kit for building a radio* 供业余爱好者装配收音机用的一套工具 gōng yèyú àihàozhě zhuāngpèi shōuyīnjī yòng de yítào gōngjù

doll **I** *n* 洋娃娃(名) yángwáwa **II** *v* 把…打扮得漂漂亮亮 bǎ ... dǎban de piàopiaoliàngliàng

dollar *n* 元(量) yuán; 美元(名) měiyuán, 美金(名) měijīn: *a* ～ *bill* 一美元纸币 yìměiyuán zhǐbì / *Australian* ～ 澳元 àoyuán / *Hong Kong* ～ 港币 gǎngbì

dolphin *n* 海豚(名) hǎitún; 海豚科动物 hǎitúnkē dòngwù

domain *n* (1) 领域(名) lǐngyù; 领土(名) lǐngtǔ: *the* ～ *of China* 中国领土 Zhōngguó lǐngtǔ (2) 产业(名) chǎnyè; 田地(名) tiándì: *public* ～ 公家的土地 gōngjiā de tǔdì / *right of* ～ 土地权 tǔdìquán (3) 范围(名) fànwéi; 领域(名) lǐngyù: *in the* ～ *of art (science, commerce)* 在艺术(科学、商业)领域内 zài yìshù (kēxué, shāngyè) lǐngyù nèi

domestic *adj* (1) 家的 jiā de, 家里的 jiā li de, 家庭的 jiātíng de: ～ *science* 家政(学) jiāzhèng (xué) / ～ *service* 家庭服务 jiātíng fúwù (2) 喜欢搞家务的 xǐhuan gǎo jiāwù de (3) 国内的 guónèi de, 本国的 běnguó de: ～ *news* 国内新闻 guónèi xīnwén / *a* ～ *prod-*uct 国货 guóhuò / ～ *loans* 内债 nèizhài / ～ *consumption* 国内消费 guónèi xiāofèi (4) 家里养的 jiā li yǎng de: ～ *animals* 家畜 jiāchù

domesticated *adj* (1) 驯化的 xúnhuà de (2) 爱做家务事的 ài zuò jiāwùshì de; 喜爱家庭的 xǐ'ài jiātíng de

dominance *n* 优势(名) yōushì, 支配(动) zhīpèi, 控制(动) kòngzhì, 统治(名) tǒngzhì: *come under the* ～ *of* 沦于…的统治之下 lúnyú ... de tǒngzhì zhī xià

dominant *adj* (1) 支配的 zhīpèi de, 统治的 tǒngzhì de: *a* ～ *position* 统治地位 tǒngzhì dìwèi (2) 高耸的 gāosǒng de; 主要的 zhǔyào de, 突出的 tūchū de: *a* ～ *peak* 主峰 zhǔfēng

dominate *v* (1) 支配(动) zhīpèi; 管辖(动) guǎnxiá; 统治(动) tǒngzhì: ～ *the whole world* 统治全世界 tǒngzhì quán shìjiè / ～ *the situation* 控制局势 kòngzhì júshì (2) 高耸(动) gāosǒng; 超出 chāochū

domineer *v* 盛气凌人 shèngqìlíngrén; 作威作福 zuòwēizuòfú

dominion *n* (1) 领土(名) lǐngtǔ; 疆土(名) jiāngtǔ: *the overseas* ～*s* 海外领地 hǎiwài lǐngdì (2) 统治(动) tǒngzhì; 支配(动) zhīpèi; 管辖(动) guǎnxiá; 统治权(名) tǒngzhìquán // *the D*～ *of Canada* 加拿大自治领 Jiānádà zìzhìlǐng

donate *v* 捐赠(动) juānzèng, 赠送(动) zèngsòng: ～ *blood* 献血 xiàn xuè

donation *n* 捐(动) juān, 赠(动) zèng; 捐赠物(名) juānzèngwù; 捐款(名) juānkuǎn: ～*s to the Red Cross* 对红十字会的捐款 duì Hóngshízìhuì de juānkuǎn

donkey *n* (1) 驴(名) lú (2) 蠢驴(名) chǔnlú; 傻瓜(名) shǎguā; 固执的人 gùzhí de rén

doom **I** *n* 厄运(名) èyùn; 毁灭(动) huǐmiè: *go to one's* ～ 走向毁灭 zǒuxiàng huǐmiè / *the day of* ～ 最后

审判日 zuìhòu shěnpànrì（世界末日 shìjiè mòrì）**II** v 注定（动）zhùdìng

doomsday n 最后审判日 zuìhòu shěnpànrì，世界末日 shìjiè mòrì

door n（1）门（名）mén: the front ~ 前门儿 qiánménr / the back ~ 后门儿 hòuménr（2）家（名）jiā，户（名）hù// in ~s 在屋里 zài wū li / next ~ 隔壁 gébì，邻居 línjū / next ~ to 与…相邻 yǔ... xiānglín/ out of ~s 在户外 zài hùwài / show sb. the ~ 撵走某人 niǎnzǒu mǒu rén

doorbell n 门铃（名）ménlíng

door-keeper n 门房（名）ménfáng，门警（名）ménjǐng

doorknob n 门把手（名）ménbǎshou

doormat n（门口的）擦鞋垫子（ménkǒu de）cāxiédiànzi

doorstep n（门口）台阶（名）（ménkǒu）táijiē；门阶（名）ménjiē

doorway n 门口（名）ménkǒu；出入口（名）chūrùkǒu；门洞（名）méndòng

dope **I** n（1）麻醉品（名）mázuìpǐn，毒品（名）dúpǐn；兴奋剂（名）xīngfènjì: have a ~ habit 吸毒上瘾 xīdú shàngyǐn（2）情报（名）qíngbào；情况（名）qínkuàng；内部消息 nèibù xiāoxi **II** v 吃麻醉品 chī mázuìpǐn；服兴奋剂 fú xīngfènjì

dormant adj 蛰伏的 zhéfú de，冬眠的 dōngmián de，潜伏的 qiánfú de: ~ faculties 潜在的智力 qiánzài de zhìlì

dormitory n 宿舍（名）sùshè

DOS 磁盘操作系统 cípán cāozuò xìtǒng

dose n（1）一剂 yíjì，一服 yífú；（药的）剂量（名）（yào de）jìliàng: a ~ of medicine 一服药 yífú yào（2）一次 yícì，一回 yìhuí: a heavy ~ of punishment 一次严厉的惩罚 yícì yánlì de chéngfá

dot **I** n 点儿（名）diǎnr，圆点儿（名）yuándiǎnr **II** v（1）打上点儿 dǎshang diǎnr，加上点儿 jiāshang diǎnr（2）到处都是 dàochù dōu shì// on the ~ 准时 zhǔnshí/ ~ted line 虚线 xūxiàn

double **I** adj（1）双倍的 shuāngbèi de，两倍的 liǎngbèi de: do ~ work 做双倍的工作 zuò shuāngbèi de gōngzuò / ~ time（节假日）双倍工资（jiéjiàrì）shuāngbèi gōngzī（2）双（形）shuāng，双重（形）shuāngchóng: a ~ bed 一张双人床 yìzhāng shuāngrénchuáng / a ~ room in the hotel 旅馆的一个双人房间 lǚguǎn de yíge shuāngrén fángjiān / a ~ purpose 双重目的 shuāngchóng mùdì / a ~ meaning 双关的意义 shuāngguān de yìyì（3）两（数）liǎng，两个 liǎngge **II** adv（1）双倍地 shuāngbèi de: at ~ the speed 以加倍的速度 yǐ jiābèi de sùdù（2）两（数）liǎng，成对地 chéngduì de **III** n（1）二倍 èrbèi，两倍 liǎngbèi（2）两个 liǎngge，双份 shuāngfèn **IV** v（1）加倍（动）jiābèi，使…加倍 shǐ...jiābèi（2）把…对折 bǎ...duìzhé，折叠（动）zhédié（3）兼演两个角色 jiān yǎn liǎngge juésè// ~ back（1）折回（动）zhéhuí（2）对折（动）duìzhé/ ~ up（1）两个人合着 liǎngge rén hézhe（2）弯着腰 wānzhe yāo

double-dealer n 两面派（名）liǎng-miànpài

double-decker n（1）双层汽车 shuāngcéng qìchē（2）双层三明治 shuāngcéng sānmíngzhì

double-space v 隔一行打字 gé yìháng dǎzì

double-talk n 模棱两可的话 mó-léngliǎngkě de huà

doubt **I** v 怀疑（动）huáiyí；不信 bú xìn **II** n（1）怀疑（动、名）huáiyí，疑问（名）yíwèn（2）疑虑（名）yílǜ，顾虑（名）gùlǜ // beyond ~ 毫无疑问 háowú yíwèn/ in ~ 疑惑 yíhuò，疑心 yíxīn，拿不准 ná bu zhǔn/ no ~ 很可能 hěn kěnéng；肯定 kěndìng/ without ~ 无疑地 wúyí de

doubtful adj（1）怀疑的 huáiyí de，疑惑的 yíhuò de（2）可疑（形）kěyí，使人产生疑问的 shǐ rén chǎnshēng yíwèn de: a ~ character 可疑的人 kěyí de rén / a ~ point of grammar 语法上的疑点 yǔfǎ shang de yídiǎn (3) 难料的 nán liào de, 不一定 bù yídìng (4) 不可靠 bù kěkào

doubtless adv (1) 无疑地 wúyí de (2) 很可能 hěn kěnéng, 多半儿 duōbànr

dough n (1) 生面团 (名) shēng miàntuán (2) 钱 (名) qián, 现钞 (名) xiànchāo

doughnut n 炸面饼圈儿 zhá miàn-bǐngquānr; 炸甜饼 zhá tiánbǐng

dove n 鸽子 (名) gēzi; 小野鸽 xiǎo yěgē; 鸽派人物 gēpài rénwù

dovetail I n 楔形榫 xiēxíngsǔn II v 衔接 (动) xiánjiē; 吻合 (动) wěnhé

dowager n 贵妇 guìfù: ~ Cixi 慈禧太后 Cíxǐ tàihòu

down[1] I adv (1) 向下 xiàng xià; 在下面 zài xiàmiàn; 下降 (动) xiàjiàng (2) 倒下 dǎoxià; 病倒 (动) bìngdǎo; 放下 fàngxià (3) 减退 (动) jiǎntuì; 平息 (动) píngxī; 低落 (动、形) dīluò; 衰弱 (形) shuāiruò (4) 下 (乡)(动) xià (xiāng); 到下游 dào xiàyóu; (由北)往南 (yóu běi) wǎng nán; 离开 (大学)(动) líkāi (dàxué); (列车等)下行 (动) (lièchē děng) xiàxíng: go ~ from town 离城下乡 lí chéng xià xiāng / go ~ to the south 南下 nánxià / go ~ from Oxford 离开牛津大学 líkāi Niújīn Dàxué / a train going ~ 下行列车 xiàxíng lièchē (5) 记下 jìxià, 写下 xiěxià (6) 咽下 yànxià, 吞下 tūnxià (7) (追查)到底 (zhuīchá) dàodǐ; (时间、顺序、地位等)直到 (介) (shíjiān, shùnxù, dìwèi děng) zhídào: ~ to date 直到今天 zhídào jīntiān / ~ to page 11 直到第十一页 zhídào dìshíyīyè II adj 向下 xiàng xià: a ~ slope 下坡 xiàpō III prep (1) 沿着…往下 yánzhe … wǎng xià, 向下 xiàng xià (2) 向下游 xiàng xiàyóu (3) 往 (市区)wǎng (shìqū); 在 (闹区) zài (nàoqū) (4) 沿着 (介) yánzhe: walk ~ the street 沿街走 yán jiē zǒu IV v (1) 打下来 dǎxialai; 打倒 dǎdǎo (2)

吃下 chīxia; 喝下 hēxia // ~ below 在底下 zài dǐxia / ~ with (1) 打倒 dǎdǎo (2) 把…拿下来 bǎ … náxialai / money ~ 付现款 fù xiànkuǎn

down[2] n 绒毛 (名) róngmáo; 羽绒 (名) yǔróng: a quilt filled with ~ 羽绒被 yǔróngbèi

down[3] n 开阔的高地 kāikuò de gāodì; 丘陵 (名) qiūlíng

downcast adj 垂头丧气 chuítóu-sàngqì, 萎靡不振 wěimíbúzhèn

downhearted adj 消沉 xiāochén, 郁郁不乐 yùyùbúlè

downpour n 倾盆大雨 qīngpéndàyǔ

downstairs I adj 楼下的 lóu xià de: a ~ flat 楼下的一套住房 lóu xià de yítào zhùfáng II adv 在楼下 zài lóu xià; 往楼下 wàng lóu xià: live ~ 住在楼下 zhùzài lóu xià

downstream adv 顺流 shùnliú; 在下游 zài xiàyóu

downtime n 停工期 tínggōngqī

down-to-earth adj 切实 (形) qièshí, 实事求是的 shíshìqiúshì de: a ~ approach 实事求是的态度 shíshìqiúshì de tàidù

downtown adv 在城市的商业区 zài chéngshì de shāngyèqū: live ~ 住在市里商业区 zhùzài shì li shāngyèqū

downward(s) adv 向下 xiàng xià, 往下 wǎng xià: look ~ 向下看 xiàng xià kàn

downwind adj & adv 顺风的 (地)(形、副) shùnfēng de (de)

dowry n 嫁妆 (名) jiàzhuang, 嫁资 (名) jiàzī

doze I v 打瞌睡 dǎkēshuì, 打盹儿 dǎdǔnr II n 瞌睡 (名) kēshuì, 打盹儿 dǎdǔnr: drop back into a comfortable ~ 舒舒服服地打个盹儿 shūshufúfu de dǎ ge dǔnr

dozen n 打 (量) dá, 十二个 shí'èrge: a ~ eggs 一打鸡蛋 yìdá jīdàn / several ~ pens 几打钢笔 jǐdá gāngbǐ // ~s of 几十 jǐshí; 许多 xǔduō: ~s of years 好几十年 hǎo jǐshí nián / ~s of *times* 许多次 xǔduō cì

draft I n (1) 草图(名) cǎotú; 草案 (名) cǎo'àn; 草稿(名) cǎogǎo: *a ~ for a bridge* 一座桥的草图 yízuò qiáo de cǎotú / *a ~ resolution* 决议草案 juéyì cǎo'àn (2) 汇票(名) huìpiào: *bank ~* 银行汇票 yínháng huìpiào / *a ~ for 1,000 yuan on the People's Bank of China* 一张向中国人民银行支取的一千元汇票 yìzhāng xiàng Zhōngguó Rénmín Yínháng zhīqǔ de yìqiānyuán huìpiào II v 起草(动) qǐcǎo; 拟订(动) nǐdìng; 画(动) huà; 设计(动) shèjì: *~ a decision* 起草一项决定 qǐcǎo yíxiàng juédìng

drag I v (1) 拉(动) lā, 拖(动) tuō, 拽(动) zhuài (2) 拖长 tuōcháng (3) 打捞(动) dǎlāo; 用拖网捕捉 yòng tuōwǎng bǔzhuō II n (1) 障碍(名) zhàng'ài; 阻碍(动) zǔ'ài (2) 拉(动) lā; 拖(动) tuō; 拖延(动) tuōyán (3) 深吸一口 shēn xī yìkǒu (4) 叫人非常讨厌的人(事、东西) jiào rén fēicháng tǎoyàn de rén(shì, dōngxi) // *~ on* 拖延 tuōyán; 拖长 tuōcháng

dragon n 龙(名) lóng: *the year of the ~* 龙年 lóngnián

dragonfly n 蜻蜓(名) qīngtíng

drain I v (1) 排(动) pái, 排干 páigān, 流掉 liúdiào (2) 喝完 hēwán, 喝干 hēgān; 倒空 dàokōng (3) 消耗(动) xiāohào; 耗尽 hàojìn II n (1) 排水沟(名) páishuǐgōu; 阴沟(名) yīngōu, 下水道(名) xiàshuǐdào (2) 外流(动) wàiliú; 消耗(动) xiāohào; 负担(动) fùdān (3) 一口 yìkǒu, 一点儿 yìdiǎnr // *go down the ~* 破产 pòchǎn; 白费(动) báifèi

drainage n 排水 páishuǐ; 排水法(名) páishuǐfǎ; 排水系统 páishuǐ xìtǒng: *~ work* 排水工程 páishuǐ gōngchéng

drain-pipe n 排水管(名) páishuǐguǎn

drake n 公鸭(名) gōngyā // *play ducks and ~s* 玩儿打水漂游戏 wánr dǎ shuǐpiāo yóuxì

drama n (1) 剧本(名) jùběn; 戏剧

(名) xìjù; 一出戏 yìchū xì; *put on a ~* 上演一出戏 shàngyǎn yìchū xì (2) 戏剧性(名) xìjùxìng: *a news report full of ~* 一篇富有戏剧性的新闻报导 yìpiān fùyǒu xìjùxìng de xīnwén bàodào

dramatic adj (1) 戏剧的 xìjù de; 剧本的 jùběn de; 演剧的 yǎnjù de: *~ art* 戏剧艺术 xìjù yìshù / *a ~ performance* 戏剧演出 xìjù yǎnchū (2) 戏剧性的 xìjùxìng de; 激动人心的 jīdòngrénxīn de; 引人注目的 yǐnrénzhùmù de: *a ~ event* 戏剧性事件 xìjùxìng shìjiàn / *a ~ speech* 激动人心的讲演 jīdòngrénxīn de jiǎngyǎn

dramatize v (1) 把…改编为剧本 bǎ…gǎibiānwéi jùběn (2) 戏剧似地表现 xìjùshì de biǎoxiàn; 把…戏剧化 bǎ…xìjùhuà; 使引人注目 shǐ yǐnrénzhùmù; 做戏 zuòxì

drape v (1) 披上 pīshang, 罩上 zhàoshang, 遮盖(动) zhēgài (2) 悬挂(动) xuánguà; 装饰(动) zhuāngshì: *buildings ~d with flags* 悬挂着旗子的建筑物 xuánguàzhe qízi de jiànzhùwù

drastic adj 激烈(形) jīliè, 猛烈(形) měngliè; 严厉(形) yánlì: *a ~ debate* 激烈的辩论 jīliè de biànlùn

draught n (1) 通风 tōngfēng; 气流(名) qìliú (2) 饮(动) yǐn, 吸(动) xī (3) 吃水(度)(名) chīshuǐ(dù)

draughty adj 通风的 tōngfēng de

draw I v (1) 拉(动) lā; 拖(动) tuō: *~ a curtain apart* 把幕拉开 bǎ mù lākāi / *~ a curtain across a window* 把窗帘儿拉上 bǎ chuāngliánr lāshang (2) 拔(动) bá, 抽(动) chōu: *~ a nail from the chair* 把钉子从椅子里拔出来 bǎ dīngzi cóng yǐzi li báchulai / *~ a tooth* 拔牙 bá yá / *~ a cork* 拔瓶塞儿 bá píngsāir / *~ lots* 抽签儿 chōuqiānr (3) 打(水)(动) dǎ(shuǐ); 领取(动) lǐngqǔ, 取(动) qǔ; 引出 yǐnchū: *~ water from a well* 从井里打水 cóng jǐng li dǎ shuǐ / *~ one's* *salary* 领取工资 lǐngqǔ gōngzī / ~ *money from the bank* 从银行提款 cóng yínháng tíkuǎn / ~ *a conclusion* 得出结论 déchū jiélùn / ~ *a lesson* 吸取教训 xīqǔ jiàoxùn (4) 引 (动) yǐn, 招 (动) zhāo, 惹 (动) rě (5) 吸 (动) xī (6) 画 (动) huà; 刻画 (动) kèhuà: ~ *a picture* 画一幅画儿 huà yìfú huàr (7) 打成平局 dǎchéng píngjú (8) 移动 (动) yídòng; 靠近 (动) kàojìn (9) 通风 tōngfēng, 通气 tōngqì **II** *n* (1) 抽签儿 chōuqiānr, 抓阄儿 zhuājiūr (2) 有吸引力的人 (事) yǒu xīyǐnlì de rén (shì) (3) 平局 (名) píngjú // ~ *away* 拉开 lākāi; 引开 yǐnkāi; 离开 líkāi / ~ *back* 收回 shōuhuí; 退却 tuìquè / ~ *in* (1) (一天的) 结束 (yìtiān de) jiéshù; (白昼) 变短 (báizhòu) biànduǎn (2) 到达 dàodá (3) 靠边儿 kàobiānr / ~ *into* 进 jìn / ~ *off* (1) 脱 tuō: ~ *off one's socks* 脱袜子 tuō wàzi (2) 放出 fàngchū: ~ *off some water* 把水放出一些去 bǎ shuǐ fàngchū yìxiē qu / ~ *on* (1) 戴上 dàishang, 穿上 chuānshang: ~ *on gloves* 戴上手套 dàishang shǒutào (2) 接近 jiējìn, 即将到来 jíjiāng dàolái (3) 依靠 yīkào, 凭借 píngjiè, 用 yòng: ~ *on one's savings* 动用积蓄 dòngyòng jīxù / ~ *out* (1) 引出 yǐnchū (2) 拟定 nǐdìng, 制定 zhìdìng (3) 取款 qǔkuǎn: ~ *out some money from a bank* 从银行取款 cóng yínháng qǔkuǎn (4) 放长 fàngcháng; 拉长 lācháng: ~ *out the wire* 把线拉长 bǎ xiàn lācháng / ~ *up* (1) 写出 xiěchū, 拟定 nǐdìng: ~ *up a report* 写出报告 xiěchū bàogào (2) 停住 tíngzhù (3) 整队 zhěngduì, 列队 lièduì

drawback *n* 缺点 (名) quēdiǎn, 欠缺 (名) qiànquē; 障碍 (名) zhàng'ài

drawbridge *n* 吊桥 (名) diàoqiáo

drawer *n* 抽屉 (名) chōuti

drawing *n* 画儿 (名) huàr, 图画 (名) túhuà; 绘画 (名) huìhuà; 绘画艺术 huìhuà yìshù: *a ~ of horses by Xu*

Beihong 徐悲鸿画的一幅马的画 Xú Bēihóng huà de yìfú mǎ de huà // ~ *pin* 图钉 túdīng / ~ *room* 客厅 kètīng

dread **I** *n* 害怕 (动) hàipà, 惧怕 (动) jùpà; 担心 (动) dānxīn **II** *v* 害怕 (动) hàipà, 惧怕 (动) jùpà; 担心 (动) dānxīn; 不敢 bù gǎn

dreadful *adj* (1) 可怕 (形) kěpà; 厉害 (形) lìhai (2) 令人讨厌的 lìng rén tǎoyàn de; 糟透的 zāotòu de, 极坏的 jí huài de: ~ *weather* 讨厌的天气 tǎoyàn de tiānqì

dream **I** *n* (1) 梦 (名) mèng (2) 梦想 (名) mèngxiǎng, 愿望 (名) yuànwàng (3) 极美好的人 (物) jí měihǎo de rén (wù) **II** *v* (1) 梦见 mèngjiàn, 做梦 zuòmèng (2) 梦想 (动) mèngxiǎng, 渴望 (动) kěwàng

dreamland *n* 梦境 (名) mèngjìng

dreamy *adj* (1) 爱空想的 ài kōngxiǎng de: *a ~ girl* 一个爱空想的女孩子 yíge ài kōngxiǎng de nǚ háizi (2) 朦胧 (形) ménglóng; 恍惚 (形) huǎnghū: *a ~ recollection of past events* 对往事的模糊记忆 duì wǎngshì de móhu jìyì

dreary *adj* 凄凉 (形) qīliáng, 惨淡 (形) cǎndàn, 阴郁 (形) yīnyù; 沉闷 (形) chénmèn; 乏味 (形) fáwèi: *a ~ book* 一本乏味的书 yìběn fáwèi de shū

dredge **I** *n* 挖泥机 wāníjī, 疏浚机 shūjùnjī **II** *v* 疏通 (动) shūtōng; 挖取 wāqǔ, 捞取 lāoqǔ: ~ *a river* 疏浚河道 shūjùn hédào

dregs *n* 残渣 (名) cánzhā, 糟粕 (名) zāopò; 渣滓 (名) zhāzi, 废物 (名) fèiwù: *the ~ of the wine* 酒糟 jiǔzāo / *the ~ of society* 社会渣滓 shèhuì zhāzi

drench *v* 湿透 shītòu; 淋湿 línshī, 浇湿 jiāoshī: *be ~ed to the skin* 浑身湿透 húnshēn shītòu / *be ~ed in sweat* 满身大汗 mǎnshēn dàhàn

dress **I** *n* (1) 服装 (名) fúzhuāng, 衣服 (名) yīfu; 女服 (名) nǚfú; 连衣裙 (名) liányīqún (2) 礼服 (名) lǐfú *evening* ~ 夜礼服 yè lǐfú / *full* ~ 大礼服 dà lǐfú II *v* (1) 穿衣 chuān yī (2) 装饰 (动) zhuāngshì; 布置 (动) bùzhì; 打扮 (动) dǎban (3) 包扎 (动) bāozā; 处置 (动) chǔzhì (4) 做 (菜) zuò (cài); 加调料 jiā tiáoliào// ~ *sb. down* 狠狠地训斥某人 hěnhěn de xùnchì mǒu rén/ ~ *up* 打扮 dǎban; 穿正式服装 chuān zhèngshì fúzhuāng

dressing *n* (1) 复盖物 (动) fùgàiwù (2) 加味品 (名) jiāwèipǐn, 调味品 (名) tiáowèipǐn, 调料 (名) tiáoliào: *sugar and vinegar* ~ 加糖和醋调味 jiā táng hé cù tiáowèi (3) 敷料 (名) fúliào

dressmaker *n* 裁缝 (名) cáifeng

dribble I *v* (1) 滴下 (动) dīxià; 点点滴滴地流 diǎndiandīdī de liú (2) 流口水 liú kǒushuǐ (3) 短传 duǎn chuán; 运球 yùn qiú II *n* 细流 (名) xìliú; 点滴 (名) diǎndī; 少量 shǎoliàng

drift I *n* (1) 漂流 (动) piāoliú; 漂流物 (名) piāoliúwù, 堆积物 (名) duījīwù; 一堆 yìduī: *a* ~ *of sand* 一堆流沙 yìduī liúshā (2) 趋向 (名) qūxiàng; 流动 (名) liúdòng: *the* ~ *of young people from the country to the city* 年轻人从农村流入城市 niánqīngrén cóng nóngcūn liúrù chéngshì (3) 大意 (名) dàyì, 要点 (名) yàodiǎn II *v* (1) 漂流 (动) piāoliú (2) 积成堆 jīchéng duī

drill I *n* (1) 钻 (名) zuàn, 钻头 (名) zuàntóu: *a dentist's* ~ 牙科钻子 yákē zuànzi / *a hand* ~ 一台手钻 yìtái shǒuzuàn (2) 操练 (动) cāoliàn, 练习 (名、动) liànxí: ~ *s in grammar* 语法操练 yǔfǎ cāoliàn / *question-and-answer* ~ *s* 问答练习 wèndá liànxí / *pattern* ~ *s* 句型练习 jùxíng liànxí II *v* (1) 钻 (动) zuān: ~ *a hole in a piece of wood* 在一块木头上钻洞 zài yíkuài mùtou shang zuāndòng (2) 操练 (动) cāoliàn, 训练 (动) xùnliàn: ~ *troops* 训练部队 xùnliàn bùduì / ~ *the students in grammar* 让学生做语

法练习 ràng xuésheng zuò yǔfǎ liànxí

drink I *v* (1) 喝 (动) hē, 饮 (动) yǐn: ~ *a glass of milk* 喝一杯牛奶 hē yìbēi niúnǎi (2) 喝酒 hējiǔ (3) 干杯 (动) gānbēi II *n* (1) 饮料 (名) yǐnliào: *soft* ~ 不含酒精成分的饮料 bù hán jiǔjīng chéngfèn de yǐnliào / *a cold* ~ 冷饮 lěngyǐn / *a hot* ~ 热饮料 rè yǐnliào (2) 酒 (名) jiǔ; 喝酒 hē jiǔ// *be in* ~ 喝醉了 hēzuì le/ ~ *in* 吸收 xīshōu; 陶醉于 táozuìyú/ ~ *up* 喝光 hēguāng

drinkable *adj* 可饮用的 kě yǐnyòng de

drip I *v* 滴下 dīxià, 流下 liúxià; 淌 (动) tǎng II *n* 水珠 (名) shuǐzhū: *the* ~ *s from a wet umbrella* 雨伞上滴下的水珠 yǔsǎn shang dīxia de shuǐzhū

drive I *v* (1) 赶 (动) gǎn, 撵 (动) niǎn, 轰 (动) hōng, 驱逐 (动) qūzhú: ~ *a horse* 赶马 gǎn mǎ / ~ *a cart* 赶马车 gǎn mǎchē (2) 逼 (动) bī; 逼迫 (动) bīpò, 迫使 (动) pòshǐ; 驱使 (动) qūshǐ (3) 开 (动) kāi, 开车 kāi chē, 驾驶 (动) jiàshǐ; 用车送 yòng chē sòng (4) 带动 (动) dàidòng (5) 钉进 dìngjìn (6) 使努力工作 shǐ nǔlì gōngzuò II *n* (1) 开车 kāi chē (2) 干劲 (名) gànjìn; 魄力 (名) pòlì// *at* 意思是 yìsishì

driver *n* 司机 (名) sījī, 驾驶员 (名) jiàshǐyuán, 开车的人 kāi chē de rén: *a bus* ~ 公共汽车司机 gōnggòng qìchē sījī

driveway *n* (1) 私人车道 sīrén chēdào (2) 马路 mǎlù, 汽车道 qìchēdào

drizzle *v* 下小雨 xià xiǎoyǔ, 下毛毛雨 xià máomaoyǔ

drone I *n* (1) 雄蜂 (名) xióngfēng (2) 懒汉 (名) lǎnhàn (3) 深沉的嗡嗡声 shēnchén de wēngwēng shēng; 单调沉闷的话 dāndiào chénmèn de huà II *v* (1) 发出嗡嗡声 fāchū wēngwēngshēng (2) 用单调沉闷的声调说话 yòng dāndiào chénmèn de shēngdiào shuōhuà

droop I *v* (1) 下垂 (动) xiàchuí, 低垂 (动) dīchuí: ~ *ing willows* 垂柳 chuíliǔ (2) 枯萎 (动) kūwěi; 消沉

(形) xiāochén, 颓丧(形) tuīsàng **II** *n* 低垂(动) dīchuí: *the ~ of one's shoulder* 溜肩膀 liū jiānbang

drop **I** *n* (1) 滴(量) dī; 水滴(名) shuǐdī; 滴剂 dījì: *a ~ of water* 一滴水 yìdī shuǐ / *rain ~s* 雨点儿 yǔdiǎnr / *2 ~s of eye ~s* 两滴眼药水儿 liǎngdī yǎn yàoshuǐr (2) 一杯酒 yìbēi jiǔ (3) 下降(动) xiàjiàng, 下跌(动) xiàdiē, 落下 luòxià: *a ~ in prices* 跌价 diējià (4) 小块糖果 xiǎokuài tángguǒ: *fruit ~s* 水果糖 shuǐguǒtáng **II** *v* (1) 滴下 dīxià; 掉下 diàoxià, 落下 luòxià; 放下 fàngxià; 投下 tóuxià (2) 丢失(动) diūshī; 失手落下 shīshǒu luòxià (3) 下车 xiàchē; 卸下 xièxià (4) 放弃(动) fàngqì (5) 下降(动) xiàjiàng, 降低(动) jiàngdī (6) 停止(动) tíngzhǐ, 中断(动) zhōngduàn (7) 省略(动) shěnglüè; 遗漏(动) yílòu (8) 说出 shuōchū; 投寄(动) tóujì // *~ by* 一点一滴地 yìdiǎnyìdī de / *~ in on* 顺便访问(某人) shùnbiàn fǎngwèn (mǒu rén); 串门(动) chuànmén / *off* (1) 掉下来 diàoxialai (2) 睡着 shuìzháo / *~ out* 退出 tuìchū, 脱离 tuōlí

drought *n* 旱季(名) hànjì; 旱灾(名) hànzāi, 干旱(形) gānhàn: *a period of financial ~* 财源枯竭时期 cáiyuán kūjié shíqī

drown *v* (1) 淹死 yānsǐ, 溺水(动) nìshuǐ (2) 淹(动) yān, 淹没(动) yānmò: *~ one's worries in drink* 借酒浇愁 jièjiǔjiāochóu

drowsy *adj* 瞌睡(形) kēshuì; 使人懒洋洋的 shǐ rén lǎnyángyáng de: *a ~ day* 令人发困的天气 lìng rén fā kùn de tiānqì

drug **I** *n* (1) 药(名) yào, 药物(名) yàowù (2) 麻醉药(名) mázuìyào; 使人上瘾的毒品 shǐ rén shàngyǐn de dúpǐn: *a ~ habit* 吸毒瘾 xīdúyǐn / *a ~ user* 吸毒者 xīdú zhě **II** *v* 下麻醉药 xià mázuìyào

drugstore *n* 药房(名) yàofáng; 药店

(名) yàodiàn; 杂货店(名) záhuòdiàn

drum **I** *n* (1) 鼓(名) gǔ; 鼓声(名) gǔshēng: *a big ~* 一面大鼓 yímiàn dà gǔ / *beat ~s and gongs* 敲锣打鼓 qiāo luó dǎ gǔ (2) 圆桶(名) yuántǒng; 汽油桶 qìyóutǒng: *2 ~s of gasoline* 两桶汽油 liǎngtǒng qìyóu **II** *v* 敲(动) qiāo: *~ at the door* 咚咚地敲门 dōngdōng de qiāo mén // *keep ~ming into* 一再嘱咐 yízài zhǔfu; 灌输(动) guànshū

drumstick *n* 鼓锤(名) gǔchuí

drunk **I** *adj* 醉的 zuì de, 喝醉的 hēzuì de; 陶醉的 táozuì de **II** *n* 醉汉(名) zuìhàn; 酒鬼(名) jiǔguǐ

drunkard *n* 醉汉(名) zuìhàn; 酒鬼(名) jiǔguǐ: *play the ~* 发酒疯 fā jiǔfēng

dry **I** *adj* (1) 干(形) gān; 干燥(形) gānzào; 干涸(形) gānhé: *a ~ cough* 干咳 gānké / *~ air* 干燥的空气 gānzào de kōngqì / *a ~ pond* 干涸的池塘 gānhé de chítáng (2) 旱(形) hàn, 干旱(形) gānhàn (3) 渴(形) kě (4) (酒)没甜味儿的 (jiǔ)méi tiánwèir de (5) 干巴巴(形) gānbābā, 枯燥无味 kūzàowúwèi **II** *v* 把…弄干 bǎ…nònggān // *~ battery* 干电池 gāndiànchí / *~ up* 把…弄干 bǎ…nònggān; 干枯 gānkū, 枯竭 kūjié

dry-clean *v* 干洗(动) gānxǐ

dry-cleaner *n* 干洗剂(名) gānxǐjì

dual *adj* 双(形) shuāng, 双重(形) shuāngchóng: *a ~ personality* 双重人格 shuāngchóng réngé / *~ carriageway* 双车道公路 shuāng chēdào gōnglù

dub *v* (1) 配音 pèiyīn; 译制(动) yìzhì: *Chinese ~bed foreign films* 汉语配音译制的外国影片 Hànyǔ pèiyīn yìzhì de wàiguó yǐngpiàn (2) 授予…称号 shòuyǔ… chēnghào; 起外号 qǐ wàihào; 把…称作 bǎ…chēngzuò: *~ sb. a model stock raiser* 授予某人模范饲养员称号 shòuyǔ mǒu rén mófàn sìyǎngyuán chēnghào

dubious *adj* (1) 半信半疑的 bànxìnbànyí de; 把握不定 bǎwò bú

dìng(2) 可疑(形) kěyí, 引起怀疑的 yīnqǐ huáiyí de: ~ *behaviour* 举止可疑 jǔzhǐ kěyí

duchess *n* 公爵夫人 gōngjué fūrén; 女公爵 nǚ gōngjué

duck **I** *n* (1) 鸭(名) yā, 鸭子(名) yāzi; 鸭肉 yāròu: *Beijing Roast D~ Restaurant* 北京烤鸭店 Běijīng Kǎoyādiàn / *2 or 3 slices of duck* 两三片鸭肉 liǎngsānpiàn yāròu (2) 可爱的人(东西) kě'ài de rén (dōngxi) **II** *v* (1) 突然潜入水中 tūrán qiánrù shuǐzhōng, 把头伸进水里 bǎ tóu shēnjìn shuǐli (2) 迅速低头 xùnsù dītóu; 躲(动) duǒ // *mandarin* ~ 鸳鸯 yuānyang

duckling *n* 小鸭子 xiǎo yāzi

due **I** *adj* (1) 适当(形) shìdàng; 正当(形) zhèngdàng; 应有的 yīngyǒu de: *in* ~ *time* 在适当的时候 zài shìdàng de shíhou (2) 预定应到的 yùdìng yīng dào de; 预期的 yùqī de, 约定的 yuēdìng de (3) 应付给的 yīng fùgěi de **II** *adv* 正(形) zhèng: ~ *north* 正北 zhèngběi / *sail* ~ *east* 向正东方向航行 xiàng zhèngdōng fāngxiàng hángxíng **III** *n* 应当得到的东西 yīngdāng dédào de dōngxi; 应得权益 yīngdé quányì; 应付的钱 yīngfù de qián: *party membership* ~*s* 党费 dǎng fèi / *harbour* ~*s* 入港税 rùgǎngshuì // ~ *to* (1) 应归于 yīng guīyú (2) 由于 yóuyú

duel *n* 决斗(动) juédòu; 斗争(动) dòuzhēng: *a* ~ *of wits* 斗智 dòuzhì

duet *n* 二重奏(名) èrchóngzòu; 二重唱(名) èrchóngchàng

duke *n* 公爵(名) gōngjué: *the D~ of Wellington* 威林顿公爵 Wēilíndùn gōngjué / *the Grand D~* 大公 dàgōng

dull **I** *adj* (1) 迟钝(形) chídùn, 愚笨(形) yúbèn: *a* ~ *mind* 迟钝的头脑 chídùn de tóunǎo / ~ *students* 笨学生 bèn xuésheng / *be* ~ *of hearing* 听觉不灵 tīngjué bù líng (2) 阴沉(形) yīnchén, 单调(形) dāndiào; 乏味(形)

fáwèi; 淡(形) dàn: *a* ~ *season* 淡季 dànjì (3) 钝(形) dùn **II** *v* (1) 使迟钝 shǐ chídùn; 弄钝 nòngdùn (2) 减轻(痛苦) jiǎnqīng (tòngkǔ)

duly *adv* (1) 按时(副) ànshí; 适时地 shìshí de (2) 充分(形) chōngfèn; 适当(形) shìdàng

dumb *adj* (1) 哑(形) yǎ; 不能说话的 bùnéng shuōhuà de: *a* ~ *person* 哑巴 yǎba / *a* ~ *show* 哑剧 yǎjù (2) 不说话的 bù shuōhuà de; 沉默寡言的 chénmòguǎyán de

dumbbell *n* 哑铃(名) yǎlíng

dumbfound *v* 惊呆 jīngdāi

dummy *n* (1) 哑巴(名) yǎba; 笨蛋(名) bèndàn (2) 作样品用的假货 zuò yàngpǐn yòng de jiǎ huò; 样品(名) yàngpǐn; 样本(名) yàngběn: *a gun made of wood* 一支木制的假枪 yìzhī mù zhì de jiǎ qiāng (3)(橱窗中陈列的)假人 (chúchuāng zhōng chénliè de) jiǎ rén: *a dressmaker's* ~ 做服装用的人体模型 zuò fúzhuāng yòng de réntǐ móxíng (4) 橡皮奶头 xiàngpí nǎitóu

dump **I** *v* (1) 砰地放下 pēng de fàngxia; 砰地落下 pēng de luòxia (2) 倾倒(动) qīngdào; 抛弃(动) pāoqì; 扔(动) rēng; 倒(动) dào **II** *n* 堆垃圾的地方 duī lājī de dìfang: *a rubbish* ~ 垃圾场 lājīchǎng

dumpling *n* 团(名) tuán, 饺子(名) jiǎozi, 包子(名) bāozi: *make* ~ *wrapper* 擀饺子皮 gǎn jiǎozipí

dung *n* (牲畜的)粪(名)(shēngchù de) fèn; 粪肥(名) fènféi

dupe **I** *n* 受愚弄的人 shòu yúnòng de rén, 容易受骗的人 róngyì shòupiàn de rén **II** *v* 欺骗(动) qīpiàn, 愚弄(动) yúnòng, 蒙蔽(动) méngbì

duplicate **I** *adj* 复制的 fùzhì de; 副(形) fù; 成对的 chéngduì de; 二重的 èrchóng de; 二倍的 èrbèi de: *a* ~ *document* 文件的副本 wénjiàn de fùběn / *a* ~ *copy* 副本 fùběn / ~ *life* 两重生活 liǎngchóng shēnghuó **II** *n* 复

制品（名）fùzhìpǐn **III** *v* 复制（动）
fùzhì; 使成双 shǐ chéngshuāng

durable *adj* (1) 持久（形）chíjiǔ (2) 耐
用（形）nàiyòng; 结实（形）jiēshi

during *prep* （在）…期间（zài）…
qījiān; （在）…的时候（zài）… de
shíhou; ～ *the day* (*morning*,
evening) （在）白天（早上, 晚上）（zài）
báitiān (zǎoshang, wǎnshang) / ～ *the
last few years* 在过去几年里 zài guòqù
jǐnián li

dusk *n* 黄昏（名）huánghūn; 幽暗
（形）yōu'àn; 黄昏的黑暗 huánghūn
de hēi'àn: *at* ～ 黄昏时刻 huánghūn
shíkè / *from dawn till* ～ 从早到晚
cóng zǎo dào wǎn

dust **I** *n* (1) 灰尘（名）huīchén, 尘土
（名）chéntǔ (2) 粉末（名）fěnmò: *gold*
～ 金粉 jīnfěn / *coal* ～ 煤末 méimò **II**
v (1) 去掉灰尘 qùdiào huīchén, 掸灰
（动）dǎn huī: ～ *a cap* 掸去帽子上的
尘土 dǎnqù màozi shang de chéntǔ / ～
a table 擦桌子 cā zhuōzi / ～ *a room*
打扫房间 dǎsǎo fángjiān (2) 撒（粉）
（动）sǎ (fěn) // ～ *jacket* （书的）护封
(shūde) hùfēng

dustbin *n* 垃圾桶（名）lājītǒng

dustman *n* 清洁工（名）qīngjiégōng,
清扫垃圾的人 qīngsǎo lājī de rén

dustpan *n* 畚箕（名）běnjī

dusty *adj* 满是灰尘的 mǎn shì huīchén
de

Dutch **I** *n* 荷兰人 Hélánrén; 荷兰语
（名）Hélányǔ **II** *adj* 荷兰（人）的
Hélán (rén) de; 荷兰语的 Hélányǔ de
// *go* ～ 各自付钱 gèzì fù qián

dutiable *adj* 应交税的 yīng jiāo shuì
de; 有税的 yǒu shuì de

dutiful *adj* (1) 尽职的 jìnzhí de; 守本
分的 shǒu běnfèn de (2) 忠实（形）
zhōngshí; 顺从（动）shùncóng; 孝敬
（动）xiàojìng

duty *n* (1) 责任（名）zérèn; 义务（名）
yìwù; 本分（名）běnfèn: *do one's* ～
尽责任 jìn zérèn / *fail in one's* ～ 失
职 shīzhí (2) 任务（名）rènwù, 职责

（名）zhízé (3) 税（名）shuì: *customs
duties* 关税 guānshuì // *off* ～ 下班
xiàbān; 不上班 bú shàngbān/ *on* ～
值班 zhíbān, 上班 shàngbān

duty-free **I** *adj* 免税 miǎnshuì: *a* ～
shop 免税商店 miǎnshuì shāngdiàn **II**
adv 免税 miǎnshuì

dwarf **I** *n* 矮子（名）ǎizi; 小矮人 xiǎo
ǎi rén; 矮小的动（植）物 ǎixiǎo de
dòng (zhí) wù: *a* ～ *apple tree* 一棵
矮苹果树 yìkē ǎi píngguǒshù **II** *v* 使矮
小 shǐ ǎixiǎo; 使相形见绌 shǐ
xiāngxíngjiànchù

dwell *v* 住（动）zhù, 居住（动）jūzhù:
～ *on a farm* 住在一个农场 zhùzài
yíge nóngchǎng // ～ *on* 细想
xìxiǎng; 详细讲述 xiángxì jiǎngshù

dwelling *n* 住宅（名）zhùzhái; 寓所
（名）yùsuǒ

dwindle *v* 缩小（动）suōxiǎo, 变小
biànxiǎo; 减少（动）jiǎnshǎo

dye **I** *n* 染色 rǎnsè, 染料（名）rǎnliào
II *v* 染（动）rǎn, 上色 shàngshǎi

dyestuff *n* 颜料（名）yánliào, 染料
（名）rǎnliào

dyeworks *n* 印染厂（名）yìnrǎnchǎng

dynamic *adj* (1) 动力的 dònglì de; 动
力学的 dònglìxué de; 动态的 dòngtài
de: *a* ～ *population* 动态人口 dòngtài
rénkǒu (2) 有力的 yǒulì de; 有生气的
yǒu shēngqì de; 能动的 néngdòng de:
a ～ *personality* 活泼的性格 huópō de
xìnggé / *a* ～ *atmosphere* 生气勃勃的
环境 shēngqìbóbó de huánjìng

dynamics *n* 力学（名）lìxué; 动力学
（名）dònglìxué

dynamite *n* （达那）炸药（名）(dánà)
zhàyào, 甘油炸药（名）gānyóuzhàyào

dynamo *n* 发电机（名）fādiànjī

dynasty *n* 王朝（名）wángcháo; 朝代
（名）cháodài: *the Tang D*～ 唐朝
Tángcháo / *overthrow a* ～ 推翻一个
王朝 tuīfān yíge wángcháo

dysentery *n* 痢疾（名）lìjí

E

each **I** *adj* 各（代、副）gè；每（代、副）měi **II** *pron* 各（代）gè，各自（代）gèzì；每（代）měi // ~ *other* 互相 hùxiāng，相互 xiānghù；彼此 bǐcǐ

eager *adj* 热切（形）rèqiè；渴望（动）kěwàng，很想 hěn xiǎng

eagle *n* 鹰（名）yīng，老鹰（名）lǎoyīng：*an* ~ 一只鹰 yìzhī yīng

eagle-eyed *adj* 目光锐利的 mùguāng ruìlì de

ear¹ *n* (1) 耳朵（名）ěrduo：*go in one* ~ *and out the other* 一只耳朵进，一只耳朵出 yìzhī ěrduo jìn，yìzhī ěrduo chū (2) 听觉（名）tīngjué：*have a keen* ~ 听觉灵敏 tīngjué língmǐn // *be all* ~*s* 倾听 qīngtīng / *fall on deaf* ~*s* 没有被理睬 méiyou bèi lǐcǎi / *give* ~ *to* 听 tīng，倾听 qīngtīng / *turn a deaf* ~ *to* 不听 bù tīng，置若罔闻 zhìruò-wǎngwén

ear² *n* 穗儿（名）suìr：~*s of corn* 玉米穗儿 yùmǐ suìr

ear-ache *n* 耳朵痛 ěrduo tòng

ear-drops *n* 耳坠（名）ěrzhuì

earl *n* 伯爵（名）bójué

early **I** *adj* (1) 早（形）zǎo；早熟的 zǎoshú de：*an* ~ *riser* 早起的人 zǎo qǐ de rén / ~ *morning* 清晨 qīngchén/ ~ *peaches* 早熟的桃子 zǎoshú de táozi (2) 及早（副）jízǎo，早日（副）zǎorì (3) 初期（名）chūqī；古时（名）gǔshí：*in the* ~ *part of this century* 本世纪初 běn shìjì chū/ *in* ~ *spring* 在初春 zài chūchūn / *from the earliest times* 从上古时期 cóng shànggǔ shíqī **II** *adv* 在初期 zài chūqī；早（形）zǎo：~ *next year* 明年初 míngnián chū // ~ *on* 很早 hěn zǎo，一开始 yì kāishǐ/ ~ *or late* 迟早 chízǎo

earn *v* (1) 挣（动）zhèng，赚（动）zhuàn (2) 博得（动）bódé，赢得（动）yíngdé，得到（动）dédào

earnest **I** *adj* 认真（形）rènzhēn；真诚（形）zhēnchéng；一本正经 yìběnzhèngjīng：*an* ~ *pupil* 一个认真的学生 yíge rènzhēn de xuésheng / *an* ~ *Christian* 虔诚的基督教徒 qiánchéng de Jīdū jiàotú **II** *n* 认真（形）rènzhēn；真的 zhēn de

earnestly *adv* 认真地 rènzhēn de；真心实意地 zhēnxīnshíyì de

earnings *n* 挣到的钱 zhèngdào de qián

earphone *n* 耳机（名）ěrjī

ear-ring *n* 耳环（名）ěrhuán

earth **I** *n* (1) 地球（名）dìqiú (2) 陆地（名）lùdì；地面（名）dìmiàn，地（名）dì (3) 土（名）tǔ；泥（名）ní **II** *v* 接地线 jiēdìxiàn// *break* ~ 破土动工 pòtǔ dònggōng / *come back to* ~ 回到现实中来 huídào xiànshí zhōng lái/ *move heaven and* ~ 竭尽全力 jiéjìnquánlì/ *on* ~ (1) 在世界上 zài shìjiè shang (2) 到底（副）dàodǐ，究竟（副）jiūjìng

earthquake *n* 地震（名）dìzhèn

earth-shaking *adj* 惊天动地的 jīngtiāndòngdì de，翻天覆地的 fāntiānfùdì de：*an* ~ *event* 惊天动地的大事件 jīngtiāndòngdì de dà shìjiàn

earthworm *n* 蚯蚓（名）qiūyǐn

ease **I** *n* (1) 舒适（形）shūshì；安心 ānxīn；不拘束 bù jūshù：*a life of* ~ 舒适的生活 shūshì de shēnghuó (2) 容易（形）róngyì；不费力 bú fèilì **II** *v* (1) 减轻（动）jiǎnqīng；使舒适 shǐ shūshì；使安心 shǐ ānxīn (2) 放宽（动）fàngkuān；放松（动）fàngsōng；缓和（动）huǎnhé；减低（动）jiǎndī：~ *down the speed of a boat* 减低船速 jiǎndī chuán sù// *at* ~ 自在 zìzài，无拘无束 wújūwúshù/ *stand at* ~ 稍息

shāoxī

easily *adv* (1) 不费力地 bú fèilì de, 容易地 róngyì de (2) 肯定 (形) kěndìng, 毫无疑问地 háo wú yíwèn de

east **I** *n* 东 (名) dōng, 东方 (名) dōngfāng: *the Far E*~ 远东 Yuǎndōng / *the E*~ 东方 Dōngfāng **II** *adj* 东方的 dōngfāng de; 东部的 dōngbù de: *E*~ *China* 华东 Huádōng / *on the* ~ *coast* 在东海岸 zài dōng hǎi'àn / *an* ~ *wind* 东风 dōngfēng **III** *adv* 在东方 zài dōngfāng; 向东方 xiàng dōngfāng: *travel* ~ 去东方旅行 qù dōngfāng lǚxíng // *in the* ~ *of* 在...的东部 zài...de dōngbù / *on the* ~ 在东面 zài dōngmiàn

Easter *n* 复活节 (名) Fùhuójié: *the* ~ *holidays* 复活节假 Fùhuójié jià / ~ *eggs* 复活节彩蛋 Fùhuójié cǎidàn

eastern *adj* (1) 东边的 dōngbian de, 东方的 dōngfāng de; 东部的 dōngbù de: *E*~ *religions* 东方的宗教 Dōngfāng de zōngjiào / *the E*~ *countries* 东方国家 Dōngfāng guójiā (2) 朝东的 cháo dong de: *an* ~ *window* 东窗 dōng chuāng

eastward *adj* 往东方的 wǎng dōngfāng de: *in an* ~ *direction* 往东的方向 wǎng dōng de fāngxiàng

eastwards *adv* 往东 wǎng dōng

easy **I** *adj* (1) 容易 (形) róngyì, 不费力 bú fèilì: *an* ~ *language* 容易懂的语言 róngyì dǒng de yǔyán / *an* ~ *style* 平易的文体 píngyì de wéntǐ (2) 安逸 (形) ānyì; 宽裕 (形) kuānyù; 从容 (形) cóngróng: *an* ~ *chair* 安乐椅 ānlèyǐ / *be in* ~ *circumstances* 生活宽裕 shēnghuó kuānyù / ~ *manners* 从容的举止 cóngróng de júzhǐ (3) 宽容 (动) kuānróng; 容易忍受的 róngyì rěnshòu de **II** *adv* (1) 容易 (形) róngyì; 不费力地 bú fèilì de (2) 慢慢地 mànmān de; 小心地 xiǎoxīn de: *E*~! 轻点儿! Qīngdiǎnr! (慢点儿! Màndiǎnr! 当心! Dāngxīn!) // *go* ~

on 宽容对待 kuānróng duìdài; 小心使用 xiǎoxīn shǐyòng; 节省 jiéshěng / *take it* ~ 别着急 bié zháojí, 慢慢来 mànmān lái

easy-going *adj* 随和 (形) suíhé; 悠闲 (形) yōuxián; 懒散 (形) lǎnsǎn

eat *v* 吃 (动) chī; 吃饭 chīfàn; 喝 (汤) hē (tāng): ~ *one's dinner* 吃晚饭 chī wǎnfàn // ~ *into* 消耗 xiāohào; 腐蚀 fǔshí, 侵蚀 qīnshí / ~ *one's words* 收回自己的话 shōuhuí zìjǐ de huà, 食言 shíyán / ~ *up* 吃光 chīguāng

eatable **I** *adj* 可以吃的 kěyǐ chī de **II** *n* 食品 (名) shípǐn, 吃的 chī de

eaves *n* 屋檐 (名) wūyán

echo **I** *n* (1) 回声 (名) huíshēng, 回音 (名) huíyīn (2) 应声虫 (名) yìngshēngchóng (3) 共鸣 (名) gòngmíng, 反响 (名) fǎnxiǎng **II** *v* (1) 发出回声 fāchū huíshēng (2) 重复 (动) chóngfù

eclipse *n* 食 (名) shí: *the* ~ *of the moon* 月食 yuèshí

economic *adj* (1) 经济 (名) jīngjì; 经济学的 jīngjìxué de: *an* ~ *crisis* 经济危机 jīngjì wēijī / *the government's* ~ *policy* 政府的经济政策 zhèngfǔ de jīngjì zhèngcè (2) 经济 (形) jīngjì, 合算 (形) hésuàn

economical *adj* 节俭 (形) jiéjiǎn, 节约 (动、形) jiéyuē: *an* ~ *person* 节俭的人 jiéjiǎn de rén

economics *n* 经济学 (名) jīngjìxué; 经济 (名) jīngjì; 经济情况 jīngjì qíngkuàng

economize *v* 节约 (动) jiéyuē, 节省 (动) jiéshěng: ~ *on petrol* 节约汽油 jiéyuē qìyóu / ~ *in raw materials* 节省原料 jiéshěng yuánliào

economy *n* (1) 经济 (名) jīngjì: *collective* ~ 集体经济 jítǐ jīngjì / *state-owned* ~ 国营经济 guóyíng jīngjì / *national* ~ 国民经济 guómín jīngjì (2) 节约 (动) jiéyuē, 节省 (动) jiéshěng: *practise* ~ 实行节约 shíxíng jiéyuē

(3) 经济实惠 jīngjì shíhuì: ~ *prices* 廉价 liánjià/ ~ *class air tickets* 经济机票 jīngjì jīpiào (4) 制度(名) zhìdù; 体制(名) tǐzhì: *the different economies of the US and the PRC* 美国和中国不同的经济制度 Měiguó hé Zhōngguó bù tóng de jīngjì zhìdù

eddy I *n* 旋涡(名) xuánwō, 涡(名) wō II *v* 打旋(动) dǎxuán, 打转(动) dǎzhuàn

Eden *n* 伊甸园(名) yīdiànyuán

edge I *n* (1) 刀口(名) dāokǒu; 刀刃儿(名) dāorènr: *an axe with a sharp* ~ 一把锋利的斧子 yìbǎ fēnglì de fǔzi (2) 边(名) biān; 边界(名) biānjiè: *the ~ of a lake* 湖边 húbiān/ *the ~ of a plate* 盘子的边儿 pánzi de biānr II *v* (1) 给...加上边 gěi...jiāshang biānr: ~ *a white handkerchief with blue lace* 给白手绢加上蓝花边儿 gěi bái shǒujuàn jiāshang lán huābiānr (2) 侧着挪 cèzhe nuó; 挤(动) jǐ: ~ *oneself through a crowd* 从人群中挤过去 cóng rénqúnzhōng jǐguoqu // *on* ~ 紧张 jǐnzhāng, 不安 bù'ān/ *take the ~ off* (1) 使钝 shǐ dùn (2) 减弱 jiǎnruò, 削弱 xuēruò

edible I *adj* 可以吃的 kěyǐ chī de, 食用的 shíyòng de: ~ *oil* 食用油 shíyòng yóu II *n* 食品(名) shípǐn

edit *v* (1) 编辑(动) biānjí (2) 剪辑(动) jiǎnjí

edition *n* 版(名) bǎn; 版本(名) bǎnběn: *a pocket* ~ 袖珍版 xiùzhēnbǎn/ *the first ~ of the book* 本书的第一版 běnshū de dìyībǎn/ *a revised* ~ 修订版 xiūdìngbǎn/ *a hardback* ~ 精装本 jīngzhuāngběn

editor *n* 编辑(名) biānjí; 编者(名) biānzhě; 校订者 jiàodìngzhě: *chief* ~ 主编 zhǔbiān (总编辑 zǒngbiānjí) // ~ *'s note* 编者按 biānzhě'àn

editorial I *adj* 编辑的 biānjí de: *the* ~ *office* 编辑部 biānjíbù/ ~ *work* 编辑工作 biānjí gōngzuò/ ~ *staff* 编辑 biānjí II *n* 社论(名) shèlùn

educate *v* 教育(动) jiàoyù: ~ *d people* 受过教育的人 shòuguo jiàoyù de rén

education *n* 教育(名) jiàoyù

educational *adj* 教育的 jiàoyù de; 有教育意义的 yǒu jiàoyù yìyì de: ~ *work* 教育工作 jiàoyù gōngzuò / *an* ~ *system* 一种教育制度 yìzhǒng jiàoyù zhìdù / *an ~ film* 一部教育片儿 yíbù jiàoyùpiānr

educationist 教育家(名) jiàoyùjiā

eel *n* 鳗鱼(名) mànyú; 蛇形鱼类 shéxíng yúlèi

effect I *n* (1) 结果(名) jiéguǒ, 后果(名) hòuguǒ: *cause and* ~ 原因和结果 yuányīn hé jiéguǒ (2) 效果(名) xiàoguǒ, 效力(名) xiàolì; 作用(名) zuòyòng, 影响(名) yǐngxiāng: *sound* ~*s* 音响效果 yīnxiǎng xiàoguǒ (3) 要旨(名) yàozhǐ, 大意(名) dàyì: *the ~ of a passage* 一段文章的大意 yíduàn wénzhāng de dàyì II *v* 产生(动) chǎnshēng, 引起(动) yǐnqǐ; 实现(动) shíxiàn: ~ *a change in temperature* 引起温度的变化 yǐnqǐ wēndù de biànhuà // *be of no* ~ 无效 wúxiào/ *come into* ~ 开始生效 kāishǐ shēngxiào / *give* ~ *to* 实行 shíxíng/ *in* ~ (1) 实际上 shíjì shang (2) 有效 yǒuxiào/ *take* ~ 见效 jiànxiào

effective *adj* (1) 有效(形) yǒuxiào, 生效的 shēngxiào de (2) 给人深刻印象的 gěi rén shēnkè yìnxiàng de; 有分量的 yǒu fènliàng de

effectual *adj* 奏效的 zòuxiào de, 有效(形) yǒuxiào: *an* ~ *remedy* 有效的治疗 yǒuxiào de zhìliáo

efficiency *n* 效率(名) xiàolù: *raise labour* ~ 提高劳动效率 tígāo láodòng xiàolù

efficient *adj* 有效(形) yǒuxiào; 效率高的 xiàolù gāo de; 能干(形) nénggàn: ~ *methods of teaching* 有效的教学方法 yǒuxiào de jiàoxué fāngfǎ/ *an* ~ *washing-machine* 一台高效率的洗衣机 yìtái gāo xiàolù de xǐyījī / *an* ~ *secretary* 一位能干的秘书 yíwèi nénggàn de mìshū

effort *n* (1) 努力 (形) nǔlì; 力气 (名) lìqì: *make an ～* 作出努力 zuòchū nǔlì / *spare no ～* 尽最大努力 jìn zuì dà nǔlì (2) 成果 (名) chéngguǒ; 成就 (名) chéngjiù

egg *n* 蛋 (名) dàn; 鸡蛋 (名) jīdàn: *～ white* 蛋白 dànbái // *a bad ～* 坏蛋 huàidàn, 坏家伙 huài jiāhuo

egg-plant *n* 茄子 (名) qiézi

egg-shaped *adj* 蛋形的 dànxíng de

eggshell *n* 蛋壳儿 (名) dànkér

ego *n* 自我 (代) zìwǒ; 自尊心 (名) zìzūnxīn

egoism *n* 自我主义 zìwǒzhǔyì, 利己主义 lìjǐzhǔyì; 自私自利 zìsīzìlì

egoist *n* 自私自利的人 zìsīzìlì de rén; 利己主义者 lìjǐzhǔyìzhě

Egyptian **I** *adj* (1) 埃及的 Āijí de; 埃及人的 Āijírén de (2) 埃及语的 Āijíyǔ de **II** *n* (1) 埃及人 Āijírén (2) 埃及语 (名) Āijíyǔ

eight *num* 八 (数) bā, 捌 (数) bā: *～ o'clock* 八点钟 bādiǎnzhōng / *lesson ～* 第八课 dìbākè

eighteen *num* 十八 (数) shíbā, 拾捌 (数) shíbā

eighteenth *num* (1) 第十八 dìshíbā: *the E～ Middle School* 第十八中学 Dìshíbā Zhōngxué (2) 十八分之一 shíbāfēn zhī yī

eightfold *adj & adv* 八倍 bābèi

eighth *num* 第八 dìbā

eightieth *num* (1) 第八十 dìbāshí (2) 八十分之一 bāshífēn zhī yī

eighty *num* 八十 (数) bāshí, 捌拾 (数) bāshí: *during the eighties* 在八十年代 zài bāshí niándài

either **I** *adj* (两个中间的) 任何一个 (liǎngge zhōngjiān de) rènhé yíge; 任何一方 rènhé yìfāng **II** *pron* 任何一个 rènhé yíge **III** *adv* 也 (副) yě; 而且 (连) érqiě **IV** *conj* 或者 (连) huòzhě, 要么 (连) yàome

elaborate **I** *adj* 精心制作的 jīngxīn zhìzuò de; 详尽阐述的 xiángjìn chǎnshù de; 周密计划的 zhōumì jìhuà de: *an ～ machine* 精心制作的机器 jīngxīn zhìzuò de jīqì / *a curtain with an ～ pattern of flowers* 有精致花卉图案的窗帘 yǒu jīngzhì huāhuì tú'àn de chuānglián **II** *v* 详细说明 xiángxì shuōmíng, 详尽叙述 xiángjìn xùshù

elapse *v* 过去 guòqu, 消逝 (动) xiāoshì

elastic **I** *adj* (1) 弹性的 tánxìng de; 有弹性的 yǒu tánxìng de (2) 灵活 (形) línghuó; 可伸缩的 kě shēnsuō de: *～ rules* 灵活的规则 línghuó de guīzé **II** *n* 松紧带儿 (名) sōngjǐndàir; 橡皮筋儿 (名) xiàngpíjīnr: *a piece of ～* 一条松紧带儿 yìtiáo sōngjǐndàir (一根橡皮筋儿 yìgēn xiàngpíjīnr)

elbow **I** *n* 胳膊肘 (名) gēbozhǒu, 肘部 (名) zhǒubù **II** *v* 挤 (动) jǐ, 用胳膊肘推 yòng gēbozhǒu tuī // *at one's ～* 近在手边 jìn zài shǒubiān

elder **I** *adj* (1) 年龄较大的 niánlíng jiào dà de; 大 (形) dà: *my ～ brother* 我的哥哥 wǒ de gēge (2) 老 (形) lǎo, 年长的 niánzhǎng de: *Pliny the E～* 老蒲林尼 Lǎo Púlínní **II** *n* (1) 年龄较大的人 niánlíng jiào dà de rén (2) 长辈 (名) zhǎngbèi, 年长的人 niánzhǎng de rén, 前辈 (名) qiánbèi

elect **I** *v* 选举 (动) xuǎnjǔ, 推选 (动) tuīxuǎn: *～ a president* 选举总统 xuǎnjǔ zǒngtǒng **II** *adj* 选定的 xuǎndìng de; 当选的 dāngxuǎn de; 选出而尚未上任的 xuǎnchū ér shàngwèi shàngrèn de: *the bride ～* 选中的未婚妻 xuǎnzhòng de wèihūnqī / *the president ～* 已当选的总统 yǐ dāngxuǎn de zǒngtǒng

election *n* (1) 选举 (名、动) xuǎnjǔ (2) 当选 (动) dāngxuǎn // *～ year* 总统选举年 zǒngtǒng xuǎnjǔ nián

electric *adj* 电的 diàn de; 电动的 diàndòng de; 发电的 fādiàn de: *an ～ torch* 电筒 diàntǒng / *an ～ shaver* 电动剃须刀 diàndòng tìxūdāo

electrical *adj* 电的 diàn de; 电气的

diànqì de: an ~ engineer 电气工程师 diànqì gōngchéngshī / ~ apparatus 电气设备 diànqì shèbèi

electrician n 电工(名) diàngōng

electricity n 电(名) diàn; 电气(名) diànqì; 电流(名) diànliú; 电学 diànxué: positive (negative) ~ 正(负)电 zhèng (fù) diàn

electron n 电子(名) diànzǐ: ~ microscope 电子显微镜 diànzǐ xiǎnwēijìng / ~ telescope 电子望远镜 diànzǐ wàngyuǎnjìng / ~ tube 电子管 diànzǐguǎn

electronic adj 电子的 diànzǐ de: an ~ computer 电子计算机 diànzǐ jìsuànjī / an ~ image storage device 电子录像设备 diànzǐ lùxiàng shèbèi / ~ music 电子音乐 diànzǐ yīnyuè

electronics n 电子学(名) diànzǐxué; 电子工业 diànzǐ gōngyè

elegance n 雅致(形) yǎzhì, 优美(形) yōuměi; 雅致优美的东西 yǎzhì yōuměi de dōngxi

elegant adj 雅致(形) yǎzhì, 优美(形) yōuměi; 讲究(形) jiǎngjiu: ~ furniture 精致的家具 jīngzhì de jiājù

element n (1) 因素(名) yīnsù, 要点(名) yàodiǎn; 初步(形) chūbù (2) 成分(名) chéngfèn, 组成部分 zǔchéng bùfen (3) 分子(名) fènzǐ: the lawless ~s in society 社会上的不法分子 shèhuì shang de bùfǎ fènzǐ (4) 元素(名) yuánsù // in (out of) one's ~ 在一个人的活动范围或本领之内(之外) zài yíge rén de huódòng fànwéi huò běnlǐng zhīnèi (zhīwài)

elementary adj (1) 基本(形) jīběn (2) 初级(形) chūjí, 基础的 jīchǔ de: an ~ school 一所小学 yìsuǒ xiǎoxué / ~ education 初等教育 chūděng jiàoyù

elephant n 象(名) xiàng, 大象(名) dàxiàng: an ~ 一只象 yìzhī xiàng / ~'s tusk 象牙 xiàng yá

elevate v 提高(动) tígāo, 使升高 shǐ shēnggāo; 鼓舞(动) gǔwǔ: ~d railway 高架铁路 gāojià tiělù

elevator n 电梯(名) diàntī; 升降机(名) shēngjiàngjī

eleven num 十一(数) shíyī; 拾壹(数) shíyī

eleventh num (1) 第十一 dìshíyī (2) 十一分之一 shíyīfēn zhī yī // at the ~ hour 在最后时刻 zài zuìhòu shíkè, 在危急的时候 zài wēijí de shíhou

eliminate v 排除(动) páichú, 消除(动) xiāochú; 消灭(动) xiāomiè; 淘汰(动) táotài: ~ waste material from the body 排除体内废物 páichú tǐnèi fèiwù

eloquence n 口才(名) kǒucái; 雄辩(名) xióngbiàn

else I adj 别的(代) biéde, 其他的 qítā de II adv 另外(形、副) lìngwài, 其他(代) qítā // or ~ 否则 fǒuzé, 不然 bùrán, 要不 yàobù

elsewhere adv 别的地方 biéde dìfang, 另外的地方 lìngwài de dìfang

E-mail n 电子邮件 diànzǐ yóujiàn, 电子信箱 diànzǐ xìnxiāng, 电子邮政 diànzǐ yóuzhèng

embankment n 堤岸(名) dī'àn; 铁路路基 tiělù lùjī

embark v 上船 shàng chuán, 上飞机 shàng fēijī; 搭载(动) dāzài // ~ on 开始 kāishǐ, 着手 zhuóshǒu

embarrass v 使难为情 shǐ nánwéiqíng; 使难堪 shǐ nánkān; 使局促不安 shǐ júcù bù'ān; 使为难(动) shǐ wéinán

embarrassed adj 难为情 nánwéiqíng, 不好意思 bùhǎoyìsi, 窘(形) jiǒng

embassy n 大使馆(名) dàshǐguǎn: the Mexican E~ in China 墨西哥驻中国大使馆 Mòxīgē zhù Zhōngguó dàshǐguǎn

emblem n (1) 象征(名) xiàngzhēng (2) 徽章(名) huīzhāng: the national ~ of China 中国国徽 Zhōngguó guóhuī

embody v (1) 体现(动) tǐxiàn (2) 包含(动) bāohán, 包括(动) bāokuò

embrace I v (1) 拥抱(动) yōngbào, 抱(动) bào (2) 信奉(动) xìnfèng, 信

仰(动) xìnyǎng (3) 包括(动) bāokuò: ~ *many examples in a single formula* 把许多例子包括在一个公式里 bǎ xǔduō lìzi bāokuò zài yíge gōngshì li **II** *n* 拥抱(动) yōngbào

embroider *v* (1) 绣(动) xiù, 绣花儿 xiù huār: *a dress ~ed with flowers in silk thread* 一件丝线绣花儿的衣服 yíjiàn sīxiàn xiùhuār de yīfu (2) 添加细节 tiānjiā xijié

embroidery *n* 刺绣(名) cìxiù, 刺绣品(名) cìxiùpǐn

emerge *v* 出现(动) chūxiàn; 露出(动) lòuchū; 表现(动) biǎoxiàn

emergency *n* 紧急情况 jǐnjí qíngkuàng; 非常时刻 fēicháng shíkè: *an ~ brake* 紧急刹车 jǐnjí shāchē/ *an ~ exit* 太平门 tàipíngmén (安全门 ānquánmén) /*an ~ meeting* 紧急会议 jǐnjí huìyì/ *an ~ treatment* 急诊 jízhěn/ *declare a state of ~* 宣布处于紧急状态 xuānbù chǔyú jǐnjí zhuàngtài

emigrant *n* 移民(名) yímín, 移居国外的人 yíjū guówài de rén; 侨民(名) qiáomín: *an ~ to Britain* 移居英国的人 yíjū Yīngguó de rén / *Japanese ~s to Brazil* 移居巴西的日本侨民 yíjū Bāxī de Rìběn qiáomín

emigrate *v* 移居国外 yíjū guówài

eminent *adj* 著名(形) zhùmíng; 杰出(形) jiéchū, 卓越(形) zhuōyuè

emotion *n* (1) 感情(名) gǎnqíng; 情感(名) qínggǎn (2) 激动(形) jīdòng

emotional *adj* 感情的 gǎnqíng de; 充满感情的 chōngmǎn gǎnqíng de; (容易)激动的 (róngyì) jīdòng de: *~ problems* 感情上的问题 gǎnqíng shang de wèntí

emotionless *adj* 没有感情的 méiyǒu gǎnqíng de

emperor *n* 皇帝(名) huángdì: *E~ Qian Long* 乾隆皇帝 Qiánlóng huángdì / *the first ~ of the Qin Dynasty* 秦始皇 Qínshǐhuáng

emphasis *n* 强调(动) qiángdiào; 重点(名) zhòngdiǎn

emphasize *v* 强调(动) qiángdiào, 加重(动) jiāzhòng

empire *n* 帝国(名) dìguó: *the Roman E~* 罗马帝国 Luómǎ Dìguó/ *the British E~* 英帝国 Yīngdìguó

employ **I** *v* (1) 雇(动) gù, 雇用(动) gùyòng; 聘请(动) pìnqǐng (2) 用(动) yòng, 使用(动) shǐyòng, 利用(动) lìyòng **II** *n* 雇用(动) gùyòng; 使用(动) shǐyòng; 职业(名) zhíyè: *in the ~ of sb.* 被某人雇用 bèi mǒu rén gùyòng

employee *n* 受雇者(名) shòugùzhě, 雇员(名) gùyuán, 雇工(名) gùgōng: *a government ~* 政府雇员 zhèngfǔ gùyuán

employer *n* 雇用者(名) gùyòngzhě, 雇主(名) gùzhǔ

employment *n* (1) 使用(动) shǐyòng; 雇用(动) gùyòng: *~ of modern machinery* 使用现代化机器 shǐyòng xiàndàihuà jīqì / *the people in sb.'s ~* 某人所雇用的人员 mǒu rén suǒ gùyòng de rényuán (2) 工作(名) gōngzuò: *be in ~* 受雇 shòu gù (有工作 yǒu gōngzuò) / *be out of ~* 失业 shīyè / *be thrown out of ~* 被解雇 bèi jiěgù (失业 shīyè) // *~ agency* 职业介绍所 zhíyè jièshàosuǒ

empress *n* 女皇(名) nǚhuáng; 皇后(名) huánghòu: *Her Majesty the E~* 女皇陛下 Nǚhuáng bìxià

empty **I** *adj* (1) 空(形) kōng: *an ~ cup* 一只空杯子 yìzhī kōng bēizi / *on an ~ stomach* 空着肚子 kōngzhe dùzi (2) 空洞(形) kōngdòng; 空虚(形) kōngxū; 无实际意义的 wú shíjì yìyì de: *~ promises* 空洞的诺言 kōngdòng de nuòyán **II** *v* (1) 使成为空的 shǐ chéngwéi kōng de (2) 倒空 dàokōng: *~ a box of rubbish into a rubbish-cart* 把一箱垃圾倒进垃圾车 bǎ yìxiāng lājī dàojìn lājīchē (3) 流入(动) liúrù

empty-handed *adj* 空手的 kōng shǒu de; 一无所获的 yìwúsuǒhuò de

empty-headed *adj* 愚蠢(形) yúchǔn; 没头脑的 méi tóunǎo de

enable *v* (1) 使能够 shǐ nénggòu; 使… 成为可能 shǐ... chéngwéi kěnéng (2) 给…权力 gěi... quánlì

enact *v*(1) 制定(动) zhìdìng (2) 演出(动) yǎnchū; 扮演(动) bànyǎn

enamel *n* (1) 搪瓷(名) tángcí; 珐琅(名) fàláng(2) 珐琅质(名) fàlángzhì

enchant *v* (1) 用魔法迷惑 yòng mófǎ míhuò(2) 使心醉 shǐ xīnzuì

encircle *v* 环绕(动) huánrào; 包围(动) bāowéi

enclose *v* (1) 围住 wéizhù, 圈起来 quānqilai; 关闭住 guānbìzhù(2) 把... 封入 bǎ... fēngrù: *the ~d* 函内附件 hánnèi fùjiàn

enclosure *n* (1) 圈地 quāndì; 围栏(名) wéilán, 围墙(名) wéiqiáng(2) 随信附上的东西 suí xìn fùshang de dōngxi; 附件(名) fùjiàn

encore **I** *int* 再来一个 zài lái yíge, 再表演一次 zài biǎoyǎn yícì **II** *n* 重演(动) chóngyǎn; 重唱(动) chóngchàng

encounter **I** *v* 遇到(动) yùdào, 碰到(动) pèngdào **II** *n* 遇到(动) yùdào; 遭遇(动) zāoyù: *an ~ with the enemy* 突然同敌人遭遇 tūrán tóng dírén zāoyù

encourage *v* 鼓励(动) gǔlì, 鼓舞(动) gǔwǔ; 促进(动) cùjìn; 助长(动) zhùzhǎng: *~ students to work harder* 鼓励学生更加努力学习 gǔlì xuésheng gèngjiā nǔlì xuéxí

encouragement *n* 鼓励(名) gǔlì, 鼓舞(名) gǔwǔ; 奖励(名) jiǎnglì

encyclopaedia *n* 百科全书 bǎikē quánshū: *a walking ~* 一部活的百科全书 yíbù huó de bǎikē quánshū (学问渊博的人 xuéwèn yuānbó de rén)

end **I** *n* (1) 末端(名) mòduān; 尽头(名) jìntóu; 梢(名) shāo, 尖儿(名) jiānr: *the ~ of a stick* 棍子的头儿 gùnzi de tóur / *from beginning to ~* 从头到尾 cóng tóu dào wěi (2) 完结(动) wánjié, 结束(动) jiéshù; 结局

(名) jiéjú, 结果(名) jiéguǒ: *at the ~ of this century* 本世纪末 běn shìjì mò / *the ~ of the year* 年底 niándǐ / *the ~ of a story* 故事的结局 gùshi de jiéjú (3) 死亡(动) sǐwáng; 毁灭(动) huǐmiè; 下场(名) xiàchǎng(4) 目的(名) mùdì; 目标(名) mùbiāo: *gain one's ~* 达到目的 dádào mùdì(5) 残余部分 cányú bùfen **II** *v* 结束(动) jiéshù, 终止(动) zhōngzhǐ, 告终 gàozhōng// *at a loose ~* 没事做 méi shì zuò, 闲着 xiánzhe/ *at one's wit's ~* 毫无办法 háo wú bànfǎ; 不知所措 bù zhī suǒ cuò/ *bring to an ~* 使结束 shǐ jiéshù/ *carry sth. through to the ~* 把某事进行到底 bǎ mǒu shì jìnxíng dàodǐ/ *come to an ~* 告终 gàozhōng, 结束 jiéshù, 完结 wánjié/ *draw to an ~* 临近结束 línjìn jiéshù/ *~ off* 结束 jiéshù/ *~ in* 以...结束 yǐ... jiéshù/ *~ on* 一头儿向前地 yìtóur xiàng qián de/ *~ to ~* 首尾相接 shǒu wěi xiāngjiē/ *~ up* 结束 jiéshù, 告终 gàozhōng/ *from ~ to ~* 从头到尾 cóng tóu dào wěi / *in the ~* 最后 zuìhòu/ *make an ~ of* 终止 zhōngzhǐ, 把...结束 bǎ... jiéshù/ *make ~s meet* 使收支相抵 shǐ shōuzhī xiāng dǐ/ *no ~ of* 无数 wúshù, 非常多 fēicháng duō/ *on ~* (1) 竖着 shùzhe (2) 连续地 liánxù de/ *put an ~ to* 结束 jiéshù, 终止 zhōngzhǐ; 废除 fèichú, 除去 chúqù/ *without ~* 无尽的 wújìn de, 无穷的 wúqióng de

endeavour **I** *n* 努力(动) nǔlì, 尽力 jìnlì **II** *v* 努力(动) nǔlì; 尽力 jìnlì; 力图(动) lìtú

ending *n* 结局(名) jiéjú; 结尾(名) jiéwěi

endless *adj* (1) 无止境的 wú zhǐjìng de, 无穷的 wúqióng de, 冗长(形) rǒngcháng(2) 环状的 huánzhuàng de: *an ~ chain* 链子 liànzi

endow *v* (1) 捐赠(动) juānzèng, 馈赠(动) kuìzèng(2) 赋予(动) fùyǔ

endure *v* (1) 忍受(动) rěnshòu, 忍耐

（动）rěnnài; 容忍（动）róngrěn: ~ *cold and hunger* 忍饥挨冻 rěn jī ái dòng / ~ *toothache* 忍着牙疼 rěnzhe yá téng(2) 持续（动）chíxù; 坚持（动）jiānchí

enemy   *n* （1）敌人（名）dírén, 仇敌（名）chóudí, 仇人（名）chóurén, 对头（名）duìtou(2) 敌兵（名）díbīng, 敌军（名）díjūn: *an ~ plane* 敌机 díjī / ~ *occupied territory* 敌占区 dízhànqū(3) 敌人（名）dírén; 危害物（名）wēihàiwù, 大害（名）dàhài

energetic   *adj* 精力旺盛的 jīnglì wàngshèng de; 有力的 yǒulì de, 劲头儿大的 jìntóur dà de

energy   *n*(1)劲头儿（名）jìntóur; 精力（名）jīnglì; 活力（名）huólì(2) 能（名）néng, 能量（名）néngliàng: *electrical* ~ 电能 diànnéng/ *atomic* ~ 原子能 yuánzǐnéng / *solar* ~ 太阳能 tàiyángnéng

enforce   *v* （1）实施（动）shíshī, 执行（动）zhíxíng: ~ *a law* 实施一项法律 shíshī yíxiàng fǎlù（2）强制（动）qiángzhì;强迫（动）qiángpò: ~ *obedience to an order* 强迫服从命令 qiángpò fúcóng mìnglìng (3) 加强（动）jiāqiáng

enforcement   *n* 执行（动）zhíxíng；强迫（动）qiángpò: *the strict ~ of a new law* 新法律的严格执行 xīn fǎlù de yángé zhíxíng / *a law ~ agency* 执法机构 zhífǎ jīgòu

engage   *v* （1）从事（动）cóngshì; 忙于（动）mángyú(2) 约定（动）yuēdìng；订婚 dìnghūn(3) 雇用（动）gùyòng, 聘（动）pìn; 租用（动）zūyòng; 预定（动）yùdìng

engagement   *n* （1）婚约（名）hūnyuē; 订婚 dìnghūn: *an ~ ring* 订婚戒指 dìnghūn jièzhi (2) 约会（名）yuēhuì(3) 交战 jiāozhàn

engine   *n* （1）引擎（名）yǐnqíng, 发动机（名）fādòngjī: *a jet ~* 一台喷气发动机 yìtái pēnqì fādòngjī / *a gasoline ~* 汽油机 qìyóujī/ *the ~ of a car* 汽车发动机 qìchē fādòngjī / *a fire ~* 一辆

消防车 yíliàng xiāofángchē (2) 机车（名）jīchē, 火车头（名）huǒchētóu

engine-driver   *n* 火车司机 huǒchē sījī

engineer   *n* （1）工程师（名）gōngchéngshī; 技师（名）jìshī: *a civil ~* 土木工程师 tǔmù gōngchéngshī / *electrical ~* 电气工程师 diànqì gōngchéngshī （2）轮机员（名）lúnjīyuán: *the chief ~ of a ship* 船上的轮机长 chuán shang de lúnjīzhǎng

engineering   *n* 工程（名）gōngchéng; 工程学（名）gōngchéngxué

English   **I** *adj* （1）英格兰的 Yīnggélán de; 英格兰人的 Yīnggélán rén de(2) 英国的 Yīngguó de; 英国人的 Yīngguórén de; 英语的 Yīngyǔ de: ~ *history* 英国历史 Yīngguó lìshǐ / *the ~ language* 英语 Yīngyǔ/ ~ *grammar* 英语语法 Yīngyǔ yǔfǎ **II** *n* （1）英文（名）Yīngwén, 英语（名）Yīngyǔ: *American ~* 美国英语 Měiguó Yīngyǔ / *British ~* 英国英语 Yīngguó Yīngyǔ / *current ~* 当代英语 dāngdài Yīngyǔ / *spoken ~* 英语口语 Yīngyǔ kǒuyǔ/ *written ~* 英语书面语 Yīngyǔ shūmiànyǔ / *in plain ~* 用浅显的英语 yòng qiǎnxiǎn de Yīngyǔ (2) 英国人 Yīngguórén

engrave   *v* （1）雕刻（动）diāokè; 雕（动）diāo, 刻（动）kè(2) 铭记（动）míngjì, 牢记（动）láojì

engraving   *n* 雕刻（名）diāokè; 雕版（名）diāobǎn; 版画（名）bǎnhuà

enjoy   *v* (1)享受（动）xiǎngshòu; 享有（动）xiǎngyǒu(2) 喜爱（动）xǐ'ài, 喜欢（动）xǐhuan; 欣赏（动）xīnshǎng// ~ *oneself* 过得好 guòdehǎo; 玩儿好 wánrdehǎo

enlarge   *v* （1）扩大（动）kuòdà; 扩展（动）kuòzhǎn: *an ~d edition* 增补版 zēngbǔbǎn(2) 放大（动）fàngdà(3) 详细说 xiángxì shuō, 详细写 xiángxì xiě

enlighten   *v* 启发（动）qǐfā, 开导（动）kāidǎo

enlightened   *adj* 文明（形）wénmíng, 开明（形）kāimíng: *an ~ headmaster*

一个开明的校长 yíge kāimíng de xiàozhāng

enlist v (1) 应征入伍 yìngzhēng rùwǔ; 应募 (动) yìngmù; 使...入伍 shǐ...rùwǔ; 招募 (动) zhāomù: ~ *as a volunteer* 应招充当志愿人员 yìngzhāo chōngdāng zhìyuàn rényuán / ~ *new recruits* 招募新兵 zhāomù xīn bīng (2) 取得 (动) qǔdé; 得到 (动) dédào

enormous adj 巨大 (形) jùdà, 庞大 (形) pángdà: *an ~ sum of money* 一笔巨款 yìbǐ jù kuǎn/ *an ~ meal* 一顿丰盛的饭 yídùn fēngshèng de fàn

enough I adj 够 (形) gòu, 足够 (形) zúgòu; 充足 (形) chōngzú II n 够 (形) gòu; 充分 (形) chōngfèn III adv (1) 足够 (动) zúgòu; 充分 (形) chōngfèn (2) 还可以 hái kěyǐ, 相当 (副) xiāngdāng IV int 够了 gòule// ~ *and to spare* 富富有余 fùfùyǒuyú/ *oddly* ~ 说也奇怪 shuō yě qíguài/ *sure* ~ 无疑 wúyí, 确实 quèshí

enrage v 使生气 shǐ shēngqì, 激怒 (动) jīnù; 触怒 (动) chùnù

enrich v 使丰富 shǐ fēngfù, 使富裕 shǐ fùyù; 使充实 shǐ chōngshí; 使肥沃 shǐ féiwò

enrol v 登记 (动) dēngjì; 报名 bàomíng; 入伍 rùwǔ; 入学 rùxué; 招收 (动) zhāoshōu

enrolment n 登记 (动) dēngjì, 注册 (动) zhùcè; 入伍 rùwǔ; 入学 rùxué: *a school with an ~ of 500 students* 一所有五百名学生的学校 yìsuǒ yǒu wǔbǎimíng xuésheng de xuéxiào

ensemble n (1) (妇女的) 套装 (名) (fùnǚ de) tàozhuāng (2) 合奏 (名) hézòu (3) 演出团体 yǎnchū tuántǐ: *song and dance* ~ 歌舞团 gēwǔtuán (4) 整体 (名) zhěngtǐ

ensure v 保证 (动) bǎozhèng, 担保 (动) dānbǎo; 保证得到 bǎozhèng dédào

entangle v (1) 套住 tàozhù; 缠住 chánzhù (2) 使卷入 shǐ juǎnrù; 牵连

(动) qiānlián; 陷入 (动) xiànrù

enter v (1) 进 (动) jìn, 入 (动) rù, 进入 (动) jìnrù (2) 加入 (动) jiārù, 参加 (动) cānjiā: ~ *a war* 参加战争 cānjiā zhànzhēng (3) 记入 (动) jìrù; 登记 (动) dēngjì; 写上 xiěshang // ~ *into* (1) 开始 kāishǐ (2) 研究 yánjiū, 讨论 tǎolùn (3) 成为...部分 chéngwéi...bùfen/ ~ *upon* 开始 kāishǐ, 着手 zhuóshǒu

enterprise n (1) 事业 (名) shìyè; 计划 (名) jìhuà; 事业单位 shìyè dānwèi; 企业 (名) qǐyè: *start an* ~ 创办企业 chuàngbàn qǐyè / *a state* ~ 国营企业 guóyíng qǐyè / *free* ~ 自由经营 zìyóu jīngyíng (2) 事业心 (名) shìyèxīn; 进取心 (名) jìnqǔxīn; 冒险精神 màoxiǎn jīngshén

enterprising adj 有事业心的 yǒu shìyèxīn de, 有进取心的 yǒu jìnqǔxīn de; 有气魄的 yǒu qìpò de, 有胆量的 yǒu dǎnliàng de

entertain v (1) 招待 (动) zhāodài, 款待 (动) kuǎndài: ~ *guests with refreshments* 用茶点招待客人 yòng chádiǎn zhāodài kèren (2) 使欢乐 shǐ huānlè, 使高兴 shǐ gāoxing

entertainer n 款待者 (名) kuǎndàizhě; 表演者 (名) biǎoyǎnzhě

entertainment n (1) 招待 (动) zhāodài; 招待会 (名) zhāodàihuì: *give a farewell* ~ *to sb.* 为某人举行欢送会 wèi mǒu rén jǔxíng huānsònghuì (2) 娱乐 (名) yúlè, 消遣 (动) xiāoqiǎn; 娱乐活动 yúlè huódòng

enthusiasm n 热情 (名、形) rèqíng; 热心 (形) rèxīn; 积极 (形) jījí: *arouse* ~ *in sb.* 激起某人的热情 jīqǐ mǒu rén de rèqíng

enthusiastic adj 热情 (形) rèqíng; 热心 (形) rèxīn; 热烈 (形) rèliè: ~ *support* 热情的支持 rèqíng de zhīchí/ *an* ~ *discussion* 热烈的讨论 rèliè de tǎolùn

entire adj 全 (形) quán, 整 (形) zhěng; 完全 (形) wánquán: *an ~ set* *of Shakespeare's plays* 一整套莎士比亚戏剧 yìzhěngtào Shāshìbǐyà xìjù

entirely *adv* 完全(形) wánquán

entitle *v* (1) 给…题名 gěi…tímíng; 给…称号 gěi…chēnghào(2) 给….权力 gěi…quánlì, 给…资格 gěi…zīgé

entrance *n* (1) 入口(名) rùkǒu, 进口(名) jìnkǒu; 门口(名) ménkǒu(2) 入学 rùxué; 入场 rùchǎng; 入会 rùhuì: *a university ~ exam* 大学入学考试 dàxué rùxué kǎoshì/ *No ~.* 不准入内。Bù zhǔn rù nèi.

entreat *v* 恳求(动) kěnqiú, 请求(动) qǐngqiú

entrust *v* 委托(动) wěituō, 托付(动) tuōfù; 托…保管 tuō…bǎoguǎn

entry *n* (1) 进入(动) jìnrù; 入场 rùchǎng; 入场权(名) rùchǎngquán(2) 入口(名) rùkǒu; 门口(名) ménkǒu (3) 登记(动) dēngjì; 记载(动) jìzǎi; 条目(名) tiáomù(4) 参加比赛的人 cānjiā bǐsài de rén

envelope *n* 信封(名) xìnfēng; 封套(名) fēngtào

enviable *adj* 令人羡慕的 lìng rén xiànmù de: *an ~ success* 令人羡慕的成就 lìng rén xiànmù de chéngjiù

environment *n* 环境(名) huánjìng: *natural ~* 自然环境 zìrán huánjìng

environmental *adj* 环境的 huánjìng de: *~ protection* 环境保护 huánjìng bǎohù

environs *n* 近郊(名) jìnjiāo: *Paris and its ~* 巴黎和它的近郊 Bālí hé tā de jìnjiāo

envy **I** *n* (1) 忌妒(动) jìdu; 羡慕(动) xiànmù: *out of ~* 出于忌妒 chūyú jìdu (2) 忌妒的对象 jìdu de duìxiàng; 羡慕的目标 xiànmù de mùbiāo **II** *v* 忌妒(动) jìdu; 羡慕(动) xiànmù

epic *n* 史诗(名) shǐshī; 叙事诗(名) xùshīshī: *the ~s of ancient Greece* 古希腊的史诗 gǔ Xīlà de shǐshī / *an ~ about a hero killed in battle* 一首关于战死沙场的英雄的史诗 yìshǒu guānyú

zhànsǐ shāchǎng de yīngxióng de shīshī

epidemic **I** *adj* 流行性的 liúxíngxìng de, 传染的 chuánrǎn de: *an ~ disease* 流行性疾病 liúxíngxìng jíbìng **II** *n* 流行病(名) liúxíngbìng; (流行病的) 传播 (liúxíngbìng de) chuánbō: *an influenza ~* 感冒的流行 gǎnmào de liúxíng

epigram *n* 警句(名) jǐngjù

epilogue *n* 结尾部分 jiéwěi bùfen, 尾声(名) wěishēng; 后记(名) hòujì; 跋(名) bá

episode *n* 情节(名) qíngjié; 插曲(名) chāqǔ; 事件(名) shìjiàn: *an ~ in history* 一个历史事件 yíge lìshǐ shìjiàn/ *a minor ~* 一个小插曲 yíge xiǎo chāqǔ

epitaph *n* 墓志铭(名) mùzhìmíng

epoch *n* 纪元(名) jìyuán; 时代(名) shídài: *an entire historical ~* 整整一个历史时代 zhěngzhěng yíge lìshǐ shídài

epoch-making *adj* 划时代的 huàshídài de: *an ~ event* 划时代的大事 huàshídài de dà shì / *an ~ discovery* 一个划时代的发现 yíge huàshídài de fāxiàn

equal **I** *adj* (1) 相同(形) xiāngtóng; 相等(动) xiāngděng; 平等(形) píngděng; 均等(动) jūnděng: *~ pay for ~ work* 同工同酬 tónggōng tóngchóu (2) 胜任的 shèngrèn de; 经得起的 jīng de qǐ de **II** *n* 数量相等的事物 shùliàng xiāngděng de shìwù; 地位相等的人 dìwèi xiāngděng de rén **III** *v* (1) 等于(动) děngyú(2) 比得上 bǐ de shàng // *be without ~* 无双 wúshuāng, 无敌 wúdí

equality *n* 平等(名、形) píngděng; 同等(形) tóngděng: *racial ~* 种族平等 zhǒngzú píngděng / *~ between the sexes* 男女平等 nánnǚ píngděng

equally *adv* 同样(形) tóngyàng, 相同(形) xiāngtóng; 公平(形) gōngpíng

equation *n* 方程(名) fāngchéng, 方程式(名) fāngchéngshì; 等式(名)

děngshì

equator *n* 赤道(名) chìdào

equatorial *adj* 赤道的 chìdào de: *an ~ climate* 赤道气候 chìdào qìhòu

equip *v* (1) 装备(动) zhuāngbèi, 配备(动) pèibèi: *~ soldiers with uniforms and weapons* 用军服和武器装备士兵 yòng jūnfú hé wǔqì zhuāngbèi shìbīng (2) 准备(动) zhǔnbèi; 训练(动) xùnliàn: *~ oneself for a task* 为完成某一任务做好准备 wèi wánchéng mǒu yí rènwù zuòhǎo zhǔnbèi

equipment *n* 装备(名) zhuāngbèi; 设备(名) shèbèi, 器材(名) qìcái, 装置(名) zhuāngzhì: *military ~* 军事装备 jūnshì zhuāngbèi/ *modern office ~* 现代化的办公设备 xiàndàihuà de bàngōng shèbèi

equivalent **I** *adj* 等价的 děngjià de, 等值的 děngzhí de, 等量的 děngliàng de **II** *n* 相等物(名) xiāngděngwù, 等价物(名) děngjiàwù; 对应词(名) duìyìngcí

equivocal *adj* (1) 模棱两可 móléngliǎngkě (2) 可疑(形) kěyí

equivocate *v* 支吾(动) zhīwu, 含糊其词 hánhuqící, 躲闪(动) duǒshǎn

era *n* (1) 时代(名) shídài; 年代(名) niándài: *an ~ of science* 科学的时代 kēxué de shídài/ *the Victorian ~* 维多利亚时代 Wéiduōlìyà shídài (2) 纪元(名) jìyuán: *before the Christian ~* 公元前 gōngyuán qián/ *in the Christian ~* 公元后 gōngyuán hòu/ *a new ~ in the history of mankind* 人类历史上一个新纪元 rénlèi lìshǐ shang yíge xīn jìyuán

erase *v* 擦掉 cādiào, 抹掉 mǒdiào; 消除(动) xiāochú; 删去 shānqù

eraser *n* 消除工具 xiāochú gōngjù: *a blackboard ~* 黑板擦儿 hēibǎncār/ *a pencil ~* 橡皮 xiàngpí

erect **I** *adj* (1) 直立(动) zhílì; 垂直(动) chuízhí (2) 竖起的 shùqǐ de: *with every hair ~* 毛发悚然 máofà sǒngrán **II** *v* (1) 竖立(动) shùlì, 竖起

shùqǐ, 竖直(动) shùzhí: *~ a flagstaff* 竖旗杆 shù qígān / *~ oneself* 挺直身子 tǐngzhí shēnzi (2) 树立(动) shùlì; 建立(动) jiànlì; 设立(动) shèlì: *~ a monument* 立纪念碑 lì jìniànbēi / *~ a new government* 建立新政府 jiànlì xīn zhèngfǔ

erode *v* 腐蚀(动) fǔshí

erosion *n* 腐蚀(动) fǔshí: *the ~ of rock* 对岩石的侵蚀 duì yánshí de qīnshí/ *soil ~* 水土流失 shuǐ tǔ liúshī

err *v* 犯错误 fàn cuòwù; 弄错 nòngcuò

errand *n* 差事(名) chāishi, 使命(名) shǐmìng, 任务(名) rènwù: *an official ~* 公务 gōngwù

erroneous *adj* 错误的 cuòwù de

error *n* 错误(名) cuòwù, 差错(名) chācuò; 过失 guòshī: *printer's ~s* 印刷错误 yìnshuā cuòwù/ *an ~ of judgement* 判断错误 pànduàn cuòwù

erupt *v* 爆发(动) bàofā

eruption *n* (1) 喷发(动) pēnfā, 爆发(动) bàofā: *~s of infectious disease* 传染病的突发 chuánrǎnbìng de tūfā (2) 发疹 fā zhěn, 发出物(名) fāchūwù

escape **I** *v* (1) 逃跑(动) táopǎo; 逃脱(动) táotuō; 避免(动) bìmiǎn (2) 漏出 lòuchū; 流出 liúchū (3) 没有被...注意到 méiyou bèi...zhùyìdào; 被...忘掉 bèi...wàngdiào **II** *n* 逃跑(动) táopǎo; 逃脱(动) táotuō; 排泄(动) páixiè; 漏出 lòuchū: *an ~ of gas* 漏气 lòu qì / *a fire ~* 安全梯 ānquántī

escort **I** *n* (1) 护送(动) hùsòng, 护卫(动) hùwèi; 陪同(动) péitóng: *under police ~* 在警察护卫之下 zài jǐngchá hùwèi zhī xià (2) 警卫队(名) jǐngwèiduì, 护卫队(名) hùwèiduì; 护航舰(名) hùhángjiàn; 护航机(名) hùhángjī **II** *v* 护卫(动) hùwèi, 护送(动) hùsòng; 陪同(动) péitóng

especial *adj* 特别(形) tèbié, 特殊(形) tèshū: *~ expense* 特别开支 tèbié kāizhī

especially *adv* 特别（副）tèbié, 尤其（副）yóuqí; 主要（形）zhǔyào

Esperanto *n* 世界语（名）Shìjièyǔ

essay *n* 小品文（名）xiǎopǐnwén, 随笔（名）suíbǐ; 文章（名）wénzhāng: *Lu Xun's satirical ～s* 鲁迅的讽刺杂文 Lǔ Xùn de fěngcì záwén / *～ questions* 问答题 wèndátí

essayist *n* 小品文作者 xiǎopǐnwén zuòzhě; 随笔作者 suíbǐ zuòzhě

essence *n* (1) 实质（名）shízhì, 本质（名）běnzhì; 精髓（名）jīngsuǐ; 要素（名）yàosù (2) 精（名）jīng, 香精（名）xiāngjīng: *～ of peppermint* 薄荷精 bòhejīng

essential **I** *adj* (1) 本质的 běnzhì de, 实质的 shízhì de; 基本（形）jīběn: *an ～ part* 基本部分 jīběn bùfen (2) 必要（形）bìyào, 必不可少的 bìbùkěshǎo de **II** *n* 本质（名）běnzhì, 实质（名）shízhì; 要点（名）yàodiǎn; 必需品（名）bìxūpǐn: *the ～s of grammar* 语法纲要 yǔfǎ gāngyào / *～s of life* 生活必需品 shēnghuó bìxūpǐn

establish *v* (1) 建立（动）jiànlì; 设立（动）shèlì: *～ diplomatic relations* 建立外交关系 jiànlì wàijiāo guānxì (2) 制定（动）zhìdìng; 规定（动、名）guīdìng (3) 派（动）pài, 委任（动）wěirèn; 安置（动）ānzhì; 使定居 shǐ dìngjū (4) 确立（动）quèlì; 证实（动）zhèngshí: *～ the truth of a story* 证实一件事是真实的 zhèngshí yíjiàn shì shì zhēnshí de

establishment *n* (1) 建立（动）jiànlì; 设立（动）shèlì; 确立（动）quèlì: *the ～ of New China* 新中国的建立 xīn Zhōngguó de jiànlì (2) 企业（名）qǐyè; 机构（名）jīgòu

estate *n* (1) 地产（名）dìchǎn; 房地产（名）fángdìchǎn: *an ～ agent* 房地产经纪人 fángdìchǎn jīngjìrén / *a housing ～* 住宅区 zhùzháiqū / *an industrial ～* 工业区 gōngyèqū (2) 财产（名）cáichǎn; 产业（名）chǎnyè: *real ～* 不动产 búdòngchǎn / *personal ～* 动产 dòngchǎn

esteem **I** *v* (1) 尊重（动）zūnzhòng, 敬重（动）jìngzhòng; 珍重（动）zhēnzhòng (2) 认为（动）rènwéi; 感到（动）gǎndào **II** *n* 尊重（动）zūnzhòng, 敬重（动）jìngzhòng

estimate **I** *v* 估计（动）gūjì; 估量（动）gūliang; 预算（动）yùsuàn; 评价（动）píngjià; 判断（动）pànduàn **II** *n* 估计（名）gūjì; 估价（名）gūjià; 评价（名）píngjià; 估计数 gūjì shù: *rough ～* 粗略的估计 cūlüè de gūjì（大概的数目 dàgài de shùmù）

eternal *adj* 永远（形）yǒngyuǎn, 永远的 yǒngyuǎn de; 不朽的 bùxiǔ de: *～ life* 永生 yǒngshēng（永垂不朽 yǒngchuíbùxiǔ）/ *an ～ neutral country* 永久的中立国 de yǒngjiǔ zhōnglìguó

ethics *n* (1) 伦理学（名）lúnlǐxué (2) 伦理观（名）lúnlǐguān; 道德标准 dàodé biāozhǔn, 行为准则 xíngwéi zhǔnzé: *commercial ～* 商业道德 shāngyè dàodé / *press ～* 新闻道德 xīnwén dàodé

ethnology *n* 人种学（名）rénzhǒngxué

etiquette *n* 礼节（名）lǐjié, 礼仪（名）lǐyí: *diplomatic ～* 外交礼仪 wàijiāo lǐyí / *against ～* 违反常礼 wéifǎn chánglǐ

etymology *n* 词源（名）cíyuán; 词源学（名）cíyuánxué: *words of obscure ～* 词源不明的字 cíyuán bù míng de zì

eunuch *n* 太监（名）tàijiàn, 宦官（名）huànguān

Europe *n* 欧洲（名）Ōuzhōu: *East ～* 东欧 Dōng'ōu / *West ～* 西欧 Xī'ōu

European **I** *adj* 欧洲的 Ōuzhōu de; 欧洲人的 Ōuzhōu rén de: *～ Economic Community (EEC)* 欧洲经济共同体 Ōuzhōu Jīngjì Gòngtóngtǐ **II** *n* 欧洲人 Ōuzhōu rén

evade *v* 逃避（动）táobì, 躲避（动）duǒbì, 回避（动）huíbì

evaluate *v* 估价（动）gūjià, 评价（动）

píngjià

evaporate *v* (1) 蒸发(动) zhēngfā(2) 消失(动) xiāoshī

evasion *n* (1) 逃避(动) táobì; 回避(动) huíbì(2) 借口(名) jièkǒu; 遁词(名) dùncí, 托词(名) tuōcí

eve *n* 前夕(名) qiánxī, 前夜(名) qiányè: *New Year's E~* 除夕 chúxī / *Christmas E~* 圣诞节前夕 Shèngdànjié qiánxī / *on the ~ of victory* 在胜利前夕 zài shènglì qiánxī

even **I** *adj* (1) 平的 píng de; 平坦的 píngtǎn de: *~ country* 平坦的原野 píngtǎn de yuányě (2) 均匀的 jūnyún de: *~ breathing* 均匀的呼吸 jūnyún de hūxī (3) 公平的 gōngpíng de: *an ~ bargain* 公平交易 gōngpíng jiāoyì (4) 平静的 píngjìng de: *speak in an ~ tone* 心平气和地说 xīnpíngqìhé de shuō (5) 一致的 yízhì de: *of ~ time* 同一时间 tóngyī shíjiān **II** *adv* (1) 甚至(连) shènzhì, 连…都 lián…dōu (2) 甚至(比)…更 shènzhì (bǐ)…gèng, 更(副) gèng; 还(副) hái // *~ if* (*though*) 即使 jíshǐ, 即便 jíbiàn, 纵然 zòngrán/ *~ now* (*then*) 即使现在(那时) jíshǐ xiànzài (nàshí)/ *~ so* 即使这样 jíshǐ zhèyàng, 尽管如此 jǐnguǎn rúcǐ

evening *n* (1) 晚上(名) wǎnshang, 夜晚(名) yèwǎn; 黄昏(名) huánghūn: *in the ~* 晚上 wǎnshang / *this ~* 今天晚上 jīntiān wǎnshang/*on the ~ of May 26* 五月二十六日晚 wǔyuè èrshíliùrì wǎn / *an ~ paper* 晚报 wǎnbào / *a warm ~* 一个温暖的夜晚 yíge wēnnuǎn de yèwǎn/*dress ~* 晚礼服 wǎn lǐfú/ *~ school* 夜校 yèxiào (2) 晚会(名) wǎnhuì: *a musical ~* 音乐晚会 yīnyuè wǎnhuì

event *n* (1) 事件(名) shìjiàn; 大事 dàshì: *the chief ~s of 1987* 一九八七年的大事 yījiǔbāqīnián de dà shì/ *current ~s* 时事 shíshì(2) 比赛项目 bǐsài xiàngmù: *a team ~* 团体赛 tuántǐsài / *field and track ~s* 田径赛 tiánjìngsài / *all kinds of sporting ~s* 各种体育比赛 gèzhǒng tǐyù bǐsài// *at all ~s* (*in any ~*) 无论如何 wúlùn rúhé

eventual *adj* 最后的 zuìhòu de; 结局的 jiéjú de: *~ success* (*failure*) 最后的成功(失败) zuìhòu de chénggōng (shībài) / *their quarrel and ~ reconciliation* 他们的争吵与最后的和解 tāmen de zhēngchǎo yǔ zuìhòu de héjiě

eventually *adv* 终于(副) zhōngyú; 最后(名) zuìhòu

ever *adv* (1) 永远(副) yǒngyuǎn; 一直(副) yìzhí(2) 在任何时候 zài rènhé shíhou, 曾经(副) céngjīng(3) 比以往任何时候 bǐ yǐwǎng rènhé shíhou(4) 究竟(副) jiūjìng, 到底(副) dàodǐ// *~ since* 自从 zìcóng, 从…的时候以来 cóng…de shíhou yǐlái / *~ so* 非常 fēicháng/ *for ~* (1) 永远(副) yǒngyuǎn(2) 总(副) zǒng

evergreen **I** *adj* 常绿的 chánglù de, 常青的 chángqīng de **II** *n* 常绿植物 chánglù zhíwù; 冬青(名) dōngqīng; 万年青(名) wànniánqīng

everlasting *adj* (1) 永久(形) yǒngjiǔ, 持久(形) chíjiǔ; 持续不断的 chíxù búduàn de: *~ fame* 不朽的声誉 bùxiǔ de shēngyù / *~ friendship* 永恒的友谊 yǒnghéng de yǒuyì/ *an ~ peace* 持久的和平 chíjiǔ de hépíng (2) 冗长(形) rǒngcháng, 没完没了的 méiwán méiliǎo de

every *adj* (1) 每(代) měi, 每个 měige: *~ day* 每天 měitiān (天天 tiāntiān) / *~ week* 每星期 měi xīngqī/ *~ month* 每月 měi yuè(月月 yuèyuè)/ *~ year* 每年 měi nián(年年 niánnián) (2) 一切的 yíqiè de, 全部的 quánbù de, 完全的 wánquán de, 所有的 suǒyǒu de(3) 每…中的 měi…zhōng de; 每隔…的 měi gé…de(4) 一切可能的 yíqiè kěnéng de; 充分(形) chōngfèn // *~ other* (1) 每隔… měi gé…: *~ other day* (*week*, *year*) 每隔一天(周、年) měi gé yìtiān (zhōu, nián)（2）所有其他 的 suǒyǒu qítā de/ ~ *now and then* 常 常 chángcháng, 不时地 bùshí de/ ~ *so often* 时常 shícháng, 不时 bùshí/ ~ *time* 每次 měicì; 回回儿 huíhuír

everybody *pron* 每人 měirén, 人人 rénrén, 大家（代）dàjiā

everyday *adj* 每天的 měitiān de; 日常 的 rìcháng de; 普通的 pǔtōng de: ~ *life* 日常生活 rìcháng shēnghuó/ ~ *Chinese* 日常汉语 rìcháng Hànyǔ/ ~ *clothes* 便 服 biànfú （便 装 biànzhuāng）/ ~ *duties* 日常工作 rìcháng gōngzuò

everything *pron* （1）每件事 měijiàn shì, 事事 shìshì, 一切（代）yíqiè; 所 有的东西 suǒyǒu de dōngxi（2）最重 要的事物 zuì zhòngyào de shìwù

everywhere *adv* 处处（副）chùchù, 到 处（副）dàochù; 无论什么地方 wúlùn shénme dìfang, 无论哪儿 wúlùn nǎr

evidence *n*（1）迹象（名）jìxiàng; 样 子（名）yàngzi（2）根据（名）gēnjù, 证 据（名）zhèngjù // *in* ~ 容易见到 róngyì jiàndào, 显而易见 xiǎn'éryìjiàn

evident *adj* 明显（形）míngxiǎn, 明白 （形）míngbai: *an* ~ *mistake* 一个明 显的错误 yíge míngxiǎn de cuòwù

evidently *adv*（1）显然（副）xiǎnrán （2）明显（形）míngxiǎn

evil **I** *adj*（1）坏（形）huài, 邪恶（形） xié'è, 罪恶（名）zuì'è: *an* ~ *man* 坏 人 huàirén（恶人 èrén）/ ~ *thoughts* 坏思想 huài sīxiǎng（邪念 xiéniàn）（2） 有害的 yǒu hài de; 恶毒（形）èdú: ~ *devices* 奸计 jiānjì / ~ *speaking* 诽谤 fěibàng（3）不幸（形）búxìng; 不祥 （形）bùxiáng: ~ *news* 噩耗 èhào （凶讯 xiōngxùn）/ *an* ~ *sign* 不祥的 征兆 bù xiáng de zhēngzhào **II** *n*（1） 坏事 huài shì, 罪恶（名）zuì'è, 罪行 （名）zuìxíng; 弊病（名）bìbìng: *re-turn good for* ~ 以 德 报 怨 yǐdébàoyuàn（2）不幸（形）búxìng, 灾 祸（名）zāihuò

evolution *n*（1）发展（动）fāzhǎn; 演

变（动）yǎnbiàn; 进化（动）jìnhuà: *the* ~ *of the aeroplane* 飞机的发展 fēijī de fāzhǎn / *social and economic* ~ 社会和经济的发展 shèhuì hé jīngjì de fāzhǎn / *the* ~ *of the seasons* 季节的 变换 jìjié de biànhuàn/ *Darwin's theo-ry of* ~ 达尔文的进化论 Dá'ěrwén de jìnhuàlùn（2）发育（动）fāyù: *the* ~ *of a plant from a seed* 从一粒种子到 一株植物的发育过程 cóng yílì zhǒngzi dào yìzhū zhíwù de fāyù guòchéng

exact **I** *adj*（1）正确（形）zhèngquè, 确切（形）quèqiè（2）精确（形） jīngquè; 精密（形）jīngmì: *an* ~ *record* 准确的记录 zhǔnquè de jìlù/ *in words* 语言精确 yǔyán jīngquè/ ~ *instruments* 精密器械 jīngmì qìxiè/ ~ *sum* 确数 quèshù（3）严厉（形）yánlì; 严格（形）yángé: ~ *discipline* 严格的 纪律 yángé de jìlǜ **II** *v* 坚持要 jiānchí yào; 强制要求 qiángzhì yāoqiú; 迫切 需要 pòqiè xūyào: ~ *payment from a debtor* 逼人还债 bī rén huán zhài

exactly *adv*（1）完全地 wánquán de, 确切地 quèqiè de, 精确地 jīngquè de （2）恰恰（副）qiàqià, 正好（副） zhènghǎo（3）确实如此 quèshí rúcǐ

exaggerate *v* 夸大（动）kuādà, 夸张 （动）kuāzhāng, 言过其实 yán-guòqíshí

exaggeration *n* 夸张（动）kuāzhāng; 夸张的言语 kuāzhāng de yányǔ; 夸张 的手法 kuāzhāng de shǒufǎ: *a story full of* ~*s* 充满夸张的故事 chōngmǎn kuāzhāng de gùshi

examination *n*（1）检查（动）jiǎnchá, 检验（动）jiǎnyàn: ~ *of a ship* 检验 船只 jiǎnyàn chuánzhī（2）询问（动） xúnwèn; 审查（动）shěnchá, 查问 （动）cháwèn（3）考试（动、名）kǎoshì: *take an* ~ *in mathematics* 考数学 kǎo shùxué/ *give students an* ~ 给学生进 行一次考试 gěi xuésheng jìnxíng yícì kǎoshì/ *a French* ~ 法语考试 Fǎyǔ kǎoshì/ ~ *papers* 试卷 shìjuàn/~ *questions* 试题 shìtí/ *pass an* ~ 通过

考试 tōngguò kǎoshì / fail an ～ 考试 不及格 kǎoshì bù jígé // under ～ 在 检查中 zài jiǎnchá zhōng; 在审查中 zài shěnchá zhōng, 在审议中 zài shěnyì zhōng

examine v (1) 检查(动) jiǎnchá; 审查(动) shěnchá(2) 考试(动) kǎoshì; 考核(动) kǎohé; 询问(动) xúnwèn

examinee n 受检查者 shòu jiǎncházhě, 受调查者 shòu diàocházhě, 受审查者 shòu shěncházhě; 应试人 yìngshìrén

examiner n 检查员(名) jiǎncháyuán; 调查人(名) diàochárén; 审查人(名) shěnchárén; 主考人(名) zhǔkǎorén: a customs ～ 海关检查员 hǎiguān jiǎncháyuán

example n (1) 例子(名) lìzi, 实例(名) shílì; 例题(名) lìtí(2) 范例(名) fànlì; 样本(名) yàngběn(3) 榜样(名) bǎngyàng, 模范(名) mófàn // beyond ～ 没有先例 méiyǒu xiānlì / for ～ 例如 lìrú / set a good ～ to sb. 为某人树立好榜样 wèi mǒu rén shùlì hǎo bǎngyàng

excavate v (1) 挖(动) wā(2) 发掘(动) fājué

excavator n (1) 挖掘机(名) wājuéjī (2) 挖掘者(名) wājuézhě

exceed v 超过(动) chāoguò; 超越(动) chāoyuè: ～ one's authority 超越权限 chāoyuè quánxiàn

exceedingly adv 非常(副) fēicháng: ～ nervous 非常紧张的 fēicháng jǐnzhāng de

excel v 胜过(动) shèngguò; 优于(动) yōuyú

excellence n (1) 优秀(形) yōuxiù, 杰出(形) jiéchū, 卓越(形) zhuōyuè(2) 优点(名) yōudiǎn, 长处(名) chángchù

excellency n 阁下(名) géxià: Your E～ 阁下 géxià

excellent adj 优秀(形) yōuxiù, 卓越(形) zhuōyuè, 杰出(形) jiéchū; 非常好 fēicháng hǎo: an ～ leader 一位卓

越的领导人 yíwèi zhuōyuè de lǐngdǎorén

except I prep 除了(连) chúle, 除了.... 之外 chúle... zhīwài II v 把...除外 bǎ... chúwài; 不计在内 bú jì zài nèi // ～ for 只是 zhǐshì; 如果不是 rúguǒ bú shì

exception n 例外(名、动) lìwài // with the ～ of 除...外 chú...wài

excess I n (1) 过剩(动) guòshèng; 过度(形) guòdù: an ～ of rain 雨量过多 yǔliàng guò duō / drink to ～ 饮酒过度 yǐn jiǔ guòdù(2) 超过(动) chāoguò; 超额量(名) chāo'éliàng: an ～ of imports over exports 输入超过输出 shūrù chāoguò shūchū II adj 过量的 guòliàng de; 附加的 fùjiā de: ～ fare 补票费 bǔpiàofèi // in ～ of 超过 chāoguò

excessive adj 过多的 guò duō de; 过度(形) guòdù, 过分(形) guòfèn

exchange I v (1) 换(动) huàn, 交换(动) jiāohuàn; 调换(动) diàohuàn; 交流(动) jiāoliú: ～ greetings 互相问候 hùxiāng wènhòu / ～ ambassadors 互派大使 hù pài dàshǐ / ～ experience 交流经验 jiāoliú jīngyàn(2) 兑换(动) duìhuàn; 把...换成 bǎ... huànchéng II n (1) 交换(动) jiāohuàn; 交流(动) jiāoliú: academic ～s 学术交流 xuéshù jiāoliú / a cultural ～ between the 2 countries 两国之间的文化交流 liǎngguó zhījiān de wénhuà jiāoliú(2) 兑换(动) duìhuàn; 兑换率(名) duìhuànlǜ: the ～ of American dollars for German marks 用美元兑换德国马克 yòng měiyuán duìhuàn Déguó mǎkè(3) 电话局(名) diànhuàjú; 交换机构 jiāohuàn jīgòu: a telephone ～ 电话交换台 diànhuà jiāohuàntái (总机 zǒngjī)(4) 交易所(名) jiāoyìsuǒ: a stock ～ 证券交易所 zhèngquàn jiāoyìsuǒ

excite v (1) 刺激(动) cìjī; 使兴奋 shǐ xīngfèn, 使激动 shǐ jīdòng(2) 引起(动) yǐnqǐ; 激发(动) jīfā

excited adj 兴奋(形) xīngfèn, 激动

（形）jīdòng

excitement *n* (1) 刺激（动）cìjī；兴奋（形）xīngfèn，激动（形）jīdòng (2) 令人兴奋的事 lìng rén xīngfèn de shì

exciting *adj* 令人兴奋的 lìng rén xīngfèn de，使人激动的 shǐ rén jīdòng de: *an ~ story* 使人激动的故事 shǐ rén jīdòng de gùshi

exclaim *v* 喊（动）hǎn；叫（动）jiào

exclamation *n* 叫喊（动）jiàohǎn；惊叫（动）jīngjiào // *an ~ mark* 惊叹号 jīngtànhào

exclude *v* 拒绝接纳 jùjué jiēnà；排斥（动）páichì，排除（动）páichú

excluding *prep* 除...以外 chú...yǐwài

exclusion *n* 排斥（动）páichì，排除在外 páichú zài wài // *to the ~ of* 把...除外 bǎ...chúwài

exclusive *adj* 专用的 zhuānyòng de，独占的 dúzhàn de // *~ of* 除外 chúwài

excursion *n* 短途旅行 duǎntú lǚxíng；游览（动）yóulǎn: *an ~ train* 游览火车 yóulǎn huǒchē / *an ~ ticket* 游览票 yóulǎnpiào

excuse **I** *v* (1) 原谅（动）yuánliàng: *E~ me.* 对不起 duìbuqǐ（请原谅 qǐng yuánliàng；借光 jièguāng；劳驾 láojià）(2) 为...辩解 wèi...biànjiě，为...辩护 wèi...biànhù；成为...理由 chéngwéi...lǐyóu (3) 免除（动）miǎnchú，给...免去 gěi...miǎnqù **II** *n* (1) 原谅（动）yuánliàng；歉意（名）qiànyì (2) 借口（名）jièkǒu；辩解（动）biànjiě；理由（名）lǐyóu // *~ oneself from* 借口推托 jièkǒu tuītuō，婉言拒绝 wǎnyán jùjué / *without ~* 无故 wúgù

execute *v* (1) 执行（动）zhíxíng；实行（动）shíxíng；履行（动）lǚxíng；完成（动）wánchéng: *~ one's duties* 履行职责 lǚxíng zhízé / *~ a piece of work* 完成一件工作 wánchéng yíjiàn gōngzuò (2) 处死（动）chǔsǐ: *~ a murderer* 处死凶手 chǔsǐ xiōngshǒu (3) 演奏（动）yǎnzòu: *~ a piece of*

music 演奏一支乐曲 yǎnzòu yìzhī yuèqǔ

execution *n* (1) 实施（动）shíshī；实行（动）shíxíng，执行（动）zhíxíng；完成（动）wánchéng: *the ~ of a contract* 履行合同 lǚxíng hétong (2) 处死（动）chǔsǐ，执行死刑 zhíxíng sǐxíng: *~ by shooting* 执行枪决 zhíxíng qiāngjué (3) 演奏（动）yǎnzòu，技巧（名）jìqiǎo

executive **I** *adj* 执行的 zhíxíng de；行政的 xíngzhèng de: *the ~ board* 执行局 zhíxíngjú / *~ committee* 执行委员会 zhíxíng wěiyuánhuì / *an ~ branch* 行政部门 xíngzhèng bùmén **II** *n* 行政部门（名）xíngzhèng bùmén；执行委员会 zhíxíng wěiyuánhuì；高级管理人员 gāojí guǎnlǐ rényuán

exercise **I** *n* (1) 行使（动）xíngshǐ；运用（动）yùnyòng；实行（动）shíxíng: *~ of imagination* 运用想象力 yùnyòng xiǎngxiànglì / *~ of one's right* 行使权力 xíngshǐ quánlì (2) 体操（名）tǐcāo；锻炼（动）duànliàn；运动（动）yùndòng；训练（动）xùnliàn (3) 练习（名）liànxí；习题（名）xítí: *grammar ~s* 语法练习 yǔfǎ liànxí / *do one's ~s* 做功课 zuò gōngkè **II** *v* (1) 实行（动）shíxíng；施加（动）shījiā: *~ influence on sb.* 给某人施加影响 gěi mǒu rén shījiā yǐngxiǎng (2) 训练（动）xùnliàn，锻炼（动）duànliàn: *~ voice* 练嗓子 liàn sǎngzi

exert *v* 尽（动）jìn；发挥（动）fāhuī；施加（动）shījiā: *~ one's utmost* 尽最大努力 jìn zuì dà nǔlì / *~ pressure on sb.* 对某人施加压力 duì mǒu rén shījiā yālì / *~ direct control of* 对...直接加以控制 duì...zhíjiē jiāyǐ kòngzhì // *~ oneself* 努力 nǔlì；尽力 jìnlì

exertion *n* (1) 发挥（动）fāhuī: *the ~ of his influence* 发挥他的影响 fāhuī tā de yǐngxiǎng (2) 努力 nǔlì

exhaust **I** *v* (1) 筋疲力尽 jīnpílìjìn (2) 用完 yòngwán；耗尽 hàojìn: *~ the possibilities* 试尽一切可能 shì jìn yíqiè kěnéng **II** *n* 排气 pái qì；排气管（名）

páiqìguǎn；废气（名）fèiqì // ～ *gas* 废气 fèiqì / ～ *pipe* 排气管 páiqìguǎn

exhaustion *n* 耗尽（动）hàojìn；筋疲力尽 jīnpílìjìn：～ *of food supplies* 食品供应枯竭 shípǐn gōngyìng kūjié

exhibit Ⅰ *v* (1) 展览（动）zhǎnlǎn，陈列（动）chénliè：～ *unearthed cultural relics* 展览出土文物 zhǎnlǎn chūtǔ wénwù(2) 显示（动）xiǎnshì；表示（动）biǎoshì：～ *great courage* 表现出极大的勇气 biǎoxiànchū jí dà de yǒngqì Ⅱ *n* 展览品（名）zhǎnlǎnpǐn，陈列品（名）chénlièpǐn

exhibition *n* (1) 表现（名）biǎoxiàn；展出 zhǎnchū：*an* ～ *of bad temper* 脾气不好的表现 píqi bù hǎo de biǎoxiàn(2) 展览会（名）zhǎnlǎnhuì：*an international trade* ～ 国际贸易展览 guójì màoyì zhǎnlǎn

exile Ⅰ *n* 流放（动）liúfàng，放逐（动）fàngzhú，充军 chōngjūn：*an* ～ *of 15 years* 流放十五年 liúfàng shíwǔnián / *life-long* ～ 终身流放 zhōngshēn liúfàng Ⅱ *v* 流放（动）liúfàng，放逐（动）fàngzhú

exist *v* (1) 存在（动）cúnzài；有（动）yǒu(2) 生存（动）shēngcún；生活（动）shēnghuó

existence *n* (1) 存在（动）cúnzài(2) 生活（名）shēnghuó，生存（动）shēngcún

exit *n* (1) 出口（名）chūkǒu：*an* ～ *from an airfield* 飞机场的出口 fēijīchǎng de chūkǒu / *an emergency* ～ 太平门 tàipíngmén（2）下场 xiàchǎng，退场 tuìchǎng// *make one's* ～ 离去 líqù

exotic *adj* (1) 奇怪（形）qíguài(2) 外来的 wàilái de：～ *plants* 外来的植物 wàilái de zhíwù

expand *v* (1) 张开（动）zhāngkāi，展开（动）zhǎnkāi；扩张（动）kuòzhāng；膨胀（动）péngzhàng(2) 扩大（动）kuòdà，扩展（动）kuòzhǎn；发展（动）fāzhǎn：～ *a phrase into a sentence* 把一个短语扩展成一个句子 bǎ yíge

duǎnyǔ kuòzhǎnchéng yíge jùzi

expansion *n* 扩大（动）kuòdà；膨胀（动）péngzhàng：*military and political* ～ 军事和政治扩张 jūnshì hé zhèngzhì kuòzhāng

expect *v* (1) 预计（动）yùjì，预料（动）yùliào(2) 盼望（动）pànwàng，期望（动）qīwàng；期待（动）qīdài(3) 猜想（动）cāixiǎng，估计（动）gūjì // *be* ～*ing* 怀孕 huáiyùn

expectation *n* 希望（名、动）xīwàng，期望（名、动）qīwàng，预期（动）yùqī：*fall short of sb .'s* ～*s* 辜负某人的期望 gūfù mǒu rén de qīwàng/ ～ *of life* 寿命 shòumìng/ *beyond* ～*s* 超出预料 chāochū yùliào

expedition *n* (1) 远征（动）yuǎnzhēng；探险 tànxiǎn(2) 远征军（名）yuǎnzhēngjūn，探险队（名）tànxiǎnduì

expel *v* (1) 驱逐（动）qūzhú，赶出（动）gǎnchū；开除（动）kāichú：～ *a foreign secret agent from a country* 把一个外国间谍驱逐出境 bǎ yíge wàiguó jiàndié qūzhú chūjìng (2) 排出（动）páichū：～ *air from one's lungs* 排出肺里的空气 páichū fèi li de kōngqì

expend *v* 花费（动）huāfèi，消费（动）xiāofèi；用光 yòngguāng，耗尽 hàojìn：～ *time* 花费时间 huāfèi shíjiān / ～ *money* 花钱 huā qián

expenditure *n* (1) 花费（动）huāfèi，使用（动）shǐyòng：*the* ～ *of time and money on a piece of work* 在一项工作上花费的时间和金钱 zài yíxiàng gōngzuò shang huāfèi de shíjiān hé jīnqián/ ～ *on national defence* 国防支出 guófáng zhīchū (2) 经费（名）jīngfèi；支出额（名）zhīchū'é：*military* ～*s* 军费 jūnfèi

expense *n* 花费（名）huāfèi，费用（名）fèiyòng，支出（名）zhīchū，开销（名）kāixiāo// *at the* ～ *of* (1) 由...负担 yóu... fùdān，由... 付款 yóu... fù kuǎn(2) 牺牲 xīshēng...，在使...受损害的情况下 zài shǐ... shòu sǔnhài de qíngkuàng xià

expensive *adj* 贵（形）guì，昂贵（形）ángguì，价高的 jià gāo de：*a very ~ new car* 一辆非常昂贵的新轿车 yíliàng fēicháng ángguì de xīn jiàochē

experience **I** *n* 经验（名）jīngyàn；经历（名）jīnglì，阅历（名）yuèlì：*a person of rich ~* 一个经验丰富的人 yíge jīngyàn fēngfù de rén **II** *v* 经历（动）jīnglì，体验（动）tǐyàn；遭受（动）zāoshòu；感受（动）gǎnshòu

experienced *adj* 有经验的 yǒu jīngyàn de；老练（形）lǎoliàn：*an ~ driver* 老练的司机 lǎoliàn de sījī

expert **I** *n* 专家（名）zhuānjiā；能手（名）néngshǒu；内行（名）nèiháng：*an ~ in teaching small children* 幼儿教育专家 yòu'ér jiàoyù zhuānjiā **II** *adj* 熟练（形）shúliàn；内行（形）nèiháng；有经验的 yǒu jīngyàn de：*~ acting* 熟练的演技 shúliàn de yǎnjì/ *according to ~ advice* 根据行家的意见 gēnjù hángjiā de yìjian

explain *v* 解释（动）jiěshì，说明（动）shuōmíng；申理理由 shēnshù lǐyóu；说明原因 shuōmíng yuányīn// *~ oneself* (1) 说明自己的意思 shuōmíng zìjǐ de yìsi(2) 为自己的行为辩解 wèi zìjǐ de xíngwéi biànjiě

explanation *n* 解释（动）jiěshì，说明（名）shuōmíng；辩解（动）biànjiě：*notes in ~* 注解 zhùjiě

explode *v* (1) 爆炸（动）bàozhà；爆发（动）bàofā，破裂（动）pòliè(2) 破除（动）pòchú；推翻（动）tuīfān

exploit *v* (1) 开垦（动）kāikěn，开发（动）kāifā；开采（动）kāicǎi：*~ virgin lands* 开垦荒地 kāikěn huāngdì / *~ an oil field* 开发油田 kāifā yóutián/ *~ a coal mine* 开采煤矿 kāicǎi méikuàng (2) 剥削（动）bōxuē：*the ~ing classes* 剥削阶级 bōxuē jiējí / *the ~ed* 被剥削者 bèi bōxuēzhě

exploiter *n* 剥削者（名）bōxuēzhě

explore *v* 考察（动）kǎochá；勘察（动）kānchá；探索（动）tànsuǒ；研究（动）yánjiū：*~ social and economic condi-*tions 考察社会和经济状况 kǎochá shèhuì hé jīngjì zhuàngkuàng / *~ the Arctic regions* 考察北极地带 kǎochá Běijí dìdài

explorer *n* 探索者（名）tànsuǒzhě；探险家（名）tànxiǎnjiā

explosion *n* (1) 爆炸（动）bàozhà，炸裂 zhàliè：*nuclear ~* 核爆炸 hé bàozhà(2) 激增（动）jīzēng；扩张（动）kuòzhāng：*a population ~* 人口激增 rénkǒu jīzēng (3) 迸发（动）bèngfā：*an ~ of rage* 大发雷霆 dàfāléitíng

explosive **I** *adj* (1) 易爆的 yì bào de；爆炸性的 bàozhàxìng de；爆发性的 bàofāxìng de(2) 暴躁（形）bàozào **II** *n* 爆炸物（名）bàozhàwù；炸药（名）zhàyào

export **I** *v* 输出（动）shūchū；出口（动）chūkǒu：*~ cotton goods* 输出棉织品 shūchū mián zhīpǐn **II** *n* (1) 输出品（名）shūchūpǐn，出口商品 chūkǒu shāngpǐn：*the main ~s of a country* 一个国家的主要出口商品 yíge guójiā de zhǔyào chūkǒu shāngpǐn / *the Guangzhou E~ Commodities Fair* 广州出口商品交易会 Guǎngzhōu Chūkǒu Shāngpǐn Jiāoyìhuì/ *the trade* 出口贸易 chūkǒu màoyì (2) 输出（动）shūchū，出口（动）chūkǒu：*the ~ of tea* 茶叶的出口 cháyè de chūkǒu

exportation *n* 出口（动）chūkǒu，输出（动）shūchū；出口物（名）chūkǒuwù：*the ~ of corn to Asia* 向亚洲出口谷物 xiàng Yàzhōu chūkǒu gǔwù

exporter *n* 出口商人 chūkǒu shāngrén

expose *v* (1) 暴露（动）bàolù；面临（动）miànlín(2) 揭露（动）jiēlù，揭发（动）jiēfā：*~ a plot* 揭露一个阴谋 jiēlù yíge yīnmóu (3) 使（底片）暴光 shǐ (dǐpiàn) bàoguāng

exposition *n* (1) 解说（动）jiěshuō；注释（动、名）zhùshì；说明（动、名）shuōmíng：*an ~ of a theory* 对一种理论的阐述 duì yìzhǒng lǐlùn de chǎnshù (2) 展览会（名）zhǎnlǎnhuì，博览会（名）bólǎnhuì；陈列（动）chénliè：*a* *trade* ~ 贸易展览会 màoyì zhǎnlǎnhuì/ *an international* ~ 世界博览会 shìjiè bólǎnhuì

exposure *n* (1) 暴露(动) bàolù; 揭露(动) jiēlù (2) 曝光 pùguāng, 暴光 bàoguāng

express **I** *v* (1) 表示(动) biǎoshì; 表达(动) biǎodá; 表白(动) biǎobái (2) 把...作快件邮寄 bǎ... zuò kuàijiàn yóujì: ~ *a package* 作快件寄一个包裹 zuò kuàijiàn jì yíge bāoguǒ **II** *adj* (1) 明白(形) míngbai; 确切(形) quèqiè (2) 特快的 tèkuài de: *an* ~ *train* 快车 kuàichē/ *an* ~ *letter* 快信 kuàixìn/ ~ *mail* 快邮 kuài yóu **III** *adv* 乘快车 chéng kuàichē: *travel* ~ 乘快车旅行 chéng kuàichē lǚxíng **IV** *n* (1) 快件(名) kuàijiàn (2) 快车(名) kuàichē: *the 16:35* ~ *to London* 十六点三十五分去伦敦的快车 shíliùdiǎn sānshíwǔfēn qù Lúndūn de kuàichē / *the Beijing - Guangzhou E* ~ 北京到广州的特快列车 Běijīng dào Guǎngzhōu de tèkuài lièchē

expression *n* (1) 表达(动) biǎodá; 表示(动) biǎoshì: *free* ~ *of political opinion* 自由表达政治见解 zìyóu biǎodá zhèngzhì jiànjiě (2) 表情(名) biǎoqíng; 脸色(名) liǎnsè; 腔调(名) qiāngdiào (3) 表达方式 biǎodá fāngshì, 表达法 biǎodáfǎ: *an idiomatic* ~ *in Chinese* 汉语习惯用语 Hànyǔ xíguàn yòngyǔ/ *a dictionary of English idiomatic* ~*s* 英语惯用法词典 Yīngyǔ guànyòngfǎ cídiǎn// *beyond* ~ 无法形容 wúfǎ xíngróng, 难以表达 nányǐ biǎodá

expressionless *adj* 没有表情的 méiyǒu biǎoqíng de, 呆板(形) dāibǎn: *an* ~ *face* 没有表情的面孔 méiyǒu biǎoqíng de miànkǒng / *in a cold, ~ tone* 用冷冰冰的呆板的语调 yòng lěngbīngbīng de dāibǎn de yǔdiào

exquisite *adj* (1) 优美(形) yōuměi; 精巧(形) jīngqiǎo, 精致(形) jīngzhì: *an* ~ *view* 美景 měijǐng / ~ *lace* 精致的

花边 jīngzhì de huābiān (2) 敏锐(形) mǐnruì: *an* ~ *observer* 敏锐的观察者 mǐnruì de guāncházhě/ *an* ~ *sense of hearing* 听觉灵敏 tīngjué língmǐn

extend *v* (1) 伸(动) shēn, 伸出 shēnchū; 拉开 lākāi (2) 延长(动) yáncháng: *ask to* ~ *one's visa* 要求延长签证 yāoqiú yáncháng qiānzhèng (3) 扩大(动) kuòdà, 扩展(动) kuòzhǎn: ~ *a garden* 把花园扩大 bǎ huāyuán kuòdà (4) 发出(动) fāchū; 表示(动) biǎoshì: ~ *an invitation to sb.* 向某人发出邀请 xiàng mǒu rén fāchū yāoqíng/ ~ *warm greetings to* 向... 表示热情的问候 xiàng... biǎoshì rèqíng de wènhòu

extension *n* (1) 扩大(动) kuòdà; 延伸(动) yánshēn; 延长(动) yáncháng; 延期 yánqī: *the* ~ *of foreign trade* 扩大对外贸易 kuòdà duìwài màoyì (2) 延长部分 yáncháng bùfen; 延长的时间 yáncháng de shíjiān (3) 分机(名) fēnjī: *telephone No. 2777531* ~ *413* 电话 2777531 转 413 分机 diànhuà èrqīqīqīwǔsānyāo zhuǎn sìyāosān fēnjī

extensive *adj* 广大(形) guǎngdà; 广泛(形) guǎngfàn; 广博(形) guǎngbó: ~ *reading* 泛读 fàndú

extent *n* (1) 广度(名) guǎngdù, 长度(名) chángdù; 范围(名) fànwéi: *a racing track 100 metres in* ~ 百米跑道 bǎimǐ pǎodào (2) 程度(名) chéngdù, 限度(名) xiàndù: *to a certain (some)* ~ 在一定(某种)程度上 zài yídìng (mǒu zhǒng) chéngdù shang

exterior **I** *adj* (1) 外部的 wàibù de; 外面的 wàimiàn de; 外表的 wàibiǎo de: *the* ~ *features of a building* 一座建筑物的外形 yízuò jiànzhùwù de wàixíng (2) 外交的 wàijiāo de, 对外的 duìwài de: *an* ~ *policy* 对外政策 duìwài zhèngcè **II** *n* 外部(名) wàibù; 外表(名) wàibiǎo; 表面(名) biǎomiàn

external *adj* (1) 外部的 wàibù de, 外

表的 wàibiǎo de, 外面的 wàimiàn de: *an ~ wound* 外伤 wàishāng/ *the ~ signs of a disease* 病的表面症状 bìng de biǎomiàn zhèngzhuàng(2) 对外的 duìwài de; 外国的 wàiguó de; 外来的 wàilái de: *~ trade* 对外贸易 duìwài màoyì

extinct *adj* (1) 熄灭了的 xīmièle de, 消灭了的 xiāomièle de: *an ~ volcano* 一座死火山 yízuò sǐ huǒshān (2) 绝种的 juézhǒng de; 灭绝的 mièjué de; 废除的 fèichú de

extinction *n* (1) 灭绝(动) mièjué (2) 熄灭(动) xīmiè

extinguish *v* 熄灭(动) xīmiè; 消灭(动) xiāomiè

extra I *adj* 额外(形) éwài, 外加的 wàijiā de; 特别(形) tèbié: *without ~ charge* 不另收费 bú lìng shōu fèi/ *work ~ hours* 加班 jiābān II *adv* (1) 特别(副) tèbié, 格外(副) géwài; 非常(副) fēicháng: *work ~ hard* 工作特别努力 gōngzuò tèbié nǔlì (2) 另外(副) lìngwài III *n* (1) 外加的人（或东西） wàijiā de rén (huò dōngxi) (2) 号外(名) hàowài: *Late evening ~!* 晚报号外! Wǎnbào hàowài!

extract I *v* (1) 用力取出 yònglì qǔchū, 使劲拔出 shǐjìn báchū; 抽出 chōuchū: *~ a cork from a bottle* 拔瓶塞 bá píngsāi (2) 榨出 zhàchū; 提取(动) tíqǔ: *~ gold from rocks* 从矿石中提取黄金 cóng kuàngshí zhōng tíqǔ huángjīn (3) 选出 xuǎnchū; 摘录(动) zhāilù II *n* (1) 摘录(动) zhāilù, 选录(动) xuǎnlù: *~s from press reports* 新闻报道摘要 xīnwén bàodào zhāiyào/ *~s from Shakespeare* 莎士比亚著作节选 Shāshìbǐyà zhùzuò jiéxuǎn (2) 抽出物(名) chōuchūwù; 精华(名) jīnghuá; 汁(名) zhī: *~ of meat* 肉汁 ròuzhī/ *lemon ~* 柠檬精 níngméngjīng

extraordinarily *adv* 特别(副) tèbié

extraordinary *adj* (1) 非常(副) fēicháng; 特别(副) tèbié; 破例的 pòlì de; 非凡的 fēifán de (2) 特命的 tèmìng de, 特派的 tèpài de: *an am-*

bassador ~ and plenipotentiary 特命全权大使 tèmìng quánquán dàshǐ

extravagance *n* (1) 奢侈(形) shēchǐ, 铺张(形) pūzhāng; 浪费(动) làngfèi (2) 过度(形) guòdù, 过分(形) guòfèn

extravagant *adj* (1) 奢侈(形) shēchǐ, 浪费(形) làngfèi (2) 过度(形) guòdù; 过分(形) guòfèn

extreme I *adj* (1) 尽头的 jìntóu de; 极端(形) jíduān; 极大的 jí dà de: *the ~ end of the road* 路的尽头 lù de jìntóu / *~ danger* 极端危险 jíduān wēixiǎn (2) 激进(形) jījìn; 激烈(形) jīliè; 偏激(形) piānjī II *n* 极端(名) jíduān// *go to ~s* 走极端 zǒu jíduān/ *in the ~* 极端 jíduān; 非常 fēicháng

extremity *n* (1) 末端(名) mòduān; 终极(形) zhōngjí; 尽头(名) jìntóu: *at the southern ~ of a peninsula* 在半岛的最南端 zài bàndǎo de zuì nán duān (2) 极度(形) jídù, 极端(名、形) jíduān: *an ~ of pain* 极度的痛苦 jídù de tòngkǔ (3) 极窘困的境地 jí jiǒngkùn de jìngdì; 极危险的境地 jí wēixiǎn de jìngdì

exult *v* 狂喜 kuángxǐ

eye I *n* (1) 眼睛(名) yǎnjing; 眼圈儿(名) yǎnquānr (2) 眼光(名) yǎnguāng, 目光(名) mùguāng; 视力(名) shìlì; 观察力(名) guānchálì (3) 眼儿(名) yǎnr, 孔(名) kǒng II *v* 看(动) kàn, 打量(动) dǎliang// *catch sb.'s ~* 引起某人注意 yǐnqǐ mǒu rén zhùyì / *keep an ~ on* 照看 zhàokàn; 注意 zhùyì/ *see ~ to ~ with sb.* 与某人看法完全一致 yǔ mǒu rén kànfǎ wánquán yízhì

eyeball *n* 眼球(名) yǎnqiú

eyebrow *n* 眉(名) méi; 眉毛(名) méimao

eyelash *n* 睫毛(名) jiémáo

eyelid *n* 眼睑(名) yǎnjiǎn, 眼皮(名) yǎnpí

eyesight *n* 视力(名) shìlì; 眼力(名) yǎnlì

F

fable *n* (1) 寓言(名) yùyán: "*Aesop's Fables*"《伊索寓言》《Yīsuǒ yùyán》/ *the ~ of the tortoise and the hare* 龟兔赛跑的寓言故事 guī tù sàipǎo de yùyán gùshi (2) 神话(名) shénhuà, 传说(名) chuánshuō; 虚构的故事 xūgòu de gùshi

fabric *n* (1) 织品(名) zhīpǐn, 织物(名) zhīwù: *silk ~s* 丝织品 sīzhīpǐn/ *cotton ~s* 棉织品 miánzhīpǐn (2) 结构(名) jiégòu, 构造(名) gòuzào; 组织(名) zǔzhī

fabricate *v* (1) 捏造(动) niēzào, 杜撰(动) dùzhuàn, 编造(动) biānzào; 伪造(动) wěizào: *~ a document* 伪造文件 wěizào wénjiàn (2) 制造(动) zhìzào; 装配(动) zhuāngpèi, 组装(动) zǔzhuāng: *~ from spare parts* 用备件装配 yòng bèijiàn zhuāngpèi

fabrication *n* 捏造(动) niēzào; 伪造(动) wěizào; 编造的东西 biānzào de dōngxi; 谎言(名) huǎngyán

façade, facade *n* (1) 建筑物的正面 jiànzhùwù de zhèngmiàn: *an 18th-century ~* 一座十八世纪建筑的正面 yízuò shíbā shìjì jiànzhù de zhèngmiàn (2) 外表(名) wàibiǎo; 表面(名) biǎomiàn; 门面(名) ménmiàn

face **I** *n* (1) 脸(名) liǎn, 面孔(名) miànkǒng; 面容(名) miànróng: *a smiling ~* 一张笑脸 yìzhāng xiàoliǎn/ *a sad ~* 一副悲伤的面容 yífù bēishāng de miànróng (2) 面子(名) miànzi, 威信(名) wēixìn: *save ~* 顾全面子 gùquán miànzi (3) 表面(名) biǎomiàn; 正面(名) zhèngmiàn **II** *v* (1) 对着(动) duìzhe; 面对(动) miànduì, 面向(动) miànxiàng, 面临(动) miànlín (2) 正视(动) zhèngshì; 勇敢承当 yǒnggǎn chéngdāng // *in the*

~ of 面对 miànduì; 尽管 jǐnguǎn/ *make a ~* 做鬼脸儿 zuò guǐliǎnr/ *on the ~ of it* 从表面上看 cóng biǎomiàn shang kàn / *pull a long ~* 愁眉苦脸 chóuméikǔliǎn / *show one's ~* 露面 lòumiàn, 到场 dàochǎng/ *to sb. 's ~* 当着某人的面 dāngzhe mǒu rén de miàn; 公开地 gōngkāi de

facet *n* (1) 面(名) miàn, 平面(名) píngmiàn: *the ~s of a diamond* 钻石的各个平面 zuànshí de gègè píngmiàn (2) 方面(名) fāngmiàn, 部分(名) bùfen

face-to-face **I** *adj* 面对面的 miàn duì miàn de: *a ~ argument* 一场面对面的争论 yìcháng miàn duì miàn de zhēnglùn **II** *adv* 面对面地 miàn duì miàn de

facile *adj* (1) 不费力气 bú fèi lìqì, 容易得到的 róngyì dédào de: *a ~ victory* 轻易获得的胜利 qīngyì huòdé de shènglì (2) 流畅(形) liúchàng; 灵巧(形) língqiǎo, 敏捷(形) mǐnjié: *a man with a ~ pen* 笔头来得快的人 bǐtóu lái de kuài de rén / *a ~ worker* 一个熟练的工人 yígè shúliàn de gōngrén

facility *n* (1) 才能(名) cáinéng; 熟练(形) shúliàn; 敏捷(形) mǐnjié; 容易(形) róngyì (2) 工具(名) gōngjù; 设备(名) shèbèi, 设施(名) shèshī: *transport facilities* 交通工具 jiāotōng gōngjù / *facilities for cooking* 炊事用具 chuīshì yòngjù (厨房设备 chúfáng shèbèi) (3) 方便(形) fāngbiàn, 便利(形) biànlì

facsimile, fax *n* 复制(动) fùzhì; 传真(名) chuánzhēn

fact *n* (1) 事实(名) shìshí (2) 实情(名) shíqíng, 真相(名) zhēnxiàng //

as a matter of ～ 事实上 shìshíshang, 其实 qíshí/ *in* ～ 其实 qíshí, 实际上 shíjìshang

faction *n* 派别（名）pàibié, 派系（名）pàixì, 宗派（名）zōngpài

factor *n* （1）因素（名）yīnsù, 要素（名）yàosù（2）因子（名）yīnzǐ, 因数（名）yīnshù

factory *n* 工厂（名）gōngchǎng: *a* ～ 一座工厂 yízuò gōngchǎng

faculty *n* （1）才能（名）cáinéng, 能力（名）nénglì, 本领（名）běnlǐng: *the* ～ *of hearing* 听觉 tīngjué/ *the* ～ *of memory* 记忆力 jìyìlì（2）学院（名）xuéyuàn; 系（名）xì; 科（名）kē; 专业（名）zhuānyè: *the F* ～ *of Medicine* 医学院 yīxuéyuàn / *law* ～ 法律专业 fǎlù zhuānyè（3）全体教师 quántǐ jiàoshī: *a* ～ *meeting* 教师会议 jiàoshī huìyì

fad *n* 一时的风尚 yìshí de fēngshàng; 为时不久的爱好 wéi shí bù jiǔ de àihào: *a passing* ～ 只喜欢一阵子 zhǐ xǐhuan yízhènzi

fade *v* （1）枯萎（动）kūwěi, 凋谢（动）diāoxiè（2）褪色 tuìsè, 掉色 diàoshǎi（3）消失（动）xiāoshī; 衰弱下去 shuāiruòxiaqu// ～ *in* （声音或画面）渐强（shēngyīn huò huàmiàn）jiànqiáng; 淡入（动）dànrù/ ～ *out* 渐渐消失 jiànjiàn xiāoshī; 渐渐隐没 jiànjiàn yǐnmò

fag **I** *n* 累活 lèi huór, 苦活儿 kǔ huór **II** *v* 拼命地干活儿 pīnmìng de gàn huór, 辛辛苦苦地干 xīnxīnkǔkǔ de gàn; 劳累（形）láolèi: *be* ～*ged out* 累极了 lèijíle

Fahrenheit **I** *adj* 华氏的 Huáshì de **II** *n* 华氏温度计（表）Huáshì wēndùjì（biǎo）

fail **I** *v* （1）失败（动）shībài; 不及格 bù jígé（2）忘记（动）wàngjì; 没有（副）méiyǒu; 不能 bùnéng（3）缺乏（动）quēfá; 歉收（动）qiànshōu; 不足 bùzú（4）衰退（动）shuāituì; 衰弱 shuāiruò **II** *n* （1）失误（名）shīwù, 失

败（名）shībài（2）不及格 bù jígé, 不及格者 bù jígé zhě// *without* ～ 一定 yídìng, 务必 wùbì

failure *n* （1）失败（动、名）shībài; 不及格 bù jígé（2）歉收（动）qiànshōu; 没有做到的事 méiyǒu zuòdào de shì: *a crop* ～ 庄稼歉收 zhuāngjia qiànshōu

faint **I** *adj* （1）微弱（形）wēiruò; 衰弱（形）shuāiruò（2）不明显 bù míngxiǎn, 不清楚 bù qīngchu; 很微小的 hěn wēixiǎo de（3）头晕 tóuyūn **II** *n* 昏（动）hūn **III** *v* 昏（动）hūn, 晕（动）yūn

faintly *adv* （1）微弱（形）wēiruò; 模糊（形）móhu; 软弱无力地 ruǎnruò wúlì de（2）有点儿 yǒudiǎnr; 稍微（副）shāowēi

fair¹ *adj* （1）美丽（形）měilì; 女性的 nǚxìng de: ～ *landscape* 美丽的景色 měilì de jǐngsè/ *the* ～ *sex* 女性 nǚxìng（2）金色的（头发）jīnsè de（tóufa）; 浅色的（皮肤）qiǎnsè de（pífū）; 白嫩的（皮肤）báinèn de（pífū）: *a* ～ *complexion* 白嫩的肤色 báinèn de fūsè（3）晴朗（形）qínglǎng: ～ *weather* 晴朗的天气 qínglǎng de tiānqì（4）公正（形）gōngzhèng, 合理（形）hélǐ: *a* ～ *referee* 公正的裁判员 gōngzhèng de cáipànyuán / *a* ～ *decision* 合理的决定 hélǐ de juédìng（5）相当（形）xiāngdāng; 不错（形）búcuò; 中等的 zhōngděng de// ～ *and square* 正大光明 zhèngdàguāngmíng, 公公正正 gōnggōngzhèngzhèng/ ～ *play* 公平对待 gōngpíng duìdài; 公平的比赛 gōngpíngde bǐsài / *play* ～ 公正比赛 gōnzhèng de bǐsài; 公平地处理 gōngpíng de chǔlǐ

fair² *n* （1）集（名）jí, 集市（名）jíshì（2）商品展览会 shāngpǐn zhǎnlǎnhuì; 商品交易会 shāngpǐn jiāoyìhuì: *a book* ～ 书展 shūzhǎn/ *China's Spring* （*Autumn*）*Export Commodities F* ～ 中国春季（秋季）出口商品交易会 Zhōngguó Chūnjì （Qiūjì） Chūkǒu Shāngpǐn Jiāoyìhuì

fair-haired *adj* 金发的 jīnfà de; 被宠爱的 bèi chǒng'ài de

fairly *adv* (1) 公正地 gōngzhèng de; 正当地 zhèngdàng de: *treat sb.* ~ 公正地对待某人 gōngzhèng de duìdài mǒu rén / *come by sth.* ~ 正当地取得某物 zhèngdàng de qǔdé mǒu wù (2) 相当 (副) xiāngdāng; 还算 hái suàn

fairy *n* 仙 (名) xiān, 仙人 (名) xiānrén // ~ *tale* 神话 shénhuà; 荒诞的故事 huāngdàn de gùshì

fairyland *n* 仙境 (名) xiānjìng; 乐园 (名) lèyuán

faith *n* (1) 信任 (动) xìnrèn, 相信 (动) xiāngxìn; 信心 (名) xìnxīn (2) 信仰 (名、动) xìnyǎng, 信念 (名) xìnniàn: *the Christian and Jewish* ~ *s* 基督教和犹太教的信仰 Jīdūjiào hé Yóutàijiào de xìnyǎng // *lose* ~ *in* 失去对...的信任 shīqù duì...de xìnrèn; 不再信任 bú zài xìnrèn

faithful *adj* 忠实 (形) zhōngshí, 忠诚 (形) zhōngchéng; 守信 shǒuxìn: *a* ~ *translation* 忠实于原著的译文 zhōngshí yú yuánzhù de yìwén / *a* ~ *report* 忠实的报导 zhōngshí de bàodǎo

faithfully *adv* 忠实 (形) zhōngshí: *Yours* ~ 您的忠实的 Nín de zhōngshí de

fake **I** *n* 赝品 (名) yànpǐn, 假货 (名) jiǎhuò, 冒牌货 (名) màopáihuò **II** *adj* 假 (形) jiǎ; 伪造的 wěizào de: *a* ~ *telegram* 一封伪造的电报 yìfēng wěizào de diànbào / ~ *money* 伪币 wěibì **III** *v* (1) 伪造 (动) wěizào; 假冒 (动) jiǎmào; 虚构 (动) xūgòu (2) 假装 (动) jiǎzhuāng, 装 (动) zhuāng

falcon *n* 猎鹰 (名) lièyīng; 隼 (名) sǔn

fall **I** *v* (1) 摔倒 shuāidǎo, 跌倒 diēdǎo; 倒下 dǎoxià; 掉下 diàoxià (2) 降落 (动) jiàngluò, 下降 (动) xiàjiàng; 垂下 (动) chuíxià (3) 失陷 (动) shīxiàn; 瓦解 (动) wǎjiě; 倒 (动) dǎo (4) 变成 biànchéng; 成为 (动) chéngwéi **II** *n* (1) 下降 (动) xiàjiàng, 降落 (动) jiàngluò, 落下 luòxià; 失陷

(动) shīxiàn: *a* ~ *in prices* 物价下跌 wùjià xiàdiē (2) 场 (量) cháng, 阵 (量) zhèn; 降水量 (名) jiàngshuǐliàng: *a heavy* ~ *of rain* 一场大雨 yìcháng dàyǔ (3) 瀑布 (名) pùbù: *Huangshan F* ~ *s* 黄山瀑布 Huángshān pùbù // ~ *back* 退却 tuìquè, 后退 hòutuì / ~ *back on* 依靠 yīkào; 求助于 qiúzhù yú / ~ *behind* 落后 luòhòu / ~ *for* 上...当 shàng...dàng, 受...骗 shòu...piàn / ~ *into* 分成 fēnchéng / ~ *in with* (1) 偶尔遇到 ǒu'ěr yùdào (2) 同意 tóngyì / ~ *out* 争吵 zhēngchǎo

fallacy *n* 谬误 (名) miùwù; 谬论 (名) miùlùn

false *adj* (1) 假 (形) jiǎ; 虚伪 (形) xūwěi; 假造的 jiǎzào de, 伪造的 wěizào de: *give a* ~ *impression* 给人以假象 gěi rén yǐ jiǎxiàng / *a* ~ *coin* 伪币 wěibì / ~ *teeth* 假牙 jiǎyá / ~ *alarm* 假警报 jiǎ jǐngbào (一场虚惊 yìcháng xūjīng) (2) 错误的 cuòwù de; 不正确的 bú zhèngquè de: ~ *ideas* 错误的意见 cuòwù de yìjiàn

falsehood *n* (1) 谬误 (名) miùwù: *truth and* ~ 真理和谬误 zhēnlǐ hé miùwù (2) 谎话 (名) huǎnghuà: *downright* ~ 彻头彻尾的谎言 chètóuchèwěi de huǎngyán

falter *v* (1) 蹒跚 (形) pánshān, 踉跄 (形) liàngqiàng, 摇晃 (动) yáohuàng (2) 支吾 (动) zhīwu; 说话声音微弱 shuōhuà shēngyīn wēiruò (3) 踌躇 (动) chóuchú, 犹豫 (形、动) yóuyù; 动摇 (动) dòngyáo

fame *n* 名声 (名) míngshēng; 名望 (名) míngwàng: *ill* ~ 坏名声 huài míngshēng

familiar *adj* (1) 熟悉的 shúxī de; 通晓 tōngxiǎo: *things* ~ *to sb.* 某人所熟悉的事物 mǒu rén suǒ shúxī de shìwù (2) 亲密 (形) qīnmì, 密切 (形) mìqiè: *a* ~ *friend* 亲密的朋友 qīnmì de péngyou (3) 过分亲密 guòfèn qīnmì; 随便 (形) suíbiàn; 放肆 (形)

fàngsì

familiarity n (1) 熟悉(动) shúxī, 通晓(动) tōngxiǎo (2) 亲密(形) qīnmì; 亲近(形、动) qīnjìn; 亲昵(形) qīnnì (3) 过分亲热 guòfèn qīnrè, 放肆(形) fàngsì, 随便(形) suíbiàn

familiarize v 使熟悉 shǐ shúxī; 熟习(动) shúxí; 通晓(动) tōngxiǎo

family n (1) 家(名) jiā, 家庭(名) jiātíng; 家属(名) jiāshǔ; 亲属(名) qīnshǔ (2) 孩子(名) háizi, 子女(名) zǐnǚ (3) 科(名) kē; 族(名) zú: *the Germanic ~ of languages* 日尔曼语族 Rì'ěrmàn yǔzú // ~ *man* 有家室的人 yǒu jiāshì de rén/ ~ *name* 姓 xìng/ ~ *planning* 计划生育 jìhuà shēngyù/ ~ *tree* 家谱 jiāpǔ / *in the ~ way* 怀孕 huáiyùn

famine n (1) 饥荒(名) jīhuāng (2) 严重缺乏 yánzhòng quēfá: *a coal* (*water*) ~ 煤(水)荒 méi (shuǐ) huāng

famous adj 著名(形) zhùmíng, 有名(形) yǒumíng: *a ~ actor* 名演员 míng yǎnyuán/ *a ~ native product of China* 一种著名的中国土产 yìzhǒng zhùmíng de Zhōngguó tǔchǎn // ~ *for* 以... 闻名(著称) yǐ... wénmíng (zhùchēng)

fan[1] I n (1) 扇子(名) shànzi; 风扇(名) fēngshàn: *a folding ~* 一把折扇 yìbǎ zhéshàn/ *an electric ~* 一台电风扇 yìtái diànfēngshàn (2) 扇形物(名) shànxíngwù, 扇状物(名) shànzhuàngwù: *a ~-shaped window* 扇形窗 shànxíngchuāng II v 扇(动) shān: ~ *the fire* 把火扇旺 bǎ huǒ shānwàng

fan[2] n 迷(名) mí, 爱好者(名) àihàozhě: *a movie ~* 影迷 yīngmí/ *football ~s* 足球迷 zúqiúmí (足球爱好者 zúqiú àihàozhě)

fanatic n 狂热者(名) kuángrèzhě, 盲目热中… 的人 mángmù rèzhōng...de rén: *a health-food ~* 盲目热中保健食品的人 mángmù rèzhōng bǎojiàn shípǐn de rén

fanciful adj (1) 富于幻想的 fùyú huànxiǎng de (2) 想象的 xiǎngxiàng de, 不切实际的 bú qiè shíjì de.

fancy I n (1) 想象力(名) xiǎngxiànglì (2) 猜想(动、名) cāixiǎng; 幻想(动、名) huànxiǎng (3) 爱好(动、名) àihào; 嗜好(名) shìhào: *a passing ~* 一时的爱好 yìshí de àihào II adj (1) 花式的 huāshì de; 精美(形) jīngměi: ~ *cakes* 花式糕点 huāshì gāodiǎn/ ~ *goods* 精美的商品 jīngměi de shāngpǐn (2) 奇特(形) qítè; 珍贵(形) zhēnguì: ~ *birds* 奇特的鸟 qítè de niǎo /~ *goldfish* 珍贵的金鱼 zhēnguì de jīnyú/ ~ *dress* 化装服饰 huàzhuāng fúshì III v (1) 想象(动) xiǎngxiàng; 设想(动) shèxiǎng (2) 想(动) xiǎng, 以为(动) yǐwéi, 认为(动) rènwéi (3) 喜欢(动) xǐhuan // ~ *ball* 化装舞会 huàzhuāng wǔhuì/ *take a ~ to* 喜欢 xǐhuan, 爱上 àishang

fantastic adj (1) 幻想的 huànxiǎng de; 奇异(形) qíyì, 古怪(形) gǔguài (2) 非常好 fēicháng hǎo, 真棒 zhēn bàng: *F~!* 太好了! Tài hǎo le!

fantasy n (1) 幻想(名、动) huànxiǎng; 怪念头 guài niàntou (2) 幻想作品 huànxiǎng zuòpǐn

far I adv (1) 远(形) yuǎn, 遥远(形) yáoyuǎn (2) 大大... dàdà ...;... 得多... de duō: ~ *different* 大不相同 dà bù xiāngtóng/ ~ *better* 好得多 hǎo de duō II adj 远(形) yuǎn, 遥远(形) yáoyuǎn; 久远(形) jiǔyuǎn: *a person of ~ sight* 目光远大的人 mùguāng yuǎndà de rén/ *the F~ East* 远东 Yuǎndōng // *as ~ as* 远到 yuǎndào; 直到 zhídào/ ~ *and near* 四面八方 sìmiànbāfāng, 到处 dàochù/ ~ *from* (1) 一点儿也不 yìdiǎnr yě bù, 远不 yuǎn bù (2) 远离 yuǎnlí/ *go too ~* 过分 guòfèn/ *so ~* 到目前为止 dào mùqián wéizhǐ

faraway adj 远方的 yuǎnfāng de; 很早以前的 hěn zǎo yǐqián de

farce n 滑稽戏(名) huájìxì, 闹剧(名)

nàojù; 滑稽可笑的事物 huájì kěxiào de shìwù, 胡闹(动) húnào

fare I n (1) 车费(名) chēfèi; 船费(名) chuánfèi: *bus* ~ 车费 chēfèi (2) 伙食(名) huǒshí: *good* ~ 很好的伙食 hěn hǎo de huǒshí / *a bill of* ~ 菜单 càidān (3) 乘客(名) chéngkè II v 生活(动) shēnghuó; 进行得(好、坏) jìnxíng de (hǎo, huài)

farewell I int 再见(动) zàijiàn: *F*~! 一路平安! Yílù píng'ān / *F*~ *forever*! 永别了! Yǒngbié le! II n 告别(动) gàobié; 告别会 gàobiéhuì: *a* ~ *speech* 告别讲话 gàobié jiǎnghuà / *a* ~ *dinner* 告别宴会 gàobié yànhuì

far-fetched adj 牵强附会 qiān-qiǎngfùhuì: *a* ~ *story* 一个牵强附会的故事 yíge qiānqiǎngfùhuì de gùshi

farm I n (1) 农场(名) nóngchǎng, 农庄(名) nóngzhuāng: *a state* ~ 国营农场 guóyíng nóngchǎng / ~ *work* 农活儿 nónghuór (2) 饲养场(名) sìyǎngchǎng: *a pig* ~ 养猪场 yǎngzhūchǎng / *a fish* ~ 养鱼场 yǎngyúchǎng II v 经营农场 jīngyíng nóngchǎng; 种田 zhòng tián, 耕作(动) gēngzuò

farmer n 农场主(名) nóng-chǎngzhǔ; 农民(名) nóngmín

farmhand n 农场工人 nóngchǎng gōngrén, 长工 chánggōng

farming n 农业(名) nóngyè; 耕作(动) gēngzuò: *spring* ~ 春耕 chūngēng

farsighted adj 远视的 yuǎnshì de; 有远见的 yǒu yuǎnjiàn de

farther I adv (1) 更远地 gèng yuǎn de, 再往前 zài wǎng qián (2) 进一步地 jìnyíbù de, 更大程度地 gèng dà chéngdù de II adj 更远的 gèng yuǎn de, 再往前的 zài wǎng qián de

farthing n (1) 四分之一旧便士 sìfēn zhī yī jiù biànshì (2) 极少量 jí shǎoliàng: *not worth a* ~ 一文不值 yìwénbùzhí

fascinate v (1) 迷住 mízhu, 吸引住

xīyǐnzhu (2) 吓呆 xiàdāi

fascinating adj 迷人的 mírén de, 动人的 dòngrén de; 引人入胜的 yǐnrénrùshèng de: *a* ~ *story* 一个引人入胜的故事 yíge yǐnrénrùshèng de gùshi

fascination n (1) 迷恋(动) míliàn; 着迷 zháomí: *one's* ~ *with computers* 某人对计算机的着迷 mǒu rén duì jìsuànjī de zháomí (2) 魅力(名) mèilì; 迷惑力(名) míhuòlì

fascism n 法西斯主义(名) fǎxīsī-zhǔyì, 独裁主义(名) dúcáizhǔyì

fascist n 法西斯分子 fǎxīsīfènzǐ

fashion I n (1) 样子(名) yàngzi; 方式(名) fāngshì: *a new* ~ 一种新样子 yìzhǒng xīn yàngzi / *an old* ~ 老式 lǎoshì / ~ *designer* 服装设计师 fúzhuāng shèjìshī (2) 流行式样 liúxíng shìyàng; 风尚(名) fēngshàng, 风气(名) fēngqì: *come into* ~ 开始流行 kāishǐ liúxíng II v 制作(动) zhìzuò; 形成(动) xíngchéng: ~ *sb. into a fine athlete* 把某人培养成优秀运动员 bǎ mǒu rén péiyǎngchéng yōuxiù yùndòngyuán // *after a* ~ 勉强 miǎnqiáng; 凑凑合合 còucòuhéhé / *follow the* ~ 赶时髦儿 gǎn shímáor / *out of* ~ 不时兴 bù shíxīng, 过时 guòshí

fashionable adj 时髦儿(形) shímáor, 流行(形) liúxíng: ~ *clothes* 时装 shízhuāng

fast¹ I adj (1) 牢(形) láo, 紧(形) jǐn (2) 可靠(形) kěkào, 忠实(形) zhōngshí: *a* ~ *friend* 可靠的朋友 kěkào de péngyou (3) 酣畅(形) hānchàng: *fall into a* ~ *sleep* 酣睡起来 hānshuìqilai (4) 迅速(形) xùnsù; 短暂(形) duǎnzàn: *a* ~ *train* 快车 kuàichē / ~ *work* 很快就能完成的工作 hěn kuài jiù néng wánchéng de gōngzuò (5) 放荡(形) fàngdàng: *a* ~ *life* 放荡的生活 fàngdàng de shēnghuó / *a* ~ *woman* 放荡的女人 fàngdàng de nǚrén II adv (1) 紧紧地

jǐnjǐn de, 牢固地 láogù de: *hold ~ to the handle* 握紧把手 wòjǐn bǎshǒu (2) 快(形) kuài, 迅速地 xùnsù de

fast² **I** *v* 禁食 jìnshí; 斋戒(动) zhāijiè; 绝食 juéshí **II** *n* 斋戒(动) zhāijiè; 禁食 jìnshí; 禁食期 jìnshíqī; 斋戒期 zhāijièqī: *a ~ of 3 days* 三天的禁食期 sāntiān de jìnshíqī/ *break one's ~* 开斋 kāizhāi

fasten *v* (1) 系牢(紧) jìláo(jǐn); 关牢(紧) guānláo (jǐn); 钉牢 dìngláo (2) 把...集中在... bǎ...jízhōng zài...

fastidious *adj* 爱挑剔的 ài tiāotì de, 难讨好的 nán tǎohǎo de; 过分讲究的 guòfèn jiǎngjiū de: *a ~ old lady* 一个难伺候的老太太 yíge nán cìhou de lǎotàitai

fat **I** *adj* (1) 肥(形) féi; 胖(形) pàng: *~ cattle* 肥牛 féiniú / *~ meat* 肥肉 féiròu / *a ~ person* 胖子 pàngzi (2) 丰满(形) fēngmǎn; 饱满(形) bǎomǎn; 厚(形) hòu: *a ~ book* 厚厚的一本书 hòuhòu de yìběn shū / *a ~ bank account* 一大笔银行存款 yí dà bǐ yínháng cúnkuǎn (3) 肥沃(形) féiwò: *~ lands* 肥沃的土地 féiwò de tǔdì **II** *n* 肥肉(名) féiròu; 脂肪(名) zhīfáng; 油脂(名) yóuzhī: *put on ~* 发胖 fāpàng / *potatoes fried in ~* 油炸马铃薯 yóu zhá mǎlíngshǔ

fatal *adj* (1) 命中注定的 mìng zhōng zhùdìng de; 决定命运的 juédìng mìngyùn de(2) 致命的 zhìmìng de; 毁灭性的 huīmièxìng de; 悲惨(形) bēicǎn: *a ~ blow* 致命的打击 zhìmìng de dǎjī / *a ~ disease* 不治之症 búzhìzhīzhèng

fatalism *n* 宿命论(名) sùmìnglùn

fatalist *n* 宿命论者(名) sùmìnglùnzhě

fate *n* 命运(名) mìngyùn, 天命(名) tiānmìng

father *n* (1) 父亲(名) fùqin, 爸爸(名) bàba: *one's wife's ~* 岳父 yuèfù / *one's husband's ~* 公公 gōnggong / *adoptive ~* 养父 yǎngfù (2) 祖先(名) zǔxiān: *our ~s* 我们的祖先 wǒmen de zǔxiān (3) ...老人... lǎorén: *F~ Time* 时间老人 shíjiān lǎorén / *F~ Christmas* 圣诞老人 Shèngdàn lǎorén (4) 神父(名) shénfù; 修道院长 xiūdàoyuànzhǎng: *the Holy F~* 罗马教皇 Luómǎ jiàohuáng

father-in-law *n* 公公(名) gōnggong; 岳父(名) yuèfù: *her ~* 她的公公 tā de gōnggong / *his ~* 他的岳父 tā de yuèfù

fathom *n* 英寻(量) yīngxún: *5 ~s deep* 水深五英寻 shuǐ shēn wǔyīngxún

fatigue **I** *n* 疲劳(形) píláo, 劳累(形) láolèi, 疲倦(形) píjuàn: *physical ~* 身体上的疲劳 shēntǐ shang de píláo / *mental ~* 精神上的疲劳 jīngshén shang de píláo **II** *v* 使...疲劳 shǐ... píláo: *feel ~d* 感到疲劳 gǎndào píláo/ *a very fatiguing job* 一件累活儿 yíjiàn lèi huór

fault *n* (1) 缺点(名) quēdiǎn, 毛病(名) máobìng(2) 错误(名) cuòwù, 过错(名) guòcuò; 责任(名) zérèn // *find ~* 挑剔 tiāotì/ *to a ~* 过分 guòfèn

faultless *adj* 完美无缺 wánměiwúquē, 没有错误的 méiyǒu cuòwù de

faulty *adj* 有错误的 yǒu cuòwù de, 有毛病的 yǒu máobìng de, 不完善的 bù wánshàn de: *~ reasoning* 不完善的推理 bù wánshàn de tuīlǐ/ *~ pronunciation* 不正确的发音 bú zhèngquè de fāyīn

fauna *n* (某地区或时代的)所有动物 (mǒu dìqū huò shídài de) suǒyǒu dòngwù, 动物区系 dòngwù qūxì, 动物群 dòngwùqún: *marine ~* 水产动物 shuǐchǎn dòngwù

favour **I** *n* (1) 欢心(名) huānxīn, 好感(名) hǎogǎn(2) 偏袒(动) piāntǎn, 偏爱(动) piān'ài: *show ~ towards neither party* 对双方都不偏袒 duì shuāngfāng dōu bù piāntǎn (3) 赞成

（动）zànchéng，赞同（动）zàntóng（4）恩惠（名）ēnhuì；善意的行为 shànyì de xíngwéi **II** v（1）赞成（动）zànchéng；支持（动）zhīchí（2）有利于 yǒulì yú，有助于 yǒuzhù yú（3）偏爱（动）piān'ài，偏袒（动）piāntǎn// *in ~ of* 赞成 zànchéng，支持 zhīchí/ *out of ~* 失宠 shīchǒng；不受欢迎 bú shòu huānyíng

favourable *adj*（1）赞成的 zànchéng de；称赞的 chēngzàn de：*~ comment* 好评 hǎopíng（2）有利（形）yǒulì，顺利（形）shùnlì：*a ~ opportunity* 好机会 hǎo jīhuì/ *a ~ situation* 有利的形势 yǒulì de xíngshì

favourably *adv* 有利地 yǒulì de；赞同地 zàntóngde

favoured *adj*（1）受到优待的 shòudào yōudài de；有天赋的 yǒu tiānfù de：*a ~ position in the factory* 工厂里的肥缺 gōngchǎng lǐ de féiquē/ *a girl ~ with beauty* 天生漂亮的姑娘 tiānshēng piàoliang de gūniang（2）优惠（形）yōuhuì；受优惠的 shòu yōuhuì de：*the most ~ nation clause* 最惠国条款 zuìhuìguó tiáokuǎn

favourite **I** *n* 特别喜爱的人（物）tèbié xǐ'ài de rén（wù）**II** *adj* 特别喜欢的 tèbié xǐhuān de：*my ~ type of chocolate* 我特别喜爱的一种巧克力 wǒ tèbié xǐ'ài de yìzhǒng qiǎokèlì/ *his ~ son* 他最喜爱的儿子 tā zuì xǐ'ài de érzi

fawn[1] *n* 小鹿 xiǎo lù，幼鹿 yòu lù：*a ~* 一只小鹿 yìzhī xiǎo lù

fawn[2] *v*（1）摇头摆尾表示亲热 yáotóubǎiwěi biǎoshì qīnrè（2）讨好（动）tǎohǎo，献媚（动）xiànmèi，奉承（动）fèngcheng，恭维（动）gōngwéi

fear **I** *v*（1）怕（动）pà，害怕（动）hàipà（2）恐怕（副）kǒngpà；担心 dānxīn，担忧 dānyōu **II** *n*（1）怕（动）pà，害怕（动）hàipà；恐惧（动）kǒngjù（2）担心 dānxīn，忧虑（动）yōulù// *be in ~ of* 为...担心 wèi...dānxīn/ *be overcome with ~* 感到十分害怕 gǎndào shífēn hàipà

fearful *adj*（1）害怕的 hàipà de；胆怯（形）dǎnqiè（2）可怕（形）kěpà，吓人的 xiàrén de：*a ~ storm* 一场可怕的暴风雨 yìchǎng kěpà de bàofēngyǔ（3）极大的 jí dà de；非常的 fēicháng de：*in a ~ mess* 乱七八糟 luànqībāzāo

fearless *adj* 不害怕的 bú hàipà de，无畏（形）wúwèi；勇敢（形）yǒnggǎn；大胆（形）dàdǎn：*a ~ soldier* 无畏的战士 wúwèi de zhànshì

feast **I** *n*（1）盛宴（名）shèngyàn；宴会（名）yànhuì，筵席（名）yánxí：*a festival ~* 节日宴会 jiérì yànhuì（2）节日（名）jiérì **II** *v*（1）盛宴款待 shèngyàn kuǎndài（2）享受（动）xiǎngshòu

feat *n* 技艺（名）jìyì；技巧（名）jìqiǎo；伟绩（名）wěijì：*~s of horsemanship* 骑术 qíshù/ *~s of gymnastics* 体操技巧 tǐcāo jìqiǎo

feather *n* 羽毛（名）yǔmáo：*a bird's ~* 鸟的羽毛 niǎo de yǔmáo/ *chicken ~s* 鸡毛 jīmáo / *~ bed* 羽毛褥垫 yǔmáo rùdiàn

feathered *adj* 有羽毛的 yǒu yǔmáo de，用羽毛装饰的 yòng yǔmáo zhuāngshì de：*a ~ hat* 一顶装饰着羽毛的帽子 yìdīng zhuāngshìzhe yǔmáo de màozi

feature **I** *n*（1）脸的一部分 liǎn de yí bùfen（2）容貌（名）róngmào，面貌（名）miànmào：*a man of handsome ~s* 美男子 měinánzǐ（3）特征（名）tèzhēng，特色（名）tèsè（4）正片（名）zhèngpiàn；特写（名）tèxiě：*a ~ film* 故事片 gùshìpiàn **II** *v*（1）是...的特色 shì...de tèsè；以...为特色 yǐ...wéi tèsè（2）特载 tèzǎi

February *n* 二月（名）èryuè

federal *adj* 联邦的 liánbāng de，联邦制的 liánbāngzhì de：*the F ~ Bureau of Investigation*（美国）联邦调查局（Měiguó）Liánbāng Diàochájú

federation *n* 同盟（名）tóngméng，联盟（名）liánméng；联邦（名）liánbāng：*a ~ of students* 学生联合会 xuésheng liánhéhuì / *the women's F ~* 妇联

fùlián

fee *n* 费(名) fèi, 费用(名) fèiyòng: *a membership* ~ 会费 huìfèi/ *tuition and* ~*s* 学杂费 xuézáfèi

feeble *adj* (1) 虚弱(形) xūruò, 无力的 wúlì de: *a* ~ *old man* 虚弱的老人 xūruò de lǎorén (2) 微弱(形) wēiruò; 薄弱(形) bóruò: *a* ~ *light* 微弱的灯光 wēiruò de dēngguāng

feed I *v* (1) 喂(动) wèi; 饲养(动) sìyǎng: ~ *a baby at the breast* 哺乳 bǔrǔ (2) 供给(动) gōngjǐ; 加进 jiājìn: ~ *plants with fertilizer* 给植物施肥 gěi zhíwù shī féi (3) 吃(动) chī; 以...为食物 yǐ...wéi shíwù II *n* (婴儿的) 食物(名) (yīng'ér de) shíwù, (动物的)饲料(名) (dòngwù de) sìliào // *be fed up* 对...非常厌倦 duì...fēicháng yànjuàn

feedback *n* 反馈(动) fǎnkuì: ~ *from consumers* 用户意见反馈 yònghù yìjiàn fǎnkuì

feel I *v* (1) 摸(动) mō; 摸索(动) mōsuǒ; 试探(动) shìtàn: ~ *one's way forward* 摸索着向前走 mōsuǒzhe xiàng qián zǒu (2) 感到(动) gǎndào, 觉得(动) juéde: ~ *one's heart beating* 感到心跳 gǎndào xīntiào (3) 认为(动) rènwéi, 以为(动) yǐwéi (4) 摸起来 mōqilai; 使人感觉到 shǐ rén gǎnjuédào II *n* 触(动) chù, 摸(动) mō; 触觉(名) chùjué; 感觉(名) gǎnjué // ~ *bad* 感到不愉快 gǎndào bù yúkuài; 有病 yǒu bìng/ ~ *like* (1) 想要 xiǎngyào (2) 摸起来好像 mōqilai hǎoxiàng/ ~ *oneself* 觉得身体正常 juéde shēntǐ zhèngcháng

feeling *n* (1) 知觉(名) zhījué, 感觉(名) gǎnjué: *a* ~ *for language* 语感 yǔgǎn/ *a* ~ *of shame* 羞耻感 xiūchǐgǎn/ *a* ~ *of thirst* 渴的感觉 kě de gǎnjué (2) 感情(名) gǎnqíng (3) 体谅(动) tǐliàng; 同情(动) tóngqíng (4) 意见(名) yìjiàn, 看法(名) kànfa // *bad* ~ 恶感 ègǎn, 反感 fǎngǎn/ *good* ~ 好感 hǎogǎn, 友谊 yǒuyì

feign *v* 假装(动) jiǎzhuāng

fell *v* (1) 击倒 jídǎo, 打倒 dǎdǎo (2) 砍伐(动) kǎnfá; 砍倒 kǎndǎo

fellow I *n* (1) 伙伴(名) huǒbàn; 同事(名) tóngshì: ~*s in crime* 同案犯 tóng'ànfàn (2) 人(名) rén; 家伙(名) jiāhuo, 小伙子(名) xiǎohuǒzi: *a young* ~ 小伙子 xiǎohuǒzi (3) 会员(名) huìyuán: *a F~ of the Royal Society* 皇家学会会员 Huángjiā Xuéhuì Huìyuán II *adj* 同伴的 tóngbàn de; 同事的 tóngshì de; 同类的 tónglèi de: *a* ~ *student* 同学 tóngxué/ *a* ~ *worker* 同事 tóngshì/ *a* ~ *countryman* 同胞 tóngbāo

fellowship *n* (1) 交情(名) jiāoqíng; 友谊(名) yǒuyì: ~ *in misfortune* 患难之交 huànnàn zhī jiāo (2) 团体(名) tuántǐ, 会(名) huì; 会员资格 huìyuán zīgé: *be admitted to* ~ 获准入会 huòzhǔn rù huì

felt *n* 毡(名) zhān; 毡制品(名) zhānzhìpǐn: *a* ~ *hat* 一顶毡帽 yìdǐng zhānmào

female I *adj* (1) 女的 nǚ de, 女性的 nǚxìng de, 妇女的 fùnǚ de: *the* ~ *sex* 女性 nǚxìng/ *a* ~ *worker* 女工 nǚgōng (2) 母的 mǔ de, 雌性的 cíxìng de: *a* ~ *dog* 一条母狗 yìtiáo mǔgǒu/ *a* ~ *flower* 一朵雌花 yìduǒ cíhuā II *n* (1) 妇女(名) fùnǚ, 女人(名) nǚrén (2) 母兽 mǔshòu; 雌鸟 cíniǎo

feminine *adj* (1) 女性的 nǚxìng de, 妇女的 fùnǚ de: ~ *curiosity* 女性特有的好奇心 nǚxìng tèyǒu de hàoqíxīn (2) 阴性的 yīnxìng de: *a* ~ *noun* 阴性名词 yīnxìng míngcí

fence I *n* (1) 篱笆(名) líba; 栅栏(名) zhàlan (2) 击剑术(名) jíjiànshù: *a master of* ~ 精于剑术的人 jīngyú jiànshù de rén (击剑大师 jíjiàn dàshī) II *v* (1) 击剑(名) jíjiàn (2) 用篱笆把...围起来 yòng líba bǎ...wéiqilai/ *sit on the* ~ 采取骑墙态度 cǎiqǔ qíqiáng tàidu, 保持中立 bǎochí zhōnglì

fencer *n* (1) 修筑篱笆的人 xiūzhù

líba de rén (2) 击剑者 jījiànzhě

fencing n (1) 击剑术(名) jījiànshù: a ~ school 剑术学校 jiànshù xuéxiào (2) 栅栏(名) zhàlan, 篱笆(名) líba: barbed wire ~ 有刺铁丝网 yǒu cì tiěsīwǎng

fend v (1) 推开 tuīkāi; 躲开 duǒkāi, 避开 bìkāi: ~ off a blow 避开一拳 bìkāi yìquán / ~ branches from one's eyes 拨开树枝以免碰伤眼睛 bōkāi shùzhī yǐmiǎn pèngshāng yǎnjing (2) 供养(动) gōngyǎng; 照料(动) zhàoliào

fender n (1) 碰垫(名) pèngdiàn (2) 火炉围圈 huǒlú wéiquān (3) 挡泥板 (名) dǎngníbǎn: the ~ of a car 汽车挡泥板 qìchē dǎngníbǎn

ferment I n (1) 发酵 fājiào; 发酵剂 (名) fājiàojì (2) 骚动(动) sāodòng, 骚乱(动) sāoluàn II v 发酵(动) fājiào

ferocious adj (1) 凶恶(形) xiōng'è; 凶猛(形) xiōngměng; 残忍(形) cánrěn: a ~ lion 一头凶猛的狮子 yìtóu xiōngměng de shīzi / ~ punishment 严厉的惩罚 yánlì de chéngfá (2) 猛烈(形) měngliè; 强烈(形) qiángliè; 厉害(形) lìhai

ferry I n (1) 摆渡(名) bǎidù; 渡口 (名) dùkǒu (2) 渡船(名) dùchuán II v (1) 摆渡(动) bǎidù, 渡(动) dù (2) 运送(动) yùnsòng, 接送(动) jiēsòng

fertile adj (1) 肥沃(形) féiwò, 富饶 (形) fùráo: ~ land 肥沃的土地 féiwò de tǔdì (2) 丰富(形) fēngfù; 多产的 duōchǎn de; 有繁殖力的 yǒu fánzhílì de: a ~ imagination 丰富的想象力 fēngfù de xiǎngxiànglì / a woman no longer ~ 已失去生殖能力的女人 yǐ shīqù shēngzhí nénglì de nǚrén

fertility n 肥力(名) féilì; 肥沃(形) féiwò; 丰富(形) fēngfù: soil of surpassing ~ 非常肥沃的土壤 fēicháng féiwò de tǔrǎng

fertilize v 使肥沃 shǐ féiwò, 使富饶 shǐ fùráo; 施肥 shīféi

fertilizer n 肥料(名) féiliào: chemical ~ 化(学)肥(料) huà(xué) féi(liào)

fervent adj 强烈(形) qiángliè; 热烈 (形) rèliè; 热情(形) rèqíng: a ~ hope 强烈的希望 qiángliè de xīwàng / ~ love 炽热的爱情 chìrè de àiqíng / ~ supporter 热情的支持者 rèqíng de zhīchízhě

fervour n 炽热(形) chìrè; 热烈(形) rèliè; 热情(名) rèqíng: patriotic ~ 爱国热情 àiguó rèqíng

fester v 溃烂(动) kuìlàn, 化脓(动) huànóng

festival n (1) 节日(名) jiérì: the Spring F~ 春节 chūnjié (2) 音乐节 (名) yīnyuèjié; 戏剧节(名) xìjùjié

festive adj 节日的 jiérì de; 欢乐(形) huānlè

festoon I n 花彩(名) huācǎi, 花饰 (名) huāshì: ~ lighting 彩灯 cǎidēng II v 用花彩装饰 yòng huācǎi zhuāngshì

fetch v (1) 取(动) qǔ, 拿(动) ná; 请 (动) qǐng, 接(动) jiē (2) 卖得 màidé: ~ a good price 卖得好价钱 màidé hǎo jiàqián // ~ and carry 打杂儿 dǎzár, 当听差 dāng tīngchāi

fete I n 喜庆日(名) xǐqìngrì; 盛会 (名) shènghuì; 游园会(名) yóuyuánhuì II v 庆祝(动) qìngzhù; 招待(动) zhāodài

fetish n (1) 偶像(名) ǒuxiàng: the ~ of the tribe 这个部落的偶像 zhège bùluò de ǒuxiàng (2) 迷信物 míxìnwù; 迷恋物 míliànwù

fetter I n (1) 脚镣(名) jiǎoliào (2) 束缚(名、动) shùfù; 枷锁(名) jiāsuǒ: escape from the ~s of marriage 摆脱婚姻的束缚 bǎituō hūnyīn de shùfù II v 戴上脚镣 dàishang jiǎoliào; 束缚 (动) shùfù; 羁绊(动) jībàn: be ~ed by tradition 受传统束缚 shòu chuántǒng shùfù

feudal adj 封建(形) fēngjiàn; 封建制度的 fēngjiàn zhìdù de: the ~ society 封建社会 fēngjiàn shèhuì / the ~ age

封建时代 fēngjiàn shídài/ *the* ~ *system* 封建制度 fēngjiàn zhìdù

feudalism *n* 封建主义（名）fēngjiànzhǔyì, 封建制度 fēngjiàn zhìdù

fever *n* (1) 发烧 fāshāo, 发热 fārè, 热度（名）rèdù: *have a high* ~ 发高烧 fā gāoshāo (2) 热病（名）rèbìng: *hay* ~ 花粉热 huāfěnrè/ *yellow* ~ 黄热病 huángrèbìng/ *typhoid* ~ 伤寒 shānghán/ *scarlet* ~ 猩红热 xīnghóngrè

feverish *adj* (1) 发烧的 fāshāo de: *feel* ~ 觉得发烧 juéde fāshāo (2) 狂热（形）kuángrè, 兴奋（形）xīngfèn, 激动（形）jīdòng

few **I** *adj* (1) 很少 hěn shǎo, 少数的 shǎoshù de, 不多 bù duō; 几乎没有的 jīhū méiyǒu de (2) 几个 jǐge, 一些 yìxiē **II** *n* 少数（名）shǎoshù; 一些 yìxiē, 不多 bù duō, 几乎没有 jīhū méiyǒu: *the privileged* ~ 少数特权阶层分子 shǎoshù tèquán jiēcéng fènzǐ // *a good* ~ 相当多 xiāngdāng duō, 不少 bù shǎo/ *at the* ~*est* 至少 zhìshǎo / *no* ~*er than* 不少于 bù shǎoyú/ *not a* ~ 不少 bù shǎo, 很多 hěn duō

fiancé *n* 未婚夫（名）wèihūnfū

fiancée *n* 未婚妻（名）wèihūnqī

fibre *n* (1) 纤维（名）xiānwéi: *synthetic* ~ 合成纤维 héchéng xiānwéi (2) 质地（名）zhìdì; 性格（名）xìnggé: *material of coarse* ~ 质地粗糙的料子 zhìdì cūcāo de liàozi / *a person of coarse* ~ 性情粗暴的人 xìngqíng cūbào de rén

fickle *adj* 多变的 duōbiàn de, 易变的 yìbiàn de; 不专一的 bù zhuānyī de: ~ *fortune* 多变的命运 duōbiàn de mìngyùn / *a* ~ *woman* 一个易变的女人 yíge yìbiàn de nǚrén

fiction *n* (1) 虚构（动）xūgòu; 捏造（动）niēzào (2) 小说（名）xiǎoshuō, 故事（名）gùshi: *science* ~ 科学幻想小说 kēxué huànxiǎng xiǎoshuō

fictional *adj* 虚构的 xūgòu de; 小说的 xiǎoshuō de

fiddle **I** *n* 小提琴（名）xiǎotíqín: *play first* ~ 担任第一小提琴手 dānrèn dìyī xiǎotíqínshǒu **II** *v* (1) 拉提琴 lā tíqín; 拨弄提琴 bōnong tíqín (2) 摆弄（动）bǎi nong; 乱动 luàn dòng // *fit as a* ~ 身体非常健康 shēntǐ fēicháng jiànkāng

fidelity *n* (1) 忠实（动）zhōngshí, 忠诚（形）zhōngchéng: ~ *to one's wife* 对妻子的忠实 duì qīzi de zhōngshí / ~ *to a promise* 信守诺言 xìnshǒu nuòyán / ~ *to one's country* 忠于自己的国家 zhōngyú zìjǐ de guójiā (2) 精确（形）jīngquè, 无误 wúwù; 逼真（形）bīzhēn, 和原来一样 hé yuánlái yíyàng

fidget **I** *v* (1) 坐立不安 zuòlìbù'ān; 乱动 luàn dòng (2) 使烦躁不安 shǐ fánzào bù'ān **II** *n* 坐立不安的人 zuòlìbù'ān de rén; 喜欢乱动的人 xǐhuan luàn dòng de rén

field *n* (1) 田地（名）tiándì; 田野（名）tiányě; 牧场（名）mùchǎng: ~*s of corn* 玉米地 yùmǐdì / *a paddy* ~ 一块稻田 yíkuài dàotián (2) 场地（名）chǎngdì, 战场（名）zhànchǎng; 运动场（名）yùndòngchǎng: *lose the* ~ 败阵 bàizhèn/ *a baseball* ~ 棒球场 bàngqiúchǎng / *an air* ~ 飞机场 fēijīchǎng (3) （矿物的）产地（名）(kuàngwù de) chǎndì: *an oil* ~ 油田 yóutián / *a coal* ~ 煤田 méitián (4) 领域（名）lǐngyù, 方面（名）fāngmiàn: *the* ~ *of art* 艺术领域 yìshù lǐngyù (5) 实地（副）shídì; 野外（名）yěwài // ~ *army* 野战军 yězhànjūn/ ~ *events* 田赛 tiánsài / ~ *glasses* 双筒望远镜 shuāngtǒng wàngyuǎnjìng

fieldwork *n* 现场工作 xiànchǎng gōngzuò, 实习 shíxí

fiend *n* (1) 魔鬼（名）móguǐ; 魔王（名）mówáng; 恶魔般的人 èmó bān de rén (2) 酷爱某物的人 kù'ài mǒuwù de rén; …迷 …mí; …狂 kuáng: *a cigarette* ~ 烟鬼 yānguǐ

fierce *adj* (1) 残忍（形）cánrěn; 凶猛（形）xiōngměng: *a* ~ *tiger* 一只猛虎

yìzhī měnghǔ (2) 强烈(形) qiángliè, 猛烈(形) měngliè, 激烈(形) jīliè: ~ *hatred* 痛恨 tònghèn / a ~ *pain* 剧痛 jùtòng / a ~ *light* 刺眼的光线 cìyǎn de guāngxiàn / a ~ *speech* 激烈的演说 jīliè de yǎnshuō

fiery *adj* (1) 火的 huǒ de, 火一般的 huǒ yìbān de, 燃烧着的 ránshāozhe de: a ~ *sky* 火红的天空 huǒhóng de tiānkōng (2) 激烈(形) jīliè (3) 易怒的 yìnù de, 暴躁(形) bàozào: a ~ *horse* 一匹烈马 yìpǐ lièmǎ

fifteen *num* 十五(数) shíwǔ, 拾伍(数) shíwǔ

fifteenth *num* 第十五 dìshíwǔ; 十五分之一 shíwǔfēn zhī yī: *the ~ of May* 五月十五日 wǔyuè shíwǔrì

fifth *num* 第五 dìwǔ; 五分之一 wǔfēn zhī yī: *4 ~s* 五分之四 wǔfēn zhī sì

fiftieth *num* 第五十 dìwǔshí; 五十分之一 wǔshífēn zhī yī: *one ~ of the total* 全部的五十分之一 quánbù de wǔshífēn zhī yī

fifty **I** *num* 五十(数) wǔshí, 伍拾(数) wǔshí **II** *n* (*pl*) 五十到五十九之间 wǔshí dào wǔshíjiǔ zhī jiān: *in the early fifties* 在五十年代初期 zài wǔshí niándài chūqī

fig *n* (1) 无花果(名) wúhuāguǒ; 无花果树 wúhuāguǒshù (2) 无价值的东西 wú jiàzhí de dōngxi; 少许(形) shǎoxǔ, 一点儿 yìdiǎnr

fight **I** *v* (1) 作战(动) zuòzhàn, 打仗 dǎzhàng; 打架 dǎjià; 搏斗(动) bódòu (2) 奋斗(动) fèndòu; 战斗(动) zhàndòu, 斗争(动) dòuzhēng: ~ *for one's great ideals* 为自己的伟大理想而奋斗 wèi zìjǐ de wěidà lǐxiǎng ér fèndòu / ~ *poverty* 和贫穷作斗争 hé pínqióng zuò dòuzhēng **II** *n* (1) 战斗(名) zhàndòu; 搏斗(动) bódòu; 斗争(名) dòuzhēng; 打架 dǎjià: *join in the ~* 参加战斗 cānjiā zhàndòu/ *the ~ against disease* 同疾病的斗争 tóng jíbìng de dòuzhēng (2) 斗志(名)

dòuzhì; 战斗力(名) zhàndòulì // ~ *back* 还击 huánjī/ ~ *down* 努力抑制 nǔlì yìzhì, 克服 kèfú/ ~ *off* 击退 jītuì; 竭力避免 jiélì bìmiǎn: ~ *off a cold* 治好感冒 zhìhǎo gǎnmào

figurative *adj* 比喻的 bǐyù de; 象征的 xiàngzhēng de: *in a ~ sense* 在比喻的意义上 zài bǐyù de yìyì shang

figure **I** *n* (1) 外形(名) wàixíng, 轮廓(名) lúnkuò; 体型(名) tǐxíng; 人影儿 rényǐngr: *the ~ of a ship on the horizon* 地平线上的船影儿 dìpíngxiànshang de chuányǐngr (2) 塑像(名) sùxiàng; 画像(名) huàxiàng: *a bronze ~* 铜像 tóngxiàng/ *a half-length ~* 半身像 bànshēnxiàng (3) 形象(名) xíngxiàng; 人物(名) rénwù; 身分(名) shēnfen, 地位(名) dìwèi: *historical ~s* 历史人物 lìshǐ rénwù/ *prominent public ~s* 社会知名人士 shèhuì zhīmíng rénshì/ *a person of ~* 地位高的人 dìwèi gāo de rén (4) 位数 wèishù; 数字(名) shùzì (5) 价钱(名) jiàqian **II** *v* (1) 出现(动) chūxiàn; 扮演(动) bànyǎn (2) 估计(动) gūjì, 猜想(动) cāixiǎng; 认为(动) rènwéi // *cut a ~* 崭露头角 zhǎnlòutóujiǎo / ~*s of speech* 形象化说法 xíngxiànghuà shuōfǎ, 修辞法 xiūcífǎ

figurine *n* 小雕像(名) xiǎo diāoxiàng, 小塑像 xiǎo sùxiàng; 小泥人儿 xiǎo nírénr: *a box of panda ~s* 一盒熊猫泥像 yìhé xióngmāo níxiàng

filament *n* (1) 细丝(名) xìsī; 单纤维(名) dānxiānwéi: *nylon ~s* 尼龙丝 nílóngsī (2) 灯丝(名) dēngsī: *tungsten ~s* 钨丝 wūsī

file[1] **I** *n* (1) 文件夹(名) wénjiànjiā; 合订本(名) hédìngběn; 档案(名) dàng'àn: *a ~ of newspapers* 报纸的合订本 bàozhǐ de hédìngběn (2) 队(名) duì; 单行 dānháng; 纵队(名) zòngduì: *a single ~* 一路纵队 yílù zòngduì **II** *v* (1) 把...归档 bǎ... guīdàng (2) 排成纵队行进 páichéng zòngduì xíngjìn

file² **I** *n* 锉（名）cuò, 锉刀（名）cuòdāo: *a flat ~* 一把扁锉 yìbǎ biǎncuò / *a triangular ~* 三角锉 sānjiǎocuò **II** *v* 锉（动）cuò: *~ sth. smooth* 把某物锉平 bǎ mǒuwù cuòpíng

filial *adj* 孝顺（形、动）xiàoshun: *~ love* 孝心 xiàoxīn

fill **I** *v*（1）装满 zhuāngmǎn, 倒满 dàomǎn, 充满（动）chōngmǎn（2）坐满 zuòmǎn, 占满 zhànmǎn（3）填（动）tián; 补（动）bǔ（4）担任（动）dānrèn; 充当（动）chōngdāng, 填补（动）tiánbǔ **II** *n* 吃饱 chībǎo; 填满 tiánmǎn; 满足（动）mǎnzú // *~ in*（1）填 tián（2）填写 tiánxiě: *~ in the blanks* 填空 tiánkòng / *~ up* 填补 tiánbǔ; 装满 zhuāngmǎn

fillet *n*（1）头带儿（名）tóudàir, 束发带 shùfàdài（2）鱼片（名）yúpiàn; 肉片（名）ròupiàn: *~s of veal* 嫩牛肉片 nèn niúròupiàn

filling *n*（1）填补物（名）tiánbǔwù（2）馅儿（名）xiànr: *~ for dumplings* 饺子馅儿 jiǎozi xiànr

filling-station *n* 汽车加油站 qìchē jiāyóuzhàn

film **I** *n*（1）薄薄的一层 báobáo de yìcéng; 薄膜（名）bómó: *a ~ of oil on water* 水面上薄薄的一层油 shuǐmiànshang báobáo de yìcéng yóu / *a ~ of plastic* 一层塑料薄膜 yìcéng sùliào bómó/ *a ~ of mist* 薄雾 báowù（2）胶卷儿（名）jiāojuǎnr, 底片（名）dǐpiàn; 软片（名）ruǎnpiàn: *a roll of ~* 一个胶卷儿 yíge jiāojuǎnr（3）电影（名）diànyǐng, 影片（名）yǐngpiàn: *go to a ~* 去看电影 qù kàn diànyǐng / *a documentary ~* 一部纪录片 yíbù jìlùpiàn/ *a colour ~* 彩色影片 cǎisè yǐngpiàn **II** *v* 拍摄（动）pāishè; 把...拍成电影 bǎ... pāichéng diànyǐng // *~ maker* 电影制作人 diànyǐng zhìzuòrén, 制片人 zhìpiànrén / *~ star* 电影明星 diànyǐng míngxīng/ *~ studio* 电影制片厂 diànyǐng zhìpiànchǎng

filter **I** *n*（1）过滤器（名）guòlùqì; 滤纸（名）lǜzhǐ: *the oil ~ in a car* 汽车上的滤油器 qìchēshang de lǜyóuqì（2）滤光镜（名）lǜguāngjìng: *a blue ~* 一只蓝色滤光镜 yìzhī lánsè lǜguāngjìng **II** *v*（1）过滤（动）guòlù / *~ the drinking water* 滤清饮水 lùqīng yǐnshuǐ（2）慢慢传开 mànmàn chuánkāi, 走漏 zǒulòu // *~ paper* 过滤纸 guòlùzhǐ/ *~ tip* 香烟上的过滤嘴儿 xiāngyānshang de guòlùzuǐr; 过滤嘴儿香烟 guòlùzuǐr xiāngyān

filter-tipped *adj* 带过滤嘴儿的 dài guòlùzuǐr de: *~ cigarettes* 带过滤嘴儿的香烟 dài guòlùzuǐr de xiāngyān

filthy *adj*（1）不干净的 bù gānjìng de, 肮脏（形）āngzāng: *a ~ street* 一条肮脏的街道 yìtiáo āngzāng de jiēdào/ *~ lucre* 不义之财 búyìzhīcái（2）猥亵的 wěixiè de, 下流（形）xiàliú

fin *n* 鳍（名）qí; 鳍状物（名）qízhuàngwù: *shark's ~* 鱼翅 yúchì

final **I** *adj* 最后的 zuìhòu de; 最终的 zuìzhōng de; 决定性的 juédìngxìng de: *the ~ day of a school term* 学期的最后一天 xuéqī de zuìhòu yìtiān/ *a ~ decision* 最后决定 zuìhòu juédìng/ *a ~ judgement* 最终判决 zuìzhōng pànjué **II** *n* 期末考试 qīmò kǎoshì; 决赛（名）juésài: *the tennis ~s* 网球决赛 wǎngqiú juésài/ *be qualified to a play in the ~s* 有资格参加决赛 yǒu zīgé cānjiā juésài

finalize *v* 把...最后定下来 bǎ... zuìhòu dìngxialai

finally *adv* 最后（名）zuìhòu, 最终 zuìzhōng

finance **I** *n* 财政（名）cáizhèng; 金融（名）jīnróng: *the Minister of F~* 财政部长 cáizhèng bùzhǎng/ *an expert in ~* 金融专家 jīnróng zhuānjiā **II** *v* 提供资金 tígōng zījīn, 资助（动）zīzhù, 提供经费 tígōng jīngfèi

financial *adj* 财政的 cáizhèng de; 金融的 jīnróng de: *the ~ condition* 财政状况 cáizhèng zhuàngkuàng / *~ affairs* 财务 cáiwù // *~ year* 财政年度

cáizhèng niándù, 会计年度 kuàiji niándù

find Ⅰ *v* (1) 找到 zhǎodào; 拾到 shídào (2) 发现(动) fāxiàn, 发觉(动) fājué; 感到(动) gǎndào (3) 找出 zhǎochū; 查明(动) chámíng, 弄清 nòngqīng: ~ *the answer to a question* 找出问题的答案 zhǎochū wèntí de dá'àn (4) 弄到 nòngdào, 得到(动) dédào (5) 裁决 cáijué: ~ *sb. innocent* 判某人无罪 pàn mǒurén wú zuì Ⅱ *n* 发现(动) fāxiàn: *a great archaeological* ~ 一个重大的考古发现 yíge zhòngdà de kǎogǔ fāxiàn // ~ *out* 找出 zhǎochū; 查明 chámíng; 了解 liǎojiě

fine[1] Ⅰ *adj* (1) 美好(形) měihǎo; 优秀(形) yōuxiù (2) 细(形) xì; 精巧(形) jīngqiǎo; 细微(形) xìwēi: ~ *thread* 细纱 xìshā/ ~ *workmanship* 精巧的手工 jīngqiǎo de shǒugōng/ *a* ~ *distinction* 细微的差别 xìwēi de chābié (3) 好看(形) hǎokàn, 漂亮(形) piàoliang, 美丽(形) měilì: *a* ~ *view* 美丽的景色 měilì de jǐngsè/ *a* ~ *house* 一所漂亮的房子 yìsuǒ piàoliang de fángzi (4) 晴朗(形) qínglǎng: *a* ~ *summer morning* 一个晴朗的夏日清晨 yíge qínglǎng de xiàrì qīngchén Ⅱ *adv* 很好 hěn hǎo // ~ *arts* 美术 měishù/ *one* ~ *day* 有一天 yǒu yìtiān, 有一次 yǒu yícì/ *one of these* ~ *days* 总有一天 zǒng yǒu yìtiān

fine[2] Ⅰ *n* 罚款(名) fákuǎn: *pay a 5-yuan* ~ 交五元罚款 jiāo wǔyuán fákuǎn Ⅱ *v* 罚(动) fá

finger Ⅰ *n* 手指(名) shǒuzhǐ: *the index* ~ 食指 shízhǐ/ *the middle* ~ 中指 zhōngzhǐ/ *the ring* ~ 无名指 wúmíngzhǐ/ *the little* ~ 小指 xiǎozhǐ Ⅱ *v* (1) 摸(动) mō (2) 弹奏(动) tánzòu // *lay a* ~ *on* 触碰 chùpèng; 伤害 shānghài / ~ *language* 手势语 shǒushìyǔ

fingernail *n* 指甲(名) zhǐjia

fingerprint *n* 手印(名) shǒuyìn, 指纹 zhǐwén

fingertip *n* 指尖(名) zhǐjiān

finish Ⅰ *v* (1) 结束(动) jiéshù; 完成(动) wánchéng: ~ *one's work* 结束工作 jiéshù gōngzuò/ ~ *school* 毕业 bìyè (2) 给...最后加工 gěi...zuìhòu jiāgōng; 润饰(动) rùnshì (3) 吃完 chīwán; 用完 yòngwán Ⅱ *n* 结束(动) jiéshù; 最后阶段 zuìhòu jiēduàn; 收场 shōuchǎng: *the* ~ *of a race* 赛跑的最后一段距离 sàipǎo de zuìhòu yíduàn jùlí / *fight to a* ~ 打到底 dǎdào dǐ // ~ *off* (1) 完全吃光 wánquán chīguāng (2) 杀死 shāsǐ; 干掉 gàndiào/ ~ *with* (1) 完成 wánchéng; 结束 jiéshù (2) 与...断绝关系 yǔ...duànjué guānxi

fir *n* 冷杉(名) lěngshān, 枞树(名) cōngshù; 冷杉木(名) lěngshānmù, 枞木(名) cōngmù

fire Ⅰ *n* (1) 火(名) huǒ (2) 炉火(名) lúhuǒ (3) 火灾(名) huǒzāi; 失火(动) shīhuǒ: *a forest* ~ 森林火灾 sēnlín huǒzāi (4) 炮火(名) pàohuǒ; 火力(名) huǒlì; 猛烈的批评 měngliè de pīpíng: *open* ~ 开火 kāihuǒ Ⅱ *v* (1) 开火(动) kāihuǒ, 射击(动) shèjī: *a shot* 开枪 kāi qiāng (2) 解雇(动) jiěgù, 开除(动) kāichú // ~ *alarm* 火警 huǒjǐng; 火警警报器 huǒjǐng jǐngbàoqì / ~ *brigade* 消防队 xiāofángduì / ~ *engine* 消防车 xiāofángchē/ ~ *escape* 太平梯 tàipíngtī / ~ *extinguisher* 灭火器 mièhuǒqì / *make a* ~ 生火 shēng huǒ/ *on* ~ 着火 zháohuǒ, 起火 qǐ huǒ/ *set...on* ~ 放火烧 fàng huǒ shāo, 使燃烧 shǐ ránshāo; 使激动 shǐ jīdòng / *There's no smoke without* ~ 无风不起浪 wúfēng bù qǐ làng.

firearm *n* 武器(名) wǔqì, 火器(名) huǒqì; 枪(名) qiāng

firebomb *n* 燃烧弹 ránshāodàn

firecracker *n* 爆竹(名) bàozhú, 鞭炮 biānpào

fireman *n* 消防队员 xiāofáng duìyuán

fireplace *n* 壁炉(名) bìlú

fireproof *adj* 耐火的 nàihuǒ de; 防火的 fánghuǒ de

firewood *n* 柴（名）chái, 木柴（名）mùchái, 柴火（名）cháihuo

firework *n* 烟火（名）yānhuǒ; 爆竹（名）bàozhú, 花炮（名）huāpào

firing-squad *n* 行刑队（名）xíngxíngduì

firm[1] **I** *adj* (1) 结实（形）jiēshi; 坚硬（形）jiānyìng; 牢固（形）láogù (2) 坚定（形）jiāndìng; 坚决（形）jiānjué; 严格（形）yángé: *a ~ faith* 坚定的信仰 jiāndìng de xìnyǎng / *~ in purpose* 意志坚定 yìzhì jiāndìng / *take ~ measures* 采取坚决措施 cǎiqǔ jiānjué cuòshī **II** *adv* 坚定地 jiāndìng de; 稳固地 wěngù de: *stand ~* 站稳 zhànwěn/ *hold ~ to one's beliefs* 坚持自己的信念 jiānchí zìjǐ de xìnniàn

firm[2] *n* 公司（名）gōngsī, 商行（名）shāngháng; 商号（名）shānghào: *an export ~* 出口公司 chūkǒu gōngsī

firmly *adv* 坚定地 jiāndìng de; 牢固地 láogù de, 结实地 jiēshi de

first **I** *num* 第一 dìyī: *the ~ lesson* 第一课 dìyī kè **II** *n* (1) 开始（名）kāishǐ; 开端（名）kāiduān (2) 第一 dìyī; 冠军（名）guànjūn; 最先的 zuìxiān de: *a very fine student who took a double ~* 两门功课得第一的优秀生 liǎngmén gōngkè dé dìyī de yōuxiùshēng **III** *adj* 第一位的 dìyīwèi de; 首要（形）shǒuyào; 开头的 kāitóu de: *the ~ snow* 头场雪 tóucháng xuě/ *the ~ 2* 头两个 tóu liǎngge / *the ~ grade* 头等 tóuděng（甲级 jiǎjí）**IV** *adv* 先（副）xiān, 首先（副）shǒuxiān, 初次 chūcì // *at ~* 起初 qǐchū, 开始的时候 kāishǐ de shíhou/ *~ aid* 急救 jíjiù de/ *~ and last* 总的说来 zǒngde shuōlái / *~ name* 教名 jiàomíng, 名 míng / *~ night* 首场演出 shǒuchǎng yǎnchū, 首映之夜 shǒu yìng zhī yè/ *~ of all* 首先 shǒuxiān, 第一 dìyī/ *from the ~* 从一开始 cóng yìkāishǐ, 从头 cóngtóu/ *from ~ to last* 自始至终 zìshǐzhìzhōng

first-class *adj* 第一流的 dìyīliú de, 头等的 tóuděng de: *~ hotel* 头等旅馆 tóuděng lǚguǎn

firsthand *adj* 第一手的 dìyīshǒu de: *~ material* 第一手材料 dìyīshǒu cáiliào/ *~ experience* 直接经验 zhíjiē jīngyàn

first-rate *adj* 第一流的 dìyīliú de, 极好的 jíhǎo de: *~ materials* 上等材料 shàngděng cáiliào

fiscal *adj* 国库的 guókù de; 财政的 cáizhèng de: *~ policy* 财政政策 cáizhèng zhèngcè/ *~ year* 财政年度 cáizhèng niándù/ *~ affairs* 财务 cáiwù

fish **I** *n* 鱼（名）yú; 鱼肉（名）yúròu: *a piece of boiled ~* 一块炖鱼肉 yíkuài dùn yúròu **II** *v* (1) 捕鱼 bǔ yú; 钓鱼 diào yú: *~ in the sea* 在海上捕鱼 zài hǎishang bǔ yú (2) 捞（动）lāo; 掏出 tāochū; 寻找（动）xúnzhǎo // *~ culture* 渔业 yúyè/ *~ farm* 养鱼场 yǎngyúchǎng/ *~ fry* 炸鱼 zháyú/ *~ in troubled waters* 混水摸鱼 húnshuǐmōyú / *~ out* 掏出 tāochū, 摸出 mōchū; 摸索出 mōsuochū

fisherman *n* 捕鱼人 bǔyúrén, 渔民（名）yúmín, 渔夫（名）yúfū

fish-hook *n* 鱼钩（名）yúgōu

fishing *n* 钓鱼 diào yú, 捕鱼 bǔ yú: *do some ~ on one's holidays* 假日去钓鱼 jiàrì qù diào yú // *~ boat* 渔船 yúchuán/ *~ line* 钓线 diàoxiàn/ *~ rod* 钓竿儿 diàogānr

fishmonger *n* 鱼贩子（名）yúfànzi

fish-net *n* 鱼网（名）yúwǎng

fish-pond *n* 鱼塘 yútáng

fishy *adj* (1) 可疑的 kěyí de, 靠不住的 kào búzhù de (2) 鱼腥味的 yúxīngwèi de

fist *n* 拳（名）quán, 拳头（名）quántou

fistful *n* 一把 yìbǎ; 相当大的数量 xiāngdāng dà de shùliàng: *a ~ of sweets* 一把糖 yìbǎ táng

fit[1] **I** *v* (1) 合适（形）héshì; 符合（动）

fúhé; 配合（动）pèihé（2）合身（形）héshēn（3）安（动）ān, 装（动）zhuāng: ~ *the handle on* 装上把手 zhuāngshang bǎshou II *adj*（1）适合（动）shìhé, 合适（形）héshì（2）健康（形）jiànkāng // ~ *in with* 适合 shìhé, 符合 fúhé, 适应 shìyìng / ~ *out* 装备 zhuāngbèi, 配备 pèibèi

fit² *n*（病的）发作（动）（bìng de）fāzuò; 一阵 yízhèn: *a* ~ *of coughing* 一阵咳嗽 yízhèn késou

fitting I *adj* 适合（动）shìhé, 恰当（形）qiàdàng; 相称（形）xiāngchèn II *n*（1）试穿 shì chuān, 试衣 shì yī（2）设备（名）shèbèi; 器材（名）qìcái; 用具（名）yòngjù: *electric light* ~*s* 照明装置 zhàomíng zhuāngzhì

five *num* 五（数）wǔ, 伍（数）wǔ

fix *v*（1）固定（动）gùdìng; 安装（动）ānzhuāng: ~ *a microphone in the hall* 在大厅里安装扩音器 zài dàtīngli ānzhuāng kuòyīnqì（2）确定（动）quèdìng; 决定（动）juédìng: ~ *the price at 20 dollars* 定价二十美元 dìngjià èrshí měiyuán（3）安排（动）ānpái; 准备（动）zhǔnbèi（4）修理（动）xiūlǐ: ~ *a radio* 修理收音机 xiūlǐ shōuyīnjī

fixed *adj*（1）固定（形）gùdìng, 不动的 búdòng de: *chairs* ~ *to the floor* 固定在地板上的椅子 gùdìng zài dìbǎnshang de yǐzi（2）确定的 quèdìng de; 不变的 búbiàn de; 固执（形）gùzhí: *a* ~ *stare* 凝视的目光 níngshì de mùguāng / ~ *ideas* 一成不变的观念 yìchéngbúbiàn de guānniàn

flabby *adj*（1）松软（形）sōngruǎn, 松弛（形）sōngchí: ~ *muscles* 松弛的肌肉 sōngchí de jīròu（2）软弱（形）ruǎnruò: *a* ~ *character* 软弱的性格 ruǎnruò de xìnggé

flag I *n* 旗（名）qí: ~*s hanging at half-mast* 降半旗 jiàng bànqí II *v* 挂旗于... guà qí yú..., 挥动旗子 huīdòng qízi: ~ *the streets* 在街上挂旗子 zài jiēshang guà qízi // ~ *down* 打手势叫车停下来 dǎ shǒushì jiào chē tíngxialai / *lower the* ~ 降旗 jiàng qí

flag-pole *n* 旗杆（名）qígān

flagstone *n* 铺路用的石板 pū lù yòng de shíbǎn, 扁石（名）biǎnshí

flake I *n*（1）薄片（名）báopiàn: *a* ~ *of cloud* 一片云 yípiàn yún / ~*s of snow* 雪花儿 xuěhuār / *soap* ~*s* 肥皂片儿 féizàopiànr（2）薄薄一层 báobáo yìcéng II *v*（1）使成薄片儿 shǐ chéng báopiànr: ~ *a fish* 切鱼片儿 qiē yúpiànr（2）剥落（动）bōluò; 成片儿掉下来 chéng piànr diàoxialai

flame I *n*（1）火焰（名）huǒyàn; 光辉（名）guānghuī: *the* ~*s of sunset* 火红的晚霞 huǒhóng de wǎnxiá（2）激情（名）jīqíng: ~*s of anger* 怒火 nùhuǒ II *v* 升起火焰 shēngqǐ huǒyàn, 燃烧（动）ránshāo; 发光 fā guāng, 发红 fā hóng

flank I *n* 侧面（名）cèmiàn; 侧翼（名）cèyì II *v*（1）在...的侧面 zài...de cèmiàn（2）夹击（动）jiājī, 包抄（动）bāochāo

flannel *n* 法兰绒（名）fǎlánróng; 绒布（名）róngbù: 法兰绒衣服 fǎlánróng yīfu: ~ *underwear* 法兰绒内衣 fǎlánróng nèiyī

flap I *v*（1）拍打（动）pāidǎ, 拍击（动）pāijī（2）拍动（动）pāidòng; 摆动（动）bǎidòng, 飘动（动）piāodòng II *n*（1）摆动（动）bǎidòng, 拍打（动）pāidǎ（2）（袋）盖儿（名）（dài）gàir; 帽沿儿（名）màoyánr; 信封的封口 xìnfēng de fēngkǒu

flare I *v*（1）火焰闪耀 huǒyàn shǎnyào; 突然烧起来 tūrán shāoqilai; 闪烁（动）shǎnshuò（2）张开 zhāngkāi II *n*（1）摇曳的火焰 yáoyè de huǒyàn; 闪耀（动）shǎnyào, 闪烁（动）shǎnshuò（2）展开部分 zhǎnkāi bùfen, 下摆（名）xiàbǎi: *the* ~ *of a skirt* 裙子的展开部分 qúnzi de zhǎnkāi bùfen（裙子的下摆 qúnzi de xiàbǎi）（3）突然爆发 tūrán bàofā: *a sudden* ~ *of trumpets* 突然响起的一阵喇叭

声 tūrán xiǎngqǐ de yízhèn lǎbashēng // ~ up 突然发怒 tūrán fānù; 突然爆发 tūrán bàofā

flash **I** n (1) 闪光 shǎnguāng; 闪现 (动) shǎnxiàn; 闪光的东西 shǎnguāng de dōngxi: a ~ of lightning 闪电 shǎndiàn/ a ~ of hope 一线希望 yíxiàn xīwàng (2) 刹那(名) chà'nà, 瞬间(名) shùnjiān: in a ~ 一刹那 yíchà'nà (3) (简短的)电讯 (名) (jiǎnduǎn de) diànxùn (4) 闪光灯(名) shǎnguāngdēng **II** v (1) 闪光 shǎnguāng, 闪亮 shǎnliàng (2) 发出 (动) fāchū: ~ a danger signal 发出危险信号 fāchū wēixiǎn xìnhào (3) 闪现(动) shǎnxiàn; 擦过 cāguò // a ~ in the pan 昙花一现 tánhuāyíxiàn

flashlight n (1) 手电筒(名) shǒudiàntǒng (2) 闪光灯(名) shǎnguāngdēng

flask n (1) 瓶(名) píng; 一瓶的量 yìpíng de liàng: a brandy ~ 一个白兰地酒瓶 yíge báilándì jiǔpíng / a ~ of whisky 一瓶威士忌 yìpíng wēishìjì (2) 烧瓶(名) shāopíng (3) (携带用)水瓶(名) (xiédài yòng) shuǐpíng, 水壶 shuǐhú

flat[1] **I** adj (1) 平(形) píng, 平坦(形) píngtǎn; 扁平(形) biǎnpíng (2) 浅 (形) qiǎn: ~ plates 浅盘 qiǎnpán (3) 断然(形) duànrán, 干脆(形) gāncuì, 直截了当 zhíjiéliǎodàng: a ~ refusal 断然拒绝 duànrán jùjué (4) 枯燥无味 (形) kūzàowúwèi; 无聊(形) wúliáo **II** adv (1) 平(形) píng, 平直地 píngzhí de (2) 断然(形) duànrán, 直截了当地 zhíjiéliǎodàng de **III** n 平地(名) píngdì; 平坦部分 píngtǎn bùfen: the ~ of the hand 手掌 shǒuzhǎng

flat[2] n 单元房间 dānyuán fángjiān; 套房(名) tàofáng; 公寓(名) gōngyù: ~ dwellers 住单元房的人 zhù dānyuánfáng de rén / the top ~ 最高层的单元房间 zuì gāo céng de dānyuán fángjiān / a block of ~s 单元楼 dānyuánlóu (公寓大楼 gōngyù dàlóu)

/ a 2-room ~ 两间的套房 liǎngjiān de tàofáng (两居室 liǎngjūshì)

flatten v (1) 把...弄平 bǎ... nòngpíng (2) 击倒 jīdǎo; 使倒伏 shǐ dǎofú: ~ one's opponent 击倒对手 jīdǎo duìshǒu

flatter v (1) 奉承(动) fèngcheng, 拍马 pāi mǎ (2) 使高兴 shǐ gāoxìng, 使满意 shǐ mǎnyì (3) (画儿或照片)比本人漂亮 (huàr huò zhàopiàn) bǐ běnrén piàoliang // ~ oneself 自以为 zìyǐwéi

flatterer n 奉承者(名) fèngchengzhě, 拍马屁的人 pāi mǎpì de rén

flattery n 奉承(动) fèngcheng, 献媚 (动) xiànmèi; 捧场 pěngcháng; 恭维话 gōngwéi huà

flavour **I** n (1) 味儿(名) wèir, 味道 (名) wèidào: a strong ~ of cheese 很浓的奶酪味儿 hěn nóng de nǎilàowèir/ a ~ of garlic 大蒜味儿 dàsuànwèir (2) 风味儿(名) fēngwèir; 情调(名) qíngdiào: local ~ 地方风味儿 dìfāng fēngwèir / a story with a ~ of romance 具有浪漫气息的故事 jùyǒu làngmàn qìxī de gùshi **II** v 加味儿 jiā wèir, 给...调味儿 gěi... tiáo wèir: ~ the soup with onions 在汤里加上洋葱调味儿 zài tāngli jiāshang yángcōng tiáo wèir

flavourless adj 无味的 wúwèi de; 乏味(形) fáwèi

flaw n 缺点(名) quēdiǎn, 瑕疵(名) xiácī; 缺陷(名) quēxiàn, 毛病(名) máobìng; 裂缝(名) lièfèng

flawless adj 无瑕疵的 wú xiácī de, 无缺点的 wú quēdiǎn de

flax n (1) 亚麻(名) yàmá (2) 亚麻纤维 yàmá xiānwéi; 亚麻布(名) yàmábù

flea n 跳蚤(名) tiàozǎo // a ~ market 跳蚤市场 tiàozǎo shìchǎng, 旧货市场 jiù huò shìchǎng

fleck n (1) 斑点(名) bāndiǎn, 点儿 (名) diǎnr: a piece of blue cloth with ~s of white 一块带白点的蓝布

yíkuài dài báidiǎn de lánbù（2）微粒
（名）wēilì；小片 xiǎopiàn

flee v（1）逃（动）táo, 逃走 táozǒu
（2）散（动）sàn, 消散（动）xiāosàn

fleece I n（1）羊毛（名）yángmáo；羊
身上一次剪下的毛 yángshēnshang yícì
jiǎnxià de máo: the Golden F~（希腊
神话中的）金羊毛（Xīlà shénhuàzhōng
de）jīnyángmáo（2）羊毛状物
yángmáozhuàngwù II v（1）剪羊毛
jiǎn yángmáo（2）诈取（动）zhàqǔ, 骗
取（动）piànqǔ: ~ a person of his
money 骗取一个人的钱财 piànqǔ yíge
rén de qiáncái

fleet n（1）舰队（名）jiànduì, 船队
（名）chuánduì: the East China Sea
F~（中国）东海舰队（Zhōngguó）
Dōnghǎi Jiànduì/ a whaling ~ 捕鲸
船队 bǔ jīng chuánduì（2）机群（名）
jīqún; 汽车队（名）qìchēduì: an aerial
~ 机群 jīqún / a ~ of trucks 卡车队
kǎchēduì

flesh n（1）肉（名）ròu（2）果肉（名）
guǒròu（3）肉体（名）ròutǐ // in the
~ 本人 běnrén, 亲身 qīnshēn / lose
one's ~ 消瘦 xiāoshòu, 变瘦 biànshòu/
one's ~ and blood 亲骨肉 qīngǔròu;
亲人 qīnrén / put on ~ 长肉 zhǎng
ròu, 发胖 fā pàng

flex v 弯曲（动）wānqū, 屈（动）qū:
~ one's knees 屈膝 qūxī

flexible adj（1）柔韧（形）róurèn, 易
弯曲的 yì wānqū de（2）可变通的 kě
biàntōng de, 灵活（形）línghuó

flick I n 轻打 qīng dǎ; 轻击 qīng jī;
轻拂 qīng fú; 轻扣 qīng kòu; 轻弹
qīng tán II v 轻打 qīng dǎ, 轻击 qīng
jī; 轻拂 qīng fú; 轻扣 qīng kòu; 轻弹
qīng tán

flicker I v 闪烁（动）shǎnshuò; 摇曳
（动）yáoyè; 忽隐忽现 hūyǐnhūxiàn;
掠过 lüèguò II n 扑动（动）pūdòng; 闪
烁（动）shǎnshuò; 摇曳（动）yáoyè; 忽
隐忽现 hūyǐnhūxiàn: the uncertain ~
of a candle 闪烁不定的烛光
shǎnshuòbúdìng de zhúguāng / a ~ of

hope 一线希望 yíxiàn xīwàng

flight[1] n（1）飞行（动）fēixíng, 飞翔
（动）fēixiáng: a bird in ~ 飞翔中的
鸟 fēixiángzhong de niǎo（2）一群
yìqún, 一队 yíduì: a ~ of pigeons 一
群鸽子 yìqún gēzi / a ~ of wild geese
一队大雁 yíduì dàyàn（3）班机（名）
bānjī; 航班（名）hángbān; 搭机旅行
dā jī lǚxíng（4）楼梯（或阶梯）的一段
lóutī（huò jiētī）de yíduàn // ~ course
航线 hángxiàn / ~ crew 机组人员
jīzǔ rényuán/ ~ personnel 飞行人员
fēixíng rényuán

flight[2] n 逃跑（动）táopǎo, 溃退（动）
kuìtuì: take ~ 逃跑 táopǎo / put the
enemy to ~ 把敌人打退 bǎ dírén dǎtuì

flimsy adj（1）薄（形）báo, 单薄（形）
dānbáo（2）不结实 bù jiēshi, 脆弱
（形）cuìruò, 容易损坏的 róngyì
sǔnhuài de（3）无力的 wúlì de; 站不
住脚的 zhàn bú zhù jiǎo de; 不足信的
bù zú xìn de

flinch v 退缩（动）tuìsuō; 畏缩（动）
wèisuō: ~ from danger 遇到危险而
退缩 yùdào wēixiǎn ér tuìsuō

fling I v（1）扔（动）rēng, 抛（动）
pāo, 丢（动）diū（2）投入 tóurù, 扔进
rēngjìn; 跳入 tiàorù: ~ a criminal
into prison 把罪犯投入监狱 bǎ zuìfàn
tóurù jiānyù（3）闯进 chuǎngjìn; 突然
走开 tūrán zǒukāi; 猛冲 měngchōng II
n（1）投（动）tóu, 掷（动）zhì, 抛
（动）pāo（2）放荡（形）fàngdàng, 懒
散（形）lǎnsǎn

flirt v 调情（动）tiáoqíng, 调戏（动）
tiáoxì, 卖弄风骚 màinòng fēngsāo

flit v 掠过 lüèguò, 迅速飞过 xùnsù
fēiguò

float I v 漂（动）piāo, 漂浮（动）
piāofú; 飘（动）piāo, 飘浮（动）piāofú
II n（1）漂浮物（名）piāofúwù: ~
bridge 浮桥 fúqiáo（2）平台卡车
píngtái kǎchē; 彩车（名）cǎichē //
~ing rate 浮动汇率 fúdòng huìlǜ

flock I n（1）鸟群（名）niǎoqún; 羊群
（名）yángqún: a ~ of sea-gulls 一群

海鸥 yìqún hǎi'ōu (2) 一群人 yìqún rén; 全体教徒 quántǐ jiàotú; 一家的子女 yìjiā de zǐnǚ: a ~ of young girls 一伙年轻的姑娘 yìhuǒ niánqīng de gūniang / a teacher and his ~ 教师和他的学生 jiàoshī hé tā de xuésheng (3) 大量 (形) dàliàng, 众多 (形) zhòngduō, 成群结队 chéngqúnjiéduì II v 聚集 (动) jùjí, 群集 (动) qúnjí; 成群地去 (或来) chéngqún de qù (huò lái)

flog v 抽打 (动) chōudǎ, 鞭打 (动) biāndǎ: ~ a donkey 鞭打毛驴 biāndǎ máolú/~ a horse along 策马前进 cè mǎ qiánjìn // ~ a dead horse 徒劳无功 túláowúgōng

flood I n (1) 洪水 (名) hóngshuǐ; 水灾 (名) shuǐzāi (2) 一大阵 yídàzhèn, 一大批 yídàpī, 大量 (形) dàliàng: a ~ of rain 一阵大雨 yízhèn dàyǔ / a ~ of letters 大量信件 dàliàng xìnjiàn/ a ~ of settlers 大批的移民 dàpī de yímín II v (1) 淹 (动) yān, 淹没 (动) yānmò; 泛滥 (动) fànlàn (2) 涌到 yǒngdào; 充满 (动) chōngmǎn

floodgate n 水闸 (名) shuǐzhá

floodlight n 泛光灯 (名) fànguāngdēng; 水银灯 (名) shuǐyíndēng

floodwater n 洪水 (名) hóngshuǐ

floor I n (1) 地 (名) dì; 地板 (名) dìbǎn: sweep the ~ 扫地 sǎo dì (2) 场地 (名) chǎngdì: a competition ~ 室内比赛场 shìnèi bǐsàichǎng/ a dance ~ 舞场 wǔchǎng (3) 层 (量) céng; 楼 (名) lóu: the ground ~ (英) 一层 (Yīng) yìcéng (一楼 yìlóu) (4) 会议上的发言权 huìyìshang de fāyánquán: take the ~ 发言 fāyán / ask for the ~ 要求发言 yāoqiú fāyán II v (1) 铺地板 pū dìbǎn, 铺地面 pū dìmiàn: ~ed with boards 用木板铺地 yòng mùbǎn pū dì (2) 难倒 nándǎo; 挫败 cuòbài; 打倒 dǎdǎo

flop v (1) 扑通坐下 (跪下, 倒下) pūtōng zuòxià (guìxià, dǎoxià) (2) 摆动 (动) bǎidòng; 跳动 (动) tiàodòng

(3) 脚步沉重地走 jiǎobù chénzhòng de zǒu (4) 失败 (动) shībài

flora n 植物 (名) zhíwù: the ~ and fauna of South America 南美洲的动植物 Nánměizhōu de dòngzhíwù

florist n 种花 (卖花) 的人 zhòng huā (mài huā) de rén

flour n 面粉 (名) miànfěn, 面 (名) miàn: corn ~ 玉米面 yùmǐmiàn/ whole wheat ~ 全麦粉 quánmàifěn / millet ~ 小米面 xiǎomǐmiàn/ rice ~ 米粉 mǐfěn

flourish I v (1) 茂盛 (形) màoshèng; 繁荣 (形) fánróng, 兴旺 (形) xīngwàng (2) 处于活跃状态 chǔyú huóyuè zhuàngtài, 处于旺盛时期 chǔyú wàngshèng shíqī II n (1) 茂盛 (形) màoshèng; 繁荣 (形) fánróng; 兴旺 (形) xīngwàng: in full ~ 在全盛时期 zài quánshèng shíqī (2) 挥舞 (动) huīwǔ, 挥动 (动) huīdòng

flow I v (1) 流 (动) liú, 流动 (动) liúdòng (2) 飘拂 (动) piāofú; 飘扬 (动) piāoyáng II n 流动 (动) liúdòng; 流动物 (名) liúdòngwù

flower n (1) 花卉 (名) huāhuì, 花儿 (名) huār (2) 开花 kāi huā // ~ girl 卖花姑娘 mài huā gūniang / ~ show 花展 huāzhǎn / ~s of speech 华丽的词藻 huálì de cízǎo / in the ~ of one's age 在青春时期 zài qīngchūn shíqī

flower-bed n 花坛 (名) huātán

flowered adj (1) 开花儿的 kāi huār de, 有花儿的 yǒu huār de (2) 用花儿装饰的 yòng huār zhuāngshì de: ~ dress material 印花衣料 yìnhuā yīliào

flowerpot n 花盆 (名) huāpén

flowerless adj 不开花儿的 bù kāi huār de

fluctuate v 波动 (动) bōdòng, 起伏 (动) qǐfú, 涨落 (动) zhǎngluò

fluent adj 流利 (形) liúlì, 流畅 (形) liúchàng

fluently adv 流利地 liúlì de

fluid I adj (1) 流动的 liúdòng de (2) 不固定的 bú gùdìng de; 可改变的 kě gǎibiàn de: *the ~ population of large cities* 大城市中的流动人口 dà chéngshìzhōng de liúdòng rénkǒu **II** *n* 流体(名) liútǐ, 液(名) yè: *cooling ~* 冷却液 lěngquèyè

flush¹ **I** *v* (1)奔流(动) bēnliú; 涌(动) yǒng (2) 脸红 liǎnhóng (3) 冲洗(动) chōngxǐ: *~ a lavatory* 冲洗厕所 chōngxǐ cèsuǒ (4) 淹没(动) yānmò **II** *n* (1) 冲水 chōng shuǐ; 冲洗(动) chōngxǐ: *a ~ toilet* 抽水马桶 chōushuǐ mǎtǒng (2) 兴奋(形) xīngfèn; 激动(形) jīdòng (3) 红光 (名) hóngguāng; 红晕(名) hóngyùn

flush² *adj* 同...平面的 tóng... píngmiàn de, 齐平 qípíng

fluster **I** *v* 使慌张 shǐ huāngzhāng, 使紧张 shǐ jǐnzhāng **II** *n* 慌张(形) huāngzhāng, 慌乱(形) huāngluàn

flute *n* 笛子(名) dízi, 长笛(名) chángdí, 横笛(名) héngdí

flutter **I** *v* (1)拍翅膀 pāi chìbǎng, 振翼 zhèn yì (2) 飘动(动) piāodòng; 颤动(动) chàndòng; 摆动(动) bǎidòng (3) 心绪不宁 xīnxù bùníng, 坐立不安 zuòlìbù'ān **II** *n* (1) 拍动翅膀 pāidòng chìbǎng: *the ~ of wings* 拍动着的翅膀 pāidòngzhe de chìbǎng (2)摆动(动) bǎidòng: *the ~ of curtains* 窗帘儿的摆动 chuāngliánr de bǎidòng (3) 不安 (形) bù'ān, 紧张(形) jǐnzhāng

fly¹ *v* (1) 飞(动) fēi, 飞行(动) fēixíng; 驾驶飞机 jiàshǐ fēijī; 乘坐飞机 chéngzuò fēijī (2) 飞跑(动) fēipǎo, 飞驰(动) fēichí; 飞逝(动) fēishì (3) 飘(动) piāo, 飘扬(动) piāoyáng; 挂(动) guà (4) 放(动) fàng

fly² *n* 苍蝇(名) cāngying: *flap flies* 打苍蝇 dǎ cāngying // *a ~ in the ointment* 美中不足之处 měizhōngbùzú zhī chù

flying *adj* (1) 飞的 fēi de, 飞行员的 fēixíngyuán de: *speed on ~ feet* 飞跑 fēipǎo / *a ~ suit* 飞行服 fēixíngfú / *~ time* (飞行员的)飞行时间 (fēixíngyuán de) fēixíng shíjiān (2) 匆

匆的 cōngcōng de; 短暂(形) duǎnzàn: *a ~ visit* 仓促的短暂的访问 cāngcù de duǎnzàn de fǎngwèn // *~ boat* 水上飞机 shuǐshang fēijī, 飞艇 fēitǐng / *~ school* 飞行学校 fēixíng xuéxiào, 航空学校 hángkōng xuéxiào / *~ start* 抢跑 qiǎngpǎo

flyover *n* 立交桥 lìjiāoqiáo

flypaper *n* 扑蝇纸 pūyíngzhǐ

flyswatter *n* 苍蝇拍 cāngyingpāi

foal *n* 小马 xiǎo mǎ, 幼马 yòu mǎ

foam **I** *n* (1) 泡沫(名) pàomò (2) 泡沫材料 pàomò cáiliào; 泡沫橡胶 pàomò xiàngjiāo; 泡沫塑料 pàomò sùliào: *~ rubber* 泡沫橡胶 pàomò xiàngjiāo **II** *v* (1) 起泡沫 qǐ pàomò: *a ~ing glass of beer* 一杯起泡沫的啤酒 yìbēi qǐ pàomò de píjiǔ (2) 口吐白沫 kǒu tù báimò

focus **I** *n* (1) (活动或兴趣的)中心 (名) (huódòng huò xìngqù de) zhōngxīn, 集中点 jízhōngdiǎn (2) 焦点(名) jiāodiǎn, 焦距(名) jiāojù; 对光 duì guāng **II** *v* (1) 把焦点对准 bǎ jiāodiǎn duìzhǔn, 调节焦距 tiáojié jiāojù (2) 集中(动) jízhōng, 集中注意力于 jízhōng zhùyìlì yú

fodder *n* (1) 草料(名) cǎoliào, 饲料 (名) sìliào (2) (创作的)素材(名) (chuàngzuò de) sùcái // *cannon ~* 炮灰 pàohuī

foe *n* 敌人(名) dírén, 仇敌(名) chóudí: *a common ~ of the people* 人民公敌 rénmín gōngdí / *a deadly ~* 死敌 sǐdí (不共戴天的仇敌 búgòngdàitiān de chóudí)

fog *n* (1) 雾(名) wù (2) 烟雾(名) yānwù: *a dust ~* 一片尘土 yípiàn chéntǔ

foggy *adj* 有雾的 yǒu wù de; 多雾的 duō wù de: *a ~ day* 雾天 wùtiān

foil¹ *v* 使失败 shǐ shībài, 挫败 cuòbài

foil² *n* (1) 箔(名) bó, 金属薄片 jīnshǔ báopiàn: *silver ~* 银箔 yínbó (2) 陪衬(名) péichèn, 配角(名) pèijué, 点缀 diǎnzhuì: *serve as a ~* 作

陪衬 zuò péichèn

fold¹ **I** *v* (1) 折(动) zhé, 叠(动) dié, 折叠(动) zhédié; 对折 duìzhé (2) 合拢(动) hélǒng; 交叉(动) jiāochā (3) 包(动) bāo; 笼罩(动) lǒngzhào: *hills ~ed in mist* 笼罩在烟雾中的群山 lǒngzhàozài yānwùzhong de qúnshān **II** *n* 褶子(名) zhězi

fold² *n* 羊栏(名) yánglán

folder *n* 文件夹(名) wénjiànjiā, 纸夹 zhǐjiā

folding *adj* 可折叠的 kě zhédié de: *a ~ bed* 一张折叠床 yìzhāng zhédiéchuáng / *a ~ chair* 一把折叠椅 yìbǎ zhédiéyǐ / *a ~ fan* 一把折扇 yìbǎ zhéshàn / *a ~ stool* 一个马扎儿 yíge mǎzhár

foliage *n* 叶子(名) yèzi, 树叶(名) shùyè

folio *n* 对折纸 duìzhézhǐ, 对开纸 duìkāizhǐ, 对开本(的书) duìkāiběn (de shū)

folk **I** *n* (1) 人们 rénmen: *country ~* 乡下人 xiāngxià rén (2) 家里人 jiāli rén, 家属(名) jiāshǔ, 亲属(名) qīnshǔ: *the old ~s* 家里的老人 jiāli de lǎorén **II** *adj* 民间的 mínjiān de: *music* 民间音乐 mínjiān yīnyuè / *song* 民歌 míngē / *~ dance* 民间舞蹈 mínjiān wǔdǎo / *~ custom* 民(间习)俗 mín(jiān xí)sú

folklore *n* 民间传说 mínjiān chuánshuō; 民俗学(名) mínsúxué

follow *v* (1) 跟(动) gēn, 跟随(动) gēnsuí; 接着 jiēzhe (2) 追赶(动) zhuīgǎn; 跟踪(动) gēnzōng, 尾随(动) wěisuí (3) 沿(介) yán (4) 注视(动) zhùshì; 倾听 qīngtīng; 注意(动) zhùyì (5) 懂(动) dǒng; 领会(动) lǐnghuì, 理解(动) lǐjiě; 听清楚 tīngqīngchu (6) 听从(动) tīngcóng; 遵循(动) zūnxún; 信奉(动) xìnfèng; 仿效(动) fǎngxiào // *as ~s* 如下 rúxià

following **I** *adj* (1) 接着的 jiēzhe de, 其次的 qícì de: *the ~ day* 第二天 dì'èrtiān (2) 下列的 xiàliè de **II** *n* (1) 追随者 zhuīsuízhě (2) 下面(名) xiàmiàn, 下列(名) xiàliè **III** *prep* 在以后 zài yǐhòu

folly *n* 愚蠢(形) yúchǔn; 蠢事(名) chǔnshì; 傻话(名) shǎhuà

fond *adj* (1) 喜欢(动) xǐhuan, 喜爱(动) xǐ'ài, 爱好(动、名) àihào (2) 溺爱(动) nì'ài; 多情(形) duōqíng // *~ dream* 痴心妄想 chīxīnwàngxiǎng, 黄粱美梦 huángliángměimèng

fondle *v* 抚摸(动) fǔmō, 抚弄(动) fǔnòng

fondly *adv* (1) 亲切地 qīnqiè de: *look ~ at sb.* 亲切地看着某人 qīnqiè de kànzhe mǒurén (2) 天真地 tiānzhēn de; 盲目轻信地 mángmù qīngxìn de

fondness *n* 喜爱(动) xǐ'ài, 钟爱(动) zhōng'ài; 爱好(名、动) àihào: *one's ~ for children* 对孩子们的钟爱 duì háizimen de zhōng'ài

food *n* 食物(名) shíwù, 食品(名) shípǐn, 吃的 chī de: *~ and drink* 饮食 yǐnshí / *~ poisoning* 食物中毒 shíwù zhòngdú / *mental ~* 精神食粮 jīngshén shíliáng / *sweet ~* 甜食 tiánshí // *~ for thought* 供思考的材料 gōng sīkǎo de cáiliào

foodstuff *n* 食品(名) shípǐn, 粮食(名) liángshi

fool **I** *n* 傻瓜(名) shǎguā, 傻子(名) shǎzi, 蠢人(名) chǔnrén, 白痴(名) báichī **II** *v* (1) 欺骗(动) qīpiàn, 愚弄(动) yúnòng (2) 鬼混 guǐhùn, 虚度(动) xūdù: *~ away one's time* 虚度时光 xūdù shíguāng (3) 干蠢事 gàn chǔnshì // *All Fool's Day* 愚人节 Yúrénjié / *make a ~ of oneself* 出丑 chūchǒu, 闹笑话 nào xiàohua / *make a ~ of sb.* 愚弄 yúnòng; 使出丑 shǐ chūchǒu

foolish *adj* 傻(形) shǎ, 愚蠢(形) yúchǔn; 荒唐(形) huāngtáng, 可笑(形) kěxiào

foolishness *n* 愚蠢(形) yúchǔn; 荒唐(形) huāngtáng; 蠢事(名) chǔnshì

foolproof *adj* (1) 极其简单的 jíqí jiǎndān de: *a ~ method* 一个极其简单易行的方法 yīge jíqí jiǎndān yì xíng de fāngfǎ (2) 十分安全的 shífēn ānquán de, 万无一失的 wànwúyìshī de

foot *n* (1) 脚(名) jiǎo, 足(名) zú: *have a light ~* 脚步轻快 jiǎobù qīngkuài (2) 脚步(名) jiǎobù, 步(名) bù, 步调(名) bùdiào (3) 英尺(名) yīngchǐ (4) 底部(名) dǐbù; 下头(名) xiàtou: *the ~ of a mountain* 山脚 shānjiǎo / *the ~ of a ladder* 梯子腿 tīzituǐ / *at the ~ of the page* 在这一页的下头 zài zhè yíyè de xiàtou // *on ~* 走着 zǒuzhe / *set ~ in* 进入 jìnrù / *set ~ on* 踏上 tàshang

football *n* 足球(名) zúqiú; 足球运动 zúqiú yùndòng: *a ~ match* 一场足球赛 yìchǎng zúqiúsài

footballer *n* 足球运动员 zúqiú yùndòngyuán

footbridge *n* 过街桥 guòjiēqiáo, 天桥 tiānqiáo, 行人桥 xíngrénqiáo

foothill *n* 小丘(名) xiǎoqiū

footlights *n* (1) 脚灯(名) jiǎodēng (2) 登台演出 dēng tái yǎnchū, 当演员 dāng yǎnyuán: *appear before the ~* 登台 dēng tái (表演 biǎoyǎn)

footnote *n* 脚注(名) jiǎozhù

footpath *n* 小路(名) xiǎolù

footprint *n* 脚印(名) jiǎoyìn; 足迹(名) zújì

footstep *n* 脚步(名) jiǎobù

for **I** *prep* (1) 为(介) wèi; 给(介) gěi: *fight ~ freedom* 为自由而斗争 wèi zìyóu ér dòuzhēng (2) 替(介) tì (3) 往(介) wǎng, 向(介) xiàng: *a ship bound ~ the Baltic Sea* 驶往波罗的海的船 shǐwǎng Bōluódìhǎi de chuán (4) 对(于)(介) duì(yú) (5) 当做(动) dàngzuò (6) 至于(连) zhìyú; 就...而言 jiù...éryán (7) 赞成(动) zànchéng, 拥护(动) yōnghù (8) (表示时间、距离、价格 biǎoshì shíjiān, jùlí, jiàgé): *work ~ 3 weeks* 工作三个星期 gōngzuò sānge xīngqī (9) 因为

(连) yīnwei, 由于(介) yóuyú, 为了(介) wèile: *~ this reason* 由于这个原因 yóuyú zhège yuányīn / *~ my sake* 为了我(的缘故) wèile wǒ (de yuángù) (10) 尽管(连) jǐnguǎn, 虽然(连) suīrán (11) 适宜(形) shìyí **II** *conj* 因为(连) yīnwei, 由于(连) yóuyú

forage *v* 搜索(动) sōusuǒ, 寻找(动) xúnzhǎo

forbear *v* 克制(动) kèzhì, 自制 zìzhì

forbid *v* 禁止(动) jìnzhǐ, 阻止(动) zǔzhǐ, 不许 bùxǔ: *Parking ~den!* 禁止停车! Jìnzhǐ tíng chē!

force **I** *n* (1) 力(名) lì, 力量(名) lìliang, 力气(名) lìqi, 劲儿(名) jìnr (2) 势力(名) shìlì: *the ~ of habit* 习惯势力 xíguàn shìlì/ *social ~s* 各种社会势力 gèzhǒng shèhuì shìlì (3) 武力(名) wǔlì, 暴力(名) bàolì, 压力(名) yālì: *resort to ~* 诉诸武力 sùzhū wǔlì / *the ~ of public opinion* 舆论的压力 yúlùn de yālì (4) 军队(名) jūnduì, 部队(名) bùduì, 队伍(名) duìwu: *the land ~* 陆军 lùjūn / *the air ~* 空军 kōngjūn / *the police ~* 警察部队 jǐngchá bùduì / *join the ~s* 参军 cān jūn (入伍 rù wǔ) **II** *v* (1) 强迫(动) qiǎngpò, 迫使(动) pòshǐ, 逼(动) bī (2) 强行(副) qiángxíng; 强加(动) qiángjiā // *by ~ of* 由于 yóuyú; 迫于 pòyú; 用... 的手段 yòng... de shǒuduàn: *by ~ of arms* 用武力 yòng wǔlì / *by ~ of circumstances* 迫于形势 pòyú xíngshì / *come into ~* 生效 shēng xiào, 开始实行 kāishǐ shíxíng / *in ~* 有效 yǒu xiào

forceful *adj* 强有力的 qiángyǒulì de; 坚强(形) jiānqiáng; 有说服力的 yǒu shuōfúlì de: *~ leadership* 强有力的领导班子 qiángyǒulì de lǐngdǎo bānzi / *a ~ argument* 有说服力的论据 yǒu shuōfúlì de lùnjù

forceps *n* 镊子(名) nièzi; 钳子(名) qiánzi: *a pair of ~* 一把镊子 yìbǎ nièzi

forearm[1] *n* 前臂(名) qiánbì

forearm[2] *v* 预先武装 yùxiān wǔzhuāng; 预先作准备 yùxiān zuò zhǔnbèi

foreboding *n* 预感(名) yùgǎn

forecast I *v* (1) 预报(动) yùbào; 预测(动) yùcè: ~ *the weather* 预报天气 yùbào tiānqì (2) 预示(动) yùshì; 预见(动) yùjiàn II *n* 预测(名) yùcè, 预报(动) yùbào: *production* ~ 生产预测 shēngchǎn yùcè

forefather *n* 祖先(名) zǔxiān, 祖宗(名) zǔzōng; 前人(名) qiánrén, 先人(名) xiānrén: *our* ~s 我们的祖先 wǒmen de zǔxiān

forefinger *n* 食指(名) shízhǐ

foreground *n* 前景(名) qiánjǐng; 最突出的位置 zuì tūchū de wèizhì

forehead *n* 前额(名) qián'é, 额头(名) étóu

foreign *adj* (1) 外国的 wàiguó de, 国外的 guówài de: *a* ~ *language* 一种外语 yìzhǒng wàiyǔ/ ~ *travel* 国外旅行 guówài lǚxíng / ~ *goods* 外国货 wàiguó huò (2) 无关的 wúguān de, 不相关的 bù xiāngguān de // ~ *affairs* 外交事务 wàijiāo shìwù/ ~ *aid* 外援 wàiyuán/ ~ *exchange* 外汇 wàihuì/ ~ *loans* 外债 wàizhài/ ~ *policy* 外交政策 wàijiāo zhèngcè/ ~ *relations* 外交关系 wàijiāo guānxì/ *the Ministry of F~ Affairs* 外交部 Wàijiāobù

foreigner *n* 外国人 wàiguórén

foreman *n* (1) 工头(名) gōngtóu; 领班(名) lǐngbān (2) 陪审团主席 péishěntuán zhǔxí

foremost I *adj* (1) 最初的 zuìchū de; 最前面的 zuì qiánmiàn de (2) 第一流的 dìyīliú de, 最重要的 zuì zhòngyào de: *one of the world's* ~ *composers* 世界一流的作曲家之一 shìjiè yīliú de zuòqǔjiā zhī yī II *adv* 在最前 zài zuì qián; 最重要 zuì zhòngyào

forerunner *n* (1) 先驱者(名) xiānqūzhě: *the* ~s *of modern science* 现代科学的先驱者们 xiàndài kēxué de xiānqūzhěmen (2) 预兆(名) yùzhào, 前兆(名) qiánzhào: *the* ~s *of a storm* 风暴的前兆 fēngbào de qiánzhào

foresee *v* 预见(动) yùjiàn, 预知(动) yùzhī

foresight *n* 预见(名) yùjiàn, 先见(名) xiānjiàn; 远见(名) yuǎnjiàn

forest *n* 森林(名) sēnlín: *a* ~ *of chimneys* 林立的烟囱 línlì de yāncong

forestry *n* 林业(名) línyè; 林学(名) línxué: *a* ~ *worker* 林业工人 línyè gōngrén

foretaste *n* 预兆(名) yùzhào; 迹象(名) jīxiàng; 先声(名) xiānshēng

foretell *v* 预言(动) yùyán; 预测(动) yùcè: ~ *a person's future* 预言一个人的未来 yùyán yíge rén de wèilái (给人算命 gěi rén suàn mìng)

forever *adv* 永远(副) yǒngyuǎn; 不断(副) búduàn // ~ *and ever* 永远 yǒngyuǎn, 永久 yǒngjiǔ

forewarn *v* 预先警告 yùxiān jǐnggào

foreword *n* 前言(名) qiányán, 序言(名) xùyán, 序(名) xù

forfeit I *n* 罚金(名) fájīn; 没收的东西 mòshōu de dōngxi; 代价(名) dàijià II *v* 丧失(动) sàngshī, 失去(动) shīqù: ~ *one's health* 失去健康 shīqù jiànkāng/ ~ *one's honour* 丧失名誉 sàngshī míngyù III *adj* 丧失了的 sàngshīle de, 没收了的 mòshōule de

forge I *n* (1) 锻工车间 duàngōng chējiān; 铁工厂 tiěgōngchǎng (2) 锻炉(名) duànlú, 熔铁炉(名) róngtiělú II *v* (1) 打铁 dǎ tiě; 锻造(动) duànzào (2) 伪造(动) wěizào: ~ *a signature* 伪造签名 wěizào qiānmíng

forgery *n* (1) 伪造(动) wěizào; 伪造罪(名) wěizàozuì: *the* ~ *of official papers* 伪造公文 wěizào gōngwén (2) 伪造品(名) wěizàopǐn, 赝品(名) yànpǐn

forget *v* 忘(动) wàng, 忘记(动) wàngjì, 不记得 bú jide

forgetful *adj* 健忘(形) jiànwàng, 爱忘事 ài wàng shì

forgive *v* (1) 原谅(动) yuánliàng；饶恕(动) ráoshù，宽恕(动) kuānshù (2) 豁免(动) huòmiǎn，免(动) miǎn

fork **I** *n* (1) 叉子(名) chāzi；餐叉(名) cānchā：*a knife and ~* 一副刀叉 yìfù dāochā (2) 岔路(名) chàlù，岔道(名) chàdào；分岔 fēn chà **II** *v* (1) 分杈 fēn chà；分岔 fēn chà (2) 用叉子叉 yòng chāzi chā：*~ hay* 用叉子叉干草 yòng chāzi chā gāncǎo

forlorn *adj* 被遗弃的 bèi yíqì de；孤立无援的 gūlì wúyuán de；凄凉(形) qīliáng：*a ~ old man* 孤苦伶仃的老头儿 gūkǔlíngdīng de lǎotóur

form **I** *n* (1) 形状(名) xíngzhuàng；样子(名) yàngzi，外形(名) wàixíng，体形(名) tǐxíng (2) 形式(名) xíngshì；方式(名) fāngshì：*the unity of content and ~* 内容和形式的统一 nèiróng hé xíngshì de tǒngyī / *a story told in the ~ of letters* 用书信体叙述的故事 yòng shūxìntǐ xùshù de gùshi / *a ~ of address* 称呼 chēnghu (3) 类型(名) lèixíng；结构(名) jiégòu：*the lower animal ~s* 低等动物 dīděng dòngwù / *~s of government* 政治制度 zhèngzhì zhìdù（政体 zhèngtǐ）(4) 表格(名) biǎogé：*telegraph ~s* 电报纸 diànbàozhǐ / *~s of application* 申请书 shēnqǐngshū **II** *v* (1) 形成(动) xíngchéng；构成(动) gòuchéng，组成(动) zǔchéng；养成(动) yǎngchéng (2) 建立(动) jiànlì；成立(动) chénglì：*~ a friendship* 建立友谊 jiànlì yǒuyì

formal *adj* (1) 外形的 wàixíng de；形态的 xíngtài de；形式上的 xíngshìshang de (2) 正式(形) zhèngshì：*a ~ invitation* 正式邀请 zhèngshì yāoqǐng (3) 正规(形) zhèngguī，合乎格式的 héhū géshì de；有效的 yǒu xiào de：*~ education* 正规教育 zhèngguī jiàoyù

formality *n* (1) 拘泥形式 jūní xíngshì；拘谨(形) jūjǐn：*without ~* 不拘形式地 bù jū xíngshì de (2) 手续

(名) shǒuxù：*customs formalities* 海关手续 hǎiguān shǒuxù

format **I** *n* (1) 版式(名) bǎnshì，开本(名) kāiběn；格式(名) géshì，形式(名) xíngshì (2) 计划(动、名) jìhuà；安排(动、名) ānpái：*~ of a TV programme* 电视节目的安排 diànshì jiémù de ānpái **II** *v* (1) 格式化(动) géshìhuà (2) 设计(动) shèjì，安排(动) ānpái

formation *n* (1) 形成(动) xíngchéng；构成(动) gòuchéng；组成(动) zǔchéng；塑造(动) sùzào：*the ~ of a habit* 习惯的形成 xíguàn de xíngchéng (2) 编队 biānduì；队形(名) duìxíng：*in battle ~* 成战斗队形 chéng zhàndòu duìxíng

former *adj* (1) 从前的 cóngqián de，以前的 yǐqián de：*the ~ president* 前总统 qián zǒngtǒng / *my ~ students* 我从前的学生 wǒ cóngqián de xuésheng (2) 在前的 zài qián de；前者(代) qiánzhě

formerly *adv* 以前(名) yǐqián，从前(名) cóngqián

formidable *adj* (1) 可怕(形) kěpà，令人生畏的 lìngrénshēngwèi de：*a ~ voice* 可怕的声音 kěpà de shēngyin (2) 难对付的 nán duìfu de，难克服的 nán kèfú de

formula *n* (1) 客套话(名) kètàohuà；惯用语(名) guànyòngyǔ (2) 公式(名) gōngshì，程式(名) chéngshì；分子式(名) fēnzǐshì：*a chemical ~* 一个化学公式 yíge huàxué gōngshì (3) 方案(名) fāng'àn (4) 配方(名) pèifāng：*a ~ for a cough mixture* 咳嗽药的配方 késouyào de pèifāng

fort *n* 堡垒(名) bǎolěi，要塞(名) yàosài

forth *adv* (1) 向前方 xiàng qiánfāng；向前 xiàngqián：*back and ~* 前后 qiánhòu（来回 láihuí）/ *from this day ~* 从今以后 cóng jīn yǐhòu (2) 向外 xiàng wài，由隐而显 yóu yǐn ér xiǎn // *and so ~ ...* 等(等) děng

(děng): *desks*, *chairs*, *sofas and so* ~
桌子、椅子、沙发等等 zhuōzi, yǐzi,
shāfā děngděng

fortieth *num* (1) 第四十(个) dìsìshí
(ge) (2) 四十分之一(的) sìshífēn zhī
yī(de)

fortitude *n* 坚忍(形) jiānrěn, 刚毅
(形) gāngyì; 英勇顽强 yīngyǒng
wánqiáng

fortnight *n* 两个星期 liǎngge xīngqī,
两个礼拜 liǎngge lǐbài

fortress *n* 堡垒(名) bǎolěi, 要塞(名)
yàosài; 炮台(名) pàotái: *the* ~ *of*
Wusong 吴淞炮台 Wúsōngpàotái

fortunate *adj* 幸运(形) xìngyùn; 侥幸
(形) jiǎoxìng: *a* ~ *event* 幸运的事
xìngyùn de shì

fortunately *adv* 幸运(形) xìngyùn

fortune *n* (1) 运气(名) yùnqi; 命运
(名) mìngyùn (2) 财产(名) cáichǎn
// *tell sb.'s* ~ 算命 suàn mìng, 算卦
suàn guà / *try one's* ~ 碰运气 pèng
yùnqi

fortuneless *adj* 不幸(形) búxìng; 无
财产的 wú cáichǎn de

fortune-teller *n* 算命先生 suàn mìng
xiānsheng

forty *num* 四十(数) sìshí, 肆拾(数)
sìshí: *a man in his forties* 一个四十几
岁的男子 yíge sìshíjǐ suì de nánzǐ / *in*
the forties of this century 在本世纪四
十年代 zài běn shìjì sìshí niándài

forum *n* (1) 论坛(名) lùntán (2) 讨
论会 tǎolùnhuì

forward I *adj* (1) 前部的 qiánbù de;
向前的 xiàng qián de: *the* ~ *part of*
the train 火车的前部 huǒchē de
qiánbù/ *quicken one's* ~ *pace* 加快前
进的步伐 jiākuài qiánjìn de bùfá (2)
进步(形) jìnbù; 过激(形) guòjī: *a* ~
policy 进步的政策 jìnbù de zhèngcè /
~ *opinions* 激进的意见 jìjìn de yìjiàn
(3) 早(形) zǎo, 提早(动) tízǎo: *a* ~
summer 提前到来的夏天 tíqián dàolái
de xiàtiān II *adv* (1) 向前 xiàng qián,
前进(动) qiánjìn: *rush* ~ 向前冲

xiàng qián chōng (2) 将来(名)
jiānglái, 今后(名) jīnhòu: *from that*
day ~ 从那天以后 cóng nàtiān yǐhòu
III *n* 前锋(名) qiánfēng: *the centre* ~
中锋 zhōngfēng IV *v* (1) 促进(动)
cùjìn; 推进(动) tuījìn: ~ *a plan* 促
进计划的实施 cùjìn jìhuà de shíshī (2)
转递(动) zhuǎndì, 转交(动)
zhuǎnjiāo // *backward and* ~ 来回地
láihuí de

fossil *n* (1) 化石(名) huàshí (2) 老顽
固 lǎo wángù, 思想守旧的人 sīxiǎng
shǒujiù de rén

foster *v* (1) 抚养(动) fǔyǎng, 养育
(动) yǎngyù (2) 培养(动) péiyǎng;
鼓励(动) gǔlì;促进 cùjìn

foster-daughter *n* 养女(名) yǎngnǚ,
义女(名) yìnǚ

foster-father *n* 养父(名) yǎngfù, 义
父(名) yìfù

foster-mother *n* 养母(名) yǎngmǔ, 义
母(名) yìmǔ

foster-parents *n* 养父母 yǎng fùmǔ

foster-son *n* 养子(名) yǎngzǐ, 义子
(名) yìzǐ

foul I *adj* (1) 味道难闻 wèidao nán
wén, 恶臭(形) èchòu; 肮脏(形)
āngzang; 污浊(形) wūzhuó; 腐烂发
臭 fǔlàn fā chòu: *a* ~ *smell* 恶臭的气
味儿 èchòu de qìwèir (2) 泥泞(形)
nínìng: *a* ~ *road* 泥泞的道路 nínìng
de dàolù (3) 罪恶(名) zuì'è; 可耻
(形) kěchǐ; 残忍(形) cánrěn (4) 下
流(形) xiàliú, 谩骂的 mànmà de: ~
language 下流话 xiàliúhuà (5) 天气
恶劣的 tiānqì èliè de, 暴风雨的
bàofēngyǔ de II *v* (1) 弄脏 nòngzāng;
污染 wūrǎn; 玷污(动) diànwū: ~
one's name 玷污名声 diànwū
míngshēng (2) 缠住 chánzhù (3) 在比
赛中犯规 zài bǐsàizhōng fàn guī III *n*
在比赛中犯规 zài bǐsàizhōng fàn guī

found *v* (1)建立(动) jiànlì, 创立(动)
chuànglì; 创办(动) chuàngbàn (2) 建
筑(动) jiànzhù (3) 以...为基础
yǐ...wéi jīchǔ, 以...为根据 yǐ...wéi

gēnjù

foundation *n* (1) 建立(动) jiànlì, 创办(动) chuàngbàn (2) 地基(名) dìjī: *the ~s of a building* 房基 fángjī (3) 基础(名) jīchǔ; 根据(名) gēnjù: *the ~s of democracy* 民主的基础 mínzhǔ de jīchǔ

founder *n* 奠基者(名) diànjīzhě; 创立者(名) chuànglìzhě; 缔造者(名) dìzàozhě

foundry *n* (1) 铸造(动) zhùzào, 翻砂 fān shā: *a ~ worker* 翻砂工人 fān shā gōngrén (2) 铸造厂 zhùzàochǎng; 玻璃制造厂 bōli zhìzàochǎng

fountain *n* (1) 喷泉(名) pēnquán; 喷水池 pēnshuǐshí (2) 源泉(名) yuánquán; 根源(名) gēnyuán // ~ *pen* 自来水笔 zìláishuǐbǐ, 钢笔 gāngbǐ

fountain-head *n* 源泉(名) yuánquán; 根源(名) gēnyuán

four *num* 四(数) sì, 肆(数) sì

fourteen *num* 十四(数) shísì, 拾肆(数) shísì

fourteenth *num* 第十四 dìshísì, 第十四个 dìshísìge; 十四分之一 shísìfēn zhī yī

fourth *num* 第四 dìsì, 第四个 dìsìge; 四分之一 sìfēn zhī yī

fowl *n* (1) 家禽(名) jiāqín; 鸡(名) jī (2) 禽肉(名) qínròu; 鸡肉(名) jīròu

fox *n* (1) 狐狸(名) húli (2) 狡猾的人 jiǎohuá de rén

fraction *n* (1) 小部分 xiǎobùfen; 碎片(名) suìpiàn (2) 分数(名) fēnshù

fragile *adj* (1) 脆(形) cuì; 易碎的 yì suì de: *a ~ glass vase* 一个易碎的玻璃花瓶 yíge yì suì de bōli huāpíng (2) 虚弱(形) xūruò

fragment I *n* (1) 碎片(名) suìpiàn, 破片(名) pòpiàn, 碎块(名) suìkuài (2) 作品的片断 zuòpǐn de piànduàn; 未完成部分 wèi wánchéng bùfen: ~*s from a diary* 日记片断 rìjì piànduàn II *v* 使成碎片 shǐ chéng suìpiàn; 打碎 dǎsuì, 分割(动) fēngē

fragmentary *adj* 不完整的 bù

完整的, 破碎的 pòsuì de; 残破(形) cánpò: *a ~ report* 一篇不完整的报导 yìpiān bù wánzhěng de bàodǎo

fragrance *n* 香味儿(名) xiāngwèir; 香气(名) xiāngqì; 芬芳(形) fēnfāng: *the ~ of flowers* 花香 huā xiāng

fragrant *adj* 香(形) xiāng; 芬芳(形) fēnfāng: ~ *flowers* 香花 xiānghuā

frail *adj* 脆弱(形) cuìruò, 易损坏的 yì sǔnhuài de, 虚弱(形) xūruò: *a ~ old lady* 一个身体虚弱的老太太 yíge shēntǐ xūruò de lǎotàitai

frame I *n* (1) 构架(名) gòujià, 骨架(名) gǔjià; 结构(名) jiégòu: *the ~ of a building* 建筑物的构架 jiànzhùwù de gòujià/ *a bicycle ~* 自行车架子 zìxíngchē jiàzi (2) 框架(名) kuàngjià, 框子(名) kuàngzi: *a window ~* 窗户框 chuānghukuàng (3) 身躯(名) shēnqū; 骨骼(名) gǔgé: *a man with a powerful ~* 身躯魁梧的人 shēnqū kuíwú de rén (4) 心情(名) xīnqíng, 心境(名) xīnjìng II *v* (1) 建造(动) jiànzào; 塑造(动) sùzào: *a man ~d for severe hardship* 一个能吃大苦的人 yíge néng chī dà kǔ de rén (2) 制定(动) zhìdìng; 设计(动) shèjì: ~ *a plan* 订计划 dìng jìhuà (3) 给...装框子 gěi...zhuāng kuàngzi (4) 陷害(动) xiànhài

framework *n* 构架(名) gòujià, 结构(名) jiégòu

franc *n* 法郎(名) fǎláng

franchise *n* (1) 选举权 xuǎnjǔquán, 公民权 gōngmínquán, 参政权 cānzhèngquán (2) 特许权 tèxǔquán, 经销权 jīngxiāoquán

frank *adj* 坦率(形) tǎnshuài, 直率(形) zhíshuài, 坦白(形) tǎnbái; 真诚(形) zhēnchéng: *a ~ reply* 坦率的回答 tǎnshuài de huídá

frankly *adv* 坦白地 tǎnbái de; 直率地 zhíshuài de; 真诚地 zhēnchéng de

frantic *adj* (感情)激动得发狂 (gǎnqíng) jīdòng de fā kuáng, 疯狂(形) fēngkuáng: ~ *with joy* 欣喜若

狂 xīnxǐruòkuáng / ～ with grief 异常悲痛 yìcháng bēitòng

fraternal adj 兄弟的 xiōngdì de; 兄弟般的 xiōngdìbān de; 友好（形）yǒuhǎo: ～ love 手足之情 shǒuzú zhī qíng / ～ relations 兄弟般的关系 xiōngdìbān de guānxi / ～ greetings 友好的问候 yǒuhǎo de wènhòu

fraternity n 弟兄情谊 dìxiōng qíngyì, 兄弟会 xiōngdìhuì

fraud n （1）欺骗（动）qīpiàn, 欺诈（动）qīzhà; 诡计（名）guǐjì; 骗局（名）piànjú（2）骗子（名）piànzi; 假货 jiǎhuò

fray v 磨损（动）mósǔn, 磨破 mópò; 开线 kāi xiàn

freak n （1）畸形人（或动植物）jīxíngrén （huò dòngzhíwù）; 怪人（名）guàirén, 奇人（名）qírén; 反常现象 fǎncháng xiànxiàng: ～s of weather 天气的反常现象 tiānqì de fǎncháng xiànxiàng （2）成瘾者（名）chéngyǐnzhě, 热心者（名）rèxīnzhě: a film ～ 影迷 yīngmí

freckle I n 雀斑（名）quèbān; 斑点（名）bāndiǎn II v 长雀斑 zhǎng quèbān; 生斑点 shēng bāndiǎn

free I adj （1）自由（形）zìyóu; 无约束的 wú yuēshù de （2）空儿（名）kòngr; 空闲（形）kòngxián（3）免费的 miǎnfèi de II v 使自由 shǐ zìyóu, 放（动）fàng, 解放（动）jiěfàng: ～ the prisoners 释放犯人 shìfàng fànrén // a ～ hand 放手处理的权力 fàng shǒu chǔlǐ de quánlì / ～ from 不受...影响 bú shòu... yīngxiǎng; 没有... méiyǒu...: ～ from pain 没有痛苦 méiyǒu tòngkǔ / ～ market 自由市场 zìyóu shìchǎng / ～ of 无...wú...: ～ of charge 免费 miǎn fèi / ～ of income tax 免交所得税 miǎn jiāo suǒdéshuì / ～ speech 言论自由 yánlùn zìyóu / ～ trade 自由贸易 zìyóu màoyì / ～ verse （没有格律的）自由诗 （méiyǒu gélǜ de）zìyóushī / set ～ 使获得自由 shǐ huòdé zìyóu; 释放 shìfàng:

set the prisoners ～ 释放犯人 shìfàng fànrén

freedom n （1）自由（名）zìyóu: ～ fighter 争取自由的战士 zhēngqǔ zìyóu de zhànshì（2）自由权 zìyóuquán: the ～ to choose one's own religion 选择自己信仰的自由 xuǎnzé zìjǐ xìnyǎng de zìyóu / ～ of the press 新闻自由 xīnwén zìyóu（3）免除（动）miǎnchú, 解脱（动）jiětuō: ～ from taxation 免税 miǎn shuì

freelance I n 自由投稿作家 zìyóu tóugǎo zuòjiā, 自由记者 zìyóu jìzhě, 自由演员 zìyóu yǎnyuán II v 自由工作 zìyóu gōngzuò, 做自由作家（演员）zuò zìyóu zuòjiā（yǎnyuán）

freely adv （1）乐意（助动）lèyì; 自由地 zìyóu de, 无拘束地 wú jūshù de（2）坦白地 tǎnbái de, 直率地 zhíshuài de（3）慷慨（形）kāngkǎi; 大量（形）dàliàng

freeze I v （1）结冰 jié bīng; 凝固（动）nínggù（2）极冷 jí lěng; 冻僵 dòngjiāng（3）冻结（动）dòngjié II n （1）冻结（动）dòngjié: a wage ～ 工资冻结 gōngzī dòngjié（2）严寒期 yánhánqī, 冰冻期 bīngdòngqī

freezer n 冰箱（名）bīngxiāng, 冷冻箱 lěngdòngxiāng

freezing-point n 冰点（名）bīngdiǎn

freight I n （1）运送的货物 yùnsòng de huòwù, 货物（名）huòwù; 货运（名）huòyùn: an aeroplane carrying a heavy ～ 载有大量货物的飞机 zài yǒu dàliàng huòwù de fēijī / ～ train 货车 huòchē（2）运费（名）yùnfèi: ～ to be collected 运费待收 yùnfèi dài shōu II v 装货 zhuāng huò

freighter n 货船（名）huòchuán; 运输机（名）yùnshūjī

French I adj （1）法国的 Fǎguó de, 法兰西的 Fǎlánxī de: ～ wine 法国酒 Fǎguójiǔ（2）法国人的 Fǎguórén de; 法语的 Fǎyǔ de: ～ lessons 法语课 Fǎyǔkè II n 法国人 Fǎguórén; 法语（名）Fǎyǔ // ～ windows 落地玻璃窗

luòdì bōlichuāng

frenzy *n* 发狂 fā kuáng, 狂乱 kuángluàn: *in a ~ of delight* 欣喜若狂 xīnxǐruòkuáng / *in a ~ of grief* 痛不欲生 tòngbúyùshēng

frequency *n* (1) 频繁 (形) pínfán (2) 频率 (名) pínlǜ; 周率 zhōulǜ: *audio ~* 音频 yīnpín / *a high (low) ~* 高 (低) 频 gāo (dī)pín / *mean (median) ~* 中频 zhōngpín / *ultra-high ~* 超高频 chāogāopín

frequent **I** *adj* 经常 (副) jīngcháng, 频繁 (形) pínfán **II** *v* 常到 cháng dào, 常去 cháng qù, 经常出入 jīngcháng chūrù

frequently *adv* 经常 (副) jīngcháng, 常常 (副) chángcháng

fresco *n* 壁画 (名) bìhuà, 壁画法 bìhuàfǎ

fresh *adj* (1) 新 (形) xīn; 另外 (形) lìngwài: *~ news* 新消息 xīn xiāoxi (2) 新近的 xīnjìn de; 新到的 xīn dào de: *a ~ arrival* 新到的人 xīn dào de rén (3) 新鲜 (形) xīnxian (4) 清新 (形) qīngxīn; 凉爽 (形) liángshuǎng: *a ~ spring morning* 清爽的春天早晨 qīngshuǎng de chūntiān zǎochén (5) 精神好 jīngshen hǎo, 气色好 qìsè hǎo

freshman *n* 大学一年级学生 dàxué yìniánjí xuésheng; 新生 (名) xīnshēng

freshwater *adj* 淡水 (名) dànshuǐ: *~ fish* 淡水鱼 dànshuǐyú

fret *v* (1) 烦躁 (形) fánzào, 焦躁 (形) jiāozào; 发脾气 fā píqi (2) 侵蚀 (动) qīnshí; 磨损 (动) mósǔn: *a knife ~ted by rust* 生了锈的刀子 shēngle xiù de dāozi

fretful *adj* 焦躁 (形) jiāozào; 发脾气 fā píqi

friction *n* (1) 摩擦 (名、动) mócā; 摩擦力 (名) mócālì (2) 不和 (形) bùhé; 矛盾 (名) máodùn: *~s between 2 countries* 两国之间的矛盾 liǎngguó zhījiān de máodùn

Friday *n* 星期五 (名) xīngqīwǔ, 周五 (名) zhōuwǔ; 礼拜五 (名) lǐbàiwǔ //

girl ~ 女助理 nǚ zhùlǐ, 女秘书 nǚ mìshu/ *man ~* 得力助手 délì zhùshǒu, 忠仆 zhōngpú

friend *n* (1) 朋友 (名) péngyou, 友人 (名) yǒurén: *a close ~* 好朋友 hǎo péngyou (2) 赞助者 (名) zànzhùzhě, 支持者 (名) zhīchízhě; 助手 (名) zhùshǒu // *be ~s with* 同...要好 tóng...yàohǎo, 同...做朋友 tóng... zuò péngyou / *keep ~s with* 同...保持友好 tóng...bǎochí yǒuhǎo

friendly *adj* 朋友似的 péngyou shìde; 友好 (形) yǒuhǎo: *a ~ nation* 友邦 yǒubāng / *a ~ visit* 友好访问 yǒuhǎo fǎngwèn

friendship *n* 友谊 (名) yǒuyì, 友情 (名) yǒuqíng; 友好 (形) yǒuhǎo: *a ~ of 20 years* 二十年的友谊 èrshínián de yǒuyì

fright *n* (1) 惊吓 (动) jīngxià, 恐惧 (动) kǒngjù, 害怕 (动) hàipà (2) 怪物 guàiwù; 丑而可怕的东西 chǒu ér kěpà de dōngxi

frighten *v* 使害怕 shǐ hàipà, 吓唬 (动) xiàhu; 害怕 (动) hàipà // *~ into* 恐吓 (某人) 做某事 kǒnghè mǒurén zuò mǒushì / *~ out of* 吓得失去 xià de shīqù; 吓得放弃 xià de fàngqì

frightful *adj* (1) 可怕 (形) kěpà, 吓人的 xiàrén de: *a ~ experience* 可怕的经历 kěpà de jīnglì (2) 非常 (副) fēicháng; 讨厌 (形) tǎoyàn: *a ~ bore* 非常讨厌的人 fēicháng tǎoyàn de rén

frigid *adj* (1) 寒冷 (形) hánlěng: *the ~ zones of the world* 世界上的严寒地带 shìjièshang de yánhán dìdài (2) 冷淡 (形) lěngdàn; 索然无味的 suǒránwúwèi de: *a ~ manner* 冷淡的态度 lěngdàn de tàidu

fringe **I** *n* (1) 穗 (名) suì, 毛边 (名) máobiān (2) 边缘 (名) biānyuán, 边沿 (名) biānyán: *the ~s of the forest* 森林的边缘 sēnlín de biānyuán/ *on the ~ of the city* 在城市的边沿地带 zài chéngshì de biānyán dìdài (3) 刘海儿 (名) liúhǎir (前额上垂下的头发

qián'eshang chuíxià de tóufa) **II** v 用穗
子来装饰 yòng suìzi lái zhuāngshì；
做...的边缘 zuò...de biānyuán

frisk v (1) 蹦 蹦 跳 跳 bèng-
bèngtiàotiào (2) 搜身 sōu shēn, 搜查
(动) sōuchá

fritter v 花费(动) huāfèi, 消耗(动)
xiāohào, 消磨(动) xiāomó, 浪费(动)
làngfèi：~ away one's energy 消耗精
力 xiāohào jīnglì

frivolous adj 轻浮(形) qīngfú, 轻薄
(形) qīngbó, 不正经 bú zhèngjīng, 无
聊(形) wúliáo, 琐屑(形) suǒxiè：~
behaviour 轻浮的举止 qīngfú de jǔzhǐ

frock n (1) 上衣(名) shàngyī; 外衣
(名) wàiyī (2) 僧袍(名) sēngpáo

frog n 蛙(名) wā, 青蛙(名) qīngwā

frogman n 蛙人(名) wārén; 潜水员
(名) qiánshuǐyuán

from prep (1) 从(介) cóng, 自(介)
zì, 由(介) yóu, 来自(介) láizì：~
morning to night 从早到晚 cóng zǎo
dào wǎn (2) 离(介) lí (3) 由于(介)
yóuyú, 因为(介) yīnwei (4) (表示区
别、分离、阻止等 biǎoshì qūbié, fēnlí,
zǔzhǐ děng)：know right ~ wrong 分
清是非 fēnqīng shìfēi / be absent ~
school 没有上课 méiyou shàng kè (旷
课 kuàng kè)

front **I** n (1) 前面(名) qiánmiàn; 正
面(名) zhèngmiàn; ...面(名) miàn;
前部(名) qiánbù (2) 前线(名)
qiánxiàn, 前方(名) qiánfāng (3) 战线
(名) zhànxiàn, 阵线(名) zhènxiàn：a
united ~ 统一战线 tōngyī zhànxiàn **II**
v 面向(动) miànxiàng, 朝(动) cháo
III adj 前面的 qiánmiàn de, 前部的
qiánbù de：the ~ room 前屋 qiánwū
// ~ page 头版 tóubǎn：~ page
news 头版新闻 tóubǎn xīnwén / in ~
在前面 zài qiánmiàn/ in ~ of 在...
前面 zài...qiánmiàn

frontier n (1)国境(名) guójìng, 边界
(名) biānjiè, 边境(名) biānjìng (2)
新的或尚未开发的领域 xīn de huò
shàngwèi kāifā de lǐngyù：~ spirit 开

拓者的精神 kāituòzhě de jīngshen /
the ~ s of science 科学新领域 kēxué
xīn lǐngyù

frost **I** n (1) 严寒(形) yánhán; 霜冻
(名) shuāngdòng (2) 霜(名) shuāng：
white ~ 白霜 báishuāng **II** v 结霜 jié
shuāng

frostbite **I** n 冻伤(名) dòngshāng, 冻
疮(名) dòngchuāng; 霜害(名)
shuānghài **II** v 冻伤 dòngshāng; 遭霜
害 zāo shuānghài

froth **I** n 泡(名) pào, 泡沫(名)
pàomò; 白沫 báimò **II** v 起泡沫 qǐ
pàomò

frown **I** v (1) 皱眉 zhòu méi (2) 表示
不满 biǎoshì bùmǎn, 不以为然
bùyǐwéirán **II** n 皱眉 zhòu méi

frozen adj 冰冻的 bīngdòng de; 结冰
的 jiébīng de; 受冻伤的 shòu
dòngshāng de：~ food 冷冻食品
lěngdòng shípǐn / ~ meat 冻肉
dòngròu

frugal adj 节约(形) jiéyuē; 俭朴(形)
jiǎnpǔ; 精打细算 jīngdǎxìsuàn：a ~
housewife 精打细算的主妇
jīngdǎxìsuàn de zhǔfù

fruit n (1) 果(名) guǒ, 水果(名)
shuǐguǒ; 果实(名) guǒshí：~ juice 果
汁 guǒzhī / preserved ~ 果脯 guǒpǔ /
fresh ~ 鲜果 xiānguǒ/ dried ~ 干果
gānguǒ / a ~ tree 一棵果树 yìkē
guǒshù (2) 成果(名) chéngguǒ, 结果
(名) jiéguǒ：the ~s of one's labour 劳
动的成果 láodòng de chéngguǒ

fruitful adj (1) 果实累累的
guǒshíléiléi de, 多产的 duō chǎn de：a
~ vine 结得多的葡萄 jiē de duō de
pútao (2) 收效多的 shōuxiào duō de,
富有成效的 fùyǒu chéngxiào de：a ~
meeting 富有成果的会议 fùyǒu
chéngguǒ de huìyì (3) 富饶(形)
fùráo, 肥沃(形) féiwò：~ land 富饶
的土地 fùráo de tǔdì

fruitless adj (1) 无结果的 wú jiéguǒ
de (2) 无效的 wúxiào de; 无益的
wúyì de

fry   v 煎（动）jiān，炸（动）zhá：a ~ing pan 煎锅 jiānguō

fuel   **I** n 燃料（名）ránliào：gaseous ~ 气体燃料 qìtǐ ránliào / liquid ~ 液体燃料 yètǐ ránliào/ solid ~ 固体燃料 gùtǐ ránliào/ ~ oil 燃料油 ránliàoyóu **II** v 加燃料 jiā ránliào：~ an aeroplane 给飞机加油 gěi fēijī jiā yóu

fugitive   n 逃亡者（名）táowángzhě，亡命者（名）wángmìngzhě：a ~ from justice 一名逃犯 yìmíng táofàn

fugue   n 赋格曲（名）fùgéqǔ

fulfil   v（1）履行（动）lǚxíng；遵守（动）zūnshǒu；执行（动）zhíxíng：~ a promise 履行诺言 lǚxíng nuòyán（2）完成（动）wánchéng，做（动）zuò：a task 完成一项任务 wánchéng yíxiàng rènwù（3）实现（动）shíxiàn；满足（动）mǎnzú // ~ oneself 实现自己的抱负 shíxiàn zìjǐ de bàofu

fulfillment   n 履行（动）lǚxíng；实现（动）shíxiàn；完成（动）wánchéng

full   **I** adj（1）满（形）mǎn；充满（动）chōngmǎn：pockets ~ of money 装满钱的口袋 zhuāngmǎn qián de kǒudai（2）饱（形）bǎo（3）全（形）quán，完全（形）wánquán；十足（形）shízú：at ~ speed 全速 quánsù/ ~ marks 满分 mǎnfēn / ~ pay 全薪 quánxīn（4）丰满（形）fēngmǎn；圆（形）yuán：a ~ moon 圆月 yuányuè **II** adv（1）十分（副）shífēn；完全（形）wánquán（2）恰恰（副）qiàqià；直接（形）zhíjiē // ~ stop 句号（名）jùhào

full-time   adj 全部时间的 quánbù shíjiān de；专职的 zhuānzhí de：a ~ job 专职工作 zhuānzhí gōngzuò

fully   adv（1）完全（形）wánquán，充分地 chōngfèn de（2）足足 zúzú，至少（副）zhìshǎo

fumble   v（1）摸索（动）mōsuǒ；乱摸 luànmō（2）丢球 diū qiú；漏掉球 lòudiào qiú

fume   **I** n（1）烟（名）yān；气（名）qì；汽（名）qì：~s of heat 热气 rèqì（2）怒气（名）nùqì **II** v（1）冒烟 mào yān；冒汽 mào qì（2）发怒 fā nù，生气 shēngqì；怒斥（动）nùchì

fun   n（1）玩笑（名）wánxiào；好玩儿（形）hǎowánr；乐趣（名）lèqù；开心（形、动）kāixīn（2）有趣的人（事）yǒuqù de rén（shì） // in ~ 开玩笑地 kāi wánxiào de，不是认真地 búshì rènzhēn de / make ~ of sb. 取笑某人 qǔxiào mǒurén

function   **I** n（1）功能（名）gōngnéng，机能（名）jīnéng，作用（名）zuòyòng（2）职能（名）zhínéng，职责（名）zhízé；职务（名）zhíwù（3）盛大的集会 shèngdà de jíhuì **II** v 运行（动）yùnxíng；活动（动）huódòng

functional   adj（1）实用（形）shíyòng；实惠（形）shíhuì：~ furniture 实用家具 shíyòng jiājù（2）可使用的 kě shǐyòng de，可操作的 kě cāozuò de；起作用的 qǐ zuòyòng de（3）功能的 gōngnéng de，机能的 jīnéng de，官能的 guānnéng de：a ~ disease 一种官能症 yìzhǒng guānnéngzhèng

fund   **I** n（1）资金（名）zījīn；基金（名）jījīn；专款（名）zhuānkuǎn：a welfare ~ 福利基金 fúlì jījīn（2）存款（名）cúnkuǎn；现款（名）xiànkuǎn（3）储备（动）chǔbèi；蕴藏（动）yùncáng：a ~ of knowledge 丰富的知识 fēngfù de zhīshi **II** v 为…提供资金 wèi...tígōng zījīn，资助（动）zīzhù

fundamental   **I** adj 根本（形）gēnběn；基础（名）jīchǔ；基本（形）jīběn；十分重要 shífēn zhòngyào：~ changes 根本变化 gēnběn biànhuà/ ~ cause of success 成功的根本原因 chénggōng de gēnběn yuányīn **II** n 基本原理 jīběn yuánlǐ，根本法则 gēnběn fǎzé；要点（名）yàodiǎn，纲要（名）gāngyào：the ~s of mathematics 数学的基本原理 shùxué de jīběn yuánlǐ / ~s of Chinese grammar 汉语语法纲要 Hànyǔ yǔfǎ gāngyào

fundamentally   adv 从根本上 cóng gēnběnshang，基本上 jīběnshang；从根本上看 cóng gēnběnshang kàn

funeral *n* 葬礼(名) zànglǐ; 出殡的行列 chū bìn de hángliè: *a ~ procession* 送葬的行列 sòng zàng de hángliè / *a ~ service* 葬礼 zànglǐ

fungus *n* 真菌(名) zhēnjūn: *an edible ~* 木耳 mù'ěr

funnel **I** *n* (1) 漏斗(名) lòudǒu; 漏斗形物 lòudǒuxíng wù (2) (火车、轮船的) 烟囱 (huǒchē, lúnchuán de) yāncong **II** *v* 用漏斗灌注 yòng lòudǒu guànzhù

funny *adj* (1) 可笑(形) kěxiào; 有趣(形) yǒuqù, 好玩儿(形) hǎowánr, 逗人 dòu rén (2) 怪(形) guài, 古怪(形) gǔguài, 奇怪(形) qíguài

fur *n* 毛皮(名) máopí; 皮子(名) pízi; 皮衣(名) píyī: *a fox ~* 一张狐皮 yìzhāng húpí / *a ~ coat* 一件皮外套 yíjiàn píwàitào

furious *adj* (1) 大怒(形) dànù, 狂怒(形) kuángnù (2) 猛烈(形) měngliè, 剧烈(形) jùliè: *a ~ attack* 猛烈的攻击 měngliè de gōngjī / *a ~ argument* 激烈的争论 jīliè de zhēnglùn

furnace *n* 炉子(名) lúzi; 熔炉(名) rónglú // *an atomic ~* 核反应堆 hé fǎnyìngduī (原子反应堆 yuánzǐ fǎnyìngduī)

furnish *v* (1) 供应(动) gōngyìng; 提供(动) tígōng: *~ materials* 供应材料 gōngyìng cáiliào / *~ proof* 提供证据 tígōng zhèngjù (2) 装备(动) zhuāngbèi; 布置(动) bùzhì

furnishings *n* 家具(名) jiājù: *a set of ~* 一套家具 yítào jiājù

furrow **I** *n* (1) 沟(名) gōu; 犁沟 lígōu; 垄沟(名) lǒnggōu (2) 前额上的皱纹 qián'éshang de zhòuwén (3) 车辙(名) chēzhé **II** *v* 皱起 zhòuqǐ: *a ~ed brow* 皱着的眉头 zhòuzhe de méitóu

further **I** *adv* (1) 进一步地 jìn yíbù de, 深一层地 shēn yìcéng de: *go a step ~* 更进一步 gèng jìn yíbù (2) 更远 gèng yuǎn, 再往前 zài wǎng qián **II** *adj* (1) 更多的 gèng duō de; 进一步的 jìn yíbù de; 深一层的 shēn yìcéng de: *~ education* 深造 shēnzào (补充教育 bǔchōng jiàoyù) (2) 更远的 gèng yuǎn de; 较远的 jiào yuǎn de **III** *v* 促进(动) cùjìn, 推动(动) tuīdòng

furthermore *adv* 而且(连) érqiě, 此外(连) cǐwài

fury *n* (1) 大怒(形) dànù, 狂怒(形) kuángnù (2) 猛烈(形) měngliè, 剧烈(形) jùliè: *the ~ of a storm* 狂风暴雨 kuángfēngbàoyǔ

fuse *n* (1) 保险丝 bǎoxiǎnsī (2) 信管(名) xìnguǎn, 导火线 dǎohuǒxiàn

fuselage *n* 飞机机身 fēijī jīshēn, 机舱 jīcāng

fuss **I** *n* 忙乱(形) mángluàn; 不必要的激动 bú bìyào de jīdòng, 大惊小怪 dàjīngxiǎoguài **II** *v* 忙乱(形) mángluàn; 小题大做 xiǎotídàzuò; 大惊小怪 dàjīngxiǎoguài

fussy *adj* (1) 大惊小怪 dàjīngxiǎoguài; 过分注意细节 guòfèn zhùyì xìjié de, 为琐事烦恼的 wèi suǒshì fánnǎo de: *a ~ person* 爱大惊小怪的人 ài dàjīngxiǎoguài de rén (2) 过分装饰的 guòfèn zhuāngshì de

future **I** *n* (1) 将来(名) jiānglái; 今后(名) jīnhòu: *in the near ~* 在不远的将来 zài bù yuǎn de jiānglái (2) 前途(名) qiántú; 远景(名) yuǎnjǐng, 未来(名) wèilái: *the glorious ~ of our country* 我国的光明前途 wǒguó de guāngmíng qiántú **II** *adj* 将来的 jiānglái de, 未来的 wèilái de: *the ~ tense* 将来时态 jiānglái shítài

fuzz *n* 绒毛(名) róngmáo, 茸毛(名) róngmáo

G

gable   *n* 山墙（名）shānqiáng；三角墙（名）sānjiǎoqiáng

gadget   *n* 小配件 xiǎo pèijiàn；小装置 xiǎo zhuāngzhì；小玩意儿 xiǎo wányìr：*a conjurer's ~ s* 变戏法用的小玩意儿 biàn xìfǎ yòng de xiǎo wányìr

gag   **I** *v* （1）堵住…的嘴 dǔzhù... de zuǐ（2）压制言论自由 yāzhì yánlùn zìyóu；限制发言 xiànzhì fā yán **II** *n* （1）堵嘴的东西 dǔ zuǐ de dōngxi（2）笑话（名）xiàohua，插科打诨 chākēdǎhùn

gaily, gayly   *adv* （1）愉快地 yúkuài de，快活地 kuàihuo de（2）鲜艳（形）xiānyàn；花哨（形）huāshao：*~ coloured prints* 花哨的印花布 huāshao de yìnhuābù

gain   **I** *v* （1）得到（动）dédào，获得（动）huòdé；赢得（动）yíngdé，博得（动）bódé：*~ experience* 获得经验 huòdé jīngyàn / *~ a good reputation* 赢得好声誉 yíngdé hǎo shēngyù（2）改进（动）gǎijìn；进步（动）jìnbù；增加（动）zēngjiā（3）（钟表）走快（zhōngbiǎo）zǒukuài **II** *n* （1）获利 huòlì；利益（名）lìyì（2）增加（动）zēngjiā，增进（动）zēngjìn：*a ~ to knowledge* 知识的增长 zhīshi de zēngzhǎng // *~ time* （1）（钟表）走得快（zhōngbiǎo）zǒudekuài（2）争取时间 zhēngqǔ shíjiān

gait   *n* 走路的样子 zǒu lù de yàngzi；脚步（名）jiǎobù

gaiter   *n* 鞋罩（名）xiézhào；绑脚套 bǎngjiǎotào；护腿 hùtuǐ

gala   *n* 节日（名）jiérì；游乐活动 yóulè huódòng；盛会（名）shènghuì：*in ~ dress* 穿上节日的盛装 chuānshang jiérì de shèngzhuāng / *~ night* 欢乐之夜 huānlè zhī yè

galaxy   *n* （1）星系（名）xīngxì：*the G~* 银河系 yínhéxì（2）一群出色（或著名）的人物 yìqún chūsè（huò zhùmíng）de rénwù；一堆光彩夺目的东西 yìduī guāngcǎiduómù de dōngxi

gale   *n* 大风 dàfēng，强风 qiángfēng

gall   *n* （1）胆汁（名）dǎnzhī；胆（名）dǎn（2）怨恨（动）yuànhèn，愤恨（形）fènhèn

gallant   *adj* （1）英勇（形）yīngyǒng，勇敢（形）yǒnggǎn：*~ soldiers* 英勇的战士 yīngyǒng de zhànshì / *~ deeds* 勇敢的行动 yǒnggǎn de xíngdòng（2）对女人殷勤的 duì nǚrén yīnqín de

gallery   *n* （1）美术馆（名）měishùguǎn，美术陈列室 měishù chénlièshì，画廊（名）huàláng（2）剧场中顶层楼座 jùchǎngzhōng dǐng céng lóuzuò（3）走廊（名）zǒuláng，长廊（名）chángláng

gallon   *n* 加仑（量）jiālún：*a ~ of gas* 一加仑汽油 yìjiālún qìyóu

gallop   **I** *v* 飞跑（动）fēipǎo，飞奔（动）fēibēn，奔驰（动）bēnchí：*a painting of ~ing horses* 一幅奔马图 yìfú bēnmǎtú **II** *n* （1）飞跑（动）fēipǎo，疾驰（动）jíchí；骑马飞跑 qí mǎ fēipǎo（2）匆忙（形）cōngmáng，仓促（形）cāngcù

gallows   *n* 绞刑架（名）jiǎoxíngjià，绞台（名）jiǎotái

galvanize   *v* （1）电镀（动）diàndù；镀上锌 dùshang xīn：*~d iron* 镀锌铁 dùxīntiě（白铁 báitiě）（2）刺激 cìji，激励（动）jīlì

gamble   **I** *v* （1）赌博（动）dǔbó；投机（动）dóujī；冒险 màoxiān（2）存侥幸心 cún jiǎoxìngxīn，碰运气 pèng yùnqi **II** *n* 赌博（名）dǔbó；投机（动）tóujī；

冒险 màoxiǎn: *political* ～ 政治投机 zhèngzhì tóujī

gambler *n* 赌徒（名）dǔtú, 赌钱的人 dǔ qián de rén; 投机者 tóujīzhě

game *n* (1) 游戏（名）yóuxì; 娱乐（名）yúlè; 运动（名）yùndòng: *play ～s* 做游戏 zuò yóuxì (2) 比赛（动、名）bǐsài, 竞赛（动）jìngsài; 运动会（名）yùndònghuì (3) 一局 yijú, 一盘 yìpán, 一场 yìchǎng: *the first ～* 第一局 dìyījú（第一盘 dìyīpán）(4) 策略（名）cèlüè; 把戏（名）bǎxi, 花招（名）huāzhāo (5) 野味（名）yěwèi; 猎物（名）lièwù: *big ～* 大猎物 dà lièwù

gander *n* 雄鹅（名）xióng'é

gang *n* (1) 一队 yíduì, 一组 yìzǔ: *a ～ of workmen putting up a skyscraper* 一队建造摩天大楼的工人 yíduì jiànzào mótiān dà lóu de gōngrén / *work in ～s* 分班组干活儿 fēn bānzǔ gàn huór (2) 一帮人 yìbāng rén, 一伙人 yìhuǒ rén; 帮伙（名）bānghuǒ: *a bandit ～* 一帮土匪 yìbāng tǔfěi

gangster *n* 匪徒（名）fěitú, 歹徒（名）dǎitú, 暴徒（名）bàotú

gangway *n* (1) 通路（名）tōnglù, 出入口（名）chūrùkǒu (2) 舷梯（名）xiántī; 跳板（名）tiàobǎn (3)（剧场等）座位间的过道（jùchǎng děng）zuòwèijiān de guòdào

gaol *n* = JAIL

gaolbird *n* = JAILBIRD

gaoler *n* = JAILOR

gap *n* (1) 空隙（名）kòngxì; 缺口（名）quēkǒu, 豁口（名）huōkǒu (2) 欠缺（名）qiànquē, 缺陷（名）quēxiàn; 中断（动）zhōngduàn (3) 隔阂（名）géhé; 间隔（名）jiàngé, 距离（名）jùlí, 差距（名）chājù: *generation ～* 代沟 dàigōu（两代人之间的隔阂 liǎngdài rén zhījiān de géhé）/ *the wide ～ between the rich and the poor* 贫富悬殊 pín fù xuánshū // *bridge a ～* 填补空白 tiánbǔ kòngbái; 弥补缺陷 míbǔ quēxiàn

gape *v* 注视（动）zhùshì, 凝视（动）

níngshì

garage *n* 汽车库（名）qìchēkù; 车房（名）chēfáng; 汽车修理厂 qìchē xiūlǐchǎng

garbage *n* (1) 垃圾（名）lājī; 废品（名）fèipǐn, 废物（名）fèiwù: ～ *can* 垃圾箱 lājīxiāng (2) 无价值（无聊）的东西 wú jiàzhí（wúliáo）de dōngxi

garble *v* 曲解（动）qūjiě, 歪曲（动）wāiqū, 断章取义 duànzhāngqǔyì: *a ～d statement* 经篡改的讲话 jīng cuàngǎi de jiǎnghuà

garden **I** *n* 花园（名）huāyuán, 庭园（名）tíngyuán; 菜园（名）càiyuán; 果园（名）guǒyuán: *botanical ～s* 植物园 zhíwùyuán **II** *v* 栽种花木 zāizhòng huāmù, 从事园艺 cóngshì yuányì

gardener *n* 园林工人 yuánlín gōngrén, 园丁（名）yuándīng

gardening *n* 园艺（名）yuányì, 花园里的活儿 huāyuánli de huór

gargle **I** *v* 漱喉 shù hóu, 漱口 shù kǒu **II** *n* 含漱剂 hánshùjì

garland *n* 花环（名）huāhuán, 花冠（名）huāguān

garlic *n* 蒜（名）suàn, 大蒜（名）dàsuàn, 蒜头（名）suàntóu: *a bulb of ～* 一头蒜 yìtóu suàn（一个蒜头 yíge suàntóu）/ *a clove of ～* 一瓣儿蒜 yíbànr suàn（一个蒜瓣儿 yíge suànbànr）

garment *n* 衣服（名）yīfu, 服装（名）fúzhuāng, 衣着（名）yīzhuó

garrison *n* (1) 警卫部队 jǐngwèi bùduì, 卫戍部队 wèishù bùduì (2) 要塞（名）yàosài, 军事驻地 jūnshì zhùdì

garter *n* 袜带（名）wàdài

gas **I** *n* (1) 气（名）qì, 气体（名）qìtǐ, 气态（名）qìtài (2) 煤气（名）méiqì; 煤气炉（名）méiqìlú: *turn on*（*off*）*the ～* 打开（关掉）煤气 dǎkāi（guāndiào）méiqì / *light the ～* 把煤气灶点着 bǎ méiqìzào diǎnzháo (3) 毒气（名）dúqì, 毒瓦斯（名）dúwǎsī (4) 汽油（名）qìyóu: *a ～ station* 加油站 jiāyóuzhàn / *2 gallons of ～* 两加仑汽

油 liǎngjiālún qìyóu **II** v 用毒气杀伤
人 yòng dúqì shāshāng rén // ～ *bomb*
毒气弹 dúqìdàn / ～ *chamber* 死刑毒
气室 sǐxíng dúqìshì / ～ *fitter* 煤气装
修工 méiqì zhuāngxiūgōng / ～ *lighter*
煤气点燃器 méiqì diǎnránqì / ～ *mask*
防毒面具 fángdú miànjù / ～ *ring* 煤
气灶 méiqìzào

gasoline *n* 汽油(名) qìyóu

gasp **I** v (1) 喘息(动) chuǎnxī; 喘气
chuǎn qì; 透不过气 tòubuguò qì (2)
喘着气说 chuǎnzhe qì shuō, 气呼呼地
说 qìxūxū de shuō **II** *n* 气喘(名)
qìchuǎn, 喘息(动) chuǎnxī

gasworks *n* 煤气厂(名) méiqìchǎng

gate *n* 门(名) mén, 大门(名) dàmén;
城门(名) chéngmén

gatecrash v 不请自来 bùqǐngzìlái

gate-crasher *n* 不 请 自 来 的 人
bùqǐngzìlái de rén, 不速之客 búsùzhīkè

gatehouse *n* 门房(名) ménfáng

gatekeeper *n* 看门人 kānménrén

gateway *n* 入 口 rùkǒu, 门 口 (名)
ménkǒu

gather v (1) 集合(动) jíhé, 聚集(动)
jùjí, 聚拢(动) jùlǒng (2) 搜集(动)
sōují; 采集(动) cǎijí; 收集(动)
shōují; 收割(动) shōugē: ～ *flowers*
采集花卉 cǎijí huāhuì (3) 得出(印象、
想法 等) déchū (yìnxiàng, xiǎngfǎ
děng); 推测(动) tuīcè, 猜想(动)
cāixiǎng (4) 增加(动) zēngjiā, 增长
(动) zēngzhǎng

gathering *n* 聚集(动) jùjí; 集会(名)
jíhuì: *a family* ～ 一次家庭聚会 yícì
jiātíng jùhuì

gaudy *adj* 俗丽(形) súlì; 华而不实
huá'érbùshí

gauge **I** *n* (1) 量具(名) liángjù, 量器
(名) liángqì, 规(名) guī, 仪(名) yí,
表 (名) biǎo: *a level* ～ 水 平 仪
shuǐpíngyí / *a pressure* ～ 压力计 yālìjì
/ *a rain* ～ 雨量器 yǔliàngqì / *a snow*
～ 量雪器 liángxuěqì / *a gas* ～ 油表
yóubiǎo (2) 标准(名) biāozhǔn; 规格
(名) guīgé; 标准尺度 biāozhǔn chǐdù

直径(名) zhíjìng, 口径(名) kǒujìng:
a 60" ～ *cannon* 一门六十毫米口径
的大炮 yìmén liùshíháomǐ kǒujìng de
dàpào (3) 轨距(名) guǐjù: *narrow* ～
railway tracks 窄轨铁路 zhǎi guǐ tiělù
/ *standard* ～ *track* 标准轨道
biāozhǔn guǐdào **II** v 测(动) cè, 量
(动) liáng, 测量(动) cèliáng; 估计
(动) gūjì

gaunt *adj* (1) 瘦削(形) shòuxuē; 消
瘦(形) xiāoshòu; 憔悴(形) qiáocuì: *a*
～ *old woman* 一个面目憔悴的老妇
人 yíge miànmù qiáocuì de lǎo fùrén
(2) 荒凉(形) huāngliáng: *a* ～ *old*
castle 一座荒凉的古城堡 yízuò
huāngliáng de gǔ chéngbǎo

gauze *n* 纱布(名) shābù; 薄纱 báo
shā

gay *adj* (1) 快乐(形) kuàilè; 愉快
(形) yúkuài; 轻快(形) qīngkuài: ～
laughter 愉快的笑声 yúkuài de
xiàoshēng / *a* ～ *dance* 欢快的舞蹈
huānkuài de wǔdǎo (2) 鲜明(形)
xiānmíng; 鲜艳(形) xiānyàn; 装饰华
丽的 zhuāngshì huálì de (3) 寻欢作乐
的 xúnhuānzuòlè de, 放荡(形)
fàngdàng: *lead a* ～ *life* 过着放荡不
羁的生活 guòzhe fàngdàngbùjī de
shēnghuó (4) 搞同性恋的 gǎo
tóngxìngliàn de

gaze **I** v 凝视(动) níngshì, 注视(动)
zhùshì, 盯着看 dīngzhe kàn: ～ *into*
the sky 凝视天空 níngshì tiānkōng **II** *n*
凝视(动) níngshì, 注视(动) zhùshì;
凝视的目光 níngshì de mùguāng: *at-*
tract the ～ *of people* 引人注目
yǐnrénzhùmù

gazette *n* (1) 公报(名) gōngbào: *an*
official ～ 正式公报 zhèngshì gōngbào
(2) 报纸(名) bàozhǐ, 报(名) bào: *an*
evening ～ 晚报 wǎnbào

gear **I** *n* (1) 传动装置 chuándòng
zhuāngzhì; 齿轮(名) chǐlún; 档(名)
dǎng (2) 用具(名) yòngjù **II** v 适合
(动) shìhé; 适应(动) shìyìng; 和…一
致 hé … yízhì // ～ *down* 减速 jiǎn

sù; 减少 jiǎnshǎo / ~ up 加速 jiā sù; 增加 zhēngjiā / high ~ 高速档 gāosùdàng; 高速度 gāo sùdù / low ~ 低速档 dīsùdàng; 低速度 dī sùdù / shift ~s 调档 tiáo dǎng, 变速 biàn sù

gearbox n 齿轮箱（名）chǐlúnxiāng, 变速箱（名）biànsùxiāng

gearshift n 变速杆 biànsùgān, 变速装置 biànsù zhuāngzhì

gearwheel n 齿轮（名）chǐlún

gelatine n 明胶（名）míngjiāo; 骨胶（名）gǔjiāo

gem n (1) 宝石（名）bǎoshí: a ~ 一颗宝石 yīkē bǎoshí (2) 珍宝（名）zhēnbǎo; 珍品（名）zhēnpǐn

gender n (1) 性（名）xìng: the female and male ~s 女性和男性 nǚxìng hé nánxìng (2)（语法上的）性（yǔfǎshang de）xìng: the masculine (feminine, neuter) ~ 阳（阴、中）性 yáng (yīn, zhōng) xìng

gene n 基因（名）jīyīn

general[1] adj (1) 一般（形）yìbān, 普遍（形）pǔbiàn; 全面（形）quánmiàn; 全体（名）quántǐ: ~ knowledge 一般知识 yìbān zhīshi / ~ election 普选 pǔxuǎn / a ~ war 全面战争 quánmiàn zhànzhēng / a ~ hospital 综合医院 zōnghé yīyuàn / a ~ strike 总罢工 zǒng bàgōng / a matter of ~ anxiety 普遍关心的问题 pǔbiàn guānxīn de wèntí (2) 大体（副、名）dàtǐ, 大致（形）dàzhì, 笼统（形）lǒngtǒng (3) 总（形）zǒng, 长（名）zhǎng: a ~ secretary 总书记 zǒngshūjì (秘书长 mìshūzhǎng) / the ~ post office 邮政总局 yóuzhèng zǒngjú / ~ staff 总参谋部 zǒng cānmóubù / the Attorney G~（美国）司法部长（Měiguó）sīfǎ bùzhǎng // as a ~ rule 原则上 yuánzéshang, 一般地说 yìbān de shuō / in ~ 一般说来 yìbān shuōlái, 大体上 dàtǐshang

general[2] n 将军（名）jiāngjūn; 上将（名）shàngjiàng: G~ of the Army 陆军上将 lùjūn shàngjiàng / G~ of the

Air Force 空军上将 kōngjūn shàngjiàng

generalize v (1) 归纳（动）guīnà, 概括（动）gàikuò, 引出（结论）yǐnchū (jiélùn): ~ experience from practice 从实践中总结经验 cóng shíjiànzhōng zǒngjié jīngyàn (2) 推广（动）tuīguǎng, 普及（动）pǔjí: ~ advanced experience 推广先进经验 tuīguǎng xiānjìn jīngyàn (3) 泛泛而论 fànfàn ér lùn; 笼统地讲（写）lǒngtǒng de jiǎng (xiě)

generally adv (1) 通常（形）tōngcháng; 一般地 yìbān de: ~ speaking 一般说来 yìbān shuōlái (2) 概括地 gàikuò de (3) 广泛地 guǎngfàn de, 普遍地 pǔbiàn de

generate v (1) 产生（动）chǎnshēng, 发生（动）fāshēng (2) 引起（动）yǐnqǐ; 导致（动）dǎozhì

generation n (1) 产生（动）chǎnshēng, 发生（动）fāshēng: the ~ of heat by friction 摩擦生热 mócā shēng rè / the ~ of electricity by atomic power 原子能发电 yuánzǐnéng fādiàn (2) 代（名）dài; 世代（名）shìdài; 一代人 yídài rén: the coming ~ 下一代 xià yídài / the younger ~ 年轻一代 niánqīng yídài / a family of 3 ~s 三世同堂 sānshì tóng táng / past ~s 前辈人 qiánbèi rén / ~ after ~ 世世代代 shìshìdàidài / second ~ computers 第二代电子计算机 dì'èrdài diànzǐ jìsuànjī

generator n 发电机（名）fādiànjī: an AC (a DC) ~ 一台交流（直流）发电机 yìtái jiāoliú (zhíliú) fādiànjī

generosity n 宽宏大量 kuānhóngdàliàng; 慷慨（形）kāngkǎi, 大方（形）dàfang; 宽宏大量的行为 kuānhóngdàliàng de xíngwéi

generous adj (1) 宽宏大量 kuānhóngdàliàng de, 慷慨（形）kāngkǎi, 大方（形）dàfang (2) 丰富（形）fēngfù; 丰盛（形）fēngshèng

genetic adj 遗传的 yíchuán de, 遗传

学的 yíchuánxué de

genetics *n* 遗传学(名) yíchuánxué

genitals *n* 生殖器(名) shēngzhíqì, 外阴部(名) wàiyīnbù

genitive *n* 所有格(名) suǒyǒugé; 生格(名) shēnggé; 属于所有格的词(或词组) shǔyú suǒyǒugé de cí (huò cízǔ): *the ~ case* 所有格 suǒyǒugé

genius *n* (1) 天才(名) tiāncái, 天资(名) tiānzī, 天赋(名) tiānfù; 才华(名) cáihuá: *a writer of ~* 一位天才作家 yíwèi tiāncái zuòjiā (2) 天才人物 tiāncái rénwù, 天才(名) tiāncái

gentle *adj* (1) 有礼貌的 yǒu lǐmào de, 文雅(形) wényǎ; 友善(形) yǒushàn; 温柔(形) wēnróu, 温和(形) wēnhé: *a ~ manner* 文雅的举止 wényǎ de jǔzhǐ / *a ~ breeze* 和风 héfēng / *a ~ voice* 柔和的声音 róuhé de shēngyīn / *a ~ slope* 缓坡 huǎnpō (2) 出身高贵的 chūshēn gāoguì de, 上流社会的 shàngliú shèhuì de: *a person of ~ birth* 出身名门的人 chūshēn míngmén de rén

gentleman *n* (1) 绅士(名) shēnshì; 有身分的人 yǒu shēnfèn de rén; 有教养的人 yǒu jiàoyǎng de rén, 上流人 shàngliú rén (2) 先生(名) xiānsheng, 男子(名) nánzǐ: *ladies and gentlemen* 女士们, 先生们 nǚshìmen, xiānshengmen // *~'s agreement* 君子协定 jūnzǐ xiédìng

gently *adv* (1) 温和地 wēnhé de, 温柔地 wēnróu de; 文雅地 wényǎ de (2) 渐渐(副) jiànjiàn; 轻轻地 qīngqīng de; 小心拿着 xiǎoxīn názhe

gents *n* 男厕所(名) nán cèsuǒ

genuine *adj* (1) 真(形) zhēn, 真正(形) zhēnzhèng, 名符其实的 míngfùqíshí de (2) 真诚(形) zhēnchéng, 真心地 zhēnxīn de

genus *n* 种(名、量) zhǒng, 类(名、量) lèi; 属(名、动) shǔ

geographer *n* 地理学家(名) dìlǐxuéjiā

geographic, geographical *adj* 地理学的 dìlǐxué de, 地理的 dìlǐ de

geography *n* (1) 地理(名) dìlǐ, 地理学(名) dìlǐxué: *physical ~* 自然地理学 zìrán dìlǐxué / *economic ~* 经济地理学 jīngjì dìlǐxué (2) 地形(名) dìxíng, 地势(名) dìshì: *the ~ of Hebei Province* 河北省地形 Héběi Shěng dìxíng

geological *adj* 地质的 dìzhì de, 地质学的 dìzhìxué de: *a ~ survey* 地质调查 dìzhì diàochá

geology *n* 地质学(名) dìzhìxué; 地质(名) dìzhì

geometrical *adj* 几何学的 jǐhéxué de, 几何图形的 jǐhé túxíng de

geometry *n* 几何(名) jǐhé, 几何学(名) jǐhéxué: *~ books* 几何书 jǐhéshū

geophysics *n* 地球物理学 dìqiú wùlǐxué

geopolitics *n* 地缘政治学 dìyuán zhèngzhìxué

geranium *n* 天竺葵(名) tiānzhúkuí

germ *n* (1) 微生物(名) wēishēngwù; 细菌(名) xìjūn; 病菌(名) bìngjūn (2) 幼芽(名) yòuyá, 胚芽(名) pēiyá (3) 萌芽(动) méngyá; 起源(名) qǐyuán: *the ~ of life* 生命的起源 shēngmìng de qǐyuán

German I *adj* 德国的 Déguó de, 日耳曼的 Rì'ěrmàn de; 德国人的 Déguórén de; 德语的 Déyǔ de II *n* 德国人(名) Déguórén, 日耳曼人(名) Rì'ěrmànrén; 德语(名) Déyǔ, 日耳曼语(名) Rì'ěrmànyǔ // *~ measles* 风疹 fēngzhěn, 德国麻疹 Déguó mázhěn

gesticulate *v* 打手势 dǎ shǒushi; 用动作来表示 yòng dòngzuò lái biǎoshì

gesture *n* (1) 姿势(名) zīshì; 手势(名) shǒushi: *an erect ~* 直立的姿势 zhílì de zīshì (2) 表示(名) biǎoshì, 姿态(名) zītài, 表现(名) biǎoxiàn: *make a friendly ~ to sb.* 对某人作友好的姿态 duì mǒu rén zuò yǒuhǎo de zītài

get *v* (1) 得到(动) dédào, 弄到 nòngdào; 买到 mǎidào; 获得(动) huòdé (2) 遭受(动) zāoshòu; 患(动)

huàn, 感染上 gǎnrǎnshang: ~ a disease 得病 dé bìng（患病 huàn bìng）(3) 被（介）bèi，受（动）shòu；给（介）gěi；挨（动）ái，遭（动）zāo (4) 变成（动）biànchéng；成为（动）chéngwéi (5) 到（动）dào，到达（动）dàodá (6) 使（动）shǐ，让（动）ràng，叫（动）jiào (7) 明白（动）míngbai，懂得（动）dǒngdé (8) 吃（动）chī // ~ about (1) 走动 zǒudòng，行走 xíngzǒu；旅行 lǚxíng (2) 传开来 chuánkāilai / ~ across (1) 使通过 shǐ tōngguò (2) 使被理解 shǐ bèi lǐjiě / ~ ahead 进步 jìnbù；胜过 shèngguò，超过 chāoguò / ~ along (1) 进展 jìnzhǎn；进行 jìnxíng (2) 相处得好 xiāngchǔ de hǎo，合得来 hédelái / ~ at (1) 够着 gòuzháo (2) 了解 liǎojiě，掌握 zhǎngwò；弄清 nòngqīng (3) 意指 yìzhǐ，意思是 yìsi shì / ~ away 逃脱 táotuō；离开 líkāi；出发 chūfā / ~ back (1) 回来 huílái，回去 huíqù (2) 找回 zhǎohuí；恢复（动）huīfù / ~ back at sb. 对某人进行报复 duì mǒu rén jìnxíng bàofù / ~ by (1) 通过 tōngguò；走过 zǒuguò (2) 勉强过活 miǎnqiǎng guòhuó (3) 凑合 còuhe，过得去 guòdequ / ~ down to 开始认真（工作）kāishǐ rènzhēn（gōngzuò）/ ~ in (1) 进 jìn；到达 dàodá (2) 收获 shōuhuò / ~ into (1) 进入 jìnrù，陷入 xiànrù：~ into trouble 陷入困境 xiànrù kùnjìng (2) 穿上 chuānshang / ~ off (1) 下班 xià bān，下车 xià chē (2) 动身 dòngshēn，出发 chūfā；开始 kāishǐ；起飞 qǐfēi；离开 líkāi (3) 逃脱处分 táotuō chǔfèn / ~ on (1) 进步 jìnbù，前进 qiánjìn；成功 chénggōng (2) 上（马、车、船、飞机等）shàng（mǎ、chē、chuán、fēijī děng）；穿上 chuānshang；安上 ānshang：~ on a train 上火车 shàng huǒchē (3) 相处得好 xiāngchǔ de hǎo / ~ on for 快到 kuài dào，接近 jiējìn / ~ out (1) 出去 chūqù，离开 líkāi (2) 逃脱 táotuō，摆脱 bǎituō：~ out of a bad habit 去

掉恶习 qùdiào èxí (3) 泄漏 xièlòu，透露 tòulù / ~ over (1) 克服 kèfú；痊愈 quányù：~ over a difficulty 克服困难 kèfú kùnnan / ~ over an illness 恢复健康 huīfù jiànkāng（病愈 bìngyù）(2) 熬过 áoguò；作完 zuòwán / ~ sb. down 使沮丧 shǐ jǔsàng，压垮 yākuǎ / ~ sth. down (1) 拿下来 náxialai；咽下去 yànxiaqu (2) 写下 xiěxia，记下 jìxia / ~ through (1) 通（电话）jiētōng（diànhuà）(2)（使）到达（shǐ）dàodá；传过去 chuánguoqu (3) 办完 bànwán；用完 yòngwán (4) 通过 tōngguò / ~ to 到达 dàodá，接到 jiēdào / ~ together 聚集 jùjí；聚会 jùhuì / ~ up (1) 起立 qǐlì，站起来 zhànqilai (2) 起床 qǐ chuáng (3) 装扮 zhuāngbàn；打扮 dǎbàn (4) 猛烈起来 měnglièqilai / ~ up to (1) 达到 dádào；到达 dàodá (2) 搞鬼 gǎo guǐ，玩儿花招 wánr huāzhāo

geyser n (1) 天然喷泉（名）tiānrán pēnquán：~s in Yellowstone Park 黄石公园的间歇泉 Huángshí Gōngyuán de jiànxiē quán (2) 加热器（名）jiārèqì

ghastly adj (1) 极坏的 jí huài de，糟透了的 zāotòu le de：a ~ mistake 极大的错误 jídà de cuòwù (2) 可怕（形）kěpà；引起恐怖 yǐnqǐ kǒngbù：a ~ experience 可怕的经历 kěpà de jīnglì / ~ news 噩耗 èhào (3) 死人般的 sǐrénbān de；苍白（形）cāngbái

ghetto n 外来移民（或穷人）居住区 wàilái yímín（huò qióngrén）jūzhùqū，贫民区 pínmínqū：the Black ~s in Washington 华盛顿的黑人区 Huáshèngdùn de hēirénqū

ghost n (1) 鬼（名）guǐ；幽灵（名）yōulíng (2) 微量（形）wēiliàng，一点儿 yìdiǎnr：a ~ of a smile 一丝笑容 yìsī xiàoróng // ~ writer 替别人写文章的人 tì biérén xiě wénzhāng de rén，捉刀人（名）zhuōdāorén，代笔人 dàibǐrén

giant I n (1) 巨人（名）jùrén；伟人（名）wěirén (2) 巨物（名）jùwù II adj

巨大(形) jùdà; 大(形) dà: *a ~ star*
巨星 jùxīng / *a ~ box of chocolates* 一
大盒巧克力 yídàhé qiǎokèlì

gibe, jibe　**I** *n* 嘲笑(动) cháoxiào: *a
familiar ~* 放肆的嘲笑　**II** *v* 嘲笑
(动) cháoxiào

giddy　*adj* (1) 眩晕的 xuànyūn de; 头
晕眼花的 tóuyūnyǎnhuā de (2) 使人
眩晕的 shǐ rén xuànyūn de (3) 轻率
(形) qīngshuài; 轻浮(形) qīngfú, 不
严肃 bù yánsù: *a ~ girl* 轻浮的姑娘
qīngfú de gūniang

gift　*n* (1) 礼物(名) lǐwù, 礼品(名)
lǐpǐn; 赠品(名) zèngpǐn: *a wedding
~* 结婚礼品 jiéhūn lǐpǐn / *a birthday
~* 生日礼物 shēngrì lǐwù / *a Christ-
mas ~* 圣诞礼品 Shèngdàn lǐpǐn (2)
才能(名) cáinéng, 天赋(名) tiānfù,
天资(名) tiānzī: *a person of many
~s* 一个多才多艺的人 yíge
duōcáiduōyì de rén (3) 简单容易的事
jiǎndān róngyi de shì; 便宜的东西
piányi de dōngxi // *a free ~* 免费赠
送品 miǎn fèi zèngsòngpǐn / *coupon ~*
赠券 zèngquàn

gifted　*adj* 有天赋的 yǒu tiānfù de, 有
才华的 yǒu cáihuá de: *~ children* 有
才能的儿童 yǒu cáinéng de értóng

gigantic　*adj* 特大 tèdà, 巨大(形)
jùdà, 庞大(形) pángdà

giggle　**I** *v* 咯咯地笑 gēgē de xiào, 傻
笑 shǎ xiào　**II** *n* 咯咯笑 gēgē xiào, 傻
笑 shǎ xiào

gild　*v* 镀金 dùjīn; 贴金箔 tiē jīnbó

gill　*n* 鱼鳃(名) yúsāi, 鳃(名) sāi

gin　*n* 杜松子酒(名) dùsōngzijiǔ: *a ~
and tonic* 一杯奎宁杜松子酒 yìbēi
kuíníng dùsōngzijiǔ

ginger　*n* (1) 姜(名) jiāng, 生姜(名)
shēngjiāng (2) 姜黄色(名)
jiānghuángsè // *~ beer* 姜啤酒
jiāngpíjiǔ

gingerbread　*n* 姜饼(名) jiāngbǐng

gingerly　*adv* 小心翼翼地 xiǎoxīnyìyì
de; 战战兢兢地 zhànzhànjīngjīng de

ginseng　*n* 人参(根)(名) rénshēn

(根), 西洋参 xīyángshēn

giraffe　*n* 长颈鹿(名) chángjǐnglù

girdle　*n* 带子(名) dàizi, 腰带(名)
yāodài; 带状物(名) dàizhuàngwù

girl　*n* (1) 女孩子 nǚ háizi, 姑娘(名)
gūniang; 少女(名) shàonǚ: *~ stu-
dents* 女学生 nǚ xuésheng (2) 女儿
(名) nǚ'ér (3) 女工作人员 nǚ
gōngzuò rényuán; 女服务员 nǚ
fúwùyuán; 年轻的女仆 niánqīng de
nǚpú: *shop ~s* 女店员 nǚ diànyuán /
office ~s 女职员 nǚ zhíyuán (4) 女
朋友 nǚ péngyou; 爱人(名) àiren; 情
妇(名) qíngfù

girlfriend　*n* 女朋友 nǚ péngyou; 女伴
(名) nǚbàn; 情妇(名) qíngfù

girlhood　*n* 少女(名) shàonǚ; 少女时
期 shàonǚ shíqī

give　**I** *v* (1) 给(动) gěi, 送给 sònggěi
(2) 付出(动) fùchū; 花(动) huā (3)
供给(动) gōngjǐ, 提供(动) tígōng; 传
给 chuángěi (4) 献身于 xiànshēnyú,
把…献给 bǎ...xiàngěi (5) 造成(动)
zàochéng, 引起(动) yǐnqǐ: *~ pleasure*
使人感到愉快 shǐ rén gǎndào yúkuài
(6) (*used with a noun in a pattern
that may be replaced by the noun used
as a verb*): *~ sb. a blow* 给某人一拳
gěi mǒu rén yìquán / *~ sb. a pull
(push)* 拉(推)某人一下 lā (tuī) mǒu
rén yíxià / *~ a look* 看某人一眼
kàn mǒu rén yìyǎn / *~ a loud laugh*
大笑一声 dàxiào yìshēng (7) 陷下
xiànxià; 塌下 tāxià; 弯下 wānxià; 支
撑不住 zhīcheng bú zhù　**II** *n* 弹性(名)
tánxìng: *~ and take* 妥协 tuǒxié, 互
让 hùràng // *~ away* (1) 送掉
sòngdiào; 分发 fēnfā (2) 泄漏 xièlòu;
出卖 chūmài / *~ back* 归还 guīhuán /
~ birth to 生 shēng; 产生 chǎnshēng
/ *~ in* (1) 屈服 qūfú, 让步 ràngbù
(2) 呈交 chéngjiāo, 交上 jiāoshang /
~ off 发出 fāchū, 放出 fàngchū / *~
out* (1) 分发 fēnfā, 发出(气味、热等)
fāchū (qìwèi, rè děng) (2) 发表
fābiǎo, 公布 gōngbù (3) 用完

yòngwán, 耗尽 hàojìn / ~ *over* (1)停止 tíngzhǐ; 放弃 fàngqì (2) 交付 jiāofù, 托给 tuōgěi / ~ *rise to* 引起 yǐnqǐ, 导致 dǎozhì / ~ *up* (1) 让给 rànggěi, 放弃 fàngqì (2) 停止 tíngzhǐ, 抛弃 pāoqì (3) 把…送交 bǎ ... sòngjiāo; 自首 zìshǒu (4) 放弃希望 fàngqì xīwàng, 放弃努力 fàngqì nǔlì, 灰心 huīxīn / ~ *way* (1) 让路 rànglù, 让…先走 ràng...xiān zǒu (2) 下陷 xiàxiàn; 不能支撑 bù néng zhīcheng

given I *adj* (1) 一定的 yídìng de, 特定的 tèdìng de (2) 假设(动) jiǎshè, 如果有 rúguǒ yǒu (3) 喜爱(动) xǐ'ài, 习惯(动) xíguàn II *prep* 考虑到 kǎolùdào, 鉴于 jiànyú

glacier n 冰河(名) bīnghé, 冰川(名) bīngchuān

glad *adj* (1) 高兴(形) gāoxìng, 欢喜(形) huānxǐ, 乐意(形) lèyì (2) 令人高兴的 lìng rén gāoxìng de, 使人愉快的 shǐ rén yúkuài de: ~ *news* 喜讯 xǐxùn

gladly *adv* 高兴地 gāoxìng de; 乐意(助动) lèyì

glance I *v* (1) 匆匆地看一下 cōngcōng de kàn yíxià, 一瞥 yìpiē; 扫视(动) sǎoshì (2) 擦过 cāguò, 掠过 lüèguò II *n* 一瞥 yìpiē, 眼光(名) yǎnguāng // *at a* ~ 一眼(看出) yìyǎn(kànchū), 立即 lìjí

gland n 腺(名) xiàn: *sweat* ~s 汗腺 hànxiàn

glare I *v* (1) 发出耀眼的光 fāchū yàoyǎn de guāng; 强烈照射 qiángliè zhàoshè; 闪耀(动) shǎnyào (2) 瞪(眼)(动) dèng(yǎn) II *n* (1) 耀眼的光 yàoyǎn de guāng, 强烈的光 qiángliè de guāng: *the* ~ *of the sun on the water* 水面上耀眼的阳光 shuǐmiànshang yàoyǎn de yángguāng (2) 瞪(眼)(动) dèng(yǎn); 愤怒的目光 fènnù de mùguāng

glaring *adj* (1) 耀眼的 yàoyǎn de, 光线强烈的 guāngxiàn qiángliè de: *the*

~ *headlights of a car* 汽车的耀眼的前灯 qìchē de yàoyǎn de qiándēng (2) 明显(形) míngxiǎn, 显眼(形) xiǎnyǎn, 突出(形) tūchū: ~ *error* 明显的错误 míngxiǎn de cuòwù

glass n (1) 玻璃(名) bōli: *a piece of* ~ 一块玻璃 yíkuài bōli / *a* ~ *bottle* 一个玻璃瓶 yígè bōlipíng / *broken* ~ 玻璃碴儿 bōlichár (2) 玻璃制品 bōli zhìpǐn, 料器(名) liàoqì (3) 眼镜(名) yǎnjìng: *a new pair of* ~*es* 一副新眼镜 yífù xīn yǎnjìng / *wear* ~*es* 戴眼镜 dài yǎnjìng (4) 镜子(名) jìngzi: *a* ~ 一面镜子 yímiàn jìngzi (5) 玻璃杯(名) bōlibēi, 一杯 yìbēi: *drink a* ~ *of beer* (*milk*, *water*) 喝一杯啤酒(牛奶、水) hē yìbēi píjiǔ (niúnǎi, shuǐ) // *ground* ~ (1) 毛玻璃 máobōli (2) 玻璃粉 bōlifěn

glasshouse n 暖房(名) nuǎnfáng

glassware n 玻璃制品 bōli zhìpǐn, 料器(名) liàoqì

glaze I *v* (1) 装玻璃 zhuāng bōli, 镶玻璃 xiāng bōli (2) (眼光)变呆 (yǎnguāng) biàndāi, 变模糊 biàn móhu II *n* 釉(名) yòu, 釉料 yòuliào, 釉面 yòumiàn

gleam I *v* 发微光 fā wēiguāng, 闪烁(动) shǎnshuò; 闪现(动) shǎnxiàn II *n* 微弱的闪光 wēiruò de shǎnguāng; 闪现(动) shǎnxiàn

glean *v* 收集(动) shōují, 搜集(动) sōují; 拾(落穗) shí (luòsuì)

glide I *v* (1) 滑动(动) huádòng, 滑行(动) huáxíng, 滑翔(动) huáxiáng (2) 悄悄地走 qiāoqiāo de zǒu; 流逝(动) liúshì: *Time* ~*s on.* 时光在流逝。 Shíguāng zài liúshì. II *n* 滑动(动) huádòng; 滑行(动) huáxíng, 滑翔(动) huáxiáng

glimpse I *n* 一瞥 yìpiē, 看一眼 kàn yìyǎn II *v* 看一眼 kàn yìyǎn, 瞥见 piējiàn

glitter I *v* 闪闪发光 shǎnshǎn fā guāng, 闪烁(动) shǎnshuò II *n* 光辉(名) guānghuī, 闪闪发光 shǎnshǎn fā guāng

glittering *adj* （1）闪闪发光的 shǎnshǎn fāguāng de, 光辉灿烂的 guānghuī cànlàn de: ~ *jewels* 璀璨的宝石 cuǐcàn de bǎoshí （2）华丽（形）huálì; 引人注目的 yǐnrénzhùmù de

global *adj* 全球的 quánqiú de: *a ~ war* 全球战争 quánqiú zhànzhēng / *a ~ problem* 全球性的问题 quánqiúxìng de wèntí

globe *n* （1）球（名）qiú, 球状物（名）qiúzhuàngwù: *the ~ of a lamp* 球形玻璃灯罩 qiúxíng bōli dēngzhào （2）地球（名）dìqiú, 世界（名）shìjiè （3）地球仪（名）dìqiúyí, 天球仪（名）tiānqiúyí

gloom *n* （1）阴暗（形）yīn'àn; 黑暗（形）hēi'àn; 朦胧（形）ménglóng （2）忧愁（形）yōuchóu; 情绪低沉 qíngxù dīchén; 阴郁（形）yīnyù // *cast a ~ on sth.* 蒙上阴影 méngshang yīnyǐng

glorify *v* 赞美（动）zànměi, 给…荣耀 gěi...róngyào

glorious *adj* （1）光荣（形）guāngróng, 光辉（形）guānghuī, 辉煌（形）huīhuáng: ~ *traditions* 光荣传统 guāngróng chuántǒng （2）美丽（形）měilì, 壮丽（形）zhuànglì: *a ~ view* 壮丽的景色 zhuànglì de jǐngsè / *a ~ day* 美好的一天 měihǎo de yìtiān （3）令人愉快的 lìng rén yúkuài de, 使人高兴的 shǐ rén gāoxìng de

glory **I** *n* （1）光荣（名）guāngróng, 荣誉（名）róngyù: *return with ~* 凯旋而归 kǎixuán ér guī （2）荣耀的事 róngyào de shì, 值得赞颂的事 zhídé zànsòng de shì **II** *v* 高兴（形）gāoxìng, 得意（形）déyì, 沾沾自喜 zhānzhānzìxǐ

gloss¹ **I** *n* 平滑（形）pínghuá, 光泽（名）guāngzé **II** *v* 使…光滑（形）shǐ...guānghuá; 使…发光 shǐ...fāguāng // ~ *over* 掩饰 yǎnshì, 遮盖 zhēgài

gloss² **I** *n* 解释（名）jiěshì, 注解（名）zhùjiě **II** *v* 注释（动）zhùshì, 写评注 xiě píngzhù

glossary *n* 词汇表 cíhuì biǎo; 术语（名）shùyǔ; 汇编（名）huìbiān

glossy *adj* 光滑（形）guānghuá, 光亮（形）guāngliàng, 有光泽 yǒu guāngzé: ~ *magazines* 用有光纸印刷的杂志 yòng yǒuguāngzhǐ yìnshuā de zázhì

glove *n* 手套（名）shǒutào: *a pair of ~s* 一副手套 yífù shǒutào / *with ~s on* 戴着手套 dàizhe shǒutào

glow **I** *v* （1）发光 fā guāng; 发热 fā rè; 发出白热的光芒 fāchū báirè de guāngmáng （2）发红 fāhóng **II** *n* 光（名）guāng; 光芒（名）guāngmáng; 光辉（名）guānghuī; 红光 hóngguāng: *the red ~ in the sky above the factory* 工厂上空的红光 gōngchǎng shàngkōng de hóngguāng / *cheeks with the ~ of health* 健康红润的面颊 jiànkāng hóngrùn de miànjiá

glow-worm *n* 萤火虫（名）yínghuǒchóng

glue **I** *n* 胶（名）jiāo; 胶水（名）jiāoshuǐ **II** *v* 粘（动）zhān; 粘牢 zhānláo; 紧紧依附着 jǐnjǐn yīfùzhe

gnaw *v* （1）啃（动）kěn, 咬（动）yǎo; 咬断 yǎoduàn （2）侵蚀（动）qīnshí; 腐蚀（动）fǔshí （3）使苦恼 shǐ kǔnǎo, 使痛苦 shǐ tòngkǔ, 折磨（动）zhémo

go **I** *v* （1）去（动）qù, 上（动）shàng, 到…去 dào...qù: ~ *to school* 去上学 qù shàngxué / ~ *to church* 去做礼拜 qù zuò lǐbài / ~ *by train* （*car*, *air*, *boat*）坐火车（汽车、飞机、船）去 zuò huǒchē（qìchē, fēijī, chuán）qù / ~ *abroad* 到国外去 dào guówài qù（出国 chū guó）（2）（机器）运转（动）（jīqì）yùnzhuǎn, 走（动）zǒu, （事情）进行（动）（shìqing）jìnxíng: *a truck ~ing 80 kilometres an hour* 一小时行驶八十公里的卡车 yìxiǎoshí xíngshǐ bāshígōnglǐ de kǎchē （3）离开（动）líkāi, 走（动）zǒu, 消失（动）xiāoshī （4）到达（动）dàodá, 通到（动）tōngdào, 延伸到 yánshēndào （5）归于 guīyú, 被…拿去 bèi...náqù, 为…获得 wéi...

huòdé（6）放进 fàngjìn，装在 zhuāngzài，容纳在 róngnàzài（7）变为（动）biànwéi，成为（动）chéngwéi（8）处于…状态 chǔyú ... zhuàngtài（9）流传（动）liúchuán，流行（动）liúxíng，说（动）shuō: as the saying ~ es 如俗话所说 rú súhuà suǒ shuō（10）垮（动）kuǎ，坏（动）huài，死（动）sǐ（11）（时间）过去（动）（shíjiān）guòqu，消失（动）xiāoshī（12）响（动）xiǎng，发出声音 fāchū shēngyīn，（钟）报点（zhōng）bào diǎn **II** n（1）精力（名）jīnglì，劲头儿（名）jìntóur（2）试（动）shì，尝试（动）chángshì: at one ~ 试一下 shì yíxià // be ~ing to 将要 jiāngyào，快要 kuàiyào；打算 dǎsuan / ~ about（1）传说 chuánshuō，流传 liúchuán（2）着手 zhuóshǒu，从事 cóngshì，干 gàn / ~ after 追求 zhuīqiú；追 zhuī / ~ against 违反 wéifǎn，违背 wéibèi，反对 fǎnduì，逆 nì / ~ ahead 开始 kāishǐ，前进 qiánjìn，进步 jìnbù / ~ along 进行 jìnxíng，前进 qiánjìn / ~ along with（1）陪伴 péibàn（2）赞同 zàntóng，支持 zhīchí，附和 fùhè / ~ and 去… qù... / ~ at（1）扑向 pūxiàng；进攻 jìngōng（2）努力 nǔlì / ~ back（1）回去 huíqu，回到 huídào（2）追溯 zhuīsù，源于 yuánchūyú / ~ back on 违背 wéibèi，背弃 bèiqì / ~ by（1）过去 guòqù（2）按…做 àn ... zuò，凭…判断 píng... pànduàn / ~ down（1）下沉 xiàchén，下落 xiàluò，沉没 chénmò（2）被接受 bèi jiēshòu，受欢迎 shòu huānyíng（3）被记载进去 bèi jìzǎijìnqu，传下去 chuánxiaqu（4）倒下 dǎoxià，垮台 kuàtái，病倒 bìngdǎo: ~ down in defeat 以失败告终 yǐ shībài gàozhōng / ~ for（1）为…去 wèi...qù，去请 qù qǐng，去找 qù zhǎo: ~ for a holiday 去度假 qù dù jià（2）袭击 xíjī，抨击 pēngjī（3）对…适用 duì ... shìyòng（4）主张 zhǔzhāng，拥护 yōnghù，喜欢 xǐhuan / ~ forward 前进 qiánjìn，进展

jìnzhǎn / ~ in for（1）从事于 cóngshìyú，参加 cānjiā（2）沉迷于 chénmíyú，非常喜欢 fēicháng xǐhuan / ~ing strong 仍然好用 réngrán hǎo yòng；仍然能干 réngrán nénggàn / ~ into（1）进入 jìnrù，加入 jiārù（2）进入…状态 jìnrù...zhuàngtài（3）了解 liǎojiě，研究 yánjiū / ~ off（1）离去 líqù（2）爆炸 bàozhà，发射 fāshè（3）进行 jìnxíng（4）昏过去 hūnguoqu，睡去 shuìqu / ~ off with 拿去 náqu，抢走 qiǎngzǒu，拐走 guǎizǒu / ~ on（1）继续 jìxù，接着 jiēzhe（2）依靠 yīkào，依据 yījù / ~ out（1）出去 chūqu，出国去 chū guó qu（2）熄灭 xīmiè，过时 guòshí / ~ over 检查 jiǎnchá，查看 chákàn / ~ round（1）四处走动 sìchù zǒudòng，绕道走 ràodào zǒu（2）顺便去 shùnbiàn qù（3）足够分配 zúgòu fēnpèi / ~ through（1）仔细检查 zǐxì jiǎnchá，全面考虑 quánmiàn kǎolǜ，搜查 sōuchá（2）用完 yòngwán，花光 huāguāng（3）经历 jīnglì，经受 jīngshòu（4）被接受 bèi jiēshòu，通过 tōngguò / ~ through with 做完 zuòwán，完成 wánchéng / ~ too far 走得太远了 zǒu de tài yuǎn le，做得太过分了 zuò de tài guòfèn le / ~ up（1）上升 shàngshēng，增长 zēngzhǎng（2）造起来 zàoqilai（3）爆炸 bàozhà；焚烧 fénshāo / ~ with 与…相配 yǔ... xiāngpèi，协调 xiétiáo: ~ with the crowd 随大溜 suí dàliù / ~ without 没有…也行（也凑合）méiyǒu... yě xíng（yě còuhe）/ ~ wrong 出了毛病 chūle máobìng / on the ~ 忙碌 mánglù，不停地干 bùtíng de gàn

goal n（1）目的（名）mùdì，目标（名）mùbiāo；终点（名）zhōngdiǎn（2）得分 dé fēn，赢分 yíng fēn: 3 ~ s to 1 三比一 sān bǐ yī（3）球门（名）qiúmén

goalkeeper n 守门员 shǒuményuán

goat n 山羊（名）shānyáng

goatskin n 山羊皮 shānyángpí；山羊皮衣服 shānyángpí yīfu

go-between *n* 媒人(名) méiren, 中间人 zhōngjiānrén, 掮客(名) qiánkè

god *n* (1) 神(名) shén; 神像(名) shénxiàng (2) 上帝(名) Shàngdì (3) 神化的人(或物) shénhuà de rén (huò wù); 被极度崇拜的人(或物) bèi jídù chóngbài de rén (huò wù) // G~ *forbid*! 苍天不容! Cāngtiān bù róng! 绝对不行! Juéduì bù xíng! / G~ *knows* 天晓得 tiān xiǎode; 谁也不知道 shuí yě bù zhīdao / *My* G~! 天啊! Tiān a! / *Thank* G~! 谢天谢地! Xiè tiān xiè dì!

godchild *n* 教子(名) jiàozǐ; 教女(名) jiàonǚ

goddess *n* 女神(名) nǚshén

godfather *n* 教父(名) jiàofù

god-fearing *adj* 敬神的 jìng shén de, 虔诚(形) qiánchéng

godless *adj* 不信神的 bú xìn shén de, 不敬神的 bú jìng shén de

godmother *n* 教母(名) jiàomǔ

godparent *n* 教父(名) jiàofù; 教母(名) jiàomǔ

goggle **I** *n* 风镜(名) fēngjìng, 护目镜 hùmùjìng, 潜水镜 qiánshuǐjìng **II** *v* 瞪眼看 dèng yǎn kàn; 斜眼看 xié yǎn kàn; 转动眼珠 zhuàndòng yǎnzhū

going **I** *n* (1) 离去 líqù, 出走(动) chūzǒu, 走掉 zǒudiào (2) 行走的情况 xíngzǒu de qíngkuàng; 工作的情况 gōngzuò de qíngkuàng; 速度(名) sùdù **II** *adj* (1) 进行中的 jìnxíngzhōng de, 正在运转的 zhèngzài yùnzhuàn de (2) 目前的 mùqián de, 当前的 dāngqián de

gold **I** *n* 金(名) jīn, 黄金(名) huángjīn, 金子(名) jīnzi; 金币(名) jīnbì; 金色(名) jīnsè: *pure* ~ 纯金 chúnjīn / 10 *ounces of* ~ 十盎司黄金 shí'àngsī huángjīn **II** *adj* 金制的 jīnzhì de; 含金的 hán jīn de; 金色的 jīnsè de: ~ *coins* 金币 jīnbì / *a* ~ *ring* 一枚金戒指 yìméi jīn jièzhi / *a* ~ *watch* 一块金表 yíkuài jīnbiǎo / *a* ~ *medal* 一枚金质奖章 yìméi jīnzhì jiǎngzhāng

(一块金牌 yíkuài jīnpái) // ~ *rush* 淘金热 táojīnrè / ~ *standard* 金本位(制) jīnběnwèi (zhì)

gold-digger *n* 淘金者 táojīnzhě

golden *adj* (1) 金的 jīn de: *a* ~ *crown* 金冠 jīnguān (2) 金黄色的 jīnhuángsè de; 黄金般的 huángjīn bān de: *the* ~ *rays of the sun* 金色的阳光 jīnsè de yángguāng / ~ *hair* 金黄色的头发 jīnhuángsè de tóufa (3) 贵重(形) guìzhòng; 绝好的 juéhǎo de; 重要(形) zhòngyào: *a* ~ *opportunity* 千载难逢的机会 qiānzǎinánféng de jīhuì / ~ *hours* 幸福的时刻 xìngfú de shíkè // ~ *wedding* 金婚纪念 jīnhūn jìniàn (结婚五十周年纪念 jiéhūn wǔshízhōunián jìniàn)

goldfish *n* 金鱼 jīnyú

goldmine *n* 金矿(名) jīnkuàng; 金山(名) jīnshān; 财源(名) cáiyuán

goldsmith *n* 金匠(名) jīnjiàng, 金首饰商 jīnshǒushìshāng

golf *n* 高尔夫球(名) gāo'ěrfūqiú // ~ *club* (1) 高尔夫球棍 gāo'ěrfū qiúgùn (2) 高尔夫俱乐部 gāo'ěrfū jùlèbù / ~ *links* 高尔夫球场 gāo'ěrfū qiúchǎng

golfer *n* 打高尔夫球的人 dǎ gāo'ěrfūqiú de rén

gong *n* 锣(名) luó; 铜锣(名) tóngluó; 铃(名) líng: *beat drums and* ~s *to greet the New Year* 敲锣打鼓迎新年 qiāo luó dǎ gǔ yíng xīnnián

good **I** *adj* (1) 好(形) hǎo: ~ *news* 好消息 hǎo xiāoxi / ~ *weather* 好天气 hǎo tiānqì (2) 听话的 tīnghuà de, 乖(形) guāi (3) 有益的 yǒuyì de, 有好处的 yǒu hǎochù de, 适宜(形) shìyí (4) 有能力的 yǒu nénglì de, 能干(形) nénggàn, 能胜任的 néng shèngrèn de: *a* ~ *football player* 优秀足球运动员 yōuxiù zúqiú yùndòngyuán (5) 愉快(形) yúkuài, 有趣(形) yǒuqù (6) 好心的 hǎoxīn de, 乐于助人的 lèyúzhùrén de (7) 完全(形) wánquán, 彻底(形) chèdǐ (8) 相当多的 xiāngdāng duō de, 不少于 bù shǎoyú; 整整(形) zhěngzhěng: *a ~ 5 years* 整整五年 zhěngzhěng wǔnián (9)上等(形) shàngděng; 上流社会的 shàngliú shèhuì de **II** *n* (1) 好事 hǎoshì; 好处(名) hǎochu, 用处(名) yòngchu (2) 好人(名) hǎorén // *a ~ deal* 很多 hěn duō / *a ~ few* 很多 hěn duō: *a ~ few examples* 很多例子 hěn duō lìzi / *a ~ number of* 很多 hěn duō: *a ~ number of people* 很多人 hěn duō rén / *as ~ as* 几乎 jīhū; 实际上 shíjìshang / *for ~* 永远 yǒngyuǎn / *~ afternoon* 下午好 xiàwǔ hǎo / *~ and ...* 很hěn, 非常 fēicháng / *~ evening* 晚上好 wǎnshang hǎo / *~ for* (1) 值 zhí; 能出…(钱) néng chū ... (qián) (2) 能坚持 néng jiānchí, 支持 zhīchí (3) 有效的 yǒuxiào de; 对…有用的 duì ... yǒuyòng de / *G~ heavens*! 天啊! Tiān a! / *~ morning* 早安 zǎoān, 早上好 zǎoshang hǎo / *~ night* 晚安 wǎn'ān, 晚上好 wǎnshang hǎo; 再见 zàijiàn / *in ~ time* 及时 jíshí / *It's a ~ thing ...* 幸而 xìng'ér, 幸亏 xìngkuī, 走运 zǒuyùn

goodby(e) **I** *int* 再见(动) zàijiàn, 再会(动) zàihuì **II** *n* 告别(动) gàobié, 再见(动) zàijiàn

good-for-nothing **I** *adj* 没有用处的(形) méiyǒu yòngchu de, 无价值的 wú jiàzhí de **II** *n* 无用的人(名) wúyòng de rén

good-humoured *adj* 心情好的 xīnqíng hǎo de; 脾气好的 píqi hǎo de

good-natured *adj* 脾气好的 píqi hǎo de, 温厚的 wēnhòu de

goodness *n* (1) 善良(形) shànliáng; 善心(名) shànxīn; 善行(名) shànxíng; 仁慈(形) réncí; 德行(名) déxíng (2) 精华(名) jīnghuá, 养分 yǎngfèn // *for ~' sake* 看在老天爷份上 kàn zài lǎo tiān yé fènshang / *G~ knows* (1) 天晓得 tiān xiǎode (2) 老天作证 lǎotiān zuò zhèng / *My ~*! 哎呀! Āiya! 哟! Yāo! 天啊! Tiān a! /

Thank ~! 谢天谢地! Xiè tiān xiè dì!

goods *n* 商品(名) shāngpǐn; 货(名) huò, 货物(名) huòwù: *a ~ train* 一列货车 yíliè huòchē / *the ordered ~* 定购的货物 dìnggòu de huòwù

good-tempered *adj* 脾气好的 píqi hǎo de, 和气(形) héqi

goodwill *n* (1) 友好(形) yǒuhǎo, 亲善(形) qīnshàn; 好意(形) hǎoyì (2) 商誉(名) shāngyù, 信誉(名) xìnyù

goose *n* 鹅(名) é; 鹅肉(名) éròu

gooseflesh *n* 鸡皮疙瘩 jīpígēda

gorge **I** *n* 峡(名) xiá, 隘路(名) àilù **II** *v* 狼吞虎咽 lángtūnhǔyàn, 拼命吃 pīnmìng chī

gorilla *n* 大猩猩(名) dàxīngxing

gospel *n* (1) 福音(名) fúyīn, 喜讯(名) xǐxùn: "*G~*"《新约》四部福音书之一《Xīnyuē》sìbù fúyīnshū zhī yī (2) 真理(名) zhēnlǐ, 真实(形) zhēnshí (3) 信条(名) xìntiáo, 准则(名) zhǔnzé

gossip **I** *n* (1) 闲聊 xiánliáo, 闲话(名) xiánhuà; 闲言碎语 xiányán suìyǔ: *be fond of ~* 爱说闲话 ài shuō xiánhuà (2) 爱讲闲话的人 ài jiǎng xiánhuà de rén; 爱传流言蜚语的人 ài chuán liúyánfēiyǔ de rén **II** *v* 闲聊(动) xiánliáo; 传播流言蜚语 chuánbō liúyánfēiyǔ

govern *v* (1) 统治(动) tǒngzhì, 管理(动) guǎnlǐ, 治理(动) zhìlǐ: *~ a city* 管理城市 guǎnlǐ chéngshì / *~ a country* 治理国家 zhìlǐ guójiā (2) 指导(动) zhǐdǎo; 支配(动) zhīpèi; 决定(动) juédìng; 影响(动) yǐngxiǎng // *~ one's temper* 控制自己不发脾气 kòngzhì zìjǐ bù fā píqi

government *n* (1) 统治(动) tǒngzhì, 管理(动) guǎnlǐ (2) 政治(名) zhèngzhì, 政体(名) zhèngtǐ: *democratic ~* 民主政治 mínzhǔ zhèngzhì (3) 政府(名) zhèngfǔ; 内阁(名) nèigé: *the G~ of the People's Republic of China* 中华人民共和国政府 Zhōnghuá Rénmín Gònghéguó zhèngfǔ

governor *n* 省长（名）shěngzhǎng；总督（名）zǒngdū；(组织机构的)主管人员（zǔzhī jīgòu de）zhǔguǎn rényuán；(美国)州长（Měiguó）zhōuzhǎng: *the G~ General of Canada* 加拿大总督 Jiānádà zǒngdū / *the ~ of New York State* 纽约州州长 Niǔyuē Zhōu zhōuzhǎng

gown *n* 长袍（名）chángpáo；长外衣 cháng wàiyī；法官服 fǎguānfú，教士服（名）jiàoshìfú

grab **I** *v* (1) 抓住 zhuāzhù (2) 抢（动）qiǎng，抢走 qiāngzǒu，夺取（动）duóqǔ **II** *n* 抓住 zhuāzhù；掠夺（动）lüèduó: *a policy of ~* 掠夺政策 lüèduó zhèngcè

grace *n* (1) 优美（形）yōuměi，雅致（形）yǎzhì (2) 体面（形）tǐmian；通情达理 tōngqínglǐ (3) 恩惠（名）ēnhuì，恩典（名）ēndiǎn；仁慈（形）réncí；赦免（动）shèmiǎn: *an Act of G~* 大赦令 dàshèlìng (4) 感恩祷告 gǎn'ēn dǎogào：*say a ~* 做感恩祷告 zuò gǎn'ēn dǎogào (5) 宽限（动）kuānxiàn

graceful *adj* (1) 优美（形）yōuměi，雅致（形）yǎzhì: *~ dance movements* 优美的舞蹈动作 yōuměi de wǔdǎo dòngzuò (2) 得体（形）détǐ，通情达理 tōngqínglǐ

gracefully *adv* 优美（形）yōuměi，秀丽（形）xiùlì

gracious **I** *adj* (1) 有礼貌的 yǒu lǐmào de，客气（形）kèqi (2) 宽厚（形）kuānhòu，仁慈（形）réncí: *a ~ smile* 慈祥的笑容 cíxiáng de xiàoróng **II** *int* 哎呀 āiya: *G~!* 哎呀! Āiya! / *Good ~!* 天啊! Tiān'a!

grade **I** *n* (1) 等级（名）děngjí；级别（名）jíbié；阶段（名）jiēduàn: *~ A milk* 甲级牛奶 jiǎjí niúnǎi (2) (中、小学的)年级（名）（zhōng, xiǎoxué de）niánjí: *students of G~ 83* (中国)八三级的学生（Zhōngguó）bāsānjí de xuésheng / *in the second ~* 在二年级 zài èrniánjí (3) 分数（名）fēnshù；评分

等级 píng fēn děngjí **II** *v* 分等 fēn děng；分类 fēn lèi，分级 fēn jí: *~ eggs* 把鸡蛋分成几等 bǎ jīdàn fēnchéng jǐděng // *~ down* 降低等级 jiàngdī děngjí，降级 jiàng jí / *~ up* 提高等级 tígāo děngjí；提高质量 tígāo zhìliàng

gradual *adj* 逐渐（副）zhújiàn，渐渐（副）jiànjiàn，逐步（副）zhúbù，缓慢（形）huǎnmàn: *a ~ increase* 逐步提高 zhúbù tígāo

gradually *adv* 逐渐（副）zhújiàn，渐渐（副）jiànjiàn，慢慢地 mànmàn de

graduate **I** *v* (1) 毕业（动）bìyè；得学位 dé xuéwèi；准予…毕业 zhǔnyǔ … bìyè；授予…学位 shòuyǔ … xuéwèi (2) 取得资格 qǔdé zīgé (3) 给（量杯等）标上刻度 gěi（liángbēi děng）biāoshang kèdù **II** *n* 大学毕业生 dàxué bìyèshēng，毕业生 bìyèshēng: *a ~ in medicine* 医科毕业生 yīkē bìyèshēng / *a ~ student* 研究生 yánjiūshēng / *~ school* 研究生院 yánjiūshēngyuàn / *a high school ~* 高中毕业生 gāozhōng bìyèshēng / *~ studies* 研究生课程 yánjiūshēng kèchéng

graduation *n* (1) 大学毕业 dàxué bìyè，毕业（动）bìyè；授学位 shòu xuéwèi，获得学位 huòdé xuéwèi (2) 毕业典礼 bìyè diǎnlǐ，授学位典礼 shòu xuéwèi diǎnlǐ (3) 刻度（名）kèdù

graft¹ *v* (1) 嫁接（动）jiàjiē，接枝 jiēzhī (2) 移植（动）yízhí **II** *n* 嫁接法（名）jiàjiēfǎ；移植（动）yízhí；移植物（名）yízhíwù

graft² *n* 贪污（名）tānwū；受贿 shòuhuì；贪污的钱 tānwū de qián，脏款（名）zāngkuǎn

grain *n* (1) 谷物（名）gǔwù，谷类（名）gǔlèi；粮食（名）liángshi: *a store full of ~* 装满谷物的仓库 zhuāngmǎn gǔwù de cāngkù / *~ imports* 粮食进口 liángshi jìnkǒu (2) 谷粒（名）gǔlì；粒（名、量）lì: *a ~ of rice* 一粒米 yìlì mǐ / *~s of salt（sand，sugar）* 盐粒（砂粒、糖粒）

yánlì（shālì，tánglì）（3）一点儿 yìdiǎnr（4）纹理（名）wénlǐ // go a-gainst the ~（1）逆着纹理 nìzhe wénlǐ（2）不合性情 bù hé xìngqíng

gram, gramme n 克（量）kè

grammar n（1）语法（学）（名）yǔfǎ（xué），文法（学）（名）wénfǎ(xué)；语法规则 yǔfǎ guīzé：good ~ 正确的语法 zhèngquè de yǔfǎ / do ~ exercises 做语法练习 zuò yǔfǎ liànxí（2）语法书 yǔfǎshū // ~ school 文法学校 wénfǎ xuéxiào

grammarian n 语法学家（名）yǔfǎxuéjiā

grammatical adj 语法的 yǔfǎde，合乎语法的 héhū yǔfǎ de：~ rules 语法规则 yǔfǎ guīzé

gramophone n 留声机（名）liúshēngjī：a ~ record 唱片 chàngpiàn / sing into the ~ 灌制唱片 guànzhì chàngpiàn

granary n 粮仓（名）liángcāng，谷仓（名）gǔcāng；产粮区 chǎnliángqū：a natural ~ 天然粮仓 tiānrán liángcāng（鱼米之乡 yúmǐ zhī xiāng）

grand adj（1）壮丽（形）zhuànglì；堂皇（形）tánghuáng；盛大（形）shèngdà：a ~ banquet 盛大的宴会 shèngdà de yànhuì / a ~ hotel 豪华旅店 háohuá lǚdiàn（2）极好的 jí hǎo de，快乐（形）kuàilè // ~ piano 大钢琴 dà gāngqín，三角钢琴 sānjiǎo gāngqín / ~ total 总数 zǒngshù，总额 zǒng'é

grandchild n 孙子（名）sūnzi；孙女（名）sūnnǚ；外孙子（名）wàisūnzi；外孙女（名）wàisūnnǚ

granddaughter n 孙女（名）sūnnǚ；外孙女（名）wàisūnnǚ

grandfather n 祖父（名）zǔfù，爷爷（名）yéye；外祖父（名）wàizǔfù，外公（名）wàigōng

grandmother n（1）祖母（名）zǔmǔ，奶奶（名）nǎinai；外祖母（名）wàizǔmǔ，姥姥（名）lǎolao（2）老奶奶（名）lǎonǎinai

grandson n 孙子（名）sūnzi；外孙（名）

wàisūn

granite n 花岗岩（名）huāgāngyán，花岗石（名）huāgāngshí：a monument built of ~ 用花岗石建造的纪念碑 yòng huāgāngshí jiànzào de jìniànbēi

granny, grannie n 奶奶（名）nǎinai；姥姥（名）lǎolao，外婆（名）wàipó

grant I v（1）同意（动）tóngyì；给予（动）jǐyǔ；授予（动）shòuyǔ（2）承认（动）chéngrèn（3）假定（动、名）jiǎdìng；即使（连）jíshǐ，就算（连）jiùsuàn II n 补助费（名）bǔzhùfèi，拨款 bō kuǎn；助学金（名）zhùxuéjīn

grape n 葡萄（名）pútao：a bunch of ~s 一串葡萄 yíchuàn pútao / ~ juice 葡萄汁 pútaozhī / ~ trees 葡萄树 pútaoshù // sour ~s 酸葡萄 suān pútao

grapevine n 葡萄藤（名）pútaoténg

graph n 曲线图（名）qūxiàntú；图表（名）túbiǎo；图形（名）túxíng

graphic adj（1）书写的 shūxiě de；绘画的 huìhuà de；印刷的 yìnshuā de；文字的 wénzì de：~ arts 绘画印刻艺术（书画艺术）huìhuà yìnkè yìshù（shūhuà yìshù）（2）生动（形）shēngdòng，绘画似的 huìhuàshìde

grapple v（1）抓住 zhuāzhù，握紧 wòjǐn（2）扭打（动）niǔdǎ，格斗（动）gédòu：~ with an enemy 与敌人格斗 yǔ dírén gédòu（3）解决难题 jiějué nántí

grasp I v（1）抓（动）zhuā，抓住 zhuāzhù，抓紧 zhuājǐn；抱住 bàozhù：~ an opportunity 抓住一个机会 zhuāzhù yíge jīhuì（2）了解（动）liǎojiě，掌握（动）zhǎngwò，领会（动）lǐnghuì II n（1）抓（动）zhuā，紧握 jǐnwò；抱（动）bào（2）掌握（动）zhǎngwò，了解（动）liǎojiě // beyond one's ~ 不能理解 bù néng lǐjiě；不能胜任 bù néng shèngrèn / within sb.'s ~ 理解 lǐjiě；力所能及 lìsuǒnéngjí

grass n（1）草（名）cǎo，青草 qīngcǎo：a blade of ~ 一棵草 yìkē cǎo（2）草地（名）cǎodì，草原（名）

căoyuán

grassland *n* 牧场（名）mùchăng，草地（名）căodì，草原（名）căoyuán

grate *v* 磨（动）mó，摩擦（动）mócā；磨碎 mósuì

grateful *adj* 感激（动）gănjī，感谢（动）gănxiè

gratify *v* (1) 满意（形）mănyì，高兴（形）gāoxìng，喜悦（形）xĭyuè (2) 满足（动）mănzú；实现（动）shíxiàn：~ one's thirst for money 满足某人对金钱的欲望 mănzú mŏu rén duì jīnqián de yùwàng

grating **I** *n* 栅栏（名）zhàlán，格子（名）gézi **II** *adj* 刺耳的 cì'ĕr de，刺激的 cìjī de：a ~ noise 刺耳的噪音 cì'ĕr de zàoyīn

gratis **I** *adv* 免费 miănfèi，无偿地 wúcháng de：aid given ~ 无偿援助 wúcháng yuánzhù **II** *adj* 免费 miănfèi，无偿（形）wúcháng

gratitude *n* 感激（动）gănjī，感谢（动）gănxiè，谢忱（名）xièchén

grave[1] 墓穴（名）mùxué，坟墓（名）fénmù

grave[2] *adj* 严肃（形）yánsù，严重（形）yánzhòng，重大（形）zhòngdà

grave-digger *n* 掘墓人（名）juémùrén

gravestone *n* 墓碑（名）mùbēi

graveyard *n* 墓地（名）mùdì，墓场（名）mùchăng

gravity *n* (1) 地心引力 dìxīn yĭnlì，引力（名）yĭnlì，重力（名）zhònglì：the centre of ~ 重心 zhòngxīn (2) 庄重（形）chuāngzhòng；严肃（形）yánsù；严重（形）yánzhòng：keep one's ~ 保持严肃 băochí yánsù

graze[1] *v* 吃青草 chī qīngcăo；喂草 wèi căo；放牧（动）fàngmù

graze[2] **I** *v* (1) 擦伤 cāshāng，抓破 zhuāpò (2) 掠过 lüèguò，擦过 cāguò **II** *n* 擦伤的地方 cāshāng de dìfang

grease **I** *n* 油脂（名）yóuzhī；油腻（名）yóunì **II** *v* 涂油 tú yóu；上油 shàng yóu

great *adj* (1) 大（形）dà；伟大（形）wĕidà；杰出（形）jiéchū：a ~ man 一位伟人 yíwèi wĕirén / our ~ country 我们伟大的国家 wŏmen wĕidà de guójiā (2) 极大的 jí dà de；超乎寻常的 chāohūxúncháng de；了不起 liăobuqĭ：the G~ Wall of China 中国的万里长城 Zhōngguó de Wànlĭ Chángchéng / a ~ number of questions 许多问题 xŭduō wèntí / a ~ many people 许许多多的人 xŭxŭduōduō de rén / a ~ reader 酷爱读书的人 kù'ài dú shū de rén (3) 好极了 hăo jíle；太妙了 tài miào le

great-granddaughter *n* 曾孙女（名）zēngsūnnǚ；外曾孙女（名）wàizēngsūnnǚ

great-grandfather *n* 曾祖父（名）zēngzŭfù；外曾祖父（名）wàizēngzŭfù

greatness *n* 大（形）dà，巨大（形）jùdà；伟大（形）wĕidà

greed *n* 贪心（形）tānxīn；贪婪（形）tānlán；贪吃 tānchī：~ of money 贪财 tān cái

greedy *adj* (1) 嘴馋的 zuĭ chán de；贪吃的 tān chī de：a ~ child 馋嘴的孩子 chán zuĭ de háizi (2) 贪婪（形）tānlán，贪心（形）tānxīn (3) 渴望的 kĕwàng de；热望（名）rèwàng：be ~ to do sth. 急欲作某事 jí yù zuò mŏu shì

Greek **I** *adj* 希腊的 Xīlà de；希腊人的 Xīlàrén de；希腊语的 Xīlàyŭ de **II** *n* (1) 希腊人 Xīlàrén；希腊语 Xīlàyŭ (2) 难懂的事物 nán dŏng de shìwù

green **I** *adj* (1) 绿（形）lǜ，绿色的 lǜsè de：red bricks and ~ tiles 红砖绿瓦 hóng zhuān lǜ wă (2) 没熟的 méi shú le，生（形）shēng；嫩（形）nèn：~ dates 生枣 shēng zăo (3) 没经验的 méi jīngyàn de；没受过训练的 méi shòuguo xùnliàn de；天真（形）tiānzhēn (4)（脸色）发青（liănsè）fā qīng；苍白（形）cāngbái **II** *n* (1) 绿色（名）lǜsè，绿色的东西 lǜsè de dōngxi：be dressed in ~ 穿着绿色的衣服 chuānzhe lǜsè de yīfu (2) 草地（名）

căodì, 草坪(名) cǎopíng // ~ *belt* 绿化地带 lǜhuà dìdài / ~ *tea* 绿茶 lǜchá / ~ *with envy* 非常忌妒 fēicháng jìdu

greengrocer *n* 蔬菜水果店 shūcài shuǐguǒ diàn

greenhouse *n* 温室 wēnshì; 花房 huāfáng: ~ *effect* 温室效应 wēnshì xiàoyìng

greenish *adj* 浅绿色 qiǎnlǜsè

greet *v* (1) 打招呼 dǎ zhāohu; 欢迎(动) huānyíng; 向…致敬(致意) xiàng... zhìjìng (zhìyì) (2) 被听到 bèi tīngdào; 被看到 bèi kàndào; 被闻到 bèi wéndào; 呈现在眼前 chéngxiànzài yǎnqián

greeting *n* 问候(动) wènhòu, 问候话 wènhòuhuà; 敬礼 jìnglǐ

grey, gray I *adj* (1) 灰(形) huī, 灰色的 huīsè de; 灰白(形) huībái: *a* ~ *coat* 一件灰上衣 yíjiàn huī shàngyī (2) 灰白头发的 huībái tóufa de, 花白(形) huābái II *n* 灰色(名) huīsè III *v* 变成灰白色 biànchéng huībáisè

greyish *adj* 浅灰的 qiǎnhuī de

grief *n* (1) 悲痛(形) bēitòng, 悲伤(形) bēishāng; 难过(形) nánguò (2) 不幸(形) búxìng; 灾难(名) zāinàn; 伤心事 shāngxīn shì // *bring sb. to* ~ 使某人遭受不幸 shǐ mǒu rén zāoshòu búxìng / *come to* ~ 遭到不幸(或失败) zāodào búxìng (huò shībài)

grievance *n* 不满(动) bùmǎn, 抱怨(动) bàoyuàn, 怨恨(动) yuànhèn

grieve *v* 悲痛(形) bēitòng, 悲伤(形) bēishāng, 伤心 shāngxīn, 难过(形) nánguò

grill I *v* 在烤架上烤 zài kǎojiàshang kǎo II *n* (1) 烤架(名) kǎojià, 铁算子(名) tiěbìzi (2) 烤好的食物 kǎohǎo de shíwù: *a mixed* ~ 烤什锦 kǎoshíjǐn

grim *adj* 冷酷(形) lěngkù, 可怕(形) kěpà; 不详的 bùxiáng de: *the* ~ *reality* 冷酷的现实 lěngkù de xiànshí / *a* ~ *struggle* 残酷的斗争 cánkù de dòuzhēng

grimace I *n* 怪相(名) guàixiàng, 鬼脸

(名) guǐliǎn, 难看的样子 nánkàn de yàngzi II *v* 出怪样 chū guàiyàng; 做鬼脸 zuò guǐliǎn

grin I *v* 露着牙齿笑 lòuzhe yáchǐ xiào; 露出牙齿 lòuchū yáchǐ II *n* 咧着嘴笑 liězhe zuǐ xiào; 龇牙咧嘴 zīyáliězuǐ

grind I *v* (1) 磨(动) mò; 碾(动) niǎn; 粉碎(动) fěnsuì: ~ *coffee beans* 磨咖啡豆 mò kāfēidòu (2) 磨快 mókuài, 磨光 móguāng, 磨薄 móbáo, 磨成…形 móchéng...xíng: ~ *a lens* 磨出镜片 móchū jìngpiàn (3) 用力挤压 yònglì jǐyā; 摩擦(动) mócā; 咬牙 yǎo yá (4) 慢慢地行进 mànmàn de xíngjìn II *n* (1) 磨(名) mò; 粉碎 fěnsuì; 摩擦声 mócāshēng (2) 苦差使 kǔ chāishi, 枯燥乏味的工作 kūzào fáwèi de gōngzuò // ~ *down* (1) 碾碎 niǎnsuì, 磨碎 mòsuì (2) 压迫 yāpò, 压倒 yādǎo; 粉碎 fěnsuì / ~ *out* (1) 奏出 zòuchū, 演奏(动) yǎnzòu (2) 费力的写作 fèilì de xiězuò

grindstone *n* 磨石(名) móshí; 砂轮(名) shālún // *keep one's nose to the* ~ 不断折磨自己 búduàn zhémo zìjǐ, 埋头从事辛苦的劳动 máitóu cóngshì xīnkǔ de láodòng

grip I *n* (1) 紧握 jǐnwò; 抓紧 zhuājǐn; 攥着 zuànzhe; 夹紧 jiājǐn (2) 掌握(动) zhǎngwò; 支配(动) zhīpèi; 控制(动) kòngzhì II *v* (1) 握牢 wòláo; 抓紧 zhuājǐn (2) 掌握(动) zhǎngwò; 支配 zhīpèi; 控制(动) kòngzhì; 吸引(动) xīyǐn

grit I *n* (1) 粗砂 cūshā, 砂砾(名) shālì; 砂粒(名) shālì (2) 坚忍(形) jiānrěn; 毅力(名) yìlì; 勇气(名) yǒngqì II *v* (1) 铺上砂砾 pūshang shālì (2) 咬(牙)(动) yǎo (yá)

groan I *v* (1) 呻吟(动) shēnyín; 哼(动) hēng (2) 因受力而发出声音 yīn shòu lì ér fāchū shēngyīn II *n* 呻吟(动) shēnyín; 呻吟声 shēnyínshēng; 哼哼声 hēnghēngshēng

grocer *n* 杂货商(名) záhuòshāng, 食

品商(名) shípǐnshāng: a ~ 's shop 杂
货店 záhuòdiàn, 食品店 shípǐndiàn

grocery n (1) 食品(名) shípǐn; 杂货
(名) záhuò (2) 食品杂货店 shípǐn
záhuòdiàn; 食品杂货业 shípǐn záhuòyè

groom I n (1) 新郎(名) xīnláng:
bride and ~ 新娘和新郎 xīnniáng hé
xīnláng (2) 马夫(名) mǎfū II v (1)
为马梳洗 wèi mǎ shūxǐ, 使马整洁 shǐ
mǎ zhěngjié (2) 梳妆打扮 shūzhuāng
dǎbàn (3) 培养(动) péiyǎng; 推荐
(动) tuījiàn

groove n 槽(名) cáo, 沟(名) gōu; 车
辙(名) chēzhé; 纹道(名) wéndào, 沟
纹(名) gōuwén

grope v 暗中摸索 ànzhōng mōsuǒ; 探
索(动) tànsuǒ: ~ one's way 摸索着
走路 mōsuǒzhe zǒu lù

gross I adj (1) 总的 zǒng de; 全体的
quántǐ de; 毛的 máo de: ~ weight 毛
重 máo zhòng / ~ sale 销售总额
xiāoshòu zǒng'é / ~ national product
国民生产总值 guómín shēngchǎn
zǒngzhí / ~ profit 毛利 máolì (总利
润 zǒnglìrùn) (2) 十足(形) shízú; 严
重(形) yánzhòng: a ~ error 严重错
误 yánzhòng cuòwù / a ~ distortion
of the facts 对事实的严重歪曲 duì
shìshí de yánzhòng wāiqū (3) 粗俗
(形) cūsú; 粗劣(形) cūliè; 不文雅 bù
wényǎ: ~ language 粗俗的话 cūsú de
huà II n (1) 总额(名) zǒng'é; 全部
(名) quánbù (2) 罗(量) luó; 十二打
shí'èrdá: a ~ of pencils 十二打铅笔
shí'èrdá qiānbǐ

grotesque adj 怪诞(形) guàidàn; 奇异
(形) qíyì

ground I n (1) 地(名) dì, 地面(名)
dìmiàn (2) 土地(名) tǔdì, 田(名)
tián, 泥土(名) nítǔ: till the ~ 种地
zhòng dì (种田 zhòng tián) (3) 场所
(名) chǎngsuǒ, …场(名) … chǎng:
a football ~ 足球场 zúqiúchǎng / a
play ~ 运动场 yùndòngchǎng / graz-
ing ~s 牧场 mùchǎng (4) 根据(名)
gēnjù; 理由(名) lǐyóu; 原因(名)

yuányīn II v (1) 搁浅(动) gēqiǎn; 触
礁 chù jiāo (2) 使停飞 shǐ tíng fēi (3)
建立在…基础上 jiànlì zài …
jīchǔshàng; 以…为基础 yǐ … wéi
jīchǔ (4) 给以基础训练 gěiyǐ jīchǔ
xùnliàn // break fresh ~ 开辟新天地
kāipì xīn tiāndì; 开始新的工作 kāishǐ
xīn de gōngzuò; 创新 chuàngxīn / cov-
er ~ (1) 旅行 lǚxíng (2) 详加阐述
xiángjiā chǎnshù, 全面涉及 quánmiàn
shèjí / fall to the ~ (1) 坠地 zhuìdì
(2) 失败 shībài / gain ~ 进展
jìnzhǎn, 发展 fāzhǎn; 普及 pǔjí / ~
floor 一层 yīcéng / ~ rent 地租 dìzū
/ shift one's ~ 改变立场或主张等
gǎibiàn lìchǎng huò zhǔzhāng děng /
stand one's ~ (1) 坚守阵地 jiānshǒu
zhèndì (2) 坚持立场、论点等 jiānchí
lìchǎng, lùndiǎn děng / suit sb. down
to the ~ 称心如意 chènxīnrúyì, 完全
合适 wánquán héshì

groundwork n 基础(名) jīchǔ; 基本成
分 jīběn chéngfen

group I n (1) 群(量、名) qún, 伙(量)
huǒ; 批(量) pī: a ~ of people 一群
人 yìqún rén / a ~ of buildings 建筑
群 jiànzhù qún (2) 组(量、名) zǔ, 小
组(名) xiǎozǔ; 团体(名) tuántǐ: ~
dancing 集体舞 jítǐwǔ / a song and
dance ~ 歌舞团 gēwǔtuán II v (1) 把
…分组 bǎ … fēn zǔ, 把…归类 bǎ
… guīlèi (2) 聚(动) jù, 聚集(动)
jùjí // ~ together 放在一起 fàngzài
yìqǐ; 归入一类 guīrù yílèi

grow v (1) 长(动) zhǎng, 生长(动)
shēngzhǎng, 成长(动) chéngzhǎng;
发育(动) fāyù (2) 种(动) zhòng, 种
植(动) zhòngzhí, 栽(动) zāi: ~
flowers 养花 yǎng huā (种花 zhòng
huā) / ~ vegetables 种菜 zhòng cài
(3) 留(动) liú, 蓄(动) xù (4) 发展
(动) fāzhǎn; 增长(动) zēngzhǎng, 增
加(动) zēngjiā (5) 渐渐变得 jiànjiàn
biàn de // ~ into (1) 长成
zhǎngchéng (2) 长大后就适合于
zhǎng dà hòu jiù shìhé yú / ~ on 引起

···爱好 yīnqǐ ... àihào / ~ out of 因长大不适于 yīn zhǎngdà bú shìyú / ~ up 成熟 chéngshú; 成年 chéngnián; 长成 zhǎngchéng

growl v 嗥叫（动）háojiào, 咆哮（动）páoxiāo

grown-up I n 成人（名）chéngrén, 成年人 chéngnián rén II adj 长大的 zhǎngdà de, 成人的 chéngrén de; 成熟（形）chéngshú

growth n （1）生长（动）shēngzhǎng, 成长（动）chéngzhǎng; 发育（动）fāyù: a period of rapid ~ 迅速成长时期 xùnsù chéngzhǎng shíqī / measured the ~ of the plants 测量植物的生长速度 cèliáng zhíwù de shēngzhǎng sùdù （2）增长（动）zēngzhǎng; 增大（动）zēngdà; 发展（动）fāzhǎn: the ~ of national economy 国民经济的增长 guómín jīngjì de zēngzhǎng / the ~ of production 生产的发展 shēngchǎn de fāzhǎn （3）种植（动）zhòngzhí, 种（动）zhòng, 栽（动）zāi; 养殖（动）yǎngzhí: oranges of Guangxi ~ 广西出产的桔子 Guǎngxī chūchǎn de júzi （4）生长物 shēngzhǎngwù; 产物（名）chǎnwù: a thick ~ of weeds 长得很茂密的野草 zhǎng de hěn màomì de yěcǎo

grudge I v （1）妒忌（动）dùjì, 感到不平 gǎndào bùpíng （2）不愿给 búyuàn gěi, 吝惜（动）lìnxī; 不愿 búyuàn II n 怨恨（名、动）yuànhèn; 恶意（名）èyì; 妒忌（名）dùjì

gruesome adj 可怕（形）kěpà, 可憎（形）kězèng, 吓人 xiàrén: a ~ sight 可怕的情景 kěpà de qíngjǐng

grumble I v （1）抱怨（动）bàoyuàn, 发牢骚 fā láosāo, 嘟囔（动）dūnang （2）隆隆响 lónglóng xiǎng II n （1）不平（形）bùpíng, 怨言（名）yuànyán, 牢骚（名）láosāo （2）隆隆的声音 lónglóng de shēngyīn

grunt I v （1）呼噜呼噜地叫 hūlūhūlū de jiào; 喉鸣 hóumíng （2）哼哼（动）hēngheng; 嘟囔 dūnang II n （1）咕噜

声 gūlūshēng （2）哼哼声 hēnghengshēng, 嘟囔（动）dūnang

guarantee I n （1）保证（名、动）bǎozhèng, 担保（动）dānbǎo; 保证书（名）bǎozhèngshū: under ~ 在保修期之内 zài bǎoxiūqī zhī nèi （2）保证人（名）bǎozhèngrén （3）抵押品（名）dǐyāpǐn, 担保物（名）dānbǎowù II v 保证（动）bǎozhèng; 担保（动）dānbǎo; 管保（动）guǎnbǎo

guard I n （1）守卫（动）shǒuwèi; 警戒（动）jǐngjiè; 看守（动）kānshǒu （2）卫兵（名）wèibīng; 哨兵（名）shàobīng; 警卫员（名）jǐngwèiyuán; 看守员（名）kānshǒuyuán: relieve ~ 换哨 huànshào（接班 jiēbān）（3）防护装置 fánghù zhuāngzhì: a mud ~ over the wheel of a bicycle 自行车轮的挡泥板 zìxíngchēlún de dǎngníbǎn II v （1）保卫（动）bǎowèi, 守卫（动）shǒuwèi, 保护（动）bǎohù （2）看守（动）kānshǒu; 监视（动）jiānshì: ~ prisoners 看守犯人 kānshǒu fànrén （3）提防（动）dīfang; 预防（动）yùfáng // off one's ~ 不提防 bù dīfang, 不注意 bú zhùyì, 不警惕 bù jǐngtì / on one's ~ 警惕 jǐngtì, 提防 dīfang, 注意 zhùyì, 留神 liúshén / stand ~ 站岗 zhàngǎng

guerrilla n 游击队员（名）yóujī duìyuán; 游击战（名）yóujīzhàn: ~ forces 游击队 yóujīduì / ~ war 游击战 yóujīzhàn

guess I v （1）猜（动）cāi, 猜测（动）cāicè, 推测（动）tuīcè （2）想（动）xiǎng, 认为（动）rènwéi, 猜想（动）cāixiǎng （3）猜中 cāizhòng, 猜对 cāiduì II n 猜测（名）cāicè, 推测（动）tuīcè // at a ~ 凭猜测 píng cāicè, 估计 gūjì / it's anybody's ~ 很难说 hěn nán shuō, 说不准 shuō bu zhǔn

guesswork n 猜测（名）cāicè, 推测（动）tuīcè

guest n （1）客人（名）kèrén, 客（名）kè, 宾客（名）bīnkè: a state ~ 国宾 guóbīn / a distinguished ~ 贵客 guìkè

（贵宾 guìbīn）(2) 旅客（名）lǚkè, 顾客（名）gùkè: *a paying* ~（付费的）房客（fù fèi de）fángkè // ~ *artist* 客串演员 kèchuàn yǎnyuán, 特邀演员 tèyāo yǎnyuán

guesthouse *n* 宾馆（名）bīnguǎn, 招待所（名）zhāodàisuǒ

guidance *n* 引导（动）yǐndǎo; 向导（名）xiàngdǎo; 指导（名、动）zhǐdǎo; 领导（动）lǐngdǎo: *study under sb.'s* ~ 在某人的指导下学习 zài mǒu rén de zhǐdǎoxià xuéxí / *a book for the* ~ *of beginners in Chinese* 一本指导初学者学汉语的书 yìběn zhǐdǎo chūxuézhě xué Hànyǔ de shū

guide **I** *n* (1) 领路人（名）lǐnglùrén, 向导（名）xiàngdǎo, 导游（名）dǎoyóu, 陪同（名）péitóng: *a national* ~ 全程陪同 quánchéng péitóng / *a local* ~ 地方导游 dìfāng dǎoyóu (2) 指南（名）zhǐnán; 指导（名、动）zhǐdǎo, 准则（名）zhǔnzé (3) 入门书 rùménshū, 手册（名）shǒucè; （旅游）指南（名）(lǚyóu) zhǐnán: *a* ~ *to a museum* 一家博物馆的参观手册 yìjiā bówùguǎn de cānguān shǒucè / *"A G* ~ *to China"*《中国旅游指南》《Zhōngguó Lǚyóu Zhǐnán》**II** *v* (1) 领路 lǐnglù; 带领（动）dàilǐng (2) 引导（动）yǐndǎo, 指引（动）zhǐyǐn; 指导（动）zhǐdǎo // ~*d missiles* 导弹 dǎodàn / *a* ~ *tour* 有向导的旅行 yǒu xiàngdǎo de lǚxíng

guidebook *n* 旅行指南 lǚxíng zhǐnán; 参考手册 cānkǎo shǒucè

guide-line *n* 指导路线 zhǐdǎo lùxiàn, 方针（名）fāngzhēn, 准则（名）zhǔnzé

guide-post *n* 路标（名）lùbiāo

guillotine *n* 断头台（名）duàndóutái

guilt *n* (1) 有罪 yǒu zuì; 犯罪 fànzuì (2) 罪责（名）zuìzé, 责任（名）zérèn, 过错（名）guòcuò

guilty *adj* (1) 犯罪的 fànzuì de, 有罪的 yǒu zuì de: ~ *of murder* 犯有谋杀罪 fànyǒu móushā zuì / *not* ~ 无罪 wú zuì（无罪释放 wú zuì shìfàng）(2)

自觉有过错的 zì jué yǒu guòcuò de, 认错的 rèn cuò de, 内疚（形）nèijiù: *have a* ~ *conscience* 问心有愧 wèn xīn yǒu kuì（感到内疚 gǎndào nèijiù）

guinea-pig *n* (1) 豚鼠（名）túnshǔ, 天竺鼠（名）tiānzhúshǔ (2) 供进行科学实验的人（或物）gōng jìnxíng kēxué shíyàn de rén（huò wù）

guitar *n* 吉他（名）jítā, 六弦琴（名）liùxiánqín

gulf *n* (1) 海湾（名）hǎiwān: *the G* ~ *of Mexico* 墨西哥湾 Mòxīgēwān / *the Persian G* ~ 波斯湾 Bōsīwān (2) 深渊（名）shēnyuān; 深坑 shēn kēng; 鸿沟（名）hónggōu

gullet *n* 食管（名）shíguǎn; 咽喉（名）yānhóu, 咽（名）yān

gulp **I** *v* 吞（动）tūn; 狼吞虎咽 lángtūnhǔyàn **II** *n* (1) 吞咽（动）tūnyàn (2) 一口吞下的量 yìkǒu tūnxià de liàng, 一大口 yídàkǒu

gum¹ **I** *n* (1) 橡胶（名）xiàngjiāo; 树胶（名）shùjiāo; 胶浆（名）jiāojiāng; 树脂（名）shùzhī (2) 橡皮糖（名）xiàngpítáng, 口香糖（名）kǒuxiāngtáng **II** *v* 黏合（动）niánhé; 涂树胶 tú shùjiāo

gum² *n* 齿龈（名）chǐyín; 牙床（名）yáchuáng

gun **I** *n* (1) 枪（名）qiāng; 炮（名）pào: *a machine* ~ 一挺机枪 yìtǐng jīqiāng / *a field* ~ 一门野战炮 yìmén yězhànpào (2) 鸣礼炮 míng lǐpào: *a salute of 21* ~ *s* 二十一响礼炮 èrshíyīxiǎng lǐpào **II** *v* 开枪 kāiqiāng, 射击（动）shèjī // *jump the* ~ 抢码 qiǎngmǎ / *stick to one's* ~ *s* 坚持自己的意见 jiānchí zìjǐ de yìjian

gunboat *n* 炮舰（名）pàojiàn, 炮艇（名）pàotǐng

gun-fire *n* 炮火（名）pàohuǒ

gunman *n* 持枪的歹徒 chí qiāng de dǎitú

gunpowder *n* 黑色火药 hēisè huǒyào, 有烟火药 yǒu yān huǒyào

gurgle **I** *v* (1) 汩汩地流 gǔgǔ de liú

（2）咯咯地响 gēgē de xiǎng **II** n 汩汩
声 gǔgǔ shēng；咯咯的笑声 gēgē de
xiàoshēng：a ~ of delight 一阵欢快
的笑声 yízhèn huānkuài de xiàoshēng

gush **I** v （1）涌出 yǒngchū，喷出
pēnchū，迸出 bèngchū（2）滔滔不绝
地说 tāotāobùjué de shuō **II** n 涌出
yǒngchū，喷出 pēnchū；感情的迸发
gǎnqíng de bèngfā：a ~ of water 喷
出一股水 pēnchū yìgǔ shuǐ / a ~ of
enthusiasm 迸发出一阵激情 bèngfāchū
yízhèn jīqíng

gust n 阵风（名）zhènfēng；一阵狂风
yízhèn kuángfēng；阵雨 zhènyǔ

gut **I** n （1）肠子（名）chángzi；内脏
（名）nèizàng；肚子（名）dùzi：*the
large* ~ 大肠 dàcháng / ~ *ache* 肚子
疼 dùzi téng（2）胆量（名）dǎnliàng，
勇气（名）yǒngqì；毅力（名）yìlì（3）
肠线（名）chángxiàn：*surgical* ~ 手

术用的羊肠线 shǒushù yòng de
yángchángxiàn **II** v（1）取出内脏
qǔchū nèizàng（2）毁坏房屋的内部
huǐhuài fángwū de nèibù

gutter n（1）水槽（名）shuǐcáo；沟
（名）gōu；街沟（名）jiēgōu（2）贫穷
（形）pínqióng；贫困的生活 pínkùn de
shēnghuó

guy n 家伙（名）jiāhuo，人（名）rén；
小伙子（名）xiǎohuǒzi；朋友（名）
péngyou：a young ~ 一个小伙子 yíge
xiǎohuǒzi / a nice ~ 好人 hǎo rén

gymnasium n 体育馆（名）tǐyùguǎn，
健身房（名）jiànshēnfáng

gymnastic adj 体操的（形）tǐcāo de；
体育的（形）tǐyù de：~ apparatus 体
操用具 tǐcāo yòngjù

gymnastics n 体操（名）tǐcāo；体育
（名）tǐyù

gynaecology n 妇科学（名）fùkēxué

H

habit *n* 习惯(名) xíguàn: *the ~ of smoking* 吸烟的习惯 xī yān de xíguàn/ *force of ~* 习惯势力 xíguàn shìlì // *be in the ~ of* 有...的习惯 yǒu...de xíguàn/ *fall into the ~ of* 养成...习惯 yǎngchéng...xíguàn/ *get out of a ~* 改掉一种习惯 gǎidiào yìzhǒng xíguàn/ *out of ~* 出于习惯 chūyú xíguàn

habitable *adj* 可以居住的 kěyǐ jūzhù de, 适宜居住的 shìyí jūzhù de

habitat *n* 居住地 jūzhùdì; 聚集处 jùjíchù

habitation *n* 居住(动) jūzhù; 住所(名) zhùsuǒ: *a suitable place for ~* 适宜居住的地方 shìyí jūzhù de dìfang

habitual *adj* 惯常的 guàncháng de, 习惯性的 xíguànxìng de, 习以为常的 xíyǐwéicháng de, 通常的 tōngcháng de: *a ~ thief* 一个惯偷 yíge guàntōu/ *a ~ liar* 惯于撒谎的人 guànyú sāhuǎng de rén/ *a ~ boaster* 爱吹牛的人 ài chuīniú de rén

hack[1] **I** *v* (1) 乱劈 luàn pī, 乱砍 luàn kǎn; 辟出 pìchū (2) 干咳 gānké **II** *n* (1) 砍痕 kǎnhén (2) 劈(动) pī, 砍(动) kǎn

hack[2] *n* (1) 出租的马(名) chūzū de mǎ, 出租汽车(名) chūzū qìchē (2) 雇佣文人 gùyōng wénrén

hackneyed *adj* 陈词滥调的 chéncílàndiào de; 陈腐(形) chénfǔ

haggard *adj* 憔悴(形) qiáocuì, 形容枯槁的 xíngróng kūgǎo de

haggle *v* (在价格、条件等方面)争论不休 (zài jiàgé, tiáojiàn děng fāngmiàn) zhēnglùn bù xiū

hail[1] *v* (1) 向...欢呼 xiàng... huānhū; 为...叫好 wèi...jiàohǎo (2) 叫(动) jiào; 招呼(动) zhāohu: *~ a taxi* 叫一辆出租汽车 jiào yíliàng

chūzū qìchē

hail[2] **I** *n* (1) 雹子(名) báozi; 冰雹(名) bīngbáo (2) 一阵 yízhèn: *a ~ of bullets* 一阵弹雨 yízhèn dànyǔ / *a ~ of curses* 一阵咒骂 yízhèn zhòumà **II** *v* 下雹子 xià báozi

hailstorm *n* 冰雹(名) bīngbáo; 下雹子 xià báozi

hair *n* (1) 头发(名) tóufa: *a few grey ~s* 几根白头发 jǐgēn bái tóufa / *comb one's ~* 梳头 shū tóu/ *wash one's ~* 洗头 xǐ tóu (2) 毛(名) máo; 茸毛(名) róngmáo: *a horse with a fine coat of ~* 一匹毛色好的马 yìpǐ máosè hǎo de mǎ // *make (sb.'s) ~ stand on end* 叫人毛骨悚然 jiào rén máogǔsǒngrán/ *not turn a ~* 镇定自若 zhèndìng zìruò, 保持镇静 bǎochí zhènjìng

haircut *n* 理发 lǐfà; 发型(名) fàxíng

hair-do *n* 发型(名) fàxíng, 做头发 zuò tóufa

hairdresser *n* 理发师(名) lǐfàshī

hair-dye *n* 染发药水儿 rǎn fà yàoshuǐr

hair-line **I** *n* 前额的发际 qián'é de fàjì **II** *adj* 狭窄(形) xiázhǎi: *a ~ space* 狭窄的空间 xiázhǎi de kōngjiān

hairpin *n* 发卡(名) fàqiǎ

hair-raising *adj* 使人毛骨悚然的 shǐ rén máogǔsǒngrán de, 恐怖(形) kǒngbù

hairy *adj* 毛发的 máofà de; 多毛的 duōmáo de

half **I** *n* 半(数) bàn; 一半(名) yíbàn **II** *adj* 一半(名) yíbàn: *~ an hour* 半小时 bàn xiǎoshí **III** *adv* 一半(名) yíbàn // *by halves* 不完全地 bù wánquán de, 不彻底 bú chèdǐ / *go halves* 均摊 jūntān

half-and-half **I** *adj* 一样一半的 yíyàn

yíbàn de, 各一半儿的 gè yíbànr de **II** adv 各一半 gè yíbàn

half-breed n 混血儿(名) hùnxuè'ér

half-hearted adj 半心半意的 bànxīnbànyì de

half-sister n 同父异母（或同母异父）的姐妹 tóng fù yì mǔ (huò tóng mǔ yì fù)de jiěmèi

half-term n 半学期 bàn xuéqī, 期中(名) qīzhōng

half-time n（比赛中上下半场间的）休息时间（bǐsàizhōng shàng xià bànchǎngjiān de）xiūxi shíjiān

half-way adv 半路 bànlù; 中途 zhōngtú// meet sb. ~（1）向...让步 xiàng...ràngbù; 迁就 qiānjiù（2）半路迎接 bànlù yíngjiē / meet trouble ~ 杞人之忧 qǐrén zhī yōu, 自寻烦恼 zìxún fánnǎo

half-witted adj 笨(形) bèn, 智力上有缺陷的 zhìlì shāng yǒu quēxiàn de

halitosis n 口臭 kǒuchòu

hall n（1）大厅(名) dàtīng; 礼堂(名) lǐtáng: the Great H~ of the People 人民大会堂 Rénmín Dàhuìtáng/ the Town H~ 市政厅 shìzhèngtīng/ a banquet ~ 宴会厅 yànhuìtīng / reception ~ 会客室 huìkèshì（2）食堂(名) shítáng

hallucination n 幻觉(名) huànjué, 错觉(名) cuòjué

halo n（日、月等的）晕(名)（rì, yuè, děng de）yùn, 晕圈(名) yùnquān;（绘于圣人头上的）光环(名)（huìyú shèngrén tóu shāng de）guānghuán

halt **I** n 停(动) tíng, 停止(动) tíngzhǐ, 暂停前进 zàn tíng qiánjìn **II** v 停(动) tíng; 站住 zhànzhù

halting adj 踌躇(动) chóuchú, 迟疑不决的 chíyíbùjué de

ham n 火腿(名) huǒtuǐ: a ~ 一只火腿 yìzhī huǒtuǐ/ a slice of ~ 一片火腿 yípiàn huǒtuǐ

hamburger n 牛肉饼 niúròubǐng; 汉堡包 Hànbǎobāo

hammer **I** n 锤子(名) chuízi; 榔头(名) lángtou: a ~ 一把榔头 yìbǎ lángtou **II** v 钉(动) dìng; 敲(动) qiāo; 锤打(动) chuídǎ: ~ in a nail 把钉子钉进去 bǎ dīngzi dìngjinqu // ~ away at 不断地干 búduàn de gàn, 使劲地讲 shǐjìn de jiǎng, 反复强调使人了解 fǎnfù qiángdiào shǐ rén liǎojiě

hammock n 吊床(名) diàochuáng

hamper v 阻碍(动) zǔ'ài, 妨碍(动) fáng'ài

hamster n 仓鼠(名) cāngshǔ

hand **I** n（1）手(名) shǒu: shake ~s with sb. 同某人握手 tóng mǒu rén wòshǒu（2）指针(名) zhǐzhēn: the second (minute, hour) ~ 秒(分、时)针 miǎo (fēn, shí) zhēn（3）人手(名) rénshǒu; 雇用的人 gùyòng de rén: be short of ~s 缺少人手 quēshǎo rénshǒu（4）方面(名) fāngmiàn; 侧(名) cè: at your left ~ 在你的左侧 zài nǐ de zuǒcè（5）有某种经验的人 yǒu mǒuzhǒng jīngyàn de rén: an old China ~ 中国通 Zhōngguótōng（6）帮助(动、名) bāngzhù **II** v 递(动) dì // at ~ 在手边 zài shǒubiān / made by ~ 手工制作的 shǒugōng zhìzuò de/ come to ~ 到手 dào shǒu/ first ~ 直接的 zhíjiē de: first ~ information 第一手材料 dìyīshǒu cáiliào/ from ~ to mouth 将够糊口 jiānggòu húkǒu/ get the upper ~ 占上风 zhàn shàngfēng/ ~ down 把...传下来 bǎ...chuánxialai / ~ in 交 jiāo / ~ in ~ 手拉手 shǒu lā shǒu / ~ over 移交 yíjiāo / H~s off! 请勿动手! Qǐng wù dòngshǒu! / H~s up! 举起手来! Jǔqǐ shǒu lai! / have one's ~s full 忙得很 máng de hěn / in ~（1）在手头 zài shǒutóu（2）正在进行中 zhèngzài jìnxíngzhōng / on the one ~... on the other 一方面...另一方面 yìfāngmiàn..., lìng yìfāngmiàn / out of ~（1）无法控制 wúfǎ kòngzhì, 管不住 guǎn bu zhù（2）立即 lìjí

handbag n 手提包(名) shǒutíbāo; 旅行包(名) lǚxíngbāo

handbook *n* 手册(名) shǒucè: *a ~ of European birds* 欧洲鸟类手册 Ōuzhōu niǎolèi shǒucè

handbrake *n* 手刹车(名) shǒushāchē, 手闸(名) shǒuzhá

handcuff **I** *n* 手铐(名) shǒukào: *a pair of ~s* 一副手铐 yífù shǒukào **II** *v* 给...上手铐 gěi...shàng shǒukào

handful *n* (1) 一把 yìbǎ: *a ~ of rice* 一把米 yìbǎ mǐ (2) 少数(名) shǎoshù, 少量(形) shǎoliàng

handicap **I** *n* (1) 障碍(名) zhàng'ài, 不利条件 búlì tiáojiàn (2) 缺陷(名) quēxiàn **II** *v* (1) 妨碍(动) fáng'ài, 使不利 shǐ búlì (2) 给(竞赛者)不利条件(或有利条件) gěi (jìngsàizhě) búlì tiáojiàn (huò yǒulì tiáojiàn)

handicapped *adj* 残疾的 cánjí de: *a ~ child* 残疾儿童 cánjí értóng

handicraft *n* (1) 手艺(名) shǒuyì (2) 手工业(名) shǒugōngyè; 手工艺(名) shǒugōngyì: *a ~ worker* 手工业工人 shǒugōngyè gōngrén (3) 手工艺品(名) shǒugōngyìpǐn

handkerchief *n* 手绢儿(名) shǒujuànr, 手帕(名) shǒupà: *a ~* 一块手绢儿 yíkuài shǒujuànr

handle **I** *n* 把儿(名) bàr; 把手(名) bǎshou: *a hammer ~* 榔头把儿 lángtou bàr / *the ~ of a teapot* 茶壶把儿 cháhú bàr / *a door ~* 门把手 mén bǎshou **II** *v* (1) 摸(动) mō; 动(动) dòng (2) 用(动) yòng (3) 搬运(动) bānyùn; 搬动(动) bāndòng: *Fragile, ~ with care!* 易碎,小心轻放! Yìsuì, xiǎoxīn qīng fàng! (4) 处理(动) chǔlǐ; 对待(动) duìdài (5) 经营(动) jīngyíng; 卖(动) mài (6) 操纵(动) cāozòng, 开(动) kāi, 驾驶(动) jiàshǐ

handlebars *n* (自行车)车把(名) (zìxíngchē) chēbǎ

handmade **I** *adj* 手制的 shǒuzhì de, 手工的 shǒugōng de: ~ *dumplings* 手工水饺 shǒugōng shuǐjiǎo / ~ *sweater* 手织毛衣 shǒuzhī máoyī **II** *n* 手工制品 shǒugōng zhìpǐn

handout *n* (1) 小册子(名) xiǎocèzi; 讲义(名) jiǎngyì (2) 施舍物 shīshěwù; 救济品(名) jiùjìpǐn

handrail *n* 扶手(名) fúshǒu, 栏杆(名) lángān

handshake *n* 握手 wòshǒu

handsome *adj* (1) 漂亮(形) piàoliang, 英俊(形) yīngjùn; 端庄(形) duānzhuāng: *a ~ young man* 英俊的年轻人 yīngjùn de niánqīng rén (2) 相当大的 xiāngdāng dà de: *a ~ sum of money* 一大笔钱 yídàbǐ qián / *a ~ birthday present* 一件大方的生日礼品 yíjiàn dàfang de shēngrì lǐpǐn

handstand *n* 倒立(动) dàolì

handwriting *n* (1) 书写(动) shūxiě (2) 笔迹(名) bǐjì

handy *adj* (1) 手边的 shǒubiān de, 近便(形) jìnbiàn (2) 便于使用的 biànyú shǐyòng de; 方便(形) fāngbiàn (3) 手灵活的 shǒu línghuó de, 手巧的 shǒuqiǎo de

hang *v* (1) 挂(动) guà, 悬挂(动) xuánguà, 吊(动) diào: ~ *a picture on the wall* 把一张画挂在墙上 bǎ yìzhāng huà guàzài qiángshang / ~ *a lamp from the ceiling* 把灯吊在天花板上 bǎ dēng diàozài tiānhuābǎnshang (2) 上吊 shàngdiào; 吊死 diàosǐ, 绞死 jiǎosǐ (3) (*curses*) *H~ it!* 该死! Gāisǐ! / *H~ you!* 你真该死! Nǐ zhēn gāisǐ! (4) 悬而未决 xuán'érwèijué // ~ *about* 闲逛 xiánguàng / ~ *back* 犹豫 yóuyù / ~ *behind* 落在后面 luòzài hòumiàn / ~ *down* 垂下 chuíxià; 耷拉 dāla / ~ *on* 等 děng, 不走 bù zǒu; 坚持 jiānchí / ~ *on to* 握紧 wòjǐn / ~ *out* 挂出去 guàchuqu; 伸出去 shēnchuqu: ~ *out flags for the president's visit* 挂旗子欢迎总统来访 guà qízi huānyíng zǒngtǒng láifǎng / ~ *together* 团结一致 tuánjié yízhì; 连接在一起 liánjiēzài yìqǐ / ~ *up* 挂断电话 guàduàn diànhuà

hangar *n* 飞机棚(名) fēijīpéng, 飞机库(名) fēijīkù

hanger   *n* 挂钩(名) guàgōu: *a clothes ~* 衣架 yījià

hangover   *n* (1) 大量饮酒后身体不适的感觉 dàliàng yǐnjiǔ hòu shēntǐ búshì de gǎnjué (2) 遗留物(名) yíliúwù

hanker   *v* 渴望(动) kěwàng, 追求(动) zhuīqiú

haphazard   **I** *adj* 没有计划的 méiyǒu jìhuà de; 杂乱(形) záluàn; 任意的 rènyì de **II** *adv* 杂乱无章地 záluànwúzhāng de; 任意(副) rènyì

happen   *v* (1) 发生(动) fāshēng; 出事 chūshì (2) 碰巧(副) pèngqiǎo, 凑巧(形) còuqiǎo // *What's ~ed to...?* ...怎么了? ...zěnme le?

happening   *n* 事件(名) shìjiàn, 偶然发生的事 ǒurán fāshēng de shì

happily   *adv* (1) 幸运地 xìngyùn de (2) 愉快地 yúkuài de

happiness   *n* 幸福(名) xìngfú; 愉快(形) yúkuài, 高兴(形) gāoxìng

happy   *adj* (1) 幸福(形) xìngfú; 幸运(形) xìngyùn: *live a ~ life* 生活幸福 shēnghuó xìngfú / *the happiest days of his life* 他一生中最幸福的日子 tā yìshēngzhōng zuì xìngfú de rìzi (2) 愉快(形) yúkuài, 高兴(形) gāoxìng: *H~ New Year!* 新年快乐! Xīnnián kuàilè! / *H~ Birthday!* 生日愉快! Shēngrì yúkuài! (3) 乐意(形、动) lèyì, 愿意(助动) yuànyì

happy-go-lucky   *adj* 逍遥自在的 xiāoyáo zìzài de, 无忧无虑的 wúyōuwúlǜ de: *a ~ person* 一个无忧无虑的人 yíge wúyōuwúlǜ de rén

harangue   **I** *n* 高谈阔论的长篇演说 gāotánkuòlùn de chángpiān yǎnshuō; 训斥性的讲话 xùnchìxìng de jiǎnghuà **II** *v* 向...高谈阔论 xiàng...gāotánkuòlùn

harass   *v* (1) 使烦恼 shǐ fánnǎo; 折磨(动) zhémó (2) 扰乱(动) rǎoluàn, 骚扰(动) sāorǎo

harbour   **I** *n* 港(名) gǎng, 港口(名) gǎngkǒu; 港湾(名) gǎngwān, 海港(名) hǎigǎng: *a natural ~* 天然港 tiānrángǎng/ *coastal ~s* 沿海港口 yánhǎi gǎngkǒu/ *a ~ pilot* 领航员 lǐnghángyuán **II** *v* (1) 窝藏(动) wōcáng, 隐匿(动) yǐnnì (2) 怀着 huáizhe; 心怀 xīnhuái

hard   **I** *adj* (1) 硬(形) yìng, 坚硬(形) jiānyìng: *a ~ nut* 硬果 yìng guǒ/ *as ~ as rock* 跟石头一样坚硬 gēn shítou yíyàng jiānyìng (2) 难(形) nán, 困难(形) kùnnan (3) 艰难(形) jiānnán, 艰辛(形) jiānxīn, 难以忍受的 nányǐ rěnshòu de: *a ~ life* 艰辛的生活 jiānxīn de shēnghuó (4) 冷酷(形) lěngkù, 冷峻(形) lěngjùn; 严厉(形) yánlì: *a ~ heart* 冷酷的心 lěngkù de xīn (5) 确实(形) quèshí: *~ evidence* 铁证 tiězhèng/ *H~ facts prove that...* 确凿的事实证明... Quèzáo de shìshí zhèngmíng... **II** *adv* (1) 硬(形) yìng, 坚硬(形) jiānyìng (2) 努力(形) nǔlì (3) 猛烈(形) měngliè, 厉害(形) lìhai // *be ~ hit* 受到沉重打击 shòudào chénzhòng dǎjī; 遭受损失 zāoshòu sǔnshī/ *be ~ on sb.* 对待某人很严厉 duìdài mǒu rén hěn yánlì / *be ~ up* 紧缺 jǐnquē, 手头紧 shǒutóu jǐn: *be ~ up for money* 手头缺钱 shǒutóu quē qián/ *~ cash* 硬币 yìngbì; 现金 xiànjīn/ *~ currency* 硬通货 yìngtōnghuò/*~ disk* 硬盘 yìng pán / *~ drive* 硬盘驱动 yìng pán qū dòng / *~ line* 强硬观点 qiángyìng guāndiǎn, 强硬路线 qiángyìng lùxiàn/ *take sth. ~* 因为某事心里不高兴 yīnwei mǒu shì xīnli bù gāoxìng

hard-and-fast   *adj* 固定不变的 gùdìng bú biàn de, 不容变通的 bù róng biàntōng de

hardback   *n* 精装书(名) jīngzhuāngshū

hard-earned   *adj* 辛苦挣来的 xīnkǔ zhènglai de

harden   *v* (1) 使坚固 shǐ jiāngù; 变硬 biànyìng (2) 使锻炼得坚强 shǐ duànliàn de jiānqiáng, 使果断 shǐ guǒduàn (3) 使变得冷酷 shǐ biàn de lěngkù, 变麻木 biàn mámù

hard-hearted *adj* 无同情心的 wú tóngqíngxīn de, 冷酷(形) lěngkù, 狠心肠的 hěn xīncháng de

hardly *adv* (1) 简直不 jiǎnzhí bù; 几乎不 jīhū bù; 不太 bú tài: *You can ~ imagine...* 你简直想象不到... Nǐ jiǎnzhí xiǎngxiàng bú dào... (2) 根本不 gēnběn bù, 一点也不 yìdiǎn yě bù (3) 刚(副) gāng; 才(副) cái // *~ any* 几乎没有 jīhū méiyǒu / *~ anybody* 几乎没有人 jīhū méiyǒu rén / *~ ever* 很少 hěn shǎo; 几乎从不 jīhū cóng bù

hard-of-hearing *adj* 有点儿耳聋 yǒudiǎnr ěr lóng

hardship *n* 苦(名) kǔ, 苦难(名) kǔnàn; 困苦(形) kùnkǔ, 艰难(形) jiānnán

hardware *n* (1) 金属器具 jīnshǔ qìjù: *a ~ store* 五金店 wǔjīndiàn (2) 军火(名) jūnhuǒ, 武器(名) wǔqì (3) (电脑) 硬件(名) (diànnǎo) yìngjiàn

hard-won *adj* 来之不易的 láizhībúyì de: *a ~ victory* 来之不易的胜利 láizhībúyì de shènglì

hard-working *adj* 勤奋(形) qínfèn; 努力(形) nǔlì

hardy *adj* (1) 强壮(形) qiáng-zhuàng; 坚毅(形) jiānyì, 能吃苦的 néng chīkǔ de: *~ frontiersman* 强健的拓荒者 qiángjiàn de tuòhuāngzhě (2) 耐寒的 nàihán de: *~ crops* 耐寒作物 nàihán zuòwù

hare *n* 野兔(名) yětù; 兔子(名) tùzi: *2 ~s* 两只野兔 liǎngzhī yětù

harelip *n* 兔唇(名) tùchún, 唇裂 chúnliè

harem *n* (1) (伊斯兰教国家中的) 闺阁 (Yīsīlánjiào guójiāzhōng de) guīgé (2) 妻妾(名) qīqiè, 女眷(名) nǚjuàn

harlequin *n* 丑角(名) chǒujué, 滑稽角色 huájī juésè

harm I *n* (1) 害处(名) hàichu; 损害(动) sǔnhài, 伤害(动) shānghài (2) 恶意(名) èyì II *v* 损害(动) sǔnhài,

伤害(动) shānghài; 危害(动) wēihài // *come to ~* 遭到不幸 zāodào búxìng / *do sb.* ~ 伤害某人 shānghài mǒu rén / *out of ~'s way* 在安全的地方 zài ānquán de dìfang

harmful *adj* 有害的 yǒu hài de

harmless *adj* 无害 wú hài; 无恶意 wú èyì: *~ snakes* 无毒的蛇 wú dú de shé

harmonica *n* 口琴(名) kǒuqín

harmonics *n* 和声学(名) héshēngxué

harmonize *v* (1) 以和声唱(或演奏) yǐ héshēng chàng (huò yǎnzòu) (2) 使(曲调)和谐 shǐ (qǔdiào) héxié; 使协调 shǐ xiétiáo, 相称(形) xiāngchèn

harmony *n* (1) 和声(名) héshēng (2) 协调(形) xiétiáo, 和谐(形) héxié (3) 融洽(形) róngqià, 和睦(形) hémù; 一致(形) yízhì // *in ~ with* 与... 协调一致 yǔ... xiétiáo yízhì / *out of ~ with* 与...不协调 yǔ...bù xiétiáo

harness I *n* 套具(名) tàojù, 挽具(名) wǎnjù: *get the horse in ~* 把马套上 bǎ mǎ tàoshang II *v* (1) 套上 tàoshang: *~ a horse* 套马 tào mǎ (2) 驯服(动) xùnfú; 利用(动) lìyòng; 治理(动) zhìlǐ: *~ solar energy* 利用太阳能 lìyòng tàiyángnéng / *~ the Yellow River* 治理黄河 zhìlǐ Huánghé // *die in ~* 以身殉职 yǐshēnxùnzhí, 死在工作岗位上 sǐzài gōngzuò gǎngwèishang

harp I *n* 竖琴(名) shùqín: *play the ~* 演奏竖琴 yǎnzòu shùqín II *v* ~ *on about* 唠唠叨叨地反复说 láoláodāodāo de fǎnfù shuō

harpoon I *n* 鱼叉(名) yúchā II *v* 用鱼叉叉 yòng yúchā chā

harpsichord *n* 键琴(名) jiànqín

harrow *n* 耙(名) bà

harrowing *adj* 折磨人的 zhémo rén de, 悲惨(形) bēicǎn: *a ~ story* 一个悲惨的故事 yíge bēicǎn de gùshi

harsh *adj* (1) 刺眼(形) cìyǎn; 刺耳(形) cì'ěr; 粗糙(形) cūcāo: *a ~ light* 刺眼的光 cìyǎn de guāng / *~ words* 刺耳的话 cì'ěr de huà / *~ voice*

难听的声音 nántīng de shēngyīn（2）
残酷（形）cánkù，无情（形）wúqíng

harvest I *n*（1）收获（动）shōuhuò；收
割（动）shōugē：*the summer* ～ 夏收
xiàshōu（2）收成（名）shōucheng；产
量（名）chǎnliàng：*a good* ～ 丰收
fēngshōu（3）结果（名）jiéguǒ；成果
（名）chéngguǒ II *v* 收割（动）shōugē：
～ *wheat with combines* 用联合收割机
收割小麦 yòng liánhéshōugējī shōugē
xiǎomài

hash *n*（1）切碎的食物 qiēsuì de
shíwù；肉丁儿 ròudīngr（2）麻醉品
（名）mázuìpǐn

hashish *n* 印度大麻的茎和叶制成的
麻醉品 Yìndù dàmá de jīng hé yè
zhìchéng de mázuìpǐn

hassle I *n*（1）麻烦（形）máfan，麻烦
事 máfan shì（2）激烈的争论 jīliè de
zhēnglùn，争吵（动）zhēngchǎo II *v*
（1）争论（动）zhēnglùn；争吵（动）
zhēngchǎo（2）打搅（动）dǎjiǎo，麻烦
（动）máfan，使烦恼 shǐ fánnǎo

haste *n* 快速（形）kuàisù，匆忙（形）
cōngmáng，仓促（形）cāngcù：*Make*
～! 赶快! Gǎnkuài! // *More* ～，*less*
speed. 欲速则不达。Yù sù zé bù dá.

hasten *v*（1）急忙（形）jímáng，赶快
（副）gǎnkuài（2）加速（动）jiāsù，提
高速度 tígāo sùdù

hasty *adj*（1）急速（形）jísù（2）仓促
（形）cāngcù，草率（形）cǎoshuài：*a*
～ *decision* 草率的决定 cǎoshuài de
juédìng（3）性急 xìngjí，急躁（形）
jízào：*a* ～ *temper* 急脾气 jí píqi

hat *n* 帽子（名）màozi：*a bowler* ～
顶礼帽 yìdǐng lǐmào / *a straw* ～ 一顶
草帽 yìdǐng cǎomào/ *put on one's*
戴上帽子 dàishang màozi / *take off*
one's ～ 摘下帽子 zhāixia màozi

hatch I *v*（1）孵化（动）fūhuà：～
chickens 孵小鸡 fū xiǎojī（2）创造
（动）chuàngzào；策划（动）cèhuà；图
谋（动）túmóu：～ *a theory* 创立理论
chuànglì lǐlùn / ～ *a plot* 搞阴谋 gǎo
yīnmóu II *n*（1）（小鸡等的）一窝

（xiǎojī děng de）yìwō（2）孵化（动）
fūhuà（3）（大门上的）便门（名）
（dàménshang de）biànmén，小门
xiǎomén（4）（水闸的）闸门（名）
（shuǐzhá de）zhámén

hatchet *n* 短柄斧头 duǎnbǐng fǔtóu //
bury the ～ 言归于好 yánguīyúhǎo

hate I *v*（1）恨（动）hèn；憎恨（动）
zēnghèn（2）不喜欢 bù xǐhuan；不愿
意 bú yuànyì II *n* 憎恶（动）zēngwù，
憎恨（动）zēnghèn

haughty *adj* 傲慢（形）àomàn，高傲
（形）gāo'ào，目中无人 mùzhōng-
wúrén

haul I *v* 拉（动）lā，拖（动）tuō，曳
（动）yè II *n*（1）拉（动）lā，拖（动）
tuō（2）拖运量（名）tuōyùnliàng；一网
捕到的鱼 yìwǎng bǔdào de yú //
over the coals 斥责 chìzé

haunch *n*（1）（人的）腿臀部（rén de）
tuǐ túnbù（2）（动物的）后腿（dòngwù
de）hòutuǐ

haunt I *v*（1）（鬼魂）出没（guǐhún）
chūmò（2）（思想、回忆等）萦绕（动）
（sīxiǎng，huíyì děng）yíngrào：*be* ～*ed*
by fears 提心吊胆 tíxīndiàodǎn（3）常
去 cháng qù，常到 cháng dào II *n* 常
去的地方 cháng qù de dìfang

have *v*（1）有（动）yǒu（2）拿（动）
ná；得到（动）dédào（3）吃（动）chī；
喝（动）hē；吸（烟）xī（yān）（4）经历
（动）jīnglì；享有（动）xiǎngyǒu：～ *a*
look 看看 kànkan/ ～ *a walk* 散步
sànbù / ～ *a meeting* 开会 kāihuì/ ～
Chinese lessons 上汉语课 shàng Hànyǔ
kè（5）接受（动）jiēshòu；允许（动）
yǔnxǔ，让（动）ràng；要（动）yào；叫
（动）jiào（6）被（介）bèi，受（动）
shòu，遭受（动）zāoshòu（7）必须（助
动）bìxū；不得不 bùdébù（8）生（动）
shēng（9）说（动）shuō// *had better* 最
好 zuìhǎo/ ～ *a good time* 过得愉快
guò de yúkuài/ ～ *a word with sb*. 跟
某人说句话 gēn mǒu rén shuō jù huà /
～ *in mind* 想 xiǎng / ～ *on*（1）穿着
chuānzhe；戴着 dàizhe（2）有事 yǒu

shì / ~ something（nothing）to do
with 和...有关（无关）hé... yǒuguān
（wúguān）

haven n（1）避难所（名）bìnànsuǒ, 安
全的地方 ānquán de dìfang（2）港口
（名）gǎngkǒu; 船舶抛锚处 chuánbó
pāomáochù

havoc n 大破坏 dà pòhuài, 浩劫（名）
hàojié

haw n 山楂（名）shānzhā

hawk n 鹰（名）yīng // doves and ~ s
鸽派和鹰派 gēpài hé yīngpài

hawker n 叫卖的小贩 jiàomài de
xiǎofàn

hay n 干草（名）gāncǎo: make ~ 晒
干草 shài gāncǎo // ~ fever 花粉热
huāfěnrè, 枯草热 kūcǎorè/ make ~
while the sun shines 趁热打铁
chènrèdǎtiě, 抓紧时机 zhuājǐn shíjī

hazard n 危险（形）wēixiǎn: a ~ to
health 损害健康 sǔnhài jiànkāng / ex-
posed to the ~ s of a life at sea 冒海上
生活的各种危险 mào hǎishang
shēnghuó de gèzhǒng wēixiǎn

hazardous adj 冒险的 màoxiǎn de, 危
险（形）wēixiǎn

haze n 烟雾（名）yānwù; 霾（名）mái

hazel I n 榛树（名）zhēnshù II adj 淡
褐色的 dànhèsè de: ~ eyes 淡褐色的
眼睛 dànhèsè de yǎnjing

hazel-nut n 榛子（名）zhēnzi

he pron（1）他（代）tā（2）它（代）tā
（3）男的 nán de（4）雄的 xióngde; 公
的 gōng de（5）任何人 rènhérén; 某人
mǒu rén

head I n（1）头（名）tóu, 脑袋（名）
nǎodai: from ~ to foot 从头到脚
cóng tóu dào jiǎo（2）物体的头部 wùtǐ
de tóubù, 顶端 dǐngduān: the ~ of
an axe 斧子头 fǔzitóu/ the ~ of an
arrow 箭头 jiàntóu（3）首脑（名）
shǒunǎo: a ~ of state 国家元首
guójiā yuánshǒu / the ~ of a delega-
tion 代表团团长 dàibiǎotuán
tuánzhǎng/ a department ~ 部门的领
导 bùmén de lǐngdǎo（4）才智（名）

cáizhì; 头脑（名）tóunǎo（5）人（名）
rén: count ~ s 点人数儿 diǎn rénshùr
（6）头（量）tóu; 只（量）zhī: 3 ~ of
cattle 三头牛 sāntóu niú/ 100 ~ of
sheep 一百只羊 yìbǎizhī yáng（7）最前
头 zuì qiántou; 最上边儿 zuì
shàngbiānr II v（1）率领（动）
shuàilǐng; 在...的前头 zài... de
qiántou: ~ a delegation 率领一个代
表团 shuàilǐng yíge dàibiǎotuán / ~ a
procession 走在游行队伍的前头 zǒuzài
yóuxíng duìwu de qiántou（2）领导
（动）lǐngdǎo（3）阻止（动）zǔzhǐ; 拦
住 lánzhù: ~ off a quarrel 阻止一场
争吵 zhǔzhǐ yìchǎng zhēngchāo（4）
向...去 xiàng...qù: ~ south 向南去
xiàng nán qù/ ~ straight for home 一
直向家里走去 yìzhí xiàng jiālǐ zǒuqù
// be off one's ~ 神经错乱 shénjīng
cuòluàn / be weak in the ~ 不大聪明
búdà cōngmíng / get sth. out of one's ~
把某事忘掉 bǎ mǒu shì wàngdiào / have
a cool ~ 有冷静的头脑 yǒu lěngjìng de
tóunǎo / have a good ~ for 有...的才
能 yǒu...de cáinéng / ~ on（1）迎面
yíngmiàn（2）正面 zhèngmiàn / ~ up
在...上加盖子 zài...shàng jiā gàizi /
keep one's ~ 保持镇静 bǎochí zhènjìng

headache n（1）头疼 tóu téng（2）头
疼的事 tóu téng de shì

heading n 标题（名）biāotí; 题词（名）
tící; 题名（名）tímíng; 信头 xìntóu;
信笺上端所印文字 xìnjiān shàngduān
suǒ yìn wénzì

headlight n（汽车等的）前灯（名）
（qìchē děng de）qiándēng

headline n（1）标题（名）biāotí, 大字
标题 dàzì biāotí: banner ~ s 通栏大
字标题 tōnglán dàzì biāotí / make the
~ s in the local press 成为当地报纸的
头条新闻 chéngwéi dāngdì bàozhǐ de
tóutiáo xīnwén（2）提要（名）tíyào

headlong adv & adj（1）头朝前 tóu
cháo qián（2）轻率（形）qīngshuài; 匆
忙（形）cōngmáng: a ~ decision 轻率
的决定 qīngshuài de juédìng/ rush ~

into danger 轻率地走向危险的道路 qīngshuài de zǒuxiàng wēixiǎn de dàolù

headmaster *n* 校长(名) xiàozhǎng

headmistress *n* 女校长 nǔ xiàozhǎng

headmost *adj* 最前面的 zuì qiánmiàn de; 领头的 lǐngtóu de

headphone *n* 耳机(名) ěrjī, 听筒 tīngtǒng

headquarters *n* (1) 司令部(名) sīlìngbù; 指挥所(名) zhǐhuīsuǒ: *general* ~ 统帅部 tǒngshuàibù (总司令部 zǒng sīlìngbù) (2) 总部(名) zǒngbù; 总店(名) zǒngdiàn

headstrong *adj* 任性(形) rènxìng, 不受管束的 bú shòu guǎnshù de; 刚愎自用的 gāngbìzìyòng de

heal *v* (1) 治好 zhìhǎo, 医治(动) yīzhì (2) 平息(动) píngxī, 和解(动) héjiě: ~ *a quarrel* 平息一场争吵 píngxī yìcháng zhēngchǎo

health *n* 健康(名、形) jiànkāng, 健康状态 jiànkāng zhuàngtài: *be in good* ~ 身体健康 shēntǐ jiànkāng / *be in poor* ~ 身体不好 shēntǐ bù hǎo / *the Ministry of H*~ 卫生部 wèishēngbù / *How is your* ~? 你身体怎么样? Nǐ shēntǐ zěnmeyàng? / *Here's to your* ~! 祝你健康! Zhù nǐ jiànkāng!

healthy *adj* 健康(形、名) jiànkāng, 身体好 shēntǐ hǎo; 有益于健康的 yǒuyìyú jiànkāng de: *look* ~ 样子很健康 yàngzi hěn jiànkāng / *a* ~ *climate* 有益于健康的气候 yǒuyìyú jiànkāng de qìhòu / *a* ~ *way of life* (有益于)健康的生活方式 (yǒuyìyú) jiànkāng de shēnghuó fāngshì

heap **I** *n* (1) 堆(量) duī: *a* ~ *of books* 一堆书 yìduī shū / *a* ~ *of sand* 一堆沙子 yìduī shāzi (2) 许多(形) xǔduō, 大量(形) dàliàng **II** *v* (1) 堆积(动) duījī: ~ *up riches* 积累财富 jīlěi cáifù (2) 装满 zhuāngmǎn: *a* ~*ed spoonful* 满满的一勺 mǎnmǎn de yìsháo

hear *v* (1) 听(动) tīng; 听见 tīngjiàn (2) 听说 tīngshuō; 得知(动) dézhī

(3) 听取(动) tīngqǔ (4) 审理(动) shěnlǐ; 听取证词 tīngqǔ zhèngcí: ~ *a case* 审理案件 shěnlǐ ànjiàn / ~ *witnesses* 听取证人证词 tīngqǔ zhèngrén zhèngcí // *H*~! *H*~! 说得对! 说得对! Shuō de duì! Shuō de duì! / ~ *from* 收到...的信(或电报) shōudào...de xìn (huò diànbào) / ~ *of* 听说 tīngshuō / ~ *say* (*or tell*) 听人说起 tīng rén shuōqǐ / ~ *sb. out* 听某人把话讲完 tīng mǒu rén bǎ huà jiǎngwán / *not* ~ *of* 不允许 bù yǔnxǔ, 不考虑 bù kǎolù

hearing *n* (1) 听力(名) tīnglì (2) 听力所及的距离 tīnglì suǒ jí de jùlí (3) 听(动) tīng (4) 审讯(动) shěnxùn, 听证会(名) tīngzhènhuì: *the* ~ *on the murder of the mayor* 市长遇害一案的听证会 shìzhǎng yùhài yí'àn de tīngzhènghuì

hearsay *n* 谣传(名) yáochuán; 传闻(名) chuánwén

hearse *n* 灵车(名) língchē

heart *n* (1) 心脏(名) xīnzàng; 心(名) xīn (2) 内心(名) nèixīn; 心肠(名) xīncháng (3) 心情(名) xīnqíng: *with a light* ~ 心情轻松地 xīnqíng qīngsōng de / *with a heavy* ~ 心情沉重地 xīnqíng chénzhòng de (4) 中心(名) zhōngxīn; 要点(名) yàodiǎn: *the* ~ *of a city* 城市的中心 chéngshì de zhōngxīn / *the* ~ *of a matter* 事情的实质 shìqíng de shízhì // *break one's* ~ 使某人很伤心 shǐ mǒu rén hěn shāngxīn / *cry one's* ~ *out* 悲痛到极点 bēitòngdào jídiǎn / *give one's* ~ *to sb.* 爱上某人 àishang mǒu rén / *have a* ~ 发慈悲 fā cíbēi / *have no* ~ 心狠 xīn hěn / *haven't the* ~ *to* 不忍心 bù rěn xīn / ~ *and soul* 全心全意地 quánxīnquányì de / ~ *disease* 心脏病 xīnzàngbìng / ~ *failure* 心脏停跳 xīnzàng tíng tiào, 心力衰竭 xīnlì shuāijié / *learn by* ~ 记住 jìzhù, 背下来 bèixialai / *lose* ~ 丧失信心(勇气) sàngshī xìnxīn (yǒngqì) / *to one's* ~ *'s* *content* 尽情 jìnqíng, 尽兴 jìnxìng

heartache *n* 痛心（形）tòngxīn; 伤心（形）shāngxīn

heartbeat *n* 心跳 xīntiào

heartbroken *adj* 伤心 shāngxīn, 心碎 xīnsuì

heartfelt *adj* 衷心的 zhōngxīn de: ~ *thanks* 衷心的感谢 zhōngxīn de gǎnxiè

hearth *n* (1) 炉边 lúbiān (2) 家（名）jiā; 家庭（名）jiātíng

heartily *adv* (1) 热忱地 rèchén de, 诚恳地 chéngkěn de (2) 胃口很好地 wèikǒu hěn hǎo de

heart-to-heart *adj* 坦率（形）tǎnshuài, 诚恳（形）chéngkěn: *a ~ talk* 一次谈心 yícì tánxīn

heat **I** *n* (1) 热（形）rè, 热度（名）rèdù: *a ~ of 600 degrees* 六百度的高温 liùbǎidù de gāowēn (2) 激烈（形）jīliè, 激昂（形）jī'áng: *in the ~ of the debate* 在激烈的辩论当中 zài jīliè de biànlùn dāngzhōng **II** *v* 把...加热 bǎ...jiārè // ~ *rash* 痱子 fèizi / ~ *wave* 热浪 rèlàng, 炎热期 yánrèqī

heated *adj* (1) 加了热的 jiāle rè de (2) 热烈（形）rèliè: *a ~ discussion* 热烈的讨论 rèliè de tǎolùn

heater *n* 发热器（名）fārèqì; 加热器（名）jiārèqì: *a gas ~* 煤气炉 méiqìlú

heathen *n* 异教徒（名）yìjiàotú

heating *n* 暖气系统 nuǎnqì xìtǒng, 供暖系统 gōngnuǎn xìtǒng

heatproof *adj* 防热的 fángrè de

heatstroke *n* 中暑 zhòngshǔ

heave *v* (1) 拉起（动）lāqǐ, 举起 jǔqǐ; 拉（动）lā (2) 投（动）tóu, 扔（动）rēng (3) 起伏（动）qǐfú; 挺起 tǐngqǐ: *a heaving chest* 起伏的胸部 qǐfú de xiōngbù

heaven *n* (1) 天堂（名）tiāntáng: *go to ~* 上天堂 shàng tiāntáng（死去 sǐqù）(2) 天空（名）tiānkōng: *the starry ~s* 星空 xīngkōng (3) 极快乐的事 jí kuàilè de shì // *Good ~s!* 天哪！Tiān na! / *H~ knows!* 天知道！Tiān zhīdao! / *in ~* 到底 dàodǐ, 究竟

jiūjìng: *Where in ~ were you?* 你当时到底在哪儿？Nǐ dāngshí dàodǐ zài nǎr? / *Thank ~s!* 谢天谢地！Xiè tiān xiè dì!

heavily *adv* (1) 重重地 zhòngzhòng de; 沉重地 chénzhòng de: *suffer ~* 吃了大苦 chīle dà kǔ (2) 缓慢地 huǎnmàn de; 迟钝地 chídùn de: *move ~* 缓慢地移动 huǎnmàn de yídòng (3) 沉闷地 chénmèn de: *breathe ~* 喘粗气 chuǎn cū qì (4) 大量地 dàliàng de: *smoke ~* 大量吸烟 dàliàng xī yān / *a ~ wooded area* 树木茂密的地区 shùmù màomì de dìqū

heavy *adj* (1) 重（形）zhòng; 沉重（形）chénzhòng: *~ guns* 重炮 zhòngpào/ *~ work* 繁重的工作 fánzhòng de gōngzuò/ *a ~ heart* 沉重的心情 chénzhòng de xīnqíng/ *a ~ blow* 沉重的打击 chénzhòng de dǎjī (2) 多（形）duō; 大量（形）dàliàng: *~ rain* 大雨 dàyǔ/ *a ~ punishment* 严厉的惩罚 yánlì de chéngfá/ *~ traffic* 拥挤的交通 yōngjǐ de jiāotōng / *a ~ smoker* 抽烟很多的人 chōu yān hěn duō de rén (3) 阴沉（形）yīnchén: *a ~ sky* 阴沉的天空 yīnchén de tiānkōng (4) 严肃 yánsù; 沉闷 chénmèn; 枯燥（形）kūzào (5) 油腻（形）yóunì; 难消化的 nán xiāohuà de: *~ food* 油腻的食物 yóunì de shíwù // *~ industry* 重工业 zhònggōngyè

heavy-duty *adj* 重型（形）zhòngxíng, 重载的 zhòngzài de; 经得起损耗的 jīng de qǐ sǔnhào de: *~ tyres* 重载轮胎 zhòngzài lúntāi

heavyweight *n* 重量级拳击（或摔跤）运动员 zhòngliàngjí quánjī（huò shuāijiāo）yùndòngyuán

Hebraic *adj* 希伯来人的 Xībóláirén de; 希伯来语的 Xībóláiyǔ de

Hebrew **I** *n* (1) 希伯来人 Xībóláirén, 犹太人（名）Yóutàirén (2) 希伯来语（名）Xībóláiyǔ **II** *adj* (1) 希伯来人的 Xībóláirén de, 犹太人的 Yóutàirén de

(2) 希伯来语的 Xībóláiyǔ de

heckle *v* 质问(动) zhìwèn, 诘问(动) jiéwèn

hectare *n* 公顷(名) gōngqǐng

hectic *adj* 紧张(形) jǐnzhāng; 闹哄哄(形) nàohōnghōng; 兴奋(形) xīngfèn, 激动(形) jīdòng: *have a ~ time* 紧张忙乱 jǐnzhāng mángluàn

hedge **I** *n* (1) 树篱(名) shùlí: *a yew ~* 紫杉树篱 zǐshān shùlí (2) 保障物 bǎozhàngwù **II** *v* (1) 躲闪(动) duǒshǎn, 推诿(动) tuīwěi, 搪塞(动) tángsè: *~ a question* 对问题避而不答 duì wèntí bì'érbùdá (2) 用树篱围住(或隔开) yòng shùlí wéizhù (huò gékāi)

hedgehog *n* 猬(名) wèi; (美) 豪猪(名) (Měi) háozhū

hedonism *n* 享乐主义(名) xiǎnglèzhǔyì

heed **I** *v* 注意(动) zhùyì, 重视(动) zhòngshì **II** *n* 注意(动) zhùyì; 重视(动) zhòngshì

heel **I** *n* (1) 脚后跟(名) jiǎohòugēn (2) 后跟儿(名) hòugēnr **II** *v* 给...钉后掌 gěi...dìng hòuzhǎng: *~ a pair of shoes* 给一双鞋钉后掌 gěi yìshuāng xié dìng hòuzhǎng // *at sb.'s ~s* 紧跟 jǐn gēn / *cool one's ~s* 久等 jiǔ děng / *take to one's ~s* 逃跑 táopǎo, 溜 liū

hefty *adj* (1) 健壮(形) jiànzhuàng, 强壮 qiángzhuàng: *a ~ man* 壮汉 zhuànghàn (2) 很重的 hěn zhòng de; 有力的 yǒulì de: *a ~ blow* 重重的一击 zhòngzhòng de yìjī / *a ~ kick* 有力的一脚 yǒulì de yìjiǎo (3) 异常大的 yìcháng dà de: *a ~ majority* 压倒多数 yādǎo duōshù

hegemony *n* 霸权(名) bàquán; 霸权主义(名) bàquánzhǔyì

height *n* (1) 高(形) gāo; 高度(名) gāodù: *measure sb.'s ~* 量某人的身高 liáng mǒu rén de shēngāo / *the ~ above sea level* 海拔 hǎibá (2) 高处(名) gāochù: *look down from a giddy ~* 从令人头晕目眩的高处往下看 cóng lìng rén tóuyūn mùxuàn de gāochù wàng xià kàn (3) 顶点(名) dǐngdiǎn; 极点(名) jídiǎn

heighten *v* (1) 加高 jiāgāo; 提高(动) tígāo (2) 加强(动) jiāqiáng; 加深(动) jiāshēn

heir *n* 继承人(名) jìchéngrén; 后嗣(名) hòusì: *the legitimate ~* 合法继承人 héfǎ jìchéngrén

helicopter *n* 直升飞机(名) zhíshēngfēijī

hell *n* (1) 地狱(名) dìyù (2) 苦难的地方 kǔnàn de dìfang; 极大的痛苦 jí dà de tòngkǔ: *~ on earth* 人间地狱 rénjiān dìyù / *cold as ~* 冷得要命 lěng de yàoming / *Go to ~!* 见鬼去吧! Jiàn guǐ qu ba! // *a ~ of a* 极 jí, 特别 tèbié: *a ~ of a good car* 一辆特别好的汽车 yíliàng tèbié hǎo de qìchē / *a ~ of a mess* 一塌糊涂 yìtāhútú / *in ~* 到底 dàodǐ, 究竟 jiūjìng / *for the ~ of it* 为了好玩儿 wèile hǎowánr

hello *int* (1) 你好 nǐ hǎo (2) 请问 qǐngwèn; 喂(叹) wèi; 嘿(叹) hēi; 哎(叹) āi

helm *n* (1) 舵(名) duò (2) (组织、企业等的) 领导 (zǔzhī, qǐyè děng de) lǐngdǎo

helmet *n* 头盔(名) tóukuī

help **I** *v* (1) 帮(动) bāng, 帮助(动) bāngzhù: *Can I ~ you?* 我能帮你吗? Wǒ néng bāng nǐ ma? (2) 有用(形) yǒu yòng, 有帮助 yǒu bāngzhù (3) 治疗(动) zhìliáo, 医治(动) yīzhì (4) 救(动) jiù; 救命 jiùmìng (5) 阻止(动) zǔzhǐ; 避免(动) bìmǎn (6) 盛(饭)(动) chéng(fàn), 加(菜)(动) jiā(cài) **II** *n* (1) 帮助(名) bāngzhù (2) 帮手(名) bāngshǒu; 助手(名) zhùshǒu (3) 佣人(名) yòngren, 保姆 bǎomǔ (4) 补救的办法 bǔjiù de bànfǎ // *~ sb. out* 帮助某人摆脱困境 bāngzhù mǒu rén bǎituō kùnjìng / *with the ~ of* 在...的帮助下 zài...de bāngzhùxià

helpful *adj* 有帮助的 yǒu bāngzhù de, 有益的 yǒuyì de

helpless *adj* 没有帮助的 méiyou bāngzhù de; 孤弱的 gūruò de: *a ~ orphan* 无依无靠的孤儿 wúyīwúkào de gū'ér

hem **I** *n* 褶（名）zhě, 折缝儿（名）zhéfèngr; 边（名）biān **II** *v* 缝边 féng biānr: *~ a handkerchief* 给手绢儿绣边儿 gěi shǒujuànr xiù biānr

hemisphere *n* 半球（名）bànqiú: *the Eastern H~* 东半球 dōng bànqiú/ *the Northern H~* 北半球 běi bànqiú

hemorrhage **I** *n* 出血 chūxiě: *internal ~* 内出血 nèichūxiě/ *cerebral ~* 脑溢血 nǎoyìxuè **II** *v* 出血 chū xiě

hemp *n* (1) 大麻（名）dàmá; 大麻纤维 dàmá xiānwéi (2)（由大麻制成的）麻醉药（yóu dàmá zhìchéng de）mázuìyào

hen *n* (1) 母鸡（名）mǔjī: *a ~* 一只母鸡 yìzhī mǔjī (2) 雌性（名）cíxìng: *a ~ bird* 一只雌鸟 yìzhī cíniǎo/ *a ~ peacock* 一只雌孔雀 yìzhī cíkǒngquè // *~ house* 鸡窝 jīwō

hence *adv* (1) 因此（连）yīncǐ (2) 从这儿 cóng zhèr; 从现在 cóng xiànzài: *2 miles ~* 离这儿两英里 lí zhèr liǎngyīnglǐ / *3 days ~* 三天以后 sāntiān yǐhòu

henceforth *adv* 从今以后 cóng jīn yǐhòu, 今后（名）jīnhòu

henpecked *adj* 怕老婆的 pà lǎopo de

her *pron* (1) 她的（代）tā de (2) 她（代）tā

herald **I** *n* 预报者（名）yùbàozhě **II** *v* 预兆（动、名）yùzhào

herb *n* (1) 药草（名）yàocǎo; 香草（名）xiāngcǎo: *medicinal ~s* 药草 yàocǎo (2) 草本植物 cǎoběn zhíwù

herbal *adj* 草本植物的 cǎoběn zhíwù de; 草本植物制的 cǎoběn zhíwù zhì de: *a ~ remedy* 草药 cǎoyào

Herculean *adj* (1)（力量等）其大无比的（lìliàng děng）qí dà wúbǐ de (2) 费力的 fèilì de, 艰巨（形）jiānjù: *a ~ task* 艰巨的任务 jiānjù de rènwù

herd **I** *n* 兽群 shòuqún: *a ~ of cattle* 一群牛 yìqún niú **II** *v* 放牧 fàngmù; 把...赶到一起 bǎ...gǎndào yìqǐ

herdsman *n* 牧民（名）mùmín, 牧人 mùrén

here *adv* (1) 这儿（代）zhèr, 这里（代）zhèlǐ; 在这儿 zài zhèr, 在这里 zài zhèlǐ (2) 向这儿 xiàng zhèr; 到这儿 dào zhèr // *~ and now* 目前 mùqián; 此时此地 cǐshí cǐdì/ *~ and there* 处处 chùchù, 各处 gèchù / *~'s to...* 为...干一杯 wèi...gān yìbēi

hereabout(s) *adv* 在这附近 zài zhè fùjìn

hereafter *adv* 以后（名）yǐhòu; 今后（名）jīnhòu

hereditary *adj* (1) 世袭的 shìxí de (2) 遗传的 yíchuán de

heredity *n* 遗传（动）yíchuán

heresy *n* 异教（名）yìjiào; 异端（名）yìduān, 邪说（名）xiéshuō; 旁门左道 pángménzuǒdào

heritage *n* 遗产（名）yíchǎn: *a historical ~* 历史遗产 lìshǐ yíchǎn/ *cultural ~* 文化遗产 wénhuà yíchǎn

hermit *n* 隐士（名）yǐnshì

hermitage *n* 隐居生活 yǐnjū shēnghuó; 隐士居住的地方 yǐnshì jūzhù de dìfang

hernia *n* 疝（名）shàn

hero *n* (1) 英雄（名）yīngxióng (2) 男主人公 nán zhǔréngōng; 男主角儿 nán zhǔjuér

heroic *adj* 英雄的 yīngxióng de: *~ deeds* 英雄事迹 yīngxióng shìjì

heroin *n* 海洛因（名）hǎiluòyīn

heroine *n* 女英雄 nǚ yīngxióng; 女主角儿 nǚ zhǔjuér

heroism *n* 英雄主义（名）yīngxióngzhǔyì; 英雄行为 yīngxióng xíngwéi

heron *n* 苍鹭（名）cānglù

herring *n* 鲱鱼（名）fēiyú

hers *pron* 她的 tā de

herself *pron* (1) 她自己 tā zìjǐ (2) 她亲自 tā qīnzì; 她本人 tā běnrén // *by*

~ (1)（她）独立地（tā）dúlì de；（她）自己（tā）zìjǐ (2)（她）独自一人（tā）dúzì yì rén

hesitate v 犹豫（动）yóuyù，迟疑（动）chíyí：~ at nothing 做什么事都毫不犹豫 zuò shénme shì dōu háobù yóuyù / ~ in speaking 说话吞吞吐吐 shuōhuà tūntūntǔtǔ

hesitation n 犹豫（动）yóuyù，迟疑（动）chíyí：without ~ 毫不犹豫地 háobù yóuyù de

hibernate v 冬眠（动）dōngmián

hiccup I n 打嗝儿 dǎgér，呃逆（动）ènì；打嗝儿声 dǎgér shēng II v 呃逆（动）ènì

hidden adj 隐藏的 yǐncáng de：a ~ danger 隐患 yǐnhuàn（潜藏的危险 qiáncáng de wēixiǎn）/ a ~ door 一扇暗门 yíshàn ànmén

hide[1] v (1) 藏（动）cáng，隐藏（动）yǐncáng，藏匿（动）cángnì (2) 隐瞒（动）yǐnmán；掩饰（动）yǎnshì (3) 遮（动）zhē，遮盖（动）zhēgài

hide[2] n 兽皮（名）shòupí

hide-and-seek n 捉迷藏 zhuō mícáng

hideous adj 可怕（形）kěpà，丑恶（形）chǒu'è；丑陋不堪 chǒulòu bùkān：a ~ face 一张丑恶的脸 yìzhāng chǒu'è de liǎn

hide-out n 隐藏的地方 yǐncáng de dìfang，巢穴 cháoxué

hiding[1] n 躲藏（动）duǒcáng；躲藏处（名）duǒcángchù：in ~ 躲藏着 duǒcángzhe / go into ~ 躲藏起来 duǒcángqǐlai

hiding[2] n 打（动）dǎ，揍（动）zòu；打屁股 dǎ pìgu

hierarchical adj (1) 统治集团的 tǒngzhì jítuán de (2) 等级（制度）的 děngjí（zhìdù）de

hierarchy n (1) 等级制度 děngjí zhìdù (2) 统治集团 tǒngzhì jítuán：the ~ of a political party 一个政党的领导集团 yíge zhèngdǎng de lǐngdǎo jítuán

hieroglyph n 象形文字 xiàngxíng wénzì

hi-fi n 组合音响（名）zǔhéyīnxiǎng：a ~ set 一套组合音响 yítào zǔhéyīnxiǎng

high adj (1) 高（形）gāo：a ~ wall 一堵高墙 yìdǔ gāo qiáng/ 4 metres ~ 四米高 sìmǐ gāo (2) 高级（形）gāojí；高等（形）gāoděng：~ office in the government 政府中的高级职务 zhèngfǔzhōng de gāojí zhíwù / a ~ commander 高级指挥员 gāojí zhǐhuīguán / ~er education 高等教育 gāoděng jiàoyù / ~ quality 高质量 gāo zhìliàng (3) 尖声的 jiānshēng de；高音调的 gāo yīndiào de (4) 高（形）gāo，超出一般的 chāochū yìbān de：a ~ standard of living 很高的生活水平 hěn gāo de shēnghuó shuǐpíng / the ~ cost of food 昂贵的食品费用 ánggùi de shípǐn fèiyòng/ ~ speed 高速度 gāo sùdù/ a ~ wind 强风 qiáng fēng (5) 正盛的 zhèng shèng de：~ noon 正午 zhèng wǔ / ~ summer 盛夏 shèngxià // be in ~ spirits 情绪很高 qíngxù hěn gāo；兴高采烈 xìnggāocǎiliè

highbred adj 有教养的 yǒu jiàoyǎng de；出身高贵的 chūshēn gāoguì de

highbrow I n （自以为）有高度文化修养的人（zì yǐwéi）yǒu gāodù wénhuà xiūyǎng de rén II adj 高级趣味的 gāojí qùwèi de，有高度文化修养的 yǒu gāodù wénhuà xiūyǎng de

high-class adj 高级（形）gāojí，上等的 shàngděng de，第一流的 dìyīliú de

high-grade adj 质量高的 zhìliàng gāo de，高等的 gāoděng de

highland n 高地（名）gāodì；高原（名）gāoyuán

high-level adj 高级（形）gāojí；高阶层的 gāojiēcéng de：~ talks between the Prime Ministers of 2 countries 两国总理间的高级会谈 liǎngguó zǒnglǐjiān de gāojí huìtán

highlight n 最精彩的场面 zuì jīngcǎi de chǎngmiàn，最重要的部分 zuì zhòngyào de bùfen；（图画、照片等中）

光线最强处（túhuà, zhàopiàn děng zhōng）guāngxiàn zuì qiáng chù

highly *adv* (1) 高度地 gāodù de; 很 (副) hěn, 非常 (副) fēicháng: *a ~ skilled worker* 一个高度熟练的技工 yíge gāodù shúliàn de jìgōng / *a ~ interesting film* 一部很有意思的电影 yíbù hěn yǒuyìsi de diànyǐng (2) 称赞 地 chēngzàn de: *speak ~ of sb.* 称赞 某人 chēngzàn mǒu rén

highness *n* (1) 高(形) gāo; 高度(名) gāodù; 高尚(形) gāoshàng (2) 殿下 (名) diànxià: *Your H~* 殿下 diànxià

high-rise I *adj* (楼房) 多层的 (lóufáng) duō céng de II *n* 高层建筑 gāocéng jiànzhù

highway *n* 高速公路（名）gāosù gōnglù; 大路（名）dàlù: *~ traffic* 高 速公路交通 gāosù gōnglù jiāotōng / *ocean ~s* 海洋航道 hǎiyáng hángdào

hijack *v* 劫持(动) jiéchí

hijacker *n* 劫持者 jiéchízhě

hike I *v* 步行(动) bùxíng; 徒步旅行 túbù lǚxíng II *n* 徒步旅行 túbù lǚxíng: *go on a ~* 去徒步旅行 qù túbù lǚxíng

hill *n* 小山 xiǎo shān; 丘陵（名）qiūlíng

hillside *n* 山坡(名) shānpō, 山腰(名) shānyāo

hilltop *n* 山顶(名) shāndǐng

hilly *adj* 多丘陵的 duō qiūlíng de

him *pron* 他(代) tā

himself *pron* (1) 他自己 tā zìjǐ (2) (他) 本人 (tā) běnrén; (他) 亲自 (tā)qīnzì // *by ~* (1) 独立地 dúlì de; (他) 自己 (tā) zìjǐ (2) (他) 独自 (tā) dúzì

hind *adj* 后面的 hòumiàn de, 后部的 hòubù de: *a ~ leg* 一条后腿 yìtiáo hòutuǐ

hinder *v* 阻碍(动) zǔ'ài, 妨碍(动) fáng'ài

Hindi I *adj* 印度北部的 Yìndù běibù de II *n* 印地语(名) Yìndìyǔ

hindrance *n* 妨碍(名) fáng'ài, 阻碍

(名) zǔ'ài, 起妨碍作用的人(或物) qǐ fáng'ài zuòyòng de rén（huò wù）

hindsight *n* 事后聪明 shìhòu cōngmíng, 事后的认识 shìhòu de rènshi

Hindu *n* 印度人 Yìndùrén; 印度教的 信徒 Yìndùjiào de xìntú

hinge I *n* (1) 合叶(名) héyè (2) 关键 (名) guānjiàn; 转折点(名) zhuǎnzhédiǎn II *v* 决定于 juédìngyú, 由...而定 yóu...ér dìng

hint I *n* 暗示(名) ànshì; 提示(名) tíshì; 线索(名) xiànsuǒ: *take a ~* 接 受暗示 jiēshòu ànshì / *"H~s for Beginners"*《初学者须知》《Chūxuézhě xūzhī》II *v* 暗示(动) ànshì .

hinterland *n* 内地(名) nèidì, 腹地 (名) fùdì

hip *n* 臀部(名) túnbù; 髋部(名) kuānbù

hire I *v* 租(动) zū; 雇(动) gù: *~ a bicycle* 租一辆自行车 zū yíliàng zìxíngchē / *~ out boats by the hour* 按 小时计算出租船只 àn xiǎoshí jìsuàn chūzū chuánzhī II *n* 租(名) zū; 雇用 (动) gùyòng: *pay for the ~ of a room* 付房租 fù fángzū / *cars for ~* 供出租的汽车 gōng chūzū de qìchē / *in the ~ of sb.* 被某人雇用 bèi mǒu rén gùyòng // *~ oneself* 受雇于 shòugùyú

hire-purchase *n* 分期付款 fēnqī fùkuǎn

hirer *n* 租借者(名) zūjièzhě

his *pron* 他的 tā de: *a friend of ~* 他 的一个朋友 tā de yíge péngyou

hiss I *v* 嘶嘶地响 sīsī de xiǎng II *n* 嘶 嘶声 sīsīshēng

historian *n* 历史学家(名) lìshǐxuéjiā

historic *adj* 历史的 lìshǐ de; 有历史意 义的 yǒu lìshǐ yìyì de; 有名的 yǒumíng de: *a ~ spot* 历史古迹 lìshǐ gǔjì

historical *adj* 历史的 lìshǐ de, 历史上 的 lìshǐshang de: *a ~ novel* 历史小说 lìshǐ xiǎoshuō / *~ studies* 有关历史的 研究 yǒuguān lìshǐ de yánjiū

history *n* (1) 历史(名) lìshǐ: *ancient ~* 古代史 gǔdàishǐ/ *the ~ of social* *development* 社会发展史 shèhuì fāzhǎnshǐ (2) 对过去事情的记载 duì guòqù shìqing de jìzǎi: *one's personal* ~ 个人履历 gèrén lǚlì/ *local* ~ 地方志 dìfāngzhì / *a case* ~ 病历 bìnglì // *make* ~ 创造历史 chuàngzào lìshǐ

hit Ⅰ v (1) 打(动) dǎ; 击中 jīzhòng (2) 撞(动) zhuàng, 碰(动) pèng (3) 遭受(动) zāoshòu; 打击(动) dǎjī (4) 到达(动) dàodá; 碰到 pèngdào (5) 猜对 cāiduì Ⅱ n (1) 打(动) dǎ, 碰撞(动) pèngzhuàng, 打击(动) dǎjī (2) 轰动一时的人物 hōngdòng yìshí de rénwù; 风行一时的东西 fēngxíng yìshí de dōngxi; 流行歌曲 liúxíng gēqǔ // ~ *it off* 合得来 hédelái / ~ *on* 想出来 xiǎngchūlai / ~ *or miss* 瞎碰 xiāpèng; 瞎蒙 xiāmēng

hit-and-run *adj* 闯了祸逃走的 chuǎngle huò táozǒu de

hitch Ⅰ v (1) 猛拉 měng lā; 急推 jí tuī (2) 拴住 shuānzhù; 套住 tàozhù; 钩住 gōuzhù Ⅱ n (1) 猛拉 měng lā; 急推 jí tuī (2) 故障(名) gùzhàng, 障碍(名) zhàng'ài

hitchhike v 搭车旅行 dā chē lǚxíng

hive n (1) 蜂房(名) fēngfáng, 蜂箱(名) fēngxiāng (2) 喧闹繁忙的场所 xuānnào fánmáng de chǎngsuǒ

hoard Ⅰ n 贮藏物(名) zhùcángwù Ⅱ v 贮藏(动) zhùcáng; 积聚(动) jījù

hoarfrost n 白霜 báishuāng

hoarse *adj* 哑(形) yǎ, 嘶哑(形) sīyǎ, 沙哑(形) shāyǎ

hoax Ⅰ n 欺骗(动) qīpiàn, 戏弄(动) xìnòng; 骗局(名) piànjú Ⅱ v 欺骗(动) qīpiàn, 戏弄(动) xìnòng: ~ *sb. into believing a falsehood* 骗某人相信谎话 piàn mǒurén xiāngxìn huǎnghuà

hobby n 嗜好(名) shìhào, 兴趣(名) xìngqù, 业余爱好 yèyú àihào

hobbyhorse n (1) 木马(名) mùmǎ, 竹马(名) zhúmǎ (2) 爱反复讲的话题 ài fǎnfù jiǎng de huàtí

hockey n 曲棍球(名) qūgùnqiú

hoe Ⅰ n 锄头(名) chútou Ⅱ v 锄(动) chú, 锄草 chúcǎo

hog n 猪(名) zhū: *raise* ~s 养猪 yǎng zhū/ *a wild* ~ 野猪 yězhū // *go the whole* ~ 干到底 gàndàodǐ, 彻底干 chèdǐ gàn

hoist Ⅰ v 拉起 lāqǐ, 升起 shēngqǐ, 扯起 chěqǐ Ⅱ n (1) 举起 jǔqǐ, 抬起 táiqǐ (2) 起重机(名) qǐzhòngjī

hold Ⅰ v (1) 拿着 názhe; 握着 wòzhe (2) 抑制(动) yìzhì; 约束(动) yuēshù (3) 占据(动) zhànjù, 占领 zhànlǐng (4) 掌握(动) zhǎngwò; 担任(动) dānrèn: ~ *power* 掌握权力 zhǎngwò quánlì/ ~ *the office of chairman* 担任主席 dānrèn zhǔxí (5) 吸引住 xīyǐnzhù (6) 保持(动) bǎochí; 持续(动) chíxù; 适用(形) shìyòng; 生效 shēngxiào (7) 支持(动) zhīchí, 支撑(动) zhīchēng (8) 举行(动) jǔxíng; 开(动) kāi (9) 认为(动) rènwéi; 相信(动) xiāngxìn; 持有(见解)(动) chíyǒu (jiànjiě) Ⅱ n 抓(动) zhuā; 握(动) zhǎngwò; 控制(动) kòngzhì: *take a firm* ~ *of sth.* 紧紧抓住一件东西 jǐnjǐn zhuāzhù yíjiàn dōngxi / *have a firm* ~ *over sb.* 牢牢控制住某人 láoláo kòngzhìzhù mǒu rén // *get* ~ *of* 得到 dédào; 找到 zhǎodào; 抓到 zhuādào / ~ *back* (1) 隐瞒 yǐnmán (2) 阻止 zǔzhǐ / ~ *in* 忍住 rěnzhù; 抑制 yìzhì / ~ *off* 延迟 yánchí; 推迟 tuīchí; 拖延 tuōyán / ~ *on* (1) 坚持 jiānchí; 继续 jìxù (2) 抓住...不放 zhuāzhù... bú fàng (3) 等一等 děngyìděng, 稍候 shāohòu, 别挂 bié guà / ~ *out* (1) 伸出 shēnchū (2) 维持 wéichí/ ~ *over* (1) 推延 tuīyán (2) 继续上演 jìxù shàngyǎn / ~ *together* (1) 保持团结 bǎochí tuánjié: ~ *the nation together* 把人民团结在一起 bǎ rénmín tuánjiézài yìqǐ (2) 结合在一起 jiéhézài yìqǐ / ~ *up* 阻挡 zǔdǎng

holdall n 旅行手提包 lǚxíng shǒutíbāo, 手提箱(名) shǒutíxiāng

holder n (1) 持有者(名) chíyǒuzhě (2) 架子(名) jiàzi: *a mirror* ~ 镜子

架 jìngzijià / *a lamp* ～ 灯座 dēngzuò / *a cigarette* ～ 烟嘴儿 yānzuǐr

hold-up *n* (1) 停顿(动) tíngdùn, 阻塞(动) zǔsè (2) 拦劫(动) lánjié, 抢劫(动) qiǎngjié

hole *n* (1) 坑(名) kēng; 洞(名) dòng; 窟窿(名) kūlong: *to dig a* ～ *in the earth* 在地上挖个坑 zài dìshang wā ge kēng (2) 漏洞(名) lòudòng; 缺点(名) quēdiǎn: *to pick* ～*s in* 挑毛病 tiāo máobìng

holiday *n* (1) 节日(名) jiérì: ～ *clothes* 节日的服装 jiérì de fúzhuāng (2) 假日(名) jiàrì; 假期(名) jiàqī: *the school* ～*s* 学校的假日 xuéxiào de jiàrì / *the Christmas* ～*s* 圣诞节假期 Shèngdànjié jiàqī // *on* ～ 在度假 zài dù jià

holiness *n* 神圣(形) shénshèng; 圣洁(形) shèngjié

hollow **I** *adj* (1) 空(形) kōng; 空洞(形) kōngdòng: *a* ～ *pipe* 一根空心管子 yìgēn kōngxīn guǎnzi (2) 凹陷(形) āoxiàn: ～ *cheeks* 凹陷的脸颊 āoxiàn de liǎnjiá (3) 空虚(形) kōngxū; 虚假(形) xūjiǎ: ～ *words* 空话 kōnghuà **II** *n* (1) 坑(名) kēng; 洞(名) dòng: *a* ～ *in the road* 路上的一个坑 lùshang de yíge kēng / *in the* ～ *of a tree* 在树洞里 zài shùdònglǐ (2) 山谷(名) shāngǔ: *a wooded* ～ 长满了树的山谷 zhǎngmǎnle shù de shāngǔ **III** *v* 挖空 wākōng

hollow-eyed *adj* 眼睛凹陷的 yǎnjing āoxiàn de

holy *adj* (1) 神圣(形) shénshèng; 上帝的 Shàngdì de: *the H*～ *City* 耶路撒冷 Yēlùsālěng / *"The H*～ *Bible"* 《圣经》《Shèngjīng》/ *the H*～ *Father* 教皇 jiàohuáng (2) 圣洁(形) shèngjié; 虔诚(形) qiánchéng: *a* ～ *person* 虔诚的信徒 qiánchéng de xìntú

home **I** *n* (1) 家(名) jiā (2) 家乡(名) jiāxiāng (3) 本国 běnguó (4) 疗养院(名) liáoyǎngyuàn; 养育院(名) yǎngyùyuàn: *a nursing* ～ 疗养院 liáoyǎngyuàn/ *a children's* ～ 儿童之家 értóng zhī jiā / *an orphans'* ～ 孤儿院 gū'éryuàn/ *a* ～ *for the aged* 养老院 yǎnglǎoyuàn (5) 产地(名) chǎndì **II** *adj* (1) 家庭的 jiātíng de: ～ *life* 家庭生活 jiātíng shēnghuó / ～ *cooking* 家常饭 jiāchángfàn (2) 家乡的 jiāxiāng de; 本地的 běn dì de: *the* ～ *team* 本地队 běn dì duì (主队 zhǔduì) / ～ *game* 在本地举行的比赛 zài běn dì jǔxíng de bǐsài (3) 本国的 běn guó de; 国内的 guónèi de; 总部的 zǒngbù de: ～ *news* 国内新闻 guónèi xīnwén / ～ *products* 国货 guóhuò / *the* ～ *trade* 国内贸易 guónèi màoyì / *H*～ *Office* 内政部 nèizhèngbù/ *the* ～ *office* 总部 zǒngbù **III** *adv* 回家 huí jiā: *on the way* ～ 在回家的路上 zài huí jiā de lù shàng // *at* ～ 在家 zài jiā / *not at* ～ *to visitors* 不接待客人 bù jiēdài kèren / *be at* ～ *in* 精通于 jīngtōngyú; 擅长于 shàncéngyú

homegrown *adj* 自己家种的 zìjī jiā zhòng de, 土生的 tǔ shēng de

homeland *n* 祖国(名) zǔguó, 故乡 gùxiāng

homely *adj* (1) 家常(形) jiācháng; 简朴(形) jiǎnpǔ: *a* ～ *meal* 家常便饭 jiācháng biànfàn (2) 朴实(形) pǔshí; 不做作的 bú zuòzuo de: *a simple* ～ *man* 一个很朴实的人 yíge hěn pǔshí de rén (3) 在家里似的 zài jiālǐ shìde: *a* ～ *atmosphere* 像在家里一样亲切的气氛 xiàng zài jiālǐ yíyàng qīnqiè de qìfèn (4) 不漂亮的 bú piàoliàng de, 不好看的 bù hǎokàn de

home-made *adj* 自制的 zìzhì de: *a* ～ *bomb* 自制炸弹 zìzhì zhàdàn

homepage *n* 主页(名) zhǔyè, 网页(名) wǎngyè, 首页(名) shǒuyè

homesick *adj* 想家的 xiǎng jiā de

hometown *n* 家乡(名) jiāxiāng, 故乡(名) gùxiāng

homework *n* (1) 家庭作业 jiātíng zuòyè, 课外作业 kèwài zuòyè (2) 家里做的工作 jiālǐ zuò de gōngzuò, 家务

事 jiāwùshì

homicide *n* 杀人 shā rén; 杀人者 shārénzhě

homonym *n* 同音异义词 tóngyīn yìyì cí; 同形异义词 tóngxíng yìyì cí; 同形同音异义词 tóngxíng tóngyīn yìyì cí

homosexual **I** *adj* 同性恋的 tóngxìngliàn de **II** *n* 同性恋者 tóngxìngliànzhě

honest *adj* (1) 诚实(形) chéngshí, 老实(形) lǎoshi; 坦率(形) tǎnshuài: *an ~ man* 诚实的人 chéngshí de rén / *an ~ attitude* 诚实的态度 chéngshí de tàidu (2) 用正当手段获得的 yòng zhèngdàng shǒuduàn huòdé de: *make an ~ living* 用正当手段谋生 yòng zhèngdàng shǒuduàn móushēng // *to be ~ about it* 老实说 lǎoshi shuō

honestly *adv* 老老实实 lǎolǎoshíshí de; 正正当当地 zhèngzhèngdāngdāng de; 老实说 lǎoshi shuō

honesty *n* 诚实(形) chéngshí, 老实(形) lǎoshi, 正直(形) zhèngzhí

honey *n* (1) 蜜(名) mì, 蜂蜜(名) fēngmì (2) 宝贝儿(名) bǎobèir; 亲爱的人 qīn'ài de rén; 极好的东西 jí hǎo de dōngxi

honeybee *n* 蜜蜂(名) mìfēng

honeymoon *n* 蜜月(名) mìyuè

honorary **I** *adj* (1) 荣誉的 róngyù de; 光荣(形) guāngróng (2) 名誉的 míngyù de; 义务的 yìwù de **II** *n* (1) 名誉团体 míngyù tuántǐ (2) 获名誉学位的人 huò míngyù xuéwèi de rén

honour **I** *n* (1) 荣誉(名) róngyù; 光荣(名) guāngróng; 光荣的人 guāngróng de rén; 光荣的事 guāngróng de shì (2) 敬意(名) jìngyì; 尊重(动) zūnzhòng (3) 名誉(名) míngyù; 体面(名) tǐmiàn: *a sense of ~* 荣誉感 róngyùgǎn / *pledge one's ~* 用自己的名誉担保 yòng zìjǐ de míngyù dānbǎo (4) 荣幸(形) róngxìng (5) 优等成绩 yōuděng chéngjì: *graduate with ~s* 以优等成绩毕业 yǐ yōuděng chéngjì bìyè **II** *v* 感到荣幸 gǎndào

róngxìng; 给...以荣誉 gěi... yǐ róngyù // *a guard of ~* 仪仗队 yízhàngduì / *an ~ed guest* 贵宾 guìbīn / *give one's word of ~* 用名誉担保 yòng míngyù dānbǎo / *in ~ of* 为纪念... wèi jìniàn...; 为庆祝... wèi qìngzhù...; 向...表示敬意 xiàng... biǎoshì jìngyì

honourable *adj* 可尊敬的 kě zūnjìng de, 高尚(形) gāoshàng; 光荣(形) guāngróng: *conduct* 高尚的行为 gāoshàng de xíngwéi / *~ task* 光荣任务 guāngróng rènwù

hood *n* (1) 兜帽(名) dōumào; 头巾(名) tóujīn (2) 车篷(名) chēpéng; 引擎罩(名) yǐnqíngzhào

hoodlum *n* 强盗(名) qiángdào, 流氓(名) liúmáng, 阿飞(名) āfēi

hoodwink *v* 欺骗(动) qīpiàn, 蒙蔽(动) méngbì

hoof *n* 蹄(名) tí, 蹄子(名) tízi

hook **I** *n* 钩(名) gōu, 钩子(名) gōuzi, 挂钩(名) guàgōu: *a fish ~* 钓鱼钩 diàoyúgōu **II** *v* (1) 钩住 gōuzhù (2) 弯曲(形) wānqū; 钩住 gōuzhù // *by ~ or by crook* 想方设法 xiǎngfāngshèfǎ

hooligan *n* 小流氓 xiǎo liúmáng, 街头恶棍 jiētóu èguì, 歹徒 dǎitú

hoop *n* (1) 箍(名) gū: *to put a ~ on the barrel* 给桶打上一道箍 gěi tǒng dǎshang yídào gū (2) 铁环(名) tiěhuán

hoot *v* (1) 按汽车喇叭 àn qìchē lǎba (2) 拉汽笛 lā qìdí (3) 猫头鹰叫 māotóuyīng jiào (4) 发出不满的哄笑声 fāchū bùmǎn de hōngxiàoshēng // *~ down* 喝倒彩 hè dàocǎi

hop *v* 跳(动) tiào; 单脚跳 dānjiǎo tiào; 双脚跳 shuāngjiǎo tiào

hope **I** *n* 希望(名) xīwàng; 寄予希望的人或事 jìyǔ xīwàng de rén huò shì **II** *v* 希望(动) xīwàng // *beyond ~* 没有希望 méiyǒu xīwàng / *~ against ~* 抱一线希望 bào yíxiàn xīwàng / *for the best* 往好处想 wàng hǎochù xiǎng, 希望一切顺利 xīwàng yíqiè shùnlì / lay one's ~ on 把希望寄托在...上 bǎ xīwàng jìtuōzài...shang / with ~s of 怀着...的希望 huáizhe...de xīwàng

hopeful adj 有希望的 yǒu xīwàng de; 抱着希望的 bàozhe xīwàng de

hopeless adj 没有希望的 méiyǒu xīwàng de; 不可救药的 bùkějiùyào de: a ~ illness 不治之症 búzhìzhīzhèng

horizon n (1) 地平线(名) dìpíngxiàn (2) 眼界(名) yǎnjiè; 见识(名) jiànshi: broaden one's ~ 开阔眼界 kāikuò yǎnjiè

horizontal adj 水平的 shuǐpíng de; 卧式(形) wòshì; 横(形) héng: a ~ plane 水平面 shuǐpíngmiàn / a ~ bar 单杠 dāngàng / a ~ line 横线 héngxiàn

hormone n 激素(名) jīsù

horn n (1) 角(名) jiǎo; 角质(名) jiǎozhì: a pair of ~s 两只角 liǎngzhī jiǎo / a snail's ~s 蜗牛角 wōniújiǎo (2) 号(名) hào; 号角(名) hàojiǎo: a hunting ~ 打猎的号角 dǎliè de hàojiǎo / the French ~ 法国号 Fǎguó hào // blow one's own ~ 自吹自擂 zìchuīzì lèi

horned adj 有角的 yǒu jiǎo de

hornet n 大黄蜂(名) dàhuángfēng

horoscope n 星占(名) xīngzhān, 算命天宫图 suànmìng tiāngōngtú

horrible adj (1) 可怕(形) kěpà, 恐怖(形) kǒngbù: a ~ accident 可怕的事故 kěpà de shìgù / ~ crimes 恐怖的罪行 kǒngbù de zuìxíng (2) 非常讨厌的 fēicháng tǎoyàn de; 难看(形) nánkàn: What ~ weather! 这鬼天气! Zhè guǐ tiānqì!

horrify v 使恐怖 shǐ kǒngbù, 使毛骨悚然 shǐ máogǔsǒngrán, 使震惊 shǐ zhènjīng

horror n (1) 恐怖(形) kǒngbù; 可怕的事物 kěpà de shìwù: strike ~ into sb. 使某人毛骨悚然 shǐ mǒu rén

máogǔsǒngrán / cry out in ~ 吓得叫起来 xià de jiàoqilai (2) 厌恶(动) yànwù, 讨厌(动) tǎoyàn // ~ fiction 恐怖小说 kǒngbù xiǎoshuō / ~ film 恐怖电影 kǒngbù diànyǐng

horse n 马(名) mǎ: a ~ 一匹马 yìpǐ mǎ / ride a ~ 骑马 qí mǎ / mount (dismount) a ~ 上(下)马 shàng (xià) mǎ // change ~s 换马 huàn mǎ; 换班子 huàn bānzi / eat like a ~ 吃得很多 chī de hěn duō / flog a dead ~ 白费力气 bái fèi lìqì

horseman n 骑手(名) qíshǒu, 骑师(名) qíshī

horsemanship n 骑术(名) qíshù

horsepower n 马力(名) mǎlì

horse-race n 赛马 sài mǎ

horseshoe n 马蹄铁(名) mǎtítiě

horticulture n 园艺学 yuányìxué; 园艺 yuányì

hose I n (1) 长统袜(名) chángtǒngwà: a pair of nylon ~ 一双尼龙长统袜 yìshuāng nílóng chángtǒngwà (2) 软管(名) ruǎnguǎn: a garden ~ 浇园水管 jiāo yuán shuǐguǎn / a fireman's ~ 消防水龙 xiāofáng shuǐlóng II v 用水管浇(或冲洗) yòng shuǐguǎn jiāo (huò chōngxǐ)

hospitable adj 好客(形) hàokè, 殷勤(形) yīnqín: a ~ hostess 好客的女主人 hàokè de nǚzhǔrén / a ~ reception 盛情的款待 shèngqíng de kuǎndài

hospital n 医院(名) yīyuàn: be taken to a ~ 被送进一所医院 bèi sòngjìn yìsuǒ yīyuàn / a ~ for infectious diseases 传染病医院 chuánrǎnbìng yīyuàn / a maternity ~ 妇产医院 fùchǎn yīyuàn / a mental ~ 精神病医院 jīngshénbìng yīyuàn / go to ~ 去医院看病 qù yīyuàn kàn bìng

hospitality n 殷勤款待 yīnqín kuǎndài, 热情好客 rèqíng hàokè

hospitalize v 住院 zhùyuàn, 住院治疗 zhùyuàn zhìliáo

host I n 主人(名) zhǔrén, 东道主(名) dōngdàozhǔ; 主持人(名)

zhǔchírén: *act as* ~ *at a dinner party* 在宴会上作主人 zài yànhuìshang zuò zhǔrén/ *the* ~ *country for the Olympic Games* 奥林匹克运动会的东道国 Àolínpǐkè Yùndònghuì de dōngdàoguó/ *the* ~ *team* 主队 zhǔduì **II** *v* 主办（动）zhǔbàn；款待（动）kuǎndài：~ *the visitors* 款待来客 kuǎndài láikè

hostage *n* 人质（名）rénzhì

hostel *n* 招待所（名）zhāodàisuǒ

hostess *n* (1) 女主人 nǚzhǔrén (2) 旅馆女老板 lǚguǎn nǚlǎobǎn (3) 空中小姐 kōngzhōng xiǎojie

hostile *adj* 敌人的 dírén de，敌方的 dífāng de；敌意的 díyì de

hostility *n* 敌意（名）díyì；敌视（动）díshì；敌对行动 díduì xíngdòng

hot *adj* (1) 热（形）rè，炎热（形）yánrè：~ *weather* 炎热的天气 yánrè de tiānqì/ *a* ~ *bath* 热水澡 rèshuǐzǎo (2) 辣（形）là (3) 急躁（形）jízào；激烈（形）jīliè：*a* ~ *temper* 急躁的脾气 jízào de píqi/ *a* ~ *fight* 激战 jīzhàn // ~ *dog* 红肠面包 hóngcháng miànbāo，热狗 règǒu/ ~ *line* 热线 rèxiàn/ ~ *spring* 温泉 wēnquán

hotbed *n* 温床（名）wēnchuáng；滋生地 zīshēngdì：*a* ~ *of disease* 疾病的温床 jíbìng de wēnchuáng/ *a* ~ *of corruption* 贪污腐化的温床 tānwū fǔhuà de wēnchuáng

hotel *n* 旅馆（名）lǚguǎn；旅社（名）lǚshè；宾馆（名）bīnguǎn；饭店（名）fàndiàn：*a* ~ 一家旅馆 yìjiā lǚguǎn/ *Beijing H*~ 北京饭店 Běijīng Fàndiàn/ *Friendship H*~ 友谊宾馆 Yǒuyì Bīnguǎn

hothead *n* 急性子的人 jíxìngzi de rén

hothouse *n* 暖房（名）nuǎnfáng，温室（名）wēnshì

hound **I** *n* 猎犬（名）lièquǎn：*a blood* ~ 警犬 jǐngquǎn **II** *v* 追（动）zhuī，追赶（动）zhuīgǎn，追逐（动）zhuīzhú

hour *n* (1) 小时（名）xiǎoshí；钟头（名）zhōngtóu：*work for* ~*s at a*

stretch 一连工作几个钟头 yìlián gōngzuò jǐge zhōngtóu (2) 时间（名）shíjiān；时刻（名）shíkè；时光 shíguāng：*the lunch* ~ 午饭时间 wǔfàn shíjiān/ *the early* ~*s of the morning* 大清早 dà qīngzǎo (3) 一小时的路程 yìxiǎoshí de lùchéng (4) 工作时间 gōngzuò shíjiān：*office* ~*s* 办公时间 bàngōng shíjiān / *business* ~*s* 营业时间 yíngyè shíjiān // *at all* ~*s* 在任何时间 zài rènhé shíjiān / *by the* ~ 按钟点 àn zhōngdiǎn/ ~ *after* ~ 一小时又一小时 yìxiǎoshí yòu yìxiǎoshí/ *keep early* ~*s* 早睡早起 zǎo shuì zǎo qǐ / *keep late* ~*s* 晚睡晚起 wǎn shuì wǎn qǐ / *off* ~*s* 业余时间 yèyú shíjiān / *the rush* ~*s* 交通拥挤时间 jiāotōng yōngjǐ shíjiān，高峰时间 gāofēng shíjiān

hourly **I** *adj* (1) 每小时的 měi xiǎoshí de；每小时一次的 měi xiǎoshí yícì de (2) 时时刻刻的 shíshíkèkè de：*in expectation of sb.'s arrival* 时刻盼着某人到来 shíkè pànzhe mǒu rén dàolái **II** *adv* 每小时一次地 měi xiǎoshí yícì de

house **I** *n* (1) 房子（名）fángzi；住宅（名）zhùzhái：*a* ~ 一所房子 yìsuǒ fángzi/ *from* ~ *to* ~ 挨家挨户地 āi jiā āi hù de (2) 厂（名）chǎng；社（名）shè：*a printing* ~ 印刷厂 yìnshuāchǎng / *the People's Publishing H*~ 人民出版社 Rénmín Chūbǎnshè (3) 议院（名）yìyuàn：*the H*~ *of Commons* 下议院 xiàyìyuàn / *the H*~ *of Lords* 上议院 shàngyìyuàn / *the H*~ *of Representatives* 众议院 zhòngyìyuàn (4) 剧场（名）jùchǎng：*a full* ~ 剧场客满 jùchǎng kèmǎn/ *bring down the* ~ 博得满堂采 bódé mǎntángcǎi **II** *v* (1) 供给...房子住 gōngjǐ... fángzi zhù；收容（动）shōuróng；接待（动）jiēdài：~ *refugees* 收容难民 shōuróng nànmín (2) 放（动）fàng

household **I** *n* 家庭（名）jiātíng；户

（名、量）hù: *a peasant* ～ 农民家庭 nóngmín jiātíng/ 3 ～s 三户人家 sānhù rénjiā/ *the head of a* ～ 户主 hùzhǔ II *adj* 家庭的 jiātíng de; 家用的 jiāyòng de; 家常的 jiācháng de: ～ *duties* 家务 jiāwù/ ～ *expenses* 家庭开支 jiātíng kāizhī/ ～ *wares* 家用器具 jiāyòng qìjù

householder *n* （1）房东（名）fángdōng, 房主(名) fángzhǔ (2) 住户（名）zhùhù

housekeeper *n* 管家(人)（名）guǎnjiā (rén); 女管家 nǚguǎnjiā

housewife *n* 家庭妇女 jiātíng fùnǚ; 主妇(名) zhǔfù

housework *n* 家务活儿 jiāwùhuór

housing *n* 住房供给 zhùfáng gōngjǐ; 住房(名) zhùfáng: *rental* ～ 出租的住房 chūzū de zhùfáng

hover *v* （1）翱翔（动）áoxiáng, 盘旋（动）pánxuán (2) 徘徊（动）páihuái; 停留在附近 tíngliúzài fùjìn (3) 彷徨（动）pánghuáng, 犹豫（动）yóuyù

how *adv* （1）怎么(代) zěnme, 怎样(代) zěnyàng, 怎么样(代) zěnmeyàng (2) 多少(代) duōshao; 多(副) duō (3) 多么(副) duōme; 真(副) zhēn // ～ *about*... 怎么样 zěnmeyàng / ～ *come* 为什么 wèishénme/ ～ *does one like*... 觉得...怎么样 juéde... zěnmeyàng / H～ *goes it?* 情况怎么样 Qíngkuàng zěnmeyàng/ ～ *many* 多少 duōshǎo/ ～ *much* （1）多少 duōshǎo (2) 多少钱 duōshǎo qián / H～ *is that?* (1) 怎么会是那样的呢? Zěnme huì shì nàyàng de ne? 什么? Shénme? (2) 你看怎样? Nǐ kàn zěnyàng?

however I *conj* 不管怎么样 bùguǎn zěnmeyàng; 无论什么方式 wúlùn shénme fāngshì II *adv* （1）无论如何 wúlùn rúhé (2) 可是(连) kěshì, 不过(连) búguò; 仍然(副) réngrán

howl I *n* 嚎叫(动) háojiào II *v* 嚎叫（动）háojiào; 大声叫喊 dàshēng jiàohǎn: ～ *with pain* 疼得大叫起来

téng de dàjiàoqilai

huddle *v* （1）挤作一团 jǐzuò yìtuán (2) 蜷缩（动）quánsuō, 瑟缩（动）sèsuō (3) 乱挤 luàn jǐ

hue *n* 颜色(名) yánsè, 色彩(名) sècǎi: *the* ～*s of the rainbow* 虹的色彩 hóng de sècǎi/ *the dark* ～ *of the ocean* 海洋的深暗色 hǎiyáng de shēn'ànsè/ *a diamond shining with every* ～ 一块闪烁着斑斓色彩的宝石 yíkuài shǎnshuòzhe bānlán sècǎi de bǎoshí

hug I *v* （1）紧抱 jǐnbào, 紧紧拥抱 jǐnjǐn yōngbào (2) 固执(形) gùzhí; 坚持(动) jiānchí II *n* 拥抱(动) yōngbào

huge *adj* 巨大(形) jùdà, 极大的 jídà de

hulk *n* （1）废船 fèichuán (2) 笨重的人(或动物) bènzhòng de rén (huò dòngwù)

hull I *n* （1）果实的外壳 guǒshí de wàiké, 豆荚(名) dòujiá (2) 船体(名) chuántǐ, （飞机）机身（名）(fēijī) jīshēn II *v* 去掉...的壳 qùdiào... de ké

hum I *v* （1）发出嗡嗡声 fāchū wēngwēng shēng (2) 哼(动) hēng, 哼曲子 hēng qǔzi (3) 活跃起来 huóyuèqilai; 有生气 yǒu shēngqì II *n* 嗡嗡声 wēngwēng shēng; 嘈杂声 cáozáshēng

human *adj* （1）人的 rén de; 人类的 rénlèi de: *a* ～ *being* 人 rén/ *the* ～ *race* 人类 rénlèi/ ～ *history* 人类历史 rénlèi lìshǐ/ ～ *nature* 人性 rénxing (2) 通人情的 tōng rénqíng de; 有人性的 yǒu rénxìng de

humanism *n* 人道主义（名）réndàozhǔyì; 人文主义（名）rénwénzhǔyì

humanitarian I *n* 人道主义者(名) réndàozhǔyìzhě, 慈善家(名) císhànjiā II *adj* 博爱的 bó'ài de, 慈善（形）císhàn, 人道主义的 réndàozhǔyì de

humanity *n* （1）人类(名) rénlèi (2) 人性(名) rénxìng, 人情(名) rénqíng, 人道（名）réndào (3) 文科（名）

wénkē, 人文学(名) rénwénxué

humble Ⅰ *adj* (1) 谦逊(形) qiānxùn; 谦虚(形) qiānxū: *a ~ attitude* 谦虚的态度 qiānxū de tàidu (2) 卑下(形) bēixià; 低贱(形) dījiàn: *a ~ occupation* 低贱的职业 dījiàn de zhíyè (3) 简陋(形) jiǎnlòu: *a ~ dwelling place* 简陋的住处 jiǎnlòu de zhùchù Ⅱ *v* 使谦卑 shǐ qiānbēi; 贬低 biǎndī: *~ oneself* 自卑 zìbēi (低声下气 dīshēngxiàqì)

humid *adj* 湿(形) shī; 湿气重的 shīqì zhòng de

humiliate *v* 羞辱(动) xiūrǔ; 使丢脸 shǐ diūliǎn

humiliating *adj* 丢脸的 diūliǎn de; 羞辱的 xiūrǔ de

humiliation *n* 羞辱(名) xiūrǔ; 蒙耻 méng chǐ: *bring ~ upon sb.* 使某人蒙受耻辱 shǐ mǒu rén méngshòu chǐrǔ

humility *n* 谦恭(形) qiāngōng, 自谦 zìqiān, 谦虚(形) qiānxū

humorist *n* 幽默家(名) yōumòjiā; 幽默作家 yōumò zuòjiā

humorous *adj* 幽默(形) yōumò, 诙谐(形) huīxié: *a ~ play* 一出幽默剧 yìchū yōumò jù / *a ~ remark* 幽默话 yōumò huà / *a ~ writer* 幽默作家 yōumò zuòjiā

humour *n* (1) 幽默(形) yōumò, 诙谐(形) huīxié; 幽默感(名) yōumògǎn: *sense of ~* 幽默感 yōumògǎn (2) 情绪(名) qíngxù, 心情(名) xīnqíng: *in a good ~* 情绪很好 qíngxù hěn hǎo/ *in a bad ~* 心情不好 xīnqíng bù hǎo

humourless *adj* 不幽默的 bù yōumò de; 一本正经的 yìběnzhèngjīng de

hunch Ⅰ *v* (1) 耸起 sǒngqǐ: *~ up one's shoulders* 耸起双肩 sǒngqǐ shuāngjiān (2) 推(动) tuī: *~ one's chair closer to the table* 把椅子推近桌子 bǎ yǐzi tuījìn zhuōzi Ⅱ *n* 预感(名) yùgǎn

hundred Ⅰ *num* 百(数) bǎi; 百个 bǎige: *2 ~ and 22 items* 二百二十二个项目 èrbǎi èrshí'èr gè xiàngmù/ *some ~ visitors* 几百名参观者

jǐbǎimíng cānguānzhě / *~s of people* 数以百计的人 shù yǐ bǎi jì de rén Ⅱ *n* 许多(形) xǔduō: *~s of examples* 许许多多例子 xǔxǔduōduō lìzi // *a ~ and one* 许多 xǔduō: *a ~ and one ways* 千方百计 qiānfāngbǎijì/ *a ~ per cent* 百分之百 bǎifēn zhī bǎi

hundredth *num* 第一百个 dìyìbǎi ge: *5 ~s* 百分之五 bǎifēn zhī wǔ

Hungarian Ⅰ *adj* 匈牙利的 Xiōngyálì de; 匈牙利人的 Xiōngyálìrén de; 匈牙利语的 Xiōngyálìyǔ de Ⅱ *n* 匈牙利人 Xiōngyálìrén, 匈牙利语(名) Xiōngyálìyǔ

hunger *n* (1) 饿(形) è, 饥饿(形) jī'è: *die of ~* 饿死 èsǐ / *satisfy one's ~* 充饥 chōngjī (2) 渴望(动) kěwàng, 热望(动) rèwàng: *a ~ for knowledge* 求知欲 qiúzhīyù // *~ march* 反饥饿示威游行 fǎn jī'è shìwēi yóuxíng / *~ strike* 绝食 juéshí

hungry *adj* (1) 饿(形) è, 饥饿(形) jī'è: *a ~ look* 面带饥色 miàn dài jīsè (2) 渴望(动) kěwàng: *be ~ for knowledge* 渴望得到知识 kěwàng dédào zhīshi // *go ~* 挨饿 ái'è

hunt Ⅰ *v* (1) 打猎 dǎliè: *go out ~ing* 打猎去 dǎliè qu (2) 追赶(动) zhuīgǎn; 搜寻(动) sōuxún: *~ the cat out of the kitchen* 把猫赶出厨房 bǎ māo gǎnchū chúfáng Ⅱ *n* (1) 打猎 dǎliè; 打猎队 dǎlièduì: *have a ~* 去打猎 qù dǎliè (2) 寻找(动) xúnzhǎo; 追捕(动) zhuībǔ: *a ~ for lodgings* 寻找住处 xúnzhǎo zhùchù // *~ down* 搜捕到 sōubǔdào: *~ down a criminal* 追捕到犯人 zhuībǔdào fànrén / *~ out* 找出 zhǎochū: *~ out an old diary* 找出一本旧日记 zhǎochū yìběn jiù rìjì/ *~ up* 搜寻 sōuxún; 查找 cházhǎo

hunter *n* (1) 猎人(名) lièrén; 猎犬(名) lièquǎn; 猎马(名) lièmǎ (2) 搜寻者(名) sōuxúnzhě; 搜捕者(名) sōubǔzhě

hunting *n* 狩猎(动) shòuliè, 打猎 dǎliè; 搜寻(动) sōuxún: *go ~* 去打

猎 qù dǎliè/ ~ kit 狩猎用具 shòuliè
yòngjù/ ~ ground 狩猎区 shòulièqū/
job ~ 寻找工作 xúnzhǎo gōngzuò

hurdle   n (1) 跳栏(名) tiàolán, 跨栏
(名) kuàlán (2) 栅栏(名) zhàlán, 栏
架(名) lánjià (3) 障碍(名) zhàng'ài:
remove the ~s in one's way 清除前进
中的障碍 qīngchú qiánjìnzhōng de
zhàng'ài

hurl   v (1) 猛掷 měng zhì, 猛投 měng
tóu (2) 激烈地叫骂 jīliè de jiàomà

hurricane   n 飓风(名) jùfēng, 十二级
风 shí'èrjí fēng

hurricane-lamp   n   防风灯(名)
fángfēngdēng

hurriedly   adv 仓促地 cōngcù de, 慌忙
地 huāngmáng de; 急速地 jísù de

hurry   I n (1) 匆忙(形) cōngmáng; 急
忙(形) jímáng (2) 急(形) jí, 急忙
(形) jímáng, 着急 zháojí II v (1) 催
(动) cuī, 使加快 shǐ jiākuài (2) 赶紧
(副) gǎnjǐn // ~ away 匆忙离去
cōngmáng líqù/ ~ up 赶紧 gǎnjǐn/ in
a ~ (1) 匆忙 cōngmáng (2) 轻易
qīngyì

hurt   I v (1) 受伤 shòu shāng; 伤害
(动) shānghài: seriously ~ 伤得很厉
害 shāng de hěn lìhai (2) 痛(动) tòng,
疼(动) téng (3) 伤...的感情
shāng...de gǎnqíng, 刺伤 cìshāng II
n 伤(名) shāng; 伤口(名) shāngkǒu

hurtful   adj 有害的 yǒuhài de; 伤感情
的 shāng gǎnqíng de

husband   n 丈夫(名) zhàngfu; 爱人
(名) àiren: ~ and wife 夫妻 fūqī

hush   v 使不作声 shǐ bú zuòshēng; 使
静下来 shǐ jìngxiàlai: H~! 别出声!
Bié chū shēng! // ~ up 掩盖 yǎngài,
不声张 bù shēngzhāng

husk   n 壳(名) ké, 外皮(名) wàipí:
remove the ~ of rice 去掉稻壳儿
qùdiào dàokér

hut   n 小屋 xiǎo wū; 棚子(名) péngzi:
a ~ 一间小屋 yìjiān xiǎo wū (一个棚
子 yíge péngzi)

hybrid   I n 杂种(名) zázhǒng, 混血儿

(名) hùnxuè'ér II adj 混合的 hùnhé de,
杂种的 zázhǒng de

hydraulic   adj 水力的 shuǐlì de, 水压
的 shuǐyā de, 液压的 yèyā de: ~
power stations 水力发电站 shuǐlì
fādiànzhàn/ ~ press 水压机 shuǐyājī/
~ engineering 水利工程 shuǐlì
gōngchéng

hydraulics   n 水力学(名) shuǐlìxué

hydrogen   n 氢(名) qīng; 氢气(名)
qīngqì // ~ bomb 氢弹 qīngdàn

hydroplane   n (1) 水上飞机 shuǐshàng
fēijī (2) 水上快艇 shuǐshàng kuàitǐng

hyena   n 鬣狗(名) lièɡǒu

hygiene   n 卫生学(名) wèishēngxué;
卫生(名、形) wèishēng: personal ~
个人卫生 gèrén wèishēng / pay atten-
tion to ~ 讲卫生 jiǎng wèishēng

hymn   I n 赞美诗(名) zànměishī, 圣
歌(名) shènggē, 赞歌(名) zàngē II v
为...唱赞歌 wèi...chàng zàngē

hyphen   n 连字号(名) liánzìhào

hypnosis   n 催眠 cuīmián; 催眠术(名)
cuīmiánshù

hypnotize   v 使进入催眠状态 shǐ jìnrù
cuīmián zhuàngtài; 使着迷 shǐ zháomí

hypochondria   n   臆想症(名)
yìxiǎngzhèng

hypocrisy   n 伪善(形) wěishàn, 虚伪
(形) xūwěi

hypocrite   n 伪善的人 wěishàn de rén,
伪君子(名) wěijūnzǐ

hypothesis   n 假设(名) jiǎshè; 前提
(名) qiántí

hypothetical   adj 假设的 jiǎshè de; 有
前提的 yǒu qiántí de

hysteria   n (1) 癔病(名) yìbìng (2) 歇
斯底里(名) xiēsīdǐlǐ

hysteric   I adj 癔病的 yìbìng de; 歇斯
底里的 xiēsīdǐlǐ de II n 癔病患者
yìbìng huànzhě; 情绪过分激动(不可
抑制)的人 qíngxù guòfèn jīdòng(bùkě
yìzhì) de rén

hysterics   n 歇斯底里的发作 xiēsīdǐlǐ
de fāzuò: go into ~ 大发歇斯底里 dà
fā xiēsīdǐlǐ

I

I *pron* 我(代) wǒ

ice **I** *n* (1) 冰(名) bīng: *skate on the* ~ 滑冰 huábīng / ~ *water* 冰水 bīngshuǐ (2) 冰淇淋(名) bīngqílín **II** *v* (1) 冰冻(动) bīngdòng: *an* ~*d watermelon* 冰镇西瓜 bīngzhèn xīguā (2) 结冰 jiébīng // *break the* ~ (1) 打破沉默(矜持, 僵局) dǎpò chénmò (jīnchí, jiāngjú) (2) 着手做(难事) zhuóshǒu zuò (nánshì) / ~ *hockey* 冰球 bīngqiú

iceberg *n* 冰山(名) bīngshān

icebox *n* 冰箱(名) bīngxiāng

ice-cream *n* 冰淇淋(名) bīngqílín

icehouse *n* 冰库(名) bīngkù, 冰窖(名) bīngjiào

idea *n* (1) 思想(名) sīxiǎng; 概念(名) gàiniàn: *correct* ~*s* 正确思想 zhèngquè sīxiǎng (2) 意见(名) yìjian, 看法(名) kànfa (3) 主意(名) zhǔyi; 念头(名) niàntou, 想法(名) xiǎngfa (4) 猜想 cāixiǎng; 想象(动) xiǎngxiàng

ideal **I** *adj* 理想(形) lǐxiǎng; 完美(形) wánměi: *an* ~ *place for camping* 理想的野营地 lǐxiǎng de yěyíngdì / ~ *plans* 完美无缺的计划 wánměiwúquē de jìhuà **II** *n* 理想(名、形) lǐxiǎng; 完美的人(或事) wánměi de rén (huò shì)

idealism *n* 唯心主义(名) wéixīnzhǔyì; 唯心论(名) wéixīnlùn

idealist *n* 唯心主义者(名) wéixīnzhǔyìzhě; 空想家(名) kōngxiǎngjiā

ideally *adv* 合乎理想地 héhū lǐxiǎng de

identity *n* (1) 身份(名) shēnfèn, 本体(名) běntǐ: ~ *card* 身份证 shēnfènzhèng / *disclose sb.'s* ~ 透露某人的身份 tòulù mǒu rén de shēnfèn

(2) 相同(形) xiāngtóng, 同一(形) tóngyī: *the principle of* ~ 同一律 tóngyīlǜ

ideogram *n* 表意文字 biǎoyì wénzì

ideological *adj* 思想的 sīxiǎng de; 意识形态上的 yìshi xíngtài shang de: ~ *problem* 思想问题 sīxiǎng wèntí / ~ *struggle* 意识形态上的斗争 yìshi xíngtài shang de dòuzhēng

ideologically *adv* 意识形态地 yìshi xíngtài de

ideology *n* 思想方式 sīxiǎng fāngshì; 意识形态 yìshi xíngtài: *democratic* ~ 民主思想 mínzhǔ sīxiǎng / *totalitarian* ~ 极权主义的意识形态 jíquán zhǔyì de yìshi xíngtài

idiom *n* 习语(名) xíyǔ; 成语(名) chéngyǔ; 语言习惯用法 yǔyán xíguàn yòngfa: *a dictionary of Chinese* ~*s* 一本汉语成语词典 yìběn Hànyǔ chéngyǔ cídiǎn

idiomatic *adj* 符合语言习惯的 fúhé yǔyán xíguàn de

idiot *n* (1) 傻子(名) shǎzi; 笨蛋(名) bèndàn (2) 白痴(名) báichī

idle **I** *adj* (1) 空闲(动) kòngxián; 闲着 xiánzhe (2) 懒散(形) lǎnsǎn, 懒惰(形) lǎnduò: *an* ~ *person* 一个懒散的人 yíge lǎnsǎn de rén (3) 没用的 méi yòng de; 无价值的 wú jiàzhí de **II** *v* 虚度(动) xūdù, 浪费(动) làngfèi

idleness *n* 懒惰(形) lǎnduò: *live in* ~ 游手好闲 yóushǒuhàoxián

idol *n* (1) 偶像(名) ǒuxiàng (2) 宠爱的人(或物) chǒng'ài de rén(huò wù)

if *conj* (1) 如果(连) rúguǒ; 假如(连) jiǎrú; 要是(连) yàoshì (2) 虽然(连) suīrán; 即使(连) jíshǐ (3) 是否 shìfǒu, 是不是 shìbúshì // ~ *only* 只要 zhǐyào; 要是…就好了 yàoshì…

jiù hǎo le

ignorant *adj* (1) 无知(形) wúzhī, 没有知识 méiyǒu zhīshi: *an ~ person* 无知的人 wúzhī de rén (2) 不知道 bù zhīdao

ignore *v* 不顾(动) búgù, 不理 bùlǐ; 忽视(动) hūshì; 无视(动) wúshì: *~ personal danger* 不顾个人安危 búgù gèrén ānwēi

ill I *adj* (1) 有病 yǒu bìng, 不健康 bú jiànkāng (2) 坏(形) huài: *~ temper* 坏脾气 huài píqi/ *~ news* 坏消息 huài xiāoxi/ *~ luck* 不幸 búxìng II *adv* 坏(形) huài // *be taken ~* 生病 shēngbìng / *~ at ease* 不安(形) bù'ān; 感到别扭 gǎndào bièniu

ill-bred *adj* 缺乏教养的 quēfá jiàoyǎng de

illegal *adj* 非法(形) fēifǎ, 不合法 bù héfǎ: *an ~ act* 非法行为 fēifǎ xíngwéi

illegible *adj* 无法辨认的 wúfǎ biànrèn de, 字迹模糊的 zìjì móhū de: *~ handwriting* 无法辨认的字迹 wúfǎ biànrèn de zìjì

ill-feeling *n* 恶意(名) èyì; 仇视(动) chóushì

illiterate *adj* (1) 文盲(名) wénmáng, 未受教育的 wèi shòu jiàoyù de (2) 无知(形) wúzhī, 缺乏知识的 quēfá zhīshi de

illogical *adj* 不合逻辑 bùhé luójí; 无条理 wú tiáolǐ; 说不通 shuō bu tōng

illuminate *v* (1) 照明(动) zhàomíng, 照亮 zhàoliàng (2) 用灯光装饰 yòng dēngguāng zhuāngshì (3) 阐明(动) chǎnmíng, 说明(动) shuōmíng: *an illuminating remark* 富有启发性的谈话 fùyǒu qǐfāxìng de tánhuà

illumination *n* (1) 照明(动) zhàomíng; 亮度(名) liàngdù: *stage ~* 舞台照明 wǔtái zhàomíng (2) 启发(名) qǐfā, 说明(名) shuōmíng: *find great ~ in his remarks* 从他的谈话中受到极大的启发 cóng tā de tánhuàzhōng shòudào jí dà de qǐfā (3)

彩色灯饰 cǎisè dēngshì

illusion *n* 幻觉(名) huànjué; 错觉(名) cuòjué; 幻影(名) huànyǐng; 幻想(名) huànxiǎng: *cast away ~s* 丢掉幻想 diūdiào huànxiǎng

illustrate *v* (1) 说明(动) shuōmíng, 阐明(动) chǎnmíng: *~ by examples* 举例说明 jǔlì shuōmíng/ *~d by charts and diagrams* 用图表说明 yòng túbiǎo shuōmíng (2) 附有插图 fùyǒu chātú: *an ~d history of science* 一本有插图的科学史 yìběn yǒu chātú de kēxuéshǐ/ *a well ~d textbook* 一本插图精美的教科书 yìběn chātú jīngměi de jiàokēshū

illustrator *n* 插图作者 chātú zuòzhě

image *n* (1) 像(名) xiàng; 肖像(名) xiàoxiàng: *a rock-cut ~ of Buddha* 一尊石刻佛像 yìzūn shíkè fóxiàng (2) 影像(名) yǐngxiàng; 图象(名) túxiàng; 印象(名) yìnxiàng: *television ~s* 电视图象 diànshì túxiàng (3) 相像的人(或物) xiāngxiàng de rén (huò wù)

imagination *n* (1) 想象(名、动) xiǎngxiàng; 想象力(名) xiǎngxiànglì: *be successful beyond ~* 取得了难以想象的巨大成功 qǔdéle nányǐ xiǎngxiàng de jùdà chénggōng/ *a writer of rich ~* 想象力丰富的作家 xiǎngxiànglì fēngfù de zuòjiā (2) 想象出来的事物 xiǎngxiàngchulai de shìwù

imagine *v* (1) 想象(动) xiǎngxiàng; 设想(动) shèxiǎng (2) 认为(动) rènwéi, 以为(动) yǐwéi

imbue *v* 洋溢(动) yángyì, 充满(动) chōngmǎn

imitate *v* 模仿(动) mófǎng, 仿效(动) fǎngxiào: *~ sb.'s intonation* 模仿某人的语调 mófǎng mǒu rén de yǔdiào/ *~ the strokes of Chinese calligraphy models* 临摹汉字字帖的笔画 línmó Hànzì zìtiè de bǐhuà

imitation *n* (1) 模仿(动) mófǎng, 摹拟(动) mónǐ; 仿造(动) fǎngzào; 伪造(动) wěizào: *~ leather* 人造革 rénzàogé/ *~ wool* 人造毛 rénzàomáo

(2) 仿制品(名) fǎngzhìpǐn; 伪造品(名) wěizàopǐn: an ～ of linen 仿麻制品 fǎngmá zhìpǐn

immediate adj (1) 直接(形) zhíjiē; 最近的 zuìjìn de: in the ～ future 在最近的将来 zài zuìjìn de jiānglái (2) 即刻(副) jíkè, 立即(副) lìjí: give an ～ reply 即刻答复 jíkè dáfù

immediately I adv 立即(副) lìjí, 马上(副) mǎshàng II conj 一经... 立即... yìjīng... lìjí...

immense adj 广阔(形) guǎngkuò; 巨大(形) jùdà: an ～ ocean 广阔的海洋 guǎngkuò de hǎiyáng/ an ～ palace 巨大的宫殿 jùdà de gōngdiàn / an ～ amount 巨额 jù'é

immensely adv (1) 大大地 dàdà de, 无限地 wúxiàn de (2) 非常(副) fēicháng, 很(副) hěn

immigrant n 移民(名) yímín; 侨民(名) qiáomín: European ～s in Australia 在澳大利亚的欧洲移民 zài Àodàlìyà de Ōuzhōu yímín

immigrate v 移居(动) yíjū, 迁入(动) qiānrù: ～ into the U.S.A. 迁入美国 qiānrù Měiguó/ refugees immigrating into other countries 移居外国的难民 yíjū wàiguó de nànmín

immigration n 移居(动) yíjū; 外来的移民 wàilái de yímín: ～ authorities 移民当局 yímín dāngjú / ～ laws 移民法 yímínfǎ/ the ～ rate 移民率 yímínlǜ

imminent adj 临近(动) línjìn, 迫近(动) pòjìn: ～ danger 即将发生的危险 jíjiāng fāshēng de wēixiǎn

immortal adj 不朽(形) bùxiǔ: ～ poems 不朽的诗篇 bùxiǔ de shīpiān/ the ～ works of Dante 但丁的不朽作品 Dàndīng de bùxiǔ zuòpǐn

impact n (1) 冲击力(名) chōngjīlì, 作用力(名) zuòyònglì (2) 影响(名、动) yǐngxiǎng: the ～ of computers on modern society 计算机对现代社会的影响 jìsuànjī duì xiàndài shèhuì de yǐngxiǎng

impatient adj (1) 不耐烦 bú nàifán, 急躁(形) jízào; 不能忍受 bùnéng rěnshòu (2) 急切(形) jíqiè

impeach v (1) 弹劾(动) tánhé, 指控(动) zhǐkòng (2) 指责(动) zhǐzé; 不信任 bú xìnrèn: ～ sb.'s motives 指责某人的动机 zhǐzé mǒu rén de dòngjī

imperative adj (1) 必须(助动) bìxū; 急迫(形) jípò; 必要(形) bìyào: ～ tasks 紧急任务 jǐnjí rènwù (2) 专横(形) zhuānhèng; 强制(动) qiángzhì: an ～ manner 专横的样子 zhuānhèng de yàngzi (3) 祈使语气 qíshǐ yǔqì

imperial adj (1) 帝国的 dìguó de; 帝王的 dìwáng de, 皇族的 huángzú de; 威严(形) wēiyán: I～ Aluminium Company 帝国铝业公司 dìguó lǚyè gōngsī/ the ～ family 皇室 huángshì/ the ～ palace 皇宫 huánggōng/ the ～ power 皇权 huángquán/ an ～ envoy 钦差大臣 qīnchāi dàchén (2) 法定的 fǎdìng de; 标准(形) biāozhǔn: the ～ gallon 法定加仑 fǎdìng jiālún (标准加仑 biāozhǔn jiālún)

impersonal adj (1) 不带个人感情的 bú dài gèrén gǎnqíng de: an ～ decision 不带个人感情的决定 bú dài gèrén gǎnqíng de juédìng (2) 无人称的 wú rénchēng de: an ～ verb 无人称动词 wú rénchēng dòngcí

impertinent adj (1) 无礼(形) wúlǐ, 鲁莽(形) lǔmǎng; 不恰当 bú qiàdàng: an ～ child 鲁莽的孩子 lǔmǎng de háizi (2) 无关的 wúguān de, 不切题的 bú qiètí de: remarks ～ to the argument 与论题无关的话 yǔ lùntí wúguān de huà

imply v (1) 含有...的意思 hányǒu...de yìsi (2) 暗示(动) ànshì, 暗指 àn zhǐ

import I v 进口(动) jìnkǒu; 输入(动) shūrù: ～ed goods 进口货 jìnkǒuhuò II n 进口(动) jìnkǒu: the ～ of food from abroad 外国食品的进口 wàiguó shípǐn de jìnkǒu/ an ～ duty 进口税 jìnkǒushuì

importance *n* 重要性（名）zhòngyàoxing; 重要（形）zhòngyào

important *adj* （1）重要（形）zhòngyào; 重大（形）zhòngdà（2）显要（形）xiǎnyào; 有地位的 yǒu dìwèi de: an ~ person 重要人物 zhòngyào rénwù

importation *n* 进口货 jìnkǒuhuò, 进口 jìnkǒu

importer *n* 进口商 jìnkǒushāng

impose *v* （1）征收（动）zhēngshōu（2）强加于 qiángjiāyú: ~ one's opinion upon sb. 把意见强加于某人 bǎ yìjian qiángjiāyú mǒu rén / ~ war on a nation 把战争强加于一个国家 bǎ zhànzhēng qiángjiāyú yíge guójiā

imposing *adj* 巍峨（形）wēi'é; 巨大（形）jùdà; 庄严（形）zhuāngyán: an ~ building 巍峨的建筑 wēi'é de jiànzhù/ an ~ appearance 仪表堂堂 yíbiǎo tángtáng

impossible *adj* （1）不可能的 bù kěnéng de; 办不到的 bàn bu dào de: an ~ problem 不可能解决的问题 bù kěnéng jiějué de wèntí/ an ~ task 办不到的事 bàn bu dào de shì（2）无法忍受的 wúfǎ rěnshòu de; 难堪（形）nánkān: an ~ situation 叫人无法忍受的局面 jiào rén wúfǎ rěnshòu de júmiàn

impotent *adj* （1）虚弱（形）xūruò; 无力 wúlì; 软弱（形）ruǎnruò: a government ~ to cope with the situation 无力应付这种局势的政府 wúlì yìngfù zhèzhǒng júshì de zhèngfǔ（2）阳萎（名）yángwěi

impress *v* 给...以深刻的印象 gěi... yǐ shēnkè de yìnxiàng

impression *n* （1）印象（名）yìnxiàng; 感受（名）gǎnshòu: make a favourable ~ on sb. 给某人留下好印象 gěi mǒu rén liúxià hǎo yìnxiàng（2）印数（名）yìnshù: a first ~ of 5,000 copies 第一次印数五千册 dìyīcì yìnshù wǔqiāncè

impressionism *n* 印象主义 yìnxiàng-zhǔyì; 印象派（名）yìnxiàngpài

impressionist I *n* 印象派艺术家 yìnxiàngpài yìshùjiā II *adj* 印象主义的 yìnxiàngzhǔyì de

impressive *adj* 给人深刻印象的 gěi rén shēnkè yìnxiàng de; 感人的 gǎnrén de: an ~ ceremony 给人深刻印象的典礼 gěi rén shēnkè yìnxiàng de diǎnlǐ/ an ~ scene 难忘的场面 nánwàng de chǎngmiàn

imprison *v* 收监（动）shōujiān, 投入监狱 tóurù jiānyù, 关押（动）guānyā

improve *v* （1）改善（动）gǎishàn; 提高（动）tígāo; 改进（动）gǎijìn: ~ the living conditions of the people 改善人民生活 gǎishàn rénmín shēnghuó（2）变得更好 biàn de gèng hǎo; 好转（动）hǎozhuǎn // ~ upon 做出比...更好的东西 zuòchū bǐ... gèng hǎo de dōngxi; 对...做出改进 duì... zuòchū gǎijìn

improvement *n* 改进（动）gǎijìn; 改良（动）gǎiliáng

impudence *n* 厚颜无耻 hòuyánwúchǐ; 冒失（形）màoshi, 无礼（形）wúlǐ: a person of brazen ~ 一个脸皮极厚的人 yíge liǎnpí jí hòu de rén

impudent *adj* 冒失（形）màoshi, 无礼（形）wúlǐ; 厚颜无耻 hòuyánwúchǐ

impulse *n* （1）冲动（形）chōngdòng; 刺激（动）cìjī: act on ~ 凭冲动行事 píng chōngdòng xíngshì/ a person of ~ 容易感情冲动的人 róngyì gǎnqíng chōngdòng de rén（2）推动（动）tuīdòng; 冲力（名）chōnglì: an electrical ~ 电流 diànliú

in I *prep* （1）在…里 zài...lǐ, 在…上 zài...shàng: ~ the world 在世界上 zài shìjiè shang /~ number 在数量上 zài shùliàngshang / ~ large numbers 大量地 dàliàng de / ~ size 在大小上 zài dàxiǎoshang（2）在…期间 zài... qījiān; 在…以后 zài...yǐhòu; 在…时 zài... shí; 在… 过程中 zài... guòchéngzhōng: ~ spring （在）春天（zài）chūntiān/ ~ 1976 （在）一九七

六年（zài）yījiǔqiliùnián/ ~ the Tang
Dynasty（在）唐朝（zài）Tángcháo /
~ the night（在）夜里（zài）yèli（3）
在...方面 zài...fāngmiàn：~ some
respects 在某些方面 zài mǒu xiē
fāngmiàn/ ~ every way 在一切方面
zài yíqiè fāngmiàn/ a country rich ~
minerals 矿产丰富的国家 kuàngchǎn
fēngfù de guójiā（4）处在...中
chǔzài...zhōng：~ good condition 情
况良好 qíngkuàng liánghǎo/ ~ public
公开地 gōngkāi de（当众 dāngzhòng）/
~ secret 秘密地 mìmì de（5）从事
cóngshì；参加 cānjiā（6）以（介）yǐ；
按照（介）ànzhào：buy ~ instalments
以分期付款方式购买 yǐ fēnqī fù kuǎn
fāngshì gòumǎi/ words ~ alphabetical
order 按字母顺序排列的词 àn zìmǔ
shùnxù páiliè de cí（7）用（动）yòng：
write ~ pencil 用铅笔写 yòng qiānbǐ
xiě（8）穿着 chuānzhe；戴着 dàizhe；
带着 dàizhe：dressed ~ silk 穿着绸缎
chuānzhe chóuduàn/ women ~ rags
衣衫褴褛的女人 yīshān lánlǚ de nǚrén
/ the man ~ a bowler hat 戴圆顶礼
帽的人 dàiyuándǐng lǐmào de rén（9）
朝（介）cháo，向（介）xiàng II adv
（1）进来 jìnlai；进去 jìnqu（2）在屋里
zài wūli；在家 zài jiā（3）到达（动）
dàodá // be ~ for 免不了 miǎn bu
liǎo；参加（动）cānjiā

inaccurate adj 不精密 bù jīngmì；不准
确 bù zhǔnquè；错误的 cuòwù de：~
translation 不准确的译文 bù zhǔnquè
de yìwén

inadequate adj 不充足 bù chōngzú；不
适当 bú shìdàng

inaugurate v（1）开始（动）kāishǐ；开
创（动）kāichuàng（2）举行就职典礼
jǔxíng jiùzhí diǎnlǐ：~ a new president
为新总统举行就职典礼 wèi xīn
zǒngtǒng jǔxíng jiùzhí diǎnlǐ

incapable adj 无能力的 wú nénglì de，
不能的 bùnéng de，不会的 búhuìde：
~ of change 不会变 búhuì biàn/ ~
of telling a lie 不会说谎 búhuì

shuōhuǎng

incarnation n 体现（动）tǐxiàn，化身
（名）huàshēn：the ~ of justice 正义
的化身 zhèngyì de huàshēn

incense n 香（名）xiāng

incentive n 刺激（动）cìjī；鼓励（动）
gǔlì；动力（名）dònglì：~ schemes to
secure higher production 鼓励高产的方
案 gǔlì gāochǎn de fāng'àn

incessant adj 不停的 bùtíng de，连续
的 liánxù de，没完没了的
méiwánméiliǎo de：a week of ~ rain
一个星期的连阴雨 yíge xīngqī de
liányīnyǔ

inch n（1）英寸（量）yīngcùn（2）一
点儿 yìdiǎnr // ~ by ~ 一点儿一点
儿地 yìdiǎnr yìdiǎnr de；渐渐地
jiànjiàn de/ not yield an ~ 寸步不让
cùnbùbúràng

incident n（1）事件（名）shìjiàn；小事
xiǎoshì：an ~ in my life 我生活中的
一件小事 wǒ shēnghuózhōng de yíjiàn
xiǎoshì / an ordinary ~ 普通事件
pǔtōng shìjiàn（2）政治性事件
zhèngzhìxìng shìjiàn；暴力事件 bàolì
shìjiàn：border ~s 边境事件 biānjìng
shìjiàn / Lugouqiao（Marco Polo
Bridge）I ~ 芦沟桥事变 Lúgōuqiáo
shìbiàn

incline v（1）倾斜（动）qīngxié：~d
plane 斜面 xiémiàn（2）低头 dītóu；弯
腰 wānyāo：~ one's head in greeting
点头表示问候 diǎntóu biǎoshì wènhòu
（3）使有意...shǐ yǒuyì...

include v 包括（动）bāokuò，包含（动）
bāohán

inclusive adj 包括（动）bāokuò；包含
（动）bāohán

income n 收入（名）shōurù；所得
suǒdé：very small ~ 微薄的收入
wēibó de shōurù/ ~ tax 所得税
suǒdéshuì

inconvenient adj 不方便的 bù
fāngbiàn de

incorporate v（1）结合（动）jiéhé；合
并（动）hébìng：an ~d company 股份

有限公司 gǔfèn yǒuxiàn gōngsī (2) 使成为组织成员 shǐ chéngwéi zǔzhī chéngyuán

incorporation *n* 结合(动) jiéhé; 合并(动) hébìng; 社团(名) shètuán; 公司(名) gōngsī

increase **I** *v* 增加(动) zēngjiā; 增长(动) zēngzhǎng **II** *n* 增加(动) zēngjiā; 增长(动) zēngzhǎng: *steady ~ in industrial output* 工业产量不断增加 gōngyè chǎnliàng búduàn zēngjiā/ *a wage ~ of 12 per cent* 工资增长百分之十二 gōngzī zēngzhǎng bǎifēn zhī shí'èr // *on the ~* 不断增长 búduàn zēngzhǎng, 正在增加 zhèngzài zēngjiā

indeed *adv* (1) 的确(副) díquè; 实际上 shíjishang; 实在(形) shízài, 确实(形) quèshí (2) 真的 zhēnde

indefinite *adj* (1) 不明确 bù míngquè, 含糊(形) hánhu (2) 不定期 bú dìngqī; 不定 búdìng: *~ duration* 不定期 bú dìngqī/ *~ article* 不定冠词 búdìngguàncí

independence *n* 独立(动) dúlì // *I~ Day* 美国独立纪念日 Měiguó dúlì jìniànrì

independent *adj* 独立的 dúlì de; 自治的 zìzhì de; 自主的 zìzhǔ de: *an ~ country* 独立国家 dúlì guójiā/ *an ~ thinker* 独立思考的人 dúlì sīkǎo de rén/ *economically ~* 经济上独立 jīngjìshang dúlì // *~ of* 独立于...之外的 dúlìyú...zhīwài de; 与...无关的 yǔ...wúguānde: *be ~ of outside control* 不受外部控制 bú shòu wàibù kòngzhì

independently *adv* 独立地 dúlì de

index **I** *n* (1) 索引(名) suǒyǐn: *a subject ~ to "China Today"* 《今日中国》的标题索引《Jīnrì Zhōngguó》de biāotí suǒyǐn / *card ~* 卡片索引 kǎpiàn suǒyǐn (2) 指标(名) zhǐbiāo; 标志(名) biāozhì: *quality ~* 质量指标 zhìliàng zhǐbiāo **II** *v* 为书做索引 wèi shū zuò suǒyǐn; 把资料编入索引 bǎ zīliào biānrù suǒyǐn

Indian **I** *adj* (1) 印度的 Yìndù de: *~ culture* 印度文化 Yìndù wénhuà/ *the ~ Ocean* 印度洋 Yìndùyáng (2) 印第安人的 Yìndì'ānrén de: *an ~ reserve* 印第安人保留地区 Yìndì'ānrén bǎoliú dìqū/ *an ~ tribe* 印第安人部落 Yìndì'ānrén bùluò **II** *n* (1) 印度人 Yìndùrén (2) 印第安人 Yìndì'ānrén: *American ~s* 美洲印第安人 Měizhōu Yìndì'ānrén

indicate *v* (1) 指示(动) zhǐshì; 指出(动) zhǐchū (2) 示意(动) shìyì; 表示(动) biǎoshì

indication *n* 表示(名) biǎoshì; 表明(动) biǎomíng

indifference *n* (1) 不关心 bù guānxīn; 冷淡(形) lěngdàn (2) 无关紧要 wúguān jǐnyào

indifferent *adj* (1) 不关心的 bù guānxīn de; 不在乎 búzàihu; 冷淡(形) lěngdàn (2) 质量不高的 zhìliàng bù gāo de; 平庸(形) píngyōng: *an ~ book* 质量不高的书 zhìliàng bù gāo de shū

indignant *adj* 愤慨(形) fènkǎi; 气愤(形) qìfèn: *be ~ at sth.* 对某事感到愤慨 duì mǒu shì gǎndào fènkǎi/ *be ~ with sb.* 对某人表示愤慨 duì mǒu rén biǎoshì fènkǎi

indirect *adj* 间接(形) jiànjiē; 迂回(动) yūhuí: *an ~ cause* 间接原因 jiànjiēyuányīn / *~ speech* 间接引语 jiànjiē yǐnyǔ/ *an ~ route* 迂回的道路 yūhuí de dàolù

individual **I** *adj* (1) 个人的 gèrén de; 个别的 gèbié de; 个体的 gètǐ de: *~ economy* 个体经济 gètǐ jīngjì (2) 独特(形) dútè: *an ~ style of writing* 独特的写作风格 dútède xiězuò fēnggé **II** *n* 个人(名) gèrén

individualism *n* 个人主义(名) gèrénzhǔyì

indulge *v* 沉迷(动) chénmí; 放纵(动) fàngzòng; 迁就(动) qiānjiù

industrial *adj* 产业的 chǎnyè de, 工业的 gōngyè de; 工业发达的 gōngyè fādá de: I~ *Revolution* 工业革命 gōngyè gémìng/ ~ *workers* 产业工人 chǎnyè gōngrén/ *an* ~ *city* 工业城市 gōngyè chéngshì

industrialize *v* 工业化（动）gōngyèhuà；使工业化 shǐ gōngyèhuà：*highly* ~*d economies* 高度工业化的经济 gāodù gōngyèhuà de jīngjì

industrious *adj* 勤劳（形）qínláo，勤奋（形）qínfèn：*the brave and* ~ *Chinese people* 勇敢勤劳的中国人民 yǒnggǎn qínláo de Zhōngguó rénmín

industry *n*（1）勤劳（形）qínláo，勤奋（形）qínfèn（2）工业（名）gōngyè；行业（名）hángyè：*the cotton and woollen industries* 棉毛工业 miánmáo gōngyè/ *heavy and light industries* 重工业和轻工业 zhònggōngyè hé qīnggōngyè / *the automobile* ~ 汽车制造业 qìchē zhìzàoyè

inevitable *adj*（1）不可避免的 bùkě bìmiǎn de，必然的 bìrán de：*an* ~ *argument* 一场不可避免的争论 yìcháng bùkě bìmiǎn de zhēnglùn（2）惯常（形）guàncháng，总是那样的 zǒngshì nàyàng de：*tourists with their* ~ *cameras* 总是带着相机的旅游者 zǒngshì dàizhe xiàngjī de lǚyóuzhě

infamous *adj* 臭名昭著 chòumíngzhāozhù，声名狼籍 shēngmínglángjí；可耻（形）kěchǐ，无耻（名）wúchǐ：*an* ~ *criminal* 臭名昭著的罪犯 chòumíngzhāozhù de zuìfàn / ~ *behaviour* 可耻的行为 kěchǐ de xíngwéi/ *tell an* ~ *lie* 无耻地说谎 wúchǐ de shuōhuǎng

infamy *n* 坏名声 huài míngshēng；丑事（名）chǒushì；无耻行径 wúchǐ xíngjìng

infancy *n* 婴儿时期 yīng'ér shíqī，幼年（名）yòunián；初期（名）chūqī，早期（名）zǎoqī

infant *n* 婴儿（名）yīng'ér；孩子（名）háizi：*an* ~ *at the breast* 吃奶的婴儿 chī nǎi de yīng'ér

infantry *n* 步兵（名）bùbīng

infect *v*（1）传染（动）chuánrǎn；侵染（动）qīnrǎn（2）使受影响 shǐ shòu yǐngxiǎng，感染（动）gǎnrǎn

infection *n* 传染（动）chuánrǎn；感染（动）gǎnrǎn；传染病（名）chuánrǎnbìng

infectious *adj*（1）传染的 chuánrǎn de；传染性的 chuánrǎnxìng de：*an* ~ *disease* 一种传染病 yìzhǒng chuánrǎnbìng（2）有感染力的 yǒu gǎnrǎnlì de

infer *v* 推论（动、名）tuīlùn，推断（动、名）tuīduàn：~ *a motive from an effect* 从效果推断动机 cóng xiàoguǒ tuīduàn dòngjī

inference *n* 推断（名、动）tuīduàn，推论（名、动）tuīlùn：*make an* ~ *from what others say* 从别人所说的做出推断 cóng biérén suǒshuō de zuòchū tuīduàn

inferior *adj*（1）下等的 xiàděng de；下级的 xiàjí de：~ *in social position* 社会地位低下的 shèhuì dìwèi dīxià de/ *an* ~ *officer* 下级军官 xiàjí jūnguān（2）劣等的 lièděng de，差（形）chà，次（形）cì：*be* ~ *to others in many respects* 在许多方面不如别人 zài xǔduō fāngmiàn bùrú biérén

inferiority *n* 下等（名）xiàděng，劣等（名）lièděng：*a sense of* ~ 自卑感 zìbēigǎn

infinite *adj* 无限（形）wúxiàn，无穷（形）wúqióng：~ *loyalty to the motherland* 对祖国无限忠诚 duì zǔguó wúxiàn zhōngchéng/ *be of* ~ *power* 具有无穷的力量 jùyǒu wúqióng de lìliang

infinitive *n* 不定式（名）búdìngshì

inflate *v* 充气 chōngqì：~ *a balloon* 给气球充气 gěi qìqiú chōngqì

inflation *n*（1）充气 chōngqì（2）通货膨胀 tōnghuò péngzhàng

inflict *v* 强加（动）qiángjiā；使受打击 shǐ shòu dǎjī

infliction *n* 强加（动）qiángjiā，施加（动）shījiā：~ *of suffering on the or-*

dinary people 让老百姓受苦 ràng lǎobǎixìng shòu kǔ

influence Ⅰ *n* (1) 影响(名) yǐngxiǎng: *under the ~ of* 在...的影响下 zài...de yǐngxiǎng xià (2) 势力(名) shìlì; 权力 quánlì: *a person of great ~* 极有权势的人 jí yǒu quánshì de rén Ⅱ *v* 影响(动) yǐngxiǎng

inform *v* 告诉(动) gàosu; 通知(动、名) tōngzhī: *an ~ed source* 消息灵通人士 xiāoxi língtōng rénshì // *~ a-gainst* 告发 gàofā, 告密 gàomì

informal *adj* (1) 非正式的 fēi zhèngshì de, 非正规的 fēi zhènggūi de: *an ~ visit* 非正式访问 fēi zhèngshì fǎngwèn/*an ~ meeting* 非正式会见 fēi zhèngshì huìjiàn (2) 不拘礼节的 bù jū lǐjié de, 随便(形) suíbiàn: *~ dress* 便装 biànzhuāng / *~ language* 日常用语 rìcháng yòngyǔ / *an ~ style of speech* 口语体 kǒuyǔtǐ

information *n* (1) 通知(名、动) tōngzhī; 报告(名、动) bàogào (2) 消息(名) xiāoxi, 情报(名) qíngbào: *a piece of ~* 一条消息 yìtiáo xiāoxi (一份情报 yífèn qíngbào)/ *official ~* 官方消息 guānfāng xiāoxi / *an ~ desk* 问讯处 wènxùnchù (3) 见闻(名) jiànwén; 资料(名) zīliào: *first-hand ~* 第一手资料 dìyīshǒu zīliào/ *For Your I~ Only.* 仅供参考 Jǐn gōng cānkǎo.

informative *adj* 有内容的 yǒu nèiróng de: *an ~ talk* 内容丰富的报告 nèiróng fēngfù de bàogào

infringe *v* (1) 违背(动) wéibèi, 践踏(动) jiàntà: *~ a law* 违法 wéifǎ (2) 侵犯(动) qīnfàn: *~ upon other people's rights* 侵犯他人的权益 qīnfàn tārén de quányì/ *~ copyright* 侵犯版权 qīnfàn bǎnquán

ingredient *n* (1) 成分(名) chéngfèn; 配料(名) pèiliào (2) 因素(名) yīnsù: *the ~s of one's success* 一个人成功的因素 yíge rén chénggōng de yīnsù

inhale *v* 吸入(动) xīrù: *~ air into the lungs* 把空气吸进肺里 bǎ kōngqì xījìn fèilǐ

inherit *v* (1) 继承(动) jìchéng (2) 经遗传而得到 jīng yíchuán ér dédào

inheritance *n* 遗产(名) yíchǎn; 继承权(名) jìchéngquán

inheritor *n* 继承人(名) jìchéngrén

inhospitable *adj* (1) 冷淡(形) lěngdàn; 不好客的 bú hàokè de, 不殷勤的 bù yīnqín de (2) 荒凉(形) huāngliáng: *an ~ valley* 荒凉的山谷 huāngliáng de shāngǔ

inhuman *adj* 残忍(形) cánrěn; 没有人性的 méiyǒu rénxìng de; 不人道的 bù réndào de: *~ treatment* 虐待 nüèdài

initial Ⅰ *adj* (1) 最初的 zuìchū de, 开始的 kāishǐ de: *the ~ stages of an undertaking* 一项事业的最初阶段 yíxiàng shìyè de zuìchū jiēduàn/ *the ~ issue of a magazine* 杂志的创刊号 zázhì de chuàngkānhào (2) 词首的 císhǒu de: *~ letters* 起首字母 qǐshǒu zìmǔ Ⅱ *n* 起首的字母 qǐ shǒu de zìmǔ: *sign with one's ~s* 用姓名首字母签名 yòng xìngmíng shǒu zìmǔ qiān míng Ⅲ *v* (1) 签姓名起首字母 qiān xìngmíng qǐshǒu zìmǔ: *~ a document* 在文件上签署姓名首字母 zài wénjiàn shang qiānshǔ xìngmíng shǒu zìmǔ (2) 草签(动) cǎoqiān: *~ an agreement* 草签一项协定 cǎoqiān yíxiàng xiédìng // *~ consonant (of a Chinese syllable)* 声母 shēngmǔ

initiate *v* (1) 发动(动) fādòng; 开始(动) kāishǐ: *~ a revolution* 发动一场革命 fādòng yìcháng gémìng/ *~ a new plan* 倡导一个新计划 chàngdǎo yíge xīn jihuà (2) 教(动) jiāo; 使入门 shǐ rùmén: *~ pupils into the elements of grammar* 把基本语法教给学生 bǎ jīběn yǔfǎ jiāogěi xuésheng (3) 介绍(动) jièshào; 引进(动) yǐnjìn: *~ sb. into a club* 介绍某人加入一个俱乐部 jièshào mǒu rén jiārù yíge jùlèbù

injection *n* (1) 注射(动) zhùshè: *give*

sb. *an* ~ *of penicillin* 给某人打一针
青霉素 gěi mǒu rén dǎ yìzhēn
qīngméisù (2) 注射剂（名）zhùshèjì

injure *v* 损伤（动）sǔnshāng, 损害
（动）sǔnhài

injustice *n* 不公正 bù gōngzhèng; 非
正义 fēi zhèngyì; 不公正的待遇 bù
gōngzhèng de dàiyù

ink *n* 墨水儿（名）mòshuǐr; 油墨（名）
yóumò: *red* ~ 红墨水儿 hóng
mòshuǐr/ *written in* ~ 用墨水写的
yòng mòshuǐ xiě de / *Chinese* ~ 墨 mò

inkpot *n* 墨水瓶儿（名）mòshuǐpíngr

inkstone *n* 砚台（名）yàntai

inland **I** *adj* 内陆的 nèilù de, 内地的
nèidì de: *an* ~ *river* 内陆河 nèilùhé /
~ *towns* 内地城镇 nèidì chéngzhèn **II**
adv 向内地 xiàng nèidì; 在内地 zài
nèidì

inn *n* 小旅店 xiǎo lǚdiàn, 客栈（名）
kèzhàn: *an old country* ~ 一个古老
的乡村客栈 yíge gǔlǎo de xiāngcūn
kèzhàn

inner *adj* 内部的 nèibù de; 里边的
lǐbiān de: *the* ~ *ear* 内耳 nèi'ěr / *an*
~ *room* 内室 nèishì

innocent *adj* （1）无罪的 wúzuì de （2）
天真（形）tiānzhēn, 单纯（形）
dānchún （3）幼稚（形）yòuzhì; 无知
（形）wúzhī （4）无害的 wúhài de: ~
fun 没有恶意的玩笑 méiyǒu èyì de
wánxiào

innovation *n* （1）革新（动）géxīn, 改
革（动）gǎigé, 创新（动）chuàngxīn:
introduce an ~ 采用一项革新 cǎiyòng
yíxiàng géxīn / *a welcome* ~ 一种可
喜的创新 yìzhǒng kěxǐ de chuàngxīn
（2）新方法 xīnfāngfǎ, 新发明 xīn
fāmíng: *the recent* ~ *in refrigerant*
对制冷剂的新发明 duì zhìlěngjì de xīn
fāmíng

inquire *v* （1）询问（动）xúnwèn; 打听
（动）dǎtīng （2）调查（动）diàochá, 了
解（动）liǎojiě // ~ *after* 问候
wènhòu / ~ *for* 询问 xúnwèn; 求见
qiú jiàn: ~ *for a new book* 询问有没

有一本新书出售 xúnwèn yǒu méiyǒu
yìběn xīnshū chūshòu

insane *adj* 精神错乱的 jīngshén
cuòluàn de; 疯了的 fēngle de

inscribe *v* （1）刻（动）kè, 雕（动）
diāo: ~ *the names of heroes on a
memorial* 把英雄们的名字刻在纪念
碑上 bǎ yīngxióngmen de míngzi kèzài
jìniànbēishang （2）题写（动）tíxiě

inscription *n* （1）碑文（名）bēiwén:
~ *on stone tablets* 石碑上的铭文
shíbēishang de míngwén （2）题词 tící

insect *n* 昆虫（名）kūnchóng, 虫（名）
chóng: *a destructive* ~ 害虫 hàichóng
/ *an* ~ *pest* 虫害 chónghài/ ~ *pow-
der* 杀虫粉 shāchóngfěn

insecticide *n* 杀虫剂（名）shāchóngjì:
farm ~ 农药 nóngyào

insecure *adj* 不安全的 bù ānquán de;
不保险的 bù bǎoxiǎn de; 不牢固的 bù
láogù de: *an* ~ *promise* 靠不住的诺
言 kào bu zhù de nuòyán

inseparable *adj* 分不开的 fēn bu kāi
de, 不能分离的 bùnéng fēnlí de

insert *v* 插（动）chā; 填（动）tián; 登
载（动）dēngzǎi: ~ *a key in a lock* 把
钥匙插到锁里 bǎ yàoshi chādào suǒli /
~ *a word in the blank* 在空白处填上
一个词 zài kòngbáichù tiánshang yíge
cí

inside **I** *n* 里面（名）lǐmiàn, 内部（名）
nèibù: *the* ~ *of a box* 盒子里面 hézi
lǐmiàn/ *paint the* ~ *of the house* 油漆
房子的内部 yóuqī fángzi de nèibù **II**
adj 里面的 lǐmiàn de, 内部的 nèibù
de: *the* ~ *pages of a newspaper* 报纸
的里页 bàozhǐ de lǐyè/ ~ *clothing* 内
衣 nèiyī/ *the* ~ *track* 跑道的里圈
pǎodào de lǐquān/ *an* ~ *story* 内情
nèiqíng（内幕 nèimù）/ ~ *informa-
tion* 内部消息 nèibù xiāoxi **III** *adv* 在
里面 zài lǐmiàn, 在内部 zài nèibù:
look ~ 向里面看 xiàng lǐmiàn kàn **IV**
prep 在…之内 zài…zhīnèi, 在…
里面 zài…lǐmiàn // ~ *of* 在…之
内 zài…zhīnèi: ~ *of a week* 在一周

之内 zài yìzhōu zhīnèi/~ out (1) 里面
翻到外面 lǐmiàn fāndào wàimiàn (2)
彻底 (形) chèdǐ

insignificant　　adj 没有意义的 méiyǒu
yìyì de; 微不足道 de wēibùzúdào de, 无
足轻重的 wúzúqīngzhòng de: ~ talk
没 有 意 义 的 谈 话 méiyǒu yìyì de
tánhuà / ~ thing 微不足道的东西
wēibùzúdào de dōngxi

insist　　v 坚持 (动) jiānchí; 坚决认为
jiānjué rènwéi; 一定要 yídìng yào, 非
要 fēiyào

insolent　　adj 无礼 (形) wúlǐ; 傲慢 (形)
àomàn; 蛮横 (形) mánhèng

insomnia　　n 失眠 shīmián

inspect　　v (1) 检查 (动) jiǎnchá; 审查
(动) shěnchá (2) 检阅 (动) jiǎnyuè;
视察 (动) shìchá: ~ troops 检阅部队
jiǎnyuè bùduì

inspiration　　n (1) 鼓舞 (名) gǔwǔ, 激
励 (动) jīlì (2) 灵感 (名) línggǎn

inspire　　v 激起 (动) jīqǐ; 鼓舞 (动)
gǔwǔ; 引起 (动) yǐnqǐ: ~ sb. with
enthusiasm 激起某人的热情 jīqǐ mǒu
rén de rèqíng / inspiring music 鼓舞人
心的音乐 gǔwǔ rénxīn de yīnyuè /~
confidence in sb. 使某人有了信心 shǐ
mǒu rén yǒule xìnxīn

instability　　n 不稳定 bù wěndìng; 不安
定 bù āndìng; 没 有 常 性 méiyǒu
chángxìng: a person of ~ 一个没有常
性的人 yígè méiyǒu chángxìng de rén

install　　v (1) 安装 (动) ānzhuāng: ~
a heating apparatus 安装取暖设备
ānzhuāng qǔnuǎn shèbèi (2) 安顿 (动)
āndùn, 安置 (动) ānzhì

instalment　　n (1) 分 期 付 款 fēnqī
fùkuǎn: ~ plan 分期付款办法 fēnqī
fùkuǎn bànfǎ (2) 分 期 播 放 fēnqī
bōfàng; 刊登的一部分 kāndēng de
yíbùfen

instance　　n 例子 (名) lìzi, 例证 (名)
lìzhèng; 实例 (名) shílì: an ~ of
friendship 一个友好的实例 yíge
yǒuhǎo de shílì // for ~ 例如 lìrú, 比
如 bǐrú; 举例说 jǔlì shuō / in the first

~ 首先 shǒuxiān, 起初 qǐchū

instant　　I adj (1) 紧迫 (形) jǐnpò; 迫
切 (形) pòqiè: in need of ~ help 急需
帮助 jíxū bāngzhù (2) 立即 (副) lìjí,
马上 (副) mǎshàng: ~ coffee 速溶咖
啡 sùróng kāfēi (3) 本月的 běnyuè de:
your letter of the 13th ~ 您本月十三
号的来函 nín běnyuè shísānhào de
láihán II n (1) 马上 (副) mǎshàng;
随时 (副) suíshí (2) 一会儿 (名)
yíhuìr; 刹那 (名) chànà // on the ~
立即 lìjí, 马上 mǎshàng / the ~ 一…
就 yī…jiù

instantly　　adv 立即 (副) lìjí, 即刻 (副)
jíkè

instead　　adv 代替 (动) dàitì, 顶替 (动)
dǐngtì // ~ of 代替 dàitì; 而不是…
ér búshì…

instinct　　n 本能 (名) běnnéng; 直觉
(名) zhíjué

institute　　n 学院 (名) xuéyuàn, 大专学
校 dàzhuān xuéxiào; 研 究 所 (名)
yánjiūsuǒ, 研究院 (名) yánjiūyuàn:
Beijing Language I~ 北京语言学院
Běijīng Yǔyán Xuéyuàn / an ~ of de-
sign 一所设计院 yìsuǒ shèjìyuàn / I~
of Atomic Energy 原子能研究所
yuánzǐnéng yánjiūsuǒ

institution　　n (1) 制度 (名) zhìdù; 惯
例 guànlì: Western business ~s 西方
的商业制度 xīfāng de shāngyè zhìdù
(2) 机构 (名) jīgòu; 协会 (名) xiéhuì;
学校 (名) xuéxiào: public ~s 公共机
构 gōnggòng jīgòu / a scientific ~ 科学
协会 kēxué xiéhuì / ~s of higher
learning 高等学校 gāoděng xuéxiào

instruct　　v (1) 教 (动) jiāo (2) 命令
(动) mìnglìng; 指示 (动) zhǐshì

instruction　　n (1) 教育 (动) jiàoyù; 训
练 (动) xùnliàn (2) 指示 (动) zhǐshì;
命令 (动) mìnglìng: give sb. ~s to
arrive early 指示某人早到 zhǐshì mǒu
rén zǎodào

instructive　　adj 有教育意义的 yǒu
jiàoyù yìyì de: an ~ lecture 有教育意
义的演讲 yǒu jiàoyù yìyì de yǎnjiǎng

instructor *n* 指导员(名) zhǐdǎoyuán; 教员(名) jiàoyuán: *a philosophy* ~ 哲学教师 zhéxué jiàoshī/ *a swimming* ~ 游泳教练 yóuyǒng jiàoliàn

instrument *n* (1) 仪器(名) yíqì; 器械(名) qìxiè: *medical* ~*s* 医疗器械 yīliáo qìxiè (2) 乐器(名) yuèqì: *stringed* (*wind*) ~ 弦(管)乐器 xián (guǎn) yuèqì (3) 工具(名) gōngjù; 手段(名) shǒuduàn: *an* ~ *to a purpose* 达到一个目的的手段 dádào yíge mùdì de shǒuduàn

insular *adj* (1) 岛屿的 dǎoyǔ de: *an* ~ *climate* 海岛气候 hǎidǎo qìhòu (2) 狭隘(形) xiá'ài

insult **I** *n* 侮辱(名、动) wǔrǔ **II** *v* 侮辱(动) wǔrǔ

insurance *n* (1) 保险(名) bǎoxiǎn; 保险业(名) bǎoxiǎnyè: *life* ~ 人寿险 rénshòuxiǎn/ *fire* ~ 火险 huǒxiǎn (2) 保险费(名) bǎoxiǎnfèi; 保险赔偿金(名) bǎoxiǎn péichángjīn // *an* ~ *company* 保险公司 bǎoxiǎn gōngsī/ ~ *policy* 保险单 bǎoxiǎndān

insure *v* 保险(动) bǎoxiǎn: ~ *one's life* 保人寿险 bǎo rénshòuxiǎn

intact *adj* 完整(形) wánzhěng, 未损坏的 wèi sǔnhuài de

intake *n* (1) 入口(名) rùkǒu, 进气(水)口 jìn qì (shuǐ) kǒu: *the* ~ *of a water tank* 储水罐的进水口 chǔshuǐguàn de jìnshuǐkǒu (2) 接收量 jiēshōuliàng

integrity *n* (1) 完整(形) wánzhěng: *mutual respect for territorial* ~ 互相尊重领土完整 hùxiāng zūnzhòng lǐngtǔ wánzhěng (2) 正直(形) zhèngzhí; 诚实(形) chéngshí: *a person of moral* ~ 一个秉性正直的人 yíge bǐngxìng zhèngzhí de rén

intellect *n* 智力(名) zhìlì: *a person of great* ~ 一个极有头脑的人 yíge jí yǒu tóunǎo de rén

intellectual *n* 知识分子 zhīshifènzǐ

intelligence *n* (1) 智力(名) zhìlì; 理解力(名) lǐjiělì: *an* ~ *test* 智力测验 zhìlì cèyàn (2) 情报(名) qíngbào; 情报人员 qíngbào rényuán: *the Central I~ Agency* 中央情报局 Zhōngyāng Qíngbàojú

intelligent *adj* 聪明(形) cōngmíng; 明智(形) míngzhì: *an* ~ *answer* 聪明的回答 cōngmíng de huídá/ *an* ~ *child* 聪明的孩子 cōngmíng de háizi/ *an* ~ *choice* 明智的选择 míngzhì de xuǎnzé

intelligible *adj* 可以理解的 kěyǐ lǐjiě de, 明白的 míngbaide

intend *v* (1) 打算(动) dǎsuan; 要(助动) yào; 打算使...成为 dǎsuan shǐ...chéngwéi (2) 目的在于 mùdì zàiyú

intense *adj* (1) 强烈(形) qiángliè, 剧烈(形) jùliè: ~ *feelings* 强烈的感情 qiángliè de gǎnqíng/ ~ *cold* 严寒 yánhán/ ~ *heat* 酷热 kùrè/ ~ *pain* 剧痛 jùtòng (2) 热切(形) rèqiè; 认真(形) rènzhēn: *an* ~ *longing* 热望 rèwàng/ *an* ~ *study* 认真的研究 rènzhēn de yánjiū

intensify *v* 加强(动) jiāqiáng; 使更大 shǐ gèng dà: ~ *one's efforts* 做更大的努力 zuò gèng dà de nǔlì

intensity *n* (1) 强烈(形) qiángliè, 剧烈(形) jùliè: *the* ~ *of feeling* 强烈的感情 qiángliè de gǎnqíng/ *the* ~ *of heat from a furnace* 炉内的高温 lúnèi de gāowēn / *heighten the* ~ *of effect* 加强效果 jiāqiáng xiàoguǒ (2) 强度(名) qiángdù: *labour* ~ 劳动强度 láodòng qiángdù/ *the* ~ *of a current* 电流的强度 diànliú de qiángdù/ ~ *of illumination* 照明度 zhàomíngdù

intensive *adj* 深入(形) shēnrù; 集中(形) jízhōng; 加强的 jiāqiáng de: ~ *course* 强化课 qiánghuàkè/ ~ *readings* 精读材料 jīngdú cáiliào

intent *adj* 专心(形) zhuānxīn, 专心致志 zhuānxīnzhìzhì, 精神专注 jīngshén zhuānzhù

intention *n* 意图(名) yìtú; 目的(名) mùdì; 打算(名、动) dǎsuan // *by* ~

有意的 yǒuyì de，故意的 gùyì de /
with good ~*s* 好心好意地
hǎoxīnhǎoyì de

intentionally *adv* 故意(形) gùyì; 有意
(副) yǒuyì

intercept *v* 拦截(动) lánjié; 截击(动)
jiéjī; 截获(动) jiéhuò: ~ *an enemy
plane* 拦截敌机 lánjié díjī/ ~ *an im-
portant piece of information* 截获一项
重要情报 jiéhuò yíxiàng zhòngyào
qíngbào

intercourse *n* 交际(名) jiāojì, 交往
(名) jiāowǎng; 往来 wǎnglái: *social*
~ 社交 shèjiāo/ *our commercial*
~ *with Latin America* 我们与拉丁美洲
的商业交往 wǒmen yǔ Lādīng
Měizhōu de shāngyè jiāowǎng

interest **I** *n* (1) 关心(动) guānxīn; 兴
趣(名) xìngqù; 趣味(名) qùwèi (2)
爱好(名) àihào (3) 利益(名) lìyì:
look after one's own ~*s* 照顾自己的
利益 zhàogù zìjǐ de lìyì (4) 利息(名)
lìxī **II** *v* 引起...的注意 yǐnqǐ...de
zhùyì; 使...发生兴趣 shǐ...fāshēng
xìngqù// *in the* ~ *of* 为了...的利益
wèile...de lìyì/ *take an* ~ *in* 对...感
兴趣 duì...gǎn xìngqù/ *with* ~ 有兴
趣的 yǒu xìngqù de; 付利息的 fù lìxī
de

interested *adj* 感兴趣的 gǎn xìngqù
de: *an* ~ *look* 感兴趣的样子 gǎn
xìngqù de yàngzi

interesting *adj* 有趣味的 yǒu qùwèi
de, 有意思的 yǒu yìsi de: *an* ~ *con-
versation* 有趣的谈话 yǒuqù de
tánhuà/ *an* ~ *idea* 有趣的想法 yǒuqù
de xiǎngfa

interfere *v* (1) 干涉(动) gānshè, 干
预(动) gānyù (2) 妨碍(动) fáng'ai,
打扰(动) dǎrǎo

interior **I** *adj* (1) 内部的 nèibù de, 里
边的 lǐbiān de (2) 内地的 nèidì de: *an*
~ *city* 内地城市 nèidì chéngshì **II** *n*
(1) 内部(名) nèibù; 内景(名)
nèijǐng: *the* ~ *of a house* 房子的内部
fángzi de nèibù (2) 内地(名) nèidì:

travel in the ~ 在内地旅行 zài nèidì
lǚxíng

interjection *n* 感叹词(名) gǎntàncí

intermediate *adj* 中间的 zhōngjiān de,
中级(刑) zhōngjí: ~ *level* 中等程度
zhōngděng chéngdù/ *an* ~ *stage* 中间
阶段 zhōngjiān jiēduàn/ ~ *ports* 中途
港口 zhōngtú gǎngkǒu

internal *adj* (1) 内部的 nèibù de: *the*
~ *relations of things* 事物的内部联系
shìwù de nèibù liánxì (2) 国内的
guónèi de: ~ *trade* 国内贸易 guónèi
màoyì/ ~ *debt* 内债 nèizhài (3) 体内
的 tǐnèi de; 内服的 nèifú de: ~ *bleed-
ing* 内出血 nèichūxuè/ *department of*
~ *medicine* 内科 nèikē/ *an* ~ *reme-
dy* 内服药 nèifúyào

international *adj* 国际(名) guójì, 世
界(名) shìjiè: ~ *trade* 国际贸易 guójì
màoyì/ ~ *law* 国际法 guójìfǎ/ *an* ~
exhibition 国际博览会 guójì bólǎnhuì/
an ~ *conference* 国际会议 guójì huìyì
/ *the I*~ *Phonetic Alphabet* 国际音标
guójì yīnbiāo

internationalism *n* 国际主义(名)
guójìzhǔyì

internationalist *n* 国际主义者(名)
guójìzhǔyìzhě

internationalize *n* 使国际化 shǐ
guójìhuà, 使归数国共管 shǐ guī
shùguó gòngguǎn

interpret *v* (1) 解释(动) jiěshì; 说明
(动) shuōmíng; 把...理解为...
bǎ...lǐjiěwéi... (2) 翻译(动) fānyì:
~ *for foreign visitors* 给外宾当翻译
gěi wàibīn dāng fānyì

interpreter *n* 翻译(名) fānyì, 译员
(名) yìyuán

interrupt *v* (1) 中断(动) zhōngduàn;
阻碍(动) zǔ'ài (2) 打扰(动) dǎrǎo;
打断(动) dǎduàn; 插嘴 chāzuǐ

interruption *n* 中断(动) zhōngduàn;
打断(动) dǎduàn

interval *n* (1) 间隔(动) jiàngé; 间歇
(名) jiànxiē; 幕间休息 mùjiān xiūxi:
at 40-minute ~*s* 每隔四十分钟 měi

gé sìshífēnzhōng/ after a year's ~ 隔一年后 gé yìnián hòu (2) 间隔(名、动) jiàngé; 距离(名) jùlí: arranged at ~s of 10 feet 以十英尺的间隔排列 yǐ shíyīngchǐ de jiàngé páiliè // at long ~s 间或 jiànhuò, 偶尔 ǒu'ěr / at regular ~s 每隔一定时间 měi gé jídìng shíjiān; 每隔一定距离 měi gé yídìng jùlí / at short ~s 常常 chángcháng

interview n 接见(动) jiējiàn; 会见(动) huìjiàn; 面试 miànshì; 会谈(动) huìtán

intestine n 肠(名) cháng: large (small) ~ 大(小)肠 dà(xiǎo)cháng

intimate adj (1) 亲密(形) qīnmì (2) 熟悉(形) shúxī

into prep (1) 到...里 dào...lǐ; 进入(动) jìnrù (2) 变成 biànchéng (3) 进入(动) jìnrù; 到(动) dào: pass out of childhood ~ manhood 从童年进入成年 cóng tóngnián jìnrù chéngnián / look ~ the future 展望未来 zhǎnwàng wèilái (4) 除(动) chú

intricate adj 难懂的 nándǒng de, 复杂(形) fùzá: ~ instruments 复杂的仪器 fùzá de yíqì

intrigue I v (1) 密谋策划 mìmóu cèhuà (2) 引人入胜 yǐnrénrùshèng, 引起人们的兴趣 yǐnqǐ rénmen de xìngqù: a novel with intriguing plots 一部情节引人入胜的小说 yíbù qíngjié yǐnrénrùshèng de xiǎoshuō II n 阴谋(名) yīnmóu, 诡计(名) guǐjì

introduce v (1) 提出(动) tíchū: ~ a subject into a conversation 提出一个话题 tíchū yíge huàtí (2) 介绍(动) jièshào (3) 传入(动) chuánrù; 采用(动) cǎiyòng; 引进(动) yǐnjìn: ~ advanced techniques 采用先进技术 cǎiyòng xiānjìn jìshù

introduction n (1) 采用(动) cǎiyòng; 引进(动) yǐnjìn: ~ of new medical treatment 采用新的医疗方法 cǎiyòng xīn de yīliáo fāngfǎ (2) 介绍(动) jièshào: a letter of ~ 介绍信

jièshàoxìn (3) 序言(名) xùyán, 引言(名) yǐnyán, 前言(名) qiányán; 导论(名) dǎolùn; 序曲(名) xùqǔ: an ~ to a book 一本书的序言 yìběn shū de xùyán (4) 入门(名) rùmén: "An I~ to Chinese Grammar"《汉语语法入门》《Hànyǔ Yǔfǎ Rùmén》

invade v (1) 侵犯(动) qīnfàn; 侵入(动) qīnrù (2) 涌入(动) yǒngrù

invalid I adj 伤残人的 shāngcánrén de; 残弱的 cánruò de; 有病的 yǒu bìng de: an ~ chair 轮椅 lúnyǐ II n 伤残人(名) shāngcánrén: athletic games for ~s 伤残人运动会 shāngcánrén yùndònghuì

invariable adj 不变的 bú biàn de, 没有变化的 méiyou biànhuà de

invariably adv 不变地 bú biàn de, 总是(副) zǒngshì

invasion n 侵略(动) qīnlüè; 侵犯 qīnfàn; 侵害(动) qīnhài

invent v (1) 发明(动) fāmíng; 创造(动) chuàngzào (2) 虚构(动) xūgòu, 捏造(动) niēzào

invention n (1) 发明(名、动) fāmíng; 创造(名、动) chuàngzào: the ~ of the typewriter 打字机的发明 dǎzìjī de fāmíng / a wonderful ~ 一项了不起的发明创造 yíxiàng liǎobuqǐ de fāmíng chuàngzào (2) 虚构(动) xūgòu, 捏造(动) niēzào

inventor n 发明家(名) fāmíngjiā

invest v 投资(动) tóuzī; 投入(动) tóurù: ~ money in mines 投资于矿山 tóuzīyú kuàngshān

investigate v 调查(动) diàochá: ~ the cause of a railway accident 调查铁路事故的原因 diàochá tiělù shìgù de yuányīn

investigation n 调查(动) diàochá

investment n 投资(名、动) tóuzī; 投入(动) tóurù

invisible adj 看不见的 kàn bu jiàn de; 无形的 wúxíng de

invitation n (1) 邀请(动) yāoqǐng: a letter of ~ 邀请信 yāoqǐng xìn/ accept *an* ～ 接受邀请 jiēshòu yāoqǐng（2）请帖（名）qǐngtiě, 请柬（名）qǐngjiǎn: *admission by* ～ *only* 凭请柬入场 píng qǐngjiǎn rù chǎng

invite *v*（1）邀请（动）yāoqǐng: ～ *a friend to dinner* 请一位朋友吃饭 qǐng yíwèi péngyou chīfàn（2）征求（动）zhēngqiú; 请求（动）qǐngqiú: ～ *opinions* 征求意见 zhēngqiú yìjian（3）引起（动）yǐnqǐ; 吸引（动）xīyǐn

inviting *adj* 吸引人的 xīyǐn rén de; 诱人的 yòurén de: ～ *goods in the shop* 商店里诱人的商品 shāngdiàn lǐ yòurén de shāngpǐn / *the* ～ *ice cream* 令人垂涎的冰淇淋 lìngrén chuíxián de bīngqílín

involve *v*（1）卷入（动）juǎnrù, 牵涉（动）qiānshè, 拖累（动）tuōlěi（2）包括（动）bāokuò, 包含（动）bāohán; 带有（动）dàiyǒu; 涉及（动）shèjí

involvement *n* 卷入（动）juǎnrù; 涉及（动）shèjí; 包含（动）bāohán

iodine *n* 碘（名）diǎn; 碘酒（名）diǎnjiǔ

Iraqi *n* 伊拉克人 Yīlākèrén; 伊拉克语（名）Yīlākèyǔ

Irish *adj* 爱尔兰的 Ài'ěrlán de; 爱尔兰人的 Ài'ěrlánrén de; 爱尔兰语的 Ài'ěrlányǔ de

iron **I** *n*（1）铁（名）tiě（2）熨斗（名）yùndǒu: *an electric* ～ 电熨斗 diàn yùndǒu **II** *v* 熨（动）yùn: ～ *a shirt* 熨一件衬衫 yùn yíjiàn chènshān

ironic *adj* 讽刺（动）fěngcì, 嘲弄（动）cháonòng, 讥讽（动）jīfěng: *an* ～ *remark* 讽刺话 fěngcìhuà

irony *n* 讽刺（动）fěngcì, 嘲弄（动）cháonòng; 反话（名）fǎnhuà

irrefutable *adj* 不可辩驳的 bùkě biànbó de

irregular *adj*（1）不规则的 bù guīzé de, 无规律的 wú guīlǜ de: *an* ～ *verb* 不规则动词 bù guīzé dòngcí / *an* ～ *liner* 不定期航船 bú dìngqī hángchuán（2）不整齐的 bù zhěngqí de: ～ *teeth* 不整齐的牙齿 bù zhěngqí de yáchǐ / *a*

coast with an ～ *outline* 曲折的海岸线 qūzhé de hǎi'ànxiàn（3）非正规的 fēi zhèngguī de: ～ *troops* 非正规军 fēi zhèngguījūn

irrigate *v* 灌溉（动）guàngài

irrigation *n* 灌溉（动）guàngài: *an* ～ *canal* 灌（溉）渠 guàn(gài)qú

irritate *v*（1）惹怒（动）rěnù, 惹恼（动）rěnǎo, 激怒（动）jīnù（2）刺激（动）cìjī; 使红肿 shǐ hóngzhǒng

Islam *n*（1）伊斯兰教（名）Yīsīlánjiào, 回教 Huíjiào（2）伊斯兰教徒 Yīsīlán jiàotú; 回教世界 Huíjiào shìjiè

island *n* 岛（名）dǎo, 岛屿（名）dǎoyǔ // *traffic* ～ 安全岛 ānquándǎo

islander *n* 岛民（名）dǎomín

isolate *v* 隔离（动）gélí; 孤立（动）gūlì; 使脱离 shǐ tuōlí

isolation *n* 隔离（动）gélí; 脱离（动）tuōlí; 孤立（形、动）gūlì: *live in* ～ 生活与外界隔离 shēnghuó yǔ wàijiè gélí / *an* ～ *hospital* 隔离医院 gélí yīyuàn

issue **I** *n*（1）发行（动）fāxíng; 发行物（名）fāxíngwù; 发行量（名）fāxíngliàng: *today's* ～ *of "The Times"* 今天出版的《泰晤士报》jīntiān chūbǎn de《Tàiwùshì Bào》/ *the latest* ～ *of "Beijing Review"* 最新一期《北京周报》zuì xīn yìqī《Běijīng Zhōubào》/ *the March* ～ *of "Chinese Literature"* 三月号的《中国文学》sānyuè hào de《Zhōngguó Wénxué》/ *an* ～ *of 20,000 copies* 两万册的发行量 liǎngwàncè de fāxíngliàng（2）问题（名）wèntí; 争论之点 zhēnglùn zhī diǎn: *raise a new* ～ 提出一个新的争论点 tíchū yíge xīn de zhēnglùndiǎn / *a major* ～ 主要问题 zhǔyào wèntí/ *a minor* ～ 枝节问题 zhījié wèntí **II** *v*（1）流出（动）liúchū; 发出（动）fāchū: *blood issuing from a wound* 从伤口流出的血 cóng shāngkǒu liúchū de xiě（2）出版（动）chūbǎn; 发行（动）fāxíng; 分发（动）fēnfā; 发表（动）fābiǎo: ～ *banknotes* 发行钞票 fāxíng chāopiào/ ～ *food to disaster victims*

给灾民发放食品 gěi zāimín fāfàng shípǐn / ~ orders 发布命令 fābù mìnglìng / ~ a statement 发表声明 fābiǎo shēngmíng（3）由... 引起 yóu... yǐnqǐ；造成（动）zàochéng // at ~ 重要的 zhòngyào de，争论的 zhēnglùn de，待决定 dài juédìng/ die without ~ 死后无子女 sǐhòu wú zǐnǚ

it *pron* 它（代）tā；（of babies）他（代）tā，她（代）tā，这（代）zhè: *fight ~ out* 决一胜负 juéyíshèngfù（争个高低 zhēngge gāodī）// *as ~ is* 事实上 shìshíshang；既然如此 jìrán rúcǐ / *as ~ were* 似乎 sìhū；可以说 kěyǐshuō

Italian I *adj* 意大利的 Yìdàlì de；意大利人的 Yìdàlìrén de；意大利语的 Yìdàlìyǔ de II *n* 意大利人 Yìdàlìrén；意大利语（名）Yìdàlìyǔ

itch I *v*（1）痒（动）yǎng（2）渴望（动）kěwàng，盼望（动）pànwàng II *n*（1）痒（动）yǎng（2）渴望（动）kěwàng，盼望（动）pànwàng

item *n* 条（量）tiáo，项（量）xiàng；项目（名）xiàngmù: ~ *by* ~ 逐条 zhútiáo/ *an important* ~ *on the agenda* 一项重要的议程 yíxiàng zhòngyào

de yìchéng/ ~s of business 营业项目 yíngyè xiàngmù

its *pron* 它的 tā de: *the country and* ~ *people* 这个国家和它的人民 zhège guójiā hé tā de rénmín/ *the plan and* ~ *realization* 计划及其实施 jìhuà jíqí shíshī

itself *pron* 它自己 tā zìjǐ，自身（名）zìshēn，本身（名）běnshēn // *by* ~（1）单独地 dāndú de，孤零零地 gūlínglíng de（2）自动地 zìdòng de/ *in* ~ 本身 běnshēn；实质上 shízhìshang/ *of* ~ 自己 zìjǐ；自行 zìxíng

ivory *n* 象牙（名）xiàngyá: *artificial* ~ 人造象牙 rénzào xiàngyá // ~ *tower* 象牙塔 xiàngyátǎ

ivy *n* 常春藤（名）chángchūnténg: *the Boston* ~ 爬山虎 páshānhǔ // *I* ~ *League*（1）常春藤联合会 Chángchūnténg Liánhéhuì（2）属于该组织的名牌大学（师生）shǔyú gāi zǔzhi de míngpái dàxué（shīshēng）: *with an I* ~ *League background* 具有名牌大学学历的 jùyǒu míngpái dàxué xuélì de

J

jack　**I** *n* (1) 起重机(名) qǐzhòngjī; 千斤顶(名) qiānjīndǐng (2) 纸牌中的杰克 zhǐpáizhōng de jiékè **II** *v* (用千斤顶)支起来 (yòng qiānjīndǐng) zhīqilai

jackal　*n* 豺(名) chái

jacket　*n* (1) 短外衣 duǎn wàiyī; 夹克(名) jiákè (2) 护封(名) hùfēng; 唱片套 chàngpiàn tào (3) 土豆皮(名) tǔdòupí

jade　*n* 玉(名) yù, 玉石(名) yùshí: *a piece of* ~ 一块玉 yíkuài yù

jaded　*adj* 疲倦(形) píjuàn; 厌倦(动) yànjuàn

jagged　*adj* 参差不齐的 cēncī bùqí de, 锯齿形的 jùchǐxíng de: ~ *leaves* 边缘齿状的叶子 biānyuán chǐzhuàng de yèzi / *a* ~ *blade* 锯齿形的刀刃 jùchǐxíng de dāorèn

jaguar　*n* 美洲虎(名) měizhōuhǔ

jail　**I** *n* 监狱(名) jiānyù; 监牢(名) jiānláo: *break* ~ 越狱 yuèyù **II** *v* 关进监狱 guānjìn jiānyù; 监禁(动) jiānjìn

jailbird　*n* 惯犯(名) guànfàn

jailor　*n* 监狱看守(名) jiānyù kānshǒu; 狱卒(名) yùzú

jam[1]　**I** *v* (1) 挤进 jǐjìn, 塞进 sāijìn (2) 卡住 kǎzhù; 夹住 jiāzhù (3) 塞满 sāimǎn, 挤满 jǐmǎn (4) 干扰(动) gānrǎo: ~ *the enemy's transceiver* 干扰敌人的电台 gānrǎo dírén de diàntái **II** *n* 拥挤(形) yōngjǐ; 堵塞(动) dǔsè: *a traffic* ~ 交通堵塞 jiāotōng dǔsè

jam[2]　*n* 果酱(名) guǒjiàng: *strawberry* ~ 草莓果酱 cǎoméi guǒjiàng

janitor　*n* 看门人(名) kānménrén; 门卫(名) ménwèi; 工友(名) gōngyǒu

January　*n* 一月(名) yíyuè, 一月份 yíyuèfèn

Japanese　**I** *n* (1) 日本人(名) Rìběnrén (2) 日语(名) Rìyǔ; 日本话(名) Rìběnhuà **II** *adj* (1) 日本的 Rìběn de (2) 日本人的 Rìběnrén de (3) 日语的 Rìyǔ de

jar[1]　**I** *v* (声音)刺耳 (shēngyīn) cì'ěr **II** *n* 刺耳的声音 cì'ěr de shēngyīn; (令人不快的)刺激(名) (lìng rén bú kuài de) cìji, 震动(动) zhèndòng: *family* ~*s* 家庭口角 jiātíng kǒujiǎo

jar[2]　*n* 罐子(名) guànzi, 坛子(名) tánzi; 大口瓶 dàkǒupíng: *a glass* ~ 广口玻璃瓶 guǎngkǒu bōlipíng

jargon　*n* 术语(名) shùyǔ; 行话(名) hánghuà; 难懂的话 nándǒng de huà: *in the business* ~ *of today* 用今日的生意行话说 yòng jīnrì de shēngyì hánghuà shuō

jasmine　*n* 素馨 sùxīn, 茉莉(名) mòli: ~ *tea* 茉莉花茶 mòli huāchá

jaundice　*n* 黄疸病(名) huángdǎnbìng

jaunty　*adj* 愉快(形) yúkuài; 自得(形) zìdé; 高兴(形) gāoxìng

javelin　*n* 标枪 biāoqiāng: *throw the* ~ 掷标枪 zhì biāoqiāng

jaw　*n* 颚(名) è, 下巴(名) xiàba: *the upper* ~ 上颚 shàng'è/ *the lower* ~ 下颚 xià'è

jazz　*n* 爵士乐 juéshìyuè, 爵士舞曲 juéshì wǔqǔ

jealous　*adj* 妒忌的 dùjì de, 忌妒的 jìdù de: *a* ~ *wife* 一个爱吃醋的妻子 yíge ài chīcù de qīzi

jealousy　*n* 忌妒(动) jìdù, 忌妒心(名) jìdùxīn: *lover's* ~ 情人的忌妒心 qíngrén de jìdùxīn

jeans　*n* 牛仔裤(名) niúzǎikù

jeep　*n* 吉普(车)(名) jípǔ(chē); 小型越野汽车 xiǎoxíng yuèyě qìchē

jeer　**I** *v* 嘲笑(名) cháoxiào; 嘲弄(动)

cháonòng **II** n 嘲笑(动) cháoxiào

jelly n 果子冻(名) guǒzidòng: *plum ~* 李子冻 lǐzidòng / *royal ~* 王浆 wángjiāng

jellyfish n 水母(名) shuǐmǔ; 海蜇(名) hǎizhé

jeopardize v 使受危险 shǐ shòu wēixiǎn; 危害(动) wēihài: *~ one's life* 危及生命 wēijíshēngmìng/ *~ one's health* 危害健康 wēihài jiànkāng

jeopardy n 危险(名) wēixiǎn, 危难(名) wēinàn

jerk **I** v 猛地一拉(扭, 扯) měng de yìlā(niǔ, chě) **II** n 猛拉(扭, 扯) měnglā(niǔ, chě)

jest **I** n 玩笑(名) wánxiào; 滑稽事 huájīshì; 笑话(名) xiàohuà, 俏皮话(名) qiàopíhuà: *a standing ~* 经常被嘲弄的对象 jīngcháng bèi cháonòng de duìxiàng **II** v 说笑话 shuō xiàohuà; 嘲弄(动) cháonòng; 开玩笑 kāi wánxiào, 打趣(动) dǎqù / *in ~* 诙谐地 huīxié de, 开玩笑的 kāi wánxiào de

Jesus n 耶稣(名) Yēsū: *~ Christ* 耶稣基督 Yēsū Jīdū

jet[1] **I** v (1) 喷出 pēnchū (2) 乘坐喷气式飞机 chéngzuò pēnqìshì fēijī **II** n (1) 喷出 pēnchū, 喷射(动) pēnshè; 喷射口 pēnshèkǒu: *a gas ~* 煤气喷灯 méiqì pēndēng (2) 喷气式飞机 pēnqìshì fēijī // *~ engine* 喷气发动机 pēnqì fādòngjī/ *~ plane* 喷气式飞机 pēnqìshì fēijī

jet[2] n 黑色大理石 hēisè dàlǐshí, 煤玉(名) méiyù

jet-black adj 乌黑发亮的 wūhēifāliàng de

jet-propelled adj 喷气发动机推动的 pēnqì fādòngjī tuīdòng de

jetty n 防波堤(名) fángbōdī; 码头(名) mǎtou

Jew n (1) 犹太人(名) Yóutàirén (2) 犹太教徒 Yóutài jiàotú

jewel n (1) 宝石(名) bǎoshí; 被珍视的人或物 bèi zhēnshì de rén huò wù (2) 手表中的宝石轴承 shǒubiǎo zhōng de bǎoshí zhóuchéng

jeweller n 宝石商(名) bǎoshíshāng, 珠宝商(名) zhūbǎoshāng

jewellery n 珠宝(名) zhūbǎo; 珠宝饰物 zhūbǎoshìwù

Jewish adj 犹太人的 Yóutàirén de

jib[1] n (1) 船首三角帆 chuánshǒu sānjiǎofān (2) 起重机臂 qǐzhòngjībì

jib[2] v (马) 突然停步不走 (mǎ)tūrán tíngbù bù zǒu; 踌躇不前 chóuchú bùqián; 怕难 pànán // *~ at* 对…不愿意 duì…bú yuànyì, 厌恶 yànwù

jigsaw n 钢丝锯(名) gāngsījù, 细工锯 xìgōngjù; 锯曲线机 jù qūxiànjī // *a ~ puzzle* 拼板玩具 pīnbǎn wánjù, 拼图游戏 pīntú yóuxì

jilt v 遗弃(情人)(动) yíqì (qíngrén); 抛弃(名) pāoqì

jingle **I** v 丁当作响 dīngdāng zuòxiǎng **II** n 丁丁当当的响声 dīngdīng dāngdāng de xiǎngshēng

job n (1)差使(名) chāishi, 任务(名) rènwù, 活儿(名) huór; 事儿(名) shìr (2) 工作(名) gōngzuò; 职业(名) zhíyè; 职务(名) zhíwù (3) 费力气的事情 fèi lìqi de shìqing, 困难工作 kùnnan gōngzuò // *a bad ~* 白费力的事 báifèilì de shì / 倒霉的事 dǎoméi de shì / *a good ~* 幸运的事 xìngyùn de shì, 好事 hǎo shì/ *just the ~* 正是所需要的 zhèngshì suǒ xūyào de / *on the ~* 在干活儿 zài gàn huór, 在上班 zài shàngbān

jockey n 骑手(名) qíshǒu: *~ club* 赛马职业俱乐部 sàimǎ zhíyè jùlèbù

jocular adj 滑稽(形) huájī; 诙谐(形) huīxié: *a ~ person* 一个诙谐的人 yíge huīxié de rén

jog v (1) 轻推 qīng tuī; 轻碰 qīng pèng (2) 提醒(动) tíxǐng; 唤起(动) huànqǐ: *~ sb.'s memory* 使想起 shǐ xiǎngqǐ (3) 慢慢地走 mànman de zǒu (4) 慢跑 màn pǎo

join v (1) 连接(动) liánjiē, 接合(动) jiēhé; 结合(动) jiéhé (2) 参加(动)

cānjiā, 加入(动) jiārù: ~ *the army* 参军 cānjūn (入伍 rùwǔ) / ~ *a political party* 参加一个政党 cānjiā yíge zhèngdǎng (3) 参与(动) cānyù, 参加 (动) cānjiā; 伴随(动) bànsuí

joint **I** *n* (1) 接合处(名) jiēhéchù; 接头(名) jiētóu (2) 关节(名) guānjié: *finger* ~s 指关节 zhǐguānjié / *out of* ~ 脱臼 tuōjiù **II** *adj* 共同(形) gòngtóng; 共有的 gòngyǒu de; 共享的 gòngxiǎng de: ~ *efforts* 共同的努力 gòngtóng de nǔlì / ~ *property* 共有的财产 gòngyǒu de cáichǎn/ *a* ~ *communiqué* 联合公报 liánhé gōngbào

jointly *adv* 共同(形) gòngtóng; 联合地 liánhé de

joke **I** *n* (1) 笑话(名) xiàohua; 玩笑 (名) wánxiào: *have a* ~ *with sb*. 跟某人开玩笑 gēn mǒu rén kāi wánxiào/ *play a* ~ *on sb*. 戏弄某人 xìnòng mǒu rén (2) 笑柄(名) xiàobǐng, 笑料(名) xiàoliào **II** *v* 开玩笑 kāi wánxiào; 戏弄(动) xìnòng // *a practical* ~ 恶作剧 èzuòjù / *joking apart* 说正经的 shuō zhèngjīng de

joker *n* 爱开玩笑的人 ài kāi wánxiào de rén

jolly **I** *adj* 快活(形) kuàihuó, 兴高采烈的 xìnggāocǎiliè de; 令人高兴的 lìngréngāoxìng de; 极好的 jíhǎo de: *a* ~ *young man* 快活的年轻人 kuàihuó de niánqīngrén **II** *adv* 很(副) hěn, 非常(副) fēicháng

jolt **I** *v* (1) 颠簸(动) diānbǒ (2) 晃动 (动) huàngdòng **II** *n* (1) 晃动(动) huàngdòng (2) 震惊(动) zhènjīng

jostle *v* 推(动) tuī; 挤(动) jǐ

jot **I** *n* 一点儿 yìdiǎnr, 少量(名) shǎoliàng **II** *v* 匆匆记下 cōngcōng jìxià

journal *n* (1) 杂志(名) zázhì; 期刊 qīkān: *a learned* ~ 一份学报 yífèn xuébào (2) 日记(名) rìjì; 日志(名) rìzhì; 日记本(名) rìjìběn

journalism *n* 新闻业(名) xīnwényè; 新闻工作 xīnwén gōngzuò; 新闻学 (名) xīnwénxué; 报刊(名) bàokān:

sensational ~ 耸人听闻的报刊文章 sǒngréntīngwén de bàokān wénzhāng

journalist *n* 新闻工作者 xīnwén gōngzuòzhě, (新闻)记者(xīnwén) jìzhě: *a freelance* ~ 自由记者 zìyóu jìzhě

journalistic *adj* 新闻业的 xīnwényè de; 新闻体的 xīnwéntǐ de

journey *n* (1) 旅行(名) lǚxíng; 旅程 (名) lǚchéng, 路程(名) lùchéng: *a long train* ~ 长途火车旅行 chángtú huǒchē lǚxíng (2) 历程(名) lìchéng: *life's* ~ 人生的历程 rénshēng de lìchéng // *one's* ~'s *end* (1) 旅行的终点 lǚxíng de zhōngdiǎn (2) 生命的终结 shēngmìng de zhōngjié; 死去 sǐqù

jovial *adj* 快活(形) kuàihuó

jowl *n* 下颚(名) xià'è

joy *n* (1) 快乐(形) kuàilè, 欢乐(形) huānlè; 高兴(形) gāoxìng (2) 乐事 (名) lèshì; 乐趣(名) lèqù: *the* ~s *and sorrows of life* 人生的悲欢 rénshēng de bēihuān

joyful *adj* 快乐(形) kuàilè, 高兴(形) gāoxìng: ~ *news* 使人高兴的消息 shǐ rén gāoxìng de xiāoxi

jubilant *adj* 欢呼的 huānhū de; 兴高采烈 xìnggāocǎiliè

jubilate *v* 欢呼(动) huānhū; 欢乐 (形) huānlè

jubilation *n* (1) 欢呼(动) huānhū (2) 庆祝(动) qìngzhù; 庆祝活动 qìngzhù huódòng

jubilee *n* 纪念(名) jìniàn; 欢乐的节日 huānlè de jiérì: *a silver* ~ 二十五周年纪念 èrshíwǔ zhōunián jìniàn/ *a diamond* ~ 六十周年纪念 liùshí zhōunián jìniàn

judge **I** *n* (1) 审判官(名) shěnpànguān, 法官(名) fǎguān (2) 裁判员(名) cáipànyuán; 评判员(名) píngpànyuán: *the* ~s *at a sports meet* 运动会的裁判员 yùndònghuì de cáipànyuán/ *the* ~s *at a flower show* 花卉展览会的评判员 huāhuì zhǎnlǎnhuì de píngpànyuán (3) 鉴定人

（名）jiàndìngrén；鉴赏家（名）jiànshǎngjiā II v（1）审判（动）shěnpàn；审理（动）shěnlǐ（2）评判（动）píngpàn；裁判（动）cáipàn（3）判断（动）pànduàn；断定（动）duàndìng（4）鉴定（动）jiàndìng；识别（动）shíbié；评价（动）píngjià

judgement n（1）审判（动）shěnpàn；判决（动）pànjué：*sit in ~ on a case* 开庭审判一个案子 kāitíng shěnpàn yíge ànzi / *pass ~ on a prisoner* 判决一个犯人 pànjué yíge fànrén（2）评判（动）píngpàn；判断（动）pànduàn：*an error of ~* 判断的错误 pànduàn de cuòwù / *form a ~ upon facts* 根据事实作出判断 gēnjù shìshí zuòchū pànduàn（3）见识（名）jiànshi；判断力（名）pànduànlì：*a person of ~* 有见识的人 yǒu jiànshi de rén

judicial adj 司法的 sīfǎ de；审判上的 shěnpànshang de；法院的 fǎyuàn de：~ *police* 法警 fǎjǐng

judicious adj 明断的 míngduàn de；明智（形）míngzhì，审慎（形）shěnshèn；有见识的 yǒu jiànshi de：*a ~ use of time* 合理地利用时间 hélǐ de lìyòng shíjiān

judo n 柔道（名）róudào

jug n 大壶 dàhú，罐（名）guàn：*a milk ~* 牛奶罐 niúnǎiguàn

juggle v（1）玩儿杂耍 wánr záshuǎ，变戏法 biàn xìfǎ：~ *with plates* 耍盘子 shuǎ pánzi（2）玩儿把戏 wánr bǎxì，耍花招 shuǎ huāzhāo；欺骗（动）qīpiàn；窜改（动）cuàngǎi：~ *figures* 窜改数字 cuàngǎi shùzì / ~ *with history* 歪曲历史 wāiqū lìshǐ

juggler n（1）玩儿杂耍的人 wánr záshuǎ de rén；魔术师（名）móshùshī（2）骗子（名）piànzi

juice n（1）汁（名）zhī；果汁（名）guǒzhī；蔬菜汁 shūcàizhī：*a glass of orange ~* 一杯桔子水 yìbēi júzishuǐ / *tomato ~* 蕃茄汁 fānqiézhī（2）体液（名）tīyè：*gastric ~s* 胃液 wèiyè

juicy adj（1）多汁的 duōzhī de：*a ~*

orange 汁水多的桔子 zhīshuǐ duō de júzi（2）津津有味 jīnjīnyǒuwèi；有趣（形）yǒuqù；刺激性的 cìjīxìng de

jukebox n 自动电唱机 zìdòng diànchàngjī

July n 七月（名）qīyuè；七月份 qīyuèfèn

jumble I v 混杂（动）hùnzá；乱放 luànfàng II n 杂乱（形）záluàn // ~ *sale* 旧杂货拍卖 jiù záhuò pāimài / *a ~ shop* 杂货店 záhuòdiàn

jump I v（1）跳（动）tiào，跳跃（动）tiàoyuè：~ *over a ditch* 从一条沟上跳过去 cóng yìtiáo gōushang tiàoguòqu / ~ *a few pages* 跳过几页 tiàoguò jǐyè（2）暴涨 bàozhǎng；猛增 měngzēng II n 跳（动）tiào，跳跃（动）tiàoyuè；跳跃运动 tiàoyuè yùndòng：*the long ~* 跳远 tiàoyuǎn / *the high ~* 跳高 tiàogāo // ~ *the queue* 加塞儿 jiāsāir，不按次序排队 bú àn cìxù páiduì / ~ *to conclusions* 匆匆作出结论 cōngcōng zuòchū jiélùn

jumper n 套头外衣 tàotóu wàiyī，无袖套领罩衫 wúxiùtàolǐngzhàoshān

junction n 连接（动）liánjiē，接合（动）jiēhé；接合点 jiēhédiǎn；（铁道的）联轨点（tiědào de）liánguǐdiǎn；（河流的）汇合处（héliú de）huìhéchù

juncture n（1）接合（动）jiēhé；接合点 jiēhédiǎn；交界处（名）jiāojièchù（2）时机（名）shíjī；关头（名）guāntóu：*at this ~* 在这个时候 zài zhège shíhou

June n 六月（名）liùyuè，六月份 liùyuèfèn

jungle n（1）丛林（名）cónglín，密林（名）mìlín：*the tropical ~s* 热带丛林 rèdài cónglín（2）为生存而无情竞争的地方（场合）wèi shēngcún ér wúqíng jìngzhēng de dìfang（chǎnghé）：~ *law* 弱肉强食的原则 ruòròu qiángshí de yuánzé（3）乱糟糟的一团 luànzāozāo de yìtuán：*a ~ of red tape and bureaucracy* 官僚主义和文牍主义的大杂烩 guānliáo zhǔyì hé wéndú zhǔyì de dà záhuì

junior I *adj* (1) 年少的 niánshào de; 较年幼的 jiào niányòu de: *Tom Brown*, *J*~ 小汤姆·布朗 xiǎo Tāngmǔ·Bùlǎng (2) 资历较浅的 zīlì jiào qiǎn de; 等级较低的 děngjí jiào dī de: *a* ~ *officer* 下级军官 xiàjí jūnguān/ *a* ~ *college* 大专 dàzhuān/ ~ *high school* 初中 chūzhōng (3) 三年级的 sān niánjí de; 低年级的 dī niánjí de: ~ *pupils in the school* 小学低年级学生 xiǎoxué dī niánjí xuésheng / *the* ~ *class* 三年级 sān niánjí II *n* (1) 年少的人 niánshào de rén, 较年幼的人 jiào niányòu de rén (2) (大学或中学) 三年级学生 (dàxué huò zhōngxué) sān niánjí xuésheng

junk¹ *n* 破烂 (名) pòlàn; 垃圾 (名) lājī // ~ *art* 废料艺术 fèiliào yìshù / ~ *food* (营养很低的) 高热量食品 (yíngyǎng hěndī de) gāo rèliàng shípǐn, 填肚子食品 tián dùzi shípǐn

junk² *n* (平底的) 中国帆船 (名) (píngdǐ de) Zhōngguó fānchuán

jury *n* (1) 陪审团 (名) péishěntuán (2) 竞赛时的评奖团 jìngsài shí de píngjiǎngtuán

just I *adv* (1) 刚 (副) gāng, 刚才 (副) gāngcái (2) 正好 (副) zhènghǎo, 恰好 (副) qiàhǎo (3) 仅仅 (副) jǐnjǐn, 只 (副) zhǐ, 只不过 zhǐbúguò (4) 请 (动) qǐng; 就 (副) jiù; 试着…看 shìzhe…kàn (5) 几乎不 jīhū bù; 差一点儿没 chà yìdiǎnr méi; 好不容易才 hǎobù róngyì cái (6) 真正 (形) zhēnzhèng; 非常 (副) fēicháng II *adj* (1) 正义 (形) zhèngyì; 公正 (形) gōngzhèng, 公平 (形) gōngpíng: *a* ~ *person* 正直的人 zhèngzhí de rén / *a* ~ *law* 公正的法律 gōngzhèng de fǎlù

(2) 应得的 yīngdé de, 应该有的 yīnggāi yǒu de (3) 合理 (形) hélǐ, 正当 (形) zhèngdàng; 有根据的 yǒu gēnjù de: *a* ~ *opinion* 合理的意见 hélǐ de yìjiàn // ~ *about* 差不多 chàbuduō; 几乎 jīhū / ~ *as* 正像 zhèngxiàng, 正当…的时候 zhèngdāng…de shíhou / ~ *as you say* 正像你说的那样 zhèngxiàng nǐ shuō de nàyàng / ~ *now* (1) 此刻 cǐkè, 现在 xiànzài (2) 刚才 gāngcái / ~ *so* 正是这样 zhèngshì zhèyàng, 一点儿不错 yìdiǎnr búcuò

justice *n* (1) 公平 (形) gōngpíng, 公正 (形) gōngzhèng; 合理 (形) hélǐ; 正义 (名) zhèngyì: *social* ~ 社会正义 shèhuì zhèngyì (2) 司法 (名) sīfǎ; 审判 (动) shěnpàn: *a chief* ~ 审判长 shěnpànzhǎng (3) 法官 (名) fǎguān: *Mr J*~ *Smith* 史密斯法官先生 Shǐmìsī fǎguān xiānsheng / *the chief* ~ 首席法官 shǒuxí fǎguān // *do* (1) 公平对待 gōngpíng duìdài (2) 和…酷似 hé…kùsì; 逼真 (形) bīzhēn / *do oneself* ~ 发挥自己的能力 fāhuī zìjǐ de nénglì

justify *v* 证明…是正当的 zhèngmíng…shì zhèngdàng de; 为…辩护 wèi…biànhù

jut *v* 突出 (动) tūchū; 伸出 (动) shēnchū

jute *n* 黄麻 (名) huángmá

juvenile I *adj* (1) 少年的 shàonián de; 青少年的 qīngshàonián de: ~ *books* 少年读物 shàonián dúwù / ~ *delinquent* 少年犯 shàoniánfàn / ~ *literature* 儿童文学 értóng wénxué (2) 幼稚 (形) yòuzhì: ~ *behaviour* 幼稚的行为 yòuzhì de xíngwéi II *n* 青少年 qīngshàonián; 少年 shàonián

K

kaleidoscope *n* 万花筒（名）wàn-
huātǒng

kangaroo *n* 袋鼠(名)dàishǔ: a ~ 一
只袋鼠 yìzhī dàishǔ

karaoke *n* 卡拉 OK（名）kǎlāOK: ~
machine 卡拉 OK 机 kǎlāOKjī

keel **I** *n* 龙骨(名) lónggǔ **II** *v* 翻(动)
fān; 倾覆(动) qīngfù// on an even ~
平稳地 píngwěn de

keen *adj* (1) 锋利(形) fēnglì, 快(形)
kuài (2) 敏捷(形) mǐnjié, 敏锐(形)
mǐnruì, 尖(形) jiān (3) 热心(形)
rèxīn; 渴望(动) kěwàng (4) 激烈
(形) jīliè // be ~ on 喜欢(动)
xǐhuan; 渴望(动) kěwàng

keep *v* (1) 保存(动) bǎocún, 保留
(动) bǎoliú (2) 遵守(动) zūnshǒu, 履
行(动) lǚxíng (3) 经营(动) jīngyíng,
开(动) kāi; 料理(动) liàolǐ (4) 养活
(动) yǎnghuo; 雇(动) gù, 雇用(动)
gùyòng (5) 养(动) yǎng, 饲养(动)
sìyǎng: ~ hens 养鸡 yǎng jī (6) 阻止
(动) zǔzhǐ; 留住(动) liúzhù; 耽搁
(动) dānge (7) 继续(动) jìxù, 不断
(副) búduàn (8)（食物等）保持不坏
(shíwù děng) bǎochí bú huài (9) 过
(节日、生日)(动) guò(jiérì, shēngrì),
庆祝(动) qìngzhù: ~ Spring Festival
过春节 guò Chūnjié / ~ Christmas 过
圣诞节 guò Shèngdànjié // ~ at 坚持
jiānchí / ~ away 站开 zhànkāi / ~
back (1) 使留在后边 shǐ liúzài
hòubiān; 使不走近 shǐ bù zǒujìn (2)
不让...知道 bú ràng...zhīdao (3) 留
下 liúxià / ~ down 限制（动）
xiànzhì; 控制 kòngzhì, 压住 yāzhù: ~
down the prices 限制物价 xiànzhì
wùjià / ~ down the population 控制人
口 kòngzhì rénkǒu / ~ from 使免
于... shǐ miǎnyú... / ~ off 离开

líkāi / ~ on 继续 jìxù, 不断 búduàn /
~ out of (1) 使...留在外边 shǐ...
liúzài wàibiān, 不叫进去 bú jiào jìnqù
(2) 不卷入 bù juǎnrù, 不介入 bú jièrù
/ ~ to oneself 保密 bǎomì; 不和别人
来往 bù hé biérén láiwǎng/ ~ up (1)
坚持下去 jiānchí xiàqù; 持续 chíxù;
保持 bǎochí (2) 熬夜 áoyè/ ~ up
with 跟上 gēnshàng, 赶上 gǎnshàng

keeper *n* 看守人(名) kānshǒurén; 管
理人（名）guǎnlǐrén; 看管人（名）
kānguǎnrén; 老板（名）lǎobǎn: a
lighthouse ~ 灯塔的看管人 dēngtǎ de
kānguǎnrén

keepsake *n* 纪念品(名) jìniànpǐn, 纪
念物（名）jìniànwù

kennel *n* 狗窝(名) gǒuwō

kerb, curb *n*（路边）镶边石（lùbiān）
xiāngbiānshí

kernel *n* (1) 果仁(名) guǒrén; 核
（名）hé: a walnut ~ 核桃仁
hétáorén (2) 谷粒(名) gǔlì (3) 核心
（名）héxīn, 要点(名) yàodiǎn, 中心
（名）zhōngxīn

kerosene *n* 煤油(名) méiyóu: a ~
lamp 一盏煤油灯 yìzhǎn méiyóudēng

ketchup *n* 番茄汁（名）fānqiézhī, 番茄
酱(名) fānqiéjiàng

kettle *n* 水壶(名) shuǐhú: a ~ 一把
水壶 yìbǎ shuǐhú / a ~ of boiling wa-
ter 一壶开水 yìhú kāishuǐ

kettledrum *n* 铜鼓(名) tónggǔ, 定音
鼓(名) dìngyīngǔ

key **I** *n* (1) 钥匙(名) yàoshi: a mas-
ter ~ 一把万能钥匙 yìbǎ wànnéng
yàoshi (2) 键(名) jiàn: enter(return)
~ 回车键 huíchē jiàn / ~s of a type-
writer 打字机的键(盘) dǎzìjī de jiàn
(pán) (3) 答案(名) dá'àn; 秘诀(名)
mìjué: the ~ to the grammar exercises

语法练习答案 yǔfǎ liànxí dá'àn/ *a ~ to one's success* 成功的秘诀 chénggōng de mìjué (4) 关键(名) guānjiàn; 关口 (名) guānkǒu (5) 调(名) diào, 调子 (名) diàozi, 基调(名) jīdiào II *adj* 主 要(形) zhǔyào, 关键的 guānjiàn de: *a ~ person* 关键人物 guānjiàn rénwù

keyboard *n* (钢琴,打字机等的)键盘 (名)(gāngqín,dǎzìjī děng de) jiànpán

keyhole *n* 钥匙孔(名) yàoshikǒng

keynote *n* (1) 基调(名) jīdiào; 主音 (名) zhǔyīn (2) 要旨(名) yàozhǐ; 基 调(名) jīdiào

KGB (前苏联)国家安全委员会(qián Sūlián) Guójiā Ānquán Wěiyuánhuì, 克格勃 Kègébó

khaki I *adj* (1) 土色的(形) tǔsè de (2) 卡其布的 kǎqíbù de II *n* (1) 土黄 色(名) tǔhuángsè (2) 卡其布(名) kǎqíbù; 卡其布军服 kǎqíbù jūnfú

Khan *n* 可汗(名) kèhán; 汗(名) hán

kick I *v* (1) 踢(动) tī (2) 后坐(动) hòuzuò; 反冲(动) fǎnchōng II *n* (1) 踢(动) tī (2) 兴奋(形、名) xīngfèn, 刺激(名,动) cìjī, 快感(名) kuàigǎn: *for ~s* 为了寻求刺激 wèile xúnqiú cìjī (3) 后坐力(名) hòuzuòlì; 力量 (名)lìliàng: *have no ~ left* (*in one*) 已无力反击 yǐ wúlì fǎnjī // *give sb. the ~* 解雇某人 jiěgù mǒu rén/ *~ off* 开始 kāishǐ, 开球 kāi qiú/ *~ up* 踢起 tīqǐ; 引起 yǐnqǐ

kid¹ I *n* (1) 小山羊 (名) xiǎo shānyáng (2) 小孩儿(名) xiǎoháir, 儿童(名) értóng, 少年(名) shàonián: *a crowd of ~s* 一群儿童 yìqún értóng II *adj* 山羊皮的 shānyángpí de: *~ gloves* 山羊皮手套 shānyángpí shǒutào

kid² *v* 嘲弄(动) cháonòng, 戏弄(动) xìnòng; 欺骗(动) qīpiàn

kidnap *v* 绑架(动) bǎngjià, 诱拐(动) yòuguǎi

kidney *n* 肾(名) shèn, 腰子(名) yāozi // *~ bean* 菜豆 càidòu

kill *v* (1) 杀(动) shā; 杀死 shāsǐ, 打 死 dǎsǐ (2) 使停止 shǐ tíngzhǐ; 毁掉 huǐdiào // *~ off* 消灭 xiāomiè: *~ off insect pests* 消灭虫害 xiāomiè chónghài/ *~ time* 消磨时间 xiāomó shíjiān/ *~ 2 birds with one stone* 一箭 双雕 yíjiànshuāngdiāo, 一举两得 yìjǔliǎngdé

killer *n* (1) 杀人者(名) shārénzhě, 凶手(名) xiōngshǒu(2) 灭...的东西 miè...de dōngxi; 宰杀的器具 zǎishā de qìjù: *a weed ~* 除草药 chúcǎoyào

kilogramme *n* 公斤(名) gōngjīn, 千克 qiānkè

kilometre *n* 公里(名) gōnglǐ

kilowatt *n* 千瓦(名) qiānwǎ

kin *n* 家属(名) jiāshǔ; 亲属(名) qīnshǔ, 亲戚(名) qīnqi // *next of ~* 最近的亲属 zuì jìn de qīnshǔ / *no ~ to* 没有亲属关系 méiyǒu qīnshǔ guānxi

kind¹ *n* 种(量) zhǒng; 类(量) lèi; 种 类(名) zhǒnglèi: *goods of different ~s* 不同种类的货物 bùtóng zhǒnglèi de huòwu // *a ~ of* 某种 mǒu zhǒng, 一 种 (不 明 确 的) yìzhǒng (bù míngquède)/ *~ of* 有点儿 yǒudiǎnr, 稍微 shāowēi / *of a ~* 同一类的 tóng yílèi de / *something of the ~* 类似的 事情 lèisì de shìqing

kind² *adj* 善良(形) shànliáng; 好意的 hǎoyì de; 和蔼(形) hé'ǎi

kindergarten *n* 幼儿园(名) yòu'éryuán

kind-hearted *adj* 仁慈(形) réncí, 善 良 (形) shànliáng, 好 心 肠 的 hǎoxīncháng de

kindle *v* (1) 点(动) diǎn, 点燃(动) diǎnrán (2) 引起 (动) yǐnqǐ, 激起 (动) jīqǐ: *~ the interest of students* 引 起学生的兴趣 yǐnqǐ xuésheng de xìngqù (3) 发亮 fāliàng, 发光 fāguāng

kindly *adv* 仁慈地 réncí de; 好意地 hǎoyì de; 和蔼地 hé'ǎi de, 友好地 yǒuhǎo de

kindness *n* 仁慈(形) réncí; 好意(名) hǎoyì; 友 好 的 行 为 yǒuhǎo de xíngwéi; 恩惠(名) ēnhuì

kindred I *n* 亲属(名) qīnshǔ; 家人

（名）jiārén **II** *adj* 同系的 tóngxì de,同种的 tóngzhǒng de

king *n* (1) 王（名）wáng, 国王（名）guówáng;君主（名）jūnzhǔ: *the King of Denmark* 丹麦国王 Dānmài guówáng (2) 大王（名）dàwáng: *an oil* ~ 石油大王 shíyóu dàwáng (3) （纸牌）K（zhǐpái）K;（国际象棋）王（guójì xiàngqí）wáng

kingdom *n* (1) 王国（名）wángguó: *the United K~* 联合王国 Liánhé Wángguó (2) 领域（名）lǐngyù; 界（名）jiè: *the animal* ~ 动物界 dòngwùjiè / *the* ~ *of science* 科学领域 kēxué lǐngyù

king-size *adj* 特大的 tè dà de, 特长的 tè cháng de: ~ *cigarettes* 特大号香烟 tè dà hào xiāngyān

kinsfolk *n* 家属（名）jiāshǔ, 亲属（名）qīnshǔ

kiosk *n* (1) 书报摊（亭）shūbàotān（tíng）(2) 公共电话亭 gōnggòng diànhuàtíng

kiss **I** *v* 吻（动）wěn, 亲（动）qīn; 接吻（动）jiēwěn **II** *n* 吻（动）wěn; 接吻（动）jiēwěn // ~ *of life* 人工呼吸 réngōng hūxī

kit *n* (1) 成套工具 chéngtào gōngjù; 成套配件 chéngtào pèijiàn; 全部用具 quánbù yòngjù: *a travel* ~ 一套旅行用物件 yítào lǚxíng yòng wùjiàn (2) 工具箱（名）gōngjùxiāng: *a carpenter's* ~ 木匠工具箱 mùjiàng gōngjùxiāng

kitchen *n* 厨房（名）chúfáng, 伙房（名）huǒfáng // ~ *cabinet* (1) 碗柜 wǎnguì (2) 厨房内阁 chúfáng nèigé ~ *sink* 水池（名）shuǐchí; 洗碗池 xǐwǎnchí

kitchenware *n* 厨房用具 chúfáng yòngjù

kite *n* 风筝（名）fēngzheng

kitten *n* 小猫 xiǎo māo

Kleenex *n* 清洁棉纸 qīngjié miánzhǐ, 面巾纸 miànjīn zhǐ

knack *n* 诀窍（名）juéqiào; 技能（名）jìnéng; 窍门儿 qiàoménr

knead *v* 捏（动）niē; 搓（动）cuō; 和（动）huó, 揉（动）róu

knee *n* 膝（名）xī; 膝盖（名）xīgài // *go down on one's* ~ *s* 跪下 guìxià, 哀求 āiqiú

knee-deep *adj* 齐膝深的 qí xī shēn de

kneel *v* 跪（动）guì; 跪下 guìxià

knell *n* 丧钟（名）sāngzhōng: *toll the* ~ 敲丧钟 qiāo sāngzhōng

knick-knack *n* 小玩意儿 xiǎo wányìr; 小摆设 xiǎo bǎishè

knife *n* 刀（名）dāo, 刀子（名）dāozi: *a table* ~ 一把餐刀 yìbǎ cāndāo // *jack* ~ 大折刀 dà zhédāo

knight **I** *n* (1)（中世纪的）骑士（名）(zhōngshìjì de）qíshì, 武士（名）wǔshì (2) 爵士（名）juéshì **II** *v* 封...为爵士 fēng...wéi juéshì

knit *v* (1) 织（动）zhī, 编织（动）biānzhī (2) 皱（动）zhòu: ~ *one's brows* 皱眉头 zhòu méitóu (3) 接合（动）jiēhé; 结合（动）jiéhé; 砌（动）qì: ~ *bricks together* 砌砖 qì zhuān / *a* ~ *goods* 针织品 zhēnzhīpǐn / *a* ~ *goods mill* 针织厂 zhēnzhīchǎng

knitwear *n* 针织品（名）zhēnzhīpǐn

knob *n* (1) 节（名）jié; 圆头（名）yuántóu: *a stick with a big* ~ *on the end* 头上有一个大圆头的手杖 tóushang yǒu yíge dà yuántóu de shǒuzhàng (2) 门把手（名）mén bǎshou; 旋钮（名）xuánniǔ: *turn the* ~ 扭动门把手 niǔdòng mén bǎshǒu (3) 块（量）kuài: *a* ~ *of butter* 一块黄油 yíkuài huángyóu

knock **I** *v* (1) 敲（动）qiāo, 打（动）dǎ (2) 撞（动）zhuàng, 碰（动）pèng (3) 打（动）dǎ, 殴打（动）ōudǎ **II** *n* 敲（动）qiāo; 打（动）dǎ; 击（动）jī // ~ *about* (1) 粗暴对待 cūbào duìdài; 虐待 nüèdài (2) 漫游 mànyóu / ~ *down* (1) 撞倒 zhuàngdǎo; 打倒 dǎdǎo (2) 减价 jiǎnjià (3) 拆除 chāichú: ~ *down old houses* 拆除旧房子 chāichú jiù fángzi / ~ *into* 偶然遇

到 ǒurán yùdào / ~ off (1) 打掉 dǎdiào; 碰掉 pèngdiào (2) 下班 xiàbān; 停止工作 tíngzhǐ gōngzuò (3) 减价 jiǎnjià / ~ out 打晕 dǎyūn; 打倒 dǎdǎo; 击败 jībài / ~ over 打翻 dǎfān; 弄倒 nòngdǎo / ~ up (1) 匆匆做好 cōngcōng zuòhǎo, 迅速做好 xùnsù zuò hǎo (2) 敲门叫醒 qiāomén jiàoxǐng

knocker *n* (1) 门环(名) ménhuán (2) 敲门的人 qiāomén de rén

knot **I** *n* (1) 结(名) jié: *tie a ~ in a rope* 在绳子上打一个结 zài shéngzishang dǎ yíge jié/ *undo a ~* 把一个结打开 bǎ yíge jié dǎkāi (2)（木头上的）节 (mùtoushang de) jié, 节疤(名) jiébā (3) 一小群 yì xiǎo qún, 一小堆 yì xiǎo duī: *a small ~ of people* 一小群人 yì xiǎo qún rén (4) 海里(量) hǎilǐ: *30 ~s* 三十海里 sānshí hǎilǐ **II** *v* 打结 dǎ jié; 系(动) jì: *~ 2 ropes together* 把两条绳子系起来 bǎ liǎngtiáo shéngzi jìqilai

know *v* (1) 知道(动) zhīdào; 了解(动) liǎojiě (2) 懂(动) dǒng, 懂得(动) dǒngde; 会(助动) huì (3) 认识(动) rènshi; 熟悉(动) shúxī (4) 识别(动) shíbié; 认出来 rènchūlái: *~ right from wrong* 分辨是非 fēnbiàn shìfēi // *~ of* 听说过 tīngshuōguò, 知道 zhīdào / *~ all the answers* 无所不知 wúsuǒbùzhī, 万事通 wànshìtōng

know-all *n* 万事通(名) wànshìtōng, 自称无所不知的人 zìchēng wúsuǒbùzhī de rén

know-how *n* 专门技术 zhuānmén jìshù, 实际知识 shíjì zhīshi

knowing **I** *adj* 知道的 zhīdào de; 有见识的 yǒu jiànshi de, 有知识的 yǒu zhīshi de; 会意的 huìyì de, 心照不宣的 xīnzhàobùxuān de: *a ~ person* 一

个有见识的人 yíge yǒu jiànshi de rén / *a ~ smile* 会意地一笑 huìyì de yí xiào **II** *n* 知道(动) zhīdào, 认识(动、名) rènshi, 了解(动) liǎojiě

knowledge *n* (1) 知识(名) zhīshi, 学问(名) xuéwèn: *branches of ~* 各门学科 gèmén xuékē/ *common ~* 众所周知的事 zhòngsuǒzhōuzhī de shì（常识 chángshí）/ *general ~* 一般知识 yìbān zhīshi（普通知识 pǔtōng zhīshi）(2) 了解(动) liǎojiě; 理解(动) lǐjiě; 消息(名) xiāoxi (3) 认识(名) rènshi: *perceptual ~* 感性认识 gǎnxìng rènshi / *rational ~* 理性认识 lǐxìng rènshi // *to my ~* 据我所知 jù wǒ suǒzhī

knowledgeable *adj* 博学的 bóxué de; 有知识的 yǒu zhīshi de; 在行(形) zàiháng: *a ~ person* 一个有学识的人 yíge yǒu xuéshí de rén

known *adj* 有名的 yǒumíng de; 著名的 zhùmíng de, 出名的 chūmíng de // *~ as* (1) 以...知名 yǐ...zhīmíng, 被公认为 bèi gōngrènwéi (2) 也叫做 yě jiàozuò, 名叫 míngjiào / *~ to* 为...所知 wéi...suǒzhī, 为...所了解 wéi...suǒliǎojiě / *make oneself ~ to* 作自我介绍 zuò zìwǒ jièshào / *make sth. ~ to* 向...宣布 xiàng...xuānbù

knuckle *n* 指关节(名) zhǐguānjié

Koran *n*《可兰经》(名)《Kělánjīng》,《古兰经》《Gǔlánjīng》

Korean **I** *adj* 朝鲜的 Cháoxiān de **II** *n* (1) 朝鲜语(名) Cháoxiānyǔ (2) 朝鲜人(名) Cháoxiānrén

kowtow *v* 叩头 kòutóu, 磕头 kētóu

Ku Klux Klan 三K党(名) Sānkèidǎng

Kuomintang *n* 国民党(名) Guómíndǎng

L

label I *n* 标签（名）biāoqiān：*put ~s on one's luggage* 在行李上贴标签 zài xínglishang tiē biāoqiān II *v* (1) 贴标签 tiē biāoqiān (2) 把…称为 bǎ…chēngwéi；把…列为 bǎ…lièwéi

laboratory *n* 实验室（名）shíyànshì；化验室（名）huàyànshì

laborious *adj* 费劲的 fèijìn de；费力的 fèilì de；艰难（形）jiānnán

labour I *n* (1) 劳动（动）láodòng，工作（名）gōngzuò：*mental ~* 脑力劳动 nǎolì láodòng / *hard ~* 劳役 láoyì (2)（辛苦的）工作（名）(xīnkǔ de) gōngzuò (3) 工人（名）gōngrén；劳动力（名）láodònglì；劳方（名）láofāng：*the L~ Party* 工党 gōngdǎng / *the struggle between ~ and capital* 劳资之间的斗争 láo zī zhījiān de dòuzhēng (4) 分娩（动）fēnmiǎn：*a woman in ~* 在分娩的妇女 zài fēnmiǎn de fùnǚ / *difficult ~* 难产 nánchǎn / *natural ~* 顺产 shùnchǎn II *v* (1)（辛勤地）劳动（动）(xīnqín de) láodòng，工作（动）gōngzuò (2) 吃力地行动（运动）chīlì de xíngdòng (yùndòng) // *a ~ of love* 不取报酬自愿承担的事 bù qǔ bàochou zìyuàn chéngdān de shì / *L~ Day* (1) 五一国际劳动节 wǔyī guójì láodòngjié (2)（美国）劳动节（美国）láodòngjié / *~ force* 劳动力 láodònglì / *one's way* 吃力地前进 chīlì de qiánjin

labourer *n* 劳动者（名）láodòngzhě：*a farm ~* 农业工人 nóngyè gōngrén

labour-saving *adj* 节省劳动力的 jiéshěng láodònglì de，减轻劳动的 jiǎnqīng láodòng de

labyrinth *n* 迷宫（名）mígōng

lace I *n* (1) 鞋带（名）xiédài；带子（名）dàizi：*a pair of ~s* 一副鞋带 yífù xiédài (2) 花边儿（名）huābiānr：*a dress trimmed with ~* 带花边的衣服 dài huābiānr de yīfu II *v* 系（动）jì

lack I *v* 缺少（动）quēshǎo，缺乏（动）quēfá；没有 méiyǒu II *n* 缺乏（动）quēfá，缺少（动）quēshǎo，短缺（动）duǎnquē

lackey *n* (1) 穿号衣的男仆 chuān hàoyī de nánpú (2) 走狗（名）zǒugǒu，走卒（名）zǒuzú，奴仆（名）núpú

laconic *adj* 简洁（形）jiǎnjié，简短（形）jiǎnduǎn；简单明了 jiǎndān míngliǎo，精练（形）jīngliàn：*a ~ answer* 简洁的回答 jiǎnjié de huídá

lacquer I *n* 漆（名）qī：*a ~ tray* 漆盘 qīpán / *a ~ tree* 漆树 qīshù / *~ware* 漆器 qīqì II *v* 漆（动）qī

lad *n* 男孩儿（名）nánháir；小伙子（名）xiǎohuǒzi；少年（名）shàonián

ladder I *n* (1) 梯子（名）tīzi：*a scaling ~* 云梯 yúntī (2) 阶梯（名）jiētī：*climb the social ~* 往上爬 wàng shàng pá (提高自己的社会地位 tígāo zìjǐ de shèhuì dìwèi) II *v* 抽丝 chōusī

laden *adj* 装满了的 zhuāngmǎnle de，满载的 mǎnzài de

ladle I *n* 长把儿勺子 chángbàrsháozi：*a soup ~* 汤勺 tāngsháo II *v* 舀（动）yǎo，盛（动）chéng：*~ in* 舀进 yǎojin / *~ out* 舀出 yǎochū (端出 duānchū；提供 tígōng)

lady *n* (1) 女士（名）nǚshì；夫人（名）fūrén；小姐（名）xiǎojie；妇女（名）fùnǚ：*a young ~* 一位小姐 yíwèi xiǎojie / *Ladies and gentlemen!* 女士们，先生们！Nǚshìmen, xiānshengmen! (2) 贵妇（人）guìfù (rén)：*L~ Wilson* 威尔逊夫人 Wēi'ěrxùn fūrén // *a ~ clerk* 女职员 nǚ zhíyuán / *Our L~* 圣母玛利亚

Shèngmǔ Mǎlìyà / *the First L*~ 第一
夫人 dìyī fūrén; 总统夫人 zǒngtǒng
fūrén/ *the ladies' room* 女厕所 nǚ
cèsuǒ

lag **I** v 落后(动) luòhòu; 进展得慢
jìnzhǎn de màn **II** n 迟延(动) chíyán;
落后(动) luòhòu: *a time* ~ *of 4
months* 迟延四个月的时间 chíyán sìge
yuè de shíjiān

lair n 兽穴(名) shòuxué; 兽窝(名)
shòuwō; 藏身处 cángshēnchù: *the
pirate's* ~ 海盗的巢穴 hǎidào de
cháoxué

lake n 湖(名) hú, 湖泊(名) húpō:
Kunming L~ 昆明湖 Kūnmínghú

lamb n (1) 小羊 xiǎo yáng; 羔羊
(名) gāoyáng (2) 羊肉(名) yángròu:
a leg of ~ 一只羊腿 yìzhī yángtuǐ

lambskin n 羔羊皮(名) gāoyáng pí

lame **I** adj (1) 瘸(形) qué, 跛(形)
bǒ: *walk* ~ 一瘸一拐地走路 yì qué yì
guǎi de zǒu lù / *be* ~ *in the left leg* 左
腿瘸了 zuǒtuǐ qué le (2) 站不住脚的
zhàn bu zhù jiǎo de; 有缺陷的 yǒu
quēxiàn de: *a* ~ *excuse* 站不住脚的
理由 zhàn bu zhù jiǎo de lǐyóu / *a* ~
imitation 蹩脚的仿制品 biéjiǎo de
fǎngzhìpǐn **II** v 使瘸 shǐ qué; 使残废
shǐ cánfèi

lament **I** v 惋惜(动) wǎnxī; 难过(动)
nánguò; 哀悼(动) āidào, 悲叹(动)
bēitàn **II** n (1) 悲伤(形) bēishāng; 惋
惜(动) wǎnxī (2) 哀乐(名) āiyuè, 挽
歌(名) wǎngē

lamp n 灯(名) dēng; 油灯(名)
yóudēng: *a reading* ~ 台灯 táidēng /
~ *holder* 灯座 dēngzuò / *an arc* ~ 弧
光灯 húguāngdēng

lamplight n 灯光(名) dēngguāng
lamp-post n 路灯柱(名) lùdēngzhù
lampshade n 灯罩(名) dēngzhào
lance n 旗杆矛 qígānmáo, 长矛(名)
chángmáo

land **I** n (1) 陆地(名) lùdì (2) 土地
(名) tǔdì; 田地(名) tiándì: *work on
the* ~ 在田里干活 zài tiánli gànhuó

(3) 国土(名) guótǔ, 国家(名)
guójiā: *one's native* ~ 祖国 zǔguó **II** v
(1) 上岸 shàng àn; 降落(动)
jiàngluò, 着陆(动) zhuólù (2) 使…到
达 shǐ…dàodá; 使…处于 shǐ… chǔyú
// ~ *reform* 土地改革 tǔdì gǎigé

landholder n 土地所有者 tǔdì
suǒyǒuzhě

landing n (1) 上岸 shàng àn, 登陆
(动) dēnglù; 着陆(动) zhuólù; 降落
(动) jiàngluò: *make a* ~ 登陆 dēnglù
(着陆 zhuólù) / *make a safe* ~ 安全
降落 ānquán jiàngluò (2) 楼梯平台
lóutī píngtái (3) 登陆处 dēnglùchù; 着
陆地 zhuólùdì; 码头(名) mǎtou, 月台
(名) yuètái

landlady n 女房东 nǚ fángdōng
landlord n (1) 地主(名) dìzhǔ (2) 房
东(名) fángdōng; 店主(名) diànzhǔ

landmark n (1) 陆地上的明显标志
lùdìshang de míngxiǎn biāozhì; 界标
(名) jièbiāo (2) (历史上的) 里程碑
(名) (lìshǐshang de) lǐchéngbēi

landowner n 地主(名) dìzhǔ; 土地所
有者 tǔdì suǒyǒuzhě

landscape n (1) 风景(名) fēngjǐng, 景
色(名) jǐngsè: *a beautiful* ~ 一片美
景 yípiàn měijǐng / *a summer* ~ 夏景
xiàjǐng / *a* ~ *of snow* 雪景 xuějǐng
(2) 风景画 fēngjǐnghuà; 风景摄影
fēngjǐng shèyǐng // ~ *architect* 环境美
化专家 huánjìng měihuà zhuānjiā /
architecture 园林建筑学 yuánlín
jiànzhùxué / ~ *gardening* 建园法
jiànyuánfǎ, 造园法 zàoyuánfǎ

landslide n (1) 山崩(动) shānbēng;
崩塌(动) bēngtā; 塌方(名) tāfāng
(2) 压倒的优胜 yādǎo de yōushèng, 一
边倒的胜利 yìbiāndǎo de shènglì

lane n (1) 乡村小道 xiāngcūn xiǎodào
(2) 胡同(名) hútòng, 小巷(名)
xiǎoxiàng (3) 车道(名) chēdào; 跑道
(名) pǎodào; 航道(名) hángdào: *in-
side* (*outside*) ~ 内(外)车道 nèi
(wài) chēdào / *the shipping* ~ *from
Liverpool to New York* 从利物浦到纽

约的航道 cóng Lìwùpǔ dào Niǔyuē de hángdào

language n 语言(名) yǔyán; 话(名) huà: the ~s of Asia 亚洲的各种语言 Yàzhōu de gèzhǒng yǔyán / a foreign ~ 一门外语 yìmén wàiyǔ // sign ~ 手势语 shǒushìyǔ / legal ~ 法律用语 fǎlǜ yòngyǔ / ~ laboratory 语言实验室 yǔyán shíyànshì / technical ~ 技术用语 jìshù yòngyǔ / spoken ~ 口语 kǒuyǔ / written ~ 书面语 shūmiànyǔ

lank adj (1) 细长(形) xìcháng; 瘦削(形) shòuxuē (2) 平直的 píngzhí de

lantern n 提灯(名) tídēng; 灯笼(名) dēnglong: a signal ~ 一盏信号灯 yìzhǎn xìnhàodēng / a Chinese ~ 一只灯笼 yìzhī dēnglong / the L ~ Festival 灯节 dēngjié (元宵节 yuánxiāojié)

lap[1] n (1) 大腿上 dàtuǐshang; 膝部(名) xībù (2)(衣服的)下摆(名)(yīfu de) xiàbǎi

lap[2] v (1) 舔(动) tiǎn (2) 拍打(动) pāidǎ

lapel n (西服上衣的)翻领(名)(xīfú shàngyī de) fānlǐng: a coat with wide ~s 宽翻领的上衣 kuān fānlǐng de shàngyī

lapse n (1) 差错(名) chācuò, 失误(动) shīwù: a ~ of the tongue 失言 shīyán / a ~ of the pen 笔误 bǐwù / a ~ of memory 遗忘 yíwàng (2)时间流逝 shíjiān liúshì

lard I n 猪油(名) zhūyóu II v 抹猪油 mǒ zhūyóu

larder n 储藏室(名) chǔcángshì; 食品柜(名) shípǐnguì

large adj 大(形) dà, 巨大(形) jùdà// at ~ (1) 自由 zìyóu; 逍遥法外 xiāoyáo fǎwài (2) 整个的 zhěnggè de, 普遍 pǔbiàn

largely adv 主要(形) zhǔyào, 基本上(副) jīběnshang

large-scale adj 大规模的 dà guīmó de, 大型(形) dàxíng

lark[1] n 百灵鸟(名) bǎilíngniǎo, 云雀(名) yúnquè

lark[2] n 玩笑(动) wánxiào, 嬉戏(动) xīxì

larva n 幼虫(名) yòuchóng; 幼体(名) yòutǐ: the ~e of butterflies 蝴蝶的幼虫 húdié de yòuchóng

larynx n 喉(名) hóu

laser n 激光(名) jīguāng, 受激发射光 shòujī fāshè guāng; 激光器(名) jīguāngqì, 光激射器 guāng jīshèqì; 镭射(名) léishè // ~ beam 激光束 jīguāngshù / ~ illuminator 激光照明器 jīguāng zhàomíngqì

lash I n (1) 鞭子(名) biānzi, 鞭梢(名) biānshāo (2) 鞭打(动) biāndǎ, 抽打(动) chōudǎ (3) 冲击(动) chōngjī; 拍打(动) pāidǎ II v 抽打(动) chōudǎ, 鞭打(动) biāndǎ; 拍打(动) pāidǎ; 斥责(动) chìzé

lass n 少女(名) shàonǚ, 小姑娘 xiǎogūniang; 女友(名) nǚyōu

last[1] I adj (1)最后的 zuìhòu de, 最末的 zuìmò de, 最后剩下的 zuìhòu shèngxia de: the ~ month of the year 一年的最后一个月 yìnián de zuìhòu yíge yuè / the ~ 2 arrivals 最后到达的两个人 zuìhòu dàodá de liǎngge rén / the second to the ~ line 倒数第二行 dàoshǔ dì'èrháng (2) 刚过去的 gāng guòqu de, 上一个 shàng yíge: ~ week 上星期 shàng xīngqī / ~ year 去年 qùnián / ~ Sunday 上星期天 shàng Xīngqītiān (3) 最不适合的 zuì bú shìhé de; 最不可能的 zuì bùkěnéng de II adv (1) 最后(名) zuìhòu (2) 上一次 shàng yícì, 最近一次 zuìjìn yícì III n 最后(名) zuìhòu// at ~ 最后 zuìhòu, 终于 zhōngyú

last[2] v (1) 持续(动) chíxù; 持久(形) chíjiǔ; 够用 gòuyòng (2) 耐久(形) nàijiǔ

latch I n (1) 插销(名) chāxiāo, 闩(名) shuān, 门闩(名) ménshuān (2) 撞锁(名) zhuàngsuǒ, 弹簧锁(名) tánhuágsuǒ II v 插上 chāshang; 用撞锁锁上 yòng zhuàngsuǒ suǒshang

late I adj (1) 晚(形) wǎn, 迟(形)

chí (2) 末期的 mòqī de, 晚期的 wǎnqī de: in ~ June 六月末 liùyuè mò / in ~ summer 夏末 xiàmò / in the ~ eighties 八十年代后期 bāshí niándài hòuqī (3) 以前的 yǐqián de, 前任的 qiánrèn de: the ~ prime minister 前任首相 qiánrèn shǒuxiàng (4) 已故的 yǐgù de II adv 晚(形) wǎn, 迟(形) chí: get up early and go to bed ~ 早起晚睡 zǎo qǐ wǎn shuì / marry ~ in life 晚结婚 wǎn jiéhūn // Better ~ than never. 晚做总比不做好。Wǎn zuò zǒng bǐ bú zuò hǎo. / It is never too ~ to mend one's ways. 改过不嫌晚。Gǎiguò bù xián wǎn.

lately adv 最近(名) zuìjìn, 不久前 bùjiǔ qián, 近来(名) jìnlái

latency n (1) 隐伏(动) yǐnfú, 潜伏(动) qiánfú; 潜在(动) qiánzài (2) 潜伏物(名) qiánfúwù; 潜在因素 qiánzài yīnsù

latent adj 潜伏的 qiánfú de, 潜在的 qiánzài de, 隐而不见的 yǐn ér bú jiàn de

later I adj 更(较)迟的 gèng (jiào) chí de; 更后的 gèng hòu de II adv 在后 zài hòu; 以后(名) yǐhòu: I will see you ~. 回头见! Huítóu jiàn! (再见! Zàijiàn!) // ~ on 过后 guòhòu, 以后 yǐhòu, 后来 hòulái / no ~ than 不迟于 bù chíyú / sooner or ~ 早晚 zǎowǎn, 迟早 chízǎo, 总有一天 zǒng yǒu yìtiān

latest I adj 最后的 zuì hòu de, 最新的 zuì xīn de, 最迟的 zuì chí de: the ~ fashion 最新式样 zuì xīn shìyàng / the ~ news 最新消息 zuì xīn xiāoxi II n 最新消息 zuìxīn xiāoxi; 最新式样 zuì xīn shìyàng // at the ~ 最迟 zuì chí, 最晚 zuì wǎn

lath n 板条(名) bǎntiáo

lathe n 车床(名) chēchuáng; 旋床(名) xuànchuáng: a boring ~ 镗床 tángchuáng / a tool maker ~ 工具车床 gōngjù chēchuáng / a universal ~ 万能车床 wànnéng chēchuáng

lather I n (1) 泡沫(名) pàomò (2) 汗水(名) hànshuǐ II v (1) 涂上皂沫 túshang zàomò: ~ one's face before shaving 刮脸前先在脸上涂上肥皂沫 guāliǎn qián xiān zài liǎnshang túshang féizàomò (2) 起泡沫 qǐ pàomò

Latin I adj 拉丁的 Lādīng de; 拉丁语的 Lādīngyǔ de; 拉丁人的 Lādīngrén de: the ~ peoples 拉丁民族 Lādīng mínzú / ~ America 拉丁美洲 Lādīngměizhōu / a ~ prefix 拉丁文词头 Lādīngwén cítóu II n 拉丁语 Lādīngyǔ; 拉丁字母表 Lādīng zìmǔbiāo

latitude n (1) 纬度(名) wěidù: 30 degrees south ~ 南纬三十度 nánwěi sānshídù (2) 地方(名) dìfāng, 地区(名) dìqū: low (high) ~s 低(高)纬度地区 dī(gāo) wěidù dìqū

latter adj (1) 后半的 hòubàn de: the ~ half of the year 下半年 xiàbànnián (2) 后者(名) hòuzhě, 后一个 hòu yíge

lattice n 格子(名) gézi; 花格窗 huāgéchuāng

laugh I v 笑(动) xiào; 大笑(动) dàxiào II n 笑(动) xiào; 笑声(名) xiàoshēng // ~ at (1) 因…而发笑 yīn…ér fāxiào (2) 嘲笑 cháoxiào, 笑话 xiàohua

laughable adj 可笑(形) kěxiào, 叫人发笑的 jiào rén fāxiào de

laughing-stock n 笑柄(名) xiàobǐng: make ~ of oneself 出丑 chūchǒu (成为笑柄 chéngwéi xiàobǐng)

laughter n 笑(动) xiào; 笑声(名) xiàoshēng: burst into ~ 放声大笑 fàngshēng dàxiào

launch¹ v (1) 下水 xià shuǐ (2) 发射(动) fāshè (3) 发动 fādòng, 发起(动) fāqǐ: ~ a fierce attack on the enemy 向敌人发起猛攻 xiàng dírén fāqǐ měnggōng (4) 开办(动) kāibàn, 创办(动) chuàngbàn; 发起(动) fāqǐ: ~ a new enterprise 创办一家新企业 chuàngbàn yìjiā xīn qǐyè

launch² *n* 汽艇(名) qìtǐng, 游艇（名）yóutǐng

laundry *n* (1) 洗衣房（名）xǐyīfáng; 洗衣店（名）xǐyīdiàn (2) 送洗的衣物 sòng xǐ de yīwù, 洗好(烫好)的衣物 xǐhǎo (tànghǎo) de yīwù

laurel *n* (1) 月桂树（名）yuèguìshù; 桂树叶（名）guìshùyè: *a ~ wreath* 桂冠 guìguān (2) 光荣（名）guāngróng, 荣誉（名）róngyù: *look to one's ~s* 珍惜荣誉 zhēngxī róngyù / *rest on one's ~s* 满足已有的成绩 mǎnzú yǐ yǒu de chéngjī

lave *n* 熔岩（名）róngyán

lavatory *n* 盥洗室（名）guànxǐshì; 厕所（名）cèsuǒ, 茅房（名）máofáng

lavish **I** *adj* 慷慨（形）kāngkǎi; 过分大方 guòfèn dàfang; 过分丰富的 guòfèn fēngfù de **II** *v* 浪费（动）làngfèi; 滥用（动）lànyòng

law *n* (1) 法律（名）fǎlǜ, 法令（名）fǎlìng, 法案（名）fǎ'àn: *civil ~* 民法 mínfǎ / *criminal ~* 刑法 xíngfǎ / *abide by the ~* 守法 shǒufǎ / *break the ~* 犯法 fànfǎ / *a ~ student* 学习法律的学生 xuéxí fǎlǜ de xuésheng / *maintain ~ and order* 维护法律和秩序 wéihù fǎlǜ hé zhìxù (2) 法学（名）fǎxué; 法律知识 fǎlǜ zhīshi (3) 定律（名）dìnglǜ; 规律（名）guīlǜ: *Newton's ~s* 牛顿定律 Niúdùn dìnglǜ / *the ~s of motion* 运动定律 yùndòng dìnglǜ (4) 规则（名）guīzé; 守则（名）shǒuzé // *~ and order* 法治 fǎzhì / *~ court* 法庭 fǎtíng, 法院 fǎyuàn / *~ office* 律师事务所 lùshī shìwùsuǒ

lawful *adj* 合法（形）héfǎ; 法定（形）fǎdìng: *a ~ act* 合法行为 héfǎ xíngwéi / *~ age* 法定年龄 fǎdìng niánlíng

lawless *adj* 不法的 bùfǎ de, 非法（形）fēifǎ: *a ~ person* 不法之徒 bùfǎ zhī tú / *~ practices* 违法行为 wéifǎ xíngwéi

lawmaker *n* 立法者（名）lìfǎzhě

lawmaking **I** *adj* 立法的 lìfǎ de **II** *n* 立法 lìfǎ

lawn *n* 草地（名）cǎodì; 草坪（名）cǎopíng

lawnmower *n* 剪草机（名）jiǎncǎojī

lawsuit *n* 诉讼(动) sùsòng: *enter into a ~ against sb.* 对某人起诉 duì mǒu rén qǐsù

lawyer *n* (1) 律师（名）lùshī (2) 法学家（名）fǎxuéjiā

laxative *n* 轻泻剂 qīngxièjì

lay *v* (1) 放（动）fàng, 搁（动）gē (2) 砌（动）qì; 铺设（动）pūshè: *~ bricks* 砌砖 qì zhuān / *~ a railroad track* 铺铁路 pū tiělù (3) 生（动）shēng, 下（动）xià (4) 摆（动）bǎi, 布置（动）bùzhì, 安放（动）ānfàng: *~ a trap* 设下陷阱 shèxia xiànjǐng (5) 制定（动）zhìdìng, 拟定（动）nǐdìng: *~ a plan* 拟定计划 nǐdìng jìhuà // *~ aside* 存放 cúnfàng; 储存 chǔcún / *~ down* (1) 放下 fàngxia (2) 投降 tóuxiáng (3) 牺牲 xīshēng / *~ in* 贮藏 zhùcáng: *~ in store for the winter* 贮藏过冬的必需品 zhùcáng guò dōng de bìxūpǐn / *~ off* (临时)解雇（línshí）jiěgù: *~ off workers* 把工人暂时解雇 bǎ gōngrén zànshí jiěgù / *~ out* 设计 shèjì: *~ out a garden* 设计一座花园 shèjì yízuò huāyuán / *~ out a printed page* 设计一个版面 shìjì yīge bǎnmiàn

layer *n* (1) 生蛋的鸡 shēng dàn de jī: *a good ~* 下蛋多的鸡 xià dàn duō de jī (2) 层（名、量）céng; 地层（名）dìcéng

layman *n* (1) 俗人（名）súrén (2) 门外汉（名）ménwàihàn, 外行（名）wàiháng, 不具备某种专门知识的人 bú jùbèi mǒu zhǒng zhuānmén zhīshi de rén: *in ~'s terms* 用一般人的话来说 yòng yìbān rén de huà lái shuō

laziness *n* 懒惰（形）lǎnduò

lazy *adj* (1) 懒（形）lǎn, 懒惰（形）lǎnduò; 懒散（形）lǎnsǎn: *a ~ fellow* 懒汉 lǎnhàn (2) 使人懒散的 shǐ rén lǎnsǎn de: *a long, ~ day* 漫长的令人懒洋洋的一天 màncháng de lìng rén lǎnyángyáng de yìtiān

lazy-bones *n* 懒汉（名）lǎnhàn, 懒骨头（名）lǎngútou

lead[1] **I** *v* (1) 领导（动）lǐngdǎo；率领（动）shuàilǐng；指挥（动）zhǐhuī：~ *a political party* 领导一个政党 lǐngdǎo yíge zhèngdǎng / ~ *an army* 指挥一支军队 zhǐhuī yìzhī jūnduì (2) 带领（动）dàilǐng；引导（动）yǐndǎo；牵（动）qiān：~ *a horse* 牵马 qiān mǎ (3) 带头 dàitóu；领先（动）lǐngxiān (4) 使（动）shǐ，促使（动）cùshǐ，引起（动）yǐnqǐ，造成（动）zàochéng (5) 通向 tōngxiàng，通到 tōngdào (6) 过活（动）guòhuó：~ *a happy life* 过幸福生活 guò xìngfú shēnghuó **II** *n* (1) 带头 dàitóu；领先（动）lǐngxiān：*take the* ~ 带头 dàitóu (2) 提示（名）tíshì；线索（名）xiànsuǒ (3) 主角（名）zhǔjué // ~ *off* 开始 kāishǐ；领头 lǐngtóu / ~ *on* 率领…继续前进 shuàilǐng…jìxù qiánjìn / ~ *sb. astray* 把某人引入歧途 bǎ mǒu rén yǐnrù qítú

lead[2] *n* (1) 铅（名）qiān；铅制品（名）qiānzhìpǐn (2) 铅笔芯（名）qiānbǐxīn

leader *n* (1) 领导（名）lǐngdǎo，领导人（名）lǐngdǎorén；领袖（名）lǐngxiù；指挥（名）zhǐhuī：*the* ~ *of a party* 党的领袖 dǎng de lǐngxiù / *the* ~ *of a government* 政府领导人 zhèngfǔ lǐngdǎorén / *the* ~ *of a choir* 合唱队的指挥 héchàngduì de zhǐhuī (2) 社论（名）shèlùn

leadership *n* 领导（名）lǐngdǎo；领导地位 lǐngdǎo dìwèi：*under the* ~ *of the party* 在党的领导下 zài dǎng de lǐngdǎoxià

leading *adj* 主要（形）zhǔyào；重要（形）zhòngyào；领导的 lǐngdǎo de：*a* ~ *role* 主要角色 zhǔyào juésè / *the* ~ *topics* 主要话题 zhǔyào huàtí / *the* ~ *men of the day* 当代主要领导人物 dāngdài zhǔyào lǐngdǎo rénwù / ~ *article* 社论 shèlùn / ~ *lady* (*man*) 女（男）主角 nǚ(nán) zhǔjué / ~ *question* 带启发性的问题 dài qǐfāxìng de

wèntí

leaf *n* (1) 叶（名）yè，叶子（名）yèzi：*leaves of trees* 树叶 shùyè (2) 篇（名）piān；书页（名）shūyè

leaflet *n* (1) 传单（名）chuándān：*distribute* ~*s* 散发传单 sànfā chuándān (2) 小叶片 xiǎo yèpiàn，嫩叶 nènyè

league *n* 同盟（名）tóngméng，联盟（名）liánméng；团（名）tuán

leak **I** *v* (1) 漏（动）lòu；渗（动）shèn (2) 泄漏（动）xièlòu；透露（动）tòulù **II** *n* 漏（动）lòu，泄漏（动）xièlòu；漏洞（名）lòudòng；裂缝（名）lièfèng：*a* ~ *in the roof* 屋顶的漏洞 wūdǐng de lòudòng / *stop a* ~ 堵住漏洞 dǔzhù lòudòng / *a* ~ *of information* 情报的泄漏 qíngbào de xièlòu

leakage *n* (1) 漏（动）lòu；漏出 lòuchū；泄露（动）xièlù：*cause a* ~ 引起渗漏 yǐnqǐ shènlòu (2) 漏出物（名）lòuchūwù

lean[1] *v* (1) 倾斜（动）qīngxié，歪到一边 wāidào yìbiān：*the L*~*ing Tower of Pisa* 比萨斜塔 Bǐsà xiétǎ / ~ *backward* 向后仰 xiàng hòu yǎng / ~ *forward* 探过身去 tànguò shēn qu (2) 靠（动）kào，倚（动）yǐ (3) 依靠（动）yīkào；仰仗（动）yǎngzhàng (4)（思想等）倾向（动）（sīxiǎng děng）qīngxiàng, 倾（动）qīng

lean[2] **I** *adj* 瘦（形）shòu：~ *meat* 瘦肉 shòuròu **II** *n* 瘦肉（名）shòuròu

leap **I** *v* 跳（动）tiào，跃（动）yuè **II** *n* 跳（动）tiào，跳跃（动）tiàoyuè：*take a* ~ *over an obstacle* 跳过障碍物 tiàoguò zhàng'àiwù // *by* ~*s and bounds* 飞跃地 fēiyuè de，迅速地 xùnsù de / ~ *year* 闰年 rùnnián / *Look before you* ~. 看准了再行动。Kànzhǔnle zài xíngdòng.（三思而后行 Sān sī ér hòu xíng.）

learn *v* (1) 学（动）xué；学习（动）xuéxí：~ *from sb.* 向某人学习 xiàng mǒurén xuéxí (2) 学会 xuéhuì (3) 听说 tīngshuō；得知（动）dézhī；认识到

rènshìdào // ~ *by heart* 背诵 bèisòng

learned *adj* (1) 有学问的 yǒu xuéwèn de, 博学 (形) bóxué: *a ~ person* 博学的人 bóxué de rén (2) 学术上的 xuéshùshang de: *a ~ journal* 一份学术刊物 yífèn xuéshù kānwù / *a ~ society* 学会 xuéhuì

learner *n* 学习者 (名) xuéxízhě; 初学者 (名) chūxuézhě: *an advanced ~* 程度较高的学习者 chéngdù jiào gāo de xuéxízhě (进修者 jìnxiūzhě)

learning *n* 知识 (名) zhīshi, 学问 (名) xuéwèn: *institutions of higher ~* 高等学校 gāoděng xuéxiào / *book ~* 书本知识 shūběn zhīshi

lease I *n* 租约 (名) zūyuē; 租契 (名) zūqì; 租期 (名) zūqī: *a 20-year ~* 二十年的租约 èrshínián de zūyuē II *v* 租得 zūdé, 租赁 (动) zūlìn, 租借 (动) zūjiè, 出租 (动) chūzū: *~d territory* 租借地 zūjièdì // *a new ~ of life* 新的力量 xīn de liliang, 新的活力 xīn de huólì

least I *adj* 最小 zuì xiǎo; 最少 zuì shǎo II *adv* 最小程度 zuì xiǎo chéngdù, 最不 zuì bù III *n* 最少的东西 zuì shǎo de dōngxi; 最小的事 zuì xiǎo de shì// *at ~* 至少 zhìshǎo, 起码 qǐmǎ / *in the ~* 一点儿 yìdiǎnr, 丝毫 sīháo/ *to say the ~* 往轻里说 wàng qīngli shuō, 至少可以说 zhìshǎo kěyǐ shuō

leather *n* 皮 (名) pí; 皮革 (名) pígé: *a ~ coat* 一件皮上衣 yíjiàn pí shàngyī

leave I *v* (1) 离开 (动) líkāi; 脱离 (动) tuōlí (2) 留下 liúxià, 留 (动) liú (3) 让 (动) ràng; 听任 (动) tīngrèn (4) 遗忘 (动) yíwàng; 落 (动) là, 丢下 (动) diūxia (5) 交给 jiāogěi, 委托 (动) wěituō II *n* (1) 许可 (动) xǔkě, 同意 (动) tóngyì (2) 休假 xiūjià; 假 (名) jià, 假期 (名) jiàqī: *a sick ~ of 2 weeks* 两周病假 liǎngzhōu bìngjià (3) 离去 (动) líqù; 告别 (动) gàobié // *~ alone* 不动 bú dòng; 不干涉 bù gānshè; 不管 bùguǎn; 不理会 bù lǐhuì / *~ behind* 留下 liúxia; 落下 làxia /

~ off 停止 tíngzhǐ / *~ out* (1) 省去 shěngqu (2) 掉 diào, 漏掉 lòudiào, 遗漏 yílòu / *~ over* (1) 剩 shèng, 剩下 shèngxia (2) 搁置 (动) gēzhì / *on ~* 休假 xiūjià

lecture I *n* (1) 讲课 jiǎngkè; 讲座 (名) jiǎngzuò; 教学报告 jiàoxué bàogào: *go on a ~ tour* 作旅行讲学 zuò lǚxíng jiǎngxué (2) 教训 (名、动) jiàoxùn; 训斥 (动) xùnchì II *v* (1) 讲演 (动) jiǎngyǎn; 讲课 jiǎngkè (2) 教训 (动) jiàoxùn; 训斥 (动) xùnchì

lecturer *n* 讲课者 jiǎngkèzhě; 讲师 (名) jiǎngshī

leech *n* 水蛭 (名) shuǐzhì

leek *n* 韭菜 (名) jiǔcài, 韭 (名) jiǔ: *~ soup* 韭菜汤 jiǔcàitāng

left I *adj* 左 (形) zuǒ, 左边的 zuǒbiān de, 左侧的 zuǒcè de II *adv* 在左边 zài zuǒbiān; 向左 xiàng zuǒ III *n* 左 (名) zuǒ, 左边 (名) zuǒbiān: *turn to the ~* 向左转弯 xiàng zuǒ zhuǎnwān // *~ wing* 左翼 zuǒyì, 左派的 zuǒpài de

left-hand *adj* 左边的 zuǒbiān de; 用左手的 yòng zuǒshǒu de; 左旋的 zuǒxuán de: *in the upper ~ corner* 在左上角 zài zuǒ shàngjiǎo / *the bottom ~ drawer of the desk* 书桌左下边的抽屉 shūzhuō zuǒ xiàbiān de chōuti

left-handed *adj* (1) 惯用左手的 guàn yòng zuǒshǒu de (2) 笨拙 (形) bènzhuō // *~ compliment* 言不由衷的恭维话 yán bù yóuzhōng de gōngwéi huà, 不高明的恭维 bùgāomíng de gōngwéi

left-hander *n* 左撇子 (名) zuǒpiězi, 用左手的人 yòng zuǒshǒu de rén

leg *n* (1) 腿 (名) tuǐ: *a ~ of mutton* 一只羊腿 yìzhī yángtuǐ (2) 裤腿 (名) kùtuǐ: *the ~s of trousers* 裤腿儿 kùtuǐr (3) (桌、椅的) 腿儿 (名) (zhuō, yǐ de) tuǐr (4) 旅程中的一段 lǚchéngzhōng de yíduàn // *pull sb.'s ~* 开玩笑 kāi wánxiào / *stretch one's ~s* 活动活动手脚 huódònghuódòng shǒujiǎo

legacy *n* (1) 遗赠物（名）yízèngwù, 遗产（名）yíchǎn: *inherit a* ~ 继承一笔遗产 jìchéng yìbǐ yíchǎn (2) 留下来的东西 liúxialai de dōngxi: *a rotten* ~ 前任留下来的烂摊子 qiánrèn liúxialai de làntānzi

legal *adj* (1) 法律的 fǎlǜ de: *a* ~ *question* 法律问题 fǎlǜ wèntí / *a* ~ *adviser* 法律顾问 fǎlǜ gùwèn / ~ *system* 法制 fǎzhì / ~ *procedures* 法律手续 fǎlǜ shǒuxù (2) 合法（形）héfǎ, 正当（形）zhèngdàng: ~ *age* 法定年龄 fǎdìng niánlíng / *the sole* ~ *government* 唯一合法政府 wéiyī héfǎ zhèngfǔ / ~ *struggle* 合法斗争 héfǎ dòuzhēng

legalize *v* 合法化 héfǎhuà, 法律上认可 fǎlǜshang rènkě, 使成为法定 shǐ chéngwéi fǎdìng

legation *n* 公使馆（名）gōngshǐguǎn; 公使馆全体人员 gōngshǐguǎn quántǐ rényuán

legend *n* (1) 传说（名）chuánshuō, 传奇（名）chuánqí; 传奇文学 chuánqí wénxué: *a character in* ~ 一个传奇人物 yíge chuánqí rénwù / *the* ~ *s of the Great Yu* 关于大禹的传说 guānyú Dàyǔ de chuánshuō (2) 图例（名）túlì: *the* ~ *of a map* 一幅地图的图例 yìfú dìtú de túlì

legendary *adj* 传说（中）的 chuánshuō（zhōng）de; 传奇式的 chuánqíshì de: *a* ~ *figure* 传奇式的人物 chuánqíshì de rénwù

leggings *n* 护腿（名）hùtuǐ; 护腿套裤 hùtuǐ tàokù

legion *n* (1) 古罗马军团 gǔluómǎ jūntuán; 军团（名）jūntuán (2) 众多（形）zhòngduō, 大批（形）dàpī: *a* ~ *of admirers* 众多的仰慕者 zhòngduō de yǎngmùzhě

legislate *v* 立法 lìfǎ; 制定法律 zhìdìng fǎlǜ

legislative *adj* 立法的 lìfǎ de; 有立法权的 yǒu lìfǎquán de; 立法机关 lìfǎ jīguān: *the* ~ *power* 立法权 lìfǎquán

legislature *n* 立法机关 lìfǎ jīguān

legitimate *adj* (1) 合法（形）héfǎ, 正当（形）zhèngdàng: *a* ~ *reason* 正当理由 zhèngdàng lǐyóu (2) 婚生的 hūnshēng de

leisure *n* 闲暇（名）xiánxiá, 空闲时间 kòngxián shíjiān; 安逸（形）ānyì // *at* ~ 有空闲时间 yǒu kòngxián shíjiān / *at one's* ~ 当有空的时候 dāng yǒu kòng de shíhou

leisured *adj* 有闲的 yǒuxián de: *the* ~ *class* 有闲阶级 yǒuxián jiējí

leisureless *adj* 没有空闲的 méiyǒu kòngxián de

leisurely *adv* 悠闲地 yōuxián de, 从容不迫地 cóngróng búpò de

lemon *n* (1) 柠檬（名）níngméng; 柠檬树（名）níngméngshù (2) 柠檬色（名）níngméngsè, 淡黄色（名）dànhuángsè

lemonade *n* 柠檬水（名）níngméngshuǐ

lend *v* (1) 借（动）jiè, 借给 jiègěi, 出借（动）chūjiè (2) 增添（动）zēngtiān, 添加（动）tiānjiā // ~ *a hand* 帮助 bāngzhù / ~ *itself to* 有助于 yǒuzhùyú

lender *n* 出借的人 chūjiè de rén, 出借方 chūjièfāng

lending *n* (1) 出借（动）chūjiè; 出租（动）chūzū (2) 借出物（名）jièchūwù; 租赁物（名）zūlìnwù

length *n* (1) 长（名、形）cháng, 长度（名）chángdù: *a classroom 30 metres in* ~ *and 15 metres in breadth* 一个三十米长、十五米宽的教室 yíge sānshí mǐ cháng, shíwǔ mǐ kuān de jiàoshì / *the* ~ *of the road* 道路的长度 dàolù de chángdù (2) 时间的长短 shíjiān de chángduǎn; 期间（名）qījiān // *at* ~ (1) 最后 zuìhòu, 终于 zhōngyú (2) 详细 xiángxì / *go to any* ~ 尽全力 jìn quánlì, 什么事都愿意做 shénme shì dōu yuànyì zuò

lengthen *v* 延长（动）yáncháng; 变长 biàncháng; 加长 jiācháng: ~ *a skirt* 把裙子放长 bǎ qúnzi fàngcháng

lenient *adj* 宽大(形)kuāndà, 宽厚(形)kuānhòu; 怜悯的 liánmǐn de: ~ *treatment of a criminal* 对罪犯的宽大处理 duì zuìfàn de kuāndà chǔlǐ

lens *n* (1) 透镜(名)tòujìng; 镜片(名)jìngpiàn; 一组透镜 yìzǔ tòujìng (2) 眼球的晶状体 yǎnqiú de jīngzhuàngtǐ

leopard *n* 豹(名)bào

leper *n* 麻风病人 máfēng bìngrén; 谁都想避开的人 shuí dōu xiǎng bìkāi de rén

leprosy *n* 麻风病(名)máfēngbìng

less *adj* 较少的 jiào shǎo de, 较小的 jiào xiǎo de // *none the* ~ 仍然 réngrán / *not* ~ *than* 至少 zhìshǎo, 不少于 bù shǎoyú

lessen *n* (1) 减少(动)jiǎnshǎo; 减轻(动)jiǎnqīng; 变弱 biànruò: ~ *tensions* 缓和紧张局势 huǎnhé jǐnzhāng júshì (2) 缩小(动)suōxiǎo, 降低(动)jiàngdī: ~ *the differences in wages and salaries* 缩小工资差别 suōxiǎo gōngzī chābié

lesson *n* (1) 课(名)kè, 课程(名)kèchéng: *English* ~*s* 英语课 Yīngyǔkè / *a* ~ *in music* 一堂音乐课 yìtáng yīnyuèkè / ~ *one* 第一课 dìyīkè (2) 功课(名)gōngkè; 学业(名)xuéyè (3) 教训(名)jiàoxùn: *draw a useful* ~ *from the accident* 从事故中吸取有益的教训 cóng shìgùzhōng xīqǔ yǒuyì de jiàoxùn

lest *conj* 恐怕(动)kǒngpà; 以免(连)yǐmiǎn

let *v* (1) 让(动)ràng; 允许(动)yǔnxǔ; 答应(动)dāying (2) 出租(动)chūzū // ~ *alone* (1) 不管 bùguǎn, 不理 bù lǐ (2) 更不用说 gèng búyòng shuō / ~ *down* (1) 放下 fàngxia (2) 使失望 shǐ shīwàng / ~ *go* 放开 fàngkāi; 释放 shìfang / ~ *in* 让进来 ràng jìnlai; 放进 fàngjìn / ~ *off* (1) 放(烟火、炮)fàng(yānhuǒ pào)(2) 不加惩罚地放走 bù jiā chéngfá de fàngzǒu: ~ *sb. off easy* 轻

轻放过某人 qīngqīng fàngguo mǒurén / ~ *out* 放掉 fàngdiào / ~ *up* 减小 jiǎnxiǎo; 变弱 biànruò

letter *n* (1) 字母(名)zìmǔ, 字(名)zì: *capital* ~*s and small* ~*s* 大写字母和小写字母 dàxiě zìmǔ hé xiǎoxiě zìmǔ (2) 信(名)xìn; 信件(名)xìnjiàn: *a* ~ *of introduction* 一封介绍信 yìfēng jièshàoxìn / *an official* ~ 一份公函 yífèn gōnghán

letterbox *n* 信箱(名)xìnxiāng

letterhead *n* 笺头(名)jiāntóu, 印有笺头的信纸 yìnyǒu jiāntóu de xìnzhǐ

letters *n* 文学(名)wénxué: *men of* ~ 文学家 wénxuéjiā(文人 wénrén)

lettuce *n* 莴苣(名)wōjù, 生菜(名)shēngcài

leukaemia *n* 白血病(名)báixuèbìng

level I *n* (1) 水平面(名)shuǐpíngmiàn; 水平线(名)shuǐpíngxiàn: *2,000 metres above sea* ~ 海拔两千公尺 hǎibá liǎngqiān gōngchǐ (2) 水平(名)shuǐpíng, 程度(名)chéngdù: ~ *of education* 文化程度 wénhuà chéngdù (3) 级别(名)jíbié; 地位(名)dìwèi: *top* ~ *talks* 最高级会谈 zuì gāojí huìtán / *leading cadres at all* ~*s* 各级领导干部 gèjí lǐngdǎo gànbù / *at the grassroots* ~ 在基层 zài jīcéng (4) 水准仪(名)shuǐzhǔnyí II *adj* 水平的 shuǐpíng de; 平(形)píng: ~ *ground* 平地 píngdì / *make a surface* ~ 把表面弄平 bǎ biǎomiàn nòngpíng III *v* 使平 shǐpíng, 变平 biànpíng: ~ *the land* 平整土地 píngzhěng tǔdì // *do one's* ~ *best* 尽最大努力 jìn zuì dà nǔlì / *draw* ~ *with* 和…拉平 hé…lāpíng / *on a* ~ *with* 和…同一水平 hé…tóngyī shuǐpíng

lever I *n* (1) 杆(名)gǎn, 杠杆(名)gànggǎn: *a control* ~ 控制杆 kòngzhìgǎn / *a timing* ~ 定时杆 dìngshígǎn (2) 途径(名)tújìng; 手段(名)shǒuduàn; 工具(名)gōngjù II *v* 用杠杆撬动(或操纵)yòng gànggǎn qiàodòng(huò cāozòng)

lexicon n 词典（名）cídiǎn, 字典（名）zìdiǎn

liability n (1) 责任（名）zérèn; 义务（名）yìwù (2) 债务（名）zhàiwù; 负债 fùzhài (3) 负担（名）fùdān; 不利条件 búlì tiáojiàn

liable adj (1) 易于…的 yìyú… de; 有…倾向的 yǒu… qīngxiàng de (2) 有责任的 yǒu zérèn de, 有义务的 yǒu yìwù de (3) 应当遭受 yīngdāng zāoshòu

liar n 说谎的人 shuōhuǎng de rén

libel I n 诽谤（动）fěibàng; 污蔑（动）wūmiè II v（用写文章或作画）诽谤（动）(yòng xiě wénzhāng huò zuò huà) fěibàng; 污辱（动）wūrū

liberal I adj (1) 慷慨（形）kāngkǎi; 大方（形）dàfang; 丰富（形）fēngfù: a ~ donation 慷慨的捐赠 kāngkǎi de juānzèng / a ~ supply of food and drink 大量供应酒饭 dàliàng gōngyìng jiǔ fàn (2) 思想开放的 sīxiǎng kāifàng de, 心胸宽广的 xīnxiōng kuānguǎng de, 开明（形）kāimíng: a person of ~ views 见解开明的人 jiànjiě kāimíng de rén (3) 自由（形）zìyóu; 自由随便的 zìyóu suíbiàn de: a ~ translation 意译 yìyì / L~ Party 自由党 zìyóudǎng II n (1) 开明的人 kāimíng de rén, 改革派（名）gǎigépài (2) 自由党人 zìyóudǎngrén // ~ education 文科教育 wénkē jiàoyù, 通才教育 tōngcái jiàoyù

liberate v 解放（动）jiěfàng; 使获自由 shǐ huò zìyóu: ~ slaves 解放奴隶 jiěfàng núlì / the ~d areas 解放区 jiěfàngqū

liberation n 解放（名）jiěfàng; 获得释放 huòdé shìfàng: after ~ 解放以后 jiěfàng yǐhòu / the Chinese People's L~ Army 中国人民解放军 Zhōngguó Rénmín Jiěfàngjūn

liberty n (1) 自由（名）zìyóu, 自主权（名）zìzhǔquán (2) 冒昧（形）màomèi, 失礼（形）shīlǐ; 擅自（副）shànzì

librarian n 图书管理员 túshū guǎnlǐyuán

library n (1) 图书馆（名）túshūguǎn; 图书室（名）túshūshì: a public ~ 公共图书馆 gōnggòng túshūguǎn / reference ~ 参考图书室 cānkǎo túshūshì (2) 书房（名）shūfáng; 藏书（名）cángshū // ~ science 图书馆学 túshūguǎnxué

license I n (1) 执照（名）zhízhào; 许可证（名）xǔkězhèng: a ~ to practise as a doctor 医生的开业执照 yīshēng de kāiyè zhízhào / apply for a driving ~ 申请驾驶执照 shēnqǐng jiàshǐ zhízhào (2) 许可（动）xǔkě; 特许（动）tèxǔ: goods exported under special ~ 特许出口商品 tèxǔ chūkǒu shāngpǐn / a ~ to print a book 获准出版一本书 huòzhǔn chūbǎn yìběn shū II v 准许（动）zhǔnxǔ, 许可（动）xǔkě // ~ plate 汽车牌照 qìchē páizhào

lick I v (1) 舔（动）tiǎn; 舔吃 tiǎnchī (2)（火）吞卷（动）(huǒ) tūnjuǎn; （波浪）冲洗（动）(bōlàng) chōngxǐ II n (1) 舔（动）tiǎn: take a ~ of sth. 舔一下 tiǎn yíxià (2) 少量（名）shǎoliàng: a ~ of paint 一薄层漆 yìbáocéng qī // ~ into shape 修整好 xiūzhěnghǎo, 加工完 jiāgōngwán

licking n (1) 舔（动）tiǎn (2) 打（动）dǎ, 揍（动）zòu: give sb. a good ~ 狠揍某人一顿 hěn zòu mǒurén yídùn (3) 失败（动）shībài: take a ~ 遭到失败 zāodào shībài

lid n 盖儿（名）gàir, 盖子（名）gàizi: the ~ of a kettle 壶盖儿 húgàir / teapot ~ 茶壶盖儿 cháhúgàir

lie¹ v (1) 躺（动）tǎng, 卧（动）wò: ~ on one's back (side) 仰（侧）卧 yǎng(cè) wò (2) 放（动）fàng; 平放 píngfàng (3) 处于…状态 chǔyú… zhuàngtài: ~ hidden 躲藏起来 duǒcángqilai (4) 位于 wèiyú; 坐落在 zuòluòzài (5) 存在于 cúnzàiyú

lie² I v 说谎 shuōhuǎng, 撒谎 sāhuǎng II n 谎话（名）huǎnghuà, 谎言（名）

huǎngyán

lieutenant n (1) (英) 陆军中尉 (Yīng) lùjūn zhōngwèi (2) (英、美) 海军上尉 (Yīng, Měi) hǎijūn shàngwèi (3) 副职官员 fùzhí guānyuán; 代理官员 dàilǐ guānyuán // ~ general (陆军) 中将 (lùjūn) zhōngjiàng

life n (1) 生命 (名) shēngmìng, 性命 (名) xìngmìng (2) 生物 (名) shēngwù (3) 一生 (名) yìshēng, 一辈子 (名) yíbèizi (4) 生活 (名) shēnghuó (5) 生命力 (名) shēngmìnglì, 活力 (名) huólì: full of ~ 生机勃勃 shēngjībóbó // all one's ~ 一生 yìshēng; 一辈子 yíbèizi / a matter of ~ and death 生死悠关的事情 shēngsǐyōuguān de shìqing / bring to ~ 使醒过来 shǐ xǐngguolai / come to ~ 苏醒过来 sūxǐngguolai

lifebelt n 安全带 (名) ānquándài
lifeboat n 救生艇 (名) jiùshēngtǐng
lifebuoy n 救生圈 (名) jiùshēngquān
lifeguard n 救生人员 jiùshēng rényuán
lifetime n 一生 (名) yìshēng, 终身 (名) zhōngshēn

lift I v (1) 提起 tíqǐ; 举起 jǔqǐ; 抬起 táiqǐ: ~ up a table 抬起一张桌子 táiqǐ yìzhāng zhuōzi / ~ weights 举重 jǔzhòng (2) 解除 (动) jiěchú; 取消 (动) qǔxiāo: ~ the ban 取消禁令 qǔxiāo jìnlìng (3) 消散 (动) xiāosàn II n (1) 举起 jǔqǐ, 抬高 táigāo, 举 (动) jǔ (2) 电梯 (名) diàntī (3) 搭车 dāchē (4) 心情好转 xīnqíng hǎozhuǎn, 振奋精神 zhènfèn jīngshen

light¹ I n (1) 光 (名) guāng; 光线 (名) guāngxiàn; 光亮 (名) guāngliàng: the ~ of the sun 阳光 yángguāng / the ~ of a fire 火光 huǒguāng / go for a walk under the moon ~ 在月光下散步 zài yuèguāngxià sànbù (2) 白昼 (名) báizhòu, 白天 (名) báitiān (3) 灯 (名) dēng: traffic ~s 交通信号灯 jiāotōng xìnhàodēng / 火 (名) huǒ,

火花 (名) huǒhuā (5) 见解 (名) jiànjiě; 角度 (名) jiǎodù II v (1) 点 (动) diǎn, 点燃 (动) diǎnrán: ~ a candle 点蜡烛 diǎn làzhú / ~ a cigarette 点烟 diǎn yān (2) 照亮 zhàoliàng (3) 高兴起来 gāoxìngqilai III adj (1) 明亮 (形) míngliàng (2) 淡 (形) dàn; 浅 (形) qiǎn: ~ blue 淡蓝 dànlán / ~ red 浅红 qiǎnhóng // bring sth. to ~ 使某事显露出来 shǐ mǒushì xiǎnlùchulai / come to ~ 显露出来 xiǎnlùchulai / in the ~ of 按照 ànzhào; 根据 gēnjù

light² adj (1) 轻 (形) qīng, 不重的 bú zhòng de: as ~ as air 像空气一样轻 xiàng kōngqì yíyàng qīng / a pair of ~ shoes 一双轻便的鞋 yìshuāng qīngbiàn de xié (2) 轻轻地 qīngqīng de; 轻巧 (形) qīngqiǎo: walk with ~ footsteps 轻轻地走 qīng qīng de zǒu / give sb. a ~ touch on the shoulder 轻轻地拍了某人肩膀一下 qīngqīng de pāile mǒurén jiānbǎng yíxià (3) 轻微 (形) qīngwēi; 数量不大的 shùliàng bú dà de: ~ losses 轻微的损失 qīngwēi de sǔnshī / ~ rain 小雨 xiǎoyǔ (4) 轻松 (形) qīngsōng: ~ music 轻音乐 qīngyīnyuè / ~ opera 轻歌剧 qīnggējù // a ~ eater 饭量小的人 fànliàng xiǎo de rén / ~ industry 轻工业 qīnggōngyè / ~ sleeper 睡觉不沉的人 shuìjiào bù chén de rén / travel ~ 轻装旅行 qīngzhuāng lǚxíng

lighten¹ v 使明亮 shǐ míngliàng; 发亮 (动) fāliàng

lighten² v (1) 减轻 (动) jiǎnqīng; 变轻 biàn qīng: ~ taxes 减轻税收 jiǎnqīng shuìshōu / ~ sb.'s sorrow 减轻某人的悲伤 jiǎnqīng mǒurén de bēishāng (2) 轻松起来 qīngsōngqilai

lighter n 打火机 (名) dǎhuǒjī: a cigarette ~ 一个香烟打火机 yíge xiāngyān dǎhuǒjī

light-footed adj 脚步轻快的 jiǎobù qīngkuài de, 轻盈 (形) qīngyíng

light-hearted adj 轻松愉快的 qīngsōng

yúkuài de, 无忧无虑的 wúyōuwúlǜ de

lightning I *n* 闪电（名）shǎndiàn: *like* ~ 闪电似的 shǎndiàn shìde II *v* 闪电（名）shǎndiàn, 打闪 dǎshǎn // ~ *conductor*（*rod*）避雷针 bìléizhēn

light-proof *adj* 防光的 fángguāng de; 不透光的 bú tòuguāng de

lightweight *n* 体重在平均重量以下的人 tǐzhòng zài píngjūn zhòngliàng yǐxià de rén; 轻量级运动员 qīngliàngjí yùndòngyuán

like[1] *v*（1）喜欢（动）xǐhuan, 喜爱（动）xǐ'ài（2）希望（动）xīwàng, 想（助动）xiǎng, 愿意（助动）yuànyì // *if you* ~ 如果你愿意的话 rúguǒ nǐ yuànyì dehuà / ~ *it or not* 不管你喜欢不喜欢 bùguǎn nǐ xǐhuan bu xǐhuan / *one's* ~ *s and dislikes* 一个人的好恶 yíge rén de hàowù

like[2] I *adj* 像（动）xiàng; 相像（形）xiāngxiàng; 相似（形）xiāngsì; 一样（形）yíyàng II *prep* 像（动）xiàng; 像…一样 xiàng… yíyàng III *n* 同样的人 tóngyàng de rén; 同样的事物 tóngyàng de shìwù: *Hitler and the* ~ 希特勒之流 Xītèlè zhī liú // *feel* ~ 想 xiǎng, 喜欢 xǐhuan / *look* ~ 好像 hǎoxiàng, 看起来像 kànqilai xiàng / *something* ~ 大约 dàyuē, 大概 dàgài

likely I *adj*（1）很可能的 hěn kěnéng de（2）似乎可信的 sìhu kěxìn de; 似乎合理的 sìhu hélǐ de; 似乎合适的 sìhu héshì de II *adv* 也许（副）yěxǔ; 大概（副）dàgài; 可能 kěnéng

likeness *n*（1）相似（形）xiāngsì, 相像（形）xiāngxiàng（2）相像的东西（或人）xiāngxiàng de dōngxi（huò rén）（3）肖像（名）xiàoxiàng; 照片（名）zhàopiàn

likewise *adv* 同样（形）tóngyàng

liking *n* 喜欢（动）xǐhuan; 爱好（名）àihào // *to one's* ~ 为…所喜欢 wèi… suǒ xǐhuan, 合…的心意 hé…de xīnyì

lilac *n*（1）丁香花（名）dīngxiānghuā（2）淡紫色（名）dànzǐsè

lily I *n* 百合（名）bǎihé, 百合花（名）

bǎihéhuā II *adj* 洁白（形）jiébái; 纯洁（形）chúnjié

limb *n*（1）肢体（名）zhītǐ; 胳臂（名）gēbei; 腿（名）tuǐ; 翅膀（名）chìbǎng（2）大树枝 dà shùzhī: *a* ~ *of a tree* 一根树枝 yìgēn shùzhī

lime *n* 石灰（名）shíhuī

limelight *n*（1）灰光灯（名）huīguāngdēng（2）众人注目的中心 zhòngrén zhùmù de zhōngxīn

limestone *n* 石灰石（名）shíhuīshí

limit I *n* 限度（名）xiàndù; 界限（名）jièxiàn II *v* 限制（动）xiànzhì; 限定（动）xiàndìng // *go beyond the* ~ 超过限度 chāoguò xiàndù / *within the* ~ *s of* 在…的范围内 zài…de fànwéi nèi: *within the* ~ *s permitted by law* 在法律许可的范围内 zài fǎlǜ xǔkě de fànwéi nèi

limitation *n* 限制（动）xiànzhì, 局限（动）júxiàn, 限度（名）xiàndù

limited *adj* 有限（形）yǒuxiàn: ~ *company* 股份有限公司 gǔfèn yǒuxiàn gōngsī

limitless *adj* 无限制的 wú xiànzhì de; 无限的 xúxiàn de

limousine *n* 轿车（名）jiàochē; 大型高级轿车 dàxíng gāojí jiàochē

limp[1] *adj* 软（形）ruǎn; 没有生气的 méiyǒu shēngqì de

limp[2] I *v* 瘸（动）qué, 拐（动）guǎi II *n* 瘸（形）qué, 拐（动）guǎi

line[1] I *n*（1）线（名）xiàn; 绳（名）shéng: *fishing* ~ *s* 钓鱼线 diàoyúxiàn / *telephone* ~ *s* 电话线 diànhuàxiàn（2）线条（名）xiàntiáo; 直线（名）zhíxiàn: *a dotted* ~ 虚线 xūxiàn（3）界线（名）jièxiàn（4）排（名）pái, 行（名）háng; 行列（名）hángliè: *a long* ~ *of trees* 长长的一排树 chángcháng de yìpái shù（5）路线（名）lùxiàn; 交通线（名）jiāotōngxiàn; 航线（名）hángxiàn; 铁路线（名）tiělùxiàn: *a shipping* ~ 海运公司 hǎiyùn gōngsī / *a railway* ~ 铁路 tiělù（6）作业线（名）zuòyèxiàn: *a production* ~ 生产

线 shēngchǎnxiàn / *an assembly* ~ 装配线 zhuāngpèixiàn（7）战线（名）zhànxiàn；防线（名）fángxiàn：*go into the front* ~s 去前线 qù qiánxiàn / *a* ~ *of defence* 一道防线 yídào fángxiàn / *be successful all along the* ~ 获得了全线的胜利 huòdéle quánxiàn de shènglì（8）路线（名）lùxiàn；方法（名）fāngfǎ：*the party* ~ 党的路线 dǎng de lùxiàn（9）行业（名）hángyè（10）行（量）háng：*page 15,* ~ *8* 第十五页第八行 dìshíwǔyè dìbāháng **II** *v*（1）划上线 huàshang xiàn；用线标出 yòng xiàn biāochū：~*d paper* 横格纸 hénggézhǐ（2）起皱纹 qǐ zhòuwén（3）排（动）pái，排队 páiduì，排成行 páichéng háng // *draw a* ~ *between* 区别 qūbié，分别 fēnbié / *go on* ~ 上网 shàng wǎng / *hard* ~s 运气不好 yùnqi bù hǎo，倒霉 dǎoméi / *hold the* ~ 不要挂上电话 búyào guàshang diànhuà / *in* ~ *with* 和···一致 hé···yízhì / *on* ~ 联机 lián jī，在线 zàixiàn，线上 xiàn shàng / *read between the* ~s 体会言外之意 tǐhuì yánwài zhī yì

line² *v* 衬（动）chèn，垫（动）diàn；镶（动）xiāng

linear *adj* 线的 xiàn de；直线的 zhíxiàn de：*a* ~ *diagram* 直线图 zhíxiàntú

linen *n*（1）亚麻布（名）yàmábù，亚麻线（名）yàmáxiàn（2）内衣 nèiyī，床单（名）chuángdān，桌布 zhuōbù // *wash one's dirty* ~ *in public* 家丑外扬 jiāchǒu wài yáng

liner *n* 班机（名）bānjī；班轮（名）bānlún，客轮（名）kèlún

linger *v* 逗留（动）dòuliú，徘徊（动）páihuái，迟迟不走 chíchí bù zǒu

linguist *n* 语言学家（名）yǔyánxuéjiā

linguistic *adj* 语言的 yǔyán de；语言学的 yǔyánxué de：~ *changes* 语言的变化 yǔyánde biànhuà / ~ *methods* 语言学的方法 yǔyánxué de fāngfǎ

linguistics *n* 语言学（名）yǔyánxué：

applied ~ 应用语言学 yìngyòng yǔyánxué / *general* ~ 普通语言学 pǔtōng yǔyánxué / *comparative* ~ 比较语言学 bǐjiào yǔyánxué

lining *n* 衬里（名）chènlǐ；衬料（名）chènliào

link **I** *n*（1）联系（名）liánxì，关系（名）guānxì：*close* ~s *between the 2 countries* 两国之间的密切联系 liǎngguó zhījiān de mìqiè liánxì（2）链扣（名）liànkòu **II** *v* 连接（动）liánjiē // ~*ing verb* 系动词 xìdòngcí

linoleum *n* 油毡（名）yóuzhān

lion *n* 狮子（名）shīzi

lioness *n* 母狮（名）mǔshī

lip *n*（1）唇（名）chún，嘴唇（名）zuǐchún：*the upper*（*lower*）~ 上（下）唇 shàng（xià）chún / ~ *cream* 唇膏 chúngāo（2）边儿（名）biānr：*the* ~ *of a cup* 杯子边儿 bēizibiānr / *the* ~ *of saucer* 碟子边儿 diézibiānr. // *bite one's* ~s 咬着嘴唇 yǎozhe zuǐchún / *curl one's* ~ 撇嘴 piězuǐ / *on one's* ~s 就在嘴边 jiù zài zuǐbiān / *open one's* ~s 开口 kāikǒu，说话 shuōhuà / *pay* ~ *service* 嘴上说说而已 zuǐshang shuōshuo éryǐ，说空话 shuō kōnghuà

lipstick *n* 口红（名）kǒuhóng

liquid **I** *n* 液体（名）yètǐ **II** *adj*（1）液体的 yètǐ de；液态的 yètài de：~ *food* 流食 liúshí / ~ *air* 液态空气 yètài kōngqì（2）清澈（形）qīngchè；明朗（形）mínglǎng；明亮（形）míngliàng：~ *eyes* 水汪汪的眼睛 shuǐwāngwāng de yǎnjing

liquidate *v*（1）清理（动）qīnglǐ，清算（动）qīngsuàn；倒闭（动）dǎobì（2）肃清（动）sùqīng，消灭（动）xiāomiè：~ *the enemy* 把敌人消灭掉 bǎ dírén xiāomièdiào

liquor *n* 酒（名）jiǔ：*brandy and other* ~s 白兰地和其它烈性酒 báilándì hé qítā lièxìng jiǔ

list **I** *n* 表（名）biǎo；清单（名）qīngdān；目录（名）mùlù；名单（名）

míngdān；一览表（名）yìlǎnbiǎo:
make a ~ 列表 liè biǎo（造表 zào
biǎo）/ *a price ~* 价目表 jiàmùbiǎo /
a shopping ~ 购物单 gòuwùdān / *a
~ of candidates* 候选人名单
hòuxuǎnrén míngdān **II** *v* 把…列到表
上 bǎ…lièdào biǎoshang；造册 zàocè；
列举（动）lièjǔ: *~ all one's engage-
ments* 把所有的约会都列在一张表上
bǎ suǒyǒu de yuēhuì dōu lièzài yìzhāng
biǎoshang

listen *v*（1）听（动）tīng；注意听
zhùyì tīng（2）听（动）tīng，听从
（动）tīngcóng；听信（动）tīngxìn；听
取（动）tīngqǔ；同意（动）tóngyì: *~
to criticism of others* 听取别人的批评
意见 tīngqǔ biérén de pīpíng yìjian //
~ for 听出来 tīngchulai，听准
tīngzhǔn / *~ in* 收听 shōutīng；监听
jiāntīng

listener *n* 听者（名）tīngzhě，听友
（名）tīngyǒu: *~s' letterbox* 听众信箱
tīngzhòng xìnxiāng

litchi *n* 荔枝（名）lìzhī；荔枝树（名）
lìzhīshù

literacy *n* 识字 shízì，有文化 yǒu
wénhuà，有读写的能力 yǒu dú xiě de
nénglì: *attend ~ class* 上识字班
shàng shízìbān（扫盲班 sǎomángbān，
文化班 wénhuàbān）/ *acquire ~* 学文
化 xué wénhuà

literal *adj*（1）字面的 zìmiàn de；逐字
的 zhúzì de；原文的 yuánwén de: *in
the ~ sense of the word* 按照字面的意
思 ànzhào zìmiàn de yìsi / *a ~ inter-
pretation of a passage* 一段文章的字面
解释 yíduàn wénzhāng de zìmiàn jiěshì
/ *translation* 逐字翻译 zhúzì fānyì
（直译 zhíyì）/ *~ meaning* 原意
yuányì（字面的意思 zìmiàn de yìsi）
（2）呆板（形）dāibǎn；没有想象力的
méiyǒu xiǎngxiànglì de

literally *adv*（1）确实（形）quèshí，真
正（形）zhēnzhèng（2）逐字地 zhúzì
de；按照字面 ànzhào zìmiàn；按照本
义 ànzhào běnyì: *translate sth. ~* 逐

字翻译 zhúzì fānyì

literary *adj* 文学的 wénxué de: *~
works* 文学作品 wénxué zuòpǐn / *~
language* 文学语言 wénxué yǔyán

literate I *adj*（1）识字的 shízì de，有
文化的 yǒu wénhuà de，有读写能力的
yǒu dú xiě nénglì de: *~ people* 有文化
的人 yǒu wénhuà de rén（2）有学问的
yǒu xuéwèn de，有教养的 yǒu jiàoyǎng
de **II** *n* 识字的人 shízì de rén，有文化
的人 yǒu wénhuà de rén

literature *n*（1）文学（名）wénxué；
文学作品 wénxué zuòpǐn: *~ and art*
文学艺术 wénxué yìshù（2）文献（名）
wénxiàn，资料（名）zīliào；印刷品
（名）yìnshuāpǐn: *travel ~* 旅游资料
lǚyóu zīliào

litre *n* 升（量）shēng

litter[1] *n* 担架（名）dānjià，轿（名）
jiào

litter[2] **I** *n*（1）脏东西 zāng dōngxi；杂
乱的东西 záluàn de dōngxi；废弃物
（名）fèiqìwù（2）（猪、狗等）一窝小崽
儿（zhū, gǒu děng）yìwō xiǎo zǎir: *a
~ of kittens* 一窝小猫 yìwō xiǎo māo
II *v*（1）乱扔（东西）luàn rēng
（dōngxi）；弄乱 nòngluàn；弄脏
nòngzāng（2）扔废弃物 rēng fèiqìwù
（3）（猪、狗等）产仔（zhū, gǒu děng）
chǎn zǐ

litterbin *n* 废物箱（名）fèiwùxiāng，
垃圾箱（名）lājīxiāng

little I *adj*（1）小（形）xiǎo: *the
finger* 小指 xiǎozhǐ / *a pretty ~
house* 一所漂亮的小房子 yìsuǒ
piàoliang de xiǎo fángzi（2）短时间
duǎn shíjiān（3）少量的 shǎoliàng de，
一点儿 yìdiǎnr，一些 yìxiē（4）少
（形）shǎo；不多 bù duō；几乎没有
jīhū méiyǒu；没有多少 méiyǒu duōshǎo
II *n*（1）一些 yìxiē，一点儿 yìdiǎnr
（2）几乎没有 jīhū méiyǒu，很少 hěn
shǎo **III** *adv*（1）一点点 yìdiǎndiǎn，
很少 hěn shǎo（2）几乎没有 jīhū
méiyǒu，几乎不 jīhū bù，毫不 háo bù
// *a ~* 一点儿 yìdiǎnr / *~ by ~* 慢

慢地 mànmàn de; 逐渐 zhújiàn / make ~ of (1) 不重视 bú zhòngshì (2) 不理解 bù lǐjiě; 不懂 bù dǒng

live¹ v (1) 活（动）huó; 生存（动）shēngcún; 生活（动）shēnghuó (2) 住（动）zhù, 居住（动）jūzhù: ~ abroad 住在国外 zhùzài guówài (3) 过（动）guò; 度过（动）dùguò // L~ and learn. 活到老，学到老。Huódào lǎo, xuédào lǎo. / ~ by 靠…生活 kào… shēnghuó / ~ on 靠…生活 kào… shēnghuó; 以…为主食 yǐ…wéi zhǔshí / long ~ 万岁 wànsuì

live² I adj (1) 活的 huó de: a ~ fish 一条活鱼 yìtiáo huó yú / ~ target 活靶子 huó bǎzi (2) 实弹的 shídàn de (3) 实况的 shíkuàng de, 现场的 xiànchǎng de: ~ broadcast 实况直播 shíkuàng zhíbō / ~ telecast of a mass rally 群众大会现场直播 qúnzhòng dàhuì xiànchǎng zhíbō / ~ demonstration 现场表演 xiànchǎng biǎoyǎn II adv 实况地 shíkuàng de, 直播地 zhíbō de, 现场地 xiànchǎng de

livelihood n 生活（名）shēnghuó, 生计（名）shēngjì: earn a ~ 谋生 móushēng

lively adj (1) 活泼（形）huópo, 充满活力的 chōngmǎn huólì de; 活跃（形）huóyuè: a ~ girl 活泼的女孩 huópo de nǚ háir (2) 热烈（形）rèliè: a ~ discussion 热烈的讨论 rèliè de tǎolùn (3) 轻快（形）qīngkuài 欢快（形）huānkuài: a ~ dance 欢快的舞蹈 huānkuài de wǔdǎo (4) 生动（形）shēngdòng; 逼真（形）bīzhēn: a ~ description 生动的描写 shēngdòng de miáoxiě

liver n 肝脏（名）gānzàng, 肝（名）gān: ~ complaint 肝病 gānbìng / cancer of the ~ 肝癌 gān'ái / function test 肝功能试验 gāngōngnéng shìyàn

livestock n 家畜（名）jiāchù; 牲畜（名）shēngchù

livid adj (1) 紫黑色（名）zǐhēisè (2)

青灰色（名）qīnghuīsè

living I adj (1) 活（动）huó, 活着的 huózhe de: a ~ language 活的语言 huó de yǔyán (2) 生活的 shēnghuó de: a ~ wage 可维持生活的工资 kě wéichí shēnghuó de gōngzī II n 生活（名）shēnghuó, 生计（名）shēngjì // ~ space 生存空间 shēngcún kōngjiān; 可居住面积 kě jūzhù miànjī / the cost of ~ 生活费用 shēnghuó fèiyòng

living-room n 起居室（名）qǐjūshì

lizard n 蜥蜴（名）xīyì: a house ~ 壁虎 bìhǔ

load I n (1) 担子（名）dànzi; 负担（名）fùdān; 重任（名）zhòngrèn: a heavy ~ on one's shoulders 肩上的重担 jiānshang de zhòngdàn (2) 一车（船）装的量 yìchē(chuán) zhuāng de liàng; 3 ~s of cotton 三车（船）棉花 sānchē (chuán) miánhua (3) 大量（形）dàliàng, 大堆 dàduī: ~s of money 大量的钱 dàliàng de qián / ~s of people 很多人 hěn duō rén II v (1) 装（动）zhuāng; 装货 zhuāng huò; 装载（动）zhuāngzài (2) 装胶卷儿 zhuāng jiāojuǎnr; 装子弹 zhuāng zǐdàn: ~ a camera with film 把胶卷儿装进照相机 bǎ jiāojuǎnr zhuāngjìn zhàoxiàngjī

loaf¹ n 一条面包 yìtiáo miànbāo

loaf² v 游荡（动）yóudàng, 闲逛（动）xiánguàng

loafer n 游手好闲的人 yóushǒuhàoxián de rén, 二流子（名）èrliúzi

loan n (1) 贷款（名）dàikuǎn: domestic and foreign ~s 内债和外债 nèizhài hé wàizhài / an interest-free ~ 无息贷款 wúxī dàikuǎn / public ~s 公债 gōngzhài (2) 借出（动）jièchū; 借出的东西 jièchū de dōngxi

loath adj 不愿意的 bú yuànyì de

loathe v 厌恶（动）yànwù, 讨厌（动）tǎoyàn

lobby n 门廊（名）ménláng; 门厅（名）méntīng; 休息室（名）xiūxishì; 接待室（名）jiēdàishì: a hotel ~ 旅馆

的大厅 lǚguǎn de dàtīng

lobe *n* 耳垂（名）ěrchuí

lobster *n* 龙虾（名）lóngxiā；龙虾肉（名）lóngxiāròu：～ *salad* 龙虾沙拉 lóngxiā shālā

local **I** *adj* (1) 地方的 dìfāng de；当地的 dāngdì de；本地的 běndì de：～ *taxes* 地方税 dìfāngshuì / ～ *opera* 地方戏 dìfāngxì / ～ *news* 本地新闻 běndì xīnwén / ～ *accent* 地方口音 dìfāng kǒuyīn (2) 局部的 júbù de：～ *anaesthesia* 局部麻醉 júbù mázuì / ～ *war* 局部战争 júbù zhànzhēng (3) 逢站必停的 féng zhàn bì tíng de，区间的 qūjiān de：*a* ～ *train* 短途火车 duǎntú huǒchē **II** *n* 当地人 dāngdìrén，本地人 běndìrén

locality *n* 地方（名）dìfāng，区域（名）qūyù：*a working-class* ～ 劳动群众居住区 láodòng qúnzhòng jūzhùqū

locate *v* (1) 设置（动）shèzhì；坐落（动）zuòluò；位于（动）wèiyú：～ *oneself in the country* 在农村定居 zài nóngcūn dìngjū (2) 找出 zhǎochū；探出 tànchū

location *n* 位置（名）wèizhì；地方（名）dìfāng；场所（名）chǎngsuǒ // *a mining* ～ 采矿场地 cǎikuàng chǎngdì / *be on* ～ 拍外景 pāi wàijǐng

lock **I** *n* (1) 锁（名）suǒ：*a spring* ～ 一把弹簧锁 yìbǎ tánhuángsuǒ / *open a* ～ 开锁 kāi suǒ / *fasten a* ～ 上锁 shàng suǒ (2)（运河的）船闸（名）(yùnhé de) chuánzhá (3) 枪机（名）qiāngjī **II** *v* (1) 锁（动）suǒ；锁上 suǒshang (2) 固定（动）gùdìng；紧紧抱住 jǐnjǐn bàozhu；扭在一起 niǔzài yìqǐ // *lock up* 锁上 suǒshang，上锁 shàng suǒ

locker *n* 储物柜（名）chǔwùguì，有锁的小橱 yǒusuǒ de xiǎo chú

locksmith *n* 锁匠（名）suǒjiang

locomotive *n* 火车头（名）huǒchētóu，机车（名）jīchē：*diesel* ～ 内燃机车 nèirán jīchē / *electric* ～ 电力机车 diànlì jīchē / *steam* ～ 蒸汽机车

zhēngqì jīchē

locust *n* 蝗虫（名）huángchóng

lodge **I** *n*（森林、猎场等的）看守小屋（sēnlín, lièchǎng děng de）kānshǒu xiǎo wū；小屋 xiǎo wū；门房（名）ménfáng；传达室（名）chuándáshì **II** *v* (1) 住（动）zhù；寄宿（动）jìsù；暂住 zànzhù (2) 提供住处 tígōng zhùchù；留宿（动）liúsù (3) 提出（动）tíchū

lodger *n* 寄宿生（名）jìsùshēng；房客（名）fángkè

lodging *n* 住处（名）zhùchù；寄宿（动）jìsù

loft *n* 阁楼（名）gélóu

lofty *adj* (1) 高耸的 gāosǒng de；极高的 jí gāo de：*a* ～ *mountain* 一座高山 yízuò gāoshān (2) 崇高（形）chónggāo，高尚（形）gāoshàng：～ *aims* 崇高的目标 chónggāo de mùbiāo / ～ *sentiments* 高尚的情操 gāoshàng de qíngcāo (3) 高傲（形）gāo'ào，傲慢（形）àomàn：*a* ～ *appearance* 一副高傲的样子 yífù gāo'ào de yàngzi

log *n* (1) 原木（名）yuánmù；木料（名）mùliào；木柴（名）mùchái (2) 航海日志 hánghǎi rìzhì；飞行日志 fēixíng rìzhì；工作记录 gōngzuò jìlù // *sleep like a* ～ 睡得很死 shuì de hěn sǐ

logarithm *n* 对数（名）duìshù：*common* ～ 常用对数 chángyòng duìshù / *natural* ～ 自然对数 zìrán duìshù / *table of* ～*s* 对数表 duìshùbiǎo

log-book *n* 航海日志 hánghǎi rìzhì；飞行日志 fēixíng rìzhì；汽车登记簿 qìchē dēngjì bù

logic *n* (1) 逻辑（名）luójí；逻辑学（名）luójíxué：*dialectical* ～ 辩证逻辑 biànzhèng luójí / *formal* ～ 形式逻辑 xíngshì luójí (2) 逻辑性（名）luójíxìng；条理性（名）tiáolíxìng：*the* ～ *of events* 事件发展的逻辑性 shìjiàn fāzhǎn de luójíxìng

logical *adj* (1) 逻辑的 luójí de：～ *argumentation* 逻辑推理 luójí tuīlǐ / ～ *subject* 逻辑主语 luójí zhǔyǔ (2) 符合

逻辑的 fúhé luójí de; 有逻辑的 yǒu luójí de; 合乎道理的 héhū dàolǐ de: ~ *conclusion* 合乎逻辑的结论 héhū luójí de jiélùn

loin *n* (1) 腰 (名) yāo (2) (牛、羊等的) 腰肉 (niú, yáng děng de) yāoròu (3) 耻骨区 chǐgǔqū

loiter *v* 闲逛 (动) xiánguàng, 游逛 (动) yóuguàng; 消磨时间 xiāomó shíjiān

lone *adj* 孤独 (形) gūdú, 独自 (形) dúzì, 寂寞 (形) jìmò: a ~ *flight* 单独飞行 dāndú fēixíng

lonely *adj* (1) 孤单 (形) gūdān, 孤独 (形) gūdú; 孤寂 (形) gūjì, 寂寞 (形) jìmò: a ~ *traveller* 孤单的行路人 gūdān de xínglù rén (2) 偏僻 (形) piānpì; 荒凉 (形) huāngliáng: a ~ *mountain village* 一个荒凉的山村 yíge huāngliáng de shāncūn

lonesome *adj* 寂寞 (形) jìmò, 孤单 (形) gūdān

long[1] **I** *adj* (1) 长 (形) cháng: a ~ *coastline* 长长的海岸线 chángcháng de hǎi'ànxiàn (2) 长久 (形) chángjiǔ, 久 (形) jiǔ; 长时间的 cháng shíjiān de (3) 高 (形) gāo: a ~ *fellow* 高个子 gāo gèzi (大个子 dà gèzi) **II** *n* 长时间 cháng shíjiān, 久 (形) jiǔ **III** *adv* 长时间地 cháng shíjiān de, 长期地 chángqī de; 很久地 hěn jiǔ de, 长久 (形) chángjiǔ: ~ *ago* 很久以前 hěn jiǔ yǐqián // *any* ~*er* 再 zài / *as* ~ *as* (1) 长达… chángdá… (2) 只要 zhǐyào / *at the* ~*est* 至多 zhìduō; 最晚 zuìwǎn: 10 *days at the* ~*est* 全多十天 zhìduō shítiān / *before* ~ 不久 bùjiǔ; 很快 hěn kuài / ~ *since* (1) 很久以前 hěn jiǔ yǐqián (2) 很久以来 hěn jiǔ yǐlái / *no* ~*er* 不再 bú zài / *So* ~ ! 再见! Zàijiàn!

long[2] *v* 渴望 (动) kěwàng, 盼望 (动) pànwàng

longan *n* 龙眼 (名) lóngyǎn; 桂圆 (名) guìyuán: *dried* ~ *pulp* 桂圆肉 guìyuánròu

long-distance *adj* (1) 长途的 chángtú de: ~ *race* 长跑 chángpǎo (2) 长途电话的 chángtú diànhuà de: a ~ *call* 长途通话 chángtú tōnghuà

longing *n* 渴望 (动) kěwàng, 热切地希望 rèqiè de xīwàng

longitude *n* 经度 (名) jīngdù: *east* (*west*) ~ 东 (西) 经 dōng (xī) jīng

long-lived *adj* 长寿的 chángshòu de

long-playing *adj* (1) 慢速密纹唱片的 mànsù mìwén chàngpiàn de (2) 持续长时间的 chíxù chángshíjiān de

long-range *adj* 远程的 yuǎnchéng de; 长期的 chángqī de: a ~ *missile* 远程导弹 yuǎnchéng dǎodàn

long-sighted *adj* (1) 远视的 yuǎnshì de (2) 有眼光的 yǒu yǎnguāng de, 有远见的 yǒu yuǎnjiàn de

long-standing *adj* 长期的 chángqī de, 成年累月的 chéngnián lěiyuè de: a ~ *complaint* 成年累月地抱怨 chéngnián lěiyuè de bàoyuàn

long-term *adj* 长期的 chángqī de: a ~ *loan* 长期贷款 chángqī dàikuǎn

look **I** *v* (1) 看 (动) kàn, 瞧 (动) qiáo, 望 (动) wàng (2) 显得 (动) xiǎnde; 好像 (动) hǎoxiàng; 看样子 kànyàngzi (3) 朝 (动) cháo, 面向 miànxiàng **II** *n* (1) 看 (动) kàn, 瞧 (动) qiáo: *give sb. a* ~ 看了某人一眼 kànle mǒurén yìyǎn / *take a quick* ~ 很快地看了一下 hěn kuài de kànle yíxià (2) 脸色 (名) liǎnsè; 外表 (名) wàibiǎo; 容貌 (名) róngmào; 神情 (名) shénqíng // ~ *after* 照顾 zhàogù; 关心 guānxīn / ~ *at* (1) 看 kàn (2) 考虑 kǎolù, 研究 yánjiū / ~ *back* 回顾 huígù: ~ *back to one's experience in the past* 回顾自己过去的经历 huígù zìjǐ guòqù de jīnglì / ~ *down on* 看不起 kànbuqǐ / ~ *for* 寻找 xúnzhǎo / ~ *forward to* 盼望 pànwàng, 期待 qīdài / *L* ~ *here!* 喂! Wèi! / ~ *into* 调查 diàochá; 观察 guānchá / ~ *on* 把…看成 bǎ… kànchéng / ~ *oneself* 正常

zhèngcháng / ~ out 当心 dāngxīn，留神 liúshén / ~ over 检查 jiǎnchá / ~ up (1) 变好 biànhǎo，好转 hǎozhuǎn (2) 拜访 bàifǎng，看 kàn (3) 查 chá：~ up a word in a dictionary 在词典里查一个词 zài cídiǎnli chá yíge cí

looker-on n 旁观者（名）pángguānzhě，看热闹的 kàn rènao de

lookout n (1) 警戒（动）jǐngjiè；注意（动）zhùyì（2）瞭望台（名）liàowàngtái；监视哨（名）jiānshìshào；监视者（名）jiānshìzhě（3）（一个人）应该做的事（yíge rén）yīnggāi zuò de shì；任务（名）rènwù

loom[1] n 织布机（名）zhībùjī

loom[2] v 隐约可见 yǐnyuē kě jiàn，朦胧出现 ménglóng chūxiàn；逼近（动）bījìn

loop I n 圈儿（名）quānr，环（名）huán II v 使成圈（环）shǐ chéng quān (huán)；用圈套住 yòng quān tàozhù

loophole n (1) 枪眼（名）qiāngyǎn，透气孔（名）tòuqìkǒng（2）漏洞（名）lòudòng，空子（名）kòngzi

loose adj (1) 松（形）sōng；宽（形）kuān；松散（形）sōngsǎn：~ soil 松散的土 sōngsǎn de tǔ（2）不牢的 bù láo de：a ~ tooth 活动的牙齿 huódòng de yáchǐ（3）松开的 sōngkāi de；自由（形）zìyóu：have a ~ tongue 嘴不严 zuǐ bù yán（保不住密 bǎo bu zhù mì）（4）放荡（形）fàngdàng：a ~ woman 放荡的女人 fàngdàng de nǚrén（5）不精确的 bù jīngquè de，不严谨 bù yánjǐn：a ~ translation 不精确的翻译 bù jīngquè de fānyì // let ~ 放开 fàngkāi，放走 fàngzǒu

loose-leaf adj 活页的 huóyè de：a ~ notebook 活页笔记本 huóyè bǐjìběn

loosen v 松开 sōngkāi；解开 jiěkāi；变松 biànsōng

loot I n 掠夺物（名）lüèduówù，赃物（名）zāngwù II v 抢劫（动）qiǎngjié

lord I n (1) 君主（名）jūnzhǔ："our sovereign ~ the king" "国王陛下"

"guówáng bìxià"（2）贵族（名）guìzú：the House of L~s 上议院 shàngyìyuàn（3）勋爵（名）xūnjué：L~ Derby 德贝勋爵 Débèi xūnjué（4）上帝（名）Shàngdì：the L~'s Day 主日（星期日）zhǔrì（Xīngqīrì）II v 作威作福 zuòwēizuòfú // ~ it over 称王称霸 chēngwángchēngbà；作威作福 zuòwēizuòfú

lorry n 卡车（名）kǎchē

lose v (1) 丢（动）diū；丢失（动）diūshī；失去（动）shīqù，丧失（动）sàngshī（2）迷失（动）míshī；迷路 mílù（3）没听到 méi tīngdào；没看见 méi kànjiàn（4）输（动）shū；失败（动）shībài（5）亏损（动）kuīsǔn，赔钱 péiqián，受损失 shòu sǔnshī（6）浪费（动）làngfèi（7）慢（形）màn // ~ face 丢脸 diūliǎn，丢面子 diūmiànzi，丢人 diūrén / ~ one's temper 发脾气 fāpíqì，发怒 fānù

loser n 失败者（名）shībàizhě，输家（名）shūjiā

loss n (1) 损失（动）sǔnshī；丧失（动）sàngshī；遗失（动）yíshī（2）输（动）shū；失败（动）shībài：the ~ of a battle 打败仗 dǎ bàizhàng（3）错过（动）cuòguò；浪费（动）làngfèi：~ of opportunity 错过机会 cuòguò jīhuì // at a ~ 不知所措 bùzhīsuǒcuò / without ~ of time 马上 mǎshàng，立刻 lìkè

lot n (1) 签（名）qiān；抽签 chōuqiān，抓阄儿 zhuājiūr（2）命运（名）mìngyùn，运气（名）yùnqi（3）一批 yìpī，一摊 yìtān；全部（名）quánbù（4）地方（名）dìfang；地皮（名）dìpí：a parking ~ 停车场 tíngchēchǎng（5）很多 hěn duō，大量（形）dàliàng // a ~ 多 duō：Thanks a ~. 多谢。Duō xiè.

lotion n 洗涤剂（名）xǐdíjì，洗液（名）xǐyè，护肤液 hùfūyè

lottery n 抽彩得奖法 chōucǎi déjiángfǎ：a ~ ticket 彩票 cǎipiào / an instant ~ game 当场兑现彩票

dāngchǎng duìxiàn cǎipiào

lotus *n* 莲（名）lián，荷花（名）héhuā：~ *root* 莲藕 lián'ǒu / ~ *root starch* 藕粉 ǒufěn

loud I *adj* (1) 大声的 dàshēng de；响亮（形）xiǎngliàng (2) 显眼（形）xiǎnyǎn；引人注目 yǐnrénzhùmù II *adv* 大声地 dàshēng de

loudly *adv* 大声地 dàshēng de；显眼（形）xiǎnyǎn

loudspeaker *n* 喇叭（名）lǎba，扬声器（名）yángshēngqì

lounge I *v* (1)（懒洋洋地）躺（动）(lǎnyángyáng de) tǎng，倚（动）yǐ，靠（动）kào，坐（动）zuò (2) 闲逛（动）xiánguàng；漫步（动）mànbù II *n* 休息室（名）xiūxīshì，起居室（名）qǐjūshì // ~ *suit* 普通西装 pǔtōng xīzhuāng；便装 biànzhuāng

louse *n* 虱子（名）shīzi

love I *n* (1) 爱（动）ài，热爱（动）rè'ài：*a mother's* ~ *for her children* 母爱 mǔ'ài / ~ *of one's country* 爱祖国 ài zǔguó (2) 爱情（名）àiqíng；恋爱（动）liàn'ài：*a* ~ *story* 爱情故事 àiqíng gùshi (3) 爱好（名、动）àihào，喜爱（动）xǐ'ài：*a* ~ *of learning* 爱学习 ài xuéxí II *v* (1) 爱（动）ài，热爱（动）rè'ài (2) 爱好（动）àihào，喜欢（动）xǐhuan // *fall in* ~ *with* 爱上 àishang / *give one's* ~ *to* 向…问候 xiàng … wènhòu

love-affair *n* (1) 恋爱（动）liàn'ài (2) 两性关系 liǎngxìng guānxi

love-letter *n* 情书（名）qíngshū

lovelorn *adj* 失恋的 shīliàn de：*a* ~ *girl* 一个失恋的姑娘 yíge shīliàn de gūniang

lovely *adj* (1) 美丽（形）měilì；可爱（形）kě'ài：*a* ~ *view* 美丽的景色 měilì de jǐngsè (2) 令人愉快的 lìng rén yúkuài de：*a* ~ *meal* 一顿美餐 yídùn měicān // ~ *and* … 非常 fēicháng；令人高兴地 lìng rén gāoxìng de

lover *n* (1) 爱好者（名）àihàozhě：*a music* ~ 音乐爱好者 yīnyuè àihàozhě / *a* ~ *of table tennis* 乒乓球爱好者 pīngpāngqiú àihàozhě (2) 情夫（名）qíngfū，情人（名）qíngrén：*a pair of* ~ *s* 一对情侣 yíduì qínglǚ

lovesick *adj* 害相思病的 hài xiāngsībìng de

low I *adj* (1) 低（形）dī，矮（形）ǎi：*a* ~ *wall* 一堵矮墙 yìdǔ ǎi qiáng / *a* ~ *row of houses* 一排矮房子 yìpái ǎi fángzi / ~ *hills* 矮山 ǎi shān (2) 浅（形）qiǎn (3)（声音）低（形）(shēngyīn) dī，低声的 dīshēng de (4) 低下（形）dīxià，低微（形）dīwēi：*a person of* ~ *birth* 出身低下的人 chūshēn dīxià de rén (5) 粗俗（形）cūsú；低级（形）dījí：~ *manners* 举止粗俗 jǔzhǐ cūsú / ~ *taste* 低级趣味 dījí qùwèi (6) 低廉（形）dīlián，便宜（形）piányi (7) 情绪低落 qíngxù dīluò II *adv* (1) 低（形）dī；向下 xiàngxià (2) 轻声地 qīngshēng de // ~ *tide* 低潮 dīcháo

lower *v* 降（动）jiàng，降下 jiàngxià，降低（动）jiàngdī，放低 fàngdī

low-level *adj* 低水平的 dī shuǐpíng de，低级别的 dī jíbié de

low-necked *adj* 开领低的 kāilǐng dī de，露出胸部的 lòuchū xiōngbù de

low-ressure *adj* 低压的 dīyā de

low-spirited *adj* 情绪低的 qíngxù dī de，没有精神的 méiyǒu jīngshen de

loyal *adj* 忠诚（形）zhōngchéng，忠实（形）zhōngshí：~ *supporters* 忠实的支持者 zhōngshí de zhīchízhě / ~ *to one's country* 忠于祖国 zhōngyú zǔguó / *a* ~ *friend* 忠实的朋友 zhōngshí de péngyou

loyalty *n* 忠诚（形）zhōngchéng，忠实（形）zhōngshí：~ *of the people for their country* 人民对自己国家的忠诚 rénmín duì zìjǐ guójiā de zhōngchéng

lozenge *n* (1) 菱形（名）língxíng (2) 糖锭（名）tángdìng：*cough* ~ *s* 咳嗽糖 késoutáng

lubricant *n* 润滑油（名）rùnhuáyóu

lubricate *v* (1) 给…上油 gěi …

shàng yóu (2) 使润滑 shǐ rùnhuá

lucid *adj* (1) 清楚 (形) qīngchu; 易懂 yìdǒng, 明了 (形) míngliǎo (2) 神志清醒 shénzhì qīngxǐng; 头脑清楚 tóunǎo qīngchu: ~ *moments* 清醒的时刻 qīngxǐng de shíkè

luck *n* 运气 (名) yùnqi: *have bad* ~ 倒霉 dǎoméi (不走运 bù zǒuyùn) // *be down on one's* ~ 倒霉 dǎoméi / *by* ~ 幸亏 xìngkuī

lucky *adj* 幸运 (形) xìngyùn; 运气好 yùnqi hǎo, 侥幸 (形) jiǎoxìng: *a* ~ *person* 幸运的人 xìngyùn de rén

lucrative *adj* 有利 (形) yǒulì; 赚钱的 zhuànqián de

lug *v* (费力地) 拖 (动) (fèilì de) tuō, 拉 (动) lā

luggage *n* 行李 (名) xíngli: *check one's* ~ 寄存行李 jìcún xíngli / *excess* ~ 超重行李 chāozhòng xíngli / *registered* ~ 托运的行李 tuōyùn de xíngli

luggage-carrier *n* 自行车货架 zìxíngchē huòjià

luggage-rack *n* 行李架 (名) xínglǐjià

luggage-van *n* 行李车 (名) xínglǐchē

lukewarm *adj* (1) 微温的 wēiwēn de: ~ *water* 温水 wēnshuǐ (2) 不热情的 bú rèqíng de, 不热心的 bú rèxīn de, 冷淡 (形) lěngdàn: *a* ~ *response to the plan* 对该计划反应冷淡 duì gāi jìhuà fǎnyìng lěngdàn

lull I *v* 使平静 shǐ píngjìng; 使入睡 shǐ rùshuì II *n* 平静 (形) píngjìng; 间歇 (名) jiànxiē: *during a* ~ *in the storm* 暴风雨中的间歇 bàofēngyǔzhōng de jiànxiē

lullaby *n* 催眠曲 (名) cuīmiánqǔ, 摇篮曲 (名) yáolánqǔ

lumber[1] *v* 笨重地移动 bènzhòng de yídòng; 缓缓地行驶 huǎnhuǎn de xíngshǐ

lumber[2] I *n* (1) 木材 (名) mùcái, 木料 (名) mùliào (2) 破烂东西 pòlàn dōngxi; 无用的杂物 wúyòng de záwù II *v* 杂乱地堆积 záluàn de duījī, 把破烂东西堆满 bǎ pòlàn dōngxi duīmǎn

lumberjack *n* 伐木者 (名) fámùzhě

luminous *adj* (1) 发光的 fāguāng de, 发亮的 fāliàng de (2) 清晰 (形) qīngxī; 易懂的 yìdǒng de

lump I *n* (1) 块 (量) kuài; 团 (量) tuán: *a* ~ *of clay* 一块泥土 yíkuài nítǔ / *a* ~ *of sugar* 一块方糖 yíkuài fāngtáng (2) 大量 (形) dàliàng, 一大堆 yídàduī: *a* ~ *of money* 一大笔钱 yídàbǐ qián II *v* 合在一起 hézài yìqǐ; 弄成一团 nòngchéng yìtuán

lunacy *n* (1) 疯狂 (形) fēngkuáng, 精神错乱 jīngshén cuòluàn (2) 愚蠢或疯狂的行为 yúchǔn huò fēngkuáng de xíngwéi

lunar *adj* 太阴的 tàiyīn de; 月亮的 yuèliang de: *the L*~ *New Year* 旧历新年 jiùlì Xīnnián / ~ *calendar* 阴历 yīnlì / ~ *eclipse* 月食 yuèshí

lunatic I *adj* 精神错乱的 jīngshén cuòluàn de, 疯 (动) fēng: ~ *asylum* 疯人院 fēngrényuàn II *n* (1) 疯子 (名) fēngzi (2) 大傻瓜 dà shǎguā

lunch I *n* 午饭 (名) wǔfàn, 午餐 (名) wǔcān II *v* 吃午饭 chī wǔfàn

lunch-time *n* 午饭时间 wǔfàn shíjiān

lung *n* 肺 (名) fèi, 肺脏 (名) fèizàng

lurch I *v* (1) (船) 突然倾斜 (chuán) tūrán qīngxié (2) 蹒跚 (形) pánshān, 跌跌撞撞 diēdiēzhuàngzhuàng II *n* (1) 突然倾斜 tūrán qīngxié (2) 蹒跚 (形) pánshān, 跌跌撞撞 diēdiēzhuàngzhuàng

lure I *n* 诱惑 (动) yòuhuò; 吸引力 (名) xīyǐnlì, 魅力 (名) mèilì: *the* ~ *s of a woman* 女人的魅力 nǚrén de mèilì II *v* 引诱 (动) yǐnyòu, 诱惑 (动) yòuhuò, 吸引 (动) xīyǐn

lurk *v* 藏 (动) cáng, 埋伏 (动) máifu, 潜伏 (动) qiánfú

lust *n* (1) 欲望 (名) yùwàng; 贪心 (名) tānxīn (2) 性欲 (名) xìngyù; 淫欲 (名) yínyù

lustre *n* 光彩 (名) guāngcǎi, 光泽 (名) guāngzé

lute *n* 琵琶 (名) pípa: *play the* ~ 弹琵琶 tán pípa

luxuriant *adj* （1）茂盛（形）màoshèng，繁茂（形）fánmào；丛生的 cóngshēng de：*the ~ growth of the vegetation* 植物繁茂 zhíwù fánmào（2）豪华（形）háohuá；奢侈（形）shēchǐ：*a ~ way of life* 奢侈的生活 shēchǐ de shēnghuó

luxurious *adj*（1）奢侈（形）shēchǐ：*~ habits* 奢侈的习惯 shēchǐ de xíguàn（2）豪华（形）háohuá；舒适（形）shūshì：*a ~ hotel* 豪华的旅馆 háohuá de lǚguǎn

luxury *n*（1）奢侈（形）shēchǐ；奢侈品（名）shēchǐpǐn；极大的享受 jí dà de xiǎngshòu：*live in ~* 过奢侈的生活 guò shēchǐ de shēnghuó（2）豪华（形）háohuá：*a ~ hotel* 豪华的大旅馆 háohuá de dà lǚguǎn

lychee ＝LITCHI

lynch **I** *n* 私刑（名）sīxíng，吊死 diàosǐ **II** *v* 以私刑处死 yǐ sīxíng chǔsǐ

lyric **I** *n* 抒情诗（名）shūqíngshī；抒情作品 shūqíng zuòpǐn **II** *adj* 抒情的 shūqíng de：*a ~ poem* 抒情诗 shūqíngshī

M

macabre *adj* 可怕（形）kěpà，恐怖（形）kǒngbù

macaroni *n* 通心粉（名）tōngxīnfěn

machine **I** *n*（1）机器（名）jīqì；机械（名）jīxiè（2）机构（名）jīgòu；党派的核心集团 dǎngpài de héxīn jítuán：*state* ~ *s* 国家机构 guójiā jīgòu/ *the Democratic* ~ 民主党核心人物 Mínzhǔdǎng héxīn rénwù **II** *v* 用机器加工 yòng jīqì jiāgōng，用机床加工 yòng jīchuáng jiāgōng // *a boring* ~ 镗床 tángchuáng / *a cutting* ~ 切割机 qiēgējī/ *a drilling* ~ 钻床 zuànchuáng / *a grinding* ~ 磨床 móchuáng/ *a planing* ~ 刨床 bàochuáng /~ *building* 机器制造 jīqì zhìzào / ~ *tool* 机床 jīchuáng

machinegun *n* 机关枪（名）jīguānqiāng

machinery *n*（1）机器（名）jīqì，机械（名）jīxiè：*complex* ~ 复杂的机器 fùzá de jīqì（2）机构（名）jīgòu：*the* ~ *of government* 政府机构 zhèngfǔ jīgòu

mackerel *n* 鲐鱼（名）táiyú，鲭（名）qīng

mad *adj*（1）疯（形）fēng，发疯的 fā fēng de，发狂的 fā kuáng de（2）疯狂（形）fēngkuáng，狂热（形）kuángrè，着迷 zháo mí（3）愚蠢（形）yúchǔn，傻（形）shǎ（4）恼火（形）nǎohuǒ，非常生气 fēicháng shēngqì // *drive sb.* ~（1）使人发疯（精神失常）shǐ rén fā fēng（jīngshén shīcháng）（2）使人气得发狂 shǐ rén qì de fākuáng

madam *n* 夫人（名）fūren，太太（名）tàitai；小姐（名）xiǎojiě；女士（名）nǚshì：*M~ Curie* 居里夫人 Jūlǐ fūren / *M~ Chairman* 主席女士 zhǔxí nǚshì / *Dear M~* 亲爱的女士 qīn'ài de nǚshì

madhouse *n* 疯人院（名）fēngrényuàn

madman *n* 疯子（名）fēngzi，狂人（名）kuángrén

madness *n* 疯狂的行为 fēngkuáng de xíngwéi

Madonna *n* 圣母（玛利亚）（名）shèngmǔ（Mǎlìyà）；圣母像（名）shèngmǔxiàng

madwoman *n* 女疯子 nǚ fēngzi

magazine *n*（1）杂志（名）zázhì，期刊（名）qīkān（2）弹匣（名）dànxiá；暗盒（名）ànhé

maggot *n* 蛆（名）qū

magic **I** *n*（1）魔法（名）mófǎ；巫术（名）wūshù（2）魔术（名）móshù，戏法（名）xìfǎ（3）魔力（名）mólì，魅力（名）mèilì：*the* ~ *of music* 音乐的魅力 yīnyuè de mèilì **II** *adj* 有魔力的 yǒu mólì de；巫术的 wūshù de：*a* ~ *weapon* 法宝 fǎbǎo

magical *adj* 有魔力的 yǒu mólì de，不可思议的 bùkě sīyì de

magician *n* 魔术家（名）móshùjiā，魔术师（名）móshùshī，变戏法的人 biànxìfǎ de rén

magistrate *n*（行政兼司法的）长官（xíngzhèng jiān sīfǎ de）zhǎngguān：*the county* ~ 县长 xiànzhǎng

magnesium *n* 镁（名）měi

magnet *n* 磁铁（名）cítiě，吸铁石（名）xītiěshí；诱人的东西 yòu rén de dōngxi

magnetic *adj*（1）磁的 cí de；有磁性的 yǒu cíxìng de：~ *field* 磁场 cíchǎng/ ~ *force* 磁力 cílì/ ~ *pole* 磁极 cíjí/ *a* ~ *tape* 磁带 cídài（2）有吸引力的 yǒu xīyǐnlì de，有魅力的 yǒu mèilì de

magnetism *n*（1）磁（名）cí，磁力（名）cílì；磁学（名）cíxué：*the* ~ *of the* *earth* 地磁 dìcí (2) 魅力(名) mèilì, 吸引力(名) xīyīnlì: *one's personal ~* 个人的魅力 gèrén de mèilì

magnificent *adj* (1) 壮丽(形) zhuànglì, 宏伟(形) hóngwěi; 华丽(形) huálì, 豪华(形) háohuá (2) 非常漂亮的 fēicháng piàoliang de, 极其动人的 jíqí dòngrén de

magnify *v* (1) 放大(动) fàngdà, 扩大(动) kuòdà (2) 夸张(动) kuāzhāng, 夸大(动) kuādà

magnifying-glass *n* 放大镜(名) fàngdàjìng

magnitude *n* (1) 大小(名) dàxiǎo; 巨大(形) jùdà (2) 重要(形) zhòngyào; 重要性(名) zhòngyàoxìng

magpie *n* (1) 喜鹊(名) xǐquè (2) 话多的人 huà duō de rén

mah-jong *n* 麻将(名) májiàng: *play ~* 打麻将 dǎ májiàng // *~ tiles* 麻将牌 májiàngpái

mahogany *n* (1) 桃花心木 táohuāxīnmù; 红木(名) hóngmù (2) 赤褐色(名) chìhèsè

maid *n* (1) 少女(名) shàonǚ, 姑娘(名) gūniang: *an old ~* 老处女 lǎo chǔnǚ (2) 女仆(名) nǚpú, 女佣人(名) nǚyōngrén.

maiden *n* 少女(名) shàonǚ; 未婚女子 wèihūn nǚzǐ, 处女(名) chǔnǚ: *a ~ of 17* 十七岁的姑娘 shíqīsuì de gūniang/ *one's ~ name* 娘家的姓 niángjiā de xìng/ *~s in their teens* 妙龄少女 miàolíng shàonǚ

mail I *n* 邮件(名) yóujiàn, 信件(名) xìnjiàn II *v* 邮寄(动) yóujì: *~ a parcel* 寄一件包裹 jì yíjiàn bāoguǒ

mailbag *n* 邮袋(名) yóudài

mailbox *n* 信箱(名) xìnxiāng, 邮筒(名) yóutǒng

mail-order *n* 函购(动) hángòu, 邮购(动) yóugòu

main I *n* 总管道 zǒngguǎndào, 干线(名) gànxiàn: *a gas ~* 煤气总管道 méiqì zǒngguǎndào/ *a water ~* 自来水总管道 zìláishuǐ zǒngguǎndào/ *elec-*tric *~s* 电力网 diànlìwǎng II *adj* 主要(形) zhǔyào, 重要(形) zhòngyào; 总(形) zǒng: *~ clause* 主句 zhǔjù / *~ forces* 主力部队 zhǔlì bùduì / *the ~ street of a town* 市内的主要街道 shìnèi de zhǔyào jiēdào/ *the ~ line of a railway* 铁路的干线 tiělù de gànxiàn // *in the ~* 总的说来 zǒng de shuōlái, 大体上 dàtǐshang / *~ line* 铁路干线 tiělù gànxiàn

mainland *n* 大陆(名) dàlù, 本土(名) běntǔ

mainly *adv* 大体上 dàtǐshang, 主要地 zhǔyào de

mainstream *n* 主流(名) zhǔliú, 主要倾向 zhǔyào qīngxiàng

maintain *v* (1) 维持(动) wéichí; 保持(动) bǎochí; 维护(动) wéihù; 继续(动) jìxù (2) 维修(动) wéixiū, 保养(动) bǎoyǎng (3) 坚持(动) jiānchí, 始终主张 shǐzhōng zhǔzhāng (4) 供养(动) gōngyǎng, 扶养(动) fúyǎng

maintenance *n* (1) 维护(动) wéihù; 维持(动) wéichí; 保持(动) bǎochí: *the ~ of justice* 维护正义 wéihù zhèngyì/ *for the ~ of order* 为了维持秩序 wèile wéichí zhìxù (2) 维修(动) wéixiū, 保养(动) bǎoyǎng: *equipment ~* 设备维修 shèbèi wéixiū (3) 扶养(动) fúyǎng; 生活费(名) shēnghuófèi; 赡养费(名) shànyǎngfèi: *the ~ of prisoners of war* 收容战俘 shōuróng zhànfú

maize *n* 玉蜀黍(名) yùshǔshǔ, 玉米(名) yùmǐ, 苞谷(名) bāogǔ

majestic *adj* 威严(形) wēiyán; 庄严(形) zhuāngyán; 雄伟(形) xióngwěi; 壮丽(形) zhuànglì; 崇高(形) chónggāo: *~ mountains* 雄伟的山岭 xióngwěi de shānlǐng

majesty *n* (1) 雄伟(形) xióngwěi, 壮丽(形) zhuànglì; 崇高(形) chónggāo (2) 君权(名) jūnquán; 最高权力 zuì gāo quánlì; 君主(名) jūnzhǔ

major I *adj* (1) 较大 jiào dà; 较多 jiào duō; 较重要 jiào zhòngyào; 较年

长 jiào niánzhǎng: *the ~ portion* 大部分 dàbùfen (2) 主要((形) zhǔyào: *the ~ industries* 主要工业 zhǔyào gōngyè/ *a ~ party* 主要政党 zhǔyào zhèngdǎng (3) 主修的 zhǔxiū de: *the ~ subjects* 主修课程 zhǔxiū kèchéng (4) 大调的 dàdiào de, 大音阶的 dà yīnjiē de: *a ~ scale* 大音阶 dà yīnjiē **II** *n* (1) 成年人(名) chéngniánrén (2) 少校(名) shàoxiào (3) 主课(名) zhǔkè; 专业(名) zhuānyè **III** *v* 主修(动) zhǔxiū, 专攻(动) zhuāngōng

majority *n* (1) 多数(名) duōshù; 大多数(名) dàduōshù (2) 多得的票数 duō dé de piàoshù (3) 成年(名) chéngnián, 法定年龄 fǎdìng niánlíng (4) 得票多的党 dé piào duō de dǎng; 多数党(名) duōshùdǎng

make **I** *v* (1) 做(动) zuò, 制造(动) zhìzào; 建造(动) jiànzào; 创造(动) chuàngzào (2) 作出(动) zuòchū: *~ a decision* 作出决定 zuòchū juédìng / *~ an answer* 作出回答 zuòchū huídá (3) 写作(动) xiězuò; 制定(动) zhìdìng, 订立(动) dìnglì (4) 造成(动) zàochéng, 构成(动) gòuchéng, 组成(动) zǔchéng (5) 成为(动) chéngwéi, 变成(动) biànchéng; 使作为 shǐ zuòwéi (6) 使(动) shǐ, 使得(动) shǐdé; 迫使(动) pòshǐ (7) 估计(动) gūjì; 认为(动) rènwéi: *~ it a point* 把...当做重要的 bǎ... dàngzuò zhòngyào de (8) 获得(动) huòdé, 挣(动) zhèng, 赢得(动) yíngdé; 得分 dé fēn (9) 总计(动) zǒngjì; 等于(动) děngyú **II** *n* (1) 制造(动) zhìzào; 构造(名) gòuzào; 样式(名) yàngshì: *cars of British ~* 英国产的车 Yīngguó chǎn de chē (2) 性情(名) xìngqíng; 品质(名) pǐnzhì; 体格(名) tǐgé // *~ after* 跟随 gēnsuí; 追赶 zhuīgǎn / *~ believe* 假装 jiǎzhuāng / *~ for* (1) 走向 zǒuxiàng, 往...走去 wàng... zǒuqù (2) 有助于 yǒuzhùyú / *~ it* (1) 做到 zuòdào, 办成 bànchéng, 成功(动) chénggōng (2) 到达 dàodá, 赶

到 gǎndào / *~ out* (1) 写出 xiěchū, 填写 tiánxiě (2) 假装 jiǎzhuāng (3) 理解 lǐjiě (4) 辨认出 biànrènchū, 看清楚 kànqīngchu / *~ sure* (1) 一定要 yídìng yào, 务必做到 wùbì zuòdào (2) 弄清楚 nòng qīngchu, 查明 chámíng / *~ up* (1) 补充 bǔchōng; 补偿 bǔcháng: *~ up a missed lesson* 补课 bǔ kè (2) 编写 biānxiě; 捏造 niēzào (3) 配制 pèizhì; 缝制 féngzhì (4) 构成 gòuchéng, 组成 zǔchéng (5) 和好 héhǎo, 和解 héjiě, 讲和 jiǎnghé

maker *n* 制造者(名) zhìzàozhě; 创造者(名) chuàngzàozhě

makeshift **I** *adj* 临时(形) línshí: *a ~ bridge* 临时便桥 línshí biànqiáo / *make a ~ arrangement* 做临时的安排 zuò línshí de ānpái **II** *n* 代用品(名) dàiyòngpǐn; 权宜之计 quányí zhìjì

malaria *n* 疟疾(名) nüèji

male **I** *adj* 男的 nán de, 雄的 xióng de: *a ~ voice* 男声 nánshēng / *a ~ choir* 男声合唱队 nánshēng héchàngduì/ *a ~ nurse* 男护士 nán hùshi / *~ flowers* 雄花 xiónghuā **II** *n* 男子(名) nánzǐ; 雄性动物 xióngxìng dòngwù; 雄性植物 xióngxìng zhíwù

malice *n* 恶意(名) èyì, 坏心(名) huàixīn

malicious *adj* 恶意的 èyì de; 存心不良的 cúnxīn bùliáng de, 蓄意的 xùyì de

malign *v* 诽谤(动) fěibàng, 中伤(动) zhòngshāng, 诬蔑(动) wūmiè

malignant *adj* (1) 恶毒(形) èdú; 恶意的 èyì de (2) 恶性的 èxìng de

malinger *v* 装病 zhuāng bìng, 泡病号儿 pào bìnghàor

malingerer *n* 装病的人 zhuāng bìng de rén, 泡病号的人 pào bìnghào de rén

mall *n* 购物中心 gòuwù zhōngxīn, 商场(名) shāngchǎng

mallet *n* 木槌(名) mùchuí; (打槌球或马球用的)长柄木槌 (dǎ chuíqiú huò mǎqiú yòng de) cháng bǐng mùchuí

malnutrition *n* 营养不良 yíngyǎng bù

liáng

malt *n* 麦芽(名) màiyá

mammal *n* 哺乳动物 bǔrǔ dòngwù

mammoth **I** *n* 猛犸象（名）měngmǎxiàng; 巨兽 jùshòu **II** *adj* 巨大(形) jùdà

man **I** *n* (1) 男人(名) nánrén, 男子(名) nánzǐ: *equality of men and women* 男女平等 nán nǚ píngděng / *men's team event* 男子团体赛 nánzǐ tuántǐsài / *a woman disguised as a ~* 女扮男装 nǚ bàn nán zhuāng (2) 人(名) rén; 人类(名) rénlèi (3) 丈夫(名) zhàngfu: *~ and wife* 丈夫和妻子 zhàngfu hé qīzi (夫妻 fūqī) (4) 男子汉(名) nánzǐhàn **II** *v* 给...配备人员 gěi... pèibèi rényuán: *~ a ship with enough hands* 为一艘船配备足够的水手 wèi yìsōu chuán pèibèi zúgòu de shuǐshǒu

manage *v* (1) 管理(动) guǎnlǐ; 处理(动) chǔlǐ; 经营(动) jīngyíng; 安排(动) ānpái (2) 运用(动) yùnyòng; 操纵(动) cāozòng, 控制(动) kòngzhì, 驾驭(动) jiàyù (3) 设法(动) shèfǎ; 能做到 néng zuòdào, 对付(动) duìfu

management *n* (1) 管理(动) guǎnlǐ, 处理(动) chǔlǐ, 经营(动) jīngyíng, 安排(动) ānpái (2) 管理部门 guǎnlǐ bùmén

manager *n* 经理(名) jīnglǐ; 管理人 guǎnlǐrén: *a general ~* 总经理 zǒngjīnglǐ / *an assistant ~* 副经理 fùjīnglǐ / *a stage ~* 舞台监督 wǔtái jiāndū

mandarin *n* 汉语普通话 Hànyǔ pǔtōnghuà, 官话(名) guānhuà

manger *n* 牲口槽 shēngkǒucáo

mangle *v* 损坏(动) sǔnhuài, 弄坏 nònghuài, 毁坏(动) huǐhuài; 撕裂(动) sīliè

manhood *n* 成人(名) chéngrén; 成年(名) chéngnián

mania *n* (1) 癫狂(形) diānkuáng; 狂乱(形) kuángluàn (2) 热中(动) rèzhōng; 狂热(形) kuángrè

manicure **I** *v* 修剪指甲 xiūjiǎn zhǐjia **II**

n 修指甲 xiū zhǐjia

manicurist *n* 指甲美化师 zhǐjia měihuàshī

manifest **I** *adj* 显然(形) xiǎnrán; 明显(形) míngxiǎn **II** *v* 显示(动) xiǎnshì, 表示(动) biǎoshì; 证明(动) zhèngmíng

manifestation *n* 表现(名) biǎoxiàn, 显现(动) xiǎnxiàn; 明证(名) míngzhèng

manifesto *n* 宣言(名) xuānyán

manifold *adj* 多种多样的 duōzhǒngduōyàng de, 五花八门的 wǔhuābāmén de

manipulate *v* (1) 操作(动) cāozuò, 运用(动) yùnyòng (2) 操纵(动) cāozòng; 指使(动) zhǐshǐ

mankind *n* 人类(名) rénlèi

mannequin *n* 假人服装模特儿 jiǎrén fúzhuāng mótèr

manner *n* (1) 方式(名) fāngshì, 样式(名) yàngshì, 方法(名) fāngfǎ (2) 态度(名) tàidu; 举止(名) jǔzhǐ; 风度(名) fēngdù (3) 礼貌(名) lǐmào, 规矩(名) guīju // *in a ~* 在某种意义上 zài mǒuzhǒng yìyìshang / *in a ~ of speaking* 说起来 shuōqilai; 可以说 kěyǐ shuō

manoeuvre **I** *n* (1) 演习(动) yǎnxí (2) 策略(名) cèlüè, 巧计(名) qiǎojì **II** *v* (1) 调遣(动) diàoqiǎn; 操纵(动) cāozòng; 演习(动) yǎnxí (2) 用计谋 yòng jìmóu, 耍手段 shuǎ shǒuduàn

mansion *n* 官邸(名) guāndǐ; 住宅(名) zhùzhái; 大厦(名) dàshà

mantelpiece *n* 壁炉 bìlú

mantle *n* 罩（名）zhào; 覆盖物(名) fùgàiwù

manual **I** *adj* 手工的 shǒugōng de; 体力的 tǐlì de: *~ training* 手工课 shǒugōngkè (手工训练 shǒugōng xùnliàn) / *~ labour* 手工劳动 shǒugōng láodòng **II** *n* 手册(名) shǒucè, 指南(名) zhǐnán: *an instruction ~* 说明书 shuōmíngshū

manufacture I *v* (1) 制造(动) zhìzào, 加工(动) jiāgōng (2) 编造(动) biānzào, 虚构(动) xūgòu II *n* (1) 制造(动) zhìzào: *the ~ of high-precision machine tools* 高精密度机床的制造 gāo jīngmìdù jīchuáng de zhìzào / *of home ~* 本国制造的 běnguó zhìzào de (2) 制造业(名) zhìzàoyè; 制品(名) zhìpǐn; 产品(名) chǎnpǐn: *the ~ of glass* 玻璃制造业 bōli zhìzàoyè/ *famous Chinese ~s* 著名的中国制品 zhùmíng de Zhōngguó zhìpǐn / *silk ~s* 丝织品 sīzhīpǐn

manure *n* 粪便(名) fènbiàn; 肥料(名) féiliào: *green ~* 绿肥 lǜféi

manuscript *n* 手稿(名) shǒugǎo, 原稿(名) yuángǎo// *in ~* 未付印的 wèi fùyìn de: *a novel in ~* 未付印的小说稿 wèi fùyìn de xiǎoshuō gǎo

many I *adj* 很多 hěn duō, 许多(形) xǔduō II *pron* 许多人 xǔduō rén, 许多(形) xǔduō// *a good (great) ~* 很多 hěn duō, 相当多 xiāngdāng duō / *as ~ as* 和...一样多 hé...yíyàng duō

Maoism *n* 毛泽东思想 Máo Zédōng sīxiǎng

map I *n* (1) 地图(名) dìtú: *a ~ scale* 地图比例尺 dìtú bǐlìchǐ / *a touring ~* 旅游图 lǚyóutú/ *a wall ~* 挂图 guàtú (2) 图(名) tú: *a ~ board* 图板 túbǎn/ *a weather ~* 气象图 qìxiàngtú II *v* (1) 绘制(动) huìzhì, 在地图上表示 zài dìtúshang biāoshì (2) 制定(动) zhìdìng; 安排(动) ānpái

maple *n* 枫树(名) fēngshù, 枫(名) fēng; 槭树(名) qīshù// *~ sugar* 槭糖 qītáng

mar *v* 毁坏(动) huǐhuài, 破坏(动) pòhuài, 糟蹋(动) zāotà

marathon *n* 马拉松(长跑)(名) mǎlāsōng (chángpǎo), 耐力赛 nàilìsài

marble *n* (1) 大理石(名) dàlǐshí, 大理岩(名) dàlǐyán, 云石(名) yúnshí; 大理石制品 dàlǐshí zhìpǐn (2) 弹子(名) dànzǐ, 玻璃球(名) bōliqiú

March *n* 三月(名) sānyuè, 三月份 sānyuèfèn

march I *v* (1) 前进(动) qiánjìn, 行进(动) xíngjìn; 走过 zǒuguò; 行军(动) xíngjūn (2) 进行(动) jìnxíng, 进展(动) jìnzhǎn II *n* (1) 行进(动) xíngjìn; 行军 xíngjūn; 行程(名) xíngchéng (2) 进行(动) jìnxíng, 进展(动) jìnzhǎn: *the ~ of events* 事情的进展 shìqing de jìnzhǎn (3) 进行曲(名) jìnxíngqǔ

margin *n* (1) 页边空白 yèbiān kòngbái (2) 边缘(名) biānyuán: *the ~ of a forest* 森林的边缘 sēnlín de biānyuán (3) 余地(名) yúdì (4) 差额(名) chā'é, 幅度(名) fúdù

marine I *adj* (1) 海的 hǎi de, 海洋的 hǎiyáng de; 海产的 hǎichǎn de, 船舶的 chuánbó de: *~ geology* 海洋地质学 hǎiyáng dìzhìxué / *~ products* 海产品 hǎichǎnpǐn / *~ law* 海洋法 hǎiyángfǎ/ *~ insurance* 海上保险 hǎishang bǎoxiǎn (水事保险 shuǐshì bǎoxiǎn) (2) 海军陆战队的 hǎijūn lùzhànduìde: *the United States M~ Corps* 美国海军陆战队 Měiguó hǎijūn lùzhànduì II *n* 海军陆战队士兵 hǎijūn lùzhànduì shìbīng

mariner *n* 水手(名) shuǐshǒu, 船员(名) chuányuán, 海员(名) hǎiyuán

marital *adj* 婚姻的 hūnyīn de: *~ status* 婚姻状况 hūnyīn zhuàngkuàng

mark I *n* (1) 痕迹(名) hénjì; 斑点(名) bāndiǎn; 伤痕(名) shānghén (2) 记号(名) jìhào; 符号(名) fúhào; 标记(名) biāojì; 商标(名) shāngbiāo; 邮戳(名) yóuchuō: *punctuation ~s* 标点符号 biāodiǎn fúhào (3) 分数(名) fēnshù, 成绩(名) chéngjì (4) 靶子(名) bǎzi, 目标(名) mùbiāo, 指标(名) zhǐbiāo, 目的(名) mùdì II *v* (1) 留痕迹 liú hénjì; 作记号 zuò jìhào, 标明(动) biāomíng, 标志(动) biāozhì (2) 记下 jìxià, 记录(动) jìlù (3) 注意(动) zhùyì, 留心 liúxīn (4) 打分数 dǎ fēnshù, 记得分 jì défēn

market I *n* (1) 市场 (名) shìchǎng; 交易 (名) jiāoyì: *the money* ~ 金融市场 jīnróng shìchǎng / ~ *price* 市价 shìjià / ~ *research* 市场调查 shìchǎng diàochá/ *the stock* ~ 证券市场 zhèngquàn shìchǎng (2) 集市 (名) jíshì; 菜市 (名) càishì (3) 销路 (名) xiāolù; 行情 (名) hángqíng II *v* 销售 (动) xiāoshòu, 推销 (动) tuīxiāo

marriage *n* (1) 婚姻 (名) hūnyīn; 结婚 jiéhūn; 亲事 (名) qīnshì: ~ *regis-tration* 结婚登记 jiéhūn dēngjì/ ~ *li-cense* 结婚证书 jiéhūn zhèngshū (2) 结婚仪式 jiéhūn yíshì, 婚礼 (名) hūnlǐ

married *adj* 结了婚的 jiéle hūn de, 已婚的 yǐ hūn de, 有配偶的 yǒu pèi'ǒu de; 夫妇的 fūfù de; 婚姻的 hūnyīn de: ~ *life* 婚后生活 hūnhòu shēnghuó

marry *v* (1) 娶 (动) qǔ; 嫁 (动) jià, 和...结婚 hé...jiéhūn (2) 把...嫁出 bǎ...jiàchū; 给...娶来 gěi...qǔlái (3) 为...证婚 wèi...zhènghūn // ~ *off* 嫁女儿 jià nǚ'ér

Mars *n* 火星 (名) huǒxīng

marsh *n* 沼泽 (名) zhǎozé; 湿地 shīdì: *reed* ~ *es* 芦苇荡 lúwěidàng // ~ *gas* 沼气 zhǎoqì, 甲烷 jiǎwán

marshal I *n* (1) 元帅 (名) yuánshuài; 将领 (名) jiànglǐng: *Field M* ~ 陆军元帅 lùjūn yuánshuài / *an air chief* ~ 空军上将 kōngjūn shàngjiàng (2) 司仪 (名) sīyí, 典礼官 (名) diānlǐguān II *v* (1) 安排 (动) ānpái; 排列 (动) páiliè (2) 调度 (动) diàodù: ~ *rail-way cars to form a train* 调配车厢组成列车 diàopèi chēxiāng zǔchéng lièchē

marshland *n* 沼泽地区 zhǎozé dìqū

martial *adj* 军事的 jūnshì de, 战争的 zhànzhēng de: ~ *music* 军乐 jūnyuè/ ~ *arts* 武术 wǔshù// ~ *law* 戒严法 jièyánfǎ, 戒严令 jièyánlìng, 军事管制 jūnshì guǎnzhì

martyr *n* (1) 烈士 (名) lièshì, 殉道者 (名) xùndàozhě (2) 忍受痛苦的人 rěnshòu tòngkǔ de rén, 受难者 (名) shòunànzhě // *make a* ~ *of oneself* 做

出自我牺牲以博得信誉 zuòchū zìwǒ xīshēng yǐ bódé xìnyù

marvel I *n* 令人惊奇的事物 lìng rén jīngqí de shìwù II *v* 对...感到惊异 duì...gǎndào jīngyì; 惊奇 (形) jīngqí

marvellous *adj* 奇异 (形) qíyì, 奇迹般的 qíjìbān de; 了不起 liǎobuqǐ; 精彩 (形) jīngcǎi: *a* ~ *creation* 奇迹般的创造 qíjìbān de chuàngzào

Marxism *n* 马克思主义 (名) Mǎkèsīzhǔyì

Marxist I *adj* 马克思主义的 Mǎkèsīzhǔyì de II *n* 马克思主义者 (名) Mǎkèsīzhǔyìzhě

masculine I *adj* 男性的 nánxìng de, 男子气概的 nánzǐ qìgài de II *n* 阳性 (名) yángxìng

mash I *v* 捣碎 dǎosuì, 捣烂 dǎolàn; 压碎 yāsuì II *n* (1) 捣成糊状的东西 dǎochéng húzhuàng de dōngxi; 马铃薯泥 mǎlíngshǔní: *sausage and* ~ 香肠和马铃薯泥 xiāngcháng hé mǎlíngshǔní (2) 饲料 (名) sìliào: *dry* (*wet*) ~ 干 (湿) 饲料 gān (shī) sìliào/ *chicken* ~ 鸡食 jīshí

mask I *n* (1) 面具 (名) miànjù; 口罩 (名) kǒuzhào: *a gas* ~ 防毒面具 fángdú miànjù / *a flu* ~ 卫生口罩 wèishēng kǒuzhào (2) 假面具 (名) jiǎmiànjù; 伪装 (名) wěizhuāng: *wear a* ~ 戴假面具 dài jiǎmiànjù/ *throw off one's* ~ 摘下假面具 zhāixià jiǎmiànjù/ *strip off the* ~ *of* 剥去...的伪装 bōqù...de wěizhuāng II *v* (1) 戴假面具 dài jiǎmiànjù; 戴面罩 dài miànzhào: *a* ~ *ed ball* 化装舞会 huàzhuāng wǔhuì (2) 隐蔽 (动) yǐnbì; 掩盖 (动) yǎngài

mason *n* (1) 泥瓦匠 (名) níwǎjiàng (2) 共济会会员 gòngjìhuì huìyuán

mass I *n* (1) 团 (量) tuán; 块 (量) kuài; 堆 (量) duī; 片 (量) piàn; 群 (量) qún: *a* ~ *of smoke* 一团黑烟 yìtuán hēi yān (2) 众多 (形) zhòngduō, 大量 (形) dàliàng (3) 群众 (名) qúnzhòng II *adj* (1) 群众的

qúnzhòng de: *a ~ meeting* 群众大会 qúnzhòng dàhuì/ *a ~ movement* 群众运动 qúnzhòng yùndòng (2) 大量(形) dàliàng, 大批(形) dàpī **III** *v* 集中(动) jízhōng, 聚集(动) jùjí

massacre　**I** *n* 大屠杀 dà túshā; 残杀(动) cánshā **II** *v* 屠杀(动) túshā; 残杀(动) cánshā

massage　**I** *v* 按摩(动) ànmó; 推拿(动) tuīná **II** *n* 按摩(术)(名) ànmó(shù); 推拿(法)(名) tuīná(fǎ): *facial ~* 面部按摩 miànbù ànmó

massive　*adj* 大而重的 dà ér zhòng de, 庞大(形) pángdà; 巨大(形) jùdà

mast　*n* (1) 桅杆(名) wéigān, 旗杆(名) qígān (2)(无线电、电视)天线铁塔 (wúxiàndiàn, diànshì) tiānxiàn tiětǎ

master　**I** *n* (1) 主人(名) zhǔrén; 户主(名) hùzhǔ; 雇主(名) gùzhǔ; 船长(名) chuánzhǎng (2) 师傅(名) shīfu; 能手(名) néngshǒu; 优秀者(名) yōuxiùzhě; 大师(名) dàshī; 名家(名) míngjiā(3) 男教师 nán jiàoshī;(学院的)院长(名)(xuéyuàn de) yuànzhǎng: *the mathematics ~* 男数学教师 nán shùxué jiàoshī (4) 硕士(名) shuòshì: *M ~ of Arts* 文科硕士 wénkē shuòshì/ *M~ of Science* 理学硕士 lǐxué shuòshì (5) 少爷(名) shàoye: *M~ Copperfield* 科波菲尔少爷 Kēbōfēi'ěr shàoye **II** *v* (1) 控制(动) kòngzhì; 统治(动) tǒngzhì; 制服(动) zhìfú: *~ one's feeling* 控制感情 kòngzhì gǎnqíng (2) 掌握(动) zhǎngwò, 精通(动) jīngtōng // *~ of ceremonies* 司仪 sīyí

mat　*n* 垫子(名) diànzi; 席(名) xí

match[1]　*n* 火柴(名) huǒchái: *a box of ~es* 一盒火柴 yìhé huǒchái

match[2]　**I** *n* (1) 比赛(名、动) bǐsài; 竞赛(动) jìngsài (2) 对手(名) duìshǒu, 敌手(名) díshǒu (3) 相配者 xiāngpèizhě; 配对物 pèiduìwù: *colours that are a good ~* 很相配的颜色 hěn xiāngpèi de yánsè (4) 婚姻(名) hūnyīn, 对象(名) duìxiàng **II** *v* (1)

较量(动) jiàoliàng, 比赛(动) bǐsài (2) 和...相配 hé...xiāngpèi, 和...相称 hé...xiāngchèn (3) 做媒 zuòméi, 提亲 tíqīn; 使结婚 shǐ jiéhūn

matchbox　*n* 火柴盒(名) huǒcháihé

matchmaker　*n* 媒人(名) méiren

mate　**I** *n* (1) 伙伴(名) huǒbàn, 朋友(名) péngyou, 同事(名) tóngshì; 老兄(名) lǎoxiōng, 老弟(名) lǎodì (2) 大副(名) dàfù; 助手(名) zhùshǒu: *the chief ~* 大副 dàfù/ *the second ~* 二副 èrfù/ *a surgeon's ~* 军医助手 jūnyī zhùshǒu (3) 伴侣(名) bànlǚ, 配偶(名) pèi'ǒu **II** *v* 交配(动) jiāopèi

material　**I** *n* (1) 材料(名) cáiliào, 原料(名) yuánliào, 物资(名) wùzī (2) 素材(名) sùcái, 题材(名) tícái; 资料(名) zīliào **II** *adj* (1) 物质的 wùzhì de: *the ~ world* 物质世界 wùzhì shìjiè / *~ civilization* 物质文明 wùzhì wénmíng / *a ~ noun* 物质名词 wùzhì míngcí (2) 身体上的 shēntǐshang de, 肉体的 ròutǐ de (3) 重要(形) zhòngyào; 主要(形) zhǔyào; 重大(形) zhòngdà

materialism　*n* (1) 唯物主义(名) wéiwùzhǔyì, 唯物论(名) wéiwùlùn: *dialectic ~* 辩证唯物主义 biànzhèng wéiwùzhǔyì/ *historical ~* 历史唯物主义 lìshǐ wéiwùzhǔyì (2) 实利主义(名) shílìzhǔyì, 功利主义(名) gōnglìzhǔyì (3) 写实主义(名) xiěshízhǔyì

maternal　*adj* 母亲的 mǔqin de, 母方的 mǔfāng de: *~ love* 母爱 mǔ'ài

mathematics　*n* 数学(名) shùxué: *applied ~* 应用数学 yìngyòng shùxué/ *pure ~* 纯(理论)数学 chún (lǐlùn) shùxué

matriculate　*v* 录取(动) lùqǔ; 注册入学 zhùcè rù xué

matron　*n* (1) 女护士长 nǚ hùshizhǎng (2) 女总管 nǚ zǒngguǎn

matter　**I** *n* (1) 物质(名) wùzhì (2) 物品(名) wùpǐn; 文件(名) wénjiàn; 邮件(名) yóujiàn: *printed ~* 印刷品 yìnshuāpǐn/ *second class ~* 二等邮件

èrděng yóujiàn（3）事情（名）shìqing；问题（名）wèntí；事态（名）shìtài，情况（名）qíngkuàng（4）内容（名）nèiróng，素材（名）sùcái: subject ～ 题材 tícái（主题 zhǔtí）/ unpublished ～ 未发表的材料 wèi fābiǎo de cáiliào（5）左右（名）zuǒyòu，上下（名）shàngxià: a ～ of 2 weeks 大约两星期 dàyuē liǎng xīngqī II v 有关系 yǒu guānxi；要紧（形）yàojǐn // as a ～ of course 自然 zìrán，理所当然 lǐsuǒdāngrán / as a ～ of fact 事实上 shìshíshang /（be）the ～ 麻烦事 máfan shì；毛病 máobìng/ in the ～ of 至于 zhìyú，关于 guānyú，在...方面 zài...fāngmiàn/ no ～（1）不重要 bú zhòngyào，不要紧 bú yàojǐn（2）无论 wúlùn，不管 bùguǎn

mattress n 褥垫（名）rùdiàn，床垫（名）chuángdiàn: a spring ～ 弹簧床垫 tánhuáng chuángdiàn

mature I adj（1）成熟（形）chéngshú，长成的 zhǎngchéng de: ～ grain 成熟的谷物 chéngshú de gǔwù/ ～ plans 成熟的计划 chéngshú de jìhuà/ ～ person 成年人 chéngniánrén（2）慎重（形）shènzhòng；周到（形）zhōudào II v（1）成熟（动）chéngshú（2）到期 dàoqī，使...完善 shǐ...wánshàn

maxim n 格言（名）géyán；谚语（名）yànyǔ；准则（名）zhǔnzé

maximum I adj 最高 zuì gāo；最大量 zuì dà liàng，最大限度 zuì dà xiàndù: the ～ temperature in Beijing 北京的最高温度 Běijīng de zuì gāo wēndù II n（1）最大数量 zuì dà shùliàng，最高数额 zuì gāo shù'ér（2）顶点（名）dǐngdiǎn，极限（名）jíxiàn

May¹ n 五月（名）wǔyuè，五月份 wǔyuèfēn // ～ Day "五一"劳动节 "Wǔyī" Láodòngjié

may² aux（1）可能（助动）kěnéng；也许（副）yěxǔ，或许（助动）huòxǔ（2）可以（助动）kěyǐ（3）会（助动）huì（4）祝（动）zhù，愿（动）yuàn（5）（以便）能（助动）（yǐbiàn）néng，（使...）

可以（助动）（shǐ...）kěyǐ

maybe adv 大概（副）dàgài，或许（副）huòxǔ，也许（副）yěxǔ

mayor n 市长（名）shìzhǎng，镇长（名）zhènzhǎng

mayoress n 女市长 nǔ shìzhǎng；市长夫人 shìzhǎng fūrén

me pron 我（代）wǒ

meadow n 草地（名）cǎodì，牧场（名）mùchǎng

meagre adj（1）微薄（形）wēibó，贫乏（形）pínfá，不足（形）bùzú（2）羸弱（形）chánruò，瘦削（形）shòuxuē

meal n 一餐 yìcān；一顿饭 yídùn fàn；吃饭的时间 chīfàn de shíjiān: have a good ～ 饱（美）餐一顿 bǎo（měi）cān yídùn/ partake one's ～s in the school's cafeteria 在学校食堂用餐 zài xuéxiào shítáng yòngcān

mean¹ v（1）表示...的意思 biǎoshì...de yìsi，作...解释 zuò...jiěshì（2）意指 yìzhǐ，意味着 yìwèizhe；具有重要性 jùyǒu zhòngyàoxìng（3）打算（动）dǎsuan；有...的意思 yǒu...de yìsi

mean² adj（1）吝啬（形）lìnsè，小气（形）xiǎoqì（2）低劣（形）dīliè，平庸（形）píngyōng: a person of the ～est abilities 一个能力很低的人 yíge nénglì hěn dī de rén（3）卑鄙（形）bēibǐ；讨厌（形）tǎoyàn；不友好 bù yǒuhǎo

mean³ n 平均数 píngjūnshù；中间（名）zhōngjiān；中庸（名）zhōngyōng: a happy ～ between too much and too little 既不太多,也不太少 jì bú tài duō，yě bú tài shǎo/ follow the golden ～ 遵循中庸之道 zūnxún zhōngyōng zhī dào

meaning n 意义（名）yìyì，意思（名）yìsi；含义（名）hányì

meaningful adj 意味深长的 yìwèi shēncháng de；重要（形）zhòngyào: ～ smile 意味深长地一笑 yìwèi shēncháng de yí xiào

meaningless adj 无味的 wúwèi de，没有道理的 méiyǒu dàolǐ de；无足轻重的 wúzúqīngzhòng de: ～ arguments

无味的争论 wúwèi de zhēnglùn

means *n* (1) 方法(名) fāngfǎ, 手段(名) shǒuduàn; 工具(名) gōngjù: *the ~ of subsistence* 生活资料 shēnghuó zīliào/ *the ~ of production* 生产资料 shēngchǎn zīliào (2) 财产(名) cáichǎn; 财力(名) cáilì; 收入(名) shōurù: *a person of ~* 有钱人 yǒuqiánrén // *by all ~* (1) 尽一切办法 jìn yíqiè bànfǎ; 一定 yídìng; 务必 wùbì (2) 好的 hǎo de, 当然可以 dāngrán kěyǐ / *by any ~* 无论如何 wúlùn rúhé / *by ~ of* 用 yòng, 依靠 yīkào / *by no ~* 一点也不 yìdiǎn yě bù, 决不 juébù

meantime *adj* 当时的 dāngshí de, 同时的 tóngshí de; 在那当中的 zài nà dāngzhōng de // *in the ~* 在此期间 zài cǐ qíjiān; 同时 tóngshí

meanwhile *adv* 在这个时候 zài zhège shíhou; 与此同时 yǔ cǐ tóngshí

measles *n* 麻疹(名) mázhěn

measure **I** *n* (1) 量度(名) liángdù, 测量(动) cèliáng; 分量(名) fènliang, 尺寸(名) chǐcùn (2) 计量制度 jìliàng zhìdù; 度量法 dùliàngfǎ; 计量单位 jìliàng dānwèi: *the metric ~* 公制 gōngzhì (3) 量具(名) liángjù, 量器(名) liángqì: *a tape ~* 卷尺 juǎnchǐ / *a ~ for liquids* 液体量器 yètǐ liángqì (4) 程度(名) chéngdù; 限度(名) xiàndù, 范围(名) fànwéi; 分寸(名) fēncùn (5) 措施(名) cuòshī, 办法(名) bànfǎ **II** *v* (1) 量(动) liáng, 测量(动) cèliáng; 计量(动) jìliàng (2) (按尺寸) 划分(动) (àn chǐcùn) huàfēn, (按量) 配给(动) (àn liàng) pèijǐ; 量出 liángchū (3) 打量(动) dǎliang; 估量(动) gūliáng; 衡量(动) héngliáng // *~ up* 合格 hégé, 达到标准 dádào biāozhǔn

meat *n* (1) 肉(名) ròu: *frozen ~* 冻肉 dòngròu/ *a slice of ~* 一片肉 yípiàn ròu / *lean (fat) ~* 瘦(肥)肉 shòu (féi) ròu (2) 内容(名) nèiróng; 实质(名) shízhì, 要点(名) yàodiǎn

mechanic *n* 技工(名) jìgōng; 机械工(名) jīxiègōng; 机修工(名) jīxiūgōng: *a machine tool ~* 机床维修工 jīchuáng wéixiūgōng / *an automobile ~* 汽车修理工 qìchē xiūlǐgōng

mechanical *adj* 机械的 jīxiè de, 机械式的 jīxièshì de; 自动的 zìdòng de: *a ~ action* 一个机械动作 yíge jīxiè dòngzuò / *~ tissue* 机械组织 jīxiè zǔzhī / *~ transport* 汽车运输 qìchē yùnshū

mechanism *n* (1) 机件(名) jījiàn, 结构(名) jiégòu, 机构(名) jīgòu: *a watch ~* 手表零件 shǒubiǎo língjiàn / *the ~ of government* 政府机构 zhèngfǔ jīgòu (2) 机械作用 jīxiè zuòyòng, 作用过程 zuòyòng guòchéng: *flame ~* 燃烧过程 ránshāo guòchéng (3) 机械论(名) jīxièlùn

medal *n* 奖章(名) jiǎngzhāng, 勋章(名) xūnzhāng; 纪念章(名) jìniànzhāng: *award sb. with a ~* 授予某人奖章 shòuyǔ mǒurén jiǎngzhāng/ *a gold ~* 一枚金质奖章(金牌) yìméi jīnzhì jiǎngzhāng (jīnpái)

meddle *v* 干预(动) gānyù; 扰乱(动) rǎoluàn

mediator *n* 调解人(名) tiáojiěrén, 调停者(名) tiáotíngzhě

medical *adj* (1) 医学的 yīxué de; 医术的 yīshù de; 医疗的 yīliáo de: *~ and health work* 医疗卫生工作 yīliáo wèishēng gōngzuò/ *a ~ college* 医学院 yīxuéyuàn/ *a ~ certificate* 健康证明书 jiànkāng zhèngmíngshū (诊断书 zhěnduànshū) / *free ~ service* 公费医疗 gōngfèi yīliáo (2) 内科的 nèikē de; 医药的 yīyào de: *~ ward* 内科病房 nèikē bìngfáng

medically *adv* 医疗用的 yīliáo yòng de

medicinal *adj* 有疗效的 yǒu liáoxiào de, 医用的 yī yòng de, 药用的 yào yòng de: *~ herbs* 药用植物 yào yòng zhíwù (草药 cǎoyào) / *~ substances* 药材 yàocái

medicine *n* (1) 医学(名) yīxué; 医术

（名）yīshù；内科学（名）nèikēxué（2）内服药（名）nèifúyào，药（名）yào：~ for a cough 止咳药 zhǐkéyào/ a dose of traditional Chinese~ 一剂中药 yíjì zhōngyào

medieval adj（1）中古的 zhōnggǔ de，中世纪的 zhōngshìjì de：in~ times 在中世纪 zài zhōngshìjì（2）原始（形）yuánshǐ，不开化的 bù kāihuà de

mediocre n 平庸（形）píngyōng；普通（形）pǔtōng，平平常常的 píngpíngchángcháng de；中等（形）zhōngděng

meditate v 冥想（动）míngxiǎng，考虑（动）kǎolǜ，思考（动）sīkǎo

Mediterranean n 地中海（名）Dìzhōnghǎi：the~ Sea 地中海 Dìzhōnghǎi

medium[1] n（1）媒介（名）méijiè；介质（名）jièzhì：actuating~ 工作介质 gōngzuò jièzhì / mass media 大众宣传媒介 dàzhòng xuānchuán méijiè（大众传播工具 dàzhòng chuánbō gōngjù）（2）手段（名）shǒuduàn；工具（名）gōngjù：an English~ school 用英语进行教学的学校 yòng Yīngyǔ jìnxíng jiàoxué de xuéxiào/ art~ 艺术手段 yìshù shǒuduàn

medium[2] adj 中等（形）zhōngděng，中间的 zhōngjiān de：a~ range 中距离 zhōng jùlí（中程 zhōngchéng）/ a person of~ height 中等身材的人 zhōngděng shēncái de rén // ~ wave 中波 zhōngbō

medley n 混杂（动）hùnzá；杂乱（形）záluàn；混合物（名）hùnhéwù：a~ of different ideas 众说纷纭 zhòngshuōfēnyún/ a~ of races 种族混杂 zhǒngzú hùnzá

meek adj 温顺（形）wēnshùn，谦和（形）qiānhé

meet[1] v（1）遇见（动）yùjiàn，与...相遇 yǔ...xiāngyù；碰上 pèngshang（2）认识（动）rènshi，结识（动）jiéshí（3）会见（动）huìjiàn，会晤（动）huìwù（4）迎接（动）yíngjiē（5）满足（动）

mǎnzú；符合（动）fúhé；支付（动）zhīfù：~ the requirements of the consumers 满足消费者的需要 mǎnzú xiāofèizhě de xūyào（6）与...交叉 yǔ...jiāochā；与...相合 yǔ...xiānghé（7）集合（动）jíhé；开会 kāihuì // ~ with（1）遭受 zāoshòu；遭遇到 zāoyùdào（2）偶然遇到 ǒurán yùdào

meet[2] n 运动会（名）yùndònghuì

meeting n（1）会议（名）huìyì，会（名）huì，集会（动）jíhuì：call a~ 召集一次会议 zhàojí yícì huìyì / hold a~ 开会 kāi huì（2）聚合（动）jùhé，会合（动）huìhé；会见（动）huìjiàn，会晤（动）huìwù

megabyte n 兆字节 zhào zìjié

megaphone n 扩音器（名）kuòyīnqì，话筒（名）huàtǒng；传声筒（名）chuánshēngtǒng

melancholy I n 忧郁（形）yōuyù；忧伤（形）yōushāng；意志消沉 yìzhì xiāochén II adj（1）忧郁（形）yōuyù；忧伤（形）yōushāng；意志消沉 yìzhìxiāochén：feel~ 感到忧郁 gǎndào yōuyù（2）令人伤感的 lìng rén shānggǎn de，令人抑郁的 lìng rén yìyù de：~ news 令人忧伤的消息 lìng rén yōushāng de xiāoxi

mellow adj（1）成熟（形）chéngshú，练达（形）liàndá（2）甘美（形）gānměi，香醇（形）xiāngchún：a~ wine 醇酒 chún jiǔ（3）圆润（形）yuánrùn，绚丽（形）xuànlì，柔和（形）róuhé

melody n 歌曲（名）gēqǔ，曲调（名）qǔdiào；美妙的音乐 měimiào de yīnyuè；主调（名）zhǔdiào，旋律（名）xuánlǜ：old Irish melodies 古老的爱尔兰歌曲 gǔlǎo de Àiěrlán gēqǔ /play a~ on the mandolin 用曼陀林演奏一首歌曲 yòng màntuólín yǎnzòu yìshǒu gēqǔ

melon n 瓜（名）guā：a Hami~ 哈蜜瓜 Hāmìguā / a must~ 香瓜 xiāngguā / water~ 西瓜 xīguā

melt v（1）融化（动）rónghuà；熔化

(动) rónghuà (2) 溶化(动) rónghuà; 溶解(动) róngjiě (3) 变软 biànruǎn; 变柔润 biàn róurùn (4) 融合(动) rónghé

member n (1) 成员(名) chéngyuán, 分子(名) fènzǐ; 会员(名) huìyuán: a Party ~ 党员 dǎngyuán/ a club ~ 俱乐部会员 jùlèbù huìyuán/ ~ states 成员国 chéngyuánguó (2) 议员(名) yìyuán: a M ~ of Congress (美国)国会议员 (Měiguó) guóhuì yìyuán/ a M ~ of Parliament (英国)下院议员 (Yīngguó) xiàyuàn yìyuán (3) 身体的一部分 shēntǐ de yíbùfen

membership n (1) 成员资格 chéngyuán zīgé (2) 全体成员 quántǐ chéngyuán, 全体会员 quántǐ huìyuán; 成员人数 chéngyuán rénshù, 会员人数 yuìyuán rénshù: apply for a club ~ 申请入会 shēnqǐng rù huì

memoir n (1) 调查报告 diàochá bàogào; 研究报告 yánjiū bàogào (2) 回忆录(名) huíyìlù; 自传(名) zìzhuàn

memorandum n 备忘录(名) bèiwànglù, 记录(名) jìlù; 通知(名) tōngzhī

memorial I adj 纪念的 jìniàn de, 纪念性的 jìniànxìng de; 追悼的 zhuīdào de: a ~ service 追悼仪式 zhuīdào yíshì / a ~ meeting 追悼会 zhuīdàohuì II n 纪念物(名) jìniànwù, 纪念品(名) jìniànpǐn; 纪念馆(名) jìniànguǎn; 纪念碑(名) jìniànbēi: a ~ to the martyrs 烈士纪念碑 lièshì jìniànbēi

memorize v 记住 jìzhù; 记忆(动) jìyì

memory n (1) 记忆(名) jìyì; 记忆力(名) jìyìlì; 回忆(名) huíyì: speak from ~ 凭记忆讲 píng jìyì jiǎng / write from ~ 默写 mòxiě / the greatest earthquake in ~ 人们记忆中一次最大的地震 rénmen jìyìzhōng yícì zuì dà de dìzhèn (2) 纪念(名) jìniàn; 回忆(名) huíyì (3) 存储器(名) cúnchǔqì: pager ~ 寻呼机存储器 xúnhūjī cúnchǔqì

menace I n 威胁(动) wēixié, 恐吓(动) kǒnghè II v 威胁(动) wēixié, 恐吓(动) kǒnghè: countries ~ d by war 受到战争威胁的国家 shòudào zhànzhēng wēixié de guójiā

menacing adj 威胁的 wēixié de, 恐吓的 kǒnghè de

mend I v (1) 修理(动) xiūlǐ, 修补(动) xiūbǔ; 缝补(动) féngbǔ: ~ shoes 修鞋 xiū xié (2) 改正(动) gǎizhèng, 纠正(动) jiūzhèng; 改进(动) gǎijìn: ~ the state of affairs 使事态好转 shǐ shìtài hǎozhuǎn (3)治愈(动) zhìyù; 使恢复健康 shǐ huīfù jiànkāng II n (1) 修补(动) xiūbǔ, 缝补(动) féngbǔ; 修补好的地方 xiūbǔhǎo de dìfang (2) 好转 hǎozhuǎn; 病愈 bìngyù // on the ~ (病情或事态)在好转中 (bìngqíng huò shìtài) zài hǎozhuǎnzhōng

mender n 修理人(名) xiūlǐrén, 改正者(名) gǎizhèngzhě, 修改者(名) xiūgǎizhě

menfolk n (1) 男人们 nánrénmen (2) 男亲戚 nánqīnqi

menopause n 停经 tíngjīng, 绝经期(名) juéjīngqī, 更年期(名) gēngniánqī

menstrual adj 月经的 yuèjīng de, 例假的 lìjià de: ~ disorder 月经不调 yuèjīng bùtiáo

menstruate v 来月经 lái yuèjīng, 来例假 lái lìjià, 行经 xíngjīng

menstruation n 月经(名) yuèjīng, 经期(名) jīngqī, 例假(名) lìjià: irregular ~ 月经不调 yuèjīng bùtiáo

mental adj (1) 精神的 jīngshén de, 思想的 sīxiǎng de; 内心的 nèixīn de: ~ arithmetic 心算 xīnsuàn/ ~ outlook 精神面貌 jīngshén miànmào (2) 脑力的 nǎolì de, 智力的 zhìlì de: manual and ~ labour 体力劳动和脑力劳动 tǐlì láodòng hé nǎolì láodòng / ~ age 智力年龄 zhìlì niánlíng/ ~ faculties 智力 zhìlì (3) 精神病的 jīngshénbìng de: ~ disorders 精神错乱 jīngshén

cuòluàn / ~ *treatment* 精神病治疗 jīngshénbìng zhìliáo / *a* ~ *hospital* 精神病院 jīngshénbìngyuàn / ~ *patient* 精神病人 jīngshénbìngrén

mentality *n* (1) 智力(名) zhìlì, 脑力 (名) nǎolì (2) 心理(名) xīnlǐ, 意识 (名) yìshi, 思维方式 sīwéi fāngshì: *peasant* ~ 农民意识 nóngmín yìshi

mentally *adv* 智力上 zhìlìshang; 精神 上 jīngshénshang

mention **I** *v* 提到 tídào, 说起 shuōqǐ, 写到 xiědào **II** *n* (1) 提到 tídào, 说起 shuōqǐ (2) 提名表扬 tímíng biǎoyáng/ *not to* ~ 更不用说 gèng búyòng shuō, 何况 hékuàng

menu *n* (1) 菜单(名) càidān, 菜谱 (名) càipǔ (2) 饭菜(名) fàncài, 菜肴 (名) càiyáo

mercenary **I** *adj* 为金钱的 wèi jīnqián de, 唯利是图的 wéilìshìtú de, 贪财的 tāncái de **II** *n* 雇佣兵(名) gùyōngbīng

merchandise *n* 商品(名) shāngpǐn, 货物(名) huòwù: *general* ~ 杂货 záhuò / *the M*~ *Marks Act* (英) 商标法 (Yīng) shāngbiāofǎ

merchant *n* 商人(名) shāngrén; 零售 商(名) língshòushāng: *a wholesale* ~ 批发商 pīfāshāng/ *a wine* ~ 酒商 jiǔshāng/ *a* ~ *ship* 一艘商船 yìsōu shāngchuán / *the M*~ *Shipping Act* (英) 商船条例 (Yīng) shāngchuán tiáolì

merchantman *n* 商船 shāngchuán

merciful *adj* 仁慈(形) réncí, 慈悲 (形) cíbēi; 宽大(形) kuāndà; 温和 (形) wēnhé: *a* ~ *death* 安乐死 ānlèsǐ

merciless *adv* 无情地 wúqíng de, 狠心 地 hěnxīn de, 残酷地 cánkù de

mercury *n* (1) 水银(名) shuǐyín, 汞 (名) gǒng (2) (温度计中的)水银柱 (名) (wēndùjìzhōng de) shuǐyínzhù

mercy *n* (1) 怜悯(动) liánmǐn; 宽恕 (动) kuānshù (2) 幸运(形) xìngyùn; 侥幸(形) jiǎoxing // *at the* ~ *of* 在…支配中 zài…zhīpèizhōng, 任 凭…摆布 rènpíng…bǎibù / *have* ~

on 对…表示怜悯 duì…biǎoshì liánmǐn / *without* ~ 毫不容情 háo bù róngqíng

mere *adj* 仅仅(副) jǐnjǐn, 只不过 zhǐbúguò

merely *adv* 仅仅(副) jǐnjǐn, 只不过 zhǐbúguò

merge *v* (1) 合并(动) hébìng, 融为 一体 róngwéi yìtǐ (2) 吞没(动) tūnmò, 使…消失 shǐ…xiāoshī (3) 逐渐变为 zhújiàn biànwéi

meridian *n* (1) 经线(名) jīngxiàn, 子 午线(名) zǐwǔxiàn (2) 最高点 zuìgāodiǎn, 顶点(名) dǐngdiǎn, 全盛 时期 quánshèng shíqī: *the* ~ *life* 壮 年 zhuàngnián

merit **I** *n* (1) 优点(名) yōudiǎn, 好处 (名) hǎochu; 价值(名) jiàzhí: ~*s and demerits* 优缺点 yōuquēdiǎn (长处 和短处 chángchù hé duǎnchù) / ~ *roll* 成绩表 chéngjìbiǎo / ~ *system* 量 材录用或提升的制度 liàngcái lùyòng huò tíshēng de zhìdù (2) 功绩(名) gōngjì, 功劳(名) gōngláo; 荣誉(名) róngyù **II** *v* 值得(动) zhídé; 应受 yīng shòu

mermaid *n* 美人鱼(名) měirényú

merrily *adv* 快乐地 kuàilè de, 愉快地 yúkuài de, 高高兴兴地 gāo-gāoxìngxìng de

merriment *n* 欢乐(形) huānlè, 愉快 (形) yúkuài

merriness *n* 快乐(形) kuàilè, 愉快 (形) yúkuài, 快活(形) kuàihuó

merry *adj* 欢乐(形) huānlè, 愉快 (形) yúkuài; 快乐(形) kuàilè: *a* ~ *laugh* 愉快的笑声 yúkuài de xiàoshēng

merry-go-round *n* 旋转木马 xuán-zhuǎn mùmǎ

merry-making *n* 作乐 zuòlè, 寻欢作乐 xúnhuān zuòlè

mess **I** *n* (1) 混乱(形) hùnluàn; 肮脏 (形) āngzāng; 乱七八糟(形) luànqībāzāo (2) 困境(名) kùnjìng; 尴 尬(形) gāngà **II** *v* 搞乱 gǎoluàn; 弄

糟 nòngzāo // ～ *about* 瞎 忙 xiāmáng; 瞎混 xiāhùn/ ～ *hall* 食堂 shítáng / ～ *up* 搞乱 gǎoluàn, 弄脏 nòngzāng

message n (1)消息(名) xiāoxi, 音信 (名) yīnxìn; 口信(名) kǒuxìn; 电报 (名) diànbào; 通讯(名) tōngxùn: *a congratulatory* ～ 贺电 hèdiàn (贺信 hèxìn, 祝辞 zhùcí) / *a cable* ～ 海底 电报 hǎidǐ diànbào / leave a ～ 留言 liúyán (2) 咨文(名) zīwén: *the US president's State of the Union M~ delivered to Congress* 美国总统向国会提 出的咨文 Měiguó zǒngtǒng xiàng guóhuì tíchū de zīwén (3) 要旨(名) yàozhǐ

messenger n 送信者(名) sòngxìnzhě; 使者 (名) shǐzhě; 通信员 (名) tōngxìnyuán, 传 令 兵 (名) chuánlìngbīng

Messrs n 先生们 xiānshengmen

messtin n 饭盒(名) fànhé

metal n 金属(名) jīnshǔ; 金属制品 jīnshǔ zhìpǐn: *base* ～s 贱金属 jiàn jīnshǔ/ *precious* ～s 贵重金属 guìzhòng jīnshǔ/ *cast* ～ 铸造金属 zhùzào jīnshǔ (金属铸锭 jīnshǔ zhùdìng) / *compound* ～ 合金 héjīn

metallic adj 金属的 jīnshǔ de

metallurgy n 冶金学(名) yějīnxué, 冶 金术(名) yějīnshù

metaphor n 隐喻(名) yǐnyù; 暗喻 (名) ànyù; 比喻的说法 bǐyù de shuōfa

metaphysics n 形 而 上 学 (名) xíng'érshàngxué, 玄学(名) xuánxué

meteor n 流星(名) liúxīng

meteoric adj 流星般的 liúxīng bān de, 瞬间的 shùnjiān de

meteorite n 陨石(名) yǔnshí

meteorology n 气象学(名) qìxiàngxué

meteorologist n 气象学家(名) qì-xiàngxuéjiā

meter n 仪器(名) yíqì; 仪表(名) yíbiǎo: *a gas* ～ 煤气表 méiqìbiǎo / *a water* ～ 水表 shuǐbiǎo/ *a parking* ～ 停车计时收费表 tíngchē jìshí

shōufèibiǎo

method n (1) 方法(名) fāngfǎ, 办法 (名) bànfǎ, 法(名) fǎ: *study* ～ 学习 方法 xuéxí fāngfǎ/ *the dialectical* ～ 辩证法 biànzhèngfǎ/ *modern* ～s *of teaching foreign languages* 现代外语教 学法 xiàndài wàiyǔ jiàoxuéfǎ (2) 条理 (名) tiáolǐ, 秩序(名) zhìxù: *a person of* ～ 一个办事有条理的人 yíge bànshì yǒu tiáolǐ de rén

methodology n 方法学(名) fāngfǎxué; 研究法(名) yánjiūfǎ

metre[1] n 米(量) mǐ, 公尺(量) gōngchǐ: *a 3-~ wall* 三米高的墙 sānmǐ gāo de qiáng

metre[2] n (诗歌中)格律(名) (shīgēzhōng) gélǜ; 节拍(名) jiépāi

metric adj 公制的 gōngzhì de: ～ *system* 公制 gōngzhì (十进制 shíjìnzhì) / ～ *ton* 公吨 gōngdūn

metro n 地下铁道 dìxià tiědào

metropolis n 大都市(名) dàdūshì, 首 府(名) shǒufǔ

metropolitan I adj 大城市的 dà chéngshì de, 大都会的 dà dūhuì de: ～ *transport* 城市交通 chéngshì jiāotōng/ ～ *police* 大城市的警察 dà chéngshì de jǐngchá II n 大城市人 dà chéngshì rén; 大城市派头儿的人 dà chéngshì pàitóur de rén

mettle n 气概(名) qìgài, 勇气(名) yǒngqì, 精神(名) jīngshén: *heroic* ～ 英雄气概 yīngxióng qìgài // *be on one's* ～ 奋发 fènfā, 鼓起勇气 gǔqǐ yǒngqì

microbiologist n 微生物学家(名) wēishēngwùxuéjiā

microbiology n 微生物学(名) wēi-shēngwùxué

microcopy I n 缩微本(名) suō-wēiběn, 缩微稿(名) suōwēigǎo II v 缩微复制 suōwēi fùzhì

microcosm n 缩影(名) suōyǐng; 微观 世界 wēiguān shìjiè; 小天地 xiǎotiāndì; 微观宇宙 wēiguān yǔzhòu

microelectronics n 微电子学 wēidiànzǐxué

microfilm   *n* 缩微胶片 suōwēi jiāopiàn

microphone   *n* 麦克风（名）mǎi-kèfēng, 话筒（名）huàtǒng

microscope   *n* 显微镜（名）xiǎn-wēijìng: *a binocular* (*simple*) ~ 双筒（单筒）显微镜 shuāngtǒng (dāntǒng) xiǎnwēijìng

microwave   *n* 微波（名）wēibō: ~ *oven* 微波炉 wēibōlú/ ~ *remote sensor* 微波遥感器 wēibō yáogǎnqì

middle   **I** *n* (1) 中部（名）zhōngbù, 中间（名）zhōngjiān, 当中（名）dāngzhōng (2) 身体的中部 shēntǐ de zhōngbù, 腰部（名）yāobù (3) 中间物（名）zhōngjiānwù; 中间派（名）zhōngjiānpài: *win over the* ~ 争取中间派 zhēngqǔ zhōngjiānpài **II** *adj* (1) 中部的 zhōngbù de, 中间的 zhōngjiān de, 当中的 dāngzhōng de: ~ *ear* 中耳 zhōng'ěr/ *the* ~ *seat in a row* 一排座位中居中的位子 yìpái zuòwèi zhōng jū zhōng de wèizi / *the* ~ *finger* 中指 zhōngzhǐ (2) 中等（形）zhōngděng, 中级（形）zhōngjí: *a* ~ *school* 中学 zhōngxué / *the* ~ *class* 中产阶级 zhōngchǎn jiējí (3) 中古的 zhōnggǔ de: *M~ English* 中古英语 zhōnggǔ Yīngyǔ // *M~ Ages* 中世纪 zhōngshìjì/ *M~ East* 中东地区国家 Zhōngdōng dìqū guójiā/ *in the* ~ *of* 在...当中 zài...dāngzhōng, 在...中途 zài...zhōngtú

middle-aged   *adj* 中年的 zhōngnián de: *a* ~ *woman* 一位中年妇女 yíwèi zhōngnián fùnǚ

middleman   *n* 中间人（名）zhōngjiānrén, 经纪人（名）jīngjìrén

midnight   *n* 晚上 12 点钟 wǎnshang shí'èrdiǎnzhōng, 午夜（名）wǔyè; 漆黑（形）qīhēi: *at* ~ 午夜 wǔyè/ *the* ~ *hours* 午夜时分 wǔyè shífēn（午夜的那几个小时 wǔyè de nà jǐge xiǎoshí）

midst   *n* 在其中 zài qízhōng, 在当中 zài dāngzhōng

midsummer   *n* 仲夏（名）zhòngxià, 夏

midwife   *n* 助产士（名）zhùchǎnshì, 接生员（名）jiēshēngyuán

midwifery   *n* 接生术（名）jiēshēngshù; 接生（动）jiēshēng

midwinter   *n* 隆冬（名）lóngdōng

might   *n* (1) 力量（名）lìliang, 威力（名）wēilì, 能力（名）nénglì (2) 强权（名）qiángquán, 权势（名）quánshì

mighty   *adj* (1) 强大（形）qiángdà, 有力（形）yǒulì: ~ *military forces* 强大的军事力量 qiángdà de jūnshì lìliang (2) 巨大（形）jùdà; 浩大（形）hàodà: *a* ~ *tornado* 巨大的龙卷风 jùdà de lóngjuǎnfēng

migrant   *n* 移民（名）yímín; 候鸟 hòuniǎo: ~ *workers* 流动劳工 liúdòng láogōng

migrate   *v* (1) 迁移（动）qiānyí; 移居（动）yíjū (2) 迁徙（动）qiānxǐ; 回游（动）huíyóu

migration   *n* 移居（动）yíjū, 迁徙（动）qiānxǐ;（鱼类）回游（动）(yúlèi) huíyóu

mild   **I** *adj* (1) 温和（形）wēnhé, 温柔（形）wēnróu; 温厚（形）wēnhòu: *a* ~ *answer* 温和的回答 wēnhé de huídá (2) 温暖（形）wēnnuǎn, 暖和（形）nuǎnhuo (3) 和缓（形）héhuǎn; 适度（形）shìdù; 淡（形）dàn; 宽大（形）kuāndà: ~ *punishment* 宽大的处分 kuāndà de chǔfèn **II** *n* 淡啤酒 dàn píjiǔ

mildew   *n* (1) 白霉（名）báiméi (2) 霉病 méibing

mildly   *adv* 婉转地 wǎnzhuǎn de, 温和地 wēnhé de

mile   *n* (1) 英里（名）yīnglǐ (2) 很长的距离 hěn cháng de jùlí; 很长的间隔 hěn cháng de jiàngé

mileage   *n* (1) 哩数 lǐshù, 哩程（名）lǐchéng (2) 按哩计算的运费 àn lǐ jisuàn de yùnfèi

milestone   *n* 里程碑（名）lǐchéngbēi, 划时代的大事 huàshídài de dà shì

militant   *adj* 好斗的 hàodòu de, 好战

的 hàozhàn de; 战斗的 zhàndòu de: ~ *freedom fighters* 英勇的自由战士 yīngyǒng de zìyóu zhànshì/ *a* ~ *crowd* 好斗的人群 hàodòu de rénqún

militarism *n* 军国主义（名） jūnguózhǔyì; 黩武主义（名） dúwǔzhǔyì; 尚武精神 shàngwǔ jīngshén

militarist *n*（1）军国主义者（名） jūnguózhǔyìzhě（2）军事家（名） jūnshìjiā

military I *adj* 军事的 jūnshì de; 军用的 jūnyòng de; 军人的 jūnrén de; 军队的 jūnduì de: ~ *training* 军事训练 jūnshì xùnliàn/ ~ *band* 军乐团 jūnyuètuán/ ~ *academy* 军事学院 jūnshì xuéyuàn（军校 jūnxiào）/ ~ *supplies* 军用品 jūnyòngpǐn/ ~ *discipline and* ~ *orders* 军纪军令 jūnjì jūnlìng II *n* 军人 jūnrén; 军队（名） jūnduì

militia *n* 民兵（名） mínbīng

militiaman *n* 男民兵 nán mínbīng

milk I *n*（1）奶（名） nǎi, 乳（名） rǔ; 牛奶（名） niúnǎi: *condensed* ~ 炼乳 liànrǔ（2）乳状物 rǔzhuàngwù; 乳剂 rǔjì: *coconut* ~ 椰子汁 yēzizhī II *v* 挤奶 jǐ nǎi // *a land of* ~ *and honey* 鱼米之乡 yúmǐ zhī xiāng, 富足之地 fùzú zhī dì/ ~ *powder* 奶粉 nǎifěn

milkmaid *n* 挤奶女工 jǐnǎi nǚgōng

milkman *n* 送牛奶的人 sòng niúnǎi de rén

milky *adj*（1）含奶的 hán nǎi de; 奶制的 nǎi zhì de（2）浑浊（形） húnzhuó // *the M* ~ *Way* 银河 yínhé

mill I *n*（1）磨坊（名） mòfáng; 碾米厂（名） niǎnmǐchǎng; 面粉厂（名） miànfěnchǎng（2）磨粉机（名） mòfěnjī, 碾磨机（名） niǎnmòjī; 研磨机（名） yánmójī: *a coffee* ~ 咖啡研磨机 kāfēi yánmójī（3）制造厂（名） zhìzàochǎng, 工厂（名） gōngchǎng: *a cotton* ~ 棉纺厂 miánfǎngchǎng/ *a paper* ~ 造纸厂 zàozhǐchǎng（4）钱币压印机 qiánbì yāyìnjī; 榨汁机（名）

zhàzhījī; 轧钢机（名） zhágāngjī: *a sugar-cane* ~ 甘蔗榨汁机 gānzhè zhàzhījī II *v* 碾（动） niǎn, 磨（动） mò // ~ *around* 乱转 luàn zhuàn, 兜圈子 dōuquānzi

millennium *n* 一千年 yìqiānnián

millet *n* 小米（名） xiǎomǐ: ~ *chips* 小米锅巴 xiǎomǐ guōbā

million *n*（1）百万（数） bǎiwàn: *one and a half* ~ *people* 一百五十万人 yìbǎi wǔshíwàn rén（2）无数（形） wúshù: ~ *s of reasons* 许许多多的理由 xǔxǔduōduō de lǐyóu（3）大众（名） dàzhòng: "*Mathematics for the M* ~" 《大众数学》《Dàzhòng Shùxué》

millionaire *n* 百万富翁 bǎiwàn fùwēng, 大富豪 dàfùháo: *a war* ~ 靠战争发财的百万富翁 kào zhànzhēng fācái de bǎiwàn fùwēng

millstone *n*（1）磨（名） mò, 石磨（名） shímò（2）重担（名） zhòngdàn; 重压（名） zhòngyā

mime I *n*（1）摹拟表演 mónǐ biǎoyǎn; 哑剧（名） yǎjù, 滑稽戏（名） huájīxì, 笑剧（名） xiàojù（2）哑剧演员 yǎjù yǎnyuán; 小丑 xiǎochǒu II *v* 作摹拟表演 zuò mónǐ biǎoyǎn, 演滑稽角色 yǎn huájī juésè: ~ *the movements of a bear* 摹仿狗熊的动作 mófǎng gǒuxióng de dòngzuò

mimic I *v* 模仿（动） mófǎng; 模拟（动） mónǐ II *n* 善于模仿的人 shànyú mófǎng de rén

mince *v*（1）切碎 qiēsuì; 剁碎 duòsuì; 绞碎 jiǎosuì（2）咬文嚼字 yǎowénjiáozì; 装腔作势地讲（或走） zhuāngqiāngzuòshì de jiǎng（huò zǒu） // ~ *pie* 小圆果馅儿饼 xiǎo yuánguǒ xiànrbǐng, 百果馅儿饼 bǎiguǒ xiànrbǐng/ *not to* ~ *matters* 直言不讳 zhíyán búhuì, 坦率地说 tǎnshuài de shuō

mincemeat *n* 百果馅儿（名） bǎiguǒxiànr

mincer *n* 绞肉机（名） jiǎoròujī

mind I *n*（1）头脑（名） tóunǎo; 精神

（名）jīngshén；理智（名）lǐzhì；智力（名）zhìlì：body and ~ 身心 shēnxīn（肉体和精神 ròutǐ hé jīngshén）(2) 愿望（名）yuànwàng；见解（名）jiànjiě；意见（名）yìjian；决心（名）juéxīn；心情（名）xīnqíng；情绪（名）qíngxù：patriotic ~ 爱国心 àiguóxīn / peace of ~ 心情平静 xīnqíng píngjìng/ ease of ~ 心情舒畅 xīnqíng shūchàng (3) 记忆（名）jìyì：come to (sb.'s) ~ 想起 xiǎngqǐ（记起 jìqǐ）II v (1) 注意（动）zhùyì；留心 liúxīn，当心（动）dāngxīn；照看（动）zhàokàn，照料（动）zhàoliào；关心（动）guānxīn (2) 专心于 zhuānxīnyú；从事（动）cóngshì：~ one's studies 专心学习 zhuānxīn xuéxí (3) 在乎（动）zàihu；反对（动）fǎnduì // be in 2 ~s 犹豫不决 yóuyùbùjué / be of one ~ 同心协力 tóngxīnxiélì / be of the same ~ (1) 意见相同 yìjian xiāngtóng (2) 保持原来的意见 bǎochí yuánlái de yìjian / have a ~ to do sth. 想做某事 xiǎng zuò mǒushì / make up one's ~ 下决心 xià juéxīn / never ~ (1) 不要紧 búyàojǐn；没关系 méiguānxi (2) 不用担心 búyòng dānxīn / on one's ~ 压在某人心上 yāzài mǒurén xīnshang，挂念 guàniàn / put sb. in ~ of sth. 使某人想起某事 shǐ mǒurén xiǎngqǐ mǒushì / take one's ~ off sth. 使某人不想某事 shǐ mǒurén bù xiǎng mǒushì，转移注意力 zhuǎnyí zhùyìlì / to one's ~ 根据某人的意见 gēnjù mǒurén de yìjian

mine¹ pron 我的 wǒ de

mine² I n (1) 矿（名）kuàng，矿藏（名）kuàngcáng；矿山（名）kuàngshān；矿井（名）kuàngjǐng；铁矿砂（名）tiěkuàngshā：open up a ~ 开发矿山 kāifā kuàngshān / work a ~ 办矿 bàn kuàng (2) 宝库（名）bǎokù；源泉（名）yuánquán (3) 地雷（名）dìléi；水雷（名）shuǐléi：lay ~s 布雷 bù léi / strike a ~ 触雷 chù léi II v (1) 开采（动）kāicǎi；开矿 kāi

kuàng：~ the earth for coal 挖地取煤 wā dì qǔ méi (2) 布雷 bù léi；（用地雷、水雷）炸毁（动）（yòng dìléi，shuǐléi）zhàhuǐ：~ the entrance to a harbour 在港口水道上布雷 zài gǎngkǒu shuǐdàoshang bù léi

miner n (1) 矿工（名）kuànggōng (2) 工兵（名）gōngbīng

mineral I n (1) 矿物（名）kuàngwù，矿石（名）kuàngshí (2) 矿泉水（名）kuàngquánshuǐ II adj 矿物的 kuàngwù de，矿质的 kuànzhì de：~ spring 矿泉 kuàngquán / ~ water 矿泉水 kuàngquánshuǐ

mingle v 混合（动）hùnhé，相混（动）xiānghùn

mini n 同类中极小的东西 tónglèizhōng jí xiǎo de dōngxi；微型汽车 wēixíng qìchē；超短裙（名）chāoduǎnqún

minibus n 小面包车 xiǎo miànbāochē，小型轿车 xiǎoxíng jiàochē

minimal adj 最小的 zuì xiǎo de，最少的 zuì shǎo de

minimize v 使变小 shǐ biàn xiǎo

minimum I n 最小量 zuì xiǎo liàng，最低限度 zuì dī xiàndù II adj 最小的 zuì xiǎo de；最低的 zuì dī de：a ~ dose 最小剂量 zuì xiǎo jìliàng/ the ~ wage 最低工资 zuì dī gōngzī

minister I n (1) 部长（名）bùzhǎng，大臣（名）dàchén：a prime ~ 总理 zǒnglǐ（首相 shǒuxiàng）/ the M~ of Foreign Affairs 外交部长 wàijiāo bùzhǎng（外交大臣 wàijiāo dàchén）/ the M~ of Education 教育部长 jiàoyù bùzhǎng (2) 公使（名）gōngshǐ，外交使节 wàijiāo shǐjié：a ~ plenipotentiary 全权公使 quánquán gōngshǐ / a resident ~ 常驻公使 chángzhù gōngshǐ (3) 牧师（名）mùshī II v (1) 伺侯（动）cìhou，照顾（动）zhàogù；给予帮助 jǐyǔ bāngzhù (2) 执行牧师职务 zhíxíng mùshī zhíwù

ministry n (1) 部（名）bù：the M~ of Light Industry 轻工业部

qínggōngyèbù（2）全体部长 quántǐ
bùzhǎng, 内阁（名）nèigé: *form a ~*
组阁 zǔ gé / *a change in the ~* 内阁
更换 nèigé gēnghuàn

minor *adj* 较小的 jiào xiǎo de; 不重要
的 bú zhòngyào de; 不严重的 bù
yánzhòng de: *a ~ illness* 小病 xiǎo
bìng/ *the ~ planets* 小行星 xiǎo
xíngxīng / *play a ~ role* 扮演配角
bànyǎn pèijué

minority *n*（1）少数（名）shǎoshù, 少
数派（名）shǎoshùpài（2）少数民族
shǎoshù mínzú （3） 未成年 wèi
chéngnián

minstrel **I** *n* 吟游诗人 yínyóu shīrén,
游唱诗人 yóuchàng shīrén **II** *v* 铸造钱
币 zhùzào qiánbì **III** *adj* 未用过的 wèi
yòngguò de, 崭新的 zhǎnxīn de

minus **I** *prep*（1）减（动）jiǎn（2）丢
掉（动）diūdiào, 失去（动）shīqù: *a
man ~ a leg* 失去一条腿的人 shīqù
yìtiáo tuǐ de rén **II** *adj*（1）负（形）fù:
a ~ sign 负号 fùhào/ *~ electricity*
负电 fùdiàn（2）略差一些的 lüè chà
yìxiē de **III** *n* 负号（名）fùhào; 减号
（名）jiǎnhào; 负数（名）fùshù

minute[1] **I** *n*（1）分（名）（一小时或一
度的 1/60）fēn（yì xiǎoshí huò yídù de
liùshífēn zhī yī）; 一分钟路程
yìfēnzhōng lùchéng: *37 degrees and 30
~s* 三十七度三十分 sānshíqīdù
sānshífēn（2）一会儿（名）yíhuìr, 片
刻（名）piànkè, 瞬间（名）shùnjiān
（3）备忘录（名）bèiwànglù; 批示（名）
pīshì; 报告（名）bàogào; 会议记录
huìyì jìlù **II** *v*（1）记录（动）jìlù; 摘录
（动）zhāilù; 将...制成备忘录
jiāng...zhìchéng bèiwànglù; 将...列
入会议记录 jiāng...lièrù huìyì jìlù（2）
测定...的精确时间 cèdìng... de
jīngquè shíjiān // *half a ~* 片刻
piànkè / *~ book* 会议记录簿 huìyì
jìlùbù / *~ hand* 钟表的分针
zhōngbiǎo de fēnzhēn/ *the ~...*
就... yī...jiù / *to the ~* 一分不差
yìfēn bú chà, 正好 zhènghǎo / *up to*

the ~ 最新的 zuì xīn de, 最新式的 zuì
xīnshì de: *an up-to-the-~ dress* 最新
女装 zuì xīn nǚzhuāng

minute[2] *adj*（1）很小的 hěn xiǎo de,
细微（形）xìwēi: *a ~ improvement*
细微的改进 xìwēi de gǎijìn（2）细致
（形）xìzhì, 仔细（形）zǐxì, 精确（形）
jīngquè: *a ~ study of a case* 仔细研究
案情 zǐxì yánjiū ànqíng / *give a ~ ac-
count* 提供详细准确的报道 tígōng
xiángxì zhǔnquè de bàodào

miracle *n* 奇迹（名）qíjì; 令人惊奇的
人（或事）lìng rén jīngqí de rén（huò
shì）: *to work ~s* 创造奇迹
chuàngzào qíjì

miraculous *adj* 像奇迹一样的 xiàng
qíjì yíyàng de; 非凡（形）fēifán; 令人
惊叹的 lìng rén jīngtàn de

mire *n* 淤泥（名）yūní; 泥沼（名）
nízhāo: *a road thick with ~* 泥泞不堪
的路 nínìng bùkān de lù // *in the ~*
陷入泥潭 xiànrù nítán, 在困境中 zài
kùnjìngzhōng

mirror **I** *n* 镜子（名）jìngzi: *a driving
~* 反光镜 fǎnguāngjìng **II** *v* 反映（动）
fǎnyìng; 反射（动）fǎnshè

misbehave *v* 不守规矩 bù shǒu guīju,
表现不好 biǎoxiàn bù hǎo

misbehaviour *n* 表现不好 biǎoxiàn bù
hǎo, 品行不良 pǐnxíng bù liáng, 行为
不规矩 xíngwéi bù guīju

miscarriage *n* 流产 liúchǎn; 失败（动）
shībài

miscarry *v* 流产 liúchǎn; 失败（动）
shībài

miscellaneous *adj* 各种的 gèzhǒng de,
不同的 bùtóng de

miscellany *n*（1）诗文集 shīwénjí; 杂
集 zájí, 杂录（名）zálù: *a ~ of the
"April 5th" Movement* 四五运动诗文
集 Sìwǔ yùndòng shīwénjí（2）混合物
（名）hùnhéwù

mischief *n*（1）调皮（形）tiáopí, 淘气
（形）táoqì, 捣鬼 dǎoguǐ, 胡闹（动）
húnào（2）伤害（动）shānghài, 损害
（动）sǔnhài; 危害（动）wēihài

mischievous *adj* 淘气(形) táoqì, 调皮 (形) tiáopí; 为害的 wéihài de: *a ~ child* 淘气的孩子 táoqì de háizi/ *a ~ grin* 不怀好意的一笑 bù huái hǎoyì de yíxiào

miser *n* 吝啬鬼(名) lìnsèguǐ, 小气鬼 (名) xiǎoqìguǐ; 守财奴(名) shǒucáinú

miserable *adj* (1) 痛苦(形) tòngkǔ, 悲惨(形) bēicǎn; *a ~ expression* 痛 苦的表情 tòngkǔ de biǎoqíng / *lead a ~ life* 过着悲惨的生活 guòzhe bēicǎn de shēnghuó (2) 糟糕(形) zāogāo, 不 像样的 bú xiàngyàng de: *a ~ performance* 蹩脚的演出 biéjiǎo de yǎnchū / *~ weather* 非常坏的天气 fēicháng huài de tiānqì (3) 极差的 jí chà de, 极 小的 jí xiǎo de, 微不足道的 wēibùzúdào de: *a ~ income* 微薄的收 入 wēibó de shōurù

misery *n* 痛苦(形) tòngkǔ; 苦难(名) kǔnàn, 极大的不幸 jí dà de búxìng; 穷困(形) qióngkùn: *the miseries of the oppressed people* 被压迫人民的苦难 bèi yāpò rénmín de kǔnàn

misfit **I** *n* 不合身的衣服 bù héshēn de yīfu; 不称职的人 bú chènzhí de rén; 不适应环境的人 bú shìyìng huánjìng de rén **II** *v* 不合身 bù héshēn, 不称职 bú chènzhí

misfortune *n* 不幸(形) búxìng; 不幸 的事 búxìng de shì: *suffer ~* 遭到不 幸 zāodào búxìng

misgiving *n* 焦虑(形) jiāolǜ; 疑惧 (名) yíjù, 疑惑(动) yíhuò

mishap *n* 意外事件 yìwài shìjiàn, 不 幸遭遇 búxìng zāoyù

mislead *v* (1) 领错路 lǐngcuò lù, 使入 歧途 shǐ rù qítú (2) 欺骗(动) qīpiàn

misplace *v* 错放 cuòfàng, 放错地方 fàngcuò dìfang; 忘记放在哪里 wàngjì fàngzài nǎlǐ

misprint *n* 印刷错误 yìnshuā cuòwù

miss[1] *n* (1) (M) 小姐(名) xiǎojie: *M~ Smith* 史密斯小姐 Shǐmìsī xiǎojie/ *the M~ Greens* 格林家的小 姐们 Gélín jiā de xiǎojiemen / *M~*

Hong Kong 香港小姐 Xiānggǎng xiǎojie (2) 姑娘(名) gūniang, 小丫头 xiǎo yātou

miss[2] *v* (1) 没打中(目标) méi dǎzhòng (mùbiāo); 没接住 méi jiēzhù; 没赶上 méi gǎnshàng, 错过(动) cuòguò (2) 没看到 méi kàndào; 没听 到 méi tīngdào; 没领会 méi lǐnghuì (3) 迷失(动) míshī; 丢失(动) diūshī (4) 想(动) xiǎng, 想念(动) xiǎngniàn // *~ out* 遗漏 yílòu; 落下 làxia; 略去 lüèqù

missile *n* 导弹(名) dǎodàn; 飞弹(名) fēidàn: *an intercontinental ballistic ~* 洲际弹道导弹 zhōujì dàndào dǎodàn / *a long-range ~* 远程导弹 yuǎnchéng dǎodàn / *~ site* 导弹发射场 dǎodàn fāshèchǎng/ *~ bases* 导弹基地 dǎodàn jīdì

missing *adj* 缺少的 quēshǎo de; 失去 的 shīqù de; 失踪的 shīzōng de; 不明 的 bùmíng de: *a dictionary with several pages ~* 一本缺了几页的词典 yìběn quēle jǐyè de cídiǎn/ *~ soldiers* 失踪的士兵 shīzōng de shìbīng

mission *n* (1) 使团(名) shǐtuán, 代表 团(名) dàibiǎotuán: *a diplomatic ~* 外交使团 wàijiāo shǐtuán (2) 传教团 chuánjiàotuán; 传教机构 chuánjiào jīgòu; 传教地区 chuánjiào dìqū; 慈善 救济机构 císhàn jiùjì jīgòu: *a foreign ~* 国外布道团 guówài bùdàotuán / *the ~ near the village* 靠近村子的传 教机构 kàojìn cūnzi de chuánjiào jīgòu (3) 使命(名) shǐmìng, 任务(名) rènwu; 天职(名) tiānzhí: *a historic ~* 历史使命 lìshǐ shǐmìng

missionary *n* 传教士(名) chuánjiàoshì: *a ~ school* 教会学校 jiàohuì xuéxiào

mist **I** *n* 雾(名) wù, 雾气(名) wùqì; 模糊的东西 móhu de dōngxi **II** *v* 下雾 xiàwù; (使)变得模糊 (shǐ) biàn de móhu

mistake **I** *v* 误解(动) wùjiě, 弄错 nòngcuò; 错认 cuòrèn **II** *n* 错误(名)

cuòwù, 过失（名）guòshī; 误会（名）wùhuì // and no ~ 的确 díquè, 无疑地 wúyí de

mistaken adj 错误的 cuòwù de, 弄错的 nòngcuò de

mister n 先生（名）xiānsheng

mistletoe n 槲寄生（名）hújìshēng

mistress n (1) 女主人（名）nǚzhǔrén, 主妇（名）zhǔfù; 女教师 nǚ jiàoshī (2) 情妇（名）qíngfù

mistrust v 怀疑（动）huáiyí, 不相信 bù xiāngxìn; 疑心（动）yíxīn

misunderstand v 误解（动）wùjiě, 误会（动）wùhuì

mitten n 连指手套 liánzhǐshǒutào; 露指手套 lòuzhǐshǒutào: golf ~s 高尔夫球手套 gāo'ěrfūqiú shǒutào

mix v (1) 混合（动）hùnhé, 搀和（动）chānhuo, 调（动）tiáo (2) 来往（动）láiwǎng, 交往（动）jiāowǎng, 交游（动）jiāoyóu // ~ up (1) 与...有关 yǔ... yǒuguān, 有牵连 yǒu qiānlián (2) 搞混 gǎohùn

mixed adj 混合的 hùnhé de: ~ doubles 男女混合双打 nánnǚ hùnhé shuāngdǎ/ a ~ chorus 混声合唱 hùnshēng héchàng / ~ farming 农业多种经营 nóngyè duōzhǒng jīngyíng

mixer n (1) 搅拌器（名）jiǎobànqì, 搅拌机（名）jiǎobànjī (2)（不）善于交际的人（bú）shànyú jiāojì de rén

mixture n 混合（动）hùnhé; 混合状态 hùnhé zhuàngtài; 混合物（名）hùnhéwù: a cough ~ 咳嗽药水 késou yàoshuǐ

moan I v (1) 呻吟（动）shēnyín (2) 抱怨（动）bàoyuàn II n 呻吟（动）shēnyín

moat n 护城河（名）hùchénghé, 城壕（名）chénghào

mob I n 暴民（名）bàomín; 暴徒（名）bàotú; 乌合之众 wūhézhīzhòng II v 围攻（动）wéigōng, 围聚（动）wéijù, 簇拥（动）cùyōng

mobile adj 流动的 liúdòng de, 活动的 huódòng de; 可动的 kědòng de: ~ home 活动住房 huódòng zhùfáng

mobilization n 动员（动）dòngyuán: ~ orders 动员令 dòngyuánlìng/ a surprise ~ 紧急动员 jǐnjí dòngyuán

mobilize v 动员（动）dòngyuán

mock I v (1) 嘲笑（动）cháoxiào; 嘲弄（动）cháonòng, 奚落（动）xīluò; 学别人的样子 xué biérén de yàngzi (2) 使无效 shǐ wúxiào, 使徒劳 shǐ túláo, 挫败（动）cuòbài II adj 假（形）jiǎ; 模拟的 mónǐ de: ~ modesty 假谦虚 jiǎ qiānxū / a ~ battle 模拟战 mónǐzhàn

mockery n 嘲笑（动）cháoxiào; 嘲弄（动）cháonòng; 愚弄的对象 yúnòng de duìxiàng // make a ~ of (1) 使力气白费 shǐ lìqi báifèi (2) 证明是虚伪的 zhèngmíng shì xūwěi de

mocking adj 佯装的 yángzhuāng de, 假（形）jiǎ

mode n (1) 方式（名）fāngshì; 样式（名）yàngshì: ~ of production 生产方式 shēngchǎn fāngshì (2) 风气（名）fēngqì, 风尚（名）fēngshàng; 式样（名）shìyàng: be all the ~ 风行 fēngxíng/ in the ~ 流行 liúxíng/ out of ~ 过时 guòshí/ the latest ~ 最新款式 zuìxīn kuǎnshì

model I n (1) 模型（名）móxíng; 雏型（名）chúxíng; 原型（名）yuánxíng: a ~ of an aeroplane 飞机模型 fēijī móxíng (2) 模范（名）mófàn, 典型（名）diǎnxíng, 榜样（名）bǎngyàng (3) 样式（名）yàngshì, 类型（名）lèixíng (4) 模特儿（名）mótèr II v (1) 做模型 zuò móxíng (2) 当模特儿 dāng mótèr III adj 完美（形）wánměi, 标准（形）biāozhǔn, 模范（名）mófàn: a ~ worker 模范工作者 mófàn gōngzuòzhě // ~ oneself on... 仿效 fǎngxiào

modem n 调制解调器 tiáozhì jiětiáoqì

moderate I adj (1) 中等（形）zhōngděng, 一般（形）yìbān: a ~ income 中等收入 zhōngděng shōurù (2) 温和（形）wēnhé; 稳健（形）wěnjiàn; 适度（形）shìdù; 有节制的 yǒu jiézhì de: *a* ~ *climate* 温和的气候 wēnhé de qìhòu **II** *n* 温和主义者 wēnhézhǔyìzhě, 温和派(名) wēnhépài **III** *v* (1) 使和缓 shǐ héhuǎn; 使减轻 shǐ jiǎnqīng; 节制(动) jiézhì (2) 变和缓 biàn héhuǎn

moderately *adv* 适中(形) shìzhōng, 适度地 shìdù de

moderation *n* 适度(形) shìdù, 中等(形) zhōngděng; 节制(动) jiézhì; 和缓(形) héhuǎn

modern **I** *adj* 现代的 xiàndài de, 近代的 jìndài de; 新式的 xīnshì de; 现代化的 xiàndàihuà de **II** *n* 现代人 xiàndàirén; 有新思想的人 yǒu xīnsīxiǎng de rén

modernism *n* 现代主义(名) xiàndàizhǔyì; 现代用法 xiàndài yòngfǎ; 现代派(名) xiàndàipài

modernization *n* 现代化(名) xiàndàihuà

modernize *v* 使现代化 shǐ xiàndàihuà

modest *adj* (1) 谦虚(形) qiānxū, 谦逊(形) qiānxùn (2) 有节制的 yǒu jiézhì de, 不过分的 bú guòfèn de (3) 不多 bù duō, 不大 bú dà; 不过分 bú guòfèn

modesty *n* 谦虚(形) qiānxū, 虚心(形) xūxīn, 谦逊(形) qiānxùn // *in all* ~ 毫不夸张地 háo bù kuāzhāng de

modification *n* (1) 修订(动) xiūdìng, 修正(动) xiūzhèng (2) 变动(动) biàndòng, 变更(动) biàngēng; 改良(动) gǎiliáng

modify *v* (1) 缓和(动) huǎnhé, 减轻(动) jiǎnqīng: ~ *one's tone* 缓和语气 huǎnhé yǔqì (2) 更改(动) gēnggǎi, 修改(动) xiūgǎi (3) 修饰(动) xiūshì

mohair *n* 马海毛(名) mǎhǎimáo, 安哥拉山羊毛 Āngēlā shānyángmáo

Mohammedan **I** *adj* 穆罕默德的 Mùhǎnmòdé de; 伊斯兰教的 Yīsīlánjiào de **II** *n* 伊斯兰教徒 Yīsīlánjiàotú, 穆斯林(名) Mùsīlín

Mohammedanism *n* 伊斯兰教(名) Yīsīlánjiào

moist *adj* (1) 潮湿(形) cháoshī: *a* ~ *wind from the sea* 从海上吹来潮湿的风 cóng hǎishang chuīlái cháoshī de fēng (2) 松软(形) sōngruǎn

moisten *v* 滋润(形) zīrùn; 潮湿 cháoshī; 变湿 biànshī

moisture *n* 湿气(名) shīqì, 水分(名) shuǐfèn; 潮湿(形) cháoshī

mole[1] *n* 黑痣(名) hēizhì

mole[2] *n* 鼹鼠(名) yǎnshǔ, 田鼠(名) tiánshǔ

molecular *adj* 分子的 fēnzǐ de: ~ *theory* 分子论 fēnzǐlùn / ~ *weight* 分子量 fēnzǐliàng

molecule *n* 分子(名) fēnzǐ

molehill *n* 鼹鼠窝(名) yǎnshǔwō, 鼹鼠丘(名) yǎnshǔqiū

molest *v* 招惹(动) zhāorě; 骚扰(动) sāorǎo; 作弄(动) zuōnòng, 欺负(动) qīfu; 调戏(动) tiáoxì

moment *n* 一会儿(名) yíhuìr, 片刻(名) piànkè, 瞬间(名) shùnjiān, 刹那(名) chànà; 时刻(名) shíkè // *at any* ~ 随时 suíshí, 任何时候 rènhé shíhou / *at this* (*that*) ~ 这时候(那时候) zhèshíhou (nàshíhou) / *for the* ~ 暂时 zànshí; 目前 mùqián / *in a* ~ 立刻 lìkè, 马上 mǎshàng, 一会儿 yíhuìr / *the* ~ 立刻 lìkè, 一…就 yì…jiù

momentary *adj* 瞬时的 shùnshí de, 短暂(形) duǎnzàn, 一瞬间的 yíshùnjiān de

momentum *n* 动量(名) dòngliàng; 冲力(名) chōnglì, 势头(名) shìtóu, 惯性(名) guànxing

monarch *n* 君主(名) jūnzhǔ, 君王(名) jūnwáng, 国君(名) guójūn, 帝王(名) dìwáng

monarchy *n* 君主国(名) jūnzhǔguó, 君主政体 jūnzhǔ zhèngtǐ

monastery *n* 寺院(名) sìyuàn, 修道院(名) xiūdàoyuàn, 庙宇(名) miàoyǔ

Monday *n* 星期一(名) xīngqīyī, 礼拜一(名) lǐbàiyī

monetary *adj* 货币的 huòbì de, 金融

的 jīnróng de, 财政的 cáizhèng de: *the ～ system* 货币制度 huòbì zhìdù/ *～ crisis* 金融危机 jīnróng wēijī

money *n* (1) 钱(名) qián, 货币(名) huòbì (2) 金钱(名) jīnqián; 钱财(名) qiáncái; 财富(名) cáifù // *～ order* 汇票 huìpiào/ *pocket ～* 零花钱 línghuāqián

moneybox *n* 储钱盒(名) chǔqiánhé, 储蓄箱(名) chǔxùxiāng

moneylender *n* 放债人（名）fàngzhàirén

monitor **I** *n* (1) 班长(名) bānzhǎng (2) 监听员(名) jiāntīngyuán; 监视器(名) jiānshìqì **II** *v* 监听(动) jiāntīng; 监视(动) jiānshì

monk *n* 僧侣(名) sēnglǚ; 修道士(名) xiūdàoshì; 和尚(名) héshang

monkey **I** *n* (1) 猴子(名) hóuzi (2) 淘气鬼(名) táoqìguǐ **II** *v* 胡闹(动) húnào; 摆弄(动) bǎinòng

mono *adj* 单声道的 dānshēngdào de: *a ～ tape recorder* 一台单声道录音机 yìtái dānshēngdào lùyīnjī

monologue *n* 独白(名) dúbái; 独脚戏(名) dújiǎoxì

monopoly *n* (1) 垄断(动) lǒngduàn; 专利权(名) zhuānlìquán: *the ～ capitalist class* 垄断资产阶级 lǒngduàn zīchǎnjiējí/ *secure a ～ of one's invention* 取得发明的专利权 qǔdé fāmíng de zhuānlìquán (2) 专卖品（名）zhuānmàipǐn

monotone *n* 单调(形) dāndiào; 单调音(名) dāndiàoyīn

monotonous *adj* 单调(形) dāndiào, 呆板（形）dāibǎn; 一成不变 yìchéngbúbiàn

monotony *n* 单调(形) dāndiào, 无变化 wú biànhuà, 千篇一律 qiānpiānyìlǜ: *the ～ of a long train journey* 长途火车旅行的单调乏味 chángtú huǒchē lǚxíng de dāndiào fáwèi

monsoon *n* 季风(名) jìfēng; 季雨(名) jìyǔ: *the ～ season* 季雨期 jìyǔqī/ *a ～ forest* 季雨林 jìyǔlín

monster *n* (1) 怪物(名) guàiwù, 妖怪(名) yāoguài (2) 巨兽 jùshòu; 巨大的东西 jùdà de dōngxi: *a prehistoric ～* 史前期的大怪兽 shǐqiánqī de dà guàishòu (3) 残忍的人 cánrěn de rén; 坏家伙 huài jiāhuo

month *n* 月（名）yuè; 月份（名）yuèfèn; 一个月的时间 yíge yuè de shíjiān: *this（last, next）～* 本(上、下)月 běn (shàng, xià) yuè/ *the ～ after next* 下下个月 xiàxiàge yuè // *～ by ～* 逐月 zhúyuè/ *for ～s* 好几个月 hǎojǐge yuè/ *this day last ～* 上个月的今天 shàngge yuè de jīntiān

monthly *adv* 每月 měiyuè, 按月 àn yuè: *a ～ magazine* 月刊 yuèkān/ *～ pay* 月薪 yuèxīn/ *a ～ ticket* 月票 yuèpiào

monument *n* (1) 纪念碑（名）jìniànbēi; 纪念物（名）jìniànwù: *the M～ to the People's Heroes* 人民英雄纪念碑 Rénmín Yīngxióng Jìniànbēi (2) 遗迹(名) yíjì, 遗址(名)yízhǐ

mood *n* (1) 心境(名) xīnjìng, 心情(名) xīnqíng, 情绪(名) qíngxù; 精神状态 jīngshén zhuàngtài: *in a merry ～* 心情愉快 xīnqíng yúkuài (2)情绪低沉 qíngxù dīchén, 心情抑郁 xīnqíng yìyù (3) 语气(名) yǔqì: *the indicative ～* 陈述语气 chénshù yǔqì/ *the imperative ～* 祈使语气 qíshǐ yǔqì/ *the subjunctive ～* 虚拟语气 xūnǐ yǔqì

moody *adj* 喜怒无常的 xǐnù wúcháng de; 爱发脾气的 ài fā píqi de; 郁郁寡欢的 yùyù guǎhuān de

moon *n* 月球(名) yuèqiú, 月亮(名) yuèliang; 月光(名) yuèguāng: *a ～ cake* 一块月饼 yíkuài yuèbing

moonlight **I** *n* 月光(名) yuèguāng **II** *v* 兼职(动) jiānzhí

moonlighter *n* 兼职者 jiānzhízhě

moor[1] *n* 荒原(名) huāngyuán, 荒野 huāngyě, 大草地(名) dàcǎodì

moor[2] *v* 泊船 bó chuán, 系船 jì chuán

mop **I** *n* 拖把(名) tuōbǎ, 墩布(名) dūnbù **II** *v* 擦(动) cā, 拖(动) tuō: *～*

the floor 拖地板 tuō dìbǎn // ~ *up*
(1) 拖 tuō; 打扫 dǎsǎo; 清除 qīngchú
(2) 结束 jiéshù, 完成 wánchéng (3)
扫荡 sǎodàng; 肃清 sùqīng: ~ *up re-
maining enemy soldiers* 肃清残敌
sùqīng cándí

moral I *adj* (1) 道德上的 dàodéshang
de; 有道德的 yǒu dàodé de: ~ *stan-
dard* 道德标准 dàodé biāozhǔn / *a* ~
question 一个道德问题 yíge dàodé
wèntí (2) 精神上的 jīngshénshang de,
心理上的 xīnlǐshang de, 道义上的
dàoyìshang de: *a* ~ *victory* 精神胜利
jīngshén shènglì / *a* ~ *obligation* 道义
上的责任 dàoyìshang de zérèn II *n* (1)
道德上的教训 dàodéshang de jiàoxùn;
寓意(名) yùyì (2) 道德(名) dàodé,
伦理(名) lúnlǐ

morale *n* 军心(名) jūnxīn, 士气(名)
shìqì

morality *n* 道德(名) dàodé, 伦理(名)
lúnlǐ: *a high standard of* ~ 崇高的道
德标准 chónggāo de dàodé biāozhǔn

morally *adv* 道德上 dàodéshang; 道义
上 dàoyìshang; 合乎道德和伦理的
héhū dàodé hé lúnlǐ de

more I *adj* 更多的 gèng duō de; 较多
的 jiào duō de; 更高程度的 gèng gāo
chéngdù de; 另外的 lìngwài de II *n* 更
多的数量 gèng duō de shùliàng; 较多
的数量 jiào duō de shùliàng; 另外(副)
lìngwài; 一些 yìxiē III *adv* (1) 更
(副) gèng (2) 倒(副) dào; 倒不如说
dào bùrú shuō (3) 另外(副) lìngwài;
再(副) zài, 又(副) yòu (4) 而且(连)
érqiě // *all the* ~ 更加 gèngjiā; 越发
yuèfā / *and what is* ~ 更重要的是
gèng zhòngyào de shì; 而且 érqiě / ~
and ~ 越来越(多) yuèláiyuè (duō) /
no ~ (1) 不再 búzài (2) 不再存在
bú zài cúnzài, 完结了 wánjié le (3) 也
不 yě bù, 也没有 yě méiyǒu / *no* ~
than (1) 不过 búguò, 仅仅 jǐnjǐn (2)
同...一样不 tóng... yíyàng bù / *the*
~ ...*the* ~ 越...越... yuè...yuè...

moreover *adv* 再者(连) zàizhě, 此外

(连) cǐwài

morning *n* 早晨(名) zǎochén, 早上
(名) zǎoshang; 上午(名) shàngwǔ:
in the ~ 早晨 zǎochén(在上午 zài
shàngwǔ) / *this* (*yesterday, tomor-
row*) ~ 今天(昨天、明天)上午 jīntiān
(zuótiān, míngtiān) shàngwǔ/ *every*
~ 每天上午 měitiān shàngwǔ //
coat 晨礼服 chénlǐfú / ~ *dress* 常礼
服 chánglǐfú/ ~ *exercises* 早操
zǎocāo/ ~ *glory* 牵牛花儿
qiānniúhuār, 喇叭花儿 lǎbahuār/ ~
paper 晨报 chénbào/ ~ *star* 晨星
chénxīng, 金星 jīnxīng

mortal I *adj* (1) 不免一死的 bùmiǎn
yì sǐ de, 终有一死的 zhōng yǒu yì sǐ de
(2) 致命的 zhìmìng de, 致死的 zhìsǐ
de (3) 你死我活的 nǐsǐwǒhuó de; 不
共戴天的 búgòngdàitiān de II *n* 人
(名) rén; 凡人(名) fánrén

mortality *n* (1) 死亡人数 sǐwáng
rénshù (2) 死亡率(名) sǐwánglù

mortally *adv* (1) 致命地 zhìmìng de
(2) 极(副) jí, 非常(副) fēicháng

mortar[1] *n* 灰浆(名) huījiāng, 灰泥
(名) huīní

mortar[2] *n* 研钵(名) yánbō, 臼(名)
jiù, 捣钵(名) dǎobō

mortarboard *n* (1) 灰泥板(名)
huīníbǎn (2) 学士帽 xuéshìmào, 方顶
帽 fāngdǐngmào

mortgage I *n* 抵押(动) dǐyā, 抵押品
(名) dǐyāpǐn; 抵押契据 dǐyā qìjù II *v*
(1) 抵押(动) dǐyā (2) 献身于
xiànshēnyú

mortgagee *n* 受押人(名) shòuyārén,
抵押权人 dǐyāquánrén; 接受抵押者
jiēshòu dǐyāzhě

mortgagor *n* 抵押人(名) dǐyārén

mortician *n* 料理丧事的人 liàolǐ
sāngshì de rén, 殡仪承办人 bìnyí
chéngbànrén

mortuary *n* 太平间(名) tàipíngjiān,
停尸房(名) tíngshīfáng

mosaic *n* 镶嵌细工 xiāngqiàn xìgōng;
拼花工艺 pīnhuā gōngyì; 马赛克(名)

mǎsàikè

Moslem I n 穆斯林（名）Mùsīlín II adj 伊斯兰教的 Yīsīlánjiào de, 回教的 Huíjiào de

mosquito n 蚊子（名）wénzi, 蚊虫（名）wénchóng: ～ incense 蚊香 wénxiāng / smoke out ～es 用烟把蚊子熏出去 yòng yān bǎ wénzi xūnchuqu

moss n 苔（名）tái, 地衣（名）dìyī

most I adj (1) 最（副）zuì, 最多的 zuì duō de; 最高程度的 zuì gāo chéngdù de (2) 多数的 duōshù de, 大部分 dàbùfen, 多半的 duōbàn de II n (1) 最大量 zuì dàliàng, 最多数 zuì duōshù, 最高额 zuì gāo'é (2) 大多数 dàduōshù, 大部分 dàbùfen; 大多数人 dàduōshù rén III adv (1) 最（副）zuì (2) 极（副）jí, 很（副）hěn, 十分（副）shífēn (3) 差不多（形）chàbuduō, 几乎（副）jīhū // at ～ 至多 zhìduō, 不超过 bù chāoguò / make the ～ of 尽量利用 jǐnliàng lìyòng

mostly adv 主要（形）zhǔyào; 大部分 dàbùfen; 多半 duōbàn; 通常（形）tōngcháng

motel n 汽车旅店 qìchē lǚdiàn

moth n 蛾（名）é, 飞蛾（名）fēi'é

moth-balls n 卫生球（名）wèishēngqiú, 樟脑丸（名）zhāngnǎowán

mother n 母（名）mǔ, 母亲（名）mǔqin, 妈妈（名）māma: a ～ bird 母鸟 mǔ niǎo

mother-in-law n 岳母（名）yuèmǔ (wife's mother); 婆婆（名）pópo (husband's mother)

motion I n (1) 运动（动）yùndòng, 动（动）dòng: the ～ of the planets 行星的运行 xíngxīng de yùnxíng (2) 动作（名）dòngzuò, 姿态（名）zītài, 举止（名）jǔzhǐ (3) 动机（名）dòngjī, 意向（名）yìxiàng (4) 提议（名）tíyì: on the ～ of sb. 经某人提议 jīng mǒurén tíyì (5) 大便（名）dàbiàn, 通便（名）tōngbiàn II v (1) 打手势 dǎ shǒushì, 点头（或摇头）示意 diǎntóu（huò yáotóu）shìyì (2) 摆动（动）bǎidòng,

走（动）zǒu // ～ pictures 影片 yǐngpiàn, 电影 diànyǐng

motionless adj 不动的 búdòng de, 静止的 jìngzhǐ de

motivate v 促动（动）cùdòng, 激发（动）jīfā

motivation n 动力（名）dònglì; 目的（名）mùdì; 需要（名）xūyào

motive I n 动机（名）dòngjī; 目的（名）mùdì II adj 发动的 fādòng de; 运动的 yùndòng de

motley I adj (1) 混杂的 hùnzá de, 混成的 hùnchéng de: a ～ crowd of people 一群形形色色的人 yìqún xíngxíngsèsè de rén (2) 杂色的 zásè de: a ～ coat 杂色外衣 zásè wàiyī II n （小丑穿的）彩衣（名）（xiǎochǒu chuān de）cǎiyī; 杂色布（名）zásèbù; 小丑（名）xiǎochǒu: wear the ～ 扮演丑角 bànyǎn chǒujué

motor I n (1) 马达（名）mǎdá, 发动机（名）fādòngjī, 电动机（名）diàndòngjī: electric ～s 电动机 diàndòngjī (2) 机动车（名）jīdòngchē, 汽车（名）qìchē; 摩托（名）mótuō: a ～ vehicle 一辆机动车 yíliàng jīdòngchē II adj (1) 原动的 yuándòng de, 机动的 jīdòng de: ～ power 原动力 yuándònglì (2) 汽车的 qìchē de: a ～ trip 汽车旅行 qìchē lǚxíng/ the ～ industry 汽车工业 qìchē gōngyè (3) 运动神经的 yùndòng shénjīng de: ～ nerve 运动神经 yùndòng shénjīng

motorbike n 摩托车（名）mótuōchē, 轻型摩托车 qīngxíng mótuōchē

motorboat n 机船（名）jīchuán, 汽艇（名）qìtǐng

motorcar n 汽车（名）qìchē

motorcycle n 摩托车（名）mótuōchē

motorcyclist n 摩托车驾驶员 mótuōchē jiàshǐyuán

motorist n 开汽车的人 kāi qìchē de rén

motorway n 高速公路 gāosù gōnglù

motto n 箴言（名）zhēnyán, 座右铭

（名）zuòyòumíng；格言（名）géyán；
警句（名）jǐngjù

mould¹   n （1）沃土（名）wòtǔ；肥土
（名）féitǔ（2）霉（名）méi；霉菌（名）
méijūn

mould²   I n 模子（名）múzi；模型（名）
móxíng II v（1）铸（动）zhù；塑造
（动）sùzào（2）影响（动）yǐngxiǎng；
变成 biànchéng

mouldy   adj（1）发霉的 fāméi de：~
cheese 发了霉的奶酪 fāle méi de nǎilào
/ a ~ smell 一股霉味儿 yìgǔ méi
wèir（2）陈腐（形）chénfǔ；过时
guòshí；陈旧（形）chénjiù：a ~ old
hat 一顶过了时的旧帽子 yìdǐng gùle
shí de jiù màozi

mound   n 土堆（名）tǔduī；小山丘 xiǎo
shānqiū

mount   I n 山（名）shān，峰（名）fēng：
M~ Tai 泰山 Tài Shān II v（1）登
（动）dēng，爬上 páshang；骑上
qíshang（2）增长（动）zēngzhǎng，上
升（动）shàngshēng（3）装置（动）
zhuāngzhì；架（动）jià；安放（动）
ānfàng；镶嵌（动）xiāngqiàn，裱贴
（动）biǎotiē：~ gems in a gold ring
金戒指上镶宝石 jīnjièzhishang xiāng
bǎoshí（4）发动（动）fādòng（5）设置
岗哨 shèzhì gǎngshào；担任警卫
dānrèn jǐngwèi

mountain   n（1）山（名）shān，山脉
（名）shānmài：a volcanic ~ 火山
huǒshān/ the Himalayan M~s 喜马
拉雅山脉 Xǐmǎlāyǎ shānmài（2）大堆
dàduī，大量（形）dàliàng：a ~ of
difficulties 重重困难 chóngchóng
kùnnan

mountaineer   n 登山运动员 dēngshān
yùndòngyuán，登山家（名）
dēngshānjiā

mountainside   n 山腰（名）shānyāo，山
坡（名）shānpō

mourn   v 哀悼（动）āidào；忧伤（形）
yōushāng；为...哀伤 wèi...āishāng

mourner   n 哀悼者 āidàozhě，送葬者
sòngzàngzhě

mournful   adj 悲哀（形）bēi'āi；凄惨
（形）qīcǎn

mourning   n 哀痛（形）āitòng；悲痛（形）
bēitòng；哀悼（动）āidào；居丧（动）
jūsāng；服丧（动）fúsāng：express one's
~ for the dead 对死者表示哀悼 duì sǐzhě
biǎoshì āidào/ a lady in ~ 一位服丧的妇
女 yíwèi fúsāng de fùnǚ

mouse   n（1）鼠（名）shǔ，老鼠（名）
lǎoshǔ，耗子（名）hàozi（2）鼠标（名）
shǔbiāo

mousetrap   n 捕鼠器（名）bǔshǔqì

moustache   n（1）髭（名）zī，小胡子
xiǎo húzi（2）动物的触须 dòngwù de
chùxū

mouth   I n（1）嘴（名）zuǐ，口（名）
kǒu（2）口（名）kǒu；口状物（名）
kǒuzhuàngwù：the ~ of a bottle 瓶口
píngkǒu / the ~ of a volcano 火山口
huǒshānkǒu II v 装腔作势地讲
zhuāngqiāngzuòshì de jiǎng

mouthful   n 一口 yìkǒu；少量（形）
shǎoliàng：take a big ~ of food 吃了
一大口饭 chīle yídàkǒu fàn/ eat up at
a ~ 一口吃光 yìkǒu chīguāng

mouthorgan   n 口琴（名）kǒuqín

mouthpiece   n（1）嘴儿（名）zuǐr：the
~ of a horn 号嘴儿 hàozuǐr/ the ~
of a tobacco pipe 烟嘴儿 yānzuǐr（2）
喉舌（名）hóushé，代言人（名）
dàiyánrén；传声筒（名）chuán-
shēngtǒng

move   v（1）移动（动）yídòng，搬动
（动）bāndòng；挪动（动）nuódòng：
a piece 走棋子儿 zǒu qízǐr（2）感动
（动）gǎndòng（3）促使（动）cùshǐ，鼓
动（动）gǔdòng；推动（动）tuīdòng（4）
提议（动）tíyì // get a ~ on 快点
kuàidiǎnr / ~ about 不停地走动
bùtíng de zǒudòng/ ~ away 搬走
bānzǒu / ~ in 搬进 bānjìn / on the ~
在活动中 zài huódòngzhōng

movement   n（1）运动（名）yùndòng，
活动（名）huódòng；姿势（名）zīshì；
动向（名）dòngxiàng；变化（名、动）
biànhuà：graceful ~s 优美的姿势

yōuměi de zīshì（2）调动（动）diàodòng；运输（动）yùnshū：*rapid ~s of forces* 部队火速调动 bùduì huǒsù diàodòng/ *~ by air* 空中运输 kōngzhōng yùnshū（3）运动（名）yùndòng：*a mass ~* 群众运动 qúnzhòng yùndòng/ *the ~ for national liberation* 民族解放运动 mínzú jiěfàng yùndòng（4）乐章（名）yuèzhāng：*the first ~ of a piano concerto* 钢琴协奏曲的第一乐章 gāngqín xiézòuqǔ de dìyīyuèzhāng

movie *n* 电影（名）diànyǐng，影片（名）yǐngpiàn // *a ~ fan* 影迷 yǐngmí/ *~ director* 电影导演 diànyǐng dǎoyǎn/ *~ star* 影星 yǐngxīng

mow *v*（1）刈（动）yì，割（动）gē，割草 gē cǎo，剪草 jiǎn cǎo：*~ the lawn* 修剪草坪 xiūjiǎn cǎopíng（2）摧毁（动）cuīhuǐ，压倒 yādǎo：*~ down the opposition* 压倒反对意见 yādǎo fǎnduì yìjiàn

Mr *n* 先生（名）xiānsheng：*~ Sun* 孙先生 Sūn xiānsheng/ *~ President* 总统先生 zǒngtǒng xiānsheng

Mrs *n* 夫人（名）fūrén，太太（名）tàitai：*~ Carter* 卡特夫人 Kǎtè fūrén / *~ Zhang* 张太太 Zhāng tàitai

Ms *n* 女士（名）nǚshì：*~ Mary Smith* 玛丽·史密斯女士 Mǎlì·Shǐmìsī nǚshì / *~ Li* 李女士 Lǐ nǚshì

much **I** *adj* 许多（形）xǔduō，很多 hěn duō，多（形）duō **II** *n*（1）许多（形）xǔduō，大量（形）dàliàng（2）重要的事物 zhòngyào de shìwù **III** *adv*（1）非常（副）fēicháng，很（副）hěn（2）...多...duō；更（副）gèng // *as ~* 同样多的 tóngyàng duō de；同样的东西 tóngyàng de dōngxi / *as ~ as*（1）尽...那么多 jìn...nàme duō（2）几乎等于 jīhū děngyú；跟...到同一程度 gēn...dào tóngyī chéngdù

muck *n*（1）粪便（名）fènbiàn；粪肥（名）fènféi（2）污秽（形）wūhuì；污物（名）wūwù（3）讨厌的东西 tǎoyàn de dōngxi；无用的东西 wúyòng de dōngxi

mucus *n* 粘液（名）niányè：*a trail of ~ left by a snail* 蜗牛爬过以后留下的一道粘液 wōniú páguò yǐhòu liúxià de yídào niányè / *nasal ~* 鼻涕 bítì

mud *n*（1）泥（名）ní，泥浆（名）níjiāng（2）诽谤的话 fěibàng de huà，恶毒的攻击 èdú de gōngjī

muddle *v*（1）弄糊涂 nòng hútu，把头脑搞乱 bǎ tóunǎo gǎoluàn（2）弄乱 nòngluàn，弄混 nònghùn // *~ along* 混日子 hùn rìzi

muddle-headed *adj* 昏头昏脑的 hūntóuhūnnǎo de，糊里糊涂的 húlihútú de

muddle-headedness *n* 糊涂（形）hútu

muddy *adj* 混浊（形）hùnzhuó；泥泞（形）nínìng：*the ~ waters of the river* 混浊的河水 hùnzhuó de héshuǐ

mudguard *n* 挡泥板（名）dǎngníbǎn

mud-slinging *n* 流言蜚语 liúyánfēiyǔ

muffle *v*（1）消音 xiāoyīn，把声音闷住 bǎ shēngyīn mēnzhù（2）围裹（动）wéiguǒ，裹住 guǒzhù，围住 wéizhù

muffler *n* 围巾（名）wéijīn

mug *n* 大杯子 dà bēizi

mulberry *n*（1）桑树（名）sāngshù：*~ leaves* 桑叶 sāngyè / *a ~ tree* 桑树 sāngshù（2）桑葚儿（名）sāngshènr

mule *n* 骡子（名）luózi

mulish *adj* 执拗（形）zhíniù，顽固（形）wángù

multi- *prefix* 多（形）duō，多倍 duōbèi

multifarious *adj* 多种多样的 duōzhǒngduōyàng de，形形色色的 xíngxíngsèsè de，五花八门的 wǔhuābāmén de，千差万别的 qiānchāwànbié de

multilateral *adj* 多边的 duōbiān de，多方的 duōfāng de：*~ trade* 多边贸易 duōbiān màoyì

multilingual *adj* 使用多种语言的 shǐyòng duōzhǒng yǔyán de

multimedia *n* 多媒体 duōméitǐ

multimillionaire *n* 大富豪 dà fùháo；亿万富翁 yìwàn fùwēng

multinational **I** *adj* 多国的 duō guó de；多民族的 duō mínzú de；跨国的

kuàguó de **II** n 多国公司 duō guó gōngsī, 跨国公司 kuàguó gōngsī

multiple **I** adj 多重的 duōchóng de; 复合的 fùhé de; 多样的 duōyàng de **II** n 倍数(名) bèishù // common ~ 公倍数 gōngbèishù

multiplication n (1) 乘法(名) chéngfǎ, 乘法运算 chéngfǎ yùnsuàn (2) 增加(动) zēngjiā

multiply v (1) 增加(动) zēngjiā, 增多(动) zēngduō; 繁殖(动) fánzhí (2) 乘(动) chéng

multitude n (1) 大量(形) dàliàng, 众多(形) zhòngduō (2) 群众(名) qúnzhòng; 人群(名) rénqún

mumble v 咕哝(动) gūnong, 嘟囔(动) dūnang, 含糊地说 hánhu de shuō

mummy n 木乃伊(名) mùnǎiyī, 干尸(名) gānshī

mumps n 流行性腮腺炎 liúxíngxìng sāixiànyán

munch v 用力嚼 yòng lì jiáo, 大声嚼 dàshēng jiáo

municipal adj 市的 shì de, 市政的 shìzhèng de: ~ authorities 市政当局 shìzhèng dāngjú/ the ~ government 市政府 shìzhèngfǔ

municipality n 自治市(名) zìzhìshì; 自治区(名) zìzhìqū; 市政府 shìzhèngfǔ

munition n 军需品(名) jūnxūpǐn, 军火(名) jūnhuǒ

mural n 壁画(名) bìhuà

murder **I** n (1) 谋杀(动) móushā; 谋杀罪(名) móushāzuì (2) 非常费力的事 fēicháng fèilì de shì; 让人无法忍受的事 ràng rén wúfǎ rěnshòu de shì **II** v (1) 杀害(动) shāhài (2) 糟蹋(动) zāotà, 毁坏(动) huǐhuài

murderer n 杀人犯(名) shārénfàn, 谋杀者 móushāzhě, 凶手(名) xiōngshǒu

murmur **I** n 持续低沉的声音 chíxù dīchén de shēngyīn; 低语声 dīyǔshēng; 咕哝 gūnong: the ~ of bees 蜜蜂的嗡嗡声 mìfēng de wēngwēngshēng **II** v 发出低沉的声音 fāchū dīchén de shēngyīn; 低声说

dīshēng shuō; 低声抱怨 dīshēng bàoyuàn

muscle n (1) 肌肉(名) jīròu (2) 体力(名) tǐlì; 力量(名) lìliang: a man of ~ 大力士 dàlìshì

muscular adj (1) 肌肉的 jīròu de: a ~ disease 肌肉的疾病 jīròu de jíbìng (2) 强壮(形) qiángzhuàng, 强健(形) qiángjiàn, 肌肉发达的 jīròu fādá de: a ~ body 肌肉发达的身体 jīròu fādá de shēntǐ

muse v 沉思(动) chénsī, 默想(动) mòxiǎng, 冥想(动) míngxiǎng

museum n 博物馆(名) bówùguǎn; 博物院(名) bówùyuàn: the Palace M~ in Beijing 北京故宫博物院 Běijīng Gùgōng Bówùyuàn

mushroom **I** n 蘑菇(名) mógu: ~ soup 蘑菇汤 mógutāng / a ~ cloud 一团蘑菇云 yìtuán móguyún **II** v 蓬勃发展 péngbó fāzhǎn, 迅速增长 xùnsù zēngzhǎng

music n (1) 音乐(名) yīnyuè, 乐曲(名) yuèqǔ; 乐谱(名) yuèpǔ: folk 民间音乐 mínjiān yīnyuè/ vocal (instrumental) ~ 声(器)乐 shēng(qì)yuè/ absolute ~ 无标题音乐 wú biāotí yīnyuè/ programme ~ 标题音乐 biāotí yīnyuè/ pop ~ 流行音乐 liúxíng yīnyuè/ classical ~ 古典音乐 gǔdiǎn yīnyuè (2) 和谐悦耳的声音 héxié yuè'ěr de shēngyīn: the ~ of the nightingale 夜莺的歌声 yèyīng de gēshēng // ~ book 乐谱 yuèpǔ/ ~ case 乐谱夹 yuèpǔjiā/ ~ hall 音乐厅 yīnyuètīng, 综艺剧场 zōngyì jùchǎng, 综艺节目 zōngyì jiémù/ ~ stand 乐谱架 yuèpǔjià

musical adj (1) 音乐的 yīnyuè de (2) 声音美妙的 shēngyīn měimiào de, 悦耳(形) yuè'ěr, 动听(形) dòngtīng: a ~ voice 美妙的声音 měimiào de shēngyīn (3) 喜爱音乐的 xǐ'ài yīnyuè de; 精通音乐的 jīngtōng yīnyuè de, 擅长音乐的 shàncháng yīnyuè de

musician n 乐师(名) yuèshī, 音乐家(名) yīnyuèjiā

musk *n* 麝香(名) shèxiāng: *a ~ deer* 一只麝香鹿 yìzhī shèxiānglù

musket *n* 毛瑟枪(名) máosèqiāng, 滑膛枪(名) huátángqiāng

muskmelon *n* 甜瓜(名) tiánguā; 香瓜(名) xiāngguā

mussel *n* 蛤贝(名) gébèi, 蚝(名) háo

must I *aux* (1) 必须(助动) bìxū, 应当(助动) yīngdāng (2) 不准 bùzhǔn, 禁止(动) jìnzhǐ (3) 一定要 yídìng yào (4) 一定(副) yídìng, 很可能 hěn kěnéng (5) 偏要 piān yào, 非要...不可 fēi yào...bù kě II *n* 必须做的事 bìxū zuò de shì; 不可缺少的事物 bù kě quēshǎo de shìwù

mustard *n* 芥末(名) jièmo, 芥末粉(名) jièmofěn // *~ gas* 芥子气 jièzǐqì / *~ plaster* 芥子膏 jièzǐgāo

muster I *v* (1) 集合(动) jíhé, 召集(动) zhàojí (2) 鼓起 gǔqí, 振起 zhènqǐ II *n* 集合(动) jíhé; 检阅(动) jiǎnyuè; 集合人员 jíhé rényuán // *to pass ~* 符合标准 fúhé biāozhǔn

mutation *n* (1) 变化(名) biànhuà, 变异(名) biànyì, 转变(名) zhuǎnbiàn (2) 变种(名) biànzhǒng (3) 变音(名) biànyīn: *vowel ~* 元音变化 yuányīn biànhuà

mute I *adj* (1) 沉默(形) chénmò, 无言的 wúyán de (2) 哑的 yǎ de, 不能说话的 bùnéng shuōhuà de II *n* 哑巴(名) yǎba

mutilate *v* (1) 使残废 shǐ cánfèi, 断肢 duànzhī (2) 毁坏 huǐhuài, 弄坏 nònghuài

mutiny I *n* 兵变(动) bīngbiàn, 叛变(动) pànbiàn II *v* 叛变(动) pànbiàn; 反抗(动) fǎnkàng

mutter I *v* 喃喃而语 nánnán ér yǔ, 嘟囔(动) dūnang II *n* 低语 dīyǔ, 嘟囔(动) dūnang

mutton *n* 羊肉(名) yángròu: *a ~ chop* 羊排 yángpái/ *roast ~* 烤羊肉 kǎoyángròu/ *~ stew* 炖羊肉 dùnyángròu

mutual *adj* (1)相互的 xiānghù de, 互相的 hùxiāng de, 彼此的 bǐcǐ de: *~ respect* 相互尊敬 xiānghù zūnjìng/ *~ help* 互相帮助 hùxiāng bāngzhù (2) 共同(形) gòngtóng, 共有的 gòngyǒu de: *~ efforts* 共同的努力 gòngtóng de nǔlì

muzzle I *n* 笼嘴(名) lóngzuǐ II *v* (1) 戴笼嘴 dài lóngzuǐ (2) 迫使缄默 pòshǐ jiānmò, 使不出声 shǐ bù chū shēng

my *pron* 我的 wǒ de: *~ colleagues* 我的同事们 wǒ de tóngshìmen

myopia *n* 近视(名) jìnshì

myopic *adj* 近视(形) jìnshì, 近视眼的 jìnshìyǎn de: *~ minds* 目光短浅的人 mùguāng duǎnqiǎn de rén

myriad *n* 无数(形) wúshù, 大量(形) dàliàng, 极多 jí duō

myself *pron* (1) 我自己 wǒ zìjǐ (2) 我亲自 wǒ qīnzì, 我本人 wǒ běnrén (3) 我的正常情况 wǒ de zhèngcháng qíngkuàng // *all by ~* 我独自的 wǒ dúzì de

mysterious *adj* 神秘(形) shénmì, 秘密的 mìmì de; 难以理解的 nányī lǐjiě de, 不可思议的 bùkě sīyì de

mystery *n* (1) 神秘(形) shénmì; 奥秘(名) àomì, 谜(名) mí; 神秘的事物 shénmì de shìwù, 难以理解的事物 nányī lǐjiě de shìwù (2) 侦探小说 zhēntàn xiǎoshuō

mystic I *adj* 神秘(形) shénmì, 不可思议的 bùkě sīyì de; 奥妙(形) àomiào, 令人惊奇(畏惧)的 lìng rén jīngqí (wèijù) de, 神秘主义的 shénmìzhǔyì de: *~ words* 带有神秘色彩的字眼儿 dàiyǒu shénmì sècǎi de zìyǎnr II *n* 神秘主义者(名) shénmìzhǔyìzhě

mysticism *n* 神秘主义(名) shénmìzhǔyì: *Oriental ~* 东方神秘主义 Dōngfāng shénmìzhǔyì

mystify *v* 使神秘化 shǐ shénmìhuà

myth *n* 神话(名) shénhuà; 编造的故事 biānzào de gùshi

mythology *n* 神话(名) shénhuà, 神话故事 shénhuà gùshi: *Roman ~* 罗马神话 Luómǎ shénhuà/ *~ of Greece* 希腊神话故事 Xīlà shénhuà gùshi

N

nag *v* (1) 不停地抱怨 bùtíng de bàoyuàn; 不断唠叨 búduàn láodao (2) 使痛苦 shǐ tòngkǔ; 使苦恼 shǐ kǔnǎo; 折磨 (动) zhémo

nail **I** *n* (1) 指甲 (名) zhǐjia: *cut the* ~*s* 剪指甲 jiǎn zhǐjia / *pare one's* ~*s* 修指甲 xiū zhǐjia (2) 钉子 (名) dīngzi **II** *v* 钉 (动) dìng: ~ *a cover on a box* 给箱子钉上个盖子 gěi xiāngzi dìngshang ge gàizi // *as hard as* ~*s* 身体非常结实 shēntǐ fēicháng jiēshi; 冷酷无情 lěngkù wúqíng / *hit the* ~ *on the head* 准确 zhǔnquè; 恰到好处 qiàdàohǎochù / ~ *file* 指甲锉 zhǐjiacuò / ~ *scissors* 指甲刀 zhǐjiadāo

naive *adj* 天真 (形) tiānzhēn, 幼稚 (形) yòuzhì; 朴实 (形) pǔshí: *a* ~ *young girl* 天真的小姑娘 tiānzhēn de xiǎo gūniang / ~ *ideas* 幼稚的想法 yòuzhì de xiǎngfǎ

naked *adj* (1) 裸体的 luǒtǐ de, 光着 guāngzhe: ~ *feet* 光脚 guāng jiǎo / ~ *fists* 赤手空拳 chìshǒukōngquán / *a* ~ *light* 没有罩的灯 méiyǒu zhào de dēng / ~ *trees* 光秃秃的树 guāngtūtū de shù (2) 赤裸裸 (形) chìluǒluǒ; 直率 (形) zhíshuài: ~ *facts* 明明白白的事实 míngmíngbáibái de shìshí

name **I** *n* (1) 名字 (名) míngzi; 姓 (名、动) xìng; 名称 (名) míngchēng (2) 名誉 (名) míngyù; 名声 (名) míngshēng: *a good* ~ 好名声 hǎo míngshēng / *get a bad* ~ 落了个坏名声 luòle ge huài míngshēng (3) 名人 (名) míngrén: *the great* ~*s of history* 历史上的名人 lìshǐshang de míngrén **II** *v* (1) 取名 qǔmíng, 叫 (动) jiào (2) 叫出名字 jiàochū míngzi (3) 任命 (动) rènmìng, 提名为 tímíngwéi (4) 说出 shuōchū; 指定 (动) zhǐdìng // *by* ~ (1) 名叫 míng jiào (2) 凭名字 píng míngzi / *call sb*. ~*s* 骂人 mà rén / *family* ~ 姓 xìng / *full* ~ 全名 quánmíng / *given* ~ 名字 míngzi / *in* ~ *only* 只在名义上 zhǐ zài míngyìshang

namely *adv* 即 (动) jí, 就是 jiù shì

nap *n* 小睡 xiǎoshuì, 打盹儿 dǎdǔnr: *have a* ~ *after lunch* 睡午觉 shuì wǔjiào

narrate *v* 讲 (动) jiǎng; 叙述 (动) xùshù: ~ *a story* 讲故事 jiǎng gùshi / ~ *in allegory* 用寓言法叙述 yòng yùyánfǎ xùshù

narrative **I** *adj* 叙述的 xùshù de, 讲述的 jiǎngshù de: *a* ~ *poem* 一首叙事诗 yìshǒu xùshìshī / ~ *literature* 叙事文学 xùshì wénxué **II** *n* 记事 jìshì, 叙述 (动) xùshù: *an exciting* ~ 生动的叙述 shēngdòng de xùshù

narrow **I** *adj* (1) 窄 (形) zhǎi, 狭窄 (形) xiázhǎi; 狭隘 (形) xiá'ài: *a* ~ *road* 一条窄路 yìtiáo zhǎi lù / *a* ~ *bridge* 一座窄桥 yízuò zhǎi qiáo / *a* ~ *view* 狭隘的看法 xiá'ài de kànfǎ (2) 勉强 (形) miǎnqiǎng: *a* ~ *victory* 勉强取胜 miǎnqiǎng qǔshèng **II** *v* 变窄 biànzhǎi; 收缩 (动) shōusuō

nasal **I** *adj* 鼻的 bí de; 鼻音的 bíyīn de: *a* ~ *sound* 鼻音 bíyīn **II** *n* 鼻音 (名) bíyīn

nasty *adj* (1) 极脏的 jí zāng de; 难闻 (形) nánwén (2) 极坏的 jí huài de, 恶劣 (形) èliè; 凶险 (形) xiōngxiǎn: ~ *weather* 坏天气 huài tiānqì (3) 下流 (形) xiàliú; 卑鄙 (形) bēibǐ

nation *n* (1) 民族 (名) mínzú: *the Chinese* ~ 中华民族 Zhōnghuá mínzú / *oppressed* ~*s* 被压迫民族 bèi yāpò mínzú (2) 国家 (名) guójiā: *a member*

~ *of the United N~s* 联合国会员国 Liánhéguó huìyuánguó

national I *adj* (1) 民族的 mínzú de: ~ *style* 民族风格 mínzú fēnggé / *the ~ independence and liberation movement* 民族独立解放运动 mínzú dúlì jiěfàng yùndòng (2) 国家的 guójiā de, 国民的 guómín de: ~ *team* 国家队 guójiāduì / *a ~ railway* 国有铁路 guóyǒu tiělù / ~ *income* 国民收入 guómín shōurù / ~ *anthem* 国歌 guógē (3) 全国的 quánguó de: *a ~ newspaper* 全国性 的报纸 quánguóxìng de bàozhǐ / *the ~ games* 全国运动会 quánguó yùndònghuì II *n* 国民(名) guómín: *German ~s in China* 在中国的德国 侨民 zài Zhōngguó de Déguó qiáomín // *N~ Day* 国庆日 guóqìngrì

nationality *n* (1) 国籍(名) guójí (2) 民族(名) mínzú: *the Han ~* 汉族 Hànzú / *the minority nationalities* 各 少数民族 gè shǎoshù mínzú

nationwide *adj* 全国性的 quánguóxìng de: *a ~ census* 全国人口普查 quánguó rénkǒu pǔchá

native I *adj* (1) 出生地的 chūshēngdì de; 本土的 běntǔ de; 本国的 běnguó de: *one's ~ place* 出生地 chūshēngdì / *one's ~ country* 祖国 zǔguó / *one's ~ language* 本族语 běnzúyǔ(母语 mǔyǔ)/ ~ *customs* 本地的风俗 běndì de fēngsú / *the ~ animals and plants of Asia* 亚洲土生的动植物 Yàzhōu tǔshēng de dòngzhíwù (2) 天然(形) tiānrán; 本性的 běnxìng de: ~ *ability* 天赋才能 tiānfù cáinéng II *n* 本地 人 běndì rén; 本国人 běnguó rén

natural *adj* (1) 自然界的 zìránjiè de; 天然(形) tiānrán: ~ *world* 自然界 zìránjiè / ~ *resources* 自然资源 zìrán zīyuán / ~ *gas* 天然气 tiānránqì / ~ *forest* 天然森林 tiānrán sēnlín / ~ *scenery* 天然景色 tiānrán jǐngsè (2) 自 然(形) zìrán: *a ~ voice* 声音自然 shēngyīn zìrán / *a ~ style* 自然的风 格 zìrán de fēnggé (3) 正常(形)

zhèngcháng: *a ~ death* 正常死亡 zhèngcháng sǐwáng

naturally *adv* 自然(形) zìrán; 当然 (形) dāngrán: *behave ~* 态度自然 tàidu zìrán / *drooping branches* 自 然下垂的树枝 zìrán xiàchuí de shùzhī

nature *n* (1) 大自然(名) dàzìrán, 自 然界(名) zìránjiè: *Mother N~* 大自 然 dàzìrán / *a law of ~* 自然法则 zìrán fǎzé (2) 本性(名) běnxìng; 性格 (名) xìnggé; 性质(名) xìngzhì; 种类 (名) zhǒnglèi: *the ~ of a thing* 事物 的本性 shìwù de běnxìng / *good ~* 善 良的性格 shànliáng de xìnggé // *a-gainst ~* 违反自然 wéifǎn zìrán / *in the ~ of* 具有···的性质 jùyǒu ... de xìngzhì / *true to ~* 逼真 bīzhēn

naughty *adj* 顽皮(形) wánpí, 淘气 (形) táoqì, 不听话的 bù tīnghuà de: *a ~ child* 顽皮的孩子 wánpí de háizi

naval *adj* 海军的 hǎijūn de; 军舰的 jūnjiàn de: *a ~ port* 军港 jūngǎng

navigate *v* 驾驶(动) jiàshǐ; 航行(动) hángxíng

near I *adv* 近(形) jìn; 接近(动) jiējìn II *adj* (1) 近(形) jìn; 亲密(形) qīnmì (2) 接近的 jiējìn de, 近似的 jìnsì de: *a ~ translation* 接近原文的 翻译 jiējìn yuánwén de fānyì III *prep* 接近(动) jiējìn, 靠近(动) kàojìn IV *v* 接近(动) jiējìn; 走进 zǒujìn; 驶进 shǐjìn

nearby I *adj* 附近的 fùjìn de: *a ~ postbox* 附近的信箱 fùjìn de xìnxiāng II *adv* 在附近 zài fùjìn

nearly *adv* 差不多 chàbuduō, 几乎 (副) jīhū

near-sighted *adj* 近视眼 jìnshìyǎn; 目 光短浅 mùguāng duǎnqiǎn

neat *adj* (1) 整洁(形) zhěngjié; 整齐 (形) zhěngqí: *a ~ room* 整洁的房间 zhěngjié de fángjiān / ~ *handwriting* 工整的书写 gōngzhěng de shūxiě (2) 匀称(形) yúnchèn; 样子好的 yàngzi hǎo de: *a ~ figure* 匀称的身材 yúnchèn de shēncái (3) 熟练(形)

shúliàn; 灵巧（形）língqiǎo: *a ~ worker* 干活儿利落的人 gàn huór lìluo de rén / *a ~ piece of work* 一件干得很漂亮的活儿 yíjiàn gàn de hěn piàoliang de huór / *a ~ reply* 巧妙的回答 qiǎomiào de huídá

neatly *adv* 整洁（形）zhěngjié；整齐（形）zhěngqí；工整（形）gōngzhěng

necessarily *adv* 必定（副）bìdìng

necessary *adj* (1) 必要（形）bìyào；必须（助动）bìxū: *the ~ tools* 必备的工具 bìbèi de gōngjù (2) 必然（形）bìrán // *if ~* 如果有必要的话 rúguǒ yǒu bìyào de huà

necessity *n* (1) 需要（名）xūyào；必要性（名）bìyàoxìng (2) 必需品（名）bìxūpǐn

neck *n* (1) 脖子（名）bózi，颈部（名）jǐngbù: *the ~ of a bottle* 瓶颈 píngjǐng (2) 领子（名）lǐngzi

necklace *n* 项链儿（名）xiàngliànr

necktie *n* 领带（名）lǐngdài

need I *n* (1) 需要（名、动）xūyào；必要（形）bìyào；需求（名）xūqiú (2) 困境（名）kùnjìng II *v* 需要（动、名）xūyào，必需（动）bìxū III *aux* 需要（动）xūyào，必须（助动）bìxū // *in ~ of* 需要 xūyào

needful *adj* 需要的 xūyào de；必须的 bìxū de

needle *n* 针（名）zhēn: *a ~* 一根针 yìgēn zhēn / *knitting ~s* 毛衣针 máoyī zhēn / *a hypodermic ~* 皮下注射针 píxià zhùshè zhēn / *pine ~s* 松叶 sōngyè

needless *adj* 不需要的 bù xūyào de，不必要的 bú bìyào de: *~ work* 不必要的工作 bú bìyào de gōngzuò // *~ to say* 不用说 búyòngshuō；当然 dāngrán

needlework *n* 针线活儿 zhēnxiàn huór

negative I *adj* (1) 否定的 fǒudìng de: *a ~ answer* 否定的回答 fǒudìng de huídá (2) 反面的 fǎnmiàn de；消极（形）xiāojí: *positive and ~ historical lessons* 正反两方面的历史经验 zhèng fǎn liǎngfāngmiàn de lìshǐ jīngyàn (3)

负（形）fù II *n* (1) 否定（动）fǒudìng；否定词（名）fǒudìngcí (2) 底片（名）dǐpiàn III *v* (1) 否定（动）fǒudìng (2) 否决（动）fǒujué // *in the ~* 否定地 fǒudìng de

neglect I *v* 忽视（动）hūshì，忽略（动）hūlüè，疏忽（动）shūhu；玩忽（动）wánhū II *n* 疏忽（动）shūhu；忽略（动）hūlüè；轻视（动）qīngshì

negotiate *v* (1) 谈判（动）tánpàn；协商（动）xiéshāng (2) 议定（动）yìdìng；通过谈判达成… tōngguò tánpàn dáchéng...: *~ peace* 议和 yìhé

negotiation *n* 谈判（动）tánpàn；协商（动）xiéshāng；交涉（动）jiāoshè

Negro I *n* 黑人（名）hēirén II *adj* 黑人的 hēirén de；黑人种的 hēirénzhǒng de；皮肤黑的 pífū hēi de: *the ~ race* 黑种人 hēizhǒng rén / *~ songs* 黑人歌曲 hēirén gēqǔ

neigh *v* 嘶叫（动）sījiào

neighbour *n* 邻居（名）línjū，街坊（名）jiēfang；邻国（名）línguó

neighbourhood *n* 邻近（名）línjìn，附近（名）fùjìn；邻里（名）línlǐ；地区（名）dìqū // *in the ~ of* 在…附近 zài...fùjìn；在…左右 zài...zuǒyòu；靠近 kàojìn

neighbouring I *adj* 邻近的 línjìn de；附近的 fùjìn de；接壤的 jiērǎng de: *2 ~ villages* 两个邻近的村子 liǎngge línjìn de cūnzi II *pron* 哪一个都不 nǎ yíge dōu bù III *conj* 也不 yě bù；既不…也不 jì bù... yě bù IV *adv* 也不 yě bù

neon *n* 霓虹（名）níhóng: *~ lights* 霓虹灯 níhóngdēng

nephew *n* 侄子（名）zhízi；外甥（名）wàisheng

nerve *n* (1) 神经（名）shénjīng (2) 勇气（名）yǒngqì，胆量（名）dǎnliàng (3) 厚颜（形）hòuyán；鲁莽（形）lǔmǎng (4) 神经紧张 shénjīng jǐnzhāng // *get on sb.'s ~s* 使某人心烦 shǐ mǒurén xīnfán

nervous *adj* (1) 神经的 shénjīng de：

~ *system* 神经系统 shénjīng xìtǒng (2) 容易激动的 róngyì jīdòng de, 神经质（形）shénjīngzhì, 紧张（形）jǐnzhāng: *a* ~ *person* 神经过敏的人 shénjīngguòmǐn de rén

nest **I** *n* (1) 巢（名）cháo, 窝（名）wō; 洞（名）dòng: *a wasp's* ~ 一个黄蜂窝 yíge huángfēngwō (2) 安逸的处所 ānyì de chùsuǒ; 住所（名）zhùsuǒ, 家（名）jiā **II** *v* 做窝 zuò wō

nestle *v* (1) 安卧 ānwò; 舒适地安顿下来 shūshì de āndùn xiàlai (2) 偎依（动）wēiyī; 紧抱（动）jǐnbào

net² **I** *adj* 纯净（形）chúnjìng: *a* ~ *profit* 纯利 chúnlì **II** *v* 净得（动）jìngdé, 净赚（动）jìngzhuàn

network *n* (1) 网状系统 wǎngzhuàng xìtǒng (2) 网状物（名）wǎngzhuàngwù: *the* ~ *of blood vessels in the body* 体内的血管网 tǐnèi de xuèguǎnwǎng / *a radio* ~ 广播网 guǎngbōwǎng / *a TV* ~ 电视网 diànshìwǎng (3) 网络（名）wǎngluò; 联网 liánwǎng

neutral **I** *adj* (1) 中立的 zhōnglì de; 中性的 zhōngxìng de: *a* ~ *nation* 中立国 zhōnglìguó (2) 中间的 zhōngjiān de; 不深不浅的 bù shēn bù qiǎn de **II** *n* 中立国（名）zhōnglìguó; 中立国的公民 zhōnglìguó de gōngmín

neutrality *n* 中立（动）zhōnglì; 中立地位 zhōnglì dìwèi: *armed* ~ 武装中立 wǔzhuāng zhōnglì

never *adv* (1) 永远不 yǒngyuǎn bù; 决不 juébù; 从来没有 cónglái méiyǒu (2) 不（副）bù; 没（有）（副）méi（yǒu）

nevertheless **I** *conj* 然而（连）rán'ér; 不过（连）búguò; 尽管如此 jǐnguǎn rúcǐ, 虽然如此 suīrán rúcǐ **II** *adv* 仍然（副）réngrán; 不过（连）búguò

new *adj* (1) 新（形）xīn: *a* ~ *term* 新学期 xīn xuéqī / *N*~ *Year's Day* 元旦 Yuándàn / *lunar N*~ *Year's Eve* 除夕 chúxī / *the N*~ *World* 新大陆 Xīn Dàlù（美洲 Měizhōu）(2) 新出现的 xīn chūxiàn de; 新发现的 xīn

发现 de; 新制成的 xīn zhìchéng de; 新上任的 xīn shàngrèn de: ~ *bread* 新烤的面包 xīn kǎo de miànbāo ~ *government* 新政府 xīn zhèngfǔ / ~ *schools* 新建的学校 xīn jiàn de xuéxiào (3) 不熟悉的 bù shúxī de; 不习惯的 bù xíguàn de; 生疏（形）shēngshū: ~ *words* 生词 shēngcí

newly *adv* 最新地 zuì xīn de; 新近地 xīnjìn de, 最近（名）zuìjìn: *a* ~ *appointed minister* 新任命的部长 xīn rènmìng de bùzhǎng / *a* ~ *wedded couple* 新婚夫妇 xīnhūnfūfù

news *n* (1) 新闻（名）xīnwén, 消息（名）xiāoxī, 情况（名）qíngkuàng: *a piece of good* ~ 一条好消息 yìtiáo hǎo xiāoxi (2) 报（名）bào: "*The Evening N*~《晚报》《Wǎnbào》// *break the* ~ *to sb.* 把坏消息告诉某人 bǎ huài xiāoxi gàosù mǒurén / ~ *agency* 通讯社 tōngxùnshè/ ~ *conference* 记者招待会 jìzhě zhāodàihuì

newspaper *n* 报纸（名）bàozhǐ, 报（名）bào // *a daily* ~ 日报 rìbào / ~ *clippings* 新闻摘录 xīnwén zhāilù / *a* ~ *report* 新闻报道 xīnwén bàodào

newspaper-stand *n* 报摊（名）bàotān

news-print *n* 新闻纸 xīnwénzhǐ, 白报纸 báibàozhǐ

newsreel *n* 新闻（影）片 xīnwén（yǐng）piàn

next **I** *adj* (1) 下（名）xià; 下边的 xiàbian de: ~ *month* 下个月 xiàgeyuè / ~ *Monday* 下星期一 xià xīngqīyī / ~ *year* 明年 míngnián / *the* ~ *one* 下一个 xiàyíge (2) 第二 dì'èr **II** *adv* (1) 其次（名）qícì; 然后（副）ránhòu (2) 下次 xiàcì // ~ *door* 隔壁 gébì: *go* ~ *door* 到隔壁那一家去 dào gébì nà yìjiā qu / ~ *to* (1) 紧挨 jǐn'āi, 紧靠 jǐnkào (2) 仅次于 jǐn cìyú (3) 几乎 jīhū

nib *n* 笔尖（名）bǐjiān

nice *adj* (1) 好（形）hǎo; 使人感到愉快 shǐ rén gǎndào yúkuài; 叫人感到舒服 jiào rén gǎndào shūfu: *a* ~ *day* 美

好的一天 měihǎo de yìtiān（好天气 hǎo tiānqì）(2) 微妙（形）wēimiào; 细微（形）xìwēi; 精细（形）jīngxì: *a ~ point* 问题的微妙之处 wèntí de wēimiào zhī chù // *~ and ...* 很···hěn ...

nicely *adv* 很好 hěn hǎo

nickel *n* 镍（名）niè; 镍币（名）nièbì; 五分镍币 wǔfēn nièbì

nickname **I** *n* 外号（名）wàihào, 绰号（名）chuòhào; 爱称（名）àichēng **II** *v* 起外号 qǐ wàihào

night *n* 夜（名）yè, 夜间（名）yèjiān, 夜晚（名）yèwǎn; 黑暗（名）hēi'àn: *at ~* 在夜里 zài yèli / *under cover of ~* 在夜幕的掩护下 zài yèmù de yǎnhùxià // *all ~* 整夜 zhěngyè / *far into the ~* 直到深夜 zhídào shēnyè / *Good ~!* 晚安! Wǎn'ān! / *late at ~* 在深夜 zài shēnyè / *~ and day* 日日夜夜 rìrìyèyè, 日以继夜 rìyǐjìyè / *~ school* 夜校 yèxiào / *~ shift* 夜班 yèbān / *throughout the ~* 彻夜 chèyè

night-club *n* 夜总会（名）yèzǒnghuì

nightingale *n* 夜莺（名）yèyīng

nightmare *n* (1) 梦魇（名）mèngyǎn; 恶梦（名）èmèng (2) 可怕的事 kěpà de shì

nimble *adj* 敏捷（形）mǐnjié, 灵活（形）línghuó; 聪明（形）cōngmíng: *a ~ mind* 聪明的头脑 cōngmíng de tóunǎo

nine *num* 九（数）jiǔ, 玖（数）jiǔ: *volume ~* 第九卷 dìjiǔjuàn（卷九 juàn jiǔ）// *~-tenths* 十分之九 shífēn zhī jiǔ; 十之八九 shí zhī bājiǔ / *~ times out of 10* 几乎每次 jīhū měicì

ninefold *adj* 九倍 jiǔbèi; 九重 jiǔchóng

nineteen *num* 十九（数）shíjiǔ, 拾玖（数）shíjiǔ

nineteenth *num* 第十九 dìshíjiǔ; 十九分之一 shíjiǔfēn zhī yī

ninetieth *num* 第九十 dìjiǔshí; 九十分之一 jiǔshífēn zhī yī

ninety *num* 九十（数）jiǔshí, 玖拾（数）jiǔshí

ninth *nun* 第九 dìjiǔ; 九分之一 jiǔfēn zhī yī

nip **I** *v* (1) 夹（动）jiā, 掐（动）qiā, 捏（动）niē; 咬（动）yǎo (2) 剪断 jiǎnduàn; 夹断 jiāduàn; 掐下来 qiāxialai (3) 冻伤（动）dòngshāng; 摧残（动）cuīcán (4) 快跑 kuài pǎo, 赶着去（一个地方）gǎnzhe qù（yíge dìfang）**II** *n* (1) 夹（动）jiā, 掐（动）qiā, 捏（动）niē; 咬（动）yǎo (2) 寒冷（形）hánlěng // *~ in the bud* 把···消灭在萌芽状态 bǎ ... xiāomièzài méngyá zhuàngtài

nitrogen *n* 氮（名）dàn; 氮气（名）dànqì

no **I** *adj* (1) 没有 méiyǒu (2) 并非 bìngfēi; 决不 juébù (3) 不许 bùxǔ, 禁止（动）jìnzhǐ, 不要 búyào: *N~ smoking.* 禁止吸烟。Jìnzhǐ xī yān. / *N~ admittance except on business.* 非公莫入。Fēi gōng mò rù. / *N~ thoroughfare.* 此路不通。Cǐ lù bù tōng. **II** *adv* (1) 并不 bìng bù; 毫不 háo bù (2) 不（副）bù, 不是 bú shì // *in ~ time* 没多会儿 méi duōhuìr

noble **I** *adj* (1) 贵族的 guìzú de, 高贵（形）gāoguì (2) 崇高（形）chónggāo, 高尚（形）gāoshàng: *a ~ mind* 崇高的思想 chónggāo de sīxiǎng / *~ sentiments* 高尚的情操 gāoshàng de qíngcāo **II** *n* 贵族（名）guìzú

noble-minded *adj* 思想高尚的 sīxiǎng gāoshàng de

nobody **I** *pron* 谁也不 shuí yě bù; 没有人 méiyǒu rén **II** *n* 不重要的人物 bú zhòngyào de rénwù; 小人物（名）xiǎorénwù

nod **I** *v* (1) 点头 diǎntóu: *~ to sb. in greeting* 向某人点头打招呼 xiàng mǒurén diǎntóu dǎzhāohu (2) 打盹儿 dǎdǔnr, 瞌睡（动）kēshuì **II** *n* 点头 diǎntóu: *give sb. a ~* 向某人点头 xiàng mǒurén diǎntóu // *have a ~ding acquaintance with sb.* 同某人

有点头之交 tóng mǒurén yǒu diǎntóu zhī jiāo

noise *n* 响声(名) xiǎngshēng; 吵闹声 chǎonào shēng, 嘈杂(形) cáozá: the urban ~ problem 城市噪音问题 chéngshì zàoyīn wèntí

noiseless *adj* 无声的 wúshēng de

noisy *adj* 吵闹的 chǎonào de; 发噪声的 fā zàoshēng de

nomad *n* 游牧部落的人 yóumù bùluò de rén; 流浪者(名) liúlàngzhě

nomadic *adj* 游牧部落的 yóumù bùluò de: a ~ society 游牧部落的社会 yóumù bùluò de shèhuì

nominal *adj* (1) 名义上 míngyìshang (2) 极少的 jí shǎo de: a ~ rent 极少的房租 jí shǎo de fángzū / sold at a ~ price 以低廉的价格售出 yǐ dīlián de jiàgé shòuchū (3) 名词性的 míngcíxìng de: a ~ phrase 名词性短语 míngcíxìng duǎnyǔ

nominate *v* (1) 提名 tímíng; 任命(动) rènmìng (2) 指定(动) zhǐdìng; 委派(动) wěipài

nominative *adj* 主格的 zhǔgé de: the ~ case 主格 zhǔgé / a ~ ending 主格词尾 zhǔgé cíwěi

none **I** *pron* 一个没有 yíge méiyǒu; 谁也不(没) shuí yě bù (méi); 一点没有 yìdiǎn méiyǒu **II** *adv* 一点也不 yìdiǎn yě bù // ~ but 只 zhǐ / ~ other than 正是 zhèng shì, 恰好是 qiàhǎo shì

nonetheless *adv* 虽然如此 suīrán rúcǐ; 然而(连) rán'ér; 仍然(副) réngrán

nonsense *n* 胡说(动) húshuō, 废话(名) fèihuà

noodle *n* 面条(名) miàntiáo

noon *n* 中午(名) zhōngwǔ, 正午(名) zhèngwǔ: a little before ~ 将近中午 jiāngjìn zhōngwǔ / a ~ meal 午餐 wǔcān

nor *conj* 也没 yě méi, 也不 yě bù

normal **I** *adj* 正常(形) zhèngcháng, 标准(形) biāozhǔn: ~ business hours from 8 to 6 正常营业时间从八点到六点 zhèngcháng yíngyè shíjiān cóng

bādiǎn dào liùdiǎn / a ~ state, 正常状态 zhèngcháng zhuàngtài / ~ school 师范学校 shīfàn xuéxiào **II** *n* 正常的状态 zhèngcháng de zhuàngtài; 标准(名) biāozhǔn: above (below) ~ 标准以上(以下) biāozhǔn yǐshàng (yǐxià) / return to ~ 恢复正常 huīfù zhèngcháng

normally *adv* 正常(形) zhèngcháng, 一般(形) yìbān, 通常(形) tōngcháng

north **I** *n* 北(名) běi, 北方(名) běifāng: the ~ of China 中国北部 Zhōngguó běibù **II** *adj* (1) 北的 běi de, 北方的 běifāng de: ~ latitude 北纬 běiwěi/ N~ China 华北 Huáběi / N~ America 北美洲 Běiměizhōu (2) 朝北的 cháo běi de; 从北边来的 cóng běibiān lái de: a ~ window 北窗 běichuāng / a ~ wind 北风 běifēng // the N~ Pole 北极 Běijí

northeast *n* 东北(名) dōngběi: a ~ wind 东北风 dōngběifēng

northern *adj* 北部(名) běibù: the N~ States of the USA 美国北部各州 Měiguó běibù gèzhōu / ~ habits and customs 北方的风俗习惯 běifāng de fēngsú xíguàn // N~ Hemisphere 北半球 běibànqiú / the ~ lights 北极光 běijíguāng

northerner *n* 北方人(名) běifāngrén

northwest *n* 西北(名) xīběi

nose **I** *n* (1) 鼻子(名) bízi: the bridge of the ~ 鼻梁儿 bíliángr (2) 嗅觉(名) xiùjué **II** *v* 嗅出 xiùchū; 探听(动) tàntīng; 侦察(动) zhēnchá: ~ for information 探听消息 tàntīng xiāoxi // blow one's ~ 擤鼻涕 xǐng bítì / lead sb. by the ~ 牵着某人的鼻子走 qiānzhe mǒurén de bízi zǒu / pay through the ~ 花很多钱 huā hěn duō qián, 被敲竹杠 bèi qiāozhúgàng / turn up one's ~ at 看不起 bàn bu qǐ / under sb.'s very ~ 就在某人鼻子底下 jiù zài mǒurén bízi dǐxia

nostril *n* 鼻孔(名) bíkǒng

not *adv* 不(副) bù, 没有(副) méiyǒu

// *as likely as* ～ 很可能 hěn kěnéng, 多半 duōbàn / ～ *a* 一个也不 yíge yě bù / ～ *all that* 不那么…… bú nàme …… / ～ *at all* (1) 不客气 bú kèqi (2) 一点儿也不 yìdiǎnr yě bù / ～ *only … but also* 不但……而且 búdàn …… érqiě / ～ *that … but that* 不是……而是 búshì …… érshì

notable I *adj* 值得注意的 zhíde zhùyì de; 显著 (形) xiǎnzhù; 著名 (形) zhùmíng: *a* ～ *event* 一个值得注意的事件 yíge zhíde zhùyì de shìjiàn / *a* ～ *lawyer* 一位著名的律师 yíwèi zhùmíng de lǜshī II *n* 名人 (名) míngrén, 显要人物 xiǎnyào rénwù

note I *n* (1) 笔记 (名) bǐjì; 记录 (名) jìlù (2) 按语 (名) ànyǔ; 评论 (名) pínglùn; 注释 (名) zhùshì: *editor's* ～ 编者按 biānzhě'àn (3) 短笺 (名) duǎnjiān, 便条 (名) biàntiáo: *a* ～ *of invitation* 一张请帖 yìzhāng qǐngtiě / *a* ～ *of thanks* 一封感谢信 yìfēng gǎnxièxìn (4) 照会 (名) zhàohuì (5) 票据 (名) piàojù; 借据 (名) jièjù; 纸币 (名) zhǐbì, 钞票 (名) chāopiào: *a 5-yuan* ～ 一张五元的票子 yìzhāng wǔyuán de piàozi / *a bank* ～ 一张钞票 yìzhāng chāopiào (6) 调子 (名) diàozi; 口气 (名) kǒuqì: *a* ～ *of pessimism* 悲观的调子 bēiguān de diàozi II *v* (1) 记 (动) jì (2) 留心 liúxīn, 注意 (动) zhùyì // *compare* ～*s* 对笔记 duì bǐjì; 交换意见 jiāohuàn yìjiàn / *make a* ～ *of* 把……记下来 bǎ…… jìxialai / *take* ～*s* 记笔记 jì bǐjì

notebook *n* 笔记本 (名) bǐjìběn

noted *adj* 著名 (形) zhùmíng, 知名 (形) zhīmíng: *a* ～ *actor* 一位名演员 yíwèi míng yǎnyuán / *a* ～ *personage* 知名人士 zhīmíng rénshì

notepaper *n* 信纸 (名) xìnzhǐ

nothing I *n* 没有东西 méiyǒu dōngxi; 没有事情 méiyǒu shìqing; 没有什么 méiyǒu shénme II *adv* 一点儿也不 yìdiǎnr yě bù // *be* ～ *to* (1) 对……不算什么 duì…… bú suàn shénme (2) 不

能与……相比 bùnéng yǔ …… xiāng bǐ / *come to* ～ 失败 shībài; 无结果 wú jiéguǒ / *for* ～ (1) 徒劳 túláo (2) 免费 miǎnfèi / *have* ～ *to do with* 和……无关 hé… wúguān / *make* ～ *of* 不明白 bù míngbai / ～ *but* (1) 除了……以外，什么也不 chúle… yǐwài, shénme yě bù (2) 只不过 zhǐ búguò / ～ *like* 没有什么能比得上 méiyǒu shénme néng bǐ de shàng / *say* ～ *of* 更不必说 gèng búbì shuō

notice I *n* (1) 通告 (名) tōnggào, 布告 (名) bùgào; 通知 (名) tōngzhī: *put up a* ～ 贴一张布告 tiē yìzhāng bùgào / *a* ～ *board* 布告栏 bùgào lán (2) 预先通知 yùxiān tōngzhī (3) 注意 (动) zhùyì II *v* 注意 (动) zhùyì, 留神 liúshén // *at short* ～ 一接到通知就 yì jiēdào tōngzhī jiù / *come to sb.'s* ～ 引起某人的注意 yǐnqǐ mǒurén de zhùyì / *till further* ～ 在另行通知以前 zài lìngxíng tōngzhī yǐqián

notify *v* 通知 (动) tōngzhī; 报告 (动) bàogào: ～ *the police of someone's death* 向警方报告某人死亡 xiàng jǐngfāng bàogào mǒurén sǐwáng

notion *n* (1) 概念 (名) gàiniàn; 意思 (名) yìsi; 思想 (名) sīxiǎng (2) 想法 (名) xiǎngfǎ; 打算 (名) dǎsuàn

notorious *adj* 臭名昭著 chòumíng zhāozhù, 名声不好的 míngshēng bù hǎo de; 闻名的 wénmíng de: *a* ～ *politician* 一个臭名昭著的政客 yíge chòumíng zhāozhù de zhèngkè / *a* ～ *gangster* 一个恶名昭彰的歹徒 yíge èmíng zhāozhāng de dǎitú

notwithstanding I *prep* 尽管 (连) jǐnguǎn II *adv* 还是 (副) háishì; 尽管这样 jǐnguǎn zhèyàng

nought *n* (1) 零 (数) líng: ～ *point 6* 零点六 líng diǎn liù (2) 没有 (副) méiyǒu, 无 (副) wú; 落空 luòkōng: *come to* ～ 落空 luòkōng

noun *n* 名词 (名) míngcí: *an abstract* ～ 抽象名词 chōuxiàng míngcí / *a collective* ～ 集合名词 jíhé míngcí *common* ~ 普通名词 pǔtōng míngcí / *a countable* ~ 可数名词 kěshǔ míngcí / *an uncountable* ~ 不可数名词 bù kěshǔ míngcí / *a* ~ *clause* 名词从句 míngcí cóngjù

nourish *v* (1) 养育(动) yǎngyù; 给… 营养 gěi... yíngyǎng; 施肥 shīféi; 滋养(动) zīyǎng: *a well* ~*ed child* 营养良好的孩子 yíngyǎng liánghǎo de háizi / ~*ing food* 滋养品 zīyǎngpǐn (2) 怀有(动) huáiyǒu; 怀着(动) huáizhe: ~ *hopes* 怀有希望 huáiyǒu xīwàng / ~ *feelings of hatred* 怀恨在心 huáihèn zài xīn

nourishment *n* 食物(名) shíwù; 滋养品(名) zīyǎngpǐn

novel[1] *adj* 新(形) xīn, 新颖(形) xīnyǐng; 新奇(形) xīnqí: *a* ~ *suggestion* 一项新颖的建议 yíxiàng xīnyǐng de jiànyì / *a* ~ *experience* 新奇的经历 xīnqí de jīnglì / ~ *ideas* 新奇的想法 xīnqí de xiǎngfǎ

novel[2] *n* 小说(名) xiǎoshuō: *a historical* ~ 一部历史小说 yíbù lìshǐ xiǎoshuō / *the* ~ *s of Mao Dun* 茅盾的小说 Máo Dùn de xiǎoshuō / *a* ~ *in 3 volumes* 一部三卷本的小说 yíbù sānjuàn běn de xiǎoshuō / *the plot of a* ~ 小说的情节 xiǎoshuō de qíngjié

novelist *n* 小说家(名) xiǎoshuōjiā

November *n* 十一月 shíyīyuè

now **I** *adv* (1) 现在(名) xiànzài; 目前(名) mùqián; 此刻(名) cǐkè: *for several years* ~ 近几年来 jìn jīnián lái (2) 立刻(副) lìkè, 马上(副) mǎshàng (3) 于是(连) yúshì; 接着(连) jiēzhe; 这时候 zhè shíhou; 那时候 nà shíhou **II** *n* 现在(名) xiànzài, 此刻(名) cǐkè **III** *conj* 既然(连) jìrán; 由于(连) yóuyú // *from* ~ *on* 从现在起 cóng xiànzài qǐ / *just* ~ 现在 xiànzài, 此刻 cǐkè; 刚刚 gānggāng / ~ *and again* 时常 shícháng, 常常 chángcháng / ~ . . . ~ 忽而…,忽而 hū'ér..., hū'ér; 时而 …, 时而 shí'ér..., shí'ér / ~ *then* 嗨 hài, 喂 wèi

nowadays *adv* 现今(名) xiànjīn, 现在(名) xiànzài

nowhere *adv* 任何地方都不 rènhé dìfang dōu bù // ~ *near* 离…很远 lí...hěn yuǎn

nuclear *adj* (1) 核心的 héxīn de, 中心的 zhōngxīn de: *the* ~ *part of a city* 城市的中心部分 chéngshì de zhōngxīn bùfen (2) 原子核的 yuánzǐhé de; 原子能的 yuánzǐnéng de; 原子弹的 yuánzǐdàn de: *a* ~ *bomb* 一颗原子弹 yìkē yuánzǐdàn (核弹 hédàn) / *a* ~ *power* 核国家 hé guójiā / *a* ~ *power-station* 一座原子能发电站 yízuò yuánzǐnéng fādiànzhàn / *a* ~ *reactor* 核反应堆 héfǎnyìngduī / *a* ~ *war* 一场核战争 yìcháng hézhànzhēng / ~ *weapons* 核武器 héwǔqì

nucleus *n* (1) 核心(名) héxīn, 中心(名) zhōngxīn: *the* ~ *of a new society* 一个新团体的核心 yíge xīn tuántǐ de héxīn / *play the role of* ~ 起核心作用 qǐ héxīn zuòyòng (2) 核(名) hé: *atomic* ~ 原子核 yuánzǐhé

nude *adj* 裸体的 luǒtǐ de: *a picture of a* ~ *woman* 一张裸体女人画 yìzhāng luǒtǐ nǚrén huà / ~ *swimming* 裸体游泳 luǒtǐ yóuyǒng

nuisance **I** *n* 讨厌的东西 tǎoyàn de dōngxi; 讨厌的人 tǎoyàn de rén **II** *v* 使麻木 shǐ mámù, 使失去感觉 shǐ shīqù gǎnjué

number **I** *n* (1) 数(名) shù; 数字(名) shùzì: *an even* ~ 偶数 ǒushù / *an odd* ~ 奇数 jīshù / *an ordinal* ~ 序数 xùshù / *a known* ~ 已知数 yǐzhīshù / *an unknown* ~ 未知数 wèizhīshù (2) 号码(名) hàomǎ; …号 …hào; 期(名) qī: *a room* ~ 房间号 fángjiān hào / *No. 15 Xueyuan Road* 学院路十五号 Xuéyuànlù shíwǔhào / *back* ~ *s of "Chinese Literature"* 过期的《中国文学》杂志 guòqī de 《Zhōngguó Wénxué》zázhì (3) 数目

（名）shùmù；大批（形）dàpī（4）（音乐、舞蹈等的）一个节目（yīnyuè、wǔdǎo děng de）yíge jiémù **II** v（1）给…编号 gěi … biānhào：~ *the pages of a manuscript* 给手稿编页码 gěi shǒugǎo biān yèmǎ（2）总计（动）zǒngjì // a ~ *of* 若干 ruògān，一些 yìxiē / *in round* ~s 大概 dàgài / *someone's days are* ~ed 某人的寿命不长了 mǒurén de shòumìng bù cháng le

numeral **I** *adj* 数的 shù de **II** n（1）数字（名）shùzì：*Arabic* ~s 阿拉伯数字 Ālābó shùzì / *Roman* ~s 罗马数字 Luómǎ shùzì（2）数词（名）shùcí：*cardinal* ~s 基数词 jīshùcí / *ordinal* ~s 序数词 xùshùcí

numerous *adj* 众多（形）zhòngduō；许多（形）xǔduō：a ~ *family* 大家庭 dàjiātíng

nun n 修女（名）xiūnǚ；尼姑（名）nígū

nurse **I** n（1）保姆（名）bǎomǔ；保育员（名）bǎoyùyuán（2）护士（名）hùshì：a *hospital* ~ 医院的护士 yīyuàn de hùshì / a *trained* ~ 受过训练的护士 shòuguo xùnliàn de hùshì / a *male* ~ 男护士 nán hùshì / a *wet* ~ 奶妈 nǎimā **II** v（1）喂奶 wèi nǎi：a *nursing baby* 吃奶的婴儿 chī nǎi de yīng'ér（2）看护（动）kānhù，护理（动）hùlǐ：~ a *cold* 护理感冒病人 hùlǐ gǎnmào bìngrén（3）培养（动）péiyǎng，培育（动）péiyù：~ *young plants* 培育幼苗 péiyù yòumiáo

nursery n（1）托儿所（名）tuō'érsuǒ；保育室（名）bǎoyùshì：a *day* ~ 日托 rìtuō（2）苗圃（名）miáopǔ；养鱼池（名）yǎngyúchí // ~ *governess* 保育员 bǎoyùyuán / ~ *rhyme* 童谣 tóngyáo / ~ *school* 幼儿园 yòu'éryuán

nurserymaid n 保姆（名）bǎomǔ

nurseryman n 苗圃工人 miáopǔ gōngrén

nursing n 保育（动）bǎoyù；护理（动）hùlǐ

nut n（1）坚果（名）jiānguǒ；坚果果仁儿 jiānguǒ guǒrénr（2）难事 nánshì，难题（名）nántí；难对付的人 nán duìfu de rén // a *hard* ~ *to crack* 棘手的事 jíshǒu de shì；难办的事 nán bàn de shì / *on the* ~ 分文没有 fēnwén méiyǒu

nutcake n 果仁儿蛋糕 guǒrénr dàngāo

nutcracker n 夹碎坚果的钳子 jiāsuì jiānguǒ de qiánzi；核桃夹子 hétao jiāzi

nutrition n 营养（名）yíngyǎng；滋养品（名）zīyǎngpǐn：*the* ~ *of children* 儿童的营养 értóng de yíngyǎng

nutritious *adj* 有营养的 yǒu yíngyǎng de，滋养人的 zīyǎng rén de：~ *food* 有营养的食物 yǒu yíngyǎng de shíwù

nutshell n 坚果壳 jiānguǒké // *put it in a* ~ 简单说来 jiǎndān shuōlái，简而言之 jiǎn'éryánzhī

nylon n 尼龙（名）nílóng；尼龙制品 nílóng zhìpǐn：~ *stockings* 尼龙袜子 nílóng wàzi

O

oak *n* 橡树（名）xiàngshù; 橡木（名）xiàngmù: *an ~ table* 一张橡木桌子 yìzhāng xiàngmù zhuōzi

oar *n* 桨（名）jiǎng, 橹（名）lǔ

oasis *n* （沙漠中的）绿洲（名）（shāmòzhōng de） lǜzhōu; 慰藉物 wèijíwù

oat *n* 燕麦（名）yànmài

oath *n* (1) 誓言（名）shìyán, 誓约（名）shìyuē; 宣誓（动）xuānshì (2) 诅咒（动）zǔzhòu, 咒骂（动）zhòumà: *curse sb. with fearful ~s* 用非常恶毒的话骂人 yòng fēicháng èdú de huà mà rén

oatmeal *n* 燕麦片 yànmàipiàn

obedience *n* 服从（动）fúcóng, 顺从（动）shùncóng: *blind ~* 盲从 mángcóng / *filial ~* 孝顺 xiàoshùn

obedient *adj* 服从的 fúcóng de, 顺从的 shùncóng de, 听话的 tīnghuà de: *an ~ child* 一个听话的孩子 yíge tīnghuà de háizi

obey *v* 服从（动）fúcóng, 听从（动）tīngcóng; 遵守（动）zūnshǒu; 听话 tīnghuà: *~ orders* 服从命令 fúcóng mìnglìng / *~ the law* 遵守法律 zūnshǒu fǎlǜ

obituary *n* 讣告（名）fùgào, 讣闻（名）fùwén

object **I** *n* (1) 物（名）wù, 物体（名）wùtǐ; 东西（名）dōngxi: *cultural ~s* 文物 wénwù (2) 对象（名）duìxiàng: *an ~ of study* 研究对象 yánjiū duìxiàng / *the ~ of one's admiration* 崇拜的对象 chóngbài de duìxiàng (3) 目的（名）mùdì, 目标（名）mùbiāo: *attain one's ~* 达到目的 dádào mùdì / *fail in one's ~* 达不到目的 dá bu dào mùdì / *with no ~ in life* 生活没有目标 shēnghuó méiyǒu mùbiāo (4) 宾语（名）bīnyǔ: *direct (indirect) ~* 直接（间接）宾语 zhíjiē (jiànjiē) bīnyǔ **II** *v* 不赞成 bú zànchéng, 反对（动）fǎnduì

objective **I** *n* 目标（名）mùbiāo, 目的（名）mùdì **II** *adj* 客观（形）kèguān, 公正（形）gōngzhèng; 真实（形）zhēnshí // *an ~ test* 客观测试 kèguān cèshì

objectively *adv* 客观地 kèguān de; 公正地 gōngzhèng de

objectivity *n* 客观性（名）kèguānxìng; 客观现实 kèguān xiànshí

obligation *n* 义务（名）yìwù; 责任（名）zérèn

obligatory *adj* 义务的 yìwù de; 应尽的 yīngjìn de; 强制性的 qiángzhìxìng de

oblige *v* (1) 迫使（动）pòshǐ, 使…不得不 shǐ ... bùdébù (2) 答应…的请求 dāying ... de qǐngqiú; 使…感激 shǐ ... gǎnjī: *Please ~ me with your presence.* 务请光临。 Wù qǐng guānglín.

oblivion *n* 遗忘（动）yíwàng, 忘却（动）wàngquè

oblivious *adj* 不在意的 bú zàiyì de; 未觉察的 wèi juéchá de; 茫然不知 mángrán bù zhī

oblong **I** *n* 长方形（名）chángfāngxíng **II** *adj* 长方形的 chángfāngxíng de: *an ~ mirror* 一面长方形镜子 yímiàn chángfāngxíng jìngzi

oboe *n* 双簧管（名）shuānghuángguǎn

obscene *adj* 下流（形）xiàliú, 猥亵（形）wěixiè, 黄色的 huángsè de, 淫秽（形）yínhuì: *~ language* 淫秽的语言 yínhuì de yǔyán（脏话 zānghuà）/ *~ publications* 淫书 yínshū（黄色书刊 huángsè shūkān）/ *an ~ joke* 下流的笑话 xiàliú de xiàohua

obscure I *adj* (1) 暗(形) àn, 昏暗 (形) hūn'àn, 黑暗(形) hēi'àn; 朦胧 (形) ménglóng: *an ～ corner of the room* 房间的一个昏暗角落 fángjiān de yíge hūn'àn jiǎoluò / *an ～ picture* 朦胧的画面 ménglóng de huàmiàn / *～ glass* 毛玻璃 máobōli (2) 不清楚的 bù qīngchu de, 模糊(形) móhu; 含糊 (形) hánhu; 晦涩(形) huìsè, 费解 (形) fèijiě: *an ～ poem* 一首晦涩难懂的诗 yìshǒu huìsè nándǒng de shī (3) 不引人注目的 bù yǐnrénzhùmù de, 不出名的 bù chūmíng de, 无名的 wúmíng de II *v* 使暗 shǐ àn, 使昏暗 shǐ hūn'àn, 遮掩(动) zhēyǎn

obscurity *n* (1) 隐晦(形) yǐnhuì; 含糊不清 hánhu bù qīng; 晦涩(形) huìsè, 难懂 nándǒng (2) 隐匿(动) yǐnnì

observation *n* (1) 观察(动) guānchá, 观测(动) guāncè; 注意(动) zhùyì, 监视(动) jiānshì: *～ of stars* 观测星球 guāncè xīngqiú (2) 评论(名) pínglùn, 意见(名) yìjian

observatory *n* 天文台(名) tiān-wéntái, 气象台(名) qìxiàngtái: *the Zijinshan O～ in Nanjing* 南京紫金山天文台 Nánjīng Zǐjīnshān Tiānwéntái

observe *v* (1) 看到 kàndào, 注意到 zhùyìdào; 观察(动) guānchá, 观测(动) guāncè (2) 守(动) shǒu, 遵守(动) zūnshǒu: *～ discipline* 遵守纪律 zūnshǒu jìlù (3) 纪念(动) jìniàn, 庆祝(动) qìngzhù (4) 说(动) shuō, 评论(动) pínglùn

observer *n* (1) 观察者(名) guān-cházhě, 观察家(名) guānchájiā, 观测者(名) guāncèzhě, 监视人(名) jiānshìrén (2) (会议的)观察员(名) (huìyì de) guāncháyuán

obsess *v* 迷住 mízhù; 缠住 chánzhù; 使着迷 shǐ zháomí; 使烦恼 shǐ fánnǎo

obsession *n* 着迷 zháomí, 缠住 chánzhù; 摆脱不了的思想(或情感) bǎituō bù liǎo de sīxiǎng (huò qínggǎn)

obsolete *adj* 已经废弃的 yǐjing fèiqì de; 过时的 guòshí de: *an ～ word* 已经废弃的词 yǐjing fèiqì de cí

obstacle *n* 障碍(名) zhàng'ài; 阻碍(动、名) zǔ'ài, 妨碍(动) fáng'ài // *～ race* 障碍赛跑 zhàng'ài sàipǎo

obstetrician *n* 产科医生 chǎnkē yīshēng

obstetrics *n* 产科学(名) chǎnkēxué, 助产术 zhùchǎnshù

obstinacy *n* 固执(形) gùzhí, 顽固(形) wángù; 倔强(形) juéjiàng

obstinate *adj* (1) 固执(形) gùzhí, 顽固(形) wángù; 不易改变的 bú yì gǎibiàn de: *an ～ disease* 顽症 wánzhèng (2) 顽强(形) wánqiáng; 不易克服的 bú yì kèfú de: *～ resistance* 顽强的抵抗 wánqiáng de dǐkàng (3) 不顺从 bú shùncóng, 不听话 bù tīnghuà: *an ～ child* 不听话的孩子 bù tīnghuà de háizi

obstruct *v* (1) 阻塞(动) zǔsè, 堵塞(动) dǔsè; 设置障碍 shèzhì zhàng'ài; 遮住 zhēzhù: *～ the view* 遮住了视线 zhēzhùle shìxiàn (2) 阻止(动) zǔzhǐ, 阻挠(动) zǔnáo, 阻碍(动) zǔ'ài

obstruction *n* 阻塞(动) zǔsè, 堵塞(动) dǔsè; 阻挡(动) zǔdǎng, 阻碍 zǔ'ài; 障碍物(名) zhàng'àiwù

obtain *v* 得到(动) dédào, 获得(动) huòdé: *～ knowledge through practice* 通过实践获得知识 tōngguò shíjiàn huòdé zhīshi

obtuse *adj* (1) 钝(形) dùn; 不锐利的 bú ruìlì de: *an ～ angle* 钝角 dùnjiǎo (2) 迟钝(形) chídùn; 蠢(形) chǔn

obvious *adj* 明显(形) míngxiǎn, 显而易见 xiǎn'éryìjiàn; 显著(形) xiǎnzhù: *an ～ effect* 显著的效果 xiǎnzhù de xiàoguǒ

occasion *n* (1) 场合(名) chǎnghé, 时刻(名) shíkè, 机会(名) jīhuì: *a formal ～* 正式场合 zhèngshì chǎnghé (2) 理由(名) lǐyóu; 必要(形) bìyào // *take ～ to* 借机会 jiè jīhuì, 乘机 chéngjī

occasional *adj* 偶尔(副) ǒu'ěr, 偶然

（副）ǒurán，不常有的 bù chángyǒu de

occasionally *adv* 偶然（副、形）ǒurán，偶尔（副）ǒu'ěr，不经常的 bù jīngcháng de

Occident *n* 西方（名）Xīfāng，西洋（名）Xīyáng

occidental *adj* 西方的 Xīfāng de；西洋人的 Xīyángrén de；西方文化的 Xīfāng wénhuà de

occupation *n*（1）占领（动）zhànlǐng，占据（动）zhànjù：*an army of* ~ 占领军 zhànlǐngjūn（2）居住（动）jūzhù；使用（房子）（动）shǐyòng（fángzi）（3）职业（名）zhíyè，工作（名、动）gōngzuò；消遣（动）xiāoqiǎn：*an outdoor* ~ 室外工作 shìwài gōngzuò

occupy *v*（1）占领（动）zhànlǐng，占据（动）zhànjù（2）用（动）yòng，占用（动）zhànyòng，使用（动）shǐyòng；住（动）zhù（3）担任（动）dānrèn（4）忙于（动）mángyú，从事（动）cóngshì

occur *v*（1）发生（动）fāshēng（2）存在（动）cúnzài，有（动）yǒu（3）想出 xiǎngchū；想到 xiǎngdào

occurrence *n*（1）发生（动）fāshēng；出现（动）chūxiàn：*be of frequent* (*rare*) ~ 经常（很少）发生的 jīngcháng（hěn shǎo）fāshēng de（2）事件（名）shìjiàn；事变（名）shìbiàn；发生的事 fāshēng de shì：*What a strange* ~! 真是咄咄怪事！Zhēn shì duōduō guài shì！

ocean *n*（1）海洋（名）hǎiyáng，大洋（名）dàyáng：*an* ~ *voyage* 远洋航行 yuǎnyáng hángxíng / *an* ~ *liner* 一艘远洋客轮 yìsōu yuǎnyáng kèlún / *the Atlantic O*~ 大西洋 Dàxīyáng / *the Indian O*~ 印度洋 Yìndùyáng / *the Pacific O*~ 太平洋 Tàipíngyáng（2）无限（形）wúxiàn；无际（形）wújì；大量（形）dàliàng，许多（形）xǔduō：*an* ~ *of sand* 一望无际的沙漠 yíwàngwújì de shāmò / ~*s of books* 大量的书 dàliàng de shū

ocean-going *adj* 远洋航行的 yuǎnyáng hángxíng de

o'clock *adv* 点（量）diǎn，…点钟… diǎnzhōng：*at 6* ~（在）六点钟（zài）liùdiǎnzhōng

October *n* 十月（名）shíyuè

octopus *n* 章鱼（名）zhāngyú

odd *adj*（1）奇数的 jīshù de，单数的 dānshù de：~ *numbers* 奇数 jīshù / *the* ~ *months* 大月 dàyuè（2）单只的 dānzhī de，不成对的 bù chéngduì de：*an* ~ *shoe* 单只的鞋 dānzhī de xié（3）有零数的 yǒu língshù de，带零头儿的 dài língtóur de：*50 thousand* ~ 五万挂零儿 wǔwàn guà língr / *20* ~ *years ago* 二十多年前 èrshí duō nián qián / ~ *change* 零钱 língqián（4）临时的 línshí de，不固定的 bú gùdìng de；零碎（形）língsuì，零散（形）língsǎn：*make a living by doing* ~ *jobs* 靠做零工过日子 kào zuò línggōng guò rìzi / *at* ~ *times* 有空儿的时候 yǒu kòngr de shíhou（5）奇特（形）qítè，古怪（形）gǔguài：*How* ~! 好奇怪！Hǎo qíguài！

odds *n*（1）可能性（名）kěnéngxìng，机会（名）jīhuì（2）力量（或形势）对比下的差距 lìliang（huò xíngshì）duìbǐxià de chājù，差额（名）chā'é // *at* ~ 不一致 bù yízhì，矛盾 máodùn，争执 zhēngzhí / ~ *and ends* 零碎东西 língsuì dōngxi

odour *n* 气味（名）qìwèi，味儿（名）wèir；香味儿（名）xiāngwèir；臭味儿（名）chòuwèir：*a pungent* ~ 辣味儿 làwèir / *a savoury* ~ 香味儿 xiāngwèir

of *prep* …的…de；…之中的…zhīzhōng de：*a friend* ~ *his* 他的一个朋友 tā de yíge péngyou / *a kind* ~ *oil* 一种油 yìzhǒng yóu / *3* ~ *them* 他们中的三个人 tāmen zhōng de sānge rén / ~ *recent years* 近年来 jìnnián lái // ~ *all* …在所有的…中，偏偏…zài suǒyǒu de … zhōng，piānpiān… / ~ *course* 当然 dāngrán，自然 zìrán，那还用说 nà hái yòng shuō

off **I** *adv*（1）离（介）lí，距（介）jù（2）

离开(动) líkāi, 走(动) zǒu, 去(动) qù; 下车 xiàchē (3) 脱(动) tuō; 掉(动) diào (4) 关上 guānshang; 停止(动) tíngzhǐ; 中断(动) zhōngduàn: *turn ~ the radio* (*light*) 关上收音机(电灯) guānshang shōuyīnjī (diàndēng) / *take a day ~* 休假一天 xiūjià yìtiān (5) 完(动) wán **II** *prep* (1) 从(介) cóng: *step ~ the train* 下火车 xià huǒchē (2) 离(介) lí, 距(介) jù; 分岔 fēn chà: *a lane ~ Chang'an Street* 长安街上的一条胡同 Cháng'ānjiēshang de yìtiáo hútòng **III** *adj* (1) 较远的(一边) jiào yuǎn de (yìbiān); 反面的 fǎnmiàn de: *the side of a coin* 硬币的背面 yìngbì de bèimiàn (2) 空闲的 kòngxián de: *during ~ hours* 在空闲时间 zài kòngxián shíjiān / *in the ~ seasons* 淡季 dànjì (3) 不大正常的 bú dà zhèngcháng de; 不对头的 bú duìtóu de; 不舒服的 bù shūfu de (4) 腐烂(动) fǔlàn, 变坏 biànhuài (5) 不舒服 bù shūfu // *~ and on* 断断续续地 duànduànxùxù de / *~ with* 去 qù; 去掉 qùdiào: *O~ with you!* 去 Qù!(走开! Zǒukāi!)

off-chance *n* 一线希望 yíxiàn xīwàng; 不大会有的机会 bú dà huì yǒu de jīhuì; 侥幸(形) jiǎoxìng: *on the ~* 不大可能 bú dà kěnéng

offence *n* (1) 冒犯(动) màofàn; 触怒(动) chùnù; 见怪(动) jiànguài (2) 犯法行为 fànfǎ xíngwéi, 罪过(名) zuìguò; 过错(名) guòcuò; 犯罪 fànzuì: *minor ~s* 轻罪 qīngzuì / *a first ~* 初犯 chūfàn / *commit an ~ against a rule* 犯规 fànguī (3) 讨厌的东西 tǎoyàn de dōngxi, 引起反感的事物 yǐnqǐ fǎngǎn de shìwù: *an ~ to the ear* 讨厌的声音 tǎoyàn de shēngyīn // *take ~* 见怪 jiànguài, 生气 shēngqì

offend *v* (1) 冒犯(动) màofàn, 得罪(动) dézuì; 触怒(动) chùnù, 伤害感情 shānghài gǎnqíng (2) 使不舒服 shǐ bù shūfu, 使人难受 shǐ rén nánshòu

(3) 犯过错误 fànguo cuòwù; 违犯(动) wéifàn, 犯罪 fànzuì: *~ against custom* 违反习俗 wéifǎn xísú

offensive **I** *adj* (1) 冒犯的 màofàn de; 唐突(形) tángtū: *~ language* 冒犯的言语 màofàn de yányǔ (2) 讨厌(形) tǎoyàn; 叫人不舒服的 jiào rén bù shūfu de (3) 进攻的 jìngōng de, 进攻性的 jìngōngxìng de, 攻势的 gōngshì de: *~ weapons* 进攻性武器 jìngōngxìng wǔqì **II** *n* 进攻(动) jìngōng; 攻势(名) gōngshì: *a peace ~* 和平攻势 hépíng gōngshì

offer **I** *v* (1) 提出 tíchū, 提供(动) tígōng: *~ advice* 提出建议 tíchū jiànyì (2) 表示愿意 biǎoshì yuànyì (3) 出价 chūjià, 供应(动) gōngyìng, 出售(动) chūshòu (4) 让出 ràngchū, 献出 xiànchū **II** *n* 提供(动) tígōng; 建议(名) jiànyì; 出价 chūjià

offhand **I** *adj* (1) 即席的 jíxí de; 临时(形) línshí; 随便(形) suíbiàn: *an ~ manner* 随随便便的样子 suísuíbiànbiàn de yàngzi (2) 简慢(形) jiǎnmàn, 满不在乎 mǎnbúzàihu **II** *adv* 立即(副) lìjí; 即席地 jíxí de; 事先无准备地 shìxiān wú zhǔnbèi de

office *n* (1) 办公室(名) bàngōngshì; 事务所(名) shìwùsuǒ, 办事处(名) bànshìchù: *a teacher's ~* 教师办公室 jiàoshī bàngōngshì / *a lawyer's ~* 律师事务所 lǜshī shìwùsuǒ / *~ automation* (*OA*) 办公室自动化 bàngōngshì zìdònghuà (2) 处(名) chù, 局(名) jú, 社(名) shè: *a booking ~* 售票处 shòupiàochù / *an inquiry ~* 问事处 wènshìchù / *a post ~* 邮局 yóujú / *newspaper ~* 报社 bàoshè / *the Foreign O~* (英国)外交部 (Yīngguó) wàijiāobù (3) 职务(名) zhíwù, 官职(名) guānzhí: *take ~* 就职 jiùzhí / *leave ~* 离职 lízhí / *resign ~* 辞职 cízhí // *~ block* 办公大楼 bàngōng dàlóu / *~ clerk* 职员 zhíyuán, 办事员 bànshìyuán / *~ hours* 办公时间 bàngōng shíjiān / *~ work* 办公室工作

bàngōngshì gōngzuò

officer n (1) 官员(名) guānyuán, 公务员(名) gōngwùyuán: a customs ~ 海关官员 hǎiguān guānyuán (2) 军官(名) jūngudān: a naval ~ 海军军官 hǎijūn jūnguān / a police ~ 警官 jǐngguān

official I adj (1) 公务上的 gōngwùshang de: ~ duties 公务 gōngwù / an ~ letter 一封公函 yìfēng gōnghán (2) 官方的 guānfāng de; 正式(形) zhèngshì: an ~ title 官衔 guānxián / news coming from an ~ source 官方消息 guānfāng xiāoxi / an ~ statement 正式声明 zhèngshì shēngmíng / an ~ visit 正式访问 zhèngshì fǎngwèn II n 官员(名) guānyuán; 高级职员 gāojí zhíyuán: government ~s 政府官员 zhèngfǔ guānyuán / bank ~s 银行高级职员 yínháng gāojí zhíyuán

officially adv 官方(名) guānfāng; 正式地 zhèngshì de

offshoot n (1) 分枝(名) fēnzhī; 分株(名) fēnzhū: an ~ of a plant 一棵植物的分枝 yìkē zhíwù de fēnzhī (2) 支脉(名) zhīmài; 支流(名) zhīliú; 支线(名) zhīxiàn: an ~ of a firm 一家企业的分支机构 yìjiā qǐyè de fēnzhī jīgòu (3) 旁系子孙 pángxì zǐsūn

offshore adj 离岸的 líàn de; 近海的 jìnhǎi de: ~ oil wells 近海油井 jìnhǎi yóujǐng / ~ breezes 吹向海面的风 chuīxiàng hǎimiàn de fēng

offspring n 儿女(名) érnǚ; 子孙(名) zǐsūn, 后代(名) hòudài; 仔(名) zǐ, 崽(名) zǎi

often adv 时常(副) shícháng, 常常(副) chángcháng, 经常(副) jīngcháng: more ~ than not 往往 wǎngwǎng; 多半 duōbàn

oh int 啊(叹) à, 嗬(叹) hē, 哟(叹) yō, 哦(叹) ó, 哎呀(叹) āiyā

oil I n (1) 油(名) yóu: animal ~ 动物油 dòngwùyóu / vegetable ~ 植物油 zhíwùyóu / mineral ~ 矿物油 kuàngwùyóu / edible ~ 食用油 shíyòngyóu / cod-liver ~ 鱼肝油 yúgānyóu (2) 石油(名) shíyóu: crude ~ 原油 yuányóu (3) 油画颜料 yóuhuà yánliào; 油画(名) yóuhuà: ~s by a famous painter 一位名画家的油画儿 yíwèi míng huàjiā de yóuhuàr II v 加油 jiāyóu, 给…上油 gěi...shàng yóu: ~ a lock 给锁上油 gěi suǒ shàng yóu // ~ bunker 油库 yóukù / ~ well 油井 yóujǐng

oilfield n 油田(名) yóutián

oil-tanker n 油轮(名) yóulún

oily adj (1) (含)油的 (hán) yóu de; 油状的 yóuzhuàng de: an ~ liquid 油状液体 yóuzhuàng yètǐ (2) 涂满油的 túmǎn yóu de, 浸满油的 jìnmǎn yóu de; 油腻的 yóunì de

ointment n 软膏(名) ruǎngāo; 油膏(名) yóugāo; 药膏(名) yàogāo

OK, okay I adv 对(形) duì, 好(形) hǎo; 可以(助动、形) kěyǐ; 行(形) xíng II adj 好(形) hǎo, 行(形) xíng, 可以(形) kěyǐ III v 认可(动) rènkě, 同意(动) tóngyì

old adj (1) 老(形) lǎo, 年老 niánlǎo; 古老(形) gǔlǎo: an ~ person 一位老人 yíwèi lǎorén / ~ and young 老年人和青年人 lǎonián rén hé qīngnián rén (老老少少 lǎolǎoshàoshào) / ~ age 老年 lǎonián (晚年 wǎnnián) / ~ wine 陈酒 chénjiǔ / an ~ civilization 古老文明 gǔlǎo wénmíng (2) 岁(量) suì, 岁数(名) suìshu, 年龄(名) niánlíng; 久(形) jiǔ (3) 以前的 yǐqián de, 过去的 guòqù de: ~ customs and habits 旧的风俗习惯 jiù de fēngsú xíguàn / the ~ year 刚过去的一年 gāng guòqù de yìnián (4) 陈旧(形) chénjiù, 旧(形) jiù, 破旧(形) pòjiù: ~ clothes 旧衣服 jiù yīfu / ~ houses 老房子 lǎo fángzi // as of ~ 照旧 zhàojiù / of ~ 古时候 gǔshíhou; 从前 cóngqián: men of ~ 古时候的人 gǔshíhou de rén / in days of ~ 古时候 gǔshíhou

old-fashioned *adj* 老式的 lǎoshì de, 过时的 guòshí de

olive *n* 橄榄(名) gǎnlǎn // *an ~ tree* 橄榄树 gǎnlǎnshù / *~ oil* 橄榄油 gǎnlǎnyóu

Olympic *adj* 奥林匹克运动会的 Àolínpǐkè Yùndònghuì de: *an ~ runner* 奥运会赛跑选手 Àoyùnhuì sàipǎo xuǎnshǒu // *the ~ Games* 奥林匹克运动会 Àolínpǐkè Yùndònghuì, 奥运会 Àoyùnhuì

omelette *n* 蛋卷(名) dànjuǎn, 煎蛋饼 jiāndànbǐng: *a mushroom ~* 蘑菇蛋卷儿 mógu dànjuǎnr

omen *n* 预兆(名) yùzhào, 兆头(名) zhàotou: *a good ~* 吉兆 jízhào

ominous *adj* 不祥 bùxiáng, 不吉利 bù jílì

omission *n* (1) 省略(动) shěnglüè, 省略部分 shěnglüè bùfen; 删节(动) shānjié, 删节部分 shānjié bùfen (2) 遗漏(动) yílòu, 忽略(动) hūlüè, 遗漏物 yílòuwù

omit *v* (1) 省略(动) shěnglüè; 删掉 shāndiào (2) 遗漏(动) yílòu, 忘记(动) wàngjì, 忽略(动) hūlüè

omnibus *n* (1) 公共汽车 gōnggòng qìchē (2) 选集(名) xuǎnjí; 文集(名) wénjí, 文选(名) wénxuǎn: *a Dickens ~* 狄更斯选集 Dígēngsī xuǎnjí

omnipotent *adj* 全能的 quánnéng de; 有无上权力的 yǒu wúshàng quánlì de; 有无上权威的 yǒu wúshàng quánwēi de

on **I** *prep* (1) 在…上 zài…shàng (2) 在…(时候) zài…(shíhòu), 在…后 zài…hòu: *~ thinking about it* 经过考虑 jīngguò kǎolù (3) 关于(介) guānyú (4) 在(副) zài: *miners ~ strike* 罢工的矿工 bàgōng de kuànggōng (5) 根据(介) gēnjù, 凭(介) píng, 靠(介) kào (6) 向(介) xiàng, 对(介) duì: *smile ~ sb.* 向某人微笑 xiàng mǒurén wēixiào (7) 在…边 zài…biān, 临(介) lín, 靠近… kàojìn…: *a factory ~ the river* 临河的一个工

厂 lín hé de yíge gōngchǎng / *a town ~ the West Coast* 西海岸的一个城市 xīhǎi'àn de yíge chéngshì (8) 是…的成员 shì … de chéngyuán; 在…工作 zài … gōngzuò (9) 由…付钱 yóu… fùqián **II** *adv* (1) 继续(动) jìxù; 向前 xiàngqián: *further ~* 再向前 zài xiàng qián / *Go ~.* 继续下去。Jìxùxiaqu. (往下说。Wàng xià shuō.) (2) 上(方位) shàng; 上去 shàngqu; 在上 zài shàng **III** *adj* 在发生的 zài fāshēng de; 在起作用的 zài qǐ zuòyòng de // *and so ~* 等等 děngděng / *just ~* 差不多 chàbuduō, 几乎 jīhū / *~ and off* 断断续续地 duànduànxùxù de / *~ and ~* 继续不停地 jìxù bùtíng de / *~ foot* 走着 zǒuzhe, 步行 bùxíng / *~ the contrary* 正相反 zhèng xiāngfǎn

once **I** *adv* (1) 一次 yícì, 一回 yìhuí: *~ a year* 每年一次 měinián yícì (一年一度 yìnián yídù) (2) 曾经(副) céngjīng, 一度(副) yídù; 从前(名) cóngqián **II** *conj* 一旦(副) yídàn; 只要…就 zhǐyào…jiù // *all at ~* (1) 突然 tūrán (2) 同时 tóngshí; 一次 yícì / *at ~* 立刻 lìkè, 马上 mǎshàng / *just for ~* 就这一次 jiù zhè yícì / *more than ~* 不止一次 bùzhǐ yícì / *~ again* 再一次 zài yícì / *~ and for all* 只此一次 zhǐ cǐ yícì; 永远地 yǒngyuǎn de / *~ in a while* 偶尔 ǒu'ěr / *~ or twice* 一两回 yìliǎnghuí / *~ upon a time* 从前 cóngqián, 古时候 gǔ shíhou

oncoming *adj* 迎面来的 yíngmiàn lái de; 新兴的 xīnxīng de

one **I** *num* 一(数) yī, 壹(数) yī; 一个 yíge: *~ thousand* 一千 yìqiān / *~ half* 一半 yíbàn (半个 bàngè) / *~ third* 三分之一 sānfēn zhī yī **II** *pron* (1) 一个人 yíge rén, 任何人 rènhé rén (2) 一个 yíge (3) (其中的)一个 (qízhōng de) yíge **III** *adj* (1) 一致(形) yízhì; 同一(形) tóngyī (2) 唯一(形) wéiyī; 单独(形) dāndú (3) 某一 mǒuyī: *~ day* 有一天 yǒu yìtiān / *night* 有一天晚上 yǒu yìtiān wǎnshang // *for* ~ *thing* 举个理由 jǔ ge lǐyóu, 一个原因是 yíge yuányīn shì / *after another* 一个接一个地 yíge jiē yíge de / *and the same* 同一 个 tóngyíge, 完全一样 wánquán yíyàng / ~ *another* 互相 hùxiāng, 相 互 xiānghù, 彼此 bǐcǐ / ~ *by* ~ 一个 一个地 yíge yíge de, 逐个地 zhúgè de / ~ *or other* (几个中间) 或者这个, 或者那个 (jǐge zhōngjiān) huòzhě zhège, huòzhě nàge, 某一个 mǒu yíge / ~ *or 2* 一两个 yìliǎngge, 不多的 bù duō de

one-sided *adj* (1) 只有一边的 zhǐyǒu yìbiān de: *a* ~ *street* 一边有房子的 街 yìbiān yǒu fángzi de jiē (2) 片面的 piànmiàn de, 单方面的 dān fāngmiàn de: *a* ~ *view* 片面的看法 piànmiàn de kànfǎ / *a* ~ *decision* 单方面的决 定 dānfāngmiàn de juédìng

one-way *adj* 单程的 dānchéng de, 单 行的 dānxíng de: *a* ~ *ticket* 单程票 dānchéngpiào / *a* ~ *street* 单行道 dānxíngdào / ~ *traffic* 单向交通 dānxiàng jiāotōng

ongoing *adj* 不断发展中的 búduàn fāzhǎnzhōng de: *the* ~ *struggle a-gainst male domination* 不断发展中的 反对男子支配地位的斗争 búduàn fāzhǎnzhōng de fǎnduì nánzǐ zhīpèi dìwèi de dòuzhēng

onion *n* 洋葱 (名) yángcōng, 葱头 (名) cōngtóu; 葱 (名) cōng: ~ *bulbs* 洋葱头 yángcōngtóu / *green Chinese* ~ *s* 大葱 dàcōng / *chopped green* ~ *s* 葱花 cōnghuā

onlooker *n* 旁观者 (名) pángguānzhě, 看热闹的人 kàn rènao de rén

only **I** *adj* (1) 唯一 (形) wéiyī, 独一 无二 dúyīwú'èr (2) 最好的 zuì hǎo de, 最合适的 zuì héshì de **II** *adv* 只 (副) zhǐ, 才 (副) cái, 不过 (副) búguò, 仅仅 (副) jǐnjǐn: *Ladies* ~. 妇女专用。Fùnǚ zhuānyòng. **III** *conj* 不过 (连) búguò, 但是 (连) dànshì // *if* 但愿 dànyuàn; 要是…多好

yàoshì…duōhǎo / *not* ~ … *but also* … 不但…而且… búdàn … érqiě … / ~ *just* 刚刚 gānggāng / ~ *too* 非常 fēicháng

onward *adv* 向前 xiàngqián; 在前面 zài qiánmiàn: *from this day* ~ 从今 以后 cóng jīn yǐhòu

ooze **I** *v* (1) 渗出 shènchū; 冒出 màochū (2) (秘密等) 泄露 (动) (mìmì děng) xièlù; (勇气等) 逐渐消失 (yǒngqì děng) zhújiàn xiāoshī **II** *n* (1) 河床 (或海底) 的沉积物 héchuáng (huò hǎidǐ) de chénjīwù, 淤泥 (名) yūní (2) 渗出 shènchū; 分泌 (动) fēnmì: *the* ~ *of blood from a wound* 血从伤口渗出 xiě cóng shāngkǒu shènchū

opaque *adj* 不透光的 bú tòuguāng de, 不透明的 bú tòumíng de

open **I** *adj* (1) 开着的 kāizhe de; 张 开的 zhāngkāi de; 开放的 kāifàng de: *an* ~ *book* 一本打开的书 yìběn dǎkāi de shū / *sleep with* ~ *windows* 开着 窗户睡觉 kāizhe chuānghu shuìjiào / *with* ~ *eyes* 睁着眼睛 zhēngzhe yǎnjing (2) 开阔 (形) kāikuò, 空旷 (形) kōngkuàng: *an* ~ *field* 旷野 kuàngyě / *an* ~ *car* 敞篷车 chǎngpéngchē (3) 开始工作的 kāishǐ gōngzuò de; 营业着的 yíngyèzhe de; 活动着的 huódòngzhe de (4) 公开 (形) gōngkāi; 坦率 (形) tǎnshuài: *an* ~ *letter* 公开信 gōngkāixìn / *an* ~ *se-cret* 公开的秘密 gōngkāi de mìmì **II** *v* (1) 开 (动) kāi; 打开 dǎkāi; 张开 zhāngkāi (2) 开办 (动) kāibàn, 开设 (动) kāishè; 开放 (动) kāifàng (3) 开 始 (动) kāishǐ (4) 展现 (动) zhǎnxiàn // *in the* ~ 在室外 zài shìwài, 在野 外 zài yěwài / *into the* ~ 公开化 gōngkāihuà / *keep one's eyes* ~ 注意 zhùyì, 保持警惕 bǎochí jǐngtì / *lay* ~ 摊开 tānkāi; 揭露 jiēlù; 弄破 nòngpò / ~ *door* 门户开放 ménhù kāifàng: ~ *door policy* 开放政策 kāifàng zhèngcè / ~ *into* 通往 tōngwǎng / ~

sb.'s eyes to 打开眼界 dǎkāi yǎnjiè

open-air *adj* 室外的 shìwài de, 野外的 yěwài de: ~ *meeting* 露天会议 lùtiān huìyì

opener *n* 起子(名) qǐzi, 开瓶刀(名) kāipíngdāo: *a tin* ~ 开罐头刀 kāiguàntoudāo / *a bottle* ~ 开瓶刀 kāipíngdāo

open-eyed *adj* (1) 睁着眼的 zhēngzhe yǎn de (2) 惊讶(形) jīngyà

opening **I** *n* (1) 开(动) kāi, 开放(动) kāifàng: *the ~ of a flower* 一朵花的开放 yìduǒ huā de kāifàng (2) 口(名) kǒu, 洞(名) dòng; 空地(名) kòngdì: *an ~ in a forest* 森林中的一块空地 sēnlínzhōng de yíkuài kòngdì (3) 开始(动) kāishǐ; 开端(名) kāiduān, 开头部分 kāitóu bùfen: ~ *night* 公演的第一夜 gōngyǎn de dìyīyè / *the ~ of a film* 影片上演的第一天 yǐngpiàn shàngyǎn de dìyītiān / *the ~ of a book* 一本书的开头 yìběn shū de kāitóu (4) 空缺(名) kòngquē, 空位(名) kòngwèi, 空额(名) kòng'é: *new ~s* 新增的职位 xīn zēng de zhíwèi **II** *adj* 开头的 kāitóu de: ~ *ceremony* 开幕式 kāimùshì / ~ *speech* 开幕词 kāimùcí

open-minded *adj* 没有成见的 méiyǒu chéngjiàn de

opera *n* 歌剧(名) gējù, 戏剧(名) xìjù: *local ~s* 地方戏 dìfāngxì / *Beijing* ~ 京剧 jīngjù // ~ *glasses* 看戏用的小望远镜 kànxì yòng de xiǎo wàngyuǎnjìng / ~ *house* 剧场 jùchǎng; 歌剧院 gējùyuàn

operate *v* (1) 操作(动) cāozuò, 开动(动) kāidòng; 运转(动) yùnzhuàn (2) 动手术 dòng shǒushù, 开刀 kāidāo (3) 经营(动) jīngyíng, 管理(动) guǎnlǐ; 兴办(动) xīngbàn (4) 生效(动) shēngxiào, 奏效(动) zòuxiào, 起作用 qǐ zuòyòng (5) 作战(动) zuòzhàn, 战斗(动) zhàndòu

operating-room *n* 手术室(名) shǒushùshì

operating-table *n* 手术台(名) shǒushùtái

operation *n* (1) 操作(动) cāozuò; 运转(动) yùnzhuàn: *the ~ of a machine* 机器操作 jīqì cāozuò / *a rescue ~ on the battlefield* 战地救护工作 zhàndì jiùhù gōngzuò (2) 手术(名) shǒushù (3) 行动(名) xíngdòng; 作战(动) zuòzhàn: *military ~s* 军事行动 jūnshì xíngdòng (4) 运算(动) yùnsuàn: *the 4 (mathematical) ~s* (加减乘除)四则运算 (jiā jiǎn chéng chú) sìzé yùnsuàn (5) 作用(名) zuòyòng, 效力(名) xiàolì: *the ~ of a drug* 药物的作用 yàowù de zuòyòng / *extend the ~ of a contract* 延长合同的有效期限 yáncháng hétong de yǒuxiào qīxiàn // *come into ~* 生效 shēngxiào, 实施 shíshī; 开始工作(或运转) kāishǐ gōngzuò (huò yùnzhuàn) / *in ~* 在操作中 zài cāozuòzhōng; 运转着 yùnzhuànzhe, 已生效 yǐ shēngxiào, 已实施 yǐ shíshī / *put into ~* 使实施 shǐ shíshī, 使生效 shǐ shēngxiào; 使开始工作(或运转) shǐ kāishǐ gōngzuò (huò yùnzhuàn)

operator *n* 操作人员 cāozuò rényuán: *a telephone* ~ 总机 zǒngjī / *a telegraph* ~ 报务员 bàowùyuán

operatta *n* 小歌剧 xiǎogējù, 轻歌剧 qīnggējù

opinion *n* (1) 看法(名) kànfǎ, 意见(名) yìjian; 认识(动) rènshi; 评价(名) píngjià: *political ~s* 政见 zhèngjiàn (2) 鉴定(动、名) jiàndìng, 判断(动、名) pànduàn // *a matter of* ~ 看法上不同的问题 kànfǎshang bùtóng de wèntí / *in my* ~ 我的意见是 wǒ de yìjian shì, 我认为 wǒ rènwéi / *public ~ poll* 民意测验 mínyì cèyàn

opium *n* 鸦片(名) yāpiàn

opponent *n* 对手(名) duìshǒu; 敌手(名) díshǒu; 反对者 fǎnduìzhě: ~*s to a bill* 一项议案的反对者 yíxiàng yì'àn de fǎnduìzhě

opportunist *n* 机会主义者(名)

jīhuìzhǔyìzhě; 机会主义的 jīhuìzhǔyì de

opportunity n 机会（名）jīhuì，机遇（名）jīyù，良机（名）liángjī: a golden ～ 良机 liángjī

oppose v 反对（动）fǎnduì；不赞成 bú zànchéng；反抗（动）fǎnkàng

opposite I adj (1) 对面（名）duìmiàn；相对（动）xiāngduì (2) 相反（形）xiāngfǎn；对立（形）duìlì II n 对立面（名）duìlìmiàn，反面（名）fǎnmiàn，相反（形）xiāngfǎn III prep 在…的对面 zài … de duìmiàn

opposition n (1) 反抗（动）fǎnkàng，反对（动）fǎnduì: rise in ～ to colonialism 起来反抗殖民主义 qǐlai fǎnkàng zhímínzhǔyì (2) 对手（名）duìshǒu；反对党（名）fǎnduìdǎng，反对派（名）fǎnduìpài: the leader of the ～ 反对党领袖 fǎnduìdǎng lǐngxiù

oppress v 压迫（动）yāpò；压制（动）yāzhì；压抑（动）yāyì: the ～ed class 被压迫阶级 bèi yāpò jiējí

oppression n 压迫（动）yāpò；压制（动）yāzhì；压抑（动）yāyì: a feeling of ～ 压抑的感觉 yāyì de gǎnjué / the ～ of heterodox political opinions 压制不同政见 yāzhì bùtóng zhèngjiàn

opt v 抉择（动）juézé，选择（动）xuǎnzé

optical adj 眼睛的 yǎnjing de；视力的 shìlì de；视觉的 shìjué de: an ～ illusion 视幻觉 shì huànjué

optician n 眼镜商 yǎnjìng shāng；眼镜制造者 yǎnjìng zhìzàozhě

optimism n 乐观（形）lèguān；乐观主义（名）lèguānzhǔyì

optimist n 乐观主义者（名）lèguānzhǔyìzhě，乐天派（名）lètiānpài

optimistic adj 乐观（形）lèguān；乐观主义的 lèguānzhǔyì de: an ～ attitude 乐观的态度 lèguān de tàidù

option n 选择（动）xuǎnzé，抉择（动）juézé；选择权（名）xuǎnzéquán；选择自由 xuǎnzé zìyóu

optional adj 可任意选择的 kě rènyì

xuǎnzé de，有选择自由的 yǒu xuǎnzé zìyóu de；非强制性的 fēi qiángzhìxìng de

or conj (1) 或（连）huò，或者（连）huòzhě；还是（连）háishi (2) 也就是 yě jiù shì，或者说 huòzhě shuō；即（动）jí (3) 否则（连）fǒuzé，不然（连）bùrán // ～ so 左右 zuǒyòu，大约 dàyuē: a year ～ so 大约一年 dàyuē yìnián

oracle n (1) 神谕（名）shényù (2) 预言者（名）yùyánzhě；大智者（名）dàzhìzhě (3) 神殿（名）shéndiàn

oral I adj (1) 口头的 kǒutóu de，口述的 kǒushù de: ～-aural approach 听说法 tīngshuōfǎ / an ～ exam 口试 kǒushì / ～ instruction 口授 kǒushòu / ～ Chinese 汉语口语 Hànyǔ kǒuyǔ (2) 口部的 kǒubù de: ～ hygiene 口腔卫生 kǒuqiāng wèishēng (3) 口服的 kǒufú de: an ～ contraceptive 口服避孕药 kǒufú bìyùnyào II n 口试（名）kǒushì

orally adv 用嘴 yòng zuǐ，口头（名）kǒutóu

orange n (1) 橘子（名）júzi；橙子（名）chéngzi；柑（名）gān: ～ juice 橘汁儿 júzhīr / mandarin ～s 中国柑橘 Zhōngguó gānjú / ～ segments 橘子瓣儿 júzibànr / an ～ drink 橘子饮料 júzi yǐnliào / an ～ tree 橘子树 júzishù (2) 橙色（名）chéngsè，橘色（名）júsè: an ～ blouse 一件橘色的衬衫 yíjiàn júsè de chènshān

oration n 演说（名）yǎnshuō，演讲（名）yǎnjiǎng: deliver an ～ 发表演说 fābiǎo yǎnshuō / direct ～ 直接引语 zhíjiē yǐnyǔ

orator n 演说者（名）yǎnshuōzhě，演说家（名）yǎnshuōjiā；雄辩家（名）xióngbiànjiā

orb n 球（名）qiú；球体（名）qiútǐ；天体（名）tiāntǐ

orbit I n (1) 眼窝（名）yǎnwō，眼眶（名）yǎnkuàng (2)（天体等的）运行轨道（tiāntǐ děng de）yùnxíng guǐdào

(3) 势力范围 shìlì fànwéi; 活动范围 huódòng fànwéi: *the trading* ~ *of a country* 一个国家的贸易圈 yíge guójiā de màoyìquān **II** *v* 作轨道运行 zuò guǐdào yùnxíng; 进入空间轨道 jìnrù kōngjiān guǐdào

orchard *n* 果园(名) guǒyuán: *an apple* ~ 苹果园 píngguǒyuán / *a cherry* ~ 樱桃园 yīngtáoyuán

orchestra *n* 管弦乐(名) guǎnxiányuè; 管弦乐队(名) guǎnxián yuèduì: *a symphony* ~ 交响乐队 jiāoxiǎng yuèduì

orchid *n* 兰(名) lán, 兰花(名) lánhuā

ordain *v* (1) 委任(为牧师)(动) wěirèn (wéi mùshī); 任圣职 rèn shèngzhí (2) 规定(动) guīdìng; 命令 (动) mìnglìng; (命中)注定(动) (mìngzhòng) zhùdìng

ordeal *n* 苦难的经历 kǔnàn de jīnglì; 严峻考验 yánjùn kǎoyàn; 折磨(动) zhémó

order **I** *n* (1) 次序(名) cìxù, 顺序 (名) shùnxù: *in* ~ *of size* 依大小次序 yī dàxiǎo cìxù (2) 整齐(形) zhěngqí; 有条理 yǒu tiáolǐ; 正常状态 zhèngcháng zhuàngtài: *love of* ~ 爱整齐 ài zhěngqí / *put a room in* ~ 整理屋子 zhěnglǐ wūzi (3) 秩序(名) zhìxù; 程序(名) chéngxù: *law and* ~ 法律和秩序 fǎlǜ hé zhìxù / *public* ~ 社会秩序 shèhuì zhìxù (4) 命令(名) mìnglìng (5) 阶层(名) jiēcéng; 界 (名) jiè: *the higher (lower)* ~*s* 上层 (下层)社会 shàngcéng (xiàcéng) shèhuì / *the military* ~ 军界 jūnjiè (6) 定购(动) dìnggòu, 定货(动) dìnghuò; 定货单(名) dìnghuòdān: *give a factory an* ~ *for ...* 向工厂定购... xiàng gōngchǎng dìnggòu ... (7) 汇票(名) huìpiào, 汇单(名) huìdān: *an* ~ *on the People's Bank of China* 向中国人民银行提款的汇票 xiàng Zhōngguó Rénmín Yínháng tíkuǎn de huìpiào / *a postal* ~ *for* 100 一百元

的邮政汇款单 yìbǎiyuán de yóuzhèng huìkuǎndān **II** *v* (1) 安排(动) ānpái, 料理(动) liàolǐ (2) 命令(动) mìnglìng, 指示(动) zhǐshì (3) 定购 (动) dìnggòu (4) 点菜 diǎn cài // *a short* ~ 快餐 kuàicān / *by* ~ *of* 奉…之命 fèng ... zhī mìng / *call to* ~ 宣布开会 xuānbù kāihuì / *in* ~ (1) 整齐 zhěngqí (2) 适宜 shìyí, 妥当 tuǒdàng/ *in* ~ *that* 为了…… wèile ..., 以便 yǐbiàn / *made to* ~ 定做的 dìngzuò de / *out of* ~ 坏了 huài le, 出毛病 chū máobìng

orderly **I** *adj* (1) 整洁(形) zhěngjié, 整齐(形) zhěngqí, 有条理 yǒu tiáolǐ: *an* ~ *kitchen* 整洁的厨房 zhěngjié de chúfáng (2) 有秩序 yǒu zhìxù; 守纪律 的 shǒu jìlǜ de **II** *n* (1) 护理员(名) hùlǐyuán (2) 勤务兵(名) qínwùbīng, 通讯员(名) tōngxùnyuán

ordinal **I** *adj* 依次的 yīcì de, 按顺序的 àn shùnxù de **II** *n* 序数(名) xùshù

ordinarily *adv* 通常(形) tōngcháng, 平常(形) píngcháng; 一般地 yìbān de

ordinary *adj* 普通(形) pǔtōng, 一般 (形) yìbān, 平常(形) píngcháng, 平凡(形) píngfán: ~ *workers* 普通工人 pǔtōng gōngrén // *in the* ~ *way* 按正常情况 àn zhèngcháng qíngkuàng, 通常 tōngcháng / *out of the* ~ 不平常的 bù píngcháng de, 特殊 tèshū

ordnance *n* (1) 大炮(名) dàpào (2) 军械(名) jūnxiè, 军用器材 jūnyòng qìcái: *an* ~ *factory* 兵工厂 bīnggōngchǎng

ore *n* 矿(名) kuàng; 矿砂(名) kuàngshā, 矿石(名) kuàngshí: *iron* ~ 铁矿 tiěkuàng / *a piece of* ~ 一块矿石 yíkuài kuàngshí

organ *n* (1) 器官(名) qìguān: *the* ~*s of speech* 发音器官 fāyīn qìguān / *the nasal* ~ 鼻器官 bí qìguān (2) 机构(名) jīgòu, 机关(名) jīguān: *state* ~*s* 国家机构 guójiā jīgòu (3) 喉舌 (名) hóushé; 报刊(名) bàokān, 机关报(名) jīguānbào: ~*s of public opin-*

ion 輿論的喉舌 yúlùn de hóushé / *an ~ of the Communist Party* 一份共产党的机关报 yífèn gòngchǎndǎng de jīguānbào (4) 风琴(名) fēngqín, 管风琴(名) guǎnfēngqín: *an electric ~* 一架电子琴 yíjià diànzǐqín

organic *adj* (1) 器官的 qìguān de: *~ diseases* 器质性疾病 qìzhìxìng jíbìng (2) 有机体的 yǒujītǐ de, 有机物的 yǒujīwù de; 有机的 yǒujī de: *~ chemistry* 有机化学 yǒujī huàxué / *~ compounds* 有机化合物 yǒujī huàhéwù / *an ~ part* 有机的组成部分 yǒujī de zǔchéng bùfen

organism *n* 生物体(名) shēngwùtǐ; 有机体(名) yǒujītǐ

organist *n* 管风琴演奏者 guǎnfēngqín yǎnzòuzhě

organization *n* (1) 组织(动) zǔzhī; 安排(动) ānpái (2) 组织(名) zǔzhī, 团体(名) tuántǐ: *a business ~* 商业组织 shāngyè zǔzhī / *social ~s* 社会团体 shèhuì tuántǐ / *party ~s at all levels* 各级党组织 gèjí dǎng zǔzhī

organize *v* (1) 组织(动) zǔzhī; 组成(动) zǔchéng, 建立(动) jiànlì (2) 安排(动) ānpái

organizer *n* 组织者(名) zǔzhīzhě, 建立者(名) jiànlìzhě

Orient *n* 东方(名) Dōngfāng; 远东(名) Yuǎndōng; 亚洲(名) Yàzhōu

oriental *adj* 东方的 dōngfāng de: *~ arts* 东方艺术 dōngfāng yìshù

orientate *v* (1) 使适应 shǐ shìyìng; 使熟悉情况 shǐ shúxī qíngkuàng (2) 定…的方位 dìng ... de fāngwèi; 确定位置 quèdìng wèizhi

orientation *n* (1) 定位 dìngwèi, 定向 dìngxiàng; 方向(名) fāngxiàng (2) 方针(名) fāngzhēn; 倾向性(名) qīngxiàngxìng: *a correct political ~* 正确的政治方针 zhèngquè de zhèngzhì fāngzhēn (3) 适应(动) shìyìng; 习惯(动、名) xíguàn, 熟悉环境 shúxī huánjìng

origin *n* (1) 起源(名) qǐyuán; 起因(名) qǐyīn, 根源(名) gēnyuán: *the ~ of a river* 河流的发源地 héliú de fāyuándì / *the ~ of a dispute* 争执的起因 zhēngzhí de qǐyīn / *the ~ of the English language* 英语的起源 Yīngyǔ de qǐyuán (2) 出身(名) chūshēn, 血统(名) xuètǒng: *a woman of humble ~* 一个出身寒微的女人 yíge chūshēn hánwēi de nǚrén / *Americans of Asian ~* 亚裔美国人 Yàyì Měiguórén

original **I** *adj* (1) 最初的 zuì chū de, 最早的 zuì zǎo de; 原来(形) yuánlái, 原先(形) yuánxiān: *an ~ edition* 原版 yuánbǎn / *~ text* 原文 yuánwén / *~ manuscript* 原稿 yuángǎo / *the ~ paintings of Picasso* 毕加索的原画 Bìjiāsuǒ de yuánhuà (2) 独创(形) dúchuàng, 新颖(形) xīnyǐng **II** *n* 原物(名) yuánwù, 原作品 yuán zuòpǐn; 原文 yuánwén

originality *n* (1) 独创(名) dúchuàng; 独创性(名) dúchuàngxìng; 创见(名) chuàngjiàn; 创举(名) chuàngjǔ (2) 新颖(形) xīnyǐng, 新奇(形) xīnqí, 不同于一般 bùtóngyú yìbān

originally *adv* 原来(形) yuánlái, 本来(形) běnlái; 最初(名) zuìchū

originate *v* 发源(动) fāyuán; 发生(动) fāshēng, 产生(动) chǎnshēng; 创始(动) chuàngshǐ

ornament **I** *n* 装饰(名) zhuāngshì, 装饰物(名) zhuāngshìwù: *a shelf crowded with ~s* 摆满装饰品的架子 bǎimǎn zhuāngshìpǐn de jiàzi **II** *v* 装饰(动) zhuāngshì, 美化(动) měihuà

orphan **I** *n* 孤儿(名) gū'ér **II** *v* 使成孤儿 shǐ chéng gū'ér

orphanage *n* 孤儿院(名) gū'éryuàn

orthodox *adj* (1) 正统的 zhèngtǒng de; 传统的 chuántǒng de; 保守(形) hǎoshǒu: *~ ideas* 正统的思想 zhèngtǒng de sīxiǎng (2) 东正教会的 Dōngzhèngjiàohuì de: *the O~ Church* 东正教会 Dōngzhèngjiàohuì

ostrich *n* 鸵鸟(名) tuóniǎo: *an ~*

policy 鸵鸟政策 tuóniǎo zhèngcè

other I *adj* (1) 其他 (代) qítā, 别的
(代) biéde; 另 (形、副) lìng, 另外
(形、副) lìngwài (2) 隔一个 gé yíge:
every ～ day 隔一天 gé yìtiān II *pron*
另外的人 (或物) lìngwài de rén (huò
wù), 另一个人 (或物) lìng yíge rén
(huò wù), 其他的人 (或物) qítā de
rén (huò wù): 2 ～*s* 另外两个 lìngwài
liǎngge // *none ～ than* (不是别人)
正是… (bú shìbiérén) zhèngshì … /
～ *than* (1) 不同于 bù tóng yú; 不是
bú shì (2) 除外 chúwài / *the ～ day*
几天以前 jǐtiān yǐqián, 不久以前 bùjiǔ
yǐqián

otherwise *adv* (1) 另外 (副、形)
lìngwài, 不这样 bú zhèyàng (2) 在其
他方面 zài qítā fāngmiàn (3) 不然
(连) bùrán, 否则 (连) fǒuzé

otter *n* 獭 (名) tǎ, 水獭 (名) shuǐtǎ:
a sea ～ 海獭 hǎitǎ

ought *aux* (1) 应当 (助动) yīngdāng,
应该 (助动) yīnggāi (2) 早应该 zǎo
yīnggāi, 本应 běn yīng

ounce *n* (1) 盎司 (量) àngsī, 英两
(量) yīngliǎng: *an ～ of gold* 一盎司
黄金 yí'àngsī huángjīn (2) 少量 (形)
shǎoliàng

our *pron* 我们的 wǒmen de, 咱们的
zánmen de: ～ *country* 我们的国家
wǒmen de guójiā / ～ *school* 咱们学校
zánmen xuéxiào // *O～ Father* 上帝
shàngdì, 天父 tiānfù / *O～ Lady* 圣
母玛利亚 shèngmǔ Mǎlìyà / *O～
Saviour* 耶稣 Yēsū

ours *pron* 我们的 wǒmen de, 咱们的
zánmen de: *a friend of ～* 我们的一
个朋友 wǒmen de yíge péngyou

ourselves *pron* 我们自己 wǒmen zìjǐ:
all by ～ 我们独自地 wǒmen dúzì de /
between ～ 只限于咱俩之间 zhǐ
xiànyú zánliǎ zhījiān, 不要外传 búyào
wài chuán

out *adv* (1) 向外 xiàng wài; 在外 zài
wài; 户外 hùwài (2) 出来 chūlái; 到
外边 dào wàibiān (3) 公开 (动)

公开 gōngkāi; 显露 (动) xiǎnlù, 出现 (动)
chūxiàn; 熄灭 (动) xīmiè (4) 过去
guòqù, 过时 guòshí, 完 (动) wán: *be-
fore the week (year) is ～* 不出一个星
期 (一年) bù chū yíge xīngqī (yìnián)
(5) 完成 (动) wánchéng, 结束 (动)
jiéshù: *have one's sleep ～* 睡个够 shuì
ge gòu (6) 错 (形) cuò, 差 (动、形)
chà; 误差 (名) wùchā // *from ～* 从
…中出来 cóng … zhōng chūlai /
and about (病人) 能起床走动
(bìngrén) néng qǐchuáng zǒudòng /
and ～ 十足的 shízú de, 彻头彻尾
chètóuchèwěi / ～ *for* 一定要 yídìng
yào, 想努力得到 xiǎng nǔlì dédào /
～ *of* (1) 在…外 zài … wài; 离开
líkāi; 从…里面 cóng … lǐmiàn: 10 *li
～ of town* 城外十里 chéngwài shílǐ /
copy a paragraph ～ of a book 从书上
抄一段 cóng shūshang chāo yíduàn (2)
缺乏 quēfá; 没有 méiyǒu: ～ *of prac-
tice* 缺乏练习 quēfá liànxí (3) 使放弃
shǐ fàngqì: *talk sb. ～ of doing sth.*
说服某人不做某事 shuōfú mǒurén bú
zuò mǒushì (4) 用…做成 yòng …
zuòchéng / ～ *with* (1) 拿出 náchū;
说出 shuōchū: *O～ with it!* 拿出来!
Náchūlai! (说出来! Shuōchūlai!) (2)
赶出 gǎnchū: *O～ with him!* 把他赶
出去! Bǎ tā gǎnchūqu!

outbound *adj* 去往外国的 qùwǎng
wàiguó de; 开往外地的 kāiwǎng wàidì
de: ～ *freight* 出口货 chūkǒuhuò /
～ *ship* 一艘开往国外的轮船 yìsōu
kāiwǎng guówài de lúnchuán

outbreak *n* (战争、叛乱、愤怒等) 爆发
(动) (zhànzhēng, pànluàn, fènnù
děng) bàofā; (瘟疫、虫害等) 蔓延
(动) (wēnyì, chónghài děng)
mànyán; 流行 (动) liúxíng

outburst *n* 爆发 (动) bàofā; 迸发 (动)
bèngfā; 发怒 fānù: *a sudden ～ of
rage* 勃然大怒 bórán dànù / ～*s of
gunfire* 枪声大作 qiāngshēng dàzuò

outcast *n* 被遗弃者 bèi yíqìzhě; 被逐
出者 bèi zhúchūzhě; 流浪者 (名)

liúlàngzhě: *an* ～ *from society* 一个被
社会所抛弃的人 yíge bèi shèhuì suǒ
pāoqì de rén

outcaste *n* (印度) 被剥夺种性的人
(Yìndù) bèi bōduó zhǒngxìng de rén;
无种性的人 wú zhǒngxìng de rén; 贱
民(名) jiànmín

outcome *n* 结果(名) jiéguǒ; 成果(名)
chéngguǒ; 后果(名) hòuguǒ: *the* ～
of the talks 会谈的结果 huìtán de
jiéguǒ / *the* ～ *of a war* 战争的结局
zhànzhēng de jiéjú

outcry *n* 强烈呼吁(反对或要求)
qiángliè hūyù (fǎnduì huò yāoqiú), 呐
喊(动) nàhǎn, 呼声(名) hūshēng

outdated *adj* 过时的 guòshí de

outdo *v* 胜过(动) shèngguò, 超越
(动) chāoyuè

outdoor *adj* 室外的 shìwài de, 户外的
hùwài de; 露天的 lùtiān de; 野外的
yěwài de: ～ *labour* 室外劳动 shìwài
láodòng / ～ *sports* 户外运动 hùwài
yùndòng / *an* ～ *theatre* 露天剧场
lùtiān jùchǎng / ～ *life* 野外生活
yěwài shēnghuó

outdoors *adv* 在户外 zài hùwài; 在露
天 zài lùtiān; 在野地 zài yědì

outer *adj* 外部的 wàibù de, 外面的
wàimiàn de; 外侧的 wàicè de; 远离中
心的 yuǎnlí zhōngxīn de: *the* ～ *room*
外屋 wàiwū / ～ *space* 外层空间
wàicéng kōngjiān / *the* ～ *walls* 外墙
wàiqiáng

outfit *n* 全套服装 quántào fúzhuāng;
全套用品 quántào yòngpǐn: *a wedding*
～ 一套结婚礼服 yítào jiéhūn lǐfú / *an*
～ *for camping* 露营的全部用品
lùyíng de quánbù yòngpǐn

outflow *n* 流出(动) liúchū, 外流(动)
wàiliú; 泛滥(动) fànlàn; 流出物
liúchūwù: *stem the river's* ～ 防止河
水泛滥 fángzhǐ héshuǐ fànlàn

outgoing *adj* (1) 往外去的 wàngwài
qù de; 即将离职的 jíjiāng lízhí de: ～
ships 离港的船只 lí gǎng de chuánzhī
/ *the* ～ *president* 即将离职的总统

jíjiāng lízhí de zǒngtǒng (2) 对人友好
的 duì rén yǒuhǎo de; 开朗(形)
kāilǎng (3) 长得不能再用 zhǎng de bù
néng zài yòng

outlaw **I** *n* 被剥夺公民权的人 bèi
bōduó gōngmínquán de rén; 逃犯(名)
táofàn; 亡命徒 wángmìngtú, 不法分
子 bùfǎ fènzǐ **II** *v* (1) 剥夺公民权
bōduó gōngmínquán (2) 宣布…在法律
上失效 xuānbù … zài fǎlùshang
shīxiào; 宣告…为不合法 xuāngào …
wéi bù héfǎ

outlet *n* (1) (河流等的) 出口(名)
(héliú děng de) chūkǒu; 出路(名)
chūlù; 通风口(名) tōngfēngkǒu: *an* ～
for water 排水孔 pái shuǐ kǒng (2) 发
泄(动) fāxiè; 排遣(感情或精力)的
机会、方法 páiqiǎn (gǎnqíng huò
jīnglì) de jīhuì, fāngfǎ: *an* ～ *for*
feelings 表达内心感情的机会 biǎodá
nèixīn gǎnqíng de jīhuì

outline **I** *n* (1) 轮廓(名) lúnkuò; 外
形(名) wàixíng (2) 略图(名) lüètú;
素描(名) sùmiáo: *an* ～ *map of Eu-*
rope 欧洲略图 Ōuzhōu lüètú (3) 大纲
(名) dàgāng, 提纲(名) tígāng; 概要
(名) gàiyào; 要点(名) yàodiǎn: *an*
～ *of Chinese history* 中国历史大纲
Zhōngguó lìshǐ dàgāng / *an* ～ *for a*
lecture 一篇演讲提纲 yìpiān yǎnjiǎng
tígāng / *an* ～ *of English grammar* 英
语语法概要 Yīngyǔ yǔfǎ gàiyào **II** *v*
(1) 画出…的轮廓 huàchū … de
lúnkuò (2) 概括(动) gàikuò; 略述
(动) lüèshù

outlive *v* (1) 比…活得长 bǐ … huó
de cháng; 比…经久 bǐ … jīngjiǔ (2)
度过…而健在 dùguò … ér jiànzài

outlook *n* (1) 景色(名) jǐngsè, 风光
(名) fēngguāng (2) 观点(名)
guāndiǎn, 看法(名) kànfǎ; 眼界(名)
yǎnjiè: *a correct* ～ *on life* 正确的人
生观 zhèngquè de rénshēngguān (3) 展
望(名) zhǎnwàng; 前景(名) qiánjǐng:
the economic ～ 经济前景 jīngjì
qiánjǐng / *a bright* ～ 光明的前景

guāngmíng de qiánjǐng

outlying adj 边远的 biānyuǎn de, 远
离中心的 yuǎnlí zhōngxīn de

outnumber v 数量上超过 shù-
liàngshang chāoguò

out-of-date adj 过时的 guòshí de

out-of-doors adj 在户外的 zài hùwài
de, 在室外的 zài shìwài de

out-of-the-way adj（1）边远（形）
biānyuǎn, 偏僻（形）piānpì: an ~
town 一个偏僻的城市 yíge piānpì de
chéngshì（2）少见（形）shǎojiàn; 奇特
（形）qítè

out-patient n 门诊病人 ménzhěn
bìngrén

output n 产量（名）chǎnliàng; 生产
（名、动）shēngchǎn, 出产（动）
chūchǎn: the total ~ of coal 煤的总
产量 méi de zǒngchǎnliàng / an ~ of
10,000 tins a month 月产一万只罐头
yuè chǎn yíwànzhī guàntou

outrage I n（1）暴行（名）bàoxíng; 逞
凶 chéngxiōng; 严重违法 yánzhòng
wéifǎ（2）侵害（动）qīnhài, 伤害（动）
shānghài; 凌辱（动）língrǔ（3）激起公
愤的行为 jīqǐ gōngfèn de xíngwéi II v
伤害（动）shānghài; 凌辱（动）língrǔ;
引起…的义愤 yǐnqǐ ... de yìfèn; 使
…震惊 shǐ ... zhènjīng: an act that
~s public opinion 使舆论界震惊的行
为 shǐ yúlùnjiè zhènjīng de xíngwéi

outrageous adj（1）残暴（形）cánbào;
蛮横（形）mánhèng: ~ behaviour 残
暴的行为 cánbào de xíngwéi（2）令人
气愤的 lìng rén qìfèn de, 吓人的
xiàrén de; 荒谬（形）huāngmiù

outside I n 外部（名）wàibù; 外边
（名）wàibiān; 外表（名）wàibiāo, 外
观（名）wàiguān; 外界（名）wàijiè II
adj（1）外部的 wàibù de, 表面的
biǎomiàn de: ~ repairs 外部修理
wàibù xiūlǐ / ~ measurements 外围的
尺寸 wàiwéi de chǐcùn（2）外界的
wàijiè de（3）很小的 hěn xiǎo de III
adv 在外面 zài wàimiàn, 在外边 zài
wàibiān, 到外面 dào wàimiàn, 到外

边 dào wàibiān IV prep（1）在…外
zài ... wài; 向…外 xiàng ... wài
（2）超出…范围 chāochū ... fànwéi:
~ the law 超出法律范围 chāochū fǎlǜ
fànwéi // at the very ~ 至多 zhìduō,
充其量 chōngqíliàng

outsider n 外来者（名）wàiláizhě, 外
人（名）wàirén; 局外人（名）júwàirén

outskirts n 郊区（名）jiāoqū, 市郊
（名）shìjiāo: on the western ~ of Bei-
jing 在北京西郊 zài Běijīng xījiāo

outspoken adj 直言的 zhíyán de, 坦率
（形）tǎnshuài, 毫无保留的 háowú
bǎoliú de

outstanding adj（1）杰出（形）jiéchū;
显著（形）xiǎnzhù, 突出（形）tūchū:
~ contribution 突出的贡献 tūchū de
gòngxiàn（2）未完成的 wèi wánchéng
de; 未付清的 wèi fùqīng de: an ~
bill 一张没有付款的帐单 yìzhāng
méiyou fùkuǎn de zhàngdān

outward adj（1）外面的 wàimiàn de,
外表的 wàibiāo de（2）向外的
xiàngwài de, 外出的 wàichū de

outwards adv 在外 zài wài; 在外部
zài wàibù; 向外 xiàng wài; 向国外
xiàng guówài

outwear v 比…耐用 bǐ ... nàiyòng

outwit v 哄骗 hǒngpiàn, 使上当 shǐ
shàngdàng

oval I adj 卵形的 luǎnxíng de; 椭圆形
的 tuǒyuánxíng de: an ~ table 一张
椭圆形的桌子 yìzhāng tuǒyuánxíng de
zhuōzi II n 卵形物 luǎnxíngwù; 椭圆
形（名）tuǒyuánxíng: the O~ Office
（美国总统）椭圆形办公室（Měiguó
zǒngtǒng）tuǒyuánxíng bàngōngshì

ovary n（1）卵巢（名）luǎncháo（2）
子房（名）zǐfáng

oven n 灶（名）zào, 炉灶（名）lúzào;
烤箱（名）kǎoxiāng: a gas ~ 一个煤
气灶 yíge méiqìzào / hot from the ~
刚出炉的 gāng chū lú de

over I prep（1）（在）…上（zài）...
shàng,（在）…上面（zài）...
shàngmiàn,（在）…上方（zài）...

shàngfāng: *a bridge* ~ *a river* 河上的
一座桥 héshang de yízuò qiáo / *spread
a cloth* ~ *a table* 把台布铺在桌子上
bǎ táibù pūzài zhuōzishang (2) 高于…
gāoyú… (3) 多于 duōyú; … 以上
… yǐshàng (4) 过(动) guò (5) 在…
期间 zài… qījiān; 直到 … 过完
zhídào… guòwán: ~ *several decades*
在几十年中 zài jǐshínián zhōng / *work*
~ *night* 通宵工作 tōngxiāo gōngzuò
(6) 各处 gèchù, 到处(副) dàochù:
show a guest ~ *the house* 领客人到房
子各处看看 lǐng kèren dào fángzi
gèchù kànkan (7) 在做…时 zài zuò
… shí (8) 在 … 方面 zài …
fāngmiàn, 关于(介) guānyú: *take
pains* ~ *study* 在学习方面下功夫 zài
xuéxí fāngmiàn xià gōngfu (9) 通过
(介、过) tōngguò II *adv* (1) 翻(动)
fān, 倒(动) dǎo; 翻(转)过来 fān
(zhuān) guolai: *knock a bottle* ~ 把瓶
子打翻 bǎ píngzi dǎfān (2) 从一边到
另一边 cóng yìbiān dào lìng yìbiān (3)
越过(动) yuèguò; 越出(动) yuèchū
(4) 全部(名) quánbù; 通盘(形)
tōngpán (5) 剩下来 shèngxialai; 遗留
(下来) yíliú (xiàlai): *questions left* ~
from history 历史上遗留下来的问题
lìshǐshang yíliúxialai de wèntí (6) 多
(形) duō: *one metre and a bit* ~ 一米
多一点儿 yìmǐ duō yìdiǎnr / *citizens of
18 and* ~ 十八岁和十八岁以上的公
民 shíbāsuì hé shíbāsuì yǐshàng de
gōngmín (7) 过分(形) guòfèn; 太
(副) tài: ~ *anxious* 过分忧虑 guòfèn
yōulù (8) 结束(动) jiéshù; 完(动)
wán (9) 再(副) zài, 又(副) yòu //~
again 再一次 zài yícì, 重新 chóngxīn
/ ~ *all* 遍 biàn; 从一头到另一头
cóng yìtóu dào lìng yìtóu / ~ *and* ~
again 反复 fǎnfù, 再三 zàisān

overall I *n* (1) 罩衫(名) zhàoshān,
罩衣(名) zhàoyī (2) 工装裤
gōngzhuāngkù: *wear* ~ *s* 穿工作裤
chuān gōngzuòkù II *adj* 全部的
quánbù de; 全体的 quántǐ de; 全面的

quánmiàn de; 综合的 zōnghé de: *an*
~ *plan* 全面计划 quánmiàn jìhuà III
adv 总体上 zǒngtǐshang; 总的说来
zǒng de shuōlai

overboard *adv* 向船外 xiàng chuánwài;
从船上到水里 cóng chuánshang dào
shuǐli: *throw sth .* ~ 把东西从船上扔
出去 bǎ dōngxi cóng chuánshang
rēngchuqu // *go* ~ 过分喜爱 guòfèn
xǐ'ài, 过分热心 guòfèn rèxīn

overcast *adj* 多云的 duōyún de; 阴暗
(形) yīn'àn; 阴郁(形) yīnyù: *an* ~
sky 阴沉沉的天空 yīnchénchén de
tiānkōng

overcharge *v* 多收费 duō shōufèi, 多要
钱 duō yàoqián

overcoat *n* 大衣(名) dàyī

overcome *v* (1) 战胜(动) zhànshèng;
克服(动) kèfú: *the enemy* 战胜敌
人 zhànshèng dírén / ~ *all kinds of
difficulties* 克服种种困难 kèfú
zhǒngzhǒng kùnnan / ~ *one's short-
comings* 克服缺点 kèfú quēdiǎn (2) 压
倒(动) yādǎo

overcrowd *v* 挤满 jǐmǎn, 拥挤(动)
yōngjǐ

overdo *v* (1) 做得过头 zuò de guòtóu;
使用过度 shǐyòng guòdù; 表现过分
biǎoxiàn guòfèn (2) 煮得太久(或太
熟) zhǔ de tài jiǔ (huò tài shú)

overdraw *v* (1) 把…描绘过分 bǎ …
miáohuì guòfèn, 把…说得过分 bǎ …
shuō de guòfèn (2) 透支(动) tòuzhī

overdue *adj* (1) 迟到的 chídào de, 延
误的 yánwù de (2) 过期(未付)的
guòqī (wèifù) de: *an* ~ *check* 过期支
票 guòqī zhīpiào

overeat *v* 吃得过多 chī de guò duō; 吃
得太饱 chī de tài bǎo

overemphasize *v* 过分强调 guòfèn
qiángdiào

overestimate *v* 估计过高 gūjì guògāo;
评价过高 píngjià guògāo

overflow I *v* (1) 泛滥(动) fànlàn; 流
出 liúchū, 溢出 yìchū (2) 充满(动)
chōngmǎn, 洋溢(动) yángyì II *n* 泛

滥(动) fànlàn；过多 guòduō，过剩(动) guòshèng

overfulfill v 超额完成 chāo'é wánchéng

overgrow v (1) 长满 zhǎngmǎn，丛生(动) cóngshēng (2) 长得过大(或过快) zhǎng de guò dà (huò guò kuài)，疯长(动) fēngzhǎng: an ~ n tomato plant 一株疯长的西红柿 yìzhū fēngzhǎng de xīhóngshì

overhang v 伸出 shēnchū；突出(动) tūchū；悬在…上 xuánzài … shàng: ~ ing cliffs 悬崖 xuányá

overhaul I v 彻底检修 chèdǐ jiǎnxiū；详细检查 xiángxì jiǎnchá II n 大检修 dà jiǎnxiū；详细检查 xiángxì jiǎnchá

overhead I adj 在头顶上的 zài tóudǐngshang de；在上头的 zài shàngtou de，架空的 jiàkōng de: an ~ railway 高架铁路 gāojià tiělù / an ~ projector 投影器 tóuyǐngqì II adv 在头顶上 zài tóudǐngshang；在上头 zài shàngtou；高高地 gāogāo de

overhear v 无意中听到 wúyìzhōng tīngdào；偶然听到 ǒurán tīngdào

overjoyed adj 非常高兴 fēicháng gāoxìng

overlap I v 重叠(动) chóngdié，交搭(动) jiāodā，交合(动) jiāohé II n 重叠(动) chóngdié，交搭(动) jiāodā；重叠部分 chóngdié bùfen，交搭处 jiāodāchù: an ~ of 2 centimetres 两厘米的重叠 liǎnglǐmǐ de chóngdié

overlook v (1) 眺望(动) tiàowàng；俯瞰(动) fǔkàn (2) 看漏 kànlòu，忽略(动) hūlüè (3) 视而不见 shì'érbújiàn；宽容(动) kuānróng

overlord n (1) 封建领主 fēngjiàn lǐngzhǔ；封建君主 fēngjiàn jūnzhǔ: a feudal ~ 一个封建领主 yíge fēngjiàn lǐngzhǔ (2) 霸王(名) bàwáng；太上皇(名) tàishànghuáng

overnight I adv (1) 连夜(副) liányè，一夜 yíyè，一夜工夫 yíyè gōngfu (2) 突然(副) tūrán，一下子(副) yíxiàzi II adj 一夜的 yíyè de；夜间的 yèjiān de；过夜的 guò yè de: an ~ journey 夜间旅行 yèjiān lǚxíng / an ~ bag 短途旅行包 duǎntú lǚxíngbāo / an ~ stop at Rome 在罗马停留过夜 zài Luómǎ tíngliú guò yè

over-react v 反应过度 fǎnyìng guòdù

overseas I adj (1) 外国的 wàiguó de；与外国有关的 yǔ wàiguó yǒuguān de；向海外的 xiàng hǎiwài de；舶来的 bólái de: ~ trade 对外贸易 duìwài màoyì (2) 在海外的 zài hǎiwài de；在国外的 zài guówài de: ~ Chinese 海外华侨 hǎiwài huáqiáo / ~ studies 留学 liúxué II adv (向)海外(向) hǎiwài；(向)国外(向) guówài: study ~ 出国留学 chū guó liúxué

oversee v (1) 监视(动) jiānshì；检查(动) jiǎnchá；管理(动) guǎnlǐ；照料(动) zhàoliào (2) 看漏 kànlòu，错过(动) cuòguò；宽恕(动) kuānshù；省略(动) shěnglüè

oversleep v (使)睡过头(shǐ) shuì guòtóu

overspend v (1) 用尽 yòngjìn，耗尽 hàojìn (2) 超支(动) chāozhī: ~ one's income by 20 yuan 支出超过收入二十元 zhīchū chāoguò shōurù èrshí yuán

overt adj 公开(形) gōngkāi；明显(形) míngxiǎn，不隐蔽 bù yǐnbì: ~ opposition to a plan 对一个计划的公开反对 duì yíge jìhuà de gōngkāi fǎnduì

overtake v 追上 zhuīshang；赶上 gǎnshang；超过(动) chāoguò

overthrow I v 推翻(动) tuīfān；打倒(动) dǎdǎo；废除(动) fèichú: ~ a dictator 打倒独裁者 dǎdǎo dúcáizhě II n 推翻(动) tuīfān；打倒(动) dǎdǎo: the ~ of the last feudal dynasty 最后一个封建王朝的覆灭 zuìhòu yíge fēngjiàn wángcháo de fùmiè

overtime n (1) 超过规定的时间 chāoguò guīdìng de shíjiān，超时 chāoshí；加班 jiā bān (2) 加班费 jiābānfèi

overture n (1) 前奏曲(名) qiánzòuqǔ；序曲(名) xùqǔ: the ~ to an opera 歌剧的前奏曲 gējù de qiánzòuqǔ (2) 倡议(名) chàngyì，提议(名) tíyì

overturn v 翻过来 fānguolai；倒转 dàozhuǎn；打翻(动) dǎfān

overweight adj 超重的 chāozhòng de：an ~ parcel 超重的包裹 chāozhòng de bāoguǒ

overwhelm v (1) 打翻(动) dǎfān；倾覆(动) qīngfù (2) 制服(动) zhìfú；压倒(动) yādǎo

overwhelming adj 压倒的 yādǎo de，势不可挡的 shìbùkědǎng de；极度(副) jídù：an ~ majority 压倒的多数 yādǎo de duōshù / ~ grief 极度悲伤 jídù bēishāng

overwork I v 劳累过度 láolèi guòdù；工作过度 gōngzuò guòdù II n 过度劳累 guòdù láolèi；过度工作 guòdù gōngzuò

owe v (1) 欠(动) qiàn；欠债 qiànzhài；欠人情 qiàn rénqíng (2) 归功于 guīgōngyú

owing adj 欠着的 qiànzhe de；未付的 wèi fù de // ~ to 由于 yóuyú；因为 yīnwei

owl n 猫头鹰(名) māotóuyīng，夜猫子(名) yèmāozi

own[1] adj (1) 自己的 zìjǐ de (2) 特有的 tèyǒu de，独特(形) dútè // hold one's ~ 坚持住 jiānchízhù，支撑住 zhīchēngzhù / of one's ~ 属于某人自己的 shǔyú mǒurén zìjǐ de / on one's ~ 独自地 dúzì de，独立地 dúlì de

own[2] v (1) 有(动) yǒu，拥有(动) yōngyǒu (2) 承认(动) chéngrèn // ~ up 坦白 tǎnbái，承认 chéngrèn

owner n 物主(名) wùzhǔ，所有人(名) suǒyǒurén，主人(名) zhǔrén：the ~ of a car 车主 chēzhǔ

ownership n 所有权(名) suǒyǒuquán；所有制(名) suǒyǒuzhì：land of uncertain ~ 所有权不明的土地 suǒyǒuquán bù míng de tǔdì / state ~ 国家所有制 guójiā suǒyǒuzhì / collective ~ 集体所有制 jítǐ suǒyǒuzhì / individual ~ 个体所有制 gètǐ suǒyǒuzhì

ox n 牛(名) niú；公牛(名) gōngniú

oxygen n 氧(名) yǎng，氧气(名) yǎngqì // ~ mask 氧气面具 yǎngqì miànjù

oyster n 牡蛎(名) mǔlì，蚌(名) bàng

ozone n (1) 臭氧(名) chòuyǎng：~ layer 臭氧层 chòuyǎngcéng (2) 新鲜空气 xīnxiān kōngqì

P

pace **I** *n* (1) 速度（名）sùdù，进度（名）jìndù (2) 步（名）bù **II** *v* (1) 踱（动）duó，慢慢地走 mànmàn de zǒu (2) 步测 bùcè，用步子量 yòng bùzi liáng // *keep ~（with）* 齐步前进 qíbù qiánjìn；跟上步伐 gēnshang bùfá

pacemaker *n* (1) 带步人（名）dàibùrén，排头（名）páitóu；标兵（名）biāobīng (2) 起搏器（名）qǐbóqì

pacific *adj* 和平（形）hépíng；温和（形）wēnhé；平静（形）píngjìng：*a ~ disposition* 温和的性情 wēnhé de xìngqíng / *the P~ Ocean* 太平洋 Tàipíngyáng

pacifist *n* 和平主义者（名）hépíngzhǔyìzhě；绥靖主义者（名）suíjìngzhǔyìzhě：

pacify *v* (1) 抚慰（动）fǔwèi；使安静 shǐ ānjìng (2) 平定（动）píngdìng；绥靖（动）suíjìng

pack **I** *n* (1) 包（名）bāo；捆（量）kǔn；包裹（名）bāoguǒ (2) 伙（量）huǒ，帮（量）bāng，群（量）qún：*a ~ of dogs* 一群狗 yìqún gǒu (3) 堆（量）duī，大量的 dàliàng de：*a ~ of lies* 一派谎言 yípài huǎngyán (4) 副（量）fù：*a ~ of cards* 一副牌 yífù pái **II** *v* (1) 收拾（动）shōushi；包装（动）bāozhuāng，打包 dǎ bāo (2) 拥进 yōngjìn；挤满 jǐmǎn (3) 填塞（动）tiánsāi；包起来 bāoqilai // *~ up* 停止工作 tíngzhǐ gōngzuò；解雇 jiěgù

package **I** *n* (1) 包（名、量）bāo；捆（量）kǔn；包裹（名）bāoguǒ (2) 包装（名）bāozhuāng；包装物（名）bāozhuāngwù **II** *v* 包（动）bāo，打包 dǎ bāo // *a ~ deal* 一揽子交易 yìlánzi jiāoyì / *a ~ tour* 由旅行社全部包揽的旅游 yóu lǚxíngshè quánbù bāolǎn de lǚyóu

packet **I** *n* 小包 xiǎo bāo；小捆 xiǎo kǔn；袋（名）dài：*a postal ~* 小邮包 xiǎo yóubāo / *a ~ of letters* 一捆信件 yìkǔn xìnjiàn / *a pay ~* 工资袋 gōngzīdài **II** *v* 把…打成小包 bǎ…dǎchéng xiǎobāo，把…包起来 bǎ…bāoqilai

pact *n* 契约（名）qìyuē；条约（名）tiáoyuē；公约（名）gōngyuē；盟约（名）méngyuē：*a peace ~* 和约 héyuē / *a trade ~* 一项贸易协定 yíxiàng màoyì xiédìng/ *non-aggression ~* 互不侵犯条约 hù bù qīnfàn tiáoyuē

pad **I** *n* (1) 垫（名）diàn，衬垫（名）chèndiàn (2) 本子（名）běnzi；便笺（名）biànjiān：*a writing ~* 信笺 xìnjiān（信纸 xìnzhǐ）**II** *v* (1) 填塞（动）tiánsāi，衬填（动）chèntián (2) 拉长 lācháng，使冗长 shǐ rǒngcháng

paddle¹ **I** *n* 桨（名）jiǎng **II** *v* 用桨划 yòng jiǎng huá；运送（动）yùnsòng

paddle² *n* 涉水 shèshuǐ

paddy *n* 稻子（名）dàozi，谷子（名）gǔzi：*2-crop ~* 双季稻 shuāngjìdào / *~ field*（水）稻田（shuǐ）dàotián

padlock **I** *n* 挂锁（名）guàsuǒ，扣锁（名）kòusuǒ **II** *v* 锁上 suǒshang，上锁 shàngsuǒ

paediatrician *n* 儿科医生 érkē yīshēng；儿科专家 érkē zhuānjiā

paediatrics *n* 儿科学（名）érkēxué；小儿科（名）xiǎo'érkē

pagan **I** *n* 异教徒（名）yìjiàotú；非基督教徒 fēi jīdūjiàotú；没有宗教信仰的人 méiyǒu zōngjiào xìnyǎng de rén **II** *adj* 异教徒的 yìjiàotú de；没有宗教信仰的 méiyǒu zōngjiào xìnyǎng de

page¹ *n* (1) 页（量）yè：*~ 44* 第四十四页 dìsìshísìyè / *a glorious ~ in Chinese history* 中国历史上光辉的一页

Zhōngguó lìshǐshang guānghuī de yíyè (2) 专页（名）zhuānyè；专栏（名）zhuānlán: *the sports ~s* 体育专栏 tǐyù zhuānlán / *net*（*web*）~ 网页 wǎng yè

page² *n* 听差（名）tīngchāi，侍从（名）shìcóng；书童（名）shūtóng

pageant *n* （1）露天表演 lùtiān biǎoyǎn，赛会（名）sàihuì（2）庆典（名）qìngdiǎn；壮丽的行列 zhuànglì de hángliè: *a ~ of American history* 美国历史的壮丽画卷 Měiguó lìshǐ de zhuànglì huàjuàn

pagoda *n* 塔（名）tǎ，宝塔（名）bǎotǎ

pail *n* 桶（名）tǒng: *a ~ of milk* 一桶牛奶 yìtǒng niúnǎi

pain I *n*（1）疼（动）téng，疼痛（形）téngtòng；阵痛（动）zhèntòng（2）悲痛（形）bēitòng，痛苦（形）tòngkǔ（3）辛苦（形）xīnkǔ，劳苦（形）láokǔ；努力（形）nǔlì II *v* 使疼痛 shǐ téngtòng，引起痛苦 yǐnqǐ tòngkǔ // *be at ~s* 尽力 jìnlì；用心 yòngxīn；下苦功 xià kǔgōng / *go to great ~s* 费很大劲儿 fèi hěn dà jìnr / *take ~s* 尽力 jìnlì；耐心 nàixīn

painful *adj* 疼痛（形）téngtòng；痛苦（形）tòngkǔ

paint I *v*（1）画（动）huà，绘画（动）huìhuà（2）描写（动）miáoxiě，描绘（动）miáohuì（3）油（动）yóu，漆（动）qī: *~ windows* 油窗户 yóu chuānghu II *n*（1）颜料（名）yánliào: *a box of ~s* 一盒颜料 yìhé yánliào / *a tube of ~* 一管颜料 yìguǎn yánliào（2）油漆（名）yóuqī（3）胭脂（名）yānzhi；香粉（名）xiāngfěn

paint-box *n* 颜料盒（名）yánliàohé

paintbrush *n* 画笔（名）huàbǐ

painter *n*（1）画家（名）huàjiā（2）油漆匠（名）yóuqījiàng

painting *n*（1）绘画（名）huìhuà（2）画儿（名）huàr: *traditional Chinese ~s* 中国画儿 Zhōngguóhuàr

pair I *n*（1）对（量）duì；双（量）shuāng；副（量）fù: *a ~ of chairs* 一

对椅子 yíduì yǐzi / *a ~ of shoes* 一双鞋 yìshuāng xié / *a ~ of spectacles* 一副眼镜 yífù yǎnjìng / *2 ~s of trousers* 两条裤子 liǎngtiáo kùzi（2）对儿（量）duìr，两个 liǎngge: *the happy ~* 幸福的一对儿 xìngfú de yíduìr II *v* 使成对 shǐ chéngduì

pal *n* 伙伴（名）huǒbàn，同伴（名）tóngbàn；好友（名）hǎoyǒu: *pen ~s* 笔友 bǐyǒu

palace *n*（1）宫殿（名）gōngdiàn；宫（名）gōng: *the P~ Museum* 故宫博物院 Gùgōng Bówùyuàn / *a ~ lantern* 一盏宫灯 yìzhǎn gōngdēng（2）豪华建筑物 háohuá jiànzhùwù: *a ~ hotel* 豪华的饭店 háohuá de fàndiàn

palate *n*（1）颚（名）è: *the hard ~* 硬颚 yìng'é / *the soft ~* 软颚 ruǎn'é（2）味觉（名）wèijué；嗜好（名）shìhào；鉴赏力（名）jiànshǎnglì

pale I *adj*（1）苍白（形）cāngbái，灰白（形）huībái（2）淡（形）dàn；暗淡（形）àndàn: *~ blue* 淡蓝 dànlán / *~ moon* 暗淡的月亮 àndàn de yuèliang II *v* 变苍白 biàn cāngbái；失色（动）shīsè

palm¹ I *n* 手掌（名）shǒuzhǎng；手心（名）shǒuxīn II *v* 握手 wòshǒu；用手抚摩 yòng shǒu fǔmó // *grease the ~ of* 买通⋯⋯ mǎitōng⋯⋯，向⋯⋯行贿 xiàng⋯⋯ xínghuì / *know sth. like the ~ of one's hand* 对某事了如指掌 duì mǒushì liǎorúzhǐzhǎng / *~ off as* 冒充 màochōng

palm² *n*（1）棕榈树（名）zōnglǘshù（2）胜利（名）shènglì，优胜（名）yōushèng；荣誉（名）róngyù // *carry off the ~* 得胜 déshèng；得到荣誉 dédào róngyù / *yield the ~ to sb.* 输给某人 shūgěi mǒurén；承认被某人打败 chéngrèn bèi mǒurén dǎbài

palpitate *v*（1）（心脏）突突跳（xīnzàng）tūtū tiào，悸动（动）jìdòng（2）颤抖（动）chàndǒu

pamper *v*（1）一味满足 yíwèi mǎnzú；

贪图安逸 tāntú'ānyì: ~ one's appetite
贪吃 tān chī (2) 纵容（动）zòngróng,
姑息（动）gūxī; 娇惯（动）jiāoguàn,
溺爱（动）nì'ài: ~ a child 娇惯孩子
jiāoguàn háizi

pamphlet n 小册子（名）xiǎocèzi: po-
litical ~s 政治小册子 zhèngzhì
xiǎocèzi

pan n (1) 平锅（名）píngguō, 平底锅
（名）píngdǐguō: a ~ 一口平底锅
yìkǒu píngdǐguō / a frying-~ 炒锅
chǎoguō (2) 盘子（名）pánzi; 盆子
（名）pénzi

pancake n 薄煎饼 báojiānbǐng: a baked
~ 烙饼 làobǐng

panda n 熊猫（名）xióngmāo: giant
~ 大熊猫 dàxióngmāo

pane n 窗格玻璃 chuānggé bōli

panel I n (1) 陪审员名单 péishěnyuán
míngdān; 全体陪审员 quántǐ
péishěnyuán (2) 专门小组 zhuānmén
xiǎozǔ: a foreign aid ~ 援外问题专
门研究小组 yuánwài wèntí zhuānmén
yánjiū xiǎozǔ / a ~ discussion 小组讨
论 xiǎozǔ tǎolùn（广播或电视中的专
题讨论会 guǎngbō huò diànshìzhōng de
zhuāntí tǎolùnhuì）(3) 面（名）miàn;
板（名）bǎn: a door ~ 门板 ménbǎn
/ the ~ of a medal 勋章的牌面
xūnzhāng de páimiàn / the trade mark
printed on the front ~ 印在正面的商
标 yìnzài zhèngmiàn de shāngbiāo (4)
仪表盘（名）yíbiǎopán II v 镶嵌（动）
xiāngqiàn

panelling n 护墙板（名）hùqiángbǎn

panic I n 恐慌（形）kǒnghuāng, 惊慌
（形）jīnghuāng II adj 恐慌的
kǒnghuāng de; 莫名其妙的 mòmíng
qímiào de: a ~ fear 莫名其妙的恐惧
mòmíngqímiào de kǒngjù III v 使恐慌
shǐ kǒnghuāng

panic-stricken adj 惊慌失措 jīng-
huāngshīcuò

panorama n (1) 回转画（名）
huízhuǎnhuà; 全景照片 quánjǐng
zhàopiàn (2) 全貌（名）quánmào, 全

景（名）quánjǐng (3) 详尽描述
xiángjìn miáoshù, 全面介绍 quánmiàn
jièshào

pant v (1) 气喘（动）qìchuǎn, 气喘吁
吁 qìchuǎnxūxū (2) 气喘吁吁地说话
qìchuǎn xūxū de shuōhuà (3) 渴望
（动）kěwàng

panther n (1) 豹（名）bào; 黑豹
hēibào: the Black P~ Party 黑豹党
hēibàodǎng (2) 美洲狮（名）
měizhōushī

pantomime n (1) 哑剧（名）yǎjù (2)
（圣诞节上演的）童话剧（名）
（Shèngdànjié shàngyǎn de）tónghuàjù

pants n (1) 裤子（名）kùzi: a pair of
nylon ~ 一条尼龙衬裤 yìtiáo nílóng
chènkù (2) 短衬裤 duǎn chènkù

papa n 爸爸（名）bàba, 爹（名）diē

paper I n (1) 纸（名）zhǐ, 纸张（名）
zhǐzhāng: a sheet of ~ 一张纸 yìzhāng
zhǐ / letter ~ 信纸 xìnzhǐ (2) 文件
（名）wénjiàn (3) 文章（名）
wénzhāng; 论文（名）lùnwén; 考卷
（名）kǎojuàn (4) 报纸（名）bàozhǐ:
today's ~ 今天的报纸 jīntiān de
bàozhǐ / an evening ~ 一份晚报 yífèn
wǎnbào (5) 证件（名）zhèngjiàn II v
裱糊（动）biǎohú // on ~ 在纸上 zài
zhǐshang; 名义上 míngyìshang / ~
mill 造纸厂 zàozhǐchǎng / ~ tiger 纸
老虎 zhǐlǎohǔ / set a ~ 出考题 chū
kǎotí

paperback n 平装本（名）píng-
zhuāngběn

paper-clip n 回形针（名）huíxíng-
zhēn, 曲别针（名）qūbiézhēn

paper-cut n 剪纸（名）jiǎnzhǐ

paprika n 红辣椒（名）hónglàjiāo; 辣
椒粉 làjiāofěn

par n (1) 同价（名）tóngjià, 等价
（名）děngjià; 平价（名）píngjià; 同等
（形）tóngděng: ~ of exchange 汇兑牌
价 huìduì páijià（外汇平价 wàihuì
píngjià）(2)（股票等的）票面价值
（gǔpiào děng de）piàomiàn jiàzhí（=
~ value）: a nominal ~ 票面价值

piàomiàn jiàzhí / *at* ~ 按照票面价值 ànzhào piàomiàn jiàzhí / *above*（*below*）~ 高（低）于票面价 gāo（dī）yú piàomiàn jià（3）常态（名）chángtài; 一般水平 yìbān shuǐpíng

parable *n* 寓言（名）yùyán; 比喻（名）bǐyù

parachute *n* 降落伞（名）jiàngluòsǎn: *a* ~ *drop zone* 跳伞区 tiàosǎnqū（空投区 kōngtóuqū）/ ~ *tower* 跳伞塔 tiàosǎntǎ / ~ *troops* 伞兵 sǎnbīng

parade I *n*（1）游行（名、动）yóuxíng: *take part in a* ~ 参加游行 cānjiā yóuxíng（2）检阅（动）jiǎnyuè: *a dress* ~ 阅兵典礼 yuèbīng diǎnlǐ（3）展览（名）zhǎnlǎn; 显示（动）xiǎnshì: *a mannequin* ~ 时装展览 shízhuāng zhǎnlǎn / *make a* ~ *of one's abilities* 显示自己的才能 xiǎnshì zìjǐ de cáinéng II *v*（1）游行（动）yóuxíng（2）炫耀（动）xuànyào, 夸耀（动）kuāyào // *a programme* ~ 节目预报 jiémù yùbào

parade-ground *n* 练兵场（名）liànbīngchǎng, 阅兵场（名）yuèbīngchǎng

paradise *n*（1）天堂（名）tiāntáng（2）乐园（名）lèyuán, 胜地（名）shèngdì; 宝地（名）bǎodì // *a fool's* ~ 虚幻的乐园 xūhuàn de lèyuán

paragraph *n*（1）段（量）duàn, 段落（名）duànluò: *the main idea of a* ~ 段落大意 duànluò dàyì（2）短评（名）duǎnpíng; 短讯（名）duǎnxùn

parallel I *adj*（1）平行的 píngxíng de, 并行的 bìngxíng de: ~ *lines* 平行线 píngxíngxiàn（2）相似（形）xiāngnsì, 类似（形）lèisì; 可以相比的 kěyǐ xiāng bǐ de II *n*（1）平行线（名）píngxíngxiàn（2）相似的人（或事）xiāngsì de rén（huò shì）, 可以类比的人（或事）kěyǐ lèibǐ de rén（huò shì）: *a historical* ~ 历史上类似的人或事 lìshǐshang lèisì de rén huò shì（3）纬线（名）wěixiàn

parallelism *n*（1）平行（动）píngxíng

（2）对应（形）duìyìng, 类似（形）lèisì

paralyse *v*（1）使麻痹 shǐ mábì, 使瘫痪 shǐ tānhuàn（2）使停顿 shǐ tíngdùn, 失去效能 shǐqù xiàonéng（3）使惊呆 shǐ jīngdāi

paralysis *n*（1）麻痹（动）mábì, 瘫痪（动）tānhuàn: *facial* ~ 面部麻痹 miànbù mábì / *general* ~ 全身瘫痪 quánshēn tānhuàn / *infantile* ~ 小儿麻痹 xiǎo'ér mábì（2）停顿（动）tíngdùn, 失去效能 shǐqù xiàonéng: *a* ~ *of trade* 贸易停顿 màoyì tíngdùn

paralytic I *adj* 麻痹的 mábì de, 瘫痪的 tānhuàn de II *n* 瘫痪病人 tānhuàn bìngrén

paramount *adj* 最高的 zuì gāo de, 至高无上的 zhìgāowúshàng de, 首要（形）shǒuyào

paraphrase I *n* 释义（名）shìyì; 解释意思 jiěshì yìsi II *v* 解释（动）jiěshì; 意译（动）yìyì; 释义（名）shìyì

parasite *n* 寄生虫（名）jìshēngchóng, 寄生物（名）jìshēngwù, 寄生者（名）jìshēngzhě: *a* ~ *on cattle* 牛身上的寄生虫 niú shēnshang de jìshēngchóng / *a* ~ *on a tree* 树上的寄生物 shùshang de jìshēngwù

parasol *n* 女式阳伞 nǚshì yángsǎn // *a Chinese* ~ *tree* 梧桐树 wútóngshù

parcel *n* 包裹（名）bāoguǒ, 小包 xiǎobāo: *a postal* ~ 邮包 yóubāo / *a* ~ *of clothes* 一包衣服 yìbāo yīfu

parch *v* 烘（动）hōng, 烤（动）kǎo; 使干透 shǐ gāntòu; 焦（形）jiāo

parchment *n* 羊皮纸（名）yángpízhǐ;（像羊皮纸一样的）上等纸（xiàng yángpízhǐ yíyàng de）shàngděng zhǐ

pardon I *n*（1）原谅（动）yuánliàng, 宽恕（动）kuānshù: *ask for* ~ 请求宽恕 qǐngqiú kuānshù（2）赦免（动）shèmiǎn: *a general* ~ 大赦 dàshè / *a special* ~ 特赦 tèshè II *v* 原谅（动）yuánliàng, 饶恕（动）ráoshù

pare *v*（1）削（动）xiāo; 剪（动）jiān; 修（动）xiū（2）削减（动）xuējiǎn, 减少（动）jiǎnshǎo

parent n 父亲（名）fùqin；母亲（名）mǔqin：one's ~s 父母 fùmǔ（双亲 shuāngqīn）

parenthesis n（1）插入语（名）chārùyǔ（2）圆括号（名）yuánkuòhào；括号（名）kuòhào：put a word in parentheses 用括号把一个词括起来 yòng kuòhào bǎ yíge cí kuòqilai

parenthood n 父母的身份 fùmǔ de shēnfèn：planned ~ 计划生育 jìhuà shēngyù

parish n（1）教区（名）jiàoqū：a ~ priest 教区牧师 jiàoqū mùshī（2）教区的全体居民 jiàoqū de quántǐ jūmín

park I n（1）公园（名）gōngyuán：Beihai P~ 北海公园 Běihǎi Gōngyuán（2）停车场（名）tíngchēchǎng II v（1）停放（动）tíngfàng：~ing lot 停车场 tíngchēchǎng（2）存放（动）cúnfàng

parliament n 国会（名）guóhuì，议会（名）yìhuì：Members of P~ 国会议员 guóhuì yìyuán

parlour n（1）会客室（名）huìkèshì，客厅（名）kètīng；起居室（名）qǐjūshì（2）营业室（名）yíngyèshì，店（名）diàn：an ice-cream ~ 冷饮店 lěngyǐndiàn / a hair-dresser's ~ 理发室 lǐfàshì / a beauty ~ 美容院 měiróngyuàn / a funeral ~ 殡仪馆 bìnyíguǎn

parody n（1）模仿他人而写的滑稽作品 mófǎng tārén ér xiě de huájī zuòpǐn（2）拙劣的模仿 zhuōliè de mófǎng

parole n 假释（动）jiǎshì

paroxysm n 突然发作 tūrán fāzuò，一阵发作 yízhèn fāzuò：a ~ of coughing 一阵咳嗽 yízhèn késou / a ~ of pain 一阵疼痛 yízhèn téngtòng / a ~ of anger 突然发怒 tūrán fānù

parrot I n（1）鹦鹉（名）yīngwǔ：a ~ 一只鹦鹉 yìzhī yīngwǔ（2）学舌者（名）xuéshézhě，应声虫（名）yìngshēngchóng，重复别人话的人 chóngfù biérén huà de rén II v 学舌 xuéshé，机械重复别人的话 jīxiè

chóngfù biérén de huà

parson n 牧师（名）mùshī，教区牧师 jiàoqū mùshī

part I n（1）部分（名）bùfen，局部（名）júbù：a small ~ 一小部分 yìxiǎobùfen / P~ II 第二部 dì'èr bù（2）等份（名）děngfèn，… 分之一 … fēn zhī yī（3）职责（名）zhízé；作用（名）zuòyòng；本分 běnfèn（4）角色（名）juésè；台词（名）táicí（5）一方 yìfāng，方面（名）fāngmiàn（6）词类（名）cílèi：~s of speech 各种词类 gèzhǒng cílèi（7）零件（名）língjiàn，部件（名）bùjiàn：spare ~s of a machine 机器的备件 jīqì de bèijiàn（8）部位（名）bùwèi，地方（名）dìfang：private ~s 阴部 yīnbù（生殖器 shēngzhíqì）/ the injured ~ 伤处 shāngchù II v（1）分开 fēnkāi，使分开 shǐ fēnkāi（2）分手（动）fēnshǒu，分别（动）fēnbié // for the most ~ 就大部分来说 jiù dàbùfen láishuō；多半 duōbàn / in ~ 部分地 bùfen de / on the ~ of 就…来说 jiù… láishuō / on sb.'s ~ 在某人方面 zài mǒurén fāngmiàn/ ~ and parcel 重要部分 zhòngyào bùfen；组成部分 zǔchéng bùfen / play a ~ in 有影响 yǒu yǐngxiǎng，起作用 qǐ zuòyòng / take ~ in 参与 cānyù，参加 cānjiā

partake v（1）参与（动）cānyù，参加（名）cānjiā（2）分享（动）fēnxiǎng；分担（动）fēndān；同吃 tóng chī：

partial adj（1）部分的 bùfen de，不完全的 bù wánquán de，局部的 júbù de：~ success 部分成功 bùfen chénggōng / ~ paralysis 局部瘫痪 júbù tānhuàn / a ~ eclipse of the moon 月偏蚀 yuèpiānshí（2）偏袒的 piāntǎn de，对…偏向 duì…piānxiàng；不公正的 bù gōngzhèng de（3）很喜欢（动）hěnxǐhuan，偏爱（动）piān'ài

participate v（1）参加（动）cānjiā，参与（动）cānyù（2）分担（动）fēndān：~ in sb.'s sufferings 分担某人的痛苦 fēndān mǒurén de tòngkǔ

participation *n* 参与（动）cānyù, 参加（动）cānjiā

participle *n* 分词（名）fēncí

particle *n* (1) 粒子（名）lìzǐ, 微粒（名）wēilì：~ *s of dust* 尘埃 chén'āi (2) 极少量 jíshǎoliàng (3) 小品词（名）xiǎopǐncí; 虚词（名）xūcí; 助词（名）zhùcí

particular **I** *adj* (1) 特别（形）tèbié, 特殊（形）tèshū (2) 特定（形）tèdìng：*a* ~ *period* 一个特定的阶段 yíge tèdìng de jiēduàn (3) 过于讲究的 guòyú jiǎngjiū de; 挑剔的 tiāotì de **II** *n* 一点 yìdiǎn; 细节（名）xìjié // *go into* ~ *s* 详细叙述 xiángxì xùshù / *in* ~ 特别 tèbié, 尤其 yóuqí

particularly *adv* 特别（副）tèbié, 尤其（副）yóuqí

partisan **I** *n* (1) 党人（名）dǎngrén, 党徒（名）dǎngtú; 狂热的支持者 kuángrè de zhīchízhě (2) 游击队员 yóujīduìyuán：~ *troops* 游击队 yóujīduì **II** *adj* 有帮派性的 yǒu bāngpàixìng de; 偏袒的 piāntǎn de

partition **I** *n* (1) 隔开 gékāi; 分割（动）fēngē; 划分（动）huàfēn (2) 隔板（名）gébǎn, 隔断（名）géduàn, 夹壁（名）jiābì, 隔墙（名）géqiáng：*a plywood* ~ *between 2 rooms* 两个房间中间的夹板隔墙 liǎngge fángjiān zhōngjiān de jiābǎn géqiáng / ~ *s in a ward* 病房里的隔断 bìngfánglǐ de géduàn **II** *v* 隔开 gékāi; 分成 fēnchéng

partly *adv* 部分（名）bùfen, 不完全地 bù wánquán de

partner *n* 伙伴（名）huǒbàn, 合作者（名）hézuòzhě, 搭档（名）dādàng：*business* ~ *s* 生意伙伴 shēngyì huǒbàn / *a dancing* ~ 舞伴儿 wǔbànr / *one's life* ~ 终身伴侣 zhōngshēn bànlǚ

partnership *n* (1) 合作关系 hézuò guānxì, 伙伴关系 huǒbàn guānxì (2) 全体合伙人 quántǐ héhuǒrén

part-time *adj* 部分时间的 bùfen shíjiān de; 兼职的 jiānzhí de; 定时的 dìngshí

de; 非全日工作的 fēi quánrì gōngzuò de：*a* ~ *job* 零活儿 línghuór（兼职 jiānzhí）/ *a* ~ *teacher* 兼职教师 jiānzhí jiàoshī

party *n* (1) 党（名）dǎng, 党派（名）dǎngpài, 政党（名）zhèngdǎng：*the Communist P~ of China* 中国共产党 Zhōngguó Gòngchǎndǎng / *democratic parties* 民主党派 mínzhǔ dǎngpài / *a* ~ *member* 党员 dǎngyuán / *the Conservative P~* 保守党 bǎoshǒudǎng / *leave a* ~ 脱党 tuōdǎng (2) 方（名）fāng, 当事人（名）dāngshìrén：*both parties* 双方 shuāngfāng / *the contracting parties* 缔约各方 dìyuē gèfāng (3) 一批 yìpī, 一行（名）yìxíng：*the Foreign Minister and his* ~ 外交部长及其一行 wàijiāo bùzhǎng jíqí yìxíng (4) 特遣队（名）tèqiǎnduì：*a landing* ~ 登陆特遣队 dēnglù tèqiǎnduì / *an advance* ~ 先遣队 xiānqiǎnduì / *a firing* ~ 行刑队 xíngxíngduì (5) 聚会（动）jùhuì：*a dinner* ~ 宴会 yànhuì / *an evening* ~ 晚会 wǎnhuì / *a cocktail* ~ 鸡尾酒会 jīwěi jiǔhuì / *a birthday* ~ 生日聚会 shēngrì jùhuì / *a garden* ~ 游园会 yóuyuánhuì

pass **I** *v* (1) 过（动）guò, 通过（动）tōngguò, 经过（动）jīngguò, 穿过（动）chuānguò, 越过（动）yuèguò：~ *through a forest* 穿过森林 chuānguò sēnlín (2) 通过（动）tōngguò; 批准（动）pīzhǔn (3) 度过（动）dùguò (4) 超越（动）chāoyuè (5) 传递（动）chuándì：~ *the ball* 传球 chuán qiú (6) 忽略（动）hūlüè：~ *trivial details* 忽略细节 hūlüè xìjié (7) 宣布（动）xuānbù; 提出 tíchū：~ *sentence on an accused person* 对被告宣判 duì bèigào xuānpàn (8) 结束（动）jiéshù; 消失（动）xiāoshī; 死（动）sǐ, 逝世（动）shìshì **II** *n* (1) 关口（名）guānkǒu：*the Shanhai P~* 山海关 Shānhǎiguān (2) 及格 jígé：*a* ~ *mark* 及格分数 jígé fēnshù (3) 通行证（名）tōngxíngzhèng // *come to* ~

发生 fāshēng; 实现 shíxiàn / ~ *away* 停止 tíngzhǐ; 死亡 sǐwáng / ~ *for* 被误认为 bèi wù rènwéi, 被当作 bèi dàngzuò / ~ *off* (1) 停止 tíngzhǐ (2) 进行到最后 jìnxíngdào zuìhòu; 成功 chénggōng, 实现 shíxiàn / ~ *over* 不注意 bú zhùyì, 忽略 hūlüè / ~ *sth. by* 不注意某事 bú zhùyì mǒushì, 忽视某事 hūshì mǒushì / ~ *sth.* (*sb.*) *off as* 冒充 màochōng, 充作 chōngzuò

passable *adj* (1) 合格 (形) hégé; 过得去 guòdequ, 尚好的 shàng hǎo de (2) 可通行的 kě tōngxíng de, 能通过的 néng tōngguò de

passage *n* (1) 通过 (动) tōngguò, 经过 (动) jīngguò; 度过 (动) dùguò; 穿过 (动) chuānguò, 越过 (动) yuèguò: *force a ~ through a crowd* 从人群中挤过去 cóng rénqúnzhōng jǐguoqu (2) 航行 (动) hángxíng; 船费 (名) chuánfèi: *book one's ~ to Nanjing* 订购去南京的船票 dìnggòu qù Nánjīng de chuánpiào (3) 通路 (名) tōnglù, 过道 (名) guòdào (4) 移居 (动) yíjū, 迁徙 (动) qiānxǐ: *a bird of ~* 候鸟 hòuniǎo (到处漂泊的人 dàochù piāobó de rén) (5) 段 (量) duàn, 节 (量) jié, 一段文章 yíduàn wénzhāng: *a ~ in the text* 课文中的一段 kèwénzhōng de yíduàn / *a reading ~* 一段阅读材料 yíduàn yuèdú cáiliào

passbook *n* 银行存折 yínháng cúnzhé

passenger *n* 乘客 (名) chéngkè, 旅客 (名) lǚkè: *a ~ on a train* 火车上的一位乘客 huǒchēshang de yíwèi chéngkè / *a ~ plane* 一架客机 yíjià kèjī // *a ~ car* 客车 kèchē; 轿车 jiàochē / *a ~ liner* 班轮 bānlún; 班机 bānjī

passer-by *n* 行人 (名) xíngrén, 过路者 (名) guòlùzhě

passion *n* (1) 热情 (名) rèqíng; 感情 (名) gǎnqíng: *a burning ~* 激情 jīqíng (2) 爱好 (名、动) àihào (3) 暴怒 (形) bàonù, 大怒 dànù

passionate *adj* 热情 (形) rèqíng; 热烈

(形) rèliè; 激昂 (形) jī'áng

passionately *adv* 热情地 rèqíng de; 深情地 shēnqíng de

passive *adj* (1) 被动 (形) bèidòng: *put the opponents in a ~ position* 使对手陷入被动地位 shǐ duìshǒu xiànrù bèidòng dìwèi / *the ~ voice* 被动语态 bèidòng yǔtài (2) 消极 (形) xiāojí: *resistance* 消极抵抗 xiāojí dǐkàng

passport *n* (1) 护照 (名) hùzhào (2) 保障 (名) bǎozhàng, 途径 (名) tújìng

past I *adj* (1) 过去的 guòqù de: *the ~ tense* 过去时态 guòqù shítài / *for the ~ few days* 过去几天 guòqù jǐtiān (2) 前任 (名) qiánrèn: *a ~ president* 前任主席 qiánrèn zhǔxí II *n* 过去 (名) guòqù; 过去的事 guòqù de shì, 历史 (名) lìshǐ: *in the ~* 在过去 zài guòqù III *prep* 过 (动) guò, 超过 (动) chāoguò IV *adv* 过 (动) guò

paste I *n* (1) 酱 (名) jiàng; 糊 (名) hù: *bean ~* 豆瓣酱 dòubànjiàng / *tooth ~* 牙膏 yágāo (2) 浆糊 (名) jiànghu, 面糊 (名) miànhu: *a bottle of ~* 一瓶浆糊 yìpíng jiànghu II *v* 贴 (动) tiē, 糊 (动) hú: ~ *paper over a window* 用纸糊窗子 yòng zhǐ hú chuāngzi

pasteurize *v* 消毒 xiāodú, 灭菌 mièjūn

pastime *n* 消遣 (动) xiāoqiǎn; 娱乐 (名) yúlè

pastry *n* (1) (制作糕点用的) 面糊 (名) (zhìzuò gāodiǎn yòng de) miànhù (2) 糕点 (名) gāodiǎn, 糕饼 (名) gāobǐng

pasture I *n* 牧场 (名) mùchǎng, 草场 (名) cǎochǎng II *v* 放牧 (动) fàngmù; 吃草 chī cǎo

pat I *n* 轻拍 qīng pāi, 轻打 qīng dǎ II *v* 轻拍 qīng pāi, 轻打 qīng dǎ

patch I *n* (1) 补丁 (名) bǔdīng (2) 小块地 xiǎokuàidì: *a potato ~* 一小块土豆地 yìxiǎokuài tǔdòudì (3) 斑 (名) bān, 斑点 (名) bāndiǎn II *v* (1) 补 (动) bǔ, 修补 (动) xiūbǔ (2) 平息 (动) píngxī // *not a ~ on* …比…差

得多 bǐ…chàdeduō

patent I *adj* (1) 专利的 zhuānlì de; 获得专利权保护的 huòdé zhuānlìquán bǎohù de; 特许的 tèxǔ de: *a ~ right* 专利权 zhuānlìquán / *~ medicines* 专卖药 zhuānmàiyào / *letters ~* 专利证 zhuānlìzhèng (2) 首创的 shǒuchuàng de; 新颖 (形) xīnyǐng, 与众不同 yǔzhòng bù tóng: *a ~ notion* 独特的见解 dútè de jiànjiě / *a ~ device* 巧计 qiǎojì (3) 显著 (形) xiǎnzhù, 明显 (形) míngxiǎn II *n* 专利权 (名) zhuānlìquán; 专利证 (名) zhuānlìzhèng III *v* 取得专利权 qǔdé zhuānlìquán

paternal *adj* (1) 父亲的 fùqin de; 像父亲的 xiàng fùqin de (2) 父方的 fùfāng de, 父系的 fùxì de: *her ~ grandmother* 她的祖母 tā de zǔmǔ

path *n* (1) 路 (名) lù, 小道 (名) xiǎodào: *garden ~s* 花园路 huāyuánlù / *a ~ up the mountain* 上山的路 shàng shān de lù (2) 跑道 (名) pǎodào; 轨道 (名) guǐdào: *a cinder ~* 煤渣跑道 méizhā pǎodào / *the ~ of a planet* 行星运转轨道 xíngxīng yùnzhuàn guǐdào (3) 道路 (名) dàolù, 途径 (名) tújìng // *cross sb.'s ~* 遇到某人 yùdào mǒurén

pathetic *adj* (1) 可怜 (形) kělián, 悲哀 (形) bēi'āi, 悲惨 (形) bēicǎn: *a ~ sight* 悲惨的景象 bēicǎn de jǐngxiàng / *~ ignorance* 可怜的无知 kělián de wúzhī (2) 无用的 wúyòng de; 不成功的 bù chénggōng de

pathos *n* 引起怜悯和同情的因素 yǐnqǐ liánmǐn hé tóngqíng de yīnsù; 怜悯 (动) liánmǐn, 同情 (动) tóngqíng: *~ in a novel* 小说中引起人们悲痛和怜悯的情节 xiǎoshuōzhōng yǐnqǐ rénmen bēitòng hé liánmǐn de qíngjié

patience *n* 忍耐 (动) rěnnài; 耐心 (名) nàixīn // *be out of ~ with* 对…忍耐不住 duì…rěnnài bú zhù / *have no ~ with* 不能容忍 bùnéng róngrěn

patient I *adj* 耐心 (形) nàixīn; 忍耐 (动) rěnnài II *n* 病人 (名) bìngrén

patiently *adv* 耐心地 nàixīn de

patriarch *n* 家长 (名) jiāzhǎng; 族长 (名) zúzhǎng

patriarchal *adj* 家长的 jiāzhǎng de; 族长的 zúzhǎng de; 主教的 zhǔjiào de: *a ~ society* 宗法社会 zōngfǎ shèhuì

patriot *n* 爱国者 (名) àiguózhě, 爱国人士 àiguó rénshì

patriotic *adj* 爱国的 àiguó de, 有爱国热忱的 yǒu àiguó rèchén de: *~ feeling* 爱国心 àiguóxīn / *~ overseas Chinese* 爱国华侨 àiguóhuáqiáo

patriotism *n* 爱国主义 (名) àiguózhǔyì; 爱国精神 àiguó jīngshén, 爱国心 àiguóxīn: *arouse ~* 激起爱国心 jīqǐ àiguóxīn

patrol I *n* (1) 巡逻 (动) xúnluó, 巡查 (动) xúnchá (2) 巡逻兵 (名) xúnluóbīng; 巡逻队 (名) xúnluóduì; 搜索队 (名) sōusuǒduì II *v* 巡逻 (动) xúnluó, 巡查 (动) xúnchá; 搜索 (动) sōusuǒ // *a ~ boat* 巡逻艇 xúnluótǐng / *a ~ dog* 警犬 jǐngquǎn / *a ~ escort* 护卫舰 hùwèijiàn

patron *n* (1) 资助人 zīzhùrén; 赞助者 (名) zànzhùzhě; 恩人 (名) ēnrén, 施主 (名) shīzhǔ (2) 保护神 (名) bǎohùshén (3) 经常的顾客 jīngcháng de gùkè, 老主顾 lǎozhǔgù

patronage *n* (1) 庇护 (动) bìhù, 保护 (动) bǎohù; 赞助 (动) zànzhù, 资助 (动) zīzhù (2) 光顾 (动) guānggù, 惠顾 (动) huìgù; 顾客 (名) gùkè

patronize *v* (1) 庇护 (动) bìhù, 保护 (动) bǎohù; 资助 (动) zīzhù, 赞助 (动) zànzhù (2) 光顾 (动) guānggù, 惠顾 (动) huìgù (3) 以恩人自居 yǐ ēnrén zìjū; 自以为高明 zì yǐwéi gāomíng; 表现出高人一等的样子 biǎoxiànchū gāo rén yìděng de yàngzi

patronizing *adj* 高人一等的 gāorén yìděng de, 自命为恩人的 zìmìng wéi ēnrén de; 屈尊俯就的 qūzūn fǔjiù de; 神气十足的 shénqìshízú de

pattern I *n* (1) 样板 (名) yàngbǎn, 模

范（名）mófàn；典范（名）diǎnfàn
(2) 模型（名）móxíng；式样（名）
shìyàng，样儿（名）yàngr：*a sentence
~ 句型* jùxíng / *shoe ~s* 鞋样儿
xiéyàngr / *clothes in different ~s* 各
种式样的服装 gèzhǒng shìyàng de
fúzhuāng (3) 花纹（名）huāwén；图
案（名）tú'àn；方式（名）fāngshì：*a
dress ~* 衣服图样 jīfu túyàng / *the ~
of economic development* 经济发展的
方式 jīngjì fāzhǎn de fāngshì / *new
~s of family life* 新型的家庭生活
xīnxíng de jiātíng shēnghuó **II** *v* 仿照
（动）fǎngzhào：*a dress ~ed upon a
Paris model* 一件仿照巴黎式样做的衣
服 yíjiàn fǎngzhào Bālí shìyàng zuò de
yīfu

pause **I** *n* 停顿（动）tíngdùn；中止
（动）zhōngzhǐ **II** *v* 停止（动）tíngzhǐ，
停顿（动）tíngdùn

pave *v* 铺（动）pū，筑（动）zhù；铺设
（动）pūshè // *~ the way for (to)* 为
…铺平道路 wèi…pūpíng dàolù，为…
做好准备 wèi…zuòhǎo zhǔnbèi

pavement *n* 人行道（名）rénxíngdào

pavilion *n* 大帐篷 dàzhàngpeng；亭子
（名）tíngzi；阁楼（名）gélóu；馆（名）
guǎn

paw **I** *n* 脚爪（名）jiǎozhǎo，爪子
（名）zhuǎzi **II** *v* (1) 抓（动）zhuā，扒
（动）bā (2) 搔 sāo；摸弄（动）
mōnòng；乱抓 luànzhuā

pawn **I** *v* 当（动）dàng，典（动）diǎn；
抵押（动）dǐyā **II** *n* (1) 当（动）
dàng；典（动）diǎn；抵押（动）dǐyā：
take a necklace out of ~ 把一条项链
赎出来 bǎ yìtiáo xiàngliàn shúchulai
(2) 典当物（名）diǎndàngwù；抵押品
（名）dǐyāpǐn；人质（名）rénzhì：*re-
deem a ~* 赎当 shúdàng

pawnbroker *n* 当铺老板 dàngpù lǎobǎn

pawnshop *n* 当铺（名）dàngpù

pay **I** *v* (1) 支付（动）zhīfù；付（动）
fù：~ *by cash* 用现金支付 yòng
xiànjīn zhīfù (2) 还债 huánzhài (3) 值
得（动）zhíde，上算（形）shàngsuàn；

有好处 yǒu hǎochu，划得来 huá de lái
(4) 给予（动）jǐyǔ；进行（动）jìnxíng
(5) 付出代价 fùchū dàijià；给以报酬
gěiyǐ bàochóu **II** *n* 工资（名）gōngzī，
薪金（名）xīnjīn：*draw one's ~* 领工
资 lǐng gōngzī / *full ~* 全薪 quánxīn
/ *take-home ~* 实得工资 shídé gōngzī
// *~ back* (1) 偿付 chángfù，还钱
huánqián (2) 报答 bàodá / *~ off* 付
清工资后解雇 fùqīng gōngzī hòu jiěgù

pay-day *n* 发薪日 fāxīnrì，发工资日
fāgōnzīrì

payment *n* (1) 支付（动）zhīfù；支付
的款项 zhīfù de kuǎnxiàng：*a cheque
in ~ for rent* 付房租的支票 fù fángzū
de zhīpiào / *~ by instalment* 分期付
款 fēnqī fùkuǎn (2) 报偿（动）
bàocháng，报酬（名）bàochóu；酬谢
（动）chóuxiè

payroll *n* 工资名单 gōngzī míngdān，
工资表 gōngzībiǎo

pea *n* 豌豆（名）wāndòu：*new ~s* 新
鲜的豌豆 xīxiān de wāndòu / *green
~s* 青豆 qīngdòu // *as like as two ~s*
一模一样 yìmúyíyàng

peace *n* (1) 和平（名）hépíng；和平时
期 hépíng shíqī (2) 和约（名）héyuē：
the P~ of Paris 巴黎和约 Bālí Héyuē
(3) 治安（名）zhì'ān，秩序（名）
zhìxù：*keep the ~* 维持治安 wéichí
zhì'ān / *break the ~* 破坏和平，扰乱
治安 pòhuài hépíng，rǎoluàn zhì'ān
(4) 平静（形）píngjìng，安宁（形）
ānníng (5) 和睦（形）hémù：*domestic
~* 家庭和睦 jiātíng hémù / *live to-
gether in ~* 和睦相处 hémù xiāngchǔ
// *at ~* 处于和平状态 chǔyú hépíng
zhuàngtài；死了 sǐle / *at ~ with* 同
…和好 tóng…héhǎo / *make ~ be-
tween* 使…和解 shǐ…héjiě

peaceable *adj* 温和（形）wēnhé，平和
（形）pínghé；息事宁人的 xīshìníngrén
de；安静（形）ānjìng

peaceful *adj* (1) 平静（形）píngjìng；
安宁（形）ānníng；温和（形）wēnhé：
a ~ evening 宁静的夜晚 níngjìng de

yèwǎn / a ~ person 性情温和的人 xìngqíng wēnhé de rén（2）和平的 hépíng de, 太平（形）tàipíng；爱好和平 的 àihào hépíng de: by ~ means 用和 平手段 yòng hépíng shǒuduàn / a ~ nation 爱好和平的国家 àihào hépíng de guójiā // ~ co-existence 和平共处 hépíng gòngchǔ

peace-loving adj 爱好和平的 àihào hépíng de

peacemaker n 调解人（名）tiáojiěrén, 和事佬（名）héshìlǎo

peacetime n 和平时期 hépíng shíqī

peach n（1）桃（名）táo, 桃子（名） táozi, 蜜桃（名）mìtáo: newly gathered ~es 新摘的桃子 xīn zhāi de táozi（2）桃色（名）táosè, 桃红色（名） táohóngsè

peacock n 孔雀（名）kǒngquè；雄孔雀 （名）xióngkǒngquè: a ~ in his pride 开屏的孔雀 kāipíng de kǒngquè

peak I n（1）山顶（名）shāndǐng, 巅 （名）diān, 山峰（名）shānfēng: snow-covered ~s 白雪覆盖的山峰 báixuě fùgài de shānfēng（2）最高点 zuì gāodiǎn, 高峰（名）gāofēng, 顶端 （名）dǐngduān: the ~ of production 最高产量 zuì gāo chǎnliàng / reach a new ~ 达到新的高度 dádào xīn de gāodù（3）尖端（名）jiānduān, 尖儿 （名）jiānr: the ~s of a roof 屋顶端 wūdǐngduān II adj 最高的 zuì gāo de, 高峰的 gāofēng de: the ~ output 最 高产量 zuìgāo chǎnliàng III v 达到最 高点 dádào zuìgāodiǎn, 达到高峰 dádào gāofēng

peal I n（1）钟声 zhōngshēng；钟乐 （名）zhōngyuè: a joyful ~ of bells 欢 快的钟声 huānkuài de zhōngshēng（2） 一组钟 yìzǔ zhōng；编钟（名） biānzhōng（3）洪亮的响声 hóngliàng de xiǎngshēng, 隆隆声 lónglóngshēng II v 鸣响（动）míngxiǎng；发出大的 声响 fāchū dà de shēngxiǎng

peanut n 花生（名）huāshēng；花生米 （名）huāshēngmǐ: roasted ~s 炒花生

chǎo huāshēng // ~ butter 花生酱 huāshēngjiàng

pear n 梨（名）lí

pearl n 珍珠（名）zhēnzhū, 珠子（名） zhūzi // P~ Harbour 珍珠港 Zhēnzhūgǎng / the P~ River 珠江 Zhūjiāng

peasant n 农民（名）nóngmín: a ~ uprising 农民起义 nóngmín qǐyì

pebble n 石子（名）shízǐ；鹅卵石（名） éluǎnshí: small ~s on the beach 海滩 上的小石子 hǎitānshang de xiǎo shízǐ

peck v（1）啄（动）zhuó, （动）qiān（2）凿（动）záo；刨（动）páo；连续 敲击 liánxù qiāojī（3）一点儿一点儿 地吃 yìdiǎnr yìdiǎnr de chī；吃（动） chī

peculiar adj（1）特有的 tèyǒu de, 独 具的 dújù de（2）特殊（形）tèshū, 特 别（形）tèbié: a matter of ~ interest 具有特殊意义的事情 jùyǒu tèshū yìyì de shìqíng（3）奇怪（形）qíguài；罕见 （形）hǎnjiàn

peculiarity n 特性（名）tèxìng；特色 （名）tèsè；怪癖（名）guàipǐ；不寻常 的事 bù xúncháng de shì

pedagogic adj 教学法的 jiàoxuéfǎ de；教师的 jiàoshī de

pedagogy n 教学法（名）jiàoxuéfǎ；教 育学（名）jiàoyùxué: language ~ 语 言教学法 yǔyán jiàoxuéfǎ

pedal I n 脚蹬子（名）jiǎodēngzi, 踏板 （名）tàbǎn: the ~s of a piano 钢琴 的踏板 gāngqín de tàbǎn II v 骑自行 车 qí zìxíngchē；踩···的踏板 cǎi··· de tàbǎn: ~ a bicycle 骑自行车 qí zìxíngchē

pedant n（1）卖弄学问的人 màinòng xuéwèn de rén；空谈家（名） kōngtánjiā（2）迂腐的人 yūfǔ de rén；书呆子（名）shūdāizi；学究（名） xuéjiū

pedantic adj 卖弄学问的 màinòng xuéwèn de；迂腐（形）yūfǔ；学究式的 xuéjiūshì de

peddle v（1）沿街叫卖 yánjiē jiàomài

(2）兜售（动）dōushòu，传播（动）chuánbō：_gossip_ 传播流言蜚语 chuánbō liúyánfēiyǔ

pedestal _n_（1）柱脚（名）zhùjiǎo；垫座（名）diànzuò，底座（名）dǐzuò（2）基础（名）jīchǔ（3）受人尊敬的地位 shòurén zūnjìng de dìwèi

pedlar _n_ 小贩（名）xiǎofàn，商贩（名）shāngfàn，货郎（名）huòláng

peel I _v_（1）剥皮 bāopí，削皮 xiāopí（2）剥落 bōluò II _n_ 果皮（名）guǒpí；蔬菜皮 shūcàipí：_banana_ ～ 香蕉皮 xiāngjiāopí

peep I _n_ 偷看 tōukàn，窥探（动）kuītàn；一瞥 yìpiē II _v_ 偷看 tōukàn，窥视（动）kuīshì

peeper _n_ 窥视者（名）kuīshìzhě

peep-hole _n_ 窥视孔 kuīshìkǒng，门镜 ménjìng

peer[1] _v_ 注视（动）zhùshì，凝视（动）níngshì，盯着看 dīngzhe kàn

peer[2] _n_（1）（地位、品质、年龄等方面）相等的人（dìwèi，pǐnzhì，niánlíng děng fāngmiàn）xiāngděng de rén（2）贵族（名）guìzú

peg I _n_ 钉（名）dīng；拴（名）shuān；短桩 duǎnzhuāng：_a hat_ ～ 挂帽钉 guàmàodīng / _a tent_ ～ 系帐篷的桩子 jì zhàngpeng de zhuāngzi II _v_（1）用木钉钉 yòng mùdīng dìng；用短桩固定 yòng duǎnzhuāng gùdìng（2）固定（动）gùdìng；限制（动）xiànzhì，限定（动）xiàndìng // ～ _away_ 坚持不懈地工作 jiānchí búxiè de gōngzuò

pelican _n_ 塘鹅（名）táng'é

pelvis _n_ 骨盆（名）gǔpén：_a narrow_ ～ 窄小的骨盆 zhǎixiǎo de gǔpén

pen[1] I _n_（1）笔（名）bǐ；钢笔（名）gāngbǐ，自来水笔（名）zìláishuǐbǐ：_a_ ～ 一支蘸水笔 yìzhī zhànshuǐbǐ / _a ballpoint_ ～ 一支圆珠笔 yìzhī yuánzhūbǐ / _a_ ～ _friend_ 笔友 bǐyǒu / _a_ ～ _knife_ 铅笔刀 qiānbǐdāo / _one's_ ～ _name_ 笔名 bǐmíng / _a slip of the_ ～ 笔误 bǐwù（2）笔法（名）bǐfǎ：_a sharp_ ～ 锋利的笔调 fēnglì de bǐdiào /

make a living with one's ～ 以写作为生 yǐ xiězuò wéi shēng II _v_ 写（动）xiě，书写（动）shūxiě，用钢笔写 yòng gāngbǐ xiě：～ _a letter_ 写信 xiěxìn // _put_ ～ _to paper_ 着手写 zhuóshǒu xiě，动笔 dòngbǐ

pen[2] I _n_ 圈（名）juàn，栅栏（名）zhàlan：_a sheep_ ～ 羊圈 yángjuàn / _a cattle_ ～ 牛栏 niúlán / _herd the sheep into the_ ～_s_ 把羊群赶到圈里 bǎ yángqún gǎndào juànli II _v_ 圈起来 juānqilai

penalty _n_ 处罚（动）chǔfá，惩罚（动）chéngfá；刑罚（名）xíngfá

pencil I _n_ 铅笔（名）qiānbǐ：_a red_ ～ 一支红铅笔 yìzhī hóng qiānbǐ / _an eyebrow_ ～ 眉笔 méibǐ II _v_ 用铅笔写 yòng qiānbǐxiě；画（动）huà // ～ _case_ 铅笔盒 qiānbǐhé / ～ _sketch_ 铅笔画 qiānbǐhuà；草图 cǎotú

pendulum _n_（钟表的）摆（名）（zhōngbiǎo de）bǎi：_a simple_ ～ 单摆 dānbǎi

penetrate _v_（1）刺入 cìrù；透过 tòuguò（2）看穿 kànchuān，识破 shípò（3）弥漫（动）mímàn，充满（动）chōngmǎn

penetrating _adj_（1）穿透的 chuāntòu de；贯穿的 guànchuān de；渗透的 shèntòu de：_a_ ～ _gas_ 渗透性毒气 shèntòuxìng dúqì（2）锐利（形）ruìlì，深邃（形）shēnsuì，有洞察力的 yǒu dòngchálì de：_a_ ～ _question_ 发人深省的问题 fārénshēnxǐng de wèntí（3）响亮（形）xiǎngliàng，尖声的 jiānshēng de

penetration _n_（1）穿入 chuānrù，穿透 chuāntòu；渗透（动）shèntòu；侵入（动）qīnrù：_Japan's commercial_ ～ _of Latin America_ 日本商品打入拉丁美洲 Rìběn shāngpǐn dǎrù Lādīngměizhōu / _economic_ ～ 经济渗透 jīngjì shèntòu（2）尖锐（形）jiānruì；洞察力（名）dòngchálì

penguin _n_ 企鹅（名）qǐ'é

penholder _n_ 笔杆（名）bǐgǎn；笔架

（名）bǐjià

penicillin n 青霉素（名）qīngméisù, 盘尼西林（名）Pánníxīlín: an injection of ~ 一针青霉素 yìzhēn qīngméisù

peninsula n 半岛（名）bàndǎo: the Shandong ~ 山东半岛 Shāndōng bàndǎo

penis n 阴茎（名）yīnjīng

penny n 便士（名）biànshì // a pretty ~ 一大笔钱 yídàbǐ qián

pension I n 养老金（名）yǎnglǎojīn; 退休金（名）tuìxiūjīn; 抚恤金（名）fúxùjīn: retire on a ~ 退休领取养老金 tuìxiū lǐngqǔ yǎnglǎojīn II v 给予抚恤或养老金 jǐyǔ fúxù huò yǎnglǎojīn: ~ sb. off 让某人退休 ràng mǒurén tuìxiū

pensioner n 领取抚恤或养老金的人 lǐngqǔ fúxù huò yǎnglǎojīn de rén

pensive adj 沉思的 chénsī de; 忧郁（形）yōuyù: a ~ look 沉思的样子 chénsī de yàngzi

pentagon n 五边形（形）wǔbiānxíng, 五角形（名）wǔjiǎoxíng: a regular ~ 正五边形 zhèngwǔbiānxíng / the P~ 五角大楼（美国国防部）Wǔjiǎodàlóu（Měiguó guófángbù）

people n（1）人民（名）rénmín, 老百姓（名）lǎobǎixìng: the broad masses of the ~ 广大人民群众 guǎngdà rénmín qúnzhòng / the common ~ 平民百姓 píngmín bǎixìng / serve the ~ 为人民服务 wèi rénmín fúwù（2）种族（名）zhǒngzú; 民族（名）mínzú: a brave ~ 一个勇敢的民族 yíge yǒnggǎn de mínzú（3）人们（名）rénmen, 人（名）rén（4）家里的人 jiālǐ de rén（5）人员（名）rényuán: the Customs house ~ 海关人员 hǎiguān rényuán

pepper n 胡椒（名）hújiāo, 胡椒面 hújiāomiàn: black ~ 黑胡椒 hēihújiāo / white ~ 白胡椒 báihújiāo

peppermint n（1）胡椒薄荷 hújiāo bòhe; 薄荷（名）bòhe（2）薄荷糖（名）bòhetáng: a bag of ~s 一袋薄

荷糖 yídài bòhetáng（3）薄荷油（名）bòheyóu

peppery adj（1）有胡椒味儿的 yǒu hújiāo wèir de, 加胡椒的 jiā hújiāo de, 辣（形）là（2）爱发脾气的 ài fā píqi de, 急性子 jíxìngzi: a ~ old general 一位急性子的老将军 yíwèi jíxìngzi de lǎo jiāngjun

per prep（1）经（动）jīng, 由（介）yóu: ~ post 经邮局 … jīng yóujú … / ~ rail 由铁路 … yóu tiělù …（2）每（代）měi: cotton yield ~ mu 每亩棉花产量 měimǔ miánhua chǎnliàng（棉花亩产量 miánhua mǔchǎnliàng）/ an average of 2 children ~ family 每个家庭平均两个孩子 měige jiātíng píngjūn liǎngge háizi // ~ annum 每年 měinián / ~ capita 每人 měirén; 按人计算 àn rén jìsuàn

perceive v 看出 kànchū; 察觉（动）chájué

percent n 百分之 …bǎifēn zhī …

percentage n（1）百分数（名）bǎifēnshù, 百分比（名）bǎifēnbǐ: mortality ~ 死亡率 sǐwánglǜ（2）比例（名）bǐlì; 部分（名）bùfen: the ~ of expenses to gross receipts 支出和总收入的比例 zhīchū hé zǒngshōurù de bǐlì

perceptible adj 感觉得到的 gǎnjué de dào de, 可以察觉的 kěyǐ chájué de; 看得出来的 kàn de chūlái de

perception n（1）感觉（名）gǎnjué, 知觉（名）zhījué: sense ~ 知觉 zhījué（感觉 gǎnjué）/ visual ~ 视觉 shìjué / a person of keen ~ 感觉敏锐的人 gǎnjué mǐnruì de rén（2）洞察力（名）dòngchálì, 理解力（名）lǐjiělì: a person of great ~ 理解力很强的人 lǐjiělì hěn qiáng de rén

perch I n（1）栖木（名）qīmù, 横条（名）héngtiáo（2）休息处（名）xiūxichù; 高位 gāowèi; 有利地位 yǒulì dìwèi II v 栖息（动）qīxī, 停歇（动）tíngxiē; 坐在高处 zuòzài gāochù; 位于 wèiyú // come off one's ~ 不再

骄傲自大 bú zài jiāo'àozìdà

percolate v (1) 滤 (动) lù, 筛 (动) shāi, 渗滤 (动) shènlù; 渗透 (动) shèntòu: ~ *powder through a sieve* 用筛子筛粉末 yòng shāizi shāi fěnmò (2) (用渗滤壶) 煮 (咖啡) (yòng shènlùhú) zhǔ (kāfēi)

percolator n 咖啡渗滤壶 (名) kāfēi shènlùhú; 过滤器 (名) guòlùqì: *a coffee* ~ 咖啡壶 kāfēihú

percussion n (1) 撞击 (动) zhuàngjī, 打击 (动) dǎjī (2) 打击乐 (名) dǎjīyuè; 撞击声 zhuàngjīshēng

perennial I adj (1) 多年生的 duōniánshēng de (2) 连续不断的 liánxùbúduàn de; 长时间的 cháng shíjiān de (3) 终年的 zhōngnián de, 全年的 quánnián de: *peaks covered with* ~ *snow* 常年积雪的山峰 chángnián jīxuě de shānfēng II n 多年生植物 duōniánshēng zhíwù

perfect I adj (1) 完美 (形) wánměi; 极好的 jí hǎo de; 理想 (形) lǐxiǎng (2) 完全 (形) wánquán; 全然 (副) quánrán (3) 完成的 wánchéng de: *the* ~ *tense* 完成时态 wánchéng shítài II v 改善 (动) gǎishàn; 使熟练 shǐ shúliàn: ~ *one's piano technique* 提高弹钢琴的技巧 tígāo tán gāngqín de jìqiǎo

perfection n 完美无缺 wánměiwúquē, 尽善尽美 jìnshànjìnměi, 十全十美 shíquánshíměi

perfectly adv (1) 很好地 hěn hǎo de; 完美地 wánměi de (2) 完全 (形) wánquán; 十分 (副) shífēn

perform v (1) 做 (动) zuò; 完成 (动) wánchéng; 执行 (动) zhíxíng, 履行 (动) lǚxíng (2) 演出 (动) yǎnchū; 表演 (动) biǎoyǎn; 演奏 (动) yǎnzòu

performance n (1) 执行 (动) zhíxíng, 履行 (动) lǚxíng; 完成 (动) wánchéng (2) 表演 (名) biǎoyǎn; 演出 (名) yǎnchū: 2 ~*s a day* 一天两场演出 yìtiān liǎngchǎng yǎnchū

performer n 演奏者 (名) yǎnzòuzhě;

执行者 (名) zhíxíngzhě

perfume n (1) 香味儿 (名) xiāngwèir, 芳香 (形) fāngxiāng (2) 香水儿 (名) xiāngshuǐr; 香料 (名) xiāngliào: *a* ~ *obtained from flowers* 从花中提取的香料 cóng huāzhōng tíqǔ de xiāngliào

perfunctory adj 敷衍塞责的 fūyǎnsèzé de; 草率从事 cǎoshuài cóngshì, 马马虎虎的 mǎmǎhūhū de

perhaps adv 也许 (副) yěxǔ, 可能 (助动) kěnéng; 大概 (副) dàgài

peril n 危险 (形) wēixiǎn, 风险 (名) fēngxiǎn, 危害物 (名) wēihàiwù

perilous adj 危险 (形) wēixiǎn; 冒险的 màoxiǎn de

perimeter n (1) 周 (名) zhōu; 界 (名) jiè, 边界线 (名) biānjièxiàn: *the* ~ *of the city* 城市的边界 chéngshì de biānjiè (2) 周长 (名) zhōucháng: *the chest* ~ 胸围 xiōngwéi

period n (1) 时期 (名) shíqī; 期间 (名) qījiān: *the Elizabethan* ~ *of English history* 英国历史上伊丽莎白女王时期 Yīngguó lìshǐshang Yīlìshābái nǚwáng shíqī (2) 学时 (名) xuéshí, 课时 (名) kèshí (3) 句号 (名) jùhào

periodical I adj 定期的 dìngqī de; 周期的 zhōuqī de; 间歇的 jiànxiē de: ~ *attacks of fever* 周期性的发烧 zhōuqīxìng de fāshāo / ~ *publications* 期刊 qīkān II n 期刊 (名) qīkān, 杂志 (名) zázhì: *a weekly* ~ 一份周刊 yīfèn zhōukān

perish v (1) 死亡 (动) sǐwáng, 灭亡 (动) mièwáng; 毁坏 (动) huǐhuài, 毁灭 (动) huǐmiè (2) 损坏 (动) sǔnhuài, 变质 biànzhì

perishable adj 容易腐烂的 róngyì fǔlàn de, 容易坏的 róngyì huài de: ~ *foods* 容易腐烂的食物 róngyì fǔlàn de shíwù

perjure v 作伪证 zuò wěizhèng

perjury n 假誓 (名) jiǎshì; 伪证 (名) wěizhèng; 伪证罪 wěizhèngzuì: *commit* ~ 犯伪证罪 fàn wěizhèngzuì

perm I n 烫发 tàngfà; 电烫 (动)

diàntàng **II** *v* 烫发 tàng fà, 烫头 tàngtóu: *a man with ~ed hair* 一个烫了头的男人 yíge tàngle tóu de nánrén

permanent *adj* 永久（形）yǒngjiǔ, 持久（形）chíjiǔ; 常设（形）chángshè: *a ~ committee* 常设委员会 chángshè wěiyuánhuì / *a ~ wave* 烫发 tàngfà

permeate *v* 渗入 shènrù, 透过（动）tòuguò; 弥漫（动）mímàn, 充满（动）chōngmǎn

permission *n* 允许（动）yǔnxǔ, 许可（动）xǔkě, 同意（动）tóngyì: *ask for ~* 请求同意 qǐngqiú tóngyì

permit **I** *v* 允许（动）yǔnxǔ, 许可（动）xǔkě **II** *n* 许可（动）xǔkě; 许可证（名）xǔkězhèng // *foreign resident ~* 外国人居留证 wàiguórén jūliú zhèng

perpendicular **I** *adj* 垂直的 chuízhí de, 成直角的 chéng zhíjiǎo de; 陡峭（形）dǒuqiào: *a ~ cliff* 绝壁 juébì **II** *n* 垂直（动）chuízhí

perpetual *adj* （1）永远（副）yǒngyuǎn; 永久（形）yǒngjiǔ, 永恒（形）yǒnghéng（2）不停的 bùtíng de, 不断的 búduàn de: *~ motion* 不停的运动 bùtíng de yùndòng

perplex *v* 困惑（形）kùnhuò; 难住 nánzhù

perplexed *adj* （1）困惑（形）kùnhuò, 茫然（形）mángrán: *a ~ look* 困惑的神态 kùnhuò de shéntài（2）复杂（形）fùzá, 难办的 nánbàn de: *a ~ question* 一个错综复杂的问题 yíge cuòzōngfùzá de wèntí

perplexity *n* （1）困惑（形）kùnhuò, 迷惘（形）míwǎng: *a matter of ~* 一桩令人迷惑不解的事 yìzhuāng lìng rén míhuòbùjiě de shì（2）使人迷惑不解的事 shǐ rén míhuòbùjiě de shì, 疑团（名）yítuán, 疑难（形）yínán: *clear up perplexities* 解开疑团 jiěkāi yítuán

persecute *v* （1）迫害（动）pòhài, 残害（动）cánhài（2）困扰（动）kùnrǎo; 为难（动）wéinán

perseverance *n* 坚持（动）jiānchí, 坚忍不拔 jiānrěnbùbá; 毅力（名）yìlì

persevere *v* 坚持（动）jiānchí, 不屈不挠 bùqūbùnáo: *~ to the end* 坚持到底 jiānchí dàodǐ

Persian **I** *n* 波斯人 Bōsīrén; 波斯语（名）Bōsīyǔ **II** *adj* 波斯的 Bōsī de; 波斯人的 Bōsīrén de; 波斯语的 Bōsīyǔ de: *the ~ Gulf* 波斯湾 Bōsīwān（阿拉伯湾 Ālābówān）/ *the ~ Gulf States* 海湾国家 hǎiwān guójiā

persimmon *n* 柿子（名）shìzi; 柿子树（名）shìzishù

persist *v* （1）坚持（动）jiānchí; 固执（形）gùzhí（2）继续存在 jìxù cúnzài, 存留 cúnliú

person *n* （1）人（名）rén; 人物（名）rénwù（2）人身（名）rénshēn; 身体（名）shēntǐ: *freedom of the ~* 人身自由 rénshēn zìyóu（3）人称（名）rénchēng: *the first ~* 第一人称 dìyī rénchēng / *the second ~* 第二人称 dì'èr rénchēng // *in ~* 亲自 qīnzì / *in the ~ of* … 代表 … dàibiǎo …

personage *n* （1）要人（名）yàorén, 名流（名）míngliú, 显贵（名）xiǎnguì（2）个人（名）gèrén; 人士（名）rénshì: *democratic ~s* 民主人士 mínzhǔ rénshì（3）（小说、戏剧中的）人物（名）（xiǎoshuō, xìjù zhōng de）rénwù

personal *adj* （1）个人的 gèrén de; 私人的 sīrén de: *a ~ letter* 私人信件 sīrén xìnjiàn / *a ~ visit* 私人访问 sīrén fǎngwèn / *~ abuse* 人身攻击 rénshēn gōngjī（2）亲自（副）qīnzì: *make a ~ call* 亲自访问 qīnzì fǎngwèn（3）人称（名）rénchēng: *a ~ pronoun* 人称代词 rénchēng dàicí

personality *n* （1）个性（名）gèxìng; 人格（名）réngé; 性格（名）xìnggé; 品质（名）pǐnzhì（2）名人（名）míngrén: *a television ~* 电视明星 diànshì míngxīng // *~ cult* 个人崇拜 gèrén chóngbài

personalize *v* （1）使个人化 shǐ

gèrénhuà；使人格化 shǐ réngéhuà；体现（动）tǐxiàn（2）标出姓名 biāochū xìngmíng：~d luggage 标有姓名的行李 biāo yǒu xìngmíng de xíngli

personally adv 亲自（副）qīnzì；个人（名）gèrén

personnel n（1）全体人员 quántǐ rényuán，全体职工 quántǐ zhígōng：naval ~ 海军人员 hǎijūn rényuán / engineering and technical ~ 工程技术人员 gōngchéng jìshù rényuán（2）人事（名）rénshì：the ~ department 人事部门 rénshì bùmén / ~ manager 负责人事工作的经理 fùzé rénshì gōngzuò de jīnglǐ

perspective n（1）透视（动）tòushì；透视画法 tòushì huàfǎ；透视图（名）tòushìtú（2）正确观察事物的能力 zhèngquè guānchá shìwù de nénglì；眼力（名）yǎnlì：lack ~ 缺乏眼力 quēfá yǎnlì（3）景象（名）jǐngxiàng；观点（名）guāndiǎn；前景（名）qiánjǐng；展望（名）zhǎnwàng

perspiration n 出汗 chūhàn；汗（名）hàn

perspire v 出汗 chūhàn，排汗 páihàn

persuade v（1）说服 shuōfú，劝说（动）quànshuō（2）使相信 shǐ xiāngxìn

persuasion n 说服（动）shuōfú，劝说（动）quànshuō；说服力（名）shuōfúlì

persuasive adj 有说服力的 yǒushuōfúlì de；劝导性的 quàndǎoxìng de：a ~ speaker 一个讲话有说服力的人 yíge jiǎnghuà yǒu shuōfúlì de rén / a ~ manner 劝导的态度 quàndǎo de tàidu

pessimism n 悲观（形）bēiguān；悲观主义（名）bēiguānzhǔyì，厌世主义（名）yànshìzhǔyì

pessimist n 悲观者（名）bēiguānzhě，悲观主义者（名）bēiguānzhǔyìzhě

pessimistic adj 悲观主义的 bēiguānzhǔyì de，悲观（形）bēiguān：take a ~ view 持悲观的看法 chí bēiguān de kànfǎ

pest n（1）害虫（名）hàichóng；害兽

（名）hàishòu；虫害（名）chónghài（2）讨厌的人（或事物）tǎoyàn de rén（huò shìwù）；危害（动）wēihài

pesticide n 杀虫药（名）shāchóngyào

pestilence n 鼠疫（名）shǔyì；瘟疫（名）wēnyì

pet I n 供玩赏的动物 gōng wánshǎng de dòngwù；受宠爱的人（或物）shòu chǒng'ài de rén（huò wù）：a ~ dog 一条供玩赏的狗 yìtiáo gōng wánshǎng de gǒu II adj 亲昵（形）qīnnì；得意（形）déyì：a ~ name 昵称 nìchēng（小名 xiǎomíng）

petal n 花瓣（名）huābàn

petition I n 请愿（动）qǐngyuàn；申请（动）shēnqǐng；请愿书（名）qǐngyuànshū，请求书（名）qǐngqiúshū：a ~ for divorce 离婚申请书 líhūn shēnqǐngshū / a ~ of appeal 上诉书 shàngsùshū II v 向…请愿 xiàng… qǐngyuàn；请求（动）qǐngqiú，祈求（动）qíqiú

petitioner n 请愿人（名）qǐngyuànrén，请求者（名）qǐngqiúzhě

petrol n 汽油（名）qìyóu

petroleum n 石油（名）shíyóu：crude ~ 原油 yuányóu

petticoat n 衬裙（名）chènqún

petty adj（1）小（形）xiǎo，细小（形）xìxiǎo；无关紧要的 wúguānjǐnyào de：~ commodities 小商品 xiǎo shāngpǐn（2）地位低下 dìwèi dīxià：a ~ official 小官吏 xiǎo guānlì

phantom n 幽灵（名）yōulíng，鬼怪（名）guǐguài；阴影（名）yīnyǐng；幻象（名）huànxiàng

pharmaceutical adj 药物的 yàowù de，药用的 yàoyòng de；制药的 zhìyào de：~ botany 药用植物学 yàoyòng zhíwùxué / ~ chemistry 药物化学 yàowù huàxué / a ~ factory 药厂 yàochǎng / a ~ worker 制药工人 zhìyào gōngrén

pharmacist n 药剂师（名）yàojìshī；药商 yàoshāng

pharmacy n（1）制药 zhìyào；配药

pèiyào（2）药房（名）yàofáng，药店（名）yàodiàn：*the hospital* ～ 医院药房 yīyuàn yàofáng（3）备用药品 bèiyòng yàopǐn：*a family* ～ 家庭备用药品 jiātíng bèiyòng yàopǐn

phase I *n*（1）阶段（名）jiēduàn；状态（名）zhuàngtài：*a* ～ *of history* 一个历史阶段 yíge lìshǐ jiēduàn（2）方面（名）fāngmiàn，侧面（名）cèmiàn II *v* 分阶段进行 fēn jiēduàn jìnxíng；按计划进行 àn jìhuà jìnxíng：*a* ～ *d withdrawal* 分阶段地逐步撤出 fēn jiēduàn de zhúbù chèchū // ～ *out* 逐步结束 zhúbù jiéshù，逐步停止 zhúbù tíngzhǐ：～ *out a war* 逐步结束一场战争 zhúbù jiéshù yìcháng zhànzhēng

phenomenon *n*（1）现象（名）xiànxiàng：*the phenomena of nature* 自然界的各种现象 zìránjiè de gèzhǒng xiànxiàng（2）奇迹（名）qíjì；非凡的人 fēifán de rén

philanthropist *n* 慈善家（名）císhànjiā

philanthropy *n* 慈善（形）císhàn；慈善事业 císhàn shìyè

philatelist *n* 集邮家（名）jíyóujiā，集邮者 yíyóuzhě

philately *n* 集邮 jíyóu

philologist *n* 语言学家（名）yǔyánxuéjiā

philology *n* 语言学（名）yǔyánxué：*comparative* ～ 比较语言学 bǐjiào yǔyánxué

philosopher *n* 哲学家（名）zhéxuéjiā；思想家（名）sīxiǎngjiā

philosophical *adj*（1）哲学家的 zhéxuéjiā de，哲学上的 zhéxuéshang de：～ *works* 哲学著作 zhéxué zhùzuò / ～ *thinking* 哲学思想 zhéxué sīxiǎng / *a* ～ *discussion* 哲学讨论 zhéxué tǎolùn（2）镇静（形）zhènjìng；达观（形）dáguān，明理的 mínglǐ de，旷达（形）kuàngdá，豁达大度的 huòdádàdù de

philosophize *v* 推究哲理 tuījiū zhélǐ，进行理论探讨 jìnxíng lǐlùn tàntǎo

philosophy *n*（1）哲学（名）zhéxué；哲学体系 zhéxué tǐxì：*Marxist* ～ 马克思主义哲学 Mǎkèsīzhǔyì zhéxué / *moral* ～ 伦理学 lúnlǐxué / *the* ～ *of Aristotle* 亚里士多德的哲学体系 Yàlǐshìduōdé de zhéxué tǐxì（2）人生观（名）rénshēngguān；处世哲学 chǔshì zhéxué：*a sound* ～ *of life* 健康的人生观 jiànkāng de rénshēngguān（3）哲理（名）zhélǐ

phoenix *n* 凤凰（名）fènghuáng

phone I *n*（1）电话（名）diànhuà（2）电话机（名）diànhuàjī II *v* 打电话 dǎ diànhuà // *mobile* ～ 手机 shǒujī

phonetic *adj* 语音的 yǔyīn de；语音学的 yǔyīnxué de：～ *exercises* 语音练习 yǔyīn liànxí / *the international* ～ *alphabet* 国际音标 guójì yīnbiāo

phonetics *n* 语音学（名）yǔyīnxué；发音学（名）fāyīnxué；发音（名）fāyīn

phosphorus *n* 磷（名）lín；磷光体（名）línguāngtǐ

photocopy I *n* 复印品（名）fùyìnpǐn，复印件（名）fùyìnjiàn II *v* 复印（动）fùyìn

photograph I *n* 照片（名）zhàopiàn，相片（名）xiàngpiàn II *v* 拍照 pāizhào，照相 zhàoxiàng

photographer *n* 摄影师（名）shèyǐngshī

photography *n* 摄影 shèyǐng；摄影术（名）shèyǐngshù；摄影业（名）shèyǐngyè：*colour* ～ 彩色摄影 cǎisè shèyǐng

phrasal *adj* 短语的 duǎnyǔ de：*a* ～ *verb* 动词短语 dòngcí duǎnyǔ（动词词组 dòngcí cízǔ）

phrase I *n*（1）短语（名）duǎnyǔ；词组（名）cízǔ：*a noun* ～ 名词短语 míngcí duǎnyǔ / *a set* ～ 固定词组 gùdìng cízǔ（2）措词 cuòcí；用语（名）yòngyǔ II *v* 措词 cuòcí；描述（动）miáoshù：*a politely* ～ *d refusal* 措词委婉地谢绝 cuòcí wěiwǎn de xièjué

physical *adj*（1）物质的 wùzhì de；有形的 yǒuxíng de：*the* ～ *world* 物质世界 wùzhì shìjiè / ～ *force* 物质力量 wùzhì lìliàng（2）自然界的 zìránjiè de；

自然规律的 zìrán guīlù de：~ *laws* 自然法则 zìrán fǎzé（3）物理的 wùlǐ de：~ *change* 物理变化 wùlǐ biànhuà / ~ *chemistry* 物理化学 wùlǐ huàxué / ~ *therapy* 物理疗法 wùlǐ liáofǎ（理疗 lǐliáo）（4）身体的 shēntǐ de，肉体的 ròutǐ de：~ *examination* 体格检查 tǐgé jiǎnchá / ~ *strength* 体力 tǐlì

physician *n* 内科医生 nèikē yīshēng：*consult a* ~ 请医生看病 qǐng yīshēng kànbìng / *the* ~ *in charge* 主任医生 zhǔrèn yīshēng

physicist *n* 物理学家（名）wùlǐxuéjiā

physics *n* 物理学（名）wùlǐxué，物理（名）wùlǐ：*nuclear* ~ 核物理学 héwùlǐxué / *applied* ~ 应用物理学 yìngyòngwùlǐxué

physiologist *n* 生理学家（名）shēnglǐxuéjiā

physiology *n* 生理学（名）shēnglǐxué：*plant* ~ 植物生理学 zhíwù shēnglǐxué

piano *n* 钢琴（名）gāngqín：*a grand* ~ 一架大钢琴 yìjià dà gāngqín / *an upright* ~ 竖式钢琴 shùshì gāngqín / ~ *player* 钢琴演奏者 gāngqín yǎnzòuzhě

piccolo *n* 短笛（名）duǎndí

pick¹ **I** *v*（1）挖（动）wā；凿（动）záo：*the earth* 挖土 wā tǔ / ~ *holes in stone* 在石头上凿洞 zài shítoushang záo dòng（2）抠（动）kōu；剔（动）tī：~ *meat from a bone* 从骨头上剔肉 cóng gútoushang tī ròu（3）摘（动）zhāi，采（动）cǎi；拔（动）bá：~ *flowers* 采花 cǎi huā / ~ *tea* 采茶 cǎi chá / ~ *a fowl* 拔鸡毛 bá jīmáo（4）挑选（动）tiāoxuǎn，选择（动）xuǎnzé（5）撬开 qiàokāi；扒窃（动）páqiè：~ *a lock* 撬锁 qiào suǒ（6）啄（动）zhuó（7）找碴儿 zhǎochár **II** *n* 选择（动）xuǎnzé，挑选最好的 tiāoxuǎn zuì hǎo de，百里挑一的 bǎilitiāoyī de // ~ *and choose* 挑选 tiāoxuǎn；挑三拣四 tiāosānjiǎnsì，挑挑拣拣 tiāotiāojiǎnjiǎn / ~ *apart* 把···撕成碎片 bǎ··· sīchéng suìpiàn

out 挑选出 tiāo xuǎnchū / ~ *up*（1）捡起 jiǎnqǐ（2）爬起 páqǐ（3）竖起 shùqǐ（4）恢复 huīfù（5）学会 xuéhuì；获得 huòdé（6）让人搭车 ràng rén dāchē；中途带货 zhōngtú dài huò（7）加快速度 jiākuài sùdù

pick² *n* 鹤嘴锄（名）hèzuǐchú；镐头（名）gǎotou

picket **I** *n*（1）桩（名）zhuāng，尖桩 jiānzhuāng：*a* *fence* 一道篱笆 yídào líba（2）岗哨（名）gǎngshào，警戒哨（名）jǐngjièshào（3）纠察队（名）jiūcháduì **II** *v*（1）用尖桩围住 yòng jiānzhuāng wéizhù（2）布置警戒哨 bùzhì jǐngjièshào，设置纠察队 shèzhì jiūcháduì；警戒（动）jǐngjiè，保卫（动）bǎowèi // *a line* 一道纠察线 yídào jiūcháxiàn

picketer *n* 纠察队员（名）jiūcháduìyuán

pickle **I** *n*（1）盐水（名）yánshuǐ，泡菜水 pàocàishuǐ（2）腌菜 yāncài；泡菜（名）pàocài；酸黄瓜（名）suānhuánggua（3）逆境（名）nìjìng，困境（名）kùnjìng **II** *v* 腌（动）yān

pickpocket *n* 扒手（名）páshǒu，窃贼（名）qièzéi

picnic *n* 郊游（名、动）jiāoyóu；野餐（名、动）yěcān

pictorial **I** *adj* 绘画的 huìhuà de，有图片的 yǒu túpiàn de：*a* ~ *magazine* 画报 huàbào / *the* ~ *record of a holiday* 假日影集 jiàrì yǐngjí **II** *n* 画报（名）huàbào：*a copy of "China P~"* 一份《人民画报》yífèn《Rénmín Huàbào》

picture *n*（1）画儿（名）huàr，图片（名）túpiàn；照片（名）zhàopiàn（2）美景（名）měijǐng；美的人（或事）měi de rén（huò shì）（3）描述（动）miáoshù，描绘（动）miáohuì；介绍（动）jièshào（4）化身（名）huàshēn；体现（动）tǐxiàn（5）影片（名）yǐngpiàn，电影（名）diànyǐng；电视图象 diànshì túxiàng // ~ *book* 连环画 liánhuánhuà，小人儿书 xiǎorénrshū / ~ *frame* 画框 huàkuàng

picturesque *adj* (1) 景色如画的 jǐngsè rú huà de, 美丽动人的 měilì dòngrén de: *a ~ village* 景色如画的村庄 jǐngsè rú huà de cūnzhuāng (2) 生动（形）shēngdòng, 形象化的 xíngxiànghuà de: *a ~ account of an event* 对一件事情的生动、形象的叙述 duì yíjiàn shìqing de shēngdòng, xíngxiàng de xùshù / *~ language* 形象化的语言 xíngxiànghuà de yǔyán

pidgin *n* 混杂的语言 hùnzá de yǔyán: *~ English* 洋泾浜英语 yángjīngbāng Yīngyǔ

pie *n* 馅儿饼（名）xiànrbǐng: *an apple ~* 苹果馅儿饼 píngguǒ xiànrbǐng / *a meat ~* 肉饼 ròubǐng

piece I *n* (1) 碎片（名）suìpiàn, 碎块（名）suìkuài; 部件（名）bùjiàn; 件（量）jiàn: *fall to ~s* 摔成碎片 shuāichéng suìpiàn / *cut a pear into ~s* 把梨切成片儿 bǎ lí qiēchéng piànr (2) 块（量）kuài; 片（量）piàn; 条（量）tiáo; 段（名）duàn: *a ~ of steamed bread* 一块馒头 yíkuài mántou / *a ~ of paper* 一张纸 yìzhāng zhǐ / *a ~ of news* 一条新闻 yìtiáo xīnwén / *a bad ~ of road* 一段坏路 yíduàn huài lù (3)（绘画、诗歌、戏剧等艺术）作品（名）(huìhuà, shīgē, xìjù děng yìshù) zuòpǐn; 篇（量）piān; 首（量）shǒu; 出（量）chū; 幅（量）fú: *a ~ of poetry* 一首诗 yìshǒu shī / *a dramatic ~* 一出戏 yìchū xì / *a fine ~ of painting* 一幅好画 yìfú hǎo huà (4) 钱币（名）qiánbì: *a 5-fen ~* 一个五分的硬币 yíge wǔfēn de yìngbì II *v* 修理（动）xiūlǐ; 拼凑（动）pīncòu: *~ 2 boards together side by side* 把两块木板横拼起来 bǎ liǎngkuài mùbǎn héngpīnqilai // *by the ~* 按件计算 àn jiàn jìsuàn / *pull to ~s* 撕碎 sīsuì / *take to ~s* 拆 chāi, 拆开 chāikāi

piece-work *n* 计件工作 jìjiàn gōngzuò

pier *n* (1) 桥墩（名）qiáodūn (2) 码头（名）mǎtou; 防波堤（名）fángbōdī: *a floating ~* 浮码头 fúmǎtou

pierce *v* (1) 刺穿 cìchuān; 刺破 cìpò; 戳入 chuōrù; 突破（动）tūpò (2) 穿洞 chuāndòng, 穿孔 chuānkǒng

pig *n* 猪（名）zhū: *a ~* 一头猪 yìtóu zhū / *a ~ farm* 猪场 zhūchǎng / *~ iron* 生铁 shēngtiě

pigeon *n* 鸽子（名）gēzi: *a carrier ~* 信鸽 xìngē // *~ house* 鸽笼 gēlóng

pigskin *n* 猪皮（名）zhūpí

pigsty *n* 猪圈（名）zhūjuàn

pigtail *n* 辫子（名）biànzi

pike *n* (1) 长矛（名）chángmáo (2) 狗鱼（名）gǒuyú

pile[1] I *n* (1) 堆（量）duī, 摞（量）luò: *a ~ of gravel* 一堆砾石 yìduī lìshí / *a ~ of logs* 一堆木头 yìduī mùtou (2) 大量（形）dàliàng, 许多（形）xǔduō II *v* 摞（动）luò, 堆积（动）duījī

pile[2] *n* 桩（名）zhuāng: *a foundation ~* 基桩 jīzhuāng / *drive ~s* 打桩 dǎ zhuāng

pilgrim *n* 香客（名）xiāngkè, 朝圣者（名）cháoshèngzhě

pilgrimage *n* 朝圣（动）cháoshèng; 远游 yuǎnyóu: *go on a ~* 去朝圣 qù cháoshèng / *make a ~ to Mecca* 到麦加去朝圣 dào Màijiā qù cháoshèng

pill *n* (1) 药丸（名）yàowán, 丸剂（名）wánjì; 药片（名）yàopiàn: *sleeping ~s* 安眠药片 ānmián yàopiàn / *take 3 ~s each time* 每次吃三片 měicì chī sānpiàn (2) 避孕药（名）bìyùnyào

pillar *n* (1) 柱（名）zhù, 柱子（名）zhùzi; 柱形物 zhùxíngwù: *a ~ of smoke* 烟柱 yānzhù (2) 栋梁（名）dòngliáng, 支持者（名）zhīchízhě

pillar-box *n* 信筒（名）xìntǒng

pillow I *n* 枕头（名）zhěntou: *~ mat* 枕席 zhěnxí II *v* 枕（动）zhěn

pillowcase *n* 枕套（名）zhěntào

pilot I *n* (1) 领航员（名）lǐnghángyuán; 领港员（名）lǐnggǎngyuán (2) 飞机驾驶员 fēijī jiàshǐyuán, 飞行员（名）fēixíngyuán: *a jet ~* 喷气式飞机驾驶员 pēnqìshì fēijī jiàshǐyuán II *v* (1) 领航（动）língháng；领港（动）línggǎng (2) 引导（动）yǐndǎo，给…当向导 gěi…dāng xiàngdǎo III *adj* 引导的 yǐndǎo de；试验的 shìyàn de：*a ~ scheme* 试验计划 shìyàn jìhuà / *a ~ plant* 试验厂 shìyànchǎng

pilotless *adj* 无人驾驶的飞机 wú rén jiàshǐ de fēijī

pilot-light *n* 信号灯（名）xìnhàodēng，领航灯（名）línghángdēng

pimple *n* 丘疹（名）qiūzhěn；脓包（名）nóngbāo

pin I *n* (1) 针（名）zhēn；别针（名）biézhēn；大头针（名）dàtóuzhēn：*a ~* 一枚针 yìméi zhēn (2) 钉（名）dīng：*a drawing ~* 一个图钉 yíge túdīng II *v* (1) 用针别 yòng zhēn bié，用针钉 yòng zhēn dìng：*~ the forms together* 把表格别在一起 bǎ biǎogé biézài yìqǐ (2) 压（动）yā，挤（动）jǐ，使不能动 shǐ bùnéng dòng // *not care a ~* 毫不在乎 háo bú zàihu / *not worth a ~* 一钱不值 yìqián bù zhí / *one's hopes on* 把希望寄托于 bǎ xīwàng jìtuōyú / *~s and needles* 麻木 mámù

pincers *n* 钳子（名）qiánzi：*a pair of ~s* 一把钳子 yìbǎ qiánzi

pinch I *v* 捏（动）niē；拧（动）níng；挤痛 jǐtòng II *n* (1) 捏（动）niē，拧（动）níng，挤（动）jǐ，夹（动）jiā (2) 一撮 yìcuō，一点点 yìdiǎndiǎn：*a ~ of tea* 一撮茶叶 yìcuō cháyè

pine *n* 松树（名）sōngshù；松木（名）sōngmù：*a ~ tree* 一棵松树 yìkē sōngshù // *~ needle* 松针 sōngzhēn / *~ nut* 松果 sōngguǒ，松子 sōngzǐ / *~ resin* 松脂 sōngzhī

pineapple *n* 菠萝（名）bōluó，凤梨（名）fènglí：*canned ~s* 菠萝罐头 bōluó guàntou

ping-pong *n* 乒乓球（名）pīngpāngqiú：*a ~ table* 乒乓球台 pīngpāng qiútái

pinhead *n* (1) 针头（名）zhēntóu；钉头（名）dīngtóu (2) 小东西 xiǎodōngxi

pin-hole *n* 小孔 xiǎokǒng

pink I *n* 粉红（形）fěnhóng：*rose ~* 淡红色 dànhóngsè II *adj* 粉红色的 fěnhóngsè de：*~ colour* 粉红色 fěnhóngsè

pint *n* 品脱（量）pīntuō：*a ~ of milk* 一品脱牛奶 yìpīntuō niúnǎi

pioneer I *n* 先锋（名）xiānfēng；开创者（名）kāichuàngzhě：*the Young P~s* 少年先锋队 Shàonián Xiānfēngduì / *a ~ of flying* 飞行的先锋 fēixíng de xiānfēng / *a ~ of operations on the human heart* 人类心脏手术的开创者 rénlèi xīnzàng shǒushù de kāichuàngzhě II *v* 开辟（动）kāipì；创办（动）chuàngbàn：*~ an enterprise* 创办企业 chuàngbàn qǐyè

pious *adj* 虔诚（形）qiánchéng；笃信宗教的 dǔxìn zōngjiào de：*a ~ attitude* 虔诚的态度 qiánchéng de tàidu

pipe I *n* (1) 管子（名）guǎnzi，导管（名）dǎoguǎn：*a water ~* 一根水管 yìgēn shuǐguǎn / *gas ~s* 煤气管 méiqìguǎn / *steam ~s* 暖气管 nuǎnqìguǎn (2) 烟斗（名）yāndǒu II *v* 用管道输送 yòng guǎndào shūsòng：*~ oil* 输油 shūyóu // *~ up* 开始吹奏 kāishǐ chuīzòu；尖声地说 jiānshēng de shuō

pipeline *n* 管道（名）guǎndào

pirate I *n* (1) 海盗（名）hǎidào (2) 盗印者 dàoyìnzhě，剽窃者 piáoqièzhě II *v* 盗印（动）dàoyìn

piss I *v* 尿（动）niào，尿尿 niào niào，撒尿 sāniào，小便（动、名）xiǎobiàn II *n* 尿（名）niào，小便（名）xiǎobiàn

pistol *n* 手枪（名）shǒuqiāng

piston *n* 活塞（名）huósāi

pit I *n* (1) 坑（名）kēng；地窖（名）dìjiào (2) 矿井（名）kuàngjǐng：*an open ~* 露天矿 lùtiānkuàng (3)（剧场的）正厅后座（jùchǎng de）zhèngtīng hòuzuò (4) 凹陷的地方 āoxiàn de dìfang：*the ~ of the stomach* 胸口 xiōngkǒu II *v* (1) 使凹陷 shǐ āoxiàn，使成坑 shǐ chéng kēng (2) 留下疤痕 liúxià bāhén：*a face ~ted with small-*

pox 麻脸 máliǎn（3）竞 争（动）jìngzhēng: ~ *one's strength against a rival* 跟对手比力气 gēn duìshǒu bǐ lìqi

pitch¹ I *v*（1）搭（动）dā; 扎（动）zhā: ~ *tents for shelter* 搭帐篷居住 dā zhàngpéng jūzhù / ~ *camp* 扎营 zhāyíng（2）掷（动）zhì, 扔（动）rēng: ~ *a spear* 掷标枪 zhì biāoqiāng（3）为…定调 wèi…dìngdiào: ~ *a tune high* 把调子定高 bǎ diàozi dìnggāo（4）掉落（动）diàoluò; 摔 shuāi: ~ *on one's head into a swimming pool* 头朝下跳入游泳池 tóu cháo xià tiàorù yóuyǒng chí（5）摇动（动）yáodòng, 摇晃（动）yáohuàng, 颠簸（动）diānbǒ II *n*（1）坡度（名）pōdù; 倾斜（形）qīngxié: *the ~ of a roof* 屋顶的坡度 wūdǐng de pōdù（2）音高（名）yīngāo: *the ~ of a sound* 一个音的音高 yíge yīn de yīngāo / *a high ~ sound* 高音 gāoyīn（3）程度（名）chéngdù（4）商贩摆摊的地方 shāngfàn bǎitān de dìfang; 零售摊 língshòutān // ~ *into*（1）投身于 tóushēnyú（2）猛烈攻击 měngliè gōngjī（3）大吃大嚼 dàchī dàjiáo

pitch² *n* 沥青（名）lìqīng; 柏油（名）bǎiyóu

pitch-dark *adj* 漆黑（形）qīhēi, 非常黑暗 fēicháng hēi'àn

pitcher¹ *n* 大水罐 dà shuǐ guàn: *a ~ of milk* 一罐牛奶 yíguàn niúnǎi

pitcher² *n* 投掷者（名）tóuzhìzhě, 投手（名）tóushǒu

piteous *adj* 让人怜悯的 ràngrén liánmǐn de; 可怜（形）kělián

pitfall *n*（1）陷阱（名）xiànjǐng; 圈套（名）quāntào（2）隐患（名）yǐnhuàn: ~*s of life* 生活中的险境 shēnghuózhōng de xiǎnjìng

pitiful *adj*（1）值得怜悯的 zhídé liánmǐn de, 可怜（形）kělián（2）可鄙（形）kěbǐ; 可悲（形）kěbēi

pity I *n*（1）怜悯（动）liánmǐn; 同情（动）tóngqíng（2）遗憾（的事）（形）yíhàn（de shì）; 可惜（的事）（形）kěxī（de shì）II *v* 同情（动）tóngqíng, 可怜（动）kělián

pivot I *n*（1）枢轴（名）shūzhóu: *turn on a ~* 在枢轴上转动 zài shūzhóushang zhuàndòng（2）中枢（名）zhōngshū, 枢纽（名）shūniǔ; 中心点 zhōngxīndiǎn（3）核心人物 héxīn rénwù, 中心（名）zhōngxīn II *v* 在枢轴上转动 zài shūzhóushang zhuàndòng; 使绕着枢轴转动 shǐ ràozhe shūzhóu zhuàndòng

placard *n* 招贴（名）zhāotiē, 布告（名）bùgào; 标语牌 biāoyǔpái: *post up a ~* 张贴一副标语 zhāngtiē yífù biāoyǔ

place I *n*（1）地方（名）dìfang, 地点（名）dìdiǎn: ~ *of birth* 出生地 chūshēngdì（2）住所（名）zhùsuǒ, 房子（名）fángzi（3）座位（名）zuòwèi, 位子（名）wèizi; 位置（名）wèizhi（4）地位（名）dìwèi, 名次（名）míngcì（5）职位（名）zhíwèi; 职责（名）zhízé; 工作（名）gōngzuò II *v*（1）放置（动）fàngzhì, 安放（动）ānfàng, 放（动）fàng（2）寄托（动）jìtuō; 给予（动）jǐyǔ（3）认定（动）rènding; 记清 jìqīng（4）存款 cúnkuǎn // *give ~ to* 被…所代替 bèi…suǒ dàitì / *in ~*（1）在适当的位置 zài shìdàng de wèizhì（2）恰当 qiàdàng, 适当 shìdàng / *in ~ of* 代替 dàitì / *in the first ~* 首先 shǒuxiān / *in the next ~* 其次 qícì / *out of ~* 不恰当 bú qiàdàng, 不合适 bù héshì / *take ~* 发生 fāshēng / *take sb.'s ~* 代替 dàitì

placid *adj* 平静（形）píngjìng, 安静（形）ānjìng: *in a ~ mood* 心平气和 xīnpíngqìhé / *the ~ surface of a lake* 平静的湖面 píngjìng de húmiàn

plague I *n*（1）瘟疫（名）wēnyì; 传染病（名）chuánrǎnbìng: *the black ~* 黑死病 hēisǐbìng（鼠疫 shǔyì）（2）灾害（名）zāihài, 天灾（名）tiānzāi, 祸患（名）huòhuàn: *a ~ of locusts* 蝗灾 huángzāi / *a ~ of hail* 雹灾 báozāi（3）讨厌的人（或物）tǎoyàn de rén

（huò wù）**II** v 使染瘟疫 shǐ rǎn
wēnyì; 使遭灾 shǐ zāozāi; 使苦恼 shǐ
kǔnǎo

plain **I** adj (1) 清楚（形）qīngchu; 简
明（形）jiǎnmíng: *write in ~ English*
用简明的英语写 yòng jiǎnmíng de
Yīngyǔ xiě / ~ *living* 简朴的生活
jiǎnpǔ de shēnghuó (2) 直爽（形）
zhíshuǎng; 坦白（形）tǎnbái: *in ~
words* 用直爽的语言 yòng zhíshuǎng
de yǔyán (3) 普通（形）pǔtōng; 平常
（形）píngcháng, 一般（形）yìbān: ~
people 普通人 pǔtōngrén（老百姓
lǎobǎixing)(4) 不好看 bùhǎokàn; 丑
（形）chǒu (5) 极其（副）jíqí; 十足
（形）shízú **II** n 平原（名）píngyuán //
~ *clothes* 穿便衣的 chuān biànyī de:
a ~ clothes policeman 便衣警察
biànyī jǐngchá

plaintiff n 原告（名）yuángào

plan **I** n (1) 计划（名）jìhuà, 打算
（名）dǎsuàn, 安排（名）ānpái (2) 办
法（名）bànfǎ, 方法（名）fāngfǎ: *the
best ~ to prevent diseases* 预防疾病的
最好办法 yùfáng jíbìng de zuì hǎo
bànfǎ (3) 图（名）tú; 蓝图（名）
lántú: *a general ~* 总图 zǒngtú / *a
working ~* 施工图 shīgōngtú **II** v (1)
计划（动）jìhuà, 打算（动）dǎsuàn
(2) 设计（动）shèjì: ~ *a building* 设
计一栋楼 shèjì yídòng lóu // ~ *out* 部
署 bùshǔ: ~ *out a battle* 部署一次战
役 bùshǔ yícì zhànyì

plane¹ n (1) 平面（名）píngmiàn: *a
horizontal ~* 水平面 shuǐpíngmiàn (2)
水平（名）shuǐpíng; 程度（名）
chéngdù: *talk on a friendly ~* 在友好
的气氛中交谈 zài yǒuhǎo de
qìfēnzhōng jiāotán (3) 飞机（名）fēijī

plane² **I** n 刨子（名）bàozi, 平刨（名）
píngbào **II** v 刨（动）bào, 刨平
bàopíng, 刨光 bàoguāng

planet n 行星（名）xíngxīng

plank **I** n 板条（名）bǎntiáo; 木板
（名）mùbǎn **II** v 铺木板 pū mùbǎn

planner n 计划人员 jìhuà rényuán:

town ~s 城市规划人员 chéngshì
guīhuà rényuán

plant **I** n (1) 植物（名）zhíwù; 草木
（名）cǎomù (2) 工厂（名）
gōngchǎng: *a power ~* 一个发电厂
yíge fādiànchǎng **II** v (1) 种（动）
zhòng, 栽（动）zāi, 栽种（动）
zāizhòng (2) 安（动）ān, 放（动）
fàng; 插（动）chā; 竖（动）shù (3)
使…产生（某种想法）shǐ…
chǎnshēng（mǒuzhǒng xiǎngfǎ); 灌输
（动）guànshū

plantation n (1) 种植园（名）
zhòngzhíyuán: *a rubber ~* 橡胶园
xiàngjiāoyuán / *a ~ owner* 种植园主
zhòngzhíyuánzhǔ (2) 人造林（名）
rénzàolín; 林场 línchǎng, 植树造林
zhí shù zào lín: ~ *s of pine* 人工松树
林 réngōng sōngshùlín

plaster **I** n (1) 灰泥（名）huīní (2) 膏
药（名）gāoyào: *adhesive ~* 橡皮膏
xiàngpígāo / *apply a ~* 贴膏药 tiē
gāoyào (3) 石膏（名）shígāo: *a ~
figure* 石膏像 shígāoxiàng **II** v (1) 抹
灰泥 mǒ huīní; 涂（动）tú, 涂抹（动）
túmǒ (2) 贴膏药 tiē gāoyào

plastic **I** adj (1) 可塑的 kěsù de; 塑性
的 sùxìng de (2) 塑料的 sùliào de: ~
raincoats 塑料雨衣 sùliào yǔyī (3) 造
型的 zàoxíng de: *the ~ arts* 造型艺
术 zàoxíng yìshù / ~ *surgery* 整型外
科 zhěngxíng wàikē (4) 易受影响的 yì
shòu yǐngxiǎng de; 肯听话的 kěn tīng
huà de: *the ~ mind of a child* 儿童易
受影响的心灵 értóng yì shòu
yǐngxiǎng de xīnlíng **II** n 塑料（名）
sùliào

plate n (1) 板（名）bǎn, 片（名）piàn:
~ *iron* 铁板 tiěbǎn (2) 餐具（名）
cānjù; 盘子（名）pánzi; 一盘菜 yìpán
cài: *a set of ~s* 一套餐具 yítào cānjù
/ *a dinner ~* 一个菜盘子 yíge càipánzi
/ *a ~ of chicken and vegetables* 一盘鸡
肉和青菜 yìpán jīròu hé qīngcài

plateau n 高原（名）gāoyuán: *the
Qinghai-Tibet P~* 青藏高原 Qīng-

Zàng gāoyuán

plateful *n* 一盘 yìpán: *a huge ~ of potatoes* 一大盘土豆 yídàpán tǔdòu

platform *n* (1) 平台（名）píngtái; 台（名）tái: *~ deck* 平台甲板 píngtái jiǎbǎn (2) 站台（名）zhàntái, 月台（名）yuètái: *a ~ ticket* 一张站台票 yìzhāng zhàntáipiào (3) 讲台（名）jiǎngtái; 戏台（名）xìtái (4) 运行环境 yùnxíng huánjìng

platinum *adj* 白金（名）báijīn, 铂（名）bó: *a ~ ring* 一只白金戒指 yìzhī báijīn jièzhi

platonic *adj* 纯精神的 chún jīngshén de; 理论性的 lǐlùnxìng de: *~ love* 精神恋爱 jīngshén liàn'ài

plausible *adj* (1) 似乎有理的 sìhū yǒulǐ de, 好像讲得通的 hǎoxiàng jiǎng de tōng de, 似乎可能的 sìhū kěnéng de (2) 嘴巧的 zuǐqiǎo de, 花言巧语的 huāyánqiǎoyǔ de: *a ~ cheat* 一个花言巧语的骗子 yíge huāyánqiǎoyǔ de piànzi

play I *v* (1) 做游戏 zuò yóuxì; 玩儿（动）wánr (2) 开玩笑 kāi wánxiào, 嘲弄（动）cháonòng: *~ with sb.* 开某人的玩笑 kāi mǒurén de wánxiào (3) 进行（球类、棋类）比赛 jìnxíng (qiúlèi, qílèi) bǐsài; 打（动）dǎ; 踢（动）tī; 玩儿（动）wánr: *~ basketball* 打篮球 dǎ lánqiú / *~ football* 踢足球 tī zúqiú / *~ chess* 下棋 xiàqí / *~ bridge* 打桥牌 dǎ qiáopái (4) 演奏（动）yǎnzòu: *~ the guitar* 弹吉他 tán jítā / *~ the flute* 吹笛子 chuī dízi / *~ the piano* 弹钢琴 tán gāngqín / *~ the violin* 拉提琴 lā tíqín (5) 表演（动）biǎoyǎn, 扮演（动）bànyǎn (6) 放音 fàng yīn, 播放（动）bòfàng II *n* (1) 玩儿（动）wánr; 玩笑（名）wánxiào: *a ~ of words* 文字游戏 wénzì yóuxì / *a ~ on words* 双关语 shuāngguānyǔ (2) 戏剧（名）xìjù; 话剧（名）huàjù; 剧本（名）jùběn // *bring into ~* 发挥 fāhuī, 调动 diàodòng / *come into ~* 开始活动

kāishǐ huódòng / *~ back* 播放 bòfàng / *~ tricks on sb.* 欺骗某人 qīpiàn mǒurén

playable *adj* 适合于比赛用的 shìhéyú bǐsài yòng de

playback *n* 播放（动）bòfàng; 播放设备 bòfàng shèbèi

playboy *n* 花花公子 huāhuā gōngzǐ, 纨绔子弟 wánkù zǐdì, 追求享乐的人 zhuīqiú xiǎnglè de rén

play-day *n* 假日（名）jiàrì

player *n* (1) 做游戏（或玩耍）的人 zuò yóuxì (huò wánshuǎ) de rén; 选手（名）xuǎnshǒu, 运动员（名）yùndòngyuán: *a baseball ~* 棒球运动员 bàngqiú yùndòngyuán / *a good chess ~* 一名优秀棋手 yìmíng yōuxiù qíshǒu / *seeded ~s* 种子选手 zhǒngzi xuǎnshǒu (2) 演奏者（名）yǎnzòuzhě, 演员（名）yǎnyuán: *a young guitar ~* 年轻的吉他演奏者 niánqīng de jítā yǎnzòuzhě (3) 唱机（名）chàngjī: *a record ~* 一架电唱机 yíjià diànchàngjī

playful *adj* (1) 爱玩耍的 ài wánshuǎ de, 嬉笑的 xīxiào de; 顽皮（形）wánpí: *a ~ kitten* 一只顽皮的小猫 yìzhī wánpí de xiǎo māo (2) 开玩笑的 kāi wánxiào de, 俏皮（形）qiàopí, 不认真的 bú rènzhēn de: *a ~ remark* 俏皮话 qiàopíhuà

playground *n* 游乐场（名）yóulèchǎng; 操场（名）cāochǎng, 运动场（名）yùndòngchǎng

playhouse *n* 剧场（名）jùchǎng; 儿童游戏室 értóng yóuxìshì

playing-card *n* 扑克牌（名）pūkèpái, 纸牌（名）zhǐpái

playmate *n* 游戏的伙伴 yóuxì de huǒbàn

plaything *n* 玩具（名）wánjù; 玩物（名）wánwù

playtime *n* 游玩时间 yóuwán shíjiān

playwright *n* 剧作家（名）jùzuòjiā

plea *n* (1) 抗辩（动）kàngbiàn, 抗诉（动）kàngsù (2) 借口（名、动）jièkǒu, 托词（名）tuōcí, 口实（名）kǒushí

(3) 请愿（动）qǐngyuàn, 请求（动）qǐngqiú: *a ~ for forgiveness* 请求宽恕 qǐngqiú kuānshù

plead *v* (1) 申辩（动）shēnbiàn, 辩护（动）biànhù（2）争辩（动）zhēngbiàn; 维护（动）wéihù: *~ the rights of women and children* 维护妇女和儿童的权益 wéihù fùnǚ hé értóng de quányì (3) 申明（动）shēnmíng, 声明（动）shēngmíng (4) 以…为答辩理由（或借口）yǐ…wéi dábiàn lǐyóu (huò jièkǒu)

pleasant *adj* 使人愉快的 shǐ rén yúkuài de, 合意的 héyì de, 惬意（形）qièyì: *a ~ evening* 一个愉快的晚上 yíge yúkuài de wǎnshang

please *v* (1) 使高兴 shǐ gāoxìng; 使喜欢 shǐ xǐhuan, 使满意 shǐ mǎnyì (2) 请（动）qǐng // *if you ~* 请 qǐng; 对不起 duìbuqǐ / *~ yourself* 随你便 suí nǐ biàn

pleasing *adj* (1) 使人愉快的 shǐ rén yúkuài de; 可爱（形）kě'ài: *things ~ to women* 受妇女欢迎的东西 shòu fùnǚ huānyíng de dōngxi (2) 合意（形）héyì, 令人满意的 lìng rén mǎnyì de: *a ~ result* 令人满意的结果 lìng rén mǎnyì de jiéguǒ

pleasure *n* (1) 高兴（形）gāoxìng, 快乐（形）kuàilè, 愉快（形）yúkuài, 乐趣（名）lèqù, 快事（名）kuàishì (2) 愿望（名）yuànwàng // *for ~* 为了取乐 wèile qǔlè, 作为消遣 zuòwéi xiāoqiǎn / *take a ~ in* 喜欢 xǐhuan / *with ~* 愉快地 yúkuài de, 高兴地 gāoxìng de

pleasure-boat *n* 游船（名）yóuchuán, 游艇（名）yóutǐng

pledge I *n* (1) 誓言（名）shìyán, 诺言（名）nuòyán; 保证（名）bǎozhèng: *fulfil a* 履行诺言 lǚxíng nuòyán / *under ~ of secrecy* 誓不泄密 shì bú xièmì (2) 信物（名）xìnwù; 象征（名）xiàngzhēng; 见证（名）jiànzhèng (3) 抵押品（名）dǐyāpǐn: *goods lying in ~* 作抵押的货物 zuò dǐyā de huòwù

II *v* (1) 发誓 fāshì; 保证（动）bǎozhèng (2) 抵押（动）dǐyā (3) 为…干杯 wèi…gānbēi // *take the ~* 发誓戒酒 fāshì jièjiǔ

plentiful *adj* 丰富（形）fēngfù, 充裕（形）chōngyù

plenty I *n* 充足（形）chōngzú, 富裕（形）fùyù, 很多 hěnduō II *adj* 足够的 zúgòu de

pleurisy *n* 胸膜炎（名）xiōngmóyán, 肋膜炎 lèimóyán

pliable *adj* (1) 柔韧（形）róurèn, 易弯的 yì wān de: *~ metal* 柔韧的金属 róurèn de jīnshǔ (2) 柔顺（形）róushùn, 顺从的 shùncóng de

pliers *n* 钳子（名）qiánzi, 老虎钳子 lǎohǔqiánzi, 手钳（名）shǒuqián

plight *n* 境况（名）jìngkuàng, 境遇（名）jìngyù; 困境（名）kùnjìng: *a sad ~* 悲惨的境地 bēicǎn de jìngdì

plimsoll *n* 橡皮底帆布鞋 xiàngpídǐ fānbùxié: *a pair of ~s* 一双橡皮底帆布鞋 yìshuāng xiàngpídǐ fānbùxié

plod *v* (1) 艰难缓慢地走 jiānnán huǎnmàn de zǒu (2) 努力工作 nǔlì gōngzuò, 苦干 kǔgàn: *~ at one's books* 刻苦攻读 kèkǔ gōngdú

plot I *n* (1) 小块土地 xiǎo kuài tǔdì, 一块地 yíkuài dì (2) 情节（名）qíngjié (3) 阴谋（名）yīnmóu; 密谋（动）mìmóu II *v* (1) 测绘（动）cèhuì, 绘图 huìtú: *~ a map* 测绘地图 cèhuì dìtú (2) 密谋（动）mìmóu, 策划（动）cèhuà

plough I *n* 犁（名）lí II *v* (1) 犁（动）lí, 耕（动）gēng (2) 困难地进行 kùnnán de jìnxíng; 破浪前进 pò làng qiánjìn

pluck I *v* (1) 采（动）cǎi, 摘（动）zhāi; 拔（动）bá: *~ tea* 采茶 cǎi chá / *~ apples* 摘苹果 zhāi píngguǒ (2) 扯（动）chě, 拉（动）lā; 抓（动）zhuā (3) 拨（动）bō, 弹（动）tán: *the strings of a guitar* 拨吉他的弦 bō jítā de xián / *~ a pipa* 弹琵琶 tán pípa II *n* (1) 拔（动）bá, 扯（动）chě

(2) 精神（名）jīngshén；勇气（名）yǒngqì：*a boy with plenty of* ~ 很有勇气的孩子 hěn yǒu yǒngqì de háizi // ~ *up* (1) 振作 zhènzuò，鼓起勇气 gǔqǐ yǒngqì (2) 拔起 báqǐ：~ *up by the roots* 连根拔起 lián gēn báqǐ

plug I *n* (1) 塞子（名）sāizi (2) 插头（名）chātóu：*2-pin* ~ 双插头 shuāngchātóu / *put the* ~ *in the socket* 把插头插在插座上 bǎ chātóu chāzài chāzuòshang II *v* 堵（动）dǔ

plum *n* 李子（名）lǐzi；李子树（名）lǐzishù；梅（名）méi；梅树（名）méishù // ~ *rains* 梅雨 méiyǔ

plumber *n* 管子工（名）guǎnzigōng；铅管工（名）qiānguǎngōng

plumbing *n* 管道（名）guǎndào；铅管工程 qiānguǎn gōngchéng

plume *n* (1) 羽毛（名）yǔmáo；翎毛（名）língmáo；羽毛饰物 yǔmáo shìwù；羽状物（名）yǔzhuàngwù：*a pheasant* ~ 野鸡翎 yějīlíng (2) 一缕 yìlǚ，一丝 yìsī：*a* ~ *of smoke* 一缕青烟 yìlǚ qīngyān

plump I *adj* 丰满（形）fēngmǎn，肥胖（形）féipàng：*a* ~ *figure* 丰满的身段 fēngmǎn de shēnduàn / *a child with* ~ *cheeks* 长着圆鼓鼓脸蛋的孩子 zhǎngzhe yuángǔgǔ liǎndàn de háizi II *v* 使鼓起 shǐ gǔqǐ；变丰满 biàn fēngmǎn

plunder I *v* 掠夺（动）lüèduó，抢夺（动）qiāngduó，抢劫（动）qiāngjié：*a store of its goods* 抢劫一个商店的货物 qiāngjié yíge shāngdiàn de huòwù II *n* 掠夺物（名）lüèduówù；赃物（名）zāngwù

plunge *v* (1) 投入 tóurù；插入 chārù (2) 使陷入 shǐ xiànrù：~ *a country into war* 使国家陷入战火中 shǐ guójiā xiànrù zhànhuǒzhōng

plural I *adj* 复数的 fùshù de：*a* ~ *noun* 复数名词 fùshù míngcí II *n* 复数（名）fùshù，复数形式 fùshù xíngshì

plus I *prep* 加（动）jiā，加上（动）jiāshang II *adj* (1) 正（形）zhèng：

sign 正号 zhènghào (2) 略高于…的 lüè gāoyú…de，加（名）jiā III *n* (1) 加号（名）jiāhào (2) 正数（名）zhèngshù

ply[1] *n* 层（量）céng；片（量）piàn；股（量）gǔ：*a 2-*~ *rope* 一根两股的绳子 yìgēn liǎnggǔ de shéngzi / *3-*~ *wood* 三合板 sānhébǎn

ply[2] *v* 定期往返 dìngqī wǎngfǎn：*small boats* ~*ing the Thames* 泰晤士河上来往的小船 Tàiwùshì héshang láiwǎng de xiǎochuán

plywood *n* 胶合板（名）jiāohébǎn

pneumatic *adj* (1) 空气的 kōngqì de，气体的 qìtǐ de；充气的 chōngqì de：~ *tyres* 气胎 qìtāi (2) 气动的 qìdòng de；风动的 fēngdòng de：*a* ~ *drill* 风钻 fēngzuàn

pneumonia *n* 肺炎（名）fèiyán

pocket I *n* (1) 口袋（名）kǒudài，衣袋（名）yīdài，衣兜（名）yīdōu (2) 钱（名）qián；财力（名）cáilì，收入（名）shōurù：*a range of prices to suit every* ~ 适合不同经济收入的价格幅度 shìhé bùtóng jīngjì shōurù de jiàgé fúdù II *adj* 袖珍（形）xiùzhēn，小型（形）xiǎoxíng：*a* ~ *dictionary* 袖珍词典 xiùzhēn cídiǎn / *a* ~ *camera* 小型照相机 xiǎoxíng zhàoxiàngjī III *v* 装进口袋 zhuāngjìn kǒudài // *pick sb.'s* ~ 掏兜儿 tāodōur，扒窃 páqiè，偷 tōu

pocketbook *n* (1) 钱包（名）qiánbāo，皮夹子（名）píjiāzi (2) 小笔记本 xiǎo bìjìběn，袖珍本 xiùzhēnběn

pocket-sized *adj* 袖珍（形）xiùzhēn，小型（形）xiǎoxíng

pockmark *n* 麻子（名）mázi，痘痕 dòuhén

poem *n* 诗（名）shī；韵文（名）yùnwén

poet *n* 诗人（名）shīrén

poetic *adj* (1) 诗的 shī de；韵文的 yùnwén de：~ *works* 诗 shī（诗作 shīzuò）/ ~ *language* 诗的语言 shī de yǔyán (2) 富有诗意的 fùyǒu shīyì de，美的 měi de，有想象力的 yǒu xiāngxiànglì de

poetry *n* (1) 诗（名）shī, 诗歌（名）shīgē: *prose* ~ 散文诗 sǎnwénshī / *Chinese* ~ 中国诗词 Zhōngguó shīcí (2) 诗意（名）shīyì

point **I** *n* (1) 点（名）diǎn; 时点（名）shídiǎn, 某一时刻 mǒu yì shíkè; 地点（名）dìdiǎn: *a decimal* ~ 小数点 xiǎoshùdiǎn / *5* ~ *6* 五点六 wǔ diǎn liù / *full* ~ 句号 jùhào（句点 jùdiǎn）/ *a* ~ *of departure* 起点 qǐdiǎn / *a turning* ~ 转折点 zhuǎnzhédiǎn (2) 要点（名）yàodiǎn; 论点（名）lùndiǎn (3) 特点（名）tèdiǎn: *strong* ~*s* 优点 yōudiǎn / *weak* ~*s* 弱点 ruòdiǎn (4) 尖（名）jiān; 峰（名）fēng: *the* ~ *of a knife* 刀尖儿 dāojiānr / *make a* ~ *of a pencil* 磨铅笔尖儿 mó qiānbǐ jiānr / *the* ~ *of a mountain* 山峰 shānfēng (5) 分（名）fēn (6) 意义（名）yìyì; 目的（名）mùdì; 用处（名）yòngchu, 好处（名）hǎochu **II** *v* 指（动）zhǐ; 对准 duìzhǔn; 指出（动）zhǐchū // *at all* ~*s* 在各方面 zài gè fāngmiàn / *beside the* ~ 离题 lí tí / *in* ~ 恰当 qiàdàng: *a case in* ~ 恰当的例子 qiàdàng de lìzi / *in* ~ *of fact* 实际上 shíjìshang / *on the* ~ *of* 正要…的时候 zhèng yào … de shíhou / ~ *of view* 观点 guāndiǎn / ~ *out* 指出 zhǐchū / *to the* ~ 中肯 zhòngkěn

pointed *adj* 尖（形）jiān; 尖锐（形）jiānruì: *long* ~ *finger-nails* 长长的尖指甲 chángcháng de jiān zhǐjia / ~ *shoes* 尖头鞋 jiāntóuxié

pointless *adj* 无意义的 wú yìyì de; 不必要的 bú bìyào de; 空洞（形）kōngdòng, 乏味（形）fáwèi: *a journey* 白走一趟 bái zǒu yítàng / ~ *remarks* 废话 fèihuà（空话 kōnghuà）

poise **I** *v* (1) 使平衡 shǐ pínghéng; 使保持均衡 shǐ bǎochí jūnhéng (2) 使保持某种姿势 shǐ bǎochí mǒuzhǒng zīshì **II** *n* (1) 平衡（形）pínghéng; 姿态（名）zītài (2) 娴静（形）xiánjìng; 风度（名）fēngdù; 自信（名）zìxìn

poison **I** *n* (1) 毒物（名）dúwù; 毒药（名）dúyào (2) 毒害（名）dúhài **II** *v* (1) 毒死 dúsǐ (2) 毒害（动）dúhài // ~ *gas* 毒气 dúqì

poisonous *adj* (1) 有毒的 yǒu dú de; 有害的 yǒu hài de: ~ *weeds* 毒草 dúcǎo / ~ *snakes* 毒蛇 dúshé / ~ *ideas* 有害的思想 yǒu hài de sīxiǎng (2) 恶毒（形）èdú, 有恶意的 yǒu èyì de: ~ *words* 恶毒的话 èdú de huà / *give sb. a* ~ *look* 恶狠狠地看了某人一眼 èhěnhěn de kànle mǒurén yìyǎn

poke **I** *v* (1) 戳（动）chuō; 插（动）chā; 拨（动）bō (2) 触（动）chù; 碰（动）pèng (3) 伸（动）shēn; 放置（动）fàngzhì **II** *n* 戳（动）chuō; 触（动）chù; 拨（动）bō

poker¹ *n* 拨火棍（名）bōhuǒgùn; 火钳（名）huǒqián

poker² *n* 扑克牌戏 pūkèpáixì, 纸牌戏 zhǐpáixì

poker-faced *adj* 面无表情的 miàn wú biǎoqíng de; 一本正经的 yìběnzhèngjīng de: *a* ~ *chess player* 面无表情的棋手 miàn wú biǎoqíng de qíshǒu

polar *adj* 南极的 nánjí de; 北极的 běijí de; 地极的 dìjí de; 近地极的 jìn dìjí de: *a* ~ *bear* 北极熊 běijíxióng（白熊 báixióng）

polarize *v* 两极分化 liǎngjí fēnhuà, 分化（动）fēnhuà

Polaroid *n* (1) 太阳镜（名）tàiyángjìng (2) 快相机（名）kuàixiàngjī: *a* ~ *camera* 一架快相机 yíjià kuàixiàngjī

pole¹ *n* 杆（名）gān; 棒（名）bàng, 竿（名）gān: *a shoulder* ~ 一根扁担 yìgēn biǎndan / *a telegraph* ~ 电线杆 diànxiàngān

pole² *n* 极点（名）jídiǎn; 磁极（名）cíjí; 电极（名）diànjí: *the North P* ~ 北极 běijí / *the South P* ~ 南极 nánjí / *the positive* ~ 阳极 yángjí / *the negative* ~ 阴极 yīnjí // ~*s apart* 南辕北辙 nányuánběizhé, 相差太远

xiāng chà tài yuǎn / ~ *star* 北极星 běijíxīng

pole-vault *n* 撑杆跳（名）chēng-gāntiào

police *n* 警察（名）jǐngchá，警方（名）jǐngfāng: *a* ~ *dog* 警犬 jǐngquǎn / *a* ~ *station* 警察局 jǐngchájú（公安局 gōng'ānjú）/ *a* ~ *post* 派出所 pàichūsuǒ

policeman *n* 警察（名）jǐngchá

policewoman *n* 女警察 nǚ jǐngchá

policy[1] *n*（1）政策（名）zhèngcè；方针（名）fāngzhēn: *domestic* ~ 国内政策 guónèi zhèngcè / *foreign* ~ 对外政策 duìwài zhèngcè（外交政策 wàijiāo zhèngcè）/ *carry out a* ~ 执行政策 zhíxíng zhèngcè / *follow the* ~ *of unity* 奉行团结的方针 fèngxíng tuánjié de fāngzhēn（2）策略（名）cèlüè: *for reasons of* ~ 由于策略上的原因 yóuyú cèlüèshang de yuányīn / ~ *maker* 制定政策的人 zhìdìng zhèngcè de rén

policy[2] *n* 保险单（名）bǎoxiǎndān: *a life* ~ 人寿保险 rénshòu bǎoxiǎn / *a fire* ~ 火灾保险 huǒzāi bǎoxiǎn

polio *n* 脊髓灰质炎 jǐsuǐ huīzhìyán，小儿麻痹症 xiǎo'ér mábì zhèng

Polish I *adj* 波兰语的 Bōlányǔ de；波兰的 Bōlán de；波兰人的 Bōlánrén de II *n* 波兰语（名）Bōlányǔ

polish I *v*（1）磨光 móguāng；擦亮 cāliàng（2）使优美 shǐ yōuměi；润色（动）rùnsè II *n*（1）磨光 móguāng；擦亮 cāliàng

polite *adj* 有礼貌的 yǒu lǐmào de，客气（形）kèqi；文明（形）wénmíng，文雅（形）wényǎ，有教养的 yǒu jiàoyǎng de: ~ *language* 文明的语言 wénmíng de yǔyán

politely *adv* 有礼貌地 yǒu lǐmào de，客气地 kèqi de；文明地 wénmíng de，文雅地 wényǎ de

politeness *n* 礼貌（名）lǐmào；客气（形）kèqi；客套（名）kètào

political *adj* 政治的 zhèngzhì de；政治

上的 zhèngzhìshang de // ~ *asylum* 政治避难 zhèngzhì bìnàn

politician *n*（1）政治家（名）zhèngzhìjiā（2）政客（名）zhèngkè

politics *n*（1）政治（名）zhèngzhì；政治学（名）zhèngzhìxué: *talk* ~ 谈论政治 tánlùn zhèngzhì（2）政治活动 zhèngzhì huódòng；政治观点 zhèngzhì guāndiǎn

poll *n*（1）选举投票 xuǎnjǔ tóupiào（2）投票数 tóupiào shù: *declare the* ~ 宣布投票结果 xuānbù tóupiào jiéguǒ / *head the* ~ 得票领先 dépiào lǐngxiān / *a heavy*（*light*）~ 投票率高（低）tóupiàolǜ gāo（dī）（3）投票处（名）tóupiàochù（4）民意测验 mínyì cèyàn: *opinion* ~ 民意调查 mínyì diàochá

pollen *n* 花粉（名）huāfěn

pollute *v*（1）污染（动）wūrǎn，弄脏 nòngzāng: *be* ~*ed by radioactive fallout* 受到放射性尘埃的污染 shòudào fàngshèxìng chén'āi de wūrǎn（2）玷污（动）diànwū，败坏（动）bàihuài

pollution *n* 污染（动）wūrǎn: *airborne* ~ 空气污染 kōngqì wūrǎn

polo *n* 马球（名）mǎqiú

pomp *n*（1）华丽（形）huálì；壮观（形）zhuàngguān；盛况（名）shèngkuàng（2）虚饰（动）xūshì；浮华（形）fúhuá；摆阔气 bǎi kuòqì

pompous *adj*（1）壮丽（形）zhuànglì；豪华（形）háohuá: *a* ~ *hotel* 一个豪华的宾馆 yíge háohuá de bīnguǎn（2）浮夸（动）fúkuā；自负（形）zìfù: ~ *language* 华而不实的言词 huá'ér bù shí de yáncí / *a* ~ *minor official* 一个自命不凡的小官吏 yíge zìmìngbùfán de xiǎo guānlì

pond *n* 池塘（名）chítáng: *a fish* ~ 鱼塘 yútáng

ponder *v* 思索（动）sīsuǒ，深思（动）shēnsī；考虑（动）kǎolǜ: ~ *a question* 思考问题 sīkǎo wèntí / ~ *deeply over a matter* 对一个问题作深入地思考 duì yíge wèntí zuò shēnrù de sīkǎo

ponderous *adj*（1）笨重（形）

bènzhòng; 沉重（形）chénzhòng: *a ~ wardrobe* 笨重的大衣柜 bènzhòng de dàyīguì（2）沉闷（形）chénmèn; 乏味（形）fáwèi: *a ~ lecture* 一堂枯燥无味的课 yìtáng kūzào wúwèi de kè

pontoon *n* 平底船（名）píngdǐchuán, 浮船（名）fúchuán: *a ~ bridge* 一座浮桥 yízuò fúqiáo

pony *n* 矮种马（名）ǎizhǒngmǎ; 小马 xiǎomǎ

pool[1] *n* 水池（名）shuǐchí; 水坑（名）shuǐkēng: *a swimming ~* 游泳池 yóuyǒngchí

pool[2] **I** *n* 集合基金 jíhé jījīn; 合作经营 hézuò jīngyíng; 联营（动）liányíng **II** *v* 集中（动）jízhōng, 集合（动）jíhé; 共享 gòngxiǎng: *~ together efforts* 共同努力 gòngtóng nǔlì

poor *adj*（1）穷（形）qióng, 贫穷（形）pínqióng（2）不好的 bù hǎo de, 差（形）chà: *in ~ health* 身体不佳 shēntǐ bù jiā（3）可怜（形）kělián // *the ~* 穷人 qióngrén

poorly **I** *adv*（1）低劣地 dīliè de, 蹩脚地 biéjiǎo de: *~ dressed* 穿得破破烂烂 chuān de pòpòlànlàn / *a ~ written piece of work* 蹩脚的作品 biéjiǎo de zuòpǐn（2）贫穷 pínqióng, 贫困 pínkùn **II** *adj* 身体不好的 shēntǐ bù hǎo de, 健康欠佳的 jiànkāng qiàn jiā de, 不舒服的 bù shūfu de

pop[1] **I** *n* 砰的一声 pēng de yìshēng **II** *v*（1）爆开 bàokāi; 砰的一响 pēng de yìxiǎng（2）突然伸出 tūrán shēnchū, 突然出现 tūrán chūxiàn // *~ up* 突然发生 tūrán fāshēng; 突然出现 tūrán chūxiàn

pop[2] *adj* 流行（形）liúxíng; 普及（形）pǔjí: *~ art* 流行艺术 liúxíng yìshù / *~ music* 流行音乐 liúxíng yīnyuè / *~ singer* 流行歌曲演唱者 liúxíng gēqǔ yǎnchàngzhě

popcorn *n* 爆玉米花 bàoyùmǐhuā

pope *n* 教皇（名）jiàohuáng: *P~ John Paul II* 教皇约翰·保罗二世 jiàohuáng Yuēhàn·Bǎoluó Èrshì

poplar *n* 白杨树（名）báiyángshù

poplin *n* 府绸（名）fǔchóu; 毛葛（名）máogě: *cotton ~* 棉府绸 mián fǔchóu

poppy *n* 罂粟（名）yīngsù

popular *adj*（1）民众的 mínzhòng de, 大众的 dàzhòng de: *~ government* 民众政府 mínzhòng zhèngfǔ（2）普及（形）pǔjí; 通俗（形）tōngsú; 广泛（形）guǎngfàn; 便宜（形）piányi: *~ science readings* 科普读物 kēpǔ dúwù / *a ~ magazine* 通俗杂志 tōngsú zázhì / *meals at ~ prices* 价钱便宜的饭菜 jiàqián piányi de fàncài（3）流行（形）liúxíng; 受欢迎的 shòu huānyíng de, 受爱戴的 shòu àidài de: *a ~ song* 流行歌曲 liúxíng gēqǔ

popularity *n*（1）通俗性（名）tōngsúxìng, 大众性（名）dàzhòngxìng（2）普及（动）pǔjí; 流行（动）liúxíng: *the ~ of table tennis* 乒乓球运动的流行 pīngpāngqiú yùndòng de liúxíng（3）名望（名）míngwàng, 声誉（名）shēngyù, 受人喜爱 shòu rén xǐ'ài

popularize *v*（1）普及（动）pǔjí, 推广（动）tuīguǎng: *~ secondary education* 普及中等教育 pǔjí zhōngděng jiàoyù（2）使通俗 shǐ tōngsú; 使受欢迎 shǐ shòu huānyíng, 宣传（动）xuānchuán; 推销（动）tuīxiāo

populate *v* 居住（动）jūzhù; 移民于 yímínyú: *densely ~d areas* 人口稠密地区 rénkǒu chóumì dìqū

population *n* 人口（名）rénkǒu, 全体居民 quántǐ jūmín: *the peasant ~* 农业人口 nóngyè rénkǒu / *a rapid increase in ~* 人口的迅速增长 rénkǒu de xùnsù zēngzhǎng

porcelain *n* 瓷（名）cí; 瓷器（名）cíqì: *a piece of ~* 一件瓷器 yíjiàn cíqì

porch *n* 门廊（名）ménláng

pore *n* 毛孔（名）máokǒng, 细毛孔 xìmáokǒng

pork *n* 猪肉（名）zhūròu

porridge *n* 粥（名）zhōu; 稀饭（名）xīfàn: *a bowl of ~* 一碗粥 yìwǎn zhōu

port   *n* 港（名）gǎng；港口（名）gǎngkǒu；港市（名）gǎngshì：*a naval ~* 军港 jūngǎng／*P~ Dalian* 大连港 Dàliángǎng

porter   *n*（1）搬运工（名）bānyùngōng（2）服务员（名）fúwùyuán，勤杂工（名）qínzágōng

portfolio   *n*（1）公事包（名）gōngshìbāo，公文袋（名）gōngwéndài；画夹（名）huàjiā：*a lecture ~* 讲义夹 jiǎngyìjiā（2）部长职位 bùzhǎng zhíwèi：*a minister without ~* 不管部部长 bùguǎnbù bùzhǎng

porthole   *n* 舷窗（名）xiánchuāng

portion   *n*（1）一部分 yíbùfen：*a large ~ of the products* 产品的很大一部分 chǎnpǐn de hěn dà yíbùfen（2）一份 yífèn，一客 yíkè

portrait   *n*（1）画像（名）huàxiàng，肖像（名）xiàoxiàng；半身像 bànshēnxiàng（2）生动的描述 shēngdòng de miáoshù：*~s of country life* 农村生活的生动写照 nóngcūn shēnghuó de shēngdòng xiězhào

portray   *v*（1）画（动）huà；描绘（动）miáohuì，描写（动）miáoxiě；描述（动）miáoshù（2）扮演（动）bànyǎn

portrayal   *v*（1）描绘（动）miáohuì，描写（动）miáoxiě，刻画（动）kèhuà（2）画像（名）huàxiàng，肖像（名）xiàoxiàng

pose   **I** *v*（1）摆好姿势 bǎihǎo zīshì；放好位置 fànghǎo wèizhi（2）提出 tíchū；造成（动）zàochéng（3）摆样子 bǎi yàngzi，做作（形）zuòzuò；假装（动）jiǎzhuāng **II** *n*（1）姿势（名）zīshì，姿态（名）zītài：*a stage ~* 舞台亮相 wǔtái liàngxiàng（2）装腔作势 zhuāngqiāngzuòshì，假装（动）jiǎzhuāng：*put on a ~ of* 装出一副… 样子 zhuāngchū yífù … yàngzi

position   *n*（1）位置（名）wèizhi；方位（名）fāngwèi：*fix a ship's ~ in the sea* 测定船在海上的方位 cèdìng chuán zài hǎishang de fāngwèi（2）地位（名）

dìwèi；身份（名）shēnfèn：*top ~ in the class* 这个阶级中的上层地位 zhège jiējízhōng de shàngcéng dìwèi（3）职位（名）zhíwèi；职务（名）zhíwù（4）形势（名）xíngshì；状况（名）zhuàngkuàng（5）态度（名）tàidu（6）姿势（名）zīshì // *in a ~ to do sth.* 能够做某事 nénggòu zuò mǒushì／*in ~* 在适当的位置 zài shìdàng de wèizhi／*out of ~* 不在适当的位置 bú zài shìdàng de wèizhi

positive   *adj*（1）明确（形）míngquè，确定的 quèdìng de；确实（形）quèshí：*a ~ refusal* 明确的拒绝 míngquè de jùjué／*a ~ fact* 确凿的事实 quèzuò de shìshí（2）肯定（形、动）kěndìng，确信的 quèxìn de；自信（形）zìxìn（3）积极（形）jījí；有益的 yǒuyì de：*a ~ suggestion* 积极的建议 jījí de jiànyì／*~ help* 有益的帮助 yǒuyì de bāngzhù（4）原级的 yuánjí de：*a ~ adjective* 原级形容词 yuánjí xíngróngcí

possess   *v*（1）有（动）yǒu，占有（动）zhànyǒu，拥有（动）yōngyǒu，具有（动）jùyǒu（2）支配（动）zhīpèi，影响（动）yǐngxiǎng

possession   *n*（1）有（动）yǒu，拥有（动）yōngyǒu，所有（动）suǒyǒu（2）财产（名）cáichǎn：*personal ~s* 个人财物 gèrén cáiwù // *take ~ of* 占有 zhànyǒu；占领 zhànlǐng

possessive   **I** *adj*（1）独占的 dúzhàn de；归个人所有的 guī gèrén suǒyǒu de；有占有欲的 yǒu zhànyǒuyù de：*one's ~ nature* 占有欲 zhànyǒuyù／*a ~ mother* 一个把子女看成个人所有物的母亲 yíge bǎ zǐnǚ kànchéng gèrén suǒyǒuwù de mǔqin（2）所属关系的 suǒshǔ guānxi de，所有格的 suǒyǒugé de：*the ~ case* 所有格 suǒyǒugé／*a ~ adjective* 所有格形容词 suǒyǒugé xíngróngcí／*~ pronouns* 物主代词 wùzhǔ dàicí **II** *n* 所有格（名）suǒyǒugé；所有格的词 suǒyǒugé de cí，物主代词 wùzhǔ dàicí

possibility   *n* 可能（名、形）kěnéng；可

能性（名）kěnéngxìng；可能的情况 kěnéng de qíngkuàng

possible *adj* (1) 可能（形）kěnéng；办得到的 bàn de dào de (2) 合适（形）héshì；可以的 kěyǐ de，过得去的 guò de qù de // *as … as* ~ 尽可能 jìn kěnéng，尽量 jìnliàng/*if* ~ 如果可能的话，rúguǒ kěnéng dehuà

possibly *adv* (1) 可能（形）kěnéng (2) 也许（副）yěxǔ，或者（副）huòzhě

post¹ I *n* 桩（名）zhuāng；柱（名）zhù；杆（名）gān：*boundary* ~*s* 界桩 jièzhuāng / *gate* ~*s* 门柱 ménzhù / *lamp* ~*s* 灯杆 dēnggān **II** *v* (1) 张贴（动）zhāngtiē (2) 宣告（动）xuāngào；公布（动）gōngbù

post² I *n* (1) 邮政（名）yóuzhèng；邮寄（动）yóujì：*send books by* ~ 邮寄书籍 yóujì shūjí (2) 邮件（名）yóujiàn **II** *v* 寄（动）jì，邮（动）yóu // *by* ~ 邮寄 yóujì；通过邮局 tōngguò yóujú：*send a parcel by* ~ 邮寄包裹 yóujì bāoguǒ/~ *office* 邮局 yóujú，邮政局 yóuzhèngjú / ~ *office box* 邮政信箱 yóuzhèng xìnxiāng

post³ I *n* (1) 岗位（名）gǎngwèi；站（名）zhàn；哨所（名）shàosuǒ：*an observation* ~ 观察站 guāncházhàn (2) 职位（名）zhíwèi **II** *v* 指派（动）zhǐpài，任命（动）rènmìng

postage *n* 邮费（名）yóufèi，邮资（名）yóuzī：~ *due* 欠邮资 qiàn yóuzī / *no* ~ *necessary* 免付邮费 miǎn fù yóufèi / ~ *paid* 邮资已付 yóuzī yǐ fù / ~ *stamps* 邮票 yóupiào / *short* ~ 邮资不足 yóuzī bùzú

postal *adj* 邮政的 yóuzhèng de；邮局的 yóujú de：~ *charges* 邮费 yóufèi（邮资 yóuzī）/ *the* ~ *service* 邮政服务 yóuzhèng fúwù（邮政工作 yóuzhèng gōngzuò，邮政业务 yóuzhèng yèwù）

postbag *n* 邮袋（名）yóudài；邮件（名）yóujiàn

postbox *n* 信箱（名）xìnxiāng；信筒（名）xìntǒng

postcard *n* 明信片（名）míngxìnpiàn

postcode *n* 邮政编码 yóuzhèng biānmǎ

poster *n* 招贴（动）zhāotiē；标语（名）biāoyǔ；广告（名）guǎnggào；海报（名）hǎibào：~ *paper* 广告纸 guǎnggàozhǐ（招贴纸 zhāotiēzhǐ）

poste restante *n* (1) 留局待领的邮件 liújú dài lǐng de yóujiàn (2) 待领邮件科 dàilǐng yóujiànkē；待领邮件业务 dàilǐng yóujiàn yèwù：*the* ~ *counter at the post office* 邮局里办理待领邮件业务的窗口 yóujúlǐ bànlǐ dàilǐng yóujiàn yèwù de chuāngkǒu

posterity *n* 子孙（名）zǐsūn，后代（名）hòudài，后裔（名）hòuyì：*hand down to* ~ 传到子孙后代 chuándào zǐsūn hòudài / ~ *of Emperors Yan and Huang* 炎黄子孙 Yán–Huáng zǐsūn

postgraduate I *adj* 大学毕业后的 dàxué bìyèhòu de；大学研究院的 dàxué yánjiūyuàn de；研究生的 yánjiūshēng de：*a* ~ *research institute* 研究院 yánjiūyuàn / *a* ~ *student* 研究生 yánjiūshēng **II** *n* 研究生（名）yánjiūshēng

posthumous *adj* 死后的 sǐhòu de，身后的 shēnhòu de；遗腹的 yífù de

postman *n* 邮递员（名）yóudìyuán，邮差（名）yóuchāi

postmark *n* 邮戳（名）yóuchuō

postmaster *n* 邮政局长 yóuzhèng júzhǎng

postmortem *n* (1) 验尸 yàn shī，尸体解剖 shītǐ jiěpōu (2) 事后的调查分析 shìhòu de diàochá fēnxī

postpone *v* 推迟（动）tuīchí，延期 yánqī：~ *a meeting* 推迟会期 tuīchí huìqī

postponement *n* 延期 yánqī：*demand a 10-day* ~ 要求延期十天 yāoqiú yánqī shítiān

postscript *n* (1) 附言（名）fùyán (2) 附录（名）fùlù，跋（名）bá，结束语（名）jiéshùyǔ：*a* ~ *to a book* 一本书的附录 yìběn shū de fùlù

posture I *n* 姿势（名）zīshì，姿态（名）zītài，样子（名）yàngzi：*an upright*

～ 直立的姿势 zhílì de zīshì / in a re-
clining ～ 斜靠着 xié kàozhe II v 作
出某种姿势或姿态 zuòchū mǒuzhǒng
zīshì huò zītài, 摆姿势 bǎi zīshì: ～ as
a music lover 作出一副音乐爱好者的
样子 zuòchū yífù yīnyuè àihàozhě de
yàngzi

pot n 罐（名）guàn; 锅（名）guō; 壶
（名）hú: a cooking ～ 一口饭锅 yìkǒu
fànguō / a tea ～ 一把茶壶 yìbǎ cháhú

potato n 土豆（名）tǔdòu, 马铃薯
（名）mǎlíngshǔ: baked ～es 烤土豆
kǎo tǔdòu / mashed ～es 土豆泥
tǔdòuní / ～ soup 土豆汤 tǔdòutāng /
～ chips 炸土豆片儿 zhátǔdòupiànr

potential I adj 潜在的 qiánzài de, 可能
（形）kěnéng: ～ resources 潜在的资源
qiánzài de zīyuán II n 潜力（名）
qiánlì; 可能性（名）kěnéngxìng

potluck n 便饭 biànfàn, 家常便饭
（名）jiāchángbiànfàn

potter[1] n 陶工（名）táogōng // ～'s
clay 陶土 táotǔ

potter[2] v （1）吊儿郎当地做事
diào'erlángdāng de zuò shì; 干轻活儿
gàn qīng huór（2）闲逛（动）
xiánguàng, 溜达（动）liūda

pottery n（1）陶器（名）táoqì（2）陶器
制造厂 táoqì zhìzàochǎng, 作坊（名）
zuōfang（3）陶器技术 táoqì jìshù; 陶
器业（名）táoqìyè

pouch n（1）（装在衣兜里的）小口袋
（zhuāngzài yīdōuli de）xiǎo kǒudài; 烟
草袋 yāncǎo dài: a tobacco ～ 烟荷包
yānhébāo / a postman's ～ 邮袋
yóudài（2）袋状物（名）dàizhuàngwù,
囊状物（名）nángzhuàngwù（3）育儿
袋（名）yù'érdài

poultry n 家禽（名）jiāqín: a ～ farm
家禽饲养场 jiāqín sìyǎngchǎng

pounce I v（1）猛扑 měngpū; 飞扑
fēipū, 突然袭击 tūrán xíjī（2）抓住
zhuāzhù II n 猛扑 měngpū; 猛抓
měngzhuā

pound[1] n（1）磅（量）bàng: 2 ～s of
meat 两磅肉 liǎngbàng ròu（2）英镑

（名）yīngbàng, 镑（名）bàng

pound[2] v（1）捣碎 dǎosuì: ～ the meat
into a paste 把肉捣成糊状 bǎ ròu
dǎochéng húzhuàng（2）用力敲打 yòng
lì qiāodǎ

pour v（1）倒（动）dào, 注入（动）
zhùrù, 灌（动）guàn; 流（动）liú, 淌
（动）tǎng; 喷（动）pēn, 吐（动）tǔ,
冒（动）mào（2）下大雨 xià dà yǔ（3）
（人）大量流动（rén）dàliàng liúdòng;
拥进 yōngjìn; 拥出 yōngchū（4）倾吐
（动）qīngtǔ, 诉说（动）sùshuō

poverty n（1）贫穷（形）pínqióng, 贫
困（形）pínkùn: stark ～ 赤贫 chìpín
（2）贫乏（形）pínfá; 缺乏（动）quēfá

powder I n（1）粉末（名）fěnmò（2）
粉（名）fěn: milk ～ 奶粉 nǎifěn /
soap ～ 洗衣粉 xǐyīfěn（3）香粉（名）
xiāngfěn: face ～ 香粉 xiāngfěn II v
（1）搽粉 chá fěn, 抹粉 mǒ fěn（2）做
成粉末状 zuòchéng fěnmòzhuàng:
～ed milk 奶粉 nǎifěn / ～ed eggs 蛋
粉 dànfěn / ～ room 女盥洗室 nǚ
guànxǐshì（女厕所 nǚ cèsuǒ）

power n（1）能力（名）nénglì; 精力
（名）jīnglì; 体力（名）tǐlì（2）力（名）
lì, 力量（名）lìliang: electric ～ 电力
diànlì / military ～ 军事力量 jūnshì
lìliang（3）权力（名）quánlì: political
～ 政权 zhèngquán / the ～ of the law
法律的力量 fǎlǜ de lìliang（4）强国
qiángguó; 大国 dàguó: industrial ～s
工业强国 gōngyè qiángguó / a sea ～
海上大国 hǎishang dàguó / the Great
P～s 列强 lièqiáng // come into ～ 上
台 shàng tái; 当权 dāngquán / ～ pol-
itics 强权政治 qiángquán zhèngzhì

powerful adj（1）强大（形）qiángdà,
力量大的 lìliang dà de, 强有力的
qiáng yǒu lì de, 强壮（形）
qiángzhuàng: a ～ army 强大的军队
qiángdà de jūnduì / a ～ enemy 强敌
qiángdí（劲敌 jìngdí）（2）效力大的
xiàolì dà de; 权力大的 quánlì dà de;
有影响的 yǒu yǐngxiǎng de; 作用大的
zuòyòng dà de: a ～ government body

权力很大的政府机构 quánlì hěn dà de zhèngfǔ jǐgòu

practicability *n* 可行性（名）kěxingxìng; 实用性（名）shíyòngxìng

practicable *adj* (1) 能实行的 néng shíxíng de; 行得通的 xíng de tōng de (2) 可通行的 kě tōngxíng de

practical *adj* (1) 实践的 shíjiàn de; 实际（形）shíjì (2) 可行的 kěxíng de, 实用的 shíyòng de, 有实效的 yǒu shíxiào de: *a ~ little table* 一张实用的小桌子 yìzhāng shíyòng de xiǎo zhuōzi (3) 讲究实际的 jiǎngjiū shíjì de; 有实际经验的 yǒu shíjì jīngyàn de, 从实践中学会的 cóng shíjiànzhōng xuéhuì de: *a ~ mind* 一个注重实效的人 yíge zhùzhòng shíxiào de rén // *for all ~ purposes* 实际上 shíjìshang

practically *adv* (1) 实际上 shíjìshang, 事实上 shìshíshang; 从实际出发 cóng shíjì chūfā (2) 几乎（副）jīhū, 简直（副）jiǎnzhí, 差不多（形）chàbuduō

practice *n* (1) 实行（动）shíxíng; 实践（动）shíjiàn; 实际（名）shíjì: *put a law into ~* 实施一项法律 shíshī yíxiàng fǎlǜ (2) 练习（动）liànxi, 实习（动）shíxí: *~ in speaking Chinese* 练习说汉语 liànxí shuō Hànyǔ (3) 惯例（名）guànlì, 习惯做法 xíguàn zuòfǎ: *the ~ of closing shops on Sundays* 星期天商店关门的惯例 Xīngqītiān shāngdiàn guān mén de guànlì (4) 开业 kāi yè // *in ~* 在经常练习中 zài jīngcháng liànxízhōng / *out of ~* 久不练习 jiǔ bú liànxí, 荒疏 huāngshū / *P~ makes perfect.* 熟能生巧。Shúnéngshēngqiǎo.

practise *v* (1) 实践（动）shíjiàn, 实行（动）shíxíng, 实施（动）shíshī; 履行（动）lǚxíng: *~ patience* 保持耐心 bǎochí nàixīn / *~ self-control* 自我控制 zìwǒ kòngzhì / *~ economy* 厉行节约 lìxíngjiéyuē (2) 练习（动）liànxí, 实习（动）shíxí, 训练（动）xùnliàn: *~ dancing* 练跳舞 liàn tiàowǔ (3) 养成…习惯 yǎngchéng…xíguàn (4)

开业 kāi yè: *~ medicine* 开业行医 kāi yè xíngyī

practised *adj* 熟练（形）shúliàn: *a ~ performer* 熟练的表演者 shúliàn de biǎoyǎnzhě / *a ~ skill* 一种熟练的技能 yìzhǒng shúliàn de jìnéng

pragmatic *adj* 实际（形）shíjì; 务实的 wùshí de, 重实效的 zhòng shíxiào de, 讲究实际的 jiǎngjiū shíjì de: *a ~ decision* 一项符合实际的决定 yíxiàng fúhé shíjì de juédìng / *a ~ attitude* 务实的态度 wùshí de tàidù / *a ~ person* 讲究实际的人 jiǎngjiū shíjì de rén

pragmatism *n* 实用的观点（或方法）shíyòng de guāndiǎn（huò fāngfǎ）; 务实的态度 wùshí de tàidu; 实用主义（名）shíyòngzhǔyì

prairie *n* 大草原 dà cǎoyuán: *the Canadian ~s* 加拿大大草原 Jiānádà dà cǎoyuán

praise I *n* 赞扬（动）zànyáng, 称赞（动）chēngzàn, 赞美（动）zànměi, 表扬（动）biǎoyáng II *v* 赞扬（动）zànyáng, 表扬（动）biǎoyáng, 夸奖（动）kuājiǎng, 歌颂（动）gēsòng; 吹捧（动）chuīpěng// *sing one's own ~s* 自吹自擂 zìchuīzìlèi, 自我吹嘘 zìwǒ chuīxū, 自我表扬 zìwǒ biǎoyáng / *sing sb.'s ~s* 颂扬某人 sòngyáng mǒurén, 夸奖某人 kuājiǎng mǒurén, 捧场 pěngchǎng

pram, perambulator *n* 婴儿车（名）yīng'érchē, 童车（名）tóngchē

prawn *n* 对虾（名）duìxiā, 大虾 dàxiā: *a dish of curried ~s* 一盘咖哩大虾 yìpán gālí dàxiā

pray *v* (1) 祷告（动）dǎogào, 祈祷（动）qídǎo; 祈求（动）qíqiú (2) 殷切盼望 yīnqiè pànwàng

prayer[1] *n* (1) 祈祷（动）qídǎo, 祷告（动）dǎogào: *~ book* 祈祷书 qídǎoshū (2) 祈祷文（名）qídǎowén

prayer[2] *n* 祈祷人（名）qídǎorén; 恳求者（名）kěnqiúzhě

preach *v* (1) 讲道 jiǎng dào, 布道 bù dào: *~ the Gospel* 布讲福音 bù jiǎng fúyīn / ~ *a sermon* 讲道 jiǎng dào (2) 宣扬（动）xuānyáng, 鼓吹（动）gǔchuī (3) 劝戒（动）quànjiè, 教训（动）jiàoxùn // ~ *up* 吹捧 chuīpěng; 赞扬 zànyáng

preacher *n* 传道士（名）chuándàoshì; 鼓吹者（名）gǔchuīzhě

preamble *n* 绪论（名）xùlùn; 前言（名）qiányán, 序言（名）xùyán; 开场白（名）kāichǎngbái: *the ~ of a contract* 合同的序言 hétong de xùyán

precaution *n* 预防（动）yùfáng; 预防措施 yùfáng cuòshī; 警惕（动）jǐngtì; 谨慎（形）jǐnshèn

precede *v* (1) 先于 xiānyú, 在 … 之前 zài … zhīqián (2) 在 … 前加上 zài … qián jiāshang (3) 高于 … gāoyú …, 位于 … 之上 wèiyú … zhīshàng

precedence *n* (1) 在前 zài qián, 领先地位 lǐngxiān dìwèi; 优先（形）yōuxiān (2) 上座（名）shàngzuò, 上席（名）shàngxí (3) 先后次序 xiānhòu cìxù, 席次（名）xícì

precedent *n* (1) 先例（名）xiānlì, 前例（名）qiánlì; 判例（名）pànlì: *follow a ~* 援例 yuánlì (2) 惯例（名）guànlì: *a time-honoured ~* 古来就有的惯例 gǔlái jiù yǒu de guànlì

preceding *adj* 在前的 zài qián de, 在先的 zài xiān de; 前面的 qiánmiàn de: *on the ~ page* 在前页上 zài qiányèshang / *the ~ years* 前几年 qián jǐnián

precept *n* 准则（名）zhǔnzé; 戒律（名）jièlǜ; 指南（名）zhǐnán; 箴言（名）zhēnyán; 教导（名）jiàodǎo, 教诲（动）jiàohuì: *moral ~s* 道德准则 dàodé zhǔnzé / *the ~s of Christianity* 基督教教义 jīdūjiào jiàoyì

precious **I** *adj* 宝贵（形）bǎoguì; 珍贵（形）zhēnguì: *a ~ souvenir* 一件珍贵的纪念品 yíjiàn zhēnguì de jìniànpǐn / *~ stones* 宝石 bǎoshí / *~ metal* 贵重金属 guìzhòng jīnshǔ **II** *adv* 很（副）hěn, 非常（副）fēicháng: *~ few* 寥寥无几 liáoliáowújǐ

precipice *n* (1) 悬崖（名）xuányá; 峭壁（名）qiàobì (2) 危险处境 wēixiǎn chǔjìng

précis *n* 概要（名）gàiyào, 摘要（名）zhāiyào, 提要（名）tíyào, 要点（名）yàodiǎn

precise *adj* (1) 精确（形）jīngquè, 准确（形）zhǔnquè; 精密（形）jīngmì, 精（形）jīng, 精细（形）jīngxì: *~ calculation* 精确的计算 jīngquè de jìsuàn / *a ~ translation* 准确的翻译 zhǔnquè de fānyì (2) 恰好（副）qiàhǎo: *at that ~ moment* 恰好就在这时候 qiàhǎo jiù zài zhè shíhou (3) 讲究精确 jiǎngjiū jīngquè, 严谨（形）yánjǐn, 一丝不苟 yìsībùgǒu

precision *n* 精密（形）jīngmì, 精细（形）jīngxì: *~ instruments* 精密仪器 jīngmì yíqì

precocious *adj* 发育过早的 fāyù guò zǎo de; 早熟的 zǎo shú de

predator *n* 肉食动物 ròushí dòngwù

predatory *adj* (1) 捕食其他动物的 bǔshí qítā dòngwù de, 肉食的 ròushí de: *a ~ animal* 肉食动物 ròushí dòngwù (2) 掠夺性的 lüèduóxìng de, 掠夺成性的 lüèduó chéng xìng de: *a ~ war* 掠夺性战争 lüèduó xìng zhànzhēng / *~ shopkeepers* 敲诈顾客的店主 qiāozhà gùkè de diànzhǔ

predecessor *n* (1) 前辈（名）qiánbèi; 前任（名）qiánrèn (2) 前身（名）qiánshēn, 原有的事物 yuányǒu de shìwù (3) 祖先（名）zǔxiān

predestine *v* 命中注定 mìngzhōng zhùdìng; 预先指定 yùxiān zhǐdìng, 预先决定 yùxiān juédìng

predicament *n* 困境（名）kùnjìng, 尴尬的处境 gāngà de chǔjìng; 危境（名）wēijìng

predicate *n* 谓语（名）wèiyǔ, 谓词（名）wèicí

predict *v* 预言（动）yùyán, 预告（动）yùgào, 预示（动）yùshì

prediction *n* 预言（名）yùyán, 预告（名）yùgào, 预示（动）yùshì

predominant *adj* 主要（形）zhǔyào; 突出（形）tūchū, 最显著的 zuì xiǎnzhù de; 居支配地位的 jū zhīpèi dìwèi de: *the ~ members of the cabinet* 内阁中的重要成员 nèigézhōng de zhòngyào chéngyuán

predominate *v* (1) 居支配地位 jū zhīpèi dìwèi, 占主导地位 zhàn zhǔdǎo dìwèi, 统治（动）tǒngzhì (2) 占优势 zhàn yōushì, 占多数 zhàn duōshù

prefabricated *adj* 预制的 yùzhì de: *~ parts* 预制构件 yùzhì gòujiàn / *~ structures* 预制结构 yùzhì jiégòu

preface I *n* 序言（名）xùyán, 绪言（名）xùyán, 前言（名）qiányán, 引言（名）yǐnyán II *v* 给 … 作序 gěi … zuò xù; 作为 … 开始 zuòwéi … kāishǐ

prefectural *adj* 地区的 dìqū de: *the ~ party committee* 党的地区委员会 dǎng de dìqū wěiyuánhuì（地委 dìwěi）

prefecture *n* (1) 专区（名）zhuānqū, 地区（名）dìqū (2) 府（名）fǔ, 县（名）xiàn

prefer *v* 愿意（助动、动）yuànyì; 宁愿（连）nìngyuàn; 更喜欢 gèng xǐhuan

preferable *adj* 更可取的 gèng kěqǔ de, 更好的 gèng hǎo de, 更合适的 gèng héshì de

preferably *adv* 最好是 zuìhǎo shì, 较好的是 jiào hǎo de shì

preference *n* (1) 偏爱（动）piān'ài; 优先（形）yōuxiān (2) 偏爱物（名）piān'ài wù; 喜爱的东西 xǐ'ài de dōngxi; 选择（动）xuǎnzé

prefix I *n* 前缀（名）qiánzhuì, 词头（名）cítóu II *v* (1) 加前缀 jiā qiánzhuì, 加词头 jiā cítóu (2) 加在 … 前面 jiāzài … qiánmiàn

pregnancy *n* 怀孕 huáiyùn, 怀胎 huáitāi, 妊娠（动）rènshēn; 怀孕期 huáiyùnqī: *during ~* 妊娠期 rènshēnqī（怀孕期 huáiyùnqī）/ *~ test* 妊娠化验 rènshēn huàyàn

pregnant *adj* (1) 怀孕的 huáiyùn de, 怀胎的 huáitāi de (2) 孕育着的 yùnyùzhe de, 包含着的 bāohánzhe de; 意义深长的 yìyì shēncháng de: *a political event ~ with consequences* 孕育着重大后果的政治事件 yùnyùzhe zhòngdà hòuguǒ de zhèngzhì shìjiàn

prehistoric *adj* (1)（有记载的）历史以前的（yǒu jìzǎi de）lìshǐ yǐqián de, 史前的 shǐqián de: *~ pottery* 史前陶器 shǐqián táoqì / *~ age* 史前时代 shǐqián shídài / *~ man* 史前人类 shǐqián rénlèi (2) 陈旧（形）chénjiù, 古老（形）gǔlǎo, 老掉了牙的 lǎodiàole yá de; 陈腐（形）chénfǔ: *a ~ car* 老掉了牙的汽车 lǎodiàole yá de qìchē

prehistory *n* 史前学（名）shǐqiánxué; 史前史（名）shǐqiánshǐ

prejudice I *n* (1) 偏见（名）piānjiàn, 成见（名）chéngjiàn (2) 歧视（动）qíshì, 反对（动）fǎnduì: *racial ~* 种族歧视 zhǒngzú qíshì II *v* (1) 不利于 búlìyú, 有损于 yǒusǔnyú (2) 抱成见 bào chéngjiàn, 有偏见 yǒu piānjiàn; 歧视（动）qíshì; 影响（动）yǐngxiǎng; 反对（动）fǎnduì: *be ~d against abortion* 反对人工流产 fǎnduì réngōng liúchǎn

preliminary I *adj* 预备的 yùbèi de; 初步（形）chūbù; 开端的 kāiduān de: *a ~ examination* 初试 chūshì（预考 yùkǎo）/ *~ remarks* 前言 qiányán（开头的话 kāitóu de huà）II *n* 预备（动）yùbèi; 开端（名）kāiduān; 预考（名）yùkǎo, 初试（名）chūshì, 预赛（名）yùsài

prelude *n* 序曲（名）xùqǔ, 前奏曲（名）qiánzòuqǔ; 序幕（名）xùmù: *Chopin's P~s* 肖邦的钢琴前奏曲 Xiāobāng de gāngqín qiánzòuqǔ

premature *adj* 过早的 guò zǎo de; 不成熟的 bù chéngshú de; 不到期的 bú dàoqī de: *a ~ birth* 早产 zǎochǎn / *a ~ decision* 不成熟的决定 bù chéngshú de juédìng

premier I *n* 总理（名）zǒnglǐ, 首相（名）shǒuxiàng: *P~ of the State Council* 国务院总理 Guówùyuàn zǒnglǐ

II *adj* 首位的 shǒuwèi de, 首要（形）shǒuyào, 最前的 zuì qián de: *take the ~ place* 坐上首位 zuòshàng shǒuwèi / *of ~ importance* 首要 shǒuyào

premiere *n* 首场演出 shǒuchǎng yǎnchū; 首次展出 shǒucì zhǎnchū: *the ~ of a new German opera* 一出德国新歌剧的首场演出 yìchū Déguó xīn gējù de shǒuchǎng yǎnchū

premise *n* 前提（名）qiántí: *major (minor) ~* 大（小）前提 dà（xiǎo）qiántí

premises *n*（连带附属建筑及庭院的）房屋住宅（liándài fùshǔ jiànzhù jí tíngyuàn de）fángwū zhùzhái: *magnificent ~* 豪华的宅第 háohuá de zhái dì

premium *n*（1）奖（名）jiǎng; 奖赏（动）jiǎngshǎng, 奖励（名）jiǎnglì; 奖金（名）jiǎngjīn: *a ~ for good conduct* 品行优良奖 pǐnxíng yōuliáng jiǎng（2）佣金（名）yōngjīn, 酬金（名）chóujīn; 额外费用 éwài fèiyòng（3）保险费（名）bǎoxiǎnfèi

preoccupied *adj* 有心事的 yǒu xīnshì de, 出神的 chūshén de; 心不在焉 xīnbúzàiyān: *a ~ look* 心不在焉的样子 xīnbúzàiyān de yàngzi

preparation *n*（1）准备（动）zhǔnbèi, 预备（动）yùbèi; 准备工作 zhǔnbèi gōngzuò, 准备活动 zhǔnbèi huódòng（2）撰写（动）zhuànxiě, 编制（动）biānzhì, 编写（动）biānxiě: *the ~ of a course book* 编写一本教科书 biānxiě yìběn jiàokēshū // *be in ~* 在准备中 zài zhǔnbèizhōng; 在编写中 zài biānxiězhōng / *in ~ for* 作为…的准备 zuòwéi… de zhǔnbèi

preparatory *adj* 准备的 zhǔnbèi de, 预备的 yùbèi de; 筹备的 chóubèi de // *a ~ school* 预备学校 yùbèi xuéxiào, 补习学校 bǔxí xuéxiào / *~ to*（1）在…前 zài… qián（2）作为…的准备 zuòwéi… de zhǔnbèi

prepare *v*（1）准备（动）zhǔnbèi, 预备（动）yùbèi; 筹备（动）chóubèi: *get linguistically well ~d* 语言上作好准备 yǔyánshang zuòhǎo zhǔnbèi（2）使作好准备 shǐ zuòhǎo zhǔnbèi; 培养（动）péiyǎng（3）编写（动）biānxiě, 撰写（动）zhuànxiě, 编制（动）biānzhì: *~ a plan* 编制计划 biānzhì jìhuà / *~ a study report* 撰写一个调查报告 zhuànxiě yíge diàochá bàogào

preposition *n* 介词（名）jiècí, 前置词（名）qiánzhìcí

prepositional *adj* 介词的 jiècí de, 前置词的 qiánzhìcí de: *a ~ phrase* 介词短语 jiècí duǎnyǔ

prerequisite **I** *n* 先决条件 xiānjué tiáojiàn, 前题（名）qiántí; 必要条件 bìyào tiáojiàn **II** *adj* 先决条件的 xiānjué tiáojiàn de, 必须具备的 bìxū jùbèi de; 必要（形）bìyào: *~ conditions* 先决条件 xiānjué tiáojiàn（前题 qiántí）/ *a necessary ~ to independence* 获得独立的必要条件 huòdé dúlì de bìyào tiáojiàn

preschool *adj* 学龄前的 xuélíngqián de, 入学前的 rùxuéqián de: *~ children* 学龄前儿童 xuélíngqián értóng

prescribe *v*（1）开（处方）（动）kāi（chǔfāng）, 开（药）（动）kāi（yào）; 嘱咐（动）zhǔfu, 建议（动）jiànyì（2）命令（动）mìnglìng, 规定（动）guīdìng, 指定（动）zhǐdìng: *penalties ~d by the law* 法律规定的惩罚 fǎlù guīdìng de chéngfá

prescription *n*（1）药方（名）yàofāng, 处方（动）chǔfāng: *a ~ for stomach troubles* 治胃病的药方 zhì wèibìng de yàofāng / *make up a ~* 按处方配药 àn chǔfāng pèi yào / *write out a ~* 开处方 kāi chǔfāng（2）命令（名）mìnglìng, 指示（名）zhǐshì; 规定（名）guīdìng, 法规（名）fǎguī

prescriptive *adj* 规定的 guīdìng de; 指示的 zhǐshì de; 命令式的 mìnglìngshì de

presence *n*（1）出席（动）chūxí, 到场（动）dàochǎng（2）面前（名）miànqián, 跟前（名）gēngqián（3）存在（动）cúnzài, 出现（动）chūxiàn: *the ~ of*

U.S. *armed forces in this area* 美国武装力量在这一地区的存在 Měiguó wǔzhuāng lìliàng zài zhè yí dìqū de cúnzài // ~ *of mind* 镇定 zhèndìng, 沉着 chénzhuó, 冷静 lěngjìng

present¹ I *adj* (1) 现在的 xiànzài de; 目前的 mùqián de, 当前的 dāngqián de; 现存的 xiàncún de: *the ~ moment* 现在 xiànzài / *the ~ social system* 现存的社会制度 xiàncún de shèhuì zhìdù (2) 出席的 chūxí de; 到场的 dàochǎng de, 参加的 cānjiā de **II** *n* 现在（名）xiànzài; 目前 mùqián; 现在时态 xiànzài shítài: *a verb in the ~* 一个现在时态的动词 yíge xiànzài shítài de dòngcí // *at ~* 现在 xiànzài, 目前 mùqián / *for the ~* 暂且 zànqiě, 暂时 zànshí / *up to the ~* 直到现在 zhídào xiànzài

present² *v* (1) 介绍（动）jièshào, 引见（动）yǐnjiàn (2) 赠送（动）zèngsòng, 给予（动）jǐyǔ, 献给 xiàngěi (3) 提出 tíchū, 递呈（动）dìchéng, 递交（动）dìjiāo: ~ *a report to the board* 向董事会递交一份报告 xiàng dǒngshìhuì dìjiāo yífèn bàogào (4) 演出（动）yǎnchū, 上演（动）shàngyǎn (5) 呈现（动）chéngxiàn, 表现（动）biǎoxiàn; 描绘（动）miáohuì // ~ *itself* 出现 chūxiàn / ~ *oneself* 出席 chūxí; 到场 dàochǎng

present³ *n* 礼物（名）lǐwù, 礼品（名）lǐpǐn, 赠品（名）zèngpǐn: *a birthday ~* 生日礼物 shēngrì lǐwù / *a wedding ~* 结婚礼物 jiéhūn lǐwù

presentation *n* (1) 赠送（动）zèngsòng; 授予（动）shòuyǔ, 颁发（动）bānfā: *a ~ copy* 赠送本 zèngsòngběn / *the ~ of prizes* 授奖 shòujiǎng (2) 介绍（动）jièshào, 引见（动）yǐnjiàn: *the ~ of the winners to the premier* 优胜者被引见给总理 yōushèngzhě bèi yǐnjiàn gěi zǒnglǐ (3) 呈送（动）chéngsòng; 提出（动）tíchū: *the ~ of credentials* 递交国书 dìjiāo guóshū / *the ~ of one's thesis* 提

交论文 tíjiāo lùnwén (4) 说明（名、动）shuōmíng, 介绍（动）jièshào, 陈述（动）chénshù; 展示（动）zhǎnshì; 表现（动）biǎoxiàn: *give a fair and impartial ~ of actual facts* 对实际情况做客观公允的陈述 duì shíjì qíngkuàng zuò kèguān gōngyǔn de chénshù (5) 上演（动）shàngyǎn, 演出（名、动）yǎnchū

present-day *adj* 当前的 dāngqián de; 当代的 dāngdài de: ~ *Chinese* 当代中国人 dāngdài zhōngguórén

presently *adv* (1) 立刻（副）lìkè, 马上（副）mǎshàng; 一会儿（名）yíhuìr, 不久（名）bùjiǔ (2) 现在（名）xiànzài, 当前（名）dāngqián, 目前（名）mùqián

preservation *n* (1) 保存（动）bǎocún, 保管（动）bǎoguǎn; 储藏（动）chǔcáng; 保护（动）bǎohù; 食品储藏 shípǐn chǔcáng (2) 保持（动）bǎochí; 维护（动）wéihù

preserve *v* (1) 保护（动）bǎohù; 防护（动）fánghù; 保持（动）bǎochí; 维持（动）wéichí, 维护（动）wéihù: ~ *forests* 保护森林 bǎohù sēnlín / ~ *wildlife* 保护野生动物 bǎohù yěshēng dòngwù (2) 保存（动）bǎocún, 储存（动）chǔcún, 储藏（动）chǔcáng: ~ *fresh fruit* 储藏鲜果 chǔcáng xiānguǒ // ~*d eggs* 松花蛋 sōnghuādàn / ~*d fruit* 蜜饯 mìjiàn, 果脯 guǒfǔ

preside *v* (1) 主持（动）zhǔchí; 做（会议）主席 zuò (huìyì) zhǔxí (2) 负责（动）fùzé; 指挥（动）zhǐhuī; 指导（动）zhǐdǎo: *the presiding officer* 负责的官员 fùzé de guānyuán

president *n* (1) 总统（名）zǒngtǒng: *the P~ of France* 法国总统 Fǎguó zǒngtǒng / *P~ Bush* 布什总统 Bùshí zǒngtǒng (2) 大学校长 dàxué xiàozhǎng, 院长（名）yuànzhǎng: *the P~ of Beijing University* 北京大学校长 Běijīng Dàxué xiàozhǎng (3) 会长（名）huìzhǎng; 主席（名）zhǔxí: *the P~ of the China-Japan Friendship As-*

sociation 中日友好协会会长 Zhōng Rì Yǒuhǎo Xiéhuì huìzhǎng

press I *v* (1) 夹（动）jiā；压（动）yā；按（动）àn；扳（动）bān：~ *the trigger* 扣扳机 kòu bānjī (2) 榨（动）zhà，挤（动）jǐ (3) 熨（动）yùn，烫（动）tàng (4) 抱紧 bàojǐn；握紧 wòjǐn (5) 逼迫（动）bīpò；紧逼（动）jǐnbī (6) 勉强（动）miǎnqiǎng，强加（动）qiángjiā，坚持要 jiānchí yào II *n* (1) 压（动）yā；夹（动）jiā；按（动）àn；榨（动）zhà，挤（动）jǐ；熨（动）yùn；握（动）wò (2) 压榨机（名）yāzhàjī：*an oil* ~ 榨油机 zhàyóujī / *a hydraulic* ~ 水压机 shuǐyājī (3) 印刷机（名）yìnshuājī；印刷（动）yìnshuā (4) 新闻报道 xīnwén bàodào；新闻出版界 xīnwén chūbǎnjiè：*a* ~ *conference* 记者招待会 jìzhě zhāodàihuì / *Foreign Languages P*~ 外文出版社 Wàiwén Chūbǎnshè

pressing *adj* (1) 紧迫（形）jǐnpò，紧急（形）jǐnjí，迫切（形）pòqiè：*a* ~ *problem* 紧迫的问题 jǐnpò de wèntí / ~ *business matters* 紧急事务 jǐnjí shìwù (2) 再三要求的 zàisān yāoqiú de；恳切（形）kěnqiè：*a* ~ *invitation* 恳切的邀请 kěnqiè de yāoqǐng

pressure *n* (1) 压（动）yā；挤（动）jǐ；按（动）àn (2) 压力（名）yālì；紧迫（形）jǐnpò；艰难（形）jiānnán：*atmospheric* ~ 大气压 dàqìyā / *the* ~ *of poverty* 贫困的压力 pínkùn de yālì / *the* ~ *of time* 时间紧迫 shíjiān jǐnpò // *a* ~ *cooker* 高压锅 gāoyāguō

prestige *n* 威信（名）wēixìn，威望（名）wēiwàng，声望（名）shēngwàng：*high* ~ 很高的威望 hěngāo de wēiwàng / *authors of international* ~ 具有国际声望的作家 jùyǒu guójì shēngwàng de zuòjiā

presumably *adv* 大概（副）dàgài，可能（助动）kěnéng；据推测 jù tuīcè

presume *v* (1) 敢于（动）gǎnyú，擅自（行动）（副）shànzì（xíngdòng）(2) 假定（动）jiǎdìng；认为（动）rènwéi；设

想（动）shèxiǎng

presumption *n* (1) 设想（名）shèxiǎng，假定（名）jiǎdìng，推断（名）tuīduàn，想当然的事 xiǎngdāngrán de shì (2) 自以为是 zìyǐwéishì，狂妄自大 kuángwàngzìdà；傲慢（形）àomàn，冒昧（形）màomèi

presumptuous *adj* 妄自尊大的 wàngzìzūndà de，狂妄（形）kuángwàng，傲慢（形）àomàn，放肆（形）fàngsì

pretence *n* (1) 假装（动）jiǎzhuāng；做作（形）zuòzuò；装样子 zhuāng yàngzi (2) 借口（名、动）jièkǒu，托辞（名）tuōcí，口实（名）kǒushí

pretend *v* (1) 假装（动）jiǎzhuāng，冒充（动）màochōng，装样子 zhuāng yàngzi (2) 假托（动）jiǎtuō，借口（动）jièkǒu，谎称（动）huǎngchēng (3) 扮作 bànzuò，装成 zhuāngchéng，假装（动）jiǎzhuāng

pretentious *adj* (1) 自负（形）zìfù，狂妄（形）kuángwàng，自命不凡的 zìmìngbùfán de (2) 做作（形）zuòzuò；装样子的 zhuāng yàngzi de

pretext *n* 借口（名）jièkǒu，口实（名）kǒushí，托词（名）tuōcí，遁词（名）dùncí

pretty I *adj* (1) 漂亮（形）piàoliang，美丽（形）měilì，好看（形）hǎokàn：*a* ~ *girl* 一个漂亮的姑娘 yīge piàoliang de gūniang (2) 优美（形）yōuměi，好听（形）hǎotīng，悦耳（形）yuè'ěr II *adv* 相当（副）xiāngdāng，颇（副）pō，挺（副）tǐng

prevail *v* (1) 胜（动）shèng，获胜 huòshèng，胜过（动）shèngguò，战胜（动）zhànshèng (2) 普遍（形）pǔbiàn；流行（动）liúxíng，盛行（动）shèngxíng // ~ *upon* 说服 shuōfú

prevailing *adj* (1) 占优势的 zhàn yōushì de：*a* ~ *tendency* 主要倾向 zhǔyào qīngxiàng (2) 流行的 liúxíng de，盛行的 shèngxíng de：*a* ~ *style* 流行的式样 liúxíng de shìyàng

prevalence *n* 流行（动）liúxíng，盛行

（动）shèngxíng；普遍存在 pǔbiàn cúnzài：the ~ of certain ideas 某种思想的流行 mǒuzhǒng sīxiǎng de liúxíng / the ~ of crime 犯罪问题普遍存在 fàn zuì wèntí pǔbiàn cúnzài / the ~ of bribery 贿赂之风盛行 huìlù zhī fēng shèngxíng

prevalent adj 流行（形）liúxíng；盛行（动）shèngxíng；普遍（形）pǔbiàn：the ~ fashions 流行的款式 liúxíng de kuǎnshì

prevent v （1）防止（动）fángzhǐ，预防（动）yùfáng，避免（动）bìmiǎn（2）阻止（动）zǔzhǐ，阻挡（动）zǔdǎng，阻拦（动）zǔlán，制止（动）zhìzhǐ；妨碍（动）fáng'ài，使…不能 shǐ…bùnéng

previous adj 先前的 xiānqián de；以前的 yǐqián de：the ~ night 头天晚上 tóutiān wǎnshang / on a ~ occasion 前一次 qián yícì（上一次 shàng yícì）// ~ to 在…之前 zài…zhīqián，在…以前 zài…yǐqián

previously adv 先前（名）xiānqián，以前（名）yǐqián，从前（名）cóngqián，早先（名）zǎoxiān

prey I n （1）被捕食的动物 bèi bǔshí de dòngwù：a beast of ~ 食肉的野兽 shí ròu de yěshòu（2）牺牲品（名）xīshēngpǐn，受害者（名）shòuhàizhě II v 猎取（动）lièqǔ，捕获（动）bǔhuò；折磨（动）zhémó // fall a ~ to （1）被…所捕食 bèi…suǒ bǔshí（2）受…的害 shòu…de hài，成为…的牺牲品 chéngwéi…de xīshēngpǐn

price n （1）价格（名）jiàgé，价钱（名）jiàqian，物价（名）wùjià：the ~ of oil 油价 yóujià / reduce a ~ 减价 jiǎnjià / retail ~ 零售价 língshòujià（2）代价（名）dàijià：be prepared to pay any ~ 不惜任何代价 bùxī rènhé dàijià // at any ~ （1）无论多少钱 wúlùn duōshǎo qián（2）无论如何 wúlùn rúhé

priceless adj （1）无价的 wújià de；贵重（形）guìzhòng；无法估量的 wúfǎ

gūliang de：~ paintings 珍贵的绘画 zhēnguì de huìhuà（2）滑稽有趣的 huájī yǒuqù de；荒唐可笑的 huāngtáng kěxiào de

prick I v （1）刺（动）cì，扎（动）zhā，挑（动）tiāo，戳（动）chuō：~ a blister on the skin 把皮肤上的水泡挑破 bǎ pífushang de shuǐpào tiāopò（2）感到刺痛 gǎndào cìtòng（3）竖起 shùqǐ II n 扎（动）zhā，刺（动）cì；刺痛 cìtòng

pride I n （1）骄傲（形）jiāo'ào，傲慢（形）àomàn（2）自豪（形）zìháo；自尊心（名）zìzūnxīn（3）值得骄傲的人或事 zhídé jiāo'ào de rén huò shì II v 得意（形）déyì；自豪（形）zìháo // proper ~ 自尊心 zìzūnxīn

priest n 基督教教士 jīdūjiàojiàoshì；牧师（名）mùshī；神父（名）shénfù

primarily adv （1）首要的 shǒuyào de（2）起初（名）qǐchū，原来（形）yuánlái

primary adj （1）最初的 zuìchū de；原始的 yuánshǐ de；本来的 běnlái de，原有的 yuányǒu de：the ~ stage of civilization 文明初期 wénmíng chūqī / ~ elections 初选 chūxuǎn / ~ stress 第一重音 dìyī zhòngyīn（2）基层的 jīcéng de；初级（形）chūjí，初等（形）chūděng：a ~ unit 基层单位 jīcéng dānwèi / a ~ school 小学 xiǎoxué / ~ education 初等教育 chūděng jiàoyù（3）首要（形）shǒuyào，主要（形）zhǔyào：a matter of ~ importance 头等重要的事 tóuděng zhòngyào de shì

prime I adj （1）最初的 zuìchū de，原始的 yuánshǐ de，原有的 yuányǒu de（2）首要的 shǒuyào de，最重要的 zuì zhòngyào de：~ minister 首相 shǒuxiàng（3）最好的 zuì hǎo de，第一流的 dìyīliú de：~ beef 上等牛肉 shàngděng niúròu / ~ cotton 上等棉花 shàngděng miánhuā II n 青春（名）qīngchūn；全盛时期 quánshèng shíqī

primer n 启蒙读物 qǐméng dúwù，识字课本 shí zì kèběn；初级课本 chūjí

kèběn, 入门书 rùmén shū: *English ~* 英语初级读本 Yīngyǔ chūjí dúběn

primitive I *adj* (1) 原始（形）yuánshǐ, 远古的 yuǎngǔ de; 早期的 zǎoqī de: *~ society* 原始社会 yuánshǐ shèhuì / *~ man* 原始人 yuánshǐrén / *~ stone tools* 早期的石器 zǎoqī de shíqì (2) 粗糙（形）cūcāo, 简陋（形）jiǎnlòu (3) 老式的 lǎoshì de; 不开化的 bùkāihuà de; 不方便的 bù fāngbiàn de II *n* (1) 早期艺术家 zǎoqī yìshùjiā; 早期艺术作品 zǎoqī yìshù zuòpǐn; 原始派艺术家 yuánshǐpài yìshùjiā; 原始派艺术作品 yuánshǐpài yìshù zuòpǐn (2) 原始人（名）yuánshǐrén; 原始事物 yuánshǐ shìwù

prince *n* (1) 王子（名）wángzǐ; 亲王（名）qīnwáng: *a crown ~* 太子 tàizǐ（王储 wángchǔ）/ *the P~ of Wales* 威尔士亲王 Wēi'ěrshì Qīnwáng (2) 诸侯（名）zhūhóu; 君主（名）jūnzhǔ

princess *n* 公主（名）gōngzhǔ; 王妃（名）wángfēi; 亲王夫人 qīnwáng fūren

principal I *adj* (1) 主要（形）zhǔyào, 首要（形）shǒuyào, 最重要的 zuì zhòngyào de: *~ food* 主食 zhǔshí / *the ~ points* 要点 yàodiǎn / *a ~ clause* 主句 zhǔjù / *~ force (of an army)* 主力部队 zhǔlì bùduì / *~ industry* 主要工业 zhǔyào gōngyè (2) 资本的 zīběn de: *the ~ sum* 本金 běnjīn II *n* (1) 校长（名）xiàozhǎng; 负责人（名）fùzérén (2) 资金（名）zījīn, 本金（名）běnjīn

principle *n* (1) 原则（名）yuánzé; 原理（名）yuánlǐ: *a question of ~* 一个原则问题 yíge yuánzé wèntí (2) 主义（名）zhǔyì; 信条（名）xìntiáo; 行为准则 xíngwéi zhǔnzé: *the conservative ~* 保守主义 bǎoshǒuzhǔyì / *moral ~* 道义 dàoyì // *in ~* 原则上 yuánzéshang, 大体上 dàtǐshang

print I *v* (1) 印（动）yìn; 铭刻（动）míngkè; 铭记（动）míngjì (2) 印刷（动）yìnshuā, 印（动）yìn, 印制（动）

yìnzhì, 付印（动）fùyìn (3) 刊载（动）kānzǎi, 登载（动）dēngzǎi (4) 写（动）xiě; 用印刷体书写 yòng yìnshuātǐ shūxiě (5) 复印（动）fùyìn; 洗印（动）xǐyìn II *n* (1) 印痕（名）yìnhén, 痕迹（名）hénjì, 印儿（名）yìnr (2) 印刷（动）yìnshuā; 印刷业（名）yìnshuāyè (3) 印刷字体 yìnshuā zìtǐ: *in large ~* 用大号字印的 yòng dàhàozì yìn de // *in ~* 已出版的 yǐ chūbǎn de; 已印好的 yǐ yìnhǎo de, 已刊出的 yǐ kānchū de / *out of ~* 已售完 yǐ shòuwán; 已绝版 yǐ juébǎn / *~ed matter* 印刷品 yìnshuāpǐn

printer *n* (1) 印刷工（名）yìnshuāgōng: *a ~'s error* 排字错误 páizì cuòwù (2) 印刷商 yìnshuāshāng (3) 印花工（名）yìnhuāgōng (4) 印像机（名）yìnxiàngjī (5) 打印机（名）dǎyìnjī: *dot-matrix ~* 点阵（撞针）式打印机 diǎnzhèn（zhuàngzhēn）shì dǎyìnjī / *inkjet (laser) ~* 喷墨（激光）打印机 pēnmò（jīguāng）dǎyìnjī / *~ driver* 打印机驱动程序 dǎyìngjī qūdòng chéngxù

printing *n* (1) 印刷（动）yìnshuā, 印制（动）yìnzhì; 印刷术（名）yìnshuāshù; 印刷业（名）yìnshuāyè: *coloured ~* 彩色印刷 cǎisè yìnshuā / *the art of ~ in colour* 彩色印刷术 cǎisè yìnshuāshù (2) 印花（名）yìnhuā: *~ and dyeing* 印染 yìnrǎn (3) 印数 yìnshù: *a ~ of 10,000 copies* 印数一万册 yìnshù yíwàncè // *~ house* 印刷厂 yìnshuāchǎng / *machine* 印刷机 yìnshuājī / *~ paper* 印刷纸 yìnshuāzhǐ / *the art of ~* 印刷术 yìngshuāshù

printing-press *n* 印刷机（名）yìnshuājī

prior *adj* (1) 在先的 zài xiān de, 在前的 zài qián de; 居先的 jū xiān de (2) 优先（形）yōuxiān, 更重要的 gèng zhòngyào de // *~ to* 先于 xiānyú, 在…前 zài…qián

priority *n* (1) 重点（名）zhòngdiǎn; 优先权（名）yōuxiānquán, 优先地位

yōuxiān dìwèi: *according to* ~ 按照次序 ànzhào cìxù（按照轻重缓急 ànzhào qīngzhòng huǎnjí）（2）优先考虑 yōuxiān kǎolǜ；先做的事 xiān zuò de shì

prism *n*（1）棱柱（名）léngzhù，角柱（名）jiǎozhù（2）棱镜（名）léngjìng

prison *n*（1）监狱（名）jiānyù，监牢（名）jiānláo；看守所（名）kānshǒusuǒ（2）坐牢 zuòláo，监禁（动）jiānjìn，禁闭（动）jìnbì，关押（动）guānyā

prisoner *n*（1）囚犯（名）qiúfàn，犯人（名）fànrén，在押犯（名）zàiyāfàn（2）俘虏（名、动）fúlǔ

privacy *n*（1）清静（形）qīngjìng；静居 jìngjū，独处 dúchǔ：*live in* ~ 过着不受人打扰的生活 guòzhe bú shòu rén dǎrǎo de shēnghuó / *disturb sb.'s* ~ 打扰某人的清静 dǎrǎo mǒurén de qīngjìng（2）秘密（形）mìmì，私下里 sīxiàlǐ：*personal privacies* 个人的隐私 gèrén de yǐnsī

private *adj*（1）私人的 sīrén de，个人的 gèrén de，私有的 sīyǒu de：*a* ~ *visit* 私人访问 sīrén fǎngwèn / ~ *property* 私人财产 sīrén cáichǎn / ~ *ownership mentality* 私有观念 sīyǒu guānniàn / ~ *affairs* 私事 sīshì / ~ *letter* 私人信件 sīrén xìnjiàn（2）私营的 sīyíng de，私立的 sīlì de；民间的 mínjiān de：*a* ~ *enterprise* 私营企业 sīyíng qǐyè / *a* ~ *school* 私立学校 sīlì xuéxiào（3）非公开的 fēi gōngkāi de，私下的 sīxià de；保密的 bǎomì de // *in* ~ 私下的 sīxià de，秘密的 mìmì de：*discuss a matter in* ~ 私下商议一件事 sīxià shāngyì yíjiàn shì / ~ *detective* 私人侦探 sīrén zhēntàn / ~ *parts* 生殖器 shēngzhíqì / *a* ~ *soldier* 列兵 lièbīng，士兵 shìbīng / *a* ~ *teacher* 私人教师 sīrén jiàoshī，家庭教师 jiātíng jiàoshī

privilege *n*（1）特殊的荣幸 tèshū de róngxìng，特殊待遇 tèshū dàiyù（2）特权（名）tèquán

privileged *adj* 极为荣幸的 jíwéi róngxìng de；享受特权的 xiǎngshòu tèquán de；特许的 tèxǔ de：*the* ~ *class* 特权阶级 tèquán jiējí / *the* ~ *stratum* 特权阶层 tèquán jiēcéng

prize[1] **I** *n* 奖（名）jiǎng，奖品（名）jiǎngpǐn，奖赏（名）jiǎngshǎng；赠品（名）zèngpǐn：*the highest* ~ 最高的奖赏 zuì gāo de jiǎngshǎng / *a* ~ *winner* 获奖者 huòjiǎngzhě **II** *adj* 获奖的 huòjiǎng de；做为奖品的 zuòwéi jiǎngpǐn de：*a* ~ *essay* 一篇获奖论文 yìpiān huòjiǎng lùnwén / ~ *money* 奖金 jiǎngjīn **III** *v* 珍视（动）zhēnshì；珍贵（形）zhēnguì

prize[2], **prise** *v* 撬开 qiàokāi；起下来 qǐxialai：~ *up the cover off a box* 撬开箱盖 qiàokāi xiānggài

prizefight *n* 职业拳击赛 zhíyè quánjīsài

prizefighter *n* 职业拳击手 zhíyè quánjīshǒu

probability *n* 可能（形、名、助动）kěnéng；可能性（名）kěnéngxìng；可能的事情 kěnéng de shìqing // *in all* ~ 很可能 hěn kěnéng，多半 duōbàn，十之八九 shí zhī bājiǔ

probably *adv* 很可能 hěn kěnéng，大概（副）dàgài，也许（副）yěxǔ，差不多 chàbuduō，八成（副）bāchéng

probation *n*（1）检验（动）jiǎnyàn，验证（动）yànzhèng，鉴定（动）jiàndìng（2）试用（动）shìyòng，见习（动）jiànxí；试用期（名）shìyòngqī，见习（名）jiànxíqī：*during a* ~ 在见习期中 zài jiànxíqīzhōng / *a* ~ *student* 试读生 shìdúshēng / *pass one's* ~ 试用期满 shìyòngqī mǎn（3）缓刑（动）huǎnxíng：*break one's* ~ 缓刑期间重新犯罪 huǎnxíng qījiān chóngxīn fànzuì

probe **I** *n*（1）探针（名）tànzhēn（2）探查（动）tànchá，探索（动）tànsuǒ，调查（动）diàochá：*space* ~ 宇宙探索 yǔzhòu tànsuǒ **II** *v*（1）用探针检查 yòng tànzhēn jiǎnchá（2）刺探（动）cìtàn，调查（动）diàochá，查访（动）cháfǎng；追究（动）zhuījiū

problematical *adj* 成问题的 chéng wèntí de, 有疑问的 yǒu yíwèn de, 不肯定的 bù kěndìng de

proceed *v* (1) 进行（动）jìnxíng, 进展（动）jìnzhǎn (2) 继续进行 jìxù jìnxíng (3) 开始（动）kāishǐ, 着手（动）zhuóshǒu // ~ *from* 从 … 出发 cóng … chūfā, 产生于 … chǎnshēngyú …

proceeding *n* (1) 进程（名）jìnchéng, 程序（名）chéngxù, 进行（动）jìnxíng (2) 行动（名）xíngdòng, 举动（名）jǔdòng, 做法（名）zuòfǎ: *the best way of* ~ 最好的行动方式 zuìhǎo de xíngdòng fāngshì / *suspicious* ~s 可疑的行动 kěyí de xíngdòng (3) 事项（名）shìxiàng, 项目（名）xiàngmù, 活动（名）huódòng: *the* ~s *at a meeting* 会议程序 huìyì chéngxù (4) 诉讼（名）sùsòng

process **I** *n* (1) 过程（名）guòchéng, 进程（名）jìnchéng (2) 工序（名）gōngxù; 工艺（名）gōngyì, 制作方法 zhìzuò fāngfǎ **II** *v* 加工（动）jiāgōng; 处理（动）chǔlǐ, 办理（动）bànlǐ: ~ *foods* 加工食品 jiāgōng shípǐn / ~ *polluted water* 处理污水 chǔlǐ wūshuǐ // *in* ~ 在进行中 zài jìnxíngzhōng / *in the* ~ *of* 在 … 过程中 zài … guòchéngzhōng

procession *n* (1) 行进（动）xíngjìn (2) 行列（名）hángliè, 队伍（名）duìwǔ: *parading* ~s 游行队伍 yóuxíng duìwǔ / *a lantern* ~ 灯笼队 dēnglóngduì / *a flag* ~ 旗队 qíduì / *march in* ~ 列队前进 lièduì qiánjìn / *fall into* ~ 排列成队 páiliè chéngduì

proclaim *v* (1) 宣告（动）xuāngào, 宣布（动）xuānbù; 声明（动）shēngmíng: ~ *war* 宣战 xuānzhàn (2) 表明（动）biǎomíng, 显示（动）xiǎnshì

proclamation *n* (1) 宣布（动）xuānbù, 公布（动）gōngbù: *the* ~ *of martial law* 宣布军事管制法 xuānbù jūnshì guǎnzhìfǎ / *the* ~ *of neutrality* 宣布中立 xuānbù zhōnglì / *the* ~ *of war*

宣战 xuānzhàn (2) 公告（名）gōnggào, 宣言（名）xuānyán, 声明（名）shēngmíng: *issue a public* ~ 发布一项公告 fābù yíxiàng gōnggào / *the Potsdam P*~ 波茨坦公告 Bōcítǎn gōnggào

procure *v* (1) 取得（动）qǔdé; 获得（动）huòdé (2) 介绍娼妓 jièshào chāngjì, 拉皮条 lā pítiáo

prod **I** *n* (1) 戳（动）chuō, 捅（动）tǒng (2) 督促（动）dūcù, 推动（动）tuīdòng **II** *v* (1) 刺（动）cì, 戳（动）chuō, 杵（动）chǔ (2) 督促（动）dūcù, 推动（动）tuīdòng

prodigal **I** *adj* (1) 挥霍的 huīhuò de, 浪费的 làngfèi de, 奢侈 shēchǐ (2) 大方（形）dàfāng, 慷慨（形）kāngkǎi; 丰富（形）fēngfù, 富于 … 的 fùyú … de **II** *n* 浪费者（名）làngfèizhě, 浪子（名）làngzǐ, 败家子儿（名）bàijiāzǐr: *the return of the* ~ 浪子回头 làngzǐ huí tóu

prodigy *n* (1) 奇迹（名）qíjì, 奇事（名）qíshì; 奇物（名）qíwù; 奇观（名）qíguān (2) 奇才（名）qícái, 天才（名）tiāncái: *a child* ~ 神童 shéntóng / *a mathematical* ~ 数学天才 shùxué tiāncái / *a* ~ *of the film world* 电影界的奇才 diànyǐngjiè de qícái

produce **I** *v* (1) 出产（动）chūchǎn, 生产（动）shēngchǎn; 制造（动）zhìzào (2) 产生（动）chǎnshēng; 引起 yǐnqǐ: ~ *good results* 产生好的结果 chǎnshēng hǎo de jiéguǒ (3) 生（动）shēng, 生育（动）shēngyù **II** *n* 产品（名）chǎnpǐn: *farm* ~ 农产品 nóngchǎnpǐn / *native* ~ 土特产品 tǔtè chǎnpǐn

producer *n* (1) 生产者（名）shēngchǎnzhě, 制造者（名）zhìzàozhě: *a hand* ~ 手工业者 shǒugōngyèzhě / *a poultry* ~ 养鸡户 yǎngjīhù / *a* ~*s' cooperative* 生产合作社 shēngchǎn hézuòshè (2) 制片人（名）zhìpiànrén: *a film* ~ 影片制作者

yīngpiàn zhìzuòzhě

product n (1) 产品（名）chǎnpǐn; 出产（动）chūchǎn; 物产（名）wùchǎn: *industrial* ~*s* 工业产品 gōngyè chǎnpǐn / *local and special* ~*s* 土特产 tǔtèchǎn / *finished* ~*s* 成品 chéngpǐn (2) 结果（名）jiéguǒ; 成果（名）chéngguǒ, 产物（名）chǎnwù: *the* ~ *of one's labour* 劳动成果 láodòng chéngguǒ / *end* ~ 最终结果 zuìzhōng jiéguǒ / *a* ~ *of the time* 时代的产物 shídài de chǎnwù (3) 创作（名）chuàngzuò, 作品 zuòpǐn: *literary* ~*s* 文艺作品 wényì zuòpǐn (4) 积（名）jī, 得数（名）déshù

production n (1) 生产（名、动）shēngchǎn, 制造（动）zhìzào: *means of* ~ 生产资料 shēngchǎn zīliào / *the* ~ *of fertilizer* 化肥的生产 huàféi de shēngchǎn (2) 演出（名）yǎnchū; 摄制（动）chèzhì (3) 产品（名）chǎnpǐn; 产量 chǎnliàng // *mass* ~ 大量生产 dàliàng shēngchǎn, 成批制造 chéngpī zhìzào / ~ *cost* 生产成本 shēngchǎn chéngběn, 生产费用 shēngchǎn fèiyòng / ~ *quota* 生产定额 shēngchǎn dìng'é, 生产指标 shēngchǎn zhǐbiāo

productive adj (1) 生产的 shēngchǎn de: *the* ~ *force* 生产力 shēngchǎnlì / ~ *capacity* 生产能力 shēngchǎn nénglì / ~ *land* 农田 nóngtián (2) 有生产力的 yǒu shēngchǎnlì de, 有成效的 yǒu chéngxiào de, 多产的 duōchǎn de: ~ *soil* 沃土 wòtǔ / *a very* ~ *writer* 一位多产作家 yíwèi duōchǎn zuòjiā // ~ *of* 产生 chǎnshēng; 生产 shēngchǎn: ~ *of harmful effects* 产生不良后果 chǎnshēng bùliáng hòuguǒ

productivity n 生产率（力）shēngchǎnlǜ; 生产能力 shēngchǎn nénglì: *labour* ~ 劳动生产率 láodòng shēngchǎnlǜ / *increase* ~ 提高生产率 tígāo shēngchǎnlǜ

profess v (1) 表示（动）biǎoshì, 声称（动）shēngchēng; 承认（动）

chéngrèn: ~ *oneself ready to do sth.* 表示愿意做某事 biǎoshì yuànyì zuò mǒushì (2) 自称（动）zìchēng; 冒充（动）màochōng; 做样子 zuò yàngzi

profession n (1) 职业（名）zhíyè (2) 同行（名）tóngháng; 同业（名）tóngyè; 全体从业人员 quántǐ cóngyè rényuán

professional I adj (1) 专业的 zhuānyè de, 专业化的 zhuānyèhuà de; 业务的 yèwù de: ~ *contingent* 专业队伍 zhuānyè duìwu / ~ *knowledge* 专业知识 zhuānyè zhīshi / *a* ~ *person* 专业人员 zhuānyè rényuán (2) 职业性的 zhíyèxìng de: ~ *organizations* 职业团体 zhíyè tuántǐ II n 专业人员 zhuānyè rényuán

professor n (1) 教授（名）jiàoshòu: *P*~ *Strong* 斯特朗教授 Sītèlǎng jiàoshòu / *an associate* ~ 副教授 fùjiàoshòu / *a visiting* ~ 客座教授 kèzuò jiàoshòu / *an assistant* ~ 助教 zhùjiào (2) 教员（名）jiàoyuán, 教师（名）jiàoshī

proficient adj 熟练（形）shúliàn; 精通的 jīngtōng de

profile n (1) 侧面（名）cèmiàn; 侧影（名）cèyǐng; 头像（名）tóuxiàng (2) 轮廓（名）lúnkuò, 外形（名）wàixíng, 外观（名）wàiguān: *the* ~ *of a distant hill* 远山的轮廓 yuǎnshān de lúnkuò (3) 传略（名）zhuànlüè, 小传（名）xiǎozhuàn; 简介（名）jiǎnjiè: *a* ~ *of modern China* 现代中国简介 xiàndài Zhōngguó jiǎnjiè

profit I n (1) 好处（名）hǎochu, 利益（名）lìyì; 益处（名）yìchu (2) 收益（名）shōuyì; 利润（名）lìrùn II v (1) 有好处 yǒu hǎochu, 获益 huòyì, 利用（动）lìyòng (2) 赚钱 zhuàn qián, 获利 huòlì

profitable adj 有益的 yǒuyì de, 有用的 yǒuyòng de; 有利的 yǒulì de: *a* ~ *experience* 有益的经验 yǒuyì de jīngyàn / ~ *information* 有用的情报 yǒuyòng de qíngbào

profiteer I *v* 牟利 móu lì, 牟取暴利 móuqǔ bàolì II *n* 牟取暴利者 móuqǔbàolìzhě, 投机商 tóujīshāng: *a war* ～ 发战争财的人 fā zhànzhēngcái de rén

profound *adj* (1) 深奥（形）shēn'ào, 含意很深的 hányì hěn shēn de: *a* ～ *theory* 深奥的理论 shēn'ào de lǐlùn / ～ *books* 深奥的书 shēn'ào de shū (2) 渊博（形）yuānbó, 造诣深的 zàoyì shēn de: ～ *knowledge* 渊博的学识 yuānbó de xuéshí / *a person of* ～ *learning* 博学的人 bóxué de rén (3) 深厚（形）shēnhòu; 深切（形）shēnqiè; 深刻（形）shēnkè: ～ *feelings* 深厚的感情 shēnhòu de gǎnqíng / *a* ～ *sleep* 酣睡 hānshuì

programme I *n* (1) 节目（名）jiémù, 节目单（名）jiémùdān, 演出（名）yǎnchū (2) 纲领（名）gānglǐng; 大纲（名）dàgāng: *a political* ～ 政治纲领 zhèngzhì gānglǐng / *a teaching* ～ 教学大纲 jiàoxué dàgāng (3) 计划（名）jìhuà, 方案（名）fāng'àn, 安排（名）ānpái; 程序表（名）chéngxùbiǎo, 程序（名）chéngxù: *a river development* ～ 河流开发计划 héliú kāifā jìhuà II *v* (1) 安排节目 ānpái jiémù; 制订计划 zhìdìng jìhuà (2) 使按程序工作 shǐ àn chéngxù gōngzuò; 编定程序 biāndìng chéngxù

progress I *n* (1) 前进（动）qiánjìn; 进展（动）jìnzhǎn: *a* ～ *chart* 进度表 jìndùbiǎo (2) 进步（名）jìnbù, 上进（动）shàngjìn; 发展（名）fāzhǎn II *v* 进行（动）jìnxíng; 进展（动）jìnzhǎn, 进步（动、名）jìnbù

prohibition *n* 禁止（动）jìnzhǐ; 禁令（名）jìnlìng, 禁律（名）jìnlǜ: *the complete* ～ *and thorough destruction of nuclear weapons* 全面禁止和彻底销毁核武器 quánmiàn jìnzhǐ hé chèdǐ xiāohuǐ héwǔqì

project I *n* (1) 方案（名）fāng'àn, 规划（名）guīhuà, 计划（名）jìhuà: *a* ～ *to develop local industries* 发展地方工业的规划 fāzhǎn dìfāng gōngyè de guīhuà (2) 工程（名）gōngchéng: *an irrigation* ～ 灌溉工程 guàngài gōngchéng (3) 科研项目 kēyán xiàngmù, 选题（名）xuǎntí; 课题（名）kètí II *v* (1) 设计（动）shèjì, 规划（动）guīhuà (2) 投掷（动）tóuzhì; 发射（动）fāshè (3) 伸出 shēnchū, 凸出 tūchū (4) 放映（动）fàngyìng, 投射（动）tóushè

projector *n* (1) 放映机（名）fàngyìngjī (2) 规划人（名）guīhuàrén

proletarian I *adj* 无产阶级的 wúchǎnjiējí de: ～ *revolution* 无产阶级革命 wúchǎnjiējí gémìng II *n* 无产者（名）wúchǎnzhě

proletariat *n* 无产阶级（名）wúchǎnjiējí, 劳动阶级（名）láodòng jiējí

prolific *adj* (1) 繁殖力强的 fánzhílì qiáng de; 多产的 duōchǎn de, 结果实多的 jiē guǒshí duō de: *a* ～ *crop* 一种高产作物 yìzhǒng gāochǎn zuòwù (2) 有创作力的 yǒu chuàngzuòlì de, 作品多的 zuòpǐn duō de: *a* ～ *writer* 一位多产作家 yíwèi duōchǎn zuòjiā // ～ *of* (*in*) 有很多 … 的 yǒu hěnduō … de, 富有 … 的 fùyǒu … de: *a family* ～ *of children* 一个多子女的家庭 yíge duō zǐnǚ de jiātíng

prologue *n* (1) 序言（名）xùyán, 开场白（名）kāichǎngbái; 序曲（名）xùqǔ (2) 开端（名）kāiduān; 序幕（名）xùmù; 前奏（名）qiánzòu

prolong *v* 延长（动）yáncháng; 拖延（动）tuōyán; 拉长 lācháng: ～ *a railroad* 延长一条路线 yáncháng yìtiáo lùxiàn

promenade I *n* 散步 sànbù, 漫步（动）mànbù; 兜风 dōufēng II *v* (1) 散步 sànbù; 兜风 dōufēng (2) 带着 … 散步 dàizhe … sànbù

prominent *adj* (1) 凸出的 tūchū de; 突起的 tūqǐ de: *a* ～ *hill* 突起的小山 tūqǐ de xiǎoshān (2) 显著（形）xiǎnzhù; 突出（形）tūchū; 杰出（形）

jiéchū; 著名（形）zhùmíng: *a ~ politician* 杰出的政治家 jiéchū de zhèngzhìjiā / *a ~ figure* 知名人士 zhīmíng rénshì

promise I *n* (1) 允诺（动）yǔnnuò; 诺言（名）nuòyán: *break a ~* 不守诺言 bù shǒu nuòyán（说话不算话 shuō huà bú suàn huà）(2) 希望（名）xīwàng, 出息（名）chūxi; 前途（名）qiántú II *v* (1) 答应（动）dāying, 允诺（动）yǔnnuò, 许下 xǔxià (2) 预示（动）yùshì; 有 … 希望 yǒu … xīwàng; 有 … 可能 yǒu … kěnéng (3) 断言（动）duànyán; 保证（动）bǎozhèng; 警告（动）jǐnggào

promising *adj* 有前途的 yǒu qiántú de; 有希望的 yǒu xīwàng de; 有出息的 yǒu chūxi de

promote *v* (1) 促进（动）cùjìn, 增进（动）zēngjìn, 发展（动）fāzhǎn; 发扬（动）fāyáng; 助长（动）zhùzhǎng; 加强（动）jiāqiáng: *~ growth* 促进生长 cùjìn shēngzhǎng / *~ friendship* 增进友谊 zēngjìn yǒuyì / *~ peace* 促进和平 cùjìn hépíng / *~ physical culture* 发展体育运动 fāzhǎn tǐyù yùndòng (2) 提升（动）tíshēng, 提拔（动）tíbá, 晋升（动）jìnshēng (3) 宣传（动）xuānchuán, 推销（动）tuīxiāo; 兜售（动）dōushòu

promotion *n* (1) 促进（动）cùjìn, 增进（动）zēngjìn; 发扬（动）fāyáng; 助长（动）zhùzhǎng: *strive for the ~ of world peace* 为促进世界和平而奋斗 wèi cùjìn shìjiè hépíng ér fèndòu / *the ~ of friendship* 友谊的增进 yǒuyì de zēngjìn (2) 提升（动）tíshēng, 提拔（动）tíbá, 晋升（动）jìnshēng: *an examination for ~* 晋级考试 jìnjí kǎoshì

prompt I *adj* 立刻行动的 lìkè xíngdòng de, 迅速（形）xùnsù; 干脆（形）gāncuì: *be ~ in responding* 立即响应 lìjí xiǎngyìng / *a ~ reply* 迅速的答复 xùnsù de dáfù II *adv* 准时地 zhǔnshí de; 整（副）zhěng: *at one o'clock ~*

在一点整 zài yìdiǎn zhěng III *v* (1) 敦促（动）dūncù, 促使（动）cùshǐ; 激励（动）jīlì, 鼓舞（动）gǔwǔ (2) 引起（动）yǐnqǐ; 激起（动）jīqǐ (3) 提词 tící; 提醒 tíxǐng

prompter *n* (1) 敦促者（名）dūncùzhě; 鼓舞者（名）gǔwǔzhě (2) 提词的人 tící de rén

promptly *adv* 立刻（副）lìkè, 立即（副）lìjí, 迅速地 xùnsù de

prone *adj* (1) 俯卧的 fǔwò de; 向下面的 xiàng xiàmiàn de (2) 易于（动）yìyú, 爱（动）ài

prong I *n* (1) 叉子（名）chāzi; 耙子（名）pázi (2) (叉子或耙子的) 齿（名）(chāzi huò pázi de) chǐ: *the ~s of a fork* 叉子的齿 chāzi de chǐ II *v* 叉（动）chā; 耙（名）pá

pronoun *n* 代词（名）dàicí, 代名词（名）dàimíngcí: *personal ~* 人称代词 rénchēng dàicí / *interrogative ~* 疑问代词 yíwèn dàicí / *relative ~s* 关系代词 guānxì dàicí

pronounce *v* (1) 宣称（动）xuānchēng; 宣判（动）xuānpàn; 宣布（动）xuānbù; 表示（动）biǎoshì (2) 发音 fāyīn, 读音 dúyīn; 念（动）niàn

pronounced *adj* (1) 发出音的 fāchū yīn de, 出声的 chū shēng de (2) 明显（形）míngxiǎn, 显著（形）xiǎnzhù

pronunciation *n* 发音（名）fāyīn, 读音（名）dúyīn; 语音（名）yǔyīn; 发音法（名）fāyīn fǎ: *lessons in ~* 语音课 yǔyīnkè

proof I *n* (1) 证据（名）zhèngjù, 证明（名）zhèngmíng; 物证（名）wùzhèng (2) 检验（名）jiǎnyàn, 考验（名）kǎoyàn II *adj* (1) 穿不透的 chuān bu tòu de, 能抵挡的 néng dǐdǎng de: *~ against rain* 防雨的 fángyǔ de (2) 检验用的 jiǎnyàn yòng de: *a ~ test* 验收试验 yànshōu shìyàn / *a ~ test sample* 试样 shìyàng

propaganda *n* 宣传（动）xuānchuán; 宣传活动 xuānchuán huódòng: *a ~ organ* 宣传机构 xuānchuán jīgòu / *~*

material 宣传品 xuānchuánpǐn

propagate *v* (1) 繁殖（动）fánzhí，增殖（动）zēngzhí (2) 传播（动）chuánbō，宣传（动）xuānchuán；普及（动）pǔjí: ~ *news* 传播消息 chuánbō xiāoxi / ~ *knowledge* 普及知识 pǔjí zhīshi

propel *v* 推进（动）tuījìn，推动（动）tuīdòng: *a ~ling pencil* 自动铅笔 zìdòng qiānbǐ

propeller *n* 推进器（名）tuījìnqì，螺旋桨（名）luóxuánjiǎng

proper *adj* (1) 合适（形）héshì，恰当（形）qiàdàng；适当（形）shìdàng；正确（形）zhèngquè (2) 合乎体统的 héhū tǐtǒng de；正当（形）zhèngdàng；规矩（形）guīju，循规蹈矩的 xúnguīdǎojù de；有礼貌的 yǒu lǐmào de (3) 特有的 tèyǒu de；专门（形）zhuānmén: *the weather ~ to the south* 南方特有的天气 nánfāng tèyǒu de tiānqì / *a ~ noun* 专有名词 zhuānyǒu míngcí / *a ~ name* 专名 zhuānmíng (4) 本身的 běnshēn de；严格意义上的 yángé yìyìshang de: *the dictionary ~* 词典正文 cídiǎn zhèngwén / *the city ~* 市区 shìqū

properly *adv* (1) 好（形）hǎo；正确地 zhèngquè de；恰当地 qiàdàng de，适当地 shìdàng de (2) 彻底地 chèdǐ de，好好地 hǎohāo de

property *n* (1) 财产（名）cáichǎn；资产（名）zīchǎn；所有物（名）suǒyǒuwù: *state ~* 国家财产 guójiā cáichǎn (2) 房产（名）fángchǎn；地产（名）dìchǎn (3) 性质（名）xìngzhì；特性（名）tèxìng // *common ~* (1) 共同的财物 gòngtóng de cáiwù (2) 人所共知的事 rén suǒ gòng zhī de shì

prophecy *n* 预言（名）yùyán

prophesy *v* 预言（动）yùyán，预告（动）yùgào；预示（动）yùshì

prophet *n* 预言者（名）yùyánzhě，预言家（名）yùyánjiā

proportion *n* (1) 比（名）bǐ，比率（名）bǐlù；比例（名）bǐlì: *a ~ of 3 to one* 三与一之比 sān yǔ yī zhī bǐ / *the ~ of births to the population* 人口出生率 rénkǒu chūshēnglù / *direct ~* 正比 zhèngbǐ / *inverse ~* 反比 fǎnbǐ (2) 均衡（形）jūnhéng，相称（形）xiāngchèn；匀称（形）yúnchèn；协调（形）xiétiáo (3) 部分（名）bùfen；份儿（名）fènr // *in ~ to* (1) 根据 gēnjù，按照 ànzhào (2) 与…成比例 yǔ… chéng bǐlì，同…相比 tóng… xiāngbǐ / *out of ~* 不成比例 bù chéng bǐlì，不相称 bù xiāngchèn

proposal *n* (1) 建议（名）jiànyì，提议（名）tíyì，计划（名）jìhuà (2) 求婚 qiúhūn

propose *v* (1) 提议（动）tíyì，建议（动）jiànyì；提出（动）tíchū (2) 提名 tímíng，推荐（动）tuījiàn (3) 打算（动）dǎsuan，计划（动）jìhuà (4) 求婚 qiúhūn

proposition *n* (1) 建议（名）jiànyì，提议（名）tíyì；计划（名）jìhuà (2) 命题（名）mìngtí: *a major ~* 大前题 dàqiántí / *a minor ~* 小前题 xiǎoqiántí

proprietor *n* 业主（名）yèzhǔ，老板（名）lǎobǎn: *a wealthy land ~* 一个富有的地主 yíge fùyǒu de dìzhǔ

prosaic *adj* (1) 散文的 sǎnwén de，散文体的 sǎnwéntǐ de (2) 平凡（形）píngfán，乏味（形）fáwèi: *a ~ speech* 乏味的演说 fáwèi de yǎnshuō / ~ *views* 平凡的见解 píngfán de jiànjiě

prose *n* 散文（名）sǎnwén: *written in ~* 用散文写的 yòng sǎnwén xiě de / *a ~ poem* 散文诗 sǎnwénshī / *19th century ~ style* 十九世纪的散文风格 shíjiǔshìjì de sǎnwén fēnggé

prosecute *v* (1) 起诉（动）qǐsù；告发（动）gàofā，检举（动）jiǎnjǔ (2) 进行（动）jìnxíng，从事（动）cóngshì；实施（动）shíshī，执行（动）zhíxíng: ~ *a trade* 从事一种行业 cóngshì yìzhǒng hángyè

prosecution *n* (1) 实行（动）shíxíng；

执行（动）zhíxíng；从事（动）cóngshì
(2) 起诉（动）qǐsù，告发（动）gàofā；
检举（动）jiǎnjǔ：*criminal* ～ 犯罪起
诉 fànzuì qǐsù

prospect **I** *n* (1) 景色（名）jǐngsè，景
象（名）jǐngxiàng；视野（名）shìyě，
远景（名）yuǎnjǐng (2) 希望（名）
xīwàng；指望（名）zhǐwàng (3) 前景
（名）qiánjǐng，前途（名）qiántú，前程
（名）qiánchéng：*a youth with bright*
~s 一个前程远大的青年 yíge
qiánchéng yuǎndà de qīngnián **II** *v* 勘
探（动）kāntàn；勘察（动）kānchá

prospector *n* 勘探者（名）kāntànzhě

prosper *v* 繁荣（形）fánróng，昌盛
（形）chāngshèng，兴旺（形）
xīngwàng，发达（形）fādá；成功（动）
chénggōng

prosperity *n* 繁荣（形）fánróng，昌盛
（形）chāngshèng；成功（形）
chénggōng：*promote economic* ～ 促进
经济繁荣 cùjìn jīngjì fánróng

prosperous *adj* 繁荣（形）fánróng，昌
盛（形）chāngshèng，富裕（形）fùyù；
成功（形）chénggōng：*make a country*
～ 使国家昌盛 shǐ guójiā chāngshèng /
a ～ *voyage* 一次成功的航行 yícì
chénggōng de hángxíng

prostitute **I** *n* 妓女（名）jìnǚ，娼妓
（名）chāngjì，婊子（名）biǎozi **II** *v* 当
妓女 dāng jìnǚ，为娼 wéi chāng，沦为
娼妓 lúnwéi chāngjì：～ *oneself* 卖淫
màiyín（当妓女 dāngjìnǚ）

prostitution *n* 卖淫 màiyín；娼妓（业）
（名）chāngjì（yè）：*practise* ～ 卖淫
màiyín（当妓女 dāng jìnǚ）

protagonist *n* (1) 主角（名）zhǔjué，
主人公（名）zhǔréngōng (2) 领导者
（名）lǐngdǎozhě，倡导者（名）
chàngdǎozhě；拥护者（名）
yōnghùzhě：*a* ～ *of naturalism* 自然
主义的首倡者 zìránzhǔyì de
shǒuchàngzhě

protect *v* 保卫（动）bǎowèi，保护
（动）bǎohù；防护（动）fánghù

protection *n* (1) 保卫（动）bǎowèi，保

护（动）bǎohù；防御（动）fángyù (2)
保护物（名）bǎohùwù

protective *adj* 保护的 bǎohù de，防护
的 fánghù de：～ *colouring* 保护色
bǎohùsè / ～ *clothing* 防护服 fánghùfú
/ ～ *tariff* 保护性关税 bǎohùxìng
guānshuì

protest **I** *v* (1) 反对（动）fǎnduì；抗议
（动）kàngyì；表示异义 biǎoshì yìyì：*I*
～! 我抗议! Wǒ kàngyì! (2) 断言
（动）duànyán，表明（动）biǎomíng，
表示（动）biǎoshì：～ *one's innocence*
申明自己无罪 shēnmíng zìjǐ wú zuì **II**
n 反对（动）fǎnduì，抗议（动）
kàngyì；表示 biǎoshì

proud *adj* (1) 骄傲自大的 jiāo'ào zìdà
de，傲慢（形）àomàn：*a* ～ *person* 一
个自高自大的人 yíge zìgāozìdà de rén
(2) 自豪（形）zìháo，骄傲（形）
jiāo'ào；自重（形）zìzhòng，自尊（形）
zìzūn (3) 值得夸耀的 zhíde kuāyào de

proudly *adv* 自豪地 zìháo de，骄傲地
jiāo'ào de；荣耀地 róngyào de，壮丽
（形）zhuànglì；自夸地 zìkuā de，得意
洋洋地 déyìyángyáng de

prove *v* (1) 证明（动）zhèngmíng，证
实（动）zhèngshí (2) 试验（动）
shìyàn；考验（动）kǎoyàn：～ *a new*
weapon 试验一种新式武器 shìyàn
yìzhǒng xīnshì wǔqì / ～ *sb.'s honesty*
考验某人是否诚实 kǎoyàn mǒurén
shìfǒu chéngshí (3) 证明是 zhèngmíng
shì，表明是 biǎomíng shì

proverb *n* 谚语（名）yànyǔ；格言
（名）géyán，俗语（名）súyǔ：*as the*
～ *says* 俗话说 súhuà shuō（常言道
chángyán dào）

proverbial *adj* (1) 谚语的 yànyǔ de：
like the ～ *fox* 像谚语中的狐狸 xiàng
yànyǔzhōng de húlí (2) 人所共知的
rénsuǒ gòngzhī de，闻名的 wénmíng de

provide *v* (1) 提供（动）tígōng，供应
（动）gōngyìng，供给（动）gōngjǐ (2)
装备（动）zhuāngbèi；装配（动）
zhuāngpèi // ～ *for* (1) 抚养 fǔyǎng，
养活 yǎnghuo (2) 准备 zhǔnbèi，预备

yùbèi

provided *conj* 以 … 为条件 yǐ … wéi tiáojiàn, 假如（连）jiǎrú: *circumstances permit* 假如情况允许的话 jiǎrú qíngkuàng yǔnxǔ de huà

providence *n* (1) 远见（名）yuǎnjiàn (2) 天意（名）tiānyì, 天命（名）tiānmìng

province *n* (1) 省（名）shěng: *the P~ of Hebei* 河北省 Héběi Shěng (2) 地方（名）dìfāng; 外地（名）wàidì: *the ~s* 外省 wàishěng (3) 学术领域 xuéshù lǐngyù; 范围（名）fànwéi

provision *n* (1) 供应（动）gōngyìng, 提供（动）tígōng (2) 预备（动）yùbèi, 准备（动）zhǔnbèi (3) 食品（名）shípǐn, 食物（名）shíwù; 给养（名）jǐyǎng (4) 规定（名）guīdìng; 条件（名）tiáojiàn; 条款（名）tiáokuǎn

provocation *n* 挑衅（名、动）tiǎoxìn; 挑动（动）tiǎodòng; 激怒（动）jīnù; 刺激（动）cìjī: *military ~* 军事挑衅 jūnshì tiǎoxìn

provocative *adj* 挑衅的 tiǎoxìn de; 挑逗的 tiǎodòu de; 激怒的 jīnù de; 刺激的 cìjī de: *in a ~ tone* 用挑衅的口吻 yòng tiǎoxìn de kǒuwěn

provoke *v* 挑起 tiǎoqǐ, 引起 yǐnqǐ; 煽动（动）shāndòng; 激怒（动）jīnù: *~ a riot* 煽动骚乱 shāndòng sāoluàn

prudent *adj* 谨慎（形）jǐnshèn, 慎重（形）shènzhòng; 考虑周到 kǎolǜ zhōudào: *take a ~ attitude* 持慎重态度 chí shènzhòng tàidu

prune *v* (1) 修剪（动）xiūjiǎn, 整枝 zhěngzhī: *~ cotton* 给棉花整枝 gěi miánhua zhěngzhī / *~ off dead leaves* 打掉枯叶 dǎdiào kūyè (2) 删除（动）shānchú, 删节（动）shānjié, 削减（动）xuējiǎn; 压缩（动）yāsuō: *~ away redundant adjectives* 删除多余的形容词 shānchú duōyú de xíngróngcí

pry *v* 打听（动）dǎting, 窥探（动）kuītàn, 探问（动）tànwèn; 了解（动）liǎojiě

psalm *n* 赞美诗（名）zànměishī; 圣诗（名）shèngshī, 圣歌（名）shènggē: *sing a ~* 唱圣歌 chàng shènggē

pseudo *adj* 假（形）jiǎ, 伪（形）wěi; 冒充的 màochōng de

pseudonym *n* 假名（名）jiǎmíng, 笔名（名）bǐmíng: *use various ~s* 使用各种假名 shǐyòng gèzhǒng jiǎmíng

psychiatrist *n* 精神病医生 jīngshénbìng yīshēng, 精神病学家（名）jīngshénbìngxuéjiā

psychiatry *n* 精神病学（名）jīngshénbìngxué

psychoanalyse *v* 用精神分析法治疗 yòng jīngshén fēnxīfǎ zhìliáo

psychoanalysis *n* 精神分析学（名）jīngshén fēnxīxué, 精神分析 jīngshén fēnxī

psychological *adj* 心理上的 xīnlǐshang de, 心理学的 xīnlǐxué de: *a ~ play* 心理剧 xīnlǐjù / *explanations* 心理上的解释 xīnlǐshang de jiěshì

psychologist *n* 心理学家（名）xīnlǐxuéjiā

psychology *n* (1) 心理学（名）xīnlǐxué: *child ~* 儿童心理学 értóng xīnlǐxué (2) 心理（名）xīnlǐ

pub *n* 小酒店 xiǎo jiǔdiàn; 小旅馆 xiǎolǚguǎn, 客栈（名）kèzhàn

public **I** *adj* (1) 公有的 gōngyǒu de; 公众的 gōngzhòng de; 公用的 gōngyòng de: *~ affairs* 公众事务 gōngzhòng shìwù / *a ~ library* 公共图书馆 gōnggòng túshūguǎn (2) 公开（形）gōngkāi, 当众的 dāngzhòng de **II** *n* (1) 民众（名）mínzhòng, 公众（名）gōngzhòng: *the ~* 大众 dàzhòng / *the general ~* 公众 gōngzhòng (2) 群众（名）qúnzhòng // *in ~* 公开地 gōngkāi de; 当众地 dāngzhòng de / *~ law* 公法 gōngfǎ / *~ opinion* 舆论 yúlùn: *a ~ opinion poll* 民意测验 mínyì cèyàn / *~ relations* 公共关系 gōnggòng guānxì; 公众联系 gōngzhòng liánxì / *~ school* (1) (英) 私立中学 (Yīng) sīlì zhōngxué (2) 公立学校 gōnglì xuéxiào / *service* 公用事业

gōngyòng shìyè / ~ *works* 公共建筑 gōnggòng jiànzhù; 公共工程 gōnggòng gōngchéng

publication *n* (1) 公布（动）gōngbù, 发表（动）fābiǎo: *the ~ of census results* 公布人口调查结果 gōngbù rénkǒu diàochá jiéguǒ / *the ~ of a joint communiqué* 联合公报的发表 liánhé gōngbào de fābiǎo (2) 出版（动）chūbǎn; 发行（动）fāxíng: *the ~ of an encyclopaedia* 一部百科全书的出版 yíbù bǎikē quánshū de chūbǎn (3) 出版物（名）chūbǎnwù, 书籍（名）shūjí: *a list of new ~s* 新书目录 xīnshū mùlù / *books, magazines, and other ~s* 图书、杂志，以及其他出版物 túshū, zázhì, yǐjí qítā chūbǎnwù

publicity *n* (1) 公开（动、形）gōngkāi; 引人注意 yǐnrén zhùyì; 出名 chūmíng; 声张（动）shēngzhāng: *avoid ~* 避免声张 bìmiǎn shēngzhāng (2) 宣传（动）xuānchuán, 宣扬（动）xuānyáng: *newspaper ~* 报纸广告 bàozhǐ guǎnggào / *give ~ to good people and good deeds* 宣传好人好事 xuānchuán hǎo rén hǎo shì

publicize *v* (1) 宣传（动）xuānchuán, 宣扬（动）xuānyáng; 公布（动）gōngbù (2) 为…做广告 wèi…zuò guǎnggào

publicly *adv* 当众地 dāngzhòng de; 公开地 gōngkāi de

publish *v* (1) 公布（动）gōngbù, 宣布（动）xuānbù (2) 发表（动）fābiǎo, 登载（动）dēngzǎi, 刊载（动）kānzǎi (3) 出版（动）chūbǎn; 刊印（动）kānyìn; 发行（动）fāxíng: *a ~ing house* 出版社 chūbǎnshè

publisher *n* 出版者（名）chūbǎnzhě, 出版商（名）chūbǎnshāng

pucker I *v* 折叠（动）zhédié, 皱起 zhòuqǐ, 打褶 dǎzhě II *n* 皱纹（名）zhòuwén, 褶子（名）zhězi

pudding *n* 布丁（名）bùdīng: *milk ~* 牛奶布丁 niúnǎi bùdīng

puddle *n* 小水坑 xiǎo shuǐkēng

puff I *n* 一口（气）yìkǒu(qì); 一团（烟雾）yìtuán(yānwù); 一股（气味儿）yìgǔ(qìwèir) II *v* 吹（动）chuī; 喷（动）pēn, 冒（动）mào; 喘（动）chuǎn: *~ out a candle* 吹灭蜡烛 chuīmiè làzhú

pull I *v* (1) 拉（动）lā; 拖（动）tuō, 牵（动）qiān (2) 拔（动）bá; 抽（动）chōu; 摘（动）zhāi, 采（动）cǎi (3) 划船 huá chuán II *n* (1) 拉（动）lā, 拖（动）tuō; 拉力（名）lālì (2) 门路（名）ménlù, 私人关系 sīrén guānxi // *~ apart* 扯断 chěduàn, 拆开 chāikāi / *~ down* 拆掉 chāidiào; 拉倒 lādǎo / *~ in* 到站 dào zhàn, 进站 jìn zhàn / *~ off* 脱 tuō / *~ on* 穿 chuān; 套上 tàoshang / *~ oneself together* 振作起来 zhènzuòqilai / *~ out* (1) 拔出 báchū (2) 离站 lí zhàn (3) 撤出 chèchū, 退出 tuìchū / *~ through* 度过危难 dùguò wēinàn; 恢复健康 huīfù jiànkāng / *~ up* 停下 tíngxià, 停车 tíng chē

pulley *n* 滑轮（名）huálún; 滑车（名）huáchē; 辘轳（名）lùlu

pullover *n* 套衫（名）tàoshān, 套头衫（名）tàotóushān

pulp I *n* (1) （动植物体的）肉质部分（dòngzhíwùtǐ de）ròuzhì bùfen; 果肉（名）guǒròu: *dry ~* 干果肉 gānguǒròu / *banana ~ and skin* 香蕉肉和皮 xiāngjiāo ròu hé pí (2) （纸）浆（名）（zhǐ）jiāng: *wood ~* 纸浆 zhǐjiāng II *v* 捣成泥 dǎochéng ní

pulse I *n* (1) 脉搏（名）màibó (2) 意向（名）yìxiàng, 动向（名）dòngxiàng; 情绪（名）qíngxù II *v* 脉搏跳动 màibó tiàodòng // *feel sb.'s ~* (1) 为某人诊脉 wèi mǒurén zhěnmài, 为某人量脉搏 wèi mǒurén liáng màibó (2) 了解某人的政治动向 liǎojiě mǒurén de zhèngzhì dòngxiàng

pulverize *v* (1) 研磨（动）yánmó; 粉碎（动）fěnsuì (2) 摧毁（动）cuīhuǐ; 击败（动）jíbài

puma *n* 美洲豹（名）Měizhōubào

pump **I** *n* 泵（名）bèng；抽水机（名）chōushuǐjī：*a petrol ~* 油泵 yóubèng / *a bicycle ~* 打气筒 dǎqìtǒng **II** *v* (1) 用抽水机抽 yòng chōushuǐjī chōu (2) 打气 dǎ qì

pumpkin *n* 南瓜（名）nánguā，倭瓜（名）wōguā

pun **I** *n* 双关语（名）shuāngguānyǔ：*a clever ~* 巧妙的双关语 qiǎomiào de shuāngguānyǔ **II** *v* 用双关语 yòng shuāngguānyǔ；做双关语 zuò shuāngguānyǔ

punch[1] **I** *n* (1) 冲压机（名）chòngyājī，冲床（名）chòngchuáng (2) 打孔器（名）dǎkǒngqì，穿孔机（名）chuānkǒngjī (3) 孔（名）kǒng；切口（名）qiēkǒu **II** *v* 冲（动）chòng；在…上打孔 zài … shang dǎkǒng：*~ holes in a sheet of metal* 在金属板上冲孔 zài jīnshǔbǎnshang chòng kǒng / *~ a ticket* 用剪票夹在车票上打孔 yòng jiǎnpiàojiā zài chēpiàoshang dǎ kǒng（检票 jiǎn piào）

punch[2] **I** *v* 用拳猛击 yòng quán měngjī **II** *n* (1) 拳打 quán dǎ，拳击（名）quánjī (2) 力量（名）lìliang；活力（名）huólì

punctual *adj* 按时的 ànshí de，准时（形）zhǔnshí；遵守时间的 zūnshǒu shíjiān de：*a ~ person* 一个遵守时间的人 yíge zūnshǒu shíjiān de rén

punctuality *n* 准时（形）zhǔnshí；遵守时间 zūnshǒu shíjiān：*secure the ~ of trains* 保证火车正点 bǎozhèng huǒchē zhèngdiǎn

punctually *adv* 准时地 zhǔnshí de：*~ at 10* 十点整 shídiǎnzhěng

punctuate *v* (1) 加标点 jiā biāodiǎn，点标点 diǎn biāodiǎn，断句 duànjù (2) 插入 chārù，打断（动）dǎduàn

punctuation *n* 标点符号 biāodiǎn fúhào，标点（名）biāodiǎn // *~ marks* 标点符号 biāodiǎn fúhào

puncture **I** *n* 刺（动）cì，扎（动）zhā；孔（名）kǒng，眼儿（名）yǎnr **II** *v* 刺穿 cìchuān，扎破 zhāpò：*~ a hole in a bag* 在袋子上扎一个洞 zài dàizishang zhā yíge dòng

pungent *adj* (1) 刺激性的 cìjīxìng de；刺鼻的 cìbí de，难闻（形）nánwén (2) 辛辣（形）xīnlà，尖刻（形）jiānkè，尖锐（形）jiānruì：*~ sarcasm* 辛辣的讽刺 xīnlà de fěngcì / *a ~ remark* 尖刻的话 jiānkè de huà

punish *v* 罚（动）fá，处罚（动）chǔfá，惩罚（动）chéngfá，处分（动）chǔfèn

punishment *n* 处罚（动）chǔfá，惩处（动）chéngchǔ；处分（名）chǔfèn

pupil[1] *n* (1) 小学生（名）xiǎoxuéshēng，学生（名）xuésheng (2) 弟子（名）dìzi，门生（名）méngshēng，门徒（名）méntú

pupil[2] *n* 瞳孔（名）tóngkǒng

puppet *n* (1) 木偶（名）mù'ǒu，玩偶（名）wán'ǒu (2) 傀儡（名）kuǐlěi：*a ~ government* 傀儡政府 kuǐlěi zhèngfǔ / *~ soldier* 伪军 wěijūn

puppet-show *n* 木偶戏（名）mù'ǒuxì

puppy *n* 小狗 xiǎo gǒu，幼犬 yòu quǎn

purchase **I** *n* (1) 购买（动）gòumǎi，购置（动）gòuzhì；购买的东西 gòumǎi de dōngxi (2) 抓（动）zhuā，紧握 jǐnwò **II** *v* 买（动）mǎi，购买（动）gòumǎi，购置（动）gòuzhì

purchaser *n* 买主（名）mǎizhǔ

pure *adj* (1) 纯（形）chún，纯粹（形）chúncuì：*~ gold* 纯金 chún jīn (2) 纯净（形）chúnjìng，洁净（形）jiéjìng：*~ water* 净水 jìng shuǐ (3) 纯正（形）chúnzhèng；纯洁（形）chúnjié；清白（形）qīngbái；贞洁（形）zhēnjié：*~ blue* 纯蓝色 chún lánsè (4) 完全（形）wánquán，十足（形）shízú，纯粹（形）chúncuì

purge **I** *v* 清洗（动）qīngxǐ，清除（动）qīngchú，净化（动）jìnghuà，纯洁（动、形）chúnjié **II** *n* (1) 清洗（动）qīngxǐ，清除（动）qīngchú，纯洁（动、形）chúnjié (2) 泻药（名）xièyào

purple **I** *n* 紫色（名）zǐsè，紫红色（名）zǐhóngsè **II** *adj* 紫色的 zǐsè de，

紫红的 zǐhóng de

purpose *n* (1) 意图 (名) yìtú, 目的 (名) mùdì, 用意 (名) yòngyì: *for economic* ~*s* 为了经济上的目的 jīngjìshang de mùdì (2) 意志 (名) yìzhì (3) 用处 (名) yòngchu; 效用 (名) xiàoyòng // *on* ~ (1) 故意地 gùyì de, 有意地 yǒuyì de, 成心地 chéngxīn de (2) 为了 wèile, 意在 yìzài / *to the* ~ 中肯的 zhòngkěn de; 合适的 héshì de

purposeful *adj* (1) 有目的的 yǒu mùdì de, 有意义的 yǒu yìyì de: ~ *activities* 有目的的活动 yǒu mùdì de huódòng (2) 意志坚强的 yìzhì jiānqiáng de, 有决心的 yǒu juéxīn de

purposeless *adj* (1) 无目的的 wú mùdì de, 无意义的 wú yìyì de: *lead a* ~ *life* 过着一种无意义的生活 guòzhe yìzhǒng wú yìyì de shēnghuó (2) 缺乏意志的 quēfá yìzhì de, 无决心的 wú juéxīn de

purse *n* (1) 钱包 (名) qiánbāo (2) 金钱 (名) jīnqián; 财力 (名) cáilì

pursue *v* (1) 追 (动) zhuī, 追赶 (动) zhuīgǎn; 追捕 (动) zhuībǔ; 追击 (动) zhuījī; 追踪 (动) zhuīzōng (2) 紧随 jǐn suí, 追随 (动) zhuīsuí; 纠缠 (动) jiūchán (3) 追求 (动) zhuīqiú, 寻求 (动) xúnqiú; 向...求爱 xiàng...qiú'ài (4) 进行 (动) jìnxíng; 实行 (动) shíxíng; 继续 (动) jìxù; 从事 (动) cóngshi

pursuit *n* (1) 追赶 (动) zhuīgǎn; 追踪 (动) zhuīzōng; 追捕 (动) zhuībǔ; 追击 (动) zhuījī: *come in* ~ 追踪而来 zhuīzōng ér lái / *in hot* ~ *of sb.* 穷追某人 qióng zhuī mǒu rén (2) 追求 (动) zhuīqiú, 寻求 (动) xúnqiú: *the* ~ *of learning* 追求知识 zhuīqiú zhīshi (3) 活动 (名) huódòng; 消遣 (动) xiāoqiǎn; 事务 (名) shìwù; 爱好 (名、动) àihào; 职业 (名) zhíyè: *daily* ~*s* 日常事务 rìcháng shìwù (日常工作 rìcháng gōngzuò) / *commercial* ~*s* 商务 shāngwù

pus *n* 脓 (名) nóng, 脓液 (名) nóngyè

push **I** *v* (1) 推 (动) tuī (2) 挤 (动) jǐ; 按 (动) àn (3) 长出 zhǎngchū; 延伸 (动) yánshēn (4) 推进 (动) tuījìn, 推动 (动) tuīdòng **II** *n* (1) 推 (动) tuī; 推动 (动) tuīdòng, 促进 (动) cùjìn (2) 猛攻 měnggōng; 奋力前进 fènlì qiánjìn (3) 劲头 (名) jìntóu, 干劲 (名) gànjìn // ~ *along* 赶快 gǎnkuài; 抓紧 zhuājǐn, 奋进 fènjìn / ~ *off* 离开 líkāi, 走 zǒu

push-button *adj* 电钮的 diànniǔ de, 按钮式的 ànniǔshì de: *a* ~ *switch* 按钮开关 ànniǔ kāiguān / *a* ~ *starter* 按钮启动器 ànniǔ qǐdòngqì

push-cart *n* 手推车 (名) shǒutuīchē

push-up *n* 俯卧撑 (名) fǔwòchēng

puss *n* 小猫 xiǎo māo; 少女 (名) shàonǚ, 小姑娘 xiǎo gūniang

pussy *n* 猫咪 (名) māomī

put *v* (1) 放 (动) fàng, 摆 (动) bǎi, 装 (动) zhuāng (2) 投掷 (动) tóuzhì; 发射 (动) fāshè: ~ *the shot* 推铅球 tuī qiānqiú (3) 使处于某种状态 shǐ chǔyú mǒuzhǒng zhuàngtài (4) 写上 xiěshang; 标上 biāoshang: ~ *a tick against a name* 在名字上打一个钩儿 zài míngzishang dǎ yíge gōur (5) 提出 tíchū (6) 表述 (动) biǎoshù; 翻译 (动) fānyì: ~ *one's feelings into words* 用语言来表达感情 yòng yǔyán lái biǎodá gǎnqíng (7) 迫使 (动) pòshǐ; 促使 (动) cùshǐ (8) 估计 (动) gūjì, 推测 (动) tuīcè // ~ *across* 表达 biǎodá; 解释 jiěshì / ~ *aside* (1) 把...放在一边 bǎ...fàngzài yìbiān (2) 储存 chǔcún; 留出 liúchū / ~ *away* (1) 收起来 shōuqǐlai, 放好 fànghǎo (2) 储存 chǔcún, 积蓄 jìxù / ~ *back* 把...放回原处 bǎ...fànghuí yuánchù / ~ *by* 储存 chǔcún, 积蓄 jìxù / ~ *down* (1) 放下 fàngxia (2) 写下 xiěxia, 记下 jìxia / ~ *forth* (1) 使出 shǐchū, 使用 shǐyòng (2) 长出 zhǎngchū / ~ *forward* (1) 提出 tíchū (2) 推举 tuījǔ, 推荐 tuījiàn: ~ *sb.*

forward as a candidate 推举某人作候选人 tuījǔ mǒurén zuò hòuxuǎnrén (3) 提前 tíqián, 提早 tízǎo / ~ *in* (1) 放进去 fàngjìnqu (2) 提出 tíchū: ~ *in a claim for damages* 提出赔偿损失的要求 tíchū péicháng sǔnshī de yāoqiú (3) 插入 chārù; 插话 chā huà / ~ *in a good word for sb.* 替某人说句好话 tì mǒurén shuō jù hǎo huà (4) 干 gàn; 占用 zhànyòng, 花 huā / ~ *off* (1) 推迟 tuīchí (2) 消除 xiāochú, 打消 dǎxiāo (3) 使厌恶 shǐ yànwù / ~ *on* (1) 放在 … 上 fàngzài … shang (2) 穿上 chuānshang; 戴上 dàishang (3) 装出 zhuāngchū, 假装 jiǎzhuāng: ~ *on airs* 摆架子 bǎi jiàzi (装样子 zhuāng yàngzi) (4) 增加 zēngjiā (5) 上演 shàngyǎn (6) 拨快 bōkuài (7) 打开 dǎkāi / ~ *out* (1) 伸出 shēnchū; 摆出 bǎichū (2) 生产 shēngchǎn; 发布 fābù; 出版 chūbǎn (3) 熄灭 xīmiè; 关掉 guāndiào; 消灭 xiāomiè (4) 麻烦 máfan, 使不便 shǐ búbiàn (5) 生气 shēngqì, 烦恼 fánnǎo / ~ *through* (1) 完成 wánchéng (2) 接通电话 jiētōng diànhuà / ~ *together* (1) 放在一起 fàngzài yìqǐ (2) 装配 zhuāngpèi; 整理 zhěnglǐ / ~ *up* (1) 举起 jǔqǐ; 抬起 táiqǐ; 撑起 chēngqǐ: ~ *up a flag* 举起旗子 jǔqǐ qízi / ~ *up an umbrella* 撑起雨伞 chēngqǐ yǔsǎn (2) 建造 jiànzào, 搭起 dāqǐ: ~ *up a museum* 建造一座博物馆 jiànzào yízuò bówùguǎn (3) 提供食宿 tígōng shísù (4) 张贴 zhāngtiē, 挂起 guàqǐ: ~ *up a notice* 张贴布告 zhāngtiē bùgào (5) 提高 tígāo, 增加 zēngjiā (6) 进行 jìnxíng, 举行 jǔxíng: ~ *up a struggle* 进行一场斗争 jìnxíng yìchǎng dòuzhēng / ~ *up with* 忍受 rěnshòu, 容忍 róngrěn

putrefy *v* 腐烂（动）fǔlàn, 腐败（形）fǔbài

putrid *adj* 腐烂的 fǔlàn de, 腐败（形）fǔbài: *turn* ~ 烂掉 làndiào / ~ *fish* 腐烂的鱼 fǔlàn de yú

putty *n* 油灰（名）yóuhuī, 腻子（名）nìzi

puzzle **I** *n* (1) 难题（名）nántí (2) 游戏（名）yóuxì; 玩具（名）wánjù; 迷语（名）míyǔ: *a 7-piece* ~ 七巧板 qīqiǎobǎn / *a crossword* ~ 纵横字谜 zònghéng zìmí (3) 困惑 kùnhuò, 迷惑（动）míhuò **II** *v* 使困惑 shǐ kùnhuò; 难住 nánzhù // ~ *out* 经过思索找出答案 jīngguò sīsuǒ zhǎochū dá'àn: ~ *out an answer* 想出答案 xiǎngchū dá'àn / ~ *out the meaning of a word* 经过仔细琢磨弄懂一个词的意思 jīngguò zǐxì zuómo nòngdǒng yíge cí de yìsi / ~ *over* 思索 sīsuǒ, 动脑筋 dòng nǎojīn, 冥思苦想 míngsīkǔxiǎng

puzzling *adj* 令人困惑不解的 lìng rén kùnhuò bùjiě de; 费解（形）fèijiě: ~ *comments* 令人费解的评语 lìng rén fèijiě de píngyǔ

pygmy *n* (1) 侏儒（名）zhūrú, 矮人 ǎirén (2) 微不足道的人（或物）wēibùzúdào de rén (huò wù)

pyjamas *n* 睡衣裤 shuìyīkù: *a suit of* ~*s* 一套睡衣裤 yítào shuìyīkù / *a coat* 睡衣 shuìyī / ~ *trousers* 睡裤 shuìkù

pyramid *n* (1) 金字塔（名）jīnzìtǎ (2) 角锥（名）jiǎozhuī; 棱锥（名）léngzhuī

pyrotechnics *n* (1) 烟火制造术（名）yānhuǒ zhìzào shù; 烟火会（名）yānhuǒhuì (2)（音乐、辩才等的）技巧 炫耀（yīnyuè, biàncái děng de）jìqiǎo xuànyào

Q

quack¹   **I** *n* （鸭子）嘎嘎的叫声（yāzi）gāgā de jiàoshēng **II** *v* 嘎嘎叫 gāgā jiào

quack²   *n* 庸医 yōngyī，江湖医生 jiānghú yīshēng

quadrangle   *n* 四角形（名）sìjiǎoxíng，四边形（名）sìbiānxíng；方形庭院 fāngxíng tíngyuàn

quadruped   *n* 四足动物 sìzú dòngwù，哺乳动物 bǔrǔ dòngwù

quadruple   **I** *adj* 四倍的 sìbèi de，四重的 sìchóng de **II** *v* （使）成四倍（shǐ）chéng sìbèi，以四乘 yǐ sì chéng

quaff   **I** *v* 一口喝干 yìkǒu hēgān，大口大口地喝 dàkǒudàkǒu de hē **II** *n* 一口喝干 yìkǒu hēgān，一饮而尽 yìyǐn'érjìn

quail   *n* 鹌鹑（名）ānchún

quaint   *adj* 离奇有趣的 líqí yǒuqù de，古雅（形）gǔyǎ：a ~ old house 一座古雅的老房子 yízuò gǔyǎ de lǎo fángzi

quake   *v* 震动（动）zhèndòng，震颤（动）zhènchàn，抖动（动）dǒudòng，发抖（动）fādǒu：~ with fear 吓得发抖 xià de fādǒu

qualification   *n* （1）资格（名）zīgé，合格证明 hégé zhèngmíng：a teacher's ~s 教师合格证明 jiàoshī hégé zhèngmíng / a ~ test 资格考试 zīgé kǎoshì（2）限制（名）xiànzhì；条件（名）tiáojiàn

qualified   *adj* （1）有资格的 yǒu zīgé de，胜任的 shèngrèn de，得到许可的 dédào xǔkě de：a ~ doctor 合格的医生 hégé de yīshēng（2）有限制的 yǒu xiànzhì de，有条件的 yǒu tiáojiàn de

qualify   *v* （1）取得资格 qǔdé zīgé；具备合格条件 jùbèi hégé tiáojiàn（2）修饰（动）xiūshì，限制（动）xiànzhì，形容（动）xíngróng

quality   *n* （1）质（名）zhì，质量（名）zhìliàng，优质 yōuzhì：a change in ~ 质变 zhìbiàn / good (high, poor) ~ 质量好(高、低) zhìliàng hǎo (gāo, dī) / products of ~ 优质产品 yōuzhì chǎnpǐn（2）品质（名）pǐnzhì，特性（名）tèxìng（3）品种（名）pǐnzhǒng

quantity   *n* 量（名）liàng，数量（名）shùliàng，大量 dàliàng

quarantine   **I** *n* （为防止传染病而进行的）隔离（动）（wèi fángzhǐ chuánrǎnbìng ér jìnxíng de）gélí，检疫（动）jiǎnyì **II** *v* 隔离（动）gélí，使孤立 shǐ gūlì；检疫 jiǎnyì

quarrel   **I** *n* 争吵（动）zhēngchǎo，吵架 chǎojià，吵闹（动）chǎonào **II** *v* 争吵（动）zhēngchǎo，吵架 chǎojià

quarrelsome   *adj* 爱争吵的 ài zhēngchǎo de，爱争论的 ài zhēnglùn de

quarry¹   **I** *n* 采石场（名）cǎishíchǎng **II** *v* 采石 cǎishí；挖掘（动）wājué；查找（动）cházhǎo，搜寻（动）sōuxún

quarry²   *n* （1）猎物（名）lièwù（2）目标（名）mùbiāo，被跟踪的人（或物）bèi gēnzōng de rén (huò wù)

quart   *n* 夸脱（量）kuātuō：a ~ of beer 一夸脱啤酒 yìkuātuō píjiǔ

quarter   **I** *n* （1）四分之一 sìfēn zhī yī；四等份 sì děng fèn：the first ~ of this century 本世纪的最初二十五年 běn shìjì de zuì chū èrshíwǔnián（2）一刻钟 yíkèzhōng：a ~ to 2 差一刻两点 chà yíkè liǎngdiǎn / a ~ past 6 六点一刻 liùdiǎn yíkè（3）季度（名）jìdù；付款的季度 fùkuǎn de jìdù：pay one's rent at the end of each ~ 每一季度末付一次房租 měi yíjìdù mò fù yícì fángzū（4）方向（名）fāngxiàng；（城市中的）地区（名）(chéngshìzhōng de) dìqū；方面（名）fāngmiàn：flock in from all ~s

从四面八方汇集 cóng sìmiànbāfāng huìjí / have the news from a reliable ~ 从可靠方面得到消息 cóng kěkào fāngmiàn dédào xiāoxi / an industrial ~ 工业区 gōngyè qū / a residential ~ 住宅区 zhùzhái qū （5）住处（名）zhùchù: find ~s at a hotel 在旅馆里找到住处 zài lǚguǎnlǐ zhǎodào zhùchù II v （1）把...分成四部分 bǎ... fēnchéng sìbùfèn; 把...分成四等份 bǎ... fēnchéng sìděngfèn （2）住宿（动）zhùsù // at close ~s 接近地 jiējìn de: fight at close ~s 短兵相接 duǎnbīngxiāngjiē

quarterly I adj 季度的 jìdù de, 一年四次的 yìnián sìcì de: a ~ journal 季刊 jìkān II adv 每季 měijì; 一年四次 yìnián sìcì III n 季刊（名）jìkān

quartet n 四重奏（名）sìchóngzòu; 四重唱（名）sìchóngchàng, 四部合唱 sìbù héchàng

quartz n 石英石（名）shíyīngshí; ~ watches 石英表 shíyīngbiǎo

quay n 码头（名）mǎtou

queen n 王后（名）wánghòu; 女王（名）nǚwáng: the Q~ of Scotland 苏格兰女王 Sūgélán nǚwáng

queer adj （1）奇怪（形）qíguài, 古怪（形）gǔguài （2）不舒服的 bù shūfu de; 恶心（形）ěxin: feel ~ 感到恶心 gǎndào ěxin; 觉得不舒服 juéde bù shūfu （3）同性恋的 tóngxìngliàn de // ~ in the head 发疯 fāfēng

quell v （1）镇压（动）zhènyā, 平息（动）píngxī （2）消除（动）xiāochú; 使镇定 shǐ zhèndìng: ~ sb.'s fear 消除某人的恐惧 xiāochú mǒurén de kǒngjù

quench v （1）熄灭（动）xīmiè, 扑灭（动）pūmiè: ~ a lamp 熄灯 xīdēng （2）解渴 jiěkě

query I n 疑问（名）yíwèn, 问题（名）wèntí; 问号（名）wènhào II v 问（动）wèn, 询问（动）xúnwèn; （表示）怀疑（动）（biǎoshì）huáiyí

quest n 寻找（动）xúnzhǎo, 探寻（动）tànxún, 搜寻（动）sōuxún

question I n （1）问题（名）wèntí; 询问（动）xúnwèn: ~s and answers 问答 wèn dá / a difficult ~ 一个困难的问题 yígè kùnnan de wèntí （2）疑问（名）yíwèn; 不确定 bú quèdìng （3）疑问句（名）yíwènjù: a direct (an indirect) ~ 直接（间接）疑问句 zhíjiē (jiànjiē) yíwènjù / an alternative ~ 选择疑问句 xuǎnzé yíwènjù II v （1）询问（动）xúnwèn, 讯问（动）xùnwèn, 审问（动）shěnwèn: a ~ing mind 好问的精神 hàowèn de jīngshén / ~ a witness 讯问证人 xùnwèn zhèngrén （2）怀疑（动）huáiyí, 对...表示疑问 duì... biǎoshì yíwèn // beside the ~ 和本题无关 hé běntí wúguān, 离题 lítí / beyond ~ 毫无疑问 háowú yíwèn; 无可争辩 wúkě zhēngbiàn / in ~ 正被谈到的 zhèng bèi tándào de: the book in ~ 该书 gāi shū / out of the ~ 不可能的 bù kěnéng de; 谈不上 tán bu shàng / ~ mark 问号 wènhào

questionnaire n 调查表（名）diàochábiǎo, 征求意见表 zhēngqiú yìjiàn biǎo; 一些问题 yìxiē wèntí

queue I n （1）辫子（名）biànzi; 发辫（名）fàbiàn （2）行列（名）hángliè, 队（名）duì II v 排队 pái duì // jump the ~ 不按次序排队 bú àn cìxù páiduì; 夹塞儿 jiāsāir

quick I adj （1）快（形）kuài, 迅速（形）xùnsù: have a ~ meal 吃一顿快餐 chī yídùn kuàicān / Be ~! 快点！Kuàidiǎn! （2）敏捷（形）mǐnjié, 灵巧（形）língqiǎo, 灵敏（形）língmǐn, 伶俐（形）línglì: a ~ child 伶俐的孩子 línglì de háizi / a ~ mind 思维敏捷 sīwéi mǐnjié / ~ wits 机智 jīzhì （3）容易生气的 róngyì shēngqì de （4）急剧（形）jíjù: a ~ curve in the road 路上的急转弯 lùshang de jí zhuǎnwān II adv 快（形）kuài

quick-eared adj 听觉灵敏的 tīngjué língmǐn de

quicken v （1）加速 jiāsù （2）鼓舞（动）gǔwǔ, 刺激（动）cìjī

quick-eyed *adj* 眼睛尖的 yǎnjing jiān de

quicklime *n* 生石灰(名) shēngshíhuī

quickly *adv* 快(形) kuài，很快地 hěn kuài de，迅速地 xùnsù de

quicksand *n* 流沙(名) liúshā

quicksilver *n* 水银(名) shuǐyín

quick-tempered *adj* 性急的 xìngjí de，爱发脾气的 ài fā píqì de

quiet **I** *adj* (1) 静(形) jìng，平静(形) píngjìng，安静(形) ānjìng，宁静(形) níngjìng：*a ~ evening* 一个宁静的夜晚 yígè níngjìng de yèwǎn / *a ~ sea* 风平浪静的海洋 fēngpíng làngjìng de hǎiyáng / *~ footsteps* 轻轻的脚步声 qīngqīng de jiǎobù shēng (2) 温和(形) wēnhé，文静(形) wénjìng：*a ~ disposition* 温和的性情 wēnhé de xìngqíng (3) 朴素(形) pǔsù，素净(形) sùjìng，不显眼的 bù xiǎnyǎn de：*~ clothes* 素雅的衣服 sùyǎ de yīfu / *~ colours* 素净的颜色 sùjìng de yánsè **II** *n* 寂静(形) jìjìng，平静(形) píngjìng，安静(形) ānjìng，清静(形) qīngjìng：*in the ~ of the night* 夜深人静的时候 yèshēn rénjìng de shíhou / *live in ~* 过安静的生活 guò ānjìng de shēnghuó

quietly *adv* 静静地 jìngjìng de；轻声地 qīngshēng de；不出声地 bù chūshēng de

quill *n* 羽毛管(名) yǔmáoguǎn，羽茎(名) yǔjīng；鹅毛笔(名) émáobǐ

quilt *n* 被子(名) bèizi；鸭绒被(名) yāróngbèi

quinine *n* 奎宁(名) kuíníng，金鸡纳霜(名) jīnjīnàshuāng

quintet *n* 五重奏(名) wǔchóngzòu；五部合唱 wǔbù héchàng

quirk *n* 古怪的举动 gǔguài de jǔdòng；怪癖(名) guàipǐ

quisling *n* 卖国贼(名) màiguózéi，叛国分子(名) pànguófènzǐ；傀儡政府头子 kuǐlěi zhèngfǔ tóuzi

quit *v* (1) 离开(动) líkāi，退出(动) tuìchū；退职 tuìzhí；迁出(动) qiānchū：*~ office* 离职 lízhí / *~ school* 退学 tuìxué (2) 搬家 bānjiā；搬出 bānchū：*notice to ~* 辞退通知 (cítuì tōngzhī 通知迁出 tōngzhī qiānchū) (3) 停止(动) tíngzhǐ，停下来 tíngxiàlai：*~ work* 停止工作 tíngzhǐ gōngzuò

quite **I** *adv* (1) 完全(形) wánquán；十分(副) shífēn (2) 相当(副) xiāngdāng，挺(副) tǐng **II** *n* 一点儿不错 yìdiǎnr búcuò；正是这样 zhèngshì zhèyàng

quiver **I** *v* 抖动(动) dǒudòng，震颤(动) zhènchàn **II** *n* 抖动(动) dǒudòng，战栗(动) zhànlì，颤抖(动) chàndōu

quiz **I** *n* 小型考试 xiǎoxíng kǎoshì；答问比赛 dáwèn bǐsài：*a TV ~* 电视中的答问比赛 diànshìzhōng de dáwèn bǐsài **II** *v* 考问(动) kǎowèn

quoits *n* 掷环游戏 zhìhuán yóuxì

quota *n* 定额(名) dìng'é，限额(名) xiàn'é，份儿(名) fènr

quotation *n* (1) 引用(动) yǐnyòng，引证(动) yǐnzhèng；引文(名) yǐnwén，引语(名) yǐnyǔ：*~s from Shakespeare* 引自莎士比亚作品中的词句 yǐnzì Shāshìbǐyà zuòpǐnzhōng de cíjù (2) 行情(名) hángqíng；价单(名) jiàdān：*the latest ~s for wheat* 小麦的最新行情 xiǎomài de zuì xīn hángqíng // *~ mark(s)* 引号 yǐnhào

quote *v* (1) 引用(动) yǐnyòng，引证(动) yǐnzhèng；引述(动) yǐnshù：*a passage ~d from an editorial* 引自社论的一段文章 yǐnzì shèlùn de yíduàn wénzhāng (2) 开价 kāijià，提出价格 tíchū jiàgé：*~ a commodity at 10 dollars* 将一件商品开价十元 jiāng yíjiàn shāngpǐn kāijià shíyuán

R

rabbit **I** n (1) 兔(名) tù, 兔子(名) tùzi, 野兔(名) yětù: 2 *lovely little white ~s* 两只可爱的小白兔儿 liǎngzhī kě'ài de xiǎo báitùr (2) 兔毛(名) tùmáo, 兔皮(名) tùpí **II** v 打兔子 dǎ tùzi, 猎兔 liè tù: *go ~ing in the wood* 去林中打兔子 qù línzhōng dǎ tùzi

race[1] **I** n 比赛(名) bǐsài, 竞赛(动) jìngsài; 赛跑 sàipǎo: *arms ~* 军备竞赛 jūnbèi jìngsài / *a horse ~* 赛马 sàimǎ **II** v (1) 比速度 bǐ sùdù; 赛跑 sàipǎo; 比赛(动) bǐsài (2) 快走 kuàizǒu; 跑(动) pǎo; 全速行进 quánsù xíngjìn

race[2] n (1) 人种(名) rénzhǒng, 种族(名) zhǒngzú; 民族(名) mínzú: *the black ~* 黑色人种 hēisè rénzhǒng / *the Mongolian ~* 蒙古族 Měnggǔzú (2) 种(名) zhǒng, 类(名) lèi: *the human ~* 人类 rénlèi / *the feathered ~* 鸟类 niǎolèi / *the finny ~* 鱼类 yúlèi

racecourse n 赛马场(名) sàimǎchǎng, 赛马跑道 sàimǎ pǎodào

racial adj 种族的 zhǒngzú de, 民族的 mínzú de

racialism n 种族主义(名) zhǒngzúzhǔyì

racialist n 种族主义者(名) zhǒngzúzhǔyìzhě

rack **I** n (1) 架(名) jià, 架子(名) jiàzi: *a plate ~* 盘架 pánjià / *a tool ~* 工具架 gōngjùjià / *a rifle ~* 枪架 qiāngjià (2) 行李架 xínglijià: *luggage ~* 行李架 xínglijià (3) 刑架(名) xíngjià: *put sb. on the ~* 严刑拷打某人 yánxíng kǎodǎ mǒurén (4) 巨大的痛苦 jùdà de tòngkǔ **II** v 使痛苦 shǐ tòngkǔ, 折磨(动) zhémó: *a ~ing headache* 头痛欲裂 tóutòng yùliè / *be*

~ed with anxiety 极为焦虑不安 jíwéi jiāolǜ bù'ān // *be on the ~* (1) 受酷刑 shòu kùxíng, 遭受极大痛苦 zāoshòu jídà tòngkǔ (2) 焦虑不安 jiāolǜ bù'ān: *~ one's brains* 冥思苦想 míngsīkǔxiǎng, 绞尽脑汁 jiǎojìn nǎozhī

racket[1], **racquet** n 球拍(名) qiúpāi, 拍子(名) pāizi: *a badminton ~* 一把羽毛球拍 yìbǎ yǔmáoqiúpāi / *a tennis ~* 网球拍 wǎngqiúpāi

racket[2] n (1) 喧哗(动) xuānhuá, 吵闹(动) chǎonào (2) 用非法手段挣钱 yòng fēifǎ shǒuduàn zhèng qián

radar n 雷达(名) léidá: *advanced ~ systems* 先进的雷达系统 xiānjìn de léidá xìtǒng

radiance, radiancy n (1) 发光 fāguāng, 发热 fārè; 光辉(名) guānghuī: *the sun's ~* 太阳的光辉 tàiyang de guānghuī (2) 喜悦的神色 xǐyuè de shénsè, 容光焕发 róngguāng huànfā

radiant adj (1) 光芒四射 guāngmángsìshè; 光辉灿烂 guānghuīcànlàn, 闪光 shǎnguāng; 绚丽(形) xuànlì: *the ~ sun* 光芒四射的太阳 guāngmángsìshè de tàiyang (2) 辐射的 fúshè de; 放射的 fàngshè de: *~ energy* 辐射能 fúshènéng / *~ heat* 辐射热 fúshèrè (3) 容光焕发 róngguāng huànfā; 和颜悦色 héyán yuèsè: *a ~ face* 满面春风 mǎnmiàn chūnfēng (4) 焕发(动) huànfā, 流露(动) liúlù, 洋溢(动) yángyì

radiate v (1) 发光 fāguāng, 发热 fārè (2) 辐射(动) fúshè, 放射(动) fàngshè, 散发(动) sànfā (3) 向各方伸展 xiàng gèfāng shēnzhǎn

radiation n 辐射(动) fúshè; 放射(动)

fàngshè, 放射物质 fàngshè wùzhì

radiator *n* (1) 暖气片(名) nuǎn-qìpiàn; 散热器(名) sànrèqì (2) 水箱 shuǐxiāng, 冷却器 lěngquèqì

radical **I** *adj* (1) 根本(形) gēnběn, 基本(形) jīběn; 彻底(形) chèdǐ (2) 激进(形) jījìn, 极端(形) jíduān, 过激(形) guòjī **II** *n* (1) 急进派(名) jíjìnpài, 激进分子 jījìn fènzǐ (2) 词根(名) cígēn, 词干(名) cígàn (3) (汉字的)偏旁(名)(hànzì de) piānpáng, 部首(名) bùshǒu

radio **I** *n* (1) 无线电讯 wúxiàn diànxùn, 无线电报 wúxiàn diànbào; 无线电话 wúxiàn diànhuà: *receive a ~* 收到一份无线电报 shōudào yífèn wúxiàn diànbào (2) 无线电台 wúxiàn diàntái; 无线电传送 wúxiàndiàn chuánsòng; 无线电广播 wúxiàndiàn guǎngbō: *English by ~* 广播英语(教学) guǎngbō Yīngyǔ (jiàoxué) / *send a message by ~* 拍发无线电报 pāifā wúxiàndiànbào (3) 收音机(名) shōuyīnjī: *a transistor ~* 半导体收音机 bàndǎotǐ shōuyīnjī / *a ~ tape recorder* 一台收录机 yìtái shōulùjī **II** *v* 发电讯 fā diànxùn, 用无线电广播 yòng wúxiàndiàn guǎngbō // *a ~ receiver* 无线电接收机 wúxiàndiàn jiēshōujī / *a ~ set* 一台收音机 yìtái shōuyīnjī / *a ~ station* 电台 diàntái / *~ engineering* 无线电工程 wúxiàndiàn gōngchéng / *~ waves* 无线电波 wúxiàn diànbō

radium *n* 镭(名) léi

radius *n* (1) 半径(名) bànjìng (2) 半径范围 bànjìng fànwéi, 半径距离 bànjìng jùlí, 方圆(名) fāngyuán

raft *n* 筏(名) fá; 木筏(名) mùfá, 木排(名) mùpái; 救生筏(名) jiùshēngfá: *a life ~* 救生筏 jiùshēngfá

rafter *n* 椽(名) chuán, 椽子(名) chuánzi: *beautiful oak ~s* 漂亮的橡木椽子 piàoliang de xiàngmù chuánzi

rag[1] *n* (1) 碎布 suìbù, 破布 pòbù; 抹布(名) mābù (2) 破烂衣服 pòlàn yīfu

(3) 质量低劣的报纸(杂志) zhìliàng dīliè de bàozhǐ (zázhì) (4) 小碎片儿 xiǎosuìpiànr, 一丁点儿 yìdīngdiǎnr // *glad ~s* 漂亮衣裳 piàoliang yīshang

rag[2] **I** *v* (1) 谈笑 tánxiào, 打闹(动) dǎnào (2) 取笑(动) qǔxiào, 嘲弄(动) cháonòng, 戏弄(动) xìnòng **II** *n* 恶作剧 èzuòjù; 戏弄(动) xìnòng, 开玩笑 kāi wánxiào

rage **I** *n* (1) 一阵狂怒 yízhèn kuángnù, 盛怒(形) shèngnù (2) 狂暴(形) kuángbào; 凶猛(形) xiōngměng: *the ~ of waves* 汹涌的波涛 xiōngyǒng de bōtāo (3) 一阵狂热 yízhèn kuángrè, 一时热情 yìshí rèqíng: *have a ~ for collecting stamps* 一时集邮上瘾 yìshí jíyóu shàngyǐn **II** *v* (1) 大怒 dà nù, 大发脾气 dà fā píqì (2) 猛烈(形) měngliè, 强烈(形) qiángliè; 猖獗(形) chāngjué // *all the ~* 风行一时 fēngxíng yìshí, 一时的风尚 yìshí de fēngshàng

ragged *adj* (1) 破旧(形) pòjiù, 衣衫褴褛的 yīshān lánlǚ de: *a ~ little boy* 一个衣衫褴褛的小孩儿 yígè yīshān lánlǚ de xiǎo háir (2) 绉的 zhòu de; 不平整的 bù píngzhěng de (3) 不协调 bù xiétiáo, 不完善的 bù wánshàn de, 粗糙(形) cūcāo

raid **I** *n* 突袭(动) tūxí, 偷袭(动) tōuxí: *an air ~* 一次空袭 yícì kōngxí **II** *v* 搜查(动) sōuchá; 袭击(动) xíjī

rail[1] **I** *n* (1) 栏杆(名) lángān, 围栏(名) wéilán, 扶手(名) fúshǒu: *the side ~s of a ladder* 梯子的扶手 tīzi de fúshǒu / *a curtain ~* 窗帘吊杆 chuānglián diàogān (2) 铁轨(名) tiěguǐ; 铁路(名) tiělù **II** *v* 围上栏杆 wéishang lángān

rail[2] *v* 责骂(动) zémà, 指责(动) zhǐzé, 骂大街 màdàjiē

railing *n* 栏杆(名) lángān, 扶手(名) fúshǒu, 木栅(名) mùzhà

railroad *v* (1) 通过铁路运输 tōngguò tiělù yùnshū (2) 过份催促 guòfèn cuīcù, 草率通过 cǎoshuài tōngguò

railway, railroad *n* (1) 铁路（名）tiělù, 铁道（名）tiědào: *the Beijing-Guangzhou R* ~ 京广铁路 Jīng-Guǎng tiělù (2) 铁道部门 tiědào bùmén, 铁路系统 tiělù xìtǒng // ~ *bridge* 铁路桥 tiělùqiáo / ~ *carriage* 火车车厢 huǒchē chēxiāng / ~ *corps* 铁道兵 tiědàobīng / ~ *station* 火车站 huǒchēzhàn

railwayman *n* 铁路职工 tiělù zhígōng

rain I *n* (1) 雨（名）yǔ, 雨水（名）yǔshuǐ: *a heavy* (*light*) ~ 大（小）雨 dà (xiǎo) yǔ / *wet with* ~ 淋湿了 línshīle / ~ *boots* 雨鞋 yǔxié (2) 雨季（名）yǔjì (3) 下雨般的 xià yǔ bān de, 一阵 yízhèn, 一连串的 yìliánchuàn de: *a* ~ *of bullets* 一阵弹雨 yízhèn dànyǔ / *a* ~ *of questions* 一连串的问题 yì liánchuàn de wèntí / *a* ~ *of congratulations* 纷纷祝贺 fēnfēn zhùhè II *v* (1) 下雨 xiàyǔ, 降雨 jiàngyǔ (2) 像雨点一样落下 xiàng yǔdiǎn yíyàng luòxià; 大量 dàliàng: ~ *gifts on children* 给儿童许多礼物 gěi értóng xǔduō lǐwù / ~ *down curses* 连声叫骂 liánshēng jiàomà // ~ *or shine* 不论晴雨 búlùn qíngyǔ; 无论如何 wúlùn rúhé

rainbow *n* 虹（名）hóng, 彩虹（名）cǎihóng

raincoat *n* 雨衣（名）yǔyī

raindrop *n* 雨点儿（名）yǔdiǎnr

rainfall *n* 一场雨 yìcháng yǔ

rainless *adj* 少雨的 shǎoyǔ de, 缺少雨水的 quēshǎo yǔshuǐ de; 无雨的 wúyǔ de

rainproof *adj* 防雨的 fángyǔ de: *a* ~ *bag* 防雨袋 fángyǔdài

rainstorm *n* 暴雨（名）bàoyǔ

rainwater *n* 雨水（名）yǔshuǐ

rainy *adj* 下雨的 xiàyǔ de, 多雨的 duōyǔ de: *a* ~ *day* 雨天 yǔtiān / *the* ~ *season* 雨季 yǔjì / *a* ~ *place* 多雨的地方 duōyǔ de dìfang

raise I *v* (1) 举起 jǔqǐ, 升高（动）shēnggāo: ~ *one's hat to sb.* 向某人举帽致敬 xiàng mǒurén jǔmào zhìjìng

/ ~ *one's glass to sb.* 举杯祝某人健康 jǔ bēi zhù mǒurén jiànkāng (2) 使起来 shǐ qǐlái; 建立起 jiànlìqǐ: ~ *sb. from a bed of sickness* 把某人从病床上扶起来 bǎ mǒurén cóng bìngchuángshang fúqǐlái (3) 唤起（名）huànqǐ, 引起（动）yǐnqǐ; 扬起 yángqǐ (4) 提高 tígāo, 增加（动）zēngjiā, 提升（动）tíshēng; 提拔（动）tíbá: ~ *the production output* 增加产量 zēngjiā chǎnliàng (5) 提出 tíchū, 发出（动）fāchū: ~ *a question for discussion* 提出个问题供讨论 tíchū ge wèntí gōng tǎolùn (6) 召募（动）zhāomù, 筹集（动）chóují: ~ *an army* 召募一支军队 zhāomù yìzhī jūnduì (7) 种植（动）zhòngzhí; 饲养（动）sìyǎng; 养育（动）yǎngyù, 抚养（动）fǔyǎng: ~ *crops* 种庄稼 zhòng zhuāngjia / ~ *horses* 养马 yǎng mǎ / ~ *a family* 抚养家庭 fǔyǎng jiātíng (8) 产生（动）chǎnshēng; 造成（动）zàochéng; 引起（动）yǐnqǐ: ~ *anxiety* 引起忧虑不安 yǐnqǐ yōulǜ bù'ān (9) 解除（动）jiěchú, 终止（动）zhōngzhǐ: ~ *an embargo* 解除禁运 jiěchú jìnyù II *n* (1) 举起（动）jǔqǐ, 升起（动）shēngqǐ (2) 增加（动）zēngjiā, 增长（动）zēngzhǎng: *get a* ~ *in pay* 长了工资 zhǎngle gōngzī

raised *adj* 高起来的 gāoqǐlai de, 凸起的 tūqǐ de: *a* ~ *platform* 一个高台 yíge gāotái

rake[1] I *n* 耙子（名）pázi II *v* (1) 耙（动）pá, 平整（动）píngzhěng: ~ *the garden* 把园子耙平 bǎ yuánzi pápíng (2) 搂（动）lōu; 收集（动）shōují: ~ *the leaves* 把树叶搂起来 bǎ shùyè lōuqǐlai (3) 扫射（动）sǎoshè; 扫视（动）sǎoshì ~ *the valley with one's binoculars* 用望远镜对峡谷进行观察 yòng wàngyuǎnjìng duì xiágǔ jìnxíng guānchá (4) 搜寻（动）sōuxún, 搜索（动）sōusuǒ // ~ *in* 赚（大钱）zhuàn (dàqián), 搂（钱）lōu(qián) / ~ *up* (1) 挖掘 wājué, 物色 wùsè, 找出

zhǎochū: ~ *up some players for the team* 为运动队物色一些队员 wèi yùndòngduì wùsè yìxiē duìyuán / ~ *up some money for the tuition* 东找西找凑钱交学费 dōngzhǎoxīzhǎo còuqián jiāo xuéfèi (2) 旧事重提 jiùshì chóngtí, 翻旧帐 fān jiùzhàng, 揭老底 jiē lǎodǐ: ~ *up one's political past* 揭…政治上的老底儿 jiē… zhèngzhìshang de lǎodǐr

rake² Ⅰ *n* 斜角（名）xiéjiǎo, 倾斜度（名）qīngxiédù; 倾斜 qīngxié: *the ~ of the stage* 舞台的倾斜度 wǔtái de qīngxiédù Ⅱ *v* 倾斜（动）qīngxié

ramble Ⅰ *v* (1) 漫步（动）mànbù, 散步 sànbù, 闲步（动）xiánbù: ~ *in the woods* 在林中漫步 zài línzhōng mànbù (2) 漫谈（动）màntán, 闲聊（动）xiánliáo; 漫无边际地写 mànwúbiānjì de xiě: ~ *on and on* 天南海北地讲个不停 tiānnánhǎiběi de jiǎng gè bùtíng Ⅱ *n* (1) 漫步（动）mànbù, 闲逛（动）xiánguàng: *an after-supper ~* 晚饭后的散步 wǎnfànhòu de sànbù / *go for a country ~* 去乡下走走 qù xiāngxià zǒuzou (2) 闲扯（动）xiánchě, 漫笔（名）mànbǐ: *a literary ~* 一篇文艺随笔 yìpiān wényì suíbǐ

rambler *n* (1) 漫步者 mànbùzhě (2) 漫谈者 màntánzhě (3) 蔓生植物 mànshēng zhíwù, 攀缘蔷薇 pānyuán qiángwēi

rambling *adj* (1) 漫无边际的 mànwúbiānjì de, 散乱 sānluàn: *a ~ speech* 杂乱无章的讲话 záluàn wúzhāng de jiǎnghuà (2) 杂乱（形）záluàn, 不整齐的 bù zhěngqí de: *a ~ street* 一条不整齐的街道 yìtiáo bù zhěngqí de jiēdào

rampant *adj* (1) 繁茂（形）fánmào (2) 蔓延（动）mànyán; 猖獗（形）chāngjué, 盛行（动）shèngxíng: ~ *among the soldiers* 士兵中普遍存在着 shìbīngzhōng pǔbiàn cúnzàizhe (3) 用后腿立起的 yòng hòutuǐ lìqǐ de

ranch Ⅰ *n* 大牧场 dà mùchǎng; 大农场 dà nóngchǎng: *a fruit ~* 大果园 dà guǒyuán / *a poultry ~* 家禽饲养场 jiāqín sìyǎngchǎng Ⅱ *v* 经营农场 jīngyíng nóngchǎng; 在牧场工作 zài mùchǎng gōngzuò

rancher *n* (1) 牧场主 mùchǎngzhǔ, 农场主 nóngchǎngzhǔ: *a cattle ~* 牧场主 mùchǎngzhǔ (2) 牧场（农场）工人 mùchǎng（nóngchǎng）gōngrén

random Ⅰ *adj* 胡乱（副）húluàn; 随便（形）suíbiàn, 任意（副）rènyì: *a ~ guess* 瞎猜 xiācāi / *a ~ selection* 随便选择的东西 suíbiàn xuǎnzé de dōngxi / *a ~ bullet* 一颗流弹 yìkē liúdàn Ⅱ *n* 偶然（随意）的行动 ǒurán（suíyì）de xíngdòng // *a ~ sample* 随意抽取的样品 suíyì chōuqǔ de yàngpǐn / *at ~* 胡乱地 húluàn de; 随便地 suíbiàn de; 无安排地 wú ānpái de: *shoot at ~* 乱射 luànshè

range Ⅰ *n* (1) 排（量）pái, 行（量）háng; 套（量）tào; 一系列（形）yíxìliè: *a ~ of buildings* 一排房屋 yìpái fángwū / *a complete ~ of gardening tools* 一整套园艺工具 yì zhěngtào yuányì gōngjù (2) 山脉（名）shānmài: *a mountain ~* 山脉 shānmài / *a ~ of hills* 群山 qúnshān (3) 范围（名）fànwéi, 区域（名）qūyù; 幅度（名）fúdù: *a wide ~ of choices* 广泛的选择范围 guǎngfàn de xuǎnzé fànwéi / *the ~ of one's voice* 音域 yīnyù / *the ~ of temperature* 气温的升降幅度 qìwēn de shēngjiàng fúdù / *the ~ of prices* 价格幅度 jiàgé fúdù (4) 射程（名）shèchéng; 距离（名）jùlí (5) 炉灶（名）lúzào: *a gas ~* 煤气灶 méiqìzào Ⅱ *v* (1) 排列（动）páiliè, 排成行 páichénghán: ~ *dictionaries on a shelf* 把字典排列在架子上 bǎ zìdiǎn páiliè zài jiàzishang (2) 延伸（动）yánshēn, 绵亘（动）miángèn (3) 漫游（动）mànyóu, 遨游（动）áoyóu; 涉足（动）shèzú (4) 涉及（动）shèjí, 包括（动）bāokuò (5)（在一定幅度内）变

动 (zài yídìng fúdùnèi) biàndòng, 变化 (动) biànhuà // at close ~ 接近 jiējìn: fight at close ~ 进行近战 jìnxíng jìnzhàn / in ~ 在射程内 zài shèchéng nèi

rank **I** n (1) 排 (名) pái, 行 (名) háng, 列 (名) liè: the front (rear) ~ 前 (后) 排 qián (hòu) pái / stand in 2 separate ~s 站成两排 zhànchéng liǎngpái / cars standing in a ~ 汽车 排成一行 qìchē páichéng yìháng (2) 队伍 (名) duìwu; 军队 (名) jūnduì; 行 列 (名) hángliè: serve in the ~s 服兵 役 fú bīngyì / join the ~s of smokers 参加到吸烟者行列中去 cānjiādào xīyānzhě hánglièzhōng qù (3) 社会阶 层 shèhuì jiēcéng; 军衔 (名) jūnxián: people of all ~s and classes 各阶级各 阶层的人 gè jiējí gè jiēcéng de rén / the ~ of major 少校军衔 shàoxiào jūnxián (4) 等级 (名) děngjí; 地位 (名) dìwèi, 身份 (名) shēnfèn: take first ~ 名列前茅 míngliè qiánmáo / cadres of middle and higher ~s 中高 级干部 zhōnggāojí gànbù / a painter of the first ~ 第一流的画家 dìyīliú de huàjiā / an official with the ~ of minister 部长级官员 bùzhǎngjí guānyuán **II** v (1) 排列 (动) páiliè, 列队 (动) lièduì; 摆放 (动) bǎifàng (2) 分等 fēnděng; 评级 píngjí (3) 列 为 (动) lièwéi: ~ next to 仅次于… jìn cìyú... / ~ second on the list 列第二 liè dì'èr (4) 等级高于… děngjí gāoyú...

ransack v (1) 仔细搜寻 zǐxì sōuxún, 反复寻找 fǎnfù xúnzhǎo (2) 洗劫 (动) xǐjié, 劫掠 (动) jiélüè, 掠夺 (动) lüèduó

ransom **I** n (1) 赎金 (名) shújīn, 赎身 费 (名) shúshēnfèi (2) 赎 (动) shú, 赎 取 (动) shúqǔ, 赎出 shúchū **II** v 赎 (动) shú, 赎取 (动) shúqǔ: ~ a person at a heavy price 以高昂的代价赎出 一个人 yǐ gāo'áng de dàijià shúchū yígè rén // hold sb. for ~ 劫持某人勒索

赎金 jiéchí mǒurén lèsuǒ shújīn

rap **I** n 轻敲 qīngqiāo; 扣击 (动) kòujī; 急拍 jípāi **II** v (1) 轻敲 qīngqiāo; 扣击 (动) kòujī (2) 抨击 (动) pēngjī, 批评 (动) pīpíng, 斥责 (动) chìzé

rapacious adj (1) 强夺的 qiángduó de, 掠夺的 lüèduó de (2) 贪婪 (形) tānlán, 贪得无厌的 tāndéwúyàn de

rape[1] **I** n (1) 强奸 (动) qiángjiān, 奸 淫 (动) jiānyín, 奸污 (动) jiānwū (2) 破坏 (动) pòhuài, 毁坏 (动) huǐhuài: the ~ of a forest 破坏森林 pòhuài sēnlín **II** v 强奸 (动) qiángjiān, 奸淫 (动) jiānyín

rape[2] n 油菜 (名) yóucài: grow a crop of ~ 种一茬油菜 zhòng yìchá yóucài / ~ oil 菜籽油 càizǐyóu

rapid **I** adj (1) 快 (形) kuài, 迅速 (形) xùnsù: a ~ worker 快手 kuàishǒu / ~ results 立竿见影的效果 lìgānjiànyǐng de xiàoguǒ (2) 陡 (形) dǒu, 陡峭 (形) dǒuqiào: a ~ rise in the highway 公路上的一个陡然上升 的坡道 gōnglùshang de yíge dǒurán shàngshēng de pōdào **II** n 急流 (名) jíliú: ~s in a river 河中的急流 hézhōng de jíliú

rapist n 强奸者 (名) qiángjiānzhě, 强 奸犯 (名) qiángjiānfàn

rapture n (1) 欢天喜地 huāntiānxǐdì, 狂喜 (形) kuángxǐ (2) 着迷 (形) zháomí, 销魂 xiāohún, 全神贯注 quánshénguànzhù: the ~ of one's first kiss 令人销魂的初吻 lìngrén xiāohún de chūwěn

rare adj (1) 稀有 (形) xīyǒu, 罕见 (形) hǎnjiàn, 不寻常的 bù xúncháng de: a ~ visitor 稀客 xīkè / a ~ metal 稀有金属 xīyǒu jīnshǔ / a ~ animal 稀有动物 xīyǒu dòngwù / on ~ occasions 难得 nándé (偶尔 ǒu'ěr) (2) 珍贵 (形) zhēnguì, 珍奇 (形) zhēnqí, 杰出 (形) jiéchū: a ~ book 珍 本 zhēnběn (3) 稀薄 (形) xībó, 稀疏 (形) xīshū: the ~ air on the moun-

tains 山上稀薄的空气 shānshang xībó de kōngqì (4) 非常好 fēicháng hǎo

rarely *adv* 稀少（形）xīshǎo, 难得（形）nándé, 罕见（形）hǎnjiàn, 希罕（形）xīhan

rarity *n* 罕见的事 hǎnjiàn de shì, 希罕事 xīhanshì, 绝无仅有的事 juéwújǐnyǒu de shì

rascal *n* (1) 无赖（名）wúlài, 恶棍（名）ègùn: *a thorough ~* 彻头彻尾的恶棍 chètóuchèwěi de ègùn (2) 调皮（形）tiáopí, 捣蛋鬼（名）dǎodànguǐ, 淘气包（名）táoqìbāo

rash[1] *adj* (1) 轻率（形）qīngshuài, 草率（形）cǎoshuài, 冒失（形）màoshi, 欠考虑的 qiàn kǎolǜ de: *make a ~ decision* 做出草率的决定 zuòchū cǎoshuài de juédìng (2) 急躁（形）jízào, 鲁莽（形）lǔmǎng, 性急（形）xìngjí: *a ~ young soldier* 鲁莽的年轻士兵 lǔmǎng de niánqīng shìbīng // *in a ~ moment* 一时轻率 yìshí qīngshuài

rash[2] *n* (1) 发疹子 fā zhěnzi, 皮疹（名）pízhěn (2) 一阵 yízhèn, 一连串 yìliánchuàn: *a ~ of complaints* 一连串的意见 yìliánchuàn de yìjiàn

rat I *n* (1) 老鼠（名）lǎoshǔ, 耗子（名）hàozi: *use a trap to catch ~s* 用夹子捕老鼠 yòng jiāzi bǔ lǎoshǔ (2) 不讲信义的人 bù jiǎng xìnyì de rén II *v* (1) 捉老鼠 zhuō lǎoshǔ (2) 背叛（动）bèipàn, 变卦（动）biànguà, 食言（动）shíyán // *like a drowned ~* 浑身湿透 húnshēn shītòu, 像落汤鸡 xiàng luòtāngjī / *smell a ~* 觉得可疑 juéde kěyí, 看出苗头 kànchū miáotou

rate I *n* (1) 比率（名）bǐlǜ, 率（名）lǜ: *the birth ~* 出生率 chūshēnglǜ / *the death ~* 死亡率 sǐwánglǜ / *the exchange ~ between US dollars and Renminbi* 美元与人民币的兑换率 měiyuán yǔ Rénmínbì de duìhuànlǜ / *~ of progress* 进度 jìndù (2) 速度（名）sùdù, 速率（名）sùlǜ: *increase at a fast ~* 高速增长 gāosù zēngzhǎng (3) 价格（名）jiàgé, 费用（名）

fèiyòng: *sell sth. at a high ~* 以高价出售 yǐ gāojià chūshòu / *cut the transport ~s* 降低运费 jiàngdī yùnfèi (4) 等（名）děng, 等级（名）děngjí: *of the first ~* 头等的 tóuděng de（上等的 shàngděng de）/ *a first-~ singer* 第一流的歌唱演员 dìyīliú de gēchàng yǎnyuán / *a second-~ football team* 一个二流的足球队 yíge èrliú de zúqiúduì II *v* (1) 估价（动）gūjià, 评价（动）píngjià: *~ an achievement high* 高度评价一项成果 gāodù píngjià yíxiàng chéngguǒ (2) 认为（动）rènwéi, 列为（动）lièwéi // *at any ~* 无论如何 wúlùn rúhé / *at that ~* 那样下去的话 nàyàng xiàqù de huà / *at this ~* 这样下去的话 zhèyàng xiàqù de huà, 长此以往 chángcǐ yǐwǎng

rather I *adv* (1) 宁可（连）nìngkě, 宁愿（连）nìngyuàn, 倒不如 dào bùrú: *~ die than surrender* 宁死不屈 nìngsǐ bùqū (2) 更确切地说 gèng quèqiè de shuō (3) 相当（副）xiāngdāng, 有点儿 yǒudiǎnr, 挺（副）tǐng: *a ~ hot day* 相当热的一天 xiāngdāng rè de yìtiān II *int* 当然（副）dāngrán, 的确（副）díquè // *~ than* 比…更加 bǐ... gèngjiā, 而不是… ér bú shì

ratio *n* 比（名）bǐ, 比率（名）bǐlǜ, 比例（名）bǐlì: *a reverse ~* 反比 fǎnbǐ

ration I *n* 配给量（名）pèijǐliàng, 限量 xiànliàng; 口粮定量 kǒuliáng dìngliàng: *a ~ book* 购货证 gòuhuòzhèng（供应证 gōngyìngzhèng）II *v* 配给（动）pèijǐ, 定量供应 dìngliàng gōngyìng

rational *adj* (1) 理智的 lǐzhì de, 有理性的 yǒu lǐxìng de, 能够推理的 nénggòu tuīlǐ de, 懂事理的 dǒng shìlǐ de: *a ~ person* 有理性的人 yǒu lǐxìng de rén (2) 合理（形）hélǐ, 合乎理性的 héhū lǐxìng de, 有道理的 yǒu dàolǐ de

rattle I *v* (1) 嘎嘎响 gāgāxiǎng (2) 不安（形）bù'ān, 紧张（形）jǐnzhāng, 慌乱（形）huāngluàn II *n* (1) 嘎嘎声 gāgāshēng (2) 拨浪鼓（名）bōlànggǔ

rattlesnake n 响尾蛇（名）xiǎngwěi-shé

ravage I n 蹂躏（动）róulìn，破坏（动）pòhuài: the ~s of war 战争的蹂躏 zhànzhēng de róulìn / the ~s of fire 火灾的破坏 huǒzāi de pòhuài II v（1）蹂躏（动）róulìn，劫掠（动）jiélüè（2）破坏（动）pòhuài，毁掉 huǐdiào

rave v（1）说胡话 shuō húhuà，说梦话 shuō mènghuà，叫嚷（动）jiàorǎng: ~ wildly against sb. 破口大骂某人 pòkǒu dà mà mǒurén（2）呼啸（动）hūxiào，咆哮（动）páoxiāo

raven I n 大乌鸦 dà wūyā II adj 乌黑（形）wūhēi，黑油油（形）hēiyóuyōu: ~ locks 乌黑的头发 wūhēi de tóufa

raving adj 胡言乱语 húyánluànyǔ，说胡话的 shuō húhuà de: a ~ madman 一个说胡话的疯子 yíge shuō húhuà de fēngzi

raw adj（1）未煮过的 wèi zhǔguo de，生的 shēng de: ~ meat 生肉 shēngròu（2）未加工的 wèi jiāgōng de，半加工的 bàn jiāgōng de: ~ cotton 原棉 yuánmián（3）生疏（形）shēngshū，未经训练的 wèi jīng xùnliàn de，缺少经验的 quēshǎo jīngyàn de: a ~ hand 一个生手 yíge shēngshǒu（4）阴冷（形）yīnlěng，湿冷（形）shīlěng: a ~ wind 阴冷的风 yīnlěng de fēng / a ~ morning 一个阴冷的早晨 yíge yīnlěng de zǎochén（5）露出肉的 lòuchū ròu de，擦掉皮的 cādiào pí de，刺痛的 cìtòng de // in the ~（1）原样 yuányàng，原状 yuánzhuàng，处在自然状态 chǔzài zìrán zhuàngtài（2）光着的 guāngzhe de，裸露的 luǒlù de

ray n（1）光线（名）guāngxiàn，射线（名）shèxiàn，辐射线（名）fúshèxiàn: infrared ~s 红外线 hóngwàixiàn / ultraviolet ~s 紫外线 zǐwàixiàn / the sun's ~s 太阳光线 tàiyáng guāngxiàn（2）一线 yíxiàn，一丝 yìsī，丝毫（名）sīháo

rayon n 人造丝（名）rénzàosī，人造纤维（名）rénzào xiānwéi，人造丝织物

（名）rénzào sīzhīwù

raze v 铲平 chǎnpíng，夷为平地 yíwéi píngdì，拆毁 chāihuǐ，毁灭 huǐmiè

razor n 剃刀（名）tìdāo，刮脸刀（名）guāliǎndāo: a safety ~ 安全剃刀 ānquán tìdāo / a sharp ~ 一把锋利的刮脸刀 yìbǎ fēnglì de guāliǎndāo

razzle n 狂欢（动）kuánghuān，喧闹（动）xuānnào

reach I v（1）抵达（动）dǐdá，到达（动）dàodá，达到（动）dádào，达成（动）dáchéng（2）延伸（动）yánshēn: a peak ~ing into the clouds 高耸入云的山峰 gāosǒng rù yún de shānfēng（3）够（动）gòu（4）递给 dìgěi（5）与…取得联系 yǔ... qǔdé liánxì（6）影响（动）yǐngxiǎng，打动（动）dǎdòng，起作用 qǐ zuòyòng II n（1）附近（名）fùjìn，能够到的距离 néng gòudào de jùlí（2）一臂的长度 yí bì de chángdù（3）区域（名）qūyù，河段（名）héduàn，领域（名）lǐngyù: a ~ of woodland 一片林区 yípiàn línqū / the upper（middle, lower）~es of the Yangtze River 长江上（中、下）游 Chángjiāng shàng（zhōng, xià）yóu // as far as the eye can ~ 目力所及之处 mùlì suǒjí zhī chù / beyond the ~ of（1）够不着 gòu bu zháo（2）力所不及 lì suǒ bù jí，超出了…范围 chāochūle... fànwéi

react v（1）起反应 qǐ fǎnyìng，起作用 qǐ zuòyòng，起化学反应 qǐ huàxué fǎnyìng（2）反应（动）fǎnyìng，响应（动）xiǎngyìng // ~ against 反抗 fǎnkàng，对抗 duìkàng: ~ against oppression 反抗压迫 fǎnkàng yāpò / ~ on 影响 yǐngxiǎng，对…起作用 duì... qǐ zuòyòng

reaction n（1）反应（名）fǎnyìng，感应（名）gǎnyìng（2）反作用（名）fǎnzuòyòng（3）反动力（名）fǎndònglì，反动（形）fǎndòng（4）化学反应 huàxué fǎnyìng

reactionary I adj 反动（形）fǎndòng: overthrow the ~ ruling classes 推翻反

动统治阶级 tuīfān fǎndòng tǒngzhì jiējí **II** *n* 反动分子 fǎndòngfènzǐ, 反动派 fǎndòngpài

reactor *n* 反应堆(名) fǎnyìngduī: *a nuclear ~* 一座核反应堆 yízuò héfǎnyìngduī

read *v* (1) 看(动) kàn, 读(动) dú, 阅读(动) yuèdú, 默读(动) mòdú, 念 (动) niàn, 朗读(动) lǎngdú, 看书 kàn shū, 读书 dú shū: *a novel* 看 小说 kàn xiǎoshuō (2) 看懂 kàndǒng: *~ music* 识乐谱 shí yuèpǔ / *~ a map* 看地图 kàn dìtú (3) 读到 dúdào, 看到 kàndào, 知道(动) zhīdao, 获悉 (动) huòxī: *~ about the election* 看到 有关选举的材料 kàndào yǒuguān xuǎnjǔ de cáiliào (4) 解释(动) jiěshì, 理解(动) lǐjiě, 解答(动) jiědá (5) 攻 读(动) gōngdú, 学习(动) xuéxí (6) 指示(动) zhǐshì, 标明(动) biāomíng (7) 内容是 nèiróng shì, 说的是 shuō de shì, 读起来 dúqilai, 读作 dúzuò // *~ aloud* 朗读 lǎngdú: *~ a story aloud* 朗读故事 lǎngdú gùshi / *~ between the lines* 体会字里行间的意思 tǐhuì zìlǐhángjiān de yìsi / *~ into* 把某 种观点强加于人 bǎ mǒuzhǒng guāndiǎn qiángjiā yú rén / *~ out* 读出 来 dúchūlai: *~ out football results* 把 足球比赛的成绩读给人们听 bǎ zúqiú bǐsài de chéngjì dúgěi rénmen tīng / *~ through* (1) 对词儿 duìcír, 朗读剧本 lǎngdú jùběn (2) 通读 tōngdú, 从头读 到尾 cóng tóu dúdào wěi / *~ up (on)* 熟读 shúdú, 钻研 zuānyán: *~ up the habits of pandas* 深入研究熊猫的生活 习性 shēnrù yánjiū xióngmāo de shēnghuó xíxìng

reader *n* (1) 读者(名) dúzhě, 朗读者 (名) lǎngdúzhě, 读书的人 dú shū de rén: *a ~ of "Beijing Review"*《北京 周报》的一位读者《Běijīng Zhōubào》 de yíwèi dúzhě / *"R~s Digest"*《读者 文摘》《Dúzhě Wénzhāi》 / *an avid ~* 爱读书的人 ài dú shū de rén / *a slow ~* 看书看得慢的人 kàn shū kàn de

màn de rén (2) 校对者(名) jiàoduìzhě, 审稿人(名) shěngǎorén: *~'s marks* 校对符号 jiàoduì fúhào / *publisher's ~* 出版社的审稿人 chūbǎnshè de shěngǎorén (3) 初级读 物(名) chūjí dúwù, 读本(名) dúběn: *an English ~* 英语读本 Yīngyǔ dúběn / *poetry ~s* 诗歌读本 shīgē dúběn (4) 高级讲师 gāojí jiǎngshī: *a ~ in European literature* 欧洲文学讲师 Ōuzhōu wénxué jiǎngshī // *a mind ~* 能看出别人心思的人 néng kànchū biérén xīnsi de rén

readership *n* (1) 读者(名) dúzhě, 读 者总数 dúzhě zǒngshù: *a ~ of 60,000* 六万读者 liùwàn dúzhě / *increase the ~ of a magazine* 增加杂志 的读者 zēngjiā zázhì de dúzhě (2) 高 级讲师职位 gāojí jiǎngshī zhíwèi, 高 级讲师职称 gāojí jiǎngshī zhíchēng, 审 稿人 shěngǎorén, 审稿人身分 shěngǎorén shēnfèn

readily *adv* (1) 乐意地 lèyì de, 痛快 地 tòngkuài de (2) 无困难地 wú kùnnan de, 容易地 róngyì de

reading *n* (1) 阅读(动) yuèdú, 读书 dú shū (2) 学识(名) xuéshí, 书本知 识 shūběn zhīshi: *a person of wide ~* 知识渊博的人 zhīshi yuānbó de rén (3) 朗诵(动) lǎngsòng, 朗诵会 lǎngsònghuì: *public ~s of Shakespeare's works* 莎士比亚作品朗 诵会 Shāshìbǐyà zuòpǐn lǎngsònghuì (4) 读物(名) dúwù, 阅读材料 yuèdú cáiliào (5) 宣读(动) xuāndú, 读议案 dú yì'àn: *first ~* 一读 yīdú / *second ~ of a bill* 二读议案 èrdú yì'àn (6) 指示数(名) zhǐshì shù, 读数(名) dúshù (7) 文本(名) wénběn (8) 看法(名) kànfa, 解释(名) jiěshì // *~ matter* 读物 dúwù / *~ desk* 书桌 shūzhuō / *~ glass* 放大镜 fàngdàjìng / *~ lamp* 台灯 táidēng / *~ room* 阅览室 yuèlǎnshì

ready **I** *adj* (1) 准备好的 zhǔnbèihǎo de, 得了 déle (2) 愿意的 yuànyì de,

乐意的 lèyì de (3) 快(形) kuài, 迅速(形) xùnsù, 敏捷(形) mǐnjié, 机敏(形) jīmǐn: *the readiest way to do a thing* 做一件事的最便当的方法 zuò yíjiàn shì de zuì biàndang de fāngfǎ **II** *adv* 预先准备好 yùxiān zhǔnbèihǎo: ~*-cooked food* 熟食 shúshí / *buy the meat* ~ *cut* 买切好的肉 mǎi qiēhǎo de ròu / *a* ~*-cooked dinner* 预先准备好的饭菜 yùxiān zhǔnbèihǎo de fàncài // *make* ~ 准备好 zhǔnbèihǎo, 作好准备 zuòhǎo zhǔnbèi / ~ *money* 现款 xiàn kuǎn

ready-made *adj* (1) 现成的 xiànchéng de, 已做好的 yǐ zuòhǎo de: ~ *clothes* 成衣 chéngyī / ~ *shoes* 做成的鞋 zuòchéng de xié (2) 平凡(形) píngfán, 陈腐(形) chénfǔ, 缺乏新意的 quēfá xīnyì de: ~ *opinions* 陈腐的见解 chénfǔ de jiànjiě

reafforest, reforest *v* 重新造林 chóngxīn zàolín

real **I** *adj* (1) 真(形) zhēn, 真正(形) zhēnzhèng: ~ *silk* 真丝 zhēnsī (2) 现实(形) xiànshí, 实际(形) shíjì, 真实(形) zhēnshí: *a story of* ~ *life* 一个现实生活中的故事 yíge xiànshí shēnghuózhōng de gùshi / ~ *income* 实际收入 shíjì shōurù **II** *n* 真实(形) zhēnshí, 实物 shíwù // *for* ~ (1) 真格的 zhēngé de, 厉害地 lìhai de (2) 认真 rènzhēn, 实在 shízài / ~ *estate* 房地产 fángdìchǎn, 不动产 búdòngchǎn

reality *n* (1) 现实(名) xiànshí, 实际存在 shíjì cúnzài, 真实(形) zhēnshí, 真实性(名) zhēnshíxìng (2) 实际存在的事物 shíjì cúnzài de shìwù, 真实之物 zhēnshí zhī wù: *the grim realities of war* 冷酷的战争事实 lěngkù de zhànzhēng shìshí (3) 逼真(形) bīzhēn // *in* ~ 事实上 shìshíshang, 实际上 shíjìshang

realize *v* (1) 实现(动) shíxiàn, 变为现实 biànwéi xiànshí: ~ *one's goal* 实现目标 shíxiàn mùbiāo (2) 认识到 rènshidào, 了解(动) liǎojiě, 知道(动) zhīdao

really *adv* (1) 真(形) zhēn, 真正(形) zhēnzhèng, 实在(副) shízài, 确实(副) quèshí: *a* ~ *beautiful garden* 一座很漂亮的花园 yízuò hěn piàoliang de huāyuán (2) 其实(副) qíshí, 实际上 shíjìshang (3) 真的吗 zhēn de ma, 是吗 shì ma, 当真 dàngzhēn

realm *n* (1) 王国(名) wángguó, 国土(名) guótǔ, 领土(名) lǐngtǔ: *a powerful* ~ 强大的王国 qiángdà de wángguó / *expand the* ~ 扩大疆土 kuòdà jiāngtǔ / *the* ~ *of dreams* 梦幻的世界 mènghuàn de shìjiè (2) 领域(名) lǐngyù, 范围(名) fànwéi: *the entire* ~ *of science* 整个的科学领域 zhěngge de kēxué lǐngyù / *in the* ~ *of literature and art* 在文学艺术领域 zài wénxué yìshù lǐngyù

realtor *n* 房地产经纪人 fángdìchǎn jīngjìrén

reap *v* (1) 收割(动) shōugē, 收获(动) shōuhuò, 收(动) shōu: ~ *corn* 收玉米 shōu yùmǐ (2) 得到(动) dédào, 取得(动) qǔdé, 获得(动) huòdé // *As a man sows, so he shall* ~. 种瓜得瓜, 种豆得豆。Zhòng guā dé guā, zhòng dòu dé dòu.

rear¹ *n* (1) 后部(名) hòubù, 后面(名) hòumiàn: *a* ~ *window* 后窗 hòuchuāng / *the* ~ *wheel of a bicycle* 自行车后轮 zìxíngchē hòulún (2) 后方(名) hòufāng: *a* ~ *base* 后方基地 hòufāng jīdì / *a* ~ *hospital* 后方医院 hòufāng yīyuàn

rear² *v* (1) 养(动) yǎng, 抚养(动) fúyǎng, 养育(动) yǎngyù, 培养(动) péiyǎng: ~ *a large family* 养活一大家子人 yǎnghuo yí dà jiāzi rén (2) 栽种(动) zāizhòng, 培植(动) péizhí, 饲养(动) sìyǎng: ~ *crops* 种庄稼 zhòng zhuāngjia (3) 竖起(动) shùqǐ, 抬起(动) táiqǐ, 抬起前腿 táiqǐ qiántuǐ (4) 树立(动) shùlì, 建立(动) jiànlì: ~ *a monument* 建立一座纪念碑 jiànlì yízuò jìniànbēi

rear-admiral n 海军少将 hǎijūn shàojiàng

reason I n (1) 理由 (名) lǐyóu, 原因 (名) yuányīn (2) 理智 (名) lǐzhì, 理性 (名) lǐxìng, 清醒的头脑 qīngxǐng de tóunǎo, 正常的神志 zhèngcháng de shénzhì: be restored to ~ 恢复了理智 huīfùle lǐzhì / lose one's ~ 发疯 (疯了 fēngle) (3) 道理 (名) dàolǐ, 情理 (名) qínglǐ, 明智 (形) míngzhì: bring sb. to ~ 使某人讲道理 (变得明智些) shǐ mǒurén jiǎng dàolǐ (biànde míngzhìxiē) II v (1) 思考 (动) sīkǎo, 思维 (名) sīwéi, 讲道理 jiǎng dàolǐ: the ability to ~ 思考能力 sīkǎo nénglì (2) 推论 (动) tuīlùn, 推理 (动) tuīlǐ, 推断 (动) tuīduàn (3) 劝说 (动) quànshuō, 说服 (动) shuōfú: ~ sb. into doing sth. 劝说某人做一件事 quànshuō mǒurén zuò yíjiàn shì // in ~ 合情合理 héqínghélǐ / listen to ~ 听劝 tīng quàn, 服理 fúlǐ / with (without) ~ 有 (没有) 道理 yǒu (méiyǒu) dàolǐ, 合乎 (不合乎) 情理 héhū (bù héhū) qínglǐ, 对 (不对) duì (bú duì)

reasonable adj (1) 合情理的 hé qínglǐ de, 有道理的 yǒu dàolǐ de, 正当 (形) zhèngdàng, 适当 (形) shìdàng (2) 公道 (形) gōngdào, 公平 (形) gōngpíng, 不贵 bú guì (3) 讲道理的 jiǎng dàolǐ de, 有理性的 yǒu lǐxìng de: a ~ person 讲道理的人 jiǎng dàolǐ de rén (明白人 míngbai rén)

reassure v 使放心 shǐ fàngxīn, 消除疑虑 xiāochú yílǜ

rebel I v 造反 (动) zàofǎn, 反叛 (动) fǎnpàn, 反抗 (动) fǎnkàng, 对抗 (动) duìkàng: ~ against the government 反抗政府 fǎnkàng zhèngfǔ II n 造反者 (名) zàofǎnzhě, 反抗者 (名) fǎnkàngzhě, 叛逆者 (名) pànnìzhě III adj 造反的 zàofǎn de, 反抗的 fǎnkàng de, 反叛的 fǎnpàn de: a ~ army 叛军 pànjūn

rebellion n 造反 (动) zàofǎn, 反抗

(动) fǎnkàng, 对抗 (动) duìkàng, 叛乱 (动) pànluàn: raise a ~ 造反 zàofǎn / suppress a ~ 镇压叛乱 zhènyā pànluàn (勘乱 kānluàn)

rebellious adj 造反的 zàofǎn de, 反抗的 fǎnkàng de, 反叛的 fǎnpàn de, 难管束的 nán guǎnshù de: ~ behaviour 反抗行为 fǎnkàng xíngwéi

rebind v 重新装订 chóngxīn zhuāngdìng, 重捆 chóngkǔn, 重新包扎 chóngxīn bāozā: ~ a book 给书更换新封面 gěi shū gēnghuàn xīn fēngmiàn

rebuff I n (1) 断然拒绝 duànrán jùjué, 冷遇 (形) lěngyù: a polite but decided ~ 委婉而又断然的拒绝 wěiwǎn ér yòu duànrán de jùjué (2) 挫败 (动) cuòbài II v (1) 断然拒绝 duànrán jùjué, 漠视 (动) mòshì: ~ an invitation from sb. 回绝某人的邀请 huíjué mǒurén de yāoqǐng (2) 挫败 (动) cuòbài, 击退 (动) jītuì: ~ an enemy attack 击退敌人的进攻 jītuì dírén de jìngōng

rebuke I v 指责 (动) zhǐzé, 责备 (动) zébèi, 斥责 (动) chìzé, 训斥 (动) xùnchì: ~ sb. for neglect of duty 责备某人失职 zébèi mǒurén shīzhí II n 指责 (动) zhǐzé, 训斥 (动) xùnchì: administer a ~ 加以指责 jiāyǐ zhǐzé / without ~ 无可指责 wú kě zhǐzé (无可非议 wú kě fēiyì)

recall I v (1) 想起 xiǎngqǐ, 记起 jìqǐ, 使想起 shǐ xiǎngqǐ (2) 叫回 jiàohuí, 召回 (动) zhàohuí: ~ an ambassador from his post 召回大使 zhàohuí dàshǐ II n (1) 回忆 (动) huíyì, 记忆力 (名) jìyìlì (2) 召回 (动) zhàohuí, 召还 (动) zhàohuán: the ~ of an ambassador from abroad 召回大使 zhàohuí dàshǐ / a ~ to real life 回到现实生活中来 huídào xiànshí shēnghuó zhōng lái // beyond ~ 记不起的 jìbuqǐ de, 无可挽回的 wú kě wǎnhuí de

recapture v (1) 重获 (动) chónghuò, 夺回 (动) duóhuí, 收复 (动) shōufù

(2) 再经历 zài jīnglì, 再体验 zài tǐyàn, 恢复(动) huīfù: ~ the past 再现过去 zàixiàn guòqù / ~ the happiness of one's childhood 重温童年时代的欢乐 chóngwēn tóngnián shídài de huānlè

recede v (1) 退(动) tuì, 后退(动) hòutuì (2) 倾斜(动) qīngxié, 缩进 suōjìn (3) 降低(动) jiàngdī, 减少(动) jiǎnshǎo

receipt n (1) 收到(动) shōudào: on ~ of the books 收到书后 shōudào shū hòu (2) 收条(名) shōutiáo, 收据(名) shōujù, 发票(名) fāpiào, 发货票(名) fāhuòpiào: get a ~ for money spent 得到一张付款的收据 dédào yìzhāng fùkuǎn de shōujù / make out a ~ 开一张发票 kāi yìzhāng fāpiào

receive v (1) 收(动) shōu, 接到(动) jiēdào: ~ a letter 收到一封信 shōudào yìfēng xìn (2) 得到 dédào, 受到 shòudào: ~ help from sb. 得到某人的帮助 dédào mǒurén de bāngzhù (3) 接待(动) jiēdài, 招待(动) zhāodài, 接见(动) jiējiàn, 欢迎(动) huānyíng, 会客 huìkè: ~ foreign guests 接待外宾 jiēdài wàibīn (4) 接受(动) jiēshòu, 承认(动) chéngrèn, 接纳(动) jiēnà: be ~d into a party 被接受加入一个党派 bèi jiēshòu jiārù yíge dǎngpài (5) 收听(动) shōutīng, 收看(动) shōukàn (6) 容纳(动) róngnà (7) 窝藏(动) wōcáng, 窝赃(动) wōzāng // a receiving set 接收机 jiēshōujī

received adj 被普遍接受的 bèi pǔbiàn jiēshòu de, 公认的 gōngrèn de, 标准的 biāozhǔn de: the ~ view 普遍的看法 pǔbiàn de kànfǎ / ~ standard English 标准英语 biāozhǔn Yīngyǔ

receiver n (1) 收受者(名) shōushòuzhě, 收件人(名) shōujiànrén, 收款人(名) shōukuǎnrén (2) 接待人 jiēdàirén (3) 接收机(名) jiēshōujī: a radio ~ 收音机 shōuyīnjī (无线电接收机 wúxiàndiàn jiēshōujī) (4) 听筒

(名) tīngtǒng, 话筒(名) huàtǒng: take up (put down) the ~ 拿起(放下)听筒 náqǐ (fàngxià) tīngtǒng / hang up the ~ 挂断电话 guàduàn diànhuà (5) 窝主(名) wōzhǔ

recent adj 最近的 zuìjìn de, 近来的 jìnlái de, 近代的 jìndài de: ~ news 最新消息 zuìxīn xiāoxi / in ~ times 在近代 zài jìndài / a ~ acquaintance 新结识的朋友 xīn jiéshí de péngyou / ~ history 近代史 jìndàishǐ

recently adv 最近(名) zuìjìn, 近来(名) jìnlái

reception n (1) 接待(动) jiēdài, 欢迎(动) huānyíng: get a very friendly ~ 受到非常友好的接待 shòudào fēicháng yǒuhǎo de jiēdài (2) 招待会(名) zhāodàihuì, 宴会(名) yànhuì: a buffet ~ 冷餐招待会 lěngcān zhāodàihuì (3) 接收(动) jiēshōu, 接收效果 jiēshōu xiàoguǒ // a ~ desk 接待处 jiēdàichù / a ~ room 接待室 jiēdàishì, 会客室 huìkèshì

receptionist n 接待员(名) jiēdàiyuán, 招待员(名) zhāodàiyuán, 服务员(名) fúwùyuán

recess n (1) 休息(动) xiūxi, 休假 xiūjià, 休会期 xiūhuìqī: take a 10-minute ~ 休息十分钟 xiūxi shífēnzhōng / the Christmas ~ 圣诞假期 Shèngdàn jiàqī (2) 凹进处 āojìnchù, 壁龛(名) bìkān

recession[1] n (1) 后退(动) hòutuì, 撤退(动) chètuì (2) 衰退(动) shuāituì, 萧条(形) xiāotiáo: a trade (economic) ~ 商业(经济)萧条 shāngyè (jīngjì) xiāotiáo

recession[2] n 归还(动) guīhuán, 交还(动) jiāohuán

recipient I adj 接受的 jiēshòu de: a ~ country 受援国 shòuyuánguó II n 接受者 jiēshòuzhě, 接受人 jiēshòurén: the ~ of a letter 收信人 shōuxìnrén / a degree ~ 接受学位的人 jiēshòu xuéwèi de rén

reciprocal n 相互(副) xiānghù, 互相

（副）hùxiāng, 互惠的 hùhuì de, 有来有往的 yǒu lái yǒu wǎng de: a ~ trade agreement between 2 nations 两国互惠贸易协定 liǎngguó hùhuì màoyì xiédìng / ~ cultural missions 互派的文化代表团 hùpài de wénhuà dàibiǎotuán / feel a ~ liking for each other 互相爱慕 hùxiāng àimù // ~ aid 相互援助 xiānghù yuánzhù / ~ transformation 相互转化 xiānghù zhuǎnhuà

recital n (1) 背诵（动）bèisòng, 朗诵（动）lǎngsòng: a ~ of Shakespeare's works 莎士比亚作品朗诵 Shāshìbǐyà zuòpǐn lǎngsòng (2) 独奏会（名）dúzòuhuì, 演奏会（名）yǎnzòuhuì: a piano ~ 钢琴独奏会 gāngqín dúzòuhuì / give a song ~ 举行独唱会 jǔxíng dúchànghuì / a Chopin ~ 萧邦作品演奏会 Xiāobāng zuòpǐn yǎnzòuhuì (3) 叙述（动）xùshù, 详述（动）xiángshù

recitation n (1) 朗诵（动）lǎngsòng, 背诵（动）bèisòng: the art of ~ 朗诵的技巧 lǎngsòng de jìqiǎo (2) 朗诵的诗文 lǎngsòng de shīwén

recite v (1) 背诵（动）bèisòng, 朗诵（动）lǎngsòng: ~ a lesson from memory 背一课书 bèi yíkè shū (2) 叙述（动）xùshù, 述说（动）shùshuō, 陈述（动）chénshù, 列举（动）lièjǔ (3) 背书 bèishū, 回答问题 huídá wèntí

reckless adj (1) 不注意的 bú zhùyì de, 不在乎的 bú zàihu de (2) 鲁莽（形）lǔmǎng, 不顾后果的 búgù hòuguǒ de: ~ of danger 不顾危险 búgù wēixiǎn / ~ of the consequences 不顾后果 búgù hòuguǒ

reckon v (1) 认为（动）rènwéi, 看作 kànzuò (2) 想（动）xiǎng, 料想（动）liàoxiǎng, 估计（动）gūjì, 推断（动）tuīduàn (3) 计算（动）jìsuàn // ~ sth. in 把某事物计算在内 bǎ mǒu shìwù jìsuàn zài nèi, 把某事考虑进去 bǎ mǒu shì kǎolǜ jìnqù / ~ on (upon) 依赖 yīlài, 指望 zhǐwàng / ~ with (1) 估计到 gūjìdào, 考虑到 kǎolǜdào

(2) 对付 duìfu, 应付 yìngfù

reclaim v (1) 开垦（动）kāikěn, 开拓（动）kāituò; 取回 qǔhuí: ~ land from the sea 围海造田 wéi hǎi zào tián / ~ wasteland 开荒 kāihuāng / ~ rubber from old tyres 从旧轮胎中回收橡胶 cóng jiù lúntāizhōng huíshōu xiàngjiāo (2) 改造（动）gǎizào, 感化（动）gǎnhuà

recline v (1) 躺（动）tǎng, 仰卧（动）yǎngwò: ~ on the bed 躺在床上 tǎngzài chuángshang (2) 靠（动）kào, 斜倚（动）xiéyǐ: ~ against a wall 靠在墙上 kàozài qiángshang

recognition n (1) 认识（动）rènshi, 认出 rènchū, 识别（动）shíbié (2) 承认（动）chéngrèn, 公认（动）gōngrèn, 认可（动）rènkě, 重视（动）zhòngshì: the ~ of a newly independent country 承认一个新独立的国家 chéngrèn yíge xīn dúlì de guójiā

recognize v (1) 认识（动）rènshi, 认出 rènchū, 辨认（动）biànrèn: ~ a character 认字 rènzì / ~ one's long lost brother 认出失散多年的兄弟 rènchū shīsàn duōnián de xiōngdì (2) 承认（动）chéngrèn: ~ a country's independence 承认一个国家的独立 chéngrèn yíge guójiā de dúlì (3) 清楚地认识到 qīngchu de rènshidào, 自认（动）zìrèn: ~ one's duty 认清自己的职责 rènqīng zìjǐ de zhízé (4) 公认（动）gōngrèn, 赏识（动）shǎngshí

recoil I v (1) 后退（动）hòutuì, 退缩（动）tuìsuō, 畏缩（动）wèisuō: ~ in terror 吓得退缩 xià de tuìsuō (2) 弹回（动）tánhuí, 反冲（动）fǎnchōng II n 撤退（动）chètuì, 后退（动）hòutuì, 退缩（动）tuìsuō, 畏缩（动）wèisuō, 跳回（动）tiàohuí, 弹回（动）tánhuí, 反作用 fǎnzuòyòng

recollect[1] v 回忆（动）huíyì, 忆及（动）yìjí, 记得（动）jìde: as far as I ~ 就我记忆所及 jiù wǒ jìyì suǒ jí / if I ~ correctly 如果我没有记错的话 rúguǒ wǒ méiyǒu jìcuò de huà

recollect² *v* (1) 再集合 zài jíhé，重新集合 chóngxīn jíhé (2) 恢复（动）huīfù，振作（动）zhènzuò，镇定（形）zhèndìng：~ *one's courage* 重新鼓起勇气 chóngxīn gǔqǐ yǒngqì

recollection *n* (1) 回忆（动）huíyì，追忆（动）zhuīyì，记忆力（名）jìyìlì (2) 回想起的事物 huíxiǎngqǐ de shìwù，往事（名）wǎngshì，回忆录（名）huíyìlù：*awaken* ~*s* 唤起对往事的记忆 huànqǐ duì wǎngshì de jìyì // *to the best of my* ~ 就我记忆所及 jiù wǒ jìyì suǒjí

recommend *v* (1) 推荐（动）tuījiàn，荐举（动）jiànjǔ，介绍（动）jièshào：~ *sb. for membership* 介绍某人做会员 jièshào mǒurén zuò huìyuán (2) 劝告（动）quàngào，建议（动）jiànyì (3) 使可取 shǐ kěqǔ，使受欢迎 shǐ shòu huānyíng，讨人喜欢 tǎo rén xǐhuan

reconcile *v* (1) 和解（动）héjiě，和好（动）héhǎo (2) 调解（动）tiáojiě，调停（动）tiáotíng，调和（动）tiáohé；使一致 shǐ yízhì，使相符合 shǐ xiāng fúhé：~ *differences* 调解分歧 tiáojiě fēnqí / *fail to* ~ *one's statements with the facts* 无法使自己的话与事实相符 wúfǎ shǐ zìjǐ de huà yǔ shìshí xiāng fú (3) 顺从（动）shùncóng，听从（动）tīngcóng；安于 ānyú：~ *oneself to a new mode of living* 安于新的生活方式 ānyú xīn de shēnghuó fāngshì

reconnaissance *n* 侦察（动）zhēnchá，搜索（动）sōusuǒ，侦察队（名）zhēncháduì：~ *by fire* 火力侦察 huǒlì zhēnchá / *make an aerial* ~ 进行空中侦察 jìnxíng kōngzhōng zhēnchá

reconnoitre *v* 侦察（动）zhēnchá，搜索（动）sōusuǒ：~ *the area* 对这一地区进行侦察 duì zhè yí dìqū jìnxíng zhēnchá

reconstruction *n* (1) 重建（动）chóngjiàn，再建（动）zàijiàn；恢复（动）huīfù：*under* ~ 在重建中 zài chóngjiànzhōng / *postwar* ~ 战后恢复时期 zhànhòu huīfù shíqí (2) 再现（动）zàixiàn，设想（动）shèxiǎng，描绘（动）miáohuì

record **I** *n* (1) 记录（名、动）jìlù，记载（名、动）jìzǎi，提供证据（或资料）的东西 tígōng zhèngjù（huò zīliào）de dōngxi：*historical* ~*s* 史料 shǐliào（史书 shǐshū，历史记载 lìshǐ jìzǎi）/ *a weekly* ~ *of events* 一周大事记 yìzhōu dàshìjì / *an attendance* ~ 考勤表 kǎoqínbiǎo (2) 履历（名）lǚlì，经历（名）jīnglì，成绩（名）chéngjì：*the personal* ~ *of an employee* 雇员的履历 gùyuán de lǚlì / *a crime* ~ 前科 qiánkē（犯罪经历 fànzuì jīnglì）/ *an academic* ~ 学业成绩 xuéyè chéngjì / *a school* ~ 学生成绩单 xuésheng chéngjìdān / *a person with a clean* ~ 品行端正的人 pǐnxíng duānzhèng de rén (3) 最高记录 zuì gāo jìlù，最佳成绩 zuìjiā chéngjì：*equal a national* ~ 平一项全国记录 píng yíxiàng quánguó jìlù / *establish a new* ~ 创造新记录 chuàngzào xīn jìlù (4) 唱片儿（名）chàngpiānr：*play a* ~ 放唱片儿 fàng chàngpiānr / *a* ~ *of Beethoven's Sixth Symphony* 一张贝多芬第六交响乐的唱片儿 yìzhāng Bèiduōfēn dìliù jiāoxiǎngyuè de chàngpiānr **II** *v* (1) 记录（动、名）jìlù，记载（动、名）jìzǎi (2) 标明（动）biāomíng，指示（动）zhǐzhì (3) 录音 lùyīn：*a* ~*ed broadcast* 录音广播 lùyīn guǎngbō // *bear* ~ *to* 给…作证 gěi... zuòzhèng / *off the* ~ 不得引用的 bùdé yǐnyòng de，非正式的 fēi zhèngshì de / *on* ~ (1) 记录上的 jìlùshang de (2) 公开宣布的 gōngkāi xuānbù de / ~ *breaker* 打破记录者 dǎpò jìlùzhě / ~ *holder* 记录保持者 jìlù bǎochízhě / ~ *player* 留声机 liúshēngjī，电唱机 diànchàngjī

recorder *n* (1) 记录者 jìlùzhě，记录员（名）jìlùyuán (2) 录音机（名）lùyīnjī，记录器（名）jìlùqì：*a tape* ~ 磁带录音机 cídài lùyīnjī (3) 市法院的法官 shì fǎyuàn de fǎguān

recording *n* (1) 记录（名）jìlù，录音

（名）lùyīn，录制（动）lùzhì（2）录音磁带（名）lùyīn cídài: listen to the ~s of the texts 听课文录音 tīng kèwén lùyīn / make a ~ of sb.'s voice 给某人录音 gěi mǒurén lùyīn / broadcast the ~ of sb.'s speech 播放某人的讲话录音 bōfàng mǒurén de jiǎnghuà lùyīn

recover v（1）重新获得 chóngxīn huòdé，找回 zhǎohuí，索回 suǒhuí（2）恢复（动）huīfù，康复（动）kāngfù: ~ consciousness 恢复知觉 huīfù zhíjué（3）挽回（动）wǎnhuí，弥补（动）míbǔ（4）恢复常态 huīfù chángtài，恢复原状 huīfù yuánzhuàng

re-cover v 换新面子 huàn xīn miànzi

recovery n（1）重获（动）chónghuò，复得（动）fùdé: the ~ of stolen property 找回被盗财产 zhǎohuí bèi dào cáichǎn（2）痊愈（动）quányù，恢复健康 huīfù jiànkāng: make a quick ~ 迅速康复 xùnsù kāngfù（3）复兴（动）fùxīng，恢复（动）huīfù: a postwar ~ 战后复兴 zhànhòu fùxīng / an industrial ~ 产业复兴 chǎnyè fùxīng

recreation n 消遣（动）xiāoqiǎn，娱乐（动）yúlè // ~ ground 娱乐场 yúlèchǎng，游乐园 yóulèyuán / ~ room 游艺室 yóuyìshì

recreational adj 消遣的 xiāoqiǎn de，娱乐的 yúlè de: ~ activities 文娱活动 wényú huódòng（娱乐活动 yúlè huódòng）

recruit I v（1）征募（动）zhēngmù，招募（动）zhāomù: ~ soldiers 征兵 zhēngbīng（招兵 zhāobīng）（2）吸收（动）xīshōu，征集（动）zhēngjí: ~ new members 吸收新会员 xīshōu xīn huìyuán（3）充实（动）chōngshí，补充（动）bǔchōng II n 新兵（名）xīnbīng，新成员 xīn chéngyuán，新手（名）xīnshǒu: draft ~s 征兵 zhēngbīng / drill ~s 训练新兵 xùnliàn xīn bīng / gain ~s for the club 给俱乐部增添新会员 gěi jùlèbù zēngtiān xīn huìyuán

rectangle n 矩形（名）jùxíng，长方形（名）chángfāngxíng

rectangular adj 矩形的 jùxíng de，长方形的 chángfāngxíng de: a ~ piece of glass 长方形的玻璃 chángfāngxíng de bōli / a ~ mirror 矩形的镜子 jùxíng de jìngzi

rectification n（1）纠正（动）jiūzhèng，矫正（动）jiǎozhèng，改正（动）gǎizhèng，整顿（动）zhěngdùn: the ~ of mistakes 改正错误 gǎizhèng cuòwù / make some ~s in the teaching plan 对教学计划做几处修正 duì jiàoxué jìhuà zuò jǐchù xiūzhèng（2）调整（动）tiáozhěng，校正（动）jiǎozhèng

rectify v（1）纠正（动）jiūzhèng，矫正（动）jiǎozhèng，改正（动）gǎizhèng，整顿（动）zhěngdùn: ~ the style of work 整顿工作作风 zhěngdùn gōngzuò zuòfēng（2）调整（动）tiáozhěng，校正（动）jiǎozhèng: ~ an instrument 校正仪器 jiǎozhèng yíqì

recumbent adj 仰卧的 yǎngwò de；侧卧的 cèwò de: a ~ figure on a bed 侧身躺在床上的人 cè shēn tǎngzài chuángshang de rén

recuperate v 复原（动）fùyuán；恢复健康 huīfù jiànkāng: ~ one's health（strength）恢复健康（体力）huīfù jiànkāng（tǐlì）

recuperation n 复原（动）fùyuán；恢复（动）huīfù

recuperative adj 恢复的 huīfù de，复原的 fùyuán de

recur v（1）再发生 zài fāshēng，复发（动）fùfā（2）重温（动）chóngwēn，回想（动）huíxiǎng，重新想起 chóngxīn xiǎngqǐ: ~ in the mind 回想起 huíxiǎng qǐ（3）循环（动）xúnhuán: ~ring decimal 循环小数 xúnhuán xiǎoshù

recycle v 循环（动）xúnhuán；循环使用 xúnhuán shǐyòng；处理废品 chǔlǐ fèipǐn: ~ empty bottles so as to use the glass 回收处理空瓶，以便重新使用玻璃 huíshōu chǔlǐ kōng píng，yǐbiàn chóngxīn shǐyòng bōli

red I adj（1）红（形）hóng；红色的

hóngsè de: *a ~ flag* 一面红旗 yímiàn hóngqí (2) 胀红的 zhànghóng de; 充血的 chōngxuè de (3) 共产主义的 gòngchǎnzhǔyì de, 革命的 gémìng de; 红色的 hóngsè de, 赤色的 chìsè de: *R~ Guards* 赤卫队 chìwèiduì (红卫兵 hóngwèibīng) /*the R ~ Army* 红军 hóngjūn **II** *n* (1) 红色 (名) hóngsè; 红色物 hóngsèwù (2) 赤字 (名) chìzì, 负债 fùzhài; 亏损 (名) kuīsǔn: *be in the ~* 亏损 kuīsǔn (负债 fùzhài) // *a ~ letter day* 纪念日 jìniànrì; 喜庆日子 xǐqìng rìzi / *~ carpet* 红地毯 hóng dìtǎn; 隆重的接待 lóngzhòng de jiēdài: *roll out the ~ carpet for sb.* 铺红地毯热烈隆重地欢迎某人 pū hóng dìtǎn rèliè lóngzhòng de huānyíng mǒurén / *~ herring* (1) 熏青鱼 xūn qīngyú (2) 转移注意力的事物 zhuǎnyí zhùyìlì de shìwù / *~ light* 危险信号 wēixiǎn xìnhào; 红 (信号) 灯 hóng (xìnhào) dēng / *~ meat* 牛肉 niúròu; 羊肉 yángròu / *the R ~ Cross* 红十字会 Hóngshízìhuì

redeem *v* (1) 赎 (动) shú, 赎回 shúhuí; 赎买 (动) shúmǎi; 拯救 zhěngjiù: *~ from sin* 赎罪 shúzuì / *oneself* 赎身 shúshēn / *a mortgage* 赎回抵押品 shúhuí dǐyāpǐn (2) 践约 jiànyuē, 履行 (动) lǚxíng // *~ing feature* 补救 bǔjiù, 补偿 bǔcháng; 长处 chángchù, 可取之处 kěqǔ zhī chù

redemption *n* 赎回 shúhuí; 赎买 (动) shúmǎi

red-handed *adj* 正在犯罪的 zhèngzài fànzuì de; 现行犯的 xiànxíngfàn de

reduce *v* (1) 减 (动) jiǎn, 减少 (动) jiǎnshǎo, 缩减 (动) suōjiǎn; 减轻 (动) jiǎnqīng: *~ pressure* 减压 jiǎnyā / *~ production costs* 降低生产成本 jiàngdī shēngchǎn chéngběn / *~ staff* 减员 jiǎn yuán / *one's expenses* 压缩开支 yāsuō kāizhī / *one's weight* 减轻体重 (减肥) jiǎnqīng tǐzhòng (jiǎnféi) (2) 使处于 (某种状态) shǐ chǔyú (mǒuzhǒng zhuàngtài); 遭受 (动)

zāoshòu; 迫使 (动) pòshǐ; 化为 (动) huàwéi (3) 使降级 shǐ jiàngjí, 降职 jiàngzhí (4) 归纳 (动) guīnà, 归结 (动) guījié, 归并 (动) guībìng: *~ the animals to classes* 把动物归类 bǎ dòngwù guīlèi (5) 减肥 jiǎnféi, 变瘦 biànshòu

reduction *n* 减少 (动) jiǎnshǎo, 缩减 (动) suōjiǎn; 减小 (动) jiǎnxiǎo; 缩小了的东西 suōxiǎole de dōngxi; 缩减的量 suōjiǎn de liàng: *~ of output* 降低产量 jiàngdī chǎnliàng / *a ~ of charges* 减少费用 jiǎnshǎo fèiyòng / *make a ~ of 30%* 减价百分之三十 jiǎnjià bǎifēnzhī sānshí / *~ of armaments* 裁军 cáijūn

redundancy *n* (1) 赘言 (名) zhuìyán, 多余的词语 duōyú de cíyǔ (2) 冗员 (名) rǒngyuán; 裁减的人员 cáijiǎn de rényuán: *pay* 裁减费 cáijiǎnfèi

redundant *adj* (1) 多余 (形) duōyú; 累赘的 léizhui de: *~ words* 多余的词语 duōyú de cíyǔ (2) 剩余的 shèngyú de; 被裁减的 bèi cáijiǎn de: *~ labour* 剩余劳动力 shèngyú láodònglì / *~ population* 过剩的人口 guòshèng de rénkǒu / *~ workers* 被裁减的人员 bèi cáijiǎn de rényuán

reduplicate *v* 重复 (动) chóngfù; 加倍 (动) jiābèi: *~ one's efforts* 加倍努力 jiābèi nǔlì

reed *n* (1) 芦苇 (名) lúwěi; 芦杆 (名) lúgǎn; 芦丛 (名) lúcóng: *~ beds* 芦苇地 lúwěidì (2) 芦笛 (名) lúdí; 簧乐器 (名) huángyuèqì: *~ instruments* 簧管乐器 huángguǎn yuèqì

reef *n* 礁石 (名) jiāoshí; 暗礁 (名) ànjiāo: *a coral ~* 珊瑚礁 shānhújiāo

reel[1] **I** *n* (1) 卷轴 (名) juǎnzhóu; 卷筒 (名) juǎntǒng; 卷盘 (名) juǎnpán; 卷线车 (名) juǎnxiànchē: *an aerial ~* 天线卷轴 tiānxiàn juǎnzhóu / *wind thread on a ~* 往卷盘上绕线 wàng juǎnpánshang ràoxiàn (2) 一卷 yìjuǎn; 一盘 yìpán: *a ~ of film* 一个胶卷 yígè jiāojuǎn / *a ~ of cotton*

一卷棉线 yìjuǎn miánxiàn **II** v 卷(动) juǎn, 绕(动) rào; 拉起(动) lāqǐ: ~ *in the line* 卷起鱼线 juǎnqǐ yúxiàn / ~ *thread* 缠线 chánxiàn // ~ *off* 滔滔不绝地说 tāotāo bù jué de shuō

reel² v (1) 摇晃(动) yáohuàng, 蹒跚(动) pánshān (2) 旋转(动) xuánzhuǎn; 眩晕(动) xuànyùn

re-entry n (1) 再进入 zài jìnrù; 重新登记 chóngxīn dēngjì (2) 重返大气层 chóngfǎn dàqìcéng

refer v (1) 归类 guīlèi; 属于(动) shǔyú (2) 把…归于 bǎ... guīyú; 归功于 guīgōngyú (3) 提交(动) tíjiāo; 委托(动) wěituō; 转给 zhuǎngěi: ~ *a patient to a physician* 把一位病人转给内科医生 bǎ yíwèi bìngrén zhuǎngěi nèikē yīshēng (4) 查阅(动) cháyuè; 参阅(动) cānyuè; 参考(动) cānkǎo; 参照(动) cānzhào: ~ *to the map* (*schedule*) 查阅地图(时间表) cháyuè dìtú (shíjiānbiǎo) / ~ *to a list* 查看名单 chákàn míngdān (5) 谈到 tándào, 提到 tídào; 涉及(动) shèjí, 有关(动) yǒuguān // ~ *to sb.* (*sth.*) *as* 称某人(某物)为 chēng mǒurén (mǒuwù) wéi, 说成 shuōchéng

referee **I** n (1) 裁判员(名) cáipànyuán, 裁判(名) cáipàn (2) 仲裁人(名) zhòngcáirén, 公断人(名) gōngduànrén; 鉴定人(名) jiàndìngrén, 审查人(名) shěnchárén (3) 证明人(名) zhèngmíngrén, 介绍人(名) jièshàorén, 推荐人 tuījiànrén **II** v 担任…裁判(仲裁, 鉴定) dānrèn... cáipàn (zhòngcái, jiàndìng)

reference n (1) 参考(动) cānkǎo; 参阅(动) cānyuè: ~ *material* 参考材料 cānkǎo cáiliào (2) 出处(名) chūchù; 参照(动) cānzhào; 参考书目 cānkǎo shūmù; 涉及(动) shèjí, 谈到 tándào (3) 证明(动) zhèngmíng; 介绍(动) jièshào; 证明书(名) zhèngmíngshū; 介绍信(名) jièshàoxìn; 介绍人(名) jièshàorén (4) 职权范围 zhíquán fànwéi: *terms of* ~ 职权范围 zhíquán

fànwéi // ~ *books* 参考书 cānkǎoshū; 工具书 gōngjùshū / *without* ~ *to* 不论 búlùn; 无关 wúguān / *with* ~ *to* 关于 guānyú; 根据 gēnjù: *with* ~ *to your reply* 关于你的回信 guānyú nǐ de huíxìn / *with* ~ *to the context* 根据上下文 gēnjù shàngxiàwén

refine v (1) 精炼(形) jīngliàn; 净化(动) jìnghuà, 提炼(动) tíliàn: ~ *sugar* 制糖 zhìtáng (2) 使纯洁 shǐ chúnjié; 使优美 shǐ yōuměi; 使文雅 shǐ wényǎ // ~ *upon* 改进 gǎijìn, 使完善 shǐ wánshàn: ~ *upon methods of teaching* 改进教学方法 gǎijìn jiàoxué fāngfǎ / ~ *upon a theory* 完善一项理论 wánshàn yíxiàng lǐlùn

refined adj (1) 提炼的 tíliàn de, 精制的 jīngzhì de: ~ *oil* 精炼油 jīngliàn yóu / ~ *salt* 精盐 jīngyán (2) 优美(形) yōuměi, 优雅(形) yōuyǎ; 文雅(形) wényǎ; 讲究(形) jiǎngjiu: ~ *manners* 文雅的举止 wényǎ de jǔzhǐ

refinement n (1) 精炼(动) jīngliàn, 提纯(动) tíchún; 精制(动) jīngzhì: *the* ~ *of oil* 炼油 liànyóu (2) 优美(形) yōuměi, 优雅(形) yōuyǎ; 高尚(形) gāoshàng; 文雅(形) wényǎ (3) 改善(动) gǎishàn, 改进(动) gǎijìn; 完善(动) wánshàn

refinery n 精炼厂(名) jīngliàn chǎng, 冶炼厂(名) yěliànchǎng: *an oil* ~ 炼油厂 liànyóuchǎng / *a copper* ~ 炼铜厂 liàntóngchǎng / *a sugar* ~ 制糖厂 zhìtángchǎng

reflect v (1) 反射(动) fǎnshè; 反照(动) fǎnzhào: *trees* ~ *ed in the water* 映在水中的树影 yìngzài shuǐzhōng de shùyǐng (2) 反映(动) fǎnyìng, 表明(动) biǎomíng, 表现(动) biǎoxiàn (3) 思考(动) sīkǎo, 考虑(动) kǎolǜ: ~ *upon a problem* 思考一个问题 sīkǎo yígè wèntí

reflection n (1) 反射(动) fǎnshè; 反照(动) fǎnzhào; 折射(动) zhéshè: *the* ~ *of heat* 热的反射 rè de fǎnshè / *by* ~ 通过折射 tōngguò zhéshè (2) 反

射光（名）fǎnshèguāng；映像（名）yìngxiàng，倒影（名）dàoyǐng（3）反映（动）fǎnyìng，表现（动）biǎoxiàn: *a genuine* ~ *of the feelings of the nation* 国民感情的真实反映 guómín gǎnqíng de zhēnshí fǎnyìng（4）考虑（动）kǎolǜ，思考（动）sīkǎo，深思（动）shēnsī，想法（名）xiǎngfǎ，见解（动）jiànjiě: *the results of mature* ~ 深思熟虑的结果 shēnsī shúlǜ de jiéguǒ / *awaken* ~ 引起深思 yǐnqǐ shēnsī // *be (cast) a* ~ *on* 酷似 kùsì，十分相像 shífēn xiāngxiàng；使人想到 shǐ rén xiǎngdào / *cast* ~s *on sb*. 责难 zénàn，说某人坏话 shuō mǒurén huàihuà

reform I *v*（1）改革（动）gǎigé，革新（动）géxīn；改良（动）gǎiliáng（2）改造（动）gǎizào，改过（动）gǎiguò II *n* 改革（名）gǎigé，改良（动）gǎiliáng: *China's economic* ~ 中国的经济改革 Zhōngguó de jīngjì gǎigé / *social* ~s 社会改革 shèhuì gǎigé / *land* ~ 土地改革 tǔdì gǎigé / *farm tool* ~ 农具改良 nóngjù gǎiliáng

reformatory *n* 教 养 院 （名） jiàoyǎngyuàn，少年罪犯管教所 shàonián zuìfàn guǎnjiàosuǒ；工读学校 gōngdú xuéxiào

reformer *n* 改革者（名）gǎigézhě，改革家（名）gǎigéjiā，革新者（名）géxīnzhě，改良者（名）gǎiliángzhě: *an uncompromising* ~ 不妥协的改革者 bù tuǒxié de gǎigézhě / *a utopian* ~ 空想的社会改革者 kōngxiǎng de shèhuì gǎigézhě

reformism *n* 改 良 主 义（名）gǎiliángzhǔyì

reformist *n* 改良主义者 gǎiliángzhǔyìzhě

refrain[1] *v* 忍 住 rěnzhù；抑 制 （动）yìzhì；戒除（动）jièchú: ~ *from tears* 忍住眼泪 rěnzhù yǎnlèi

refrain[2] *n* 叠句（名）diéjù；副歌（名）fùgē

refresh *v* 使清新 shǐ qīngxīn；使清凉 shǐ qīngliáng；使精力恢复 shǐ jīnglì huīfù，解乏 jiěfá；振作精神 zhènzuò jīngshén // ~ *one's memory* 重新想起 chóngxīn xiǎngqǐ，恢复记忆 huīfù jìyì

refresher *n* 饮料（名）yǐnliào // ~ *course* 进修班 jìnxiūbān；进修课程 jìnxiū kèchéng；补习班 bǔxíbān: *attend a* ~ *course on modern teaching methods* 上现代教学法的进修班 shàng xiàndài jiàoxuéfǎ de jìnxiūbān

refreshing *adj*（1）使精神恢复的 shǐ jīngshén huīfù de；使人振作的 shǐ rén zhènzuò de；使人清爽的 shǐ rén qīngshuǎng de: *a* ~ *breeze* 清爽的微风 qīngshuǎng de wēifēng（2）使人耳目一新的 shǐ rén ěrmùyìxīn de，使人喜欢的 shǐ rén xǐhuān de

refreshment *n*（1）提神 tíshén；精神爽快 jīngshén shuǎngkuài（2）提神的东西 tíshén de dōngxi；茶点（名）chádiǎn；小吃（名）xiǎochī；饮料（名）yǐnliào // ~ *room* 茶点室 chádiǎnshì，小吃部 xiǎochībù

refrigerate *v* 使冷 shǐ lěng，使凉 shǐ liáng；冷冻 lěngdòng，冷藏 lěngcáng: *a* ~*d van* 冷藏车 lěngcángchē

refrigerator *n* 电冰箱（名）diànbīngxiāng；冰箱（名）bīngxiāng: *a* ~ *car* 冷藏车厢 lěngcáng chēxiāng / *a* ~ *trailer* 冷藏拖车 lěngcáng tuōchē

refuge *n*（1）躲避（动）duǒbì；避难 bìnàn；庇护（动）bìhù: *take* ~ *behind a door* 在门后躲避 zài ménhòu duǒbì / *seek* ~ *from a storm* 躲避风暴 duǒbì fēngbào（2）庇护者（名）bìhùzhě；避难所（名）bìnànsuǒ；收容所（名）shōuróngsuǒ: *a mountain* ~ *for climbers* 登山者的山间庇护所 dēngshānzhě de shānjiān bìhùsuǒ

refugee *n* 避难者（名）bìnànzhě，难民（名）nànmín；流 亡 者（名）liúwángzhě；亡 命 者（名）wángmìngzhě: *a* ~ *camp* 一座难民营 yízuò nànmínyíng

refusal *n* 拒绝（动）jùjué，谢绝（动）xièjué // *first* ~ 优先取舍权 yōuxiān qǔshěquán，优先购买权 yōuxiān gòumǎiquán

refuse¹ v 拒绝（动）jùjué；拒收（动）jùshōu；不肯 bùkěn

refuse² n 垃圾（名）lājī，废物（名）fèiwù：a ~ collector 清洁工 qīngjiégōng

regain v（1）复得（动）fùdé，重新得到 chóngxīn dédào；恢复（动）huīfù：~ one's health 恢复健康 huīfù jiànkāng（2）重回 chónghuí，重到 chóngdào：~ the shore 重新靠岸 chóngxīn kào'àn

regard I v（1）看作 kànzuò，认为（动）rènwéi（2）注视（动）zhùshì，凝视（动）níngshì；考虑（动）kǎolù；看待（动）kàndài，对待（动）duìdài（3）尊敬（动）zūnjìng；尊重（动）zūnzhòng（4）关系到 guānxìdào，涉及（动）shèjí II n（1）考虑（动）kǎolù；注意（动）zhùyì；对待（动）duìdài，看待（动）kàndài（2）尊敬（动）zūnjìng；尊重（动）zūnzhòng：have a high（low）~ for sb.'s opinion 尊重（不尊重）某人的意见 zūnzhòng（bù zūnzhòng）mǒurén de yìjiàn / pay ~ to public opinion 尊重舆论 zūnzhòng yúlùn / earn public ~ 赢得大众的重视 yíngdé dàzhòng de zhòngshì（3）问候（动）wènhòu，致意（动）zhìyì：with kind ~s 顺致敬意 shùn zhì jìngyì // as ~s 关于 guānyú，至于 zhìyú：as ~s the second question 关于第二个问题 guānyú dì'èrgè wèntí / in ~ to 关于 guānyú / in this ~ 在这点上 zài zhè diǎnshàng；关于此事 guānyú cǐshì / without ~ to 不考虑 bù kǎolù，不顾 búgù：without ~ to sex 不论男女 búlùn nán nǚ

regarding prep 关于（介）guānyú

regardless adv 不顾一切地 búgù yíqiè de；不管怎样地 bùguǎn zěnyàng de，无论如何地 wúlùn rúhé de // ~ of 不注意 bú zhùyì，不顾 búgù，不管 bùguǎn：~ of sex and age 不论性别和年龄 búlùn xìngbié hé niánlíng / ~

of cost 不惜一切代价 bùxī yíqiè dàijià

regenerate v（1）新生（动）xīnshēng；再生（动）zàishēng：~ a battery 给电池充电 gěi diànchí chōngdiàn / ~d rubber 再生胶 zàishēngjiāo / ~ waste oil 回收废油 huíshōu fèiyóu（2）提高（动）tígāo；改造（动）gǎizào；更新（动）gēngxīn

regeneration n 新生（动）xīnshēng，再生（动）zàishēng，更新（动）gēngxīn，更生（动）gēngshēng：national ~ 国家复兴 guójiā fùxīng / the ~ of hair 毛发的更生 máofà de gēngshēng / the ~ of woolen cloth 再生毛织物 zàishēng máozhīwù

regent n（1）摄政者（名）shèzhèngzhě，摄政王（名）shèzhèngwáng（2）董事（名）dǒngshì

regime n 政治制度 zhèngzhì zhìdù，政体（名）zhèngtǐ；政权（名）zhèngquán；社会组织 shèhuì zǔzhī：a communist ~ 共产主义制度 gòngchǎn zhǔyì zhìdù / establish a new ~ 建立新的政权 jiànlì xīn de zhèngquán

regimen n 养生法（名）yǎngshēngfǎ，摄生法（名）shèshēngfǎ；生活规则 shēnghuó guīzé

regiment I n（1）团（名）tuán：3 ~s of foot 三个步兵团 sānge bùbīng tuán（2）一大群 yídàqún，大量（形）dàliàng：~s of ducks 大群大群的鸭子 dàqún dàqún de yāzi / a whole ~ of ants 一大群蚂蚁 yídàqún mǎyǐ II v 严密控制 yánmì kòngzhì；强制管理 qiángzhì guǎnlǐ

region n（1）地区（名）dìqū，地带（名）dìdài；区域（名）qūyù；行政区（名）xíngzhèngqū：a tropical ~ 热带地区 rèdài dìqū / troubled ~s 多事地区 duōshì dìqū / a fertile ~ 土地肥沃地区 tǔdì féiwò dìqū / a forest ~ 林区 línqū / the Xinjiang Uygur Autonomous R~（中国）新疆维吾尔自治区（Zhōngguó）Xīnjiāng Wéiwú'ěr Zìzhìqū（2）部（名）bù，部位（名）bùwèi：the abdominal（lumbar）~ 腹

(腰)部 fù(yāo)bù (3) 领域(名)
lǐngyù, 范围(名) fànwéi, 界(名) jiè:
the ~ of literature 文学领域 wénxué
lǐngyù // *in the ~ of* 大约 dàyuē, 在
…的左右 zài...de zuǒyòu

regional *adj* 地区的 dìqū de; 局部的
júbù de; 地方性的 dìfāngxìng de: *a ~
council* 地方议会 dìfāng yìhuì / ~
specialties 地方风味儿食品 dìfāng
fēngwèir shípǐn / ~ *customs* 地方性习
俗 dìfāngxìng xísú

register I *n* (1) 登记(动) dēngjì; 注
册 zhùcè; 挂号 guàhào: *a ~ office*
登记处 dēngjìchù (注册处 zhùcè chù)
(2) 登记簿(名) dēngjìbù, 花名册
(名) huāmíngcè: *a household ~* 户口
登记簿 hùkǒu dēngjìbù / *a ~ of
births and deaths* 出生和死亡登记簿
chūshēng hé sǐwáng dēngjìbù / *a hotel
~* 旅客登记簿 lǚkè dēngjìbù / *a
school attendance ~* 学生考勤簿
xuéshēng kǎoqínbù / *a voting ~* 选民
名册 xuǎnmín míngcè (3) 声区(名)
shēngqū, 音区(名) yīnqū: *the upper
(middle) ~* 上(中)声区 shàng
(zhōng) shēngqū (4) 记录器(名)
jìlùqì: *a cash ~* 现金出纳机 xiànjīn
chūnàjī (5) 语体(名) yǔtǐ: *the ~ of
informal speech* 口语体 kǒuyǔtǐ II *v*
(1) 登记(动) dēngjì; 注册(动)
zhùcè; 记住 jìzhù: ~ *the birth of a
baby* 给新生儿登记 gěi xīnshēng'ér
dēngjì / ~ *a car* 给汽车注册登记 gěi
qìchē zhùcè dēngjì / ~ *students* 给学
生登记注册 gěi xuéshēng dēngjì zhùcè
(2) 标示(动) biāoshì (3) 流露(动)
liúlù; 显出 xiǎnchū (4) 挂号 guàhào:
托运(动) tuōyùn: *a ~ed letter* 一封
挂号信 yìfēng guàhàoxìn / ~ *luggage
on a railway* 把行李交铁路上托运 bǎ
xínglǐ jiāo tiělùshang tuōyùn (5) 留下
印象 liúxià yìnxiàng; 注意(动) zhùyì

regret I *v* (1) 懊悔(形) àohuǐ, 悔恨
(动) huǐhèn, 后悔(动) hòuhuǐ (2) 遗
憾(形) yíhàn, 抱歉(形) bàoqiàn (3)
悼念(动) dàoniàn; 怀念(动) huáiniàn

II *n* (1) 懊悔(形) àohuǐ, 悔恨(动)
huǐhèn, 后悔(动) hòuhuǐ (2) 抱歉
(形) bàoqiàn, 遗憾(形) yíhàn; 歉意
(名) qiànyì: *express ~ for sb.'s ac-
tion* 对某人的行为表示遗憾 duì
mǒurén de xíngwéi biāoshì yíhàn / *send
one's ~s* 表示歉意 biāoshì qiànyì

regrettable *adj* 令人遗憾的 lìng rén
yíhàn de; 使人悔恨的 shǐ rén huǐhèn
de; 可惜(形) kěxī; 不幸(形) búxìng:
a ~ fact 一件令人遗憾的事 yíjiàn
lìngrén yíhàn de shì / *a most ~ loss* 非
常不幸的损失 fēicháng búxìng de
sǔnshī

regretful *adj* 懊悔(形) àohuǐ, 悔恨的
huǐhèn de; 遗憾(形) yíhàn de: *a ~
smile* 含有歉意的一笑 hányǒu qiànyì
de yīxiào

regretfully *adv* 悔恨地 huǐhèn de, 遗
憾地 yíhàn de

regular *adj* (1) 规则的 guīzé de, 有规
律的 yǒu guīlǜ de; 固定(形) gùdìng;
定期(形) dìngqī: *a ~ bus service* 班
车 bānchē / ~ *air service between Bei-
jing and Paris* 北京和巴黎之间的定期
班机 Běijīng hé Bālí zhījiān de dìngqī
bānjī (2) 整齐(形) zhěngqí; 匀称(形)
yúnchèn: ~ *teeth* 整齐的牙齿 zhěngqí
de yáchǐ / *a ~ figure* 匀称的身材
yúnchèn de shēncái (3) 经常的
jīngcháng de; 习惯性的 xíguànxìng
de: *a ~ subscriber to "World Litera-
ture"*《世界文学》的长期订户《Shìjiè
Wénxué》de chángqī dìnghù / *a ~
customer* 老主顾 lǎo zhǔgù (4) 正式
(形) zhèngshì; 正规(形) zhèngguī; 职
业的 zhíyè de; 正常(形) zhèngcháng;
合乎礼仪的 héhū lǐyí de: *without a ~
introduction* 未经正式介绍 wèi jīng
zhèngshì jièshào / *a ~ doctor* 正式医
生 zhèngshì yīshēng / ~ *warfare* 正规
战争 zhèngguī zhànzhēng / *a ~ army*
正规军 zhèngguījūn (5) 按一定规则变
化的 àn yídìng guīzé biànhuà de: *a ~
verb* 规则动词 guīzé dòngcí

regularly *adv* (1) 有规则地 yǒu guīzé

de; 有次序地 yǒu cìxù de; 定期地 dìngqī de (2) 匀称地 yúnchèn de; 合适的 héshì de

regulate *v* (1) 管理(动) guǎnlǐ; 控制 (动) kòngzhì; 节制(动) jiézhì; 使守 规则 shǐ shǒu guīzé: ~ one's habits 节制习惯 jiézhì xíguàn / ~ traffic 管理 交通 guǎnlǐ jiāotōng (2) 校准(动) jiàozhǔn; 调整(动) tiáozhěng, 调节 (动) tiáojié: ~ the temperature of a room 调节室内温度 tiáojié shìnèi wēndù

regulation *n* (1) 管理(动) guǎnlǐ; 控制(动) kòngzhì; 节制(动) jiézhì (2) 调整(动) tiáozhěng, 调节(动) tiáojié; 校准(动) jiàozhǔn: ~ of public expenditure 节制公共开支 jiézhì gōnggòng kāizhī (3) 规章(名) guīzhāng, 规则(名) guīzé, 规定(名) guīdìng, 条例(名) tiáolì: traffic ~s 交通规则 jiāotōng guīzé / rules and ~s 规章制度 guīzhāng zhìdù / ~s governing the sale of guns 关于枪支销售的条例 guānyú qiāngzhī xiāoshòu de tiáolì

rehabilitate *v* (1) 恢复(动) huīfù, 复原(动) fùyuán; 平反(动) píngfǎn: ~ one's reputation 恢复名誉 huīfù míngyù (2) 修复(动) xiūfù, 修缮(动) xiūshàn (3) 恢复正常生活 huīfù zhèngcháng shēnghuó; 恢复健康 huīfù jiànkāng (4) 使改恶从善 shǐ gǎi'è cóngshàn, 改造(动) gǎizào, 教化(动) jiàohuà: completely ~ a criminal 彻底改造犯罪分子 chèdǐ gǎizào fànzuì fènzǐ

rehabilitation *n* (1) 恢复(动) huīfù, 复原 fùyuán; 复职 fùzhí, 复位 fùwèi; 恢复名誉 huīfù míngyù: announce the ~ of sb.'s reputation 宣布恢复某人名誉 xuānbù huīfù mǒurén míngyù (2) 复兴(动) fùxīng; 更新(动) gēngxīn; 修复 xiūfù: the ~ of a national economy 国民经济的恢复 guómín jīngjì de huīfù / a programme of postwar ~ 战后复兴计划 zhàn hòu fùxīng jìhuà / ~

forest 再生林 zàishēnglín

rehearse *v* (1) 排练(动) páiliàn, 排演 (动) páiyǎn; 演习(动) yǎnxí: ~ a play 排戏 páixì / ~ an action 练习一个动作 liànxí yíge dòngzuò (2) 详述 (动) xiángshù, 复述(动) fùshù

reign I *n* 君主统治 jūnzhǔ tǒngzhì; 统治(动) tǒngzhì; 统治时期 tǒngzhì shíqī: under the ~ of Emperor Guangxu 在光绪皇帝的统治下 zài Guāngxù huángdì de tǒngzhì xià / during the ~ of the First Emperor of Qin 在秦始皇的统治时期 zài Qínshǐhuáng de tǒngzhì shíqī / the ~ of law 法治 fǎzhì / a ~ of terror 恐怖统治 kǒngbù tǒngzhì II *v* 称王 chēngwáng

reimburse *v* (1) 报销(动) bàoxiāo; 偿还(动) chánghuán (2) 赔偿(动) péicháng, 补偿(动) bǔcháng: ~ sb. for a loss 赔偿某人损失 péicháng mǒurén sǔnshī

rein I *n* 缰绳(名) jiāngsheng II *v* (1) 给⋯配缰绳 gěi... pèi jiāngsheng; (用缰绳) 勒住 (yòng jiāngsheng) lēizhù: ~ in a horse 勒马慢走 lēi mǎ mànzǒu / ~ back a horse 勒马停步 lēi mǎ tíng bù (2) 驾驭(动) jiàyù; 控制 (动) kòngzhì; 统治(动) tǒngzhì: ~ in one's temper 捺住火气 nàzhù huǒqì // assume the ~s of government 开始执政 kāishǐ zhízhèng, 上台 shàngtái / draw ~ (1) 勒马 lēimǎ; 停下来 tíng xiàlai (2) 放弃努力 fàngqì nǔlì; 节省费用 jiéshěng fèiyòng / drop the ~s of government 不再执政 bú zài zhízhèng, 下台 xiàtái / give ~ to 对⋯放任 duì... fàngrèn; 使⋯自由发挥 shǐ... zìyóu fāhuī: give ~ to one's passions 纵欲 zòngyù / keep a tight ~ on 对⋯严加约束 duì... yánjiā yuēshù / take the ~s 掌管 zhǎngguǎn; 接管 jiēguǎn

reinforce *v* (1) 加强(动) jiāqiáng, 加固(动) jiāgù; 巩固(动) gǒnggù: ~ an argument with facts 用事实加强论点 yòng shìshí jiāqiáng lùndiǎn / ~ a coat 把一件外衣加厚 bǎ yíjiàn wàiyī jiāhòu（2）增援（动）zēngyuán，支援（动）zhīyuán：~ *an army* 增援一支部队 zēngyuán yìzhī bùduì / *a ~d company* 加强连 jiāqiánglián

reinforcement *n*（1）加强（动）jiāqiáng，加固（动）jiāgù；支援（动）zhīyuán：*steel* ~ 钢铁支柱 gāngtiě zhīzhù（2）援军（名）yuánjūn，援兵（名）yuánbīng：*dispatch* ~*s* 派增援部队 pài zēngyuán bùduì / *send naval* ~*s* 增派舰只 zēng pài jiànzhī

reinstate *v* 恢复原职 huīfù yuánzhí，恢复原位 huīfù yuánwèi

reiterate *v* 反复做 fǎnfù zuò；反复讲 fǎnfù jiǎng，重申（动）chóngshēn：~ *one's views* 重申己见 chóngshēn jǐjiàn

reject **I** *v*（1）拒绝（动）jùjué，不接受 bù jiēshòu；否决（动）fǒujué：~ *an appeal* 驳回上诉 bóhuí shàngsù / ~ *a bill* 否决一项提案 fǒujué yí xiàng tí'àn（2）丢掉 diūdiào，扔掉 rēngdiào，抛弃（动）pāoqì **II** *n*（1）废品（名）fèipǐn，次品（名）cìpǐn；处理品（名）chǔlǐpǐn；被抛弃的东西 bèi pāoqì de dōngxi，被拒绝的东西 bèi jùjué de dōngxi（2）被抛弃者 bèi pāoqìzhě；被淘汰者 bèi táotàizhě；落选者 luòxuǎnzhě；遭拒绝者 zāo jùjuézhě

rejection *n* 拒绝（动）jùjué；抵制（动）dǐzhì：*a* ~ *slip from a prospective publisher* 出版商的退稿信 chūbǎnshāng de tuìgǎoxìn / *the* ~ *of an application* 拒绝一项申请 jùjué yíxiàng shēnqǐng

rejoice *v* 欣喜（形）xīnxǐ，高兴（形）gāoxìng

relate *v*（1）叙述（动）xùshù，讲述 jiǎngshù（2）联系（动）liánxì；表明…联系 biǎomíng… liánxì，看出…联系 kànchū… liánxì（3）有关（动）yǒuguān，涉及（动）shèjí（4）关系好 guānxì hǎo，相处（动）xiāngchǔ；符合（动）fúhé，吻合（动）wěnhé

related *adj*（1）有亲戚关系的 yǒu qīnqi guānxì de：*distantly* ~ 远亲 yuǎnqīn / ~ *by blood* 有血缘关系 yǒu

xuèyuán guānxì（2）有联系的 yǒu liánxì de，有关系的 yǒu guānxì de，相关的 xiāngguān de：*other* ~ *topics* 其他有关的题目 qítā yǒuguān de tímù

relation *n*（1）关系（名）guānxì，联系（名）liánxì，交往（动）jiāowǎng：*establish*（*break off*）*diplomatic*（*trade*）~*s between 2 countries* 建立（断绝）两国间的外交（贸易）关系 jiànlì（duànjué）liǎngguójiān de wàijiāo（màoyì）guānxì / *Sino-American* ~*s* 中美关系 Zhōng Měi guānxì / *social* ~*s* 社会关系 shèhuì guānxì / *friendly* ~*s* 友好交往 yǒuhǎo jiāowǎng / *business* ~*s* 业务往来 yèwù wǎnglái（2）亲属（名）qīnshǔ，亲戚（名）qīnqi；亲属关系 qīnshǔ guānxì：*distant* ~*s* 远房亲戚 yuǎnfáng qīnqi（远亲 yuǎnqīn）/ *near* ~*s* 近亲 jìnqīn（3）叙述（动）xùshù，讲述（动）jiǎngshù；故事（名）gùshi：*an exciting* ~ *of one's adventures* 令人激动的历险故事 lìng rén jīdòng de lìxiǎn gùshi // *bear no* ~ *to* 不相称 bù xiāngchèn，不相符 bù xiāngfú / *have sexual* ~*s with sb.* 与某人有两性关系 yǔ mǒurén yǒu liǎngxìng guānxì / *in* ~ *to* 关于 guānyú

relationship *n*（1）关系（名）guānxì，联系（名）liánxì：*business* ~*s* 业务上的联系 yèwùshang de liánxì / *love* ~ 恋爱关系 liàn'ài guānxì / *the price-wage* ~ 物价工资关系 wùjià gōngzī guānxì / *teacher-pupil* ~ 师生关系 shīshēng guānxì（2）亲戚关系 qīnqi guānxì，亲属关系 qīnshǔ guānxì：*family* ~ 亲属关系 qīnshǔ guānxì

relative **I** *adj*（1）有关系的 yǒu guānxì de，相关的 xiāngguān de：*facts* ~ *to the problem* 与这一问题有关的事实 yǔ zhèyí wèntí yǒuguān de shìshí / *a* ~ *pronoun* 关系代词 guānxì dàicí（2）相对的 xiāngduì de；比较的 bǐjiào de：*a period of* ~ *stability* 相对稳定时期 xiāngduì wěndìng shíqī **II** *n* 亲属（名）qīnshǔ；亲戚（名）

qīnqi

relatively *adv* 相对地 xiāngduì de; 比较地 bǐjiào de: ~ *speaking* 相对而言 xiāngduì'éryán / ~ *easy* 比较容易 bǐjiào róngyì

relax *v* (1) 松(动) sōng, 放松(动) fàngsōng, 松弛(动) sōngchí; 缓和(动) huǎnhé (2) 松懈(动) sōngxiè, 懈怠(形) xièdài (3) 休息(动) xiūxi; 轻松(形) qīngsōng

relaxing *adj* 懒洋洋的 lǎnyángyáng de; 使人懒散的 shǐ rén lǎnsǎn de: *a* ~ *climate* 使人懒洋洋的气候 shǐ rén lǎnyángyáng de qìhòu

relay[1] **I** *n* (1) 替班(动) tìbān, 替班的人员 tìbān de rényuán: *work in* ~s 轮班工作 lúnbān gōngzuò / *a fresh* ~ *of workers* 替换人员 tìhuàn rényuán (2) 接力赛跑 jiēlì sàipǎo (3) 转播(动) zhuǎnbō: 转播节目 zhuǎnbō jiémù: *a* ~ *station* 转播站 zhuǎnbōzhàn / *a broadcast* ~ 无线电转播节目 wúxiàndiàn zhuǎnbō jiémù **II** *v* 传达(动) chuándá; 转播(动) zhuǎnbō; 转发(动) zhuǎnfā: ~ *a music broadcast* 转播音乐 zhuǎnbō yīnyuè / ~ *a task* 传达一项任务 chuándá yíxiàng rènwù

relay[2] *v* 重新铺设 chóngxīn pūshè: ~ *a carpet* 重新铺地毯 chóngxīn pū dìtǎn

release **I** *v* (1) 放(动) fàng, 释放(动) shìfàng; 解除(动) jiěchú, 免除(动) miǎnchú; 解放(动) jiěfàng: ~ *POWs* 释放战俘 shìfàng zhànfú (2) 发表(动) fābiǎo; 发布(动) fābù; 发行(动) fāxíng: *a recently* ~*d French film* 一部新发行的法国影片 yíbù xīn fāxíng de Fǎguó yǐngpiàn **II** *n* (1) 释放(动) shìfàng; 解放(动) jiěfàng; 放开(动) fàngkāi; 解除(动) jiěchú (2) 发表(动) fābiǎo; 发布(动) fābù; 发行(动) fāxíng; 发表的消息 fābiǎo de xiāoxi; 发行物(名) fāxíngwù: *news* ~ 新闻稿 xīnwéngǎo / *the* ~ *of a film for public exhibition* 发行一部影片,供公开上映 fāxíng yíbù yǐngpiàn, gōng gōngkāi shàngyìng

relent *v* (1) 发慈悲 fā cíbēi, 怜悯(动) liánmǐn; 变宽厚 biàn kuānhòu, 温和(形) wēnhé (2) 减弱(动) jiǎnruò, 缓和(动) huǎnhé

relentless *adj* 无情(形) wúqíng, 严厉(形) yánlì, 残酷(形) cánkù: *a* ~ *enemy* 残酷无情的敌人 cánkù wúqíng de dírén / ~ *persecution* 残酷的迫害 cánkù de pòhài

relevance *n* 关联(动) guānlián; 切题(动) qiètí; 恰当(形) qiàdàng

relevant *adj* 有关的 yǒuguān de, 相干的 xiānggān de; 切题的 qiètí de: *data* ~ *to the research at hand* 同这次研究有关的数据 tóng zhècì yánjiū yǒuguān de shùjù

reliable *adj* 可靠(形) kěkào, 可信赖的 kě xìnlài de, 确实(形) quèshí

reliance *n* 信任(名、动) xìnrèn, 信赖(动) xìnlài; 依靠(动) yīkào: *place complete* ~ *on sb.* 对某人充分信任 duì mǒurén chōngfèn xìnrèn

relic *n* (1) 遗物(名) yíwù; 纪念物(名) jìniànwù: ~s *of one's youth* 青年时代的纪念物 qīngnián shídài de jìniànwù / *unearthed cultural* ~s *of the Qin Dynasty* 出土的秦代文物 chūtǔ de Qíndài wénwù / *Dickens'* ~s 狄更斯的遗物 Dígēngsī de yíwù / ~s *of an ancient city* 古代城市的遗迹 gǔdài chéngshì de yíjì (2) 遗风(名) yífēng, 遗俗(名) yísú: ~s *of superstition* 传统的迷信风俗 chuántǒng de míxìn fēngsú (3) 遗体(名) yítǐ, 尸体(名) shītǐ

relief *n* (1) 减轻(动) jiǎnqīng; 解除(动) jiěchú, 免除(动) miǎnchú; 宽慰(形) kuānwèi: *a drug for the* ~ *of pain* 一种止痛药 yìzhǒng zhǐ tòng yào (2) 救济(动) jiùjì; 救济品(名) jiùjìpǐn: ~ *food* 救济粮 jiùjìliáng / ~ *fund* 救济金 jiùjìjīn / *send* ~ *to a disaster area* 给灾区送救济品 gěi zāiqū sòng jiùjìpǐn (3) 援救(动)

yuánjiù: ~ *troops* 援兵 yuánbīng (4)
换班 huànbān, 换防 huànfáng; 代替
(动) dàitì; 换班的人 huànbān de rén:
a ~ *teacher* 代课教员 dàikè jiàoyuán
/ *a* ~ *lesson* 代替别人上的一课 dàitì
biérén shàng de yíkè (5) 调剂(动)
tiáojì; 娱乐(动、名) yúlè: *wide
stretches of moorland without* ~ 大片
景色单调的荒野 dàpiàn jǐngsè dāndiào
de huāngyě (6) 浮雕(名) fúdiāo; 浮雕
制品 fúdiāo zhìpǐn: *a profile of a mar-
tyr in* ~ 烈士的侧面浮雕像 lièshì de
cèmiàn fúdiāoxiàng / *wooden carvings
in* ~ 浮雕木刻 fúdiāo mùkè // *a* ~
map 地形图 dìxíngtú; 立体地图 lìtǐ
dìtú / *in high* ~ 高浮雕的 gāo fúdiāo
de; 突出表现 tūchū biǎoxiàn / *in
sharp* ~ 轮廓鲜明 lúnkuò xiānmíng;
形象突出 xíngxiàng tūchū / *on* ~ 接
受救济的 jiēshòu jiùjì de / ~ *printing*
凸版印刷 tūbǎn yìnshuā / *set off sth.
in bold* ~ 使某物的形象突出 shǐ
mǒuwù de xíngxiàng tūchū

relieve *v* (1) 减轻(动) jiǎnqīng; 解除
(动) jiěchú; 宽慰(形) kuānwèi (2) 救
济(动) jiùjì; 援救(动) yuánjiù; 供应
食品(或物资) gōngyìng shípǐn (huò
wùzī): ~ *the people in flood-stricken
areas* 救济水灾区的人民 jiùjì shuǐzāiqū
de rénmín (3) 替…拿 tì…ná; 替…
做 tì…zuò (4) 免除(动) miǎnchú
(5) 偷(动) tōu; 抢(动) qiǎng; 窃走
qièzǒu (6) 换班 huànbān, 顶替(动)
dǐngtì, 换岗 huàngǎng: ~ *a teacher
who is ill* 为生病的教师代课 wèi
shēngbìng de jiàoshī dàikè (7) 调剂
(动) tiáojì; 使不单调 shǐ bù dāndiào,
使不乏味 shǐ bù fáwèi // ~ *one's
feelings* 使心里好受些 shǐ xīnlǐ
hǎoshòu xiē, 发泄感情 fāxiè gǎnqíng /
~ *oneself* 解手 jiěshǒu

religion *n* (1) 宗教(名) zōngjiào:
preach ~ 传教 chuánjiào (2) 宗教信
仰 zōngjiào xìnyǎng; 修道生活 xiūdào
shēnghuó; 信仰(名、动) xìnyǎng (3)
应做的事 yīng zuò de shì; 一心追求的

东西 yìxīn zhuīqiú de dōngxi // *the
Buddhist* ~ 佛教 Fójiào / *the Chris-
tian* ~ 基督教 Jīdūjiào / *the Mo-
hammedan* ~ 伊斯兰教 Yīsīlánjiào

religious *adj* (1) 宗教的 zōngjiào de;
宗教上的 zōngjiàoshang de: *a* ~ *be-
lief* 一种宗教信仰 yìzhǒng zōngjiào
xìnyǎng / *a* ~ *service* 宗教仪式
zōngjiào yíshì (2) 虔诚(形)
qiánchéng, 虔敬(形) qiánjìng, 笃信宗
教的 dúxìn zōngjiào de (3) 认真(形)
rènzhēn; 严谨(形) yánjǐn

relish   **I** *v* 享受(动) xiǎngshòu; 喜爱
(动) xǐ'ài; 乐于 lèyú **II** *n* (1) 爱好
(名) àihào; 乐趣(名) lèqù; 兴致(名)
xìngzhì, 趣味(名) qùwèi (2) 滋味
(名) zīwèi, 味道(名) wèidao, 风味
(名) fēngwèi: *add a* ~ *to food* 增加
食物的味道 zēngjiā shíwù de wèidào /
a ~ *of garlic* 大蒜味 dàsuànwèi

reluctance *n* 不愿意 bú yuànyì; 勉强
(形) miǎnqiǎng: *display* ~ *on one's
face* 脸上显得不愿意 liǎnshang xiǎn
de bú yuànyì / *give up one's life with-
out* ~ 甘愿牺牲生命 gānyuàn xīshēng
shēngmìng

reluctant *adj* 不愿意的 bú yuànyì de,
不情愿的 bù qíngyuàn de; 勉强(形)
miǎnqiǎng: *a* ~ *follower* 胁从分子
xiécóng fènzǐ

reluctantly *adv* 不愿意地 bú yuànyì
de; 勉强地 miǎnqiǎng de

rely *v* 依靠(动) yīkào, 依赖(动)
yīlài; 信赖(动) xìnlài

remain *v* (1) 留(动) liú, 留下 liúxia,
剩下 shèngxia (2) 继续存在 jìxù
cúnzài (3) 停留(动) tíngliú, 逗留
(动) dòuliú (4) 保持(动) bǎochí; 继
续(动) jìxù; 仍然是 réngrán shì: ~
unchanged 仍保持不变 réng bǎochí
búbiàn / ~ *hungry* 继续挨饿 jìxù ái'è
/ ~ *backward* 仍然落后 réngrán
luòhòu

remains *n* (1) 剩下的东西 shèngxia
de dōngxi, 剩余(名) shèngyú; 残余
(名) cányú: *the* ~ *of a meal* 剩饭

shèngfàn (2) 遗迹(名) yíjì; 遗物(名) yíwù; 废墟(名) fèixū: *the ~ of an ancient fort* 古堡的遗迹 gǔbǎo de yíjì / *~ of the Tang Dynasty* 唐代遗物 Tángdài yíwù / *literary ~* 文学遗著 wénxué yízhù (3) 遗体(名) yítǐ; 骨灰(名) gǔhuī: *pay last respects to sb.'s ~* 向某人遗体告别 xiàng mǒurén yítǐ gàobié

remark **I** *v* 说(动) shuō, 说道(动) shuōdào **II** *n* (1) 话(名) huà; 评论(名) pínglùn, 谈论(动) tánlùn, 议论(动) yìlùn; 陈述(动) chénshù: *pass ~s about sb.* 谈论某人 tánlùn mǒurén / *a sarcastic ~* 挖苦话 wākǔhuà / *concluding ~s* 结束语 jiéshùyǔ (2) 注意(动) zhùyì, 觉察(动) juéchá // *~ on* 谈到 tándào; 谈论 tánlùn, 议论 yìlùn, 评论 pínglùn

remarkable *adj* 异常(形) yìcháng; 非凡(形) fēifán, 卓越(形) zhuōyuè; 显著(形) xiǎnzhù; 值得注意的 zhíde zhùyì de: *make ~ achievements* 取得显著成就 qǔdé xiǎnzhù chéngjiù / *a ~ event* 不寻常的事件 bù xúncháng de shìjiàn

remarkably *adv* 异常地 yìcháng de, 不同一般 bù tóng yìbān, 特别地 tèbié de, 惊人地 jīngrén de

remedy **I** *n* (1) 治疗(动) zhìliáo; 治疗法(名) zhìliáofǎ, 药物(名) yàowù: *Western remedies* 西药 xīyào / *a good ~ for skin trouble* 皮肤病良药 pífūbìng liángyào / *prescribe a ~* 开一个处方 kāi yíge chǔfāng (2) 补救(法)(动) bǔjiù (fǎ), 纠正(法)(动) jiūzhèng(fǎ): *be past ~* 不可救药 bùkějiùyào **II** *v* (1) 医治(动) yīzhì, 治疗(动) zhìliáo; 补救(动) bǔjiù; 矫正(动) jiǎozhèng, 纠正(动) jiūzhèng: *~ an injustice* 纠正冤案 jiūzhèng yuān'àn (2) 修补(动) xiūbǔ, 修缮(动) xiūshàn

remember *v* (1) 记得(动) jìde; 想起 xiǎngqǐ, 回忆起 huíyìqǐ (2) 记住 jìzhù; 牢记(动) láojì, 想着 xiǎngzhe,

别忘 bié wàng (3) 送礼 sònglǐ; 赠送 zèngsòng: 遗产 zèngsòng yíchǎn; 付给小费 fùgěi xiǎofèi: *~ sb. in one's will* 在遗嘱中赠给某人一些东西 zài yízhǔzhong zènggěi mǒurén yìxiē dōngxi (4) 致意(动) zhìyì, 问好 wènhǎo

remind *v* 提醒(动) tíxǐng; 使记起 shǐ jìqǐ; 使想起 shǐ xiǎngqǐ

reminder *n* 提醒者 tíxǐngzhě, 提醒物 tíxǐngwù; 引起回忆的东西 yǐnqǐ huíyì de dōngxi, 纪念品(名) jìniànpǐn: *a timely ~* 及时地提醒 jíshí de tíxǐng

reminiscent *adj* (1) 回忆往事的 huíyì wǎngshì de, 怀旧的 huáijiù de: *a ~ mood* 怀旧的心情 huáijiù de xīnqíng (2) 使人联想到 shǐ rén liánxiǎng dào; 相像的 xiāngxiàng de

remiss *adj* 疏忽(动) shūhū, 懈怠(形) xièdài; 不尽职的 bú jìnzhí de: *~ discipline* 松弛的纪律 sōngchí de jìlù

remission *n* (1) 赦免(名) shèmiǎn, 免罪 miǎnzuì, 宽恕(动) kuānshù: *~ of sins* 恕罪 shùzuì (2) 免除(动) miǎnchú, 豁免(动) huòmiǎn: *the ~ of an entrance fee* 免除入学费 miǎnchú rùxuéfèi (3) 缓和(动) huǎnhé, 减轻(动) jiǎnqīng

remit *v* (1) 饶恕(动) ráoshù 宽恕(动) kuānshù, 赦免(动) shèmiǎn (2) 豁免(动) huòmiǎn, 免除(动) miǎnchú (3) 汇寄(动) huìjì, 汇款 huìkuǎn; 运送(动) yùnsòng (4) 缓和(动) huǎnhé, 减轻(动) jiǎnqīng, 减退(动) jiǎntuì

remittance *n* 汇款(名) huìkuǎn; 汇款额 huìkuǎn'é: *a ~ of $2,000* 两千美元汇款 liǎngqiān měiyuán huìkuǎn/ *make a ~ through a bank* 通过银行汇款 tōngguò yínháng huìkuǎn

remnant *n* (1) 残余(名) cányú, 剩余(名) shèngyú; 残迹(名) cánjì: *eat up the ~s of a buffet* 把冷餐会的剩余饭菜吃光 bǎ lěngcānhuì de shèngyú fàncài chīguāng (2) 残存者 cáncúnzhě: *the ~ of the enemy army* 敌军残部 díjūn cánbù / *the last ~ of* *a prehistoric race* 一个史前种族最后的残存者 yíge shǐ qián zhǒngzú zuìhòu de cáncúnzhě (3) 布头(名) bùtóu

remonstrate *v* (1) 抗议(动) kàngyì; 批评(动) pīpíng: ~ *against cruelty toward war prisoners* 抗议对战俘的虐待 kàngyì duì zhànfú de nüèdài (2) 规劝(动) guīquàn, 告诫(动) gàojiè

remorse *n* 懊悔(形) àohuǐ, 悔恨(动) huǐhèn; 自责(动) zìzé // *without* ~ 无情的 wúqíng de

remorseful *adj* 懊悔(形) àohuǐ, 悔恨的 huǐhèn de, 良心不安的 liángxīn bù'ān de

remorseless *adj* (1) 毫无悔意的 háowú huǐyì de, 不懊悔的 bú àohuǐ de, 不悔恨的 bù huǐhèn de (2) 残酷(形) cánkù, 无情(形) wúqíng, 残忍(形) cánrěn

remote *adj* (1) 距离遥远 jùlí yáoyuǎn; 边远的 biānyuǎn de; 偏僻(形) piānpì: ~ *stars* 遥远的星球 yáoyuǎn de xīngqiú (2) 时间久远 shíjiān jiǔyuǎn, 很久 hěnjiǔ: *in the future* 在遥远的未来 zài yáoyuǎn de wèilái / *from* ~ *antiquity up to modern times* 从远古到现代 cóng yuǎngǔ dào xiàndài (3) 关系远 guānxì yuǎn; 远房的 yuǎnfáng de (4) 冷淡(形) lěngdàn, 疏远(形) shūyuǎn (5) 微小(形) wēixiǎo, 细微(形) xìwēi; 模糊(形) móhu: *a* ~ *possibility* 极小的可能性 jíxiǎo de kěnéngxìng // ~ *control* 遥控 yáokòng / ~ *sensing* 遥感 yáogǎn

removal *n* (1) 移动(动) yídòng; 调动(动) diàodòng; 迁移(动) qiānyí: ~ *to a new house* 迁入新居 qiānrù xīn jū (2) 除掉(动) chúdiào; 切除(动) qiēchú; 排除(动) páichú: *the* ~ *of obstacles* 障碍物的排除 zhàng'àiwù de páichú / *surgical* ~ 外科切除手术 wàikē qiēchú shǒushù / *snow* ~ 扫雪 sǎoxuě (3) 撤换(动) chèhuàn, 免职 miǎnzhí: *sb.'s* ~ *from office* 免除某人职务 miǎnchú mǒurén zhíwù

remove *v* (1) 拿开 nákāi, 搬走 bānzǒu; 移动(动) yídòng; 脱掉 tuōdiào (2) 去掉 qùdiào; 消除(动) xiāochú, 铲除(动) chǎnchú: ~ *sb.'s anxieties* 消除某人的焦虑 xiāochú mǒurén de jiāolǜ (3) 使离去 shǐ líqù; 免职 miǎnzhí; 撤消(动) chèxiāo; 拆除(动) chāichú (4) 迁移(动) qiānyí, 搬家 bānjiā: ~ *from the city to the countryside* 从城里搬到农村 cóng chénglǐ bāndào nóngcūn

remover *n* (1) 搬运工人 bānyùn gōngrén (2) 脱剂(名) tuōjì, 去除剂(名) qùchújì

rend *v* (1) 撕裂(动) sīliè, 撕碎 sīsuì; 扯破 chěpò: *be rent to pieces* 被撕成碎片 bèi sīchéng suìpiàn (2) 割裂(动) gēliè; 分裂(动) fēnliè: *be rent in 2* 被分成两半 bèi fēnchéng liǎngbàn (3) 刺破 cìpò, 响彻(动) xiǎngchè: ~ *the air* 响彻云霄 xiǎngchè yúnxiāo

render *v* (1) 提出 tíchū; 开出 kāichū; 提供(动) tígōng, 给予(动) jǐyǔ: ~ *a report to* 向…提交报告 xiàng...tíjiāo bàogào (2) 报答(动) bàodá; 还(动) huán: ~ *thanks* 答谢 dáxiè / ~ *good for evil* 以德报怨 yǐdébàoyuàn / ~ *back sb.'s money* 把钱还给某人 bǎ qián huángěi mǒurén (3) 使得(动) shǐde; 使变为 shǐ biànwéi (4) 表演(动) biǎoyǎn; 演奏(动) yǎnzòu (5) 翻译(动) fānyì

rendering *n* (1) 表演(动) biǎoyǎn; 演奏(动) yǎnzòu (2) 翻译(动、名) fānyì, 译文(名) yìwén: *a Chinese* ~ *of a Greek poem* 一首希腊诗歌的汉语翻译 yìshǒu Xīlà shīgē de Hànyǔ fānyì / *articles with English* ~*s* 附有英语译文的文章 fùyǒu Yīngyǔ yìwén de wénzhāng

rendezvous **I** *n* (1) 约会(名、动) yuēhuì; 幽会(动、名) yōuhuì; 聚会(动) jùhuì: *a secret* ~ 秘密会见 mìmì huìjiàn (2) 约会地点 yuēhuì dìdiǎn, 约会场所 yuēhuì chǎngsuǒ: *a* ~ *for gamblers* 聚赌的场所 jùdǔ de chǎngsuǒ

II *v* 集合（动）jíhé，会合 huìhé；会见（动）huìjiàn；聚会（动）jùhuì

renegade *n* 叛徒（名）pàntú，变节者（名）biànjiézhě；叛国者（名）pànguózhě，叛党者（名）pàndǎngzhě：*a ~ from the Labour Party* 劳动党的叛党分子 Láodòngdǎng de pàndǎng fènzǐ

renew *v* (1) 更新（动）gēngxīn；复原（动）fùyuán；恢复（动）huīfù：*~ one's youth* 恢复青春 huīfù qīngchūn / *~ one's strength* 恢复体力 huīfù tǐlì / *~ed warmth* 重新燃起的热情 chóngxīn ránqǐ de rèqíng (2) 重建（动）chóngjiàn；重修（动）chóngxiū；更换（动）gēnghuàn；补充（动）bǔchōng：*~ a building* 翻修一座楼房 fānxiū yízuò lóufáng / *~ fuel supplies* 补充燃料 bǔchōng ránliào (3) 重新（副）chóngxīn；开始 kāishǐ；续（动）xù，继续（动）jìxù；续借（动）xùjiè，延期（动）yánqī：*~ an attack* 重新发起攻击 chóngxīn fāqǐ gōngjī / *~ a contract* 延长合同 yáncháng hétong

renewable *adj* (1) 可更新的 kě gēngxīn de，可更换的 kě gēnghuàn de (2) 必须更换的 bìxū gēnghuàn de，必须更新的 bìxū gēngxīn de

renewal *n* (1) 更新（动）gēngxīn，复原（动）fùyuán，恢复（动）huīfù：*the ~ of negotiations* 谈判的恢复 tánpàn de huīfù (2) 复活（动）fùhuó，复兴（动）fùxīng (3) 更换（动）gēnghuàn；补充（动）bǔchōng：*the ~ of a licence* 更换许可证 gēnghuàn xǔkězhèng (4) 延期（动）yánqī；续订（动）xùdìng；续借（动）xùjiè：*the ~ of a magazine subscription* 续订一份杂志 xùdìng yífèn zázhì

renounce *v* (1) 放弃（动）fàngqì，抛弃（动）pāoqì (2) 与…脱离关系 yǔ...tuōlí guānxì

renovate *v* 革新（动）géxīn，更新（动）gēngxīn；修复（动）xiūfù，整修（动）zhěngxiū：*~ an old house* 翻修旧房 fānxiū jiù fáng

renovation *n* 革新（动）géxīn，创新（动）chuàngxīn；翻修（动）fānxiū：*technological ~s* 技术革新 jìshù géxīn

renovator *n* 革新者 géxīnzhě；修复者 xiūfùzhě

renown *n* 名望（名）míngwàng，声望（名）shēngwàng，声誉（名）shēngyù：*win ~* 获得声誉 huòdé shēngyù

renowned *adj* 著名（形）zhùmíng，有名望的 yǒu míngwàng de

rent[1] *n* (1) 裂口（名）lièkǒu；裂缝（名）lièfèng；口子（名）kǒuzi：*several ~s in the curtains* 帘子上的几处裂口儿 liánzishang de jǐchù lièkǒur / *mend a ~ in a sleeve* 缝补衣袖上的口子 féngbǔ yīxiùshang de kǒuzi (2) 分裂（动）fēnliè；破裂（动）pòliè：*a ~ in a political party* 一个政党的分裂 yíge zhèngdǎng de fēnliè

rent[2] **I** *n* 租金（名）zūjīn；租（名）zū，出租（动）chūzū：*pay ~* 付房租 fù fángzū / *land ~* 地租 dìzū **II** *v* (1) 租入（动）zūrù，租用（动）zūyòng：*a flat from sb.* 向某人租一套房子 xiàng mǒurén zū yítào fángzi (2) 出租（动）chūzū，租给 zūgěi // *for ~* 出租的 chūzū de：*apartments for ~* 出租套房 chūzū tàofáng / *~ charge* 租费 zūfèi

rent-free *adj* 不收租金的 bù shōu zūjīn de：*a ~ house* 一所免收租金的房子 yìsuǒ miǎnshōu zūjīn de fángzi

repair **I** *v* (1) 修（动）xiū，修理（动）xiūlǐ，修补（动）xiūbǔ：*~ a shirt* 补衬衣 bǔ chènyī / *~ shoes* 修鞋 xiūxié (2) 补救（动）bǔjiù，纠正（动）jiūzhèng，弥补（动）míbǔ；补偿（动）bǔcháng：*~ a mistake* 纠正错误 jiūzhèng cuòwù **II** *n* (1) 修理（动）xiūlǐ；修补（动）xiūbǔ；修理工程 xiūlǐ gōngchéng；修理工作 xiūlǐ gōngzuò：*small ~s* 小修小补 xiǎo xiū xiǎo bǔ / *thorough ~s* 彻底检修 chèdǐ jiǎnxiū / *~s on the school building* 校舍的修缮工程 xiàoshè de xiūshàn gōngchéng (2) 维修状况 wéixiū zhuàngkuàng：*under*

~ 在修理中 zài xiūlǐzhōng

repairable *adj* 可修复的 kě xiūfù de; 可挽回的 kě wǎnhuí de

repairer *n* 修补人 xiūbǔrén, 修理人 xiūlǐrén: *a shoe* ~ 鞋匠 xiéjiàng

repairman *n* 修理工(名) xiūlǐgōng

repay *v* (1) 还(动) huán, 偿还(动) chánghuán, 还钱 huán qián (2) 报答(动) bàodá, 报偿(动) bàocháng, 回敬(动) huíjìng

repeat I *v* (1) 重复(动) chóngfù; 重说(动) chóngshuō; 重做(动) chóngzuò (2) 讲出去 jiǎngchūqù, 透露(动) tòulù (3) 背诵(动) bèisòng: ~ *sth. by heart* 背诵 bèisòng II *n* 重复(动) chóngfù; 重演(动) chóngyǎn; 重播(动) chóngbō: *a* ~ *performance* 重演 chóngyǎn // *not bear* ~ *ing* 不便重复 búbiàn chóngfù, 不堪入耳 bùkānrù'ěr / ~ *a year* 留级 liújí, 蹲班 dūnbān / ~ *oneself* 重复 chóngfù; 重演 chóngyǎn

repeated *adj* 反复的 fǎnfù de, 再三的 zàisān de, 屡次的 lǚcì de: ~ *failure* 接二连三的失败 jiē'èrliánsān de shībài / ~ *warnings* 不断的告诫 búduàn de gàojiè / *suffer* ~ *defeats* 屡遭失败 lǚzāo shībài

repeatedly *adv* 反复 fǎnfù, 再三(副) zàisān, 经常不断地 jīngcháng búduàn de

repel *v* (1) 击退(动) jītuì, 打退 dǎtuì; 抵制(动) dǐzhì: ~ *an attack* 打退一次进攻 dǎtuì yícì jìngōng / ~ *a temptation* 拒受诱惑 jùshòu yòuhuò (2) 使厌恶 shǐ yànwù, 引起反感 yǐnqǐ fǎngǎn

repellent I *adj* 令人讨厌的 lìngrén tǎoyàn de, 引起反感的 yǐnqǐ fǎngǎn de: *a plate of* ~ *cold potatoes* 一盘令人恶心的凉土豆 yìpán lìng rén ěxin de liáng tǔdòu II *n* 消肿药(名) xiāozhǒngyào; 驱虫剂(名) qūchóngjì; 防护剂 fánghùjì: *mosquito* ~ 驱蚊剂 qūwénjì

repent *v* 追悔(动) zhuīhuǐ, 后悔(动)

hòuhuǐ; 悔恨(动) huǐhèn: *too late to* ~ 后悔也来不及了 hòuhuǐ yě láibují le

repentance *n* 悔恨(动) huǐhèn, 悔悟(动) huǐwù, 后悔(动) hòuhuǐ, 忏悔(动) chànhuǐ

repentant *adj* 悔恨的 huǐhèn de, 悔悟的 huǐwù de, 后悔的 hòuhuǐ de; 懊悔(形) àohuǐ

repercussion *n* (1) 击回(动) jīhuí, 弹回(动) tánhuí, 反冲(动) fǎnchōng; 回响(名) huíxiǎng: *the* ~ *of waves on rocks* 海浪拍击岩石发出的响声 hǎilàng pāijī yánshí fāchū de xiǎngshēng (2) 反应(名) fǎnyìng; 影响(名) yǐngxiǎng, 后果(名) hòuguǒ; 反响(名) fǎnxiǎng: *the* ~*s of the Second World War* 第二次世界大战的影响 Dì'èrcì Shìjiè Dàzhàn de yǐngxiǎng

repetition *n* 重复(动) chóngfù, 反复(动) fǎnfù

rephrase *v* 重新措词 chóngxīn cuòcí, 换一种方式说 huàn yìzhǒng fāngshì shuō

replace *v* (1) 放回原处 fànghuí yuánchù; 恢复(动) huīfù: ~ *a magazine on the shelf* 把杂志放回架子上 bǎ zázhì fànghuí jiàzishang (2) 取代(动) qǔdài, 代替(动) dàitì; 替换(动) tìhuàn, 更换(动) gēnghuàn

replacement *n* (1) 更换(动) gēnghuàn, 替换(动) tìhuàn (2) 替补人 tìbǔrén, 代替人 dàitìrén, 补充人员 bǔchōng rényuán; 代用物(名) dàiyòngwù

reply I *v* (1) 回答(动) huídá, 答复(动) dáfù: ~ *to a question* 回答问题 huídá wèntí (2) 回击(动) huíjī: ~ *to enemy fire* 回击敌人的炮火 huíjī dírén de pàohuǒ II *n* 回答(动) huídá, 答复(动) dáfù: *write a letter in* ~ 写回信 xiě huíxìn

report I *v* (1) 报告(动) bàogào, 汇报(动) huìbào: ~ *a fire* 报火警 bào huǒjǐng / ~ *to sb. on one's work* 向某人汇报自己的工作 xiàng mǒurén huìbào zìjǐ de gōngzuò / ~ *the findings of an investigation* 报告调查结果 bàogào diàochá jiéguǒ (2) 传说(动) chuánshuō; 转述(动) zhuǎnshù; 报导(动) bàodǎo, 登载(动) dēngzǎi: ~*ed speech* 间接引语 jiànjiē yǐnyǔ / *a ~ing verb* 转述动词 zhuǎnshù dòngcí (3) 告发(动) gàofā, 揭发(动) jiēfā (4) 报到 bàodào II *n* (1) 报告(名) bàogào, 汇报(名) huìbào: *make a ~ on traffic violations* 作关于行车违章事件的报告 zuò guānyú xíngchē wéizhāng shìjiàn de bàogào / *a ~ of one's score on a test* 测试成绩报告 cèshì chéngjì bàogào / *a school ~* 学校成绩报告单 xuéxiào chéngjì bàogàodān / *an accounting ~* 财政报表 cáizhèng bàobiǎo / *a laboratory ~* 化验单 huàyàndān (2) 传说(名、动) chuánshuō; 议论(名、动) yìlùn (3) 报道(名) bàodào, 通讯(名) tōngxùn: *newspaper ~s* 新闻报道 xīnwén bàodào / *a Paris ~* 一则巴黎通讯 yìzé Bālí tōngxùn (4) 爆炸声 bàozhàshēng, 爆裂声 bàolièshēng // *of good* (*evil*) *~* 名声好(坏) míngshēng hǎo (huài): *a person of evil ~* 一个声名狼藉的人 yígè shēngmínglángjí de rén / *~ back* 汇报 huìbào; 回报 huíbào

reporter *n* (1) 报告人(名) bàogàorén; 汇报人(名) huìbàorén (2) 记者(名) jìzhě, 通讯员(名) tōngxùnyuán; 新闻广播员 xīnwén guǎngbōyuán: *a sports ~* 体育记者 tǐyù jìzhě / *a newspaper ~* 新闻记者 xīnwén jìzhě

represent *v* (1) 描绘(动) miáohuì, 描写(动) miáoxiě; 表现(动) biǎoxiàn (2) 说明(动) shuōmíng, 阐明(动) chǎnmíng, 陈述(动) chénshù (3) 代表(动) dàibiǎo, 代理(动) dàilǐ (4) 表示(动) biǎoshì; 体现(动) tǐxiàn; 象征(动) xiàngzhēng: *a tall stone figure ~ing victory* 一座象征胜利的高大石像 yízuò xiàngzhēng shènglì de gāodà

shíxiàng (5) 声称(动) shēngchēng (6) 演出(动) yǎnchū, 扮演(动) bànyǎn

representative I *adj* (1) (有)代表性的 (yǒu) dàibiǎoxìng de, 典型的 diǎnxíng de (2) 代表的 dàibiǎo de, 代议制的 dàiyìzhì de: *a ~ government* 代议制政府 dàiyìzhì zhèngfǔ (3) 象征的 xiàngzhēng de, 描写的 miáoxiě de; 表现的 biǎoxiàn de: *a narrative ~ of army life* 描写军队生活的故事 miáoxiě jūnduì shēnghuó de gùshi II *n* (1) 代表(名) dàibiǎo, 代理人(名) dàilǐrén: *~s from various quarters* 各阶层的代表 gè jiēcéng de dàibiǎo / *send a ~* 派代表 pài dàibiǎo / *a legal ~* 法定代理人 fǎdìng dàilǐrén (2) 众议院议员 zhòngyìyuàn yìyuán: *the House of R~s* (美国)众议院 (Měiguó) Zhòngyìyuàn

repress *v* (1) 压制(动) yāzhì; 抑制(动) yìzhì, 忍住(动) rěnzhù (2) 镇压(动) zhènyā

reprimand *v* 训斥(动) xùnchì, 申斥(动) shēnchì, 谴责(动) qiǎnzé

reprisal *n* 报复(动) bàofù, 报复行为 bàofu xíngwéi: *a ~ raid* 报复性袭击 bàofuxìng xíjī / *make ~s* 进行报复 jìnxíng bàofu

reproach I *v* 责备(动) zébèi, 责怪(动) zéguài, 指责(动) zhǐzé II *n* (1) 责怪(动) zéguài; 责备(动) zébèi: *a look of ~* 责备的眼光 zébèi de yǎnguāng (2) 耻辱(名) chǐrǔ, 丢脸的事 diūliǎn de shì // *beyond ~* 完美无缺 wánměiwúquē, 无可指责 wú kě zhǐzé

reproduce *v* (1) 繁殖(动) fánzhí, 生殖(动) shēngzhí: *vegetables that ~ by seeds* 靠种子繁殖的蔬菜 kào zhǒngzi fánzhí de shūcài (2) 再生产(动) zàishēngchǎn; 再造(动) zàizào, 再生长(动) zàishēngzhǎng (3) 复制(动) fùzhì; 复写(动) fùxiě; 重放(动) chóngfàng; 重演(动) chóngyǎn; 再现(动) zàixiàn; 描绘(动) miáohuì: *~ a painting by photography* 用摄影的方

法复制一幅绘画 yòng shèyǐng de fāngfǎ fùzhì yìfú huìhuà

reproduction *n* (1) 再生产 zàishēngchǎn (2) 生殖(动) shēngzhí, 繁殖(动) fánzhí: *plant* ~ 植物繁殖 zhíwù fánzhí (3) 复制(动) fùzhì, 翻印(动) fānyìn; 复制品(名) fùzhìpǐn, 制印件 zhìyìnjiàn: *a* ~ *of a rare book* 一册珍本书的翻版 yícè zhēnběnshū de fānbǎn

reproof[1] *n* 责备(动) zébèi, 指责(动) zhǐzé, 训斥(动) xùnchì: *a serious* ~ 严厉的指责 yánlì de zhǐzé / *a look of* ~ 责备的目光 zébèi de mùguāng

reproof[2] *v* 重新上防水胶 chóngxīn shàng fángshuǐjiāo

reprove *v* 责备(动) zébèi, 指责(动) zhǐzé, 责难(动) zénàn, 训斥(动) xùnchì

reptile *n* 爬行动物(名) páxíng dòngwù; 爬虫(名) páchóng

republic *n* 共和国(名) gònghéguó; 共和政体 gònghé zhèngtǐ: *the People's R~ of China* 中华人民共和国 Zhōnghuá Rénmín Gònghéguó / *constitutional* ~ 立宪共和国 lìxiàn gònghéguó

republican I *adj* 共和国的 gònghéguó de, 共和政体的 gònghé zhèngtǐ de: *the R~ Party* 共和党 Gònghédǎng / *a* ~ *form of government* 共和政府 gònghé zhèngfǔ II *n* 拥护共和政体的人 yōnghù gònghé zhèngtǐ de rén, 共和主义者(名) gònghézhǔyìzhě; 拥护共和党的人 yōnghù Gònghédǎng de rén, (美国)共和党党员 (Měiguó) Gònghédǎng dǎngyuán

repulse I *v* (1) 打退(动) dǎtuì, 击退(动) jītuì, 挫败(动) cuòbài: ~ *an attack* 击退一次进攻 jītuì yícì jìngōng (2) 排斥(动) páichì; 拒绝(动) jùjué: ~ *an offer of friendship* 拒绝一个友好的提议 jùjué yíge yǒuhǎo de tíyì II *n* 打退(动) dǎtuì, 击退(动) jītuì; 挫败(动) cuòbài; 拒绝(动) jùjué

reputation *n* (1) 名誉(名) míngyù,

名声(名) míngshēng, 声望(名) shēngwàng: *a person of high* ~ 享有盛名的人 xiǎngyǒu shèngmíng de rén / *a person of evil* ~ 名声很臭的人 míngshēng hěn chòu de rén / *of no* ~ 默默无闻 mòmòwúwén (2) 好名声 hǎo míngshēng, 荣誉(名) róngyù, 体面(名) tǐmiàn: *live up to one's* ~ 不负盛名 búfù shèngmíng

request I *n* (1) 请求(名) qǐngqiú, 要求(名) yāoqiú, 恳求(动) kěnqiú: *a written* ~ 书面申请 shūmiàn shēnqǐng / *make a* ~ *for help* 请求帮助 qǐngqiú bāngzhù (2) 要求的事物 yāoqiú de shìwù II *v* 请求(动) qǐngqiú, 要求(动) yāoqiú; 恳求(动) kěnqiú: ~ *sb.'s presence* 邀请某人光临 yāoqǐng mǒurén guānglín // *by* ~ *of sb.* 应某人之请 yìng mǒurén zhī qǐng / *in* ~ 需求 xūqiú, 需要 xūyào; 受人欢迎 shòu rén huānyíng / *on* ~ 经请求 jīng qǐngqiú

require *v* (1) 需要(动) xūyào (2) 要求(动) yāoqiú; 命令(动) mìnglìng: *a* ~*d course* 必修课 bìxiūkè / *a* ~*d examination* 必需参加的考试 bìxū cānjiā de kǎoshì

requisite I *adj* 必需的 bìxū de, 必要的 bìyào de, 不可少的 bùkě shǎo de II *n* 必需品 bìxūpǐn: *toilet* ~*s* 化妆用品 huàzhuāng yòngpǐn / *sports* ~*s* 体育用品 tǐyù yòngpǐn / ~*s to good health* 健身必备 jiànshēn bìbèi / *travelling* ~*s* 旅行必备 lǚxíng bìbèi

rescue I *v* 援救(动) yuánjiù; 营救(动) yíngjiù; 挽救(动) wǎnjiù: ~ *sb. from danger* 营救某人脱险 yíngjiù mǒurén tuōxiǎn II *n* 援救(动) yuánjiù; 救护(动) jiùhù; 营救(动) yíngjiù: ~ *work on the battlefield* 战地救护工作 zhàndì jiùhù gōngzuò / *a* ~ *party* 救护队 jiùhùduì

research I *n* 研究(动) yánjiū, 研究工作 yánjiū gōngzuò; 调查(动) diàochá; 探索(动) tànsuǒ: *a* ~ *after facts* 对事实真象进行的调查 duì shìshí zhēnxiàng jìnxíng de diàochá / *scientif-ic* ~ 科学研究 kēxué yánjiū / *purely academic* ~es 纯学术研究 chúnxuéshù yánjiū / *busy with* ~ *work* 忙于研究工作 mángyú yánjiū gōngzuò / ~ *workers* 研究人员 yánjiū rényuán / *a* ~ *student* 研究生 yánjiūshēng **II** *v* 调查(动) diàochá; 研究(动) yánjiū: ~ *a subject* 研究一个题目 yánjiū yígè tímù / ~ *on the effects of cigarette smoking* 研究吸烟的危害 yánjiū xīyān de wēihài / ~ *into a problem* 研究一个问题 yánjiū yígè wèntí

researcher *n* 调查人员 diàochá rényuán; 研究人员 yánjiū rényuán: *a market* ~ 市场调查员 shìchǎng diàocháyuán

resemble *v* 像(动) xiàng; 相似(形) xiāngsì

resent *v* 对…不满 duì… bùmǎn; 对…不高兴 duì…bù gāoxìng; 生气 shēngqì; 怨恨(动) yuànhèn: *deeply* ~ *sb.'s action* 对某人的行动深为不满 duì mǒurén de xíngdòng shēnwéi bùmǎn

resentment *n* 忿恨(形) fènhèn, 怨恨(动) yuànhèn, 不满(动、形) bùmǎn, 气愤(形) qìfèn: *cherish* ~ 心怀不满 xīn huái bùmǎn

reservation *n* (1) 保留(动) bǎoliú (2) 预订(动) yùdìng (3) 保留地(名) bǎoliúdì, 居留地(名) jūliúdì: *an Indian* ~ 印第安人保留地 Yìndì'ānrén bǎoliúdì

reserve **I** *v* (1) 保存(动) bǎocún; 储存(动) chǔcún, 储备(动) chǔbèi (2) 保留(动) bǎoliú; 留出(动) liúchū, 留给 liúgěi (3) 订(动) dìng, 定(动) dìng, 预订(动) yùdìng: ~ *seats in a theatre* 在剧院订座 zài jùyuàn dìngzuò **II** *n* (1) 储备(名、动) chǔbèi; 储藏量(名) chǔcángliàng; 储存物(名) chǔcúnwù: *war* ~s 军需储备 jūnxū chǔbèi / *a* ~ *of provisions* 粮食储备 liángshí chǔbèi / *a* ~ *against loss* 损失储备金 sǔnshī chǔbèijīn (2) 保留

(动) bǎoliú; 限度(名) xiàndù: *with* ~ 有保留地 yǒu bǎoliú de (有条件的 yǒu tiáojiàn de) (3) 保留地(名) bǎoliúdì, 专用地(名) zhuānyòngdì: *a game* ~ 野生动物保护区 yěshēng dòngwù bǎohùqù / *a nature* ~ 自然区 zìránqū (4) 后备军(名) hòubèijūn, 预备役军人 yùbèiyì jūnrén, 后备队(员) hòubèiduì(yuán)

reserved *adj* (1) 保留的 bǎoliú de; 预定的 yùdìng de; 留作专用的 liúzuò zhuānyòng de (2) 缄默的 jiānmòde; 矜持(形) jīnchí; 含蓄(形) hánxù

reservoir *n* (1) 水库(名) shuǐkù, 蓄水池(名) xùshuǐchí; 贮液器(名) zhùyèqì: *the ink* ~ *of a fountain pen* 自来水笔的胆 zìláishuǐbǐ de dǎn (2) 大量储藏 dàliàng chǔcáng, 积蓄(名、动) jīxù

resident **I** *adj* 居住的 jūzhù de; 居留的 jūliú de; 常驻的 chángzhù de: *alien* 外侨 wàiqiáo / *the* ~ *population of a town* 城市中的居住人口 chéngshìzhōng de jūzhù rénkǒu / *a doctor* 住院医生 zhùyuàn yīshēng **II** *n* 居民(名) jūmín: *local* ~s 当地居民 dāngdì jūmín

residential *adj* (1) 居住的 jūzhù de; 住宅的 zhùzhái de; 住家用的 zhùjiā yòng de: *a* ~ *area* 住宅区 zhùzháiqū (居民区 jūmínqū) / *a* ~ *hotel* 作住家用的旅馆 zuò zhùjiā yòng de lǚguǎn (2) 要求在工作地点住宿的 yāoqiú zài gōngzuò dìdiǎn zhùsù de: *a* ~ *post* 一个要求在工作单位住宿的职位 yígè yāoqiú zài gōngzuò dānwèi zhùsù de zhíwèi

residue *n* (1) 渣滓(名) zhāzǐ, 残渣(名) cánzhā: *waste* ~ 废渣 fèizhā (2) (交税、还债以后的)剩余财产 (jiāoshuì, huánzhài yǐhòu de) shèngyú cáichǎn

resign *v* (1) 放弃(动) fàngqì; 辞去(动) cíqù, 辞职 cízhí (2) 委托(动) wěituō, 交付(动) jiāofù (3) 听从(动) tīngcóng; 顺从(动) shùncóng; 屈从

（动）qūcóng；听任（动）tīngrèn：~ *oneself to another's guidance* 听从别人指导 tīngcóng biérén zhǐdǎo / ~ *to sb.'s will* 屈从于某人的意志 qūcóngyú mǒurén de yìzhì

resigned *adj* (1) 屈从的 qūcóng de；顺从的 shùncóng de，忍受的 rěnshòu de (2) 已辞去的 yǐ cíqù de，已辞职的 yǐ cízhí de：*a ~ post* 已辞去的职务 yǐ cíqù de zhíwù / *a ~ official* 已辞职的官员 yǐ cízhí de guānyuán

resilient *adj* (1) 有弹性的 yǒu tánxìng de；能恢复原状的 néng huīfù yuánzhuàng de (2) 容易恢复活力的 róngyì huīfù huólì de，迅速恢复常态的 xùnsù huīfù chángtài de

resist *v* (1) 抵抗（动）dǐkàng，反抗（动）fǎnkàng，抗拒（动）kàngjù：~ *aggression* 抵抗侵略 dǐkàng qīnlüè / ~ *fascist violence* 反抗法西斯暴力 fǎnkàng fǎxīsī bàolì (2) 抗（动）kàng；耐（动）nài (3) 抵制（动）dǐzhì；拒绝（动）jùjué；忍住 rěnzhù

resistant *adj* 抵抗的 dǐkàng de，反抗的 fǎnkàng de；有抵抗力的 yǒu dǐkànglì de：~ *to poison* 有抗毒能力 yǒu kàngdú nénglì

resolute *adj* 坚决（形）jiānjué，坚定（形）jiāndìng，果敢（形）guǒgǎn，果断（形）guǒduàn

resolution *n* (1) 坚决（形）jiānjué，坚定（形）jiāndìng；坚定性（名）jiāndìngxìng；决心（名）juéxīn；果断（形）guǒduàn：*determined ~* 坚定的决心 jiāndìng de juéxīn / *a person of great ~* 一个非常果断的人 yíge fēicháng guǒduàn de rén (2) 解决（动）jiějué (3) 决议（名）juéyì，决定（名）juédìng (4) 分解（动）fēnjiě；解体（动）jiětǐ；解析（动）jiěxī：*the ~ of a chemical mixture* 一种化合物的分解 yìzhǒng huàhéwù de fēnjiě

resolve I *v* (1) 分解（动）fēnjiě，分析（动）fēnxī，分辨（动）fēnbiàn (2) 解决（动）jiějué；解除（动）jiěchú；消除（动）xiāochú：~ *a contradiction* 解决

矛盾 jiějué máodùn (3) 决心（副）juéxīn，决意（副）juéyì；决定（动）juédìng；决议（名）juéyì II *n* (1) 决心（名、副）juéxīn：*make a ~ to do sth.* 决心要做某事 juéxīn yào zuò mǒushì (2) 坚决（形）jiānjué，刚毅（形）gāngyì；毅力（名）yìlì

resort I *v* (1) 使用（动）shǐyòng；诉诸（动）sùzhu；借助（动）jièzhù；求助于 qiúzhùyú：~ *to law* 求助于法律 qiúzhùyú fǎlǜ / ~ *to violence* 使用暴力 shǐyòng bàolì / ~ *to all kinds of methods* 采取一切办法 cǎiqǔ yíqiè bànfǎ / ~ *to peaceful means* 使用和平的方法 shǐyòng hépíng de fāngfǎ (2) 常去 cháng qù II *n* (1) 借助（动）jièzhù，凭借（动）píngjiè：*have ~ to sb.* 求助于某人 qiúzhùyú mǒurén / *without ~ to compulsion* 不靠强制手段 bú kào qiángzhì shǒuduàn (2) 所求助的人、物或方法 suǒ qiúzhù de rén、wù huò fāngfǎ (3) 常去的地方 cháng qù de dìfang，度假的地方 dùjià de dìfang；休憩的地方 xiūqì de dìfang；胜地（名）shèngdì：*a health ~* 疗养地 liáoyǎngdì / *a holiday ~* 度假的地方 dùjià de dìfang / *a picnic ~* 一个野餐的好地方 yíge yěcān de hǎo dìfang / *a fishing ~* 钓鱼场 diàoyú chǎng / *a summer ~* 避暑胜地 bìshǔ shèngdì // *in the last ~* 作为最后的一招 zuòwéi zuìhòu de yìzhāo，最后的办法 zuìhòu de bànfǎ

resource *n* (1) 资源（名）zīyuán，物力（名）wùlì；财力（名）cáilì，资财（名）zīcái：*tap ~s* 开发资源 kāifā zīyuán / *waste ~s and manpower* 浪费人力物力 làngfèi rénlì wùlì (2) 办法（名）bànfǎ；智谋（名）zhìmóu；机智（形）jīzhì (3) 消遣（动）xiāoqiǎn；娱乐（名）yúlè：*a healthy ~ for children* 有益于儿童的娱乐 yǒuyìyú értóng de yúlè

resourceful *adj* 机智（形）jīzhì，机敏（形）jīmǐn，足智多谋的 zúzhì duōmóu de

respect I n（1）尊重（动）zūnzhòng, 尊敬（动）zūnjìng: *show ~ for one's elders* 尊敬长辈 zūnjìng zhǎngbèi / *win the ~ of all classes of society* 赢得社会各个阶层的尊敬 yíngdé shèhuì gège jiēcéng de zūnjìng（2）敬意（名）jìngyì; 问候（动）wènhòu: *pay one's ~s to the heroic fighters* 向英勇的战士致敬 xiàng yīngyǒng de zhànshì zhìjìng（3）考虑（动）kǎolǜ, 注意（动）zhùyì, 重视（动）zhòngshì, 关心（动）guānxīn: *pay ~ to the needs of the people* 重视人民的需要 zhòngshì rénmín de xūyào / *without ~ to the result* 不顾后果 búgù hòuguǒ（4）关系（名）guānxi; 方面（名）fāngmiàn, 着眼点（名）zhuóyǎndiǎn: *with ~ to that question* 关于那个问题 guānyú nàge wèntí / *in many ~s* 在许多方面 zài xǔduō fāngmiàn II v（1）尊敬（动）zūnjìng, 尊重（动）zūnzhòng（2）考虑（动）kǎolǜ, 重视（动）zhòngshì

respectability n（1）可敬（形）kějìng; 体面（形）tǐmiàn; 高尚（形）gāoshàng（2）习俗（名）xísú: *the respectabilities of social life* 社会生活中的各种习俗 shèhuì shēnghuózhōng de gèzhǒng xísú

respectable adj（1）可敬的 kějìng de, 值得尊敬的 zhíde zūnjìng de, 应受尊敬的 yīng shòu zūnjìng de: *a ~ gentleman* 一位可敬的先生 yíwèi kějìng de xiānsheng（2）体面（形）tǐmiàn; 像样 xiàngyàng; 雅观（形）yǎguān; 正派（形）zhèngpài; 高尚（形）gāoshàng: *~ clothes* 像样的衣服 xiàngyàng de yīfu / *~ behaviour* 高尚的行为 gāoshàng de xíngwéi（3）相当好 xiāngdāng hǎo, 不错（形）búcuò; 相当可观 xiāngdāng kěguān, 相当多 xiāngdāng duō: *a ~ income* 相当不错的收入 xiāngdāng búcuò de shōurù

respectful adj 恭敬（形）gōngjìng; 尊敬人的 zūnjìng rén de: *be ~ of tradition* 尊重传统 zūnzhòng chuántǒng

respective adj 各自的 gèzì de, 各人的 gèrén de: *their ~ countries* 他们各自的国家 tāmen gèzì de guójiā

respectively adv 分别地 fēnbié de; 各自地 gèzì de

respiration n 呼吸（动）hūxī: *practise artificial ~* 进行人工呼吸 jìnxíng réngōng hūxī / *deep ~* 深呼吸 shēn hūxī

respiratory adj 呼吸的 hūxī de; 有呼吸作用的 yǒu hūxī zuòyòng de: *~ organs* 呼吸器官 hūxī qìguān / *~ diseases* 呼吸道疾病 hūxīdào jíbìng

respond v（1）回答（动）huídá, 答复（动）dáfù, 作答（动）zuòdá（2）反应（动）fǎnyìng; 响应（动）xiāngyìng; 反响（名）fǎnxiǎng: *~ to the call of the government* 响应政府的号召 xiāngyìng zhèngfǔ de hàozhào / *~ to a toast* 回敬一杯 huíjìng yìbēi / *fail to ~ to any medical treatment* 医治无效 yīzhì wúxiào // *~ to the call of nature* 解手 jiěshǒu, 大（小）便 dà(xiǎo)biàn

response n（1）回答（名）huídá, 答复（名）dáfù, 回音（名）huíyīn（2）响应（动）xiāngyìng; 反应（动）fǎnyìng; 反响（名）fǎnxiǎng // *in ~ to* 应 yìng, 响应 xiāngyìng: *in ~ to a written request* 应书面请求 yìng shūmiàn qǐngqiú

responsibility n（1）责任（名）zérèn; 责任心（名）zérènxīn, 责任感（名）zérèngǎn: *bear ~* 肩负责任 jiānfù zérèn / *shirk ~* 推卸责任 tuīxiè zérèn / *legal ~* 法律责任 fǎlǜ zérèn / *moral ~* 道义上的责任 dàoyìshang de zérèn（2）职责（名）zhízé, 任务（名）rènwù: *the heavy responsibilities of a president* 总统的繁重任务 zǒngtǒng de fánzhòng rènwù // *do sth. on one's own ~* 独立自主行事 dúlì zìzhǔ xíngshì

responsible adj（1）有责任的 yǒu zérèn de, 应负责的 yīng fùzé de（2）认真负责的 rènzhēn fùzé de, 尽职的 jìnzhí de; 可靠（形）kěkào（3）责任重大的 zérèn zhòngdà de: *have a ~ position* 担任重要职务 dānrèn zhòngyào zhíwù // *be ~ for*（1）对…负责

duì... fùzé（2）是 … 原 因 shì...
yuányīn, 归咎于 guījiùyú

rest¹ **I** *n* 休息（动）xiūxi, 歇（动）xiē;
睡眠（名）shuìmián; 安息（动）ānxī,
长眠（动）chángmián: *a short noon*
午休 wǔxiū / *take a good* ～ 好好儿休
息 hǎohāor xiūxi / *go to one's final* ～
长眠 chángmián（死 sǐ）**II** *v*（1）休息
（动）xiūxi, 歇（动）xiē; 睡（动）shuì;
使轻松 shǐ qīngsōng, 使舒适 shǐ
shūshì（2）长眠（动）chángmián, 安息
（动）ānxī（3）安心 ānxīn; 安宁（形）
ānníng（4）静止（动）jìngzhǐ, 停止
（动）tíngzhǐ, 不 动 búdòng: *waves
that never* ～ 永不平静的波涛 yǒng bù
píngjìng de bōtāo（5）支撑（动）
zhīchēng, 搁（动）gē; 停留（动）tíngliú
（6）取决于 qǔjuéyú, 责任在于 zérèn
zàiyú（7）基于（动）jīyú, 根据（动、
名）gēnjù; 寄托（动）jìtuō // *at* ～（1）
安眠 ānmián; 安 息 ānxī, 长 眠
chángmián（2）静 止 jìngzhǐ; 安静
ānjìng: *a volcano at* ～ 静止的火山
jìngzhǐ de huǒshān / ～ *day* 休息日
xiūxirì; 安息日 ānxīrì / ～ *home* 疗养
院 liáoyǎngyuàn, 休养所 xiūyǎngsuǒ /
～ *house* 客栈 kèzhàn / ～ *room* 厕所
cèsuǒ

rest² *n* 剩余部分 shèngyú bùfen; 其余
的人 qíyú de rén; 其余（代）qíyú, 其
他（代）qítā // *and all the* ～ *of it* 以
及其他一切 yǐjí qítā yíqiè / *for the* ～
至于其他 zhìyú qítā; 至于其余 zhìyú
qíyú

restaurant *n* 饭馆儿（名）fànguǎnr, 饭
店（名）fàndiàn, 餐厅（名）cāntīng; 饮
食店（名）yǐnshídiàn: *run a Chinese* ～
开一家中餐馆儿 kāi yìjiā
zhōngcānguǎnr / *a self-service* ～ 自助
餐馆儿 zìzhù cānguǎnr / *a Western-
style* ～ 西式餐厅 xīshì cāntīng / *go to
a* ～ 去饭馆儿吃饭 qù fànguǎnr chīfàn
（下馆子 xià guǎnzi）/ *a roast duck* ～
烤鸭店 kǎoyādiàn // *a* ～ *car* 餐车
cānchē

restful *adj* 平静（形）píngjìng; 安静

（形）ānjìng; 舒适（形）shūshì; 悠闲
（形）yōuxián: *a* ～ *scene* 给人以宁静
之感的景色 gěi rén yǐ níngjìng zhī gǎn
de jǐngsè / ～ *to the eyes* 看着舒适
kànzhe shūshì

restive *adj*（1）烦躁不安 fánzào
bù'ān; 骚 动 sāodòng（2）好 动
hàodòng, 不安稳 bù ānwěn（3）难驾
驭的 nán jiàyù de, 不易控制的 bú yì
kòngzhì de: *a* ～ *horse* 难驾驭的马
nán jiàyù de mǎ

restless *adj*（1）不安静的 bù ānjìng
de, 不宁静的 bù níngjìng de; 永不停
息的 yǒng bù tíngxī de: *spend a* ～
night 度过了一个不眠之夜 dùguòle
yíge bù mián zhī yè（2）坐卧不宁的
zuòwòbùníng de, 心神不定的
xīnshénbúdìng de

restore *v*（1）恢复（动）huīfù, 回复
（动）huífù（2）归还（动）guīhuán, 交
还（动）jiāohuán; 放回（动）fànghuí
（3）修复（动）xiūfù; 整修（动）
zhěngxiū, 修补 xiūbǔ

restrain *n*（1）抑制（动）yìzhì, 遏止
（动）èzhǐ, 制止（动）zhìzhǐ: ～ *trade*
限制贸易 xiànzhì màoyì / ～ *tears* 忍
住眼泪 rěnzhù yǎnlèi（2）管束（动）
guǎnshù, 约束（动）yuēshù; 监禁（动）
jiānjìn

restrict *v* 限制（动）xiànzhì; 限定（动）
xiàndìng; 约束（动）yuēshù: ～ *the
sale of alcohol* 限制酒类的销售 xiànzhì
jiǔlèi de xiāoshòu

restriction *n* 限制（动）xiànzhì; 约束
（动）yuēshù: *relax* ～*s* 放松限制
fàngsōng xiànzhì / *remove* ～*s* 取消限
制 qǔxiāo xiànzhì / *without* ～ 无限制
地 wú xiànzhì de

result **I** *n*（1）结果（名）jiéguǒ, 结局
（名）jiéjú; 成果（名）chéngguǒ; 效果
（名）xiàoguǒ, 成效（名）chéngxiào:
produce satisfactory ～*s* 产生令人满
意的结果 chǎnshēng lìngrén mǎnyì de
jiéguǒ / *a regrettable* ～ 令人遗憾的结
局 lìngrén yíhàn de jiéjú（2）成绩（名）
chéngjì, 分数（名）fēnshù; 比分（名）

bǐfēn (3) 答案（名）dá'àn, 答数（名）dáshù, 得数（名）déshù **II** v 结束（动）jiéshù, 告终（动）gàozhōng // as a ~ 结果 jiéguǒ, 因此 yīncǐ / as a ~ of 因为 yīnwei, 由于 yóuyú / ~ from 发生于 fāshēngyú, 产生于 chǎnshēngyú /~ in 归于 guīyú; 导致 dǎozhì, 造成 zàochéng; 结果是 jiéguǒ shì / without ~ 无结果的 wú jiéguǒ de, 徒然 túrán, 白白地 báibái de

resume v (1) 恢复（动）huīfù; 重新得到 chóngxīn dédào, 重新占用 chóngxīn zhànyòng: ~ one's liberty 恢复自由 huīfù zìyóu (2) 重新开始 chóngxīn kāishǐ; 继续（动）jìxù

retail **I** n 零售（动）língshòu, 零卖（动）língmài: a ~ shop 一个零售商店 yíge língshòu shāngdiàn / at a ~ price 按零售价格 àn língshòu jiàgé / sell goods by ~ 零售货物 língshòu huòwù **II** v 零售（动）língshòu, 零卖（动）língmài **III** adv 以零售方式 yǐ língshòu fāngshì

retailer n 零售商（名）língshòushāng

retain v (1) 保持（动）bǎochí; 保留（动）bǎoliú; 记住 jìzhù (2) 留住 liúzhù; 挡住 dǎngzhù: build a wall to ~ water 修一道挡水的围墙 xiū yídào dǎng shuǐ de wéiqiáng / a dyke ~ing flood waters 一道防洪堤 yídào fánghóngdī (3) 雇用（动）gùyòng, 聘请（动）pìnqǐng

retaliate v 报复（动）bàofu, 回报（动）huíbào, 反击（动）fǎnjī

retaliation n 报复 bàofu, 还击 huánjī: in ~ for 为…而报复 wèi...ér bàofu

retaliatory adj 报复性的 bàofuxìng de, 报复的 bàofu de: a ~ attack 报复性进攻 bàofuxìng jìngōng

retard v 妨碍（动）fáng'ài, 阻止（动）zǔzhǐ; 放慢 fàngmàn; 推迟（动）tuīchí

retarded adj 智力迟钝的 zhìlì chídùn de: ~ children 弱智儿童 ruòzhì értóng

retell v 复述（动）fùshù, 重述（动）

chóngshù; 重讲 chóngjiǎng: a French fable retold in English 用英语复述的一个法国寓言 yòng Yīngyǔ fùshù de yíge Fǎguó yùyán

reticence n 沉默寡言 chénmòguǎyán; 缄默（动）jiānmò; 言不尽意 yánbújìnyì: speak one's mind without ~ 畅所欲言 chàngsuǒyùyán

reticent adj 沉默寡言 chénmòguǎyán, 保持缄默 bǎochí jiānmò; 言不尽意 yánbújìnyì, 说话有保留 shuōhuà yǒu bǎoliú: a ~ person 沉默寡言的人 chénmò guǎyán de rén

retire v (1) 退下（动）tuìxia, 退出（动）tuìchū; 离开（动）líkāi (2) 退却（动）tuìquè, 撤退（动）chètuì (3) 退休（动）tuìxiū; 退职 tuìzhí; 退役 tuìyì; 退隐（动）tuìyǐn: a ~d teacher 一位退休教师 yíwèi tuìxiū jiàoshī / on a pension 退休领取养老金 tuìxiū lǐngqǔ yǎnglǎojīn / ~ into private life 过隐居生活 guò yǐnjū shēnghuó / ~ from office 退职 tuìzhí (4) 睡觉 shuìjiào, 就寝（动）jiùqǐn: ~ to bed 就寝 jiùqǐn

retirement n 退休（动）tuìxiū; 退职 tuìzhí; 退役 tuìyì; 引退 yǐntuì: get disability ~ 因病残而退休 yīn bìngcán ér tuìxiū / one's ~ from city life 离开城市生活 líkāi chéngshì shēnghuó / ~ pay 退休金 tuìxiūjīn

retreat **I** v (1) 撤退（动）chètuì, 退却（动）tuìquè, 后退（动）hòutuì (2) 退居（动）tuìjū **II** n (1) 撤退（动）chètuì, 退却（动）tuìquè: advances and ~s 前进与后退 qiánjìn yǔ hòutuì / troops in full ~ 全线退却的军队 quánxiàn tuìquè de jūnduì (2) 退避（动）tuìbì, 逃避（动）táobì; 隐避（动）yǐnbì: a summer ~ 避暑地 bìshǔdì / ~ from reality 对现实的逃避 duì xiànshí de táobì (3) 隐避的场所 yǐnbì de chǎngsuǒ; 休憩处所 xiūqì chùsuǒ: a quiet country ~ 僻静的乡间休憩处所 pìjìng de xiāngjiān xiūqì chùsuǒ

retribution n 惩罚（名）chéngfá; 报应

（名）bàoyìng

retributive adj 惩罚性的 chéngfáxìng de: ~ action 惩罚行动 chéngfá xíngdòng

retrieve v（1）重新得到 chóngxīn dédào; 取回 qǔhuí, 捡回 jiǎnhuí: ~ lost luggage 找回失去的行李 zhǎohuí shīqù de xínglì（2）挽救（动）wǎnjiù, 挽回（动）wǎnhuí; 补救（动）bǔjiù; 纠正（动）jiūzhèng: ~ errors 纠正错误 jiūzhèng cuòwù / ~ one's honour 挽回名誉 wǎnhuí míngyù

retroact v 有追溯效力 yǒu zhuīsù xiàolì; 可追及过去 kě zhuījí guòqù

retroactive adj 有追溯效力的 yǒu zhuīsù xiàolì de; 可追及过去的 kě zhuījí guòqù de: ~ pay 补发的工资 bǔfā de gōngzī

retrogress v 倒退（动）dàotuì; 退步（动）tuìbù; 衰退（动）shuāituì; 退化（动）tuìhuà: ~ towards primitive civilization 向原始文明倒退 xiàng yuánshǐ wénmíng dàotuì

retrogression n 倒退（动）dàotuì; 退步（动）tuìbù; 衰退（动）shuāituì; 退化（动）tuìhuà: the ~ of civilization 文明的衰退 wénmíng de shuāituì / a ~ towards feudalism 向封建主义倒退 xiàng fēngjiànzhǔyì dàotuì

retrospection n 回顾（动）huígù, 回忆（动）huíyì

retrospective adj 回顾的 huígù de, 回忆的 huíyì de, 追溯过去的 zhuīsù guòqù de: a ~ exhibition of Qi Baishi's paintings 齐白石绘画回顾展 Qí Báishí huìhuà huígùzhǎn / ~ thoughts 缅怀往事 miǎnhuái wǎngshì（怀旧 huáijiù）

return I v（1）回（动）huí, 回来 huílái; 返回（动）fǎnhuí: ~ to China 回到中国 huídào Zhōngguó（2）回复（动）huífù, 恢复（动）huīfù（3）还（动）huán, 归还（动）guīhuán, 退还（动）tuìhuán（4）回报（动）huíbào, 报答（动）bàodá（5）回答说 huídá shuō II n（1）回来 huílái; 返回（动）

fǎnhuí; 回程（名）huíchéng; 往返票（名）wǎngfǎnpiào（2）归还（动）guīhuán, 偿还（动）chánghuán（3）回复（动）huífù, 恢复（动）huīfù: the ~ of the blood pressure to normal 血压恢复正常 xuèyā huīfù zhèngcháng（4）回报（动）huíbào, 报答（动）bàodá（5）利润（名）lìrùn // in ~ 作为报答 zuòwéi bàodá, 回报 huíbào / in ~ for 作为…的交换 zuòwéi... de jiāohuàn, 作为…的报答 zuòwéi... de bàodá: hand money in ~ for a receipt 付款取收据 fùkuǎn qǔ shōujù

returned adj（1）已回来的 yǐ huílai de, 已回国的 yǐ huíguó de: ~ overseas Chinese 归国华侨 guīguó huáqiáo（2）退回的 tuìhuí de, 回收的 huíshōu de: ~ empties 退回的空瓶儿 tuìhuí de kōng píngr

reunion n（1）聚会（名）jùhuì; 团聚（动）tuánjù, 团圆（动）tuányuán: a family ~ 合家团圆 héjiā tuányuán（2）联谊会 liányìhuì, 聚会 jùhuì: the annual alumni ~ 一年一度的校友会 yìnián yídù de xiàoyǒuhuì / the ~ of old friends 老朋友的聚会 lǎopéngyou de jùhuì

reunite v 再结合 zàijiéhé, 再联合 zàiliánhé; 重新聚会 chóngxīn jùhuì

reveal v（1）显示（动）xiǎnshì, 显出（动）xiǎnchū, 显露（动）xiǎnlù（2）泄露（动）xièlù, 透露（动）tòulù, 暴露（动）bàolù

revelation n（1）展现（动）zhǎnxiàn, 展示（动）zhǎnshì; 揭露（动）jiēlù; 暴露（动）bàolù: the ~ of the true facts 事实真相的揭露 shìshí zhēnxiàng de jiēlù（2）意想不到的事 yìxiǎng bú dào de shì; 新发现的事 xīn fāxiàn de shì: a fresh ~ of the laboratory 试验室的新发现 shìyànshì de xīn fāxiàn（3）启示（动）qǐshì: the "R~(s)"《启示录》《Qǐshìlù 》(《圣经新约》)（《Shèngjīng Xīnyuē》）

revenge I v 报仇 bàochóu, 复仇 fùchóu; 报复（动）bàofu: ~ wrong

with wrong 以冤报冤 yǐ yuān bào yuān / ~ *an injustice* 对不公正进行报复 duì bù gōngzhèng jìnxíng bàofu **II** *n* (1) 报仇 bàochóu, 复仇 fùchóu, 报复(动) bàofu (2) 雪耻机会 xuěchǐ jīhuì: *give sb. his* ~ 给某人雪耻机会 gěi mǒurén xuěchǐ jīhuì

revenue *n* 岁入(名) suìrù, 税收(名) shuìshōu: ~ *tax* 财政税 cáizhèngshuì / *a* ~ *officer* 税务员 shuìwùyuán / *the Public R*~ 国库收入 guókù shōurù / *national* ~ 国家岁入 guójiā suìrù

reverberate *v* 回响(动) huíxiǎng; 反响(名) fǎnxiǎng

reverberation *n* 回响(名) huíxiǎng; 反响(名) fǎnxiǎng

reverence *n* 尊敬(动) zūnjìng; 崇敬(动) chóngjìng, 敬仰(动) jìngyǎng: ~ *for scholarship* 崇尚学问 chóngshàng xuéwen

reverie *n* 梦想(名) mèngxiǎng, 幻想(名、动) huànxiǎng, 遐想(名) xiáxiǎng: *pleasant* ~*s* 愉快的遐想 yúkuàide xiáxiǎng / *wake from one's* ~ 从幻想中醒来 cóng huànxiǎng zhōng xǐnglái

reversal *n* (1) 颠倒(动) diāndǎo; 倒转 dàozhuàn; 翻转(动) fānzhuǎn: *a* ~ *of the order of host and guest* 主客顺序的颠倒 zhǔkè shùnxù de diāndǎo / *a* ~ *of the seasons in North and South* 南部和北部季节的颠倒 nánbù hé běibù jìjié de diāndǎo (2) 推翻(动) tuīfān; 撤消(动) chèxiāo; 翻案(动) fān'àn: *a* ~ *of one's previous decision* 推翻原来的决定 tuīfān yuánlái de juédìng

reverse **I** *v* (1) 颠倒(动) diāndǎo, 反转(动) fānzhuǎn, 翻转(动) fānzhuǎn: ~ *a sheet of paper* 把一张纸翻转过来 bǎ yì zhāng zhǐ fānzhuǎnguòlai (2) 倒退(动) dàotuì, 倒转(动) dàozhuàn, 转向(动) zhuànxiàng: ~ *one's attitude* 完全改变态度 wánquán gǎibiàn tàidu (3) 撤消(动) chèxiāo; 推翻(动) tuīfān, 否

定(动) fǒudìng: ~ *the decision of a lower court* 撤消初级法院的判决 chèxiāo chūjí fǎyuàn de pànjué **II** *n* (1) 相反(形) xiāngfǎn (2) 背面(名) bèimiàn, 反面(名) fǎnmiàn: *the* ~ *of the cloth* 布的反面 bù de fǎnmiàn / *the* ~ *side of a gramophone record* 唱片的另一面 chàngpiàn de lìng yímiàn (3) 挫折(名) cuòzhé; 挫败(动) cuòbài: *financial* ~*s* 经济上的挫折 jīngjìshang de cuòzhé **III** *adj* (1) 颠倒的 diāndǎo de: *in* ~ *order* 颠倒顺序的 diāndǎo shùnxù de (2) 相反的 xiāngfǎn de: *in the* ~ *direction* 往相反的方向 wàng xiāngfǎn de fāngxiàng (3) 背面的 bèimiàn de, 反面的 fǎnmiàn de: *the* ~ *side of a form* 一张表格的反面 yìzhāng biǎogé de fǎnmiàn // ~ *the charges* 由受话人付电话费 yóu shòuhuàrén fù diànhuàfèi

reversion *n* (1) 复旧(动) fùjiù; 恢复(动) huīfù: *a* ~ *to primitive civilization* 重新回到原始文明上去 chóngxīn huídào yuánshǐ wénmíngshang qù (2) 归还原主 guīhuán yuánzhǔ

revert *v* 回复(动) huífù; 回到 huídào; 恢复(动) huīfù: ~ *to the old state* 恢复老样子 huīfù lǎoyàngzi

review **I** *v* (1) 回顾(动) huígù; 再考虑 zài kǎolǜ (2) 复习(动) fùxí, 温习(动) wēnxí (3) 检阅(动) jiǎnyuè (4) 评论(动、名) pínglùn: 写评论 xiě pínglùn **II** *n* (1) 回顾(动) huígù; 复习(动) fùxí: *a general* ~ 总复习 zǒngfùxí (2) 阅兵 yuèbīng; 检阅(动) jiǎnyuè (3) 评论(名、动) pínglùn; 评论性刊物 pínglùnxìng kānwù: *a book* ~ 书评 shūpíng

reviewer *n* 评论者(名) pínglùnzhě; 书评作者 shūpíng zuòzhě; 报刊评论家 bàokān pínglùnjiā: *a book* ~ 书评的作者 shūpíng de zuòzhě

revise *v* (1) 修订(动) xiūdìng, 校订(动) jiàodìng, 审订(动) shěndìng, 审校(动) shěnjiào: ~ *teaching materials* 审订教材 shěndìng jiàocái / *a* ~*d edi-*

tion 修订本 xiūdìngběn / ～ *the printer's proofs* 修改校样 xiūgǎi jiàoyàng / ～*d by sb.* 由某人审订 yóu mǒurén shěndìng (2) 改变（动）gǎibiàn，修改（动）xiūgǎi，修正（动）xiūzhèng：～ *a contract* 修改合同 xiūgǎi hétong / *the* ～*d schedule* 修改后的日程 xiūgǎi hòu de rìchéng (3) 复习（动）fùxí；温习（动）wēnxí

reviser, revisor *n* 校订者（名）jiàodìngzhě，校阅者（名）jiàoyuèzhě；审校（动）shěnjiào：*the literary* ～ *of "China Daily"*《中国日报》的文字审校《Zhōngguó Rìbào》de wénzì shěnjiào

revision *n* (1) 修订（动）xiūdìng，校订（动）jiàodìng；修改（动）xiūgǎi，修正（动）xiūzhèng：～ *of the regulations* 章程的修改 zhāngchéng de xiūgǎi / *after 3* ～*s* 经过三次修订 jīngguò sāncì xiūdìng (2) 修订本（名）xiūdìngběn，修订版（名）xiūdìngbǎn

revisionism *n* 修正主义（名）xiūzhèngzhǔyì

revisionist *n* 修正主义者（名）xiūzhèngzhǔyìzhě

revoke *v* 撤回（动）chèhuí；撤消（动）chèxiāo；取消（动）qǔxiāo：～ *an order* 撤消命令 chèxiāo mìnglìng

revolt **I** *v* (1) 反抗（动）fǎnkàng；造反（动）zàofǎn，反叛（动）fǎnpàn；起义（动）qǐyì (2) 反感（形）fǎngǎn；厌恶（动）yànwù，憎恶（动）zēngwù **II** *n* 反抗（动）fǎnkàng；造反（动）zàofǎn，反叛（动）fǎnpàn；叛乱（名）pànluàn，起义（名）qǐyì：*rise in* ～ 起来造反 qǐlái zàofǎn（举行起义 jǔxíng qǐyì）/ *put down a* ～ 镇压叛乱 zhènyā pànluàn / *a peasant* ～ 农民起义 nóngmín qǐyì（农民暴动 nóngmín bàodòng）/ *a* ～ *against the government* 反抗政府 fǎnkàng zhèngfǔ / *armed* ～ 武装起义 wǔzhuāng qǐyì（武装叛乱 wǔzhuāng pànluàn）

revolution *n* (1) 革命（名、动）gémìng；变革（名、动）biàngé，改革（名、动）gǎigé：*a* ～ *in modern physics* 现代物理学的革命 xiàndài wùlǐxué de gémìng / ～*s in the means of communication* 通讯工具的大改革 tōngxùn gōngjù de dà gǎigé (2) 旋转（动）xuánzhuǎn；公转（动）gōngzhuàn：45 ～*s per minute* 每分钟旋转四十五次 měi fēnzhōng xuánzhuǎn sìshíwǔcì (3) 循环（名、动）xúnhuán，周期（名）zhōuqī：*the* ～ *of the seasons* 季节的循环 jìjié de xúnhuán // *an agrarian* ～ 土地革命 tǔdì gémìng / *the American R*～ 美国独立战争 Měiguó Dúlì Zhànzhēng / *the French R*～ 法国大革命 Fǎguó Dàgémìng / *the industrial* ～ 产业革命 chǎnyè gémìng，工业革命 gōngyè gémìng

revolutionary **I** *adj* 革命的 gémìng de；大变革的 dà biàngé de：*a* ～ *advance in medical treatment* 医疗方面一次革命性的进步 yīliáo fāngmiàn yícì gémìngxìng de jìnbù / ～ *spirit* 革命精神 gémìng jīngshén **II** *n* 革命者（名）gémìngzhě

revolve *v* (1) 旋转（动）xuánzhuǎn，转动（动）zhuàndòng (2) 慎重考虑 shènzhòng kǎolǜ；反复思考 fǎnfù sīkǎo

revolver *n* 左轮手枪 zuǒlún shǒuqiāng

revolving *adj* 旋转的 xuánzhuǎn de；周转性的 zhōuzhuǎnxìng de：*a* ～ *chair* 转椅 zhuànyǐ / *a* ～ *door* 旋转门 xuánzhuǎnmén / *a theatre with a* ～ *stage* 一个有旋转舞台的剧院 yíge yǒu xuánzhuǎn wǔtái de jùyuàn

revulsion *n*（感情等的）突变（gǎnqíng děng de）tūbiàn；急剧反应 jíjù fǎnyìng：*a feeling of* ～ 感情上的突变 gǎnqíngshang de tūbiàn / *a* ～ *against war* 反战的急剧反应 fǎn zhàn de jíjù fǎnyìng

reward **I** *n* (1) 报答（动）bàodá，报偿（动）bàocháng；酬谢（动）chóuxiè (2) 报酬（名）bàochóu，酬金（名）chóujīn；赏金（名）shǎngjīn：*offer a* ～ *for the capture of a runaway criminal* 悬赏捉拿逃犯 xuánshǎng zhuōná

táofàn **II** *v* 报答（动）bàodá，报偿
（动）bàocháng，酬劳（动）chóuláo，酬
谢（动）chóuxiè；赞赏（动）zànshǎng

rewarding *adj* 有益的 yǒuyì de；值得
做的 zhídé zuò de：*a ~ job* 有益的工
作 yǒuyì de gōngzuò / *a ~ book* 值得
一读的书 zhídé yìdú de shū

rewrite *v* 改写（动）gǎixiě；重写（动）
chóngxiě

rhetoric *n* （1）修辞学（名）xiūcíxué；
语言技巧 yǔyán jìqiǎo：*writer's ~* 写
作技巧 xiězuò jìqiǎo（2）浮夸语言
fúkuā yǔyán

rheumatism *n* 风 湿 病 （名）
fēngshībìng：*acute*（*chronic*）*~* 急
（慢）性风湿病 jí(màn)xìng fēngshībìng

rhyme **I** *n* （1）韵（名）yùn，韵脚（名）
yùnjiǎo；同韵的词 tóngyùn de cí（2）
韵文（名）yùnwén；短诗 duǎnshī：*a
nursery ~* 摇篮曲 yáolánqǔ / *a book
of ~s for children* 一本儿歌 yìběn
érgē **II** *v* （1）押韵 yāyùn；使押韵 shǐ
yāyùn：*~d verse* 押韵诗 yāyùnshī（2）
作诗 zuò shī，吟诗 yínshī // *~ or
reason* 道理 dàolǐ，意义 yìyì：*without
~ or reason* 毫无道理 háowú dàolǐ
（莫名其妙 mòmíngqímiào）

rhythm *n* 节奏（名）jiézòu，节拍（名）
jiépāi，韵律（名）yùnlǜ：*the heart ~*
心脏跳动的节奏 xīnzàng tiàodòng de
jiézòu（心律 xīnlǜ）

rib **I** *n* （1）肋骨（名）lèigǔ：*a broken
~* 一根折断了的肋骨 yìgēn zhéduànle
de lèigǔ（2）排骨（名）páigǔ：*pork ~s*
猪 排 骨 zhūpáigǔ （3）肋骨状物
lèigǔzhuàngwù **II** *v* 取笑（动）qǔxiào，
逗笑（动）dòuxiào；玩笑（名）wánxiào

ribbon *n* （1）带子（名）dàizi；缎带
（名）duàndài，丝带（名）sīdài：*a black
typewriter ~* 黑色打字带 hēisè
dǎzìdài（2）绶带（名）shòudài：*a blue
~* 蓝绶带 lán shòudài（3）碎条（名）
suìtiáo，碎片（名）suìpiàn：*torn to ~s*
撕成碎片 sīchéng suìpiàn

rice *n* 稻（名）dào，稻子（名）dàozi；
米（名）mǐ，大米（名）dàmǐ；饭（名）

fàn，米饭（名）mǐfàn：*polished ~* 精
白米 jīngbáimǐ / *ground ~* 米粉
mǐfěn / *boiled ~* 米饭 mǐfàn // *early*
（*middle-season*，*late*）*~* 早（中、晚）
稻 zǎo(zhōng，wǎn)dào / *glutinous ~*
糯米 nuòmǐ / *paddy*（*upland*）*~* 水
（旱）稻 shuǐ（hàn）dào / *single-crop*
（*double-crop*）*~* 单（双）季稻 dān
（shuāng）jì dào / *unhusked ~* 稻谷
dàogǔ

rich *adj* （1）富（形）fù，富裕（形）
fùyù，富 有（形）fùyǒu，有 钱 的
yǒuqián de：*a ~ person* 有钱人
yǒuqiánrén（富人 fùrén）/ *a ~ coun-
try* 富国 fùguó（2）丰富（形）fēngfù；
富饶（形）fùráo，多产的 duōchǎn de：
~ soil 肥沃的土地 féiwò de tǔdì /
practical experiences 丰富的实践经验
fēngfù de shíjiàn jīngyàn / *a city ~ in
ancient buildings* 一座拥有许多古代
建筑的城市 yízuò yōngyǒu xǔduō gǔdài
jiànzhù de chéngshì（3）贵重（形）
guìzhòng，珍贵（形）zhēnguì：*~ silk*
珍贵的丝绸 zhēnguì de sīchóu /
furniture 贵重的家具 guìzhòng de
jiājù / *gifts* 贵重礼物 guìzhòng
lǐwù（4）繁茂（形）fánmào：*~ mead-
ows* 葱郁的草地 cōngyù de cǎodì（5）
华丽（形）huálì；鲜艳（形）xiānyàn；
强烈（形）qiángliè：*~ colours* 华丽的
颜色 huálì de yánsè / *a ~ purple* 鲜
紫色 xiān zǐsè / *a ~ landscape* 瑰丽
的景色 guìlì de jǐngsè（6）油腻（形）
yóunì：*~ food* 油腻的食物 yóunì de
shíwù

riches *n* 财富（名）cáifù；财宝（名）
cáibǎo；珍宝（名）zhēnbǎo：*pile up ~*
聚集财富 jùjí cáifù / *the ~ of Chinese
poetry* 丰富多彩的中国诗歌
fēngfùduōcǎi de Zhōngguó shīgē / *great
~* 巨富 jùfù

rid *v* 使摆脱 shǐ bǎituō；使去掉 shǐ
qùdiào：*~ oneself of debt* 还清债务
huánqīng zhàiwù / *~ a city of rats
and mice* 消灭城市的鼠害 xiāomiè
chéngshì de shǔhài // *get ~ of* 摆脱

bǎituō; 去掉 qùdiào; 清除 qīngchú

riddle¹ *n* (1) 谜(名) mí, 谜语(名) míyǔ: *solve a ~* 解谜 jiě mí (猜谜 cāi mí) (2) 哑谜(名) yǎmí, 莫名其妙的人(或事) mòmíngqímiào de rén (huò shì); 闷葫芦(名) mènhúlu

riddle² Ⅰ *n* 筛子(名) shāizi, 粗筛(名) cūshāi Ⅱ *v* (1) 筛(动) shāi: *~ soil* 筛土 shāi tǔ / *~ gravel* 筛砂砾 shāi shālì (2) 穿孔 chuān kǒng, 打上窟窿 dǎshàng kūlong

ride Ⅰ *v* (1) 骑(动) qí, 乘(动) chéng, 坐(动) zuò, 骑马 qí mǎ; 乘车 chéng chē, 坐车 zuò chē: *~ in a train (plane)* 坐火车(飞机) zuò huǒchē (fēijī) (2) 骑起来 qíqilai, 乘起来 chéngqilai, 走起来 zǒuqilai Ⅱ *n* 骑马 qí mǎ; 乘车 chéng chē; 乘坐(动) chéngzuò; (骑马或乘车) 旅行(动) (qí mǎ huò chéng chē) lǚxíng; 行程(名) xíngchéng, 路程(名) lùchéng: *enjoy an elephant ~* 骑大象玩儿 qí dàxiàng wánr

rider *n* 乘车(或骑马)的人 chéng chē (huò qímǎ) de rén

ridge *n* 脊(名) jǐ, 隆起的部分 lóngqǐ de bùfen: *the green ~ of a hill* 绿色的山脊 lǜsè de shānjǐ / *the ~ of a horse's back* 马的脊背 mǎ de jǐbèi / *the ~ of the nose* 鼻梁 bíliáng

ridiculous *adj* 可笑(形) kěxiào; 荒唐(形) huāngtáng; 荒谬(形) huāngmiù

ridiculously *adv* 可笑地 kěxiào de, 荒谬地 huāngmiù de; 滑稽地 huájī de

rifle¹ *n* 步枪(名) bùqiāng; 来复枪(名) láifùqiāng: *an automatic ~* 自动步枪 zìdòng bùqiāng

rifle² *v* (1) 搜查并抢劫 sōuchá bìng qiǎngjié (2) 偷盗(动) tōudào; 抢劫(动) qiǎngjié

rift *n* (1) 裂缝(名) lièfèng, 缝隙(名) fèngxì (2) 裂痕(名) lièhén; 不和 bùhé

right Ⅰ *adj* (1) 正确(形) zhèngquè, 对(形) duì: *a ~ answer* 正确的答案 zhèngquè de dá'àn (2) 恰当(形) qiàdàng, 合适(形) héshì (3) 正常

(形) zhèngcháng, 健全(形) jiànquán (4) 正直(形) zhèngzhí, 正义(形) zhèngyì; 公正(形) gōngzhèng: *a ~ man* 正直的人 zhèngzhí de rén / *a ~ cause* 正义事业 zhèngyì shìyè (5) 如实的 rúshí de, 真正(形) zhēnzhèng: *~ Chinese tea* 真正的中国茶叶 zhēnzhèng de Zhōngguó cháyè (6) 正面的 zhèngmiàn de; 笔直(形) bǐzhí; 垂直的 chuízhí de: *a ~ line* 一条直线 yìtiáo zhíxiàn / *a ~-angled triangle* 直角三角形 zhíjiǎo sānjiǎoxíng (7) 右(形、名) yòu, 右边的 yòubiān de; 右翼的 yòuyì de Ⅱ *adv* (1) 正确(形) zhèngquè, 对(形) duì, 不错 búcuò; 适当(形) shìdàng (2) 顺利(形) shùnlì, 好(形) hǎo (3) 直接地 zhíjiē de, 径直地 jìngzhí de (4) 正好(副) zhènghǎo, 恰恰(副) qiàqià; 就(副) jiù: *~ now* 马上 mǎshàng (立刻 lìkè) (5) 在右边 zài yòubiān, 向右 xiàng yòu Ⅲ *n* (1) 正确(形) zhèngquè, 对(形) duì (2) 公正(形) gōngzhèng; 正义(形) zhèngyì; 道理(名) dàolǐ (3) 权(名) quán, 权利(名) quánlì: *~s and duties* 权利和义务 quánlì hé yìwù / *human ~s* 人权 rénquán / *civil ~s* 公民权 gōngmínquán / *defend women's ~s* 捍卫女权 hànwèi nǚquán (4) 右(名、形) yòu, 右边(名) yòubiān, 右方(名) yòufāng Ⅳ *v* (1) 正(动) zhèng, 扶直(动) fúzhí, 整理(动) zhěnglǐ: *~ a fallen pole* 把倒下的杆子扶正 bǎ dǎoxià de gānzi fúzhèng / *~ a kitchen* 收拾厨房 shōushi chúfáng (2) 纠正(动) jiūzhèng, 矫正(动) jiǎozhèng; 申冤 shēnyuān: *~ an error* 纠正错误 jiūzhèng cuòwù / *~ a wrong* 平反 píngfǎn (纠正错案 jiūzhèng cuò'àn) // *as of ~* 按照法律 ànzhào fǎlǜ; 按照应得的权利 ànzhào yīngdé de quánlì / *by ~* 凭 píng, 因为 yīnwei / *do sb. ~* 公平地对待某人 gōngpíng de duìdài mǒurén / *get ~* 恢复正常 huīfù zhèngcháng / *get sth. ~* 弄对 nòngduì; 搞清楚 gǎoqīngchu / *in one's* *own* ~ 凭本身的资格 píng běnshēn de zīgé / *put* ~（1）使恢复正常 shǐ huīfù zhèngcháng（2）纠正错误 jiūzhèng cuòwù / ~ *and left*（1）向（从）左右两边 xiàng（cóng）zuǒyòu liǎngbiān（2）到处 dàochù，四面八方 sìmiànbāfāng: *be surrounded* ~ *and left* 被四面包围 bèi sìmiàn bāowéi / ~ *away* 立刻 lìkè / ~ *hand*（1）右手 yòushǒu（2）得力助手 délì zhùshǒu/~ *or wrong* 不管对错 bùguǎn duìcuò；不管怎样 bùguǎn zěnyàng / ~ *wing* 右翼 yòngyì / *serve sb.* ~ 给某人报应 gěi mǒurén bàoyìng

righteous *adj* 正当（形）zhèngdàng；公正（形）gōngzhèng；正义（形）zhèngyì: *a* ~ *action* 正义的行动 zhèngyì de xíngdòng

right-handed *adj* 右手的 yòushǒu de；使用右手的 shǐyòng yòushǒu de

right-hander *n* 惯用右手的人 guàn yòng yòushǒu de rén

rightist **I** *adj* 右倾的 yòuqīng de；右倾分子的 yòuqīngfènzǐ de，右派分子的 yòupàifènzǐ de **II** *n* 右派分子 yòupàifènzǐ；右倾分子 yòuqīngfènzǐ

rigid *adj*（1）坚硬（形）jiānyìng；不易弯曲的 bú yì wānqū de: *supported on a* ~ *framework* 支撑在一个坚实的骨架上 zhīchēngzài yíge jiānshí de gǔjiàshang（2）坚定（形）jiāndìng，固执（形）gùzhí，不易改变 búyì gǎibiàn（3）严格（形）yángé；严厉（形）yánlì；生硬（形）shēngyìng；死板（形）sǐbǎn: ~ *competitive examinations* 严格的竞争性考试 yángé de jìngzhēngxìng kǎoshì / *the* ~ *discipline of army life* 军队生活的严格纪律 jūnduì shēnghuó de yángé jìlù / ~ *rules* 死板的规定 sǐbǎn de guīdìng

rigidity *n*（1）坚硬（形）jiānyìng；不弯 bù wān: *the* ~ *of a framework* 骨架的坚硬性 gǔjià de jiānyìngxìng（2）坚定（形）jiāndìng，固执（形）gùzhí，不变 bú biàn: *the* ~ *of one's opinions*

看法的一成不变 kànfǎ de yìchéng búbiàn / *the* ~ *of one's beliefs* 信仰的坚定不移 xìnyǎng de jiāndìng bùyí（3）严峻（形）yánjùn，严厉（形）yánlì，严格（形）yángé

rigorous *adj*（1）严厉（形）yánlì，严格（形）yángé: ~ *rules* 严格的规则 yánggé de guīzé / ~ *tests* 严峻的考验 yánjùn de kǎoyàn/the ~ *hardships of a journey* 旅途的艰辛 lǚtú de jiānxīn / ~ *punishment* 严厉的惩处 yánlì de chéngchǔ（2）严谨（形）yánjǐn，严密（形）yánmì，精细（形）jīngxì: *scholarship* 严谨的治学态度 yánjǐn de zhìxué tàidu

rigour *n*（1）严厉（形）yánlì，严格（形）yángé；无情（形）wúqíng: *the* ~ *of a punishment* 严厉的惩罚 yánlì de chéngfá / *enforce a law with* ~ 严格地实施一项法律 yángé de shíshī yíxiàng fǎlù（2）严酷（形）yánkù；艰苦（形）jiānkǔ；严寒 yánhán: *the* ~ *of winter* 冬季的严寒 dōngjì de yánhán / *the* ~*s of life in the Arctic Circle* 北极圈内艰苦的生活 běijíquānnèi jiānkǔ de shēnghuó（3）严密（形）yánmì，精确（形）jīngquè: *logical* ~ 逻辑的严密性 luójí de yánmìxìng / *the* ~ *of a scientific proof* 一项科学证明的精确性 yíxiàng kēxué zhèngmíng de jīngquèxìng

rim *n* 边（名）biān，缘（名）yuán，边缘（名）biānyuán: *the* ~ *of a wheel* 车轮子的边 chēlúnzi de biān / *the* ~ *of an eyeglass* 眼镜边儿 yǎnjìngbiānr / *the* ~ *of a teacup* 茶杯口 chábēikǒu

ring¹ **I** *n*（1）圈（名）quān，环（名）huán: *a basket* ~ 篮圈 lánquān / *a key* ~ 钥匙圈 yàoshiquān / *flying* ~*s* 吊环 diàohuán（2）戒指（名）jièzhi: *a wedding* ~ 一只结婚戒指 yìzhī jiéhūn jièzhi（3）环状（名）huánzhuàng，圆圈（名）yuánquān: *a* ~ *of light* 光环 guānghuán / *blow smoke* ~*s* 吐烟圈儿 tǔ yānquānr（4）集团（名）jítuán，团伙（名）tuánhuǒ: *a drug* ~ 贩毒集

团 fàndú jítuán / a price ~ 操纵物价
的团伙 cāozòng wùjià de tuánhuǒ / a
spy ~ 间谍网 jiàndiéwǎng II v (1) 包
围 (动) bāowéi; 围拢 (动) wéilǒng;
环绕 (动) huánrào (2) 画圈 huà quān,
圈圈儿 quān quānr

ring² I v (1) 响 (动) xiǎng, 鸣 (动)
míng (2) 按铃 àn líng; 摇铃 yáo líng;
敲钟 qiāo zhōng (3) 听起来 tīngqilai:
~ false 听来不真实 tīnglái bùzhēnshí
(4) 打电话 dǎ diànhuà II n (1) 铃声
língshēng, 钟声 zhōngshēng, 洪亮的
声音 hóngliàng de shēngyīn: the ~ of
a bell (a telephone) 铃 (电话) 声 líng
(diànhuà) shēng / a ~ of happy
laughter 响亮的欢笑声 xiǎngliàng de
huānxiàoshēng (2) 按铃 àn líng; 打电
话 dǎ diànhuà: give the bell a ~ 按一
下铃 àn yíxià líng // ~ a bell 使人想
起什么事来 shǐ rén xiǎngqǐ shénme shì
lái / ~ off 挂断电话 guàduàn
diànhuà / ~ up 打电话 dǎ diànhuà /
~ with 响起 xiǎngqǐ

rinse I v (1) 冲洗 (动) chōngxǐ; 清洗
(动) qīngxǐ; 漂净 piǎojìng: ~ clothes
漂洗衣服 piǎoxǐ yīfu / ~ the soap out
of the washed clothes 把肥皂从洗过的
衣服上漂净 bǎ féizào cóng xǐguo de
yīfushang piǎojìng (2) 涮 (动) shuàn;
漱 (动) shù II n 冲洗 (动) chōngxǐ;
漂洗 (动) piǎoxǐ; 涮 (动) shuàn; 漱
(动) shù

riot I n (1) 暴乱 (名) bàoluàn; 骚乱
(名、动) sāoluàn, 骚动 (动) sāodòng:
put down a ~ 平息一场暴乱 píngxī
yìcháng bàoluàn (2) 引起轰动的演出
yǐnqǐ hōngdòng de yǎnchū; 极为有趣
的人或事物 jíwéi yǒuqù de rén huò
shìwù II v 骚动 (动) sāodòng, 骚乱
(动) sāoluàn, 闹事 nàoshì // a ~ of
colour 五彩缤纷 wǔcǎibīnfēn

rip I v 撕 (动) sī, 扯 (动) chě, 拆
(动) chāi; 划破 (动) huápò II n 口子
(名) kǒuzi, 裂口 (名) lièkǒu, 裂缝
(名) lièfèng // ~ off 偷 tōu; 抢
qiǎng; 索要高价 suǒyào gāojià

ripe adj (1) 熟 (形) shú; 成熟 (形)
chéngshú; 时机成熟的 shíjī chéngshú
de; 准备好的 zhǔnbèihǎo de: ~ ap-
ples 熟苹果 shú píngguǒ / ~ wine 醇
酒 chúnjiǔ (2) 成年 (名) chéngnián;
年高 niángāo; 老练 (形) lǎoliàn: a
person of ~ years 成年人
chéngniánrén

ripple I n (1) 涟漪 (名) liányī; 细浪
xìlàng; 波纹 (名) bōwén (2) 潺潺水
声 chánchán shuǐshēng; 轻轻的笑语声
qīngqīng de xiàoyǔshēng II v 起细浪 qǐ
xìlàng, 起波纹 qǐ bōwén; 做潺潺声
zuò chánchánshēng

rise I v (1) 起立 (动) qǐlì; 起床
qǐchuáng; 站立 (动) zhànlì (2) 升起
(动) shēngqǐ, 上升 (动) shàngshēng,
升高 shēnggāo (3) 上涨 (动)
shàngzhǎng, 增长 (动) zēngzhǎng; 增
强 (动) zēngqiáng (4) 高起 gāoqǐ, 隆
起 (动) lóngqǐ, 耸起 (动) sǒngqǐ (5)
起义 (动) qǐyì; 起来反抗 qǐlái fǎnkàng
(6) 浮起 (动) fúqǐ; 出现 (动) chūxiàn
(7) 发源 (动) fāyuán, 起因 (名) qǐyīn
(8) 提升 (动) tíshēng; (地位) 升高
(动) (dìwèi) shēnggāo II n (1) 升起
(动) shēngqǐ, 上升 (动) shàngshēng:
the ~ of the sun 太阳的升起 tàiyáng
de shēngqǐ (2) 上涨 (动) shàngzhǎng,
增长 (动) zēngzhǎng: a ~ in temper-
ature 温度的升高 wēndù de shēnggāo /
a ~ in wages 工资的增加 gōngzī de
zēngjiā / the ~ of the tide 潮水的上
涨 cháoshuǐ de shàngzhǎng (3) 高地
(名) gāodì; 岗 (名) gāng; 斜坡 (名)
xiépō: a ~ in the road 路上的高坡
lùshang de gāopō (4) 提高 (动) tígāo;
升高 (动) shēnggāo, 兴起 (动) xīngqǐ:
a ~ in social position 社会地位的提
高 shèhuì dìwèi de tígāo / a ~ to
power 得势 déshì / the ~ and fall of
the Roman Empire 罗马帝国的兴亡
Luómǎ Dìguó de xīngwáng (5) 起源
(动) qǐyuán; 发生 (动) fāshēng //
give ~ to 引起 yǐnqǐ, 招致 zhāozhì /
~ to the bait 上钩 shàng gōu, 入圈套

rù quāntào

riser *n* 起床的人 qǐchuáng de rén: *a late ~* 晚起者 wǎnqǐzhě

risk **I** *n* 危险（名）wēixiǎn，风险（名）fēngxiǎn: *run the ~ of losing one's job* 冒着丢掉工作的危险 màozhe diūdiào gōngzuò de wēixiǎn **II** *v* (1) 冒…危险 mào... wēixiǎn，担…风险 dān... fēngxiǎn: *failure* 冒失败的危险 mào shībài de wēixiǎn (2) 冒着危险去干 màozhe wēixiǎn qùgàn，胆敢（副）dǎngǎn: *~ a battle* 冒险打一仗 màoxiǎn dǎ yí zhàng / *~ one's life for honour's sake* 拼着性命去保全荣誉 pīnzhe xìngmìng qù bǎoquán róngyù / *~ one's money at cards* 豁出钱去玩儿牌 huōchū qián qù wánr pái // *at all ~s* 无论冒什么危险 wúlùn mào shénme wēixiǎn；无论如何 wúlùn rúhé / *at one's own ~* 由自己负责 yóu zìjǐ fùzé / *at owner's ~* 由货主负责 yóu huòzhǔ fùzé / *take a ~* 冒险 màoxiǎn

risky *adj* 危险（形）wēixiǎn；冒险的 màoxiǎn de，担风险的 dān fēngxiǎn de: *a ~ business* 冒险事业 màoxiǎn shìyè

rival **I** *n* (1) 竞争者（名）jìngzhēngzhě，对手（名）duìshǒu: *business ~s* 行业上的竞争对手 hángyèshang de jìngzhēng duìshǒu / *a ~ in love* 情敌 qíngdí (2) 匹敌者（名）pǐdízhě；可相比的事物 kě xiāngbǐ de shìwù **II** *adj* 竞争的 jìngzhēng de: *~ companies* 相互竞争的公司 xiānghù jìngzhēng de gōngsī / *~ teams* 对手队 duìshǒuduì **III** *v* 竞争（动）jìngzhēng；与…相媲美 yǔ... xiāng pìměi，比得上 bǐ de shàng

rivalry *n* 竞争（动）jìngzhēng，竞赛（动）jìngsài，对抗（动）duìkàng: *the ~ between business companies* 商业公司间的竞争 shāngyè gōngsī jiān de jìngzhēng / *the spirit of friendly ~* 友好竞争的精神 yǒuhǎo jìngzhēng de jīngshén / *international ~ in sports* 国际体育竞赛 guójì tǐyù jìngsài

river *n* (1) 江（名）jiāng，河（名）hé，水道（名）shuǐdào: *the Yangtze R~* 长江 Chángjiāng / *the R~ Thames* 泰晤士河 Tàiwùshìhé / *the Han R~ in Hubei Province* 湖北省境内的汉水 Húběi Shěng jìngnèi de Hànshuǐ (2) 巨流（名）jùliú，大量（形）dàliàng: *a ~ of lava* 熔岩的巨流 róngyán de jùliú // *~ bed* 河床 héchuáng / *~ basin* 江河流域 jiānghé liúyù

riverside **I** *n* 河岸（名）hé'àn，河边 hébiān **II** *adj* 河边的 hébiān de: *a ~ park* 滨河公园 bīnhé gōngyuán / *a ~ hotel* 滨江旅馆 bīnjiāng lǚguǎn

road *n* (1) 路（名）lù，道路（名）dàolù，公路（名）gōnglù: *build a ~* 修路 xiū lù / *a main ~* 干线 gànxiàn / *~ accidents* 车祸 chēhuò（交通事故 jiāotōng shìgù）(2) 途径（名）tújìng: *the ~ to success* 通向成功之路 tōngxiàng chénggōng zhī lù // *by ~* 由公路 yóu gōnglù / *on the ~* 在旅途中 zài lǚtú zhōng；路边的 lùbiān de / *~ map* (汽车司机的)行车路线图 (qìchē sījī de) xíngchē lùxiàntú，道路交通图 dàolù jiāotōngtú / *~ roller* 轧道机 yàdàojī / *~ safety* 交通安全 jiāotōng ānquán / *take the ~* (1) 出发 chūfā，动身 dòngshēn (2) 走…道路 zǒu... dàolù

roadbed *n* 路基（名）lùjī

roadblock *n* 路障（名）lùzhàng

road-book *n* 路线指南 lùxiàn zhǐnán

roadside *n* 路边 lùbiān

roadway *n* 街心（名）jiēxīn，路面（名）lùmiàn

roam *v* 漫步（动）mànbù，漫游（动）mànyóu，游历（动）yóulì

roamer *n* 漫游者（名）mànyóuzhě，游历者（名）yóulìzhě

roar **I** *v* (1) 吼（动）hǒu，吼叫（动）hǒujiào，呼啸（动）hūxiào，轰鸣（动）hōngmíng: *a ~ing wind* 呼啸的风 hūxiào de fēng (2) 呼喊（动）hūhǎn，大喊大叫 dàhǎndàjiào (3) 大笑 dàxiào **II** *n* (1) 吼叫（动）hǒujiào，呼啸（动）

hūxiào, 怒号（动）nùháo, 咆哮（动）
páoxiāo, 轰鸣声 hōngmíngshēng, 喧
闹声 xuānnàoshēng: *the ~s of a tiger*
虎啸 hūxiào / *the ~ of guns* 隆隆的
炮声 lónglóng de pàoshēng（2）喊叫
（动）hǎnjiào, 大笑声 dàxiàoshēng:
~s of laughter 哄笑声 hōngxiàoshēng

roast **I** *v* 烤（动）kǎo, 烘（动）hōng:
~ *coffee beans* 烘咖啡豆 hōng
kāfēidòu / ~ *a chicken* 烤鸡 kǎo jī **II**
n（1）烤肉（名）kǎoròu（2）烤（动）
kǎo, 烧（动）shāo: *a ~ chicken* 一只
烧鸡 yìzhī shāo jī

roaster *n*（1）烤箱（名）kǎoxiāng, 烤
炉（名）kǎolú（2）适合烤制的肉食
shìhé kǎozhì de ròushí

roasting *adj* 炎热的 yánrè de, 酷热的
kùrè de

rob *v*（1）抢（动）qiǎng, 抢劫（动）
qiǎngjié, 盗取（动）dàoqǔ: ~ *a bank*
抢劫银行 qiǎngjié yínháng（2）剥夺
（动）bōduó, 使丧失 shǐ sàngshī

robber *n* 强盗（名）qiángdào, 盗贼
（名）dàozéi: *a gang of armed ~s* 一
个武装盗窃集团 yíge wǔzhuāng dàoqiè
jítuán / *bank ~s* 抢劫银行的歹徒
qiǎngjié yínháng de dǎitú

robbery *n* 抢劫（动）qiǎngjié, 抢夺
（动）qiǎngduó, 抢劫罪（名）
qiǎngjiézuì: *an organized armed ~* 一
起有组织的武装抢劫 yìqǐ yǒu zǔzhī de
wǔzhuāng qiǎngjié // *daylight ~* 漫天
要价 màntiān yàojià, 明目张胆的掠夺
míngmùzhāngdǎn de lüèduó

robe **I** *n*（1）长袍（名）chángpáo: *an
emperor's ~s* 皇袍 huángpáo（龙袍
lóngpáo）（2）礼服（名）lǐfú, 官服
（名）guānfú, 法衣（名）fǎyī: *magis-
trates in their black ~s* 身穿黑袍的法
官 shēn chuān hēipáo de fǎguān（3）长
衫（名）chángshān, 罩衣（名）zhàoyī,
晨衣（名）chényī **II** *v* 穿长袍 chuān
chángpáo

robot *n* 机器人（名）jīqìrén: ~*s that
can talk* 会说话的机器人 huì shuōhuà
de jīqìrén / *a ~ bomber* 无人驾驶轰

炸机 wú rén jiàshǐ hōngzhàjī

robust *adj*（1）强健（形）qiángjiàn, 健
壮（形）jiànzhuàng, 苗壮（形）
zhuōzhuàng: ~ *plants* 苗壮的植物
zhuōzhuàng de zhíwù（2）粗鲁（形）
cūlǔ, 粗野（形）cūyě, 粗犷（形）
cūguǎng: *a ~ style of writing* 粗犷的
文风 cūguǎng de wénfēng

rock¹ **I** *v*（1）摇（动）yáo, 晃（动）
huàng, 摇动（动）yáodòng: ~ *a cra-
dle* 摇摇篮 yáo yáolán（2）震动（动）
zhèndòng, 震惊（动）zhènjīng, 震撼
（动）zhènhàn, 动摇（动）dòngyáo: ~
sb.'s beliefs 动摇某人的信念 dòngyáo
mǒurén de xìnniàn **II** *n* 摇摆舞（名）
yáobǎiwǔ, 摇滚音乐 yáogǔn yīnyuè: *a
~ band* 摇摆舞乐队 yáobǎiwǔ yuèduì

rock² *n*（1）岩（名）yán, 岩石（名）
yánshí, 岩层（名）yáncéng, 礁石（名）
jiāoshí: *an igneous ~* 火成岩
huǒchéngyán / *a house built upon ~*
建在岩石上的房子 jiànzài
yánshíshang de fángzi / *as firm as a
~* 坚如磐石 jiānrúpánshí（2）石头
（名）shítou, 石块（名）shíkuài // ~
bottom 最低点 zuìdīdiǎn / ~ *candy* 冰
糖 bīngtáng / ~ *crystal* 水晶 shuǐjīng

rockwork *n* 假山（名）jiǎshān

rocky *adj* 摇摆的 yáobǎi de, 摇晃的
yáohuàng de, 不稳的 bù wěn de

rod *n*（1）杆（名）gān, 竿（名）gān: *a
fishing ~* 钓鱼竿 diàoyúgān（2）棍子
（名）gùnzi, 戒尺（名）jièchǐ, 棍打
gùndǎ, 惩罚（动）chéngfá

rogue *n*（1）无赖（名）wúlài, 坏蛋
（名）huàidàn, 恶棍（名）ègùn（2）淘
气精（名）táoqìjīng, 爱捉弄人的孩子
ài zhuōnòng rén de háizi

role *n*（1）角色（名）juésè, 角儿（名）
juér: *a female ~* 旦角儿 dànjuér /
take the leading ~ in a film 在电影
里演主角儿 zài diànyǐngli yǎn zhǔjuér
/ *play a contemptible ~* 扮演一个不
光彩的角色 bànyǎn yíge bù guāngcǎi
de juésè（2）作用（名）zuòyòng, 任务
（名）rènwù

roll¹ I *v* （1）滚（动）gǔn, 滚动（动）
gǔndòng, 打滚 dǎgǔn, 滚成 gǔnchéng
（2）缓慢行驶 huǎnmàn xíngshǐ, 流逝
（动）liúshì（3）摇晃（动）yáohuàng,
摆动（动）bǎidòng, 摇摆（动）yáobǎi,
摇摇晃晃地走 yáoyáohuànghuàng de
zǒu（4）发出隆隆声 fāchū
lónglóngshēng（5）卷（动）juǎn, 绕
（动）rào, 搓（动）cuō: ~ *up an um-*
brella 收起雨伞 shōuqǐ yǔsǎn / ~ *a*
cigarette 卷纸烟 juǎn zhǐyān（6）碾
（动）niǎn, 轧（动）zhá, 压, 擀（动）
gǎn, 滚平 gǔnpíng: ~ *sth. flat* 把某
物碾平 bǎ mǒuwù niǎnpíng / *a ~ing*
pin 一根擀面杖 yìgēn gǎnmiànzhàng /
~ *out dumpling wrappers* 擀饺子皮
儿 gǎn jiǎozi pír（7）笑得厉害 xiào de
lìhai **II** *n*（1）卷（量、名）juǎn: *a ~*
of toilet paper 一卷手纸 yìjuǎn shǒuzhǐ
/ *a ~ of cloth* 一匹布 yìpǐ bù / *a*
breakfast ~s 面包卷儿 miànbāo juǎnr
/ *a steamed ~* 花卷儿 huājuǎnr（2）
翻边 fānbiān: *a ~ collar* 大翻领
dàfānlǐng（3）打字机滚筒 dǎzìjī
gǔntǒng（4）滚动（动）gǔndòng, 打滚
dǎgǔn, 翻滚（动）fāngǔn（5）摇晃
（动）yáohuàng, 摆动（动）bǎidòng（6）
隆隆声 lónglóngshēng, 轰响声 hōng-
xiǎngshēng: *the distant ~ of thunder*
远处隆隆的雷声 yuǎnchù lónglóng de
léishēng / *the ~ of cannons* 炮声隆隆
pàoshēng lónglóng // ~ *in*（1）纷纷
而来 fēnfēn ér lái（2）富有（形）fùyǒu

**roll² ** *n* 名单（名）míngdān, 花名册
（名）huāmíngcè: *call the ~* 点名 diǎn-
míng / *the personnel ~* 人员名册
rényuán míngcè

roller *n*（1）滚动器（名）gǔndòngqì,
滚筒（名）gǔntǒng, 滚子（名）gǔnzi,
轧路机（名）yàlùjī: *a big map on a ~*
卷轴上的一幅大地图 juǎnzhóushang
de yìfú dà dìtú（2）卷发器（名）
juǎnfàqì // ~ *skate* 旱冰鞋
hànbīngxié

roller-coaster *n* 娱乐小火车 yúlè
xiǎohuǒchē, 游乐天车 yóulè tiānchē

roller-skate *v* 滑旱冰 huá hànbīng

romance I *n*（1）传奇故事 chuánqí
gùshi, 神奇故事 shénqí gùshi, 浪漫故
事 làngmàn gùshi, 传奇文学 chuánqí
wénxué: *the classic ~* 古典传奇
gǔdiǎn chuánqí（2）恋爱 liàn'ài, 浪漫
事迹 làngmàn shìjì; 风流韵事 fēngliú
yùnshì **II** *v*（1）讲新奇故事 jiǎng
xīnqí gùshi, 虚构（动）xūgòu（2）谈恋
爱 tán liàn'ài: ~ *with sb.* 和某人谈
情说爱 hé mǒurén tánqíngshuō'ài

Romance *n* 罗曼语（名）Luómànyǔ,
拉丁系语言 Lādīngxì yǔyán: ~ *lan-*
guages 拉丁系语言 Lādīngxì yǔyán

romantic I *adj*（1）传奇性的
chuánqíxìng de, 浪漫的 làngmàn de,
富于浪漫色彩的 fùyú làngmàn sècǎi
de, 罗曼蒂克（形）luómàndìkè: ~
tales of love and war 有关爱情与战争
的传奇故事 yǒuguān àiqíng yǔ
zhànzhēng de chuánqí gùshi / *a ~ life*
浪漫的生活 làngmàn de shēnghuó（2）
热烈（形）rèliè, 多情（形）duōqíng, 风
流（形）fēngliú（3）富于幻想的 fùyú
huànxiǎng de; 想入非非 xiǎngrùfēifēi,
怪诞（形）guàidàn, 不切实际的 búqiè
shíjì de（4）浪漫主义的 làngmànzhǔyì
de, 浪漫派的 làngmànpài de: ~ *poets*
浪漫派诗人 làngmànpài shīrén **II** *n* 浪
漫的人 làngmàn de rén, 浪漫主义者
（名）làngmànzhǔyìzhě, 浪漫主义作家
làngmànzhǔyì zuòjiā

romanticism *n*（1）浪漫的精神（或倾
向）làngmàn de jīngshén（ huò
qīngxiàng）（2）浪漫主义（名）
làngmànzhǔyì: *the ~ of Byron* 拜伦
的浪漫主义 Bàilún de làngmànzhǔyì

romp I *v* 嬉耍（动）xīshuǎ, 打闹（动）
dǎnào **II** *n* 嬉耍（动）xīshuǎ, 打闹
（动）dǎnào

roof *n*（1）屋顶（名）wūdǐng, 房顶
（名）fángdǐng: *a flat ~* 平屋顶 píng
wūdǐng（2）顶（名）dǐng, 顶部（名）
dǐngbù: *the ~ of a car* 车顶 chēdǐng /
the ~ of the mouth 上颚 shàng'é（3）
住处（名）zhùchù, 家（名）jiā: *under*

sb.'s ~ 在某人家里做客 zài mǒurén jiāli zuòkè / without a ~ over one's head 没有住处 méiyǒu zhùchù

room n (1) 房间（名）fángjiān, 室（名）shì, 屋子（名）wūzi: a single ~ 单人房间 dānrén fángjiān / a double ~ 双人房间 shuāngrén fángjiān / a 2-~ flat 一个两居室的套间 yíge liǎng jūshì de tàojiān (2) 空间（名）kōngjiān, 地方（名）dìfang (3) 余地（名）yúdì (4) 理由（名）lǐyóu, 根据（名）gēnjù // make ~ for sb.(sth.) 让出空地方给某人（或某物）ràngchū kòngdìfang gěi mǒurén（huò mǒuwù）

roomful n 满房间 mǎn fángjiān: a ~ of small children 满屋子小孩儿 mǎn wūzi xiǎoháir

roommate n 同房间的人 tóng fángjiān de rén, 同屋（名）tóngwū, 室友（名）shìyǒu

roomy adj 宽敞（形）kuānchǎng, 空间多的 kōngjiān duō de

root[1] I n (1) 根（名）gēn, 根部（名）gēnbù, 根茎（名）gēnjīng: pull a tree up by its ~s 把一棵树连根拔起 bǎ yìkē shù lián gēn báqǐ / a ~ crop 根茎作物 gēnjīng zuòwù / the ~ of a tooth（a hair, the tongue）牙（发、舌）根 yá（fà, shé）gēn (2) 根源（名）gēnyuán, 原因（名）yuányīn, 根子（名）gēnzi: social（historical, ideological）~s 社会（历史、思想）根源 shèhuì（lìshǐ, sīxiǎng）gēnyuán / the ~ of all evil 万恶之源 wàn'è zhīyuán / the ~ cause of a quarrel 争吵的原因 zhēngchǎo de yuányīn (3) 词根（名）cígēn: a verb ~ 动词词根 dòngcí cígēn (4) 根数（名）gēnshù, 根（名）gēn: a square ~ 平方根 píngfānggēn (5) 祖先（名）zǔxiān, 先人（名）xiānrén II v 生根 shēnggēn, 扎根 zhāgēn, 使固定不动 shǐ gùdìng búdòng // be ~ed in 根源在于 gēnyuán zàiyú, 原因是 yuányīn shì / ~ and branch 彻底 chèdǐ, 全部 quánbù / ~ out (1) 根除 gēnchú (2) 找出

zhǎochū / strike（take）~ 生根 shēnggēn, 扎根 zhāgēn

root[2] v (1) 用鼻子拱 yòng bízi gǒng (2) 翻（动）fān, 寻找（动）xúnzhǎo

rope I n (1) 绳子（名）shéngzi, 索（名）suǒ: a piece of ~ 一根绳子 yìgēn shéngzi (2) 一串 yíchuàn: a ~ of pearls 一串珠子 yíchuàn zhūzi II v (1) 捆（动）kǔn, 绑（动）bǎng, 系住 jìzhù (2)（用绳子）圈起（yòng shéngzi）quānqǐ, 隔开 gékāi (3) 援着绳子走 yuánzhe shéngzi zǒu // know the ~s 知道情况 zhīdào qíngkuàng, 懂得规则 dǒngde guīzé / ~ ladder 绳梯 shéngtī, 软梯 ruǎntī / ~ dancer 走钢丝的演员 zǒu gāngsī de yǎnyuán / ~ dancing 走钢丝 zǒu gāngsī

rose n (1) 玫瑰（名）méigui, 蔷薇（名）qiángwēi (2) 玫瑰色（名）méiguisè, 玫瑰红（名）méiguihóng; 红润的面色 hóngrùn de miànsè (3) 喷嘴儿（名）pēnzuǐr; 莲蓬头（名）liánpengtóu // a bed of ~s 安乐的生活 ānlè de shēnghuó; 安乐窝 ānlèwō: repose on a bed of ~s 过舒适安乐的生活 guò shūshì ānlè de shēnghuó

rose-coloured adj 玫瑰色的 méiguisè de; 乐观（形）lèguān, 愉快（形）yúkuài: take ~ views 抱乐观的看法 bào lèguān de kànfǎ

rose-water n 玫瑰香水 méigui xiāngshuǐ; 奉承话（名）fèngchenghuà

rosewood n 黄檀木（名）huángtánmù; 硬木 yìngmù

roster n 勤务名册 qínwù míngcè; 名单（名）míngdān, 花名册（名）huāmíngcè

rosy adj (1) 玫瑰色的 méiguisè de, 红润（形）hóngrùn: cheeks ~ with health 健康红润的脸颊 jiànkāng hóngrùn de liǎnjiá / ~ children 面色红润的儿童 miànsè hóngrùn de értóng (2) 美好（形）měihǎo; 富有希望的 fùyǒu xīwàng de, 乐观（形）lèguān: ~ prospects 美好的前景 měihǎo de qiánjǐng / a ~ future 光明的前途

guāngmíng de qiántú

rot I *v* 烂(动) làn, 坏(动) huài, 腐烂(动) fǔlàn, 毁坏(动) huǐhuài; 衰落(动) shuāiluò II *n* (1) 腐朽(形) fǔxiǔ; 腐烂(动) fǔlàn; 腐败(形) fǔbài, 堕落(动) duòluò (2) 蠢话(名) chǔnhuà; 胡涂想法 hútu xiǎngfa // ~ *off* 凋谢 diāoxiè, 凋落 diāoluò

rotary *adj* 旋转的 xuánzhuǎn de, 转动的 zhuàndòng de: *a ~ movement* 旋转动作 xuánzhuǎn dòngzuò / *a ~ cutter* 转式切割机 zhuǎnshì qiēgējī / *~ blades* 转式刀片 zhuǎnshì dāopiàn

rotation *n* (1) 旋转(动) xuánzhuǎn, 转动(动) zhuàndòng; 旋转一圈 xuánzhuǎn yìquān: *make 10 ~s a second* 每秒钟旋转十圈 měimiǎozhōng xuánzhuǎn shíquān (2) 循环(动) xúnhuán, 轮流(动) lúnliú, 交替(动) jiāotì: *~ of cereal and cotton* 粮棉轮作 liáng mián lúnzuò / *the ~ of crops* 轮作 lúnzuò / *training in ~* 轮训 lúnxùn

rotor *n* 转动体 zhuàndòngtǐ; 转子(名) zhuànzi; 水平旋翼 shuǐpíng xuányì

rough I *adj* (1) 不平的 bù píng de; 不光滑的 bù guānghuá de, 粗糙(形) cūcāo: *~ hands* 粗糙的手 cūcāo de shǒu (2) 未加工的 wèi jiāgōng de; 粗制的 cūzhì de; 粗重(形) cūzhòng: *~ rice* 稻谷 dàogǔ / *a ~ stone* 没有琢磨的石头 méiyou zhuómó de shítou / *~ food* 粗茶淡饭 cūchádànfàn / *a ~ dinner* 一顿便饭 yídùn biànfàn / *a ~ carpenter* 粗木工 cū mùgōng (3) 粗略(形) cūlüè, 初步(形) chūbù; 大致(形) dàzhì: *a ~ draft* 草稿 cǎogǎo / *a piece of ~ paper* 一张草稿纸 yìzhāng cǎogǎozhǐ (4) 粗暴(形) cūbào, 粗鲁(形) cūlǔ, 粗野(形) cūyě; 粗俗(形) cūsú; 刺耳(形) cì'ěr: *a ~ temper* 暴躁的脾气 bàozào de píqi / *~ words* 粗俗的话 cūsú de huà / *a ~ voice* 刺耳的声音 cì'ěr de shēngyin (5) 暴风雨的 bàofēngyǔ de;

狂暴(形) kuángbào; 剧烈(形) jùliè: *~ weather* 狂风暴雨的天气 kuángfēngbàoyǔ de tiānqì / *~ winds* 狂风 kuángfēng / *~ exercises* 剧烈运动 jùliè yùndòng (6) 艰难(形) jiānnán; 难过(形) nánguò; 苦(形) kǔ II *n* (1) 举止粗暴的人 jǔzhǐ cūbào de rén: *a crowd of young ~s* 一伙粗暴野蛮的年轻人 yìhuǒ cūbào yěmán de niánqīngrén (2) 梗概(名) gěnggài, 扼要(形) èyào; 草稿(名) cǎogǎo: *a pile of ~s* 一叠草稿 yìdié cǎogǎo / *discuss a question in ~* 粗略地讨论一个问题 cūlüè de tǎolùn yíge wèntí // *in the ~* (1) 未经加工 wèi jīng jiāgōng; 未完成 wèi wánchéng: *a picture in the ~* 一幅还没有画完的画儿 yìfú hái méiyou huàwán de huàr (2) 粗略 cūlüè, 大致上 dàzhìshang: *be worth 10 dollars in the ~* 大约值十元 dàyuē zhí shíyuán / *~ it* 生活简朴 shēnghuó jiǎnpú; 过艰苦的生活 guò jiānkǔ de shēnghuó / *take the ~ with the smooth* 既能享乐也能吃苦 jì néng xiǎnglè yě néng chīkǔ; 不论好坏 búlùn hǎohuài

rough-and-ready *adj* 简陋但是过得去 jiǎnlòu dànshì guòdeqù, 粗糙但还顶用 cūcāo dànhái dǐngyòng

roughly *adv* (1) 粗野地 cūyě de, 粗暴地 cūbào de (2) 粗糙(形) cūcāo; 潦草地 liáocǎo de: *a ~ made table* 做得粗糙的桌子 zuò de cūcāo de zhuōzi (3) 粗略地 cūlüè de, 大体上 dàtǐshang: *~ speaking* 粗略地说 cūlüè de shuō

round I *adj* (1) 圆(形) yuán, 圆形的 yuánxíng de, 球形的 qiúxíng de: *a ~ table* 一张圆桌 yìzhāng yuánzhuō / *a ~ stone* 一块圆形的石头 yíkuài yuánxíng de shítou (2) 滚圆(形) gǔnyuán; 丰满(形) fēngmǎn: *~ arms* 滚圆的胳膊 gǔnyuán de gēbo / *a girl's ~ cheeks* 女孩子胖乎乎的脸蛋儿 nǚháizi pànghūhū de liǎndànr (3) 嘹亮(形) liáoliàng; 圆润(形) yuánrùn: *a ~ voice* 宏亮圆润的嗓音 hóngliàng yuánrùn de sǎngyīn (4) 完整

（形）wánzhěng, 十足（形）shízú, 完全（形）wánquán: *in ~ figures* 用整数表示的 yòng zhěngshù biǎoshì de (5) 绕圈的 ràoquān de, 来回的 láihuí de, 往返的 wǎngfǎn de: *a ~ trip* 一个来回 yíge láihuí / *a ~ dance* 圆舞 yuánwǔ（华尔兹舞 huá'ěrzīwǔ）**II** *n* (1) 圆形物（名）yuánxíng wù: *a ~ of pastry* 一块圆形糕点 yíkuài yuánxíng gāodiǎn (2) 整块 zhěngkuài, 整片 zhěngpiàn (3) 巡回（动）xúnhuí, 循环（动）xúnhuán; 兜圈 dōuquān: *go for a good ~* 出去好好儿兜一圈儿 chūqù hǎohāor dōu yìquānr / *the earth's yearly ~* 地球的公转 dìqiú de gōngzhuàn (4) 一局 yìjú, 一个回合 yíge huíhé, 一场 yìchǎng; 一轮 yìlún: *a ~ of golf* 一局高尔夫球 yìjú gāo'ěrfū qiú / *the second ~ of talks* 第二轮会谈 dì'èrlún huìtán (5) 一连串（形）yìliánchuàn, 一系列（形）yíxìliè (6) 一巡 yìxún: *serve out a ~ of spirits* 斟酒一巡 zhēnjiǔ yìxún (7) 发（量）fā **III** *prep* (1) 围（动）wéi, 绕（动）rào, 围绕（动）wéirào, 环绕（动）huánrào (2) 在…周围 zài...zhōuwéi; 在…附近 zài...fùjìn (3) 各处 gèchù, 到处（名）dàochù (4) 绕过 ràoguò **IV** *adv* (1) 转圈 zhuàn quān, 围绕地 wéirào de (2) 循环的 xúnhuán de, 周而复始的 zhōu'érfùshǐ de (3) 到某个地点 dào mǒuge dìdiǎn (4) 在周围 zài zhōuwéi, 在附近 zài fùjìn (5) 朝相反方向 cháo xiāngfǎn fāngxiàng, 转过来 zhuǎnguolai: *the other way ~* 正好相反 zhènghǎo xiāngfǎn (6) 在各处 zài gèchù; 往各处 wàng gèchù (7) 逐个（副）zhúgè, 挨次（副）āicì **V** *v* (1) 做成圆形 zuòchéng yuánxíng (2) 环绕（动）huánrào; 绕过（动）ràoguò: *~ the corner of a street* 拐过路口 guǎiguò lùkǒu // *~ off* 结束 jiéshù / *~ out* 发胖 fāpàng; 变圆 biànyuán

roundabout **I** *n* (1) 旋转木马 xuánzhuǎn mùmǎ (2) 环形路口 huánxíng lùkǒu **II** *adj* (1) 迂回的 yūhuí de; 绕道的 ràodào de: *take a ~ course* 绕行 ràoxíng (2) 兜圈子的 dōuquānzi de, 拐弯抹角的 guǎiwānmòjiǎo de, 不直截了当的 bù zhíjiéliǎodàng de: *talk in a ~ way* 说话拐弯抹角 shuōhuà guǎiwānmòjiǎo

round-table *adj* 圆桌的 yuánzhuō de; 平等协商的 píngděng xiéshāng de: *a ~ conference* 圆桌会议 yuánzhuō huìyì / *hold a ~ discussion* 举行圆桌讨论会 jǔxíng yuánzhuō tǎolùnhuì

round-the-clock *adj* 连续二十四小时的 liánxù èrshísì xiǎoshí de, 昼夜不停的 zhòuyè bùtíng de

rouse *v* (1) 唤醒（动）huànxǐng, 叫醒 jiàoxǐng (2) 激起（动）jīqǐ, 唤起（动）huànqǐ; 激励（动）jīlì (3) 惊起（动）jīngqǐ, 吓出 xiàchū

rout[1] **I** *v* 击溃（动）jīkuì, 击退（动）jītuì; 打垮（动）dǎkuǎ **II** *n* 溃败（动）kuìbài, 溃退（动）kuìtuì

rout[2] *v* (1) 翻（动）fān; 找寻（动）zhǎoxún (2) 轰（动）hōng, 撵（动）niǎn, 赶（动）gǎn

route **I** *n* 路（名）lù, 路线（名）lùxiàn; 路程（名）lùchéng; 航程（名）hángchéng: *a train (bus) ~* 火车（公共汽车）路线 huǒchē (gōnggòng qìchē) lùxiàn / *take the north ~* 走北路 zǒu běilù / *the 8th R~ Army* 八路军 Bālùjūn **II** *v* (1) 按特定路线发送 àn tèdìng lùxiàn fāsòng (2) 规定…路线 guīdìng...lùxiàn

routine **I** *n* 例行事务 lìxíng shìwù; 日常工作 rìcháng gōngzuò; 日常活动 rìcháng huódòng; 例行手续 lìxíng shǒuxù; 惯例（名）guànlì, 常规（名）chángguī: *daily ~* 日常事务 rìcháng shìwù / *classroom ~* 每日课程 měirì kèchéng **II** *adj* (1) 日常（形）rìcháng; 例行的 lìxíng de: *~ work* 例行事务 lìxíng shìwù / *a ~ test* 定期检查 dìngqī jiǎnchá / *a ~ medical examination* 例行医疗检查 lìxíng yīliáo jiǎnchá (2) 平淡（形）píngdàn, 乏味（形）fáwèi; 单调（形）dāndiào; 老一

套的 lǎoyítào de

rove *v* 流浪（动）liúlàng; 漫游（动）mànyóu; 不停地移动 bùtíng de yídòng: ~ *the seas* 漂泊四海 piāobó sìhǎi

row[1] *n* 排（名、量）pái, 列（名、量）liè, 行（名、量）háng: *the middle* ~ 中排 zhōngpái / *a seat in the back* ~ 后排的一个座位 hòupái de yíge zuòwèi / *the second* ~ 第二排 dì'èrpái / *a* ~ *of soldiers* 一列士兵 yíliè shìbīng / *a* ~ *of houses* 一排房子 yìpái fángzi // *in a* ~ (1) 成一行 chéng yìháng (2) 连续的 liánxù de, 一连（副）yìlián

row[2] **I** *v* (1) 划（动）huá, 划船 huáchuán; 划船送 huáchuán sòng (2) 划船比赛 huáchuán bǐsài **II** *n* 划船 huáchuán, 划船游览 huáchuán yóulǎn // ~*ing boat* 划艇 huátǐng, 划子 huázi

row[3] **I** *n* (1) 吵嚷（动）chǎorǎng, 吵闹（动）chǎonào (2) 吵嘴 chǎozuǐ, 吵架 chǎojià, 口角（名）kǒujiǎo: *a street* ~ 街头吵架 jiētóu chǎojià / *start a* ~ 干起架来 gànqi jià lai (3) 受训斥 shòu xùnchì, 挨骂 áimà **II** *v* 吵架 chǎojià, 吵嘴 chǎozuǐ

rowboat *n* 划艇（名）huátǐng

rower *n* 划船者 huáchuánzhě, 划船手 huáchuánshǒu

royal **I** *adj* (1) 王的 wáng de, 国王的 guówáng de, 女王的 nǚwáng de; 王室的 wángshì de: *a* ~ *crown* 王冠 wángguān / *a* ~ *edict* 一道圣旨 yídào shèngzhǐ / *the* ~ *family* 王室 wángshì（皇族 huángzú）/ *the R*~ *Navy* 皇家海军 Huángjiā Hǎijūn / *the R*~ *Society* 皇家学会 Huángjiā Xuéhuì / *Your*（*His, Her*）*R*~ *Highness* 殿下 diànxià / *a* ~ *princess* 公主 gōngzhǔ / *the* ~ *palace* 皇宫 huánggōng（王宫 wánggōng）(2) 盛大（形）shèngdà; 第一流的 dìyīliú de: *a* ~ *welcome* 隆重的欢迎 lóngzhòng de huānyíng / *a* ~ *feast* 盛大的宴会 shèngdà de yànhuì **II** *n* 王室的成员 wángshì de chéngyuán

// ~ *jelly* 王浆 wángjiāng

royalist *n* 保皇党人 bǎohuángdǎngrén; 保皇派 bǎohuángpài

royalty *n* (1) 王权（名）wángquán, 王位（名）wángwèi; 皇威（名）huángwēi (2) 王族 wángzú, 皇亲 huángqīn, 王室成员 wángshì chéngyuán: *the royalties of Europe* 欧洲诸王 Ōuzhōu zhūwáng (3) 演出费 yǎnchūfèi, 使用费 shǐyòngfèi; 专利权税 zhuānlìquánshuì; 版税（名）bǎnshuì: *pay royalties of 5% on a book* 付一本书百分之五的版税 fù yìběn shū bǎifēn zhī wǔ de bǎnshuì

rub **I** *v* (1) 擦（动）cā, 磨（动）mó; 摩擦（动）mócā; 蹭（动）cèng; 搓（动）cuō (2) 揉上 róushang; 搓上 cuōshang; 擦上 cāshang: ~ *ointment on one's skin* 在皮肤上擦软膏 zài pífūshang cā ruǎngāo (3) 擦出 cāchū, 磨出 móchū **II** *n* 擦（动）cā, 搓（动）cuō // ~ *along* (1) 勉强相处 miǎnqiǎng xiāngchǔ (2) 对付着过日子 duìfuzhe guò rìzi / ~ *away* 擦掉 cādiào; 磨去 móqù / ~ *down* (1) 擦干 cāgān: ~ *oneself down with a towel after a swim* 游完泳用毛巾把身体擦干 yóuwán yǒng yòng máojīn bǎ shēntǐ cāgān (2) 磨光滑 móguānghuá / ~ *off* 擦掉 cādiào; 磨去 móqù; 脱落 tuōluò: ~ *off a finger mark from a painting* 擦掉画上的手印 cādiào huàshang de shǒuyìn / ~ *out* 擦掉 cādiào, 抹去 mǒqù / ~ *up* (1) 擦亮 cāliàng (2) 重温 chóngwēn, 复习 fùxí: ~ *up one's mathematics* 复习数学 fùxí shùxué

rubber *n* (1) 橡胶（名）xiàngjiāo; 胶皮（名）jiāopí: *a* ~ *plantation* 橡胶种植园 xiàngjiāo zhòngzhíyuán (2) 橡皮（名）xiàngpí; 橡皮擦子 xiàngpí cāzi: *a pencil with a* ~ *at one end* 带橡皮头的铅笔 dài xiàngpítóu de qiānbǐ / ~ *band* 橡皮筋 xiàngpíjīn / ~ *stamp* (1) 橡皮图章 xiàngpí túzhāng (2) 没有实权，只官样文章式地盖章批准的

机构(或个人) méiyou shíquán, zhǐ guānyàng wénzhāng shì de gàizhāng pīzhǔn de jīgòu (huò gèrén) / ~ *tyre* 胶轮 jiāolún, 橡胶轮胎 xiàngjiāo lúntāi, 胶皮轮子 jiāopí lúnzi: *a ~-tyred cart* 胶轮大车 jiāolún dàchē

rubbery *adj* 像橡胶的 xiàng xiàngjiāo de; 坚韧(形) jiānrèn

rubbish *n* (1) 垃圾(名) lājī, 废物(名) fèiwù: *clear away ~* 清除垃圾 qīngchú lājī / *dump ~* 倒垃圾 dào lājī / *a ~ bin* 垃圾箱 lājīxiāng (2) 蠢话(名) chǔnhuà, 废话(名) fèihuà, 胡说(动) húshuō: *write ~* 写无聊的东西 xiě wúliáo de dōngxi

ruby *n* (1) 红宝石 hóng bǎoshí: *a ring set with rubies* 镶着红宝石的戒指 xiāngzhe hóng bǎoshí de jièzhi / *a ~ necklace* 红宝石项链 hóng bǎoshí xiàngliàn (2) 红宝石色 hóng bǎoshí sè

rudder *n* 舵(名) duò, 方向舵 fāngxiàngduò: *operate the ~* 掌舵 zhǎngduò

ruddy *adj* (1) 红润 hóngrùn, 气色好 qìsè hǎo: *a ~-faced woman* 一个面色红润的女子 yíge miànsè hóngrùn de nǚzǐ / *the ~ cheeks of the children* 孩子们红润健康的面颊 háizimen hóngrùn jiànkāng de miànjiá (2) 红色的 hóngsè de, 发红的 fāhóng de: *the ~ flames of a fire* 红色的火焰 hóngsè de huǒyàn

rude *adj* (1) 原始状态的 yuánshǐ zhuàngtài de; 未开化的 wèi kāihuà de; 未加工的 wèi jiāgōng de: *~ times* 原始时代 yuánshǐ shídài / *~ cotton* 原棉 yuánmián / *~ savages* 未开化的野蛮人 wèi kāihuà de yěmánrén / *a ~ mountain tribe* 一个未开化的高山部族 yíge wèi kāihuà de gāoshān bùzú (2) 粗糙(形) cūcāo; 不精致 bù jīngzhì; 简陋(形) jiǎnlòu: *a ~ wooden plough* 一张粗糙简陋的犁 yìzhāng cūcāo jiǎnlòu de lí / *a ~ bench* 一条做工粗糙的板凳 yìtiáo zuògōng cūcāo de bǎndèng / *~ style* 粗俗的风格 cūsú de

fēnggé (3) 粗略(形) cūlüè, 简略(形) jiǎnlüè; 不精确 bù jīngquè: *~ classification* 粗略的分类 cūlüè de fēnlèi / *a ~ drawing* 一张草图 yìzhāng cǎotú (4) 崎岖不平的 qíqū bùpíng de, 荒野的 huāngyě de: *a ~ path* 崎岖的道路 qíqū de dàolù / *~ scenery* 荒野的景色 huāngyě de jǐngsè (5) 粗野(形) cūyě, 粗鲁(形) cūlǔ, 无礼的 wúlǐ de: *~ people* 粗野的人 cūyě de rén (6) 低级(形) dījí, 下流(形) xiàliú, 污秽(形) wūhuì: *~ pictures* 低级下流的图画 dījí xiàliú de túhuà // *in ~ health* 强健 qiángjiàn, 健壮 jiànzhuàng

rudely *adv* (1) 粗鲁地 cūlǔ de, 粗野地 cūyě de; 无礼地 wúlǐ de (2) 粗略地 cūlüè de; 粗糙地 cūcāo de; 简陋地 jiǎnlòu de: *a figure ~ cut out of wood* 用木头粗糙地刻成的人形 yòng mùtou cūcāo de kèchéng de rénxíng (3) 猛然(副) měngrán, 突然(副) tūrán

rudiment *n* 基础(名) jīchǔ; 基本知识 jīběn zhīshi; 初步(名) chūbù; 入门(名) rùmén: *the ~s of arithmetic* 算术的初步知识 suànshù de chūbù zhīshi / *the ~s of chemistry* 化学的基本理论 huàxué de jīběn lǐlùn / *the ~s of education* 基础教育 jīchǔ jiàoyù / *the ~s of Italian grammar* 意大利语法入门 Yìdàlìyǔ yǔfǎ rùmén

rudimentary *adj* 基本的 jīběn de, 基础的 jīchǔ de, 初步的 chūbù de, 入门的 rùmén de, 起码的 qǐmǎ de: *a ~ knowledge of biology* 生物学的基本知识 shēngwùxué de jīběn zhīshi

rueful *adj* 悔恨(形) huǐhèn; 沮丧(形) jǔsàng: *a ~ expression* 沮丧的表情 jǔsàng de biǎoqíng

rug *n* (1) 小地毯 xiǎo dìtǎn (2) 毛毯(名) máotǎn

rugby *n* 橄榄球(名) gǎnlǎnqiú: *~ (football)* 橄榄球 gǎnlǎnqiú / *play ~* 打橄榄球 dǎ gǎnlǎnqiú / *a ~ match* 一场橄榄球赛 yìchǎng gǎnlǎnqiúsài

rugged *adj* (1) 崎岖(形) qíqū, 不平的 bù píng de; 多岩石的 duō yánshí

de: *a ~ mountain path* 崎岖的山路
qíqū de shānlù / *a ~ face* 满是皱纹的
脸 mǎn shì zhòuwén de liǎn (2) 粗壮
(形) cūzhuàng; 粗鲁而朴实 cūlǔ ér
pǔshí

ruin　Ⅰ *n* (1) 毁灭(动) huǐmiè; 覆灭
(动) fùmiè, 崩溃(动) bēngkuì; 毁坏
(动) huǐhuài; 毁灭的原因 huǐmiè de
yuányīn: *fall into ~* 被毁掉 bèi
huǐdiào (2) 废墟(名) fèixū; 遗迹(名)
yíjì, 遗址(名) yízhǐ: *Yin Dynasty ~s*
(中国)殷墟 (Zhōngguó) Yīnxū / *the
~s of Rome* 古罗马遗迹 gǔ Luómǎ
yíjì (3) 破产 pòchǎn, 倾家荡产
qīngjiādàngchǎn; 丧失地位 sàngshī
dìwèi, 堕落(动) duòluò **Ⅱ** *v* (1) 毁灭
(动) huǐmiè; 毁坏(动) huǐhuài; 摧毁
(动) cuīhuǐ: *~ one's hopes* 使希望破
灭 shǐ xīwàng pòmiè / *a ~ed city* 一
座被破坏了的城市 yízuò bèi pòhuàile
de chéngshì (2) 破产 pòchǎn; 堕落
(动) duòluò

rule　Ⅰ *n* (1) 统治(动) tǒngzhì, 管辖
(动) guǎnxiá; 支配(动) zhīpèi, 控制
(动) kòngzhì: *under the ~ of Emper-
or Qianlong* 在乾隆皇帝的统治下 zài
Qiánlóng huángdì de tǒngzhì xià (2) 规
定(名) guīdìng, 规则(名) guīzé, 章程
(名) zhāngchéng, 条例(名) tiáolì: *a
general ~* 通则 tōngzé / *lay down a
hard and fast ~* 做出硬性规定
zuòchū yìngxìng guīdìng / *an estab-
lished ~* 成规 chéngguī / *organic ~*
组织条例 zǔzhī tiáolì / *the ~s of ten-
nis* 网球比赛规则 wǎngqiú bǐsài guīzé
/ *grammatical ~s* 语法规则 yǔfǎ
guīzé / *an exception to a ~* 某一项规
则的例外情形 mǒu yíxiàng guīzé de
lìwài qíngxíng (3) 习惯(名) xíguàn;
规律(名) guīlǜ, 惯例(名) guànlì; 常
事(名) chángshì: *the normal ~ of
life* 生活常规 shēnghuó chángguī **Ⅱ** *v*
(1) 统治(动) tǒngzhì; 管理(动)
guǎnlǐ, 控制(动) kòngzhì, 支配(动)
zhīpèi: *~ by the sword* 以武力进行统
治 yǐ wǔlì jìnxíng tǒngzhì / *~ one's*

passions 控制自己的感情 kòngzhì zìjǐ
de gǎnqíng (2) 作出裁决 zuòchū
cáijué; 判定(动) pàndìng, 裁定(动)
cáidìng (3) 用尺划线 yòng chǐ huà
xiàn: *~ paper with lines* 在纸上划线
zài zhǐshang huà xiàn / *~ a line across
the page* 用尺子在书页上划条横线
yòng chǐzi zài shūyèshang huà tiáo
héngxiàn // *as a ~* 通常 tōngcháng,
照例 zhàolì / *by ~* 按照规则 ànzhào
guīzé; 墨守成规地 mòshǒuchéngguī de
/ *~ of thumb* 凭经验 píng jīngyàn;
简单的方法 jiǎndān de fāngfǎ / *~ off*
用尺划线隔开 yòng chǐ huà xiàn
gékāi: *~ off a column of figures* 划线
把一行数字隔开 huà xiàn bǎ yìháng
shùzì gékāi / *~ out* (1) 用直线划去
yòng zhíxiàn huáqù: *~ out a misspelt
word* 划掉一个拼错的词 huádiào yíge
pīncuò de cí (2) 排除 páichú; 不予考
虑 bùyǔ kǎolǜ / *~s and regulations* 规
章制度 guīzhāng zhìdù; 繁琐的规定
fánsuǒ de guīdìng: *all the ~s and reg-
ulations about car insurance* 关于汽车
保险的那些繁琐的规定 guānyú qìchē
bǎoxiǎn de nàxiē fánsuǒ de guīdìng /
the ~s of the road 交通规则 jiāotōng
guīzé

ruleless　　*adj* 无规则的 wú guīzé de; 无
约束的 wú yuēshù de

ruler　　*n* (1) 统治者(名) tǒngzhìzhě;
管理者(名) guǎnlǐzhě; 支配者(名)
zhīpèizhě: *the ~ of a country* 一个国
家的统治者 yíge guójiā de tǒngzhìzhě
(2) 尺(名) chǐ, 直尺(名) zhíchǐ

ruling　Ⅰ *adj* (1) 统治的 tǒngzhì de; 支
配的 zhīpèi de: *the ~ class* 统治阶级
tǒngzhì jiējí (2) 普遍(形) pǔbiàn, 流
行(形) liúxíng: *the ~ price* 时价
shíjià **Ⅱ** *n* 裁决(动) cáijué, 裁定(动)
cáidìng: *accept a ~* 接受裁决 jiēshòu
cáijué / *make a ~* 做出裁决 zuòchū
cáijué

rumble　Ⅰ *v* (1) 隆隆响 lónglóng
xiǎng; 咕咕响 gūgū xiǎng; 轰鸣
hōngmíng (2) 隆隆行驶 lónglóng

xíngshī(3) 声音低沉地说 shēngyīn
dīchén de shuō **II** n 隆隆声
lónglóngshēng: the ~ of tanks 坦克的
隆隆声 tǎnkè de lónglóngshēng / a ~
of thunder 一阵隆隆的雷声 yízhèn
lónglóng de léishēng

rumbling n (1) 隆隆声 lónglóngshēng
(2) 普遍的怨声 pǔbiàn de yuànshēng,
抱怨（动）bàoyuàn；广泛议论
guǎngfàn yìlùn (3) 谣言（名）yáoyán；
传闻（名）chuánwén

rumour **I** n 谣言（名）yáoyán；传闻
（名）chuánwén；传言（名）chuányán:
a groundless ~ 没有根据的传言
méiyǒu gēnjù de chuányán / spread a
~ 传播谣言 chuánbō yáoyán **II** v 谣
传 yáochuán；传说 chuánshuō

rump n 尾部 wěibù；臀部（名）túnbù,
屁股（名）pìgu: ~ steak 牛后臀肉 niú
hòutúnròu

rumple v 弄乱 nòngluàn；弄皱
nòngzhòu: ~ out of shape 弄得走了样
儿 nòng de zǒule yàngr

run **I** v (1) 跑（动）pǎo, 奔跑（动）
bēnpǎo (2) 跑步 pǎobù；赛跑 sàipǎo:
~ a race 参加赛跑 cānjiā sàipǎo /
first 跑第一名 pǎo dìyīmíng (3) 赶去
gǎnqù；赶紧（副）gǎnjǐn (4) 运转（动）
yùnzhuǎn, 运行（动）yùnxíng, 行驶
（动）xíngshǐ；进行（动）jìnxíng (5) 流
（动）liú；倒（动）dào (6) 变成
biànchéng, 变得 biànde (7) 伸展（动）
shēnzhǎn；连续（副）liánxù, 延续（动）
yánxù (8) 办（动）bàn, 开（动）kāi,
经营（动）jīngyíng, 管理（动）guǎnlǐ:
~ a school 开办学校 kāibàn xuéxiào /
~ a grocery store 开一家食品杂货店
kāi yìjiā shípǐn záhuòdiàn / ~ a
restaurant 开饭馆儿 kāi fànguǎnr (9)
竞选（动）jìngxuǎn: ~ for president
竞选总统 jìngxuǎn zǒngtǒng (10) 说
道（动）shuōdào；写道（动）xiědào **II**
n (1) 跑（动）pǎo, 跑步 pǎobù；赛跑
sàipǎo: a 10-minute ~ 十分钟跑步
shífēnzhōng pǎobù / a cross-country ~
越野赛跑 yuèyě sàipǎo (2) 短程旅行

duǎnchéng lǚxíng；旅程（动）lǚchéng,
路程（名）lùchéng (3) 趋势（名）
qūshì, 动向（名）dòngxiàng, 走向（名）
zǒuxiàng: the general ~ of things 一
般趋势 yìbān qūshì / the ~ of events
事态发展的趋势 shìtài fāzhǎn de qūshì
(4) 连续（副）liánxù, 接连（副）
jiēlián: a ~ of office 任期 rènqī // at
a ~ 跑着 pǎozhe / in the long ~ 从
长远看 cóng chángyuǎn kàn；最终
zuìzhōng / in the short ~ 从近期看
cóng jìnqī kàn；在短期内 zài duǎnqī
nèi / on the ~ (1) 逃跑 táopǎo (2)
忙碌 mánglù, 奔走 bēnzǒu / ~ across
(1) 跑着穿过 pǎozhe chuānguò (2) 偶
然碰见 ǒurán pèngjiàn / ~ after (1)
追捕 zhuībǔ；跟踪 gēnzōng (2) 追求
zhuīqiú, 追逐 zhuīzhú / ~ against 违
反 wéifǎn, 违背 wéibèi / ~ along 走
开 zǒukāi, 离开 líkāi / ~ away 逃
táo, 逃跑 táopǎo, 跑掉 pǎodiào / ~
away with (1) 带着…潜逃 dàizhe…
qiántáo, 偷走 tōuzǒu (2) 和…私奔
hé…sībēn (3) 消耗 xiāohào, 花费
huāfèi (4) 在比赛中轻易取胜 zài
bǐsàizhōng qīngyì qǔshèng (5) 轻易相
信 qīngyì xiāngxìn (6) 失去控制 shīqù
kòngzhì / ~ counter to 违反 wéifǎn /
~ down (1) 跑下 pǎoxià (2) 停下
tíngxià (3) 用完 yòngwán (4) 疲惫
píbèi；劳累 láolèi；健康情况变坏
jiànkāng qíngkuàng biànhuài (5) 与…
相撞 yǔ… xiāngzhuàng；撞倒
zhuàngdǎo (6) 贬低 biǎndī, 说…的坏
话 shuō…de huàihuà / ~ in (1) 跑
进来 pǎojìnlái (2) 试车 shìchē / ~
into (1) 跑进 pǎojìn；流入 liúrù (2)
撞 zhuàng, 碰 pèng (3) 偶然碰见
ǒurán pèngjiàn (4) 陷于 xiànyú；遭遇
zāoyù / ~ off (1) 逃跑 táopǎo:
off with money 携款潜逃 xié kuǎn
qiántáo (2) 放掉 fàngdiào (3) 印刷
yìnshuā, 印制 yìnzhì；复制 fùzhì: ~
off a few handouts 复印几份讲义
fùyìn jǐfèn jiǎngyì / ~ on (1) 连续
liánxù；连写 liánxiě (2) 说个没完

shuōgeméiwán（3）流逝 liúshì（4）涉及 shèjí（5）持续 chíxù，继续发展 jìxù fāzhǎn / ~ *out*（1）跑出 pǎochū（2）期满 qīmǎn，到时 dàoshí（3）用完 yòngwán，用尽 yòngjìn / ~ *over*（1）跑过去 pǎoguoqu，过来 guòlai（2）溢出 yìchū（3）匆匆看过 cōngcōng kànguò，浏览 liúlǎn（4）轧过 yàguò；压过 yāguò / ~ *through*（1）跑着穿过 pǎozhe chuānguò（2）匆匆看过 cōngcōng kànguò（3）挥霍 huīhuò；很快用完 hěn kuài yòngwán（4）贯穿 guànchuān（5）用刀戳 yòng dāo chuō，刺 cì / ~ *to*（1）跑到 pǎodào: ~ *to school* 跑步上学 pǎobù shàngxué（2）（费用等）达到（fèiyòng děng）dádào；发展到 fāzhǎndào（3）有足够的钱 yǒu zúgòu de qián（4）倾向于 qīngxiàngyú，爱 ài / ~ *up*（1）向上跑 xiàng shàng pǎo（2）升 shēng；挂 guà（3）赶做 gǎnzuò（4）猛增 měngzēng，猛长 měngzhǎng/ *the ~ of* 使用…的自由 shǐyòng... de zìyóu；进出…的自由 jìnchū... de zìyóu

runner *n* 跑的人 pǎo de rén；赛跑运动员 sàipǎo yùndòngyuán: *a swift ~* 跑得快的人 pǎo de kuài de rén

runner-up *n* 亚军(名) yàjūn，第二名 dì'èrmíng

running I *adj*（1）跑着的 pǎozhe de，跑动的 pǎodòng de: *take a ~ jump* 跑动跳远 pǎodòng tiàoyuǎn（2）流动的 liúdòng de（3）从管中流出的 cóng guǎnzhōng liúchū de: ~ *water* 自来水 zìláishuǐ（4）连续的 liánxù de，不断的 búduàn de: *a ~ fire of guns* 连续不断的炮火 liánxù búduàn de pàohuǒ / *a ~ battle* 连续作战 liánxù zuòzhàn / *a ~ fire of questions* 接二连三的质问 jiē'èrliánsān·de zhìwèn / *a ~ commentary* 现场实况广播解说 xiànchǎng shíkuàng guǎngbō jiěshuō（5）连接起来的 liánjiēqǐlai: ~ *stitch* 连针 liánzhēn（6）赛跑用的 sàipǎo yòng de: *a pair of ~ shoes* 一双跑鞋 yìshuāng pǎoxié（7）运行着的 yùnxíngzhe de，动转着的

yùnzhuǎnzhe de II *adv* 连续（副）liánxù，接连(副) jiēlián III *n*（1）跑（动）pǎo，跑步 pǎobù，赛跑 sàipǎo（2）流动（动）liúdòng（3）经营（动）jīngyíng，管理（动）guǎnlǐ；开办（动）kāibàn；组织（动）zǔzhī

runway *n* 跑道(名) pǎodào

rural *adj* 农村的 nóngcūn de，乡村的 xiāngcūn de；田园的 tiányuán de；农业的 nóngyè de: ~ *population* 农村人口 nóngcūn rénkǒu / ~ *areas* 农村地区 nóngcūn dìqū / ~ *scenery* 田园风光 tiányuán fēngguāng / ~ *economy* 农业经济 nóngyè jīngjì

rush I *v*（1）冲（动）chōng；奔（动）bēn；闯（动）chuǎng；快走 kuài zǒu（2）使急行 shǐ jíxíng；急送 jísòng: ~ *troops to the front* 急调部队去前线 jídiào bùduì qù qiánxiàn（3）仓促行动 cāngcù xíngdòng，匆忙地做 cōngmáng de zuò: ~ *to conclusions* 匆匆下结论 cōngcōng xià jiélùn / ~ *into print* 仓促复印 cāngcù fùyìn / ~ *one's work* 赶任务 gǎn rènwù（4）催（动）cuī，逼（动）bī，催促（动）cuīcù（5）急流 jíliú，奔流（动）bēnliú II *n*（1）急行 jíxíng，急奔 jíbēn；紧急行事 jǐnjí xíngshì: *make a ~ for the door* 冲向门口 chōngxiàng ménkǒu / *a letter marked "R~"* 一封标有"急投"字样的信 yìfēng biāoyǒu "jítóu" zìyàng de xìn（2）忙碌(形) mánglù，繁忙(形) fánmáng，紧张(形) jǐnzhāng: *the ~ of city life* 城市生活的紧张匆忙 chéngshì shēnghuó de jǐnzhāng cōngmáng / *a ~ of work* 一阵忙碌的工作 yízhèn mánglù de gōngzuò（3）一股热潮 yìgǔ rècháo: *the gold ~* 淘金热 táojīnrè / *the Christmas ~* 圣诞节的购买热潮 Shèngdànjié de gòumǎi rècháo（4）急流(名) jíliú，湍流(名) tuānliú III *adj*（1）急需的 jíxū de，紧急(形) jǐnjí: *a ~ order* 紧急定货 jǐnjí dìnghuò（2）匆忙(形) cōngmáng；紧张(形) jǐnzhāng: ~ *hours* 交通高峰时间 jiāotōng gāofēng shíjiān / *the*

~ *season* 忙季 mángjì // ~ *sb. off his feet* 催着某人快干 cuīzhe mǒurén kuài gàn

Russian I *adj* 俄罗斯的 Éluósī de; 俄国的 Éguó de: ~ *literature* 俄罗斯文学 Éluósī wénxué / ~ *caviare* 俄国鱼子酱 Éguó yúzǐjiàng / *the ~ language* 俄语 Éyǔ II *n* (1) 俄罗斯人 Éluósīrén; 俄国人 Éguórén (2) 俄语(名) Éyǔ, 俄文(名) Éwén

rust I *n* (1) 锈(名) xiù, 铁锈(名) tiěxiù: *clean the* ~ 清除铁锈 qīngchú tiěxiù (2) 铁锈色(名) tiěxiùsè, 红褐色(名) hónghèsè: *a ~-coloured dress* 一条红褐色的连衣裙 yìtiáo hónghèsè de liányīqún (3) 锈病(名) xiùbìng: *wheat* ~ 麦锈 màixiù II *v* 生锈 shēngxiù, 氧化(动) yānghuà; 荒废(动) huāngfèi: ~ *out* 锈坏 xiùhuài

rustic *adj* (1) 乡村的 xiāngcūn de, 农村的 nóngcūn de; 田园的 tiányuán de: ~ *life* 乡村生活 xiāngcūn shēnghuó (2) 质朴(形) zhìpǔ, 淳朴(形) chúnpǔ, 朴素(形) pǔsù: *the ~ beauty of nature* 大自然的淳朴的美 dàzìrán de chúnpǔ de měi / *a ~ voice* 朴素的声音 pǔsù de shēngyīn (3) 乡下人的 xiāngxiàrén de, 土气(形) tǔqì; 粗俗(形) cūsú: ~ *manners* 土里土气的样子 tǔlitǔqì de yàngzi (4)

用带树皮的树枝做成的 yòng dài shùpí de shùzhī zuòchéng de; 粗制的 cūzhì de: *a ~ fence* 用树枝做成的篱笆墙 yòng shùzhī zuòchéng de líbaqiáng

rustle I *v* 沙沙作响 shāshā zuòxiǎng, 窸窣(动) xīsū; 使沙沙作响 shǐ shāshā zuòxiǎng II *n* 沙沙的响声 shāshā de xiǎngshēng, 瑟瑟声 sèsèshēng: *the ~ of leaves* 树叶的沙沙声 shùyè de shāshāshēng

rustless *adj* 不生锈的 bù shēngxiù de: ~ *steel* 不锈钢 búxiùgāng

rusty *adj* (1) 生锈的 shēngxiù de, 长锈的 zhǎngxiù de; 锈的 xiù de: *a ~ nail* 一颗锈了的钉子 yìkē xiùle de dīngzi / *a ~ spot* 锈斑 xiùbān (2) 变迟钝的 biàn chídùn de, 衰退的 shuāituì de: *a ~ mind* 变迟钝的头脑 biàn chídùn de tóunǎo (3) 荒疏的 huāngshū, 淡忘的 dànwàng de

rut *n* (1) 车辙(名) chēzhé, 车轮留下的痕迹 chēlún liúxià de hénjì (2) 常规(名) chángguī; 老规矩 lǎo guīju, 老一套 lǎoyítào

ruthless *adj* 无情(形) wúqíng; 残酷(形) cánkù; 残忍(形) cánrěn: *a ~ attack* 无情的攻击 wúqíng de gōngjī / *a ~ enemy* 狠毒的敌人 hěndú de dírén

S

Sabbath *n* 安息日（名）ānxīrì：*keep (break) the* ~ 守（不守）安息日 shǒu (bù shǒu) ānxīrì

sable *n* 黑貂（名）hēidiāo；黑貂皮（名）hēidiāopí

sabotage **I** *n* 怠工（名）dàigōng；破坏活动 pòhuài huódòng **II** *v* 怠工（动）dàigōng；破坏（动）pòhuài：~ *peace* 破坏和平 pòhuài hépíng

saboteur *n* 破坏者（名）pòhuàizhě；怠工者（名）dàigōngzhě

sabre *n* 马刀（名）mǎdāo，军刀（名）jūndāo

saccharin *n* 糖精（名）tángjīng

sack **I** *n* (1) 袋（名）dài，袋子（名）dàizi；麻袋（名）mádài：*a* ~ *of cement* 一袋水泥 yí dài shuǐní (2) 解雇（动）jiěgù；开除（动）kāichú：*get the* ~ 被解雇 bèi jiěgù **II** *v* 解雇（动）jiěgù

sackful *n* 一袋 yídài，一满袋 yì mǎn dài：*a* ~ *of grain* 一袋谷子 yí dài gǔzi

sacred *adj* (1) 神的 shén de，神圣（形）shénshèng；宗教的 zōngjiào de：~ *music* 圣乐 shèngyuè / *a* ~ *war* 圣战 shèngzhàn / *a* ~ *animal* 神圣的动物 shénshèng de dòngwù / ~ *writings* 宗教经典 zōngjiào jīngdiǎn (2) 庄严（形）zhuāngyán；重要（形）zhòngyào；不可侵犯的 bùkě qīnfàn de：~ *territory* 神圣的领土 shénshèng de lǐngtǔ

sacrifice **I** *n* (1) 祭品（名）jìpǐn；献祭（动）xiànjì (2) 牺牲（动）xīshēng；放弃（动）fàngqì：*make an unnecessary* ~ 做出不必要的牺牲 zuòchū bú bìyào de xīshēng **II** *v* (1) 献祭（动）xiànjì (2) 牺牲（动）xīshēng；放弃（动）fàngqì：~ *one's life for the country* 为

国捐躯 wèi guó juān qū (3) 减价出售 jiǎnjià chūshòu // *sell at a* ~ 减价出售 jiǎnjià chūshòu

sad *adj* (1) 悲伤（形）bēishāng，悲哀（形）bēiāi，难过（动、形）nánguò：~ *news* 令人难过的消息 lìngrén nánguò de xiāoxi / *a* ~ *story* 一个悲惨的故事 yíge bēicǎn de gùshi (2) 糟糕（形）zāogāo：*a* ~ *state of affairs* 糟糕的情况 zāogāo de qíngkuàng // ~ *to say* 很遗憾 hěn yíhàn

saddle **I** *n* 鞍子（名）ānzi，马鞍（名）mǎ'ān：*put a* ~ *on a horse* 给马备上鞍子 gěi mǎ bèishang ānzi **II** *v* 备马 bèi mǎ：~ *up a horse* 备马 bèi mǎ

sadly *adv* (1) 难过地 nánguò de，悲哀地 bēi'āi de，伤心地 shāngxīn de (2) 不幸（形）búxìng

sadness *n* 悲伤（形）bēishāng，悲哀（形）bēi'āi，悲痛（形）bēitòng

safari *n* 狩猎旅行 shòuliè lǚxíng；狩猎旅行队 shòuliè lǚxíngduì

safe[1] *adj* (1) 安全（形）ānquán，保险（形）bǎoxiǎn：~ *from danger* 没有危险 méiyǒu wēixiǎn (2) 不伤害人的 bù shānghài rén de；不出危险的 bù chū wēixiǎn de (3) 有把握的 yǒu bǎwò de：~ *to win* 有把握获胜 yǒu bǎwò huò shèng // *on the* ~ *side* 为了保险起见 wèile bǎoxiǎn qǐjiàn / ~ *and sound* 平安无事 píng'ānwúshì

safe[2] *n* 保险箱（名）bǎoxiǎnxiāng，保险柜（名）bǎoxiǎnguì

safekeeping *n* 保护（动）bǎohù；保管（动）bǎoguǎn

safely *adv* 安全地（副）ānquán de；平安地 píng'ān de；确实地 quèshí de

safety *n* 安全（名、形）ānquán：~ *measures* 安全措施 ānquán cuòshī / *road* ~ 交通安全 jiāotōng ānquán //

~ *belt* 安全带 ānquándài / ~ *fuse* 保险丝 bǎoxiǎnsī / ~ *pin* 别针 biézhēn / ~ *razor* 安全刀片 ānquán dāopiàn

sag I v (1) 下陷(动) xiàxiàn, 下弯(动) xiàwān; 下垂(动) xiàchuí (2) 松垂(动) sōngchuí; 衰弱(形) shuāiruò (3) (商业)萧条(形) (shāngyè) xiāotiáo, (物价等)下跌(动) (wùjià děng) xià diē: a ~*ging tendency* 下跌趋势 xiàdiē qūshì II n (1) 下陷(动) xiàxiàn, 下弯(动) xiàwān, 下垂(动) xiàchuí (2) 下陷处 xiàxiàn chù (3) 经济萧条 jīngjì xiāotiáo, 物价下跌 wùjià xiàdiē

saga n 传说(名) chuánshuō; 英雄传奇 yīngxióng chuánqí

sage n 贤人(名) xiánrén, 哲人(名) zhérén, 圣人(名) shèngrén, 德高望重的人 dégāowàngzhòng de rén

sail I n (1) 帆(名) fān: *hoist* ~ 扬帆 yáng fān / a boat with 2 ~ s on it 一条双帆的船 yìtiáo shuāng fān de chuán (2) 船(名) chuán (3) 乘船旅行 chéng chuán lǚxíng; 乘船游览 chéng chuán yóulǎn; 航程(名) hángchéng II v (1) 航行(动) hángxíng (2) 通过(动) tōngguò: ~ *through a difficult examination* 顺利地通过很难的考试 shùnlì de tōngguò hěn nán de kǎoshì // *in full* ~ 张满帆 zhāngmǎn fān/ ~ *ing boat* 帆船 fānchuán/ *to* ~ *before the wind* 顺风行驶 shùn fēng xíngshǐ; 处顺境 chǔ shùnjìng / *to* ~ *close to the wind* 逆风行驶 nìfēng xíngshǐ; 处逆境 chǔ nìjìng / *under* ~ 在航行中 zài hángxíngzhōng

sailor n (1) 水手(名) shuǐshǒu, 海员(名) hǎiyuán; 水兵(名) shuǐbīng (2) 乘船旅行的人 chéng chuán lǚxíng de rén: a bad ~ 晕船的人 yūnchuán de rén

saint n (1) 圣徒(名) shèngtú, 圣者(名) shèngzhě, 圣人(名) shèngrén: *All S~s' Day* 万圣节 Wànshèngjié (2) 圣…shèng…: *St. Louis* 圣路易斯 Shènglùyìsī/ *St. Petersburg* 圣彼得堡 Shèngbǐdébǎo/ *S~ Paul's Cathedral* 圣保罗大教堂 Shèng Bǎoluó dà Jiàotáng

sake n 缘故(名) yuángù: *for the* ~ *of peace* 为了和平 wèile hépíng // *art for art's* ~ 为艺术而艺术 wèi yìshù ér yìshù / *for any* ~ 无论如何 wúlùn rúhé/ *for goodness'* ~ 看在上帝的份上 kànzài shàngdì de fènshang

salad n 色拉(名) sèlā, 西餐凉拌菜 xīcān liángbàncài: *chicken* ~ 鸡肉色拉 jīròu sèlā/ *fruit* ~ 水果色拉 shuǐguǒ sèlā // ~ *dressing* 色拉调味汁 sèlā tiáowèizhī/ ~ *oil* 色拉油 sèlāyóu

salaried adj 拿工资的 ná gōngzī de: *the high* ~ *stratum* 高薪阶层 gāoxīn jiēcéng / a ~ *post* 一个有工资报酬的职位 yíge yǒu gōngzī bàochóu de zhíwèi

salary n 工资(名) gōngzī, 薪水(名) xīnshuǐ, 薪金(名) xīnjīn: *the* ~ *of a university teacher* 一个大学教师的工资 yíge dàxué jiàoshī de gōngzī/ a ~ *of 300 yuan a month* 月薪三百元 yuèxīn sānbǎi yuán

sale n (1) 卖(动) mài, 出售(动) chūshòu: a ~ *for cash* 现金交易 xiànjīn jiāoyì / a ~ *on credit* 赊帐销售 shēzhàng xiāoshòu / ~ s *tax* 销售税 xiāoshòushuì (2) 大减价 dàjiǎnjià: 拍卖(动) pāimài: *the winter* ~ s 冬季大减价 dōngjì dà jiǎnjià (3) 销路(名) xiāolù: *have a ready* ~ 畅销 chàngxiāo/ *be dull of* ~ 滞销 zhìxiāo // *for* ~ 待售 dài shòu, 出售 chū shòu/ *not for* ~ 非卖品 fēi mài pǐn / *on* ~ (1) 上市 shàngshì, 在出售中 zài chūshòuzhōng (2) 减价出售 jiǎnjià chūshòu

salesgirl n 女售货员 nǚ shòuhuòyuán

salesman n 售货员(名) shòuhuòyuán, 店员(名) diànyuán; 推销员(名) tuīxiāoyuán

saleroom, salesroom n 货品陈列室 huòpǐn chénlièshì, 售货处(名) shòuhuòchù; 拍卖场(名) pāimàichǎng

salient adj (1) 突出(动) tūchū, 凸起的 tūqǐ de (2) 显著(形) xiǎnzhù: ~ features 显著的特征 xiǎnzhù de tèzhēng

saliva n 口水(名) kǒushuǐ, 唾液(名) tuòyè, 唾沫(名) tuòmo

salmon n (1) 鲑鱼(名) guīyú, 大麻哈鱼(名) dàmáhāyú (2) 鲑肉色(名) guīròusè, 橙红色(名) chénghóngsè

salon n (1) 雅致的厅堂 yǎzhì de tīngtáng: a dancing ~ 舞厅 wǔtīng/ a dining ~ 食堂 shítáng/ a beauty ~ 美容室 měiróngshì (2) 文艺沙龙(名) wényì shālóng; 文学艺术家的聚会 wénxué yìshùjiā de jùhuì: a literary ~ 文艺沙龙 wényì shālóng

saloon n (1) 交谊厅(名) jiāoyìtīng, 大客厅 dàkètīng (2) 酒吧间(名) jiǔbājiān, 酒馆(名) jiǔguǎn: a ~ bar 高级酒吧 gāojí jiǔbā

salt I n 盐(名) yán: table ~ 食盐 shíyán II v (1) 放盐 fàng yán (2) 腌(动) yān: ~ed meat 腌肉 yān ròu // ~ water 咸水 xiánshuǐ; 海水 hǎishuǐ/ the ~ of the earth 社会中坚 shèhuì zhōngjiān/ take with a grain of ~ 不可全信 bù kě quánxìn

salt-cellar n 盐碟(名) yándié; 盐瓶(名) yánpíng

salty adj 咸(形) xián, 盐的 yán de

salute I n (1) 行礼 xínglǐ, 敬礼 jìnglǐ, 招呼(动) zhāohu: give a ~ 行礼 xínglǐ/ acknowledge the ~ 答礼 dálǐ (回礼 huílǐ) (2) 礼炮(名) lǐpào: fire a ~ of 21 guns 鸣礼炮二十一响 míng lǐpào èrshíyī xiǎng II v 打招呼 dǎ zhāohu; 行礼 xínglǐ, 致敬(动) zhìjìng: ~ a friend with a smile 用微笑向一个朋友打招呼 yòng wēixiào xiàng yíge péngyou dǎ zhāohu / ~ with a hand 举手敬礼 jǔ shǒu jìnglǐ

salvage I n (1) 抢救(动) qiāngjiù; 救难工作 jiùnàn gōngzuò; 海上救助 hǎishang jiùzhù (2) 沉船打捞工作 chénchuán dǎlāo gōngzuò; 被救船舶 bèi jiù chuánbó (3) 废物利用 fèiwù

lìyòng II v (1) 救助(动) jiùzhù, 抢救(动) qiāngjiù (2) 打捞(动) dǎlāo: ~ a sunken boat 打捞沉船 dǎlāo chénchuán // a ~ boat 海难救助船 hǎinàn jiùzhù chuán / ~ charges 援救费 yuánjiùfèi/ a ~ company 海难救援公司 hǎinàn jiùyuán gōngsī

salvation n (1) 救助(动) jiùzhù; 拯救(动) zhěngjiù: work out one's own ~ 设法自救 shèfǎ zìjiù (2) 灵魂的拯救 línghún de zhěngjiù; 救世 jiùshì // the S~ Army 救世军 Jiùshìjūn

salvo n 炮火齐射 pàohuǒ qíshè; 礼炮齐鸣 lǐpào qímíng; 齐声欢呼 qíshēng huānhū; 齐声喝彩 qíshēng hècǎi

same I adj (1) 同一(形) tóngyī (2) 同样(形) tóngyàng, 相同(形) xiāngtóng II pron 同样的人(或事) tóngyàng de rén (huò shì) III adv 同样地 tóngyàng de, 相同(形) xiāngtóng // all the ~ 仍然 réngrán / at the ~ time 同时 tóngshí; 然而 rán'ér / be all the ~ to 对…说来都一样 duì…shuōlái dōu yíyàng/ one and the ~ 同一个 tóng yí ge / ~ here 我也是这样 wǒ yě shì zhèyàng/ the very ~ 正是这个 zhèng shì zhège, 完全相同 wánquán xiāngtóng

sample I n 样品(名) yàngpǐn, 货样(名) huòyàng; 标本(名) biāoběn: take a ~ for examination and testing 取样检验 qǔ yàng jiǎnyàn II v (1) 抽样检查 chōuyàng jiǎnchá: ~ the wine 对酒做抽样检查 duì jiǔ zuò chōuyàng jiǎnchá (2) 体会(动) tǐhuì; 品尝(动) pǐncháng // be up to ~ 符合样品规格 fúhé yàngpǐn guīgé

sanatorium n 疗养院(名) liáoyǎngyuàn, 休养地(名) xiūyǎngdì: a workers' ~ 工人疗养院 gōngrén liáoyǎngyuàn

sanction n (1) 批准(动) pīzhǔn, 准许(动) zhǔnxǔ (2) 制裁(动) zhìcái: economic ~ 经济制裁 jīngjì zhìcái

sand I n (1) 沙子(名) shāzi, 沙(名) shā: a grain of ~ 一粒沙 yílì shā/

loose ~ 散沙 sǎnshā/ *fine* ~ 细沙 xìshā（2）沙滩（名）shātān，沙地（名）shādì II *v* 撒沙子 sǎ shāzi

sandal[1] *n* 凉鞋（名）liángxié；便鞋（名）biànxié: *plastic* ~s 塑料凉鞋 sùliào liángxié

sandal[2] *n* 檀香（名）tánxiāng: *red* ~ 紫檀 zǐtán

sandalwood *n* 檀香木（名）tánxiāngmù

sandstorm *n* 沙暴（名）shābào

sandwich I *n* 夹肉面包 jiā ròu miànbāo，三明治（名）sānmíngzhì: *a ham* ~ 火腿三明治 huǒtuǐ sānmíngzhì II *v* 夹入 jiārù；挤进 jǐjìn

sandy *adj*（1）沙的 shā de，多沙的 duō shā de: ~ *land* 沙田 shātián（2）沙色（名）shāsè，黄褐色 huánghèsè

sane *adj*（1）心智健全的 xīnzhì jiànquán de，精神正常的 jīngshén zhèngcháng de，神志清醒的 shénzhì qīngxǐng de（2）明智（形）míngzhì: *a* ~ *policy* 一项明智的政策 yíxiàng míngzhì de zhèngcè/ *take* ~ *steps* 采取明智措施 cǎiqǔ míngzhì cuòshī

sanitary *adj* 卫生（形）wèishēng，清洁（形）qīngjié: ~ *equipment* 卫生设备 wèishēng shèbèi / ~ *belt* 卫生带 wèishēngdài（月经带 yuèjīngdài）/ ~ *napkin* 卫生纸 wèishēngzhǐ/ *a* ~ *cottage* 清洁的农舍 qīngjié de nóngshè

sanitation *n* 卫生设备 wèishēng shèbèi，卫生设施 wèishēng shèshī

Santa Claus *n* 圣诞老人 shèngdàn lǎorén

sap[1] *n*（1）树液（名）shùyè: *rubber* ~ 橡胶液 xiàngjiāoyè（2）元气（名）yuánqì，精力（名）jīnglì，活力（名）huólì: *the* ~ *of youth* 年轻人的活力 niánqīngrén de huólì

sap[2] I *n* 坑道（名）kēngdào II *v*（1）挖掘坑道 wājué kēngdào（2）削弱（动）xuēruò，逐步损坏 zhúbù sǔnhuài

sapless *adj* 无树液的 wú shùyè de，枯萎的 kūwěi de；无生气的 wú shēngqì de: ~ *looking* 面容憔悴 miànróng qiáocuì

sapling *n* 树苗（名）shùmiáo，幼树（名）yòushù

sapphire *n*（1）蓝宝石（名）lánbǎoshí（2）天蓝色（名）tiānlánsè

sarcasm *n* 讽刺（动）fěngcì，挖苦（动）wākǔ；讽刺语 fěngcìyǔ: *biting* ~ 辛辣的讽刺 xīnlà de fěngcì

sarcastic *adj* 讽刺的 fěngcì de，挖苦的 wākǔ de；好挖苦人的 hào wākǔ rén de

sardine *n* 鳁鱼（名）wēnyú，沙丁鱼（名）shādīngyú: *be packed like* ~s 拥挤不堪 yōngjǐbùkān

sash *n* 窗框（名）chuāngkuàng；门框（名）ménkuàng；吊窗（名）diàochuāng

Satan *n* 撒旦（名）sādàn，恶魔（名）èmó，魔王（名）mówáng

satchel *n* 小背包（名）xiǎobēibāo；书包（名）shūbāo

satellite *n*（1）卫星（名）wèixīng: *an artificial* ~ 人造卫星 rénzào wèixīng/ *a weather* ~ 气象卫星 qìxiàng wèixīng/ *a manned* ~ 载人卫星 zàirén wèixīng/ *a* ~ *station* 卫星电台 wèixīng diàntái（2）附属物（名）fùshǔwù，仆从（名）púcóng；卫星国 wèixīngguó: ~ *troops* 仆从军 púcóngjūn

satin *n* 缎子（名）duànzi: *figured* ~ 花缎 huāduàn

satire *n* 讽刺（名）fěngcì；讽刺文学 fěngcì wénxué，讽刺作品 fěngcì zuòpǐn: *bitter* ~ 辛辣的讽刺 xīnlà de fěngcì

satirical *adj* 讽刺的 fěngcì de 讥讽的 jīfěngde

satirist *n* 讽刺家（名）fěngcìjiā；讽刺作家 fěngcì zuòjiā: *a political* ~ 政治讽刺家 zhèngzhì fěngcìjiā

satisfaction *n* 满意（形）mǎnyì；满足（动）mǎnzú；称心 chènxīn: *physical* ~ 肉体的满足 ròutǐ de mǎnzú

satisfactory *adj* 令人满意的 lìng rén mǎnyì de；符合要求的 fúhé yāoqiú de: *a* ~ *excuse* 令人满意的解释 lìng rén mǎnyì de jiěshì

satisfy *v*（1）满足（动）mǎnzú；使满

足 shǐ mǎnzú: ~ one's appetite 满足食欲 mǎnzú shíyù/ ~ one's curiosity 满足好奇心 mǎnzú hàoqí xīn (2) 满意 (形) mǎnyì; 使满意 shǐ mǎnyì (3) 使相信 shǐ xiāngxìn

satisfying adj 令人满意的 lìng rén mǎnyì de, 使人满足的 shǐ rén mǎnzú de: a ~ meal 令人满意的一顿饭 lìng rén mǎnyì de yídùn fàn/ a ~ performance 一场相当不错的演出 yìchǎng xiāngdāng búcuò de yǎnchū

saturate v (1) 湿透 shītòu, 浸透 jìntòu (2) 饱和 (形) bǎohé: a ~d solution of salt 盐的饱和溶液 yán de bǎohé róngyè

Saturday n 星期六 (名) xīngqīliù; 周六 (名) zhōuliù, 礼拜六 lǐbàiliù

sauce n 酱汁 (名) jiàngzhī; 调味汁 (名) tiáowèizhī: tomato ~ 番茄酱 fānqiéjiàng/ pungent ~ 辣酱油 làjiàngyóu/ soy ~ 酱油 jiàngyóu / apple ~ 苹果酱 píngguǒjiàng

saucer n 茶托 (名) chátuō; 浅碟 (名) qiǎndié: a cup and ~ 带茶托的茶杯 dài chátuō de chábēi

sausage n 香肠 (名) xiāngcháng: a string of ~s 一串香肠 yíchuàn xiāngcháng

savage I adj (1) 野蛮 (形) yěmán; 凶猛 (形) xiōngměng; 残酷 (形) cánkù: a ~ beast 一头野兽 yìtóu yěshòu (2) 原始 (形) yuánshǐ: ~ art 原始艺术 yuánshǐ yìshù/ a ~ tribe 原始部落 yuánshǐ bùluò (3) 狂怒的 kuángnù de: get ~ with sb. 对某人大发脾气 duì mǒurén dà fā píqì II n 原始人 (名) yuánshǐrén; 野蛮人 yěmánrén

save[1] v (1) 救 (动) jiù, 拯救 (动) zhěngjiù, 搭救 (动) dājiù, 营救 (动) yíngjiù, 挽救 (动) wǎnjiù (2) 省 (动) shěng, 节省 (动) jiéshěng, 节约 (动) jiéyuē; 避免 (动) bìmiǎn (3) 储蓄 (动) chǔxù, 攒 (动) zǎn; 储存 (动) chǔcún: ~ half one's salary each month 把每月工资的一半存起来 bǎ měiyuè gōngzī de yíbàn cúnqǐlai (4) 保

留 (动) bǎoliú; 顾全 (动) gùquán, 保全 (动) bǎoquán: ~ face 留面子 liú miànzi (5) 存盘 zúnpán

save[2] prep 除…以外 chú…yǐwài

savings n 储蓄 (动) chǔxù, 存款 (名) cúnkuǎn: a ~ bank 储蓄银行 chǔxù yínháng / bank ~ 银行存款 yínháng cúnkuǎn/ a ~ account 活期存款 (帐户) huóqī cúnkuǎn (zhànghù)

saviour n 拯救者 (名) zhěngjiùzhě, 救星 (名) jiùxīng; 救世主 (名) jiùshìzhǔ

savour I n (1) 味 (名) wèi, 滋味 (名) zīwèi; 风味 (名) fēngwèi, 香味 (名) xiāngwèi (2) 兴味 (名) xìngwèi, 趣味 (名) qùwèi; 嗜好 (名) shìhào: one's ~ for seafood 对海味的嗜好 duì hǎiwèi de shìhào II v (1) 品尝 (动) pǐncháng (2) 有…味道 yǒu…wèidào; 有…的气味 yǒu…de qìwèi

saw I n 锯 (名) jù: the teeth of a ~ 锯齿 jùchǐ II v 锯 (动) jù

sawdust n 锯末 (名) jùmò

sawmill n 锯木厂 (名) jùmùchǎng; 锯床 (名) jùchuáng

saxophone n 萨克斯管 (名) sàkèsīguǎn

say I v (1) 说 (动) shuō, 讲 (动) jiǎng (2) 说明 (动) shuōmíng, 表明 (动) biǎomíng (3) 写道 xiědào, 报导 (动) bàodǎo (4) 比如说 bǐrúshuō; 假如 (连) jiǎrú II n 要说的话 yào shuō de huà; 意见 (名) yìjiàn; 发言权 (名) fāyán quán // Easier said than done. 说起来容易做起来难。 Shuōqǐlai róngyì zuòqǐlai nán./ it goes without ~ing 不言而喻 bùyán'éryù, 用不着说 yòng bù zháo shuō / I ~ (1) 喂 wèi, 哎 āi (2) 啊呀 āyā, 唷 yō / that is to ~ 也就是说 yě jiù shì shuō / There is no ~ing 说不准… shuō bu zhǔn…

saying n (1) 话 (名) huà, 言语 (名) yányǔ (2) 谚语 (名) yànyǔ, 俗话 (名) súhuà; 格言 (名) géyán: a common ~ 常言 chángyán/ as the ~ goes 正如俗话所说 zhèngrú súhuà suǒshuō

scaffold I n (1) 脚手架 (名)

jiǎoshǒujià; 支架（名）zhijià（2）断头台（名）duàntóutái，绞刑架（名）jiǎoxíngjià: *go to the* ~ 上断头台 shàng duàntóutái/ *send sb. to the* ~ 处某人绞刑 chǔ mǒurén jiǎoxíng **II** *v* 搭脚手架 dā jiǎoshǒujià

scaffolding   *n* 脚手架（名）jiǎoshǒujià，支架（名）zhijià

scald   **I** *v*（1）烫（动）tàng，烫伤 tàngshāng（2）用沸水或蒸汽消毒 yòng fèishuǐ huò zhēngqì xiāodú: ~ *a cup* 烫烫杯子 tàngtang bēizi **II** *n*（1）烫伤（名）tàngshāng: *an ointment for* ~*s and burns* 供烫伤和烧伤用的药膏 gōng tàngshāng hé shāoshāng yòng de yàogāo（2）烫洗 tàngxǐ

scale[1]   *n* 秤（名）chèng；磅秤（名）bàngchèng；天平（名）tiānpíng: *an automatic* ~ 自动秤 zìdòng chèng / *a pair of* ~*s* 一副天平 yífù tiānpíng

scale[2]   **I** *n*（1）标度（名）biāodù，刻度（名）kèdù，尺度（名）chǐdù: *a* ~ *in centimetres* 用厘米标出的刻度 yòng límǐ biāo chū de kèdù（2）比例（名）bǐlì，比率（名）bǐlǜ: *a map of the world on the* ~ *of one-millionth* 百万分之一比例的世界地图 bǎiwàn fēn zhī yī bǐlì de shìjiè dìtú（3）等级（名）děngjí，级别（名）jíbié: *wage* ~*s* 工资级别 gōngzī jíbié / *the social* ~ 社会地位 shèhuì dìwèi（4）规模（名）guīmó，大小（名）dàxiǎo: *enlarge the* ~ 扩大规模 kuòdà guīmó/ *on a large*（*small*）~ 大（小）规模地 dà（xiǎo）guīmó de/ *on a worldwide* ~ 在世界范围内 zài shìjiè fànwéi nèi **II** *v* 攀登（动）pāndēng，爬（动）pá: ~ *new heights of science and technology* 攀登科学技术的新高峰 pāndēng kēxué jìshù de xīn gāofēng

scale[3]   **I** *n* 鱼鳞（名）yúlín，鳞（名）lín: *scrape the* ~*s off a fish* 刮去鱼鳞 guāqù yúlín **II** *v* 去掉鱼鳞 qùdiào yúlín

scamper   **I** *v*（1）蹦蹦跳跳 bèngbèngtiàotiào（2）惊慌奔跑 jīnghuāng bēnpǎo，奔逃（动）bēntáo **II** *n* 奔跑

（动）bēnpǎo；蹦跳（动）bèngtiào

scan   *v*（1）浏览（动）liúlǎn（2）细看（动）xìkàn（3）标出诗的格律 biāochū shī de gélǜ；有顿挫的吟诵 yǒu dùncuò de yínsòng（4）扫描（动）sǎomiáo；扫掠（动）sǎoluè

scandal   *n*（1）丑闻（名）chǒuwén，丑事（名）chǒushì（2）诽谤（动）fěibàng，中伤（动）zhòngshāng，诋毁（动）dǐhuǐ

scanty   *adj* 缺乏（形）quēfá，不足的 bùzú de；吝啬（形）lìnsè

scapegoat   *n* 替罪羊（名）tìzuìyáng，代人受过的人 dài rén shòu guò de rén

scarce   *adj*（1）缺乏（动、形）quēfá，短缺（动、形）duǎnquē，不足的 bù zú de: ~ *goods* 紧俏商品 jǐnqiào shāngpǐn（2）稀有（形）xīyǒu，珍贵（形）zhēnguì: ~ *metals* 稀有金属 xīyǒu jīnshǔ/ *a* ~ *book* 珍本书 zhēnběn shū // *make oneself* ~ 溜走 liūzǒu，避开 bìkāi

scarcely   *adv*（1）仅仅（副）jǐnjǐn，刚刚（副）gānggāng，才（副）cái（2）简直不 jiǎnzhí bù，几乎没有 jīhū méiyǒu

scarcity   *n* 缺乏（形）quēfá，不足 bùzú；萧条（形）xiāotiáo；稀少（形）xīshǎo: *capital* ~ 资金不足 zījīn bùzú / *a* ~ *of rain* 雨量不足 yǔliàng bùzú

scare   **I** *v*（1）吓（动）xià，惊吓（动）jīngxià；使害怕 shǐ hàipà（2）把…吓跑 bǎ…xiàpǎo **II** *n* 惊吓（动）jīngxià，害怕（动）hàipà: *a war* ~ 战争恐慌 zhànzhēng kǒnghuāng

scared   *adj* 受惊的 shòujīngde，惊慌（形）jīnghuāng，吓坏了的 xiàhuàile de: *a* ~ *child* 受惊的孩子 shòujīng de háizi

scarlet   **I** *n*（1）猩红色（名）xīnghóngsè，鲜红色（名）xiānhóngsè（2）红布 hóngbù；红衣 hóngyī **II** *adj* 猩红（形）xīnghóng，鲜红（形）xiānhóng

scathing   *adj* 严厉（形）yánlì，尖刻（形）jiānkè: ~ *criticism* 严厉的批评 yánlì de pīpíng/ ~ *sarcasm* 尖刻的讽刺 jiānkè de fěngcì

scatter *v* (1) 使消散 shǐ xiāosàn; 使分散 shǐ fēnsàn; 使溃散 shǐ kuìsàn (2) 撒(动) sǎ; 撒播(动) sǎbō; 散布(动) sànbù: ~ *gravel on the road* 把沙砾撒在路面上 bǎ shālì sāzài lùmiànshang / ~ *seed on the field* 把种子播在地里 bǎ zhǒngzi bōzài dìli

scatterbrain *n* 精神不集中的人 jīngshén bù jízhōng de rén, 马马虎虎的人 mǎmǎhūhū de rén

scattered *adj* 分散(形) fēnsàn; 零散(形) língsàn: *a few ~ villages among the hills* 山里的一些分散的村落 shānli de yìxiē fēnsàn de cūnluò / *a thinly ~ population* 稀疏的人口 xīshū de rénkǒu

scattering **I** *n* (1) 分散(形、动) fēnsàn (2) 稀疏(形) xīshū, 少量(形) shǎoliàng: *a ~ of visitors* 稀稀拉拉的参观者 xīxīlālā de cānguānzhě **II** *adj* (1) 分散(形) fēnsàn, 不集中 bù jízhōng: ~ *votes* 不集中的选票 bù jízhōng de xuǎnpiào (2) 稀疏散乱的 xīshū sǎnluàn de

scenario *n* 剧情概要 jùqíng gàiyào; 电影剧本 diànyǐng jùběn, 歌剧脚本 gējù jiǎoběn: *a ~ writer* 电影剧本作者 diànyǐng jùběn zuòzhě

scene *n* (1) 事情发生的地点(名) shìqíng fāshēng de dìdiǎn, 现场(名) xiànchǎng: *the ~ of the crime* 犯罪现场 fànzuì xiànchǎng / *the ~ of a great battle* 一次大战的战场 yícì dàzhàn de zhànchǎng (2) 一场 yìchǎng, 一景 yìjǐng, 一折 yìzhé: *Act II, S~ I* 第二幕第一场 dì'èrmù dìyīchǎng (3) 布景(名) bùjǐng; 情景(名) qíngjǐng; 场面(名) chǎngmiàn: *a play with few ~ changes* 一场很少更换布景的戏 yìchǎng hěn shǎo gēnghuàn bùjǐng de xì / *a familiar ~* 熟悉的情景 shúxi de qíngjǐng (4) 景色(名) jǐngsè, 风景(名) fēngjǐng, 风光(名) fēngguāng: ~*s in a mountain district* 山区风光 shānqū fēngguāng (5) 吵闹(动) chǎonào, 发脾气 fāpíqi // *behind the*

~*s* 在幕后 zài mùhòu, 秘密地 mìmì de / *on the ~* 出现 chūxiàn, 到场 dàochǎng

scenery *n* 风景(名) fēngjǐng, 景色(名) jǐngsè: *mountain ~* 山景 shānjǐng / *stage ~* 舞台布景 wǔtái bùjǐng / *nature's ~* 自然风光 zìrán fēngguāng

scent **I** *n* (1) 香味(名) xiāngwèi, 香气(名) xiāngqì: *the sweet ~ of roses* 玫瑰花的芳香 méiguì huā de fāngxiāng / ~*s of jasmine* 茉莉花的香味 mòlihuā de xiāngwèi (2) 香水(名) xiāngshuǐ: *a bottle of ~* 一瓶香水 yìpíng xiāngshuǐ (3) 气味(名) qìwèi; 臭迹(名) xiùjì: *a hot ~* 强烈的气味 qiángliè de qìwèi (4) 迹象(名) jìxiàng; 线索(名) xiànsuǒ: *give sb. a false ~* 给某人以假线索 gěi mǒurén yǐ jiǎ xiànsuǒ **II** *v* 闻(动) wén, 嗅(动) xiù; 觉察(动) juéchá

scentless *adj* 没有气味的 méiyǒu qìwèi de, 没有香味的 méiyǒu xiāngwèi de

sceptic, skeptic *n* 怀疑论者(名) huáiyí lùnzhě; 无神论者(名) wúshén lùnzhě

sceptical, skeptical *adj* 怀疑的 huáiyí de, 持怀疑态度的 chí huáiyí tàidù de

scepticism, skepticism *n* 怀疑论(名) huáiyílùn; 怀疑态度 huáiyí tàidù

schedule **I** *n* (1) 计划(名) jìhuà, 日程安排 rìchéng ānpái: *a vacation ~* 假期计划安排 jiàqī jìhuà ānpái / *a factory production ~* 工厂生产日程安排 gōngchǎng shēngchǎn rìchéng ānpái (2) 一览表(名) yìlǎnbiǎo; 时间表(名) shíjiānbiǎo: *a ~ of postal charges* 邮费一览表 yóufèi yìlǎnbiǎo / *a ~ of freightage* 运费一览表 yùnfèi yìlǎnbiǎo / *a ~ of prices* 物价表 wùjiàbiǎo / *a progress ~* 进度表 jìndùbiǎo / *a railroad ~* 火车时刻表 huǒchē shíkèbiǎo **II** *v* (1) 将…列表 jiāng…lièbiǎo; 将…列入计划(时间)表 jiāng…lièrù jìhuà(shíjiān)biǎo: *a new train* 增开一趟列车 zēngkāi

scheme 443 **schoolteaching**

yítàng lièchē（2）排定 páidìng；安排
（动）ānpái：*the ~d speakers at a ral-
ly* 排定的大会发言人 páidìng de dàhuì
fāyánrén / *~ a match for the next
week* 安排下星期举行的一场比赛
ānpái xià xīngqī jǔxíng de yì chǎng
bǐsài // *according to ~* 按照预定计划
ànzhào yùdìng jìhuà / *ahead of ~* 提
前 tíqián / *behind ~* 落后于预定计划
luòhòuyú yùdìng jìhuà / *on ~* 按照预
定时间 ànzhào yùdìng shíjiān

scheme　I *n*（1）计划（名）jìhuà，规划
（名）guīhuà，方案（名）fāng'àn（2）
配合（动）pèihé；组合（动）zǔhé；体制
（名）tǐzhì；系统（名）xìtǒng：*the de-
lightful colour ~ of the parlour* 大厅
里好看的配色 dàtīngli hǎokàn de pèisè
（3）阴谋（名）yīnmóu，诡计（名）guǐjì
　II *v*（1）设计（动）shèjì；计划（动）
jìhuà（2）策划（动）cèhuà；搞阴谋 gǎo
yīnmóu

scholar　*n*（1）学者（名）xuézhě（2）奖
学金获得者 jiǎngxuéjīn huòdézhě

scholarly　*adj*（1）有学者风度的 yǒu
xuézhě fēngdù de；博学的 bóxué de：*a
~ person* 一个有学者风度的人 yígè
yǒu xuézhě fēngdù de rén（2）有知识
性 yǒu zhīshìxìng：*a ~ book* 一本知识
性很强的书 yìběn zhīshìxìng hěn qiáng
de shū

scholarship　*n*（1）奖学金（名）
jiǎngxuéjīn：*a ~ of ＄900 a year* 一
年九百元的奖学金 yìnián jiǔbǎiyuán
de jiǎngxuéjīn（2）学业（名）xuéyè；学
识（名）xuéshí，学问（名）xuéwèn：*a
person of great ~* 很有学问的人 hěn
yǒu xuéwèn de rén

school¹　I *n*（1）学校（名）xuéxiào：*a
primary ~* 一所小学 yìsuǒ xiǎoxué/ *a
normal*（*technical*）*~* 师范（技术）学
校 shīfàn（jìshù）xuéxiào / *a boarding
~* 寄宿学校 jìsù xuéxiào / *a sparetime
~* 业余学校 yèyú xuéxiào/ *a night
~* 夜校 yèxiào/ *a reform ~* 工读学校
gōngdú xuéxiào（教养院
jiàoyǎngyuàn，感化院 gǎnhuàyuàn）/

children of ~ age 学龄儿童 xuélíng
értóng（2）上学 shàngxué，学业（名）
xuéyè，课程（名）kèchéng（3）学院
（名）xuéyuàn：*a law ~* 法学院
fǎxuéyuàn/ *a graduate ~* 研究生院
yánjiūshēngyuàn（4）学派（名）
xuépài，流派（名）liúpài：*different
~s of thought* 各种不同的学派
gèzhǒng bùtóng de xuépài / *the Dutch
~ of painting* 荷兰画派 Hélán
huàpài/ *a man of the old ~*（风俗习
惯、生活方式等方面的）守旧派
（fēngsú xíguàn，shēnghuó fāngshì děng
fāngmiàn de）shǒujiùpài/ *a novelist of
the psychological ~* 心理学派的小说
家 xīnlǐxuépài de xiǎoshuōjiā II *v* 教育
（动）jiàoyù；训练（动）xùnliàn；锻炼
（动）duànliàn；约束（动）yuēshù // *at
~*（1）在学校 zài xuéxiào（2）在上学
zài shàngxué / *finish ~* 毕业 bìyè/
leave ~ 退学 tuìxué；毕业 bìyè / *~
bus* 校车 xiàochē/ *~ fee* 学费 xuéfèi/
~ leaver 中途停学的中小学生
zhōngtú tíngxué de zhōngxiǎo
xuéshēng；毕业生 bìyèshēng / *~ re-
port* 成绩单 chéngjìdān / *~ year* 学年
xuénián / *~ start* 开始上学 kāishǐ
shàngxué / *stay away from ~* 旷课
kuàngkè，逃学 táoxué

school²　*n* 鱼群（名）yúqún：*a ~ of
whales* 一群鲸鱼 yìqún jīngyú

schoolbag　*n* 书包（名）shūbāo

schoolbook　*n* 课本（名）kèběn

schoolboy　*n* 男学生 nán xuésheng

school-day　*n* 上课日 shàngkèrì

schooldays　*n* 学生时代 xuésheng shídài

schoolgirl　*n* 女学生 nǚ xuésheng

schoolhouse　*n* 校舍（名）xiàoshè

schooling　*n* 学校教育 xuéxiào jiàoyù：
3 *years' ~* 读三年书 dú sānnián shū

schoolmaster　*n*（1）男老师 nánlǎoshī
（2）校长 xiàozhǎng

schoolmate　*n* 同学（名）tóngxué

schoolmistress　*n* 女教师 nǚ jiàoshī

schoolteacher　*n* 教师（名）jiàoshī

schoolteaching　*n* 教学（名）jiàoxué；教

学职业 jiàoxué zhíyè

schooltime n (1) 学习时间 xuéxí shíjiān (2) 训练时间 xùnliàn shíjiān (3) 学生时代 xuésheng shídài

schoolwork n 功课(名) gōngkè, 家庭作业 jiātíng zuòyè

schoolyard n 校园(名) xiàoyuán; 操场(名) cāochǎng

schooner n 双桅(三桅、四桅)纵帆船 shuāngwéi (sānwéi, sìwéi) zòng fānchuán

science n 科学(名) kēxué; 学科(名) xuékē: a man of ~ 科学家 kēxuéjiā/ the social ~s 社会科学 shèhuì kēxué / pure ~ 纯理论科学 chún lǐlùn kēxué / applied ~ 应用科学 yìngyòng kēxué / a natural ~ 一门自然科学 yì mén zìrán kēxué / economic ~ 经济学 jīngjìxué / fishery ~ 水产学 shuǐchǎnxué / newspaper ~ 新闻学 xīnwénxué // ~ fiction 科学幻想小说 kēxué huànxiǎng xiǎoshuō/ the Chinese Academy of S~s 中国科学院 Zhōngguó Kēxuéyuàn

scientific adj (1) 科学的 kēxué de, 科学上的 kēxuéshangde: ~ studies 科学研究 kēxué yánjiū / ~ experiments 科学实验 kēxué shíyàn (2) 符合科学规律的 fúhé kēxué guīlù de; 精确的 jīngquè de: a ~ conclusion 科学的结论 kēxué de jiélùn/ a ~ classification 精确的分类 jīngquè de fēnlèi

scientist n 科学家(名) kēxuéjiā, 科学工作者 kēxué gōngzuòzhě

scissor I n 剪刀(名) jiǎndāo, 剪子(名) jiǎnzi: sharpen ~s 磨剪刀 mó jiǎndāo II v 剪(动) jiǎn; 删除(动) shānchú; 削减 xuējiǎn: ~ off a length of wire 剪掉一段铁丝 jiǎndiào yíduàn tiěsī/ ~ out a paragraph from a newspaper 从报上剪下一段文章 cóng bàoshang jiǎnxia yíduàn wénzhāng / items ~ed from the budget 从预算中削减的项目 cóng yùsuàn zhōng xuējiǎn de xiàngmù// ~s and paste 拼拼凑凑 pīnpīncòucòu, 剪剪贴贴 jiǎnjiǎntiētiē

scold v 骂(动) mà, 责骂(动) zémà; 责怪(动) zéguài; 训斥(动) xùnchì

scolding n 责骂(动) zémà; 责怪(动) zéguài; 训斥(动) xùnchì

scone n 快速发酵面团制成的糕饼 kuàisù fājiàomiàntuán zhìchéng de gāobǐng, 圆形(或扇形)烤饼(名) yuánxíng (huò shànxíng) kǎobǐng, 甜烙饼 tián làobǐng

scoop I n (1) 勺子(名) sháozi; 大匙(名) dàshí (2) 铲斗(名) chǎndǒu, 煤斗(名) méidǒu: a ~ of coal 一铲煤 yìchǎn méi (3) 抢先刊载的独家新闻 qiǎngxiān kānzài de dújiā xīnwén II v (1) 舀(动) yǎo; 铲(动) chǎn; 挖(动) wā (2) 抢先登载新闻 qiǎngxiān dēngzài xīnwén

scooter n (儿童游戏用的)踏板车(名) (értóng yóuxì yòng de) tàbǎnchē; 低座小摩托车(名) dī zuò xiǎo mótuōchē

scope n (1) 范围(名) fànwéi: an investigation of wide ~ 大范围的调查 dà fànwéi de diàochá (2) 余地(名) yúdì; 机会(名) jīhuì

scorch I v 烧焦 shāojiāo, 烤焦 kǎojiāo; 灼伤 zhuóshāng; 使枯萎 shǐ kūwěi II n 烧焦 shāojiāo; 烧焦的地方 shāojiāo de dìfang

scorching adj 灼热(形) zhuórè: ~ weather 酷热的天气 kùrè de tiānqì / the ~ sun 骄阳似火 jiāoyáng sì huǒ

score I n (1) 比分(名) bǐfēn, 战绩(名) zhànjì (2) 得分 défēn (3) 成绩(名) chéngjì, 分数(名) fēnshù: make a perfect ~ 得满分 dé mǎnfēn (4) 刻痕 kè hén, 痕迹(名) hénjì: ~s on a rock 岩石上的痕迹 yánshíshang de hénjì (5) 二十个 èrshíge: a ~ of people 二十个人 èrshíge rén/ the 3 ~s and 10 years of human life 人生七十年 rénshēng qīshínián (一辈子 yíbèizi) (6) 方面(名) fāngmiàn; 理由(名) lǐyóu, 根据(名) gēnjù: on this ~ 在这一点上 zài zhè yì diǎn shang (7) 总谱(名) zǒngpǔ, 乐谱(名) yuèpǔ II v

(1) 得分 défēn: ~ *a point* 赢得一分 yíngdé yì fēn (2) 给分 gěi fēn, 评分 píngfēn, 打分 dǎfēn: ~ *a test* 给测验评分 gěi cèyàn píngfēn (3) 划 (动) huá; 留下刻痕 liúxià kèhén // *keep the* ~ 记分 jìfēn / ~ *out* 划掉 huádiào, 略去 lüèqù / ~ *up* 记下比分 jìxià bǐfēn

scoreboard *n* 记分牌 (名) jìfēnpái

scorebook *n* 记分册 (名) jìfēncè

scorekeeper *n* 记分员 (名) jìfēnyuán

scorer *n* (1) 记分员 (名) jìfēnyuán (2) 得分者 (名) défēnzhě

scorn **I** *n* (1) 蔑视 (动) mièshì, 轻蔑 (形) qīngmiè (2) 蔑视嘲笑的对象 mièshì cháoxiào de duìxiàng **II** *v* 轻蔑 (形) qīngmiè, 蔑视 (动) mièshì; 不屑于 búxièyú

scornful *adj* 轻蔑 (形) qīngmiè; 藐视的 miǎoshì de, 嘲笑的 cháoxiào de: *a* ~ *attitude* 藐视的态度 miǎoshì de tàidù

scorpion *n* 蝎子 (名) xiēzi

Scotch *n* 苏格兰威士忌酒 Sūgélán wēishìjì jiǔ // ~ *and soda* 威士忌苏打 wēishìjì sūdá / ~ *broth* 肉菜麦片汤 ròu cài màipiàn tāng

Scotland *n* 苏格兰 (名) Sūgélán // ~ *Yard* 伦敦警察厅 Lúndūn Jǐngchátīng

Scots **I** *adj* (1) 苏格兰 (人) 的 Sūgélán (rén) de (2) 苏格兰方言的 Sūgélán fāngyán de **II** *n* 苏格兰英语 Sūgélán Yīngyǔ

scoundrel *n* 坏蛋 (名) huàidàn, 恶棍 (名) ègùn, 流氓 (名) liúmáng

scour[1] **I** *v* 擦亮 cāliàng, 擦净 cājìng; 洗涤 (动) xǐdí, 冲刷 (动) chōngshuā **II** *n* (1) 擦 (动) cā; 洗 (动) xǐ; 冲刷 (动) chōngshuā: *give a dirty pot a good* ~ 把一只肮脏的锅好好洗刷一下 bǎ yìzhī āngzāng de guō hǎohǎo xǐshuā yíxià (2) 除垢剂 (名) chúgòujì, 洗涤剂 (名) xǐdíjì

scour[2] *v* 搜索 (动) sōusuǒ, 寻找 (动) xúnzhǎo

scourge **I** *n* (1) 祸根 (名) huògēn; 祸害 (名) huòhài, 灾祸 (名) zāihuò: *the* ~ *of war* 战祸 zhànhuò (2) 鞭子 (名) biānzi; 惩罚的工具 chéngfá de gōngjù, 惩罚 (动) chéngfá: *a* ~ *of Heaven* 上天的惩罚 shàngtiān de chéngfá **II** *v* (1) 鞭打 (动) biāndǎ, 鞭笞 (动) biānchī (2) 严惩 (动) yánchéng (3) 蹂躏 (动) róulìn, 折磨 (动) zhémó: *a country* ~*d by disease and war* 遭受疾病和战争蹂躏的国家 zāoshòu jíbìng hé zhànzhēng róulìn de guójiā

scout **I** *n* (1) 侦察兵 (名) zhēnchábīng, 侦察员 (名) zhēncháyuán; 侦察机 (名) zhēnchájī: *a* ~ *bomber* 侦察轰炸机 zhēnchá hōngzhàjī (2) 侦察 (动) zhēnchá; 搜集 (动) sōují (3) 童子军 (名) tóngzǐjūn: *the Boy (Girl) S* ~*s* 男 (女) 童子军 nán (nǚ) tóngzǐjūn (4) 物色人材的人 wùsè réncái de rén: *talent* ~*s* 物色人材的人 wùsè réncái de rén **II** *v* (1) 侦察 (动) zhēnchá, 监视 (动) jiānshì: ~ *a small town* 对小镇进行侦察 duì xiǎozhèn jìnxíng zhēnchá (2) 搜寻 (动) sōuxún, 寻找 (动) xúnzhǎo

scowl **I** *n* 皱眉 zhòuméi; 愁眉苦脸 chóu méi kǔ liǎn; 怒容 (名) nùróng **II** *v* 皱眉头 zhòu méitóu; 怒视 (动) nùshì; 瞪眼看 dèngyǎn kàn

scrabble *v* 乱扒 luànbā

scrap *n* (1) 碎片 (名) suìpiàn, 碎屑 (名) suìxiè: *a* ~ *of paper* 一张小纸片 yìzhāng xiǎo zhǐpiàn / ~*s of bread* 面包屑 miànbāoxiè (2) 少量 (形) shǎoliàng, 点滴 (名) diǎndī (3) 废料 (名) fèiliào, 废品 (名) fèipǐn

scrapbook *n* 剪贴簿 jiǎntiēbù; 贴报簿 tiēbàobù

scrape **I** *v* (1) 刮 (动) guā; 擦 (动) cā; 剥 (动) bāo: ~ *scales off a fish* 刮鱼鳞 guā yúlín (2) 擦伤 cāshāng **II** *n* (1) 刮 (动) guā; 擦 (动) cā: *a* ~ *on the face* 脸上擦伤处 liǎnshang cāshāng chù (2) 困境 (名) kùnjìng, 窘境 (名) jiǒngjìng // ~ *a living* 勉强生活

miǎnqiǎng shēnghuó / ~ *along* 勉强过下
去 miǎnqiǎng guòxiàqù / ~ *down* 磨光
móguāng; 擦亮 cāliàng / ~ *in* 勉强进入
miǎnqiǎng jìnrù / ~ *through* 勉强通过
miǎnqiǎng tōngguò / ~ *together* (1) 积攒
jīzǎn (2) 拼凑 pīncòu

scratch I *v* (1) 搔 (动) sāo, 挠 (动)
náo; 扒 (动) bā; 挖 (动) wā; 抓 (动)
zhuā: ~ *where it itches* 搔痒痒 sāo
yǎngyang / ~ *a hole* 扒一个洞 bā yíge
dòng (2) 擦 (动) cā; 刮 (动) guā; 划
(动) huá, 划破 huápò: ~ *a match* 擦
一根火柴 cā yìgēn huǒchái (3) 刻 (动)
kè; 划 (动) huá II *n* (1) 搔 (动) sāo;
抓 (动) zhuā; 擦伤 cāshāng: *without*
a ~ 毫无损伤 háo wú sǔnshāng / *a* ~
on the tabletop 桌面上的一道划痕
zhuōmiànshang de yídào huáhén (2) 零
(数) líng; 起点 (名) qǐdiǎn, 起跑线
(名) qǐpǎoxiàn // ~ *out* 划掉
huádiào: ~ *out a stain* 把污渍擦掉
bǎ wūzì cādiào / ~ *the surface* 触及表
面 chùjí biǎomiàn / ~ *together* (*up*)
凑集 còují; 拼凑 pīncòu / *start from*
~ 白手起家 báishǒuqǐjiā, 从零开始
cónglíng kāishǐ, 从头做起 cóng tóu
zuòqǐ / *up to* ~ 够标准 gòu biāozhǔn,
达到要求 dádào yāoqiú

scratch-pad *n* 便笺簿 (名) biànjiānbù

scream I *v* (1) 尖叫 jiānjiào; 大叫
dàjiào, 大嚷 dàrǎng: ~ *for help* 大声
呼救 dàshēng hūjiù (2) 呼啸 (动)
hūxiào (3) 大叫大嚷地宣传 dàjiào
dàrǎng de xuānchuán II *n* 尖叫
jiānjiào, 刺耳声 cì'ěrshēng

screen I *n* (1) 幕 (名) mù; 屏 (名)
píng; 帘 (名) lián; 帐 (名) zhàng; 隔
板 (名) gébǎn: *a folding* ~ 折叠屏风
zhédié píngfēng / *put a* ~ *in front of*
the fireplace 在壁炉前放一个隔板 zài
bìlú qián fàng yíge gébǎn (2) 银幕 (名)
yínmù; 屏幕 (名) píngmù: *a wide-*~
film 宽银幕电影 kuānyínmù diànyǐng
/ *on the television* ~ 在电视屏幕上
zài diànshì píngmùshang (3) 电影 (名)
diànyǐng; 电影业 (名) diànyǐngyè: *a*

~ *actor* (*actress*) 男 (女) 电影演员
nán (nǚ) diànyǐng yǎnyuán / *a* ~ *star*
电影明星 diànyǐng míngxīng (4) 掩蔽
物 (名) yǎnbìwù; 掩护 (动) yǎnhù:
under ~ *of night* 在夜幕中 zài
yèmùzhōng II *v* (1) 遮掩 (动) zhēyǎn;
防护 (动) fánghù; 包庇 (动) bāobì:
~ *sb.'s faults* 掩盖某人的过失
yǎngài mǒurén de guòshī (护短
hùduǎn) / ~ *sb.* 包庇某人 bāobì
mǒurén (2) 拍成电影 pāichéng
diànyǐng, 搬上银幕 bānshàng yínmù
(3) 放 (电影) (动) fàng (diànyǐng):
~ *a new film* 放一部新电影 fàng
yíbù xīn diànyǐng // ~ *test* 试镜头 shì
jìngtóu / ~ *windows* 纱窗 shāchuāng

screenland *n* 电影界 (名) diànyǐngjiè

screenplay *n* 电影剧本 diànyǐng jùběn

screen-writer *n* 电影剧本作者
diànyǐng jùběn zuòzhě

screw I *n* (1) 螺丝 (名) luósī, 螺丝钉
(名) luósīdīng; 螺旋状的东西
luóxuánzhuàng de dōngxi: *a* ~ *bolt*
(*nut*) 螺丝钉 (螺母) luósīdīng
(luómǔ) / *drive in a* ~ 上一颗螺丝
shàng yìkē luósī (2) 拧 (动) nǐng, 旋
(动) xuán II *v* (1) 用螺钉拧紧 yòng
luódīng nǐngjǐn, 钉住 dìngzhù (2) 拧
(动) nǐng, 拧动 nǐngdòng (3) 眯缝
(动) mīfeng (4) 皱起 zhòuqǐ // *a* ~
loose 出了毛病 chūle máobing, 精神不
正常 jīngshén bú zhèngcháng / ~ *up*
one's courage 鼓起勇气 gǔqǐ yǒngqì

screwdriver *n* 螺丝起子 (名) luósī
qǐzi, 改锥 (名) gǎizhuī

scroll *n* (1) 画卷 (名) huàjuàn, 卷轴
(名) juànzhóu: ~ *painting* 卷轴画
juànzhóuhuà (2) 名册 (名) míngcè

scrub[1] I *v* (1) 擦洗 (动) cāxǐ, 擦净
cājìng: ~ *the floor* 擦洗地板 cāxǐ
dìbǎn / ~ *oneself with a towel* 用毛巾
擦身 yòng máojīn cā shēn (2) 摩擦
(动) mócā; 擦掉 cādiào: ~ *the dirt*
from the wall 把墙上的尘土刷掉 bǎ
qiángshang de chéntǔ shuādiào II *n* 擦
洗 (动) cāxǐ, 擦净 cājìng

scrub²   *n* 矮树 ǎishù, 灌木（名）guànmù, 丛林（名）cónglín

scruple   **I** *n* 迟疑（动）chíyí; 顾忌（名）gùjì, 顾虑（名）gùlǜ: *a person of no ~s* 一个无所顾忌的人 yíge wúsuǒ gùjì de rén **II** *v* 犹豫（动）yóuyù, 顾忌（动）gùjì

scrupulous   *adj* (1) 认真负责 rènzhēn fùzé, 一丝不苟 yìsībùgǒu, 谨慎小心 jǐnshèn xiǎoxīn (2) 老实（形）lǎoshi, 诚实（形）chéngshí, 规矩（形）guīju: *a ~ person* 老实人 lǎoshi rén

scrutinize   *v* 细看 xìkàn, 细读 xìdú; 细查 xìchá

scrutiny   *n* (1) 细看 xìkàn, 细阅 xìyuè; 细查 xìchá: *make a ~ of the day's newspaper* 仔细阅读当天的报纸 zǐxì yuèdú dàngtiān de bàozhǐ (2) 追查（动）zhuīchá, 调查（动）diàochá; 选票的复查 xuǎnpiào de fùchá: *demand a ~* 要求复查选票 yāoqiú fùchá xuǎnpiào

sculptor   *n* 雕刻家（名）diāokèjiā, 雕刻师（名）diāokèshī

sculpture   **I** *n* (1) 雕塑（名）diāosù; 雕刻（名）diāokè: *clay ~* 泥塑 nísù (2) 雕刻艺术品 diāokè yìshùpǐn, 雕像（名）diāoxiàng: *ivory ~s* 牙雕 yádiāo **II** *v* 雕刻（动）diāokè, 塑造（动）sùzào

scurry   **I** *v* 急匆匆地跑 jí cōngcōng de pǎo, 急赶 jígǎn **II** *n* 急促地奔跑 jícù de bēnpǎo

scythe   *n* 长把大镰刀 chángbà dà liándāo

sea   *n* (1) 海（名）hǎi, 海洋（名）hǎiyáng: *a calm ~* 平静的海面 píngjìng de hǎimiàn/ *sail on the ~* 在海上航行 zài hǎishang hángxing/ *~ animals* 海洋动物 hǎiyáng dòngwù/ *the Mediterranean S~* 地中海 Dìzhōnghǎi / *the South China S~* 南中国海 Nán Zhōngguóhǎi/ *the Yellow S~* 黄海 Huánghǎi (2) 航海生活 hánghǎi shēnghuó (3) 像海洋一样的 xiàng hǎiyáng yíyàng de, 大量

dàliàng: *a ~ of troubles* 无尽的麻烦事 wújìn de máfan shì // *a map of the ~* 海图 hǎitú/ *a ~ power* 海军强国 hǎijūn qiáng guó; 海上力量 hǎishang lìliàng/ *at ~* (1) 海上航行 hǎishang hángxing (2) 不理解 bù lǐjiě, 茫然不知 mángrán bù zhī / *by ~* (1) 乘船 chéng chuán (2) 由海路 yóu hǎilù / *~ level* 海平面 hǎipíngmiàn: *12,000 metres above ~ level* 海拔一万二千米 hǎibá yíwàn èrqiān mǐ/ *~ mile* 海里 hǎilǐ/ *the high ~s* 公海 gōnghǎi

sea-bathing   *n* 海水浴（名）hǎishuǐyù

seabed   *n* 海底（名）hǎidǐ

seabird   *n* 海鸟（名）hǎiniǎo

seacoast   *n* 海岸（名）hǎi'àn

seafaring   **I** *adj* 以航海为业的 yǐ hánghǎi wéi yè de; 关于航海的 guānyú hánghǎi de: *a ~ life* 航海生涯 hánghǎi shēngyá / *a ~ man* 水手 shuǐshǒu（海员 hǎiyuán）**II** *n* 航海业（名）hánghǎiyè; 海上航行 hǎishang hángxing

seafood   *n* 海味（名）hǎiwèi

seafront   *n* 海边（名）hǎibiān; 滨海区（名）bīnhǎiqū; 海滨马路 hǎibīn mǎlù

seagoing   *adj* 适于远洋航行的 shìyú yuǎnyáng hángxing de: *a ~ ship* 远洋轮船 yuǎnyáng lúnchuán

sea-gull   *n* 海鸥（名）hǎi'ōu

seal¹   **I** *n* (1) 火漆（名）huǒqī; 封蜡（名）fēnglà; 封铅（名）fēngqiān; 封印（名）fēngyìn, 封条（名）fēngtiáo: *waxen ~* 蜡封 làfēng/ *put a ~ on a box* 在箱子上贴一张封条 zài xiāngzishang tiē yìzhāng fēngtiáo/ *break the ~* 拆封 chāifēng (2) 图章（名）túzhāng, 印（名）yìn, 印记（名）yìnjì; 玺（名）xǐ: *the S~ of State* 国玺 guóxǐ **II** *v* (1) 封（动）fēng, 密封（动）mìfēng (2) 盖章 gài zhāng, 加印 jiāyìn // *~ off* 封闭 fēngbì, 封锁 fēngsuǒ / *~ up* 密封 mìfēng

seal²   *n* 海豹（名）hǎibào

seam   *n* (1) 衣缝（名）yīfèng; 接缝（名）jiēfèng, 缝口（名）fèngkǒu: *undo* *a* ~ 把缝口拆开 bǎ fèngkǒu chāikāi (2) 矿层（名）kuàngcéng

seaman *n* 海员（名）hǎiyuán，水手（名）zhuǐshǒu

seaport *n* 海港（名）hǎigǎng；海港城市 hǎigǎng chéngshì

search I *v* (1) 寻找（动）xúnzhǎo，搜寻（动）sōuxún：~ *for treasure* 寻找珍宝 xúnzhǎo zhēnbǎo (2) 检查（动）jiǎnchá；搜查（动）sōuchá；搜身 sōushēn (3) 细看 xìkàn，细察 xìchá；细想 xìxiǎng：~ *sb.'s face* 察看某人的脸色 chákàn mǒurén de liǎnsè II *n* 检查（动）jiǎnchá；搜查（动）sōuchá；探索（动）tànsuǒ；调查（动）diàochá // *in* ~ *of* 寻找 xúnzhǎo，寻求 xúnqiú / ~ *after* 寻找 xúnzhǎo，探索 tànsuǒ，追求 zhuīqiú：~ *after truth* 追求真理 zhuīqiú zhēnlǐ / ~ *out* 寻找 xúnzhǎo，找到 zhǎodào

searchlight *n* 探照灯（名）tànzhàodēng

seashell *n* 贝壳（名）bèiké

seashore *n* 海边（名）hǎibiān，海滨（名）hǎibīn

seasick *adj* 晕船的 yūnchuán de

seasickness *n* 晕船 yūnchuán

seaside I *adj* 海边的 hǎibiān de，海滨的 hǎibīn de II *n* 海滨（胜地）（名）hǎibīn（shèngdì）；海滨城市 hǎibīn chéngshì

season I *n* (1) 季（名）jì，季节（名）jìjié：*the 4* ~*s* 四季 sì jì / *the cold* ~ 冬季 dōngjì (2) 旺季（名）wàngjì，活动时节 huódòng shíjié：*a busy* (*slack*) *farming* ~ 农忙（闲）季节 nóngmáng(xián) jìjié / *the holiday* ~ 休假旺季 xiūjià wàngjì / *the planting* ~ 种植季节 zhòngzhí jìjié / *the swimming* ~ 游泳季节 yóuyǒng jìjié / *an off* ~ 淡季 dànjì / *the football* ~ 足球赛季 zúqiú sàijì II *v* 给…调味 gěi…tiáowèi，加调味品 jiā tiáowèipǐn：*fish* ~*ed with vinegar and sugar* 糖醋鱼 tángcùyú // *in good* ~ 正合时宜 zhèng hé shíyí，及时地 jíshí de / *in* ~ 应时的 yìngshí de，当令的 dānglìng de；在旺季 zài

wàngjì；成熟期 chéngshúqī / *out of* ~ 过了时令 guò le shílìng；非成熟期 fēi chéngshúqī

seasonable *adj* (1) 季节性的 jìjiéxìng de，合时令的 hé shílìng de (2) 及时（形）jíshí；合时宜的 hé shíyí de：~ *advice* 及时的忠告 jíshí de zhōnggào

seasonal *adj* 季节的 jìjié de，季节性的 jìjiéxìng de

seasoning *n* 调味品（名）tiáowèipǐn

seat I *n* (1) 座（名）zuò，座位（名）zuòwèi，位子（名）wèizi：*the front* (*back*) ~ *of a car* 汽车的前(后)座 qìchē de qián(hòu)zuò / *keep a* ~ 占一个位子 zhàn yíge wèizi / ~*s for foreign visitors* 外宾席 wàibīnxí (2) 臀部（名）túnbù，(裤子的)臀部位置 (kùzi de) túnbù wèizhì (3) 所在地（名）suǒzàidì；活动中心 huódòng zhōngxīn：*the* ~ *of commerce* 商业中心 shāngyè zhōngxīn / *the* ~ *of a university* 一所大学的所在地 yìsuǒ dàxué de suǒzàidì / *a* ~ *of war* 战场 zhànchǎng (4) 席位（名）xíwèi；职位（名）zhíwèi：*sb.'s lawful* ~ 某人的合法席位 mǒurén de héfǎ xíwèi II *v* (1) 坐（动）zuò，就坐 jiùzuò (2) 供给座位 gōngjǐ zuòwèi，坐得下 zuò de xià // *keep one's* ~ 保留席位 bǎoliú xíwèi，坐着不动 zuòzhe bú dòng / ~ *belt* 安全带 ānquándài / *take a* ~ 坐下 zuòxià

seaweed *n* 海草（名）hǎicǎo，海藻（名）hǎizǎo

secluded *adj* (1) 隐退的 yǐntuì de；隐居的 yǐnjū de：*a* ~ *life* 隐居生活 yǐnjū shēnghuó (2) 偏僻（形）piānpì，僻静（形）pìjìng：*a* ~ *spot* 偏僻的地方 piānpì de dìfang

second¹ I *num* 第二 dì'èr：*the* ~ *edition* 第二版 dì'èr bǎn (再版 zàibǎn) / *English as a* ~ *language* 英语作为第二语言 Yīngyǔ zuòwéi dì'èr yǔyán / *every* ~ *year* (*month，day*) 隔一年(月、天) gé yìnián (yuè、tiān) II *adj* (1) 二等的 èrdēng de，次等的 cìdēng de；

第二次的 dì'èrcì de: *the ~ cabin* 二
等舱 èrděng cāng/ *class* 二 等
èrděng / *cloth of ~ quality* 次等布
cìděng bù (2) 副(形) fù: *occupy the
~ leading post* 当 二 把 手 dāng
èrbāshǒu **III** *n* (1) 第二名 dì'èr míng,
第二位 dì'èrwèi: *get a ~* 获得第二名
huòdé dì'èr míng (2) 乙级商品 yǐjí
shāngpǐn; 次品(名) cìpǐn **IV** *v* 赞成
(动) zànchéng, 支持(动) zhīchí; 附议
fùyì // *~ thoughts* 重想 chóng xiǎng,
重新考虑 chóngxīn kǎolǜ / *~ to none*
比谁都好 bǐ shuí dōu hǎo, 无与伦比
wúyǔlúnbǐ

second² *n* (1) 秒(名) miǎo: *a 10-~
delay* 耽 误 十 秒 钟 dānwù
shímiǎozhōng/ *the ~ hand of a clock*
时钟的秒针 shízhōng de miǎozhēn (2)
一会儿(名) yíhuìr, 片刻(名) piànkè

secondary *adj* (1) 第二的 dì'èr de; 中
级(形) zhōngjí: *~ education* 中等教
育 zhōngděng jiàoyù/ *~ teachers* 中学
教员 zhōngxué jiàoyuán/ *~ schools* 中
学 zhōngxué (2) 次要(形) cìyào; 附
属(动) fùshǔ; 副(形) fù: *a question
of ~ importance* 次要问题 cìyào
wèntí / *~ stress* 次重音 cì zhòngyīn/
a ~ organ 附属机构 fùshǔ jīgòu/ *a
~ product* 副产品 fùchǎnpǐn/ *~ bat-
tery* 蓄电池 xùdiànchí

second-hand *adj* (1) 间接的 jiànjiē
de, 第二手的 dì'èr shǒu de: *~ infor-
mation* 间接消息 jiànjiē xiāoxi (第二
手材料 dì'èrshǒu cáiliào) (2) 旧(形)
jiù, 用过的 yòngguò de: *a ~ book-
store* 旧书店 jiù shūdiàn

secondly *adv* 第二 dì'èr, 其次(名) qícì

secret **I** *adj* (1) 秘密(形) mìmì, 机密
(形) jīmì: *a ~ code* 密电码 mì
diànmǎ/ *a ~ agreement* 秘密协定
mìmì xiédìng / *~ negotiations* 秘密谈
判 mìmì tánpàn/ *the ~ parts* 阴部
yīnbù (2) 暗中的 ànzhōng de,悄悄的
qiāoqiāo de, 秘而不宣 mì'érbùxuān
de: *a ~ enemy* 暗藏的敌人 àncáng
de dírén **II** *n* (1) 秘密(名) mìmì, 机

密(名) jīmì, 内情(名) nèiqíng: *a top
~* 绝密 juémì / *an open ~* 公开的秘
密 gōngkāi de mìmì/ *disclose a ~* 泄露
机密 xièlù jīmì (2) 奥秘(名) àomì, 神
秘(形) shénmì: *the ~s of nature* 自
然界的奥秘 zìránjiè de àomì (3) 秘诀
(名) mìjué, 诀窍(名) juéqiào, 秘方
(名) mìfāng // *a ~ agent* 特务
tèwù/ *in ~* 秘密地 mìmì de, 暗地里
àndìli/ *~ ballot* 无记名投票 wú
jìmíng tóupiào/ *~ ink* 密写墨水
mìxiěmòshuǐ / *~ police* 秘密警察
mìmì jǐngchá/ *~ service* 特务机关
tèwù jīguān: *a ~ service man* 特工人
员 tègōng rényuán/ *~ society* 秘密团
体 mìmì tuántǐ

secretary *n* (1) 秘书(名) mìshū (2)
书记(名) shūji (3) 干事(名) gànshi,
书记员(名) shūjìyuán; 书记官(名)
shūjìguān (4) 大臣(名) dàchén, 部长
(名) bùzhǎng: *the S~ of State* (英
国) 国务大臣 (Yīngguó) guówù
dàchén, (美国) 国务卿 (Měiguó)
guówùqīng/ *the S~ of State for For-
eign Affairs* 外交大臣 wàijiāo dàchén
/ *the S~ of Defense* 国防部长
guófáng bùzhǎng

secretary-general *n* 秘 书 长 (名)
mìshūzhǎng; 总干事 zǒnggànshi: *the
S~ of the United Nations* 联合国秘书
长 Liánhéguó mìshūzhǎng / *the S~ of
UNESCO* 联合国教科文组织总干事
Liánhéguó Jiàokēwén zǔzhī zǒnggànshi

secretly *adv* 秘密地 mìmì de, 私下里
sīxiàli, 暗地里 àndìli, 偷偷地 tōutōu
de, 不公开地 bù gōngkāi de

section *n* (1) 一部分 yíbùfen, 一段
yíduàn, 一节 yìjié: *a large ~ of the
citizens* 很大一部分市民 hěn dà yí
bùfen shìmín / *the sports ~ of a news-
paper* 报纸的体育栏 bàozhǐ de tǐyùlán/
~ 3 第三节 dìsān jié (第三部分 dìsān
bùfen)/ *a politician liked by all ~s of
the country* 一位受全国各界爱戴的政
治家 yíwèi shòu quánguó gèjiè àidài de
zhèngzhìjiā (2) 区(名) qū, 地区(名)

dìqū: *the business ~ of a city* 城市的商业区 chéngshì de shāngyèqū/ *a rural ~* 乡村地区 xiāngcūn dìqū / *the residential ~s of a city* 城市住宅区 chéngshì zhùzháiqū (3) 剖面(名) pōumiàn, 断面(名) duànmiàn; 切片(名) qiēpiàn: *the ~ of a diseased bone* 病骨的切片 bìng gǔ de qiēpiàn (4) 部门(名) bùmén; 处(名) chù; 科(名) kē; 股(名) gǔ; 组(名) zǔ: *a personnel affairs ~* 人事处 rénshìchù

sector *n* (1) 扇形(名) shànxíng; 扇形面(名) shànxíngmiàn (2) 部分(名) bùfen; 成分(名) chéngfèn, 部门(名) bùmén: *~ of the economy* 经济成分 jīngjì chéngfen/ *the industrial ~* （经济中的）工业部门 (jīngjìzhōngde) gōngyè bùmén

secure **I** *adj* (1) 安心(形) ānxīn, 无忧虑的 wú yōulǜ de; 有把握的 yǒu bǎwò de (2) 安全(形) ānquán; 牢固(形) láogù; 保险(形) bǎoxiǎn, 可靠(形) kěkào: *a ~ foundation* 牢固的基础 láogù de jīchǔ **II** *v* (1) 使安全 shǐ ānquán; 使免受 shǐ miǎn shòu (2) 关紧 guānjǐn; 弄牢 nòngláo (3) 获得(动) huòdé, 得到 dédào: *~ a loan* 获得贷款 huòdé dàikuǎn / *~ one's ends* 达到自己的目的 dádào zìjǐ de mùdì

securely *adv* 安全地 ānquán de; 牢牢地 láoláo de

security *n* (1) 安全(名) ānquán, 安全保障 ānquán bǎozhàng: *a sense of ~* 安全感 ānquángǎn / *~ of person* 人身安全 rénshēn'ānquán (2) 保安措施 bǎo'ān cuòshī, 治安(名) zhì'ān: *for ~ reasons* 为保障安全起见 wèi bǎozhàng ānquán qǐjiàn / *the public ~ organs* 公安机关 gōng'anjīguān (3) 保证(名) bǎozhèng; 担保(动) dānbǎo; 保障(名) bǎozhàng: *employment ~* 就业保险 jiùyè bǎoxiǎn // *in ~* 安全地 ānquán de: *live in peace and ~* 平平安安地生活 píngpíng'ān'ān de shēnghuó / *the S~ Council (of the United Nations)* （联合国）安理会 (Liánhéguó) Ānlǐhuì

sedan *n* (1) 轿子(名) jiàozi: *a ~ chair* 一顶轿子 yìdǐng jiàozi (2) 轿车(名) jiàochē

sedative **I** *adj* 镇静(形) zhènjìng, 止痛的 zhǐtòng de **II** *n* 镇静剂(名) zhènjìngjì; 止痛药 zhǐtòngyào

sediment *n* 沉积(动) chénjī; 沉淀(动) chéndiàn; 沉积物(名) chénjīwù

see *v* (1) 看见 kànjiàn, 看到 kàndào, 见到 jiàndào (2) 观察(动) guānchá, 察看(动) chákàn, 查看(动) chákàn (3) 遇见 yùjiàn; 会见(动) huìjiàn, 访问(动) fǎngwèn; 接待(动) jiēdài (4) 看出 kànchū, 发现(动) fāxiàn; 了解(动) liǎojiě, 理解(动) lǐjiě, 明白(动) míngbai (5) 想想 xiǎngxiang, 考虑(动) kǎolǜ; 试试 shìshi (6) 陪(动) péi, 送(动) sòng (7) 注意(动) zhùyì, 当心(动) dāngxīn // *~ about* 负责处理 fùzé chǔlǐ, 照料 zhàoliào, 留意 liúyì / *~ after* 照顾 zhàogu, 照应 zhàoyìng / *~ a lot of sb.* 常看见某人 cháng kànjiàn mǒurén / *S~ here* 喂 wèi / *S~ing is believing.* 眼见为实。Yǎn jiàn wéi shí. / *~ nothing of sb.* 没看见某人 méi kànjiàn mǒurén / *~ sb. off* 为某人送行 wèi mǒurén sòngxíng/ *~ through* (1) 看透 kàntòu, 识破 shípò (2) 进行到底 jìnxíngdàodǐ / *~ to* 注意 zhùyì, 照管 zhàoguǎn / *~ to it that* 注意 zhùyì, 务必使 wùbì shǐ / *~ with* 同意 tóngyì / *S~ you (later).* 再见。Zàijiàn.

seed **I** *n* (1) 种子(名) zhǒngzi, 籽(名) zǐ: *potato ~s* 马铃薯种 mǎlíngshǔzhǒng / *vegetable ~s* 蔬菜种子 shūcài zhǒngzi（菜籽 càizǐ）/ *sow the ~ in spring* 春播 chūnbō (2) 起因(名) qǐyīn; 萌芽(名) méngyá; 开端(名) kāiduān: *~s of trouble* 麻烦的起因 máfan de qǐyīn / *~s of discord* 不和的种子 bùhé de zhǒngzi (3) 种子选手 zhǒngzi xuǎnshǒu: *the No. one ~ in a championship* 锦标赛中的第一号种子选手 jǐnbiāosàizhōng de dìyīhào zhǒngzi xuǎnshǒu **II** v（1）播种 bōzhǒng, 撒种 sǎzhǒng（2）结子 jiēzǐ（3）选作种子选手 xuǎnzuò zhǒngzi xuǎnshǒu: a ~ed player 种子选手 zhǒngzi xuǎnshǒu

seek v（1）寻找（动）xúnzhǎo; 追求（动）zhuīqiú; 谋求（动）móuqiú: ~ shelter from the rain 寻找避雨的地方 xúnzhǎo bì yǔ de dìfang（2）征求（动）zhēngqiú; 请求（动）qǐngqiú（3）想（动）xiǎng, 试图（动）shìtú, 企图（动）qǐtú // not far to ~ 不难找到 bùnán zhǎodào / ~ for 寻找 xúnzhǎo, 寻求 xúnqiú

seem v 好像（动）hǎoxiàng, 似乎（副）sìhū, 看来（连）kànlái

seemingly adv 表面上地 biǎomiànshangde; 似乎真实地 sìhū zhēnshí de

seep v 渗出 shènchū; 渗漏（动）shènlòu

see-saw **I** n 跷跷板（名）qiāoqiāobǎn; 跷跷板游戏 qiāoqiāobǎn yóuxì **II** v 玩跷跷板 wán qiāoqiāobǎn; 上下（或前后）摇动 shàngxià（huò qiánhòu）yáodòng

seethe v 沸腾（动）fèiténg; 激动（动）jīdòng: the seething sea 波涛汹涌的大海 bōtāo xiōngyǒng de dàhǎi

segment **I** n（1）部分（名）bùfen; 切片（名）qiēpiàn: a ~ of orange 一瓣桔子 yíbàn júzi（2）段（量）duàn, 节（量）jié; 圆缺 yuánquē **II** v 分割（动）fēngē; 使分开 shǐ fēnkāi

segregation n 分离（动）fēnlí, 隔离（动）gélí: racial ~ 种族隔离 zhǒngzú gélí

seize v（1）抓住 zhuāzhù: ~ a rope 抓住绳子 zhuāzhù shéngzi（2）抓获（动）zhuāhuò, 俘获（动）fúhuò, 逮捕（动）dàibǔ（3）没收（动）mòshōu, 充公 chōnggōng: ~ smuggled goods 没收走私货物 mòshōu zǒusī huòwù（4）夺取（动）duóqǔ, 占领（动）zhànlǐng（5）领会（动）lǐnghuì, 理解（动）lǐjiě // ~ upon 采用 cǎiyòng, 抓住

zhuāzhù: ~ upon an idea 采用一个建议 cǎiyòng yíge jiànyì

seizure n（1）抓住 zhuāzhù, 攫取（动）juéqǔ; 捕捉（动）bǔzhuō（2）疾病的发作（动）jíbìng de fāzuò

seldom adv 很少 hěn shǎo, 不常 bù cháng, 难得（形）nándé // ~ or never 极难得 jí nándé

select **I** v 挑（动）tiāo, 选（动）xuǎn, 选择（动）xuǎnzé, 挑选（动）tiāoxuǎn **II** adj 挑选出来的 tiāoxuǎnchulai de, 精选的 jīngxuǎn de: a ~ collection of poetry 诗歌精选 shīgē jīngxuǎn

selection n（1）选择（动）xuǎnzé, 选拔（动）xuǎnbá: natural ~ 自然选择 zìrán xuǎnzé/ a ~ committee 选拔委员会 xuǎnbá wěiyuánhuì（2）选择物（名）xuǎnzéwù; 选集（名）xuǎnjí; 选曲（名）xuǎnqǔ: a ~ of American short stories 美国短篇小说选集 Měiguó duǎnpiān xiǎoshuō xuǎnjí

selective adj（1）选择的 xuǎnzé de; 有选择性的 yǒu xuǎnzéxìng de: ~ subjects 选修科目 xuǎnxiū kēmù/ ~ controls on imported goods 对进口货物有选择地限制 duì jìnkǒu huòwù yǒu xuǎnzé de xiànzhì（2）精选（动）jīngxuǎn: ~ service 选征兵役制 xuǎnzhēng bīngyìzhì

self n（1）个人（名）gèrén; 自己（代）zìjǐ, 本身（代）běnshēn, 自身（名）zìshēn（2）本性（名）běnxìng, 本质（名）běnzhì, 常态 chángtài（3）个人得失 gèrén déshī, 个人利益 gèrén lìyì // one's better（worse）~ 本性中好的（坏的）一面 běnxìngzhōng hǎo de（huài de）yímiàn

self-centred adj 自私自利 zìsīzìlì; 自我中心的 zìwǒ zhōngxīn de

self-composed adj 沉着（形）chénzhuó, 镇静（形）zhènjìng, 镇定自若 zhèndìngzìruò

self-conceit n 自负（形）zìfù, 自大（形）zìdà, 自命不凡 zìmìngbùfán

self-confident adj 自信（形）zìxìn, 满怀信心 mǎnhuáixìnxīn

self-conscious *adj*（1）不自然 bú zìrán，忸怩（形）niǔní，害羞（形）hàixiū（2）自觉（形）zìjué；自我意识的 zìwǒ yìshi de

self-contained *adj* 设备齐全的 shèbèi qíquán de；有独用厨房和浴间的 yǒu dúyòng chúfáng hé yùjiān de；独门出入的 dúmén chūrù de

self-content *n* 自满（形）zìmǎn

self-control *n* 自制（动）zìzhì，自我克制 zìwǒ kèzhì

self-criticism *n* 自我批评 zìwǒ pīpíng

self-deceiving *adj* 自欺欺人的 zìqī-qīrén de，欺骗自己的 qīpiàn zìjǐ de

self-defence *n* 自卫（动）zìwèi

self-denial *n* 自我克制 zìwǒ kèzhì，自我牺牲 zìwǒ xīshēng

self-dependent *adj* 依靠自己的 yīkào zìjǐ de；自力更生的 zìlìgēngshēng de

self-destruction *n* 自我毁灭 zìwǒ huǐmiè，自杀（动）zìshā

self-determination *n* 自决（动）zìjué，自主（动）zìzhǔ；民族自决 mínzú zìjué

self-devotion *n* 献身（动）xiànshēn；自我牺牲 zìwǒ xīshēng

self-educated *adj* 自我教育的 zìwǒ jiàoyù de；自学的 zìxué de，自修的 zìxiū de: *a* ~ *person* 一个自学成材的人 yíge zìxué chéngcái de rén

self-esteem *n* 自尊心（名）zìzūnxīn；自负（形）zìfù

self-evident *adj* 不须证明的 bùxū zhèngmíng de，不言而喻的 bùyán'éryù de

self-explanatory *adj* 不解自明的 bùjiězìmíng de，毋须解释的 wúxū jiěshì de

self-expression *n* 自我表现 zìwǒ biǎoxiàn

self-glorifying *adj* 自我吹嘘的 zìwǒ chuīxū de；自负（形）zìfù

self-governing *adj*（1）自制的 zìzhì de: *a* ~ *person* 能自我克制的人 néng zìwǒ kèzhì de rén（2）自治的 zìzhì de: *a* ~ *dominion* 自治领 zìzhìlǐng

self-interest *n* 自身利益 zìshēn lìyì；自私自利 zìsīzìlì；私心（名）sīxīn

selfish *adj* 自私（形）zìsī，利己的 lìjǐ de，不顾别人 búgù biérén: *a* ~ *person* 自私的人 zìsī de rén/ *a* ~ *attitude* 利己的态度 lìjǐ de tàidu

selfishly *adv* 自私地 zìsī de，自私自利地 zìsīzìlì de，不顾别人地 búgù biérén de

selfishness *n* 自私自利 zìsīzìlì；利己 lìjǐ

selfless *adj* 无私（形）wúsī，忘我（形）wàngwǒ: *a* ~ *person* 无私的人 wúsī de rén/ *a* ~ *spirit* 无私的精神 wúsī de jīngshén/ *a* ~ *act* 忘我的行动 wàngwǒ de xíngdòng

selflessly *adv* 无私地 wúsī de，忘我地 wàngwǒ de

selflessness *n* 无私（形）wúsī，忘我（形）wàngwǒ

self-pity *n* 自怜（动）zìlián，怜惜自己 liánxī zìjǐ

self-possessed *adj* 沉着（形）chénzhuó，冷静（形）lěngjìng，镇定（形）zhèndìng；有自制力的 yǒu zìzhìlì de

self-praise *n* 自我称赞 zìwǒ chēngzàn，自我吹嘘 zìwǒ chuīxū

self-reliance *n* 依靠自己 yīkào zìjǐ，自力更生 zìlìgēngshēng

self-reproach *n* 自责（动）zìzé；悔恨（动）huǐhèn

self-righteous *adj* 自以为是的 zìyǐwéishì de，自以为有道德的 zìyǐwéi yǒu dàodé de；伪善（形）wěishàn

self-sacrifice *n* 自我牺牲 zìwǒ xīshēng

self-satisfied *adj* 自满（形）zìmǎn，自鸣得意 zìmíngdéyì

self-service **I** *n* 顾客自理 gùkè zìlǐ，无人售货 wú rén shòuhuò **II** *adj* 顾客自理的 gùkè zìlǐ de，无人售货的 wú rén shòuhuò de: *a* ~ *restaurant* 自助餐馆 zìzhù cānguǎn

self-study *n* 自学（动）zìxué

self-styled *adj* 自封的 zìfēng de，自称的 zìchēng de

self-sufficient *adj* 自给自足的 zìjǐ zìzú de

self-supporting *adj* 能自己维持的 néng zìjǐ wéichí de; 自立的 zìlì de; 自给的 zìjǐ de

self-taught *adj* 自学的 zìxué de, 自修的 zìxiū de; 自学而获得的 zìxué ér huòdé de

sell *v* (1) 卖(动) mài, 出售(动) chūshòu, 销售(动) xiāoshòu, 经售(动) jīngshòu: ~ *goods by retail* (*wholesale*) 零售(批发)货物 língshòu(pīfā)huòwù (2) 说服(动) shuōfú, 使接受 shǐ jiēshòu (3) 受骗 shòupiàn, 上当 shàngdàng // ~ *off* 廉价出卖 liánjià chūmài, 拍卖 pāimài / ~ *out* (1) 卖完 màiwán, 卖光 màiguāng (2) 背叛(动) bèipàn, 不忠诚 bù zhōngchéng

seller *n* (1) 卖方(名) màifāng, 销售者 xiāoshòuzhě (2) 货品(名) huòpǐn: *a poor* ~ 滞销货 zhìxiāohuò / *a best* ~ 畅销品 chàngxiāopǐn

semantic *adj* 语义的 yǔyì de; 语义学的 yǔyìxué de

semantics *n* 语义学(名) yǔyìxué

semicolon *n* 分号(名) fēnhào

semiconductor *n* 半导体(名) bàndǎotǐ

semidiameter *n* 半径(名) bànjìng

seminar *n* (大学的)研究班(名) (dàxué de) yánjiūbān, 研究室(名) yánjiūshì; 研究班课程 yánjiūbān kèchéng; (专家)讨论会(名) (zhuānjiā) tǎolùnhuì

semi-official *adj* 半官方的 bànguānfāng de: *a* ~ *statement* 半官方声明 bànguānfāng shēngmíng

senate *n* (1) 参议院(名) cānyìyuàn; 上院(名) shàngyuàn (2) (大学)评议会(名) (dàxué) píngyìhuì (3) 古罗马的元老院 gǔ Luómǎ de yuánlǎoyuàn

senator *n* (1) 参议员(名) cānyìyuán; 上院议员 shàngyuàn yìyuán (2) 古罗马元老院议员 gǔ Luómǎ yuánlǎoyuàn yìyuán

send *v* (1) 寄(动) jì, 送(动) sòng; 发(动) fā (2) 派遣(动) pàiqiǎn, 打发(动) dǎfa, 派(动) pài (3) 发出 fāchū, 放出 fàngchū, 发射(动) fāshè (4) 使变成 shǐ biànchéng; 使陷入 shǐ xiànrù // ~ *away* 把…送到远处 bǎ…sòngdào yuǎnchù / ~ *for* 派人去请 pài rén qù qǐng; 派人去取 pài rén qù qǔ / ~ *in* 递送 dìsòng: ~ *in one's card* 递名片 dì míngpiàn / ~ *off* (1) 发送 fāsòng (2) 送行 sòngxíng / ~ *on* (1) 提前运送 tíqián yùnsòng (2) 转送 zhuǎnsòng, 转寄 zhuǎnjì

sender *n* 寄信人 jìxìnrén, 寄件人 jìjiànrén

send-off *n* 送行(动) sòngxíng, 送别(动) sòngbié, 欢送(动) huān sòng: *a* ~ *party* 欢送会 huānsònghuì

senior **I** *adj* (1) 年长的 niánzhǎng de, 年纪较大的 niánjì jiàodà de: *Smith*, *S*~ 老史密斯 Lǎo Shǐmìsī (2) 地位较高的 dìwèi jiàogāo de, 资历较深的 zīlì jiào shēn de: ~ *army officers* 高级军官 gāojí jūnguān / *a* ~ *high school* 高级中学 gāojí zhōngxué (3) 高年级的 gāo niánjí de: *the* ~ *class* (大学)四年级 (dàxué)sìniánjí, (中学)最高年级 (zhōngxué) zuìgāo niánjí / ~ *pupils* 高年级学生 gāo niánjí xuésheng **II** *n* (1) 年长者 niánzhǎngzhě; 前辈(名) qiánbèi; 上级(名) shàngjí (2) 大学四年级学生 dàxué sìniánjí xuésheng; 高年级学生 gāo niánjí xuésheng: ~*s at Lincoln High School* 林肯中学高年级生 Línkěn Zhōngxué gāoniánjíshēng

seniority *n* 年长 niánzhǎng; 资历深 zīlì shēn; 职位高 zhíwèi gāo

sensation *n* (1) 感觉(名) gǎnjué, 知觉(名) zhījué (2) 轰动(动) hōngdòng; 激动(动) jīdòng; 轰动一时的事件(或人物、新闻) hōngdòng yìshí de shìjiàn (huò rénwù、xīnwén)

sensational *adj* (1) 轰动的 hōngdòng de; 耸人听闻的 sǒngréntīngwén de; 激起情感的 jīqǐ qínggǎn de: *a* ~ *robbery* 引起轰动的抢劫案 yǐnqǐ hōngdòng de qiǎngjié'àn / *a* ~ *novel* 轰动一时的小说 hōngdòng yìshí de xiǎoshuō (2) 非常的 fēicháng de, 巨

大(形) jùdà, 惊人(形) jīngrén: *a ~ victory* 巨大的胜利 jùdà de shènglì

sense **I** *n* (1) 意义(名) yìyì, 意思(名) yìsi: *a naturalist in the true ~* 一个真正的写实主义者 yíge zhēnzhèng de xiěshízhǔyìzhě (2) 感官(名) gǎnguān; 官能(名) guānnéng: *~ organ* 感觉器官 gǎnjué qìguān/ *the ~s of sight, hearing, taste, smell, and touch* 视觉、听觉、味觉、嗅觉和触觉 shìjué, tīngjué, wèijué, xiùjué hé chùjué/ *the 5 ~s* 五种官能 wǔzhǒng guānnéng /*a sixth ~* 第六官能 dìliù guānnéng (3) 感觉(名) gǎnjué; 辨别力(名) biànbiélì; 观念(名) guānniàn; 意识(名) yìshi: *a good language ~* 良好的语感 liánghǎo de yǔgǎn / *~ of beauty* 美感 měigǎn/ *~ of humour* 幽默感 yōumògǎn/ *a high ~ of honour* 强烈的荣誉感 qiángliè de róngyùgǎn / *one's ~ of gratitude* 感激之情 gǎnjī zhī qíng / *a ~ of time* 时间观念 shíjiān guānniàn / *grammatical ~* 语法概念 yǔfǎ gàiniàn (4) 见识(名) jiànshi; 道理(名) dàoli, 情理(名) qínglǐ: *according to common ~* 按照常理 ànzhào chánglǐ (5) 知觉(名) zhījué; 理智(名) lǐzhì, 理性(名) lǐxìng: *come to one's ~s* 恢复知觉 huīfù zhījué **II** *v* 觉察(动) juéchá, 意识到 yìshidào, 感觉到 gǎnjuédào // *in a broad ~* 广义地说 guǎngyì de shuō / *in all ~s* 在任何意义上 zài rènhé yìyishang / *in a narrow ~* 狭义地说 xiáyì de shuō/ *in a ~* 从某种意义上说 cóng mǒuzhǒng yìyishang shuō / *in every ~* 在每种意义上 zài měizhǒng yìyishang / *make ~* 讲得通 jiǎng de tōng, 有意义 yǒu yìyi / *make ~ of* 弄懂…的意思 nòngdǒng…de yìsi/ *out of one's ~s* 失去理性 shīqù lìxìng / *talk ~* 说话有道理 shuōhuà yǒu dàoli

senseless *adj* 无知觉的 wú zhījué de, 无感觉的 wú gǎnjué de

sensibility *n* (1) 灵敏性 língmǐnxìng; 敏感性 mǐngǎnxìng; 感受力 gǎnshòulì: *a writer of great ~* 极其敏锐的作家 jíqí mǐnruì de zuòjiā (2) 情感(名) qínggǎn, 感情(名) gǎnqíng

sensible *adj* (1) 懂事的 dǒngshì de, 明白事理的 míngbai shìlǐ de; 明智(形) míngzhì; 合情合理的 héqínghélǐ de: *a ~ girl* 懂事的姑娘 dǒngshì de gūniang (2) 能意识到的 néng yìshidào de,能感觉到的 néng gǎnjuédào de, 能觉察到的 néng juéchádào de; 明显(形) míngxiǎn: *a ~ increase in temperature* 气温的明显上升 qìwēn de míngxiǎn shàngshēng (3) 切合实际的 qièhé shíjì de; 实用(形) shíyòng; 合理(形) hélǐ; 恰当(形) qiàdàng: *a ~ plan* 一项切合实际的计划 yíxiàng qièhé shíjì de jìhuà / *~ clothes* 实用的服装 shíyòng de fúzhuāng

sensitive *adj* 敏感(形) mǐngǎn; 容易感受的 róngyì gǎnshòu de; 过敏(形) guòmǐn, 神经质的 shénjīngzhì de

sensual *adj* (1) 肉体方面的 ròutǐ fāngmiàn de; 肉欲的 ròuyù de: *~ pleasure* 肉体上的快乐 ròutǐshang de kuàilè (2) 肉感的 ròugǎn de, 色情的 sèqíng de, 淫荡的 yíndàng de: *a ~ person* 好色的人 hàosè de rén

sentence **I** *n* (1) 判决(动) pànjué, 判刑 pànxíng: *reduce a ~* 减刑 jiǎn xíng / *a life ~* 无期徒刑 wúqī túxíng/ *a heavy ~* 重刑 zhòng xíng / *~ of death* 死刑 sǐxíng (2) 句子(名) jùzi; 一句话 yíjù huà: *a simple (compound, complex) ~* 简单(并列、复合) 句 jiǎndān (bìngliè, fùhé) jù / *make up ~s* 造句 zàojù/ *~ stress* 句子重音 jùzi zhòngyīn **II** *v* 判(动) pàn, 判决(动) pànjué, 宣判(动) xuānpàn

sentiment *n* (1) 感情(名) gǎnqíng, 情感(名) qínggǎn, 情绪(名) qíngxù; 情操(名) qíngcāo: *a song full of patriotic ~* 一首充满爱国感情的歌 yì shǒu chōngmǎn àiguó gǎnqíng de gē/ *~ of joy* 喜悦的感情 xǐyuè de gǎnqíng

/ *a person of* ~ 感情丰富的人 gǎnqíng fēngfù de rén/ *anti-foreign* ~ 排外情绪 páiwài qíngxù/ *pro-Japanese* ~ 亲日情绪 qīn Rì qíngxù / *moral* ~s 道德观念 dàodé guānniàn / *noble* ~s 高尚的情操 gāoshàng de qíngcāo (2) 意见（名）yìjiàn，观点（名）guāndiǎn: *public* ~ 公众舆论 gōngzhòng yúlùn （3）感伤（形）gǎnshāng，私情（名）sīqíng，柔情（名）róuqíng

sentimental *adj* （1）情感（上）的 qínggǎn（shang）de（2）感伤的 gǎnshāng de，多愁善感的 duōchóushàngǎn de；易动情感的 yì dòng qínggǎn de: *a* ~ *person* 多愁善感的人 duōchóushàngǎn de rén

sentinel *n* 哨兵（名）shàobīng，岗哨（名）gǎngshào: *post a* ~ 设岗哨 shè gǎngshào // *stand* ~ 站岗 zhàn gǎng

sentry *n* 卫兵（名）wèibīng，警卫（名）jǐngwèi

separate **I** *v* （1）隔开 gékāi，分开 fēnkāi，分割 fēngé: *2 cities* ~*d by a river* 被一条河隔开的两座城市 bèi yìtiáo hé gékāi de liǎngzuò chéngshì（2）分别（动）fēnbié，分手（动）fēnshǒu，分离（动）fēnlí；分居（动）fēnjū（3）区分（动）qūfēn，区别（动）qūbié，识别（动）shíbié **II** *adj*（1）分离的 fēnlí de，分开的 fēnkāi de，隔开的 gékāi de（2）单独的 dāndú de；不同的 bù tóng de；另外的 lìngwài de

separately *adv* 分开地 fēnkāi de；分别地 fēnbié de，分离地 fēnlí de

separation *n* 分离（动）fēnlí，分开 fēnkāi，分别（动）fēnbié；分居（动）fēnjū

September *n* 九月 jiǔyuè

sequence *n* （1）连续（动）liánxù；继续（动）jìxù；一连串 yìliánchuàn（2）次序（名）cìxù；顺序（名）shùnxù；先后（名）xiānhòu；关联（名）guānlián

Serbo-Croatian **I** *n* 塞尔维亚—克罗地亚语 Sài'ěrwéiyà-Kèluódìyàyǔ **II** *adj* 塞尔维亚—克罗地亚语的

Sài'ěrwéiyà-Kèluódìyàyǔ de；讲塞尔维亚—克罗地亚语的人 jiǎng Sài'ěrwéiyà-Kèluódìyà yǔ de rén

serenade *n* 小夜曲（名）xiǎoyèqǔ

serene *adj* （1）安详（形）ānxiáng；宁静（形）níngjìng，平静（形）píngjìng: *a* ~ *look* 安详的神情 ānxiáng de shénqíng / *a* ~ *lake* 平静的湖面 píngjìng de húmiàn / *a* ~ *summer night* 静谧的夏夜 jìngmì de xiàyè（2）晴朗（形）qínglǎng；明朗（形）mínglǎng: *a* ~ *sky* 晴朗的天空 qínglǎng de tiānkōng / ~ *weather* 风和日丽 fēnghérìlì

serge *n* 哔叽（名）bìjī

sergeant *n* （1）军士（名）jūnshì；中士（名）zhōngshì（2）警官（名）jǐngguān: *a police* ~ 巡官 xúnguān

series *n* （1）连续（动）liánxù；系列（名）xìliè，一连串 yìliánchuàn: *a* ~ *of misfortunes* 一连串的不幸 yìliánchuàn de búxìng / *a* ~ *of brilliant scientific discoveries* 一系列卓越的科学发现 yíxìliè zhuōyuè de kēxué fāxiàn（2）套（量）tào；丛书（名）cóngshū，辑（量）jí: *a* ~ *of stamps* 一套邮票 yítào yóupiào / *the Chinese history* ~ 中国历史丛书 Zhōngguó lìshǐ cóngshū / *the first* ~ 第一辑 dìyī jí // *in* ~ 按顺序地 àn shùnxù de；连续地 liánxù de

serious *adj* （1）严肃（形）yánsù；认真（形）rènzhēn（2）重要（形）zhòngyào；严重（形）yánzhòng: *a* ~ *task* 重要的任务 zhòngyào de rènwù

seriously *adv* 严肃地 yánsù de；认真地 rènzhēn de；严重地 yánzhòng de: ~ *speaking* 老实讲 lǎoshi jiǎng

seriousness *n* 严肃（形）yánsù；认真（形）rènzhēn；严重（形）yánzhòng

sermon *n* （1）布道 bùdào，讲经 jiǎngjīng（2）冗长的说教 rǒngcháng de shuōjiào；训诫（动）xùnjiè

serpent *n* （1）巨蛇 jùshé，毒蛇（名）dúshé（2）阴险狡诈的人 yīnxiǎn jiǎozhà de rén

serum *n* 血清(名) xuèqīng; 血浆(名) xuèjiāng; 浆液(名) jiāngyè

servant *n* (1) 仆人(名) púrén, 佣人(名) yōngrén: *a male* ~ 男仆 nánpú (2) 公务员(名) gōngwùyuán, 雇员(名) gùyuán: *a public* ~ 公仆 gōngpú (政府雇员 zhèngfǔ gùyuán) / *a civil* ~ 文职人员 wénzhí rényuán (文官 wénguān) / *a* ~ *of the people* 人民的公仆 rénmín de gōngpú

serve **I** *v* (1) 服务(动) fúwù; 服役(动) fúyì; 工作(动) gōngzuò: ~ *the people* 为人民服务 wèi rénmín fúwù / ~ *one's country* 为国家效力 wèi guójiā xiàolì (2) 招待(动) zhāodài; 供应(动) gōngyìng; 上菜 shàng cài, 端菜 duān cài (3) 充当(动) chōngdāng, 用作 yòngzuò; 适用 shìyòng (4) 发球 fāqiú, 开球 kāiqiú **II** *n* 发球 fāqiú: *a wrong* ~ 发球失误 fāqiú shīwù // ~ *sb. right* 罪有应得 zuìyǒuyīngdé, 活该 huógāi

service **I** *n* (1) 服务(动) fúwù; 帮助(动) bāngzhù (2) 服侍(动) fúshì; 帮工(动) bānggōng; 招待(动) zhāodài; 供应(动) gōngyìng; 上饭菜 shàng fàncài (3) 行政部门 xíngzhèng bùmén; 服务机构 fúwù jīgòu: *the civil* ~ 民政部门 mínzhèng bùmén / *the health* ~ 卫生部门 wèishēng bùmén / *the consular* ~ 领事馆 lǐngshìguǎn / *China Travel S*~ 中国旅行社 Zhōngguó Lǚxíngshè (4) 服役 fúyì; 勤务(名) qínwù; 军种(名) jūnzhǒng: *rear* ~ 后勤 hòuqín / *the fighting* ~*s* 陆海空三军 lù hǎi kōng sānjūn (5) 公共设施 gōnggòng shèshī, 公用事业 gōngyòng shìyè: *the public* ~ 公用事业 gōngyòng shìyè / *telephone* ~ 电话业务 diànhuà yèwù (6) 维修(动) wéixiū, 保养(动) bǎoyǎng: *the* ~ *department* 维修部门 wéixiū bùmén (7) 餐具(名) cānjù; 茶具(名) chájù: *a dinner* ~ 餐具 cānjù / *a solid silver tea* ~ 银质茶具 yínzhì chájù (8) 仪式(名) yíshì; 礼拜式(名) lǐbàishì: *reli-gious* ~*s* 宗教仪式 zōngjiào yíshì / *conduct a memorial* ~ *for the dead* 为死者举行追悼仪式 wèi sǐzhě jǔxíng zhuīdào yíshì (9) 发球 fāqiú, 开球 kāiqiú **II** *v* 检修(动) jiǎnxiū, 维修(动) wéixiū, 保养(动) bǎoyǎng: ~ *a typewriter* 维修打字机 wéixiū dǎzìjī

serviceable *adj* (1) 有用的 yǒuyòng de, 可以使用的 kěyǐ shǐyòng de (2) 耐用(形) nàiyòng; 适合平时使用的 shìhé píngshí shǐyòng de

serviceman *n* (1) 军人(名) jūnrén (2) 维修人员 wéixiū rényuán

serviette *n* 餐巾(名) cānjīn: *a paper* ~ 纸餐巾 zhǐ cānjīn

servile *adj* 奴隶的 núlì de; 奴性的 núxìng de; 缺乏独立精神的 quēfá dúlì jīngshén de; 奴颜婢膝 núyánbìxī: ~ *obedience* 奴隶般的顺从 núlì bān de shùncóng

sesame *n* 芝麻(名) zhīma: ~ *paste* 芝麻酱 zhīmajiàng / ~ *oil* 香油 xiāngyóu

session *n* (1) 会议(名) huìyì; 一届会议 yíjiè huìyì; 会期(名) huìqī: *a plenary* ~ 全体会议 quántǐ huìyì/ *between* ~*s* 休会期间 xiūhuì qījiān (2) 开庭 kāitíng; 开庭期 kāitíngqī (3) 学期(名) xuéqī; 上课时间 shàngkè shíjiān: *the summer* ~ 夏季学期 xiàjì xuéqī (4) 一段时间 yíduàn shíjiān

set **I** *v* (1) 放(动) fàng, 安放(动) ānfàng, 摆(动) bǎi: ~ *the table for dinner* 摆餐桌 bǎi cānzhuō (2) 装(动) zhuāng, 安装(动) ānzhuāng (3) 布置(动) bùzhì, 安排(动) ānpái: ~ *guards around the gate* 在大门口布置岗哨 zài dàménkǒu bùzhì gǎngshào (4) 放(火)(动) fàng(huǒ), 点燃(动) diǎnrán (5) 签(字)(动) qiān(zì); 盖(章)(动) gài(zhāng); 记录(动) jìlù: ~ *one's hand and seal to a document* 在文件上签名盖章 zài wénjiànshang qiān míng gài zhāng (6) 嵌(动) qiàn, 镶(动) xiāng; 点缀(动) diǎnzhuì (7) 使…朝向 shǐ… cháoxiàng; 运送(动)

yùnsòng: ~ *one's face toward the sun* 把脸转向太阳 bǎ liǎn zhuǎnxiàng tàiyang (8) 使处于某种状态 shǐ chǔyú mǒuzhǒng zhuàngtài (9) 规定(动) guīdìng, 制定(动) zhìdìng: ~ *the price at 10 yuan* 定价十元 dìngjià shíyuán (10) 树立(动) shùlì, 创造(动) chuàngzào: ~ *a new world record* 创造新的世界纪录 chuàngzào xīn de shìjiè jìlù (11) 调整(动) tiáozhěng, 校正(动) jiàozhèng, 拨准 bōzhǔn: ~ *the camera for a long-distance shot* 调好照相机拍一个远景 tiáohǎo zhàoxiàngjī pāi yíge yuǎnjǐng (12) 设(陷阱)(动) shè(xiànjǐng); 放置(器具)(动) fàngzhì(qìjù); 扬(帆) yáng(fān): ~ *sail* 起帆 qǐ fān (13) 排(字) pái(zì), 排版 páibǎn (14) 谱曲 pǔqǔ (15) 为…布景 wéi bùjǐng; 以…为背景 yǐ…wéi bèijǐng: ~ *the stage* 在舞台上搭布景 zài wǔtáishang dā bùjǐng (16) 落下 luòxià, 下沉(动) xiàchén (17) 结果 jiē guǒ, 结籽 jiē zǐ **II** *adj* (1) 规定的 guīdìng de; 预先准备的 yùxiān zhǔnbèi de (2) 准备好 zhǔnbèihǎo, 准备停当 zhǔnbèitíngdang (3) 决心(名) juéxīn, 执意(形) zhíyì (4) 不变的 bú biàn de, 固定的 gùdìng de, 持久的 chíjiǔ de **III** *n* (1) 套(量) tào; 副(量) fù; 批(量) pī; 部(量) bù: *a ~ of gardening tools* 一套园艺工具 yítào yuányì gōngjù (2) 同伙(名) tónghuǒ, 同类(名) tónglèi: *the young ~* 年轻人 niánqīng rén (3) 装置(名) zuāngzhì, 设备(名) shèbèi; 仪器(名) yíqì: *a radio ~* 一部收音机 yíbù shōuyīnjī / *a television ~* 一台电视机 yìtái diànshìjī / *a radar ~* 雷达装置 léidá zhuāngzhì // ~ *about* 开始做 kāishǐ zuò, 着手 zhuóshǒu / ~ *against* 反对 fǎnduì, 使…对立 shǐ…duìlì / ~ *apart* 拨出 bōchū, 留出 liúchū / ~ *aside* 不理会 bù lǐhuì, 不重视 bú zhòngshì / ~ *back* (1) 耽误 dānwù; 阻碍 zǔài (2) 往回拨 wàng huí bō (3) 缩进去 suō jìnqu / ~ *down*

(1) 放下 fàngxià (2) 写下 xiěxià, 抄下 chāoxià, 记下 jìxià (3) 停车叫乘客下车 tíng chē jiào chéngkè xià chē / ~ *forth* (1) 动身 dòngshēn, 起程 qǐchéng (2) 提出 tíchū; 说明 shuōmíng, 阐述 chǎnshù: ~ *forth a new theory* 提出一个新的理论 tíchū yíge xīn de lǐlùn (3) 往前拨 wǎngqián bō: ~ *forth the clock an hour* 把钟表拨快一小时 bǎ zhōngbiǎo bōkuài yì xiǎoshí / ~ *in* 到来 dàolái; 开始 kāishǐ / ~ *off* (1) 动身 dòngshēn, 出发 chūfā (2) 使爆炸 shǐ bàozhà; 引起 yǐnqǐ (3) 装饰 zhuāngshì; 衬托 chèntuō / ~ *out* (1) 起程 qǐchéng, 开始 kāishǐ (2) 陈述 chénshù, 表明 biǎomíng / ~ *to* 开始做 kāishǐ zuò / ~ *up* (1) 建立 jiànlì, 设立 shèlì, 开办 kāibàn: ~ *up a new university* 开办一所新的大学 kāibàn yìsuǒ xīn de dàxué (2) 资助 zīzhù; 帮助自立 bāngzhù zìlì

setback *n* (1) 挫折(名) cuòzhé; 阻碍(名) zǔ'ài (2) 反复(动) fǎnfù; 复发 fùfā

set-in *adj* 装入的 zhuāngrù de; 嵌在里面的 qiànzài lǐmiàn de: *a ~ bookcase* 壁橱式书架 bìchúshì shūjià

set-off *n* 装饰品(名) zhuāngshìpǐn; 陪衬物(名) péichènwù

set-out *n* (1) 开始(动) kāishǐ; 开头(名) kāitóu: *at the first ~* 最初 zuìchū (2) 布置(动) bùzhì; 设备(名) shèbèi, 装备(名) zhuāngbèi; 装束(名) zhuāngshù

setter *n* (1) 安装员(名) ānzhuāngyuán; 镶嵌工人 xiāngqiàn gōngrén; 排字工人 páizì gōngrén (2) 调节器(名) tiáojiéqì

setting *n* (1) 安装(动) ānzhuāng; 调整(动) tiáozhěng; 装置(名) zhuāngzhì; 底座(名) dǐzuò (2) 环境(名) huánjìng; 背景(名) bèijǐng; 布景(名) bùjǐng

settle *v* (1) 定居(动) dìngjū, 移居(动) yíjū (2) 安放(动) ānfàng, 安置

（动）ānzhì，安排（动）ānpái（3）平静
（形）píngjìng，镇定（形）zhèndìng（4）
调停（动）tiáotíng；解决（动）jiějué
（5）定下 dìngxià，决定（动）juédìng
（6）停息（动）tíngxī；停留（动）tíngliú
（7）澄清（动）chéngqīng；变坚实 biàn
jiānshí（8）支付（动）zhīfù，付帐
fùzhàng，结算（动）jiésuàn // ～
down（1）定居 dìngjū，安家 ānjiā，落
户 luòhù（2）舒适地坐下 shūshi de
zuòxia（3）平静下来 píngjìngxialai，安
下心来 ānxia xīn lai；专心于
zhuānxīnyú / ～ in 安顿 āndùn / ～
on 就…达成协议 jiù…dáchéng xiéyì；
一致同意 yízhì tóngyì / ～ up（1）清
偿 qīngcháng，付清 fùqīng，结帐
jiézhàng（2）了结 liǎojié

set-up *n* 机构（名）jīgòu；组织体系
zǔzhī tǐxì，体制 tǐzhì

seven *num* 七（数）qī，柒（数）qī；第
七 dìqī：*at the age of* ～ 在七岁时 zài
qīsuì shí/ ～ *wonders of the world* 世
界七大奇迹 shìjiè qīdà qíjì

seventeen *num* 十七（数）shíqī，拾柒
（数）shíqī；第十七 dìshíqī

seventeenth *num* 第十七 dìshíqī

seventh *num* 第七 dìqī

seventy *num* 七十（数）qīshí，柒拾
（数）qīshí；第七十 dìqīshíqī: *in the sev-
enties* 在七十年代 zài qīshí niándài

sever *v*（1）切开 qiēkāi，割断 gēduàn，
割下 gēxià；断开 duànkāi：～ *the
head from the body* 把头割下来 bǎtóu
gēxialai（2）分开 fēnkāi，分离（动）
fēnlí，隔开（动）gékāi：～ *wife from
husband* 使夫妻分离 shǐ fūqī fēnlí（3）
断绝（动）duànjué，中断（动）
zhōngduàn

several I *adj*（1）几个 jǐge，好几个
hǎo jǐge，数个 shùge：～ *times* 好几次
hǎo jǐcì/ ～ *people* 几个人 jǐge rén（2）
各自的 gèzì de，各别（形）gèbié；分别
的 fēnbiéde II *pron* 几个 jǐge，数个
shùge

severe *adj*（1）严（形）yán，严肃（形）
yánsù，严格（形）yángé：～ *discipline*

严格的纪律 yángé de jìlǜ/ a ～ *moth-
er* 严厉的母亲 yánlì de mǔqin / ～
with one's students 对学生严格 duì
xuésheng yángé（2）严厉（形）yánlì：
～ *criticism* 严厉的批评 yánlì de
pīpíng（3）厉害（形）lìhai，严重（形）
yánzhòng；剧烈（形）jùliè；激烈（形）
jīliè：a ～ *wound* 重伤 zhòngshāng/ a
～ *shortage of food* 严重的食品短缺
yánzhòng de shípǐn duǎnquē/ ～ *com-
petition* 激烈的竞争 jīliè de jìngzhēng /
a ～ *test* 严峻的考验 yánjùn de
kǎoyàn

sew *v* 缝（动）féng，缝制（动）féngzhì，
缝纫（动）féngrèn // ～ up 缝合
fénghé，缝好 fénghǎo

sewage *n* 污水 wūshuǐ，污物（名）
wūwù // a ～ *tank* 化粪池 huàfènchí；
污水池 wūshuǐchí

sewer *n* 阴沟（名）yīngōu，污水管道
wūshuǐ guǎndào，下水道（名）
xiàshuǐdào

sewerage *n* 排水系统 pái shuǐ xìtǒng，
下水道系统 xiàshuǐdào xìtǒng

sewing *n*（1）缝纫（名）féngrèn：～
lessons 缝纫课 féngrènkè（2）缝纫物
féngrènwù，针线活 zhēnxiànhuó

sewing-machine *n* 缝纫机（名）
féngrènjī

sex *n*（1）性别（名）xìngbié：*the male
（female）* ～ 男（女）性 nán（nǚ）xìng/
the opposite ～ 异性 yìxìng/ *the equal-
ity of the* ～es 男女平等 nánnǚ
píngděng / a *list of club members by
name，age，and* ～ 一份写着姓名、年
龄和性别的俱乐部成员名单 yífèn
xiězhe xìngmíng，niánlíng hé xìngbié de
jùlèbù chéngyuán míngdān（2）性（名）
xìng：～ *organs* 性器官 xìngqìguān
（3）性交（动）xìngjiāo；男女关系
nánnǚ guānxi（4）色情（名）sèqíng //
have ～ *with sb*. 和某人发生性关系
hé mǒurén fāshēng xìngguānxi；和某人
性交 hé mǒurén xìngjiāo

sextet *n* 六重唱（名）liùchóngchàng，
六重奏（名）liùchóngzòu；六重唱（或

六重奏)的演出小组 liùchóngchàng
(huò liùchóngzòu) de yǎnchū xiǎozǔ

sexual *adj* 性的 xìng de，性别的
xìngbié de；性欲的 xìngyù de：~ *or-
gans* 生殖器 shēngzhíqì/ ~ *intercourse*
性交 xìngjiāo

shabby *adj* (1) 褴褛(形) lánlǚ，破旧
(形) pòjiù：~ *clothes* 破旧的衣服
pòjiù de yīfu (2) 简陋(形) jiǎnlòu：~
streets 简陋的街道 jiǎnlòu de jiēdào
(穷街陋巷 qióng jiē lòu xiàng)

shack *n* 简陋的小木屋 jiǎnlòu de
xiǎomùwū，窝棚(名) wōpeng：*a
wooden* ~ 小木棚子 xiǎomùpéngzi

shackle *n* 手铐(名) shǒukào，脚镣
(名) jiǎoliào；镣铐(名) liàokào；束缚
(动) shùfù：*the* ~*s of convention* 陈
规旧习的束缚 chénguī jiùxí de shùfù

shade I *n* (1) 荫(名) yīn；阴凉处
yīnliángchù (2) 暗处(名) ànchù；黑暗
(形) hēi'àn (3) 浓淡(名) nóngdàn；
明暗(名) míng'àn；色调(名) sèdiào
(4) 深浅稍微不同的颜色 shēnqiǎn
shāowēi bùtóng de yánsè：*the dark* ~
of brown 深褐色 shēnhèsè/ *the soft* ~
of green 浅绿色 qiǎnlǜsè (5) 各种各
样的 gèzhǒnggèyàng de，形形色色
(形) xíngxíngsèsè；细微的差别 xìwēi
de chābié：*all* ~*s of opinion* 各种各
样的意见 gèzhǒnggèyàng de yìjiàn (6)
遮光物(名) zhēguāngwù；罩(名)
zhào；帘(名) lián；幕(名) mù：*a
metal* ~ 金属罩 jīnshǔzhào/ *a win-
dow* ~ 窗帘 chuānglián II *v* 遮盖
(动) zhēgài，荫蔽 yīnbì：~ *the win-
dow with curtains* 用帘子把窗遮住
yòng liánzi bǎ chuāng zhēzhù// *put in-
to the* ~ 使逊色 shǐ xùnsè，使相形见
绌 shǐ xiāngxíngjiànchù

shadow I *n* (1)阴影(名) yīnyǐng；影
子(名) yǐngzi；暗处(名) ànchù：*the*
~ *of a person* 人影 rényǐng/ ~*s un-
der the eyes caused by lack of sleep* 由于
缺少睡眠而产生的黑眼圈儿 yóuyú
quēshǎo shuìmián ér chǎnshēng de
hēiyǎnquānr (2) 形影不离的人(或物)

xíngyǐng bùlí de rén (huò wù)(3) 一点
点 yìdiǎndiǎn：*a* ~ *of hope* 一线希望
yíxiàn xīwàng/ *no* ~ *of doubt* 没有一
点问题 méiyǒu yìdiǎn wèntí (4) 预兆
(名) yùzhào，苗头(名) miáotou：*the*
~ *of a coming war* 战争的预兆
zhànzhēng de yùzhào II *v* (1) 投阴影
tóu yīnyǐng，遮蔽(动) zhēbì，使阴暗
shǐ yīn'àn (2) 尾随(动) wěisuí，盯梢
(动) dīngshāo // ~ *cabinet* 影子内阁
yǐngzi nèigé / ~ *play* 皮影戏 píyǐngxì
/ *under the* ~ *of sb.* 在某人的保护
之下 zài mǒurén de bǎohù zhīxià，靠某
人的庇护 kào mǒurén de bìhù

shadow-boxing *n* (1) 与假想的对手作
拳击练习 yǔ jiǎxiǎng de duìshǒu zuò
quánjī liànxí (2) 太极拳(名) tàijíquán

shadowy *adj* (1) 有影的 yǒu yǐng de；
多荫的 duō yīn de；阴暗(形) yīn'àn：
~ *woods* 多荫的树林 duō yīn de
shùlín (2) 朦胧(形) ménglóng；模糊
(形) móhu；虚幻(形) xūhuàn：~
outline 模模糊糊的轮廓 mómohūhu de
lúnkuò/ *a* ~ *hope* 渺茫的希望
miǎománg de xīwàng

shady *adj* (1) 有阴凉的 yǒu yīnliáng
de，成荫的 chéngyīn de：*a* ~ *tree* 一
棵有阴凉的树 yìkē yǒu yīnliáng de shù
(2) 靠不住的 kàobuzhù de；可疑的
kěyí de：*a rather* ~ *person* 靠不住的
人 kàobuzhù de rén

shaft *n* (1) 杆状物(名)
gǎnzhuàngwù；长柄 chángbǐng：*the*
of a golf club 高尔夫球棒 gāo'ěrfū
qiúbàng (2) 车辕(名) chēyuán (3) 轴
(名) zhóu：*the crank* ~ 曲轴 qūzhóu
(4) 升降机井 shēngjiàngjījǐng；通风管
道 tōngfēng guǎndào；烟囱(名)
yāncōng (5) 柱(子)(名) zhù(zi)；柱
身(名) zhùshēn

shaggy *adj* 长满了长毛的 zhǎng-
mǎnle chángmáo de；毛烘烘的
máohōnghōng de；乱蓬蓬的 luàn-
pēngpēng de

shake I *v* (1) 摇(动) yáo，摇动(动)
yáodòng，摇晃(动) yáohuàng；抖(动)

dǒu, 抖动（动）dǒudòng: ~ *hands
with sb*. 和某人握手 hé mǒurén
wòshǒu (2) 震动（动）zhèndòng; 发抖
（动）fādǒu (3) 挥动（动）huīdòng, 挥
舞（动）huīwǔ (4) 惊吓（动）jīngxià,
震惊（动）zhènjīng (5) 动摇（动）
dòngyáo, 削弱（动）xuēruò **II** *n* (1)
摇动（动）yáodòng, 晃动（动）
huàngdòng, 摇晃（动）yáohuàng; 震动
（动）zhèndòng; 握手 wòshǒu: *with a
~ of the head* 摇摇头 yáoyao tóu (2)
对待（动）duìdài; 待遇（名）dàiyù: *a
fair ~* 公平交易 gōngpíng jiāoyì（公
正对待 gōngzhèng duìdài）// ~ *off*
摆脱 bǎituō / ~ *out* 抖干净
dǒugānjing

shaky *adj* (1) 摇晃的 yáohuàng de;
颤抖的 chàndǒu de, 发抖的 fādǒu de:
a ~ chair 一把摇摇晃晃的椅子 yìbǎ
yáoyáohuànghuàng de yǐzi / *a ~ voice*
颤抖的声音 chàndǒu de shēngyīn (2)
不稳定的 bù wěndìng de; 不坚定的 bù
jiāndìng de, 不可靠的 bù kěkào de: *a
~ ladder* 不牢固的梯子 bù láogù de
tīzi / *a person ~ in his beliefs* 信仰不
坚定的人 xìnyǎng bù jiāndìng de rén

shall *aux* (1) 将（副）jiāng, 将要（副）
jiāngyào; 会（助动）huì (2) 必须（助
动）bìxū; 应当（助动）yīngdāng, 一定
得 yídìng děi; 可以（助动）kěyǐ (3) …
好吗 …hǎo ma, 要不要 yào bu yào

shallow **I** *adj* (1) 浅（形）qiǎn: ~
water 浅水 qiǎnshuǐ/ *the ~ end of a
swimming pool* 游泳池的浅水区
yóuyǒngchí de qiǎnshuǐqū (2) 浅薄
（形）qiǎnbó, 肤浅（形）fūqiǎn: *a ~
thinker* 思想肤浅的人 sīxiǎng fūqiǎn
de rén / ~ *talk* 肤浅的谈话 fūqiǎn de
tánhuà **II** *n* 浅水处 qiǎnshuǐchù, 浅滩
（名）qiǎntān

sham **I** *n* (1) 冒牌货（名）màopáihuò,
赝品（名）yànpǐn; 仿造（动）fǎngzào;
骗局（名）piànjú: ~ *jewellery* 假的珠
宝 jiǎ de zhūbǎo / *a ~ battle* 模拟战
mónǐzhàn (2) 虚假（形）xūjiǎ; 哄骗
（动）hǒngpiàn; 假冒（动）jiǎmào **II** *v*

冒充（动）màochōng, 假装（动）
jiǎzhuāng

shame **I** *n* (1) 羞耻（名）xiūchǐ, 羞愧
（形）xiūkuì, 丢人（形）diūrén (2) 羞
辱（名、动）xiūrǔ, 耻辱（名）chǐrǔ
可耻的人（或事）kěchǐ de rén(huò shì)
(4) 不该做的事 bùgāi zuò de shì; 可
惜的事 kěxī de shì; 遗憾（形）yíhàn
II *v* (1) 使蒙受耻辱 shǐ méngshòu
chǐrǔ (2) 使觉得羞愧 shǐ juéde xiūkuì

shampoo **I** *n* (1) 洗发剂（名）xǐfàjì,
香波（名）xiāngbō (2) 洗头 xǐ tóu, 洗
发 xǐ fà **II** *v* 洗头 xǐ tóu, 洗发 xǐ fà

shape **I** *n* (1) 形状（名）xíngzhuàng,
样子（名）yàngzi, 外形（名）wàixíng:
clouds of different ~s 各种形状的云
彩 gèzhǒng xíngzhuàng de yúncai / *a
round ~* 圆形 yuánxíng/ *give ~ to a
plan* 形成一个具体计划 xíngchéng
yíge jùtǐ jihuà/ *a cake in the ~ of a
heart* 一块心形的糕 yíkuài xīnxíng de
gāo (2) 情况（名）qíngkuàng; 状态
（名）zhuàngtài; 状况（名）
zhuàngkuàng **II** *v* (1) 成形
chéngxing; 形成（动）xíngchéng, 做成
zuòchéng, 制作（动）zhìzuò: ~*d like
ear of wheat* 呈麦穗状 chéng
màisuìzhuàng (2) 影响（动、名）
yǐngxiǎng, 决定（动、名）juédìng: ~
public opinion 影响舆论 yǐngxiǎng
yúlùn (3) 进展（动）jìnzhǎn, 发展
（动）fāzhǎn // *get sth. into ~* 使成
形 shǐ chéngxing, 定形 dìngxing / *in
any ~ or form* 任何形式 rènhé
xíngshi / *out of ~* (1) 不成形 bù
chéngxing, 走样 zǒuyàng (2) 身体状
况不佳 shēntǐ zhuàngkuàng bù jiā/*take
~* 形成 xíngchéng, 成形 chéngxing

share **I** *n* (1) 一份 yífèn, 份儿（名、
量）fènr, 份额（名）fèn'é (2) 股份
（名）gǔfèn; 股票（名）gǔpiào **II** *v* (1)
平分（动）píngfēn, 均分（动）jūnfēn;
分配（动）fēnpèi (2) 分担（动）fēndān
(3) 分享（动）fēnxiǎng; 合用 héyòng:
~ *a room with sb*. 同某人合住一个
房间 tóng mǒurén hézhù yíge fángjiān

// *the lion's* ~ 最大的份额 zuì dà de fèn'é

shark *n* (1) 鲨鱼(名) shāyú (2) 贪得无厌的人 tāndéwúyàn de rén, 骗子(名) piànzi

sharp **I** *adj* (1) 锋利(形) fēnglì, 锐利(形) ruìlì, 快(形) kuài; 尖(形) jiān: *a* ~ *sword* 一口锋利的宝剑 yìkǒu fēnglì de bǎojiàn (2) 敏锐(形) mǐnruì, 灵敏(形) língmǐn; 机灵(形) jīling: *a* ~ *mind* 敏锐的头脑 mǐnruì de tóunǎo (3) 强烈(形) qiángliè; 尖锐(形) jiānruì; 刺耳(形) cì'ěr; 刺骨(形) cìgǔ: *a* ~ *wind* 一阵刺骨的风 yízhèn cìgǔ de fēng / *a* ~ *voice* 刺耳的叫声 cì'ěr de jiàoshēng / *a* ~ *frost* 刺骨的寒霜 cìgǔ de hán-shuāng/ *a* ~ *smell* 刺鼻的气味儿 cìbí de qìwèir/ *a* ~ *pain* 一阵剧痛 yízhèn jùtòng (4) 陡峭(形) dǒuqiào, 陡(形) dǒu; 急转 jízhuǎn: *a* ~ *slope* 陡坡 dǒupō (5) 激烈(形) jīliè, 急剧(形) jíjù; 严厉(形) yánlì, 厉害(形) lìhai: *a* ~ *struggle* 激烈的斗争 jīliè de dòuzhēng / *a* ~ *rise in prices* 物价的暴涨 wùjià de bàozhǎng (6) 线条分明 xiàntiáo fēnmíng, 明显(形) míngxiǎn, 轮廓清晰 lúnkuò qīngxī: ~ *dark shadows* 轮廓清晰的黑影 lúnkuò qīngxī de hēiyǐng / *a* ~ *photographic image* 一张线条清晰的图像 yìzhāng xiàntiáo qīngxī de túxiàng/ *a* ~ *contrast* 鲜明的对照 xiānmíng de duìzhào **II** *adv* (1) 整(形) zhěng; 准(形) zhǔn (2) 急剧(形) jíjù, 突然(形) tūrán: *turn* ~ *to the right* 向右急转 xiàng yòu jí zhuǎn // *Look* ~! 留神! Liúshén! (注意! Zhùyì! 赶快! Gǎnkuài!)

sharp-edged *adj* 刀刃锋利的 dāorèn fēnglì de; 锐利(形) ruìlì

sharpen *v* 削尖 xiāojiān; 磨快 mókuài

sharpener *n* 磨削器(名) móxiāoqì: *a knife* ~ 磨刀石 módāoshí/ *a pencil* ~ 一把铅笔刀儿 yìbǎ qiānbǐdāor

sharp-eyed *adj* 眼睛尖 yǎnjing jiān; 目光敏锐 mùguāng mǐnruì

sharply *adv* (1) 锐利地 ruìlì de; 尖地 jiān de (2) 尖刻地 jiānkè de; 严厉地 yánlì de (3) 急(形) jí; 陡(形) dǒu; 险峻(形) xiǎnjùn

sharp-nosed *adj* 鼻子尖的 bízi jiān de; 嗅觉灵敏的 xiùjué língmǐn de

sharp-shooter *n* 狙击手(名) jūjīshǒu; 神枪手 shénqiāngshǒu

sharp-tongued *adj* 尖嘴利舌的 jiānzuǐlìshé de, 说话尖刻的 shuōhuà jiānkè de: *a* ~ *woman* 一个尖嘴利舌的女人 yíge jiānzuǐlìshé de nǚrén

sharp-witted *adj* 机智(形) jīzhì, 灵敏(形) língmǐn, 聪明(形) cōngming: *a* ~ *boy* 聪明的孩子 cōngming de háizi

shatter *v* (1) 打碎 dǎsuì, 粉碎(动) fěnsuì (2) 损害(动) sǔnhài, 破坏(动) pòhuài, 毁坏(动) huǐhuài

shave **I** *v* (1) 剃(动) tì; 刮(动) guā; 刮脸 guā liǎn, 剃须 tì xū: ~ *oneself* 刮脸 guā liǎn (2) 削(动) xiāo; 刨(动) bào: ~ *off some ice from the large block* 从大块冰上削下一些冰沫儿 cóng dàkuài bīngshang xiāoxià yìxiē bīngmòr/ ~ *the top of a table* 刨桌面 bào zhuōmiàn (3) 擦(动) cā, 蹭(动) cèng, 挨(动) āi; 掠过 lüèguò **II** *n* 剃须 tì xū, 刮脸 guā liǎn: *have a* ~ 刮脸 guā liǎn // *a close* ~ 侥幸脱险 jiǎoxìng tuōxiǎn

shaver *n* 剃须刀(名) tìxūdāo, 刮脸刀(名) guāliǎndāo: *an electric* ~ 电动剃刀 diàndòng tìdāo

shaving-cream *n* 刮胡膏(名) guāhúgāo

shavings *n* 刨花(名) bàohuā, 削片(名) xuēpiàn

shawl *n* 披肩(名) pījiān, 围巾(名) wéijīn

she **I** *pron* (1) 她(代) tā (2) 它(代) tā **II** *n* (1) 女性(名) nǚxìng: *a* ~-*cousin* 表(堂)姐(妹) biǎo(táng) jiě (mèi) (2) 母(名) mǔ, 雌性(名) cíxìng: *a* ~-*goat* 一只母山羊 yìzhī mǔ shānyáng

sheaf *n* 捆儿(名、量) kǔnr, 束(量)

shù, 扎 (量) zā: *a ~ of rice* 一捆稻子 yìkǔn dàozi / *a ~ of manuscripts* 一扎手稿 yìzā shǒugǎo

shear *v* (1) 剪 (动) jiǎn; 修剪 (动) xiūjiǎn: *~ a sheep* 剪羊毛 jiǎn yángmáo (2) 切 (动) qiē; 切断 qiēduàn: *a cruiser ~ing through the water* 破浪前进的巡洋舰 pò làng qiánjìn de xúnyángjiàn (3) 剥夺 (动) bōduó: *~ed of one's rights* 被剥夺权利 bèi bōduó quánlì // *~ off sb.'s plume* 打下某人的威风 dǎxià mǒurén de wēifēng

sheath *n* (1) 刀鞘 (名) dāoqiào; 枪套 (名) qiāngtào; 护套 (名) hùtào (2) 女紧身服装 nǚ jǐnshēn fúzhuāng (3) 避孕套 (名) bìyùntào

shed[1] *v* (1) 流出 liúchū, 涌出 yǒngchū: *~ blood* 流血 liú xiě/ *~ new light on a subject* 使问题更加清楚明白 shǐ wèntí gèngjiā qīngchu míngbai (2) 脱落 (动) tuōluò, 落 (动) luò, 蜕 (动) tuì

shed[2] *n* 小屋 (名) xiǎowū; 棚子 (名) péngzi

sheep *n* 羊 (名) yáng; 绵羊 (名) miányáng: *a flock of ~* 一群羊 yìqún yáng / *keep ~* 养羊 yǎng yáng/ *a ~ pen* 羊圈 yángjuàn/ *a wolf in ~'s clothing* 披着羊皮的狼 pīzhe yángpí de láng // *a black ~* 败类 bàilèi; 败家子 bàijiāzi; 害群之马 hàiqúnzhīmǎ

sheepshearing *n* 剪羊毛 (名) jiǎn yángmáo

sheepskin *n* 羊皮 (名) yángpí, 羊革 (名) yánggé

sheer *adj* (1) 纯粹 (形) chúncuì, 完全 (形) wánquán, 十足 (形) shízú: *nonsense* 一派胡言 yípài húyán (完全是胡说八道 wánquán shì húshuōbādào) (2) 陡峭 (形) dǒuqiào: *~ cliffs* 陡峭的悬崖 dǒuqiào de xuányá (3) 透明 (形) tòumíng; 极薄的 jí báo de: *~ stockings* 透明袜子 tòumíng wàzi

sheet *n* (1) 床单 (名) chuángdān; 被

单 (名) bèidān; 单子 (名) dānzi: *a white ~* 一条白床单 yìtiáo bái chuángdān (2) 一张 yìzhāng, 一片 yípiàn, 一块 yíkuài: *wrapped in a ~ of newspaper* 用一张报纸包着 yòng yìzhāng bàozhǐ bāozhe / *a ~ of glass* 一块玻璃 yíkuài bōli (3) 大片 dàpiàn, 大量 (形) dàliàng: *a ~ of flames* 一片火海 yípiàn huǒhǎi/ *a silvery ~ of water* 白花花的一片水 báihuāhuā de yípiàn shuǐ (4) 书页 (名) shūyè; 印刷品 (名) yìnshuāpǐn: *a supplementary ~* 增页 zēng yè / *mimeographed ~s of teaching material* 油印的教材 yóuyìn de jiàocái// *a blank ~* 一张空白纸 yìzhāng kòngbáizhǐ

shelf *n* 架子 (名) jiàzi, 搁板 (名) gēbǎn: *a book ~* 一个书架 yíge shūjià // *on the ~* 废弃不用 fèiqì bú yòng; 束之高阁 shùzhīgāogé

shell **I** *n* (1) 壳 (名) ké; 贝壳 (名) bèiké: *an egg ~* 一个蛋壳 yíge dànké (2) 炮弹 (名) pàodàn: *a tear (gas) ~* 催泪弹 cuīlèidàn/ *an illuminating ~* 照明弹 zhàomíngdàn **II** *v* 剥皮 bāo pí, 去壳 qù ké: *~ peas* 剥豌豆 bāo wāndòu

shellfish *n* 贝 (名) bèi; 甲壳类动物 jiǎqiàolèi dòngwù

shelter **I** *n* (1) 隐蔽处 (名) yīnbìchù; 庇护处 (名) bìhùchù, 躲避处 duǒbìchù: *a bus ~* 公共汽车的候车亭 gōnggòng qìchē de hòuchētíng (2) 隐蔽 (动) yǐnbì, 躲避 (动) duǒbì; 庇护 (动) bìhù, 保护 (动) bǎohù: *get under ~* 隐蔽起来 yīnbìqilai/ *give ~ to sb.* 庇护某人 bìhù mǒurén / *under the ~ of sb.* 受某人的保护 shòu mǒurén de bǎohù (3) 住处 (名) zhùchù, 栖身之地 qīshēn zhī dì **II** *v* 躲避 (动) duǒbì, 掩蔽 (动) yǎnbì; 庇护 (动) bìhù, 保护 (动) bǎohù: *~ behind a low wall* 躲在一堵矮墙后面 duǒzài yìdǔ ǎiqiáng hòumiàn

shelve *v* (1) 搁置 (动) gēzhì, 暂缓考虑 zànhuǎn kǎolù (2) 摆在架子上

bǎizài jiàzishang, 上架 shàngjià: ~ *books* 把书放在架子上 bǎ shū fàngzài jiàzishang

shepherd I *n* (1) 牧羊人 mùyángrén (2) 牧师(名) mùshī II *v* (1) 牧羊 mùyáng (2) 看管(动) kānguǎn, 护送 (动) hùsòng, 带领(动) dàilǐng

sheriff *n* (英国)名誉郡长 (Yīngguó) míngyù jùnzhǎng; (一些城市的)行政 司法长官 (yìxiē chéngshì de) xíngzhèng sīfǎ zhǎngguān; 警察局长 jǐngchá júzhǎng

sherry *n* 雪利酒(名) xuělìjiǔ

shield *n* (1) 盾(名) dùn, 盾牌 (名) dùnpái (2) 防护罩 fánghùzhào, 保护物 bǎohùwù

shift I *v* (1) 移动(动) yídòng, 转动 (动) zhuàndòng, 挪动(动) nuódòng (2) 替换(动) tìhuàn, 调换(动) diàohuàn: ~ *the scenes* 换布景 huàn bùjǐng (3) 推卸(动) tuīxiè, 转嫁(动) zhuǎnjià II *n* (1) 转换(动) zhuǎnhuàn; 转移(动) zhuǎnyí; 改变 (动) gǎibiàn: ~*s in tense* 时态的改变 shítài de gǎibiàn (2) 轮班(动) lúnbān; 轮班工作时间 lúnbān gōngzuò shíjiān: *a worker on the day* (*night*) ~ 上白 (夜)班的工人 shàng bái (yè) bān de gōngrén/ *go on* (*off*) ~ 上(下)班 shàng(xià)bān/ *a* ~ *of 8 hours* 八小时的班 bāxiǎoshí de bān// *make* ~ 利用现有条件 lìyòng xiànyǒu tiáojiàn, 凑合 còuhe, 对付 duìfu

shilling *n* 先令(名) xiānlìng

shimmer I *v* 发微光 fā wēiguāng, 闪烁(动) shǎnshuò: *the* ~*ing moonlight on the sea* 海面上闪烁的月光 hǎimiànshang shǎnshuò de yuèguāng II *n* 微光(名) wēiguāng, 闪光 shǎnguāng

shine I *v* (1) 发光 fāguāng, 发亮 fāliàng; 照耀(动) zhàoyào: *a fine morning with the sun shining* 阳光灿烂的早晨 yángguāng cànlàn de zǎochén / *a shining example* 光辉的榜样 guānghuī de bǎngyàng (2) 显得出

众 xiǎnde chūzhòng, 杰出(形) jiéchū (3) 擦亮 cāliàng II *n* 光亮(名) guāngliàng; 擦亮 cāliàng; 光辉(名) guānghuī, 光泽(名) guāngzé: *put a good* ~ *on the dagger* 把匕首擦得亮亮的 bǎ bǐshǒu cā de liàngliàng de/ *give one's shoes a* ~ 把皮鞋擦亮 bǎ píxié cāliàng // *rain or* ~ 不论天气好坏 búlùn tiānqì hǎohuài; 不管怎样 bùguǎn zěnyàng

ship I *n* 船(名) chuán, 船只(名) chuánzhī; 轮船(名) lúnchuán; 舰(名) jiàn: *a passenger* ~ 一艘客轮 yìsōu kèlún / *take a* ~ 乘船 chéng chuán/ *a merchant* ~ *of 4,000 tons* 四千吨的商船 sìqiān dūn de shāngchuán/ *the crew of a* ~ 全体船员 quántǐ chuányuán II *v* 船运 chuányùn, 海运 hǎiyùn, 水运 shuǐyùn; 装运(动) zhuāngyùn, 运送(动) yùnsòng: ~ *machines from Tokyo to Tianjin* 用船把机器从东京运到天津 yòng chuán bǎ jīqì cóng Dōngjīng yùndào Tiānjīn/ ~ *goods by truck* 用卡车运送货物 yòng kǎchē yùnsòng huòwù

shipbuilder *n* 造船技师 zào chuán jìshī; 造船工人 zào chuán gōngrén

shipbuilding *n* 造船业(名) zàochuányè

shipment *n* 装运(动) zhuāngyùn, 运送(动) yùnsòng; 海运 hǎiyùn: *goods ready for* ~ 待运的货物 dài yùn de huòwù

shipping *n* 运送(动) yùnsòng, 运输(动) yùnshū, 装运(动) zhuāngyùn; 海运 hǎiyùn: *a* ~ *agent* 运输代理人 yùnshū dàilǐrén/ *a* ~ *charge* 运输费 yùnshūfèi

shipwreck *n* (1) 船祸(名) chuánhuò, 船只失事 chuánzhī shīshì, 沉船事件 chén chuán shìjiàn (2) 毁坏(动) huǐhuài, 破灭(动) pòmiè: *suffer* ~ *of one's hopes* 希望破灭 xīwàng pòmiè

shipyard *n* 船坞(名) chuánwū, 造船厂(名) zàochuánchǎng; 修船厂(名) xiūchuánchǎng

shirt *n* 衬衫(名) chènshān, 衬衣(名)

chènyī, 汗衫（名）hànshān：a sports ~ 运动衫 yùndòngshān / a short-sleeved ~ 短袖衫 duǎnxiùshān

shit I n (1) 粪（名）fèn, 粪便（名）fènbiàn；大便（名）dàbiàn, 拉屎 lāshǐ (2) 胡扯（动）húchě, 胡说八道 húshuōbādào II v 大便 dàbiàn, 拉屎 lāshǐ

shiver v 颤抖（动）chàndǒu, 发抖（动）fādǒu, 打哆嗦 dǎduōsuo

shoal[1] n 鱼群 yúqún；大群 dàqún；大量（形）dàliàng：a large ~ of hair-tails 一大群带鱼 yídàqún dàiyú

shoal[2] n 浅滩（名）qiāntān

shock I n (1) 震动（动）zhèndòng；冲击(动) zhōngjī：earthquake ~s 地震引起的震动 dìzhèn yīnqǐ de zhèndòng (2) 震惊（动）zhènjīng；打击（动）dǎjī：mental ~ 精神上的打击 jīngshénshang de dǎjī (3) 电击 diànjī, 电震 diànzhèn：an electric ~ 电击 diànjī (4) 休克（动）xiūkè, 中风（动）zhòngfēng II v (1) 震惊（动）zhènjīng (2) 受电击 shòu diànjī, 触电 chùdiàn (3) 休克（动）xiūkè, 中风（动）zhòngfēng // ~ absorber 减震器（名）jiǎnzhènqì

shoddy adj 劣等（形）lièděng, 质量差的 zhìliàng chà de；样子好看但质量低劣的 yàngzi hǎokàn dàn zhìliàng dīliè de

shoe n 鞋（名）xié：a pair of cotton ~s 一双布鞋 yìshuāng bùxié/ put on (take off) one's ~s 穿（脱）鞋 chuān (tuō) xié/ leather ~s 皮鞋 píxié/ polish 鞋油 xiéyóu/ ~ buckles 鞋扣 xiékòu// another pair of ~s 另外一回事 lìngwài yìhuíshì/ in someone's ~s 处于某人的地位（境遇）chǔyú mǒurén de dìwèi（jìngyù）/ step into sb.'s ~s 接替某人的职位 jiētì mǒurén de zhíwèi / where the ~ pinches 症结所在 zhèngjié suǒzài, 困难（痛苦）之处 kùnnan (tòngkǔ) zhī chù

shoehorn n 鞋拔子（名）xiébázi

shoelace n 鞋带（名）xiédài

shoemaker n 鞋匠（名）xiéjiàng, 做鞋工人 zuò xié gōngrén；鞋店老板 xiédiàn lǎobǎn

shoeshine n (1) 擦皮鞋 cā píxié (2) 擦皮鞋的（人）cā píxié de (rén)

shoestring n 鞋带儿（名）xiédàir// on a ~ 花很少的钱 huā hěn shǎo de qián；本钱很少 běnqián hěn shǎo

shoo I int 嘘（叹）xū II v 嘘（动）xū, 发"嘘"声赶走 fā "xū" shēng gǎnzǒu

shoot v (1) 发射（动）fāshè；射出 shèchū；射击（动）shèjī；开枪 kāiqiāng；放炮 fàngpào；射箭 shèjiàn (2) 打中 dǎzhòng, 击中 jīzhòng；打死 dǎsǐ；枪杀（动）qiāngshā：be shot in the chest 胸部中弹 xiōngbù zhòngdàn (3) 打猎 dǎliè；狩猎（动）shòuliè：go ~ing 打猎去 dǎliè qu (4) 投出 tóuchū；纷纷提出 fēnfēn tíchū (5) 拍摄（动）pāishè：~ scenes on location 拍外景 pāi wàijǐng (6) 飞速行驶 fēisù xíngshǐ：a car ~ing traffic lights 一辆闯红灯的汽车 yíliàng chuǎng hóngdēng de qìchē (7) 投篮 tóulán；射门 shèmén：~ a basket 投篮得分 tóulán dé fēn (8) 长出 zhǎngchū (9) 流出 liúchū, 淌（动）tǎng// ~ down 击落 jīluò / ~ up (1) 射出 shèchū；喷出 pēnchū (2) 发芽 fāyá；长大 zhǎngdà

shooting n (1) 射击（动）shèjī；射杀（动）shèshā (2) 投篮 tóulán；射门 shèmén

shop I n (1) 店（名）diàn, 商店（名）shāngdiàn, 店铺（名）diànpù：a flower ~ 花店 huādiàn (2) 车间（名）chējiān；工场（名）gōngchǎng；工厂（名）gōngchǎng：an assembly ~ 一个装配车间 yíge zhuāngpèi chējiān/ a repair ~ 修理厂 xiūlǐ chǎng II v 去商店买东西 qù shāngdiàn mǎi dōngxi/ ~ assistant 店员（名）diànyuán，售货员（名）shòuhuòyuán/ talk ~ 说行话 shuō hánghuà；三句话不离本行 sānjù huà bù lí běnháng

shop-girl n 女店员 nǚdiànyuán, 女售

货员 nǔshòuhuòyuán

shop-hours n 营业时间 yíngyè shíjiān

shopkeeper n 店主（名）diànzhǔ

shopper n 顾客（名）gùkè，买东西的人 mǎi dōngxi de rén

shopping n 买东西 mǎi dōngxi，买的东西 mǎi de dōngxi: ～ bag 购物袋 gòuwùdài / ～ centre 购物中心 gòuwù zhōngxīn（市郊商店区 shìjiāo shāngdiànqū）

shop-window n 橱窗（名）chúchuāng: dress a ～ 布置橱窗 bùzhì chúchuāng

shore n 岸（名）àn；滨（名）bīn，海滨（名）hǎibīn: on the ～ of the lake 在湖滨 zài húbīn

short I adj（1）短（形）duǎn；短小（形）duǎnxiǎo: a ～ piece of music 一支短曲 yìzhī duǎn qǔ/ make ～ sentences 造短句 zào duǎnjù（2）简短（形）jiǎnduǎn（3）近（形）jìn，不远 bù yuǎn（4）矮（形）ǎi，矮小（形）ǎixiǎo，低（形）dī（5）浅薄（形）qiǎnbó，差（形）chà，弱（形）ruò: take ～ views 看问题很肤浅 kàn wèntí hěn fūqiǎn/ a ～ memory 记忆力差 jìyìlì chà（6）短期的 duǎnqī de，短暂的 duǎnzàn de，短促的 duǎncù de: a ～ visit 短暂的访问 duǎnzàn de fǎngwèn /a ～ stay 短期逗留 duǎnqī dòuliú（7）短缺（动）duǎnquē，缺少（动）quēshǎo，不足的 bùzú de（8）急躁（形）jízào；无礼（形）wúlǐ，唐突（形）tángtū: a ～ temper 急躁的脾气 jízào de píqi（9）脆（形）cuì（10）不掺水的 bù chān shuǐ de; 烈性的 lièxìng de: have a drop of something ～ 喝点儿有劲儿的 hē diǎnr yǒu jìnr de II adv 突然（形）tūrán，猛地 měng de // be ～ and sweet 说话简短 shuōhuà jiǎnduǎn；少说废话 shǎo shuō fèihuà / cut sb. ～ 打断某人的谈话 dǎduàn mǒurén de tánhuà / fall ～ 不到 búdào；不合 bù hé；不中 bú zhòng /for ～ 简称 jiǎnchēng；缩写 suōxiě/ in ～ 总而言之 zǒng'éryánzhī/ run ～ 缺少 quēshǎo / ～ of 缺乏 quēfá，不足 bùzú: 6 miles ～ of town 离城不到

六英里 lí chéng bú dào liù yīnglǐ / ～ wave 短波 duǎnbō

shortage n 缺乏（动）quēfá，短缺（动）duǎnquē，缺少（动）quēshǎo，不足 bùzú: a ～ of water 缺水 quēshuǐ / housing ～ 缺少住房 quēshǎo zhùfáng / meet the ～ of meat 解决肉类短缺的问题 jiějué ròulèi duǎnquē de wèntí

shortcoming n 缺点（名）quēdiǎn 缺陷（名）quēxiàn，短处（名）duǎnchù: remedy ～s 纠正缺点 jiūzhèng quēdiǎn

shortcut n 近路（名）jìnlù，捷径（名）jiéjìng: take a ～ 抄近路 chāo jìnlù

shorten v 缩短（动）suōduǎn，减少（动）jiǎnshǎo，缩小（动）suōxiǎo

shorthand n 速记（名）sùjì，速写（名）sùxiě: write in ～ 速记 sùjì

short-lived adj 短命的 duǎnmìng de; 短暂（形）duǎnzàn

shortly adv（1）立刻（副）lìkè，马上（副）mǎshàng，不久 bùjiǔ: ～ after breakfast 早饭后不久 zǎofàn hòu bùjiǔ（2）简短（形）jiǎnduǎn，简单（形）jiǎndān（3）简慢（形）jiǎnmàn，唐突（动）tángtū；不耐烦 búnàifán

shortness n（1）短（形）duǎn；矮（形）ǎi，低（形）dī；缺乏（形）quēfá，不足 bùzú: ～ of breath 气短 qìduǎn（2）简短（形）jiǎnduǎn，简略（名）jiǎnlüè: for the sake of ～ 为了简略 wèile jiǎnlüè

shorts n 短裤（名）duǎnkù，裤衩（名）kùchǎ: a pair of ～ 一条短裤 yìtiáo duǎnkù/ in ～ 穿着裤衩 chuānzhe kùchǎ

short-sighted adj 近视的 jìnshì de；目光短浅的 mùguāng duǎnqiǎn de

short-tempered adj 急性子的 jíxìngzi de，脾气暴躁的 píqi bàozào de

short-term adj 短期的 duǎnqī de: a ～ loan 短期贷款 duǎnqī dàikuǎn

shot n（1）发射（动）fāshè；射击（动）shèjī，开枪 kāiqiāng；射击声 shèjīshēng: 3 ～s 开了三枪 kāile sān qiāng（2）弹丸（名）dànwán，子弹（名）zǐdàn，炮弹（名）pàodàn: load a *gun with* ~ 给枪上子弹 gěi qiāng shàng zǐdàn/ *stray* ~s 流弹 liúdàn/ *exchange* ~s *with the enemy fleet* 同敌舰交火 tóng díjiàn jiāo huǒ (3) 射程（名）shèchéng, 范围（名）fànwéi: *out of* ~ 射程以外 shèchéng yǐwài / *within* ~ 射程以内 shèchéng yǐnèi (4) 射手（名）shèshǒu: *a crack* ~ 神枪手 shénqiāngshǒu (5) 拍摄（动）pāishè; 镜头（名）jìngtóu; 照相 zhàoxiàng: *a long*（*close*）~ 拍摄远（近）景 pāishè yuǎn（jìn）jǐng / *a special* ~ 特写镜头 tèxiě jìngtóu (6) 注射（动）zhùshè: *a* ~ *of penicillin* 注射一针青霉素 zhùshè yìzhēn qīngméisù (7) 尝试（动）chángshì; 猜测（动）cāicè, 推测（动）tuīcè: *have a* ~ *at sth*. 试一试 shìyishì (8) 投篮 tóu lán, 射门 shèmén // *a big* ~ 大人物 dàrénwù

shotgun *n* 猎枪（名）lièqiāng; 鸟枪（名）niǎoqiāng; 散弹枪（名）sǎndàn qiāng

should *aux* (1) 将（副）jiāng, 将要（副）jiāngyào; 会（助动）huì (2) 万一（副）wànyī; 竟然（副）jìngrán; 如果（走）rúguǒ (3) 应当（助动）yīngdāng, 应该（助动）yīnggāi; 必须（助动）bìxū; 早该 zǎogāi, 该（助动）gāi (4) 可能（助动）kěnéng, 大概会 dàgài huì // *I* ~ *like* 我想 wǒ xiǎng, 我要 wǒ yào, 我喜欢 wǒ xǐhuan / *I* ~ *think* 我认为 wǒ rènwéi, 我觉得 wǒ juéde

shoulder *I n* 肩（名）jiān, 肩膀（名）jiānbǎng: *shrug one's* ~s 耸耸肩 sǒngsǒng jiān *II v* (1) 承担（动）chéngdān; 担起 dānqǐ, 挑起 tiāoqǐ (2) 用肩膀挤 yòng jiānbǎng jǐ // ~ *to* ~ 肩并肩地 jiānbìngjiān de: *fight* ~ *to* ~ *with sb*. 并肩战斗 bìngjiān zhàndòu/ *put one's* ~ *to the wheel* 帮一把 bāng yìbǎ; 加油干 jiāyóu gàn

shout *I n* 呼喊（动）hūhǎn; 喊叫（动）hǎnjiào; 喊叫声 hǎnjiào shēng: *a* ~ *of applause* 一阵喝采 yízhèn hècǎi/ *a warning* ~ 一声警告 yìshēng jǐnggào/

deafening ~s 震耳欲聋的吼叫 zhèn'ěr yùlóng de hǒujiào *II v* 喊（动）hǎn, 叫（动）jiào, 喊叫（动）hǎnjiào, 呼喊（动）hūhǎn // ~ *down* 压倒某人的声音 yādǎo mǒurén de shēngyīn; 轰下台 hōng xià tái: ~ *down rival opinions* 用喊叫声压倒对方的意见 yòng hǎnjiàoshēng yādǎo duìfāng de yìjiàn / ~ *out* 喊出来 hǎnchūlái, 大声说出来 dàshēng shuōchūlái

shove *I v* 推（动）tuī, 猛推 měngtuī *II n* 推（动）tuī

shovel *I n* 铁锹（名）tiěxiān; 铁铲（名）tiěchǎn: *a* ~ 一把铁锹 yìbǎ tiěxiān *II v* 用铁锹产 yòng tiěxiān chǎn

show *I v* (1) 给…看 gěi…kàn, 显示（动）xiǎnshì, 出示（动）chūshì (2) 展出（动）zhǎnchū, 陈列（动）chénliè; 演出（动）yǎnchū; 放映（动）fàngyìng (3) 表明（动）biǎomíng, 说明（动）shuōmíng, 证明（动）zhèngmíng (4) 指示（动）zhǐshì, 指出（动）zhǐchū (5) 带领（动）dàilǐng, 指引（动）zhǐyǐn (6) 做给…看 zuògěi…kàn, 示范 shìfàn, 教（动）jiāo (7) 表示（动）biǎoshì, 表现（动）biǎoxiàn: ~ *concern for sb*. 表示关心 biǎoshì guānxīn *II n* (1) 表示（动）biǎoshì, 显示（动）xiǎnshì: *a* ~ *of approval* 表示赞同 biǎoshì zàntóng/ *a* ~ *of strength* 显示力量 xiǎnshì lìliang/ *vote by a* ~ *of hands* 举手表决 jǔ shǒu biǎojué (2) 展览（会）（名）zhǎnlǎn（huì）; 展出（动）zhǎnchū: *a flower* ~ 花展 huāzhǎn (3) 节目（名）jiémù, 演出（名）yǎnchū: *a film* ~ 一场电影 yìchǎng diànyǐng (4) 表面（名）biǎomiàn, 外表（名）wàibiǎo, 样子（名）yàngzi // ~ *itself* 露头 lòutóu, 出现 chūxiàn / ~ *off* (1) 卖弄 màinòng, 炫耀 xuànyào: ~ *off one's knowledge* 卖弄知识 màinòng zhīshi (2) 使显眼 shǐ xiǎnyǎn / ~ *up* (1) 露出 lùchū, 显露 xiǎnlù (2) 出席 chūxí, 到场 dàochǎng / ~ *window* 橱窗 chúchuāng

showcase *n* 陈列柜(名) chénlièguì, 陈列橱(名) chénlièchú; 装门面的东西 zhuāng ménmiàn de dōngxi

showdown *n* 摊牌 tānpái; 最后的较量 zuìhòu de jiàoliàng

shower[1] *n* 出示者(名) chūshìzhě; 展出者(名) zhǎnchūzhě; 指示器(名) zhǐshìqì, 显示器(名) xiǎnshìqì

shower[2] I *n* (1) 阵雨(名) zhènyǔ, 阵雪(名) zhènxuě: *be caught in a* ～ 遇到阵雨 yùdào zhènyǔ (2) 一阵 yízhèn, 像阵雨一样落下来 xiàng zhènyǔ yíyàng luòxialai: *a* ～ *of bullets* 一阵枪声 yízhèn qiāngshēng / *a* ～ *of applause* 一片掌声 yípiàn zhǎngshēng (3) 淋浴(名) línyù II *v* (1) 下阵雨 xià zhènyǔ (2) 像阵雨一样落下来 xiàng zhènyǔ yíyàng luòxialai; 大量地给 dàliàng de gěi

shower-bath *n* 淋浴(名) línyù; 淋浴室(名) línyùshì

show-off *n* (1) 炫耀(动) xuànyào, 卖弄(动) màinòng (2) 爱炫耀的人 ài xuànyào de rén

showroom *n* 陈列室(名) chénlièshì, 展览室(名) zhǎnlǎnshì

showy *adj* 华丽(形) huálì; 显眼(形) xiǎnyǎn; 炫耀的 xuànyào de, 卖弄的 màinòng de

shrapnel *n* 榴霰弹(名) liúsǎndàn; 弹片(名) dànpiàn

shred I *n* (1) 碎片(名) suìpiàn, 碎条(名) suìtiáo; 破布(名) pòbù (2) 少量(形) shǎoliàng, 一点儿(量) yìdiǎnr II *v* 撕碎 sīsuì, 切碎 qiēsuì

shrew *n* 泼妇(名) pōfù, 悍妇(名) hànfù

shrewd *adj* 精明(形) jīngmíng, 机灵(形) jīling, 敏锐(形) mǐnruì: *a pair of eyes* 一双锐利的眼睛 yìshuāng ruìlì de yǎnjing

shriek I *v* 尖叫 jiānjiào, 尖声叫喊 jiānshēng jiàohǎn II *n* 尖叫 jiānjiào, 尖声叫喊 jiānshēng jiào hǎn; 尖叫声 jiānjiàoshēng

shrimp *n* 小虾(名) xiǎoxiā: *dried*

～*s* 虾米 xiāmǐ (海米 hǎimǐ) / *shelled fresh* ～*s* 虾仁 xiārén

shrine *n* (1) 神龛(名) shénkān; 神殿(名) shéndiàn, 圣殿(名) shèngdiàn (2) 圣地(名) shèngdì

shrink *v* (1) 收缩(动) shōusuō, 皱缩(动) zhòusuō (2) 缩小(动) suōxiǎo, 减少(动) jiǎnshǎo (3) 退缩(动) tuìsuō, 畏缩(动) wèisuō

shrivel *v* 弄皱 nòng zhòu; 使枯萎 shǐ kūwěi, 干瘪(形) gānbiě

shroud I *n* (1) 裹尸布(名) guǒshībù; 寿衣(名) shòuyī (2) 遮蔽物(名) zhēbì wù, 幕(名) mù (3) 护罩(名) hùzhào; 管套(名) guǎntào II *v* 用布裹尸 yòng bù guǒ shī; 复盖(动) fùgài; 掩蔽(动) yǎnbì

shrub *n* 灌木(名) guànmù; 灌木丛 guànmùcóng

shrug I *v* 耸肩 sǒngjiān: ～ *one's shoulders* 耸肩 sǒngjiān II *n* 耸肩 sǒngjiān: *with a* ～ *of despair* 失望地耸了耸肩 shīwàng de sǒnglesǒng jiān // ～ *off* 轻视 qīngshì, 不屑理睬 búxiè lǐcǎi

shudder *v* 战栗(动) zhànlì, 发抖(动) fādǒu; 震颤(动) zhènchàn: ～ *with cold* 冷得发抖 lěng de fā dǒu

shuffle I *v* (1) 拖着脚走 tuōzhe jiǎo zǒu (2) 洗牌 xǐpái (3) 推开 tuīkāi, 推委(动) tuīwěi: ～ *off a duty upon*… 把责任推给… bǎ zérèn tuīgěi… II *n* (1) 拖着脚走 tuōzhe jiǎo zǒu (2) 洗牌 xǐpái

shun *v* 回避(动) huíbì, 避开 bìkāi, 躲开 duǒkāi: ～ *all society* 避开一切社交活动 bìkāi yíqiè shèjiāo huódòng / ～ *publicity* 不肯出风头 bùkěn chū fēngtóu

shunt I *v* (1) 闪开 shǎnkāi; 拖延(动) tuōyán (2) 使分路 shǐ fēnlù; 调车 diàochē II *n* 调轨 diàoguǐ; 调车 diàochē; 转辙器(名) zhuǎnzhéqì

shut *v* (1) 关上 guānshang, 闭上 bìshàng, 关闭(动) guānbì: ～ *one's mouth* 闭上嘴 bìshang zuǐ / ～ *one's* *eyes to the facts* 闭眼不看事实 bì yǎn bú kàn shìshí (2) 合拢 (动) hélǒng, 合上 héshang: ~ *an umbrella* 收起雨伞 shōuqǐ yǔsǎn (3) 关闭 (动) guānbì, 关住 guānzhù (4) 停止开放 tíngzhǐ kāifàng, 关门 guānmén (5) 夹住 jiāzhù: ~ *one's dress in the door* 衣服被门夹住 yīfu bèi mén jiāzhù // ~ *down* (1) 停业 tíngyè, 关闭 guānbì (2) 放下来 fàngxialai, 降临 jiànglín / ~ *off* 关掉 guāndiào, 切断 qiēduàn / ~ *up* (1) 住嘴 zhùzuǐ, 闭嘴 bìzuǐ (2) 监禁 jiānjìn; 保藏 bǎocáng: ~ *sb. up in prison* 把某人关进监狱 bǎ mǒurén guānjìn jiānyù

shutter *n* 百叶窗 (名) bǎiyèchuāng; (照相机的) 快门 (名) (zhàoxiàngjī de) kuàimén

shuttle *n* (1) (织机的) 梭 (名) (zhījī de) suō (2) 短程往返运输 duǎnchéng wǎngfǎn yùnshū; 短程穿梭运输工具 duǎnchéng chuānsuō yùnshū gōngjù

shuttlecock *n* 羽毛球 (名) yǔmáoqiú; 板羽球 (名) bǎnyǔqiú; 毽球 (名) jiànqiú

shy[1] **I** *adj* (1) 胆怯 (形) dǎnqiè, 易受惊的 yì shòujīng de: *a* ~ *bird* 怕人的鸟 pà rén de niǎo (2) 害羞 (形) hàixiū, 腼腆 (形) miǎntiǎn: *a* ~ *smile* 羞怯的微笑 xiūqiè de wēixiào (3) 迟疑的 chíyí de, 畏缩的 wèisuō de, 害怕的 hàipà de **II** *v* (1) 受惊 shòujīng (2) 避开 bìkāi

shy[2] **I** *n* (1) 扔 (动) rēng, 投掷 (动) tóuzhì: *3 pence a* ~ 三个便士扔一次 sānge biànshì rēng yícì (2) 尝试 (动) chángshì: *have a* ~ *at a task* 干干试试 gàngan shìshì **II** *v* 扔 (动) rēng, 投掷 (动) tóuzhì: ~ *stones over the surface of the water* 向水面扔石头块 xiàng shuǐmiàn rēng shítou kuài

sibilant **I** *adj* 作咝咝声的 zuò sīsī shēng de **II** *n* 咝咝声 sīsī shēng; 咝音 sī yīn, 咝擦音 sīcāyīn

sick *adj* (1) 病 (名、动) bìng; 生病的 shēngbìng de, 有病的 yǒu bìng de, 病

的 bìng de: *a* ~ *person* 病人 bìngrén / *a* ~ *tree* 病树 bìngshù / *be* ~ *with influenza* 患流行性感冒 huàn liúxíngxìng gǎnmào (2) 病人的 bìngrén de: *a* ~ *ward* 病房 bìngfáng (3) 恶心 (形) ěxīn, 要呕吐的 yào ǒutù de: *feel* ~ 觉得恶心 juéde ěxīn / *be* ~ *in the car* 晕车 yùnchē (4) 不愉快的 bù yúkuài de, 懊丧 (形) àosàng: *be* ~ *at heart* 伤心 shāngxīn (5) 厌倦的 yànjuàn de, 厌恶的 yànwù de, 烦了 fán le: ~ *of waiting* 等得不耐烦 děng de bú nàifán (6) 病态的 bìngtài de, 不健康的 bú jiànkāng de: *a* ~ *joke* 不健康的笑话 bú jiànkāng de xiàohua // *fall* ~ 得病 dé bìng, 生病 shēng bìng / ~ *and tired of* 对…十分厌倦 duì…shífēn yànjuàn / ~ *bay* 船上的医务室 chuánshang de yīwùshì

sickbed *n* 病床 (名) bìngchuáng

sicken *v* (使) 生病 (shǐ) shēngbìng, (使) 作呕 (shǐ) zuò'ǒu, (使) 厌恶 (shǐ) yànwù // ~ *of* (或 *be* ~ *ed of*) 对…感到厌恶 (厌倦) duì…gǎndào yànwù (yànjuàn)

sickle *n* 镰刀 (名) liándāo

sick-leave *n* 病假 (名) bìngjià

sickly *adj* 有病的 yǒubìng de; 多病的 duōbìng de; 苍白 (形) cāngbái; 令人作呕的 lìngrén zuò'ǒu de; 好像有病的 hǎoxiàng yǒu bìng de: *a* ~ *child* 爱生病的孩子 ài shēngbìng de háizi / *a* ~ *season* 疾病流行的季节 jíbìng liúxíng de jìjié

sickness *n* (1) 疾病 (名) jíbìng: *mountain* ~ 高山病 gāoshānbìng / *a slight* ~ 小病 xiǎo bìng / *a severe* ~ 大病 dà bìng (2) 恶心 (形) ěxīn; 呕吐 (动) ǒutù: *sea* ~ 晕船 yùnchuán

sick-pay *n* 病假工资 bìngjià gōngzī

sick-room *n* 病房 (名) bìngfáng

side **I** *n* (1) 边 (名) biān, 旁 (名) páng, 侧面 (名) cèmiàn: *change* ~ *s* 交换场地 jiāohuàn chǎngdì / *stand by the* ~ *of the road* 站在路旁 zhànzài lùpáng (2) 面 (名) miàn, 半面 (名)

bànmiàn; 方面（名）fāngmiàn: *the right and wrong ~s of cloth* 布的正反面 bù de zhèng fǎn miàn (3) 旁边（名）pángbiān: *sit by sb.'s ~* 坐在某人旁边 zuòzài mǒurén pángbiān (4) 一派 yípài, 一方 yìfāng (5)（山）坡（名）(shān)pō;（河）岸（名）(hé) àn: *on the ~ of a hill* 在山坡上 zài shānpōshang/ *on the river ~* 在河岸上 zài hé'àn shang (6) 肋肉 lèiròu **II** *v* 站在…的一边 zhàn zài… de yìbiān, 支持（动）zhīchí // *on the ~* 兼职 jiānzhí, 第二职业 dì'èr zhíyè: *an evening job to bring in a little money on the ~* 晚上兼职挣一点儿钱 wǎnshang jiānzhí zhèng yìdiǎnr qián/ *~ by ~* 肩并肩地 jiānbìngjiān de, 并排地 bìngpái de / *~ effect* 副作用 fù zuòyòng

sidelight *n* (1) 侧光 cèguāng; 边灯 biāndēng (2) 边窗 biānchuāng

sideline *n* 副业（名）fùyè, 兼职（名）jiānzhí: *farm and ~ products* 农副产品 nóngfù chǎnpǐn

side-note *n* 旁注（名）pángzhù

side-step *v* 回避（动）huíbì, 躲闪（动）duǒshān

side-stroke *n* 侧泳（名）cèyǒng; 侧游 cèyóu

sidetrack **I** *n* （铁路的）叉道（名）(tiělù de)chàdào, 侧线（名）cèxiàn **II** *v* 转入侧面 zhuǎnrù cèmiàn; 降到从属地位 jiàngdào cóngshǔ dìwèi; 转移（某人的）目标 zhuǎnyí (mǒu rén de) mùbiāo; 改变话题 gǎibiàn huàtí

sidewalk *n* 人行道（名）rénxíngdào

sideway *n* 小路（名）xiǎolù, 岔道 chàdào

sideways **I** *adv* 斜着 xiézhe; 斜向一边地 xiéxiàng yìbiān de: *get through the door ~* 斜着身子走过门去 xiézhe shēnzi zǒuguò mén qu / *step ~* 走到一边去 zǒudào yìbiān qu **II** *adj* 斜（形）xié; 斜向一边的 xiéxiàng yìbiān de: *a ~ jump* 斜向一边的一跳 xiéxiàng yìbiān de yítiào

siege *n* 包围（动）bāowéi, 围攻（动）wéigōng, 围城 wéichéng

siesta *n* （气候炎热国家中的）午睡（名）(qìhòu yánrè guójiā zhōng de) wǔshuì

sieve **I** *n* 筛子（名）shāizi; 细眼筛（名）xìyǎnshāi **II** *v* 筛（动）shāi; 滤（动）lǜ

sift *v* (1) 筛（动）shāi, 过滤（动）guòlǜ (2) 细查（动）xìchá, 详审（动）xiángshěn (3) 选拔（动）xuǎnbá, 挑选（动）tiāoxuǎn

sigh **I** *v* 叹息（动）tànxī, 叹气 tànqì; 用叹气来表示 yòng tànqì lái biǎoshì **II** *n* 叹气 tànqì, 叹息（动）tànxī: *heave a ~ of relief* 松了一口气 sōngle yìkǒu qì

sight **I** *n* (1) 视力（名）shìlì, 视觉（名）shìjué: *have good (poor) ~* 视力好（差）shìlì hǎo (chà)/ *have long (short) ~* 患远（近）视 huàn yuǎn (jìn)shì (2) 见（动）jiàn; 看得见的地方 kàn de jiàn de dìfang; 眼界（名）yǎnjiè (3) 情景（名）qíngjǐng; 景象（名）jǐngxiàng; 风景（名）fēngjǐng: *see the ~s of Guilin* 游览桂林风景 yóulǎn Guìlín fēngjǐng (4) 可笑的样子 kěxiào de yàngzi: *make a ~ of oneself* 出洋相 chū yángxiàng (5) 瞄准（动）miáozhǔn, 观测（动）guāncè; 瞄准器（名）miáozhǔnqì: *take a careful ~ before firing* 射击以前仔细瞄准 shèjī yǐqián zǐxì miáozhǔn / *take a ~ at the sun* 观测太阳 guāncè tàiyáng **II** *v* 看见 kànjiàn, 发现（动）fāxiàn: *~ land* 发现陆地 fāxiàn lùdì / *~ a rare bird* 发现一种珍贵的鸟 fāxiàn yìzhǒng zhēnguì de niǎo // *at first ~* 初见 chūjiàn; 乍一看 zhà yíkàn / *catch ~ of* 看见 kànjiàn, 发现 fāxiàn / *in ~* 被看到 bèi kàndào, 在望 zàiwàng / *lose ~ of* 看不见 kànbújiàn; 忽视 hūshì/ *out of ~* 在视线之外 zài shìxiàn zhīwài, 在看不到的地方 zài kàn bú dào de dìfang

sightsee *v* 观光（动）guānguāng, 游览（动）yóulǎn: *go ~ing* 去观光 qù guānguāng

sightseer *n* 观光者（名）guānguāngzhě, 游人（名）yóurén

sign **I** *n* (1) 符号（名）fúhào, 记号（名）jìhào: *mathematical* ~*s* 数学符号 shùxué fúhào (2) 招牌（名）zhāopái, 标记（名）biāojì; 信号（名）xìnhào: *a restaurant* ~ 饭馆的招牌 fàguǎn de zhāopái/ *traffic* ~*s* 交通标志 jiāotōng biāozhì (3) 征兆（名）zhēngzhào, 迹象（名）jìxiàng (4) 示意（动）shìyì; 表示（动）biāoshì **II** *v* (1) 签名 qiānmíng, 签字 qiānzì (2) 示意（动）shìyì, 表示（动）biāoshì // ~ *in* 签到 qiāndào; 签收 qiānshōu / ~ *language* 手势语 shǒushìyǔ/ ~ *out* 签名记录离开时间 qiānmíng jìlù líkāi shíjiān

signal **I** *n* 信号（名）xìnhào: *traffic* ~*s* 交通信号 jiāotōng xìnhào/ *send* ~*s* 发出信号 fāchū xìnhào **II** *v* (1) 发信号 fā xìnhào: ~ *a message* 用信号发出消息 yòng xìnhào fāchū xiāoxi (2) 用信号通知 yòng xìnhào tōngzhī // *a* ~ *flag* 信号旗 xìnhàoqí/ *a* ~ *gun* 信号枪 xìnhàoqiāng / ~ *lamp* 信号灯 xìnhàodēng

signature *n* 签名（名）qiānmíng, 署名（名）shǔmíng: *put one's* ~ *to a letter* 在信件上署名 zài xìnjiànshang shǔmíng // ~ *tune* 信号曲 xìnhàoqǔ

signboard *n* 招牌（名）zhāopái, 广告牌（名）guǎnggàopái

significance *n* 意义（名）yìyì, 意味（名）yìwèi; 重要性（名）zhòngyàoxìng, 重大（形）zhòngdà: *a matter of great* ~ 有重大意义的事件 yǒu zhòngdà yìyì de shìjiàn/ *a look of deep* ~ 意味深长的表情 yìwèi shēncháng de biǎoqíng/ *be of no* ~ 无关紧要 wúguān jǐnyào

significant *adj* (1) 重要（形）zhòngyào, 重大（形）zhòngdà, 紧要（形）jǐnyào (2) 有意义的 yǒu yìyì de, 有特殊意义的 yǒu tèshū yìyì de, 意味深长的 yìwèi shēncháng de: *a* ~ *smile* 意味深长的一笑 yìwèi shēnsháng de yíxiào

signify *v* (1) 表示（动）biāoshì, 代表（动）dàibiǎo; 意味（动）yìwèi (2) 要紧（形）yàojǐn, 有重要性 yǒu zhòngyàoxìng

signpost *n* 路标（名）lùbiāo

silence **I** *n* (1) 沉默（形）chénmò, 默不作声 mòbúzuòshēng: *maintain a strict* ~ *on sth.* 对某事保持绝对的沉默 duì mǒushì bǎochí juéduì de chénmò (2) 无声 wúshēng, 寂静（形）jìjìng: *the* ~ *of night* 夜的寂静 yè de jìjìng (3) 没有音信 méiyǒu yīnxìn, 不写信 bù xiěxìn (4) 没提到 méi tídào **II** *v* (1) 使…安静 shǐ…ānjìng, 使…沉默 shǐ…chénmò (2) 压制（动）yāzhì: *the enemy's guns* 压制敌人的炮火 yāzhì dírén de pàohuǒ // *break* ~ 打破沉默 dǎpò chénmò, 开口说话 kāikǒu shuōhuà/ *in* ~ 沉默地 chénmò de / *keep* ~ 保持沉默, 不讲话 bǎochí chénmò, bù jiǎnghuà

silencer *n* 消音器（名）xiāoyīnqì

silent *adj* (1) 沉默（形）chénmò, 不作声 bú zuòshēng: ~ *reading* 默读 mòdú (2) 寂静（形）jìjìng: *the* ~ *hills* 寂静的群山 jìjìng de qúnshān/ *the* ~ *hours of the night* 夜深人静的时候 yèshēn rénjìng de shíhou (3) 无声 wúshēngde, 不发音的 bù fāyīn de: ~ *films* 无声电影 wúshēng diànyǐng/ *a* ~ *drama* 哑剧 yǎjù/ *a* ~ *letter* 不发音的字母 bù fāyīn de zìmǔ

silk *n* (1) 蚕丝（名）cánsī, 丝（名）sī, 绸（名）chóu, 丝绸（名）sīchóu, 缎（名）duàn, 绢（名）juàn: *raw* ~ 生丝 shēngsī (2) 丝绸服装 sīchóu fúzhuāng: *be dressed in* ~*s and satins* 衣着华丽 yīzhuó huálì // ~ *painting* 绢画 juànhuà/ *the S*~ *Road* 丝绸之路 Sīchóu zhī lù/ ~ *stockings* 长统丝袜 chángtǒng sīwà

silken *adj* 丝一样的 sī yíyàng de, 柔软（形）róuruǎn; 柔和（形）róuhé: *her* ~ *locks* 她的柔软光滑的头发 tā de

róuruǎn guānghuá de tóufa / a ~ voice
圆润柔和的嗓音 yuánrùn róuhé de
sǎngyīn

silkworm n 蚕(名) cán: a ~ cocoon
蚕茧 cánjiǎn/ ~ breeding 养蚕 yǎng
cán

silly adj (1)傻(形) shǎ; 愚蠢(形)
yúchǔn; 糊涂(形) hútu: say ~
things 说蠢话 shuō chǔn huà/ do ~
things 干糊涂事 gàn hútu shì (2)无
聊(形) wúliáo, 没意思的 méi yìsi de:
a ~ story 无聊的故事 wúliáo de gùshi
(3)眼花的 yǎnhuā de; 失去知觉
shīqù zhījué

silo n (1)地下仓库 dìxià cāngkù (2)
导弹仓库 dǎodàn cāngkù; 发射井
(名) fāshèjǐng

silt I n 淤泥(名) yūní; 泥沙(名)
níshā II v 淤塞(动) yūsè; 堵塞(动)
dǔsè

silver I n (1)银(名) yín, 银子(名)
yínzi: pure ~ 纯银 chúnyín/ table ~
银餐具 yín cānjù (2)银币(名) yínbì
II adj (1)银的 yín de: a ~ cup 银杯
yínbēi/ a ~ dollar 一块银元 yíkuài
yínyuán/ ~ grey 银灰色 yínhuīsè (2)
银白色的 yínbáisè de: the ~ moon 明
月 míngyuè/ ~ fox 银狐 yínhú // a
~ spoon 财富 cáifù: born with a ~
spoon in one's mouth 生在富贵人家
shēngzài fùguì rénjiā/ ~ screen 银幕
yínmù, 电影界 diànyǐngjiè/ ~ wed-
ding 银婚 yínhūn

silversmith n 银匠(名) yínjiàng

silverware n 银器(名) yínqì; 餐具
cānjù

silvery adj 似银的 sì yín de, 有银色光
泽的 yǒu yínsè guāngzé de; 银铃般的
yínlíng bān de

similar adj 相似的 xiāngsì de, 类似的
lèisì de, 差不多 chàbuduō: bread,
cake, and other ~ foods 面包、点心
之类的食品 miànbāo, diǎnxin zhīlèi de
shípǐn

similarity n (1)类似(形) lèisì, 相似
(形) xiāngsì (2)类似点(名)

lèisìdiǎn, 类似物(名) lèisìwù, 相似事
例 xiāngsì shìlì

similarly adv 相似(形) xiāngsì, 类似
(形) lèisì

simile n 直喻(名) zhíyù, 明喻(名)
míngyù

simmer v (1)煨(动) wēi, 炖(动)
dùn (2)忍住笑 rěnzhù xiào, 压住火
yāzhù huǒ // ~ down 平息 píngxī,
平定 píngdìng

simple adj (1)简单(形) jiǎndān; 简
明(形) jiǎnmíng; 简易(形) jiǎnyì: a
~ question 一个简单的问题 yíge
jiǎndān de wèntí/ a ~ job 容易的工
作 róngyì de gōngzuò (2)朴素(形)
pǔsù; 单纯(形) dānchún; 坦率(形)
tǎnshuài: buildings in a ~ style 风格
朴素的建筑 fēnggé pǔsù de jiànzhù/
live a ~ life 过简朴的生活 guò
jiǎnpǔ de shēnghuó/ as ~ as a child
像孩子一样单纯 xiàng háizi yíyàng
dānchún/ behave in a pleasant and ~
way 举止纯朴可爱 jǔzhǐ chúnpǔ kě'ài
(3)普通(形) pǔtōng; 平常(形)
píngcháng: a ~ farmer 普通农民
pǔtōng nóngmín / a ~ diet 家常便饭
jiācháng biànfàn (4)头脑简单的
tóunǎo jiǎndān de, 无知(形) wúzhī,
愚蠢(形) yúchǔn: a ~ soul 头脑简
单的人 tóunǎo jiǎndān de rén (5)绝对
(形) juéduì, 无条件的 wú tiáojiàn de;
纯粹(形) chúncuì: a ~ impossibility
简直不可能 jiǎnzhí bù kěnéng / pure
and ~ 地地道道的 dìdìdàodào de/ a
~ statement of facts 纯粹陈述事实
chúncuì chénshù shìshí /The ~ fact is
that…事情无非就是… shìqíng wúfēi
jiùshì…(6)结构单一的 jiégòu dānyī
de; 初级(形) chūjí: a ~ sentence 简
单句 jiǎndān jù/ the ~ forms of life
生物的初级形态 shēngwù de chūjí
xíngtài

simplicity n (1)简单(形) jiǎndān; 简
易(形) jiǎnyì; 简明(形) jiǎnmíng (2)
朴素(形) pǔsù; 坦率(形) tǎnshuài;
天真(形) tiānzhēn (3)无知(形)

wúzhī, 愚蠢(形) yúchǔn

simplification *n* 单一化(动) dānyīhuà; 单纯化(动) dānchúnhuà; 简单化(动) jiǎndānhuà

simplify *v* 简化(动) jiǎnhuà, 精简(动) jīngjiǎn; 使单纯 shǐ dānchún; 使易懂 shǐ yìdǒng: *a simplified edition* 简写本 jiǎnxiěběn

simply *adv* (1) 简单地 jiǎndān de; 明白易懂地 míngbai yìdǒng de; 直率地 zhíshuài de (2) 仅仅(副) jǐnjǐn; 简直(副) jiǎnzhí; 不过(副) búguò

simulate *v* 假装(动) jiǎzhuāng; 模仿(动) mófǎng, 模拟(动) móní

simultaneous *adj* 同时发生的 tóngshí fāshēng de; 同时存在的 tóngshí cúnzài de; 同时的 tóngshí de, 一齐的 yìqí de: ~ *interpretation* 同声传译 tóngshēng chuányì

simultaneously *adv* 同时(副) tóngshí, 一齐(副) yìqí

sin *n* (1) 罪(名) zuì, 罪孽(名) zuìniè, 罪过(名) zuìguò, 不道德的行为 bú dàodé de xíngwéi: *commit a ~* 犯罪 fànzuì (2) 过失 guòshī; 违背习俗的事 wéibèi xísú de shì: *a ~ against good manners* 违反礼节 wéifǎn lǐjié

since **I** *conj* (1) 从…以来 cóng…yǐlái, …以后 yǐhòu (2) 因为(连) yīnwèi; 既然(连) jìrán **II** *prep* 自从… zìcóng…, 从…以来 cóng…yǐlái **III** *adv* (1) 从那以后 cóng nà yǐhòu, 后来(名) hòulái (2) 以前(名) yǐqián // *ever* ~ 从那时起一直到现在 cóng nà shí qǐ yìzhí dào xiànzài / *long* ~ 很久以前 hěnjiǔ yǐqián

sincere *adj* (1) 真诚(形) zhēnchéng, 诚恳(形) chéngkěn, 真心实意 zhēnxīn shíyì: *a ~ friend* 真诚的朋友 zhēnchéng de péngyou (2) 纯净(形) chúnjìng; 不掺假的 bù chān jiǎ de: ~ *wine* 纯酒 chúnjiǔ

sincerely *adj* 真诚(形) zhēnchéng, 真挚(形) zhēnzhì; 衷心(形) zhōngxīn: *Yours* ~ 您的忠诚的 nín de

zhōngchéng de

sincerity *n* 诚实(形) chéngshí, 诚恳(形) chéngkěn; 诚意(形) chéngyì, 诚心(形) chéngxīn

sinew *n* (1) 腱(名) jiàn; 肌肉(名) jīròu, 筋肉(名) jīnròu (2) 力量(名) lìliang; 资源(名) zīyuán: *the ~s of war* 军费(军备) jūnfèi (jūnbèi) / *the ~(s) of national defence* 国防力量 guófáng lìliang

sing *v* (1) 唱(动) chàng, 唱歌 chànggē: ~ *to the piano* 随着钢琴唱 suízhe gāngqín chàng (2) 发出响声 fāchū xiǎngshēng (3) 歌颂(动) gēsòng // ~ *up* 用力唱 yònglì chàng; 大声唱 dàshēng chàng

singe *v* (1) 烧焦 shāojiāo, 烤焦 kǎojiāo (2) 损伤(动) sǔnshāng

singer *n* 歌手(名) gēshǒu, 歌唱家(名) gēchàngjiā

singing *n* 唱歌 chànggē, 歌声(名) gēshēng; 歌唱(名) gēchàng, 响声(名) xiǎngshēng: ~ *birds* 鸣禽 míngqín

single **I** *adj* (1) 一个 yíge, 单一(形) dānyī, 单个的 dānge de, 唯一(形) wéiyī: *a ~ track* 单轨 dānguǐ / *a ~ standard* 单一的标准 dānyī de biāozhǔn / *examine each ~ piece* 逐条检查 zhútiáo jiǎnchá (2) 单程的 dānchéng de: *a ~ journey* 单程 dānchéng / *a ~ ticket* 一张单程票 yìzhāng dānchéng piào (3) 独身的 dúshēn de: *a ~ man (woman)* 独身男子(女子) dúshēn nánzǐ (nǚzǐ) / *remain ~* 还没有结婚 hái méiyǒu jiéhūn / ~ *life* 独身生活 dúshēn shēnghuó (4) 单人的 dānrén de: *a ~ bed (room)* 单人床(房间) dānrén chuáng (fángjiān) (5) 单瓣的 dānbàn de: *a ~ rose* 单瓣玫瑰 dānbàn méiguī **II** *n* (1) 单张 dānzhāng, 单个 dānge (2) 单程票 dānchéngpiào (3) 单打 dāndǎ: *play ~s* 单打比赛 dāndǎ bǐsài / *men's (women's) ~s* 男(女)子单打 nán (nǚ) zǐ dāndǎ

single-handed *adj* 单独(形) dāndú; 单人的 dānrén de: *a ～ sailing voyage* 单人帆船航海 dānrén fānchuán hánghǎi

single-minded *adj* 真诚（形）zhēnchéng; 衷心的 zhōngxīn de; 一心一意的 yìxīnyíyì de; 专心致志的 zhuānxīnzhìzhì de

singular **I** *adj* (1) 单一(形) dānyī; 单数的 dānshù de: *the ～ form* 单数形式 dānshù xíngshì/ *the ～ number* 单数 dānshù (2) 非凡(形) fēifán, 不寻常的 bù xúncháng de; 奇特(形) qítè **II** *n* 单数(名) dānshù

singularity *n* (1) 奇特(形) qítè, 特别(形) tèbié, 非凡(形) fēifán (2) 奇特的东西 qítè de dōngxi, 怪僻(名) guàipì

sinister *adj* 阴险(形) yīnxiǎn; 凶恶(形) xiōng'è; 邪恶(形) xié'è

sink **I** *v* (1) 下沉(动) xiàchén, 沉没(动) chénmò; 落(动) luò, 下落(动) xiàluò, 陷入（动）xiànrù (2) 低落(动) dīluò, 下陷(动) xiàxiàn, 斜下去 xiéxiaqu, 倒下 dǎoxià (3) 降低(动) jiàngdī, 减弱(动) jiǎnruò; 消失(动) xiāoshī (4) 堕落（动）duòluò; 消沉(动) xiāochén (5) 渗透(动) shèntòu; 沉入(动) chénrù (6) 挖(动) wā, 掘（动）jué; 刻（动）kè, 铭记（动）míngjì: *～ a well* 挖一眼井 wā yìyǎn jǐng/ *～ words in stone* 在石头上刻字 zài shítoushang kèzì **II** *n* （厨房的）水池(名) (chúfáng de) shuǐchí, 洗涤槽(名) xǐdícáo // *～ or swim* (1) 成败全凭自己 chéngbài quánpíng zìjǐ: *leave sb. to ～ or swim* 让某人去自找生路 ràng mǒurén qù zìzhǎo shēnglù (2) 不论好歹 búlùn hǎodǎi

sink-hole *n* 阴沟口 yīngōukǒu; 污水坑 wūshuǐkēng

sinner *n* 罪人(名) zuìrén, 有罪孽的人 yǒu zuìniè de rén; 触犯了上帝的人 chùfànle shàngdì de rén: *a repentant ～* 悔悟了的罪人 huǐwùle de zuìrén

Sino- 中国的 Zhōngguó de: *～ Jap-anese trade* 中日贸易 Zhōng-Rì màoyì

sinologist *n* 汉学家(名) hànxuéjiā; 中国问题专家 Zhōngguó wèntí zhuānjiā

sinology *n* 汉学(名) hànxué; 中国问题研究 Zhōngguó wèntí yánjiū

sip **I** *v* 啜饮(动) chuòyǐn, 呷(动) xiā, 细饮 xìyǐn: *～ tea* 呷茶 xiā chá **II** *n* 呷(动) xiā, 啜(动) chuò: *take a ～ of wine* 呷一口酒 xiā yìkǒu jiǔ

siphon **I** *n* 虹吸(动) hóngxī; 虹吸管(名) hóngxīguǎn; 虹吸瓶(名) hóngxīpíng **II** *v* 虹吸(动) hóngxī, 用虹吸管吸 yòng hóngxīguǎn xī

sir *n* (1) 先生(名) xiānsheng: *Dear S～s* 诸位先生 zhūwèi xiānsheng (2) 爵士(名) juéshì: *S～ Charles Brown* 查理斯·布朗爵士 Chálǐsī·Bùlǎng juéshì

sister *n* (1) 姐姐(名) jiějie, 妹妹(名) mèimei; 姊妹(名) zǐmèi; 姐妹(名) jiěmèi: *an elder ～* 姐姐 jiějie/ *a younger ～* 妹妹 mèimei/ *brothers and ～s* 兄弟姐妹 xiōngdìjiěmèi (2) 护士(名) hùshi; 护士长(名) hùshizhǎng; *the night ～* 夜班护士 yèbān hùshi (3) 修女（名）xiūnǚ, 女教友 nǚjiàoyǒu: *a Christian ～* 基督教修女 jīdūjiào xiūnǚ

sisterhood *n* 姐妹关系 jiěmèi guānxi

sister-in-law *n* (大、小)姑子(名) (dà, xiǎo) gūzi (*husband's sister*), (大、小)姨子(名) (dà, xiǎo) yízi (*wife's sister*), 嫂子(名) sǎozi (*elder brother's wife*), 弟媳（名）dìxí (*younger brother's wife*)

sisterless *adj* 没有姐妹的 méiyǒu jiěmèi de

sisterly *adj* 姐妹的 jiěmèi de; 姐妹般的 jiěmèi bān de

sit *v* (1) 坐(动) zuò, 就座 jiùzuò: *～ on the grass* 坐在草地上 zuòzài cǎodìshang / *～ at the desk* 坐在桌前 zuòzài zhuōqián (2) 坐落(动) zuòluò, 位于(动) wèiyú; 安放(动) ānfàng (3) 占议席 zhàn yìxí; 当代表 dāng dàibiǎo (4) 摆好姿势 bǎihǎo zīshì; 做

模特儿 zuò mótèr: ~ *for a photographer* 摆好姿势照相 bǎihǎo zīshì zhàoxiàng (5) 参加考试 cānjiā kǎoshì: ~ *for a fellowship* 参加奖学金考试 cānjiā jiǎngxuéjīn kǎoshì (6) 合身(形) héshēn (7) 栖息不动 qīxī búdòng; 孵卵 fūluǎn, 抱窝 bàowō (8) 骑(动) qí: ~ *a horse* 骑马 qímǎ (9) 可供…坐 kěgōng…zuò // ~ *down* 坐下 zuòxia/ ~ *in on* 出席 chūxí, 参加 cānjiā, 列席 lièxí / ~ *up* (1) 坐起来 zuòqilai (2) 迟睡 chíshuì, 开夜车 kāiyèchē, 熬夜 áoyè

sit-down *n* (1) 坐下 zuòxia, 坐的地方 zuò de dìfang (2) 静坐罢工 jìngzuò bàgōng

site **I** *n* (1) (房屋的)地点(名) (fángwū de) dìdiǎn, 地基(名) dìjī: *a construction* ~ 工地 gōngdì (2) 场所 (名) chǎngsuǒ, 现场(名) xiànchǎng: *a nuclear test* ~ 核试验场 héshìyànchǎng (3) 遗址(名) yízhǐ **II** *v* 定…的地点 dìng…de dìdiǎn, 选择地址 xuǎnzé dìzhǐ: *a well* ~*d store* 地点好的商店 dìdiǎn hǎo de shāngdiàn

sitter *n* (1) 坐的人 zuò de rén; 让人画像(照相)的人 ràng rén huàxiàng (zhàoxiàng) de rén; 临时看小孩儿的人 línshí kān xiǎoháir de rén (2) 孵卵鸡 fūluǎnjī

sit-in *n* (室内)静坐抗议(名)(shìnèi) jìngzuò kàngyì, (室内)静坐罢工 (shìnèi) jìngzuò bàgōng

sitting *n* (1) 坐(动) zuò, 就座 jiùzuò; 一次坐着的时间 yícì zuòzhe de shíjiān: *finish reading a book at one* ~ 坐下来一气读完一本书 zuòxialai yíqì dúwán yìběn shū / *a* ~ *duck* 容易击中的目标 róngyì jīzhòng de mùbiāo (2) 开会 kāihuì, 会期(名) huìqī; 开庭 kāitíng, 庭期(名) tíngqī (3) 坐着供人画像 zuòzhe gōngrén huà xiàng, 当模特儿 dāng mótèr // *to be* ~ 开会 kāihuì

sitting-room *n* 起居室(名) qǐjūshì

situated *adj* 位于 wèiyú, 坐落在 zuòluòzài

situation *n* (1) 处境(名) chǔjìng, 境遇(名) jìngyù, 境况(名) jìngkuàng: *in a difficult* ~ 困难的处境 kùnnan de chǔjìng (2) 形势(名) xíngshì; 情况(名) qíngkuàng, 状况(名) zhuàngkuàng; 局面(名) júmiàn: *the international* (*domestic*) ~ 国际(国内)形势 guójì (guónèi) xíngshì/ *the political* ~ 政局 zhèngjú (3) 位置(名) wèizhì, 地点(名) dìdiǎn: *geographical* ~ 地理位置 dìlǐ wèizhì (4) 职位(名) zhíwèi, 工作(名) gōngzuò: *look at the* "*S~s Wanted*" *and* "*S~s Vacant*" *advertisements in the newspaper* 看报纸上的"求职"广告和"招聘"广告 kàn bàozhǐshang de "qiúzhí" guǎnggào hé "zhāopìn" guǎnggào / *apply for a* ~ 申请一个职位 shēnqǐng yíge zhíwèi

sit-upon *n* 臀部(名) túnbù, 屁股(名) pìgu

six **I** *num* 六(数) liù; 陆(数) liù, 第六 dìliù: ~ *books* 六本书 liùběnshū/ *chapter* ~ 第六章 dìliùzhāng **II** *n* 六个 liùge // *at* ~*es and sevens* (1) 乱七八糟 luànqībāzāo (2) 不和 bùhé

sixteen *num* 十六(数) shíliù, 拾陆(数) shíliù, 十六个 shíliùge

sixteenth *num* (1) 第十六 dì shíliù (2) 十六分之… shíliùfēnzhī…: *7* ~*s* 十六分之七 shíliùfēn zhī qī

sixth *num* (1) 第六 dìliù: *the* ~ *of March* 三月六日 sānyuè liùrì (2) 六分之…的 liùfēn zhī… de: *5* ~*s* 六分之五 liùfēn zhī wǔ

sixtieth *num* (1) 第六十(个) dìliùshí (ge) (2) 六十分之…的 liùshífēn zhī… de

sixty *num* 六十(数) liùshí, 陆拾(数) liùshí, 六十个 liùshíge

size **I** *n* (1) 大小(名) dàxiǎo, 尺寸 (名) chǐcùn; 体积(名) tǐjī; 规模(名) guīmó; 身材(名) shēncái: *rocks of all* ~*s* 各种大小的石头 gèzhǒng dàxiǎo de shítou (2) 尺码(名) chǐmǎ, 号(名)

hào **II** v 估量(动) gūliang, 估计(动) gūjì: ~ *up a situation* 估计形势 gūjì xíngshì

sizzle **I** v 发出咝咝声 fāchū sīsī shēng **II** n 咝咝声 sīsī shēng

skate **I** n (1) 冰鞋(名) bīngxié: *a pair of* ~ *s* 一双冰鞋 yìshuāng bīngxié (2)滑冰 huábīng, 溜冰 liūbīng: *go for a* ~ 去滑冰 qù huábīng **II** v (1)滑冰 huábīng, 溜冰 liūbīng: *go skating* 去 滑冰 qù huábīng (2) 闪过 shǎnguò, 掠 过 lüèguò; 带过 dàiguò, 不重视 búzhòngshì

skater n 滑冰的人 huábīng de rén; 滑 冰运动员 huábīng yùndòngyuán

skating-rink n 滑冰场(名) huábīng-chǎng, 溜冰场(名) liūbīngchǎng

skeleton n (1) 骨骼(名) gūgé; 骷髅 (名) kūlóu: *the* ~ *of a horse* 马的骨 骼 mǎ de gūgé (2) 骨架(名) gūjià: *the steel* ~ *of a building* 建筑物钢制 骨架 jiànzhùwù gāngzhì gūjià (3) 骨瘦 如柴的人 gūshòurúchái de rén (4) 梗 概(名) gěnggài; 轮廓(名) lúnkuò: *the* ~ *of a story* 故事梗概 gùshi gěnggài/ *the* ~ *of a plan* 计划的要点 jìhuà de yàodiǎn // *a* ~ *in the cup-board* 家丑 jiāchǒu/ *bring the family* ~ *out of the cupboard* 把家里的丑事 抖搂出来 bǎ jiāli de chǒushì dǒulou chūlái/ ~ *key* 万能钥匙 wànnéng yàoshi

sketch **I** n (1) 略图(名) lüètú, 草图 (名) cǎotú (2) 速写(名) sùxiě, 素描 (名) sùmiáo (3) 概述(名) gàishù, 梗 概(名) gěnggài (4) 短篇(名) duǎnpiān, 小品(名) xiǎopǐn; 短剧 (名) duǎnjù; 短曲(名) duǎnqǔ: *travel* ~*es* 旅行随笔 lǚxíng suíbǐ / *a biographical* ~ 一篇传略 yìpiān zhuànlüè/ *a dramatic* ~ 一出短剧 yìchū duǎnjù **II** v (1) 绘略图 huì lüètú;写生(动) xiěshēng, 速写(动) sùxiě (2) 草拟(动) cǎonǐ; 概括地叙 述 gàikuò de xùshù

ski **I** n 滑雪板(名) huáxuěbǎn: *a*

pair of ~*s* 一副滑雪板 yífù huáxuěbǎn **II** v 滑雪 huáxuě

skid **I** v 打滑(动) dǎhuá; 刹着车滑行 shāzhe chē huáxíng, 滑向一边 huá xiàng yìbiān **II** n (1) 打滑(动) dǎhuá, 滑向一边 huáxiàng yìbiān; 空 转 kōngzhuàn (2) 垫木(名) diànmù

skilful adj (1) 灵巧(形) língqiǎo; 熟 练(形) shúliàn: ~ *in reading* 读得熟 练 dú de shúliàn (2) 制作精巧的 zhìzuò jīngqiǎo de: ~ *handicrafts* 精 巧的手工艺品 jīngqiǎo de shǒugōngyìpǐn

skill n (1) 技能(名) jìnéng; 技艺 (名) jìyì; 技巧(名) jìqiǎo; 技术(名) jìshù; 本领(名) běnlǐng: *a writer of great* ~ 技巧高超的作家 jìqiǎo gāochāo de zuòjiā/ *diplomatic* ~ 外交 手腕 wàijiāo shǒuwàn/ *pedagogic* ~ 教学手段 jiàoxué shǒuduàn (2)熟练 (形) shúliàn, 熟巧(形) shúqiǎo: *play the piano with* ~ 钢琴弹得熟练 gāngqín tán de shúliàn

skilled adj 熟练(形) shúliàn; 有技术 的 yǒu jìshù de: *a* ~ *worker* 熟练工 人 shúliàn gōngrén

skim v 浏览(动) liúlǎn, 略读(动) lüèdú: ~ *over a newspaper* 浏览报纸 liúlǎn bàozhǐ

skin **I** n (1) 皮(名) pí, 皮肤(名) pífū: *a* ~ *disease* 皮肤病 pífūbìng/ *soft* ~ 柔软的皮肤 róuruǎn de pífū (2) 兽皮 (名) shòupí, 皮毛(名) pímáo: *tiger* ~*s* 虎皮 hǔpí/ *a coat made of sheep* ~ 羊皮做的皮袄 yángpí zuò de pí'ǎo (3) 外皮(名) wàipí, 壳(名) ké: *banana* ~*s* 香蕉皮 xiāngjiāopí/ *onion* ~*s* 洋葱 皮 yángcōngpí **II** v (1) 剥皮 bāopí: *an onion* 剥洋葱皮 bāo yángcōngpí (2) 擦破皮 cāpò pí (3) 骗钱 piànqián // *a* ~ *flick* 一部黄色电影 yíbù huángsè diànyǐng/ *in one's* ~ 裸体 luǒtǐ

skin-deep adj 表面上的 biǎo-miànshang de; 肤浅(形) fūqiǎn

skinny adj 皮的 pí de; 皮包骨的 píbāogǔ de, 极瘦的 jí shòu de

skip v (1) 跳(动) tiào, 蹦(动) bèng; 跳绳 tiàoshéng (2) 胡乱改变 húluàn gǎibiàn (3) 跳过 tiàoguò, 略过 lüèguò: ~ *in reading* 跳着读 tiàozhe dú/ ~ *a line* 跳读一行 tiàodú yìháng/ ~ *over a passage* 跳读一节 tiàodú yìjié (4) 匆匆离去 cōngcōng líqù; 溜走 liūzǒu

skirmish n 小规模战斗 xiǎo guīmó zhàndòu, 小冲突 xiǎo chōngtū; 小争论 xiǎo zhēnglùn: *a street* ~ 巷战 xiàngzhàn

skirt I n (1) 裙子(名) qúnzi (2) 裾(名) jū, 下摆(名) xiàbǎi; 郊外(名) jiāowài II v (1) 位于…边缘 wèiyú… biānyuán (2) 绕过…边缘 ràoguò… biānyuán; 兜圈子 dōu quānzi, 避开 bìkāi: ~ *around the pool* 绕过池塘 ràoguo chítáng

skittles n 九柱戏(名) jiǔzhùxì

skulk v 躲躲闪闪 duǒduǒ shǎnshǎn; 躲藏(动) duǒcáng

skull n 颅骨(名) lúgǔ, 脑壳(名) nǎoké, 头盖骨(名) tóugàigǔ; 头脑(名) tóunǎo: *the* ~ *of a dog* 狗的头盖骨 gǒu de tóugàigǔ

skunk n 臭鼬(名) chòuyòu

sky n (1) 天(名) tiān, 天空(名) tiānkōng: *the stars in the* ~ 天上的群星 tiānshang de qúnxīng (2) 天气(名) tiānqì, 气候(名) qìhòu: *the sunny skies of Beijing* 北京晴朗的天气 Běijīng qínglǎng de tiānqì// *praise sb. to the skies* 把某人捧上天了 bǎ mǒurén pěngshang tiān le

sky-blue adj 天蓝(形) tiānlán; 淡蓝色的 dànlánsè de

skyborne adj 空降的 kōngjiàng de

skyjack v 劫持(飞机) jiéchí (fēijī)

skylark n 云雀(名) yúnquè

skyless adj 看不见蓝天的 kànbujiàn lántiān de; 多云的 duōyún de

skylight n 天窗(名) tiānchuāng

skyscraper n 摩天楼(名) mótiānlóu

skytrooper n 伞兵(名) sǎnbīng

slack I adj (1) 懒散(形) lǎnsǎn; 松

懈(形) sōngxiè; 马虎(形) mǎhu; 迟缓(形) chíhuǎn: *a* ~ *student* 不用功的学生 bú yònggōng de xuésheng (2) 松(形) sōng, 松弛(形) sōngchí; 不紧的 bù jǐn de (3) 呆滞(形) dāizhì; 萧条(形) xiāotiáo II v (1) 马马虎虎 mǎmǎhūhū, 松松垮垮 sōngsōngkuākuā (2) 减弱(动) jiǎnruò; 放慢(动) fàngmàn

slacken v (1) 放松(动) fàngsōng, 松懈(动) sōngxiè: ~ *a tent rope* 把帐篷的绳子放松 bǎ zhàngpeng de shéngzi fàngsōng (2) 使缓慢 shǐ huǎnmàn, 放慢(动) fàngmàn; 减弱(动) jiǎnruò

slacks n 宽松的裤子 kuānsōng de kùzi, 便裤(名) biànkù

slam[1] I v (1) 使劲关 shǐjìnguān, 砰地关上 pēng de guānshang (2) 猛投 měngtóu; 猛击 měngjī; 猛推 měngtuī II n (1) 砰的一声 pēng de yìshēng: *with a* ~ 砰的一声 pēng de yìshēng (2) 猛击 měngjī; 猛推 měngtuī// ~ *the door in sb.'s face* 拒绝会见某人 jùjué huìjiàn mǒurén; 拒绝接受某人的建议 jùjué jiēshòu mǒurén de jiànyì

slam[2] n 满贯(名) mǎnguàn: *a little* ~ 小满贯 xiǎo mǎnguàn/ *a grand* ~ 大满贯 dà mǎnguàn

slander I n 诽谤(动) fěibàng, 诋毁(动) dǐhuǐ, 造谣中伤 zàoyáozhòngshāng: *a* ~ *on a country* 对一个国家的诋毁 duì yíge guójiā de dǐhuǐ II v 诽谤(动) fěibàng, 诋毁(动) dǐhuǐ, 造谣中伤 zàoyáo zhòngshāng

slang I n (1) 俚语(名) lǐyǔ: *schoolboy* ~ 学生用语 xuésheng yòngyǔ/ "*A Dictionary of American S*~" 《美国俚语词典》《Měiguó lǐyǔ cídiǎn》 (2) 行话(名) hánghuà; 黑话(名) hēihuà II v 用粗话骂 yòng cūhuà mà

slant I v (1) 倾斜(动) qīngxié, 歪(动) wāi (2) 偏向(动) piānxiàng; 有偏见 yǒu piānjiàn: ~*ed reports* 带有偏见的报道 dàiyǒu piānjiàn de bàodào II n (1) 倾斜(动) qīngxié; 斜面(名) xiémiàn; 斜线(名) xiéxiàn (2) 倾向

性（名）qīngxiàngxìng；观点（名）guāndiǎn；意见（名）yìjiàn

slap I v (1) 拍（动）pāi；掴（动）guāi：~ sb.'s face 打某人耳光 dǎ mǒurén ěrguāng (2) 啪的一声放下 pā de yìshēng fàngxià II n 掴（动）guāi；拍（动）pāi III adv 突然（形）tūrán；直接（形）zhíjiē；一直（副）yìzhí // a ~ in the face 一记耳光 yìjì ěrguāng；打击 dǎjī；拒绝 jùjué

slash I v (1) 乱砍 luànkǎn；乱斩 luànzhǎn；鞭打（动）biāndǎ (2) 削减（动）xuējiǎn II n (1) 乱砍 luànkǎn (2) 削减（动）xuējiǎn，减少（动）jiǎnshǎo

slate[1] I n (1) 石板（名）shíbǎn；石板瓦（名）shíbǎnwǎ (2) 暗蓝色（名）ànlánsè，石板色（名）shíbǎnsè II adj 石板色的 shíbǎnsè de，蓝灰色的 lánhuīsè de

slate[2] v 严厉批评 yánlì pīpíng，责骂（动）zémà

slaughter I v (1) 屠杀（动）túshā，杀戮（动）shālù，残杀（动）cánshā (2) 屠宰（动）túzǎi，杀（动）shā：~ pigs 杀猪 shāzhū II n 屠杀（动）túshā，杀戮（动）shālù：mass ~ 大屠杀 dàtúshā / a ~ house 屠宰场 túzǎichǎng

slave I n (1) 奴隶（名）núlì：~ uprisings 奴隶起义 núlì qǐyì / trade in ~s 贩卖奴隶 fànmài núlì (2) 受控制（或影响）的人 shòu kòngzhì（huò yǐngxiǎng）de rén：a ~ to fashion 拼命赶时髦的人 pīnmìng gǎn shímáo de rén / a ~ of drink 酒鬼 jiǔguǐ / a ~ of opium 大烟鬼 dàyānguǐ (3) 苦工（名）kǔgōng II v 干苦活 gàn kǔhuó，做牛马 zuò niúmǎ

slave-driver n 监管奴隶的人 jiānguǎn núlì de rén；严厉的老板 yánlì de lǎobǎn

slaveholder n 奴隶主（名）núlìzhǔ

slaver[1] n 奴隶贩子 núlì fànzi

slaver[2] I v 流口水 liú kǒushuǐ II n 唾液（名）tuòyè，口水（名）kǒushuǐ

slavery n (1) 奴隶身份 núlì shēnfèn；

奴隶制度 núlì zhìdù (2) 苦役（名）kǔyì

slay v 杀死 shāsǐ，杀害（动）shāhài

sledge I n 雪橇（名）xuěqiāo II v (1) 乘雪橇 chéng xuěqiāo：go sledging 乘雪橇去 chéng xuěqiāo qù (2) 用雪橇运送 yòng xuěqiāo yùnsòng

sledgehammer n 大锤（名）dàchuí

sleek adj (1) 光滑（形）guānghuá，柔滑（形）róuhuá (2) 健壮（形）jiànzhuàng，养得好的 yǎng de hǎo de (3) 圆滑（形）yuánhuá，滑头（形）huátóu，花言巧语的 huāyánqiǎoyǔ de：as ~ as a cat 像猫一样圆滑谄媚 xiàng māo yíyàng yuánhuá chǎnmèi (4) 雅致（形）yǎzhì，时髦（形）shímáo；阔气（形）kuòqì，豪华（形）háohuá

sleep I n 睡眠（名）shuìmián，睡觉（动）shuìjiào：get 8 hours' ~ a night 晚上睡眠八小时 wǎnshang shuìmián bāxiǎoshí / have a good ~ 好好睡一觉 hǎohǎo shuì yíjiào / the last ~ 长眠 chángmián II v (1) 睡（动）shuì，睡觉（动）shuìjiào (2) 可睡…kě shuì… // go to ~ (1) 入睡 rùshuì，睡着 shuìzháo (2) 麻木 mámù，失去知觉 shīqù zhījué / have one's ~ out 睡够 shuìgòu / ~ away 睡掉 shuìdiào / ~ in (1) 住在雇主家里 zhùzài gùzhǔ jiāli (2) 迟起 chíqǐ；睡过头 shuì guòtóu / ~ like a log 睡得像死猪一样 shuì de xiàng sǐ zhū yíyàng / ~ off 用睡觉的办法来消除 yòng shuìjiào de bànfǎ lái xiāochú：~ off a headache 用睡觉来消除头痛 yòng shuìjiào lái xiāochú tóutòng / ~ on 睡一觉再说 shuì yíjiào zàishuō / ~ with sb. 同某人发生关系 tóng mǒurén fāshēng guānxi

sleeper n (1) 睡觉的人 shuìjiào de rén：a heavy ~ 睡觉沉的人 shuìjiào chén de rén (2) 卧车（名）wòchē；卧铺（名）wòpù

sleeping-bag n 睡袋（名）shuìdài

sleeping-car n 卧车（名）wòchē

sleeping-pill *n* 安眠药片 ānmián-yàopiàn

sleepless *adj* 失眠的 shīmián de; 不眠的 bùmián de: *a ~ night* 不眠之夜 bùmián zhī yè

sleepwalk *v* 梦游(动) mèngyóu

sleepwalker *n* 患夜游症的人 huàn yèyóuzhèng de rén

sleepy *adj* (1) 想睡的 xiǎng shuì de; 困乏(形) kùnfá (2) 寂静(形) jìjìng

sleepyhead *n* 贪睡的人 tānshuì de rén; 懒散的人 lǎnsǎn de rén

sleet **I** *n* 冻雨(名) dòngyǔ; 雨夹雪 yǔ jiā xuě **II** *v* 下冻雨 xià dòngyǔ; 下雨夹雪 xià yǔ jiā xuě

sleeve *n* (1) 袖子(名) xiùzi, 衣袖(名) yīxiù: 袖套(名) xiùtào: *a dress with long (short) ~s* 长(短)袖衣服 cháng(duǎn) xiù yīfu (2) 套儿(名) tàor, 套筒(名) tàotǒng; 唱片套(名) chàngpiàntào // *hang on sb.'s ~* 依赖某人 yīlài mǒurén, 听从某人 tīngcóng mǒurén / *have (keep) sth. up one's ~* 暗作打算 ànzuò dǎsuàn, 心里谋划 xīnli móuhuà / *laugh up one's ~* 暗笑 ànxiào, 偷偷发笑 tōutōu fāxiào / *roll up one's ~s* 卷起袖子 juǎnqi xiùzi; 准备工作 zhǔnbèi gōngzuò / *wear one's heart on one's ~* 心怀坦白 xīnhuái tǎnbái; 感情外露 gǎnqíng wàilù

sleeved *adj* 带袖子的 dài xiùzi de: *a ~ shirt* 带袖衬衫 dài xiù chènshān

sleeveless *adj* 没有袖子的 méiyǒu xiùzi de: *a ~ dress* 一件没有袖子的衣服 yíjiàn méiyǒu xiùzi de yīfu

sleigh **I** *n* 雪车(名) xuěchē; 雪橇(名) xuěqiāo: *convey sth. in a ~* 用雪橇运送东西 yòng xuěqiāo yùnsòng dōngxi **II** *v* 驾雪车 jià xuěchē; 乘雪橇 chéng xuěqiāo

slender *adj* (1) 苗条(形) miáotiáo, 细长(形) xìcháng; 细(形) xì: *a ~ figure* 苗条的身材 miáotiáo de shēncái (2) 微薄(形) wēibó; 微小(形) wēixiǎo; 不足的 bùzú de: *a ~ income* 微薄的收入 wēibó de shōurù / *a ~ hope* 渺茫的希望 miǎománg de xīwàng (3) 薄(形) báo: *a book of only 50 pages* 只有五十页的一本薄书 zhǐ yǒu wǔshíyè de yìběn báo shū

slice **I** *n* (1) 片(名、量) piàn, 薄片(名) báopiàn, 切片(名) qiēpiàn: *a ~ of ham* 一片火腿 yípiàn huǒtuǐ / *cut a raw fish into thin ~s* 把一条生鱼切成薄片 bǎ yìtiáo shēngyú qiēchéng báopiàn (2) 份(量) fèn, 部分(名) bùfen: *a ~ of good luck* 一份好运 yífèn hǎo yùn (3) 锅铲(名) guōchǎn; 火铲(名) huǒchǎn **II** *v* (1) 切成薄片 qiēchéng báopiàn (2) 切下 qiēxià; 切开 qiēkāi; 割去 gēqù: *~ off a piece of cake* 切下一块蛋糕 qiēxià yíkuài dàngāo (3) 分成份 fēnchéng fèn

slide **I** *v* (1) 滑(动) huá, 滑动(动) huádòng: *a sliding door* 拉门 lāmén (2) 滑落(动) huáluò (3) 偷偷地走 tōutōu de zǒu: *~ into a room* 偷偷地溜进房间 tōutōu de liūjìn fángjiān (4) 流逝(动) liúshì **II** *n* (1) 滑动(动) huádòng, 滑行(动) huáxíng (2) 滑落(动) huáluò: *stop the ~ in living standards* 制止生活水平下降 zhìzhǐ shēnghuó shuǐpíng xiàjiàng (3) 滑道(名) huádào, 滑梯(名) huátī: *a children's playground ~* 儿童滑梯 értóng huátī (4) 幻灯片(名) huàndēngpiàn: *a ~ show* 幻灯 huàndēng (5) 山崩(名) shānbēng; 雪崩(名) xuěbēng // *a ~ fastener* 拉链 lāliàn / *~ into* 悄悄塞进 qiāoqiāo sāijìn: *~ sth. into a drawer* 把东西悄悄塞进抽屉 bǎ dōngxi qiāoqiāo sāijìn chōutì / *~ over* 放过 fàngguò, 略过 lüèguò, 回避 huíbì

slide-rule *n* 计算尺(名) jìsuànchǐ

slight **I** *adj* (1) 细长(形) xìcháng, 瘦小(形) shòuxiǎo: *a ~ figure* 瘦小的身材 shòuxiǎo de shēncái (2) 轻微(形) qīngwēi, 微小(形) wēixiǎo; 少量(形) shǎoliàng: *a ~ difference* 微小的区别 wēixiǎo de qūbié/ *a ~ pain*

轻微的疼痛 qīngwēi de téngtòng/ *pay sb*. ~ *attention* 不大尊重某人 búdà zūnzhòng mǒurén **II** *v* 轻视（动）qīngshì, 怠慢（动）dàimàn **III** *n* 轻蔑（形）qīngmiè, 怠慢（形）dàimàn: *put a* ~ *on sb.* 蔑视某人 mièshì mǒurén / *suffer* ~ *s* 受到怠慢 shòudào dàimàn // *not in the* ~*est* 一点儿不 yìdiǎnr bù

slightly *adv* （1）细长 xìcháng；瘦小（形）shòuxiǎo: *a* ~ *built child* 身材瘦小的孩子 shēncái shòuxiǎo de háizi （2）轻微的 qīngwēi de, 稍微（副）shāowēi, 一点儿 yìdiǎnr

slim **I** *adj* （1）苗条（形）miáotiáo；瘦（形）shòu: *a* ~ *person* 身材苗条的人 shēncái miáotiáo de rén （2）微小（形）wēixiǎo, 少量（形）shǎoliàng: ~ *changes* 很小的变化 hěnxiǎo de biànhuà/ *a* ~ *excuse* 站不住脚的理由 zhàn bú zhù jiǎo de lǐyóu **II** *v* 减轻体重 jiǎnqīng tǐzhòng: ~ *ming exercises* 减肥操 jiǎnféicāo

sling **I** *n* （1）投石器（名）tóushíqì；弹弓（名）dàngōng: *throw stones with a* ~ 用投石器投掷石头 yòng tóushíqì tóuzhì shítou （2）用力抛（投、掷）yònglì pāo（tóu, zhì）（3）吊带（名）diàodài, 吊链（名）diàoliàn （4）吊货物用的网兜 diào huòwù yòng de wǎngdōu **II** *v* （1）用力投（掷、抛）yònglì tóu（zhì, pāo）（2）吊（动）diào, 吊起 diàoqǐ

slink *v* 偷偷地走 tōutōu de zǒu；溜走 liūzǒu

slip[1] **I** *v* （1）滑动（动）huádòng, 滑行（动）huáxíng （2）滑倒 huádǎo, 失足（动）shīzú: ~ *in the mud* 在泥泞中滑倒了 zài nínìng zhōng huádǎole / ~ *on the stairs* 在楼梯上失足跌倒 zài lóutī shang shīzú diēdǎo （3）滑落（动）huáluò, 松脱（动）sōngtuō （4）溜（动）liū, 悄悄走 qiāoqiāo zǒu （5）脱下 tuōxià: 穿上 chuānshang （6）忘记（动）wàngjì, 想不起来 xiǎng bu qǐlái （7）摆脱（动）bǎituō, 闪开 shǎnkāi:

one's pursuers 摆脱追赶的人 bǎituō zhuīgǎn de rén （8）塞入 sāirù, 暗暗地塞给 àn'àn de sāigěi: ~ *a marker between the pages* 在书页中夹上书签 zài shūyèzhōng jiāshang shūqiān **II** *n* （1）滑动（动）huádòng, 滑行（动）huáxíng；失足（动）shīzú；下落（动）xiàluò （2）溜走（动）liūzǒu （3）意外事故 yìwài shìgù；疏漏（名）shūlòu, 错误（名）cuòwù: *a* ~ *of the pen* 笔误 bǐwù/ *make a* ~ *of the tongue* 出现口误 chūxiàn kǒuwù/ *a* ~ *in translation* 错译 cuò yì/ *a* ~ *in pronunciation* 发音错误 fāyīn cuòwù

slip[2] *n* 纸条（名）zhǐtiáo, 纸片（名）zhǐpiàn；木片（名）mùpiàn: *a rejection* ~ 退稿信 tuìgǎoxìn / *a* ~ *of paper* 一张纸条 yìzhāng zhǐtiáo

slip-knot *n* 活结（名）huójié

slip-over *n* 套领衫 tàolǐngshān

slipper *n* 拖鞋（名）tuōxié；便鞋（名）biànxié: *a pair of* ~ *s* 一双拖鞋 yìshuāng tuōxié/ *plastic* ~ *s* 塑料拖鞋 sùliào tuōxié/ *dancing* ~ *s* 舞鞋 wǔxié

slippery *adj* （1）滑（形）huá, 容易使人滑倒的 róngyì shǐ rén huádǎo de；要小心对待的 yào xiǎoxīn duìdài de （2）圆滑（形）yuánhuá, 滑头（形）huátóu；难以捉摸 nányǐ zhuōmō

slipshod *adj* 不整洁 bù zhěngjié；马虎（形）mǎhu；潦草（形）liáocǎo

slogan *n* 口号（名）kǒuhào；标语（名）biāoyǔ: *shout* ~ *s* 高呼口号 gāohū kǒuhào

slop *v* 溢出 yìchū

slope **I** *v* 倾斜（动）qīngxié: *a sloping roof* 斜屋顶 xié wūdǐng **II** *n* 倾斜（形）qīngxié；斜坡（名）xiépō；斜度（名）xiédù: *climb a steep* ~ 爬陡坡 pá dǒupō/ *mountain* ~ *s* 山坡 shānpō/ *a* ~ *of 30 degrees* 三十度的斜坡 sānshídù de xiépō

sloppy *adj* （1）流质的 liúzhì de；稀薄（形）xībó: ~ *food* 流食 liúshí （2）草率（形）cǎoshuài, 粗心（形）cūxīn；邋遢（形）lātā, 不整洁 bù zhěngjié （3）

过于伤感的 guòyú shānggǎn de; 感情脆弱的 gǎnqíng cuìruò de: a ~ love-story 过分伤感的爱情故事 guòfèn shānggǎn de àiqíng gùshi

slot *n* (1) 缝(名) fèng, 狭孔(名) xiákǒng; 槽(名) cáo, 狭槽(名) xiácáo; 自动售货机投币口 zìdòngshòuhuòjī tóubìkǒu (2) 位置 wèizhi

sloth *n* (1) 懒惰(形) lǎnduò; 懒散(形) lǎnsǎn (2) 树懒(名) shùlǎn

slough **I** *v* 蜕皮 tuìpí; 脱落(动) tuōluò **II** *n* (1) 皮(名) pí, 壳(名) ké (2) 泥潭(名) nítán; 绝境(名) juéjìng

slovenly *adj* 邋遢(形) lātā; 不整洁 bùzhěngjié; 马虎(形) mǎhu; 潦草(形) liáocǎo: a ~ person 一个邋遢的人 yíge lātā de rén

slow **I** *adj* (1) 慢(形) màn, 缓慢(形) huǎnmàn, 迟缓(形) chíhuǎn: take a ~ train 乘慢车 chéng mànchē/ a ~ poison 慢性毒药 mànxìng dúyào (2) 慢了(形) mànle, 晚(形) wǎn (3) 迟钝(形) chídùn, 笨(形) bèn: a ~ student 笨学生 bèn xuésheng (4) 清淡(形) qīngdàn, 不旺 bú wàng: a ~ season 淡季 dànjì / a ~ fire 文火 wénhuǒ **II** *adv* 慢慢地 mànmàn de, 缓慢地 huǎnmàn de: drive ~ 慢慢地开 mànmàn de kāi **III** *v* 慢下来 mànxiàlai, 放慢 fàngmàn; 减退(动) jiǎntuì // ~ and steady 慢而稳 màn ér wěn/ ~ motion 慢动作 màn dòngzuò

slowly *adv* 慢慢地 mànmàn de, 缓慢地 huǎnmàn de

slowness *n* 慢(形) màn, 缓慢(形) huǎnmàn; 迟钝(形) chídùn

slug *n* 鼻涕虫(名) bítichóng

sluggard *n* 懒汉(名) lǎnhàn, 二流子(名) èrliúzi

sluggish *adj* (1) 缓慢(形) huǎnmàn; 迟钝(形) chídùn (2) 懒惰(形) lǎnduò, 懒散(形) lǎnsǎn; 不大想动的 bú dà xiǎng dòng de

sluice **I** *n* 水门(名) shuǐmén, 水闸(名) shuǐzhá: a ~ on a river 河上的一道水闸 héshang de yídào shuǐzhá **II** *v* (1) 排泄(动) páixiè; 奔流(动) bēnliú, 奔泻(动) bēnxiè (2) 冲刷(动) chōngshuā, 冲洗(动) chōngxǐ: ~ pavement with a hose 用水龙带冲刷人行道 yòng shuǐlóngdài chōngshuā rénxíngdào

slum *n* 贫民窟(名) pínmínkū; 贫民区(名) pínmínqū

slumber **I** *n* 睡眠(名) shuìmián; 微睡 wēishuì **II** *v* 睡眠(名) shuìmián; 微睡 wēishuì

slump **I** *v* (1) 陷入(动) xiànrù; 掉下 diàoxià; 颓然倒下 tuírán dǎoxià (2) 暴跌(动) bàodiē; 萧条(形) xiāotiáo; 衰退(动) shuāituì **II** *n* 暴跌(动) bàodiē; 下降(动) xiàjiàng; 不景气 bù jǐngqì: a ~ in prices 价格暴跌 jiàgé bàodiē

slur **I** *v* (1) 含糊地发音 hánhu de fāyīn (2) 连唱(或奏) lián chàng (huò zòu); 标连线 biāo liánxiàn **II** *n* (1) 污点(名) wūdiǎn; 污辱(动) wūrǔ, 诽谤(动) fěibàng (2) 连线(名) liánxiàn

sly *adj* (1) 狡猾(形) jiǎohuá; 狡诈(形) jiǎozhà (2) 躲躲闪闪的 duǒduǒshǎnshǎn de; 偷偷摸摸的 tōutōumōmō de: take a ~ glance 偷看一眼 tōukàn yìyǎn// on the ~ 秘密地 mìmì de, 偷偷地 tōutōu de

smack[1] **I** *v* 拍(动) pāi, 打(动) dǎ **II** *n* 拍击声 pāijīshēng **III** *adv* 猛烈地 měngliè de

smack[2] **I** *v* 略有(一种)气味 lüèyǒu (yìzhǒng) qìwèi; 带有(某种)风味 dàiyǒu (mǒuzhǒng) fēngwèi **II** *n* 滋味(名) zīwèi; 风味(名) fēngwèi

small **I** *adj* (1) 小(形) xiǎo: a ~ man 一个小个子男人 yíge xiǎogèzi nánrén / ~ letters 小写字母 xiǎoxiě zìmǔ/ a ~ number of people 一小批人 yìxiǎopī rén / ~ children 小孩子 xiǎoháizi (2) 小型(形) xiǎoxíng, 细小(形) xìxiǎo; 不重要的 bú zhòngyào de: a ~ matter 小事 xiǎoshì/ a ~

farmer 小农场主 xiǎo nóngchǎngzhǔ/ *have ~ hope of success* 成功的希望很小 chénggōng de xīwàng hěn xiǎo/*do a ~ favour* 帮一个小忙 bāng yíge xiǎo máng (3) 小气(形) xiǎoqi, 吝啬(形) lìnsè: *a ~ nature* 小 心 眼 儿 xiǎoxīnyǎnr (4) 微弱地 wēiruò de: *speak with a ~ voice* 轻声地讲 qīngshēng de jiǎng II *adv* (1) 小(形) xiǎo (2) 轻视地 qīngshì de: *think ~ of sb*. 瞧不起某人 qiáo bu qǐ mǒurén // *feel ~* 觉得自己渺小 jué de zijǐ miǎoxiāo/ *in a ~ way* (1) 小规模地 xiǎo guīmó de (2) 俭朴地 jiǎnpǔ de: *live in a ~ way* 生活俭朴 shēnghuó jiǎnpǔ/ ~ *change* 零钱 língqián / ~ *talk* 闲 聊 xiánliáo, 家 常 话 jiāchánghuà

small-minded *adj* 眼光狭小的 yǎnguāng xiáxiǎo de, 小气的 xiǎoqi de: ~ *people* 心胸狭窄的人 xīnxiōng xiázhǎi de rén

smallpox *n* 天花(名) tiānhuā

smallwares *n* (1) 小商品 xiǎoshāngpǐn (2) 窄幅衣料 zhǎifú yīliào

smart I *v* (1) 刺痛 cìtòng, 扎痛 zhātòng (2) 痛苦(形) tòngkǔ, 伤心 shāngxīn: ~ *from one's defeats* 因为失败而感到痛苦 yīnwèi shībài ér gǎndào tòngkǔ II *adj* (1) 有力的 yǒulì de, 厉害(形) lìhai, 剧烈(形) jùliè: *a ~ blow* 有力的一击 yǒulì de yìjī / *a ~ rise in prices* 物价暴涨 wùjià bàozhǎng (2) 聪明(形) cōngmíng, 精明(形) jīngmíng; 灵巧(形) língqiǎo: *a ~ invention* 巧妙的发明 qiǎomiào de fāmíng (3) 时髦(形) shímáo; 潇洒(形) xiāosǎ; 漂亮(形) piàoliang: *make a ~ job of it* 干得漂亮 gàn de piàoliang // *play it ~* 做事明智 zuòshì míngzhì

smartly *adv* 漂漂亮亮 piàopiàoliàngliàng, 整整齐齐 zhěngzhěngqíqí

smash *v* (1) 打碎 dǎsuì, 打破 dǎpò; 粉 碎 (动) fěnsuì (2) 猛 撞 měngzhuàng; 猛冲 měngchōng

smear I *v* (1) 涂(动) tú, 敷(动) fú, 抹(动) mǒ, 搽(动) chá; 蹭(动) cèng: ~ *the fresh paint* 涂新漆 tú xīnqī (2) 弄脏 nòngzāng, 抹脏 mǒzāng; 涂掉 túdiào (3) 诽谤(动) fěibàng; 玷污(动) diànwū; 败坏(动) bàihuài II *n* (1) 污点(名) wūdiǎn, 污迹(名) wūjì: *a ~ of oil* 油迹 yóujì (2) 诽谤(动) fěibàng, 污蔑(动) wūmiè

smell I *v* (1) 嗅(动) xiù, 闻(动) wén, 闻到 wéndào: ~ *at the bottle* 对着瓶子闻 duìzhe píngzi wén (2) 觉察(动) juéchá, 察觉(动) chájué: ~ *trouble coming* 发觉会有麻烦 fājué huì yǒu máfan / ~ *sth. wrong* 觉察到出了问题 juéchádào chūle wèntí (3) 闻起来 wénqilai, 有…气味 yǒu…qìwèi (4) 有臭味儿 yǒu chòuwèir, 发臭 fāchòu II *n* (1) 嗅觉(名) xiùjué (2) 气味(名) qìwèi: *the sweet ~ of ripe bananas* 熟香蕉的香味 shóu xiāngjiāo de xiāngwèi (3) 臭味(名) chòuwèi (4) 嗅(动) xiù, 闻(动) wén // ~ *about* 到处闻 dàochù wén; 到处打听 dàochù dǎtīng/ ~ *out* (1) 闻出 wénchū; 察觉 chájué: ~ *out a fox* 发现了一只狐狸 fāxiànle yìzhī húli (2) 臭气熏天 chòuqì xūntiān

smelly *adj* 有臭味的 yǒu chòuwèi de, 发出臭气的 fāchū chòuqì de

smile I *v* 笑(动) xiào, 微笑(动) wēixiào II *n* 笑(动) xiào, 微笑(名) wēixiào; 笑容(名) xiàoróng: *with a broad ~ on one's face* 满脸堆笑 mǎnliǎn duīxiào/ *a forced ~* 强作笑脸 qiángzuò xiàoliǎn

smirk I *v* 傻笑(动) shǎxiào; 假笑(动) jiǎxiào II *n* 傻笑(动) shǎxiào; 假笑(动) jiǎxiào

smite *v* 重击(动) zhòngjī, 打(动) dǎ

smith *n* 铁匠(名) tiějiàng; 锻工(名) duàngōng; 制造者 zhìzàozhě

smog *n* 烟雾(名) yānwù

smoke I *n* (1) 烟(名) yān, 烟气(名) yānqì, 烟尘(名) yānchén, 烟雾(名)

yānwù: *the smell of tobacco* ～ 烟草的
气味儿 yāncǎo de qìwèir (2) 香烟(名)
xiāngyān; 抽烟 chōuyān **II** *v* (1) 冒烟
màoyān: *smoking chimneys* 冒着烟的
烟囱 màozhe yān de yāncong (2) 冒气
màoqì: *smoking porridge* 冒热气的粥
mào rèqì de zhōu (3) 抽烟 chōuyān,
吸烟 xīyān: ～ *a pipe* 抽烟斗 chōu
yāndǒu (4) 熏(动) xūn, 熏制(动)
xūnzhì: ～*d meat* 熏肉 xūnròu/ ～*d*
glass 烟玻璃 yānbōli // *end in* ～ 没
有结果 méiyǒu jiéguǒ/ *like* ～ 容易地
róngyì de / *a* ～ *room* 吸烟室
xīyānshì/ *There is no* ～ *without fire*.
无风不起浪。Wúfēng bù qǐ làng.(事
出有因。Shì chū yǒu yīn.)

smokeless *n* 无烟的 wú yān de: ～
fuel 无烟燃料 wú yān ránliào

smoker *n* (1) 吸烟的人 xīyān de rén
(2) 吸烟车厢 xīyān chēxiāng

smokescreen *n* 烟幕(名)yānmù; 障眼
法 zhàngyǎnfǎ

smoking *n* 吸烟 xīyān

smoky *adj* 冒烟的 mào yān de; 多烟
的 duō yān de; 烟雾弥漫的 yānwù
mímàn de

smooth **I** *adj* (1) 光滑(形)guānghuá,
平滑(形)pínghuá; 平坦(形)píngtǎn:
a ～ *road* 平坦的路面 píngtǎn de
lùmiàn (2) 平稳(形)píngwěn; 平静
(形)píngjìng: *a* ～ *flight* 平稳的飞
行 píngwěn de fēixíng / *bring a car to*
a ～ *stop* 把汽车平稳地停住 bǎ qìchē
píngwěn de tíngzhù (3) 通顺(形)
tōngshùn, 流畅(形)liúchàng: ～ *style*
流畅的文笔 liúchàng de wénbǐ (4) 圆
滑(形)yuánhuá, 迎合讨好的 yínghé
tǎohǎo de **II** *v* (1) 弄平 nòngpíng; 弄
光滑 nòng guānghuá: ～ *out a table-*
cloth 把桌布弄平 bǎ zhuōbù nòngpíng/
～ *down one's hair* 把头发梳好 bǎ
tóufa shūhǎo/ ～ *down boards before*
painting 上油漆以前先把木板磨平
shàng yóuqī yǐqián xiān bǎ mùbǎn
móping (2) 平静下来 píngjìngxialai;
缓和下来 huǎnhéxiàlai

smooth-faced *adj* 脸光光的 liǎn
guāngguāng de; 没有胡须的 méiyǒu
húxū de

smoothly *adv* (1) 光滑(形)
guānghuá, 平滑(形)pínghuá; 顺利地
shùnlì de (2) 平稳地 píngwěn de (3)
流畅地 liúchàng de

smoothness *n* (1) 光滑(形)
guānghuá; 平坦(形)píngtǎn; 顺利
(形)shùnlì (2) 平稳(形)píngwěn (3)
流畅(形)liúchàng

smooth-spoken *adj* 言词流利的 yáncí
liúlì de; 娓娓动听的 wěiwěidòngtīng
de

smooth-tongued *adj* 油嘴滑舌
yóuzuǐhuáshé, 用花言巧语讨好 yòng
huāyánqiǎoyǔ tǎohǎo: *a* ～ *liar* 油嘴
滑舌满口谎话的人 yóuzuǐhuáshé
mǎnkǒu huǎnghuà de rén

smother *v* (1) 使窒息 shǐ zhìxī, 使透
不过气来 shǐ tòu bu guò qì lai; 闷死
mēnsǐ (2) 闷熄 mēnxī; 闷住 mēnzhù
(3) 忍住 rěnzhù, 抑制(动)yìzhì; 掩
盖 yǎngài

smoulder *v* (1) 慢燃 mànrán; 用文火
焖 yòng wénhuǒ mèn (2) 在心中燃烧
zài xīnzhōng ránshāo; 流露难以抑制
的情绪 liúlù nányǐ yìzhì de qíngxù

smudge **I** *n* 污点(名)wūdiǎn; 污迹
(名)wūjì **II** *v* 弄脏 nòngzāng; 涂污
túwū

smug *adj* 自满(形)zìmǎn; 沾沾自喜
zhānzhānzìxǐ

smuggle *v* (1) 走私(动)zǒusī (2) 偷
带(动)tōudài

smuggler *n* 走私者(名)zǒusīzhě

smut *n* (1) 烟尘(名)yānchén; 煤尘
(名)méichén (2) 淫词秽语
yíncíhuìyǔ; 淫秽的东西 yínhuì de
dōngxi

smutty *adj* (1) 给煤灰弄黑的 gěi
méihuī nònghēi de: *a* ～ *face* 满是煤
灰的脸 mǎn shì méihuī de liǎn (2) 猥
亵(动)wěixiè

snack *n* 小吃(名)xiǎochī, 快餐(名)
kuàicān

snag I n (1) 意外障碍 yìwài zhàng'ài; 隐伏的困难 yǐnfú de kùnnan: *run into* ~s 碰钉子 pèng dīngzi (2) 裂口(名) lièkǒu II v 绊住 bànzhù, 阻碍(动) zǔài; 使触礁 shǐ chùjiāo

snail n 蜗牛(名) wōniú

snake I n 蛇(名) shé, 长虫(名) chángchong: *a poisonous* ~ 一条毒蛇 yìtiáo dúshé II v 像蛇一样爬行 xiàng shé yíyàng páxíng; 蜿蜒行进 wānyán xíngjìn // *a* ~ *in the grass* 假朋友 jiǎpéngyou

snakeskin n 蛇皮(名) shépí

snap I v (1) 咬(动) yǎo; 猛地咬住 měng de yǎozhù; 猛扑 měng pū (2) 抢(动) qiǎng, 夺走 duózǒu; 抢购(动) qiǎnggòu: ~ *at a chance* 抓住机会 zhuāzhù jīhuì (3) 突然折断 tūrán zhéduàn; 啪的一声断了 pā de yìshēng duàn le (4) 呵斥(动) hēchì, 厉声地说 lìshēng de shuō; 急促地说 jícù de shuō; 生气地说 shēngqì de shuō (5) 劈啪地响 pīpā de xiǎng; 啪的一声关上 pā de yìshēng guānshàng: ~ *a whip* 打一个响鞭 dǎ yíge xiǎngbiān / ~ *the door shut* 砰的一声把门关上 pēng de yìshēng bǎ mén guānshang / ~ *one's fingers* 打榧子 dǎ fěizi (6) 拍照 pāizhào II n (1) 猛咬 měngyǎo; 攫取(动) juéqǔ (2) 劈啪的响声 pīpā de xiǎngshēng (3) 精力(名) jīnglì; 努力(形) nǔlì; 劲头(名) jìntóu: *a young man with plenty of* ~ 劲头十足的小伙子 jìntóu shízú de xiǎohuǒzi (4) 饼干(名) bǐnggān 脆饼(名) cuìbǐng: *ginger* ~s 姜脆饼 jiāngcuìbǐng (5) 拍照 pāizhào: *take a few* ~s 拍几张快照 pāi jǐzhāng kuàizhào III adj 突然(形) tūrán; 仓促(形) cāngcù: *take a vote* 仓促投票 cāngcù tóupiào / *a cold* ~ 寒潮 háncháo // *in a* ~ 立刻 lìkè, 马上 mǎshàng

snapper n (1) 咬人的狗 yǎo rén de gǒu (2) 脾气暴躁的人 píqi bàozào de rén; 说话尖刻的人 shuōhuà jiānkè de rén

snappy adj (1) 做得飞快的 zuò de fēikuài de; 敏捷(形) mǐnjié, 活泼(形) huópō; 生动(形) shēngdòng (2) 时髦(形) shímáo; 漂亮(形) piàoliang

snapshot n 快照(名) kuàizhào

snare I n 圈套(名) quāntào, 罗网(名) luówǎng, 陷阱(名) xiànjǐng: *fall into a* ~ 落入圈套 luòrù quāntào / *a rabbit* ~ 捕捉野兔的套结 bǔzhuō yětù de tàojié II v 诱捕(动) yòubǔ, 诱获(动) yòuhuò; 陷害(动) xiànhài: ~ *a lion* 用陷阱捕一头狮子 yòng xiànjǐng bǔ yìtóu shīzi

snarl v 吼(动) hǒu, 吼叫(动) hǒujiào, 咆哮(动) páoxiào; 骂(动) mà

snatch I v 一把抓住 yìbǎ zhuāzhù; 抢走 qiǎngzǒu, 夺取(动) duóqǔ II n (1) 抓住 zhuāzhù; 抢夺(动) qiǎngduó; 攫取(动) juéqǔ: *make a* ~ *at a flying ball* 伸手去抓飞来的球 shēn shǒu qù zhuā fēilái de qiú (2) 片刻(名) piànkè; 短时间 duǎn shíjiān: *work by* ~es 断断续续地干工作 duànduànxùxù de gàn gōngzuò (3) 片段(名) piànduàn, 一小部分 yìxiǎo bùfen, 零碎(名) língsuì

sneak I v (1) 偷偷摸摸地行动 tōutōumōmō de xíngdòng; 偷偷逃走 tōutōu táozǒu; 偷偷溜进 tōutōu liūjìn (2) 行动鬼鬼祟祟 xíngdòng quǐquǐsuìsuì; 告密(动) gàomì, 打小报告 dǎ xiǎobàogào II n 鬼鬼祟祟的人 guǐguǐsuìsuì de rén; 告密者(名) gàomìzhě

sneer I v 轻蔑地笑 qīngmiè de xiào; 冷笑(动) lěngxiào; 讥笑(动) jīxiào; 嘲笑(动) cháoxiào II n 冷笑(名) lěngxiào; 嘲笑(动) cháoxiào, 讥笑(动) jīxiào

sneeze I n 喷嚏(名) pēntì; 打喷嚏声 dǎ pēntì shēng II v 打喷嚏 dǎ pēntì // *not to be* ~d *at* 不可轻视 bùkě qīngshì, 值得考虑 zhíde kǎolǜ

sniff I v (1) 用鼻子吸气 yòng bízi xīqì; 闻(动) wén, 嗅(动) xiù (2) 哼

气 hēngqì，嗤之以鼻 chìzhīyǐbí II n (1) 吸气（声）xīqì（shēng）；嗅（动）xiù：a ~ of fresh air 吸一下新鲜空气 xīyíxià xīnxiān kōngqì (2) 蔑视（动）mièshì

snipe v (1) 狙击（动）jūjī (2) 攻击（动）gōngjī；诽谤（动）fěibàng；中伤（动）zhòngshāng

sniper n 狙击手（名）jūjīshǒu

snob n 势利的人 shìlì de rén；假绅士 jiǎshēnshì；谄上欺下的人 chǎnshàngqīxià de rén

snobbery n 势利（形）shìlì；谄上欺下 chǎnshàngqīxià

snobbish adj 势利的 shìlì de；谄上欺下的 chǎnshàngqīxià de

snore I v 打鼾 dǎhān，打呼噜 dǎhūlu：~ thunderously 鼾声如雷 hānshēng rú léi II n 打鼾 dǎhān；鼾声（名）hānshēng，打呼噜声 dǎhūlushēng

snort I v (1) 喷鼻子 pēn bízi；鼓鼻 gǔ bí (2) 发哼声 fā hēngshēng II n 喷鼻息 pēn bíxī；鼻息声 bíxīshēng：a ~ of impatience 不耐烦的哼声 búnàifán de hēngshēng

snow I n 雪（名）xuě：a heavy (light) fall of ~ 一场大（小）雪 yìcháng dà (xiǎo) xuě/ a landscape of ~ 雪景 xuějǐng II v (1) 下雪 xiàxuě (2) 像雪片一样纷纷来到（或落下）xiàng xuěpiàn yíyàng fēnfēn láidào（huò luòxià）// ~ in 被雪覆盖 bèi xuě fùgài；被雪围困 bèi xuě wéikùn

snowball I n 雪球（名）xuěqiú II v (1) 打雪仗 dǎ xuězhàng (2) 滚雪球似的增长 gǔn xuěqiú shìde zēngzhǎng

snow-blind adj 雪盲的 xuěmáng de

snow-bound adj 被雪困住（或封住）的 bèi xuě kùnzhù（huò fēngzhù）de：~ cars 被雪困住的汽车 bèi xuě kùnzhù de qìchē

snow-capped adj 顶部被雪盖住的 dǐngbù bèi xuě gàizhù de

snow-drift n 雪堆（名）xuěduī

snowfall n 下雪 xiàxuě；雪量（名）xuěliàng

snow-field n 雪原（名）xuěyuán；雪野（名）xuěyě

snowflake n 雪花（名）xuěhuā

snow-line n 雪线（名）xuěxiàn

snowman n 雪人（名）xuěrén；雪堆成的人 xuě duīchéng de rén

snowslide n 雪崩（名、动）xuěbēng

snowstorm n 暴风雪（名）bàofēngxuě

snow-sweeper n 扫雪机（名）sǎoxuějī

snow-white adj 雪白（形）xuěbái

snub I v (1) 呵斥（动）hēchì，以斥责制止 yǐ chìzé zhìzhǐ (2) 冷落（动）lěngluò；怠慢（动）dàimàn；冷冰冰地拒绝 lěngbīngbīng de jùjué II n 呵斥（动）hēchì；冷落（动）lěngluò；怠慢（动）dàimàn III adj 扁（形）biǎn：a ~ nose 狮子鼻 shīzibí

snuff[1] I n 烛花（名）zhúhuā，灯花（名）dēnghuā II v (1) 剪烛花 jiǎn zhúhuā (2) 掐灭 qiāmiè (3) 扼杀（动）èshā，杀死 shāsǐ

snuff[2] I v 用鼻子吸气 yòng bízi xīqì；嗅（动）xiù，闻（动）wén II n (1) 吸气 xīqì；闻味儿 wén wèir；嗅味儿 xiù wèir (2) 气息（名）qìxī；气味（名）qìwèi (3) 鼻烟（名）bíyān

snug adj (1) 温暖（形）wēnnuǎn，舒适（形）shūshì：a ~ little cottage 一个暖和舒适的小屋 yíge nuǎnhuo shūshì de xiǎowū (2) 合身的 héshēn de；紧身的 jǐnshēn de

so I adv (1) 这样（代）zhèyàng；那样（代）nàyàng (2) 这么（代）zhème；那么（代）nàme (3) 同样（形）tóngyàng；也（副）yě；对（形）duì；不错 búcuò (4) 非常（副）fēicháng，很（副）hěn，极（副）jí II conj (1) 因此（连）yīncǐ；所以（连）suǒyǐ (2) 为的是 wèide shì，以便 yǐbiàn；使得 shǐde (3) 那么（连）nàme；这样看来 zhèyàng kànlái III pron (1) 这样（代）zhèyàng；如此（代）rúcǐ (2) 左右（助）zuǒyòu，上下（助）shàngxià，大约（副）dàyuē：20 years or ~ 大约二十年 dàyuē èrshí nián IV adj 这样（代）zhèyàng；真（形）zhēn // and ~ on 等等

děngděng, 之类 zhīlèi / *even* ~ 即使如此 jíshǐ rúcǐ / ~ *as to* 为的是 wèide shì, 以便 yǐbiàn / ~ *far* 迄今为止 qìjīn wéizhǐ / ~ *far as I know* 就我所知 jiù wǒ suǒ zhī / S~ *long!* 再见! Zàijiàn! / ~ *much the* 那就更…… nà jiù gèng…… / ~ *that* (1) 使得 shǐde; 目的是 mùdì shì, 以便 yǐbiàn (2) 结果是 jiéguǒ shì, 以至于 yǐzhìyú/ ~ *that* 如此……以致…… rúcǐ……yǐzhì…… / ~ *to speak* 可以说 kěyǐ shuō, 打个比方说 dǎ ge bǐfang shuō

soak *v* (1) 浸(动) jìn, 泡(动) pào, 渍(动) zì, 浸泡(动) jìnpào (2) 吸(动) xī, 吸收(动) xīshōu

soaked *adj* 湿透了的 shītòule de

so-and-so *n* 某某人 mǒumǒu rén; 某某事 mǒumǒu shì: *Mr S~* 某某先生 mǒumǒu xiānsheng

soap I *n* 肥皂(名) féizào, 胰子(名) yízi: *a cake of* ~ 一条肥皂 yìtiáo féizào/ ~ *powder* 肥皂粉 féizàofěn/ *toilet* ~ 香皂 xiāngzào II *v* 擦肥皂 cā féizào: ~ *one's hands* 往手上打肥皂 wàng shǒushang dǎ féizào

soap-flakes *n* 皂片(名) zàopiàn

soar *v* (1) 高飞 gāofēi, 翱翔(动) áoxiáng (2) 向上 xiàngshàng; 昂扬(动) ángyáng, 高涨(动) gāozhǎng; 剧增 jùzēng (3) 高耸(形) gāosǒng, 屹立(动) yìlì: ~ *ing mountains* 高耸的群山 gāosǒng de qúnshān

sob I *v* (1) 啜泣(动) chuòqì, 呜咽(动) wūyè, 抽泣(动) chōuqì (2) 发出呜咽声 fāchū wūyèshēng II *n* 啜泣声 chuòqìshēng, 呜咽声(名) wūyèshēng

sober I *adj* (1) 清醒(形) qīngxǐng; 没有喝醉 méiyǒu hēzuì (2) 严肃(形) yánsù; 认真(形) rènzhēn; 庄重(形) zhuāngzhòng: *lead a* ~ *life* 安分度日 ānfèn dùrì (3) 不夸大 bù kuādà; 不歪曲 bù wāiqū; 非想象的 fēi xiǎngxiàng de: *the* ~ *truth* 不加渲染的事实真相 bù jiā xuānrǎn de shìshí zhēnxiàng II *v* (1) 清醒(动) qīngxǐng (2) 安静(形) ānjìng; 镇静(动) zhènjìng: *a*

~ *ing effect* 镇静作用 zhènjìng zuòyòng

so-called *adj* 所谓的 suǒwèi de, 叫做……的 jiàozuò…… de: *the* ~ *civilized world* 所谓的"文明世界" suǒwèi de "wénmíng shìjiè"/ *the* ~ *third world countries* 所谓第三世界国家 suǒwèi dìsān shìjiè guójiā

soccer *n* 英式足球 yīngshì zúqiú, 足球(名) zúqiú

sociable *adj* 好交际的 hào jiāojì de, 爱跟人来往的 ài gēn rén láiwǎng de; 友善(形) yǒushàn, 和蔼可亲 hé'ǎi kěqīn

social *adj* (1) 社会的 shèhuì de: *a* ~ *system* 社会制度 shèhuì zhìdù/ *a* ~ *problem* 社会问题 shèhuì wèntí/ ~ *work* 社会福利事业 shèhuì fúlì shìyè/ *the S~ Democratic Party* 社会民主党 Shèhuì Mínzhǔdǎng (2) 社交的 shèjiāo de; 交际的 jiāojì de; 喜欢交际的 xǐhuan jiāojì de: *a* ~ *gathering* 社交集会 shèjiāo jíhuì/ ~ *intercourse* 社交 shèjiāo/ *a* ~ *nature* 喜欢交际的性格 xǐhuan jiāojì de xìnggé // ~ *security* 社会保险 shèhuì bǎoxiǎn/ ~ *service* 社会公益服务 shèhuì gōngyì fúwù/ ~ *welfare* 社会福利 shèhuì fúlì

socialism *n* 社会主义(名) shèhuìzhǔyì: *scientific* ~ 科学社会主义 kēxué shèhuìzhǔyì/ *Utopian* ~ 空想社会主义 kōngxiǎng shèhuìzhǔyì/ *state* ~ 国家社会主义 guójiā shèhuìzhǔyì

socialist I *n* 社会主义者(名) shèhuìzhǔyìzhě; 社会党员 shèhuìdǎngyuán II *adj* 社会主义的 shèhuìzhǔyì de: *the* ~ *system* 社会主义制度 shèhuìzhǔyì zhìdù/ ~ *construction* 社会主义建设 shèhuìzhǔyì jiànshè/ *a* ~ *country* 社会主义国家 shèhuìzhǔyì guójiā

socially *adv* 在社交方面 zài shèjiāo fāngmiàn; 善于交际地 shànyú jiāojì de

society *n* (1) 社会(名) shèhuì: *ancient* ~ 古代社会 gǔdài shèhuì/ *Western* ~ 西方社会 Xīfāng shèhuì/ *be in touch* with ～ 接触社会 jiēchù shèhuì (2) 团体(名) tuántǐ, 社团(名) shètuán, 组织(名) zǔzhī, 会社(名) huìshè: the Red Cross S～ of China 中国红十字会 Zhōngguó Hóngshízìhuì/ a film ～ 电影协会 diànyǐng xiéhuì/ a mutual aid ～ 互助会 hùzhùhuì (3) 友谊(名) yǒuyì; 交往(动) jiāowǎng: spend time in the ～ of one's friends 花时间同朋友交往 huā shíjiān tóng péngyou jiāowǎng (4) 社交界(名) shèjiāojiè; 上流社会 shàngliú shèhuì: be introduced to ～ 被介绍给社交界 bèi jièshàogěi shèjiāojiè/ ～ people 上流社会人士 shàngliú shèhuì rénshì/ go into ～ 进入社交界 jìnrù shèjiāojiè/ the best ～ of London 伦敦的上流社会 Lúndūn de shàngliú shèhuì

sociology n 社会学(名) shèhuìxué

sock¹ n 短袜(名) duǎnwà: a pair of cotton ～s 一双棉线袜子 yìshuāng miánxiàn wàzi

sock² v 猛投 měng tóu; 猛击 měng jī; 殴打(动) ōudǎ: ～ a stone at sb. 向某人投石头 xiàng mǒurén tóu shítou

socket n (1) 窝(名) wō; 穴(名) xuè; 孔(名) kǒng: tooth ～s 牙床 yáchuáng/ eye ～ 眼窝 yǎnwō (2) 插座(名) chāzuò, 插口(名) chākǒu; 管座(名) guǎnzuò: an electric bulb ～ 灯泡插座 dēngpào chāzuò/ fit an electric bulb into a ～ 把灯泡装在插口上 bǎ dēngpào zhuāngzài chākǒushang

soda n (1) 纯碱 chúnjiǎn; 小苏打(名) xiǎosūdá: washing ～ 洗涤碱 xǐdíjiǎn / baking ～ 食用苏打 shíyòng sūdá (2) 苏打水(名) sūdáshuǐ; 汽水(名) qìshuǐ: whisky and ～ 威士忌和苏打水 wēishìjì hé sūdáshuǐ // ～ fountain 汽水容器 qìshuǐ róngqì; 冷饮小卖部 lěngyǐn xiǎomàibù / ～ water 苏打水 sūdáshuǐ; 汽水 qìshuǐ

sodium n 钠(名) nà // ～ bicarbonate 碳酸氢钠 tànsuānqīngnà, 小苏打 xiǎosūdá

sofa n 沙发(名) shāfā

soft adj (1) 软(形) ruǎn; 柔软(形) róuruǎn: a ～ chair 一把软椅子 yìbǎ ruǎn yǐzi (2) 柔和(形) róuhé, 温和(形) wēnhé: ～ lights 柔和的灯光 róuhé de dēngguāng/ a ～ breeze 和风 héfēng/ a ～ rain 细雨 xiyǔ(3) 温柔(形) wēnróu; 宽厚(形) kuānhòu; 软弱(形) ruǎnruò, 不坚决 bù jiānjué; 顺从(形) shùncóng: the ～ sex 女性 nǚxìng (4) 轻松(形) qīngsōng; 舒服(形) shūfu: a ～ job 轻松的工作 qīngsōng de gōngzuò (5) 轻(形) qīng; 低声 dīshēng: speak in a ～ voice 低声地说 dīshēng de shuō (6) 无矿盐的 wú kuàngyán de; 无酒精的 wú jiǔjīng de: ～ water 软水 ruǎnshuǐ/ ～ drinks 软饮料 ruǎn yǐnliào (果汁饮料 guǒzhī yǐnliào)

soften v 软化(动) ruǎnhuà; 变温和 biàn wēnhé: ～ one's attitude 缓和了态度 huǎnhéle tàidu/ a cream for ～ing dry skin 润肤霜 rùnfūshuāng/ ～ by heat 加热使软化 jiārè shǐ ruǎnhuà

softener n 软化剂(名) ruǎnhuàjì; 硬水软化器 yìngshuǐ ruǎnhuàqì

soft-hearted adj 软心肠的 ruǎn xīncháng de; 好心肠的 hǎo xīncháng de

soft-land v 软着陆 ruǎnzhuólù

software n 软件(名) ruǎnjiàn

soil¹ I v 弄脏 nòngzāng; 变脏 biànzāng; 玷污(动) diànwū: ～ed goods 弄脏了的物品 nòngzāngle de wùpǐn/ ～ one's hands 弄脏了手 nòngzāngle shǒu/ ～ one's reputation 玷污名誉 diànwū míngyù II n (1) 脏(形) zāng; 污秽(名) wūhuì; 污垢(名) wūgòu (2) 粪(名) fèn; 粪便(名) fènbiàn

soil² n (1) 泥土(名) nítǔ; 土壤(名) tǔrǎng, 土地(名) tǔdì: ～ science 土壤学 tǔrǎngxué/ good (poor) ～ 肥沃(贫瘠)的土地 féiwò (pínjí) de tǔdì/ sandy ～ 沙土 shātǔ/ turn up the ～ 翻土 fān tǔ/ arable ～ 耕地 gēngdì

（2）国土（名）guótǔ；国家（名）guójiā：one's native ~ 故国 gùguó（家乡 jiāxiāng）/ tread on foreign ~ 踏上异国的土地 tàshang yìguó de tǔdì

solace I n 安慰（名）ānwèi；慰藉（名）wèijiè；安慰物 ānwèiwù II v 安慰（动）ānwèi，宽慰（动）kuānwèi：~ oneself with drink 借酒浇愁 jiè jiǔ jiāo chóu

solar adj 太阳的 tàiyáng de，日光的 rìguāng de；利用太阳光的 lìyòng tàiyángguāng de：the ~ calendar 阳历 yánglì / ~ energy（or power）太阳能 tàiyángnéng/ a ~ battery 太阳能电池 tàiyángnéng diànchí / ~ eclipse 日食 rìshí/the ~ system 太阳系 tàiyángxì

solder I n 焊条（名）hàntiáo，焊锡（名）hànxī II v 焊（动）hàn，焊接（动）hànjiē // ~ing iron 焊铁 hàntiě，烙铁 làotie

soldier n 兵（名）bīng，士兵（名）shìbīng；军人（名）jūnrén；战士（名）zhànshì：a company of ~s 一连士兵 yìlián shìbīng/ a veteran ~ 老兵 lǎobīng（老战士 lǎo zhànshì）/ a career ~ 职业军人 zhíyè jūnrén / a ~ on sentry 哨兵 shàobīng

sole¹ adj 单独（形）dāndú；独自（副）dúzì，独家（副）dújiā；唯一（形）wéiyī

sole² n 脚掌（名）jiǎozhǎng；鞋底（名）xiédǐ；袜底（名）wàdǐ：shoes with heavy ~s 厚底鞋 hòudǐxié/ a shoe with a wooden ~ 木底鞋 mùdǐxié // from the ~ of the foot to the crown of the head 从头到脚 cóng tóu dào jiǎo

solely adv 单独地 dāndú de；唯一（形）wéiyī

solemn adj 严肃（形）yánsù；庄严（形）zhuāngyán；隆重（形）lóngzhòng；庄重（形）zhuāngzhòng：a ~ warning 严重警告 yánzhòng jǐnggào/ a ~ moment in history 历史上庄严的时刻 lìshǐshang zhuāngyán de shíkè/ a ~ assembly 隆重的集会 lóngzhòng de jíhuì/ a ~ ceremony 隆重的仪式 lóngzhòng de yíshì

solid I adj（1）固体的 gùtǐ de：~ fuels 固体燃料 gùtǐ ránliào（2）坚固（形）jiāngù，坚实（形）jiānshí，结实（形）jiēshi：on ~ ground 在坚实的基础上 zài jiānshí de jīchǔshang/ a man of ~ build 体格健壮的人 tǐgé jiànzhuàng de rén（3）实心的 shíxīn de：a ~ ball 实心球 shíxīnqiú（4）纯质的 chúnzhì de；单一的 dānyī de：a ~ silver spoon 纯银的勺 chúnyín de sháo（5）有根据的 yǒu gēnjù de；可靠（形）kěkào；稳健（形）wěnjiàn：~ learning 实实在在的学问 shíshí zàizài de xuéwèn（6）一致（形）yízhì；团结（形）tuánjié：a ~ vote 全体一致投票 quántǐ yízhì tóupiào II n 固体（名）gùtǐ

solidarity n 团结（动）tuánjié

soliloquy n 独白（名）dúbái；自言自语 zìyánzìyǔ

solitary adj（1）独居的 dújū de；单独（形）dāndú；唯一（形）wéiyī：a ~ life 独居 dújū/ a ~ island 一座孤岛 yízuò gūdǎo（2）荒凉（形）huāngliáng；偏僻（形）piānpì；冷落（形）lěngluò；寂寞（形）jìmò：a ~ district 偏僻的地区 piānpì de dìqū

solitude n（1）孤独（形）gūdú；独处 dúchǔ；与外界隔绝 yǔ wàijiè géjué；寂寞（形）jìmò：in the ~ of one's own room 在自己的幽室里 zài zìjǐ de yōushìli（2）荒野（名）huāngyě；荒漠（名）huāngmò；荒凉的地方 huāngliáng de dìfang：a mile of ~ 一英里的荒野 yìyīnglǐ de huāngyě/ a snowy ~ 雪茫茫的一片荒漠 xuěmángmáng de yípiàn huāngmò

solo I n 独奏曲（名）dúzòuqǔ；独唱曲（名）dúchàngqǔ；独奏（名）dúzòu；独唱（名）dúchàng；单独表演 dāndú biǎoyǎn：a cello ~ 大提琴独奏 dàtíqín dúzòu/ a soprano ~ 女高音独唱 nǚgāoyīn dúchàng II adj 独奏的 dúzòu de；独唱的 dúchàng de；单独的 dāndú de：a ~ flight in an aeroplane

单人飞行 dānrén fēixíng III *adv* 单独地 dāndú de

soloist *n* 独奏者（名）dúzòuzhě；独唱者（名）dúchàngzhě

solstice *n* 至（名）zhì，至日（名）zhìrì：*the summer* ~ 夏至 xiàzhì/ *the winter* ~ 冬至 dōngzhì

solution *n*（1）解决（动）jiějué；解答（动）jiědá：*find a* ~ 找到一个解决的办法 zhǎodào yígè jiějué de bànfǎ（2）溶解（动）róngjiě；溶液（名）róngyè：*chemical* ~ 化学溶液 huàxué róngyè/ *a sugar* ~ 糖水 tángshuǐ

solve *v* 解（动）jiě；解决（动）jiějué；解答（动）jiědá；解释（动）jiěshì：~ *a mystery* 解一个谜 jiě yígè mí/ ~ *a mathematical equation* 解一项数学方程式 jiě yíxiàng shùxué fāngchéngshì/ ~ *a difficulty* 解决一个困难 jiějué yígè kùnnán

sombre *adj*（1）昏暗（形）hūn'àn；阴沉（形）yīnchén；暗淡（形）àndàn；发黑的 fāhēi de：*a* ~ *sky* 阴沉沉的天空 yīnchénchén de tiānkōng/ *a* ~ *hue* 暗色 ànsè（2）忧郁（形）yōuyù，闷闷不乐 mènmènbúlè

some I *adj*（1）一些（量）yìxiē，若干（数）ruògān，有些 yǒuxiē（2）某一 mǒu yī（3）了不起的 liǎobuqǐ de；很好的 hěn hǎo de；惊人的 jīngrén de II *pron*（1）一些（量）yìxiē；若干（数）ruògān（2）有些人 yǒuxiē rén；有些东西 yǒuxiē dōngxi III *adv*（1）大约（副）dàyuē：~ *50 years ago* 大约五十年前 dàyuē wǔshí nián qián（2）稍微（副）shāowēi；一些（量）yìxiē // *after* ~ *time* 稍后 shāohòu/ *in* ~ *way or other* 设法 shèfǎ，想法子 xiǎng fǎzi / ~ *…or other* 某一…… mǒu yī/ ~ *other day* 改天 gǎitiān，改日 gǎirì

somebody, someone I *pron* 有人 yǒu rén；某人 mǒurén；别人 biérén II *n* 重要人物 zhòngyào rénwù，了不起的人 liǎobuqǐ de rén：*think oneself to be* ~ 自以为是个重要人物 zì yǐwéi shì ge zhòngyào rénwù

someday *adv* 将来有一天 jiānglái yǒu yìtiān，总有一天 zǒng yǒu yìtiān，早晚有一天 zǎowǎn yǒu yìtiān，有朝一日 yǒuzhāoyírì

somehow *adv*（1）不知怎么的 bùzhī zěnme de；不知怎么回事 bù zhī zěnme huíshì（2）不管怎么样 bùguǎn zěnmeyàng；无论如何 wúlùn rúhé

something I *pron*（1）某事 mǒushì；某物 mǒuwù，某种东西 mǒuzhǒng dōngxi（2）什么（代）shénme II *adv* 稍微（副）shāowēi；有点儿 yǒudiǎnr // ~ *else* 别的东西 biéde dōngxi，别的什么 biéde shénme/ ~ *like*（1）有些像 yǒuxiē xiàng；很像 hěn xiàng（2）大约 dàyuē：*for* ~ *like 5 years* 五年左右 wǔnián zuǒyòu / ~ *like 2,000 yuan* 大约两千元的数目 dàyuē liǎngqiānyuán de shùmù/ ~ *like 100 people present* 约摸一百人出席 yuēmo yìbǎi rén chūxí/ ~ *of a* 有几分…的才能 yǒu jǐfēn…de cáinéng；有一些…的风度 yǒu yìxiē…de fēngdù

sometime I *adv* 某一时候 mǒu yì shíhou II *adj* 前（形）qián，以前的 yǐqián de：*a* ~ *chairman of the union* 前工会主席 qián gōnghuì zhǔxí // ~ *or other* 迟早 chízǎo

sometimes *adv* 有时候 yǒushíhou，有时 yǒushí，偶尔（副）ǒu'ěr

somewhat *adv* 有点儿（副）yǒudiǎnr，稍微（副）shāowēi：~ *large* 稍微大一点儿 shāowēi dàyìdiǎnr/ ~ *different* 多少有点不同 duōshǎo yǒudiǎn bùtóng // ~ *of* 一点儿 yìdiǎnr，有点儿 yǒudiǎnr

somewhere *adv*（1）在什么地方 zài shénme dìfang，在某个地方 zài mǒuge dìfang；向某个地方 xiàng mǒuge dìfang（2）大约（副）dàyuē，左右（助）zuǒyòu：~ *about 2 o'clock* 大约两点钟 dàyuē liǎngdiǎnzhōng/ ~ *between 3 and 4 miles* 三四英里之间 sānsì yīnglǐ zhījiān / ~ *about 1958* 一九五八年前后 yíjiǔwǔbānián qiánhòu

son *n*（1）儿子（名）érzi：~ *s and*

daughters 儿女 érnǔ（2）子孙（名）
zǐsūn，后裔（名）hòuyì：*the ~s of
Abraham* 亚伯拉罕的子孙 Yàbólāhǎn
de zǐsūn（犹太人 Yóutàirén）（3）孩子
（名）háizi // ~ *and heir* 嫡子 dízǐ；
长男 zhǎngnán，长子 zhǎngzǐ

sonata   *n* 奏鸣曲（名）zòumíngqǔ：*a
flute ~* 长笛奏鸣曲 chángdí
zòumíngqǔ

song   *n*（1）歌（名）gē，歌曲（名）
gēqǔ：*a love ~* 一首情歌 yìshǒu
qínggē/ *folk ~s* 民歌 mín'gē/ *popu-
lar ~s* 流行歌曲 liúxíng gēqǔ/ *set a
~ to music* 为歌词谱曲 wèi gēcí
pǔqǔ/ *keep time to a ~* 合着歌曲打拍
子 hézhe gēqǔ dǎ pāizi（2）声音（名）
shēngyīn：*the ~ of the wind* 风声
fēngshēng/ *the ~ of birds* 鸟叫声
niǎojiàoshēng// *for a ~* 非常便宜地
fēicháng piányi de

songbook   *n* 歌曲集 gēqǔjí，歌本（名）
gēběn

songwriter   *n* 流行歌曲作者 liúxíng
gēqǔ zuòzhě

sonic   *adj* 声音的 shēngyīn de；音速的
yīnsù de：~ *speed* 音速 yīnsù/ ~
boom 声震 shēng zhèn

son-in-law   *n* 女婿（名）nǔxu，姑爷
（名）gūye

sonnet   *n* 十四行诗 shísìhángshī；商籁
体 shānglàitǐ：*Shakespeare's ~s* 莎士
比亚的十四行诗 Shāshìbǐyà de
shísìhángshī

soon   *adv*（1）不久 bùjiǔ，很快 hěn
kuài 不一会儿 bùyíhuìr（2）早（形）
zǎo，快（形）kuài（3）宁可（连）
nìngkě；宁愿（连）nìngyuàn，情愿（助
动）qíngyuàn// *as ~ as* 一…就… yī
…jiù…/ *as ~ as possible* 尽快 jǐnkuài
/ *no ~er than* 一…就… yī…jiù…/
~*er or later* 迟早 chízǎo，早晚
zǎowǎn/ *speak too ~* 话说得太早 huà
shuō de tài zǎo

soot   *n* 煤灰（名）méihuī，烟灰（名）
yānhuī：*clear the ~ out of the chim-
ney* 清扫烟囱里的烟灰 qīngsǎo

yāncōngli de yānhuī

soothe   *v*（1）安慰（动）ānwèi，抚慰
（动）fǔwèi；使平静 shǐ píngjìng，使镇
定 shǐ zhèndìng（2）缓解 huǎnjiě，减
轻（动）jiǎnqīng

sophisticated   *adj*（1）老于世故的
lǎoyú shìgù de；老练（形）lǎoliàn，非
常有经验的 fēicháng yǒu jīngyàn de：
a ~ columnist 老练的专栏作家
lǎoliàn de zhuānlán zuòjiā（2）非常复
杂的 fēicháng fùzá de：~ *machinery*
非常复杂的机械 fēicháng fùzá de
jīxiè/ ~ *weapons* 复杂的武器 fùzá de
wǔqì

soprano   *n*（1）女高音（名）nǔgāoyīn；
高音部（名）gāoyīnbù：*the ~ part* 高
音部 gāoyīnbù（2）女高音歌手
nǔgāoyīn gēshǒu；唱最高音者 chàng
zuìgāoyīnzhě

sorcery   *n* 巫术（名）wūshù，妖术（名）
yāoshù；邪术（名）xiéshù

sordid   *adj*（1）肮脏（形）āngzāng，污
秽（形）wūhuì；破烂（形）pòlàn；令人
不舒服的 lìng rén bù shūfu de（2）卑
鄙（形）bēibǐ，下贱（形）xiàjiàn；恶劣
（形）èliè；利欲熏心的 lìyùxūnxīn de

sore   *adj*（1）痛的 tòng de，疼的 téng
de：*a ~ throat from a cold* 因感冒而
嗓子疼 yīn gǎnmào ér sǎngzi téng（2）
使人痛心的 shǐ rén tòngxīn de；引起
痛苦的 yǐnqǐ tòngkǔ de：~ *news* 使人
痛心的消息 shǐ rén tòngxīn de xiāoxi/
a ~ point 痛处 tòngchù（3）恼火
（形）nǎohuǒ，窝火 wōhuǒ，生气
shēngqì

sorrow   *n* 悲痛（形）bēitòng，悲哀（形）
bēi'āi，悲伤（形）bēishāng，难过（形）
nánguò

sorry   *adj*（1）难过（形）nánguò，伤心
shāngxīn；惋惜（形）wǎnxī（2）后悔
（形）hòuhuǐ，懊悔（形）àohuǐ（3）对不
起 duìbuqǐ，抱歉（形）bàoqiàn（4）悲
哀（形）bēi'āi，可悲（形）kěbēi：*a ~
end* 可悲的结局 kěbēi de jiéjú/ *a ~
figure* 可怜的样子 kělián de yàngzi//
feel ~ for oneself 垂头丧气

chuítóusàngqì, 灰溜溜 huīliūliū

sort **I** n 种(量) zhǒng, 类(量) lèi, 种类(名) zhǒnglèi: a cheap ~ of soap 一种便宜的肥皂 yìzhǒng piányi de féizào/ all ~s of people 各种各样的人 gèzhǒnggèyàng de rén/ this ~ of book 这一类书 zhè yílèi shū **II** v 把…分类 bǎ…fēnlèi; 整理(动) zhěnglǐ; 分检(动) fēnjiǎn; 挑检(动) tiāojiǎn: clothes by colours 按颜色把衣服分类 àn yánsè bǎ yīfu fēnlèi/ ~ out the good from the evil 区分善恶 qūfēn shàn è // a ~ of 某些 mǒuxiē, 某种 mǒuzhǒng / of a ~ 勉强算得上 miǎnqiǎng suàndeshàng; 就算是 jiùsuàn shì / out of ~s 不舒服的 bù shūfu de; 不高兴的 bù gāoxìng de / of ~ 似乎 sìhū, 有几分 yǒu jǐfēn

SOS n 呼救信号 hūjiù xìnhào; 求救 qiújiù, 求援 qiúyuán

so-so adj 普普通通(形) pǔpǔtōngtōng, 平平常常(形) píngpíngchángcháng, 一般(形) yìbān, 还过得去 hái guòdequ, 马马虎虎(形) mǎmǎhūhū

soul n (1) 灵魂(名) línghún; 心灵(名) xīnlíng (2) 精神(名) jīngshén, 精力(名) jīnglì, 热情(名) rèqíng (3) 人(名) rén: a good ~ 好人 hǎorén // heart and ~ 全心全意地 quánxīnquányì de: serve the people heart and ~ 全心全意为人民服务 quánxīnquányì wèi rénmín fúwù / in one's ~ of ~s 在灵魂深处 zài línghún shēnchù/ keep body and ~ together 苟延残喘 gǒuyáncánchuǎn, 勉强度日 miǎnqiǎng dùrì

sound[1] **I** adj (1) 健康(形) jiànkāng; 健全(形) jiànquán: in ~ health 身体健康 shēntǐ jiànkāng/ children ~ in mind and body 身心健康的儿童 shēnxīn jiànkāng de értóng (2) 牢固(形) láogù, 坚固(形) jiāngù; 坚实(形) jiānshí; 可靠(形) kěkào: a ~ beginning for further study 进一步学习的坚实基础 jìnyíbù xuéxí de jiānshí

jīchǔ (3) 正确(形) zhèngquè; 稳妥(形) wěntuǒ; 合理(形) hélǐ: ~ opinions 正确的意见 zhèngquè de yìjiàn/ ~ judgment 正确的判断 zhèngquè de pànduàn/ a ~ argument 说理 shuōlǐ / ~ policy 稳妥的政策 wěntuǒ de zhèngcè (4) 充分(形) chōngfèn, 彻底(形) chèdǐ (5) 严厉(形) yánlì, 厉害(形) lìhai: a ~ whipping 一顿痛打 yídùn tòngdǎ / a ~ slap in the face 狠狠的一记耳光 hěnhěn de yìjì ěrguāng **II** adv 彻底地 chèdǐ de; 充分地 chōngfèn de

sound[2] **I** n (1) 声(名) shēng, 音(名) yīn, 声音(名) shēngyīn, 响声(名) xiǎngshēng: the ~ of running water 流水声 liúshuǐshēng/ hear the ~ of footsteps 听到脚步声 tīngdào jiǎobùshēng/ make a ~ 出声 chū shēng/ the ~ of a drum 鼓声 gǔshēng/ a consonant (vowel) ~ 辅(元)音 fǔ (yuán) yīn/ utter with a nasal ~ 说话带鼻音 shuōhuà dài bíyīn (2) 语气(名) yǔqì, 口气(名) kǒuqì, 语调(名) yǔdiào; 笔调(名) bǐdiào **II** v (1) 响(动) xiǎng, 发声 fāshēng (2) 听起来 tīngqilai (3) 听诊(动) tīngzhěn // ~ effects 音响效果 yīnxiǎng xiàoguǒ / ~ films 有声电影 yǒu shēng diànyǐng/ ~ pollution 噪音污染 zàoyīn wūrǎn/ ~ waves 声波 shēngbō, 音波 yīnbō

sound[3] v (1) 探测(动) tàncè: ~ the sea 测量海深 cèliáng hǎishēn (2) 试探(动) shìtàn: ~ sb. on a question 试探某人对一个问题的看法 shìtàn mǒurén duì yíge wèntí de kànfǎ

soundproof **I** adj 隔音的 géyīn de **II** v 给…隔音 gěi…géyīn

soundtrack n 声带(名) shēngdài; 音带(名) yīndài; 声迹(名) shēngjì

soup n 汤(名) tāng: take ~ 喝汤 hē tāng /hot and sour ~ 酸辣汤 suānlàtāng/ thick ~ 浓汤 nóngtāng / clear ~ 清汤 qīngtāng/ vegetable ~ 菜汤 càitāng // a ~ plate 汤盆 tāngpén

soup-spoon *n* 汤匙 tāngchí

sour **I** *adj* (1) 酸(形) suān; 酸味的 suānwèi de: ~ *pears* 酸梨 suānlí (2) 发酸 fāsuān, 酸臭(形) suānchòu: *a ~ smell* 酸臭味儿 suānchòuwèir (3) 不高兴的 bù gāoxìng de, 郁郁不乐的 yùyùbùlè de, 愁眉苦脸 chóuméikǔliǎn **II** *v* (1) 变酸 biànsuān (2) 使变得不高兴 shǐ biàn de bù gāoxìng // *grapes* 酸葡萄 suān pútao; 吃不着葡萄说葡萄是酸的 chī bu zháo pútao shuō pútao shì suān de / *the sweet and ~ of life* 人生的甘苦 rénshēng de gānkǔ

source *n* (1) 源头(名) yuántóu, 水源(名) shuǐyuán (2) 根源(名) gēnyuán, 来源(名) láiyuán: *a new ~ of income* 一个新的财源 yígè xīn de cáiyuán / *remove the ~s of war* 消除战争的根源 xiāochú zhànzhēng de gēnyuán / ~*s of materials* 材料的来源 cáiliào de láiyuán / *find the ~ of the engine trouble* 找到发动机的毛病在哪儿 zhǎodào fādòngjī de máobìng zài nǎr (3) 提供消息的人 tígōng xiāoxi de rén: *a well-informed ~* 消息灵通人士 xiāoxi língtōng rénshì

sourness *n* 酸(形) suān; 酸味儿(名) suānwèir

south **I** *n* 南(名) nán, 南方(名) nánfāng, 南部(名) nánbù **II** *adj* 南的 nán de, 南方的 nánfāng de: *S~ China* 华南 Huánán / *S~ America* 南美州 Nán Měizhōu / *a ~ wind* 南风 nánfēng **III** *adv* 在南方 zài nánfāng; 向南方 xiàng nánfāng; 从南面 cóng nánmiàn: *spend the winter down ~* 在南方过冬 zài nánfāng guò dōng // *the S~ Pole* 南极 nánjí

southeast **I** *n* 东南(名) dōngnán **II** *adj* 东南的 dōngnán de: *the ~ district* 东南(沿海)地区 dōngnán (yánhǎi) dìqū / ~ *wind* 东南风 dōngnánfēng **III** *adv* 向东南 xiàng dōngnán; 在东南 zài dōngnán; 从东南 cóng dōngnán

southern *adj* 南方的 nánfāng de, 南部的 nánbù de: *the S~ States of the U. S. A.* 美国南方各州 Měiguó nánfāng gèzhōu // ~ *lights* 南极光 nánjíguāng / *the ~ hemisphere* 南半球 nánbànqiú

southerner *n* 南方人(名) nánfāngrén

southward *adj* 向南方的 xiàng nánfāng de: *in a ~ direction* 向南方 xiàng nánfāng

southwards *adv* 向南方 xiàng nánfāng

southwest **I** *n* 西南(名) xīnán **II** *adj* 西南的 xīnán de: *a ~ wind* 西南风 xīnánfēng **III** *adv* 向西南 xiàng xīnán; 在西南 zài xīnán; 从西南 cóng xīnán

sovereign **I** *n* 君主(名) jūnzhǔ, 国君(名) guójūn; 统治者(名) tǒngzhìzhě **II** *adj* (1) 最高的 zuìgāo de, 无限的 wúxiàn de, 无上的 wúshàng de (2) 拥有最高权力的 yōngyǒu zuì gāo quánlì de; 独立自主的 dúlìzìzhǔ de: *a ~ state* 主权国家 zhǔquán guójiā

sovereignty *n* 主权(名) zhǔquán, 宗主权 zōngzhǔquán; 主权国家 zhǔquán guójiā

sow[1] *v* (1) 播(动) bō, 种(动) zhòng, 播种(动) bōzhòng: ~ *seeds in the field* 在地里播种 zài dìli bōzhǒng (2) 散布(动) sànbù, 传播(动) chuánbō; 挑起(动) tiǎoqǐ: ~ *suspicion* 散布怀疑情绪 sànbù huáiyí qíngxù // *Whatever a man ~s, that he will also reap.* 种瓜得瓜, 种豆得豆。Zhòng guā dé guā, zhòng dòu dé dòu.

sow[2] *n* 母猪(名) mǔzhū

sower *n* (1) 播种人 bōzhǒngrén (2) 播种机(名) bōzhǒngjī

soy *n* (1) 中国酱油 Zhōngguó jiàngyóu (2) 大豆(名) dàdòu, 黄豆(名) huángdòu

soybean *n* 大豆(名) dàdòu: ~ *milk* 豆浆 dòujiāng

space *n* (1) 空间(名) kōngjiān, 太空(名) tàikōng: *outer ~* 外层空间 wàicéng kōngjiān / *time and ~* 时间和空间 shíjiān hé kōngjiān / *vanish into*

~ 消失于空中 xiāoshīyú kōngzhōng (2) 场地(名) chǎngdì; 空地(名) kòngdì; 地方(名) dìfang; 篇幅(名) piānfú; 版面(名) bǎnmiàn: *an empty* ~ 空处 kòngchù/ *open* ~s 空隙 kòngxì/*floor* ~ 住房面积 zhùfáng miànjī (3) 空白(名) kòngbái; 距离 (名) jùlí, 间隔(名) jiàngé: *double* ~ 双行距 shuāng hángjù (4) 一段时间 yíduàn shíjiān: *the* ~ *between meals* 两顿饭之间的时间 liǎngdùn fàn zhījiān de shíjiān/ *in the* ~ *of 3 days* 在三天之内 zài sāntiān zhī nèi/ *after a short* ~ 过了不久 guòle bùjiǔ (不久 以后 bùjiǔ yǐhòu) // *a* ~ *shuttle* 航天 飞机 hángtiān fēijī / *a* ~ *station* 空间 站 kōngjiānzhàn/ ~ *travel* 宇宙飞行 yǔzhòu fēixíng

spacecraft   *n* 宇宙飞船(名) yǔzhòu fēichuán

spaceless   *adj* (1) 无限(形) wúxiàn (2) 不占地位的 bú zhàn dìwèi de

spaceman   *n* 宇宙飞行员 yǔzhòu fēixíngyuán; 宇宙科学工作者 yǔzhòu kēxué gōngzuòzhě; 太空人(名) tàikōngrén

spaceport   *n* (火箭、导弹、卫星)试验发 射中心 (huǒjiàn、dǎodàn、wèixīng) shìyàn fāshè zhōngxīn

spaceship   *n* 宇宙飞船 yǔzhòu fēichuán

space‐walk   *v* 空间行走 kōngjiān xíngzǒu

spade   *n* (1) 锹(名) qiāo, 铁锹(名) tiěqiāo: *dig with a* ~ 用铁锹挖 yòng tiěqiāo wā (2) 黑桃(名) hēitáo: *the Queen of* ~s 黑桃皇后 hēitáohuánghòu // *call a* ~ *a* ~ 直言 不讳 zhíyánbúhuì, 是啥说啥 shìsháshuōshá

spaghetti   *n* 实心面(条)(名) shí- xīnmiàn (tiáo)

span   I *n* (1) 指距 zhǐjù, 一拃宽 yìzhǎ kuān: *measure by* ~s 用指距量 yòng zhǐjù liáng (2) 全长(名) quáncháng, 长度(名) chángdù: *the whole* ~ *of a road* 路的全长 lù de quáncháng (3) 桥

墩间的距离 qiáodūnjiān de jùlí; 跨度 (名) kuàdù; 跨距(名) kuàjù; 孔(名) kǒng: *a bridge of 7* ~s 七孔桥 qīkǒngqiáo (4) 一段时间 yíduàn shíjiān: *a short attention* ~ 短暂的注 意 duǎnzàn de zhùyì/ *in a* ~ *of 20 years* 二十年之间 èrshínián zhījiān/ *extend the life* ~ 延长寿命 yáncháng shòumìng II *v* (1) 以指距量 yǐ zhǐjù liáng; 估量(动) gūliang (2) 横跨(动) héngkuà; 跨越(动) kuàyuè; 弥补(动) míbǔ: ~ *the gap in one's knowledge* 弥补知识上的不足 míbǔ zhīshishang de bùzú

Spaniard   *n* 西班牙人 Xībānyárén

Spanish   I *adj* 西班牙的 Xībānyá de; 西班牙人的 Xībānyárén de; 西班牙语 的 Xībānyáyǔ de II *n* (1) 西班牙人 (名) Xībānyárén: *the* ~ 西班牙人 Xībānyárén (2) 西班牙语(名) Xībānyáyǔ

spank   I *v* 打屁股 dǎ pìgu II *n* 一巴掌 yìbāzhang

spanner   *n* 扳子(名) bānzi, 扳钳(名) bānqián: *an adjustable* (*or a monkey*) ~ 活扳子 huóbānzi

spare   I *v* (1) 节约(动) jiéyuē, 节省 (动) jiéshěng; 留(动) liú: ~ *land for a garden* 留出地方辟做花园 liúchū dìfang pìzuò huāyuán/ ~ *time* 节约时 间 jiéyuē shíjiān/ ~ *no efforts* 不遗余 力 bùyíyúlì (2) 用不着 yòng bu zháo; 省掉 shěngdiào; 免除(动) miǎnchú (3) 抽出 chōuchū; 剩下 shèngxià; 让 给 rànggěi (4) 饶恕(动) ráoshù, 赦免 (动) shèmiǎn; 不伤害 bù shānghài II *adj* (1) 多余的 duōyú de, 剩下的 shèngxià de; 空闲的 kòngxián de: ~ *money* 余款 yúkuǎn (2) 备用的 bèiyòng de: ~ *clothing* 换洗的衣服 huànxǐ de yīfu/ *a* ~ *tyre* 备用轮胎 bèiyòng lúntāi (3) 节约的 jiéyuē de; 不丰盛的 bù fēngshèng de: *a* ~ *meal of bread and sausage* 一顿只有面包和 香肠的简单饭 yídùn zhǐyǒu miànbāo hé xiāngcháng de jiǎndān fàn (4) 瘦

（形）shòu // *enough and to* ~ 足够 zúgòu; 绰绰有余 chuòchuòyǒuyú/ ~ *parts* 备件 bèijiàn/ *to* ~ 剩下 shèngxià

sparing *adj* (1) 节约的 jiéyuē de; 吝惜的 lìnxī de: *be* ~ *in the use of coal* 节约用煤 jiéyuē yòng méi (2) 贫乏（形）pínfá, 不丰富 bù fēngfù

sparingly *adv* 节约（动）jiéyuē, 节省（动）jiéshěng; 吝惜（动）lìnxī

spark I *n* (1) 火花（名）huǒhuā; 火星（名）huǒxīng (2) 起因（名）qǐyīn, 直接原因 zhíjiē yuányīn; 导火线（名）dǎohuǒxiàn (3) 丝毫（名）sīháo; 一点点 yìdiǎndiǎn II *v* (1) 发火花 fā huǒhuā, 闪烁（动）shǎnshuò; 发亮 fāliàng (2) 引起（动）yǐnqǐ, 激发（动）jīfā; 鼓舞（动）gǔwǔ

sparking-plug *n* 火花塞（名）huǒhuāsāi

sparkle I *v* 发火花 fā huǒhuā; 闪耀（动）shǎnyào; 焕发（动）huànfā II *n* (1) 火花（名）huǒhuā; 闪耀（动）shǎnyào; 闪光 shǎnguāng: *the* ~ *of sunlight on the water* 水面上眩目的阳光 shuǐmiànshang xuànmù de yángguāng/ *the* ~ *of one's eyes* 眼睛放出的光亮 yǎnjing fàngchū de guāngliàng (2) 生气（名）shēngqì, 活力（名）huólì

sparkling *adj* (1) 发火花的 fāhuǒhuā de, 闪耀的 shǎnyào de (2) 才气横溢的 cáiqì héngyì de, 富有活力的 fùyǒu huólì de (3) 发泡的 fāpào de; 冒气的 màoqì de: ~ *water* 汽水 qìshuǐ/ ~ *wine* 汽酒 qìjiǔ

sparrow *n* 麻雀（名）máquè: *a flock of* ~*s* 一群麻雀 yìqún máquè

Spartan I *adj* 斯巴达（式）的 Sībādá (shì)de; 极其简朴的 jíqí jiǎnpǔ de II *n* 斯巴达人 Sībādárén

spasm *n* 痉挛（动）jìngluán, 抽搐（动）chōuchù; 一阵发作 yízhèn fāzuò: *a facial* ~ 面部痉挛 miànbù jìngluán

spasmodic *adj* (1) 痉挛（动）jìngluán: ~ *asthma* 痉挛性气喘 jìngluánxìng

qìchuǎn (2) 一阵阵的 yí zhènzhèn de, 间歇的 jiànxiē de: ~ *sobs* 抽泣 chōuqì

spatial *adj* 空间的 kōngjiān de

spawn I *n* 鱼子（名）yúzǐ, 卵（名）luǎn II *v* 产卵 chǎn luǎn, 甩子 shuǎi zǐ

speak *v* (1) 说话 shuōhuà, 讲话 jiǎnghuà, 谈话 tánhuà: *to a friend in the street* 在街上和一个朋友说话 zài jiēshang hé yíge péngyou shuōhuà/ ~ *frankly* 坦率地说 tǎnshuài de shuō (2) 说（动）shuō, 讲（动）jiǎng: *countries where English is spoken* 说英语的国家 shuō Yīngyǔ de guójiā (3) 说出 shuōchū, 讲出 jiǎngchū, 表达（动）biǎodá: ~ *the truth* 说实话 shuō shíhuà/ *hardly able to* ~ *a word* 简直一句话也说不出来 jiǎnzhí yíjù huà yě shuō bu chūlái (4) 发言 fāyán, 演说（动）yǎnshuō // *generally* ~*ing* 一般说来 yìbān shuōlái / *not to* ~ *of* 更不必说 gèng búbì shuō / *personally* ~*ing* 个人认为 gèrén rènwéi, 就个人而言 jiù gèrén ér yán / ~ *for* 为…辩护 wèi…biànhù; 代表…发言 dàibiǎo…fāyán / ~ *highly of* 赞扬 zànyáng, 称赞 chēngzàn, 夸奖 kuājiǎng/ ~ *ill (well) of* 说…的坏(好)话 shuō…de huài(hǎo) huà/ *so to* ~ 可以说 kěyǐ shuō, 算得上 suàndeshàng / *to* ~ *of* 值得一提的 zhíde yìtí de

speaker *n* (1) 讲话的人 jiǎnghuà de rén, 演说者 yǎnshuōzhě: *a good* ~ *of Chinese* 一个中国话讲得好的人 yíge Zhōngguóhuà jiǎngde hǎo de rén (2)（英国下议院或美国众议院）议长（名）(Yīngguó Xiàyìyuàn huò Měiguó Zhòngyìyuàn) Yìzhǎng (3) 扬声器（名）yángshēngqì, 喇叭（名）lǎba

spear I *n* 矛（名）máo, 长矛（名）chángmáo, 长枪（名）chángqiāng; 梭镖（名）suōbiāo; 鱼叉（名）yúchā: *thrust a* ~ *into an enemy's heart* 用长矛刺入敌人的心脏 yòng chángmáo cìrù dírén de xīnzàng/ *catch fish with a* ~ 用鱼叉捕鱼 yòng yúchā bǔ yú II *v*

刺(动) cì, 叉(动) chā, 戳(动) chuō

spearhead *n* 矛头(名) máotóu, 枪尖(名) qiāngjiān; 先头突击部队 xiāntóu tūjī bùduì: *the ~ of an advance* 先锋队 xiānfēngduì

special **I** *adj* (1) 特殊(形) tèshū, 特别(形) tèbié: *a ~ purpose* 特殊目的 tèshū mùdì/ *pay ~ attention to one's pronunciation* 特别注意发音 tèbié zhùyì fāyīn/ *a thing worthy of mention* 值得特别一提的事 zhíde tèbié yìtí de shì (2) 专门(形) zhuānmén, 特设的 tèshè de: *a ~ hospital* 专门医院 zhuānmén yīyuàn (3) 附加的 fùjiā de, 额外的 éwài de: *the ~ edition of a newspaper* 报纸的特刊 bàozhǐ de tèkān (号外 hàowài) **II** *n* 特别的东西 tèbié de dōngxi; 特价商品 tèjià shāngpǐn; 专车(名) zhuānchē, 专列(名) zhuānliè, 特刊(名) tèkān; 号外(名) hàowài; 特别考试 tèbié kǎoshì, 特约稿 tèyuēgǎo, 特写稿 tèxiěgǎo, 特讯(名) tèxùn; 特别节目 tèbié jiémù: *a 2-hour television ~* 一个两小时的电视特别节目 yíge liǎngxiǎoshí de diànshì tèbié jiémù/ *The Sunday S~* 星期日特刊 Xīngqīrì Tèkān

specialist *n* 专家(名) zhuānjiā: *a heart ~* 心脏病专家 xīnzàngbìng zhuānjiā

speciality *n* (1) 特长(名) tècháng, 专业(名) zhuānyè, 专长(名) zhuāncháng, 专门研究 zhuānmén yánjiū: *make a ~ of literature* 专攻文学 zhuāngōng wénxué/ *make a ~ of poultry raising* 以养鸡为专业 yǐ yǎngjī wéi zhuānyè (2) 特制品(名) tèzhìpǐn, 特产(名) tèchǎn: *a local ~* 地方特产 dìfāng tèchǎn

specialization *n* 特殊化(动) tèshūhuà, 专业化(动) zhuānyèhuà, 专门化(动) zhuānménhuà: *~ in education* 教育的专业化 jiàoyù de zhuānyèhuà

specialize *v* 专门研究 zhuānmén yánjiū, 专攻(动) zhuāngōng; 专营

(动) zhuānyíng

specialized *adj* 专门(形) zhuānmén, 专业化的 zhuānyèhuà de: *~ knowledge* 专业知识 zhuānyè zhīshí/ *~ tools* 专门工具 zhuānmén gōngjù

specially *adv* 特地(副) tèdì, 特意(副) tèyì, 专门(形) zhuānmén

species *n* 种(名、量) zhǒng, 种类(名) zhǒnglèi: "*The Origin of S~*"《物种起源》《Wùzhǒng Qǐyuán》

specific **I** *adj* (1) 特有的 tèyǒu de, 特定的 tèdìng de, 独特(形) dútè: *a ~ style* 独特的风格 dútè de fēnggé (2) 具体(形) jùtǐ, 明确(形) míngquè, 确切(形) quèqiè (3) 特效的 tèxiào de: *~ remedy* 特效药 tèxiàoyào **II** *n* 特性(名) tèxìng; 特效药(名) tèxiàoyào; 有特定用途的东西 yǒu tèdìng yòngtú de dōngxi: *a ~ for rheumatism* 风湿病特效药 fēngshībìng tèxiàoyào

specification *n* (1) 详细说明 xiángxì shuōmíng (2) 规格(名) guīgé (3) (载有约定条件等的)说明书(名) (zǎiyǒu yuēdìng tiáojiàn děng de) shuōmíngshū // *working ~s* 操作规程 cāozuò guīchéng

specify *v* 指定(动) zhǐdìng, 详细说明 xiángxì shuōmíng, 具体说明 jùtǐ shuōmíng

specimen *n* (1) 样本(名) yàngběn, 标本(名) biāoběn, 样品(名) yàngpǐn, 抽样 chōuyàng: *zoological ~s* 动物标本 dòngwù biāoběn/ *~s of copper ore* 铜矿石样品 tóngkuàngshí yàngpǐn/ *a ~ of one's handwriting* 书法样本 shūfǎ yàngběn (2) 怪人(名) guàirén, 怪事(名) guàishì

speck *n* (1) 斑点(名) bāndiǎn, 污点(名) wūdiǎn; 缺点(名) quēdiǎn: *a ~ on cloth* 布上的污点 bùshang de wūdiǎn (2) 一点点 yìdiǎndiǎn: *a ~ of dust* 一点灰尘 yìdiǎn huīchén/ *a ~ in a vast ocean* 沧海一粟 cānghǎiyísù

spectacle *n* (1) 场面(名) chǎngmiàn, 景象(名) jǐngxiàng; 奇观(名) qíguān: *a moving ~* 动人的场面

dòngrén de chǎngmiàn/ *a theatrical ~*
戏剧性的场面 xìjùxìng de chǎngmiàn/
a very attractive ~ 非常美丽的景象
fēicháng měilì de jīngxiàng（2）眼镜
（名）yǎnjìng, 护目镜（名）hùmùjìng:
a pair of ~s 一副眼镜 yìfù yǎnjìng/
*see everything through rose-coloured
~s* 对一切都持乐观态度 duì yíqiè
dōu chí lèguān tàidu // *make a ~ of
oneself* 出丑 chūchǒu, 出洋相 chū
yángxiàng

spectacular *adj* 壮观（形）zhuàng-
guān, 惊人(形) jīngrén, 引人注意的
yǐn rén zhùyì de: *a ~ achievement in
science* 科学上的一项惊人成就
kēxuéshang de yíxiàng jīngrén chéngjiù

spectator *n* 观众（名）guānzhòng, 旁
观者（名）pángguānzhě

spectre *n* 鬼怪（名）guǐguài, 幽灵（名）
yōulíng; 恐惧（形）kǒngjù: *the ~ of
economic crisis* 经济危机的幽灵 jīngjì
wēijī de yōulíng/ *believe in ~s* 迷信鬼
怪 míxìn guǐguài

spectrum *n*（1）系列（名）xìliè, 范围
（名）fànwéi: *a wide ~ of opinions on
this issue* 关于这个问题的一系列不同
意见 guānyú zhège wèntí de yíxìliè
bùtóng yìjiàn（2）谱（名）pǔ, 光谱
（名）guāngpǔ: *a sound ~* 声谱
shēngpǔ/ *an atomic ~* 原子光谱
yuánzǐguāngpǔ/ *a solar ~* 太阳光谱
tàiyángguāngpǔ

speculate *v*（1）思索(动) sīsuǒ, 推测
（动）tuīcè（2）投机（动）tóujī: *~ in
stocks* 做股票投机生意 zuò gǔpiào tóujī
shēngyì

speculation *n*（1）思考(动) sīkǎo, 推
测(动) tuīcè（2）投机事业 tóujī shìyè:
engage in ~ 做投机生意 zuò tóujī
shēngyì

speculator *n* 投机商（名）tóujīshāng

speech *n*（1）说话 shuōhuà, 谈话
tánhuà, 言语（名）yányǔ: *free ~* 言
论自由 yánlùn zìyóu（2）演说（名）
yǎnshuō, 讲话（名）jiǎnghuà, 发言
fāyán: *a set ~* 事先准备好的演说

shìxiān zhǔnbèihǎo de yǎnshuō/ *make
an important ~* 做重要发言 zuò
zhòngyào fāyán/ *a ~ on the war* 关于
战争的讲话 guānyú zhànzhēng de
jiǎnghuà（3）民族语言 mínzú yǔyán,
方言（名）fāngyán, 专门语言
zhuānmén yǔyán: *the diversity of hu-
man ~* 人类语言的多样性 rénlèi
yǔyán de duōyàngxìng/ *everyday ~* 日
常语言 rìcháng yǔyán // *common ~
of the Chinese language* 汉语普通话
Hànyǔ pǔtōnghuà/ *direct ~* 直接引语
zhíjiē yǐnyǔ/ *indirect ~* 间接引语
jiànjiē yǐnyǔ

speechless *adj*（1）说不出话的 shuō
bu chū huà de; 哑的 yǎ de, 不说话的
bù shuōhuà de: *be ~ with surprise* 惊
讶得说不出话来 jīngyà de shuō bu chū
huà lai（2）无言的 wú yán de, 非言语
所能表达的 fēi yányǔ suǒ néng biǎodá
de: *a ~ wonder* 无法用语言表达的
奇迹 wúfǎ yòng yǔyán biǎodá de qíjì/
~ rage 无言的愤怒 wú yán de fènnù

speed **I** *n*（1）快（形）kuài, 迅速(形)
xùnsù: *a footballer with good ~* 跑得
快的足球运动员 pǎo de kuài de zúqiú
yùndòngyuán/ *a horse of ~* 一匹快马
yìpǐ kuàimǎ（2）速度（名）sùdù: *gain
~* 加快速度 jiākuài sùdù/ *at full ~*
全速 quánsù/ *normal ~* 正常速度
zhèngcháng sùdù/ *at top ~* 高速
gāosù/ *keep to a ~ of 55 kilometres
per hour* 保持五十五公里的时速
bǎochí wǔshíwǔ gōnglǐ de shísù **II** *v*
（1）快速向前 kuàisù xiàng qián, 快行
kuài xíng（2）加速(动) jiāsù, 加快
（动）jiākuài, 促进(动) cùjìn: *~ up
the production of cars* 加速汽车的生产
jiāsù qìchē de shēngchǎn // *More
haste, less ~.* 欲速则不达。Yùsù zé
bù dá.

speedometer *n* 里程表（名）
lǐchéngbiǎo, 里程计（名）lǐchéngjì

speedy *adj* 快（形）kuài, 迅速(形)
xùnsù

spell¹ *v*（1）拼（动）pīn, 拼写（动）

pīnxiě (2) 拼作 pīnzuò, 拼成 pīnchéng (3) 费力地读 fèilì de dú // ~ out 讲清楚 jiǎngqīngchu, 详细说明 xiángxì shuōmíng: ~ out the government's plans in a speech 在一篇讲话中详细阐明政府的计划 zài yìpiān jiǎnghuàzhōng xiángxì chǎnmíng zhèngfǔ de jìhuà

spell² **I** n (1) 轮班 lúnbān; 轮班时间 lúnbān shíjiān: do a 6-hour ~ of duty 上六个小时的班 shàng liùge xiǎoshí de bān/ take ~s at the wheel 轮班开车 lúnbān kāichē (2) 一段时间 yíduàn shíjiān: rest for a ~ 休息一会儿 xiūxi yíhuìr/ a ~ of cold weather 一阵寒潮 yízhèn háncháo/ a long dry ~ 长时间的干燥天气 cháng shíjiān de gānzào tiānqì/ in a single ~ 一口气 yìkǒuqì/ a breathing ~ 喘口气的工夫 chuǎnkǒuqì de gōngfu/ a ~ of 5 weeks 五周的时间 wǔzhōu de shíjiān/ a ~ of coughing 一阵咳嗽 yízhèn késou **II** v 轮换(动) lúnhuàn, 替换(动) tìhuàn

spell³ n (1) 符咒(名) fúzhòu, 咒语(名) zhòuyǔ, 魔法(名) mófǎ: break the ~ 打破魔法 dǎpò mófǎ (2) 魅力(名) mèilì, 吸引力(名) xīyǐnlì, 迷惑力(名) míhuòlì: a magic ~ 魔力 mólì/ cast a ~ on the reader 使读者着迷 shǐ dúzhě zháomí

spelling n 拼法(名) pīnfǎ

spend v (1) 用(动) yòng, 花(动) huā, 花费(动) huāfèi: ~ a lot of money on clothes 花很多钱买衣服 huā hěn duō qián mǎi yīfu (2) 过(动) guò, 度过(动) dùguò, 消磨(动) xiāomó: ~ one's holiday 度假 dù jià/ a day at the beach 在海边度过一天 zài hǎibiān dùguò yìtiān/ a pleasant hour talking with friends 跟朋友畅谈了一小时 gēn péngyou chàngtánle yìxiǎoshí

spending n 经费(名) jīngfèi, 开销(名) kāixiāo: military ~ 军费 jūnfèi / ~ money 零用钱 língyòngqián

spent adj (1) 用过的 yòngguo de, 不能再用的 bùnéng zài yòng de, 失去效用的 shīqù xiàoyòng de: a ~ match 一根用过的火柴 yìgēn yòngguo de huǒchái (2) 筋疲力尽的 jīnpílìjìn de: tired and ~ 累垮了 lèikuǎ le

sperm n 精液(名) jīngyè, 精子(名) jīngzǐ

spew v (1) 吐(动) tù, 呕吐(动) ǒutù (2) 喷(动) pēn, 喷射(动) pēnshè

sphere n (1) 球(名) qiú, 圆体(名) yuántǐ, 球面(名) qiúmiàn (2) 天体(名) tiāntǐ, 星(名) xīng, 行星(名) xíngxīng; 地球仪(名) dìqiúyí; 天体仪(名) tiāntǐyí: a heavenly ~ 天体 tiāntǐ (3) 范围(名) fànwéi, 领域(名) lǐngyù: enlarge one's ~ of influence (knowledge) 扩大势力(知识)范围 kuòdà shìlì (zhīshi) fànwéi/ have a wide ~ of usefulness 有广泛的用途 yǒu guǎngfàn de yòngtú/ the ~ of human activity 人类活动圈 rénlèi huódòngquān/ the domestic ~ 家庭的小圈子 jiātíng de xiǎoquānzi

spice **I** n (1) 香料(名) xiāngliào: a dealer in ~ 香料商人 xiāngliào shāngrén (2) 调味品(名) tiáowèipǐn, 调料(名) tiáoliào (3) 趣味(名) qùwèi, 味道(名) wèidào: a story that lacks ~ 乏味的故事 fáwèi de gùshi/ a ~ of humour 幽默色彩 yōumò sècǎi **II** v 加进调味品 jiājìn tiáowèipǐn; 增加趣味 zēngjiā qùwèi: a thin brittle cake ~d with ginger 带有姜味的薄脆饼 dàiyǒu jiāngwèi de báocuìbǐng

spicy adj (1) 加了调味品的 jiāle tiáowèipǐn de, 味儿浓的 wèir nóng de, 味儿足的 wèir zú de: ~ food 味道足的食品 wèidào zú de shípǐn (2) 辛辣(形) xīnlà, 带刺激性的 dài cìjīxìng de: ~ criticism 辛辣的批评 xīnlà de pīpíng

spider n 蜘蛛(名) zhīzhū: a ~ web 蛛网 zhūwǎng

spike **I** n (1) 尖铁(名) jiāntiě: ~s along the top of a fence 篱笆上面插的

一排尖铁 líba shàngmiàn chā de yìpái jiāntiě (2) 大钉 dàdīng，道钉(名) dàodīng (3) 跑鞋上的铁钉 pǎoxiéshang de tiědīng **II** v 用大钉钉 yòng dàdīng dìng；在鞋上加鞋底钉 zài xiéshang jiā xiédǐ dīng: ~d running shoes 赛跑用的钉鞋 sàipǎo yòng de dīngxié

spill¹   **I** v (1) 洒(动) sǎ，溢出 yìchū，溅出 jiànchū (2) 涌(动) yǒng，淌(动) tǎng **II** n 溢出物 yìchūwù: clean up coffee ~s 擦净洒出来的咖啡 cājìng sǎchulai de kāfēi

spill²   n 木片 mùpiàn，纸捻儿 zhǐniǎnr

spillover   n 溢出 yìchū，溢出量 yìchūliàng；外流人口 wàiliú rénkǒu

spillway   n 溢水口 yìshuǐkǒu，溢洪道 yìhóngdào

spin   **I** v (1) 纺织(动) fǎngzhī；结(网)(动) jié(wǎng)；吐(丝)(动) tǔ(sī): ~ cotton into yarn 把棉花纺成纱 bǎ miánhua fǎngchéng shā/ ~ wool into thread 纺毛线 fǎng máoxiàn (2) 编造(动) biānzào，撰写(动) zhuànxiě: ~ a yarn 讲故事 jiǎng gùshi (3) 旋转(动) xuánzhuǎn；眩晕(动) xuànyùn (4) 疾驰(动) jíchí **II** n (1) 旋转(动) xuánzhuǎn: give a ~ to the ball 使球旋转 shǐ qiú xuánzhuǎn (发转球 fā zhuànqiú) (2) 兜风(动) dōufēng，疾驰(动) jíchí // ~ out (1) 消磨 xiāomó，度过 dùguò: ~ out the time by talking 用聊天消磨时间 yòng liáotiān xiāomó shíjiān (2) 拉长 lācháng，拖长 tuōcháng: ~ out a story to make a book 把一个故事拉长写成一本书 bǎ yíge gùshi lācháng xiěchéng yìběn shū

spinach   n 菠菜(名) bōcài

spindle   n 纺锤(名) fǎngchuí

spine   n 脊骨(名) jǐgǔ，脊柱(名) jǐzhù: the ~ of a book 书脊 shūjǐ

spineless   adj 无脊骨的 wú jǐgǔ de，没骨气的 méi gǔqì de

spinster   n 老处女(名) lǎo chǔnǚ；未婚妇女 wèi hūn fùnǚ

spiral   adj 螺旋形的 luóxuánxíng de，盘旋的 pánxuán de，盘旋上升的 pánxuán shàngshēng de: a ~ stair 螺旋梯 luóxuántī/ the ~ development in industry 工业的螺旋式发展 gōngyè de luóxuánshì fāzhǎn

spire   n 螺旋(名) luóxuán，塔尖(名) tǎjiān；尖塔(名) jiāntǎ；锥形体(名) zhuīxíngtǐ

spirit   n (1) 精神(名) jīngshén，灵魂(名) línghún，心灵(名) xīnlíng: body and ~ 肉体和精神 ròutǐ hé jīngshén/ the ~ of the times 时代精神 shídài jīngshén/ obey the ~ of the law 遵照法律的精神 zūnzhào fǎlǜ de jīngshén (2) 鬼(名) guǐ，鬼怪(名) guǐguài，幽灵(名) yōulíng: evil ~s 恶鬼 èguǐ (3) 人(名) rén: a bold ~ 大胆的人 dàdǎn de rén (4) 气概(名) qìgài，志气(名) zhìqì: go at it with ~ 斗志昂扬地干 dòuzhì ángyáng de gàn / military ~ 士气 shìqì (5) 态度(名) tàidu: in a ~ of fun 以开玩笑的态度 yǐ kāi wánxiào de tàidu (6) 心情(名) xīnqíng，情绪(名) qíngxù: in high ~s 情绪很高 qíngxù hěn gāo/ in low ~s 情绪低落 qíngxù dīluò (7) 酒(名) jiǔ；酒精(名) jiǔjīng: a grain ~ 粮食酒 liángshíjiǔ/ a ~ lamp 酒精灯 jiǔjīngdēng/ a ~ stove 酒精炉 jiǔjīnglú// keep up one's ~s 振作精神 zhènzuò jīngshén / lose one's ~s 垂头丧气 chuítóusàngqì

spiritual   adj (1) 精神上的 jīngshénshang de，灵魂的 línghún de: ~ life 精神生活 jīngshén shēnghuó (2) 神的 shén de，神圣的 shénshèng de，宗教的 zōngjiào de: matters 神事 shénshì/ a ~ song 圣歌 shènggē (3) 鬼的 guǐ de，鬼魂的 guǐhún de

spit   v (1) 吐(动) tǔ，吐痰 tǔ tán (2) 愤怒地说(动) fènnù de shuō: ~ out curses at sb. 唾骂某人 tuòmà mǒurén // ~ on … 向…吐唾沫 xiàng…tǔ tuòmo；对…表示藐视 duì…biǎoshì miǎoshì

spitbox *n* 痰盂（名）tányú, 痰桶（名）tántǒng

spite Ⅰ *n* 恶意（名）èyì; 嫉恨（动）jíhèn: *from*（*out of*）~ 为了出气 wèile chūqì Ⅱ *v* 出气 chūqì, 泄私愤 xiè sīfèn; 刁难（动）diāonàn // *in* ~ *of* 尽管 jǐnguǎn; 不顾 búgù / *in* ~ *of oneself* 不由自主地 bùyóuzìzhǔ de

splash Ⅰ *v*（1）溅（动）jiàn, 泼（动）pō, 飞溅（动）fēijiàn; 溅湿 jiànshī; 溅污 jiànwū（2）撞击（动）zhuàngjī, 溅落（动）jiànluò Ⅱ *n*（1）溅（动）jiàn, 泼（动）pō, 撒（动）sǎ; 飞溅（动）fēijiàn; 落水声 luòshuǐshēng（2）溅起的泥 jiànqǐ de ní; 溅上的污点 jiànshang de wūdiǎn

spleen *n*（1）脾脏（名）pízàng（2）脾气（名）píqi: *vent one's* ~ *on sb.* 向某人大发脾气 xiàng mǒurén dà fā píqi

splendid *adj*（1）壮丽（形）zhuànglì, 辉煌（形）huīhuáng; 有光彩的 yǒuguāngcǎi de: *a* ~ *scene* 壮丽的景象 zhuànglì de jǐngxiàng/ ~ *diamonds* 光彩夺目的钻石 guāngcǎi duómù de zuànshí（2）杰出（形）jiéchū, 显著（形）xiǎnzhù: *a* ~ *figure in history* 历史上的杰出人物 lìshǐshang de jiéchū rénwù（3）妙（形）miào, 极好的 jíhǎo de

splendour *n*（1）光辉（名）guānghuī; 光彩（名）guāngcǎi: *the* ~ *of the sun* 太阳的光辉 tàiyáng de guānghuī（2）壮丽（形）zhuànglì; 壮观（形）zhuàngguān: *a scenic* ~ 壮观的景色 zhuàngguān de jǐngsè

splinter *n* 碎片（名）suìpiàn; 裂片（名）lièpiàn; 刺（名）cì: *bomb* ~*s* 弹片 dànpiàn

split Ⅰ *v*（1）劈开 pīkāi; 撕开 sīkāi, 切开 qiēkāi（2）裂开 lièkāi; 分裂（动）fēnliè; 分离（动）fēnlí: ~ *a long sentence into 2 sentences* 把一个长句子分成两句 bǎ yíge cháng jùzi fēn chéng liǎngjù/ ~ *up a book into chapters* 把书分成章节 bǎ shū fēnchéng zhāngjié（3）分担（动）fēndān, 分摊（动）

分摊; 均分（动）jūnfēn（4）告发（动）gàofā, 揭发（动）jiēfā: ~ *on a friend* 告发朋友 gàofā péngyou/ ~ *on an accomplice* 揭发同犯 jiēfā tóngfàn Ⅱ *n*（1）裂缝（名）lièfèng, 裂口（名）lièkǒu: *a* ~ *in a rock* 岩石的裂缝 yánshí de lièfèng（2）分裂（动）fēnliè; 分离（动）fēnlí: *a* ~ *in the Labour Party* 工党的分裂 Gōngdǎng de fēnliè // *a* ~ *infinitive* 分离不定式 fēnlíbúdìngshì / ~ *hairs* 作无益的、琐碎的分析 zuò wúyì de, suǒsuì de fēnxī; 在小事上争论 zài xiǎoshìshang zhēnglùn; 过分挑剔 guòfèn tiāoti/ ~ *off* 分裂 fēnliè; 分离 fēnlí / ~ *one's sides with laughter* 捧腹大笑 pěng fù dà xiào

spoil Ⅰ *v*（1）坏（动）huài; 毁坏（动）huǐhuài; 腐烂（动）fǔlàn, 变质 biànzhì（2）损坏（动）sǔnhuài, 毁坏（动）huǐhuài; 搞糟 gǎozāo（3）溺爱（动）nì'ài, 娇惯（动）jiāoguàn; 惯坏 guànhuài: *a* ~*ed child* 被惯坏了的孩子 bèi guànhuàile de háizi Ⅱ *n* 俘获物 fúhuòwù; 掠夺物 lüèduówù; 赃物 zāngwù: *the* ~*s of war* 战利品 zhànlìpǐn/ *divide up the* ~*s* 分赃 fēn zāng

spokesman *n* 发言人（名）fāyánrén; 代言人（名）dàiyánrén: *a* ~ *for the Foreign Ministry* 外交部发言人 Wàijiāobù fāyánrén

spokeswoman *n* 女发言人 nǚfāyánrén; 女代言人 nǚdàiyánrén

sponge Ⅰ *n* 海绵（名）hǎimián; 海绵状的东西 hǎimiánzhuàng de dōngxi; 纱布（名）shābù Ⅱ *v*（1）用海绵擦 yòng hǎimián cā, 用海绵吸 yòng hǎimián xī（2）占…便宜 zhàn…piányi; 骗取（动）piànqǔ; 敲诈（动）qiāozhà

sponsor Ⅰ *n*（1）发起人（名）fāqǐrén; 主办者（名）zhǔbànzhě: *a* ~ *country* 提案国 tí'ànguó（发起国 fāqǐguó）/ *the* ~ *of a proposal* 一项提议的发起人 yíxiàng tíyì de fāqǐrén（2）赞助者（名）zànzhùzhě; 保证人（名）

bǎozhèngrén II v 发起(动) fāqǐ; 主办 (动) zhǔbàn; 倡议(动) chàngyì; 做资 助人 zuò zīzhùrén

sponsorship n 发起(动) fāqǐ; 倡议 (名) chàngyì, 主办(动) zhǔbàn: *under the ~ of* 由…发起(主办) yóu… fāqǐ(zhǔbàn)

spontaneous adj 自发(形) zìfā, 自动 (形) zìdòng; 本能的 běnnéng de; 天 然(形) tiānrán: *~ offer of help* 自动 提供帮助 zìdòng tígōng bāngzhù/ *~ growth of wood* 树木的天然生长 shùmù de tiānrán shēngzhǎng

spoon I n 勺(名) sháo, 匙(名) chí, 调羹(名) tiáogēng: *a table ~* 汤勺 tāngsháo/ *a tea ~* 茶匙 cháchí/ *a plastic ~* 塑料勺 sùliàosháo/ *2 ~s of salt* 两勺盐 liǎngsháo yán II v 用勺舀 yòng sháo yǎo: *~ out the soup* 用勺盛 汤 yòng sháo chéng tāng

spoon-feed v (1) 用勺喂 yòng sháo wèi (2) 填鸭式灌输 tiányāshì guànshū

spoonful n 一勺 yìsháo

sport I n (1) 娱乐(名) yúlè, 游戏 (名) yóuxì; 玩耍(动) wánshuǎ (2) 运 动(名) yùndòng; 运动项目 yùndòng xiàngmù; 体育(名) tǐyù: *track and field ~s* 田径运动 tiánjìng yùndòng (3) 运动会(名) yùndònghuì: *the school ~s* 学校运动会 xuéxiào yùndònghuì (4) 玩笑(名) wánxiào, 戏谑(动) xìxuè; 戏弄对象 xìnòng duìxiàng: *make ~ of sb.* 开某人的玩 笑 kāi mǒurén de wánxiào II v (1) 游 戏(动) yóuxì, 玩耍(动) wánshuǎ (2) 炫耀(动) xuànyào 显示(动) xiǎnshì: *~ a new hat* 炫耀新帽子 xuànyào xīn màozi // *a ~s car* 赛车 sàichē/ *a ~s field* 运动场 yùndòngchǎng/ *a ~s meet* 运动会 yùndònghuì/ *~s equipment* 体育设备 tǐyù shèbèi/ *~s jackets* (*shoes*) 运动衫(鞋) yùndòngshān (xié)/ *the ~s page* 体育版 tǐyùbǎn

sportful adj 娱乐的 yúlè de; 欢闹的 huānnào de

sportscast n 体育节目 tǐyù jiémù

sportsman n 爱好体育运动的人 àihào tǐyù yùndòng de rén; 运动员(名) yùndòngyuán; 运动家(名) yùndòngjiā

sportsmanship n 体育道德 tǐyù dàodé; 体育风格 tǐyù fēnggé

sportswear n 运动服装 yùndòng fúzhuāng

sportswoman n 女运动员 nǚ yùndòngyuán

spot I n (1) 点(名) diǎn; 斑点(名) bāndiǎn; 污点(名) wūdiǎn; 缺点(名) quēdiǎn: *ink ~s on clothing* 衣服上的 墨点儿 yīfushang de mòdiǎnr/ *a mud ~ on the floor* 地板上的泥点 dìbǎnshang de nídiǎn/ *a ~ on one's reputation* 名誉上的污点 míngyùshang de wūdiǎn (2) 地点(名) dìdiǎn, 场所 (名) chǎngsuǒ: *a scenic ~* 风景胜地 fēngjǐng shèngdì/ *a historic ~* 古迹 gǔjì/ *a danger ~* 危险地点 wēixiǎn dìdiǎn/ *a hot ~* 容易出事的地点 róngyì chūshì de dìdiǎn (3) 职位(名) zhíwèi, 地位(名) dìwèi: *find a ~ as a secretary* 找到一个秘书的职位 zhǎodào yíge mìshū de zhíwèi (4) 困境 (名) kùnjìng (5) 少量(形) shǎoliàng, 一点儿 yìdiǎnr: *have a ~ of tea* 喝一 点儿茶 hē yìdiǎnr chá/ *lie down for a ~ of rest* 躺下休息一会儿 tǎngxià xiūxi yíhuìr (6) 抽样 chōuyàng; 局部 (名) júbù: *make ~ checks* 抽查 chōuchá II v (1) 弄脏 nòngzāng: *a notebook ~ted with ink* 沾上墨点儿的 笔记本 zhānshang mòdiǎnr de bǐjìběn (2) 看出 kànchū, 认出 rènchū, 发现 (动) fāxiàn (3) 放置(动) fàngzhì; 配 置(动) pèizhì// *a ~ price* 现货价格 xiànhuò jiàgé/ *a ~ test* (1) 现场测试 xiànchǎng cèshì (2) 抽查 chōuchá/ *off the ~* 不准确 bù zhǔnquè; 离题 lítí/ *on the ~* 当场 dāngchǎng, 现场 xiànchǎng/ *~ news* 最新消息 zuì xīn xiāoxi/ *touch sb.'s sore ~* 触到某人 的痛处 chùdào mǒurén de tòngchù

spotless adj 没有污点的 méiyǒu wūdiǎn de; 极清洁的 jí qīngjié de

spotlight I n 聚光灯（名）jùguāng-dēng II v 用聚光灯照射 yòng jùguāngdēng zhàoshè; 清楚地显露 qīngchu de xiǎnlù

spout I v 喷（动）pēn, 喷射（动）pēnshè, 喷出（动）pēnchū; 滔滔不绝地讲 tāotāo bùjué de jiǎng: ~ water into the air 向天空喷水 xiàng tiānkōng pēn shuǐ II n 喷口（名）pēnkǒu, 喷嘴儿（名）pēnzuǐr, 喷管儿（名）pēnguǎnr, 嘴儿（名）zuǐr

spouter n 喷油井 pēnyóujǐng

sprain I n 扭伤（名）niǔshāng: a bad ~ in one's ankle 脚腕子严重扭伤 jiǎowànzi yánzhòng niǔshāng II v 扭伤（动）niǔshāng

sprawl v (1) 手脚伸开地躺着（坐着）shǒujiǎo shēnkāi de tǎngzhe（zuòzhe）(2) 蔓延（动）mànyán, 不规则地延伸 bù guīzé de yánshēn

spray[1] I n (1) 水花（名）shuǐhuā, 飞沫（名）fēimò: sea ~ 浪花 lànghuā/ the ~ of a waterfall 瀑布的飞沫 pùbù de fēimò (2) 喷雾器（名）pēnwùqì: an insect ~ 杀虫喷雾器 shāchóng pēnwùqì II v 喷（动）pēn, 喷射（动）pēnshè, 喷撒（动）pēnsǎ: ~ mosquitoes 喷杀蚊子 pēnshā wénzi // a ~ gun 喷雾枪 pēnwùqiāng

spray[2] n (1) 小树枝 xiǎo shùzhī; 小花枝 xiǎo huāzhī (2) 枝状物 zhīzhuàngwù

sprayer n 喷雾器（名）pēnwùqì; 洒水车 sǎshuǐchē: a paint ~ 喷漆器 pēnqīqì

spray-paint v 喷漆 pēnqī

spread I v (1) 伸开 shēnkāi, 展开 zhǎnkāi, 铺开 pūkāi: ~ out a map 摊开地图 tānkāi dìtú (2) 传播（动）chuánbō; 散布（动）sànbù, 蔓延（动）mànyán (3) 涂（动）tú, 抹（动）mǒ; 撒（动）sǎ: ~ butter on bread 在面包上抹黄油 zài miànbāoshang mǒ huángyóu (4) 把…延长 bǎ… yáncháng; 把…分期 bǎ… fēnqī: out the payments on a loan over 15 years 把借款分十五年还清 bǎ jièkuǎn fēn shíwǔnián huánqīng II n (1) 伸展（动）shēnzhǎn, 扩展（动）kuòzhǎn; 传播（名）chuánbō; 蔓延（动）mànyán: the ~ of the city 城市的扩展 chéngshì de kuòzhǎn/ the ~ of education 普及教育 pǔjí jiàoyù (2) 丰盛的饭菜 fēngshèng de fàncài; 酒席（名）jiǔxí

spreader n 传播者（名）chuánbōzhě, 散布者（名）sànbùzhě

sprightly adj 活泼（形）huópo; 轻快（形）qīngkuài; 有精神 yǒu jīngshén

spring[1] I v (1) 跳（动）tiào, 跃（动）yuè, 弹跳（动）tántiào (2) 涌出 yǒngchū, 涌上 yǒngshang; 迸发（动）bèngfā (3) 生长（动）shēngzhǎng; 发生（动）fāshēng; 出现（动）chūxiàn (4) 突然提出 tūrán tíchū; 宣布（动）xuānbù II n (1) 跳（动）tiào, 跳跃（动）tiàoyuè, 弹跳（动）tántiào (2) 弹力（名）tánlì, 弹性（名）tánxìng: the ~ of rubber tyres 橡胶轮胎的弹力 xiàngjiāo lúntāi de tánlì (3) 弹簧（名）tánhuáng; 发条（名）fātiáo: a tension ~ 伸张弹簧 shēnzhāng tánhuáng/ the ~s of a watch 手表的发条 shǒubiǎo de fātiáo (4) 泉（名）quán: a hot（mineral）~ 温（矿）泉 wēn(kuàng) quán // a ~ balance 弹簧秤 tánhuángchèng/ a ~ bed 弹簧床 tánhuángchuáng / a ~ binder 弹簧活页夹 tánhuáng huóyèjiā/ a ~ blade knife 弹簧折合刀 tánhuáng zhéhédāo/ a ~ lock 弹簧锁 tánhuángsuǒ

spring[2] n (1) 春天（名）chūntiān; 春季（名）chūnjì: in the early ~ 早春 zǎochūn/ in the ~ of 1929 一九二九年春 yījiǔ'èrjiǔnián chūn/ the S ~ Festival 春节 Chūnjié (2) 青春（名）qīngchūn: the ~ of life 青年时代 qīngnián shídài/ ~ time 青春期 qīngchūnqī

springboard n 跳板（名）tiàobǎn

springless adj 没有弹性的 méiyǒu tánxìng de

springlike *adj* 像 春 天 的 xiàng chūntiān de

springwater *n* 泉水（名）quánshuǐ

sprinkle *v* (1) 洒（动）sǎ, 喷淋（动）pēnlín (2) 撒（动）sǎ

sprinkling *n* 少量（形）shǎoliàng, 一点点 yìdiǎndiǎn

sprout *v* 发芽 fāyá, 出芽 chūyá; 抽条 chōutiáo

spruce I *adj* 整洁（形）zhěngjié; 潇洒（形）xiāosǎ; 漂亮（形）piàoliang II *v* 打扮（动）dǎbàn; 使整洁 shǐ zhěngjié

spur I *n* (1) 马刺（名）mǎcì, 靴刺（名）xuēcì (2) 刺激物 cìjīwù, 鼓励品 gǔlìpǐn; 激励（动）jīlì, 鞭策（动）biāncè, 鼓舞（名）gǔwǔ II *v* (1) 用马刺策马 yòng mǎcì cèmǎ (2) 刺激（动）cìjī, 鼓舞（动）gǔwǔ; 鞭策（动）biāncè // *on the ~ of the moment* 立刻 lìkè; 一下子 yíxiàzi; 临时 línshí

spurn *v* 轻蔑地拒绝 qīngmiè de jùjué; 藐视（动）miǎoshì

sputter *v* 发出劈啪的响声 fāchū pīpā de xiǎngshēng; 吱吱作响 zhīzhī zuòxiǎng

spy I *v* (1) 监视（动）jiānshì, 偷偷观察 tōutōu guānchá: ~ *on the enemy* 监视敌人的行动 jiānshì dírén de xíngdòng/ ~ *into others' affairs* 偷偷观察别人的事情 tōutōu guānchá biérén de shìqing (2) 侦察（动）zhēnchá: ~ *out a secret* 侦察出一个秘密 zhēncháchū yíge mìmì (3) 发现（动）fāxiàn; 认出 rènchū: ~ *a friend among the crowd* 在人群中认出一个朋友 zài rénqúnzhōng rènchū yíge péngyou II *n* 密探（名）mìtàn, 侦探（名）zhēntàn; 间谍（名）jiàndié, 特务（名）tèwu: *a military* ~ 军事间谍 jūnshì jiàndié/ *a police* ~ 警探 jǐngtàn

spyhole *n* 探视孔（名）tànshìkǒng; 窥视孔（名）kuīshìkǒng

squad *n* 小组（名）xiǎozǔ, 小队（名）xiǎoduì; 班（名）bān // *a flying* ~ 警察追捕队 jǐngchá zhuībǔduì

squadron *n* 骑兵中队 qíbīng zhōngduì; 骑兵营（名）qíbīngyíng; 分舰队（名）fēnjiànduì; 空军中队 kōngjūn zhōngduì

squalid *adj* 肮脏（形）āngzāng; 邋遢（形）lāta: ~ *slums* 肮脏的贫民窟 āngzāng de pínmínkū

squander *v* 乱花 luànhuā, 挥霍（动）huīhuò, 浪费（动）làngfèi

square I *n* (1) 正方形（名）zhèngfāngxíng; 方形物 fāngxíngwù: *a* ~ *of glass* 一块方玻璃 yíkuài fāng bōli (2) 广场（名）guǎngchǎng: *Tian'anmen S*~ 天安门广场 Tiān'ānmén Guǎngchǎng (3) 平方（名）píngfāng (4) 方格（名）fānggé, 方块儿（名）fāngkuàir: *move 2* ~ *s forward* 向前走两格儿 xiàngqián zǒu liǎnggér II *adj* (1) 正方形的 zhèngfāngxíng de: *a* ~ *table* 方桌 fāngzhuō/ *a* ~ *bracket* 方括号 fāngkuòhào (2) 平方的 píngfāng de: *20* ~ *miles* 二十平方英里 èrshípíngfāng yīnglǐ/ *15* ~ *metres* 十五平(方)米 shíwǔpíng(fāng)mǐ (3) 公正（形）gōngzhèng, 公道（形）gōngdào: *a* ~ *deal* 公平交易 gōngpíng jiāoyì/ *do* ~ *business* 做公道的生意 zuò gōngdào de shēngyì (4) 结清的 jiéqīng de: *get one's accounts* ~ 结清帐目 jiéqīng zhàngmù (5) 丰盛（形）fēngshèng: *a* ~ *meal* 一顿丰盛的饭菜 yídùn fēngshèng de fàncài III *v* (1) 弄成方形 nòngchéng fāngxíng: *a timber* 把木材锯成方形 bǎ mùcái jùchéng fāngxíng (2) 作平方 zuò píngfāng (3) 符合（动）fúhé; 一致（形）yízhì // *all* ~ 势均力敌 shìjūnlìdí / *on the* ~ (1) 成直角 chéngzhíjiǎo (2) 诚实 chéngshí; 公正 gōngzhèng

squash I *v* (1) 压扁 yābiǎn; 挤碎 jǐsuì, 压烂 yālàn (2) 挤进 jǐjìn (3) 镇压（动）zhènyā, 压制（动）yāzhì: ~ *a strike* 压制罢工 yāzhì bàgōng II *n* (1) 压碎 yāsuì; 压碎的东西 yāsuì de dōngxi (2) 拥挤的人群 yōngjǐ de rénqún (3) 果汁汽水儿 guǒzhī qìshuǐr

squat *v* (1) 蹲（动）dūn (2) 坐（动）zuò

squeak **I** *v* 吱吱地叫 zhīzhī de jiào; 吱吱地响 zhīzhī de xiǎng **II** *n* 吱吱的声音 zhīzhī de shēngyīn; 尖叫声 jiānjiàoshēng

squeal **I** *v* 尖叫（动）jiānjiào **II** *n* 尖叫 jiānjiào, 尖叫声 jiānjiàoshēng

squeamish *adj* (1) 神经质的 shénjīngzhì de, 容易受惊的 róngyì shòu jīng de (2) 爱呕吐的 ài ǒutù de

squeeze **I** *v* (1) 挤（动）jǐ; 榨（动）zhà; 握（动）wò: ~ *a tear* 挤出一滴眼泪 jǐchū yìdī yǎnlèi / ~ *juice from oranges* 榨桔子汁 zhà júzizhī / ~ *sb.'s hand* 紧握某人的手 jǐnwò mǒurén de shǒu (2) 压榨（动）yāzhà; 榨取（动）zhàqǔ: ~ *more money out of sb.* 榨取某人更多的钱财 zhàqǔ mǒurén gèng duō de qiáncái **II** *n* (1) 压（动）yā; 挤（动）jǐ; 握（动）wò (2) 榨出来的东西 zhà chulai de dōngxi: *a* ~ *of lemon* 榨出的柠檬汁 zhàchū de níngméngzhī

squid *n* 鱿鱼（名）yóuyú

squint **I** *v* 斜视（动）xiéshì; 眯着眼睛看 mīzhe yǎnjing kàn **II** *n* 斜视（名）xiéshì; 瞧一瞧 qiáoyiqiáo **III** *adj* 斜视的 xiéshì de: ~ *eyes* 斜视眼 xiéshìyǎn

squire *n* 乡绅（名）xiāngshēn; 老爷（名）lǎoye

squirm *v* (1) 蠕动（动）rúdòng; 扭动（动）niǔdòng (2) 觉得很不安 juéde hěn bù'ān; 觉得很不好意思 juéde hěn bù hǎo yìsi

squirrel *n* 松鼠（名）sōngshǔ

stab **I** *v* (1) 刺（动）cì, 扎（动）zhā, 捅（动）tǒng (2) 刺痛（动）cìtòng, 刺伤（动）cìshāng **II** *n* 刺（动）cì, 扎（动）zhā; 刺伤（动）cìshāng: *a sudden* ~ *with a pointed instrument* 用利器突然的一刺 yòng lìqì tūrán de yícì / *have a sharp* ~ *of pain in the leg* 腿部刀刺般的剧痛 tuǐbù dāocì bān de jùtòng / *a* ~ *of guilt* 痛感内疚 tònggǎn nèijiù // *a* ~ *in the back* 暗害 ànhài, 暗箭伤人 ànjiàn shāngrén; 背

后一刀 bèihòu yìdāo

stability *n* 稳定（形）wěndìng, 安定（名）āndìng; 牢固（形）láogù, 巩固（形）gǒnggù, 持久不变 chíjiǔ búbiàn: ~ *of character* 坚定的性格 jiāndìng de xìnggé

stabilize *v* 使稳定 shǐ wěndìng; 使牢固 shǐ láogù; 使固定 shǐ gùdìng

stabilizer *n* 稳定器（名）wěndìngqì; 平衡器（名）pínghéngqì; 安定剂（名）āndìngjì

stable[1] *adj* (1)稳定（形）wěndìng; 牢固（形）láogù, 坚固（形）jiāngù (2) 坚定（形）jiāndìng; 可靠（形）kěkào

stable[2] *n* 马厩（名）mǎjiù, 马棚（名）mǎpéng; 牛棚（名）niúpéng

staccato **I** *n* 断奏 duànzòu; 断断续续的声音 duànduànxùxù de shēngyīn **II** *adj* 断奏的 duànzòu de; 断断续续的 duànduànxùxù de

stack **I** *n* (1)垛（名）duò, 堆（名）duī; 干草堆 gāncǎoduī: *a* ~ *of rice straw* 一垛稻草 yíduò dàocǎo / *a* ~ *of books* 一摞书 yíluò shū (2)（图书馆的）书架（名）(túshūguǎn de) shūjià, 书库（名）shūkù (3) 大量（形）dàliàng **II** *v* 堆（动）duī, 堆积（动）duījī, 堆起 duīqī

stadium *n* 体育场（名）tǐyùchǎng, 运动场（名）yùndòngchǎng: *the Beijing Workers' S~* 北京工人体育场 Běijīng Gōngrén Tǐyùchǎng

staff **I** *n* (1)杖（名）zhàng, 棍（名）gùn, 棒（名）bàng; 杆子（名）gānzi: *walk with a* ~ 拄着拐杖走路 zhǔzhe guǎizhàng zǒulù / *a banner on a* ~ 杆子上的一面旗 gānzishang de yímiàn qí (2) 支柱（名）zhīzhù, 依靠（名）yīkào: *the* ~ *of life* 生活必需品 shēnghuó bìxūpǐn（主食 zhǔshí, 面包 miànbāo）(3) 工作人员 gōngzuò rényuán; 职员（名）zhíyuán: *a* ~ *of 25* 全体职工二十五人 quántǐ zhígōng èrshíwǔ rén (4) 参谋（名）cānmóu, 参谋人员 cānmóu rényuán; 参谋机构 cānmóu jīgòu: *headquarters of the* *general* ～ 总参谋部 zǒngcānmóubù **II** *v* 配备（工作人员）（动）pèibèi（gōngzuò rényuán）: *a hospital* ～*ed with 30 doctors* 有三十名医生的医院 yǒu sānshímíng yīshēng de yīyuàn

stage **I** *n* (1) 阶段（名）jiēduàn; 时期（名）shíqī: *the primary* ～ 初期 chūqī / *a critical* ～ 关键时期 guānjiàn shíqī / *the most serious* ～ *of the disease* 病情最严重的阶段 bìngqíng zuì yánzhòng de jiēduàn (2) 舞台（名）wǔtái; 活动场所 huódòng chǎngsuǒ: ～ *fright* 晕台 yùntái（怯场 qièchǎng）/*the political*（*historical*）～ 政治（历史）舞台 zhèngzhì（lìshǐ）wǔtái (3) 戏剧工作 xìjù gōngzuò, 戏剧艺术 xìjù yìshù (4) 站（名）zhàn; 行程（名）xíngchéng, 旅程（名）lǚchéng: *second* ～ *of a journey* 第二段行程 dì'èr duàn xíngchéng **II** *v* (1) 举行（动）jǔxíng; 筹划（动）chóuhuà; 发动（动）fādòng: ～ *football match* 举行足球比赛 jǔxíng zúqiú bǐsài / ～ *a strike* 举行罢工 jǔxíng bàgōng (2) 搬上舞台 bānshang wǔtái; 上演（动）shàngyǎn; 演出（动）yǎnchū: ～ *a play* 上演一出话剧 shàngyǎn yìchū huàjù // *at this* ～ 眼下 yǎnxià; 暂时 zànshí /*by* ～*s* 分阶段地 fēn jiēduàn de / ～ *by* ～ 逐步地 zhúbù de / ～ *box* 特别包厢 tèbié bāoxiāng / ～ *effect* 舞台效果 wǔtái xiàoguǒ / ～ *manager* 舞台监督 wǔtái jiāndū

stage-coach *n* 公共马车 gōnggòng mǎchē

stager *n* 经验丰富的人 jīngyàn fēngfù de rén, 老手（名）lǎoshǒu

stagger **I** *v* (1) 摇晃（动）yáohuàng; 蹒跚（动）pánshān (2) 犹豫（动）yóuyù, 动摇（动）dòngyáo; 震惊（动）zhènjīng (3) 交错（动）jiāocuò, 错开（动）cuòkāi: ～ *work shifts* 错开工作班 cuòkāi gōngzuò bān **II** *n* 摇晃（动）yáohuàng; 蹒跚（动）pánshān

stagnant *adj* (1) 停滞（动）tíngzhì; 不流动的 bù liúdòng de; 污浊（形）

wūzhuó: *a* ～ *pool of water* 一潭死水 yìtán sǐ shuǐ (2) 萧条（形）xiāotiáo, 不景气的 bù jǐngqì de

stain **I** *v* (1) 沾污（动）zhānwū, 沾染（动）zhānrǎn; 玷污（动）diànwū (2) 染色 rǎnsè, 上色 shàngshǎi, 着色 zhuósè **II** *n* (1) 污点（名）wūdiǎn; 瑕疵（名）xiácī: *a blood* ～ 血迹 xuèjì (2) 色斑（名）sèbān (3) 染色剂（名）rǎnsèjì, 着色剂（名）zhuósèjì

stainless *adj* (1) 没有污点的 méiyǒu wūdiǎn de; 纯洁（形）chúnjié: *a* ～ *character* 纯洁无瑕的品格 chúnjié wúxiá de pǐngé (2) 不生锈的 bù shēngxiù de: *a* ～ *steel knife* 一把不锈钢的刀子 yìbǎ búxiùgāng de dāozi

stair *n* 楼梯（名）lóutī; 级（名）jí: *go up*（*down*）～*s* 上（下）楼 shàng（xià）lóu / *a flight of* ～*s* 一段楼梯 yíduàn lóutī / *the top*（*bottom*）～ 楼梯最上（最下）一级 lóutī zuì shàng（zuì xià）yìjí

staircase *n* 楼梯（名）lóutī

stake **I** *n* 赌注（名）dǔzhù: *play for high* ～*s* 下大赌注赌钱 xià dà dǔzhù dǔqián **II** *v* 赌（动）dǔ, 下赌注 xià dǔzhù // *at* ～ 在危险中 zài wēixiǎnzhōng, 生死攸关 shēngsǐ yōuguān

stale *adj* (1) 陈旧（形）chénjiù; 不新鲜的 bù xīnxiān de: ～ *bread* 陈面包 chén miànbāo (2) 陈腐（形）chénfǔ, 过时的 guòshí de: ～ *news* 过时的消息 guòshí de xiāoxi (3) 疲惫（形）píbèi; 疲塌（形）píta

stalk¹ *v* (1) 偷偷追猎 tōutōu zhuīliè; 暗中追踪 ànzhōng zhuīzōng (2) 大踏步地走 dà tàbù de zǒu; 昂首阔步地走 ángshǒu kuòbù de zǒu

stalk² *n* 主茎 zhǔjīng; 秆儿（名）gǎnr: *a sorghum* ～ 一棵高粱秆儿 yìkē gāoliáng gǎnr / *hemp* ～*s* 麻秆儿 mágǎnr

stall¹ **I** *n* (1) 牲口栏 shēngkoulán, 厩（名）jiù, 栏（名）lán: *cattle in their* ～*s* 牲畜栏里的牛 shēngchùlánlǐ de niú (2) 货摊(名) huòtān; 棚店(名) péngdiàn: *a market* ~ 货摊 huòtān / *a vegetable* ~ 菜摊 càitān / *a book* ~ 书摊 shūtān (3) 小隔间 xiǎo géjiān: *a shower* ~ 小淋浴间 xiǎo línyùjiān (4) 戏院正厅前排座位 xìyuàn zhèngtīng qiánpái zuòwèi **II** *v* (1) 赶进栏里 gǎnjìn lánli (2) 停车 tíngchē, 抛锚 pāomáo; 失速 shīsù

stall² *v* 拖延(动) tuōyán; 支吾(动) zhīwú: ~ *for time* 拖延时间 tuōyán shíjiān

stammer **I** *v* 结巴(形) jiēbā, 结结巴巴地说话 jiējiēbāba de shuōhuà **II** *n* 口吃(形) kǒuchī, 结巴(形) jiēbā

stammerer *n* 说话口吃的人 shuōhuà kǒuchī de rén, 结巴(名) jiēbā

stamp **I** *v* (1) 踩(动) duò, 踩脚 duòjiǎo; 踩(动) cǎi (2) 踩灭 cǎimiè; 扑灭 pūmiè; 镇压(动) zhènyā (3) 盖章 gàizhāng; 加印 jiāyìn: ~ *an envelope with one's address* 在信封上印上地址 zài xìnfēngshang yìnshang dìzhǐ / ~ *the date on all incoming letters* 在所有收进的信上盖上日期 zài suǒyǒu shōujìn de xìnshang gàishang rìqī (4) 铭记(动) míngjì, 铭刻(动) míngkè (5) 贴邮票 tiē yóupiào (6) 标出 biāochū; 表示(动) biǎoshì, 显示(动) xiǎnshì **II** *n* (1) 踩脚 duòjiǎo (2) 图章(名) túzhāng, 戳(名) chuō, 印(名) yìn; 戳记(名) chuōjì: *a rubber* ~ 橡皮图章 xiàngpí túzhāng (3) 邮票(名) yóupiào: *postage* ~s 邮票 yóupiào / *a set of commemorative* ~s 一套纪念邮票 yítào jìniàn yóupiào (4) 印花(名) yìnhuā: ~ *duty* 印花税 yìnhuāshuì (5) 标志(名) biāozhì, 标记(名) biāojì; 特征(名) tèzhēng (6) 种类(名) zhǒnglèi, 类型(名) lèixíng

stamp-album *n* 集邮簿(名) jíyóubù

stamp-collector *n* 集邮者 jíyóuzhě

stand **I** *v* (1) 站(动) zhàn, 立(动) lì, 站立(动) zhànlì (2) 坐落(动) zuòluò, 位于(动) wèiyú, 在(动) zài: *a ladder* ~*ing against a wall* 靠着墙的梯子

kào zhe qiáng de tīzi (3) 停住不动 tíngzhù bú dòng (4) 处于某种状态(或态度) chǔyú mǒuzhǒng zhuàngtài (huò tàidu) (5) 坚持(动) jiānchí, 继续有效 jìxù yǒuxiào: ~ *firm* 屹立不动 yìlì bú dòng (6) 忍受(动) rěnshòu; 经受(动) jīngshòu; 接受(动) jiēshòu; ~ *the test of time* 经受时间的考验 jīngshòu shíjiān de kǎoyàn (7) 付帐 fùzhàng, 出钱 chū qián; 请客 qǐngkè **II** *n* (1) 停住 tíngzhù; 站住 zhànzhù: *come to a* ~ 停了下来 tíngle xiàlái (2) 立场(名) lìchǎng, 态度(名) tàidu: *take a* ~ *for (against) sth.* 表示赞成(反对)某事 biǎoshì zànchéng (fǎnduì) mǒushì (3) 架(名) jià; 台(名) tái; 看台(名) kàntái: *a reviewing* ~ 检阅台 jiǎnyuètái / *a music* ~ 乐谱架 yuèpǔjià (4) 摊(名) tān; 停车处 tíngchēchù; 地点(名) dìdiǎn: *a taxi* ~ 出租汽车停车处 chūzū qìchē tíngchēchù / *a good* ~ *for a restaurant* 一处开饭馆的好地方 yíchù kāifànguǎn de hǎo dìfang / *a fruit* ~ 水果摊 shuǐguǒtān // ~ *aside* 让开 ràngkāi, 躲开 duǒkāi / ~ *back* 往后站 wàng hòu zhàn, 退后 tuìhòu, 靠后 kàohòu / ~ *by* 和…站在一起 hé … zhànzài yìqǐ / ~ *or fall* 无论成败 wúlùn chéngbài / ~ *out* 突出 tūchū, 出色 chūsè / ~ *over* 搁置 gēzhì, 延缓 yánhuǎn / ~ *up for* 保护 bǎohù, 支持 zhīchí, 坚持 jiānchí: ~ *up for one's rights* 保护自己的权利 bǎohù zìjǐ de quánlì / ~ *up to* 敢于正视 gǎnyú zhèngshì; 抵抗 dǐkàng, 顶住 dǐngzhù; 禁得住 jīn de zhù: ~ *up to high voltages* 耐高压 nài gāoyā

standard **I** *n* (1) 标准(名) biāozhǔn, 水准(名) shuǐzhǔn, 规格(名) guīgé; 规范(名) guīfàn: *the living* ~ 生活水平 shēnghuó shuǐpíng / *be up to (below) the* ~ 达到(低于)标准 dádào (dīyú) biāozhǔn / *conform to the* ~ 合乎规范 héhū guīfàn (2) 旗(名) qí, 军旗(名) jūnqí; 帅旗(名) shuàiqí; 队旗

（名）duìqí: *the royal* ～ 皇室的旗标 huángshì de qíbiāo（3）本位 běnwèi: *the gold* ～ 金本位制 jīnběnwèizhì **II** *adj*（1）标准（形）biāozhǔn, 规范（形）guīfàn: ～ *spelling* 标准拼写法 biāozhǔn pīnxiěfǎ / ～ *pronunciation* 标准发音 biāozhǔn fāyīn / ～ *English* 标准英语 biāozhǔn yīngyǔ /*the weights and measures* 标准度量衡 biāozhǔn dùliànghéng（2）公认优秀的, 权威的 gōngrèn yōuxiù de, quánwēi de: *a* ～ *work on the subject* 这一科目的权威著作 zhèyī kēmù de quánwēi zhùzuò（3）一般（形）yìbān, 普通（形）pǔtōng: *the* ～ *model of an automobile* 普通型号的汽车 pǔtōng xínghào de qìchē // *a* ～ *error* 标准误差 biāozhǔn wùchā /*a* ～ *lamp* 落地灯 luòdìdēng / ～ *time* 标准时间 biāozhǔn shíjiān

standardize *v*（1）标准化（动）biāozhǔnhuà; 使合标准 shǐ hé biāozhǔn: ～ *English speech* 使英语标准化 shǐ Yīngyǔ biāozhǔnhuà（2）用标准校验 yòng biāozhǔn jiàoyàn: ～ *a voltmeter* 用标准校验一只伏特计 yòng biāozhǔn jiàoyàn yìzhī fútèjì

stander-by *n* 旁观者（名）pángguānzhě

standing **I** *adj*（1）站着的 zhànzhe de; 直立的 zhílì de: *a* ～ *jump* 立定跳远 lìdìng tiàoyuǎn（2）停滞的 tíngzhì de, 不运转的 bú yùnzhuàn de, 不流动的 bù liúdòng de: *a* ～ *factory* 停工的工厂 tínggōng de gōngchǎng（3）长期（名）chángqī; 持续的 chíxù de: *a* ～ *order* 长期定货单 chángqī dìnghuòdān（4）常设的 chángshè de **II** *n* 地位（名）dìwèi, 身份（名）shēnfèn: *a person of high* ～ 地位很高的人 dìwèi hěn gāo de rén

standpoint *n* 立场（名）lìchǎng, 观点（名）guāndiǎn; 论点（名）lùndiǎn

standstill *n* 停止（动）tíngzhǐ, 停顿（动）tíngdùn: *come to a* ～ 停顿下来 tíngdùn xialai

staple[1] **I** *n* U 形钉 Uxíngdīng; 钉书钉（名）dìngshūdīng **II** *v* 用钉书钉钉（名）

yòng dìngshūdīng dìng

staple[2] *n*（1）大宗出产 dà zōng chūchǎn; 主要产品（商品）zhǔyào chǎnpǐn（shāngpǐn）（2）常用品 chángyòngpǐn; 主食（名）zhǔshí: ～ *foods* 主食 zhǔshí / *a* ～ *diet of rice and vegetables* 以稻米和蔬菜为主的饭食 yǐ dàomǐ hé shūcài wéi zhǔ de fànshí（3）主要成分 zhǔyào chéngfèn; 主题（名）zhǔtí

stapler *n* 钉书机（名）dìngshūjī

star **I** *n*（1）星（名）xīng: *the North S*～ 北极星 Běijíxīng / *a fixed* ～ 恒星 héngxīng /*a shooting* ～ 一颗流星 yìkē liúxīng /*a* ～ *lit night* 星光之夜 xīngguāng zhī yè（2）星状物（名）xīngzhuàngwù: *a 5-pointed* ～ 五角星 wǔjiǎoxīng /*the Red Flag with Five S*～*s* 五星红旗 Wǔxīng Hóngqí /*the S*～*s and Stripes* 星条旗 Xīngtiáoqí（3）星号（名）xīnghào; 星章（名）xīngzhāng: *a 5-star hotel* 五星级宾馆 wǔ xīng jí bīnguǎn（4）命运（名）mìngyùn, 时运（名）shíyùn（5）明星（名）míngxīng, 名人（名）míngrén: *a film（football）*～ 电影（足球）明星 diànyǐng（zúqiú）míngxīng /*an all-*～ *performance* 全明星演出 quán míngxīng yǎnchū /*a social* ～ 交际花 jiāojìhuā **II** *v*（1）用星号标出 yòng xīnghào biāochū（2）主演（动）zhǔyǎn; 担任主角 dānrèn zhǔjué: *films* ～*ring Charlie Chaplin* 查理·卓别林主演的影片 Chálǐ·Zhuōbiélín zhǔyǎn de yǐngpiàn

starboard *n* 右舷（名）yòuxián

starch **I** *n* 淀粉（名）diànfěn: 淀粉质食物 diànfěnzhì shíwù **II** *v* 上浆 shàngjiāng, 浆硬 jiāngyìng: ～ *a shirt* 浆衬衫 jiāng chènshān

stare **I** *v* 盯（动）dīng, 目不转睛地看 mùbùzhuǎnjīng de kàn, 凝视（动）níngshì: ～ *into the distance* 凝视远方 níngshì yuǎnfāng / ～ *sb. up and down* 上下打量某人 shàngxià dǎliàng mǒurén **II** *n* 盯（动）dīng, 凝视（动）

níngshì: *give sb. a frosty* ~ 冷冷地盯
某人一眼 lěnglěng de dīng mǒurén
yìyǎn /*with an empty* ~ 茫然地凝视
mángrán de níngshì /*admiring* ~s 羡
慕的目光 xiànmù de mùguāng // ~
sb. in the face 就在某人的眼前 jiù zài
mǒurén de yǎnqián

starfish *n* 海星(名) hǎixīng, 海盘车
hǎipánchē

starless *adj* 无星的 wú xīng de

starlet *n* (1) 小星 xiǎo xīng (2) 小女
明星 xiǎo nǚ míngxīng

starlight *n* 星光(名) xīngguāng

starlit *adj* 有星光的 yǒu xīngguāng
de, 星光灿烂的 xīngguāng cànlàn de:
a ~ *night* 有星光的夜晚 yǒu
xīngguāng de yèwǎn

starry *adj* 布满星的 bùmǎn xīng de;
明亮(形) míngliàng: ~ *sky* 星光满天
xīngguāng mǎn tiān / ~ *eyes* 明亮的眼
睛 míngliàng de yǎnjing

start **I** *v* (1) 出发(动) chūfā, 动身
(动) dòngshēn, 起程(动) qǐchéng (2)
开始(动) kāishǐ, 动手(动) dòngshǒu
(3) 开办(动) kāibàn, 创办(动)
chuàngbàn, 建立(动) jiànlì (4) 发动
(动) fādòng, 开动(动) kāidòng **II** *n*
(1) 开始(动) kāishǐ, 开头 kāitóu: *at
the* ~ 开始的时候 kāishǐ de shíhou,
起头 qǐtóu (2) 起程(动) qǐchéng, 动
身(动) dòngshēn, 出发(动) chūfā; 起
动(动) qǐdòng, 发动(动) fādòng:
make an early ~ 早点动身 zǎodiǎn
dòngshēn (3) 出发点(名) chūfādiǎn;
起跑点(名) qǐpǎodiǎn, 先跑权
xiānpǎoquán, 优先开始 yōuxiān kāishǐ
(4) 吃惊 chījīng, 吓一跳 xiàyítiào //
by fits and ~s 一阵一阵 yīzhèn
yízhèn; 间歇地 jiànxiē de / *from* ~ *to
finish* 自始至终 zì shǐ zhì zhōng, 从开
头到结尾 cóng kāitóu dào jiéwěi / ~
aside 跳到一边 tiàodào yìbiān / ~ *in*
开始 kāishǐ / ~ *off* 出发 chūfā 动身
dòngshēn, 起程 qǐchéng; 开始 kāishǐ /
~ *on* 开始 kāishǐ, 着手 zhuóshǒu / ~
out (1) 出发 chūfā (2) 着手进行

zhuóshǒu jìnxíng: ~ *out to write a
novel* 动手写小说 dòngshǒu xiě
xiǎoshuō / ~ *something* 制造麻烦
zhìzào máfan / *to* ~ *with* 首先
shǒuxiān, 第一点 dìyīdiǎn

starter *n* (1) 参加赛跑的人(或马)
cānjiā sàipǎo de rén (huò mǎ) (2) 发
号员(名) fāhàoyuán (3) 开始做的人
kāishǐ zuò de rén (4) 起动机(名)
qǐdòngjī

starting-point *n* 起点(名) qǐdiǎn, 出
发点(名) chūfādiǎn

startle *v* 使…大吃一惊 shǐ…dà chī yì
jīng, 吓…一跳 xià…yítiào

starvation *n* 饥饿(形) jī'è, 饿死 èsǐ

starve *v* (1) 挨饿 ái'è, 使挨饿 shǐ ái'è
(2) 饿死 èsǐ (3) 急需 jíxū, 渴望(动)
kěwàng

state[1] *n* (1) 状态(名) zhuàngtài, 状况
(名) zhuàngkuàng, 情况(名)
qíngkuàng, 情形(名) qíngxing: *the* ~
of one's health 健康状况 jiànkāng
zhuàngkuàng /*a happy* ~ *of mind* 精
神愉快 jīngshén yúkuài /*the* ~ *of af-
fairs* 事态 shìtài (2) 激动(形) jīdòng,
兴奋(形) xīngfèn, 过分紧张 guòfèn
jǐnzhāng (3) 国家(名) guójiā, 政府
(名) zhèngfǔ: ~ *secrets* 国家机密
guójiā jīmì / *a head of* ~ 国家元首
guójiā yuánshǒu /*the Arab S*~s 阿拉
伯国家 Ālābó guójiā / *matters of* ~
国家事务 guójiā shìwù (4) 州(名)
zhōu: *the* ~ *of Ohio* 俄亥俄州
Éhài'ézhōu (5) 国务(名) guówù: *Sec-
retary of S*~ 国务卿 guówùqīng / *the
S*~ *Council* (中国)国务院 (Zhōngguó)
guówùyuàn // *lie in* ~ 供瞻仰遗容
gòng zhānyǎng yíróng/ ~ *prisoners* 政
治犯 zhèngzhìfàn / ~ *relations* 国家
关系 guójiā guānxì

state[2] *v* (1) 陈述(动) chénshù, 说明
(动) shuōmíng, 阐明(动) chǎnmíng
(2) 规定(动) guīdìng, 确定(动)
quèdìng

stated *adj* 规定的 guīdìng de; 固定
(形) gùdìng; 定期的 dìngqī de: ~ *of-*

fice hours 规定的办公时间 guīdìng de bàngōng shíjiān

stateless *adj* 无国籍的 wú guójí de

stately *adj* 庄严(形) zhuāngyán, 庄重(形) zhuāngzhòng, 堂皇(形) tánghuáng, 雄伟(形) xióngwěi: *a ~ old woman* 一位庄重的老妇人 yíwèi zhuāngzhòng de lǎofùrén /*a ~ building* 雄伟的大厦 xióngwěi de dàshà

statement *n* (1)陈述(动) chénshù, 供述(动) gòngshù, 声明(名) shēngmíng, 声明书(名) shēngmíngshū: *an oral ~* 口头声明 kǒutóu shēngmíng / *a false ~* 谎报 huǎngbào (2) 财务报表 cáiwù bàobiǎo: *a bank ~* 银行报告 yínháng bàogào(银行结单 yínháng jiédān)

statesman *n* 政治家(名) zhèngzhìjiā, 国务活动家 guówù huódòngjiā: *an elder ~* 一位政界元老 yíwèi zhèngjiè yuánlǎo

static I *adj* 静止的 jìngzhǐ de, 静态的 jìngtài de: *~ electricity* 静电 jìngdiàn II *n* 静电(名) jìngdiàn

station I *n* (1) 站(名) zhàn, 台(名) tái, 局(名) jú, 所(名) suǒ: *a police ~* 派出所 pàichūsuǒ (警察局分局 jǐngchájú fēnjú) / *a paging ~* 寻呼台 xúnhūtái / *a petrol ~* 加油站 jiāyóuzhàn / *a fire ~* 消防站 xiāofángzhàn / *a power ~* 发电厂 fādiànchǎng (2)电台 diàntái, 电视台(名) diànshìtái: *a broadcasting ~* 广播电台 guǎngbō diàntái / *a television ~* 电视台 diànshìtái (3) 身份(名) shēnfèn, 地位(名) dìwèi (4) 岗位(名) gǎngwèi, 位置(名) wèizhì, 驻地(名) zhùdì: *a ~ hospital* 驻地医院 zhùdì yīyuàn II *v* 驻扎(动) zhùzhá; 安置(动) ānzhì: *~ troops on a hill* 在山上驻军 zài shānshang zhùjūn

stationary *adj* (1) 不动的 bú dòng de, 静止的 jìngzhǐ de: *a ~ object* 静止不动的物体 jìngzhǐ bú dòng de'wùtǐ (2) 不变的 búbiàn de, 固定的 gùdìng de: *a ~ gun* 一门固定式大炮 yìmén

gùdìngshì dàpào

stationer *n* 文具商(名) wénjùshāng, 文具店(名) wénjùdiàn

stationery *n* (1) 文具(名) wénjù (2) 信笺(名) xìn jiān

station-master *n* 火车站站长 huǒchēzhàn zhànzhǎng

statistical *adj* 统计的 tǒngjì de; 统计学的 tǒngjìxué de: *a ~ table* 统计表 tǒngjìbiǎo / *~ data* 统计资料 tǒngjì zīliào

statistician *n* 统计员(名) tǒngjìyuán, 统计工作者 tǒngjì gōngzuòzhě

statistics *n* 统计(名) tǒngjì; 统计学(名) tǒngjìxué, 统计法(名) tǒngjìfǎ; 统计数字 tǒngjì shùzì: *according to government ~* 根据政府统计 gēnjù zhèngfǔ tǒngjì

statue *n* 雕像(名) diāoxiàng, 塑像(名) sùxiàng, 铸像(名) zhùxiàng: *a bronze ~* 一座铜像 yízuò tóngxiàng / *the Statue of Liberty in the New York Bay* 纽约港内的自由女神像 Niǔyuē gǎngnèi de zìyóunǚshén xiàng

stature *n* (1) 身高(名) shēngāo, 身材(名) shēncái: *a man of gigantic ~* 身材魁梧的人 shēncái kuíwú de rén (2) 精神境界 jīngshén jìngjiè, 道德修养 dàodé xiūyǎng: *a person of high ~* 道德高尚的人 dàodé gāoshàng de rén /*a minister of great ~* 一位德高望重的大臣 yíwèi dégāo wàngzhòng de dàchén

status *n* (1) 情形(名) qíngxíng, 情况(名) qíngkuàng, 状况(名) zhuàngkuàng: *marital ~* 婚姻状况 hūnyīn zhuàngkuàng (2) 地位(名) dìwèi, 身份(名) shēnfèn: *raise the ~ of women in society* 提高妇女的社会地位 tígāo fùnǚ de shèhuì dìwèi/ *have legal ~* 有合法身份 yǒu héfǎ shēnfèn (3) 重要地位 zhòngyào dìwèi, 要人身份 yàorén shēnfèn: *a ~ seeker* 追求名誉地位的人 zhuīqiú míngyù dìwèi de rén

staunch *adj* 坚定(形) jiāndìng, 忠诚(形) zhōngchéng, 可靠的 kěkào de: *a*

~ *supporter* 坚定的拥护者 jiāndìng de yōnghùzhě / a ~ *defender of national independence* 民族独立的忠诚捍卫者 mínzú dúlì de zhōngchéng hànwèizhě

stay I v (1) 停留 (动) tíngliú, 呆 (动) dāi, 保持下去 bǎochíxiàqù (2) 暂住 zànzhù, 耽搁 dānge, 逗留 (动) dòuliú: ~ *in a hotel* 住在旅馆 zhùzài lǚguǎn (3) 站住 zhànzhù, 停住 tíngzhù (4) 坚持 (动) jiānchí, 持久 (形) chíjiǔ: ~ *to the end of the race* 坚持跑完全程 jiānchí pǎowán quánchéng / ~*ing power* 耐力 nàilì (5) 制止 (动) zhìzhǐ, 平息 (动) píngxī: ~ *one's stomach with a piece of bread* 用一片面包充饥 yòng yípiàn miànbāo chōngjī II n 暂住 zànzhù, 停留 (动) tíngliú, 逗留 (动) dòuliú: a short ~ *in hospital* 短时间住院 duǎn shíjiān zhùyuàn // come to ~ 留下不走 liúxià bù zǒu; 扎下根来 zhāxià gēn lai; 普遍接受 pǔbiàn jiēshòu / ~ *away* 离家 líjiā, 在外 zài wài / ~ *behind* 留下来 liúxiàlai, 不走 bù zǒu / ~ *in* 呆在家里 dāizài jiāli, 不出门 bù chūmén / ~ *on* 继续停留 jìxù tíngliú / ~ *one's hand* 住手 zhùshǒu / ~ *out* 呆在外面 dāizài wàimiàn, 不回家 bù huíjiā / ~ *up* 不睡觉 bú shuìjiào

steadfast adj 坚定 (形) jiāndìng, 不动摇的 bú dòngyáo de, 忠诚不渝的 zhōngchéng bù yú de: a ~ *friend* 忠诚不渝的朋友 zhōngchéng bù yú de péngyou

steadily adv 稳固地 wěngù de, 平稳地 píngwěn de, 稳定地 wěndìng de; 坚定地 jiāndìng de

steady I adj (1) 稳固 (形) wěngù, 平稳 (形) píngwěn: a ~ *foundation* 稳固的基础 wěngù de jīchǔ (2) 稳定 (形) wěndìng, 不变的 búbiàn de: *keep up a ~ speed* 保持稳定的速度 bǎochí wěndìng de sùdù / a ~ *job* 稳定的工作 wěndìng de gōngzuò / ~ *growth in industry* 工业的稳步增长

工业的稳步增长 gōngyè de wěnbù zēngzhǎng / ~ *rain* 连绵不断的雨 liánmián búduàn de yǔ (3) 坚定 (形) jiāndìng, 可靠 (形) kěkào, 扎实 (形) zhāshi: *be ~ in one's purpose* 意志坚定 yìzhì jiāndìng / a ~ *young man* 可靠的年轻人 kěkào de niánqīngrén II v 稳定 (动) wěndìng, 固定 (动) gùdìng; 镇静 (动) zhènjìng, 使坚定 shǐ jiāndìng // go ~ 肯定关系 kěndìng guānxi / S~! 别急! Bié jí! 稳住! Wěnzhù! 留神! Liúshén!

steak n (1) 肉块 (名) ròukuài, 鱼块 (名) yúkuài (2) 牛排 (名) niúpái, 扒 (动) pá: *fried ~* 炸牛排 zháníupái / *ham ~* 火腿扒 huǒtuǐpá

steal I v (1) 偷 (动) tōu, 窃 (动) qiè, 盗 (动) dào, 偷窃 (动) tōuqiè, 盗窃 (动) dàoqiè: *have one's purse stolen* 钱包被偷 qiánbāo bèitōu / ~ *information* 盗窃情报 dàoqiè qíngbào (2) 偷偷地取得 tōutōu de qǔdé, 偷偷地做 tōutōu de zuò: ~ *sb.'s heart* 博得某人的欢心 bódé le mǒurén de huānxīn (3) 偷偷地走动 tōutōu de zǒudòng, 溜 (动) liū: ~ *into a house* 溜进一幢房屋 liūjìn yízhuàng fángwū / ~ *away* 溜掉 liūdiào II n 卖得非常便宜的东西 mài de fēicháng piányi de dōngxi

stealth n 秘密行动 mìmì xíngdòng, 偷偷的活动 tōutōu de huódòng: *do sth. by ~* 偷偷地做一件事 tōutōu de zuò yíjiàn shì

steam I n (1) 蒸气 (名) zhēngqì, 水蒸汽 (名) shuǐzhēngqì, 水气 (名) shuǐqì: a ~ *engine* 蒸气机 zhēngqìjī / a *window covered with ~* 凝结着水气的窗户 níngjiézhe shuǐqì de chuānghu (2) 轮船 (名) lúnchuán: *travel by ~* 乘轮船旅行 chéng lúnchuán lǚxíng II v (1) 冒热气 mào rèqì (2) 蒸 (动) zhēng; 煮 (动) zhǔ: ~ *fish* 蒸鱼 zhēngyú / ~*ed rice* 米饭 mǐfàn / a ~*ed bun* 馒头 mántou (3) 行驶 (动) xíngshǐ // *full ~* 开足马力 kāizú mǎlì; 全力以赴 quánlìyǐfù / *full ~ ahead* 全速前

进 quánsù qiánjìn /put on ~ 使劲儿 shǐjinr, 加油 jiāyóu

steamboat n 汽船（名）qìchuán, 轮船（名）lúnchuán

steamer n (1)汽船（名）qìchuán, 轮船（名）lúnchuán (2) 蒸汽机（名）zhēngqìjī (3) 蒸发器（名）zhēngfāqì, 蒸笼（名）zhēnglóng

steamy adj 蒸汽的 zhēngqì de, 多蒸汽的 duō zhēngqì de

steel I n 钢（名）gāng; 钢铁（名）gāngtiě: stainless ~ 不锈钢 búxiùgāng /alloy ~ 合金钢 héjīngāng /a ~ helmet 一只钢盔 yìzhī gāngkuī /the ~ industry 钢铁工业 gāngtiě gōngyè /a ~ ball 钢珠 gāngzhū / a heart of ~ 铁石心肠 tiěshí xīncháng/ ~ plate 钢板 gāngbǎn II v 使坚强 shǐ jiānqiáng, 使坚定 shǐ jiāndìng, 使下决心 shǐ xià juéxīn

steelmaking n 炼钢 liàngāng

steelworker n 炼钢工人（名）liàngāng gōngrén

steelworks n 炼钢厂（名）liàngāngchǎng, 钢铁厂（名）gāngtiěchǎng

steep[1] adj (1)急剧上升（下降）jíjù shàngshēng (xiàjiàng): a ~ rise in prices 价格猛涨 jiàgé měngzhǎng / a ~ drop in living standards 生活水平急剧下降 shēnghuó shuǐpíng jíjù xiàjiàng (2)陡（形）dǒu, 陡峭（形）dǒuqiào, 险峻（形）xiǎnjùn (3)苛刻（形）kēkè, 过分（形）guòfèn, 难以接受 nányǐ jiēshòu: a ~ demand 过高的要求 guògāo de yāoqiú

steep[2] v (1)浸（动）jìn, 泡（动）pào: ~ vegetables in brine 用盐水泡菜 yòng yánshuǐ pào cài (2)使埋头于 shǐ máitóu yú, 使沉浸在 shǐ chénjìn zài

steeple n 教堂的尖顶（名）jiàotáng de jiāndǐng

steer[1] v (1)驾驶（动）jiàshǐ, 掌舵 zhǎngduò; 指导（动）zhǐdǎo, 引导（动）yǐndǎo (2)行驶（动）xíngshǐ, 行进（动）xíngjìn

steer[2] n 小公牛 xiǎo gōngniú; 菜牛（名）càiniú

stem[1] I n (1)茎（名）jīng, 干（名）gàn, 梗（名）gěng: daffodil ~s 水仙花的茎 shuǐxiānhuā de jīng /an ancient pine tree with a thick ~ 一棵粗大的古松 yìkē cūdà de gǔsōng (2)把（名）bà, 柄（名）bǐng, 杆（名）gǎn: the ~ of a wine glass 酒杯的脚 jiǔbēi de jiǎo (3)词根（名）cígēn II v (1)抽去…的茎(梗) chōuqù…de jīng(gěng): ~ tobacco leaves 抽去烟叶的梗 chōuqù yānyè de gěng (2)给…装上把(柄) gěi… zhuāngshang bà (bǐng) (3)起源（动）qǐyuán, 产生（动）chǎnshēng, 发生（动）fāshēng: languages ~med from the Indo-European language family 起源于印欧语系的语言 qǐyuányú Yìn-Ōu yǔxì de yǔyán

stem[2] v 堵住（动）dǔzhù, 塞住（动）sāizhù, 止住（动）zhǐzhù: ~ the flow of water 堵住水流 dǔzhù shuǐliú / ~ a hole 堵住一个洞 dǔzhù yíge dòng / ~ the flow of blood from a wound 止住伤口流血 zhǐzhù shāngkǒu liúxiě / ~ an attack 阻止一次进攻 zǔzhǐ yícì jìngōng

stencil n 蜡纸（名）làzhǐ; 模板（名）móbǎn: cut a ~ 刻蜡版 kèlàbǎn

stenography n 速记法（名）sùjìfǎ

step I n (1)步（动）bù, 脚步（名）jiǎobù; 步态（名）bùtài; 步距（名）bùjù: quicken one's ~ 加快脚步 jiākuài jiǎobù /walk with steady ~s 走路脚步稳健 zǒulù jiǎobù wěnjiàn (2)脚步声 jiǎobùshēng; 足迹（名）zújì: know sb.'s ~ 听出某人的脚步声 tīngchū mǒurén de jiǎobùshēng (3)步调（名）bùdiào, 步伐（名）bùfá: in (out of) ~ 步调(不)一致 bùdiào (bù) yízhì /keep ~ with sb. 同某人保持步调一致 tóng mǒurén bǎochí bùdiào yízhì (4)台阶（名）táijiē, 梯级（名）tījí: run down the ~s 跑下阶梯 pàoxià jiētī / a ladder of 10 ~s 十级的梯子 shíjí de tīzi (5)步骤（名）

bùzhòu; 手段（名）shǒuduàn; 方法（名）fāngfǎ; 措施（名）cuòshī: *a decisive* ~ 决定性的步骤 juédìngxìng de bùzhòu /*take diplomatic* ~*s* 使用外交手段 shǐyòng wàijiāo shǒuduàn /*effective* ~*s* 有效的方法 yǒuxiào de fāngfǎ (6) 等级（名）děngjí; 升级 shēngjí: ~*s in the social scale* 社会等级 shèhuì děngjí/ *get one's* ~ 获得提升 huòdé tíshēng (7) 舞步（名）wǔbù: *one* (2) ~(*s*) 单（双）步舞 dān(shuāng) bùwǔ II *v* (1)走（动）zǒu, 迈步 màibù; 步行（动）bùxíng: ~ *forward* 向前走 xiàng qián zǒu / ~ *into the house* 走进房子 zǒujìn fángzi (2)跨入 kuàrù; 踏上 tàshang: ~ *into a car* 上车 shàngchē / ~ *into a new stage* 进入一个新阶段 jìnrù yíge xīn jiēduàn (3)踩（动）cǎi, 踏（动）tà: ~ *on a nail* 踩在钉子上 cǎizài dīngzishang // *follow in sb.'s* ~*s* 跟着某人走 gēnzhe mǒurén zǒu; 学某人的样子 xué mǒurén de yàngzi /*pick one's* ~*s* 看一步走一步 kàn yíbù zǒu yíbù / ~ *along* 走开 zǒukāi / ~ *aside* (1) 走到旁边去 zǒudào pángbiān qù, 闪开 shǎnkāi, 靠边站 kàobiān zhàn (2)退让 tuìràng / ~ *by* ~ 逐步地 zhúbù de; 稳步地 wěnbù de / ~ *down* (1)走下 zǒuxià (2)下台 xiàtái, 退出 tuìchū: ~ *down from the stage of history* 退出历史舞台 tuìchū lìshǐ wǔtái / ~ *in* (1)走进 zǒujìn (2)介入 jièrù, 插手 chāshǒu / ~ *out* (1)离开 líkāi, 走出 zǒuchū (2)出去娱乐 chūqù yúlè / ~ *up* (1)走近来 zǒu jìnlái, 走上去 zǒu shàngqu (2)增加 zēngjiā, 提高 tígāo; 提升 tíshēng; 改进 gǎijìn /*take a false* ~ 走错一步 zǒucuò yíbù, 失算 shīsuàn /*Watch your* ~! (1)留神脚下! Liúshén jiǎoxià! (2)你可要谨慎小心! Nǐ kě yào jǐnshèn xiǎoxīn!

stepbrother *n* 异父兄弟 yìfù xiōngdì; 异母兄弟 yìmǔ xiōngdì

stepchild *n* 继子女 jìzǐnǚ

stepdaughter *n* 继女 jìnǚ

stepfather *n* 继父（名）jìfù

stepmother *n* 继母（名）jìmǔ, 后妈（名）hòumā

stepping-stone *n* 过河的石磴（名）guòhé de shídèng; 垫脚石（名）diànjiǎoshí; 进身的阶梯 jìnshēn de jiētī

stepsister *n* 异父姐妹 yìfù jiěmèi; 异母姐妹 yìmǔ jiěmèi

stepson *n* 继子 jìzǐ

stereo I *adj* 立体声的 lìtǐshēng de II *n* 立体声（名）lìtǐshēng; 立体声音响设备 lìtǐshēng yīnxiǎng shèbèi; 立体声收录机 lìtǐshēng shōulùjī

stereotype *n* (1)铅版（名）qiānbǎn; 铅版印刷 qiānbǎn yìnshuā (2) 成规（名）chéngguī; 定型（名）dìngxíng

stereotyped *adj* 老一套的 lǎoyítào de, 陈规旧习的 chéngguī jiùxí de; 僵化的 jiānghuà de: *a* ~ *expression* 套话 tàohuà（陈腐的表达方法 chénfǔ de biǎodá fāngfǎ）

sterile *adj* (1)不生育的 bù shēngyù de, 不孕的 bú yùn de; 不结果实的 bù jiē guǒshí de: *a* ~ *cow* 不生育的母牛 bù shēngyù de mǔniú /*a* ~ *woman* 不能生育的妇女 bùnéng shēngyù de fùnǚ / ~ *flowers* 不结果的花 bù jiē guǒ de huā (2)贫瘠（形）pínjí: ~ *land* 贫瘠的土地 pínjí de tǔdì (3)无菌的 wú jūn de, 消过毒的 xiāoguo dú de (4)缺乏创见的 quēfá chuàngjiàn de; 枯燥无味的 kūzào wúwèi de: *a* ~ *story* 枯燥乏味的故事 kūzào fáwèi de gùshì (5)无效果的 wú xiàoguǒ de, 无结果的 wú jiéguǒ de: ~ *negotiations* 毫无成果的会谈 háowú chéngguǒ de huìtán

sterling I *n* (1)英国货币 Yīngguó huòbì: *the pound* ~ 英镑 yīngbàng / *payable in* ~ 以英国货币支付的 yǐ Yīngguó huòbì zhīfù de (2)标准纯银 biāozhǔn chúnyín; 纯银制品 chúnyín zhìpǐn: *a set of* ~ 一套银器 yítào yínqì II *adj* (1)英币的 yīngbì de; 用英币支付（或计算）的 yòng yīngbì zhīfù(huò jìsuàn) de: 10 *pounds* ~ 十英镑 shí yīngbàng (2) 标准成分的

biāozhǔn chéngfèn de: ~ gold 标准成份的黄金 biāozhǔn chéngfèn de huángjīn (3)合最高标准的 hé zuì gāo biāozhǔn de; 纯正(形) chúnzhèng; 优秀(形) yōuxiù

stethoscope n 听诊器(名) tīngzhěnqì

stevedore n 搬运工人 bānyùn gōngrén, 码头工人 mǎtou gōngrén

stew v 炖(动) dùn, 煨 wēi: ~ beef 炖牛肉 dùn niúròu

steward n (1)乘务员(名) chéngwùyuán, 服务员(名) fúwùyuán: a train ~ 火车乘务员 huǒchē chéngwùyuán (2)伙食管理员 huǒshí guǎnlǐyuán (3)管家(名) guǎnjiā; 财务管理员 cáiwù guǎnlǐyuán

stewardess n 女乘务员 nǚchéngwùyuán, 女服务员 nǚfúwùyuán; 空中小姐 kōngzhōngxiǎojiě

stick I n (1)枝条(名) zhītiáo, 树枝(名) shùzhī: gather ~ s to make a fire 拾柴生火 shí chái shēng huǒ (2)棍(名) gùn, 棒(名) bàng; 手杖(名) shǒuzhàng, 拐棍儿(名) guǎigùnr (3)条状物 tiáozhuàngwù, 根(量) gēn, 条(量) tiáo: a ~ of chalk 一支粉笔 yìzhī fěnbǐ /a ~ of charcoal 一根木炭 yìgēn mùtàn II v (1)刺(动) cì; 戳(动) chuō; 扎(动) zhā; 插(动) chā: ~ an insect specimen 钉住昆虫标本 dìngzhù kūnchóng biāoběn / ~ pins into the material 用别针别住衣料 yòng biézhēn biézhù yīliào / ~ a post into the ground 把杆儿插在地上 bǎ gānr chāzài dìshang (2)贴(动) tiē, 张贴(动) zhāngtiē; 粘住 zhānzhù: ~ a stamp on an envelope 在信封上贴邮票 zài xìnfēng shang tiē yóupiào / ~ up a notice 贴通知 tiē tōngzhī (3)停留(动) tíngliú; 坚持(动) jiānchí: ~ to one's words 信守诺言 xìnshǒu nuòyán (4)阻塞(动) zǔsè; 陷住 xiànzhù; 被难住 bèi nánzhù // ~ at (1)犹豫 yóuyù, 迟疑 chíyí (2)坚持 jiānchí: ~ at the job 坚持做一项工作 jiānchí zuò yíxiàng gōngzuò / ~ down 放下

fàngxià / ~ on 贴上 tiēshang: ~ on a label 贴上标签 tiēshang biāoqiān / ~ out 伸出 shēnchū, 突出(动) tūchū, 凸出(动) tūchū /the ~ and carrot 大棒与胡萝卜政策 dàbàng yǔ húluóbo zhèngcè, 软硬两手 ruǎnyìng liǎngshǒu

stiff adj (1)硬(形) yìng, 挺(形) tǐng: a ~ collar 硬领 yìnglǐng (2)不灵活的 bù línghuó de; 一动就痛的 yí dòng jiù tòng de: ~ joints 不灵活的关节 bù línghuó de guānjié/ ~ aching muscles 一动就痛的肌肉 yí dòng jiù tòng de jīròu (3)粘(形) nián; 稠(形) chóu (4)生硬(形) shēngyìng; 傲慢(形) àomàn: a ~ style 死板的文体 sǐbǎn de wéntǐ /keep a ~ face 板着面孔 bǎnzhe miànkǒng /a ~ smile 不自然的笑 bú zìrán de xiào (5)强烈(形) qiángliè: a ~ drink 烈酒 lièjiǔ /a ~ whisky 一大杯纯威士忌 yídàbēi chún wēishìjì (6) 艰难(形) jiānnán 费劲 fèijìn: a ~ job 费劲的工作 fèijìn de gōngzuò / ~ reading 费劲的阅读 fèijìn de yuèdú (7)厉害(形) lìhai, 到了极点 dàole jídiǎn

stiffen v (1)硬化(动) yìnghuà; 挺(动) tǐng: ~ one's attitude 态度强硬起来 tàidu qiángyìng qilai (2)绷紧 bēngjǐn, 使紧张 shǐ jǐnzhāng; 强硬起来 qiángyìng qilai

stifle v (1)抑制(动) yìzhì; 忍住 rěnzhù; 憋住 biēzhù: ~ one's laughter 忍住笑 rěnzhù xiào (2)扑灭(动) pūmiè; 使熄灭 shǐ xīmiè: ~ the flames 把火焰扑灭 bǎ huǒyàn pūmiè (3)窒息(动) zhìxī, 闷死 mēnsǐ

stifling adj 沉闷(形) chénmèn; 令人窒息的 lìng rén zhìxī de: ~ atmosphere 沉闷的空气 chénmèn de kōngqì / ~ heat 叫人无法喘息的炎热 jiào rén wúfǎ chuǎnxī de yánrè

still I adj (1)静止的 jìngzhǐ de, 不动的 búdòng de; 平静(形) píngjìng: lie ~ 躺着不动 tǎngzhe bú dòng / a ~ lake 平静的湖面 píngjìng de húmiàn

(2)寂静(形) jìjìng, 安静(形) ānjìng, 无声 wúshēng: *a ~ evening* 寂静的夜晚 jìjìng de yèwǎn (3)镇静(形) zhènjìng, 冷静(形) lěngjìng: *a ~ mind* 冷静的头脑 lěngjìng de tóunǎo **II** *v* 使平静 shǐ píngjìng, 止住 zhǐzhù; 平息(动) píngxī: *~ the pain of a wound* 止住伤口疼痛 zhǐzhù shāngkǒu téngtòng **III** *adv* (1)还(副) hái, 仍旧(副) réngjiù, 仍然(副) réngrán (2)还要 hái yào, 更(副) gèng, 更加(副) gèngjiā **IV** *conj* 即使这样, 还是 jíshǐ zhèyàng, háishi, 尽管如此, 仍然 jǐnguǎn rúcǐ, réngrán **V** *n* (1)寂静(形) jìjìng; 宁静(形) níngjìng: *the ~ of the night* 宁静的夜晚 níngjìng de yèwǎn (2)剧照(名) jùzhào: *movie-star ~s* 电影明星剧照 diànyǐng míngxīng jùzhào // *~ life* 静物 jìngwù; 静物画 jìngwùhuà

stillbirth *n* 死胎 sǐtāi

stillborn *adj* (1)死产的 sǐchǎn de, 死胎的 sǐtāi de (2)流产的 liúchǎn de, 不成功的 bù chénggōng de: *a ~ scheme* 流产的计划 liúchǎn de jìhuà

stillness *n* 寂静(形) jìjìng, 无声 wúshēng: *break the ~ of night* 打破夜晚的寂静 dǎpò yèwǎn de jìjìng

stilts *n* (1)高跷(名) gāoqiāo (2)水上房屋的桩柱(名) shuǐshang fángwū de zhuāngzhù

stimulant *n* 兴奋剂(名) xīngfènjì; 刺激物(名) cìjīwù

stimulate *v* 刺激(动) cìjī; 激励(动) jīlì; 鼓舞(动) gǔwǔ; 促进(动) cùjìn

stimulating *adj* 刺激的 cìjī de; 兴奋(形) xīngfèn; 鼓舞的 gǔwǔ de

stimulation *n* 刺激(动) cìjī; 激励(名) jīlì, 鼓励(名) gǔlì

stimulus *n* 刺激(名) cìjī; 刺激物(名) cìjīwù, 促进因素 cùjìn yīnsù

sting **I** *v* (1)蜇(动) zhē, 叮(动) dīng, 刺(动) cì (2)感到刺痛 gǎndào cìtòng; 刺痛 cìtòng (3)刺激(动) cìjī; 激励(动) jīlì **II** *n* (1)刺(动) cì, 叮(动) dīng, 蜇(动) zhē (2)刺伤

cìshāng, 刺痛 cìtòng (3)蜇针(名) zhēzhēn; 毛刺(名) máocì

stingy *adj* (1)吝啬(形) lìnsè, 小气(形) xiǎoqì (2)极少的 jíshǎo de, 微小的 wēixiǎo de; 不够数的 búgòushù de

stink **I** *v* 发臭味 fā chòuwèi; 有…气味 yǒu…qìwèi **II** *n* 臭味(名) chòuwèi, 臭气(名) chòuqì

stint **I** *v* 吝惜(动) lìnxī; 节制(动) jiézhì, 限制(动) xiànzhì: *~ money* 舍不得花钱 shěbude huāqián **II** *n* (1)吝惜(动) lìnxī; 限制 xiànzhì (2)定量(名) dìngliàng, 定额(名) dìng'é; 份内的事 fènnèi de shì // *without ~* 大方 dàfāng, 慷慨地 kāngkǎi de

stipend *n* 薪金(名) xīnjīn; 津贴(名) jīntiē; 助学金(名) zhùxuéjīn; 退休金(名) tuìxiūjīn

stipulate *v* 规定(动) guīdìng, 约定(动) yuēdìng; 保证(动) bǎozhèng

stipulation *n* 规定(名) guīdìng, 约定(名) yuēdìng; 规定条件 guīdìng tiáojiàn, 条款(名) tiáokuǎn

stir **I** *v* (1)拨动(动) bōdòng, 搅动(动) jiǎodòng, 搅拌(动) jiǎobàn, 搅和(动) jiǎohuo: *~ the soup with a spoon* 用勺搅汤 yòng sháo jiǎo tāng / *~ the milk into the tea* 把牛奶搅和在茶里 bǎ niúnǎi jiǎohuo zài chálǐ / *~ up the dust* 扬起灰尘 yángqǐ huīchén / *~ the fire with a poker* 用火棍拨火 yòng huǒgùn bō huǒ (2)动(动) dòng, 移动(动) yídòng, 活动(动) huódòng: *~ out of the house* 外出 wàichū (3)激起 jīqǐ; 轰动(动) hōngdòng; 煽动(动) shāndòng **II** *n* (1)动静(名) dòngjìng; 激动(动) jīdòng; 骚动(动) sāodòng; 轰动(动) hōngdòng: *not a ~* 没有动静 méiyǒu dòngjing (2)拨动(动) bōdòng; 搅拌(动) jiǎobàn

stirless *adj* 不动的 bú dòng de; 沉静(形) chénjìng

stirrup *n* 马镫(名) mǎdèng, 脚镫(名) jiǎodèng

stitch **I** *n* (1)针 zhēn; 针脚(名) zhēnjiǎo; 缝线(名) féngxiàn: *put a* few ~es in a shirt 在衬衫上缝几针 zài chènshānshang féng jǐzhēn (2)岔气 chàqì **II** v 缝（动）féng, 缝上 féngshang

stock **I** n (1)树干（名）shùgàn; 主干 （名）zhǔgàn (2)柄（名）bǐng, 把儿 （名）bàr; 托（名）tuō: the ~ of a fishing rod 钓鱼杆儿的把儿 diàoyúgānr de bàr /the ~ of a rifle 枪 托 qiāngtuō (3)世系（名）shìxì, 家族 （名）jiāzú; 血统（名）xuètǒng; 语系 （名）yǔxì, 语族（名）yǔzú: a woman of Irish ~ 一个爱尔兰血统的妇女 yíge Ài'ěrlán xuètǒng de fùnǚ/ languages of Germanic ~ 日尔曼系语言 Rì'ěrmànxì yǔyán (4)库存（名） kùcún, 存货（名）cúnhuò; 储存（动） chǔcún: a good ~ of food 充足的食 品库存 chōngzú de shípǐn kùcún /the gold ~ 黄金储备 huángjīn chǔbèi (5) 股票（名）gǔpiào: common ~ 普通股 票 pǔtōng gǔpiào (6)公债（名） gōngzhài: hold ~ 持有公债 chíyǒu gōngzhài (7)家畜（名）jiāchù, 牲畜 （名）shēngchù: take over a farm with the ~ 连同牲畜一起买下农场 liántóng shēngchù yìqǐ mǎixià nóngchǎng **II** v 储存（动）chǔcún, 储 备（动）chǔbèi, 贮藏（动）zhùcáng, 备 有 bèiyǒu; 办货 bànhuò: a shop well ~ed with goods 存货充足的商店 cúnhuò chōngzú de shāngdiàn /a well ~ed library 藏书丰富的图书馆 cángshū fēngfù de túshūguǎn // in ~ 备有 bèiyǒu, 现有 xiànyǒu /on the ~s 在建造中 zài jiànzàozhōng /out of ~ 脱销 tuōxiāo, 缺货 quēhuò, 无货 wú huò / ~ company 股份公司 gǔfèn gōngsī / ~ exchange 证券交易所 zhèngquàn jiāoyìsuǒ / take ~ 清点库 存 qīngdiǎn kùcún, 盘货 pánhuò/take ~ in (1)买进股票 mǎijìn gǔpiào (2) 信任 xìnrèn, 相信 xiāngxìn, 看重 kànzhòng /take ~ of 估量 gūliáng, 估计 gūjì; 观察 guānchá: take ~ of the situation 估计形势 gūjì xíngshì

stockbroker n 证券（股票）经纪人 zhèngquàn(gǔpiào)jīngjìrén

stocking n 袜子（名）wàzi; 长统袜 chángtǒngwà: a pair of ~s 一双长袜 yìshuāng chángwà/ a ~ cap 绒线帽 róngxiànmào

stockless adj 无柄的 wú bǐng de, 没把 儿的 méi bàr de

stock-taking n 盘货 pánhuò, 盘点 pándiǎn

stockyard n (1)牲畜围场 shēngchù wéichǎng (2)堆料场（名）duīliàochǎng

stoic n 斯多葛学派的人 Sīduōgě xuépài de rén; 禁欲主义者（名） jìnyùzhǔyìzhě

stoical adj 斯多葛学派的 Sīduōgě xuépài de; 禁欲主义的 jìnyùzhǔyì de; 能忍受痛苦的 néng rěnshòu tòngkǔ de

stoicism n 斯多葛哲学 Sīduōgě zhéxué; 禁欲主义（名）jìnyùzhǔyì

stoke v 烧锅炉 shāo guōlú; 烧火 shāohuǒ; 加煤 jiāméi

stoker n 司炉（名）sīlú, 烧火工人 shāohuǒ gōngrén; 自动加煤机 zìdòng jiāméijī

stomach **I** n (1)胃（名）wèi: on an empty ~ 饿着肚子 èzhe dùzi (2)肚子 （名）dùzi: the pit of the ~ 心窝 xīnwō/ lie on one's ~ 脸朝下趴着 liǎn cháoxià pāzhe (3)胃口 wèikǒu, 食欲 （名）shíyù; 欲望（名）yùwàng; 爱好 （名）àihào: have a good ~ for dinner 食欲旺盛 shíyù wàngshèng（很想吃饭 hěn xiǎng chīfàn）**II** v 忍受（动） rěnshòu 忍耐（动）rěnnài // turn sb.'s ~ 使某人恶心 shǐ mǒurén ěxīn, 倒胃 口 dǎo wèikǒu

stomach-ache n 胃痛 wèitòng; 肚子痛 dùzitòng

stone **I** n (1)石（名）shí, 石头（名） shítou (2)宝石（名）bǎoshí; 玉石（名） yùshí: precious ~s 宝石 bǎoshí (3)石 碑（名）shíbēi (4)果核（名）guǒhé: the ~ of a peach 桃核 táohé/ ~s of apricots 杏核 xìnghé (5)结石（名）jiéshí: a kidney ~ 肾结石 shènjiéshí (6)磨

石(名) móshí **II** v (1) 用石头打 yòng shítou dǎ (2) 去核 qùhé: ~*d dates* 去核枣 qùhézǎo // *the S~ Age* 石器时代 shíqì shídài

stonemason n 石匠(名) shíjiàng

stoneware n 石制品(名) shízhìpǐn; 粗陶器 cū táoqì

stonework n (1) 石造的东西 shízào de dōngxi (2) 石方工程 shífāng gōngchéng

stooge n (1) 配角(名) pèijué (2) 奸细(名) jiānxì, 密探(名) mìtàn; 走狗(名) zǒugǒu

stool n (1) 凳子(名) dèngzi, 板凳(名) bǎndèng: *sit on a* ~ 坐在凳子上 zuòzài dèngzishang /*a foot* ~ 一条脚凳 yìtiáo jiǎodèng (2) 厕所(名) cèsuǒ; 便桶(名) biàntǒng; 大便(名) dàbiàn; 粪便(名) fènbiàn: *go to* ~ 去大便 qù dàbiàn /*loose* ~ 腹泻 fùxiè

stoop v (1) 弯腰 wānyāo, 弯身 wānshēn (2) 屈从(动) qūcóng; 堕落(动) duòluò; 降低身份 jiàngdī shēnfèn

stop **I** v (1) 停(动) tíng, 停顿(动) tíngdùn, 停止(动) tíngzhǐ, 停下来 tíngxialai (2) 停留(动) tíngliú, 逗留(动) dòuliú, 留宿(动) liúsù, 过夜 guòyè (3) 塞住 sāizhù, 堵塞(动) dǔsè: ~ *a passage* 堵塞通道 dǔsè tōngdào / *have a tooth* ~*ped* 补牙 bǔ yá/ ~ *a loophole* 堵漏洞 dǔ lòudòng/ ~ *the blood* 止血 zhǐxiě (4) 阻止(动) zǔzhǐ, 阻挡(动) zǔdǎng, 拦住 lánzhù; 难倒 nándǎo (5) 断绝(动) duànjué, 停付 tíngfù, 扣除(动) kòuchú: ~ *supplies* 断绝供应 duànjué gōngyìng/ ~ *a cheque* 停付一张支票 tíngfù yìzhāng zhīpiào / ~ *sb.'s electricity supply* 中止供电 zhōngzhǐ gōngdiàn **II** n (1) 停止(动) tíngzhǐ, 停顿(动) tíngdùn, 中止(动) zhōngzhǐ; 停车 tíngchē: *a signal* 停车信号 tíngchē xìnhào (2) 停车站(名) tíngchēzhàn, 车站(名) chēzhàn: *a bus* ~ 公共汽车站 gōnggòng qìchēzhàn (3) 停留(动) tíngliú; 留宿 liúsù: *make an overnight* ~ 过夜 guòyè (4) 堵塞(动) dǔsè, 填塞(动) tiánsāi; 阻碍(动) zǔ'ài; 障碍(名) zhàng'ài (5) 句号(名) jùhào: *a full* ~ 句号 jùhào // *come to a* ~ 停住 tíngzhù/*put a* ~ *to* 终止 zhōngzhǐ; 制止 zhìzhǐ / ~ *by* 经过 jīngguò; 顺便访问 shùnbiàn fǎngwèn, 串门 chuànmén / ~ *in* 顺访 shùnfǎng / ~ *off* 中途下车 zhōngtú xiàchē / ~ *out* 不回家 bù huí jiā / ~ *over* 中途作短暂停留 zhōngtú zuò duǎnzàn tíngliú / ~ *short* 猛然中止 měngrán zhōngzhǐ / ~ 突然停下 tūrán tíngxià / ~ *up* (1) 塞住 sāizhù, 堵住 dǔzhù (2) 不睡觉 bú shuìjiào; 睡得晚 shuì de wǎn

stoplight n (1) 汽车尾部的停车灯 qìchē wěibù de tíngchēdēng (2) 交通指示灯 jiāotōng zhǐshìdēng

stop-off n 中途停留 zhōngtú tíngliú; 中途分道 zhōngtú fēndào

stoppage n (1) 停止(动) tíngzhǐ, 中断(动) zhōngduàn (2) 阻塞(动) zǔsè, 堵塞(动) dǔsè; 故障(名) gùzhàng: *a* ~ *in the nose* 鼻子不通气 bízi bù tōngqì

stopper n 塞子(名) sāizi, 瓶塞(名) píngsāi

stopping n (1) 中止(动) zhōngzhǐ; 阻塞(动) zǔsè (2) 牙齿填塞料 yáchǐ tiánsāiliào

stop-watch n 跑表(名) pǎobiǎo, 秒表(名) miǎobiǎo

store **I** n (1) 贮存(动) zhùcún, 贮藏(动) zhùcáng, 储备(动) chǔbèi (2) 贮存物 zhùcúnwù, 备用品 bèiyòngpǐn, 补给品 bǔjǐpǐn: *military* ~*s* 军需品 jūnxūpǐn (3) 仓库(名) cāngkù; 货栈(名) huòzhàn; 贮藏地 zhùcángdì (4) 百货商店 bǎihuò shāngdiàn; 商店(名) shāngdiàn, 店铺(名) diànpù, 铺子(名) pùzi: *a furniture* ~ 家具店 jiājùdiàn /*a department* ~ 百货店 bǎihuòdiàn /*a grocery* ~ 食品杂货店 shípǐn záhuòdiàn /*a clothing* ~ 服装商店 fúzhuāng shāngdiàn (5) 大批(形) dàpī, 大量(形) dàliàng, 许多(形) xǔduō, 丰富(形) fēngfù **II** v (1) 贮藏

(动) zhùcáng, 储备(动) chǔbèi, 贮存
(动) zhùcún: ~ drinks in a cupboard
把酒贮藏在柜橱里 bǎ jiǔ zhùcáng zài
guìchúli (2)供应(动) gōngyìng, 供给
(动) gōngjǐ; 补给(动) bǔjǐ; 装备(动)
zhuāngbèi: ~ a ship with provisions
给一艘轮船供应食物 gěi yìsōu
lúnchuán gōngyìng shíwù // in ~ 贮
藏着 zhùcángzhe, 准备着 zhǔnbèizhe /
out of ~ 耗尽 hàojìn; 售完 shòuwán

store-front n 商店的门脸 shāngdiàn
de ménliǎn; 沿街铺面 yán jiē pùmiàn;
沿街房屋 yán jiē fángwū

storehouse n 仓库(名) cāngkù; 货栈
(名) huòzhàn; 宝库(名) bǎokù

storekeeper n (1)仓库管理员 cāngkù
guǎnlǐyuán (2)店主 diànzhǔ

storeman n 零售店店主 língshòudiàn
diànzhǔ; 仓库工人 cāngkù gōngrén

store-room n 储藏室(名) chǔcángshì;
商品陈列室 shāngpǐn chénlièshì

store-ship n 军需船 jūnxūchuán

storey n 层(名) céng: a building of
10 ~s 十层的楼房 shícéng de lóufáng
/a house of one ~ 平房 píngfáng

stork n 鹳(名) guàn

storm I n (1)风暴(名) fēngbào; 暴
风雨(名) bàofēngyǔ; 暴风雪(名)
bàofēngxuě: a ~ signal 风暴信号
fēngbào xìnhào (2)突然爆发 tūrán
bàofā: a ~ of weeping 突然大哭起来
tūrán dàkū qilai II v (1)起风暴 qǐ
fēngbào; 刮大风 guā dàfēng (2)猛冲
měngchōng: ~ through the streets 冲
过街道 chōngguò jiēdào (3)暴怒
bàonù, 发雷霆 fā léitíng: ~ at sb. 怒
骂某人 nùmà mǒurén. // After a ~
(comes) a calm. 雨过天晴。Yǔ guò
tiān qíng. /a ~ in a teacup 茶杯里的
风暴 chábēili de fēngbào, 小事引起的
大风波 xiǎoshì yǐnqǐ de dà fēngbō; 小
题大作 xiǎotí dà zuò /take by ~ (1)
攻占 gōngzhàn; 强夺 qiángduó: take a
city by ~ 经过强攻夺取一座城市
jīngguò qiánggōng duóqǔ yízuò chéngshì
(2)使大吃一惊 shǐ dà chī yìjīng, 使大

为震动 shǐ dàwéi zhèndòng: take the
audience by ~ 使观众大为倾倒 shǐ
guānzhòng dàwéi qīngdǎo

stormy adj (1)有暴风雨的 yǒu
bàofēngyǔ de; 多风暴的 duō fēngbào
de: a ~ night 暴风雨之夜 bàofēngyǔ
zhīyè/ a ~ summer 一个多风暴的夏
天 yíge duō fēngbào de xiàtiān (2)暴躁
(形) bàozào: a ~ temper 暴躁的脾
气 bàozào de píqi (3)激烈(形) jīliè;
多风波的 duō fēngbō de: a ~ debate
激烈的辩论 jīliè de biànlùn / ~ ap-
plause 暴风雨般的掌声 bàofēngyǔ bān
de zhǎngshēng

story n (1)故事(名) gùshi; 小说(名)
xiǎoshuō; 传记(名) zhuànjì; 传说
(名) chuánshuō: a short ~ 短篇小说
duǎnpiān xiǎoshuō (2)描述(动)
miáoshù, 叙述(动) xùshù: according
to sb.'s own ~ 据某人自述 jù mǒurén
zìshù (3)经历(名) jīnglì, 阅历(名)
yuèlì; 遭遇(名) zāoyù; 情况(名)
qíngkuàng (4)情节(名) qíngjié: the
~ of a ballet 一个芭蕾舞剧的剧情
yíge bāléiwǔjù de jùqíng (5)内情(名)
nèiqíng, 真实情况 zhēnshí qíngkuàng
(6)报导(名) bàodǎo, 记事(名) jìshì:
a news ~ 新闻报导 xīnwén bàodǎo //
another ~ 另一回事 lìng yìhuí shì /as
the ~ goes 据说 jùshuō /tell a ~ (1)
讲故事 jiǎng gùshi (2)撒谎 sāhuǎng /
the ~ goes that… 传闻… chuánwén
…, 据说… jùshuō… /to make a long
~ short 长话短说 chánghuà
duǎnshuō, 简而言之 jiǎn'ér yánzhī

storybook n 故事书(名) gùshishū

storyteller n (1)讲故事的人 jiǎng
gùshi de rén; 说书人 shuōshūrén; 小说
作者 xiǎoshuō zuòzhě (2)说谎的人
shuōhuǎng de rén

storywriter n 小说家(名) xiǎoshuōjiā,
小说作者 xiǎoshuō zuòzhě

stout¹ adj (1)结实(形) jiēshi, 牢固
(形) láogù (2)坚定(形) jiāndìng, 坚
决(形) jiānjué; 断然(副) duànrán (3)
矮胖 (形) ǎipàng; 粗壮 (形)

cūzhuàng, 壮实（形）zhuàngshi: *a man of* ~ *build* 又粗又壮的人 yòu cū yòu zhuàng de rén

stout² *n* 黑啤酒 hēi píjiǔ; 酒劲大的啤酒 jiǔjìn dà de píjiǔ

stove *n* 炉子（名）lúzi, 火炉（名）huǒlú; 炉火（名）lúhuǒ

stovepipe *n* 烟筒（名）yāngtong

stow *v* 装（动）zhuāng; 堆放（动）duīfàng, 堆垛 duīduò: ~ *the hold with cargo* 将货物装在船舱里 jiāng huòwù zhuāngzài chuáncāngli // ~ *away* 躲在船里偷渡 duǒzài chuánli tōudù

straddle *v* 跨（动）kuà; 叉开腿坐（站）chàkāi tuī zuò(zhàn): ~ *a horse* 跨上马 kuàshang mǎ

straggle *v* (1)掉队 diàoduì, 落后（形）luòhòu, 被丢在后头 bèi diūzài hòutou (2)蔓延（动）mànyán; 散开 sǎnkāi 披散（动）pīsàn; 零乱（形）língluàn: *grapevines straggling over a trellis* 爬在架上的葡萄藤 pázài jiàshang de pútaoténg

straight Ⅰ *adj* (1)直（形）zhí, 笔直（形）bǐzhí: *a* ~ *line* 一条直线 yìtiáo zhíxiàn (2)正（形）zhèng, 端正（形）duānzhèng; 整齐（形）zhěngqí; 整洁（形）zhěngjié (3)正直（形）zhèngzhí; 坦率（形）tǎnshuài; 诚实（形）chéngshí (4)正确（形）zhèngquè, 确切（形）quèqiè Ⅱ *adv* (1)直（副）zhí: *stand* ~ 直立 zhílì (2)直接的 zhíjiē de, 一直（副）yìzhí, 径直（副）jìngzhí (3)坦率地 tǎnshuài de, 老实地 lǎoshi de: *talk* ~ 直言不讳 zhíyánbúhuì // *go* ~ 一直走 yìzhí zǒu/ ~ *face* 不露笑容 bú lù xiàoróng

straightaway Ⅰ *adj* (1)直线行进的 zhíxiàn xíngjìn de: *a plane in* ~ *flight* 直线航行的飞机 zhíxiàn hángxíng de fēijī (2)通俗易懂的 tōngsú yìdǒng de Ⅱ *adv* 立刻（副）likè, 马上（副）mǎshàng

straighten *v* (1)弄直 nòngzhí; 挺直 tǐngzhí; 变直 biànzhí (2)整顿（动）

zhěngdùn, 整理（动）zhěnglǐ, 清理（动）qīnglǐ: ~ *out accounts* 清理帐目 qīnglǐ zhàngmù/ ~ *up a room* 把屋子整理好 bǎ wūzi zhěnglǐhǎo (3)改正（动）gǎizhèng, 改进（动）gǎijìn, 变好 biànhǎo

straightforward *adj* 坦率（形）tǎnshuài; 爽直（形）shuǎngzhí; 直截了当 zhíjiéliǎodàng: *a* ~ *reply* 坦率的回答 tǎnshuài de huídá

strain¹ *n* (1)血统（名）xuètōng; 世家（名）shìjiā; 族（名）zú; 种（名）zhǒng; 品系（名）pǐnxì: *a good* ~ *of seed* 良种 liángzhǒng /*a bybrid* ~ 杂交种 zájiāozhǒng (2)脾气（名）píqi; 气质（名）qìzhì; 性格（名）xìnggé (3)口吻（名）kǒuwěn, 语气（名）yǔqì: *talk in a lofty* ~ 高谈阔论 gāotánkuòlùn

strain² Ⅰ *v* (1)拉紧 lājǐn, 绷紧 bēngjǐn (2)用力 yònglì, 使劲 shǐjìn (3)因使用过度而受损伤 yīn shǐyòng guòdù ér shòu sǔnshāng; 扭伤 niǔshāng (4)抱住 bàozhù (5)滤掉 lǜdiào, 滤清 lǜqīng Ⅱ *n* (1)拉紧 lājǐn; 拉力 lālì; 张力（名）zhānglì (2)极度紧张 jídù jǐnzhāng; 使用过度 shǐyòng guòdù

strained *adj* (1)紧张（形）jǐnzhāng, 疲劳（形）píláo: ~ *relations* 紧张的关系 jǐnzhāng de guānxì /*a* ~ *face* 疲劳的面容 píláo de miànróng (2)生硬（形）shēngyìng, 不自然 bú zìrán: *a* ~ *laugh* 不自然的笑 búzìrán de xiào (3)勉强（形）miǎnqiáng, 牵强（形）qiānqiǎng

strait *n* 海峡（名）hǎixiá: *the S*~ *of Taiwan* 台湾海峡 Táiwān Hǎixiá

strand¹ Ⅰ *n* 滨（名）bīn, 海滩（名）hǎitān Ⅱ *v* 搁浅（动）gēqiǎn, 触礁 chùjiāo; 处于困境 chǔyú kùnjìng

strand² *n* 股（量）gǔ, 缕（量）lǚ: *a rope of 3* ~*s* 三股的绳子 sāngǔ de shéngzi /*a* ~ *of hair* 一缕头发 yìlǚ tóufa

strange *adj* (1)陌生（形）mòshēng, 生疏（形）shēngshū, 不熟悉 bù shúxī: *a*

~ *man* 生人 shēngrén /*a* ~ *country* 外国 wàiguó（异国 yìguó）（2）奇怪 （形）qíguài，难以理解 nán yǐ lǐjiě：~ *clothes* 奇装异服 qízhuāng yìfú（3）生 （形）shēng，无经验 wú jīngyàn，不懂 bù dǒng，外行（名）wàiháng：*be* ~ *at football* 对足球是外行 duì zúqiú shì wàiháng // *feel* ~ 觉得不舒服 juéde bù shūfu / ~ *to say* 说起来奇怪 shuōqǐlai qíguài

stranger   *n*（1）陌生人 mòshēngrén，生 人（名）shēngrén（2）新来者 xīnláizhě； 异乡人 yìxiāngrén（3）外行（名） wàiháng，生手（名）shēngshǒu；不熟 悉…的人 bù shúxī…de rén

strangle   *v* 扼死 èsǐ；勒死 lēisǐ，绞死 jiǎosǐ；卡住脖子 qiǎzhù bózi

strap   I *n*（1）带（名）dài，皮带（名） pídài，铁皮条（名）tiěpítiáo：*a watch* ~ 表带 biǎodài /*a silk* ~ 丝带 sīdài （2）橡皮膏（名）xiàngpígāo II *v*（1）用 带子捆住 yòng dàizi kǔnzhù，捆扎 （动）kǔnzā（2）用皮带抽打 yòng pídài chōudǎ（3）包扎（动）bāozā

strapless   *adj* 无带的 wúdài de

strategic   *adj* 战略的 zhànlüè de，非常 策略的 fēicháng cèlüè de：*a* ~ *with-drawal* 战略撤退 zhànlüè chètuì /*a* ~ *bomber* 战略轰炸机 zhànlüè hōngzhàjī

strategy   *n* 战略（名）zhànlüè；策略 （名）cèlüè，作战方案 zuòzhàn fāng'àn：~ *and tactics* 战略与战术 zhànlüè yǔ zhànshù

stratum   *n*（1）地层（名）dìcéng，层 （名）céng：*an oil-bearing* ~ 地下油 层 dìxià yóucéng（2）阶层（名）jiēcéng

straw   *n*（1）草（名）cǎo；稻草（名） dàocǎo；麦秆（名）màigǎn：*a* ~ *hat* 一顶草帽 yìdǐng cǎomào / ~ *sandals* 草鞋 cǎoxié / *a* ~ *rope* 一根草绳 yìgēn cǎoshéng /*a* ~ *mattress* 草垫 cǎodiàn /*a heap of* ~ 草堆 cǎoduī / *made of* ~ 草做的 cǎo zuò de/ *a house thatched with* ~ 茅屋 máowū （2）没有价值的东西 méiyǒu jiàzhí de dōngxi；没有意义的事情 méiyǒu yìyì

de shìqing // *a man of* ~ 稻草人 dàocǎorén；傀儡 kuǐlěi /*catch at a* ~ 捞救命稻草 lāo jiùmìng dàocǎo /*draw* ~s 用麦秆抽签 yòng màigǎn chōuqiān / ~ *yellow* 淡黄色 dànhuángsè

strawberry   *n* 草莓（名）cǎoméi：*a* ~ *tree* 杨梅树 yángméishù / ~ *jam* 草 莓酱 cǎoméijiàng

stray   I *adj* 迷路的 mílù de；失散的 shīsàn de；零落的 língluò de；偶然遇 到的 ǒurán yùdào de：*a* ~ *child* 迷路 的孩子 mílù de háizi /*a* ~ *bullet* 流弹 liúdàn II *v* 迷路 mílù，走失（动） zǒushī，迷失方向 míshī fāngxiàng；偏 离（动）piānlí：~ *from the right path* 离开正道 líkāi zhèngdào

streak   I *n*（1）条纹（名）tiáowén，纹理 （名）wénlǐ；条痕（名）tiáohén；道 （名）dào，条（名）tiáo：*red with green* ~s 红地儿上夹着绿条 hóng dìrshang jiāzhe lǜ tiáo / *a* ~ *of lightning* 一道 闪电 yídào shǎndiàn（2）倾向（名） qīngxiàng；特色（名）tèsè II *v* 有条纹 yǒu tiáowén；加条纹 jiā tiáowén

stream   I *n*（1）小河 xiǎohé，小溪 xiǎoxī：*a mountain* ~ 山涧 shānjiàn / *go up* ~ 逆流而上 nìliú érshàng / *flow down* ~ 顺流而下 shùnliú ér xià /*be situated up*（*down*）~ 位于上 （下）游 wèiyú shàng(xià)yóu（2）一连 串 yìliánchuàn；一股 yìgǔ：*a* ~ *of water* 一股流水 yìgǔ liúshuǐ / *a* ~ *of cars* 一长串汽车 yìchángchuàn qìchē （3）趋势（名）qūshì，趋向（名） qūxiàng；潮流（名）cháoliú：*a* ~ *of thought* 思潮 sīcháo / ~ *of conscious-ness* 意识流 yìshiliú /*go with the* ~ 跟 随潮流 gēnsuí cháoliú II *v*（1）流（动） liú；流出 liúchū，涌（动）yǒng：~ *ing eyes* 泪汪汪的眼睛 lèiwāngwāng de yǎnjing /*a* ~ *ing umbrella* 滴着水的 雨伞 dīzhe shuǐ de yǔsǎn（2）飘动（动） piāodòng，飘扬（动）piāoyáng（3）分班 fēnbān，分组 fēnzǔ，编班 biānbān // *swim with the* ~ 随大溜 suí dàliù

streamline   I *n* 流线（名）liúxiàn，流线

型（形）liúxiànxíng **II** adj 流线的 liúxiàn de; 流线型的（形）liúxiànxíng de: a ~ boat 一只流线型的船 yìzhī liúxiànxíng de chuán **III** v (1)做成流 线型 zuòchéng liúxiànxíng: ~ the rac- ing car 把赛车做成流线型 bǎ sàichē zuòchéng liúxiànxíng (2)精减 jīngjiǎn: ~ the government organizations 精减 政府机构 jīngjiǎn zhèngfǔ jīgòu

streamlined adj (1)流线型（形） liúxiànxíng: ~ cars 流线型汽车 liúxiànxíng qìchē (2)合理化的 hélǐhuà de; 精简的 jīngjiǎn de: ~ methods 合 理的方法 hélǐ de fāngfǎ /a ~ course 速成班 sùchéngbān

street n 街（名）jiē, 街道（名）jiēdào; 马路（名）mǎlù: a ~ map of Beijing 北京街道图 Běijīng jiēdào tú /101 Ox- ford S~, London 伦敦牛津街一〇一 号 Lúndūn Niújīnjiē yāolíngyāohào // up sb.'s ~ 某人所长 mǒurén suǒ cháng /walk the ~s 做妓女 zuò jìnǚ

streetwalker n 妓女（名）jìnǚ

strength n (1)力（名）lì, 力量（名） lìliang, 气力（名）qìlì, 实力（名）shílì: the position of ~ 实力地位 shílì dìwèi (2)强度（名）qiángdù, 浓度（名） nóngdù: fatigue ~ 疲劳强度 píláo qiángdù (3)兵力（名）bīnglì, 兵员 （名）bīngyuán, 人数（名）rénshù: an army unit of a ~ of 3,000 一支三千 人的军队 yìzhī sānqiān rén de jūnduì/ 400 men below ~ 缺员四百人 quē yuán sìbǎi rén // by main ~ 全靠力气 quán kào lìqi /from ~ to ~ 不断壮 大 búduàn zhuàngdà /on the ~ of… 因为 yīnwei, 由于 yóuyú; 凭借 píngjiè; 在…的鼓励下 zài…de gǔlìxià

strengthen v 加强（动）jiāqiáng, 增强 （动）zēngqiáng, 巩固（动）gǒnggù: ~ unity 加强团结 jiāqiáng tuánjié / ~ national defence 巩固国防 gǒnggù guófáng

strenuous adj 勤奋（形）qínfèn, 用力 的 yònglì de; 紧张（形）jǐnzhāng: make ~ efforts 用尽全力 yòngjìn

quánlì

strenuously adv 奋发 fènfā; 费劲地 fèijìn de; 紧张地 jǐnzhāng de; 辛苦地 xīnkǔ de

stress **I** n (1)压力（名）yālì; 重压 zhòngyā; 紧张（形）jǐnzhāng: under the ~ of poverty 迫于贫穷 pòyú pínqióng/ feel the ~ of hunger 感到 饥饿之苦 gǎndào jī'è zhī kǔ (2)重要 （形）zhòngyào; 重点（名）zhòngdiǎn; 强调（动）qiángdiào (3)重读（动） zhòngdú; 重音（名）zhòngyīn: word ~ 单词重音 dāncí zhòngyīn **II** v (1) 着重（动）zhuózhòng; 强调（动） qiángdiào (2)重读（动）zhòngdú, 重音 放在 zhòngyīn fàngzài // lay ~ on 把 重点放在…上 bǎ zhòngdiǎn fàngzài… shàng, 强调 qiángdiào, 看重 kànzhòng

stressless adj 没有重音的 méiyǒu zhòngyīn de

stretch **I** v (1)伸开（动）shēnkāi; 展开 （动）zhǎnkāi; 拉（动）lā, 抻（动） chēn: ~ oneself 伸懒腰 shēn lǎnyāo (2)延续（动）yánxù, 延伸（动） yánshēn (3)曲解（动）qūjiě; 滥用（动） lànyòng; 引申（动）yǐnshēn: ~ the facts 夸大事实 kuādà shìshí/ ~ one's powers 滥用职权 lànyòng zhíquán **II** n (1)伸展（动）shēnzhǎn, 拉长（动） lācháng, 延续（动）yánxù: make a ~ of the arm 伸出手臂 shēnchū shǒubì (2)使用过度 shǐyòng guòdù; 滥用 （动）lànyòng: a ~ of the law 滥用法 律 lànyòng fǎlǜ (3)一段持续的时间 yíduàn chíxù de shíjiān, 一段路程 yíduàn lùchéng: a long ~ of bad weather 长时间的坏天气 cháng shíjiān de huài tiānqì // a ~ of the imagina- tion 胡思乱想 húsīluànxiǎng, 异想天 开 yìxiǎngtiānkāi /at a ~ 不休息地 bù xiūxi de, 一口气地 yìkǒuqì de / ~ out 伸出 shēnchū /yawn and ~ 打呵 欠 dǎ hēqiàn, 伸懒腰 shēn lǎnyāo

stretcher n (1)担架（名）dānjià (2)绷 子（名）bēngzi; 绷画布的框子 bēng

huàbù de kuàngzi

strict *adj* (1)严格(形) yángé; 严厉 (形) yánlì: ~ *discipline* 严格的纪律 yángé de jìlǜ (2)严谨(形) yánjǐn, 严密(形) yánmì, 精确(形) jīngquè: *a ~ interpretation of the facts* 对事实的精确解释 duì shìshí de jīngquè jiěshì / ~ *secrecy* 绝密 juémì

strictly *adv* 严格地 yángé de

strike **I** *v* (1)打(动) dǎ, 击(动) jī, 撞(动) zhuàng, 打击(动) dǎjī (2)罢工(动) bàgōng (3)敲(动) qiāo, 响(动) xiǎng, 鸣(动) míng (4)擦(动) cā; 盖(动) gài; 冲刷(动) chōngshuā; 印制(动) yìnzhì: ~ *a match* 划火柴 huá huǒchái / ~ *a handstamp* 盖图章 gài túzhāng (5)取消(动) qǔxiāo; 勾销(动) gōuxiāo, 划掉(动) huádiào (6)打动(动) dǎdòng, 感动(动) gǎndòng; 给…印象 gěi…yìnxiàng (7)突然想到 tūrán xiǎngdào (8)刺透 cìtòu, 穿透 chuāntòu: *struck with panic* 惊恐万状 jīngkǒngwànzhuàng (9)遇到(动) yùdào, 碰到(动) pèngdào; 发现(动) fāxiàn (10)开始(动) kāishǐ; 朝某一方向走 cháo mǒu yì fāngxiàng zǒu (11)跳动(动) tiàodòng (12)达成(动) dáchéng, 定约(动) dìngyuē: ~ *a bargain* 成交 chéngjiāo / ~ *a balance* 结帐 jiézhàng **II** *n* (1)打(动) dǎ, 击(动) jī, 打击(动) dǎjī, 攻击(动) gōngjī: *air ~ s on a bridge* 对一座桥梁进行的空袭 duì yízuò qiáoliáng jìnxíng de kōngxí (2)罢工(名) bàgōng; 罢课(名) bàkè; 罢市(动) bàshì: *go on ~* 举行罢工 jǔxíng bàgōng // ~ *back* 回击 huíjī / ~ *down* 打倒 dǎdǎo, 病倒 bìngdǎo / ~ *home* 命中 mìngzhòng, 击中要害 jīzhòng yàohài/ ~ *in* 插嘴 chāzuǐ / ~ *of day* 黎明 límíng / ~ *up* (1)开始演奏 kāishǐ yǎnzòu (2)结识 jiéshí

striking *adj* (1)打击的 dǎjī de; 鸣响的 míngxiǎng de: *a ~ force* 打击力量 dǎjī lìliàng 突击部队 tūjī bùduì (2)罢工的 bàgōng de (3)显著(形) xiǎnzhù,

引人注目的 yǐnrénzhùmù de, 惊人(形) jīngrén

string **I** *n* (1)线(名) xiàn; 线绳(名) xiànshéng; 细绳 xìshéng; 带子(名) dàizi: *a ball of ~* 一个线团 yíge xiàntuán /*pictures hung on ~* 挂在细绳上的画 guàzài xìshéngshang de huà /*nylon ~* 尼龙绳 nílóngshéng (2)弦(名) xián; 弦乐器(名) xiányuèqì (3)筋(名) jīn, 纤维(名) xiānwéi (4)一串 yíchuàn, 一行 yìháng, 一列 yíliè: *a ~ of cars* 一长串汽车 yì chángchuàn qìchē /*a ~ of pearls* 一串珍珠 yíchuàn zhēnzhū **II** *v* (1)扎(动) zhā, 系(动) jì, 捆(动) kǔn; 穿(动) chuān: ~ *shoes* 系鞋带 jì xiédài / ~ *a parcel* 捆包裹 kǔn bāoguǒ/ ~ *beads* 穿珠子 chuān zhūzi (2)上弦 shàngxián; 调弦 tiáoxián (3)抽去…的筋 chōuqù…de jīn // *have sb. on a ~* 操纵某人 cāozòng mǒurén /*have 2 ~s to one's bow* 有两手准备 yǒu liǎngshǒu zhǔnbèi / ~ *beans* 菜豆 càidòu, 扁豆 biǎndòu, 架豆 jiàdòu / ~ *ed instruments* 弦乐器 xiányuèqì / ~ *quartet* 弦乐四重奏 xiányuè sìchóngzòu

strip **I** *v* (1)剥(动) bāo, 剥掉 bāodiào, 除去 chúqù: *the bark off a tree* 剥去树皮 bāoqù shùpí (2)脱衣服 tuō yīfu, 扒掉衣服 bādiào yīfu **II** *n* 条带(名) tiáodài, 长条(名) chángtiáo // ~ *cartoon* 连环漫画 liánhuán mànhuà

stripe *n* 条纹(名) tiáowén, 条儿(名) tiáor: *white calico with red ~s* 白地儿红条纹布 bái dìr hóng tiáowén bù

striped *adj* 有条纹的 yǒu tiáowén de

striptease *n* 脱衣舞(名) tuōyīwǔ

strive *v* 奋斗(动) fèndòu, 努力(动、形) nǔlì, 力求(动) lìqiú: ~ *after a lofty ideal* 为一个崇高的理想而奋斗 wèi yíge chónggāo de lǐxiǎng ér fèndòu

stroke¹ **I** *n* (1)打(动) dǎ, 击(动) jī, 敲(动) qiāo (2)一划 yìhuá; 一击 yìjī; 一拍 yìpāi (3)一笔 yìbǐ, 一画 yíhuà,

笔画（名）bǐhuà；笔法（名）bǐfǎ：~ *order of Chinese characters* 汉字的笔顺 hànzì de bǐshùn（4）钟声 zhōngshēng（5）意外的来临 yìwài de láilín；突然发作 tūrán fāzuò；中风（名）zhòngfēng **II** *v* 删掉（动）shāndiào，勾掉（动）gōudiào：~ *out the unnecessary words in the article* 删掉文章中多余的词语 shāndiào wénzhāngzhōng duōyú de cíyǔ

stroke² *v* 抚摩（动）fǔmó，捋（动）lǚ

stroll **I** *v* 散步 sànbù，漫步（动）mànbù，溜达（动）liūda，闲逛（动）xiánguàng **II** *n* 散步 sànbù，溜达（动）liūda

strong *adj*（1）强壮（形）qiángzhuàng，强健（形）qiángjiàn，结实（形）jiēshi；牢固（形）láogù：~ *as a bull* 体壮如牛 tǐ zhuàng rú niú（2）坚强（形）jiānqiáng；坚决（形）jiānjué；坚定（形）jiāndìng；强烈（形）qiángliè：*a* ~ *contrast* 强烈的对照 qiángliè de duìzhào（3）烈性的 lièxìng de；浓厚（形）nónghòu；刺激人的 cìjī rén de：~ *wine* 烈性酒 lièxìngjiǔ /*a* ~ *smell* 刺鼻的气味 cìbí de qìwèi（4）人数达…rénshù dá…（5）擅长（动）shàncháng；优良（形）yōuliáng：*one's* ~ *point* 某人的长处 mǒurén de chángchù // ~ *language* 强硬措词 qiángyìng cuòcí，骂人话 màrénhuà / ~ *man*（1）大力士 dàlìshì（2）有才干的人 yǒu cáigàn de rén（3）有实力的人 yǒu shílì de rén；实权派 shíquánpài；铁腕人物 tiěwàn rénwù

strongarm **I** *adj* 强暴（形）qiángbào：~ *methods* 粗暴的方法 cūbào de fāngfǎ **II** *v* 用暴力对付 yòng bàolì duìfu；抢劫 qiǎngjié

strongbox *n* 保险箱（名）bǎoxiǎnxiāng

stronghearted *adj* 勇敢（形）yǒnggǎn

stronghold *n* 要塞（名）yàosài，堡垒（名）bǎolěi；据点（名）jùdiǎn，大本营（名）dàběnyíng

structural *adj* 结构上的 jiégòushang de，构造上的 gòuzàoshang de，组织上的 zǔzhīshang de：~ *linguistics* 结构语言学 jiégòu yǔyánxué

structure *n*（1）结构（名）jiégòu，构造（名）gòuzào，组织（名）zǔzhī：*the* ~ *of society* 社会结构 shèhuì jiégòu /*the* ~ *of the brain* 大脑构造 dànǎo gòuzào /*cell* ~ 细胞构造 xìbāo gòuzào /*economic* ~ 经济结构 jīngjì jiégòu /*the* ~ *of a sentence* 句子的结构 jùzi de jiégòu（2）建筑（名）jiànzhù，建筑物（名）jiànzhùwù：*a marble* ~ 大理石建筑 dàlǐshí jiànzhù

struggle **I** *n*（1）斗争（名、动）dòuzhēng，争斗（动）zhēngdòu，奋斗（动）fèndòu：*the* ~ *for existence* 为生存而斗争 wèi shēngcún ér dòuzhēng /*class* ~ 阶级斗争 jiējí dòuzhēng /*the* ~ *for power* 权力之争 quánlì zhī zhēng /*the* ~ *against racial discrimination* 反对种族歧视的斗争 fǎnduì zhǒngzú qíshì de dòuzhēng/ *the* ~ *between the 2 teams* 两队之间的争夺 liǎngduì zhījiān de zhēngduó（2）努力（形）nǔlì，挣扎（动）zhēngzhá **II** *v*（1）斗争（动）dòuzhēng，奋斗（动）fèndòu：~ *against difficulties* 与困难作斗争 yǔ kùnnan zuò dòuzhēng / ~ *for national liberation* 为民族解放而斗争 wèi mínzú jiěfàng ér dòuzhēng（2）挣扎（动）zhēngzhá；努力（形）nǔlì：~ *through the snowstorm* 冒着暴风雪前进 màozhe bàofēngxuě qiánjìn

strum *v* 弹（动）tán，奏（动）zòu；乱弹 luàntán：~ *a guitar* 弹吉他 tán jítā

stub **I** *n*（1）剩余部分 shèngyú bùfen；头儿 tóur：*a pencil* ~ 铅笔头儿 qiānbǐtóur（2）存根（名）cúngēn **II** *v*（1）熄灭（动）xīmiè（2）碰伤（动）pèngshāng；磕伤（动）kēshāng

stubborn *adj*（1）顽固（形）wángù，固执（形）gùzhí；不听调动的 bù tīng diàodòng de：*a* ~ *girl who won't obey her mother* 一个不听妈妈话的倔女孩儿 yíge bù tīng māma huà de juè nǔháir / ~ *problems* 棘手的问题 jíshǒu de

wèntí/ *a* ~ *illness* 顽症 wánzhèng
(2)顽强(形) wánqiáng, 坚定(形)
jiāndìng: ~ *resistance* 顽强的抵抗
wánqiáng de dǐkàng

stud *n* 大头钉(名) dàtóudīng, 饰钉
(名) shìdīng; 金属扣(名) jīnshǔkòu

student *n* (1)学生(名) xuésheng, 学
员 (名) xuéyuán; 大 学 生 (名)
dàxuéshēng: *one's* ~ *days* 学生时代
xuésheng shídài /*a* ~ *movement* 学生
运动 xuésheng yùndòng / ~ *grants* 助
学金 zhùxuéjīn /*an American* ~ *of
Chinese* 一个学汉语的美国学生 yíge
xué Hànyǔ de Měiguó xuésheng (2)学
者 (名) xuézhě; 研 究 者 (名)
yánjiūzhě: *a* ~ *of human nature* 人性
的研究者 rénxìng de yánjiūzhě // ~
body 全体学生 quántǐ xuésheng; 学生
总数 xuésheng zǒngshù / ~ *inter-
preter* 见习译员 jiànxí yìyuán

studio *n* (1)工作室(名) gōngzuòshì,
工作间(名) gōngzuòjiān: *a painter's*
~ 画室 huàshì /*a music* ~ 音乐室
yīnyuèshì /*a photographic* ~ 摄影室
shèyǐngshì /*a photo* ~ 照 相 馆
zhàoxiàngguǎn (2) 制 片 厂 (名)
zhìpiànchǎng: *a movie* ~ 电影制片厂
diànyǐng zhìpiànchǎng (3)播音室(名)
bōyīnshì, 演播室 (名) yǎnbōshì: *a
television* ~ 电 视 演 播 室 diànshì
yǎnbōshì

study **I** *n* (1)学习(动) xuéxí, 研究
(动) yánjiū: *make a special* ~ *of
Shakespeare's plays* 专门研究莎士比亚
戏剧 zhuānmén yánjiū Shāshìbǐyà xìjù
(2)研究项目 yánjiū xiàngmù; 研究报
告 yánjiū bàogào; 论文 (名) lùnwén
(3)书房(名) shūfáng **II** *v* (1)学习
(动) xuéxí, 学 (动) xué, 研究 (动)
yánjiū: ~ *law* 学习法律 xuéxí fǎlǜ
(2)细看 xìkàn; 细想 xìxiǎng, 考虑
(动) kǎolǜ: ~ *a map* 细看地图 xìkàn
dìtú

stuff **I** *n* (1)材料(名) cáiliào, 原料
(名) yuánliào; 东 西 (名) dōngxi:
feeding ~ 饲料 sìliào (2)本质(名)

běnzhì; 素质(名) sùzhì **II** *v* (1)装
(动)zhuāng, 填满 tiánmǎn: ~ *a shoe
with newspaper* 把报纸塞在鞋里 bǎ
bàozhǐ sāizài xiélǐ / ~ *up a hole* 填洞
tián dòng (2)剥制标本 bōzhì biāoběn:
a ~*ed tiger* 老虎标本 lǎohǔ biāoběn

stuffing *n* 枕芯(名) zhěnxīn; 垫子芯
diànzǐxīn; 填料(名) tiánliào

stuffy *adj* (1)闷热(形) mēnrè; 气闷
(形) qìmèn; 不通气 bù tōngqì: *a* ~
room 闷热的房间 mēnrè de fángjiān
(2)沉闷(形) chénmèn; 枯燥乏味
kūzàofáwèi; 古板(形) gǔbǎn

stumble *v* (1)绊(动) bàn, 绊倒
bàndǎo; 摔倒 shuāidǎo: ~ *over a
stump* 在树桩上绊了一下 zài
shùzhuāngshang bànle yíxià (2)蹒跚
(动) pánshān, 东倒西歪地走
dōngdǎoxīwāi de zǒu (3)结结巴巴地说
话 jiējiēbābā de shuōhuà; 弄错 nòngcuò
// ~ *across* 偶然发现 ǒurán fāxiàn,
偶然碰到 ǒurán pèngdào

stump **I** *n* (1)树桩(名) shùzhuāng,
树茬(名) shùchá (2)残余部分 cányú
bùfen; 牙根 (名) yágēn, 残肢 (名)
cánzhī: *a cigarette* ~ 香 烟 头
xiāngyāntóu /*the* ~ *of a limb* 残肢
cánzhī **II** *v* (1)迈着沉重的步子走
màizhe chénzhòng de bùzi zǒu (2)难住
nánzhù, 难倒 nándǎo

stun *v* 打晕 dǎyūn; 打昏过去 dǎhūn
guòqu; 使目瞪口呆 shǐ mùdèng
kǒudāi; 使大吃一惊 shǐ dàchīyìjīng:
be ~*ned by a blow* 被一下子打晕了
bèi yíxiàzi dǎyūn le

stunt[1] *v* 妨碍(影响)…发育 fáng'ài
(yǐngxiǎng)…fāyù, 使发育不良 shǐ
fāyù bùliáng: *a* ~*ed tree* 一棵生长不
良的树 yìkē shēngzhǎng bùliáng de shù

stunt[2] *n* 特技(名) tèjì; 绝技(名) juéjì;
绝招(名) juézhāo, 惊人的技艺 jīngrén
de jìyì

stupefy *v* 使茫然 shǐ mángrán, 使发
呆 shǐ fādāi, 弄糊涂 nòng hútu

stupid *adj* (1)笨(形) bèn, 愚蠢(形)
yúchǔn, 傻气的 shǎqì de: *a* ~ *person*

笨家伙 bèn jiāhuo (2) 感觉迟钝的
gǎnjué chídùn de, 迷迷糊糊的
mímíhúhu de: ~ with drink 喝得迷
迷糊糊的 hē de mímíhúhu de (3)无聊
(形) wúliáo, 没有意思 méiyǒu yìsi: a
~ performance 没有意思的演出
méiyǒu yìsi de yǎnchū

stupidity n 愚蠢(形) yúchǔn, 笨(形)
bèn

sturdy adj 结实(形) jiēshi, 强壮(形)
qiángzhuàng, 健壮(形) jiànzhuàng;
顽强(形) wánqiáng: a ~ chair 一把
很结实的椅子 yìbǎ hěn jiēshi de yǐzi

stutter v 结巴(动) jiēba, 结结巴巴地
说 jiējiēbābā de shuō

sty n 猪圈(名) zhūjuàn

style n (1)风格(名) fēnggé; 作风
(名) zuòfēng: with a Chinese national
~ 具有中国民族风格 jùyǒu Zhōngguó
mínzú fēnggé/ a democratic ~ 民主作
风 mínzhǔ zuòfēng/ ~ of work 工作
作风 gōngzuò zuòfēng (2) 文体(名)
wéntǐ; 语体(名) yǔtǐ; 文采(名)
wéncǎi; 语调(名) yǔdiào: prose ~ 散
文体 sǎnwéntǐ /a formal ~ 正式文体
zhèngshì wéntǐ /written in journalistic
~ 用新闻体写成 yòng xīnwéntǐ
xiěchéng /a florid ~ 华丽的文风
huálì de wénfēng (3)风度(名) fēngdù;
体面(形) tǐmiàn; 时尚(名) shíshàng:
do things in ~ 做事情体面大方 zuò
shìqing tǐmiàn dàfāng /be out of ~ 不
时髦 bù shímáo (4)式样(名) shìyàng,
类型(名) lèixíng: a new hair ~ 一种
新发型 yìzhǒng xīn fàxíng /hats in all
sizes and ~s 各种尺寸和式样的帽子
gèzhǒng chǐcùn hé shìyàng de màozi //
The ~ is the man. 文如其人. Wén rú
qí rén.

stylebook n 样本(名) yàngběn, 式样
书 shìyàngshū: a dressmakers ~ 服装
式样书 fúzhuāng shìyàngshū

stylish adj 时髦(形) shímáo: ~ gar-
ments 时髦的服装 shímáo de fúzhuāng

stylist n (1)文体家 wéntǐjiā (2)设计
师(名) shèjìshī

suave adj 温和(形) wēnhé; 和蔼(形)
hé'ǎi, 殷勤讨好的 yīnqín tǎohǎo de

subconscious adj 下意识的 xiàyìshi
de, 潜意识的 qiányìshi de

subcontinent n 次大陆(名) cìdàlù

subdivide v 再分 zàifēn; 细分 xìfēn

subdue v(1)征服(动) zhēngfú, 打败
(动) dǎbài: ~ nature 征服自然
zhēngfú zìrán (2)克制(动) kèzhì, 抑
制(动) yìzhì: a ~d voice 低声
dīshēng / ~d light 柔和的光线 róuhé
de guāngxiàn

subject I n (1)国民(名) guómín, 臣
民(名) chénmín (2)题目(名) tímù;
主题(名) zhǔtí; 问题(名) wèntí; 话
题(名) huàtí (3)学科(名) xuékē, 科
目(名) kēmù, 课程(名) kèchéng; 功
课(名) gōngkè: the main ~s 主要科
目 zhǔyào kēmù (4)受治疗者 shòu
zhìliáozhě; 受实验者 shòu shíyànzhě:
a medical (surgical) ~ 内科(外科)病
人 nèikē(wàikē)bìngrén/ the ~ of an
experiment 实验的对象 shíyàn de
duìxiàng (5)主语(名) zhǔyǔ: the ~
of a sentence 句子的主语 jùzi de zhǔyǔ
II adj 隶属的 lìshǔ de, 从属的
cóngshǔ de, 受支配的 shòu zhīpèi de:
a ~ state 属国 shǔguó // ~ matter
题材 tícái, 主题 zhǔtí / ~ to (1)受管
制 shòu guǎnzhì, 受统治 shòu tǒngzhì
(2)常有 chángyǒu; 易受 yìshòu: ~ to
damage 易受损伤 yìshòu sǔnshāng

subjectless adj 无主题的 wú zhǔtí de;
没有题目的 méiyǒu tímù de

subjunctive adj 虚拟的 xūnǐ de: the
~ mood 虚拟语气 xūnǐ yǔqì

sublime adj 崇高(形) chónggāo; 庄严
(形) zhuāngyán; 雄伟(形) xióngwěi;
高贵(形) gāoguì; 极端(形) jíduān:
~ truths 崇高的真理 chónggāo de
zhēnlǐ / ~ indifference to sth. 对某事
漠不关心 duì mǒushì mòbùguānxīn

submarine I adj 水下的 shuǐxià de, 水
底的 shuǐdǐ de; 海底的 hǎidǐ de: a ~
cable 海底电缆 hǎidǐ diànlǎn II n 潜
水艇(名) qiánshuǐtǐng: an atomic ~

核潜艇 héqiántǐng

submerge *v* 浸在水中 jìnzài shuǐzhōng, 沉入水中 chénrù shuǐzhōng, 淹没（动）yānmò

submission *n* （1）屈服（动）qūfú, 服从（动）fúcóng; 谦恭（形）qiāngōng; 柔顺（形）róushùn（2）递交（动）dìjiāo, 呈送（动）chéngsòng

submit *v* （1）服从（动）fúcóng, 屈从（动）qūcóng, 忍受（动）rěnshòu: ~ *to another's wishes* 服从别人的意愿 fúcóng biérén de yìyuàn/ ~ *oneself to discipline* 遵守纪律 zūnshǒu jìlǜ（2）呈交（动）chéngjiāo, 提交（动）tíjiāo; 提出（动）tíchū: ~ *new plans* 提出新的计划 tíchū xīn de jìhuà / ~ *a case to the court* 向法院起诉 xiàng fǎyuàn qǐshù

subordinate *adj* 下级的 xiàjí de; 从属的 cóngshǔ de: *a ~ unit* 下级单位 xiàjí dānwèi /*be in a ~ position* 处于从属地位 chǔyú cóngshǔ dìwèi /*a ~ clause* 从句 cóngjù

subpoena **I** *n* 传票（名）chuánpiào **II** *v* 传唤（动）chuánhuàn, 传讯（动）chuánxùn

subscribe *v* （1）签署（动）qiānshǔ; 签名 qiānmíng; 题词 tící（2）捐助（动）juānzhù; 捐款 juānkuǎn（3）预订（动）yùdìng; 订阅（动）dìngyuè: ~ *to "China Daily"* 订阅《中国日报》dìngyuè《Zhōngguó Rìbào》

subscriber *n* （1）捐助人 juānzhùrén, 捐款人 juānkuǎnrén（2）订户（名）dìnghù, 订购者 dìnggòuzhě: *a ~ to a newspaper* 报纸订户 bàozhǐ dìnghù

subscription *n* （1）认捐额（名）rènjuān'é, 捐款（名）juānkuǎn; 捐助（动）juānzhù（2）预订（动）yùdìng, 订阅（动）dìngyuè; 订购（动）dìnggòu; 预约（动）yùyuē

subsequent *adj* 后来的 hòulái de, 随后的 suíhòu de; 其次的 qícì de: *the period ~ to the war* 战后时期 zhànhòu shíqī

subsequently *adv* 后来发生 hòulái

fāshēng, 后来（名）hòulái; 接着（副）jiēzhe

subside *v* （1）下沉（动）xiàchén, 下陷（动）xiàxiàn（2）平静下来 píngjìng xiàlai, 平息（动）píngxī; 减退（动）jiǎntuì, 消退（动）xiāotuì

subsidiary *adj* 辅助的 fǔzhù de; 附属的 fùshǔ de; 补足的 bǔzú de: *a ~ coin* 辅币 fǔbì / *a ~ company* 子公司 zǐgōngsī /*a ~ stream* 支流 zhīliú

subsidy *n* 补助金（名）bǔzhùjīn; 津贴（名）jīntiē; 助学金（名）zhùxuéjīn; 财政援助 cáizhèng yuánzhù: *subsidies for health* 保健费 bǎojiànfèi

substance *n* （1）物质（名）wùzhì（2）实质（名）shízhì, 实体（名）shítǐ, 本质（名）běnzhì: *a question of ~* 实质性问题 shízhìxìng wèntí（3）本旨（名）běnzhǐ, 主旨（名）zhǔzhǐ, 要义（名）yàoyì, 真义（名）zhēnyì: *the ~ of a speech* 讲话的要旨 jiǎnghuà de yàozhǐ // *in ~* 本质上 běnzhìshang, 基本上 jīběnshang 实际上 shíjìshang

substantial *adj* （1）坚固（形）jiāngù, 结实（形）jiēshi, 牢固（形）láogù（2）相当多的 xiāngdāng duō de, 大幅度的 dà fúdù de; 丰盛（形）fēngshèng; 充实（形）chōngshí: *a ~ increase in production* 生产的大幅度增长 shēngchǎn de dà fúdù zēngzhǎng /*a ~ sum of money* 相当多的一笔钱 xiāngdāng duō de yìbǐqián（3）实质的 shízhì de; 实体的 shítǐ de; 真正（形）zhēnzhèng

substantially *adv* （1）大量地 dàliàng de; 充分地 chōngfèn de, 丰富地 fēngfù de（2）大体上 dàtǐshang, 实质上 shízhìshang

substitute **I** *n* 代替人 dàitìrén; 代替物 dàitìwù, 代用品（名）dàiyòngpǐn **II** *v* 用…代替 yòng…dàitì, 替换（动）tìhuàn, 接替（动）jiētì, 顶替（动）dǐngtì: ~ *a relative clause for a noun* 由定语从句替换名词 yóu dìngyǔ cóngjù tìhuàn míngcí

substitution *n* 代替（动）dàitì, 代用

（动）dàiyòng，替换（动）tìhuàn：~
drills 替换练习 tìhuàn liànxí /*the ~
of plastics for wood* 以塑料代替木料
yǐ sùliào dàitì mùliào

subtle   *adj* (1)精巧（形）jīngqiǎo，巧妙
（形）qiǎomiào：*a ~ device* 精巧的设
计 jīngqiǎo de shèjì (2)细微（形）
xìwēi，微妙（形）wēimiào，难以捉摸
的 nányǐ zhuōmō de：*a ~ distinction*
细微的区别 xìwēi de qūbié /*a ~
flavour* 淡淡的味道 dàndàn de wèidào

subtlety   *n* 巧妙（形）qiǎomiào；精巧
（形）jīngqiǎo；微妙（形）wēimiào

subtract   *v* 减去 jiǎnqù，扣除（动）
kòuchú：~ *5 from 10* 十减五 shí jiǎn
wǔ

subtropical   *adj* 亚热带的 yàrèdài de：
a ~ climate 亚热带气候 yàrèdài
qìhòu /*~ regions* 亚热带地区 yàrèdài
dìqū

suburb   *n* 郊区（名）jiāoqū，郊外（名）
jiāowài，市郊（名）shìjiāo：*in the ~s
of Hangzhou* 在杭州郊区 zài
Hángzhōu jiāoqū

suburban   *adj* 郊外的 jiāowài de，郊区
的 jiāoqū de

subway   *n* (1)地下通道（名）dìxià
tōngdào (2)地下铁道 dìxià tiědào，地
铁（名）dìtiě

succeed   *v* (1)继···之后 jì···zhīhòu，接
着 jiēzhe，跟着 gēnzhe (2)成功（动）
chénggōng；完成（动）wánchéng (3)
继承（动）jìchéng；继任（动）jìrèn，接
替（动）jiētì

success   *n* (1)成功（名）chénggōng，成
就（名）chéngjiù，成绩（名）chéngjì；
胜利（名）shènglì (2)成功的事
chénggōng de shì，取得成就的人 qǔdé
chéngjiù de rén

successful   *adj* 成功（形）chénggōng，
有成就的 yǒu chéngjiù de：*a ~ ex-
periment* 成功的试验 chénggōng de
shìyàn /*a ~ lawyer* 有成就的律师
yǒu chéngjiù de lǜshī

succession   *n* (1)连续（动）liánxù (2)
继承（动）jìchéng，继任（动）jìrèn，接

替（动）jiētì；后继者（名）hòu jìzhě

successive   *adj* 连续的 liánxù de，接连
的 jiēlián de：*on ~ days* 连续几天
liánxù jǐtiān

successor   *n* 继承人（名）jìchéngrén；继
任人（名）jìrènrén；接班人（名）
jiēbānrén：*the ~ to the throne* 王位继
承人 wángwèi jìchéngrén /*a legitimate
~* 合法继承人 héfǎ jìchéngrén /*a ~
to Mr Smith* 史密斯先生的接班人
Shǐmìsī xiānsheng de jiēbānrén

such   **I** *adj* (1)这样的 zhèyàng de，这
种的 zhèzhǒng de，如此的 rúcǐ de：~
an action 这种行为 zhèzhǒng xíngwéi
/*no ~ thing* 没有这种事 méiyǒu
zhèzhǒng shì / ~ *a paper as "The
Times"* 像《泰晤士报》这样的报纸
xiàng《Tàiwùshìbào》zhèyàng de bàozhǐ
(2)如此的 rúcǐ de···，那么···以致
nàme··· yǐzhì (3)这样那样 zhèyàng
nàyàng，某某 mǒumǒu **II** *pron* 这样的
人 zhèyàng dé rén；这样的事 zhèyàng
de shì：~ *as have erred* 犯过错误的那
些人 fànguo cuòwù de nàxiē rén // *and
~* 等等 děngděng：*notebooks, pens
and ~* 笔记本、钢笔等等 bǐjìběn，
gāngbǐ děngděng / ~ *and ~* 某某
mǒumǒu，这样那样的 zhèyàng nàyàng
de：~ *and ~ a person* 某某人
mǒumǒurén / ~ *as* 例如 lìrú，像···这
样的 xiàng···zhèyàng de：*books of ref-
erence, ~ as dictionaries and hand-
books* 诸如词典、手册之类的参考书
zhūrú cídiǎn，shǒucè zhīlèi de
cānkǎoshū / ~ *as it is* 质量不过如此
zhìliàng búguò rúcǐ；尽管不怎么样
jǐnguǎn bù zěnmeyàng

suck   *v* 吸（动）xī，吮（动）shǔn，嘬
（动）zuō，咂（动）zā：~ *soda-water
through a straw* 用麦管吸汽水 yòng
màiguǎn xī qìshuǐ / ~ *milk* 嘬奶 zuō
nǎi

sucker   *n* (1)吸盘（名）xīpán (2)容易
受骗的人 róngyì shòupiàn de rén

sudden   *adj* 突然（形）tūrán，意外（形）
yìwài：*a ~ illness* 急病 jíbìng /*a ~*

attack 一次突然袭击 yícì tūrán xíjī //
all of a ~ 突然 tūrán, 冷不防
lěngbùfáng /*die a* ~ *death* 暴死 bàosǐ
suddenly *adv* 突然(副) tūrán, 忽然
(副) hūrán, 意外地 yìwài de, 一下子
yíxiàzi
sue *v* 控告(动) kònggào, 起诉(动)
qǐsù, 和…打官司 hé…dǎ guānsi
suffer *v* (1)遭受(动) zāoshòu, 蒙受
(动) méngshòu, 经受(动) jīngshòu:
~ *hunger* 挨饿 ái'è / ~ *from floods*
遭受水灾 zāoshòu shuǐzāi / ~ *heavy
casualties* 遭到严重伤亡 zāodào
yánzhòng shāngwáng (2)受痛苦 shòu
tòngkǔ, 吃苦 chīkǔ; 患病 huànbìng:
~ *from TB* 得了肺结核 déle fèijiéhé
(3) 受损失 shòu sūnshī, 受害
shòuhài; 损害(动) sūnhài
suffering *n* 苦难(名) kǔnàn; 痛苦
(名) tòngkǔ
sufficient *adj* 足够的 zúgòu de, 充足
(形) chōngzú, 充分(形) chōngfèn: ~
food 充足的食品 chōngzú de shípǐn
suffix *n* 后缀(名) hòuzhuì, 词尾(名)
cíwěi
suffocate *v* 使窒息 shǐ zhìxī, 使透不
过气来 shǐ tòu bú guò qì lái; 闷死
mēnsǐ, 憋死 biēsǐ
suffocating *adj* 令人窒息的 lìng rén
zhìxī de, 憋闷的 biēmèn de
suffocation *n* 窒息(动) zhìxī; 闷死
mēnsǐ
suffuse *v* 充满(动) chōngmǎn; 弥漫
(动) mímàn
sugar I *n* 糖(名) táng: *sugar beet* 甜
菜 tiáncài/ *block* ~ 方糖 fāngtáng /
powdered ~ 绵白糖 miánbáitáng / ~
candy 冰糖 bīngtáng II *v* 加糖 jiā
táng, 放糖 fàng táng: ~ *one's milk*
在牛奶里放糖 zài niúnǎili fàng táng
sugarcane *n* 甘蔗(名) gānzhè
sugarcoat *v* (1)包糖衣 bāo tángyī (2)
使甜蜜 shǐ tiánmì; 使有吸引力 shǐ
yǒu xīyǐnlì
sugarless *adj* 无糖的 wú táng de, 不含
糖的 bù hán táng de

sugary *adj* (1)含糖的 hán táng de, 甜
(形) tián (2) 媚人的 mèirén de, 甜蜜
(形) tiánmì: ~ *words* 甜言蜜语
tiányánmìyǔ
suggest *v* (1)建议(动) jiànyì, 提议
(动) tíyì; 提出 tíchū (2)暗示(动)
ànshì; 启发(动) qǐfā, 说明(动)
shuōmíng, 表明(动) biǎomíng: *a
short story* ~ *ed by an actual incident*
一篇受真人真事启发而写成的短篇小
说 yì piān shòu zhēn rén zhēn shì qǐfā ér
xiěchéng de duǎnpiān xiǎoshuō (3)使
人想起 shǐ rén xiǎngqǐ // ~ *itself* 出
现 chūxiàn, 浮现脑际 fúxiàn nǎojì
suggestion *n* (1)建议(名) jiànyì, 提议
(名) tíyì, 意见(名) yìjiàn: *at sb.'s*
~ 根据某人的建议 gēnjù mǒurén de
jiànyì (2)暗示(名) ànshì; 启发(名)
qǐfā; 表示 biǎoshì
suggestive *adj* 暗示的 ànshì de, 引起
联想的 yǐnqǐ liánxiǎng de
suicidal *adj* 自杀的 zìshā de, 自寻毁
灭的 zì xún huǐmiè de: *with* ~ *intent*
蓄意自杀 xùyì zìshā
suicide *n* 自杀(动) zìshā, 自尽(动)
zìjìn; 自杀事件 zìshā shìjiàn: *attempt-
ed* ~ 自杀未遂 zìshā wèisuì /*commit*
~ *by hanging oneself* 悬梁自尽
xuánliáng zìjìn // *a* ~ *squad* 敢死队
gǎnsǐduì
suit I *n* (1)一套衣服 yítào yīfu: *a
woman's* ~ 一套女服 yítào nǚfú /*a
lounge* ~ 男式普通西服 nánshì pǔtōng
xīfú /*a bathing* ~ 游泳衣 yóuyǒngyī/
a space ~ 宇航服 yǔhángfú (2)组
(量) zǔ; 副(量) fù: *a* ~ *of spades* 一
组黑桃 yìzǔ hēitáo (3)起诉(动) qǐsù,
诉讼(名) sùsòng: *bring a* ~ *against
sb.* 控告某人 kònggào mǒurén /*a civil*
~ 民事诉讼 mínshì sùsòng /*a crimi-
nal* ~ 刑事诉讼 xíngshì sùsòng II *v*
(1)适合(动) shìhé, 合适(形) héshì,
适宜(动) shìyí; 中意(动) zhòngyì (2)
适应(动) shìyìng, 相称(形)
xiāngchèn// *follow* ~ 跟着做 gēnzhe
zuò, 照样做 zhàoyàng zuò / ~ *oneself*

随意 suíyì，随便 suíbiàn

suitable *adj* 合适（形）héshì，适当（形）shìdàng，适宜（形）shìyí：*books ~ for children* 适合儿童看的书 shìhé értóng kàn de shū

suitcase *n* 手提箱（名）shǒutíxiāng；小衣箱 xiǎo yīxiāng

suite *n* 一套 yítào；一组 yìzǔ

sulk *v* 生闷气 shēng mènqì，闷闷不乐 mènmènbúlè；绷着脸 běngzhe liǎn

sulky *adj* 生闷气的 shēng mènqì de，闷闷不乐的 mènmènbúlè de，绷着脸的 běngzhe liǎn de

sullen *adj* 闷闷不乐 mènmènbúlè；绷着脸的 běngzhe liǎn de；阴沉（形）yīnchén：*a ~ sky* 阴沉的天空 yīnchén de tiānkōng

sulphate *n* 硫酸盐（名）liúsuānyán

sulphur *n* 硫磺（名）liúhuáng

sultan *n* 苏丹（名）sūdān

sultry *adj* 闷热（形）mēnrè，酷热（形）kùrè

sum **I** *n* （1）和（名）hé，总数（名）zǒngshù：*the ~ total* 总数 zǒngshù，总计 zǒngjì（2）金额（名）jīn'é，钱数（名）qiánshù：*a good ~* 可观的金额 kěguān de jīn'é（3）算术题（名）suànshùtí；运算（动）yùnsuàn（4）要点（名）yàodiǎn，提要（名）tíyào：*the ~ of this book* 本书的要点 běn shū de yàodiǎn **II** *v*（1）计算…的总数 jìsuàn …de zǒngshù：*~ up the costs of sth.* 计算某物的总成本费 jìsuàn mǒuwù de zǒng chéngběnfèi（2）总结（动）zǒngjié，归纳（动）guīnà，概括（动）gàikuò；综述（动）zǒngshù：*~ up experience* 总结经验 zǒngjié jīngyàn（3）共计（动）gòngjì，总计（动）zǒngjì // *in ~* 简言之 jiǎn yán zhī，总的说来 zǒng de shuō lái / *to ~ up* 总而言之 zǒng ér yán zhī，总起来说 zǒng qǐlái shuō

sumless *adj* 无数的 wúshù de，无限的 wúxiàn de；不可估量的 bù kě gūliang de

summarize *v* 概括（动）gàikuò，概述（动）gàishù；总结（动）zǒngjié

summary **I** *adj* 概括（形）gàikuò，扼要（形）èyào：*a ~ description* 扼要的叙述 èyào de xùshù **II** *n* 摘要（名）zhāiyào，概要（名）gàiyào，提要（名）tíyào：*make a ~ about the article* 写出文章的摘要 xiēchū wénzhāng de zhāiyào

summer *n* 夏天（名）xiàtiān，夏季（名）xiàjì；暑期（名）shǔqī：*in high ~* 盛夏 shèngxià / *this ~* 今年夏天 jīnnián xiàtiān / *a ~ resort* 避暑地 bìshǔdì / *a ~ house* 夏季别墅 xiàjì biéshù / *the ~ holidays* 暑假 shǔjià / *a ~ school* 暑期学校 shǔqī xuéxiào

summing-up *n* 总结（名）zǒngjié；概述（动）gàishù

summit *n* 顶点（名）dǐngdiǎn；顶峰（名）dǐngfēng；最高峰 zuì gāo fēng；最高的官阶 zuì gāo de guānjiē：*a ~ conference* 最高级会议 zuì gāojí huìyì

summon *v*（1）召集（动）zhàojí；传唤（动）chuánhuàn；号召（动）hàozhào：*~ a meeting* 召集会议 zhàojí huìyì（2）鼓起 gǔqǐ；唤起 huànqǐ

sun **I** *n*（1）太阳（名）tàiyáng，日（名）rì（2）阳光（名）yángguāng，日光（名）rìguāng：*bathe in the ~* 晒太阳 shài tàiyáng **II** *v* 晒（动）shài，晒太阳 shài tàiyáng // *rise with the ~* 早起 zǎo qǐ / *under the ~* 天下 tiānxià，世界上 shìjièshang

sunbathe *v* 作日光浴 zuò rìguāngyù

sundae *n* 圣代（名）shèngdài

Sunday *n* 星期天（名）xīngqītiān，星期日（名）xīngqīrì，礼拜天（名）lǐbàitiān：*on ~* 在星期日 zài xīngqīrì / *on ~s* 每逢星期日 měiféng xīngqīrì // *a month of ~s* 很久 hěn jiǔ，许久 xǔjiǔ / *one's ~ best* 最好的 zuì hǎo de

sundial *n* 日规（名）rìguī，日晷仪（名）rìguǐyí

sundried *adj* 晒干的 shàigān de

sunflower *n* 葵花（名）kuíhuā，向日葵（名）xiàngrìkuí：*~ oil* 葵花籽油 kuíhuāzǐyóu

sunglasses *n* 太阳镜（名）tàiyángjìng，

墨镜(名) mòjìng

sunglow n 朝霞(名) zhāoxiá; 晚霞
(名) wǎnxiá

sunless adj (1)不见太阳的 bú jiàn
tàiyáng de, 阴暗(形) yīn'àn (2)忧郁
(形) yōuyù, 情绪低落的 qíngxù dīluò
de

sunlight n 阳光(名) yángguāng, 日光
(名) rìguāng: in ~ 被阳光照着 bèi
yángguāng zhàozhe /bright ~ 灿烂的
阳光 cànlàn de yángguāng

sunny adj (1)阳光明媚的 yángguāng
míngmèi de: a ~ room 阳光充足的房
间 yángguāng chōngzú de fángjiān (2)
晴朗(形) qínglǎng: a ~ sky 晴朗的
天空 qínglǎng de tiānkōng /a ~ day
晴天 qíngtiān (3)快活(形) kuàihuo,
开朗(形) kāilǎng

sunrise n 日出 rìchū

sunset n 日落 rìluò, 日落时分 rìluò
shífēn: a beautiful ~ 美丽的日落景
象 měilì de rìluò jǐngxiàng /the ~ of
life 人生的晚年 rénshēng de wǎnnián

sunshade n (1)阳伞(名) yángsǎn (2)
遮蓬(名) zhēpéng; 百叶窗(名)
bǎiyèchuāng; 天棚(名) tiānpéng

sunshine n (1)阳光(名) yángguāng,
日光(名) rìguāng: ~ time 日照时间
rìzhào shíjiān (2)欢快(形) huānkuài,
欢乐(形) huānlè, 欣慰(形) xīnwèi

suntan n 晒黑 shàihēi, 晒红 shàihóng

sup v 小口喝 xiǎokǒu hē, 啜(动)
chuò

super adj 特级(形) tèjí; 极好 jíhǎo

superannuate v 给养老金使退休 gěi
yǎnglǎojīn shǐ tuìxiū

superb adj (1)壮丽(形) zhuànglì; 华
丽(形) huálì: a ~ view 壮丽的景色
zhuànglì de jǐngsè (2)超等的 chāoděng
de, 极好的 jíhǎo de

superficial adj (1)表面的 biǎomiàn
de; 表面上的 biǎomiànshàng de: a ~
likeness 表面的相似 biǎomiàn de
xiāngsì (2)肤浅(形) fūqiǎn, 浅薄
(形) qiǎnbó

superfluous adj 过剩(形) guòshèng;

多余(形) duōyú, 不必要 bú bìyào

superior I adj (1)在上的 zài shàng
de; 较高的 jiào gāo de; 上级的
shàngjí de: a ~ court 高级法院 gāojí
fǎyuàn /the ~ classes 社会的上层
shèhuì de shàngcéng (2)较多的 jiào
duō de; 较大的 jiào dà de: be ~ in
numbers 数量上占优势 shùliàngshang
zhàn yōushì /attack in ~ number 以
优势兵力进攻 yǐ yōushì bīnglì jìngōng
(3)优越(形) yōuyuè; 更好的 gènghǎo
de: ~ wool 优质羊毛 yōuzhì yángmáo
(4) 高傲(形) gāo'ào, 傲慢(形)
àomàn II n (1)上级(名) shàngjí, 上
司(名) shàngsi, 长官(名) zhǎngguān
(2)优胜者(名) yōushèngzhě

superiority n 优越性(名) yōuyuèxìng,
优势(名) yōushì: sense of ~ 优越感
yōuyuègǎn

superlative I adj (1)最高的 zuì gāo de;
最好的 zuì hǎo de; 高超(形) gāochāo
(2)最高级的 zuìgāojí de II n 最高级
zuìgāojí; 最高级形式 zuìgāojí xíngshì

superman n 超人(名) chāorén

supermarket n 超级市场 chāojí
shìchǎng; 自选商店 zìxuǎn shāng-
diàn; 自选市场 zìxuǎn shìchǎng

supernatural adj 超自然的 chāo zìrán
de; 怪异(形) guàiyì, 不可思议的
bùkěsīyì de

superstition n 迷信(名) míxìn

superstitious adj 迷信的 míxìn de; 由
迷信引起的 yóu míxìn yǐnqǐ de

supervise v 监督(动) jiāndū, 管理
(动) guǎnlǐ

supper n 晚饭(名) wǎnfàn, 晚餐(名)
wǎncān

supplement I n (1)增补(动) zēngbǔ,
补充(动) bǔchōng (2)副刊(名)
fùkān; 增刊(名) zēngkān II v 增补
(动) zēngbǔ, 补充(动) bǔchōng

supplementary adj 补充的 bǔchōng de,
增补的 zēngbǔ de; 追加的 zhuījiā de

supply I v (1)供给(动) gōngjǐ, 供应
(动) gōngyìng, 提供(动) tígōng: ~
proof 提供证据 tígōng zhèngjù / ~

sb . an answer 向某人提供答案 xiàng mǒurén tígōng dá'àn (2) 补充（动）bǔchōng, 填补（动）tiánbǔ: ~ *a deficiency* 弥补不足 míbǔ bùzú / ~ *a need* 满足需要 mǎnzú xūyào II *n* (1) 供给（动）gōngjǐ, 供应（动）gōngyìng: ~ *and demand* 供（与）求 gōng (yǔ) qiú / *a water* ~ 供水 gōng shuǐ / *a food* ~ 食品供应 shípǐn gōngyìng / *a good* ~ *of fruit* 水果的大量供应 shuǐguǒ de dàliàng gōngyìng (2) 供应品 gōngyìngpǐn, 用品（名）yòngpǐn; 生活用品 shēnghuó yòngpǐn; 食品（名）shípǐn: *military supplies* 军需品 jūnxūpǐn / *household supplies* 家庭用品 jiātíng yòngpǐn / *office supplies* 办公用品 bàngōng yòngpǐn / *in short* ~ 供应不足 gōngyìng bùzú

support I *n* (1) 支撑（动）zhīchēng; 支撑物 zhīchēngwù, 支柱（名）zhīzhù, 支架（名）zhījià: *the ~ s of a bridge* 桥的支柱 qiáo de zhīzhù (2) 支持（动）zhīchí; 援助（动）yuánzhù; 拥护（动）yōnghù: *moral* ~ 声援 shēngyuán（道义上的援助 dàoyìshang de yuánzhù）/ *the financial* ~ *of the government* 政府的财政援助 zhèngfǔ de cáizhèng yuánzhù (3) 供养（动）gōngyǎng, 生计（名）shēngjì: *refuse to pay* ~ 拒绝付赡养费 jùjué fù shànyǎngfèi (4) 支持者（名）zhīchízhě; 供养者（名）gōngyǎngzhě II *v* (1) 支撑（动）zhīchēng: ~ *oneself with a stick* 拄着手杖 zhǔzhe shǒuzhàng (2) 支持（动）zhīchí; 援助（动）yuánzhù; 拥护（动）yōnghù: ~ *the new policy* 拥护新政策 yōnghù xīn zhèngcè / ~ *birth control* 拥护计划生育 yōnghù jìhuà shēngyù / ~ *a resolution* 赞成一项决议 zànchéng yíxiàng juéyì (3) 供养（动）gōngyǎng, 资助（动）zīzhù: ~ *a family* 养家 yǎngjiā / ~ *oneself* 养活自己 yǎnghuo zìjǐ (4) 证实（动）zhèngshí, 为…提供证据 wèi…tígōng zhèngjù: ~ *an argument* 为一个论点提供证据 wèi yíge lùndiǎn tígōng zhèngjù // *in*

~ *of* 支援 zhīyuán, 支持 zhīchí / *troops in* ~ 后备部队 hòubèi bùduì

supporter *n* 支持者（名）zhīchízhě, 拥护者（名）yōnghùzhě, 援助者 yuánzhùzhē

supportless *n* 没有支撑的 méiyǒu zhīchēng de; 没有支持的 méiyǒu zhīchí de

suppose I *v* (1) 猜想（动）cāixiǎng; 料想（动）liàoxiǎng, 以为（动）yǐwéi (2) 应该（助动）yīnggāi, 应当（助动）yīngdāng II *conj* (1) 假定（动）jiǎdìng, 假设（动）jiǎshè, 假如（连）jiǎrú / 如果…怎么样 rúguǒ…zěnmeyàng (3) 让（介、动）ràng, 我提议 wǒ tíyì, …怎么样? …zěnmeyàng? 干吗不…gànmá bù…

supposition *n* 想象（动）xiǎngxiàng; 假定（动）jiǎdìng; 推测（动）tuīcè: *on the* ~ *of*… 假定… jiǎdìng…

suppress *v* (1) 镇压（动）zhènyā; 压制（动）yāzhì: ~ *terrorists* 打击恐怖分子 dǎjī kǒngbù fènzǐ / ~ *criticism* 压制批评 yāzhì pīpíng (2) 抑制（动）yìzhì, 忍住 rěnzhù: ~ *one's feelings* 抑制感情 yìzhì gǎnqíng / ~ *a cough* 忍住咳嗽 rěnzhù késou (3) 隐藏（动）yǐncáng; 隐瞒（动）yǐnmán: ~ *the truth* 隐瞒真相 yǐnmán zhēnxiàng (4) 查禁（动）chájìn: ~ *a newspaper* 查禁一家报纸 chájìn yìjiā bàozhǐ

suppression *n* (1) 镇压（动）zhènyā; 压制（动）yāzhì: *the ~ of the rebels* 对反叛者的镇压 duì fǎnpànzhě de zhènyā (2) 抑制（动）yìzhì, 忍住 rěnzhù; 阻止…的生长 zǔzhǐ…de shēngzhǎng: *the ~ of a smile* 忍住笑 rěnzhù xiào (3) 隐藏（动）yǐncáng; 隐瞒（动）yǐnmán: *the ~ of the true facts* 隐瞒事实真相 yǐnmán shìshí zhēnxiàng

suppressive *adj* 镇压的 zhènyā de; 制止的 zhìzhǐ de; 隐蔽的 yǐnbì de

suppressor *n* 消除器（名）xiāochúqì; 干扰抑制器 gānrǎo yìzhìqì

supreme *adj* 最高的 zuì gāo de; 最大

的 zuì dà de; 最重要的 zuì zhòngyào de: *the ~ ruler* 最高统治者 zuì gāo tǒngzhìzhě

surcharge *n* 额外费用 éwài fèiyòng; 附加罚款 fùjiā fákuǎn

sure **I** *adj* (1)确切(形) quèqiè, 肯定 (形) kěndìng; 有把握 yǒu bǎwò (2)确定的 quèdìng de; 稳当(形) wěndang; 可靠(形) kěkào: ~ *victory* 十拿九稳的胜利 shí ná jiǔ wěn de shènglì /*a foundation* 稳固的基础 wěngù de jīchǔ /~ *evidence* 确凿的证据 quèzáo de zhèngjù **II** *adv* 的确(副) díquè; 当然(副) dāngrán, 一定(副) yídìng// *as ~ as…* 千真万确 qiānzhēn wànquè, 毫无疑问 háowú yíwèn /*be ~ and …* 一定要 yídìng yào /*for ~* 确实 quèshí, 肯定 kěndìng /*make ~* (1)弄确实 nòng quèshí, 查清楚 cháqīngchu (2)做到 zuòdào, 保证 bǎozhèng /~ *enough* 果然 guǒrán /~ *of oneself* 有自信心 yǒu zìxìnxīn /*to be ~* 肯定 kěndìng; 当然 dāngrán

surely *adv* (1)确实(副) quèshí, 无疑(形) wúyí, 一定(副) yídìng (2)想必(副) xiǎngbì, 料定(动) liàodìng

surf *n* 拍岸浪花 pāi'àn lànghuā; 拍岸浪 pāi'ànlàng

surface **I** *n* (1)表面(名) biǎomiàn, 面(名) miàn: *a rough ~* 粗糙的表面 cūcāo de biǎomiàn /*the ~ of the earth* 地球表面 dìqiú biǎomiàn /*the smooth ~ of a road* 平坦的路面 píngtǎn de lùmiàn /*the smooth ~ of a table* 光滑的桌面 guānghuá de zhuōmiàn (2)水面(名) shuǐmiàn: *rise to the ~* 浮出水面 fúchū shuǐmiàn (3)外表(名) wàibiǎo, 外观(名) wàiguān: *look below the ~ of things* 透过外表来观察事物 tòuguo wàibiǎo lái guānchá shìwu **II** *adj* 表面的 biǎomiàn de, 外表的 wàibiǎo de: ~ *impressions* 表面的印象 biǎomiàn de yìnxiàng /~ *mail* 普通邮件 pǔtōng yóujiàn **III** *v* (1)铺路面 pū lùmiàn (2)浮出水面 fúchū shuǐmiàn, 露头 lòu tóu // *on the ~* 表

面上 biǎomiànshang, 外表上 wàibiǎoshang

surfing *n* 冲浪运动 chōnglàng yùndòng, 冲浪 chōnglàng

surge **I** *v* 起大浪 qǐ dàlàng; 涌(动) yǒng; 洋溢(动) yángyì **II** *n* 汹涌(动) xiōngyǒng, 澎湃(动) péngpài: *a sudden ~ of anger* 突然大发雷霆 tūrán dàfā léitíng

surgeon *n* (1)外科医生 wàikē yīshēng, 外科大夫 wàikē dàifu: *a dental ~* 口腔科医生 kǒuqiāngkē yīshēng (2)军医(名) jūnyī

surgery *n* (1)外科(名) wàikē; 外科手术 wàikē shǒushù; 外科学(名) wàikēxué (2)外科手术室 wàikē shǒushùshì; 外科实验室 wàikē shíyànshì

surgical *adj* 外科的 wàikē de; 外科手术的 wàikē shǒushù de; 外科用的 wàikē yòng de: *a ~ operation* 外科手术 wàikē shǒushù

surname *n* 姓(名) xìng, 姓氏(名) xìngshì

surpass *v* 超越(动) chāoyuè, 胜过(动) shèngguò

surplus *n* (1)剩余(形) shèngyú; 剩余物资 shèngyú wùzī; 剩余额(名) shèngyú'é (2)盈余(名) yíngyú

surprise **I** *v* 使惊讶 shǐ jīngyà, 使感到意外 shǐ gǎndào yìwài **II** *n* (1)惊奇(形) jīngqí, 惊讶(形) jīngyà: *with a look of ~* 带着惊讶的神情 dàizhe jīngyà de shénqíng (2)意想不到的事 yìxiǎng bú dào de shì // *a ~ visit* 突如其来的访问 tūrúqílái de fǎngwèn /*a ~ attack* 突然袭击 tūrán xíjī /*take by ~* (1)出其不意地抓到(攻占) chūqíbúyì de zhuādào(gōngzhàn) (2)使惊讶 shǐ jīngyà

surrealism *n* 超现实主义(名) chāoxiànshízhǔyì

surrender **I** *v* (1)交出 jiāochū; 放弃(动) fàngqì: ~ *one's arms* 缴械 jiǎoxiè /~ *one's privileges* 放弃特权 fàngqì tèquán (2)投降(动) tóuxiáng;

自首（动）zìshǒu（3）屈服（动）qūfú，屈从（动）qūcóng II n 交出 jiāochū，投降（动）tóuxiáng；放弃（动）fàngqì：*unconditional* ～ 无条件投降 wú tiáojiàn tóuxiáng

surround v 围（动）wéi，围绕（动）wéirào，包围（动）bāowéi

surrounding I n 周围的事物 zhōuwéi de shìwù；环境（名）huánjìng II adj 周围的 zhōuwéi de：*the ～ country* 近郊 jìnjiāo

survey I v（1）观看（动）guānkàn；环顾（动）huángù：*～ the surrounding landscape* 观看周围的景色 guānkàn zhōuwéi de jǐngsè（2）查看（动）chákàn；审查（动）shěnchá；检查（动）jiǎnchá；调查（动）diàochá：*～ population growth* 调查人口增长情况 diàochá rénkǒu zēngzhǎng qíngkuàng（3）观察（动）guānchá；评述（动）píngshù，评论（动）pínglùn：*～ the international situation* 综述国际形势 zōngshù guójì xíngshì（4）勘测（动）kāncè，测量（动）cèliáng：*～ the east coast* 勘测东海岸 kāncè dōng hǎi'àn II n（1）观看（动）guānkàn，观赏（动）guānshǎng（2）查看（动）chákàn，检查（动）jiǎnchá；调查（动）diàochá：*make a ～ of education in the rural areas* 对农村教育情况进行调查 duì nóngcūn jiàoyù qíngkuàng jìnxíng diàochá/ *market* ～ 市场调查 shìchǎng diàochá（3）评论（名）pínglùn，述评（名）shùpíng：*a monthly ～ of Chinese literature* 中国文学月评 Zhōngguó wénxué yuè píng（4）测量（动）cèliáng，勘测（动）kāncè：*a geological ～* 地质勘测 dìzhì kāncè /*an air ～* 空中测量 kōngzhōng cèliáng // *a ～ course* 概况课 gàikuàngkè

survival n（1）幸存（动）xìngcún；残存（动）cáncún；生存（动）shēngcún：*hopes of ～* 生存的希望 shēngcún de xīwàng（2）幸存者（名）xìngcúnzhě；残存者（名）cáncúnzhě

survive v（1）活下来 huóxiàlai；幸免

于 xìngmiǎnyú；幸存（动）xìngcún；残存（动）cáncún（2）比…活得长 bǐ… huó de cháng

susceptible adj 易受感动的 yì shòu gǎndòng de，易受影响的 yì shòu yǐngxiǎng de；敏感（形）mǐngǎn：*a ～ person* 一个易动感情的人 yíge yì dòng gǎnqíng de rén // *be ～ to*… 对…敏感 duì … mǐngǎn；容易感受 róngyì gǎnshòu

suspect I v（1）猜想（动）cāixiǎng；认为（动）rènwéi；觉得可能 juéde kěnéng：*～ danger* 觉得有危险 juéde yǒu wēixiǎn（2）怀疑（动）huáiyí，不相信 bù xiāngxìn，有疑问 yǒu yíwèn（3）认为有罪 rènwéi yǒu zuì II adj 可疑的 kěyí de；不肯定的 bù kěndìng de；不可靠的 bù kěkào de III n 嫌疑犯（名）xiányífàn；可疑分子 kěyí fènzǐ：*the photo of a ～* 一张嫌疑犯的照片 yìzhāng xiányífàn de zhàopiàn /*a ～ in a murder* 杀人嫌疑犯 shārén xiányífàn

suspend v（1）吊（动）diào，悬（动）xuán；使悬浮 shǐ xuánfú（2）使悬而不决 shǐ xuán'ér bùjué；推迟（动）tuīchí；中止（动）zhōngzhǐ；暂停（动）zàntíng（3）暂时停职（或停学）zànshí tíngzhí（huò tíngxué）

suspense n（1）悬而不决 xuán'ér bù jué，未定 wèidìng（2）挂念（动）guàniàn；不安（形）bù'ān；担心（动）dānxīn

suspension n（1）悬（动）xuán，吊（动）diào；悬挂物 xuánguàwù（2）暂停（动）zàntíng；中止（动）zhōngzhǐ；暂时停职 zànshí tíngzhí；暂时停学 zànshí tíngxué：*～ of business* 暂时停业 zànshí tíngyè // *a ～ bridge* 吊桥 diàoqiáo，悬空桥 xuánkōngqiáo /*a ～ railway* 高架铁路 gāojiàtiělù

suspicious adj（1）猜疑的 cāiyí de；疑心的 yíxīn de；多疑的 duōyí de（2）可疑（形）kěyí：*a ～ character* 可疑的人物 kěyí de rénwù

suspiciously adv 可疑地 kěyí de；猜疑

地 cāiyí de; 疑心地 yíxīn de

sustain v (1) 支撑(动) zhīcheng, 撑住 chēngzhù, 承受住 chéngshòuzhù (2) 供应(动) gōngyìng; 维持(动) wéichí; 继续(动) jìxù: *food sufficient to ~ life* 足够维持生命的食物 zúgòu wéichí shēngmìng de shíwù (3) 蒙受(动) méngshòu, 遭受(动) zāoshòu; 经受(动) jīngshòu; 经受住 jīngshòuzhù (4) 确认(动) quèrèn, 认可(动) rènkě

swab n (1) 药签(名) yàoqiān; 拭子(名) shìzi; 化验标本 huàyàn biāoběn (2) 拖把(名) tuōbǎ

Swahili n 斯瓦希里人 Sīwǎxīlǐrén; 斯瓦希里语 Sīwǎxīlǐyǔ

swallow[1] I v (1) 咽(动) yàn, 吞(动) tūn: ~ *sth. down* 把某物咽下 bǎ mǒuwù yànxià / ~ *a mouthful of bread* 吞下一口面包 tūnxià yìkǒu miànbāo (2) 吞没(动) tūnmò, 淹没(动) yānmò (3) 轻信(动) qīngxìn; 轻易接受 qīngyì jiēshòu: ~ *sb.'s words* 轻信某人的话 qīngxìn mǒurén de huà (4) 忍受(动) rěnshòu: ~ *rude remarks* 忍受辱骂 rěnshòu rǔmà (5) 抑制(动) yìzhì, 压制(动) yāzhì: ~ *a laugh* 忍住笑 rěnzhù xiào (6) 用完 yòngwán, 耗尽 hàojìn: ~ *up one's earnings* 用完了挣来的钱 yòngwánle zhènglái de qián II n 吞咽(动) tūnyàn; 吞咽一次的量 tūnyàn yícì de liàng: *a ~ of water* 一口水 yìkǒu shuǐ

swallow[2] n 燕子(名) yànzi // *a ~ coat* 燕尾服 yànwěifú / ~ *dive* 燕式跳水 yànshì tiàoshuǐ

swamp I n 沼泽(名) zhǎozé; 沼泽地(名) zhǎozédì II v 淹没(动) yānmò; 陷入沼泽 xiànrù zhǎozé; 陷入困境 xiànrù kùnjing

swan n 天鹅(名) tiān'é

swarm I n (1) 群(量) qún; 蜂群 fēngqún (2) 大群 dàqún; 大堆 dàduī: ~*s of sightseers* 成群结队的观光者 chéngqún jiéduì de guānguāngzhě II v (1) 成群飞离蜂巢 chéngqún fēilí

风巢 (2) 拥挤(动) yōngjǐ; 充满(动) chōngmǎn; 成群地挤进(挤出) chéngqún de jǐjìn(jǐchū)

swarthy adj 黝黑(形) yǒuhēi; 晒黑的 shàihēi de: *a dark-haired, ~ gipsy* 一个黑头发、皮肤黝黑的吉普赛人 yíge hēi tóufa, pífū yǒuhēi de Jípǔsàirén

swastika n (1) 万字(卍) wànzì (2) 曲十字(卐)(德国纳粹党党徽) qūshízì (Déguó Nàcuìdǎng dǎnghuī)

swat I v 拍(动) pāi, 打(动) dǎi; 猛击 měngjī: ~ *a fly* 拍苍蝇 pāi cāngying II n 拍(动) pāi; 猛击 měngjī

swathe I v 绑(动) bǎng, 裹(动) guǒ, 缠(动) chán; 包(动) bāo II n 带子(名) dàizi, 绷带(名) bēngdài, 包布(名) bāobù

sway I v (1) 摇动(动) yáodòng; 摇摆(动) yáobǎi (2) 动摇(动) dòngyáo (3) 支配(动) zhīpèi, 统治(动) tǒngzhì; 影响(动) yǐngxiǎng; 使动摇 shǐ dòngyáo II n (1) 摇动(动) yáodòng, 摇摆(动) yáobǎi; 动摇(动) dòngyáo, 倾斜(形) qīngxié (2) 支配(动) zhīpèi, 统治(动) tǒngzhì; 影响(动) yǐngxiǎng; 势力(名) shìli, 权势(名) quánshì // *hold ~* 支配 zhīpèi / *under the ~ of* 受…统治 shòu…tǒngzhì, 被…支配 bèi…zhīpèi

swear v (1) 发誓 fāshì, 宣誓(动) xuānshì: ~ *an oath* 宣誓 xuānshì (2) 郑重保证 zhèngzhòng bǎozhèng; 强调(动) qiángdiào (3) 诅咒(动) zǔzhòu, 骂(动) mà // ~ *by* (1) 极其相信 jíqí xiāngxìn (2) 对…发誓 duì…fāshì: ~ *by God* 对上帝发誓 duì shàngdì fāshì / ~ *in* 宣誓就职 xuānshì jiùzhí / ~ *off* 立誓戒掉 lìshì jièdiào / ~ *to* 保证 bǎozhèng, 担保 dānbǎo

swearword n 骂人话(名) màrénhuà

sweat I v (1) 出汗 chūhàn, 流汗 liúhàn, 冒汗 màohàn, 淌汗 tǎnghàn: ~ *in the heat* 热得冒汗 rè de màohàn / ~ *with fear* 吓得出冷汗 xià de chū lěng hàn (2) 努力工作 nǔlì gōngzuò, 干苦活儿 gàn kǔhuór (3) 结水珠 jié shuǐzhū **II** *n* (1) 汗（名）hàn，汗水（名）hànshuǐ (2) 出汗 chūhàn (3) 苦活（名）kǔhuó，累活（名）lèihuó // *an old* ~ 老手 lǎoshǒu；老兵 lǎobīng /*in a* ~ (1) 一身大汗 yìshēn dàhàn (2) 惊吓 jīngxià：*in a* ~ *to learn the result* 得知这个结果吓出了一身汗 dé zhī zhège jiéguǒ xiàchūle yìshēn hàn

sweated *adj* 用血汗劳动生产的 yòng xuèhàn láodòng shēngchǎn de，残酷剥削下的 cánkù bōxuēxià de：~ *goods* 血汗产品 xuèhàn chǎnpǐn / ~ *labour* 血汗劳动 xuèhàn láodòng

sweater *n* (1) 毛衣（名）máoyī；*a woolen* ~ 毛衣 máoyī (2) 运动衫（名）yùndòngshān

sweatshirt *n* 圆领短袖运动衫 yuánlǐng duǎnxiù yùndòngshān

sweatshop *n* 血汗工厂 xuèhàn gōngchǎng

sweep **I** *v* (1) 扫（动）sǎo，打扫（动）dǎsǎo，扫除（动）sǎochú：~ *snow* 扫雪 sǎo xuě / ~ *the floor* 扫地 sǎo dì (2) 扫荡（动）sǎodàng，肃清（动）sùqīng，清除（动）qīngchú (3) 挥动（动）huīdòng，摇动（动）yáodòng；移动（动）yídòng (4) 刮走 guāzǒu，席卷（动）xíjuǎn，冲走 chōngzǒu；袭击（动）xíjī (5) 环视（动）huánshì，扫视（动）sǎoshì；掠过（动）lüèguò (6) 延伸（动）yánshēn **II** *n* (1) 打扫（动）dǎsǎo，清扫（动）qīngsǎo (2) 挥动（动）huīdòng，摆动（动）bǎidòng，摇动（动）yáodòng：*with a* ~ *of one's hand* 把手一挥 bǎ shǒu yì huī (3) 连绵（动）liánmián，延伸（动）yánshēn (4) 潮流（名）cháoliú：*the onward* ~ *of history* 前进着的历史潮流·qiánjìnzhe de lìshǐ cháoliú // *a clean* ~ (1) 彻底清除 chèdǐ qīngchú，摧毁 cuīhuǐ (2) 完全的胜利 wánquán de shènglì / ~ *up* 大扫除 dàsǎochú

sweeper *n* 打扫者 dǎsǎozhě；清扫机（名）qīngsǎojī

sweeping-brush *n* 扫帚（名）sàozhou

sweet **I** *adj* (1) 甜（形）tián，甜味的 tiánwèi de：~ *wine* 甜酒 tiánjiǔ (2) 愉快（形）yúkuài；美好（形）měihǎo；香甜（形）xiāngtián：*have a* ~ *sleep* 睡一个好觉 shuì yíge hǎo jiào (3) 漂亮（形）piàoliang，好看（形）hǎokàn；悦耳（形）yuè'ěr，好听（形）hǎotīng；可爱（形）kě'ài：~ *music* 好听的音乐 hǎotīng de yīnyuè /*a* ~ *little girl* 可爱的小姑娘 kě'ài de xiǎo gūniang /*the* ~ *song of a nightingale* 夜莺美妙的歌声 yèyīng měimiào de gēshēng (4) 亲切（形）qīnqiè，和蔼（形）hé'ǎi；温柔（形）wēnróu：~ *words* 亲切的话 qīnqiè de huà /*a* ~ *temper* 温柔的性情 wēnróu de xìngqíng /*be* ~ *to sb.* 对某人和蔼亲切 duì mǒurén hé'ǎi qīnqiè (5) 芳香（形）fāngxiāng：*the* ~ *smell of roses* 玫瑰花的芳香 méiguīhuā de fāngxiāng (6) 新鲜（形）xīnxiān；淡（形）dàn：~ *water* 淡水 dànshuǐ（饮用水 yǐnyòngshuǐ）**II** *n* (1) 甜食（名）tiánshí (2) 糖果（名）tángguǒ；甜味（名）tiánwèi；芳香（形）fāngxiāng：*a box of* ~*s* 一盒糖果 yìhé tángguǒ (3) 乐趣（名）lèqù；欢乐（形）huānlè；甜头（名）tiántou：*the* ~*s and bitters of life* 人生苦乐 rénshēng kǔlè // *have a* ~ *tooth* 喜欢吃甜食 xǐhuan chī tiánshí / ~ *potato* 白薯 báishǔ

sweet-and-sour *adj* 用糖醋调味的 yòng tángcù tiáowèi de

sweeten *v* (1) 变甜 biàn tián，加糖于 jiā tángyú：~ *tea* 给茶加糖 gěi chá jiā táng (2) 变香 biàn xiāng；变温和 biàn wēnhé；使悦耳 shǐ yuè'ěr；使愉快 shǐ yúkuài

sweetheart *n* 爱人（名）àirén；情人（名）qíngrén；宝贝（名）bǎobèi

sweetly *adv* 甜蜜地 tiánmì de

sweetmeat *n* 甜食（名）tiánshí

swell¹ **I** *v* (1) 胀（动）zhàng，膨胀（动）péngzhàng，肿胀（动）zhǒngzhàng (2) 增加（动）zēngjiā；增大（动）zēngdà **II** *n* (1) 膨胀（动）péngzhàng；肿胀（动）zhǒngzhàng；隆起（动）lóngqǐ：*a* ~ *of the sea* 海涛汹涌 hǎitāo xiōngyǒng

(2）增长（动）zēngzhǎng；增大（动）zēngdà：a ~ in population 人口增长 rénkǒu zēngzhǎng

swell² *adj* 第一流的 dìyīliú de，上等（形）shàngděng：a ~ pianist 第一流的钢琴家 dìyīliú de gāngqínjiā / ~ society 上流社会 shàngliú shèhuì / a ~ room 上好的房间 shànghǎo de fángjiān

swelling *n* 肿胀（动）zhǒngzhàng；增大（动）zēngdà

swelter *v* 热得发昏 rè de fāhūn，热得无力 rè de wúlì；中暑 zhòngshǔ

swerve Ⅰ *v* 突然转变方向 tūrán zhuǎnbiàn fāngxiàng，转弯 zhuǎnwān；背离（动）bèilí Ⅱ *n* 转弯 zhuǎnwān，转向（动）zhuǎnxiàng；背离（动）bèilí

swift *adj* 快（形）kuài，快速（形）kuàisù，迅速（形）xùnsù：~ running 快跑 kuàipǎo

swiftly *adv* 快（形）kuài，迅速（形）xùnsù，飞快 fēikuài

swim Ⅰ *v* （1）游（动）yóu，游泳（动）yóuyǒng（2）使游泳 shǐ yóuyǒng（3）漂浮（动）piāofú，飘（动）piāo，溜过 liūguò（4）旋转（动）xuánzhuǎn；眼花 yǎnhuā，头晕 tóuyūn Ⅱ *n* 游泳（动）yóuyǒng：have a ~ 游一会儿泳 yóu yíhuìr yǒng

swimmer *n* 游泳者 yóuyǒngzhě，游泳运动员 yóuyǒng yùndòngyuán：a good ~ 游泳能手 yóuyǒng néngshǒu

swimming Ⅰ *n* 游泳（动）yóuyǒng，游水 yóushuǐ Ⅱ *adj* 充溢的 chōngyì de，浸（动）jìn，泡（动）pào：eyes ~ with tears 泪水盈盈的眼睛 lèishuǐ yíngyíng de yǎnjing / meat ~ in grease 浸在油里的肉 jìn zài yóu li de ròu // ~ costume 游泳衣 yóuyǒngyī / ~ pool 游泳池 yóuyǒngchí / ~ trunks 游泳裤 yóuyǒngkù

swimsuit *n* 游泳衣（名）yóuyǒngyī

swindle Ⅰ *v* 诈取（动）zhàqǔ，骗取（动）piànqǔ；欺骗（动）qīpiàn Ⅱ *n* 欺诈（动）qīzhà，诈取（动）zhàqǔ；骗局（名）piànjú；骗人的东西 piàn rén de dōngxi

swindler *n* 骗子（名）piànzi，诈骗犯（名）zhàpiànfàn

swine *n* 猪（名）zhū；下流坯（名）xiàliúpī：cast pearls before ~ 对牛弹琴 duì niú tán qín

swineherd *n* 放猪的 fàng zhū de

swing Ⅰ *v* （1）摇摆（动）yáobǎi，摆动（动）bǎidòng，晃动（动）huàngdòng（2）挥舞（动）huīwǔ，抡起 lūnqǐ（3）快步走 kuàibù zǒu，大步走 dàbù zǒu（4）回转（动）huízhuǎn，旋转（动）xuánzhǎn，转向 zhuǎnxiàng；转身 zhuǎnshēn（5）转变（动）zhuǎnbiàn Ⅱ *n* （1）摇摆（动）yáobǎi，摆动（动）bǎidòng；振幅（名）zhènfú：the ~ of one's legs 双腿的摆动 shuāng tuǐ de bǎidòng / a ~ of 1 metre 一米的振幅 yìmǐ de zhènfú（2）韵律（名）yùnlǜ，节奏（名）jiézòu；摇摆舞音乐 yáobǎiwǔ yīnyuè：dance to the ~ 和着节奏跳舞 hèzhe jiézòu tiàowǔ（3）秋千（名）qiūqiān // get into the ~ of one's work 积极投入工作 jījí tóurù gōngzuò / in full ~ 活跃 huóyuè / ~（ing）doors 转门 zhuànmén

Swiss Ⅰ *adj* 瑞士的 Ruìshì de，瑞士人的 Ruìshìrén de Ⅱ *n* 瑞士人 Ruìshìrén

switch Ⅰ *n* （1）开关（名）kāiguān，电闸（名）diànzhá：a ~ box 电闸盒 diànzháhé / a 2-way ~ 双向开关 shuāngxiàng kāiguān（2）转变（名）zhuǎnbiàn，变更（动）biàngēng，转换（动）zhuǎnhuàn：a ~ in the railway timetable 火车时刻表的变更 huǒchē shíkèbiǎo de biàngēng（3）枝条（名）zhītiáo，鞭子（名）biānzi Ⅱ *v* （1）按动开关 àndòng kāiguān：~ the light on（off）开（关）电灯 kāi（guān）diàndēng（2）改变（动）gǎibiàn，转换（动）zhuǎnhuàn

switchboard *n* （1）配电盘（名）pèidiànpán，配电板（名）pèidiànbǎn（2）交换机（名）jiāohuànjī，交换台（名）jiāohuàntái

switchman *n* 扳道工人 bāndào

gōngrén

switchover *n* 大转变 dà zhuǎnbiàn

swollen *adj* (1) 肿的 zhǒng de, 肿胀的 zhǒngzhàng de (2) 涨起的 zhǎngqǐ de, 膨胀的 péngzhàng de (3) 骄傲 (形) jiāo'ào: *be ~ with arrogance* 趾高气扬 zhǐgāoqìyáng

swoop **I** *v* 飞扑 fēipū, 猛扑 měngpū; 俯冲 (动) fúchōng; 突然袭击 tūrán xíjī; 抢走 qiǎngzǒu **II** *n* 猛扑 měngpū; 俯冲 (动) fúchōng; 突然袭击 tūrán xíjī // *at one ~* 一下子 yíxiàzi, 一举 yìjǔ

swop, swap *v* 换 (动) huàn, 交换 (动) jiāohuàn: *~ data* 交换资料 jiāohuàn zīliào

sword *n* 刀 (名) dāo, 剑 (名) jiàn, 武力 (名) wǔlì: *sharpen a ~* 磨刀 mó dāo / *an empire held by the ~* 靠武力支撑的帝国 kào wǔlì zhīcheng de dìguó // *a ~ dance* 剑舞 jiànwǔ / *cross ~s* 交战 jiāozhàn, 交锋 jiāofēng, 论战 lùnzhàn

swordplay *n* 舞剑 wǔjiàn, 剑术 jiànshù, 剑舞 jiànwǔ

swordsman *n* 剑手 jiànshǒu, 剑客 jiànkè

swordswoman *n* 女剑手 nǚ jiànshǒu, 女剑客 nǚ jiànkè

syllable *n* 音节 (名) yīnjié: *a word of 2 ~s* 一个双音节词 yíge shuāngyīnjiécí

symbol *n* (1) 象征 (名) xiàngzhēng: *a ~ of peace* 和平的象征 hépíng de xiàngzhēng (2) 符号 (名) fúhào, 记号 (名) jìhào, 代号 (名) dàihào: *chemical ~s* 化学符号 huàxué fúhào / *express by ~s* 用符号表示 yòng fúhào biǎoshì / *phonetic ~s* 注音符号 zhùyīn fúhào (音标 yīnbiāo)

symbolic *adj* (1) 象征的 xiàngzhēng de, 象征性的 xiàngzhēngxìng de (2) 符号的 fúhào de, 记号的 jìhào de

symbolism *n* 象征主义 (名) xiàngzhēngzhǔyì, 象征手法 xiàngzhēng shǒufǎ; 符号表示 fúhào biǎoshì

symbolize *v* 象征 (动) xiàngzhēng, 代表 (动) dàibiǎo; 用符号表示 yòng fúhào biǎoshì

symmetrical *adj* 对称的 duìchèn de, 匀称的 yúnchèn de

symmetry *n* 对称 (形) duìchèn, 匀称 (形) yúnchèn, 对称美 duìchènměi

sympathetic *adj* (1) 同情的 tóngqíng de, 有同情心的 yǒu tóngqíngxīn de, 表示同情的 biǎoshì tóngqíng de: *a ~ old lady* 一个富有同情心的老太太 yíge fùyǒu tóngqíngxīn de lǎotàitai (2) 称心的 chènxīn de, 满意的 mǎnyì de, 有同感的 yǒu tónggǎn de, 有好感的 yǒu hǎogǎn de

sympathize *v* (1) 同情 (动) tóngqíng, 表示同情 biǎoshì tóngqíng (2) 同感 (名) tónggǎn, 同意 (动) tóngyì, 赞成 (动) zànchéng (3) 安慰 (动) ānwèi, 吊慰 (动) diàowèi

sympathy *n* (1) 同情 (动) tóngqíng, 同情心 (名) tóngqíngxīn: *in ~* 同情地 tóngqíng de / *out of ~* 出于同情 chūyú tóngqíng (2) 赞同 (动) zàntóng, 一致 (形) yízhì, 同感 (名) tónggǎn (3) 慰问 (动) wèiwèn: *a letter of ~* 一封慰问信 yìfēng wèiwènxìn / *express ~ for sb.* 对某人表示慰问 duì mǒurén biǎoshì wèiwèn // *a ~ strike* 同情罢工 tóngqíng bàgōng

symphonic *adj* 交响乐的 jiāoxiǎngyuè de, 交响乐式的 jiāoxiǎngyuèshì de: *~ poems* 交响诗 jiāoxiǎngshī

symphony *n* 交响乐 (名) jiāoxiǎngyuè

symposium *n* (1) 座谈会 (名) zuòtánhuì, 专题讨论会 zhuāntí tǎolùnhuì, 学术报告会 xuéshù bàogàohuì: *hold a ~* 举行学术讨论会 jǔxíng xuéshù tǎolùnhuì (2) 专题论文集 zhuāntí lùnwénjí

symptom *n* 症状 (名) zhèngzhuàng, 症候 (名) zhènghou, 征兆 (名) zhēngzhào: *clinical ~s* 临床症状 línchuáng zhèngzhuàng

synagogue *n* 犹太教堂 Yóutài jiàotáng, 犹太教徒的集会 Yóutài

jiàotú de jíhuì

synchronization *n* 同步（名）tóngbù, 同时发生 tóngshí fāshēng, 达到一致 dádào yízhì

synchronize *v* 同时发生 tóngshí fāshēng, 同步（动）tóngbù, 使同步 shǐ tóngbù, 使在时间上一致 shǐ zài shíjiānshang yízhì, 使影象和发声一致 shǐ yǐngxiàng hé fāshēng yízhì

syndicate **I** *n* （1）辛迪加（名）xīndíjiā, 企业联合组织 qǐyè liánhé zǔzhī, 报业辛迪加 bàoyè xīndíjiā（2）大学委员会 dàxué wěiyuánhuì, 理事会 lǐshìhuì **II** *v* 组织辛迪加 zǔzhī xīndíjiā; 由辛迪加承办 yóu xīndíjiā chéngbàn; 由报业辛迪加在多家报刊上同时发表 yóu bàoyè xīndíjiā zài duō jiā bàokānshang tóngshí fābiǎo

synonym *n* 同义词（名）tóngyìcí, 同义语（名）tóngyìyǔ

synonymous *adj* 同义的 tóngyì de

synopsis *n* 提要（名）tíyào, 概要（名）gàiyào, 梗概（名）gěnggài

syntactical *adj* 句法上的 jùfāshang de, 按照句法规则的 ànzhào jùfǎ guīzé de

syntax *n* 句法 jùfǎ, 句子结构学（名）jùzi jiégòuxué

synthesis *n* 综合（动）zōnghé, 综合性（名）zōnghéxing; 合成法（名）héchéngfǎ; 接合（动）jiēhé

synthesize *v* 综合（动）zōnghé, 人工合成 réngōng héchéng, 综合处理 zōnghé chǔlǐ

synthetic **I** *adj* 综合性的 zōnghéxing de, 合成的 héchéng de, 人造的 rénzào de: ~ *detergent* 合成洗涤剂 héchéng xǐdíjì / ~ *fertilizer* 人造肥料 rénzào féiliào **II** *n* 化学合成物 huàxué héchéngwù, 合成纤维织物 héchéng xiānwéi zhīwù; 合成剂（名）héchéngjì

syphilis *n* 梅毒（名）méidú

syringe **I** *n* 注射器（名）zhùshèqì, 喷水器（名）pēnshuǐqì: *a hypodermic* ~

皮下注射器 píxià zhùshèqì **II** *v* 注射（动）zhùshè; 冲洗（动）chōngxǐ

syrup *n* 糖浆（名）tángjiāng, 糖汁（名）tángzhī: *cough* ~ 咳嗽糖浆 késou tángjiāng

system *n* （1）系统（名）xìtǒng, 体系（名）tǐxì: *the postal* ~ 邮政系统 yóuzhèng xìtǒng / *railway* ~ 铁路网 tiělùwǎng / *an irrigation* ~ 灌溉系统 guàngài xìtǒng（2）制度（名）zhìdù, 体制（名）tǐzhì: *a social* ~ 社会制度 shèhuì zhìdù / *the 8-hour* ~ *of work* 八小时工作制 bāxiǎoshí gōngzuòzhì / *the* ~ *of democratic centralism* 民主集中制 mínzhǔ jízhōngzhì / *a* ~ *of ownership* 所有制 suǒyǒuzhì（3）一套方法 yítào fāngfǎ, 方式（名）fāngshì: *work out a new* ~ *of teaching foreign languages* 制订一套新的外语教学方法 zhìdìng yítào xīn de wàiyǔ jiàoxué fāngfǎ/*the* ~ *of English spelling* 英文拼字法 Yīngwén pīnzìfǎ（4）秩序（名）zhìxù, 规律（名）guīlǜ, 条理（名）tiáolǐ: *arrangement without* ~ 不规则的排列 bù guīzé de páiliè（5）身体（名）shēntǐ

systematic *adj* （1）有系统的 yǒu xìtǒng de, 成体系的 chéng tǐxì de; 有秩序的 yǒu zhìxù de, 有规则的 yǒu guīzé de, 有组织的 yǒu zǔzhī de: *a* ~ *worker* 工作很有条理的人 gōngzuò hěn yǒu tiáolǐ de rén（2）有计划的 yǒu jihuà de, 故意的 gùyì de, 蓄意的 xùyì de: *a* ~ *attempt to ruin sb.'s reputation* 蓄意破坏某人的名誉 xùyì pòhuài mǒurén de míngyù

systematically *adv* 系统地 xìtǒng de, 有计划 yǒu jìhuà de, 规则地 guīzé de

systematize *v* 系统化 xìtǒnghuà, 使成体系 shǐ chéng tǐxì, 使有系统 shǐ yǒu xìtǒng; 使有秩序 shǐ yǒu zhìxù table 536 tactics

T

table **I** *n* (1) 桌子(名) zhuōzi; 台子(名) táizi: *a square ~* 一张方桌 yìzhāng fāngzhuō / *a dining ~* 一张餐桌 yìzhāng cānzhuō / *an operating ~* 手术台 shǒushùtái (2) 餐桌(名) cānzhuō; 食物(名) shíwù, 酒菜(名) jiǔcài; 一桌人 yìzhuō rén: *~ talk* 餐桌上的漫谈 cānzhuōshang de màntán / *~ manners* 餐桌上的规矩 cānzhuōshang de guījù / *sit down to ~* 坐下吃饭 zuòxià chī fàn (入席 rùxí) / *keep an excellent ~* 经常备有极好的食物 jīngcháng bèiyǒu jí hǎo de shíwù (3) 表(名) biǎo, 项目表(名) xiàngmùbiǎo, 表格(名) biǎogé: *a ~ of figures showing births, marriages, and deaths* 一张出生、结婚和死亡数字表 yìzhāng chūshēng, jiéhūn hé sǐwáng shùzì biǎo / *a multiplication ~* 乘法表 chéngfǎbiǎo **II** *v* (1) 搁置(动) gēzhì (2) 把…列入议事日程 bǎ… lièrù yìshì rìchéng; 提出 tíchū // *at ~* 在餐桌边 zài cānzhuōbiān, 在吃饭 zài chīfàn / *turn the ~s* 反败为胜 fǎnbàiwéishèng / *~ tennis* 乒乓球 pīngpāngqiú: *a ~ tennis match* 一场乒乓球赛 yìchǎng pīngpāngqiúsài

table-cloth *n* 桌布(名) zhuōbù, 台布(名) táibù: *an embroidered ~* 一条绣花桌布 yìtiáo xiùhuā zhuōbù

table d' hôte *n* 份儿饭(名) fènrfàn, 客饭(名) kèfàn

table-linen *n* 台布(名) táibù; 餐巾(名) cānjīn

tablespoon *n* 汤匙(名) tāngchí, 大调羹 dà tiáogēng: *a ~* 一把汤匙 yìbǎ tāngchí

tablet *n* (1) 药片儿(名) yàopiànr: *aspirin ~s* 阿司匹林药片儿 āsīpǐlín yàopiànr / *sleeping ~s* 安眠药片 ānmián yàopiànr / *~s for a stomachache* 治胃疼的药片儿 zhì wèi téng de yàopiànr (2) 块(量) kuài, 片(量) piàn: *a large ~ of soap* 一大块肥皂 yídàkuài féizào / *a ~ of chocolate* 一块巧克力 yíkuài qiǎokèlì (3) 碑(名) bēi, 匾(名) biǎn: *a memorial ~* 纪念碑 jìniànbēi / *an inscription on a ~* 碑文 bēiwén

tableware *n* 餐具(名) cānjù

taboo *n* (1) 禁忌(名) jìnjì, 忌讳(动) jìhuì; 戒律(名) jièlù (2) 禁忌语(名) jìnjìyǔ: *~ words* 禁忌词语 jìnjì cíyǔ

tack **I** *n* 平头钉(名) píngtóudīng, 图钉(名) túdīng **II** *v* 钉(动) dìng: *~ a cartoon on the board* 用图钉把漫画钉在牌子上 yòng túdīng bǎ mànhuà dìngzài páizishang

tackle **I** *n* (1) 用具(名) yòngjù, 装备(名) zhuāngbèi: *fishing ~* 钓鱼用具 diào yú yòngjù / *sports ~* 运动器具 yùndòng qìjù (2) 滑车(名) huáchē **II** *v* 处理(动) chǔlǐ, 解决(动) jiějué

tact *n* 老练(形) lǎoliàn; 机智(形) jīzhì; 得体(形) détǐ; 圆滑(形) yuánhuá: *diplomatic ~* 外交手腕 wàijiāo shǒuwàn

tactful *adj* 老练(形) lǎoliàn; 机智(形) jīzhì; 得体(形) détǐ

tactical *adj* (1) 战术的 zhànshù de; 作战的 zuòzhàn de (2) 策略(形) cèlüè, 善于机变的 shànyú jībiàn de: *make a ~ movement of forces* 对兵力做策略上的调动 duì bīnglì zuò cèlüèshang de diàodòng

tactically *adv* 战术上 zhànshù shang; 策略地 cèlüè de

tactics *n* (1) 战术(名) zhànshù: *military strategy and ~* 兵法 bīngfǎ (2) 策略(名) cèlüè, 手法(名) shǒufǎ:

win by surprise ~ 用出奇制胜的策略获胜 yòng chūqí zhìshèng de cèlüè huò shèng

tag　**I** *n* (1) 标签儿（名）biāoqiānr: *a price* ~ 价目标签儿 jiàmù biāoqiānr (2) 附加语 fùjiāyǔ: *a question* ~ 附加疑问 fùjiā yíwèn **II** *v* 加标签儿于 jiābiāoqiānryú

tail　**I** *n* (1) 尾巴（名）wěiba (2) 末尾部分 mòwěi bùfen, 后部（名）hòubù; 底部（名）dǐbù: *the* ~ *of a long line of people* 一长队人的末尾 yìchángduì rén de mòwěi / *the* ~ *of an aircraft* 飞机的尾翼 fēijī de wěiyì (3) 钱币背面 qiánbì bèimiàn (4) 燕尾服（名）yànwěifú; 男子夜礼服 nánzǐ yèlǐfú **II** *v* 尾随（动）wěisuí; 跟踪（动）gēnzōng; 追随（动）zhuīsuí // ~ *off* 变少 biànshǎo; 变小 biànxiǎo; 减弱 jiǎnruò / *turn* ~ 逃跑 táopǎo / *with one's* ~ *between one's legs* 夹着尾巴灰溜溜地 jiāzhe wěiba huīliūliū de

tailcoat　*n* 燕尾服（名）yànwěifú

tail-end　*n* 末端（名）mòduān, 末尾 mòwěi; 排尾 páiwěi; 结尾部分 jiéwěi bùfen; 结束时期 jiéshù shíqī

tailless　*adj* 没有尾巴的 méiyǒu wěiba de

tail-light　*n* 尾灯（名）wěidēng, 后灯 hòudēng

tailor　**I** *n* 裁缝（名）cáifeng, 成衣匠（名）chéngyījiàng: *a* ~ *shop* 裁缝铺 cáifengpù / *go to the* ~ *'s* 去裁缝铺做衣服 qù cáifengpù zuò yīfu **II** *v* 剪裁（动）jiǎncái; 裁制（动）cáizhì, 缝制（动）féngzhì, 制做（动）zhìzuò: *a well-* ~ *ed suit* 一套做得合身的衣服 yítào zuò de héshēn de yīfu

tailor-made　*adj* (1) 定做的 dìngzuò de; 制作考究的 zhìzuò kǎojiu de: *a* ~ *suit* 一套定做的衣服 yítào dìngzuò de yīfu (2) 特制的 tèzhì de (3) 非常合适 fēicháng héshì

taint　**I** *v* (1) 玷污（动）diànwū; 败坏（动）bàihuài; 腐蚀（动）fǔshí (2) 腐烂（动）fǔlàn **II** *n* 污点（名）wūdiǎn;

腐败（形）fǔbài: *a moral* ~ 道德上的污点 dàodéshang de wūdiǎn

take　*v* (1) 拿（动）ná, 取（动）qǔ, 提（动）tí; 抱（动）bào; 拉（动）lā (2) 抓获（动）zhuāhuò, 捕获（动）bǔhuò; 占领（动）zhànlǐng (3) 拿走 názǒu, 取走 qǔzǒu; 夺去 duóqù; 减去 jiǎnqù (4) 带去 dàiqù; 带领（动）dàilǐng; 送（动）sòng (5) 取得（动）qǔdé, 获得（动）huòdé, 得到（动）dédào: ~ *a day off* 请一天假 qǐng yìtiān jià (6) 接受（动）jiēshòu, 收（动）shōu (7) 买下 mǎixia; 租下 zūxia; 订阅（动）dìngyuè; 定座 dìngzuò (8) 吃（动）chī, 喝（动）hē; 服用（动）fúyòng; 吸收（动）xīshōu (9) 盛（动）chéng, 装（动）zhuāng, 容纳（动）róngnà (10) 记录（动）jìlù; 摘录（动）zhāilù; 量（动）liáng (11) 拍摄（动）pāishè, 照相 zhàoxiàng (12) 需要（动）xūyào, 花费（动）huāfèi, 占用（动）zhànyòng (13) 乘坐（动）chéngzuò, 搭（动）dā (14) 以为（动）yǐwéi; 把…看作 bǎ... kànzuò; 对待（动）duìdài (15) 理解（动）lǐjiě, 领会（动）lǐnghuì (16) 以…为例 yǐ... wéi lì (17) 选学 xuǎnxué, 选修 xuǎnxiū; 学习（动）xuéxí: ~ *driving lessons* 学习驾驶 xuéxí jiàshǐ (18) 变得 biànde, 生病 shēng bìng (19) (*combined with various nouns*): ~ *a bath* 洗一个澡 xǐ yíge zǎo / ~ *a breath* 喘一口气 chuǎn yìkǒu qì / ~ *a rest* 休息一下 xiūxi yíxià / ~ *a walk* 散散步 sànsan bù / ~ *a seat* 坐下 zuòxià / ~ *a look* 看一看 kànyikàn / ~ *a holiday* 休一次假 xiū yícì jià // *be* ~ *n aback* 吃了一惊 chīle yìjīng / *be* ~ *n ill* 得病 dé bìng / ~ *after sb.* 像某人 xiàng mǒu rén / ~ *apart* 拆开 chāikāi / ~ *back* (1) 拿回 náhuí, 收回 shōuhuí (2) 带回 dàihuí / ~ *down* 取下 qǔxià, 拿下 náxià; 记下 jìxià / ~ *in* (1) 接受 jiēshòu, 接待 jiēdài, 收容 shōuróng; 吸收 xīshōu (2) 改小 gǎixiǎo (3) 领会 lǐnghuì, 理解 lǐjiě (4) 欺骗 qīpiàn;

上当 shàngdàng / ～ off（1）拿去 náqù, 去掉 qùdiào, 取消 qǔxiāo（2）脱下 tuōxià（3）起飞 qǐfēi; 离开 líkāi（4）不工作 bù gōngzuò, 休息 xiūxi（5）迅速离开 xùnsù líkāi, 跑掉 pǎodiào（6）（嘲弄地）学…的样子（cháonòng de）xué … de yàngzi, 模仿 mófǎng / ～ on（1）呈现 chéngxiàn, 表现出 biǎoxiànchū（2）雇用 gùyòng; 接纳 jiēnà（3）承担 chéngdān（4）同…较量 tóng…jiàoliàng, 对付 duìfu / ～ one's time 慢慢来, 不着急 mànmān lái, bù zháojí / ～ out（1）拿出 náchū, 取出 qǔchū; 带去 dàiqù: ～ out some cash 取现款 qǔ xiànkuǎn（2）取得 qǔdé, 领取 lǐngqǔ / ～ over 接过来 jiēguolai, 接收 jiēshōu; 接任 jiērèn / ～ place 发生 fāshēng; 举行 jǔxíng / ～ to（1）开始 kāishǐ, 开始从事 kāishǐ cóngshì（2）成为习惯 chéngwéi xíguàn（3）喜欢 xǐhuan, 喜爱 xǐ'ài / ～ turns 轮流 lúnliú / ～ up（1）拿起 náqǐ: ～ up arms 拿起武器 náqǐ wǔqì（2）着手处理 zhuóshǒu chǔlǐ, 开始做 kāishǐ zuò（3）继续 jìxù（4）占去 zhànqù, 占据 zhànjù（5）吸收 xīshōu; 溶解 róngjiě / ～ up with 与…交往 yǔ…jiāowǎng

take-off n 起飞（动）qǐfēi; 起跳点（名）qǐtiàodiǎn; 出发点（名）chūfādiǎn

take-over n 接收（动）jiēshōu, 接管（动）jiēguǎn, 接任（动）jiērèn

tale n（1）故事（名）gùshi, 传说（名）chuánshuō; 叙述（动）xùshù: a fairy ～ 神话故事 shénhuà gùshi（童话 tónghuà）（2）谎话（名）huǎnghuà, 假话（名）jiǎhuà

talent n（1）才能（名）cáinéng, 才干（名）cáigàn; 天才（名）tiāncái: a person of great ～ 很有才能的人 hěnyǒu cáinéng de rén（2）人才（名）réncái, 有才能的人 yǒu cáinéng de rén: athletic ～ 体育人才 tǐyù réncái

talented adj 有才能的 yǒu cáinéng de,

天资高的 tiānzī gāo de: a ～ pianist 一个有才华的钢琴家 yíge yǒu cáihuá de gāngqínjiā

talentless adj 没有才能的 méiyǒu cáinéng de, 没有天赋的 méiyǒu tiānfù de

talk I v（1）谈（动）tán, 谈话 tánhuà; 谈论（动）tánlùn; 讨论（动）tǎolùn（2）说话 shuōhuà, 有讲话能力 yǒu jiǎnghuà nénglì, 学人说话 xué rén shuōhuà（3）用某种语言讲话 yòng mǒuzhǒng yǔyán jiǎnghuà II n（1）谈话 tánhuà; 交谈（动）jiāotán; 会谈（动）huìtán, 会议（名）huìyì（2）讲话（名）jiǎnghuà; 演讲（名）yǎnjiǎng, 报告（名）bàogào; 讲课 jiǎngkè（3）话题（名）huàtí（4）空谈（名、动）kōngtán, 空论 kōnglùn（5）谣言（名）yáoyán; 流言蜚语 liúyánfēiyǔ; 传说（名）chuánshuō // big ～ 大话 dàhuà, 牛皮 niúpí / make ～ 闲谈 xiántán / small ～ 闲聊 xiánliáo, 谈家常 tán jiācháng / ～ away 不断地谈 búduàn de tán / ～ back 顶嘴 dǐngzuǐ, 反驳 fǎnbó / ～ business 谈生意 tánshēngyi; 讲正经事 jiǎng zhèngjing shì / ～ nonsense 胡说 húshuō, 胡扯 húchě / ～ over 讨论 tǎolùn, 商量 shāngliang, 研究 yánjiū / ～ sb. into 说服某人去做 shuōfú mǒurén qù zuò / ～ sb. out of 说服某人不做 shuōfú mǒurén bú zuò / ～ to sb. 同某人谈话 tóng mǒurén tánhuà

talkative adj 喜欢讲话的 xǐhuan jiǎnghuà de, 多嘴的 duōzuǐ de; 健谈的 jiàntán de: a very ～ young lady 一个爱讲话的青年妇女 yíge ài jiǎnghuà de qīngnián fùnǚ

tall adj（1）高（形）gāo; 个子高的 gèzi gāo de: a ～ building 一座高楼 yízuò gāolóu / a ～ tree 一棵高大的树 yìkē gāodà de shù（2）夸大的 kuādà de, 夸张的 kuāzhāng de, 使人难以相信的 shǐ rén nányǐ xiāngxìn de: a ～ order 过分的要求 guòfèn de yāoqiú

tallow n 牛脂 niúzhī; 动物脂

dòngwùzhī: a ~ candle 蜡烛 làzhú

tally I n (1) 符木 fúmù; 计数的签 jì shù de qiān, 筹码（名）chóumǎ (2) 账（名）zhàng; 记账 jì zhàng; 记录 jìlù II v (1) 符合（动）fúhé, 吻合（动）wěnhé, 一致 yízhì (2) 计算（动）jìsuàn, 清点（动）qīngdiǎn; 记账 jìzhàng, 记录（动）jìlù

talon n 爪（名）zhǎo, 爪子（名）zhuǎzi

tambourine n 手鼓（名）shǒugǔ, 铃鼓（名）línggǔ: play the ~ 打手鼓 dǎ shǒugǔ

tame I adj (1) 养服了的 yǎngfúle de, 驯服的 xùnfú de (2) 顺从的 shùncóng de, 听话的 tīnghuà de (3) 平淡（形）píngdàn, 乏味（形）fáwèi: a ~ performance 平淡的演出 píngdàn de yǎnchū II v 驯服（动）xùnfú, 制服（动）zhìfú: ~ a lion 驯狮 xùn shī / ~ a river 治河 zhì hé

tamper v 损害（动）sǔnhài, 削弱（动）xuēruò; 窜改 cuàngǎi; 瞎搞 xiā gǎo

tan I v (1) 鞣革 róugé, 制革 zhìgé (2) 晒黑 shàihēi II adj 棕黄色的 zōnghuángsè de; 棕褐色的 zōnghèsè de: ~ shoes 棕黄色的鞋 zōng huángsè de xié III n (1) 鞣料（名）róuliào (2) 棕黄色 zōnghuángsè (3) 日晒后的肤色 rìshàihòu de fūsè; 棕褐色 zōnghèsè

tangent n 正切（名）zhèngqiē; 切线（名）qiēxiàn

tangerine n 柑桔（名）gānjú, 桔子 júzi

tangle (1) 乱（形）luàn, 纷乱（形）fēnluàn, 混乱（形）hùnluàn: traffic ~s 交通混乱的状况 jiāotōng hùnluàn de zhuàngkuàng (2) 纠纷（名）jiūfēn

tank n (1) 大容器 dà róngqì, 槽（名）cáo, 箱（名）xiāng (2) 储水池（名）chǔshuǐchí (3) 坦克（名）tǎnkè: an amphibious ~ 一辆水陆两用坦克 yíliàng shuǐlù liǎngyòng tǎnkè // a ~ truck 油罐车 yóuguànchē

tanker n (1) 油车（名）yóuchē; 油船（名）yóuchuán (2) 坦克手（名）tǎnkèshǒu

tantalize v 逗弄（名）dòunòng; 勾引 gōuyǐn; 使人干着急 shǐ rén gān zháojí: a tantalizing smell of food 馋人的美味 chán rén de měiwèi / ~ a monkey with a banana 用一只香蕉逗引猴子 yòng yìzhī xiāngjiāo dòuyǐn hóuzi

tap[1] I v 轻打 qīng dǎ, 轻叩 qīng kòu, 轻拍 qīng pāi II n 轻叩 qīng kòu, 轻拍 qīng pāi; 轻敲声 qīng qiāo shēng // ~ dance 踢踏舞 tītàwǔ

tap[2] I n (1) 塞子（名）sāizi (2) 龙头（名）lóngtóu; 排出孔 páichūkǒng II v (1) 打开塞子（或开孔）使流出 dǎkāi sāizi (huò kāi kǒng)shǐ liúchū (2) 开发（动）kāifā, 发掘（动）fājué (3) 窃听（动）qiètīng

tape I n (1) 带子（名）dàizi; 线带（名）xiàndài: a ~ 一根带子 yìgēn dàizi (2) 卷尺（名）juǎnchǐ: a steel ~ 钢卷尺 gāng juǎnchǐ (3) 磁带（名）cídài; 录音带（名）lùyīndài: an audio ~ 一盘录音带 yìpán lùyīndài / a blank ~ 一个空带子 yíge kōng dàizi / play a ~ 放一盘磁带 fàng yìpán cídài II v (1) 用带子捆 yòng dàizi kǔn (2) 录（动）lù, 录音 lùyīn, 录制（动）lùzhì // a ~ player 录音机的放音装置 lùyīnjī de fàngyīn zhuāngzhì / red ~ 官样文章 guānyàng wénzhāng, 官僚程序 guānliáo chéngxù: break down the red ~ 打破繁文缛节 dǎpò fánwénrùjié / cut through red ~ 突破层层的官僚关卡 tūpò céngcéng de guānliáo guānqiǎ / a ~ recorder 一台录音机 yìtái lùyīnjī

taper I n (1) 蜡烛心（名）làzhúxīn (2) 细蜡烛 xì làzhú (3) 逐渐缩减 zhújiàn suōjiǎn II v 逐渐变细 zhújiàn biànxì

tapestry n 挂毯（名）guàtǎn; 绒绣（名）róngxiù; 织锦（名）zhījǐn

tar I n 柏油（名）bǎiyóu, 沥青（名）lìqīng; 焦油（名）jiāoyóu II v 涂柏油 tú bǎiyóu: ~ and feather 在身上涂上柏油, 粘上羽毛, 以示惩罚 zài shēnshang túshang bǎiyóu, zhānshang yǔmáo, yǐ shì chéngfá

target *n* (1) 靶(名) bǎ, 靶子(名) bǎzi, 的(名) dì (2) 目标(名) mùbiāo, 对象(名) duìxiàng: *the ～ of criticism* 批评的对象 pīpíng de duìxiàng (3) 指标(名) zhǐbiāo: *production ～s* 生产指标 shēngchǎn zhǐbiāo // ～ *date* 预定日期 yùdìng rìqī / ～ *language* 对象语言 duìxiàng yǔyán, 被译成的语言 bèi yìchéng de yǔyán

tariff *n* (1) 关税(名) guānshuì; 关税率(名) guānshuìlǜ: *the ～ on cotton* 棉花关税 miánhua guānshuì / *the policy of protective ～s* 保护关税政策 bǎohù guānshuì zhèngcè / *a ～ of 10 fen a kilogramme* 每公斤一角钱关税 měigōngjīn yìjiǎoqián guānshuì / ～ *preference* 关税优惠 guānshuì yōuhuì (2) 价格表(名) jiàgébiǎo, 收费表(名) shōufèibiǎo: *a postal ～* 邮费表 yóufèi biǎo / ～ *for carriage* 运费 yùnfèi

tarmac *n* (1) (铺路面用的)焦油沥青和石子的混合料 (pū lùmiàn yòng de) jiāoyóu lìqīng hé shízǐ de hùnhéliào (2) 柏油碎石跑道 bǎiyóu suìshí pǎodào

tarry *v* (1) 逗留(动) dòuliú, 停留(动) tíngliú; 住(动) zhù (2) 耽搁(动) dānge

tart¹ *adj* (1) 酸(形) suān; 辛辣(形) xīnlà: ～ *apples* 酸苹果 suān píngguǒ (2) 尖酸(形) jiānsuān, 刻薄(形) kèbó: *a ～ reply* 尖刻的回答 jiānkè de huídá

tart² *n* 果馅儿饼 guǒxiànrbǐng: *an apple ～* 苹果馅儿饼 píngguǒ xiànrbǐng

tartan *n* 格子花呢 gézi huāní: ～ *silk* 格子绸 gézi chóu

task *n* 任务(名) rènwu, 工作(名) gōngzuò; 功课(名) gōngkè // *take sb. to ～* 申斥某人 shēnchì mǒurén / ～ *force* (1) 特遣部队 tèqiǎn bùduì; 特混舰队 tèhùn jiànduì (2) 特别工作组 tèbié gōngzuò zǔ

taskmaster *n* 工头(名) gōngtóu, 监工

(名) jiāngōng

tassel *n* 流苏(名) liúsū, 穗子(名) suìzi

taste **I** *v* (1) 尝(动) cháng, 品尝(动) pǐncháng, 吃(动) chī; 喝(动) hē (2) 尝起来 chángqilai, 吃起来 chīqilai; 有某种味道或气味 yǒu mǒuzhǒng wèidào huò qìwèi (3) 尝到 chángdào, 感受(动) gǎnshòu, 体验(动) tǐyàn: ～ *the joys of a happy life* 体验幸福生活的欢乐 tǐyàn xìngfú shēnghuó de huānlè **II** *n* (1) 味觉(名) wèijué: *bitter to the ～* 吃起来有苦味儿 chīqilai yǒu kǔwèir (2) 味道(名) wèidào, 滋味(名) zīwèi (3) 感受(动) gǎnshòu, 体验(动) tǐyàn: *a ～ of life* 生活的感受 shēnghuó de gǎnshòu (4) 一口 yìkǒu, 一点儿 yìdiǎnr, 少量(形) shǎoliàng (5) 爱好(名) àihào, 兴趣(名) xìngqù (6) 情趣(名) qíngqù; 鉴赏力(名) jiànshǎnglì; 风雅(形) fēngyǎ; 有礼(形) yǒulǐ, 得体(形) détǐ: *a man of ～* 情趣高雅的人 qíngqù gāoyǎ de rén

tasteful *adj* 有鉴赏力的 yǒu jiànshǎnglì de, 有审美力的 yǒu shěnměilì de; 雅致(形) yǎzhì, 雅观(形) yǎguān; 风雅(形) fēngyǎ

tasteless *adj* (1) 无味的 wúwèi de, 不好吃的 bù hǎochī de: ～ *food* 不好吃的食品 bù hǎochī de shípǐn (2) 不雅观的 bù yǎguān de; 平庸(形) píngyōng; 无鉴赏力的 wú jiànshǎnglì de: *a piece of writing* 平庸之作 píngyōng zhī zuò

taunt **I** *v* 嘲笑(动) cháoxiào; 奚落(动) xīluò **II** *n* 嘲笑(动) cháoxiào; 奚落人的话 xīluò rén de huà

taut *adj* (1) 拉紧的 lājǐn de, 绷紧的 bēngjǐn de (2) 紧张(形) jǐnzhāng; 焦虑(形) jiāolǜ: *a ～ expression* 焦虑的神情 jiāolǜ de shénqíng

tavern *n* 小旅馆 xiǎo lǚguǎn, 客店(名) kèdiàn

tawny *adj* 黄褐色的 huánghèsè de, 茶色的 chásè de: *a lion's ～ mane* 狮子

的黄褐色鬃毛 shīzi de huánghèsè zōngmáo

tax I n (1)税（名）shuì, 税款（名）shuìkuǎn: *free of* ~ 免税 miǎnshuì / *an import*（*export*）~ 进口（出口）税 jìnkǒu（chūkǒu）shuì / *a business* ~ 营业税 yíngyèshuì (2) 负担（名）fùdān, 压力（名）yālì II v (1) 对···征税 duì ... zhēngshuì, 课税 kèshuì (2) 使负重担 shǐ fù zhòngdàn, 使受压力 shǐ shòu yālì // ~ *collector* 收税官 shōushuì guān, 税务员 shuìwùyuán

taxation n 征税 zhēngshuì; 纳税 nàshuì; 税制 shuìzhì: *graduated* ~ 累进税 lěijìnshuì / *heavy* ~ 重税 zhòngshuì

tax-free adj 免税的 miǎnshuì de, 无税的 wú shuì de

taxi n 出租汽车 chūzū qìchē, 出租车（名）chūzūchē, 计程车（名）jìchéngchē // ~ *stand* 出租汽车停车处 chūzū qìchē tíngchēchù

taxi-driver n 出租汽车司机 chūzū qìchē sījī

taximeter n 车费计（名）chēfèijì, 计程器（名）jìchéngqì

taxpayer n 纳税人（名）nàshuìrén

tea n (1)茶叶（名）cháyè, 茶树（名）cháshù: *black* ~ 红茶 hóngchá / *green* ~ 绿茶 lǜchá / *jasmine* ~ 茉莉花茶 mòlìhuāchá / *scented* ~ 花茶 huāchá / *a pound of* ~ 一磅茶叶 yíbàng cháyè / *brick* ~ 茶砖 cházhuān / *pick* ~ 采茶 cǎichá (2) 茶（名）chá; 饮料（名）yǐnliào (3) 茶点（名）chádiǎn; 茶会（名）cháhuì: *afternoon* ~ 午后的茶点 wǔhòu de chádiǎn // *sb.'s cup of* ~ 某人所喜欢的 mǒurén suǒ xǐhuan de / ~ *party* 茶会 cháhuì, 茶话会 cháhuàhuì

teabag n 袋茶（名）dàichá

teach v (1) 教（动）jiāo, 教学（动）jiàoxué, 教书 jiāoshū, 教授（动）jiàoshòu, 讲授（动）jiǎngshòu (2) 教育（动）jiàoyù; 教导（动）jiàodǎo: ~ *children by example* 用榜样教育儿童

yòng bǎngyàng jiàoyù értóng (3) 教训（动）jiàoxùn, 告诫（动）gàojiè // ~ *school* 教书 jiāoshū, 当教师 dāng jiàoshī

teacher n (1)教师（名）jiàoshī, 教员（名）jiàoyuán, 老师（名）lǎoshī, 先生（名）xiānsheng; 师资（名）shīzī: *a* ~'s *book* 教师用书 jiàoshī yòngshū / *a* ~'s *college* 一所师范学院 yìsuǒ shīfàn xuéyuàn / *a* ~ *of Chinese* 中文老师 Zhōngwén lǎoshī (2) 教者（名）jiàozhě, 教别人的 jiāo biérén de (3) 导师（名）dǎoshī: *great* ~s *like Socrates and Confucius* 像苏格拉底和孔子这样的伟大导师 xiàng Sūgélādǐ hé Kǒngzǐ zhèyàng de wěidà dǎoshī

teaching I n (1) 教学（名）jiàoxué, 教授（动）jiàoshòu, 讲授（动）jiǎngshòu, 教学工作 jiàoxué gōngzuò: *the* ~ *of foreign languages* 外语教学 wàiyǔ jiàoxué / *individual* ~ 个别教学 gèbié jiàoxué (2) 教导（名）jiàodǎo; 学说（名）xuéshuō, 主义（名）zhǔyì: *the* ~s *of Confucius* 孔子的学说 Kǒngzǐ de xuéshuō II adj 教学的 jiàoxué de, 教学上的 jiàoxuéshang de: ~ *materials* 教材 jiàocái / ~ *aids* 教具 jiàojù / ~ *and administrative staff* 教职员 jiàozhíyuán / ~ *methods* 教学法 jiàoxuéfǎ / *a* ~ *plan* 教案 jiào'àn

teacup n 茶杯（名）chábēi

tea-garden n (1) 茶叶种植园 cháyè zhòngzhíyuán (2) 供应茶点的公园 gōngyìng chádiǎn de gōngyuán

teahouse n 茶馆（名）cháguǎn

tealeaf n 茶叶（名）cháyè

team I n (1) 队（名、量）duì; 组（名、量）zǔ: *a* ~ *of dancers* 一队舞蹈演员 yíduì wǔdǎo yǎnyuán / *the host* ~ 主队 zhǔduì / *a strong* ~ 一支劲旅 yìzhī jìnlǚ / *basketball* ~ 一支篮球队 yìzhī lánqiúduì / *a* ~ *game* 一项集体运动 yíxiàng jítǐ yùndòng（集体项目 jítǐ xiàngmù）(2) 一组牲畜 yìzǔ shēngchù II v (1) 协同工作 xiétóng gōngzuò, 联成一队 liánchéng yíduì (2)

赶联畜 gǎn liánchù, 用联畜运 yòng liánchù yùn // ～ spirit 协作精神 xiézuò jīngshén, 集体精神 jítǐ jīngshén / ～ up 合作 hézuò

team-work n 协作(名、动) xiézuò, 配合(动) pèihé: fine ～ 配合得好 pèihé de hǎo / harmonious ～ 协调一致的配合 xiétiáo yízhì de pèihé

tea-party n 茶会(名) cháhuì

teapot n 茶壶(名) cháhú

tear¹ n 泪(名) lèi, 眼泪(名) yǎnlèi, 泪珠(名) lèizhū, 泪水(名) lèishuǐ

tear² I v (1) 撕(动) sī, 扯(动) chě; 撕开 sīkāi, 撕破 sīpò, 撕裂 sīliè (2) 撕掉 sīdiào, 拉掉 lādiào, 拔掉 bádiào (3) 使分裂 shǐ fēnliè; 使精神不安 shǐ jīngshén bù'ān; 折磨(动) zhémó (4) 飞跑(动) fēipǎo, 狂奔(动) kuángbēn, 猛闯(动) měngchuǎng II n 撕裂处 sīlièchù; 裂缝(名) lièfèng; 扯破的洞 chěpò de dòng // ～ down 扯下 chěxià; 拆毁 chāihuǐ; 拆卸 chāixiè: ～ down a dangerous wall 拆毁一堵危险的墙 chāihuǐ yìdǔ wēixiǎn de qiáng / ～ off (1) 扯掉 chědiào; 脱掉 tuōdiào (2) 迅速走掉 xùnsù zǒudiào, 跑掉 pǎodiào (3) 匆匆做成 cōngcōng zuòchéng, 草率做成 cǎoshuài zuòchéng / ～ oneself away 勉强使自己离开 miǎnqiáng shǐ zìjǐ líkāi / ～ up 撕毁 sīhuǐ, 摧毁 cuīhuǐ

teardrop n 泪珠(名) lèizhū

teargas n 催泪瓦斯 cuīlèi wǎsī: a ～ grenade 催泪弹 cuīlèidàn

tearoom n 茶室(名) cháshì

tear-stained adj 泪水沾湿的 lèishuǐ zhānshī de, 有泪痕的 yǒu lèihén de: a ～ face 脸上带有泪痕 liǎnshang dàiyǒu lèihén

tease v 取笑(动) qǔxiào; 逗弄(动) dòunòng, 戏弄(动) xìnòng

teaspoon n 茶匙(名) cháchí: a ～ of salt 一茶匙盐 yìcháchí yán

teat n (1) 乳头(名) rǔtóu, 奶头(名) nǎitóu (2) 橡皮奶头 xiàngpí nǎitóu

technical adj (1) 技术的 jìshù de, 技

能的 jìnéng de: a ～ adviser 技术顾问 jìshù gùwèn / ～ knowledge 技术知识 jìshù zhīshi / a ～ school 技术学校 jìshù xuéxiào / ～ problems 技术上的问题 jìshùshang de wèntí (2) 专业性的 zhuānyèxìng de, 专门的 zhuānmén de

technically adv 技术上 jìshùshang, 从技术上说 cóng jìshùshang shuō

technician n 技术员(名) jìshùyuán; 技师(名) jìshī; 技术专家 jìshù zhuānjiā: a dental ～ 牙科技术专家 yákē jìshù zhuānjiā / an X-ray ～ X 光技师 X guāng jìshī / a linguistic ～ 语言学者 yǔyánxuézhě

technique n 技术(名) jìshù; 技巧(名) jìqiǎo; 技能(名) jìnéng; 方法(名) fāngfǎ: adopt advanced ～s 采用先进技术 cǎiyòng xiānjìn jìshù / farming ～ 农业技术 nóngyè jìshù / an arrest ～ 擒拿术 qínnáshù / the ～ of writing 写作方法 xiězuò fāngfǎ

technology n 工艺学(名) gōngyìxué; 工艺(名) gōngyì; 工业技术(名) gōngyè jìshù: a university of science and ～ 科技大学 kējì dàxué / a school of ～ 工艺学校 gōngyì xuéxiào / the ～ of sugar 制糖法 zhìtángfǎ

teem v 充满(动) chōngmǎn, 富于(动) fùyú; 有很多 yǒu hěn duō

teenage adj 青少年的 qīngshàonián de: ～ behaviour 青少年的行为举止 qīngshàonián de xíngwéi jǔzhǐ

teenager n 青少年 qīngshàonián, 十多岁的孩子 shíduōsuì de háizi

teens n (1) 十多岁 shíduōsuì, 十几岁 shíjǐsuì, 十三到十九岁之间 shísān dào shíjiǔsuì zhījiān: in one's ～ 在十几岁时 zài shíjǐsuìshí / in one's early ～ 十三四岁 shísānsìsuì / in one's late ～ 十八九岁 shíbājiǔsuì / not yet out of one's ～ 还不到二十岁 hái bú dào èrshísuì (2) 十几号 shíjǐhào, 十三至十九号之间 shísān zhì shíjiǔ hào zhījiān

telegram n 电报(名) diànbào: an ur-

gent ~ 一封急电 yìfēng jídiàn / *a* ~ *of sympathy* 一封慰问电 yìfēng wèiwèndiàn

telegraph I *n* (1) 电报机（名）diànbàojī; 信号机（名）xìnhàojī (2) 电报（名）diànbào; 电讯（名）diànxùn: *by* ~ 用电报 yòng diànbào / *a* ~ *slip* 电报纸 diànbàozhǐ / *a* ~ *office* 电报局 diànbàojú II *v* 用电报发送 yòng diànbào fāsòng; 打电报给… dǎ diànbào gěi … // *a* ~ *receiver* 收报机 shōubàojī / *a* ~ *pole* 电线杆 diànxiàngān / *a* ~ *transmitter* 电报发送机 diànbào fāsòngjī, 发报机 fābàojī

telegrapher, telegraphist *n* 报务员（名）bàowùyuán

telepathy *n* 心灵感应 xīnlíng gǎnyìng, 传心术（名）chuánxīnshù

telephone I *n* 电话（名）diànhuà; 电话机（名）diànhuàjī: *make a* ~ *call* 打一个电话 dǎ yíge diànhuà II *v* 打电话 dǎ diànhuà, 用电话告知 yòng diànhuà gàozhī // *a* ~ *book* 电话簿 diànhuàbù / *a* ~ *booth* 电话间 diànhuàjiān, 电话亭 diànhuàtíng / *a* ~ *exchange* 电话局 diànhuàjú, 电话交换机 diànhuà jiāohuànjī / *a* ~ *operator* 电话接线员 diànhuà jiēxiànyuán, 话务员 huàwùyuán / *a* ~ *receiver* 电话听筒 diànhuà tīngtǒng, 受话器 shòuhuàqì

telescope I *n* 望远镜 wàngyuǎnjìng: *an astronomical* ~ 一架天文望远镜 yíjià tiānwén wàngyuǎnjìng II *v* 套入 tàorù, 叠进 diéjìn; 压缩（动）yāsuō, 缩短（动）suōduǎn

televise *v* 电视播送 diànshì bōsòng; 电视录制 diànshì lùzhì: *a* ~*d speech* 电视讲话 diànshì jiǎnghuà

television *n* 电视（名）diànshì, 电视机（名）diànshìjī; 电视工业 diànshì gōngyè: *black-and-white* ~ 黑白电视 hēibái diànshì / *colour* ~ 彩色电视 cǎisè diànshì（彩电 cǎidiàn）/ *a* ~ *camera* 电视摄像机 diànshì shèxiàngjī / *a* ~ *set* 一架电视机 yíjià diànshìjī /

a ~ *talk* 电视谈话 diànshì tánhuà / *a* ~ *broadcasting station* 电视台 diànshìtái / *watch* ~ 看电视 kàn diànshì

telex I *n* 电传（名）diànchuán II *v* 发电传 fā diànchuán

tell *v* (1) 告诉（动）gàosu, 说（动）shuō, 讲（动）jiǎng (2) 叫（动）jiào, 吩咐（动）fēnfù, 让（动）ràng, 命令（动）mìnglìng (3) 分辨（动）fēnbiàn, 辨别（动）biànbié (4) 断定（动）duàndìng; 知道（动）zhīdào; 说出 shuōchū (5) 泄露（动）xièlòu, 透露（动）tòulù; 显出 xiǎnchū // *all told* 总共 zǒnggòng, 合计 héjì / ~ *off* 责备 zébèi, 训斥 xùnchì / ~ *on* (1) 告发 gàofā; 告状 gàozhuàng, 揭发 jiēfā (2) 产生不良效果 chǎnshēng bùliáng xiàoguǒ, 产生坏影响 chǎnshēng huài yǐngxiǎng / *There is no* ~ *ing.* 难以预料。Nányǐ yùliào, 无法知道。Wúfǎ zhīdào.

teller *n* (1) 讲述者（名）jiǎngshùzhě; 讲故事的人 jiǎng gùshi de rén: *a* ~ *of tales* 评书演员 píngshū yǎnyuán（说书人 shuōshūrén）(2) 计票员 jìpiàoyuán (3) 出纳员（名）chūnàyuán: *a paying*（*receiving*）~ 付（收）款员 fù（shōu）kuǎnyuán

telling *adj* (1) 有效的 yǒuxiào de; 有力的 yǒulì de: *a* ~ *blow* 有力的打击 yǒulì de dǎjī (2) 生动（形）shēngdòng; 说明问题 shuōmíng wèntí: *the most* ~ *passages in a novel* 小说中最富有表现力的章节 xiǎoshuōzhōng zuì fùyǒu biǎoxiànlì de zhāngjié

temper I *v* (1) 回火（动）huíhuǒ, 熔炼（动）róngliàn: ~*ed steel* 回火钢 huíhuǒgāng / ~*ed glass* 强化玻璃 qiánghuà bōlí (2) 软化（动）ruǎnhuà; 缓和（动）huǎnhé; 减轻（动）jiǎnqīng II *n* 性情（名）xìngqíng; 脾气（名）píqi; 心情（名）xīnqíng; 怒气（名）nùqì // *fly into a* ~ 发脾气 fā píqi / *keep one's* ~ 耐住性子, 不使脾气发作 nàizhù xìngzi, bù shǐ píqi fāzuò / *lose*

one's ~ 发脾气 fā píqi / *out of ~
with sb.* 生某人的气 shēng mǒurén de
qì

temperament *n* 气质（名）qìzhì, 性情
（名）xìngqíng; 性格（名）xìnggé:
English ~ 英国人的气质 Yīngguórén
de qìzhì

temperance *n* (1) 节制（动、名）jiézhì,
自我克制 zìwǒ kèzhì; 节欲 jiéyù:
practise ~ in diet 节制饮食 jiézhì
yǐnshí (2) 戒酒 jiè jiǔ; 禁酒 jìn jiǔ: *a
~ hotel* 不供应酒的旅馆 bù gōngyìng
jiǔ de lǚguǎn

temperate *adj* (1) 有节制的 yǒu jiézhì
de; 不过分的 bú guòfèn de, 适度的
shìdù de; 稳健（形）wěnjiàn: *a person
of ~ habits* 有节制的人 yǒu jiézhì de
rén (2) 戒酒的 jiè jiǔ de; 节酒的 jié
jiǔ de (3) 温和（形）wēnhé: *the north
~ zone* 北温带 běiwēndài

temperature *n* (1) 温度（名）wēndù,
气温（名）qìwēn: *work in high ~s* 在
高温下干活儿 zài gāowēn xià gàn huór
(2) 体温（名）tǐwēn // *have a ~* 发
烧 fāshāo

tempest *n* 暴风雨（名）bàofēngyǔ; 暴
风雪（名）bàofēngxuě; 风暴（名）
fēngbào: *Shakespeare's "T~"* 莎士比
亚的《暴风雨》Shāshìbǐyà de
《Bàofēngyǔ》 / *a ~ of applause* 一阵
暴风雨般的掌声 yízhèn bàofēngyǔ bān
de zhǎngshēng / *a ~ of bullets* 一阵
弹雨 yízhèn dànyǔ

temple[1] *n* 庙（名）miào, 寺（名）sì, 寺
院（名）sìyuàn, 寺庙（名）sìmiào, 庙
宇（名）miàoyǔ; 圣堂（名）shèngtáng,
神殿（名）shéndiàn: *the T~ of Heaven in Beijing* 北京的天坛 Běijīng de
Tiāntán / *a ~ to Confucius* 一座孔
庙 yízuò kǒngmiào

temple[2] *n* 太阳穴（名）tàiyángxué; 鬓
角（名）bìnjiǎo

tempo *n* 速度（名）sùdù; 步调（名）
bùdiào, 节奏（名）jiézòu: *the busy ~
of city life* 城市生活的紧张节奏
chéngshì shēnghuó de jǐnzhāng jiézòu /

move in a slow ~ 缓慢地移动
huǎnmàn de yídòng

temporarily *adv* 暂时（形）zànshí, 临
时（形）línshí

temporary *adj* 暂时（形）zànshí; 临时
（形）línshí; 短暂（形）duǎnzàn: *a
office* 临时办公室 línshí bàngōngshì /
a ~ receipt 临时收据 línshí shōujù /
~ quarters 临时住所 línshí zhùsuǒ

tempt *v* (1) 引诱（动）yǐnyòu; 诱使
（动）yòushǐ (2) 吸引（动）xīyǐn; 诱导
（动）yòudǎo; 使发生兴趣 shǐ fāshēng
xìngqù

temptation *n* 引诱（动）yǐnyòu, 诱惑
（动）yòuhuò; 诱惑物（名）yòuhuòwù:
withstand a ~ 抵制住一种诱惑
dǐzhìzhù yìzhǒng yòuhuò / *the ~ to
commit a crime* 引诱犯罪 yǐnyòu
fànzuì / *the ~ of a big city* 大城市的
诱惑力 dà chéngshì de yòuhuòlì

tempter *n* 引诱者（名）yǐnyòuzhě, 诱
惑者（名）yòuhuòzhě

tempting *adj* 引诱人的 yǐnyòu rén de,
吸引人的 xīyǐn rén de, 使人发生兴趣
的 shǐ rén fāshēng xìngqù de: *a field
~ to historians* 使历史学家很感兴趣
的研究领域 shǐ lìshǐxuéjiā hěn gǎn
xìngqù de yánjiū lǐngyù

ten *num* 十（数）shí, 拾（数）shí, 十
个 shíge // *~ to one* 十之八九
shízhībājiǔ, 很可能 hěn kěnéng

tenant **I** *n* 租户（名）zūhù; 佃户（名）
diànhù; 房客（名）fángkè: *a ~
farmer* 佃农 diànnóng **II** *v* 租借（动）
zūjiè, 承租（动）chéngzū; 租用（动）
zūyòng

tend[1] *v* 照管（动）zhàoguǎn, 照料（动）
zhàoliào; 管理（动）guǎnlǐ; 护理（动）
hùlǐ: *~ the sick and wounded* 护理伤
病人员 hùlǐ shāng bìng rényuán / *a
farmer ~ing his sheep* 一个正在放羊
的农民 yíge zhèngzài fàng yáng de
nóngmín

tend[2] *v* 走向 zǒuxiàng; 倾向（动）
qīngxiàng; 趋向（动）qūxiàng

tendency *n* (1) 趋势（名）qūshì, 倾向

（名）qīngxiàng; 倾向性（名）qīngxiàngxìng: a democratic ~ 民主倾向 mínzhǔ qīngxiàng / writers with progressive tendencies 有进步倾向的作家 yǒu jìnbù qīngxiàng de zuòjiā (2) 禀性（名）bǐngxìng, 生性（名）shēngxìng: have a ~ to be fat 爱发胖 ài fāpàng

tender¹ adj (1) 嫩（形）nèn; 柔嫩（形）róunèn; 柔软（形）róuruǎn: ~ green 嫩绿 nènlǜ / a ~ beefsteak 嫩牛排 nèn niúpái (2) 脆弱（形）cuìruò; 幼小（形）yòuxiǎo: a person of ~ age 年幼的人 niányòu de rén (3) 易受损伤的 yìshòu sǔnshāng de; 容易疼痛的 róngyì téngtòng de; 敏感（形）mǐngǎn: touch sb. on a ~ spot 触及某人的痛处 chùjí mǒurén de tòngchù (4) 温柔（形）wēnróu; 亲切（形）qīnqiè: ~ looks 温柔亲切的神情 wēnróu qīnqiè de shénqíng / a ~ heart 软心肠 ruǎn xīncháng

tender² I v (1) 提出 tíchū; 提供（动）tígōng (2) 投标（动）tóubiāo II n (1) 投标（动）tóubiāo: open ~s 开标 kāibiāo / call for a ~ 招标 zhāobiāo (2) 提出 tíchū; 提供（动）tígōng

tender³ n 看管人 kānguǎnrén, 照料人 zhàoliàorén: a machine ~ 机床工人 jīchuáng gōngrén

tendon n 腱（名）jiàn

tendril n 卷须（名）juǎnxū

tenfold I adj 十倍的 shíbèi de; 十重的 shíchóng de II adv 十倍地 shíbèi de: increase ~ 增长十倍 zēngzhǎng shíbèi

tennis n 网球（名）wǎngqiú // ~ ball 网球 wǎngqiú / ~ court 网球场 wǎngqiúchǎng / ~ racket 网球拍 wǎngqiúpāi / ~ shoes 网球鞋 wǎngqiúxié, 跑鞋 pǎoxié

tenor n 男高音 nángāoyīn; 男高音歌手 nángāoyīn gēshǒu

tense¹ n 时态（名）shítài, 时（名）shí: the present ~ 现在时 xiànzàishí / the past ~ 过去时 guòqùshí / the future ~ 将来时 jiānglàishí / the progressive

~ 进行时 jìnxíngshí / a verb in the perfect ~ 完成时动词 wánchéngshí dòngcí

tense² I adj (1) 拉紧的 lājǐn de, 绷紧的 bēngjǐn de (2) 紧张（形）jǐnzhāng: a ~ situation 紧张的局势 jǐnzhāng de júshì / a ~ game 紧张的比赛 jǐnzhāng de bǐsài II v 拉紧 lājǐn; 紧张（形）jǐnzhāng

tension n (1) 拉紧 lājǐn, 绷紧 bēngjǐn (2) 紧张（形）jǐnzhāng; 紧张状态 jǐnzhāng zhuàngtài: racial ~s 种族间的紧张关系 zhǒngzú jiān de jǐnzhāng guānxi / relax the ~ 放松 fàngsōng / create (ease) international ~ 加剧（缓和）国际紧张局势 jiājù (huǎnhé) guójì jǐnzhāng júshì (3) 拉力（名）lālì, 张力（名）zhānglì (4) 电压（名）diànyā

tent n 帐篷（名）zhàngpeng: set up a ~ 支起一座帐篷 zhīqǐ yízuò zhàngpeng // a ~ bed 一张行军床 yìzhāng xíngjūnchuáng

tentative adj (1) 实验（性）的 shíyàn (xìng) de, 尝试的 chángshì de; 暂定的 zàndìng de, 暂时（形）zànshí (2) 犹豫的 yóuyù de, 不肯定的 bù kěndìng de: in a ~ tone 商量的口气 shāngliang de kǒuqi

tenth num (1) 第十 dìshí (2) 十分之一 shífēn zhī yī: a ~ part 十分之一 shífēn zhī yī // 9 ~s 十之八九 shízhībājiǔ, 几乎全部 jīhū quánbù

tepid adj (1) 微温的 wēiwēnde: ~ water 温水 wēnshuǐ (2) 不太热烈的 bú tài rèliè de, 不冷不热 bùlěngbúrè: a ~ welcome 不怎么热烈的欢迎 bù zěnme rèliè de huānyíng

term I n (1) 期（名）qī, 期限（名）qīxiàn; 任期（名）rènqī: extend the ~ of payment 延长付款期限 yáncháng fù kuǎn qīxiàn / the ~ of a loan 贷款限期 dàikuǎn xiànqī / during one's ~ of office as chancellor 在担任总理期间 zài dānrèn zǒnglǐ qījiān / serve one's ~ of service 服役 fúyì (2) 学期（名）

xuéqī: *a fresh* ～ 新学期 xīn xuéqī / *last* ～ 上学期 shàng xuéqī / *a mid-* ～ *test* 期中测验 qīzhōng cèyàn / *the end-of-*～ *examination* 期末考试 qīmò kǎoshì / *spring*（*autumn*）～ 春（秋）季学期 chūn（qiū）jì xuéqī（3）条件（名）tiáojiàn；条款（名）tiáokuǎn；费用（名）fèiyòng；价钱（名）jiàqian: *the* ～*s of peace* 媾和条件 gòuhé tiáojiàn / *the* ～*s of an agreement* 协议条款 xiéyì tiáokuǎn / *inquire about* ～*s for a stay at a hotel* 询问住旅馆的价钱 xúnwèn zhù lǚguǎn de jiàqian（4）关系（名）guānxi，交情（名）jiāoqing；地位（名）dìwèi: *not on speaking* ～*s with sb.* 同某人不说话 tóng mǒurén bù shuōhuà / *on equal* ～*s* 以平等地位 yǐ píngděng dìwèi（5）词语（名）cíyǔ；名词（名）míngcí，术语（名）shùyǔ，用语（名）yòngyǔ；措词（名）cuòcí，话（名）huà: *technical* ～*s* 术语 shùyǔ（专门名词 zhuānmén míngcí）/ *a medical* ～ 医学名词（术语）yīxué míngcí（shùyǔ）/ *grammatical* ～*s* 语法用语 yǔfǎ yòngyǔ / *a general* ～ 一般词语 yìbān cíyǔ（总称 zǒngchēng）/ *a colloquial* ～ 通俗语 tōngsúyǔ **II** *v* 把…称为 bǎ… chēngwéi，把…叫做 bǎ… jiàozuò: *popularly* ～*ed* 通常叫做 tōngcháng jiào zuò // *come to* ～*s* 达成协议 dáchéng xiéyì；妥协 tuǒxié，让步 ràngbù / *in* ～*s of*（1）根据 gēnjù，按照 ànzhào（2）从…方面来说 cóng… fāngmiàn láishuō / *keep on good* ～*s with sb.* 同某人保持友好关系 tóng mǒurén bǎochí yǒuhǎo guānxi / *make* ～*s* 达成协议 dáchéng xiéyì / *set a* ～ *to* 给…定限期 gěi… dìng xiànqī

terminal **I** *adj*（1）定期的 dìng qī de；学期的 xuéqī de（2）终点的 zhōngdiǎn de；结尾的 jiéwěi de: *a* ～ *station* 终点站 zhōngdiǎnzhàn（3）晚期的 wǎnqī de，后期的 hòuqī de: *the* ～ *wards of a hospital* 一家医院的晚期病人病房 yìjiā yīyuàn de wǎnqī bìngrén bìngfáng

II *n*（1）终点（站）（名）zhōngdiǎn（zhàn）；总站（名）zǒngzhàn: *a railway* ～ 火车终点 huǒchē zhōngdiǎn（2）终端机（动）zhongduān jī

terminate *v* 停止（动）tíngzhǐ，结束（动）jiéshù；终止（动）zhōngzhǐ: ～ *a contract* 终止合同 zhōngzhǐ hétong

terminus *n* 终点（名）zhōngdiǎn: *a railway* ～ 火车终点站 huǒchē zhōngdiǎnzhàn

termite *n* 白蚁（名）báiyǐ

terrace *n*（1）台地（名）táidì；阶地（名）jiēdì；梯田（名）tītián（2）平台（名）píngtái，阳台（名）yángtái，露台（名）lùtái

terraced *adj* 阶梯式的 jiētīshì de，台阶式的 táijiēshì de；平台式的 píngtái shì de: *a* ～ *roof* 平台屋顶 píngtái wūdǐng / *a* ～ *classroom* 阶梯教室 jiētī jiàoshì / ～ *fields* 梯田 tītián

terracotta *n* 赤土 chìtǔ，赤陶 chìtáo: *the* ～ *figures at emperor Qinshi-huang's mausoleum* 秦始皇陵里的兵马俑 Qínshǐhuáng línglǐ de bīngmǎyǒng

terrain *n* 地面（名）dìmiàn；地域（名）dìyù，地带（名）dìdài；地形（名）dìxíng: *rocky* ～ 山地 shāndì

terrible *adj*（1）可怕（形）kěpà，吓人的 xià rén de（2）极度（形）jídù，过分（形）guòfèn；厉害（形）lìhai: *a* ～ *winter* 严冬 yándōng / *a* ～ *heat* 酷暑 kùshǔ / *a* ～ *headache* 剧烈的头疼 jùliè de tóuténg / *a* ～ *war* 一场激烈的战争 yìcháng jīliè de zhànzhēng（3）糟糕（形）zāogāo，极坏的 jí huài de

terribly *adv*（1）厉害（形）lìhai；可怕极了 kěpà jile；糟透了 zāotòule（2）非常（副）fēicháng，太（副）tài；极端地 jíduān de: ～ *cold* 冷得很 lěng de hěn / ～ *good* 妙极了 miào jíle

terrific *adj*（1）可怕（形）kěpà，吓人的 xiàrén de: *a* ～ *tornado* 可怕的龙卷风 kěpà de lóngjuǎnfēng（2）极大的 jí dà de，非常的 fēicháng de

terrify *v* 使恐惧 shǐ kǒngjù，使惊吓 shǐ jīngxià；恐吓 kǒnghè

territory *n* (1) 领土(名) lǐngtǔ, 疆土 (名) jiāngtǔ; 版图(名) bǎntú; 领地 (名) lǐngdì: *the ~ of one's motherland* 祖国的领土 zǔguó de lǐngtǔ / *vast in ~* 版图辽阔 bǎntú liáokuò (2) 地区(名) dìqū, 区域(名) qūyù; 管辖 范围 guǎnxiá fànwéi (3) 范围(名) fànwéi, 领域(名) lǐngyù: *in the ~ of psychiatry* 在精神病学领域 zài jīngshénbìngxué lǐngyù

terror *n* (1) 恐怖(形) kǒngbù, 恐惧 (动) kǒngjù; 惊吓(动) jīngxià: *spread ~* 散布恐怖 sànbù kǒngbù (2) 引起恐怖的人(或物) yǐnqǐ kǒngbù de rén (huò wù) // *strike ~ into sb.'s heart* 使某人胆战心惊 shǐ mǒurén dǎnzhànxīnjīng

terrorism *n* 恐怖主义(名) kǒngbùzhǔyì; 恐怖行为 kǒngbù xíngwéi

terrorist *n* 恐怖分子 kǒngbù fènzǐ: *~ activities* 恐怖主义活动 kǒngbùzhǔyì huódòng

terrorize *v* 恐吓(动) kǒnghè; 引起恐 怖 yǐnqǐ kǒngbù; 实行恐怖统治 shíxíng kǒngbù tǒngzhì

terror-stricken *adj* 受了惊吓的 shòule jīngxià de, 吓破胆的 xiàpò dǎn de: *~ people* 受了惊吓的人们 shòule jīngxià de rénmen

test **I** *n* (1) 试验(名) shìyàn, 试(动) shì; 检查(动) jiǎnchá: *a nuclear ~* 核试验 hé shìyàn / *a chemical ~* 化学 试验 huàxué shìyàn / *a ~ flight* 试 飞 shìfēi (2) 化验(动) huàyàn; 化验 法(名) huàyànfǎ; 化验剂(名) huàyànjì: *a blood ~* 验血 yàn xiě (3) 测验(动、名) cèyàn, 考试(动、名) kǎoshì; 考查(动) kǎochá: *an English proficiency ~* 英语水平测验 Yīngyǔ shuǐpíng cèyàn / *a ~ in history* 历史 测验 lìshǐ cèyàn (4) 考验(动、名) kǎoyàn, 检验(动、名) jiǎnyàn **II** *v* (1) 检查(动) jiǎnchá; 测验(动) cèyàn; 考查(动) kǎochá; 试验(动) shìyàn (2) 考验(动) kǎoyàn, 检验

(动) jiǎnyàn // *put to the ~* 对…进 行试验 duì ... jìnxíng shìyàn; 对…进 行检验 duì ... jìnxíng jiǎnyàn; 对… 进行考验 duì ... jìnxíng kǎoyàn / *stand the ~ of time* 经得起时间的考 验 jīngdeqǐ shíjiān de kǎoyàn / *~ ban* 禁止核试验协定 jìnzhǐ hé shìyàn xiédìng / *~ paper* 试卷 shìjuàn; 试纸 shìzhǐ / *~ pilot* 试飞员 shìfēiyuán / *~ tube* 试管 shìguǎn

tested *adj* 经过试验的 jīngguò shìyàn de; 经过检验的 jīngguò jiǎnyàn de, 经 验定的 jīng yàndìng de

testimony *n* (1) 证据(名) zhèngjù, 证 明(名) zhèngmíng; 证词(名) zhèngcí: *the ~ of a witness* 人证 rénzhèng (2) 表明(动) biǎomíng, 表 示(动) biǎoshì

testing *n* 考查(动) kǎochá; 检验(动) jiǎnyàn; 试验(动) shìyàn

text *n* (1) 文字(名) wénzì (2) 正文 (名) zhèngwén; 文本(名) wénběn: *the official ~ of an agreement* 一项 协议的正式文本 yíxiàng xiéyì de zhèngshì wénběn / *the full ~ of an address* 演说全文 yǎnshuō quánwén (3) 课文(名) kèwén; 课本(名) kèběn, 教科书(名) jiàokēshū: *a ~ in chemistry* 化学课本 huàxué kèběn (4) 经文(名) jīngwén, 经句(名) jīngjù

textbook *n* 课本(名) kèběn, 教科书 (名) jiàokēshū: *a history ~* 一本历史 教科书 yìběn lìshǐ jiàokēshū / *a geography ~* 地理课本 dìlǐ kèběn

textile *n* 纺织品(名) fǎngzhīpǐn: *cotton ~s* 棉织品 miánzhīpǐn / *woollen ~s* 毛织品 máozhīpǐn / *a ~ factory* 纺织厂 fǎngzhīchǎng / *the ~ industry* 纺织工业 fǎngzhī gōngyè

than *conj* (1) 比(介) bǐ, 较(介) jiào (2) 除了(连) chúle // *no more ~* 仅 仅 jǐnjǐn, 只是 zhǐshì / *no other ~* (1) 正是 zhèngshì, 就是 jiùshì (2) 只有 zhǐyǒu / *rather ... ~* 宁愿…也不… nìngyuàn ... yě bù ... / *sooner ... ~* 宁可…也不… nìngkě ... yě bù ...

thank I v 谢（动）xiè，谢谢（动）xièxie，感谢（动）gǎnxiè，道谢（动）dàoxiè II n 感谢（动）gǎnxiè，感激（动）gǎnjī；谢意（名）xièyì // get small ~s for it 白做了 bái zuò le / have only oneself to ~ 只能怪自己 zhǐnéng guài zìjǐ / ~s to 幸亏 xìngkuī，多亏 duōkuī；由于 yóuyú / ~ God 感谢上帝 gǎnxiè shàngdì，谢天谢地 xiè tiān xiè dì

that I adj 那（代）nà；那个（代）nàge II pron（1）那（代）nà；那个（代）nàge；那东西 nà dōngxi；那人 nà rén

thatch I n 茅屋顶 máo wūdǐng II v 用茅草盖（屋顶）yòng máocǎo gài（wūdǐng）：a ~ed roof 茅草屋顶 máocǎo wūdǐng

thaw I v（1）融化（动）rónghuà，融解（动）róngjiě，解冻（动）jiědòng（2）趋于缓和 qūyú huǎnhé，变得友好了 biàn de yǒuhǎo le II n（1）融化（动）rónghuà，解冻（动）jiědòng；缓和（动）huǎnhé（2）温暖气候 wēnnuǎn qìhòu

the art 这（代）zhè；那（代）nà：~ old and ~ young 老年人和青年人 lǎoniánrén hé qīngniánrén // ~... ...越...越... yuè.. yuè..；T~ more，~ better. 越多越好。Yuè duō yuè hǎo.（多多益善。Duōduōyìshàn.）

theatre n（1）剧场（名）jùchǎng，剧院（名）jùyuàn，戏院（名）xìyuàn（2）剧（名）jù，戏剧（名）xìjù：the modern Chinese ~ 中国现代戏剧 Zhōngguó xiàndài xìjù / the ~ of Bernard Shaw 肖伯纳剧作 Xiāobónà jùzuò（3）阶梯式教室 jiētīshì jiàoshì；室（名）shì：a lecture ~ 阶梯教室 jiētī jiàoshì / an operating ~ 手术室 shǒushùshì（4）活动场所 huódòng chǎngsuǒ；战场（名）zhànchǎng：a ~ of war 战场 zhànchǎng / the European ~ of World War II 第二次世界大战的欧洲战场 Dì'èrcì Shìjiè Dàzhàn de Ōuzhōu zhànchǎng

theatregoer n 经常看戏的人 jīngcháng kàn xì de rén

theatre-going n 看戏 kànxì

theatrical adj（1）剧场的 jùchǎng de；戏剧的 xìjù de：a ~ performance 戏剧演出 xìjù yǎnchū / a ~ company 剧团 jùtuán（2）戏剧性的 xìjùxìng de，做戏似的 zuòxìshìde；夸张的 kuāzhuāng de；做作的 zuòzuò de：~ behaviour 像做戏一样的举动 xiàng zuòxì yíyàng de jǔdòng

theft n 偷盗（动）tōudào，偷窃（动）tōuqiè，盗窃（动）dàoqiè：commit a ~ 犯盗窃罪 fàn dàoqiè zuì / an auto ~ 偷盗汽车 tōudào qìchē

their pron 他们的 tāmen de；她们的 tāmen de；它们的 tāmen de：different cities and ~ architecture 不同的城市及其建筑 bùtóng de chéngshì jíqí jiànzhù

theirs pron 他（她）们的 tā（tā）men de，他（她）们的东西（或人）tā（tā）men de dōngxi（huò rén）

them pron 他们（代）tāmen；她们（代）tāmen；它们（代）tāmen

theme n（1）主题（名）zhǔtí；题目（名）tímù：a ~ song 一首主题歌 yìshǒu zhǔtígē / an examination ~ 考试题目 kǎoshì tímù / films with war ~s 以战争为主题的影片 yǐ zhànzhēng wéi zhǔtí de yǐngpiàn（2）作文（名）zuòwén；作文题 zuòwéntí：a student ~ 一篇学生作文 yìpiān xuésheng zuòwén（3）主旋律（名）zhǔxuánlǜ

themselves pron（1）他们自己 tāmen zìjǐ；她们自己 tāmen zìjǐ；自己（代）zìjǐ（2）他（她）们亲自 tā（tā）men qīnzì；他（她、它）们本身 tā(tā、tā)men běnshēn

then I adv（1）当时（名）dāngshí，那时 nàshí（2）然后（副）ránhòu；接着（连）jiēzhe；于是（连）yúshì（3）那么（连）nàme；因此（连）yīncǐ（4）而且（连）érqiě，另外（副）lìngwài；还有 hái yǒu，再说 zàishuō II adj 当时的 dāngshí de：the ~ manager 当时的经理 dāngshí de jīnglǐ / the ~ capital of *the country* 国家当时的首都 guójiā dāngshí de shǒudū / *the ~ Minister of Finance* 当时的财政部长 dāngshí de cáizhèng bùzhǎng **III** *n* 那时 nàshí: *by ~* 到那时候 dào nà shíhou / *from ~ on* 从那时起 cóng nàshí qǐ / *since ~* 从那时以来 cóng nàshí yǐlái: 从那以后 cóng nà yǐhòu / *till ~* 到那时为止 dào nàshí wéizhǐ // *now and ~* 时而 shí'ér, 不时 bùshí / *Now ~* 喂! Wèi! 好啦! Hǎo la / *~ and there* 当时当地 dāngshí dāngdì

theological *adj* 神学的 shénxué de

theology *n* 神学(名) shénxué

theoretical *adj* (1) 理论(上)的 lǐlùn (shang) de: *~ physics* 理论物理学 lǐlùn wùlǐxué (2) 假设的 jiǎshè de, 推理的 tuīlǐ de

theoretically *adv* 理论上地 lǐlùnshang de; 假设地 jiǎshè de; 推理地 tuīlǐ de

theory *n* 理论(名) lǐlùn; 原理(名) yuánlǐ; 学说(名) xuéshuō: *the ~ of evolution* 进化论 jìnhuàlùn

therapy *n* 治疗(动) zhìliáo; 疗法(名) liáofǎ: *acupuncture ~* 针灸疗法 zhēnjiǔ liáofǎ / *physical ~* 理疗 lǐliáo

there **I** *adv* 那里(代) nàlǐ, 那儿(代) nàr; 在那里 zài nàlǐ **II** *int* 得了 déle, 好啦 hǎola; 瞧啊 qiáo'a **III** *n* 那个地方 nàge dìfang: *from ~* 从那儿 cóng nàr // *Are you ~?* 喂, 你听着吗? Wèi, nǐ tīngzhema? / *over ~* 在那里 zài nàlǐ / *~ and back* 到那里再回来 dào nàlǐ zài huílai, 来回 láihuí

thereabouts *adv* (1) 在那附近 zài nà fùjìn: *live in Manchester or ~* 住在曼彻斯特一带 zhùzài Mànchèsītè yídài (2) 大约(副) dàyuē

thereby *adv* 因此(连) yīncǐ, 因而(连) yīn'ér, 所以(连) suǒyǐ

therefore *adv* 因此(连) yīncǐ, 所以(连) suǒyǐ

thermometer *n* 温度表(名) wēndùbiǎo, 温度计(名) wēndùjì, 寒暑表(名) hánshǔbiǎo: *a clinical ~* 体温表 tǐwēnbiǎo / *a centigrade ~* 摄氏温度计 Shèshì wēndùjì

thermos *n* 热水瓶(名) rèshuǐpíng: *a ~ flask* 一只热水瓶 yìzhī rèshuǐpíng

thermostat *n* 恒温器(名) héngwēnqì

these **I** *adj* 这些 zhèxiē: *in ~ days* 这些日子 zhèxiē rìzi (近来 jìnlái) **II** *pron* 这些(代) zhèxiē

thesis *n* (1) 论点(名) lùndiǎn, 命题(名) mìngtí (2) 论文(名) lùnwén; 毕业论文 bìyè lùnwén; 作文(名) zuòwén: *an academic ~* 一篇学术论文 yì piān xuéshù lùnwén / *a doctoral ~* 博士论文 bóshì lùnwén / *a graduation ~* 毕业论文 bìyè lùnwén / *a ~ on linguistics* 语言学论文 yǔyánxué lùnwén

they *pron* (1) 他们(代) tāmen; 她们(代) tāmen; 它们(代) tāmen (2) 人们(名) rénmen

thick **I** *adj* (1) 厚(形) hòu: *a ~ board* 一块厚木扳 yíkuài hòu mùbǎn / *a ~ piece of paper* 一张厚纸 yìzhāng hòu zhǐ (2) 粗(形) cū, 粗大(形) cūdà, 粗壮(形) cūzhuàng: *a ~ neck* 粗脖子 cū bózi (3) 密(形) mì, 浓密(形) nóngmì, 茂密(形) màomì, 充满(动) chōngmǎn: *a ~ patch of wood* 一片密林 yípiàn mìlín (4) 浓(形) nóng, 稠(形) chóu; 阴霾(形) yīnmái: *~ soup* 浓汤 nóng tāng / *~ porridge* 稠粥 chóu zhōu (5) 沙哑(形) shāyǎ, 口齿不清 kǒuchǐ bù qīng (6) 笨(形) bèn, 迟钝(形) chídùn: *~ pupils* 笨学生 bèn xuésheng **II** *n* 最厚的部分 zuì hòu de bùfen; 最密集的地方 zuì mìjíde dìfang: *in the ~ of the forest* 在密林深处 zài mìlín shēnchù **III** *adv* 厚(形) hòu; 密(形) mì; 浓(形) nóng // *through ~ and thin* 不论在任何情况下 búlùn zài rènhé qíngkuàng xià

thicken *v* (1) 变厚(粗、密、浓) biàn hòu (cū, mì, nóng); 变得更厚(粗、密、浓) biàn de gèng hòu (cū, mì, nóng): *~ by boiling* 经过煎煮而变浓 jīngguò jiānzhǔ ér biànnóng (2) 变得复杂难懂 biàn de fùzá nán dǒng

thicket *n* 树丛(名) shùcóng, 灌木丛 guànmùcóng

thief *n* 贼(名) zéi, 小偷(名) xiǎotōu, 窃贼(名) qièzéi; 盗窃犯(名) dàoqièfàn

thigh *n* 大腿(名) dàtuǐ

thimble *n* 顶针(名) dǐngzhen

thin **I** *adj* (1) 薄(形) báo (2) 细(形) xì: ~ *sticks* 细棍儿 xìgùnr / *a ~ rope* 细绳子 xì shéngzi (3) 瘦(形) shòu (4) 稀薄(形) xībó; 淡(形) dàn; 弱(形) ruò: ~ *gruel* 稀粥 xīzhōu / *wine* 淡酒 dànjiǔ (5) 稀少(形) xīshǎo; 稀疏(形) xīshū: *a ~ population* 人口稀少 rénkǒu xīshǎo (6) 站不住脚的 zhàn bu zhù jiǎo de; 容易识破的 róngyì shípò de: *a ~ disguise* 容易被人识破的伪装 róngyì bèi rén shípò de wěizhuāng **II** *v* 使变薄(细、瘦、淡、少) shǐ biàn báo (xì, shòu, dàn, shǎo)

thing *n* (1) 东西(名) dōngxi, 物件(名) wùjiàn; 事物(名) shìwù (2) 用品(名) yòngpǐn, 用具(名) yòngjù; 所有物 suǒyǒuwù (3) 事(名) shì; 事情(名) shìqing (4) 情况(名) qíngkuàng; 形势(名) xíngshì; 消息(名) xiāoxi (5) 家伙(名) jiāhuo; 人(名) rén (6) 事迹(名) shìjì; 功绩(名) gōngjì; 成就(名) chéngjiù // *a general ~* 惯例 guànlì / *as ~s are* 在目前形势下 zài mùqián xíngshì xià / *feel not quite the ~* 感到身体不适 gǎndào shēntǐ búshì / *first ~* 首先 shǒuxiān; 首要的事 shǒuyào de shì, 第一件事 dìyījiàn shì / *for one ~*; *for another...* 一来…, 二来… yīlái ..., èrlái ...; 一则…, 二则… yīzé...èrzé... / *of all ~s* 首先 shǒuxiān / *it is a good ~ that ...* 幸运的是 xìngyùn de shì; …是好事… shì hǎoshì / *quite the ~* 很时髦 hěn shímáo / *the ~ is* 问题是 wèntí shì

think *v* (1) 想(动) xiǎng, 思索(动) sīsuǒ; 考虑(动) kǎolù (2) 想起 xiǎngqǐ, 想出 xiǎngchū; 想到 xiǎngdào; 懂得(动) dǒngde (3) 想要 xiǎngyào, 打算(动) dǎsuan, 计划

(动) jìhuà (4) 认为(动) rènwéi, 以为(动) yǐwéi, 觉得(动) juéde (5) 料想(动) liàoxiǎng, 料到 liàodào; 想象(动) xiǎngxiàng // ~ *about* (1) 考虑 kǎolù, 想 xiǎng (2) 回想 huíxiǎng; 想起 xiǎngqǐ / ~ *aloud* 边想边说出声 biān xiǎng biān shuōchū shēng, 自言自语 zìyán zìyǔ / ~ *better of* (1) 对…有更好的评价(或看法) duì... yǒu gèng hǎo de píngjià (huò kànfǎ) (2) 经重新考虑决定不做 jīng chóngxīn kǎolù juédìng bú zuò / ~ (*poorly*) *highly of* (不)看重某人 (bú) kànzhòng mǒurén / ~ *of* (1) 考虑 kǎolù; 关心 guānxīn; 想念 xiǎngniàn: ~ *of one's old friends* 想念旧友 xiǎngniàn jiùyǒu (2) 想起 xiǎngqǐ, 记得 jìde; 有…想法 yǒu... xiǎngfǎ (3) 认为 rènwéi, 觉得 juéde / ~ *out* 想出 xiǎngchū, 计划出 jìhuàchū, 仔细研究 zǐxì yánjiū / ~ *over* 仔细考虑 zǐxì kǎolù / ~ *tank* 智囊团 zhìnángtuán, 秀才班子 xiùcai bānzi / ~ *twice* 再三考虑 zàisān kǎolù, 慎重考虑 shènzhòng kǎolù / ~ *up* 想出 xiǎngchū; 设计出 shèjìchū; 发明 fāmíng

thinkable *adj* 可想象的 kě xiǎngxiàng de, 能加以思考的 néng jiāyǐ sīkǎo de

thinker *n* (1) 思想家(名) sīxiǎngjiā (2) 思考者(名) sīkǎozhě, 思想…的人 sīxiǎng... de rén: *a shallow ~* 一个思想肤浅的人 yíge sīxiǎng fūqiǎn de rén

thinking **I** *adj* 思想的 sīxiǎng de; 有思维能力的 yǒu sīwéi nénglì de; 善于思考的 shànyú sīkǎo de: *a ~ student* 一个善于思考的学生 yíge shànyú sīkǎo de xuésheng **II** *n* (1) 思想(名) sīxiǎng; 思维(名) sīwéi; 思考(动) sīkǎo: *correct ~* 正确的思维 zhèngquè de sīwéi / *wishful ~* 一厢情愿 yìxiāngqíngyuàn / *sb.'s way of ~* 一个人的思想方法 yíge rén de sīxiǎng fāngfǎ / *independent ~* 独立思考 dúlì sīkǎo / *do some hard ~* 苦苦思索

kǔkǔ sīsuǒ（深思熟虑 shēnsī shúlù）
（2）想法（名）xiǎngfǎ；见解（名）
jiànjiě，看法（名）kànfǎ // to sb.'s ~
在某人看来 zài mǒurén kànlái

third *num* 第三 dìsān：*every ~ day*
每隔两天 měi gé liǎngtiān / *the ~
place* 第三名 dìsān míng // *the ~
party* 第三者 dìsānzhě，第三方
dìsānfāng / *the ~ person* 第三人称
dìsān rénchēng：*the ~ person singular*
第三人称单数 dìsān rénchēng dānshù
/ *the T~ World* 第三世界 Dìsān
Shìjiè

third-class *adj* 三等的 sānděng de，三
类的 sānlèi de：*a ~ ticket* 三等票
sānděng piào / ~ *post matter* 三类邮
件 sānlèi yóujiàn

third-rate *adj* 三等的 sānděng de，三
流的 sānliú de；低劣（形）dīliè：*a ~
actor* 一个三流演员 yíge sānliú
yǎnyuán

thirst **I** *n*（1）渴（形）kě，口渴 kǒukě
（2）渴望（动）kěwàng，热望（动）
rèwàng **II** *v*（1）干渴（形）gānkě，口
渴 kǒukě（2）渴望（动）kěwàng，热望
（动）rèwàng

thirsty *adj*（1）渴（形）kě，口渴 kǒukě
（2）渴望（动）kěwàng，追求（动）
zhuīqiú

thirteen *num* 十三（数）shísān；拾叁
shísān

thirteenth *num* 第十三 dìshísān

thirty *num* 三十（数）sānshí；叁拾
sānshí：*during the thirties* 在三十年代
zài sānshí niándài / *a man in his thir-
ties* 三十几岁的人 sānshíjǐsuì de rén

this **I** *adj* 这（代）zhè，本（代）běn：~
week 本周 běnzhōu（这个星期 zhège
xīngqī）/ ~ *month* 本月 běnyuè（这
月 zhèyuè）/ ~ *year* 今年 jīnnián（本
年度 běn niándù）/ ~ *shop* 本店
běndiàn（这家商店 zhèjiā shāngdiàn）/
~ *book* 本书 běnshū（这本书 zhèběn
shū）/ ~ *article* 本文 běnwén（这篇
文章 zhèpiān wénzhāng）/ ~ *evening*
今天晚上 jīntiān wǎnshang / ~ *day*

next month 下个月的今天 xiàge yuè de
jīntiān **II** *pron* 这（代）zhè；这个（代）
zhège **III** *adv* 这么（代）zhème；这样
（代）zhèyàng // *like* ~ 就这样 jiù
zhèyàng，像这样 xiàng zhèyàng

thorn *n* 刺（名）cì：*the ~s on a rose
bush* 玫瑰上长的刺 méiguì shang
zhǎng de cì // *a ~ in one's flesh* 不断
引起烦恼的人（或事）búduàn yǐnqǐ
fánnǎo de rén（huò shì）；眼中钉，肉中
刺 yǎn zhōng dīng，ròu zhōng cì

thorny *adj*（1）多刺的 duō cì de；有棘
刺的 yǒu jícì de：*a ~ branch* 带刺的
枝 dài cì de zhī（2）棘手的 jíshǒu de，
难办的 nán bàn de；引起麻烦的 yǐnqǐ
máfan de

thorough *adj*（1）完全（形）wánquán；
彻底（形）chèdǐ；详尽（形）xiángjìn，
全面（形）quánmiàn：*a ~ search* 彻底
搜查 chèdǐ sōuchá（2）精确（形）
jīngquè；细致认真 xìzhì rènzhēn，一丝
不苟 yìsībùgǒu

thoroughbred **I** *adj* 良种的 liángzhǒng
de；纯种的 chúnzhǒng de **II** *n* 良种动
物 liángzhǒng dòngwù；良种马
liángzhǒng mǎ

thoroughfare *n*（1）通道（名）
tōngdào；大道 dàdào（2）通行（动）
tōngxíng：*No ~!* 禁止通行！Jìnzhǐ
tōngxíng！

thorough-going *adj* 彻底（形）chèdǐ，
十足（形）shízú：*a ~ villain* 一个十
足的坏蛋 yíge shízú de huàidàn（大坏
蛋 dàhuàidàn）/ *a ~ search* 彻底的搜
查 chèdǐ de sōuchá

thoroughly *adv*（1）精确地 jīngquè
de；详尽地 xiángjìn de；透彻地 tòuchè
de；完善地 wánshàn de（2）绝对地
juéduì de；彻底地 chèdǐ de，完全地
wánquán de

those **I** *adj* 那些（代）nàxiē：*in ~
days* 那时候 nà shíhou（当时 dāngshí；
当年 dāngnián）**II** *pron* 那些（代）
nàxiē

though **I** *conj*（1）虽然（连）suīrán；尽
管（连）jìnguǎn（2）即使（连）jíshǐ，哪

怕(连) nǎpà (3) 可是(连) kěshì, 不过(连) búguò, 然而(连) rán'ér II *adv* 可是(连) kěshì, 不过(连) búguò, 然而(连) rán'ér // *as* ~ 好像 hǎoxiàng, 仿佛 fǎngfú

thought *n* (1) 思想(名) sīxiǎng: *the central* ~ *of this article* 这篇文章的中心思想 zhèpiān wénzhāng de zhōngxīn sīxiǎng (2) 思维(名) sīwéi; 思考(动) sīkǎo (3) 思潮(名) sīcháo: *ancient Greek* ~ 古希腊思潮 gǔ Xīlà sīcháo (4) 想法(名) xiǎngfǎ; 意图(名) yìtú; 意见(名) yìjiàn // *on second* ~*s* 进一步考虑后 jìnyíbù kǎolǜ hòu

thoughtful *adj* (1) 沉思的 chénsī de, 思考的 sīkǎo de; 注意的 zhùyì de: *in a* ~ *mood* 沉思的样子 chénsī de yàngzi / ~ *of one's future* 注意自己的前途 zhùyì zìjǐ de qiántú (2) 体贴的 tītiē de; 考虑周到的 kǎolǜ zhōudào de

thoughtless *adj* (1) 无思想的 wú sīxiǎng de (2) 缺少考虑的 quēshǎo kǎolǜ de; 轻率(形) qīngshuài, 粗心(形) cūxīn: ~ *of one's safety* 不顾个人安危 búgù gèrén ānwēi (3) 自私的 zìsī de, 不顾别人的 búgù biérén de

thousand I *num* 千(数) qiān: *a 100* ~ 十万 shíwàn / *10* ~ 一万 yíwàn II *n* 许多(形) xǔduō; 无数(形) wúshù III *adj* 许多(形) xǔduō; 无数(形) wúshù // *a* ~ *and one* 一千零一 yìqiānlíngyī; 许许多多 xǔxǔduōduō: "*The T*~ *and One Nights*" 《一千零一夜》《Yìqiānlíngyíyè》(《天方夜谭》《Tiānfāng Yè Tán》) / *by* ~*s* 数以千计 shùyǐqiānjì, 许许多多 xǔxǔduōduō

thousandfold *adj* 千倍 qiānbèi

thousandth *num* 第一千 dìyìqiān; 千分之一 qiānfēn zhī yī

thrash *v* (1) 打(动) dǎ; 痛打(动) tòngdǎ; 抽打(动) chōudǎ (2) 打败(动) dǎbài, 击败(动) jíbài (3) 猛烈摆动 měngliè bǎidòng // ~ *out* 得出 déchū, 做出 zuòchū; 研究讨论 yánjiū tǎolùn

thread I *n* (1) 线(名) xiàn; 细丝 xìsī: *a needle and some* ~ 一根针和一些线 yìgēn zhēn hé yìxiē xiàn / *nylon* ~ 尼龙线 nílóngxiàn / *a* ~ *of hope* 一线希望 yíxiàn xīwàng (2) 头绪(名) tóuxù, 思路(名) sīlù; 中心思想 zhōngxīn sīxiǎng: *the* ~ *of a short story* 小说的主线 xiǎoshuō de zhǔxiàn II *v* 穿线 chuānxiàn; 串起来 chuànqilai // *hang by a* ~ 处境危险 chǔjìng wēixiǎn, 千钧一发 qiānjūnyífà, 岌岌可危 jíjíkěwēi / ~ *one's way through* 慢慢穿过 mànmàn chuānguò

threadbare *adj* (1) 绒毛磨光露出织纹的 róngmáo móguāng lòuchū zhīwén de; 穿旧的 chuānjiù de: *a* ~ *jacket* 穿旧了的上衣 chuānjiù le de shàngyī (2) 衣着褴褛的 yīzhuó lánlǚ de

threat *n* (1) 威胁(动) wēixié, 恐吓(动) kǒnghè; 要挟(动) yāoxié; 构成威胁的人(或事) gòuchéng wēixié de rén (huò shì): *a* ~ *to world peace* 对世界和平的威胁 duì shìjiè hépíng de wēixié / *a security* ~ 对安全的威胁 duì ānquán de wēixié (2) 危险(名) wēixiǎn, 危险的征兆 wēixiǎn de zhēngzhào

threaten *v* (1) 威胁(动) wēixié, 恐吓(动) kǒnghè, 恫吓(动) dònghè (2) 预示凶兆 yùshì xiōngzhào; 有…的危险 yǒu...de wēixiǎn

three *num* 三(数) sān, 叁(数) sān; 三个 sānge; 第三(卷、章、页等) dìsān (juàn, zhāng, yè děng): *a child of* ~ 一个三岁的小孩儿 yíge sānsuì de xiǎoháir / *we* ~ 我们三人 wǒmen sān rén

three-dimensional *adj* 立体的 lìtǐ de; 有立体感的 yǒu lìtǐgǎn de: ~ *warfare* 立体战争 lìtǐ zhànzhēng / *a* ~ *film* 立体电影 lìtǐ diànyǐng

threefold *adj* 三倍的 sānbèi de; 三重的 sānchóng de

thresh *v* 打谷 dǎ gǔ, 脱粒 tuōlì

threshold *n* (1) 门槛(名) ménkǎn; 门口(名) ménkǒu: *cross the* ~ 跨过门

槛 kuàguò ménkǎn（2）入门（名）rùmén；开端（动）kāiduān，起点（名）qǐdiǎn：*young people on the ～ of life* 即将开始生活的青年人 jíjiāng kāishǐ shēnghuó de qīngniánrén / *on the ～ of a career* 终生事业的开端 zhōngshēng shìyè de kāiduān（3）界限（名）jièxiàn；限度（名）xiàndù

thrice *adv* 三倍 sānbèi；三次 sāncì

thrift *n* 节俭（形）jiéjiǎn；节约（动）jiéyuē，节省（动）jiéshěng

thrifty *adj* 节约的 jiéyuē de；节俭（形）jiéjiǎn

thrill I *n* 一阵激动 yízhèn jīdòng；一阵紧张的情绪 yízhèn jǐnzhāng de qíngxù：*a ～ of pleasure* 一阵喜悦之情 yízhèn xǐyuè zhī qíng / *a ～ of horror* 一阵毛骨悚然的感觉 yízhèn máogǔsǒngrán de gǎnjué II *v* 激动（动）jīdòng；使心跳 shǐ xīn tiào，使兴奋 shǐ xīngfèn

thriller *n* 惊险小说 jīngxiǎn xiǎoshuō；惊险电影 jīngxiǎn diànyǐng

thrilling *adj* 激动人心的 jīdòng rénxīn de；使人毛骨悚然的 shǐ rén máogǔsǒngrán de：*a ～ story of murder* 一个使人毛骨悚然的谋杀故事 yíge shǐ rén máogǔsǒngrán de móushā gùshi

thrive *v*（1）兴旺（形）xīngwàng，繁荣（形）fánróng，发达（形）fādá（2）长得健壮 zhǎng de jiànzhuàng

throat *n* 咽喉（名）yānhóu，喉咙（名）hóulóng；嗓子（名）sǎngzi

throb I *v*（1）跳动（动）tiàodòng（2）抽动（动）chōudòng；颤动（动）chàndòng，震动（动）zhèndòng II *n* 跳动（动）tiàodòng；抽动（动）chōudòng；颤动（动）chàndòng：*the ～ of one's heart* 心脏的跳动 xīnzàng de tiàodòng

throne *n*（1）宝座（名）bǎozuò；御座（名）yùzuò：*a figure of Buddha on a lotus* ～ 在莲花宝座上的一尊佛像 zài liánhuā bǎozuòshang de yìzūn fóxiàng（2）王位（名）wángwèi，帝位（名）dìwèi：*ascend the ～* 登基 dēngjī（即位 jíwèi）

throng I *n* 群（名、量）qún；人群 rénqún：*a ～ of shoppers* 一大群买东西的人 yídàqún mǎi dōngxi de rén / *～s of passengers at the airport* 机场里成群的旅客 jīchǎngli chéngqún de lǚkè II *v*（1）挤满 jǐmǎn；拥挤（形）yōngjǐ（2）蜂拥（动）fēngyōng，拥进 yōngjìn

throttle I *n* 节流阀（名）jiéliúfá，风门（名）fēngmén II *v*（1）掐住…的脖子 qiāzhù…de bózi，掐死 qiāsǐ；使窒息 shǐ zhìxī（2）扼杀（动）èshā；压制（动）yāzhì

through I *prep*（1）穿过（动）chuānguò，通过（动）tōngguò（2）从头到尾 cóng tóu dào wěi；直到…最后 zhídào…zuìhòu（3）经由（介）jīngyóu，通过（动）tōngguò（4）由于（介）yóuyú，因为（连）yīnwèi；出于 chūyú II *adv*（1）穿过 chuānguò，通过 tōngguò（2）从头到尾 cóng tóu dào wěi；自始至终 zìshǐzhìzhōng；整个 zhěnggè（3）透（动）tòu，完全（形）wánquán III *adj*（1）直达的 zhídá de，过境的 guòjìng de（2）接通 jiētōng // *be ～ with*（1）完成 wánchéng，做好 zuòhǎo（2）断绝往来 duànjué wǎnglái / *～ and ～*（1）完全 wánquán，彻底 chèdǐ（2）反复 fǎnfù

throughout I *prep* 整个（形）zhěnggè，遍及（动）biànjí；贯穿（动）guànchuān：～ *the day* 整天里 zhěngtiānli / ～ *the year* 一年到头 yìnián dào tóu（全年 quánnián）/ ～ *the world* 在全世界 zài quánshìjiè / ～ *one's life* 一生中 yìshēngzhōng II *adv* 到处（副）dàochù；始终（副）shǐzhōng；完全（形）wánquán，彻底地 chèdǐ de

throw I *v*（1）投（动）tóu，掷（动）zhì，抛（动）pāo，扔（动）rēng，投掷（动）tóuzhì：～ *a hand grenade* 投掷手榴弹 tóuzhì shǒuliúdàn（2）摔倒 shuāidǎo（3）射（动）shè，发射（动）fāshè；照射（动）zhàoshè，投射（动）tóushè：～ *light* 投射光线 tóushè guāngxiàn / ～ *a satellite into space* 把

卫星发射到空间 bǎ wèixīng fāshèdào kōngjiān (4) 用力推 yònglì tuī **II** *n* 投掷（动）tóuzhì；投掷的距离 tóuzhì de jùlí // ~ *about* 到处扔 dàochù rēng / ~ *away* (1) 扔掉 rēngdiào (2) 浪费 làngfèi：~ *away money* 浪费金钱 làngfèi jīnqián (3) 放过 fàngguò，失去 shīqù / ~ *back* (1) 掷还 zhìhuán，扔回去 rēnghuíqu (2) 打退 dǎtuì，击退 jītuì：~ *back the attackers* 打退进攻者 dǎtuì jìngōngzhě / ~ *down* 扔下 rēngxià；使倒下 shǐ dǎoxià / ~ *in* (1) 增添 zēngtiān；插话 chāhuà (2) 免费添加 miǎnfèi tiānjiā / ~ *off* (1) 匆匆脱掉 cōngcōng tuōdiào (2) 摆脱 bǎituō / ~ *oneself into* 投身于 tóushēnyú / ~ *out* (1) 否决 fǒujué；拒绝 jùjué (2) 随口说出 suíkǒu shuōchū (3) 撵走 niǎnzǒu；解雇 jiěgù / ~ *over* 放弃 fàngqì；抛弃 pāoqì；遗弃 yíqì / ~ *together* (1) 使相遇 shǐ xiāngyù (2) 仓促做出 cāngcù zuòchū，拼凑而成 pīncòu ér chéng / ~ *up* (1) 扬起 yángqǐ；举起 jǔqǐ (2) 呕吐 ǒutù

thrush¹   *n* 鸫（名）dōng；画眉（名）huàméi

thrush²   鹅口疮 ékǒuchuāng，霉菌性口炎 méijūnxing kǒuyán

thrust   **I** *v* (1) 插（动）chā；塞（动）sāi；戳（动）chuō，刺（动）cì：~ *a dagger into one's bosom* 把匕首刺入某人的胸膛 bǎ bǐshǒu cìrù mǒurén de xiōngtáng (2) 猛推 měngtuī；猛挤 měngjǐ (3) 伸（动）shēn，伸出 shēnchū **II** *n* 插（动）chā；刺（动）cì，戳（动）chuō：*make a ~ with a sword* 用剑猛刺 yòng jiàn měng cì / *a bayonet ~* 拼刺刀 pīncìdāo

thud   **I** *n* 砰的一声 pēng de yìshēng，重击声 zhòngjīshēng：*the constant ~ of bombs exploding in the distance* 炸弹在远处不断爆炸的隆隆声 zhàdàn zài yuǎnchù búduàn bàozhà de lónglóng shēng **II** *v* 砰地倒下 pēng de dǎoxià；发出重击声 fāchū zhòngjīshēng

thug   *n* 暴徒（名）bàotú，凶手（名）

xiōngshǒu

thumb   **I** *n* 拇指（名）mǔzhǐ，大拇指（名）dàmǔzhǐ；拇指部分 mǔzhǐ bùfen **II** *v* (1) 翻阅（动）fānyuè，查阅（动）cháyuè (2) 用拇指作手势要求（搭车）yòng mǔzhǐ zuò shǒushì yāoqiú (dā chē) // *under sb.'s* ~ 在某人的支配下 zài mǒurén de zhīpèi xià

thumb-print   *n* 拇指印 mǔzhǐ yìn

thumbs-up   *n* 翘拇指（表示祝贺或祝愿）qiào mǔzhǐ（biǎoshì zhùhè huò zhùyuàn）

thumbtack   *n* 图钉 túdīng

thump   **I** *n* 重击 zhòngjī；捶击 chuíjī；重击声 zhòngjīshēng；砰的一声 pēng de yì shēng **II** *v* 重击 zhòngjī；捶击 chuíjī；砰砰地击 pēngpēngde jī

thunder   **I** *n* (1) 雷（名）léi；雷声（名）léishēng，雷鸣（名）léimíng：*a loud crash of* ~ 一声响雷 yìshēng xiǎngléi (2) 似雷般的响声 sìléi bān de xiǎngshēng **II** *v* (1) 打雷 dǎléi (2) 发出雷鸣般的响声 fāchū léimíng bānde xiǎngshēng；发出极大的声音 fāchū jí dàde shēngyīn

thunderbolt   *n* (1) 雷电（名）léidiàn，霹雳（名）pīlì (2) 意外的事件 yìwài de shìjiàn

thunderclap   *n* 雷声（名）léishēng，霹雳（名）pīlì

thunder-shower   *n* 雷阵雨（名）léizhènyǔ

Thursday   *n* 星期四（名）xīngqīsì，礼拜四 lǐbàisì，周四 zhōusì

thus   *adv* (1) 这样（代）zhèyàng，如此（代）rúcǐ (2) 因而（连）yīn'ér，从而（连）cóng'ér，由此 yóucǐ // ~ *far* 到目前为止 dào mùqián wéizhǐ，迄今 qìjīn

thwart   *v* 阻挠（动）zǔnáo；挫败 cuòbài

tick   **I** *n* (1) 滴答声 dīdāshēng (2) 钩儿（名）gōur；记号（名）jìhao (3) 一会儿（名）yíhuìr；马上（副）mǎshàng **II** *v* (1) 滴答响 dīdā xiǎng (2) 打钩儿 dǎ gōur；做记号 zuò jìhao

ticket   *n* (1) 票（名）piào，券（名）

quàn; 车票(名) chēpiào; 入场券(名) rùchǎngquàn: *a bus* ~ 一张汽车票 yìzhāng qìchē piào / *a half-price* ~ 半票 bànpiào / *a complimentary* ~ 招待券 zhāodàiquàn (赠券 zèngquàn) / *a cinema* ~ 一张电影票 yìzhāng diànyǐngpiào / *a theatre* ~ 戏票 xìpiào / *a season* ~ 月票 yuèpiào (季票 jìpiào, 定期票 dìngqīpiào) / *a single* ~ 单程票 dānchéngpiào / *the* ~ *office* 售票处 shòupiàochù (2) 标签(名) biāoqiān: *a price* ~ 价格标签 jiàgé biāoqiān (3) 候选人名单 hòuxuǎnrén míngdān // ~ *inspector* 检票员 jiǎnpiàoyuán / *traffic* ~ 违章罚款单 wéizhāng fákuǎndān

tickle *v* (1) 发痒 fāyǎng, 刺痒(动) cìyǎng (2) 使高兴 shǐ gāoxìng; 逗引(动) dòuyǐn

tide *n* (1) 潮(名) cháo, 潮汐(名) cháoxī; 潮水(名) cháoshuǐ: *at high* ~ 涨潮的时候 zhǎngcháo de shíhou / *a* ~ *of protest* 一阵抗议的浪潮 yízhèn kàngyì de làngcháo (2) 潮流(名) cháoliú; 趋势(名) qūshì; 形势(名) xíngshì: *the* ~ *of history* 历史潮流 lìshǐ cháoliú / *go with the* ~ 随大溜 suí dàliù // ~ *over* 渡过 dùguò, 克服 kèfú: ~ *over a difficulty* 渡过难关 dùguò nánguān

tidings *n* 消息(名) xiāoxi, 信息(名) xìnxī: *glad* ~ 喜讯 xǐxùn

tidy **I** *adj* (1) 整洁(形) zhěngjié; 整齐(形) zhěngqí; 有条不紊 yǒutiáobùwěn: *a* ~ *room* 整洁的房间 zhěngjié de fángjiān / ~ *thoughts* 有条不紊的思想 yǒutiáobùwěn de sīxiǎng (2) 相当好的 xiāngdāng hǎo de; 相当多的 xiāngdāng duō de; 令人满意的 lìngrén mǎnyì de: *a* ~ *income* 相当多的收入 xiāngdāng duō de shōurù **II** *v* 整理(动) zhěnglǐ; 使整齐 shǐ zhěngqí: ~ *up a room* 整理房间 zhěnglǐ fángjiān

tie **I** *n* (1) 带子(名) dàizi: 领带(名) lǐngdài: *knot one's* ~ 打领带 dǎ

lǐngdài (2) 关系(名) guānxi: *family* ~*s* 家庭关系 jiātíng guānxi (3) 束缚(动) shùfù; 累赘(名) léizhui, 负担(名) fùdān (4) 得票相等 dé piào xiāngděng; 平局 píngjú **II** *v* (1) 系(动) jì, 拴(动) shuān; 扎(动) zā; 捆(动) kǔn (2) 打结 dǎjié: *a knot* 打一个结 dǎ yíge jié / *a scarf* 系围巾 jì wéijīn (3) 束缚(动) shùfù, 约束(动) yuēshù; 限制(动) xiànzhì (4) 得分相等 défēn xiāngděng, 打成平局 dǎchéng píngjú, 不分胜负 bù fēn shèngfù// ~ *down* 束缚 shùfù, 约束 yuēshù: ~ *sb*. *down to a contract* 使某人受合同的约束 shǐ mǒurén shòu hétong de yuēshù / ~ *up* (1) 与…有关 yǔ…yǒuguān, 和…联系起来 hé…liánxìqǐlai (2) 忙 máng

tiepin *n* 领带别针 lǐngdài biézhēn

tiff *n* 口角(名) kǒujiǎo, 争执(动,名) zhēnzhí; 生气 shēngqì

tiger *n* 老虎(名) lǎohǔ, 虎(名) hǔ: *a* ~*'s den* 虎穴 hǔxué / *a* ~ *cub* 一只小老虎 yìzhī xiǎo lǎohǔ // *a paper* ~ 纸老虎 zhǐlǎohǔ, 外强中干的人(或国家) wàiqiángzhōnggān de rén (huò guójiā)

tight **I** *adj* (1) 紧(形) jǐn, 不松动的 bù sōngdòng de; 牢固(形) láogù (2) 拉紧 lājǐn, 绷紧 bēngjǐn (3) 紧身的 jǐnshēn de, 紧贴的 jǐntiē de (4) 密封的 mìfēng de; 不漏的 bú lòu de, 严(形) yán (5) 装紧的 zhuāngjǐn de; 挤满的 jǐmǎn de; 密集的 mìjí de (6) 憋气 biēqì: *a* ~ *feeling on the chest* 胸部感到憋气 xiōngbù gǎndào biēqì (7) 势均力敌的 shìjūnlìdí de, 不相上下的 bùxiāngshàngxià de: *a* ~ *game* 一场势力相当的比赛 yìchǎng shìlìxiāngdāng de bǐsài (8) 醉醺醺(形) zuìxūnxūn, 有些醉意 yǒuxiē zuìyì **II** *adv* 紧紧地 jǐnjǐn de, 紧(形) jǐn, 牢牢地 láoláo de

tighten *v* 变紧 biàn jǐn; 绷紧 bēngjǐn: ~ *one's belt* 勒紧腰带 lēijǐn yāodài

tight-fisted *adj* 小气(名) xiǎoqì, 吝啬

（形）lìnsè：~ *with money* 小气 xiǎoqì

tight-lipped *adj* 嘴紧 zuǐ jǐn，不肯讲话 bùkěn jiǎnghuà；紧闭着嘴唇 jǐnbìzhe zuǐchún

tights *n* 紧身裤 jǐnshēnkù：3 *pairs of* ~ 三条紧身裤 sāntiáo jǐnshēnkù

tigress *n* 母老虎 mǔlǎohǔ，雌虎 cíhǔ

tilde *n* 代字号（名）dàizìhào

tile *n*（1）瓦（名）wǎ：~ *roofing* 瓦屋顶 wǎ wūdǐng / ~ *tea* 茶砖 cházhuān（2）花砖（名）huāzhuān：~ *floor* 花砖地面 huāzhuān dìmiàn

till **I** *prep*（1）到（动）dào，直到 zhídào（2）直到…才 zhídào...cái **II** *conj*（1）直到…为止 zhídào...wéizhǐ（2）直到…才 zhídào...cái

tilt **I** *v* 使倾斜 shǐ qīngxié；使翘起 shǐ qiàoqǐ：~ *one's head to one side* 向一边歪头 xiàng yìbiān wāi tóu **II** *n* 倾斜（形）qīngxié，歪斜（形）wāixié；翘起 qiàoqǐ；斜坡（名）xiépō

timber *n* 木材（名）mùcái，木料（名）mùliào：*a dealer in* ~ 木材商 mùcái shāng

time **I** *n*（1）时间（名）shíjiān；工夫（名）gōngfu：*standard* ~ 标准时间 biāozhǔn shíjiān / *daylight saving* ~ 夏令时间 xiàlìng shíjiān / *a long* ~ 很长时间 hěn cháng shíjiān（2）时候（名）shíhou，时刻（名）shíkè：*at the appointed* ~ 在约定的时间 zài yuēdìng de shíjiān（3）时机（名）shíjī，机会（名）jīhuì（4）时代（名）shídài；时期（名）shíqī：*in Queen Victoria's* ~ 在维多利亚女王时代 zài Wéiduōlìyà nǚwáng shídài / *in prehistoric* ~s 在史前时期 zài shǐqián shíqī（5）生活期 shēnghuóqī；死期 sǐqī；学徒期 xuétúqī；服役期 fúyìqī；刑期 xíngqī；产期 chǎnqī：*serve* ~ *for a crime* 服刑 fúxíng（6）次（量）cì，回（量）huí：*this* ~ 这次 zhècì（这回 zhèhuí）/ *next* ~ 下次 xiàcì（下回 xiàhuí）/ *last* ~ 上次 shàngcì（上回 shànghuí）（7）倍（量）bèi **II** *v*（1）安排…的时间 ānpái...de shíjiān；为…

选择时机 wèi ... xuǎnzé shíjī（2）测时间 cè shíjiān // *against* ~ 争分夺秒地 zhēngfēnduómiǎo de，力争按时完成 lìzhēng ànshí wánchéng / *ahead of* ~ 在原定时间以前 zài yuándìng shíjiān yǐqián；提前 tíqián / *all the* ~ 一直 yìzhí；始终 shǐzhōng / *as* ~ *goes on* 随着时间的推移 suízhe shíjiān de tuīyí / *at a* ~ 每次 měicì；一次 yícì / *at all* ~s 时时刻刻 shíshíkèkè；一直 yìzhí / *at no* ~ 在任何时候都不 zài rènhé shíhou dōu bù，决不 juébù / *at one* ~ 从前有个时期 cóngqián yǒu ge shíqī，曾经 céngjīng / *at the best of* ~s 在情况最好的时候 zài qíngkuàng zuì hǎo de shíhou / *at the same* ~（1）同时 tóngshí，一齐 yìqí（2）但 dàn，然而 rán'ér / *at the* ~ *of* 在…的时候 zài ... de shíhou：*at the* ~ *of our arrival* 在我们到达的时候 zài wǒmen dàodá de shíhou / *at* ~s 有时 yǒushí；不时 bùshí / *behind the* ~s 过时 guòshí / *behind* ~ 迟 chí，晚 wǎn / *gain* ~（1）走得快 zǒu de kuài（2）赢得时间 yíngdé shíjiān / *have a (bad) good* ~ 过得（不）愉快 guò de (bù) yúkuài / *in good* ~ 在适宜的时刻 zài shìyí de shíkè；及时地 jíshí de；迅速地 xùnsù de / *in* ~（1）及时 jíshí（2）总有一天 zǒng yǒu yìtiān；最后 zuìhòu，终于 zhōngyú / *in no* ~ 立刻 lìkè，马上 mǎshàng；不久 bùjiǔ / *keep good* ~ 走得准 zǒu de zhǔn / *lose* ~（1）走得慢 zǒu de màn（2）耽误时间 dānwù shíjiān / *on* ~ 按时 ànshí，准时 zhǔnshí / ~ *and again* 多次 duōcì；反复地 fǎnfù de；不断地 búduàn de / ~ *bomb* 定时炸弹 dìngshí zhàdàn / ~ *difference* 时差 shíchā / ~ *deposit* 定期存款 dìngqī cúnkuǎn / ~ *limit* 期限 qīxiàn；时限 shíxiàn / ~ *killer* 消磨时间的人 xiāomó shíjiān de rén；消遣物（名）xiāoqiǎnwù

timekeeper *n* 计时器（名）jìshíqì；计时员（名）jìshíyuán：*a factory* ~ 工厂计时员 gōngchǎng jìshíyuán

timeless *adj* 无时间限制的 wú shíjiān xiànzhì de; 无日期的 wú rìqī de; 永恒（形）yǒnghéng

timely *adj* 及时（形）jíshí; 适时（形）shìshí: *a ~ snow* 一场及时雪 yìcháng jíshíxuě / *a ~ warning* 及时的警告 jíshí de jǐnggào

time-out *n* 暂停（动）zàntíng

timepiece *n* 计时器（名）jìshíqì

timer *n* (1) 计时员（名）jìshíyuán; 计时器（名）jìshíqì (2) 定时器（名）dìngshíqì

time-saving *adj* 节约时间的 jiéyuē shíjiān de

timetable *n* 时间表（名）shíjiānbiǎo, 时刻表（名）shíkèbiǎo: *a railway ~* 火车时刻表 huǒchē shíkèbiǎo

timework *n* 计时工作 jìshí gōngzuò

timid *adj* 胆怯（形）dǎnqiè, 羞怯（形）xiūqiè, 胆小 dǎnxiǎo, 害怕 hàipà

timing *n* (1) 时间的选择 shíjiān de xuǎnzé (2) 计时 jìshí; 定时 dìngshí

tin I *n* (1) 锡（名）xī (2) 马口铁（名）mǎkǒutiě, 白铁（名）báitiě (3) 罐头（名）guàntou; 听（量）tīng; 筒（名）tǒng, 罐儿（名）guànr: *a ~ of tomato sauce* 一筒西红柿酱 yìtǒng xīhóngshì jiàng II *v* 把（食品等）装罐 bǎ (shípǐn děng) zhuāngguàn

tinfoil *n* 锡纸（名）xīzhǐ

tinge I *n* 色彩（名）sècǎi, 色调（名）sèdiào; 气息（名）qìxī, 气味（名）qìwèi, 味道（名）wèidào: *a certain ~ of pessimism* 几分悲观 jǐfēn bēiguān / *a word of literary ~* 一个带有文学色彩的字眼儿 yíge dàiyǒu wénxué sècǎi de zìyǎnr / *a ~ of pedantry* 几分学究气 jǐfēn xuéjiūqì / *with a ~ of irony* 有讽刺意味 yǒu fěngcì yìwèi II *v* (1) 染（动）rǎn; 着色 zhuósè (2) 带…气息 dài... qìxī; 有…味道 yǒu... wèidào

tinker I *n* 补锅匠（名）bǔguōjiàng; 小工匠 xiǎogōngjiàng II *v* 补锅 bǔguō; 修补（动）xiūbǔ; 粗修 cūxiū: *~ up a clock* 把钟表大致修一下 bǎ zhōngbiǎo

dàzhì xiūyíxia // *~ with* 摆弄 bǎinòng; 胡弄 húnòng

tinkle I *v* 丁当响 dīngdāng xiǎng II *n* 丁当的响声 dīngdāng de xiǎngshēng

tinned *adj* 罐装的 guànzhuāng de: *~ food* 罐头食品 guàntou shípǐn / *~ fruit* 水果罐头 shuǐguǒ guàntou

tin-opener *n* 罐头起子 guàntou qǐzi

tinwork *n* 锡工（名）xīgōng; 锡制品（名）xīzhìpǐn

tiny *adj* 极小的 jí xiǎo de, 微小（形）wēixiǎo: *a ~ minority* 极少数 jíshǎoshù / *~ islands* 小岛 xiǎo dǎo / *~ pieces* 小块 xiǎo kuài

tip[1] I *n* (1) 梢（名）shāo, 末端（名）mòduān; 尖（名）jiān, 尖端（名）jiānduān: *the ~ of one's finger (nose, tongue)* 指（鼻、舌）尖 zhǐ (bí, shé) jiān (2) 顶端的附加物 dǐngduān de fùjiāwù II *v* 在…顶端装附加物 zài ... dǐngduān zhuāng fùjiāwù: *~ped cigarettes* 带过滤嘴的香烟 dài guòlǜzuǐ de xiāngyān

tip[2] I *v* (1) 使倾斜 shǐ qīngxié; 使跷起 shǐ qiàoqǐ (2) 倒（动）dào; 倾泻（动）qīngxiè II *n* 垃圾场（名）lājīchǎng: *a rubbish ~* 垃圾场 lājīchǎng // *~ truck* 翻斗卡车 fāndǒu kǎchē

tip[3] I *v* 轻击 qīng jī; 轻触 qīng chù: *~ a ball* 轻轻击球 qīngqīng jī qiú II *n* 指点（动）zhǐdiǎn, 提示（动）tíshì // *~ off* 向…泄露消息 xiàng... xièlòu xiāoxi; 告诫 gàojiè

tip[4] I *v* 给小费 gěi xiǎofèi II *n* 小费（名）xiǎofèi

tip-cart *n* 翻斗车（名）fāndǒuchē

tiptoe I *n* 脚趾尖 jiǎozhǐjiān, 脚尖 jiǎojiān II *v* 踮着脚走路 diǎnzhe jiǎo zǒulù, 用脚尖走路 yòng jiǎojiān zǒulù

tire *v* 累（动）lèi, 疲劳（形）píláo, 疲倦（形）píjuàn // *~ of* 厌倦 yànjuàn, 厌烦 yànfán / *~ out* 使十分疲劳 shǐ shífēn píláo

tired *adj* 累（动）lèi, 疲劳（形）píláo, 疲乏（形）pífá // *~ of* 厌倦 yànjuàn,

厌烦 yànfán, 厌恶 yànwù

tiredness　*n* 疲劳 píláo

tiring　*adj* 累人的 lèi rén de, 使人疲劳的 shǐ rén píláo de: *a ~ job* 一件累人的活儿 yíjiàn lèi rén de huór

tissue　*n* (1) 组织(名) zǔzhī: *nervous ~* 神经组织 shénjīng zǔzhī (2) 薄纸 báozhǐ, 棉纸 miánzhǐ: *paper ~* 棉纸 miánzhǐ / *a roll of soft toilet ~* 一卷软卫生纸 yìjuǎn ruǎn wèishēngzhǐ (3) 一套 yítào; 一连串 yìliánchuàn

title　*n* (1) 标题(名) biāotí, 题目(名) tímù; 书名 shūmíng; 篇名 piānmíng: *the ~ of a book* 书名 shūmíng / *the ~ of a play* 剧名 jùmíng / *the ~ of an article* 文章的标题 wénzhāng de biāotí / *a ~ role* 剧名角色 jùmíng juésè / *the ~ of a novel* 小说的名字 xiǎoshuō de míngzi / *~ page* 书名页 shūmíng yè (扉页 fēiyè) (2) 标号(名) biāohào; 头衔(名) tóuxián; 称呼(名) chēnghu: *an academic ~* 学位 xuéwèi (学衔 xuéxián) / *the ~ of colonel* 上校军衔 shàngxiào jūnxián (3) 权利(名) quánlì, 资格(名) zīgé; 所有权(名) suǒyǒuquán (4) 冠军(名) guànjūn: *a ~ match* 锦标赛 jǐnbiāosài

titled　*adj* 有爵位的 yǒu juéwèi de, 有贵族头衔的 yǒu guìzú tóuxián de: *~ ladies* 有贵族头衔的妇女 yǒu guìzú tóuxián de fùnǚ

to　*prep* (1) 朝(动、介) cháo, 向(动、介) xiàng; 往(动、介) wǎng; 到(动) dào: *turn ~ the left* 向左转 xiàng zuǒ zhuǎn (2) 到(动) dào, 至(动) zhì; 迄(动) qì, 直到 zhídào: *from morning ~ night* 从早到晚 cóng zǎo dào wǎn (3) 达到(动) dádào: *~ the best of one's ability* 竭尽全力 jiéjìn quánlì / *~ a certain degree* 达到某种程度 dádào mǒuzhǒng chéngdù / *wet ~ the skin* 湿透了 shītòule (4) 对(介) duì, 对于(介) duìyú; 关于(介) guānyú: *the right answer ~ the question* 对于那个问题的正确答案 duìyú

nàge wèntí de zhèngquè dá'àn (5) 比(动、介) bǐ (6) 为了(介) wèile // *come ~* 苏醒 sūxǐng / *~ and fro* 来回地 láihuí de

toad　*n* 蟾蜍(名) chánchú, 癞蛤蟆(名) làihámá

toast[1]　**I** *n* 烤面包 kǎo miànbāo **II** *v* (1) 烤(动) kǎo; 烘(动) hōng (2) 烤火 kǎohuǒ

toast[2]　**I** *n* 祝酒 zhùjiǔ; 干杯 gānbēi; 祝酒词 zhùjiǔcí **II** *v* 祝酒 zhùjiǔ, 为…干杯 wèi…gānbēi

toaster　*n* 烤面包器 kǎomiànbāoqì; 烤面包电炉 kǎomiànbāo diànlú

tobacco　*n* 烟草(名) yāncǎo, 烟叶(名) yānyè: *cultivate ~* 种植烟草 zhòngzhí yāncǎo / *smoke ~ in a pipe* 用烟斗抽烟 yòng yāndǒu chōu yān / *pouch of ~* 一袋烟 yídài yān / *pipe ~* 烟丝 yānsī // *a ~ pipe* 一个烟斗 yíge yāndǒu / *a ~ pouch* 烟袋 yāndài

tobacconist　*n* 烟草商(名) yāncǎoshāng; 烟草商店 yāncǎo shāngdiàn

today　**I** *adv* (1) 今天(名) jīntiān, 今日(名) jīnrì: *a week ~* 下星期的今天 xià xīngqī de jīntiān (2) 现在(名) xiànzài, 目前(名) mùqián, 当前(名) dāngqián **II** *n* (1) 今天(名) jīntiān, 今日(名) jīnrì (2) 当代(名) dāngdài; 现在(名) xiànzài: *science of ~* 今日科学 jīnrì kēxué / *the writers of ~* 当代的作家们 dāngdài de zuòjiāmen

toddle　*v* 蹒跚行走 pánshān xíngzǒu; 溜达(动) liūda

toddler　*n* 刚刚学着走路的小孩儿 gānggāng xuézhe zǒulù de xiǎoháir

toe　**I** *n* (1) 脚趾(名) jiǎozhǐ; 脚尖(名) jiǎojiān (2) 鞋、袜的尖头部分 xié,wà de jiāntóu bùfen **II** *v* 用脚尖踢(或踩) yòng jiǎojiān tī (huò cǎi) // *on one's ~s* 警觉的 jǐngjué de; 准备行动的 zhǔnbèi xíngdòng de / *~ dance* 脚尖舞 jiǎojiānwǔ / *~ shoes* 芭蕾舞鞋 bālěiwǔ xié / *~ the line* (1) 准备起跑 zhǔnbèi qǐpǎo (2) 服从规则 fúcóng guīzé, 遵循常规 zūnxún chánggguī

toenail *n* 脚趾甲 jiǎozhījiǎ

toffee *n* 奶糖（名）nǎitáng, 太妃糖（名）tàifēitáng

together *adj* (1) 共同（形）gòngtóng, 一起（名、副）yìqǐ, 一块儿（名、副）yíkuàir (2) 一起 yìqǐ, 同时（名）tóngshí; 连续（动）liánxù; 一边（副）yìbiān: *events that happened* ~ 同时发生的事 tóngshí fāshēng de shì // ~ *with* 和 hé, 连同 liántóng

toil **I** *n* 辛苦（形）xīnkǔ, 劳累（形）láolèi; 苦工 kǔgōng **II** *v* (1) 辛苦地工作 xīnkǔ de gōngzuò, 劳作（动）láozuò (2) 艰苦地行动 jiānkǔ de xíngdòng; 跋涉（动）báshè // *sweet* ~ 喜欢干的苦差事 xǐhuan gàn de kǔchāishi

toilet *n* (1) 便池（名）biànchí; 抽水马桶 chōushuǐ mǎtǒng: *a flush* ~ 抽水马桶 chōushuǐ mǎtǒng (2) 盥洗室（名）guànxǐshì, 浴室（名）yùshì; 厕所（名）cèsuǒ: ~ *paper* 手纸 shǒuzhǐ（卫生纸 wèishēngzhǐ）/ *go to the* ~ 上厕所 shàng cèsuǒ (3) 梳妆（动）shūzhuāng, 梳洗打扮 shūxǐ dǎban: *a* ~ *table* 梳妆台 shūzhuāngtái / *a* ~ *glass* 梳妆镜 shūzhuāngjìng / ~ *soap* 香皂 xiāngzào / ~ *powder* 扑粉 pūfěn（爽身粉 shuǎngshēnfěn）/ *make one's* ~ 梳妆打扮 shūzhuāng dǎban

token **I** *n* (1) 标志（名）biāozhì, 象征（名）xiàngzhēng, 表示（名、动）biǎoshì (2) 纪念品（名）jìniànpǐn; 信物（名）xìnwù: *a love* ~ 爱情的信物 àiqíng de xìnwù / *birthday* ~*s* 生日纪念品 shēngri jìniànpǐn (3) 辅币（名）fǔbì, 代价券（名）dàijiàquàn: *a $ 10 book* ~ 价值十美元的购书券 jiàzhí shíměiyuán de gòushūquàn / *a gift* ~ 礼券 lǐquàn **II** *adj* 象征性的 xiàngzhēngxìng de, 表面上的 biǎomiànshang de: *a 2-hour* ~ *strike* 两小时的象征性罢工 liǎngxiǎoshí de xiàngzhēngxìng bàgōng / *offer a* ~ *resistance* 做出象征性的抵抗 zuòchū xiàngzhēngxìng de dǐkàng // *in* ~ *of*

以表示 yǐ biǎoshì: *in* ~ *of love* 爱情的表示 àiqíng de biǎoshì

tolerable *adj* (1) 可忍受的 kě rěnshòu de; 可容忍的 kě róngrěn de, 可宽恕的 kě kuānshù de: *scarcely* ~ *living conditions* 几乎难以忍受的生活条件 jīhū nányǐ rěnshòu de shēnghuó tiáojiàn (2) 还可以的 hái kěyǐ de, 还不错的 hái búcuò de: *in* ~ *health* 身体还可以 shēntǐ hái kěyǐ

tolerance *n* (1) 忍受（动）rěnshòu; 容忍（动）róngrěn; 宽恕（动）kuānshù (2) 耐力（名）nàilì; 抗药力（名）kàngyàolì

tolerant *adj* 忍受的 rěnshòu de; 宽容的 kuānróng de, 容忍的 róngrěn de

tolerate *v* 忍受（动）rěnshòu; 宽容（动）kuānróng, 容忍（动）róngrěn

toll[1] *n* (1) 过路费（名）guòlùfèi; 通行税（名）tōngxíngshuì (2) 重大的代价 zhòngdà de dàijià; 损失（名）sūnshī; 伤亡人数 shāngwáng rénshù

toll[2] *v* 敲钟 qiāo zhōng; 鸣钟报告 míng zhōng bàogào

tom *n* 雄的动物 xióngde dòngwù, 公的动物 gōngde dòngwù; 雄猫 xióngmāo

tomato *n* 西红柿（名）xīhóngshì, 番茄（名）fānqié: ~ *paste* 西红柿酱 xīhóngshìjiàng（番茄酱 fānqiéjiàng）/ ~ *juice* 西红柿汁 xīhóngshìzhī

tomb *n* 坟墓（名）fénmù, 坟（名）fén, 冢（名）zhǒng: *the Ming T*~*s in Beijing* 北京的十三陵 Běijīng de Shísānlíng

tomboy *n* 顽皮姑娘 wánpí gūniang

tombstone *n* 墓碑（名）mùbēi, 墓石（名）mùshí

tomfool *n* 傻瓜（名）shǎguā, 大笨蛋 dàbèndàn

tommy *n* 抵工资的实物 dǐ gōngzī de shíwù; 实物工资制 shíwù gōngzīzhì

tommy-gun *n* 冲锋枪（名）chōngfēngqiāng

tomorrow **I** *adv* 明天（名）míngtiān, 明日（名）míngrì **II** *n* (1) 明天（名）

míngtiān, 明日（名）míngrì: *day after ~* 后天 hòutiān / *~ night* 明天晚上 míngtiān wǎnshang （2）未来（名）wèilái, 将来（名）jiānglái; 前途（名）qiántú: *~'s world* 未来的世界 wèilái de shìjiè / *a brighter ~* 更美好的未来 gèng měihǎo de wèilái / *China's ~* 中国的未来 Zhōngguó de wèilái

tone **I** *n* （1）音（名）yīn, 音调（名）yīndiào; 调子（名）diàozi: *set the ~* 定调 dìng diào （2）腔调（名）qiāngdiào, 口气（名）kǒuqì; 语气（名）yǔqì: *in a pleading ~* 以恳求的口气 yǐ kěnqiú de kǒuqì （3）声调（名）shēngdiào; 语调（名）yǔdiào: *a rising ~* 升调 shēngdiào / *a falling ~* 降调 jiàngdiào / *the 4 ~s of modern Chinese* 现代汉语的四声 xiàndài Hànyǔ de sìshēng / *first ~, second ~, third ~, fourth ~* 阴平、阳平、上声、去声 yīnpíng、yángpíng、shǎngshēng、qùshēng （4）色调（名）sèdiào, 光度（名）guāngdù: *colour ~* 色调 sèdiào / *various ~s of green* 各种深浅的绿色 gèzhǒng shēnqiǎn de lǜsè / *a carpet in ~ of brown* 一块基调为褐色的地毯 yíkuài jīdiào wéi hèsè de dìtǎn / *a photograph in warm ~s* 暖色的照片 nuǎnsè de zhàopiàn （5）风气（名）fēngqì; 气氛（名）qìfēn: *the ~ of morality* 道德风尚 dàodé fēngshàng **II** *v* （1）给…定调子 gěi...dìng diàozi; 变调子 biàn diàozi （2）颜色协调 yánsè xiétiáo // *~ down* 使柔和 shǐ róuhé, 使缓和 shǐ huǎnhé, 使降低 shǐ jiàngdī / *~ in* 和谐 héxié, 调和 tiáohé / *~ up* 给…更高的调子 gěi... gèng gāo de diàozi, 增强 zēngqiáng, 加强 jiāqiáng

tongs *n* 夹子（名）jiāzi, 镊子（名）nièzi: *a pair of ~* 一把夹子 yìbǎ jiāzi / *sugar ~* 糖夹子 táng jiāzi / *ice ~* 冰夹子 bīng jiāzi

tongue *n* （1）舌头（名）shétou, 舌（名）shé: *the tip of the ~* 舌尖 shéjiān / *a slice of pig ~* 一块口条

yíkuài kǒutiáo（一块猪舌头 yíkuài zhū shétou）（2）说话能力 shuōhuà nénglì, 口才（名）kǒucái: *have a ready ~* 有敏捷的口才 yǒu mǐnjié de kǒucái （3）语言（名）yǔyán; 口语（名）kǒuyǔ: *a native ~* 一种地方语言 yìzhǒng dìfāng yǔyán / *a foreign ~* 外国话 wàiguóhuà // *a slip of the ~* 失言 shīyán, 口误 kǒuwù / *have a loose ~* 嘴不严 zuǐ bù yán / *hold one's ~* 闭上嘴 bìshang zuǐ, 不说话 bù shuōhuà, 缄默 jiānmò

tongue-tied *adj* 张口结舌 zhāngkǒujiéshé, 难以开口 nán yǐ kāikǒu

tongue-twister *n* 绕口令（名）ràokǒulìng

tonic **I** *n* （1）补药（名）bǔyào, 补剂（名）bǔjì, 强身剂（名）qiángshēn jì: *a bottle of ~* 一瓶补药 yìpíng bǔyào / *stomachic ~* 健胃药 jiànwèiyào （2）主音（名）zhǔyīn **II** *adj* （1）健身的 jiàn shēn de: *the ~ quality of country air* 乡村空气的健身作用 xiāngcūn kōngqì de jiàn shēn zuòyòng （2）声调 shēngdiào; 声调语 shēngdiàoyǔ; 有主重音的 yǒu zhǔzhòngyīn de

tonight **I** *adv* 今天晚上 jīntiān wǎnshang, 今晚 jīnwǎn, 今夜 jīnyè: *the guests ~* 今天晚上的客人 jīntiān wǎnshang de kèrén **II** *n* 今夜 jīnyè, 今晚 jīnwǎn: *~'s radio news* 今晚的新闻广播 jīnwǎn de xīnwén guǎngbō

tonsil *n* 扁桃体（名）biǎntáotǐ, 扁桃腺（名）biǎntáoxiàn

tonsillitis *n* 扁桃腺炎 biǎntáoxiànyán

too *adv* （1）也（副）yě; 还（副）hái （2）而且（连）érqiě （3）太（副）tài, 过分（形）guòfèn （4）非常（副）fēicháng; 很（副）hěn // *~ ... to...* 太…以致不能 tài...yǐzhì bùnéng / *only ~* 非常 fēicháng

tool *n* 工具（名）gōngjù; 用具（名）yòngjù: *a farm ~* 一件农具 yíjiàn nóngjù / *carpenter's ~s* 木工用具 mùgōng yòngjù / *a machine ~* 一台机床 yìtái jīchuáng / *PC ~s* 电脑工具

软件 diànnǎo gōngjùruǎnjiàn

tool-box *n* 工具箱(名) gōngjùxiāng

toot **I** *n* 嘟嘟声 dūdūshēng **II** *v* 发出嘟嘟声 fāchū dūdūshēng; 吹奏出 chuīzòuchū

tooth *n* (1) 牙齿(名) yáchǐ, 牙(名) yá, 齿(名) chǐ: *clean one's teeth* 刷牙 shuā yá / *decayed teeth* 蛀牙 zhùyá / *the upper (lower) teeth* 上(下)齿 shàng(xià) chǐ (2) 齿状物(名) chǐzhuàngwù: *a saw ~* 锯齿 jùchǐ / *the teeth of a rake* 耙齿 páchǐ / *the teeth of a comb* 梳齿 shūchǐ // *cut a ~* 长牙 zhǎngyá / *have a sweet ~* 爱吃甜食 ài chī tiánshí / *in the teeth of* 对抗 duìkàng; 面对 miànduì / *show one's teeth* 发怒 fānù; 采取果断行动 cǎiqǔ guǒduàn xíngdòng

toothache *n* 牙痛 yátòng

toothbrush *n* 牙刷(名) yáshuā

toothed *adj* 有齿的 yǒu chǐ de: *a ~ wheel* 有齿车轮 yǒu chǐ chēlún

toothless *adj* 没牙的 méi yá de: *a ~ old man* 没牙的老头儿 méi yá de lǎotóur

toothpaste *n* 牙膏(名) yágāo

toothpick *n* 牙签儿(名) yáqiānr

top **I** *n* (1) 顶(名) dǐng, 顶部(名) dǐngbù, 顶端(名) dǐngduān: *at the ~ of the page* 在这一页的顶上 zài zhè yí yè de dǐngshang / *tree ~s* 树顶 shùdǐng / *a roof ~* 屋顶 wūdǐng / *line 3 from the ~* 从上面数第三行 cóng shàngmian shǔ dìsānháng / *polish the ~ of a table* 擦亮桌面 cāliàng zhuōmiàn (2) 盖子(名) gàizi, 盖儿(名) gàir; 顶儿(名) dǐngr; 篷(名) péng: *a bottle ~* 瓶盖 pínggàir (3) 首位(名) shǒuwèi; 最高职位 zuì gāo zhíwèi; 最大成就 zuìdà chéngjiù; 最前列 zuì qiánliè: *shout at the ~ of one's voice* 高声叫喊 gāoshēng jiàohǎn **II** *v* (1) 盖(动) gài; 给...加盖儿 gěi...jiā gàir (2) 到达...的顶端 dàodá... de dǐngduān; 高达 gāodá (3) 高于 gāoyú, 超过 chāoguò, 胜过(动)

shèngguò **III** *adj* 顶上的 dǐngshang de; 最高的 zuì gāo de; 头等(形) tóuděng: *the ~ floor* 顶层 dǐngcéng / *~ officials* 最高级官员 zuìgāojí guānyuán / *~ talks* 最高级会谈 zuìgāojí huìtán / *the ~ news* 头条新闻 tóutiáo xīnwén / *at ~ speed* 以飞快的速度 yǐ fēikuài de sùdù (全速 quánsù) // *from ~ to toe* 从头到脚 cóng tóu dào jiǎo; 完完全全 wánwánquánquán: *survey sb. from ~ to toe* 从头到脚打量某人 cóng tóu dào jiǎo dǎliang mǒurén / *on ~* 领先 lǐngxiān; 上面 shàngmian / *on ~ of* 除...以外 chú...yǐwài, 此外 cǐwài / *~ off* 圆满结束 yuánmǎn jiéshù, 胜利完成 shènglì wánchéng / *~ up* 装满 zhuāngmǎn, 加满 jiāmǎn

topic *n* 题目(名) tímù, 话题(名) huàtí; 主题(名) zhǔtí; 中心(名) zhōngxīn: *a ~ for discussion* 一个讨论题 yíge tǎolùntí / *a ~ sentence* 主题句 zhǔtíjù

topical *adj* 同现实相关的 tóng xiànshí xiāngguān de; 有现实意义的 yǒu xiànshí yìyì de

top-level *adj* 最高级的 zuì gāojí de: *a ~ conference* 最高级会议 zuì gāojí huìyì

topography *n* 地形(名) dìxíng; 地形学(名) dìxíngxué; 地形测量学 dìxíng cèliángxué

topple *v* 倒塌(动) dǎotā, 倒下 dǎoxià; 推翻(动) tuīfān

top-secret *adj* 绝密(形) juémì: *~ papers* 绝密文件 juémì wénjiàn

topsoil *n* 表土层(名) biǎotǔcéng, 表土(名) biǎotǔ

torch *n* (1) 火炬(名) huǒjù, 火把(名) huǒbǎ: *the ~ of civilization* 文明的火炬 wénmíng de huǒjù / *carry a ~* 举着火把 jǔzhe huǒbǎ / *light a ~* 点燃火把 diǎnrán huǒbǎ (2) 手电筒(名) shǒudiàntǒng, 手电(名) shǒudiàn: *an electric ~* 一只手电 yìzhī shǒudiàn

torchlight *n* 火炬的光 huǒjù de guāng; 手电筒的光 shǒudiàntǒng de guāng: *a ~ procession* 火炬游行 huǒjù yóuxíng

toreador *n* 斗牛士(名) dòuniúshì

torment I *n* (1)痛苦(形) tòngkǔ; 折磨(动) zhémó; 磨难(名) mónàn: *the ~ of death* 死的痛苦 sǐ de tòngkǔ / *the ~s of jealousy* 嫉妒心的折磨 jídùxīn de zhémó (2)折磨人的事(或人) zhémó rén de shì(huò rén) II *v* 折磨(动) zhémó; 使痛苦 shǐ tòngkǔ; 苦恼(形) kǔnǎo

tornado *n* 旋风(名) xuànfēng; 龙卷风(名) lóngjuǎnfēng

torpedo *n* 鱼雷(名) yúléi; 水雷(名) shuǐléi: *a ~ boat* 一艘鱼雷艇 yìsōu yúléitǐng

torrent *n* (1) 奔流(名) bēnliú, 急流(名) jíliú, 激流(名) jīliú; 洪流(名) hóngliú: *a mountain ~* 山洪 shānhóng (2)一连串 yìliánchuàn; 一阵 yízhèn: *a ~ of tears* 泪珠滚滚 lèizhū gǔngǔn / *a ~ of eloquence* 一阵夸夸其谈 yízhèn kuākuāqítán

torso *n* 躯干(名) qūgàn; 躯体 qūtǐ

tortoise *n* 龟 guī, 乌龟(名) wūguī, 王八(名) wángba

tortoiseshell *n* 龟甲(名) guījiǎ, 乌龟壳 wūguīké; 玳瑁壳 dàimàoké

tortuous *adj* (1) 曲折(形) qūzhé; 弯曲(形) wānqū: *~ paths* 曲折的小路 qūzhé de xiǎolù (2) 拐弯抹角 guǎiwānmòjiǎo; 欺骗的 qīpiàn de: *~ methods* 欺骗的方法 qīpiàn de fāngfǎ

torture I *n* (1)拷打(动) kǎodǎ; 严刑(名) yánxíng: *instruments of ~* 刑具 xíngjù (2) 痛苦(形) tòngkǔ, 折磨(动) zhémó: *mental ~* 精神折磨 jīngshén zhémó / *suffer ~ from a toothache* 受牙疼的折磨 shòu yáténg de zhémó II *v* (1)拷打(动) kǎodǎ; 虐待(动) nüèdài: *~ a man to make him confess about sth.* 拷打某人使他招供 kǎodǎ mǒurén shǐ tā zhāogòng (2)折磨(动) zhémó; 使受苦 shǐ shòu kǔ, 受罪 shòu zuì

Tory I *n* 英国保守党党员 Yīngguó bǎoshǒudǎng dǎngyuán II *adj* 英国保守党的 Yīngguó bǎoshǒudǎng de; 保守主义的 bǎoshǒuzhǔyì de: *a ~ government* 保守党政府 bǎoshǒudǎng zhèngfǔ

toss *v* (1) 扔(动) rēng, 抛(动) pāo, 掷(动) zhì, 丢(动) diū, 甩(动) shuǎi (2) 猛抬 měng tái, 猛转 měng zhuǎn (3) 使摇摆 shǐ yáobǎi; 颠簸(动) diānbǒ // *~ for* 掷硬币来决定 zhì yìngbì lái juédìng / *~ from side to side* 左右摆动 zuǒyòu bǎidòng / *~ off* 一饮而尽 yìyǐn'érjìn

tot[1] *n* (1)小孩儿(名) xiǎoháir: *a tiny ~* 小娃娃 xiǎowáwa (2) 少量酒 shǎoliàng jiǔ; 一小杯 yìxiǎobēi; 少量 shǎoliàng: *a ~ of whisky* 一小杯威士忌 yìxiǎobēi wēishìjì

tot[2] *v* 加(动) jiā, 合计(动) héjì

total I *adj* (1)总(形) zǒng, 全部的 quánbù de, 全体的 quántǐ de: *the ~ income of a year* 一年的总收入 yìnián de zǒngshōurù / *the ~ population of India* 印度的总人口 Yìndù de zǒng rénkǒu (2) 完全(形) wánquán; 绝对(形) juéduì: *~ silence* 一片寂静 yípiàn jìjìng II *n* 总数(名) zǒngshù, 总额(名) zǒng'é; 合计(动) héjì III *v* 加在一起 jiāzài yìqǐ, 合计(动) héjì; 总共(副) zǒnggòng // *in ~* 总计 zǒngjì; 总数 zǒngshù

totalitarian *adj* 一党专制的 yì dǎng zhuānzhì de; 极权主义的 jíquánzhǔyì de; 个人独裁的 gèrén dúcái de: *a ~ government* 一党专制的政府 yì dǎng zhuānzhì de zhèngfǔ

totalitarianism *n* 极权主义(名) jíquánzhǔyì; 一党专制 yì dǎng zhuānzhì; 个人独裁 gèrén dúcái: *fascist ~* 法西斯专政 fǎxīsī zhuānzhèng

totally *adv* 完全(形) wánquán; 全然(副) quánrán; 全部(名) quánbù; 统统(副) tǒngtǒng: *a fact ~ forgotten* 一个完全被遗忘的事实 yíge wánquán bèi yíwàng de shìshí

totem *n* 图腾(名) túténg; 图腾形象

túténg xíngxiàng // ~ pole（1）图腾柱 túténgzhù（2）等级 děngjí

totter v（1）蹒跚（形）pánshān, 跟跄（形）liàngqiàng（2）摇摇欲坠 yáoyáoyùzhuì, 动摇（动）dòngyáo

touch I v（1）触摸（动）chùmō, 摸（动）mō, 触（动）chù, 碰（动）pèng; 接触（动）jiēchù: ~ glasses 碰杯 pèngbēi, 祝酒 zhùjiǔ（2）轻拍 qīng pāi, 轻按 qīng àn（3）涉及（动）shèjí, 论及（动）lùnjí, 提到（动）tídào（4）触动（动）chùdòng, 打动（动）dǎdòng, 感动（动）gǎndòng（5）沾（动）zhān, 吃（动）chī, 喝（动）hē（6）比得上 bǐ de shàng, 匹敌（动）pǐdí（7）牵涉（动）qiānshè, 关系到 guānxìdào II n（1）触摸（动）chùmō; 触（动）chù; 接触（动）jiēchù（2）触觉（名）chùjué, 触感（名）chùgǎn: the sense of ~ 触觉 chùjué（3）少许（形）shǎoxǔ, 一点儿 yìdiǎnr: a ~ of grace 几分幽雅 jǐfēn yōuyǎ / a ~ of brightness 几分色彩 jǐfēn sècǎi（4）一笔 yìbǐ, 一挥 yìhuī; 一触 yíchù: add a few finishing ~es to a drawing 给画儿添加最后的几笔 gěi huàr tiānjiā zuìhòu de jǐbǐ // keep in ~ with 与某人保持联系 yǔ mǒurén bǎochí liánxi: keep in close ~ with reality 同现实生活保持密切接触 tóng xiànshí shēnghuó bǎochí mìqiè jiēchù / lose ~ with 失去联系 shīqù liánxi / out of ~ 失去联系 shīqù liánxi / ~ down 落地 luò dì, 降落 jiàngluò / ~ off 激起 jīqǐ, 触发 chùfā; 点燃 diǎnrán, 爆炸 bàozhà / ~ up 修整 xiūzhěng, 润色 rùnsè: ~ up a poem 给一首诗润色 gěi yìshǒu shī rùnsè

touch-and-go adj 危险（形）wēixiǎn; 难以预料的 nányǐ yùliào de

touching adj 动人（形）dòngrén, 感人（形）gǎnrén: a ~ story 感人的故事 gǎnrén de gùshi

touchline n 边线（名）biānxiàn

touchstone n 试金石（名）shìjīnshí; 检验标准 jiǎnyàn biāozhǔn

touchy adj（1）爱生气的 ài shēngqì de; 敏感（形）mǐngǎn（2）棘手（形）jíshǒu, 须巧妙对待的 xū qiǎomiào duìdài de: a ~ state of affairs in that region 该地区的微妙局势 gāi dìqū de wēimiào júshì

tough adj（1）坚韧（形）jiānrèn, 不易折断的 bú yì zhéduàn de; 不易磨损的 búyì mósǔn de; 咬不动的 yǎo bu dòng de: a beefsteak as ~ as leather 老的像胶皮一样的牛排 lǎo de xiàng jiāopí yíyàng de niúpái（2）强硬（形）qiángyìng; 顽强（形）wánqiáng, 坚强（形）jiānqiáng: a ~ policy 强硬政策 qiángyìng zhèngcè（3）粗暴（形）cūbào, 强横（形）qiánghèng; 凶恶（形）xiōng'è: a ~ criminal 凶恶的罪犯 xiōng'è de zuìfàn（4）困难（形）kùnnan, 难办的 nánbàn de: a ~ job 难办的事 nán bàn de shì / a ~ problem 棘手的问题 jíshǒu de wèntí // get ~ with sb. 对某人强硬起来 duì mǒurén qiángyìngqilai

tour I n（1）旅行（动）lǚxíng, 旅游（动）lǚyóu; 游览（动）yóulǎn, 观光（动）guānguāng; 访问（动）fǎngwèn, 参观（动）cānguān: a round-the-world ~ 环球旅行 huánqiú lǚxíng / a lecturing ~ 一次讲演旅行 yícì jiǎngyǎn lǚxíng / a conducted ~ 有向导的团体旅行 yǒu xiàngdǎo de tuántǐ lǚxíng / go on an inspection ~ 视察 shìchá（2）访问演出 fǎngwèn yǎnchū; 巡回演出 xúnhuí yǎnchū; 巡回医疗 xúnhuí yīliáo II v（1）旅行（动）lǚxíng, 游历（动）yóulì; 参观（动）cānguān, 访问（动）fǎngwèn; 游览（动）yóulǎn: the world 周游世界 zhōuyóu shìjiè（2）巡回演出 xúnhuí yǎnchū; 巡回医疗 xúnhuí yīliáo

tourism n 旅游业 lǚyóuyè, 观光事业 guānguāng shìyè: develop ~ 发展旅游业 fāzhǎn lǚyóuyè

tourist I n 旅行者（名）lǚxíngzhě, 游览者（名）yóulǎnzhě, 游客（名）yóukè, 观光者（名）guānguāngzhě II *adj* 旅行的 lǚxíng de, 游览的 yóulǎn de, 观光的 guānguāng de: *a ~ agency* 旅行社 lǚxíngshè / *a ~ group* 观光团 guānguāngtuán / *a ~ guide* 导游 dǎoyóu // *a ~ car* 旅游车 lǚyóuchē

tournament　*n* 联赛(名) liánsài; 比赛 (名) bǐsài: *an invitational ~* 邀请赛 yāoqǐngsài / *a bridge ~* 桥牌比赛 qiáopái bǐsài

tousle　*v* 弄乱 nòngluàn; 弄皱 nòngzhòu: *~d hair* 乱蓬蓬的头发 luànpéngpéng de tóufa

tow　*v* 拖(动) tuō; 拉(动) lā; 曳(动) yè

toward(s)　*prep* (1) 向(介、动) xiàng, 朝(介、动) cháo (2) 对(介) duì, 对于 (介) duìyú (3) 接近(动) jiējìn, 将近 (动) jiāngjìn: *~ the end of the century* 将近本世纪末 jiāngjìn běn shìjìmò (4) 为了(介) wèile, 用于 yòngyú, 有助于 yǒuzhùyú

towel　**I** *n* 毛巾(名) máojīn, 手巾(名) shǒujīn; 擦手纸(名) cāshǒuzhǐ: *a face ~* 擦脸巾 cāliǎnjīn / *a bath ~* 一条浴巾 yìtiáo yùjīn / *a ~ rack* 毛巾架 máojīnjià **II** *v* 用毛巾擦 yòng máojīn cā

tower　**I** *n* 塔(名) tǎ; 塔形建筑 tǎxíng jiànzhù; 城楼(名) chénglóu: *a TV ~* 电视塔 diànshìtǎ / *a water ~* 一座水塔 yízuò shuǐtǎ / *an observation ~* 瞭望塔 liàowàngtǎ / *a clock ~* 钟楼 zhōnglóu **II** *v* 屹立(动) yìlì, 高耸(动) gāosǒng: *~ into the clouds* 高耸入云 gāosǒng rù yún // *ivory ~* 象牙塔 xiàngyátǎ: *live in an ivory ~* 生活在象牙塔里 shēnghuózài xiàngyátǎ li

towering　*adj* (1) 高大(形) gāodà, 高耸的 gāosǒng de: *~ trees* 高大的树木 gāodà de shùmù (2) 巨大(形) jùdà; 激烈(形) jīliè: *in a ~ temper* 盛怒之下 shèngnù zhī xià / *~ crimes* 滔天罪行 tāotiān zuìxíng

towline　*n* 拖缆(名) tuōlǎn, 纤(名) qiàn

town　*n* (1) 镇(名) zhèn, 城(名) chéng, 城镇(名) chéngzhèn: *a university ~* 大学城 dàxuéchéng / *one's home ~* 故乡 gùxiāng (老家 lǎojiā) / *a small ~ on the shore* 岸边的一座小城 ànbiān de yízuò xiǎo chéng (2) 城区(名) chéngqū, 市区(名) shìqū; 商业区(名) shāngyèqū (3) 城市(名) chéngshì, 都市(名) dūshì (4) 全体市民 quántǐ shìmín, 镇民(名) zhènmín // *go to ~* (1) 进城去 jìnchéng qu (2) 寻欢作乐 xúnhuānzuòlè, 挥霍 huīhuò

townspeople　*n* 市民(名) shìmín, 镇民(名) zhènmín; 城里人 chénglǐrén

toxic　*adj* (1) 有毒的 yǒu dú de, 有毒性的 yǒu dúxìng de: *a ~ substance* 有毒的物质 yǒu dú de wùzhì / *a ~ drug* 一种毒药 yìzhǒng dúyào / *~ gases* 毒气 dúqì (2) 中毒的 zhòngdú de: *~ symptoms* 中毒症状 zhòngdú zhèngzhuàng

toxicant　*n* 毒物(名) dúwù, 毒药(名) dúyào

toy　**I** *n* 玩具(名) wánjù: *a ~ gun* 玩具枪 wánjùqiāng / *a ~ train* 玩具火车 wánjù huǒchē **II** *v* (1) 摆弄(动) bǎinòng, 玩弄(动) wánnòng, 戏耍(动) xìshuǎ (2) 不认真地对待 bú rènzhēn de duìdài

toyshop　*n* 玩具店(名) wánjùdiàn

trace　**I** *n* (1) 痕迹(名) hénjì; 踪迹(名) zōngjì; 行踪(名) xíngzōng: *~s of a battle* 战争的遗迹 zhànzhēng de yíjì (2) 少量(形) shǎoliàng, 一点点 yìdiǎndiǎn: *a ~ of fatigue* 几分倦意 jǐfēn juànyì **II** *v* (1) 跟踪(动) gēnzōng, 追踪(动) zhuīzōng (2) 查出 cháchū, 找到 zhǎodào (3) 追溯(动) zhuīsù; 起源(动) qǐyuán (4) 描(动) miáo, 画(动) huà, 勾画(动) gōuhuà: *~ out the plan of a house* 用透明纸描出一所房子的平面图 yòng tòumíngzhǐ miáochū yìsuǒ fángzi de píngmiàntú (5) 费力地写 fèilì de xiě

track　**I** *n* (1) 行踪(名) xíngzōng; 踪

迹(名) zōngjì; 足迹(名) zújì: *the broad ~ of a steamer* 轮船开过留下的宽阔的浪迹 lúnchuán kāiguò liúxia de kuānkuò de làngjì (2) 路(名) lù, 径(名) jìng, 小道 xiǎodào: *a ~ through the forest* 林中小道 línzhōng xiǎodào / *a mountain ~* 一条山路 yìtiáo shānlù / *a bicycle ~* 自行车道 zìxíngchēdào (3) 轨道(名) guǐdào; 铁轨(名) tiěguǐ; 音轨(名) yīnguǐ: *a single (double) ~* 单(双)轨 dān (shuāng)guǐ (4) 跑道(名) pǎodào: *a running ~* 跑道 pǎodào / *a cinder* 煤屑跑道 méixiè pǎodào / *a motor-racing ~* 赛车道 sàichēdào / *~ events* 径赛项目 jìngsài xiàngmù (5) 历程(名) lìchéng; 行动路线 xíngdòng lùxiàn; 思路(名) sīlù: *the ~ of a typhoon* 台风的路线 táifēng de lùxiàn (6) 履带(名) lǚdài **II** *v* 跟踪(动) gēnzōng, 追踪（动）zhuīzōng: *~ planes with searchlights* 用探照灯跟踪飞机 yòng tànzhàodēng gēnzōng fēijī // *a beaten ~* 踏出来的路 tà chūlai de lù; 常规 chángguī, 惯例 guànlì, 老一套 lǎoyītào: *leave the beaten ~* 脱离了常规 tuōlíle chángguī / *be on the ~ of sb.* 追踪某人 zhuīzōng mǒurén / 掌握着某人行动的线索 zhǎngwòzhe mǒurén xíngdòng de xiànsuǒ / *clean ~* 扫清道路 sǎoqīng dàolù, 开道 kāidào / *cover up one's ~s* 隐匿行踪 yǐnnì xíngzōng / *keep ~ of* (1) 记录 jìlù (2) 掌握…的线索 zhǎngwò... de xiànsuǒ, 了解…情况 liǎojiě... qíngkuàng / *lose ~ of* 失去…的线索 shīqù... de xiànsuǒ; 失去联系 shīqù liánxi / *off the beaten ~* (1) 偏僻的 piānpì de (2) 不落 俗套的 bú luò sútào de / *on the ~* 在轨道上 zài guǐdào shang / *~ down* 对…追查到底 duì... zhuīchá dàodǐ; 捕捉 bǔzhuō / *~ shoes* 跑鞋 pǎoxié

track-and-field *adj* 田径运动的 tiánjìng yùndòng de: *~ events* 田径项目 tiánjìng xiàngmù

tracked *adj* 有履带的 yǒu lǚdài de: *~ vehicles* 履带式车辆 lǚdàishì chēliàng

tract *n* 一片土地 yípiàn tǔdì, 地带(名) dìdài: *a large ~ of farmland* 一大片农田 yídàpiàn nóngtián / *a level ~ along the river* 沿河的一片平坦土地 yán hé de yípiàn píngtǎn tǔdì / *a well-wooded ~* 森林地带 sēnlín dìdài

tractor *n* 拖拉机(名) tuōlājī: *a walking ~* 一部手扶拖拉机 yíbù shǒufútuōlājī / *a farm ~* 农用拖拉机 nóngyòng tuōlājī / *a ~ driver* 拖拉机手 tuōlājīshǒu / *drive a ~* 开拖拉机 kāi tuōlājī

trade **I** *n* (1) 贸易(名) màoyì, 商业(名) shāngyè, 交易(名) jiāoyì, 生意(名) shēngyi: *foreign ~* 对外贸易 duìwài màoyì / *domestic ~* 国内贸易 guónèi màoyì / *a ~ agreement between China and Japan* 中国和日本之间的贸易协定 Zhōngguó hé Rìběn zhījiān de màoyì xiédìng (2) 职业(名) zhíyè; 行业(名) hángyè; 手艺(名) shǒuyì: *a ~ union* 工会 gōnghuì / *the building ~* 建筑业 jiànzhùyè / *learn a ~* 学一种手艺 xué yìzhǒng shǒuyì / *the tourist ~* 旅游业 lǚyóuyè / *a dangerous ~* 危险的行当 wēixiǎn de hángdang **II** *v* (1) 经商 jīngshāng, 做生意 zuò shēngyi, 做买卖 zuòmǎimai; 经营(动) jīngyíng: *~ with America* 同美国做生意 tóng Měiguó zuò shēngyi / *~ in pottery* 做陶器生意 zuò táoqì shēngyi (2) 交换（动）jiāohuàn, 对换(动) duìhuàn // *~ in* 折旧换新 zhé jiù huànxīn

trademark *n* 商标(名) shāngbiāo, 牌子(名) páizi: *the "Flying Pigeon" ~* "飞鸽"商标 "Fēigē" shāngbiāo

trader *n* (1) 商人(名) shāngrén (2) 商船(名) shāngchuán

tradition *n* (1) 传统(名) chuántǒng, 惯例(名) guànlì, 习俗(名) xísú: *a time-honoured ~* 古老的传统 gǔlǎo de chuántǒng / *a local ~* 当地习俗 dāngdì xísú (2) 传说(名) chuánshuō;

口传(名) kǒuchuán

traditional adj (1) 传统的 chuántǒng de, 惯例的 guànlì de, 因袭的 yīnxí de: ~ friendship 传统的友谊 chuántǒng de yǒuyì / ~ Chinese medicine 中药 zhōngyào (2) 口传的 kǒuchuán de; 传说的 chuánshuō de

traditionally adv 按照传统 ànzhào chuántǒng, 按照惯例 ànzhào guànlì

traffic n (1) 交通(名) jiāotōng; 行人车辆 xíngrén chēliàng; 通行(动) tōngxíng: ~ accidents 交通事故 jiāotōng shìgù / ~ congestion 交通拥挤 jiāotōng yōngjǐ / block the ~ 断绝交通 duànjué jiāotōng (2) 贸易(名) màoyì; 交易(名) jiāoyì; 生意(名) shēngyi: ~ in rice 大米生意 dàmǐ shēngyi (3) 运输(名) yùnshū, 运输业务 yùnshū yèwù: railway ~ 铁路运输 tiělù yùnshū / passenger ~ 客运 kèyùn / freight ~ 货运 huòyùn / international air ~ 国际航运 guójì hángyùn / shipping ~ 水上运输 shuǐshang yùnshū // ~ jam 交通堵塞 jiāotōng dǔsè / ~ lights 交通信号灯 jiāotōng xìnhàodēng, 红绿灯 hónglǜdēng / ~ police 交通警察 jiāotōng jǐngchá / ~ regulations 交通规则 jiāotōng guīzé / ~ signals 交通信号 jiāotōng xìnhào / ~ signs 交通标志 jiāotōng biāozhì

tragedy n (1) 悲剧(名) bēijù, 悲剧性作品 bēijùxìng zuòpǐn: a love ~ 爱情悲剧 àiqíng bēijù / ~ and comedy 悲剧和喜剧 bēijù hé xǐjù (2) 灾难(名) zāinàn, 不幸(形) búxìng: an air ~ 一次空难 yícì kōngnàn / a family ~ 家庭悲剧 jiātíng bēijù

tragic adj (1) 悲剧的 bēijù de, 悲剧性的 bēijùxìng de: ~ drama 悲剧 bēijù / a ~ actor 悲剧演员 bēijù yǎnyuán (2) 悲惨(形) bēicǎn, 不幸(形) búxìng: a ~ tale 悲惨的故事 bēicǎn de gùshì

trail I v (1) 拖(动) tuō, 拉(动) lā, 曳(动) yè; 垂(动) chuí (2) 追踪(动)

zhuīzōng, 尾追(动) wěizhuī; 追猎(动) zhuīliè: ~ a suspect 追踪嫌疑犯 zhuīzōng xiányífàn (3) 蔓生(动) mànshēng II n (1) 踪迹(名) zōngjì; 痕迹(名) hénjì; 足迹(名) zújì (2) 一道 yídào, 一条 yìtiáo; 一串 yíchuàn (3) 小路(名) xiǎolù, 小道(名) xiǎodào, 小径(名) xiǎojìng: a winding forest ~ 林间的一条羊肠小道 línjiān de yìtiáo yángcháng xiǎodào // blaze the ~ 开路 kāi lù; 拓荒 tuòhuāng: men who blazed the ~ in nuclear science 原子科学的奠基人 yuánzǐ kēxué de diànjīrén

trailer n (1) 拖车(名) tuōchē, 挂车(名) guàchē (2) 汽车拖的活动房屋 qìchē tuō de huódòng fángwū (3) 电影预告片 diànyǐng yùgàopiān

train¹ v (1) 培养(动) péiyǎng; 培训(动) péixùn, 训练(动) xùnliàn (2) 锻炼(动) duànliàn (3) 使(植物)沿一定方向生长 shǐ (zhíwù) yán yídìng fāngxiàng shēngzhǎng (4) 瞄准 miáozhǔn, 对准 duìzhǔn: ~ a gun on the enemy 把枪口瞄向敌人 bǎ qiāngkǒu miáoxiàng dírén

train² n (1) 火车(名) huǒchē, 列车(名) lièchē: a special ~ 专列 zhuānliè / a west-bound ~ 西行列车 xīxíng lièchē / a through ~ 直达列车 zhídá lièchē / an express ~ 特快(列车) tèkuài (lièchē) (2) 队列(名) duìliè; 系列(名) xìliè; 连续(动) liánxù: a ~ of camels 骆驼队 luòtuoduì (3) 拖裙(名) tuōqún // in ~ 准备妥当 zhǔnbèi tuǒdang

trainee n 受训练的人 shòu xùnliàn de rén; 学员(名) xuéyuán, 练习生(名) liànxíshēng: a ~ reporter 实习记者 shíxí jìzhě

trainer n 训练人(名) xùnliànrén; 教练员(名) jiàoliànyuán; 驯兽人(名) xùnshòurén

training n 训练(名) xùnliàn, 培训(动) péixùn; 培养(动) péiyǎng; 锻炼(动) duànliàn; 教育(动) jiàoyù:

flight ～ 飞行训练 fēixíng xùnliàn / *teacher* ～ 师资培训 shīzī péixùn / *a Chinese* ～ *course* 汉语培训班 Hànyǔ péixùnbān / *in-service* ～ 在职培训 zàizhí péixùn（在职进修 zàizhí jìnxiū）/ *a person of university* ～ 受过大学教育的人 shòuguo dàxué jiāoyù de rén

training-ground   *n* 训练场（名）xùnliànchǎng

trait   *n* 品质（名）pǐnzhì，品性（名）pǐnxìng；特性（名）tèxìng；特点（名）tèdiǎn: *a marked Chinese* ～ 一个中国人的显著特点 yíge Zhōngguórén de xiǎnzhù tèdiǎn

traitor   *n* 叛徒（名）pàntú；卖国贼（名）màiguózéi: *turn* ～ 成了叛徒 chéngle pàntú / *a Chinese* ～ 汉奸 hànjiān

tram, tramcar   *n* 电车（名）diànchē

tramp   I *v* (1) 用沉重的脚步走 yòng chénzhòng de jiǎobù zǒu (2) 步行（动）bùxíng；徒步旅行 túbù lǚxíng (3) 踩（动）cǎi，踏（动）tà II *n* (1) 游民（名）yóumín；流浪者（名）liúlàngzhě；流浪乞丐 liúlàng qǐgài (2) 步行（动）bùxíng；徒步旅行 túbù lǚxíng (3) 脚步声 jiǎobùshēng (4) 妓女（名）jìnǚ；淫乱的女人 yínluàn de nǚrén (5) 不定期货船 bú dìngqī huòchuán: *an ocean* ～ 远洋货船 yuǎnyáng huòchuán

trample   *v* 踩（动）cǎi；践踏（动）jiàntà；蹂躏（动）róulìn: ～ *on the right of personal liberty* 践踏个人自由的权利 jiàntà gèrén zìyóu de quánlì / ～ *sb.'s feelings* 蹂躏一个人的感情 róulìn yíge rén de gǎnqíng

tramway   *n* (1) 电车道（名）diànchēdào；有轨电车 yǒu guǐ diànchē: *a cable* ～ 架线式有轨电车 jiàxiànshì yǒu guǐ diànchē (2) 索道（名）suǒdào

trance   *n* 恍惚（形）huǎnghū；发呆 fādāi；昏睡状态 hūnshuì zhuàngtài

tranquil   *adj* 平静（形）píngjìng，安静（形）ānjìng，宁静（形）níngjìng；安宁（形）ānníng；安详（形）ānxiáng: *a* ～ *lake* 平静的湖水 píngjìng de húshuǐ / *a* ～ *smile* 安详的微笑 ānxiáng de wēixiào / *preserve a* ～ *mind* 保持安宁的心境 bǎochí ānníng de xīnjìng

transact   *v* 办成（动）bànchéng，达成（动）dáchéng；做成交易 zuòchéngjiāoyì

transaction   *n* (1) 一笔交易 yìbǐ jiāoyì；一件事 yíjiàn shì: *cash* ～*s* 现金交易 xiànjīn jiāoyì / *an illegal* ～ 非法交易 fēifǎ jiāoyì / *black-market* ～*s* 黑市交易 hēishì jiāoyì / *banking* ～*s* 银行往来 yínháng wǎnglái (2) 办成（动）bànchéng，达成（动）dáchéng；完成（动）wánchéng

transatlantic   *adj* (1) 横越大西洋的 héngyuè Dàxīyáng de: ～ *flights* 横越大西洋的飞行 héngyuè Dàxīyáng de fēixíng (2) 大西洋两岸国家的 Dàxīyáng liǎng'àn guójiā de

transcend   *v* (1) 超过（动）chāoguò，超出（动）chāochū；超越（动）chāoyuè: ～ *description* 无法形容 wúfǎ xíngróng / ～ *imagination* 难以想象 nányǐ xiǎngxiàng (2) 胜过（动）shèngguò；克服（动）kèfú

transcontinental   *adj* 横贯大陆的 héngguàn dàlù de: *a* ～ *railway* 横贯大陆的铁路线 héngguàn dàlù de tiělùxiàn

transcribe   *v* (1) 抄写（动）chāoxiě，誊写（动）téngxiě (2) 用音标记录 yòng yīnbiāo jìlù: ～ *a passage in phonetic alphabet* 把一段话用拼音字母记录下来 bǎ yíduàn huà yòng pīnyīn zìmǔ jìlùxialai (3) 译成文字形式 yìchéng wénzì xíngshì: ～ *shorthand notes* 把速写记录译成文字 bǎ sùxiě jìlù yìchéng wénzì (4) 预录（动）yùlù；录音播送 lùyīn bōsòng: ～ *a talk for the evening show* 为晚间播送而预录一个谈话 wèi wǎnjiān bōsòng ér yùlù yíge tánhuà

transcript   *n* 抄本（名）chāoběn，誊本（名）téngběn；副本（名）fùběn: *phonetic* ～ 拼音符号文本 pīnyīn fúhào wénběn

transcription *n* (1) 抄写(动) chāoxiě, 誊写(动) téngxiě: *errors in ～* 抄写错误 chāoxiě cuòwù (2) 整理(动) zhěnglǐ; 翻译(动) fānyì: *finish the ～ of a shorthand speech* 整理好一篇速记谈话 zhěnglǐhǎo yìpiān sùjì tánhuà (3) 抄本(名) chāoběn, 抄件(名) chāojiàn; 副本(名) fùběn: *in phonetic ～* 用音标书写 yòng yīnbiāo shūxiě

transfer **I** *v* (1) 转移(动) zhuǎnyí (2) 调动(动) diàodòng, 转职 zhuǎnzhí; 转学 zhuǎnxué: *～ from the army to the navy* 从陆军转到海军 cóng lùjūn zhuǎndào hǎijūn (3) 转乘 zhuǎnchéng, 转车 zhuǎnchē **II** *n* (1) 转移(动) zhuǎnyí; 转让(动) zhuǎnràng: *technology ～* 技术转让 jìshù zhuǎnràng (2) 调动(动) diàodòng, 转任(动) zhuǎnrèn; 转学 zhuǎnxué (3) 换乘 huànchéng, 换车票 huàn chēpiào: *ask for a bus ～* 要一张转乘汽车的票 yào yìzhāng zhuǎnchéng qìchē de piào

transform *v* (1) 改变(动) gǎibiàn, 转变(动) zhuǎnbiàn; 变形 biànxíng; 变化(动) biànhuà (2) 改造(动) gǎizào; 改革(动) gǎigé: *～ nature* 改造自然 gǎizào zìrán / *the old education system* 改革旧的教育制度 gǎigé jiù de jiàoyù zhìdù (3) 变压(动) biànyā

transformation *n* (1) 变化(动) biànhuà; 变形 biànxíng; 转变(动) zhuǎnbiàn, 转化(动) zhuǎnhuà: *exercises* 转换练习 zhuǎnhuàn liànxí / *thought ～* 思想转变 sīxiǎng zhuǎnbiàn (2) 改造(动) gǎizào, 改革(动) gǎigé: *social ～* 社会改革 shèhuì gǎigé

transformer *n* 变压器(名) biànyāqì

transfuse *v* 注入(动) zhùrù, 输(动) shū: *～ blood* 输血 shūxiě

transfusion *n* 注入(动) zhùrù; 输血 shūxiě

transit *n* (1) 通过(动) tōngguò, 经过(动) jīngguò; 通行(动) tōngxíng; 运行 yùnxíng: *the ～ through a country* 通过某一国家 tōngguò mǒuyìguójiā / *a ～ camp* 过境站 guòjìngzhàn / *～ duty* 通行税 tōngxíngshuì / *～ visa* 过境签证 guòjìng qiānzhèng (2) 运输(动) yùnshū, 运送(动) yùnsòng; 通路(名) tōnglù, 运输线(名) yùnshūxiàn; 公共交通 gōnggòng jiāotōng: *cheap and rapid ～* 快速廉价的交通运输 kuàisù liánjià de jiāotōng yùnshū / *marine ～* 海运 hǎiyùn

transition *n* 转变(动) zhuǎnbiàn; 变迁(动) biànqiān; 过渡(动) guòdù; 过渡期(名) guòdùqī: *a peaceful ～* 和平过渡 hépíng guòdù / *a period of ～* 过渡期 guòdùqī / *a sudden ～* 突然的转变 tūrán de zhuǎnbiàn

transitional *adj* 转变的 zhuǎnbiàn de; 过渡的 guòdù de: *a ～ stage* 过渡阶段 guòdù jiēduàn

translate *v* (1) 翻译(动) fānyì, 译(动) yì: *～ literally* 直译 zhíyì (2) 解释(动) jiěshì, 说明(动) shuōmíng (3) 转化(动) zhuǎnhuà, 变成 biànchéng: *ideas ～d into deeds* 思想转化成行动 sīxiǎng zhuǎnhuàchéng xíngdòng

translation *n* (1) 翻译(动) fānyì: *free ～* 意译 yìyì / *literal ～* 直译 zhíyì / *word-for-word ～* 硬译 yìngyì (逐字译 zhú zì yì) / *an abridged ～* 节译 jiéyì / *errors in ～* 翻译的错误 fānyì de cuòwù (2) 译文(名) yìwén; 译本(名) yìběn: *an English ～ of Marx's "Capital"* 马克思《资本论》的一个英译本 Mǎkèsī《Zīběnlùn》de yíge Yīngyìběn (3) 转化(动) zhuǎnhuà, 转变(动) zhuǎnbiàn: *the ～ of a suggestion into practice* 实施一项建议 shíshī yíxiàng jiànyì

translator *n* (1) 翻译者(名) fānyìzhě; 翻译(名) fānyì, 译员(名) yìyuán: *a ～ into Chinese* 把其他语言译成汉语的翻译者 bǎ qítā yǔyán yìchéng Hànyǔ de fānyìzhě (2) 译码机(名) yìmǎjī; 传送器(名) chuánsòngqì; 翻译机(名) fānyìjī

transmission *n* (1) 传送(动)

chuánsòng; 传达（动）chuándá（2）遗
传（动）yíchuán; 传染（动）chuánrǎn;
传播（动）chuánbō: ~ *from father to
son* 父子相传 fùzǐ xiāngchuán / *the ~
of disease* 传播疾病 chuánbō jíbìng（3）
播送（动）bōsòng, 播音 bōyīn; 发射
（动）fāshè; 通话 tōnghuà: *a news*
新闻播送 xīnwén bōsòng / *3 ~ s a day*
每天三次播音 měitiān sāncì bōyīn

transmit *v*（1）传送（动）chuánsòng,
传达（动）chuándá; 送交（动）
sòngjiāo; 汇寄（动）huìjì: ~ *money by
wire* 电报汇款 diànbào huìkuǎn（2）
透过（动）tòuguò; 传导（动）
chuándǎo; 传动（动）chuándòng（3）
留传（动）liúchuán; 遗传（动）yíchuán
（4）播送（动）bōsòng; 发射（动）
fāshè: ~ *news by radio* 由无线电播
送消息 yóu wúxiàndiàn bōsòng xiāoxi
（5）传播（动）chuánbō; 传染（动）
chuánrǎn

transparency *n*（1）透明（形）
tòumíng; 透明性（名）tòumíngxìng; 透
明度（名）tòumíngdù: *the ~ of the
water* 水的透明度 shuǐ de tòumíngdù
（2）幻灯片 huàndēngpiàn; 印有图像
的玻璃片 yìnyǒu túxiàng de bōlipiàn;
透明画 tòumínghuà

transparent *adj*（1）透明（形）
tòumíng: ~ *paper* 玻璃纸 bōlizhǐ（2）
明显（形）míngxiǎn; 清楚（形）
qīngchu, 明了（形）míngliǎo: *a ~ at-
tempt* 明显的意图 míngxiǎn de yìtú

transplant **I** *v*（1）栽种（动）zāizhòng;
移植（动）yízhí: ~ *rice seedlings* 插秧
chāyāng（2）迁移（动）qiānyí; 移居
（动）yíjū **II** *n* 移植（动）yízhí, 移栽
（动）yízāi: *a heart ~* 心脏移植手术
xīnzàng yízhí shǒushù

transport **I** *v*（1）运输（动）yùnshū,
运送（动）yùnsòng: ~ *goods by lorry*
用卡车运送货物 yòng kǎchē yùnsòng
huòwù（2）放逐（动）fàngzhú, 流放
（动）liúfàng（3）为强烈的情绪所激
动 wèi qiángliè de qíngxù suǒ jīdòng **II**
n（1）运输（名）yùnshū: *the ~ of*

troops by air 空运部队 kōngyùn bùduì
/ ~ *charges* 运输费 yùnshūfèi（2）运
输工具 yùnshū gōngjù（3）流放（动）
liúfàng, 放逐（动）fàngzhú

transportation *n*（1）运输（名）
yùnshū, 运送（动）yùnsòng: *railway
~* 铁路运输 tiělù yùnshū / *water and
land ~* 水陆运输 shuǐlù yùnshū /
means of ~ 交通工具 jiāotōng gōngjù
（运输工具 yùnshū gōngjù）（2）放逐
（动）fàngzhú, 流放（动）liúfàng

trap **I** *n*（1）陷阱（名）xiànjǐng; 罗网
（名）luówǎng; 捕捉器（名）bǔzhuōqì:
a fly ~ 捕蝇器 bǔyíngqì / *a mouse ~*
捕鼠器 bǔshǔqì（老鼠夹子 lǎoshǔjiāzi）
（2）圈套（名）quāntào, 诡计（名）
guǐjì, 埋伏（名）máifú: *fall into ~* 落
入陷阱 luòrù xiànjǐng（中了圈套
zhòngle quāntào）**II** *v* 设圈套 shè
quāntào, 设陷阱 shè xiànjǐng, 捕捉
（动）bǔzhuō

trapdoor *n* 天窗（名）tiānchuāng; 通
气门 tōngqìmén

trapeze *n* 吊架（名）diàojià, 高秋千
gāoqiūqiān: *a ~ acrobat* 空中飞人
kōngzhōng fēirén

trash *n*（1）废物（名）fèiwù, 垃圾
（名）lājī: *a ~ can* 垃圾桶 lājītǒng
（2）劣货 lièhuò; 糟粕（名）zāopò; 拙
劣的文学作品 zhuōliè de wénxué
zuòpǐn（3）无用的人 wúyòng de rén

trashy *adj* 废物似的 fèiwù shìde, 像垃
圾一样的 xiàng lājī yíyàng de; 毫无价
值的 háowú jiàzhí de: ~ *magazines*
无聊的杂志 wúliáo de zázhì / ~ *ideas*
毫无价值的意见 háowú jiàzhí de yìjiàn

travel **I** *v*（1）旅行（动）lǚxíng, 游历
（动）yóulì: ~ *3 months* 旅行三个月
lǚxíng sāngeyuè（2）作旅行推销 zuò
lǚxíng tuīxiāo: *a salesperson ~ling
abroad for the firm* 一个到国外为公
司兜揽生意的推销员 yíge dào guówài
wèi gōngsī dōulǎn shēngyi de
tuīxiāoyuán（3）行进（动）xíngjìn, 走
路 zǒulù; 传（动）chuán; 移动（动）
yídòng: ~ *free by train* 免费乘车

miǎnfèi chéng chē II *n*（1）旅行（名）lǚxíng, 游历（动）yóulì: *overseas ~* 国外旅行 guówài lǚxíng / *party ~* 团体旅行 tuántǐ lǚxíng / *water ~* 水上旅行 shuǐshàng lǚxíng / *write a book about one's ~s* 写一本游记 xiě yìběn yóujì（2）移动（动）yídòng, 运动（名）yùndòng // *a ~ agency* 一家旅行社 yìjiā lǚxíngshè / *China International T~ Service* 中国国际旅行社 Zhōngguó Guójì Lǚxíngshè

traveller *n*（1）旅行者 lǚxíngzhě; 旅客（名）lǚkè; 行人 xíngrén: *a weary ~* 疲倦的旅客 píjuàn de lǚkè / *a famous ~* 著名的旅行家 zhùmíng de lǚxíngjiā / *a fellow ~* 旅伴 lǚbàn / *~'s cheques* 旅行支票 lǚxíng zhīpiào（2）旅行推销员 lǚxíng tuīxiāoyuán

travelling *adj* 旅行的 lǚxíng de; 旅行用的 lǚxíng yòng de: *a ~ bag* 旅行包 lǚxíngbāo

travelogue *adj* 旅行见闻讲座 lǚxíng jiànwén jiǎngzuò; 旅行记录影片 lǚxíng jìlù yǐngpiàn

trawl I *n* 拖网（名）tuōwǎng II *v* 用拖网捕鱼 yòng tuōwǎng bǔ yú

trawler *n* 拖网渔船 tuōwǎng yúchuán

tray *n*（1）盘子（名）pánzi, 托盘（名）tuōpán; 碟子（名）diézi: *a tea ~* 一个茶盘 yíge chápán / *a cigarette ~* 烟碟 yāndié（2）公文格 gōngwéngé: *an in ~* 来函文件格 láihán wénjiàngé / *an out ~* 待发文件格 dàifā wénjiàngé

treacherous *adj*（1）背叛的 bèipàn de, 不忠的 bùzhōng de, 变节的 biànjié de: *a ~ act* 背叛行为 bèipàn xíngwéi / *a ~ court official* 奸臣 jiānchén（2）狡诈（形）jiǎozhà; 带欺骗性的 dài qīpiànxìng de; 靠不住的 kào bu zhù de: *a ~ smile* 奸笑 jiānxiào / *~ weather* 变幻莫测的天气 biànhuànmòcè de tiānqì

treachery *n* 背叛（动）bèipàn, 反叛（动）fǎnpàn, 变节 biànjié, 不忠 bùzhōng; 背叛行为 bèipàn xíngwéi

tread *v*（1）走（动）zǒu, 行走（动）

xíngzǒu（2）踩（动）cǎi, 踏（动）tà; 践踏（动）jiàntà // *~ on sb.'s toes*（1）踩了某人的脚 cǎile mǒurén de jiǎo（2）得罪某人 dézuì mǒurén, 触犯某人 chùfàn mǒurén / *~ water* 踩水 cǎishuǐ

treason *n* 叛逆（名）pànnì, 谋反（动）móufǎn; 通敌 tōngdí; 叛国罪 pànguózuì: *a case of ~* 一起叛国案件 yìqǐ pànguó ànjiàn / *plot ~* 谋反 móufǎn

treasure I *n*（1）金银财宝 jīnyín cáibǎo, 财富（名）cáifù: *a ~ chest* 珠宝盒儿 zhūbǎohér / *"T~ Island"*《金银岛》《Jīnyíndǎo》（2）珍宝（名）zhēnbǎo, 珍品（名）zhēnpǐn: *literary ~s* 文学珍宝 wénxué zhēnbǎo / *historical ~s* 历史财富 lìshǐ cáifù / *a national ~* 一件国宝 yíjiàn guóbǎo II *v*（1）珍藏（动）zhēncáng, 秘藏（动）mìcáng; 铭记（动）míngjì: *~ sth. in one's memory* 把一件事珍藏在记忆里 bǎ yíjiàn shì zhēncángzài jìyìli（2）珍重（动）zhēnzhòng, 珍惜（动）zhēnxī, 珍视（动）zhēnshì: *~ sb.'s friendship* 珍视某人的友谊 zhēnshì mǒurén de yǒuyì

treasure-house *n* 宝库（名）bǎokù: *a perfect ~ of information concerning ancient Chinese culture* 中国古代文化资料宝库 Zhōngguó gǔdài wénhuà zīliào bǎokù

treasury *n*（1）金库（名）jīnkù; 国库（名）guókù; 库房（名）kùfáng: *a state ~* 国库 guókù / *the T~*（英）财政部（Yīng）cáizhèngbù / *the T~ Department*（美）财政部（Měi）cáizhèngbù / *~ bond* 公债 gōngzhài（2）宝库（名）bǎokù, 宝藏（名）bǎozàng（3）文库（名）wénkù: *a ~ of verse* 诗歌汇集 shīgē huìjí

treat I *v*（1）对待（动）duìdài; 看待（动）kàndài, 把…看作 bǎ...kànzuò: *~ people civilly* 对人客气 duì rén kèqi / *~ people fairly* 公正待人 gōngzhèng dài rén（2）处理（动）chǔlǐ; 论述（动）lùnshù; 探讨（动）tàntǎo（3）医治

（名）yīzhì, 治疗（动）zhìliáo (4) 款待（动）kuǎndài, 请客 qǐngkè, 招待（动）zhāodài **II** n (1) 款待（动）kuǎndài, 请客 qǐngkè (2) 美事 měishì, 乐事 lèshì

treatable adj 好对付的 hǎo duìfu de, 能处置的 néng chǔzhì de; 能治疗的 néng zhìliáo de: a ~ disease 可以治好的疾病 kěyǐ zhìhǎo de jíbìng

treatise n 论文（名）lùnwén, 专著（名）zhuānzhù

treatment n (1) 待遇（名）dàiyù; 对待（动）duìdài: equal ~ 平等待遇 píngděng dàiyù / lenient ~ 宽待 kuǎndài (2) 处理（动）chǔlǐ; 论述（动）lùnshù: heat ~ 热处理 rèchǔlǐ / technical ~ 技术处理 jìshù chǔlǐ / an exhaustive ~ 详尽的论述 xiángjìn de lùnshù (3) 治疗（动）zhìliáo; 疗法（名）liáofǎ; 疗程（名）liáochéng: moral ~ 精神疗法 jīngshén liáofǎ / a combined ~ 综合治疗 zōnghé zhìliáo

treaty n 条约（名）tiáoyuē; 协议（名）xiéyì, 协定（名）xiédìng: enter into a ~ of commerce 缔结通商条约 dìjié tōngshāng tiáoyuē / violate a ~ 违约 wéi yuē // ~ port 通商口岸 tōngshāng kǒu'àn

treble[1] **I** n 三倍 sānbèi; 三重 sānchóng **II** adj 三倍的 sānbèi de; 三重的 sānchóng de **III** v 变成三倍 biànchéng sānbèi; 增加两倍 zēngjiā liǎngbèi

treble[2] **I** n 高音 gāoyīn; 高声 gāoshēng **II** adj 高音的 gāoyīn de: a ~ voice 高嗓门儿 gāo sǎngménr

tree n 树（名）shù; 树木（名）shùmù: a fruit ~ 一棵果树 yì kē guǒshù / a rose ~ 玫瑰丛 méigui cóng // family ~ 家族世系图 jiāzú shìxìtú, 家谱 jiāpǔ / ~ trunk 树干 shùgàn

trek **I** v 艰难行进 jiānnán xíngjìn; 长途跋涉 chángtú báshè **II** n 艰苦的旅行 jiānkǔ de lǚxíng; 长途跋涉 chángtú báshè

trellis n 棚（名）péng, 架（名）jià; 格子结构 gézi jiégòu

tremble **I** v (1) 颤抖（动）chàndǒu, 发抖（动）fādǒu, 哆嗦（动）duōsuo (2) 摇晃（动）yáohuàng, 摇动（动）yáodòng; 颤动（动）chàndòng **II** n 颤抖（动）chàndǒu, 颤动（动）chàndòng, 晃动（动）huàngdòng: a ~ of fear 吓得发抖 xià de fādǒu

tremendous adj (1) 巨大（形）jùdà, 惊人（形）jīngrén: a ~ difference 惊人的差别 jīngrén de chābié (2) 精彩（形）jīngcǎi; 美好（形）měihǎo

tremendously adv 惊人（形）jīngrén; 十分（副）shífēn

tremor n (1) 颤抖（动）chàndǒu; 发抖（动）fādǒu: in a ~ of anger 气得发抖 qì de fādǒu (2) 震动（动）zhèndòng

trench **I** n 深沟 shēngōu; 地沟（名）dìgōu; 壕沟（名）háogōu **II** v 挖沟 wāgōu; 挖战壕 wā zhànháo: a ~ed camp 用战壕围住的营地 yòng zhànháo wéizhù de yíngdì

trend n 倾向（名）qīngxiàng, 趋势（名）qūshì, 动向（名）dòngxiàng: the general ~ of public opinion 公众舆论的一般趋向 gōngzhòng yúlùn de yìbān qūxiàng / the recent ~ of Japanese thought 日本人思想的最新动向 Rìběnrén sīxiǎng de zuìxīn dòngxiàng

trespass **I** v (1) 非法侵入 fēifǎ qīnrù; 侵犯（动）qīnfàn (2) 打扰（动）dǎrǎo; 侵占（动）qīnzhàn **II** n 对私人土地的侵犯 duì sīrén tǔdì de qīnfàn; 侵占（动）qīnzhàn

trial n (1) 试验（动）shìyàn; 检验（动）jiǎnyàn; 考验（名）kǎoyàn; 试用（动）shìyòng: a ~ flight 试飞 shìfēi / on a ~ basis 在试用的基础上 zài shìyòng de jīchǔshang (2) 审问（动）shěnwèn, 审讯（动）shěnxùn; 审判（动）shěnpàn: a public ~ 公审 gōngshěn / conduct a ~ 主持审判 zhǔchí shěnpàn (3) 讨厌的人 tǎoyàn de rén; 麻烦的事 máfan de shì // on ~ (1) 经受考查 jīngshòu kǎochá (2) 受审 shòushěn / stand ~ for 因…而

受审 yīn...ér shòushěn / ~ and error 反复试验 fǎnfù shìyàn

triangle *n* 三角形(名) sānjiǎoxíng, 三角(名) sānjiǎo: an equilateral ~ 等边三角形 děngbiān sānjiǎoxíng / an isosceles ~ 等腰三角形 děngyāo sānjiǎoxíng / a right-angled ~ 直角三角形 zhíjiǎo sānjiǎoxíng / a love ~ 三角恋爱 sānjiǎo liàn'ài / a ~ of land 三角地带 sānjiǎo dìdài

tribal *adj* 部落的 bùluò de; 宗族的 zōngzú de: ~ custom 部族习俗 bùzú xísú / a ~ chief 酋长 qiúzhǎng (族长 zúzhǎng)

tribe *n* (1) 部落(名) bùluò; 部族(名) bùzú; 宗族(名) zōngzú: the Indian ~s of America 美国的印第安人部落 Měiguó de Yìndì'ānrén bùluò / a nomadic ~ 游牧民族 yóumù mínzú / the feathered ~s 鸟类 niǎolèi (2) 帮(量) bāng, 伙(量) huǒ, 批(量) pī: the ~ of parasites 那批寄生虫 nàpī jìshēngchóng / the ~ of politicians 那一伙政客 nà yìhuǒ zhèngkè

tribesman *n* 部落人 bùluòrén; 同族的人 tóngzú de rén

tribune *n* (1) 护民官 hùmínguān; 公众领袖 gōngzhòng lǐngxiù (2) 讲坛(名) jiǎngtán, 论坛(名) lùntán: the speaker's ~ 讲坛 jiǎngtán / "The New York Herald T~"《纽约先驱论坛报》《Niǔyuē Xiānqū Lùntánbào》

tributary I *adj* (1) 进贡的 jìngòng de, 纳贡的 nàgòng de; 附庸的 fùyōng de, 从属的 cóngshǔ de: a ~ nation 附属国 fùshǔguó (2) 支流的 zhīliú de: a ~ river 支流 zhīliú II *n* (1) 进贡国 jìngòngguó; 附庸国 fùyōngguó, 属国 shǔguó: Rome and her tributaries 罗马及其属国 Luómǎ jíqí shǔguó (2) 支流(名) zhīliú

tribute *n* (1) 贡金(名) gòngjīn; 贡品(名) gòngpǐn (2) 称赞(动) chēngzàn, 赞颂(动) zànsòng; 表示敬意的物品 biǎoshì jìngyì de wùpǐn

trick I *n* (1) 诡计(名) guǐjì, 花招

(名) huāzhāo, 伎俩(名) jìliǎng: see through a ~ 看穿了诡计 kànchuānle guǐjì (2) 顽皮的行为 wánpí de xíngwéi; 恶作剧(名) èzuòjù (3) 习惯(名) xíguàn, 癖好(名) pǐhào (4) 窍门(名) qiàomén, 诀窍(名) juéqiào, 方法(名) fāngfǎ (5) 戏法儿(名) xìfǎr, 把戏(名) bǎxì II *adj* 有诀窍的 yǒu juéqiào de, 特技的 tèjì de: photography 特技摄影 tèjì shèyǐng / ~ shot 特技镜头 tèjì jìngtóu / ~ cycling 车技 chējì III *v* 欺骗(动) qīpiàn, 愚弄(动) yúnòng, 哄骗(动) hǒngpiàn // do the ~ 起作用 qǐ zuòyòng; 达到目的 dádào mùdì

trickle I *v* (1) 滴(动) dī, 淌(动) tǎng; 流(动) liú (2) 慢慢移动 mànmàn yídòng; 慢慢透露 mànmàn tòulù II *n* 滴(名) dī; 细流 xìliú: a ~ of water 一道细流 yídào xìliú

tricky *adj* (1) 难办(形) nánbàn, 棘手(形) jíshǒu; 复杂(形) fùzá: a ~ question 一道难题 yídào nántí / a ~ problem 一个棘手的问题 yíge jíshǒu de wèntí (2) 耍花招 shuǎ huāzhāo; 狡猾(形) jiǎohuá; 难对付的 nán duìfu de: a ~ politician 老奸巨猾的政客 lǎojiānjùhuá de zhèngkè

trident *n* 三叉戟(名) sānchājǐ

tried *adj* 试验过的 shìyànguo de; 证明了的 zhèngmíngle de; 经过考验的 jīngguò kǎoyàn de; 确实(形) quèshí, 可靠(形) kěkào: a ~ recipe 验方 yànfāng / a ~ and trusted remedy for colds 治感冒的良药 zhì gǎnmào de liángyào

trifle I *n* (1) 小事 xiǎoshì; 琐事(名) suǒshì; 没有价值的东西 méiyǒu jiàzhí de dōngxi: the merest ~ 一丁点儿小事 yìdīngdiǎnr xiǎoshì (2) 一点儿钱 yìdiǎnrqián (3) 甜食(名) tiánshí, 蛋糕(名) dàngāo: make a ~ 做蛋糕 zuò dàngāo II *v* (1) 开玩笑 kāi wánxiào; 嘲弄(动) cháonòng; 玩弄(动) wánnòng (2) 浪费(动) làngfèi; 消磨(动) xiāomó; 消耗(动) xiāohào: ~

away one's time (*energies*, *money*) 浪费时间(精力、金钱) làngfèi shíjiān (jīnglì,jīnqián) // *a* ~ 稍微 shāowēi, 有点儿 yǒudiǎnr

trifling *adj* 无关紧要的 wúguānjǐnyào de; 微不足道的 wēibù zúdào de; 细小(形) xìxiǎo: *a* ~ *error* 一个小小的错 yíge xiǎoxiǎo de cuò / *a* ~ *gift* 一份薄礼 yífèn bólǐ / *a* ~ *amount of money* 少量的钱 shǎoliàng de qián / ~ *details* 细枝末节 xìzhīmòjié / ~ *talk* 闲聊 xiánliáo

trigger I *n* (1) 扳机(名) bānjī; 触发器(名) chùfāqì (2) 刺激(名、动) cìjī; 起因(名) qǐyīn; 引起(动) yǐnqǐ II *v* (1) 扣扳机 kòu bānjī, 开枪 kāi qiāng; 发射(动) fāshè (2) 激起(动) jīqǐ; 触发(动) chùfā, 引起(动) yǐnqǐ

trigonometry *n* 三角(名) sānjiǎo, 三角学(名) sānjiǎoxué

trilogy *n* 三部曲(名) sānbùqǔ

trim I *adj* 整齐(形) zhěngqí; 整洁(形) zhěngjié; 美观(形) měiguān: ~ *houses* 整齐的房屋 zhěngqí de fángwū / *a* ~ *appearance* 外观整洁 wàiguān zhěngjié II *v* (1) 整理(动) zhěnglǐ, 收拾(动) shōushi; 修剪(动) xiūjiǎn; 整修(动) zhěngxiū: ~ *one's nails* (*beard*) 修指甲(胡子) xiū zhǐjia (húzi) / ~ *dead branches off a tree* 剪掉树上的枯枝 jiǎndiào shùshang de kūzhī (2) 装饰(动) zhuāngshì, 点缀(动) diǎnzhuì, 布置(动) bùzhì: ~ *a Christmas tree* 装饰圣诞树 zhuāngshì shèngdànshù / ~ *a hat with flowers* 用花装饰帽子 yòng huā zhuāngshì màozi III *n* (1) 整理(动) zhěnglǐ; 修剪(动) xiūjiǎn (2) 整顿(动) zhěngdùn; 准备(动) zhǔnbèi; 齐备(动) qíbèi: *warships in fighting* ~ 做好了战斗准备的军舰 zuòhǎole zhàndòu zhǔnbèi de jūnjiàn

trinket *n* 小装饰品 xiǎo zhuāngshìpǐn; 小首饰 xiǎo shǒushi; 小玩意儿 xiǎo wányìr

trio *n* (1) 三人一组 sānrén yìzǔ; 三件一套 sānjiàn yítào: *the scenic* ~ *of Japan* 日本三景 Rìběn sānjǐng (2) 三重奏(名) sānchóngzòu; 三重唱(名) sānchóngchàng; 三部合奏(或合唱)曲 sānbù hézòu (huò héchàng) qǔ

trip I *v* (1) 轻快地走(或跑) qīngkuài de zǒu (huò pǎo); 轻快地跳舞 qīngkuài de tiàowǔ (2) 绊(动) bàn; 绊倒 bàndǎo (3) 使犯错误 shǐ fàn cuòwù II *n* (1) 失足(动) shīzú; 过失(名) guòshī: *a* ~ *of the tongue* 失言(动) shīyán (2) 旅行(动) lǚxíng; 行程(名) xíngchéng; 一个来回 yíge láihuí: *a sea* ~ 海上旅行 hǎishàng lǚxíng / *a business* ~ 公务旅行 gōngwù lǚxíng / *a weekend* ~ 周末旅行 zhōumò lǚxíng / *a 2-day* ~ 两日游 liǎngrì yóu / *go on a* ~ *to China* 去中国 qù Zhōngguó / *a round* ~ 往返的行程 wǎngfǎn de xíngchéng

triple I *adj* 三倍的 sānbèi de; 三重的 sānchóng de; 三部分的 sān bùfen de: ~ *jump* 三级跳远 sānjí tiàoyuǎn / ~ *time* 三拍子 sānpāizi II *v* 增至三倍 zēngzhì sānbèi, 增加两倍 zēngjiā liǎngbèi III *n* 三倍数 sānbèishù; 三倍量 sānbèiliàng

tripod *n* 三脚桌(名) sānjiǎozhuō; 三脚凳(名) sānjiǎodèng; 三脚架(名) sānjiǎojià

triumph I *n* (1) 凯旋(动) kǎixuán; 胜利(名) shènglì: *a diplomatic* ~ 外交上的胜利 wàijiāoshang de shènglì / *shouts of* ~ 胜利的欢呼声 shènglì de huānhūshēng (2) 胜利的喜悦 shènglì de xǐyuè; 扬扬得意 yángyáng déyì II *v* 获胜(动) huòshèng; 战胜(动) zhànshèng; 成功(动) chénggōng; 击败(动) jībài: ~ *over one's difficulties* 战胜困难 zhànshèng kùnnan

triumphant *adj* (1) 得胜的 déshèng de; 战胜的 zhànshèng de; 成功的 chénggōng de: *the* ~ *army* 得胜的军队 déshèng de jūnduì (2) 因得胜而喜悦 yīn déshèng ér xǐyuè; 扬扬得意 yángyángdéyì

trivial *adj* (1) 细小(形) xìxiǎo; 轻微(形) qīngwēi; 不重要 bú zhòngyào; 价值不大的 jiàzhí bú dà de: ~ *matters* 琐事 suǒshì (小事 xiǎoshì) / *a ~ loss* 轻微的损失 qīngwēi de sǔnshī (2) 平常(形) píngcháng, 平凡(形) píngfán; 通俗(形) tōngsú: *a ~ name* 俗名 súmíng / *~ everyday duties* 日常事务 rìcháng shìwù

trolley *n* (1) 手推车(名) shǒutuīchē; 台车(名) táichē (2) 有轨电车 yǒuguǐ diànchē: *by ~* 乘电车 chéng diànchē

trombone *n* 长号(名) chánghào, 拉管(名) lāguǎn: *play the ~* 吹奏长号 chuīzòu chánghào

troop **I** *n* (1) 军队(名) jūnduì, 部队(名) bùduì: *regular ~s* 正规军 zhèngguījūn / *ground ~s* 陆军 lùjūn / *mass ~s on the frontier* 在国境上集结军队 zài guójìngshang jíjié jūnduì (2) 一群 yìqún, 一伙 yìhuǒ; 许多(形) xǔduō: *a ~ of school children* 一群小学生 yìqún xiǎoxuéshēng / *a ~ of monkeys* 一群猴子 yìqún hóuzi **II** *v* 成群结队地走 chéngqúnjiéduì de zǒu

trooper *n* (1) 兵(名) bīng, 士兵(名) shìbīng, 列兵(名) lièbīng (2) 州警察 zhōu jǐngchá

trophy *n* (1) 战利品(名) zhànlìpǐn; 猎获物(名) lièhuòwù; 纪念品(名) jìniànpǐn: *a ~ of war* 一件战利品 yíjiàn zhànlìpǐn / *hunting trophies* 猎获物 lièhuòwù (2) 奖品(名) jiǎngpǐn; 奖杯(名) jiǎngbēi: *a tennis ~* 网球纪念奖 wǎngqiú jìniànjiǎng

tropic *n* (1) 回归线(名) huíguīxiàn: *the T~ of Cancer* 北回归线 běi huíguīxiàn / *the T~ of Capricorn* 南回归线 nán huíguīxiàn (2) 热带(名) rèdài, 热带地方 rèdài dìfang: *the ~s* 热带 rèdài / *plants native to the ~s* 热带植物 rèdài zhíwù

tropical *adj* 热带的 rèdài de: *~ countries* 热带国家 rèdài guójiā / *~ fruits* 热带水果 rèdài shuǐguǒ

trot **I** *v* (1) 小跑 xiǎopǎo, 慢跑 màn pǎo; 快步走 kuàibù zǒu (2) 带着走 dàizhe zǒu, 领着走 lǐngzhe zǒu **II** *n* (1) 小跑 xiǎopǎo, 慢跑 màn pǎo; 快步走 kuàibù zǒu: *go for a ~* 骑马出去溜溜 qí mǎ chūqu liùliu (2) 忙碌(形) mánglù

trouble **I** *n* (1) 烦恼(形) fánnǎo, 苦恼(形) kǔnǎo; 忧愁(形) yōuchóu; 烦恼事 fánnǎoshì (2) 困难(名) kùnnan; 困境(名) kùnjìng: *get into ~* 陷入困境 xiànrù kùnjìng (3) 麻烦(名、形) máfan; 劳苦(形) láokǔ; 费事 fèishì; 费心 fèixīn (4) 疾病(名) jíbìng; 故障(名) gùzhàng; 事故(名) shìgù: *eye ~* 眼疾 yǎnjí / *heart ~* 心脏病 xīnzàngbìng / *traffic ~* 交通事故 jiāotōng shìgù / *engine ~* 发动机故障 fādòngjī gùzhàng (5) 纠纷(名) jiūfēn, 纷争(名) fēnzhēng; 风潮(名) fēngcháo; 动乱(名) dòngluàn: *a school ~* 学潮 xuécháo / *labour ~* 劳资纠纷 láozī jiūfēn / *family ~* 家庭不和 jiātíng bùhé **II** *v* (1) 使烦恼 shǐ fánnǎo, 使苦恼 shǐ kǔnǎo; 使忧虑 shǐ yōulǜ (2) 麻烦(动) máfan; 劳驾 láojià // *ask for ~* 自找麻烦 zìzhǎo máfan / *get sb. into ~* 使某人陷入困境 shǐ mǒu rén xiànrù kùnjìng; 使怀孕 shǐ huáiyùn / *in ~* 处于困难中 chǔyú kùnnanzhōng, 遇到麻烦 yùdào máfan / *make ~* 闹事 nàoshì, 捣乱 dǎoluàn

troublemaker *n* 捣乱分子 dǎoluàn fènzǐ, 制造麻烦的人 zhìzào máfan de rén

troubleshooter *n* (1) 排解纠纷的人 páijiě jiūfēn de rén (2) 故障检修员 gùzhàng jiǎnxiūyuán

troublesome *adj* 讨厌(形) tǎoyàn; 麻烦(形) máfan, 难办的 nán bàn de: *~ child* 烦人的孩子 fán rén de háizi / *a ~ headache* 使人烦躁不安的头痛 shǐ rén fánzào bù'ān de tóutòng / *a ~ problem* 棘手的问题 jíshǒu de wèntí

trough *n* 槽(名) cáo; 水槽(名) shuǐcáo; 饲料槽 sìliàocáo: *a water ~ for cattle* 牲口饮水槽 shēngkou yīnshuǐ cáo

troupe *n* 剧团（名）jùtuán; 戏班 xìbān: *a circus* ~ 马戏团 mǎxìtuán / *a* ~ *of acrobats* 杂技团 zájìtuán / *Peking opera* ~ 京剧团 jīngjùtuán / *a ballet* ~ 芭蕾舞团 bālěiwǔ tuán / *a song and dance* ~ 歌舞团 gēwǔtuán / *a cultural* ~ 文工团 wéngōngtuán / *a theatrical* ~ 剧团 jùtuán

trousers *n* 裤子（名）kùzi, 长裤（名）chángkù

trout *n* 鲑鱼（名）guīyú; 真鳟（名）zhēnzūn

trowel *n* 泥铲（名）níchǎn; 泥刀（名）nídāo

truant *n* (1) 逃学者 táoxuézhě, 旷课 的学生 kuàngkè de xuésheng: *a* ~ *school child* 逃学的学生 táoxué de xuésheng（2）玩忽职守的人 wánhūzhíshǒu de rén, 不尽职的人 bú jìnzhí de rén // *play* ~ 逃学 táoxué, 旷课 kuàngkè

truce *n* 停战 tíngzhàn, 休战 xiūzhàn, 停火 tínghuǒ: ~ *negotiations* 停战谈 判 tíngzhàn tánpàn / *a 3-week* ~ 停 火三周 tínghuǒ sānzhōu / *make a* ~ 实现停火 shíxiàn tínghuǒ

truculent *adj* (1) 残暴（形）cánbào; 凶恶（形）xiōng'è; 蛮横无理 mánhèngwúlǐ; 粗暴（形）cūbào; 好斗 的 hào dòu de: *a very* ~ *person* 一个 蛮横无理的人 yígè mánhèngwúlǐ de rén（2）尖刻（形）jiānkè, 刻毒（形）kèdú: *a* ~ *newspaper article* 报纸上 一篇刻毒的文章 bàozhǐshang yìpiān kèdú de wénzhāng

trudge I *v* 跋涉（动）báshè, 费力地行 走 fèilì de xíngzǒu II *n* 跋涉（动）báshè, 费力的行走 fèilì de xíngzǒu

true *adj* (1) 真（形）zhēn, 真正（形）zhēnzhèng, 真实（形）zhēnshí; 确实 （形）quèshí: *a* ~ *story* 真事 zhēnshì （2）忠实（形）zhōngshí; 虔诚（形）qiánchéng: *a* ~ *friend* 忠实的朋友 zhōngshí de péngyou / *a* ~ *Christian* 虔诚的基督徒 qiánchéng de jīdūtú（3）

正确（形）zhèngquè; 准确（形）zhǔnquè: *a* ~ *copy of a document* 一 份文件的准确抄本 yífèn wénjiàn de zhǔnquè chāoběn / *a* ~ *pair of scales* 一架准确的天平 yíjià zhǔnquè de tiānpíng // *come* ~ 实现 shíxiàn; 发 生 fāshēng

truly *adv* 确实（副）quèshí, 真正地 zhēnzhèng de: *Yours* ~ 您的忠实的 nín de zhōngshí de

trump *n* 王牌（名）wángpái; 主牌 （名）zhǔpái: *a* ~ *card* 一张王牌 yìzhāng wángpái / *no* ~ 无主牌 wú zhǔpái / *play a* ~ 打出一张主牌 dǎchū yìzhāng zhǔpái

trumpet I *n* (1) 喇叭（名）lǎba, 小号 （名）xiǎohào: *blow a* ~ 吹喇叭 chuī lǎba（2）象的吼声 xiàng de hǒushēng II *v* (1) 吹喇叭 chuī lǎba, 吹号 chuī hào（2）吼叫（动）hǒujiào // *blow one's own* ~ 自吹自擂 zìchuīzìléi, 自 我吹嘘 zìwǒchuīxū

truncheon *n* 短棒 duǎnbàng; 警棍 （名）jǐnggùn: *hit sb. with a* ~ 用棍 子打人 yòng gùnzi dǎ rén

trunk *n* (1) 树干（名）shùgàn（2）躯 干（名）qūgàn, 躯体（名）qūtǐ（3）皮 箱（名）píxiāng, 衣箱（名）yīxiāng; 汽 车的行李箱（名）qìchē de xínglixiāng: *pack one's* ~ 装箱 zhuāng xiāng（4）象鼻子 xiàng bízi // ~ *call* 长途电话 chángtú diànhuà / ~ *line* 干线 gànxiàn / ~ *road* 干道 gàndào

trust I *n* (1) 信任（动）xìnrèn, 信赖 （动）xìnlài, 相信（动）xiāngxìn: *betray a* ~ 辜负信任 gūfù xìnrèn（2）职 责（名）zhízé, 职守（名）zhíshǒu: *a position of great* ~ 一个责任重大的 职务 yígè zérèn zhòngdà de zhíwù（3）信心（名）xìnxīn; 希望（名）xīwàng （4）信托（动）xìntuō; 信托财产 xìntuō cáichǎn, 委托物 wěituōwù II *v* (1) 相信（动）xiāngxìn, 信任（动）xìnrèn, 信赖（动）xìnlài（2）把…委托 给 bǎ... wěituō gěi, 委托（动）wěituō （3）希望（动）xīwàng, 愿望（名）

yuànwàng // ~ *company* 信托公司 xìntuō gōngsī / ~ *money* 托管金 tuōguǎnjīn / ~ *territory* 托管地 tuōguǎndì

trustworthy *adj* 值得信赖的 zhíde xìnlài de，可靠（形）kěkào：~ *colleagues* 可信赖的同事 kě xìnlài de tóngshì

truth *n* (1) 真理（名）zhēnlǐ：*a universal* ~ 普遍真理 pǔbiàn zhēnlǐ / *a paradoxical* ~ 似是而非的真理 sìshì'érfēi de zhēnlǐ / ~ *eternal* 永恒真理 yǒnghéng zhēnlǐ / *the* ~*s of science* 科学的真理 kēxué de zhēnlǐ (2) 真实（形）zhēnshí；真相（名）zhēnxiàng，实际情况 shíjì qíngkuàng：*hide the* ~ 隐瞒真情 yǐnmán zhēnqíng

try I *v* (1) 试（动）shì，尝试（动）chángshì；试用（动）shìyòng；试验（动）shìyàn (2) 尝（动）cháng，品尝（动）pǐncháng (3) 考验（动）kǎoyàn，磨炼（动）móliàn；使疲劳 shǐ píláo (4) 审问（动）shěnwèn，审判（动）shěnpàn；审讯（动）shěnxùn II *n* 尝试（动）chángshì；试验（动）shìyàn；试做（动）shìzuò // ~ *for* (1) 谋求 móuqiú，争取 zhēngqǔ：~ *for a job* 谋求一个工作 móuqiú yíge gōngzuò (2) 参加选拔赛 cānjiā xuǎnbásài；竞争 jìngzhēng：~ (*out*) *for the football team* 参加足球队员的选拔赛 cānjiā zúqiú duìyuán de xuǎnbásài / ~ *on* 试穿 shìchuān / ~ *out* 试验 shìyàn：~ *out a new teaching method* 试验一种新教学法 shìyàn yìzhǒng xīn jiàoxuéfǎ

trying *adj* 难受（形）nánshòu，难过（形）nánguò；费劲 fèijìn，恼人（形）nǎorén：*a very* ~ *child* 恼人的孩子 nǎorén de háizi / *a* ~ *time* 难过的时刻 nánguò de shíkè

tsar, tzar *n* 沙皇（名）shāhuáng；皇帝（名）huángdì

T-shirt *n* T恤衫 tīxùshān

tub *n* (1) 桶（名）tǒng，盆（名）pén，缸（名）gāng：*a huge* ~ *of water* 一大桶水 yí dà tǒng shuǐ / *a rain-water* ~ 盛雨水的桶 chéng yǔshuǐ de tǒng (2) 洗澡 xǐzǎo：*have a cold* ~ 在盆里洗个冷水澡 zài pénli xǐ ge lěngshuǐzǎo

tube *n* (1) 管（名）guǎn；软管 ruǎnguǎn：*a test* ~ 一根试管 yìgēn shìguǎn / *the inner* ~ *of a bicycle tyre* 自行车的内胎 zìxíngchē de nèitāi / ~ *of toothpaste* 一管牙膏 yìguǎn yágāo (2) 地下铁道 dìxià tiědào，地铁（名）dìtiě：*a* ~ *train* 地下火车 dìxià huǒchē (3) 电视显像管 diànshì xiǎnxiàngguǎn

tuberculosis *n* 结核病（名）jiéhébìng；肺结核 fèijiéhé，肺病（名）fèibìng

tuck I *n* 缝褶（名）féngzhě，横褶 héngzhě II *v* (1) 掖（动）yē，塞（动）sāi：~ *a handkerchief in a pocket* 把手绢塞到兜里 bǎ shǒujuàn sāidào dōuli (2) 盖好被子安睡 gàihǎo bèizi ānshuì (3) 大吃 dàchī

Tuesday *n* 星期二（名）xīngqī'èr，礼拜二 lǐbài'èr，周二 zhōu'èr

tuft *n* 一簇 yícù，一丛 yìcóng，一束 yíshù，一绺 yìliǔ：*a* ~ *of beard* 一绺胡须 yìliǔ húxū / *a* ~ *of hair* 一绺头发 yìliǔ tóufa / ~*s of young rice seedlings* 一簇簇的稻苗 yícùcù de dàomiáo

tug I *v* 用力拖 yònglì tuō，使劲拉 shǐjìn lā II *n* (1) 猛拉 měng lā，拖（动）tuō；牵引（动）qiānyǐn (2) 拖船（名）tuōchuán

tug-of-war *n* (1) 拔河（名）báhé：*have* ~ 拔河比赛 báhé bǐsài (2) 力量的较量 lìliang de jiàoliàng；激烈竞争 jīliè jìngzhēng；僵局（名）jiāngjú

tuition *n* (1) 教学（名）jiàoxué，教授（动）jiāoshòu：*oral* ~ 口授 kǒushòu / *postal* ~ 函授 hánshòu / *individual* ~ 个别教学 gèbié jiàoxué / *private* ~ 私人授课 sīrén shòukè (2) 学费（名）xuéfèi：~ *fees* 学费 xuéfèi

tulip *n* 郁金香（名）yùjīnxiāng

tumble *v* (1) 跌倒 diēdǎo，摔倒 shuāidǎo；滚下 gǔnxià：~ *over a chair* 被椅子绊了一跤 bèi yǐzi bànle yì jiāo（2）翻腾（动）fānténg，打滚 dǎgǔn；翻筋斗 fān jīndǒu（3）偶然遇 到 ǒurán yùdào，碰见 pèngjiàn（4）倒 塌（动）dǎotā；下跌（动）xiàdiē，下落 （动）xiàluò：*tumbling prices* 下跌的 物价 xiàdiē de wùjià

tumbler *n* 酒杯（名）jiǔbēi；水杯（名） shuǐbēi：*a ～ of whisky* 一杯威士忌 yìbēi wēishìjì / *a glass ～* 玻璃酒杯 bōli jiǔbēi

tummy *n* 肚子（名）dùzi；胃（名）wèi： *a ～ ache* 肚子疼 dùzi téng

tumour *n* 肿块（名）zhǒngkuài；肿瘤 （名）zhǒngliú，瘤子（名）liúzi：*a brain ～* 脑瘤 nǎoliú

tumult *n*（1）喧哗（动）xuānhuá；吵 闹（动）chǎonào；骚乱（动）sāoluàn，骚 动（动）sāodòng：*pacify a ～* 平息 一场骚乱 píngxī yìcháng sāoluàn / *a popular ～* 群众的骚动 qúnzhòng de sāodòng（2）激动（形）jīdòng；烦乱 （形）fánluàn

tune I *n*（1）调子（名）diàozi，曲调 （名）qǔdiào；主题（名）zhǔtí：*a well-known ～* 一首名曲 yìshǒu míngqǔ / *a gay ～* 一首欢快的曲子 yìshǒu huānkuài de qǔzi / *a ～ for the dance* 一首舞曲 yìshǒu wǔqǔ（2）准确的音高 zhǔnquè de yīngāo；和谐（形）héxié， 协调（形）xiétiáo，一致（形）yízhì： *sing out of ～* 唱走了调 chàngzǒule diào / *play in ～* 奏得合调 zòu de hé diào / *in ～ with current ideas* 顺应时 代的思潮 shùnyìng shídài de sīcháo II *v*（1）调音 tiáoyīn（2）调整频率 tiáozhěng pínlǜ；收听（动）shōutīng： *～ one's radio to a wavelength* 拨一个 台 bō yíge tái // *change one's ～* 改调 gǎi diào，改变口气 gǎibiàn kǒuqì / *～ out* 关掉 guāndiào：*～ out the radio* 关上收音机 guānshang shōuyīnjī

tuning *n* 调音 tiáo yīn；调弦 tiáo xián：*a ～ fork* 音叉 yīnchā / *a ～ peg* 弦轴 xiánzhóu（执手 zhíshǒu）

tunnel I *n* 隧道（名）suìdào，坑道（名） kēngdào；地道（名）dìdào：*a railway*

～ 铁路隧道 tiělù suìdào / *make a ～* 挖地道 wā dìdào II *v* 挖地道 wā dìdào：*～ under the sea* 挖海底隧道 wā hǎidǐ suìdào / *～ one's way through the hill* 挖一条隧道穿过山去 wā yìtiáo suìdào chuānguò shān qu

turban *n*（1）穆斯林的头巾 Mùsīlín de tóujīn（2）头巾（名）tóujīn（3）头巾 式女帽 tóujīnshì nǚmào：*a silk ～* 一 顶丝制头巾式女帽 yìdǐng sīzhì tóujīnshì nǚmào

turkey *n* 火鸡（名）huǒjī；火鸡肉 huǒjīròu // *talk ～* 谈正经事 tán zhèngjing shì

Turkish I *adj* 土耳其的 Tǔ'ěrqí de；土 耳其人的 Tǔ'ěrqírén de；土耳其的 Tǔ'ěrqí de；土耳其语的 Tǔ'ěrqíyǔ de： *a ～ bath* 土耳其浴 Tǔ'ěrqíyù（蒸气 浴 zhēngqìyù）II *n* 土耳其语（名） Tǔ'ěrqíyǔ

turn I *v*（1）转（动）zhuàn，转动（动） zhuàndòng；旋转（动）xuánzhuǎn：*～ a door handle* 转动门把手 zhuàndòng mén bǎshǒu（2）使朝向 shǐ cháoxiàng， 转身 zhuǎnshēn（3）把（注意力或话 题）转向 bǎ（zhùyìlì huò huàtí） zhuǎnxiàng，把…用于 bǎ…yòngyú， 把…对准 bǎ…duìzhǔn（4）翻（动） fān，翻转（动）fānzhuǎn：*～ 2 pages* 翻两页 fān liǎngyè（5）绕过 ràoguò： *～ a corner* 绕过一个拐角 ràoguò yíge guǎijiǎo（6）变（动）biàn，改变（动） gǎibiàn；变色 biànsè；变质 biànzhì （7）超过（动）chāoguò，过（动）guò （8）译（动）yì，翻译（动）fānyì II *n* （1）转动（动）zhuàndòng；旋转（动） xuánzhuǎn：*a ～ of the wheel* 轮子的 一次转动 lúnzi de yícì zhuàndòng（2） 转向 zhuǎnxiàng；转弯 zhuǎnwān；曲 折部 qūzhé bù（3）转变（动） zhuǎnbiàn；变化（动）biànhuà；转折 点（名）zhuǎnzhédiǎn：*the ～ of the century* 两个世纪交替的时候 liǎngge shìjì jiāotì de shíhou（4）圈（名）quān； 阵（量）zhèn；回（量）huí：*a coil of 1,000 ～s* 一千匝的线圈 yìqiānzā de

xiànquān / *take a ~ of work* 做一会
儿工作 zuò yíhuìr gōngzuò (5) 举动
(名) jǔdòng, 行为(名) xíngwéi (6)
轮流(动) lúnliú; 次序(名) cìxù, 顺序
(名) shùnxù; 时机(名) shíjī (7) 惊吓
(动) jīngxià; 发作(动) fāzuò // *at
every ~* 事事 shìshì; 处处 chùchù; 经
常 jīngcháng / *in ~* 依次 yīcì; 轮流
lúnliú / *on the ~* 正在变化中 zhèngzài
biànhuàzhōng; 要变坏了 yào biàn huài
le / *out of ~* (1) 不按次序的 bú àn
cìxù de (2) 不合时宜地 bù hé shíyí
de; *take ~s* 依次 yīcì; 轮流 lúnliú /
to a ~ 正好 zhènghǎo, 恰好 qiàhǎo /
~ about 转身 zhuǎnshēn; 掉头
diàotóu / *~ away* (1) 走开 zǒukāi,
离开 líkāi; 把脸转过去 bǎ liǎn
zhuǎnguòqu (2) 打发走 dǎfa zǒu; 撵
走 niǎnzǒu / *~ away from* 拒不接受
jù bù jiēshòu; 不理睬 bù lǐcǎi / *~
back*(1) 停止向前 tíngzhǐ xiàng qián,
往回走 wǎng huí zǒu (2) 翻回到
fānhuídào; 重新提到 chóngxīn tídào /
~ down (1) 翻下来 fānxialai; 向下
折 xiàng xià zhé (2) 关小 guānxiǎo,
调低 tiáodī, 拧小 níngxiǎo: *~ down
the gas* 把煤气拧小 bǎ méiqì níngxiǎo
(3) 拒绝 jùjué / *~ in* (1) 转身进入
zhuǎnshēn jìnrù; 拐入 guǎirù (2) 向里
折 xiàng lǐ zhé (3) 睡觉 shuìjiào (4)
交给 jiāogěi / *~ into* (1) 进入 jìnrù:
~ into a narrow lane 进入小巷 jìnrù
xiǎoxiàng (2) 变成 biànchéng, 使成为
shǐ chéngwéi / *~ off* 关掉 guāndiào;
关上 guānshang / *~ on* (1) 开启 kāi,
打开 dǎkāi (2) 对…发怒 duì...fànù;
攻击 gōngjī / *~ out* (1) 驱逐 qūzhú,
赶走 gǎnzǒu (2) 赶出 gǎnchū (3) 生
产 shēngchǎn, 制造 zhìzào; 培养
péiyǎng; 训练 xùnliàn (4) 出来
chūlai; 出动 chūdòng (5) 结果是
jiéguǒ shì, 原来是 yuánlái shì; 证明是
zhèngmíng shì / *~ over* (1) 打翻
dǎfān; 倾倒 qīngdǎo (2) 移交 yíjiāo;
交给 jiāogěi (3) 反复思考 fǎnfù sīkǎo
/ *~ to* (1) 转向 zhuǎnxiàng; 变成

biànchéng (2) 求助于 qiúzhù yú; 求教
于 qiújiào yú (3) 开始干 kāishǐ gàn,
着手干 zhuóshǒu gàn / *~ up* (1) 卷
起 juǎnqǐ: *~ up one's sleeves* 卷起袖
子 juǎnqǐ xiùzi (2) 出现 chūxiàn; 被
找到 bèi zhǎodào; 突然发生 tūrán
fāshēng (3) 来到 láidào, 到达 dàodá
(4) 开大 kāidà, 调高 tiáogāo

turning *n* (1) 旋转(动) xuánzhuǎn;
翻转(动) fānzhuǎn (2) 变向
biànxiàng, 转向 zhuǎnxiàng (3) 转弯
处(名) zhuǎnwānchù // *a ~ point* 转
折点 zhuǎnzhédiǎn

turnip *n* 芜菁(名) wújīng, 萝卜(名)
luóbo: *a field of ~s* 芜菁地 wújīngdì
/ *a ~ radish* 圆萝卜 yuán luóbo

turn-off *n* (1) 岔开 chàkāi; 避开
bìkāi (2) 岔道(名) chàdào, 支路(名)
zhīlù

turnout *n* (1) 出动(动) chūdòng; 出
动的人群 chūdòng de rénqún (2) 避车
道(名) bìchēdào, 岔道(名) chàdào

turnover *n* (1) 翻转(动) fānzhuǎn;
倒转(动) dàozhuǎn; 转向反面
zhuǎnxiàng fǎnmiàn (2) 翻倒物(名)
fāndǎowù; 翻转物(名) fānzhuǎnwù

turnstile *n* 旋转式栅门 xuánzhuǎnshì
zhàmén, 旋门(名) xuánmén: *a ~ at
the entrance to the football ground* 足球
场入口处的一个旋转式栅门
zúqiúchǎng rùkǒuchù de yíge
xuánzhuǎnshì zhàmén / *a subway*
地下铁道的旋门 dìxiàtiědào de
xuánmén / *pass through a ~* 穿过旋
门 chuānguò xuánmén

turquoise **I** *n* (1) 绿松石 lǜsōngshí (2)
绿松石色 lǜsōngshìsè, 青绿色 qīnglǜsè
II *adj* 青绿色的 qīnglǜsè de: *a pale ~
dress* 淡绿色的衣服 dànlǜsè de yīfu

turtle *n* 海龟(名) hǎiguī; 龟(名) guī;
玳瑁(名) dàimào; 甲鱼(名) jiǎyú

turtle-neck *n* 高而紧的衣领 gāo ér jǐn
de yīlǐng; 高领绒衣 gāolǐng róngyī: *a
~ sweater* 高领衫 gāolǐngshān

tusk *n* 长牙 chángyá; 獠牙(名)
liáoyá: *an elephant ~* 一颗象牙 yìkē

xiàngyá

tussle I *v* (1) 扭打(动) niǔdǎ; 殴打
(动) ōudǎ; 撕打(动) sīdǎ (2) 争论
(动) zhēnglùn; 斗争(动) dòuzhēng II
n (1) 扭打(动) niǔdǎ, 撕打(动) sīdǎ
(2) 争论(动) zhēnglùn, 斗争(动)
dòuzhēng

tutor I *n* 私人教师 sīrén jiàoshī, 家庭
教师 jiātíng jiàoshī; 导师(名) dǎoshī,
指导教师 zhǐdǎo jiàoshī II *v* 教(动)
jiāo, 指导(动) zhǐdǎo; 当家庭教师
dāng jiātíng jiàoshī

tweeds *n* 粗花呢衣服 cū huāní yīfu: *a
suit of* ~ 一身粗花呢衣服 yìshēn cū
huāní yīfu

twelve *num* 十二(数) shí'èr, 拾贰
(数) shí'èr; 十二个 shí'èrge; 第十二
dìshí'èr: *volume* ~ 第十二卷 dìshí'èr
juàn / *page* ~ 十二页 shí'èryè

twenty *num* 二十(数) èrshí, 贰拾
(数) èrshí; 二十个 èrshíge; 第二十
dì'èrshí

twice *adv* 两次 liǎngcì; 两倍 liǎngbèi
// *think* ~ *about doing sth.* 慎重行
事 shènzhòng xíngshì; 再三考虑 zàisān
kǎolù

twiddle *v* 玩弄(动) wánnòng, 摆弄
(动) bǎinòng, 拨弄 bōnòng: ~ *one's
hair* 搓弄头发 cuōnòng tóufa

twig[1] *n* 细枝 xìzhī, 嫩枝 nènzhī; 枝桠
(名) zhīyā

twig[2] *v* 懂得(动) dǒngde; 了解(动)
liǎojiě

twilight *n* (1) 黄昏时的光线
huánghūn shí de guāngxiàn; 曙光(名)
shǔguāng; 微弱的光 wēiruò de guāng:
the evening ~ 暮色 mùsè / *the morn-
ing* ~ 晨曦 chénxī (曙光 shǔguāng)
(2) 黄昏(名) huánghūn; 黎明(名)
límíng: *at* ~ 傍晚时分 bàngwǎn
shífēn

twin I *adj* 双胞胎的 shuāngbāotāi de,
双生的 shuāngshēng de, 孪生的
luánshēng de: ~ *brothers* 孪生兄弟
luánshēng xiōngdi / ~ *girls* 孪生女孩
儿 luánshēng nǚháir / *a* ~ *sister* 双胞

胎的姐姐(妹妹) shuāngbāotāi de jiějie
(mèimei) II *n* 双胞胎(名)
shuāngbāotāi III *v* 结成亲密友好的关
系 jiéchéng qīnmì yǒuhǎo de guānxi

twine I *n* 双股线 shuānggǔ xiàn; 麻线
(名) máxiàn; 细绳 xìshéng II *v* (1)
捻(动) niǎn, 搓(动) cuō; 交织(动)
jiāozhī; 编(动) biān: *make a rope by
twining strings* 把几股线搓成绳子 bǎ
jǐgǔ xiàn cuōchéng shéngzi (2) 盘绕
(动) pánrào; 缠绕(动) chánrào, 搂抱
(动) lǒubào

twinkle I *v* 闪烁(动) shǎnshuò; 闪光
shǎnguāng, 闪亮 shǎnliàng II *n* (1)
闪烁(动) shǎnshuò, 闪光 shǎnguāng:
a mischievous ~ *in one's eyes* 调皮的
眼神 tiáopí de yǎnshén (2) 一瞬间
yíshùnjiān, 一刹那 yíchànà: *in a* ~
转瞬之间 zhuǎnshùn zhījiān

twinkling *n* 一瞬间 yíshùnjiān, 一刹
那 yíchànà: *in the* ~ *of an eye* 一瞬
间 yíshùnjiān (转眼之间 zhuǎnyǎn
zhījiān)

twist I *v* (1) 捻(动) niǎn, 搓(动)
cuō; 织(动) zhī: ~ *paper into a roll*
把纸捻成卷儿 bǎ zhǐ niǎnchéng juǎnr
/ ~ *flowers into a garland* 把花编成
花环 bǎ huā biānchéng huāhuán (2)
扭转(动) niǔzhuǎn; 拧(动) níng,
nǐng, 扭(动) niǔ, 绞(动) jiǎo: ~ *a
wet cloth* 拧干一块湿布 nínggān
yíkuài shī bù (3) 缠绕(动) chánrào,
盘绕(动) pánrào (4) 弯曲(形)
wānqū, 曲折(动) qūzhé; 迂回(动)
yūhuí (5) 歪曲(动) wāiqū; 曲解(动)
qūjiě II *n* (1) 捻(动) niǎn, 搓(动)
cuō; 拧(动) níng (2) 捻(卷、拧、搓)
成的东西 niǎn (juǎn, nǐng, cuō) chéng
de dōngxi; 结儿(名) jiér (3) 歪曲
(动) wāiqū; 曲解(动) qūjiě: *give the
facts a* ~ 对事实加以歪曲 duì shìshí
jiāyǐ wāiqū // ~ *off* 折断 zhéduàn:
~ *off a branch* 折断一根树枝
zhéduàn yìgēn shùzhī / ~ *s and turns*
迂回曲折 yūhuí qūzhé

twitch I *v* (1) 猛地一拉 měng de yìlā;

一把抓住 yìbǎ zhuāzhù (2) 抽动 (动) chōudòng; 抽搐 (动) chōuchù **II** n (1) 猛拉 měnglā (2) 抽搐 (动) chōuchù: *a muscle* ~ 肌肉抽搐 jīròu chōuchù

twitter **I** v (1) 唧唧喳喳地叫 jījīzhāzhāde jiào (2) 喊喊喳喳地说话 qīqīchāchāde shuō huà; 唠唠叨叨 láolaodāodāo **II** n 唧唧喳喳的叫声 jījīzhāzhāde jiàoshēng

two *num* 二 (数) èr, 贰 (数) èr; 两个 liǎngge; 第二 dì'èr // *in* ~ 两半 liǎngbàn, 两分 liǎngfēn, 两部分 liǎngbùfen / *put* ~ *and* ~ *together* 根据事实推断 gēnjù shìshí tuīduàn

two-faced *adj* (1) 两面的 liǎngmiàn de (2) 两面派的 liǎngmiànpài de, 伪君子的 wěijūnzǐ de; 虚伪 (形) xūwěi: *a* ~ *person* 一个伪君子 yíge wěijūnzǐ

twofold *adj* 两倍 liǎngbèi; 双重 shuāngchóng

two-way *adj* (1) 双向的 shuāngxiàng de; 双通的 shuāngtōng de; 两路的 liǎnglù de: ~ *traffic* 双向交通 shuāngxiàng jiāotōng / *a* ~ *radio* 收发两用机 shōu fā liǎngyòngjī (2) 可两面穿的 kě liǎngmiàn chuān de

tycoon n 工商巨头 gōng shāng jùtóu; 大王 (名) dàwáng: *an oil* ~ 石油大王 shíyóu dàwáng

type **I** n (1) 型 (名) xíng, 类型 (名) lèixíng, 种类 (名) zhǒnglèi, 式 (名) shì: *a new* ~ *of aeroplane* 一种新型飞机 yìzhǒng xīnxíng fēijī / *various blood* ~*s* 各种血型 gèzhǒng xuèxíng (2) (某种类型的) 人 (名) (mǒuzhǒng lèixíng de) rén (3) 铅字 (名) qiānzì, 活字 (名) huózì; 字体 (名) zìtǐ: *wooden* ~ 木刻活字版 mùkè huózìbǎn / *in black* ~ 用黑体字 yòng hēitǐzì / *in large* ~ 用大号字体 yòng dàhào zìtǐ **II** v 打字 dǎzì; 用打字机打出 yòng dǎzìjī dǎchū: ~ *60 words a minute* 每分钟打六十个词 měifēnzhōng dǎ liùshíge cí

typescript n 打字稿 (名) dǎzìgǎo, 打好的文本 dǎhǎo de wénběn

typesetter n (1) 排字工人 páizì gōngrén (2) 排字机 (名) páizìjī

typewriter n 打字机 (名) dǎzìjī: *a portable* ~ 一台手提打字机 yìtái shǒutí dǎzìjī / *an electric* ~ 电动打字机 diàndòng dǎzìjī / *operate a* ~ 使用打字机 shǐyòng dǎzìjī

typhoid n 伤寒 (名) shānghán

typhoon n 台风 (名) táifēng

typhus n 斑疹伤寒 bānzhěn shānghán

typical *adj* 典型 (形) diǎnxíng, 代表性的 dàibiǎoxìng de; 道地的 dàodì de: *a* ~ *character* 典型人物 diǎnxíng rénwù

typically *adv* 典型地 diǎnxíng de; 道地 (形) dàodì; 象征性地 xiàngzhēngxìng de: ~ *Chinese* 道地的中国式 dàodì de Zhōngguóshì

typist n 打字员 (名) dǎzìyuán; 打字的人 dǎzì de rén

typography n (1) 活版印刷术 huóbǎn yìnshuāshù (2) 排印 (动) páiyìn; 印制格式 yìnzhì géshi

tyrannical *adj* 暴君的 bàojūn de; 专制的 zhuānzhì de; 专横 (形) zhuānhèng; 暴虐 (形) bàonüè: *a* ~ *ruler* 暴君 bàojūn

tyranny n 暴政 (名) bàozhèng, 苛政 (名) kēzhèng; 专制 (名) zhuānzhì; 暴行 (名) bàoxíng: *live under a* ~ 在暴政下生活 zài bàozhèng xia shēnghuó / *the* ~ *of early frosts* 早霜肆虐 zǎoshuāng sìnüè / *the* ~ *of the older generation over the younger generation* 老一代对青年一代的专制 lǎoyídài duì qīngnián yídài de zhuānzhì

tyrant n 专制统治者 zhuānzhì tǒngzhìzhě; 暴君 (名) bàojūn

tyre n 轮胎 (名) lúntāi, 车胎 (名) chētāi: *the off front* ~ 右前胎 yòu qián tāi

U

ubiquitous *adj* 普遍存在的 pǔbiàn cúnzài de, 随处可见的 suíchù kě jiàn de

UFO *n* 飞碟(名) fēidié, 不明飞行物 bùmíng fēixíngwù

ugly *adj* (1) 丑(形) chǒu, 丑陋(形) chǒulòu, 难看 (形) nánkàn: ~ *furniture* 难看的家具 nánkàn de jiājù/ (*of a person*) *to be* ~ (指人)长得丑 (zhǐ rén)zhǎng de chǒu (2) 可怕(形) kěpà; 可憎(形) kězēng; 讨厌(形) tǎoyàn: *an* ~ *smell* 难闻的气味儿 nánwén de qìwèir (3) 阴沉(形) yīnchén (4) 险恶 (形) xiǎn'è, 危险 (形) wēixiǎn (5) 暴躁(形) bàozào; 乖戾(形) guāilì: *an* ~ *temper* 暴躁 的脾气 bàozào de píqi / *an* ~ *customer* 一个难对付的人 yíge nán duìfu de rén // ~ *duckling* 丑 小 鸭 chǒuxiǎoyā; 小时难看,长大后好看的 人 xiǎoshí nánkàn, zhǎngdà hòu hǎokàn de rén

Uighur, Uygur **I** *n* 维吾尔族人 Wéiwú'ěrzúrén; 维吾尔人 Wéiwú'ěrrén; 维吾尔语 Wéiwú'ěryǔ: *the Xinjiang* ~ *Autonomous Region* 新疆 维吾尔自治区 Xīnjiāng Wéiwú'ěr Zìzhìqū **II** *adj* 维吾尔族人的 Wéiwú'ěrzúrén de; 维吾尔人的 Wéiwú'ěrrén de, 维吾尔语的 Wéiwú'ěryǔ de

ulcer *n* 溃疡(名) kuìyáng; 脓疱疮 (名) nóngbāochuāng: *stomach* ~ 胃 溃疡 wèikuìyáng

ulterior *adj* 隐藏的 yǐncáng de; 不可 告人的 bùkě gào rén de

ultimate *adj* 最远的 zuìyuǎn de; 最后 的 zuìhòu de, 最终的 zuìzhōng de: *the* ~ *aim* 最终目标 zuìzhōng mùbiāo

ultimately *adv* 最终(副) zuìzhōng, 最

后(名) zuìhòu, 归根结蒂 guīgēnjiédì

ultimatum *n* 最后通牒 zuìhòu tōngdié; 最后条件 zuìhòu tiáojiàn; 最后要求 zhuìhòu yāoqiú

ultra *adj* 极端(形) jíduān; 过激(形) guòjī; 过度(形) guòdù

ultraism *n* 极端主义(名) jíduānzhǔyì; 极端论(名) jíduānlùn

ultraist *n* 极端分子 jíduānfènzǐ, 极端 主义者(名) jíduānzhǔyìzhě

ultramodern *adj* 超 现 代 化 的 chāoxiàndàihuà de, 超 新 式 的 chāoxīnshì de

ultra-rightist *n* 极右派 jíyòupài, 极右 分子 jíyòufènzǐ

ultrasonic *adj* 超声的 chāoshēng de, 超音速的 chāoyīnsù de: ~ *waves* 超 声波 chāoshēngbō/ ~ *vibrations* 超声 振荡 chāoshēngzhèndàng

ultraviolet **I** *adj* (1) 紫外的 zǐwài de: ~ *rays* 紫外线 zǐwàixiàn(2) 紫外线 的 zǐwàixiàn de, 产生紫外线的 chǎnshēng zǐwàixiàn de **II** *n* 紫外线辐 射 zǐwàixiàn fúshè

umbrage *n* (1) 树荫 shùyīn, 簇叶 (名) cùyè, 荫影(名) yīnyǐng (2) 生气 shēngqì, 不快 búkuài; 愤恨 (形) fènhèn (3) 细微的迹象 xìwēi de jìxiàng

umbrella *n* (1)伞(名) sǎn, 雨伞(名) yǔsǎn: *open an* ~ 撑起雨伞 chēngqǐ yǔsǎn/ *shut an* ~ 把伞放下来 bǎ sǎn fàngxialai (2) 保护(动) bǎohù, 庇护 (动) bìhù: *an air* ~ 空中掩护 kōngzhōng yǎnhù/ *a nuclear* ~ 核保 护伞 hébǎohùsǎn

umpire **I** *n* 裁判员(名) cáipànyuán; 公断人(名) gōngduànrén, 仲裁(名) zhòngcái **II** *v* 当裁判 dāng cáipàn; 做 公断人 zuò gōngduànrén: ~ *in a dis-*

pute 在一场争执中当公断人 zài yìcháng zhēngzhízhōng dāng gōngduànrén/ ~ *between 2 parties* 在双方之间调停 zài shuāngfāng zhījiān tiáotíng

unabbreviated *adj* 未经缩写的 wèi jīng suōxiě de; 未经简略的 wèi jīng jiǎnlüè de; 全文拼写的 quánwén pīnxiě de: ~ *version* 非节本 fēijiéběn

unable *adj* 不能 bùnéng, 不会 búhuì; 无法 wúfǎ

unabridged *adj* 未删节的 wèi shānjié de, 未节略的 wèi jiélüè de, 完整(形) wánzhěng: *an* ~ *edition* 未节略的版本 wèi jiélüè de bǎnběn

unacceptable *adj* 不能接受的 bùnéng jiēshòu de; 不受欢迎的 bú shòu huānyíng de: *an* ~ *slang word* 一个不能正式采用的俚语词 yíge bùnéng zhèngshì cǎiyòng de líyǔ cí/ ~ *conditions* 无法接受的条件 wúfǎ jiēshòu de tiáojiàn

unaccompanied *adj* (1)无伴侣的 wú bànlǚ de; 无随从的 wú suícóng de: ~ *ladies* 无人伴随的女士们 wú rén bànsuí de nǚshimen (2) 无伴奏的 wú bànzòu de: *an* ~ *song* 一支无音乐伴奏的歌曲 yìzhī wú yīnyuè bànzòu de gēqǔ

unaccomplished *adj* (1)未完成的 wèi wánchéng de: *an* ~ *task* 一件未完成的工作 yíjiàn wèi wánchéng de gōngzuò (2) 无才华的 wú cáihuá de; 无造诣的 wú zàoyì de

unaccountable *adj* 无法解释的 wúfǎ jiěshì de; 不可理解的 bùkě lǐjiě de: *an* ~ *interest* 莫名其妙的兴趣 mòmíng qímiào de xìngqù

unaccustomed *adj* 不习惯的 bù xíguàn de; 非惯例的 fēi guànlì de; 不平常的 bù píngcháng de: *an* ~ *expression of anger* 一种不寻常的愤怒的表示 yìzhǒng bù xúncháng de fènnù de biǎoshì

unacquainted *adj* 不知道的 bù zhīdào de; 不熟悉的 bù shúxi de, 不认识的

bú rènshi de, 陌生(形) mòshēng: *be* ~ *with sth.* 不了解某事 bù liǎojiě mǒushì

unadapted *adj* (1)不适应的 bú shìyìng de; 不适合的 bú shìhé de (2) 未经改编的 wèi jīng gǎibiān de: *an* ~ *short story* 未经改写的短篇小说 wèi jīng gǎixiě de duǎnpiān xiǎoshuō

unaffected *adj* (1)无动于衷的 wúdòngyúzhōng de, 不受影响的 bú shòu yīngxiǎng de; 不变动的 bú biàndòng de (2) 自然(形) zìrán, 不矫揉造作的 bù jiǎoróuzàozuò de; 真诚(形) zhēnchéng

unambiguous *adj* 不含糊的 bù hánhu de; 清楚(形) qīngchu, 明确(形) míngquè: ~ *evidence* 确凿的证据 quèzáo de zhèngjù

un-American *adj* (政治活动)不利于美国的,反美的 (zhèngzhì huódòng) bú lìyú Měiguó de, fǎn Měi de: *the U*~ *Activities Committee* 非美活动调查委员会 Fēi Měi Huódòng Diàochá Wěiyuánhuì

unanimity *n* 一致(形) yízhì; 一致同意 yízhì tóngyì: *achieve* ~ *through consultation* 通过协商达到一致 tōngguò xiéshāng dádào yízhì/ *the* ~ *of the Cabinet* 全体内阁成员意见一致 quántǐ nèigé chéngyuán yìjiàn yízhì

unanimous *adj* 一致(形) yízhì; 一致同意的 yízhì tóngyì de; 无异议的 wú yìyì de

unanimously *adv* 一致地 yízhì de

unannounced *adj* 未经宣布的 wèi jīng xuānbù de; 突如其来的 tūrúqílái de; 未经通报姓名的 wèi jīng tōngbào xìngmíng de: *enter* ~ 未经通报姓名而进入 wèi jīng tōngbào xìngmíng ér jìnrù

unanswerable *adj* 无法回答的 wúfǎ huídá de; 无可辩驳的 wúkě biànbó de; 没有责任的 méiyǒu zérèn de

unanswered *adj* (1) 未答复的 wèi dáfù de; 未驳斥的 wèi bóchì de: *an* ~ *request* 未答复的请求 wèi dáfù de

qīngqiú（2）无反响的 wú fǎnxiǎng de,
无反应的 wú fǎnyìng de: ～ *love* 单相
思 dān xiāngsī

unapt *adj*（1）不合适的 bù héshì de,
不恰当的 bú qiàdàng de: *an ～ cita-
tion* 不恰当的引文 bú qiàdàng de
yǐnwén（2）不惯于 bú guànyú; 笨拙
（形）bènzhuō

unarmed *adj* 没有武装的 méiyǒu
wǔzhuāng de; 不带武器的 bú dài wǔqì
de, 徒手的 túshǒu de: ～ *fighting* 徒
手斗斗 túshǒu dǎdòu/ ～ *police* 不带
武器的警察 bú dài wǔqì de jǐngchá/ ～
from head to foot 手无寸铁
shǒuwúcùntiě

unashamed *adj* 不害羞的 bú hàixiū de;
无羞耻心的 wú xiūchǐxīn de, 恬不知
耻的 tiánbùzhīchǐ de

unauthorized *adj* 未被授权的 wèi bèi
shòuquán de; 未经批准的 wèi jīng
pīzhǔn de, 未经认可的 wèi jīng rènkě
de: *make an ～ change* 擅自更改
shànzì gēnggǎi/ ～ *use of the firm's e-
quipment* 擅自动用公司的设备 shànzì
dòngyòng gōngsī de shèbèi

unavailable *adj* 无法利用的 wúfǎ
lìyòng de; 得不到的 dé bu dào de; 达
不到的 dá bu dào de

unavoidable *adj* 不可避免的 búkě
bìmiǎn de; 不得已的 bùdéyǐ de

unaware *adj* 不知道的 bù zhīdào de,
不注意的 bú zhùyì de, 没有觉察到的
méiyǒu juéchádào de

unawares *adv*（1）不知不觉地
bùzhǐbùjué de; 无意中 wúyìzhōng（2）
冷不防地 lěngbùfáng de, 出其不意地
chūqíbúyì de, 突然（副）tūrán: *take the
enemy ～* 攻敌不备 gōng dí búbèi

unbalance *v* 使失去平衡 shǐ shīqù
pínghéng; 使精神错乱 shǐ jīngshén
cuòluàn: ～ *sb.'s mind* 使某人思想混
乱 shǐ mǒurén sīxiǎng hùnluàn/ *an
～d character* 动摇不定的性格
dòngyáobúdìng de xìnggé

unbearable *adj* 难堪（形）nánkān; 忍
受不了的 rěnshòu bùliǎo de; 不能容忍

的 bùnéng róngrěn de; 承受不住的
chéngshòu búzhù de: ～ *suffering* 难
以忍受的痛苦 nányí rěnshòu de tòngkǔ

unbelievable *adj* 难以置信的 nányí
zhìxìn de, 无法相信 wúfǎ xiāngxìn

unbiassed *adj* 没有偏见的 méiyǒu
piānjiàn de, 不偏不倚的 bùpiān bùyǐ
de, 公正（形）gōngzhèng, 公允（形）
gōngyǔn: ～ *estimation* 公正的评价
gōngzhèng de píngjià

unbreakable *adj* 不易破碎的 bú yì
pòsuì de; 不能破损的 bùnéng pòsǔn
de; 牢不可破的 láobùkěpò de: *an ～
friendship between the peoples of 2
countries* 两国人民之间牢不可破的友
谊 liǎngguó rénmín zhījiān láobùkěpò de
yǒuyì

unbroken *adj*（1）未破损的 wèi pòsǔn
de, 完整（形）wánzhěng, 未被打破的
wèi bèi dǎpò de: ～ *teapot* 完好无损的
茶壶 wánhǎo wúsǔn de cháhú / *an ～
world record* 一项未被打破的世界纪
录 yíxiàng wèi bèi dǎpò de shìjiè jìlù
（2）未违反的 wèi wéifàn de, 得到遵
守的 dédào zūnshǒu de: *an ～ promise*
信守的诺言 xìnshǒu de nuòyán（3）未
中断的 wèi zhōngduàn de, 持续不断
的 chíxù búduàn de: ～ *fine weather*
持续的好天气 chíxù de hǎo tiānqì（4）
未被征服的 wèi bèi zhēngfú de; 未受
挫折的 wèi shòu cuòzhé de; 不消沉的
bù xiāochén de: ～ *morale* 未被挫伤
的士气 wèi bèi cuòshāng de shìqì

unbutton *v* 解开纽扣 jiěkāi niǔkòu

uncertain *adj*（1）变化无常的 biànhuà
wúcháng de, 易变的 yìbiàn de, 靠不
住的 kào bú zhù de（2）未确定的 wèi
quèdìng de, 不肯定的 bù kěndìng de,
不明确的 bù míngquè de, 无把握的
wú bǎwò de

uncertainty *n*（1）变化无常 biànhuà
wúcháng, 易变 yìbiàn, 靠不住 kào bú
zhù: *the ～ of the weather* 天气的变
化无常 tiānqì de biànhuà wúcháng（2）
不确定 bú quèdìng; 半信半疑
bànxìnbànyí, 不确定的事情 bú

quèdìng de shìqing: *a political* ～ 政治
上的未知数 zhèngzhìshang de
wèizhìshù/ *the* ～ *of life* 人生的无常
rénshēng de wúcháng/ *clear up uncer-
tainties* 消除疑虑 xiāochú yílǜ

unchallenged *adj* 未受到挑战的
wèishòudào tiǎozhàn de，未引起争议
的 wèi yǐnqǐ zhēngyì de: *go* ～ 无问题
通过 wú wèntí tōngguò

unchanged *adj* 未改变的 wèi gǎibiàn
de，没有变化的 méiyǒu biànhuà de:
an ～ *plural* 不变化复数 bú biànhuà
fùshù

unchecked *adj* (1) 未受制止的 wèi
shòu zhìzhǐ de；未受抑制的 wèi shòu
yìzhì de: *an* ～ *flow of blood* 大出血
dà chū xiě (2) 未经检查的 wèi jīng
jiǎnchá de，未经核对的 wèi jīng héduì
de

uncle *n* (1) (*father's elder brother*) 伯
父(名) bófù; (*father's younger broth-
er*) 叔父（名）shūfù，叔叔（名）
shūshu; (*mother's brother*) 舅父（名）
jiùfù，舅舅（名）jiùjiu; (*husband of
father's sister*) 姑父（名）gūfù; (*hus-
band of mother's sister*) 姨父（名）yífù
(2) 叔叔（名）shūshu，伯伯（名）
bóbo: "*Uncle Tom's Cabin*"《汤姆叔
叔的小屋》《Tāngmǔ Shūshu de
Xiǎowū》/ *U*～ *Sam* 山姆大叔
Shānmǔ Dàshū

unclean *adj* (1) (教义上认为)不洁的
(jiàoyìshang rènwéi) bù jié de，肮脏
(形) āngzāng: *an* ～ *animal* 不洁净
的动物 bù jiéjìng de dòngwù (2) 不纯
洁的 bù chúnjié de；不贞洁的 bù
zhēnjié de；邪恶(形) xié'è

unclear *adj* 不清楚的 bù qīngchu de，
不明白的 bù míngbai de: ～ *points* 含
糊不清的地方 hánhubùqīng de dìfang

uncoloured *adj* (1) 未染色的 wèi
rǎnsè de，未加彩色的 wèi jiā cǎisè de，
本色的 běnsè de (2) 未加渲染的
wèijiā xuànrǎn de，不夸张的 bù
kuāzhāng de

uncomfortable *adj* (1) 不舒服的 bù

shūfu de，不舒适的 bù shūshì de: *an*
～ *seat* 不舒服的座位 bù shūfu de
zuòwèi (2) 不自在的 bú zìzài de，不安
的 bù'ān de，拘束(形) jūshù

uncommon *adj* 不普通的 bù pǔtōng
de，不平常的 bù píngcháng de，难得
(形) nándé，显著(形) xiǎnzhù

unconditional *adj* 无条件的 wú
tiáojiàn de，无保留的 wú bǎoliú de，无
限制的 wú xiànzhì de，绝对（形）
juéduì: ～ *surrender* 无条件投降 wú
tiáojiàn tóuxiáng/ ～ *freedom* 绝对的
自由 juéduì de zìyóu

unconquerable *adj* 不可征服的 bùkě
zhēngfú de，不可战胜的 bùkě
zhànshèng de；压抑不住的 yāyì bú zhù
de

unconscious *adj* (1) 不省人事的
bùxǐng rénshì de，失去知觉的 shīqù
zhījué de: *in an* ～ *state* 处于昏迷状
态 chǔyú hūnmí zhuàngtài (2) 不知道
的 bù zhīdào de，未发觉的 wèi fājué de
(3) 无意识的 wú yìshi de

unconsciously *adv* 无意地 wúyì de，无
意识地 wúyìshi de

uncontrollable *adj* 控制不了的
kòngzhì bù liǎo de，难以管束的 nányǐ
guǎnshù de

uncontrolled *adj* 不受管束的 bú shòu
guǎnshù de，无拘束的 wú jūshù de，自
由(形) zìyóu

uncover *v* (1) 揭开...盖子 jiēkāi...
gàizi，移去...覆盖物 yíqù...
fùgàiwù: *an* ～ *ed shed* 无遮盖的小棚
子 wú zhēgài de xiǎo péngzi (2) 使露
出 shǐ lùchū；揭露(动) jiēlù；了解(动)
liǎojiě: ～ *a plan to steal* 发现一个盗
窃计划 fāxiàn yíge dàoqiè jìhuà

uncultivated *adj* (1) 未经耕作的 wèi
jīng gēngzuò de，未开垦的 wèi kāikěn
de: ～ *land* 未开垦的土地 wèi kāikěn
de tǔdì (2) 未经培养的 wèi jīng
péiyǎng de，未经栽培的 wèi jīng zāipéi
de (3) 无教养的 wú jiàoyǎng de，粗野
(形) cūyě；未开化的 wèi kāihuà de，
野蛮(形) yěmán

undated *adj* (1) 未注明日期的 wèi zhùmíng rìqī de: *an ~ letter* 一封未注明日期的信 yìfēng wèi zhùmíng rìqī de xìn (2) 无限期的 wú xiànqī de, 不定日期的 bú dìng rìqī de

undaunted *adj* 无畏(形) wúwèi, 大胆(形) dàdǎn, 勇敢(形) yǒnggǎn

undecided *adj* 未定的 wèidìng de, 未决的 wèijué de

undeclared *adj* (1) 未经宣布的 wèi jīng xuānbù de: *an ~ war* 不宣而战的战争 bù xuān ér zhàn de zhànzhēng (2) 未申报的 wèi shēnbào de, 未报税的 wèi bàoshuì de

undeniable *adj* (1) 不能否认的 bùnéng fǒurèn de, 无可争辩的 wú kě zhēngbiàn de (2) 确实优秀的 quèshí yōuxiù de; 道地(形) dàodì

under *prep* (1) 在...下面 zài... xiàmiàn, 在...底下 zài...dǐxià: *every place ~ the sun* 普天之下 pǔtiān zhīxià (2) 在...中 zài...zhōng, 在...里 zài...lǐ (3) 少于 shǎoyú, 低于 dīyú, 不到 bú dào, 在...以下 zài...yǐxià: *a temperature ~ 20°C* 低于二十摄氏度的气温 dīyú èrshí Shèshì dù de qìwēn / *the students ~ the third grade class* 三年级以下的学生 sānniánjí yǐxià de xuésheng (4) 在...下 zài...xià; 在...其间 zài...qíjiān: *the circumstances* 在这种情况下 zài zhèzhǒng qíngkuàngxià / *sentence of death* 被判处死刑 bèi pànchǔ sǐxíng / *a patient ~ treatment* 一个正在接受治疗的病人 yíge zhèngzài jiēshòu zhìliáo de bìngrén / *a city ~ attack* 遭到攻击的城市 zāodào gōngjī de chéngshì

undercharge *v* 少收钱 shǎo shōu qián, 少要钱 shǎo yào qián: *~ a company for shipment* 少收了一家公司的运费 shǎo shōu le yìjiā gōngsī de yùnfèi

underclothes, underclothing *n* 内衣(名) nèiyī, 衬衣(名) chènyī

undercoat *n* 底漆(名) dǐqī

undercover *adj* 秘密(形) mìmì, 暗中进行的 ànzhōng jìnxíng de: *~ meetings* 秘密集会 mìmìjíhuì (暗中接头 ànzhōng jiētóu)

undercurrent *n* (1) 暗流(名) ànliú, 潜流(名) qiánliú (2) 潜伏的情绪 qiánfú de qíngxù, 潜在的倾向 qiánzài de qīngxiàng

underdeveloped *adj* (1) 发育不良的 fāyù bùliáng de, 发育不健全的 fāyù bú jiànquán de (2) 不发达的 bù fādá de, 发展不充分的 fāzhǎn bù chōngfèn de: *~ nations* 不发达国家 bù fādá guójiā

underdone *adj* 未做熟的 wèi zuòshú de, 半生不熟的 bànshēngbùshú de, 夹生的 jiāshēng de, 欠火的 qiànhuǒ de

underestimate *v* 低估(动) dīgū, 估计不足 gūjì bùzú, 看轻(动) kànqīng

underfoot *adv* 在脚下 zài jiǎoxià, 在地上 zài dìshang

undergarment *n* 内衣(名) nèiyī, 衬衣(名) chènyī

undergo *v* 经历(动) jīnglì, 经受(动) jīngshòu; 遭受(动) zāoshòu: *~ a surgical operation* 接受手术治疗 jiēshòu shǒushù zhìliáo

undergraduate *n* 大学生(名) dàxuéshēng, 大学肄业生 dàxué yìyèshēng: *complete one's ~ studies* 修完大学课程 xiūwán dàxué kèchéng

underground **I** *adj* (1) 地面下的 dìmiànxià de, 地下的 dìxià de: *an ~ palace* 一座地下宫殿 yízuò dìxià gōngdiàn / *~ railway* 地下铁道 dìxià tiědào (地铁 dìtiě) (2) 秘密(形) mìmì, 地下的 dìxià de, 隐蔽(形) yǐnbì, 不公开的 bù gōngkāi de: *the ~ press* 地下报刊 dìxià bàokān / *an ~ party* 地下党 dìxiàdǎng **II** *adv* 秘密地 mìmì de, 隐蔽地 yǐnbì de, 暗中(名) ànzhōng, 不公开地 bùgōngkāi de: *go ~* 转入地下 zhuǎnrù dìxia **III** *n* (1) 地下铁道(名) dìxià tiědào, 地铁(名) dìtiě (2) 秘密团体 mìmì tuántǐ, 地下组织 dìxià zǔzhī; 秘密活动 mìmì huódòng

underhand *adj* 欺骗的 qīpiàn de, 不正当的 bú zhèngdāng de, 见 不得人的 jiàn bu de rén de, 不光明正大的 bù guāngmíngzhèngdà de

underlay **I** *v* 铺在...下面 pūzài... xiàmiàn, 衬垫(名) chèndiàn: ~ *the sea with a cable* 在海底铺设电缆 zài hǎidǐ pūshè diànlǎn **II** *n* 放(或垫)在下面的东西 fàng (huò diàn) zài xiàmiàn de dōngxi

underlie *v* (1) 位于...下面 wèiyú... xiàmiàn, 放在...下面 fàngzài... xiàmiàn, 含在里面的 hánzài lǐmiàn de (2) 构成...的基础 gòuchéng....de jīchǔ

underline *v* (1) 在下面划线 zài xiàmiàn huà xiàn: *the ~d words* 划底线的词 huà dǐxiàn de cí (2) 强调(动) qiángdiào, 使突出 shǐ tūchū

underlying *adj* (1) 在下边的 zài xiàbiān de; 放在下面的 fàngzài xiàmiàn de (2) 根本(形) gēnběn, 基础的 jīchǔ de: *an* ~ *cause* 根本原因 gēnběn yuányīn/ *an* ~ *meaning* 基本的意思 jīběn de yìsi

undermine *v* (1) 在...下面挖坑道 zài... xiàmiàn wā kēngdào, 削弱...的基础 xuēruò... de jīchǔ: ~ *a fortress* 挖地道破坏一个碉堡 wā dìdào pòhuài yíge diāobǎo (2) 暗中破坏 ànzhōng pòhuài, 逐渐损害 zhújiàn sǔnhài: ~ *sb.'s reputation* 破坏某人的名誉 pòhuài mǒurén de míngyù

underneath **I** *adv* 在下面 zài xiàmiàn, 在底下 zài dǐxià **II** *prep* 在...下面 zài... xiàmiàn, 在...下边 zài... xiàbiān **III** *n* 下部(名) xiàbù; 底部(名) dǐbù

underpants *n* 衬裤(名) chènkù

underpay *v* 少付工资 shǎo fù gōngzī, 付给不足额的工资 fùgěi bùzú'é de gōngzī

underpopulated *adj* 人口稀少的 rénkǒu xīshǎo de, 人口不足的 rénkǒu bù zú de: ~ *areas* 人口稀少的地区 rénkǒu xīshǎo de dìqū

underprivileged *adj* 被剥夺了基本社会权利的 bèi bōduóle jīběn shèhuì quánlì de; 贫困(形) pínkùn; 社会地位低下的 shèhuì dìwèi dīxià de: ~ *children* 被剥夺了基本社会权利的孩子 bèi bōduóle jīběn shèhuì quánlì de háizi

underrate *v* 评价过低 píngjià guòdī, 低估(动) dīgū, 看轻(动) kànqīng

undersea **I** *adj* 海底的 hǎidǐ de, 海面下的 hǎimiàn xià de, 在海底进行的 zài hǎidǐ jìnxíng de: ~ *fighting* 海底战斗 hǎidǐ zhàndòu/ *an* ~ *cable* 海底电缆 hǎidǐ diànlǎn/ *an* ~ *boat* 潜水艇 qiánshuǐtǐng **II** *adv* 在海底 zài hǎidǐ, 在海面下 zài hǎimiàn xià: *photographs taken* ~ 海底拍摄的照片 hǎidǐ pāishè de zhàopiàn

undersecretary *n* 次长(名) cìcháng, 次官(名) cìguān; 副部长 fùbùzhǎng: *U~ of State* (美)副国务卿(Měi) fùguówùqīng/ *a permanent* ~ 常务次官 chángwù cìguān

undersell *v* 售价比...低 shòujià bǐ... dī; 压价出售 yājià chūshòu

undershirt *n* 贴身内衣 tiēshēn nèiyī, 汗衫(名) hànshān; 背心儿(名) bèixīnr

undersign *v* 在下面签名 zài xiàmiàn qiānmíng

undersized *adj* 小于一般的 xiǎoyú yìbān de; 不够大的 búgòu dà de: *an* ~ *child* 小于一般的孩子 xiǎoyú yìbān de háizi

understaffed *adj* 人员过少 rényuán guò shǎo, 人员不足的 rényuán bùzú de

understand *v* (1) 懂(动) dǒng; 理解(动) lǐjiě; 了解(动) liǎojiě (2) 获悉(动) huòxī; 听说 tīngshuō (3) 推断(动) tuīduàn; 认为(动) rènwéi; 相信(动) xiāngxìn (4) 省略(动) shěnglüè; 意会(动) yìhuì, 自明 zìmíng // *make oneself understood* 表达清楚自己的意思 biǎodá qīngchu zìjǐ de yìsi; 使人理解自己的意思 shǐ rén lǐjiě zìjǐ de yìsi / ~ *one another* 相互了解 xiānghù liǎojiě

understanding I *n* (1) 了解（动）
liǎojiě; 理解（动）lǐjiě; 领会（动）
lǐnghuì; 认识（动）rènshi (2) 理解力
（名）lǐjiělì; 判断力（名）pànduànlì:
beyond a child's ~ 超出了一个孩子的
理解能力 chāochūle yíge háizi de lǐjiě
nénglì (3) 同情（动）tóngqíng (4) 非
正式协议 fēi zhèngshì xiéyì; 谅解（动）
liàngjiě: *reach an* ~ *with sb*ˑ 与某人
达成非正式协议 yǔ mǒurén dáchéng
fēizhèngshì xiéyì II *adj* 有理解力的
yǒu lǐjiělì de: *with an* ~ *smile* 带着会
心的微笑 dàizhe huìxīn de wēixiào/ *an*
~ *person* 一个善解人意的人 yíge
shànjiě rényì de rén// *on the* ~ *that*
以...为条件 yǐ...wéi tiáojiàn; 如果
rúguǒ / *with this* ~ 根据这个条件
gēnjù zhège tiáojiàn, 在此条件下 zài cǐ
tiáojiàn xià

understate *v* (1) 少说 shǎoshuō, 打着
折扣说 dǎzhe zhékòu shuō (2) 克制地
陈述 kèzhì de chénshù, 低调讲话
dīdiào jiǎnghuà: *make an* ~*d speech*
做低调讲话 zuò dīdiào jiǎnghuà

understatement *n* 保守的说法 bǎoshǒu
de shuōfǎ, 谨慎的陈述 jǐnshèn de
chénshù, 低调讲话 dīdiào jiǎnghuà

understudy I *n* 替补演员 tìbǔ
yǎnyuán, 替角（名）tìjué II *v* 替演
tìyǎn: 充当替补演员 chōngdāng tìbǔ
yǎnyuán; 练习代演某角色 liànxí
dàiyǎn mǒu juésè

undertake *v* (1) 着手做 zhuóshǒu zuò;
进行（动）jìnxíng, 从事（动）cóngshì;
承担（动）chéngdān, 接受（动）
jiēshòu: ~ *a task* 接受一项任务
jiēshòu yíxiàng rènwù (2) 同意（动）
tóngyì; 担保（动）dānbǎo

undertaking *n* (1) 任务（名）rènwu,
工作（名）gōngzuò; 事业（名）shìyè;
企业 qǐyè: *a non-profit* ~ 非营利事
业 fēiyínglì shìyè/ *charitable* ~ 慈善
事业 císhàn shìyè/ *industrial* ~*s* 工
业企业 gōngyè qǐyè (2) 承担（动）
chéngdān; 许诺（动）xǔnuò, 保证（动）

bǎozhèng

under-the-counter *adj* 走后门的 zǒu
hòumén de; 非法买卖的 fēifǎ mǎimài
de: ~ *sales* 非法秘密出售 fēifǎ mìmì
chūshòu

undertone *n* (1) 低音（名）dīyīn; 小声
xiǎoshēng: *talk in an* ~ 小声说话
xiǎoshēng shuōhuà (2) 含义（名）
hányì; 口气（名）kǒuqì (3) 淡色（名）
dànsè; 浅色（名）qiǎnsè: *green with a
slight* ~ *of yellow* 带有一点儿淡黄的
绿色 dàiyǒu yìdiǎnr dànhuáng de lǜsè

underwater I *adj* 水下的 shuǐxià de;
水中的 shuǐzhōng de: ~ *cameras* 水下
摄影机 shuǐxià shèyǐngjī/ ~ *fishing*
水下捕捞 shuǐxià bǔlāo/ *an* ~ *explo-
sion* 水下爆炸 shuǐxià bàozhà II *adv*
在水下 zài shuǐxià; 在水线以下 zài
shuǐxiàn yǐxià

underwear *n* 内衣（名）nèiyī: *pants
and other items of* ~ 裤衩儿和其它内
衣 kùchǎr hé qítā nèiyī

underweight *adj* 重量不足的
zhòngliàng bùzú de; 标准重量以下的
biāozhǔn zhòngliàng yǐxià de

underworld *n* (1) 阴间（名）yīnjiān,
阴曹地府 yīncáo dìfǔ (2) 下流社会
xiàliú shèhuì; 罪恶社会 zuì'è shèhuì;
以卖淫盗窃为生的人们 yǐ màiyín
dàoqiè wéishēng de rénmen

undeserved *adj* 不应得的 bùyīng dé
de, 不该受的 bùgāi shòu de; 冤枉的
yuānwàng de: ~ *praise* 不应得的称
赞 bùyīng dé de chēngzàn/ ~ *punish-
ment* 不应受到的惩罚 bùyīng shòudào
de chéngfá

undeserving *adj* 不配受到的 búpèi
shòudào de

undesirable I *adj* 不合需要的 bù hé
xūyào de; 不受欢迎的 bú shòu
huānyíng de; 令人不快的 lìng rén
búkuài de, 讨厌的 tǎoyàn de: ~
friends 不好的朋友 bù hǎo de
péngyou/ ~ *habits* 不良习惯 bùliáng
xíguàn / ~ *delays* 令人不快的延误
lìng rén búkuài de yánwù II *n* 不受欢

迎的人 bú shòu huānyíng de rén; 不良分子 bùliáng fènzǐ

undetermined *adj* (1) 未经决定的 wèi jīng juédìng de; 未确定的 wèi quèdìng de: *an ~ boundary* 未定边界 wèi dìng biānjiè (2) 缺乏决断力的 quēfá juédùanlì de: *an ~ character* 优柔寡断的人 yōuróuguǎduàn de rén

undeveloped *adj* (1) 不发达的 bù fādá de; 不成熟的 bù chéngshú de (2) 未开发的 wèi kāifā de: *~ countries* 不发达国家 bù fādá guójiā

undo *v* (1) 解开 jiěkāi, 打开 dǎkāi, 松开 sōngkāi; 脱去 tuōqù: *~ a parcel* 打开包裹 dǎkāi bāoguǒ/ *~ a string* 解开绳子 jiěkāi shéngzi (2) 复旧(动) fùjiù; 取消(动) qǔxiāo; 使失败 shǐ shībài, 破坏(动) pòhuài; 毁坏(动) huǐhuài

undoubted *adj* 毋庸置疑的 wúyōng zhìyí de; 肯定(形) kěndìng; 真正(形) zhēnzhèng: *his ~ skill* 他的毋庸置疑的技术 tā de wúyōng zhìyí de jìshù

undoubtedly *adv* 没有疑问地 méiyou yíwèn de, 确实地 quèshí de

undress **I** *v* 脱去...的衣服 tuōqù...de yīfu **II** *n* (1) 裸体(名) luǒtǐ, 不穿衣服 bù chuān yīfu (2) 便服(名) biànfú, 军便服(名) jūnbiànfú

unearned *adj* (1) 非劳动所得的 fēi láodòng suǒdé de (2) 分外的 fènwài de, 不应得的 bùyīng dé de: *~ criticism* 不应得的批评 bùyīng dé de pīpíng

unearth *v* (1) 挖掘(动) wājué, 掘出 juéchū: *~ed cultural relics* 出土文物 chūtǔ wénwù/ *~ relics of early civilization* 挖掘早期文化遗物 wājué zǎoqī wénhuà yíwù (2) 找出 zhǎochū; 发现(动) fāxiàn: *~ some letters in a drawer* 从抽屉里找出一些信件 cóng chōutili zhǎochū yìxiē xìnjiàn

uneasy *adj* (1) 心神不安的 xīnshén bù'ān de, 忧虑的 yōulù de, 担心的 dānxīn de: *feel ~ about the future* 对未来感到忧虑不安 duì wèilái gǎndào yōulùbù'ān (2) 拘束(形) jūshù, 不自

在的 bú zìzài de: *~ manners* 拘束的举止 jūshù de jǔzhǐ (3) 不稳定的 bù wěndìng de; 不宁静的 bù níngjìng de; 汹涌(形) xiōngyǒng: *~ waters* 汹涌的水流 xiōngyǒng de shuǐliú

uneconomical *adj* 不经济的 bù jīngjì de; 浪费(形) làngfèi

unedited *adj* (1) 未编辑的 wèi biānjí de; 未刊行的 wèi kānxíng de (2) 未经审查的 wèi jīng shěnchá de; 未经剪辑的 wèi jīng jiǎnjí de

uneducated *adj* 没受教育的 méi shòu jiàoyù de; 缺乏知识的 quēfá zhīshi de: *~ speech* 无教养的语言 wú jiàoyǎng de yǔyán/ *~ people* 没受过教育的人 méi shòuguo jiàoyù de rén

unemotional *adj* 不易动感情的 búyì dònggǎnqíng de; 缺乏感情的 quēfá gǎnqíng de; 冷漠(形) lěngmò, 铁石心肠 tiěshí xīncháng

unemployed *adj* (1) 未受雇用的 wèi shòu gùyòng de, 失业的 shīyè de: *the ~* 失业者 shīyèzhě/ *~ teachers* 失业的教师 shīyè de jiàoshī (2) 不用的 búyòng de; 没有利用的 méiyǒu lìyòng de: *a method as yet ~* 至今尚未采用的方法 zhìjīn shàngwèi cǎiyòng de fāngfǎ

unemployment *n* (1) 失业 shīyè; 失业状态 shīyè zhuàngtài; 失业问题 shīyè wèntí (2) 失业人数 shīyè rénshù // *~ benefits* 失业津贴 shīyè jīntiē

unenclosed *adj* 没有用墙围起来的 méiyǒu yòng qiáng wéiqǐlái de; 未圈起的 wèi quānqǐ de; 公共的 gōnggòng de: *~ land* 公共土地 gōnggòng tǔdì

unending *adj* 无终止的 wú zhōngzhǐ de, 不尽的 bújìn de; 不停的 bùtíng de, 不断的 búduàn de: *~ progress* 不断的进步 búduàn de jìnbù/ *~ struggles* 不停的斗争 bùtíng de dòuzhēng

unenduable *adj* 难忍受的 nán rěnshòu de; 不可容忍的 bù kě róngrěn de: *~ pains* 难以忍受的疼痛 nányǐ rěnshòu de téngtòng

unengaged *adj* (1) 没有约定的 méiyǒu

yuēdìng de (2) 未定婚的 wèi dìnghūn de (3) 未占用的 wèi zhànyòng de; 有空的 yǒukòng de: ~ *rooms* 空着的房间 kōngzhe de fángjiān

unequal *adj* (1) 不相等的 bù xiāngděng de; 不均匀的 bù jūnyún de; 不平衡的 bù pínghéng de: 2 *ropes of* ~ *length* 长短不等的两根绳子 chángduǎn bù děng de liǎnggēn shéngzi/ ~ *amounts* 不等的数量 bùděng de shùliàng/ ~ *shares* 不均匀的份额 bù jūnyún de fèn'é (2) 不平等的 bù píngděng de; 不公正的 bù gōngzhèng de: an ~ *treaty* 不平等条约 bù píngděng tiáoyuē (3) 不适合的 bú shìhé de; 不相称的 bù xiāngchèn de; 不胜任的 bú shèngrèn de

UNESCO 联合国教科文组织 Liánhéguó Jiàokēwén Zǔzhī

unessential *adj* 非本质的 fēi běnzhì de; 不重要的 bú zhòngyào de; 非必要的 fēi bìyào de

uneven *adj* (1) 不平坦的 bù píngtǎn de, 崎岖(形) qíqū, 凹凸不平的 āotū bù píng de; 参差不齐的 cēncī bù qí de (2) 不规则的 bù guīzé de; 不匀的 bù yún de; 不平衡的 bù pínghéng de: ~ *in development* 发展不平衡的 fāzhǎn bù pínghéng de (3) 不稳定的 bù wěndìng de; 易变化的 yì biànhuà de (4) 力量悬殊的 lìliàng xuánshū de: an ~ *contest* 力量悬殊的比赛 lìliàng xuánshū de bǐsài (5) 奇数的 jīshù de: ~ *numbers* 奇数 jīshù

unexpected *adj* 想不到的 xiǎng bú dào de, 意外的 yìwài de, 突然(形) tūrán: ~ *invasion* 突如其来的入侵 tūrúqílái de rùqīn

unfading *adj* 不褪色的 bú tuìsè de; 不凋萎的 bù diāowěi de; 不衰退的 bù shuāituì de; 不朽的 bùxiǔ de: ~ *glory* 不朽的荣誉 bùxiǔ de róngyù

unfailing *adj* (1) 无穷无尽的 wúqióngwújìn de; 经久不衰的 jīngjiǔbùshuāi de; 永恒(形) yǒnghéng: ~ *interest* 持久的兴趣 chíjiǔ de

兴趣(2) 可靠(形) kěkào; 永不辜负期望的 yǒng bù gūfù qīwàng de: an ~ *defender* 忠实可靠的保卫者 zhōngshí kěkào de bǎowèizhě

unfair *adj* 不公平的 bù gōngpíng de; 不公正的 bù gōngzhèng de; 不正直的 bú zhèngzhí de; 不正当的 bú zhèngdāng de: ~ *means* 卑劣手段 bēiliè shǒuduàn

unfaithful *adj* 不忠实的 bù zhōngshí de; 不忠诚的 bù zhōngchéng de; 不贞洁的 bù zhēnjié de: ~ *in one's love* 爱情上不专一 àiqíngshang bù zhuānyī/ ~ *to one's duty* 不忠于职守 bù zhōngyú zhíshǒu

unfamiliar *adj* (1) 陌生(形) mòshēng; 新奇(形) xīnqí: ~ *to the eye* 看着眼生 kànzhe yǎnshēng (2) 没有经验的 méiyǒu jīngyàn de; 不熟悉的 bù shúxi de; 外行的 wàiháng de

unfashionable *adj* 不时髦的 bù shímáo de; 过时的 guòshí de, 旧式的 jiùshì de: ~ *clothes* 不时髦的衣服 bù shímáo de yīfu

unfasten *v* 解开 jiěkāi; 松(动) sōng, 松开 sōngkāi: ~ *a necklace* 解开项链 jiěkāi xiàngliàn

unfavourable *adj* (1) 不适宜的 bú shìyí de; 不顺利的 bú shùnlì de; 不利(形) búlì: ~ *conditions* 不利的条件 búlì de tiáojiàn/ an ~ *wind* 逆风 nìfēng (2) 相反(形) xiāngfǎn; 反对的 fǎnduì de, 不同意的 bù tóngyì de: an ~ *answer* 否定的回答 fǒudìng de huídá (3) 入超的 rùchāo de: an ~ *balance of trade* 贸易逆差 màoyì nìchā

unfinished *adj* 未完成的 wèi wánchéng de, 未结束的 wèi jiéshù de, 没有做完的 méiyǒu zuòwán de: ~ *work* 没有完成的工作 méiyǒu wánchéng de gōngzuò

unfit **I** *adj* (1) 不适宜 bú shìyí de, 不合适的 bù héshì de: ~ *for use* 不适用 bú shìyòng (2) 无能力的 wú nénglì de; 不胜任的 bú shèngrèn de (3) 不健康的 bú jiànkāng de, 不健全的 bú jiànquán de **II** *v* 使不适宜 shǐ bú shìyí; 使不合格 shǐ bù hégé: *houses ~ted with baths* 没有洗澡设备的房子 méiyǒu xǐzǎo shèbèi de fángzi

unfix *v* 解下 jiěxià; 解开 jiěkāi; 拆下 chāixià, 卸下 xièxià

unfold *v* (1) 展开 zhǎnkāi, 摊开 tānkāi; 打开 dǎkāi (2) 表露(动) biǎolù; 透露(动) tòulù; 阐明(动) chǎnmíng (3) 显露(动) xiǎnlù; 呈现(动) chéngxiàn, 展现(动) zhǎnxiàn (4)开花 kāihuā; 绽开(动) zhànkāi

unforgettable *adj* 不会被遗忘的 búhuì bèi yíwàng de, 难忘的 nánwàng de: *an ~ day* 难忘的一天 nánwàng de yìtiān/ *an ~ lesson* 难以忘怀的一课 nányǐ wànghuái de yíkè

unforgivable *adj* 不可原谅的 bùkě yuánliàng de; 不可饶恕的 bùkě ráoshù de: *an ~ mistake* 不可饶恕的错误 bùkě ráoshù de cuòwu

unformated *a* 未格式化的 wèi géshìhuà de

unfortunate *adj* (1) 不幸(形) búxìng, 倒霉的 dǎoméi de, 不走运的 bù zǒuyùn de, 时运不佳的 shíyùn bùjiā de: *an ~ accident* 不幸的事故 búxìng de shìgù/ *be ~ in one's marriage* 不美满的婚姻 bù měimǎn de hūnyīn (2) 可怜(形) kělián, 值得同情的 zhídé tóngqíng de: *an ~ woman* 可怜的女人 kělián de nǚrén (3) 不适宜的 bú shìyí de, 不适当的 bú shìdàng de; 令人遗憾的 lìng rén yíhàn de: *an ~ choice* 不恰当的选择 bú qiàdàng de xuǎnzé

unfortunately *adv* 不幸地 búxìng de, 不走运地 bù zǒuyùn de; 令人遗憾的 lìng rén yíhàn de

unfounded *adj* 没有事实根据的 méiyǒu shìshí gēnjù de, 没有理由的 méiyǒu lǐyóu de; 虚幻的 xūhuàn de: *~ fears* 杞人忧天 qǐrényōutiān / *~ talk* 无稽之谈 wújīzhītán

unfriendly *adj* (1) 不友好的 bù yǒuhǎo de; 冷漠(形) lěngmò; 有敌意的 yǒu díyì de: *an ~ attitude* 不友好的态度 bù yǒuhào de tàidu (2) 不相宜的 bù xiāngyí de; 不利(形) búlì: *~ weather* 恶劣的天气 è'liè de tiānqì

unfruitful *adj* (1) 不结果实的 bù jiē guǒshí de; 不生子女的 bù shēng zǐnǚ de; 不毛的 bù máo de (2) 没有结果的 méiyǒu jiéguǒ de, 无效(形) wúxiào; 无益的 wúyì de: *~ efforts* 徒劳无功 túláowúgōng

unfurnished *adj* (1) 无供给的 wú gōngjǐ de; 无装配的 wú zhuāngpèi de, 没有配置的 méiyǒu pèizhì de: *a valley ~ with roads* 没有道路的山谷 méiyǒu dàolù de shāngǔ (2) 无家具设备的 wú jiājù shèbèi de: *~ rooms* 无家具设备的房间 wú jiājù shèbèi de fángjiān

ungenerous *adj* (1) 心胸狭窄的 xīnxiōng xiázhǎi de; 不大方的 bú dàfang de, 吝啬(形) lìnsè, 小气(形) xiǎoqi (2) 不公道的 bù gōngdào de, 不公正的 bù gōngzhèng de: *an ~ remark* 不公道的话 bù gōngdào de huà

ungodly *adj* (1) 不敬神的 bú jìngshén de, 不虔诚的 bù qiánchéng de; 有罪的 yǒuzuì de; 邪恶(形) xié'è; *~ behaviour* 邪恶的举动 xié'è de jǔdòng (2) 荒唐(形) huāngtáng; 不合道理的 bù hé dàolǐ de; 叫人讨厌的 jiào rén tǎoyàn de

ungrammatical *adj* 不合语法的 bù hé yǔfǎ de; 文理不通的 wénlǐ bùtōng de: *~ sentences* 不通的句子 bùtōng de jùzi

ungrateful *adj* 忘恩负义的 wàng'ēnfùyì de, 不领情的 bù lǐngqíng de: *an ~ person* 忘恩负义的人 wàng'ēnfùyì de rén

unguarded *adj* (1) 没有防备的 méiyǒu fángbèi de; 易受攻击的 yì shòu gōngjī de: *an ~ castle gate* 无人守卫的城堡大门 wú rén shǒuwèi de chéngbǎo dàmén (2) 不留神的 bù liúshén de; 不谨慎的 bù jǐnshèn de; 轻率(形) qīngshuài: *in an ~ moment* 一个不留神 yíge bù liúshén

unhappily *adv* (1) 不幸福地 bú xìngfú de; 不愉快地 bù yúkuài de; 悲惨地 bēicǎn de (2) 不幸地 búxìng de, 倒霉地 dǎoméi de

unhappy *adj* (1) 不幸福的 bú xìngfú de; 不愉快的 bù yúkuài de; 悲惨(形) bēicǎn (2) 不幸(形) búxìng, 倒霉的 dǎoméi de; 不祥(形) bùxiáng: *an ~ meeting at the wrong time* 在倒霉的时刻不幸相遇 zài dǎoméi de shíkè búxìng xiāngyù (3) 不适当的 bú shìdàng de, 不恰当的 bú qiàdàng de: *an ~ remark* 措词不当的话 cuòcí búdàng de huà

unharmed *adj* 未受伤害的 wèi shòu shānghài de; 无恙的 wúyàng de, 平安(形) píng'ān

unhealthy *adj* (1) 不健康的 bú jiànkāng de, 有病的 yǒubìng de; 身心不健全的 shēnxīn bú jiànquán de: *an ~ person* 身体不健康的人 shēntǐ bú jiànkāng de rén (2) 对健康有害的 duì jiànkāng yǒuhài de; 不卫生的 bú wèishēng de: *an ~ habit* 不卫生的习惯 bú wèishēng de xíguàn/ *a wet ~ place* 一个潮湿的, 有害健康的地方 yíge cháoshī de, yǒuhài jiànkāng de dìfang (3) 危险(形) wēixiǎn; 不良(形) bùliáng, 恶劣(形) èliè: *an ~ tendency* 不良倾向 bùliáng qīngxiàng

unheard *adj* (1) 没听到的 méi tīngdào de (2) 不予倾听的 bù yǔ qīngtīng de; 未予审讯的 wèiyǔ shěnxùn de (3) 前所未闻的 qiánsuǒwèiwén de; 新奇(形) xīnqí: *an event ~ of in history* 前所未闻的事件 qiánsuǒwèiwén de shìjiàn

unheard-of *adj* 闻所未闻的 wénsuǒwèiwén de; 从未有过的 cóngwèi yǒuguo de; 空前(形) kōngqián; 新奇(形) xīnqí: *an ~ incident* 新鲜事儿 xīnxiān shìr

uniform I *adj* (1) 一样(形) yíyàng, 同样(形) tóngyàng, 相同(形) xiāngtóng, 一致(形) yízhì: *~ houses* 一模一样的房子 yìmúyíyàng de

fángzi/ *skirts of ~ length* 长度一样的裙子 chángdù yíyàng de qúnzi (2) 一直不变的 yìzhí búbiàn de; 始终如一的 shǐzhōng rúyī de; 一贯(形) yíguàn II *n* 制服(名) zhìfú; 军服(名) jūnfú: *a postman's ~* 邮递员的制服 yóudìyuán de zhìfú/ *the blue ~ of the police* 蓝色的警服 lánsè de jǐngfú

uniformity *n* 一致(形) yízhì, 统一(形) tǒngyī, 一样(形) yíyàng, 一式(形) yíshì; 一致性(名) yízhìxìng; 一律(副) yílǜ: *preserve ~* 保持整齐划一 bǎochí zhěngqí huàyī

unimportant *adj* 不重要的 bú zhòngyào de; 琐碎(形) suǒsuì; 无价值的 wú jiàzhí de: *~ details* 细枝末节 xìzhīmòjié

uninhabited *adj* 无人居住的 wú rén jūzhù de; 杳无人迹的 yǎowúrénjì de

unintelligent *adj* 缺乏才智的 quēfá cáizhì de; 无知(形) wúzhī; 愚蠢(形) yúchǔn

unintelligible *adj* 难理解的 nán lǐjiě de, 难懂的 nándǒng de, 晦涩(形) huìsè: *~ words* 晦涩难懂的词语 huìsè nándǒng de cíyǔ

unintended *adj* 不是存心的 bú shì cúnxīn de, 非故意的 fēi gùyì de

uninterested *adj* (1) 不感兴趣的 bù gǎn xìngqù de; 不关心的 bù guānxīn de, 无动于衷的 wúdòngyúzhōng de: *an ~ attitude* 无动于衷的态度 wúdòngyúzhōng de tàidù (2) 无利害关系的 wú lìhài guānxi de; 公平(形) gōngpíng

uninteresting *adj* 无趣味的 wú qùwèi de; 不使人感兴趣的 bù shǐ rén gǎn xìngqù de; 无聊(形) wúliáo; 令人厌烦的 lìng rén yànfán de: *~ stories* 没有意思的故事 méiyǒu yìsi de gùshi

uninterrupted *adj* (1) 不间断的 bú jiànduàn de, 连续的 liánxù de, 不停的 bùtíng de: *4 hours of ~ rain* 连续四小时的雨 liánxù sìxiǎoshí de yǔ (2) 未受干扰的 wèi shòu gānrǎo de; 没有遮掩的 méiyǒu zhēyǎn de; 连绵的

liánmián de

uninvited *adj* 未被邀请的 wèi bèi yāoqìng de; 未经请求的 wèi jīng qǐngqiú de: ～ *guests* 不请自来的客人 bù qǐng zì lái de kèrén

union *n* (1) 联合（动）liánhé; 合并（动）hébìng: *the ～ of the 4 towns into one* 四个市镇合而为一 sìge shìzhèn hé ér wéi yī (2) 团结（动）tuánjié; 一致（形）yízhì (3) 结合（动）jiéhé; 婚姻（名）hūnyīn: *a ～ bound by love* 爱情的结合 àiqíng de jiéhé (4) 联邦（名）liánbāng; 联盟（名）liánméng: *the Universal Postal U～* 万国邮政联盟 Wànguó Yóuzhèng Liánméng (5) 协会（名）xiéhuì; 联合会（名）liánhéhuì; 工会（名）gōnghuì: *trade ～s* 工会 gōnghuì/ *the students' ～* 学生会 xuéshēnghuì // *State of the U～ Message* 国情咨文 guóqíng zīwén/ *the U～ Jack* 英国国旗 Yīngguó guóqí

unique *adj* (1) 唯一（形）wéiyī, 独一无二的 dúyīwú'èr de (2) 无比（形）wúbǐ, 无与伦比的 wúyǔlúnbǐ de; 独特（形）dútè: *a ～ knowledge of ancient Chinese coins* 对中国古钱币的独具的知识 duì Zhōngguó gǔqiánbì de dújù de zhīshi (3) 珍奇（形）zhēnqí; 少有的 shǎoyǒu de, 不寻常的 bù xúncháng de; 极好的 jí hǎo de: *a ～ opportunity* 少有的机会 shǎoyǒu de jīhuì

unit *n* (1) 单位（名）dānwèi, 机构（名）jīgòu; 团体（名）tuántǐ: *set up an administrative ～* 建立一个行政机构 jiànlì yíge xíngzhèng jīgòu/ *a self-governing ～* 一个自治团体 yíge zìzhì tuántǐ (2) 计量单位 jìliàng dānwèi (3) 部件（名）bùjiàn; 装置（名）zhuāngzhì: *a plug-in ～* 接插部件 jiēchā bùjiàn/ *a tuning ～* 调谐装置 tiáoxié zhuāngzhì (4) 部队（名）bùduì: *mobile ～s* 机动部队 jīdòng bùduì/ *a police ～* 一支警察部队 yìzhī jǐngchá bùduì/ *a mechanized ～* 一支机械化部队 yìzhī jīxièhuà bùduì (5) 一套用具 yítào yòngjù: *a kitchen ～* 一套厨房用

具 yítào chúfáng yòngjù/ ～ *furniture* 组合家具 zhǔhé jiājù (6) 教学单元 jiàoxué dānyuán: ～ *5* 第五单元 dìwǔ dānyuán

unite *v* (1) 连接（动）liánjiē; 混合（动）hùnhé (2) 联合（动）liánhé, 合并（动）hébìng; 统一（动）tǒngyī: *the common interests that ～ our 2 countries* 使我们两国联合的共同利益 shǐ wǒmen liǎngguó liánhé de gòngtóng lìyì (3) 团结（动）tuánjié, 一致行动 yízhì xíngdòng, 协力（动）xiélì (4) 结合（动）jiéhé; 结婚 jiéhūn, 成亲 chéngqīn

united *adj* (1) 团结的 tuánjié de, 和睦（形）hémù: ～ *family* 团结和睦的家庭 tuánjié hémù de jiātíng (2) 共同（形）gòngtóng; 一致（形）yízhì (3) 联合的 liánhé de, 统一（形）tǒngyī: ～ *front* 统一战线 tǒngyī zhànxiàn/ *the U～ Kingdom* 联合王国 Liánhé Wángguó（英国 Yīngguó）/ *the U～ Nations* 联合国 Liánhéguó / *the U～ States of America* 美利坚合众国 Měilìjiān Hézhòngguó（美国 Měiguó）

unity *n* (1) 统一性 tǒngyīxìng; 一致性 yízhìxìng; 连贯性 liánguànxìng; 协调性 xiétiáoxìng; 统一体 tǒngyītǐ: ～ *of colour in a room* 房内色彩的协调 fángnèi sècǎi de xiétiáo /*bring about the ～ of a country* 实现国家的统一 shíxiàn guójiā de tǒngyī (2) 结合（动）jiéhé; 联合（动）liánhé; 和谐（形）héxié: *work in ～* 同心协力地工作 tóngxīn xiélì de gōngzuò

universal *adj* (1) 全世界的 quán shìjiè de, 全球的 quánqiú de: *a ～ language* 世界通用语言 shìjiè tōngyòng yǔyán/ *a ～ problem* 全球性问题 quánqiúxìng wèntí / ～ *travel* 国际旅行 guójì lǚxíng (2) 普遍（形）pǔbiàn; 广泛（形）guǎngfàn; 全体的 quántǐ de; 影响全体的 yǐngxiǎng quántǐ de: *a ～ truth* 普遍（的）真理 pǔbiàn (de) zhēnlǐ/ *a ～ rule* 普遍的法则 pǔbiàn de fǎzé/ *a ～ practice among the Chi-*

nese people 中国人普遍的习惯 Zhōngguórén pǔbiàn de xíguàn (3) 通用 (形) tōngyòng; 广泛应用的 guǎngfàn yìngyòng de; 万能 (形) wànnéng: *a ~ milling machine* 万能铣床 wànnéng xǐchuáng / *a ~ joint* 万能接头 wànnéng jiētóu

universally *adv* 普遍地 pǔbiàn de; 到处地 dàochù de; 一致地 yízhì de: *~ accepted* 普遍接受 pǔbiàn jiēshòu / *~ present* 无处不有 wúchù bù yǒu / *a ~ used language* 通用的语言 tōngyòng de yǔyán

universe *n* (1) 宇宙 (名) yǔzhòu; 天地万物 tiāndì wànwù; 万象 (名) wànxiàng: *the evolution of the ~* 宇宙的进化 yǔzhòu de jìnhuà (2) 世界 (名) shìjiè; 领域 (名) lǐngyù: *in the ~ of the imagination* 在想象的世界里 zài xiǎngxiàng de shìjièli

university *n* (1) 大学 (名) dàxué, 综合性大学 zōnghéxìng dàxué: *a ~ student* 大学生 dàxuéshēng / *colleges and universities* 高等院校 gāoděng yuànxiào/ *go to ~* 上大学 shàng dàxué (2) 大学的全体人员 dàxué de quántǐ rényuán

unjust *adj* 非正义的 fēi zhèngyì de; 不义的 búyì de; 不公平的 bù gōngpíng de; 不正当的 bú zhèngdāng de: *an ~ cause* 非正义的事业 fēi zhèngyì de shìyè/ *~ enrichment* 不义之财 búyì zhīcái/ *an ~ trial* 不公正的审判 bù gōngzhèng de shěnpàn

unjustifiable *adj* 不合理的 bù hélǐ de; 无理的 wúlǐ de; 不正当的 bú zhèngdāng de; 辩护不了的 biànhù bù liǎo de

unkind *adj* 不仁慈的 bù réncí de; 不和善的 bù héshàn de; 不厚道的 bú hòudào de; 无情义的 wú qíngyì de; 冷酷 (形) lěngkù: *an ~ comment* 苛刻的评论 kēkè de pínglùn

unknown **I** *adj* (1) 不知道的 bù zhīdào de; 未知的 wèizhī de; 陌生 (形) mòshēng; 没被发现的 méi bèi fāxiàn de; 无名的 wúmíng de: *one's ~ helper* 不知姓名的帮忙人 bùzhī xìngmíng de bāngmáng rén/ *an ~ number* 未知数 wèizhīshù/ *an ~ author* 一个无名作者 yíge wúmíng zhuòzhě (2) 无数 (形) wúshù, 数不清的 shǔ bù qīng de: *~ wealth* 巨富 jùfù **II** *n* 未知的事物 (或人) wèizhī de shìwù (huò rén)

unlawful *adj* 不法 (形) bùfǎ, 非法 (形) fēifǎ; 犯法的 fànfǎ de; 不正当的 bú zhèngdāng de: *~ act* 不法行为 bùfǎ xíngwéi/ *~ activities* 非法活动 fēifǎ huódòng/ *an ~ assembly* 非法集会 fēifǎ jíhuì

unlearn *v* 忘掉学过的东西 wàngdiào xuéguo de dōngxi; 改掉旧习惯 gǎidiào jiù xíguàn: *~ one's faults* 改正过错 gǎizhèng guòcuò

unleash *v* (1) 解开...的链索 (或皮带) jiěkāi...de liànsuǒ (huò pídài): *~ a dog* 解开狗的链索 jiěkāi gǒu de liànsuǒ (2) 释放 (动) shìfàng; 解放 (动) jiěfàng; 发动 (动) fādòng: *~ a war of aggression* 发动一场侵略战争 fādòng yìcháng qīnlüè zhànzhēng

unless *conj* 如果不 rúguǒ bù; 除非 (连) chúfēi

unlicensed *adj* (1) 没有执照的 méiyǒu zhízhào de, 没得到许可证的 méi dédào xǔkězhèng de: *an ~ physician* 没有营业执照的医生 méiyǒu yíngyè zhízhào de yīshēng (2) 放纵的 fàngzòng de, 无节制的 wú jiézhì de: *~ passions* 放纵的感情 fàngzòng de gǎnqíng

unlike **I** *adj* 不同的 bùtóng de; 不相似的 bù xiāngsì de, 相异的 xiāngyì de: *as ~ as chalk and cheese* 迥然不同 jiǒngrán bùtóng **II** *prep* 不像... búxiàng..., 和...不同 hé...bùtóng

unlikely *adj* 未必的 wèibì de, 未必可能的 wèibì kěnéng de; 靠不住的 kào bú zhù de: *an ~ story* 不真实的故事 bù zhēnshí de gùshi/ *an ~ possibility* 不可能的事 bù kěnéng de shì/ *an ~*

unlimited *adj* 无限(形) wúxiàn, 无边无际的 wúbiānwújì de; 无约束的 wú yuēshù de; 不定的 búdìng de: *an ~ company* 无限公司 wúxiàn gōngsī/ *an ~ expanse of ocean* 无边无际的海洋 wúbiānwújì de hǎiyáng/ *~ in material resources* 无尽的物力 wújìn de wùlì/ *~ exposure* 长时间的暴光 cháng shíjiān de bàoguāng

unload *v* (1) 卸(动) xiè; 卸货 xièhuò; *~ a train* 卸车 xièchē/ *~ goods from a truck* 从卡车上卸货 cóng kǎchēshang xièhuò/ *~ coal from a cart* 从大车上卸煤碳 cóng dàchēshang xiè méitàn (2) 解除…的拖累 jiěchú...de tuōlèi, 摆脱…的重担 bǎituō...de zhòngdàn; 倾吐心事 qīngtǔ xīnshì (3) 退出子弹 tuìchū zǐdàn: *~ a gun* 从枪里退出子弹 cóng qiānglǐ tuìchū zǐdàn

unlock *v* 开锁 kāi suǒ: *~ a suitcase* 把手提包的锁打开 bǎ shǒutíbāo de suǒ dǎkāi

unloose *v* 解开 jiěkāi, 松开 sōngkāi; 释放(动) shìfàng: *~ one's belt* 松开腰带 sōngkāi yāodài

unlovely *adj* 不美的 bù měi de, 丑(形) chǒu; 不可爱的 bù kě'ài de; 讨人嫌的 tǎo rén xián de

unluckily *adv* 不幸运地 bú xìngyùn de, 倒霉地 dǎoméi de

unlucky *adj* 不幸运的 bú xìngyùn de, 倒霉的 dǎoméi de; 不凑巧的 bú còuqiǎo de; 不顺利的 bú shùnlì de

unmask *v* (1) 取下假面具 qǔxià jiǎmiànjù, 现出本来面目 xiànchū běnlái miànmù (2) 揭露(动) jiēlù; 暴露(动) bàolù: *~ a traitor* 揭露一个叛徒 jiēlù yíge pàntú

unmatched *adj* 无敌(形) wúdí, 无比(形) wúbǐ; 没有对手的 méiyǒu duìshǒu de: *~ courage* 无比的勇气 wúbǐ de yǒngqì/ *~ skill* 无与伦比的技术 wúyǔlúnbǐ de jìshù

unmistakable *adj* 不会弄错的 búhuì nòngcuò de; 不会被误解的 búhuì bèi wùjiě de; 清楚(形) qīngchu, 明白(形) míngbai

unmoral *adj* 非道德的 fēi dàodé de; 不属于道德范围的 bù shǔyú dàodé fànwéi de

unnamed *adj* 未命名的 wèimìngmíng de, 没有名字的 méiyǒu míngzi de; 未提及的 wèi tíjí de: *an ~ hill* 一个无名高地 yíge wúmíng gāodì/ *an ~ lake* 无名湖 wúmínghú

unnatural *adj* (1) 不自然的 bú zìrán de, 勉强(形) miǎnqiǎng: *an ~ laugh* 矫揉造作的笑 jiǎoróuzàozuò de xiào (2) 不合人情的 bù hé rénqíng de; 反常(形) fǎncháng; 违背人道的 wéibèi réndào de; 邪恶(形) xié'è: *an ~ mother* 不通人情的母亲 bùtōng rénqíng de mǔqin (3) 奇异(形) qíyì, 奇怪(形) qíguài; 特别(形) tèbié: *a head of ~ size* 特大的头 tèdà de tóu

unnecessarily *adv* 不必要地 bú bìyào de, 多余(形) duōyú

unnecessary *adj* 不必要的 bú bìyào de, 用不着的 yòng bu zháo de, 多余(形) duōyú: *cut out ~ words* 删去多余的词句 shānqù duōyú de cíjù

unnoticed *adj* 不被注意的 bú bèi zhùyì de; 被忽视的 bèi hūshì de

unnumbered *adj* (1) 数不清的 shǔ bu qīng de, 无数(形) wúshù (2) 未编号的 wèi biānhào de, 未注明号码的 wèi zhùmíng hàomǎ de: *~ pages* 没有注明页码的书页 méiyǒu zhùmíng yèmǎ de shūyè

unobserved *adj* (1) 没有观察到的 méiyǒu guānchádào de; 没有受到注意的 méiyǒu shòudào zhùyì de (2) 未被遵守的 wèi bèi zūnshǒu de

unoccupied *adj* (1) 没人住的 méi rén zhù de, 未被占用的 wèi bèi zhànyòng de, 空闲(形、动) kòngxián (2) 未被占领的 wèi bèi zhànlǐng de: *an ~ area* 未占领地区 wèi zhànlǐng dìqū

(3) 空闲无事的 kòngxián wúshì de, 闲暇(名) xiánxiá

unoffended adj 不生气的 bù shēngqì de; 没被冒犯的 méi bèi màofàn de, 没被得罪的 méi bèi dézuì de

unoffending adj (1) 不冒犯人的 bú màofàn rén de, 不惹人生气的 bù rěrén shēngqì de (2) 无害的 wúhài de; 无罪的 wúzuì de

unofficial adj (1) 非官方的 fēi guānfāng de; 非正式的 fēi zhèngshì de: an ~ statement 非正式声明 fēi zhèngshì shēngmíng / an ~ candidate 非正式候选人 fēi zhèngshì hòuxuǎnrén (2) 未经有关方面证实的 wèijīng yǒuguān fāngmiàn zhèngshí de

unopened adj (1) 没有拆开的 méiyǒu chāikāi de; 没有开封的 méiyǒu kāi fēng de; 未裁开的 wèi cáikāi de: send back a letter ~ 原封不动地把信退回 yuánfēng búdòng de bǎ xìn tuìhuí (2) 不开放的 bù kāifàng de: an ~ port 非开放港口 fēi kāifàng gǎngkǒu

unorganized adj 未组织起来的 wèi zǔzhīqilai de; 没有组织的 méiyǒu zǔzhī de

unpack v 打开 dǎkāi, 解开 jiěkāi; 从包裹或箱子里拿出东西 cóng bāoguǒ huò xiāngzili náchū dōngxi

unpaid adj (1) 未付钱的 wèi fù qián de; 未还的 wèi huán de; 未缴纳的 wèi jiǎonà de (2) 不支薪水的 bù zhī xīnshuǐ de, 无报酬的 wú bàochóu de; 名誉职务的 míngyù zhíwù de: ~ labour 无报酬的劳动 wú bàochóu de láodòng / an ~ consul 名誉领事 míngyù lǐngshì

unparalleled adj 无比(形) wúbǐ, 无双(形) wúshuāng, 无与伦比的 wúyǔ lúnbǐ de, 独一无二的 dúyīwú'èr de: ~ foolishness 愚蠢无比 yúchǔn wúbǐ

unplanned adj 无计划的 wú jìhuà de: an ~ economy 无计划经济 wú jìhuà jīngjì

unpleasant adj (1) 使人不愉快的 shǐ rén bù yúkuài de, 不合意的 bù héyì

de; 令人讨厌的 lìng rén tǎoyàn de: ~ to the taste 不合口 bù hékǒu / ~ to the ear 不入耳 bú rù'ěr / ~ to the eye 不顺眼 bú shùnyǎn / an ~ task 一件不讨人喜欢的工作 yíjiàn bù tǎo rén xǐhuan de gōngzuò / an ~ smell 令人厌恶的气味 lìng rén yànwù de qìwèi (2) 不和 bùhé; 不友好 bù yǒuhǎo: ~ words 争吵的话 zhēngchǎo de huà

unpleasantness n 不愉快的事 bù yúkuài de shì, 争执(动) zhēngzhí, 不和 bùhé: without any ~ 没有任何不和 méiyǒu rènhé bùhé

unpolished adj (1) 没有磨光的 méiyǒu móguāng de; 粗糙(形) cūcāo; 未擦亮的 wèi cāliàng de: an ~ stone 未经琢磨的石头 wèi jīng zhuómó de shítou / ~ rice 糙米 cāomǐ (2) 粗鲁(形) cūlǔ, 不文雅的 bù wényǎ de; 不礼貌的 bù lǐmào de: ~ manners 粗鲁的态度 cūlǔ de tàidù

unpopular adj 不得人心的 bùdé rénxīn de, 不受欢迎的 bú shòu huānyíng de; 不流行的 bù liúxíng de: an ~ person 不得人心的人 bùdé rénxīn de rén / an ~ law 一条不得人心的法律 yìtiáo bùdé rénxīn de fǎlù

unpractical adj 不切实际的 bú qiè shíjì de; 不现实的 bú xiànshí de; 不实用的 bù shíyòng de: a completely ~ plan 一个完全不切合实际的计划 yíge wánquán bú qièhé shíjì de jìhuà

unpractised adj 未经练习的 wèi jīng liànxí de; 不熟练的 bù shúliàn de; 无实际经验的 wú shíjì jīngyàn de

unprecedented adj 无前例的 wú qiánlì de; 前所未有的 qiánsuǒwèiyǒu de, 空前(形) kōngqián; 崭新(形) zhǎnxīn; 新奇(形) xīnqí: ~ rainfall 史无前例的降雨量 shǐwúqiánlì de jiàngyǔliàng / ~ changes 前所未有的变化 qiánsuǒwèiyǒu de biànhuà

unpredictable adj 无法预言的 wúfǎ yùyán de, 难以预料的 nányǐ yùliào de: ~ happenings 难以预料的事情 nányǐ yùliào de shìqing

unprepared *adj* 无准备的 wú zhǔnbèi de; 没有准备好的 méiyǒu zhǔnbèihǎo de: *mentally* ~ 没有思想准备 méiyǒu sīxiǎng zhǔnbèi/ *an* ~ *speech* 即席演说 jíxí yǎnshuō

unprofessional *adj* (1) 违反行业习惯的 wéifǎn hángyè xíguàn de; 违反职业道德的 wéifǎn zhíyè dàodé de (2) 非职业性的 fēi zhíyèxìng de; 非专业的 fēi zhuānyè de; 外行的 wàiháng de: *an* ~ *piece of work* 一项非职业性的工作 yíxiàng fēi zhíyèxing de gōngzuò

unprotected *adj* 没有防卫的 méiyǒu fángwèi de; 未设防的 wèi shèfáng de; 无掩护的 wú yǎnhù de: *an* ~ *town* 不设防的城市 bú shèfáng de chéngshì

unpunished *adj* 未受惩罚的 wèi shòu chéngfá de

unqualified *adj* (1) 无资格的 wú zīgé de; 不合格的 bù hégé de, 不胜任的 bú shèngrèn de: ~ *teachers* 不合格的教师 bù hégé de jiàoshī (2) 没有限制的 méiyǒu xiànzhì de, 无条件的 wú tiáojiàn de, 绝对的 juéduì de: *in* ~ *agreement* 完全的一致 wánquán de yízhì

unquestionable *adj* 毫无疑问的 háowúyíwèn de, 不成问题的 bùchéng wèntí de; 无可争议的 wúkě zhēngyì de; 确实(形) quèshí: ~ *proof* 确凿无疑的证据 quèzáowúyí de zhèngjù/ *a writer of* ~ *ability* 一个具有真才实学的作家 yíge jùyǒu zhēncáishíxué de zuòjiā

unquote *v* 引语结束 yǐnyǔ jiéshù, 引号完 yǐnhào wán

unravel *v* (1) 解开 jiěkāi; 拆开 chāikāi; 散开 sànkāi (2) 解释(动) jiěshì, 澄清(动) chéngqīng; 解决(动) jiějué: ~ *a problem* 解决一个难题 jiějué yíge nántí

unread *adj* (1) 未经阅读的 wèi jīng yuèdú de; 尚未审阅的 shàngwèi shěnyuè de (2) 读书不多的 dúshū bù duō de; 无知(形) wúzhī

unreadable *adj* (1) 不能读的 bùnéng dú de; 难辨认的 nán biànrèn de (2) 平淡无味的 píngdànwúwèi de; 不值一读的 bùzhíyídú de: ~ *books* 枯燥无味, 不值一读的书 kūzàowúwèi, bùzhíyídú de shū

unreal *adj* 不实在的 bù shízài de, 不真实的 bù zhēnshí de; 虚构的 xūgòu de, 幻想的 huànxiǎng de

unreasonable *adj* (1) 不讲道理的 bù jiǎng dàolǐ de; 缺乏理智的 quēfá lǐzhì de: *an* ~ *person* 不讲道理的人 bù jiǎng dàolǐ de rén (2) 不合理的 bù hélǐ de; 过分的 guòfèn de; 过高的 guògāo de: *charge* ~ *prices* 要价过高 yàojià guògāo

unreliable *adj* 不可靠的 bù kěkào de, 靠不住的 kào bu zhù de, 信不过的 xìn bu guò de: ~ *sources* 不可靠的消息来源 bù kěkào de xiāoxi láiyuán

unrest *n* 不安宁 bù ānníng, 不稳定 bù wěndìng; 动乱(名、动) dòngluàn, 骚动(动) sāodòng: *political* ~ 政治动乱 zhèngzhì dòngluàn

unrestrained *adj* 无限制的 wú xiànzhì de; 无节制的 wú jiézhì de; 无约束的 wú yuēshù de; 放纵的 fàngzòng de: ~ *anger* 怒气冲天 nùqì chōngtiān/ ~ *violence* 疯狂的暴力 fēngkuáng de bàolì/ ~ *by law* 不受法律约束的 bú shòu fǎlǜ yuēshù de

unripe *adj* 不熟的 bù shú de, 生(形) shēng; 未成熟的 wèi chéngshú de: ~ *fruit* 不熟的水果 bù shú de shuǐguǒ

unrivalled *adj* 无敌(形) wúdí; 无比(形) wúbǐ; 无双(形) wúshuāng: ~ *ability* 无比的能力 wúbǐ de nénglì/ *an* ~ *knowledge of Chinese art* 对中国艺术的渊博无比的知识 duì Zhōngguó yìshù de yuānbó wúbǐ de zhīshi/ ~ *in eloquence* 有过人的口才 yǒu guòrén de kǒucái

unsafe *adj* 不安全 bù ānquán, 危险(形) wēixiǎn

unsatisfactory *adj* 不能令人满意的 bùnéng lìng rén mǎnyì de; 不能解决问题的 bùnéng jiějué wèntí de; 不得人心

的 bùdé rénxīn de: ~ *working conditions* 不能令人满意的工作条件 bùnéng lìng rén mǎnyì de gōngzuò tiáojiàn

unsatisfied *adj* 未得到满足的 wèi dédào mǎnzú de; 不满意的 bù mǎnyì de

unscientific *adj* 非科学的 fēi kēxué de; 不科学的 bù kēxué de; 无科学知识的 wú kēxué zhīshi de; 不按照科学方法的 bú ànzhào kēxué fāngfǎ de: ~ *methods* 不科学的方法 bù kēxué de fāngfǎ

unscrew *v* 扭松螺丝 niǔsōng luósī; 取下螺丝 qǔxià luósī; 拧开 nǐngkāi; 取下 qǔxià: ~ *a door* 起出门上的螺丝 qǐchū ménshang de luósī/ ~ *a bottle* 拧开瓶盖儿 nǐngkāi pínggàir

unseal *v* 开封 kāifēng, 启封 qǐfēng, 拆封 chāifēng: ~ *a letter* 拆信 chāixìn

unseasonable *adj* (1) 不合时令的 bù hé shílìngde, 不合季节的 bù hé jìjié de; 气候不顺的 qìhòu búshùn de: ~ *heat* 反常的炎热 fǎncháng de yánrè (2) 不合时宜的 bù hé shíyí de, 不适时的 bú shìshí de: ~ *advice* 不合时宜的劝告 bù hé shíyí de quàngào

unseasoned *adj* (1) 未熟透的 wèi shútòu de, 未干透的 wèi gāntòu de: ~ *wood* 未干燥的木材 wèi gānzào de mùcái (2) 未加调料的 wèi jiā tiáoliào de

unseemly *adj & adv* 不体面的(地) bù tǐmiàn de (de); 不合礼节的(地) bù hé lǐjié de (de); 不适宜的(地) bú shìyí de (de); 不恰当的(地) bú qiàdàng de (de)

unseen **I** *adj* 未被看见的 wèi bèi kànjiàn de; 未受注意的 wèi shòu zhùyì de; 未被觉察的 wèi bèi juéchá de: *the ~* 阴间 yīnjiān **II** *n* 即席翻译 jíxí fānyì

unselfish *adj* 不谋私利的 bù móu sīlì de, 不利己的 bú lìjǐ de, 无私(形) wúsī; 慷慨(形) kāngkǎi

unserviceable *adj* 不能使用的 bùnéng shǐyòng de; 不适用的 bú shìyòng de; 无用的 wúyòng de: *an ~ tractor* 不能再用的拖拉机 bùnéng zài yòng de tuōlājī/ *replace ~ equipment* 更换已陈旧无用的设备 gēnghuàn yǐ chénjiù wúyòng de shèbèi

unsettled *adj* (1) 不稳定的 bù wěndìng de; 不安定的 bù āndìng de, 动荡的 dòngdàng de; 易变的 yìbiàn de: *political conditions* 动荡不定的政局 dòngdàngbúdìng de zhèngjú (2) 疑虑的 yílù de, 不安的 bù'ān de: *in an ~ mood* 不安的心情 bù'ān de xīnqíng (3) 未解决的 wèi jiějué de, 未定的 wèidìng de (4) 未定居的 wèi dìngjū de; 无居民的 wú jūmín de: *the ~ nomads* 不定居的游牧者 bú dìngjū de yóumùzhě/ *an ~ land* 荒无人烟的地方 huāngwú rényān de dìfang

unshaded *adj* 无遮蔽的 wú zhēbì de, 未加遮盖的 wèijiā zhēgài de: *an ~ window* 没挂帘子的窗户 méi guà liánzi de chuānghu/ *an ~ lamp* 没有罩子的灯 méiyǒu zhàozi de dēng

unshakable *adj* 不可动摇的 bùkě dòngyáo de, 坚定不移的 jiāndìngbùyí de: *an ~ faith in ultimate success* 对最后胜利的坚定信心 duì zuìhòu shènglì de jiāndìng xìnxīn

unshaken *adj* 不动摇的 bú dòngyáo de; 坚定(形) jiāndìng: 坚决(形) jiānjué: *an ~ resolution* 坚定的决心 jiāndìng de juéxīn

unshrinkable *adj* 不会缩小的 búhuì suōxiǎo de; 防缩的 fángsuō de

unsighted *adj* 看不见的 kàn bu jiàn de; 不在视野内的 bú zài shìyěnèi de

unsightly *adj* 丑陋(形) chǒulòu, 难看(形) nánkàn, 不雅观的 bù yǎguān de: *those ~ modern buildings* 那些不雅观的现代建筑 nàxiē bù yǎguān de xiàndài jiànzhù

unskilled *adj* (1) 未经技术训练的 wèijīng jìshù xùnliàn de; 不熟练的 bù shúliàn de; 拙劣(形) zhuōliè; 不擅长

的 bú shàncháng de: be ~ in debate 不擅长辩论 bú shàncháng biànlùn (2) 不需特别技能的 bù xū dèbié jìnéng de: an ~ occupation 无需特别技能的职业 wúxū tèbié jìnéng de zhíyè/ an ~ job 非技术性的工作 fēi jìshùxìng de gōngzuò/ ~ labour 粗活 cūhuó（非技工 fēi jìgōng）

unsociable adj (1) 不爱交际的 bú ài jiāojì de, 不善交际的 bú shàn jiāojì de; 孤僻（形）gūpì (2) 不友好的 bù yǒuhǎo de, 不和气的 bù héqì de

unsocial adj (1) 非社会的 fēi shèhuì de (2) 厌恶社交的 yànwù shèjiāo de; 不喜交际的 bù xǐ jiāojì de; 孤僻（形）gūpì: an ~ neighbour 不喜欢与邻居交往的人 bù xǐhuān yǔ línjū jiāowǎng de rén

unsoiled adj (1) 未弄脏的 wèi nòngzāng de, 洁净的 jiéjìng de: an ~ handkerchief 一块未弄脏的手帕 yíkuài wèi nòngzāng de shǒupà (2) 未玷污的 wèi diànwū de, 清白（形）qīngbái

unsound adj (1) 不健全的 bú jiànquán de, 不健康的 bú jiànkāng de, 有病的 yǒu bìng de: a person of ~ mind 精神错乱的人 jīngshén cuòluàn de rén (2) 不坚实 bù jiānshí, 不牢固 bù láogù (3) 谬误的 miùwù de; 无根据的 wú gēnjù de: an ~ argument 谬论 miùlùn

unspoken adj (1) 未说出口的 wèi shuōchū kǒu de, 不表达出来的 bù biǎodáchūlái de: by some sort of ~ agreement 通过某种默契 tōngguò mǒuzhǒng mòqì (2) 没人理睬的 méi rén lǐcǎi de (3) 无言的 wúyán de, 缄默的 jiānmò de

unstable adj (1) 不牢固的 bù láogù de; 不固定的 bú gùdìng de; 不牢靠的 bù láokào de: an ~ foundation 不牢固的基础 bù láogù de jīchǔ/ the ~ sands of the desert 沙漠中流动的沙土 shāmòzhōng liúdòng de shātǔ (2) 不稳定的 bù wěndìng de; 易变的 yìbiàn de; 动摇不定的 dòngyáobúdìng de, 反复无常的 fǎnfùwúcháng de: an ~ chemical compound 不稳定的化合物 bù wěndìng de huàhéwù/ an ~ temperament 反复无常的脾气 fǎnfùwúcháng de píqì

unsteady adj (1) 不稳固的 bù wěngù de, 不平稳的 bù píngwěn de; 摇摆的 yáobǎi de: ~ steps 脚步的不稳 jiǎobù de bù wěn (2) 不稳定的 bù wěndìng de; 不平安的 bù píng'ān de; 易变的 yìbiàn de; 不固定的 bú gùdìng de: be ~ of purpose 没有固定目的 méiyǒu gùdìng mùdì/ ~ business conditions 不稳定的商业情况 bù wěndìng de shāngyè qíngkuàng

unstressed adj (1) 不着重的 bù zhuózhòng de, 不强调的 bù qiángdiào de (2) 不重读的 bú zhòngdú de; 无重音的 wú zhòngyīn de: an ~ syllable 不重读的音节 bú zhòngdú de yīnjié

unsuccessful adj 不成功的 bù chénggōng de, 失败的 shībài de

unsuitable adj 不合适的 bù héshì de, 不适宜的 bú shìyí de, 不适当的 bú shìdàng de; 不相称的 bù xiāngchèn de

unsure adj (1) 缺乏信心的 quēfá xìnxīn de; 无把握的 wú bǎwò de; 不确知的 bú quèzhī de: be ~ of one's pronunciation 对自己的发音没有把握 duì zìjǐ de fāyīn méiyǒu bǎwò (2) 不稳定的 bù wěndìng de; 不可靠的 bù kěkào de; 不安全的 bù ānquán de: an ~ state 不稳定的状态 bù wěndìng de zhuàngtài

unsurpassed adj 未被超越的 wèi bèi chāoyuè de; 无比（形）wúbǐ; 卓绝（形）zhuōjué: ~ in excellence 无比优越 wúbǐ yōuyuè/ ~ in patriotism 有无比的爱国心 yǒu wúbǐ de àiguóxīn

unsuspicious adj 不怀疑的 bù huáiyí de; 无疑心的 wú yíxīn de

unswerving adj (1) 不歪的 bù wāi de; 不偏离的 bù piānlí de, 直（形）zhí: a narrow but ~ clay road 一条窄而直的土路 yìtiáo zhǎi ér zhí de tǔlù (2) 坚

定（形）jiāndìng；不懈的 búxiè de：
wage an ~ struggle 进行不懈的斗争
jìnxíng búxiè de dòuzhēng

unsymmetrical   *adj* 不对称的 bú
duìchèn de，不匀称的 bù yúnchèn de

unsympathetic   *adj* 不表示同情的 bù
biǎoshì tóngqíng de；无反应的 wú
fǎnyìng de；冷漠无情的 lěngmò-
wúqíng de：*~ to the necessities of other
people* 对别人的需求无动于衷 duì
biérén de xūqiú wúdòngyúzhōng

unsystematic   *adj* 无系统的 wú xìtǒng
de；不规则的 bù guīzé de；紊乱（形）
wěnluàn

untamed   *adj*（1）未驯服的 wèi xúnfú
de，野性的 yěxìng de：*an ~ look* 粗
野的样子 cūyě de yàngzi（2）未受抑
制的 wèi shòu yìzhì de；无拘束的 wú
jūshù de：*~ passions* 奔放的激情
bēnfàng de jīqíng

untangle   *v*（1）解开 jiěkāi，松开
sōngkāi（2）整理（动）zhěnglǐ，清理
（动）qīnglǐ；解决（动）jiějué：*~ dif-
ficulties* 解决困难的 jiějué kùnnande

unteachable   *adj*（1）不可教的 bùkě
jiāo de，不听教悔的 bù tīng jiàohuǐ de
（2）不适合教学的 bú shìhé jiàoxué
de，无法传授的技巧 wúfǎ chuánshòu
de jìqiǎo

unthankful   *adj* 不感激的 bù gǎnjī de，
不存感谢之心的 bù cún gǎnxiè zhī xīn
de，不领情的 bù lǐngqíng de

unthinkable   *adj*（1）难以想象的
nányí xiǎngxiàng de；不可思议的 bùkě
sīyì de；难以置信的 nányí zhìxìn de；
非常的 fēicháng de：*~ happiness* 难
以想象的幸福 nányí xiǎngxiàng de
xìngfú／*~ dangers* 令人难以置信的
危险 lìng rén nányí zhìxìn de wēixiǎn
（2）不必加以考虑的 bùbì jiāyǐ kǎolǜ
de；毫无可能的 háowú kěnéng de

untidy   *adj* 不整洁的 bù zhěngjié de，
不修边幅的 bù xiū biānfú de，邋遢
（形）lātā；不整齐的 bù zhěngqí de，凌
乱（形）língluàn

untie   *v*（1）解开 jiěkāi，松开 sōngkāi

（2）解放（动）jiěfàng，解决（动）
jiějué：*~ a difficulty* 解决困难 jiějué
kùnnan

until   **I** *prep*（1）直到...为止
zhídào...wéizhǐ（2）在...以前 zài...
yīqián；不到...不... búdào...
bù...，直到...才... zhídào...
cái... **II** *conj*（1）一直到...
yìzhídào...，直到...为止 zhídào...
wéizhǐ（2）在...以前 zài...yīqián；
不到...不... búdào...bù...；直
到...才...zhídào...cái...

untimely   *adj*（1）过早的 guòzǎo de：
an ~ death 夭折 yāozhé（2）不适时
的 bú shìshí de；不合时宜的 bùhé shíyí
de：*an ~ joke* 不合时宜的笑话 búhé
shíyí de xiàohua

untiring   *adj* 不倦的 bújuàn de，不知
疲倦的 bù zhī píjuàn de；不屈不挠的
bùqūbùnáo de：*~ efforts* 不屈不挠的
努力 bùqūbùnáo de nǔlì

untitled   *adj*（1）无标题的 wú biāotí
de：*an ~ book* 一本无书名的书 yìběn
wú shūmíng de shū（2）无称号的 wú
chēnghào de，无头衔的 wú tóuxián de

untold   *adj*（1）未说过的 wèi shuōguò
de，未加叙述的 wèijiā xùshù de；未透
露的 wèi tòulù de（2）数不清的 shǔ bu
qīng de，无数（形）wúshù，不可胜数
的 bùkě shèngshǔ de：*~ wealth* 无数
财富 wúshù cáifù

untouchable   **I** *adj*（1）达不到的 dá bu
dào de，碰不着的 pèng bu zháo de：*~
resources buried deep within the earth*
蕴藏在地层深处未能开发的资源
yùncángzài dìcéng shēnchù wèinéng
kāifā de zīyuán（2）禁止触动的 jìnzhǐ
chùdòng de；碰不得的 pèng bu dé de；
不可批评的 bùkě pīpíng de **II** *n*（印
度）贱民（名）（Yìndù）jiànmín，不可
接触的贱民 bùkě jiēchù de jiànmín

untransferable   *adj* 不可转移的 bùkě
zhuǎnyí de；不得转让的 bùdé
zhuǎnràng de

untranslatable   *adj* 不能翻译的 bùnéng
fānyì de，难译的 nányì de；不宜翻译

的 bùyí fānyì de: ~ *literally* 无法直译的 wúfǎ zhíyì de

untried *adj* (1) 未试用的 wèi shìyòng de, 未经试验的 wèi jīng shìyàn de; 未经考验的 wèi jīng kǎoyàn de; 未经检验的 wèi jīng jiǎnyàn de: *leave nothing* ~ 用尽一切手段 yòngjìn yíqiè shǒuduàn (2) 未经审讯的 wèi jīng shěnxùn de

untroubled *adj* (1) 不烦恼的 bù fánnǎo de, 无忧虑的 wú yōulǜ de (2) 未被扰乱的 wèi bèi rǎoluàn de; 未受骚扰的 wèi shòu sāorǎo de; 平静(形) píngjìng: *the* ~ *surface of a river* 平静的河面 píngjìng de hémiàn

untruth *n* (1) 不真实 bù zhēnshí; 虚假(形) xūjiǎ, 虚伪(形) xūwěi: *discern the* ~ *in such rumours* 认清这些谣言的虚伪性 rènqīng zhèxiē yáoyán de xūwěixìng (2) 谎言(名) huǎngyán, 假话(名) jiǎhuà: *outrageous* ~s 无耻的谎言 wúchǐ de huǎngyán

untruthful *adj* (1) 爱说谎的 ài shuō huǎng de, 不诚实的 bù chéngshí de: *an* ~ *man* 爱撒谎的人 ài sāhuǎng de rén (2) 不真实的 bù zhēnshí de; 假的 jiǎ de; 不正确的 bú zhèngquè de: *an* ~ *report* 与事实不符的报道 yǔ shìshí bù fú de bàodào/ ~ *information* 不真实的消息 bù zhēnshí de xiāoxi

untutored *adj* 未受教育的 wèi shòu jiàoyù de; 无知(形) wúzhī; 粗野(形) cūyě, 无教养的 wú jiàoyǎng de

unused[1] *adj* 不习惯的 bù xíguàn de, 不惯于 bú guànyú: ~ *to flying* 不习惯坐飞机 bù xíguàn zuò fēijī

unused[2] *adj* 不用的 búyòng de, 空着的 kōngzhe de; 未用过的 wèi yòngguo de, 新(形) xīn; 未消耗的 wèi xiāohào de: *stay in a friend's* ~ *apartment* 住在朋友空闲的寓所里 zhùzài péngyou kòngxián de yùsuǒli / *used and* ~ *books* 新旧书籍 xīnjiù shūjí/ *take out an* ~ *sheet* 拿出一条新床单 náchū yìtiáo xīn chuángdān/ *an* ~ *annual leave* 尚未用过的年度休假 shàngwèi

unusual *adj* (1) 不平常的 bù píngcháng de; 不寻常的 bù xúncháng de; 异常(形) yìcháng; 罕见(形) hǎnjiàn; 稀有(形) xīyǒu: *a scene of* ~ *beauty* 异常美丽的景色 yìcháng měilì de jǐngsè/ *not* ~ 并不少见 bìng bù shǎojiàn (2) 独特(形) dútè, 与众不同的 yǔzhòngbùtóng de

unutterable *adj* (1) 说不出的 shuō bù chū de, 难以形容的 nányǐ xíngróng de; 非常的 fēicháng de: ~ *pain* 剧烈的疼痛 jùliè de téngtòng/ ~ *sufferings* 难以形容的苦楚 nányǐ xíngróng de kǔchǔ (2) 完完全全的 wánwánquánquán de, 彻头彻尾的 chètóuchèwěi de, 十足(形) shízú: ~ *idiot* 地地道道的傻瓜 dìdìdàodào de shǎguā

unvaried *adj* (1) 不变的 búbiàn de; 经常(形) jīngcháng, 一贯(形) yíguàn: ~ *kindness* 一贯的亲切 yíguàn de qīnqiè (2) 千篇一律的 qiānpiānyílǜ de; 单调(形) dāndiào; 乏味(形) fáwèi: *the* ~ *routine of daily duties* 每天的例行公事 měitiān de lìxíng gōngshì

unvarnished *adj* (1) 未油漆的 wèi yóuqī de: *an* ~ *floor* 未上油漆的地板 wèi shàng yóuqī de dìbǎn (2) 不加粉饰的 bù jiā fěnshì de; 直截了当 zhíjiéliǎodàng, 坦率(形) tǎnshuài

unvarying *adj* 无变化的 wú biànhuà de, 不改变的 bù gǎibiàn de; 经久 jīngjiǔ: *of* ~ *validity* 一直有效的 yìzhí yǒuxiào de

unveil *v* (1) 揭去面纱 jiēqù miànshā; 举行揭幕仪式 jǔxíng jiēmù yíshì; 揭幕 jiēmù (2) 公诸于众 gōngzhūyúzhòng; 揭露(动) jiēlù: ~ *a secret plan* 揭露一项秘密计划 jiēlù yíxiàng mìmì jihuà

unwarranted *adj* (1) 未经保证的 wèi jīng bǎozhèng de, 无保证的 wú bǎozhèng de: *enjoy a reputation* ~ *by any real learning* 徒有虚名,并无真才

实学 tú yǒu xūmíng, bìng wú zhēncái shíxué (2) 未经授权的 wèi jīng shòuquán de; 无根据的 wú gēnjù de; 不正当的 bú zhèngdāng de: *make ~ arrests* 擅自逮捕 shànzì dàibǔ/ *~ charges* 莫须有的罪名 mòxūyǒu de zuìmíng

unwell *adj* (1) 不舒服的 bù shūfu de, 有病的 yǒubìng de, 病弱的 bìngruò de (2) 来月经 lái yuèjīng, 来例假 lái lìjià

unwholesome *adj* 不卫生的 bú wèishēng de; 不合健康的 bù hé jiànkāng de; 有害的 yǒuhài de: *~ food* 不卫生的食品 bú wèishēng de shípǐn/ *~ ideology* 有害的思想意识 yǒuhài de sīxiǎng yìshi/ *~ books* 坏书 huài shū

unwilling *adj* 不愿意的 bú yuànyì de, 不情愿的 bù qíngyuàn de; 厌恶的 yànwù de, 不喜欢的 bù xǐhuan de; 勉强(形) miǎnqiǎng

unwillingly *adv* 不愿意地 bú yuànyì de, 不情愿地 bù qíngyuàn de, 勉强地 miǎnqiǎng de

unwise *adj* 不明智的 bù míngzhì de; 欠考虑的 qiàn kǎolǜ de; 轻率(形) qīngshuài; 愚蠢(形) yúchǔn: *an ~ suggestion* 轻率的建议 qīngshuài de jiànyì

unworthy *adj* (1) 无价值的 wú jiàzhí de; 卑鄙(形) bēibǐ, 可耻(形) kěchǐ, 不光彩的 bù guāngcǎi de: *an ~ act* 不体面的举动 bù tǐmiàn de jǔdòng (2) 不值得的 bù zhídé de, 不配的 bú pèi de; 与...不相称的 yú... bù xiāngchèn de

unwrap *v* 打开 dǎkāi, 解开 jiěkāi; 展开 zhǎnkāi

unwritten *adj* (1) 没有写下的 méiyǒu xiěxià de; 空白的 kòngbái de: *an ~ page* 空白页 kòngbáiyè (2) 非书面的 fēi shūmiàn de, 口头的 kǒutóu de; 传说的 chuánshuō de; 不成文的 bù chéngwén de: *the ~ law that women and children are saved first from a sinking ship* 从沉船中首先援救妇女

和儿童的不成文规定 cóng chénchuánzhōng shǒuxiān yuánjiù fùnǚ hé értóng de bù chéngwén de guīdìng

unyielding *adj* (1) 坚硬(形) jiānyìng, 不弯曲的 bù wānqū de (2) 坚强(形) jiānqiáng, 顽强(形) wánqiáng, 不屈服的 bù qūfú de: *an ~ will* 顽强的意志 wánqiáng de yìzhì

unzip *v* 拉开拉链 lākāi lāliàn: *~ a zipper* 拉开拉锁 lākāi lāsuǒ

up I *adv* (1) 向上 xiàngshàng; 在上面 zài shàngmiàn; 在高处 zài gāochù; 在地(水)平线上 zài dì(shuǐ) píngxiàn shang (2) 直着 zhízhe; 起床 qǐchuáng; 醒着 xǐngzhe; 起来 qǐlái: *stand ~ for a whole hour* 直立一个小时 zhílì yígè xiǎoshí (3) 由小变大 yóu xiǎo biàn dà; 高涨起来 gāozhǎngqǐlai; 由少到多 yóu shǎo dào duō (4) 往上方 wàng shàngfāng; 在上方 zài shàngfāng; 往较重要处 wàng jiào zhòngyào chù (5) 高昂起来 gāo'ángqǐlai; 激动起来 jīdòngqǐlai; 发生(动) fāshēng; 出现(动) chūxiàn; 提出 tíchū (6) 赶上 gǎnshàng; 达到(动) dádào, 及(动) jí; 一直到 yìzhí dào; 在...以上 zài... yǐshàng: *catch ~ with sb.* 赶上某人 gǎnshàng mǒurén (7) 完(动) wán, 光(动) guāng: *eat everything ~* 把所有的东西都吃光 bǎ suǒyǒu de dōngxi dōu chīguāng (8) 紧(形) jǐn, 牢(形) láo, 结实(形) jiēshi: *tie ~ a parcel* 捆好一个包裹 kǔnhǎo yígè bāoguǒ II *prep* (1) 向高处 xiàng gāochù; 在高处 zài gāochù; 向...上 xiàng... shàng: *climb ~ a hill* 登山 dēng shān/ *climb ~ a ladder* 爬上梯子 páshàng tīzi (2) 向...的上游 xiàng... de shàngyóu; 逆着…的方向 nìzhe... de fāngxiàng III *adj* 上行的 shàngxíng de: *the ~ train to Beijing* 去北京的火车 qù Běijīng de huǒchē/ *the next ~ train* 下一列上行火车 xià yíliè shàngxíng huǒchē// *~ and about* 下床走路 xià chuáng zǒulù/ *~ and down* 上下左右

shàngxià zuǒyòu; 来 来 回 回 láilaihuíhuí; 到 处 dàochù/ ~s and downs 盛衰 shèngshuāi; 沉浮 chénfú / ~ to (1) 干勾当 gàn gòudàng; 搞鬼 gǎoguǐ: ~ to mischief 捣蛋 dǎodàn (2) 胜任 shèngrèn; 适于 shìyú: ~ to standard 符合标准 fúhé biāozhǔn (3) 该由... gāi yóu..., 是... 的责任 shì...de zérèn (4) 数计 shùjì, 多到 duōdào (5) 直到 zhídào: ~ to now 直 到现在 zhídào xiànzài /well ~ in 熟 悉 shúxī; 精通 jīngtōng

up-and-coming adj 有出息的 yǒu chūxi de, 有希望的 yǒu xīwàng de: an ~ young doctor 一个大有希望的年轻医 生 yíge dà yǒu xīwàng de niánqīng yīshēng

up-and-up n (1) 光明磊落的行为 guāngmíng lěiluò de xíngwéi; 忠厚诚 实 zhōnghòu chéngshí (2) 越来越好 yuèláiyuè hǎo

upbringing n 抚养(动) fǔyǎng, 养育 (动) yǎngyù; 教养(名、动) jiàoyǎng, 培养(动) péiyǎng: family ~ 家庭教 育 jiātíng jiàoyù

update v 使现代化 shǐ xiàndàihuà; 使 新颖 shǐ xīnyǐng; 使适合最新情况 shǐ shìhé zuìxīn qíngkuàng: an ~d and revised edition 最新修订本 zuì xīn xiūdìngběn

upgrade I v (1) 改良(动) gǎiliáng; 改 进(动) gǎijìn; 提高 tígāo (2) 使升级 shǐ shēngjí, 提升(动) tíshēng II n (1) 升级 shēngjí; 上升(动) shàngshēng (2) 上坡 shàngpō

upheaval n 大变动 dà biàndòng, 剧变 (名) jùbiàn; 动乱(名) dòngluàn: a violent political ~ 一场剧烈的政治动 乱 yìcháng jùliè de zhèngzhì dòngluàn

uphill I adj (1) 上坡的 shàngpō de; 上升的 shàngshēng de: an ~ road 上 坡路 shàngpō lù (2) 艰难(形) jiānnán, 费力的 fèilì de: an ~ task 苦差事 kǔ chāishi II adv (1) 上坡 shàngpō; 上山 shàngshān (2) 费力地 fèilì de, 艰难地 jiānnán de

uphold v (1) 支撑(动) zhīcheng (2) 支持(动) zhīchí; 赞成(动) zànchéng, 拥护(动) yōnghù: ~ the government in its open policy 支持政府的开放政策 zhīchí zhèngfǔ de kāifàng zhèngcè (3) 坚持(动) jiānchí; 确认(动) quèrèn; 维持(动) wéichí: ~ principle 坚持原 则 jiānchí yuánzé

upholster v (1) 装上垫子(或套子) zhuāngshàng diànzi (huò tàozi): settees ~ed in leather 装有皮套的沙发椅 zhuāngyǒu pítào de shāfāyǐ (2) 布置房 间 bùzhì fángjiān

upkeep n 保养(动) bǎoyǎng, 维修 (动) wéixiū; 维修费 wéixiūfèi, 养护 费 yǎnghùfèi: ~ and repairs on houses 房屋的保养修缮 fángwū de bǎoyǎng xiūshàn

upland n 高地(名) gāodì; 山地(名) shāndì: ~ areas 高地 gāodì/ ~ rice 旱地稻 hàndìdào/ Southern U~s 南 方高地 nánfāng gāodì

uplift v (1) 高举 gāo jǔ; 升起 shēngqǐ (2) 振奋精神 zhènfèn jīngshen, 鼓舞 (动) gǔwǔ, 使情绪高涨 shǐ qíngxù gāozhǎng: ~ing words 振奋人心的话 zhènfèn rénxīn de huà

upon prep (= on): once ~ a time 从 前 cóngqián/ nothing to depend ~ 无 所依靠 wúsuǒ yīkào/ not enough to live ~ 不够生活之用 búgòu shēnghuó zhī yòng// ~ my word (1) 真的 zhēn de, 我敢保证 wǒ gǎn bǎozhèng (2) 哎 呀,天哪! āiya, tiānna!

upper adj (1) 上面的 shàngmian de; 上部的 shàngbù de; 上首的 shàngshǒu de; 上游的 shàngyóu de: the ~ limbs 上肢 shàngzhī/ one of the ~ rooms 楼 上 的 一 个 房 间 lóushàng de yíge fángjiān/ the ~ reaches of the Pearl River 珠江上游 Zhūjiāng shàngyóu (2) 较高级的 jiào gāojí de; 较上层 的 jiào shàngcéng de: the ~ classes of the school 学校的高班 xuéxiào de gāobān/ the ~ (social) classes 上流社会 shàngliú shèhuì (社会上层 shèhuì shàngcéng)/ *the U~ House* 上议院 shàngyìyuàn// *get the ~ hand* 占上风 zhàn shàngfēng / *the ~ storey* 脑子 nǎozi, 头脑 tóunǎo

upper-class *adj* 上流社会的 shàngliú shèhuì de, 上层的 shàngcéng de

uppermost I *adj* 最高的 zuì gāo de; 至上的 zhìshàng de; 至高无上的 zhìgāowúshàng de: *the ~ room of a castle* 城堡最高层的房间 chéngbǎo zuì gāocéng de fángjiān II *adv* 最高 zuìgāo, 至上 zhìshàng; 首先（副）shǒuxiān

upright I *adj* (1) 垂直的 chuízhí de, 笔直(形) bǐzhí; 直立的 zhílì de; 竖式(形) shùshì: *an ~ piano* 竖式钢琴 shùshì gāngqín / *a tall ~ young man* 身躯高大挺拔的年轻人 shēnqū gāodà tǐngbá de niánqīngrén/ *an ~ tree* 一棵挺直的树 yìkē tǐngzhí de shù/ *~ posts* 竖着的杆子 shùzhe de gānzi (2) 正直（形）zhèngzhí; 诚实（形）chéngshí; 尽职的 jìnzhí de II *adv* 笔直地 bǐzhí de, 竖着 shùzhe

uprising *n* 起义（动）qǐyì, 暴动（名、动）bàodòng: *a peasant ~* 农民起义 nóngmín qǐyì

uproar *n* 喧闹（动）xuānnào, 吵嚷（动）chǎorǎng; 沸腾（动）fèiténg; 骚动（动）sāodòng

uproot *v* (1) 连根拔掉 lián gēn bádiào (2) 根除（动）gēnchú; 灭绝（动）mièjué: *~ colonialism* 根除殖民主义 gēnchú zhímínzhǔyì (3) 迁离（动）qiānlí, 移居（动）yíjū: *oneself and settle abroad* 移居国外 yíjū guówài

upset I *v* (1) 弄翻 nòngfān, 打翻 dǎfān (2) 打乱 dǎluàn, 弄坏 nònghuài, 搞糟 gǎozāo (3) 使烦恼 shǐ fánnǎo; 使难过 shǐ nánguò (4) 使不适 shǐ búshì, 使不舒服 shǐ bù shūfu II *n* (1) 搅乱 jiǎoluàn, 打乱（动）dǎluàn; 混乱（形）hùnluàn (2) 小病（名）xiǎobìng; 不适（形）búshì

upside *n* 上边（名）shàngbian, 上面（名）shàngmian; 上部（名）shàngbù

upside-down *adj* (1) 颠倒的 diāndǎo de, 倒转的 dàozhuàn de, 正面朝下的 zhèngmiàn cháoxià de: *turn a table ~* 把桌子打翻 bǎ zhuōzi dǎfān (2) 乱七八糟 luànqībāzāo

upstairs I *adv* 往楼上 wàng lóushàng; 在楼上 zài lóushàng II *adj* 楼上的 lóushàng de: *a house with 3 ~ bedrooms* 一栋有三间楼上卧室的房子 yídòng yǒu sānjiān lóushàng wòshì de fángzi

upstream *adv* 在上游 zài shàngyóu; 向上游 xiàng shàngyóu; 逆水上 nìshuǐ shàng: *sail ~* 走上水 zǒu shàngshuǐ

upsurge *n* 高涨（动）gāozhǎng; 高潮（名）gāocháo: *an ~ of emotions* 情绪高涨 qíngxù gāozhǎng/ *the ~ of national sentiment* 国民情绪的高涨 guómín qíngxù de gāozhǎng

uptake *n* 领会（动）lǐnghuì; 理解力（名）lǐjiělì: *slow on the ~* 接受新事物慢 jiēshòu xīn shìwù màn

uptight *adj* 紧张（形）jǐnzhāng, 不安（形）bù'ān; 忧虑（动）yōulǜ

up-to-date *adj* 直到最近的 zhídào zuìjìn de; 现代的 xiàndài de; 新式的 xīnshì de: *~ equipment* 最现代化的设备 zuì xiàndàihuà de shèbèi/ *~ information* 最新情况 zuì xīn qíngkuàng

upturn *n* 情况好转 qíngkuàng hǎozhuǎn; 上升（动）shàngshēng, 提高（动）tígāo: *an ~ in the economy* 经济好转 jīngjì hǎozhuǎn/ *an ~ in the exchange value of the dollar* 美元比价上升 měiyuán bǐjià shàngshēng/ *a gradual ~ in living standards* 生活水平的逐步提高 shēnghuó shuǐpíng de zhúbù tígāo

upturned *adj* (1) 朝上的 cháoshàng de; 朝上翘的 cháoshàng qiào de: *an ~ nose* 翻鼻孔 fān bíkǒng (2) 翻了的 fānle de

upward *adj* 向上的 xiàngshàng de, 上升的 shàngshēng de: *an ~ slope* 上坡 shàngpō

upwards *adv* (1) 向上 xiàngshàng, 上

升（动）shàngshēng，上 涨（动）shàngzhǎng；向高处 xiàng gāochù (2) 以上 yǐshàng: *Children of 10 and ~* 十岁和十岁以上的孩子 shísuì hé shísuì yǐshàng de háizi // *~ of* 以上 yǐshàng; 多于 duōyú: *~ of 40 years old* 四十多岁 sìshí duō suì; 四十岁以上 sìshísuì yǐshàng

uranium *n* 铀（名）yóu

urban *adj* 城市的 chéngshì de，都市的 dūshì de: *~ districts* 市区 shìqū / *inhabitants* 城市居民 chéngshì jūmín / *the ~ poor* 城市贫民 chéngshì pínmín / *~ traffic* 城市交通 chéngshì jiāotōng

urbane *adj* (1) 文雅（形）wényǎ; 有礼貌的 yǒu lǐmào de (2) 圆滑（形）yuánhuá

urge **I** *v* (1) 驱策（动）qūcè, 驱赶（动）qūgǎn (2) 敦促（动）dūncù, 催促（动）cuīcù, 力劝（动）lìquàn, 怂恿（动）sǒngyǒng (3) 极力主张 jílì zhǔzhāng, 强调（动）qiángdiào; 强烈要求 qiángliè yāoqiú **II** *n* 迫切要求 pòqiè yāoqiú; 冲动（形）chōngdòng; 强烈的愿望 qiángliè de yuànwàng: *sexual ~* 性欲 xìngyù

urgency *n* 紧急（形）jǐnjí, 迫切（形）pòqiè; 紧急情况 jǐnjíqíngkuàng, 紧急的事 jǐnjí de shì: *according to the ~ of a case* 根据案情的缓急状况 gēnjù ànqíng de huǎnjí zhuàng kuàng / *the ~ of the situation* 局势的紧张 júshì de jǐnzhāng

urgent *adj* (1) 紧急（形）jǐnjí, 急迫（形）jípò: *an ~ appeal* 紧急呼吁 jǐnjí hūyù (2) 迫切（形）pòqiè, 急切（形）jíqiè

urinate *v* 撒尿 sāniào, 小便（动）xiǎobiàn, 排尿 páiniào

urine *n* 尿（名）niào, 小便（名）xiǎobiàn: *pass ~* 解小手 jiě xiǎoshǒu（小便 xiǎobiàn, 撒尿 sāniào, 尿尿 niàoniào）/ *a ~ test* 验尿 yàn niào / *have one's ~ examined* 检查小便 jiǎnchá xiǎobiàn

us *pron* 我们（代）wǒmen, 咱们（代）zánmen

usage *n* (1) 使用（动）shǐyòng, 应用（动）yìngyòng; 对待（动）duìdài (2) 惯用法（名）guànyòngfǎ; 标准用法 biāozhǔn yòngfǎ: *modern English ~* 现代英语惯用法 xiàndài Yīngyǔ guànyòngfǎ (3) 习惯（名）xíguàn, 习俗（名）xísú; 惯例（名）guànlì: *sanctified by ~* 约定俗成的 yuēdìng súchéng de / *suit the ~s of polite society* 适合于上流社会的习惯 shìhéyú shàngliú shèhuì de xíguàn / *ancient traditions and ~s* 古老的传统和习俗 gǔlǎo de chuántǒng hé xísú

use **I** *v* (1) 用（动）yòng, 使用（动）shǐyòng; 利用（动）lìyòng; 应用（动）yìngyòng (2) 发挥（动）fāhuī; 运用（动）yùnyòng: *~ all one's efforts* 竭尽全力 jiéjìnquánlì (3) 耗费（动）hàofèi; 耗尽 hàojìn, 用完 yòngwán (4) 对待（动）duìdài: *~ sb. well* 待某人好 dài mǒurén hǎo (5) 服用（动）fúyòng, 饮用（动）yǐnyòng; 吸（动）xī **II** *n* (1) 用（动）yòng, 使用（动）shǐyòng; 应用（动）yìngyòng; 利用（动）lìyòng: *the ~ of electricity for lighting* 利用电力照明 lìyòng diànlì zhàomíng (2) 使用权 shǐyòngquán; 使用能力 shǐyòng nénglì: *lose the ~ of one's eyes* 失去了视力 shīqùle shìlì (3) 用法（名）yòngfǎ: *directions for ~* 用法说明 yòngfǎ shuōmíng / *learn the ~ of various kinds of dictionaries* 学习各种字典的使用法 xuéxí gèzhǒng zìdiǎn de shǐyòngfǎ (4) 用途（动）yòngtú, 用处（名）yòngchu, 用场（名）yòngchǎng; 使用价值 shǐyòng jiàzhí; 效用（名）xiàoyòng; 益处（名）yìchu: *a tool with many ~s* 有多种用途的工具 yǒu duōzhǒng yòngtú de gōngjù / *be put to new ~s* 派新用场 pài xīn yòngchǎng // *come into ~* 开始使用 kāishǐ shǐyòng / *go out of ~* 不再使用 búzài shǐyòng / *in ~* 在使用中 zài shǐyòng zhōng: *no longer in common*

~ 不再通用 búzài tōngyòng/ *make (no)* ~ *of* (不)利用 (bú) lìyòng; (不)使用 (bù) shǐyòng: *make the best* ~ *of everything* 物尽其用 wùjìnqíyòng / *of no* ~ 没用 méiyòng / *of* ~ 有用 yǒuyòng/ ~*d to* 过去常常 guòqù chángcháng, 往常 wǎngcháng; 惯常 guàncháng

used¹ *adj* 使用过的 shǐyòngguò de; 用旧了的 yòngjiùle de; 旧(形)jiù: ~ *furniture* 旧家具 jiù jiājù

used² *adj* 习惯于...的 xíguànyú...de

useful *adj* 有用的 yǒuyòng de; 有益的 yǒuyì de; 实用的 shíyòng de; 有帮助的 yǒu bāngzhù de: ~ *experience* 有益的经验 yǒuyì de jīngyàn/ *a* ~ *tool* 有用的工具 yǒuyòng de gōngjù

usefulness *n* 用处(名)yòngchu, 有用 yǒuyòng

useless *adj* (1)无用的 wúyòng de; 没有用的 méiyǒu yòng de, 无价值的 wú jiàzhí de (2)无能的 wúnéng de

user *n* (1)使用者(名)shǐyòngzhě, 用户(名)yònghù: ~*s of English* 使用英语的人 shǐyòng Yīngyǔ de rén (2)吸毒者(名)xīdúzhě: *a drug* ~ 瘾君子 yǐnjūnzǐ

usher **I** *n* 招待员(名)zhāodàiyuán, 引座员(名)yǐnzuòyuán **II** *v* (1)引(动)yǐn, 领(动)lǐng, 招待(动)zhāodài: ~ *a visitor out* 送客 sòngkè (2)迎来 yínglái; 引进(动)yǐnjìn: *stay up all night to* ~ *in the New Year* 整夜守岁迎接新年 zhěngyè shǒusuì yíngjiē xīnnián

usual *adj* 通常(形)tōngcháng, 平常(形)píngcháng, 惯常(形)guàncháng; 惯例的 guànlì de: *at the* ~ *time* 在惯常的时间 zài guàncháng de shíjiān // *as* ~ 像往常一样 xiàng wǎngcháng yíyàng, 照例 zhàolì

usually *adv* 通常地 tōngcháng de, 平常地 píngcháng de, 一般地 yìbān de; 惯例地 guànlì de

usurer *n* 高利贷者(名)gāolìdàizhě

usurp *v* 篡夺(动)cuànduó; 夺取(动)

夺取; 盗用(动)dàoyòng: ~ *sb.'s position* 夺取了某人的职位 duóqǔle mǒurén de zhíwèi

usurper *n* 篡位者(名)cuànwèizhě, 篡夺者(名)cuànduózhě

usury *n* (1)高利贷(名)gāolìdài; 高利剥削 gāolì bōxuē: *practise* ~ 放高利贷 fàng gāolìdài (2)高利率(名)gāolìlǜ: *lend money at* ~ 以高利放债 yǐ gāolì fàngzhài

utensil *n* 器皿(名)qìmǐn, 器具(名)qìjù, 用具(名)yòngjù: *household* ~*s* 家用器具 jiāyòng qìjù/ *writing* ~ 书写用具 shūxiě yòngjù (文具 wénjù)/ *farming* ~*s* 农具 nóngjù/ *cooking* ~*s* 炊具 chuījù/ *dining* ~*s* 餐具 cānjù

utility *n* (1)效用(名)xiàoyòng; 实用(形)shíyòng; 功利(名)gōnglì: *objects of domestic* ~ 家庭用品 jiātíng yòngpǐn/ *from the point of view of practical* ~ 从实用的观点看 cóng shíyòng de guāndiǎn kàn (2)公用事业 gōngyòng shìyè; 公用设施 gōngyòng shèshī: *public utilities* 公用事业 gōngyòng shìyè

utilize *v* 利用(动)lìyòng, 使用(动)shǐyòng: ~ *every opportunity* 利用一切机会 lìyòng yíqiè jīhuì

utmost **I** *adj* 最远的 zuì yuǎn de; 极度的 jídù de; 最大的 zuì dà de: *to the* ~ *limits* 达到极限 dádào jíxiàn/ *with one's* ~ *strength* 尽最大力量 jìn zuì dà lìliàng **II** *n* 极限(名)jíxiàn; 极度(形)jídù; 最大可能 zuì dà kěnéng // *at the* ~ 至多 zhìduō, 最多 zuìduō / *do one's* ~ 竭尽全力 jiéjìn quánlì / *to the* ~ 尽力 jìnlì

Utopia *n* 乌托邦(名)wūtuōbāng, 理想国(名)lǐxiǎngguó; 理想的完美境界 lǐxiǎng de wánměi jìngjiè; 空想的社会改良计划 kōngxiǎng de shèhuì gǎiliáng jìhuà

utopian **I** *adj* 乌托邦的 wūtuōbāng de, 乌托邦式的 wūtuōbāngshì de; 空想的 kōngxiǎng de: *a* ~ *scheme* 空想的计

划 kōngxiǎng de jìhuà **II** *n* 空想家（名）kōngxiǎngjiā；空想社会主义者 kōngxiǎng shèhuìzhǔyìzhě// ~ *socialism* 空想社会主义 kōngxiǎng shèhuìzhǔyì

utter¹ *adj* 完全（形）wánquán 彻底（形）chèdǐ，十足（形）shízú；绝对（形）juéduì：~ *silence* 鸦雀无声 yāquèwúshēng/ ~ *darkness* 一片漆黑 yípiàn qīhēi / an ~ *denial* 断然否认 duànrán fǒurèn/ an ~ *stranger* 完全陌生的人 wánquán mòshēng de rén

utter² *v* (1) 发出声音 fāchū shēngyīn；表达（动）biǎodá；说（动）shuō，讲 jiǎng：~ *a sigh* 发出一声叹息声 fāchū yìshēng tànxī shēng/ ~ *one's feelings* 用语言表达感情 yòng yǔyán biǎodá gǎnqíng (2) 制造（动）zhìzào，行使（动）xíngshǐ：~ *false coins* 制造伪币 zhìzào wěibì

utterance *n* (1) 发言 fāyán；发声 fāshēng；表达（动）biǎodá (2) 讲话方式 jiǎnghuà fāngshì；语调（名）yǔdiào；发音 fāyīn：*a person of good* ~ 善于讲话的人 shànyú jiǎnghuà de rén (3) 言词（名）yáncí；言论（名）yánlùn；意见（名）yìjiàn：*an official* ~ 官方意见 guānfāng yìjiàn

utterly *adv* 完全地 wánquán de，彻底地 chèdǐ de，十足地 shízú de

U-turn *n* U 形转弯 U xíng zhuǎnwān；调头 diàotóu；一百八十度的大转弯 yìbǎibāshídù de dà zhuǎnwān；政策的彻底改变 zhèngcè de chèdǐ gǎibiàn：*an economic* ~ 一项完全不同的经济政策 yíxiàng wánquán bùtóng de jīngjì zhèngcè

uxorious *adj* 溺爱妻子的 nì'ài qīzǐ de；怕老婆的 pà lǎopo de

V

vacancy *n* （1）空闲房间 kòngxián fángjiān, 尚未住人的地方 shàngwèi zhùrén de dìfang （2）空缺（名）kòngquē, 空额（名）kòng'é, 空位（名）kòngwèi （3）空虚（形）kōngxū, 空洞（形）kōngdòng, 失神（形）shīshén

vacant *adj* （1）空旷（形）kōngkuàng, 空荡（形）kōngdàng （2）空闲着的 kòngxiánzhe de, 未被占用的 wèi bèi zhànyòng de, 没有住人的 méiyou zhùrén de: *a ~ lot* 一块空地 yíkuài kòngdì （3）空缺的 kòngquē de: *apply for a ~ post* 申请一个空缺的岗位 shēnqǐng yíge kòngquē de gǎngwèi （4）空虚（形）kōngxū, 空洞（形）kōngdòng （5）无表情的 wú biǎoqíng de, 漠然（形）mòrán （6）清闲（形）qīngxián, 闲暇（名）xiánxiá （7）傻气的 shǎqì de, 痴呆（形）chīdāi

vacate *v* （1）腾出（动）téngchū, 空出（动）kòngchū, 搬出（动）bānchū: *~ one's seat on a bus* 让出汽车上的座位 ràngchū qìchēshang de zuòwèi （2）解除（动）jiěchú, 辞职（动）cízhí, 退（位）tuì(wèi): *a post ~d by death* 由于死亡而出现的空缺 yóuyú sǐwáng ér chūxiàn de kòngquē

vacation **I** *n* 假（名）jià, 假期（名）jiàqī, 休假 xiūjià: *the summer (winter) ~* 暑（寒）假 shǔ(hán) jià/ *the Christmas ~* 圣诞节假期 Shèngdànjié jiàqī **II** *v* 休假 xiūjià, 度假 dùjià

vacationist *n* 度假者（名）dùjiàzhě, 休假者（名）xiūjiàzhě, 假日旅行者 jiàrì lǚxíngzhě: *a weekend ~* 周末旅行者 zhōumò lǚxíngzhě

vaccinate *v* 接种疫苗 jiēzhòng yìmiáo, 种牛痘 zhòng niúdòu

vaccination *n* 接种疫苗 jiēzhòng yìmiáo, 种牛痘 zhòng niúdòu

vaccine *n* 疫苗（名）yìmiáo, 牛痘苗（名）niúdòumiáo

vacuum **I** *n* （1）真空（名）zhēnkōng, 真空状态 zhēnkōng zhuàngtài: *a ~ flask* 热水瓶 rèshuǐpíng/ *a ~ cleaner* 真空吸尘器 zhēnkōng xīchénqì / *a ~ tube* 真空管 zhēnkōngguǎn/ *a power ~* 权力真空 quánlì zhēnkōng （2）空白（名）kòngbái, 空虚（形）kōngxū **II** *v* 用真空吸尘器打扫 yòng zhēnkōng xīchénqì dǎsǎo

vagabond *n* 流浪汉（名）liúlànghàn, 无家可归者 wújiā kěguī zhě; 无赖（名）wúlài, 浪子（名）làngzǐ, 二流子（名）èrliúzi

vagina *n* （名）阴道 yīndào

vagrant **I** *n* 流浪汉（名）liúlànghàn, 漂泊者（名）piāobózhě, 穷汉（名）qiónghàn **II** *adj* （1）漂泊不定的 piāobóbúdìng de, 流浪的 liúlàng de, 流离失所的 liúlí shīsuǒ de （2）漂忽不定的 piāohūbúdìng de, 变幻无常的 biànhuànwúcháng de: *~ fancies* 胡思乱想 húsīluànxiǎng

vague *adj* （1）模糊（形）móhu, 不清晰 bù qīngxī （2）含糊（形）hánhu, 笼统（形）lǒngtǒng; 不确切的 bú quèqiè de, 不精确 bù jīngquè: *a ~ description of sth.* 含糊不清的描述 hánhu bùqīng de miáoshù （3）表达不清 biǎodá bù qīng, 含糊其词 hánhuqící （4）一点儿 yìdiǎnr, 很少的 hěnshǎo de

vain *adj* （1）自负（形）zìfù, 爱虚荣的 ài xūróng de （2）白费 báifèi, 无益 wúyì, 徒劳（动）túláo, 妄想（动）wàngxiǎng: *~ hopes* 没有结果的希望 méiyǒu jiéguǒ de xīwàng // *in ~* 白费 báifèi, 白白地 báibái de

vainly *adv* 徒劳的 túláo de, 无益地

wúyì de

valentine *n* 情人(名) qíngrén, 情人节 送的贺卡 qíngrénjié sòng de hèkǎ // *Saint V~'s Day* 情人节 Qíngrénjié

valiant *adj* 英勇(形) yīngyǒng, 勇敢 顽强的 yǒnggǎn wánqiáng de

valid *adj* (1) 有效的 yǒuxiào de, 经过 正当手续的 jīngguò zhèngdàng shǒuxù de (2) 正当(形) zhèngdàng, 正确 (形) zhèngquè, 有根据的 yǒugēnjù de: ~ *evidence* 确凿的证据 quèzáo de zhèngjù/ ~ *argument* 站得住脚的论 点 zhàn de zhù jiǎo de lùndiǎn

validate *v* 使有效 shǐ yǒuxiào, 证实 (动) zhèngshí, 确证 quèzhèng

validity *n* 有效 yǒuxiào, 确实(形) quèshí, 正确(形) zhèngquè, 正当(形) zhèngdàng

valise *n* 旅行袋(名) lǚxíngdài, 旅行小 皮包 lǚxíng xiǎo píbāo: *a garment* ~ 旅行衣包 lǚxíng yībāo / *pack a* ~ 打 好旅行袋 dǎhǎo lǚxíngdài

valley *n* (1) 山谷(名) shāngǔ, 溪谷 (名) xīgǔ: *a beautiful green* ~ *between the mountains* 美丽的绿色山谷 měilì de lǜsè shāngǔ/ *a river* ~ 河谷 hégǔ (2) 流域(名) liúyù: *the Yangtze* ~ 长江流域 Chángjiāng liúyù/ *the Mississippi* ~ 密西西比河流域 Mìxīxībǐhé liúyù

valour *n* 勇猛(形) yǒngměng, 勇武 (形) yǒngwǔ, 英勇(形) yīngyǒng, 勇 敢(形) yǒnggǎn

valuable **I** *adj* (1) 值钱的 zhíqián de, 贵重(形) guìzhòng (2) 宝贵(形) bǎoguì, 珍贵(形) zhēnguì, 有价值的 yǒu jiàzhí de, 有用的 yǒuyòng de: *a* ~ *research* 有价值的研究 yǒu jiàzhí de yánjiū / *a* ~ *painting* 珍贵的绘画 zhēnguì de huìhuà/ ~ *assistance* 宝贵 的支援 bǎoguì de zhīyuán **II** *n* 贵重物 品 guìzhòng wùpǐn: *money and other* ~*s* 金钱及其他贵重物品 jīnqián jí qítā guìzhòng wùpǐn/ *small* ~*s* 细软 xìruǎn

value **I** *n* (1) 值(名) zhí, 价值(名)

jiàzhí: *currency* ~ 币值 bìzhí/ *land* ~*s* 土地价值 tǔdì jiàzhí/ *gross output* ~ *of industry* 工业总产值 gōngyè zǒngchǎnzhí/ *aesthetic* ~ 美学价值 měixué jiàzhí (2) 重要性(名) zhòngyàoxìng, 益处(名) yìchù: *of little* ~ 益处不大 yìchù bú dà/ *the* ~ *of running as an exercise* 跑步锻炼的 好处 pǎobù duànliàn de hǎochù (3) 等 值 děngzhí, 公平代价 gōngpíng dàijià (4) 价格(名) jiàgé: *market* ~ 市场 价格 shìchǎng jiàgé (5) 意义(名) yìyì, 涵义(名) hányì, 真意(名) zhēnyì: *the precise* ~ *of a word* 一个 词的确切涵义 yíge cí de quèqiè hányì (6) 标准(名) biāozhǔn, 社会准则 shèhuì zhǔnzé, 价值观念 jiàzhí guānniàn: *ethical* ~*s* 伦理标准 lúnlǐ biāozhǔn/ *moral* ~*s* 道德标准 dàodé biāozhǔn/ ~*s and attitudes* 准则和观 点 zhǔnzé hé guāndiǎn **II** *v* (1) 估价 (动) gūjià, 评价(动) píngjià (2) 重 (动) zhòngshì, 尊重(动) zūnzhòng

valued *adj* 宝贵(形) bǎoguì, 珍贵(形) zhēnguì, 受到尊重的 shòudào zūnzhòng de, 受到重视的 shòudào zhòngshì de

valve *n* (1) 阀(名) fá, 活门(名) huómén: *a gas* ~ 煤气阀 méiqìfá/ *a safety* ~ 安全阀 ānquánfá/ *bicycle* ~*s* 自行车气门芯 zìxíngchē qìménxīn (2) 电子管(名) diànzǐguǎn, 真空管 (名) zhēnkōngguǎn

van *n* 大篷车(名) dàpéngchē, 面包车 (名) miànbāochē: *a police* ~ 警车 jǐngchē/ *a luggage* ~ 行李车 xínglǐchē

vandal *n* 破坏者(名) pòhuàizhě, 不讲 公德的人 bùjiǎng gōngdé de rén

vandalism *n* 损坏公物的行径 sǔnhuài gōngwù de xíngjìng

vandalize *v* 损害(动) sǔnhài, 毁坏 (动) huǐhuài, 破坏(动) pòhuài

vanguard *n* (1) 前卫(名) qiánwèi, 先 头部队 xiāntóu bùduì (2) 先驱(名) xiānqū, 先锋(名) xiānfēng, 先进分子

xiānjìnfènzǐ（3）领导者（名）
lǐngdǎozhě

vanish v 突然不见 tūrán bú jiàn, 消失
（动）xiāoshī, 不复存在 búfù cúnzài

vanity n（1）虚荣心（名）xūróngxīn,
虚夸（动）xūkuā, 自负（形）zìfù, 爱面
子 àimiànzi: excite（hurt, satisfy）
one's ~ 激起（刺伤,满足）虚荣心 jīqī
（cìshāng, mǎnzú）xūróngxīn/ do sth.
out of ~ 出于虚荣心而做某事 chūyú
xūróngxīn ér zuò mǒushì（2）空虚（形）
kōngxū, 虚无（形）xūwú, 无价值
wújiàzhí// ~ case 女用小手袋 nǚyòng
xiǎoshǒudài

vanquish v（1）征服（动）zhēngfú, 战
胜（动）zhànshèng, 击败（动）jībài（2）
克服（动）kèfú, 抑制（动）yìzhì

vantage n（1）优势（名）yōushì, 有利
地位 yǒulì dìwèi（2）观点（名）
guāndiǎn

vaporize v 变成蒸气 biànchéng
zhēngqì, 蒸发（动）zhēngfā, 汽化（动）
qìhuà

vapour n 汽（名）qì, 蒸气（名）
zhēngqì, 雾气（名）wùqì, 烟气（名）
yānqì: water ~ 水蒸气 shuǐzhēngqì/
change into ~ 变成蒸气 biànchéng
zhēngqì

variable adj（1）易变的 yìbiàn de, 不
稳定的 bùwěndìng de, 变化无常的
biànhuà wúcháng de（2）可变的
kěbiàn de

variant I adj 不同的 bùtóng de, 变异
的 biànyì de, 有差别的 yǒu chābié de:
~ interpretations 不同的解释 bùtóng
de jiěshì/ ~ spellings of a word 一个
词的不同拼写法 yīge cí de bùtóng
pīnxiěfǎ II n 变体（名）biàntǐ, 变种
（名）biànzhǒng, 变形（名）biànxíng,
异体字（名）yìtǐzì, 异读 yìdú

variation n（1）变化（名）biànhuà, 变
动（动）biàndòng, 变更（动）biàngēng:
~s of the earth's crust 地壳的变化
dìqiào de biànhuà（2）变化程度
biànhuà chéngdù（3）变异（名）biànyì,
变体（名）biàntǐ, 变种（名）biànzhǒng

（4）变奏曲（名）biànzòuqǔ

varicoloured adj 杂色的 zásè de, 五颜
六色的 wǔyánliùsè de: ~ flags 五颜
六色的旌旗 wǔyánliùsè de jīngqí

varied adj（1）各种各样的
gèzhǒnggèyàng de, 不相同的 bù
xiāngtóng de: ~ ideas about happiness
各种各样的幸福观 gèzhǒnggèyàng de
xìngfúguān/ ~ opinions 各种不同的
意见 gèzhǒng bùtóng de yìjiàn（2）a
~ form of a word 一个词的异体 yīge
cí de yìtǐ

variegated adj 杂色的 zásè de, 斑驳
（形）bānbó: plants with ~ colours 色
彩纷杂的花木 sècǎi fēnzá de huāmù

variety n（1）变化（名）biànhuà, 多样
化（名）duōyànghuà: a life full of ~
丰富多彩的生活 fēngfù duōcǎi de
shēnghuó（2）种类（名）zhǒnglèi, 品种
（名）pǐnzhǒng: a new ~ of wheat 小
麦的新品种 xiǎomài de xīn pǐnzhǒng/
varieties of tea 不同种类的茶叶
bùtóng zhǒnglèi de cháyè/ rare vari-
eties of commemorative stamps 各种珍
贵的纪念邮票 gèzhǒng zhēnguì de
jìniàn yóupiào（3）种种 zhǒngzhǒng,
各种 gèzhǒng: for a ~ of reasons 出
于种种理由 chūyú zhǒngzhǒng lǐyóu
（4）杂耍（名）záshuǎ, 各种艺术形式
的联合演出 gèzhǒng yìshù xíngshì de
liánhé yǎnchū: a ~ show 综合文艺演
出 zōnghé wényì yǎnchū/ a ~ theatre
杂耍剧场 záshuǎ jùchǎng

various adj（1）各种各样的 gèzhǒng
gèyàng de, 不同的 bùtóng de: at ~
places 在各种不同的地方 zài gèzhǒng
bùtóng de dìfāng/ fulfill ~ tasks 完
成各项任务 wánchéng gèxiàng rènwù
（2）好几个 hǎo jǐgè, 不少 bùshǎo, 许
多（形）xǔduō: ~ countries 许多国家
xǔduō guójiā/ inspection trips to ~
chemical factories 去视察几个化工厂
qù shìchá jǐge huàgōngchǎng（3）多方
面的 duō fāngmiàn de: ~ branches of
knowledge 多方面的知识 duō
fāngmiàn de zhīshi

varnish I *n* (1) 清漆(名) qīngqī, 上光漆(名) shàngguāngqī; 釉子(名) yòuzi (2) 光面(名) guāngmiàn; 光泽(名) guāngzé (3) 虚饰 xūshì; 文饰（动）wénshì; 装门面 zhuāngménmiàn: *a ~ of good manners* 装出有教养的样子 zhuāngchū yǒu jiàoyǎng de yàngzi (4) 指甲油(名) zhǐjiayóu II *v* (1) 涂清漆 tú qīngqī; 上釉 shàngyòu; 涂指甲油 tú zhǐjiayóu (2) 粉饰（动）fěnshì, 掩饰（动）yǎnshì

vary *v* (1) 改变（动）gǎibiàn, 更改（动）gēnggǎi: *~ one's habits* 改变个人习惯 gǎibiàn gèrén xíguàn (2) 使多样化 shǐ duōyànghuà; 变换（动）biànhuàn; 不一样 bù yíyàng

vase *n* 瓶（名）píng, 花瓶（名）huāpíng: *a ~ of flowers* 一瓶花儿 yìpíng huār/ *an Oriental ~* 一只东方式花瓶 yìzhī dōngfāngshì huāpíng

vast *adj* (1) 巨大（形）jùdà, 庞大（形）pángdà, 大量（形）dàliàng: *a ~ building* 巨大的建筑物 jùdà de jiànzhùwù/ *a ~ improvement* 巨大的改进 jùdà de gǎijìn/ *a ~ difference* 巨大的差别 jùdà de chābié/ *a ~ sum of money* 一笔巨款 yìbǐ jùkuǎn (2) 广阔(形) guǎngkuò, 辽阔(形) liáokuò: *a ~ area* 广阔的地区 guǎngkuò de dìqū/ *~ knowledge* 渊博的知识 yuānbó de zhīshi

vat *n* 大桶（名）dàtǒng; 大盆（形）dàpén, 缸(名) gāng: *a water ~* 水缸 shuǐgāng

vault[1] I *v* 跳（动）tiào, 跳跃（动）tiàoyuè: *~ onto a horse* 跃上马背 yuèshang mǎbèi II *n* 跳跃（动）tiàoyuè: *pole ~* 撑杆跳高 chēnggān tiàogāo

vault[2] *n* (1) 圆拱形屋顶 yuángǒngxíng wūdǐng, 拱顶(名) gǒngdǐng: *the ~ of heaven* 苍穹 cāngqióng (2) 地窖（名）dìjiào; 地下室(名) dìxiàshì, 地下储藏室 dìxià chǔcángshì; 地下保险库 dìxià bǎoxiǎnkù: *a wine ~* 酒窖 jiǔjiào

vector *n* (1)（飞机的）航线(名)（fēijī

de）hángxiàn; 航向指标 hángxiàng zhǐbiāo (2) 传染媒介 chuánrǎn méijiè; 昆虫媒介 kūnchóng méijiè

veer *v* (1) 改变方向 gǎibiàn fāngxiàng, 转向 zhuǎnxiàng (2) 转换（动）zhuǎnhuàn, 转变（动）zhuǎnbiàn, 改变(动) gǎibiàn

vegetable *n* (1) 菜(名) cài, 蔬菜(名) shūcài: *a ~ seller* 菜商 càishāng/ *~ stall* 菜摊儿 càitānr/ *a ~ farm* 菜园子 càiyuánzi/ *fruits and ~s* 水果和蔬菜 shuǐguǒ hé shūcài/ *a ~ diet* 素食 sùshí/ *a ~ dish* 一碟素菜 yìdié sùcài (2) 植物(名) zhíwù: *~ oil* 植物油 zhíwùyóu/ *animal, ~ or mineral* 动物、植物或矿物 dòngwù, zhíwù huò kuàngwù

vegetarian *n* 素食者 sùshízhě, 吃素的人 chīsù de rén

vegetation *n* 植物(名) zhíwù, 草木(名) cǎomù: *the strange and colourful ~ of a tropical forest* 热带森林的奇特多彩的植物 rèdài sēnlín de qítè duōcǎi de zhíwù

vehement *adj* (1) 激烈(形) jīliè; 热烈(形) rèliè: *a ~ desire* 热切的愿望 rèqiè de yuànwàng (2) 强烈(形) qiángliè; 猛烈(形) měngliè: *a ~ protest* 强烈的抗议 qiángliè de kàngyì/ *a ~ wind* 狂风 kuángfēng/ *make a ~ plea for reform* 强烈要求改革 qiángliè yāoqiú gǎigé

vehicle *n* (1) 车辆(名) chēliàng, 运输工具 yùnshū gōngjù: *animal-drawn ~s* 畜力车 chùlìchē/ *motor ~s* 机动车辆 jīdòng chēliàng/ *public ~s* 公共交通车辆 gōnggòng jiāotōng chēliàng/ *space ~* 航天器 hángtiānqì (2) 传达思想感情的工具 chuándá sīxiǎng gǎnqíng de gōngjù; 手段（名）shǒuduàn; 媒介(名) méijiè: *use fiction as a ~ of moral teaching* 把小说作为进行道德教育的手段 bǎ xiǎoshuō zuòwéi jìnxíng dàodé jiàoyù de shǒuduàn/ *a ~ of malaria* 传播疟疾的媒介 chuánbō nüèjí de méijiè

vehicular *adj* 车辆的 chēliàng de; 供车辆通行的 gōng chēliàng tōngxíng de: *a ~ tunnel* 供车辆通行的隧道 gōng chēliàng tōngxíng de suìdào

veil **I** *n* (1) 面纱(名) miànshā, 面罩(名) miànzhào: *raise one's ~* 揭起面罩 jiēqǐ miànzhào (2) 遮蔽物(名) zhēbiwù; 掩饰物(名) yǎnshìwù: *a ~ of darkness* 一片黑暗 yípiàn hēi'àn/ *facts hidden in a ~ of mystery* 掩盖在神秘之中的事实 yǎngàizài shénmì zhīzhōng de shìshí **II** *v* (1) 蒙上面纱 méngshang miànshā (2) 笼罩(动) lǒngzhào; 遮盖(动) zhēgài; 掩盖(动) yǎngài: *a fact ~ed from public knowledge* 一个被掩盖起来,不让公众知晓的事实 yíge bèi yǎngàiqilai, bú ràng gōngzhòng zhīxiǎo de shìshí // *draw a ~ over sth.* 不愿谈论某事 búyuàn tánlùn mǒushì / *take the ~* 当修女 dāng xiūnǚ, 出家当尼姑 chūjiā dāng nígū/ *under the ~ of* 借口... jièkǒu...; 以... 为掩护 yǐ... wéi yǎnhù

veiled *adj* (1) 蒙上面纱的 méngshang miànshā de; 遮盖着的 zhēgàizhe de; 有遮蔽物的 yǒu zhēbiwù de: *a ~ lady* 戴着面纱的女人 dàizhe miànshā de nǚrén (2) 掩饰的 yǎnshì de; 隐蔽的 yīnbì de: *a ~ threat* 含蓄的威胁 hánxù de wēixié

vein *n* (1) 静脉(名) jìngmài; 血管(名) xuèguǎn (2) 矿脉(名) kuàngmài, 矿层(名) kuàngcéng: *a ~ of coal* 煤层 méicéng/ *a ~ of ore* 矿脉 kuàngmài/ *a ~ of silver in quartz* 石英中的银层 shíyīngzhōng de yíncéng (3) 叶脉(名) yèmài; 纹理(名) wénlǐ; 木纹(名) mùwén: *leaf ~s* 叶脉 yèmài / *the ~s in marble* 大理石的纹理 dàlǐshí de wénlǐ (4) 一股 yìgǔ; 一丝 yìsī (5) 心情(名) xīnqíng, 情绪(名) qíngxù; 兴致(名) xìngzhì; 心思(名) xīnsi

velocity *n* (1) 速度(名) sùdù; 速率(名) sùlǜ: *a ~ of 100 feet per second* 每秒钟一百英尺的速度 měimiǎo zhōng yìbǎiyīngchǐ de sùdù (2) 高速(形) gāosù, 快速(形) kuàisù

velvet *n* 天鹅绒(名) tiān'éróng, 丝绒(名) sīróng: *a ~ jacket* 天鹅绒上衣 tiān'éróng shàngyī/ *skin as soft as ~* 像天鹅绒一样柔软的皮肤 xiàng tiān'éróng yíyàng róuruǎn de pífū

vend *v* 出售(动) chūshòu; 贩卖(动) fànmài, 叫卖(动) jiàomài // *~ing machine* 自动售货机 zìdòng shòuhuòjī

vendor *n* 小贩(名) xiǎofàn, 小商(名) xiǎoshāng: *fruit ~* 水果商贩 shuǐguǒ shāngfàn/ *a news ~* 报贩 bàofàn

veneer *n* (1) 饰板(名) shìbǎn; 镶面板(名) xiāngmiànbǎn, 护面(名) hùmiàn, 饰面(名) shìmiàn (2) 虚饰 xūshì, 外表(名) wàibiǎo, 表面装璜 biǎomiàn zhuānghuáng

venerable *adj* (1) 可尊敬的 kě zūnjìng de, 可敬重的 kě jìngzhòng de; 德高望重的 dégāowàngzhòng de: *a ~ old man* 德高望重的长者 dégāowàngzhòng de zhǎngzhě (2) 历史悠久的 lìshǐ yōujiǔ de; 古老(形) gǔlǎo: *a ~ temple* 一座古老的寺院 yízuò gǔlǎo de sìyuàn/ *~ age* 高龄 gāolíng

venereal *adj* 性的 xìng de; 性病的 xìngbìng de

vengeance *n* 报仇 bàochóu, 复仇 fùchóu, 报复(动) bàofù: *seek ~* 寻机报复 xúnjī bàofù/ *personal ~* 私仇 sīchóu

vengeful *adj* 报仇心切的 bàochóu xīnqiè de; 报复性的 bàofùxìng de; 图谋报复的 túmóu bàofù de: *a ~ action* 报复行为 bàofù xíngwéi

venom *n* (1) 毒液(名) dúyè; 毒(名) dú; 毒物(名) dúwù: *the ~ of a cobra* 眼镜蛇的毒液 yǎnjìngshé de dúyè (2) 恶意(名) èyì; 恶毒的话(或行为) èdú de huà (huò xíngwéi): *a look of ~* 恶毒的眼色 èdú de yǎnsè

venomous *adj* (1) 有毒的 yǒudú de; 分泌毒液的 fēnmì dúyè de; 有毒腺的

yǒu dúxiàn de: ~ *reptiles* 有毒的爬虫 yǒudú de páchóng/ ~ *snakes* 毒蛇 dúshé (2) 恶毒 (形) èdú; 狠毒 (形) hěndú: a ~ *speech* 恶毒的讲话 èdú de jiǎnghuà

venous *adj* 静脉的 jìngmài de; 静脉中的 jìngmàizhōng de: ~ *blood* 静脉血 jìngmàixiě

vent[1] **I** *n* (1) 出口 (名) chūkǒu, 出路 (名) chūlù; 漏孔 (名) lòukǒng (2) 通风孔 (名) tōngfēngkǒng, 出烟孔 (名) chūyānkǒng; 排气道 (名) páiqìdào (3) 发泄感情 fāxiè gǎnqíng: *give free ~ to one's sorrow* 尽情发泄自己的悲痛 jìnqíng fāxiè zìjǐ de bēitòng **II** *v* (1) 开孔 kāikǒng; 开口 kāikǒu: ~ *a cask* 开开桶 kāikai tǒng (2) 放出 (动) fàngchū; 排出 páichū (3) 发泄感情 fāxiè gǎnqíng

vent[2] *n* 衩口 (名) chàkǒu, 开衩 (名) kāichà

ventilation *n* (1) 通风 tōngfēng; 流通空气 liútōng kōngqì: ~ *facilities* 通风设备 tōngfēng shèbèi/ a ~ *door* 风门 fēngmén/ *a hall with thorough* ~ 一个通风情况良好的大厅 yíge tōngfēnng qíngkuàng liánghǎo de dàtīng (2) 通风设备 tōngfēng shèbèi; 通气法 tōngqìfǎ (3) 公开讨论 gōngkāi tǎolùn

ventilator *n* 通风装置 (名) tōngfēng zhuāngzhì; 排气风扇 (名) páiqì fēngshàn; 送风机 (名) sòngfēngjī; 通气孔 (名) tōngqìkǒng

vent-pipe *n* 通风管 (名) tōngfēngguǎn; 排气管 (名) páiqìguǎn

venture **I** *n* (1) 冒险 màoxiǎn; 风险 (名) fēngxiǎn; 冒险行动 màoxiǎn xíngdòng: *a ~ capitalist* 冒险投资者 màoxiǎn tóuzīzhě/ *be ready for any* ~ 准备冒任何危险 zhǔnbèi mào rènhé wēixiǎn (2) 冒险企业 màoxiǎn qǐyè; 商业冒险 shāngyè màoxiǎn, 投机 (动) tóujī: *fail in one's* ~s 投机失败 tóujī shībài/ *a ~ business* 投机买卖 tóujī mǎimai **II** *v* (1) 冒险 màoxiǎn, 不顾危险 búgù wēixiǎn: ~ *out on thin ice*

冒险在薄冰上行走 màoxiǎn zài bóbīngshang xíngzǒu (2) 大胆表示 dàdǎn biǎoshì; 鼓起勇气 gǔqǐ yǒngqì; 冒昧提出 màomèi tíchū: ~ *an objection* 大胆提出反对意见 dàdǎn tíchū fǎnduì yìjiàn (3) 冒...危险 mào... wēixiǎn, 拿...做赌注 ná... zuò dǔzhù: ~ *one's life in war* 冒着在战火中丧生的危险 màozhe zài zhànhuǒzhōng sàngshēng de wēixiǎn // *at a* ~ 随便地 suíbiàn de; 胡乱地 húluàn de / *Nothing* ~*d*, *nothing gained*. 不入虎穴，焉得虎子。 Bú rù hǔxué, yān dé hǔzǐ.

Venus *n* (1) 金星 (名) jīnxīng, 太白星 (名) tàibáixīng (2) 维纳斯女神 wéinàsī nǚshén; 爱神 (名) àishén (3) 维纳斯雕像 wéinàsī diāoxiàng (4) 美女 (名) měinǚ (5) 性爱 (名) xìng'ài

verandah *n* 游廊 (名) yóuláng; 走廊 (名) zǒuláng; 阳台 (名) yángtái

verb *n* 动词 (名) dòngcí: *a transitive* (*an intransitive*) ~ 及物 (不及物) 动词 jíwù (bù jíwù) dòngcí/ *an auxiliary* ~ 助动词 zhùdòngcí/ *a modal* ~ 情态动词 qíngtài dòngcí/ *a link* ~ 连系动词 liánxì dòngcí

verbal **I** *adj* (1) 词语的 cíyǔ de; 言语的 yányǔ de; 字句的 zìjù de: *a ~ error* 用词的错误 yòngcí de cuòwù/ ~ *skill* 用词的技能 yòngcí de jìnéng (2) 口头的 kǒutóu de, 非书面的 fēishūmiàn de: *a ~ description* 口头描述 kǒutóu miáoshù/ *a ~ contract* 口头约定 kǒutóu yuēdìng (3) 逐字的 zhúzì de, 照字面的 zhào zìmiàn de: *a ~ translation* 逐字翻译 zhúzì fānyì (4) 动词的 dòngcí de; 动词性质的 dòngcí xìngzhì de; 由动词形成的 yóu dòngcí xíngchéng de: ~ *inflexions* 动词的变化 dòngcí de biànhuà/ *a ~ phrase* 动词词组 dòngcí cízǔ/ *a ~ noun* 动名词 dòngmíngcí/ *a ~ suffix* 构成动词的后缀 gòuchéng dòngcí de hòuzhuì **II** *n* 动词的非谓语形式 dòngcí de fēi wèiyǔ xíngshì

verbalize *v* （1）使变成动词 shǐ biànchéng dòngcí （2）用言语表达 yòng yányǔ biǎodá

verbally *adv* 口头地 kǒutóu de, 非书面地 fēishūmiàn de

verbatim **I** *adj* 逐字的 zhúzì de, 照字面的 zhào zìmiàn de：*a ~ record* 逐字记录 zhúzì jìlù **II** *adv* 逐字地 zhúzì de；照字面地 zhào zìmiàn de：*report a speech ~* 逐字逐句地报导一篇讲话 zhúzìzhújù de bàodǎo yìpiān jiǎnghuà

verdant *adj* （1）青翠（形）qīngcuì, 嫩绿（形）nènlù：*fields* 葱绿的田野 cōnglù de tiányě （2）生疏（形）shēngshū；不老练的 bù lǎoliàn de, 无经验的 wú jīngyàn de：*a ~ youth* 缺乏经验的青年 quēfá jīngyàn de qīngnián

verdict *n* （1）判决（动）pànjué；裁决（动）cáijué：*a ~ of guilty* 有罪的判决 yǒu zuì de pànjué （2）评判（动）píngpàn；判断（名、动）pànduàn；意见（名）yìjiàn

verge **I** *n* 边缘（名）biānyuán, 边界（名）biānjiè：*the ~ of a forest* 森林的边缘 sēnlín de biānyuán **II** *v* 接近（动）jiējìn, 濒于（动）bīnyú：*on total collapse* 濒于全面崩溃 bīnyú quánmiàn bēngkuì // *bring sb. to the ~ of* 使某人濒于 shǐ mǒurén bīnyú / *on the ~ of* 濒于 bīnyú, 接近于 jiējìnyú：*stand on the ~ of bankruptcy* 濒于破产 bīnyú pòchǎn

verification *n* 证实（动）zhèngshí, 证明（名、动）zhèngmíng；证据（名）zhèngjù；检验（动）jiǎnyàn；核实（动）héshí：*the ~ of sb.'s statements* 核实某人的说法 héshí mǒurén de shuōfǎ

verify *v* 证实（动）zhèngshí, 核实（动）héshí

vermicelli *n* 挂面（名）guàmiàn；粉丝（名）fěnsī

vermin *n* （1）害虫（名）hàichóng；害兽（名）hàishòu；害鸟（名）hàiniǎo：*a plague of ~* 虫害 chónghài （2）害人虫（名）hàirénchóng；寄生虫（名）

jìshēngchóng

vernacular **I** *n* 本国话 běnguóhuà；当地话 dāngdìhuà；白话（名）báihuà；土话（名）tǔhuà：*written in the ~* 用白话文写的 yòng báihuàwén xiě de **II** *adj* 本国话的 běnguóhuà de；地方话的 dìfānghuà de；用本国话的 yòng běnguóhuà de；用地方话的 yòng dìfānghuà de：*~ speech* 地方话 dìfānghuà/ *a ~ poet* 一位白话诗人 yíwèi báihuà shīrén

versatile *adj* （1）有多种技能的 yǒu duōzhǒng jìnéng de, 多才多艺的 duōcáiduōyì de：*a ~ worker* 多面手 duōmiànshǒu （2）多功能的 duōgōngnéng de, 有多种用途的 yǒu duōzhǒng yòngtú de

verse *n* （1）诗句（名）shījù, 诗行（名）shīháng；诗节（名）shījié：*compose ~s* 作诗 zuò shī （2）诗（名）shī；诗体（名）shītǐ；韵文（名）yùnwén：*free ~* 自由诗 zìyóushī/ *prose and ~* 散文和韵文 sǎnwén hé yùnwén / *blank ~* 无韵诗 wúyùnshī

versed *adj* 精通的 jīngtōng de, 通晓的 tōngxiǎo de, 熟练（形）shúliàn：*deeply ~ in Japanese literature* 精通日本文学 jīngtōng Rìběn wénxué

version *n* （1）译文（名）yìwén；译本（名）yìběn；翻译（动）fānyì：*the English ~ of a Chinese poem* 一首中文诗的英译文 yìshǒu Zhōngwén shī de Yīngyìwén/ *the German ~ of a novel* 一本小说的德文译本 yìběn xiǎoshuō de Déwén yìběn （2）叙述（动）xùshù；说法（名）shuōfǎ, 看法（名）kànfǎ （3）改写本（名）gǎixiěběn；改编的乐曲 gǎibiān de yuèqǔ：*a ~ of a symphony arranged as a ballet suite* 为芭蕾舞配乐而改编的交响曲 wèi bāléiwǔ pèiyuè ér gǎibiān de jiāoxiǎngqǔ/ *a screen ~ of a play* 一出戏的电影剧本 yìchū xì de diànyǐng jùběn / *a stage ~ of a famous novel* 根据一本著名小说改编的剧本 gēnjù yìběn zhùmíng xiǎoshuō gǎibiān de jùběn

versus *prep* 对（介）duì: *a Shanghai ~ Beijing football match* 一场上海对北京的足球赛 yìchǎng Shànghǎi duì Běijīng de zúqiúsài

vertebrate *n* 脊椎（名）jǐzhuī; 椎骨（名）zhuīgǔ

vertical *adj* 垂直的 chuízhí de; 直立的 zhílì de; 立式的 lìshì de: *a ~ lathe* 立式车床 lìshì chēchuáng/ *a ~ dive* 垂直俯冲 chuízhí fǔchōng

vertically *adv* 垂直地 chuízhí de, 直上直下地 zhíshàngzhíxià de

verve *n* 生气（名）shēngqi, 活力（名）huólì; 热情（名）rèqíng

very **I** *adv* (1) 很（副）hěn, 十分（副）shífēn, 非常（副）fēicháng: ~ *cold* 很冷 hěn lěng (2) (*with a superlative or "own"*) 最（副）zuì, 绝对地 juéduì de: *the ~ first arrival* 最先到达者 zuì xiān dàodázhě/ *the ~ best wine* 最上等的酒 zuì shàngděng de jiǔ / *in the ~ same house* 就在同一个房子里 jiù zài tóng yíge fángzili/ *the ~ last time* 最后一次 zuìhòu yícì **II** *adj* (1) 正是 zhèngshì; 真正（形）zhēnzhèng; 绝对（形）juéduì; 绝非其他的 juéfēi qítā de; 恰好（副）qiàhǎo (2) 只（副）zhǐ, 仅仅（副）jǐnjǐn, 单是 dānshì // *not ~* (1) 很不 hěn bù, 非常不 fēicháng bù (2) 不很 bù hěn, 不太 bú tài; 有点儿（副）yǒudiǎnr / ~ *good* 很好 hěn hǎo/ ~ *well* 那好吧 nà hǎoba

vessel *n* (1) 容器（名）róngqì, 器皿（名）qìmǐn: *a drinking ~* 酒器 jiǔqì/ *a plastic ~ containing edible oil* 装有食用油的塑料器皿 zhuāngyǒu shíyòngyóu de sùliào qìmǐn (2) 船（名）chuán; 船舶（名）chuánbó, 船只（名）chuánzhī: *a fishing ~* 渔船 yúchuán/ *a motor ~* 汽船 qìchuán/ *a ~ of war* 一艘军舰 yìsōu jūnjiàn (3) 血管（名）xuèguǎn: *blood ~s* 血管 xuèguǎn/ *a capillary ~* 毛细管 máoxìguǎn

vest **I** *n* 背心（名）bèixīn, 汗背心儿（名）hànbèixīnr; 马甲（名）mǎjiǎ: *a bullet-proof ~* 防弹背心 fángdàn bèixīn **II** *v* 赋予（动）fùyǔ, 授予（动）shòuyǔ, 委以（动）wěiyǐ

vested *adj* 法律规定的 fǎlǜ guīdìng de; 既定的 jìdìng de; 既得的 jìdé de: *a ~ right* 既得权利 jìdé quánlì // ~ *interest* 既得利益 jìdé lìyì/ ~ *interests*（在经济、政治等方面有特权或控制权的）既得利益集团（zài jīngjì, zhèngzhì děng fāngmiàn yǒu tèquán huò kòngzhìquán de）jìdé lìyì jítuán

vestibule *n* 过厅（名）guòtīng, 门厅（名）méntīng

vestige *n* (1) 痕迹（名）hénjì; 踪迹（名）zōngjì; 遗迹（名）yíjì; 残余（名）cányú: *the ~s of an ancient civilization* 一种古代文明的遗迹 yìzhǒng gǔdài wénmíng de yíjì/ *the ~s of a meal on a plate* 盘子里的饭渣 pánzili de fànzhā (2) 一点儿 yìdiǎnr, 丝毫（副）sīháo: *without a ~ of clothing* 一丝不挂 yìsī bú guà

vet, veterinarian *n* 兽医（名）shòuyī

veteran **I** *n* 老兵 lǎobīng, 老战士 lǎo zhànshì; 老手（名）lǎoshǒu, 富有经验的人 fùyǒu jīngyàn de rén: *a ~ of the Red Army* 红军老战士 Hóngjūn lǎo zhànshì **II** *adj* 老兵的 lǎobīng de, 老战士的 lǎo zhànshì de; 老练（形）lǎoliàn, 经验丰富的 jīngyàn fēngfù de: *a ~ officer* 老军官 lǎo jūnguān/ *a ~ teacher* 老教师 lǎo jiàoshī（有经验的教师）yǒu jīngyàn de jiàoshī）/ ~ *troops* 有作战经验的部队 yǒu zuòzhàn jīngyàn de bùduì

veto **I** *n* (1) 否决（动）fǒujué; 拒绝（动）jùjué; 禁止（动）jìnzhǐ, 不准 bùzhǔn: *the right of ~* 否决权 fǒujuéquán (2) 否决权（名）fǒujuéquán **II** *v* 否决（动）fǒujué, 投反对票 tóu fǎnduìpiào; 禁止（动）jìnzhǐ

vex *v* (1) 使不高兴 shǐ bù gāoxìng; 使恼火 shǐ nǎohuǒ, 使生气 shǐ shēngqì (2) 使烦恼 shǐ fánnǎo, 使苦恼 shǐ kǔnǎo, 使伤脑筋 shǐ shāng nǎojīn: *be ~ed with disease* 闹病 nàobìng // ~ed *question* 棘手的问题 jíshǒu de

wèntí, 麻烦事 máfanshì, 争论不休难
以解决的问题 zhēnglùn bùxiū nányǐ
jiějué de wèntí

vexation n (1) 烦恼(形) fánnǎo, 苦恼
(形) kǔnǎo; 伤脑筋 shāng nǎojīn:
cause sb. ~ 引起某人的苦恼 yǐnqǐ
mǒurén de kǔnǎo (2) 苦恼的原因
kǔnǎo de yuányīn; 使人恼火的事情
shǐ rén nǎohuǒ de shìqing

via prep (1) 经过(介) jīngguò, 经由
(介) jīngyóu; 取道(动) qǔdào: *go to
Berlin* ~ *Bonn* 经由波恩去柏林
jīngyóu Bō'ēn qù Bólín (2) 通过(介)
tōngguò, 利用(动) lìyòng: ~ *blitz
attack* 通过闪电战 tōngguò
shǎndiànzhàn

viable adj (1) 能成活的 néng chénghuó
de; 能生存的 néng shēngcún de; 有生
活能力的 yǒu shēnghuó nénglì de: *a
~ newborn baby* 一个能够成活的新
生婴儿 yíge nénggòu chénghuóde
xīnshēng yīng'ér (2) 可行的 kěxíng
de: *a ~ proposal* 可行的建议 kěxíng
de jiànyì

viaduct n 高架桥(名) gāojiàqiáo; 高
架铁路(或道路) gāojià tiělù (huò
dàolù); 栈道(名) zhàndào

vibrant adj (1) 颤动的 chàndòng de;
响亮(形) xiǎngliàng: *a ~ baritone
voice* 响亮的男中音 xiǎngliàng de
nánzhōngyīn (2) 鲜艳(形) xiānyàn: *a
~ shade of red* 鲜红色 xiānhóngsè(3)
有活力的 yǒu huólì de; 活跃(形)
huóyuè; 激动(形) jīdòng: *a ~ per-
sonality* 活跃的性格 huóyuè de xìnggé

vibrate v 颤动(动) chàndòng; 振动
(动) zhèndòng; 震动(动) zhèndòng

vibration n 颤动(动) chàndòng; 振动
zhèndòng; 震动(动) zhèndòng: *40 ~ s
per second* 每秒震动四十次 měimiǎo
zhèndòng sìshí cì

vibrator n 振动器(名) zhèndòngqì; 颤
震器(名) chànzhènqì; 振子(名)
zhènzǐ

vicar n 教区牧师 jiàoqū mùshī, 牧师
(名) mùshī

vice¹ n (1) 罪恶(名) zuì'è, 罪过(名)
zuìguo; 恶行(名) èxíng; 坏事
huàishì; 不道德行为 bú dàodé xíngwéi
(2) 恶习 èxí; 缺点(名) quēdiǎn,缺陷
(名) quēxiàn

vice² n 老虎钳(名) lǎohǔqián

vice-chairman n 副主席 fùzhǔxí

vice-consul n 副领事 fùlǐngshì

vice-minister n 副部长 fùbùzhǎng: *the
V ~ of Foreign Affairs* 外交部副部长
Wàijiāobù fùbùzhǎng (副外长
fùwàizhǎng)

vice-premier n 副总理 fùzǒnglǐ

vice-president n 副总统 fùzǒngtǒng, 副
校长 fùxiàozhǎng

vice versa adv 反过来也是这样
fǎnguòlái yě shì zhèyàng; 反之亦然
fǎnzhī yìrán

vicinity n 附近(名) fùjìn, 近处(名)
jìnchù; 附近地区 fùjìn dìqū // *in the
~ of* (1) 在...附近 zài...fùjìn: *in
the ~ of Seoul* 在汉城附近 zài
Hànchéng fùjìn (2) 约 yuē, 大约
dàyuē

vicious adj (1) 坏(形) huài; 邪恶(形)
xié'è; 堕落的 duòluò de: ~ *compan-
ions* 坏朋友 huài péngyou/ ~ *habits*
恶习 èxí/ *a ~ person* 恶人 èrén (2)
恶意的 èyì de, 凶恶(形) xiōng'è, 凶
残(形) xiōngcán: *a ~ glance* 恶意的
眼光 èyì de yǎnguāng/ *a ~ remark*
恶毒的话 èdú de huà/ *the most ~ en-
emy* 最凶恶的敌人 zuì xiōng'è de dírén
// ~ *circle* 恶性循环 èxìng xúnhuán

victim n (1) 受害者(名) shòuhàizhě;
受灾者 shòuzāizhě; 牺牲者
xīshēngzhě: *innocent ~ s* 无辜的受害
者 wúgū de shòuhàizhě/ ~ *s of a flood*
水灾的受害者 shuǐzāi de shòuhàizhě/
~ *s of a natural calamity* 灾民
zāimín/ *an AIDS ~* 爱滋病患者
àizībìng huànzhě (2) 祭品(名) jìpǐn,
牺牲品(名) xīshēngpǐn, 供品(名)
gòngpǐn: *offer up human ~ s* 拿活人
做牺牲祭神 ná huórén zuò xīshēng jì
shén// *fall ~ to* 成为...的牺牲品

chéngwéi...de xīshēngpǐn: *fall ~ to consumption* 患肺结核 huàn fèijiéhé

victimize *v* 使牺牲 shǐ xīshēng; 使受苦 shǐ shòukǔ; 当 牺 牲 品 dāng xīshēngpǐn: *be ~d by a swindle* 受了别人的骗 shòule biérén de piàn

victor *n* 胜者（名）shèngzhě, 胜利者（名）shènglìzhě, 得胜者（名）déshèngzhě

Victorian *adj* (1) 维多利亚式的 Wéiduōlìyàshì de; 维多利亚女王时代的 Wéiduōlìyà nǚwáng shídài de: *~ furniture* 维多利亚式的家具 Wéiduōlìyàshì de jiājù (2) 陈腐（形）chénfǔ; 保守（形）bǎoshǒu: *a ~ attitude toward sex* 对两性的保守态度 duì liǎngxìng de bǎoshǒu tàidù

victorious *adj* 胜利的 shènglì de; 战胜的 zhànshèng de; 得胜的 déshèng de: *the ~ army* 得胜的部队 déshèng de bùduì / *the ~ team* 胜队 shèngduì

victory *n* 胜利（名）shènglì; 战胜（动）zhànshèng: *score a ~* 打胜仗 dǎ shèngzhàng/ *a moral ~* 精神胜利 jīngshén shènglì / *a decisive ~* 决定性的胜利 juédìngxìng de shènglì / *win a landslide ~* 大获全胜 dà huò quánshèng/ *the ~ of man over nature* 人对大自然的胜利 rén duì dàzìrán de shènglì/ *gain a ~ over an enemy* 战胜一个敌人 zhànshèng yíge dírén

videotape **I** *n* 录像带 lùxiàngdài; 录像片（名）lùxiàngpiàn **II** *v* 录在录像磁带上 lùzài lùxiàng cídàishang, 录像 lùxiàng

vie *v* 争（动）zhēng, 竞争（动）jìngzhēng; 争夺（动）zhēngduó

Vietnamese **I** *adj* 越南的 Yuènán de; 越南人的 Yuènán rén de; 越南语的 Yuènányǔ de **II** *n* 越南人 Yuènánrén; 越南语（名）Yuènányǔ

view **I** *n* (1) 看（动）kàn, 观看（动）guānkàn; 观察（动）guānchá: *take a commercial ~ of a subject* 从商业的角度来看一个问题 cóng shāngyè de jiǎodù lái kàn yíge wèntí (2) 视力（名）shìlì; 视域（名）shìyù; 眼界（名）yǎnjiè (3) 看见的东西 kànjiàn de dōngxi; 景物（名）jǐngwù, 风景（名）fēngjǐng; 风景画 fēngjǐnghuà; 风景照（名）fēngjǐngzhào: *a street ~* 街景 jiējǐng (4) 观点（名）guāndiǎn, 意见（动）yìjiàn, 见解（名）jiànjiě: *maintain independent ~s* 保持独立见解 bǎochí dúlì jiànjiě **II** *v* (1) 看（动）kàn; 观看（动）guānkàn, 观察（动）guānchá; 检查（动）jiǎnchá (2) 考虑（动）kǎolǜ; 认识（动）rènshi; 看待（动）kàndài // *a point of ~* 观点 guāndiǎn; 着眼点 zhuóyǎndiǎn / *at first ~* 初看 chūkàn/ *in ~* (1) 在看得见的地方 zài kàn de jiàn de dìfang (2) 在考虑中 zài kǎolǜzhōng, 在计划中 zài jìhuàzhōng / *in ~ of* (1) 鉴于（动）jiànyú; 考虑到 kǎolùdào (2) 在看得见...的地方 zài kàn de jiàn...de dìfang/ *keep sth. in ~* 记住 jìzhù; 留意 liúyì / *on ~* 展出 zhǎnchū; 上映 shàngyìng / *with a ~ to* 为了 wèile; 目的是 mùdì shì / *with the ~ of sth.* 以..为目的 yǐ...wéi mùdì; 为了 wèile

viewer *n* 观察者（名）guāncházhě; 观看者（名）guānkànzhě, 观众（名）guānzhòng: *a television ~* 一位电视观众 yíwèi diànshì guānzhòng

viewpoint *n* 观察点（名）guānchádiǎn; 观点（名）guāndiǎn, 看法（名）kànfǎ

vigil *n* 守夜 shǒuyè, 看夜 kānyè, 值夜班 zhí yèbān: *sick-room ~* 病房的夜间看护 bìngfáng de yèjiān kānhù

vigilance *n* 警戒（动）jìngjiè; 防范（动）fángfàn, 戒备（动）jièbèi; 警惕性（名）jǐngtìxìng; 警觉（名）jǐngjué: *heighten one's ~* 提高警惕 tígāo jǐngtì

vigilant *adj* 警备着的 jǐngbèizhe de, 警惕着的 jǐngtìzhe de; 警醒的 jǐngxǐng de: *~ attention* 警惕 jǐngtì / *a ~ police force* 一支时刻警惕着的警察队伍 yìzhī shíkè jǐngtìzhe de jǐngchá duìwu

vigorous *adj* (1) 朝气蓬勃的

zhāoqìpéngbó de, 精力充沛的 jīnglì chōngpèi de; 健壮(形) jiànzhuàng; 苗壮(形) zhuózhuàng: ~ spirit 朝气蓬勃的精神 zhāoqìpéngbó de jīngshén/ a ~ plant 苗壮生长的植物 zhuózhuàng shēngzhǎng de zhíwù (2) 强有力的 qiáng yǒulì de: a ~ style 刚健的风格 gāngjiàn de fēnggé

vigour n 活力(名) huólì, 精力(名) jīnglì, 元气(名) yuánqì: the ~ of youth 青春的活力 qīngchūn de huólì

vile adj (1) 卑鄙(形) bēibǐ, 可耻(形) kěchǐ; 邪恶(形) xié'è; 令人厌恶的 lìng rén yànwù de (2) 糟糕(形) zāogāo; 污秽(形) wūhuì, 肮脏(形) āngzāng, 下流(形) xiàliú: a ~ temper 坏脾气 huài píqi/ ~ language 难听的话 nántīng de huà

vilify v 诬蔑(动) wūmiè, 中伤(动) zhòngshāng; 非议(动) fēiyì, 责难(动) zénàn; 辱骂(动) rǔmà

villa n 乡间别墅 xiāngjiān biéshù: a lake side ~ 一座湖畔别墅 yízuò húpàn biéshù/ a suburban ~ 郊外别墅 jiāowài biéshù

village n 村子(名) cūnzi; 乡村(名) xiāngcūn, 村庄(名) cūnzhuāng; 农村(名) nóngcūn: ~ life 农村生活 nóngcūn shēnghuó/ the ~ post office 村邮局 cūn yóujú/ a ~ school 农村小学 nóngcūn xiǎoxué/ a fishing ~ 渔村 yúcūn

villager n 村民(名) cūnmín, 村里人 cūnlǐrén

villain n (1) 坏人(名) huàirén, 坏蛋(名) huàidàn, 恶棍(名) ègùn; 反派角色 fǎnpài juésè, 反面人物 fǎnmiàn rénwù: the ~ of a story 故事里的坏蛋 gùshili de huàidàn/ the ~ of a play 戏里的反派人物 xìli de fǎnpài rénwù (2) 家伙(名) jiāhuo, 小淘气 xiǎotáoqì

vindicate v (1) 为...辩护 wèi... biànhù; 为...辩白 wèi... biànbái: ~ sb. from a crime 辩明某人没有犯罪 biànmíng mǒurén méiyǒu fànzuì (2) 证

明...正确 zhèngmíng...zhèngquè

vindicator n 维护者 wéihùzhě; 辩护者 biànhùzhě; 辩白者 biànbáizhě; 证明者 zhèngmíngzhě

vine n (1) 葡萄树(名) pútaoshù (2) 藤本植物 téngběn zhíwù; 蔓(名) wàn; 藤(名) téng; 秧(名) yāng: a squash ~ 瓜蔓儿 guāwànr/ sweet potato ~s 白薯秧 báishǔyāng/ melons growing on ~s 长在藤上的瓜 zhǎngzài téngshang de guā

vinegar n 醋(名) cù

vinery n (1) 葡萄温室 pútao wēnshì; 藤本植物温室 téngběn zhíwù wēnshì (2) 葡萄园(名) pútaoyuán

vineyard n 葡萄园(名) pútaoyuán

vinous adj 酒的 jiǔ de; 具有酒性的 jùyǒu jiǔxìng de; 饮酒引起的 yǐnjiǔ yǐnqǐ de: a ~ flavour 酒的香味儿 jiǔ de xiāngwèir/ ~ excitement 酒后的兴奋 jiǔ hòu de xīngfèn/ in a somewhat ~ condition 有点儿醉意 yǒudiǎnr zuìyì

vintage I n (1) 收葡萄 shōu pútao; 葡萄收获期 pútao shōuhuòqī (2) 某年的佳酿酒 mǒunián de jiāniàngjiǔ; 酿酒期 niàngjiǔqī: the output of last year's ~ 去年的葡萄酒产量 qùnián de pútaojiǔ chǎnliàng (3) 某一年代的一批产品 mǒu yì niándài de yìpī chǎnpǐn; 某一时期的人物 mǒu yì shíqī de rénwù II adj (1) 制造佳酿的 zhìzào jiāniàng de, 某年酿制的 mǒunián niàngzhì de: ~ wine 佳酿酒 jiāniàngjiǔ/ ~ year 佳酿酒酿成的年份 jiāniàngjiǔ niàngchéng de niánfèn (2) 古老而享有声誉的 gǔlǎo ér xiǎngyǒu shēngyù de; 古典的 gǔdiǎn de: a ~ tune 一支古老的曲调 yìzhī gǔlǎo de qǔdiào/ a ~ silent film 一部无声影片 yíbù wúshēng yīngpiàn (3) 最好的 zuì hǎo de; 典型的 diǎnxíng de; 有代表性的 yǒu dàibiǎoxìng de: ~ Lu Xun 鲁迅的代表作 Lǔ Xùn de dàibiǎozuò

violate v (1) 违犯(动) wéifàn, 违背(动) wéibèi, 违反(动) wéifǎn: ~ an *international agreement* 违反国际协定 wéifǎn guójì xiédìng (2) 侵犯（动）qīnfàn; 妨碍（动）fáng'ài; 滋扰（动）zīrǎo: ~ *a nation's territory and sovereignty* 侵犯一个国家的领土和主权 qīnfàn yígè guójiā de lǐngtǔ hé zhǔquán/ ~ *human rights* 侵犯人权 qīnfàn rénquán/ ~ *sb.'s privacy* 搅扰某人 jiǎorǎo mǒurén (3) 强奸（动）qiángjiān

violator *n* 违反者（名）wéifǎnzhě; 侵犯者（名）qīnfànzhě; 亵渎者（名）xièdúzhě; 强奸者（名）qiángjiānzhě: *a law* ~ 违法分子 wéifǎ fènzǐ/ *traffic* ~s 违反交通规则的人 wéifǎn jiāotōng guīzé de rén

violence *n* (1) 猛烈（形）měngliè; 激烈（形）jīliè; 强烈（形）qiángliè (2) 暴力（名）bàolì; 暴力行为 bàolì xíngwéi: *robbery with* ~ 暴力抢劫 bàolì qiǎngjié/ *resort to* ~ 使用暴力 shǐyòng bàolì/ *different forms of* ~ 形形色色的暴行 xíngxíngsèsè de bàoxíng/ *an act of* ~ 暴力行为 bàolì xíngwéi// *do* ~ *to* (1) 对... 行凶 duì... xíngxiōng: *do* ~ *to a person* 对一个人施暴 duì yígè rén shībào (2) 歪曲 wāiqū (3) 破坏 pòhuài; 影响 yǐngxiǎng

violent *adj* (1) 猛烈（形）měngliè, 激烈（形）jīliè, 强烈（形）qiángliè: *a* ~ *wind* 狂风 kuángfēng/ ~ *language* 激烈的语言 jīliè de yǔyán/ *a* ~ *pain* 剧痛 jùtòng/ *a* ~ *earthquake* 强烈的地震 qiángliè de dìzhèn/ *a* ~ *dislike* 极端厌恶 jíduān yànwù (2) 狂暴（形）kuángbào, 凶暴（形）xiōngbào, 残暴（形）cánbào (3) 暴力的 bàolì de; 暴力引起的 bàolì yǐnqǐ de

violet *n* 紫罗兰（名）zǐluólán; 紫罗兰色（名）zǐluólánsè: ~ *ray* 紫外线 zǐwàixiàn

violin *n* 小提琴（名）xiǎotíqín, 提琴（名）tíqín: *play first* ~ 担任第一小提琴手 dānrèn dìyī xiǎotíqínshǒu

violoncello *n* 大提琴（名）dàtíqín

viper *n* (1) 毒蛇（名）dúshé (2) 阴险毒辣的人 yīnxiǎn dúlà de rén

virgin **I** *n* 处女（名）chǔnǚ **II** *adj* 处女的 chǔnǚ de; 未开发的 wèi kāifā de; 未利用过的 wèi lìyòngguo de: ~ *soil* 处女地 chǔnǚdì/ ~ *forest* 原始森林 yuánshǐ sēnlín/ ~ *wool* 未经加工的羊毛 wèi jīng jiāgōng de yángmáo// *the* *V*-~ *Mary* 圣母玛利亚 Shèngmǔ Mǎlìyà

virginal *adj* 处女的 chǔnǚ de; 纯洁（形）chúnjié: ~ *membrane* 处女膜 chǔnǔmó/ ~ *bloom* 纯洁而美丽的少女 chúnjié ér měilì de shàonǚ

virile *adj* (1) 成年男子的 chéngnián nánzǐ de; 健壮（形）jiànzhuàng, 年富力强的 niánfù lìqiáng de; 有生殖力的 yǒu shēngzhílì de (2) 有男子气概的 Yǒu nánzǐ qìgài de; 刚强有力的 gāngqiáng yǒulì de: *a* ~ *government* 强有力的政府 qiáng yǒulì de zhèngfǔ/ *a* ~ *voice* 浑厚有力的声音 húnhòu yǒulì de shēngyīn

virtual *adj* 实质上的 shízhìshang de, 实际上的 shíjìshang de, 事实上的 shìshíshang de: *a* ~ *agreement* 事实上的同意 shìshíshang de tóngyì

virtually *adv* 几乎（副）jīhū, 差不多（副）chàbuduō; 实际上 shíjìshang, 事实上 shìshíshang

virtue *n* (1) 善（名、形）shàn; 德（名）dé, 道德（名）dàodé, 美德（名）měidé: ~ *and vice* 善与恶 shàn yǔ è/ *practise* ~ 行善 xíngshàn/ *rule of* ~ 德政 dézhèng/ *cultivate* ~s 修德 xiūdé/ *the* ~s *of patience, steadfastness, and devotion* 忍耐、坚定和献身的美德 rěnnài, jiāndìng hé xiànshēn de měidé/ *a national* ~ 国民道德 guómín dàodé/ *professional* ~s 职业道德 zhíyè dàodé (2) 优点（名）yōudiǎn; 长处（名）chángchù (3) 功效（名）gōngxiào, 效能（名）xiàonéng, 效力（名）xiàolì: *medicinal* ~s 药效 yàoxiào/ *medicine of great* ~ 特效药 tèxiàoyào// *by* ~ *of* 依靠 yīkào, 仰

仗 yǎngzhàng, 凭借 píngjiè

virtuous *adj* 有道德的 yǒu dàodé de, 有德行的 yǒu déxíng de; 善良（形）shànliáng

virus *n* 病毒（名）bìngdú, 毒素（名）dúsù: *flu* ~ 流感病毒 liúgǎn bìngdú/ ~ *infections* 病毒感染 bìngdú gǎnrǎn

visa *n* 签证（名）qiānzhèng: *an entry* ~ 入境签证 rùjìng qiānzhèng/ *grant a person an exit* ~ 给予某人出境签证 jǐyǔ mǒurén chūjìng qiānzhèng/ *a transit* ~ 过境签证 guòjìng qiānzhèng

vis-à-vis *prep* （1）关于（介）guānyú, 对于（介）duìyú （2）与...相比 yǔ... xiāngbǐ

visibility *n* 能见度（名）néngjiàndù

visible *adj* （1）看得见的 kàn de jiàn de; 可见的 kějiàn de: ~ *for kilometres around* 几公里之外都看得见 jǐ gōnglǐ zhī wài dōu kàn de jiàn （2）明显（形）míngxiǎn; 显然的 xiǎnrán de

visibly *adv* 明显地 míngxiǎn de; 显然（副）xiǎnrán; 显而易见的 xiǎn'éryìjiàn de

vision *n* （1）视力（名）shìlì, 视觉（名）shìjué: *the field of* ~ 视野 shìyě/ *normal* ~ 正常视力 zhèngcháng shìlì （2）眼光（名）yǎnguāng, 远见（名）yuǎnjiàn; 想象力（名）xiǎngxiànglì: *wide* ~ 高瞻远瞩 gāozhānyuǎnzhǔ/ *the* ~ *of a poet* 诗人的想象力 shīrén de xiǎngxiànglì （3）幻想（名）huànxiǎng; 想象（名、动）xiǎngxiàng; 梦幻（名）mènghuàn; 幻影（名）huànyǐng （4）美妙或罕见的景物 měimiào huò hǎnjiàn de jǐngwù; 美人（名）měirén

visionary **I** *adj* （1）梦幻的 mènghuàn de; 幻觉的 huànjué de; 想象的 xiǎngxiàng de; 非实有的 fēishíyǒu de: *a* ~ *state of things* 虚幻境界 xūhuàn jìngjiè （2）好幻想的 hào huànxiǎng de; 不实际的 bù shíjì de: *a* ~ *enthusiast* 耽于幻想的热心家 dānyú huànxiǎng de rèxīnjiā （3）出于空想的 chūyú kōngxiǎng de; 不可实行的 bùkě

shíxíng de: ~ *plans* 空想的计划 kōngxiǎng de jìhuà **II** *n* 空想家 kōngxiǎngjiā

visit **I** *v* （1）访问（动）fǎngwèn, 拜访（动）bàifǎng; 看望（动）kànwàng; 参观（动）cānguān, 游览（动）yóulǎn: ~ *a country* 访问一个国家 fǎngwèn yíge guójiā/ ~ *a friend* 拜访朋友 bàifǎng péngyou/ ~ *the doctor* 看医生 kàn yīshēng（看病 kànbìng）/ *one's family* 探亲 tànqīn/ ~ *a hospital* 参观医院 cānguān yīyuàn/ ~ *places of historic interest and scenic beauty* 游览名胜古迹 yóulǎn míngshèng gǔjì （2）视察（动）shìchá （3）在...停留 zài...tíngliú, 在...作客 zài...zuòkè: ~ *at a hotel* 在一家旅馆下榻 zài yìjiā lǚguǎn xiàtà （4）侵袭（动）qīnxí; 降临（动）jiànglín **II** *n* 访问（动）fǎngwèn, 拜访（动）bàifǎng, 看望（动）kànwàng; 参观（动）cānguān; 游览（动）yóulǎn, 逗留（动）dòuliú; 出诊（动）chūzhěn: *a state* ~ 国事访问 guóshì fǎngwèn/ *return a* ~ 回访 huífǎng/ *pay a* ~ *to a patient* 出诊看病 chūzhěn kànbìng

visiting *n* 访问（动）fǎngwèn; 探亲（动）tànqīn: *a* ~ *scholar* 访问学者 fǎngwèn xuézhě/ *prison* ~ 探监 tànjiān/ *a* ~ *day* 会客日 huìkèrì/ *a* ~ *card* 名片 míngpiàn

visitor *n* 游人（名）yóurén, 游客（名）yóukè; 来宾（名）láibīn; 住客（名）zhùkè; 参观者（名）cānguānzhě, 访问者（名）fǎngwènzhě// ~*s' book* 来宾签名簿 láibīn qiānmíngbù; 旅客登记簿 lǚkè dēngjìbù

visor *n* （1）面罩（名）miànzhào, 护面（名）hùmiàn, 面甲（名）miànjiǎ （2）帽舌（名）màoshé, 遮阳（名）zhēyáng: *a cap with a fancy* ~ 一顶带有新奇帽舌的帽子 yìdǐng dàiyǒu xīnqí màoshé de màozi （3）遮阳板（名）zhēyángbǎn

vista *n* （1）狭远景色 xiáyuǎn jǐngsè; 远景（名）yuǎnjǐng, 深景（名）shēnjǐng

（2）前景（名）qiánjǐng；往事（名）wǎngshì

visual adj 看的 kàn de，视觉的 shìjué de，视力的 shìlì de：the ~ arts 视觉艺术 shìjué yìshù／（观赏艺术 guānshǎng yìshù）／ strange ~ effects 奇特的视觉效果 qítè de shìjué xiàoguǒ／ ~ field 视野 shìyě // ~ aids 直观教具 zhíguān jiàojù

visualize v 想象（动）xiǎngxiàng；使可见 shǐ kějiàn；使具体化 shǐ jùtǐhuà

vital adj （1）生命的 shēngmìng de，生机的 shēngjī de；生命所必需的 shēngmìng suǒ bìxū de：~ principle 生命力 shēngmìnglì（生机 shēngjī）／ ~ energies 生命力 shēngmìnglì（2）充满活力的 chōngmǎn huólì de，生气勃勃的 shēngqìbóbó de：~ in every part 各部分都充满着活力 gè bùfen dōu chōngmǎnzhe huólì（3）致命（形）zhìmìng；要害的 yàohài de，生命攸关的 shēngmìng yōuguān de：a ~ blow 致命的打击 zhìmìng de dǎjī／ ~ organs 要害的器官 yàohài de qìguān（4）极其重要的 jíqí zhòngyào de，必不可少的 bìbùkěshǎo de // ~ statistics 人口统计 rénkǒu tǒngjì；基本情况 jīběn qíngkuàng

vitality n 生命力（名）shēngmìnglì；生气（名）shēngqì，活力（名）huólì：the ~ of an idiom 一个习语的生命力 yíge xíyǔ de shēngmìnglì

vitalize v 赋与...生命 fùyǔ...shēngmìng；给与...活力 jǐyǔ...huólì；激发（动）jīfā，鼓舞（动）gǔwǔ：~ patriotic spirit 激发爱国热情 jīfā àiguó rèqíng

vitamin n 维他命（名）wéitāmìng，维生素（名）wéishēngsù：~ tablets 维生素片 wéishēngsùpiàn／ ~ A 维生素 A wéishēngsù A

vitriol n（1）硫酸盐（名）liúsuānyán；矾（名）fán；硫酸（名）liúsuān：green ~ 绿矾 lǜfán（2）刻薄话 kèbóhuà；尖酸刻薄的讽刺 jiānsuān kèbó de fěngcì：put plenty of ~ in one's talk 讲话中

夹着很多尖刻的话 jiǎnghuà zhōng jiāzhe hěn duō jiānkè de huà

vivid adj（1）鲜艳（形）xiānyàn；鲜明（形）xiānmíng；强烈（形）qiángliè：a ~ flash of lightning 强烈的闪电 qiángliè de shǎndiàn（2）活泼（形）huópo，有生气的 yǒu shēngqì de（3）清晰（形）qīngxī；明朗（形）mínglǎng；逼真（形）bīzhēn；生动（形）shēngdòng；栩栩如生 xǔxǔrúshēng：a ~ imagination 活跃的想象 huóyuè de xiǎngxiàng

vividly adv 生动地 shēngdòng de；逼真地 bīzhēn de，生气勃勃地 shēngqìbóbó de

vividness n 生动（形）shēngdòng；活泼（形）huópo；逼真（形）bīzhēn：with the ~ of real life 栩栩如生地 xǔxǔrúshēng de

vocabulary n（1）词汇（名）cíhuì，语汇（名）yǔhuì；词汇量（名）cíhuìliàng：the specialized ~ of nuclear physics 核物理学的专业词汇 héwùlǐxué de zhuānyè cíhuì／ a language with a large ~ 词汇丰富的语言 cíhuì fēngfù de yǔyán／ enlarge one's ~ 扩大词汇 kuòdà cíhuì（2）词汇表 cíhuìbiǎo // a ~ entry 词条 cítiáo

vocal adj（1）发音的 fāyīn de，有声的 yǒushēng de，使用嗓音的 shǐyòng sǎngyīn de；歌唱的 gēchàng de：~ organs 发音器官 fāyīn qìguān／ ~ music 声乐 shēngyuè／ ~ cords 声带 shēngdài／ a ~ solo 独唱 dúchàng（2）用语言表达的 yòng yǔyán biǎodá de，口述的 kǒushù de：a ~ communication 口头联系 kǒutóu liánxì（3）多话的 duō huà de，健谈（形）jiàntán，爱发表意见的 ài fābiǎo yìjiàn de

vocalist n 歌唱家（名）gēchàngjiā；流行歌手（名）liúxíng gēshǒu

vocation n（1）天职（名）tiānzhí，使命（名）shǐmìng（2）职业（名）zhíyè，行业（名）hángyè，工作（名）gōngzuò：select a ~ 选择一个工作 xuǎnzé yíge gōngzuò（3）才能（名）cáinéng；秉性

（名）bǐngxìng

vocational *adj* 职业的 zhíyè de, 业务的 yèwù de: *a ~ school* 职业学校 zhíyè xuéxiào/ *~ study* 业务学习 yèwù xuéxí/ *~ training* 职业培训 zhíyè péixùn

vocative **I** *adj* 呼唤的 hūhuàn de; 称呼的 chēnghu de: *a ~ expression* 呼唤语 hūhuànyǔ/ *the ~ case* 呼格 hūgé **II** *n* 呼唤语（名）hūhuànyǔ; 呼格（名）hūgé

vodka *n* 伏特加（名）fútèjiā

vogue *n* (1) 时尚（名）shíshàng, 风尚（名）fēngshàng; 时髦的事物 shímáo de shìwù, 风行一时的事物 fēngxíng yìshí de shìwù (2) 流行（动）liúxíng, 风行（动）fēngxíng; 时髦（形）shímáo: *come into ~* 流行起来 liúxíngqǐlai/ *go out of ~* 不再风行 búzài fēngxíng/ *a ~ word* 时髦的词 shímáo de cí

voice **I** *n* (1) 说话声 shuōhuàshēng; 嗓子（名）sǎngzi; 嗓音（名）sǎngyīn: *speak in a loud ~* 大声地说 dàshēng de shuō/ *lower one's ~* 压低声音 yādīshēngyīn/ *raise one's ~* 放开了嗓门儿 fàngkāile sǎngménr/ *a chorus of female ~s* 女声合唱 nǚshēng héchàng (2) 意见（名）yìjiàn; 发言权（名）fāyánquán (3) 语态（名）yǔtài: *the active ~* 主动语态 zhǔdòng yǔtài/ *the passive ~* 被动语态 bèidòng yǔtài **II** *v* (1) 表达（动）biǎodá; 吐露（动）tǔlù: *~ one's opinions* 发表意见 fābiǎo yìjiàn (2) 发浊音 fā zhuóyīn // *at the top of one's ~* 大声地 dàshēng de / *V~ of America* 美国之音 Měiguó Zhī Yīn/ *with one ~* 一致地 yīzhì de, 异口同声地 yìkǒutóngshēng de

voiced *adj* (1) …声的 …shēng de; 有声的 yǒushēng de; 发声的 fāshēng de: *rough ~* 粗声的 cūshēng de (2) 浊音的 zhuóyīn de: *~ consonants* 浊辅音 zhuófǔyīn/ *a ~ sound* 浊音 zhuóyīn

voiceless *adj* (1) 无声的 wúshēng de; 无发言权的 wú fāyánquán de: *~*

movements 无声的动作 wúshēng de dòngzuò (2) 清音的 qīngyīn de: *~ consonants* 清辅音 qīngfǔyīn

void *adj* (1) 缺乏（动）quēfá; 没有的 méiyǒu de, 空（形）kōng: *~ of common sense* 缺乏常识 quēfá chángshí (2) 无效的 wúxiào de, 作废的 zuòfèi de: *a ~ ballot* 废票 fèipiào

volatile *adj* (1) 易挥发的 yì huīfā de; 易发散的 yì fāsàn de: *~ oil* 挥发油 huīfāyóu (2) 易变的 yìbiàn de, 反复无常的 fǎnfù wúcháng de; 轻浮（形）qīngfú

volcanic *adj* 火山的 huǒshān de: *~ ashes* 火山灰 huǒshānhuī/ *~ rocks* 火山岩 huǒshānyán

volcano *n* 火山（名）huǒshān: *an active ~* 活火山 huóhuǒshān

volition *n* 意志（名）yìzhì; 意志力（名）yìzhìlì; 决断（名）juéduàn

volley **I** *n* (1) 齐射（动）qíshè, 齐发（动）qífā; 排射 páishè: *fire a ~* 齐射 qíshè (2) 一连串 yìliánchuàn, 像排炮一样发出的 xiàng páipào yíyàng fāchū de: *a ~ of blows* 接二连三的打击 jiē'èrliánsān de dǎjī/ *a ~ of curses* 连珠炮似的咒骂 liánzhūpào shìde zhòumà/ *a ~ of applause* 掌声齐鸣 zhǎngshēng qímíng/ *a ~ of cries* 一阵哭叫 yízhèn kūjiào **II** *v* (1) 齐发（动）qífā; 群射（动）qúnshè (2) 连声发出 liánshēng fāchū, 齐鸣（动）qímíng

volleyball *n* 排球（名）páiqiú: *a women's ~ team* 女子排球队 nǚzǐ páiqiúduì

volt *n* 伏特（量）fútè, 伏（量）fú

voltage *n* 电压（名）diànyā, 伏特数 fútèshù: *low ~* 低电压 dīdiànyā/ *~ amplifier* 电压放大器 diànyā fàngdàqì/ *a ~ divider* 分压器 fēnyāqì

voluble *adj* 夸夸其谈的 kuākuāqítán de; 口若悬河的 kǒuruòxuánhé de; 能言善辩的 néngyánshànbiàn de: *a speaker at discussions* 在讨论中夸夸其谈的人 zài tǎolùnzhōng kuākuāqítán de rén / ~ women 能说会道的女人 néng shuō huì dào de nǚrén

volume n (1) 卷(名) juàn, 册(名) cè; 书卷(名) shūjuàn, 书籍(名) shūjí: *a novel in 2 ~s* 一部两卷本的小说 yíbù liǎngjuàn běn de xiǎoshuō/ *the first ~ of a novel* 小说的第一册 xiǎoshuō de dìyīcè/ *rare old ~s* 珍本古书 zhēnběn gǔshū (2) 容量(名) róngliàng; 体积(名) tǐjī: *the ~ of beer in a cask* 桶里的啤酒量 tǒngli de píjiǔliàng (3) 大量(形) dàliàng, 许多(形) xǔduō: ~s *of smoke* 滚滚烟尘 gǔngǔn yānchén (4) 量(名) liàng, 份量(名) fènliàng; 音量(名) yīnliàng: *sales ~* 销售额 xiāoshòu'é/ *import ~* 进口量 jìnkǒuliàng/ *the ~ of passenger travel* 旅客运输量 lǚkè yùnshūliàng // *gather ~* 增大 zēngdà / *speak ~s* 很有意义 hěn yǒu yìyì / *speak ~s for* 充分说明 chōngfèn shuōmíng

volumed adj 成卷的 chéng juàn de; 卷的 juàn de: *a 4-~ novel* 一部四卷本的小说 yíbù sìjuànběn de xiǎoshuō

voluntarily adv 自愿地 zìyuàn de; 主动地 zhǔdòng de, 自动地 zìdòng de

voluntary adj (1) 自愿的 zìyuàn de, 志愿的 zhìyuàn de; 义务的 yìwù de; 主动(形) zhǔdòng, 自动(形) zìdòng: ~ *labour* 义务劳动 yìwù láodòng/ *a ~ army* 志愿军 zhìyuànjūn/ *on a basis* 在自愿的基础上 zài zìyuàn de jīchǔshang (2) 靠自由捐助维持的 kào zìyóu juānzhù wéichí de; 自办的 zìbàn de: *a ~ school* 民办小学 mínbàn xiǎoxué/ *a ~ hospital* 私家医院 sījiā yīyuàn

volunteer I n (1) 自愿参加者 zìyuàn cānjiāzhě, 志愿者(名) zhìyuànzhě (2) 志愿兵(名) zhìyuànbīng, 义务兵(名) yìwùbīng: *the Chinese People's V~s* 中国人民志愿军 Zhōngguó Rénmín Zhìyuànjūn II v (1) 自愿(动) zìyuàn, 主动(形) zhǔdòng (2) 主动提出 zhǔdòng tíchū (3) 当志愿兵 dāng zhìyuànbīng: ~ *for service* 自愿入伍

zìyuàn rùwǔ

vomit I n (1) 呕吐(动) ǒutù (2) 呕吐物 ǒutùwù: *blood-stained ~* 带血的呕吐物 dài xiě de ǒutùwù II v (1) 呕吐(动) ǒutù, 吐(动) tù: ~ *blood* 吐血 tù xiě (2) 喷出 pēnchū (3) 说出 shuōchū, 吐出 tùchū: ~ *insults at sb.* 对某人出言不逊 duì mǒurén chūyán búxùn

voracious adj (1) 狼吞虎咽的 lángtūnhǔyàn de; 贪吃的 tānchī de: *a ~ appetite* 胃口大 wèikǒudà (2) 贪婪(形) tānlán, 贪得无厌的 tāndé wúyàn de

vortex n 旋涡(名) xuánwō; 旋风(名) xuànfēng; 中心(名) zhōngxīn: *the ~ of revolution* 革命的旋涡 gémìng de xuánwō

vote I n (1) 表决(动) biǎojué; 选举(动) xuǎnjǔ; 投票 tóupiào: *put sth. to the ~* 把某事交付表决 bǎ mǒushì jiāofù biǎojué/ *cast a ~* 投票 tóupiào/ *take a ~ on a question* 就一个问题进行表决 jiù yíge wèntí jìnxíng biǎojué (2) 选举权(名) xuǎnjǔquán, 表决权(名) biǎojuéquán (3) 选票(名) xuǎnpiào; 投票数 tóupiàoshù; 得票数 dépiàoshù: *an affirmative (a negative) ~* 赞成(反对)票 zànchéng (fǎnduì) piào/ *the labour ~* 工党的得票数 gōngdǎng de dépiàoshù (4) 议决的事项 yìjué de shìxiàng II v (1) 投票决定 tóupiào juédìng, 投票选举 tóupiào xuǎnjǔ: ~ *by open ballot* 记名投票 jìmíng tóupiào/ ~ *by a show of hands* 举手表决 jǔshǒu biǎojué/ ~ *for (against) a measure* 投票赞成(反对)一项措施 tóupiào zànchéng (fǎnduì) yíxiàng cuòshī (2) 议决(动) yìjué (3) 公认(动) gōngrèn // *pass a ~ of confidence* 通过信任案 tōngguò xìnrèn'àn/ ~ *down* 否决 fǒujué; 击败 jībài / ~ *through* 表决通过 biǎojué tōngguò, 投票同意 tóupiào tóngyì

voter n (1) 选民(名) xuǎnmín, 投票人 tóupiàorén (2) 有投票权的人 yǒu tóupiàoquán de rén

voting I *n* 投票(动) tóupiào; 表决(动) biǎojué: *secret* ～ 无记名投票 wújìmíng tóupiào/ ～ *by roll-call* 唱名投票 chàngmíng tóupiào II *adj* 投票的 tóupiào de; 选举的 xuǎnjǔ de: *the ～ age* 选民年龄 xuǎnmín niánlíng/ *a ～ district* 选区 xuǎnqū

vouch *v* 保证(动) bǎozhèng; 担保(动) dānbǎo; 断定(动) duàndìng; 确定(动) quèdìng: ～ *for sb.* 为某人作保 wèi mǒurén zuòbǎo/ ～ *for sb.'s honesty* 保证某人诚实 bǎozhèng mǒurén chéngshí

voucher *n* (1) 保证人(名) bǎozhèngrén, 证明人(名) zhèngmíngrén (2) 证件(名) zhèngjiàn; 证书(名) zhèngshū; 凭证(名) píngzhèng; 收据(名) shōujù: *a luncheon ～* 午餐券 wǔcānquàn/ *a purchase ～* 购货券 gòuhuòquàn/ *an excess luggage ～* 超重行李运费收据 chāozhòng xíngli yùnfèi shōujù

vow I *n* 誓(名) shì, 誓言(名) shìyán, 誓约(名) shìyuē; 许愿(动) xǔyuàn: *take a ～* 起誓 qǐshì (发誓 fāshì)/ *keep a ～* 恪守誓言 kèshǒushìyán/ *fulfil a ～* 履行誓约 lǚxíng shìyuē II *v* 立誓 lìshì, 起誓 qǐshì, 发誓 fāshì; 许愿 xǔyuàn

vowel *n* 元音(名) yuányīn; 元音字母 yuányīn zìmǔ: *front (central, back) ～s* 前(中,后)元音 qián(zhōng,hòu) yuányīn/ *rounded ～s* 圆唇元音 yuánchún yuányīn

voyage I *n* 航海(名) hánghǎi; 航行(动) hángxíng; 航程(名) hángchéng: *go on a ～* 去航海 qù hánghǎi/ *on the ～ home* 返航 fǎnháng II *v* 航海(动) hánghǎi; 航行(动) hángxíng

vulgar *adj* (1) 粗俗(形) cūsú; 庸俗(形) yōngsú; 卑下(形) bēixià; 下流(形) xiàliú: ～ *interests* 低级趣味 dījí qùwèi/ ～ *in speech* 说话低级庸俗 shuōhuà dījí yōngsú (2) 不文明的 bù wénmíng de; 不体面的 bù tǐmiàn de, 令人厌恶的 lìngrén yànwù de

vulnerable *adj* (1) 易受伤害的 yì shòu shānghài de; 脆弱(形) cuìruò: *a ～ point* 弱点 ruòdiǎn (2) 易受攻击的 yì shòu gōngjī de; 易受责难的 yì shòu zénàn de: ～ *to public criticism* 容易遭到大众的抨击 róngyì zāodào dàzhòng de pēngjī

vulture *n* (1) 秃鹫(名) tūjiù, 坐山雕(名) zuòshāndiāo, 狗头雕(名) gǒutóudiāo (2) 欺侮弱者的人 qīwǔ ruòzhě de rén; 劫掠成性的人 jiélüè chéng xìng de rén: ～*s of society* 社会上的吸血鬼 shèhuìshang de xīxuèguǐ

W

wad *n* (1) 软填塞物 ruǎn tiánsāiwù
(2) 一卷 yìjuǎn, 一沓 yìdá: *a ~ of
100-dollar notes* 一大沓一百美元一张
的钞票 yídàdá yìbǎi měiyuán yìzhāng
de chāopiào (3) 大量 dàliàng, 许多
xǔduō: *make ~s of money* 挣许多钱
zhèng xǔduō qián

waddle *v* 摇摇摆摆地走路
yáoyáobǎibǎi de zǒulù, 蹒跚 (动)
pánshān

wade *v* 蹚 (动) tāng, 蹚水 tāngshuǐ,
涉水 shèshuǐ // *~ through* 费力地完
成 fèilì de wánchéng

wader *n* 涉水者 shèshuǐzhě, 蹚水的人
tāngshuǐ de rén

wafer *n* (1) 薄脆饼 báocuìbǐng: *an
ice-cream ~* 冰淇淋蛋卷儿 bīngqílín
dànjuǎnr / *a ~ biscuit* 维夫饼干
wéifūbǐnggān (2) 干胶片 gān jiāopiàn
(3) 封缄条 fēngjiāntiáo

waffle *v* 胡扯 húchě, 瞎扯淡
xiāchědàn

waft *v* 飘 (动) piāo, 飘荡 (动)
piāodàng

wag[1] **I** *v* 摇 (动) yáo; 摇摆 (动)
yáobǎi, 摇动 (动) yáodòng, 摆动 (动)
bǎidòng **II** *n* 摇摆 (动) yáobǎi, 摆动
(动) bǎidòng

wag[2] *n* 爱说笑打趣的人 ài shuōxiào
dǎqù de rén, 诙谐的人 huīxié de rén,
幽默的人 yōumò de rén

wage[1] *n* 工资 (名) gōngzī, 工钱 (名)
gōngqian: *a ~ by the hour* 计时工资
jìshí gōngzī // *a ~ earner* 干活儿挣
钱的人 gànhuór zhèngqián de rén, 雇
佣劳动者 gùyōng láodòngzhě/ *~
freeze* 工资冻结 gōngzī dòngjié / *~
scale* 工资等级 gōngzī děngjí

wage[2] *v* 开展 (动) kāizhǎn, 进行 (动)
jìnxíng; 作战 (动) zuòzhàn

wager **I** *n* 打赌 (动) dǎdǔ; 赌注 (名)
dǔzhù, 赌金 (名) dǔjīn: *lose one's ~*
赌输了 dǔ shū le **II** *v* 打赌 dǎdǔ; 担
保 (动) dānbǎo

waggle *v* 来回摆动 láihuí bǎidòng: *~
one's hips* 扭着屁股 niǔzhe pìgu

waggon *n* (1) 运货车 yùnhuòchē, 货
车 (名) huòchē: *a goods ~* 货车
huòchē / *electrified ~s* 电力货车
diànlì huòchē / *a coal ~* 运煤车
yùnméichē (2) 四轮运货马车 sìlún
yùnhuò mǎchē: *an ox ~* 牛车 niúchē
/ *a gypsy ~* 吉普赛人的马车
Jípǔsàirén de mǎchē

wail **I** *v* (1) 痛哭 (动) tòngkū, 嚎啕
(动) háotáo, 呜咽 (动) wūyè: *~ sb.'s
death* 痛悼某人的死亡 tòngdào
mǒurén de sīwáng (2) 哭诉 (动) kūsù;
哀告 (动) āigào; 诉说 (动) sùshuō (3)
呼啸 (动) hūxiào; 尖叫 jiānjiào **II** *n*
(1) 痛哭声 tòngkūshēng, 嚎啕声
háotáoshēng (2) 呼啸声 hūxiàoshēng;
尖叫声 jiānjiàoshēng

waist *n* (1) 腰 (名) yāo, 腰部 (名)
yāobù: *a large ~* 粗腰 cūyāo / *a
slender ~* 杨柳细腰 yángliǔxìyāo (2)
中间细小的部分 zhōngjiān xìxiǎo de
bùfen: *the ~ of a ship* 船腰 chuányāo
/ *the ~ of a violin* 小提琴的腰部
xiǎotíqín de yāobù

waistband *n* 腰带 (名) yāodài, 裙带
(名) qúndài

waist-belt *n* 腰带 (名) yāodài, 裤带
(名) kùdài

waistcoat *n* 背心 (名) bèixīn, 马甲
(名) mǎjiǎ

waist-high *adj* 齐腰的 qíyāo de

waistline *n* 腰围 (名) yāowéi

wait **I** *v* (1) 等 (动) děng, 等候 (动)
děnghòu, 等待 (动) děngdài (2) 准备

好了 zhǔnbèihǎo le, 得了 dé le (3) 耽搁(动) dānge, 推迟(动) tuīchí II *n* (1) 等待(动) děngdài, 等候的时间 děnghòu de shíjiān: *a 4-hour* ~ 等了四个小时 děngle sìge xiǎoshí (2) 埋伏(动) máifu // ~ *at table* 服侍人家吃饭 fúshì rénjia chīfàn / ~ *on* 照顾 zhàogù, 服务 fúwù, 伺候 cìhòu / ~ *up* 等候着不睡觉 děnghòuzhe bú shuìjiào

wait-and-see *adj* 等着瞧的 děngzheqiáo de, 观望的 guānwàng de: *a* ~ *policy* 观望政策 guānwàng zhèngcè

waiter *n* 服务员(名) fúwùyuán, 招待(名) zhāodài, 侍者(名) shìzhě

waiting *adj* 等候的 děnghòu de; 服侍的 fúshì de, 伺候的 cìhòu de: *a room* 候机室 hòujīshì (候车室 hòuchēshì, 候诊室 hòuzhěnshì) // *list* 申请者名单 shēnqǐngzhě míngdān; 后补名单 hòubǔ míngdān

waitress *n* 女服务员 nǚfúwùyuán, 女招待 nǚzhāodài, 女侍者 nǚshìzhě

waive *v* (1) 放弃(动) fàngqì, 不坚持 bù jiānchí: ~ *one's claim* 放弃要求 fàngqì yāoqiú / ~ *a privilege* 放弃一项特权 fàngqì yíxiàng tèquán (2) 推迟(动) tuīchí, 延缓(动) yánhuǎn

wake[1] *v* (1) 醒(动) xǐng, 醒来 xǐnglái (2) 觉醒(动) juéxǐng, 醒悟(动) xǐngwù, 觉悟(动) juéwù; 使苏醒 shǐ sūxǐng, 唤醒(动) huànxǐng (3) 激发(动) jīfā, 引起(动) yǐnqǐ (4) 叫醒(动) jiàoxǐng

wake[2] *n* 尾波(名) wěibō, 航迹(名) hángjì; 痕迹(名) hénjì // *in the* ~ *of* (1) 随着… suízhe..., 紧跟… jīngēn... (2) 因为 yīnwei, 由于 yóuyú

walk I *v* (1) 走(动) zǒu, 走路 zǒulù, 步行(动) bùxíng (2) 散步 sànbù (3) 遛(动) liù, 带着走 dàizhe zǒu (4) 陪着走 péizhe zǒu, 送(动) sòng II *n* (1) 走(动) zǒu, 走路 zǒulù, 步行(动) bùxíng; 散步 sànbù; 路程(名) lùchéng (2) 走路的姿势 zǒulù de zīshì

(3) 常去的地方 cháng qù de dìfang; 散步场所 sànbù chǎngsuǒ; 人行道(名) rénxíngdào (4) 阶层(名) jiēcéng; 行业(名) hángyè // ~ *off with* (1) 偷走 tōuzǒu (2) 轻易取胜 qīngyì qǔshèng / ~ *out* (1) 走出 zǒuchū; 退席 tuìxí (2) 罢工 bàgōng / ~ *over* (1) 轻易取胜 qīngyì qǔshèng (2) 轻蔑对待 qīngmiè duìdài

walker *n* 步行者 bùxíngzhě; 散步者 sànbùzhě

walkie-talkie *n* 步话机(名) bùhuàjī

walking *adj* (1) 人的 rén de; 活的 huó de; 会走路的 huì zǒulù de (2) 走路用的 zǒulù yòng de: ~ *shoes* 走路穿的鞋 zǒulù chuān de xié (轻便鞋 qīngbiànxié) (3) 步行的 bùxíng de, 徒步的 túbù de // *a* ~ *gentleman* 男配角 nánpèijué / *a* ~ *lady* 女配角 nǚpèijué

walk-on *n* 跑龙套的角色 pǎolóngtào de juésè, 跑龙套的演员 pǎolóngtào de yǎnyuán: *a* ~ *part* 一个群众角色 yíge qúnzhòng juésè

walkout *n* (1) 罢工 bàgōng, 罢课 bàkè: *a* ~ *in sympathy* 同情罢工 tóngqíng bàgōng / *stage a 24-hour* ~ 举行二十四小时罢工 jǔxíng èrshísì xiǎoshí bàgōng (2) 退出会场 tuìchū huìchǎng, 退席 tuìxí

wall I *n* 墙(名) qiáng, 壁(名) bì, 墙壁(名) qiángbì; 围墙(名) wéiqiáng; 城墙(名) chéngqiáng: *the Great W* ~ 长城 Chángchéng / *W* ~ *Street* 华尔街 Huá'ěrjiē II *v* (1) 用墙围住 yòng qiáng wéizhù: *a* ~ *ed city* 有围墙的城市 yǒu wéiqiáng de chéngshì / *a lake* ~ *ed in by peaks* 群山环绕的湖 qúnshān huánrào de hú (2) 堵塞(动) dǔsè; 封闭(动) fēngbì // *run one's head against a* ~ 做办不到的事 zuò bàn bu dào de shì, 找钉子碰 zhǎo dīngzi pèng / ~ *cabinets* 壁橱 bìchú / ~ *painting* 壁画 bìhuà

wallboard *n* 墙板(名) qiángbǎn

wallet *n* 皮夹子(名) píjiāzi, 钱夹(名)

qiánjiā

wallow *v* 打滚儿 dǎgǔnr, 翻滚(动) fāngǔn

wallpaper *n* 壁纸(名) bìzhǐ

walnut *n* 核桃(名) hétao; 核桃树 (名) hétaoshù

walrus *n* 海象(名) hǎixiàng

waltz **I** *n* 华尔兹舞(曲)(名) huá'ěrzīwǔ(qǔ); 圆舞(曲)(名) yuánwǔ(qǔ): *dance a ~* 跳一个华尔兹舞 tiào yíge huá'ěrzīwǔ **II** *v* 跳华尔兹舞 tiào huá'ěrzīwǔ

wan *adj* (1) 苍白(形) cāngbái (2) 虚弱(形) xūruò, 病态的 bìngtài de; 有倦容的 yǒu juànróng de

wand *n* (1) 棒(名) bàng, 棍(名) gùn, 竿(名) gān, 杖(名) zhàng (2) 指挥棒(名) zhǐhuībàng (3) 魔杖(名) mózhàng

wander *v* (1) 漫游(动) mànyóu; 闲逛(动) xiánguàng, 漫步(动) mànbù, 徘徊(动) páihuái (2) 迷路 mílù (3) 离题 lítí, 东拉西扯 dōnglāxīchě (4) 越轨 yuèguǐ, 离开正道 líkāi zhèngdào

wanderer *n* 漫游者(名) mànyóuzhě; 流浪者(名) liúlàngzhě; 彷徨者(名) pánghuángzhě

wandering **I** *adj* 漫游的 mànyóu de; 闲逛的 xiánguàng de; 飘游的 piāoyóu de: *~ tribes* 游牧民族 yóumù mínzú / *a ~ minstrel* 江湖艺人 jiānghú yìrén **II** *n* 漫游(动) mànyóu, 闲逛(动) xiánguàng; 离题 lítí, 紊乱(动) wěnluàn: *in one's ~s* 在漫游中 zài mànyóuzhōng / *a ~ of the thoughts* 思想紊乱 sīxiǎng wěnluàn / *a ~ from the main subject* 偏离正题 piānlí zhèngtí

wane **I** *v* (1) (月)亏(动)(yuè) kuī, 缺(动) quē (2) 衰落(动) shuāiluò, 衰退(动) shuāituì; 没落(动) mòluò; 消逝(动) xiāoshì **II** *n* (1) 月亏 yuèkuī; 月亏期 yuèkuīqī (2) 衰落(动) shuāiluò; 败落(动) bàiluò

want **I** *v* (1) 要(助动、动) yào, 想 (动) xiǎng, 想要(动) xiǎngyào (2)

要…来 yào … lái; 要…去 yào…qù (3) 需要(动) xūyào; 应该(助动) yīnggāi (4) 欠缺(动) qiànquē, 缺少 (动) quēshǎo; 差(动) chà (5) 生活匮乏 shēnghuó kuìfá (6) 征求(动) zhēngqiú; 通缉(动) tōngjī **II** *n* (1) 需要(名、动) xūyào, 需求(名) xūqiú; 必需品(名) bìxūpǐn (2) 缺乏(动) quēfá, 缺少(动) quēshǎo (3) 贫困 (形) pínkùn // *~ed* 招聘广告 zhāopìn guǎnggào, 征求广告 zhēngqiú guǎnggào

wanting *adj* 缺少的 quēshǎo de, 缺 de, 没有 méiyǒu

wanton *adj* (1) 嬉闹的 xīnào de; 爱玩儿的 ài wánrde, 任性(形) rènxing: *a ~ child* 任性贪玩儿的孩子 rènxing tānwánr de háizi (2) 蛮横(形) mánhèng; 放肆(形) fàngsì, 无理(形) wúlǐ; 胡乱的 húluàn de: *~ bombing* 狂轰滥炸 kuánghōnglànzhà / *~ aggression* 肆无忌惮的侵略 sìwújìdàn de qīnlüè / *~ growth of weeds* 杂草丛生 zácǎo cóngshēng (3) 淫乱(形) yínluàn, 风流(形) fēngliú; 淫荡(形) yíndàng: *a ~ woman* 风流女人 fēngliú nǚrén

war *n* (1) 战争(名) zhànzhēng, 战争状态 zhànzhēng zhuàngtài; 战术(名) zhànshù: *declare ~* 宣战 xuānzhàn / *lose a ~* 打输 dǎshū / *win a ~* 打赢 dǎyíng / *a defensive ~* 防御战 fángyùzhàn / *a cold ~* 冷战 lěngzhàn (2) 斗争(名、动) dòuzhēng, 竞争(动) jìngzhēng: *a trade ~ among these countries* 这些国家之间的贸易战 zhèxiē guójiā zhījiān de màoyìzhàn / *a verbal ~* 舌战 shézhàn // *a ~ cabinet* 战时内阁 zhànshí nèigé / *a civil ~* 内战 nèizhàn, 国内战争 guónèi zhànzhēng / *a ~ criminal* 战犯 zhànfàn / *a nuclear ~* 核战争 hé zhànzhēng / *go to ~* 开战 kāizhàn, 从军 cóngjūn / *the W ~ of Resistance Against Japanese Aggression* 抗日战争 Kàng Rì zhànzhēng / *~ cry* 战争叫嚣

zhànzhēng jiàoxiāo / ~ *industry* 军事工业 jūnshì gōngyè / ~ *material* 军需物资 jūnxū wùzī / ~ *production* 军工产品 jūngōng chǎnpǐn

ward I *n* (1) 保卫(动) bǎowèi; 保护(动) bǎohù; 看护(动) kānhù; 监护(动) jiānhù (2) 监禁(动) jiānjìn, 拘留(动) jūliú; 监督(动) jiāndū, 监视(动) jiānshì (3) 病房(名) bìngfáng, 病室(名) bìngshì: a medical (*surgical*) ~ 内(外)科病房 nèi(wài) kē bìngfáng / an isolation ~ 隔离病房 gélí bìngfáng (4) 行政区(名) xíngzhèngqū; 选区(名) xuǎnqū (5) 囚室(名) qiúshì, 牢房(名) láofáng (6) 受监护的人 shòu jiānhù de rén, 受保护的人 shòu bǎohù de rén II *v* (1) 保护(动) bǎohù, 守护(动) shǒuhù (2) 避开 bìkāi; 防止(动) fángzhǐ

warden *n* (1) 管理员(名) guǎnlǐyuán, 保管员(名) bǎoguǎnyuán: the ~ of an old people's home 老人院的管理员 lǎorényuàn de guǎnlǐyuán / a traffic ~ 交通管理员 jiāotōng guǎnlǐyuán (2) 看守人(名) kānshǒurén, 监视人(名) jiānshìrén; 监狱长(名) jiānyùzhǎng: a prison ~ 监狱长 jiānyùzhǎng

wardrobe *n* (1) 衣柜(名) yīguì, 衣橱(名) yīchú; 藏衣室 cángyīshì; 剧场的戏装保藏室 jùchǎng de xìzhuāng bǎocángshì (2) 个人的全部服装 gèrén de quánbù fúzhuāng; 为某个季节或某种活动用的全套服装 wèi mǒuge jìjié huò mǒuzhǒng huódòng yòng de quántào fúzhuāng; 剧团的全部戏装 jùtuán de quánbù xìzhuāng, 行头(名) xíngtou: a winter ~ 冬装 dōngzhuāng

ware *n* (1) 商品(名) shāngpǐn, 货物(名) huòwù: a popular ~ 热门货 rèménhuò (2) 物品(名) wùpǐn; 器皿(名) qìmǐn: household ~s 家用物品 jiāyòng wùpǐn (3) 陶器(名) táoqì

warfare *n* (1) 战斗(名) zhàndòu, 战争(名) zhànzhēng, 军事行动 jūnshì

xíngdòng (2) 斗争(名、动) dòuzhēng, 竞争(动) jìngzhēng: chemical ~ 化学战 huàxuézhàn / guerrilla ~ 游击战 yóujīzhàn / naval ~ 海战 hǎizhàn

warhead *n* 弹头(名) dàntóu

warlike *adj* 好战的 hàozhàn de: a ~ nation 好战的国家 hàozhàn de guójiā

warlord *n* 军阀(名) jūnfá

warm I *adj* (1) 暖和(形) nuǎnhuo, 温暖(形) wēnnuǎn; 热(形) rè: a ~ wind 暖风 nuǎnfēng / ~ milk 热牛奶 rèniúnǎi (2) 热烈(形) rèliè, 热情(形) rèqíng, 热心(形) rèxīn: a ~ reception 热情的接待 rèqíng de jiēdài / a ~ supporter 热心的支持者 rèxīn de zhīchízhě (3) 激烈(形) jīliè, 热烈(形) rèliè: a ~ discussion 热烈的讨论 rèliè de tǎolùn (4) 暖色的 nuǎnsède; 有温暖感的 yǒu wēnnuǎngǎn de: ~ colours 暖色 nuǎnsè II *v* (1) 暖和(形) nuǎnhuo, 温暖(形) wēnnuǎn (2) 热(动) rè, 加热(动) jiārè III *n* 暖和(形) nuǎnhuo; 暖和地方 nuǎnhuo dìfang: come into the ~ 到暖和地方来 dào nuǎnhuo dìfang lái // ~ to 开始喜欢 kāishǐ xǐhuan, 产生好感 chǎnshēng hǎogǎn, 发生兴趣 fāshēng xìngqù / ~ up (1) 暖和 nuǎnhuo, 温暖 wēnnuǎn (2) 热 rè, 加热 jiārè (3) 做准备活动 zuò zhǔnbèi huódòng, 热身 rèshēn, 暖身 nuǎnshēn; 预热 yùrè (4) 兴奋 xīngfèn, 振奋 zhènfèn, 激动 jīdòng

warm-blooded *adj* 热血的 rèxiě de; 热情(形) rèqíng

warmer *n* 取暖器 qǔnuǎnqì, 保暖器(名) bǎonuǎnqì: a foot ~ 脚炉 jiǎolú

warm-hearted *adj* 热烈(形) rèliè, 热情(形) rèqíng; 富有同情心的 fùyǒu tóngqíngxīn de, 热心(形) rèxīn

warmly *adj* (1) 温暖(形) wēnnuǎn, 暖和(形) nuǎnhuo (2) 热烈地 rèliè de, 热情地 rèqíng de

warmonger *n* 战争贩子 zhànzhēng fànzi

warmth *n* 温暖(形) wēnnuǎn, 暖和

(形) nuǎnhuo; 热情(名) rèqíng, 激情 (名) jīqíng: *the ~ of the sun* 太阳的 温暖 tàiyáng de wēnnuǎn / *speak with ~* 说话激动 shuōhuà jīdòng

warm-up *n* (1) 准备动作 zhǔnbèi dòngzuò (2) 预热 yùrè

warn *v* (1) 警告(动) jǐnggào; 告诫 (动) gàojiè (2) 预先通知 yùxiān tōngzhī

warning *n* 借鉴(名) jièjiàn; 警告(动) jǐnggào; 告诫(动) gàojiè; 预先通知 yùxiān tōngzhī

warp *v* (1) 翘起 qiàoqǐ; 弄弯 nòngwān (2) 歪曲(动) wāiqū, 曲解 (动) qūjiě: *~ a word from its primary meaning* 曲解一个词的基本意思 qūjiě yíge cí de jīběn yìsi

warrant **I** *n* (1) 正当理由 zhèngdāng lǐyóu, 根据(名) gēnjù; 证明(名) zhèngmíng: *a death ~* 死亡证明书 sǐwáng zhèngmíngshū (2) 授权证书 shòuquán zhèngshū, 许可证(名) xǔkězhèng; 逮捕证(名) dàibǔzhèng; 搜查证(名) sōucházhèng: *an arrest ~* 逮捕证 dàibǔzhèng **II** *v* (1) 当作…正 当理由 dàngzuò... zhèngdāng lǐyóu, 成为根据 chéngwéi gēnjù (2) 保证 (动) bǎozhèng; 担保(动) dānbǎo; 肯 定 kěndìng

warranty *n* 保证(名) bǎozhèng; 保证 书(名) bǎozhèngshū; 保修单(名) bǎoxiūdān: *a 5-year ~* 五年保修期 wǔnián bǎoxiūqī

warrior *n* 军人(名) jūnrén; 勇士(名) yǒngshì; 武士(名) wǔshì; 斗士(名) dòushì

warship *n* 军舰(名) jūnjiàn, 兵船 (名) bīngchuán; 舰艇(名) jiàntǐng: *a few ~s* 几艘军舰 jǐsōu jūnjiàn / *surface ~s* 水面舰只 shuǐmiàn jiànzhī / *a fleet of ~s* 舰队 jiànduì

wart *n* 疣(名) yóu, 瘊子(名) hóuzi

wary *adj* 谨慎(形) jǐnshèn; 细心(形) xìxīn, 小心翼翼的 xiǎoxīnyìyì de; 警 觉(动) jǐngjué

wash **I** *v* (1) 洗(动) xǐ, 洗涤(动)

xǐdí: *~ dirty marks off a sheet* 把床 单上的污迹洗掉 bǎ chuángdānshang de wūjì xǐdiào (2) 冲(动) chōng, 冲刷 (动) chōngshuā (3) 拍打(动) pāidǎ **II** *n* (1) 洗(动) xǐ, 洗涤(动) xǐdí; 冲 洗(动) chōngxǐ (2) 洗的衣物 xǐ de yīwù; 洗衣店(名) xǐyīdiàn: *dry ~* 干 洗 gānxǐ / *wet ~* 水洗 shuǐxǐ (3) 洗 涤剂(名) xǐdíjì; 生发油(名) shēngfàyóu; 香水(名) xiāngshuǐ: *a hair ~* 洗发剂 xǐfàjì // *~ up* 洗刷餐 具 xǐshuā cānjù

washable *adj* 可洗的 kě xǐ de, 耐洗的 nài xǐ de

washbasin *n* 洗漱池(名) xǐshùchí

washboard *n* 搓板(名) cuōbǎn

washer *n* (1) 洗衣人 xǐyīrén (2) 垫圈 (名) diànquān (3) 洗衣机(名) xǐyījī

washhouse *n* 洗衣房 xǐyīfáng

washroom *n* 盥洗室(名) guànxǐshì, 厕所(名) cèsuǒ

washtub *n* 洗衣盆 xǐyīpén

washwoman *n* 女洗衣工 nǚxǐyīgōng

wasp *n* 黄蜂(名) huángfēng, 蚂蜂 (名) mǎfēng

waste **I** *n* (1) 浪费(动) làngfèi, 糟塌 (动) zāota; 消耗(动) xiāohào; 滥用 (动) lànyòng: *avoid ~* 避免浪费 bìmiǎn làngfèi / *a ~ of money (energy)* 金钱(精力)的浪费 jīnqián (jīnglì) de làngfèi / *a ~ of words* 白费唇舌 báifèi chúnshé (2) 荒地(名) huāngdì; 荒野(名) huāngyě; 荒原(名) huāngyuán: *turn up the ~s* 开垦荒地 kāikěn huāngdì / *a ~ of waters* 一片 广漠荒凉的水域 yípiàn guǎngmò huāngliáng de shuǐyù / *a ~ of snow* 茫茫雪原 mángmáng xuěyuán (3) 垃 圾(名) lājī, 废物(名) fèiwù: *city ~* 城市垃圾 chéngshì lājī **II** *v* (1) 浪费 (动) làngfèi, 糟塌(动) zāota, 糟践 (动) zāojiàn; 未充分利用 wèi chōngfèn lìyòng (2) 消耗(动) xiāohào; 消瘦(动) xiāoshòu (3) 使荒 芜 shǐ huāngwú, 荒废(动) huāngfèi **III** *adj* (1) 荒芜(形) huāngwú: *~*

land 荒地 huāngdì（荒原 huāngyuán）(2) 无用的 wúyòng de, 废弃的 fèiqì de, 多余的 duōyú de: ~ *water* 废水 fèishuǐ / ~ *heat* 余热 yúrè / ~ *material* 废料 fèiliào (3) 排除废物的 páichú fèiwù de; 盛放废物的 chéngfàng fèiwù de: ~ *pipes* 污水管 wūshuǐguǎn / ~ *paper* 废纸 fèizhǐ / *a ~-paper basket* 废纸篓 fèi zhǐlǒu // *go to* ~ 浪费掉 làngfèidiào / *lie* ~ 荒芜 huāngwú

wasteful *adj* 浪费的 làngfèi de, 挥霍的 huīhuò de: ~ *expenditure* 浪费的开支 làngfèi de kāizhī / ~ *habits* 挥霍浪费的习气 huīhuò làngfèi de xíqì

watch I *v* (1) 看（动）kàn, 观看（动）guānkàn, 注视（动）zhùshì (2) 看守（动）kānshǒu, 守卫（动）shǒuwèi; 照看（动）zhàokàn, 监视（动）jiānshì; 注意（动）zhùyì: ~ *a flock of sheep* 照看羊群 zhàokàn yángqún II *n* (1) 表（名）biǎo, 手表（名）shǒubiǎo; 挂表（名）guàbiǎo: *set one's* ~ 把表拨准 bǎ biǎo bōzhǔn（对表 duì biǎo）(2) 看守（名）kānshǒu; 守卫（动）shǒuwèi; 守护（动）shǒuhù; 照管（动）zhàoguǎn; 监视（动）jiānshì (3) 值班人 zhíbānrén, 看守人 kānshǒurén, 哨兵（名）shàobīng: *set a* ~ 派人值班 pài rén zhíbān (4) 一班 yìbān, 一岗 yìgǎng: *the first* ~ 头班 tóubān（头岗 tóugǎng）// ~ *for* 守候 shǒuhòu, 等待 děngdài / ~ *maker* 制表人 zhìbiǎorén; 修表人 xiūbiǎorén / ~ *out* 注意 zhùyì, 留神 liúshén, 当心 dāngxīn

watchdog *n* 看家狗（名）kānjiāgǒu

watchful *adj* 提防的 dīfáng de, 警惕的 jǐngtì de, 防备的 fángbèi de, 留意的 liúyì de: *be* ~ *against temptation* 警惕诱惑 jǐngtì yòuhuò / ~ *eyes* 警惕的眼睛 jǐngtì de yǎnjing / ~ *for any early symptoms* 警惕早期症状 jǐngtì zǎoqī zhèngzhuàng

watchman *n* 看守人 kānshǒurén, 守卫（名）shǒuwèi; 更夫（名）gēngfū: *a*

night ~ 守夜人 shǒuyèrén（巡夜人 xúnyèrén, 更夫 gēngfū）

watchtower *n* 岗楼（名）gǎnglóu, 瞭望塔（名）liàowàngtǎ

watchword *n* 口令（名）kǒulìng, 暗语（名）ànyǔ

water I *n* (1) 水（名）shuǐ: *running* ~ 自来水 zìláishuǐ / *boiling* ~ 开水 kāishuǐ / *salt* ~ 咸水 xiánshuǐ / *fresh* ~ 淡水 dànshuǐ / *soda* ~ 苏打水 sūdáshuǐ / *table mineral* ~ 饮用的矿泉水 yǐnyòng de kuàngquánshuǐ (2) 水深 shuǐshēn; 水位（名）shuǐwèi; 水面（名）shuǐmiàn; 水路（名）shuǐlù; 潮水（名）cháoshuǐ (3) 大片的水 dàpiàn de shuǐ, 海域（名）hǎiyù: *the* ~*s of a river* 一江之水 yì jiāng zhī shuǐ / *the Chinese territorial* ~*s* 中国的领海 Zhōngguó de lǐnghǎi II *v* (1) 弄湿 nòngshī; 洒水 sǎshuǐ; 灌溉（动）guàngài, 浇水 jiāoshuǐ: ~ *flowers* 浇花儿 jiāo huār (2) 供给饮水 gōngjǐ yǐnshuǐ, 饮（动）yìn: ~ *a horse* 饮马 yìn mǎ (3) 加水 jiā shuǐ, 上水 shàngshuǐ (4) 流泪 liúlèi; 流口水 liú kǒushuǐ // *a* ~ *bottle* 玻璃瓶子 bōli píngzi / *by* ~ 乘船 chéng chuán; 船运 chuányùn, 水运 shuǐyùn / *feel like a fish out of* ~ 感到不适应 gǎndào bú shìyìng, 感到不自在 gǎndào bú zìzai / *hold* ~ 站得住脚 zhàn de zhù jiǎo; 真实可靠 zhēnshí kěkào / *pass* ~ 小便 xiǎobiàn, 尿尿 niào niào / *spend money like* ~ 挥金如土 huījīnrútǔ / *throw cold* ~ *on* 泼冷水 pōlěngshuǐ, 反对 fǎnduì / ~ *birds* 水鸟 shuǐniǎo / ~ *closet* 盥洗室 guànxǐshì; 厕所 cèsuǒ; 抽水马桶 chōushuǐ mǎtǒng / ~ *down* (1) 搀水 chānshuǐ, 冲淡 chōngdàn (2) 软化 ruǎnhuà; 缩小 suōxiǎo, 打折扣 dǎ zhékòu: ~*ed down statistical figures* 缩小了的统计数字 suōxiǎole de tǒngjì shùzì / ~ *meter* 水表（名）shuǐbiǎo / ~ *plants* 水生植物 shuǐshēng zhíwù / ~ *polo* 水球 shuǐqiú / ~ *sports* 水上运动 shuǐshang yùndòng

watercolour n 水彩画(名) shuǐcǎihuà; 水彩颜料 shuǐcǎi yánliào

waterfall n 瀑布(名) pùbù

waterfront n 水边 shuǐbiān

watergate n 水闸(名) shuǐzhá

Waterloo n (1) 滑铁卢(名) Huátiělú (2) 惨败 cǎnbài, 失败(动) shībài, 打击(动) dǎjī: meet one's ~ 遭到惨败 zāodào cǎnbài

waterproof I a 防水的 fángshuǐ de II n 防水材料 fángshuǐ cáiliào, 防水服 fángshuǐfú, 油布 yóubù, 雨衣 yǔyī III v 作防水处理 zuò fángshuǐ chǔlǐ; 给…上胶 gěi...shàngjiāo

watertight adj 不透水的 bú tòushuǐ de, 密封的 mìfēng de; 防水的 fángshuǐ de: a ~ box 不透水的箱子 bú tòushuǐ de xiāngzi

waterway n 水道(名) shuǐdào

waterworks n 水利工程 shuǐlì gōngchéng

watt n 瓦特(名) wǎtè, 瓦(量) wǎ

wave I n (1) 浪(名) làng, 浪花(名) lànghuā, 波浪(名) bōlàng, 波涛(名) bōtāo: mountainous ~s 巨浪 jùlàng / violent ~s 怒涛 nùtāo (2) 波(名) bō: sound ~s 声波 shēngbō / electric ~s 电波 diànbō / long ~s 长波 chángbō / medium ~s 中波 zhōngbō / short ~s 短波 duǎnbō (3) 波浪形(名) bōlàngxíng; 鬈曲(形) quánqū: have a permanent ~ 烫发 tàng fà / natural ~s 自然鬈曲 zìrán quánqū (4) 浪潮(名) làngcháo; 高涨(动) gāozhǎng, 激增 jīzēng; 高潮(名) gāocháo: a ~ of anger 一阵愤怒 yízhèn fènnù / ~s of strikes 罢工的浪潮 bàgōng de làngcháo / the mounting crime ~ 不断增加的犯罪风潮 búduàn zēngjiā de fànzuì fēngcháo / a suicide ~ 自杀风 zìshāfēng / a heat ~ 热浪 rèlàng (5) 挥动(动) huīdòng, 挥舞(动) huīwǔ; 挥手 huīshǒu, 示意(动) shìyì: by the ~ of a magic wand 挥动魔杖 huīdòng mózhàng / with a ~ of

one's hand 把手一挥 bǎ shǒu yì huī II v (1) 摆动(动) bǎidòng; 飘动(动) piāodòng, 飘扬(动) piāoyáng (2) 起伏(动) qǐfú; 鬈曲(形) quánqū; 成波浪形 chéng bōlàngxíng (3) 挥动(动) huīdòng, 挥舞(动) huīwǔ; 挥手 huīshǒu: ~ sb. away 示意让人走开 shìyì ràngrén zǒukāi // ~ aside 置之不理 zhìzhībùlǐ, 丢在一边 diūzài yìbiān

wavelength n 波长(名) bōcháng: on a ~ of 100 metres 波长一百公尺 bōcháng yìbǎi gōngchǐ

waver v (1) 摇摆(动) yáobǎi, 摇晃(动) yáohuàng; 摇曳(动) yáoyè; 闪烁(动) shǎnshuò; 颤抖(动) chàndǒu (2) 动摇(动) dòngyáo; 犹像不决 yóuyùbùjué, 拿不定主意 ná bu dìng zhǔyi

wax[1] I n 蜡(名) là, 火漆(名) huǒqī: a ~ work 一件蜡制品 yíjiàn làzhìpǐn (蜡像 làxiàng) / a ~ candle 蜡烛 làzhú / ~ in the ears 耳屎 ěrshǐ / sealing ~ 火漆 huǒqī II v 上蜡 shànglà: ~ the floor 给地板打蜡 gěi dìbǎn dǎlà // ~ crayon 蜡笔 làbǐ / ~ paper 蜡纸 làzhǐ

wax[2] v 渐圆 jiànyuán, 变大 biàndà: the ~ing moon 越来越圆的月亮 yuèláiyuè yuán de yuèliang // ~ and wane (1) 月亮的圆缺(盈亏) yuèliang de yuánquē (yíngkuī) (2) 盛衰 shèngshuāi

waxworks n 蜡像馆 làxiàngguǎn

way I n (1) 路(名) lù, 道路(名) dàolù; 路线(名) lùxiàn; 路途(名) lùtú; 路程(名) lùchéng: the ~ to the airport 去机场的路 qù jīchǎng de lù / ask one's ~ 问路 wènlù / push one's ~ through a crowd 从人群里挤过去 cóng rénqúnli jǐguoqu (2) 方向(名) fāngxiàng (3) 方法(名) fāngfǎ, 方式(名) fāngshì, 手段(名) shǒuduàn: in the right ~ 以正确的方式 yǐ zhèngquè de fāngshì / in a friendly ~ 友好地 yǒuhǎo de / in a careless ~ 粗心地

cūxīn de / in a scientific ~ 用科学的方法 yòng kēxué de fāngfǎ（科学地 kēxué de）/ the ~ the piano is played 钢琴的弹法 gāngqín de tánfǎ（4）情况（名）qíngkuàng，状况（名）zhuàngkuàng；规模（名）guīmó（5）习惯（名）xíguàn；作风（名）zuòfēng：mend one's ~s 改正不良习惯 gǎizhèng bùliáng xíguàn（6）行业（名）hángyè：范围（名）fànwéi（7）方面（名）fāngmiàn；点（名）diǎn；程度（名）chéngdù **II** adv（1）远远地 yuǎnyuǎn de，大大地 dàdà de；非常（副）fēicháng：~ back 很久以前 hěn jiǔ yǐqián / ~ behind 远远在后 yuǎnyuǎn zài hòu（2）附近（名）fùjìn，靠近 kàojìn // all the ~ 从远道 cóng yuǎndào；一路上 yílùshang / a ~ out 出路 chūlù / be on one's ~ 离去 líqù，走 zǒu / by the ~ 顺便说一下 shùnbiàn shuō yíxià，附带问一声 fùdài wèn yìshēng / by ~ of（1）经由 jīngyóu，路过 lùguò（2）通过…方法 tōngguò...fāngfǎ: learn reading by ~ of pictures 看图识字 kàntú shízì（3）当作 dàngzuò，作为 zuòwéi: by ~ of compensation 当作补偿 dàngzuò bǔcháng / by ~ of exception 作为例外 zuòwéi lìwài / give ~（1）屈服 qūfú；退让 tuìràng，让步 ràngbù；让路 rànglù（2）倒塌 dāotā；垮掉 kuǎdiào / go out of one's ~（1）特地 tèdì，不怕麻烦 bú pà máfan（2）故意 gùyì / in a ~（1）在某一点上 zài mǒuyìdiǎn shang，在某种程度上 zài mǒuzhǒng chéngdùshang（2）有几分 yǒu jǐfēn，稍微 shāowēi/ in the family ~ 怀孕 huáiyùn / in the ~ 挡道 dǎngdào，碍事的 àishì de / no ~ 决不 juébù，不行 bùxíng / out of the ~（1）不挡道 bù dǎngdào，不碍事 bú àishì（2）不正常 bú zhèngcháng，异常 yìcháng: do nothing out of the ~ 不做不合常理的事情 bú zuò bù hé chánglǐ de shìqing / to my ~ of thinking 在我看来 zài wǒ kànlái，我认为 wǒ rènwéi

/ under ~ 正在行进 zhèngzài xíngjìn；正在进行 zhèngzài jìnxíng

we pron（1）我们（代）wǒmen；咱们（代）zánmen: ~ students 我们学生 wǒmen xuésheng（2）人们（代）rénmen

weak adj（1）弱（形）ruò；虚弱（形）xūruò；衰弱（形）shuāiruò: a ~ point 弱点 ruòdiǎn / a ~ nation 弱国 ruòguó（2）软弱（形）ruǎnruò；懦弱（形）nuòruò；无力的 wúlì de；不充分的 bù chōngfèn de: a ~ government 软弱无力的政府 ruǎnruò wúlì de zhèngfǔ / a ~ will 薄弱的意志 bóruò de yìzhì / a ~ blow 无力的打击 wúlì de dǎjī（3）差（形）chà；薄弱（形）bóruò；淡（形）dàn // a ~ form 弱读形式 ruòdú xíngshì

weaken v（1）削弱（动）xuēruò，减弱（动）jiǎnruò（2）软下来 ruǎnxialai

weakness n（1）虚弱（形）xūruò，软弱（形）ruǎnruò；衰弱（形）shuāiruò；薄弱（形）bóruò: the ~ of old age 老年的虚弱 lǎonián de xūruò / senile ~ 衰老 shuāilǎo / mental ~ 精神衰弱 jīngshén shuāiruò / constitutional ~ 体质衰弱 tǐzhì shuāiruò / leg ~ 腿软 tuǐruǎn（2）缺点（名）quēdiǎn，缺陷（名）quēxiàn，弱点（名）ruòdiǎn，毛病（名）máobìng: correct a ~ 纠正一个缺点 jiūzhèng yíge quēdiǎn / logical ~ 逻辑上的软弱无力 luójishang de ruǎnruò wúlì（3）嗜好（名）shìhào，癖好（名）pǐhào

wealth n（1）财富（名）cáifù，财产（名）cáichǎn；资源（名）zīyuán: material ~ 物质财富 wùzhì cáifù / spiritual ~ 精神财富 jīngshén cáifù / the ~ of oceans 海洋资源 hǎiyáng zīyuán / exhaust the national ~ 耗尽国家资财 hàojìn guójiā zīcái / amass one's ~ dishonestly 用不正当的手段发财致富 yòng bú zhèngdāng de shǒuduàn fācái zhìfù（2）丰富（形）fēngfù，许多（形）xǔduō，大量（形）dàliàng

wealthy adj 富（形）fù，富有（形）fùyǒu；丰富（形）fēngfù: a ~ man 富

人 fùrén（富翁 fùwēng）/ a ～ coun-
try 富国 fùguó

wean v （1）断奶 duànnǎi （2）断绝
（动）duànjué；摆脱（动）bǎituō；摈弃
（动）bìnqì

weapon n 武器（名）wǔqì，兵器（名）
bīngqì；斗争工具 dòuzhēng gōngjù：a
chemical（bacteriological）～ 化学（细
菌）武器 huàxué（xìjūn）wǔqì / con-
ventional ～ 常规武器 chángguī wǔqì /
modern ～s 现代化武器 xiàndàihuà
wǔqì / carry ～s 携带兵器 xiédài
bīngqì / a ～ for fighting disease 用来
同疾病做斗争的武器 yònglái tóng
jíbìng zuò dòuzhēng de wǔqì

wear I v （1）穿（动）chuān，戴（动）
dài；佩带（动）pèidài：～ new shoes
（socks）穿新鞋（袜子）chuān xīn xié
（wàzi）/ ～ gloves 戴手套儿 dài
shǒutàor / ～ a sword 佩剑 pèijiàn /
～ a collar insignia 佩带领章 pèidài
lǐngzhāng（2）留（动）liú，蓄（动）xù：
～ one's hair short 留短发 liú duǎnfà /
～ a long beard 留长胡子 liú cháng
húzi（3）呈现（动）chéngxiàn，显出
（动）xiǎnchū，带有（动）dàiyǒu：～ a
smile 面带笑容 miàn dài xiàoróng（4）
耗损（动）hàosǔn；磨损（动）mósǔn，
磨破（动）mópò；用旧 yòngjiù（5）耐
用 nàiyòng；耐穿 nàichuān II n （1）
穿（动）chuān，戴（动）dài：suited for
all-purpose ～ 什么场合都可以穿
shénme chǎnghé dōu kěyǐ chuān / for
winter ～ 冬天穿的 dōngtiān chuān de
（2）衣服（名）yīfu，服装（名）
fúzhuāng；时装（名）shízhuāng：
ladies'（men's）～ 女（男）装 nǚ（nán）
zhuāng（3）磨损（动）mósǔn，损耗
（动、名）sǔnhào，损耗量（名）
sǔnhàoliàng：normal ～ 正常损耗
zhèngcháng sǔnhào（4）耐久性（名）
nàijiǔxìng，耐用性（名）nàiyòngxìng
// ～ and tear（1）磨损 mósǔn（2）折
磨 zhémó：the ～ and tear of city life
城市生活的折磨 chéngshì shēnghuó de
zhémó / ～ away 磨损 mósǔn；风化

fēnghuà / ～ down（1）磨损 mósǔn；
磨薄 móbáo（2）削弱 xuēruò，克服
kèfú / ～ off 消失 xiāoshī；失效
shīxiào / ～ on 流逝 liúshì；慢慢过去
mànmàn guòqu / ～ out（1）穿破
chuānpò；用坏 yònghuài：worn-out
shoes 破鞋 pòxié（2）使疲乏 shǐ pífá；
使厌烦 shǐ yànfán

wearisome adj 令人厌倦的 lìngrén
yànjuàn de；讨厌（形）tǎoyàn

weary I adj （1）疲倦（形）píjuàn，疲
惫（形）píbèi：feel ～ 感到疲倦
gǎndào píjuàn / a ～ face 疲惫的面容
píbèi de miànróng（2）厌倦（形）
yànjuàn；不耐烦的 bú nàifán de：～
weather 使人厌烦的天气 shǐ rén
yànfán de tiānqì II v （1）疲劳（形）
píláo，累（形）lèi（2）感到厌倦 gǎndào
yànjuàn

weasel I n （1）鼬鼠（名）yòushǔ，黄鼠
狼（名）huángshǔláng（2）狡猾的人
jiǎohuá de rén，奸刁的人 jiāndiāo de
rén II v 逃避（动）táobì；躲避（动）
duǒbì：～ out of one's responsibilities
逃避责任 táobì zérèn

weather I n （1）天气（名）tiānqì，气候
（名）qìhòu：fine ～ 好天 hǎotiān（晴
天 qíngtiān）/ bad ～ 坏天 huàitiān /
cloudy（wet）～ 阴（雨）天 yīn（yǔ）
tiān / hot（cold）～ 热（冷）天 rè
（lěng）tiān（2）恶劣天气 èliè tiānqì II
v （1）受风吹、日晒、雨淋 shòu
fēngchuī，rìshài，yǔlín；受侵蚀 shòu
qīnshí；风化（动）fēnghuà（2）度过
（动）dùguò，经受住 jīngshòuzhù：～
the storm 战胜暴风雨 zhànshèng
bàofēngyǔ / ～ a crisis（difficulty）度
过危机（难关）dùguò wēijī（nánguān）
// a ～ bureau 气象局 qìxiàngjú / a
～ station 气象站 qìxiàngzhàn / be
under the ～ 不舒服 bù shūfu，有点儿
痛 yǒu diǎnr tòng / in all ～s 无论天
气如何 wúlùn tiānqì rúhé，风雨无阻
fēngyǔ wúzǔ / ～ eye 警惕 jǐngtì，警觉
jǐngjué：keep one's ～ eye open 保持警
惕（留神）bǎochí jǐngtì（liúshén）/ ～

forecast 天气预报 tiānqì yùbào, 气象预报 qìxiàng yùbào

weather-beaten *adj* (1) 饱经风霜的 bǎo jīng fēngshuāng de: *a tanned and ~ face* 一张棕褐色的饱经风霜的脸 yìzhāng zōnghèsè de bǎo jīng fēngshuāng de liǎn (2) 被风雨侵蚀的 bèi fēngyǔ qīnshí de 遭日晒雨淋的 zāo rìshài yǔlín de: *~ rocks* 被风化了的岩石 bèi fēnghuàle de yánshí

weathercock *n* 风向标（名）fēngxiàngbiāo; 随风倒的人 suífēng dǎo de rén

weatherman *n* 气象报告员 qìxiàng bàogàoyuán; 气象员（名）qìxiàngyuán

weatherproof *adj* 防风雨的 fáng fēngyǔ de; 不受气候影响的 búshòu qìhòu yǐngxiǎng de

weave *v* (1) 织（动）zhī; 编（动）biān, 编织（动）biānzhī: *~ branches together* 把树枝编织在一起 bǎ shùzhī biānzhī zài yìqǐ / *cloth out of thread* 用线织布 yòng xiàn zhī bù / *cloths woven by hand* 手织的布 shǒu zhī de bù (2) 编写（动）biānxiě; 编排（动）biānpái; 构成（动）gòuchéng: *~ history and fiction together in a story* 把历史和虚构结合起来，编成故事 bǎ lìshǐ hé xūgòu jiéhé qǐlái, biānchéng gùshì (3) 迂回前进 yūhuí qiánjìn

weaver *n* 纺织工人 fǎngzhī gōngrén, 织布工（名）zhībùgōng

web *n* (1) 网（名）wǎng: *a spider's ~* 蜘蛛网 zhīzhūwǎng (2) 网状物（名）wǎngzhuàngwù, 编织物（名）biānzhīwù, 周密的设计 zhōumì de shèjì: *a ~ of lies* 连篇的谎话 liánpiān de huǎnghuà (3) 蹼（名）pǔ: *the ~ of a duck* 鸭子的蹼 yāzi de pǔ

webbed *adj* 有蹼的 yǒu pǔ de: *~ toes* 蹼趾 pǔzhǐ

wed *v* 嫁（动）jià, 娶（动）qǔ, 结婚（动）jiéhūn

wedding *n* 婚礼（名）hūnlǐ; 结婚（动）jiéhūn; 结婚纪念 jiéhūn jìniàn: *a ~ dress* 结婚礼服 jiéhūn lǐfú / *a silver ~* 银婚 yínhūn / *a golden ~* 金婚 jīnhūn / *a diamond ~* 钻石婚 zuànshíhūn / *a ~ party* 婚礼 hūnlǐ（婚宴 hūnyàn）/ *on the occasion of the ~* 在大喜的日子 zài dàxǐ de rìzi / *celebrate a ~* 庆祝结婚 qìngzhù jiéhūn // *~ breakfast* 喜宴 xǐyàn / *~ cake* 结婚蛋糕 jiéhūn dàngāo / *~ day* 婚礼日 hūnlǐrì / *~ ring* 结婚戒指 jiéhūn jièzhi

Wednesday *n* 星期三 xīngqīsān, 礼拜三 lǐbàisān, 周三 zhōusān

weed **I** *n* 草（名）cǎo, 杂草（名）zácǎo, 野草（名）yěcǎo **II** *v* (1) 给…除草 gěi... chúcǎo; 铲除…的杂草 chǎnchú ... de zácǎo: *~ a wheat field* 给麦田锄草 gěi màitián chúcǎo (2) 清除（动）qīngchú, 铲除（动）chǎnchú: *~ grass from a peony garden* 清除牡丹园里的草 qīngchú mǔdān yuánli de cǎo // *~ out* 剔除 tīchú, 淘汰 táotài

week *n* (1) 星期（名）xīngqī, 周（名）zhōu, 礼拜（名）lǐbài: *this (last, next) ~* 本（上，下）星期 běn (shàng, xià) xīngqī (2) 工作日 gōngzuòrì (3) 从某日起算七天前（或后）的一天 cóng mǒurì qī suàn qītiānqián (huò hòu) de yìtiān: *yesterday ~* 上（或下）星期的昨天 shàng(huò xià) xīngqī de zuótiān / *tomorrow ~* 上（或下）星期的明天 shàng (huò xià) xīngqī de míngtiān // *every other ~* 每隔一周 měigé yìzhōu / *~ in, ~ out* 一星期又一星期地 yìxīngqī yòu yìxīngqī de, 接连好多星期 jiēlián hǎoduō xīngqī

weekday *n* 星期天以外的日子 Xīngqītiān yǐwài de rìzi, 工作日 gōngzuòrì: *go to school on ~s* 平时天天上学 píngshí tiāntiān shàng xué

weekend *n* 周末（名）zhōumò

weep *v* 哭泣（动）kūqì, 流泪 liúlèi

weigh *v* (1) 称（动）chēng; 估量（动）gūliàng (2) 重（形）zhòng; 重量是 zhòngliàng shì (3) 掂量（动）diānliang, 考虑（动）kǎolǜ; 权衡（动）

quánhéng (4) 有分量 yǒu fènliàng, 有意义 yǒu yìyì, 有影响 yǒu yǐngxiǎng (5) 重压 zhòngyā; 把…压倒 bǎ...yādǎo; 使下垂 shǐ xiàchuí; 使不平衡 shǐ bù pínghéng // ~ in (1) (骑师、拳师等在比赛前) 体重检查 (qíshī, quánshī děng zài bǐsài qián) tǐzhòng jiǎnchá (2) 参加 cānjiā, 介入 jièrù / ~ out 称出 chēngchū, 量出 liángchū

weight I n (1) 重量 (名) zhòngliàng, 分量 (名) fènliàng; 体重 (名) tǐzhòng: *gross* ~ 毛重 máozhòng / *net* ~ 净重 jìngzhòng (2) 重体 zhòngtǐ, 重物 zhòngwù (3) 重担 (名) zhòngdàn, 负担 (名) fùdān (4) 重要性 (名) zhòngyàoxìng; 价值 (名) jiàzhí; 影响 (名) yǐngxiǎng; 力量 (名) lìliàng (5) 重量单位 zhòngliàng dānwèi: ~*s and measures* 度量衡 dùliànghéng (6) 砝码 (名) fǎmǎ, 秤砣 (名) chèngtuó: *a 100-gramme* ~ 一百克的砝码 yìbǎikè de fǎmǎ / *a* ~ *of 50 pounds* 五十磅的秤砣 wǔshíbàng de chèngtuó II v 加重物 jiāzhòngwù; 重压 zhòngyā // *by* ~ 按重量计算 àn zhòngliàng jìsuàn / *over* ~ 超重 chāozhòng, 超过分量 chāoguò fènliàng / *put on* ~ 增加体重 zēngjiā tǐzhòng, 发胖 fāpàng / *under* ~ 过轻 guòqīng, 分量不足 fènliàng bù zú

weightless *adj* 失重 shīzhòng; 没有重量的 méiyǒu zhòngliàng de; 轻 (形) qīng

weird *adj* 奇怪 (形) qíguài; 荒唐 (形) huāngtáng; 怪诞 (形) guàidàn; 神秘 (形) shénmì

welcome I v (1) 欢迎 (动) huānyíng, 迎接 (动) yíngjiē (2) 接受 (动) jiēshòu, 对待 (动) duìdài II n 欢迎 (动) huānyíng, 迎接 (动) yíngjiē, 接待 (动) jiēdài: *a kindly and hospitable* ~ 友好殷勤的接待 yǒuhǎo yīnqín de jiēdài III *adj* (1) 受欢迎的 shòu huānyíng de; 使人愉快的 shǐ rén yúkuài de: *a* ~ *change* 可喜的变化 kěxǐ de biànhuà / *a* ~ *opportunity* 好

机会 hǎo jīhuì (2) 可以随意的 kěyǐ suíyì de; 不必感谢的 búbì gǎnxiè de IV *int* 欢迎 (动) huānyíng

welfare n 福利 (名) fúlì, 幸福 (名) xìngfú; 福利事业 fúlì shìyè: *public* ~ 公共福利 gōnggòng fúlì / ~ *institutions* 福利机构 fúlì jīgòu / *care for the* ~ *of children* 关心孩子们的幸福 guānxīn háizimen de xìngfú // *a* ~ *fund* 福利基金 fúlì jījīn, 公益金 gōngyìjīn / *a* ~ *state* 福利国家 fúlì guójiā / ~ *work* 福利事业 fúlì shìyè

well¹ I n 井 (名) jǐng, 水井 (名) shuǐjǐng: *an oil* ~ 一口油井 yìkǒu yóujǐng / ~ *water* 井水 jǐngshuǐ II v 涌出 yǒngchū, 流出 liúchū

well² I *adv* (1) 好 (形) hǎo, 令人满意的 lìng rén mǎnyì de; 达到很高标准的 dádào hěngāo biāozhǔn de: *work* ~ 工作得好 gōngzuò de hǎo / ~ *dressed* 打扮得漂漂亮亮的 dǎbàn de piàopiàoliàngliàng de (2) 有理由地 yǒu lǐyóu de, 理所当然地 lǐsuǒdāngrán de; 恰当地 qiàdàng de (3) 很 (副) hěn, 十分 (副) shífēn, 非常 (副) fēicháng, 大大地 dàdà de (4) 完全地 wánquán de, 彻底地 chèdǐ de II *adj* (1) 健康 (形) jiànkāng; 好 (形) hǎo; 病好的 bìng hǎo de: *a* ~ *person* 健康人 jiànkāngrén (2) 令人满意的 lìng rén mǎnyì de, 可取 (形) kěqǔ; 幸好 (形) xìnghǎo III *int* (1) (*expressing surprise*) 咳 (叹) hāi, 嘿 (叹) hēi, 唷 (叹) yōu (2) (*expressing relief*) 好啦 hǎola (3) (*expressing resignation*) 嗯 (叹) ng, 唉 (叹) ài (4) (*expressing understanding or agreement*) 好吧 hǎoba, 喂 (叹) wèi (5) (*resuming a story, etc.*) 喔 (叹) ō, 噢 (叹) ō 这个 zhège // *All's* ~ *that ends* ~. 结果好就一切都好。Jiéguǒ hǎo jiù yíqiè dōu hǎo. / *as* ~ 也 yě, 又 yòu, 还 hái; 不仅…而且 bùjǐn...érqiě / *It's all very* ~, *but…* 好倒是好，可是… hǎo dàoshì hǎo, kěshì... / *just as* ~ 还是…好 háishì... hǎo, 不妨

bùfāng / *pretty* ~ 几乎 jīhū，差不多 chàbuduō / *W*~ *begun is half done.* 良好的开端等于成功的一半。 Liánghǎo de kāiduān děngyú chénggōng de yíbàn.

well-informed *adj* 消息灵通的 xiāoxi língtōng de；见闻广博的 jiànwén guǎngbó de；了若指掌 liǎoruòzhǐzhǎng: *according to a* ~ *source* 据消息灵通人士说 jù xiāoxi língtōng rénshì shuō

west **I** *n* (1) 西（名）xī，西边（名）xībiān，西部（名）xībù (2) 西洋（名）xīyáng，西方（名）xīfāng，欧美 Ōu Měi；美国西部 Měiguó xībù **II** *adj* (1) 西方的 xīfāng de；西部的 xībù de: *the* ~ *coast* 西海岸 xīhǎi'àn / *the W*~ *End of London* 伦敦西区 Lúndūn xīqū (2) 从西方来的 cóng xīfāng lái de **III** *adv* 在西方 zài xīfāng；向西方 xiàng xīfāng // *to the* ~ *of* 在…以西 zài…yǐxī

westbound *adj* 向西行的 xiàng xī xíng de: *a* ~ *passenger train* 一列西行客车 yíliè xīxíng kèchē

western **I** *adj* 西部的 xībù de；西方的 xīfāng de: *a W*~ *film* （美国）西部电影（Měiguó）xībù diànyǐng / ~ *civilization* 西方文明 xīfāng wénmíng / *the W* ~ *countries* 西方国家 xīfāng guójiā / *the W* ~ *Hemisphere* 西半球 xībànqiú / *the* ~ *highland* 西部高原 xībù gāoyuán **II** *n* 西部的产品 xībù de chǎnpǐn，西部电影（小说）xībù diànyǐng（xiǎoshuō）

westerner *n* 西方人 xīfāngrén，西洋人 xīyángrén；美国西部人 Měiguó xībùrén

westernize *v* 西方化（动）xīfānghuà，西洋化（动）xīyánghuà，欧化（动）ōuhuà

wet **I** *adj* (1) 湿（形）shī，潮（形）cháo，潮湿（形）cháoshī (2) 下雨的 xià yǔ de，多雨的 duōyǔ de: *a* ~ *day* 雨天 yǔtiān **II** *n* (1) 湿气（名）shīqì，水分（名）shuǐfèn；液体（名）yètǐ (2)

雨（名）yǔ；雨天 yǔtiān **III** *v* 受潮 shòucháo；弄湿 nòngshī；尿湿 niàoshī

whack **I** *v* (1) 重敲 zhòngqiāo，使劲打 shǐjìn dǎ: ~ *the desk with a ruler* 用尺使劲敲桌子 yòng chǐ shǐjìn qiāo zhuōzi (2) 削减（动）xuējiǎn，减掉 jiǎndiào: ~ *a considerable amount from the proposed budget* 从预算草案中减去一个可观的数目 cóng yùsuàn cǎo'ànzhōng jiǎnqù yíge kěguān de shùmù **II** *n* (1) 重敲 zhòngqiāo；重击声 zhòngjīshēng (2) 一份儿 yífènr // *at one* ~ 一下子 yíxiàzi，一次 yícì: *borrow* 500 *dollars all at one* ~ 一次借五百元 yícì jiè wǔbǎiyuán / *have a* ~ 试一试 shìyíshì，尝试 chángshì

whale **I** *n* 鲸（名）jīng，鲸鱼（名）jīngyú **II** *v* 捕鲸 bǔ jīng: *go whaling* 去捕鲸 qù bǔ jīng // *a* ~ *of a…* 极好的 jí hǎo de，了不起的 liǎobuqǐ de

whaler *n* 捕鲸人 bǔjīngrén；捕鲸船 bǔjīngchuán

wharf *n* 码头（名）mǎtou，泊头（名）bótóu；停泊处 tíngbóchù

what **I** *pron* (1) 什么（代）shénme，啥（代）shá (2) 多少（代）duōshao (3) 所…的事物（人）suǒ…de shìwù（rén）；凡是…的事物 fánshì…de shìwù: ~ *she said* 她所说的 tā suǒ shuō de **II** *adj* (1) 什么（代）shénme (2) 多么（副）duōme (3) 多么好 duōme hǎo；多么糟 duōme zāo (4) 所…的 suǒ…de，尽可能多的 jìn kěnéng duō de **III** *adv* 在哪一方面 zài nǎyì fāngmiàn，到什么程度 dào shénme chéngdù；怎么样（代）zěnmeyàng **IV** *int* (1) 什么（代）shénme，怎么（代）zěnme (2) 是不是 shì bu shì，不是吗 bú shì ma // *and* ~ *not* 诸如此类 zhūrúcǐlèi，等等 děngděng / *so* ~ 那又怎么样 nà yòu zěnmeyàng / *tell you* ~ (1) 我告诉你怎么回事。Wǒ gàosu nǐ zěnme huí shì. (2) 我给你出个主意。Wǒ gěi nǐ chū ge zhǔyi. / ~ *about* 怎么样 zěnmeyàng / ~ *for* (1) 为什么

wèishénme, 干吗 gànmá（2）做什么用的 zuò shénme yòng de / ～ *few*（*little*）那一点点 nà yìdiǎndiǎn, 少量的 shǎoliàng de, 不多的 bùduō de / ～ *with* 由于 yóuyú, 因为 yīnwei; 都怪 dōu guài

whatever I *pron*（1）无论什么 wúlùn shénme, 不管什么 bùguǎn shénme, 凡是 fánshì（2）诸如此类 zhūrúcǐlèi, 类似（形）lèisì: *buffaloes or rhinoceroses or* ～ 水牛、犀牛或诸如此类的动物 shuǐniú, xīniú huò zhūrúcǐlèi de dòngwù（3）究竟 jiūjìng, 到底 dàodǐ II *adj*（1）不管什么样的 bùguǎn shénmeyàng de（2）任何的 rènhé de, 一点点的 yìdiǎndiǎn de

wheat *n* 小麦（名）xiǎomài, 麦子（名）màizi: *grow spring* ～ 种植春小麦 zhòngzhí chūn xiǎomài / *a* ～ *head* 麦穗 màisuì / ～ *fields* 麦田 màitián

wheedle *v* 哄（动）hǒng, 骗（动）piàn, 哄骗（动）hǒngpiàn: ～ *sb. out of money* 把某人的钱骗走 bǎ mǒurén de qián piànzǒu

wheel I *n*（1）轮子（名）lúnzi, 车轮（名）chēlún; 轱辘（名）gūlu; 机轮（名）jīlún; 轮状物 lúnzhuàngwù: *a bicycle* ～ 自行车轮 zìxíngchē lún / *the* ～ *s of a carriage* 马车轱辘 mǎchē gūlu（2）舵轮（名）duòlún, 驾驶盘（名）jiàshǐpán, 方向盘（名）fāngxiàngpán（3）汽车（名）qìchē II *v*（1）旋转（动）xuánzhuàn, 盘旋（动）pánxuán, 转弯（动）zhuǎnwān: ～ *right* 右转弯 yòu zhuǎnwān（2）推（动）tuī; 滚动（动）gǔndòng; 用推车运 yòng tuīchē yùn

wheelbarrow *n* 手推车（名）shǒutuīchē; 独轮车（名）dúlúnchē

wheelchair *n* 轮椅（名）lúnyǐ

wheeled *adj* 装有轮子的 zhuāngyǒu lúnzi de, 轮式的 lúnshì de: 4-～ *vehicles* 四轮车 sìlún chē

wheeze *n*（1）喘（动）chuǎn; 喘息（动）chuǎnxī（2）喘着气说 chuǎnzhe qì shuō

when I *adv*（1）什么时候 shénme shíhou; 何时 héshí（2）是…时候 shì…shíhou, 在…时 zài…shí II *conj*（1）当…的时候 dāng...de shíhou, 在…时 zài...shí（2）一…就… yī…jiù（3）如果（连）rúguǒ, 要是（连）yàoshì（4）虽然（连）suīrán, 然而（连）rán'ér; 尽管 jǐnguǎn（5）既然（连）jìrán, 鉴于（连）jiànyú（6）在那时 zài nàshí; 然后（连）ránhòu III *pron*（1）什么时候 shénme shíhou, 何时 héshí（2）那时 nàshí

whenever I *conj* 每当 měidāng, 无论何时 wúlùn héshí II *adv*（1）究竟何时 jiūjìng héshí（2）随便什么时候 suíbiàn shénme shíhou, 不论何时 búlùn héshí

where I *adv*（1）在哪里 zài nǎli; 往哪里 wǎng nǎli; 从哪里 cóng nǎli, 在哪一点上 zài nǎ yìdiǎnshang（2）在那儿 zài nàr, 在那个地方 zài nàge dìfang（3）…地方 ...dìfang; 在…的地方 zài...de dìfang; 到…地方 dào...dìfang II *pron* 哪里（代）nǎli, 什么地方 shénme dìfang, 何地 hédì, 何处 héchù

whereabouts I *adv* 在哪里 zài nǎli; 去哪里 qù nǎli II *n* 去处（名）qùchù; 下落（名）xiàluò; 行踪（名）xíngzōng: *conceal one's* ～ 隐藏行踪 yǐncáng xíngzōng

whereas *conj* 而（连）ér, 然而（连）rán'ér; 却（副）què

whereby *adv*（1）靠什么 kào shénme, 用何种方法 yòng hézhǒng fāngfǎ（2）靠那个 kào nàge, 据此 jùcǐ

wherever *adv*（1）无论在哪里 wúlùn zài nǎli, 无论到哪里 wúlùn dào nǎli: *at home, at school, or* ～ 在家, 在学校, 随便在哪儿 zài jiā, zài xuéxiào, suíbiàn zài nǎr（2）究竟在哪里 jiūjìng zài nǎli, 究竟到哪里 jiùjìng dào nǎli

whet *v*（1）磨（动）mó, 磨块 mókuài: ～ *a knife on a stone* 在石头上磨刀 zài shítoushang mó dāo（2）增强（动）zēngqiáng, 刺激（动）cìjī, 促进（动）cùjìn: ～ *one's curiosity* 引起好奇心

yīnqī hàoqíxīn

whether *conj* 是不是 shì bu shì, 是否 shìfǒu // ~... or ... (1) 是…还是 … shì ... háishì ... (2) 不管… bùguǎn..., 不论 búlùn, …也好…也 好 yěhǎo...yěhǎo

which I *pron* (1) 哪个 nǎge, 哪一个 nǎ yíge, 哪些 nǎxiē (2) 那个 nàge, 那 一个 nà yíge, 那些 nàxiē (3) 它(代) tā, 它们(代) tāmen, 这(代) zhè, 那 (代) nà II *adj* (1) 哪个 nǎge, 哪一个 nǎ yíge, 哪些 nǎxiē (2) 这个 zhège, 这些 zhèxiē

whichever I *pron* 无论哪个 wúlùn nǎge, 不论谁 búlùn shuí, 随便哪些 suíbiàn nǎxiē II *adj* 无论哪个 wúlùn nǎge, 随便哪些 suíbiàn nǎxiē

whiff *n* (1) 一吸 yìxī, 一阵 yízhèn: *a ~ of sea breeze* 一阵海风 yízhèn hǎifēng (2) 一股气味 yìgǔ qìwèi: *a ~ of garlic* 一股大蒜味儿 yìgǔ dàsuàn wèir / *a ~ of cigar smoke* 一股雪茄 烟味儿 yìgǔ xuějiāyān wèir

while I *n* 一会儿(名) yíhuìr, 一段时 间 yíduàn shíjiān: *wait for a ~* 等一 会儿 děng yíhuìr / *after a ~* 过了一 会儿 guòle yíhuìr II *conj* (1) 当…的时 候 dāng...de shíhou, 和…同时 hé... tóngshí (2) 而(连) ér, 然而(连) rán'ér, 却(副) què (3) 虽然(连) suīrán, 尽管(连) jǐnguǎn (4) 只要 (连) zhǐyào III *v* 消磨(动) xiāomó, 虚度 xūdù: *~ away the hours* 消磨时 光 xiāomó shíguāng // *all the* ~ 一直 yìzhí, 始终 shǐzhōng, 很长时间 hěncháng shíjiān / *once in a* ~ 偶尔 ǒu'ěr, 间或 jiànhuò / *worth (sb.'s)* ~ 值得(花时间和精力) zhídé (huā shíjiān hé jīnglì)

whim *n* (1) 幻想(名) huànxiǎng, 狂 想 kuángxiǎng: *be full of ~s and fancies* 充满了幻想 chōngmǎnle huànxiǎng (2) 一时的兴趣 yìshí de xìngqù, 突然产生的想法 tūrán chǎnshēng de xiǎngfǎ: *a passing ~* 一 时的兴趣 yìshí de xìngqù / *a sudden*

~ to buy a digital watch 一时兴起, 要买一块电子表 yìshí xìngqǐ, yào mǎi yíkuài diànzǐbiǎo

whine I *v* (1) 哀鸣(动) āimíng, 哀叫 (动) āijiào (2) 抱怨(动) bàoyuàn, 发 牢骚 fā láosāo II *n* 哀鸣(动) āimíng, 哀叫(动) āijiào, 诉苦 sùkǔ

whip I *n* 鞭子(名) biānzi II *v* (1) 抽 打(动) chōudǎ, 鞭打(动) biāndǎ, 打 击(动) dǎjī (2) 搅(动) jiǎo, 打起泡 沫 dǎqǐ pàomò: ~ *cream* 搅奶油 jiǎo nǎiyóu / ~ *eggs* 打鸡蛋 dǎ jīdàn (3) 很快地挪动 hěnkuài de nuódòng // ~ *up* 激起 jīqǐ, 煽动 shāndòng: ~ *up enthusiasm among young people* 激起青 年人的热情 jīqǐ qīngniánrén de rèqíng

whirl I *v* (1) 旋转(动) xuánzhuǎn, 回旋(动) huíxuán, 打转 dǎzhuàn, 转 圈儿 zhuànquānr (2) 发晕 fāyūn, 发 昏 fāhūn, 混乱不清 hùnluàn bùqīng (3) 急走 jízǒu, 飞跑 fēipǎo II *n* (1) 回旋(动) huíxuán, 旋转(动) xuánzhuǎn, 急转 jízhuǎn (2) 紧张的 活动 jǐnzhāng de huódòng, 繁忙(形) fánmáng, 忙乱(形) mángluàn: *a ~ of activity* 繁忙的活动 fánmáng de huódòng / *in a ~ of business* 应接不 暇的事务 yìngjiēbùxiá de shìwù (3) 眩 晕(动) xuànyùn, 混乱(形) hùnluàn // *give sth. a ~* 尝试 chángshì

whisk I *n* (1) 掸子(名) dǎnzi, 鸡毛 掸子 jīmáo dǎnzi, 小笤帚 xiǎo tiáozhou (2) 一掸 yìdǎn, 一拂 yìfú, 一甩 yìshuǎi (3) 打蛋器(名) dǎdànqì II *v* (1) 掸(动) dǎn, 拂(动) fú, 甩 (动) shuǎi, 挥动(动) huīdòng: ~ *the dirt off* 掸掉脏东西 dǎndiào zāng dōngxi / ~ *flies away* 赶苍蝇 gǎn cāngying (2) 搅动(动) jiǎodòng (3) 迅 速行动 xùnsù xíngdòng, 急送 jísòng, 拿走 názǒu

whiskers *n* (1) 连鬓胡子 liánbìn húzi, 络腮胡子 luòsāi húzi (2) 猫的须 māo de xū

whisky *n* 威士忌(酒)(名) wēishìjì (jiǔ)

whisper I v (1) 悄悄地说 qiāoqiāo de shuō, 小声说 xiǎoshēng shuō, 低语 dīyǔ, 耳语 ěryǔ: ~ *a story* 小声讲故事 xiǎoshēng jiǎng gùshi (2) 私下讲 sīxià jiǎng, 传播(动) chuánbō, 散布(动) sànbù: ~ *against sb.* 私下议论一个人 sīxià yìlùn yíge rén (3) 沙沙作响 shāshā zuòxiǎng, 发沙沙声 fā shāshāshēng, 发飒飒声 fā sàsàshēng II n (1) 低语 dīyǔ, 耳语(名) ěryǔ, 私语 sīyǔ (2) 谣传(名) yáochuán, 传言(名) chuányán (3) 沙沙声 shāshāshēng, 飒飒声 sàsàshēng: *the ~ of the wind* 沙沙的风声 shāshā de fēngshēng

whistle I n (1) 口哨(名) kǒushào, 哨子(名) shàozi, 笛(名) dí, 汽笛(名) qìdí: *a factory ~* 工厂的汽笛 gōngchǎng de qìdí / *blow a ~* 鸣笛 míng dí (吹哨子 chuī shàozi) / *a police ~* 警笛 jǐngdí (2) 叫声 jiàoshēng (3) 兽叫声 shòujiàoshēng, 风声 fēngshēng, 子弹声 zǐdànshēng: *the ~ of bullets* 嗖嗖的子弹声 sōusōu de zǐdàn shēng II v (1) 吹口哨 chuī kǒushào, 吹哨子 chuī shàozi, 鸣笛 míng dí (2) 鸣(动) míng, 叫(动) jiào, 发出声响 fāchū shēngxiǎng

white I adj (1) 白(形) bái, 白色的 báisède, 发白 fā bái: ~ *wine* 白葡萄酒 bái pútaojiǔ (2) 白种(人)的 báizhǒng(rén) de: ~ *men* 白人 báirén / *the ~ race* 白种人 báizhǒngrén (3) 含牛奶的 hán niúnǎi de: ~ *coffee* 加牛奶的咖啡 jiā niúnǎi de kāfēi II n (1) 白色(名) báisè (2) 蛋白(名) dànbái, 眼白(名) yǎnbái: *the ~ of an egg* 蛋白 dànbái (3) 白人(名) báirén, 白种人(名) báizhǒngrén // *a ~ Christmas* 下雪的圣诞节 xiàxuě de shèngdànjié / *a ~ lie* 无害的玩笑 wúhài de wánxiào / *a ~ elephant* 没用的东西 méiyòng de dōngxi / *a ~ paper* 白皮书 báipíshū / *call ~ black* 颠倒黑白 diāndǎo hēibái / *the W ~ House* (美国)白宫 (Měiguó) Báigōng,

美国政府 Měiguó zhèngfǔ

white-collar adj 白领的 báilǐng de, 脑力劳动的 nǎolì láodòng de: *a ~ job* 脑力工作 nǎolì gōngzuò / ~ *workers* 白领工人 báilǐng gōngrén (脑力工作者 nǎolì gōngzuòzhě)

whiten v 弄白 nòngbái, 刷白 shuābái, 漂白 piǎobái, 变白 biànbái: ~ *the tennis shoes* 把网球鞋刷白 bǎ wǎngqiúxié shuābái

whitewash I n (1) 白涂料 báitúliào, 白灰水 báihuīshuǐ (2) 粉饰(动) fěnshì, 美化(动) měihuà, 掩盖真相 yǎngài zhēnxiàng II v (1) 用灰水刷白 yòng huīshuǐ shuābái, 涂白 túbái (2) 粉饰(动) fěnshì, 美化(动) měihuà, 掩饰(动) yǎnshì

whittle v (1) 刀切 dāoqiē, 刀削 dāoxiāo: ~ *wood* 用刀削木头 yòng dāo xiāo mùtou (2) 削减(动) xuējiǎn, 削弱 xuēruò: ~ *down prices* 削减价格 xuējiǎn jiàgé

whiz, whizz v (1) 飞快地动 fēikuài de dòng, 快走 kuàizǒu (2) 发飕飕声 fā sōusōu shēng, 飞鸣 fēimíng

who pron (1) 谁(代) shuí, 什么人 shénme rén (2) 那个人 nàge rén, 那些人 nàxiē rén (3) 他(代) tā, 她(代) tā, 他们(代) tāmen

whoever pron (1) 无论谁 wúlùn shuí, 不管什么人 bùguǎn shénme rén (2) 谁(代) shuí, 任何人 rènhé rén (3) 究竟谁 jiūjìng shuí, 到底什么人 dàodǐ shénme rén

whole I adj (1) 完整(形) wánzhěng, 齐全(形) qíquán, 无缺的 wúquē de, 整个的 zhěnggè de: *a ~ set of Lu Xun's complete works* 一整套鲁迅全集 yì zhěngtào Lǔ Xùn quánjí / *a ~ cake* 整块蛋糕 zhěngkuài dàngāo (2) 全部的 quánbù de, 全体的 quántǐ de, 所有的 suǒyǒu de: *the ~ class (school)* 全班(校) quánbān (xiào) / *the ~ world* 全世界 quánshìjiè / *a ~ day* 一整天 yì zhěngtiān II n (1) 全部(名) quánbù, 全体(名) quántǐ, 整个

（形）zhěnggè: *throughout the ~ of history* 在整个历史中 zài zhěnggè lìshǐ zhōng（从古到今 cóng gǔ dào jīn）/ *form a harmonious ~* 浑然一体 húnrán yìtǐ（2）整体（名）zhěngtǐ，统一体（名）tǒngyìtǐ，总和（名）zǒnghé: *part of the ~* 整体的一部分 zhěngtǐ de yíbùfen // *as a ~* 总体上 zǒngtǐshang，作为一个整体 zuòwéi yíge zhěngtǐ / *on the ~* 总的看来 zǒng de kànlái，大体上 dàtǐshang，基本上 jīběnshang / *swallow sth. ~* 轻信一件事 qīngxìn yíjiàn shì，不加思考的全部接受 bùjiā sīkǎo de quánbù jiēshòu / *~ wheat bread* 全麦面包 quánmài miànbāo

whole-hearted *adj* 全心全意的 quánxīnquányì de

whole-heartedly *adv* 全心全意地 quánxīnquányì de: *serve the people ~* 全心全意为人民服务 quánxīnquányì wèi rénmín fúwù / *work ~* 全力以赴地工作 quánlì yǐfù de gōngzuò

whole-length *adj* 全长的 quáncháng de，全身的 quánshēn de: *a ~ statue* 全身塑像 quánshēn sùxiàng

wholesale I *adj*（1）批发的 pīfā de，成批出售的 chéngpī chūshòu de: *at ~ prices* 按批发价 àn pīfājià（2）大规模的 dà guīmó de: *~ slaughter* 大屠杀 dà túshā II *n* 批发（动）pīfā，成批买卖 chéngpī mǎimài: *sell sth. by ~* 批发 pīfā / *buy sth. by ~* 批发来 pīfā lái

wholesome *adj*（1）有益健康的 yǒuyì jiànkāng de: *~ exercises* 有益健康的运动 yǒuyì jiànkāng de yùndòng（2）健康（形）jiànkāng，有益的 yǒuyì de: *read ~ books* 读健康的书籍 dú jiànkāng de shūjí

wholly *adj* 完全地 wánquán de，全部地 quánbù de，整个地 zhěnggè de

whom *pron*（1）谁（代）shuí，什么人 shénme rén（2）那个人 nàge rén，那些人 nàxiē rén（3）他（代）tā，她（代）tā，他们（代）tāmen

whose *pron*（1）谁的 shuí de，什么人的 shénme rén de（2）那个人的 nàge rén de，那些人的 nàxiē rén de，那个东西的 nàge dōngxi de，那些东西的 nàxiē dōngxi de（3）他的 tā de，她的 tā de，它的 tā de，他们的 tāmen de，她们的 tāmen de，它们的 tāmen de

why I *adv*（1）为什么 wèishénme，什么原因 shénme yuányīn，为何 wèihé（2）原因（名）yuányīn，理由（名）lǐyóu，为什么 wèishénme II *int* 唷（叹）yō，啊（叹）à，唉呀（叹）āiya，嗨（叹）hài，哼（叹）hèng，哦（叹）ò // *W~ not?* 当然了 dāngrán le，为什么不 wèishénme bù

wick *n* 灯芯（名）dēngxīn，烛芯（名）zhúxīn

wicked *adj*（1）坏（形）huài，邪恶（形）xié'è: *a ~ person* 坏人 huàirén（恶人 èrén）/ *the ~ old society* 万恶的旧社会 wàn'è de jiù shèhuì（2）性情凶恶的 xìngqíng xiōng'è de: *a ~ horse* 一匹烈马 yìpǐ lièmǎ（3）刻毒（形）kèdú，恶意的 èyì de（4）令人厌恶的 lìngrén yànwù de，恶劣（形）èliè: *a ~ smell* 恶劣的气味 èliè de qìwèi / *~ winter weather* 冬季恶劣的气候 dōngjì èliè de qìhòu / *a ~ headache* 剧烈的头疼 jùliè de tóu téng

wicker I *n* 枝条（名）zhītiáo，柳条（名）liǔtiáo II *adj* 柳条编制的 liǔtiáo biānzhì de: *a ~ basket* 柳条筐子 liǔtiáo kuāngzi

wickerwork *n* 柳条制品 liǔtiáo zhìpǐn: *~ furniture* 柳条家具 liǔtiáo jiājù

wide I *adj*（1）宽（形）kuān，宽阔（形）kuānkuò，宽松（形）kuānsōng: *a ~ avenue* 宽阔的道路 kuānkuò de dàolù（2）广阔（形）guǎngkuò，广大（形）guǎngdà，广泛（形）guǎngfàn，一般（形）yìbān，非专门化的 fēi zhuānménhuà de: *a ~ sea* 广阔的海洋 guǎngkuò de hǎiyáng / *a ~ difference* 很大的差异 hěn dà de chāyì / *~ reading* 广泛阅读 guǎngfàn yuèdú（3）张大的 zhāngdà de，张开的 zhāngkāi

de (4) 差得远 chà de yuǎn，离得远 lí
de yuǎn **II** *adv* (1) 广大地 guǎngdà
de，广阔地 guǎngkuò de (2) 完全地
wánquán de，充分地 chōngfèn de，张
大的 zhāngdà de

widely *adv* (1) 广(形) guǎng，广泛地
guǎngfàn de: *be ~ known* 很有名气
hěn yǒu míngqì（远近闻名 yuǎnjìn
wénmíng）(2) 在很大程度上 zài hěn
dà chéngdùshang，很(副) hěn

widen *v* 加宽(动) jiākuān，展宽(动)
zhǎnkuān，扩大(动) kuòdà

widow **I** *n* 寡妇(名) guǎfù，遗孀(名)
yíshuāng **II** *v* 变成寡妇(或鳏夫)
biànchéng guǎfu (huò guānfū)，死去丈
夫(或妻子) sǐqù zhàngfu (huò qīzi)，
丧偶 sàng'ǒu

widower *n* 鳏夫(名) guānfū

width *n* 宽阔(形) kuānkuò，宽度(名)
kuāndù，阔度(名) kuòdù: *a road of
great ~* 宽阔的道路 kuānkuò de dàolù

wield *v* 挥舞(动) huīwǔ，使用(动)
shǐyòng

wife *n* 妻子(名) qīzi，爱人(名)
àiren，太太(名) tàitai，夫人(名)
fūrén，老婆(名) lǎopo，已婚妇女
yǐhūn fùnǚ: *husband and ~* 夫妻 fūqī
/ *the president and his ~* 总统和夫人
zǒngtǒng hé fūrén

wig *n* 假发(名) jiǎfà

wiggle **I** *v* 摆动(动) bǎidòng，扭动
(动) niǔdòng **II** *n* 扭动(动) niǔdòng，
摆动(动) bǎidòng

wild *adj* (1) 野(形) yě，野生的
yěshēng de，不驯服的 bú xùnfú de: *~
plants* 野生植物 yěshēng zhíwù / *~
animals* 野兽 yěshòu / *~ flowers* 野
花 yěhuā / *a ~ horse* 一匹野马 yìpī
yěmǎ (2) 野蛮(形) yěmán，未开化的
wèikāihuà de: *~ tribes* 未开化的种族
wèikāihuà de zhǒngzú (3) 荒凉(形)
huāngliáng，荒野的 huāngyě de，无人
烟的 wú rényān de: *~ hills* 荒山野岭
huāngshān yělǐng / *~ scenery* 荒凉的
景色 huāngliáng de jǐngsè (4) 失去控
制的 shīqù kòngzhì de，放荡不羁

fàngdàngbùjī，任性(形) rènxìng，粗野
cūyě (5) 狂暴(形) kuángbào，恶劣
(形) èliè (6) 杂乱(形) záluàn，无秩
序的 wúzhìxù de (7) 不切实际的
búqièshíjì de，不着边际的 bù zháo
biānjì de，胡乱(形) húluàn: *a ~
scheme* 不切实际的计划 bú qiè shíjì de
jìhuà / *a ~ throw* 随便一扔 suíbiàn
yìrēng (8) 狂热(形) kuángrè，疯狂
(形) fēngkuáng，发狂 fākuáng:
laughter 狂笑 kuángxiào // *run ~* 撒
野 sāyě，放肆 fàngsì

wilderness *n* (1) 荒地(名) huāngdì，
荒野(名) huāngyě，荒原(名)
huāngyuán: *tame the ~* 开垦荒地
kāikěn huāngdì (2) 茫茫一片
mángmáng yípiàn，大量 dàliàng: *a ~
of roofs* 一大片屋顶 yídàpiàn wūdǐng
/ *a ~ of pain* 无限的痛苦 wúxiàn de
tòngkǔ

wilful *adj* (1) 任性(形) rènxìng，固
执(形) gùzhí: *a ~ child* 一个任性的
孩子 yíge rènxìng de háizi (2) 故意
(形) gùyì，有意 yǒuyì，存心 cúnxīn:
~ damage to public property 故意损
坏公共财物 gùyì sǔnhuài gōnggòng
cáiwù / *~ murder* 蓄意谋杀 xùyì
móushā

will **I** *aux* (1) 将(副) jiāng，将要
(副) jiāngyào，会(助动) huì (2) 愿意
(助动) yuànyì，想(助动、动) xiǎng，
要(助动、动) yào (3) 请(动) qǐng，好
吗 hǎo ma (4) 能(助动) néng，能够
(助动) nénggòu，行(形) xíng，合适
(形) héshì (5) 可能(助动、形)
kěnéng，应该(助动) yīnggāi (6) 惯于
(动) guànyú，往往(副) wǎngwǎng，
总是(副) zǒngshì **II** *n* (1) 意志(名)
yìzhì，意志力(名) yìzhìlì，决心(名)
juéxīn (2) 意愿(名) yìyuàn，旨意
(名) zhǐyì，目的(名) mùdì: *the ~ of
the majority of the people* 多数人的意
愿 duōshù rén de yìyuàn / *good（ill）
~* 好(恶)意 hǎo (è) yì / *heaven's
~* 天意 tiānyì（天命 tiānmìng）(3) 遗嘱
(名) yízhǔ // *against one's ~* 违心地

wéixīn de / of one's own free ~ 出于自愿 chūyú zìyuàn

willing *adj* 愿意(助动) yuànyì, 乐意(助动) lèyì, 心甘情愿 xīngānqíngyuàn, 热心(形) rèxīn

willingly *adv* 愿意地 yuànyì de, 乐意地 lèyì de, 心甘情愿地 xīngānqíngyuàn de: *help others* ~ 乐于助人 lèyú zhùrén

willingness *n* 愿意(助动) yuànyì, 乐意(助动) lèyì: *show a* ~ *to work* 表示愿意工作 biǎoshì yuànyì gōngzuò

willow *n* 柳(名) liǔ, 柳树(名) liǔshù, 柳木(名) liǔmù: *a weeping* ~ 垂柳 chuíliǔ

wilt *v* (1) 枯萎(动) kūwěi, 凋零(动) diāolíng, 憔悴(形) qiáocuì (2) 衰弱(形) shuāiruò, 瘫软(动) tānruǎn

wily *adj* 诡计多端的 guǐjì duōduān de, 狡猾(形) jiǎohuá: *a* ~ *old fox* 狡猾的老狐狸 jiǎohuá de lǎo húli

win I *v* (1) 获胜(动) huòshèng, 赢(动) yíng, 打赢(动) dǎyíng: ~ *a bet* 打赌赢了 dǎdǔ yíng le / ~ *a war* 打赢一场战争 dǎyíng yìcháng zhànzhēng (2) 获得(动) huòdé, 博得(动) bódé, 赢得(动) yíngdé: ~ *a splendid victory* 赢得辉煌胜利 yíngdé huīhuáng shènglì / ~ *honours* 赢得荣誉 yíngdé róngyù / ~ *sympathy and support* 博得同情和支持 bódé tóngqíng hé zhīchí / ~ *a gold medal* 获得一枚金牌 huòdé yìméi jīnpái (3) 达到(动) dádào, 成功(动) chénggōng II *n* 胜利(名) shènglì, 赢(动) yíng: *2* ~*s and one draw* 两胜一平 liǎng shèng yì píng // ~ *back* 重获 chónghuò / ~ *over* 争取 zhēngqǔ, 说服 shuōfú

wince *v* 畏缩(动) wèisuō, 退缩(动) tuìsuō

wind[1] *v* (1) 绕(动) rào, 缠(动) chán, 缠绕(动) chánrào, 卷(动) juǎn: ~ *up wool into a ball* 把毛线缠成球 bǎ máoxiàn chánchéng qiú (2) 上弦 shàngxián, 上发条 shàng fātiáo, 摇动(动) yáodòng, 转动(动) zhuàndòng:

~ *a handle* 扭动把手 niǔdòng bǎshǒu (3) 包紧 bāojǐn, 裹紧 guǒjǐn, 围紧 wéijǐn, 抱紧 bàojǐn (4) 弯弯曲曲地行进 wānwānqūqū de xíngjìn, 迂回(动) yūhuí; 蜿蜒(动) wānyán // ~ *down* 越走越慢 yuè zǒu yuè màn; 松垮 sōngkuǎ / ~ *up* (1) 卷紧 juǎnjǐn, 上紧 shàngjǐn (2) 停止 tíngzhǐ (3) 结束(动) jiéshù, 说完 shuōwán, 开完 kāiwán (4) 使兴奋 shǐ xīngfèn, 使紧张 shǐ jǐnzhāng

wind[2] I *n* (1) 风(名) fēng (2) 气息(名) qìxī, 呼吸(名) hūxī (3) 气味(名) qìwèi, 风声(名) fēngshēng, 传说(名) chuánshuō II *v* 喘不过气来 chuǎn bu guò qì lái // *a free* ~ 顺风 shùnfēng / *break* ~ 放屁 fàngpì / *head* ~ 顶风 dǐngfēng / *in the teeth of the* ~ 逆着风 nìzhe fēng, 顶风 dǐngfēng / *sth. in the* ~ 即将发生 jíjiāng fāshēng, 在暗地进行中 zài àndì jìnxíng zhōng

windbag *n* 空谈者(名) kōngtánzhě, 话篓子(名) huàlǒuzi

windbreak *n* 防风林 fángfēnglín, 风障(名) fēngzhàng

windfall *n* 被风吹落的果实 bèifēng chuīluò de guǒshí, 意外收获 yìwài shōuhuò, 横财 héngcái

windmill *n* 风车(名) fēngchē

window *n* (1) 窗(名) chuāng, 窗子(名) chuāngzi, 窗户(名) chuānghu, 窗口(名) chuāngkǒu; 橱窗(名) chúchuāng: *a car* ~ 车窗 chēchuāng (2) 临窗处 línchuāngchù: *a* ~ *seat* 靠窗的座位 kào chuāng de zuòwèi // *a* ~ *curtain* 窗帘 chuānglián / *a* ~ *envelope* 开窗信封 kāichuāng xìnfēng / *a* ~ *frame* 窗框 chuāngkuàng / *a* ~ *shade* 遮光帘 zhēguānglián

windowpane *n* 窗玻璃 chuāngbōli

window-screen *n* 窗纱(名) chuāngshā

window-shop *v* 看橱窗 kàn chúchuāng; 逛商店 guàng shāngdiàn: *go* ~ *ping* 去逛商店 qù guàng shāngdiàn

window-shopper *n* 只逛商店而不买东

西的人 zhǐ guàng shāngdiàn ér bù mǎi dōngxi de rén

windowsill   *n* 窗台(名) chuāngtái

windpipe   *n* 气管儿(名) qìguǎnr

windproof   *adj* 防风的 fángfēng de

windscreen   *n* 挡风玻璃 dǎngfēng bōli

windstorm   *n* 风暴(名) fēngbào

windy   *adj* 有风的 yǒu fēng de, 多风的 duō fēng de: *a ~ day* 刮风天 guā fēng tiān / *~ weather* 有风的天气 yǒu fēng de tiānqì / *the ~ side of a house* 房子向风的一面 fángzi xiàng fēng de yímiàn

wine   **I** *n* 葡萄酒(名) pútaojiǔ; 酒(名) jiǔ: *a bottle of ~* 一瓶葡萄酒 yìpíng pútaojiǔ / *red* (*white*) *~* 红(白)葡萄酒 hóng (bái) pútaojiǔ / *a glass of ~* 一杯酒 yìbēi jiǔ **II** *v* 喝酒 hē jiǔ // *a ~ cellar* 酒窖 jiǔjiào / *a ~ taster* 品酒人 pǐnjiǔrén / *new ~ in an old bottle* 旧瓶装新酒 jiù píng zhuāng xīn jiǔ (旧形式不能适应新内容 jiù xíngshì bùnéng shìyìng xīn nèiróng) / *~, women, and song* 吃 喝 玩 儿 乐 chīhēwánrlè

winebibber   *n* 酒鬼(名) jiǔguǐ

wineglass   *n* 酒杯(名) jiǔbēi

wineshop   *n* 酒馆(名) jiǔguǎn, 葡萄酒店(名) pútáo jiǔdiàn

wing   *n* (1) 翅膀(名) chìbǎng, 翅(名) chì, 翼(名) yì: *the ~s of an aeroplane* 机翼 jīyì (2) 侧厅 cètīng, 边房 biānfáng; 舞台侧面 wǔtái cèmiàn: *the east and west ~ of a house* 房子的东西两侧 fángzi de dōngxī liǎngcè (3) 派别(名) pàibié; 翼(名) yì: *the right ~ of the Labour Party* 工党右翼 gōngdǎng yòuyì // *on the ~* 在飞行中 zài fēixíngzhōng: *shoot a bird on the ~* 打落空中飞鸟 dǎluò kōngzhōng fēiniǎo / *take ~* 飞 fēi, 飞走 fēizǒu, 迅速传开 xùnsù chuánkāi / *under the ~s of* 在…庇护下 zài…bìhù xià

winged   *adj* 有翅膀的 yǒu chìbǎng de, 长翼的 zhǎngyì de: *a ~ creature* 带翅膀的生物 dài chìbǎng de shēngwù

wingless   *adj* 无翅的 wúchì de

wink   **I** *v* (1) 眨眼 zhǎyǎn, 闪烁(动) shǎnshuò, 闪耀(动) shǎnyào (2) 使眼色 shǐ yǎnsè, 眨眼示意 zhǎyǎn shìyì **II** *n* (1) 眨眼 zhǎyǎn; 眨眼示意 zhǎyǎn shìyì (2) 一小会儿 yì xiǎohuǐr, 霎时(名) shàshí, 瞬息(名) shùnxī: *in a ~* 瞬息之间 shùnxī zhījiān // *forty ~s* 小睡 xiǎoshuì, 打盹儿 dǎ dǔnr

winsome   *adj* 迷人的 mírén de, 好看(形) hǎokàn, 惹人喜爱的 rěrén xǐ'ài de: *a ~ girl* 好看的姑娘 hǎokàn de gūniang

winter   *n* 冬天(名) dōngtiān, 冬季(名) dōngjì; 冷天 lěngtiān: *this ~* 今冬 jīndōng

wintery   *adj* 像冬天的 xiàng dōngtiān de, 冰冷的 bīnglěng de: *a ~ scene* 冬天的景色 dōngtiān de jǐngsè

wipe   *v* 擦(动) cā, 揩(动) kāi; 擦掉 cādiào, 擦干 cāgān // *~ out* (1) 擦洗 cāxǐ, 擦净 cājìng: *~ out the bathtub* 把澡盆擦洗干净 bǎ zǎopén cāxǐ gānjing (2) 消除 xiāochú, 扫除 sǎochú: *~ out illiteracy* 扫除文盲 sǎochú wénmáng (3) 洗雪 xǐxuě: *~ out disgrace* 雪耻 xuěchǐ (4) 消灭 xiāomiè; 歼灭 jiānmiè, 毁灭 huǐmiè (5) 清偿 qīngcháng, 还清 huánqīng

wire   **I** *n* (1) 金属线 jīnshǔxiàn, 金属丝 jīnshǔsī: *telephone ~* 电话线 diànhuàxiàn / *iron ~* 铁丝 tiěsī (2) 电缆(名) diànlǎn, 电线(名) diànxiàn: *overhead ~* 空中电缆 kōngzhōng diànlǎn / *high-tension ~* 高压线 gāoyāxiàn (3) 电信(名) diànxìn; 电报(名) diànbào **II** *v* (1) (用金属丝)缚(动) (yòng jīnshǔsī) fù; 串(动) chuàn; 联接(动) liánjiē: *a fence ~* 用铁丝扎篱笆 yòng tiěsī zā líba (2) 安装电线 ānzhuāng diànxiàn: *~ a house for electricity* 给房子安装电线 gěi fángzi ānzhuāng diànxiàn (3) 打报 dǎ diànbào // *by ~* 打电报 dǎ diànbào, 用电报 yòng diànbào

wireless   **I** *adj* 不用电线的 búyòng

diànxiàn de, 无线的 wúxiàn de; 无线电的 wúxiàndiàn de; 无线电报 wúxiàn diànbào; 无线电话的 wúxiàn diànhuà de: a ～ telephone 无线电话 wúxiàn diànhuà / ～ communications 无线电通讯 wúxiàndiàn tōngxùn II n (1) 无线电(名) wúxiàndiàn, 无线电收音机 wúxiàndiàn shōuyīnjī (2) 无线电报 wúxiàn diànbào; 无线电话 wúxiàn diànhuà: a ～ message 无线电讯 wúxiàn diànxùn

wiring n 线路(名) xiànlù; 架线 jiàxiàn, 配线 pèixiàn

wiry adj 瘦削强健的 shòuxuē qiángjiàn de: a ～ body 强健的身体 qiángjiàn de shēntǐ

wisdom n 智慧(名) zhìhuì, 才智(名) cáizhì; 明智(形) míngzhì: get ～ 获得聪明才智 huòdé cōngmíng cáizhì / a man of great ～ and courage 大智大勇的人 dàzhì dàyǒng de rén

wise adj (1) 有智慧的 yǒu zhìhuì de, 聪明(形) cōngmíng: ～ sayings 至理名言 zhìlǐmíngyán (2) 英明(形) yīngmíng; 明智(形) míngzhì: a ～ policy 英明的政策 yīngmíng de zhèngcè / a ～ man 贤达 xiándá

wisecrack n 玩笑话(名) wánxiàohuà; 俏皮话(名) qiàopíhuà

wish I v (1) 祝(动) zhù, 祝愿(动) zhùyuàn (2) 想(助动) xiǎng, 要(助动) yào, 需要(动) xūyào; 希望(动) xīwàng; 渴望(动) kěwàng (3) 但愿 dànyuàn; 希望(动) xīwàng II n (1) 希望(名) xīwàng, 愿望(名) yuànwàng: one's last ～ 遗愿 yíyuàn (2) 祝愿(名) zhùyuàn, 好意(名) hǎoyì: With best ～ es. 祝好。Zhù hǎo.

wishful adj 怀有希望的 huáiyǒu xīwàng de, 向往的 xiàngwǎng de // ～ thinking 一厢情愿 yìxiāng qíngyuàn; 如意算盘 rúyì suànpán

wistful adj 渴望的 kěwàng de; 向往的 xiàngwǎng de: look ～ 急切的样子 jíqiè de yàngzi

wit n (1) 才智(名) cáizhì; 机智(形) jīzhì, 机敏(形) jīmǐn (2) 理智(名) lǐzhì; 头脑(名) tóunǎo: lose one's ～ s 丧失理智 sàngshī lǐzhì (3) 巧妙风趣的表达能力 qiǎomiào fēngqù de biǎodá nénglì, 妙人妙语 miàorén miàoyǔ, 趣话(名) qùhuà // at one's ～ s' end 智穷才尽 zhì qióng cái jìn, 不知所措 bù zhī suǒ cuò / have one's ～ s about one 机警的头脑 jījǐng de tóunǎo; 警觉 jǐngjué / live by one's ～ s 靠着小聪明混日子 kàozhe xiǎo cōngming hùn rìzi / out of one's ～ s 神经错乱 shénjīng cuòluàn, 发狂 fākuáng

witch n (1) 巫婆(名) wūpó, 女巫 nǚwū (2) 迷人的女性 mírén de nǚxìng, 狐狸精(名) húlíjīng // a ～ doctor 巫医 wūyī

witchcraft n 巫术(名) wūshù, 妖法(名) yāofǎ; 魔法(名) mófǎ; 魅力(名) mèilì

with prep (1) 和…一起 hé...yìqǐ, 跟…一起 gēn...yìqǐ (2) 在…一边 zài...yìbiān, 与…一致 yǔ...yīzhì 拥护(动) yōnghù, 有利于 yǒulìyú (3) 具有(动) jùyǒu, 带有(动) dàiyǒu, 加上(动) jiāshang, 包括…在内 bāokuò...zàinèi: a man ～ a good nose 一个嗅觉灵敏的人 yíge xiùjué língmǐn de rén / a book ～ a green cover 一本绿色封面的书 yìběn lǜsè fēngmiàn de shū (4) 在…身上 zài... shēnshang (5) 由…负责 yóu...fùzé; 由…处理 yóu...chǔlǐ (6) 随着 suízhe; 顺着 zhùnzhe: sail ～ the wind 顺风航行 shùnfēng hángxíng (7) 用(动) yòng; 拿(动) ná: pave a road ～ stone 用石头铺路 yòng shítou pūlù / cut it ～ scissors 用剪子剪 yòng jiǎnzi jiǎn (8) 以(介) yǐ, 带着 dàizhe (9) 由于(连) yóuyú, 因为(连) yīnwei (10) 对(介) duì; 就…来说 jiù... láishuō; 关于 guānyú: be angry ～ sb. 对某人生气 duì mǒurén shēngqì (11) 虽然(连) suīrán, 尽管(连) jǐnguǎn (12) 和(介) hé, 跟(介) gēn: quarrel

~ sb. 和某人吵架 hé mǒu rén chǎojià / have a race ~ sb. 和某人赛跑 hé mǒurén sàipǎo (13). 和…相比 hé...xiāngbǐ; 和…相配 hé...xiāngpèi; 和…相等 hé...xiāngděng: compare New York ~ Shanghai 拿上海和纽约相比 ná Shànghǎi hé Niǔyuē xiāngbǐ / match a coat ~ a skirt 用裙子配上衣 yòng qúnzi pèi shàngyī

withdraw v (1) 收回(动) shōuhuí; 提取(动) tíqǔ, 撤回(动) chèhuí: ~ one's hand 把手缩回 bǎ shǒu suōhuí (2) 退出(动) tuìchū, 撤退(动) chètuì: ~ from a competition 退出比赛 tuìchū bǐsài / ~ a child from school 叫孩子退学 jiào háizi tuìxué

withdrawal n (1) 收回(动) shōuhuí; 撤回(动) chèhuí, 撤消(动) chèxiāo, 撤退(动) chètuì: the ~ of troops 撤军 chèjūn / the ~ of legal charges 撤消起诉 chèxiāo qǐsù (2) 退隐(动) tuìyǐn; 退居(动) tuìjū (3) 提款(动) tíkuǎn

withdrawn adj 孤僻(形) gūpì, 离群的 líqún de, 独处的 dúchǔ de: a ~ child 孤僻不合群的孩子 gūpì bù héqún de háizi

wither v 枯萎(动) kūwěi; 干枯(形) gānkū; 凋谢(动) diāoxiè: ~ed hopes 破灭了的希望 pòmièle de xīwàng

withhold v (1) 抑制(动) yìzhì; 制止(动) zhìzhǐ, 阻止(动) zǔzhǐ; 忍住(动) rěnzhù (2) 扣留(动) kòuliú; 不给 bùgěi; 拒绝(动) jùjué

within I prep (1) 在…里面 zài...lǐmiàn, 在…内部 zài...nèibù: ~ doors 在室内 zài shìnèi (2) 在…范围之内 zài...fànwéi zhīnèi, 不超过 bù chāoguò: ~ 3 months 三个月之内 sānge yuè zhīnèi / ~ sights 在视野之内 zài shìyě zhīnèi II adv 在里面 zài lǐmiàn, 在内部 zài nèibù: ~ and without 里里外外 lǐlǐwàiwài

without I prep 没有 méiyǒu, 无(动) wú, 不(副) bù; 缺少(动) quēshǎo: ~ end 无止境 wú zhǐjìng / spend a

night ~ sleep 度过不眠之夜 dùguò bùmián zhī yè II adv 在外边 zài wàibiān, 外表上 wàibiǎoshang

withstand v (1) 抵挡(动) dǐdǎng, 挡住 dǎngzhù; 反抗(动) fǎnkàng (2) 经得起 jīng de qǐ, 顶得住 dǐng de zhù

witness I n (1) 证人(名) zhèngrén; 目击者(名) mùjīzhě: a defense ~ 被告证人 bèigào zhèngrén (2) 见证(名) jiànzhèng, 证据(名) zhàngjù, 证明(名) zhèngmíng: bear ~ to sb.'s honesty 证明某人忠诚 zhèngmíng mǒurén zhōngchéng II v (1) 目睹(动) mùdǔ, 目击(动) mùjī, 亲眼看见 qīnyǎn kànjiàn: ~ an accident 目睹一场事故 mùdǔ yìcháng shìgu (2) 经历(动) jīnglì (3) 作证(动) zuòzhèng, 证明(动) zhèngmíng (4) 表明(动) biǎomíng, 说明(动) shuōmíng // stand in ~ of 作为…的证据 zuòwéi...de zhèngjù (证人 zhèngrén) / ~ box 证人席(名) zhèngrénxí

wizard n (1) 男巫 nánwū; 术士(名) shùshì: a fairy story about a ~ 一个男巫的神话故事 yíge nánwū de shénhuà gùshi (2) 奇才(名) qícái: a math ~ 数学奇才 shùxué qícái

wobble I v (1) 摇摆(动) yáobǎi, 摇晃(动) yáohuàng, 晃动(动) huàngdòng (2) 颤抖(动) chàndǒu, 颤动(动) chàndòng II n 摇摆(动) yáobǎi, 晃动(动) huàngdòng; 颤抖(动) chàndǒu

woe n (1) 悲伤(形) bēishāng, 悲哀(形) bēi'āi; 痛苦(名、形) tòngkǔ (2) 不幸的事 búxìng de shì, 祸害(名) huòhài; 苦恼(名) kǔnǎo, 烦恼(名) fánnǎo // a tale of ~ 一连串的伤心事 yì liánchuàn de shāngxīn shì

woeful adj (1) 悲惨(形) bēicǎn; 痛苦(形) tòngkǔ, 悲伤(形) bēishāng (2) 不幸(形) búxìng, 可悲(形) kěbēi; 令人遗憾 lìngrén yíhàn

wolf I n (1) 狼(名) láng (2) 残暴成性的人 cánbào chéngxìng de rén, 阴险狡猾的人 yīnxiǎn jiǎohuá de rén; 贪婪

的人 tānlán de rén; 色鬼 sèguǐ **II** v 狼吞虎咽地吃 lángtūnhǔyàn de chī

woman n (1) 女人(名) nǚrén, 女子(名) nǚzǐ, 妇女(名) fùnǚ, 女性(名) nǚxìng: a ~ doctor 女医生 nǚyīshēng / a ~ teacher 女教师 nǚjiàoshī / a ~ of quality 贵妇人 guìfùrén / Women's Lib 妇女解放运动 fùnǚ jiěfàng yùndòng (2) 女人气质 nǚrén qìzhì, 女子感情 nǚzǐ gǎnqíng (3) 女仆(名) nǚpú (4) 妻子(名) qīzi, 爱人(名) àiren; 情妇(名) qíngfù, 姘头(名) pīntou: one's old ~ 妻子 qīzi (老婆 lǎopo) // a ~ of letters 女作家 nǚzuòjiā / a ~ of the streets 妓女 jìnǚ, 娼妓 chāngjì / a ~ of the world 老于世故的女人 lǎoyú shìgù de nǚrén / ~'s (women's) rights 妇女权利 fùnǚ quánlì; 女权运动 nǚquán yùndòng

womanhood n (1) (女子)成年期(名) (nǚzǐ) chéngniánqī; (女子)成年身分(名) (nǚzǐ) chéngnián shēnfèn: budding ~ 少女期 shàonǚqī (2) 女性(名) nǚxìng

womanish adj 女人的 nǚrén de, 女子气的 nǚzǐqì de: his ~ weakness 他的像女人一样的弱点 tā de xiàng nǚrén yíyàng de ruòdiǎn / a ~ walk 女人走路的样子 nǚrén zǒulù de yàngzi

womanlike adj 有女子气的 yǒu nǚzǐ qìzhì de; 像女人的 xiàng nǚrén de

womanly adj 女子气质的 nǚzǐ qìzhì de; 适合女子的 shìhé nǚzǐ de; 女人所有的 nǚrén suǒyǒu de: ~ charm 女人的魅力 nǚrén de mèilì / show ~ concern 表现出女性特有的关怀 biǎoxiànchū nǚxìng tèyǒu de guānhuái

womb n 子宫(名) zǐgōng

womenfolk n (1) 妇女们 fùnǚmen, 女子们 nǚzǐmen (2) 女亲戚 nǚqīnqi

wonder **I** n (1) 惊异(形) jīngyì, 惊奇(形) jīngqí, 惊讶(形) jīngyà (2) 奇迹(名) qíjì, 奇观(名) qíguān; 奇事 qíshì; 奇物 qíwù: a ~ drug 特效药 tèxiàoyào / perform ~s 创造奇迹 chuàngzào qíjì / a ~ of delicate work-

manship 一件工艺精湛的珍品 yíjiàn gōngyì jīngzhàn de zhēnpǐn **II** v (1) 感到奇怪 gǎndào qíguài, 惊讶(形) jīngyà, 惊奇(形) jīngqí (2) 感到疑惑 gǎndào yíhuò; 想知道 xiǎng zhīdào, 纳闷儿 nàmènr // for a ~ 说来奇怪 shuōlái qíguài, 竟想不到 jìng xiǎng bú dào / It's a ~ that 令人惊讶 lìng rén jīngyà / no ~ 不足为奇 bùzúwéiqí, 当然的事 dāngrán de shì; 怪不得 guàibude / What a ~! 好奇怪呀! Hǎo qíguài ya! / work ~s 创造奇迹 chuàngzào qíjì, 产生惊人的成果 chǎnshēng jīngrén de chéngguǒ

wonderful adj (1) 惊人(形) jīngrén, 奇妙(形) qímiào; 精彩(形) jīngcǎi: ~ courage 惊人的勇气 jīngrén de yǒngqì (2) 极好的 jí hǎo de, 妙极的 miàojí de

wonderfully adv 极大地 jí dà de; 非常(副) fēicháng: done ~ well 做得非常好 zuò de fēicháng hǎo

wonderland n 仙境(名) xiānjìng; 奇境(名) qíjìng: a winter ~ 冬天的奇境 dōngtiān de qíjìng / a scenic ~ 风景胜地 fēngjǐng shèngdì

wont **I** adj 惯常 guàncháng, 习惯于 xíguànyú **II** n 惯常做法 guàncháng zuòfǎ, 习惯(名) xíguàn

woo v (1) 求婚 qiúhūn, 求爱 qiú'ài (2) 寻求(动) xúnqiú, 争取(动) zhēngqǔ; 拉拢(动) lālong

wood n (1) 树林(名) shùlín; 森林(名) sēnlín; 林地(名) líndì (2) 木头(名) mùtou; 木材(名) mùcái; 木柴(名) mùchái: chop ~ 劈柴 pīchái // cannot see the ~ for the trees 见树不见林 jiàn shù bú jiàn lín, 见小不见大 jiàn xiǎo bú jiàn dà / ~ carving 木刻(名) mùkè

woodchopper n 伐木工(名) fámùgōng

woodcraft n 木工技术 mùgōng jìshù

woodcut n 木刻(名) mùkè, 版画(名) bǎnhuà

woodcutter n 樵夫(名) qiáofū, 打柴人 dǎcháirén

wooded *adj* 长满树木的 zhǎngmǎn shùmù de, 林木覆盖的 línmù fùgài de

wooden *adj* 木制的 mùzhì de, 木头的 mùtou de, 木质的 mùzhì de: *a ~ box* 木箱 mùxiāng / *a ~ bed* 木床 mùchuáng

woodpecker *n* 啄木鸟(名) zhuómùniǎo

woodsman *n* (1) 樵夫(名) qiáofū, 砍柴人 kǎncháirén (2) 住在森林中的人 zhùzài sēnlínzhōng de rén (3) 管理森林的人 guǎnlǐ sēnlín de rén

woodwind *n* 木制管乐器 mùzhì guǎnyuèqì

woodwork *n* 木制品 mùzhìpǐn; 木质结构 mùzhì jiégòu

wool *n* (1) 羊毛(名) yángmáo; 毛(名) máo (2) 毛线(名) máoxiàn; 绒线(名) róngxiàn; 呢绒(名) níróng; 毛织物 máozhīwù; 毛料衣服 máoliào yīfu: *a ball of knitting ~* 一团毛线 yìtuán máoxiàn (3) 毛状物 máozhuàngwù, 绒(名) róng: *~ blanket* 绒线毯 róngxiàntǎn / *cotton ~* 药棉 yàomián (脱脂棉 tuōzhīmián)

woollen *adj* 羊毛制的 yángmáo zhì de, 毛线的 máoxiàn de: *~ skirts* 毛裙子 máo qúnzi

woolly *adj* (1) 毛状的 máozhuàng de; 毛制的 máo zhì de; 毛茸茸的 máoróngróng de (2) 朦胧(形) ménglóng, 模糊不清的 móhubùqīng de; 思想混乱的 sīxiǎng hùnluàn de

woolly-headed *adj* 头脑不清的 tóunǎo bù qīng de, 思维混乱的 sīwéi hùnluàn de

woozy *adj* 头昏眼花的 tóuhūnyǎnhuāde, 眩晕的 xuànyùn de; 胡里胡涂的 húlihútu de

word **I** *n* (1) 词(名) cí, 单词(名) dāncí, 字(名) zì; 词汇(名) cíhuì: *a new ~* 生词 shēngcí (新词 xīncí) / *a ~ list* 词汇表 cíhuìbiǎo (生词表 shēngcíbiǎo) (2) 话(名) huà; 言词(名) yáncí, 言语(名) yányǔ; 歌词(名) gēcí: *a ~ of advice* 劝告的话 quàngào de huà (忠告 zhōnggào) / *a* *man of few ~s* 沉默寡言的人 chénmòguǎyán de rén (3) 谈话 tánhuà; 吵嘴 chǎozuǐ (4) 消息(名) xiāoxi, 信息(名) xìnxi; 谣言(名) yáoyán, 传说(名) chuánshuō (5) 诺言(名) nuòyán, 保证(名) bǎozhèng (6) 命令(名) mìnglìng; 口令(名) kǒulìng **II** *v* 用言语表达 yòng yányǔ biǎodá, 措词 cuòcí: *plainly ~ed* 措词简明 cuòcí jiǎnmíng // *big ~s* 大话 dàhuà, 吹牛皮 chuīniúpí / *break one's ~* 失信 shīxìn, 食言 shíyán / *by ~ of mouth* 口头地 kǒutóu de / *eat one's ~s* 承认说错 chéngrèn shuōcuò, 把话收回 bǎ huà shōuhuí / *give one's ~* 保证 bǎozhèng, 允诺 yǔnnuò / *give one's ~ of honour* 用名誉担保 yòng míngyù dānbǎo / *in a ~* 简而言之 jiǎn'éryánzhī, 总之 zǒngzhī, 一句话 yíjù huà / *in other ~s* 也就是说 yě jiùshì shuō, 换句话说 huàn jù huà shuō / *keep one's ~* 遵守诺言 zūnshǒu nuòyán / *leave ~* 留言 liúyán, 留话 liúhuà / *put in a good ~ for sb.* 为某人说好话 wèi mǒurén shuō hǎohuà / *say the ~* 发命令 fā mìnglìng, 发信号 fā xìnhào / *send ~* 捎信 shāoxìn, 通知 tōngzhī, 转告 zhuǎngào / *the last ~* 最后一句话 zuìhòu yíjù huà, 最后决定权 zuìhòu juédìngquán, 定论 dìnglùn / *the last ~s* 临终的话 línzhōng de huà, 遗言 yíyán / *waste one's ~s* 白费口舌 báifèi kǒushé / *~ for ~* 逐字地 zhúzì de, 一字不变地 yízì búbiàn de / *~ order* 词序 cíxù, 语序 yǔxù / *~ stress* 词重音 cí zhòngyīn

wordage *n* (1) 文字(名) wénzì (2) 词汇量 cíhuìliàng

word-formation *n* 构词法(名) gòucífǎ

word-for-word *adj* 逐字的 zhúzì de: *~ translation* 逐字翻译 zhúzì fānyì (直译 zhíyì)

wording *n* 措词(名) cuòcí, 用词(名) yòngcí; 表达(动) biǎodá

wordless *adj* (1) 无言的 wúyán de,

不用文字表达的 bú yòng wénzì biǎodá de (2) 说不出话的 shuō bu chū huà de, 沉默的 chénmò de: *a ~ warning* 无言的警告 wúyán de jǐnggào

wordy *adj* 多言的 duō yán de, 罗嗦 (形) luōsuo, 冗长 (形) rǒngcháng: *a ~ style* 冗长的文风 rǒngcháng de wénfēng / *a ~ speaker* 说话唠叨的人 shuōhuà láodao de rén / *a ~ explanation* 罗里罗嗦的解释 luōliluōsuo de jiěshì

work **I** *n* (1) 工作(名) gōngzuò, 活儿 (名) huór; 事情(名) shìqing: *go to ~* 去上班 qù shàngbān (2) 职业(名) zhíyè; 业务(名) yèwù (3) 著作(名) zhùzuò, 作品(名) zuòpǐn: *"The Complete W~s of Lu Xun"*《鲁迅全集》《Lǔ Xùn Quánjí》(4) 成果(名) chéngguǒ; 产品(名) chǎnpǐn; 工艺品 (名) gōngyìpǐn; 针线活 (名) zhēnxiànhuó, 刺绣品(名) cìxiùpǐn: *a ~ of art* 一件艺术品 yíjiàn yìshùpǐn (5) 工程(名) gōngchéng; 工事(名) gōngshì; 工厂(名) gōngchǎng: *public ~s* 市政工程 shìzhèng gōngchéng / *defensive ~s* 防御工事 fángyù gōngshì / *steel ~s* 钢铁厂 gāngtiěchǎng **II** *v* (1) 工作(动) gōngzuò, 劳动(动) láodòng, 干(活儿)(动) gàn(huór), 做(动) zuò (2) 任职(动) rènzhí, 担任(动) dānrèn, 当(动) dāng, 以…为职业 yǐ...wéi zhíyè (3) 转动(动) zhuàndòng, 运转 (动) yùnzhuǎn; 使用(动) shǐyòng, 操作(动) cāozuò: *~ a machine* 操作机器 cāozuò jīqì (4) 起作用 qǐ zuòyòng, 产生影响 chǎnshēng yǐngxiǎng (5) 缓慢费力地前进 huǎnmàn fèilì de qiánjìn, 逐渐变动 zhújiàn biàndòng (6) 经营(动) jīngyíng, 管理(动) guǎnlǐ: *~ a farm* 经营农场 jīngyíng nóngchǎng (7) 造成(动) zàochéng, 引起(动) yǐnqǐ; 产生(动) chǎnshēng // *All ~ and no play makes Jack a dull boy.* 光干活儿不玩耍, 聪明孩子也变傻。Guāng gànhuór bù wánshuǎ,

聪明孩子也变傻。cōngming háizi yě biànshǎ. / *at ~* 在工作 zài gōngzuò, 忙于 mángyú; 在运转 zài yùnzhuǎn / *in ~* (1) 在业 zàiyè, 有工作 yǒu gōngzuò (2) 正在制作中 zhèngzài zhìzuòzhōng / *make short ~ of sth.* 迅速做某事 xùnsù zuò mǒushì / *out of ~* (1) 失业 shīyè (2) 出毛病 chū máobìng / *~ away* 不停地工作 bùtíng de gōngzuò / *~ force* 劳动力 láodònglì / *~ load* 工作量 gōngzuòliàng / *~ off* (1) 排除 páichú; 清理 qīnglǐ; 偿 cháng (2) 发泄 fāxiè: *~ off one's bad temper on sb.* 在某人身上出气 zài mǒurén shēnshang chūqì / *~ on* 继续工作 jìxù gōngzuò, 不断工作 búduàn gōngzuò / *~ out* (1) 作出 zuòchū; 设计出 shèjìchū; 制订出 zhìdìngchū (2) 算出 suànchū / *~ up* (1) 完成 wánchéng; 组织 zǔzhī (2) 使激动 sǐ jīdòng, 激起 jīqǐ (3) 逐步发展建立 zhúbù fāzhǎn jiànlì

workable *adj* (1) 可使用的 kě shǐyòng de; 中用(形) zhōngyòng: *a ~ machine* 一台可用的机器 yìtái kě yòng de jīqì (2) 切实可行 qièshíkěxíng; 实用的 shíyòng de

workbag *n* 针线袋(名) zhēnxiàndài; 工具袋(名) gōngjùdài

workbook *n* (1) 工作手册 gōngzuò shǒucè (2) 练习册(名) liànxícè

work-box *n* 针线盒(名) zhēnxiànhé; 工具箱(名) gōngjùxiāng

workday *n* 工作日(名) gōngzuòrì

worker *n* (1) 工人(名) gōngrén; 劳动者(名) láodòngzhě; 无产者(名) wúchǎnzhě: *a factory ~* 工厂工人 gōngchǎng gōngrén / *an industrial ~* 产业工人 chǎnyè gōngrén / *a model ~* 劳动模范 láodòng mófàn / *a veteran ~* 老工人 lǎogōngrén / *a manual ~* 体力劳动者 tǐlì láodòngzhě / *a mental ~* 脑力劳动者 nǎolì láodòngzhě / *young ~s* 青工 qīnggōng / *a child ~* 童工 tónggōng (2) 工作者(名) gōngzuòzhě, 工作的人

gōngzuò de rén; 工作人员 gōngzuò rényuán: *art and literary* ~s 文艺工作者 wényì gōngzuòzhě / *scientific and technological* ~s 科技工作者 kējì gōngzuòzhě / *office* ~s 科室人员 kēshì rényuán

workhand *n* 雇工(名) gùgōng, 工人(名) gōngrén

workhouse *n* (英国)贫民救济院(名) (Yīngguó) pínmín jiùjìyuàn; 济贫院(名) jìpínyuàn

working **I** *adj* (1) 工作的 gōngzuò de, 劳动的 láodòng de: ~ *hours* 工作时间 gōngzuò shíjiān / ~ *clothes* 工作服 gōngzuòfú / *a* ~ *breakfast* 工作早餐 gōngzuò zǎocān / ~ *age* 工龄 gōnglíng / *the* ~ *class* 工人阶级 gōngrén jiējí (劳动阶级 láodòng jiējí) (2) 经营的 jīngyíng de, 营业上的 yíngyèshang de: ~ *expenses* 经营费用 jīngyíng fèiyòng (3) 运转的 yùnzhuǎn de; 在使用的 zài shǐyòng de: *a* ~ *rule* 操作规程 cāozuò guīchéng (惯例 guànlì) (4) 可行的 kěxíng de; 实用的 shíyòng de: *a* ~ *theory* 可行的理论 kěxíng de lǐlùn **II** *n* (1) 工作(名) gōngzuò, 作业(名) zuòyè; 劳动(动) láodòng: *construction* ~ 土木作业 tǔmù zuòyè / *farm* ~ 农业劳动 nóngyè láodòng (2) 作用(名) zuòyòng; 操作(名) cāozuò; 运转(动) yùnzhuǎn: *the* ~s *of the human mind* 人脑的活动 rénnǎo de huódòng

workman *n* 工人(名) gōngrén, 手工劳动者 shǒugōng láodòngzhě, 体力劳动者 tǐlì láodòngzhě

workmanship *n* 手艺(名) shǒuyì, 工艺(名) gōngyì: *a jewel of exquisite* ~ 作工精巧的珠宝 zuògōng jīngqiǎo de zhūbǎo

workmate *n* 共事者 gòngshìzhě, 工友(名) gōngyǒu, 同事(名) tóngshì

workpiece *n* 工件(名) gōngjiàn

workplace *n* 工作场所 gōngzuò chǎngsuǒ; 车间(名) chējiān; 工厂(名) gōngchǎng

workroom *n* 工作间(名) gōngzuòjiān,

工作室 gōngzuòshì: *a photographic* ~ 摄影工作室 shèyǐng gōngzuòshì

workshop *n* (1) 车间(名) chējiān; 作坊(名) zuōfang, 工作室(名) gōngzuòshì (2) 讲习班(名) jiǎngxíbān, 培训班(名) péixùnbān; 研讨会(名) yántǎohuì: *a writing* ~ 写作培训班 xiězuò péixùnbān

world *n* (1) 世界(名) shìjiè, 天下(名) tiānxià; 地球(名) dìqiú: *people all over the* ~ 全世界人民 quánshìjiè rénmín / *all countries in the* ~ 世界各国 shìjiè gèguó / *big upheaval throughout the* ~ 天下大乱 tiānxià dàluàn / *shake the* ~ 天下震动 tiānxià zhèndòng / *a journey round the* ~ 环球旅行 huánqiú lǚxíng (2) 世人(名) shìrén; 众人(名) zhòngrén (3) 世间(名) shìjiān, 人间(名) rénjiān: *this* ~ *and the next* 今生和来世 jīnshēng hé láishì / *the* ~ *to come* 来世 láishì / *the other* ~ 阴间 yīnjiān / *bring a child into the* ~ 孩子出世 háizi chūshì (生孩子 shēng háizi) (4) 界(名) jiè, 领域(名) lǐngyù: *the newspaper* ~ 新闻界 xīnwénjiè / *the animal* ~ 动物世界 dòngwù shìjiè / *the outside* ~ 外界 wàijiè / *the polite* ~ 上流社会 shàngliú shèhuì / *the English-speaking* ~ 英语国家和地区 Yīngyǔ guójiā hé dìqū (5) 人世生活 rénshì shēnghuó; 世事 shìshì; 世面(名) shìmiàn; 世故(名) shìgù (6) 大量(形) dàliàng, 众多(形) zhòngduō, 无数(形) wúshù: *a* ~ *of troubles* 无穷的麻烦事 wúqióng de máfanshì / *a* ~ *of bikes* 许许多多的自行车 xǔxǔduōduō de zìxíngchē // *all the* ~ *to sb.* 对某人来说最重要的事 duì mǒurén lái shuō zuì zhòngyào de shì / *come into the* ~ 出世 chūshì, 诞生 dànshēng; 问世 wènshì / *for all the* ~ (1) 完全 wánquán, 一点儿不差 yìdiǎnr búchà (2) 无论如何 wúlùnrúhé / *in the* ~ 到底 dàodǐ; 究竟 jiūjìng / *It's a small* ~. 世界真小。(天涯何处不相逢。

Tiānyá héchù bù xiāngféng.)/ ~ s a-part 全然不同 quánrán bùtóng/ the W ~ Court 国际法庭 guójì fǎtíng

world-famous adj 世界闻名的 shìjiè wénmíng de: a ~ film star 誉满全球的影星 yù mǎn quánqiú de yǐngxīng

worldly adj (1) 世俗的 shìsú de, 世间的 shìjiān de; 人世的 rénshì de, 尘世的 chénshì de: ~ happiness 人世的幸福 rénshì de xìngfú / one's ~ goods 财产 cáichǎn (2) 处世的 chǔshì de, 善于处世的 shànyú chǔshì de, 老于世故的 lǎoyú shìgù de: ~ wisdom 处世的本领 chǔshì de běnlǐng(世故 shìgù)

worldshaking adj 震撼世界的 zhènhàn shìjiè de, 惊天动地的 jīngtiāndòngdì de: a ~ event 惊天动地的大事 jīngtiāndòngdì de dàshì

worldwide adj & adv 全球的 quánqiú de

World-Wide-Web n 环球网 huánqiú-wǎng, 万维网 wànwéiwǎng

worm I n 虫(名) chóng, 虫子(名) chóngzi; 蚯蚓(名) qiūyǐn II v (1) 用药打虫子 yòng yào dǎ chóngzi, 驱虫 qūchóng (2) 蠕动(动) rúdòng, 缓慢地进行 huǎnmàn de jìnxíng: ~ out of difficulties 逐渐摆脱困难 zhújiàn bǎituō kùnnan (3) 慢慢地探得 mànmàn de tàndé

worn-out adj (1) 破旧(形) pòjiù; 穿破 chuānpò: ~ shoes 破鞋 pòxié / a ~ car 破旧的汽车 pòjiù de qìchē (2) 疲劳(形) píláo, 累(形) lèi

worry I v (1) 烦恼(形) fánnǎo; 焦虑(形) jiāolǜ; 着急(形) zháojí; 不安 bù'ān; 不放心 bú fàngxīn; 担心(动) dānxīn; 发愁(动) fāchóu (2) 困扰(动) kùnrǎo; 打扰(动) dǎrǎo; 纠缠(动) jiūchán II n (1) 烦恼(形) fánnǎo, 焦虑(形) jiāolǜ; 忧虑(动) yōulǜ (2) 烦恼事 fánnǎoshì, 心事(名) xīnshì: mental ~ 精神烦恼 jīngshén fánnǎo / signs of ~ 显出焦虑的样子 xiǎnchū jiāolǜ de yàngzi

worse I adj 更坏的 gèng huài de, 更差

的 gèng chà de, 更糟的 gèng zāo de, 恶化的 èhuà de II adv 更坏 gèng huài, 更糟 gèng zāo; 更厉害 gèng lìhai III n 更坏的事 gèng huài de shì // a change for the ~ 变坏 biànhuài, 恶化 èhuà / go from bad to ~ 越来越糟 yuèláiyuè zāo, 每况愈下 měikuàngyùxià / none the ~ 仍然是原样 réngrán shì yuányàng / so much the ~ 更加不妙 gèngjiā búmiào

worsen v 变得更坏 biàn de gènghuài; 恶化(动) èhuà

worship I n (1) 礼拜(名) lǐbài: a place of ~ 教堂 jiàotáng (礼拜堂 lǐbàitáng) (2) 崇拜(动) chóngbài, 敬仰(动) jìngyǎng: hero ~ 英雄崇拜 yīngxióng chóngbài / fire ~ 拜火 bài huǒ / the ~ of money 拜金 bàijīn / prostrate oneself in ~ 顶礼膜拜 dǐnglǐ móbài II v (1) 崇拜(动) chóngbài, 尊敬(动) zūnjìng (2) 做(动) zuò, 礼拜(名) lǐbài// Your W ~ 阁下 géxià

worshipper n 礼拜者(名) lǐbàizhě; 崇拜者(名) chóngbàizhě; 爱慕者(名) àimùzhě

worst I adj 最坏的 zuì huài de, 最差的 zuì chà de, 最糟的 zuì zāo de; 最恶劣的 zuì èliè de: the ~ enemy 最凶恶的敌人 zuìxiōng'è de dírén II adv 最坏地 zuì huài de, 最差地 zuì chà de; 最厉害地 zuì lìhai de III n 最坏者 zuì huàizhě; 最差的 zuì chà de // at ~ 在最坏的情况下 zài zuì huài de qíngkuàngxià / if the ~ comes to the ~ 如果发生最坏的情况 rúguǒ fāshēng zuì huài de qíngkuàng

worth I adj (1) 值(动) zhí, 价值相当于 jiàzhí xiāngdāngyú (2) 值得(动) zhíde (3) 拥有相当于…价值的财产的 yōng yǒu xiāngdāngyú… jiàzhí de cáichǎn de II n 价值(名) jiàzhí // for all one is ~ 尽力 jìnlì, 拼命 pīnmìng / for what it is ~ 不论好坏 búlùn hǎohuài, 不管真假 bùguǎn zhēnjiǎ

worthful adj 有价值的 yǒu jiàzhí de, 可贵的 kěguì de

worthless *adj* 无价值的 wú jiàzhí de, 无用的 wúyòng de

worthwhile *adj* 值得做的 zhídé zuò de, 合算的 hésuàn de: *a ~ job* 值得做的事 zhídé zuò de shì

worthy *adj* (1) 有价值的 yǒu jiàzhí de; 可尊敬的 kě zūnjìng de: *a ~ life* 有价值的生活 yǒu jiàzhí de shēnghuó / *a ~ gentleman* 一位可尊敬的先生 yíwèi kě zūnjìng de xiānsheng (2) 值得的 zhídé de; 配得上的 pèi de shàng de, 相称的 xiāngchèn de: *~ of attention* 值得注意 zhídé zhùyì / *~ of mention* 值得一提 zhídé yìtí / *not ~ of one's age* 和年龄不相称 hé niánlíng bù xiāngchèn / *a ~ winner* 一位当之无愧的获胜者 yíwèi dāngzhīwúkuì de huòshèngzhě / *a writer ~ of the name* 名符其实的文学家 míngfúqíshí de wénxuéjiā

would *aux* (1) 将(副) jiāng, 将要(副) jiāngyào, 将会 jiānghuì (2) 愿意(动) yuànyì, 要(助动) yào; 偏要 piānyào (3) 总是(副) zǒngshì, 总会 zǒnghuì; 往往(副) wǎngwǎng (4) 大概(副) dàgài; 可能(助动) kěnéng (5) 会(副) huì, 就会 jiù huì, 要(副、助动) yào (6) 请(动) qǐng; 可以吗 kěyǐ ma // *~ like* 想要 xiǎngyào, 希望 xīwàng / *~ rather* 宁愿 nìngyuàn

would-be *adj* 未成的 wèichéng de, 未遂的 wèisuì de; 尚未如愿的 shàngwèi rúyuàn de, 希望成为…的 xīwàng chéngwéi ... de; 自诩的 zìxǔ de; 冒充的 màochōng de, 所谓的 suǒwèi de: *a ~ suicide* 自杀未遂 zìshā wèisuì / *a ~ footballer* 一个想当足球运动员的人 yíge xiǎng dāng zúqiú yùndòngyuán de rén

wound I *n* 伤(名) shāng, 伤口(名) shāngkǒu, 伤处(名) shāngchù; 损伤(动) sǔnshāng; 创伤(名) chuāngshāng: *a bullet ~* 枪伤 qiāngshāng / *dress a ~* 包扎伤口 bāozā shāngkǒu II *v* (1) 打伤 dǎshāng; 伤害(动) shānghài; 受伤(2) 伤害(感情)(动) shānghài (gǎnqíng); 刺伤(动) cìshāng

wounded I *adj* 受伤的 shòushāng de: *a ~ soldier* 伤兵 shāngbīng (伤员 shāngyuán) / *the ~ man* 受伤的人 shòushāng de rén II *n* 伤员 shāngyuán, 受伤者 shòushāngzhě

wrangle I *v* 争论(动) zhēnglùn, 争辩(动) zhēngbiàn, 争吵(动) zhēngchǎo II *n* 争论(动) zhēnglùn; 争吵(动) zhēngchǎo; 口角(名) kǒujiǎo: *a bitter ~* 激烈的争论 jīliè de zhēnglùn

wrap I *v* (1) 裹(动) guǒ, 包(动) bāo; 扎(动) zhā, 捆(动) kǔn; 围(动) wéi (2) 覆盖(动) fùgài; 遮蔽(动) zhēbì II *n* 围巾(名) wéijīn // *be ~ped up in* 埋头于 máitóuyú, 全神贯注于 quánshénguànzhùyú / *~ up* (1) 掩盖 yǎngài, 暗含 ànhán (2) 结束 jiéshù, 完成 wánchéng

wrapper *n* 包装纸(名) bāozhuāngzhǐ; 封套(名) fēngtào; 护封纸(名) hùfēngzhǐ

wrapping *n* 包装(名) bāozhuāng; 包装用的材料 bāozhuāng yòng de cáiliào: *~ paper* 包装纸 bāozhuāngzhǐ

wrath *n* 愤怒(形) fènnù, 暴怒 bàonù, 狂怒 kuángnù; 愤慨(形) fènkǎi: *in one's ~* 在盛怒之下 zài shèngnù zhīxià / *popular ~* 公众的愤慨 gōngzhòng de fènkǎi / *patriotic ~* 爱国的义愤 àiguó de yìfèn

wreath *n* (1) 花圈(名) huāquān; 花环(名) huāhuán: *a ~ of victory* 胜利的花环 shènglì de huāhuán / *a ~ for the head* 花冠 huāguān (2) 环状物 huánzhuàngwù, 圈(名) quān, 环(名) huán

wreathe *v* 缠绕(动) chánrào

wreck I *n* (1) 失事 shīshì; 遇难 yùnàn (2) 失事的船 shīshì de chuán (3) 严重受损的人(或物) yánzhòng shòusǔn de rén (huò wù) II *v* (1) 失事 shīshì, 遇难 yùnàn (2) 破坏(动) pòhuài; 损害(动) sǔnhài

wreckage *n* 残骸(名) cánhái, 碎片

suìpiàn: *clear the* ~ 清理残骸 qīnglǐ cánhái / *the* ~ *of a plane* 飞机的残骸 fēijī de cánhái

wrecker *n* (1) 破坏船只以便行劫的人 pòhuài chuánzhī yǐbiàn xíngjié de rén (2) 破坏者 (名) pòhuàizhě: *a house* ~ 拆房子的工人 chāi fángzi de gōngrén (3) 营救失事船只的人 yíngjiù shīshì chuánzhī de rén

wrench **I** *n* (1) 扳手 (名) bānshǒu, 扳钳 (名) bānqián, 扳子 (名) bānzi: *an adjustable* ~ 一把活扳子 yìbǎ huóbānzi (2) 拧 (动) nǐng, 扭 (动) niǔ: *give the door handle a* ~ 使劲儿拧门把手 shǐjìnr nǐng mén bǎshou (3) 扭伤 niǔshāng, 崴 (动) wǎi (4) 别离的痛苦 biélí de tòngkǔ, 伤别 (动) shāngbié: *the* ~ *of leaving one's family* 离家的痛苦 líjiā de tòngkǔ **II** *v* (1) 拧 (动) nǐng, 扭 (动) niǔ (2) 扭伤 niǔshāng: ~ *one's knee* 扭伤了膝盖 niǔshāngle xīgài

wrest *v* (1) 攫取 (动) juéqǔ, 夺取 (动) duóqǔ, 抢走 qiǎngzǒu (2) 获得 (动) huòdé; 争取 (动) zhēngqǔ: ~ *victory* 争取胜利 zhēngqǔ shènglì (3) 歪曲 (动) wāiqū, 曲解 (动) qūjiě

wrestle *v* (1) 摔 (动) shuāi, 摔交 (动) shuāijiāo, 角力 (动) juélì: ~ *with sb*. 跟某人摔交 gēn mǒurén shuāijiāo (2) 斗争 (动) dòuzhēng, 搏斗 (动) bódòu: ~ *with a difficulty* 与困难作斗争 yǔ kùnnan zuò dòuzhēng / ~ *with one's conscience* 作思想斗争 zuò sīxiǎng dòuzhēng (心情矛盾 xīnqíng máodùn) / ~ *with a difficult problem* 思考一个难题 sīkǎo yíge nántí

wrestler *n* 摔交运动员 shuāijiāo yùndòngyuán

wrestling *n* 摔交运动 shuāijiāo yùndòng; 角力 (名) juélì: 摔交 (动) shuāijiāo: *a* ~ *match* 摔交比赛 shuāijiāo bǐsài / *a* ~ *team* 摔交队 shuāijiāoduì / *practise* ~ 练摔交 liàn shuāijiāo

wretch *n* (1) 可怜的人 kělián de rén

不幸的人 búxìng de rén (2) 卑鄙的人 bēibǐ de rén, 可耻的人 kěchǐ de rén: *a contemptible* ~ 可鄙的家伙 kěbǐ de jiāhuo, 小人 xiǎorén / *an ungrateful* ~ 忘恩负义的家伙 wàng'ēnfùyì de jiāhuo (3) 小坏蛋 xiǎohuàidàn, 小淘气 xiǎotáoqì

wretched *adj* (1) 可怜 (形) kělián; 悲惨 (形) bēicǎn; 不幸 (形) búxìng: *the* ~ *sufferers* 可怜的受苦人 kělián de shòukǔrén (不幸的患者 búxìng de huànzhě) (2) 讨厌 (形) tǎoyàn; 破烂 (形) pòlàn; 恶劣 (形) èliè: ~ *weather* 恶劣的天气 èliè de tiānqì

wretchedly *adv* 可怜地 kělián de; 悲惨地 bēicǎn de; 不幸地 búxìng de

wriggle *v* 蠕动 (动) rúdòng; 扭动 (动) niǔdòng; 蜿蜒而行 wānyán ér xíng // ~ *out of* 摆脱 bǎituō, 溜掉 liūdiào; ~ *out of a difficulty* 想方设法摆脱困境 xiǎngfāngshèfǎ bǎituō kùnjìng

wring **I** *v* (1) 绞 (动) jiǎo, 拧 (动) nǐng; 挤 (动) jǐ; 榨 (动) zhà; 扭 (动) niǔ; 捏 (动) niē: ~ *wet clothes* 把湿衣服拧干 bǎ shī yīfu nínggān (2) 榨取 (动) zhàqǔ; 勒索 (动) lèsuǒ; 强求 (动) qiángqiú (3) 使苦恼 shǐ kǔnǎo; 折磨 (动) zhémó; 使悲痛 shǐ bēitòng **II** *n* 绞 (动) jiǎo, 拧 (动) níng, 挤 (动) jǐ, 榨 (动) zhà, 扭 (动) niǔ, 捏 (动) niē: *give the wet clothes a* ~ 把湿衣服拧一拧 bǎ shī yīfu níngyīníng

wrinkle **I** *n* 皱纹 (名) zhòuwén, 皱褶 (名) zhòuzhě **II** *v* 皱 (名) zhòu, 起皱纹 qǐ zhòuwén: ~ *up one's forehead* 皱起额头 zhòuqǐ étóu

wrist *n* 腕 (名) wàn, 手腕 (名) shǒuwàn, 腕子 (名) wànzi: *a* ~ *joint* 腕关节 wànguānjié / *sprain one's* ~ 扭伤手腕 niǔshāng shǒuwàn

wristwatch *n* 手表 (名) shǒubiǎo: *wear a* ~ 戴手表 dài shǒubiǎo

write *v* (1) 写 (动) xiě, 书写 (动) shūxiě, 写下 xiěxià: ~ *a letter* 写信 xiě xìn (2) 写信 xiě xìn; 写信说 xiěxìn shuō (3) 写作 (动) xiězuò, 创作

（动）chuàngzuò，编写（动）biānxiě；谱写（动）pǔxiě；作曲 zuòqǔ // ~ *down* 写出 xiěchū；记下 jìxià / ~ *off* 注销 zhùxiāo；报废 bàofèi：~ *off a debt* 注销一笔债务 zhùxiāo yìbǐ zhàiwù / ~ *up* （1）整理 zhěnglǐ；详细写出 xiángxì xiěchū（2）写评论 xiě pínglùn

writer *n*（1）作者（名）zuòzhě；撰稿人（名）zhuàngǎorén；执笔人（名）zhíbǐrén；文学家 wénxuéjiā：*the ~ of a novel* 小说的作者 xiǎoshuō de zuòzhě / *a newspaper ~* 报纸撰稿人 bàozhǐ zhuàngǎorén / *a textbook ~* 教科书的编者 jiàokēshū de biānzhě（2）抄写员（名）chāoxiěyuán，文书（名）wénshū（3）写…的人 xiě ... de rén：*the ~ of a letter* 写信人 xiěxìnrén

writhe *v* 扭曲（动）niǔqū；扭动身体 niǔdòng shēntǐ

writing *n*（1）写（动）xiě，书写（动）shūxiě；写作（动）xiězuò：*reading and ~* 读写 dú xiě / *teach ~* 教写作 jiāo xiězuò（2）书法（名）shūfǎ；笔迹（名）bǐjì // *picture ~* 图象记事 túxiàng jìshì，图示符号 túshì fúhào / ~ *materials* 文具 wénjù / ~ *table* 写字台 xiězìtái

wrong **I** *adj*（1）错（形）cuò，错误的 cuòwù de，不对 búduì，不正确的 bú zhèngquè de；不适当的 bú shìdàng de；不应该 bù yīnggāi：*a ~ answer* 错误的答案 cuòwù de dá'àn（2）不正常的 bú zhèngcháng de；不好的 bù hǎo de；不健全的 bú jiànquán de；有毛病的 yǒu máobìng de（3）不道德的 bú dàodé de；罪过 zuìguò（4）反面的 fǎnmiàn de，背面的 bèimiàn de：*the ~ side of the cloth* 布的反面 bù de fǎnmiàn **II** *adv* 错（形）cuò，不对 búduì：*guess ~* 猜错了 cāicuò le **III** *n*（1）错误（名）cuòwù，坏事 huàishì（2）不公正 bù gōngzhèng，冤屈（动）yuānqū：*do ~ to sb.* 冤屈某人

yuānqū mǒurén **IV** *v* 冤枉（动）yuānwang；委屈（动）wěiqū；冤屈（动）yuānqū：~ *an innocent person* 冤枉好人 yuānwang hǎorén // *be in the ~* 错的 cuò de；不对 búduì；理亏 lǐkuī / *do ~* 做错 zuòcuò；作恶 zuò'è，犯罪 fànzuì / *go ~*（1）做错了 zuòcuò le，犯错误 fàn cuòwù（2）坏了 huài le，出了毛病 chūle máobìng（3）走邪路 zǒu xiélù，堕落 duòluò / *put sb. in the ~* 冤枉某人 yuānwang mǒurén，委屈某人 wěiqū mǒurén

wrongdoer *n* 做坏事的人 zuòhuàishì de rén，做恶的人 zuò'è de rén，犯罪者 fànzuìzhě

wrongdoing *n* 不道德的行为 búdàodé de xíngwéi，坏事 huàishì，罪行（名）zuìxíng

wrongful *adj*（1）不正当的 bú zhèngdāng de；不公允的 bù gōngyǔn de；不义的 búyì de：*dismissal from a job* 不正当的解雇 bú zhèngdāng de jiěgù（2）违法的 wéifǎ de，非法的 fēifǎ de：~ *imprisonment* 非法监禁 fēifǎ jiānjìn

wrongly *adv* 错误地 cuòwù de，不正确地 bú zhèngquè de，不恰当地 bú qiàdàng de

wrought *adj* 制造的 zhìzào de；制作的 zhìzuò de：~ *of bronze* 青铜制成的 qīngtóng zhìchéng de / ~ *by hand* 手工制做的 shǒugōng zhìzuò de / *figures ~ in gold* 金质的人像 jīnzhì de rénxiàng

wry *adj* 歪扭的 wāiniǔ de；皱起的 zhòuqǐ de；表示厌恶的 biǎoshì yànwù de：*make a ~ face* 做一个苦脸 zuò yíge kǔliǎn（皱起面孔 zhòuqǐ miànkǒng，做出厌恶的表情 zuòchū yànwù de biǎoqíng）

wushu *n* 武术（名）wǔshù：*practise ~* 练武 liànwǔ / *a master of ~* 武术大师 wǔshù dàshī

X

xenophobia *n* 恐外心理 kǒngwài xīnlǐ; 仇外情绪 chóuwài qíngxù, 排外主义 (名) páiwàizhǔyì, 对外来者的憎恶 duì wàiláizhě de zēngwù

xenophobic *adj* 仇外的 chóuwài de; 排外的 páiwài de; 恐外的 kǒngwàide

Xerox **I** *n* (1) 复印(动) fùyìn; 静电复印 jìngdiàn fùyìn (2) 复印机(名) fùyìnjī (3) 复印件(名) fùyìnjiàn **II** *v* 复印(动) fùyìn; 复制(动) fùzhì

X-ray **I** *n* (1) 爱克斯射线(名) àikèsī shèxiàn, 爱克斯光(名) àikèsīguāng: an ~ machine 一架爱克斯光机 yíjià àikèsīguāng jī/ ~ diagnosis 爱克斯光诊断 àikèsīguāng zhěnduàn/ ~ therapy 爱克斯光治疗 àikèsīguāng zhìliáo (2) 爱克斯光照片 àikèsīguāng zhàopiàn (3) 爱克斯光检查 àikèsīguāng jiǎnchá **II** *v* 用爱克斯光检查 yòng àikèsīguāng jiǎnchá; 用爱克斯光治疗 yòng àikèsīguāng zhìliáo

xylograph *n* 木刻(名) mùkè

xylography *n* 木刻术(名) mùkèshù

xylophone *n* 木琴(名) mùqín

Y

yacht *n* 快艇(名) kuàitǐng; 游艇(名) yóutǐng: *a racing* ～ 赛艇 sàitǐng/ *a* ～ *race* 快艇比赛 kuàitǐng bǐsài

yachting *n* 乘游艇出游 chéng yóutǐng chūyóu, 乘快艇兜风 chéng kuàitǐng dōufēng: *go* ～ 乘快艇出游 chéng kuàitǐng chūyóu

yachtsman *n* 游艇驾驶员 yóutǐng jiàshǐyuán; 游艇主人 yóutǐng zhǔrén

yak¹ *v* 闲扯(动) xiánchě, 聊天儿 liáotiānr

yak² *n* 牦牛(名) máoniú

yam *n* 白薯(名) báishǔ, 红薯(名) hóngshǔ, 甘薯(名) gānshǔ

yank **I** *n* 猛拉 měng lā, 猛抻 měng chēn, 猛拽 měngzhuài **II** *v* 使劲拉 shǐ jìn lā, 猛拉 měng lā, 猛拽 měng zhuài

Yankee *n* (1) 美国人(名) Měiguórén; 美国佬(名) Měiguólǎo (2) (美国的) 北方人 (Měiguó de) běifāngrén

yap **I** *v* 汪汪叫 wāngwāng jiào; 狂吠 kuángfèi; 喊叫(动) hǎnjiào, 叫唤 (动) jiàohuan **II** *n* 狗叫声(名) gǒu jiàoshēng

yard¹ *n* (1) 院子(名) yuànzi, 庭院 (名) tíngyuàn; 围场(名) wéichǎng: *a front* (*back*) ～ 前(后)院 qián(hòu) yuàn (2) 场地(名) chǎngdì; 工场 (名) gōngchǎng; 车场(名) chēchǎng; 围栏(名) wéilán: *goods* ～ 货场 huòchǎng/ *a railway* ～ 调车场 diàochēchǎng/ *a junk* ～ 垃圾场 lājīchǎng/ *a cattle* ～ 牲畜栏 shēngchùlán

yard² *n* 码(量) mǎ: *a square* ～ 一平方码 yīpíngfāngmǎ // *a* ～ *measure* 码尺(直尺或卷尺) mǎchǐ (zhíchǐ huò juǎnchǐ)

yardstick *n* (1) 码尺(名) mǎchǐ (2)

衡量的标准 héngliáng de biāozhǔn, 准绳(名) zhǔnshéng, 尺度(名) chǐdù, 准则(名) zhǔnzé

yarn *n* (1) 纱(名) shā, 线(名) xiàn: *cotton* ～ 棉纱 miánshā/ *nylon* ～ 尼龙纱 nílóngshā/ *spin wool into* ～ 把毛纺成纱 bǎ máo fǎngchéng shā (2) 故事(名) gùshi, 趣谈(名) qùtán, 奇谈(名) qítán: *spin a* ～ 讲故事 jiǎng gùshi

yawn **I** *n* 哈欠(名) hāqian **II** *v* (1) 打哈欠 dǎ hāqian (2) 张大 zhāngdà 裂开 lièkāi

year *n* (1) 年(名) nián: *this* ～ 今年 jīnnián/ *last* ～ 去年 qùnián/ *next* ～ 明年 míngnián/ *the* ～ *before last* 前年 qiánnián/ *the* ～ *after next* 后年 hòunián/ *during the war* ～*s* 在战争年代 zài zhànzhēng niándài/ *New Y*～'*s Day* 新年 xīnnián (元旦 yuándàn)/ *Happy New Y*～! 新年好! Xīnnián hǎo! (2) 年度(名) niándù: *the fiscal* ～ 财政年度 cáizhèng niándù/ *an academic* ～ 学年 xuénián (3) 岁(名) suì, 年纪(名) niánji, 年龄(名) niánling, 岁数(名) suìshu: *a 12-*～ *old boy* 一个十二岁的男孩儿 yíge shíèrsuì de nánháir (4) 多年 duōnián, 很久 hěn jiǔ: ～*s ago* 多年以前 duōnián yǐqián // *all the* ～ *round* 一年到头 yìnián dàotóu: *from* ～ *to* ～ 年年 niánnián, 每年 měinián/ *over the* ～*s* 这几年 zhè jǐnián, 那几年 nà jǐnián: ～ *in* ～ *out* 一年一年地 yìnián yìnián de, 年复一年 nián fù yìnián

yearbook *n* 年鉴(名) niánjiàn, 年刊 niánkān: "*China Y*～" 《中国年鉴》 《Zhōngguó niánjiàn》

yearly I *adj* 每年的 měinián de, 一年一度的 yìnián yídù de: *a ~ visit* 一年一度的访问 yìnián yídù de fǎngwèn **II** *adv* 年年 niánnián, 一年一次 yìnián yícì

yearn *v* 渴望(动) kěwàng, 向往(动) xiàngwǎng: *~ for peace* 向往和平 xiàngwǎng hépíng

yeast *n* (名) qū, 酵母(名) jiàomǔ: *~ powder* 发酵粉 fājiàofěn

yell I *v* 大叫 dàjiào, 大喊 dàhǎn, 叫喊(动) jiàohǎn, 叫嚷(动) jiàorǎng: *~ a warning* 大声发出警告 dàshēng fāchū jǐnggào/ *~ for help* 大喊救命 dà hǎn jiùmìng **II** *n* 叫声(名) jiàoshēng, 喊叫(动) hǎnjiào

yellow I *adj* 黄(形) huáng, 黄色的 huángsè de; 黄皮肤的 huáng pífū de: *the ~ races* 黄种人 huángzhǒngrén **II** *n* (1) 黄色(名) huángsè: *dressed in ~* 穿黄色的衣服 chuān huángsè de yīfu (2) 蛋黄(名) dànhuáng **III** *v* 变黄 biànhuáng, 发黄 fā huáng

yen[1] *n* 日元(名) rìyuán, 圆(名、量) yuán

yen[2] *n* 渴望(动) kěwàng, 热望(名) rèwàng; 瘾(名) yǐn

yes I *adv* (1) 是(动) shì, 是的 shì de; 对(形) duì; 好的 hǎo de, 不错(形) búcuò (2) 是吗 shì ma, 真的吗 zhēn de ma (3) 是不是 shì bu shì **II** *n* 是(动) shì, 行(动) xíng, 同意(动) tóngyì, 赞成(动) zànchéng

yesman *n* 唯唯诺诺的人 wéiwéinuònuò de rén, 唯命是从的人 wéimìngshìcóng de rén, 应声虫(名) yìngshēngchóng, 随声附和者 suíshēngfùhèzhě

yesterday I *n* 昨天(名) zuótiān: *people of ~* 过去的人 guòqù de rén/ *~ morning* (*afternoon, evening*) 昨天上午(下午, 晚上) zuótiān shàngwǔ (xiàwǔ, wǎnshang) **II** *adv* 昨天(名) zuótiān

yet[1] *adv* (1) (*in negative contexts*) 还(副) hái, 仍然(副) réngrán; 到目前为止 dào mùqián wéizhǐ; 到那时为止 dào nàshí wéizhǐ (2) (*in interrogative contexts*) 已经(副) yǐjīng, 已(副) yǐ; 到目前为止 dào mùqián wéizhǐ, 到那时为止 dào nàshí wéizhǐ (3) (*in affirmative sentences*) 再(副) zài, 又(副) yòu, 更(副) gèng // *as ~* 到此刻为止 dào cǐkè wéizhǐ, 至今 zhìjīn

yet[2] *conj* 而(连) ér; 然而(连) rán'ér, 但是(连) dànshì: *poor ~ honest* 贫穷但是诚实 pínqióng dànshì chéngshí

yield I *v* (1) 出产(动) chūchǎn; 长出 zhǎngchū; 结出 jiēchū; 产生(动) chǎnshēng (2) 提供(动) tígōng, 给与(动) jǐyǔ (3) 让步 ràngbù; 放弃(动) fàngqì; 服从(动) fúcóng; 屈服(动) qūfú, 投降(动) tóuxiáng: *~ to cyclists* 给骑自行车的人让路 gěi qí zìxíngchē de rén rànglù **II** *n* 产量(名) chǎnliàng, 收获量 shōuhuòliàng; 收益(名) shōuyì: *the ~ of a farm* 一个农场的收获量 yíge nóngchǎng de shōuhuòliàng/ *~ on investments* 投资的收益 tóuzī de shōuyì

yoga *n* 瑜珈(名) yújiā: *practise ~* 练瑜珈 liàn yújiā (做瑜珈操 zuò yújiācāo)

yoghurt *n* 酸奶(名) suānnǎi

yoke I *n* (1) 牛轭(名) niú'è; 轭状物(名) èzhuàngwù (2) 一对 yíduì, 一双 yìshuāng: *3 ~ of oxen* 三对同轭的牛 sānduì tóng è de niú (3) 束缚(名、动) shùfù; 羁绊(名) jībàn; 压迫(动) yāpò; 奴役(动) núyì; 统治(名、动) tǒngzhì; 支配(动) zhīpèi: *beneath the ~* 受束缚的 shòu shùfù de/ *under the ~ of tradition* 在传统的束缚之下 zài chuántǒng de shùfù zhī xià / *throw off the ~ of colonialism* 摆脱殖民主义的统治 bǎituō zhímínzhǔyì de tǒngzhì **II** *v* (1) 给...上轭 gěi...shàng è (2) 结合(动) jiéhé; 结成配偶 jiéchéng pèi'ǒu: *~ one to another* 把一个和另一个结合起来 bǎ yíge hé lìng yíge jiéhé qǐlái yokel *n* 庄稼汉 (名) zhuāngjiahàn, 乡巴佬 (名) xiāngbalǎo

yolk *n* 卵黄儿 (名) luǎnhuángr, 蛋黄儿 (名) dànhuángr

yonder **I** *adj* 那里的 nàli de, 那边的 nàbiān de; 远处的 yuǎnchù de: *on the* ~ *side* 在远处那一边 zài yuǎnchù nà yìbiān **II** *adv* 那边 (代) nàbiān; 在远处 zài yuǎnchù

you *pron* (1) 你 (代) nǐ, 您 (代) nín; 你们 (代) nǐmen (2) 一个人 yíge rén; 任何人 rènhé rén; 人们 (代) rénmen // ~ *never know* 难以预料 nányì yùliào

young **I** *adj* (1) 年轻 (形) niánqīng, 年青 (形) niánqīng; 年幼 (形) niányòu, 幼小 (形) yòuxiǎo: *a* ~ *man* 年轻人 niánqīng rén (小伙子 xiǎohuǒzi, 青年 qīngnián) / *a* ~ *minister* 年轻的部长 niánqīng de bùzhǎng / *the* ~ *er generation* 青年一代 qīngnián yídài / ~ *trees* 小树 xiǎoshù (幼树 yòushù, 树苗 shùmiáo) / ~ *birds* 雏鸟 chúniǎo / ~ *animals* 幼崽 yòuzǎi (幼畜 yòuchù) / *a* ~ *child* 幼童 yòutóng / ~ *babies* 幼儿 yòu'ér (2) 有青春活力的 yǒu qīngchūn huólì de, 朝气蓬勃的 zhāoqìpéngbó de, 像年轻人一样的 xiàng niánqīngrén yíyàng de: ~ *manner* 有朝气的样子 yǒu zhāoqì de yàngzi (3) 新鲜 (形) xīnxiān: ~ *vegetables* 新鲜蔬菜 xīnxiān shūcài (4) 初期的 chūqī de, 开始不久的 kāishǐ bùjiǔ de (5) 没有经验的 méiyǒu jīngyàn de, 不成熟的 bù chéngshú de **II** *n* (1) 青年 (名) qīngnián, 年轻人 (名) niánqīngrén: *books for the* ~ 青年读物 qīngnián dúwù (2) 崽 (名) zǎi, 雏 (名) chú // ~ *and old* 老老少少 lǎolǎoshàoshào, 不分老幼 bù fēn lǎoyòu / ~ *blood* 青年 qīngnián; 新鲜血液 xīnxiān xuèyè

youngster *n* 小伙子 (名) xiǎohuǒzi, 年轻人 niánqīngrén; 青少年 (名) qīngshàonián

your *pron* (1) 你的 nǐ de, 您的 nín de; 你们的 nǐmen de: ~ *country* 贵国 guìguó (你们国家 nǐmen guójiā) / *Y~ Excellency* 阁下 géxiàn (2) 一个人的 yíge rén de; 任何人的 rènhé rén de

yours *pron* (1) 你的 nǐ de, 您的 nín de; 你们的 nǐmen de (2) 你的家属 nǐ de jiāshǔ // ~ *truly* 你忠实的 nǐ zhōngshí de

yourself *pron* (1) 你自己 nǐ zìjǐ, 自个儿 (代) zìgěr, 您自己 nín zìjǐ: *teach* ~ *books* 自学课本 zìxué kèběn (2) 你本人 nǐ běnrén, 你亲自 nǐ qīnzì, 你自己 nǐ zìjǐ // *by* ~ 你一个人 nǐ yíge rén, 你独自 nǐ dúzì, 全靠你自己 quán kào nǐ zìjǐ

youth *n* (1) 青春 (名) qīngchūn; 青年时期 qīngnián shíqī: *waste one's* ~ 虚度青春 xūdù qīngchūn (2) 青年们 qīngniánmen: *a group of* ~*s* 一群青年人 yìqún qīngniánrén (3) 男青年 nánqīngnián: *a* ~ *of 20* 一个二十岁的青年 yíge èrshísuì de qīngnián / *an immature* ~ 不成熟的青年 bù chéngshú de qīngnián

youthful *adj* (1) 年轻 (形) niánqīng: ~ *ambitions* 年轻人的雄心壮志 niánqīngrén de xióngxīnzhuàngzhì (2) 充满活力的 chōngmǎn huólì de, 有朝气的 yǒu zhāoqì de, 精神抖擞的人 jīngshén dǒusǒu de rén: *a* ~ *old gentleman* 一位充满青春活力的老先生 yíwèi chōngmǎn qīngchūn huólì de lǎo xiānsheng

yuan *n* 元 (量) yuán: *100* ~ 一百元人民币 yìbǎiyuán rénmínbì

yurt *n* 圆顶帐篷 yuándǐng zhàngpeng

Z

zany *adj* 愚蠢可笑的 yúchǔn kěxiào de, 荒唐可笑 huāngtáng kěxiào

zeal *n* 热心（形）rèxīn, 热情（名）rèqíng, 热忱（名）rèchén: *a man of ~* 热心人 rèxīn rén

zealous *adj* 热心（形）rèxīn, 热情（形）rèqíng; 积极（形）jījí: *~ for fame and wealth* 热衷于名利 rèzhōngyú mínglì

zebra *n* 斑马（名）bānmǎ: *a ~ crossing* 人行横道 rénxínghéngdào

zenith *n* （1）天顶 tiāndǐng（2）最高点 zuìgāodiǎn, 顶点（名）dǐngdiǎn, 顶峰（名）dǐngfēng

zero *n* （1）零（0）（数）líng, 零数 língshù; 零分 língfēn: *~ position* 零位 língwèi/ *Room 402* 四零二号 房间 sìlíng'èrhào fángjiān（2）零度（名）língdù: *above ~* 零上 língshàng（3）无（动）wú, 没有 méiyǒu; 最低点 zuìdīdiǎn // *~ hour* 零时 língshí; 行动时刻 xíngdòng shíkè

zest *n* （1）情趣（名）qíngqù, 兴味（名）xìngwèi（2）热情（名、形）rèqíng, 激情（名）jīqíng: *youthful ~* 青年人的热情 qīngniánrén de rèqíng

zigzag **I** *n* （1）"之"字形 "zhī" zìxíng, "Z"字形 "Z" zìxíng; 锯齿形 jùchǐxíng: *a ~ line* "之"字形线 "zhī" zìxíng xiàn/ *walk in ~s* 走 "之"字 zǒu "zhī" zì（2） "之"字形的线条 "zhī" zìxíng de xiàntiáo, 曲折的路 qūzhé de lù **II** *adj* 蜿蜒曲折 wānyán qūzhé, 弯弯曲曲 wānwānqūqū; 盘旋的 pánxuán de: *a ~ path* 蜿蜒曲折的小道 wānyán qūzhé de xiǎodào **III** *adv* （1）蜿蜒曲折地 wānyán qūzhé de, 弯弯曲曲地 wānwānqūqū de; 盘旋地 pánxuán de: *a path that runs ~ up a hill* 一条盘山小路 yìtiáo pánshān xiǎolù（2）成 "之"字 形地 chéng "zhī" zìxíng de; 成锯齿形地 chéng jùchǐxíng de **IV** *v* 成 "之"字形 chéng "zhī" zìxíng; 成锯齿形 chéng jùchǐxíng; 蜿蜒曲折 wānyán qūzhé, 盘旋（动）pánxuán; 弯弯曲曲地走 wānwānqūqū de zǒu

zinc *n* 锌（名）xīn

zip **I** *n* 拉锁儿（名）lāsuǒr, 拉链（名）lāliànr: *a ~ fastener* 一付拉锁儿 yífù lāsuǒr **II** *v* 拉拉锁儿 lālāsuǒr: *~ a bag open* 把袋子的拉锁儿拉开 bǎ dàizi de lāsuǒr lākāi // *~ code* 邮政编码 yóuzhèng biānmǎ, 邮政分区号码 yóuzhèng fēnqū hàomǎ

zipper *n* 拉锁儿（名）lāsuǒr, 拉链儿（名）lāliànr

zone **I** *n* （1）地带（名）dìdài: *frigid (temperate, torrid) ~* 寒（温、热）带 hán（wēn, rè）dài/ *a buffer ~* 缓冲地带 huǎnchōng dìdài（2）地区（名）dìqū: *a business ~* 商业区 shāngyèqū/ *a cotton ~* 产棉区 chǎnmiánqū/ *a nuclear-free ~* 无核区 wúhéqū/ *a demilitarized ~* 非军事区 fēijūnshìqū/ *a residential ~* 住宅区域 zhùzhái qūyù/ *a war ~* 战区 zhànqū/ *~ time* 地方时间 dìfāng shíjiān **II** *v* 分区（动）fēnqū, 划分（动）huàfēn

zoo *n* 动物园（名）dòngwùyuán

zoological *adj* 动物学的 dòngwùxué de: *a ~ garden* 动物园 dòngwùyuán

zoologist *n* 动物学家（名）dòngwùxuéjiā

zoology *n* 动物学（名）dòngwùxué

zoom **I** *n* 嗡嗡声 wēngwēngshēng **II** *v* （1）迅速飞起 xùnsù fēiqǐ（2）发出嗡嗡声 fāchū wēngwēngshēng（3）用变焦镜头拍照 yòng biànjiāo jìngtóu pāizhào // *~ lens* 变焦镜头 biàn jiāo jìngtóu

中华人民共和国
省、自治区、特别行政区、直辖市名称
Provinces, Autonomous Regions, Special
Administrative Region and Municipalities Directly Under
the Central Government

二十三个省及其简称、省会
Twenty-Three Provinces and
Provincial Capitals

全称 Name	简称 Abbreviation	省会 Capital
1. 黑龙江 Hēilóngjiāng	黑 Hēi	哈尔滨 Hā'ěrbīn
2. 吉 林 Jílín	吉 Jí	长 春 Chángchūn
3. 辽 宁 Liáoníng	辽 Liáo	沈 阳 Shěnyáng
4. 河 北 Héběi	冀 Jì	石家庄 Shíjiāzhuāng
5. 河 南 Hénán	豫 Yù	郑 州 Zhèngzhōu
6. 山 东 Shāndōng	鲁 Lǔ	济 南 Jǐnán
7. 山 西 Shānxī	晋 Jìn	太 原 Tàiyuán
8. 陕 西 Shǎnxī	陕 Shǎn	西 安 Xī'ān
9. 甘 肃 Gānsù	甘 Gān	兰 州 Lánzhōu
10. 青 海 Qīnghǎi	青 Qīng	西 宁 Xīníng
11. 四 川 Sìchuān	川 Chuān 蜀 Shǔ	成 都 Chéngdū
12. 江 苏 Jiāngsū	苏 Sū	南 京 Nánjīng
13. 浙 江 Zhèjiāng	浙 Zhè	杭 州 Hángzhōu
14. 安 徽 Ānhuī	皖 Wǎn	合 肥 Héféi
15. 湖 北 Húběi	鄂 È	武 汉 Wǔhàn
16. 湖 南 Húnán	湘 Xiāng	长 沙 Chángshā
17. 江 西 Jiāngxī	赣 Gàn	南 昌 Nánchāng
18. 福 建 Fújiàn	闽 Mǐn	福 州 Fúzhōu
19. 广 东 Guǎngdōng	粤 Yuè	广 州 Guǎngzhōu
20. 贵 州 Guìzhōu	黔 Qián 贵 Guì	贵 阳 Guìyáng
21. 云 南 Yúnnán	滇 Diān 云 Yún	昆 明 Kūnmíng
22. 台 湾 Táiwān	台 Tái	台 北 Táiběi
23. 海 南 Hǎinán	海 Hǎi	海 口 Hǎikǒu

五个自治区及首府
Five Autonomous Regions and Their Capitals

全　称 Name	简　称 Abbreviation	首　府 Capital
1. 内蒙古自治区 Nèiměnggǔ Zìzhìqū	蒙 Měng	呼和浩特 Hūhéhàotè
2. 宁夏回族自治区 Níngxià Huízú Zìzhìqū	宁 Níng	银　川 Yínchuān
3. 新疆维吾尔自治区 Xīnjiāng Wéiwú'ěr Zìzhìqū	新 Xīn	乌鲁木齐 Wūlǔmùqí
4. 西藏自治区 Xīzàng Zìzhìqū	藏 Zàng	拉　萨 Lāsà
5. 广西壮族自治区 Guǎngxī Zhuàngzú Zìzhìqū	桂 Guì	南　宁 Nánníng

特别行政区
A Special Administrative Region

全称 Name	简称 Abbreviation
香港特别行政区 Xiānggǎng Tèbié Xíngzhèngqū	港 Gǎng

直辖市及其简称
Municipalities Directly Under
the Central Government

全称 Name	简称 Abbreviation
1. 北京市 Běijīng Shì	京 Jīng
2. 天津市 Tiānjīn Shì	津 Jīn
3. 上海市 Shànghǎi Shì	沪 Hù
4. 重庆市 Chóngqìng Shì	渝 Yú

百家姓
Chinese Surnames

单 姓
Single-Character Surnames

A

ài	ān	áo
艾	安	敖

B

bā	bái	bǎi	bān	bāo	bào	bào	bèi	bēn	bì	biān	biàn	bié	bǐng	bó
巴	白	柏	班	包	鲍	暴	贝	贲	毕	边	卞	别	邴	薄

bǔ	bù
卜	步

C

cài	cāng	cáo	cén	chái	chāng	cháng	cháo	cháo	chē	chén	chéng
蔡	苍	曹	岑	柴	昌	常	晁	巢	车	陈	程

chéng	chí	chōng	chǔ	chǔ	cóng	cóng	cuī
成	池	充	储	褚	从	丛	崔

D

dài	dǎng	dèng	dí	diāo	dīng	dōng	dǒng	dòu	dū	dǔ	dù	duàn
戴	党	邓	狄	刁	丁	东	董	窦	都	堵	杜	段

E

è
鄂

F

fán	fàn	fāng	fáng	fèi	fēng	fēng	fēng	féng	fèng	fú	fú	fú	fù
樊	范	方	房	费	丰	封	酆	冯	凤	伏	扶	符	富

fù
傅

G

gān	gàn	gāo	gào	gē	gě	gě	gěng	gōng	gōng	gōng	gōng	gǒng	gòng
甘	干	高	郜	戈	盖	葛	耿	弓	宫	公	龚	巩	贡

gōu	gǔ	gǔ	gù	guān	guǎn	guǎng	guì	guó
勾	古	谷	顾	关	管	广	桂	国

H

hán	háng	hǎo	hé	hé	hè	héng	hóng	hóng	hóng	hóu	hòu	hú	hù
韩	杭	郝	何	和	贺	衡	红	弘	洪	侯	后	胡	扈

huā huá huà huái huán huàn huì huò
花 滑 华 怀 桓 宦 惠 霍

J

jī jī jí jí jí jì jì jì jì jì jì jiā jiá jiǎ jiǎn jiāng
稽 姬 汲 吉 籍 计 纪 季 蓟 冀 暨 家 郏 贾 简 姜
jiāng jiǎng jiāo jīn jìn jīngjīng jǐng jīng jū jū
江 蒋 焦 金 靳 经 荆 井 景 居 鞠

K

kǎn kāng kē kōng kǒng kòu kuǎi kuāng kuíkuí
阚 康 柯 空 孔 寇 蒯 匡 隗夔

L

lài lán láng láo léi lěng lí lǐ lì lì lì lián lián liáng liào
赖 蓝 郎 劳 雷 冷 黎 李 利 厉 郦 廉 连 梁 廖
lín lìn líng liú liǔ lónglóng lóu lú lù lù lù lù lǔ luán
林 蔺 凌 刘 柳 龙 隆 娄 卢 鲁 陆 路 逯 禄 吕 栾
luó luò
罗 骆

M

má mǎ mǎn máo máo méi méng mèng mí mǐ mì miáo miào
麻 马 满 毛 茅 梅 蒙 孟 糜 米 宓 苗 缪
mǐn míng mò mù mù
闵 明 莫 牧 慕

N

nā nài ní niè niè nìng niú niǔ nóng
那 佴 倪 乜 聂 宁 牛 钮 农

O

ōu
欧

P

pān páng páng péi péng péng pí píng pú pú pǔ
潘 庞 逄 裴 彭 蓬 皮 平 蒲 濮 浦

Q

qī qí qí qián qiáng qiáo qín qiū qiū qiú qiú qū qū qū qū
戚 齐 祁 钱 强 乔 秦 邱 秋 仇 裘 瞿 璩 麹 屈
quán quán quē
权 全 阙

R

rǎn	ráo	rén	róng	róng	róng	róng	rú	ruǎn	ruì
冉	饶	任	荣	容	融	戎	茹	阮	芮

S

sāng	shā	shān	shàn	shàng	sháo	shào	shè	shēn	shēn	shěn	shèn
桑	沙	山	单	尚	韶	邵	厍	申	莘	沈	慎

shèng	shī	shī	shí	shí	shǐ	shòu	shū	shū	shù	shuāng	shuǐ	sī	sōng
盛	师	施	石	时	史	寿	殳	舒	束	双	水	司	松

sòng	sū	sù	sūn	suǒ
宋	苏	宿	孙	索

T

tái	tán	tán	tāng	táng	táo	téng	tián	tōng	tóng	tóng	tǒu	tú
邰	谈	谭	汤	唐	陶	滕	田	通	童	佟	钭	屠

W

wàn	wāng	wáng	wēi	wéi	wèi	wèi	wèi	wēn	wén	wén	wēng	wò
万	汪	王	危	韦	卫	魏	蔚	温	闻	文	翁	沃

wū	wū	wū	wú	wú	wǔ	wǔ
邬	乌	巫	吴	毋	伍	武

X

xī	xī	xí	xí	xì	xià	xián	xiāng	xiàng	xiàng	xiāo	xiè	xiè	xīn	xíng
郗	奚	席	习	郤	夏	咸	相	向	项	肖	谢	解	辛	邢

xìng	xióng	xū	xū	xú	xǔ	xuān	xuē	xún
幸	熊	须	胥	徐	许	宣	薛	荀

Y

yān	yán	yán	yán	yàn	yáng	yáng	yǎng	yǎng	yáo	yè	yī	yì	yì
燕	颜	阎	严	晏	杨	羊	养	仰	姚	叶	伊	羿	易

yīn	yīn	yǐn	yìn	yīng	yōng	yóu	yóu	yū	yú	yú	yú	yú	yú	yǔ	yǔ
殷	阴	尹	印	应	雍	尤	游	於	余	鱼	于	俞	虞	禹	庾

yù	yù	yuán	yuán	yuán	yuè	yún
喻	郁	元	袁	原	乐	云

Z

zǎi	zǎn	zāng	zēng	zhā	zhái	zhǎn	zhàn	zhāng	zhāng	zhào	zhēn	zhèng
宰	昝	臧	曾	查	翟	詹	湛	张	章	赵	甄	郑

zhī	zhōng	zhōng	zhòng	zhōu	zhū	zhū	zhú	zhù	zhuāng	zhuō	zī	zōng
支	终	钟	仲	周	朱	诸	竺	祝	庄	卓	訾	宗

zōu	zǔ	zuǒ
邹	祖	左

复 姓
Double-Character Surnames

C

chányú　chúnyú
单于　　淳于

D

dōngfāng
东方

G

gōngsūn　gōngyáng　gōngyě
公孙　　公羊　　公冶

H

hèlián　huángfǔ
赫连　　皇甫

L

lìnghú
令狐

M

mòqí　mùróng
万俟　慕容

O

ōuyáng
欧阳

P

pǔyáng
濮阳

S

shàngguān　shēntú　sīkōng　sīmǎ　sītú
上官　　　申屠　　司空　　司马　司徒

T

tàishū　tántái
太叔　　澹台

W

wénrén
闻人

X

xiàhóu xuānyuán
夏侯 轩辕

Y

yǔwén yùchí
宇文 尉迟

Z

zhǎngsūn zhōnglí zhòngsūn zhūgě zōngzhèng
长孙 钟离 仲孙 诸葛 宗政

中国亲属关系简表
Table of Family Relationships

名 称 Name of Relationship	性别 Sex	亲属的关系 Relationship	称 呼 Form of Address
祖 父 zǔfù	男	父亲的父亲 father's father	爷爷 yéye
祖 母 zǔmǔ	女	父亲的母亲 father's mother	奶奶 nǎinai
外祖父 wàizǔfù	男	母亲的父亲 mother's father	外公；老爷 wàigōng; lǎoye
外祖母 wàizǔmǔ	女	母亲的母亲 mother's mother	外婆；姥姥 wàipó; lǎolao
父 亲 fùqin	男	father	爸爸；爹 bàba; diē
母 亲 mǔqin	女	mother	妈妈；娘 māma; niáng
公 公 gōnggong	男	丈夫的父亲 husband's father	爸爸；爹 bàba; diē
婆 婆 pópo	女	丈夫的母亲 husband's mother	妈妈；娘 māma; niáng
岳 父 yuèfù 老丈人 lǎozhàngren	男	妻子的父亲 wife's father	爸爸；爹 bàba; diē
岳 母 yuèmǔ 丈母娘 zhàngmǔniáng	男	妻子的母亲 wife's mother	妈妈；娘 māma; niáng
伯 父 bófù	男	父亲的哥哥 father's elder brother	伯伯；大爷 bóbo; dàye
伯 母 bómǔ	女	伯父的妻子；父亲的嫂嫂 wife of father's elder brother	大娘；大妈 dàniáng; dàmā
叔 父 shūfù	男	父亲的弟弟 father's younger brother	叔叔 shūshu
婶 母 shěnmǔ	女	叔父的妻子 wife of father's younger brother	婶婶； shěnshen； 婶娘； shěnniáng； 婶子；婶儿 shěnzi; shěnr
姑 母 gūmǔ	女	父亲的姐姐或妹妹 father's sister	姑姑；姑妈 gūgu; gūmā

名　称 Name of Relationship	性别 Sex	亲属的关系 Relationship	称　呼 Form of Address
姑　父 gūfu	男	姑母的丈夫 husband of father's sister	姑父 gūfu
舅　父 jiùfù	男	母亲的哥哥或弟弟 mother's brother	舅舅 jiùjiu
舅　母 jiùmu	女	舅父的妻子 wife of mother's brother	舅母；舅妈 jiùmu；jiùmā
姨　母 yímǔ	女	母亲的姐姐或妹妹 mother's sister	姨妈；姨 yímā；yí
姨　父 yífu	男	姨母的丈夫 husband of mother's sister	姨父 yífu
妻　子 qīzi 爱　人 àirén 媳妇儿 xífur	女	wife	
丈　夫 zhàngfu 爱　人 àirén	男	husband	
亲　家 qìngjia	男	儿子的岳父或女儿的公公 son's or daughter's father-in-law	亲家 qìngjia
亲家母 qìngjiamǔ	女	儿子的岳母或女儿的婆婆 son's or daughter's mother-in-law	亲家 qìngjia
兄 xiōng	男	elder brother	哥哥 gēge
嫂 sǎo	女	哥哥的妻子 elder brother's wife	嫂子；嫂嫂 sǎozi；sǎosao
弟 dì	男	younger brother	弟弟 dìdi
弟　妹 dìmèi 弟媳妇 dìxifu	女	弟弟的妻子 younger brother's wife	弟妹 dìmèi
姐 jiě	女	elder sister	姐姐 jiějie
姐　夫 jiěfu	男	姐姐的丈夫 elder sister's husband	姐夫 jiěfu

名 称 Name of Relationship	性别 Sex	亲属的关系 Relationship	称 呼 Form of Address
妹 mèi	女	younger sister	妹妹 mèimei
妹 夫 mèifu	男	妹妹的丈夫 younger sister's husband	妹夫 mèifu
舅表姐 jiùbiǎojiě	女	舅父的女儿(比自己年龄大的) daughter of 舅父 (older than one-self)	表姐 biǎojiě
舅表姐夫 jiùbiǎojiěfu	男	舅表姐的丈夫 husband of 舅表姐	表姐夫 biǎojiěfu
舅表妹 jiùbiǎomèi	女	舅父的女儿(比自己年龄小的) daughter of 舅父 (younger than oneself)	表妹 biǎomèi
舅表妹夫 jiùbiǎomèifu	男	舅表妹的丈夫 husband of 舅表妹	表妹夫 biǎomèifu
姨表兄 yíbiǎoxiōng	男	姨母的儿子(比自己年龄大的) son of 姨母 (older than oneself)	表哥 biǎogē
姨表嫂 yíbiǎosǎo	女	姨表兄的妻子 wife of 姨表兄	表嫂 biǎosǎo
姨表弟 yíbiǎodì	男	姨母的儿子(比自己年龄小的) son of 姨母 (younger than one-self)	表弟 biǎodì
姨表弟妹 yíbiǎodìmèi	女	姨表弟的妻子 wife of 姨表弟	表弟妹 biǎodìmèi
姨表姐 yíbiǎojiě	女	姨母的女儿(比自己年龄大的) daughter of 姨母 (older than one-self)	表姐 biǎojiě
姨表姐夫 yíbiǎojiěfu	男	姨表姐的丈夫 husband of 姨表姐	表姐夫 biǎojiěfu
姨表妹 yíbiǎomèi	女	姨母的女儿(比自己年龄小的) daughter of 姨母 (younger than oneself)	表妹 biǎomèi
姨表妹夫 yíbiǎomèifu	男	姨表妹的丈夫 husband of 姨表妹	表妹夫 biǎomèifu
内 兄 nèixiōng 大舅子 dàjiùzi	男	妻子的哥哥 wife's elder brother	哥哥 gēge
内 嫂 nèisǎo	女	内兄的妻子 wife of 内兄	嫂嫂; 嫂子 sǎosao; sǎozi
内 弟 nèidì 小舅子 xiǎojiùzi	男	妻子的弟弟 wife's younger brother	弟弟 dìdi

名 称 Name of Relationship	性别 Sex	亲属的关系 Relationship	称 呼 Form of Address
内弟妹 nèidìmèi	女	内弟的妻子 wife of 内弟	弟妹 dìmèi
大姨子 dàyízi	女	妻子的姐姐 wife's elder sister	姐姐 jiějie
襟 兄 jīnxiōng	男	大姨子的丈夫 husband of 大姨子	姐夫 jiěfu
小姨子 xiǎoyízi	女	妻子的妹妹 wife's younger sister	妹妹 mèimei
襟 弟 jīndì	男	小姨子的丈夫 husband of 小姨子	妹夫 mèifu
儿 子 érzi	男	son	
儿媳妇儿 érxífur	女	儿子的妻子 son's wife	
堂 兄 tángxiōng 叔伯哥哥 shūbai gēge	男	伯父或叔父的儿子(比自己年龄大的) son of 伯父 or 叔父 (older than oneself)	哥哥 gēge
堂 嫂 tángsǎo	女	堂兄的妻子 wife of 堂兄	嫂嫂; 嫂子 sǎosao; sǎozi
堂 弟 tángdì 叔伯兄弟 shūbai xiōngdì	男	伯父或叔父的儿子(比自己年龄小的) son of 伯父 or 叔父 (younger than oneself)	弟弟 dìdi
堂弟妹 tángdìmèi	女	堂弟的妻子 wife of 堂弟	弟妹 dìmèi
堂 姐 tángjiě	女	伯父或叔父的女儿(比自己年龄大的) daughter of 伯父 or 叔父 (older than oneself)	姐姐 jiějie
堂姐夫 tángjiěfu	男	堂姐的丈夫 husband of 堂姐	姐夫 jiěfu
堂 妹 tángmèi	女	伯父或叔父的女儿(比自己年龄小的) daughter of 伯父 or 叔父 (younger than oneself)	妹妹 mèimei
堂妹夫 tángmèifu	男	堂妹的丈夫 husband of 堂妹	妹夫 mèifu
姑表兄 gūbiǎoxiōng	男	姑母的儿子(比自己年龄大的) son of 姑母 (older than oneself)	表哥 biǎogē

名 称 Name of Relationship	性别 Sex	亲属的关系 Relationship	称 呼 Form of Address
姑表嫂 gūbiǎosǎo	女	姑表兄的妻子 wife of 姑表兄	表嫂 biǎosǎo
姑表弟 gūbiǎodì	男	姑母的儿子（比自己年龄小的） son of 姑母（younger than oneself)	表弟 biǎodì
姑表弟妹 gūbiǎodìmèi	女	姑表弟的妻子 wife of 姑表弟	表弟妹 biǎodìmèi
姑表姐 gūbiǎojiě	女	姑母的女儿（比自己年龄大的） daughter of 姑母（older than oneself)	表姐 biǎojiě
姑表姐夫 gūbiǎojiěfu	男	姑表姐的丈夫 husband of 姑表姐	表姐夫 biǎojiěfu
姑表妹 gūbiǎomèi	女	姑母的女儿（比自己年龄小的） daughter of 姑母（younger than oneself)	表妹 biǎomèi
姑表妹夫 gūbiǎomèifu	男	姑表妹的丈夫 husband of 姑表妹	表妹夫 biǎomèifu
舅表兄 jiùbiǎoxiōng	男	舅父的儿子（比自己年龄大的） son of 舅父（older than oneself)	表哥 biǎogē
舅表嫂 jiùbiǎosǎo	女	舅表兄的妻子 wife of 舅表兄	表嫂 biǎosǎo
舅表弟 jiùbiǎodì	男	舅父的儿子（比自己年龄小的） son of 舅父（younger than oneself)	表弟 biǎodì
舅表弟妹 jiùbiǎodìmèi	女	舅表弟的妻子 wife of 舅表弟	表弟妹 biǎodìmèi
舅表姐 jiùbiǎojiě	女	舅父的女儿（比自己年龄大的） daughter of 舅父（older than oneself)	表姐 biǎojiě
女 儿 nǚ'er 闺 女 guīnǚ 姑 娘 gūniang	女	daughter	
女 婿 nǚxu 姑 爷 gūye	男	女儿的丈夫 daughter's husband	
侄 儿 zhír 侄 子 zhízi	男	哥哥或弟弟的儿子 brother's son	
侄媳妇儿 zhíxífur	女	侄儿的妻子 wife of 侄儿	
侄女儿 zhínǚr	女	哥哥或弟弟的女儿 brother's daughter	

名 称 Name of Relationship	性别 Sex	亲属的关系 Relationship	称 呼 Form of Address
侄女婿 zhínǚxu	男	侄女儿的丈夫 husband of 侄女儿	
外 甥 wàisheng	男	姐姐或妹妹的儿子 sister's son	
外甥媳妇儿 wàishengxífur	女	外甥的妻子 wife of 外甥	
外甥女儿 wàishengnǚr	女	姐姐或妹妹的女儿 sister's daughter	
外甥女婿 wàishengnǚxu	男	外甥女儿的丈夫 husband of 外甥女儿	
内 侄 nèizhí	男	内兄或内弟的儿子 son of 内兄 or 内弟	
内侄女儿 nèizhínǚr	女	内兄或内弟的女儿 daughter of 内兄 or 内弟	
孙 子 sūnzi	男	儿子的儿子 son's son	
孙媳妇儿 sūnxífur	女	孙子的妻子 wife of 孙子	
孙女儿 sūnnǚr	女	儿子的女儿 son's daughter	
孙女婿 sūnnǚxu	男	孙女儿的丈夫 husband of 孙女儿	
外孙子 wàisūnzi	男	女儿的儿子 daughter's son	
外孙媳妇儿 wàisūnxífur	女	外孙子的妻子 wife of 外孙子	
外孙女儿 wàisūnnǚr	女	女儿的女儿 daughter's daughter	
外孙女婿 wàisūnnǚxu	男	外孙女儿的丈夫 husband of 外孙女儿	

注：①本表"名称"栏内的名称，只用于书面或间接称呼，一般不作口头直接称呼。
②本表"称呼"栏内的名称，用于口头直接称呼，也可用于书面或间接称呼。对
自己的晚辈或同辈但比自己小的人，一般多直呼其名。

Notes:
  ① The forms listed in the "Relationship" column are used in the written language or if the person in question is referred to indirectly, but not if the person is directly addressed.
  ② The terms listed in the "Form of Address" column are used both in writing and in direct and referential speech. For people of the same generation but younger than oneself or younger generations, personal names are usually used as forms of address.

常用量词表
Commonly-Used Measure Words

名量词 Nominal Measure Word	名 词 例 示 Example(s)			
把 bǎ	刀 dāo	骨头 gútou	胡琴 húqin	花儿 huār
	火 huǒ	剪子 jiǎnzi	筷子 kuàizi	力气 lìqi
	米 mǐ	伞 sǎn	扇子 shànzi	手儿 shǒur
	刷子 shuāzi	铁锨 tiěxiān	香蕉 xiāngjiāo	椅子 yǐzi
班 bān	船 chuán	火车 huǒchē	学生 xuésheng	战士 zhànshì
瓣儿 bànr	花儿 huār	橘子 júzi	蒜 suàn	
帮 bāng	人 rén	土匪 tǔfěi		
包 bāo	点心 diǎnxin	糖 táng	香 烟 xiāngyān	衣服 yīfu
	药 yào			
抱 bào	草 cǎo	柴 chái		
本 běn	日记 rìjì	书 shū	小 说 xiǎoshuō	杂志 zázhì
	帐 zhàng			
笔 bǐ	交易 jiāoyì	开支 kāizhī		
拨儿 bōr	人 rén			
部 bù	电 影 diànyǐng	作品 zuòpǐn		
餐 cān	饭 fàn			
册 cè	地图 dìtú	教科书 jiàokēshū		

名量词 Nominal Measure Word	名 词 例 示 Example(s)			
层 céng	冰 bīng	楼 lóu	皮 pí	
场 cháng	冰雹 bīngbáo	霜 shuāng	雨 yǔ	战斗 zhàndòu
场 chǎng	电影 diànyǐng	话剧 huàjù	球赛 qiúsài	戏 xì
重 chóng	理由 lǐyóu	山 shān		
出 chū	戏 xì			
串 chuàn	葡萄 pútao	眼泪 yǎnlèi	钥匙 yàoshi	珍珠 zhēnzhū
床 chuáng	被 bèi	被单 bèidān	毯子 tǎnzi	
簇 cù	花 huā			
撮 cuō	坏人 huàirén	土 tǔ	芝麻 zhīma	
打 dá	毛巾 máojīn	乒乓球 pīngpāngqiú	铅笔 qiānbǐ	袜子 wàzi
沓 dá	纸 zhǐ			
代 dài	人 rén			
袋 dài	烟 yān			
担 dàn	粮食 liángshi	水 shuǐ		
刀 dāo	纸 zhǐ			
道 dào	堤 dī	工序 gōngxù	关口 guānkǒu	光 guāng
	河 hé	篱笆 líba	眉 méi	命令 mìnglìng
	墙 qiáng	闪电 shǎndiàn	题 tí	闸门 zhámén

名量词 Nominal Measure Word	名 词 例 示 Example(s)			
磴 dèng	楼梯 lóutī	石阶 shíjiē		
滴 dī	汗 hàn	水 shuǐ	血 xuě	眼泪 yǎnlèi
	药水 yàoshuǐ	油 yóu		
点 diǎn	建议 jiànyì	认识 rènshi	要求 yāoqiú	意见 yìjiàn
点儿 diǎnr	东西 dōngxi	事情 shìqing	知识 zhīshi	
顶 dǐng	轿子 jiàozi	帽子 màozi	蚊帐 wénzhàng	
锭 dìng	金子 jīnzi	墨 mò	元宝 yuánbǎo	
栋 dòng	房屋 fángwū	楼 lóu		
堵 dǔ	墙 qiáng			
度 dù	电 diàn	弧 hú	角儿 jiǎor	经度 jīngdù
	纬度 wěidù	温度 wēndù		
段 duàn	电线 diànxiàn	管子 guǎnzi	话 huà	历史 lìshǐ
	路 lù	木头 mùtou	绳子 shéngzi	时间 shíjiān
	铁路 tiělù	相声 xiàngsheng	乐曲 yuèqǔ	
堆 duī	材料 cáiliào	柴 chái	煤 méi	
队 duì	士兵 shìbīng	学生 xuésheng		
对 duì	电池 diànchí	飞鸟 fēiniǎo	夫妇 fūfù	花瓶 huāpíng
	枕头 zhěntou			
朵 duǒ	花儿 huār	云彩 yúncai		

名量词 Nominal Measure Word	名 词 例 示 Example(s)			
发 fā	炮弹 pàodàn	子弹 zǐdàn		
番 fān	话 huà	心意 xīnyì		
方 fāng	石碑 shíbēi	图章 túzhāng	砚台 yàntai	
分 fēn	成绩 chéngjì	利息 lìxi	钱 qián	
份 fèn	报纸 bàozhǐ	礼物 lǐwù		
封 fēng	信 xìn			
峰 fēng	骆驼 luòtuo			
幅 fú	标语 biāoyǔ	布 bù	场面 chǎngmiàn	挂图 guàtú
	画儿 huàr	景象 jǐngxiàng		
副 fù	对联 duìlián	棋 qí	嗓子 sǎngzi	神气 shénqi
	手套 shǒutào	笑容 xiàoróng	眼镜 yǎnjìng	中药 zhōngyào
杆 gǎn	秤 chèng	旗子 qízi	枪 qiāng	
个 gè	村子 cūnzi	单位 dānwèi	凳子 dèngzi	故事 gùshi
	国家 guójiā	汉字 Hànzì	阶级 jiējí	剧本 jùběn
	人 rén	问题 wèntí	西瓜 xīguā	月 yuè
根 gēn	带子 dàizi	火柴 huǒchái	神经 shénjīng	头发 tóufa
	弦 xián	簪子 zānzi	针 zhēn	竹竿 zhúgān
	柱子 zhùzi			
股 gǔ	道 dào	敌军 díjūn	劲头儿 jìntóur	暖流 nuǎnliú

名量词 Nominal Measure Word	名 词 例 示 Example(s)			
	气味 qìwèi	热情 rèqíng	势力 shìlì	
挂 guà	鞭炮 biānpào	珠子 zhūzi		
行 háng	大树 dàshù	飞雁 fēiyàn	诗 shī	眼泪 yǎnlèi
	字 zì			
号 hào	人 rén			
户 hù	人家 rénjiā			
回 huí	事情 shìqing	小说 xiǎoshuō		
伙 huǒ	暴徒 bàotú			
级 jí	台阶 táijiē			
剂 jì	药 yào			
家 jiā	工厂 gōngchǎng	旅馆 lǚguǎn	商店 shāngdiàn	住户 zhùhù
架 jià	飞机 fēijī	机器 jīqì	藤萝 téngluó	
间 jiān	办公室 bàngōngshì	屋子 wūzi		
件 jiàn	家具 jiāju	商品 shāngpǐn	事 shì	武器 wǔqì
	行李 xíngli	衣服 yīfu		
角 jiǎo	钱 qián	月饼 yuèbing		
节 jié	车厢 chēxiāng	电池 diànchí	甘蔗 gānzhe	骨头 gútou
	课 kè	藕 ǒu	竹子 zhúzi	
截 jié	木头 mùtou	铅笔 qiānbǐ		

名量词 Nominal Measure Word	名词例示 Example(s)			
句 jù	话 huà	台词 táicí		
具 jù	棺材 guāncai	尸体 shītǐ		
卷 juǎn	画儿 huàr	铺盖 pūgài	纸 zhǐ	
卷 juàn	书 shū			
棵 kē	菜 cài	草 cǎo	葱 cōng	树 shù
颗 kē	钉子 dìngzi	豆子 dòuzi	汗珠 hànzhū	花生米 huāshēngmǐ
	露珠 lùzhū	明珠 míngzhū	葡萄 pútao	心 xīn
	星 xīng	种子 zhǒngzi	子弹 zǐdàn	
课 kè	课文 kèwén			
口 kǒu	宝剑 bǎojiàn	棺材 guāncai	锅 guō	井 jǐng
	人 rén	箱子 xiāngzi	猪 zhū	
块 kuài	冰 bīng	玻璃 bōli	点心 diǎnxin	豆腐 dòufu
	肥皂 féizào	黑板 hēibǎn	墨 mò	皮 pí
	肉 ròu	伤疤 shāngbā	石头 shítou	手表 shǒubiǎo
	手绢 shǒujuàn	台布 táibù	糖 táng	头巾 tóujīn
	西瓜 xīguā	砖 zhuān		
捆 kǔn	柴 chái	稻草 dàocǎo		
类 lèi	人 rén	事 shì	问题 wèntí	物品 wùpǐn
粒 lì	粮食 liángshi	米 mǐ	沙子 shāzi	种子 zhǒngzi

名量词 Nominal Measure Word	名　词　例　示 Example(s)			
	子弹 zǐdàn			
辆 liàng	车 chē	坦克 tǎnkè		
列 liè	火车 huǒchē			
绺 liǔ	胡子 húzi	头发 tóufa	线 xiàn	
缕 lǚ	麻 má	烟 yān		
轮 lún	红日 hóngrì	明月 míngyuè		
摞 luò	本子 běnzi	碗 wǎn		
毛 máo	钱 qián			
枚 méi	钉子 dīngzi	纪念章 jìniànzhāng	硬币 yìngbì	邮票 yóupiào
门 mén	大炮 dàpào	技术 jìshù	课程 kèchéng	亲戚 qīnqi
面 miàn	鼓 gǔ	镜子 jìngzi	锣 luó	旗帜 qízhì
名 míng	工人 gōngrén	学生 xuésheng	医生 yīshēng	
幕 mù	话剧 huàjù	景象 jǐngxiàng		
排 pái	楼房 lóufáng	杨树 yángshù	战士 zhànshì	
派 pài	光景 guāngjǐng	形势 xíngshì		
盘 pán	磁带 cídài	磨 mò	棋 qí	香 xiāng
泡 pāo	尿 niào	屎 shǐ		
批 pī	货物 huòwù	军火 jūnhuǒ	人 rén	
匹 pǐ	布 bù	绸缎 chóuduàn	马 mǎ	

名量词 Nominal Measure Word	名 词 例 示 Example(s)			
篇 piān	报道 bàodào	小说 xiǎoshuō	通讯 tōngxùn	文章 wénzhāng
	游记 yóujì			
片 piàn	草地 cǎodì	面包 miànbāo	心意 xīnyì	雪花儿 xuěhuār
	叶子 yèzi	云 yún	庄稼 zhuāngjia	
撇 piě	胡子 húzi			
期 qī	画刊 huàkān	杂志 zázhì		
起 qǐ	案件 ànjiàn	事故 shìgù		
曲 qǔ	凯歌 kǎigē			
群 qún	人 rén	鸭子 yāzi	羊 yáng	
扇 shàn	窗户 chuānghù	门 mén	屏风 píngfēng	
身 shēn	衣服 yīfu	制服 zhìfú		
首 shǒu	词 cí	歌 gē	诗 shī	乐曲 yuèqǔ
束 shù	鲜花 xiānhuā	信件 xìnjiàn		
双 shuāng	肩膀 jiānbǎng	手 shǒu	鞋 xié	眼睛 yǎnjing
艘 sōu	军舰 jūnjiàn	轮船 lúnchuán		
岁 suì	口 kǒu			
所 suǒ	房子 fángzi	公寓 gōngyù	学校 xuéxiào	医院 yīyuàn
	住宅 zhùzhái			
胎 tāi	婴儿 yīng'ér			
台 tái	车床 chēchuáng	机器 jīqì	戏 xì	

名量词 Nominal Measure Word	名　词　例　示 Example(s)			
摊 tān	稀泥 xīní			
堂 táng	家具 jiājù	课 kè		
套 tào	服装 fúzhuāng	教材 jiàocái	沙发 shāfā	设备 shèbèi
	手法 shǒufǎ	制度 zhìdù		
挑 tiāo	柴 chái	青菜 qīngcài		
条 tiáo	板凳 bǎndèng	鞭子 biānzi	扁担 biǎndan	标语 biāoyǔ
	肠子 chángzi	虫子 chóngzi	船 chuán	床单 chuángdān
	带子 dàizi	胳臂 gēbei	河 hé	裤子 kùzi
	理由 lǐyóu	路 lù	毛巾 máojīn	牛 niú
	裙子 qúnzi	褥子 rùzi	嗓子 sǎngzi	蛇 shé
	神经 shénjīng	腿 tuǐ	围巾 wéijīn	尾巴 wěiba
	线 xiàn	消息 xiāoxi	心 xīn	性命 xìngmìng
贴 tiē	膏药 gāoyào			
头 tóu	大象 dàxiàng	驴 lú	牛 niú	
团 tuán	线 xiàn			
丸 wán	药 yào			
汪 wāng	水 shuǐ			
尾 wěi	鱼 yú			
位 wèi	客人 kèrén	学者 xuézhě		

名量词 Nominal Measure Word	名 词 例 示 Example(s)			
味 wèi	中药 zhōngyào			
窝 wō	蜜蜂 mìfēng	鸟 niǎo	兔子 tùzi	
席 xí	话 huà			
些 xiē	东西 dōngxi	好处 hǎochù	人 rén	事 shì
项 xiàng	工程 gōngchéng	工作 gōngzuò	任务 rènwù	
眼 yǎn	井 jǐng			
样儿 yàngr	工具 gōngjù	食品 shípǐn		
页 yè	笔记 bǐjì	历史 lìshǐ		
元 yuán	钱 qián			
员 yuán	大将 dàjiàng			
则 zé	消息 xiāoxi	新闻 xīnwén		
盏 zhǎn	灯 dēng			
张 zhāng	报 bào	表格 biǎogé	饼 bǐng	布告 bùgào
	唱片儿 chàngpiānr	钞票 chāopiào	床 chuáng	弓 gōng
	画儿 huàr	牌 pái	皮 pí	票 piào
	相片儿 xiàngpiānr	邮票 yóupiào	纸 zhǐ	桌子 zhuōzi
	嘴 zuǐ			
阵 zhèn	风 fēng	枪声 qiāngshēng	雨 yǔ	
支 zhī	笔 bǐ	笛子 dízi	队伍 duìwǔ	筷子 kuàizi
	蜡烛 làzhú	毛线 máoxiàn	枪 qiāng	曲子 qǔzi
	香 xiāng	香烟 xiāngyān	牙膏 yágāo	

名量词 Nominal Measure Word	名 词 例 示 Example(s)			
只 zhī	鼻子 bízi	翅膀 chìbǎng	船 chuán	耳朵 ěrduo
	胳臂 gēbei	蝴蝶 húdié	鸡 jī	角 jiǎo
	猫 māo	鸟 niǎo	螃蟹 pángxiè	青蛙 qīngwā
	手 shǒu	手套 shǒutào	蹄子 tízi	鞋 xié
	燕子 yànzi	羊 yáng		
枝 zhī	笔 bǐ	花儿 huār	箭 jiàn	枪 qiāng
	树枝 shùzhī	箫 xiāo		
纸 zhī	空文 kōngwén			
种 zhǒng	刊物 kānwù	水果 shuǐguǒ	想法 xiǎngfǎ	植物 zhíwù
轴 zhóu	画儿 huàr			
株 zhū	草 cǎo	高粱 gāoliang	树 shù	
桩 zhuāng	心事 xīnshi			
宗 zōng	事情 shìqing			
组 zǔ	暖气片 nuǎnqìpiàn	学生 xuésheng		
尊 zūn	大炮 dàpào	佛像 fóxiàng		
撮 zuǒ	胡子 húzi	毛儿 máor		
座 zuò	宫殿 gōngdiàn	花园 huāyuán	剧院 jùyuàn	楼 lóu
	桥 qiáo	山 shān		

动量词 Verbal Measure Word	动 词 例 示 Example(s)			
把 bǎ	帮 bāng	扶 fú	拉 lā	捏 niē
遍 biàn	看 kàn	念 niàn	试 shì	说 shuō
	算 suàn	听 tīng		
场 cháng	哭 kū	闹 nào		
次 cì	表演 biǎoyǎn	来 lái	去 qù	
顿 dùn	打 dǎ	骂 mà	训斥 xùnchì	
番 fān	探讨 tàntǎo	修饰 xiūshi	研究 yánjiū	议论 yìlùn
	整理 zhěnglǐ			
回 huí	讨论 tǎolùn	用 yòng	走 zǒu	
声 shēng	叫 jiào	说 shuō		
趟 tàng	来 lái	去 qù	游览 yóulǎn	
下儿 xiàr	敲 qiāo	响 xiǎng	震动 zhèndòng	
遭 zāo	来 lái	去 qù	走 zǒu	
阵 zhèn	跑 pǎo	说 shuō	玩儿 wánr	笑 xiào

责任编辑：郁　苓
封面设计：安宏民

图书在版编目（CIP）数据
精编实用英汉词典 / 傅惟慈主编.－北京: 华语教学出版社, 1999.4
ISBN 7-80052-712-3
Ⅰ. 精… Ⅱ. 傅… Ⅲ. ①英语-词典②词典-英、汉 Ⅳ.H316
中国版本图书馆 CIP 数据核字(1999)第 08473 号

精编实用英汉词典

*

©华语教学出版社
华语教学出版社出版
（中国北京百万庄路 24 号　邮政编码 100037）
电话：010-68995871 / 68326333
传真：010-68326333
电子信箱：hyjx@263.net
北京外文印刷厂印刷
中国国际图书贸易总公司海外发行
（中国北京车公庄西路 35 号）
北京邮政信箱第 399 号　邮政编码 100044
新华书店国内发行
1999 年（大 32 开）第一版
2003 年第二次印刷
（英汉）
ISBN 7-80052-712-3 / H · 781(外)
9－EC－3329P
定价：48.00 元